Di-Ershisi Jie Quanguo Qiaoliang Xueshu Huiyi Lunwenji
第二十四届全国桥梁学术会议论文集

（上册）

中国土木工程学会桥梁及结构工程分会　编

2020·济南

人民交通出版社股份有限公司

北京

内 容 提 要

本书为第二十四届全国桥梁学术会议论文集,是由中国土木工程学会桥梁及结构工程分会精选的190余篇优秀论文汇编而成。本论文集包括背景工程设计与施工——齐鲁黄河大桥,背景工程设计与施工——凤凰黄河大桥,桥梁设计,桥梁施工,桥梁静动力分析及耐久性与桥梁抗风、抗震、试验与检测六个部分,全面、系统地展示了近一时期我国桥梁工程建设的新动态、新理念、新成果和新经验。

本书可供从事桥梁工程设计、施工、检测、管理等相关工作的技术人员参考使用,也可供高等院校相关专业师生阅读学习。

图书在版编目(CIP)数据

第二十四届全国桥梁学术会议论文集 / 中国土木工程学会桥梁及结构工程分会编. — 北京:人民交通出版社股份有限公司,2020.8
ISBN 978-7-114-16606-8

Ⅰ.①第… Ⅱ.①中… Ⅲ.①桥梁工程—学术会议—文集 Ⅳ.①U44-53

中国版本图书馆 CIP 数据核字(2020)第 091252 号

书　　名:	第二十四届全国桥梁学术会议论文集(上册)
著 作 者:	中国土木工程学会桥梁及结构工程分会
责任编辑:	郭红蕊　张征宇　郭晓旭
责任校对:	赵媛媛　魏佳宁　龙　雪
责任印制:	刘高彤
出版发行:	人民交通出版社股份有限公司
地　　址:	(100011)北京市朝阳区安定门外外馆斜街3号
网　　址:	http://www.ccpcl.com.cn
销售电话:	(010)59757973
总 经 销:	人民交通出版社股份有限公司发行部
经　　销:	各地新华书店
印　　刷:	北京市密东印刷有限公司
开　　本:	787×1092　1/16
印　　张:	83.25
字　　数:	2075千
版　　次:	2020年8月　第1版
印　　次:	2020年8月　第1次印刷
书　　号:	ISBN 978-7-114-16606-8
定　　价:	260.00元(上、下册)

(有印刷、装订质量问题的图书由本公司负责调换)

第二十四届全国桥梁学术会议

学术委员会

名誉主任 项海帆
主　任 葛耀君
委　员 (以姓氏笔画为序)
　　　　牛　斌　吉　林　苏权科　肖从真　肖汝诚　邵长宇
　　　　孟凡超　高宗余

组织委员会

主　任 肖汝诚
副主任 贾玉良　杨　峰　张海平　许为民　邵长宇　孙　斌
　　　　杨志刚
委　员 (以姓氏笔画为序)
　　　　丁建勇　马立芬　王　伟　王德怀　牛　勇　全程浩
　　　　刘　华　许　庚　孙庆卫　孙　涛　杨　雪　杨　强
　　　　李军平　李盘山　张元凯　松　宇　赵世超　赵　军
　　　　姚　震　夏　涛　郭海龙　黄安明　曹东威　韩先进
　　　　谢正元　熊大路

编辑委员会

主　任 肖汝诚
副主任 孙　斌　杨志刚
委　员 (以姓氏笔画为序)
　　　　于淑霞　弓　正　王　伟　牛　斌　吉　林　全程浩
　　　　苏权科　李盘山　李　鲁　肖从真　肖汝诚　陈　亮
　　　　邵长宇　孟凡超　高宗余　葛耀君　廖　玲

主办单位

中国土木工程学会桥梁及结构工程分会
济南市城乡交通运输局
济南城市建设集团有限公司

协办单位

中交第二公路工程局有限公司
中交第二航务工程局有限公司
济南城建集团有限公司
中铁十二局集团有限公司
上海振华重工(集团)股份有限公司
中铁宝桥集团有限公司
中铁山桥集团有限公司
上海市政工程设计研究总院(集团)有限公司
山东易方达建设项目管理有限公司
北京磐石建设监理有限责任公司
北京铁城建设监理有限责任公司
德阳天元重工股份有限公司
江苏法尔胜缆索有限公司
柳州欧维姆机械股份有限公司
中铁桥隧技术有限公司
济南金曰公路工程有限公司
济南金衢公路勘察设计研究有限公司
济南黄河路桥建设集团有限公司

承办单位

《桥梁》杂志社
济南城鲁建设工程有限公司
济南城凤公路工程有限公司

目 录（上册）

一、背景工程设计与施工
——齐鲁黄河大桥

1. 齐鲁黄河大桥总体设计与构思 ………………………… 张洪金　张元凯　许为民(3)
2. 大跨度网状吊杆拱桥创新设计 ………………………………… 陈　亮　邵长宇　汤　虎(9)
3. 齐鲁黄河大桥抗震约束体系 …………………………………… 王　伟　赵世超　汤　虎(17)
4. 主跨420m网状吊杆系杆拱桥主拱设计 ………… 汤　虎　周伟翔　张洪金　陈　亮(24)
5. 主跨420m网状吊杆系杆拱桥设计参数研究 …………… 周伟翔　汤　虎　陈　亮(33)
6. 大跨度网状吊杆系杆拱桥组合桥面板设计 …………… 胡健琛　周伟翔　吴　霄(41)
7. 齐鲁黄河大桥下部结构设计 ……………………………………………………… 洪　浩(46)
8. 齐鲁黄河大桥桥梁排水系统设计 ……………………………………… 杨　玲　郭继凯(52)
9. 齐鲁黄河大桥拱梁节点设计与计算 ……………………………………………… 吴　霄(59)
10. 大跨径系杆拱桥大吨位锚拉板设计 ………………………………… 陈　龙　魏明光(64)
11. 主跨420m网状吊杆系杆拱桥顶推施工受力性能研究 …… 赵世超　王　伟　吴　霄(70)
12. 浅谈桥梁承台大体积混凝土施工技术 ………………… 杨明明　田　壮　王　涛(76)
13. 齐鲁黄河大桥大长桩基工程施工 …………………………………… 梁锦永　石建平(81)
14. 浅析超长大直径灌注桩成孔的质量控制 ……………… 魏亮亮　笞军红　郑　全(88)
15. 齐鲁黄河大桥钢结构设计深化的构件编码自动化 ………………… 周恩先　陆　军(96)
16. BIM技术在水上栈桥施工中的应用 …………………… 周　宁　窦常青　王　栋(100)
17. 基于智慧工地+BIM提升班组管理标准化的研究
　　——如何强化对劳务队伍过程管控的思考 ……………………… 郑　亮　秦晓帅(104)
18. 浅谈超声波智能检孔仪的研究与应用 …………………………… 杨龙涛　杨　楠(109)

19. 浅谈钢箱梁焊接制造中的施工质量控制要点 ………………… 张佰福　张亚男(114)
20. 浅谈建设工程项目安全监理工作内涵
    ——齐鲁黄河大桥项目安全监理工作要点 ……………… 赵云飞　贾士平(121)
21. 浅析桥梁大直径、超长桩质量控制 ………………………… 石力强　江　斐(128)
22. 400MPa 桥梁用高疲劳应力幅拉索研究 ……… 程建新　雷　欢　谢正元　苏　韩(133)
23. Q420qE 桥梁钢火焰矫正温度范围的研究 ………………… 巨　创　秦永强(138)
24. 大跨径拱桥拱梁结合段钢箱梁焊接变形控制 ……………… 吴宏亮　王栋一(143)
25. 基于全自动温控系统的大体积混凝土冷却水管使用性能评估研究
    ………………………………………………………………… 王雨飞　潘　哲(148)

二、背景工程设计与施工
——凤凰黄河大桥

26. 凤凰黄河大桥总体设计 ……………………… 常付平　许为民　李盘山(157)
27. 凤凰黄河大桥桥梁景观设计 …………………………………………… 刘秀芹(166)
28. 主跨 2×428m 三塔自锚式悬索桥结构体系研究 ……………………… 逯东洋(175)
29. 大跨度三塔自锚式悬索桥横向减震体系研究
    ……………………… 陈张伟　逯东洋　许凯峰　王治国　童鲁军(181)
30. 大跨度三塔自锚式悬索桥创新设计 ………………… 陈　亮　邵长宇　许为民(188)
31. 主跨 2×428m 三塔自锚式悬索桥主梁设计 ………… 王　倩　逯东洋　王　翔(193)
32. 主跨 2×428m 三塔自锚式悬索桥主塔设计 ………………… 张德明　李东胜(203)
33. 主跨 2×428m 三塔自锚式悬索桥缆吊系统设计 ……………………… 陈祖贺(208)
34. 主跨 2×428m 三塔自锚式悬索桥主塔组合塔段设计 ………………… 李东胜(215)
35. 主跨 2×428m 三塔自锚式悬索桥主缆锚固构造及受力分析
    ……………………… 王　倩　陈张伟　王　翔　周纪同　卢兴雷(220)
36. 大跨径自锚式悬索桥桥塔钢—混结合段受力分析
    ……………………… 贺欣怡　苏庆田　常付平　王　倩(228)
37. 凤凰路跨黄河大桥水中基础设计 ……………………………………… 严　潇(236)
38. 关于凤凰路跨黄河大桥陆上引桥结构选型探讨
    ……………………… 弓　正　王治国　周纪同　罗绪昌　刘铁勇(243)
39. 凤凰黄河大桥陆上桥梁设计 …………………… 翟志轩　李盘山　许凯峰(248)
40. 245m 大跨径组合钢箱梁桥结构设计研究 …………………………… 袁勇根(255)
41. 主跨 245m 连续组合钢箱梁设计 ……………… 姜　洋　孙海涛　许为民(261)
42. 主跨 245m 连续组合钢箱梁高腹板设计 ……………………………… 宋　龚(267)
43. 大跨变高度组合钢箱连续梁桥空间效应分析 ………………………… 郑亚坤(274)
44. 主跨 96m 预应力混凝土连续梁设计 ………………………………… 胡冰原(281)

45. 三塔自锚式悬索桥钢箱主梁施工关键技术研究
　　………………………… 王　翔　李向阳　刘益平　陈竞熙　王　琦(290)
46. 空间缆悬索桥大转角吊索技术研究 ………… 吴　琼　王　翔　薛花娟　徐瑾琪(296)
47. 三塔自锚式悬索桥主塔钢混结合段施工控制技术研究
　　………………………… 王金平　许为民　张玉奇　王　琦　付　斌(301)
48. 双向超宽变腹板钢箱梁顶推施工工艺
　　………………………… 王德怀　朱迎华　文定旭　李佳营　高作森(308)
49. 深埋式承台钢板桩围堰设计与施工关键技术研究
　　………………………… 朱如俊　李盘山　王金平　张玉奇　王　琦(315)
50. 超长中央索扣制造技术研究 ………… 朱迎华　王　翔　陈远林　韩月鹏(322)
51. 大跨径自锚式悬索桥钢箱梁制造技术
　　………………………… 王　翔　许凯峰　杨立群　苏　甜　赵　悦(326)
52. 超宽桁架式隔板钢箱梁制作技术 …… 许为民　饶其文　魏兆桢　张玉奇　徐艳艳(332)
53. 索鞍位置钢塔制作技术研究及质量控制措施
　　………………………… 穆长春　许凯锋　饶其文　王金平　黄　杰(337)
54. 超大型附着式塔吊对钢塔柱安装线形的影响研究
　　………………………… 许为民　朱如俊　张玉奇　高作森　韩月鹏(343)
55. 超宽大跨自锚式悬索桥410t提梁门吊性能试验研究
　　………………………… 王德怀　王　琦　黄剑锋　王金平　张玉奇(350)
56. 低合金高强度结构钢(Q420qE)的检测技术
　　………………………… 欧光鲲　赵建磊　牛　勇　窦常青　李庆冬(358)
57. 济南凤凰路黄河大桥钢塔厚板焊接变形控制及质量保证措施
　　………………………… 冯　辉　李盘山　李彦国　穆长春　吴江波(365)
58. 超宽钢箱梁拼装定位及焊接变形控制 ………… 许凯峰　郭腾科　刘　健　侯守军(370)
59. 高强度铸钢ZG300-500H与Q345qE厚钢板的焊接技术研究
　　………………………… 李盘山　苏　兰　黄　杰　张玉奇(376)

三、桥梁设计

60. 湖北长江大桥建设中几点探讨研究 ………………… 姜友生　周焱新　陈　飚(383)
61. 当代建筑美学在桥梁领域的探索和发展 ……………………………… 徐利平(387)
62. 视觉原理在城市桥梁方案设计中的运用 ……………………………… 强玮怡(393)
63. 论基于性能的城市桥梁与预防桥梁倒塌 ……………………………… 穆祥纯(398)
64. 西班牙巴塞罗那景观桥
　　——克拉特拉瓦的桥 ……………………………………………… 蔡俊镫(405)
65. 中小跨径型钢混凝土组合梁桥设计研究
　　——基于ansys的结构参数优化设计 ………………………… 苏　昶　石雪飞(409)
66. UHPC箱梁桥结构优化与试设计 …… 戴　薇　庄冬利　方明山　张兴志　肖汝诚(415)

67. 城市轨道交通波形钢腹板矮塔斜拉桥设计与研究
　　…………………………………………………… 季伟强　王淑敏　邢继胜　李世光(423)
68. 基于IFC的钢板梁桥设计和几何表达的应用 ………………………………… 傅仲敏(430)
69. 大跨中承式斜拱桥三维受力分析 …………………………………………… 刘四田(438)
70. 香丽高速公路虎跳峡金沙江大桥766m独塔单跨地锚式悬索设计与施工
　　…………………………………………………………… 王成恩　王定宝　谌业焜(445)
71. 泰国曼谷至呵叻高速铁路桥梁设计概述 ……………………………………… 商耀兆(450)
72. 北京京礼高速公路(兴延段)桥梁设计要点解析 ……… 潘可明　肖永铭　路文发(458)
73. 大挑臂下承式连续梁拱组合桥设计 …………………………………… 廖伟华　范佐银(467)
74. 河北肃宁春霖街人行天桥总体设计构思 ……………………… 张师定　郭煜　江良华(473)
75. 双拱协力景观桥设计研究 …………………………………… 杨欣然　张雷　刘亚敏(478)
76. 港珠澳大桥钢—混组合梁设计及施工技术 …………………………………… 吴泽生(487)
77. 新疆生产建设兵团塔里木大桥索塔基础设计 ………………………… 刘博海　谢祺(495)
78. 变宽度节段预制梁在南昌洪都大道的应用 …………………………… 任才　吴东升(504)
79. 鞍座参数化设计与有限元分析一体化过程研究
　　…………………………………………………… 柳晨阳　沈锐利　钟昌均　刘宇航(511)
80. 组合钢板梁施工阶段整体稳定性设计方法研究 ……………… 林立宏　成立涛　王姗(518)
81. 自锚式悬索桥钢塔塔吊扶墙设计与局部受力分析 …… 段召江　张玉奇　王琦(524)
82. 宽幅连续组合钢箱梁剪力滞效应研究 ………………………………………… 吴怀强(530)
83. 基于USDFLD子程序的混合梁结合段剪力键非线性有限元分析
　　…………………………………………………… 汪维安　田波　易志宏　冯练　赵灿晖(537)
84. 组合型箱梁桥部分预制桥面板设计及施工方法
　　………………………… 雷波　王昌将　吴杰良　张杰　阮欣　徐利超　麦一平(546)
85. 基于静力凝聚法和力法的波形钢腹板等效分析研究
　　………………………… 郭宗明　肖玉凤　吴启明　乐颖　徐添华　姜瑞娟(554)
86. 简支混凝土T梁桥面连续结构受力特性研究
　　…………………………………………………… 邱体军　王胜斌　雷俊　徐栋(562)
87. 钢横梁T梁桥的荷载横向分布
　　…………………………………………………… 唐国喜　端木祥永　胡胜来　陈健　徐栋(568)
88. 钢板组合梁桥的荷载横向分布系数研究 ……………………………… 吕婷　陈欣(575)
89. 中马友谊大桥动力特性研究 …………………………………… 徐鑫　刘力　代浩(582)
90. 大跨曲线转体斜拉桥转加速阶段主梁受力研究
　　…………………………………………………… 胡玉祥　孙南昌　黄灿　郑建新(589)

一、背景工程设计与施工
——齐鲁黄河大桥

1. 齐鲁黄河大桥总体设计与构思

张洪金[1] 张元凯[1] 许为民[2]

(1.上海市政工程设计研究总院(集团)有限公司;2.济南城市建设集团有限公司)

摘 要:齐鲁黄河大桥为主跨420m的下承式系杆拱桥,网状吊索体系。本文介绍了齐鲁黄河大桥主桥的主要技术标准、桥型方案比选以及总体布置、设计构思、结构设计等,总结了该桥设计的技术特点和创新点,为今后类似桥型的设计及建设提供借鉴和参考。

关键词:齐鲁黄河大桥 拱桥 设计

1 建设条件

济南G309-S101连接线工程位于济南市西部,是连接南岸济南西站和北岸桑梓店地区中心的南北向交通性主干道。本工程为齐鲁大道的北延,南接齐鲁大道济齐路口,北至国道G309,中间以桥梁形式,即齐鲁黄河大桥跨越黄河。齐鲁黄河大桥距上游京沪高铁桥约1.2km,距下游建邦黄河大桥约3.1km,工程地理位置见图1。

齐鲁黄河大桥基本与黄河正交,桥址处河道基本顺直,两岸大堤宽度约800m。济南市年平均气温在13~14℃之间,冬冷夏热。最大冻土深度为45cm左右,最大积雪深度为20cm左右。历年平均降水量在600~700mm之间,有南部多于北部、山区多于平原的特征。场地地貌受黄河淤积及人工填筑的作用,形成中间高、南北两侧低的地形,河漫滩地面高程为27.5~29.0m,黄河大堤堤顶高程为32.8~36.7m,堤坝外侧地面高程为23.0~25.0m。黄河济南段河道水流含沙量较高,槽滩淤积严重,且冬季存在凌汛现象。

2 主要技术标准

齐鲁黄河大桥按双向8车道一级公路建设,并在车行道两侧设置人行道和非机动车道,根据规划,轨道交通R1线北延需要在此跨越黄河,因此本工程预

图1 工程地理位置

留了双线轨道交通实施空间,具体技术标准如下:

(1) 道路等级:一级公路兼城市主干路。
(2) 设计速度:60km/h。
(3) 桥面规模:双向8车道+两侧人非通道+预留轨道交通。
(4) 设计荷载:公路Ⅰ级(城—A级复核)。
(5) 通航标准:规划Ⅳ级航道。
(6) 抗震设防烈度:按不低于7度(0.10g)进行抗震设防。
(7) 预留轨道交通:100km/h的6编组A型车。

3　总体布置

齐鲁黄河大桥全线由跨黄河主桥及两岸接线引桥组成,主桥采用网状吊索组合梁拱桥,跨径布置为(95m+280m)+420m+(280m+95m)=1 170m。南北两侧引桥均按两幅布置,中间预留轨道交通桥梁实施空间。北侧引桥主线在G309以南设置"跳水台",预留远期向北延伸的条件,并设置一对平行匝道,与G309实现沟通,本工程全桥总体布置详见图2。

4　主桥设计构思

4.1　桥型方案

桥址区域大堤间距约800m,其中主漕偏向左岸,主槽宽度约为610m,横断面布置详见图3。

桥跨布置时主要考虑以下几个方面因素:

(1) 根据黄委会黄建管[2007]48号文件要求:在黄河干流陶城铺以下河段主河槽孔跨不少于180m,滩地不少于50m,跨越方式为全桥跨越。

(2) 黄河堤身设计断面内不得设置桥墩。桥梁跨越堤防,桥墩应离开堤身设计堤脚线一定距离(原则上在黄河不得小于5m)。根据相关要求,山东段黄河淤背区内仅可设置一个桥墩,墩身边缘距离淤背区坡脚线不得小于5m。

(3) 桥址处黄河河段不通航,但规划设置航道,桥位河段为规划Ⅳ级航道。

(4) 本桥桥位与现状京沪高铁黄河铁路大桥距离较近,总体布置上应考虑增大跨径以减少桥墩数量,从而减小对行洪的影响,经过防洪评价单位专题论证后,两岸大堤内只布置两个桥墩。

综合上述因素,桥梁以全桥跨方式跨越黄河,主桥孔跨布置为(95m+280m)+420m+(280m+95m),全长1 170m。如此跨径布置,斜拉桥与悬索桥方案边中跨比不合适,经综合比选,吊索网状布置的下承式系杆拱桥造型创新,标志性及现代感强,景观效果佳,结构刚度大,较适合公轨合建桥梁,作为本桥的推荐方案,主桥总体布置图详见图4。

4.2　主梁结构

主梁为钢—混凝土组合梁结构,全宽60.7m,梁高4.12m,其中钢梁高4m,混凝土桥面板厚度为0.12m,混凝土桥面板与钢梁之间通过剪力钉连接。

主梁钢结构采用扁平钢箱梁,单箱三室断面,顶面设双向2%横坡,桥梁中心线处梁高4m。主梁由标准梁段及拱梁节点处梁段两部分组成,标准梁段长9m,每间隔4.5m设置一道空腹式横隔板及实腹式外侧挑臂。腹板间距14.4m,外侧挑臂长5.5m,在轨道交通区域对应轨道布置设4根小纵梁。纵向除U肋之间拴接外,梁段之间均采用全焊连接。

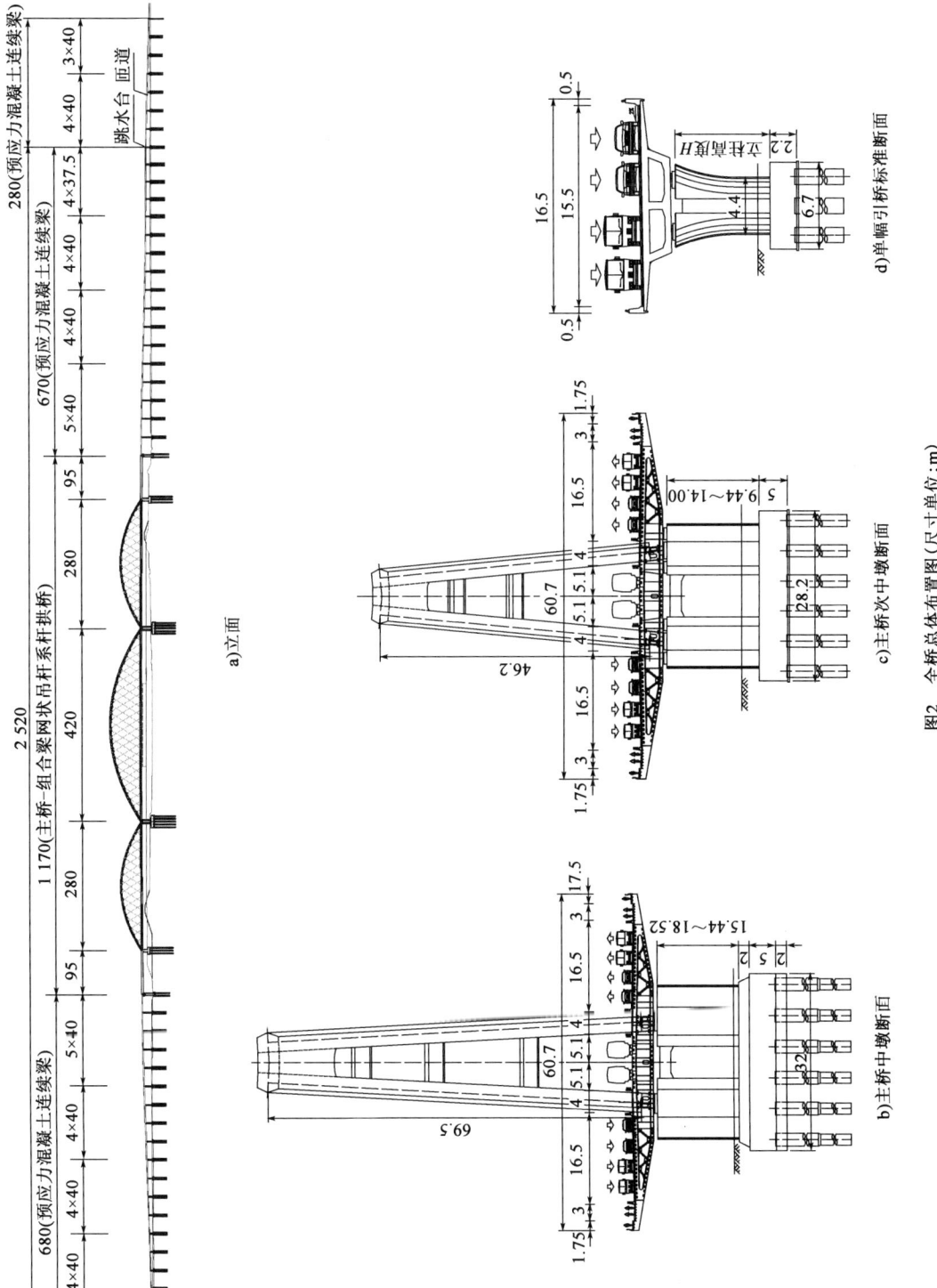

图2 全桥总体布置图(尺寸单位:m)

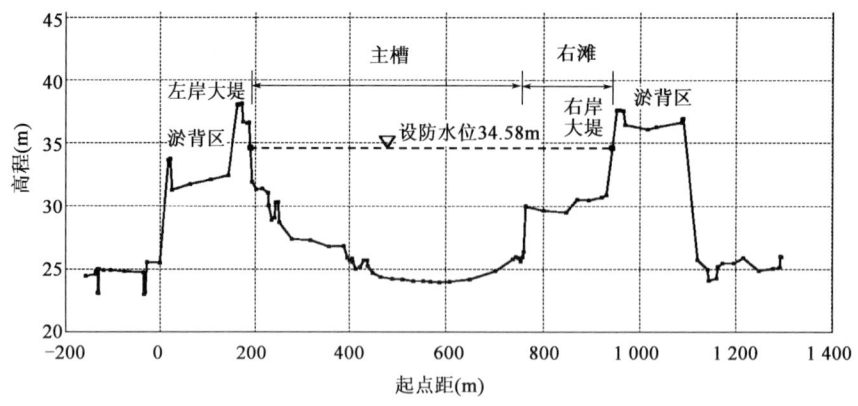

图3 河槽断面图

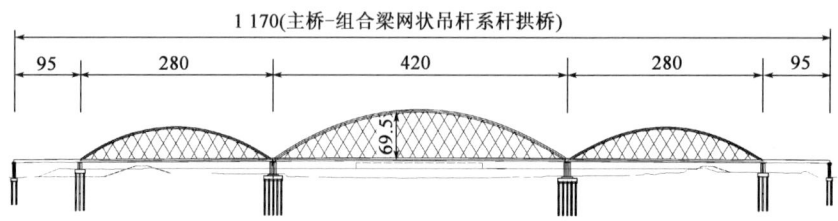

图4 主桥总体布置图(尺寸单位:m)

钢梁标准段顶板板厚12~20mm,车行道区域板厚12mm,吊索区域板厚20mm,轨道交通区域板厚16mm,顶板采用8mm厚U形加劲肋及板肋,U肋间距700~750mm。主梁腹板普通段板厚28mm,锚拉板区域板厚36mm。主梁底板厚12~20mm,采用6mm厚U形加劲肋及板肋,U肋间距800mm。空腹式横隔板板厚14mm,空腹式部分采用桁架结构,桁架腹杆采用双角钢,角钢通过高强螺栓与节点板连接。

全桥共6个拱梁节点,拱梁节点梁段长14.27~18.175m。为传力方便,拱梁节点梁段内增设两道腹板,由拱脚处拱肋内腹板及中腹板一体加工成型。拱梁节点范围内梁段采用实腹式隔板,其余梁段同标准段,采用空腹式隔板。

主梁桥面板为钢筋混凝土结构,板厚120mm,设置在两侧车行道及拱区范围内,采用强度等级为C50的低收缩纤维混凝土,混凝土与钢顶板间设置剪力钉。

标准段主梁横断面布置见图5。

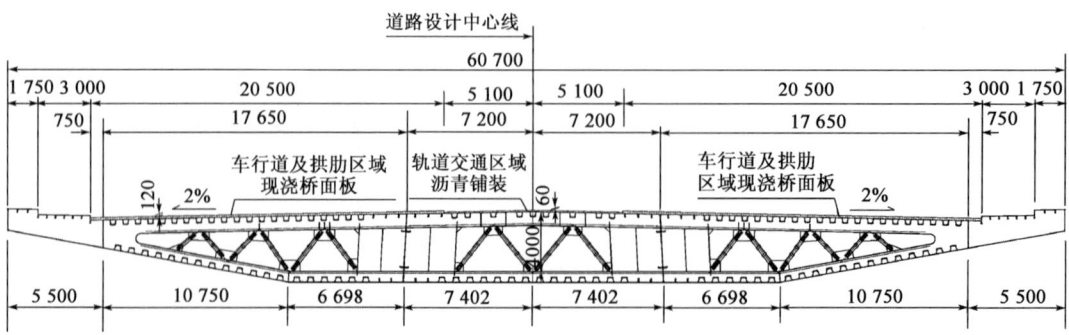

图5 标准段主梁横断面(尺寸单位:m)

4.3 拱肋结构

主桥三跨拱肋矢跨比均为1/6,拱轴线采用2次抛物线、提篮形拱,拱肋内倾角度分别为420m跨3.0°、280m跨5.3°。单跨拱桥横断面上设置两片拱肋,两片拱肋之间设置"一"字形横撑,在拱顶区域,两片拱肋合为一体。

拱肋采用钢箱结构,五边形断面。420m跨拱肋截面高4.0m、宽3.5m,280m跨拱肋截面高2.8m、宽3.0m,两跨拱肋沿拱轴范围均保持等高等宽。箱形拱肋主板厚40~60mm,设板式加劲肋。拱肋横隔板分为普通隔板、横撑隔板与吊点隔板3类。普通横隔板沿拱轴线法线方向布置,间距3.5~4.0m;横撑隔板与横撑腹板对齐;吊索隔板沿斜吊索中心线布置。标准段拱肋横断面见图6。

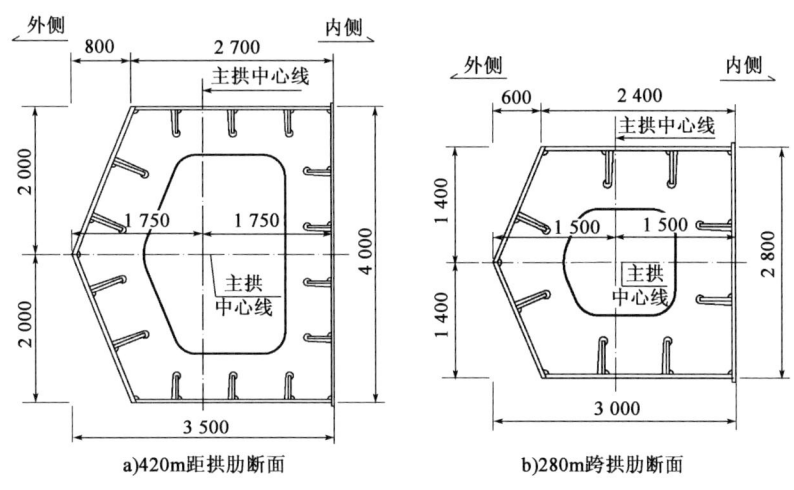

图6 标准段拱肋横断面(尺寸单位:m)

4.4 吊索结构

主桥吊索采用网状布置,斜吊索与水平线夹角约60°,吊索横桥向对称布置,设置两道索面。吊索索体采用环氧涂层钢绞线,规格为φ15.2-55,抗拉强度1 860MPa。吊索疲劳应力幅为400MPa,经200万次循环荷载。吊索梁上吊点标准间距9m,梁上张拉端采用带球铰的冷铸锚,拱上固定端采用销接式叉耳。

4.5 下部结构

结合防洪评价报告意见,主桥在大堤内设两个桥墩,其余桥墩设于两侧大堤淤背区及其以外。桥墩均为双柱式,为减小冲刷及便于破冰,立柱采用迎水面设尖端的多边形薄壁墩。主桥均采用整体式矩形承台,其中中墩基础采用30根φ2.0~2.3m钻孔灌注桩,次中墩基础采用18根φ2.0m钻孔灌注桩,边墩基础采用6根φ2.0m钻孔灌注桩。

5 引桥设计构思

5.1 技术特点

两侧接线引桥具有如下特点:
(1)高墩区范围大,墩高15m以上范围长度约600m,约占引桥总长度的一半。
(2)平曲线半径较大,为1 500m,接近于直线。
(3)桥墩布跨基本无限制,可采用模数化、标准化桥跨。

根据上述特点,引桥采用标准跨径40m预应力混凝土连续梁桥,除一联变宽段采用满堂支架法施工外,其余联均采用逐跨支架法施工。

5.2 结构设计

引桥分两幅,单幅标准宽度16.5m,采用预应力混凝土连续箱梁结构,按单箱双室断面布置,梁高2.3m,挑臂长3.75m。桥墩采用花瓶形独柱墩,墩柱为矩形实心截面倒圆圆角。单个墩柱基础采用5根 ϕ1.2m 钻孔灌注桩。

6 结语

齐鲁黄河大桥已于2018年初开工,目前正在全面施工中。主桥因地制宜、造型优美,是综合考虑"黄委会"相关要求、功能需要、景观需求等各种因素比选而出的桥型,与桥址处的建设条件具有较强的互适性。大桥主桥为特大型下承式系杆拱桥,吊索采用网状布置,结构新颖独特,较好地处理了桥梁建筑景观与桥梁结构的关系,大桥接线方案充分考虑了区域路网布局及建设条件。

2. 大跨度网状吊杆拱桥创新设计

陈 亮 邵长宇 汤 虎

(上海市政工程设计研究总院(集团)有限公司)

摘 要：网状吊杆系杆拱桥具有独特的景观效果、良好的受力性能及经济性能,是一种具有很强竞争力的桥梁型式。济南齐鲁黄河大桥具有跨度大、桥面宽、公轨合建等特点,通过对系梁合理构造、网状吊杆布置、高应力幅吊杆体系的创新设计,在保证工程经济、合理性的同时,推动网状吊杆系杆拱桥在国内的发展。

关键词：网状吊杆拱桥 组合桥面板 力学性能 经济性能

1 引言

下承式系杆拱桥为外部静定、内部超静定结构,可修建于软土地基环境。系杆拱桥吊杆一般为竖向布置。20世纪20年代,丹麦工程师尼尔森发现了倾斜吊杆的优点,提出了尼尔森体系杆拱桥。1955年,Per Tveit提出网状吊杆系杆拱桥概念,通过采用两个及以上吊杆交叉形成网状吊杆,进一步改善了系杆拱桥受力性能[1]。由于其良好的景观效果及经济性能,欧洲、美国、日本等相继修建了近百座网状吊杆系杆拱桥[2],其中2014年建成的俄罗斯巴戈林斯基大桥为目前世界跨径之最。

我国已建多座尼尔森体系杆拱桥[3],但尚未见网状吊杆系杆拱桥的相关实桥报道。在建的齐鲁黄河大桥与既往设计的网状吊杆系杆拱桥有很大区别,具有大跨、超宽、公轨合建等特点。结合本工程特点,充分利用网状吊杆系杆拱桥的优势,经济、合理地确定设计方案,对继承并发展网状吊杆系杆拱桥具有十分重要的意义。

2 工程概况

建设中的齐鲁黄河大桥位于济南市区西部,是济南市实现北跨发展的重要组成部分。考虑到与京沪高铁黄河大桥距离较近,总体布置上需通过增大跨径,从而减小对行洪的影响。结合大堤淤背区等相关制墩要求,主桥孔跨布设为(95m+280m)+420m+(280m+95m),详见图1。主河槽跨度420m为简支体系,滩地及淤背区95m+280m为连续体系,主桥全长1170m。项目为双向8车道,一级公路标准兼顾城市主干路功能,中间预留轨道交通建设条件,详见图2。主桥公轨合建,同层布置,桥面总宽达60.7m。结合景观、主梁横向受力及拱肋稳定性要求,拱肋布置在轨道交通、车行道之间。拱肋矢跨比1:6,420m跨、280m跨拱肋截面分别为3.5m×4.0m、3.0m×2.8m(宽×高)。

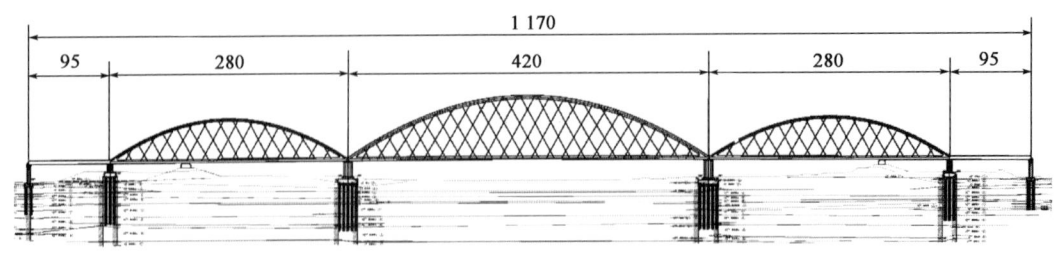

图1 主桥总体立面布置图(尺寸单位:m)

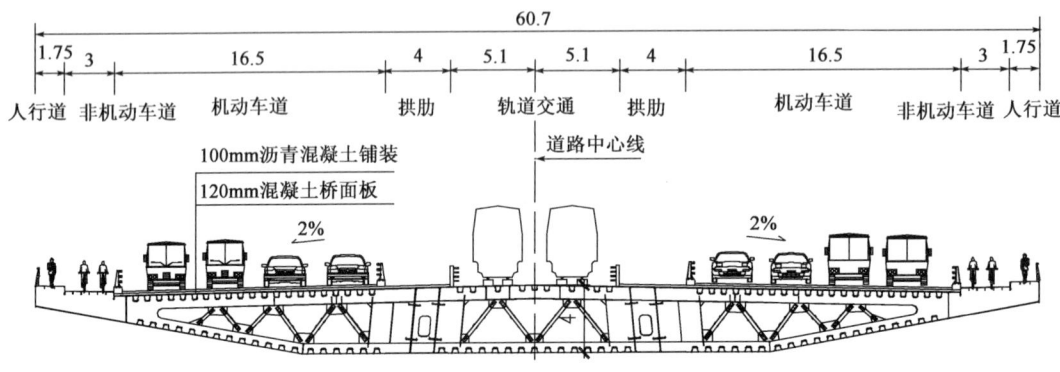

图2 主桥标准横断面图(尺寸单位:m)

3 关键技术问题

3.1 系梁合理构造

网状吊杆系杆拱桥的特点之一为系梁内纵桥向弯矩很小,系梁可结合横桥向受力需求采用混凝土板、混凝土系梁+混凝土板、钢纵横梁+混凝土板、钢纵横梁+钢正交异性板等形式,这些桥面形式均已在实际工程采用。本桥提供公路、轨道、人非交通,公轨合建同层布置,桥宽达60.7m,为世界上最宽的桥梁之一,采用流线型箱梁断面是必然的选择。拱肋及吊杆布置于车行道和轨道交通之间,吊杆横向间距约14.4m,吊点以外桥面宽度约23.2m。基于横向受力,并考虑主梁顶推施工需要,确定钢梁高度为4m。设计采用正交异性组合桥面板形式[4]。横隔板间距4.5m,C50纤维混凝土厚120mm,钢顶板厚12mm,U肋高300mm、厚8mm、间距720mm,钢混之间通过$\phi16\times90$mm焊钉连接,构造如图3所示。

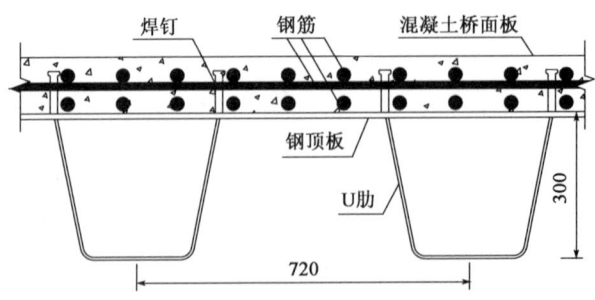

图3 正交异性组合桥面(尺寸单位:mm)

系杆拱桥不同的桥面形式应有各自经济跨径范围。表1在相同拱肋矢跨比、拱肋截面形式、钢梁高等条件下,对主桥采用钢桥面和组合桥面两个方案的建安费进行比较。方案一车行道为正交异性钢桥面:16mm钢顶板、U肋间距600mm、横梁间距3.5m;方案二车行道为组合桥面:120mm混凝土板、12mm钢顶板、U肋间距720mm、横梁间距4.5m。

主桥两种桥面经济性比较　　　　　　　　　　　表1

部件	材料增加(方案二-方案一)		材料单价		建安费(万元)(方案二-方案一)
	量值	单位	量值	单位	
拱肋	2 262	t	15 000	元/t	3 393
吊杆	137	t	30 000	元/t	411
钢梁	-191	t	15 000	元/t	-4 787
混凝土板	47 970	m²	800	元/m²	3 838
桩基础	3 778	m³	3000	元/m³	1 133
铺装	面积38 610m²,单价差-800元/m²				-3 089
合计					900

由表1可见,与正交异性钢桥面系相比,车行道采用组合桥面时,因结构自重增加引起拱肋、吊杆及基础费用增加,但钢梁、铺装费用有所降低,全桥总建安费增加约900万元,建安费增幅仅为0.7%。考虑到采用组合桥面可提高桥面板刚度,有效解决钢桥面系疲劳及桥面铺装易损难题,可提高桥梁结构全寿命周期经济性,为设计最终采用方案。

3.2 网状吊杆布置

矢跨比是拱桥的一个重要特征参数,不仅影响结构的受力特性,同时对拱桥的景观特性也有很大关系。网状吊杆拱桥的矢跨比一般为0.14~0.22。通常来讲,适当减小矢跨比可取得更好景观效果,但同时会增大拱肋和系梁的轴力。本桥420m、280m跨拱桥拱肋失高分别取69.5m、46.2m,矢跨比均为1/6,主拱轴线为抛物线。

吊杆的布置形式比较关键,将很大程度上影响拱桥的受力性能[5]。网状系杆拱桥由于吊杆倾斜布置,在非对称荷载作用下,部分吊杆可能出现松弛现象,吊杆的松弛主要取决于吊杆的倾角及活恒载比值。吊杆倾角通常选取45°~75°,倾角过小时,吊杆的竖向贡献减弱,不利于结构受力,吊杆相互间交叉次数也会过多。倾角过大时,结构性能趋于尼尔森拱和竖向吊杆拱桥,同样不具有好的结构性能。本桥通过参数化研究,认为吊杆倾角60°附近时,拱梁弯矩最小,结构刚度最大,结构性能最优。

吊索布置间距确定亦有多种方法,如采用无横梁体系的混凝土桥面,吊杆下锚点布置较为自由,但当采用纵横梁体系或钢桥面时,为保证荷载的传递,吊杆下锚固点一般设于横梁处。本桥由于桥面较宽,结构恒、活载较大,吊杆间距不宜取得过大,确定每隔一个横梁,即间距9m布置吊杆下锚点。单个下锚点有设置双吊杆和单吊杆两种方式,420m跨拱桥两种立面布置如图4所示。

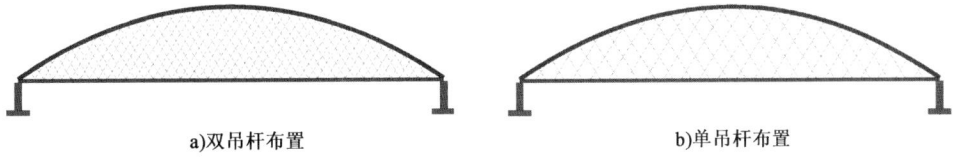

图4　两种吊杆布置方式

文献[5-6]研究了吊索数量对网状吊杆拱桥的影响,并得到吊杆数量越多,拱梁弯矩逐步减小、拱桥竖向刚度及拱肋面内稳定系数逐步提高的结论,但该研究为基于单吊杆面积不变前提下得出的,实际上吊杆面积也应根据其自身受力大小确定。表2以420m跨拱桥为例,在吊杆面积根据受力需求确定原则下,研究了图4所示的两种吊杆布置方式对拱桥受力性能的影响。

两种吊杆布置方式比较　　　表2

比较项目		双吊杆	单吊杆
全桥吊杆数		176	88
吊杆面积(mm^2)		3 850	7 700
吊杆总重(t)		369.6	370.3
拱肋一阶面外稳定系数		3.86	3.86
拱肋一阶面内稳定系数		13.2	13.1
拱肋活载弯矩(kN·m)	Max	18 294	18 612
	Min	-18 936	-17 284
主梁活载弯矩(kN·m)	Max	54 212	54 859
	Min	-39 354	-42 030
主梁活载挠度(m)		0.089	0.090
吊杆恒载轴力平均值(kN)		1 611	3 245
吊杆活载轴力幅(kN)		1 047	2 084

由表2可见,两种吊杆布置方式下总用索量相当,且可发现两种吊杆布置方式对结构整体稳定性能、主拱及主梁受力性能、结构竖向刚度等影响均不大。双吊杆布置可减小单根吊杆索力及活载轴力幅度,吊杆可取较小规格,但应力幅基本不变。由图4可见,双吊杆布置下,网状吊杆整体通透性较差,综合考虑后确定采用单吊杆布置方式。

3.3 高应力幅吊杆体系

本工程采用$\phi15.2-55$一种型号环氧涂层钢绞线吊杆,钢丝标准强度$f_{ptk}=1860MPa$。吊杆在拱上以销接式叉耳形式锚固,在梁上张拉端采用带球铰的冷铸锚锚固,详见图5。不同于竖直吊杆体系,斜吊杆体系的吊杆类同于桁架的斜腹杆,在部分荷载工况下可能出现松弛现象。因此,应该特别重视吊杆索体及锚固结构的疲劳性能。经检验试验,工程采用的吊杆体系能满足应力上限为$0.4f_{ptk}$,应力幅为400MPa,200万次循环荷载下疲劳性能要求。

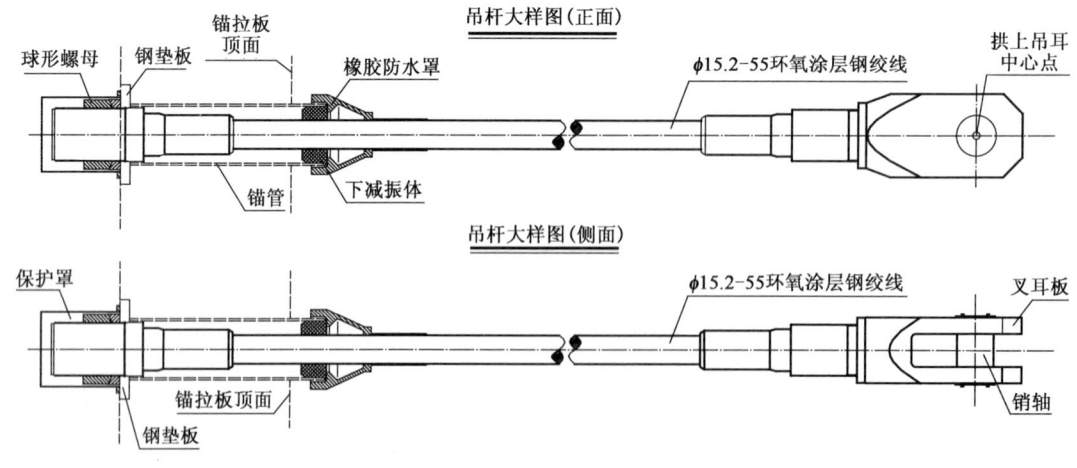

图5　吊杆体系构造图

4 与竖直吊杆体系比较

以420m跨主桥为例,将网状吊杆布置变为竖直吊杆布置(图6),保证两种布置形式下主要构件应力水平相当,确定拱肋、主梁及吊杆材料用量,研究吊杆布置形式对结构力学行为及材料指标的影响。

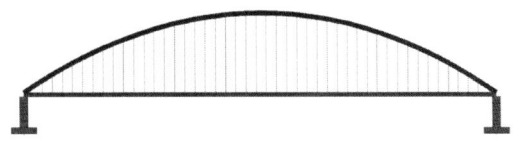

图6 竖直吊杆布置(9.0m索距)

4.1 对结构刚度的影响

图7给出了两种吊杆布置形式下主梁活载位移包络对比。网状吊杆拱桥主梁最大正负位移之和为146.9mm,对应挠跨比为1/2 859;竖直吊杆拱桥主梁最大正负位移之和为1 227.3mm,对应挠跨比为1/342。可见,网状吊杆拱桥竖向刚度为竖直吊杆拱桥的8.4倍。

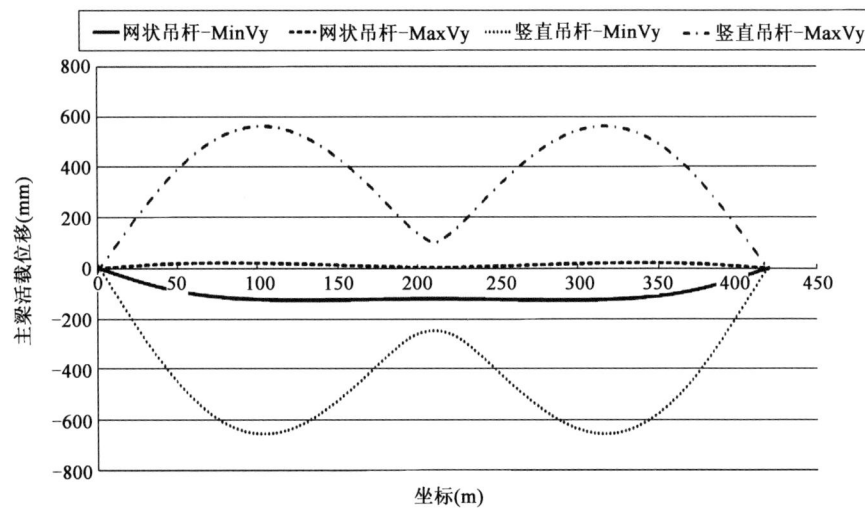

图7 吊杆布置形式对结构刚度的影响

4.2 对静力稳定的影响

表3给出了两种吊杆布置形式下结构静力稳定系数对比情况。可以看出,吊杆布置由网状布置变为竖直吊杆后,一阶失稳模态为主拱面外失稳转为主梁面内失稳,这也说明竖直吊杆系杆拱桥面内刚度显著减小;另一方面,竖直吊杆系杆拱桥由于受力需要,增加了拱肋材料用量,因此主拱面外屈曲稳定系数有所增加。

吊杆布置形式对静力稳定的影响   表3

失稳模态	网状吊杆		数值吊杆	
	稳定系数	失稳方向	稳定系数	失稳方向
1	4.27	横向	2.41	竖向
2	5.62	横向	4.63	横向

4.3 对受力的影响

不同吊杆布置形式对拱肋、主梁的受力影响详见图8、图9。恒载、活载作用下,不同吊杆布置形式的吊杆轴力对比如图10、图11所示。

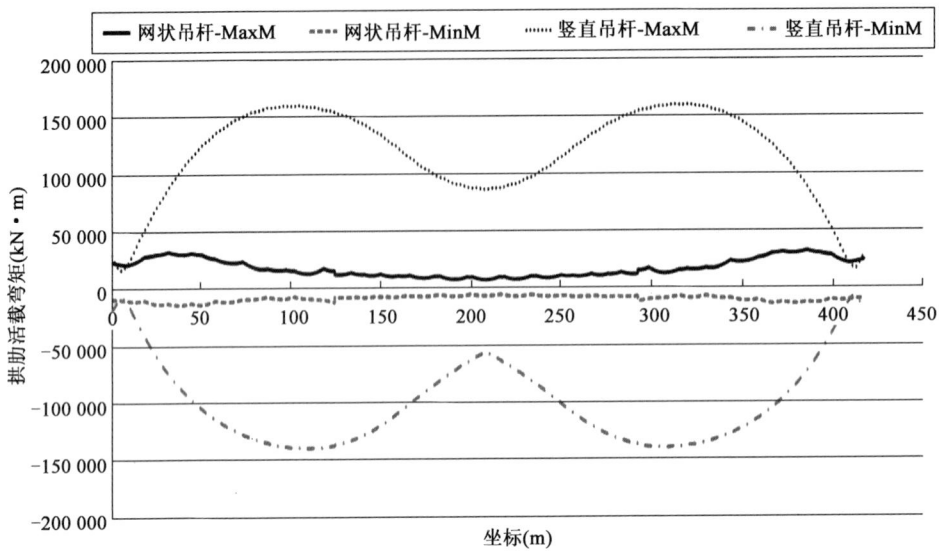

图8 吊杆布置形式对拱肋活载弯矩影响

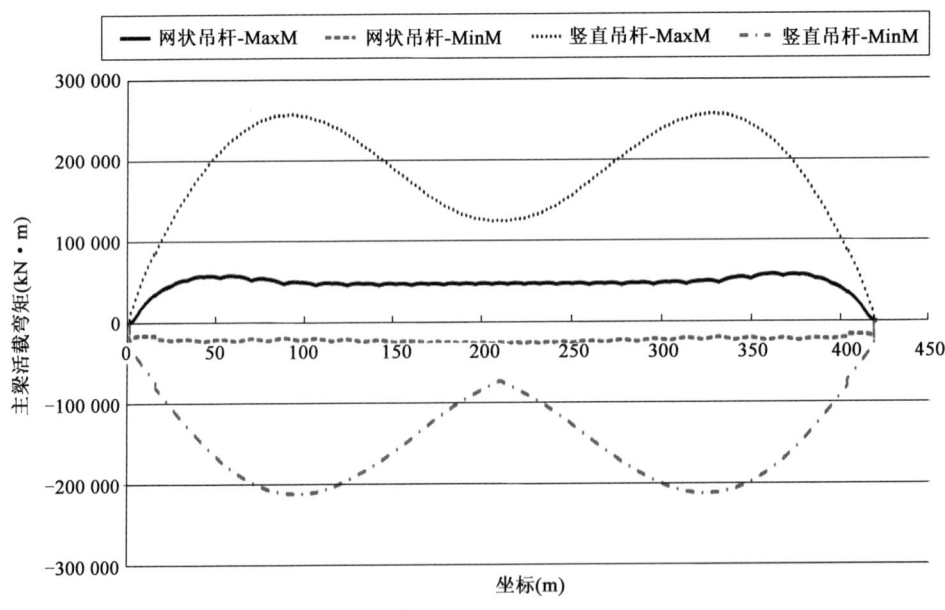

图9 吊杆布置形式对主梁活载弯矩影响

由图8可见,竖直吊杆拱桥主拱活载正负弯矩包络值分别为154 329kN·m、−136 929kN·m,网状吊杆拱桥主拱活载正负弯矩包络值分别为16 126kN·m、−8 286kN·m,主拱弯矩分别降低为竖直吊杆系杆拱桥的10.4%、6.0%。由图9可见,竖直吊杆系杆拱桥主梁活载正负弯矩包络值分别为257 518kN·m、−212 182kN·m,网状吊杆系杆拱桥主梁活载正负弯矩包络值分别为58 782kN·m、−25 877kN·m,主梁弯矩分别降低为竖直吊杆系杆拱桥的22.8%、12.2%。由图10可见,采用竖直吊杆后,由于吊杆竖向支撑效率提高,吊杆恒载轴力总体减小。由图 11 可见,采用竖直吊杆,吊杆活载轴力幅显著减小,约为网状吊杆的 0.49 倍。考虑到竖直吊杆选用吊索规格相对较小,其活载应力幅约为网状吊杆的 0.63 倍。

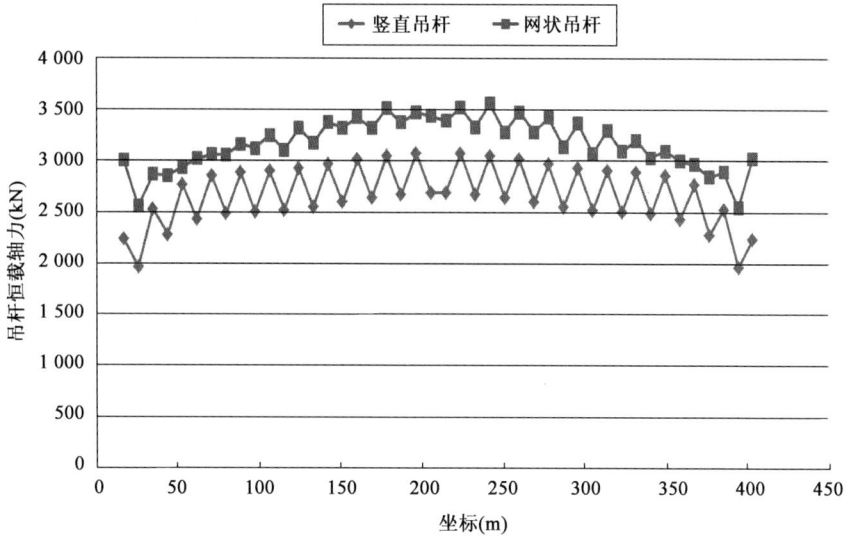

图 10　两种吊杆布置下吊杆恒载轴力对比

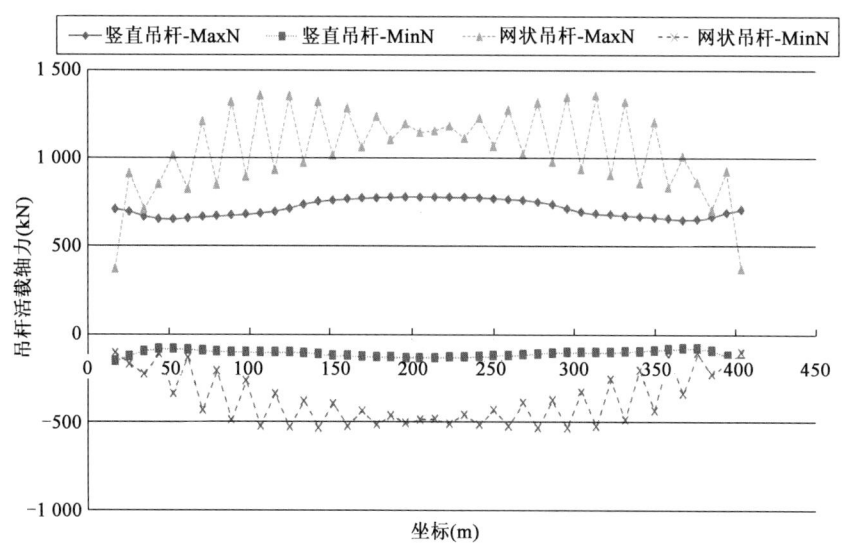

图 11　两种吊杆布置下吊杆活载轴力对比

4.4　对材料指标的影响

表 4 列出两种吊杆布置形式下拱桥拱、梁、索材料用量对比。

两种吊杆布置下材料用量对比　　　表 4

布置形式	主 拱		主 梁		吊 杆	
	材料用量(t)	指标(kg/m²)	材料用量(t)	指标(kg/m²)	规格	总重(t)
网状吊杆	8 514.4	334.0	12 400.0	486.4	15－55	357.6
竖直吊杆	10 482.1	411.2	13 718.3	538.1	15－43	242.6

由表 4 可见,竖直吊杆拱桥主拱、主梁用钢量是网状吊杆的 1.23 倍、1.11 倍。值得说明

的是,该材料用量仅能保证拱、梁受力满足要求,从满足静力稳定要求角度出发,实际竖直吊杆系杆拱桥的主拱指标应该更高。当然,竖直吊杆拱桥吊杆材料用量是网状吊杆拱桥的0.68倍,说明网状吊杆系杆拱桥吊杆材料用量会有一定的增加。

5 结语

网状吊杆系杆拱桥由于吊杆交叉布置,具有独特的景观效果,良好的受力性能及经济性能,是一种具有很强竞争力的桥梁形式。济南齐鲁黄河大桥具有跨径大、桥面宽、公轨合建等特点,通过对系梁合理构造、网状吊杆布置、高应力幅吊杆体系等的创新设计,实现了工程的安全、合理、耐久与经济性。工程正处于施工阶段,预计于2021年竣工通车。

参 考 文 献

[1] Pircher M, Stacha M, Wagner J. Stability of network arch bridges under traffic loading[J]. Bridge Engineering, 2013, 166:186-192.

[2] 刘钊,秦卫红,惠卓.日本新浜寺桥——一座大跨度尼尔森-洛斯体系的桥梁[J].国外桥梁,1999(04):14-20.

[3] 朱小康,聂永福,刘钊.高速铁路网状吊杆系杆拱桥合理吊杆内力研究[Z].中国上海,2010:5.

[4] 苏庆田,韩旭,姜旭,等.U形肋正交异性组合桥面板力学性能[J].哈尔滨工业大学学报,2016(09):14-19.

[5] Pipinato A. Structural analysis and design of a multispan network arch bridge[J]. Bridge Engineering, 2016, 169(BE1):54-66.

[6] 何波.高速铁路网状吊杆系杆拱桥结构分析[D].成都:西南交通大学,2016.

3. 齐鲁黄河大桥抗震约束体系

王 伟[1] 赵世超[1] 汤 虎[2]

(1.济南城鲁建设工程有限公司;2.上海市政工程设计研究总院(集团)有限公司)

摘 要:济南齐鲁黄河大桥主桥为下承式系杆拱桥,长1 170m,其中桥跨组合为(95m+280m)+420m+(280m+95m),主桥跨度420m的网状吊杆系杆拱桥,建成后将成为同类桥型跨径世界第一。桥宽60.7m,采用一级公路标准,双向8车道,主桥范围为公轨合建的桥梁形式,中间预留城市轨道交通空间,兼顾城市主干路功能。本文介绍其抗震约束体系及抗震计算。

关键词:网状吊杆 系杆拱桥 约束体系 分离型减隔震装置 动力特性

1 工程概况

齐鲁黄河大桥是济南北跨携河发展的"三桥一隧"战略通道之一,经过济南市槐荫区、天桥区,南起齐鲁大道与济齐路交叉口,接现状齐鲁大道,依次跨越美里路、济广高速公路,经过郑家店村东,跨越黄河后,与G309交叉相交。

项目全长6 742m,设计行车速度60km/h,其中齐鲁黄河大桥主桥为下承式系杆拱桥,长1 170m,其桥跨组合为(95m+280m)+420m+(280m+95m),主桥跨度420m的网状吊杆系杆拱桥,总体布置如图1、图2所示,建成后将成为同类桥型跨径世界第一。桥宽60.7m,采用一级公路标准,双向8车道,主桥范围为公轨合建的桥梁形式,中间预留城市轨道交通空间,兼顾城市主干路功能。梁高4m,主拱矢高69.5m,吊索采用400MPa高应力幅钢绞线拉索,实现下承式网状系杆拱桥。这座桥也将创造最大跨度、最大梁宽、高应力索三项"世界之最"。

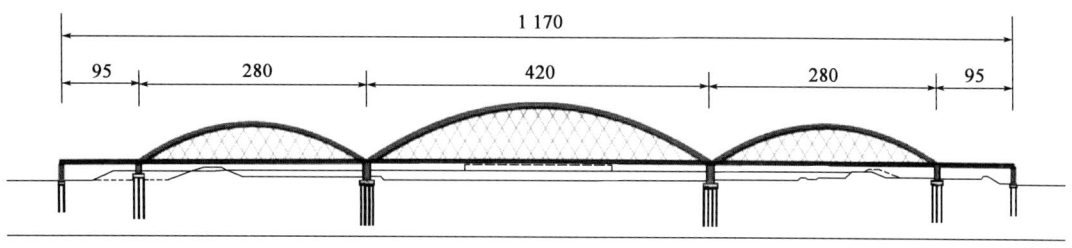

图1 齐鲁黄河大桥立面布置(尺寸单位:m)

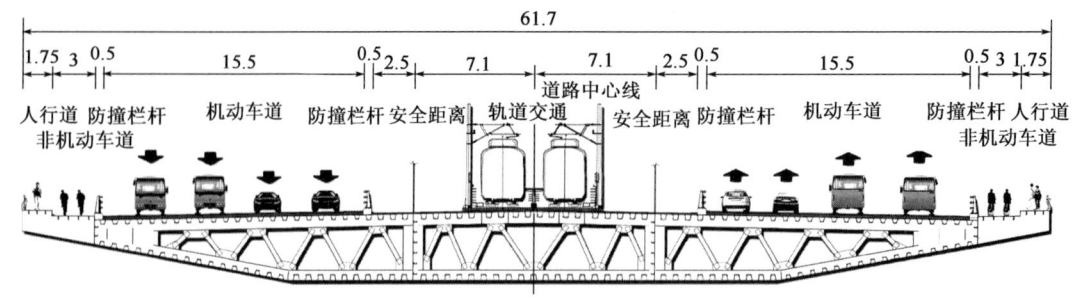

图 2 齐鲁黄河大桥横断面布置(尺寸单位:m)

2 结构约束体系

从行车舒适性角度出发,齐鲁黄河大桥主桥以布置(95m+280m+420m+280m+95m)一联为宜,尽量减少伸缩缝。但主桥如采用一联布置,同时也存在以下困难:

(1)为适应全桥1 170m的上部结构温度变形等,主、引桥交接处伸缩缝装置伸缩量需求较大。

(2)280m跨与420m跨交接墩处的支座吨位需求大,竖向承载力需求达21 000kN,国内目前可查的大吨位球钢支座为南京大胜关长江大桥7号墩采用的18 000kN[1],国内外均无定型产品,必须在结构上进行创新设计、分析和试验。

(3)顺桥向约束体系布置困难:全桥一联顺桥向如只布置一个固定支座,运营荷载下全联制动力及水平地震力仅由单个固定墩承受,对固定墩要求极高,从合理分配受力角度出发,应当在其他活动墩处额外设置固定支座或者Lock-up装置[2],但如此势必会带来运营期间温度变形受限或构造处理复杂的影响。

综合考虑,齐鲁黄河大桥主桥采用三跨系杆拱桥,分为(95m+280m)+420m+(280m+95m)三联,三联主桥分别在P19、P20、P21设置固定墩,其余墩在顺向均为活动墩;各桥墩在横桥向均为一个固定支座、一个活动支座。结构约束体系布置如图3~图5所示。

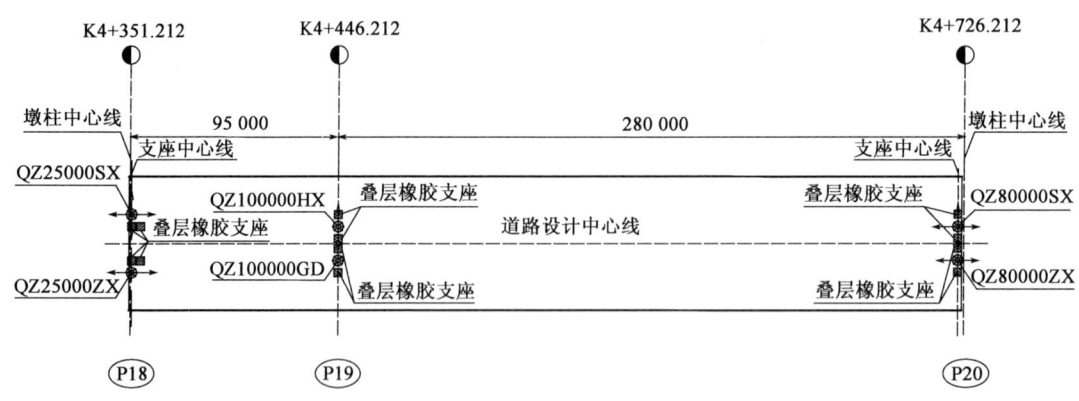

图 3 (95m+280m)联主桥约束体系(尺寸单位:mm)

考虑到本工程系杆拱桥结构振动周期较短,同时上部结构重量大,最终决定主桥采用减隔震设计。考虑到本工程主桥吨位较大,橡胶类减隔震装置(铅芯橡胶支座、高阻尼橡胶支座)因吨位问题基本无法适用,可选择的减隔震装置主要分为两类[3]:

(1)整体式摩擦摆式减隔震支座。
(2)分离型减隔震装置(橡胶支座+摩擦支座)。

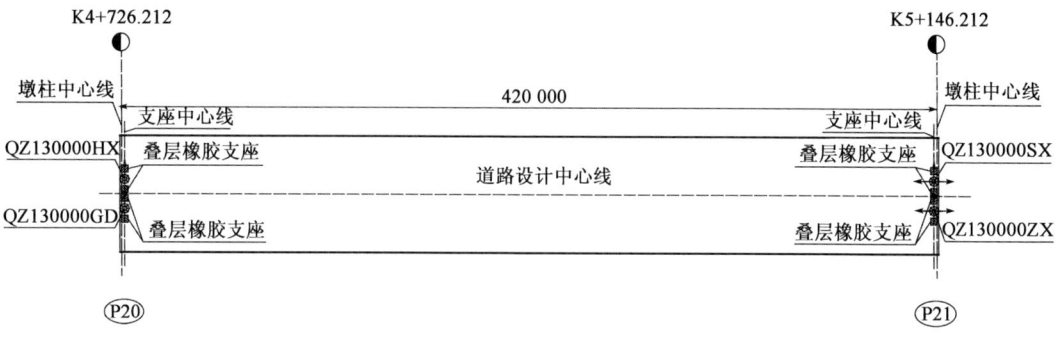

图4 420m联主桥约束体系(尺寸单位:mm)

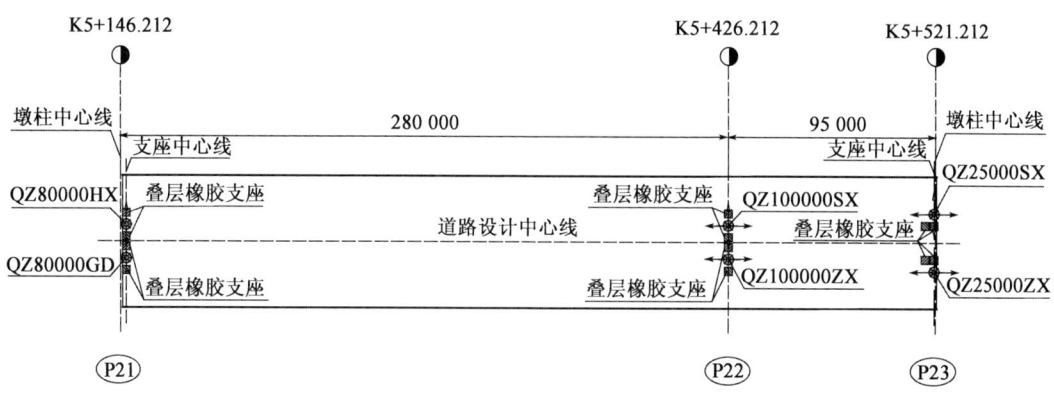

图5 (280m+95m)联主桥约束体系(尺寸单位:mm)

考虑到本工程为公轨合建桥梁,受轨道桥梁行车平顺性和梁端转角影响,常规摩擦摆式减隔震支座滑动底盘半径不宜太小,因此减震效果一般,尤其是梁端位移控制,同时承载力13 000kN的大吨位摩擦摆式减隔震支座国内工程应用并不多见。

综合考虑,齐鲁黄河大桥采用了功能分离、球钢支座与叠层橡胶支座并联的组合减隔震新体系,震后易修复,经济指标比双曲面减隔震支座节省25%~50%。该减隔震体系适应性强,可适用于采用大吨位支座的梁桥、拱桥和斜拉桥等不同桥型。该减隔震体系已在宁波三官堂大桥(主跨465m三跨连续钢桁梁桥)、宁波中兴大桥(主跨400m矮塔斜拉桥)得到应用。

在运营荷载下,结构约束体系如上所述,并保证支座不发生剪断。在设计地震作用下,上述体系中的固定支座约束均发生剪断,全桥约束进入减隔震体系:一方面,利用普通球钢支座的滑动延长结构振动周期,隔离地震动输入;另一方面,利用叠层橡胶支座的弹性剪切刚度提供减隔震体系的回复力,控制结构地震位移。顺、横向固定支座剪断力设置情况如表1所示。

支座剪断力设置 表1

支座规格(kN)	顺桥向剪断力/支座吨位(%)	横桥向剪断力/支座吨位(%)
QZ130000	16	12
QZ100000	10	12
QZ80000	16	10

叠层橡胶支座在每只普通球钢支座两侧横向布置,(95m+280m)一联共12只,420m一联共8只,(280m+95m)一联共12只,全桥合计32只。每个球钢支座两侧的叠层橡胶支座提供

的总弹性剪切刚度为30 720kN/m。

3 抗震设防目标

3.1 设防目标

根据《公路桥梁抗震设计细则》(JTG/T B02-01—2008),齐鲁黄河大桥主桥按A类桥梁进行抗震设防,用E1地震作用和E2地震作用两种地震动水平进行抗震设防。大桥相应的性能目标确定为具体抗震设防标准可见表2。

抗震设防标准及性能目标 表2

桥梁设防分类	设防地震概率水平	结构性能要求	结构校核目标
A类桥梁	E1地震作用	结构在弹性范围	主要结构校核强度,结构不发生损伤,截面不发生屈服
	E2地震作用	结构基本在弹性范围内,基本无损伤	主要结构校核强度,结构基本不发生损伤,截面基本不发生屈服

3.2 地震动参数

根据《济南齐鲁大道跨黄河通道工程工程场地地震安全性评价报告》[4],本桥按照7度设防,场地设计反应谱取如下表达式:

$$S_a(t) = \begin{cases} A_{\max}[1 + 10(\beta_m - 1)T] & T \leq 0.1\text{s} \\ A_{\max}\beta_m & 0.1\text{s} \leq T \leq T_g \\ A_{\max}\beta_m(T_g/T)^c & T_g \leq T \leq 5T_g \\ A_{\max}\beta_m[0.2^c - 0.02(T - 5T_g)] & 5T_g \leq T \leq 6\text{s} \end{cases}$$

式中:$A_{\max}$——设计地震动峰值加速度;

β_m——设计地震动动力放大系数最大值;

T——反应谱周期,s;

T_g——特征周期,s;

c——衰减系数。

跨黄河大桥工程场地地表5%、4%阻尼比和50年、100年不同超越概率水平向地震动参数取值详见表3。此外,对于大跨度桥梁结构,抗震计算应考虑竖向地震动的影响,本工程竖向地震动加速度取值取水平向结果的65%,反应谱形同参数与水平向反应谱相同。

设计地震动加速度反应谱参数取值 表3

地表地震动参数	超越概率水平				
	100年63%	50年10%	100年10%	50年2%	100年2%
$A_{\max}$(cm/m²)水平向	52	105	138	175	230
$A_{\max}$(cm/m²)竖向	34	68	90	114	150
β_m(阻尼比5%)	2.5	2.5	2.5	2.5	2.5
β_m(阻尼比4%)	2.7	2.7	2.7	2.7	2.7

本工程选用50年10%超越概率、50年2%超越概率分别作为E1地震作用、E2地震作用。地震动时程曲线由安评单位提供。

4 有限元计算模型

4.1 线形计算模型

主桥采用(95m+280m)+420m+(280m+95m)五跨三连拱网状吊杆组合梁拱桥结构,拱肋采用焊接钢箱梁结构,主梁采用正交异性组合桥面板组合梁结构,吊杆采用钢绞线拉索,网状布置,主墩采用混凝土结构,基础采用钻孔灌注桩。

采用 SAP2000 有限元程序,齐鲁大道主桥的动力空间计算模型。有限元计算模型以顺桥向为 X 轴,横桥向为 Y 轴,竖向为 Z 轴。主梁、拱肋、墩柱均采用空间的梁单元,斜吊索采用桁架单元。承台模拟为质点,赋予承台质量,并与墩底和桩基顶部节点形成主从连接。各桥墩处的桩基础采用土弹簧模型加以模拟。二期恒载等效为线质量均匀施加主梁上。计算模型中各部分约束条件详见表4,计算模型见图6。

线性模型边界及连接条件　　　　表4

位置	自由度					
	X	Y	Z	θ_x	θ_y	θ_z
主梁和固定墩	1	1	1	1	0	1
主梁与活动墩	0	1	1	1	0	0
桥墩承台底	s	s	s	s	s	s

注:0 表示自由,1 表示主从或固结,s 表示弹簧约束。

地震输入采用了两种方式:①纵桥向+竖向;②横桥向+竖向,其中竖向地震输入取水平向地震输入的65%。反应谱分析取前300阶振型进行计算,其中振型组合采用CQC法,方向组合采用SRSS法。非线性时程分析考虑的非线性因素:梁单元梁柱效应、普通球钢支座的滑动摩阻效应。

4.2 支座滑动摩阻效应

时程分析时考虑普通球钢支座的滑动摩阻效应,采用双线性理想弹塑性弹簧单元模拟,其恢复力模型如图7所示,其中支座临界滑动摩擦力为:

$$F_{max} = \mu R$$

式中:μ——滑动摩擦系数,取值为0.05;

R——支座承担的上部结构重力。

图7中 x_y 为支座滑动临界位移,一般取值为2~3mm。

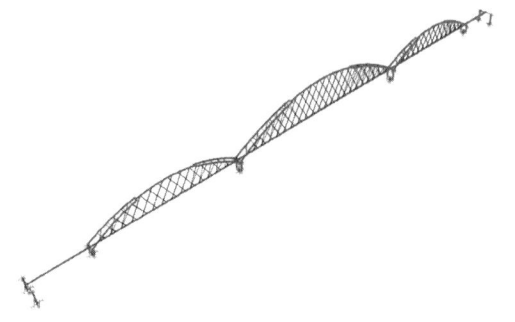

图6　齐鲁大道主桥计算模型

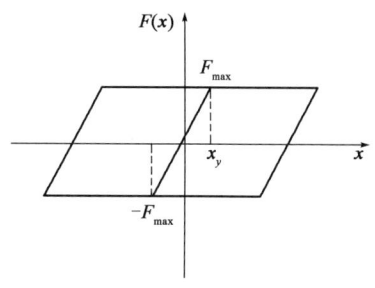

图7　支座摩阻效应恢复力模型

4.3 叠层橡胶支座恢复力模型

叠层橡胶支座采用线性弹簧进行模拟,其剪切刚度 k 按式(1)进行计算:

$$k = \frac{G_d A_r}{\sum t} \tag{1}$$

式中:G_d——橡胶支座动剪切模量,取为 $1\,200\text{kN/m}^2$;

A_r——橡胶支座剪切面积;

$\sum t$——橡胶层总厚度。

5 结构动力特性及抗震分析结果

表5、图8给出了运营荷载约束体系下结构主要振型及振动周期。前几阶振型均以拱肋振动为主,与下部结构抗震设计相关振型直至第八阶振型出现,结构振动周期1.249s,基本位于反应谱衰减区。但考虑到本桥拱梁上部结构重量较一般连续梁桥体系大得多,每联固定支座的地震支座剪力远大于一般梁桥结构,即便在E1地震作用下,固定墩支座不发生剪断的剪力需求值极大,很难满足。为此,表6给出的各支座约束方向的支座剪断力为满足正常运营荷载下的剪力需求,在E1地震作用下,各支座约束方向即发生剪断,全桥进入减隔振模式。

结构动力特性　　　　　表5

序号	周期(s)	频率(Hz)	振型描述
1	3.0621	0.3266	420m 主拱横向振动
2	1.7859	0.5599	420m 主拱横向振动
3	1.7344	0.5766	420m 主拱竖向振动
4	1.6100	0.6211	280m 主拱横向振动
5	1.5779	0.6338	280m 主拱横向振动
6	1.5580	0.6418	420m 主拱竖向振动
7	1.4384	0.6952	420m 主拱竖向振动
8	1.2490	0.8007	(280m+95m)联纵向振动
9	1.2251	0.8162	(95m+280m)联纵向振动
10	1.2230	0.8176	420m 主拱竖向振动

E2地震作用下结构地震位移(单位:m)　　　　　表6

地震输入	梁跨	关键点	单位	
			纵向+竖向输入	横向+竖向输入
顺桥向	95+280	主梁左端	0.145	0.078
		固定墩处	0.146	0.117
		主梁右端	0.145	0.159
	420	主梁左端	0.166	0.161
		主梁右端	0.164	0.161
	280+95	主梁左端	0.148	0.163
		固定墩处	0.147	0.118
		主梁右端	0.146	0.076

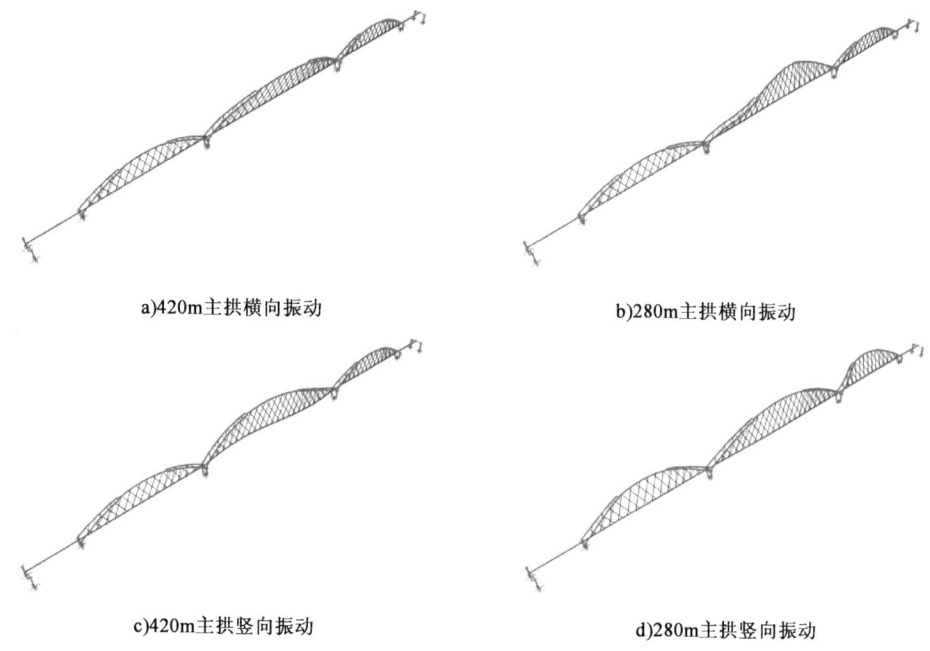

图 8　主要振型

E2 地震作用下,各联关键点地震位移如表 6 所示。可以看出,在纵向 + 竖向地震、横向 + 竖向地震输入下,梁端最大地震位移 0.166m,该抗震约束体系控制结构位移效果良好。

经验算,在 E2 地震作用下,本桥抗震约束体系下,所有桥墩及桥墩桩基础均保持弹性工作状态,满足抗震设防目标和性能要求。

6　结语

(1)本文介绍了齐鲁黄河大桥抗震约束体系综合比选及布置情况、抗震设防目标和性能要求、抗震计算模型及抗震分析结果,通过计算分析表明,大桥抗震约束体系控制结构位移效果良好,所有结构部件均满足抗震设防目标和性能要求。

(2)齐鲁黄河大桥采用了功能分离、球钢支座与叠层橡胶支座并联的组合减隔震新体系,震后易修复,经济指标比双曲面减隔震支座节省 25% ~ 50%。该减隔震体系适应性强,可适用于采用大吨位支座的梁桥、拱桥和斜拉桥等不同桥型,可供国内类似工程参考。

参　考　文　献

[1]　查道宏.大吨位球型钢支座安装技术[J].铁道建筑技术,2011(4):1-3.
[2]　吴陶晶,李建中,管仲国.减隔震装置作用机理及其在大跨度连续梁桥中的应用[J].结构工程师,2009(04):106-111.
[3]　重庆交通科研设计院.公路桥梁抗震设计细则:JTG/T B02-01—2008[S].北京:人民交通出版社,2008.
[4]　济南齐鲁大道跨黄河通道工程工程场地地震安全性评价报告[R].山东同方防震技术有限公司,2017.

4. 主跨420m网状吊杆系杆拱桥主拱设计

汤 虎 周伟翔 张洪金 陈 亮
(上海市政工程设计研究总院(集团)有限公司)

摘 要:济南齐鲁黄河大桥主桥为下承式系杆拱桥,长1170m,其中桥跨组合为(95m+280m)+420m+(280m+95m),主桥跨度420m的网状吊杆系杆拱桥,建成后将成为同类桥型跨径世界第一。桥宽60.7m,采用一级公路标准,双向8车道,主桥范围为公轨合建的桥梁形式,中间预留城市轨道交通空间,兼顾城市主干路功能。本文介绍大桥420m跨主桥主拱设计情况。

关键词:网状吊杆 系杆拱桥 拱轴线 矢跨比 主拱设计

1 工程概况

齐鲁黄河大桥是济南北跨携河发展的"三桥一隧"战略通道之一,项目全长6742m,设计速度60km/h,桥宽60.7m,采用一级公路标准,双向8车道,主桥范围为公轨合建的桥梁形式,中间预留城市轨道交通空间,兼顾城市主干路功能。

黄河特大桥主桥采用(95m+280m)+420m+(280m+95m)五跨三连拱网状吊杆组合梁拱桥结构,拱肋采用焊接钢箱梁结构,主梁采用正交异性组合桥面板组合梁结构,吊杆采用钢绞线拉索、网状布置,主墩采用混凝土结构,基础采用钻孔灌注桩。主桥为420m网状吊杆组合梁拱桥,钢拱肋高69.5m,矢跨比为1/6;桥梁总宽60.7m,双向8车道布置,中间布置双线轨道交通。拱肋采用钢结构,主梁采用组合梁,主梁作为系杆承担拱肋推力。拱肋为五边形箱形断面,高4.0m,宽3.5m。系梁采用钢箱组合截面形式,吊索间距9m,顺桥向倾角约60°。主桥总体布置图如图1、图2所示。

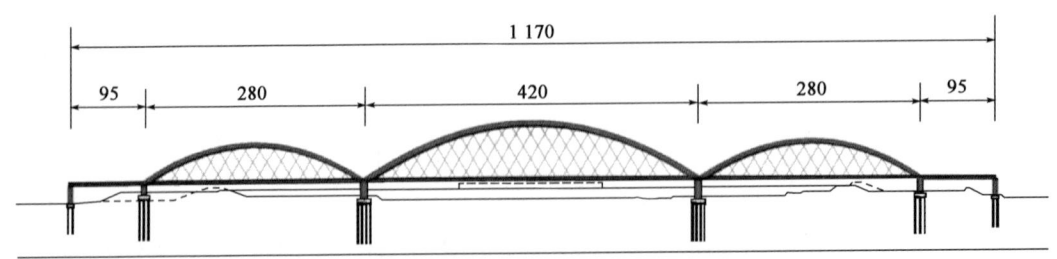

图1 齐鲁黄河大桥立面布置(尺寸单位:m)

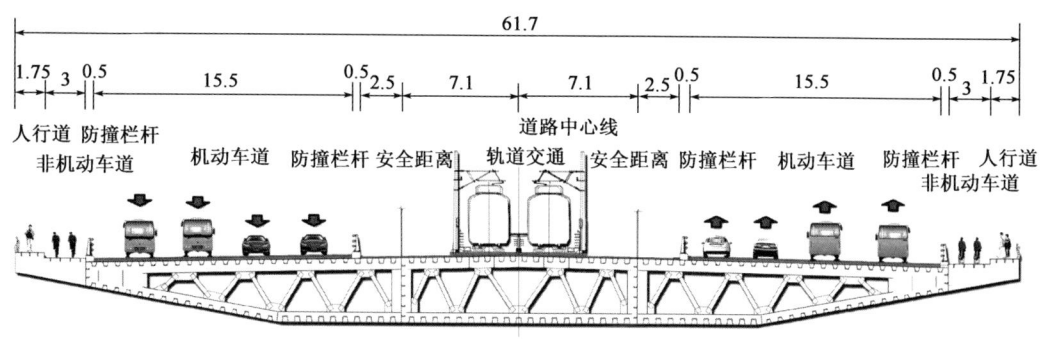

图2 齐鲁黄河大桥横断面布置(尺寸单位:m)

2 拱轴线比选

2.1 常用拱轴线形式

拱桥主拱各个截面的中心连线称为拱轴线。拱轴线影响主拱截面内力分布和大小,尽可能减小外荷载产生剪力和弯矩是选择拱轴线的主要原则。理想的拱轴线应与拱上荷载的压力线相吻合。多段折线、圆弧线、抛物线(或高次抛物线)、悬链线等都是拱桥拱轴线形的常用选择。

2.1.1 多段折线

在多点集中荷载作用下,拱的合理拱轴线为多段折线,这种拱轴线多见于小型拱桥中,也有用于大跨经拱桥的工程实例,如葡萄牙亨里克大桥[1],主跨280m,为刚性梁柔性拱(倒朗格尔拱)结构,采用多直线组合,如图3所示。

2.1.2 圆弧线

圆弧拱轴线对应的恒载压力线是沿弧线径向的均布荷载,线形简单、曲率均匀、造型美观、便于施工。但由于荷载竖向分量在拱顶比在拱脚大,跨径较大时,圆弧拱轴线与恒载压力线偏差较大。代表性拱桥有主跨380m俄罗斯巴戈林斯基大桥[2],如图4所示,主拱矢高约72.7m,矢跨比为1/5,拱肋向主梁的纵轴线内倾12°,拱肋采用箱形截面,截面宽2m,高3.9m。拱肋的圆弧曲线半径为300m,采用竖向和径向的顶推方法。

图3 葡萄牙亨里克大桥

图4 俄罗斯巴戈林斯基大桥

2.1.3 抛物线

抛物线拱轴线对应的恒载压力线是竖向均布荷载。国内外常用的抛物线形方程多为二次抛物线、三次抛物线、四次抛物线或组合抛物线。抛物线形拱轴线多用于中、下承式拱桥。中、下承式拱桥的桥面荷载通过吊杆传递给主拱,吊杆分布密集均匀,主拱所受外荷载近似于均布荷载,此时恒载压力线与抛物线比较接近。代表性拱桥有主跨329m的美国亚利桑那州吉拉县跨越罗斯福湖公路桥[3],拱脚部分采用钢筋混凝土结构,最高水位线以上采用钢箱拱,矢高70.1m,矢跨比1/4.69,如图5所示。

2.1.4 悬链线

在沿拱跨线性分布荷载作用下,合理拱轴线为悬链线。对于恒载分布形式接近上述情况的拱桥,如矢跨比较大的空腹式拱桥和实腹式拱桥等,均可采用悬链线作为拱轴系数。代表性拱桥有柳州官塘大桥[4],净跨450m中承式钢箱拱桥,拱轴线采用悬链线,拱轴系数1.5,净矢高100m,矢跨比1/4.5,如图6所示。

图5 美国罗斯福湖公路桥

图6 柳州官塘大桥

2.2 拱轴线比选

针对齐鲁黄河大桥主跨420m主桥,对拱轴线线形进行对比。考虑本工程为网状吊杆布置的下承式系杆拱桥,桥面荷载通过相对密布、荷载均匀的吊杆传递至主拱,多段折线拱轴线显然与合理拱轴线不符,本文分别对抛物线、圆曲线、悬链线(拱轴系数 $m=3.0$)等三种拱轴线进行比选。相关统计资料表明[5-6]:悬链线拱轴线的拱轴系数 m 多在1.6~3.1的范围内变化。对于本工程,悬链线拱轴系数 $m=1.5$~2.0变化时,拱轴线线形与圆弧线十分接近,为此悬链线计算工况取 $m=3.0$。综上,计算工况跨径 $L=420$m,矢高 $f=70$m,矢跨比为1/6,三种拱轴线矢高相同,拱轴线线型对比情况如图7所示。从图中可以看出,在保持矢高相同的前提下,其余位置的拱高,悬链线($m=3.0$)最高、圆弧线次之、抛物线最低;半拱三分点位置拱高相差最大,与抛物线相比,悬链线($m=3.0$)、圆弧线分别高4.0m、1.9m;抛物线、圆弧线、悬链线($m=3.0$)三种拱轴线的中心线拱长分别为449.3m、450.5m、451.9m,相差不大。

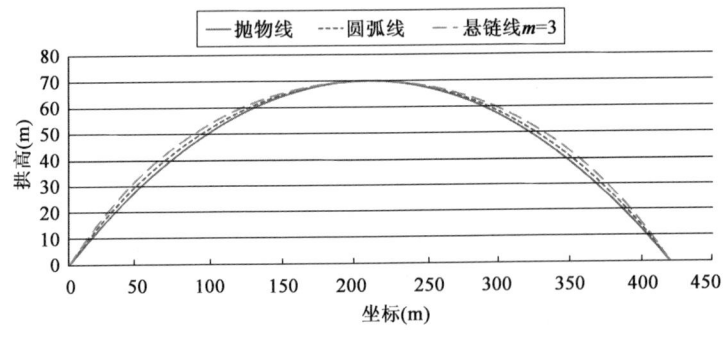
图7 拱轴线对比

图8给出了三种拱轴线工况的主拱在恒载、活载作用下的内力对比,可以看出:

(1)恒载作用下,三种拱轴线工况最大主拱轴力(拱顶附近)相差不大,但拱肋分叉段轴力,抛物线最大、圆弧线次之、悬链线最小,影响幅度在5%以内,这与拱轴线局部拱高相关。

(2)与抛物线工况相比,圆弧线、悬链线两种工况恒载弯矩分别增加20%、40%,但由于本工程采用网状吊杆布置,恒载弯矩占比本身相对较小。

(3)活载作用下,拱轴线线形对活载轴力的影响较小,影响幅度在3%以内;拱轴线线形对活载弯矩的影响也不大,且网状吊杆系杆拱桥活载弯矩的占比更小。

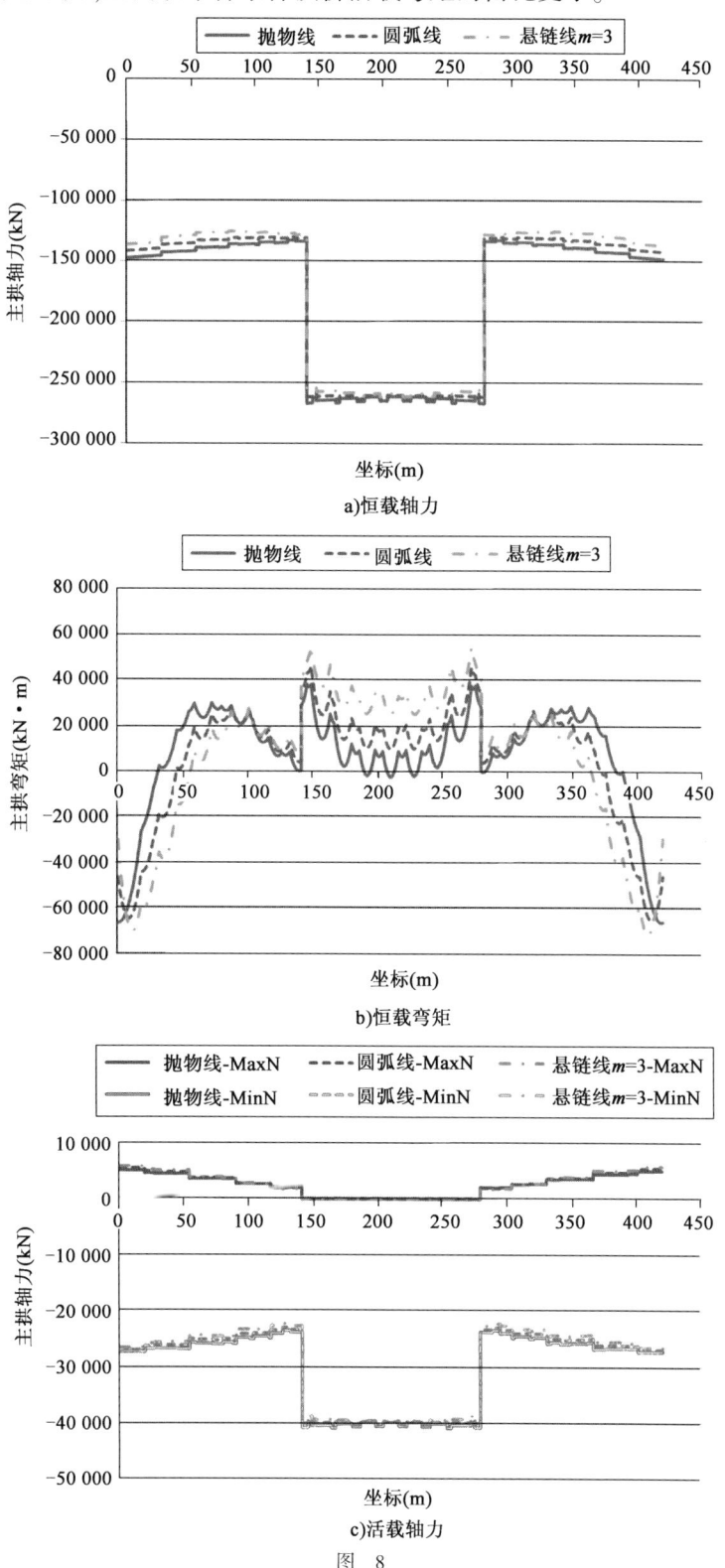

a)恒载轴力

b)恒载弯矩

c)活载轴力

图 8

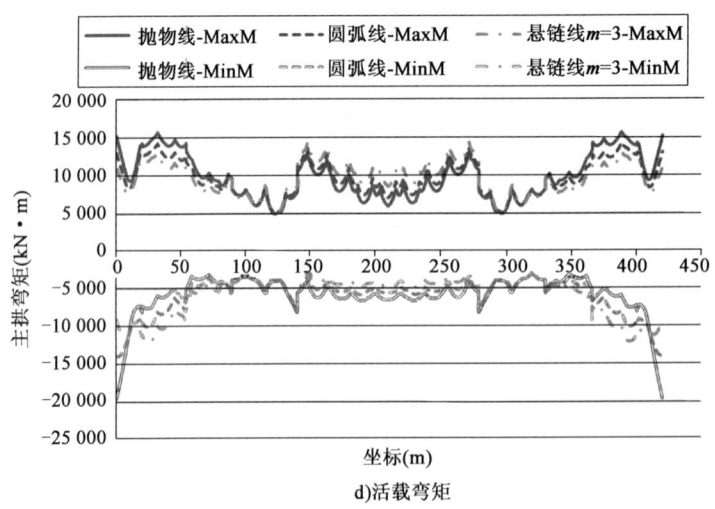

d) 活载弯矩

图8 不同拱轴线下主拱内力对比

选择拱轴线的原则是尽量向压力线靠拢,一般采用恒载压力线作为拱轴线,恒载作用越大,这种选择就越合理。除了考虑主拱受力有利以外,拱轴线选择还应该考虑外形美观、施工简便等因素。根据对比分析结果,同时考虑网状吊杆系杆拱桥主拱弯矩相对较小的特点,实际上本工程主拱受力对拱轴线线型并不敏感,最终拱轴线确定采用恒载弯矩更小的抛物线线形。

3 矢跨比

矢跨比是拱桥设计的一个重要参数,对拱桥结构特性有显著影响。矢高比较小时,主拱轴力增大,增加了对墩台基础的承载能力要求,同时混凝土收缩徐变、墩台沉降、温度效应等引起的附加内力增加,对主拱受力不利;矢高取值越大,虽然能减小作用在拱座上的水平力,但主拱曲线长度增加、自重增加、结构面外稳定性降低、地震时弯矩、水平力等截面内力变大。

从目前已建拱桥统计结果可知[7],中国钢拱桥矢跨比分布为1/8~1/2,分布范围较宽,其中以1/5~1/4最多,超出此范围的矢跨比(如1/2或1/8)多在小跨径拱桥中使用,矢跨比与跨径之间没有直接联系。

以本工程主跨420m系杆拱桥为研究背景,将主拱肋的矢跨比f/L分别取为1/5、1/6、1/7进行了较为详细的比选,不同矢跨比计算模型如图9所示。不同矢跨比系杆拱桥的结构恒载轴力、结构刚度以及静力稳定比较情况如图10所示,计算结果表明:拱肋矢跨比越小,结构体系刚度越小,拱脚轴力以及主梁承受水平推力越大,同时结构静力稳定系数越小。

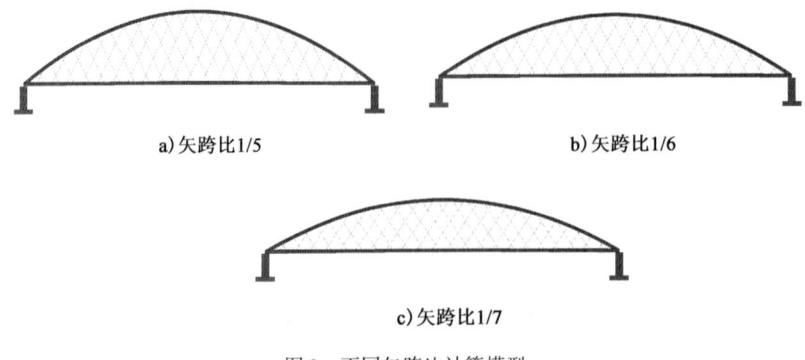

图9 不同矢跨比计算模型

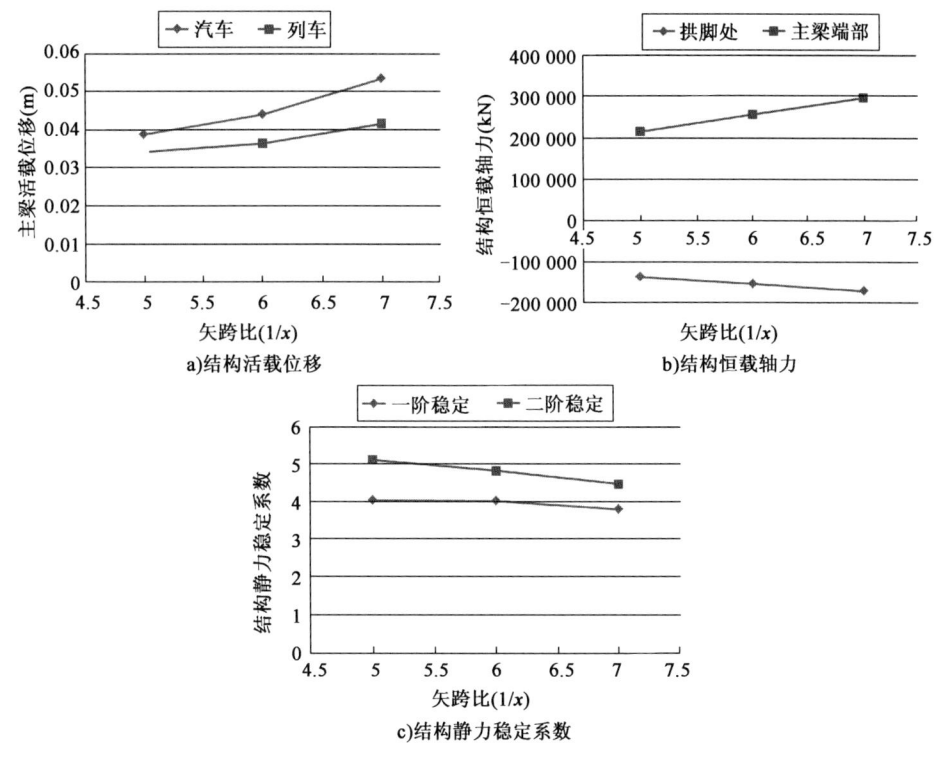

图 10 不同矢跨比结构静力计算结果

矢跨比主要由结构恒载大小、桥位地形地质情况、通航净空要求、施工方案与技术经济、整体稳定以及景观要求等因素决定。综合考虑各项因素,本工程推荐拱肋采用矢跨比 $f/L=1/6$。

4 横撑布置

为了加强结构面外稳定,齐鲁黄河大桥主桥主拱采用自下而上内倾的提篮拱。由于本工程拱肋布置在车行道和轨道交通之间,拱肋间横向间距相对较小,桥面处拱肋横向间距为 14.4m,拱顶附近处的拱肋横向间距仅 2~3m。为此,将拱顶一段长度范围内的拱肋合并为单根拱肋截面,比 K 形撑、米字撑可更为有效地提高结构面外惯矩,有利于结构面外稳定。

同时,由于本工程拱肋之间横向间距较小,分叉拱肋之间采用 K 形撑或米字撑,给人一种杂乱、密集感觉,影响桥上行车的舒适感。因此,在保证结构稳定的前提下,本工程尽量采用较少的横撑,合并段拱肋以下的两根分叉拱肋之间采用一字横撑(图 11),简洁、美观。

图 11 420m 跨主桥横撑布置形式

5 主拱设计

5.1 主拱总体布置

主拱结构不仅要能够承受压力和弯矩,还有能够满足面内外的屈曲稳定要求,而拱的屈曲和抗弯能力与拱肋截面的惯性矩密切相关。拱肋截面在主轴和次轴方向均要具有足够的惯性矩。因此,本工程拱肋采用焊接钢箱形拱肋截面,为了充分利用结构强度、减轻结构自重,拱肋主要板件均采用Q420qE钢材,横隔板及一字撑采用Q345qE钢材。

420m跨系杆拱桥的主拱肋矢跨比为1/6,拱肋高度为69.5m,拱肋内倾角度为3.0°,拱轴线采用二次抛物线,其轴线方程为:$Z = -0.001\,596x^2 + 69.370\,4$($XOZ$,立面);$Y = 0.000\,097\,41x^2 + 2.975\,1$($XOY$,平面)。

5.2 主拱设计

5.2.1 节段划分

420m跨主桥主拱由A类拱肋、B类拱肋、拱肋连接、横撑4部分组成。A类拱肋在拱顶168m范围内通过拱肋连接交汇成整体,B类拱肋之间设有6道横撑。全桥共计12个A类拱肋节段,16个B类拱肋节段(图12)。

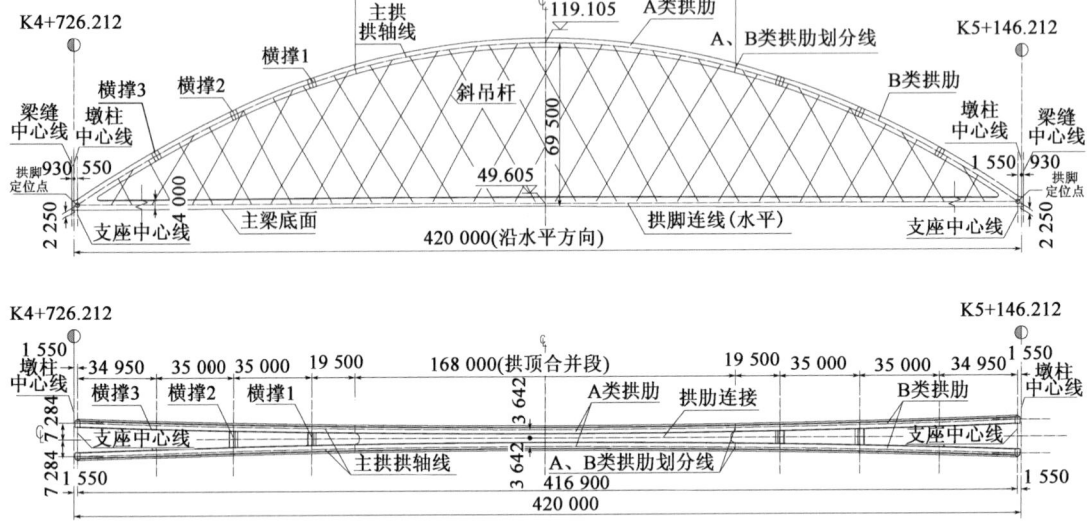

图12 主拱阶段划分(尺寸单位:mm)

5.2.2 拱肋

A、B类拱肋均采用五边形钢箱截面[图13a)],主拱高度4.0m,宽度3.5m,沿拱轴范围保持等高等宽。A类拱肋顶、底板厚度40mm,顶、底板各设3道32mm×320mm纵向加劲肋,内腹板厚度40mm,设4道32mm×320mm纵向加劲肋,两块外腹板厚度为60mm,各设2道45mm×450mm纵向加劲肋;B1(B1′)、B2(B2′)类拱肋顶、底板厚度50mm,顶、底板各设3道40mm×400mm纵向加劲肋,内腹板厚度50mm,设4道40mm×400mm纵向加劲肋,两块外腹板厚度为60mm,各设2道45mm×450mm纵向加劲肋;B3(B3′)、B4(B4′)类拱肋顶、底板厚度55mm,顶、底板各设3道45mm×450mm纵向加劲肋,内腹板厚度55mm,设4道45mm×450mm纵向加劲肋,两块外腹板厚度为60mm,各设2道45mm×450mm纵向加劲肋。拱肋纵向加劲肋平均间距750mm。拱肋横向隔板分为普通隔板、横撑隔板与吊点隔板三类。普通隔板沿拱轴线法线方向布置,间距3.5~4.0m,厚度20mm;横撑隔板与横撑腹板位置对齐,厚度36mm;吊杆隔板沿斜吊杆中心线布置,厚度32mm。

5.2.3 拱肋连接

拱肋连接由顶板、底板和隔板组成[图13b)、c)]。顶板厚36mm,设5道32mm×320mm纵向加劲肋,底板厚36mm,设5~7道32mm×320mm纵向加劲肋,顶、底板纵向加劲的间距均为750m。拱肋连接共54道隔板,除H26、H27隔板厚度采用28mm加强外,其余隔板厚度为16mm。

5.2.4 横撑

横撑采用钢箱结构[图13d)],宽度为3.0m,高度为3.995m,在矩形截面基础上,四角各切边0.5m×0.5m形成八边形截面。顶板、底板及腹板厚度均为40mm,分别设置2道、2道、3道32mm×320mm纵向加劲肋。每根横撑设置3道隔板,厚度为16mm。

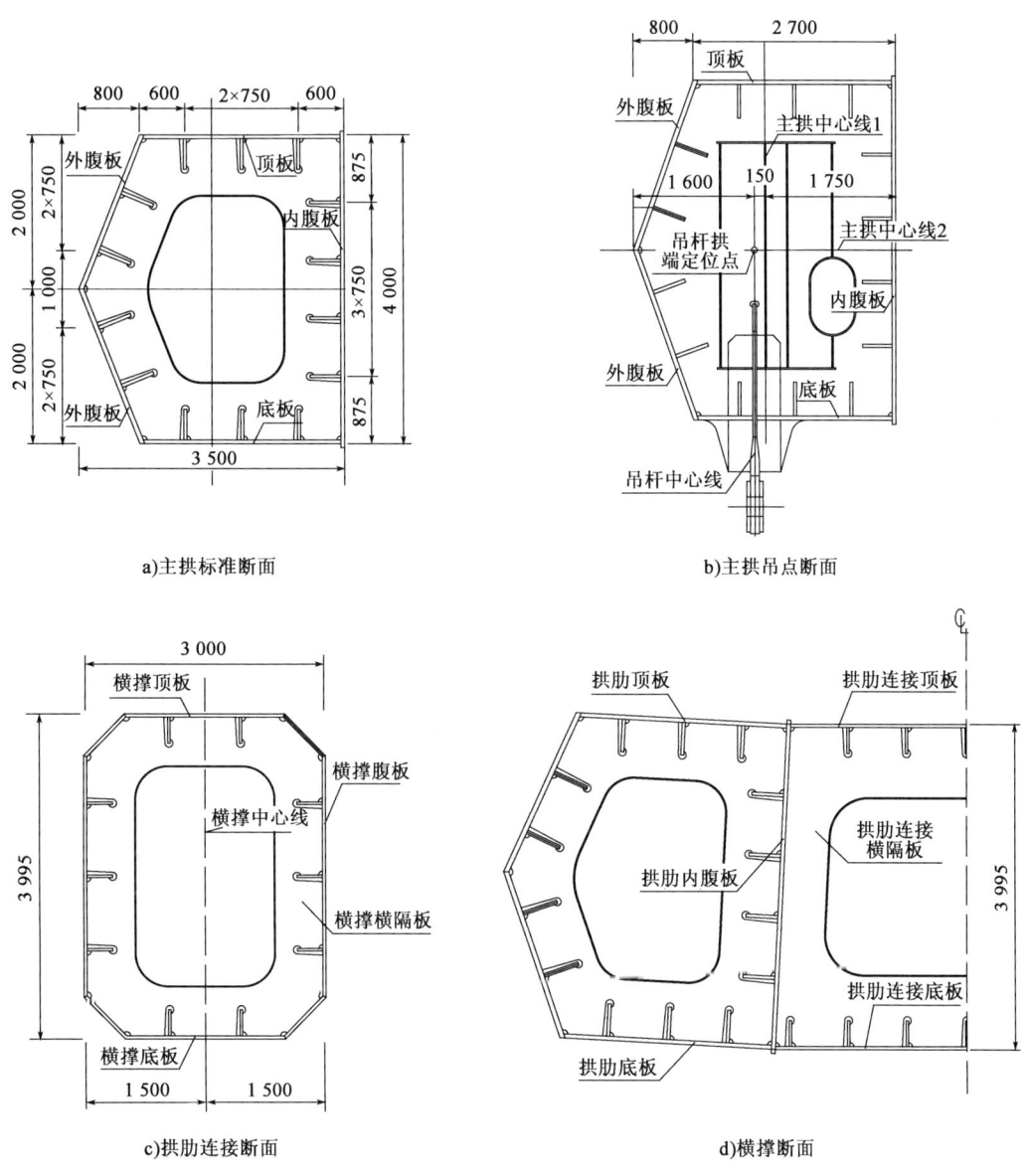

图13 420m跨主拱典型断面(尺寸单位:mm)

5.2.5 拱上锚固构造

吊杆拱上锚固构造采用叉耳板形式,叉耳板插入拱肋隔板,与拱肋隔板、底板采用熔透焊接。网状吊杆由于采用交叉索面,两种倾斜角度的吊耳板不在同一平面内,左右偏移主拱中心线150mm。

6 结语

(1)本文介绍了齐鲁黄河大桥主跨420m网状吊杆系杆拱桥的主拱设计概况;对常用拱轴线线形、矢跨比、横撑布置形式等进行综合比选。

(2)齐鲁黄河大桥主跨420m系杆拱桥,主拱矢高为69.5m,矢跨比均为1/6,拱肋采用焊接五边形钢箱形拱肋截面,截面尺寸3.5m×4.0m(宽×高),拱轴线采用二次抛物线,拱肋内倾角度分别为3.0°,在拱顶168m范围内拱肋合为整体式截面,分叉拱肋间设置6道一字横撑。

参 考 文 献

[1] Adão da Fonseca A, Mato F M. Infant Henrique bridge over the river Douro, Porto[J]. Structural Engineering International, 2005(2):85-85.
[2] 佚名.俄罗斯巴戈林斯基大桥[J].世界桥梁,2016(5):97-98.
[3] 徐继源.罗斯福湖钢拱桥[J].科技情报动态,1992(1):17-19.
[4] 林小军.柳州官塘大桥净跨450m钢箱拱桥设计[J].西南公路,2018,147(03):16-19.
[5] 李晓辉,陈宝春.大跨径拱桥的发展[J].世界桥梁,2007(01):13-16.
[6] 陈宝春.拱桥技术的回顾与展望[J].福州大学学报(自然科学版),2009(1):94-106.
[7] 陈宝春,陈康明,赵秋.中国钢拱桥发展现状调查与分析[J].中外公路,2011(02):127-133.

5. 主跨420m网状吊杆系杆拱桥设计参数研究

周伟翔 汤 虎 陈 亮

(上海市政工程设计研究总院(集团)有限公司)

摘 要:本文以济南齐鲁黄河大桥为工程背景,对网状系杆拱桥主要设计参数进行研究,分析矢跨比、拱肋内倾角、拱肋高度、吊杆布置及横联形式等设计参数对该结构体系力学性能的影响,提出适合于齐鲁黄河大桥的合理设计参数和构造形式。

关键词:网状吊杆拱桥 设计参数 矢跨比 拱肋内倾角 吊杆布置 横联形式

1 引言

下承式系杆拱桥由拱肋、系梁、吊杆、横撑、桥面系等基本结构组成,属外部静定、内部高次超静定结构,兼有拱桥跨越能力大、梁桥对地基适应能力强的特点。系杆拱桥的吊杆布置形式对结构受力有着重要影响,倾斜吊杆可将作用于桥面上的竖向车辆荷载传递到拱肋的更大范围,利用这一特点,特别是在承受非对称荷载时,可减小拱肋、主梁弯矩。当倾斜吊杆仅交叉一次,一般称为尼尔森体系系杆拱桥;当拱桥的倾斜吊杆相互交叉2个以上时,一般称为网状系杆拱桥,可使荷载得到更好的分布,进而显著降低桥面和拱肋的弯曲作用,达到减轻结构自重、节省材料、方便施工、提高结构稳定性能的目的[1]。

网状系杆拱桥起源于20世纪50年代,Per Tveit是网状系杆拱结构的发明者、倡导者和实践者,对网状系杆拱做了较为系统的研究[2],但起初并未受到桥梁界重视,发展较为缓慢。近20年来,随着对网状系杆拱桥研究的逐步重视,国外不少学者对网状吊杆的布置形式及其对拱结构的稳定、受力性能的影响开展了相关研究,网状系杆拱桥的工程影响也逐渐增多。目前,国内部分学者对网状系杆拱桥也进行了相关研究,但尚未见应用到实际工程。本文以济南齐鲁黄河大桥为工程背景,对网状系杆拱桥矢跨比、拱肋内倾角、拱肋高度、吊杆布置及横联形式等主要设计参数进行研究,提出适合于齐鲁黄河大桥的合理设计参数和构造形式,也为此类桥梁的设计提供参考依据。

2 工程概况

背景工程齐鲁黄河大桥为公轨合建桥梁(图1),采用网状吊杆组合梁拱桥,跨径布置为(95m+280m)+420m+(280m+95m)=1 170m,桥面宽度60.7m,420m跨径布置为同类型桥梁跨径之最,如图2、图3所示。拱轴线采用二次抛物线,拱肋采用五边形钢箱断面;拱肋横联形式采用一字撑,撑杆为八边形钢箱断面;吊索采用环氧涂层钢绞线,网状布置;主梁采用正交异性组合桥面板组合梁;不设系杆索,通过主梁受拉抵抗轴力,通过强配筋控制裂缝宽度。主桥采用顶推方法施工。

图1 齐鲁黄河大桥效果图

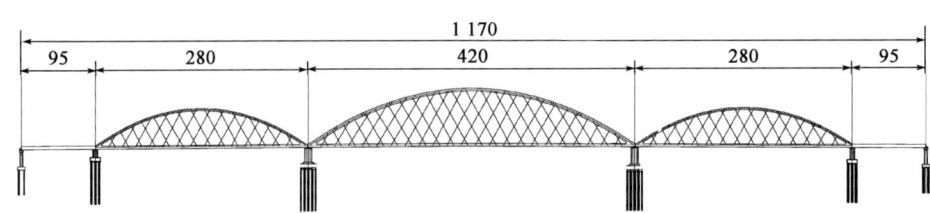

图2 主桥总体布置图(尺寸单位:m)

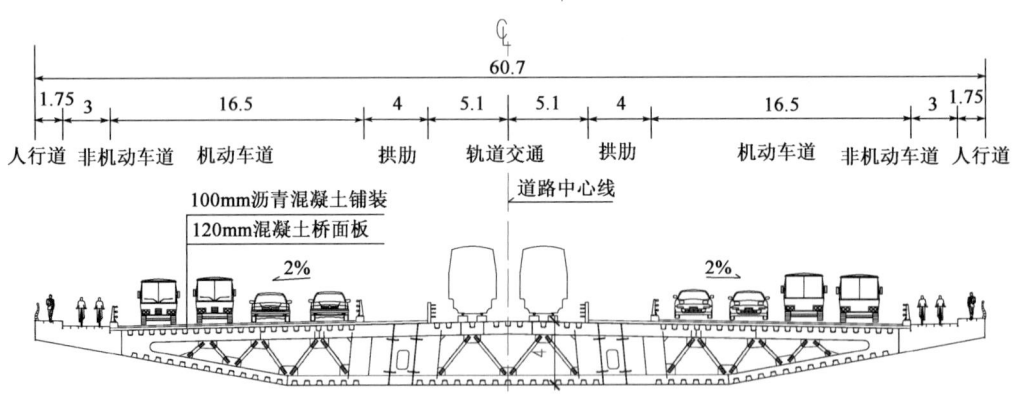

图3 主桥标准断面图(尺寸单位:mm)

3 设计参数研究

以420m跨网状系杆组合梁拱桥为研究对象,建立有限元计算分析模型,计算分析矢跨比、拱肋内倾角、拱肋高度、吊杆布置及横联形式等参数变化时的结构受力变化情况,得到不同参数对大跨网状系杆拱桥受力性能的影响。计算分析中,主拱、横撑、主梁、墩柱均采用空间梁单元模拟;吊杆采用桁架单元模拟,外部约束条件按照简支约束。

3.1 拱肋参数

3.1.1 矢跨比

矢跨比是拱桥的一个重要特征数据,它不仅影响体系的内力和稳定性,同时也是拱肋施工方案和景观效果考虑的重要因素。常规系杆拱桥矢跨比多为 1/7～1/4,为确定合理的矢跨比,对拱肋的矢跨比 f/L 分别选取 1/5、1/6、1/7 进行详细比选。

不同矢跨比对系杆拱桥的结构恒载轴力、结构刚度以及静力稳定比较情况如图 4 所示。计算结果表明:拱肋矢跨比越小,恒载下拱脚轴力及主梁水平推力越大,而结构体系刚度及静力稳定系数越小;但主拱矢跨比过大,不利于拱肋安装施工,还会影响桥梁的景观造型。综合考虑结构受力、拱肋施工难度、景观效果等因素,推荐拱肋矢跨比 $f/L = 1/6$。

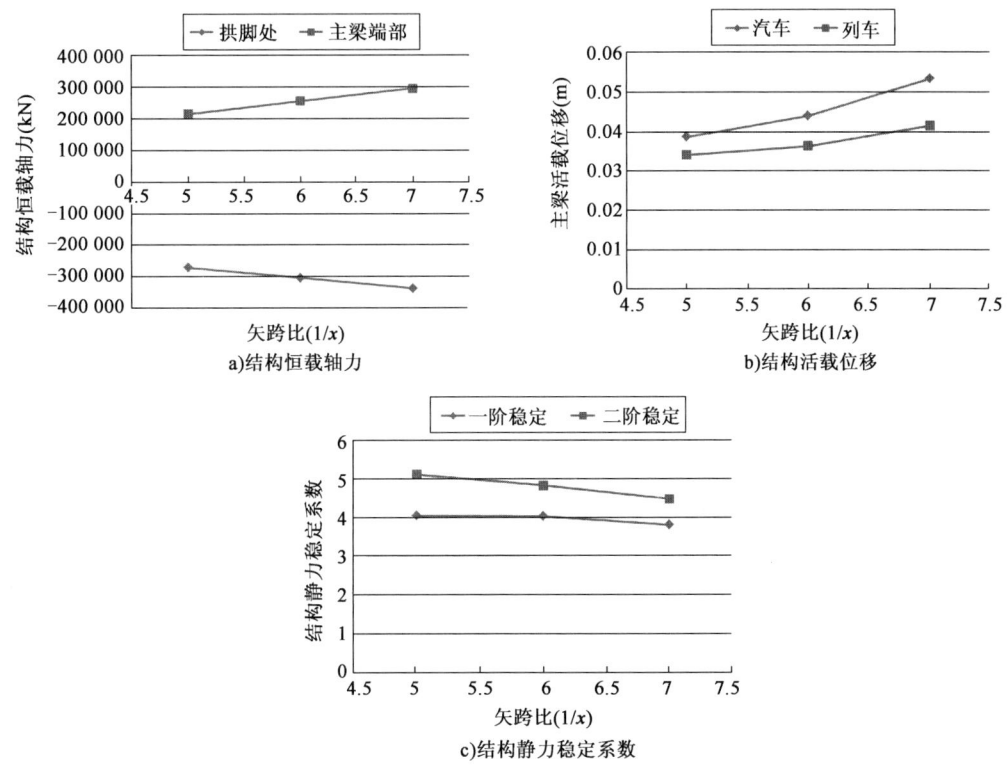

图 4 不同矢跨比对恒载轴力、活载位移及稳定系数影响

3.1.2 拱肋内倾角

提篮拱就是将平行拱肋向桥梁轴线方向倾斜,甚至在拱顶合龙,形成空间上的拱式结构,它能改善平行拱的结构特性,增强横向稳定性,有效解决施工中的面外稳定问题,同时提篮拱的形式极富美学价值。齐鲁大桥主桥由于轨道交通限界的限制,拱肋实际可内倾角度已经很小,因此将主拱肋的内倾角度分别取为 2.5°、3.0°、3.5° 进行了比选,并对拱顶两片拱肋局部区段进行合并。

图 5 给出了结构稳定系数随拱肋内倾角度的变化关系,图 6 给出相应失稳模态。可以看出随着内倾角度越大,结构稳定系数逐渐减小,主要原因是前两阶失稳均由拱顶合并段控制,而随着内倾角度的增大,拱顶合并段横向惯矩减小,更容易发生失稳。但从景观角度看,拱肋

内倾角度越大,提篮拱造型越显著、优美。综合考虑轨道交通限界、拱肋布置、拱肋宽度等因素限制,将拱肋内倾3.0°形成提篮拱,同时将拱顶两片拱肋合二为一。

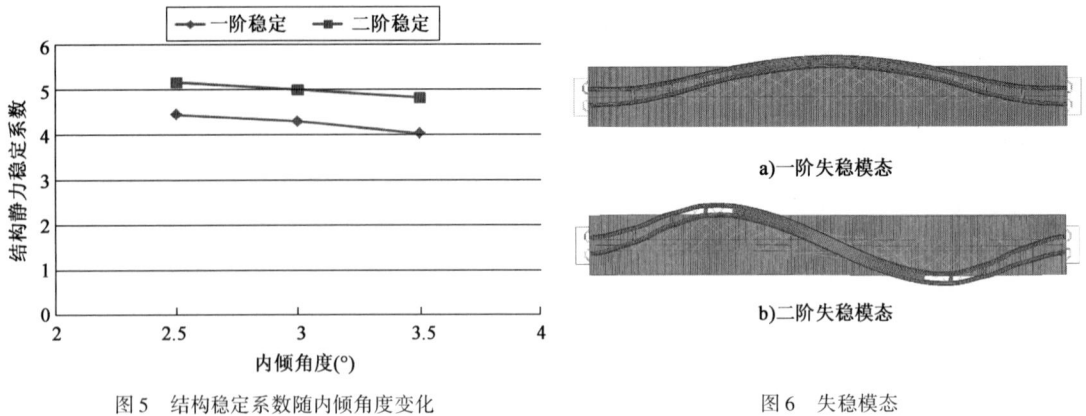

图5 结构稳定系数随内倾角度变化　　图6 失稳模态

3.1.3 拱肋高度

系杆拱桥和推力拱桥不同,主梁和拱肋两者相互影响,两者的截面尺寸选择相关性很强,需要充分考虑主梁和拱肋之间材料的合理分配,通常拱肋和梁的截面总高度与跨度的比值合理范围在1/45～1/30之间,对网状系杆拱桥该比值甚至可以达到1/100[1]。齐鲁大桥主桥桥面宽度达60.7m,主梁高度选择4.0m,这是由顶推施工及主梁横向受力决定的,根据拱肋和梁与跨度的比值合理范围,对拱肋高度分别取3.0m、4.0m、5.0m进行比选。

不同拱肋高度下结构活载位移、结构受力情况以及静力稳定比较情况如图7所示,从图7a)、b)可以看出:随着拱肋高度增加,活载下的主梁竖向位移减小,结构刚度增加;同时结构静力稳定系数也随拱肋高度增加而增加。从图7c)、d)可以看出:恒载和活载下主梁最大弯矩随着拱肋高度增加而减小,而拱肋弯矩变化规律则反之,这也反映出不同拱、梁刚度比对弯矩在两者间分配关系的影响,但主梁和拱肋轴力随着拱肋高度增加而基本保持不变。

考虑到主梁主要由顶推及横向受力控制,纵向受力是比较富余的。因此,为了充分利用主梁材料,在满足结构静力稳定以及拱肋受力的前提下,拱肋高度宜尽量取小,最终确定采用拱肋高度4.0m。

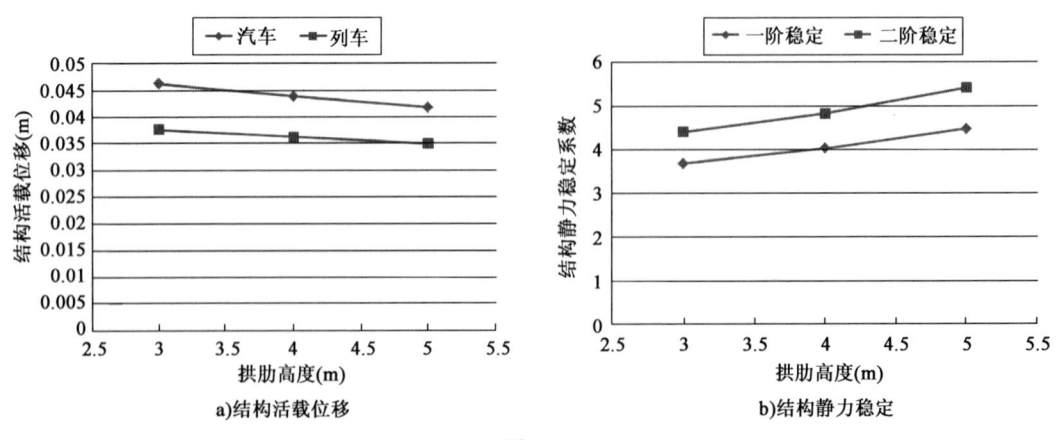

图 7

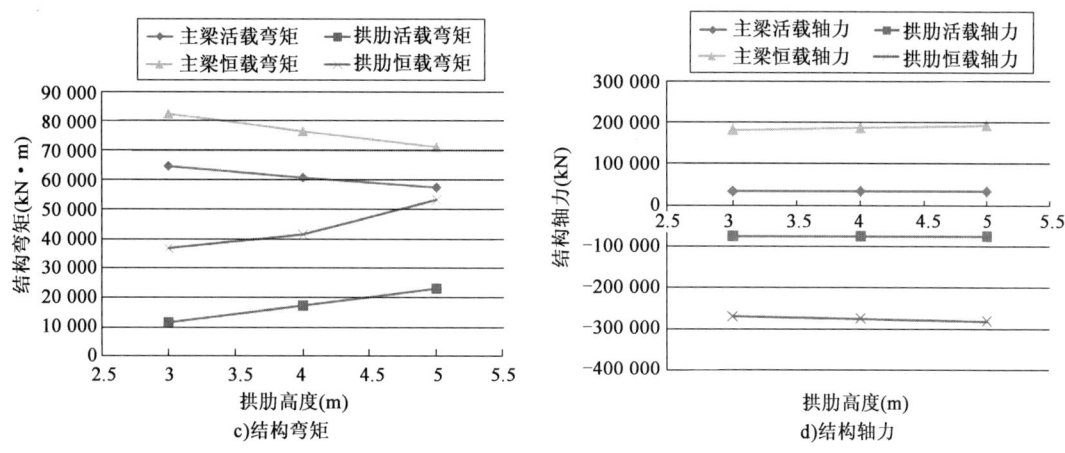

图7 拱肋高度影响

3.2 吊杆结构形式

3.2.1 吊杆布置

网状系杆拱桥的吊杆布置形式比较关键,很大程度影响结构的受力性能。得益于有限元计算方法的发展,网状系杆拱桥的吊杆增多,使得拱和梁的弯矩更小,形式也较为多变,其常见布置方式有恒定倾角、递增倾角、逆减倾角、法线等夹角布置、下端点间距渐变布置5种。Stephan Teich针对不同跨径及吊杆数量下的5种吊杆布置形式,分析对比了60 172个模型[3]。根据其研究成果,吊杆的布置对其疲劳幅的大小及吊杆是否失效影响较大,但只要不存在吊杆失效,在同样吊杆数量的情况下,吊杆布置类型对梁和拱的弯曲应力的大小影响较小;同时结构的受力性能不仅与吊杆布置形式有关,矢跨比、拱梁刚度比、吊杆数量、恒活比同样影响很大。

吊杆恒定倾角,下锚固端沿着梁等距分布的布置方式,构造处理简单,且一定程度减轻吊杆锚固位置局部应力集中和疲劳问题,比较适合规模较大的网状系杆拱桥,也是迄今为止最常用的设计,大部分的日本网状系杆拱桥、德国费马恩海峡大桥及俄罗斯巴戈林斯基大桥等均采用吊杆恒定倾斜角度布置,已建规模较大网状系杆拱桥吊杆布置形式如表1所示。吊杆与主梁的恒定夹角通常为 $45°\leqslant\alpha\leqslant75°$[4],太平坦的角度会导致不好看的外观,而过于陡峭的角度将导致其静力学表现不尽如人意。

已建网状系杆拱桥吊杆布置形式　　表1

项 目	桥 名	跨径(m)	布置形式	角 度
1	巴戈林斯基大桥(俄罗斯)	380	恒定倾角	60°
2	费马恩海峡大桥(德国)	248	恒定倾角	60°
3	新浜寺大桥(日本)	254	恒定倾角	60°
4	布兰勒哈塞特岛桥(美国)	268	恒定倾角	63.6°
5	新美茵桥(德国)	150	恒定倾角	74°
6	白兰汉堡桥(挪威)	220	法线等夹角布置	—
7	都市大桥(荷兰)	285	递增倾角	—
8	欢乐谷人行桥(美国)	82.3	逆减倾角	71°~51°

齐鲁大桥桥宽60.7m,最大吊杆力近7 000kN,为简化锚固构造吊杆布置采用恒定倾角布置,参考国外已建工程确定角度为60°,同时在拱脚位置对吊杆角度进行局部调整以适应构造要求并改善局部受力,如图8所示。

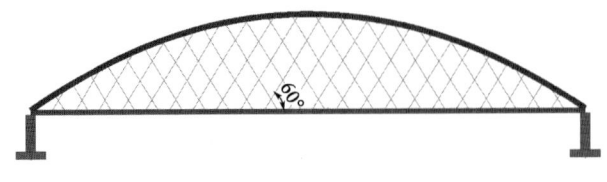

图8 吊杆恒定倾角

3.2.2 吊杆间距

国外网状吊杆系杆拱桥的吊杆梁上间距一般采用等间距方式布置,吊杆间距与桥面系结构受力、拱肋受力以及施工方法等有关,需要结合吊杆受力、构造要求、经济性以及美观等因素决定。根据国内外的一些研究成果,对正交异性组合桥面板而言,合理的横隔板间距在3.5～5.0m,对吊杆间距按照两倍隔板间距分别取7.0m、9.0m、10.5m三种情况进行比选。

图9给出吊杆间距变化对刚度及吊杆力影响,可以看出吊杆间距越大,活载下位移越大,结构刚度越小;同时相应最大吊杆力及吊杆轴力幅值也相应增大。此外,随着吊杆间距增大、根数减少,拱肋和主梁轴力基本无变化,弯矩均有所增高,但增高幅度有限且一般不控制设计。

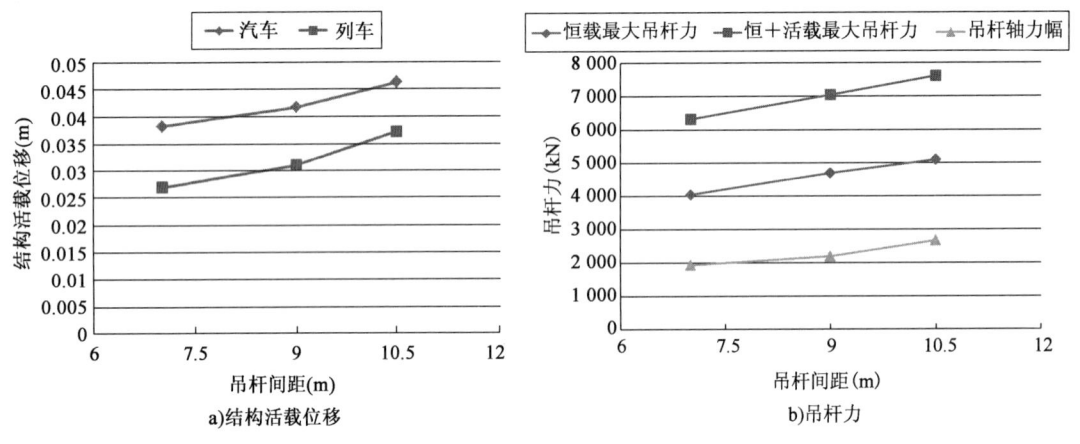

图9 吊杆间距变化对刚度及吊杆力影响

由于齐鲁大桥桥面较宽,结构恒、活载较大,吊杆间距不宜取得过大,否则为了满足吊杆承载力和活载应力幅要求,吊杆规格会较大,进而也会造成拱上、梁上的锚固构造处理比较困难;另一方面,吊杆间距如取得太小,结构整体通透性变差,尤其是网状吊杆体系,会给人一种杂乱无章的感觉,景观上会减分,经综合考虑确定采用梁上吊杆间距9.0m。

3.3 横联形式

拱肋之间横撑的结构形式和范围,对系杆拱桥的面外屈曲有着重要影响,常用横向连接系主要形式有K形横撑、X形横撑及一字横撑等形式,如图10所示。图10a)、b)为K形横撑和X形横撑,这种带有三角形的结构形式与拱肋连接后,抵抗横向力的效率较高;图10c)为不带三角形的一字横撑,仅有横梁与拱肋连接,其面外刚度及其稳定性要小于采用三角形横撑的方案,但从桥梁的美学角度考虑,条件合适时也经常采用。

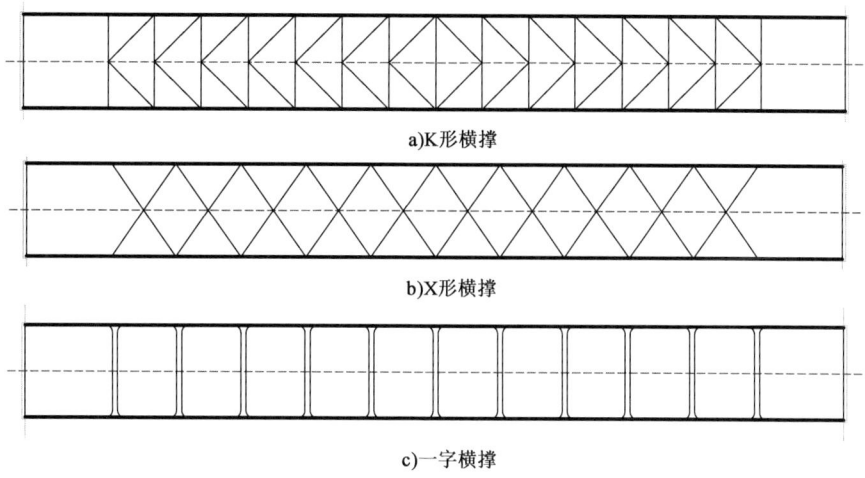

图10 拱肋之间的横撑示例

齐鲁大桥拱肋设置在车行道和轨道交通之间,拱肋间横向净距在桥面处仅为14.4m,为了加强面外稳定主拱采用内倾角为3°的提篮拱。拱顶附近处的拱肋横向净距仅为2~3m,不具备设置横撑条件,因此将拱顶一段长度范围内的拱肋合并为单根拱肋截面,这样能有效地提高结构面外惯性矩,有利于面外稳定。由于合并段以下拱肋横向间距仍较小,如采用K形横撑或X形横撑,势必给人一种杂乱、密集感觉,影响桥上行车的舒适感,因此在保证结构稳定的前提下,合并段以下拱肋采用简洁、美观的一字横撑,如图11所示。

图11 横撑布置形式

4 结语

(1)拱肋矢跨比越小,恒载下拱脚轴力及主梁水平推力越大,而结构体系刚度及静力稳定系数越小。拱肋矢跨比过大,不利于拱肋安装施工,还会影响桥梁的景观造型,矢跨比1/6是比较合适的选择。

(2)拱肋自下向上以3°向内倾斜,形成提篮形拱能有效提高拱肋面外稳定,但面外稳定系数随着内倾角度的增大而减小。

(3)拱肋高度增加能提高结构竖向刚度及稳定系数,同时减小主梁弯矩、增大拱肋弯矩,但对主梁和拱肋轴力基本无影响。为充分发挥主梁受力,拱肋高度尽量低,取4m。

(4)吊杆恒定倾角60°布置,构造处理简单且一定程度减轻吊杆锚固位置局部应力集中和疲劳问题,同时兼顾了美观,也是迄今为止最常用的吊杆布置方式。

(5)为控制吊杆规格,特别是控制疲劳应力幅;同时保证结构整体通透性,梁上吊杆间距采用9.0m。

(6)拱顶一段范围拱肋合并为单根拱肋截面,合并段以下拱肋采用一字横撑,在满足面外稳定要求的同时保证了简洁、美观的视觉效果。

参 考 文 献

[1] 邵长宇. 索承式组合结构桥梁[M]. 北京:人民交通出版社股份有限公司,2017.
[2] Per Tveit. The Design of Network Arches[J]. The Structural Engineer,1966,44(7).
[3] Stephan Teich. Beitrag zur Optimierung von Netzwerkbogenbrücken[D]. Technischen Universität Dresden,2012.
[4] 何波. 高速铁路网状吊杆系杆拱桥结构分析[D]. 成都:西南交通大学,2016.
[5] 刘钊,吕志涛. 竖吊杆与斜吊杆系杆拱结构的桥式研究[J]. 土木工程学报,2000.

6.大跨度网状吊杆系杆拱桥组合桥面板设计

胡健琛 周伟翔 吴霄

(上海市政工程设计研究总院(集团)有限公司)

摘 要：齐鲁黄河大桥主桥长度为1170m，标准断面全宽60.7m，280m跨、420m跨主桥结构形式均采用网状吊杆组合梁下承式拱桥。主梁采用正交异性组合桥面板组合梁，钢结构横桥向跨中梁高4.0m，其中桥面板采用纤维混凝土，板厚120mm。下承式拱桥主梁主要承受拉弯作用，本文通过运用"开裂构件"设计原理，将混凝土组合桥面板运用于弯拉构件。通过限制钢筋应力及裂缝宽度，保证其耐久性，进一步提高了工程经济性，同时避免了正交异性钢桥面板疲劳开裂的情况。

关键词：混凝土组合桥面板 系杆拱 网状吊杆 开裂构件 刚度强化 应力刚化

1 引言

正交异性钢桥面板具有强度高、自重轻的特点，是大跨径桥梁常用桥面结构形式。桥面板不仅参与结构整体受力，同时也直接承担车辆等移动荷载的作用，疲劳效应突出[1]。由于正交异性钢桥面板刚度小，局部变形大，容易造成桥面系疲劳开裂以及车辙、推移等桥面铺装病害[2-3]，制约着大跨径桥梁的发展。

钢混组合桥面板通过剪力连接件，将钢桥面系与混凝土板连接起来，共同受力，从而提高桥面板刚度，减少局部变形。研究表明，相较于传统正交异性钢桥面板，组合桥面板在一些容易产生疲劳裂缝的位置，诸如U肋桥面板焊趾以及其与横梁连接处应力幅均有20%~70%不同程度的降低[4]。组合桥面板自重增加有限，在保持经济性的同时[5]，提高了桥梁的耐久性。

2 工程概况

齐鲁黄河大桥主桥长度为1170m，标准断面全宽60.7m。跨径布置为：(95m+280m)+420m+(280m+95m)，其中280m跨、420m跨主桥结构形式均采用网状吊杆组合梁下承式拱桥。拱肋采用五边形钢箱断面；吊杆采用网状布置，主梁上标准间距为9m，顺桥向倾角约60°；主梁为正交异性组合桥面板组合梁，其中钢结构跨中梁高4.0m。

桥面板为钢筋混凝土结构，板厚120mm，在两侧车行道16.5m及索区4m范围设置，采用C50低收缩纤维混凝土。钢板与混凝土间设置剪力钉将两者连接成整体，钢梁横隔板间距为4.5m。桥面系具体布置情况如图1所示。

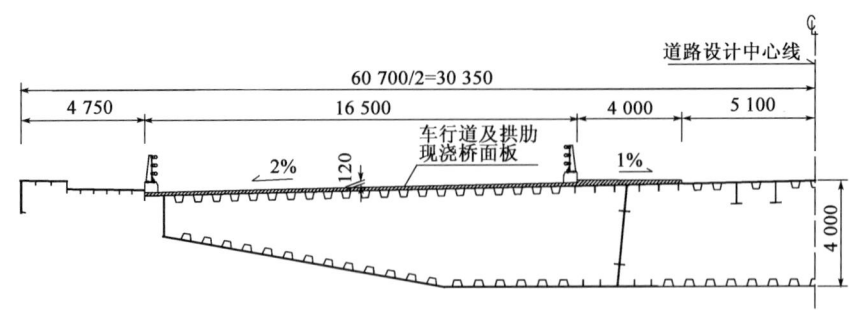

图 1 齐鲁黄河大桥桥面系布置情况(尺寸单位:mm)

桥面板钢筋紧靠焊钉布置,在拱肋范围内横桥向钢筋锚固至拱肋连接板。其中纵向钢筋除梁端拱脚范围为20mm直径外,其余均采用16mm直径,双层布置,间距为120mm。横向钢筋采用16mm单层布置,锚拉板范围局部增强为两肢一束布置,标准间距为120mm。

剪力钉规格为$\Phi16m\times90m$,在工厂进行焊接。桥面板剪力钉在车行道范围标准间距为$360\times360mm$;腹板两侧标准间距为240(横)$\times360$(纵)mm,锚拉板局部区域及拱梁节点范围加密至240(横)$\times120$(纵)mm。

正交异性钢桥面板行车道部分顶板厚12mm,采用360mm高、板厚8mm U形加劲肋,布置间距为720mm。

3 普通混凝土组合桥面板的优势

齐鲁黄河大桥主桥采用普通混凝土组合桥面板主要有经济性、施工便捷及耐久性等方面的优势。

本工程运用的12cm厚组合桥面板造价仅为0.1万元/m²,在没有大幅增加结构自重的情况下能够避免钢桥面板运营期间出现疲劳开裂,具有一定的经济性。当裂缝宽度在限制范围内时,其耐久性也能够得到保证。

传统的桥面板设计方法主要基于混凝土构件设计原理,由于不考虑混凝土板开裂引起的应力释放,采用此方法设计将会使钢筋布置过密,混凝土浇筑困难,不宜施工。本工程参考《公路钢混组合桥梁设计与施工规范》(JTG/T D64-01—2015)以及欧洲规范4(钢与混凝土组合结构)"开裂构件设计"方法对桥面板进行设计,在一定程度上避免了钢筋布置过密,通过限制钢筋应力及裂缝宽度,保证其耐久性。

4 普通混凝土组合桥面板设计关键点及难点

通常而言,超高性能混凝土(UHPC或RPC)等高强度混凝土抗弯拉强度能达到12MPa以上,因此能够使桥面板实际应力小于其名义开裂应力[4]。相比较这种优化混凝土性能的方法,普通混凝土组合桥面板设计采用开裂构件设计方法,通过控制桥面板钢筋应力及裂缝宽度保证构件受力安全[6]。《公路钢混组合桥梁设计与施工规范》(JTG/T D64-01—2015)以及欧洲规范4(钢与混凝土组合结构)对于混凝土桥面板等开裂构件均基于上述设计原则。同时混凝土开裂对于钢桥面系结构焊接疲劳细节影响水平较小,能够继续提供有效刚度,保证组合桥面板开裂后的耐久性[7]。

相比较而言,弯拉作用下普通混凝土组合桥面板尚处于足尺试验、数值模拟阶段[7],例如邵旭东、苏庆田等对其破坏形态、极限承载能力、疲劳特性以及构造细节均开展了一系列的研究工作。相比较高强度混凝土,普通混凝土适用性广、经济性高、施工要求相对较低。但考虑到工程实际运用及设计方法的特殊性,目前少有使用案例。因此本工程对于普通混凝土组合桥面板的运用将对其发展以及后续研究、设计理论的完善起到一定推动作用。

5 组合桥面板受力分析

5.1 开裂构件设计原理

因下缘钢板限制,仅混凝土桥面板单项收缩应力就能达到9MPa左右,必然导致其开裂[8],常规配筋不能满足设计要求。一旦混凝土桥面板开裂,将释放收缩徐变自应力,同时开裂构件退出工作,内力重新分布。开裂构件设计原理是在此基础上获得钢筋应力,从而限制裂缝宽度。

5.2 整体有效刚度强化、应力刚化效应

组合桥面板在混凝土开裂后截面钢筋、钢板不符合平截面假定原则[9],原因在于裂缝附近混凝土包裹的钢筋应变较小,在一定长度平均应变差异不大的前提下,造成开裂处钢筋局部应变增加。欧洲规范4,通过式(1)(2),考虑钢筋应变增加效应。

$$(EA_s)_{eff} = \frac{E_s A_s}{1 - 0.35/(1 + n_0 \rho_s)} \quad (1)$$

式中:E_s、A_s、ρ_s——混凝土板有效宽度范围内的钢筋弹性模量、钢筋面积及配筋率;

n_0——钢材和混凝土材料的弹性模量比。

$$\Delta\sigma_s = \frac{0.4 f_{ctm}}{\alpha_{st} \rho_s} \quad (2)$$

式中:f_{ctm}、α_{st}——混凝土名义抗拉强度、忽略开裂混凝土的组合截面(AI)与仅钢桥面系截面($A_a I_a$)面积惯性矩乘积的比值。

EA_s即为混凝土桥面板开裂后钢筋的有效刚度,通过此刚度修正确定钢筋实际受力情况。除此以外,裂缝间的混凝土拉伸硬化效应会导致钢筋应力增大,$\Delta\sigma_s$为该项效应,即文中所指的钢筋应力刚化效应。

5.3 钢筋应力叠加

以纵向钢筋为例,需考虑第一体系(整体)与第二体系(局部)应力叠加效应。同时不考虑开裂桥面板贡献,计算对象演变为钢筋及钢桥面系组合构件。

5.4 计算结论

本文主要运用公路钢筋混凝土及预应力混凝土桥涵设计规范(JTG 3362—2018)及欧洲规范4直接法计算裂缝宽度。根据上述开裂构件设计原则,试设计方案组合桥面板计算结果如表1、表2所示。

420m跨主梁桥面板钢筋应力及混凝土裂缝宽度　　表1

位置	配筋	有效宽度μ	第一体系①		第二体系②		应力刚化③	①/μ+②+③合计		裂缝验算(mm)	
			基本(MPa)	频遇(MPa)	基本(MPa)	频遇(MPa)	(MPa)	基本(MPa)	频遇(MPa)	公路钢筋混凝土及预应力混凝土桥涵设计规范	EC4
跨中	16	0.9	103	72	47	16	22	162	139	0.137	0.114
近边支	16	0.6	79	55	47	16	43	179	150	0.148	0.129
边支点	22	0.3	56	39	38	12	43	223	163	0.14	0.144

95m+280m跨主梁桥面板钢筋应力及混凝土裂缝宽度　　　　表2

位置	配筋	有效宽度μ	第一体系①		第二体系②		应力刚化③	①/μ+②+③合计		裂缝验算(mm)	
			基本(MPa)	频遇(MPa)	基本(MPa)	频遇(MPa)	频遇(MPa)	基本(MPa)	频遇(MPa)	公路钢筋混凝土及预应力混凝土桥涵设计规范	EC4
中支	22+22	0.5	104	75	38	12	22	246	185	0.159	0.168
跨中	16+16	0.9	86	61	47	16	43	143	126	0.124	0.100
近边支	16+16	0.6	48	34	47	16	43	128	116	0.114	0.092
边支点	16+16	0.3	32	23	47	16	45	153	137	0.135	0.112

注：根据空间有限元模型，同时结合文献[10]方法，偏保对有效宽度进行取值。

进一步分析可知，以420m跨拱桥跨中桥面板为例考虑整体有效刚度前后，桥面板第一体系应力会相差26MPa(基本组合)及19MPa(频遇组合)，约占第一体系应力的25%；根据配筋率及钢结构截面特性不同，应力刚化效应占合计应力的12%~37%，因此不能忽略钢筋应变增加效应。

6 结语

(1)弯拉作用下普通混凝土组合桥面板尚处于足尺试验、数值模拟阶段。本工程采用"开裂构件"设计原理，将普通混凝土应用于下承式拱桥组合桥面板，会对组合桥面板的发展以及后续研究、设计理论的完善起到一定推动作用。

(2)计算表明，组合桥面板钢筋基本组合下最大拉应力合计为246MPa，裂缝宽度为0.159mm，满足受力及耐久性的要求。说明基于开裂构件设计原则，普通组合桥面板能够适用于大跨桥梁弯拉作用下桥面构件。

(3)由于开裂构件钢筋与钢桥面系不满足平截面假定，钢筋应力计算需考虑桥面板整体有效刚度及应力刚化效应。计算表明，有效刚度作用占第一体系应力的25%；根据配筋率及钢结构截面特性不同，应力刚化效应占合计应力的12%~37%，因此不能忽略钢筋应变增加效应。

(4)本工程"开裂构件"设计原理主要基于《公路钢混组合桥梁设计与施工规范》(JTG/T D64-01—2015)以及欧洲规范4(钢与混凝土组合结构)，缺少完整的规范体系。诸如第一、第二体系钢筋应力叠加以及开裂构件的第二体系钢筋应力计算方法还存在一定的争议，需要通过后续研究工作进一步完善设计方法。

参 考 文 献

[1] 苏庆田,贺欣怡,曾明根.球扁钢肋组合桥面板局部与整体力学性能[J].同济大学学报(自然科学版),2016,46(7):877-883.

[2] 王春生,冯亚成.正交异性钢桥面板的疲劳研究综述[J].钢结构,2009,24(9):10-13.

[3] 李智,钱振东.典型钢桥面铺装结构的病害分类分析[J].交通运输工程与信息学报,2006,4(2):110-115.

[4] 朱忠,沈志荣,沈华,等.带板肋的钢—UHPC轻型组合桥面板计算与试验研究[J].公路工

程,2018,43(3):10-13.
[5] 汤虎,邵长宇,颜海.组合桥面系杆拱桥力学与经济性能研究[J].桥梁建设,2019,49(1):30-35.
[6] 邵长宇.大跨连续组合箱梁桥的概念设计[J].桥梁建设,2008(1):41-43.
[7] 叶华文,王应良,张清华,等.新型正交异性钢—混组合桥面板足尺模型疲劳试验[J].哈尔滨工业大学学报,2017,49(9):25-32.
[8] 步龙.组合桥面板混凝土收缩自应力分析[J].低温建筑技术,2015(4):58-61.
[9] 戴昌源,苏庆田.钢混凝土组合桥面板负弯矩区裂缝宽度计算[J].同济大学学报(自然科学版),2017.
[10] 苏庆田,王巍.拱桥连续组合梁有效宽度研究[C].第19届全国结构工程学术会议论文集,第Ⅱ册,517-522.

7. 齐鲁黄河大桥下部结构设计

洪 浩

(上海市政工程设计研究总院(集团)有限公司)

摘 要:本文介绍了齐鲁黄河大桥下部结构设计,简要阐述了控制大桥下部结构设计的建设条件,对桩基、承台、墩柱的设计要点及关键技术进行了论述。

关键词:齐鲁黄河大桥 桩基 承台 墩柱 设计

1 工程概况

齐鲁黄河大桥是济南市跨越黄河的重要通道,大桥南岸位于槐荫区、北岸位于天桥区。齐鲁黄河大桥全长1 170m,采用网状吊杆组合梁拱桥,跨径布置为(95m+280m)+420m+(280m+95m)。桥梁近期按双向8车道进行建设,预留远期双线轨道交通实施空间,标准桥宽60.7m。大桥立面布置如图1所示,中墩P20、P21位于黄河主河槽内,次中墩P19、P22位于堤外滩地,边墩P18、P23位于堤外陆域。

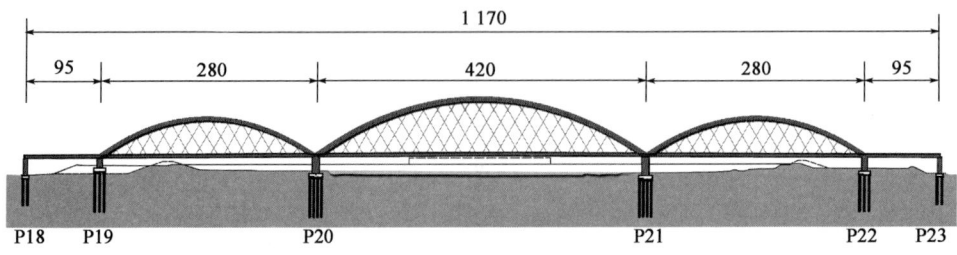

图1 大桥立面布置图(尺寸单位:m)

2 建设条件

2.1 地形地貌

大桥位于黄河冲积平原上,跨越黄河及南北两岸大堤。黄河流向自西向东,主河槽宽度约450m,两岸大堤之间距离约800m,其中南岸漫滩宽190~230m、北岸漫滩宽150~240m,堤内滩地高程为27.15~31.42m。

南岸大堤外侧淤背区宽100~120m,高程36.10~36.50m;南岸大堤的堤顶为沿黄公路,高程37.28~37.71m。北岸大堤内侧为防洪控导工事,宽15~35m,高程36.10~36.50m,堤坡为片石护坡;北岸大堤的堤顶为沿黄公路,高程35.51~38.06m;北岸大堤外侧的地形较平坦,高程24.09~25.96m。

2.2 工程水文

2.2.1 洪水

大桥位于泺口水文站上游9.9km处,此处河道弯曲,主河槽偏北岸、呈U形断面,主河槽平均水深4.6m。大桥设计洪水标准为300年一遇,对应的设计洪水位高程为38.66m。桥位断面冲刷计算成果见表1。

桥位断面冲刷计算成果　　　　　　表1

项　目	主河槽(m)	堤内滩地(m)
冲刷计算水位	34.58	34.58
自然冲刷深度	2.04	2.04
一般冲刷后最大水深	17.93	13.83
局部冲刷水深	9.36	6.74
总冲刷水深	29.33	22.61
冲刷后最低点高程	5.32	12.04

2.2.2 凌汛

济南市位于黄河下游典型的弯曲性窄河段,两岸工程对峙,容易发生卡冰现象,在1950—2005年的56年间,有37年封冻至济南北店子以上,占封冻年份的66.1%,封冻厚度15~30cm,最大冰厚48cm,最大冰速2.67m/s,冰块最大平面尺寸100m×100m左右。河道呈西南东北走向,开河自上而下,工程区畸形河道不利于冰通行,会造成较大的阻力,甚至产生冰塞冰坝,冰凌期桥位处的最高水位为25.804m。

2.3 工程地质

桥位处地层以粉质黏土为主,多含夹层。浅层②~⑥层分布连续、层厚变化较大、强度低,工程性质一般;下层⑦~⑨层多为坚硬状态粉质黏土,分布连续、厚度大、强度较高,工程性质好;底层⑪~⑬层为坚硬状态粉质黏土、密实粗砂层,分布连续、厚度大、强度高,工程性质好。场地土类型为中软土至坚硬土,场地类别为Ⅲ类场地,工程场地分类为抗震不利地段。

2.4 航道条件

大桥通航孔跨径为420m,该跨覆盖主河槽的深槽部分,桥轴线法线与水流交角为2°,最高通航水位为37.96m,梁底最低点高程为47.62m,满足Ⅳ级航道通航净宽≥130m、通航净高≥8m的要求。

3 下部结构设计

3.1 荷载及荷载组合

下部结构受力与上部结构所采用的约束体系密切相关,本桥采用墩梁分离的结构体系,全桥三联共设置16个普通球钢支座,其中:(95m+280m)联、420m联、(280m+95m)联的顺向固定支座分别设置于P19、P20、P21墩,其余墩设置顺向活动支座;各墩均设置一个横向固定支座、一个横向活动支座。各支座均并联叠层橡胶支座,形成分离式减隔震约束体系。地震作用下固定支座剪断,进入减隔震体系:一方面利用普通球钢支座的滑动延长结构振动周期,隔离地震动输入,减小下部结构地震响应;另一方面利用叠层橡胶支座的弹性剪切刚度提供减隔震体系所需的回复力,控制墩梁相对位移。

大桥下部结构设计荷载包括恒载、竖向活载(含冲击力)、制动力、列车横向摇摆力、无缝线路纵向水平力(伸缩力、挠曲力、断轨力)、风荷载、温度荷载、水流力、冰压力、地震作用。其中,活载考虑近期双向8车道+非机动车道+人行道、远期双向8车道+双线轨道交通+非机动车道+人行道两种情况,取最不利包络;大桥预留远期双线轨道交通实施空间,轨交拟采用无缝线路方案,伸缩力、挠曲力及断轨力由相关专题研究根据最不利条件提供。

大桥下部结构采用极限状态设计,进行承载能力极限状态和正常使用极限状态计算。根据《城市道路与轨道交通合建桥梁设计规范》(CJJ 242—2016)并结合本工程实际,主要荷载组合见表2,包括静力荷载组合1~3及地震作用组合4,其中组合2-1用于活动墩的顺桥向验算,组合2-2用于制动墩的顺桥向验算,组合2-3用于横桥向的验算。

荷 载 组 合　　　　　　　表2

工　况	荷 载 组 合
组合1	恒载+活载
组合2-1	恒载+活载+风荷载(25m/s)+(支座摩阻力或体系温度+制动力+无缝线路纵向水平力)+梯度温度+水流力/冰压力
组合2-2	恒载+活载+风荷载(25m/s)+体系温度+梯度温度+制动力+无缝线路纵向水平力+水流力/冰压力
组合2-3	恒载+活载+风荷载(25m/s)+体系温度+梯度温度+列车横向摇摆力+水流力/冰压力
组合3	恒载+体系温度+风荷载(百年一遇)
组合4	恒载+地震作用

3.2 基础设计

大桥基础承受上部结构传来的巨大荷载,桥位处覆盖土层厚、地质条件差、冲刷深度大,综合考虑施工难易程度及工程经验,采用大直径钻孔灌注桩群桩基础。针对软弱土层条件下单桩承载力偏低的特点,一方面采用桩端后压浆工艺提高单桩承载力,并通过试桩进行验证;另一方面注重在满足结构受力和构造需要的前提下,尽量减轻结构自重,采用空心薄壁墩柱的设计,以降低对基础承载力的要求。

3.2.1 桩径选择

本桥桩基均为摩擦桩,在混凝土体积相同的条件下,桩径越小,则桩侧表面积越大、桩侧摩阻力越高,因而仅从节约混凝土数量的角度考虑,桩径越小经济性越好。位于主河槽的中墩P20、P21基础总冲刷水深达到29.33m,桩基越短则冲刷后的有效桩长越短,从经济性角度考虑,应使有效桩长部分的承载力达到冲刷前单桩竖向承载力的60%以上,因而中墩设计桩长宜控制在90m以上。考虑到施工中钻孔垂直度控制及可能发生的串孔,桩基长细比不宜过大。综合上述因素,本桥桩基直径采用2.0m。

设计过程中发现,中墩基础冲刷后的桩基自由长度近30m,桩身强度设计受水平力作用组合控制,控制值出现在最大冲刷线附近。加强配筋可以使桩身强度满足要求,但桩身过高的配筋率导致施工困难、经济性差。因此,中墩基础采用变直径桩基的设计,桩顶以下40m长度段的桩基直径增大至2.3m,其余桩径仍采用2.0m,以最经济的方式提高上端自由段的水平承载能力。

3.2.2 桩位布置与承台设计

如图2所示,中墩基础采用整体式承台,承台平面尺寸24.0m×32.0m、厚5.0m,封底混凝土厚2.0m,承台下行列式布置30根直径2.3～2.0m钻孔桩;次中墩基础采用整体式承台,承台平面尺寸13.2m×28.2m、厚5.0m,垫层混凝土厚0.3m,承台下行列式布置18根直径2.0m钻孔桩;边墩基础采用分离式承台,承台平面尺寸9.2m×15.2m、厚3.5m,垫层混凝土厚0.2m,单个承台下行列式布置6根直径2.0m钻孔桩。

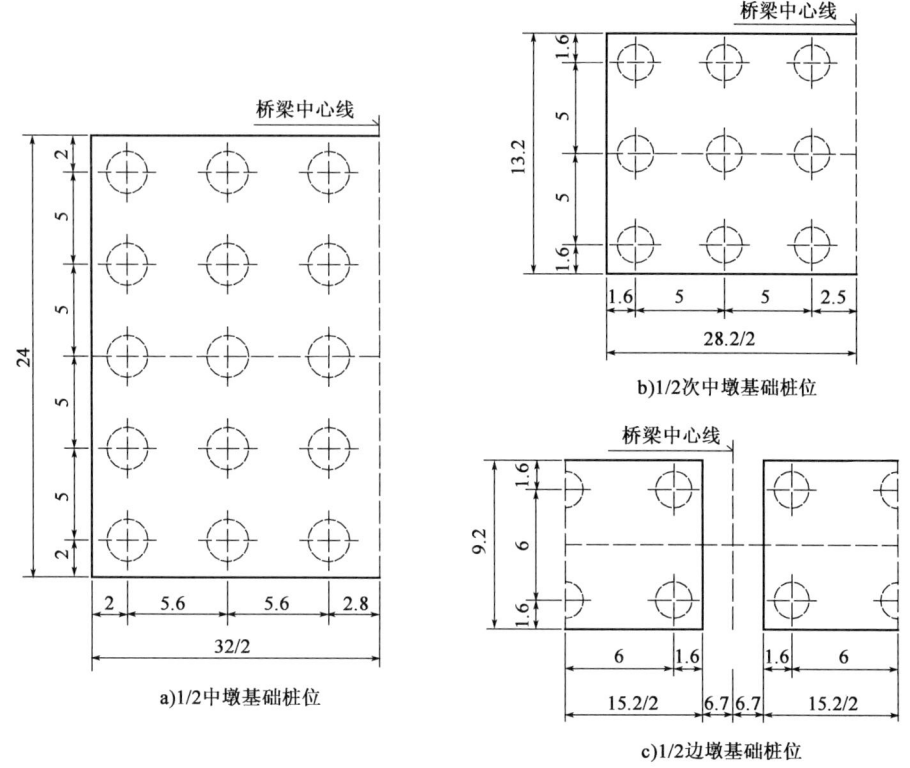

图2 基础桩位布置(尺寸单位:m)

3.2.3 基础验算

根据本文表2计算承台底部荷载组合值,考虑桩土共同作用,按"m"法进行桩身内力分析,桩基竖向承载力及桩身强度经验算均满足设计要求。

在静力荷载组合中,水平力作用组合控制桩身强度设计。一方面是由于水平荷载较大,以中墩P20为例,如表3所示,水平荷载中占主导的风荷载在其承台底部产生巨大的内力。另一方面,场地浅层软土的水平向抗力刚度较低(尤其是中墩受冲刷后桩顶部近30m无侧向约束刚度),使得水平力作用下的桩身受力尤为不利。

P20承台底的风荷载内力　　　表3

荷　　载	顺桥向剪力(kN)	顺桥向弯矩(kN·m)	横桥向剪力(kN)	横桥向弯矩(kN·m)
风荷载(25m/s)	3 839	86 360	8 247	437 152
风荷载(百年一遇)	5 107	114 620	11 069	573 424

在控制桩身强度设计的水平力作用组合中,组合2-3尤为不利。这主要是由于大桥横桥向迎风面积远大于顺桥向,导致承台底横桥向风荷载内力远大于顺桥向,如表3所示,而风荷载在所有水平荷载中占主导地位。在设计过程中,通过提高群桩基础的横桥向刚度,并结合试算优化桩基平面布置,尽量使横桥向静力荷载组合下的桩基受力与顺桥向组合下相差不大,从而使设计趋于经济合理。

在地震作用工况的计算中发现,前文所述的减隔震体系显著降低了下部结构地震响应,但基础刚度越大、结构地震响应越大,如果一味地依靠增加桩基数量或加大桩基直径来改善地震工况下的桩基受力,容易陷入"水多了加面、面多了加水"的循环中束手无策。通过试算优化桩基布置和基础刚度,反而可以通过基础刚度削弱、结构地震响应降低的路径改善桩基受力。

3.2.4 基础沉降与单桩竖向承载力

本桥桩基均为摩擦桩,以⑨层及以下粉质黏土层或粗砂层作为桩端持力层。采用等效作用分层总和法计算群桩基础沉降量,恒载作用下中墩、次中墩、边墩的沉降量分别为54mm、35mm、15mm。本桥420m联为简支约束,中墩沉降对其受力无影响;其余两联为连续约束,基础不均匀沉降符合上部结构计算采用的假定。

本桥采用桩端后压浆工艺,压浆技术条件符合《公路桥涵地基与基础设计规范》(JTG D63—2007)附录N的规定,结合勘察资料,按第5.3.6条计算的单桩竖向承载力容许值见表4。

单桩竖向承载力容许值[R_a]　　　　表4

桩　位	桩基直径(m)	桩端持力层	桩长(m)	[R_a](kN)
中墩 P20、P21	2.3～2.0	⑫粗砂层	110	23 590
次中墩 P19、P22	2.0	⑨粉质黏土层	100	22 000
边墩 P18、P23	2.0	⑨粉质黏土层	80	19 000

桩基施工前,对1根直径2.0m钻孔桩进行了自平衡测试桩基,以验证并指导桩基的设计与施工。试验结果表明,桩端后压浆显著改善了桩端及桩端以上一定范围内桩侧的承载性能,提高了桩端承载力在总承载力中的比例,整桩极限承载力提高了18.4%,单桩竖向承载力实测值与计算值较为吻合。显然,桩端注浆不仅能提高单桩承载力,也能减小基础沉降量,减小的具体数值尚缺乏足够精确的计算依据。

3.3 墩柱设计

中墩为双柱式薄壁墩,柱顶设系梁以增强整体性。因其位于主河槽,除承受上部结构荷载外,还长期承受较大的水流力,因此立柱采用迎水面设尖端的多边形流线型结构,如图3所示。横断面外轮廓尺寸9.0m×11.0m,标准段壁厚1.0m,柱顶实心段高4.0m,立柱底部墩座高2m。

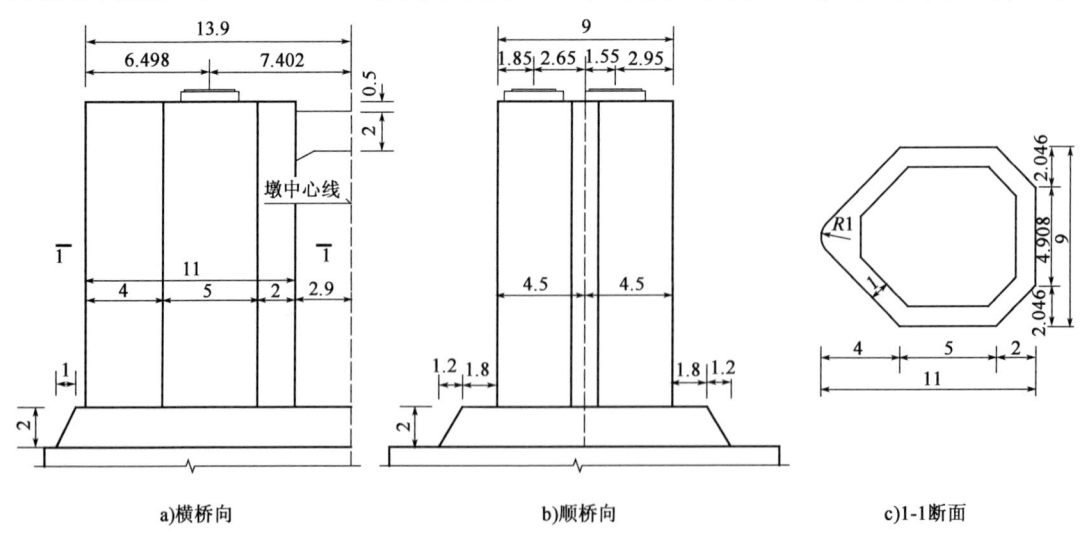

图3　中墩立柱构造(尺寸单位:m)

为了与中墩立柱的设计风格呼应,以取得良好的景观效果,次中墩及边墩也采用设尖端的多边形薄壁墩,如图4、图5所示。次中墩为双柱式,柱顶设系梁连接,横断面外轮廓尺寸6.0m×8.5m,标准段壁厚0.7m,柱顶实心段高3.0m。边墩为分离式双柱,柱顶设盖梁,横断面外轮廓尺寸3.6m×7.5m,标准段壁厚0.6m。

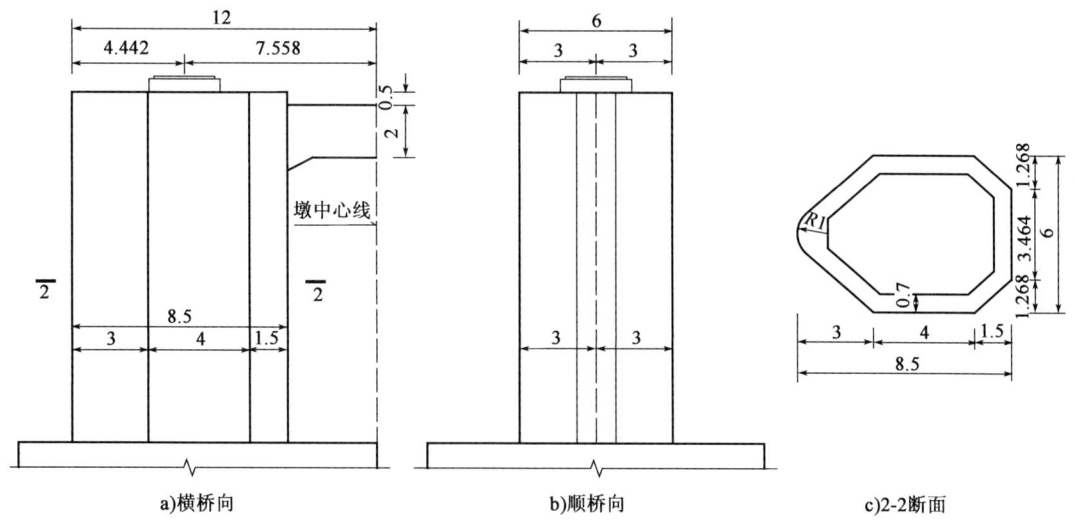

图4 次中墩立柱构造(尺寸单位:m)

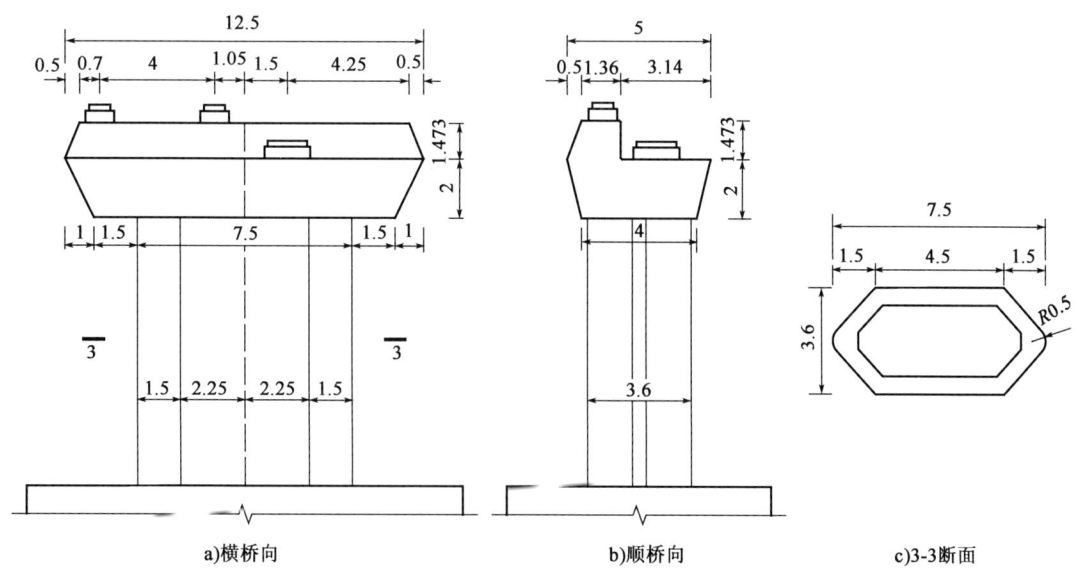

图5 边墩立柱盖梁构造(尺寸单位:m)

大桥远期预留的轨道交通拟采用无缝线路方案,相关专题研究表明,钢轨受力接近极限值,故在大桥上设置了伸缩调节器,墩顶纵向水平刚度满足轨交实施要求。

4 结语

济南齐鲁黄河大桥是规模位居世界前列的网状吊杆组合梁拱桥,具有公轨合建桥梁大跨重载的受力特点。本桥下部结构设计结合水文、地质、通航等建设条件,充分考虑结构受力、桥梁景观、经济合理等要求,对类似工程设计具有一定的参考意义。

8. 齐鲁黄河大桥桥梁排水系统设计

杨 玲[1] 郭继凯[2]

(1. 上海市政工程设计研究总院(集团)有限公司;2. 济南城鲁建设工程有限公司)

摘 要:齐鲁黄河大桥是一座跨越黄河的大跨度共轨合建桥梁,排水系统是其附属结构的重要组成部分。《环境影响报告书》表明桥面积水不能直接排入桥下黄河水体,故而需要设计一套完善的排水系统收集桥面积水并有效排走。本文将从排水系统的重要性、总体构思、结构设计、流量计算等方面系统地阐述齐鲁黄河大桥的排水系统设计。

关键词:跨黄河大桥 排水系统设计 流量计算 共轨合建

1 引言

桥梁排水系统作为桥梁附属结构的重要组成部分,在桥梁设计过程中须被工程设计人员重视。众所周知,不管是钢筋混凝土、预应力混凝土还是钢结构桥梁,因桥梁排水系统不善而导致的结构腐蚀、锈蚀等病害时有发生,这些病害大大降低了结构使用寿命;同时,不完善的排水系统可能会导致桥面积水,阻滞桥面交通,影响车辆、行人行驶安全。另一方面,若桥梁正好跨越水源保护区等敏感地区,不完善的排水系统可能会污染水源、破坏生态。因此,设计一个完善合理的桥梁排水系统不仅是桥梁耐久性的需要,也是公共安全与生态保护的需要。当然,一个完善合理的桥梁排水系统不仅仅要考虑上述内容,还要兼顾美观、经济与施工的可行性等。

齐鲁黄河大桥是济南的一座大跨径跨越黄河的桥梁,建成后也将会是济南市城市风景中的一处亮丽地标,一个合理的排水系统设计将会在其后续服务公众的寿命生涯中锦上添花。

2 工程简介

2.1 项目概况

齐鲁黄河大桥全长(95m + 280m) + 420m + (280m + 95m) = 1 170m,采用网状吊杆组合梁拱桥,桥面纵坡为0.5%,如图1所示。桥梁全宽60.7m,设双向8车道,预留双线轨道交通实施空间,并设非机动车道和人行道,横坡设计为2%。横断面具体布置为:1.75m(人行道) + 3.0m(非机动车道) + 16.5m(机动车道) + 4.0m(拱区) + 10.2m(远期预留轨道交通) + 4.0m(拱区) + 16.5m(机动车道) + 3.0m(非机动车道) + 1.75m(人行道),如图2所示。

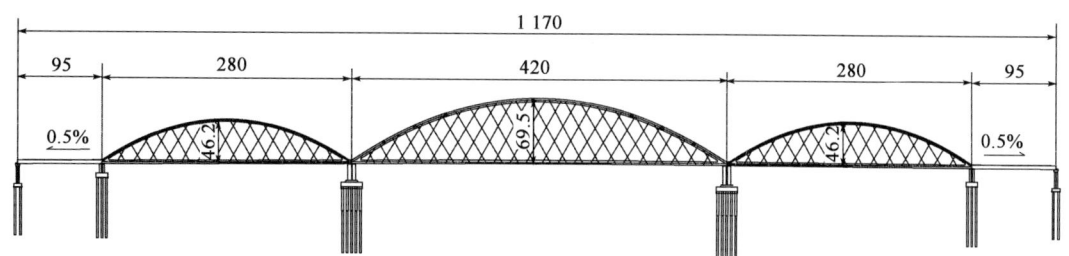

图1 齐鲁黄河大桥总体布置(尺寸单位:m)

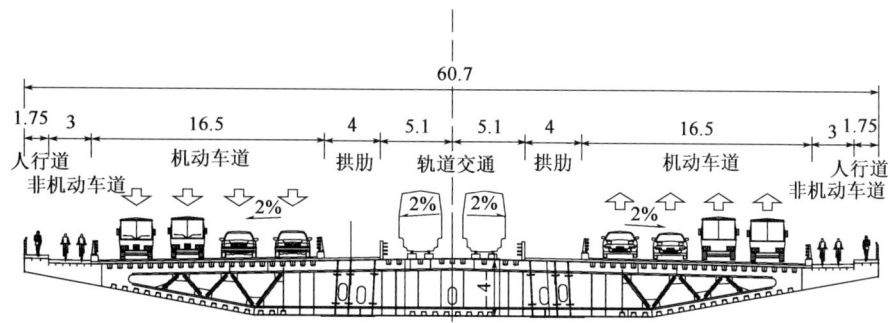

图2 齐鲁黄河大桥桥面布置示意图(尺寸单位:m)

2.2 排水系统总体构思

桥梁排水系统通常是一个由桥面纵横坡、浅三角区、雨水口、管道系统、地面收集系统组成的综合体[1]。齐鲁黄河大桥1 170m的纵向长度和60.7m的桥面宽度组成了一个庞大的汇水面积,且根据本项目环评要求,桥上雨水不能直接排入桥下黄河水体中,所以,桥梁排水总体采取的是利用"桥面格栅井落水口+纵向排水管"将雨水引至大桥两岸后接入地面排水系统的方式。

齐鲁黄河大桥桥梁横断面左右完全对称,排水系统可以左右幅对称设置。左右幅各自以防撞护栏为边界,可以划分为三个区,即人行道+非机动车道区(以下简称"人非区")、机动车道区和拱肋+轨道交通区,人非区横向坡度为1%,机动车道区和拱肋+轨道交通区横向坡度均为2%,1%横坡与2%横坡交于行车道最低点,如图3所示。

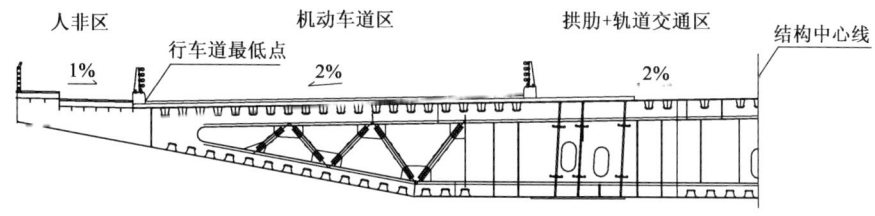

图3 桥面区域划分示意图

由于近期规划中,轨道交通暂不实施,其桥面铺装具体形式具有一定的不确定性,拱肋+轨道交通区现状桥面高程低于机动车道桥面高程,如图3所示,不利于雨水沿横向坡度汇集到行车道最低点处,故拱肋区+轨道交通区可以设计为一个单独的排水系统。

综上,由于桥梁长度较长,桥面宽度较大以及桥面横坡和高程不一致,齐鲁黄河大桥桥面排水系统总体上划分为两套独立的系统,即"人非区"与机动车道区组成的"1区"排水系统、拱肋区与轨道交通区组成的"2区"排水系统。

3 "1区"桥面排水系统设计

"1区"排水系统服务于人非区和机动车道区,桥面总宽度为21.25m,在行车道最低点设置竖向落水井收集桥面雨水,排入纵向排水管,如图4所示,机动车道区桥面积水通过横坡进入落水井,人非区积水经横坡在防撞护栏基座设置排水扁管进入落水井。纵向排水管设于主梁挑臂下方,从420m拱桥跨中沿桥梁纵坡向两侧梁端排水,在桥梁两端沿桥墩接入地面排水系统(图5)。

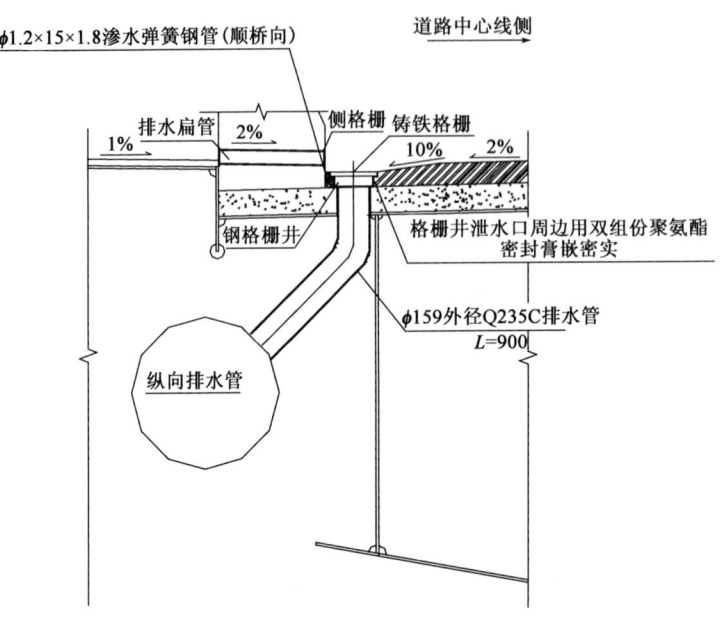

图4 "1区"排水系统示意图(尺寸单位:mm)

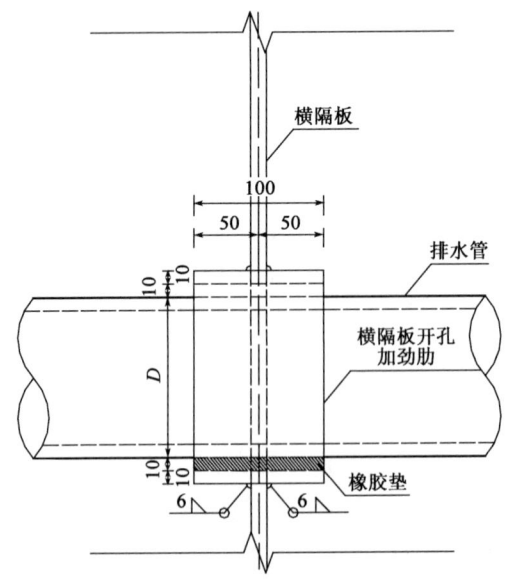

图5 "1区"排水系统纵向排水管支承构造(尺寸单位:mm)

对于排水设施来说,其中的进水管可能会出现堵塞的问题,为了降低进入管道的堵塞概率,在排水口处设置必要的栅格盖板。

除了竖向落水井与纵向排水管外,"1区"排水系统行车道区还设计了渗水弹簧用于收集沥青层间水,避免了积水对桥面铺装的损害。另外,纵向排水管位于箱梁挑臂下方,支承于横隔板上,既节约了箱梁空间,又节省了支承构造的材料费用,并且有利于维修养护。

3.1 "1区"桥面排水系统落水井排水能力验算

根据《城市桥梁设计规范》(CJJ 11—2011),落水口的间距可根据桥梁汇水面积和桥面纵坡大小确定:

当纵坡大于2%,桥面设置排水管的截面积不宜小于60mm²/m²;当纵坡小于1%时,桥面设置排水管的截面积不宜小于100mm²/m²。

结合横隔板模数,"1区"排水系统竖向落水口设计为9m一道,竖向管道直径160mm,对应汇水面积为:

$$21.25 \times 9 = 191.25 \text{m}^2$$

单位汇水面积排水管截面积为:

$$\frac{\frac{1}{4}\pi d^2}{S} = \frac{\frac{1}{4} \times 3.14 \times 160^2}{191.25} = 105.08 \text{mm}^2/\text{m}^2 > 100 \text{mm}^2/\text{m}^2$$

可见,竖向排水管直径与间距的设置能够满足桥面雨水的汇集。

3.2 "1区"桥面排水系统纵向排水能力验算

"1区"排水系统纵向排水管以420m拱桥跨中为原点,(−185m,185m)区段管径设计为530mm×10mm(外径×壁厚),(−485m,−185m)和(185m,485m)区段管径设计为630mm×10mm,(−585m,−485m)和(485m,585m)区段管径设计为710mm×10mm。

根据《室外排水设计规范》(GB 50014—2006),"1区"排水系统对应桥面雨水设计流量Q_s的计算公式为:

$$Q_s = \psi F q \tag{1}$$

式中:Q_s——雨水设计流量,L/s;

ψ——径流系数,沥青混凝土路面取0.95,水泥混凝土路面取0.9;

F——汇水面积,等于路面宽度与排水段长度的乘积;

q——设计暴雨强度,L/(s·hm²)。

设计暴雨强度计算公式为:

$$q = \frac{167A_1(1 + C\lg P)}{(t + b)^n} \tag{2}$$

式中: t——降雨历时,min;

P——设计重现期,年,考虑齐鲁黄河大桥的重要性,此处取5年;

A_1、C、b、n——根据统计方法进行计算确定。

设计管段流量$Q_{管}$计算公式为:

$$Q_{管} = Av \tag{3}$$

式中:A——设计管道截面积;

v——恒定流条件下排水管道的流速,m/s。

流速v的计算公式为:

$$v = \frac{1}{n} R^{\frac{2}{3}} I^{\frac{1}{2}} \tag{4}$$

式中：R——水力半径，m；

I——水力坡降；

n——粗糙系数。

根据以上公式，结合济南当地雨水数据统计，"1区"排水系统纵向排水管排水能力验算结果如表1所示。

"1区"排水系统纵向排水管排水能力验算　　　　表1

管段起终点	设计流量Q_s(L/s)	管段流量$Q_{管}$(L/s)	流量比值$Q_s/Q_{管}$	是否满足
(−585,−485)	219.5	289.2	0.758	满足
(−485,−185)	468.8	470.3	0.996	满足
(−185,0)	560.9	709.5	0.791	满足
(0,185)	560.9	709.5	0.791	满足
(185,485)	468.8	470.3	0.996	满足
(485,585)	219.5	289.2	0.758	满足

由表1可见，"1区"排水系统纵向排水管排水能力能够满足要求，所以，"1区"排水系统流量整体满足需求，设计合理。

4 "2区"桥面排水系统设计

"2区"排水系统服务于拱肋区和轨道交通区，桥面宽度9.1m。由于近期轨道交通暂不实施，该桥面近期内对积水时间要求可以降低，且后期轨道交通区桥面系统具有不确定性，故桥面不设竖向落水井，以拱肋区与轨道交通区间的跳台和轨道交通区的横坡所形成的三角形作为天然排水通道，如图6所示，拱肋区通过设置1%的反坡改变原横坡方向，将雨水汇集到上述三角形区域，然后通过桥梁纵坡将雨水汇集到桥梁梁端。

拱肋区与轨道交通区雨水通过桥梁纵横坡到达梁端后，桥面设置集水井和收水檐，420m拱桥雨水汇集到桥面集水井后通过固定在(95m+280m)拱桥梁底的纵向排水管将雨水输送到岸上桥墩后沿桥墩接入地面雨水井，纵向排水管在梁底的固定方式如图7所示。(95m+280m)拱桥雨水在梁端收集后直接沿桥墩接入地面雨水井。420m拱桥与(95m+280m)拱桥纵向排水管管径均为355mm×10mm(外径×壁厚)，如图8所示。

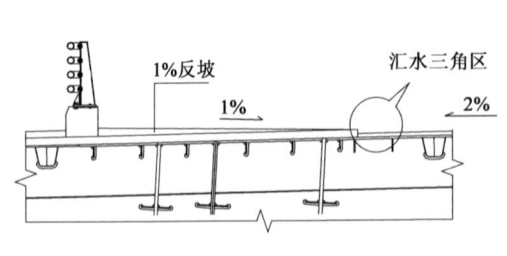

图6 "1区"排水系统示意图

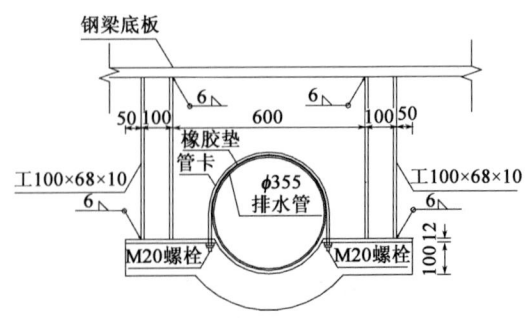

图7 "2区"排水系统纵向排水管支承构造(尺寸单位:mm)

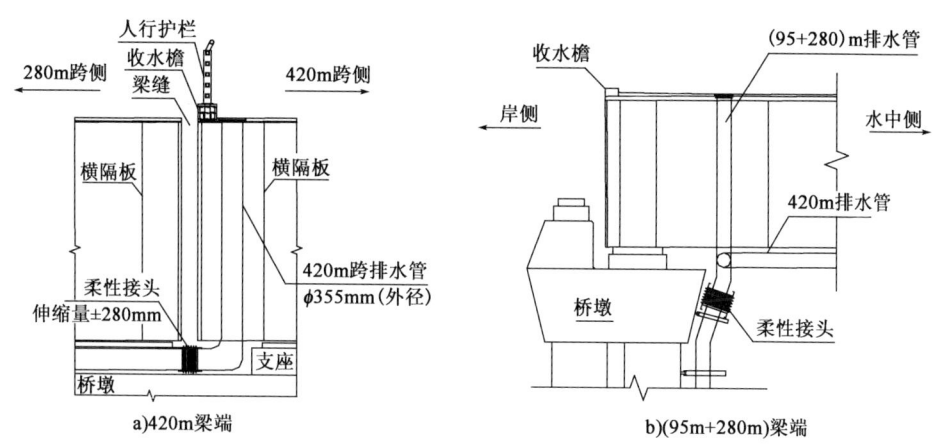

图8 "2区"排水系统排水管示意图

采用与"1区"同样的流量验算方法,得到"2区"排水系统排水管排水能力验算结果如表2所示。值得注意的是,(95m+280m)跨只有竖向排水管,其水力坡降最小值出现在水管弯折处,但此坡度也较大,所以计算时需要考虑规范中最大流速的限制。

"2区"排水系统纵向排水管排水能力验算　　　　表2

梁　段	设计流量 Q_s(L/s)	管段流量 $Q_管$(L/s)	流量比值 $Q_s/Q_管$	是否满足
420m跨	100.7	111.7	0.895	满足
(95m+210m)跨	270.6	962.1	0.281	满足

由表2可见,"2区"排水系统排水管排水能力能够满足要求。所以,"2区"排水系统流量整体满足需求,设计合理。

5　结语

齐鲁黄河大桥是一座大跨径公轨合建桥梁,其桥面排水系统设计需考虑以下几个要素:
(1)桥梁跨径长。
(2)桥面宽度大。
(3)后期轨道交通桥面形式暂不明确。
(4)《环境影响报告书》禁止桥面积水直接排入黄河等。

考虑到以上因素后,在设计中桥面排水采取了两套独立的排水系统,即"1区"排水系统和"2区"排水系统,分别对应人非区+机动车道区桥面和拱肋区+轨道交通区桥面,通过排水管将桥面积水引入岸上后沿桥墩接入地面排水系统。通过验算,这样的排水系统设置满足暴雨流量要求,结构清晰合理,符合济南当地需求。

参　考　文　献

[1] 姚玲森.桥梁工程[M].2版.北京:人民交通出版社,2008.
[2] 陈莹,赵剑强.跨越敏感水域桥梁应急排水系统设计计算方法[J].长安大学学报(自然科学版),2008,28(5).
[3] 中华人民共和国住房和城乡建设部.城市桥梁设计规范:CJJ 11—2011[S].北京:中国建

筑工业出版社,2011.

[4] 上海市建设和交通委员会.室外排水设计规范(2014年版):GB 50014—2006[S].北京:中国计划出版社,2014.

[5] 林涛,李怀明.城市高架桥排水问题浅析[J].公路,2019,(8).

9. 齐鲁黄河大桥拱梁节点设计与计算

吴 霄

(上海市政工程设计研究总院(集团)有限公司)

摘 要:齐鲁黄河大桥为(95m+280m)+420m+(280m+95m)多跨下承式网状吊杆拱桥,其拱肋内倾,采用五边形钢箱断面,主梁采用正交异性组合桥面板组合梁。复杂的断面形式以及拱肋空间曲线的变化导致其拱脚连接构造异于传统拱梁组合体系,传力路径复杂,为此对该类异型拱肋拱梁节点进行详细设计,并利用空间有限元模型对该部位构造进行验算。计算结果表明,所设计的拱梁节点构造能够保证传力的顺畅与可靠,除局部存在应力集中现象外,主要受力板件应力满足设计要求。

关键词:网状系杆拱桥 拱梁节点 异型拱桥 组合拱桥

1 引言

齐鲁黄河大桥主桥采用下承式网状系杆正交异性组合桥面板组合梁—钢拱组合体系拱桥,跨径组合为(95m+280m)+420m+(280m+95m),如图1所示。

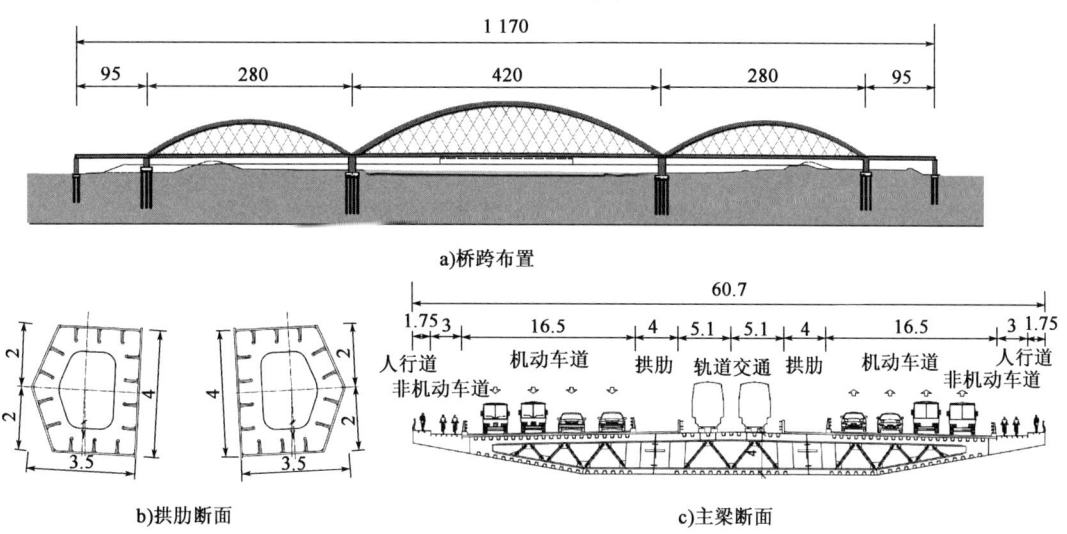

图1 齐鲁黄河大桥总体布置图(尺寸单位:m)

拱肋采用内倾提篮拱,标准拱肋采用的是五边形钢箱截面,拱顶附近分叉的拱肋合二为一,拱脚范围内外侧腹板板厚60mm,其余板厚均为55mm,纵向加劲为板肋,间距750mm,板厚40mm,横向加劲间距2 500mm,板厚20mm。与梁上腹板相对应,拱肋断面中间增加一道腹板。拱前腹板导角半径为1 000mm,拱后腹板导角半径为2 000mm。拱肋材料采用Q420qE。

主梁采用正交异性组合桥面板组合梁,桥宽60.7m,车行范围混凝土桥面板厚12cm,与主梁共同受力。截面采用单箱三室断面,中腹板倾斜,角度与拱肋内倾角度相同,横向位于拱肋截面中心交点位置,横向采用框架式横梁,主材料采用Q345qE。

拱梁节点根据传力路径的不同主要分为两种构造形式,一种是依靠主梁腹板来传力[1],适用于主拱及相应的主纵梁均为箱形断面的拱桥,依靠腹板将竖向力传递至主墩并将水平力传递至整个主梁截面,这种构造传力路径清晰,是目前应用最广的一种形式。杭州九堡大桥[2](图2)、德国多瑙河桥(图3)等均采用类似的构造形式。这种传力方式要求主梁及主拱断面要相对规则,两者之间必须相互适应,而且该传力方式下桥面板参与受力范围有限,基本靠钢系梁来平衡水平力。

图2 九堡大桥主桥拱梁节点构造

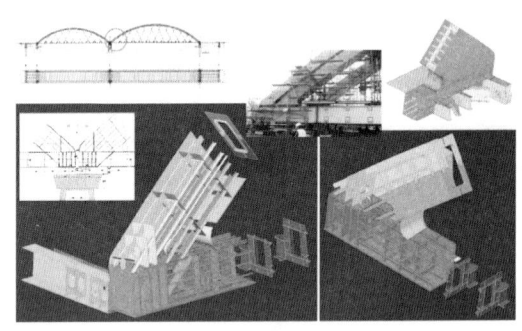
图3 德国多瑙河桥拱梁节点构造

另一种拱梁节点构造是依靠强大的端横梁进行力的传递与扩散[3],这种构造适用于拱肋为异型截面的组合体系拱桥。异型的拱肋截面无法直接与主系梁相连接,转而与加强后的端横梁连接,通过端横梁将拉力传递至整个截面。另外,强大的端横梁还能够加强拱梁的受力稳定性能,特别是因为稳定需要加强端横梁时更为合适。并且可采用在相邻端横梁之间设置斜撑的方法,使之在顺桥向形成刚度强大的桁架结构,从而满足桥面板的传力需要,一般对梁端两道端横梁进行适当加强。德国布里茨运河桥采用了该种构造形式(图4)。

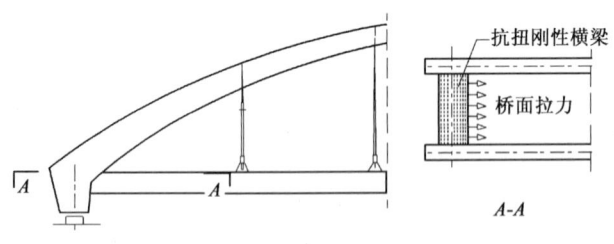
图4 德国布里茨运河桥

齐鲁黄河大桥拱肋采用不规格五边形截面,主梁采用整幅箱形断面,节点范围拱肋与主梁交接面为异型截面。与前面提到的两种拱梁连接构造均不同,为此对该桥拱梁节点构造进行详细设计,以保证该节点的安全性与可靠性。

2 拱梁节点设计

按照上节所述,齐鲁黄河大桥主梁两道中腹板分别位于两拱肋各自中心线交点位置,其构造类似于箱形拱肋与工字形系梁的连接,一般有两种处理方式[3],图5a)为其中一种处理方式,工字型钢纵梁在过渡为箱形截面后与拱肋截面后平顺对接。这种连接方式适用于跨径较小,水平推力紧靠外侧两道腹板进行传递的情况。

图5b)显示了节点细部构造的另一种处理方式,拱的箱形断面在进入节点范围增设一道竖腹板,使之与工字型钢纵梁的腹板相互衔接。同时工字型钢纵梁在节点前开始过渡,再进入节点范围成为具有三道腹板的箱形截面,从而与拱肋箱形截面平顺对接。这种连接方式构造相对复杂,但能够传递更大的水平推力,与本桥受力要求比较吻合。

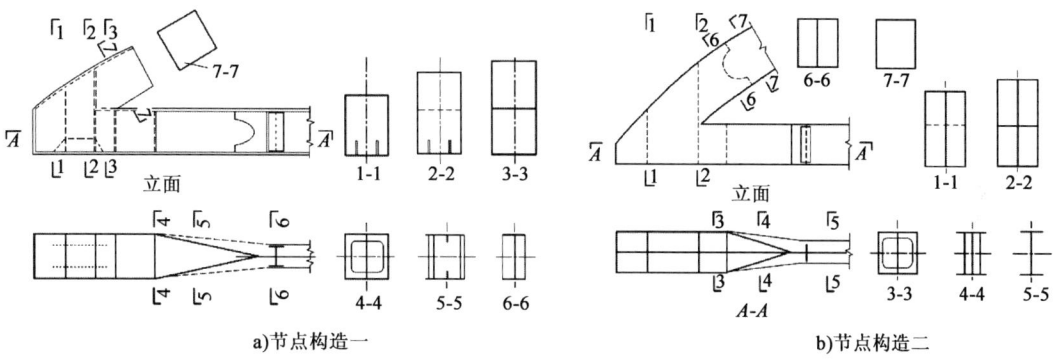

图5 箱形拱肋与工字形系梁节点构造

齐鲁黄河大桥拱肋为五边形截面,外侧两道腹板无法与主梁过渡后的箱形截面平顺对接,主梁对应拱肋位置仅有一道腹板,为此采用第二种构造形式。在拱肋内增加一道竖腹板,使之与主梁原腹板相互衔接,同时主梁单腹板在节点前开始过渡,在进入节点范围成为具有三道腹板的截面,与拱肋五边形截面平顺对接,具体构造见图6。

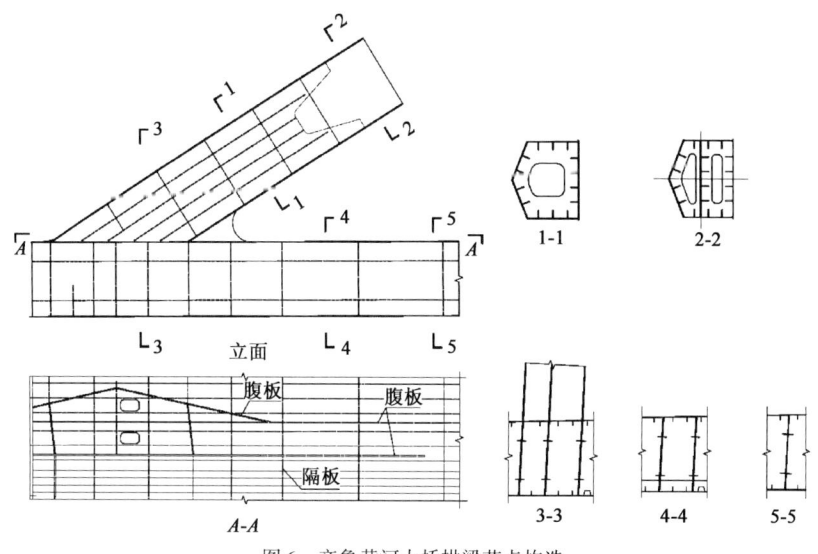

图6 齐鲁黄河大桥拱梁节点构造

外侧腹板与五边形截面相对应,采用折线布置,上下部主梁腹板与拱肋腹板在主梁顶面处断开,并与顶板熔透焊接;内侧两道腹板上下部为整板,经主梁顶板开槽穿过后与主梁顶板焊接,拱肋顶、底板与主梁顶面相交为斜线,主梁内设上下贯通的斜隔板与之对应。拱肋传来的竖向力经由三道腹板及斜隔板传递至腹板下大吨位支座,纵向水平力主要依靠内侧两道腹板以及拱肋外侧两腹板与主梁顶板纵向熔透焊缝逐渐传递至整个截面。

3 拱梁节点计算

3.1 计算模型

以420m跨拱结构为例,建立空间有限元模型对拱梁节点结构设计进行验证。采用Abaqus进行建模,主梁钢结构以及钢拱肋采用板单元建模,混凝土桥面板采用实体单元模拟,考虑钢结构和混凝土的施工顺序;模型节段外力根据总体模型计算按恒载和活载各最不利工况进行施加(图7)。

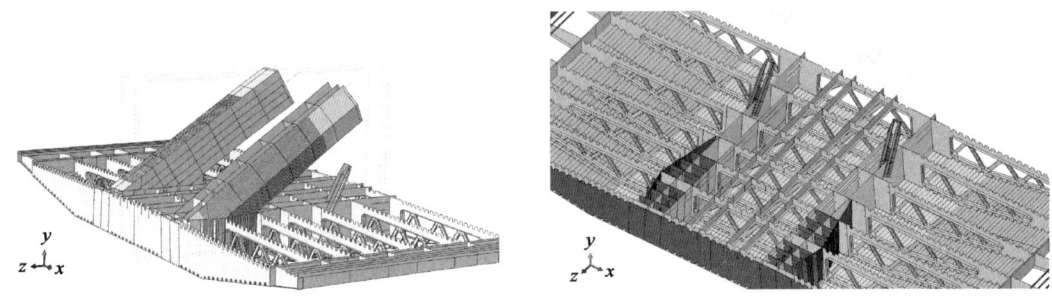

图7 齐鲁黄河大桥420m跨拱梁节点空间模型

为保证支座处的边界条件以及支反力与总体模型相一致,支座处施加总体模型得到的各施工阶段支反力;主梁末端平面耦合在截面形心处的一点,并在此点上施加固结约束(约束6个自由度);将两个拱肋末端截面分别耦合在相应的截面形心处,并根据总体模型输出的内力按照施工阶段施加。通过梁端边界提供的反力与总体模型结果进行对照验算,以验证拱梁节点处内力符合实际情况。

3.2 计算结果

主梁顶底板应力扩散良好,除局部与拱肋交点以及下部支座垫板角点位置存在应力集中外,大部分区域应力范围在130MPa以内,顶、底缘受力基本一致,主梁以轴向受力为主;腹板最大剪应力为140MPa,最大轴向拉力170MPa,从应力图形来看(图8),内侧两道腹板是纵向传力的主要构件,与原设计意图基本一致。

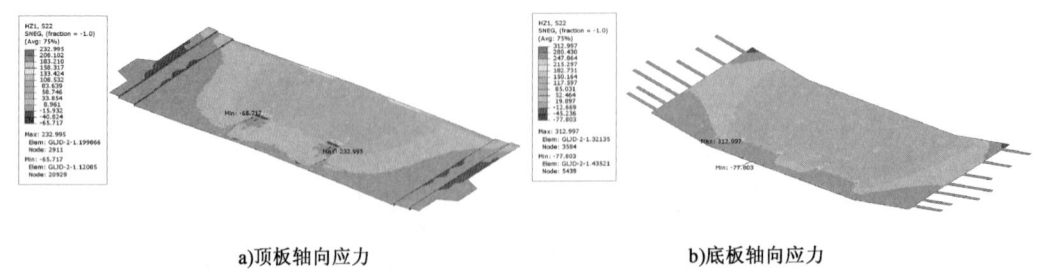

a)顶板轴向应力   b)底板轴向应力

图 8

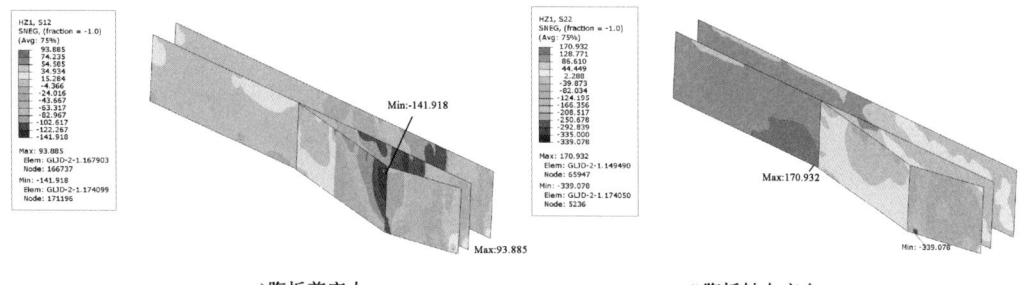

c)腹板剪应力　　　　　　　　　d)腹板轴向应力

图8　使用阶段荷载基本组合下主梁应力

从图9中看出,拱肋以轴向受力为主,轴向应力在总的应力中占比较大,拱肋内外侧及上下表面存在应力差,存在面内、面外弯矩;拱肋倒角起始点区域应力集中现象明显,除该区域外,拱肋应力均在280MPa以内。

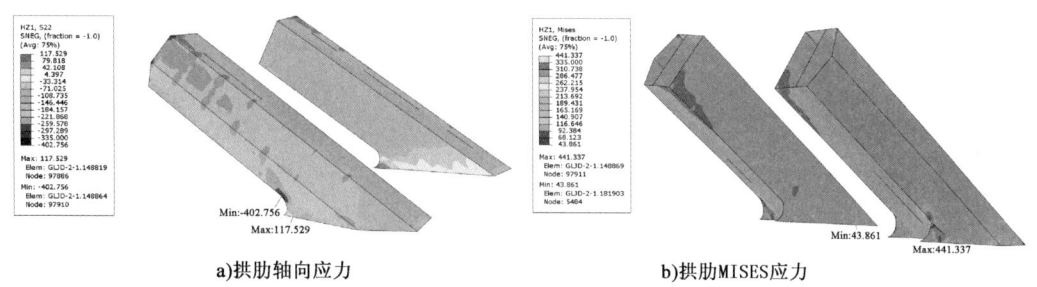

a)拱肋轴向应力　　　　　　　　　b)拱肋MISES应力

图9　使用阶段荷载基本组合下拱肋应力

4　结语

(1)通过在拱梁节点范围内增设腹板的措施,能够较好地完成拱梁节点内力传递与扩散,所设计的拱梁连接构造能够保证传力的顺畅与可靠,除局部存在应力集中现象外,主要受力板件应力满足设计要求。

(2)相较于规则截面,五边形截面外侧两腹板主要传递竖向力作用,对纵向力扩散作用不明显。

(3)通过主梁腹板来传递轴向拉力,力的扩散作用明显。

参 考 文 献

[1]　葛耀军,苏庆田.钢桥[M].北京:人民交通出版社股份有限公司,2014.
[2]　邵长宇.九堡大桥组合结构桥梁的技术构思与特色[J].桥梁建设,2009(06):46-49.
[3]　邵长宇.索承式组合结构桥梁[M].北京:人民交通出版社股份有限公司,2017.

10. 大跨径系杆拱桥大吨位锚拉板设计

陈 龙　魏明光

(上海市政工程设计研究总院(集团)有限公司)

摘　要：山东齐鲁黄河大桥是主跨420m的网状吊杆拱桥，本文对锚拉板式偏心索梁锚固构造的设计进行了说明，使用弹塑性有限元方法建立节段模型，对大跨度系杆拱桥大吨位锚拉板构造的静载性能进行计算，并对壳单元和实体单元的精度差异进行分析。结果表明：运营状态标准组合作用下，该种形式锚拉板传力路径明确，各板件受力合理，可以满足交叉吊杆锚固的受力需求；壳单元与实体单元模型的计算结果整体差异不大，但实体单元模型对于局部细微构造处的模拟准确度较高，设计中可采用实体单元对关键部位进行精细化分析。

关键词：桥梁工程　索梁锚固　锚拉板　有限元分析

1 概述

索梁锚固构造在斜拉桥、拱桥等大跨径缆索承重类桥梁中应用广泛，起到将主梁承受的巨大荷载传递到拉索之上的作用，构造复杂，受力集中，关系到全桥的安全性，是设计中的重点环节[1]。目前大跨度钢结构桥梁中常用的几类索梁锚固构造形式主要有锚箱式、锚管式和锚拉板式[2-4]。

锚箱式构造是通过垫板将索力分散传递至承压板，而后由承压板和锚固板与加劲梁腹板或节点板的连接焊缝传递至加劲梁腹板，对于加劲梁腹板会产生平面外弯矩，应对其Z向性能进行考量。该形式构造复杂，焊缝密集，施焊条件差，但适用性较强，可采用内置式阻尼器，景观效果好。国内的南京长江二桥、南京长江三桥和苏通长江大桥等工程中采用了该种锚固形式。

锚管式构造是通过锚管承受拉索对承压板的面外压力，并通过锚管与腹板之间的焊缝传递至加劲梁，传力状态复杂，加劲梁腹板与锚管在接触挤压处有应力集中现象；该形式加劲梁腹板需在锚固装置位置处中断，结构制造不便，对安装精度的要求较高，同时为保证锚管出口处拉索与锚管管壁不相碰，常需采用较大直径的锚管。国内的东汕头礐石大桥、天津海河大桥和日本的名港西大桥等工程中采用了该种锚固形式。

锚拉板式构造是通过锚管承受拉索对承压板的面外压力，再经由锚管与锚拉板的连接焊缝将索力传递至锚拉板，而后由锚拉板与加劲梁上翼缘的对接焊缝传递至加劲梁，设计时应考虑加劲梁上翼缘板的抗层状撕裂性能；该形式构造简单，便于锚固装置与加劲梁的安装，但结构传力不够直接。国内的福建青州闽江桥、广东湛江海湾桥和香港汀九桥等工程中采用该种锚固形式。

本文以山东齐鲁黄河大桥工程为例,针对本工程的特点选定锚拉板式锚固构造,并对具体锚固构造形式进行创新性的优化设计与对比分析,可对今后相关工程的设计提供有益参考。

2 工程概况

齐鲁黄河大桥为山东济南齐鲁大道北延工程跨黄河的大桥,主桥跨径布置为(95m+280m)+420m+(280m+95m)=1170m,总体布置图见图1。420m跨主桥结构形式为网状吊杆组合梁拱桥,95m+280m跨主桥结构形式为网状吊杆连续组合梁拱桥。拱肋采用五边形钢箱断面并向内倾斜,420m跨拱桥的横桥向偏角3.0°,280m跨拱桥的横桥向偏角5.3°。吊杆采用网状形式交叉布置,主梁上锚固点顺桥向标准间距9m,顺桥向倾角双向均为60°,横桥向偏角与拱肋偏角保持一致。主梁为钢箱梁,标准断面全宽60.7m,梁高4.1m,顶板采用正交异性组合钢桥面板,其上现浇混凝土桥面板,钢主梁标准断面如图2所示。

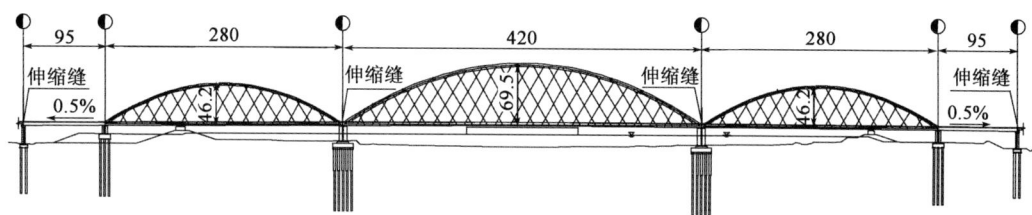

图1 主桥总体布置图(尺寸单位:m)

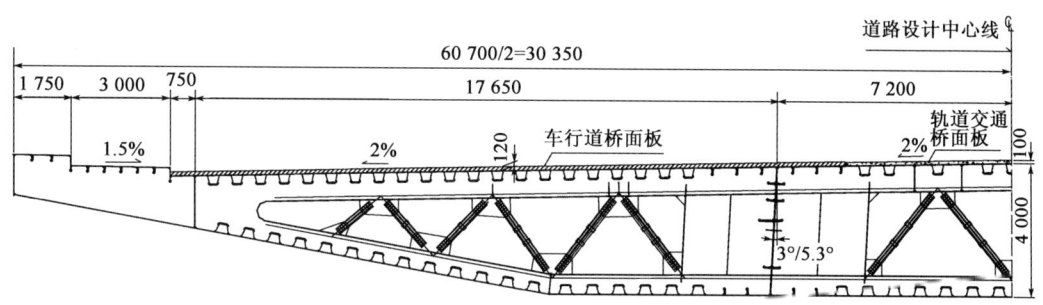

图2 主桥主梁构造图(尺寸单位:mm)

齐鲁黄河大桥的索梁锚固构造设计,综合考虑主梁的构造以及拉索的张拉方法,确定本桥采用锚拉板形式,传力明确且便于养护。由于本桥的吊杆采用的是网状交叉形式,相交吊杆的中心间距300mm,梁上锚固点位于钢主梁纵腹板两侧各偏移150mm的两个平面内,设计时对本桥锚拉板的主传力板采用横向设置,以满足偏心锚固要求。锚拉板一侧的加劲板延伸焊接在主梁顶板。主梁腹板伸出250mm高的开孔加劲板,顶板顶面设置300mm厚现浇混凝土。此外,本桥的吊杆采用梁端张拉,为减小锚拉板的高度,在主传力板顶部相应位置预留工装孔,采用特殊张拉设备,将传统的张拉工作转移到锚拉板顶部。锚拉板的细节构造如图3所示,各主要板件厚度如表1所示。

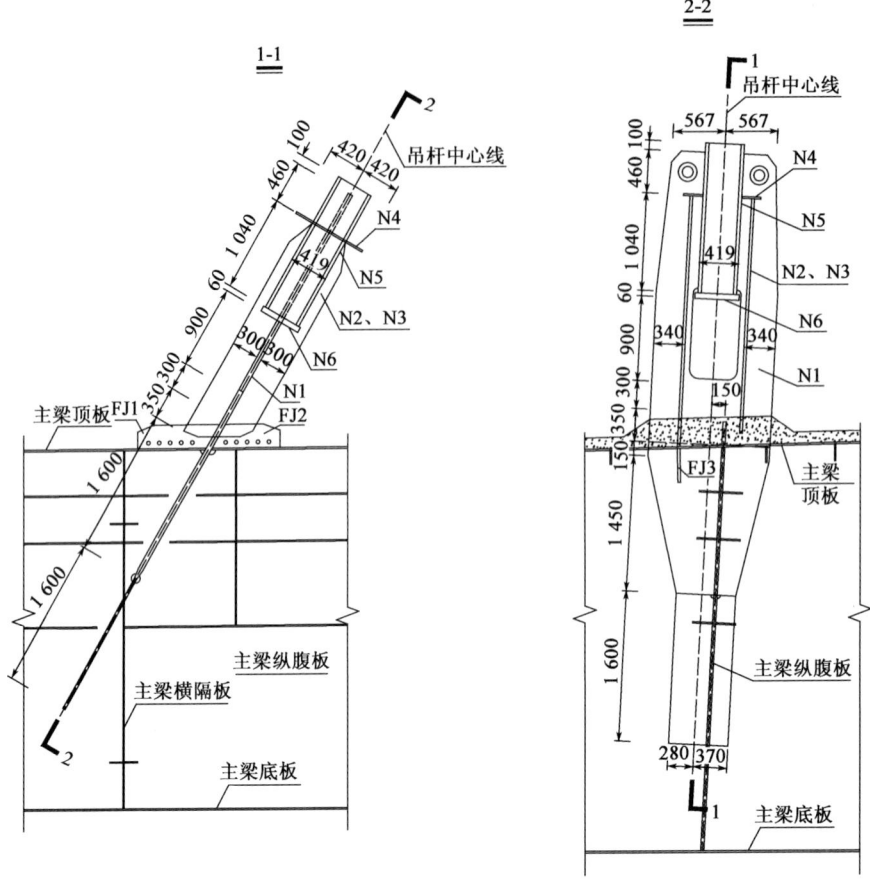

图 3 锚拉板构造图(尺寸单位:mm)

各主要板件板厚　　　　　　　　　　表1

板件		厚度(mm)	钢材种类
锚拉板	锚拉板 N1	55	Q345qE
	侧加劲板 N2、N3	30	
	环形加劲板 N4	20	
	索导管 N5	36	
	锚垫板 N6	60	
钢主梁	顶板(锚拉板处)	20	
	腹板(锚拉板处)	36	
	加劲板 FJ1、FJ2	36	
	加劲板 FJ3	30	
	横隔板	14	
	底板(锚拉板处)	20	

3 锚拉板结构分析

3.1 壳单元模型分析

本文使用通用有限元软件 ABAQUS,选取了具有代表性的 420m 跨吊杆锚拉板进行分析。

为减小边界约束对分析的影响,选取平面双向 4.5m×2.8m 的扩大梁体范围,采用 S4R 空间四节点曲壳单元建模。Q345qE 钢材采用等效理想弹塑性本构关系模拟,弹性模量 $2.06×10^5$ MPa,屈服强度 345MPa,泊松比 0.3。在钢主梁各板件边界处的节点施加固定约束条件,吊杆荷载取全桥模型运营状态下标准组合的最大吊杆力 4 706kN,沿吊杆轴线方向以均布压力的形式施加在锚垫板底面相应位置。壳单元有限元模型如图 4 所示,计算得到的主要板件 Mises 应力结果如图 5 所示,为突出显示高应力区域,图中对应力低于 50MPa 的区域进行了淡显。

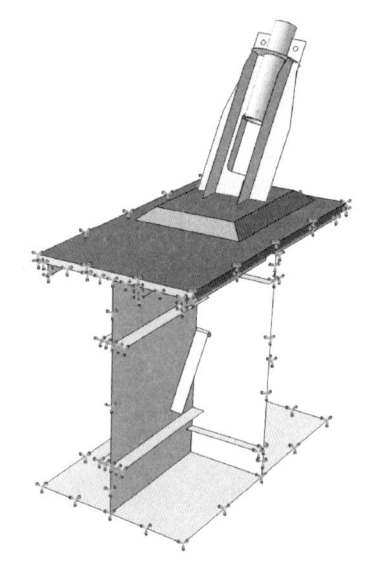

图4 壳单元有限元模型

由图 5 分析可知,锚拉板与索导管连接的倒角处出现小范围的应力集中,局部最大应力为 308MPa。索导管底部与锚拉板相连接的三角形区域应力超限,随着距离锚垫板距离的增大,荷载逐渐扩散至锚拉板,应力水平逐渐降低。侧加劲板中最大应力为 122MPa,主要出现在锚拉板开孔处,其余区域的应力水平较低。钢主梁腹板的最大应力为 168MPa,出现在与锚拉板相交处,而随着锚拉板地伸入,吊杆力得以较为均匀地扩散至主梁腹板上。钢主梁顶板的最大应力为 236MPa,出现在三板的小范围交汇区。整体而言,大部分区域的应力均在许用应力 200MPa 之下,该种索梁锚固构造形式简单、传力路径明确,各主要板件受力较为合理。

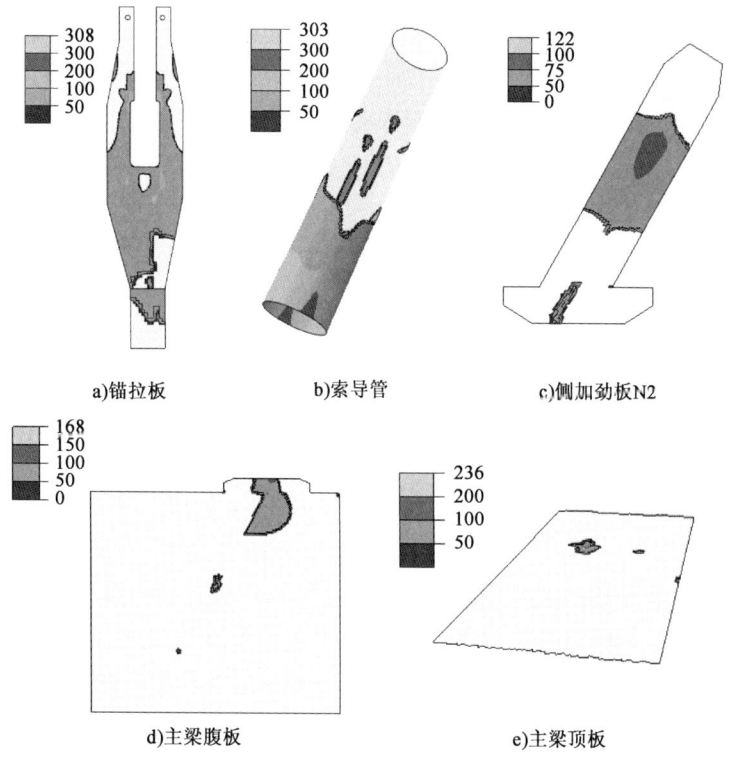

a)锚拉板　　　　b)索导管　　　　c)侧加劲板N2

d)主梁腹板　　　　e)主梁顶板

图5 主要板件的 Mises 应力结果(尺寸单位:MPa)

3.2 实体单元模型分析

通过前文壳单元模型的分析,对锚拉板结构的受力状态有一定了解。本小节在保持其余各参数相同的前提下,依据设计图纸,对各板件的几何尺寸、相对关系、倒角、过焊孔和焊缝等细节构造,采用 C3D10 空间四面体单元进行真实模拟。

实体单元模型的 Mises 应力结果如图 6 所示,为突出显示高应力区域,图中对应力低于 100MPa 的区域进行了淡显。从图 6 中可见,绝大部分板件的应力水较低,仅在锚拉板与索导管相连接的倒角处出现一定程度的应力集中,其中部分焊缝区域的应力达到了钢材的屈服强度。

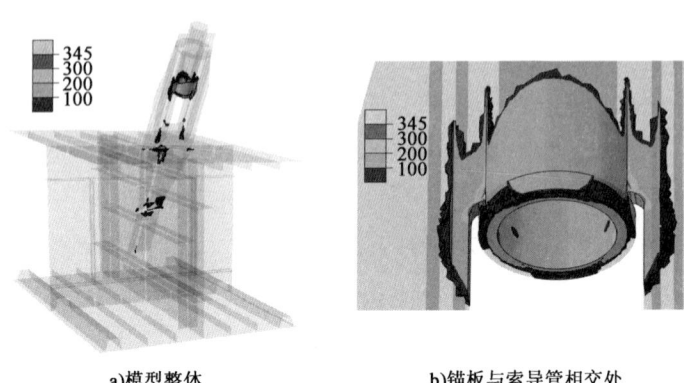

a)模型整体　　　　　　　　b)锚板与索导管相交处

图 6　实体单元模型的 Mises 应力结果(尺寸单位:MPa)

3.3 计算差异简析

对于壳单元分析方法,本次计算所采用的一阶 S4R 缩减积分曲壳单元,沿厚度方向可设置多层积分点,可很好地模拟板的平面外弯曲问题,采用缩减积分方法消除单元的剪切自锁问题,并包含沙漏控制方法以限制单元的零刚度变形[5]。

对于实体单元分析而言,为得到细节处的应力结果,建模时对局部构造进行了真实还原,几何模型较复杂,采用二阶 C3D10 空间四面体单元进行离散分析。该单元在小位移无接触的问题中有着稳定的结果,并可以很好地给出应力集中区的应力梯度情况[5]。

对比前述两种模型的计算结果可知,使用壳单元与实体单元建模的结果总体上差异不大,但对于局部一些存在着较为严重应力集中的区域而言,实体单元模型模拟的准确度较高。但同时也要注意到,实体单元建模的工作量比壳单元更大,且计算过程占用资源更多,耗时较长。工程设计时可结合二者优点,即先采用壳单元快速掌握结构整体的受力情况,再使用实体单元对关键区域进行精细化分析。

4　结语

(1)齐鲁黄河大桥采用的大跨度系杆拱桥大吨位锚拉板式偏心索梁锚固构造,构造新颖、形式简单,在运营状态的静力荷载作用下,应力结果满足规范要求,传力路径明确,板件受力合理,创新性地解决了网状吊杆的交叉锚固需求,可为今后同类桥梁的设计提供一定参考。

(2)当采用有限元方法进行分析时,壳单元与实体单元的计算结果总体差异不大,但对于局部一些存在着较为严重应力集中的区域,实体单元模型模拟的准确度较高,建议设计时对结构的关键部位采用实体单元方法进行分析。

参 考 文 献

[1] 汤虎,邵长宇,颜海.组合桥面系杆拱桥力学与经济性能研究[J].桥梁建设,2019,49(01):30-35.

[2] 李小珍,蔡婧,强士中.大跨度钢箱梁斜拉桥索梁锚固结构型式的比较[J].工程力学,2004(06):84-90.

[3] 丁雪松,熊刚,谢斌.大跨度钢箱梁斜拉桥索梁锚固结构的发展与应用[J].世界桥梁,2007(04):70-73.

[4] 任伟平,强士中,李小珍,等.斜拉桥锚拉板式索梁锚固结构传力机理及疲劳可靠性研究[J].土木工程学报,2006(10):68-73+91.

[5] 庄茁.基于ABAQUS的有限元分析和应用[M].北京:清华大学出版社,2009.

11. 主跨420m网状吊杆系杆拱桥顶推施工受力性能研究

赵世超[1] 王伟[1] 吴霄[2]

(1.济南城鲁建设工程有限公司;2.上海市政工程设计研究总院(集团)有限公司)

摘 要：齐鲁黄河大桥为主跨420m超大跨度拱桥，受黄河通航以及水文条件的限制，顶推施工成为其首选施工方案。为节约顶推施工工期以及临时墩的数量，提出一种带吊杆及临时撑杆的组合体系拱桥整体顶推施工工法，本文以该工法为背景，对齐鲁黄河大桥顶推施工中的受力性能进行分析。结果表明，该施工方法在显著缩短施工工期的同时，能够通过吊杆的主动张拉实现梁拱之间的受力分配，达到施工状态可调的目的；整个顶推过程中，通过对局部构件的加强，保证了结构安全性与可靠性。

关键词：大跨度拱桥 顶推施工 网状吊杆 局部稳定 临时墩

1 引言

顶推施工法以高度工业化、使用局限小、施工速度快等优势在桥梁施工中广泛应用[1]。传统顶推施工作业仅针对主梁，对于索承式桥梁，一般待主梁顶推完成后，再进行拱肋或主塔的拼装。对于外部静定的下承式拱桥或斜拉桥体系，存在整体顶推施工的可能。目前针对大跨度拱梁组合体系和斜拉桥作为整跨顶推施工在国内外实施还较少，其中最著名的是世界最高墩桥——法国米约大桥[2]，采用塔梁整体顶推，国内首个大跨径拱梁整体顶推实例是杭州九堡大桥[3]。九堡大桥采用三跨梁拱整体顶推法施工，主跨跨径210m，中间只设一个临时墩，顶推施工最大悬臂长94m，为减小在顶推过程中主拱的跨度，改善主梁拱结构的应力，在顶推过程中须安装临时撑杆，顶推到位后安装吊杆及铺设桥面板(图1)。

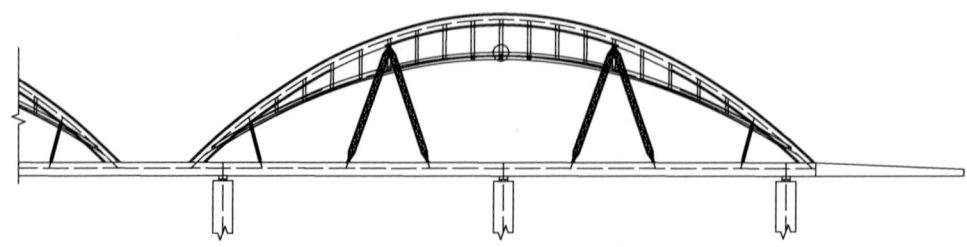

图1 九堡大桥拱梁整体顶推施工示意

齐鲁黄河大桥主跨为420m,为缩短工期,减小对黄河通航的影响,考虑采用拱梁整体顶推的施工方案。相对于九堡大桥的拱梁整体顶推方案,该方案将钢拱、钢梁、吊杆以及连接钢拱、钢梁的临时撑杆在岸上先期组拼为梁拱组合体系,并对吊杆进行初张拉,在整个顶推施工过程中,通过调整吊杆张拉力对组合拱桥整体顶推过程受力状态进行实时调整,一定程度上保证拱梁协作性,提高了结构的受力性能,减少水中临时墩数量及拱梁临时撑杆数量,降低了结构施工的复杂程度。

本文采用空间有限元程序对顶推施工全过程进行模拟,对临时墩间距、吊杆张拉力等关键施工参数进行研究,并对腹板局部受力进行详细验算,保证整个顶推方案的安全与可靠。

2 工程概况

2.1 设计概况

齐鲁黄河大桥主桥采用下承式网状系杆正交异性组合桥面板组合梁—钢拱组合体系拱桥,跨径组合为(95m+280m)+420m+(280m+95m),如图2所示。

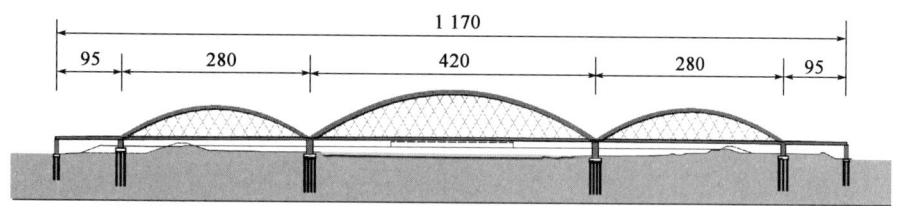

图2 齐鲁黄河大桥总体布置图(尺寸单位:m)

420m跨拱矢跨比为1/6,矢高70m,内倾角度3°;280m跨拱矢跨比也为1/6,矢高46.67m,内倾角度5.3°,拱肋采用五边形钢箱断面。拱肋横联形式采用一字撑,撑杆为八边形钢箱断面。吊杆采用网状布置,主梁上标准间距为9m,顺桥向倾角约60°。主梁采用正交异性组合桥面板组合梁,梁高4m。下部结构采用尖端型薄壁墩形式,矩形承台,钻孔灌注桩基础。95m+280m一联连续,420m跨简支,如图3所示。

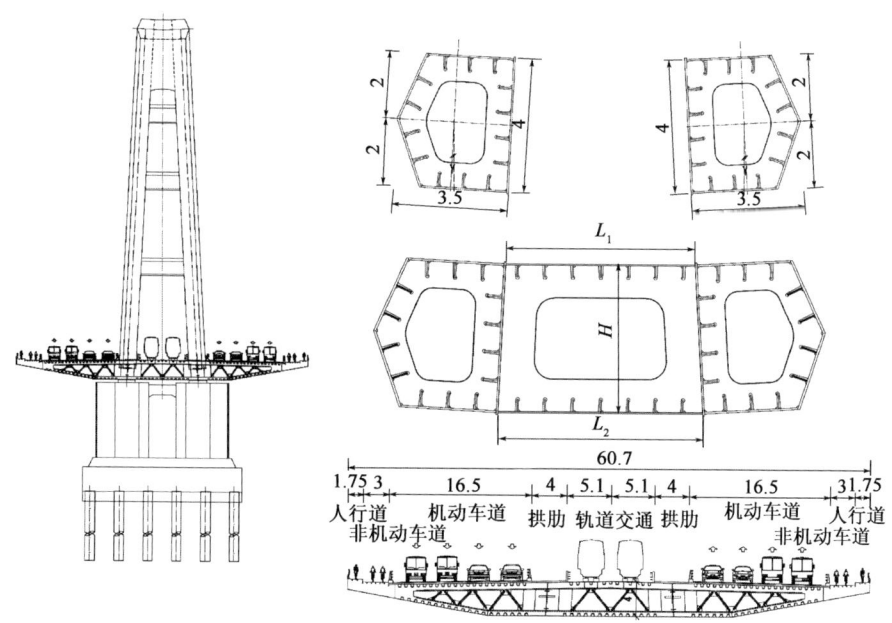

图3 齐鲁黄河大桥拱梁断面布置图(尺寸单位:m)

2.2 施工方案

陆上搭设顶推平台,首先拼装主梁,然后在主梁顶面卧拼拱肋并通过竖转将拱肋就位,待完成拱梁连接后,安装拱、梁间吊杆及临时撑杆,将带吊杆及临时撑杆组合体系拱桥整体进行顶推,顶推过程中不断调整吊杆张拉力以适应体系的变化直至顶推到位。

顶推施工时,桥面板尚未铺设,拱、梁之间的吊杆已安装并进行初张拉,钢拱和钢梁形成了一个拱梁组合体系。另外在钢拱与钢梁之间设置连接钢拱、钢梁的临时撑杆,使得拱桥在顶推过程中具有了桁架桥的特点,改善了顶推过程中的受力性能;在420m跨设置4个临时墩,顶推前后端分别设置了长度为45m的顶推导梁。各永久墩和临时墩顶均设置顶推设备,采用多点顶推进行施工(图4)。

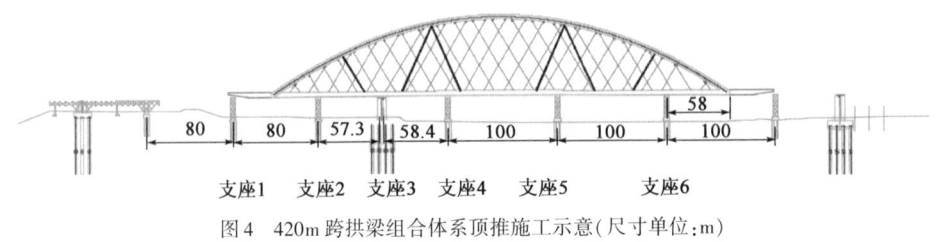

图4 420m跨拱梁组合体系顶推施工示意(尺寸单位:m)

3 计算模型

采用通用有限元程序 Midas Civil 建立三维杆系模型进行顶推施工过程受力分析。主拱、撑杆、主纵梁、拱梁间临时撑杆、导梁等均采用空间梁单元模拟,如图5所示。

任意顶推阶段的边界条件如下:有顶推支墩的地方设竖向和横向约束,全桥设一个纵向约束点。根据顶推施工的进展,通过不断改变体系的约束条件来实现顶推阶段的转换。

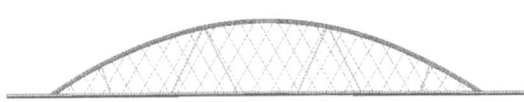

图5 420m跨拱梁组合体系顶推阶段全桥杆系模型图示

顶推计算考虑了梁拱组合体系从开始顶推到顶推到位的全部过程,顶推计算的基本步长取为9m(即每顶推9m计算一个顶推工况),同时根据顶推施工的受力特点及受力状况,在局部范围内将顶推步长细化为1m。

另外,为考虑支座以及撑杆连接位置局部受力,利用 ANSYS 建立全桥板壳有限元模型,与杆系模型计算结果互为补充。其模型图示如图6所示。

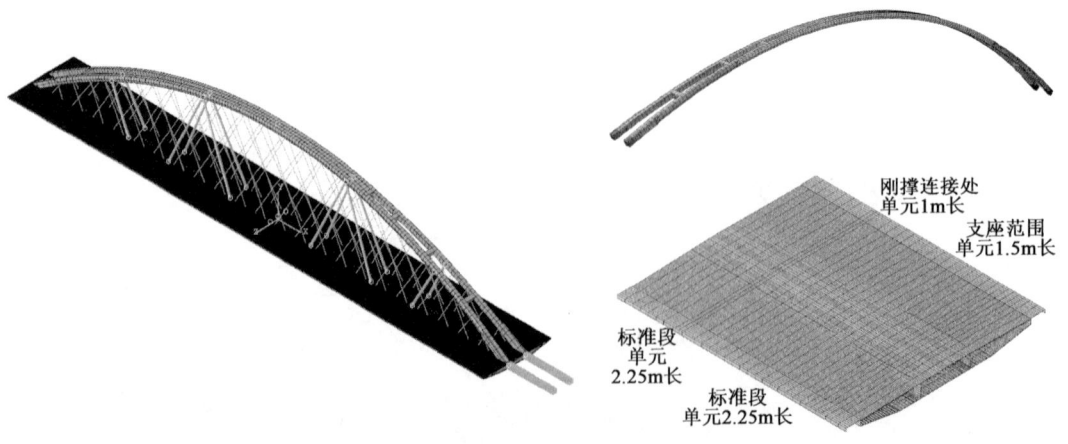

图6 420m跨拱梁组合体系顶推阶段全桥板壳模型图示

4 结果分析

4.1 数值分析结果

4.1.1 应力分布

如图7所示,顶推过程中主梁总体计算应力较均匀,仅在两侧短撑杆附近应力较大,最不利组合下最大压应力约为98MPa,最大拉应力79MPa,这与主梁截面较大的抗弯惯矩相适宜。另一方面,主梁撑杆附近最大剪力28 843kN,其余区段最大剪力约为22 898kN,撑杆附近腹板局部加厚至30mm,平均剪应力116MPa,其余区段腹板板厚26mm,平均剪应力113MPa。主梁剪应力处于较高水平,这与全桥仅设置两道腹板有关,局部位置腹板根据计算结果考虑加厚。局部计算结果也表明,临时支座及撑杆位置附近腹板应力较大。

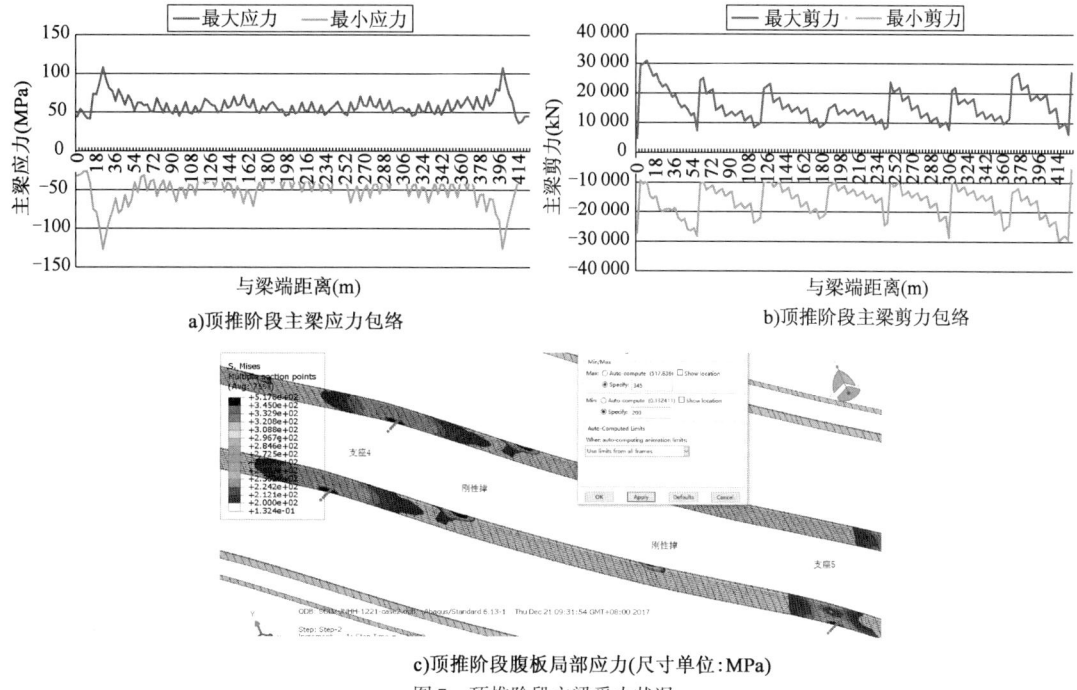

a)顶推阶段主梁应力包络

b)顶推阶段主梁剪力包络

c)顶推阶段腹板局部应力(尺寸单位:MPa)

图7 顶推阶段主梁受力状况

如图8所示,拱肋受力在撑杆位置处存在较大的突变,其余位置应力分布较为均匀,总体计算下拱肋最大压应力为103.7MPa,最大拉应力93.4MPa,局部计算显示,撑杆与拱肋连接点附近最大组合应力约为125MPa。

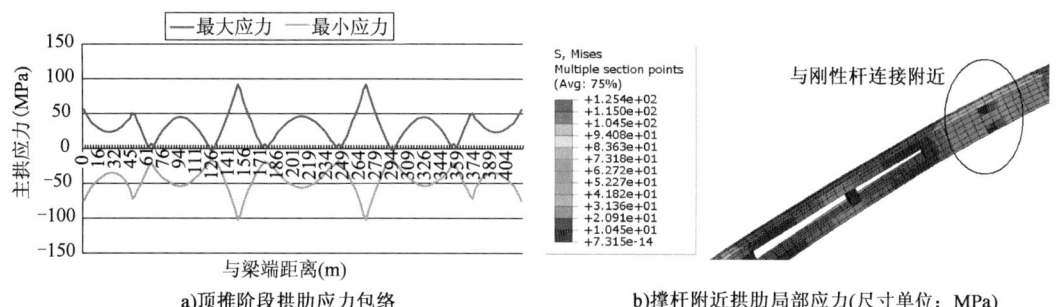

a)顶推阶段拱肋应力包络

b)撑杆附近拱肋局部应力(尺寸单位:MPa)

图8 顶推阶段主拱受力状况

4.1.2 反力

如图9所示,主梁撑杆附近最大反力43 497kN,其余区段最大剪力36 671kN,所有支座均未出现脱空现象。撑杆位置附近传递拱肋传来的压力,顶推位置位于撑杆附近时,该位置形成硬支点,产生较大的支反力,而且该支反力较难通过吊杆的张拉来削弱。

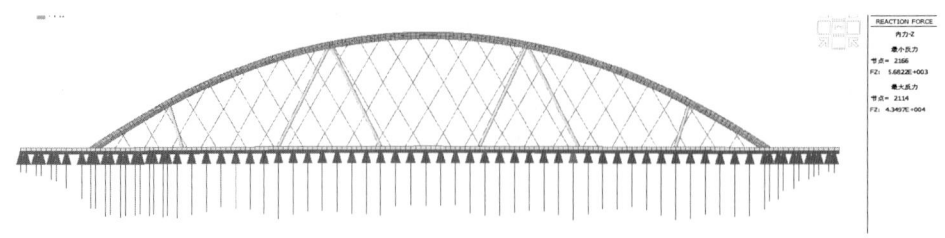

图9 顶推阶段最大反力(尺寸单位:mm)

在该反力下,需对支撑位置腹板局部稳定进行验算,具体验算内容参见4.2节。

4.2 腹板局部稳定分析

顶推过程中主梁腹板承受较大的剪力、正应力以及局部压应力作用,处于三向受力状态,极易出现失稳现象,为此需按照现有的规范对腹板局部稳定进行验算,以保证施工安全性。

针对顶推过程中腹板局部稳定的验算方法,目前尚无明确规定,一般采用数值分析的方法计算腹板的稳定系数,缺少规范依据。根据顶推过程中腹板受力形态,可按照两种理论分别进行考虑,一种是将该区域视为支座加劲区,按照《公路钢结构桥梁设计规范》(JTG D64—2015)5.3.4节支承加劲肋要求进行验算。

局部压应力满足:

$$\gamma_0 \frac{R_V}{A_s + B_{eb} t_w} \leq f_{cd}$$

受压局部稳定满足:

$$\gamma_0 \frac{2R_V}{A_s + B_{ev} t_w} \leq f_d$$

另一种理论是根据该区域三向受力的特点按照三向受力下区格的局部稳定进行验算,主要的依据是《铁路桥梁钢结构设计规范》(TB 10091—2017)条文说明8.0.7节关于腹板板块局部稳定的检算:

$$V = \frac{1}{\frac{1+\varphi}{4} \cdot \frac{\sigma_1}{\sigma_{k1}} + \frac{P}{2P_{k1}} + \sqrt{\left(\frac{3-\varphi}{4} \cdot \frac{\sigma_1}{\sigma_{k1}} + \frac{P}{2P_{k1}}\right)^2 + \left(\frac{\tau}{\tau_{k1}}\right)^2}}$$

对于焊接梁,V 值不小于1.35。

根据两种方法对顶推关键部位进行验算,垫梁长度暂按3.5m进行计算。

4.2.1 规范要求

《公路钢结构桥梁设计规范》5.3.4节关于支承加劲肋应满足的要求见表1、表2。

撑杆附近腹板加厚区段 表1

项目	R_v(N)	A_s(mm^2)	B_{eb}(mm)	t_w(mm)	f	检算结果
局部压应力	21 748 500	70 800	3 620	32	116	OK
局部稳定	21 748 500	70 800	3 072	32	257	OK

标 准 区 段   表2

项目	R_v(N)	A_s(mm²)	B_{eb}(mm)	t_w(mm)	f	检算结果
局部压应力	18 335 500	70 800	3 620	26	111	OK
局部稳定	18 335 500	70 800	2 496	26	270	OK

4.2.2 规范中的有关要求

《铁路桥梁钢结构设计规范》8.0.7节及其条文说明中关于腹板板块局部稳定的检算见表3。

腹板板块局部稳定验算   表3

腹板验算	局部压力 P (MPa)	σ_1(MPa)	$\varphi_{\sigma 1}$(MPa)	τ(MPa)	h(mm)	t_w(mm)	V	检算结果
		78	−50	116	3883			
撑杆附近腹板加厚区段	116	78	50	116	850	32	1.44	OK
标准区段	111	78	50	113	850	26	1.39	OK

两种计算结果均表明,加强后的腹板局部稳定满足规范要求,相对于《铁路桥梁钢结构设计规范》《公路钢结构桥梁设计规范》要求更加严格。

5 结语

(1)顶推过程中,除临时支墩以及撑杆连接点局部存在应力集中现象外,主要受力板件应力满足设计要求。

(2)临时撑杆以及吊杆能够对组合拱桥整体顶推过程受力状态进行实时调整,可在一定程度上保证拱梁协作性。

(3)顶推过程腹板局部稳定可按照《公路钢结构桥梁设计规范》以及《铁路桥梁钢结构设计规范》进行验算。

(4)相对于《铁路桥梁钢结构设计规范》,《公路钢结构桥梁设计规范》对腹板稳定的验算要求更加严格。

受场地净空限制,拱梁整体顶推方案未获实施,最终施工方案为主梁顶推、主拱支架拼装。

参 考 文 献

[1] 匡勇江,熊永光,韩晗,等.九堡大桥连续组合梁桥顶推施工中的受力性能研究[C].第十九届全国桥梁学术会议论文集(下册),2010.
[2] 周光强.大跨梁拱组合桥顶推法施工关键技术[D].重庆:重庆交通大学,2012.
[3] 邵长宇.九堡大桥组合结构桥梁的技术构思与特色[J].桥梁建设,2009(06):46-49.

12. 浅谈桥梁承台大体积混凝土施工技术

杨明明 田 壮 王 涛

(中交第二公路工程局有限公司)

摘 要：当前,桥梁承台大体积混凝土施工技术在大多数的建筑工程施工中有相当普遍的运用,同时也发挥着重要的作用,该施工技术也是大多数基建工程的必要技术之一。然而,现如今的工程难度越来越大,工程也越来越复杂,这对各种施工技术提出了全新的要求,同样对于桥梁承台大体积混凝土施工技术来说亦是如此。本文以济南齐鲁大道北延工程二标工程为案例进行探讨,主要针对桥梁承台大体积混凝土施工技术在工程的具体应用进行相应的分析,希望通过本文的研究可以为相关实践工作提供理论依据。

关键词：桥梁承台 大体积混凝土 施工技术 施工工艺

1 工程简介

济南齐鲁大道北延工程二标工程起讫桩号为 K3+671.212m～K6+741.392m,路线总长3 070.18m,主要包括主桥、南北岸接线引桥、匝道桥梁;其中主桥长度1 170m,南岸引桥长度680m,北岸引桥长度670m,匝道总长560m。

主桥中墩处于黄河南北岸大堤之间,20号墩设一个承台,承台高度为5.0m,平面尺寸均为32m(横桥向)×24m(纵桥向),20号墩承台底高程为21.877m,承台均采用C35混凝土,单个承台设计混凝土方量为3 840m^3;承台底设置2m厚C30封底混凝土,封底混凝土封底施工至钢板桩内侧,在四周设置2%斜坡便于集水降水。模板采用大块组合钢模。

2 主桥P20中墩承台施工工艺

根据总体施工部署及现场实际情况,P20中墩承台拟采用打设钢板桩围堰后明挖基坑的方案进行施工。承台高度为5.0m,单个浇筑方量为3 840m^3,拟一次性浇筑完成;承台底设置30cm厚C30混凝土垫层。模板采用大块组合钢模,人工辅助吊车拼装就位。承台钢筋工程施工时需要同步进行墩身钢筋预埋,并确保其位置的准确。施工流程如图1所示。

2.1 钢筋施工

承台钢筋数量较大,钢筋在钢筋加工场内加工成型,平板车运输至现场,利用吊车吊入围堰内安装。

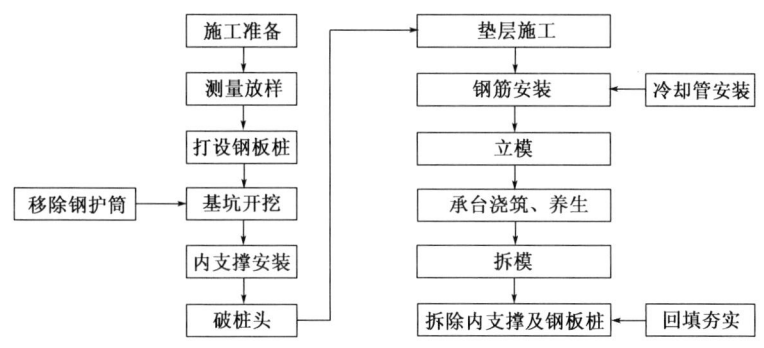

图 1 施工流程图

2.2 冷却水管及温控元件安装

承台内布置冷却水管距承台底面、顶面50cm,竖向中心间距1.0m;距承台边缘50cm,水平间距1.0m。冷却水管采用HDPE塑料管,外径32mm,壁厚约2mm。共设五层冷却水管,各层相互垂直布置,单层冷却水管长度约795m。冷却水管安装完毕后,逐根做密水检查,保证注水时管道畅通不漏水,通水时间根据温控跟踪检测结果确定,停止通水条件为内部最高温度≤40℃,且最大内表温差≤25℃。过程中冷却水温度控制按《大体积混凝土施工规范》(GB 50496—2018)执行。待承台混凝土养生完成后,冷却水管内注入与承台混凝土同强度等级的水泥浆封孔,伸出承台部分切除。

2.3 模板

(1)模板安装完成后应进行限位,防止模板在浇筑混凝土时发生侧向位移。

(2)模板外侧需采用砂浆封堵模板底口与封底混凝土之间的缝隙,防止混凝土浇筑时漏浆,模板内杂物、积水或污垢没有妥善清理。

2.4 混凝土拌和及运输

混凝土浇筑时,须提前了解天气情况,避免在雨天和大风等不利天气情况下进行施工;提前对所有的拌和设备进行维护和检修;提前备足原材料。混凝土在拌和过程中对材料含水率、水温、混凝土的入模温度等进行检测和记录。

2.5 混凝土布料

承台平面面积较大,布料范围较广,为防止上下层混凝土施工间歇期过长,采用水平分层斜向推进的方式进行混凝土浇筑施工。模板周边最先布料,避免斜面面层砂浆聚集。施工时严格控制混凝土自由倾落高度不大于2m,并将混凝土布料水平半径控制在4m以内,每层浇筑厚度为40cm,避免混凝土长距离自流离析。

2.6 混凝土振捣

振捣采用梅花形分布 $\Phi 50$ 插入式振捣器,并采取二次振捣以加快混凝土热量散发,使温度分布均匀。插棒间距为作用半径1.5倍(35~40cm),振捣过程中,振动棒插入下层混凝土中5~10cm,遵循快插慢拔的原则,避免振动棒碰撞模板、钢筋、冷却管及其他预埋件。每一振点的振捣延续时间一般为20~30s,以混凝土停止下沉、不出现气泡、表面显现浮浆为度,以避免欠振、漏振和过振。钢筋较密处,振捣间距控制在30~40cm。混凝土浇筑完应注意抹面时对混凝土的踩踏,注意二次收面时机,钢模压光或塔座处人工拉毛作业。

2.7 承台混凝土养护

浇筑过程中根据温控跟踪检测结果,利用布置在混凝土内部的冷却管进行水循环冷却,当内部最高温度≤40℃,且最大内表温差≤25℃时可停止通水。

大体积混凝土对养护的要求较高,混凝土浇筑完成后,立即用土工布或麻袋覆盖严实,不使透风漏气、水分蒸发散失并带走热量,混凝土初凝前在表面采用二次抹压工艺处理,待混凝土初凝后立即蓄水养护。当混凝土浇筑体表面与大气温差不大于25℃,且强度达到2.5MPa后方可进行模板拆除。

3 质量控制要点与措施

3.1 质量控制要点

3.1.1 调整浇筑施工时间

尽量选择气温较低的天气施工,同时安排浇筑中下部混凝土在夜间和早上浇筑,表面在白天浇筑。

3.1.2 控制入模温度

混凝土入模温度应不低于5℃,热期施工时,宜采取措施降低混凝土的入模温度,入模温度不宜高于28℃。

3.1.3 施工缝设置

设置水平施工缝施工能有效地降低混凝土内部温升值,防止混凝土内外温差过大。

3.1.4 表面保温与养护

混凝土浇筑完毕待初凝后立即对暴露面采取覆盖土工布等形式进行保温、保湿养护,表面蓄水采用从冷却水管流出的温水,表面蓄水保温时间至少3d,此后改用保温材料继续保温,养护期保温时间不少于7d。为防止承台侧表面出现裂纹,侧面承台模板不宜过早拆除。

3.1.5 温控监测

对承台大体积混凝土进行温控和温度应力监测,及时掌握温控信息,以便及时调整和改进温控措施。各项监测项目宜在混凝土浇筑后立即进行,连续不断。混凝土浇筑入模温度监测每台班不少于2次;升温期间,环境温度、冷却水温度和内部温度每2~4h监测一次;降温期间每天监测2~4次。温度监测持续时间一般不少于15d。

部分数据如表1~表3所示。

混凝土浇筑时间及间歇的全部允许时间(min)　　　表1

混凝土强度等级	气温≤25℃	气温>25℃
≤C30	210	180
>C30	180	150

注:当混凝土中掺有促凝剂或缓凝剂时,其允许时间应通过试验确定。

承台施工质量标准　　　表2

序　号	项　目	允许偏差(mm)
1	混凝土强度(MPa)	在合格标准内
2	轴线偏位(mm)	15
3	尺寸(mm)(B≤30m)	±30
4	顶面高程(mm)	±20

大体积混凝土温度控制指标 表3

序号	项目	指标
1	分层	3m+2m、3.5m
2	水泥入罐温度	<70℃
3	拌和前水泥温度	<60℃
4	冷却水管进出水温之差	<10℃
5	混凝土入模温度	>5℃、<28℃
6	若表面蓄水保温(水深)	>10cm
7	内表温差	<25℃
8	降温速率	≤2℃/d

3.2 质量控制措施

全面分析、归纳影响本工程质量管理因素,确保质量管理体系有效运行、各项质量管理措施得到严格落实(表4)。

质量管理措施 表4

项目	质量管理措施
施工流程管理	①施工工艺质量评审; ②编制质量管理点计划; ③制定标准化、定量化的质量保证措施; ④落实质量保证措施计划; ⑤对质量保证措施的实施效果进行评审
测量、试验、监控保证	①建立系统规范的管理制度并严格执行; ②保证人员、设备、环境满足标准要求; ③严格进行校检、认证、评审,定期检查; ④强化档案及记录管理,保证可追溯性
质量检验保证	①严格进行检验划分,严格落实"三检制",确保施工过程各环节全面覆盖; ②配合监理人做好检验、分项、分部、单位工程检验验收; ③对质量检验中发现的不符合、不合格项,严格进行标识、报告、整改、复验;坚决贯彻"四不放过"原则; ④做好资料整理归档工作,确保质量保证资料、检验验收资料的系统性、完整性、可追溯性
构件及成品保护保证	①统筹规划施工进度安排及施工区域使用,优化施工组织,使施工形成流水作业; ②制定并严格执行构件及成品保护制度,责任到人逐件负责; ③制定详细的构件及成品保护方案,认真评审,严格执行; ④配置标准的存储、运输设施或设备,规范作业过程,标准化作业; ⑤尽可能划清边界,隔离封闭保护; ⑥在维护照管期,保留组织、人员及必要的设备,保证对成品实施有效保护; ⑦通过教育培训,全面提高员工的成品保护意识

4 结语

桥梁建设工程作为基建工程的重要组成部分,是大多数基建工程工作人员及研究人员所关注的重点,而其中相关技术的完善和提高是重中之重,以此为安全提供更多的保障,而这其中基础承台大体积混凝土施工技术就是比较重要的一项施工技术。通过本文的研究得出结论:对大体积混凝土施工技术的提升和完善是桥梁质量得以保障的重要基础,而基础承台大体积混凝土施工技术的提升和完善,首先要控制好原料与配合比,同时要对振捣与浇筑技术进行严格的控制,并做好测温与养护工作。

参 考 文 献

[1] 中华人民共和国交通运输部.公路工程质量检验评定标准 第一册 土建工程:JTG F80/1—2017[S].北京:人民交通出版社股份有限公司,2017.

[2] 中华人民共和国交通运输部.公路工程施工安全技术规范:JTG F90—2015[S].北京:人民交通出版社股份有限公司,2015.

[3] 中华人民共和国交通运输部.公路桥涵设计通用规范:JTG D60—2013[S].北京:人民交通出版社股份有限公司,2015.

[4] 中华人民共和国住房和城乡建设部.钢筋机械连接技术规程:JGJ 107—2016[S].北京:中国建筑工业出版社,2016.

[5] 中华人民共和国住房和城乡建设部.建筑基坑支护技术规程:JGJ 120—2012[S].中国建筑工业出版社,2012.

13. 齐鲁黄河大桥大长桩基工程施工

梁锦永[1]　石建平[2]

(1. 北京铁城建设监理有限责任公司；2. 济南市交通工程质量监督站)

摘　要：济南齐鲁黄河大桥的主桥 P20 号、P21 号墩桩基工程，桩位处于黄河河漫滩，因受河水冲刷，结合桩位处的现场实际情况，桩基施工采用钢管桩围堰筑岛平台方案，桩基成孔选用旋挖钻机＋回旋钻机成孔工艺，采用优质泥浆护壁，对坍孔、斜孔、沉淀超标进行分析处理。

关键词：桩基基础　筑岛围堰平台　旋挖钻＋回旋钻　清孔＋二次清孔　钢筋笼　水下混凝土　后压浆

1　工程概况

齐鲁黄河大桥起于济南市槐荫区美里北路交叉口处，从郑家店东侧连续跨越黄河南岸堤顶、黄河、北岸堤顶，止于天桥区，在 G309 国道通过上下平行匝道落地。本工程是济南市携河北跨发展的重要通道，线路全长 3.063km，与黄河基本正交。主要包括主桥、南北岸接线引桥、匝道桥梁，其中主桥长度 1 170m。主桥中墩 P20 号、P20 号墩间距 420m，位于河漫滩，整幅布置，每墩包含 30 根桩长 110.15m 的变截面钻孔灌注桩，共计 60 根。上部 40m 桩径 2.3m，下部 70.15m 桩径为 2.0m，属大长桩基。施工中采用了筑岛围堰、800kN 龙门吊、钻孔平台、旋挖钻机＋回旋钻机成孔工艺、超声波检孔、灌无忧等技术。

根据勘探及地质测绘揭露，工程区勘探深度范围内的地层主要为第四系覆盖层，上部为第四系全新统冲积物（Q4al）、冲洪积物（Q4al＋pl），岩性为粉质黏土、粉土、粉砂、细砂及钙质结核；中部为上更新统冲洪积物（Q3al＋pl）、残积物（Q3el），岩性为粉质黏土、残积土，多夹细砂、圆砾及钙质结核，分布较稳定；下部为燕山期晚期侵入岩（γ53）灰长岩；表层多覆盖人工堆积（Q4ml）的杂填土、素填土、冲填土等。勘察期间在场地及钻孔内未发现对工程安全有影响的诸如岩溶、滑坡、崩塌、泥石流、采空区、地面沉降、活动断裂等不良地质，也未发现影响地基稳定性的古河道、沟、墓穴、防空洞、孤石等埋藏物及其他人工地下设施等不良地质作用。

2　桩基施工工艺的选择

该桥桥桩基础位于河漫滩，根据地质构造特点，桩基钻孔采用旋挖钻机＋回旋钻机施工。

2.1　钻孔平台

因河水冲刷，桩基施工采用钢管桩围堰筑岛平台方案（图1）。为防止河水冲刷河岸，在龙门吊基础靠黄河侧净距1m处设置钢管桩围堰,钢管桩围堰采用12m长 $\phi1\,020\times12$mm 钢管桩＋栈桥面板或竹排的形式,钢管桩采用振桩锤进行插打,围堰施工完成后进行填土。待精确埋设护筒后,将场地进行硬化,硬化时预留可供泥浆循环的泥浆环槽,硬化后的场地即可作为桩基施工平台。现场实景如图2所示。

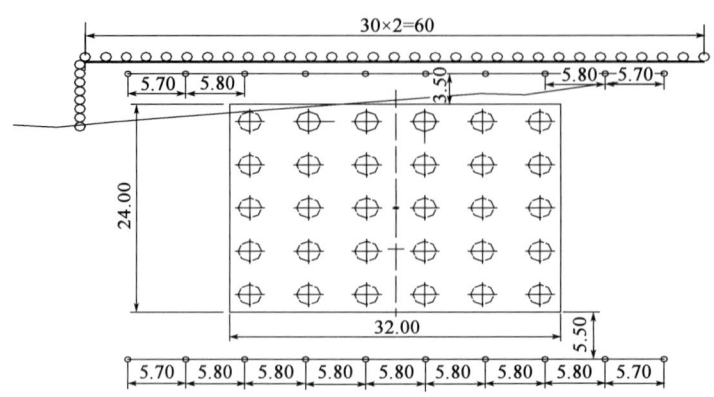

图1　筑岛围堰平面图

图2　现场实景

2.2　测量定位、埋设护筒

对桩位进行精确放样,误差不大于50mm,然后通过带有双夹具的90振桩锤进行钢护筒的插打,插打至钢护筒高出施工平台约30cm为止。钢护筒埋设完成后,复测桩中心位置,并通过在护筒上涂油漆固定桩中心位置,以便钻机就位对中时使用。在护筒埋设过程中用经纬仪观察护筒的平面位置和倾斜度,确保钢护筒的平面位置偏差小于±5cm,竖直方向的倾斜度小于0.5%,并且在施工的各环节严格控制钢护筒发生变形,确保筒顶口高出原地面30cm。

2.3　钻机选型

根据工程地质特性,经过试钻比对,选择旋挖钻＋回旋钻机钻孔工艺进行工程桩的施工。

2.3.1　旋挖钻特点

钻机就位灵活,开孔快,钻孔时先将钻斗着地,通过显示器上的清零按钮进行清零操作,记录钻机钻头的原始位置。此时,显示器显示钻孔的当前位置的条形柱和数字,操作人员可通过显示器监测钻孔的实际工作位置、每次进尺位置及孔深位置,从而操作钻孔作业。在作业过程中,操作人员可通过主界面的三个虚拟仪表的显示——动力头压力、加压压力、主卷压力,实时监测液压系统的工作状态。开孔时,以钻斗自重并加压作为钻进动力。一次进尺短条形柱显示当前钻头的钻孔深度,长条形柱动态显示钻头的运动位置,孔深的数字显示此孔的总深度。当钻斗被挤压充满钻渣后,将其提出地表,操作回转操作手柄使机器转到临时堆渣池,再利用挖机将钻渣装入土方车,清运至指定地点进行弃方处理,以免造成水土流失或农田污染。施工过程中通过钻机本身的三向垂直控制系统反复检查成孔的垂直度,确保成孔质量。不足之处是在钻进至80m位置时,钻杆扭力变弱,成孔慢,易斜孔、坍孔,工效低。

2.3.2 回旋钻机特点

正循环钻机和反循环钻机都是通过钻井液(泥浆)的循环进行保护钻井井壁和出渣的,即通过钻井液(泥浆)的循环。把钻孔里的钻渣带出来,它们在钻进成孔的工艺上是相同的,适用的地层也基本相同,不同的就是钻井液(泥浆)的循环方式。正循环钻机的钻井液(泥浆)是由泥浆泵从泥浆池里抽到钻杆里,通过钻杆不断地输送到钻井里,然后从钻井井口自然地排出来,同时把钻渣带出到地面上来。由于它是靠钻井液(泥浆)的自然循环方式排渣,循环能力和排渣能力都比较弱,只能排出部分钻渣,颗粒比较大的钻渣无法排出。钻井里残留的钻渣比较多,影响了钻进速度,钻具的磨损也比较大。反循环钻机的钻井液(泥浆)的循环方式则正好相反,它的钻井液是用泥浆泵从钻井的井口(钻杆外面)向钻井里输送,再用压缩空气或泥浆泵,从钻杆的中间抽出来,所以循环能力和排渣能力都比较强,不但排渣比较干净,而且颗粒比较大的钻渣也可排出来,更适合于在卵石层等颗粒比较大的地层中钻进成孔。两者比较,正循环钻机排渣能力比较弱,但工艺比较简单,容易操作,正循环钻机的价格也比较便宜;反循环钻机排渣能力比较强,环状面积中冲洗液的流速很慢,对孔壁的破坏作用小,只要合理地设置水头高度,钻孔一般不会坍塌,而且清孔效果好,孔底沉渣厚度可不超过5cm。但工艺比较复杂,操作不当容易引起塌孔埋钻,而且反循环钻机的价格比较高。正循环钻机只要用一台泥浆泵,而反循环钻机则需要两台泥浆泵,或一台泥浆泵和一台空气压缩机。

综上几类钻机性能对比,结合实际工程地质水文地形特点、工期要求和项目计划以及现有设备,经过试钻对比,决定采用旋挖+循环钻机钻进工艺,先使用旋挖钻机对桩基上部80m进行钻孔,下部30m采用回旋钻机进行钻进清底。实践证明,工艺熟悉后,一个孔从开始钻进到成孔天数为7~8d,清孔效果好,孔底几乎没有沉渣,整个钻进过程中没有出现坍孔、沉渣过厚等现象。

3 钻孔施工

3.1 钻机就位前

应对钻孔前的各项准备工作进行检查,包括主要机具设备的检查和维护。安装钻机必须水平、稳固,确保施工中不发生倾斜、移动,底座必须支垫坚实平稳,防止位移或沉陷。钻机就位复核准确无误后将钻架进行固定,钻架就位后确保纵横向水平(即钻架底盘的纵横向水平),用水平尺校正施工平台水平度和转盘的水平度时保证转盘中心与护筒中心的偏差不大于20mm。同时用线校对垂直线,确保钻杆中心、转盘中心、护筒中心在同一铅垂线上,做到三点一线,以保证钻孔竖向垂直度偏差≤1/150。钻机安装就位后,底座及钻架应稳定,准确对中,经检验合格后方能开钻。钻进过程中,每班组进行至少2次以上底座和钻架的检查,并在记录上标出检查内容及时间。钻进过程中不应产生位移及沉陷,否则应找出原因,及时处理。

钻进过程中要随时注意往孔内补充浆液,维持孔内的水头高度。孔内泥浆面任何时候均应高于地下水位2m以上。钻孔作业分班连续进行;经常对钻孔泥浆进行试验,不合要求时,及时调整;随时捞取渣样,检查土层是否有变化,当土层变化时及时并记入记录表中,且与地质剖面图核对,如图3、图4所示。根据钻进速度和地质情况不同,不定时地检查泥浆性能,并根据实际情况随时调整泥浆指标。泥浆指标优先采用膨润土进行调整,以改善泥浆性能,确保成孔质量。成孔过程中,泥浆性能指标应满足表1要求。

图3 钻进过程中钻渣收集与记录

图4 钻进过程中泥浆检测

泥浆性能指标要求　　　　　　　　表1

地质情况	泥浆性能指标							
	相对密度	黏度（Pa·s）	含砂率（%）	胶体率（%）	失水率（mL/30min）	泥皮厚（mm/30min）	静切力（Pa）	酸碱度pH
一般地层	1.02~1.06	16~20	≤4	≥95	≤20	≤3	1~2.5	8~10
易坍地层	1.06~1.10	18~28	≤4	≥95	≤20	≤3	1~2.5	8~10
卵石土	1.10~1.15	20~35	≤4	≥95	≤20	≤3	1~2.5	8~10

清孔后,孔内泥浆密度为1.03~1.10;黏度为17~20Pa·s;含砂率小于2%;胶体率大于98%。

3.2 终孔

钻孔达到设计深度后,必须核实地质情况。通过钻渣,与地质柱状图对照,以验证地质情况是否满足设计要求。如与勘测设计资料不符,及时通知设计代表进行确认处理。如满足设计要求,立即对孔深、孔径、孔型进行检查。由监理工程师确认后进行清孔,测得孔底沉渣厚度满足规范要求后,采用超声波检孔仪检测成孔垂直度、孔径、孔壁形状,如图5、图6所示。

图5 超声波检孔

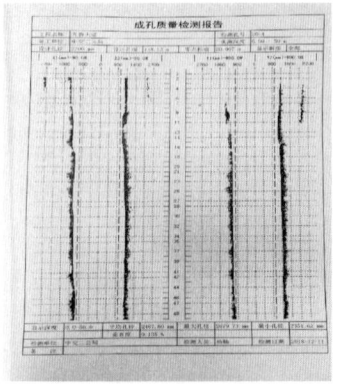

图6 成孔质量检测报告

3.3 清孔

本工程采用两次清孔工艺，但应尽量做到一次清孔成功，保证施工质量，满足设计和规范要求。

一次清孔：当钻孔累计进尺达到孔底设计高程后，经监理工程师验收认可后，应立即进行正循环清孔，泥浆指标符合规范要求后，再利用超声波检孔器进行孔径、孔壁形状和垂直度检测。清孔时将钻头提离孔底20cm左右，钻机慢速空转，保持泥浆正常循环，同时置换泥浆。当泥浆指标达到要求后，测得孔底沉渣厚度满足设计要求值，可停止清孔，拆除钻具，移走钻机。

4 沉放钢筋笼

4.1 钢筋笼安装

清孔后应尽快沉放基桩钢筋笼体，钢筋笼采用平板车运输至施工现场，利用龙门吊分段接长下放至孔内，用钢护筒进行定位。为了确保钢筋笼起吊时不变形，采用两点吊，主吊点设在钢筋笼的顶端，另一吊点选择在离钢筋笼末端0.3L(钢筋笼长度)处。吊放钢筋笼入桩井孔时，下落速度要均匀，钢筋笼要居中，切勿碰撞孔壁。在顶面设置钢筋笼限位骨架支撑并焊接在钢护筒内壁上，防止钢筋笼偏位以及在混凝土浇筑过程中上浮。现场安装时，通过龙门吊将钢筋笼悬挂在前一节钢筋笼正上方，将做有标记的主筋对准、紧贴，通过扳手拧动套筒实现钢筋笼的接长，施工时注意使钢筋接头位于套筒正中。

4.2 声测管安装

为了检测成桩质量，在钢筋笼内侧设置4根呈90°均匀布置的超声波检测管。检测管应顺直，接头可靠，采用丝扣连接或者套管焊接接长，声测管焊接在钢筋笼上固定，并在安装过程中进行声测管的通水试验，确保不漏浆。根据设计图纸要求，本工程钻孔灌注桩注浆管道与超声波管道结合，每根声测管三个方向共布置9个注孔，每个方向3个，上、下注浆孔之间间距约为6cm，注孔直径为10mm。为防止泥浆侵入，开孔部位用胶布缠裹，外套厚1.5mm、长20cm橡胶皮密封，并用铁丝扎紧。注浆管道上端口设专用堵头封好，保证不漏水，下端口也需封闭。

5 灌注水下混凝土

5.1 钻孔桩水下混凝土采用刚性导管法灌注

导管使用内径ϕ300mm的刚性导管，导管接头采用粗螺纹连接，使用前需进行水密性试验和接头抗拉拔试验、长度测量标码等工作，并经监理工程师检查合格后方可进行吊装下放。按编码顺序下导管，并认真做好记录，导管底口距离孔底控制在30~40cm。导管下放完毕，重新测量孔深及孔底沉渣厚度，利用导管进行二次清孔，直至孔底沉渣厚度达到要求。首批混凝土浇筑采用拔球法施工。灌注前首先应计算首批混凝土灌注量，首批灌注混凝土的方量应能满足导管首次埋置深度1m的要求。

混凝土面上升高度测量：混凝土面测量以测锤多点测量为准，同时用混凝土灌注量计算值进行复核，如二者误差较大时应找出误差原因，排除影响混凝土灌注的因素，再继续进行灌注。用测锤测量时应在钻孔内四周多点测量，并取测点中的低点作为拆除导管的依据，如有意外情况时应增加测点数。在拆除导管前由现场技术员进行复核，确认无误后才能拆除导管。每车混凝土灌注完成后,均要测量并进行记录。

导管的拆除:根据施工规范要求及施工经验,拆除导管由埋管深度和混凝土埋管时间来决定,混凝土的埋管深度宜控制在 2~6m 之间。导管拆除时应对导管进行记录,与下导管时的原记录进行复核,确保导管拆除无误。在进行导管埋深计算时,需严记桩基变截面到孔底的高度(图7)。

混凝土灌注高程的确定:混凝土的实际灌注顶高程要高于设计顶高程1m左右,以保证桩顶部位混凝土强度。在灌注将近结束时,应核对混凝土的灌入数量,以确定所测混凝土的灌注高程是否正确。在混凝土的灌注过程中,根据规范要求制作混凝土试块,并随时对混凝土的和易性、坍落度进行检测,确保混凝土的质量。首批灌注混凝土的数量应能满足导管首次埋置深度和填充导管底部的需要,灌注过程中由记录员做好灌注记录,同时应组织好人力、物力,确保连续灌注,不得中间停顿。水下灌注应尽量在最短时间内完成(图8)。

图7　导管水密性试验

图8　混凝土灌注

5.2　桩基混凝土灌注应注意的问题

(1)混凝土运抵灌注地点时,应检查其和易性、坍落度等情况。坍落度宜控制。

在 16~20cm。灌注首批混凝土时,导管下口至孔底的距离为 30~40cm,储料斗首批混凝土储量保证灌注后导管埋入混凝土中的深度不小于1m。混凝土初凝时间应大于整桩灌注时间。

(2)灌注开始后,应连续有节奏地灌注混凝土,并尽可能缩短拆除导管的间隔时间。当导管内混凝土不满时,徐徐地灌注,防止在导管内造成高压空气囊,造成堵管。及时测定孔内混凝土面的高度,及时调整导管埋深。

(3)灌注过程中若发生堵管现象时,可上下活动导管,严禁使用振捣设备振动导管,如处理无效时,应及时地将导管及钢筋笼拔出,然后重新清孔,吊装钢筋骨架和灌注混凝土。

(4)混凝土灌注是一个完整、连续、不可间断的工作。灌注工作开始前机械管理人员和负责司机应对混凝土灌注所使用的全部机械进行维修、保养,保证机械在施工过程中正常运转。

(5)灌注过程中应记录混凝土灌注量及相对的混凝土面高程,用以分析扩孔率,发现异常情况应及时报告主管工程师,并进行处理。

(6)在灌注混凝土将近结束时,应核对混凝土的灌入数量,以确保所测混凝土的灌注高度是否正确。在灌注过程中,应将孔内溢出地水或泥浆运往适当地点处理,不得随意排放,污染环境及河流。

(7)灌注到桩顶部时在孔内混凝土面测3个点,根据现场实施情况适当调整,最后拔管时应缓慢进行,保证桩芯混凝土密实度。

(8)水下混凝土灌注过程中,若发生导管漏水、将导管拔出混凝土面、机械故障或其他原因,造成断桩事故,应予以重钻或与有关单位研究补救措施。

(9)在进行导管埋深计算时,需严记桩基变截面到孔底的高度。

6 桩基检测

混凝土浇筑完成,强度满足设计要求后进行桩身混凝土完整性检测,桩身混凝土的完整性采用声波透射法(各类数字声波仪)检测。检测合格后方可进行下道工序工作。

7 桩底后注浆

7.1 浆液制备

按照设计要求调制出浆液配合比,并报监理工程师批准后用于桩基后注浆。

7.2 开塞

开塞工作的主要目的是使注浆管路畅通,开启注浆孔,劈裂桩底混凝土,为注浆工作提供前提条件。所以开塞工作是桩底注浆成败的关键。在混凝土浇筑完毕10~28h,且混凝土初凝后,开始对注浆管道进行高压注水,当压力达到最大值后突然下降,证明包裹注浆孔的橡胶管开裂,注浆孔冲开。在混凝土终凝之前的时间内,要经常用高压水进行循环,防止已经开塞成功的注浆孔重新堵塞。进行循环注浆。

8 桩基混凝土灌注质量通病及预防

8.1 灌注混凝土时钢筋笼上浮

预防措施:将钢筋骨架牢固的焊接于孔口护筒,灌注混凝土过程中,当混凝土面接近钢筋骨架底口时,放慢灌注速度,以缓解混凝土对钢筋骨架的冲击力。

8.2 断桩或夹层

预防措施:严格遵守各项操作规程,保证灌注作业连续紧凑,导管的提升应匀速、平稳,保证设备的正常工作,并配有备用设备,防止卡管、塌孔、埋管,若导管挂靠钢筋骨架时,采用不同方向摇晃导管或转动导管的方法提升导管。

9 结语

济南齐鲁黄河大桥的主桥P20号、P21号墩桩基工程施工,历经3个月,全部桩施工完成后,经超声波检测及当地质检部门抽检,均为一类桩,说明其施工比较成功的,对于类似桥梁的桩基施工有一定的参考和借鉴作用。

参 考 文 献

[1] 北京市道路工程质量监督站.公路工程施工监理规范:JTG G10—2016[S].北京:人民交通出版社股份有限公司,2016.
[2] 交通运输部公路科学研究院.公路工程质量检验评定标准:JTG F80/1—2017[S].北京:人民交通出版社股份有限公司,2018.

14. 浅析超长大直径灌注桩成孔的质量控制

魏亮亮 昝军红 郑全

(中交第二公路工程局有限公司)

摘 要：随着我国城市化进程的加快，一些体量大、难度高的重点工程大量涌现，大直径超长灌注桩得到了广泛的应用。齐鲁黄河大桥主墩桩基采用超长大直径灌注桩，大桥的建设对于济南经济崛起具有里程碑意义。其中，超长大直径灌注桩桩基成孔质量控制是项目前期建设的重点和难点，文章针对这一方面进行了系统的阐述，希望能够为黄河地带施工的建设者们提供一些帮助。

关键词：灌注桩 桩基成孔 质量控制 保障措施

1 引言

桩基工程属于隐蔽工程，地质情况复杂多变、隐蔽性强、成桩过程可变性较大。项目为了确保施工质量及进度计划的顺利实施，采用了旋挖钻和回旋钻两种设备进行施工，主要有履带式回旋钻机、武桥重工 KTY3000 型全液压气举反循环钻机、邯郸田野 FXZ-400 型履带式反循环钻机及 XRS1050 旋挖钻机，大型设备的引进为项目桩基质量创优奠定了根本保证。桩基成孔质量控制显得尤为关键，项目也购置了成孔检测仪等先进设备，检孔仪通过超声波原理对成孔垂直度、孔径、孔型、孔深进行现场采集、数据分析后形成报告，对桩基隐蔽工程质量控制起到一定的科学的判定依据。依照相关规范及设计图纸等规定，对桩基成孔质量和管控指标进行了梳理，并对项目概况、地质情况和成桩整个关键工艺流程进行了有关保障措施的总结。

2 简述项目概况及地质情况

项目位于山东省济南市，合同路线总长 3.063km，造价 19.27 亿元。其中主桥长度 1170m，跨径布置为(95m+280m)+420m+(280m+95m)，标准断面全宽 60.7m。大桥为"公轨同层，轨道居中"，在轨交预留道两侧设置有双向 8 车道的机动车道，一级公路标准。项目主桥基桩采用摩擦桩群桩形式，C35 混凝土灌注，桩长为 80.15~110.15m，结合黄河地址类型项目采用旋挖钻+回旋转进行组合式钻孔施工。项目主桥桥型布置如图 1 所示。

齐鲁黄河大桥工程区勘探深度范围内的地层主要为第四系覆盖层，表层多覆盖人工堆积(Q4ml)的杂填土、素填土、冲填土等；上部为第四系全新统冲积物(Q4al)、冲洪积物(Q4al+pl)，岩性为粉质黏土、粉土、粉砂、细砂及钙质结核；中部为上更新统冲洪积物(Q3al+pl)、残积物(Q3el)，岩性为粉质黏土、残积土，多夹细砂、圆砾及钙质结核，分布较稳定，下部为燕山期晚期侵入岩(γ53)灰长岩。因此,在基桩钻孔施工过程中,应密切关注不同地层土性质,控制在不同地层的钻进速度,并根据不同地层调配泥浆,防止塌孔、斜孔等事故发生,保证成孔质量。

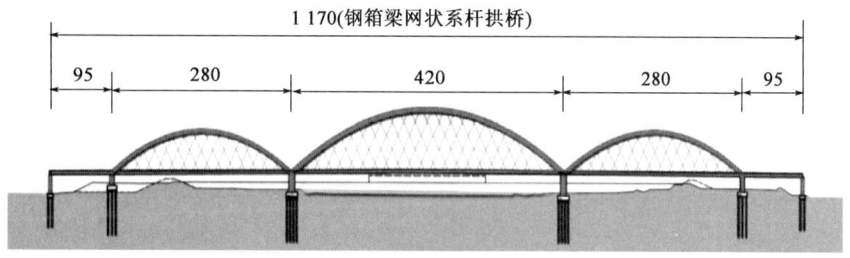

图1 项目主桥(尺寸单位:m)

3 桩基成孔质量控制及保障措施

齐鲁项目跨黄河通道工程桩基地层岩性主要为粉质黏土、粉土、粉砂、细砂及钙质结核。结合项目桩径大、桩长深的特点,交工时桩基检测合格率达到100%一类桩的目标,如何做好桩基成孔过程的质量控制显得尤为关键。该桥采用了桩基工序标准化管理,通过旋挖钻及回旋转施工特点和桩基施工工艺流程,着重从钻孔质量影响因素、钻孔、终孔、清孔4个方面阐述成孔质量控制的关键指标,并对相应环节的质量管控提供一些保障措施。工序示意图如图2所示。

图2 桩基工序标准化

项目选用两种类型钻孔设备的具体操作方法如下。

(1)回旋钻成孔:钻机就位复核准确无误后将钻架进行固定,钻架就位后确保纵横向水平(即钻架底盘的纵横向水平),用水平尺校正施工平台水平度和转盘的水平度,保证转盘中心与护筒中心的偏差不大于20mm。同时用线校对垂直线,确保钻杆中心、转盘中心、护筒中心在同一铅垂线上,做到三点一线,以保证钻孔竖向垂直度偏差≤1/150。钻进过程中,每班组进行至少2次以上底座和钻架的检查,并在记录上标出检查内容及时间。施工示意图如图3所示。

(2)旋挖钻成孔:在调垂过程中,操作人员可通过显示器的钻杆工作界面实时监测桅杆的位置状态,使钻杆最终达到作业成孔的设定位置。开孔前对钻杆垂直度、钻径大小、钻头磨损情况、钻杆钻头连接情况进行仔细检查,检查合格后上报监理验收,验收合格后开钻;施工过程中通过钻机本身的三向垂直控制系统反复检查成孔的垂直度,每四小时至少监测一次,遇到地质变化较大或机器故障等问题应加大监测频率,确保成孔质量(图4)。

图3 回旋转施工

图4 旋挖钻施工

3.1 钻孔桩成孔质量问题及原因分析

3.1.1 钻进成孔质量通病分析

钻机就位后,应采用跳桩施工,特别是在混凝土浇筑后3d内,禁止在3倍桩径范围内开钻。为防止出现孔壁坍塌事故,从以下几点着手分析:

(1)地质不明:没有详判地质勘查报告,对地下地质情况和土质性能不了解。

(2)施工过急过快:基桩钻进速度宜控制在 $0.75 \sim 0.8 m/s$,但施工队往往急于求成,加快成孔速度,成桩质量一般不太乐观。

(3)管理检查不到位:在钻进过程,泥浆性能指标检测频率过低,钻机钻进过程垂直度检查频率不足。

(4)地基不稳,钻机偏位:钻孔平台承载力不足或地下水头差较大,护筒埋设周边不密实、渗水等都会导致地基失稳不能满足钻机就位。

(5)机械自身缺陷:钻机开钻前钻头尺寸不达标,或因地层变化没有适当调整钻头直径导致钻孔孔径不足;钻机钻杆本身变形或缓冲装置失效导致的垂直度不符合要求。

(6)泥浆性能不匹配地层变化:在钻进过程,泥浆指标不达标,无法满足地层变化需要;钻进过程孔内水头不能及时补充或水头差过大导致塌孔。

3.1.2 钻进过程质量事故处理方法

常见钻孔质量事故及处理方法有以下几点:

(1)小面积坍孔:提高泥浆的重度。

(2)大面积坍孔:可回填黏质土或黄土混合物到坍孔处,回填高度高于坍孔处 $1 \sim 2m$,固化后提高泥浆重度快速穿过该地层。

(3)轻微漏浆:可回填优质黏土,掺入适量碱、盐和水泥,使黏土增加黏性并产生轻微固化,暂停一段时间后再重新施工。

(4)严重漏浆:可利用泥浆池内的泥浆向孔内补充,并适当投入优质黏土、水泥堵漏,待稳定后快速钻进穿越该地层。

(5)缩孔:可使用失水率小的优质泥浆护壁快转慢进,并复钻两三次,或者吊住钻锤反复扫孔以扩大孔径,直至满足要求。

(6)偏孔:可在偏斜处吊住钻头上下反复扫孔,使钻孔正直。

3.2 钻孔过程质量控制和保障措施

3.2.1 项目钻孔平台优化设计

为了确保超长大直径桩基成孔质量控制,钻孔平台因地制宜及优化设计是成孔质量保障的前提。因此,项目对钻孔平台采用混凝土硬化处理,分层结构为下层40cm半刚性水稳层,上层为20cm厚的C30混凝土;在硬化施工前先对地基进行找平碾压密实,再进行护筒埋设,护筒埋设一般选用旋挖钻或振动锤施工,对于地基软弱地带采用换填＋木桩＋顶部铺设竹排加固模式(图5)。此工艺的采用带来了如下好处:

(1)钻孔平台上所有重型设备(钻机、履带吊、汽车吊及板车等)在施工中场地均无出现任何地基下沉或安全事故。

(2)墩位上孔位布设较密,硬化后桩孔护筒没有出现一次移位或孔口塌孔现象。

(3)钻孔平台在硬化时预留泥浆循环槽,确保了文明施工要求。

(4)硬化的场地便于泥浆和钻渣的合理运输,满足了济南"六个百分百"的环保要求。

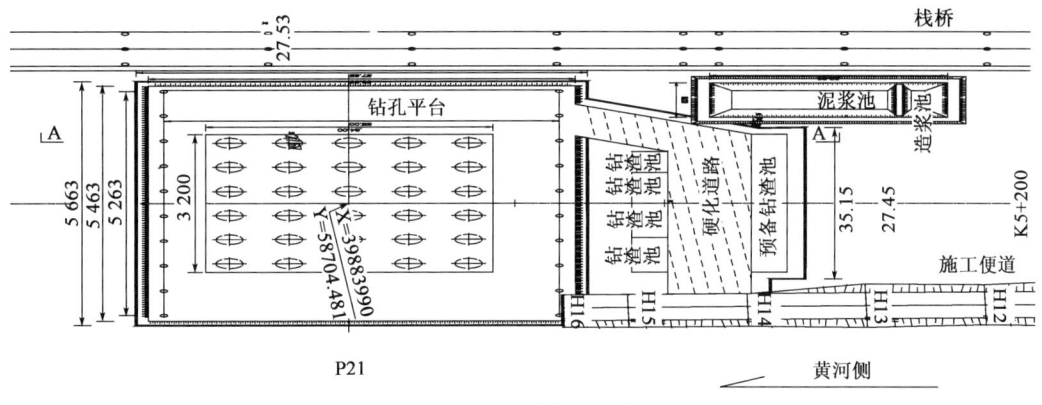

图5 钻孔平台优化设计

3.2.2 钻前及钻进过程质量控制要点

为确保桩基后序施工的连续性以及桩基施工整体质量,钻孔班组需加强成孔垂直度和孔径控制,在钻进过程中,及时对钻机机架、钻杆平面位置及垂直度进行检查(图6、图7)。开钻前应认真检查设备配置资源清单是否满足作业需求、钻机支腿的可靠、稳固性;孔位及钻机对中及水平状况;钻头直径不小于桩径(易缩孔地质可加大5cm);制浆、清孔设备是否齐全;桩位工程明示牌;造浆情况(配备充足膨润土);钻机钻进过程要求3～4斗进行一次垂直度观测和数据记录。钻进过程必须严格按照下表控制泥浆性能指标如表1所示。

图6 钻杆中心检测　　　　　　　图7 钻机垂直度检测

泥 浆 性 能 指 标　　　　　　　　　　表1

地质情况	相对密度	黏度 (Pa·s)	含砂率 (%)	胶体率 (%)	钻孔垂直度	泥皮厚 (mL/30min)	净切力 (MPa)	碱度pH
易坍地层	1.05~1.45	16~28	4~8	≥96	不大于1/150	≤2	3~5	8~10

注:地下水位、流速、桩径大时取高限,反之取低限。

3.2.3 钻前及钻进过程质量保障措施

(1)基桩在钻进过程中,要制备符合性能指标的泥浆,同时要及时给孔内补充泥浆,以确保孔内水头压力,保证护壁质量防止塌孔。

(2)钻进过程注意放斗要稳,提斗要慢,特别注意孔口5~8m段(垃圾填土层)旋挖过程要注意通过控制盘来监控垂直度,如有偏差及时进行纠正,并且注意每一挖斗作业的同时及时补充泥浆。

(3)钻进过程应低速低钻压钻进,发现软硬地层交界面或倾斜层,需要慢钻斗稳后正常钻进;钻进至设计孔深后,将钻斗留在原处旋转数圈,将孔底土尽量装入斗内进行起钻清理。

(4)钻孔作业应及时、完整填写钻孔施工表。

(5)现场必须具备全套泥浆性能检测设备;备好反循环泥浆泵,便于沉渣快速清理和孔位保护。

(6)养成定期捞取渣样的习惯,所捞渣样与地质剖面图不符或地层变化时,结合实际地质条件调整相应泥浆配比,调整钻头的钻进速度,防止因钻头升降速度过快导致成孔偏位或塌孔现象。

(7)钻孔时禁止相邻孔同时钻孔施工;钻孔桩应加强泥浆性能检测和垂直度记录的频率和监督;结合地质勘查报告在绝对高程-0.74位置为粉质黏土,其中含有钙质结核,局部富集胶结成块,易缩孔,固钻进速度要慢、勤观察。

(8)为了保证钻孔的高效实施,按照"低速低压慢钻进"的基本原则进行钻进,遇到坚硬或复杂地层及时调配泥浆性能;强化钻机机长现场培训和监督,做好回旋钻接力部分"节段钻毕再纠偏"的原则进行控制。结合前期钻孔经验,需要加强以下几点主要工作:①针对20号、21号墩桩基,严格控制桩径为2.3m的底部位置,确保成孔质量;要求在钻进过程中,根据地层变化及时调整泥浆性能的各项指标。②根据实际高程推算应钻孔深为120m,钻机班组可根据设备使用情况采用旋挖钻、回旋钻进行接力的施工工艺;旋挖钻的具体钻进深度可根据设备性能进行调整,确保成孔质量。③结合前期18号、19号墩地勘报告分析,钻头或挖斗直径严格制约成孔孔径,钻机队应做好与地层相匹配的钻头尺寸,一般增加3~4cm为宜,确保后续桩检质量。④结合项目20号墩桩基施工方案中泥浆测定频率(钻孔过程,正常施工情况下4h测定一次泥浆性能指标),要求钻机队上下午各测一次泥浆性能指标。在钻进过程中对钻机机架、钻杆平面位置及垂直度进行检查;旋挖钻检查频率为2次/班,回旋钻为1次/4h。⑤项目部对主墩提供两套钢筋笼探孔器,直径分别为2.0m和2.3m;对于成孔时检孔仪验收持有争议的情况下,项目要求进行探孔器进行抽查验证,保证成孔质量。⑥按照项目桩基质量管理三检制的要求,在桩施工中履行《质量报验单》的验收签认手续。⑦成孔质量主要在垂直度和孔径控制,而这两个关键指标存在争议时主要通过检孔仪及探孔器进行综合研判。

3.3 清孔质量控制及保障措施

3.3.1 钻孔桩清孔质量控制

清孔,对于超长大直径桩基施工是一个难点,如何保证大体积深桩清孔质量且提高清孔工效是提升管理的重要方向。钻孔灌注桩清孔方法应根据设计要求、钻孔方法、机械设备和土质情况决定。由于项目地处黄河岸滩粉细砂过厚,一次清孔泥浆比重比规范适当偏大,最大控制在1.15以内,有效保证含砂率指标及清孔质量。项目一次清孔采用正循环清孔,利用泥浆净化器(旋流器)进行除砂,严禁采用超挖成孔的方式代替清孔。一次清孔后泥浆指标需满足以下标准:相对密度为1.03~1.15;黏度为17~20Pa·s;含砂率小于2%;胶体率大于98%。

灌注桩一次清孔结束混凝土灌注前,再次对孔内泥浆指标和孔底沉渣厚度进行检测,当不满足规范要求时,进行二次清孔。二次清孔利用风管采用反循环进行清孔(图8),各项指标应满足规范的终孔指标。关于二次清孔,针对项目黄河河漫滩为第四系全新统冲积物(Q4al)、冲洪积物(Q4al+pl),岩性为粉质黏土、粉土、粉砂、细砂及钙质结核;主墩桩基顶部细砂层厚度约22m,钻孔过程孔内泥浆含砂率偏高,通过常规泥浆泵清孔时间过长,清孔质量还难以保障,因此,采用常规清孔+滤砂器的配合使用(图9),解决了黄河岸滩粉细砂超长桩基含砂率偏大问题。

图8 气举反循环清孔　　　　　　图9 滤砂器滤砂

3.3.2 钻孔桩清孔质量保障措施

(1)关于一清二清,检查并维护泥浆循环净化系统,按照项目要求投入相关设备(空压机清孔、旋流器及小风管等),及时购买滤网及防砂罩,确保清孔质量。

(2)严格执行提钻前一清工序的自检程序;首先落实钻进过程和成孔后一清含砂率的控制,及时调配并更换原孔位泥浆,原则上要求泥浆性比重在1.08~1.15g/cm³区间,保证泥浆的悬浮能力,杜绝钢筋笼下放后沉渣过厚的顽疾;其次要做好渣箱内的积砂的清理和滤砂器的协同使用,消灭沉渣过厚的质量通病。

(3)清孔过程应安排专人进行观察和检测,做好记录,确保清孔顺利。

(4)结合黄河岸滩粉砂过厚在二清时采用混凝土灌注导管+气举反循环清孔,缩短二清时间,确保桩基孔壁质量。以灌注混凝土的导管代替泵吸式反循环回转的空心钻杆作为吸泥管。它的好处是清孔完毕,将特制弯管拆除即可开始灌注水下混凝土,因清孔后不必提升导管,只需拆除弯管部分,便能尽快灌注水下混凝土。

3.4 终孔质量控制指标及保障措施

3.4.1 终孔、验孔指标

终孔时检查验收项目有孔位、孔深、孔径、孔形、倾斜度、沉渣厚度(表2)。

钻孔灌注桩成孔验收标准　　表2

检 查 项 目	规定值或允许偏差
孔深(m)	不小于设计孔深
孔径(mm)	不小于设计孔径

续上表

检 查 项 目	规定值或允许偏差
孔底沉渣厚度(mm)	不大于150(设计规定)
倾斜度(%)	不大于0.67%,且不大于500mm(设计规定)
泥浆相对密度	1.03~1.10
含砂率(%)	小于2

3.4.2 终孔质量控制保障措施

(1)钻进过程勤于量测泥浆性能指标保证钻进需求;确保配套设备齐全并投入使用(尤其是泥浆泵要有备用的)。

(2)终孔后必须采用检孔仪进行成孔质量检测,不符合要求将进行重新扫孔或回填黏土重新钻进;根据实际情况可使用探孔器进行复检,如图10、图11所示。

图10 超声波检孔

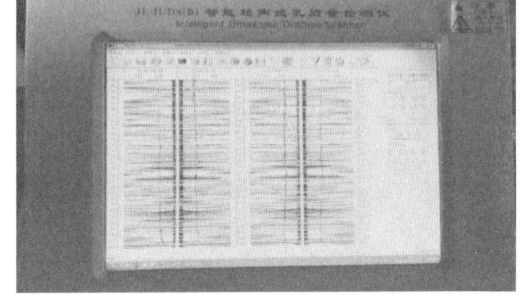

图11 超声波检测仪显示图像

(3)钻进施工时必须查明钻机钻杆和机台是否满足使用性能,杜绝变形钻杆的使用;在钻进过程勤捞渣样,根据地层变化情况调整钻进速度,一定要稳压慢提,确保钻孔质量。

4 结语

项目桩基成孔质量从初期采用超声波检孔仪与传统下放钢筋笼探孔器相结合的检测手段,确保了成孔的垂直度和孔径检测,弥补了传统工艺工法的不足。通过主墩大直径深基桩施工及工序标准化管理手段,目前主桥设计120根的桩基超声波自检全为一类桩,第三方按照10%频率进行抽检也全为一类桩,为后期项目质量创优奠定了基础。同时,摸索出适应本项目黄河地层灌注桩钻孔及清孔的技术经验,掌握了桩基超声波检孔仪使用的优缺点,积累了灌注桩施工质量控制从钻孔机理、地层状况分析、钻孔、气举反循环清孔的技术实践,保证了桩基施工质量,提升了钻孔工效,促进了桩基质量标准化管控水平,为今后类似超长大直径桩基施工提供了质量管理实践。

参 考 文 献

[1] 中华人民共和国交通运输部.公路桥涵施工技术规范:JTG/T F50—2011[J].北京:人民交通出版社,2011.

[2] 中华人民共和国交通运输部.公路工程质量检验评定标准:JTG F80/1—2017[J].北京:人民交通出版社股份有限公司,2018.

[3] 中华人民共和国住房和城乡建设部.钢筋机械连接技术规程:JGT 107—2016[J].北京:中国建筑工业出版社,2016.

[4] 中华人民共和国住房和城乡建设部.钢筋机械连接用套筒:JGT 163—2013[J].北京:中国建筑工业出版社,2013.

[5] 中华人民共和国住房和城乡建设部.钢筋焊接及验收规程:JGJ 18—2012[J].北京:中国建筑工业出版社,2012.

15. 齐鲁黄河大桥钢结构设计深化的构件编码自动化

周恩先 陆 军

(上海振华重工(集团)股份有限公司)

摘 要：现如今，Tekla Structure 凭借着强大的三维建模、转换加工图功能，已成为在钢结构项目深化设计中广泛运用的软件之一。随着钢结构项目的复杂和大型化，一个项目模型所包含的钢结构构件数量及种类越来越多，加上多人员协同深化设计，Tekla 模型中的构件层级管理及编码难免会出现混乱。针对齐鲁黄河大桥项目，基于 Tekla 的二次开发，制作了模型信息管理工具，能够方便设计人员检查模型中构件的层级关系及编码，并快速重新编码，提高了后续工程量统计及出图的准确性，并为进一步的信息化提供了基础。

关键词：Tekla Structure 二次开发 钢结构深化设计 编码 齐鲁黄河大桥

1 概述

随着计算机技术的快速发展，计算机辅助设计已经成为工程建设行业的常态，计算机性能的不断提高，计算机辅助设计也由二维平面设计不断向三维立体设计过渡。钢结构项目由于其结构复杂、构件数量较多等特点，其深化设计及工厂生产管理难度较大。面对这一难点，钢结构深化设计也基本都采用三维建模技术，在深化设计阶段将整个钢结构工程在专业软件中搭建出来。与传统的二维图纸相比，三维模型能够有效地改变二维图纸孤立的静止地看待桥梁问题的缺点，使工程参与人员能够以桥梁整体为对象，从发展和关联的角度进行各项工作，为后续数据的深入挖掘提供便利[1]。Tekla structure 软件是工程建造行业优秀的三维建模软件之一，该软件具有结构的碰撞检查、导出平面图纸及各类报表等功能，已成为各类钢结构项目的深化设计的常用工具。

钢结构深化设计是钢结构项目实施中很重要的一项工作内容，指对原设计内容进行细化分解成钢构件加工图和现场安装详图，严格安装原钢结构设计图进行，同时需要满足钢构件加工厂加工以及现场施工安装要求。其直接影响到钢结构工程的构件运输、现场拼装、施工质量和成本造价[2]。但对于大型的钢结构工程，繁多的构件数量使得模型复杂度增大，设计人员难免会出现操作失误，标识不清的情况。即使构件在模型中的空间位置正确，但构件与构件之间、零件与构件之间的层级关系不一定是正确的。这增加了审核人员检查结构完整性的难度。

设计阶段构件编码的规范性、一致性可以为后续的生产制造规范化打下基础,同时没有完整的构件层次关系将难以实现构件编码的批量操作。Tekla structure 软件的构件层次检查操作比较烦琐,难以满足设计人员的实际需要。本文介绍了在齐鲁黄河大桥钢结构深化设计阶段中,基于 Tekla structure 的软件二级开发,制作的一个构件模型解析及自动编码的模型信息管理工具,运用该工具的构件信息管理及自动化编码功能,提高了钢结构深化设计的工作效率。

2 构件编码自动化

该模型信息管理工具的基本设计思路如下:

(1)通过 API 接口读取模型中的所有构件信息,根据每个构件自身的属性来判断构件间关系,形成一个树形结构的模型树。

(2)通过交互模型树与 Tekla structure 中的三维模型,检查该模型树是否存在层级错位的情况,在工具中直接调整构件的从属关系。

(3)可以在模型树中由项目编码(根)开始,逐级地设定编码规则,并批量进行自动化编码。

(4)最后将模型导出为结构化文件,如工程三维设计软件通用的 IFC 文件和 XML 格式文件,便于后续的信息化再利用。

2.1 模型树解析

模型树是该模型信息管理工具的核心,是所有后续操作的前提保障。在打开 Tekla structure 模型的同时,打开该模型信息管理工具,单击"加载整体模型",程序后台便会自动读取模型中的构件信息,调用 API 接口,获取每个构件的子构件,将其组合为树形结构,再对子构件进行递归操作,从而可以获得一个完整的模型树,如图 1 所示。

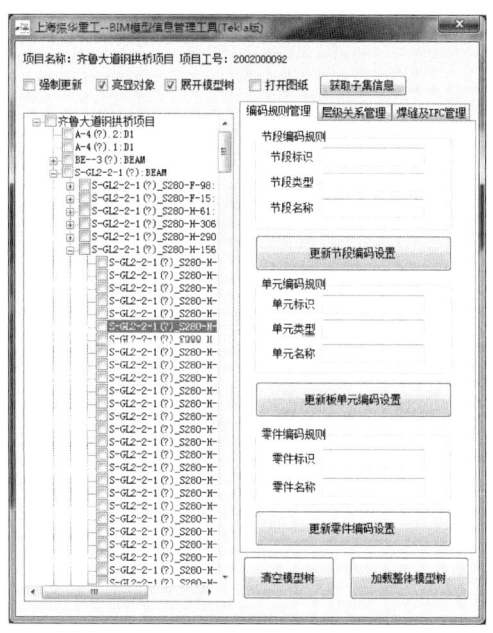

图 1 齐鲁黄河大道项目的模型树

在解析模型的模型树过程中发现,因为齐鲁黄河大桥项目的模型构件数较多,解析过程相当漫长,采用多线程解析效果提升依然不够明显。后发现解析模型信息的工作主要是由 Tekla structure 软件在运行,且读取构件在模型中的 level 参数耗费的时间较长。后期优化了这一点,能够短时间内读取出整个项目的模型树,并将其转换为 XML 格式文件保存在本地,这样每次打开工具可以直接读取本地文件,不用重新解析一遍模型。

2.2 模型信息管理

2.2.1 编码规则管理

完成结构的模型树解析后,即可在工具的左侧展示完整的构件层次关系,通过在模型树中单击选择构件,Tekla structure 中的对应构件也会高亮显示,如图 2 所示,便于设计人员检查该构件在模型树的位置与 Tekla structure 模型中的实际情况是否相符。

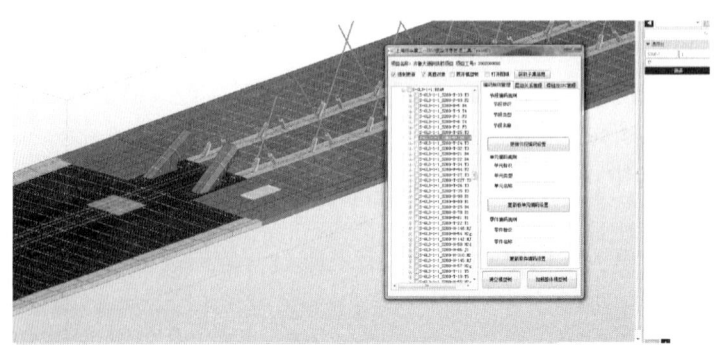

图 2 模型中交互显示构件

在工具中定义好节段、板单元、零件相应的编码规则后,单击选择模型树中的构件,即可按照定义的编码规则进行自动化编码。

2.2.2 模型层级关系管理

通过模型信息管理工具,如果设计人员检查出构件存在层次关系错位的情况,可直接用该工具进行调整修正。对于钢桥项目,结构模型的树形结构形式比较统一,一般都是分为节段、板单元、零件三级结构(图 3)。齐鲁黄河大桥项目的三维建模还包含了拉索,所以在该项目中拉索作为一个特殊的节段进行处理。

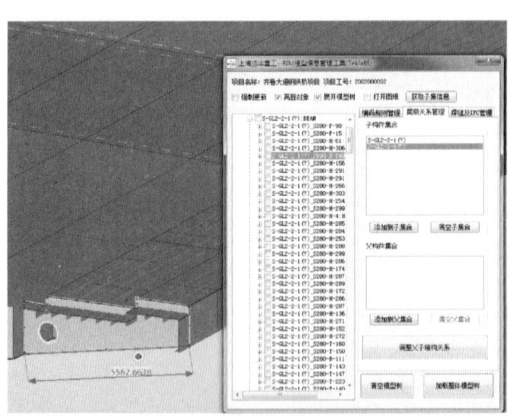

图 3 调整模型中构件的层次关系

2.2.3 焊缝及 IFC 管理

解析项目的模型树后,很多批量化的工作即可通过直接调用 API 接口直接实现。模型信息管理工具中还包含了焊缝信息的批量化添加,如图 4 所示,为一键生成焊缝地图提供信息基础。Tekla structure 原有的 IFC 文件导出设置比较烦琐,该工具针对钢桥项目开发了 IFC 文件导出功能,可选择具体的节段或者板单元导出,并可以导出为 XML 文件,便于人工核查和后续的功能开发。

图 4　焊缝及 IFC 管理

3　结语

针对齐鲁黄河大桥项目钢结构深化设计阶段的实际需要,开发了模型信息管理工具。该工具可以辅助深化设计人员进行构件层次关系的核对与调整,并自动给构件进行批量编号,节省了设计人员大量的模型信息审核时间。该模型信息管理工具的功能还只是针对齐鲁黄河大桥钢结构项目的定制化工具,目前仅适用于钢桥制造项目,后续可以继续扩展更多的功能,将其扩展为钢结构工程的通用模型信息管理工具。

参　考　文　献

[1]　刘延宏.BIM 技术在铁路桥梁建设中的应用[J].铁路技术创新,2015,(03):47-50.
[2]　黄国庆.基于 BIM 技术的大跨度钢结构施工管理应用研究[D].广州:华南理工大学,2016.

16. BIM技术在水上栈桥施工中的应用

周宁[1]　窦常青[1]　王栋[2]

(1.山东易方达建设项目管理有限公司；2.济南城市建设集团有限公司)

摘　要：栈桥横跨黄河河道,全长645.85m。按双向通行设计,桥面全宽9m,其中含8m宽的行车道及1m宽的挑臂结构。本文首先采用BIM技术模拟栈桥施工,利用三维模拟确定导向架固定及履带吊停放位置,模拟施工。施工时使用导向架对钢管桩平面位置进行控制,利用停在后一跨的履带式起重机起吊振动锤对钢管桩进行振打下沉,然后悬臂安装下一跨贝雷梁。该施工工艺具有不使用沉桩船等大型机械,采用悬臂导向架解决水深且流速大的水中钢管桩定位等问题,并使用履带吊悬臂施工等优点,研究成果可适用于黄河大型船舶和浮吊难以介入的栈桥施工。

关键词：栈桥　BIM技术　施工技术　悬臂导向架　钢管桩

1　引言

目前,我国的信息化的技术水平和社会信息化的程度都得到了普遍的提高,随着建筑信息化的发展,BIM技术兼具直观、可视化、多专业协同、数据查询快捷等优势在建筑领域得到迅猛应用,采用BIM技术可以帮助建筑工程的施工有效实现信息化的发展。

G220至济青高速公路王舍人互通立交连接线工程项目主桥采用栈桥施工,栈桥全长645.85m。按双向通行设计,桥面全宽9m,其中含8m宽的行车道及1m宽的挑臂结构(挑臂结构双层布置,下层铺设管线,上层为人行专用通道),荷载按照双车道取值。

由于黄河不通航,主河道内以亚砂土、亚黏土、黏土为主,工程所涉及地层主要为耕作层、粉砂层和亚黏土层,大型船舶和浮吊等设备无法进入进行施工作业。在该项目施工中,根据桥址的地质、水文、气象条件及工程规模、技术特点、工期要求、工程造价多方面综合考虑,利用BIM技术进行前期策划,创建模型,方案比对,设计并制作了专用导向架,使用履带式起重机进行悬臂导向架定位施工,优化了水上作业方式,使水上作业转变为固定平台作业方式,施工过程中不使用沉桩船等大型机械,设备投入少,节省机械及材料成本。并利用BIM技术,通过三维模拟及优化,统筹规划项目进度,严格把控项目关键节点完成情况,施工方便可视化。

目前,栈桥施工工艺还存在一定的优化空间[1-7]。本文通过栈桥BIM建模模型,创建实现了信息集成,模拟了施工流程,极大提升栈桥工作效率,对加强现场管理,提高施工技术与施工质量,缩短建设工期,提升项目信息集成的准确性与信息应用具有重要作用。

2 栈桥搭设施工BIM技术应用

2.1 栈桥搭设施工特点

(1)BIM技术[8-10]模拟栈桥施工,利用三维模拟确定导向架固定及履带吊停放位置,模拟施工,一次成型,避免返工,施工质量有保证。

(2)施工过程中不使用沉桩船等大型机械,设备投入少,节省成本。

(3)以悬臂导向架解决水深且流速大的水中钢管桩定位的问题,结构简单、安全、方便人员操作。

(4)使用履带吊悬臂施工不受地形影响,灵活方便。

2.2 栈桥搭设施工工艺

本项目中栈桥跨越黄河,搭设、拆除、周转施工组织难度大,采用Revit建立栈桥贝雷梁BIM模型进行三维审查细节栈桥布置设计,三维技术交底,工程材料数量提取,材料周转方案优化,施工组织设计。采用Midas.Civil进行力学分析计算,优化栈桥方案设计,确保栈桥布置形式合理,结构安全稳定。

利用履带吊车在已经搭设完成的栈桥上,施工下一跨钢栈桥。各类型钢通过焊接与钢管桩连接,通过钢管桩与地基的有效连接形成整体,使栈桥钢管桩形成群桩效应,以提高基础的承载力和稳定性。采用型钢桁架在已经搭设好的栈桥桥面上设置悬臂导向架,变水上定位为陆上定位,克服钢管桩在大流速深水位施工时定位的难题。

为了保证导向架刚度和稳定性,使用组拼好的2组贝雷梁通过销轴与已搭建好的栈桥连接,形成悬臂结构,在悬臂端安装导向架。进行钢管桩定位施工时以钢管桩与导向架的接触点为支点,抵抗水流冲击力,微旋调整钢管垂直度,钢管竖直插入上层覆盖层后自身即可抵抗水流冲击力。震动下沉时使用全站仪辅助测量,保证垂直度。施工工艺流程详如图1所示。

2.3 BIM技术建模

根据现有施工图设计图纸建立施工结构BIM模型,根据主体结构设计资料,建立主体结构BIM模型,为施工阶段BIM模型确定骨架、建立基础,同时服务于后续施工模拟。图2为栈桥三维全景图。

在BIM三维模型的辅助下,结合工程的相关经验,确定施工顺序及原则;进行工期与模型关联、4D模拟、工序合理化调整、碰撞检查,同时BIM施工模型的创建将施工方案的全过程映射成虚拟环境。选取预计有冲突且比较复杂的部位进行碰撞检查,提交栈桥主体结构BIM模型和预埋件、施工设备、施工结构等对象的空间冲突检测报告。详细核查设计施工图与BIM模型内容和深度的一致性,检查设计图纸和BIM模型的"错、漏、碰、缺",提前发现图纸问题,提交问题检查报告。

利用Autodesk Navisworks2018软件的模拟功能,对栈桥施工过程进行模拟建造,通过将三维模型数据与施工进度计划相关联,实现四维可视化模拟。通过对插打钢管桩、安装承重梁、吊装贝雷架、安装桥面板等模拟施工,对工程可视化和施工过程的虚拟现实进行分析,可以提前找出施工中可能存在的问题,以采取有效的预防和强化措施,提高工程施工质量和施工管理水平。图3为三维模拟栈桥施工。

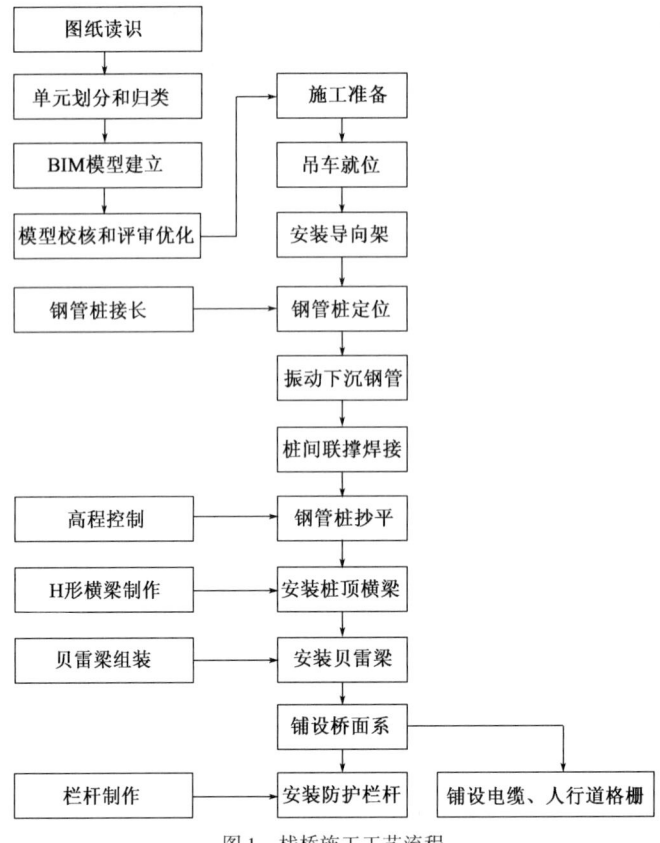

图 1　栈桥施工工艺流程

图 2　栈桥三维全景

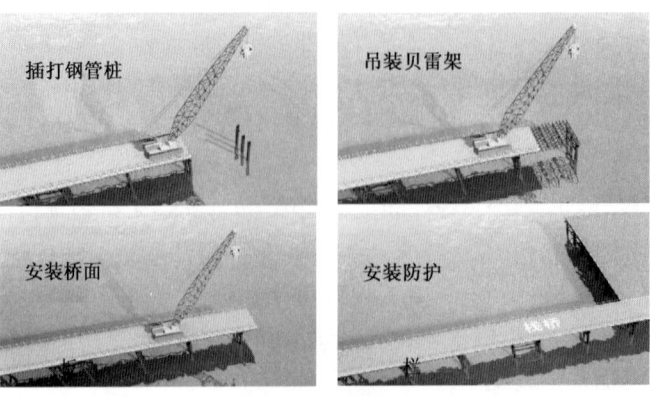

图 3　三维模拟栈桥施工

3 栈桥搭设施工关键技术

施工前先运用BIM技术建模并优化施工方案,对栈桥施工过程进行模拟建造,以采取有效的预防和强化措施,提高工程施工质量和施工管理水平。在施工中使用导向架对钢管桩平面位置进行控制,利用停在后一跨的履带式起重机起吊振动锤对钢管桩进行振打下沉,然后悬臂安装下一跨贝雷梁。利用履带吊车在已经搭设完成的栈桥上,施工下一跨钢栈桥。各类型钢通过焊接与钢管桩连接,通过钢管桩与地基的有效连接形成整体,使栈桥钢管桩形成群桩效应,以提高基础的承载力和稳定性。采用型钢桁架在已经搭设好的栈桥桥面上设置悬臂导向架,变水上定位为陆上定位,克服钢管桩在大流速深水位施工时定位的难题。

为了保证导向架刚度和稳定性,使用组拼好的2组贝雷梁通过销轴与已搭建好的栈桥连接,形成悬臂结构,在悬臂端安装导向架。进行钢管桩定位施工时以钢管桩与导向架的接触点为支点,抵抗水流冲击力,微旋调整钢管垂直度,钢管竖直插入上层覆盖层后自身即可抵抗水流冲击力。震动下沉时使用全站仪辅助测量,保证垂直度。

4 结语

跨黄河主桥采用栈桥施工,栈桥全长645.85m。按双向通行设计,桥面全宽9m,其中含8m宽的行车道及1m宽的挑臂结构(挑臂结构双层布置,下层铺设管线,上层为人行专用通道),荷载按照双车道取值。由于黄河不通航,大型船舶和浮吊等设备无法进入进行施工作业,为此,自行设计制作了专用导向架,使用履带式起重机进行悬臂导向架定位施工,成功解决了大型设备限制的难题。与传统施工工艺相比,具有施工工艺简单、不受环境限制、成本低、灵活方便等特点。

参 考 文 献

[1] 周全,王文进,曹蕾,等.跨海大桥栈桥施工[J].电网与清洁能源,2010,26(8):84-87.
[2] 王海磊.栈桥施工仿真与非线性分析研究[D].重庆:重庆交通大学,2011.
[3] 王兴华.海上钢栈桥施工质量安全控制要点探究[J].建材与装饰,2018(4).
[4] 宋阳.平潭海峡大桥栈桥施工关键技术[J].工程技术研究,2017(5).
[5] 彭焕楼.24m自行式移动仰拱栈桥施工技术研究[C]//2017铁路重载运输建设与装备安全学术研讨会,2017.
[6] 刘斌,高登峰,陈艳明,等.栈桥施工中的钢管桩的定位方法:CN107012870A[P].
[7] 周书剑.深水急流钢栈桥施工技术[J].低碳世界,2017(13):216-217.
[8] 许晓军.BIM在工程施工中的应用[J].建材与装饰,2016(19).
[9] 刘孟,张文全,黄国鑫,等.BIM技术在黄河特大桥项目施工管理中的应用[J].施工技术(s2):609-612.
[10] 常城.基于BIM的千黄高速环左分离立交栈桥设计[J].建材与装饰,2018(2).

17. 基于智慧工地+BIM 提升班组管理标准化的研究
——如何强化对劳务队伍过程管控的思考

郑 亮　秦晓帅

(中交第二公路工程局有限公司)

摘　要：近年来，我国建筑业规模逐年增长，但建筑业管理模式比较落后，结合目前大型桥梁工程建设工人的现状，与项目管理人员普遍反映的难管理形成鲜明对比的直接原因是班组工人日渐减少，劳务资源的日渐紧缺。如何做好劳务队伍的管理，如何留住优质劳务队伍已是每个施工单位的核心课题。本文将结合智慧工地和 BIM 通过目前对劳务队伍过程管控现状和存在的问题，针对性的制定解决措施方面进行初步的探讨。

关键词：BIM　班组化　劳务队伍　智慧工地　过程管控

1　背景

为响应公司管理需求，促进重点项目标准化管理水平，为更好响应中交集团"334"工程，推动高质量发展，项目以鲁班 BIM 建筑信息模型、广联达智慧工地为中心，严格贯彻落实班组标准化管理制度，利用党建进班组和领导安全包保责任制为抓手，加快项目班组管控信息化水平。主要解决以下三方面问题：

(1) 借助鲁班 BIM 建筑模型解决传统技术交底、培训不直观，安全隐患排查和质量隐患治理组织管理控制不力的短板。

(2) 如何利用广联达智慧工地做好项目班组实名制管理，对班组作业过程进行动态控制，提高班组管理信息化水平。

(3) 如何以局重点项目、大型桥梁工程项目为依托，借助鲁班 BIM+智慧工地平台，创建一套新时代班组管理标准化体系，提升大型项目管理标准化水平，提升项目市场宣传效应。

2　班组管理研究主要方向

2.1　班组管理研究现状分析

目前，中国基础建设在国际上处于高速发展时期，但规模庞大的桥梁工程建设，造就了班组管理的乱象，班组难管，队伍难找，好的队伍难以稳定成为一大主流；虽然班组管理已取得一定成绩，从管理文献和经验上依然跟不上工程建设增长的速度。主要表现在以下三方面：

(1) 目前国内外没有成熟的管理经验将 BIM 建筑信息模型、实名制、体系班组管理制度与新时代班组管理进一步组合、从而找到提升班组管理的有效途径。

（2）当前国内班组化管理还处于不断完善、不断探索、尚不成熟的阶段。

（3）当前班组化管理在房建、隧道有了一定成果推广，但在大型桥梁工程施工班组管理上仍然未见有关班组化管理相关文献。

2.2 班组管理研究亮点

（1）利用鲁班BIM建筑模型平台可以对进行精心建模、数字化施工、协同管理；促进班组技术交底直观化，BIM技术实现了图纸可视化，将图纸集成于建筑信息模型中，通过这一模型实现了建筑模型"所见即所得"。以往采用二维图纸进行施工图纸的描述，将构架采用线条的方式表现于图表上，从业人员需要根据自身的想象力在脑海中构建建筑物的构造形式，如图1~图3所示。

图1 BIM桥梁模型

图2 钢筋笼报验影像　　　　图3 进度统计

（2）借助广联达智慧工地建设，助推班组实名制管理。现场监控执行现场的施工动态，系统管理、构建一个实时高效的远程智能监管平台，进入施工现场采用人脸识别门禁系统，实现全员实名制动态管理，智能安全帽保障现场施工人员工作安全，现场设置工地宝，随时提醒工人及现场相关施工管理人员注意安全，视频监控系统，提高整体安全意识。

（3）根据大型桥梁项目工程特点，依托项目现有班组体系资源，创建一套新时代班组管理标准化体系，提升大型项目管理标准化水平，为公司打造一批高素质班组标准化施工作业队伍。

3 研究的主要内容和方法

3.1 班组化研究的主要内容

（1）利用好鲁班BIM平台加强可视化交底，协同管理和数据共享。将劳务人员信息、安全管理、人员定位、环境监测、进度管理、模拟建造、智能车牌识别、智能烟感报警系统、数字工地、视频监控等数据统一呈现,形成互联。通过在线化、数字化、智能化,为项目部打造一个智能化"战地指挥中心",从而提高项目标准化管理水平。

(2)建立和完善安全质量管理体系,明确责任,实行安全质量逐级负责制的同时,通过广联达智慧工地对班组队伍素质提升和管理提升的分析、总结并形成一套动态稳定的 PDCA 循环班组管理方法。通过施工现场采用人脸识别门禁系统、智能安全帽定位系统、全方位视频监控系统等,充分保证实现全员实名制动态管理。现场设置工地宝,酒精检测仪,及时提醒作业人员相关施工安全注意事项,提高安全意识,逐步实现班组的动态管理(图4)。

图4 安全体验馆+实名通道+智能安全帽

(3)为确保鲁班 BIM 建筑模型与广联达智慧工地在班组管理的深度融合,强化实名制管理,夯实班组管理在培训教育和工人动态管理的提升,打造新时代班组管理新出路,项目提出并建立了"134779"班组管理制度。通过项目班组管理竭力把民工转换为产业工人,通过动态管理模式,提升项目的班组管理水平。同时以班组长责任制为核心的七项管理制度,重点在于把控班组安全、质量、进度、成本等管理工作,同时强化环水保、技术创新管理,努力打造具有高执行力、良好秩序的班组(图5)。

3.2 齐鲁项目班组"134779"班组化管理制度

"1"——一个核心:生命至上安全第一。

"3"——三个创新:班组党群建设、班组工程首件制、班组安全领导包保制。

"4"——四个目标:平安齐鲁、品质齐鲁、绿色齐鲁、人文齐鲁。

"7"——班组 7S 管理法:整理(Seiri)、整顿(Seiton)、清扫(Seiso)、清洁(Seiketsu)、素养(Shitsuke)、安全(Safety)、节约(Save)。

"7"——班组化管理七个制度:安全管理制度、环水保管理制度、质量管理制度、进度管理制度、成本管理制度、技术创新管理办法、班组长责任制。

"9"——班组管理九步走方针:班前讲话(强调质量及安全)、班前提示、班前检查、班中巡查、班中整改、班后清理、班后交接、班后小结、总结提升。

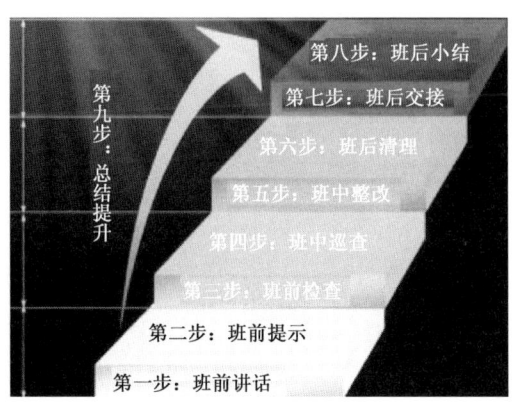

图5 班组管理九步走

3.3 班组"134779"班组化管理体系(图6)

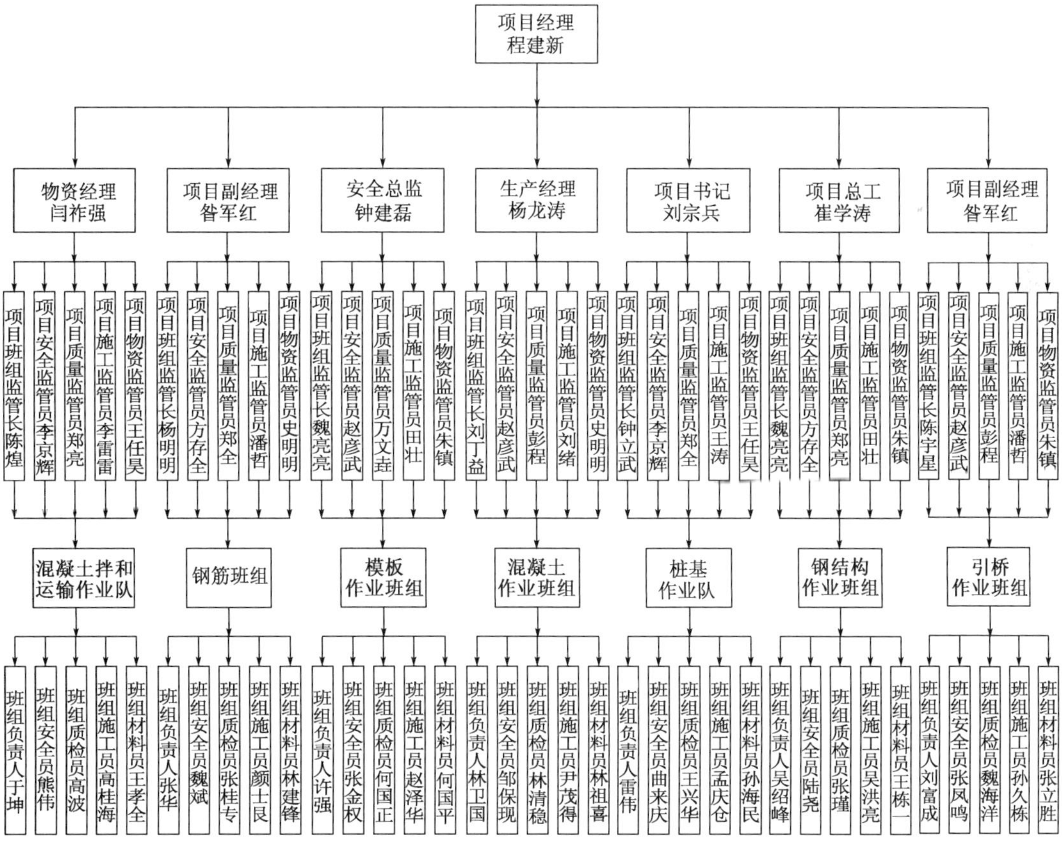

图6 班组"134779"班组化管理体系

3.4 提高班组化管理执行力

（1）对班组成员开展综合能力测评,按技能等级、实践水平测评员工综合能力。

（2）对工作业绩进行量化考核,按量化考核标准、签订绩效责任书、细化绩效计划、加强绩效实施。

（3）开展评先评优奖励挂钩,评先时优先推荐年度绩效为A类员工。

（4）行为禁区采用"一票否决法"、学习成长采用"导向激励法"、班组管理采用"权责明细法"、工作量采用"动态计分法"、工作表现采用累进扣分法。

（5）在班组中形成工作看业绩、岗位靠能力、收入凭贡献的竞争激励机制。

4 现已取得成果

4.1 经济效果

（1）该文通过研究实现信息化减人、智能化育人,将成本控制任务细化到班组,具体到组员日常工作中,降低项目成本、最大化经济效益。

（2）定期组织班组长分析对比计划与实际偏差,便于项目更好采取有效措控降低工期延误风险和管理成本。

4.2 管理效果

（1）通过鲁班BIM平台和广联达智慧工地建设一支高素质管理劳务队伍,通过队伍自身作业水平提升为项目工艺工法革新创造新成绩。

（2）提高班组信息化水平,形成稳定高效的管理梯队,实现项目最终策划管理目标。

（3）发挥班组内每个人的优势,取长补短,共同进步。

（4）操作标准化,增强队伍执行能力。高效、安全、快速、完成任务。

5 结语

如何以信息化为载体强化劳务队伍的过程管理,最大限度地调动劳务队伍积极性,规避劳务纠纷,实现项目与劳务队伍的合作双赢,是施工单位基础管理工作的重点,也是一项值得持续提升的工作,本文结合本单位在劳务队伍管理方面遇到的问题,进行了初步的探讨,并提出了一些尝试性的对策,希望能为后续项目在规范劳务队伍管理方面提供一定的借鉴。

参 考 文 献

[1] 鹿焕然.建筑工程智慧工地构建研究[D].北京:北京交通大学,2019.

[2] 张弛.浅析BIM在建筑工程管理中的应用[J].中国新技术新产品,2019(08).

[3] 孔令功.浅谈班组化在高速公路隧道工程施工中的应用[J].甘肃科技纵横,2014,43(06).

18. 浅谈超声波智能检孔仪的研究与应用

杨龙涛 杨 楠

(中交第二公路工程局有限公司)

摘 要：对于桥梁工程，基桩成孔质量直接影响桩基质量，一旦出现问题在成桩后很难进行处理，因此采用先进仪器设备进行成孔质量检测对于确保桩基质量至关重要。智能超声波成孔质量检测仪因检测结果展示直观、检测效率高、精度高等优点在近年来得到了越来越多的应用。本文重点介绍智能超声波成孔质量检测仪在变截面大直径超长桩成孔检测中的应用，并结合在济南齐鲁黄河大桥项目中的应用提出改进方法，为超声波检测技术的研究及应用提供参考。

关键词：变截面 大直径 超长桩 智能检孔仪

1 引言

钻孔灌注桩因具有承载力高、抗震性能好、环境适应性强等优点成为公路桥梁、高层、超高层建筑及城市轨道交通工程采用的重要基础形式。

钻孔灌注桩施工流程为：施工放样→场地平整→钻前复测→钻孔施工→成孔检测→钢筋笼制安→混凝土灌注→桩底压浆等。成孔作业过程中如遇地质条件复杂或操作不当，易出现塌孔、缩孔、扩孔等质量缺陷，导致后续钢筋笼安放困难及混凝土浇筑质量缺陷，因此成孔质量优良是确保桩基质量的基本，成孔质量检测极为重要。

智能超声波检孔仪可直观、精确而高效地展示桩孔垂直度、孔径孔型、成孔深度等在钻孔灌注桩施工中得到广泛应用。

本义结合济南齐鲁黄河大桥项目，对智能检孔仪工作原理、使用方法、结果分析及改进方向等进行论述，为桩孔质量检测技术研究及工程应用提供参考。

2 工程简介

济南齐鲁黄河大桥项目范围内路线全长3 070.18m，其中两岸大堤间距800m，与上游京沪高铁桥间距1 200m，与下游建邦黄河大桥间距3 100m，与黄河基本正交。

主桥采用网状系杆拱桥，跨径布置(95m + 280m) + 420m + (280m + 95m) = 1 170m，整幅布置。主桥下部共有120根钻孔灌注桩，8个承台，12个墩身。上部结构钢箱梁宽60.7m，主跨主拱矢高69.5m，辅跨拱高46.2m，吊索采用400MPa高应力幅钢绞线拉索。

基础桩基为直径2.3~2.0m，最大桩长110.15m的钻孔灌注桩，属于大直径超长桩基，采用旋挖钻机钻孔作业，主桥中墩桩基位于黄河大堤内侧，施工区域范围内以粉细砂及粉质黏土等易坍塌土质为主,易产生缩孔、斜孔等质量通病,为确保桩基质量,成孔检测及精确性尤为必要。

3 检测内容及标准

3.1 检测内容

成孔检测的主要规范、标准包括《公路桥涵施工技术规范》(JTG/T F50—2011)《建筑桩基技术规范》(JGJ 94—2008)《建筑地基基础工程施工质量验收规范》(GB 50202—2002)等。

成孔质量检验内容包括孔的中心位置、孔径、倾斜度、孔深、沉淀厚度、清孔后泥浆指标。其中清孔后泥浆指标包含相对密度、黏度、含砂率、胶体率4个参数,且仅限大直径桩或由特定要求的钻孔桩才进行测试。

3.2 检测标准

大直径超长桩成孔验收标准为:对于单桩孔位偏差不大于50mm,倾斜度不大于1‰,摩擦桩孔深不得小于设计规定,孔径不得小于设计孔径,沉渣厚度不得大于300mm(桩径大于1.5m,桩长大于40m)。

4 检测方法及原理

由于孔的中心位置、清孔后泥浆指标检测方法较为简单,故不做细述,本文重点介绍孔径、倾斜度、孔深、沉淀厚度的检测方法及原理。

4.1 检测设备

超声波智能检测仪是一种根据超声原理检测孔质量的专用设备。系统由主机、超声波发射和接收探头、深度计数器、导线架、电缆等组成。设置声学探头中的四组换能器交叉布置,探头自动实现"字段"的测试,同时两个曲线的测试半径为0.5m或5.0m,深度计数器双滑轮的设计可以有效地防止电缆打滑,深度的技术精度可由0.5mm确定。实时测试系统完全智能化,只需要提升探头完成测试,测量点的距离可以控制在50mm或250mm处,可以自动判断孔壁的位置,可以自动计算每个测量点的孔径值、偏移值和垂直度,并自动生成测试结果报告,能够实现测试过程的回放。

4.2 检测原理

4.2.1 超声发射接收

超声波成孔检测器根据超声反射原理检测探头与孔壁之间的距离。将十字形孔仪探头分为四组,其中两组为发射探头,另两组为接收探头。主控制器根据设定的深度间隔控制发射探头发射一定频率的超声波,并同步采集接收探头接收到的超声波信号。超声波发射后,将超声波传输到泥浆中的井壁,接收探头接收部分反射回来的超声波,转换成电信号,信号采集模块经过放大、滤波等预处理后,转换成数字信号显示和存储。由于超声波在浆液介质中的传播速度 V 为常数,假定超声波探头与孔壁的距离为 L,测得的声波发射到 t 的接收时差,距离 $L = V \cdot \dfrac{t}{2}$。

4.2.2 垂直度计算

假设 O 为探头中心点,O_o 为第一测点孔轴中心点,O_n 为测点孔轴中心点。设第一个测点时声波探头中心相对于孔轴中心点的偏离坐标为 X_o、Y_o,第 n 个测点时声波探头中心相对于孔轴中心点的偏离坐标为 X_n、Y_n,那么:

$$X_o = 11_o - \frac{(11_o + 12_o)}{2} \qquad Y_o = 13_o - \frac{(13_o + 14_o)}{2}$$

$$X_n = 11_n - \frac{(11_n + 12_n)}{2} \qquad Y_n = 13_n - \frac{(13_n + 14_n)}{2}$$

式中：l_{1o}、l_{2o}、l_{3o}、l_{4o}——第一个测点时,探头中心沿水平方向至孔壁的四个方向的测距值；

l_{1n}、l_{2n}、l_{3n}、l_{4n}——第 n 个测点时,探头中心沿水平方向至孔壁的四个方向的测距值。

其某位置的第 n 个测点时的偏心距为 E_n,有：

$$E_n = \sqrt{\left| l_{1o} - \frac{(l_{1o}+l_{2o})}{2} - l_{1n} + \frac{(l_{1n}+l_{2n})}{2} \right|^2 + \left| l_{3o} - \frac{(l_{3o}+l_{4o})}{2} - l_{3n} + \frac{(l_{3n}+l_{4n})}{2} \right|^2}$$

那么在第 n 个测点时的垂直度 K_n 为：

$$K_n = \frac{E_n}{H_n} \times 100\%$$

式中：H_n——第 n 个测点的孔深值。

4.3 使用方法

(1) 放置线架：将绞车平稳的放置在孔口上,使探头中心(测试中心)和桩位中心(理论中心)重合,并记录13剖面与24剖面所对应的方向,如图1所示。

(2) 连接电缆：连接好绞车至主机的电缆,接好电源。

(3) 设置参数：打开主机电源,执行 JL-IUDS(B)2009.exe,如图2所示。

图1 放置线架

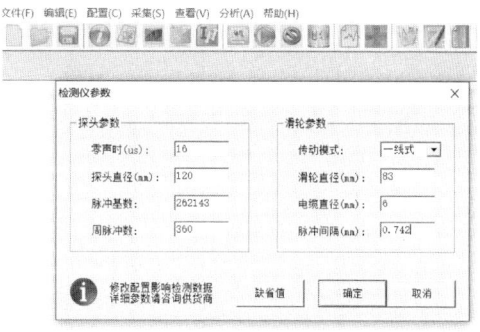

图2 检测仪参数设置

(4) 设置基桩参数和采样参数,根据孔径大小初步设置采样率、采样延时和增益参数,如图3所示。

(5) 试测模式：将探头下放到刚好浸入水下的位置,启动试测,观察信号强弱和信号反射点的位置,此时可以调整采样参数至信号达到最佳状态。

(6) 实测：退出实测模式,将探头提到底端处于零高程点位置,开始实测过程,匀速平稳地下放探头,观察液晶屏上显示的信号波形,可以根据信号强弱实时调整信号增益,使孔壁反射面清晰(图4)。

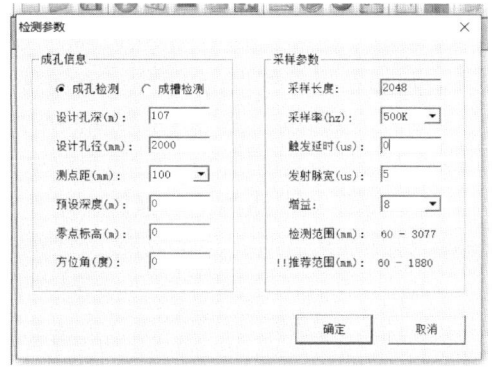

图3 取样参数设置

图4 成孔实测

(7)结束测试:当探头到达孔底,即停止测试,此时的深度即为钻孔实测深度,设计深度与实测深度之间的差值即为沉渣厚度。

5 主要影响因素及改进措施

5.1 本项目应用实际

本项目主桥次中墩桩基直径2.0m,桩长100.15m,采用JL-IUDS(B)智能成孔质量检测仪进行成孔检测时,采样率设定为200kHz,采样延时为500us,信号增益设定为20倍。结果显示2.0m段最小直径2.119m,最大垂直度0.278%,成孔达到设计要求,检测结果如图5所示。

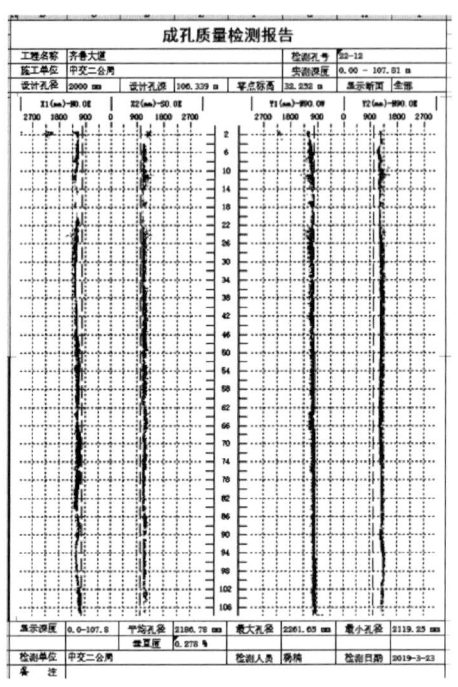

图5 成孔检测结果

5.2 影响因素

超声波测孔是个复杂的过程,其测量精度受介质条件、仪器性能参数、测量方法等多种因素影响。介质条件影响主要表现在泥浆参数变化引起超声波的衰减:泥浆温度 w、重度 E、压力 P 变化引起声速 C 变化,泥浆湍度升高声速增高,泥浆重度增大,声速变慢。

桩孔施工时,机械难免会刮碰孔壁,如果地层松散或泥浆孔壁不好,容易导致塌孔,使得泥浆中悬浮颗粒增多,泥浆重度较大,再加上机械设备旋转而产生的气泡,会对超声波能量造成严重的散射和衰减。泥浆重度过大引起回波信号太弱而无法被接收,无法显示孔壁图形;同时泥浆重度也不能太低,因为钻孔随深度增加,周围土体的应力将进行重新调整,一旦最大主压应力和最小主压应力及垂直主应力达到某一比例关系时即超过土体的抗剪强度容易造成塌孔,这不仅对成孔的质量产生影响,而且会导致仪器探头因塌孔而埋入孔底,造成较大的经济损失。大量现场试验表明泥浆重度控制在1.18~1.22kg/L之间比较好。

仪器性能参数的影响,如发射频率、电压、发射角及接收波前沿误差等。测量方法影响主要有仪器对中、测量方位、孔径校正和记录灵敏度增益控制等误差。但归纳起来,泥浆重度的控制、距离校正的好坏以及测量方法的调整是最主要的影响因素,它们直接决定着测量结果的精度。另外,如果孔顶护筒已严重变形或桩孔进行多次扫孔,容易导致灌注桩成孔截变成非圆形,若仍然按照前述公式进行计算,可能会产生严重的计算偏差,需特别注意。

5.3 存在不足及改进方向

(1)对于非等截面桩,至今尚没有有效的方法检测桩的完整性,主要原因就是其桩身存在若干个非等截面。低应变动力检测便是在成桩之后进行,并且只能分辨出桩顶以下第一个非等截面。因此,非等截面桩的成孔检测就显得更加重要。

(2)实际测试过程中应根据具体桩型、地层及泥浆特点等,综合分析影响超声波传播的主要因素,并相应地加以抑制,才能获得反映孔壁真实情况的数据。

(3)在砂质地层中成孔(槽)时,循环浆中悬浮有比较多的泥沙颗粒,含砂率大的泥浆造成声波能量在传播过程中的大幅度衰减,严重时还没到达孔(槽)壁就衰减殆尽,从而测试失败。因此,提高设备对泥浆浓度和含砂率的适应性,提高超声信号的检测范围和稳定性可以更大程度上增强检测精确性。

(4)目前检孔仪器所得测试结果需认为进行分析计算得出结果,易产生误差,并且可人为进行数据更改,为确保准确性,可以在计算分析方面进行改进,植入自动分析系统。

6 结语

超声波智能检孔仪作为新一代成孔质量检测手段在很大程度上提高成孔检测精度、效率及准确性,在大直径超长桩检测中得到极大应用,但在变截面桩检测中略显不足,在粉细砂、粉质黏土等易坍塌底层中由于受泥浆影响较大,检测精度有待提高和需要进一步的研究和研发。本文通过介绍超声波智能检孔仪检测原理、应用实例,结合本项目实际提出智能检控仪存在不足及改进措施。

参 考 文 献

[1] 顾良军,余钢,朱建海.超声波钻孔监测仪在钻孔灌注桩成孔检测中的应用[J].公路交通科技应用技术版,2008(12):117-119.
[2] 韩亮.非等截面桩超声波法成孔质量检测[J].物探与化探,2005,29(4):185-187.
[3] 罗骐先.桩基工程检测手册[M].北京:人民交通出版社,2003.
[4] 王润田,陈晶晶,任飞,等.用超声波法检测成孔成槽质量的若干问题[J].测试技术学报,2012(6):475-482.
[5] 邢亮.超声波法在地下连续墙成槽质量检测中的应用[J].广东土木与建筑,2015(7):25-27.
[6] 江苏省住房和城乡建设厅.钻孔灌注桩成孔、地下连续墙成槽质量检测技术规程:DGJ 32/TJ 117—2017[S].南京:江苏、科学技术出版社,2011.

19. 浅谈钢箱梁焊接制造中的施工质量控制要点

张佰福[1]　张亚男[2]

(1. 北京铁城建设监理有限责任公司；2. 济南市交通工程质量监督站)

摘　要：本文以济南在建的齐鲁黄河大桥为例研究钢箱梁焊接制造中的一些工艺要点，并从工程难点分析、实际解决对策、工艺流程控制等方面介绍钢箱梁焊接制造中关键点，并为其他类似钢结构的制造提供参考。

关键词：钢箱梁焊接　CO_2 气体保护焊　钢箱梁变形控制

纵观世界城市建设的发展趋势，钢结构桥梁将代混凝土结构桥梁，引领桥梁建设新时代。伴随着经济高度发展的今天，为拓展生活幸福空间，我国已进入现代桥梁建设新时代，将建造越来越多、越来越大、越来越长的桥梁，在城市市区中的河流上建造公路用桥梁除了选用混凝土桥梁以外，钢结构桥梁由于其外形美观，结构形式新颖的特点逐步为钢结构桥梁提供了广阔的天地。在形状多样的钢结构桥梁中，钢箱梁焊接制造由于其焊接工作量非常大，在施工中存在各种各样的钢板变形、翘曲、环向焊缝对接、错台、焊缝宽度控制等实际困难，这为钢结构桥梁提供了广阔的天地。下面以齐鲁大桥钢箱梁现场加工制造为例，对钢箱梁焊接加工中的施工要点逐一探讨，可供相关工程参考。

1　工程简介

本标段起讫桩号为 K3+671.212~K6+741.392，路线全长 3 070.18m。起于美里北路交叉口处，从郑家店东侧连续跨越南岸堤顶、黄河、北岸堤顶，终于 G309 交叉口处。主要包括主桥、南北岸引桥、匝道桥梁；其中主桥长度 1 170m，南岸引桥长度 680m，北岸引桥长度 670m，匝道总长 560m。主桥设计共有三个世界第一，钢箱梁宽度 60.7m（共轨合建）世界第一，拱桥钢箱梁同类桥梁中跨度第一，吊杆杆采用 400MPa 超高应力幅钢绞线拉索，为世界首次使用。上部结构采用下承式网状吊杆拱桥，跨径布置（95m+280m）+420m+（280m+95m）=1 170m，整幅布置，梁面宽 60.7m，梁高 4.0m。主跨梁长 420m，拱肋水平投影矢高 69.5m，次中跨梁长 280m，拱肋水平投影矢高 46.2m，边跨梁长 95m。拱肋采用五边形钢箱截面；吊杆采用 400MPa 超高应力幅钢绞线拉索，网状布置，如图 1 所示。

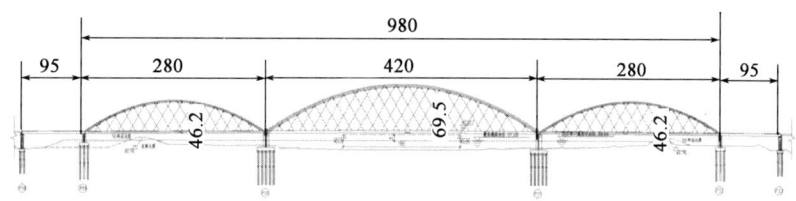

图1 主桥总体布置图(尺寸单位:m)

2 钢箱梁简介

全桥钢箱梁共计分为123个节段,其中两边95m跨各10个间节,两个次中跨各29个间节,中跨45个节间。

钢箱梁材质为Q345qE、Q420qE,为单箱三室箱形截面,分为标准段、拱梁节点段,其标准节段为9m,每间隔4.5m设置一道空腹式横隔板和外侧挑臂,标准节段重2 483～3 358kN。桥面板采用12cm钢筋混凝土现浇结构,钢梁与桥面板之间利用剪力钉连接。

钢箱梁由顶板单元、底板单元、斜底板单元、边腹板单元、纵隔板单元、横隔板单元、风嘴单元、锚固吊索单元等组成,如图2所示。

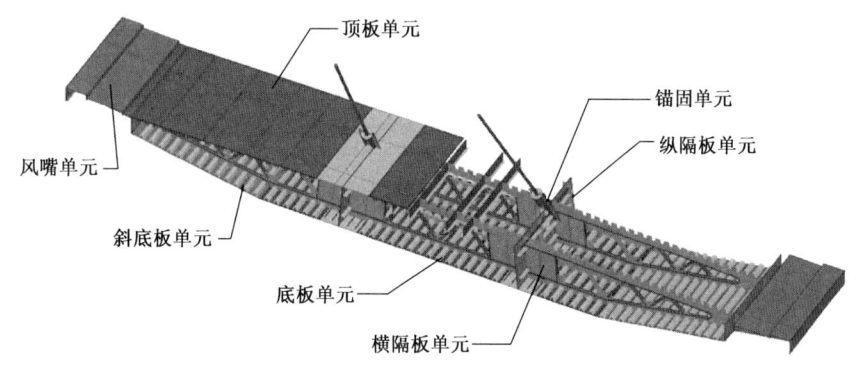

图2 钢箱梁组成

3 每榀梁拼装质量要求

钢箱梁榀段的长度、宽度及断面尺寸要符合规范要求。其中长度拼装成整体后划线切头,宽度及断面尺寸通过调整对接间隙、高程达到标准要求。

确定钢箱梁的线形,包括水平曲线、竖曲线和预拱度符合设计要求。通过预拼装胎架设置的控制点确定钢箱梁的整体线形。

调整钢箱梁桥上对接接口的焊缝间隙符合焊接工艺要求。

提供钢箱梁在桥上定位的临时连接装置(马板等工夹具)。

4 焊接工艺

钢箱梁的焊接严格按照图纸工艺进行焊接,焊接环境要与外厂基本一致。

焊接时按照先纵向主焊缝,后焊牛腿、翼腹板、角焊缝,安装时先焊Ⅰ级的对接缝,后焊Ⅱ级焊缝,焊前措施同厂内措施的原则进行。

主要钢板构件的焊接顺序为:胎架上底板定位焊→纵、横隔板焊接→内腹板(及拱梁节点预埋板)的对接焊接→顶板焊接→两侧风嘴焊接→检查焊缝的外观质量→无损探伤。

焊接方法如表1、表2所示。

焊接方法 表1

焊接部分	焊接方法	焊缝要求
U形板嵌补段	CO_2气体保护焊	钢板衬垫
箱梁顶板	陶瓷衬垫2道CO_2气体保护自动焊打底,2道埋弧自动焊分层填充、盖面	Ⅰ级焊缝
地板对接焊缝	陶瓷衬垫CO_2气体保护自动焊打底2道,埋弧焊盖面2道	Ⅰ级焊缝
腹板	陶瓷衬垫CO_2气体保护焊4道	Ⅰ级焊缝
纵向加劲肋嵌补段间的焊缝	CO_2气体保护单面焊钢垫片	Ⅱ级焊缝
定位焊	手工电弧焊或CO_2气体保护自动焊	

钢箱梁各部位焊接方法 表2

接头位置	坡口形式	焊接方法	焊接材料
腹板对接焊缝	40°，6，陶质衬垫	FCAW	E501T-1L ($\phi1.2$) CO_2
(斜)底板对接焊缝	40°，6，陶质衬垫	GMAW	ER55-G ($\phi1.2$) CO_2
顶板对接焊缝	40°，6，陶质衬垫	GMAW+SAW	ER55-G ($\phi1.2$) CO_2+H60Q ($\phi4.0$) SJ105q
板肋、T肋嵌补段焊接；风嘴隔板立位角焊缝	—	FCAW	E501T-1L ($\phi1.2$) CO_2
风嘴部位其余焊缝	—	GMAW	ER50-6 ($\phi1.2$) CO_2

5 焊接质量保证措施

焊接材料确保各项指标均满足相关的标准。

保证焊接设备处于完好状态,确保工作中正常运转,满足工程质量要求。

每条焊缝都要进行超声波检测,确保焊接质量。对质量不符合要求的焊缝要进行处理,同时对工艺进行改进。

6 钢箱梁加工焊接过程中各阶段的质量控制

6.1 焊接前质量控制要点

主材钢板在下料之前应用平板机对钢板进行矫平处理,以释放钢板应力,减小对钢板焊接时由于钢板应力造成的变形。为控制钢箱梁的高度等尺寸,下料后的部分边缘采用机加工铣边。部分焊接坡口需要用牛头刨或龙门刨加工。

施工班组需根据各节段两拼板单元需要对板单元进行合理摆放,并检查 U 肋板单元的尺寸和平整度。确认无误后在两拼区将两拼板单元吊运至拼装胎架上进行拼装,两拼时需根据板单元厚度放置相应的反变形,以减少焊接变形。

组装焊接前必须彻底清除待焊区域的铁锈、氧化铁皮、油污、水分、预处理底漆等有害物,使其表面显露出金属光泽。

板单元两拼焊接完成后,按图纸尺寸划线定位安装齿形板。

定位焊缝应距设计焊缝端部 30mm 以上,定位焊缝长度为 70mm;间距 500mm,焊脚尺寸不得大于设计焊脚尺寸的 1/2。定位焊不得有裂纹、夹渣、焊瘤等缺陷,焊接前彻底清除定位焊缝的熔渣。

焊缝端部需包角处理,包角焊缝采用坡口焊焊接方式,外侧磨平。

钢箱梁全断面对接,风嘴块体与钢箱梁焊接,钢箱梁板肋、T 肋嵌补段焊接。

钢箱梁焊接设置在专用胎架上进行,胎架长度 99m、宽度 60.7m,胎架线性要求按照箱梁的实际横坡度、纵坡、预拱度来设置,采用全站仪测量检查无误后方可进行组装焊接。

焊接循序为底板定位焊→横隔板焊接→腹板的对接焊接→顶板焊接,节段就位按照先平面位置再高程的顺序进行调节。在同一工作面时先焊横焊缝,再焊立焊缝,最后纵焊缝。优先选择自动焊,不具备自动焊条件选择手工焊,如底板、面板对接等焊缝采用自动焊,隔板与腹板、隔板与底板、腹板与顶底板等角焊缝采用手工焊。为防止箱梁产生横向位移,要在梁体两侧及两端的平台上焊接限位板,用来调节左右位置及固定梁体。钢箱梁位置及高程通过千斤顶来调节,千斤顶要放置在横隔板处,千斤顶不能直接接触梁板,要在液压杆上放置 1 块 $20 \times 20 \times 2$cm 钢板块,高程调整时要进行精密测量,达到要求后加入钢垫片及钢楔,要求在每个隔板处均设置垫片。拼装后要对整体尺寸及位置进行测量检验,要求拼接精度和总体尺寸要符合设计要求。

6.2 焊接过程中控制要点

为了保证主桥钢箱梁焊接质量,对梁体结构的焊接根据母材材质及结构特点等选用焊接方法、焊接材料,进行焊接工艺评定试验,当焊接接头性能达到要求后,方可采用。

焊接所用的焊剂、焊条必须按产品说明书烘干使用;焊剂中的脏物、焊丝上的油锈等必须清除干净;CO_2 气体纯度应大于 99.5%。

严格按照焊接工艺评定要求进行施焊,焊缝坡口形式及角度要符合焊接工艺评定要求;焊缝坡口间最小距要符合规范要求(在 6~10mm 之间);焊缝位置校正码板及防焊接变形措施要到位焊缝打磨要到位(打磨范围:每侧 30~50mm);对接焊口平整及错口要符合规范要求(在 ±2mm 以内);达到露出金属光泽并且光滑平整。打磨后要及时施焊;埋弧自动焊应在距设计焊缝端部 80mm 以外的引板上起、熄弧;并要及时进行焊剂的回收及清除;需加试板位置焊前要加到位。

焊缝端头引弧板、熄弧板要加到位,以保证端头焊缝质量。为确保焊缝质量,在焊缝始终端安装引、熄弧板,引、熄弧板长度,手工焊大于35mm,埋弧焊100～150mm。去除引、熄板时,用火焰切割,然后用砂轮打磨光顺。

钢箱梁主焊缝焊接一般为单面焊、双面成型,焊前应在坡口背面贴严、贴牢工艺规定的陶质衬垫。

埋弧自动焊焊缝焊接过程中不应断弧,如有断弧则必须将停弧处刨成1∶5斜坡,并搭接50mm再引弧施焊,焊后搭接处应修磨匀顺。

熔透的对接焊缝和角焊缝,反面碳刨清根后,用砂轮打磨去氧化、层,露出金属光泽,然后封底焊。

焊接结束后,把焊渣清除干净,仔细检查焊缝是否合格。

6.3 焊接后质量控制要点

焊缝焊接后,端部的引弧板、熄弧板和产品试板必须用气割切掉,并磨平切口,不得损伤母材。

焊接尺寸、焊波或余高等超出规范要求的必须修磨匀顺。

焊缝咬边超过1mm或焊脚尺寸不足时,可采用手弧焊进行返修焊。

焊接缺陷清除应采用碳弧气刨或其他机械的方法进行,清除时应刨出利于返修焊的坡口,并用砂轮磨掉坡口表面的氧化皮,露出金属光泽。

焊接裂纹的清除长度应由裂纹端向外各延伸50mm。

用埋弧焊返修焊缝时,必须将焊缝清除部位两段刨成1∶5的斜坡。

6.4 构件变形及矫正的控制

本桥钢箱梁结构钢板厚度有12mm、14mm、16mm、20mm等多种规格。为最大限度地控制焊接收缩和变形,主要采用以下措施:

(1)编制正确的装配焊程序,先焊下翼缘,后焊上翼缘,控制钢梁不因焊接变形而下挠,使结构在焊接过程中收缩和变形量最小。

(2)在焊接过程中,采取对称的焊接程序尽量使焊接所产生的热量均匀分布。

(3)先焊接估计会有较大收缩的接头,对有收缩较大构件进行焊接时,焊缝应连续焊完,可焊至焊件冷却低于最小预热温度和层间温度时,能保证不产生裂纹的位置。

(4)构件因焊接产生较大变形时,可采用火焰加热和机械方法矫正,火工矫正加热温度应控制在600～800℃范围,然后自然冷却到环境温度。在同一部位不能多次重复加热,不可用水进行冷却。

6.5 焊接缺陷修补

本桥钢梁焊接量较大,重要部位较多(图3),为此应进行了焊接工艺评定试验,针对焊接方法、接头形式、焊接位置、试板材料及规格进行试验,采用无损探伤、对接头拉伸、焊缝金属拉伸、侧弯、V形冲击、硬度等试验方法进行检查,发现有焊瘤、焊缝气孔、夹渣、未熔合、裂纹等缺陷。针对此种现象,采用以下方法处理:

(1)对于焊瘤或焊缝过凸,采用砂轮打磨多余的焊缝金属。

(2)对于气孔、夹渣、未熔合,去除缺陷重新焊补。

(3)焊缝过凹、弧坑重新焊接填满弧坑。

(4)焊缝裂纹现象,通过探伤确定范围,去除自裂纹的端头算起两端至少50mm的焊缝一道后,焊接修补。

图3 钢箱梁下胎前照片

7 焊接过程中的注意事项

7.1 变形类型

7.1.1 纵向收缩变形

主要由纵向焊缝引起,其中包含纵向的上、下翼板与腹板的贴角焊缝,纵向加肋板与下底板贴角焊缝。纵向收缩变形的原理是由于在焊接时,焊缝及附件的金属,由于在高温下自由变形受到阻碍,产生了压缩塑性变形引起。纵向收缩变形后会引起钢箱梁纵向长度尺寸变短。

7.1.2 横向收缩变形

主要由上、下翼板和腹板各自间的对接焊缝引起,其收缩的方向在垂直于焊缝方向发生。由对接焊缝引起横向收缩变形因素较多,其与焊接层数、焊接线能量、焊接方法以及板厚等有关。尤其是焊接层数中,第一层为最大,以后逐渐递减,这是由于随着层数的增加,刚度亦增加,每层焊道所引起的横向收缩则随之下降。该横向收缩变形则引起钢箱梁纵向长度变短,为保证箱梁在长度方向上保证设计及规范要求采取以下措施:底板在接板过程中采用埋弧自动焊焊接,该自动焊熔深大,焊接应力及变形较小,焊缝质量及成形好。

7.1.3 角变形

焊后构件的平面围绕焊缝产生角位移。其产生的原因是焊缝收缩变形在厚度方向上的不均匀分布,焊缝正面的变形大,背面的变形少,这样造成构件平面的偏转,该箱梁产生较为严重的角变形是腹板与上、下翼板间的贴角焊缝产生的角变形,具体有两个内容:腹板与翼板的角度变化和翼板本身的角变形。

7.1.4 波浪变形

波浪变形由于板面受力失稳引起,对于该箱梁其在竖直加肋板和横隔板在与腹板的焊接过程中,由于肋板(横隔板)间距过大,腹板在焊缝附件受到焊缝的拉应力,而离开焊缝较远的区域为压应力。在压应力的作用下,造成腹板失稳,产生波浪变形。从而使箱体结构外形不美观,降低其承载能力。

7.1.5 扭曲变形

由于焊接顺序不合理,焊接角变形长度上分布不均匀,角变形沿着焊缝长度上逐渐增大,使构件扭转,发生整体扭曲变形。该箱梁如果自由焊接,其主要纵向8条贴角焊缝在施焊过程会引起箱体扭转变形。

7.2 工艺措施

(1)适当加放焊接收缩量:箱体整体产生的纵向收缩和翼板、腹板各自对接焊缝产生的横

向收缩,这二者导致焊接完毕后,箱体总长度会变短 ΔL,根据理论公式及施工经验,采用如下工艺措施:

①在号料过程中加放纵向长度上余量50mm。

②底板在胎架上采用二次下料确定投影长度;纵向焊缝的收缩引起的箱梁两端向上挠曲,设计图纸中钢箱梁只考虑自重影响的预拱,因此防止在制作过程中钢箱梁出现负拱,适当给钢箱梁增加20mm的焊接变形预拱,根据理论计算及经验在原图纸的基础上,加大20mm的拱度值,以便产生了挠曲变形后用拱度增大值(20mm)与上挠曲值相抵消。

(2)合理地选择焊接方法和规范:选用线收缩量较小的焊接方法,可以有效地防止焊接变形,CO_2保护焊所产生的塑性变形区比手工焊要小,在焊接纵向角焊缝底层和竖向肋板立焊缝采用CO_2保护焊,可以减少腹板的波浪变形,同时提高生产效率和焊缝质量。

(3)在钢梁开工前应先进行焊接工艺评定试验,根据焊接工艺评定试验的结论编制焊接工艺指导书,指导书应包括母材、焊接材料、焊接方法、焊接接头形式、组装要求及允许偏差、焊接工艺参数和焊接顺序、预热、后热和焊后热处理工艺以及焊接检验方法及合格标准等主要内容。焊接过程中应严格按焊接工艺指导书规定的工艺参数和焊接顺序施焊。

8 结语

钢箱梁焊接施工难度大,焊接质量、精度要求高,必须针对性的制订工艺规程,采取有效措施,解决板材焊接变形和焊接收缩的影响,保证钢箱梁制造精度及焊缝外观和内在质量。

参 考 文 献

[1] 侯文葳.西陵长江大桥全焊钢箱梁大跨度悬索桥技术[J].中国铁道科学,2001(05).
[2] 左琛.大跨度全焊接钢箱形梁焊接工艺及变形控制[J].焊接技术,2000(05).

20. 浅谈建设工程项目安全监理工作内涵
——齐鲁黄河大桥项目安全监理工作要点

赵云飞[1] 贾士平[2]

(1.北京铁城建设监理有限责任公司;2.济南市交通工程质量监督站)

摘　要：齐鲁黄河大桥项目施工现场基本在室外露天高处作业,施工作业人员众多;各专业和工种繁多;各类大型特种设备聚集;超宽、超重钢箱梁节段的制造、步履式顶推工艺在黄河上首次应用;中跨拱肋矢高69.5m,重达7 700t,采用三点式整体提升工艺,提升跨度达310m;上述施工过程中的安全管控,是本项目实施的重中之重。施工企业可能会忽略一些岗前的安全技能培训工作,也可能存在一些专业类别培训的缺失。如桥梁施工现场的一些危险源辨识不彻底;如场内叉车或大型龙门吊等特种设备具体的安全技术交底不全面。安全监理工作如何落实将是浪大的挑战,本文主要介绍了日常安全生产工作中存在的一些问题、安全监理责任、监理任务、监理方法、监理措施等。

关键词：工程安全问题　监理责任　监理任务　监理方法　监理措施

1 工程项目安全管理存在的问题

(1)建设工程安全管理工作是一项复杂的系统工程,要求将违法必究、执法必严和有法必依的原则运用到安全生产的全过程中。党的十八大以来,习近平总书记高度重视安全生产工作,将安全生产作为治国理政的重要内容,着重强调安全生产必须坚持"以人为本",强化"红线意识"和"底线思维",但在安全生产中部分管理人员往往思想认识不足,不能充分理解消化和落实习近平总书记关于安全生产重要思想的"六大要点"和"十句硬话"的工作要求和部署。在有的方面有关标准执行还不到位,安全管理制度个别存在健而不全,责任落实点到为止,施工现场安全管理成效不能立竿见影。

(2)对于在安全生产中的第二类危险源的控制问题认识不足,即现场的机械的故障、人为操作的失误、不良环境的影响以及管理的缺陷还存在死角,不仅影响了建设工程工作的正常开展,也对建设工程的质量造成一定的影响。个别作业队伍只注重质量、进度、经济效益,对于部分临时墩钢结构的焊缝质量淡化,不能认识到质量保安全的重要性,造成安全管理认识不到位,安全责任意识不强,或者将安全管理停留在文山书海上、方案里,不能将具体的安全措施落实在工序中。

(3)对于施工现场的"本质安全"还需更进一步完善,施工单位需加大投入,采取措施,力促"本质安全"工作的实施。例如提梁站的千斤顶、顶推平台上纵移钢箱梁的坦克轮、运梁车的选用和设计制造以及现场备用数量的确定。应用人机工程学的原则,通过机械的设计者,在设计阶段采取措施来消除设备隐患以实现本质安全。

(4)安全监理工作在整个监理工作中占有重要一环,是底线,是不可逾越的红线,是所有监理人员必须坚守的,务必做到人人都要管现场、查现场、促现场、保现场,与各参建单位齐抓共管,打造平安工地。但也有个别现场监理人员缺乏大型桥梁施工安全技术专业知识,面对特殊结构桥梁的认知停留在既有时段,不能与时俱进,对安全专项施工方案审查不严,察觉不到方案中的不足,对施工现场检查不到位,未能及时有效地发现并消除施工现场可能存在的安全隐患。

2 建设工程安全生产管理工作的监理责任

《建设工程安全生产管理条例》(以下简称《条例》)要求工程监理单位和监理工程师应当按照法律、法规和工程建设强制性标准实施监理,并对建设工程安全生产承担监理责任。根据《条例》第十四条的规定,工程监理单位应当审查施工组织设计中的安全技术措施或者专项施工方案是否符合工程建设强制性标准。工程监理单位在实施监理过程中,发现存在安全事故隐患的,应当要求施工单位整改;情况严重的,应当要求施工单位暂时停止施工,并及时报告建设单位。施工单位拒不整改或者不停止施工的,工程监理单位应当及时向有关主管部门报告。监理人承担的不仅是安全生产的监理责任,还需要勇为担当,承担一定的社会责任,尊重政治体制和社会文化,遵守法律、共同规则以及国际标准,防范腐败贿赂,对消费者(社会大众)和客户(建设单位)负责。

3 安全生产管理的主要监理工作方法

督促施工单位建立健全安全生产责任制。执行国家现有安全生产的法律法规、工程强制性标准,编制安全技术措施与施工方案,对施工人员进行安全技术交底和安全教育,按照施工规范要求与安全技术标准,做好各部分分项工程和各工序的安全防护措施,实现安全生产。

安全检查是现场监理人员重要的工作之一,现场监理人员想要提高工作效率在检查中准确发现隐患,需要掌握正确的检查方法。常用的安全检查方法有建、听、问、查、测(量)、试运转等。

3.1 建

建立一套完善的安全生产监理管理体系,这些管理体系是通过建立运行手册(监理规划、监理细则),以现场监理安全生产工作中存在问题为导向,以完善的规章制度、机构设置、岗位职责,并强化实施运行过程的监理检查纠正、监理审查与控制,周而复始地坚持"方针、策划、实施与运行、检查与纠正、管理评审"等活动。

3.2 听

通过监理安全专题会议及交谈方式听取施工单位安全管理人员安全生产情况,存在的安全隐患及隐患整改处理情况,现场的安全控制重、难点及安全管理工作中需要监理方协调解决的问题,如总包单位安全管理人员对专业分包单位在安全管理上存在的困难等,通过听了解施工单位安全管理现状,在监理的职责范围内发挥组织协调作用,促进现场安全生产。

3.3 问

即询问、提问,监理人员在巡视或专项安全检查中对施工单位安全管理人员及现场施工人员,特别是特种作业人员的应知应会进行询问,如对钢箱梁顶推、钢拱肋架设专业操作人员落实监控指令情况的提问,起重工、司索工操作安全注意事项提问,安全员及架子工对满堂支架安全专项方案的要求的知会情况,专业工长及木工对高支模支撑体系安全专项方案及搭设要求的知会。询问抽查施工现场人员的安全教育及安全技术交底情况。通过询问提问了解现场管理人员及施工人员安全意识及安全素质,检查出施工单位安全管理中哪个环节存在漏洞,通过问题看本质,以督促其进行整改。

3.4 查

主要是查看现场和相关安全资料。一是查看施工单位对已批准的钢栈桥、深基坑、高支模、钢箱梁顶推、钢拱肋架设等超过一定规模的危险性较大工程专项施工方案的落实执行情况,查看安全强制性条文的执行情况,查看现场安全防护、消防设施配备,查看安全标识标牌及安全防护用品的使用情况,查看特种设备安全装置使用及配置情况等。二是查看安全资料,安全专项方案审批情况,查看特种作业人员持证上岗情况,特种设备相关报验、检测及验收资料,施工单位三级安全教育及安全技术交底资料等。查看的过程应该有重点紧抓重大危险源,这是监理现场安全巡视检查中最主要的检查方法之一。

3.5 测(量)

主要是使用测量工具检查,如使用全站仪和电子水准仪检查钢箱梁顶推过程中的里程、高程、轴线的偏差控制;使用测厚仪测量钢结构漆膜厚度;附着力测试仪检测漆膜黏结强度;卷尺检查满堂支架立杆间距、丝杠伸入长度;使用检查力矩扳手检查高强螺栓的扭矩值;如使用经纬仪测量钢拱肋提升塔、提梁站立柱、物料提升机的垂直度,采用电阻仪测量各种综合防雷接地电阻的测试等。此方法监理人员既做到了对重点部位、关键工序平行检查,又通过测量让我们监理在安全管理上及安全监理通知单、检查通报等监理资料上也采用数据说话并为依据,更具有说服力,达到安全重要控制点多层次把关的目的。

3.6 试运转

由具有专业资格的人员对机械设备进行实际操作、试验、检验其运转的可靠性和安全限位装置的灵敏性。此方法主要是监理人员以见证检查特种设备的重要方法,在特种设备验收及周期检查中使用较多,在日常检查中也可采用。如见证检查履带吊力矩限制器、变幅限位器、行程限位器进行现场试验检查;对龙门吊上下极限限位器、制动器等安全装置进行试验检查;对钢箱梁提梁站吊前静载试验、行程限位装置等进行运转检查。

通过以上监理工作方法,做到综合运用,结合检查形式的不同依据相关规范要求单个或组合使用,准确发现问题及时下发监理指令,对隐患的整改进行跟踪复查,督促施工单位按照"三定"原则整改,从而有效落实现场安全监理工作职责,确保现场安全生产。

4 工程安全生产管理的监理工作措施

4.1 积极参与和督促完善应急管理

应急管理主要包括预警系统的建设和实现、预警控制、事故应急管理体系、事故应急预案编制、应急预案的演练。监理着重做落实以下两方面工作措施。

4.1.1 参与整个项目的预警系统建设工作

做好预警系统信息的管理工作,每个监理工作岗位都需要有明确的责任和定量的要求,信息来源符合一致性要求,采集信息过程中计量检测等应有精确的技术标准;各类报表、台账、原始凭证都要有统一格式和内容,统一分类编码;数据的采集、传递和整理要有明确的程序、期限和责任者。

4.1.2 参与整个建设项目的事故应急管理工作

监理抓住应急管理工作中一个关键环节——应急准备。配合建设单位和施工单位做好意识、组织、机制、预案、队伍、资源、培训演练等各种准备,务必做到将应急准备工作的检查涵盖整个应急管理工作的全过程,要明白所有的应急准备工作就是预防机制。一是严格审查施工单位编制的事故应急预案,核实预案中的应急功能设置、特殊风险管理、标准操作程序,以及预案按管理和评审改进工作。二是将预案进行桌面演练、实战演练相结合,单项演练到综合演练并举。三是出现万一情况,如何做好响应工作,通过有效的应急救援工作,尽可能地降低事故的后果,包括人员伤亡、财产损失和环境破坏等。

4.2 运用BIM技术和统计分析强化安全管控

4.2.1 BIM技术对危险源的识别的应用

对现场施工区域进行危险等级划分,分别用红、橙、黄、绿4种颜色表示非常危险、有一定危险、危险性较小、无风险,并在构建项目时在模型中表示出来,如现场施工作业区为非常危险区标注为红色,油漆房或顶推平台范围内有一定危险性标注为橙色,油漆房或顶推平台范围以外危险性较小标注为黄色,办公区以及生活区基本无危险标注为绿色。同时在进入红色和橙色危险区域路口和通道处做警示牌提示工人已经进入危险区,进而可以根据危险程度指导现场作业(图1)。

图1 BIM模型

4.2.2 BIM技术对施工安全指标及制定安全措施的应用

首先,根据齐鲁黄河大桥施工的特点建立一个完善的施工安全指标,在施工前对整个施工中的各项数据进行预测,为后期的施工打下一个坚实的基础,从而保证各项数据的真实准确性。其次,BIM技术的安全管理系统,可依据不同类型管理需求自动列出相应的安全防范措施,并根据设定的安全管理方法使施工安全性得到保障。由经验丰富的专业安全管理人员在综合具体施工情况后进行编制。这些措施都是在BIM技术为前提下所形成一个独立性的安全管理模式,如图2所示。

4.2.3 BIM技术安全培训的应用

安全培训的最终目标就是保障现场施工人员的安全问题,其培训的对象不仅是现场施工人员,还有安全管理人员。培训是一种常见的教学方式,能够提高被培训者的专业能力,常规的"照搬照抄"的口头培训,难以取得良好的效果。BIM技术可以将培训更加的高效化,即利用BIM技术使培训更为系统化,更具目标性,能够及时地更新培训的内容,因此该培训方式能够取得良好的效果,能够提高被培训者的专业知识,降低安全事故发生的概率。

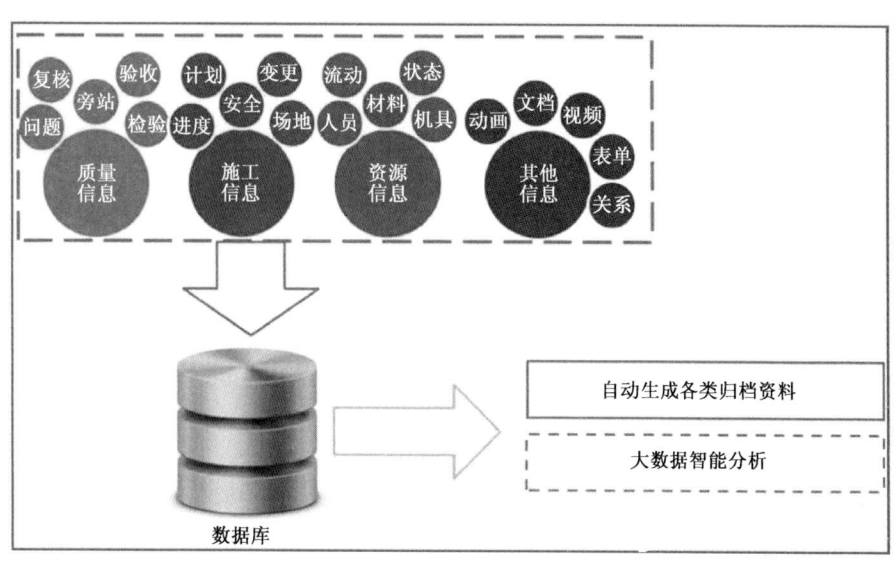

图 2 BIM 安全管理流程

4.2.4 进行安全监控检查和统计分析的应用

BIM 技术可以整体地对建设施工进行整合,在各个环节的有效配合下进行高效率的分析,发挥各个技术的优势,比如在我们对 BIM 可视化这个特点进行利用时,可以建立相关的安全检查模型,随时检查监测出各种可能存在的安全隐患,通过有效的措施来解决问题,并运用安全监控和检查手段得以落实。在 BIM 安全管理模式中,运用统计表和统计图,使安全管理条理化、系统化,通过表 1 和图 3 中的样本信息来推断总体安全特征,加以针对性的控制。

BIM 模型的施工风险预警流程 表 1

序 号	功 能		具 体 描 述
1	工程设置	导入信息	导入目标案例 BIM 标准,实现信息的有效利用
		编辑涉及信息	对导入的 BIM 三维构建进行编辑
		实行设置	设置模型的非实体属性(施工工艺等),将其与实体关联
		属性量化	对风险因素的定量转化功能
2	案例管理	源案例调用	可从 BIM 数据库中调用原案例数据
		案例添加	添加案例,对项目特征和施工数据进行设置
		案例优选与风险因素识别	根据设置好的比较规则,自动识别相似案例,根据原案例的风险因素并结合目标案例特点,导出风险因素集
3	项目生成	网络计划	计算出各具体构件的施工顺序
		4D 动态	可视、动态化模拟项目实施过程,直观抓取施工信息
		修改与更新	引入对变化的风险因素随时修改项目的计划
4	预警	对比预警评定	生成项目预期与计划预期进行对比,用颜色区别进行预警
		结果输出	将对比产生的预警报告导出

图3 预警报告

4.3 建立健全安全风险分级管控和隐患排查治理双重预防机制

4.3.1 建立安全生产风险分级管控体系

安全生产风险等级从高到低划分为4级,A级为重大风险/红色风险、B级为较大风险/橙色风险、C级为一般风险/黄色风险、D级为低风险/蓝色风险。现场监理机构建立主要负责人牵头的风险分级管控组织机构,并制定有效运行的管理制度。从基层操作人员到项目负责人的全员,参与风险辨识、分析、评价、管控,根据风险级别,按照"全员、全过程、全方位"的原则,明确每一个岗位辨识分析风险、落实风险控制措施的责任,不断更新,不断完善风险分级管控体系,形成相关配套监理制度、记录文件等,并指导现场监理工作。

4.3.2 落实安全生产事故隐患排查治理长效机制

现场监理机构负责人对本单位事故隐患排查治理工作全负责。监理机构建立健全事故隐患排查治理和建档监控等制度,逐级建立并落实从主要负责人到每个从业人员的隐患排查治理和监控责任制。对排查出的事故隐患,按照事故隐患的等级进行登记,建立事故隐患信息档案,并按照职责分工实施监控治理。鼓励和发动职工发现和排除事故隐患,鼓励社会公众举报,对有功人员给予物质奖励和表彰。对于违反有关安全生产法律、法规、规章、标准和规程规定的,给予经济处罚和行政处罚。

4.4 推行安全生产标准化,开展"平安工地"建设活动

深入贯彻党中央、国务院关于加强安全生产工作的一系列部署,牢固树立"以人为本、安全发展"的科学理念,强化基层基础工作,积极推动"平安工地"建设活动,立足于现场典型做法和宝贵经验,探索创新做法,以"基础管理、场地布设和施工防护"为重点,针对施工安全生产薄弱环节和事故易发多发部位,全面落实施工安全标准化建设,与参建单位共同努力,力求实现现场安全生产管理向规范化、具体化、系统化、标准化迈进。

5 结语

想要更好地开展安全监理工作,不仅要从现场找管理抓手,还要从主观思想意识上提高,并结合BIM技术的运用,各参建单位共同参与,对施工过程中所遇到的安全问题提前预防,在施工准备工作之前就预知施工过程中的风险管控等级,并加以分解细化应对措施,这样既提高了安全施工系数,又可确保安全质量的前提下顺利完成工程项目建设。笔者认为,通过本文的

分析和论述,采取上述的安全监理工作措施,可以实现安全监理工作核心目的,使安全监理工作达到信息化、规范化,力求做到标准化,提升对现场安全危险危害因素的认知,提高危险源的识别程度,并采取有效的奖惩措施和客观的 LECD 安全评价标准,做好安全日常的监管信息处理和安全统计分析、整体安全趋势分析,将安全责任到人,改进安全施工的措施,及时发现施工安全隐患,降低工程安全事故发生概率。

参 考 文 献

[1] 李红兵,汪运冰.基于BIM工程监理管理系统[J].土木工程管理学报,2016,(06):78-82.
[2] 王一鸣.建设工程项目监理过程中的BIM应用[J].建筑施工,2016.(06):811-813.
[3] 唐强达.工程监理BIM技术应用方法和实践[J].建设监理,2016,(05):14-16.

21. 浅析桥梁大直径、超长桩质量控制

石力强[1]　江斐[2]

(1. 北京铁城建设监理有限责任公司；2. 济南市交通工程质量监督站)

摘　要：近年来，随着我国基建水平的高速发展，特大型桥梁施工技术得到了世界的认可，大直径、超长钻孔桩的施工技术和工艺在不少工程中得到应用，并且取得了一定的成效。本文结合济南黄河大桥项目工程实际，就大直径、超长桩的质量控制管理进行一些分析。

关键词：大直径　超长桩　质量控制管理

1　工程概况

本工程与齐鲁大道衔接，起点位于现状齐鲁大道终点，济齐路交叉口处；跨越黄河后，路线终点顺接裕兴路(规划主干路)，G308 交叉口处。本合同段起点位于桩号 K3+671.212 美里北路交叉北侧，终点位于 K6+741.392 国道 G309 交叉口处。

工程范围内路线全长 3 070.18m，其中两岸大堤间距 0.8km，与上游京沪高铁桥间距 1.2km，与下游建邦黄河大桥间距 3.1km，与黄河基本正交。此外，线位过河桥与郑家店水文观测断面距离约 200m。

主桥采用网状系杆拱桥，跨径布置(95m+280m)+420m+(280m+95m)=1 170m，整幅布置。主桥下部共有 120 根直径为 2.0~2.3m 的钻孔灌注桩，桩长 80.15~110.15m，8 个承台，12 个墩身。上部结构钢箱梁宽 60.7m，主跨主拱矢高 69.5m，辅跨拱高 46.2m，吊索采用高应力幅钢绞线拉索。

2　出现的困难

在施工中有 1 根桩桩基顶部往下 40m 范围有稍许缩颈现象；桩基后注浆压浆管开塞后，经检测出现桩底混凝土扰动现象。

通过对 18 号、19 号墩桩基检测结果分析，深基桩的桩径及垂直度在成孔过程尤为关键，桩底冲塞混凝土扰动的预防能大大提高桩基承载力；通过施工中出现的问题，举一反三，探讨桩基施工过程控制要点，从根本上排除桩基施工可能面临的各种质量隐患。通过实践，进一步解决成桩质量控制问题，确保桩基成桩质量。

2.1　现状分析

在桩基施工中出现成孔孔壁质量较差，桩基成孔垂直度控制难，桩底冲塞时混凝土扰动较

为严重,最大破坏深度达0.5m,直接影响成桩后桩基承载力和完整性。桩基缩颈也很大程度上在于成孔过程钻头磨损未及时修复、地质情况造成。

2.2 原因分析

该项目标段在施工超长桩、大直径桩采用回旋钻和旋挖钻施工,钻机动力头传至钻杆的扭矩相应较大,如进尺过快垂直度控制较难;桩底压浆管冲塞也因时机把握不当或冲塞时间过晚,造成桩底混凝土扰动破坏;因钻进过程穿越硬质地层,造成钻头磨损严重,造成孔径不足;从施工工艺及方法上分析,造成以上问题的主要原因有以下几个。

2.2.1 地质不明

没有详判地质勘查报告,对地下地质情况和土质性能不了解,成孔后在微膨胀地层段出现缩径现象。

2.2.2 施工过急过快

桩基钻进速度过快,孔壁与钻头摩擦挤压时间短,造成泥浆护壁不密实,孔壁毛糙。

2.2.3 管理检查不到位

在钻进过程,泥浆性能指标检测频率过低,钻机钻进过程垂直度检查频率不足(操作室显示屏上有数据)。

2.2.4 钻孔操作和不匹配

钻孔过程中确保护筒内水头差控制小于1.5~2m,根据实际情况及时补充泥浆;现场必须具备全套泥浆性能检测设备;备好两把以上水平尺随时检查钻机底座平台的水平度及钻杆的垂直度是否满足要求;养成定期捞取渣样的习惯,所捞渣样与地质剖面图不符或地层变化时,结合实际地质条件调整相应泥浆配比,调整钻头的钻进速度,防止因钻头升降速度过快导致成孔偏位或塌孔现象;钻孔时禁止相邻孔同时钻孔施工。

2.2.5 地基不稳,钻机偏位

钻孔平台承载力不足或地下水头差较大,护筒埋设周边不密实、渗水等都会导致地基失稳不能满足钻机就位。

2.2.6 机械自身缺陷

钻机开钻前钻头尺寸不达标,或因地层变化没有适当调整钻头直径导致钻孔孔径不足;钻机钻杆本身变形或缓冲装置失效导致的垂直度不符合要求。

2.2.7 泥浆性能不匹配地层变化

在钻进过程,泥浆指标不达标,无法满足地层变化需要;挖进过程孔内水头不能及时补充或水头差过大导致塌孔。

2.2.8 旋挖钻钻孔盲目操作

旋挖桩在钻进过程中,要制备符合性能指标的泥浆,同时要及时给孔内补充泥浆,以确保孔内水头压力,保证护壁质量防止塌孔。钻进过程注意放斗要稳,提斗要慢,特别注意孔口5~8m段(垃圾填土层)旋挖过程要注意通过控制盘来监控垂直度,如有偏差及时进行纠正,并且注意每一挖斗作业的同时及时向孔内补充泥浆;钻进过程应低速低钻压钻进,发现软硬地层交界面或倾斜层,需要慢钻斗稳后正常钻进。

2.2.9 桩底压降管冲塞时机控制不当

现场必须配备高压泵,确保混凝土灌注开始24~28h内完成压浆管路的疏通工作;此工作实施三次,第一阶段灌注开始28h内冲塞一次,冲开即停;第二阶段在16~24h后二次疏通,置换清水;第三次在即将桩检前两天进行冲洗,置换清水。

3 制定措施

通过对桩基施工桩径缩径及桩底冲塞混凝土扰动原因进行分析,在钻孔灌注桩施工过程中,应采取以下措施,预防桩基成桩质量问题的发生。

3.1 桩基护桩问题

桩位放样必须准确无误,资料计算必须坚持复核制,在工程中不得用未经复核过的资料。用全站仪将桩位设置于地面后必须用钢尺检查各桩的相对尺寸是否和设计一致,确保桩位准确,中心桩放出后应理设护桩,因场地硬化护筒不易沉降,护桩设置护筒顶部,使用1cm长度为10cm的圆钢焊接与钢护筒外壁上,避免红油漆划线宽度误差和过程泥垢破坏,增加测量工作量。

3.2 钻孔时泥浆性能指标测定频率问题

3.2.1 泥浆有保护孔壁的作用

在超长桩、大直径桩施工中,因钻进中可遇到不同的地质情况,需按照《公路桥涵施工技术规范》(JTG/T F50—2011)里泥浆比重要求配制泥浆,在钻进至砂层段,调制优质泥浆,提高泥浆护壁效果,避免出现踢孔现象;微膨胀土层段,钻头充分与孔壁摩擦挤压,使孔壁密实,泥浆护壁效果达到最佳,避免出现缩径现象。

3.2.2 泥浆的排渣作用

回旋钻机钻孔,就是钻头搅动土壤,使之松动,形成浓泥浆,通过钻杆抽排至泥浆池;旋挖钻机通过旋转挤压,钻渣由钻头提至孔外。

3.2.3 泥浆的清孔作用

清孔实际上是进行孔底排渣,但不同于正常钻孔排渣。清孔的目的是为了防止砂粒在孔中沉淀超过设计规定的沉淀厚度。首先要配制较好泥浆,由泥浆泵通过导管送入孔底,让孔中砂粒不断上浮出孔,为了提高工效可增加滤砂器、气举循环进行换浆,并不断测试孔中泥浆含砂率,符合要求后,再调泥浆重度、稠度,以利于混凝土灌注。

3.2.4 方案泥浆测定要求

钻孔过程,正常施工情况下每4h测定一次泥浆性能指标,以确保孔内泥浆的质量。

3.3 泥浆池规格及使用性能问题

3.3.1 建立良好的泥浆循环净化系统

泥浆的循环净化系统,首先应设置沉淀池、制浆池,池的容积应与钻孔的体积相匹配。两者相通,同时在孔口到沉淀池之间要有10~20m沉淀槽,沿途设置几只滤砂网,在沉淀池口同样设置滤砂网。为了保护泥浆,不使砂粒在循环过程中进入孔内,在制浆池设置滤砂罩,不使砂粒进入泥浆泵管道。

3.3.2 满足要求

依据《公路桥涵施工技术规范》(JTG/T F50—2011)内容,根据施工地层特点及时配制泥浆满足指标需求。

因为黄河地质地层的结构不一,那么当钻到每种地层时,泥浆的各种指针也尽不相同,当钻到砂土层时,要配制好黏度大、重度大泥浆,当钻到圆砾石时,要加大泥浆重度,这样才能实时排出钻渣。当钻到黏土层时,重度相对减小,同时要回收排出黏土浆备用。当钻孔结束清孔时,使用黏土泥浆,逐步将砂率降低,直至符合标准。

3.3.3 方案中泥浆池要求

主桥 P18 号墩钻孔施工泥浆循环系统由泥浆池、泥浆槽、沉淀池、筛网和出渣口组成,泥浆池、沉淀池采用就地开挖基坑形式,泥浆池及一个沉淀池,总体尺寸为 $20 \times 8 \times 2m$(长×宽×高),两池并排放置,间距为 0.5m,同时在泥浆池内布置一台泥浆搅拌机,进行泥浆的制备,补充所钻孔内的泥浆,泥浆循环流动通过泥浆环槽来实现。

3.4 钻孔桩终孔垂直度判定问题

规范要求孔径孔形垂直度和桩底沉渣宜采用专用仪器检测,一般中小桥可采用钢筋笼探孔器,长度为 4~6 倍桩径,直径为不小于桩径;根据实际经验:超长桩做好双控是核心,也确保桩基质量核对,探孔器有助于桩径的控制,便于钢筋笼下放和桩基检测桩壁完整性;现就变截面桩径检测次数和时间点予以讨论(以作业工艺特点分析),检孔仪不少于两次,钢筋探笼不少于一次进行控制。

3.5 清孔工艺选取问题

用旋挖钻方法成孔时,泥浆相对密度一般控制在 1.1 以下,孔壁不易形成泥皮,钻孔终孔后,只需将钻头稍提起空转,并维持反循环 5~15min 就可完全清除孔底沉淀土。

一清:当钻孔累计进尺达到孔底设计高程后,利用回旋钻机的钻杆进行反循环清孔,清孔时将钻头提离孔底 20cm 左右,钻机慢速空转,保持泥浆正常循环,同时置换泥浆。

二清:以灌注水下混凝土的导管作为管道,同时在导管内安装小钢管作为风管,采用反循环工艺清孔或叫气举反循环清孔。反循环出来的泥浆配置旋流器进行粉细砂的过滤分离,以降低泥浆中的含砂率,直至合格为止。

普通导管泥浆循环,清孔时间长,工效低,气举反循环清孔大大缩短了清孔时间,缩短了清孔与灌注混凝土之间的间隔时间。

3.6 钻机调整及钻进过程监测问题

3.6.1 回旋钻成孔

钻机就位复核准确无误后将钻架进行固定,钻架就位后确保纵横向水平(即钻架底盘的纵横向水平),用水平尺校正施工平台水平度和转盘的水平度,保证转盘中心与护筒中心的偏差不大于 20mm。同时用线校对垂直线,确保钻杆中心、转盘中心、护筒中心在同一铅垂线上,做到三点一线,以保证钻孔竖向垂直度偏差 ≤1/150。钻进过程中,在钻进至不同地层时进行检查,或按照每班组进行至少 2 次以上底座和钻架的检查,并做好钻孔原始记录。

3.6.2 旋挖钻成孔

在调垂过程中,操作人员可通过显示器的钻杆工作界面实时监测桅杆的位置状态,使钻杆最终达到作业成孔的设定位置。开孔前对钻杆垂直度、钻径大小、钻头磨损情况、钻杆钻头连接情况进行仔细检查,符合要求后方可开钻;施工过程中通过钻机本身的三向垂直控制系统反复检查成孔的垂直度,每 4h 至少监测一次,遇到地质变化较大或机器故障等问题应加大监测频率,确保成孔质量。

3.7 混凝土和易性和控制问题

混凝土和易性与水泥品种、砂率有极大的关系,砂率小、粗集料级配不好,搅拌出的混凝土极易离析,影响水下浇注混凝土质量。因此,混凝土配合比中水灰比控制在 0.5~0.6,砂率应在 40%~50%,粗集料最大粒径应小于 40mm,混凝土坍落度控制在 18~20cm,要有良好的流动性、和易性,用料上优先采用胶凝材料用量不宜小于 350kg/m,水泥或胶凝材料的初凝时间不宜小于2小时;砂宜用中砂,含泥量不得大于3%;石子最大粒径不宜大于40mm,所含泥量不得成块状包裹石子表面,且不得大于1%,吸水率不得大于1.5%;掺粉煤灰的品质在Ⅱ级以上,掺量必须经实验确定;外加剂应根据具体情况采用减水剂、引气剂、防水剂等;水应使用不含有毒、有害物质的洁净水。在灌注中出现的种种质量事故有很多都和混凝土质量有关,所以一定要把好混凝土的质量关。

3.8 注浆管疏通质量控制问题

由于前期压浆管冲塞导致桩底混凝土扰动过大,结合桩检单位出具的检测报告及项目质量专题会的要求,在19号墩实施的效果看来,声测管安装位置及开塞时间尤为重要,声测管安装位置应高于实际桩底高程20cm效果最佳,开塞时间控制在水下混凝土终凝前,对桩底混凝土破坏最小。声测管检查应强化两项检查:①声测管前后场焊接、连接检查。②声测管在安装后的密闭试验检测。开塞工作的主要目的是使注浆管路畅通,开启注浆孔,小范围劈裂桩底混凝土压浆通道,为注浆工作提供前提条件。所以开塞工作是桩底注浆成败的关键。

现场必须配备高压泵,确保混凝土灌注开始28h内完成压浆管路的疏通工作;疏通的标准是:管路密封完好的情况下当压力表读数突然下降时表明已疏通;此工作实施三次,第一阶段灌注开始28h内冲塞一次,冲开即停;第二阶段在开塞过后16~24h二次疏通,置换清水;第三次在即将桩检前两天进行冲洗,置换清水。

4 措施实施

经过讨论研究措施后,在今后的桩基施工灌注过程中,严格按照《公路桥涵施工技术规范》(JTG/T F50—2011)作业指导书以及制定的系列措施进行桩基质量控制施工,并且组织形式多样的质量技术培训考试和探讨会,有效防止桩基缩径和压浆管冲塞导致桩底混凝土扰动问题。

5 效果检查验证

通过实施以上对策和措施后,到目前该标段主桥共完成桩基施工112根,通过桩基检测报告显示桩基缩径、桩基桩底压浆管冲塞混凝土扰动问题得到了控制,桩基施工质量得到保证;超声波检测结果显示Ⅰ类桩比例达到100%。

6 结语

近几年来,随着施工技术的改进与检测手段的提升,使得桥梁桩基质量取得了进步,为桥梁的安全使用提供了坚实的基础。

参 考 文 献

[1] 北京市道路工程质量监督站.公路工程施工监理规范:JTG G10—2016[J].北京:人民交通出版社股份有限公司,2016.
[2] 交通运输部公路科学研究院.公路工程质量检验评定标准:JTG F80/1—2017[J].北京:人民交通出版社股份有限公司,2018.

22. 400MPa 桥梁用高疲劳应力幅拉索研究

程建新² 雷 欢¹ 谢正元¹ 苏 韩¹

(1. 中交第二公路工程局有限公司;2. 柳州欧维姆机械股份有限公司)

摘 要:拉索作为索类桥梁的关键承载结构之一,其力学性能具有严格的要求。而某些重要工程除了要求拉索满足基本的力学性能外,会根据具体的桥梁工程对某些指标提出更高的要求。疲劳性能是近年来设计院在进行拉索设计时考量的重要指标。本文将根据齐鲁黄河大桥对拉索提出的要求,并结合"中国天眼"工程拉索研究经验,针对拉索锚固结构进行优化,研究适用于桥梁用的大规格高疲劳性能拉索。研究结果表明,采用环氧钢绞线,冷铸挤压复合锚固方式,以及优化后的锚具结构后,在保证拉索锚固段尺寸不会过大的同时,也能使得大规格拉索满足400MPa 疲劳应力幅的要求。

关键词:应力幅 400MPa 疲劳 拉索 桥梁

1 引言

拉索疲劳性能是桥梁设计中的重要指标,也是衡量桥梁安全的主要因素之一。随着国内缆索类桥梁需求的增加与技术的提高,大跨度斜拉桥和拱桥需要高强度、高耐腐蚀、超大规格和良好疲劳性能的拉索[1]。拉索疲劳性能的提升,既有利于提升桥梁的安全裕度,又能够显著提升拉索使用寿命[2],为桥梁拉索提供一个有效的长寿基因。然而当拉索疲劳性能无法满足工程要求时,交变应力在远小于静强度极限的情况下,疲劳破坏随时可能发生[3-4]。目前,"中国天眼"使用的拉索疲劳应力幅已经能够满足 500MPa 的要求[5],但由于该工程使用的最大规格仅为9根钢绞线,而且不用成盘运输,可以采用近乎平行的索体,规格上无法满足桥梁应用的需求,制作方式上也无法满足运输的要求,因此还不适宜在桥梁上进行大范围推广,但是其研究经验值对桥梁用高应力幅拉索的研究具有重要的指导意义。

齐鲁黄河大桥是济南市"携河北跨"战略"三桥一隧"三桥中的关键一桥,该桥主桥为下承式拱梁组合体系的组合梁网状系杆拱桥,由中跨420m 和两个边跨(280m + 95m)的 3 跨系杆拱桥组成,全长1 170m,钢箱梁设计宽度60.7m,建成后将实现两项"世界之最",即目前世界跨度最大的组合梁网状系杆拱桥与最宽的组合梁网状系杆拱桥。该桥结构的特殊性,对拉索疲劳性能提出了很高的要求,即拉索规格为55 根钢绞线,其疲劳性能需要满足应力上线0.4 GUTS,应力幅400MPa,应力循环 200 万次的要求。而以往桥梁用大规格拉索疲劳应力幅最高仅达到280MPa,距离齐鲁黄河大桥的需求相差较大,因此,研究桥梁用大规格高应力幅拉索具有重要意义。

2 钢绞线选择

拉索疲劳性能受到多种因素的影响,主要包括原材料、锚固方式、索体结构、制造工艺等[6]。研究结果表明,母材是影响拉索疲劳性能的关键因素之一,一般情况下,单根钢绞线的疲劳极限到拉索组装件的疲劳设计应力幅值,其折减将近104MPa[7]。这意味着,拉索要满足400MPa疲劳应力幅要求,则钢绞线需要满足504MPa疲劳应力幅的要求,这不符合批量化生产的实际情况,且会导致成本过高,不利于桥梁工程使用。目前,拉索的锚固方式主要有冷铸锚固、热铸锚固、夹片锚固、挤压锚固、冷铸挤压复合锚固等方式,而根据文献6的研究结果表明,冷铸挤压锚固结构是无损伤锚固,且钢绞线在锚固段发散角较小,应力集中小,钢绞线相对于拉索疲劳设计应力幅值只需要50MPa的疲劳储备即可。但根据文献2的研究结果,不同表面状态的钢绞线,其疲劳性能亦有优劣之分。因此,在采用冷铸挤压复合锚固结构方式的条件下,还需要对不同表面状态的钢绞线与冷铸挤压复合锚固结构的匹配性进行研究与分析,以便找出更加合适的配合方式。

根据齐鲁黄河大桥的要求,选择抗拉强度为1 860MPa,直径为φ15.2mm的钢绞线进行试验研究。表面状态分别选择光面、镀锌、环氧,且要求钢绞线疲劳性能满足应力上限0.4GUTS,应力幅450MPa,应力循环200万次的要求。针对以上3种表面状态及疲劳性能的钢绞线,每种采用冷铸挤压锚固方式制作2根7孔拉索作为试验样品,按照应力上限0.4GUTS,应力幅400MPa,应力循环200万次的要求,进行疲劳试验,如图1所示,试验结果如表1所示。

图1 7孔拉索疲劳试验

疲 劳 试 验 结 果　　表1

锚 固 方 式	钢绞线表面状态	编　号	试验疲劳次数(万次)
冷铸挤压复合锚固	光面	A-1	102
		A-2	78
	镀锌	B-1	75
		B-2	116
	环氧	C-1	200
		C-2	200

由表1可以看出,三种不同表面状态的钢绞线,仅仅只有环氧钢绞线能够通过疲劳试验,即当钢绞线疲劳性能相对于拉索结构仅有50MPa的安全储备时,采用环氧钢绞线与冷铸挤压锚固结合的方式进行制索,能够满足拉索400MPa疲劳应力幅的要求。分析原因,每根钢绞线是由7根直径φ5mm的钢丝绕制而成,在疲劳试验过程中,钢丝与钢丝之间存在微动磨损,且会由于摩擦产生大量的热量,文献5的研究表明,钢绞线疲劳试验过程中,摩擦生热导致钢丝

表面的温度会达到135℃,这将对钢绞线疲劳性能产生较大影响。而环氧涂层能够很好地黏接在钢丝表面,并且具有良好的任性与硬度,摩擦系数低,疲劳试验过程中,能够有效地降低钢丝之间的微动磨损以及摩擦生热,从而提升其疲劳性能。因此,采用环氧钢绞线进行制索,其母材疲劳性能折减相对镀锌钢绞线与光面钢绞线要低,利于高疲劳性能拉索的制作。

3 锚具结构优化

根据以往研究经验,小孔位的拉索通过疲劳试验后,并不意味着大孔位的拉索能够通过,还需要在小规格基础上进一步的分析与优化。与"中国天眼"所用拉索相比,桥梁用拉索有2个显著差异:一方面拉索规格远远大于"中国天眼"用拉索,另一方面,为了便于运输,索体需要有2°~4°的扭角,使得钢绞线受力存在一定的不均匀性,而这些都对其疲劳性能提出了更高的要求。针对大规格高疲劳性能拉索,本文对锚具进行了多项优化改进,主要包括以下几个方面:

(1)锚杯内腔设计成多级分压结构,如图2所示。根据对以往的试验结果进行分析表明,当锚杯内腔设计成一个锥度时,端部的分丝板受力较小甚至于不受力,说明钢绞线在锚杯内部的各段受力是不均匀的,而且为了保证足够的锚固效率系数,需要将锚杯设计得较长、较大。而本文设计的多级分压式锚杯既能够使得钢绞线拉索的锚杯尺寸得到控制,又能够使得索体在锚固段受力更加均匀,从而提升锚固效率。

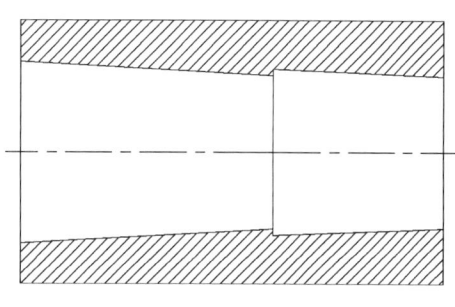

图2 锚杯内腔多级分压

(2)将密封筒内的密封材料调整为具有一定抗压能力的材料。根据以往的试验研究结果,拉索疲劳破坏经常发生在锚杯出口处。原因分析为:一般情况下,拉索密封筒内的填充材料为弹性材料,并且由于拉索锚固段的实际中心线与理论中心线之间有0.6°的夹角,疲劳加载循环过程中,索体相对于锚具在不断地横向晃动,尤其是锚杯出口位置,钢绞线将不断地与锚杯边缘发生碰撞,形成疲劳源,容易导致拉索发生疲劳破坏。

(3)优化锚杯与螺母螺纹处的应力集中,采用大圆角进行过渡。文献2的研究结果表明,当疲劳应力幅达到400MPa时,裂纹以及应力集中对疲劳的敏感性急剧提升。而螺纹一直是锚具的应力集中处,以往试验过程中,反复出现过在锚具螺纹处断裂的现象,因此研究改善螺纹的应力集中,对拉索疲劳性能也具有提升。

4 试验验证

结合上述分析与研究结果,选用满足疲劳性能要求的环氧钢绞线,采用冷铸挤压复合锚固方式,以及优化后的锚具结构,制造了 $55×\phi15.2$ 规格的钢绞线拉索2根(一根备用)进行疲劳试验,试验在美国CTL试验室进行,疲劳试验按照以下要求进行:

(1)疲劳试验条件:上限应力0.4GUTS,应力幅400MPa,应力循环200万次,断丝率不大于钢丝总数的2%。

(2)疲劳后静载锚固性能:锚固效率系数≥95% F_{GUTS}(拉索公称破断索力)或者92% F_{AUTS}(拉索实际极限索力,根据母材实测值)(取两者的最大值),极限延伸率≥1.5%。

除上述条件外,疲劳试验方法还需要满足模拟拉索实际工况的要求,即使得拉索实际中心线与理论中心线形成0.6°的夹角,如图3所示。

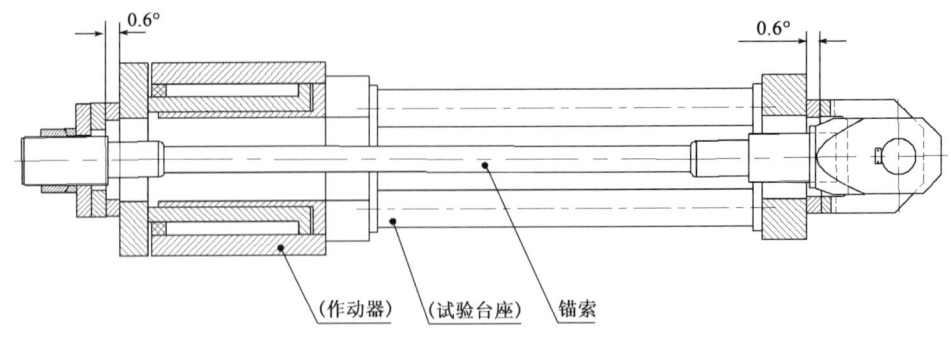

图3　55孔拉索疲劳试验示意图

试验过程与结论如图4所示,55孔拉索满足400MPa疲劳应力幅要求,疲劳后锚固效率系数达到$0.951F_{AUTS}$,极限延伸率达到2.1%,验证了方案的可靠性。

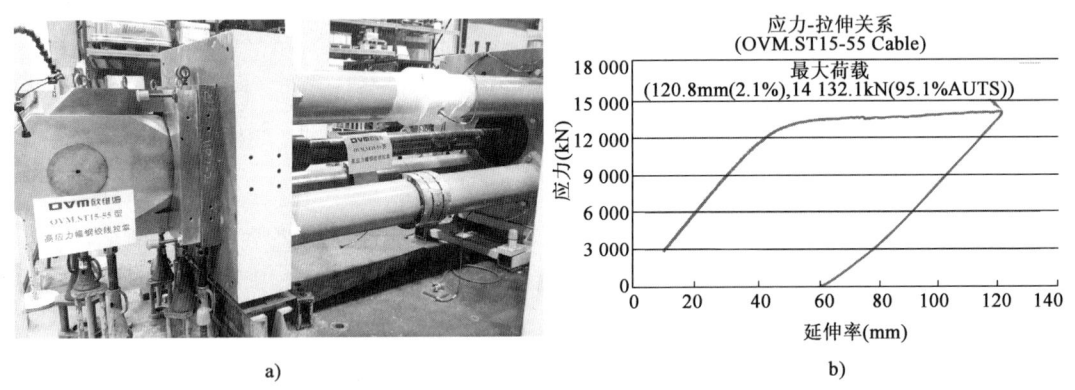

图4　55孔拉索疲劳实验过程与结果

5　结语

本文结合以往的研究经验,从锚固方式、钢绞线选材,以及锚具结构方面进行分析与优化,研制出了能够满足桥梁用的大规格高疲劳性能拉索,并通过试验研究进行了验证,得到以下结论:

(1)相对于光面、镀锌、环氧3种类型的钢绞线,环氧钢绞线制成拉索后,其疲劳性能没有明显的折减,适用于做高疲劳性能拉索。

(2)影响拉索疲劳性能的因素众多,在锚具结构上,锚杯内腔结构,螺纹应力集中状况,以及密封筒填充材料均具有影响。

(3)采用冷铸挤压复合锚固方式,环氧钢绞线制索,锚杯多级分压锚固,螺纹大圆角过渡,以及优化后的密封筒填充料,能够使得55孔钢绞线拉索满足应力上限0.4GUTS,应力幅400MPa,应力循环200万次的要求。

参 考 文 献

[1] 张海良,何旭初,顾庆华,等.高应力幅高强度高耐腐蚀超大规格平行钢丝拉索制造技术

[J].金属制品,2014,40(6):18-25.
[2] 雷欢,邹易清,覃巍巍,等.预应力钢绞线疲劳性能研究[J].装备制造技术,2018(6):226-229.
[3] William G B,Mark J M,Jamshid M,et al. Fatigue Reliability Reassessment Procedures:State of the Art Paper[J]. Journal of Structural Engineering,1997,123(3):271-276.
[4] Kjereng Troen L,Wirsching H. Structural Reliability Analysis[J]. Journal of Structural Engineering,1984(7):1495-1511.
[5] 黄颖,朱万旭,于兆华,等.500MPa超高疲劳性能拉索的试验研究[J].广西科技大学学报,2016(27):7-11.
[6] 雷欢,黄永宁,黄颖,等.FAST工程索网主索疲劳性能研究[J].装备制造技术,2016(11):1-5.
[7] PTI Committee on Cable-Stayed Bridges Recommendations for Stay Cable Design[S]. Testing and installation,2018.

23. Q420qE 桥梁钢火焰矫正温度范围的研究

巨 创　秦永强

(中铁宝桥集团有限公司)

摘　要：本文研究了不同温度下火焰矫正对 Q420qE 桥梁用钢板微观组织及力学性能的影响，结果表明矫正温度 800℃以下时，其力学性能和微观组织均无明显变化；当矫正温度大于 900℃时，其微观组织有长大倾向。

关键词：火焰矫正　力学性能　微观组织

1　引言

钢结构焊接过程中，电弧对周围金属急热急冷作用致使的焊接变形不可避免，在结构复杂、熔透焊缝密集的情况下焊接变形尤为严重。常用矫正方法包括机械矫正和火焰矫正两种，机械矫正优势为生产效率高，对操作工人技术要求较低，但由于矫正机结构相对固定，因此主要适用于结构简单的构件，例如 H 型钢批量矫正；相比之下火焰矫正虽然生产效率不高，但由于灵活的特点适用于结构复杂、板厚较大构件的焊后矫正，近年在桥梁钢结构生产中被广泛使用[1]。

钢材在加热冷却过程中组织性能会发生一定改变，本文以齐鲁黄河大桥用 Q420qE 钢材为母材，探索 Q420qE 桥梁钢矫正温度范围及在不同矫正极限温度下加热区金属的微观金属组织和力学性能的变化。

2　实验材料及过程

2.1　实验用材料

实验采用齐鲁黄河大桥用钢材 Q420qE，力学性能见表1。钢板厚度选择 50mm，尺寸规格 400×500mm²，数量为 4 块。

母材力学性能　　　　　　　　　　　　　表1

材 质	R_{el} (MPa)	R_m (MPa)	A (%)	弯曲180°	KV_2 (J)	备 注
Q420qE	≥420	≥540	≥19	完好	-40℃, ≥120	标准值
	520	605	26.0	完好	312,310,312	质保书
	483	603	21.0	完好	202,275,265	复验值

2.2 实验用热源

实验热源为工业用氧丙烷火焰,火焰温度可达2 500℃,所用氧气和丙烷纯度均不小于95%。

2.3 加热方案

加热温度见表2,加热范围如图1所示,加热温度控制在±10℃,加热区域的温度使用红外测温仪进行检测,待试件两面交替加热至目标温度后自然冷却。

加热方案　　　　表2

试验编号	材　质	设计加热温度(℃)	实际加热温度(℃)
1	Q420qE	室温	室温21
2	Q420qE	600	606
3	Q420qE	800	792
4	Q420qE	900	904

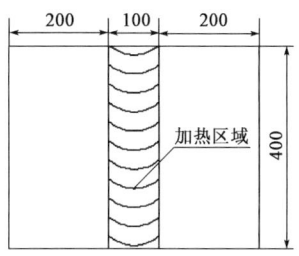

图1　火焰加热范围(尺寸单位:mm)

3 实验结果及分析

3.1 拉伸试验

按照《金属材料　拉伸试验　第1部分:室温试验方法》(GB/T 228.1—2010),测定其加热区金属下的屈服强度(R_{el})、抗拉强度(R_m)及金属的断后延伸率($A\%$)。试件的拉伸结果见表3。

拉伸试验结果　　　　表3

编　号	下屈服强度 R_{el}(MPa)		抗拉强度 R_m(MPa)		断后延伸率 $A(\%)$	
	标准值	试验值	标准值	试验值	标准值	试验值
1-1	≥420	482	≥510	605	≥19	25
1-2	≥420	491	≥510	609	≥19	23
2-1	≥420	475	≥510	598	≥19	26
2-2	≥420	479	≥510	597	≥19	26
3-1	≥420	496	≥510	604	≥19	21
3-2	≥420	487	≥510	593	≥19	28
4-1	≥420	482	≥510	598	≥19	31
4-2	≥420	494	≥510	607	≥19	22

3.2 弯曲试验

按照《金属材料 弯曲试验方法》(GB/T 232—2010)进行弯曲试验,统一弯轴直径为试样厚度的3倍,弯曲角度为180°。通过弯曲试验测定其加热区金属的塑性。试件的弯曲结果见表4。

弯曲试验结果 表4

试件编号	材 质	侧 弯 180°	试验结果
1-1	Q420qE	$d=3a$	未裂
1-2	Q420qE	$d=3a$	未裂
1-3	Q420qE	$d=3a$	未裂
2-1	Q420qE	$d=3a$	未裂
2-2	Q420qE	$d=3a$	未裂
2-3	Q420qE	$d=3a$	未裂
3-1	Q420qE	$d=3a$	未裂
3-2	Q420qE	$d=3a$	未裂
3-3	Q420qE	$d=3a$	未裂
4-1	Q420qE	$d=3a$	未裂
4-2	Q420qE	$d=3a$	未裂
4-3	Q420qE	$d=3a$	未裂

3.3 冲击试验

按照《金属材料 夏比摆锤冲击试验方法》(GB/T 229—2007)进行冲击试验,试件加热区中心处取3个试样,两侧热影响区每处各取3个试样进行冲击。夏比冲击试验结果见表5,试件的冲击试验见图2。

夏比冲击试验结果 表5

试件编号	标准值 $-40℃KV_2(J)$	加热区中心 $-40℃KV_2(J)$		两侧热影响区 $-40℃KV_2(J)$	
		冲击值	平均值	冲击值	平均值
1	≥47	154、153、161	156.0	—	—
2	≥47	159、140、154	151.0	146、152、142 165、121、151	146.2
3	≥47	135、154、138	142.3	154、132、115 127、98、124	125.0
4	≥47	89、118、127	111.3	117、99、124 86、130、105	110.2

图2 低温冲击试验

3.4 硬度试验

按照《金属材料 维氏硬度试验》(GB/T 4340—2009)进行维氏硬度试验,试件检测断面必须进行机加工处理,硬度测点区域及编号见图3,检测结果见表6。

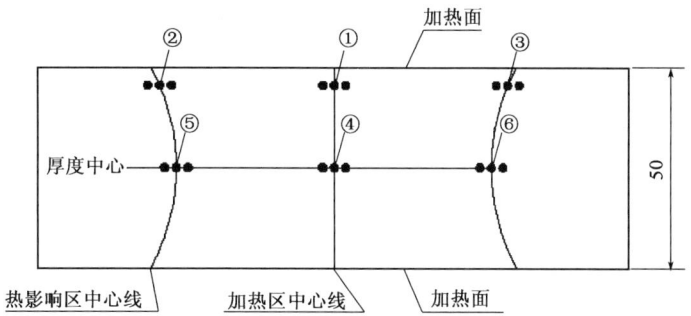

图3 加热区断面硬度检测点示意图(尺寸单位:mm)

硬度检测结果 表6

试件编号	硬度值(HV10)					
	1	2	3	4	5	6
1号	198	200	187	201	184	210
	196	206	215	195	199	195
	207	193	197	197	209	198
2号	201	194	213	208	218	208
	206	204	207	195	225	214
	215	207	209	199	194	231
3号	209	196	226	209	209	211
	213	204	217	214	217	205
	204	215	228	232	217	209
4号	228	236	206	204	229	208
	234	229	217	214	224	206
	219	241	235	205	213	204

3.5 金相实验

不同温度下微观金相组织如图4所示。从图4中可以看出当矫正温度小于900℃时,组织没有明显长大迹象,当矫正温度达到1 000℃时,微观组织较矫正温度在900℃以下明显长大,但组织较均匀,尚未发现魏氏体等粗大组织。

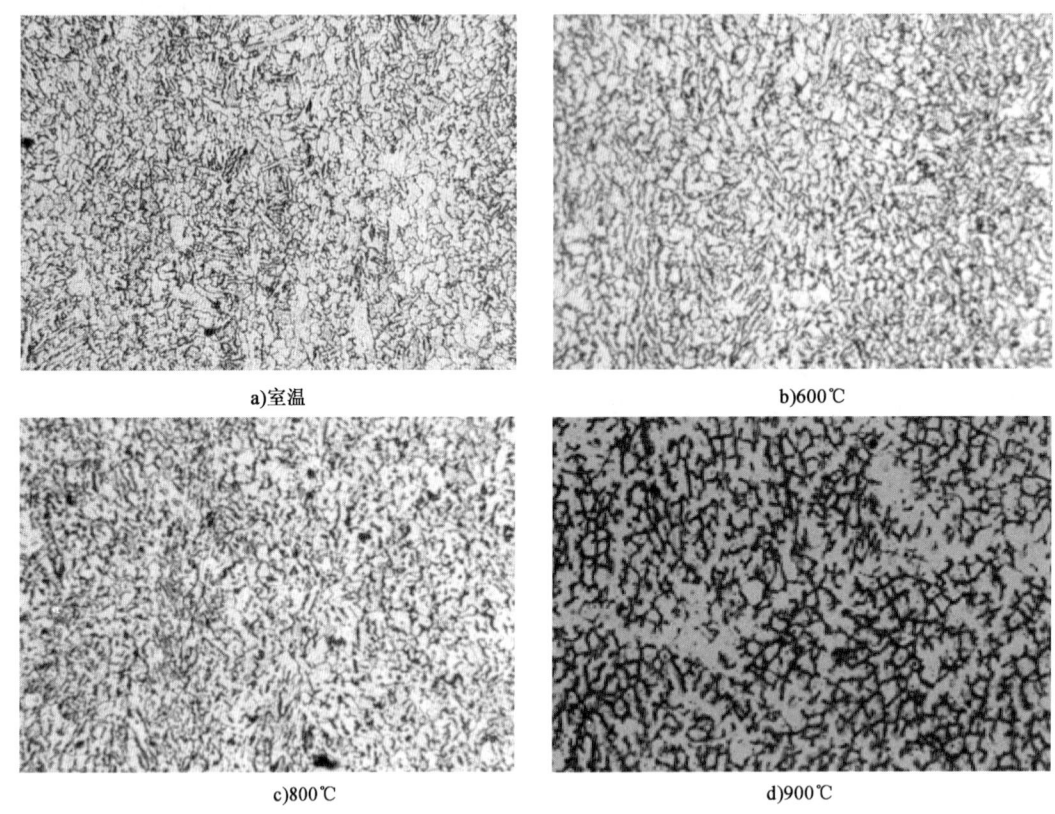

图4 不同温度火焰矫正金相组织

4 结语

(1)将Q420qE钢在分别加热至600℃、800℃、900℃,然后自然冷却到常温状态,拉伸、弯曲、冲击及硬度性能均满足《铁路钢桥制造规范》(Q/CR 9211—2015)要求。

(2)试件加热至800℃以下时组织无明显变化,加热温度上升至900℃时组织有长大倾向,但在加热区微观组织中未发现魏氏体等粗大组织出现,且组织分布均匀。

参 考 文 献

[1] 付荣柏.焊接变形的控制与矫正[M].北京:机械工业出版社,2006.

24. 大跨径拱桥拱梁结合段钢箱梁焊接变形控制

吴宏亮　王栋一

(上海振华重工(集团)股份有限公司)

摘　要：齐鲁黄河大桥主桥采用跨径420m的网状吊杆系杆拱桥,建成后将为同类桥型跨径世界第一。其设计结构为空腹式超大截面扁平钢箱梁,拱梁结合段设计结构复杂,多为中厚板新型高强钢,焊接难度大,产生的焊变形难以控制。通过工艺试验和首件制对焊接工艺、焊接顺序不断优化,进一步提升产品质量。齐鲁黄河大桥的制造总结可为其他类似项目提供相关制造经验。

关键词：智能设备焊接　拱梁结合段　合理装配顺序　焊接变形控制

1　工程概况

齐鲁黄河大桥工程位于济南市主城区西部,途径槐荫区、天桥区,路线南接现状齐鲁大道,向北上跨济广高速,跨越黄河后接G309。该桥全长6 742m,其中黄河特大桥长2 520m,主桥采用跨度420m的网状吊杆系杆拱桥,建成后将为同类桥型跨径世界第一。

项目采用一级公路标准,双向8车道,主桥范围为公轨合建的桥梁形式,中间预留城市轨道交通空间,兼顾城市主干路功能。主线设一对匝道与G309连通,并预留远期向北延伸条件。

齐鲁黄河大桥主桥长度为1 170m,跨径布置为(95m+280m)+420m+(280m+95m),标准断面全宽60.7m,95m+280m跨主桥结构形式为连续组合梁网状吊杆拱桥。主梁采用正交异性组合桥面板组合梁,梁高4.12m;吊杆采用网状布置,主梁上标准间距为9m。

拱梁结合段顶底板板厚为26~32mm;拱梁节点增设两道腹板,共计4道腹板,由拱脚处拱肋内腹板及中腹板一体加工成型,设置两道纵向隔板与五边形拱肋外侧腹板对应,在顶板处断开;腹板与纵隔板板厚均为50mm;拱梁节点范围内采用实腹式隔板,板厚为40mm。

齐鲁黄河大桥模型图如图1所示,截面图如图2所示。

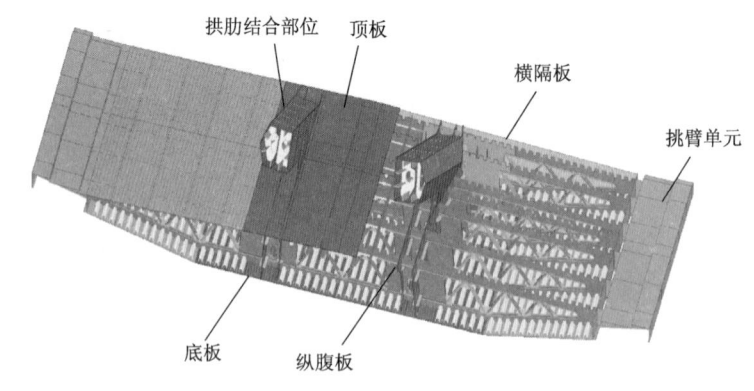

图 1 齐鲁黄河大桥模型图

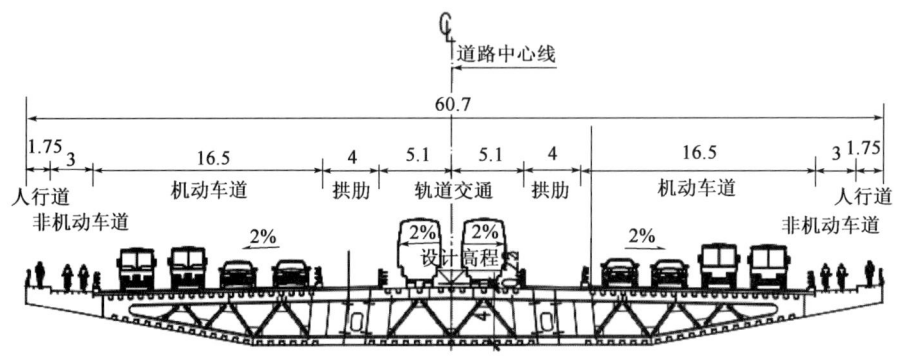

图 2 齐鲁黄河大桥截面图(尺寸单位:m)

2 施工制作难点

齐鲁黄河大桥拱梁结合段为全焊结构,焊缝密集,板厚较厚,所发生的焊接变形和残余应力较大,对板单元焊接质量和变形控制的要求较高。对钢箱梁施工制作带来较大的难度,主要体现在以下几个方面:

(1)拱梁结合段设计结构复杂,多为中厚板新型高强钢,焊接位置比较全面,焊接方法类型较多,对焊接工艺和焊接质量提出较高的要求。

(2)拱梁结合段中腹板位置各类加筋板较多,焊接空间较小,为保证焊缝质量对装配顺序提出较高要求。

(3)拱梁结合段新型高强钢焊接对环境温度控制要求较高,需在焊前、焊中和焊后采取相应的措施以确保产品焊接质量的控制。

(4)齐鲁黄河大桥设计为超宽截面扁平钢箱梁,其宽跨度为国内拱桥第一宽度,施工难度巨大,横截面尺寸控制难度较大。

3 智能化自动焊接设备,有效控制板单元焊接变形

钢箱梁正交异性桥面板单元的形位尺寸精度控制关键在于对板单元焊后平面度的控制。根据以往桥梁项目正交异性桥面板单元生产制造过程中对相关基础数据收集,分析和总结对齐鲁黄河大桥桥面板单元 U 肋焊接放置合理预制反变形。通过智能设备减少人为因素产生的离散性质量影响因素,有效控制产品焊接变形,进一步提升产品质量。

（1）正交异性桥面板单元采用组焊一体机进行划线定位（图3）。钢板定位后首先进行焊缝部位自动划线、打磨和除尘；再利用液压卡具进行U肋的自动定位和压紧，保证组装间隙小于0.5mm；采用先进的机器人焊接系统进行定位焊，实现U肋定位焊自动化，保证U肋坡口根部焊接质量。为提高生产效率、减少装配误差，提高装焊质量。

a)   b)

图3　正交异性桥面板单元组焊一体机

（2）正交异性桥面板单元焊接采用双面反变形胎架预放适量的反变形预拱值进行机器人自动化焊接工艺，焊接机器人有多条机械手臂，最大可满足6根U肋同时焊接；利用反变形工艺消除焊接变形，避免焊接矫正；多条机械手臂可一次性完成U肋单侧外焊缝焊接保证产品焊缝焊接质量和成型美观，有效控制板单元的焊接变形，如图4所示。

a)   b)

图4　正交异性桥面板单元智能焊接机器人

（3）焊接机器人选择的焊接参数是根据大量的工艺试验件焊接总结优选出的合理参数，并将参数设置为优选智能数据库，可根据构件形式进行智能优选，确保构件的焊接质量和焊接变形是最优选择。

4　梁段拼装多种措施，减少焊接变形控制

钢拱桥的拱梁结合段为全桥主要受力梁段，其设计结构较为复杂，中腹板区域纵横加劲肋数量较多，均为40mm以上中厚板，且均为全熔透T形角焊缝，与顶、底板部分加劲肋焊缝距离较近，焊接难度较大。为保证产品质量，减少焊接变形，通过以下几点进行装焊控制：

（1）装配顺序的合理选择：为保证腹板与顶、底板单元的全熔透角焊缝焊接质量，顶底板与

中腹板连接处最近的加劲肋暂不装焊,待腹板全熔透焊缝探伤合格后再划线、装焊,如图5~图7所示。

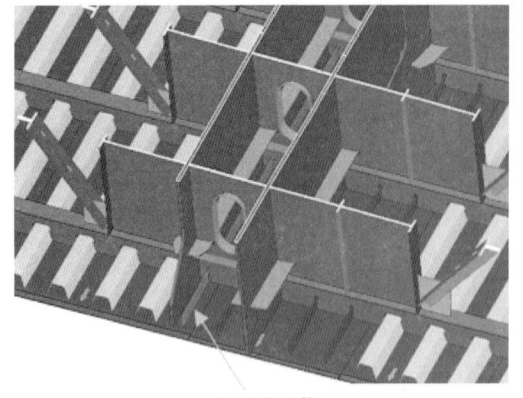

加劲肋后装

a)

加劲肋设置600mm长度嵌补段

b)

图5　装配顺序合理选择

图6　单腹板装配

图7　腹板加劲肋后焊

(2)合理焊接工艺选择:拱梁结合段中腹板设计为50mm厚420qE新型高强钢,定位焊焊缝间距为300~500mm,定位焊缝应距焊缝端部30mm以上,焊脚尺寸$K \geq (4~8)$mm;产品构件正式焊接前应进行相应的工艺试验,取得合理的焊接工艺参数和合适的焊接环境。

①高强钢焊接前必须根据板厚确定预热温度(控制在30~200℃),角焊缝竖板侧预热温度比水平板高50℃,焊前预热温度及道间温度详见表1,焊接时用测温仪随时监控焊接区温度,温度过低必须重新加热;焊剂回收的距离小于1m,焊后焊缝稍冷却后再出去熔渣,严禁在焊缝红热状态时去除。

Q420qE 焊前预热温度及道间温度　　　　表1

材　质	板厚(mm)	预热温度(℃)		预热范围	道间温度(℃)	
		定位焊、焊条电弧焊、CO_2气体保护焊	埋弧焊		角接	对接
Q420qE	28~60	80~120		≥80	25~200	80~200

②焊前应认真清理坡口区域的水、锈、氧化皮、油污、油漆或其他杂物等,并防止坡口的二次污染。

③坡口的加工精度和组对间隙应严格控制,同时避免使用夹具进行板单元的组队。

④焊剂使用前必须进行烘焙,烘焙温度控制在 300~350℃,时间 1~2h,重复烘焙次数不得超过 2 次。

⑤焊接时选用合理的焊接顺序,采用热量分散、对称分布的方式施焊,以降低接头的拘束应力,避免焊接裂纹的产生。

5 结语

齐鲁黄河大桥设计为超宽的钢箱梁,拱梁结合段构造尤为复杂,焊接变形控制难度较大。并采用了新型高强钢为主要受力构件,对焊接材料和环境的控制要求较高,焊接难度较大,焊接变形难以控制。通过合理工艺方案的选择有效解决钢结构焊接变形控制,为其他项目提供参考。

参 考 文 献

[1] 中国铁路总公司.铁路钢桥制造规范:Q/CR 9211—2015[S].北京:中国铁道出版社,2015.
[2] 机械设计手册编委会.机械设计手册[M].北京:机械工业出版社,2004.
[3] 中华人民共和国交通运输部.公路桥涵施工技术规范:JTG/T F50—2011[S].北京:人民交通出版社,2011.

25. 基于全自动温控系统的大体积混凝土冷却水管使用性能评估研究

王雨飞　潘哲

(中交第二公路工程局有限公司)

摘　要：现行施工标准规定[1]混凝土构件最小尺寸大于1m时需按照大体积混凝土施工要求实施，浇筑过程中选用全自动温控系统能够有效控制大体积混凝土温度裂缝的产生[2]。结合工程实例，设计试验深入探讨不同材质的冷却水管对混凝土核心温度的作用效果，通过试验组间的对比，发现在施工过程中采用HDPE塑料管作为冷却水管，能够实现养护过程中对混凝土核心温度的稳定控制，并创造良好的实用价值和经济价值。

关键词：大体积混凝土　全自动温控系统　冷却水管　HDPE塑料管

1　引言

全自动温控系统目前在大体积混凝土施工中的应用趋于成熟，在拌制过程中粉煤灰和矿粉的掺入不但能有效地减少混凝土凝固时水化热的产生，而且能优化混凝土的力学性能[3]。本文以实际工程为例，设计试验评估钢管和HDPE塑料管在桥梁承台养护过程中温控能力，为后期一次浇筑3 840m³的超大承台提供理论基础。

2　工程概况

齐鲁黄河大桥主桥全长1.17km，属下承式网状吊杆组合梁拱桥。桥面宽60.7m，跨径布置为(95m+280m)+420m+(280m+95m)=1 170m，中部设置三连拱由400MPa超高应力幅拉索与钢箱梁连接。其中主桥边墩两个矩形承台分幅布置，平面尺寸15.2×9.2m、高3.5m，采用C35混凝土浇筑方量489.4m³。地处黄河大堤外侧，无地表径流，上层土质主要为粉质黏土。打设钢板桩围堰后明挖基坑进行承台施工。

3　温控试验设计

3.1　材料准备

(1)准备原材料。

水泥：P.O.42.5普通硅酸盐水泥。

粗集料:5~25mm 碎石,分为5~10mm 和10~25mm 两档,采用2:8 的比例掺配。
细集料:河砂粒径0~5mm,含泥量控制在3%以内。
粉煤灰:F 类Ⅱ级粉煤灰。
矿粉:S95 级矿粉。
外加剂:聚羧酸减水剂。
拌合水:当地井水。
经检测,原材料均满足规范要求[5]。
(2)智能温控系统:智能化数字多回路温度巡检仪、热敏电阻传感器、循环水系统。
(3)冷却水管:$\varphi 42 \times 2mm$ 钢材质管材、钢丝橡胶软管、$\phi 32 \times 2mm$ HDPE 塑料管。
(4)红外测温枪。

3.2 试验方案

3.2.1 混凝土配合比

通过优化配比,在现有原材的基础上配合比为表1时能在保证强度的基础上有效降低混凝土水化热。

确定采用的混凝土配合比 表1

拌和材料	P.O.42.5 硅酸盐水泥	F 类Ⅱ级粉煤灰	S95 级矿粉	粒径0~5mm 河砂	5~25mm 碎石	井水	聚羧酸减水剂
每方混凝土拌和材料质量(kg)	232	84	105	746	1 073	160	4.21
配合比	1.00			1.77	2.55	0.38	0.01

3.2.2 试验思路

左右幅承台结构尺寸相同、地理位置相似,在同时浇筑左右幅承台时尽可能保证除冷却水管材料外,影响混凝土温度控制的其他因素保持一致。结合全自动温控系统的工作原理见图1。最后通过试验数据进行对比分析。

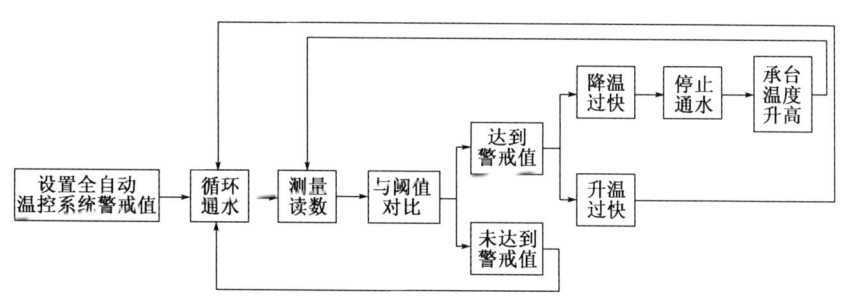

图1 全自动温控系统工作原理

3.2.3 方案设计

(1)冷却水管布置:承台内布置3层冷却水管进行降温。冷却水管距承台底面、顶面75cm,竖向中心间距1.0m;距承台边缘60cm,水平间距1.0m。左幅承台冷却水管采用钢管,接头处采用钢丝橡胶管绑扎连接,右幅承台冷却水管采用HDPE 塑料管整层布置,无连接接头。为保证承台外观质量,出、入水口均设置在墩身轮廓线内。布置形式如图2~图4所示。

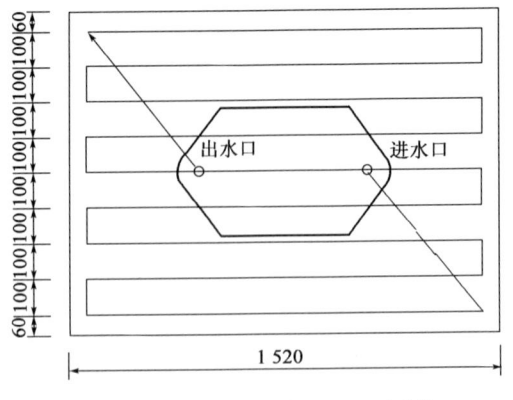
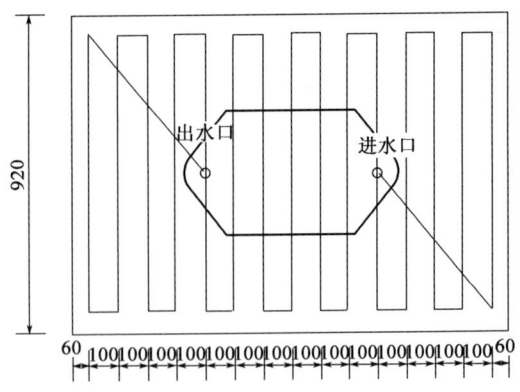

图2 顶、底层冷却水管平面布置图(尺寸单位:cm)　　　　图3 中间层冷却水管平面布置图(尺寸单位:cm)

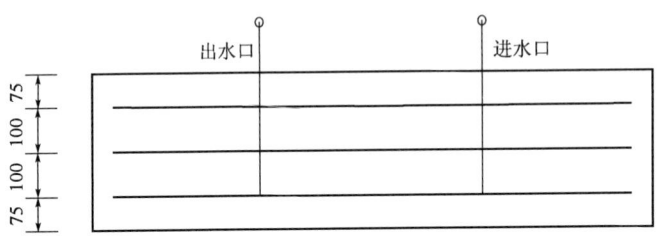

图4 冷却水管立面布置图(尺寸单位:cm)

(2)温控元件布置:共布置3层,距承台底面、顶面、长边及短边50cm处各设置1层,承台中间位置设置1层。根据结构对称性的特点,顶层和底层选取1/4结构作为主要测试区域,测点布置在承台轴线上,长轴布置3个,短轴布置2个。因设备条件限制仅能布置14个测点,综合考虑温控元件布置形式如图5、图6所示。

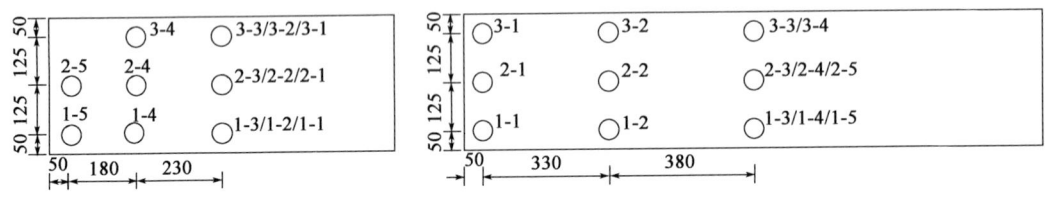

图5 测温点立面布置图(尺寸单位:cm)

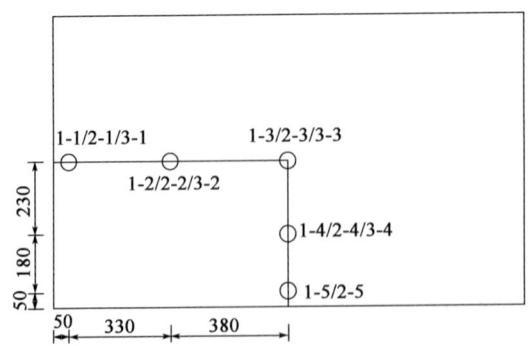

图6 测温点平面布置图(尺寸单位:cm)

3.2.4 试验结果及分析

实际浇筑过程共持续4.83h，平均大气温度22.9℃，混凝土入模温度能够控制在24℃左右，在全自动温控系统的控制下，混凝土的内、外温差及降温速率均能控制在规范要求内。碍于篇幅原因选择11个测点进行分析，试验数据见表2、表3。图7为2-3测温元件的时间和温度关系曲线。

HDPE塑料管水管作用下对混凝土的核心温度(℃)　　　表2

第N小时	1-2读数	1-3读数	1-4读数	2-1读数	2-2读数	2-3读数	2-4读数	2-5读数	3-2读数	3-3读数	3-4读数	里表温差
1	21.2	21.8	22.2	29.4	28.4	30.5	22	21.8	27	29	28.9	3.8
2	21.3	21.4	21.8	29.8	29.7	30.8	26.9	29.3	28.4	30.3	30.2	4.8
23.53	56.2	55.5	55.8	59.9	63	64.3	59.4	62.1	43.8	51.1	48.8	5.2
45.5	62.2	62.3	62.9	61.2	66.4	66	64.9	64.6	47	52.6	51	5.1
49.5	61.5	61.9	62.5	61.7	66.7	66.7	65.8	64.3	46.9	52.3	51	6.1
53.5	60.9	61.5	62	61.6	67	66.5	66.3	64.3	46.9	51.9	51.1	7.1
57.5	60	60.5	61.2	60	66.8	66.3	65.7	63.5	46.9	51.4	50.8	8.4
61.5	58.9	59.4	60.2	58.8	66.4	65.9	65.1	62.6	46.9	51.3	50.7	8.8
67.5	57.5	57.7	58.7	57.3	65.7	65.1	64.3	61.1	46.8	51	50.5	9.4
93.8	52.3	52.9	54.1	53.7	63.7	63.2	62.4	56.9	45.6	49.1	49.1	12.3
117.8	49.3	50.1	51.4	50.5	61.7	61.5	60.5	53.9	45.3	48.7	48.8	12.5
267.1	36.6	37.5	38.1	37	47.3	49.5	46.7	38.7	40.1	43.2	44.5	12.8
269.3	36.2	37.1	37.7	36.8	47.1	49.3	46.5	38.5	40	43.1	44.4	12.9

钢管冷却水管作用下对混凝土的核心温度(℃)　　　表3

第N小时	1-2读数	1-3读数	1-4读数	2-1读数	2-2读数	2-3读数	2-4读数	2-5读数	3-2读数	3-3读数	3-4读数	里表温差
1	22.1	21.3	21.4	29.7	28.7	30.8	22.2	21.8	29..4	29.7	27.1	6.8
8.5	28.3	28.8	30.5	34.4	34.6	40.7	38.4	34.1	36	42.9	40.7	7
25.5	44.5	48.7	44.3	46.1	52.2	58.5	52.7	50.7	58.2	54.1	47.4	8.7
46	46.4	52	48.3	52.7	58.5	64.1	60.6	57.2	57.3	53.1	48.4	14
49	52.4	53.3	51.7	54.3	60.8	64.7	62.6	58.4	55.8	55.4	50	11.3
52	52.1	53.7	50.5	53.6	59.4	62.7	61.8	57.7	52.8	55.3	49.6	12
54.1	51.8	53.4	52.1	53.9	60.1	63.7	62.8	59.6	51.7	56	51.4	10.3
55	52.4	54.8	49.1	53.3	60.7	62.6	60.3	54.8	53	54.6	47.1	9.7
56.7	51.6	53.2	52	53.7	60.5	63.5	62.9	58.7	52.8	55	52.9	9.3
58	52	54.3	48.3	53.1	64	63.3	60.1	55.2	52.9	54	49.3	10
61	52.1	54.1	48.2	52.8	63.7	63.2	59.6	54.8	53.7	54.9	49.1	11
64	51.8	52.5	46.9	51.9	62.9	62.6	58.5	55.1	49.6	52.8	47.6	10
68	49.6	50.9	46.1	51.7	58.6	62.8	57.9	58.4	52	51.9	46.8	10
73	48.4	50.7	45.6	50.9	57.1	63	58.8	53.5	50	52	45.9	9.7
97	44.5	46.7	44.6	48.3	53.4	61.6	52.4	47.8	47.6	49.1	41.9	9.7
121	40.7	42.3	41.1	45.4	49.3	59.6	50.6	44.7	43.8	45.2	40.3	9.7
239	34.4	36.9	34.7	40.1	42.6	49.9	42.5	38.8	37.1	40.7	33.3	9.3
241.3	34	35	34	40	41	49.4	41	38	37	40	33	9.7

注：里表温差是指每隔1个小时内的平均中心点温度减去平均外表面温度。

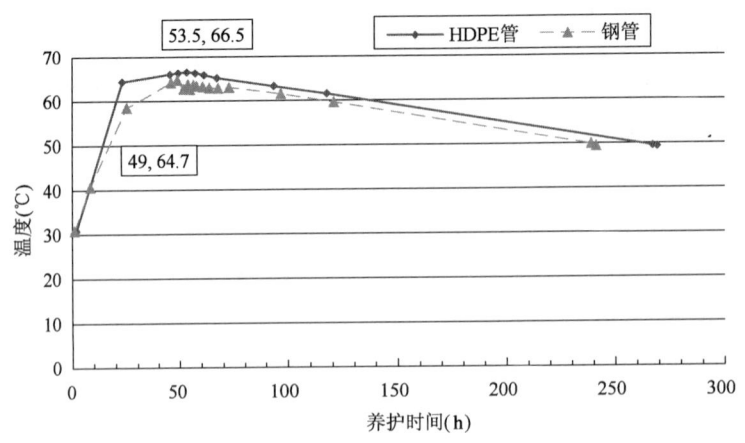

图7 2-3测温元件的时间和温度关系曲线

(1)以上数据均为试验结果的特征数据,能够代表整个试验结果。

(2)冷却水管选择钢管时,第49小时大体积混凝土核心温度达到峰值64.7℃。HDPE管第53.5小时核心温度达到峰值66.5℃。

(3)冷却水管选择钢管时,温控措施使用约241h,使用HDPE管温控措施使用约269h。

(4)冷却水管选择钢管时,在温控系统运用过程中会停止通水,图7在峰值附近处温度曲线有显著波动,同时,温度的波动持续体现在整个养护周期内。但因采取可靠温控措施,能够将其控制在规范允许范围内;使用HDPE管其降温速率慢,养护周期内无明显波动。

4 结语

(1)在影响混凝土温度控制的其他因素保持一致的情况下,HDPE塑料管导热性能不强,大体积混凝土升温速率快,降温速率慢,降温的稳定性更为突出。钢管导热性能强,大体积混凝土升温速率慢且更快达到峰值,降温速率快,但不够稳定。

(2)施工过程中,HDPE塑料管能够通长布置,钢管间需使用钢丝橡胶管连接。在施工工序上前者比后者更为简单,且连接质量更容易保证。

(3)如果没有可靠温控措施,钢管作为冷却水管很容易超过规范允许值。

(4)综上所述,结合项目实际选择HDPE塑料管作为温控通水材料更为经济、适用。

本文对全自动温控系统作用下桥梁承台混凝土温度控制材料进行充分的比较,结论可作为大体积混凝土冷却水管材质选取的参考。虽然从试验设计中个别影响因素的控制不够到位,但不影响试验结论。

参 考 文 献

[1] 中华人民共和国住房和城乡建设部.大体积混凝土施工标准:GB 50496—2018[S].北京:建筑工业出版社,2018.

[2] 林鹏,李庆斌,周绍武,等.大体积混凝土通水冷却智能温度控制方法与系统[J].水利学报,2013,44(08):950-957.

[3] 王雨飞,刘佳,李旭.粉煤灰混凝土简支梁损伤评估研究[J].四川建材,2018,44(09):23-24.

[4] 杨荣俊,隗功辉,张春林,等.掺矿粉混凝土耐久性研究[J].混凝土,2004(11):38-41+53.

[5] 中华人民共和国建设部.混凝土用水标准:JGJ 63—2006[S].北京:中国建筑工业出版社,2006.

[6] 中华人民共和国住房和城乡建设部.混凝土外加剂应用技术规范:GB 50119—2013[S].北京:中国建筑工业出版社,2013.

[7] 中华人民共和国国家质量监督检验检疫总局.用于水泥和混凝土中的粉煤灰:GB/T 1596—2017[S].北京:中国标准出版社,2017.

[8] 中华人民共和国国家质量监督检验检疫总局.用于水泥、砂浆和混凝土中的粒化高炉矿渣粉:GB/T 18046—2017[S].北京:中国标准出版社,2017.

[9] 中华人民共和国建设部.普通混凝土用砂、石质量及检验方法标准:JGJ 52—2006[S].北京:中国建筑工业出版社,2006.

[10] 中华人民共和国住房和城乡建设部.大体积混凝土施工标准:GB 50496—2018[S].北京:中国建筑工业出版社,2018.

二、背景工程设计与施工
——凤凰黄河大桥

26. 凤凰黄河大桥总体设计

常付平[1]　许为民[2]　李盘山[3]

(1. 上海市政工程设计研究总院(集团)有限公司；2. 济南城市建设集团有限公司；
3. 山东易方达建设项目管理有限公司)

摘　要：凤凰黄河大桥位于济南市东北部，工程全长约6 683 m，其中跨黄河段桥梁长3 788 m，跨南水北调及邯胶铁路联络线桥长1 323 m。结合地理位置、建设条件、景观等各方面因素，主桥采用(70+168+428+428+168+70)m三塔组合梁自锚式悬索桥，水中引桥采用等高连续组合梁桥，跨大堤引桥采用变高连续组合梁桥，其他桥梁均采用预应力混凝土连续梁桥。项目于2018年1月开工，预计于2021年12月建成通车。

关键词：三塔组合梁自锚式悬索桥　连续组合梁桥　预应力混凝土梁桥　公轨合建

1　项目背景[1]

凤凰黄河大桥位于济南市东北部，是连接济南新东站与崔寨地区中心的南北向交通性主干道。项目路线南起凤凰路与荷花路交叉口，依次跨越邯济至胶济铁路联络线、南水北调工程济东明渠后继续往北，在小河套村向西北方向延伸，跨越黄河后与G220平交。桥位距上游石济客运专线桥约5.1 km，距下游济南黄河三桥约3.1 km。项目全长6 683 m，总投资约63.27亿元。全线包含特大桥两座，其中跨黄河段大桥总长3 788 m，跨邯济至胶济铁路联络线及南水北调济东明渠桥(下称跨线段)总长1 323 m，如图1所示。

2　设计标准[1-2]

(1)道路等级：一级公路兼城市主干路。
(2)行车速度：60 km/h。
(3)车道宽度：2×(4×3.5 m)。
(4)设计荷载：汽车：公路Ⅰ级(城—A级复核)；人群：按《公路桥涵设计通用规范》(JTG D60—2015)取用。
(5)设计洪水频率：1/300；三百年一遇洪水位：36.09 m。
(6)通航：Ⅳ级航道，通航净宽≥130 m，通航净高≥8 m；设计通航最高水位：35.3 m。
(7)环境类别：Ⅱ类环境。
(8)风：地表类别A类；基本风速(100年重现期)28.6 m/s(规范值)。

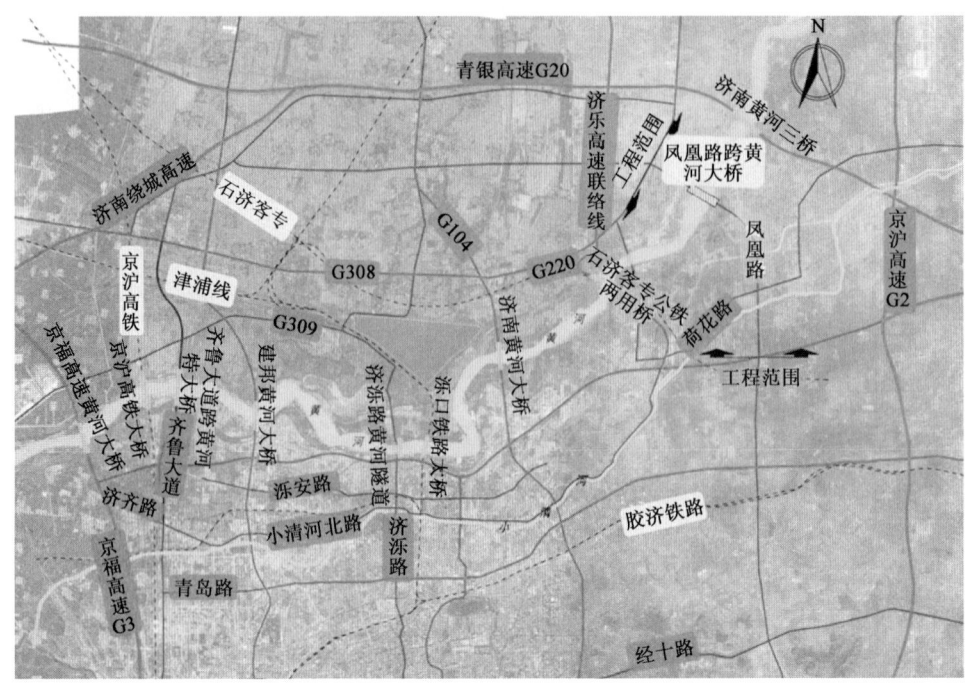

图1 项目地理位置图

(9)地震:本工程抗震设防烈度按不低于7度(0.10g)进行抗震设防。

(10)冰压力:最高冰凌期水位24.984m,最大冰厚0.48m,冰压力750kN/m²。

(11)预留轨道工程。

①车辆。

根据济南市轨道交通R1线现阶段设计成果,暂按100km/h的6编组A型车控制,车辆固定轴距2.5m,定距15.7m,重车轴重为170kN。列车活载计算图式如图2所示。

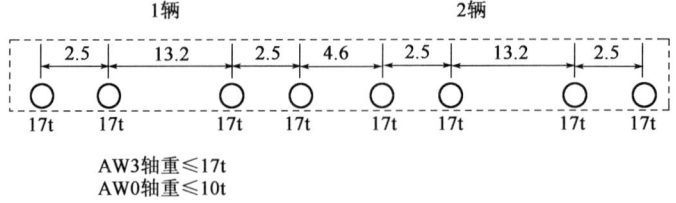

图2 列车静活载计算图式(尺寸单位:m)

②二期荷载。

按有砟轨道考虑,直线段二期恒载124.2kN/m,曲线段129.2kN/m。

3 桥梁总体设计

3.1 纵断设计

3.1.1 跨黄河段纵断控制条件

(1)通航净空:内河Ⅳ级航道,设计最高通航水位35.3m(1985国家高程系统,下同),通航净空高度8m。

(2)防洪要求:设计洪水位36.0m,梁底高程不得低于38.47m。

(3)跨大堤净空要求:跨大堤处梁底高程不得低于42.6m。

3.1.2 跨线段纵断控制条件

(1)南水北调堤顶路净空:堤顶路净空不小于4.5m。
(2)邯胶铁路联络线净空:桥下净空≥10.0m(轨顶高程28.6m);且需预留挂篮施工空间。

3.2 横断面设计

道路等级为一级公路兼城市主干路,双向8车道,每幅桥宽16.5m,中间设10.2m轨道交通预留空间,两侧设3m非机动车道和1.75m人行道,考虑主桥结构宽度后,横断面全宽61.7m,如图3所示。考虑到水中引桥需顶推施工,横断面布置同主桥,不进行结构区变化。

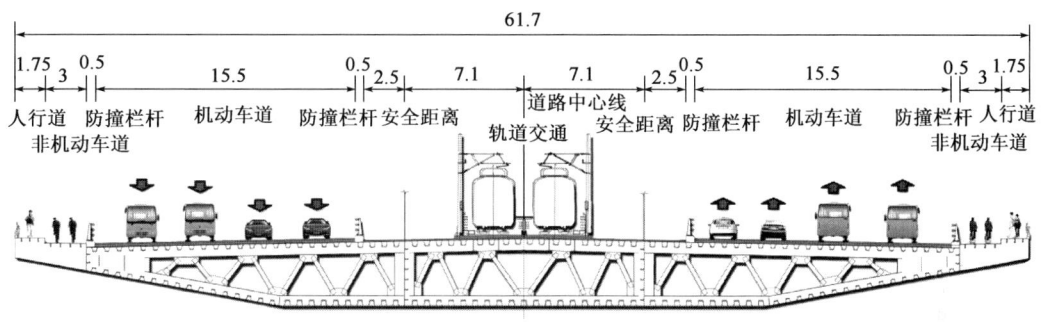

图3 主桥、水中引桥横断面(尺寸单位:m)

考虑道路的顺接及工程造价,跨大堤引桥范围结构区变化,由4.5m变至0.65m,公路桥两内侧防撞栏杆间距宽19.2~11.5m,桥梁全宽54.0~61.7m,见图4。

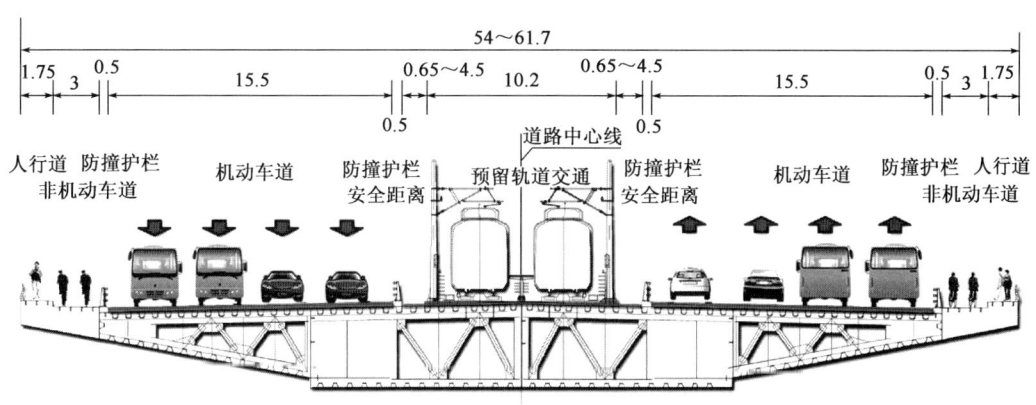

图4 跨大堤引桥横断面(尺寸单位:m)

陆上引桥及跨线引桥(跨南水北调桥梁、跨邯胶铁路联络线桥梁除外)为双向8车道,分两幅布置,每幅桥宽16.5m,两幅之间预留轨道交通空间11.5m。跨邯胶铁路联络线桥梁为双向8车道,两侧设2.05m两级防撞区,每幅桥宽18.7m,两幅之间预留轨道交通空间11.4m;跨南水北调桥梁为双向8车道,两侧设2.5m非机动车道和2.25m人行道,分两幅布置,每幅桥宽21.25m,两幅之间预留轨道交通空间11.5m。

3.3 孔跨布置

3.3.1 跨黄河段孔跨布置控制条件

桥位处大堤间距2 300m,主河槽宽度约830m,稍偏向右岸。主河槽两侧为滩涂。左右两岸堤后均为淤背区,宽度均约100m。河槽横断面见图5。

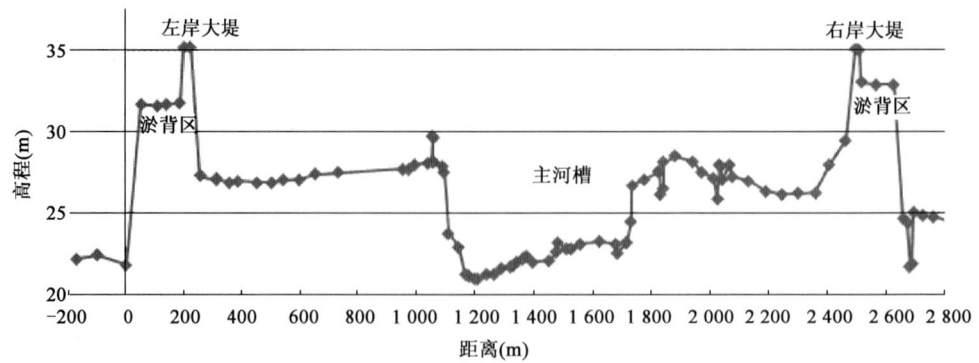

图 5　河槽横断面

跨黄河段桥梁孔跨布置主要考虑以下几个因素：

(1)根据(黄建管〔2007〕48 号)规定,黄河干流陶城铺以下建桥,主河槽孔跨不小于 180m,滩地孔跨不小于 50m,且采用全桥渡跨越方式。

(2)黄河下游干流桥梁跨越堤防需采取立交方式。为满足堤防工程管理与抢险交通的需要,采取立交方式跨越堤防的,两岸跨堤处梁底高程应考虑河道冲淤影响,满足大桥设计水平年(50 年)的设计堤顶高程加 4.5m 交通净空。

(3)根据防洪评价结论,桥位附近河段现状宽度约 830m,主河槽内最多只能设一个桥墩(或桥塔)。

(4)桥梁跨越堤防,桥墩应离开堤身设计堤脚线一定距离(原则上黄河不得小于 5m)。山东段黄河淤背区内仅可设置一个桥墩。

(5)桥位河段规划为Ⅳ级航道,通航净空高度不小于 8m,通航净宽不小于 130m。

3.3.2　跨线段孔跨布置控制条件

(1)桥梁工程设计及施工不能侵入南水北调工程济东明渠界桩范围(约 73m),承台需埋至河床底面以下。

(2)桥墩不侵入邯胶铁路联络线路基边坡范围内。

3.3.3　孔跨布置

综合考虑上述控制条件及台后填土高度,跨黄河段桥梁总长 3 788m,跨线段桥梁总长 1 323m。具体布置见表 1。

桥梁孔跨布置(单位:m)　　　　表 1

项　目		跨径布置	桥长	断面宽度	上部结构
跨线段桥梁	跨线引桥	3×(5×40)	600	44.5	等高预应力混凝土连续箱梁
	跨邯胶铁路联络线桥	45+72+45	162	48.8	变高预应力混凝土连续箱梁
		3×37	111	48.8	等高预应力混凝土连续箱梁
	跨南水北调桥	57+96+57	210	54	变高预应力混凝土连续箱梁
	跨线引桥	2×(3×40)	240	44.5	等高预应力混凝土连续箱梁
跨黄河段桥梁	南侧陆上引桥	3×(5×40)	600	44.5	等高预应力混凝土连续箱梁
	南侧跨大堤引桥	104+165+104	373	54.022~61.7	变高连续组合钢箱梁
	南侧水中引桥	3×70	210	61.7	等高连续组合钢箱梁
	主桥	70+168+428+428+168+70	1332	61.7	三塔组合梁自锚式悬索桥

续上表

项	目	跨径布置	桥长	断面宽度	上部结构
跨黄河段桥梁	北侧水中引桥	4×80	320	61.7	等高连续组合钢箱梁
	北侧跨大堤引桥	154+245+154	553	54~61.7	变高连续组合钢箱梁
	北侧陆上引桥	5×40+5×40	400	44.5	等高预应力混凝土连续箱梁

3.4 主桥设计

主跨428m的桥梁,可选择的桥形主要有悬索桥、斜拉桥、拱桥和桁架桥等方案。该跨径桁架桥造价不占优势,且建筑高度较低,标志性弱,景观效果不突出。上承式、中承式拱桥桥下拱肋结构宽度较大,防撞要求高。根据防洪评价批复下承式拱桥结构做成四跨或六跨,景观效果一般。黄河"有水不能行船,无水不能行车",斜拉桥的施工方案无法按照一般大跨斜拉桥的悬拼施工,同样需要大量支架转运或者顶推。经比较分析,斜拉桥比悬索桥便宜4.1%,经济性不显著,但效果与悬索桥相比相差较大,因此最终采用悬索桥结构体系。

主桥桥形方案采用三塔自锚式悬索桥,跨径布置为70m+168m+428m+428m+168m+70m=1332m。主缆跨径布置为171.5m+428m+428m+171.5m,中跨矢跨比为1/6.15,边跨垂跨比为1/15.6。主梁采用组合板组合梁,宽度61.7m,梁高4m,吊索标准间距9.0m。桥塔采用A形混合塔结构。矩形承台,钻孔灌注桩基础。总体布置图见图6。

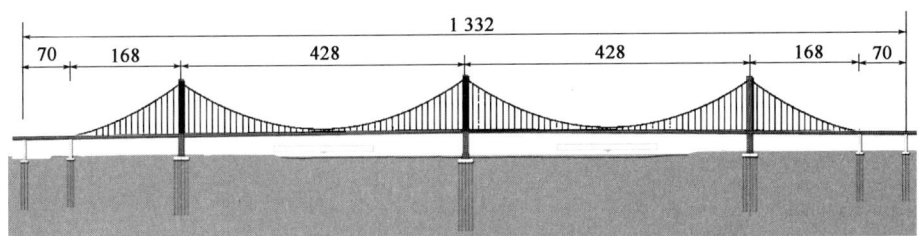

a)立面

b)桥塔横断面(括号内数字适用于边塔)　　c)辅助墩横断面

图6　主桥总体布置(尺寸单位:m)

3.5 水中引桥设计

对于跨径 70~80m 的桥梁结构,可采用钢箱梁、混凝土梁和钢—混凝土组合梁等方案。混凝土梁结构自重大,特别是对于超宽断面,桥面板横向受力大,需配置桥面板横向预应力,施工较复杂。因此不推荐采用混凝土连续梁。组合梁桥的经济性比采用正交异性钢桥面板钢箱梁优,而且组合梁桥能避免采用正交异性钢桥面板带来的疲劳问题,降低运营期间的养护难度,提高了桥梁的耐久性,因此推荐采用组合钢箱梁桥。

北侧水中引桥总长 320m,跨径布置 4×80m=320m,见图 7。南侧水中引桥总长 210m,跨径布置为 3×70m=210m,见图 8。主梁均采用等高单箱四室组合钢箱梁,梁高 4.0m,宽度为 61.7m。墩柱采用多边形截面空心墩,矩形承台,钻孔灌注桩基础。

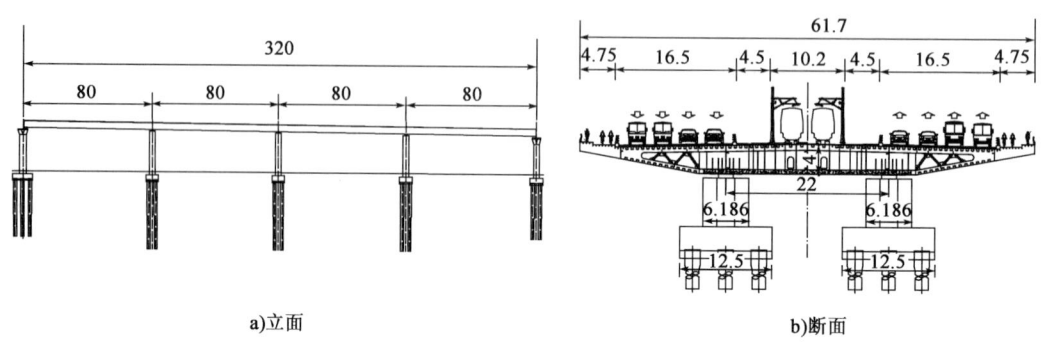

a)立面　　　　　　　　　　b)断面

图 7　北侧水中引桥总体布置图(尺寸单位:m)

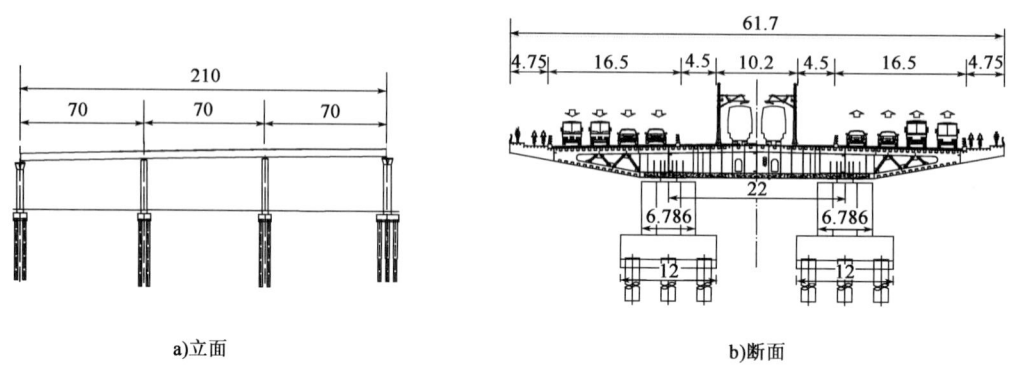

a)立面　　　　　　　　　　b)断面

图 8　南侧水中引桥总体布置图(尺寸单位:m)

3.6 跨大堤引桥设计

主跨 165m、245m 桥梁可采用桥形为梁桥、斜拉桥、悬索桥、拱桥及桁架桥等。本工程主桥采用主跨 428m 三塔四跨自锚式悬索桥,出于全桥景观考虑,跨黄河大堤引桥桥面以上不宜设置结构物,因此跨大堤引桥桥型选定为梁桥体系。

桥位地质条件较差,且跨大堤桥梁桥墩高度很低,不适宜采用连续刚构。大跨径预应力混凝土连续梁桥要用大吨位支座及合龙后需进行体系转换,给施工、养护(尤其是支座更换)带来许多不便,也不适合采用。而钢箱梁结构造价高、刚度较弱,且桥面铺装易产生疲劳破坏,耐久性较差,后期养护维修麻烦,因此推荐采用变高连续组合梁。

南侧跨大堤引桥采用跨径组合为 104m+165m+104m=373m,见图 9。主梁采用变高度连续钢箱组合梁桥,梁高 4.5~7.0m,桥面宽度 54.2~61.7m。墩柱采用多边形截面空心墩,矩形承台,钻孔灌注桩基础。

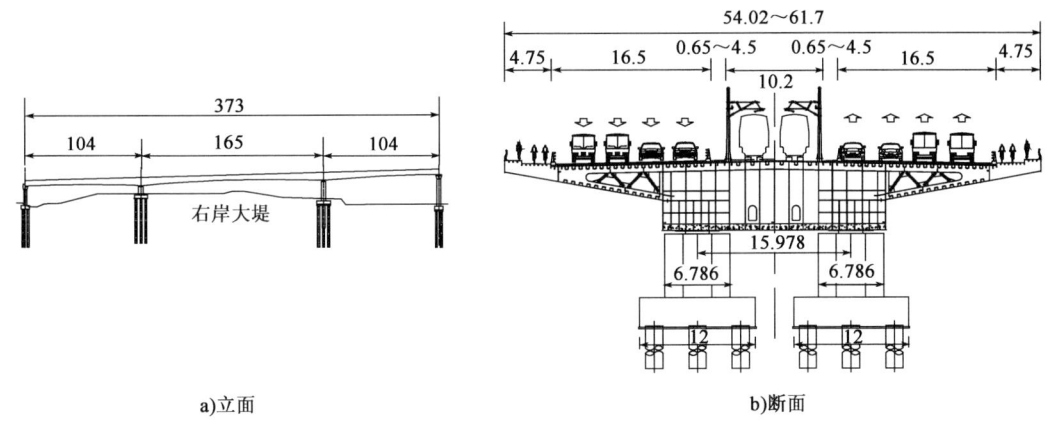

图9 南侧跨大堤引桥总体布置图(尺寸单位:m)

北侧跨大堤引桥采用跨径组合为154m+245m+154m=553m,见图10。主梁采用变高度连续钢箱组合梁桥,梁高4.8~10.0m,桥面宽度54~61.7m。墩柱采用多边形截面空心墩,矩形承台,钻孔灌注桩基础。

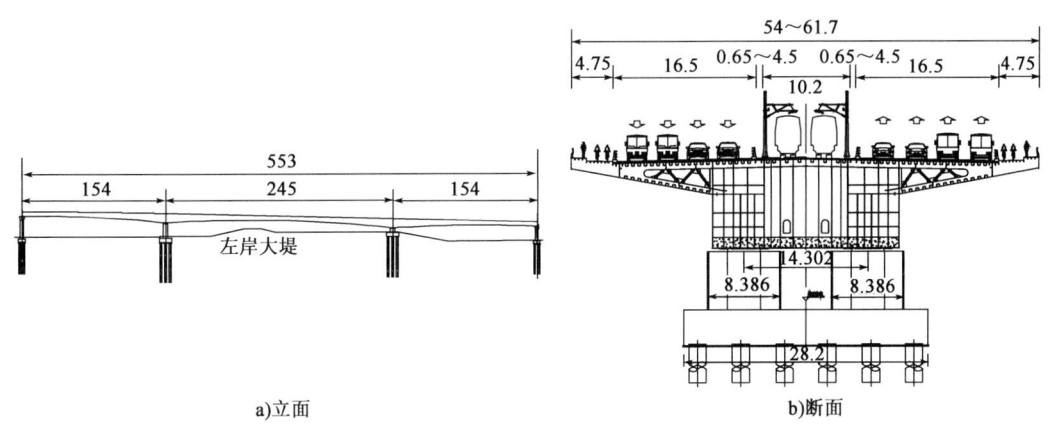

图10 北侧跨大堤引桥总体布置图(尺寸单位:m)

3.7 陆上引桥及跨线引桥设计

综合考虑景观、经济性、耐久性及施工等各方面因素,陆上引桥及跨线引桥采用现浇混凝土预应力连续大箱梁结构。

陆上引桥及跨线引桥采用40m、37m连续梁,主梁连续箱梁(单箱双室)均采用等高截面,梁高2.3m,桥宽16.5m,双幅布置。墩柱采用圆端形桥墩,墩下设承台、钻孔桩基础,见图11。

跨南水北调引桥跨径布置57m+96m+57m=210m,主梁连续箱梁(单箱双室)均采用变高截面,梁高2.6~5.8m,桥宽21.25m,双幅布置。墩柱采用圆端形桥墩,墩下设承台、钻孔桩基础,见图12。

跨邯胶铁路联络线桥跨径布置为45m+72m+45m=162m,主梁连续箱梁(单箱双室)均采用变高截面,梁高2.3~4.5m,桥宽18.8m,双幅布置。墩柱采用圆端形桥墩,墩下设承台、钻孔桩基础,见图13。

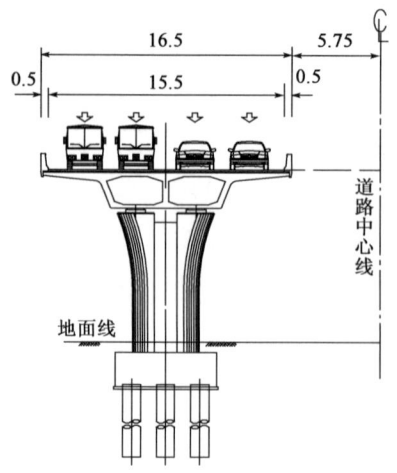

图 11　陆上引桥及跨线引桥横断面(尺寸单位:m)

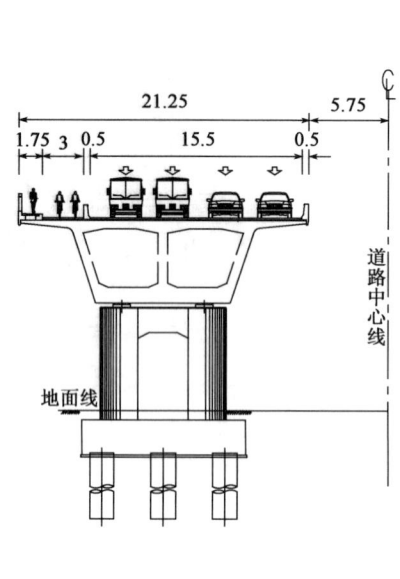

图 12　跨南水北调桥横断面(尺寸单位:m)

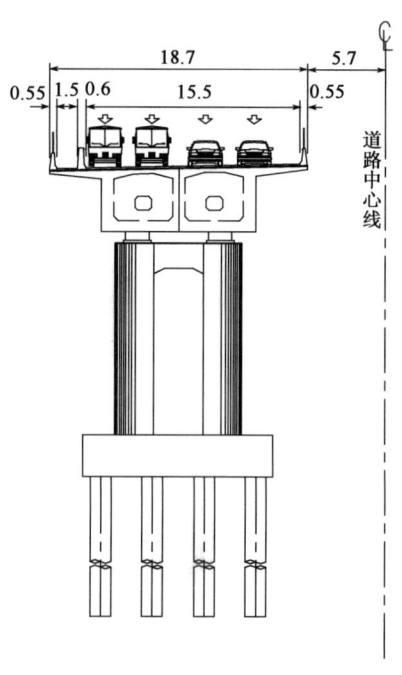

图 13　邯胶铁路联络线桥横断面(尺寸单位:m)

4　结语

凤凰黄河大桥于 2018 年 1 月开工建设,预计于 2021 年 12 月建成通车。

(1)凤凰黄河大桥桥梁全长 5 111 m,包含了自锚式悬索桥、连续组合钢箱梁桥、预应力混凝土连续梁等多种结构形式,技术难度较高。

(2)在桥位资源越来越少的今天,跨黄河桥梁采用共轨合建,具有较高的前瞻性。

(3)跨黄河大桥主桥三塔自锚式悬索桥及跨大堤引桥大跨组合连续梁均为同类桥形跨径世界第一,具有较高的技术含量,可为同类桥型的建设提供借鉴,也为新旧动能转换先行区的高起点的建设和发展起到了示范作用。

参 考 文 献

[1] 上海市政工程设计研究总院(集团)有限公司.G220至济青高速公路王舍人互通立交连接线工程初步设计[Z].上海,2018.
[2] 上海市政工程设计研究总院(集团)有限公司.G220至济青高速公路王舍人互通立交连接线工程施工图图纸[Z].上海,2019.

27. 凤凰黄河大桥桥梁景观设计

刘秀芹

(上海市政工程设计研究总院(集团)有限公司)

摘　要：济南凤凰路北延工程全长3 668m，主桥1332m，桥宽61.7m，采用三塔空间索面自锚式悬索桥，建成后将成为世界最大跨度三塔自锚式悬索桥。凤凰黄河大桥的建设将成为济南由"大明湖时代"迈向"黄河时代"的标志性桥梁，吹响济南新旧动能转换北跨战略的号角。本文从环境艺术与桥梁美学角度分析了凤凰黄河大桥的桥梁景观设计——一座三塔空间索面自锚式悬索桥的桥形选择、桥塔造型以及主桥色彩景观设计。有关经验可供相关专业人员参考。

关键词：三塔自锚式悬索　桥形选择　桥塔造型　环境艺术　桥梁景观

1　大桥概况

G220至济青高速公路王舍人互通立交连接线工程跨黄河大桥采用三塔空间索面自锚式悬索桥，70m + 168m + 428m + 428m + 168m + 70m，桥宽61.7m，为世界最大跨度三塔自锚式悬索桥。工期48个月，总投资约53.7亿元。工程预计于2021年12月建成通车。

2　桥型选择

德国莱昂哈特(Leonhardt, Fritz)教授的《桥梁美学和设计》中就提出了桥梁需要魅力，也就是韵律之说。在设计中，桥梁与周围环境之间的和谐配合，就是为了达到"协调美"的境界，达到"浑然一体"的美学境界。

从环境艺术的角度出发去观察和研究，我们发现，同一条河流或片区内建设的多座桥梁共同营造了城市空间的桥梁文化形态和景观，它们并不是独立存在的，而且相邻距离越近，往往采用相似的桥形和构图元素，从而达到和谐的景观效果，如德国杜塞尔多夫市跨越莱茵河的桥梁群。格尼桥(Rheinknie)、西奥多·豪斯大桥(Theodor-Heuss)，以及奥博卡瑟尔大桥(Oberkassel)，见图1～图3。这三座大桥的外观都酷似竖琴，相同的元素成就了德国杜赛尔多夫市的桥梁群。

相同案例的还有巴黎的塞纳河上的一系列的石拱桥和梁桥，日本濑户内海的连接本州与四国的"梦桥"工程，见图4～图7。国内类似的案例为杭州湾跨海大桥，其南、北航道桥也均采用了相似的桥形和构图元素，都是斜拉桥形式，桥塔造型在统一中从局部寻求变化，见图8。

图1 格尼桥

图2 奥博卡瑟尔大桥

图3 西奥多·豪斯大桥

图4 柜石岛桥

图5 岩黑岛桥

图6 下津井濑户大桥

图7 南、北备赞濑户桥

图8 杭州湾大桥南、北航道桥

环境艺术是依据环境而存在的艺术形式,强调建筑与环境互相依存、融合的关系,因此,我们从宏观的环境艺术角度来分析和研究凤凰黄河大桥的桥形选择,研究桥梁建筑以何种形式存在才能与环境达到更高层次的平衡和发展,使空间各要素间的关系如生物学上生物群落的共生链,达到动态的平衡。这种既形象鲜明,又与环境和谐共生的平衡状态,正是凤凰黄河大桥工程所追求的目标。

众所周知,如果临近的桥梁采用差别较大的桥形,将会造成视觉上的混淆,在空间环境中产生杂乱的景观效果。济南黄河三桥与石济客专公铁两用桥正是属于差别较大的两座桥梁,而凤凰黄河大桥位于这两座桥中间,如何平衡相邻两座桥的差异,并弥合这两种巨大差距的桥梁给环境带来的不平衡感,是凤凰黄河大桥桥型选择的关键。

因此,凤凰黄河大桥的桥形选择,充分考虑了相邻两座桥梁的构图元素与韵律。距离5.1km的石济客专济南黄河公铁两用特大桥为刚性悬索加劲连续钢桁梁桥,取其悬索的连续元素,距离3.1km的黄河三桥为倒Y形独塔双索面斜拉桥,取其倒Y形塔与双索面元素,因此,三塔自锚式悬索桥的桥形选择在空间环境里美的和谐统一,美得浑然天成,同时又兼具标志性建筑的鲜明特色,见图9。

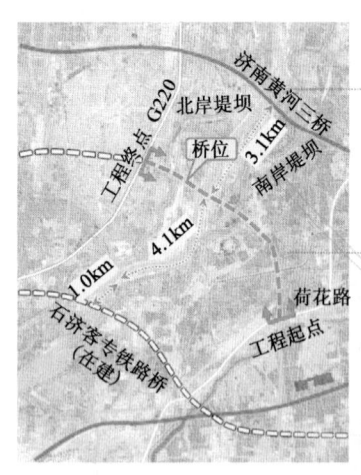
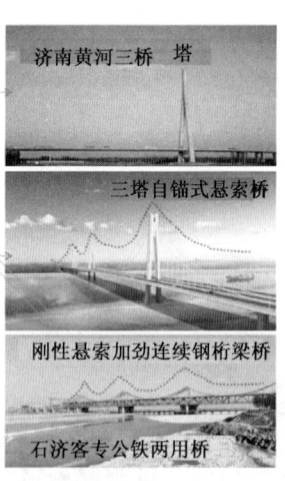

图9 桥形选择示意图

衔石济、接三桥,承上启下,兼收并蓄,凤凰黄河大桥以其刚柔相济的三塔悬索桥,完美融合了黄河8km范围内的桥梁景观带,堪称完美。

3 桥梁方案构思

世界上每座城市的经典桥梁均是一个城市的地标性建筑,人们往往因为一座桥梁而记住一座城市,如旧金山的金门大桥、纽约的布鲁克林大桥、日本的明石海峡大桥等。桥梁以其跨越天堑和体量巨大的建筑物,自然而然成为地理区的重要标识。

凤凰黄河大桥是济南黄河段26座桥梁中的一座,位于济南市东部。虽然不是目前的CBD,但它是连接济南新东站与崔寨地区中心的南北向交通性主干道,城市在扩张,时代在发展,以发展的眼光看未来,济南的繁华,已经开始东移。凤凰黄河大桥的建设吹响济南新旧动能转换北跨战略的号角,是建设济南新旧动能转换先行区的关键性工程,将成为济南由"大明湖时代"迈向"黄河时代"的标志性桥梁。

大桥设计理念:"齐风鲁韵,钟灵毓秀"。

"岱宗夫如何,齐鲁青未了。造化钟神秀,阴阳割分晓。"杜甫《望岳》描写了齐鲁大地的雄伟磅礴和神奇秀丽。位于齐鲁大地的凤凰黄河大桥,正是集雄伟大气和挺拔秀丽于一身的存在。大桥桥塔刚劲挺拔,自下而上的动势,体现了其阳刚的一面,缆索柔韧流畅,横碧空、舞苍穹,轻盈飘逸,流畅的主缆线形则将其柔美展现得淋漓尽致。

对于一座桥来说,最美的景观就是把结构融入美学,使其功能发挥到最大值。同样,凤凰黄河大桥的优美造型也并非一蹴而就,在选定桥形后,设计师对凤凰黄河大桥的桥塔造型、主桥及全线整体造型、比例尺度,也进行了美学优化与黄金比例分析等全方位的美学研究,以受力结构为主,细节美化为辅,造型结合美学,使其以结构的原生之美和全方位景观之美带给人最强烈的视觉冲击,如惊鸿一瞥,留下深刻的印象。

塔顶与横撑长度比为12m/19m=0.63,基本接近于黄金分割比0.618;横撑以上与横撑至桥面(不含桥面)的长度比为(12m+19m)/50m=0.62,基本接近于黄金分割比0.618;横撑至桥面(不含桥面)与桥面以上长度比为50m/(50m+19m+12m)=0.617,几乎等于黄金分割比0.618;下塔柱与上塔柱长度比为33m/(8m+50m)=0.63,接近于黄金分割比0.618;桥面以上与全塔长度比为(50m+19m+12m)/126m=0.64,接近于黄金分割比0.618,见图10。

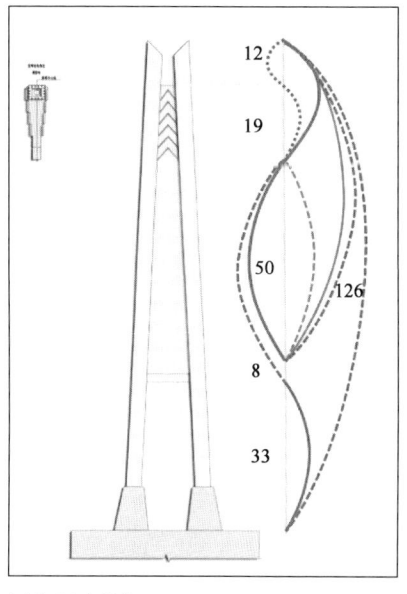

图10 桥塔黄金比例分割示意图(尺寸单位:m)

中跨与主桥长度比为(428m+428m)/1 332m=0.64,基本接近于黄金分割比0.618;索区与堤内主桥区的长度比为(168m+428m+428m+168m)/(210m+70m+1 332m+70m+320m)=0.64,基本接近于黄金分割比0.618;边跨与中跨比为168m/428m=0.39,接近于1与0.618的差值0.38。主桥与全桥长度比为1 332m/3 788m=0.35,接近于1与0.618的差值0.38。根据以上分析和研究,凤凰黄河大桥的总体与局部尺度比例协调,几近完美,符合环境艺术的空间韵律之美,见图11。

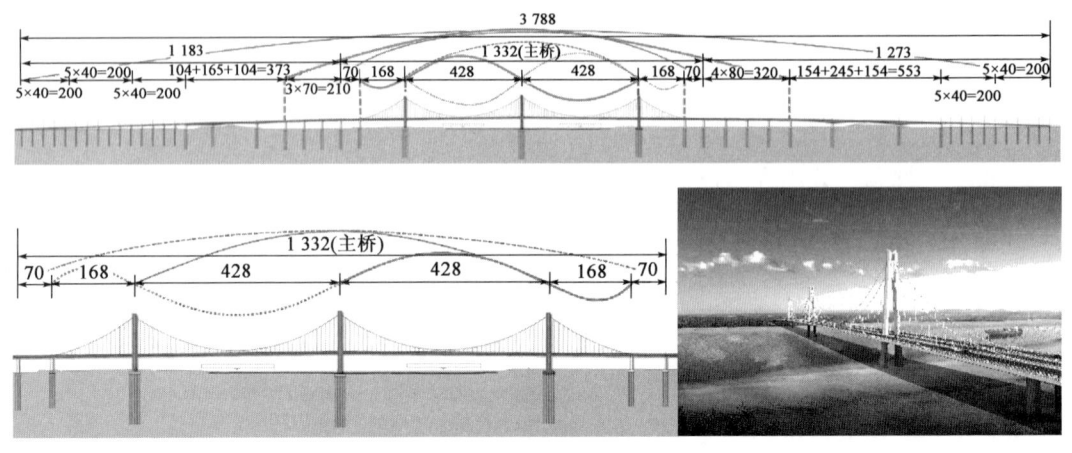

图11 主桥与全桥黄金比例分析示意图(尺寸单位:m)

在苍茫的黄河中,大桥三塔连跨,气度恢宏,豪迈与精致浑然一体,表达了济南人民与时俱进、大气开放的精神。

4 凤凰黄河大桥色彩设计

大桥色彩是影响桥梁景观效果的重要因素之一,是桥梁景观的重要组成部分,是大桥外观形象及展示桥梁个性的直接表现,不同的色彩对大桥的鲜明度、文化性及独特性等起着至关重要的作用。桥梁色彩运用成功的重点是色彩的和谐性,即色彩与环境、地域、人文相得益彰,提升大桥形象识别,展现城市人文精神。凤凰黄河大桥色彩方案设计分为三个阶段:背景分析和现况调查,色彩的分析与桥梁色彩方案的模拟,得出景观色彩涂装推荐方案。

4.1 第一阶段:背景分析和现况调查

4.1.1 城市色彩调查

济南是一座集山、泉、湖、河、城一体的具有齐鲁风韵的城市,春柳、夏荷、秋诗、冬雪,既有历史底蕴,又有开阔的格局,泉城的蓝,大明湖的清,祥瑞的金与红,现代建筑的灰白,还有生机勃勃的绿。各种色彩在这座城市都恰如其分地存在并相互融合,这给了凤凰黄河大桥很大的色彩选择空间(图12)。

4.1.2 桥位环境及相邻桥梁色彩调查

背景主要构成为多雾、青灰色的天,天气不好时能见度不高,黄色带泥沙的黄河,以及绿色农田,色彩以灰、黄为主。相邻的黄河三桥为灰白色,石济客专公铁两用桥为蓝色(铁路蓝)。在略空旷背景的以天、水、郊区农田和远处待开发城市为背景的前提下,凤凰黄河大桥的桥梁色彩的明度要高,有区别才具备建筑识别性(图13)。

4.1.3 人文底蕴分析

古有"鹊华烟雨",今有长虹过江。元代书画大家赵孟頫挥毫泼墨留下旷世名画《鹊华秋色图》中的华山就位于大桥附近,是济南经典景点之一。济南的龙山文化、齐鲁文化深厚悠远,故温润内敛之余,谋进取开放。

图12 济南城市色彩

图13 桥位环境色彩

综上所述:桥梁色彩来源于城市和桥位环境,据以上背景分析和现况调查可得出凤凰黄河大桥的桥梁色彩选择有很大的自由空间,大桥色彩的明度应高于环境色,或则与环境形成对比,并且区别于相邻两座桥色彩。

4.2 第二阶段:色彩分析与桥梁色彩方案的模拟

根据桥位背景环境的色彩,大桥分别在无色系灰色、白色系里,选取了皓月白;有色系列里选取了鎏金岁月黄、红色系的国际橘,还有代表济南泉城和智慧与科技的蓝色来进行第二阶段的实景模拟,为最终选定实施色彩方案提供依据,见图14~图17。

图14 皓月白

图15 泉城蓝

图 16　鹊华秋色红

图 17　黄色与金色

第一轮色彩分析：

（1）皓月白：皓月白：在无色系灰色、白色系列里，选取了最经典又柔和的皓月白为大桥模拟色彩，白色象征纯洁、神圣、善良和正义，白色常常让人觉得很放松。皓月白色彩明度比环境色高，色彩经典、温润、易与环境协调，唯一的不足就是在桥位背景色彩偏灰的环境中色彩表现力不够强烈。

（2）泉城蓝：属于青色系的泉城蓝是具有城市地域特点的颜色，但石济客专公铁两用桥的色彩也是蓝色，而且距离凤凰黄河大桥较近。因此，为提高大桥的辨识度，避免高铁蓝给人带来的色彩固有印象而引起的颜色混淆，不宜采用蓝色系。

（3）镏金岁月黄：大桥横跨黄河，空间环境色彩是浅青灰色（天空）和混浊的土黄色（水面），黄色的桥梁，色彩和黄河水的颜色属于同一种色系，容易混在土黄的环境色中，对比不强烈，空间形象不够鲜明。

（4）鹊华秋色红：取鹊华秋色中的秋色浓郁之红为凤凰黄河大桥所用，不但具有人文底蕴，红色在雨雾天气时具有醒目的辨识度，给行车带来安全感，而且红色让桥塔更加挺拔、阳刚。红色的三塔，让凤凰黄河大桥更容易在相邻两座桥梁中脱颖而出，红色带来的标识别性将让凤凰黄河大桥成为最耀眼的存在。

经过比选得出：白色和红色成为可选用颜色。据图18可直观地得出，皓月白的环境空间表现力，桥梁识别力，以及地域文化性都不如红色桥梁，因此，红色系凤凰黄河大桥为色彩推荐方案。

图 18　第二轮色彩模拟

4.3　第三阶段：得出景观色彩涂装推荐方案

经过前两个阶段的色彩分析、模拟，得出红色为大桥最佳表现力色彩，色彩分析进入第三阶段：在红色系中选出最佳色号作为大桥实施最终方案。

红色桥梁里，最经典的桥梁是美国金门大桥的颜色，在国际上广泛作为醒目标示的颜色之一。国际橘（International Orange），是红色系的一种，象征着欢快、热烈、浪漫。同时，具有相当强的实用价值,如在雨雾天气时具有醒目的辨识度。我国武汉鹦鹉洲长江大桥也是选用的国际橘为色彩涂装颜色(图19)。

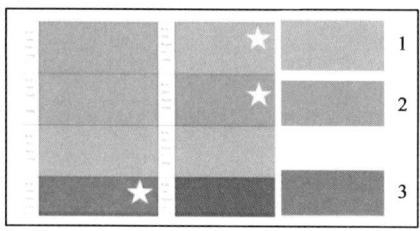

图19 国际橘色彩选取示意图

选取三种不同色号的红色对桥梁进行效果模拟,由于凤凰黄河大桥全长3km,跨越的是黄河。如果像金门大桥和鹦鹉洲大桥一样大面积地全部涂装为红色,会引起情绪上的焦躁,因此,只对重点部位桥塔进行涂装,缆索采用白色,色彩既鲜明,又易与环境调和。通过色彩模拟,为最终确定桥梁色彩提供依据(图20)。

图20 三种相近色的涂装模拟

经过三种不同红色的模拟,2号色国际橘更能衬托大桥的气质,增强大桥的表现力,即使在济南多雾的天气,也能够远远地望见这座醒目的大桥。国际橘也更能突显凤凰黄河大桥的进取开拓精神和标志性地位,因此,国际橘为凤凰黄河大桥的色彩推荐方案(图21)。

图21 推荐方案——国际橘(International Orange)

5 结语

本文从环境艺术的角度对凤凰黄河大桥的桥位环境、桥型选择、桥塔造型以及桥梁色彩景观设计进行了分析、论证,并通过桥梁美学、黄金比例分析对大桥桥塔、全桥跨比进行了景观构造分析,指导桥梁在造型设计时,整体和局部都体现出美感,使其以结构的原生之美和全方位景观之美带给人最强烈的视觉冲击。通过以上景观分析过程,为如何在同一条河流或同一个区域的桥梁群中选择合适的桥型提供思路,桥梁方案更加突出重点、与环境协调提供参考。

参 考 文 献

[1] 和丕壮.桥梁美学[M].北京:人民交通出版社,1999.
[2] 王勇,刘谦.杭州湾跨海大桥总体景观设计[J].公路,2006,(9).
[3] 于正伦.城市环境艺术[M].天津:天津科学技术出版社,1990.
[4] 项海帆.桥梁的美学思考[J].科学,2002(01):39-42+2.
[5] 弗里茨·莱昂哈特.桥梁建筑艺术与造型[M].北京:人民交通出版社,1988.

28. 主跨 2×428m 三塔自锚式悬索桥结构体系研究

逯东洋

(上海市政工程设计研究总院(集团)有限公司)

摘 要：自锚式悬索桥由于其对锚碇建造费用的节省、对我国广泛分布的软土地基的适应性和独特的美学效果，在我国的桥梁界受到了日益增多的欢迎。三塔自锚式悬索桥作为一种新兴的自锚式悬索桥体系在国内的建设方兴未艾。本文以凤凰黄河大桥为研究对象，通过 MIDAS 仿真模拟，研究三塔自锚式悬索桥中央扣、桥塔刚度、桥塔处支座横向布置、纵向约束、横向约束等对结构桥塔受力、主梁刚度等因素的影响，优化三塔自锚式悬索桥的结构体系。

关键词：三塔自锚式悬索桥 中央扣 桥塔刚度 约束

1 引言[1]

悬索桥结构具有受力性能好、跨越能力大、轻巧美观、抗震能力强、结构形式多样及对地形适应能力好等特点，在许多跨越大江大河、高山峡谷、海湾港口等交通障碍物时，往往作为首选的桥形。但常规的地锚式悬索桥需要建造体积庞大的锚碇，特别是对于地质情况差的建造场地，往往成为工程的难点，因此，在一些跨度要求不是太大的地方，自锚式悬索桥方案由于结构新颖、外形美观而成为具有竞争力的桥形方案。

自锚式悬索桥可以省去在软土地基上锚碇的建造费用，还可以为主梁提供"免费"的预应力，在中等跨度的桥梁上取得了一定的经济性优势。三塔自锚式悬索桥在继承了自锚式悬索桥优点的同时，增加了自锚式悬索桥跨越能力，满足了较大通航净宽的需要。其在我国的发展刚刚起步，具有较大发展空间。对三塔自锚式悬索桥结构体系的研究有助于提高桥梁建设的合理性和经济性。

2 工程背景

凤凰黄河大桥位于山东省济南市，起点位于荷花路交叉口处以南，路线向北依次跨越邯胶铁路联络线、南水北调工程济东明渠后继续向北，跨越黄河后与现状 G220 交叉，建成后直接联系南岸新东站与北岸崔寨地区中心，可以说是济南市实现北跨发展建设黄河新区的重要组成部分。其主桥跨越黄河，采用三塔双索面组合梁自锚式悬索桥，跨径布置 70m + 168m + 428m + 428m + 168m + 70m = 1 332m；主缆矢跨比 1/6，主梁为钢—混凝土组合梁结构，标准段全宽 61.7m，梁高 4m，为公轨合建桥梁，桥面布置双向八车道，中间为轨道交通远期预留。桥塔采用 A 形索塔结构,下塔柱为钢混组合构件,中、上塔柱及横梁均采用钢结构。主梁采用顶推法施工。布置图如图 1 所示。

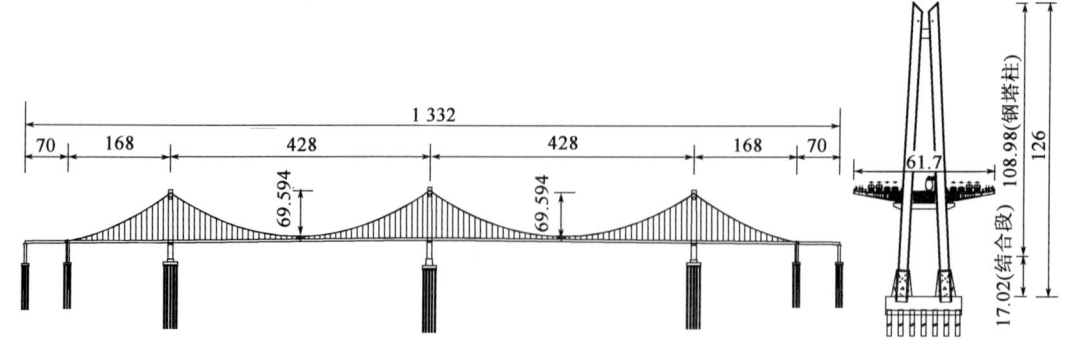

图 1　凤凰黄河大桥主桥总体布置图(尺寸单位:m)

3　多塔自锚式悬索桥特点[2-3]

自锚式悬索桥结构与地锚式悬索桥一样,在外荷载的作用下,索和梁共同受力。与地锚式悬索桥不同的是,自锚式悬索桥的主缆是直接锚固在加劲梁而不是锚碇上,组合体系中的加劲梁不但承受自身恒载和活载作用,还要承受主缆传递来的轴向力。因此,可以将自锚式悬索桥的加劲梁看作一个偏心受压构件。由于横向风载和活载偏心的作用,加劲梁还将承受扭转作用。

自锚式悬索桥作为一种组合结构体系,它的主要优点有:

(1)不需要修建庞大而昂贵的锚碇,特别适用于地质条件很差的地区。

(2)受地形限制小,可结合地形灵活布置。

(3)对于钢筋混凝土材料的加劲梁或者组合梁,承受主缆水平分力的作用,加劲梁刚度相比于钢箱梁得到提高,节省了大量预应力钢筋及锚固装置,同时也克服了钢材料在巨大轴向压力下容易压屈的缺点。

(4)保留传统悬索桥的外形,在中等跨径桥梁中是很有竞争力的方案。

(5)自锚式悬索桥结构较为合理,外形美观,所以不妨碍在地基很差、锚碇修建困难的地区采用。

当然,自锚式悬索桥也不可避免地存在缺点:

(1)由于主缆直接锚固在加劲梁上,梁承受了很大的轴向力,为此需加大梁的截面,对于钢结构的加劲梁则造价明显增加,对于混凝土材料的加劲梁则增加了主梁自重,从而使得主缆钢材用钢量增加。因此组合梁对于自锚式悬索桥显得更为经济。

(2)施工步骤受到了限制,一般需在加劲梁和桥塔做好后再吊装主缆、安装吊索,因此需要搭建大量临时支架以安装加劲梁,额外的施工费用会大大增加,且在通航要求较高的地域受到限制。

(3)锚固区构造和受力复杂,导致构造相应复杂。

对于多塔自锚式悬索桥而言,其与常规的单塔或双塔自锚式悬索桥最大的差别主要在于中塔上主缆远端支承于边塔上,中塔缺乏主缆对它必要的纵向约束,中塔自身的纵向刚度对全桥刚度的影响较大。而且,由于主塔自身刚度的存在,活载作用下各跨缆索内力的变化不同。因此,类似于多塔地锚式悬索桥,多塔自锚式悬索桥中塔塔底纵向弯矩及主缆抗滑移性能是控制其成桥状态的重要指标。

4 结构体系研究

4.1 中央扣对主塔受力影响

由于三塔自锚式悬索桥国内外案例不多,已有文献对三塔自锚式悬索桥中央扣的作用并无过多论述,为改善主塔受力,采用中央扣进行了研究。结果表明,中央扣的设置能改变三塔自锚式悬索桥的传力路径,明显改善其受力性能。中央扣对三塔自锚式悬索桥桥塔塔底活载弯矩的影响,结果见表1。

中央扣对主塔受力的影响 表1

项 目	活载中塔弯矩(MN·m)	活载边塔弯矩(MN·m)
有中央扣	473/-473	300/-209
无中央扣	928/-928	500/-373

由结果可以看出,设置中央扣后,自锚式悬索桥中塔弯矩减小一半,边塔弯矩一定程度降低,自锚式悬索桥主梁通过中央扣对主缆纵向位移起到约束作用,从而增大了主缆对中塔的纵向约束,降低了不利活载作用时塔底弯矩。

4.2 桥塔刚度对结构受力的影响

三塔自锚式悬索桥的桥塔刚度是设计该类桥形特别需要重视的一个构件参数,如何确定桥塔刚度是三塔自锚式悬索桥的一个重要问题。本文通过对比钢塔、混凝土塔及部分钢—混组合塔三种桥塔方案,研究桥塔刚度对结构受力的影响。三种方案中桥塔外形尺寸一致,均设置中央扣,标准组合下桥塔塔底纵向弯矩、桥塔最大应力、主缆抗滑移系数及活载下主梁位移见表2。

桥塔刚度对结构受力的影响 表2

方 案	中塔弯矩(MN·m)	中塔应力(MPa)	中塔主缆抗滑移系数	边塔弯矩(MN·m)	边塔应力(MPa)	边塔主缆抗滑移系数	主梁活载位移(m)
钢塔方案	553	-225	3.04	665	-258	2.23	1.356
混凝土塔方案	703	-36	2.4	886	-42	1.93	0.9
部分组合塔方案	587	-220	2.95	706	-251	2.17	1.341

由结果可以看出,由于混凝土桥塔刚度相对钢塔及组合塔大很多,主梁刚度有很大提升,但标准组合下塔底内力相比于其他两个方案要大很多,桥塔应力及主缆抗滑移系数均不能满足规范要求,混凝土桥塔方案对于本项目是不合适的。

钢塔方案与部分组合塔方案相比,钢塔刚度小于部分组合塔,因此其塔底内力相对减小,主缆抗滑移系数增大,但主梁刚度降低,钢塔最大应力增大。部分组合塔的钢混组合部分可以作为过渡段将钢塔应力均匀地传递到承台基础内,相比于钢塔对船撞得抵抗能力更好。但当钢混组合段过高时,桥塔刚度增大,主缆抗滑移系数降低,混凝土部分应力提高,经优化计算后明确了本方案钢混组合段长度。

4.3 桥塔处支座横向布置影响

桥塔处支座横向布置对结构整体抗扭性能有一定影响,本文通过研究桥塔处双支座位于塔柱内侧(间距6.85m)、双支座位于塔柱外侧(间距24.7m)及单支座三种支座横向布置方式,探讨桥塔处支座横向布置对结构的影响。

由于主梁桥宽较宽为61.7m,在活载偏载作用下,主梁会产生一定扭转,在桥塔支座处会产生负反力,需在桥塔及辅助墩处设置压重以平衡支座负反力,在桥塔处不同支座布置形式下,活载偏载下主梁最大转角及所需压重力见表3。

桥塔处支座横向布置对主梁转角及压重的影响　　表3

支座横向布置形式	主梁转角弧度(rad)	辅助墩总压重(kN)	边塔支座总压重(kN)	中塔支座总压重(kN)
双支座位于塔柱内侧	0.009 068	47 535	63 268	76 468
双支座位于塔柱外侧	0.009 112	48 000	23 802	23 802
桥塔处单支座	0.020 503	51 620	15 000	15 000

由表3可以看出,单支座相对比双支座主梁转角显著增大,2‰的横向转角已超过主梁的横向坡度,虽然桥塔处压重所需量降低,但因为桥塔处抗扭能力降低,扭矩集中在辅助墩处,因此辅助墩处的压重所需量提高。

双支座位于塔柱外侧相比于双支座位于塔柱内侧主梁的转角基本相同,辅助墩所需压重基本相同,边塔及中塔处所需压重显著降低这是因为双支座位于塔柱外侧时,支座间距增大,对主梁提供的扭转约束增强,在活载横向偏载作用下,支座的负反力显著降低。

综合以上考虑,本桥桥塔处支座采用双支座布置于塔柱外侧的形式。

4.4　约束体系[4]

4.4.1　塔梁纵向约束体系

多塔悬索桥中,主梁与中塔在纵向连接一般分为两种方式:一种是纵向连接,另一种是不进行纵向连接。如果不采用纵向连接,则加劲梁与吊索、锚固在梁端的主缆协同受力,将水平荷载传递到塔顶;如果在中塔处采用纵向连接,则主梁受到的水平力分量将会就近转移到桥塔底部。

考虑中塔处塔梁间纵向约束与不约束两种连接方式,计算其对结构受力性能的影响,分析结果见表4。

塔梁间纵向约束对结构静力性能的影响　　表4

支座设置形式	主梁活载挠度(mm)	边塔塔顶标准组合位移(mm)	边塔塔底标准组合弯矩(kN·m)	中塔塔顶标准组合位移(mm)	中塔塔底标准组合弯矩(kN·m)
纵向不约束	1 317	0.699	7.07×10⁵	0.598	6.06×10⁵
中塔纵向约束	1 264	0.460	5.52×10⁵	0.599	6.05×10⁵

静力作用下主塔处对加劲梁纵向约束由于限制了纵向位移,对加劲梁端主缆锚固点的纵向移动有一定限制,边跨主缆对边塔的约束增大,大幅降低了边塔塔底的纵向弯矩,边塔塔顶位移也减小;但对中塔和竖向刚度影响不大。

地震作用下,中塔纵向约束后结构纵向自振周期大幅降低,结构纵向刚度增大,中塔塔底纵向弯矩大幅增大,对桥塔抗震不利,同时会增大下部基础规模,提高造价,需综合抗震考虑纵向不约束体系(表5)。

塔梁间纵向约束对 E2 作用下抗震性能的影响 表5

支座设置形式	纵向一阶自振周期(s)	边塔塔顶位移(mm)	边塔塔底弯矩(kN·m)	中塔塔顶位移(mm)	中塔塔底弯矩(kN·m)
纵向不约束	11.26	555	3.53×10^5	573	6.81×10^5
中塔纵向约束	6.73	422	3.55×10^5	491	2.46×10^6

4.4.2 横向约束体系

对于横桥向，在地震作用下，若塔梁间采用固定约束体系，主塔及其基础受到较大的地震力，往往是整座桥的抗震薄弱部位。若塔梁间采用不约束体系，这种全滑动体系可能会导致地震下塔梁间过大的横向相对位移。因此，必须研究更为合理的减震体系，既能减小桥塔及其基础的地震内力，又能限制塔梁间的横向相对位移。现对塔梁间横向约束方式对墩塔、基础的受力影响进行分析，见表6、表7。

E2 作用下结构地震响应（横向弯矩） 表6

横向约束方式	边塔塔底弯(kN·m)	中塔塔底(kN·m)
塔梁约束	706 273	1 303 927
塔梁不约束	378 887	361 659
横向钢阻尼器	326 665	449 802

E2 作用下结构地震响应（位移） 表7

横向约束方式	边墩(m)	辅助墩(m)	边塔(m)	中塔(m)
塔梁约束	0.34	0.24	0	0
塔梁不约束	5.53	5.26	4.70	4.14
横向钢阻尼器	0.37	0.39	0.37	0.40

横向减隔震体系既能降低 E2 作用下塔底弯矩，又能控制塔梁间相对位移，因此推荐在静力作用下采用抗风支座约束桥梁横向位移，在地震作用下横向约束剪断，转换为横向减隔震体系。

4.5 锚跨设置的影响

由于自锚式悬索桥的主缆锚于加劲梁上，势必要产生较大的梁端上拔力。为了克服边墩负反力，一般有四种方案可以解决：

(1) 将边跨再延伸出一跨（锚跨），然后再结合配重予以克服负反力。该方案也是目前较为常用的方案，如三汊矶湘江大桥、哈尔滨阳明滩大桥、松原天河大桥、西宁湟水河大桥。但该方案会增加主桥面积，造价相对较高。

(2) 边跨采用混凝土梁，即加劲梁为混合梁形式，如佛山平胜大桥。该方案多用于边跨无吊索情况。特点是在不增加主桥面积的情况下可以解决边墩负反力问题，但该方案的边主跨需采用不同的施工工艺，边跨采用支架现浇，主跨采用顶推或吊装。本工程主桥西侧边跨处于黄河中，支架现浇施工代价很大，不是很合适的方案。

(3) 边跨尾端端横梁处设置牛腿，在主引桥之间设一孔混凝土简支梁搁置于牛腿上方用于压重。过渡孔与主桥之间设置一道小位移伸缩缝，而把大位移伸缩缝移至过渡孔与引桥之间。该方案在南昌洪都大桥中有过应用。

(4) 直接于边跨尾端横梁内设置压重混凝土，如福州螺洲大桥。该方案具有造价低、施工简单的特点,要求主缆锚固区的入射角尽量小。

针对本工程特点,考虑主桥边跨设置锚跨与不设置锚跨两种约束方式,计算活载作用下其对结构受力性能的影响,分析结果见表8。

锚跨对结构静力性能的影响　　　　表8

项　　目	主梁挠度(mm)	梁端转角(‰rad)
设置锚跨	1 317	1.853
未设置锚跨	1 342	9.65

由表8可以看出,设置锚跨后能明显改善降低梁端转角,可解决公轨合建桥梁梁端转角不宜过大的问题,并能提高结构竖向刚度,因此主桥需要设置锚跨。

5　结语

本文以凤凰黄河大桥为对象,对三塔自锚式悬索桥的结构体系进行研究,讨论了中央扣、桥塔刚度、桥塔处支座横向布置、纵向约束、横向约束及锚跨对结构受力的影响,明确了凤凰黄河大桥结构最优体系,得到以下结论:

(1)对于三塔自锚式悬索桥,中央扣能明显改善边中塔受力性能。

(2)大跨度三塔自锚式悬索桥中塔塔梁纵向约束不利于中塔抗震设计。

(3)锚跨对降低结构梁端转角提高行车舒适度有明显作用。

参　考　文　献

[1] 肖汝诚.桥梁结构体系[M].北京:人民交通出版社,2013.
[2] 陈永健.多塔自锚式悬索桥受力性能研究[D].福州:福州大学,2011.
[3] 张元凯,肖汝诚,金成棣.自锚式悬索桥的概念设计[J].公路,2002,11:46-49.
[4] 宫世梁.三塔混凝土自锚式悬索桥静动力分析[D].大连:大连理工大学,2014.

29. 大跨度三塔自锚式悬索桥横向减震体系研究

陈张伟[1] 逯东洋[1] 许凯峰[2] 王治国[3] 童鲁军[4]

(1. 上海市政工程设计研究总院(集团)有限公司；2. 济南城建集团有限公司；
3. 济南市交通工程质量监督站；4. 济南西区建设工程项目管理有限公司)

摘 要：以在建某悬索桥为工程背景,采用大型有限元计算软件SAP2000建立全桥三维有限元杆系模型,研究滑动支座+钢阻尼器的横向组合减震体系的减震特性,通过分析优化选取恰当的钢阻尼器参数进行数值模拟分析。与横向固定约束体系对比,本文给出的横向组合减震体系,能显著减小各桥墩和桥塔基础的地震需求,同时能不同程度地减小各桥墩和桥塔关键截面的剪力和弯矩,并能够有效地控制墩、梁相对位移。因此,本文提出的横向组合约束体系是较为合理的,可为同类型桥梁的减震提供借鉴参考。

关键词：悬索桥 钢阻尼器 横向组合减震体系 SAP2000

1 引言

大跨悬索桥常规横向约束体系为主塔处采用抗风支座,边墩、辅助墩处采用纵向滑动、横向约束固定支座,同时设有横向抗震挡块构造措施。在横向+竖向地震输入下,常规横向固定约束体系造成下部结构地震内力较大,难以满足抗震需求。为了减小下部结构的横向地震力,同时限制塔(墩)梁相对位移,横桥向约束体系大多采用横向减隔震体系来实现。

由于悬索桥是索支撑结构,各支座的恒载压力较小,广泛应用的摩擦摆、双曲面减震耗能支座依靠摩擦耗能,耗能能力小,虽然能减小下部结构地震内力,但难以限制墩、梁横向相对位移。广泛应用于纵桥向的液压黏滞阻尼器虽然具有很好的耗能能力,但用于横向时,需要将横向位移与纵向位移分离开来才能保证减震效果,而且难以满足正常使用下的功能要求。而桥梁横向钢阻尼器由于其构造多样,造价合适,兼顾耐用,又具有较大的耗能能力[1],特别适用于大跨悬索桥的横向减震体系。

本文提出各塔(墩)处横桥向设置滑动支座+钢阻尼器的横向组合减震体系(支座设有特殊剪切销提供正常使用时的约束功能),以在建某大型悬索桥为分析对象,来研究以上组合体系的减震特性。

2 工程概况

在建某跨黄河大桥,采用三塔双索面组合梁自锚式悬索桥,全长约1 332m,跨径布置为：

70m＋168m＋428m＋428m＋168m＋70m＝1 332m。主桥主梁为钢混凝土组合梁,梁高4m,桥宽为61.7m;三个桥塔均为钢结构[3]。总体布置图如图1所示。

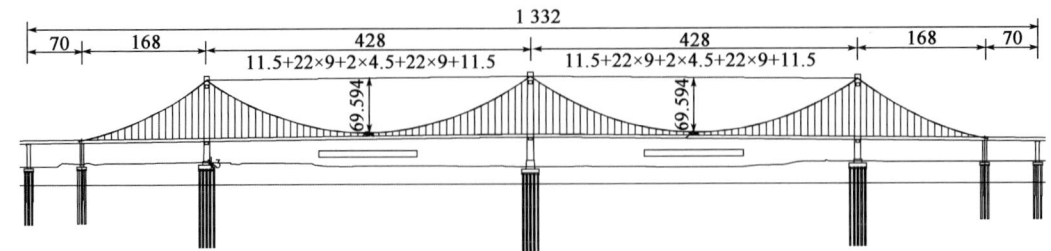

图1 总体布置图(尺寸单位:m)

3 钢阻尼器构造

C形钢阻尼器采用C形钢构件作为阻尼元件。钢阻尼器主体包括:连接件、C形钢阻尼元件、滑块和导轨,其构造示意图如图2所示。滑块穿过导轨在顺桥向可以自由滑动,其构成的移动副理论上只有一个自由度。C形钢的两端采用铰接形式固定,分别连接滑块和连接件。顺桥向自由滑移时,阻尼器不工作,C形钢不变形;横桥向运动时,导轨限制滑块的运动并带动C形钢屈服变形从而产生阻尼力。

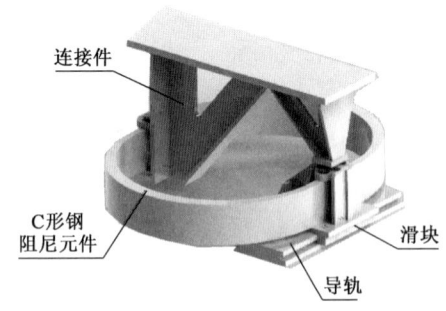

图2 钢阻尼器构造示意图

4 阻尼器工作原理

钢阻尼器的受力模式及影响阻尼器力学性能的相关几何参数,如图3所示。

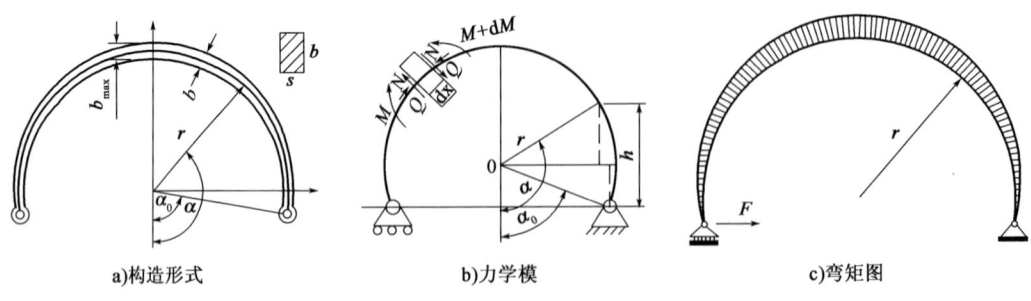

图3 金属阻尼器受力模式

s-钢板厚度;b-截面高度;r-C形钢中心线的半径;α_0-C形钢中心线的圆心和一端铰接点连线与C形钢对称中心线的夹角

182

计算原理：C形钢阻尼元件的截面尺寸远小于平面尺寸,可将其简化为图3a)、b)所示曲梁模型。C形钢阻尼元件在力F的作用下,曲梁上任意微元将受到剪力Q、轴力N、弯矩M的作用,当$r>5b$时可以忽略轴力和剪的影响。分析得到中心对称位置的弯矩最大,若要使整个弧形钢耗能元件等应力分布,该截面的b尺寸应该最大,此处b的取值为b_{max}。

当小震时,$|x|\leq\delta_y$,此时阻尼元件的应变$\varepsilon<\varepsilon_y$,阻尼元件提供刚度和弹性力;当大震时,$|x|>\delta_y$,阻尼元件屈服进入塑性,通过滞回吸收地震能量。同时,为更好地提升阻尼器的耗能特性及防止局部有应力集中,我方优化了C形阻尼元件的截面,保证其同时进入塑性。

如图3a)、b)所示,夹角α处弯矩$M(\alpha)$为:

$$M(\alpha) = F \cdot h = F \cdot r \cdot (\cos\alpha_0 - \cos\alpha) \quad (1)$$

$$M_{max} = M(\pi) = F \cdot r \cdot (\cos\alpha_0 + 1) \quad (2)$$

初始屈服状态弯矩M_y为:

$$M_y = \sigma_y \frac{s \cdot b_{max}^2}{6} \quad (3)$$

C形钢初始屈服力F_{eff}为:

$$F_{eff} = \frac{M_y}{h} = \sigma_y \frac{s \cdot b_{max}^2}{6} \frac{1}{r(\cos\alpha_0 + 1)} \quad (4)$$

塑性状态下弯矩M_p为:

$$M_p = \sigma_y \frac{s \cdot b_{max}^2}{4} \quad (5)$$

C形钢极限屈服力F_p为:

$$F_p = \frac{M_p}{h} = \sigma_y \frac{s \cdot b_{max}^2}{4} \frac{1}{r(\cos\alpha_0 + 1)} \quad (6)$$

C形钢初始屈服位移δ_y为:

$$\delta_y = \frac{4\varepsilon_y r^2 (1+\cos\alpha_0)^{0.5}}{b_{max}} \int_{\alpha_0}^{\pi} (\cos\alpha_0 - \cos\alpha)^{0.5} d\alpha \quad (7)$$

C形钢极限屈服位移$\delta_{y,max}$为:

$$\delta_{y,max} = \frac{4\varepsilon_{max} r^2 (1+\cos\alpha_0)^{0.5}}{b_{max}} \int_{\alpha_0}^{\pi} (\cos\alpha_0 - \cos\alpha)^{0.5} d\alpha \quad (8)$$

弹性刚度K_y为:

$$K_y = \frac{F_y}{\delta_y} \quad (9)$$

屈服后刚度K_h为:

$$K_h = \frac{\Delta F}{\Delta \delta} = \frac{F_p - F_y}{\delta_{y,max} - \delta_y} \quad (10)$$

硬化率α计算公式为:

$$\alpha = \frac{K_h}{K_y} = \frac{\delta_y(F_p - F_y)}{F_y(\delta_{y,max} - \delta_y)} \quad (11)$$

金属阻尼器本构关系曲线如图4所示。

5 抗震分析

本文采用SAP2000程序对在建某跨黄河大桥进行建模,由于主桥及其引桥共用一个桥

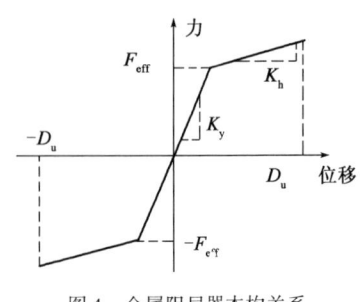

图4 金属阻尼器本构关系

墩,所以在建立主桥模型时,需将主桥两侧相邻一联引桥模型一并模拟作为主桥的边界条件,以考虑相邻引桥对主桥的影响[2]。模型中桥梁的主梁、桥墩以及悬索桥的主塔均采用梁单元模拟,悬索桥的主缆和吊杆采用桁架单元模拟(杆端释放弯矩和扭矩)。其中,主梁采用单主梁式力学模型,在悬索桥模型中通过主从约束与主缆、吊杆相连接;主缆、主梁和主塔考虑了恒载几何刚度的影响;承台质量堆聚在承台质心,承台刚度根据实际截面赋予对应单元。二期恒载以及附加线荷载以集中质量形式加在梁单元节点上。跨黄河大桥的动力分析模型如图5所示。

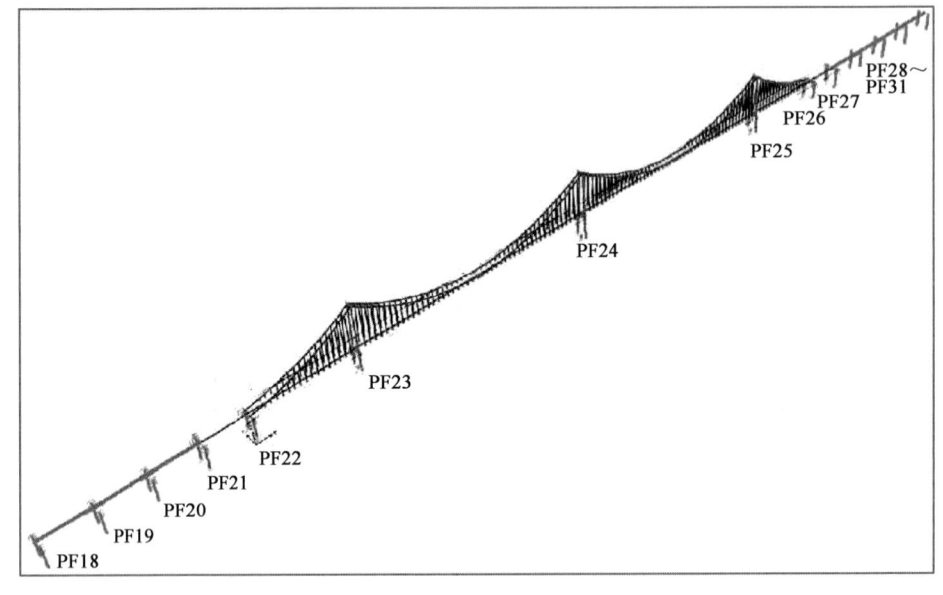

图5 总体布置图

经计算,由于主桥常规体系(墩梁、塔梁横向约束)在E2地震作用下,横桥向各塔墩及其基础最不利单桩均有屈服,控制着设计。因此考虑在桥塔横梁顶、桥墩上设置钢阻尼器屈服耗能,并减小主梁传给桥塔、桥墩的横向惯性力,同时控制塔梁、墩梁横向相对位移。本桥墩(塔)梁间目标位移定为50cm左右,选取屈服强度为500MPa的钢材,先进行桥塔处阻尼器优化,再进行桥墩处阻尼器优化。在优化过程中,钢阻尼器的硬化率(钢阻尼器屈服后刚度与初始刚度比值)取5%,根据桥墩和桥塔处阻尼器的安装空间,钢阻尼器的屈服刚度为屈服力的15倍左右。

首先,进行桥塔处阻尼器优化。正常使用条件下,边墩、辅助墩、边塔和中塔处支座横向剪力分别为250kN、1 000kN、3 000kN和4 500kN。最终确定的阻尼器屈服力须大于支座正常使用下的剪力。本节将在全桥横向全放开的基础上进行中塔和边塔阻尼器参数的优化,边界条件为竖向约束、纵向放开,横桥向除桥塔处为钢阻尼器,其余均放开。

图6所示为各墩梁相对位移、各桥塔塔梁相对位移与阻尼器屈服力的关系。可以看出,随着桥塔处阻尼器屈服力的增加,塔梁相对位移显著减小。尽管桥墩处未设置钢阻尼器,但随着桥塔处阻尼器屈服力的增加,亦能显著减小边墩墩梁相对位移。图7和图8所示分别为塔(承台)底剪力和弯矩与阻尼器屈服力的关系。可以看出,增大阻尼器的屈服力并不会显著增大结构关键截面的地震力,因此,在进行阻尼器屈服力优化的过程中,可以以墩(塔)梁相对位移

为主要指标选定阻尼器屈服力。

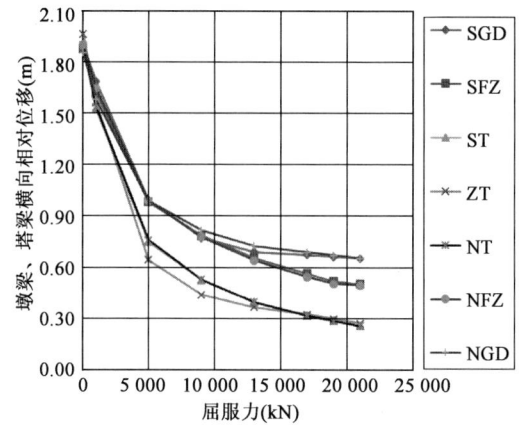

图6 墩梁、塔梁相对位移与桥塔处阻尼器屈服力关系(南、北边墩处横向放开,无阻尼器)

SGD-南边墩;SFZ-南辅助墩;ST-南塔;ZT-中塔;NT-北塔;NFZ-北辅助墩;SGD-北边墩

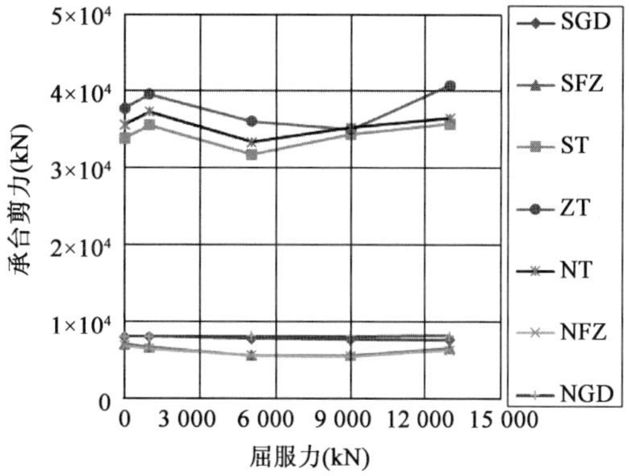

图7 塔底、承台底剪力与阻尼器屈服力的关系(南、北边墩处横向放开,无阻尼器)

根据图6塔梁相对位移与阻尼器屈服力的关系,结合减震体系连接横向目标位移为50cm,初步选定南北桥塔处阻尼器屈服力为10 000kN。此时,南北边墩和辅助墩处位移都大于70cm,需进一步在桥墩处增设阻尼器。考虑到边跨跨度较小,因此,仅在南、北边墩处增设阻尼器,并进行阻尼器屈服力优化,桥墩阻尼器优化时的边界条件为在前述边界条件基础上,增加边墩处横向钢阻尼器。

图9所示为桥塔处阻尼器屈服力均为10 000kN情况下,墩梁、塔梁相对位移与边墩处阻尼器屈服力关系。可以发现,当增大边墩处阻尼器屈服力后,能显著减小墩梁相对位移和边塔处塔梁相对位移,但会增大中塔处塔梁相对位移;为使减震体系各阻尼器位移趋于相同,并控制塔梁、墩梁相对位移在50cm左右,据此可选定南、北边墩处阻尼器屈服力分别为6 000kN。

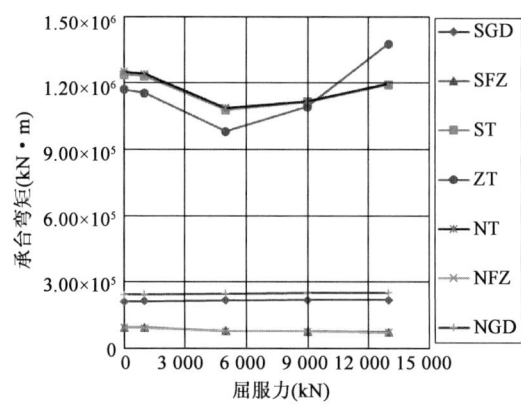

图8 塔底、承台底弯矩与阻尼器屈服力的关系(南、北边墩处横向放开,无阻尼器)

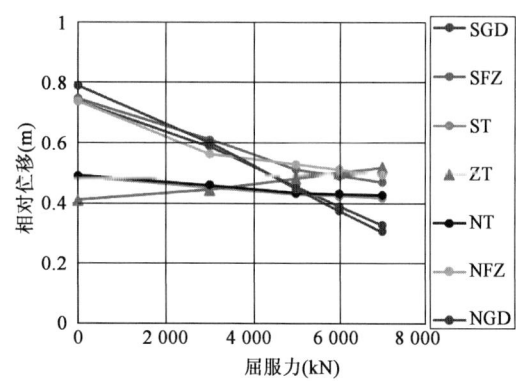

图9 墩梁、塔梁相对位移与边墩处阻尼器屈服力关系(桥塔阻尼器屈服力均为10 000kN)

考虑到南、北边墩处可用的钢阻尼器安装空间,若要在南、北边墩处放置屈服力6 000kN的钢阻尼器,安装空间比较紧张。因此,可考虑同时在边墩和辅助墩处同时放置钢阻尼器。

图10所示为桥塔处阻尼器屈服力均为10 000kN情况下,墩梁、塔梁相对位移与桥墩处阻尼器屈服力关系。最终,选定南塔、中塔以及北塔处阻尼器屈服力为10 000kN,南、北边墩以

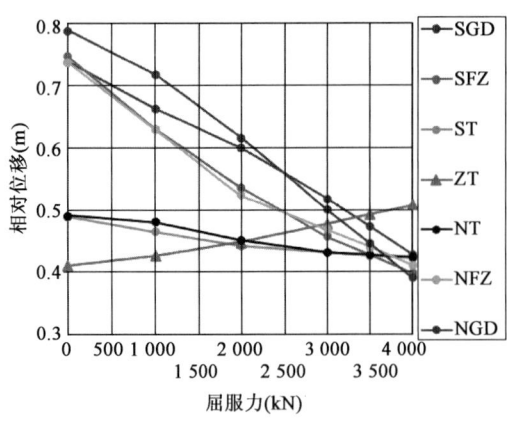

图10 墩梁、塔梁相对位移与桥墩处阻尼器屈服力关系
（桥塔阻尼器屈服力均为 10 000kN）

及辅助墩处钢阻尼器屈服力为 3 500kN。

为使 E2 地震作用下主梁横向在 50cm 以内，在兼顾力和位移的基础上，优化桥塔和边墩处阻尼器的力学参数如下：南（北）边墩、辅助墩处采用的阻尼器总屈服力均为 3 500kN，屈服刚度均为 3.0×10^4 kN/m；单个边塔处的阻尼器总屈服力为 8 000kN，屈服刚度分别为 7.0×10^4 kN/m；中塔处的阻尼器总屈服力为 9 000kN，屈服刚度分别为 8.0×10^4 kN/m。

表1 给出了在横向 E2 地震作用下，常规体系与减震体系结构各截面内力及承台底内力比较。在 E2 地震作用下，当支座的横向固定销被剪断后，阻尼器发挥耗能和限位作用，从而可减小墩底、塔底及其承台底的地震力。其中各墩塔底及承台底弯矩均减小 50% 以上。同时位移也得到了较好的控制。

横向减震率（E2，时程结果）　　表1

位置		常规体系		减震体系		减震率(%)	
		剪力 (kN)	弯矩 (kN·m)	剪力 (kN)	弯矩 (kN·m)	剪力	弯矩
塔墩关键截面	南边墩底	8.47×10^3	2.79×10^5	2.82×10^3	8.23×10^4	66.71	70.50
	南辅助墩底	7.64×10^3	2.21×10^5	2.52×10^3	4.80×10^4	67.02	78.28
	南塔柱底	1.85×10^4	2.29×10^5	5.96×10^3	8.89×10^4	67.78	61.18
	中塔柱底	2.09×10^4	2.61×10^5	7.32×10^3	1.06×10^5	64.98	59.39
	北塔柱底	2.03×10^4	2.49×10^5	5.95×10^3	9.00×10^4	70.69	63.86
	北辅助墩底	8.08×10^3	2.30×10^5	2.42×10^3	4.77×10^4	70.05	79.26
	北边墩底	8.83×10^3	2.52×10^5	3.43×10^3	8.10×10^4	61.16	67.86
承台底	南边墩	1.05×10^4	3.11×10^5	6.18×10^3	1.44×10^5	41.14	53.70
	南辅助墩	8.56×10^3	2.52×10^5	6.18×10^3	1.18×10^5	27.80	53.17
	南塔	5.80×10^4	2.21×10^6	3.18×10^4	9.64×10^5	45.17	56.38
	中塔	6.01×10^4	2.82×10^6	4.11×10^4	1.20×10^6	31.61	57.45
	北塔	6.30×10^4	2.41×10^6	3.32×10^4	9.72×10^5	47.30	59.67
	北辅助墩	9.28×10^3	2.63×10^5	6.03×10^3	1.16×10^5	35.02	55.89
	北边墩	1.03×10^4	2.88×10^5	5.66×10^3	1.27×10^5	45.05	55.90

6 结语

根据以上分析，当横桥向采用组合减震体系后，能显著减小各桥墩和桥塔基础的地震需求，同时能不同程度地减小各桥墩和桥塔关键截面的剪力和弯矩，并能够有效地控制墩梁相对位移。因此，本文提出的横向组合约束体系是较为合理的，可为同类型桥梁的减震提供借鉴参考。

参 考 文 献

[1] 叶爱君,管仲国.桥梁抗震[M].北京:人民交通出版社,2011.
[2] 中华人民共和国行业标准.城市桥梁抗震规范:CJJ 166—2011[S].北京:中国建筑工业出版社,2011.
[3] 上海市政工程设计研究总院(集团)有限公司.G220至济青高速公路王舍人互通立交连接线工程[R].上海:上海市政工程设计研究总院(集团)有限公司,2019.

30. 大跨度三塔自锚式悬索桥创新设计

陈 亮[1] 邵长宇[1] 许为民[2]

(1. 上海市政工程设计研究总院(集团)有限公司；2. 济南城市建设集团有限公司)

摘 要：济南凤凰路黄河大桥主桥具有大跨、超宽、公轨合建等特点。根据工程建设条件及特点，三塔自锚式悬索桥创新设计应用了刚性中央扣结构体系、组合桥面、钢—钢混凝土混合型桥塔，从而提高了桥梁结构的受力性能及耐久性能。

关键词：自锚式悬索桥 三塔 结构体系 中央扣 组合桥面 混合塔

1 引言

三塔悬索桥可提高结构跨越能力，是实现宽广水域连续跨越的理想桥型。三塔悬索桥与两塔悬索桥在结构受力性能上有较大区别，往往存在中塔效应问题，即当其中一中跨加载、另外一中跨空载时，主缆抗滑移、整体竖向刚度以及主塔本身的强度等问题需要特别关注。已建三塔地锚式悬索桥实例较多，也有诸多文献对其进行研究[1-4]，主要通过中塔形式选取、塔梁连接方式、缆梁连接方式来满足结构受力性能要求。文献[2]认为中央扣对三塔四跨地锚式悬索桥结构竖向刚度及主缆抗滑系数的影响非常明显，设置中央扣后，这两项指标显著改善。自锚式悬索桥尚无采用中央扣的文献报道。

自锚式悬索桥可以省去两侧锚碇，在软土地基条件下往往具有良好的经济性能。目前，世界上最大跨径的三塔自锚式悬索桥为银川滨河黄河大桥，主跨跨径为218m。文献[5]认为，该工程跨径范围内，结构整体刚度及中边塔处主缆抗滑移指标对结构体系不敏感，即不存在前述中塔效应问题。在建济南凤凰路黄河大桥主桥主跨跨径428m、桥宽61.7m，具有大跨、超宽、公轨合建等特点。本文以该工程为背景，介绍三塔自锚式悬索桥的设计创新技术。

2 工程概况

济南凤凰路跨黄河大桥主桥采用三塔自锚式悬索桥，跨径布置为70m + 168m + 428m + 428m + 168m + 70m，见图1。道路等级为一级公路兼城市主干路，双向8车道，单幅机动车道宽15.5m，中间设10.2m轨道交通预留空间，两侧各设3m非机动车道和1.75m人行道，桥面总宽61.7m，见图2。本桥为公轨合建桥梁，两个70m锚跨的设置起到主缆锚固压重作用，并使梁端转角大幅度减小，以满足轨道交通列车走行性要求。主梁为箱形断面，梁高4m，车行道范围为组合桥面。主缆中跨矢跨比约为1/6,吊索标准间距9m。A形索塔两个塔柱从车行道与轨道交通之间穿过,为钢与钢混组合形成的混合桥塔结构。钻孔灌注桩基础。

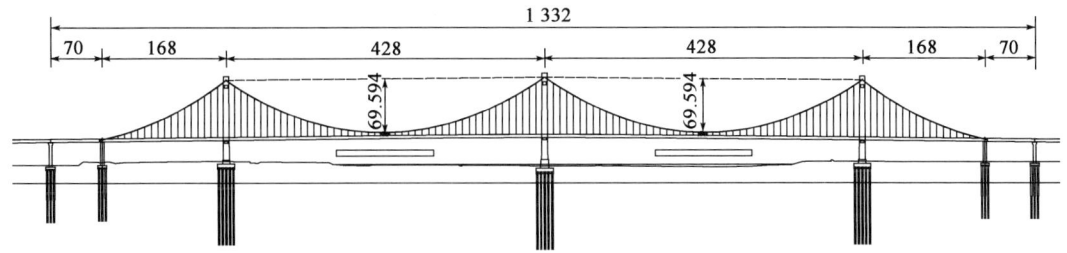

图1 主桥总体布置图(尺寸单位:m)

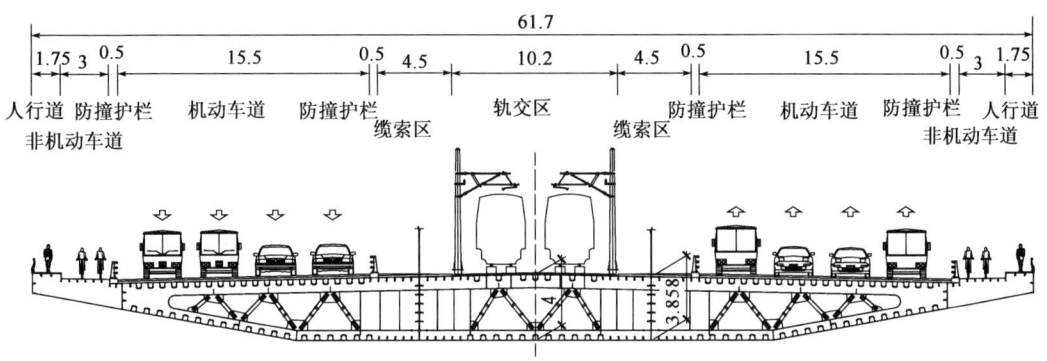

图2 主桥标准断面图(尺寸单位:m)

3 结构体系比选

对于三塔自锚式悬索桥,中边塔塔底最大纵向弯矩、主缆鞍内抗滑移系数及主梁活载最大竖向位移是考察其力学性能的重要参数,也是结构设计的重要指标。下面通过有限元计算,研究四个方案对力学性能指标的影响。方案一为常规竖直吊杆、塔梁分离方案。方案二在方案一基础上中塔刚度增加一倍,方案三在方案一基础上增设中塔塔梁纵向固定约束。方案四在方案一基础上两个中跨跨中设置中央扣代替竖直吊杆。四个方案计算结果见表1。

结构体系对力学性能的影响比较　　　表1

方案	边塔弯矩(MN·m)	中塔弯矩(MN·m)	边塔主缆抗滑移系数	中塔主缆抗滑移系数	主梁活载位移(m)
一	924	1 033	2.10	2.24	2.11
二	1 032	1 211	2.00	1.96	1.81
三	552	985	2.38	1.96	1.83
四	706	587	2.17	2.95	1.34

由表1可见,方案二相比于方案一中塔刚度增大一倍后,边、中塔塔底弯矩分别增大12%、17%,边、中塔主缆抗滑移系数分别降低5%、13%,结构竖向刚度增大14%。中塔刚度的增大能提高结构竖向刚度,但在主塔受力及主缆抗滑安全性方面均有不利影响。

由表1可见,方案三相比于方案一设置中塔塔梁纵向固定约束后,边、中塔塔底弯矩分别降低40%、5%,边塔主缆抗滑移系数增大13%,中塔主缆抗滑移系数降低13%,结构竖向刚度增大13%。中塔处设置塔梁纵向固定约束后,主梁主缆锚固点处的纵向移动有了一定限制,边跨主缆对边塔的约束增大,大幅降低了边塔塔底的纵向弯矩,而加劲梁对中塔的约束增大了中塔刚度,从而降低了中塔主缆鞍内抗滑移系数。

由表1可见,方案四相比于方案一设置中央扣后,边、中塔塔底弯矩分别降低24%、43%,边、中塔主缆鞍内抗滑移系数分别提高3%、31%,结构竖向刚度增大36%。自锚式悬索桥主缆锚固于主梁,设置中央扣后缆、梁、塔整体性更好,可显著提高结构整体刚度,有效改善主塔,特别是中塔的受力性能及该处主缆的抗滑移性能。

综上所述,方案四设置中央扣的缆梁约束结构体系对于边中塔受力性能、边中塔主缆抗滑移系数及结构刚度而言最优,为工程最终采用方案。国内悬索桥首先采用刚性中央扣构造的为润扬长江大桥[6],旨在减少活荷载引起桥面的纵向位移和风振等引起跨中短吊索的疲劳问题。本工程把中央扣构造首次引入三塔自锚式悬索桥,明显改善了结构的受力性能。

4 中央扣设计

为提高三塔悬索桥受力性能,设计采用刚性中央扣将主缆和中跨跨中梁段刚性连接。两个中跨跨中分别设置3对刚性中央扣,由索夹及连接加劲梁与索夹的三角钢桁架组成,见图3。索夹采用铸焊结构,三段独立索夹曲线长度分别为4.49m、4.16m、4.49m。为使三对串联中央扣能相对均匀地传递纵向不平衡力,设计采取如下几个优化措施:

(1)主缆至钢桥面竖向垂直距离为3.7m,桁架杆件与主梁的夹角约为60°;
(2)桁架杆件工字形截面在中央扣面内为弱轴,面外为强轴;
(3)适当增大第二对中央扣两个桁架杆件截面刚度。

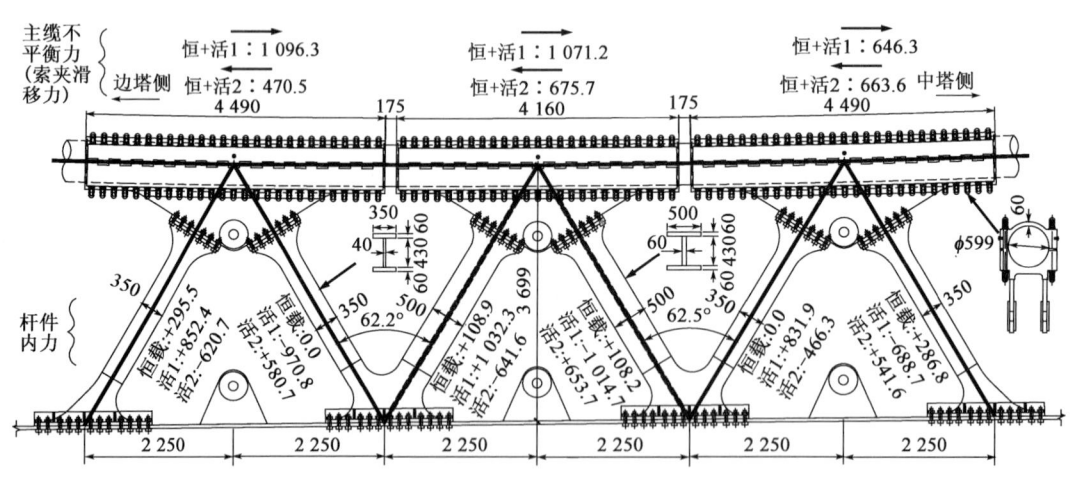

图3 中央扣构造及受力图(尺寸单位:mm)

中央扣将承受运营期较大的疲劳荷载,疲劳设计非常重要。为避免焊接引起的疲劳,中央扣杆身上、下端分别用高强螺栓与索夹及主梁连接。设计中央扣主要承受运营期缆梁间的纵向不平衡力,为优化中央扣索夹抗滑受力及钢桁架受力,施工时在中央扣位置首先张拉临时吊杆,待全桥索力调整完成后,再逐步安装钢桁架杆件。图3列出了桁架杆件恒、活载下轴力及索夹两个方向的滑移力。其中,活1工况为中央扣所在跨空载,另一中跨满载;活2工况为中央扣所在跨满载,另一中跨空载;杆件内力"＋"为拉、"－"为压。

5 组合梁设计

自锚式悬索桥采用组合梁作为加劲梁可以使混凝土参与承担主缆引起的主梁轴向压力,并改善桥面受力性能。主跨218m的银川滨河黄河大桥以及主跨370m的舟山市小干二桥[7]等自锚式悬索桥采用组合梁作为加劲梁,且均为传统纵横梁＋预制混凝土桥面板形式。本工程自锚式悬索桥主跨跨径达428m,为适当减轻桥面重力,在车行道部分采用正交异性组合桥面板形式,纵桥向横隔板间距4.5m,C60纤维混凝土厚120mm,混凝土与钢顶板间采用剪力钉连接,见图4。

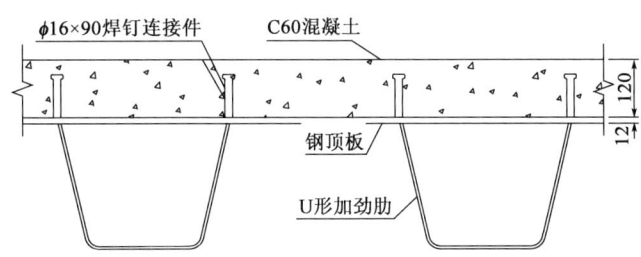

图4 组合桥面结构图(尺寸单位:mm)

自锚式悬索桥通常采用先梁后缆法施工。本工程在河中设置临时墩,钢主梁顶推到位后分批浇筑混凝土桥面,再进行吊杆张拉完成体系转换。自锚式悬索桥加劲梁采用组合梁比钢梁时复杂,设计计算需考虑钢混两个分部的分步施工过程,应尽量避免将不利内力锁定到组合梁截面。临时墩间距越小对组合梁受力越为有利,本工程综合考虑河道部门要求及施工措施费用后确定临时墩间距为60m。

6 组合塔设计

经前期研究,本工程大跨超宽三塔自锚式悬索桥如采用混凝土塔难以满足受力要求。国内外部分大跨桥梁中塔采用钢塔,边塔采用混凝土塔[8];部分桥梁钢塔钢混接头设置于主梁高度处[8-9],部分钢塔直接锚固于承台;南京五桥则采用组合塔设计。与三塔地锚式悬索桥不同,本桥边塔受力与中塔相当,结合结构受力、耐久性及防撞要求,最终三座主塔均采用钢—钢混凝土混合型桥塔,即边中塔均采用上段钢塔、下端组合塔的混合塔形式,见图5。边塔总高116.1m,其中组合塔段高11.1m;中塔总高126m,组合塔段高17m;钢结构均伸入承台2.5m。

钢塔段塔柱为五边形单箱三室截面,三座主塔下横梁以上部分构造相同。下端组合塔设计主要考虑结构受力、耐久性及防撞要求。考虑桥位处Ⅳ级航道和洪水时防撞需求,300年一遇水位以下塔段采用组合桥塔。常水位至300年一遇水位间塔段仅塔壁内侧与混凝土结合,常水位以下考虑钢结构耐久性塔壁外侧也与混凝土结合,钢与混凝土间通过开孔板及剪力钉连接。

7 结语

济南凤凰路黄河大桥主桥具有大跨、超宽、公轨合建等特点。根据工程建设条件及特点,三塔自锚式悬索桥创新设计应用了刚性中央扣结构体系、组合桥面、钢—钢混凝土混合型桥塔。目前,工程正处于施工阶段,预计2021年底建成通车。

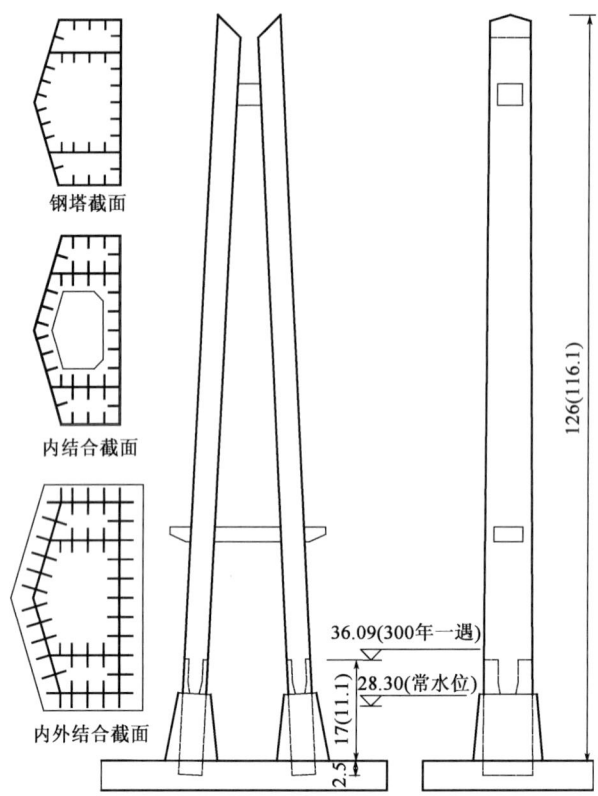

图5　主塔结构(括号内数据适用于边塔)(尺寸单位:m)

参 考 文 献

[1] 沈锐利,侯康,王路.三塔悬索桥结构竖向刚度及主缆抗滑需求[J].东南大学学报(自然科学版),2019,49(03):474-480.

[2] 沈锐利,侯康,张新.三塔四跨悬索桥合理结构布置形式研究[J].中外公路,2019,39(03):101-106.

[3] 唐贺强,张强,杨光武.马鞍山长江公路大桥三塔悬索桥结构体系选择[J].桥梁建设,2011(1):5-9.

[4] 万田保,王忠彬,韩大章,等.泰州长江公路大桥三塔悬索桥中塔结构形式的选取[J].世界桥梁,2008(1):1-4.

[5] 张德明.银川滨河黄河大桥工程主桥结构体系研究[J].城市道桥与防洪,2018(01):25-28.

[6] 单宏伟,韩大章,吕立人.润扬长江公路大桥悬索桥中央扣设计[J].公路,2004(8):58-61.

[7] 常付平.舟山市小干二桥工程主桥设计[J].桥梁建设,2016,46(06):83-87.

[8] 张强,徐宏光.马鞍山长江公路大桥设计与创新[J].桥梁建设,2010(06):1-5.

[9] 崔冰,孟凡超,冯良平,等.南京长江第三大桥钢塔柱设计与加工[J].中国铁道科学,2005,26(3):42-47.

31. 主跨 2×428m 三塔自锚式悬索桥主梁设计

王 倩[1]　逯东洋[1]　王 翔[2]

(1.上海市政工程设计研究总院(集团)有限公司;2.济南城建集团有限公司)

摘　要:山东省济南市凤凰黄河大桥主桥采用三塔双索面自锚式悬索桥,跨径布置为 70m + 168m + 428m + 428m + 168m + 70m。加劲梁为采用新型正交异性组合桥面板的组合梁结构,混凝土板与钢桥面板之间采用焊钉连接件连接为整体共同受力,具有较高的承载力和较好的耐久性能。本文结合三塔自锚式悬索桥主梁的受力特点,详细介绍了凤凰黄河大桥主桥主梁结构构造设计,并通过整体和局部计算对其关键受力性能进行了分析。结果表明采用组合板组合梁结构可很好的保证结构的安全,具有较好的经济性。本文为三塔自锚式悬索桥主梁结构设计提供一定的参考和借鉴。

关键词:自锚式悬索桥　三塔　组合板组合梁　桥梁设计

1 引言

自锚式悬索桥通过主梁锚固缆索拉力成为自平衡体系,具有结构造型美观、经济性能好、对地形和地质状况适应性强等优点,在中等及大跨桥梁中多有应用。目前国内自锚式悬索桥大多采用独塔、双塔的结构形式[1],随着我国交通事业的发展,大型的跨江、跨海桥梁工程逐渐增多,跨越能力更强的多塔自锚式悬索桥成为更好的选择。

由于多了中塔和主跨,三塔悬索桥与传统两塔及单塔悬索桥的结构力学行为具有明显的不同,目前在我国研究及应用均较少。2013 年通车的福州螺洲大桥是国内首次采用三塔自锚式悬索桥结构的桥梁[2],该桥跨径布置为 80m + 2×168m + 80m,主梁为钢箱梁[3],如图 1 所示。

银川滨河黄河大桥为目前已建成跨度最大的三塔自锚式悬索桥[4-5],跨径布置为 88m + 218m + 218m + 88m = 612m。主梁采用组合梁,全宽 41.5m,吊索处主梁高为 3.854 5m,钢梁采用纵横梁体系,如图 2 所示。

自锚式悬索桥的加劲梁一般可采用钢梁、混凝土梁、组合梁和混合梁等结构形式,属压弯构件,其设计不仅要关注结构在自重、活载、温度及收缩徐变等作用效应下引起的内力满足强度要求,还要重点考虑主缆的水平分力产生的轴向压力引起的加劲梁整体稳定、局部屈曲等问题。新型的组合板组合梁能够充分发挥正交异性钢桥面板的强大承载力,又能利用混凝土桥面良好的耐久性,达到总体承载力高、耐久性优的目的(图3)。

图1 福州螺洲大桥

图2 银川滨河黄河大桥

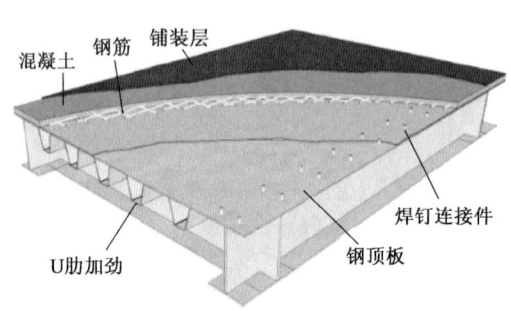

图3 新型正交异性组合桥面体系

本文详细介绍了在建济南凤凰黄河大桥主桥采用的组合板组合梁结构,并对其关键受力性能进行了分析,为三塔自锚式悬索桥主梁结构的设计提供了参考和借鉴。

2 工程概述

本工程起点位于济南市历城区凤凰路荷花路交叉口,终点位于黄河北岸济阳区G220交叉口处,工程范围长度约6.683km。过黄河处线位距上游石济客运专线桥约5.1km,距下游济南黄河三桥约3.1km。

济南凤凰黄河大桥主桥采用三塔自锚式悬索桥,总长1332m,跨径布置为70m+168m+428m+428m+168m+70m,采用半飘浮约束体系。主缆跨径布置为171.5m+428m+428m+171.5m,中跨矢跨比为1/6.15,边跨垂跨比为1∶15.1,吊索标准间距9m;中塔高126m,边塔高116.1m,见图4。

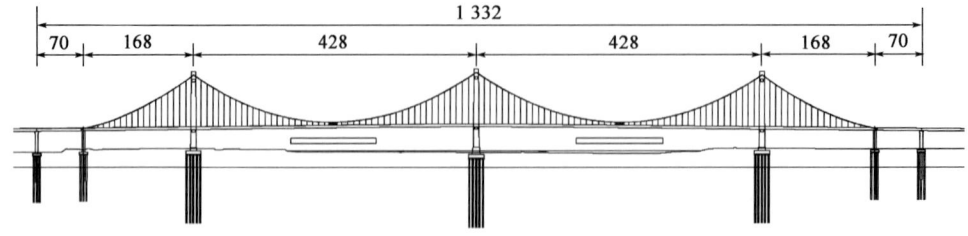

图4 主桥立面图(尺寸单位:m)

主桥横断面具体布置为:1.75m(人行道)+3.0m(非机动车道)+0.5m(防撞栏杆)+15.5m(机动车道)+0.5m(防撞栏杆)+4.5m(吊索区)+10.2m(远期预留轨道交通)+4.5m

（锚索区）+0.5m（防撞栏杆）+15.5m（机动车道）+0.5m（防撞栏杆）+3.0m（非机动车道）+1.75m（人行道）=61.7m，见图5。

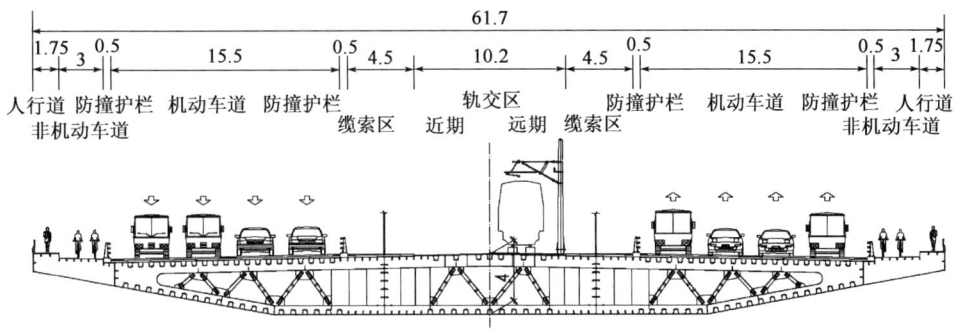

图5 主梁标准断面（尺寸单位：m）

主桥主梁为等高正交异性组合板组合梁结构，道路中心线处钢结构梁高4m，机动车道区域及缆吊系统设12cm厚混凝土桥面板，断面全宽61.7m，桥梁设双向八车道，预留双线轨道交通实施空间，并设非机动车道和人行道。钢梁主要采用Q345qE、Q420qE钢材，部分板件有Z向要求，铸钢锚块采用ZG300-500H铸钢。

3 钢箱梁构造

3.1 钢梁概况及分段

主梁主体钢结构采用等高闭口钢箱梁，外设人非挑臂，全宽61.7m，道路中心线处梁高4m。钢箱梁全长1330.4m，由标准梁段、锚固区梁段、塔区梁段、锚跨梁段、端梁段、中央扣梁段及过渡梁段几部分组成。本文主要针对标准梁段、锚固区梁段、塔区梁段和锚跨梁段进行详细介绍，过渡梁段位于标准梁段与锚固区/塔区梁段之间，主要为纵腹板变化过渡区域；中央扣梁段为标准梁段上连中央扣构造，与标准梁段相比，中央扣相连顶板下设局部水平和纵向加劲板；端梁段梁端设牛腿构造以放置伸缩缝，文中不再赘述。

梁段间除顶板U肋采用高强螺栓拼接外，其余板连接均采用对接全熔透焊接，板肋和底板U肋节段间设嵌补段，见图6。

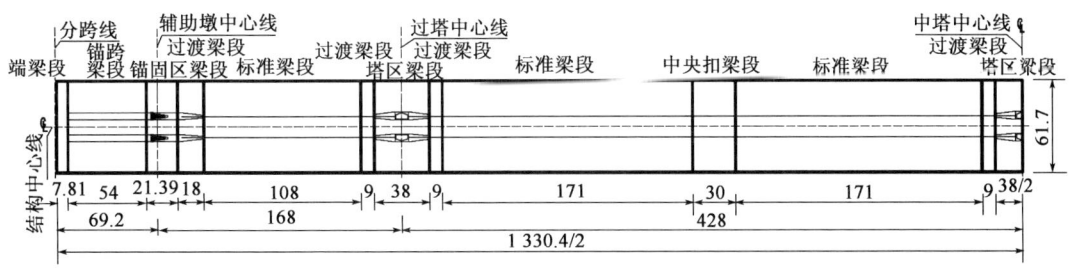

图6 主梁梁段划分图（尺寸单位：m）

3.2 标准梁段

标准梁段节段长均为9m，一侧横隔板上连吊索锚固构造。机动车道区域顶板厚12mm，加劲采用8mm厚，上开口宽360mm，高300mm的U肋，U肋间距720mm；缆索区和轨道交通区域钢梁顶板板厚20mm（与吊索锚固构造连接处1.5m范围内厚32mm），局部设板肋加劲；人非挑臂处顶板厚12mm，板肋加劲。标准梁段共设两道纵腹板，腹板处梁高3.858m，板厚

24mm,双侧设板肋加劲。斜底板厚16~20mm,采用8mm厚,上开口宽360mm,高300mm的U肋,U肋间距800mm;直底板厚16~28mm,纵腹板两侧5.4m范围内设板肋加劲,余为U肋加劲。

标准梁段横隔板均采用桁架式空腹隔板,隔板间距4.5m,外圈板厚14mm。空腹式桁架腹杆采用双角钢,角钢规格为L220×16mm和L200×16mm,节点板板厚24mm,角钢通过高强螺栓与节点板连接。为了改善横向挑臂根部板件及腹板加劲板件受力,两横隔板1/2位置平底板上设600mm高的T形支撑加劲,纵腹板上设竖向加劲肋。考虑顶推施工要求,两横隔板间1/4位置底板设厚20mm的顶推加劲板,见图7、图8。

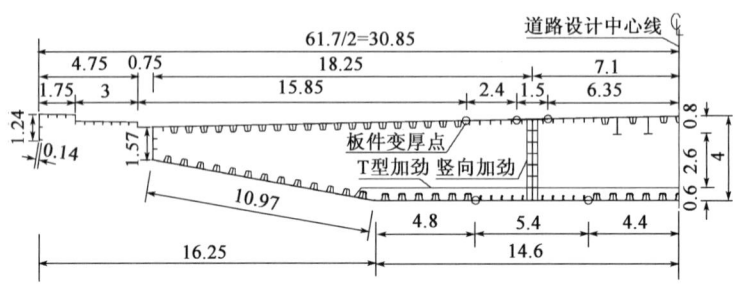

图7 标准梁段横隔板间1/2位置横断面(尺寸单位:m)

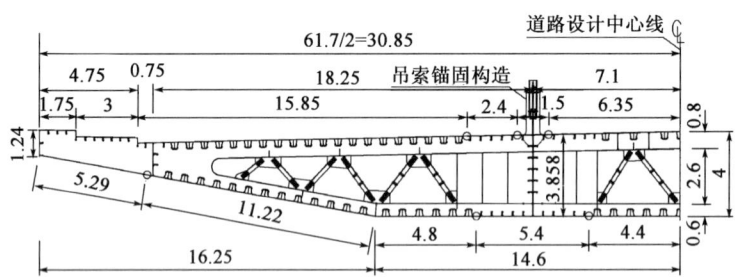

图8 标准梁段横隔板处横断面(尺寸单位:m)

3.3 锚固区梁段

主缆锚固区梁段全桥共计两个,单个节段长为21.39m。顶板厚12~60mm,在主缆入梁处开设入缆孔洞。底板厚16~40mm,支座位于道路中心线两侧各11m位置,临时顶升位置设在外腹板下方与横隔板相交处。梁段内设置四道纵腹板,高为3.817/3.899m,腹板度28~50mm,两腹板间4.1m为主缆锚固区域,腹板在锚固区外侧设置水平板肋加劲,内侧根据锚固区铸锚后加劲设置厚度为40mm的斜向加劲,见图9、图10。

铸钢锚锭长1.7m,锚固端板厚120mm,其余铸钢板件厚60~80mm。锚固点中心横桥向距道路中心线7.1m,顺桥向位于辅助墩顶向边跨侧3.5m。梁段内共设10道横隔板,间距为1.2~2.6m。锚固区腹板两侧设置混凝土压重,压重区域内采用实腹式隔板,其余均为桁架式空腹隔板。压重区顺桥向长15.89m,压重混凝土分三次浇筑完成,箱室内钢梁顶、底板及腹板上设焊钉连接件,见图11、图12。

3.4 塔区梁段

塔区梁段全桥共计3个,单个节段长38m。顶板厚12~32mm,加劲形式与标准段相同。在塔柱位置开两个横纵向尺寸为5.5m×9.6m的孔洞使桥塔通过。底板厚24~40mm,支座布

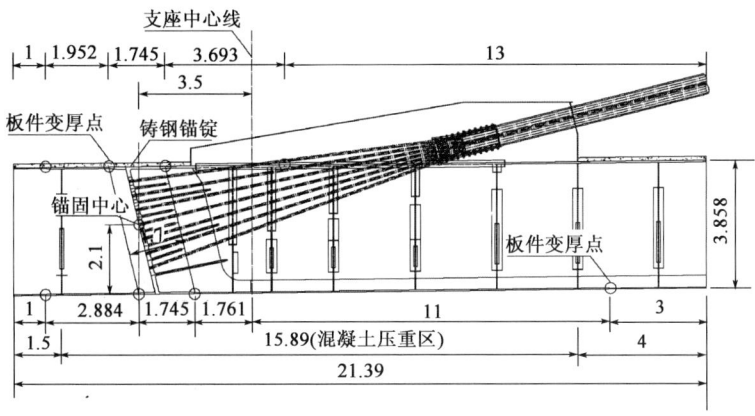

图 9 锚固区钢梁主缆锚固处剖面(尺寸单位:m)

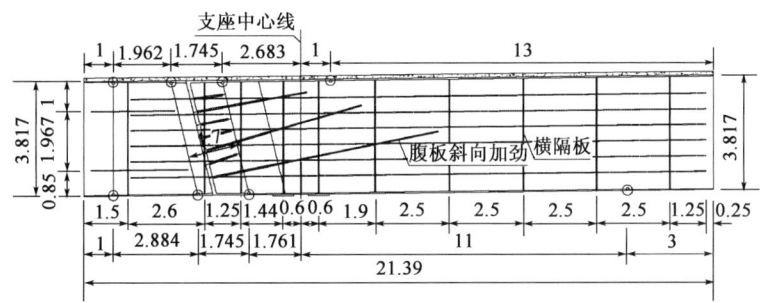

图 10 锚固区钢梁外纵腹板处剖面(尺寸单位:m)

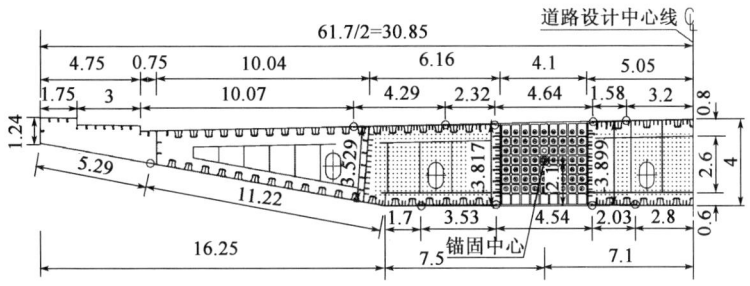

图 11 锚固区梁段锚固面处横断面(尺寸单位:m)

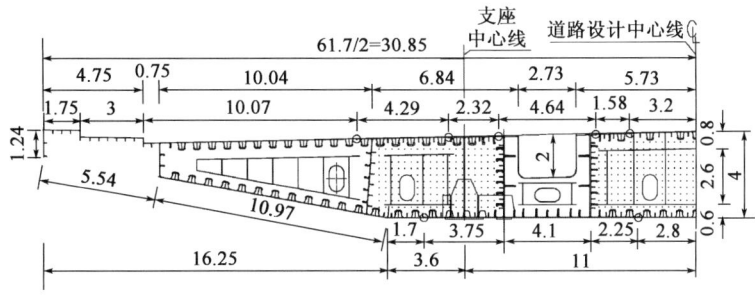

图 12 锚固区梁段支座处横断面(尺寸单位:m)

置横向距道路中心线各11.3m,临时顶升位置设置在顺桥向支座位置两侧。梁段内设置六道纵腹板,腹板厚24~40mm;共设12道横隔板,间距1.0~4.5m。桥塔附近在道路中心线两侧各14.8m宽箱室内设置混凝土压重,顺桥向约14m,压重混凝土分三次浇筑完成,箱室内钢梁顶底板及腹板上设焊钉连接件,见图13。

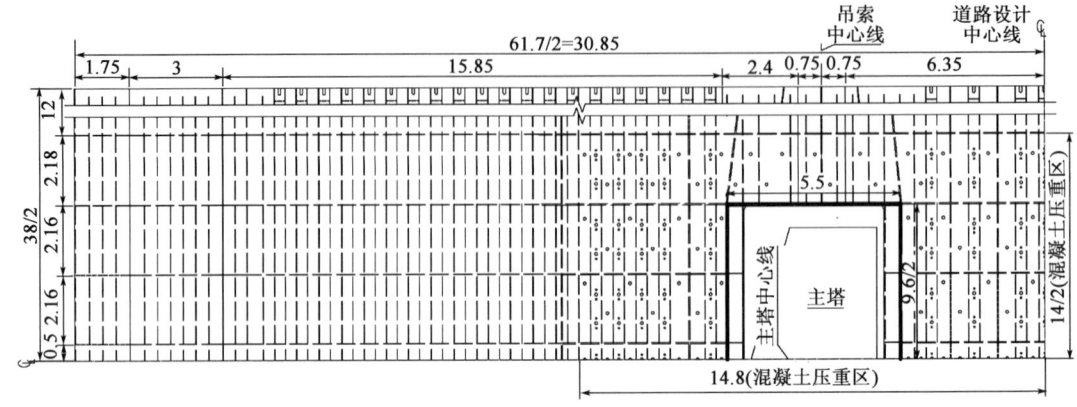

图13 塔区梁段平面(尺寸单位:m)

3.5 锚跨梁段

锚跨钢梁段(图14、图15)主梁设置四道纵腹板,厚16~32mm,内外侧各设两道板肋加劲,腹板处梁高3.817/3.899m。顶板厚12~20mm,平底板厚16~24mm,在纵腹板间设板肋加劲,其余设U肋加劲;斜底板厚16mm,U肋加劲;横隔板设置与标准梁段相同。

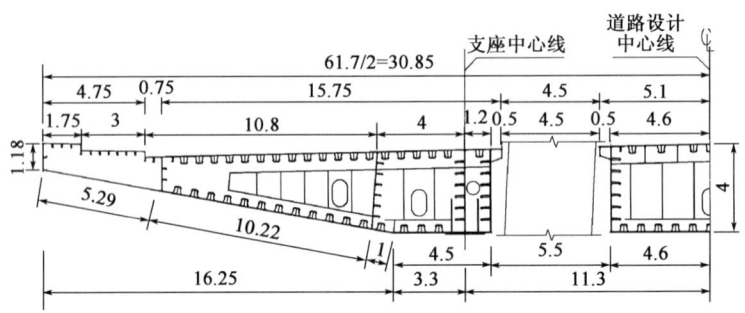

图14 塔区梁段横断面(尺寸单位:m)

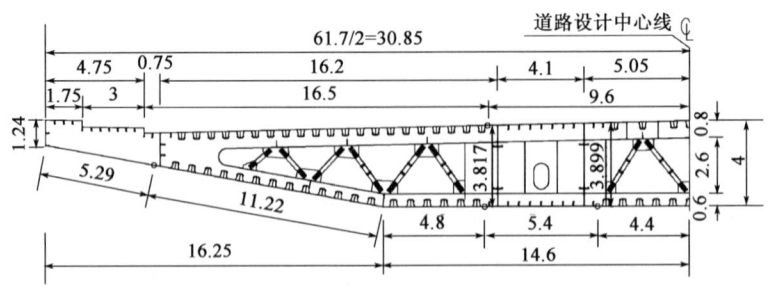

图15 锚跨梁段横断面(尺寸单位:m)

4 混凝土桥面板构造

在两侧车行道16.5m及缆索区4.5m范围设置厚120mm钢筋混凝土桥面结构,采用C60

纤维混凝土。全桥共两幅混凝土桥面板,采用横缝间隔现浇。钢板与混凝土板间设置 φ16×90mm 焊钉连接件将两者连成整体。标准段焊钉间距纵横向均为 360mm,吊索、纵腹板及横隔板附近焊钉局部加密。桥面板钢筋紧靠焊钉布置,其中纵向钢筋除锚固区、桥塔区范围为 22mm 直径外,其余直径均为 20mm,双层布置,间距为 120mm。横向钢筋直径 16mm,单层布置,悬臂根部增强为两肢一束,间距 120mm,见图 16。

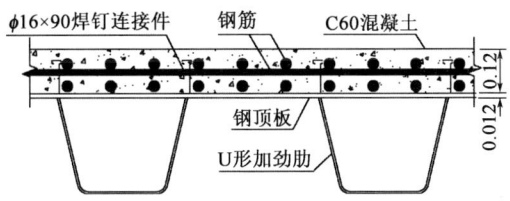

图 16 钢-混凝土组合桥面(尺寸单位:m)

5 主梁关键受力分析

5.1 主梁整体静力分析

本桥整体计算采用模拟全结构的空间有限元模型,考虑几何非线性的影响。荷载包括恒载、活载、温度、风荷载、基础沉降及收缩徐变等,根据《公路钢结构桥梁设计规范》(JTG D64—2015)进行荷载组合,见图 17。

图 17 全桥空间杆系计算模型

总体模型中得到主梁内力,在综合考虑截面剪力滞及截面局部稳定折减后,边中跨(除锚固区位置)钢梁顶板机动车道区域在荷载基本组合下最大压应力小于 230MPa,满足第一体系应力控制要求。边中跨(除锚固区位置)钢梁底板在荷载基本组合下最大压应力小于 275MPa,满足结构受力要求。图 18~图 21 中主梁坐标以辅助墩顶为 0 计。

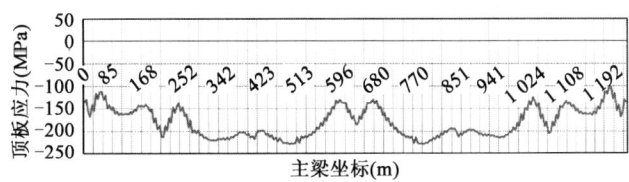

图 18 边中跨钢梁顶板最大压应力

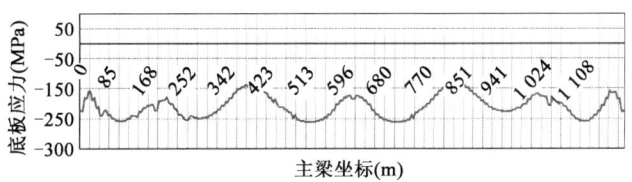

图 19 边中跨钢梁底板最大压应力

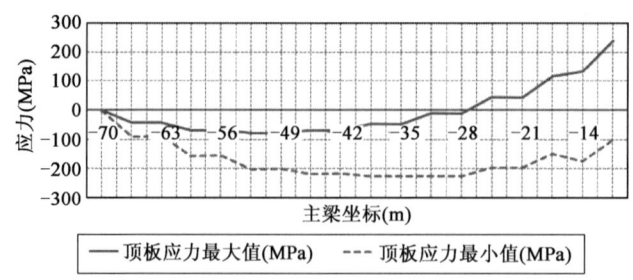

图20　锚跨钢梁顶板基本组合最大压应力

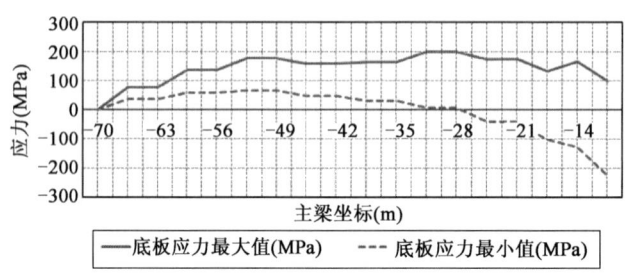

图21　锚跨钢梁底板基本组合应力

综合考虑截面剪力滞折减及截面局部稳定折减后（不考虑混凝土桥面板），锚跨（除锚固区位置）钢梁顶板在荷载基本组合下最大压应力小于230MPa，最大拉应力小于210MPa，满足规范要求。锚跨（除锚固区位置）钢梁底板在基本组合下最大拉压应力均小于275MPa，满足结构受力要求。

5.2　组合桥面第二体系受力分析

组合桥面第二体系计算采用有限元软件ANSYS建立板壳—实体单元模型，横向半模型节段长54m，设置对称约束，一侧端面纵向约束，底板竖向约束。横隔板间距4.5m，在横梁支点处纵向2.25m范围考虑混凝土开裂，仅纵向钢筋发挥作用，纵向钢筋以桁架单元模拟。汽车荷载通过轮载施加在横梁中部桥面上，考虑荷载分项系数和冲击系数，见图22。

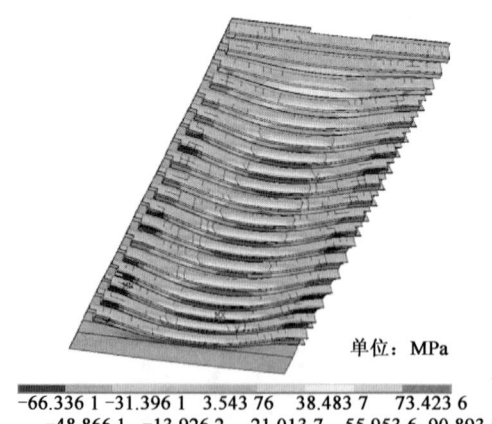

图22　组合桥面第二体系应力

正交异性钢桥面板最大压应力发生在横梁处U肋下翼缘为-66.3MPa，最大拉应力发生在跨中处U肋下翼缘为91MPa；钢顶板最大压应力-35MPa，最大拉应力31MPa。总体静力计算(第一体系)钢梁顶板最大压应力-230MPa,最大拉应力210MPa;U肋下翼缘最大压应力-210MPa,最大拉应力185MPa。经计算,本桥一二体系叠加后基本组合顶板最大压应力-265MPa,最大拉应力241MPa;U肋下翼缘最大压应力-276MPa,最大拉应力276MPa。我国规范中暂无对两体系叠加后折减的规定,桥面板应力仍有富余,U肋下缘应力稍高。根据欧洲规范[6],整体和局部车载作用组合时,可对其中一项考虑0.7的折减系数,因此结构具有较大的安全富余度。

5.3 标准梁段横向计算

标准梁段横向计算采用有限元软件ANSYS建立板壳—实体单元模型,模型节段长54m,通过设置对称约束横向取半幅结构,一侧端面设纵向约束,吊点处设竖向约束。活载以最大偏心施加于桥面上,考虑荷载分项系数和冲击系数。

荷载标准组合作用下,一阶稳定为横梁下部受压板失稳,稳定系数为4.5,见图23~图26。

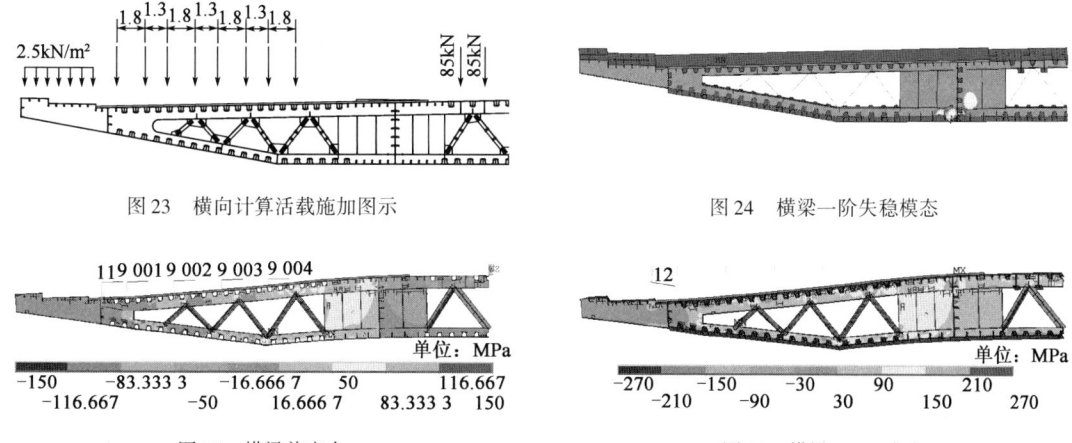

图23 横向计算活载施加图示　　图24 横梁一阶失稳模态

图25 横梁剪应力　　图26 横梁Mises应力

基本组合下顶底板横向最大正应力均小于120MPa,空腹式隔板最大剪应力小于150MPa,最大Mises应力小于270MPa。

6 结语

本文详细介绍了济南凤凰黄河大桥主桥组合板组合梁结构构造,并对其关键受力性能进行了有限元计算分析。结论如下:

(1)凤凰黄河大桥主桥主梁采用了新型的钢-混凝土组合板组合梁结构,经计算可有效地改善结构受力,结构经济,且可有效提升桥面板的抗疲劳性能和耐久性能。

(2)凤凰黄河大桥主桥主梁结构等高设计,混凝土桥面板厚12cm,采用C60纤维混凝土,横向分两幅布置在两侧车行道及缆索区范围;钢桥面板与混凝土板间采用焊钉连接件结合。

(3)主桥标准梁段全断面设2道纵腹板,锚固区、塔区及锚跨梁段设4~6道纵腹板,梁段间设置腹板过渡梁段。

(4)锚固区梁段腹板两侧设置混凝土压重,腹板间设主缆铸钢锚固构造和锚后加劲,顶板设入缆孔;纵腹板外侧设置水平板肋加劲,内侧根据锚后加劲设置斜向加劲。

(5)塔区梁段塔柱位置开设孔洞使桥塔通过,支座布置横向距道路中心线各11.3m,临时顶升位置设置在顺桥向支座位置两侧。桥塔顺桥向约14m箱室内设置混凝土压重。

(6)标准梁段横隔板一阶失稳为横梁下部受压板元失稳,稳定系数为4.5。

参 考 文 献

[1] 朱本瑾.多塔悬索桥的结构体系研究[D].上海:同济大学土木工程学院,2007.
[2] 陈永健.多塔自锚式悬索桥受力性能研究[D].福建:福州大学,2011.
[3] 陈桂林.螺洲大桥总体设计与关键技术研究[J].福州建设科技,2014(4),(1):99-102.
[4] 孙海涛,张德明,邵长宇.银川滨河黄河大桥主桥设计[J].桥梁建设,2017,47(5):95-100.
[5] 张德明.银川滨河黄河大桥工程主桥结构体系研究[J].城市道桥与防洪,2018,(1):25-28.
[6] Eurocode 3:Design of Steel Structures,Part 2:Steel Bridges[S].2003.

32. 主跨 2×428m 三塔自锚式悬索桥主塔设计

张德明　李东胜

(上海市政工程设计研究总院(集团)有限公司)

摘　要:凤凰黄河大桥主桥采用三塔双索面自锚式悬索桥,跨径布置为 70m + 168m + 428m + 428m + 168m + 70m = 1 332m,桥宽 61.7m。中跨矢跨比为 1/6,边跨垂跨比为 1/15。中、边塔采用相同的结构形式,构造不完全相同,中塔塔高 126.0m,边塔塔高 116.1m。桥塔采用横向 A 形、纵向单柱形结构,下塔柱为钢混组合构件,上塔柱及横梁采用钢结构,各塔横向两塔柱之间均设置上下二道横梁。塔柱采用单箱三室截面,横梁采用单箱单室截面。

关键词:三塔自锚式悬索桥　设计　三塔　钢混组合塔

1　工程概况

凤凰黄河大桥项目起点位于济南市荷花路交叉口处,与坝王路顺接,路线依次跨越邯胶铁路联络线、南水北调工程济东明渠后继续向北,在小河套村向西北方向延伸,跨越黄河南岸堤顶和北岸堤顶后,穿过老洼村与现状 G220 交叉。道路等级为双向八车道一级公路兼城市主干路,设计速度为 60km/h,道路红线宽 60m,中间预留轨道交通建设条件。

项目路线全长约 6.99km,其中跨黄河主桥桥型方案采用三塔自锚式悬索桥,总长 1 332m,跨径布置为 70m + 168m + 428m + 428m + 168m + 70m。双索面主缆跨径布置为 171.5m + 428m + 428m + 171.5m,中跨矢跨比为 1/6,边跨垂跨比为 1/15。主梁采用正交异性组合桥面板组合梁,梁宽 61.7m,吊索处主梁高 3.858m。吊索标准间距 9.0m。中、边塔采用相同的结构形式,横向采用 A 形索塔结构,纵向为单柱形结构,下塔柱为钢混组合构件,中、上塔柱及横梁均采用钢结构,与塔柱下横梁同一高程处设置外挑牛腿以安装主梁竖向支座。索鞍采用壳传力式结构,中跨跨中设置刚性三角桁架中央扣。桥塔采用矩形承台,钻孔灌注桩基础(图 1)。

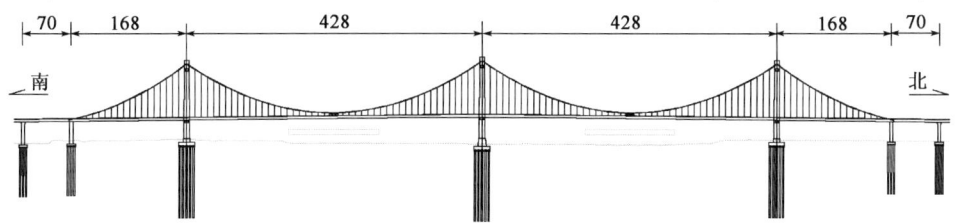

图 1　凤凰黄河大桥主桥总体布置图(尺寸单位:m)

2 主塔结构设计

鉴于钢结构具有较好的刚度和强度性能,塔柱300年一遇设防水位以上采用钢结构;从结构耐久性方面考虑,300年一遇设防水位以下为钢与混凝土组合结构。

2.1 总体布置

全桥共设两座边塔和一座中塔。两个边塔构造完全相同,因桥面和地面高程不同,边塔和中塔构造不完全相同。中塔塔高126.0m,边塔塔高116.1m,横向两塔柱轴线斜率1:20。

主塔结构设计为A形塔,每座主塔包括2个塔柱、2个牛腿、1个下横梁和1个上横梁。牛腿位于塔柱外侧,主梁下方,牛腿上设置主梁竖向支座;下横梁位于主梁下方,设置主梁横向和纵向阻尼器;上横梁位于索鞍下方。

塔柱按结构形式分为钢结构段与钢混结合段,前承压板顶面以下为结合段,前承压板顶面以上为钢结构段。结合段采用钢与混凝土组合结构,连接件采用剪力钉和开孔板,受拉区拉应力由钢束承担。中塔结合段高17.02m,钢结构段高108.98m;边塔结合段高11.1m,钢结构段高105m。

2.2 钢结构段

塔柱采用五边形截面,除塔顶装饰段为单箱单室,其余为单箱三室截面,索鞍底节段设置格栅,以承担主索鞍局部压力。截面横桥向宽4m,顺桥向宽度随高程增加逐渐变小,线性变化,兼顾受力及索鞍顺桥向构造尺寸要求,边塔为8.311~7.064m,中塔为8.380~7.064m。除下横梁和上横梁位置,横隔板标准间距为3m。

下横梁为单箱单室截面,高2.53m,宽4.96m;牛腿与下横梁等高等宽,考虑景观需求,牛腿端部带尖角,角度与主塔外侧壁板角度相同;上横梁为单箱单室截面,高3.621m,宽4.373~4.399m。

2.3 结合段

结合段钢结构截面轮廓尺寸由钢结构段延伸确定,结合段钢结构伸入承台2.5m。设置前承压板、中承压板和后承压板。

结合段分下结合段和上结合段,高程25.000~30.300m(边塔)/19.080~30.300m(中塔)为下结合段,高程30.300~36.100m(边塔和中塔)为上结合段。

下结合段壁板内外均结合混凝土,柱壁板开宽0.25~0.35m孔洞,长度不等,以保证内外混凝土整体性。外侧混凝土在增加受力面积的同时,可避免钢结构外表面浸水锈蚀(中塔)和与地面以下土壤直接接触。下结合段顶面高程30.3m,高于边塔地面高程(28.4m)1.9m。下结合段底面尺寸为9m×10m(边塔)/9m×12m(中塔),顶面尺寸为9.902m×5.533m(边塔)/9.950m×5.533m(中塔)(图2)。

上结合段仅壁板内侧结合混凝土,并布置连接件,结构混凝土高度由结合段受力确定,顶面高程为36.1m。上结合段顺桥向壁厚2.296~2.314m,横桥向壁厚0.8m。

结合段腹板双侧布置剪力钉,上结合段壁板单侧布置剪力钉,下结合段壁板双侧布置剪力钉。剪力钉横桥向间距为0.18~0.22m,顺塔柱轴线向间距为0.2m。结合段开孔板连接件布置于壁板加劲,每个加劲横向布置2个,2孔间距0.12m,顺塔柱轴线向间距为0.2m。

结合段钢束分长束和短束,长束共8束,顶端锚固于前承压板,底端锚固于承台;短束共

33束,顶端锚固于中承压板,底端分2批锚固于承台,锚固面高程分别为承台顶面以下3.2m和4.0m。钢束型号采用19ϕ_s15.2mm钢绞线。

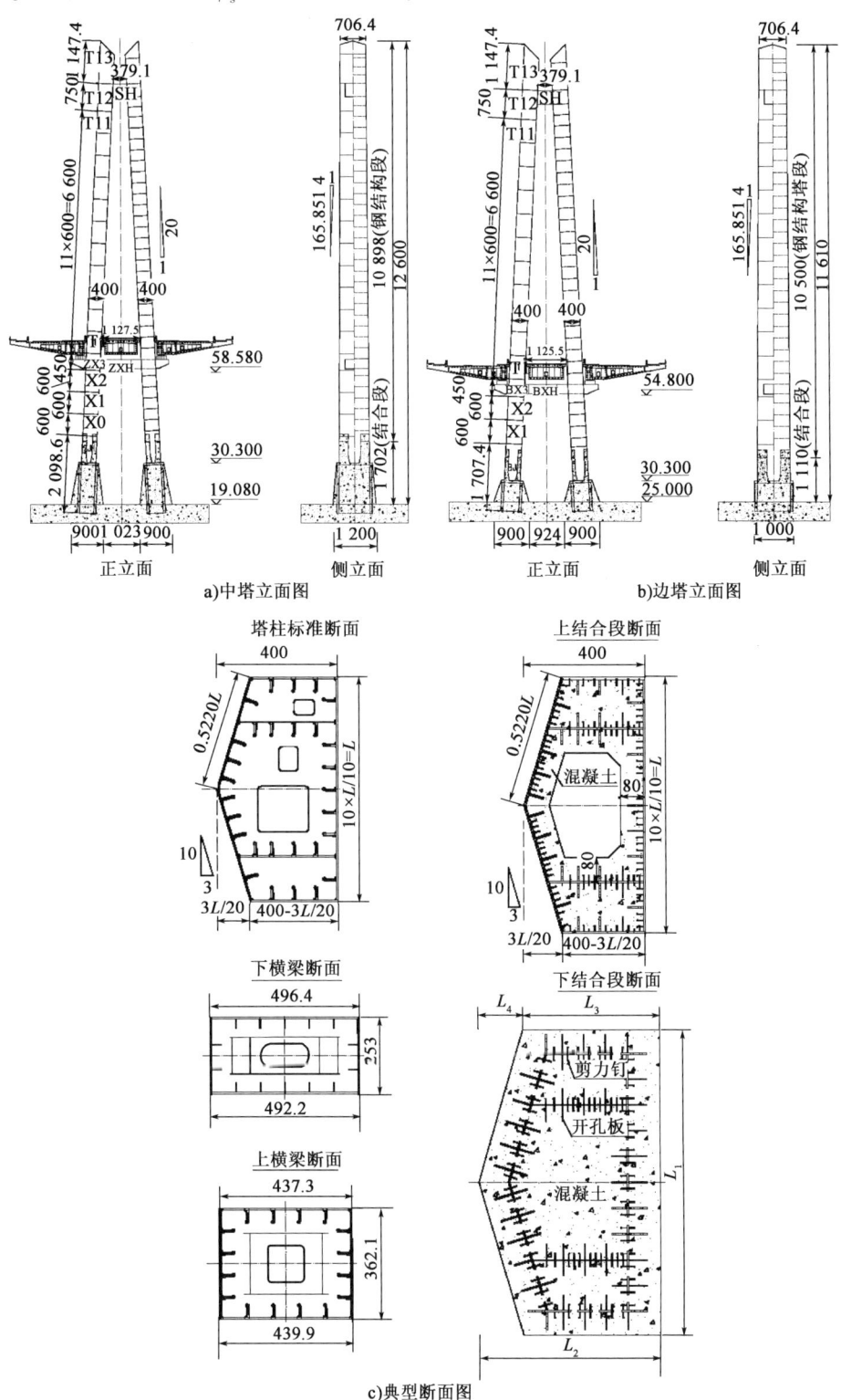

图2 主塔构造图(尺寸单位:cm;高程单位:m)

2.4 节段划分

边塔钢结构(包括结合段钢结构)划分为 19 个节段,由下到上包括 BJH、X1~X2、BX3 和 T1~T13 节段;中塔钢结构(包括结合段钢结构)划分为 20 个节段,由下到上包括 ZJH、X0~X2、ZX3 和 T1~T13 节段。节段间采用焊接连接。

BJH 和 ZJH 节段分别为边塔和中塔结合段钢结构,节段顶高程均高于前承压板顶缘一定高度,BJH 节段长 17.074m,ZJH 节段长 20.986m;BJH 和 ZJH 节段主要板件厚度由下到上分为 3 段,壁板厚度分别为 28mm、45mm 和 60mm,对应加劲厚度分别为 24mm、40mm 和 55mm,壁板和加劲材质均为 Q420qE。

BX3 和 ZX3 节段分别为边塔和中塔下横梁位置节段。考虑牛腿为单侧悬臂结构,若单独吊装定位困难,所以将牛腿并入此节段;考虑边塔位置主梁顶推施工需要,BX3 节段顶面高程低于主梁底面,节段顶距主梁底板底缘 0.317m;ZX3 节段顶距主梁底板底缘 0.017m。BX3 和 ZX3 节段长度均为 4.5m,壁板厚度为 60mm,加劲规格为 50mm×500mm。

X0、X1~X2 和 T1~T11 节段长度均为 6m 长,其中 X0 为中塔独有节段,X1~X2 和 T1~T13 为中、边塔共有编号节段。中塔和边塔编号相同的节段,构造也完全相同。X0、X1~X2 和 T1~T11 节段主要板件信息见表1。

节段主要板件信息(单位:mm) 表1

节段编号	壁板厚度	加劲规格	材质
X0~X1	60	55×500	Q420qE
X2、T1~T2	60	50×500	Q420qE
T3~T5	55	45×480	Q420qE
T6~T8	55	45×480	Q345qE
T9~T11	50	40×430	Q345qE

T12 节段为索鞍底节段,索鞍底格栅将主缆巨大轴向分力传递给塔柱壁板和腹板,因此做成单箱多室截面。节段壁板厚 50mm,材质为 Q420qE。

T13 节段为塔顶段,仅受自重和风荷载作用,板厚较薄。节段壁板厚 16mm,加劲规格为 16×160mm,材质为 Q345qE。

3 施工方案

钢塔板单元采用工厂内加工,运送现场拼装场进行总拼。边塔位于河滩上,采用履带吊吊装。中塔位于水中,中塔安装采用大型塔吊吊装方案。

边塔下塔柱拟投入 1 台 350t 履带吊(南边塔)和 1 台 320t 履带吊(北边塔)进行施工,边塔上塔柱拟投入 2 台 650t 履带吊进行施工,中塔拟投入 1 台 2 800t·m 塔吊进行施工。

由于钢塔柱为 A 字形结构,在塔柱施工过程中,为平衡塔柱在自重作用下的水平分力,上塔柱沿高度方向设置 2 道主动水平横撑,并按监控要求施加水平顶推力。

4 结语

凤凰黄河大桥主桥主塔采用钢混组合结构,通过主跨跨中设置刚性中央扣改善了中塔受力,中边塔采用了相同的结构形式,主塔设计兼顾了受力、施工与美观造型。

参 考 文 献

[1] 上海市政工程设计研究总院(集团)有限公司.G220至济青高速公路王舍人互通立交连接线工程施工图[Z].上海,2018.
[2] 邹敏勇,郑修典,王忠彬,等.泰州长江公路大桥三塔悬索桥中塔方案设计[J].世界桥梁,2008,(1):5-7.
[3] 李翠霞.武汉鹦鹉洲长江大桥桥塔设计[J].桥梁建设,2014,44(5):94-98.

33. 主跨 2×428m 三塔自锚式悬索桥缆吊系统设计

陈祖贺

(上海市政工程设计研究总院(集团)有限公司)

摘　要：通过凤凰黄河大桥主缆设计，列举了近年来大跨径悬索桥主缆钢丝的选用情况，可以看出，主缆采用高强、大直径钢丝成为趋势；通过介绍主索鞍的设计，给出空间索面主缆索鞍的两种设计方式；本桥中央扣的设计，通过调整多对串联刚性中央扣的纵向刚度，实现了三对中央扣的协调受力；本文最后介绍了凤凰黄河大桥远期实施后，吊杆长度的调整方案。

关键词：主缆　索鞍　吊杆　中央扣

1　引言

随着桥梁建设的发展，桥梁跨径不断刷新纪录，悬索桥因其天然的造型优势及超强的跨越能力，受到广大桥梁建设者的青睐，缆吊系统是悬索桥的重要组成部分，通常由主缆、吊杆、索鞍、索夹组成。随着跨度的增长，缆吊系统内力不断增加，主缆直径越来越大、越来越重，索鞍、索夹构造越来越复杂，跨度的增加也对结构体系提出了挑战，为了改善结构的动力性能、增加结构刚度，中央扣往往成为缆吊系统的关键构造。凤凰黄河大桥缆吊系统设计在多个方面均具有一定的新意，本文就此展开介绍，以供后续同类项目借鉴。

2　工程概况

凤凰黄河大桥(图1)为三塔自锚式悬索桥，主缆跨径布置为 171.5m + 428m + 428m + 171.5m，桥面全宽 61.7m，主塔均为钢塔，主梁为钢—混凝土组合钢箱梁，采用空间双索面主缆，每个吊点设一根吊杆，吊杆标准间距为 9m，吊杆上端通过单吊耳索夹连接主缆、下端通过锚拉板、吊耳连接主梁。凤凰黄河大桥建成后，将以其 428m 的主跨长度，成为目前世界上跨径最大的三塔自锚式组合梁悬索桥。凤凰黄河大桥建设分两期实施，近期建设双向 8 车道机动车道及两侧人行、非机动车道，远期建设双向轻轨。

为方便描述，将凤凰黄河大桥缆吊系统划分为主缆系统、吊杆系统及中央扣系统，主缆系统包括主缆、主索鞍、散索鞍三部分，吊杆系统包括吊杆、索夹、梁上锚固构造，中央扣系统包括中央扣索夹及杆身。

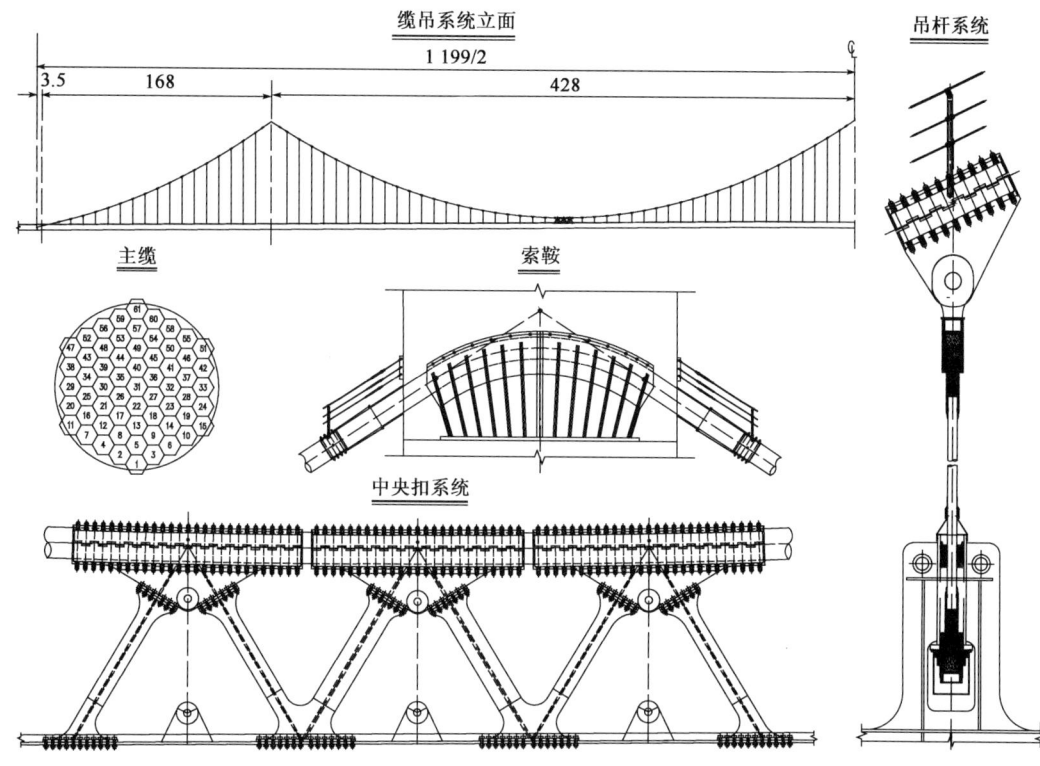

图 1 凤凰黄河大桥缆吊系统总体布置(尺寸单位:m)

3 主缆系统

3.1 主缆

自1883年第一座现代悬索桥——美国布鲁克林桥采用1200MPa高强钢丝作为主缆材料至今,已建悬索桥主缆钢丝强度已经达到了1960MPa。主缆钢丝强度的增大有助于减小主缆直径,降低主缆质量,进而简化主缆锚固、索鞍、索夹构造,方便主缆施工、降低工程造价。从表1可以看出,近年来修建的悬索桥主缆钢丝直径都在5mm以上,并已经有6.2mm的高强钢丝应用于主缆,钢丝直径的增大可以改善主缆的抗腐蚀能力、提高主缆的耐久性。杨泗港长江大桥主缆便采用了1960MPa级别、直径6.2mm的高强钢丝。

主 缆 钢 丝 表1

桥 梁 名 称	强度(MPa)	主缆组成	建成年份(年)
五峰山长江大桥	1 860	352×127×5.5	在建
瓯江北口大桥	1 860	169×127×5.4	在建
杨泗港长江大桥	1 960	271×91×6.2	2019
舟山小干二桥	1 770	61×127×5.0	2018
北盘江大桥	1 770	91×91×5.1	2016
韩国蔚山大桥	1 960	16×127×5.35	2015
鹦鹉洲长江大桥	1 770	114×127×5.25	2014
桃花峪黄河大桥	1 670	37×127×5.3	2013
青岛海湾大桥	1 670	61×127×5.1	2010

续上表

桥 梁 名 称	强度（MPa）	主缆组成	建成年份（年）
江东大桥	1 670	37×91×5.3	2008
银川黄河大桥	1 770	37×91×5.35	2004
明石海峡大桥	1 770	290×127×5.23	1998
大贝尔特桥	1 570	37×504×5.38	1998
香港青马大桥	1 570	291×127×5.38	1997

注：主缆组成表示"股数×每股钢丝数×钢丝直径"。

根据主缆钢丝的发展趋势，结合凤凰黄河大桥的特点，确定了本桥主缆由61股钢束组成，每一股钢束含127根直径为6.2mm的高强钢丝，钢丝强度为1 960MPa，表面镀锌铝合金。凤凰黄河大桥主缆矢跨比为1/6.15，索夹位置主缆空隙率为17%，直径为599.0mm，索夹外主缆空隙率为19%，直径为606.3mm。

3.2 主索鞍

主索鞍对主缆在塔顶转向具有重要作用，尤其是对空间索面主缆，要同时保证主缆在铅垂面和水平面转向平顺，否则会引起主缆钢丝的弯折应力。空间索面主索鞍通常有两种形式（表2），一种是将主索鞍鞍槽设计成水平圆弧与竖向圆弧合成的三维曲线；另一种是将主索鞍按照常规索鞍设计，即仅设置竖向圆弧，安装时设置横向倾角适应主缆的水平转向。一般，第一种方法更适用于水平转角较大的情况，第二种方法适用于水平转角较小的情况。

空间缆索鞍形式　　　　　表2

桥 梁 名 称	主索鞍形式	主缆水平转角（°）	索鞍倾斜角度（°）
南京江心洲大桥	三维曲线鞍槽	7.334	0
杭州江东大桥	三维曲线鞍槽	16.160	0
青岛海湾大桥	常规索鞍+倾斜	1.598	1.925
广州猎德大桥	常规索鞍+倾斜	5.660	7.200
韩国永宗大桥	常规索鞍+倾斜	9.660	12.590

凤凰黄河大桥主缆在塔顶的理论水平转角很小，边塔两侧分别为2.05°、1.84°，中塔两侧均为1.90°，设计三维曲线鞍槽将会增加设计及制作难度，而通过对常规索鞍设置一定的横向倾角来实现主缆的水平转向，无疑是一种很好的选择。通过计算，凤凰黄河大桥边塔主索鞍设置2.972°的横向倾角、中塔主索鞍设置2.939°的横向倾角，可以很好地实现主缆的水平转向。图2即为中塔索鞍的断面布置。

本桥索鞍为铸焊结合结构，鞍槽为铸造构件，材料为ZG300-500H，纵肋、横肋、底板为Q345qE钢材，通过熔透焊连接各构件。主缆中心在鞍槽内的半径为5.6m，索鞍与塔顶之间设置调平板，保证索鞍安装角度满足设计要求。

3.3 散索鞍

在缆梁锚固端，主缆通常需要分散成单根索股，索股转向后分别锚固，此处需设置散索鞍实现索股分散、转向。散索鞍可以与主梁连接也可以不与主梁连接，往往前者可以实现主缆索股较大的转向，但是构造相对复杂，安装困难，后者适用于索股转向较小的情况，可以简化构造。本桥主缆竖向入梁角度为13.60°，水平入梁角度为0.67°，入梁相对平缓，散索鞍可不与主梁连接。本桥散索鞍可分为等直径的摩阻段和变直径的散索段，摩阻段长1.26m，散索段长

1.64m,摩阻段的作用是防止主缆索股径向散开时散索套向缆径较小的方向滑动(图2、图3)。

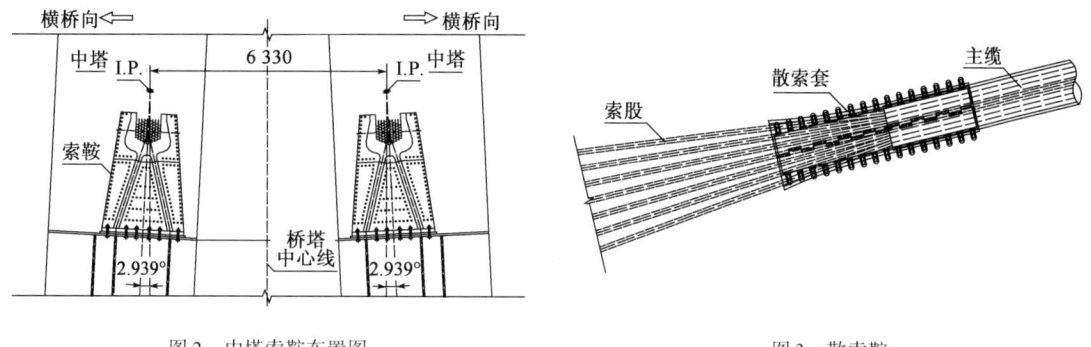

图2 中塔索鞍布置图　　　　　　　　　图3 散索鞍

4 吊杆系统——吊杆、索夹、梁上锚固构造

4.1 吊杆

本桥共设252个吊点(含中央扣),其中中跨设38对柔性吊杆,6对刚性吊杆,3对刚性中央扣,边跨设15对柔性吊杆,1对刚性吊杆,顺桥向标准间距9m,中央扣顺桥向间距4.5m。在吊杆长度小于4.5m的情况,考虑吊杆的制作要求,选择刚性吊杆,其他均为柔性吊杆。柔性吊杆均为187ϕ7.0mm的1860高强镀锌铝合金平行钢丝,刚性吊杆均为ϕ200mm高强合金钢42CrMo,抗拉标准强度1080MPa。

4.2 索夹

索夹为上下对接式、单吊耳索夹,材料为ZG20Mn,吊耳孔径为240mm,厚度220mm,索夹体壁厚45mm。

4.3 梁上锚固构造

本桥吊杆梁上锚固构造均设置于桥面以上,便于吊杆及锚固构造的检查维修,也可以避免吊杆入梁开洞可能导致的梁内积水;吊杆锚固端位于桥面以上,可以减小吊杆长度,但同时会使短吊杆不能满足柔性吊杆加工制作长度要求而采用刚性吊杆。对于刚性吊杆,梁上锚固构造为吊耳,柔性吊杆的梁上锚固构造为锚拉板。

本桥之所以每个吊点设置一根吊杆,也是考虑到梁上采用锚拉板构造,若设置双吊杆,锚拉板的开孔面积会增加,导致传力路径不直接,吊杆张拉过程中,锚拉板偏心受力严重,见图4。

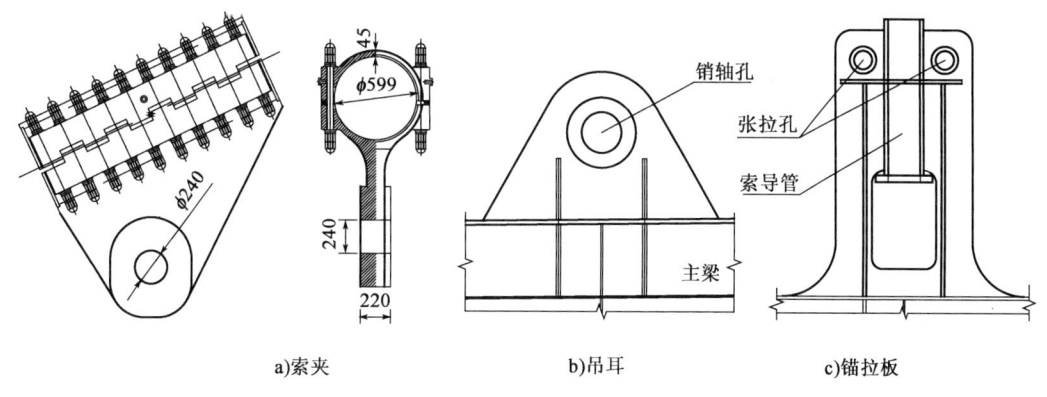

a)索夹　　　　b)吊耳　　　　c)锚拉板

图4 索夹及梁上锚固构造

柔性吊杆张拉,需通过张拉孔连接反力架,通过反力架将吊索张拉到位后,安装锚固端螺母进行固定;刚性吊杆张拉,必要时需设置反力架并通过接长杆,调整吊点与梁面的距离,通过连接套筒调节吊杆长度。

5 中央扣系统——索夹、杆身

在大跨径悬索桥上,中央扣构造可以用来改善桥梁的动力特性,也可以在静力方面增加桥梁刚度、减小缆梁位移、减小主塔弯矩、改善短吊杆的弯折。中央扣构造可以分为刚性中央扣和柔性中央扣,润扬长江大桥便在主跨跨中设置了一对刚性中央扣,用来减少活荷载引起的桥面纵向位移和风振等引起的跨中短吊杆弯折、疲劳问题;美国塔科马海峡新桥,在主缆跨中设置了一对刚性中央扣,用来改善桥梁抗风、抗震性能;日本的九重梦人行悬索桥设置中央扣提高桥梁的抗风性能;坝陵河大桥、矮寨大桥、澧水大桥等,均设置了柔性中央扣,以改善桥梁的受力性能,见表3。

空间缆索鞍形式　　　　　　　　　表3

桥 梁 名 称	中央扣形式	桥 梁 名 称	中央扣形式
塔科马海峡新桥	刚性	南备赞濑户大桥	柔性
大贝尔特桥	刚性	北备赞濑户大桥	柔性
小贝尔特桥	刚性	澧水特大桥	柔性
润扬长江大桥	刚性	坝陵河大桥	柔性
四渡河大桥	刚性	矮寨大桥	柔性

凤凰黄河大桥为主跨428m的三塔自锚式悬索桥,中塔为钢塔,结构整体刚度偏小,在主跨跨中各设置三对刚性中央扣,将主缆和跨中梁段刚性连接,通过缆上索夹及工字形杆件连接主梁,以提高结构刚度,减小中塔塔底弯矩,中央扣构造见图5。

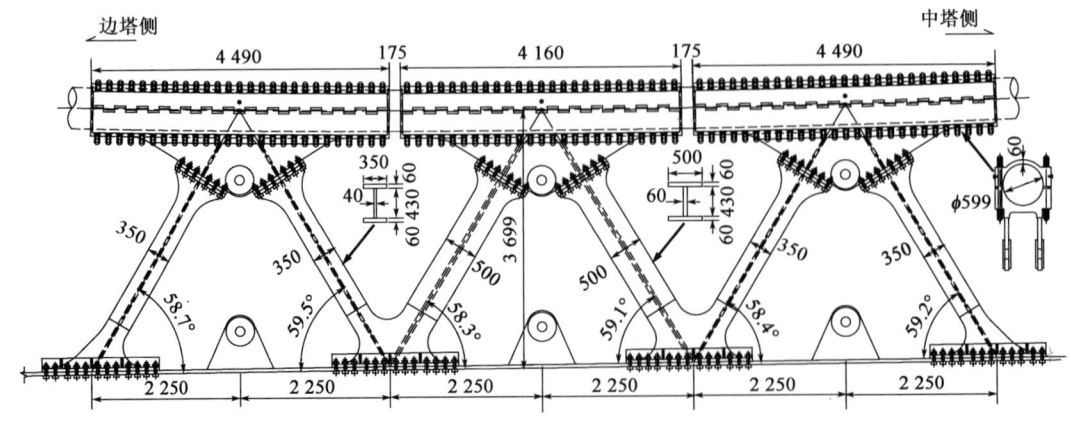

图5 中央扣(尺寸单位:m)

本桥之所以设置刚性中央扣是基于以下3个原因:

(1)此处中央扣受力较大,按照三对柔性中央扣设计,最不利工况下仅单侧吊杆受力,轴力接近2000t,吊杆规格大,连接、锚固构造相当复杂;

(2)两个最不利工况下,活载引起的主缆不平衡力数值接近、方向相反,柔性中央扣只能单侧承受拉力,疲劳情况严重;

(3)此处主缆较低且本桥梁上锚固构造均设置在梁顶面以上,吊杆长度太小,不满足制作要求。

基于上述原因,本桥采用刚性中央扣,通过合理的连接构造、截面尺寸,解决上述柔性中央扣存在的问题。

5.1 中央扣索夹

在最不利工况下,中央扣承受较大的水平力,为保证索夹满足抗滑移要求,索夹均比较长,长度分别为4.49m、4.16m、4.49m。同时,为了使索夹更好地适应主缆线形,索夹设置成曲线形式,增加了索夹制作难度,索夹曲率与成桥主缆线形一致。根据国内铸造工艺水平,索夹模具过长会导致浇铸过程中钢水流经途径过长、失温严重,造成毛坯件变形、气孔、夹渣等质量问题,根据本桥实际需要并与厂家沟通,本桥中央扣索夹长度均控制在4.5m以内可行。

中央扣索夹为双吊耳、铸焊结合构件,索夹体材料为ZG20Mn,厚60mm,索夹耳板材料为Q420qE,焊缝设置为水平缝,位于索夹体根部,厚60mm。吊耳下端焊接法兰板,与杆身拴接。

5.2 杆身

中央扣杆身为焊接工字形截面,可通过调整杆件的倾斜角度、杆身截面尺寸,优化纵向刚度,保证三对刚性中央扣受力协调。本桥仅通过调整杆身截面尺寸便可实现上述目的。两对边中央扣杆身翼缘为350mm×60mm、腹板厚40mm,中间一对中央扣杆身翼缘为500mm×60mm、腹板厚60mm,三对中央扣的截面高度均为550mm。

中央扣上、下两端均设置法兰板,通过高强螺栓分别与索夹、主梁连接,方便远期调索以及维修保养更换。考虑复杂的施工条件,为保证中央扣杆身长度满足成桥线形,在全桥吊杆(包括中央扣处临时吊杆)调索结束以后,现场配切杆身下段长度,然后与杆身上段焊接连接。

6 远期调索

凤凰黄河大桥远期将建设双向轻轨,需进行调索,获取远期成桥线形。根据计算,凤凰黄河大桥主缆近、远期成桥线形,上下吊点之间的距离最大减小量在35cm左右,平均值为20cm左右。由图6可知,变形较大点在靠近主塔的1/4跨附近。

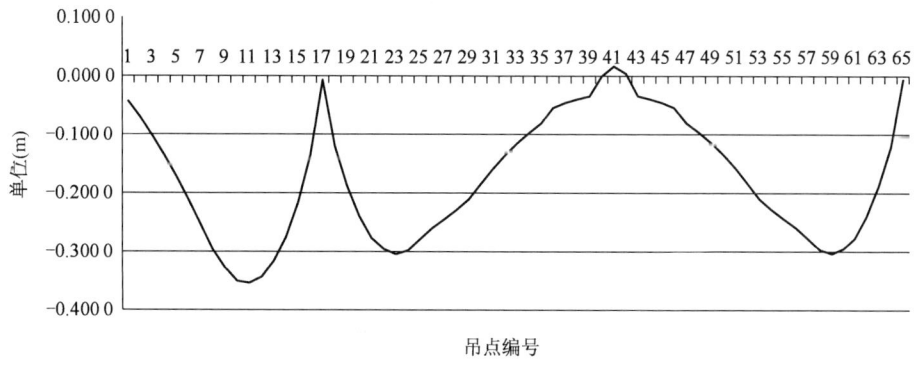

图6 近、远期上、下吊点间距离缩小量

针对上述调索需求,设计时考虑2种调索措施:在设计时加长吊杆张拉端锚杯带螺纹长度,近期张拉调索后预留至少20cm带螺纹长度,远期调索后,调整螺母位置;锚拉板开洞有80cm的空间,可通过增加对合型垫块,拓展张拉空间,部分吊杆配合使用两种措施可满足调索要求。近、远期调索后吊杆锚固端如图7、图8所示。

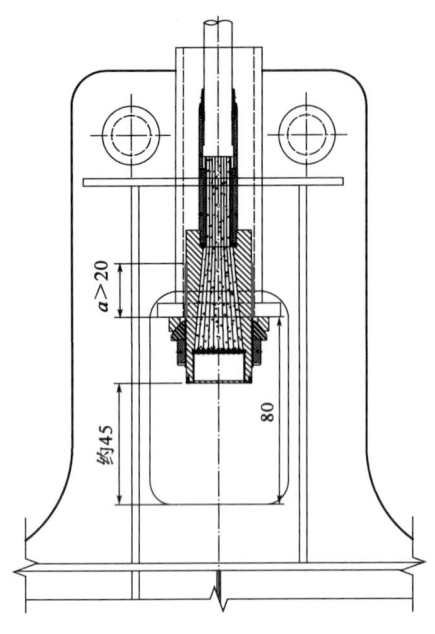

图7 近期调索后锚固端(尺寸单位:cm)

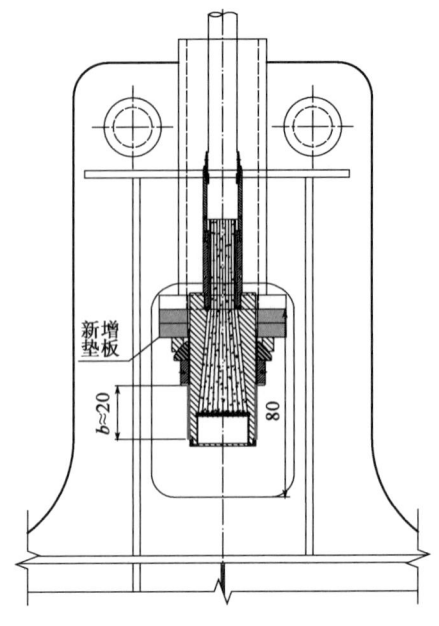

图8 远期调索后锚固端(尺寸单位:cm)

7 结语

本文介绍了凤凰黄河大桥缆吊系统设计,包括主缆系统、吊杆系统、中央扣系统,研究了悬索桥主缆钢丝的发展趋势,明确了高强、大直径钢丝的优点;通过介绍主索鞍的设计,给出空间索面主缆索鞍的两种设计方式;介绍了本桥中央扣的设计,通过调整多对串联刚性中央扣的纵向刚度,实现了三对中央扣的协调受力。本文最后给出了远期调索措施,确保远期轻轨顺利实施。通过凤凰黄河大桥缆吊系统的介绍,希望对后续类似项目的设计提供借鉴。

参 考 文 献

[1] 张成东,张柯,李恒.大直径高强钢丝主缆设计和应用[J].交通科技,2017(2).
[2] 孙海涛,张德明,邵长宇.银川滨河黄河大桥主桥设计[J].桥梁建设,2017(05):98-103.
[3] 常付平.舟山市小干二桥工程主桥设计[J].桥梁建设,2016(6):83-87.
[4] 刘丰洲,骆兴荣.主缆中央扣对三塔斜拉—悬索协作体系桥力学性能的影响[J].中外公路(36):146.
[5] 单宏伟,韩大章,吕立人.润扬长江公路大桥悬索桥中央扣设计[J].公路,2004(08):62-65.
[6] 侯光阳,苏茂材.美国塔科马海峡新桥的设计创新[J].世界桥梁,2013,41(3).
[7] 白桦,李德锋,李宇,等.人行悬索桥抗风性能改善措施研究[J].公路,2012(12):9-14.
[8] 曹永睿,韩立中,姜锡东,等.钢桁梁悬索桥柔性中央扣梁端锚固方式比较研究[J].公路交通科技,2013,30(9):80-86.

34. 主跨 2×428m 三塔自锚式悬索桥主塔组合塔段设计

李东胜

(上海市政工程设计研究总院(集团)有限公司)

摘　要：本文介绍了凤凰路跨黄河大桥主桥主塔组合塔段构造，通过建立有限元模型，对组合塔段进行受力分析。

关键词：自锚式悬索桥　钢塔　组合塔　连接件　有限元分析

1　主桥总体

凤凰路是济南市中心城区"六横十四纵"主干路网中重要一纵，其作为济南南北贯通性道路的补充，是规划路网重要组成部分。凤凰路跨黄河大桥主桥采用三塔自锚式悬索桥，跨径布置为 70m + 168m + 428m + 428m + 168m + 70m = 1 332m，主缆跨径布置为 171.5m + 428m + 428m + 171.5m，中跨矢跨比为 1/6.15，边跨垂跨比为 1∶15.1。主梁全宽 61.7m，桥面双向 8 车道 + 远期有轨电车预留 + 人非车道，钢梁高(道路中心线处)为 4m，总体布置见图 1。

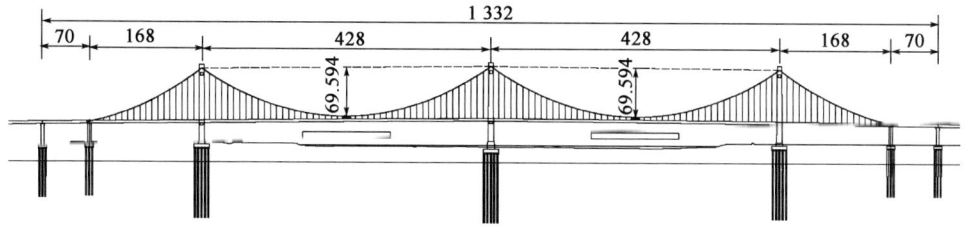

图 1　总体布置图(尺寸单位：m)

桥塔为 A 形塔，内穿主梁索区。为将钢主塔巨大轴力和弯矩传递给混凝土承台，同时考虑桥位处Ⅳ级航道和洪水时防撞需求，在下塔柱设置组合塔段，300 年一遇设防水位以下采用组合桥塔。边塔塔高 116.1m，组合塔段高 11.1m；中塔塔高 126.0m，组合塔段高 17.02m；钢结构伸入承台顶面 2.5m。

2　组合塔段结构设计

组合塔段为钢与混凝土组合结构，分上、下两个区段，上区段为高程 30.3 ~ 36.1m 区段，仅钢结构截面内结合混凝土；下区段为高程 25.0 ~ 30.3m(边塔)/19.08 ~ 30.3m(中塔)区段，区段顶面高程位于常水位以上约2m位置,钢结构截面内外侧均结合混凝土,外侧结合混凝土在增加受力面积同时,可避免钢结构外表面浸水锈蚀和与地面以下土壤直接接触,组合塔段布置图见图2。

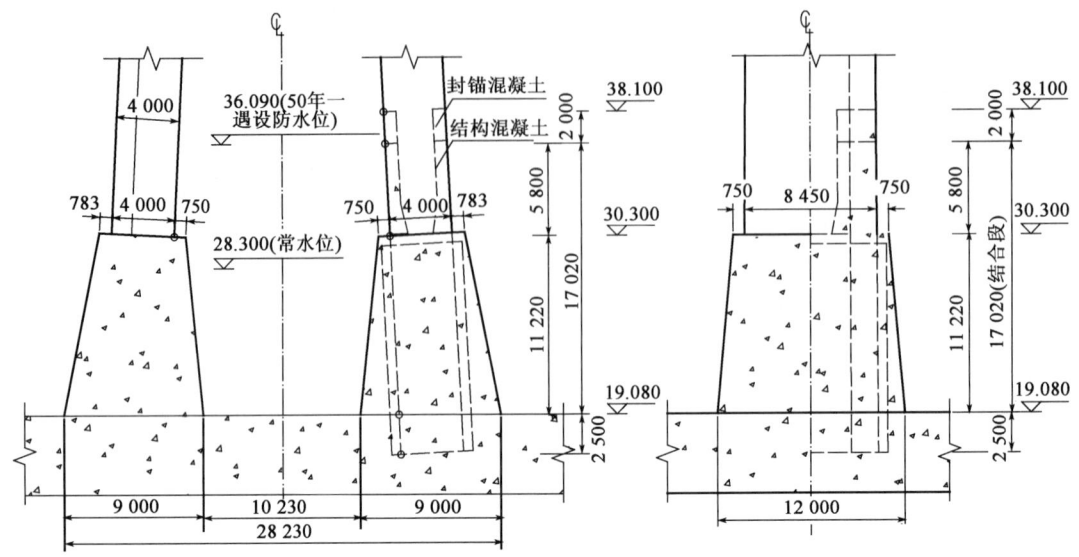

图2 组合塔段布置图(中塔)(尺寸单位:cm)

上段钢结构截面形状为五边形,单箱三室截面,为钢塔截面的延续,下段增设外侧加劲以结合外侧混凝土。组合段钢结构壁厚和加劲尺寸竖向分3级,由上至下逐渐减小,第1级为上段顶面至顶面以下4m位置,钢结构结构壁板厚度为60mm,加劲厚度为55mm,与钢塔最底部截面板厚一致;第2级底面至下段顶面以下3m位置,壁板厚度45mm,加劲厚度40mm;第3级为下部其余部分,壁板厚度28mm,加劲厚度24mm。在下段,塔柱壁板开宽0.25~0.35m孔洞,长度不等,以保证内外混凝土整体性。

组合塔段剪力钉布置于壁板和内腹板上,上段壁板仅内侧设置剪力钉,腹板和下段壁板双侧布置剪力钉。剪力钉横桥向间距为0.18~0.22m,顺塔柱轴线向间距为0.2m。开孔板连接件布置于壁板加劲,每个加劲横向布置两个,两孔间距0.12m,顺塔柱轴线向间距为0.2m,组合塔段断面图见图3。

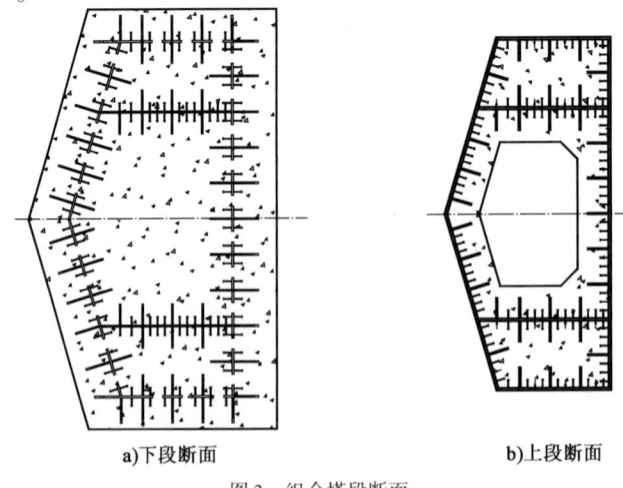

图3 组合塔段断面

组合塔段设置前承压板、中承压板和后承压板；承压板用于钢结构向混凝土传递压力，前承压板同时作为钢束长束锚固载体，中承压板同时作为钢束短束锚固载体，后承压板可减小钢板对混凝土切割作用。

在轴力和弯矩共同作用下，钢塔底截面存在受拉区，为抵抗此部分拉力，组合塔段布设钢束。钢束采用 $\phi^s 15.2-19$ 钢绞线，分长束和短束，长束共 8 束，顶端锚固于前承压板，底端锚固于承台；短束共 33 束，顶端锚固于中承压板，底端分两批锚固于承台。

封锚混凝土高度由塔柱防撞需求确定，顶面高程为 38.1m，高于 300 年一遇设防水位 (36.09m) 2.01m。

3 组合塔段计算分析

3.1 计算模型

组合塔段取桥塔承台至上横梁底面的塔柱节段作为计算模型，钢结构采用 SHELL63 单元模拟，混凝土采用 SOLID45 单元模拟。计算考虑开孔板连接件、承压板和钢束，开孔板连接件采用三维虚拟弹簧单元 COMBIN14 模拟，开孔板连接件刚度按《公路钢混组合桥梁设计与施工规范》(JTG/T D64-01—2015) 第 9.3.4 节计算，计算值为 1 022kN/mm。计算不考虑剪力钉 (图4)。

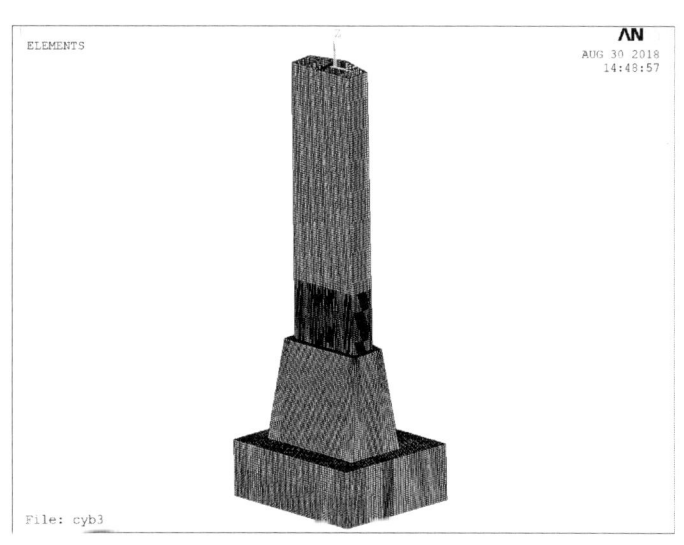

图4 边塔有限元分析模型

钢束采用杆单元 LINK8 模拟，初始应力通过添加初始温度模拟。

前、后承压板与混凝土的接触采用 TARGEL70 和 CONTAL73 单元组成的接触对模拟，仅考虑两者相互传压和相互剥离，忽略钢与混凝土间的摩擦传力。为精确分析锚垫板位置应力状态，模型中用实体单元建立锚垫板，钢束与锚垫板表面单元刚接。

约束方式为约束承台底面节点三个方向的自由度，荷载施加在模型顶面截面形心节点上。此节点与截面其他节点建立刚性连接。本桥静力作用时边塔更不利，地震作用时中塔更不利；每座桥塔静力作用时顺桥向更不利，地震作用时横桥向更不利。表1和表2分别为边塔静力荷载顺桥向弯矩最大工况和地震作用横桥向工况。

边塔静力作用内力值　　　　　　　表1

项 目	F_x (kN)	F_y (kN)	F_z (kN)	M_x (kN·m)	M_y (kN·m)	M_z (kN·m)
基本组合	7 050	7 510	-263 000	-668 000	-73 100	-7 660
标准组合	6 210	5 890	-195 000	-520 000	-58 700	-5 980
短期组合	6 200	4 700	-189 000	-416 000	-68 100	-4 780

边塔E2地震内力值　　　　　　　表2

MIDAS	F_x	F_y	F_z	M_x	M_y	M_z
横桥+自重	-4 090	223	-163 000	-60 000	-214 000	112

3.2 计算结果

3.2.1 钢结构应力分析

钢结构壁板和加劲MISES应力计算结果见图5,应力最大值发生在钢塔段最下部双向受压角点,约为300MPa;荷载通过前承压板和开孔板连接件向下向混凝土传递,钢结构应力逐渐较小,钢结构板厚在竖向分成3级符合受力特点。

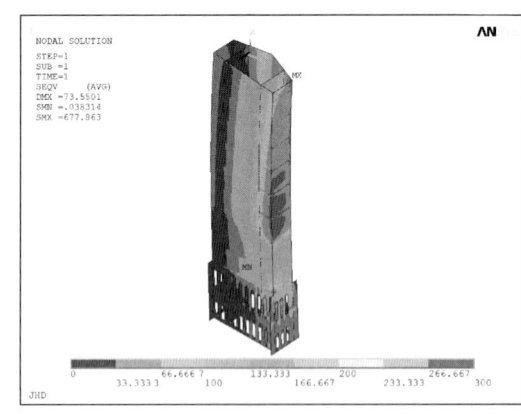

a)壁板应力　　　　　　　　　b)加劲应力

图5　边塔静力荷载顺桥向弯矩最大工况钢结构MISES应力(MPa)

3.2.2 开孔板连接件分析

图6为开孔板连接件的剪力分布,左侧表示顶端,右侧表示底端。距离承压板较近位置开孔板连接件受力较大,静力作用下,开孔板连接件竖向剪力最大值为34.8t,连接件抗剪计算强度为46.2t。

4 结语

(1)为将钢主塔巨大轴力和弯矩传递给混凝土承台,同时考虑桥梁防撞、钢结构防腐蚀需求,在桥塔下塔柱设组合塔段,组合塔上段仅钢结构截面内结合混凝土,下段内外均结合混凝土。

(2)钢结构压力通过承压板和连接件、拉力通过钢束和连接件逐渐传递给混凝土,钢结构应力由上至下逐渐减小,板厚相应分3级。

(3)本文建立了钢与混凝土间相对滑移的结合段有限元模型,分析了钢结构和开孔板的受力情况,均满足规范要求。

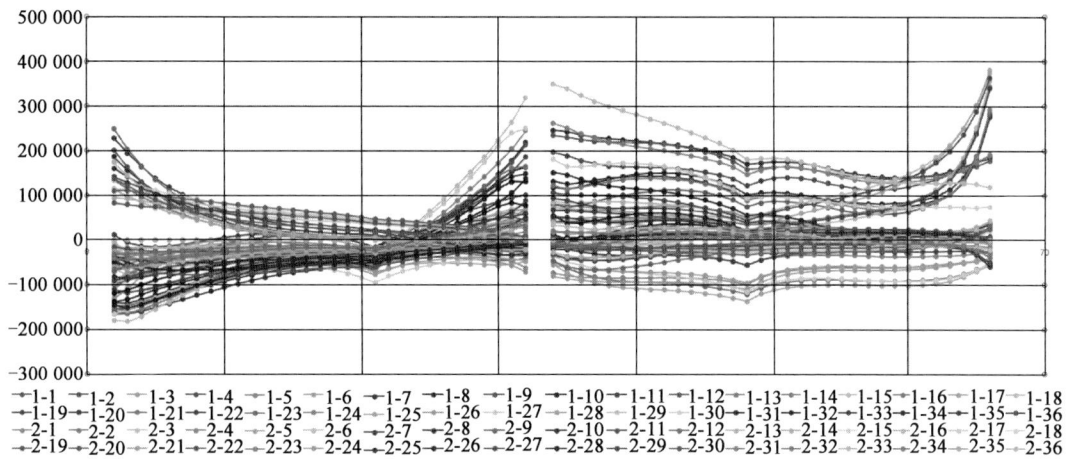

图6 边塔开孔板连接件竖向剪力图(单位:N)

参 考 文 献

[1] 刘玉擎.组合结构桥梁[M].北京:人民交通出版社,2005.
[2] 崔冰,赵灿辉,董萌,等.南京长江第三大桥主塔钢混结合段设计[J].公路,2009(5):100-107.
[3] 张辉,徐声亮.空间异形混合桥塔钢混凝土结合段有限元分析[J].城市道桥与防洪,2017(04):78-87.
[4] 顾民杰.宁波大榭第二大桥主塔设计关键技术[J].中国市政工程,2012(3):18-20.
[5] 中华人民共和国行业标准.公路钢混组合桥梁设计与施工规范:JTG/T D64-01—2015[S].北京:人民交通出版社股份有限公司,2015.

35. 主跨 2×428m 三塔自锚式悬索桥主缆锚固构造及受力分析

王倩[1] 陈张伟[1] 王翔[2] 周纪同[3] 卢兴雷[3]

(1.上海市政工程设计研究总院(集团)有限公司;2.济南城建集团有限公司)

摘 要:自锚式悬索桥主缆锚固在主梁内部,主缆的水平分力通过主缆锚固区逐渐传递到加劲梁全截面,对于大跨度自锚式悬索桥,由于主缆缆力较大,锚固区构造及传力机理均十分复杂。本文对主跨2m×428m的凤凰黄河大桥主桥锚固区构造进行了详细的介绍,为了探讨锚固构造的力学性能,运用有限元软件对主缆锚固区各板件进行了空间受力分析,得到了本桥锚固构造板件受力、传力路径及应力集中部位等关键结论,为类似工程设计提供了参考借鉴。

关键词:自锚式悬索桥 主缆锚固区 钢锚箱 结构设计 受力分析

1 引言

自锚式悬索桥一般将主缆锚固在梁体内部,通过主梁锚固缆索拉力成为自平衡体系。与地锚式悬索桥相比,自锚式悬索桥具有造型更简洁、美观,经济性能好、对地形和地质状况适应性强等优点[1],更适合作为城市景观桥梁,近年来也得到了广泛的应用[2]。

自锚式悬索桥的加劲梁一般可采用钢梁、混凝土梁、组合梁和混合梁等结构形式,混凝土梁由于自重较大,通常情况下只适用于较小跨径(200m以下)的自锚式悬索桥,对于大跨度自锚式悬索桥,通常采用钢梁或钢—混凝土组合梁。相比传统的地锚式悬索桥,自锚式悬索桥的主梁不仅要承受恒载及活载等竖向作用,还要承受由主缆传来的巨大轴向力作用。只有主缆力可靠有效地传递给加劲主梁,全桥的安全性才能得到保证,因此,主缆锚固区设计是自锚式悬索桥构造设计的关键,其构造合理、传力顺畅是设计的基本要求[3-4]。目前,自锚式悬索桥主缆钢梁内锚固通常有散开式锚固和环绕式锚固两种方式[5]。散开式锚固是指主缆通过塔顶索鞍和梁端散索套后均匀散成单股索股,通过热铸(或冷铸)锚杯锚固在主梁梁端锚固面上;环绕式锚固为主缆进入锚箱后,通过转索鞍调整索骨的方向使其绕在加劲梁端部构造上。环绕式锚固的锚固结构简洁美观,但受力较为复杂,且需设置索骨间的接头和梁端转索鞍,施工难度较大。散开式锚固受力明确、施工简单,是现今最为广泛采用的主缆梁内锚固方式。对于大跨度自锚式悬索桥,由于主缆力较大,存在主缆股束较多和锚固区局部受力较大的问题,采用散开式锚固时一般需在锚固位置设置较大的梁高,给桥梁受力及整体景观效果造成不利的影响。

基于传统的散开式锚固方式,济南凤凰黄河大桥采用将六边形主缆通过散索套分散成长方形锚固于钢梁内部。铸钢锚固构造与主梁顶、底板和腹板等主要受力板件直接焊接,通过增加横梁构造加快缆力的横向传递和扩散,通过箱室内设置压重混凝土平衡主缆的竖向分力,通过设置锚后斜向和水平加劲进行缆力的顺桥向传递。本桥主缆散开式锚固构造不增加主梁高度,传力明确、经济美观,且与环绕式锚固相比不需设置索骨接头和梁端转索鞍构造,有利于施工操作和养护工作的进行。本文详细介绍了凤凰黄河大桥主桥锚固结构的构造细节,并对锚固区梁段锚固力的传递及关键部位应力分布等进行了计算和分析。

2 工程概况

凤凰黄河大桥位于山东省济南市,主桥采用三塔自锚式悬索桥,总长1 332m,跨径布置为70m + 168m + 428m + 428m + 168m + 70m = 1 332m,是目前跨度最大的三塔自锚式悬索桥。主缆跨径布置为171.5m + 428m + 428m + 171.5m,中跨矢跨比为1/6.15,边跨垂跨比为1:15.1,吊索标准间距9m(图1)。

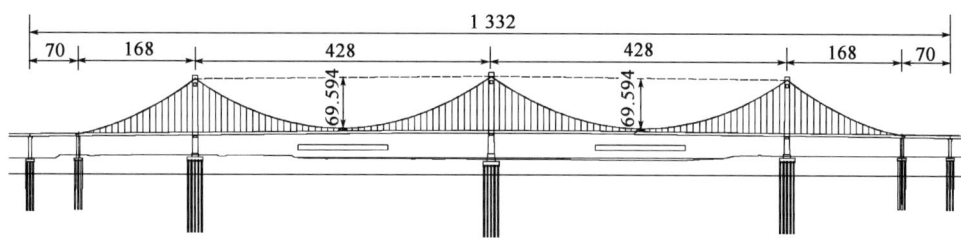

图1　主桥立面图(尺寸单位:m)

主桥全宽61.7m,桥梁设双向八车道,预留双线轨道交通实施空间,并设非机动车道和人行道(图2)。主梁采用等高正交异性组合板组合梁结构,道路中心线处钢结构梁高4m,机动车道及缆吊区域设12cm厚混凝土桥面板,混凝土与钢桥面板间采用焊钉连接件结合。主梁主体钢结构采用闭口钢箱梁,外设人非挑臂,钢主梁全长1 330.4m,主缆锚固梁段位于边跨和锚跨梁段之间辅助墩顶附近。主梁主要采用Q345qE和Q420qE钢材,铸钢锚块采用ZG300 - 500H铸钢。

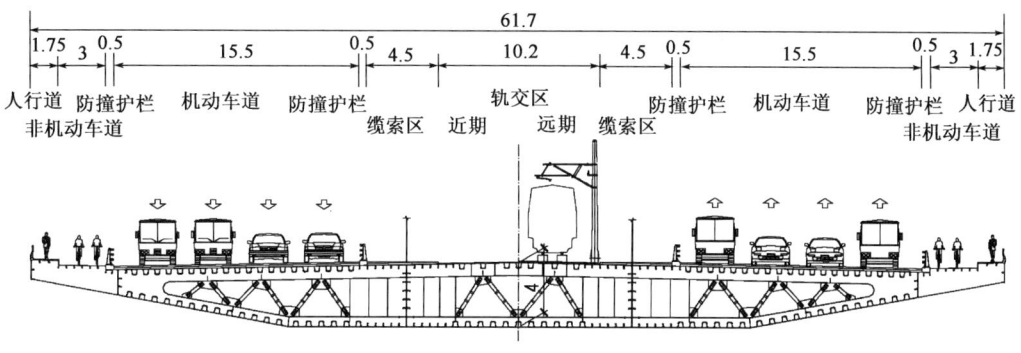

图2　主梁标准断面(尺寸单位:m)

3 主缆锚固区设计

主缆锚固采用散开式钢结构锚固构造,锚固区钢梁段共设四道纵腹板,纵腹板处钢梁高3.817/3.899m,厚度顺桥向由28mm过渡为锚固区附近50mm。横向单侧两纵腹板间距4.1m,为主缆锚固区域,腹板外侧设置水平板肋加劲,内侧接锚固区锚后加劲设置厚度为40mm的斜向加劲。钢梁机动车道区域及人非挑臂的顶板厚12mm,锚固区顶板向外厚度根据主缆锚固力的传递变化为60mm—50mm—28mm(图3),采用间距720mm,厚8mm、上口宽360mm、高300mm的U肋加劲和间距500mm的板肋加劲。斜底板板厚16mm,平底板厚20~40mm,纵腹板间区域底板设板肋加劲,其余设U肋加劲,U肋尺寸同顶板,间距800mm。支座布置在辅助墩顶,横向位于道路中心线两侧各11m位置,千斤顶临时顶升位置共四处,设置在外腹板下方与横梁相交处。

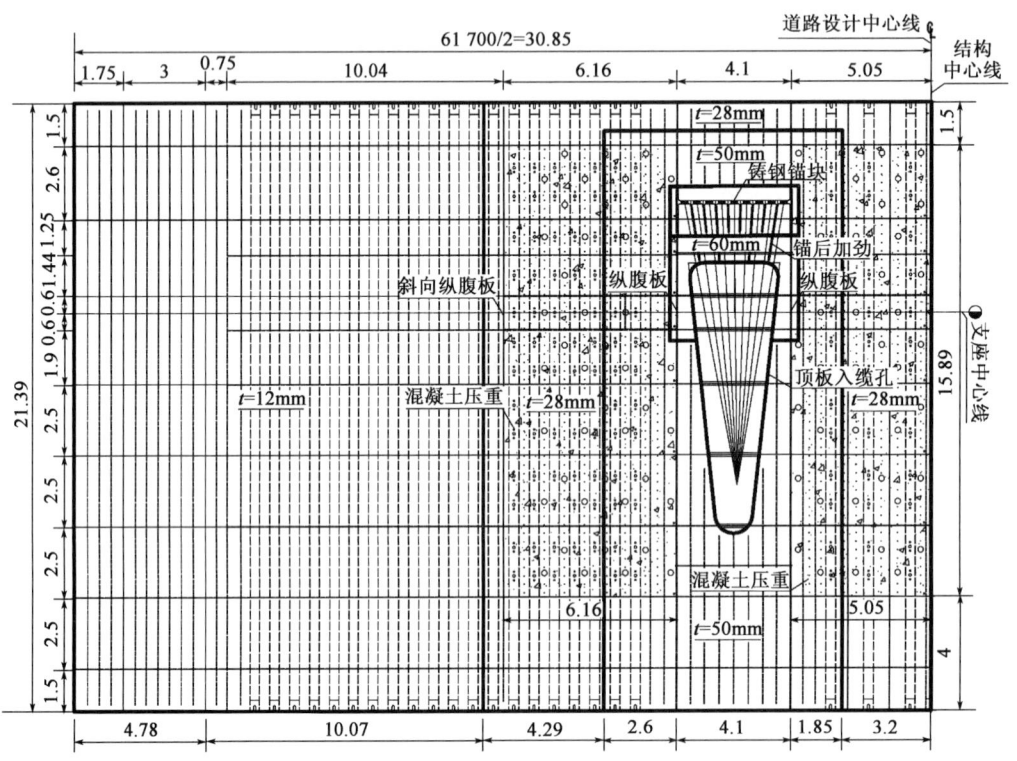

图3 锚固区钢梁段平面(尺寸单位:m)

主缆由锚固区,经4道开孔横梁后露出主梁顶面,顶板在主缆入梁处开类三角形入缆孔洞,外设主缆保护罩(图4~图7)。由于主缆锚固力较大,为更好地改善结构受力,快速实现力的传递和扩散,锚固梁段构造具有以下三个特点:

(1)为平衡缆力竖向分力,锚固区域纵腹板两侧设混凝土压重,压重区横桥向长约30m,顺桥向长15.89m,单个梁段共计1 080m³。压重混凝土分三次浇筑完成,同时箱室内钢梁顶、底板及腹板上设焊钉连接件构造。

(2)为快速实现缆力水平分力的横向传递,在铸钢锚块附近设多道横梁,间距为1.2~2.6m,横梁腹板厚14~40mm。

(3)为快速实现缆力水平分力的纵向传递,根据主缆的入梁角度,在锚固体后纵腹板内侧设多道与锚固力同向的斜向加劲板,同时在外侧设置通长的水平加劲板。

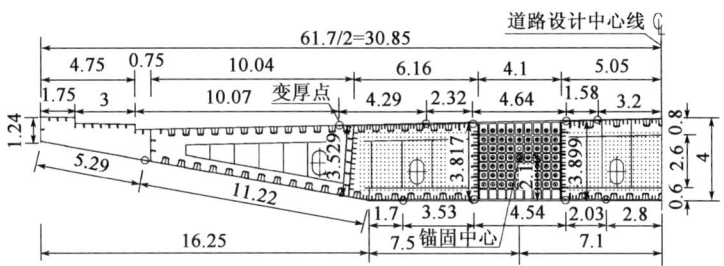

图4 锚固区钢梁锚固处横断面(尺寸单位:m)

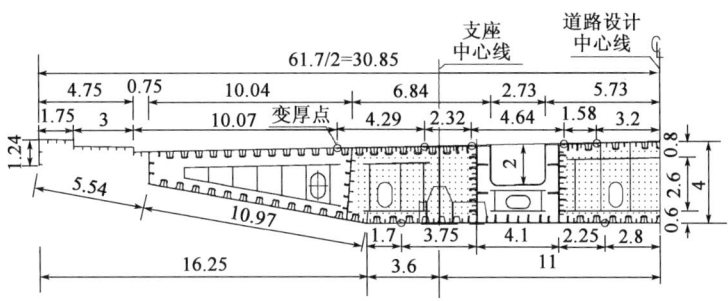

图5 锚固区钢梁主缆入梁孔处横断面(尺寸单位:m)

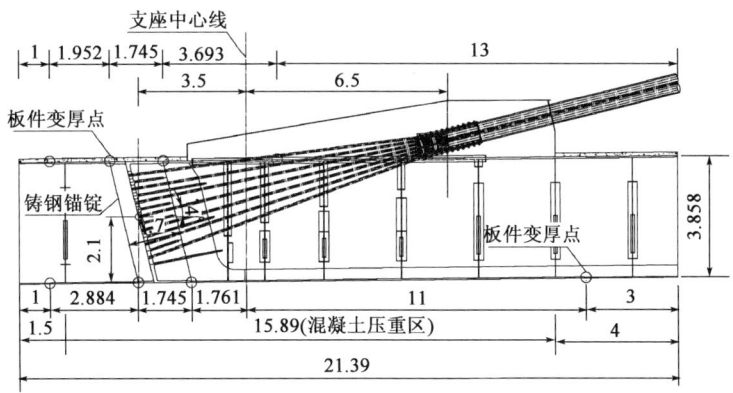

图6 锚固中心处立面(尺寸单位:m)

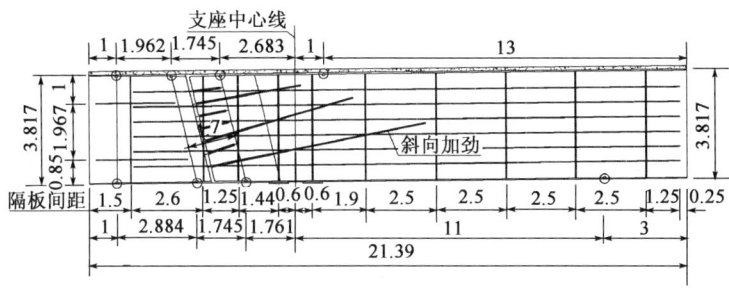

图7 锚固侧纵腹板处立面(尺寸单位:m)

锚固构造主要包括铸钢锚块和锚后加劲构造,铸钢锚块与梁等高,顺桥向长1.7m,锚固端板厚度120mm,其余铸钢板件厚度为80~60mm。铸钢锚锭主缆索股散开锚固在锚固端板上,锚固点中心横向距离道路中心线7.1m,顺桥向位于辅助墩顶向边跨侧3.5m。由于主梁梁高限制,主缆六边形索骨通过散索套分散成长方形进行锚固,铸钢锚锭与主梁主要受力板件直接焊接,不增加主梁的高度,传力明确、经济美观(图8)。

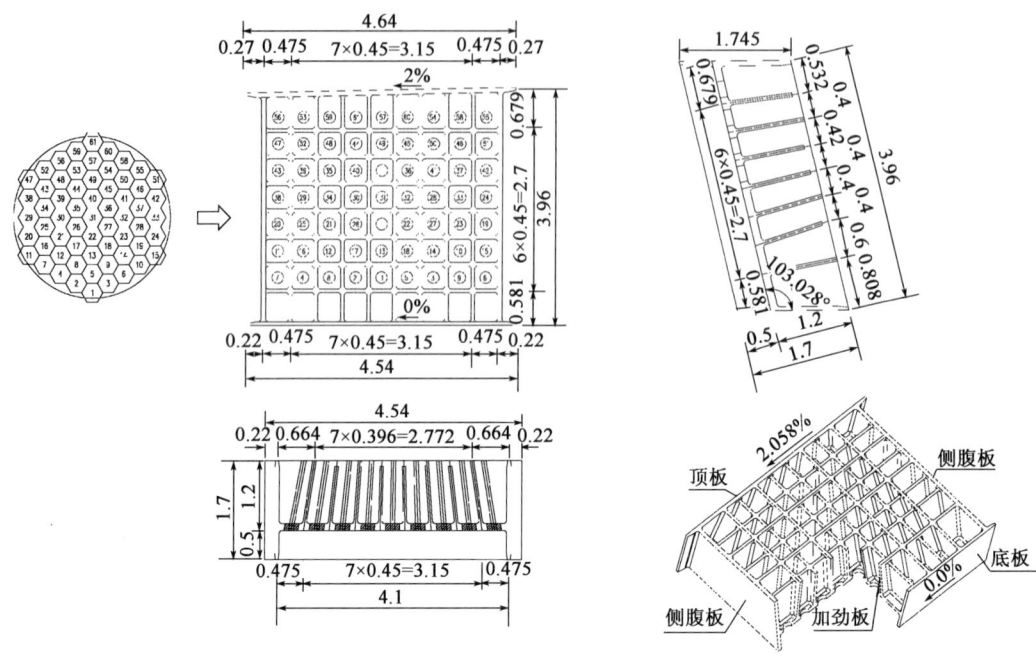

图8 铸钢锚块构造(尺寸单位:m)

4 锚固区传力机理分析

4.1 有限元模型

采用通用有限元软件ANSYS17.0对锚固区梁段进行建模计算。为了消除边界条件对锚固区梁段的影响,将梁段两端相接钢梁段均建入模型,模型梁段全长共72.39m。

模型采用横向半梁截面模型,钢结构采用板单元模拟,混凝土桥面板采用实体单元模拟,压重混凝土采用荷载施加(图9)。

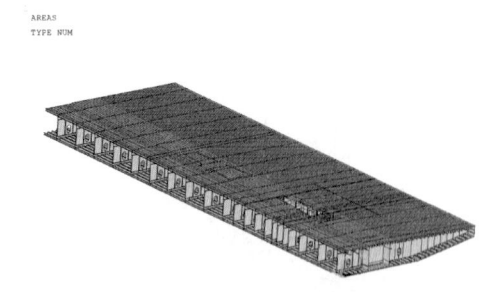

图9 有限元几何模型

模型的边界条件为:在桥梁半宽位置(对称轴位置),约束水平向自由度。在梁段近中跨端约束桥梁的3个方向自由度,近锚跨端施加从总体模型中得到的梁端力,辅助墩顶支座处施加从总体计算中得出的支座反力,近中跨梁段内吊杆位置施加从总体模型中得到的吊杆力。

4.2 荷载

模型考虑的荷载有:结构自重,二期恒载,缆索锚固力,最大缆索锚固力工况对应吊杆力,最大缆索锚固力工况对应支座反力,压重,汽车荷载,轨道交通荷载,人群荷载,其中活载按照总体模型中主缆力最大工况的布载情况进行施加(图10)。

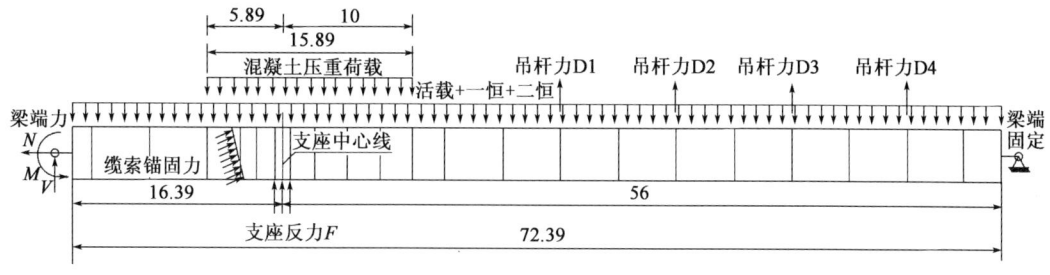

图10 边界和加载示意图(尺寸单位:m)

考虑最大缆力荷载基本组合计算数据见表1。

荷载组合计算数据　　　表1

项目	主缆锚固力(kN)	吊杆力D_1(kN)	吊杆力D_2(kN)	吊杆力D_3(kN)	吊杆力D_4(kN)	支反力(kN)	压重(单侧半桥)(kN)	锚跨侧梁端轴力N(kN)	锚跨侧梁端剪力V(kN)	锚跨侧梁端弯矩M(kN·m)
荷载	194 760	7 190.4	5 765.5	4 905.1	4 791.0	9 107	-24 000	2 103.655	9 220.35	167 864.2

4.3 结果分析

锚固区铸钢锚块各板件 Mises 应力均在 200MPa 以内,集中在锚面的局部锚固力施加位置,其余部位的应力均不高,绝大部分在 50~150MPa。锚后加劲钢板除截面变化处角点位置应力出现局部集中较大外,其余部分 mises 应力均在 200MPa 左右。对于局部应力集中部位在设计细节中已做圆弧倒角处理(图11)。

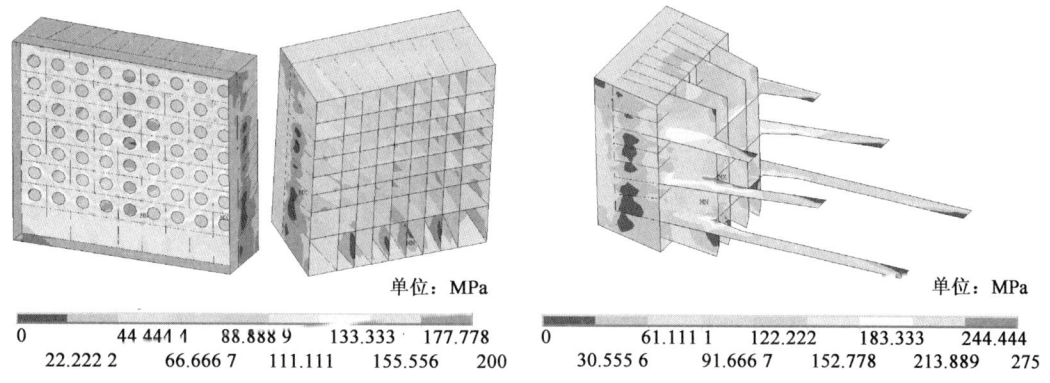

图11 铸钢锚块及锚后加劲板 Mises 应力

钢梁顶板顺桥向应力从锚固面位置向边中跨逐渐扩散,扩散角度约为30°,总体应力水平较小,入缆孔附近约为160MPa,其余部分应力均在120MPa以下;从顶板 Mises 应力可以看出,除开孔处出现局部应力较大(250MPa左右)外,入缆孔附近约为180MPa,其余部分应力均在150MPa以下;主缆力顶板传递从锚固位置向边中跨逐渐加快,扩散角约为30°,经25m作用可基本扩散至全截面;加密横梁对于应力的横向扩散和传递具有较好的改善作用。钢梁底板 Mises 应力较大均在 210MPa 以下,锚固梁段底板应力较小,最大应力在140MPa 左右(图12、图13)。

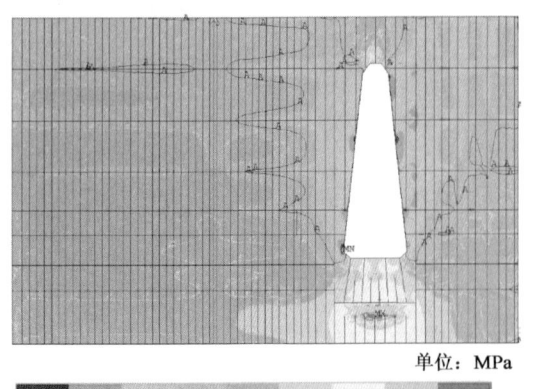

图12 钢梁顶板顺桥向应力

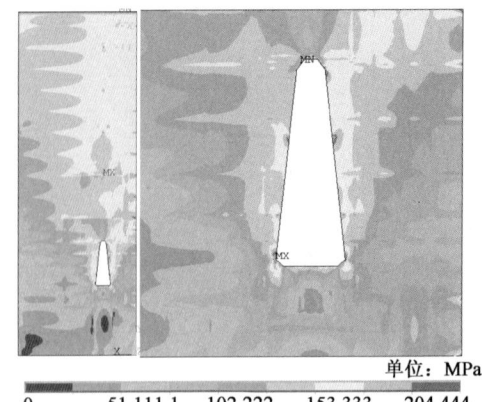

图13 钢梁顶板 Mises 应力

纵梁腹板采用交叉过渡法,由锚跨梁段的四道腹板过渡到边跨梁段的两道腹板,应力过渡较好;腹板除部分吊点施力位置和锚后斜向加劲端部位置具有局部集中应力外,其余腹板Mises应力均约在200MPa以下(图14)。

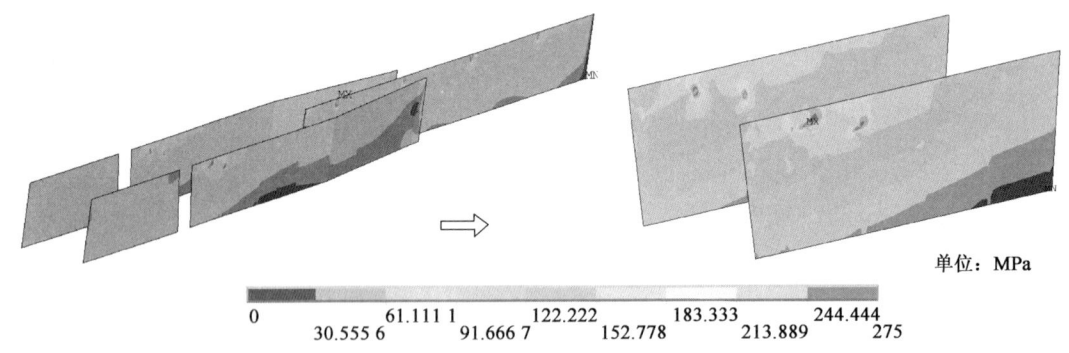

图14 钢梁纵梁腹板 Mises 应力

5 结语

凤凰黄河大桥主桥主缆锚固采用铸钢锚块散开式锚固方式,并根据受力设置锚后加劲板;锚固构造与主梁等高,位于辅助墩顶附近两纵梁腹板间,结构设计合理、受力明确、施工方便。通过实体—板壳有限元模型计算表明:在最大缆索锚固力工况下,通过设置压重混凝土、加密横隔板和锚后斜向和水平加劲等构造设计,主缆锚固力可进行较好的扩散和传递,锚固区钢梁段各板件应力均可满足要求,纵梁腹板向标准梁段也可进行较好的过渡。

参 考 文 献

[1] 颜娟.自锚式悬索桥[J].国外桥梁,2002,(1):19-22.

[2] 林昱,雷俊卿.自锚式悬索桥桥式特点与发展初探[J].城市道桥与防洪,2005(4):46-49.

[3] 吴家岚.自锚式悬索桥钢锚箱构造和受力分析[J].西南公路,2013,(1):57-63.

[4] 邵旭东,邓军,李立峰,等.自锚式悬索桥主缆锚固结构研究[J].土木工程学报,2006,39(7):81-87.
[5] 聂建国,陶慕轩,樊健生,等.自锚式钢箱梁悬索桥主缆锚固区受力性能研究[J].土木工程学报,2011,44(8):80-94.

36. 大跨径自锚式悬索桥桥塔钢—混结合段受力分析

贺欣怡[1]　苏庆田[1]　常付平[2]　王 倩[2]

(1. 同济大学土木工程学院；2. 上海市政工程设计研究(总院)集团有限公司)

摘　要：钢—混结合段是组合结构桥塔的关键受力部位，为研究大跨径自锚式悬索桥桥塔钢—混结合段的受力性能，结合一具体工程，建立板壳实体有限元模型，分析了结合段在最不利荷载工况下的局部受力情况。计算表明，作用基本组合工况下，桥塔为典型的偏心受压状态，在局部产生拉应力，应力水平基本满足设计要求，结合段材料性能利用率较高。受钢混结合效应的影响，预应力的施加效率并不高，可以选用合理增加配筋等措施减小混凝土局部拉应力产生的裂缝大小。该钢—混结合段构造设计合理，钢和混凝土之间的传力平稳、高效。

关键词：自锚式悬索桥　钢—混结合段　桥塔　受力分析　有限元

1　引言

相比传统的地锚式悬索桥，自锚式悬索桥最大特点是不需要修建体积庞大的锚碇，在保留悬索桥优美外形的前提下对建桥地质条件适应更强，跨径通常在300m以下[1]。随着工程技术发展，自锚式悬索桥跨径开始向更大跨发展[2-4]。G220至济青高速公路王舍人互通立交连接线工程跨黄河主桥采用三塔双索面组合板组合梁自锚式悬索桥，跨径布置70m+168m+428m+428m+168m+70m=1 332m，为目前世界上最大跨度的三塔自锚式悬索桥，主桥总体布置如图1所示。桥塔采用A形索塔结构，下塔柱为钢混组合结构，中、上塔柱及横梁均采用钢结构，矩形承台，钻孔灌注桩基础(图1)。

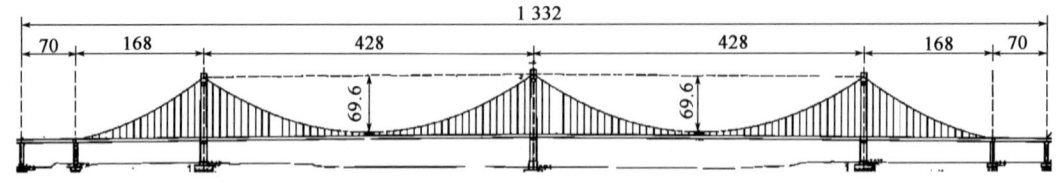

图1　主桥总体布置(尺寸单位：m)

桥塔采用钢混组合结构，可以合理地利用混凝土及钢结构的优势，已被越来越多的桥梁采用[5-7]。而钢—混结合段则是该种桥塔结构的关键受力节点，结合段内各构件受力是否合理、由上塔柱传递下来的荷载能否平稳传递到混凝土结构中等问题都是设计中需着重关注的要点。

2 钢—混段构造

桥塔钢—混结合段主要承受上塔柱传来的竖向轴力、水平剪力以及弯矩,受力复杂,传力机理不清。从全桥杆系模型计算结果看出,在荷载组合最不利工况下,边塔结合段受力较中塔更不利。此处以边塔为例,建立板壳实体有限元模型,进行钢—混结合段的受力分析。边塔的正立面及侧立面如图2所示,桥塔正立面呈 A 字形,主体为钢结构。两塔柱在接近塔顶处聚拢,由一个4m长的上横梁联系,主梁高度位置由一11m长的下横梁联系,桥塔总高116m,下部通过13.6m(包括外露的11.1m和伸入承台内部的2.5m)的钢—混结合段与钢筋混凝土承台连接。

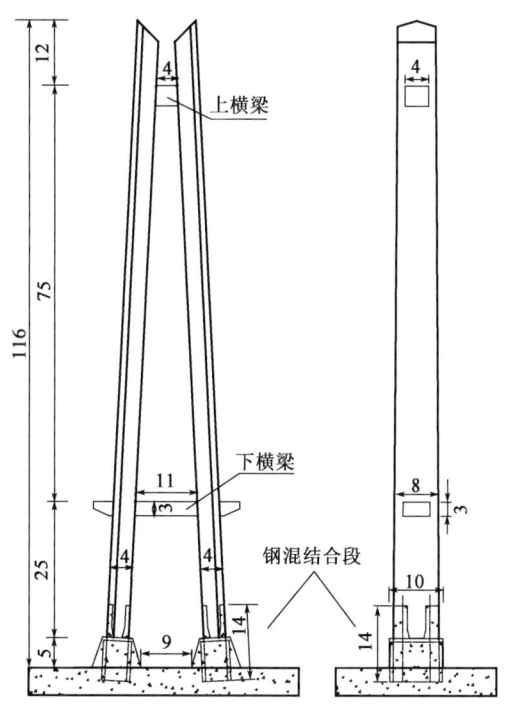

图2 边塔结构(尺寸单位:m)

钢—混结合段的构造尺寸如图3所示,其中钢结构部分一直伸入到承台内部2.5m深处,横截面延续上部钢塔截面的形状,钢板厚度随着与混凝土结合的长度而变化;混凝土结构部分则包括了5.8m长的箱型截面段和5.3m的实心截面段,实心段在空心段的基础上,在钢塔外侧包裹混凝土并向承台方向扩大,并在钢结构外侧布置开孔板加劲肋。两种截面过渡处的截面构造如图3中 A-A 所示,塔截面外轮廓呈5边形,纵桥向长9.9m,横桥向最大宽5.5m。钢—混连接通过钢壁板布置焊钉及在加劲肋上开孔实现,钢壁板在进入结合段后厚度逐渐减小。除此以外,结合段内设置预应力筋,短筋33束,长筋16束,钢束布置情况见后文有限元模型(图2、图3)。

结构混凝土采用C60。预应力筋采用 φ15.2×9 的低松弛钢绞线,张拉应力1 395MPa。钢结构采用Q345qE钢。结合段的钢板厚度变化大致分三段,从底往上分别为 4.2m(壁板厚28mm,加劲肋厚24mm)、5.4m(壁板厚45mm,加劲肋厚40mm)和7.5m(壁板厚60mm,加劲肋厚55mm)。预应力锚固处的承压隔板厚60mm,其余横隔板20mm。

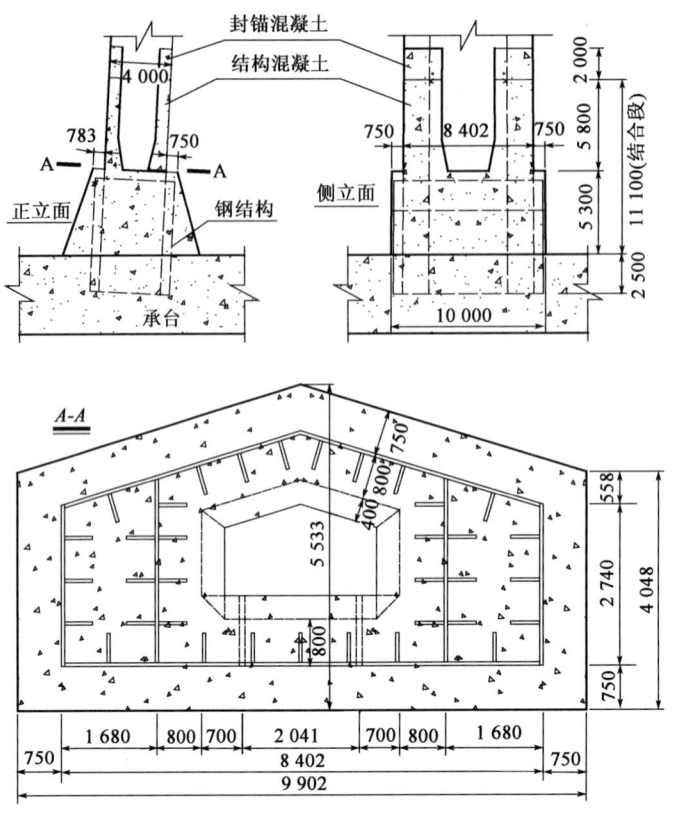

图3 钢—混结合段构造(尺寸单位:mm)

3 有限元模型

为了分析塔柱结合段的受力情况和传力机理,选取了"作用基本组合"与横向弯矩效应最大"地震作用组合"两个不利工况进行计算。根据全桥杆系计算结果,得到桥塔内力,选取半个承台及下横梁以下的单个塔肢建立板壳实体有限元模型,基于圣维南原理,为使结合段模型的受力接近实际情况,钢混结合段以上建立8.8m长的板壳钢塔肢模型及7.6m长的杆系塔肢模型,由塔顶传递来的荷载或由基础传递来的地震力均按照相应的数值大小以外荷载的形式施加在杆系塔肢的上端点,而将承台底部全部约束,如图4a)所示。结合段内钢结构部分与混凝土部分的位置关系如图4b)所示。

结合段模型将实际靠焊钉及开孔板连接的钢混连接形式简化为板壳与实体单元共节点方式。结合段内的预应力筋布置情况如图4c)所示,分为长、短两种,底部均锚于承台内埋置的锚接板,短筋顶锚于实心段与空心段交界处的外扩混凝土顶面钢锚板,长筋顶锚于钢混结合段起始处钢锚板。

材料参数为:混凝土弹模 3.6×10^4 MPa,重度26kN/m³;钢材 2.1×10^5 MPa,重度78.5kN/m³;钢绞线弹模 1.95×10^5 MPa,线膨胀系数 1.2×10^{-5}。

模型坐标系如图4b)所示,X、Y、Z 分别为顺、横桥向及竖向。两种计算工况下,荷载施加点位置的原杆系模型塔段的内力(单位系:kN及m)分别为:

(1)基本组合:$F_x=7510$、$F_y=7052$、$F_z=-262710$、$M_x=-73096$、$M_y=-668166$、$M_z=-7663$;

(2) 地震作用（地震作用-E2-横桥向弯矩最大工况-恒载+横向地震+竖向地震）：$F_x=223$、$F_y=-4089$、$F_z=-162595$、$M_x=-214161$、$M_y=-60032$、$M_z=112$。从杆系计算的内力结果看，基本组合下的塔肢主要受竖向轴力F_z和绕强轴的弯矩M_y，地震力作用下的塔肢主要受竖向轴力F_z和绕弱轴的弯矩M_x。该两种情况为结合段的两个最不利受力情况，需单独分析。

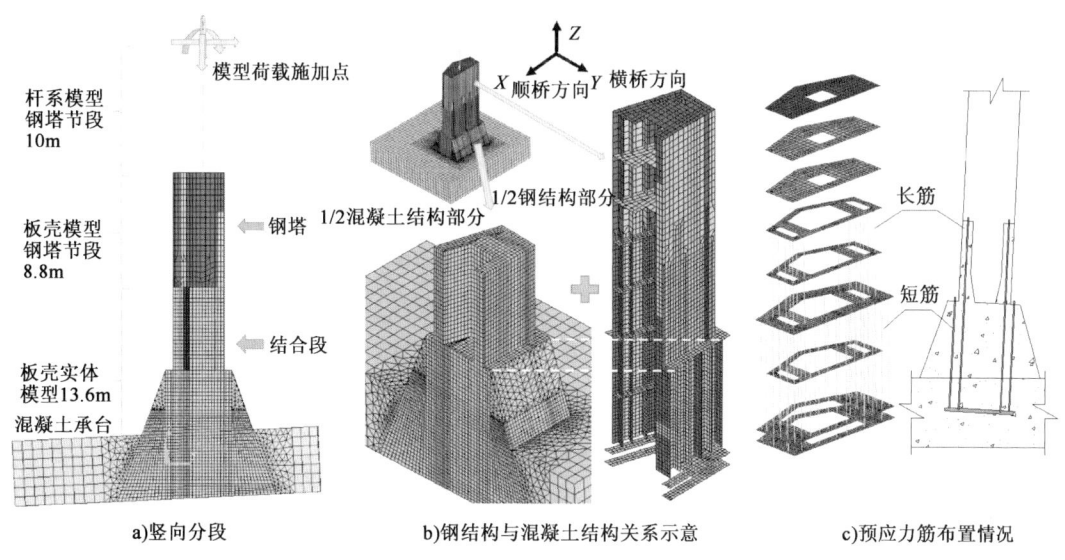

图4 结合段有限元模型

4 计算结果与分析

4.1 应力分布

不计入预应力的作用的情况下，两个工况的结合段受力情况如下。

作用基本组合下，变形如图5a)所示。由于变形量很小，此处只给出了变形趋势。除了竖向变形，还可以看到结合段在此工况下主要往($-X+Y$)方向挠曲，即塔肢呈偏压受力状态。相应的，结合段的钢结构也出现同一截面高度应力分布不均的现象，其Mises应力如图5b)所示，可以看到钢板应力从空心混凝土段进入实心混凝土段后明显减小，在交界处截面的($-X+Y$)方向有较大应力，除了个别应力集中区域，绝大部分应力基本处于150MPa以下。混凝土的主拉应力和主压应力分别如图5c)、d)所示，可以看出以受压为主，且实心段混凝土受力较小，而空心段接近交界处的混凝土受力相对较大。交界处截面的($+X-Y$)方位的局部有超过3MPa的主拉应力，但总的来说应力水平不高，实际结构可通过钢筋和预应力筋进行调节以满足设计要求；除了个别应力集中点，交界处截面的($-X+Y$)方位附近局部主压应力达到22.5MPa，材料性能利用较为充分。

考虑地震力作用组合的工况，变形如图6a)所示，可以看到塔肢同样呈偏压受力状态，结合段在此工况下主要往($+Y$)方向挠曲。虽然该工况下绕弱轴(顺桥向X轴)的弯矩较大，但总体而言相对作用基本组合工况，塔肢受力相对较小。钢结构部分的Mises应力如图6b)所示，最大在70MPa左右；混凝土基本无受拉区，主压应力如图6c)所示，最大约12MPa。

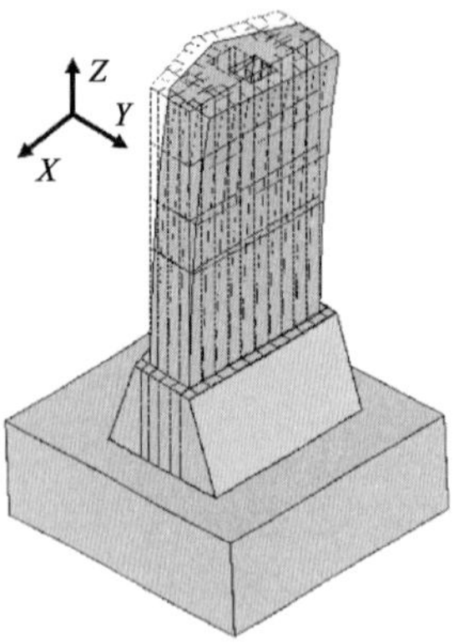

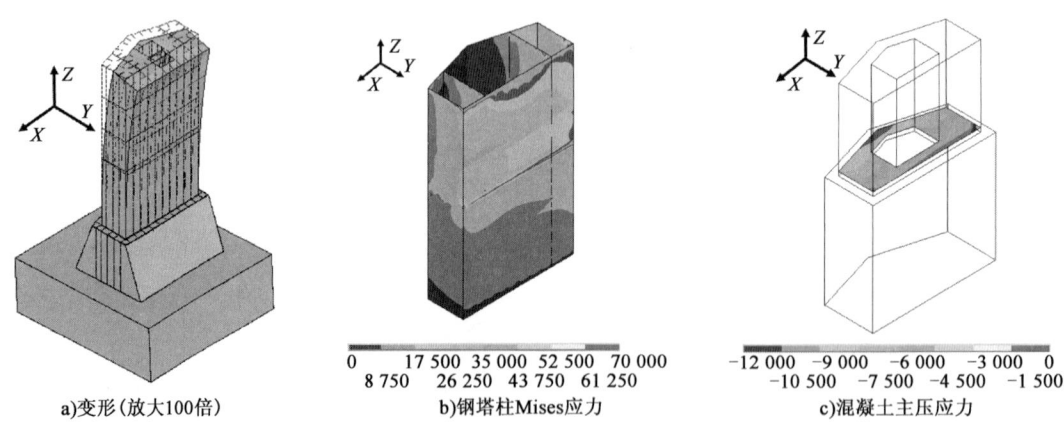

a)变形(放大100倍) 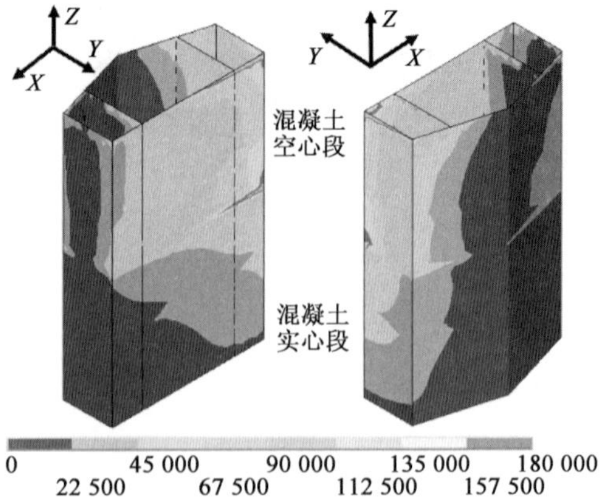　　b)钢结构Mises应力

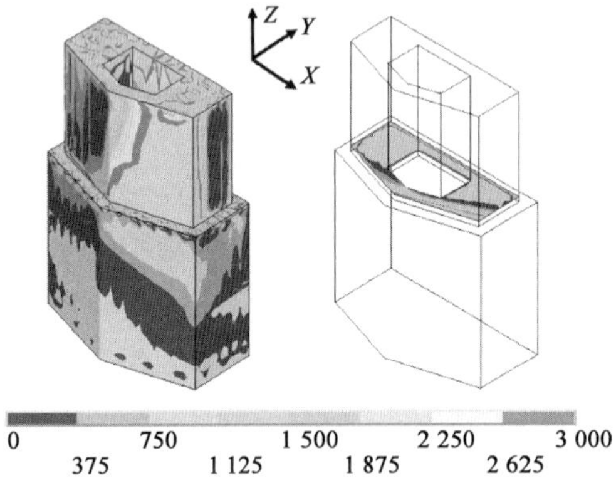

c)混凝土主拉应力 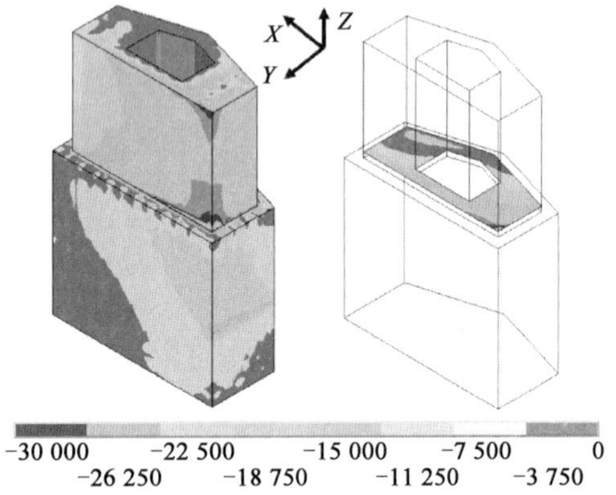　　d)混凝土主压应力

图5　作用基本组合工况下结合段受力(尺寸单位:kPa)

a)变形(放大100倍)　　b)钢塔柱Mises应力　　c)混凝土主压应力

图6　地震作用组合工况下结合段受力(尺寸单位:kPa)

4.2　预应力筋作用

从上节不考虑预应力筋作用的两个工况计算结果看,仅作用基本组合情况下,在结合段内空心段局部有超过3MPa的压应力。按照原设计配置预应力筋,预张拉后应力约为1 380MPa,计入该预应力作用后,结合段混凝土受拉不利区的主拉应力对比如图7a)、b)所示,可以看出配置预应力筋后能减小拉应力,但仍不能消除。

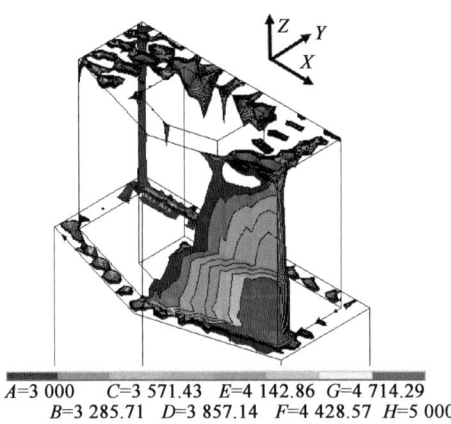
a) 无预应力筋

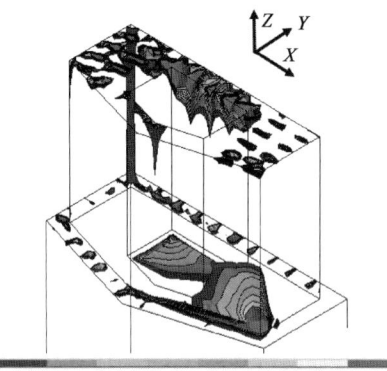
b) 有预应力筋

图7 基本组合工况结合段混凝土受拉不利区主拉应力(尺寸单位:kPa)

预应力施加张拉力后,结合段内混凝土受力较为不利的截面的竖向预压应力分布如图8所示,可以看出预压应力主要在2~3MPa。由于钢与混凝土先结合,再张预应力,所以施加的预压力分别由钢和混凝土各自承担一部分,分担量如图9所示。可以看出,实心段内由于混凝土截面尺寸大,能分担更多的力,而空心段内钢截面分担了跟混凝土部分水平相当的预压力,即混凝土预压的效果并不是很好。而预应力筋实际效果显然还与张拉施工处于全桥施工内哪个阶段有关,也即全桥恒载自重会不同程度对预应力筋产生卸载作用。结合前文的计算结果分析,结合段此处并无太大配置预应力筋的必要,相对操作烦琐的预应力筋安装,通过合理配置钢筋或改变钢板厚度等措施显然更为方便。

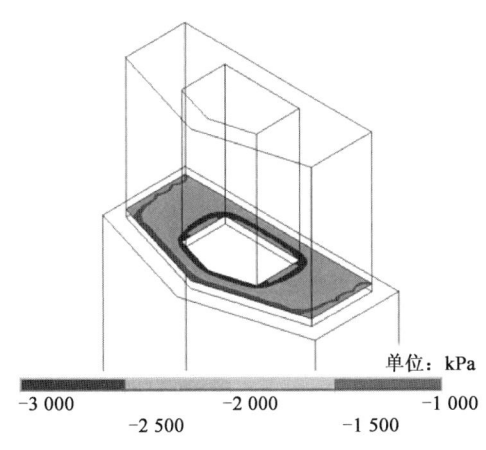

图8 混凝土竖向预压力

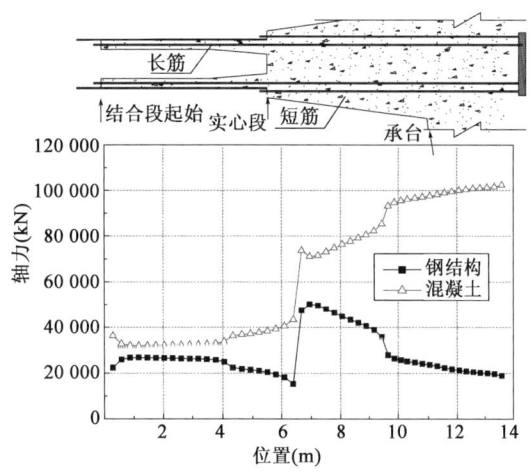

图9 钢与混凝土分担的预压力

4.3 结合段内荷载传递分配

以作用基本组合为例,轴力在结合段内的传递分配情况如图10所示。从图中可以看到,轴力进入结合段后迅速由钢结构向混凝土传递,经过1m传递长度,轴力的分配开始趋于稳定,并以混凝土为主要承担者。此后在钢壁板板厚减小处或混凝土截面外扩处,轴力都进一步往混凝土传递,而混凝土截面变化显然对轴力分配影响更大;进入承台处混凝土已承担了约87%的轴力。从轴力传递情况可知该钢—混凝土结合段的构造传力平稳、高效。

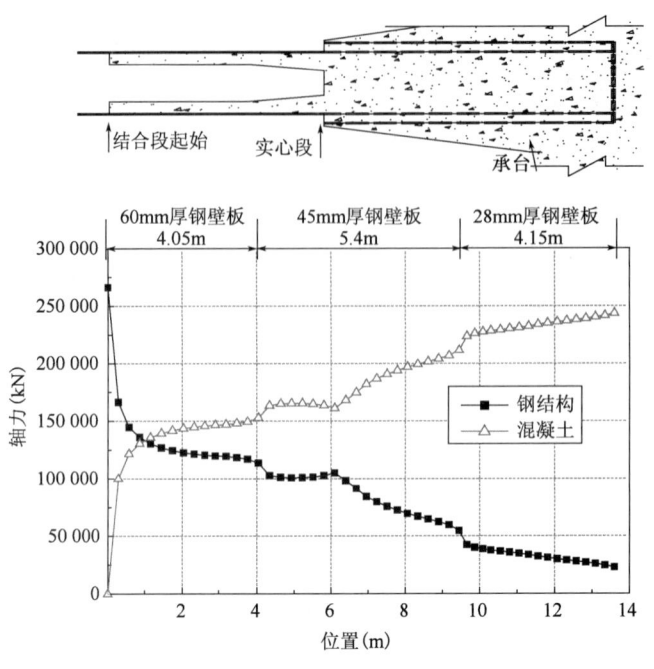

图10 轴力传递分配情况

5 结语

通过对在建的一大跨径三塔自锚式悬索桥桥塔钢—混结合段进行有限元计算分析,得到:

(1)不计预应力影响时,作用基本组合与地震力作用组合两种最不利工况下,塔肢结合段都呈显著的偏压受力状态,且在空心结合段与实心结合段交界附近的空心混凝土体应力较大,除作用基本组合工况下局部有超拉应力,其余情况材料应力水平均满足设计要求。

(2)作用基本组合在空心混凝土段产生的主拉应力超3MPa的区域较小,计入设计的预应力作用可进一步减小该区域,但受钢混结合效应影响,预应力的施加效率并不高,更适合选用合理增加配筋等措施。

(3)该结合段构造设计合理,钢和混凝土之间的传力平稳、高效。

参 考 文 献

[1] 张元凯,肖汝诚,金成棣.自锚式悬索桥的设计[J].桥梁建设,2002,000(005):30-32.

[2] 万杰龙,曾明根,吴冲,等.摄乐大桥桥塔钢混结合段受力分析[J].城市道桥与防洪,2017(3):97-101.

[3] 崔冰,赵灿辉,董萌,等.南京长江第三大桥主塔钢混结合段设计[J].公路,2009(05):105-112.

[4] 吴斌,王亚飞.自锚式悬索桥桥塔钢—混结合段局部受力分析[J].桥梁建设,2013,043(003):54-59.

[5] 陈多,戴建国,臧瑜.大跨径自锚式悬索桥主缆新型锚固结构[J].上海公路,2016(4).
[6] 秦凤江,周绪红,梁博文,等.大跨度自锚式悬索桥主梁钢—混结合段模型试验[J].中国公路学报,2018,31(09):56-68.
[7] Tang,Man-Chung. San Francisco-Oakland Bay Bridge Design Concepts and Alternatives[J]. IABSE Symposium Report,2004,88(9):39-44.

37. 凤凰路跨黄河大桥水中基础设计

严 潇

(上海市政工程设计研究总院(集团)有限公司)

摘 要：凤凰路跨黄河大桥主桥为跨径428m的三塔自锚式悬索桥结构,跨大堤引桥及水中引桥为组合钢箱梁结构。本文对本桥水中基础设计的重点做了简要分析,为类似工程提供经验。

关键词：水中基础 基础刚度 冰压力 桩基配筋 试桩结果分析

1 概述

1.1 工程概述

凤凰路位于济南市东部,是连接南岸济南新东站和北岸崔寨地区中心的南北向交通性主干道。凤凰路跨黄河大桥桥位处黄河南北大堤之间河面宽度约2.29km,跨河段桥梁从南往北依次为 104m+165m+104m 南侧跨大堤引桥 70m+70m+70m 南侧水中引桥 70m+168m+428m+428m+168m+70m 主桥、4m×80m 北侧水中引桥 154m+245m+154m 北侧跨大堤引桥。主桥为三塔自锚式悬索桥结构,跨大堤引桥及水中引桥均为组合钢箱梁结构。桥面设双向八车道和两侧人非通道,并根据规划要求,在桥面中间预留轨道交通布置宽度,桥面总宽度61.7m。桥梁设计荷载为公路—Ⅰ级,按城—A复核。抗震设计烈度为7度(图1、图2)。

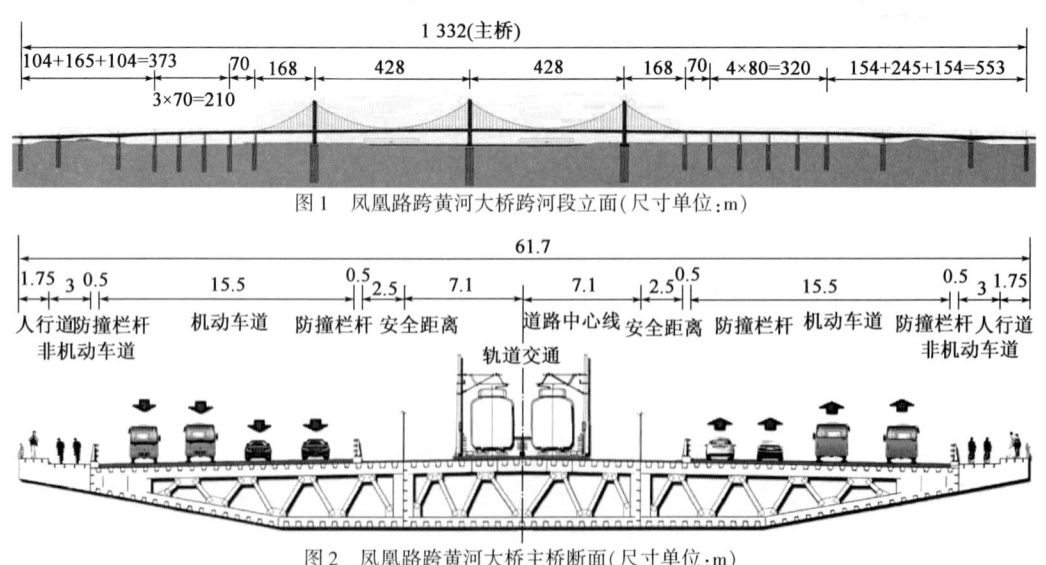

图 1 凤凰路跨黄河大桥跨河段立面(尺寸单位:m)

图 2 凤凰路跨黄河大桥主桥断面(尺寸单位:m)

1.2 地质条件

桥位区地貌属黄河下游冲积平原,微地貌为黄河河漫滩、河堤、河床。两黄河大堤以内滩地多为耕地、林地,大堤之间距离约2 290m,高程为23.27~29.65m。黄河流向自西流向东,河床(主河槽)宽度约617m。

根据地勘资料,场地上部多为②层~⑤层为第四系全新统冲积物以及冲洪积物,主要为粉质黏土、粉土以及粉砂。场地中部地基土⑥~⑩层为第四系上更新统冲洪积物,主要为粉质黏土,多夹钙质结核,局部富集成层,局部夹粉土、粉砂以及圆砾薄层。场地中部地基土⑪层为第四系中更新统冲洪积物,主要为粉质黏土,多夹钙质结核,局部富集成层,坚硬状态,土、石工程分级为Ⅲ级,工程性质好。

根据地勘资料判定结果,场地饱和的②层粉土、②-2层粉砂、③-1层粉土、③-2层粉砂以及④层粉砂为液化土。场地液化土层最大液化深度按20.0m考虑。

根据防洪评价报告,设防洪水流量为11 000m³/s时,黄河大桥桥位断面在2017年地形条件下,南侧河滩冲刷后最低点高程为10.67m,主河槽及北侧河滩冲刷后最低点高程为2.02m。

2 基础设计标准

2.1 荷载组合

2.1.1 顺桥向

组合一:恒载+活载(汽车+轻轨+人群)。

组合二:恒载+活载(汽车+轻轨+人群)+有车风载+温度力+制动力。

组合三:恒载+百年风载。

组合四:恒载+地震力。

2.1.2 横桥向

组合一:恒载+活载(汽车+轻轨+人群)。

组合二:恒载+活载(汽车+轻轨+人群)+有车风载+温度力+冰压力。

组合三:恒载+百年风载。

组合四:恒载+地震力。

2.2 对黄河管理部门要求的相应

根据《黄河河道管理范围内建设项目技术审查标准(试行)》的要求,桥梁设计承台应尽量降低对行洪的影响,承台顶面高程不得高于现状条件下的河道地面线。根据防洪评价报告,南侧河滩冲刷后最低点高程为10.67m,主河槽及北侧河滩冲刷后最低点高程为2.02m。

因此,为响应黄河水利委员会"桥梁设计承台应尽量降低对行洪的影响"的要求,本桥位主河槽范围内承台设置在现状河床床面3m以下,滩地范围内承台设置在现状河床床面2m以下。同时要求施工单位尽量利用枯水期完成河道内基础施工,各项临时工程应尽量减少对河道阻水、壅水、挑流影响,河道内基础施工采用钢套箱围堰的施工方式。

3 对设计重点的分析

3.1 基础刚度的确定

由于本桥桥位存在场地冲刷,同时地震下存在液化土层,所以对水中基础进行计算时,需要分析比较不同的场地条件下的基础受力,确定最不利的基础刚度。

在荷载组合1~3静力工况下,上部结构传到基础顶的荷载基本不受基础刚度的影响,基础刚度影响的是基础顶荷载分配至每根桩基的内力。在场地冲刷深度最大的情况下,按m法计算群桩基础的刚度最小,此时分配到每颗桩的弯矩最大,桩基内力的验算结果最不利。

在荷载组合4地震工况下,上部结构传到基础顶的荷载会受到基础刚度的影响,其次基础刚度也会影响基础顶荷载分配至每根桩基的内力,因此验算此工况时基础刚度需要分为三种情况。第一种不考虑冲刷,此时基础刚度最大,桥梁结构的周期最小,地震下的墩顶的横向力和弯矩最大;第二种考虑场地冲刷,此时基础刚度最小,墩顶的横向力和弯矩最小,但基础成为高桩承台,桩基内力的验算结果最不利;第三种考虑场地液化的影响,基础刚度介于第一和第二种情况之间。设计对不同基础刚度进行试算,以中塔基础为例,见表1。

中塔基础试算比较最不利单桩内力(标准组合)　　　　　表1

荷载组合	基础刚度	单桩轴力(kN)	单桩剪力(kN)	单桩弯矩(kN·m)
地震组合4(纵向)	场地最大冲刷	25 540	1 386	12 050
地震组合4(横向)	场地最大冲刷	22 700	1 106	9 815
地震组合4(纵向)	场地无冲刷	24 010	1 386	4 391
地震组合4(横向)	场地无冲刷	21 800	1 106	3 844

综上分析比较,在荷载组合4地震工况下,控制单桩内力和地基承载力设计的都是场地最大冲刷的情况。

3.2 减小冰压力影响的措施

黄河凌汛灾害是山东省严重的自然灾害之一,因此本桥位主河槽和滩地范围的桥墩基础都需要考虑流冰压力作用。根据济南黄河大桥水文站历年水位资料,本桥位冰压力作用高程取25.5m,冰压力合力作用在计算结冰水位以下0.3倍计算冰厚处,冰厚取48cm。水中桥墩的迎冰面都做成90°的尖角形,同时尽量减小迎冰面投影宽度。

通过计算比较发现,对于河道范围内的非制动墩,顺桥向水平静力通常由支座摩阻力控制,顺桥向不控制设计结果,而横桥向的静力组合二往往是控制基础设计的工况。

以本桥中北侧跨大堤引桥为例,陆上中墩是顺桥向制动墩,水中中墩是顺桥向活动墩,水中中墩基础顶的横桥向荷载远大于顺桥向荷载,其中冰压力是主要的横向荷载。为了减少冰压力对基础的影响,设计时将分幅布置的$2\times9\phi1.8m$水中基础合并为$18\phi2.0m$整幅布置,原本需要两个基础分别承担的横向冰压力可以通过合并后的整幅基础来承担。根据计算比较,在不改变桩数的前提下,基本组合下专辑的最大弯矩由13 000kN·m减小到7 100kN·m,短期组合下桩基横向的最大弯矩由9 000kN·m减小到4 700kN·m,标准组合下单桩承载力由23 000kN减小到19 000kN,桩顶配筋率从3.3%下降到1.8%,桩基钢筋指标从170kg/m³下降到113kg/m³,桩基长度从100m减小到88m。

综上以上分析,通过合理的构造措施,可以减小冰压力对水中基础的影响,提高了基础的受力效率,减少基础的材料用量。

3.3 桩基的构造配筋

本工程桥位区基础需要承受较大的水平荷载,同时南侧河滩最大冲刷深度约17.8m,主河槽及北侧河滩最大冲刷深度约26.4m,这就要求单桩需具有较强的抗弯承载能力。结合桥位区上下游已建设的大桥资料,设计对$\phi1.8\sim2.5m$不同直径的桩分别进行了布置和比较,以中塔基础为例,见表2。

中塔基础钻孔灌注桩桩径比选表 表2

钻孔灌注桩桩径	φ1.8m	φ2.0m	φ2.5m
桩数(根)	48	35	24
桩长(m)	90	100	100
承台面积(m²)	880	777	860
承台高度(m)	4.5	5	5
基础混凝土方量(m³)	14 932	14 841	16 073
经济性相对比例	1.01	1	1.08
施工周期	相对长	一般	相对短
桩基受力	承载能力未能充分发挥	截面强度和承载能力能充分发挥	截面强度未用足
比选结果	不采用	采用	不采用

综合以上分析,设计采用截面强度和承载能力能充分发挥的方案。最终,凤凰路跨河段桥梁桩径采用φ1.8m、φ1.8~2.1m(桩顶变直径)、φ2.0m三种形式。为了兼顾结构受力与经济性,桩基主筋都采用了分段布置。

以φ1.8~2.1m(桩顶变直径)桩基为例,由于受到河滩内冲刷的影响,桩顶约20m范围为自由长度,桩顶20~35m是桩基受力最大的范围,弯矩反弯点在距离桩顶约35m处,反弯点以下桩基受力逐渐减小。桩基内力示意见图3。

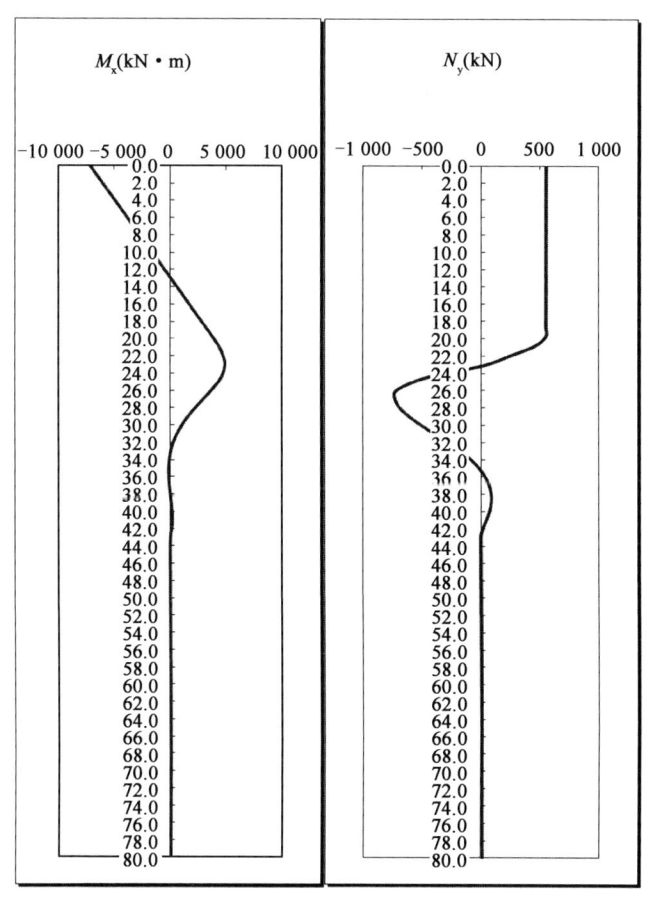

图3 φ1.8~2.1m桩基内力示意图

根据以上桩基的受力规律,设计将 $\phi 1.8 \sim 2.1 m$ 变截面设置在距离桩顶40m处。同时采用合理的分段配筋方法。桩顶 0～35m 范围内采用 36 根束筋作为主筋以充分发挥截面强度,单根束筋由两根 $\phi 32mm$ 钢筋组成;桩顶 35～55m 范围内采用 36 根 $\phi 32mm$ 钢筋作为主筋,桩顶 55m～桩底范围将半数主筋截断以节省材料用量,采用 18 根 $\phi 32mm$ 钢筋作为主筋。综合以上措施,全桥水中基础的桩基钢筋指标约 $110kg/m^3$,最大限度兼顾了结构受力与经济性。

3.4 单桩承载力设计

设计单桩承载力时,需要尽量精简桩基数量,以用足桩基结构强度。桩基在轴力和弯矩共同作用下需要满足混凝土强度要求,计算单桩承载力公式:$R_d = 0.6fcAp$。以此求得 $\phi 1.8m$ 桩身竖向承载力约 21 000kN,$\phi 2.0m$ 桩身竖向承载力约 26 000kN。因此在适当留有富余的前提下,本桥的 $\phi 1.8m$ 单桩容许承载力控制在 15 000～19 000kN,$\phi 2.0m$ 单桩容许承载力控制在 19 000～25 000kN。

在计算单桩容许承载力时,首先需要考虑桥位区冲刷的影响,冲刷范围内土层不计入侧摩阻力;同时为了提高桩底土层的承载力,以及桩与桩壁土层之间的极限摩阻力,桩底采用后压浆的工艺,设计时对桩端以上 5m 范围的桩侧阻力进行增强修正。

以主桥基础为例,基础桩基最大竖向力和单桩承载力设计值见表3、表4。

中塔基础最大竖向力　　　　　　　表3

基础类型	基础布置	静力顺向(kN)	静力横向(kN)	地震顺向(kN)	地震横向(kN)
主桥边墩	$2\times9\phi1.8m$	9 077	10 200	9 970	12 110
主桥辅助墩	$2\times9\phi1.8m$	8 081	10 310	7 338	9 961
主桥边塔	$35\phi2.0m$	24 630	18 340	23 530	20 500
主桥中塔	$35\phi2.0m$	22 940	21 070	25 540	22 700

中塔基础单桩承载力设计值　　　　　　　表4

基础类型	受压承载力抗力系数	自由桩长(m)	注浆端阻提高系数	注浆桩端5m侧阻提高系数	容许承载力(kN)(计入抗力系数)
主桥边墩	1.25	16.327	1.5	1.3	14 269
主桥辅助墩	1.25	20.222	1.5	1.3	13 393
主桥边塔	1.25	18.561	1.5	1.3	28 593
主桥中塔	1.25	11.724	1.5	1.3	30 743

3.5 试桩结果分析

本桥基础施工前进行了试桩。试桩的目的是通过试验确定钻孔灌注桩在注浆前后的单桩极限承载力,为验证、指导钻孔灌注桩的设计提供重要参数。

试桩的单桩地基极限承载力计算值等于两倍的单桩容许承载力。本桥位试桩的 $\phi 1.8m$ 单桩注浆前的地基极限承载力计算值为 28 300kN,注浆后的地基极限承载力计算值为

30 600 kN；φ2.0m 单桩注浆前的地基极限承载力计算值为 50 000 kN，注浆后的地基极限承载力计算值为 52 900 kN。

本桥试桩采用自平衡法。根据检测报告结果，φ1.8m 单桩竖向抗压极限承载力注浆前为 43 655 kN，注浆后为 53 558 kN；φ2.0m 单桩竖向抗压极限承载力注浆前为 62 304 kN，注浆后为 74 185 kN。通过对比发现，试桩检测的极限承载力比规范计算值大得多，φ1.8m 桩超出 50%，φ2.0m 桩超出 25%。

通过研究分析，造成这种情况的原因主要是由于平衡试桩法的加载方式与工程桩实际传力机制和工作机理不同造成的。

自平衡试桩法的出发点是利用试桩自身反力平衡的原则，在桩身的某一位置埋设荷载箱，通过荷载箱对上、下段桩身同时施加荷载直至试桩同时到达极限承载力。试验时尽量保证上、下段桩身位移相互平衡，以此确定桩基的极限承载力。

对于上段桩，在荷载箱的作用下，桩产生向上的位移，由此桩侧产生方向向下的负摩阻力，由于土层下部紧密、上部松散，桩侧负摩阻力的分布呈现下部摩阻力大、上部摩阻力小，与压桩时存在明显差异，因此自平衡试桩法所测桩侧摩阻力结果会偏大。

对于下段桩，由于而自平衡试桩法在"平衡点"位置加载，更有利于桩端阻力的发挥，因此自平衡试桩法所测桩端阻力结果也会大于规范计算值。实际当桩长较长时单桩在极限荷载作用下，桩端阻力还远未发挥至极限，桩基承载力主要由桩侧摩阻力承担。

综上，若在设计中采用自平衡试桩法所测得的极限承载力，结果会偏不安全。因此对于试桩试验结果仅作参考，不作为设计依据。

4 结语

凤凰路跨黄河大桥桥位区地处黄河下游，受凌汛影响，地质条件一般，黄河滩地冲刷深度较深。设计时，首先需要考虑黄河管理部门的要求并对其做出相应。同时，对水中基础设计重点仔细研究；将各种场地基础刚度分别试算，来确定验算的最不利情况；通过合理的构造措施，减小冰压力对水中基础的影响，提高基础的受力效率；采用合适的构造配筋原则，使桩基截面强度和承载能力能同时充分发挥，并兼顾经济性；分析试桩结果，为基础设计提供参考。

本文对本桥水中基础设计的重点做了简要分析，为类似工程提供经验。

参 考 文 献

[1] 中华人民共和国行业标准.公路桥涵设计通用规范：JTG D60—2015[S].北京：人民交通出版社股份有限公司，2015.
[2] 中华人民共和国行业标准.公路钢筋混凝土及预应力混凝土桥涵设计规范：JTG 3362—2018[S].北京：人民交通出版社股份有限公司，2018.
[3] 中华人民共和国行业标准.公路桥涵地基与基础设计规范：JTG D63—2007[S].北京：人民交通出版社，2007.
[4] 中华人民共和国行业标准.公路桥梁抗震设计细则：JTG/T B02-01—2008.北京：人民交通出版社，2008.

[5] 黄河勘测规划设计有限公司.凤凰路北延跨黄河通道工程岩土工程勘察报告[R].2017.
[6] 黄河水利委员会黄河水利科学研究院.凤凰路北延跨黄河大桥防洪评价报告[R].2017.

38. 关于凤凰路跨黄河大桥陆上引桥结构选型探讨

弓 正[1] 王治国[2] 周纪同[1] 罗绪昌[2] 刘铁勇[1]

(1. 山东易方达建设项目管理有限公司;2. 济南市交通工程质量监督站)

摘 要:凤凰路跨黄河大桥陆上引桥结构选型,相比常规引桥工程需考虑更多边界条件。本文详细介绍了凤凰路跨黄河大桥引桥的选择分析过程。在综合考虑经济性能、使用性能、施工条件和景观效果等因素的基础上,对陆上引桥方案选型及设计时应考虑和注意的实际问题进行探讨,可供后续新建工程参考。

关键词:陆上引桥 结构选型 经济性分析

1 引言

随着人们对交通需求的提高,国内城市跨江跨河大桥工程大规模发展。这些工程大部分均有悬索桥、斜拉桥或拱桥等特大跨径主桥,由于主桥结构复杂,对其研究更为重视,针对主桥的选型研究相对比较完善。然而,关于引桥选型的研究却相对较少。而引桥造价一般占整个桥梁工程造价的一半及以上,且造型对整个工程的景观效果也有较大影响。因此,对跨江大桥引桥结构进行选型确定合理结构显得至关重要。

本文以凤凰路跨黄河大桥陆上为例,探讨不同引桥方案在该项目中的优劣性,以期在安全可靠的结构受力、施工方法和合理的经济指标之间寻求一个最佳平衡。

2 工程背景

凤凰路跨黄河大桥(图1、图2)主线路线总长约6692.662m;跨黄河桥梁总长3788m,其中主桥长度1332m,南侧水中引桥长度210m,北侧水中引桥长度320m,南侧跨大堤引桥长度373m,北侧跨大堤引桥长度553m,南侧陆上引桥长度600m,北侧陆上引桥长度400m;其中陆上引桥总长约1km,其建安费占桥梁工程很大比例。主桥南侧陆上引桥:3×(5×40m)(连续梁)=600m,主桥北侧陆上引桥:2×(5×40m)(连续梁)=400m。

主要技术指标:设计荷载为公路—Ⅰ级;主线设计速度采用60km/h;引桥横向标准布置为:0.5m(防撞护栏)+15.5m(车行道)+0.5m(防撞护栏)+11.5m(中央分隔带)+0.5m(防撞护栏)+15.5m(车行道)+0.5m(防撞护栏)=44.5m。

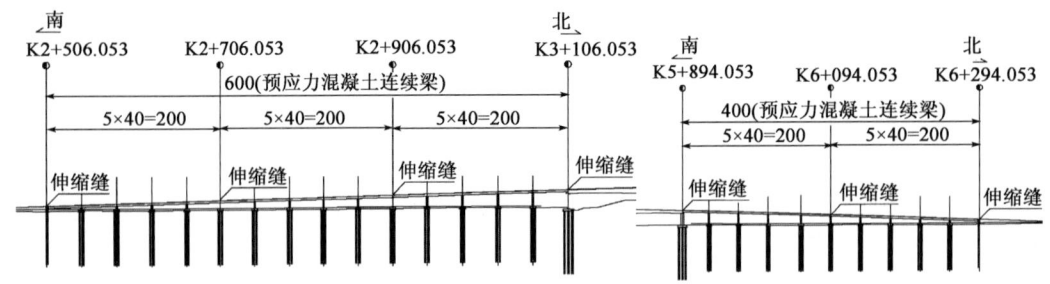

图 1 南北岸接线引桥总体布置图(尺寸单位:m)

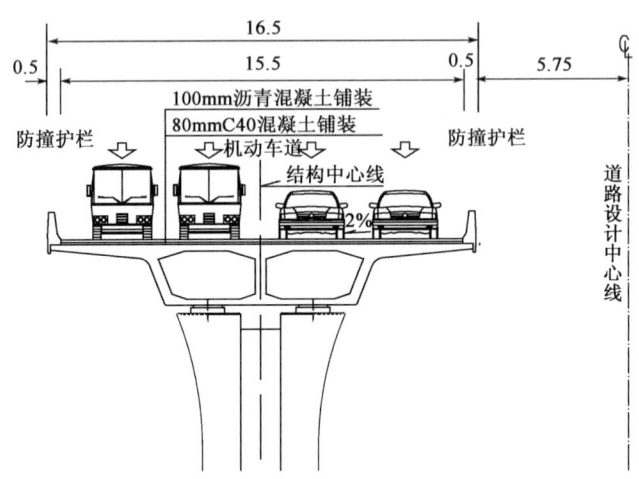

图 2 凤凰路跨黄河大桥陆上引桥 1/2 断面图(尺寸单位:m)

3 上部结构比选[1-2]

桥梁结构形式的选择与工程造价、景观要求、施工进度有着很大的关系。应从城市景观和道路交通功能、高架桥结构受力性能和地质条件等因素考虑,选用合适的桥梁结构形式,既满足桥梁结构技术和经济要求,又能给人以通透、舒适感。

桥梁结构形式可选择简支加连续桥面体系,也可采用连续结构体系。简支结构、连续桥面体系的上部结构可以采用预制空心板梁、T梁、预制小箱梁等。连续梁上部结构可采用预应力混凝土连续箱梁、钢结构连续箱梁、普通钢筋混凝土连续箱梁等。

在结合美观、经济并且满足建设进度的原则前提下,根据总体方案的布置,对适应接线引桥的各种结构方案进行了详尽的结构受力、技术经济、施工及景观等的分析比较。主要比较:

①预制先张法预应力空心板梁结构;
②预制后张法"T"形梁;
③预制后张法简支小箱梁结构;
④连续梁结构。

各类型详细分析如下:

(1)预制先张法预应力空心板梁结构。

预制先张空心板梁结构是目前城市采用较多的高架桥梁的结构形式,其结构高度低,工厂化程度高,运输、吊装方便,对地面交通影响较小,工程造价低,施工便利,但该结构跨径布置受到限制。

(2)预制后张法"T"形梁。

T梁结构也是较为常用的结构形式,其设计和施工经验成熟,跨径较大,最大跨径达50m左右,主梁为预制构件,可在工厂和施工现场预制,待主梁安装完毕后,浇筑现浇段把桥面连成整体。T梁的优点是造价低,施工方便,对施工设备没有特殊要求。T梁对变宽度桥面的适应性较强;其缺点是其桥梁建筑高度较高,从桥下仰视梁底,纵、横梁密布,比较凌乱,景观稍差。

(3)预制后张法简支小箱梁结构。

预制小箱梁结构简单,经济指标较低,结构刚度较大,抗扭性能较好,铺装较薄,跨径较大(常用25~40m),梁高适中,采用工厂化预制,安装完成后现浇横向接缝,形成整体桥面,桥面板为混凝土结构,对于变宽段适应性强;从工厂预制、运输、安装设备等考虑,预制梁质量控制在150t以内。吊装可采用履带吊机或龙门吊机以及大型架桥机,施工速度快,对地面交通影响较小,线形美观、协调,符合城市现代化的要求。

(4)连续大箱梁结构。

连续梁结构采用单箱多室大箱梁结构,混凝土连续箱梁整体性能好,抗扭刚度大,能适应各种平面线型和桥宽的变化,跨越能力也较大,在20~45m,可较好满足一般城市立交桥和高架路的使用要求。箱梁结构简洁、轻盈,线条流畅,桥下视觉较通透开阔,行车平稳,总体上较为美观舒适。箱梁的施工方法有支架现浇法;也可采用活动模板逐孔浇筑。

几种结构的综合比较见表1。

上部结构综合比较表　　　　表1

项　目	空心板梁	简支梁T梁	小箱梁	连续大箱梁
景观效果	一般	较差	一般	好
施工对交通及环境影响	小	较小	较小	较大
施工速度	快	较快	较快	较慢
施工难易和复杂程度	容易	较易	较易	较复杂
结构性能	一般	一般	一般	好
行车条件	一般	一般	一般	好
相对造价	低	一般	一般	较高
对曲线适用性	较差	一般	较好	好
可改造性	容易	较易	较易	难

空心板梁、T梁施工便捷,工程造价较低,但其由于外形的欠缺,不太适合城市的综合形象,且和主桥断面差别较大,景观效果差。连续大箱梁虽施工较复杂,造价较贵,但由于其外形的优势,是主线引桥方案的首选之一。简支小箱梁结构在外形上较空心板、T梁美观,其造价接近T梁,从综合性能比选,也是较好的选择之一。但是选用简支小箱梁,必须做盖梁,如采用双柱大挑臂盖梁,将增加结构高度,加大桥长。如采用多柱钢筋混凝土盖梁,则景观效果较差,桥下墩柱林立,凌乱、不通透。因此,本工程推荐采用现浇混凝土预应力连续大箱梁结构。

4 桥墩形式比选

高架桥梁下部结构常见的墩柱形式有:花瓶墩、H形墩、柱式接盖梁桥墩等。

(1)花瓶墩。

花瓶墩一般为方形柱组合型扩头"Y"形独墩,占地面积小,可充分利用地面层的中央分隔带。这种桥墩形式一般与单箱室整体连续箱梁的上部结构配合在一起,其外形刚柔相济、稳重、整体效果好。

(2)H形墩。

墩身为圆形断面"H"形双柱墩,外形简洁,一般与单箱室整体连续箱梁的上部结构相配合,目前在城市高架桥梁中应用较多。

(3)柱式接盖梁桥墩。

柱式接盖梁桥墩一般适用于上部结构为T梁、预制板梁、小箱梁等的桥梁,造型简洁,缺点是盖梁会占用净空。但是在高架桥梁中,净空往往是重要的控制因素,在不受净空影响的地方可以采用。

综合本工程的特点,兼顾城市桥梁美观效果,采用花瓶形桥墩。

5 跨径分析及经济性比选

桥梁跨径对造价和施工等影响较大,设计过程中对桥梁经济跨径作了比选。岸上引桥施工条件较好,可采用满堂支架法施工,因此在跨径选择时应侧重其经济性。

桥梁的总造价是由桥面系,上部结构和下部结构(含基础)组成,由于没有主跨的多跨桥,跨径增大,梁体增加成本的同时,桥墩数量也会减少,下部结构总造价减少;相反,跨径减小,梁体造价降低,墩数增加,下部结构总造价增加。

前文已论述了主梁与桥墩类型的选择根据工程经验,对30m、40m、50m跨径比选,各跨径方案梁高、基础布置见表2。

引桥预应力混凝土连续梁不同跨径方案　　　表2

方案序号	跨径(m)	梁高(m)	基础布置	经济指标(元/m²)
1	5×30	1.8	4ϕ1.2	6 951
2	4×40	2.3	5ϕ1.2	6 732
3	3×50	2.8	6ϕ1.5	7 125

由方案比较表可以看出,40m跨径方案最经济,此时上部结构造价与下部结构造价趋于平衡。从景观看,由于桥墩高度主要为5~20m,跨度过小或过大桥孔高宽比反而失调。因此,综合造价、景观等因素,选用40m作为陆上引桥标准跨径。

6 结语

在大跨径桥梁建设越发成熟的今天,引桥工程的选型问题往往容易被忽略。引桥工程的建安费占整个工程费用的比例越来越大,引桥方案更应根据不同地域特征和要求,将桥梁结构的经济实用性和美观适用性有机结合起来,确定合理、最优的方案。

凤凰路跨黄河大桥陆上引桥结构选型,详细分析了选型过程,不仅定性分析了各种常用引桥上部结构优劣性,还对连续预应力钢箱梁不同跨径经济指标给出了定量分析,为凤凰路跨黄河大桥陆上引桥结构选型提供了理论指导。

参 考 文 献

[1] 肖汝诚.桥梁结构体系[M].北京:人民交通出版社,2013.
[2] 姜友生.桥梁总体设计[M].北京:人民交通出版社,2002.

39. 凤凰黄河大桥陆上桥梁设计

翟志轩[1] 李盘山[2] 许凯峰[2]

(1.上海市政工程设计研究总院(集团)有限公司;2.济南城建集团有限公司)

摘 要:济南市凤凰黄河大桥陆上桥梁全长2 323m,占桥梁总长度的45%。设计中根据现场条件,统筹考虑,选择合理的桥梁设计方案。陆上桥梁分别采用大跨度悬臂浇筑连续梁和40m跨逐跨浇筑连续梁,桥梁设计合理,结构形式统一,整体外观协调,具有较好的景观效果。

关键词:陆上桥梁 大跨度混凝土连续梁 悬臂浇筑 逐跨浇筑 静力分析

1 工程概况

凤凰黄河大桥位于济南市中心城区东北部,南起历城区现状坝王路荷花路交叉口,北至黄河北岸济阳县G220交叉口处,全长约6.7km。本工程桥梁段分为主桥、水中引桥和陆上桥梁。陆上桥梁包括跨线桥梁和黄河大桥陆上引桥两部分,全长2 323m,占桥梁总长度的45%。[1]

跨线桥梁位于黄河南岸,自南向北依次跨越邯胶铁路联络线及南水北调明渠后落地。黄河大桥陆上引桥分别位于黄河两岸,连接地面道路与黄河大桥主桥。桥梁结构形式为预应力混凝土连续大箱梁,其中跨南水北调桥采用57m+96m+57m变高度预应力混凝土连续箱梁。

2 陆上桥梁总体设计

2.1 平面设计

跨线桥梁位于直线、半径2 000m的圆曲线上,与邯胶铁路联络线及南水北调济东明渠呈约86.5°角斜交。跨黄河桥梁位于直线、半径分别为2 000m、1 500m的圆曲线上。桥梁总体平面见图1。

2.2 纵断面设计

设计考虑以下控制条件

2.2.1 邯胶铁路联络线

桥下净空≥10.0m;需预留施工空间。

2.2.2 南水北调明渠

堤顶路净空不小于4.5m,承台需埋至现状河底以下,桥梁中墩净距不小于80m。

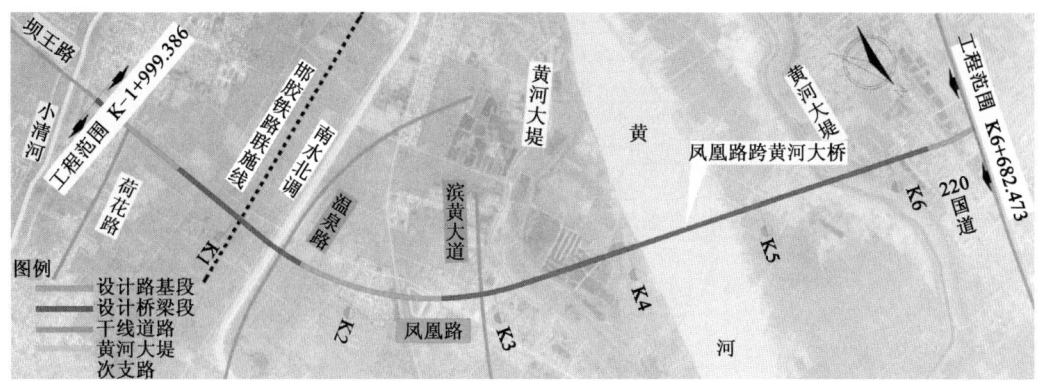

图1 桥梁总体平面图

2.2.3 跨黄河段

通航孔范围内梁底高程受通航等级及防洪要求控制,跨大堤处梁底高程受堤顶交通净空控制。

2.3 横断面设计

道路等级为一级公路兼城市主干路,设计速度为60km/h,双向8车道。

陆上桥梁为双向8车道,分两幅布置,每幅桥宽16.5m,两幅之间预留轨道交通空间11.5m。跨南水北调桥梁两侧均设非机动车道和人行道,每幅桥宽21.25m。桥梁断面见图2、图3。

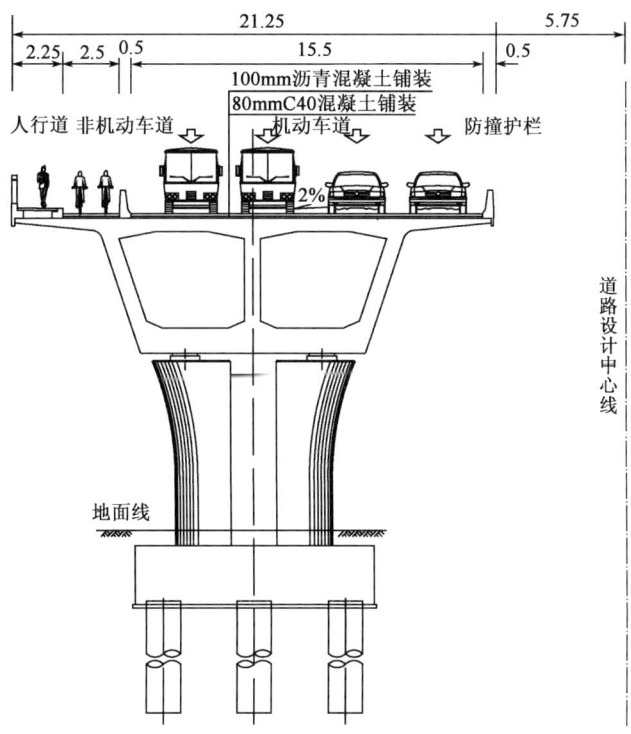

图2 跨南水北调明渠桥梁断面(尺寸单位:m)

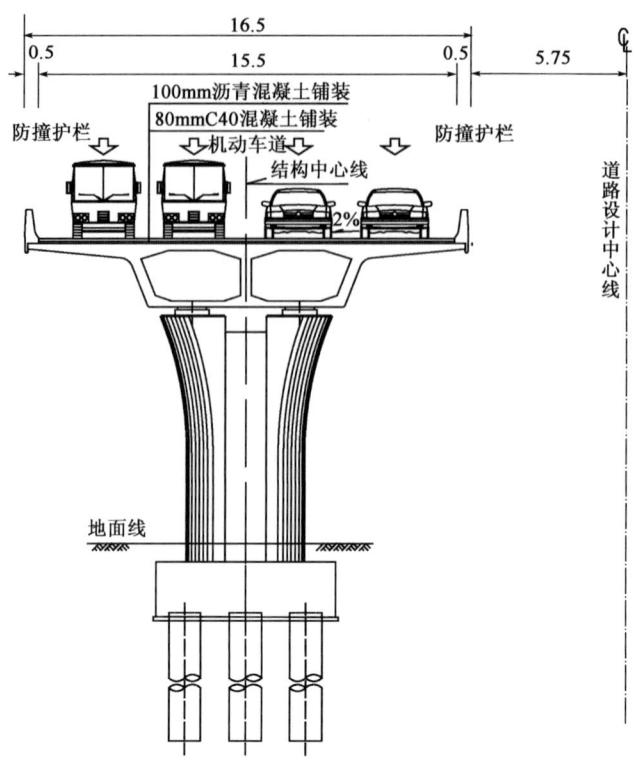

图 3 陆上桥梁标准断面图(尺寸单位:m)

3 陆上桥梁设计构思

根据相关部门要求,邯胶铁路联络线和南水北调明渠处均需一跨跨越。考虑合理边中跨比[2],确定两处的跨径布置分别为45m+72m+45m=162m 和 57m+96m+57m=210m。

对于常规陆上桥梁,设计中对经济跨径作了比选。根据工程经验,选取 30m、40m、50m 跨径进行比选,各跨径方案综合比较见表 1。

常规陆上桥梁方案比较表　　表 1

方案序号	跨径(m)	梁高(m)	基础布置	建安费相对比例
1	5×30	1.8	4φ1.2	1.00
2	4×40	2.3	5φ1.2	0.97
3	3×50	2.8	6φ1.5	1.04

由表 1 可知,40m 跨径方案最经济;从景观角度考虑,由于桥墩高度主要为 5～20m,跨度过小或过大会导致桥孔高宽比失调。因此,综合造价、景观等因素,选用 40m 作为常规陆上桥梁标准跨径。

综合以上因素,跨线桥梁的跨径布置为 3×(5×40m)+(45m+72m+45m)+3×37m+(57m+96m+57m)+2×(3×40m)=1 323m,立面布置见图 4。黄河大桥陆上引桥的跨径布置为 3×(5×40m)=600m(南岸),2×(5×40m)=400m(北岸)。

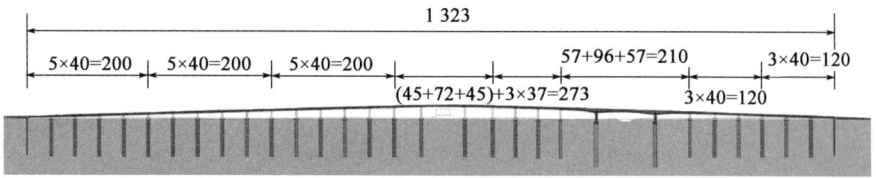

图4 跨线桥梁立面布置(尺寸单位:m)

4 陆上桥梁结构设计

4.1 跨南水北调桥

4.1.1 总体布置

跨南水北调桥的跨径布置为57m+96m+57m=210m。桥梁上部结构采用变高度预应力混凝土连续箱梁,左右分幅布置,总宽度54m,单幅桥宽21.25m,中央分隔带11.5m。单幅桥梁横断面布置为:0.25m(人行道栏杆)+2m(人行道)+2.5m(非机动车道)+0.5m(防撞栏杆)+15.5m(机动车道)+0.5m(防撞栏杆)=21.25m。下部结构采用立柱式实心墩及矩形承台,中墩采用6根$\phi1.8$m钻孔灌注桩,边墩采用6根$\phi1.2$m钻孔灌注桩。

桥梁立面总体布置图如图5所示。中支点处横断面如图6所示。

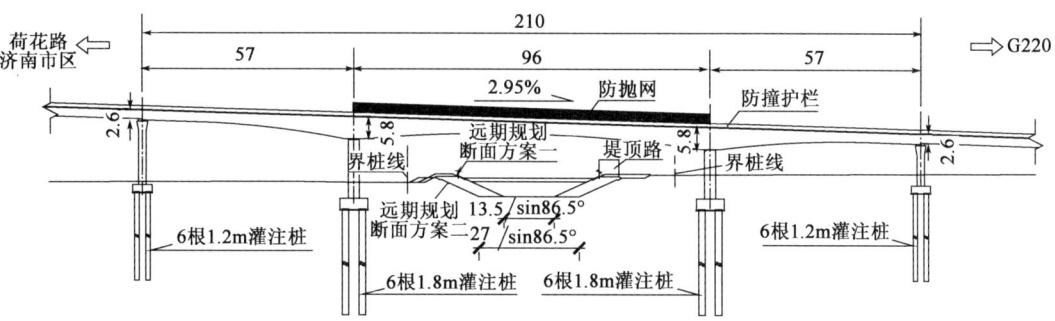

图5 跨南水北调桥总体布置立面图(尺寸单位:m)

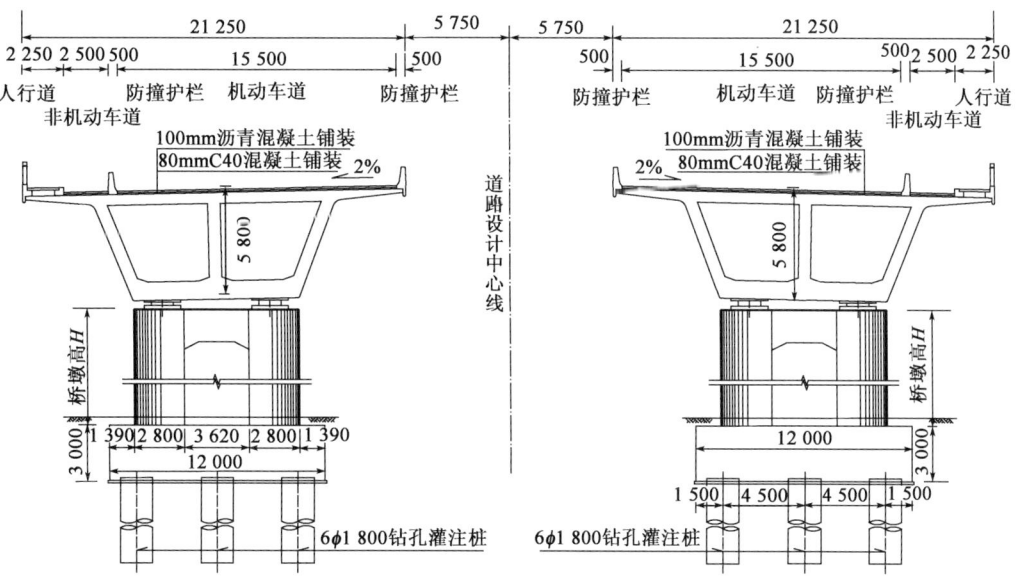

图6 跨南水北调桥中支点横断面图(尺寸单位:mm)

4.1.2 主梁结构设计

主梁采用三跨变高预应力混凝土连续箱梁,单箱双室斜腹板断面,分为左右分幅。单幅桥宽21.25m(包含两侧各0.15m滴水),外腹板斜率为2.5,中腹板垂直于顶底板,挑臂长3.75m,挑臂根部厚0.55m。顶底板平行呈单向2%横坡。

中支点梁高5.8m;中跨跨中及边支点梁高2.6m;梁底曲线采用二次抛物线。箱梁顶板宽20.95m,底板宽9.25~11.81m(中支点~跨中、边支点),顶板全联等厚,厚度为0.28m,底板厚度为0.28~0.7m,腹板厚度为0.4~0.7m。中横梁厚2.5m;端横梁厚1.5m,纵向所有横梁保持铅垂。单幅桥跨中断面如图7所示。

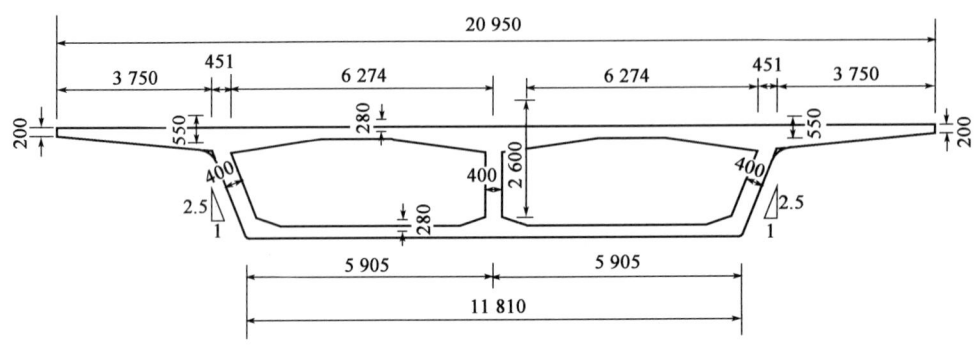

图7 主梁跨中断面图(尺寸单位:mm)

主梁采用纵横竖三向预应力体系,预应力束采用$\phi^s15.2$高强度低松弛钢绞线,标准强度$f_{pk}=1860$MPa。纵向预应力按结构受力的要求布置,包括施工阶段受力要求和成桥后使用阶段各种荷载组合下的受力要求。顶底板束规格为$\phi^s15.2-15$、$\phi^s15.2-12$及$\phi^s15.2-9$,腹板束规格采用$\phi^s15.2-15$及$\phi^s15.2-12$。桥面板横向预应力束采用直线布置。横向预应力束采用$\phi^s15.2-4$扁束,两端张拉,间隔0.5m布置。为增强箱梁的抗剪能力,在0号~9号节段设置竖向预应力钢筋。

4.1.3 下部结构设计

主墩采用等截面的带系梁双立柱式实心墩,单立柱横桥向长2.8m,顺桥向宽3.0m,系梁横桥向长3.62m,顺桥向宽2.5m,高1.8m。南侧中墩高14.7m,北侧中墩高11.9m,与主线正交。主墩承台为整体式矩形承台,横桥向长12.0m,顺桥向宽7.5m,厚3.0m。基础采用6根$\phi1.8$m钻孔灌注桩。

边墩采用变截面的带系梁双立柱式实心墩,墩底横桥向长2.25m,顺桥向2.5m,墩顶横桥向3.2m,顺桥向3.0m。承台横桥向长9.2m,顺桥向5.2m,厚2.0m。基础采用6根$\phi1.2$m钻孔灌注桩。

立柱采用C40混凝土,承台采用C35混凝土,钻孔灌注桩采用C30水下混凝土。

4.1.4 施工方案

主梁施工方法采用挂篮悬臂浇筑,边跨合龙之后再进行中跨合龙成桥。中支点设0号块,采用托架浇筑施工。悬臂浇筑节段共12个。1号~5号节段长3m,6号~9号节段长3.5m,10号~12号节段长4m,最大悬臂浇筑节段质量为187t。边跨现浇段采用支架施工。

上部结构节段划分及长度示意如图8所示。

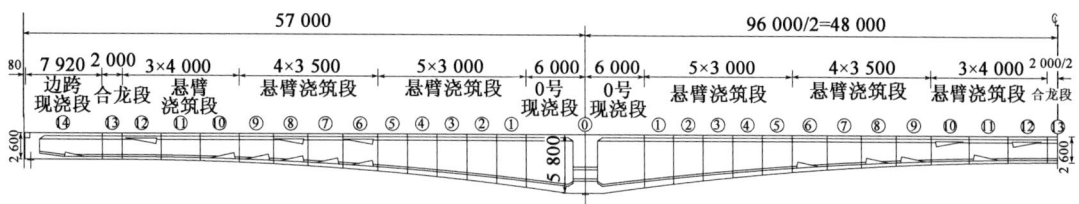

图8 跨南水北调桥节段划分示意图(尺寸单位:mm)

4.2 40m跨陆上桥梁

4.2.1 总体布置

陆上桥梁跨径布置为3×40m和5×40m两种。上部结构采用等高度预应力混凝土连续箱梁,左右分幅布置,总宽度44.5m,单幅桥宽16.5m,中央分隔带11.5m。单幅桥梁横断面布置为:0.5m(防撞栏杆)+15.5m(机动车道)+0.5m(防撞栏杆)=16.5m。下部结构采用花瓶墩及整体式矩形承台,采用4根φ1.5m钻孔灌注桩。

4.2.2 主梁结构设计

40m跨陆上桥梁主梁采用单箱双室截面,标准梁高2.3m,顶板底板均采用2%单向横坡。顶板全宽16.2m,底板全宽7.3m,单侧挑臂长3.75m。顶板厚度为0.26m;底板厚度为0.22~0.45m;腹板厚度为0.4~0.6m,腹板厚度渐变段长度为3m。端横梁宽1.2m,中横梁宽2m。主梁标准横断面见图9。

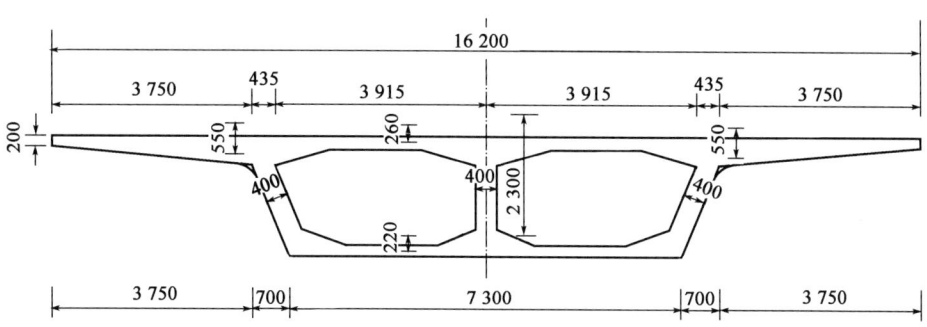

图9 40m跨引桥主梁标准断面(尺寸单位:mm)

主梁采用纵横向预应力体系,预应力束筋采用$\phi^s15.2$高强度低松弛钢绞线,标准强度$f_{pk}=1860MPa$。桥面板横向预应力束采用直线布置,间隔0.5m布置。

4.2.3 下部结构设计

桥墩立柱为花瓶形,断面为圆端形,与上部箱梁的斜腹板呼应,视觉连续性和整体性较好。

基础采用分离式承台,截面为矩形。

桩基础采用直径1.5m钻孔灌注桩,每个承台处布置4根。

4.2.4 施工方案

采用逐跨现浇施工方法。逐孔浇注、逐孔张拉,每节段混凝土一次浇注而成,不但保证了箱梁的整体性,同时有利于控制预应力长束损失。

5 结语

济南凤凰黄河大桥陆上桥梁全长2 323m,占工程桥梁全长的45%。设计中根据现场条件,统筹考虑,选择合理的桥梁设计方案。

跨铁路和南水北调明渠桥采用悬臂浇筑大跨度预应力混凝土连续梁,满足跨越需求,避免施工对桥下既有构筑物影响。陆上桥梁标准段采用40m跨逐跨浇筑预应力混凝土连续梁,满足功能和经济性要求。陆上桥梁设计合理,结构形式统一,整体外观协调,具有较好的景观效果。

参 考 文 献

[1] 上海市政工程设计研究总院(集团)有限公司.G220至济青高速公路王舍人互通立交连接线工程施工图[R].上海:2019.
[2] 范立础.桥梁工程[M].北京:人民交通出版社股份有限公司,2017.
[3] 中华人民共和国行业标准.公路钢筋混凝土及预应力混凝土桥涵设计规范:JTG 3362—2018[S].北京:人民交通出版社股份有限公司,2018.

40.245m 大跨径组合钢箱梁桥结构设计研究

袁勇根

(上海市政工程设计研究总院(集团)有限公司)

摘 要:济南市凤凰路黄河大桥北侧跨大堤引桥为主跨245m的组合钢箱梁桥,跨度在同类桥梁中排名第一。对连续梁负弯矩区桥面板、双层组合结构设计进行了分析研究,体现出设计与施工相结合,提高大跨度连续组合箱梁的技术与经济竞争力,为同类型桥梁的设计提供借鉴。

关键词:UHPC 桥面板 开裂区 双层组合 负弯矩区

1 工程概况

济南市凤凰路黄河大桥跨北侧大堤引桥跨径布置为154m+245m+154m,主跨跨中梁高4.8m,主跨支点梁高10m,高跨比分别为1/51及1/24.5。全桥为箱宽54~61.7m的单箱双室断面,横断面形式如图1所示。支点采用钢底板+混凝土受压翼缘的双结合方案,引桥采用8cm的UHPC桥面板。

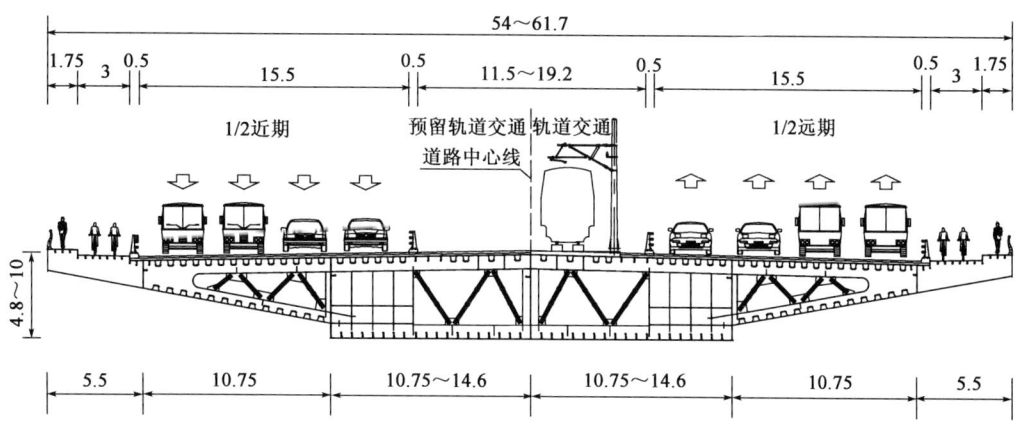

图1 横断面图(尺寸单位:m)

2 设计方法

关于连续组合结构桥梁负弯矩区的设计,采取允许混凝土桥面板开裂、限制其裂缝宽度在可接受范围的设计原则。为了达到技术与经济等方面的优化,采用桥面板间断施工法,即先浇筑跨中部然后浇筑支点部分的方法;采用少支架施工法,钢梁在支架上散拼,待全部钢结构组装完毕后,浇筑底板结合混凝土,除保留的临时墩外,撤掉其余的支架,先浇筑跨中部分桥面板,撤掉临时墩,最后浇筑支点部分桥面板。施工步骤见表1、图2。通过对钢梁与下翼缘混凝土板的合理调配以及对上下翼缘混凝土板施工顺序的合理安排,可以对刚度的分布、截面内力和应力分布起到很好的作用。

施工步骤　　　　　　　　　　　　　　　　　　　表1

施工阶段	施工内容
STG1	施工桩基、承台、桥墩,少支架架设钢梁
STG2	现浇墩顶段钢箱梁底板结合混凝土
STG3	现浇边、中跨桥面板
STG4	拆除临时墩
STG5	现浇墩顶桥面板
STG6	施工桥面铺装(近期)
STG7	收缩徐变十年,上远期轨道交通铺装

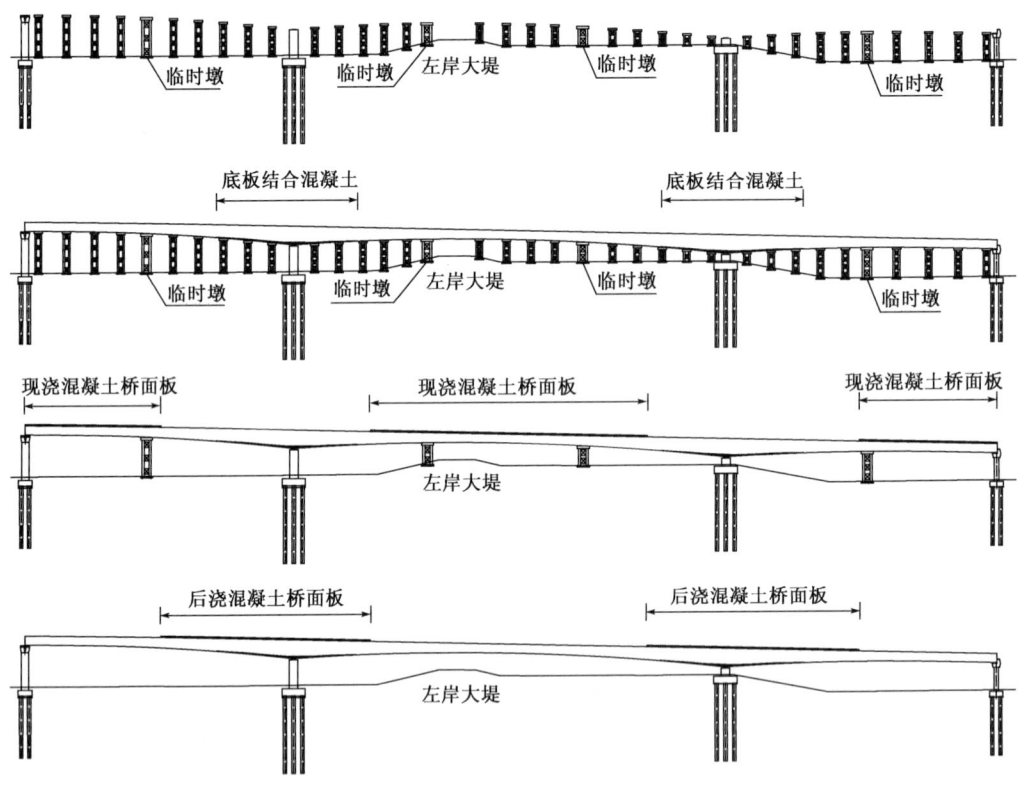

图2　施工步骤示意图

3　结构受力比选分析

采用TDV有限元模型(图3),建立桥面板不开裂及桥面板开裂两种模型。施工过程分析中,钢结构自重、下翼缘混凝土的自重及桥面板的自重,作用于钢+混凝土下翼缘结合截面;所有其他荷载均作用于钢+混凝土下翼缘+桥面板钢筋(开裂区)和桥面板(其他位置)组成的结合截面。

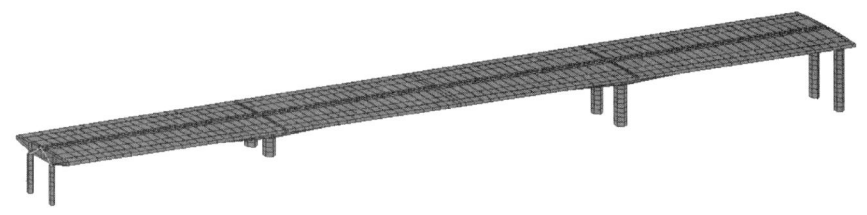

图3 TDV有限元模型

3.1 桥面板比选

考虑到如此大跨径组合钢梁受力及经济性需要,桥面板比选了以下两种方案:

方案1:15cmC80混凝土桥面板+10cm沥青铺装。

方案2:8cmUHPC桥面板+10cm沥青铺装。

3.1.1 板厚设计

分别对方案1和方案2两种桥面板形式,确保钢梁受力基本相等的前提下,对钢梁的板厚进行优化设计。板厚情况见表2。

钢梁跨中和支点位置板厚　　　　　　　　　　　　　　　　　　　　　　　　　表2

项目		方案1	方案2
跨中板厚(mm)	顶板	24	24
	底板	55	40
支点板厚(mm)	顶板	50	35
	底板	35	25

3.1.2 方案比较

如图4所示,方案2较方案1,恒载减小约14.5%,活载挠度增加约9.8%;钢梁制作安装费用按1.1万元/t,普通混凝土按0.05万元/m³,UHPC按1.0万元/m³,方案2较方案1钢材节省约1184.6万元,UHPC桥面板增加约745.7万元,上部结构合计减少438.9万元;考虑到上部结构的减轻不仅能减少下部基础的成本,而且能减少施工中临时墩的支反力,故方案2优于方案1。综上,采用UHPC桥面板减轻的重量约相当于交通荷载的量级,对如此大的中跨确实有很大的经济效益。

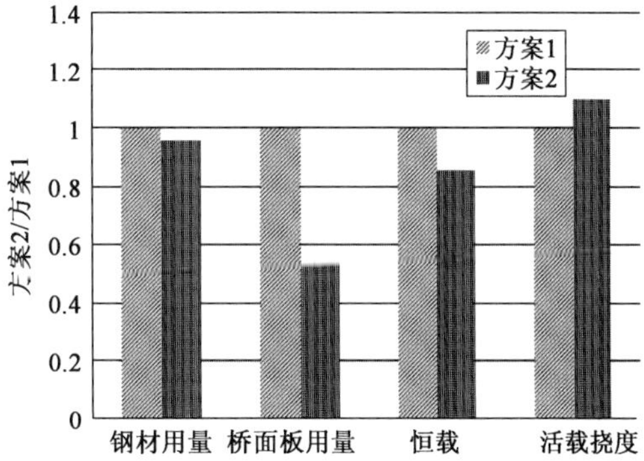

图4 两种方案材料量和受力对比

3.2 开裂区范围确定

3.2.1 规范要求

本桥采取允许混凝土桥面板开裂、限制其裂缝宽度在可接受范围的设计原则,在模型总体计算中需拟定开裂区的范围。参考现有规范对开裂区范围的相关规定:

(1)《公路钢结构桥梁设计规范》(JTG D64—2015)规定,当混凝土板按普通钢筋混凝土构件设计时,应采用开裂分析方法,中间支座两侧各0.15L(L为梁的跨度)范围内组合梁截面刚度取开裂刚度,其余区段组合梁截面刚度取未开裂截面刚度。

(2)欧洲规范相关规定,通过非开裂模型进行计算,即模型中主梁截面特性为混凝土与钢结构共同计算所得,即使混凝土处于开裂区,也不考虑混凝土退出工作。通过该模型得出标准值组合下混凝土板上缘应力。如果混凝土的拉应力超 $2f_{ctm} = 2 \times 5.5 = 11\text{MPa}$,则截面处于开裂区。其中,$f_{ctm} = 0.3 f_{ck}^{2/3}$。$f_{ck}$为混凝土的棱柱体强度。荷载标准值组合为刚成桥状态和成桥10年后的包络。欧规计算开裂区范围为32.5m,约为0.13L,见图5。若桥梁任意相邻两跨跨径之比大于0.6,不采用任何支点升降措施,且采用现浇混凝土桥面板,则可直接取中支点两侧各0.15倍跨径的范围作为开裂区进行分析。

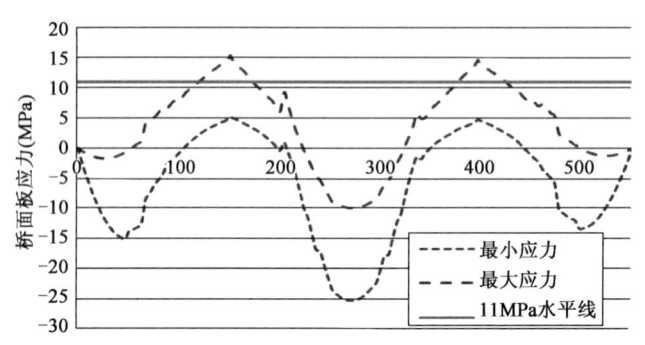

图5 欧规计算开裂区范围

综上,两种规范对开裂区范围的规定基本一致。

3.2.2 参数化分析

对于变高度的连续组合钢箱梁,开裂区范围规范并没有明确规定,针对本项目,分别假定不开裂、开裂区范围0.15L、0.3L三种方案,研究不同桥面板开裂范围对内力重分配及刚度重分配的影响(图6)。

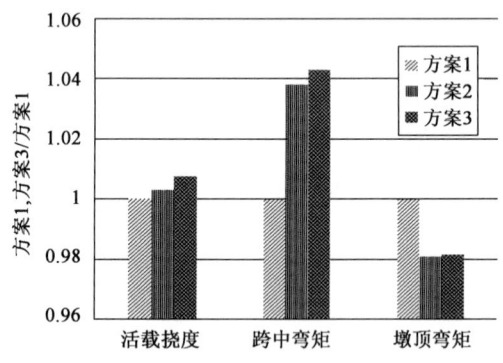

图6 不同开裂区范围受力对比

方案1:墩顶桥面板不开裂。
方案2:开裂区为中间支座两侧0.15L(L为梁的跨度)。
方案3:开裂区为中间支座两侧0.3L(L为梁的跨度)。

桥面板是否考虑开裂对总体的刚度影响不大,活载产生的挠度差别很小;桥面板是否考虑开裂对跨中弯矩和墩顶弯矩的影响较大。但不同的开裂范围对弯矩影响不大。这可能是因为支点位置的钢梁高,桥面板的厚度相对较小。故本工程总体计算中,开裂范围取中间支座两侧0.15L。

3.3 双层组合结构设计

3.3.1 研究内容

与传统的钢—混凝土组合结构桥梁相比，本工程采用双层组合结构，支点处混凝土加设的长度范围、厚度不同，将对结构产生不同影响。通过计算分析，进一步探明下缘混凝土加设范围大小的影响，从而使双层组合结构应用合理化。

按照钢梁下翼缘混凝土板加设范围、厚度，分成三种情况，见表3。

双层组合下缘混凝土板范围与厚度分类情况　　表3

方案	方案1	方案2	方案3
下缘混凝土板长度(m)	2×4.5	20.5+24	32.5+40.5
下缘混凝土板厚度(cm)	120	60~120	35~120

3.3.2 结果分析

钢梁下缘加设混凝土板范围(对应方案1~3)桥面板、钢梁、双结合段混凝土上、下缘应力分别见表4。

不同下缘混凝土板范围与厚度应力计算表(MPa)　　表4

方 案	上缘混凝土		钢 梁				下缘混凝土	
			墩顶		跨中			
	墩顶	跨中	上缘	下缘	上缘	下缘	上缘	下缘
方案1	13.1	-19.6	162.7	-132.2	-216.7	400.0	-9.5	-13.5
方案2	13.3	-17.4	170.5	-140.8	-201.9	371.9	-9.7	-13.8
方案3	13.7	-10.4	193.3	-175.0	-224.3	231.6	-11.0	-15.6

从以上计算结果可知，支点下缘加设混凝土板后相应梁段的刚度增加，导致跨中弯矩减少，支点弯矩增加；桥面板施工前，在中支点梁段下缘加设混凝土板，直接参与结构承压并显著降低钢梁下翼缘承受的压力；综合下缘混凝土板长度对结构受力与刚度的影响，双层组合的下缘混凝土板长度以在主跨长度的15%~20%为宜；考虑到运营情况下结构受力更大，可以增加下缘混凝土板的厚度，但同时也需要注意很厚的混凝土板施工时引起的二次力作用，必要时可以分层完成下缘混凝土板的施工。综上，本工程经过研究比选，双层组合结构设计如图7所示。

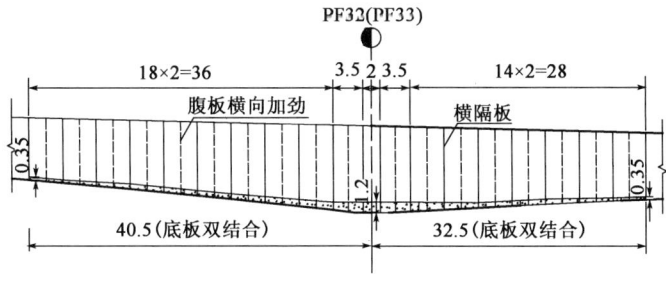

图7　双层结构设计范围(尺寸单位:m)

4 结语

本文简要地介绍了济南北侧跨大堤引桥设计过程中，对大跨径组合钢箱梁桥的负弯矩区

桥面板、双层结构的设计比选,并明确了总体计算中开裂区范围的设定方法,得出以下结论:

(1)为克服大跨度梁式桥的自重,采用 UHPC 桥面板,既适应了负弯矩区桥面板的受拉特性,又能减轻结构自重实现更大跨度,体现了一定的经济性。

(2)开裂区的范围分别按中国规范和欧洲规范不同的计算方法,总体计算的开裂区区别不大。

(3)双层组合结构形成整体截面共同受力,发挥了负弯矩区混凝土和钢的材料特性;提出在主跨长度的15%~20%加设混凝土板是合适的。

参 考 文 献

[1] 邵长宇.梁式组合结构桥梁[M].北京:中国建筑工业出版社,2014.
[2] 刘玉擎.组合结构桥梁[M].北京:人民交通出版社,2005.
[3] 邵长宇.大跨度连续组合箱梁桥的概念设计[J].桥梁建设,2008.
[4] 聂鑫,等.箱型截面连续组合梁桥的横向分布[J].清华大学学报,2009,49(12).
[5] 刘佳.大跨度钢—混凝土连续组合梁桥施工过程有限元分析[D].武汉:华中科技大学,2012.

41. 主跨245m连续组合钢箱梁设计

姜 洋[1] 孙海涛[1] 许为民[2]

(1.上海市政工程设计研究总院(集团)有限公司;2.济南城市建设集团有限公司)

摘 要:济南凤凰黄河大桥北侧跨黄河大堤桥为主跨245m三跨变高度连续组合钢箱梁桥,介绍了该桥的总体设计概况、设计理念和施工方法,为今后类似工程设计提供了相关经验和参考。

关键词:组合钢箱梁 UHPC 宽桥 双结合混凝土 大跨径

1 工程概述

大跨度钢—混凝土组合结构箱梁桥历经几十年发展,特别是从20世纪80年代以来,欧洲各国在钢—混凝土组合箱梁的研究、设计及施工方面做了大量工作。随着基础理论研究的深入以及设计理论与设计方法的进步,先后修建了大量的公路、铁路大跨度组合箱梁连续梁桥。这些桥梁集中体现了新的研究成果、新的设计方法以及新的施工工艺等。目前,世界上最大跨径的连续组合钢箱梁桥为委内瑞拉的Caroni桥,主跨跨径213.75m,桥面宽度30.4m。这些桥梁的修建,在经济性、耐久性以及桥梁美学方面,充分展现了组合结构桥梁的竞争能力。

凤凰黄河大桥位于济南市,跨黄河主桥采用主跨428m三塔四跨自锚式悬索桥。出于全桥景观考虑,跨黄河大堤引桥桥面以上不应设置结构物,因此桥型选定为梁桥体系。由于南、北侧跨大堤引桥主跨跨径需求分别为165m和245m且桥墩高度相对较小,不适宜采用预应力混凝土连续梁或预应力混凝土连续刚构桥。由于该工程通行重载交通,正交异性钢桥面板可能带来疲劳问题,顶板板厚需增加,使得全桥用钢量也随之增加,而且加大了运营期间的养护难度,降低了桥梁的耐久性,因此最终采用连续组合钢箱梁桥结构体系,结构外形与主桥和水中引桥的主梁保持一致。

北侧跨大堤引桥采用跨径组合为154m+245m+154m=553m三跨连续变截面组合钢箱梁桥,堤顶净空4.5m,桥跨布置如图1所示。

主梁采用整幅布置,双向八车道,车行道两侧设置人行道和非机动车道,中央预留轨道交通。横断面布置为:1.75m(人行道)+3.0m(非机动车道)+0.5m(防撞护栏)+15.5m(机动车道)+(1.15~5)m(公轨隔离带)+10.2m(预留轨道交通)+(1.15~5)m(公轨隔离带)+15.5m(机动车道)+0.5m(防撞护栏)+3.0m(非机动车道)+1.75m(人行道)=54.0~61.7m,如图2所示。

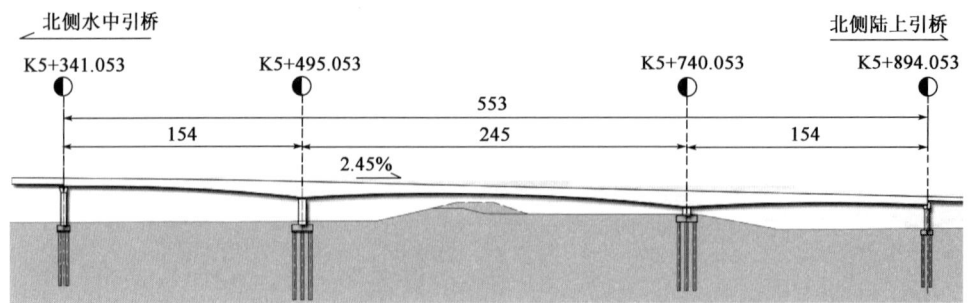

图 1 北侧跨大堤引桥总体布置图(尺寸单位:m)

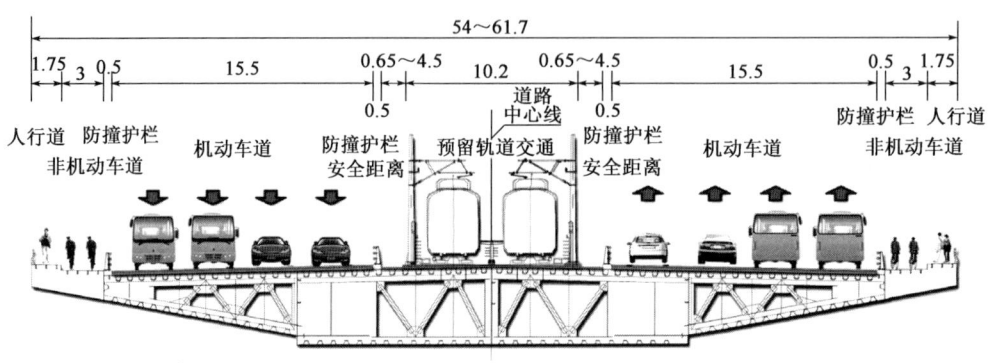

图 2 北侧跨大堤引桥主梁标准横断面(尺寸单位:m)

中支点和边支点设置摩擦摆式减隔震支座,运营状态下采用常规三跨连续梁支承体系,地震作用下纵、横桥向固定支座均剪断,通过摩擦摆式减隔震支座减震耗能。

2 上部结构设计

上部结构主梁为钢—混凝土组合梁结构,由钢梁和混凝土桥面板两部分组成,其中钢梁在中支点底板处设置结合混凝土。

2.1 钢主梁

主梁钢结构由闭口箱梁、横隔板和人非挑臂组成,其中主梁标准节段长12m,每间隔4m设置一道横隔板,除两侧端横梁为实腹式横隔板外,其余均为空腹式横隔板。

2.1.1 闭口钢箱梁(图3)

钢主梁采用单箱四室箱形变宽断面,由中心箱室和挑臂箱室组成,其中挑臂箱室尺寸保持不变,轻轨轨道下设置小纵梁,梁高4.8~10m,全宽54~61.7m。

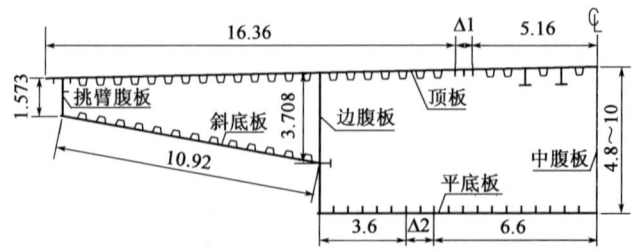

图 3 闭口钢箱梁标准横断面(尺寸单位:m)

钢梁顶板宽44.5~52.2m,厚16~50mm,车行道和轨道交通范围内采用U肋,其余区域采用板肋;U肋高300mm,开口360mm,标准间距720mm,顶板厚度大于20mm厚时,U肋厚10mm,其余厚8mm。

钢梁平底板宽21.56~29.3mm,厚20~40mm,加劲采用板肋,厚20~40mm,标准间距为600mm。斜底板宽10 920mm,厚12mm,加劲采用U肋,U肋板厚6mm,高260mm,开口400mm,标准间距800mm。

腹板厚20~40mm,腹板纵向加劲除边腹板与斜底板相交处为T肋,其余均为板肋,板厚为20~40mm,横向加劲采用T肋,根据板厚不同,高度分为300mm和450mm两种。

2.1.2 横隔板

横隔板包括空腹式横隔板、端横梁横隔板和中横梁横隔板,横隔板均为铅垂布置。

空腹式横隔板标准间距为4m,由隔板、等边双角钢斜撑、节点板组成。挑臂箱室内斜撑形式为V形;中心箱室空腹式部分宽度为6.3m,根据梁高不同,斜撑形式分别为V形、Ⅰ类X形、Ⅱ类X形三种类型。开孔节点板和斜撑间采用10.9s级M24高强螺栓连接,斜撑中间设置填板(图4)。

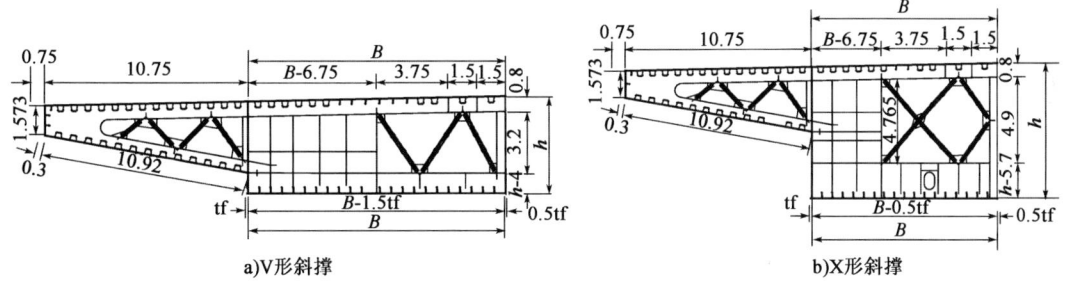

图4 空腹式横隔板标准横断面(尺寸单位:m)

端横梁两道横隔板纵桥向间距1.2m,横隔板外侧腹板为全实腹式,横隔板内侧腹板由车行道边箱空腹式桁架和中间箱室的实腹式腹板组成(图5)。

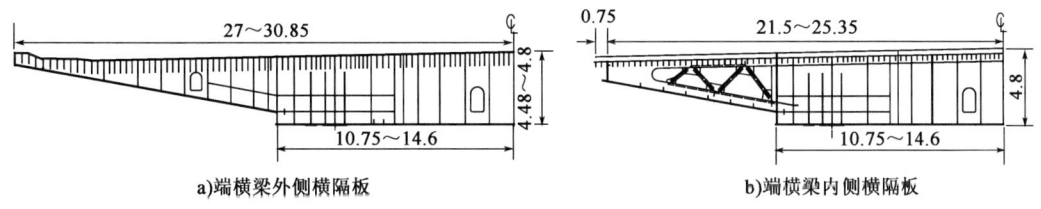

图5 端横梁横隔板横断面(尺寸单位:m)

中横梁两道横隔板纵桥向间距2m,中横梁腹板由车行道边箱空腹式桁架和中间箱室的实腹式腹板组成(图6)。

2.1.3 人非挑臂

横隔板处均设置人非挑臂,有两种类型,分别为普通人非挑臂和实腹式端横梁横隔板处挑梁。

普通人非挑臂采用⊥字形断面,断面高度由1.232m渐变至根部1.573m,挑臂外缘纵桥向布置一道L形小纵梁;实腹式端横梁横隔板处挑梁

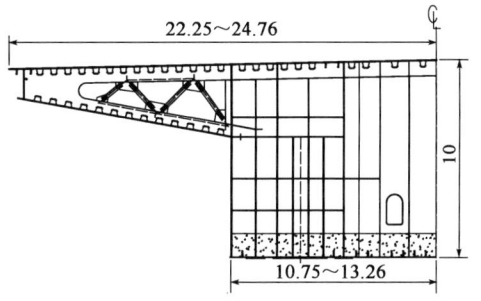

图6 中横梁横隔板横断面(尺寸单位:m)

采用工字形断面,挑梁腹板即为实腹式端横梁横隔板,挑梁其他构造与普通人非挑臂相同。

2.1.4 底板结合混凝土

为减薄钢梁中支点底板厚度,在中支点边跨侧40.5m,中跨侧32.5m侧范围内设置钢梁底板结合混凝土,与底板共同承担荷载作用。底板混结合凝土采用C50低收缩混凝土,厚度0.35~1.20m。钢梁底板及底板纵向加劲肋上设置焊钉连接件以保证混凝土与钢梁底板间的连接性能。

2.2 混凝土桥面板

为避免钢桥面板在车辆作用下疲劳开裂问题,并减轻恒载自重,在车行道及渐变区范围内设置8cm等厚度现浇UHPC混凝土桥面板。桥面板布置一层纵向和一层横向钢筋,钢筋直径16mm,纵横向标准间距均为120mm(图7)。

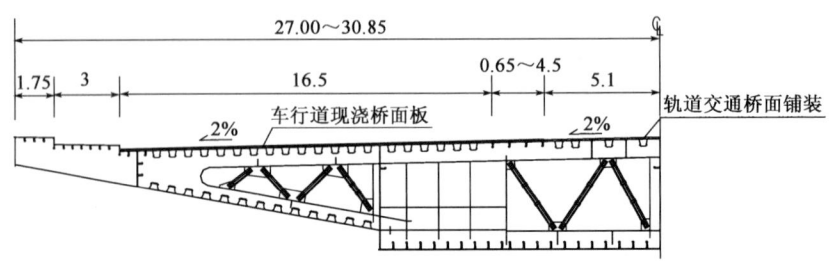

图7 混凝土桥面板标准横断面(尺寸单位:m)

3 下部结构设计

中墩和边墩横向采用分离式双柱、设尖端的六边形薄壁墩,以减小流水压力以及冬季的流冰压力,同时也能保护墩柱避免碰撞损坏。标准段壁厚0.6m,墩顶实心段高3.0m,墩底空心段填充C20素混凝土至最高冰凌水位(图8、图9)。

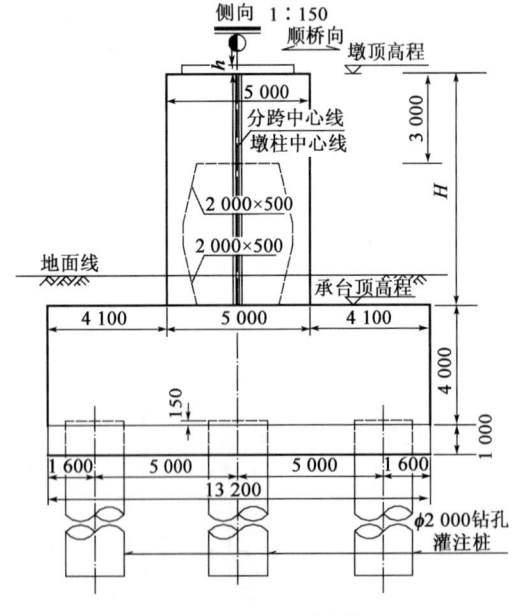

图8 中墩立面图(尺寸单位:mm)

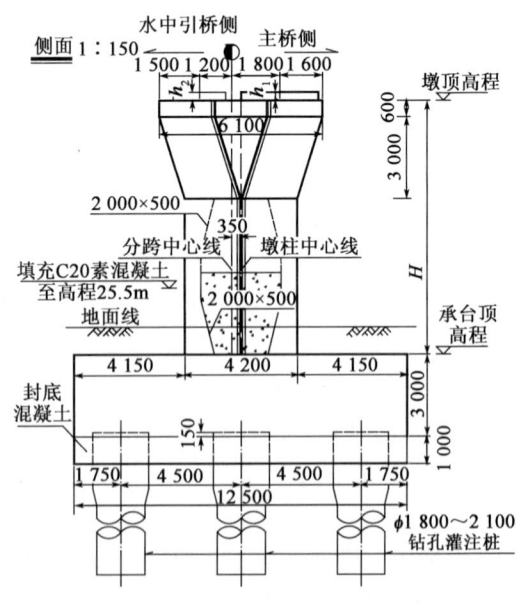

图9 边墩立面图(尺寸单位:mm)

中墩采用整体式矩形承台,厚4.0m,平面尺寸为29.2m×13.2m,采用18根直径2.0m桩基础(图10)。边墩采用分离式矩形承台,厚3.2m,平面尺寸为12.5m×8.0m,采用12根直径1.8~2.1m桩基础(图11)。

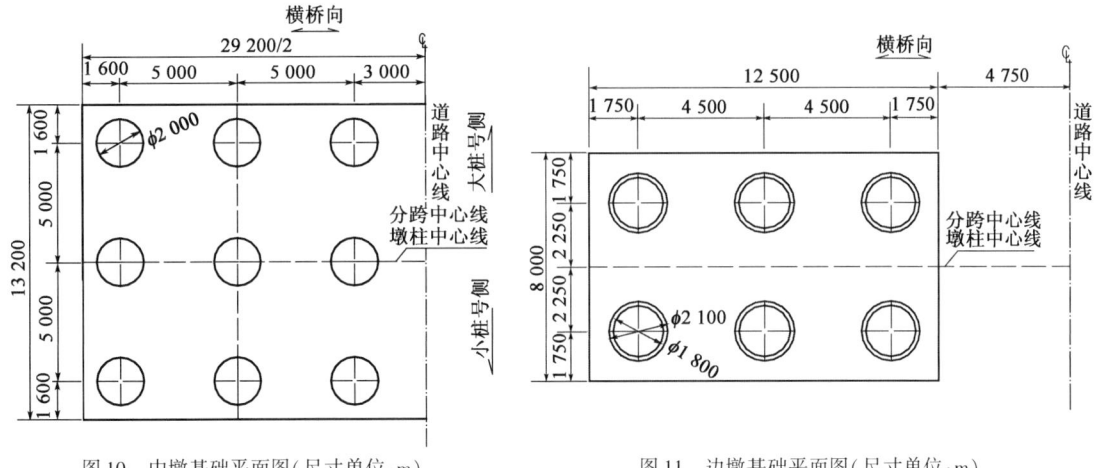

图10 中墩基础平面图(尺寸单位:m)　　　　图11 边墩基础平面图(尺寸单位:m)

4　施工方案

根据现场实际运输和吊装条件,本桥采用少支架施工法,主要施工步骤如图12所示。钢梁在支架上散拼,待钢结构在支架上合龙后,浇筑中墩支点处底板结合混凝土,除保留临时墩外,撤掉其余的支架;先浇筑主跨跨中和边跨梁端处混凝土桥面板,待桥面板与钢梁结合后拆除临时墩,从主跨跨中和边跨分别向中墩浇筑剩余混凝土桥面板;最后进行全桥附属结构施工。

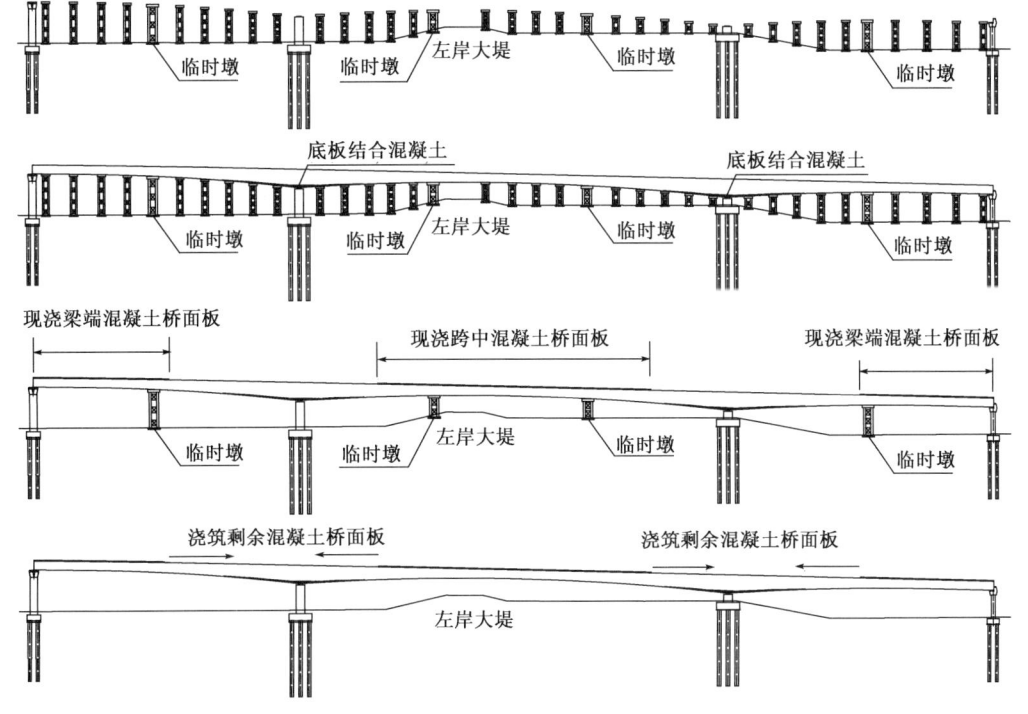

图12　施工步骤示意图

5　结语

济南凤凰黄河大桥主跨245m北侧跨黄河大堤桥建成后将成为世界上跨径最大的组合钢箱梁桥。由于桥面最大宽度达到61.7m,采用变高中心箱室+超大挑臂的结构形式,并采用8cmUHPC桥面板,在改善正交异性钢桥面板疲劳性能的同时,减轻了结构自重。中墩墩顶处混凝土桥面板采用不配置桥面板预应力而允许开裂、控制裂缝宽度的设计理念。希望本文能为国内同类桥梁的建设提供参考。

参 考 文 献

[1] 邵长宇.梁式组合结构桥梁[M].北京:中国建筑工业出版社,2014.
[2] 刘玉擎.组合结构桥梁[M].北京:人民交通出版社,2005.
[3] 吴冲.现代钢桥[M].北京:人民交通出版社,2007.
[4] 朱斌,许春荣,孔庆凯.崇启大桥设计关键参数影响研究[J].公路,2015,5(5).
[5] 朱斌,彭大鹏,魏乐永,等.大跨径钢连续梁桥设计需重点考虑的问题[J].公路,2015,7(7).
[6] 邵长宇.大跨度钢—混凝土连续组合箱梁桥关键技术研究[D].上海:同济大学,2007.

42. 主跨 245m 连续组合钢箱梁高腹板设计

宋 龚

(上海市政工程设计研究总院(集团)有限公司)

摘　要：目前我国规范在高腹板设计中缺少明确的规定，因此在对比了不同的设计理论和参考国内外各规范的基础上，介绍了本桥高腹板的设计原则和设计流程，为国内同类桥梁的腹板设计作参考。

关键词：高腹板　弹性屈曲　屈曲后强度　腹板稳定　设计

1　概述

桥梁采用154m+245m+154m的跨径布置，为三跨连续组合钢箱梁结构，如图1所示。主梁根部梁高为10m，高跨比为1/24.5，跨中梁高为4.8m，高跨比为1/51，梁高按二次抛物线变化，主梁典型断面图如图2所示。

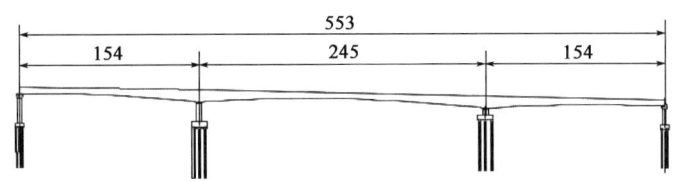

图1　桥跨布置(尺寸单位：m)

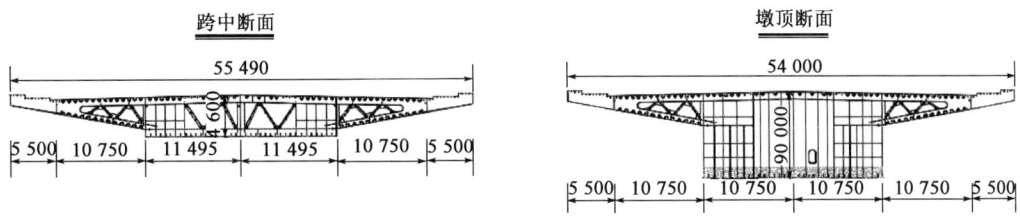

图2　主桥典型断面(尺寸单位：mm)

本桥主墩墩顶腹板高度达10m，稳定问题突出，但是目前我国规范对于高腹板的计算并没有明确的规定。因此，如何合理的设置腹板加劲，充分发挥腹板的承载能力，是桥梁设计的关键之一。通过研究薄板的设计理论，参考国内外桥梁和设计规范，并结合我国规范的设计原则,对本桥的高腹板进行设计。

2 设计理论

对于高而薄的腹板而言,其屈曲临界应力很小,材料强度往往并不是控制因素,而更容易发生稳定破坏。目前,国内外对于腹板的设计原则主要分为两类:一类是不允许板件屈曲,以线性化的弹性或弹塑性屈曲分析为基础;另一类则是利用薄板的屈曲后强度作为其承载力,以材料达到强度破坏为准则。

2.1 弹性屈曲理论

板的弹性屈曲是极值点稳定问题,腹板需要同时承受弯矩和剪力,国内外学者已经得到了多种四边简支板的稳定方程[1],其中最经典的是由 Chwalla 提出的非均匀受压作用和四边受剪共同作用下(图3)的相关方程:

$$\left(\frac{\tau}{\tau_{cr}}\right)^2 + \left(1 - \frac{\alpha}{2}\right)\left(\frac{\sigma}{\sigma_{cr}}\right) + \frac{\alpha}{2}\left(\frac{\sigma}{\sigma_{cr}}\right)^2 = 1$$

式中:τ_{cr}、σ_{cr}——非均匀受压和纯剪单独作用下的理论临界应力。

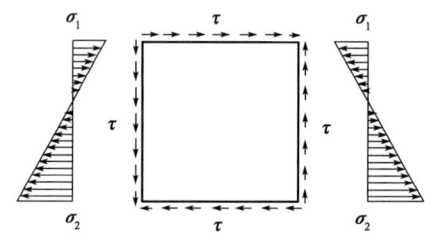

图 3 非均匀受压和纯剪应力分布

$\alpha = (\sigma_1 - \sigma_2)/\sigma_1$。而各国规范基本上都是基于理论公式,并考虑了初始缺陷,残余应力等不利影响后,结合试验,对公式进行修正而得到的。表1列举了采用弹性稳定理论进行设计的规范[2]~[5]。

各规范稳定公式　　　　表1

规范名称	理论公式	备注
《公路钢结构桥梁设计规范》	$\frac{1+\phi}{4}\frac{\sigma_1}{\sigma_{cr}} + \sqrt{\left(\frac{3-\phi}{4}\frac{\sigma_1}{\sigma_{cr}}\right)^2 + \left(\frac{\tau}{\tau_{cr}}\right)^2} \leq \frac{1}{v}$	1. 规范中公式是按 $v=1.25,\phi=-1$ 代入理论公式简化所得; 2. 只适用于一条或两条加劲的情况
《铁路桥梁钢结构设计规范》	$\frac{1+\phi}{4}\frac{\sigma_1}{\sigma_{cr}} + \sqrt{\left(\frac{3-\phi}{4}\frac{\sigma_1}{\sigma_{cr}}\right)^2 + \left(\frac{\tau}{\tau_{cr}}\right)^2} \leq \frac{1}{v}$	1. 安全系数 v 的取值,对于焊接梁取1.35,对于铆接梁取1.2; 2. 若安全系数与换算应力乘积超过比例极限,应对安全系数进行修正,修正后仍需满足1条规定
《钢结构设计标准》	$\left(\frac{\tau}{\tau_{cr}}\right)^2 + \left(1-\frac{\alpha}{2}\right)\left(\frac{\sigma}{\sigma_{cr}}\right) + \frac{\alpha}{2}\left(\frac{\sigma}{\sigma_{cr}}\right)^2 \leq 1$	1. 临界屈曲应力非理论解,而是考虑了初始缺陷和残余应力等因素的影响后修正所得; 2. 公式根据区格位置不同,取 $\alpha=0$(纯弯)和 $\alpha=2$(纯压)
《道路桥示方书》	$\frac{1+\phi}{4}\frac{\sigma_1}{\sigma_{cr}} + \sqrt{\left(\frac{3-\phi}{4}\frac{\sigma_1}{\sigma_{cr}}\right)^2 + \left(\frac{\tau}{\tau_{cr}}\right)^2} \leq \frac{R^2}{v}$	1. R 为考虑残余应力等影响的折减系数; 2. 安全系数 v 考虑了应力分布的影响

采用基于弹性屈曲理论的设计方法概念清晰,计算公式相对简单,但是对于薄板而言并未充分利用材料的强度,计算结果相对保守。

2.2 屈曲后强度理论

由于薄膜效应,腹板在屈曲后仍能进一步承担荷载,目前关于腹板屈曲后强度的理论主要有两种:拉力场理论和转向应力场理论。拉力场理论是假设腹板屈曲后,其受力类似桁架斜腹杆,对角线形成拉力场(图4),经典的拉力场理论主要有 Basler 理论和 Rockey 理论[6]。Basler 理论假定拉力场仅锚固于横向加劲,不考虑翼缘的作用。而 Rockey 理论则假设拉力场同时嵌固于翼缘和横向加劲。

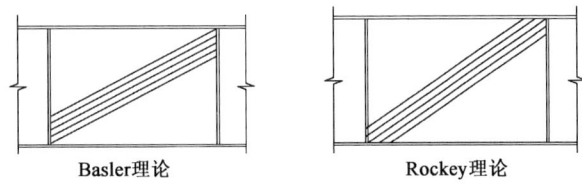

图4 拉力场模型

转向应力场理论(图5)最早由 Hoglund 教授提出,其假设为当腹板纯剪屈曲后,薄膜压应力 σ_c 不在增加,而薄膜拉应力 σ_t 可以继续增加直至板件达到强度破坏[7]。因为 σ_c 不变,σ_t 逐渐变大,应力场方向会发生转动,故称为转向应力场理论。

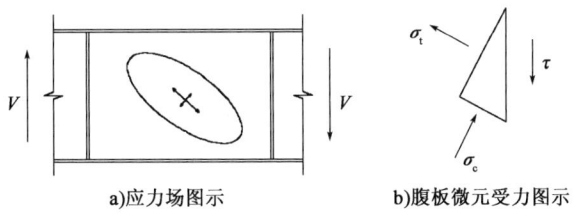

a)应力场图示　　b)腹板微元受力图示

图5 旋转应力场理论

目前国内外计算腹板屈曲后强度的规范大多均采用了这三个理论,其中主要有代表性的是采用了 Balser 模型的美国 AISC 规范和采用了转向应力场理论和 Rockey 模型的欧洲规范《BS-EN-1995》,见表2。

考虑屈曲后强度承载力公式　　表2

规范名称	项目	承载力公式	备注
《AISC》	抗剪承载力	$V_R = \left[\tau_{cr} + \dfrac{\sqrt{3}(\tau_y - \tau_{cr})}{2\sqrt{1+\left(\dfrac{a}{h}\right)^2}}\right]h_w t$	1. τ_{cr} 非理论解,而是考虑了初始缺陷和残余应力等因素的影响后修正所得; 2. 前一项为弹性临界屈曲应力,后一项为拉力场增量
《BS-EN-1995》	弯剪复合作用	$\dfrac{M}{M_u} + \dfrac{5}{8}\left(\dfrac{V}{V_u} - 0.6\right) \leq 1$	$M \leq 0.75 M_u$ 或 $V \leq 0.6 V_u$ 时不需要考虑弯剪耦合
《BS-EN-1995》	抗剪承载力	$\dfrac{\chi_w f_{yw} h_w t}{\sqrt{3}\gamma_{M1}} + \dfrac{b_f t f_{yf}}{c\gamma_{M1}}\left[1-\left(\dfrac{M_{Ed}}{M_{f,Rd}}\right)^2\right] \leq \dfrac{\eta f_{yw} h_w t}{\sqrt{3}\gamma_{M1}}$	1. 式子左侧第一项为腹板抗力,第二项为翼缘抗力; 2. 式中 c 为拉力带宽度,已简化无须迭代
	弯剪复合作用	$\dfrac{M_{Ed}}{M_{pl,Rd}} + \left(1 - \dfrac{M_{f,Rd}}{M_{pl,Rd}}\right)\left(2\dfrac{V_{Ed}}{V_{bw,Rd}} - 1\right)^2 \leq 1$	$M_{Ed} \leq M_{f,Rd}$ 或 $V \leq 0.5 V_u$ 时不需要考虑弯剪耦合

无论是拉力场理论,还是转向应力场理论,都是以材料达到屈服为破坏准则,因此能进一步发挥了材料的性能。同时对于弯剪复合作用,腹板只需承受超出翼缘抗弯承载力的那部分荷载,大大降低了对腹板抗弯能力的要求。但是相对于弹性稳定而言计算复杂,且目前理各国规范所采用的理论模型并不相同。

3 设计思路

3.1 设计原则

由上文可知是否考虑腹板屈曲后强度进行设计各有优劣。因此本桥设计原则依据我国自身的规范体系进行选择,其中《公路钢结构桥梁设计规范》和《铁路桥梁钢结构设计规范》均采用弹性屈曲理论进行设计,《建筑钢结构设计标准》中建议只对承受静力荷载和不直接承受动力荷载的结构考虑腹板屈曲后强度。可见,对于桥梁结构而言,我国规范均不考虑腹板屈曲后强度。因此,本桥采用这一原则进行设计。

3.2 腹板稳定判断

由上文对比可知,我国《公路钢结构桥梁设计规范》是基于日本《道路桥示方书》公式的简化[8],因此腹板稳定验算按照下式执行,对于受压区较小的区格偏安全取 $\phi \geqslant -1$。

$$\frac{1+\phi}{4}\frac{\sigma_1}{\sigma_{cr}} + \sqrt{\left(\frac{3-\phi}{4}\frac{\sigma_1}{\sigma_{cr}}\right)^2 + \left(\frac{\tau}{\tau_{cr}}\right)^2} \leqslant \frac{R^2}{v} \quad (1)$$

弹性屈曲临界应力可表示为 $\sigma_{cr} = k_\sigma \sigma_e$,$\tau_{cr} = k_\tau \sigma_e$,其中 σ_e、k_σ、k_τ 可按下式计算:

$$\sigma_e = \frac{\pi^2 E}{12(1-\mu^2)}\left(\frac{t}{b}\right)^2 \quad (2)$$

$$k_\sigma = \begin{cases} \dfrac{8.2}{1.05+\phi} & 1 \geqslant \phi \geqslant 0 \\ 7.81 - 6.29\phi + 9.78\phi^2 & 0 > \phi \geqslant -1 \end{cases} \quad (3)$$

$$k_\sigma = \begin{cases} 5.34 + 4/(a/b)^2 & a/b \geqslant 1 \\ 4 + 5.34/(a/b)^2 & a/b < 1 \end{cases} \quad (4)$$

安全系数 v 和折减系数 R 按下式计算:

$$v = 1.25 + (0.3 + 0.15\phi)e^{-4.3\eta}$$

其中 $\eta = \dfrac{\tau}{\sigma_1}$

$$R = 0.9 - 0.1\phi \quad (5)$$

3.3 加劲间距的设置

由于安全系数 v 应力分布不同而不同,为便于判断,引入板件弹性稳定冗余度系数 K,根据式(1)可表达为:

$$K = \left[\frac{1+\phi}{4}\frac{\sigma_1}{\sigma_{cr}} + \sqrt{\left(\frac{3-\phi}{4}\frac{\sigma_1}{\sigma_{cr}}\right)^2 + \left(\frac{\tau}{\tau_{cr}}\right)^2}\right]\frac{v}{R^2} \quad (6)$$

对于加劲肋分割的每一个小区格均可以计算得到一个 K,当 K 大于 1 时,即满足稳定要求。而当所有区格冗余度相近时,可以认为腹板加劲肋的位置是合理的。

3.4 加劲刚度的设置

因为设计原则要求各区格的屈曲先于加劲的失稳,因此需要将纵横加劲肋设置成刚性加劲,加劲肋刚度需满足以下要求：

腹板横向加劲肋惯性矩应满足：
$$I_t \geq 3h_w t_w^3 \quad (7)$$

腹板纵向加劲肋惯性矩应满足：
$$I_1 \geq \xi_1 h_w t_w^3, 其中 \xi_1 = \left(\frac{a}{h_w}\right)^2 \left[2.5 - 0.45\left(\frac{a}{h_w}\right)\right] \geq 1.5 \quad (8)$$

3.5 有限元验证

采用有限元模型进行验证弹性稳定安全系数以及是否为刚性加劲,可取相邻两道横隔板间的腹板单元进行建模计算,边界采用四边简支,荷载取自整体模型的计算结果。验算结果需满足弹性稳定屈曲系数大于4,且要求加劲肋间的板单元先于加劲肋失稳。

4 设计示例

以本桥中墩墩顶中腹板为例进行稳定验算,腹板加劲肋布置如图6所示。墩顶腹板厚为40mm,高10m,墩顶混凝土厚1.2m,各纵向加劲从下到上距离底板的距离分别为：2 400mm, 2 800mm,5 050mm,8 800mm。纵向加劲为板肋,厚40mm,高420mm。横向加劲为T肋：腹板高450mm,厚16mm；顶板宽450mm,厚20mm(图6)。

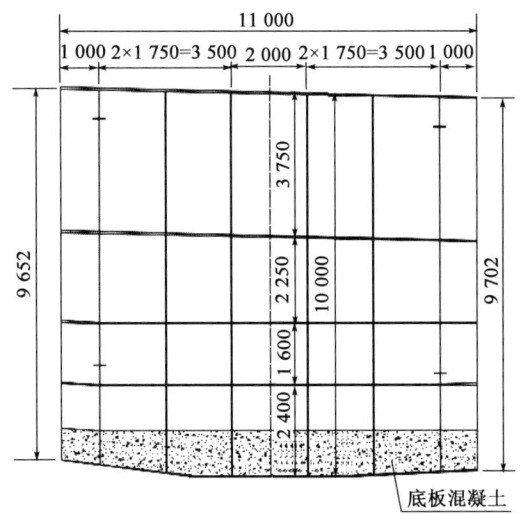

图6 墩顶段腹板加劲肋布置

采用上文方法对其进行验算,其中区格1为双结合混凝土段,区格5为受拉区,不存在稳定问题,验算结果见表3。

墩顶腹板验算表　　表3

位　置	高度 (mm)	底缘应力 (MPa)	顶缘应力 (MPa)	剪应力 (MPa)	σ_{cr} (MPa)	τ_{cr} (MPa)	冗余度系数 K
全截面	10 000	208	−225	105	—	—	—
区格1	1 200	208	156	105	—	—	—
区格2	1 200	156	104	105	959	1 362	2.87
区格3	1 600	104	35	105	669	893	2.87

续上表

位　　置	高度 (mm)	底缘应力 (MPa)	顶缘应力 (MPa)	剪应力 (MPa)	σ_{cr} (MPa)	τ_{cr} (MPa)	冗余度系数 K
区格4	2 250	35	−62	105	1 367	615	4.63
区格5	3 750	−62	−225	105	—	—	—
加劲肋刚度验算							
加劲种类	加劲肋刚度 (mm⁴)			刚度限值			是否满足
横向加劲肋	2.39e9			1.69e9			是
纵向加劲肋	9.88e8			8.45e8			是

根据表3可知,各区格均满足规范要求,且加劲肋刚度满足刚性加劲的要求。

有限元计算结果见图7,区格内板单元先于加劲肋失稳,且一阶弹性屈曲模态屈曲系数为6.17,大于4,满足要求。

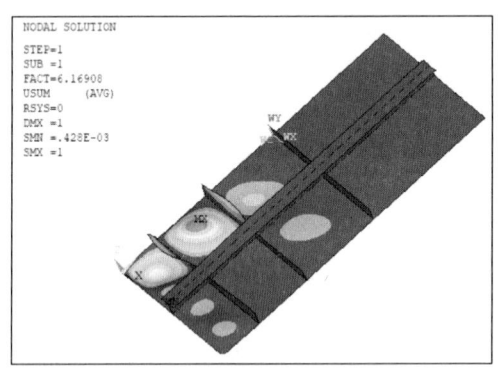

图7　一阶弹性屈曲模态

5　结语

在对比了是否考虑屈曲后强度的两种设计理论和国内外各规范之后,根据我国规范对于腹板设计的编写原则,本桥的腹板设计不考虑屈曲后的强度。采用日本道路桥示方书中腹板稳定公式,并同时结合我国规范的其余相关要求进行腹板稳定设计,确定合理的加劲肋布置,最后采用弹性有限元计算进行验证。通过本桥的高腹板设计总结了一套实用的设计流程,可供国内同类桥梁设计做参考。

参 考 文 献

[1] 聂建国,丁然.正弯矩区组合梁腹板局部稳定性研究[J].工程力学,2013,2,30(2).

[2] 中华人民共和国国家标准.钢结构设计标准:GB 50017—2017[S].北京:中国建筑工业出版社,2017.

[3] 中华人民共和国行业标准.铁路桥梁钢结构设计规范:TB 10091—2017[S].北京:中国铁道出版社,2017.

[4] 中华人民共和国行业标准.公路桥梁钢结构设计规范:JTG D64—2015[S].北京:人民

交通出版社股份有限公司,2015.

[5] 道路桥示方书.同解说[S].日本:丸善株式会社,2002.

[6] 康孝先,强士中.工字梁腹板拉力场理论的修正[J].西南交通大学学报,2008,2,43(1).

[7] 王应梁.基于转动应力场理论的钢梁截面剪切抗力计算[J].桥梁建设,2010(4).

[8] 吴冲.现代钢桥[M].北京:人民交通出版社,2007.

43. 大跨变高度组合钢箱连续梁桥空间效应分析

郏亚坤

(上海市政设计研究总院(集团)有限公司)

摘　要：不同于混凝土梁桥及钢箱梁桥，大跨变高度组合钢箱连续梁桥具有其空间受力特性。本文以某大跨变高度组合钢箱连续梁桥为研究对象，建立空间有限元模型，从端横梁、中横梁竖向剪力分配规律及偏载系数三个方面，探究其空间受力特性。结果表明：组合钢箱梁端横梁处，顶板混凝土承受很少竖向剪力，剪力主要依靠钢箱梁腹板承受；组合钢箱梁中横梁处，顶板混凝土承受很少竖向剪力，剪力主要依靠底板混凝土和钢箱梁腹板承受，越靠近中横梁，底板混凝土承受竖向剪力所占比例越大，最大为45%；汽车偏载作用下，正应力偏载系数很小，腹板剪力偏载系数较大，支点处的剪力偏载系数最大可达1.76。研究结果对大跨组合钢箱梁桥设计计算具有一定的指导意义。

关键词：组合钢箱连续梁　空间效应　剪力分配　底板混凝土　偏载系数

1　引言

组合梁桥[1]由于充分利用了混凝土的受压性能和钢梁的受拉性能，通过剪力键的连接，将混凝土和钢梁结合在一起，组成的组合梁桥性能得到明显提高。

混凝土横梁计算时，对于纵向力传递到支点处竖向剪力分配，常采用经验法，将竖向剪力按照一定比例分配到混凝土顶板和横梁腹板上。对于组合钢箱梁桥，支点处混凝土顶板、钢箱梁顶板及腹板、底板的竖向剪力是如何分配的，在现有科研中较少涉及。

其次，大跨变高度组合钢箱连续梁桥在中支点处具有较大的负弯矩，钢箱梁底板受力较大，为了减小钢箱梁钢底板的受力，常采用底板混凝土，充分利用混凝土的受压性能，减少底板钢材用量。准确研究底板结合混凝土竖向剪力分配规律对于中支点处横梁的受力计算有着重要的作用。

偏载作用下，结构的受力相对于对称荷载有一定的不同，这是组合连续梁桥空间特性的一种体现。对于混凝土连续梁桥，常采用1.15的偏载系数考虑汽车活载的偏载影响。对于桥梁较宽的连续梁桥，能否采用经验法进行设计，有待进一步的检验[2]。

本文以大跨变高度组合钢箱连续梁桥为研究对象，分析组合钢箱梁桥支点处竖向剪力分配规律以及偏载系数，为后续组合梁桥的设计计算提供参考。

2 工程概况

北侧跨大堤引桥为154m+245m+154m三跨变高度组合钢箱连续梁桥,主梁为正交异性组合桥面板组合梁,采用单箱四室箱形变宽断面,箱梁顶板44.5~52.2m,底板21.5~29.2m,主跨跨中梁高4.8m,边支点梁高4.8m,中支点梁高10m。人行道和非机动车道位于工字钢挑臂上,每侧挑臂长4.75m(图1)。

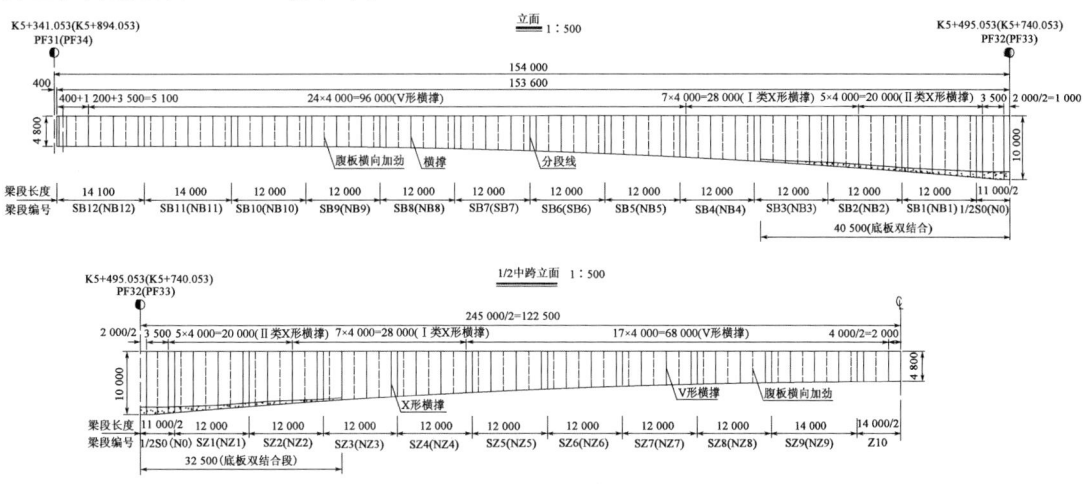

图1 北侧跨大堤大桥总体布置图(尺寸单位:mm)

汽车荷载为双向八车道,汽车按照公路Ⅰ级(城—A级复核),人群荷载按照《公路桥涵设计通用规范》(JTG D60—2015)[3]取用。

北侧跨大堤引桥横向包括空腹式横隔板、端横梁横隔板和中横梁横隔板,空腹式横隔板标准间距采用4m,全桥共计142个横隔板,其中空腹式横隔板134个,端横梁横隔板4个,中横梁横隔板4个。空腹式斜撑形式分别为V形、Ⅰ类X形、Ⅱ类X形三种类型(图2)。

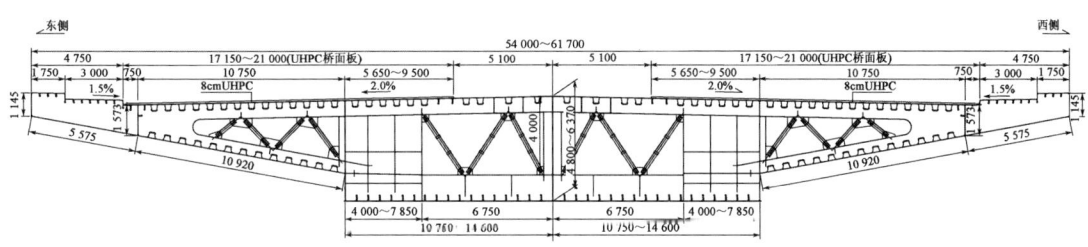

图2 主梁标准断面(V形横撑处,尺寸单位:mm)

桥面板采用8cm厚度UHPC混凝土板,铺装层厚度10cm。为减薄中支点钢梁底板厚度,在中支点附近梁段的钢梁底板上浇筑0.35~1.2m厚C50低收缩混凝土。

3 有限元模型分析

为了分析大跨变高度组合钢箱连续梁桥的空间效应,特建立北侧跨大堤引桥的全桥板单元模型,如图3所示。

主梁采用板单元,桥面板和双结合混凝土采用梁单元,桥面板和钢梁顶板、双结合混凝土和钢梁底板采用耦合(Coupling),约束接触部分的所有自由度,模拟表面完全接触,不考虑焊钉的滑移和混凝土开裂。

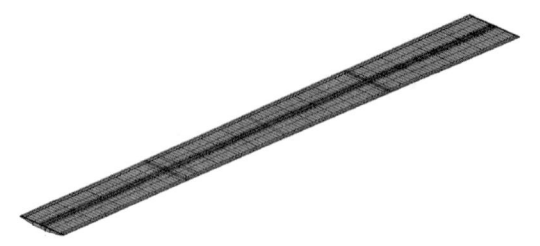

图 3 北侧跨大堤引桥空间有限元模型

全桥边界条件如图 4 所示。

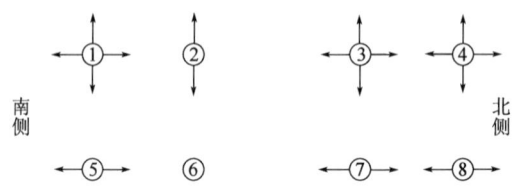

图 4 平面约束示意图

板件板厚按照实际取用。荷载包括自重、二期恒载及活载(汽车、人群及列车),自重采用 Gravity,二期荷载采用面荷载形式施加在实际位置,活载偏载采用最不利位置影响线加载。

跨中和中支点钢梁梁段采用 Q420qE 钢材,其余钢梁采用 Q345qE 钢材。桥面板采用 UHPC,底板结合采用 C50 混凝土。

4 端横梁竖向剪力分配规律

4.1 对称荷载作用下竖向剪力分配

对称荷载(自重+二恒)作用下端横梁截面各个板件竖向剪力分配规律见表 1。

对称荷载作用下端横梁竖向剪力分配　　　表1

项 目	顶板混凝土	钢 箱 梁					
		顶板	底板	挑臂腹板	左腹板	中腹板	右腹板
组合钢箱梁	0.38%	0.59%	4.94%	4.88%	28.38%	32.48%	28.35%

由表 1 可知,对称荷载作用下,组合钢箱梁端横梁截面竖向剪力主要靠钢箱梁腹板传递,顶板混凝土传递极少剪力,3 道中间腹板传递剪力约占全截面的 89%,且三道腹板的竖向剪力分配比例约为左腹板:中腹板:右腹板 = 1:1.14:1。

4.2 偏载作用下竖向剪力分配

四车道汽车偏载作用下端横梁截面各个板件竖向剪力分配规律见表 2。

偏载作用下端横梁竖向剪力(单位:N)　　　表2

左支点反力	右支点反力	端横梁自重	中间箱室腹板传递剪力		
			左腹板	中腹板	右腹板
7.270×10^6	1.230×10^6	1.963×10^6	2.623×10^6	2.211×10^6	1.148×10^6

由表 2 可知,偏载作用下,截面承受总竖向剪力为 $(7.27 + 1.23 - 1.963) \times 10^6 = 6.537 \times 10^6$ N,中间箱室腹板承受总剪力为 $(2.623 + 2.211 + 1.148) \times 10^6 = 5.982 \times 10^6$ N,占全截面的比例为 $5.982/6.537 = 91.5\%$,且三道腹板的竖向剪力分配比例为 $2.623:2.211:1.148 =$

44%∶37%∶19%。

5 中横梁竖向剪力分配规律

组合钢箱连续梁桥,中支点处具有较大的负弯矩,除了在墩顶有混凝土桥面板,为了减小薄钢箱梁钢底板,常在中支点附近梁段的钢梁底板上浇筑一定厚度的混凝土。底板混凝土的存在,使得中横梁和端横梁的竖向剪力分配存在一定的不同。由于中横梁的钢箱梁同端横梁相同,中间箱室腹板约占整个钢箱梁的绝大部分,故该部分主要研究中横梁处,顶、底板混凝土和中间箱室腹板竖向剪力分配规律。

5.1 对称荷载作用下竖向剪力分配

对称荷载(自重+二恒)作用下中横梁截面竖向剪力分配规律见表3。

对称荷载作用下中横梁竖向剪力分配　　　表3

位　置	顶板混凝土	底板混凝土	左腹板	中腹板	右腹板
传递剪力(N)	2.361×10^5	3.421×10^7	1.287×10^7	1.336×10^7	1.285×10^7
分配比例	0.32%	46.53%	17.50%	18.17%	17.48%

由表3可知,对称荷载作用下,中横梁顶板混凝土承受极少一部分竖向剪力,底板混凝土和钢梁腹板承受几乎全部竖向剪力,钢梁腹板和底板混凝土剪力分配比例为53%∶47%,三道腹板的剪力分配比例约为1∶1∶1。

5.2 偏载作用下竖向剪力分配

四车道汽车偏载作用下中横梁截面竖向剪力分配规律见表4。

偏载作用下中横梁竖向剪力分配　　　表4

位　置	顶板混凝土	底板混凝土	左腹板	中腹板	右腹板
传递剪力(N)	6.315×10^4	4.970×10^6	4.130×10^6	1.770×10^6	2.120×10^5
所占比例	0.57%	44.59%	37.06%	15.88%	1.90%

由表4可知,偏载作用下,中横梁顶板混凝土承受极少一部分竖向剪力,底板混凝土和钢梁腹板承受几乎全部竖向剪力,钢梁腹板和底板结合混凝土竖向剪力分配比例为55%∶45%,三道腹板的竖向剪力分配比例约为68%∶29%∶3%。

由于对称荷载和偏载作用下,底板混凝土所占比例大致相同,特以四车道汽车偏载作用下的底板混凝土为研究对象,探究底板混凝土竖向剪力沿横桥向和纵桥向的变化。

偏载作用下中横梁底板混凝土竖向剪力沿横桥向的分布如图1所示。图1中,横坐标为不同位置处底板混凝土距中间箱室边腹板的横向水平距离,纵坐标为不同位置处单位宽度范围内底板混凝土承受的竖向剪力。

由图5可知,底板混凝土的竖向剪力主要集中在支座位置($x = 3.6m$ 和 $x = 22.4m$)附近,远离支座位置,竖向剪力迅速减小。

为了探究偏载作用下底板混凝土和中间箱室腹板竖向剪力分配比例沿纵桥向变化规律,向跨中方向,取距中支点0m、1.5m、3.5m、4.5m和8.5m 5个位置,计算不同位置处底板混凝土和中间箱室竖向剪力分配比例。

偏载作用下底板混凝土竖向剪力分配比例沿纵桥向变化规律如图6所示。图中,横坐标为计算位置距中支点的纵向距离,纵坐标为底板混凝土竖向剪力/(底板混凝土竖向剪力+中间箱室腹板竖向剪力)。

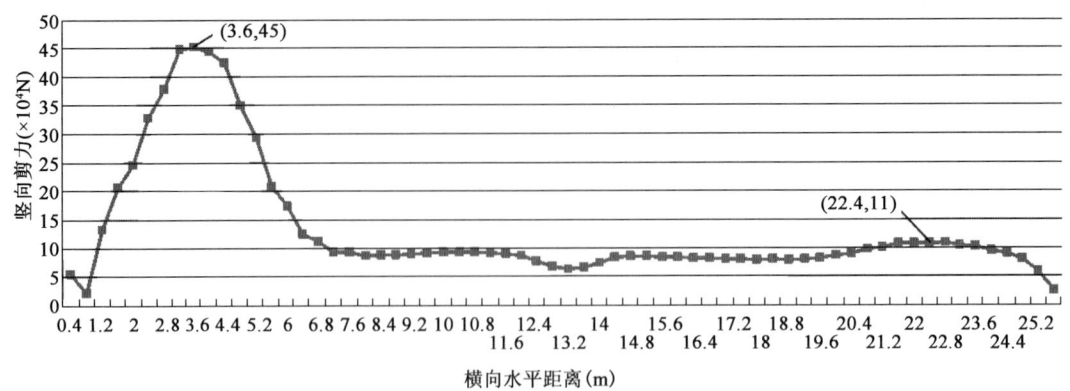

图 5 偏载作用下中横梁底板混凝土竖向剪力沿横桥向的分布

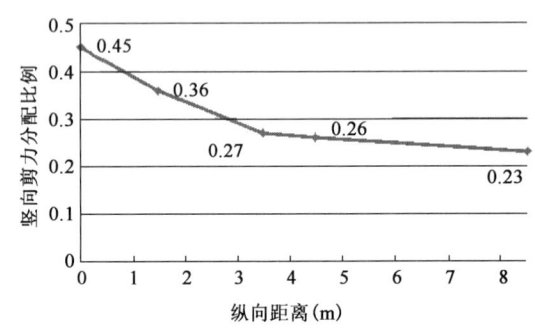

图 6 底板混凝土竖向剪力分配比例沿纵桥向变化

由图 6 可知,距中支点纵向距离越大,底板混凝土竖向剪力分配的比例越小,由 0.45 逐步降低到 0.23。这主要是支点的支承作用,导致剪力向支承位置靠拢。

偏载作用下中间箱室 3 道腹板竖向剪力分配比例沿纵桥向变化规律如图 7 所示。图中,x 为计算位置距中支点的纵向距离,y 为腹板的位置[L、M、R 分别为中间箱室三道腹板的左腹板(偏载一侧)、中腹板、右腹板],z 为腹板竖向剪力占三道腹板竖向剪力之和的比例。

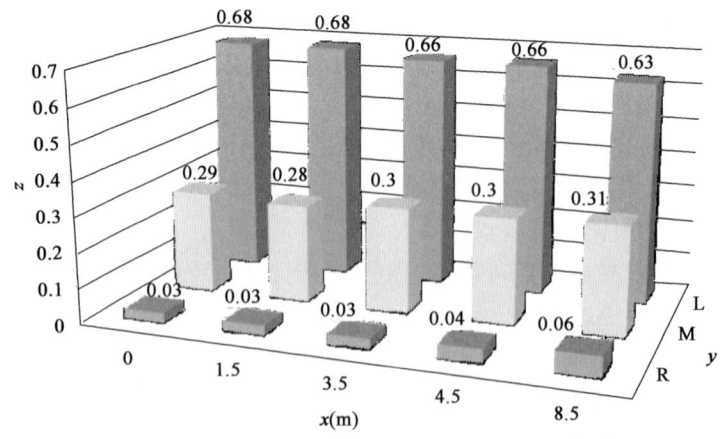

图 7 中间箱室 3 道腹板竖向剪力分配比例沿纵桥向变化

由图 7 可知,距中支点纵向距离越大,L(左腹板)竖向剪力分配比例略微降低,R(左腹板)略微增加,M(中腹板)变化微小,但总体而言,中支点附近梁段在中支点作用下剪力分配比例约为腹板 L:腹板 M:腹板 R = 70% :30% :0。

6 偏载系数

偏载系数的确定,是以八车道对称外偏车道荷载加载为基准,分别对比了 8~4 车道偏载作用下中支点和中跨跨中的正应力和剪力偏载系数。

定义正应力偏载系数为偏载作用下的正应力和对称荷载作用下的正应力比值,剪力偏载影响系数为偏载作用下单个腹板的最大竖向剪力和对称荷载作用下三道腹板的平均竖向剪力的比值。

中墩支点和中跨跨中不同车道下正应力、剪力偏载系数分别如图 8 和图 9 所示。图 8、图 9 中,横坐标为车道数,纵坐标为正应力或剪力偏载系数。

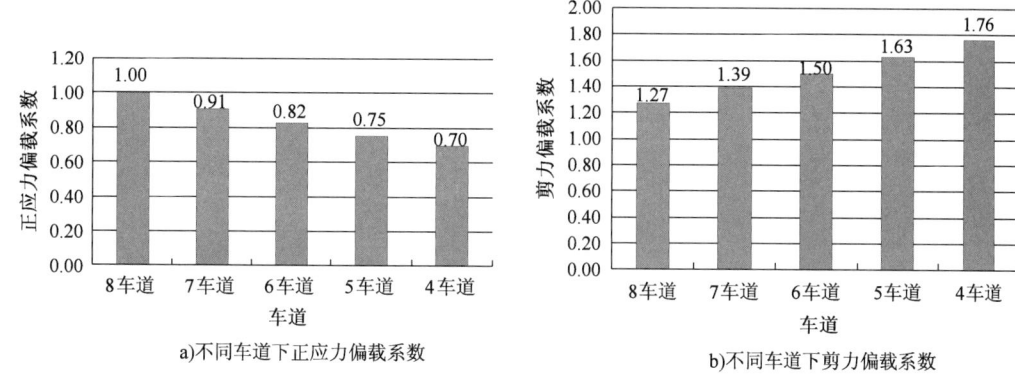

图 8 中墩支点不同车道下正应力、剪力偏载系数

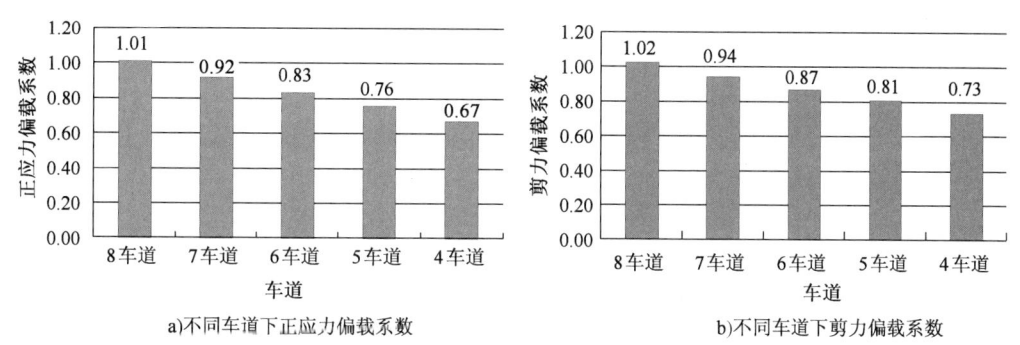

图 9 中跨跨中不同车道下正应力、剪力偏载系数

如图 8 所示,对于中墩支点:

①随着车道数的减小,正应力偏载系数逐渐减小,八车道作用荷载下的正应力最大;

②随着车道数的减小,剪力偏载系数逐渐增大,4 车道偏载下的剪力偏载系数最大,约为1.76。

如图 9 所示,对于中跨跨中,随着车道数的减小,正应力、剪力偏载系数逐渐减小,八车道作用荷载下的正应力、剪力最大。

为了分析结构最大正应力、剪力沿纵向的变化规律,特取中跨跨中、1/4 跨、1/8 跨及中墩支点处四个位置,计算结果如图 10 所示。由图 8 和图 9 知,八车道下的正应力偏载系数最大、四车道下的剪力偏载系数最大,故图 10 中仅取八车道下正应力和四车道下剪力偏载系数沿纵向变化。

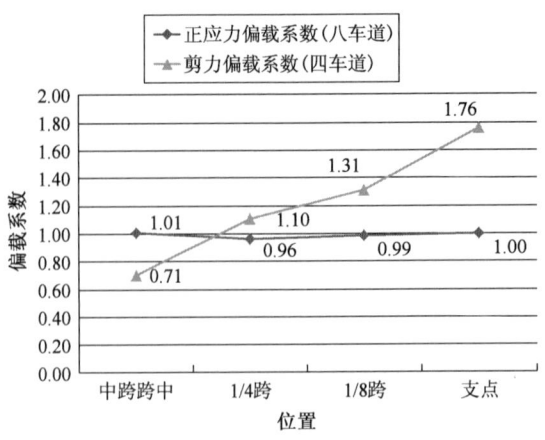

图10 偏载系数沿纵向变化

由图10可知,正应力偏载系数沿纵向变化微小,且偏载系数较小,剪力偏载系数从中跨跨中到支点不断增大,支点剪力偏载系数最大为1.76。

7 结语

本文以某大跨变高度组合钢箱连续梁桥为研究对象,建立空间板单元模型,开展了相关研究,结论如下:

(1)组合钢箱梁端横梁处,无论对称荷载,还是偏载作用下,顶板混凝土承受较少竖向剪力,中间箱室3道腹板承受全截面90%以上竖向剪力;恒载作用下中间箱室3道腹板竖向剪力分配比例为1:1.14:1,偏载作用下为44%:37%:19%。

(2)组合钢箱梁中横梁处,无论对称荷载,还是偏载作用下,顶板混凝土承受较少竖向剪力,底板混凝土和钢梁腹板承受几乎全部竖向剪力,钢梁腹板和底板混凝土剪力分配比例约为55%:45%;对称荷载作用下,中横梁中间箱室3道腹板的剪力分配比例约为1:1:1;偏载作用下,距中支点纵向一定距离,3道腹板剪力分配比例变化微小,约为70%:30%:0。

(3)中支点附近的底板混凝土承受竖向剪力在横桥向主要集中在支座附近;距中支点纵向距离越大,底板混凝土竖向剪力分配的比例越小,由0.45逐步降低到0.23。

(4)汽车偏载作用下,正应力偏载系数很小,腹板竖向剪力偏载系数较大,支点处的剪力偏载系数最大可达1.76。

参 考 文 献

[1] 邵长宇.大跨度钢—混凝土连续组合箱梁桥关键技术研究[D].上海:同济大学,2006.
[2] 李润成.分幅箱梁桥偏载效应分析[J].兰州工业学院学报,2017,24(3):39-42.
[3] 中华人民共和国行业标准.公路桥涵通用规范:JTG D60—2015[S].北京:人民交通出版社股份有限公司,2015.
[4] 中华人民共和国行业标准.公路钢结构桥梁设计规范:JTG D64—2015[S].北京:人民交通出版社股份有限公司,2015.

44. 主跨96m预应力混凝土连续梁设计

胡冰原

(上海市政工程设计研究总院(集团)有限公司)

摘　要：以济南市凤凰路跨南水北调桥57m+96m+57m大跨预应力混凝土连续梁桥为例,结合以往设计经验,总结了大半径预应力混凝土连续梁弯桥的结构设计、三向预应力布置、施工方法,并通过建模和计算对上部结构进行了总体和局部静力分析、抗倾覆验算以及应力扰动区验算,可为同类型桥梁设计提供参考。

关键词：大跨连续梁　弯桥　预应力体系　混凝土悬浇　静力分析

1 引言

预应力混凝土桥具有施工工艺成熟、耐久性能好、受力性能合理、经济效益好等众多优点。我国自20世纪50年代中期开始修建预应力混凝土梁桥,近70年来在该类桥梁的方案设计、结构分析、材料及施工工艺等方面发展迅速,如今大跨预应力混凝土梁桥已在公路桥梁及城市桥梁中得到了广泛的应用。

2 工程概况

济南凤凰黄河大桥位于济南市中心城区东北部,南起历城区现状坝王路荷花路交叉口,北至黄河北岸济阳县G220交叉口处,全长约6.7km。其中,跨越南水北调济东明渠的跨线引桥位于黄河大桥南岸,道路平曲线为半径2 000m的圆弧段上,南接邯胶铁路联络线跨线桥,北接陆上引桥,与南水北调济东明渠呈86.5°角斜交。道路等级为一级公路兼城市主干路,双向8车道。跨南水北调桥采用57m+96m+57m三跨变高预应力混凝土连续箱梁结构,沿道路中心线左右分幅,单幅桥宽21.25m,采用挂篮节段悬臂浇筑施工法。

本桥设计荷载标准为公路Ⅰ级(并按城—A级复核),抗震设防烈度Ⅶ度,地震动峰值加速度为0.05g。预应力混凝土连续梁纵向总体按全预应力体系设计,横梁及桥面板按部分预应力A类构件设计。

3 结构设计

3.1 全桥总体布置

南水北调济东明渠两岸界桩线沿道路中心线间距为73m,与主线呈86.5°角斜交,且本跨线桥处于半径2 000m的平曲线上,桥梁中墩净距不宜小于80m。《桥梁总体设计》[1]中建议,当采用三跨或多跨的连续梁桥时,边跨一般取中跨的0.55~0.8倍,对于预应力混凝土连续梁宜取偏小值,以增加刚度,减小活载弯矩的变化幅度,来减小预应力筋的数量。综合考虑主梁受力、经济合理性、施工和其他因素,本工程采用0.59的边中跨比,以满足跨径要求。

根据以上原则,跨南水北调桥的跨径布置为57m+96m+57m=210m。桥梁上部结构采用变高度预应力混凝土连续箱梁,左右分幅布置,总宽度54m,单幅桥宽21.25m,中央分隔带11.5m。同时,为了保护南水北调济东明渠,在主跨两侧防撞护栏上设置防抛网,防止垃圾及其他物品落入明渠。下部结构采用系梁立柱式实心墩及整体式矩形承台,中墩采用6根φ1.8m钻孔灌注桩,边墩采用6根φ1.2m钻孔灌注桩。

桥梁立面总体布置图如图1所示。中支点处横断面如图2所示。

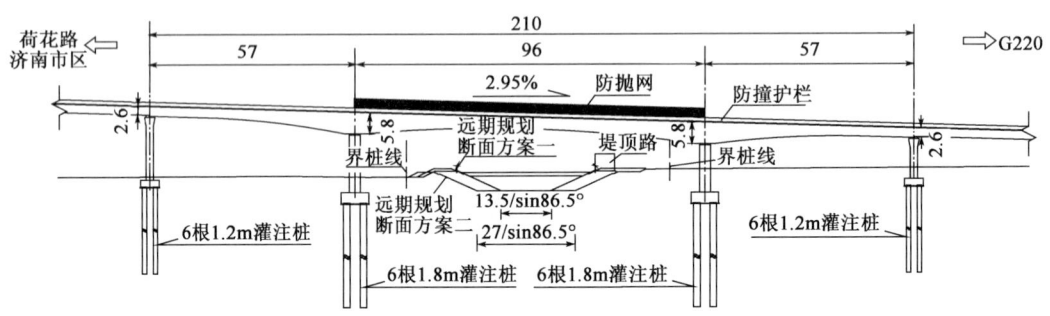

图1 跨南水北调桥总体布置立面图(尺寸单位:m)

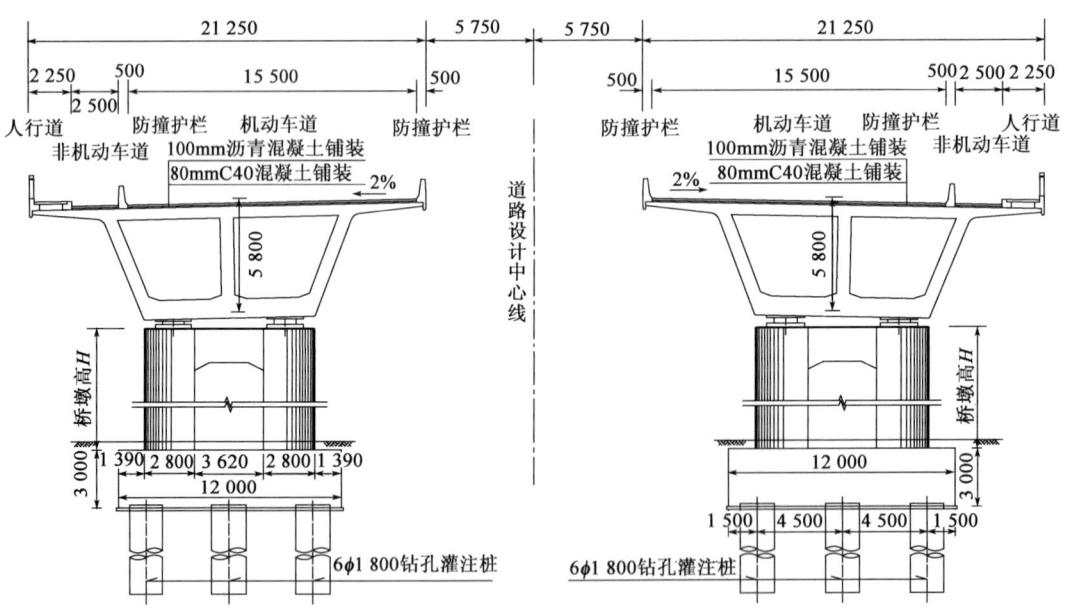

图2 跨南水北调桥中支点横断面图(尺寸单位:mm)

3.2 主梁结构设计

跨南水北调桥上部主梁采用三跨变高预应力混凝土连续箱梁结构,采用单箱双室斜腹板断面,沿道路中心线左右分幅。单幅桥宽21.25m(包含两侧各0.15m滴水结构),外腹板斜率为2.5,中腹板垂直于顶底板,挑臂长3.75m,挑臂根部厚0.55m。箱梁整体倾斜,顶底板平行呈单向2%横坡。

本工程根据《桥梁总体设计》[1]中建议,参照结构参数通常取值,初步确定跨线桥的结构尺寸,然后根据验算结果对结构进行了优化。跨南水北调桥中支点梁高5.8m,高跨比1/16.5;中跨跨中及边支点梁高2.6m,高跨比1/37;梁底曲线采用二次抛物线。箱梁顶板宽20.95m,底板宽9.25~11.81m(中支点~跨中、边支点),顶板全联等厚,厚度为0.28m,底板厚度为0.28~0.7m,腹板厚度为0.4~0.7m。中横梁厚2.5m;端横梁厚1.5m,且纵向所有横梁保持铅垂。单幅桥跨中断面如图3所示。

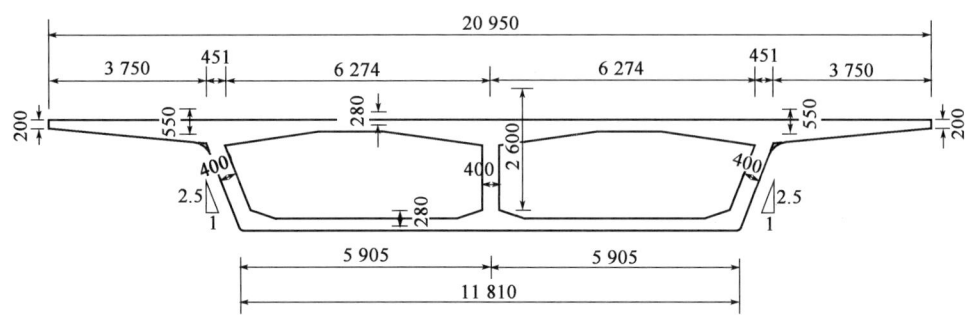

图3　主梁跨中断面图(尺寸单位:mm)

3.3　预应力体系

跨南水北调桥主梁混凝土为C50级,采用纵横竖三向预应力体系,预应力束筋采用ϕ^s15.2高强度低松弛钢绞线,标准强度$f_{pk}=1860$MPa。纵向预应力布置要符合结构受力的要求,包括施工阶段受力要求和成桥后使用阶段各种荷载组合下的受力要求。在悬臂施工的大跨连续梁设计上,布置在梁顶的预应力束主要承受结构的自重和施工荷载,而在合龙段附近及边跨现浇段的下缘钢束则不仅需承担活载产生的荷载,还需承担由结构次内力产生的正弯矩[2]。本桥纵向预应力顶底板束规格为ϕ^s15.2-15、ϕ^s15.2-12及ϕ^s15.2-9,腹板束规格采用ϕ^s15.2-15及ϕ^s15.2-12。桥面板中横向预应力束采用ϕ^s15.2-4扁束,两端张拉,间隔0.5m布置,与纵向管道重叠。由于桥面板厚度较小,横向束的偏心距较小,也可在承托附近弯曲向上以承受更大的负弯矩,然而施工时由于空间条件限制,横向预应力管道很难布置成弯曲的形式,因而在本工程中采用一直线布置的桥面板横向预应力。对于大跨径连续梁,由于靠近支点处箱梁腹板高度较高,为增强箱梁的抗剪能力,在0号~9号块之间设置竖向预应力钢筋。本桥竖向预应力采用屈服强度930MPa、直径32mm的精轧螺纹钢筋及配套锚固体系,张拉控制吨位为673kN,采用张拉控制应力与张拉伸长量双控,由顶板进行单端张拉。由于竖向预应力长度与梁高相关,摩擦引起的损失较小而钢筋回缩的损失较大,因而需要间隔14d进行复张拉以减小应力损失。纵向预应力束及两端张拉的长度、横向及竖向预应力束的数量均按两幅桥实际节段长度进行调整,保证结构安全。

预应力钢绞线均采用高密度聚乙烯塑料波纹管成孔,真空压浆。施工中须设管道定位钢筋,保证预应力筋准确就位,管道定位钢筋在直线段上每0.8m一道,在曲线段上每0.4m一道。定位钢筋长度应根据腹板厚度和底板厚度变化进行相应调整,并与箱梁钢筋焊连,保证预应力管道在施工过程中不产生位移。

3.4　施工方案

主梁施工方法采用挂篮悬臂浇筑,边跨合龙之后再进行中跨合龙成桥。施工过程中需注

283

意进行防护以免垃圾和其他物品落入南水北调济东明渠。节段长度划分和梁段自重、挂篮自重以及施工荷载产生内力相关,且对中墩两侧对称。中支点设0号块,由于墩顶0号块体积大、质量大,采用托架浇筑施工[3],梁长需满足挂篮的起步长度,本桥采用长度12m的0号块。悬臂浇筑节段共12个,靠近中墩处的节段较重,长度较小;靠近中跨跨中及边支点处的节段较轻,长度相对较大。跨南水北调桥1号~5号节段长3m,6号~9号节段长3.5m,10号~12号节段长4m,其中1号悬臂浇筑节段最重,为187t。中跨及边跨合龙段长2.0m,边跨现浇段长7.92m,且边跨现浇段采用支架施工。

箱梁0号~6号块梁段腹板厚度采用700mm,8号~9号块梁段腹板厚度采用550mm,11号~13号梁段腹板厚度采用400mm,7号及10号块为过渡段。箱梁底板的顶底面曲线变化采用二次抛物线,底板厚度由箱梁支点处700mm渐变到跨中280mm;箱梁顶板为等厚280mm。由于箱梁平面处于圆曲线上且左右分幅,箱梁各节段线均按道路中心线径向线布置。上部结构节段划分及长度示意如图4和图5所示。

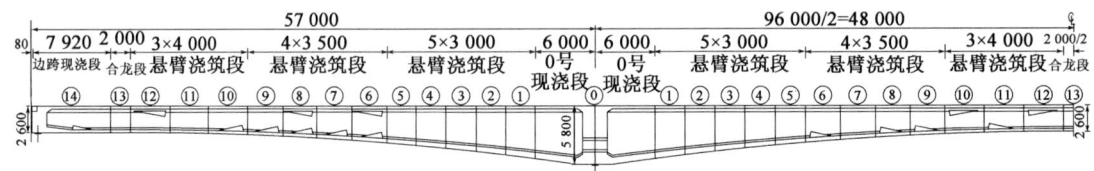

图4 跨南水北调桥节段划分示意图(尺寸单位:mm)

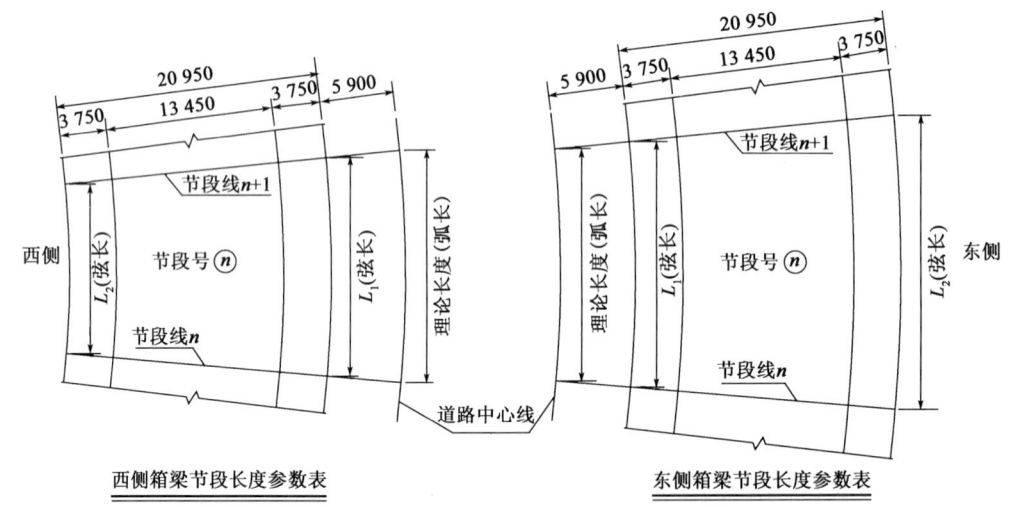

西侧箱梁节段长度参数表

梁段编号	0	1~5	6~9	10~12	13	14
理论长度(mm)	12 000	3 000	3 500	4 000	2 000	7 920
L_1(mm)	11 965.50	2 991.37	3 489.94	3 988.50	1 994.25	7 897.23
L_2(mm)	11 838.00	2 959.50	3 452.75	3 946.00	1 973.00	7 813.08

东侧箱梁节段长度参数表

梁段编号	0	1~5	6~9	10~12	13	14
理论长度(mm)	12 000	3 000	3 500	4 000	2 000	7 920
L_1(mm)	12 034.50	3 008.63	3 510.06	4 011.50	2 005.75	7 942.77
L_2(mm)	12 162.00	3 040.50	3 547.25	4 054.00	2 027.00	8 026.92

图5 节段长度示意图(尺寸单位:mm)

预应力张拉顺序应根据施工进度先张拉纵向预应力,再张拉桥面板横向预应力,成桥后张拉竖向预应力。纵向预应力应先长后短,避免短束预应力损失太大。而在同一截面,应先张拉腹板束,再张拉顶底板束,由内向外对称张拉。对于弯桥,宜先张拉外侧腹板束,再张拉内侧腹板束,因为先张拉外侧钢束会使曲率降低,偏安全,反之则会增大曲率。

4 结构静力分析

4.1 纵向计算结果

跨南水北调桥主梁按纵向全预应力构件设计,采用C50混凝土和HRB400钢筋,考虑恒载、混凝土收缩徐变、预应力及其次内力效应、边墩1cm中墩2cm的不均匀沉降、整体温度及梯度温度荷载、车辆和人群荷载等效应,按作用基本组合、频遇组合及准永久组合,采用桥梁博士软件建立实体模型进行分析。模型根据设计施工步骤与边界条件划分为31个施工阶段,结合实际建模的方便,具体施工阶段划分见表1。

纵向计算模型施工阶段划分　　　　　　表1

施工阶段	说明
第1阶段	桥墩形成,墩顶0号块浇筑完成,张拉0号块预应力
第2阶段	挂篮就位,对称浇筑1号块
第3阶段	1号块形成,张拉1号块预应力
第4阶段	挂篮前移,对称浇筑2号块
⋮	⋮
第n阶段	$[(n-1)/2]$号块形成,张拉$[(n-1)/2]$号块预应力
第$n+1$阶段	挂篮前移,对称浇筑$[(n+1)/2]$号块
⋮	⋮
第25阶段	12号块形成,张拉12号块预应力
第26阶段	在支架上浇筑边跨现浇段
第27阶段	挂篮拆除,悬臂端进行相应配重,准备边跨合龙
第28阶段	边跨合龙,张拉边跨预应力束和合龙束,消除边跨悬臂端预压重
第29阶段	准备中跨合龙
第30阶段	中跨合龙,张拉中跨预应力束合龙束,消除中跨悬臂端预压重
第31阶段	成桥,施加二期恒载

主要计算结果见表2、图6、图7。其中,弯矩以使单元下缘受拉为正,单元上缘受拉为负;应力以压应力为正,以拉应力为负。

纵向计算主要应力结果(单位:MPa)　　　　　表2

计算内容	计算结果	规范容许值
施工阶段最大压应力	13.15	18.14
施工阶段最大拉应力	-0.24	-1.48*
频遇组合最大拉应力	不出现拉应力	不出现拉应力
频遇组合最大主拉应力	-0.95	-1.06
准永久组合最大压应力	16.10	16.20
准永久组合最大主压应力	16.10	19.44

注:* 施工阶段最大拉应力截面位于0号块,纵向钢筋配筋率为0.47% > 0.2%,根据规范,最大拉应力应小于$0.70f_{tk} = 1.48$MPa。

由上述结果可知,主梁各项计算结果均满足全预应力构件的规范要求且留有一定的应力和承载力储备。

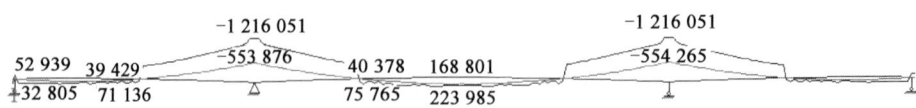

图6 上部结构最大内力及对应抗力曲线(单位:kN·m)

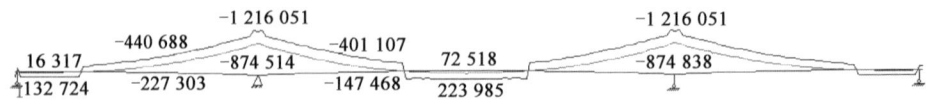

图7 上部结构最小内力及对应抗力曲线(尺寸单位:kN·m)

4.2 横向计算结果

跨南水北调桥箱梁桥面板横向分析按 A 类部分预应力构件计算,取纵向 1m 长的箱梁结构建立平面框架模型进行横向计算,框架具体尺寸为箱梁跨中标准横断面,按实际位置加载一期恒载、二期恒载及活载,并综合考虑车辆偏载和满人荷载的情况。由于大跨连续弯梁钢束密布,同时还要考虑底板处纵向预应力的下崩力及腹板处纵向预应力的外崩力。模型单元分割如图8所示。

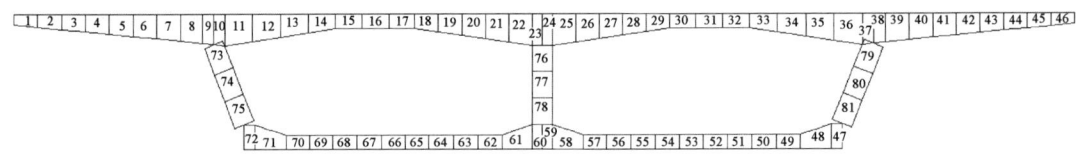

图8 横向计算分析模型

横向计算结果见表3。腹板处单侧普通受拉钢筋配筋率为0.34%大于0.3%,最大裂缝宽度为0.179mm;底板处单侧普通受拉钢筋配筋率为上缘0.48%大于0.3%、下缘0.75%大于0.3%,最大裂缝宽度为0.162mm,满足现行规范要求。

横向计算主要应力结果(单位:MPa)　　　　表3

计算内容	计算结果	规范容许值
施工阶段最大压应力	7.30	18.14
施工阶段最大拉应力	-1.13	-1.48
频遇组合最大拉应力	-0.73	-1.86
频遇组合最大主拉应力	-0.75	-1.33
准永久组合最大压应力	8.77	16.20
准永久组合最大主压应力	8.77	19.44

4.3 抗倾覆验算

近年来由于货车严重超载及偏载而导致大箱梁倾覆侧翻的事故时有发生,同时由于曲线梁桥受力复杂,即使没有偏心荷载的作用,也会发生扭转,有弯扭耦合现象,导致两侧支座反力不一,甚至会出现支座脱空的现象,因而在设计时必须注重桥梁的抗倾覆能力,保证主梁的稳定性[5]。根据《公路钢筋混凝土及预应力混凝土桥涵设计规范》(JTG 3362—2018)第4.1.8条规定进行抗倾覆验算,单幅桥支座布置如图9所示。各支座竖向力以受压为正,受拉为负,汽车荷载标准值已考虑冲击系数。计算结果见表4。

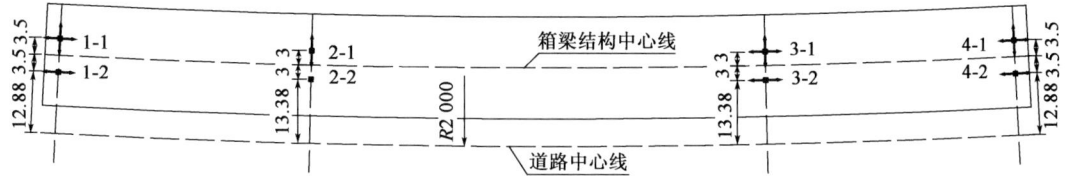

图9 支座布置示意图(尺寸单位:m)

抗倾覆验算结果　　表4

项　目		支座编号							
		1-1	1-2	2-1	2-2	3-1	3-2	4-1	4-2
	l_i(m)	7	0	6	0	6	0	7	0
支座竖向力(kN)	RGk_i(永久作用标准值效应)	2 800	3 960	30 700	30 400	30 700	30 400	2 800	3 960
	RQk_i(最不利汽车荷载标准值效应)	-1 112.8	2 873	-4 407	6 474	-4 407	6 474	-1 112.8	2 873
特征状态1(基本组合)	$1.0RGk_i + 1.4RQk_i$	1 242.08	7 982.2	24 530.2	39 463.6	24 530.2	39 463.6	1 242.08	7 982.2
	验算结论	支座均处于受压状态,满足要求							
	$RGk_i \cdot l_i$	19 600	0	184 200	0	184 200	0	19 600	0
	$RQk_i \cdot l_i$	-7 789.6	0	-26 442	0	-26 442	0	-7 789.6	0
特征状态2(标准组合)	稳定效应$\sum RGk_i \cdot l_i$	407 600							
	失稳效应$\sum RQk_i \cdot l_i$	-68 463.2							
	稳定性系数	5.95							
	验算结论	稳定性系数大于2.5,满足要求							

由计算结果可知,在作用基本组合下,单向受压支座始终保持受压状态;在作用标准组合下,抗倾覆稳定系数为5.95,大于2.5,满足规范要求。

4.4 应力扰动区验算

跨南水北调桥端头锚固区由7组密集锚头组成,端梁梁高2.6m,截面形心距上缘1.146m,锚头分布如图10所示。

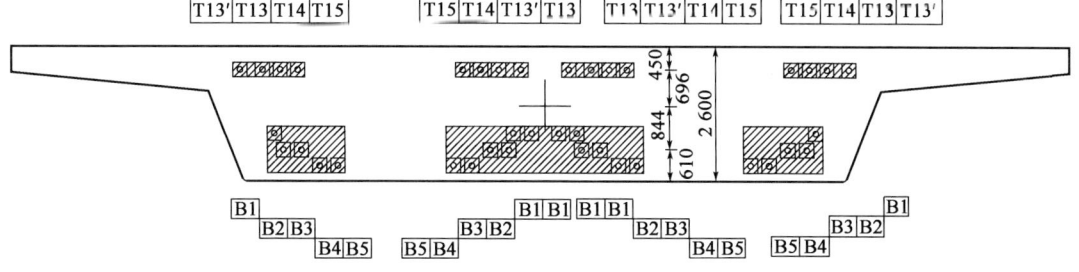

图10 端头锚固区锚头分布(尺寸单位:mm)

其中,B1～B3预应力束采用$\phi^s15.2-12$钢绞线;B4～B5预应力束采用$\phi^s15.2-9$钢绞线;T13采用$\phi^s15.2-9$钢绞线;T14～15采用$\phi^s15.2-12$钢绞线。预应力锚固力设计值P_d取1.2倍密集锚头总张拉控制力。各密集锚头计算参数见表5。

密集锚头计算参数表　　　　　　　　　　　　　　　　　　　　表5

项　目	顶板 T13~15	中腹板 B1~B5	边腹板 B1~B5
总垫板宽度 a(mm)	280	900	900
锚固端截面高度 h(mm)	2 600	2 600	2 600
锚固力偏心距 e(mm)	697	844	844
锚固力在截面上偏心率 γ	0.535 8	0.648 8	0.648 8
力筋倾角 α(°)	8	12	12
$\phi^s15.2$ 钢绞线面积(mm²)	5 880	18 480	7 560
总锚固力设计值 P_d(kN)	9 843	30 936	12 655

通过验算端头锚固区剥裂力、各密集锚头下劈裂力、顶底板束边缘拉力,可得出:

(1)中腹板处由于底板束锚头最为集中,有最大的下劈裂力。本桥梁端纵向有效宽度范围内配置了 14 根 $\phi32@100$ 及 33 根双肢 $\phi16@100$ 抗劈裂钢筋用以抵抗 B1~B5 密集锚头产生的下劈裂力。

(2)由锚垫板局部压陷引起的各锚头周边剥裂力较小,端横梁构造配筋即可满足受力要求。

(3)先张拉底板束比起先张拉顶板束会产生更大的边缘拉力,本桥上缘布置 147 根 $\phi20$ 钢筋以满足抗拉要求。实际施工中应尽量进行上下均衡对称张拉,以免边缘产生较大应力。

对于三角齿块锚固区,取锚固集中力设计值最大的底板齿块进行验算。该齿块锚有 4 根 $\phi^s15.2-15$ 中腹板处底板束,力筋倾角为 12°。锚固集中力设计值取 $P_d = 1.2A_p\sigma_{con} = 14\ 062$ kN,根据规范计算出三角齿板内 5 个拉力效应值,结果见表6。实际配筋量均满足设计要求。

三角齿块锚固区验算结果　　　　　　　　　　　　　　　　　　　表6

项　目	锚下劈裂效应拉力 $T_{b,d}$	端面根部拉力 $T_{s,d}$	锚后牵拉效应拉力 $T_{tb,d}$	局部弯曲效应拉力 $T_{et,d}$	径向力效应拉力 $T_{R,d}$
拉力设计值(kN)	1 054	562	2 812	2 350	2 954
钢筋强度设计值(MPa)	330	330	330	330	330
需要配筋量(mm²)	3 514	1 873	9 375	7 833	9 847
实际配筋量(mm²)	7 068	4 909	13 547	9 852	21 513

5　结语

本桥横跨南水北调济东明渠,为保证水质,对施工措施有严格要求,且桥位处于半径 2000m 的道路平曲线上,左右分幅,总宽54m,两幅桥长度差较大,导致结构设计及预应力布置复杂。本文对跨南水北调桥的总体布置、箱梁结构、施工方法、静力分析、抗倾覆验算以及应力扰动区验算等进行了总结,可为同类型桥梁设计提供参考。

参考文献

[1] 姜友生.桥梁总体设计[M].北京:人民交通出版社,2012.
[2] 范立础.桥梁工程[M].北京:人民交通出版社股份有限公司,2017.

[3] 贺建端.连续梁悬臂浇筑施工的关键技术[J].城市道桥与防洪,2011(5):127-131.
[4] 中华人民共和国行业标准.公路钢筋混凝土及预应力混凝土桥涵设计规范:JTG 3362—2018[S].北京:人民交通出版社股份有限公司,2018.
[5] 宋福春,李孟臣,张国强.曲线桥抗倾覆稳定性分析[J].公路,2018(4):65-69.

45. 三塔自锚式悬索桥钢箱主梁施工关键技术研究

王 翔[1] 李向阳[3] 刘益平[3] 陈竞熙[2] 王 琦[3]

(1. 济南城建集团有限公司;2. 中交武汉港湾工程设计研究院有限公司
3. 中交第二航务工程局有限公司)

摘 要:针对自锚式悬索桥"先梁后缆"的架设顺序及顶推施工过程中钢箱主梁受力复杂、难于控制的特点,步履式顶推施工技术应运而生。根据自锚式悬索桥钢箱主梁顶推施工过程中的受力特点,提出箱梁高差敏感性分析要求以及顶推过程中的安全控制原则,用于指导钢箱主梁在顶推过程中的线型控制和节段拼装,可成功解决施工过程中遇到的困难,能有效保障钢箱主梁顶推施工的安全及成桥质量。

关键词:步履式顶推施工 自锚式悬索桥 钢箱主梁 顶推设备 顶推同步控制

悬索桥作为跨越能力最强的桥形,在很多跨越峡谷、海峡和河流的桥梁项目中成了不可缺少的比选方案之一。近年来,随着国家对节能环保的要求越来越高以及我国钢结构桥梁施工技术的快速发展,钢箱主梁以线形简洁、外形美观、跨越能力强、适合工业化生产以及装配化施工等众多优点,被越来越多地运用于各种大跨度桥梁,也包括自锚式悬索桥。该桥型常用的总体施工顺序一般是"先梁后缆",并且钢箱主梁多为薄壁结构,施工过程中线形及局部稳定性控制难度较大,为适应装配化发展需要,施工精度要求也更高。

基于上述背景,步履式顶推施工技术应运而生,该技术具有能源消耗少、环境影响小、可调节性好、自动化及可视化程度高等诸多优点,符合国家对资源环保的要求,近年来已经成为钢箱主梁施工技术发展的主要方向之一。

1 工程概述

济南凤凰路黄河大桥为三塔自锚式悬索桥,全长1 332m,跨径布置为70m + 168m + 428m + 428m + 168m + 70m,钢箱主梁梁高4m,全宽61.7m。桥梁设双向八车道,预留双线轨道交通实施空间。该项目顶推质量约6.3万t,单点最大支反力1 400t,见图1、图2。

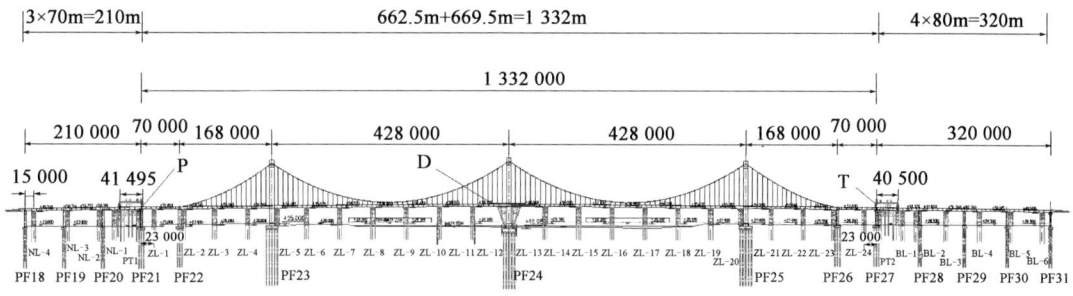

图1 桥梁总体结构(尺寸单位:mm)

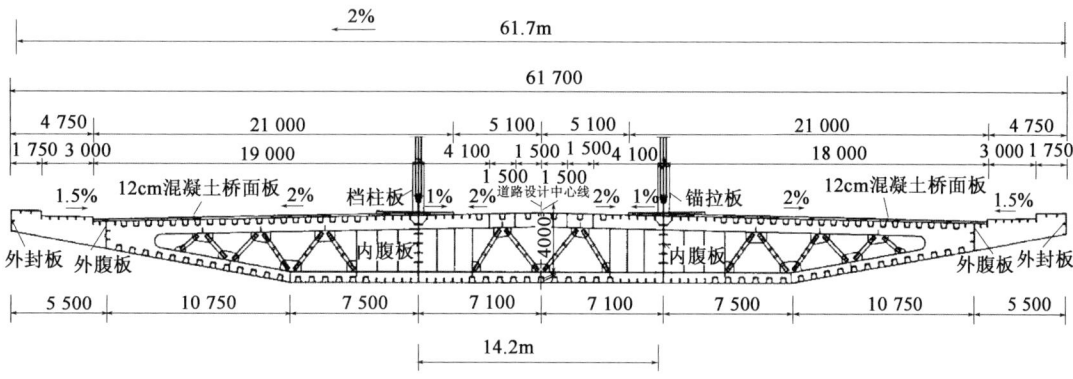

图2 主跨标准节钢箱主梁断面图(尺寸单位:mm)

2 顶推施工技术研究

本三塔自锚式悬索桥钢箱主梁具有高宽比(约1/15)小的显著特点,顶推过程中钢箱主梁的局部稳定性及线形控制均具有很大的难度。

2.1 施工难点

通过项目基础资料分析,本工程存在以下施工特点:

(1)高宽比小,钢箱主梁为薄壁结构,局部稳定性控制难度大;

(2)高空作业,临时墩水平抗力较小;

(3)地质条件较差,要求顶推设备对临时墩沉降的适应性比较强。

2.2 常用顶推施工技术比选

目前,应用最广的顶推施工技术主要有拖拉式顶推、楔进式顶推以及步履式顶推等。但在顶推施工过程中,采用上述三种施工技术,分别存在以下特点:

(1)拖拉式顶推:由于在顶推过程中,一般是通过不断地在梁体与滑道间塞填滑板,通过滑板与滑道面的移动来带动梁体的前进的,梁体与滑道间动、静摩擦系数的交替变化,摩擦系数分配不均,以及桥墩刚度和拉杆(索)的弹性模量的差异等还会带来操作中的爬行等现象;各临时墩、拼装平台的高程调整复杂,需通过在各构件与墩顶预留的竖向千斤顶实现,无法做到对各墩反力的主动控制。该顶推施工技术对墩身产生的水平力大,对顶推临时墩支架沉降适应性低。

(2)楔进式顶推:该技术对现有拖拉式顶推施工技术模式进行了重大改进,首次采用独立行走顶推装置实现结构刚体顶推施工的理念,有效地避免了常规拖拉顶推模式的诸多弊端。但楔进式顶推装置加工精度要求高、设备昂贵,且该装置本身对不同结构形式的适应能力不强。

(3)步履式顶推:顶推设备固定于临时墩顶,顶推设备和临时支撑交替承载梁体载荷,循环往复的将梁体向前顶推。该技术同楔进式顶推一样,将滑移面设置在顶推设备内部,通过顶升、顶推和横向纠偏功能实现结构的纵向平移,避免了常规拖拉法的不足。然而,每个顶推循环步骤结束后,钢箱主梁仍需落至临时支撑上,会造成临时墩受力不明确(表1)。

顶推施工技术比较 表1

项目	拖拉式顶推	楔进式顶推	步履式顶推
技术特点	工艺成熟,但不满足结构受力局限性要求,需加强底板才能采用该工艺; 顶推过程中不平衡水平力较大; 横向纠偏调整困难	能够较好地控制临时墩的不平衡水平力,且可有效控制各支点反力; 需采取措施满足结构受力局限性要求; 装备制造精度要求高	能够较好地控制临时墩的不平衡水平力,且可有效控制各支点反力; 需采取措施满足结构受力局限性要求; 装备制造精度要求较低
核心装备	设置滑道系统、牵引系统(穿心式连续液压千斤顶、顶推反力架等)和竖向调节系统	由支撑油缸、支撑架、携进式顶推油缸等几部分组成	包括承载框架、顶升油缸、滑移系统、水平纵移油缸、横向调整油缸

综合分析,在充分调研常用顶推施工技术的基础上,创造性提出了对传统步履式顶推施工技术进行改进以适应本项目要求的构想。

2.3 工艺改进措施及控制要点

2.3.1 主要改进措施

(1)调整顶推设备分布方式,单个临时墩临时支撑数量由4个减少为2个,受力体系转换后临时支撑点受力更为明确,如图3所示。

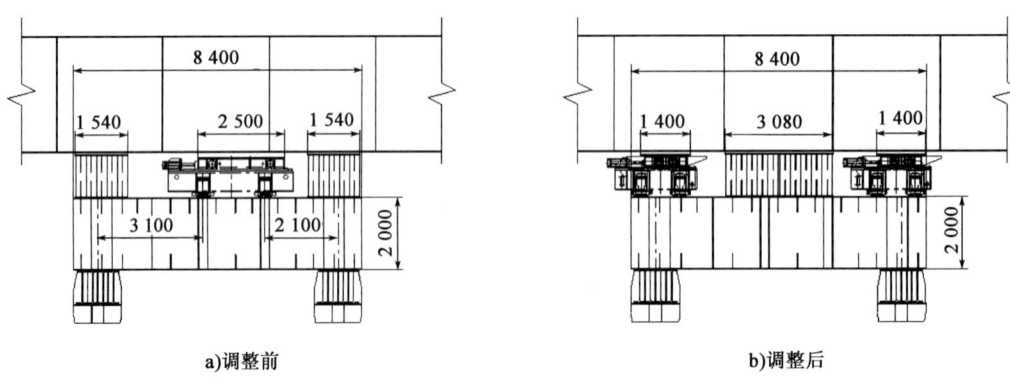

a)调整前　　　　　　　　　　　　b)调整后

图3 顶推设备分布调整示意图(尺寸单位:mm)

(2)升级控制系统,将原有的数据传输方式由串口改为网口,提高传输效率。

(3)临时墩位置,增加箱梁高差敏感性分析,根据计算结果所得的限值,对箱梁顶推过程中的临时支撑点高程进行适时调整,控制顶推和拼装线形,并为临时支撑高差控制值提供理论依据。

2.3.2 主要控制要点

(1)在顶推过程中,箱梁在横桥向易产生位移变化,尤其是多个行程后会累积的越来越大,需要及时纠正偏位。这也是传统的拖拉顶推法的最大弊端,因此在设计步履式顶推设备时,增加了横向双向纠偏功能,以确保顶推过程中箱梁整体偏位不超20mm。

(2)由于顶推设备数量增加一倍,对应数据处理量将指数增加,对顶推设备的同步控制要求更高。本项目顶推设备多点同步控制技术主要有三个部分组成:比例调节、积分调节和微分调节,其中比例调节作用是按比例调节系统的偏差;积分调节的作用是使系统消除稳态误差,提高无差度;微分调节能够预见系统偏差变化率,起到超前调节作用。

(3)根据箱梁高差敏感性分析计算结果,顶推落梁转换过程中,同一横断面两处临时支撑点位移高程差不大于10mm时,箱梁整体受力可控,在本项目实施过程中,将按照高差不超5mm控制。

2.4 步履式顶推施工技术研究

2.4.1 主要工艺及设备操作流程(图4)

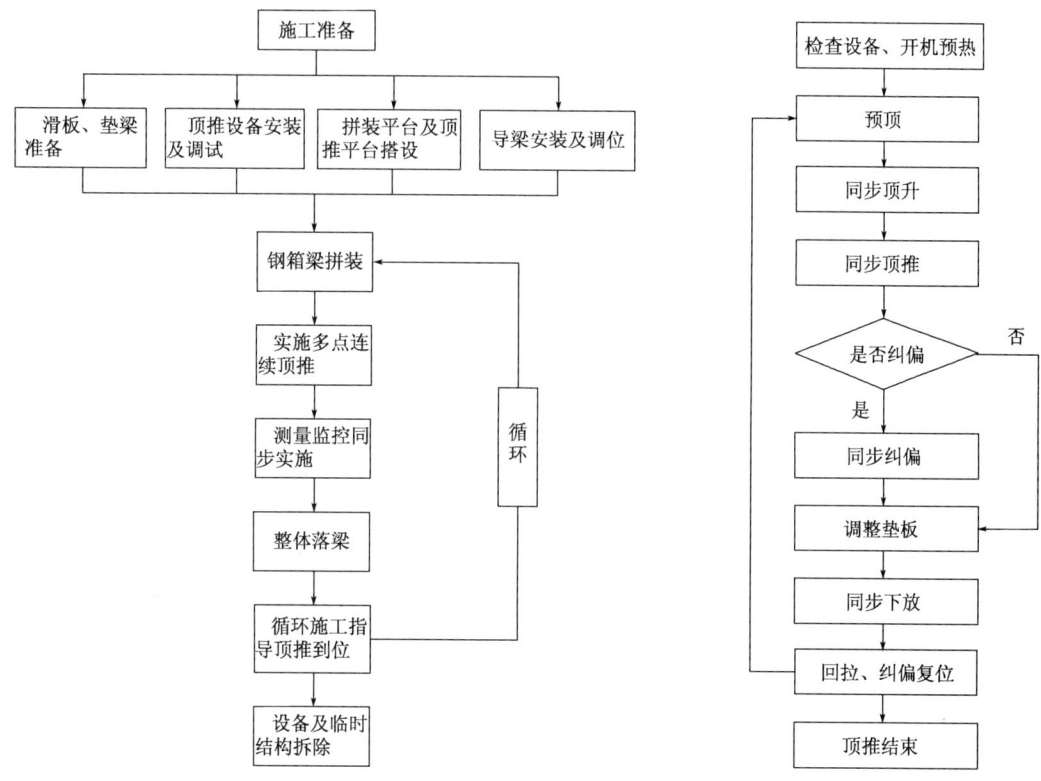

图4 步履式顶推施工技术操作流程

2.4.2 步履式顶推设备

步履式顶推设备集机械结构、支撑油缸、横向纠偏油缸及顶推油缸于一体(图5),通过计算机控制和液压驱动来实现结构集成和顺序动作,以满足同步施工要求。其控制系统具有以下特点:

(1)采用总线技术,可以安全、可靠和方便实现主从站之间的数据通信;
(2)大屏幕控制,可以清晰显示每一个工作站的压力和位移状态;
(3)系统具有传感器信号自检功能,当传感器故障时会自动指示故障点;
(4)当系统出现超压或者误差超差时,系统会自动提示;
(5)顶升、纠偏及顶推同步精度可达3mm。

2.4.3 仿真分析

箱梁顶推过程采用ANSYS进行静态模拟分析计算,图6、图7为最不利工况下箱梁及导梁的变形云图和应力云图。

整体计算情况说明:
(1)计算仅将结构作为钢结构件考虑,计算未考虑线型、误差、温度等影响。

（2）临时墩结构设计和计算中，未考虑后期温度、活动载荷位置变化等因素，对后期桥面板施工及湿接缝施工等工序质量的影响。

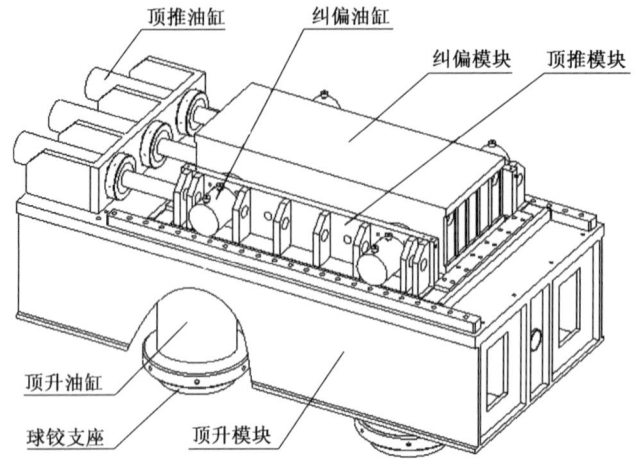

图5　步履式顶推设备示意图

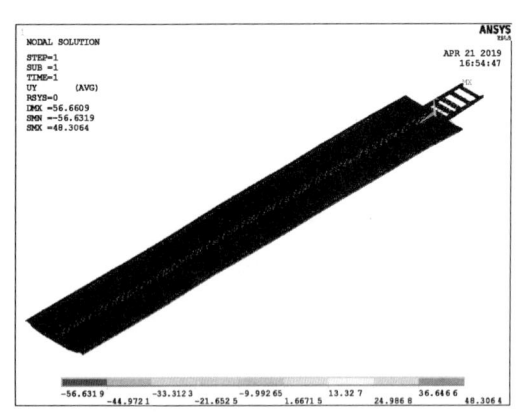

图6　变形云图

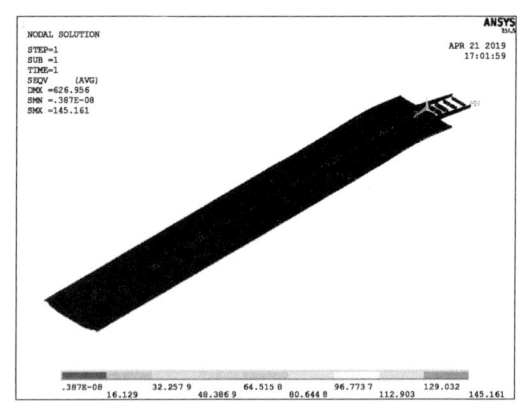

图7　应力云图

由计算可知，顶推过程中，整体最大下挠124mm，导梁最大应力为$\sigma_{max}=187MPa<f=290MPa$，钢箱主梁最大应力$\sigma_{max}=70.6MPa<f=325MPa$，结构整体强度、刚度均满足相关规范要求。

2.4.4　步履式顶推施工安全控制

（1）施工控制目标。

通过施工过程控制，将桥梁顶推施工过程中结构整体稳定性及结构应力（包括主桥结构、导梁和临时墩等临时结构应力）控制在安全范围内，实现箱梁顺利顶推到位，确保成桥结构内力及桥道结构几何状态符合设计要求。

（2）施工控制内容。

为确保箱梁顶推施工安全顺利进行，需对顶推施工的安全控制进行深入研究，研究内容包括：

①顶推施工过程仿真分析。

通过理论分析，找出顶推过程中最不利工况以及最不利工况下结构受力最大部位。如结构受力不满足规范要求,则采取有效措施,确保结构在施工过程中的受力安全性。同时,对落梁和拆除临时墩体系转换进行分析,优化施工方案。通过理论分析,从理论上把握了大桥整个顶推过程中的力学行为特点,为顶推施工提供很好的指导作用。

②顶推施工期安全监测。

顶推施工过程中,由于结构的边界条件不断变化,从而结构应力也不断变化。通过对结构应力监测,研究结构内力及局部连接处在交变荷载下的分布变化,从而判断出结构是否安全,进而指导施工。同时,对结构进行应力监测,可对理论分析结果进行反馈验证。通过把测试的结构应力数据和理论计算的结构应力数据进行对比,可对理论计算是否准确和准确程度进行评判,并指导修正计算模型,从而更好地指导下一步的施工。

2.4.5 步履式顶推施工注意事项

(1)根据工况的支点反力计算摩擦力并与油压表相验证。顶推水平力计算:顶推总水平力按重力的3%(经验值)加箱梁纵坡的水平分力。

(2)位移观测:位移观测主要是梁体的中线偏移和墩顶的水平、竖向位移,在顶推过程需用千斤顶及时调整。墩顶位移观测非常重要,根据设计允许偏位作为最大偏位值,换算坐标,从施力开始到梁体开始移动连续观测,一旦位移超过设计计算允许值则立即停止施力,重新调整各顶推设备顶推力。

(3)顶推到最后梁段时要特别注意梁段是否到达设计位置,须在温度稳定的夜间顶推到最终位置,并根据温度仔细计算测定梁长。

(4)最后一次顶推时应采用小行程点动,以便纠偏及纵移到位。

3 结语

(1)本文根据桥梁顶推施工的受力特点,确立了顶推施工过程的控制原则,施工控制应遵循上述原则以保证桥梁结构的安全、质量和施工进度。顶推过程中和落梁的支点高程控制是控制原则实现的关键因素,是顶推施工控制工作的重要内容。

(2)本文根据钢箱主梁顶推施工的特点,增加箱梁高差敏感性分析,确定高差控制参数的限值,据此进行钢箱主梁顶推过程支点高程的调整和拼装线形的控制,方法简单直观,易于现场技术人员掌握,为类似结构的顶推施工提供了参考

参 考 文 献

[1] 张鸿,等.步履式自动化顶推设备系统研究及应用[J].中外公路,2012,32(4):123-125.
[2] 谢道平,等.悬索桥主梁一体化施工方法研究[J].施工技术,2019,48(02):59-61.
[3] 赵人达,张双洋.桥梁顶推法施工研究现状及发展趋势[J].中国公路学报,2016,29(2):32-43.
[4] 薛志武,等.桩顶支撑步履式沉桩技术[J].中国水运,2018,18(03):209-212.
[5] 周光强,向剑,舒大勇,等.杭州九堡大桥多跨连续组合拱桥步履式整体顶推技术[J].施工技术,2011,40(5):27-31.
[6] 张晓东.桥梁顶推施工技术[J].公路,2003,9:45-51.
[7] Zhang Hong, Zhang Xiaoping, Guo Qiang, Xue Zhiwu, Launching Trajectory Planning for the Variable Cross-Section Steel Box Girder[J]. 2015 Int. Conf. Adv. Manuf. Ind. App. 31-37.

46. 空间缆悬索桥大转角吊索技术研究

吴 琼[1] 王 翔[2] 薛花娟[1] 徐瑾琪[1]

(1. 江苏法尔胜缆索有限公司; 2. 济南城建集团有限公司)

摘 要: 空间结构吊索, 主缆从空缆状态到成桥状态, 主缆横桥向位移较大, 吊索须跟随主缆横向移动、转动及伸缩。通过一种新型的吊索结构, 吊索可转动较大的角度, 适应新型空间式悬索桥的问题, 同时实现了吊索长度的调节。

关键词: 空间吊索 关节轴承

1 概述

悬索桥是一种刚柔组合结构形式的大跨度桥梁, 通常其结构是由缆索、桥墩、桥塔、锚碇, 吊索、加劲梁等主要部分构成。在车辆荷载作用下, 桥面承受的荷载由加劲梁传递给吊索, 再由吊索传递给主缆, 最后主缆将荷载传递给桥塔和锚碇。悬索桥结构构造简单, 受力合理、明确, 能够充分地发挥作为主要承重构件的高强度钢丝材料强度, 并且其造型美观, 跨度大等优势越来越受到设计人员和工程师们的青睐。

自锚式悬索桥由于将主缆直接锚固在加劲梁的两端, 不再需要修建庞大的锚碇结构, 从而克服了传统的地锚式悬索桥因锚碇所导致的种种局限。同时它又保留了悬索桥结构合理, 外形美观这些优良基因, 使得它在 60~400m 跨度范围内, 成为一种极具竞争力的桥形。空间缆索悬索桥是从平行索面悬索桥发展而来, 是通过主缆和吊索形成一个三维的索系, 在对竖向承载能力影响不大的情况下, 大大提高了悬索桥的横向刚度和横向承载能力。与平行索面相比, 它的线形以及受力都要更加复杂, 但是比平行索面悬索桥更加美观, 而且具有更好的横向刚度。随着计算以及施工中的难点被一一攻克, 在许多城市市政桥梁和景区观光桥梁的设计方案中, 空间索面往往更具竞争力。正在建设的凤凰黄河大桥全长 6683m, 其中黄河特大桥长 3788m。主桥采用跨径 428m 的三塔组合梁自锚式空间缆悬索桥, 引桥采用大跨连续组合钢箱梁, 其中大堤位置跨径 245m, 建成后, 主桥及大堤位置引桥均为同类桥型跨径世界第一。

2 空间缆悬索桥吊索特点

悬索桥主缆作为柔性构件, 传递和平衡由活载和恒载所带来的拉力是其主要功能。主缆所营造的"重力刚度"条件是发生在弹性变形之后的, 而这种"重力刚度"是在加劲梁等恒载的垂直作用下所形成的, 因此受拉变形是主缆实现其功能的前提条件。当外荷载作用时, 缆索形状受外力作用的影响,而形状的改变必然会伴随着位移的变化,这种变化是非线性特征的典型表现。不仅如此,悬索桥整体结构的刚度和受力在很大程度上受垂直方向主缆的跨度影响。跨度比减小会导致主缆的刚度特性、拉力和挠度出现不同程度的增长。经相关的研究分析可知,在垂直方向上,桥身跨度越小,活载对加劲梁的影响作用越明显,越容易使加劲梁和吊索发生变形。

空间缆索体系悬索桥结构形式上可以分为内敛式和外张式两类,内敛式空间缆索体系主要特征是主缆从塔顶到跨中逐渐张开,左右两幅索面呈现出 A 字形的趋势。这种形式的的悬索桥在吊索张力增加不多的情况下,从而使整个结构的横向刚度大幅度增加。外张式空间缆索体系是指主缆从跨中到塔顶逐渐张开,左右两幅索面呈现出 V 形的趋势,这种形式的悬索桥同样具有较强的横向刚度,能够很好地抵抗横向变形。对于结构新颖、外形美观的空间缆索结构,即主缆线形采用空间结构,在立面、平面上的投影都呈曲线。无论是内敛式空间缆,还是外张式空间缆,吊索的下吊点均在桥梁横向最外侧,上吊点随主缆的空间位置而变化,每根吊索的横桥向倾斜主缆主跨采用自锚式,角度均不相同。吊索采用平行钢丝成品索,每个吊索上、下锚头均采用叉耳式锚具。对于空间缆索结构悬索桥而言,施工时主缆存在竖、横、纵三个方向变位。

吊索是悬索桥的核心受力部件,工作时会受到可变载荷、空气成分的侵蚀效应心及部件本身的疲劳应力等影响,使得吊索容易产生腐蚀、弯曲疲劳等问题,对桥梁的安全性能和使用造成极大的负面作用。其由空缆状态到成桥状态的施工以及运营过程中,吊索也存在以上三个方向的变位,受力复杂,更加容易产生疲劳、腐蚀等病害,给空间缆悬索桥带来安全隐患。空间缆索悬索桥吊索需要适应主缆的空间线形,需要一定的转动角度,以降低由于吊索在施工、运行中的弯曲、扭转问题,提高其安全性和可靠性。

3 悬索桥大转角吊索技术研究

3.1 依托工程概况

某大型悬索桥总长 990m,主跨 890m,两个接线边跨各 50m。桥梁一端接隧道,另一端接公路。为了施工队海洋环境的污染,2 个主塔都设置在岸上。主梁采用流线型钢箱梁。2 个主塔分别向边跨倾斜 8°,以减小边跨比,平衡主跨的缆力。主缆采用空间缆,主缆在主跨分别通过斜吊杆分开,再塔顶主索鞍处合龙,经过边跨,锚固在桥的中顺桥向中线上。全桥共 2 根主缆,每根主缆直径为 525mm。每根主缆由 14 根索股组成,每根索股含 480 根钢丝。钢丝采用直径为 5.25mm 的高强度镀锌钢丝,强度为 1 960MPa。为了适应空间缆的结构特点,吊索采用平行钢丝热挤聚乙烯大转角吊索。

3.2 空间缆吊索结构设计

由于空间缆索结构悬索桥在桥梁由空缆状态到成桥状态的施工过程中对吊索要求能够按照施工需要进行转动和伸缩。传统的悬索桥所采用的吊索形式在技术上已满足不了空间缆索系统的悬索桥的技术发展要求,因此有必要研制一种新型结构的空间缆索结构吊索以满足设计要求和施工需要。新设计的空间结构吊索需要解决以下问题:

①提供一种能适应空间缆索结构的悬索桥吊索,使吊索可转动较大的角度,以解决现有吊索的结构形式不能适应上述新型悬索桥的问题。

②能实现吊索长度的调节。锚头是连接吊索与主梁及索夹的主要构件,空间缆的吊索的关键技术是利用机械措施使锚头从构造上实现转动。

为了解决以上问题,在传统的吊索结构基础上,根据该空间缆悬索桥的工程结构特点,开发出了大转角可调节吊索,具体结构见图1。

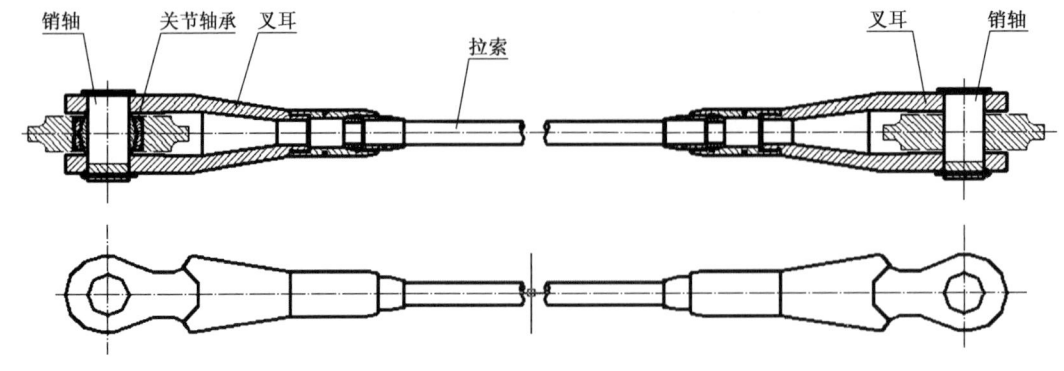

图1 吊索结构

(1)销轴和轴套的配合结构设计。

吊索上端采用叉耳式锚具、销、轴套与索夹连接。轴套与基孔装配后不允许相对运动,因此轴套与基孔之间采用过盈配合。当轴套外径 $D≤120mm$ 时,可选用 H_7/s_6 配合;当轴套外径 $D>120mm$ 时,可选用 H_7/r_6 配合。销轴与轴套装配后要求相对运动,因此销轴与轴套之间采用间隙配合。综合考虑两者之间的拆装方便性、互换性、工作载荷等,一般销轴和轴套之间的配合间隙为 $0.10～0.35mm$。可供选用的配合有 H_9/c_9、H_9/d_9、H_8/c_8、H_8/d_8。销轴的基本尺寸为直径 d 和长度 L,考虑加工工艺和拆装工艺,销轴上有安装导向倒角、中心孔、拆装孔等。在桥梁运营中,通过轴套与轴的转动来实现吊索索夹端相对于的顺桥向移动。

直径 d 和长度 L 由设计空间和强度计算确定。为了安装方便,安装导向采用30度倒角,倒角的长度值根据直径销轴 d 确定,具体原则为:当 $20<d≤40$,$E=3mm$;当 $d>40$,$E=5mm$。轴套基本尺寸为外径 D、内径 d、长度 L。外径 D 和长度 L 由设计空间和强度计算确定;内径 d 由与其配合销轴直径确定;由于轴套和基孔采用过盈配合,轴套采用10°倒角,倒角长度值根据外径确定,具体为:当 $50<F≤100$,$F=1$;当 $D>100$,$F=2$;轴套内倒角长度 C 值根据内径 d 确定,具体为:当 $60<d≤120$,$C=1$;当 $d>120$,$C=2$。

(2)销轴和关节轴承的配合结构设计。

吊索下端采用叉耳式锚具、销、轴套和关节轴承与钢梁耳板连接。在吊索与钢箱梁的连接位置设置向心关节轴承(图2),以适应空间缆的特点。关节轴承由有外球面的内圈和一个有内球面的外圈组成,能承受较大的负荷,可以承受径向负荷、轴向负荷或径向、轴向同时存在的联合负荷。关节轴承一般用于速度较低的摆动运动(角运动),由于滑动表面为球面形,亦可在一定角度范围内作倾斜运动(调心运动),在吊索销轴与索夹孔不同心度较大时,仍能正常工作。由于在内圈的外球面上镶有复合材料,故该轴承在工作中可产生自润滑。关节轴承按其所承受能力承受载荷的方向和结构形式,可分为向心关节轴承。该类关节轴承的滑动摩擦副采用钢对PTFE编织物,具有较高的摩擦系数,工作中不需要维护,具有较长的使用寿命。该结构可实现吊索顺桥向的摆动和横桥向转动。

(3)材料的选择。

销轴的材料很多,主要根据销轴的工作载荷、润滑条件,对销轴的强度和耐磨性等的要求,采用的热处理方式,同时考虑加工工艺、经济效益等来选择销轴材料。选定材料后还得确定其热处理方式。根据销轴使用工况来确定销轴的热处理方式。对于只要求销轴承力,不要求销轴与其连接件相互转动的,可选用整体调质处理;对于要求销轴承力且耐磨要求很高的销轴,可选用整体调质处理加表面淬火处理。淬火后再进行表面镀铬处理。

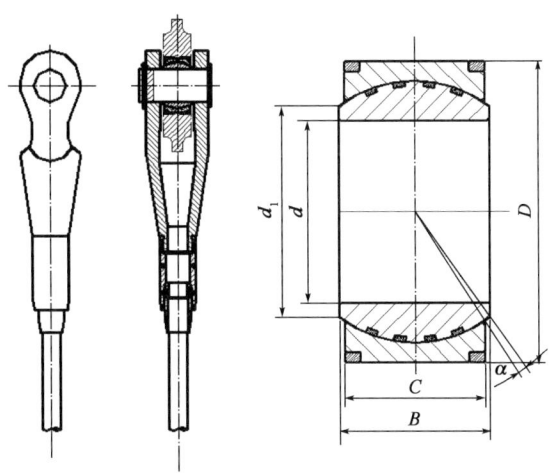

图 2　向心关节轴承

销轴表面淬火处理采用感应加热表面淬火。其优点:提高销轴疲劳强度和冲击韧性;变形小;淬火层深度易于控制;淬火时不易氧化和脱碳。感应加热表面淬火可分为高频淬火,淬火深度一般为 1~2mm;中频淬火,淬火深度一般为 3~5mm;工频淬火,淬火深度一般能到 10~15mm 以上。销轴要求耐磨时,一般要求淬硬层深度为 0.5~6.5mm;要求抗疲劳时,一般要求淬硬层深度为 3~12mm。销轴表面镀铬一般采用松孔镀铬方式。镀铬层硬度很高,可以达到 HV800~1000,可以保存足够的润滑剂,改善摩擦条件,提高销轴耐磨性。

关节轴承由内圈、外圈、衬垫、锁圈、密封圈组成,内、外圈材料均为 4Cr13,衬垫材料为 PTFE 编织物,锁圈材料为 20 钢,密封圈材料为聚酯弹性体。内圈外球面镀硬铬处理,锁圈表面采用磷化处理。

衬套的材质 ZCuSn5Pb5Zn5,采用离心铸造,在衬套中镶嵌固体润滑材料。在各种恶劣的工作环境中衬套承受振动、摩擦和腐蚀来保护裹住的部件,而衬套本身在损坏后更换方便、成本低、经济性好。

(4)转动构件的耐磨性计算。

悬索桥吊索的衬套及轴承都属于低速重载类轴套的主要失效形式为表面磨损和表面胶合。工程上通过限制轴套的平均压强 p 和轴套与销轴的相对线速度 v 来防止轴套表面过度磨损;限制轴套的 pv 值来防止轴套的表面胶合。

平均压强条件

$$p = \frac{F}{Bd} \leqslant p' \tag{1}$$

式中:F——吊索的轴向荷载;
　　　B——轴套的宽度;
　　　d——销轴的直径;
　　　p'——轴承材料的许用强度。

$$v = \frac{\omega d}{2} \leqslant v' \qquad (2)$$

式中：ω——转动角度；

d——销轴直径；

v'——轴承材料的允许速度。

$pv \leqslant (pv)'$为轴承材料的许用值。

3.3 空间缆悬索桥大转角吊索的应用

按照以上结构设计并制作的空间缆悬索桥大转角的吊索已经成功应用于某大型悬索桥。该桥主跨890m，全桥共116根吊索，分别为127ϕ5、139ϕ5、151ϕ5规格。其中最长吊索为99.786m，最短吊索为2.959m。在位于全桥中跨位置的25~29号、31~35号共计20根吊索下端设置关节轴承，规格为151ϕ5。吊索结构为上端采用叉耳式锚具、销与索夹耳板连接，下端采用叉耳式锚具、销、关节轴承与钢梁耳板连接。该项目已经成功完成空间缆索的架设，已经于2018年建成通车，目前，运行状况良好。

4 结语

(1)本文保证吊索有较大的转动角度。由于空间吊索的上端锚固装置采用了销孔连接，下端锚固装置采用了向心关节轴承。其该装置满足了采用空间缆索结构的悬索桥在施工过程中要求其吊索能够进行大角度转动的需求，使索夹与吊索的轴线始终保持一致，避免了索夹在与吊杆轴线不一致时受到的附加弯矩和扭矩，从而可提高索夹与吊索的使用寿命。

(2)本文施工安全、可靠、操作方便。本文所述空间大角度长调节量吊索已经在南海二桥项目中实施使用，经现场检验和施工证明，其效果良好，达到了设计要求，为体系成功转换奠定了坚实的基础。

参 考 文 献

[1] 官幼平,薛花娟,赵旭洲.空间线性自锚式悬索桥大转角吊索技术研究——南京长江隧道工程江心洲右汊大桥建设专题[J].铁路建设技术,2009(10).

[2] 王鹏.公轨人三线合一空间缆索悬索桥动力响应与行人走行舒适度研究[D].成都:西南交通大学,2018.

47. 三塔自锚式悬索桥主塔钢混结合段施工控制技术研究

王金平[1]　许为民[2]　张玉奇[1]　王　琦[1]　付　斌[1]

（1.中交第二航务工程局有限公司；2.济南城市建设集团有限公司）

摘　要：济南凤凰路北延工程跨黄河主桥为三塔自锚式悬索桥，主塔结构为 A 形塔。塔柱分为钢混结合段和钢结构段，结合段钢结构伸入承台 2.5m，设置上承压板、中承压板和下承压板。上承压板和中承压板用于钢结构向混凝土传力，同时作为钢束锚固载体，下承压板用于减小钢板对混凝土切割作用。连接件采用剪力钉和开孔板连接件，受拉区拉应力由预应力钢束承担。

关键词：三塔自锚式悬索桥　钢混结合段　预应力　剪力键　劲性骨架

1　工程概况

1.1　跨黄河主桥概况

济南凤凰路北延工程跨黄河主桥为三塔自锚式悬索桥，跨径组合为 70m + 168m + 2 × 428m + 168m + 70m，梁高 4m，标准段全宽 61.7m。叠合梁钢梁材质为 Q345qE，为纵梁、横梁、挑梁、小纵梁和纵肋组成的钢箱梁和混凝土桥面组合的组合正交异性桥面体系（图1）。

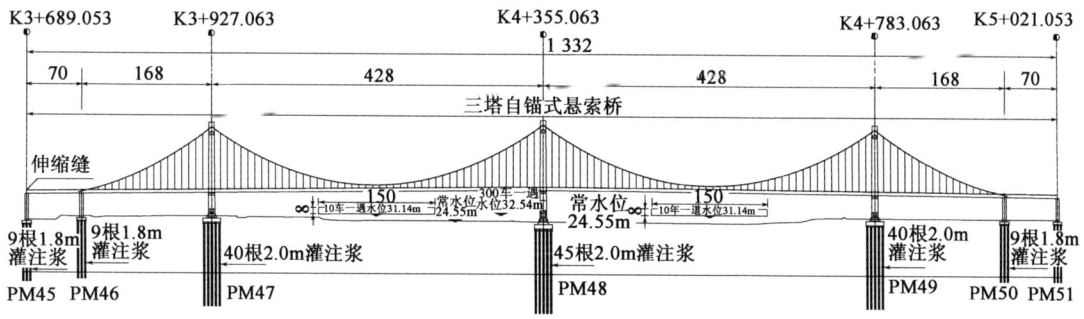

图 1　主桥立面图

1.2　主塔钢混结合段构造

主塔分为钢混结合段和钢结构段，结合段钢结构伸入承台 2.5m，设置前承压板、中承压板和后承压板；前承压板和中承压板用于钢结构向混凝土传力，同时作为钢束锚固载体；后承压板用于减小钢板对混凝土切割作用。在下结合段,塔柱壁板开宽0.25m孔洞,长度不等,以保证内外混凝土整体性。结合段腹板布置剪力钉,剪力钉横桥向间距为0.18~0.22m,顺塔柱轴线向间距为0.2m。

结合段开孔板连接件不至于壁板加劲,每个加劲横向布置两个。两孔间距0.12m,顺塔柱轴线向间距为0.2m。

结合段钢束分为长束和短束,长束共16束,顶端锚固于上承压板;短束共33束,顶端锚固于中承压板,底端锚固于承台;锚固于承台高程分别为承台顶面以下3.2m和4.0m。预应力采用后张法施工(图2)。

图2 钢混结合段三维示意图

2 钢混结合段施工特点及难点

2.1 构造复杂,施工难度大

结合段分为上结合段和下结合段。下结合段壁板内外均结合混凝土,并设置连接件,下结合段高5.3m(边塔)/11.22m(中塔),底面尺寸9m×10m(边塔)/9m×12m(中塔),顶面尺寸为9.902m×5.533m(边塔)/9.950m×5.533m(中塔)。上结合段高5.8m(中塔和边塔),仅壁板内侧结合混凝土,并设置连接件。上结合段顺桥向壁厚2.296~2.314m,横桥向壁厚0.8m。

钢混结合段钢结构塔柱为无变形单箱三室,壁板内外侧布置开孔板连接件及剪力钉。壁板及开孔板上开有φ80mm圆孔,穿过钢筋与进入该孔的混凝土一起形成PBL剪力键。在壁板双侧焊有剪力钉,与PBL剪力键共同承担钢塔柱与混凝土间力的传递。加之预应力孔道,作业空间小,环境复杂,施工操作不便。

2.2 预应力数量多,竖向高度大

结合段钢束分为长束和短束,长束共16束,顶端锚固于上承压板,底端锚固于承台内下承压板;短束共33束,顶端锚固于中承压板,底端锚固于承台内下承压板。下承压板分两层,上、下层底板的间距为80cm。

预应力钢束采用符合《预应力混凝土用钢绞线》(GB/T 5224—2014)As15.2mm的低松弛钢绞线,每股公称面积140mm^2,标准抗拉强度f_{pk}=1860MPa,弹性模量E_y=1.95×105MPa,设计张拉控制应力为σ_{con}=0.75f_{pk}=1 395MPa。19根钢绞线为一束,长束最长为21.166m。对

于长束,使用连接器进行分段张拉。边塔连接器位置设在塔座顶面中承压板位置,即第1段锚固端位置与短束锚固端位置为同一平面。中塔长束考虑施工长度及塔柱分节,连接器位置设置在第一层塔座混凝土顶面。由于钢束数量多,长度长,定位及施工难度大。

2.3 混凝土质量要求高,浇筑难度大

结合段采用C60混凝土。由于结合段结构复杂,操作空间小,混凝土振捣人员不能下到仓面,只能在钢筋笼上面,采用振捣棒人工振捣。基于确保剪力钢筋和开孔板形成的PBL剪力键的质量,粗集料选用5～20级配,并配制低水化热低收缩混凝土。

3 钢混结合段施工

3.1 下承压板定位

将劲性骨架吊装就位,待测量复核后,将劲性骨架与预埋基础进行焊接固定。

测量放样出底板角点坐标,并用记号笔标记在劲性骨架上,若劲性骨架位置存在偏差及时进行调整。

使用150t履带吊将底板吊装就位,在劲性骨架上进行临时固定,使用千斤顶、手拉葫芦进行精确调位后,焊接固定。

下层底板定位完成后,按照同样的方法将上层底板进行定位。

3.2 固定端锚具安装

底板定位完成后,将固定端的锚具进行定位安装。单个塔柱锚固端锚具共49套,其中下层底板(图纸中G-G截面)锚具共25套(8套长束L_1锚具+17套短束S_1锚具),上层底板(图纸中F-F截面)锚具共24套(8套长束L_2锚具+16套短束S_2锚具)。

底板定位后,将固定端锚具中的锚具锚垫板和螺旋筋依次安装到位。安装时注意锚具轴线与底板预留圆孔轴线重合,且与底板平面垂直。

3.3 预应力管道及压浆管安装

预应力管道采用内径100mm壁厚4mm的钢管。其中短束(S_1、S_2)预应力管道一次安装到位。长束(L_1、L_2)预应力管道根据实际张拉工艺及连接器位置分两段进行安装。

预应力管道下料后,在距离管道底部15～20cm位置开孔,焊接$\phi 20mm \times 20cm$压浆管接头,钢管另一端与压浆管连接,并用铁丝与预应力管道板扎固定,与管道同时安装。

预应力管道安装时,其轴线必须与锚具轴线重合,且垂直于底板平面。预应力管道安装到位并复测无误后进行临时固定。对于外侧短束预应力管道可使用角钢焊接固定到劲性骨架上,内侧长束预应力管道可使用角钢交叉连接固定,如图3所示。

3.4 穿束

采用起吊设备单根穿束,穿束前用透明胶带将钢绞线端头包扎起来防止钢丝在穿束过程中张开。

钢绞线从上往下依次穿过预应力管道、锚具垫板、底板和锚板。锚板位于底板以下,为了方便穿束,暂不固定。钢绞线端头穿过底板后进行缓慢下放,经人工辅助对位之后穿入锚板孔中。

3.5 锚固端施工

本工程的锚固端分别位于承台封底顶面以上1.0m和1.8m的位置,即上层底板和下层底板的间距为80cm,实际可操作空间不足65cm,挤压施工困难。为解决此问题,首先将锚固于下层底板上的L_1、S_1型钢束钢绞线进行挤压施工,然后将锚固于上层底板上的L_2、S_2型钢束钢

绞线通过下层底板预留孔洞穿过下层底板,使工作区全部集中在下层底板与封底之间,工作高度为1m,降低施工难度,确保施工质量。

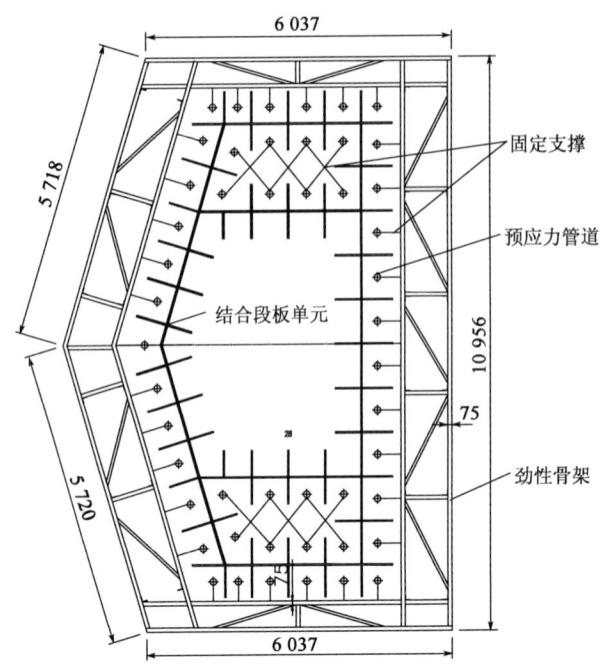

图3 劲性骨架示意图(尺寸单位:mm)

需要注意的是,L_2、S_2型钢束钢绞线在穿过下层底板前必须全部穿过锚板,待套管挤压结束后,进行单根提升,使钢绞线锚固端头回穿至上层底板位置,并用压板固定。

3.6 预埋段钢结构安装

第一层混凝土浇筑完成后,开始安装结合段钢塔柱。

3.6.1 底座定位支墩安装

底座定位支墩每塔肢10块,采用混凝土支墩,顶面预埋钢板结构形式(图4)。

埋件高程调整通过类似水准仪调平的原理,在预埋角钢和埋件板之间焊接可调节丝杠,通过丝杠调整埋件板顶面的高程和水平;埋件安装经验收达到要求后,将可调节丝杠点焊固定,支模板浇注混凝土至控制高程,确保埋件平面位置和高程均能满足要求。

3.6.2 预埋段钢塔柱吊装

首节钢结构整体刚度较小,仅含一道承压板,需加设工装,安装时作为整体安装,整体调整底座顶面的空间位置。采用一台4000t履带吊整体吊装,并通过对线初步就位。

五个角上安放双向千斤顶,千斤顶支立于混凝土面上,支承底座定位件支点。双向千斤顶能前后、左右、上下调节底座定位件与底座联合体。经过反复调整使底座顶高程和平面位置满足设计要求并经过验收后,用角钢将定位件与定位埋件点焊固定,再复测无误后方可焊接,并用型钢固定。

3.7 钢筋安装

主筋间距按钢混结合段主筋间距有意识地布置,防止钢混结合段剪力钢筋与主筋位置冲突。剪力钢筋,水平钢筋分层安放,剪力钢筋钩在水平筋的外侧。为便于安装,塔内剪力钢筋断为多截,穿好以后,用套筒连接。

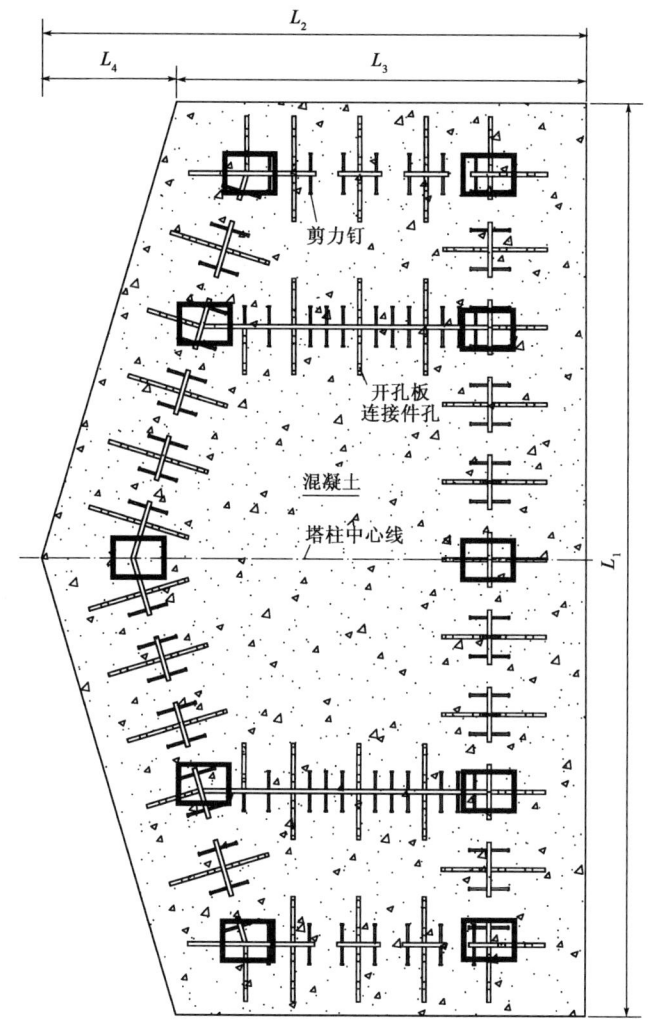

图4 底座定位支墩布置示意图

3.8 混凝土浇筑

结合段采用C60混凝土,基于确保剪力钢筋和开孔板形成的PBL剪力键的质量,粗集料选用5～20级配,并配制低水化热低收缩混凝土。

由于结合段结构的特殊性,混凝土振捣人员不能下到仓面,只能在钢筋笼上面,采用振捣棒人工振捣。混凝土采用小串桶分仓,每层布料厚度控制在20～30cm,相隔仓面混凝土高差控制在30cm左右,使剪力键内混凝土的气泡能顺利排出。混凝土振捣时在振捣棒上按30cm间距做上记号,并配以矿灯(照明),责任到人,确保振捣质量。

3.9 预应力张拉

钢绞线按经设计确认的张拉顺序及程序进行张拉,张拉顺序为:先张拉L_1、L_2钢束,后张拉S_1、S_2钢束。预应力钢束张拉程序为:$0 \rightarrow$ 初应力($0.1\sigma_{con}$)$\rightarrow$测量伸长值$\delta_0 \rightarrow 20\%$的控制张拉应力$0.2\sigma_{con} \rightarrow$测量伸长值$\delta_1 \rightarrow$控制张拉应力$\sigma_{con} \rightarrow$测量伸长值$\delta_2 \rightarrow$持荷5min$\rightarrow$锚固。

张拉时对各个钢束进行编号,便于区分,整体对称张拉,记录施工数据。

预应力钢束采用张拉吨位与引伸量双控,以张拉吨位为主,以伸长值进行校核。实际伸长值与理论伸长值差值应控制在 ±6% 以内。根据《公路桥涵施工技术规范》(JTG/T F50—2011)中7.6章的相关内容可查预应力筋张拉的理论伸长值计算公式:

$$\Delta LL = \frac{P_p L}{A_p E_p} \tag{1}$$

式中:P_p——预应力钢筋的平均张拉力,直线筋取张拉端的拉力,N;

　　　L——预应力筋的长度,mm;

　　　A_p——预应力筋的截面面积,mm^2;

　　　E_p——预应力筋的弹性模量,N/mm^2。

本工程预应力张拉作业面有两个,第一次对预应力短束张拉端及长束连接器位置进行张拉,第二次对预应力长束张拉端进行张拉。

预应力钢绞线张拉时,应先调整到初应力初应力($0.1\sigma_{con}$),伸长值应从初应力时开始量测。预应力筋的实际伸长值除量测的伸长值外,尚应加上初应力以下的推算伸长值。预应力钢绞线张拉的实际伸长值 $\Delta Ls(mm)$ 计算公式为:

$$\Delta L_s = \Delta L_1 + \Delta L_2 \tag{2}$$

式中:ΔL_1——从初应力至最大张拉应力间的实测伸长值,mm;

　　　ΔL_2——初应力以下的推算伸长值,mm,可采用相邻级的伸长值。

ΔL_2 的计算可以采用初应力以下的理论伸长值,计算方法同上述,在实际施工时常采用相邻级的伸长值,也就是说从 $0 \sim 0.1\sigma_{con}$ 应力作用下的伸长值可以采用 $0.1\sigma_{con} \sim 0.2\sigma_{con}$ 应力作用下的伸长值,这样做的原因是 $0 \sim 0.1\sigma_{con}$ 应力作用下的伸长值很难测出,而用相邻级的伸长值对测量精度几乎没有影响。

根据本工程张拉工艺,$\Delta L_1 = (\delta_2 - \delta_1) + (\delta_1 - \delta_0)$,$\Delta L_2 = \delta_1 - \delta_0$,故 $\Delta L_s = \Delta L_1 + \Delta L_2 = (\delta_2 - \delta_1) + (\delta_1 - \delta_0) + (\delta_1 - \delta_0) = \delta_2 + \delta_1 - 2\delta_0$。

3.10 孔道压浆及封锚

预应力筋张拉锚固后,在48h内完成孔道压浆。

压浆完成后,用砂轮切割机割除长余的钢绞线,应在距锚头5cm处切割,严禁电弧切割,并对需封锚的部位及时进行混凝土浇筑。

封锚施工时,先对锚具周围的混凝土进行人工凿毛,并冲洗干净。采用C60无收缩混凝土,并振捣密实。

4 结语

济南凤凰路北延工程钢塔结合段的顺利施工,证明了钢混结合段施工工艺的合理性和科学性。设计并采用劲性骨架、支墩对结构进行精确定位,使预应力、塔柱节段交叉施工得以实现。预应力分段张拉解决了钢束过长难以定位和无法保证钢绞线均匀受力的问题。使用高强度低收缩混凝土,保证了结合段混凝土的浇筑质量。同时,本工艺优化了施工顺序,缩短了工期,可以指导类似工程施工。

参 考 文 献

[1] 许颖强.太原摄乐大桥异型钢—混混合塔柱施工技术[J].桥梁建设,2018,48(2).
[2] 张利.大榭第二大桥主桥主塔钢混结合段施工关键技术[J].公路,2013,9.
[3] 李焱.桥塔钢—混凝土结合段设计与受力分析[J].天津建设科技,2019,29(3).
[4] 李宗平.南京长江第三大桥钢塔柱安装施工[J].施工技术,2008,37.

48. 双向超宽变腹板钢箱梁顶推施工工艺

王德怀[1] 朱迎华[1] 文定旭[2] 李佳萱[2] 高作森[1]

(1.中交第二航务工程局有限公司;2.中交武汉港湾工程设计研究院有限公司)

摘 要:顶推施工方法是目前大节段钢箱梁常用的施工方式之一,通常采用的顶推施工,一般是在桥梁的一侧直接向另外一侧顶推,而对于设置了钢箱梁分段缝的主引桥分别顶推施工。为提高临时结构的使用率,需在分缝处设置共用的拼装平台和提梁站系统以分别适应两个相反方向的双向顶推施工。本文采用的顶推施工工艺,将不同截面形式钢箱梁提升、顶推和提梁站变宽结合成一种新的施工工艺,以实现钢箱梁超宽且腹板位置变化的双向顶推施工。同时,本工艺设计的提梁站能够满足钢箱梁腹板变化及双向顶推受力体系转化的需求,结构形式新颖,受力分析可靠,能提高施工和转换效率、缩短工期和节约成本,可作为相似工程的参考。

关键词:顶推施工 超宽 变腹板 双向顶推 提梁站变宽

1 概况

济南凤凰路黄河大桥主桥为三跨自锚式悬索桥,主桥全长为70m+168m+428m+428m+168m+70m=1332m 钢混组合梁结构,水中引桥为70m和80m跨组合钢箱连续梁桥,南引桥3个70m跨,北引桥4个80m跨。全桥梁高均为4m,标准段全宽61.7m。

组合梁为纵梁、横梁、挑梁、小纵梁和纵肋组成的钢箱梁和混凝土桥面组成的组合正交异性桥面体系。钢梁标准节段为9m,每间隔4.5m设置一道横梁和挑梁。桥塔处桥面板顶面开洞以通过桥塔,在开洞两侧设置纵梁。

桥梁总体结构如图1所示。钢箱梁截面如图2所示,其图中小桩位侧为南,大桩位侧为北。

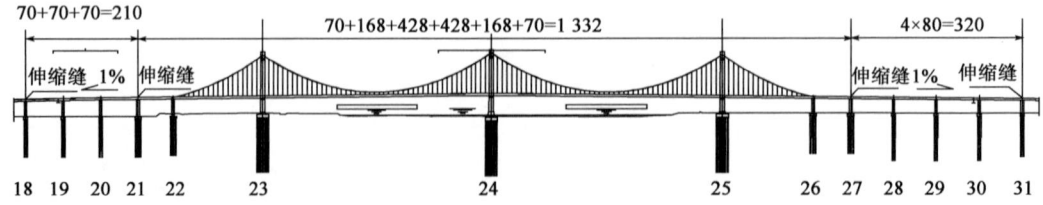

图1 桥梁总体结构(尺寸单位:m)

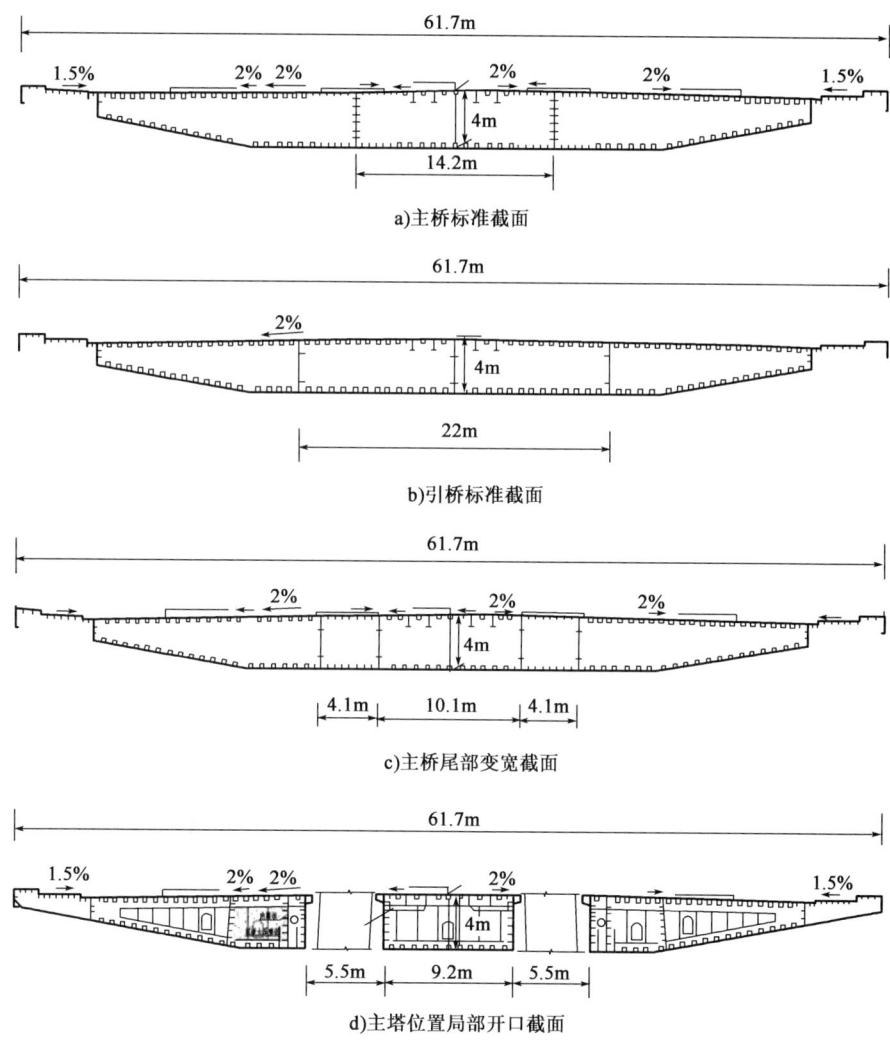

图2 钢箱梁截面视图

从图2可见主桥和引桥顶推钢箱梁标准截面腹板间距分别为14.2m和22m,其中主桥腹板位置及间距在主塔柱位置和箱梁尾部两侧自锚段100m范围内为变腹板结构。主桥标准节段重284t,南引桥最大节段重378t,北引桥最大节段重403t。

2 工艺及创新

本桥钢箱梁施工具有超宽、超重及施工难度大的特点,从钢箱梁的加工、运输及现场安装均具有很大的难度。

2.1 施工难点

本桥施工主要难点如下:

(1)施工区跨越黄河,地质条件差,通航能力弱。钢箱梁无法整节段加工从内河运输到现场。

(2)钢箱梁顶板宽度达到61.7m为目前国内最宽悬索桥。由于钢箱梁超宽超重,采用常规的汽车吊、龙门吊及履带吊难以进行覆盖吊装施工。

(3)钢箱梁腹板宽度变化,对钢箱梁提升和顶推的支撑受力位置产生影响。

(4)顶推钢箱梁长度超长和自重超重,主桥顶推长度达1 332m。自重近47 000t,南北水中引桥分别210m和320m。

经过前期方案的比较与优化,确定总体施工方案为:钢箱梁采用厂家板单元制作和运输,然后现场工厂化和流水化组装的方式制作标准节段钢箱梁。钢箱梁涂装完毕后,采用提梁站提升到拼装平台上进行拼装,然后顶推施工到设计位置。

常规的顶推施工方法,仅在所施工桥梁一侧进行安装和顶推,单侧顶推后即全部顶推完成,而且桥梁设计的腹板位置不会发生变化,且顶推钢箱梁顶板宽度一般不会超过40m。

2.2 常规工艺问题

针对本自锚式悬索桥钢箱梁施工,采用常规安装方法:支架法、多段同时顶推法、缆载吊机法存在主要问题如下:

(1)黄河通航能力差,钢箱梁不能靠水运整段运往现场直接安装,须现场制作安装。

(2)采用支架施工,由于桥梁长度大、截面度宽和离地高,钢箱梁节段数多且重,需要的支架安装空间和工程量极大,且支架的安装和拆除工期长。同时,支架法在河中安装钢箱梁,需长时间使用大型起重设备。

(3)若采用缆载吊机吊装施工,需要等到桥梁主塔和主缆施工完成后再进行吊装施工,钢箱梁施工等待周期长,主梁和主塔施工阶段不能同步进行,施工工期延长。

(4)采用支架法和缆载吊机法施工,钢箱梁焊接时,整个焊接作业点位置多,不便于施焊和检测。

总体来看,常规施工方法存在:施工工期长、施工受通航和水位影响、成本高、影响航道、施工作业点多等问题。需采用新的施工工艺提高效率、节省成本、保证施工质量(表1)。

各种施工工艺比较 表1

内　容	支　架　法	多段同时顶推	缆载吊机	分段顶推
安装特点	分块多支架支撑	少支架同时顶推	分节段吊装	少支架分段顶推
工期	长	短	长	较短
设备投入	多	多	少	较少
适用位置	较小工程	较长工程	能节段整体运输	不受限制
局限性	作业点多	场地及空间	运输及工期	可根据需要调整
成本	高	较高	较高	较低

综上比较可见:采用分段顶推具有工期短、设备投入少、适应位置广和成本低的优势。

2.3 工艺及特点

本施工工艺主要解决的问题如下:

(1)钢箱梁分节段整体提升,保证钢箱梁下胎架前的加工质量。

(2)保证钢箱梁分段缝焊接均在相同位置进行,保证焊接用电源、设备及人员安全防护的可靠。

(3)减少现场临时支架及场地硬化的工程量,减少设备投入及管理,节能环保同时节约成本。

(4)提高施工效率及安全性,保证施工的安全、经济及可靠。

2.3.1 主要施工工艺

本施工工艺主要解决的问题如下:

(1)钢箱梁整体提升及调位工艺如图3所示。

图3 钢箱梁提升及调位工艺

(2)钢箱梁步履式顶推工艺。

(3)主桥钢箱梁两侧顶推中间合龙工艺如图4所示。

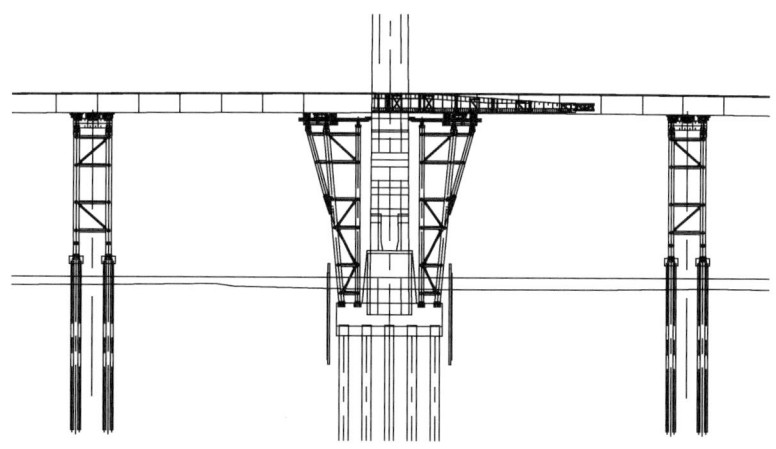

图4 主桥钢箱梁合龙工艺(中塔位置)

(4)钢箱梁主桥和引桥顶推原位换向工艺,即钢箱梁双向顶推工艺如图5所示。

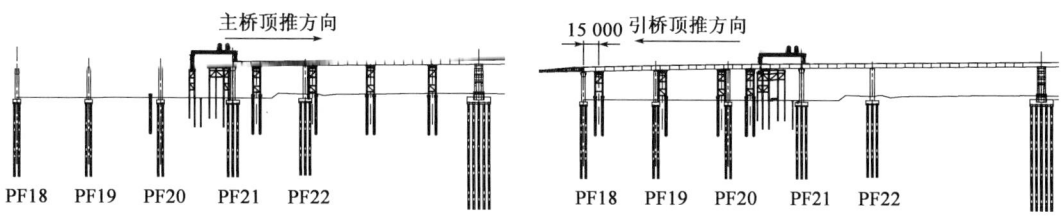

图5 主、引桥双向顶推工艺(南岸)

2.3.2 工艺优点及创新

本工艺优点及创新主要如下:

(1)支架位置和结构固定,单个支架承载能力强,不需要重复大量搭设。

(2)主、引桥顶推借用同一个提梁站和拼装平台顶推,节省了场地、临时设施和设备投入。

(3)主桥由两侧顶推至中间合龙,加快了施工进度。

(4)主桥顶推完成后,对提梁站和拼装平台进行原位改造,减小了安装和拆除的时间。

(5)主塔安装及主缆安装与桥面铺装及引桥施工工期可重合,节省了总工期。

3 施工关键技术

本钢箱梁提升及顶推具有钢箱梁节段超宽超重、单侧整体顶推重量大的特点,同时要满足主、引桥双向顶推的分步进行,在施工中采用相应的技术,确保整个工程的顺利实施。

3.1 总体布置

在设计阶段,首先对整个钢箱梁施工的总体工艺进行选择,在选择采用提升和步履式顶推工艺之后,根据现场的实际情况和需求,对顶推施工的拼装平台、临时墩及提梁站进行总体布置和设计,以满足各施工工艺需要。总体布置如图6所示。

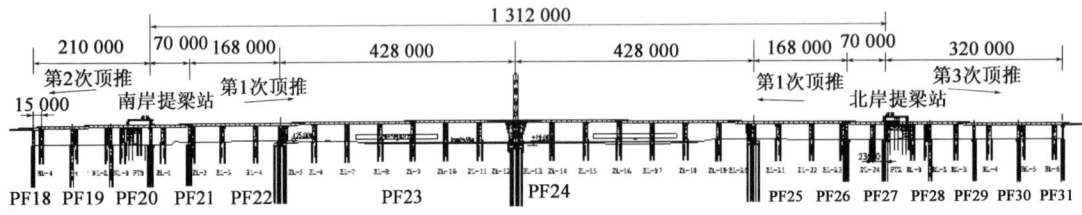

图6 主引桥双向顶推工艺(尺寸单位:mm)

3.2 钢箱梁提升技术

钢箱梁采用提梁站和液压千斤顶提升,竖向提升完毕后,在上方采用纵移千斤顶对钢箱梁进行纵向移动和调位,保证钢箱梁能够纵移到待安装位置。

在设计阶段即对主、引桥钢箱梁提升位置和结构形式进行区分,以满足主桥顶推施工完毕后,快速转换进行引桥顶推。主、引桥钢箱梁提升如图7所示。

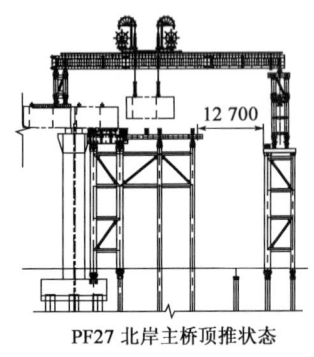 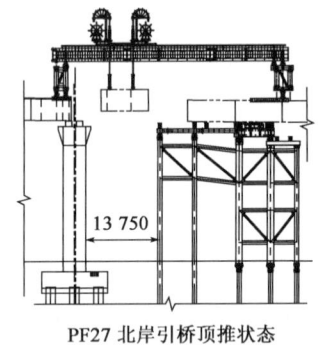 

图7 主、引桥钢箱梁提梁站布置(尺寸单位:mm)

3.3 步履式同步顶推施工

在每个钢管桩临时墩结构顶面纵梁上,设置临时支撑反力座和步履式顶推设备。当尾部一个节段的钢箱梁拼装完毕后,各个位置步履式顶推设备同步将已拼钢箱梁整体往前顶推一个节段,然后在尾部进行下一个节段的拼装和顶推,直至整个顶推完成。此时提梁站桥面支腿位于桥面上进行滑动。

顶推施工能够使钢箱梁拼装仅在尾部进行,并将已拼装的钢箱梁能够安全平稳和同步的纵向移动到设计位置。在标准节段施工时,设计每次提升和顶推两个节段共18m的钢箱梁,以提高施工效率。

步履式同步顶推施工方式为近年来比较成熟和先进的施工方式,本文中采用步履式顶推时单个设备位置支撑反力达1 300t,顶推完成桥面板施工时最大1 500t,在同类型桥梁顶推施工中,具有反力大的特点,因此对临时墩、顶推设备和临时支撑反力座的受力和可靠性均提出较高的要求。

3.4 主引桥施工转换

主、引桥施工转换的区域设置在引桥位置,当主桥施工完成后,不会对转换区域产生影响。在转换过程中主要进行拼装平台和提梁站的转化,以适应桥面变宽的影响。当主桥顶推完成后,先对拼装平台进行改造,然后横向两侧移动提梁站位置,在中间新增变宽的联系横梁(图8)。

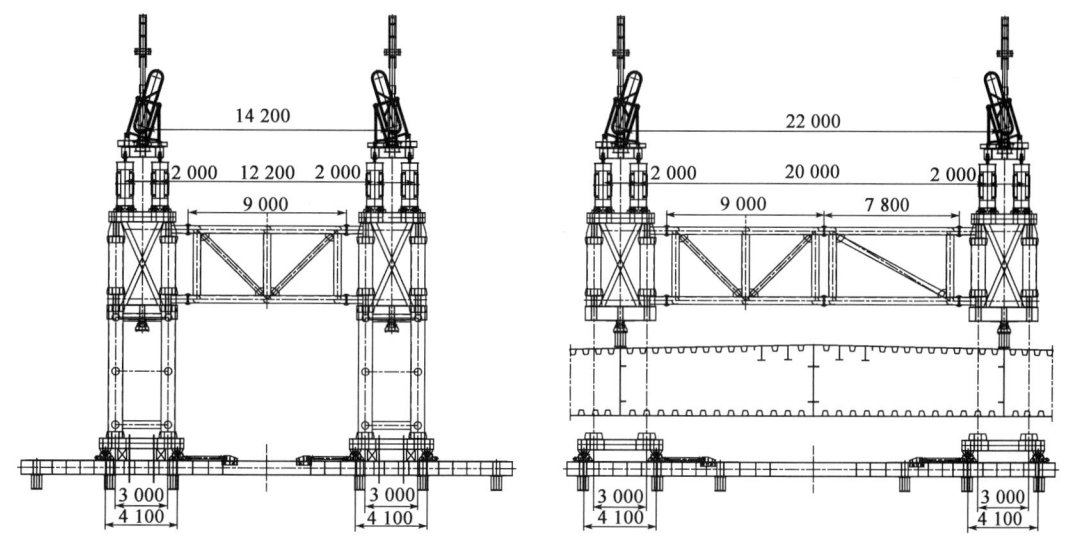

图8 主、引桥提梁站变宽转换示意图(尺寸单位:mm)

提梁站施工转换后,原主桥顶推时,固定支撑位置转换为活动支撑,其支撑在引桥钢箱梁桥面上,并随顶推施工进行滑移。

3.5 主要工艺流程

本桥采用的双向分段顶推施工方法,主要工艺流程如下:

(1)临时结构及设备安装施工,包括拼装平台、临时墩、导梁及顶推设备等,见图9步骤(一)。

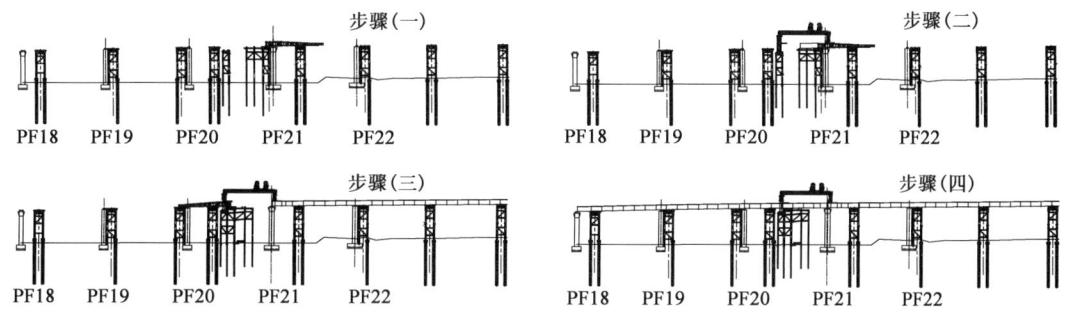

图9 主要工艺流程示意图(南岸)

(2)安装提梁站,采用提梁站提升和纵移钢箱梁,待钢箱梁调位和焊接完毕后进行顶推施工,每次安装和顶推2个节段,见图9步骤(二)。

(3)主桥钢箱梁顶推到位后,对拼装平台和提梁站进行原位转换,使其满足引桥顶推需求,然后安装引桥顶推导梁,见图9步骤(三)。

(4)引桥钢箱梁提升和顶推,每个循环安装2个节段,直至全部顶推完成,见图9步骤(四)。

4 结语

结合本桥超宽、超重、超长施工的特点和施工场地及环境的需要,采用双向分段顶推施工的设计方式,将不同截面形式钢箱梁提升、顶推和提梁站变宽施工工艺结合,减小了施工过程的工艺变换,保证了钢箱梁的安装质量,减小了现场临时结构工程量和对环境的影响。采用本施工方式,每个循环在南北两侧同时施工两片钢箱梁,极大地提高了施工效率。

本文中采取的施工方式对通航能力没有要求,钢箱梁加工和安装质量高,总体结构新颖,临时工程量少,占比仅为顶推重力的25%,节能环保,受力可靠,能提高施工效率、缩短工期和节约成本,可用于相似工程,具有经济和推广价值。

参 考 文 献

[1] 张鸿,等.步履式自动化顶推设备系统研究及应用[J].中外公路,2012,32(4):123-125.
[2] 谢道平,等.悬索桥主梁一体化施工方法研究[J].施工技术,2019,48(02):59-61.
[3] 常晨曦,等.杭州九堡大桥钢拱梁整体顶推技术[J].施工技术,2012,41,(378):32-33.
[4] 薛志武,等.桩顶支撑步履式沉桩技术[J].中国水运,2018,18(03):209-212.
[5] 赵人达,等.桥梁顶推法施工研究现状及发展趋势[J].中国公路学报,2016,29(02):32-43.

49. 深埋式承台钢板桩围堰设计与施工关键技术研究

朱如俊[1] 李盘山[2] 王金平[1] 张玉奇[1] 王琦[1]

(1.中交第二航务工程局有限公司；2.济南城建集团有限公司)

摘　要：济南凤凰路黄河大桥跨黄河主桥为三塔(钢塔)自锚式悬索桥，跨径组合为70m+168m+2×428m+168m+70m，共设三座主塔，两座边塔和一座中塔。其中中塔承台位于水中，中塔承台埋入河床较深，采用钢板桩围堰施工时基坑开挖深度达12.5m(设计高水位至基坑底高度)。本文对该钢板桩围堰的设计计算要点及施工过程进行详细介绍，可供相似工程参考。

关键词：深埋式承台　钢板桩围堰　水下封底施工　干封底施工

1 工程概况

1.1 中塔承台简介

济南凤凰路黄河大桥跨黄河主桥为三塔(钢塔)自锚式悬索桥(图1)，跨径组合为70m+168m+2×428m+168m+70m，共设三座主塔，两座边塔和一座中塔，其中中塔承台位于水中，平面尺寸为33.2m×23.2m，承台高5m，承台位置处泥面平均高程为+22.18m，根据河道管理部门要求，承台顶面需埋入河床以下不小于3m，承台顶高程为+19.080m，承台底高程为+14.080m。承台下设35根钻孔灌注桩，钻孔桩直径2.0m，桩长100m(图2)。

1.2 水位地质条件

工程区所处的黄河段整体呈东西向，弯道较多，黄河历来有桃、伏、秋、凌四汛，桃汛较小，伏汛、秋汛最大，暴雨洪水多集中在每年7~10月，枯水流量多在12月至次年2月间，施工常水位为+24.55m。通过勘探揭露，在勘探深度范围内的地层上部为第四系全新统冲积物和冲洪积物，地质时代新，胶结程度低，均一性较差。钢板桩围堰范围内主要为粉质黏土、粉土，局部含粉砂(表1)。

中塔地质土层参数　　表1

地层编号	地层名称	层厚(m)	层底高程(m)	重度γ(kN/m³)	内摩擦角(°)	黏聚力c(kPa)
2-2	粉砂	6.62	17.38	19	19	0
2	粉土	6	11.38	18.7	23.9	19.6
3	粉质黏土	7.6	3.78	19.2	19.1	25.9

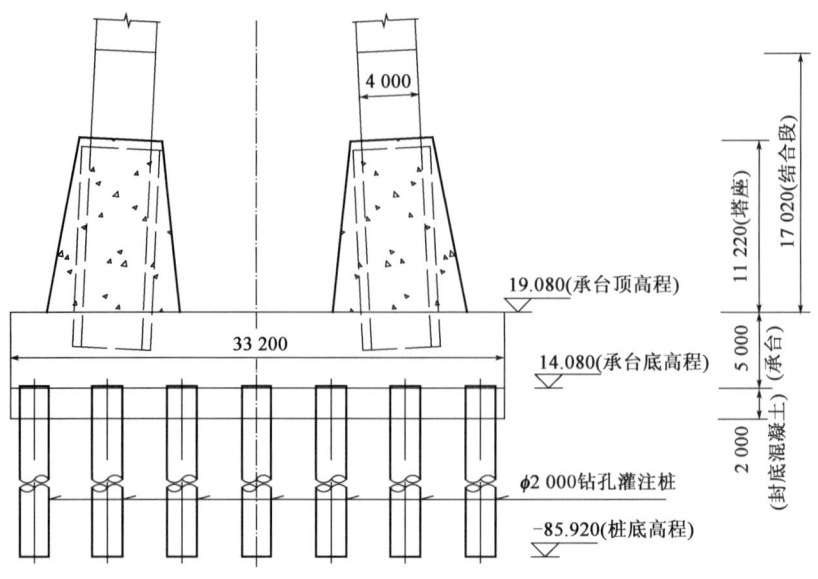

图1 中塔承台立面布置图(尺寸单位:mm)

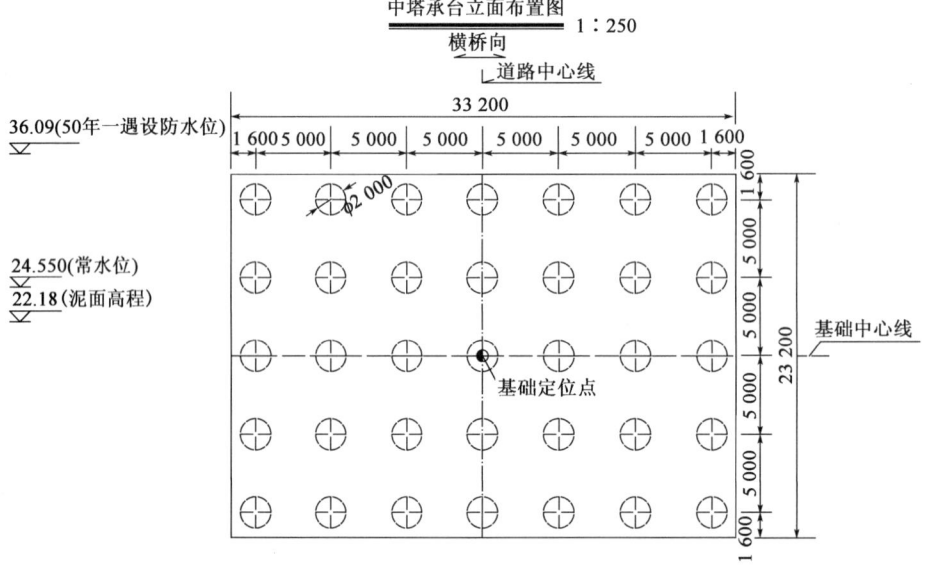

图2 中塔承台平面布置图(尺寸单位:mm)

2 钢板桩围堰设计

中塔承台钢板桩围堰采用拉森 SP-IVw 钢板桩,长21m。采用三层围囹,围囹高程分别为 +24.200m、+20.200m 与 +17.000m,第一层围囹截面形式为 2HN700×300,二、三层围囹截面形式为 3HN700×300。对撑及斜撑采用与本层围囹同型号型钢,对撑间水平及竖向杆件采用 $\phi 426×6$ 钢管,钢护筒直径为2.3m,封底/垫层混凝土厚度为2.0m。钢板桩以及第二、三层围囹及型钢内支撑均采用 Q345-B 钢材,其余构件采用 Q235-B 钢材。钢板桩结构、支撑体系构造及位置见图3~图5。

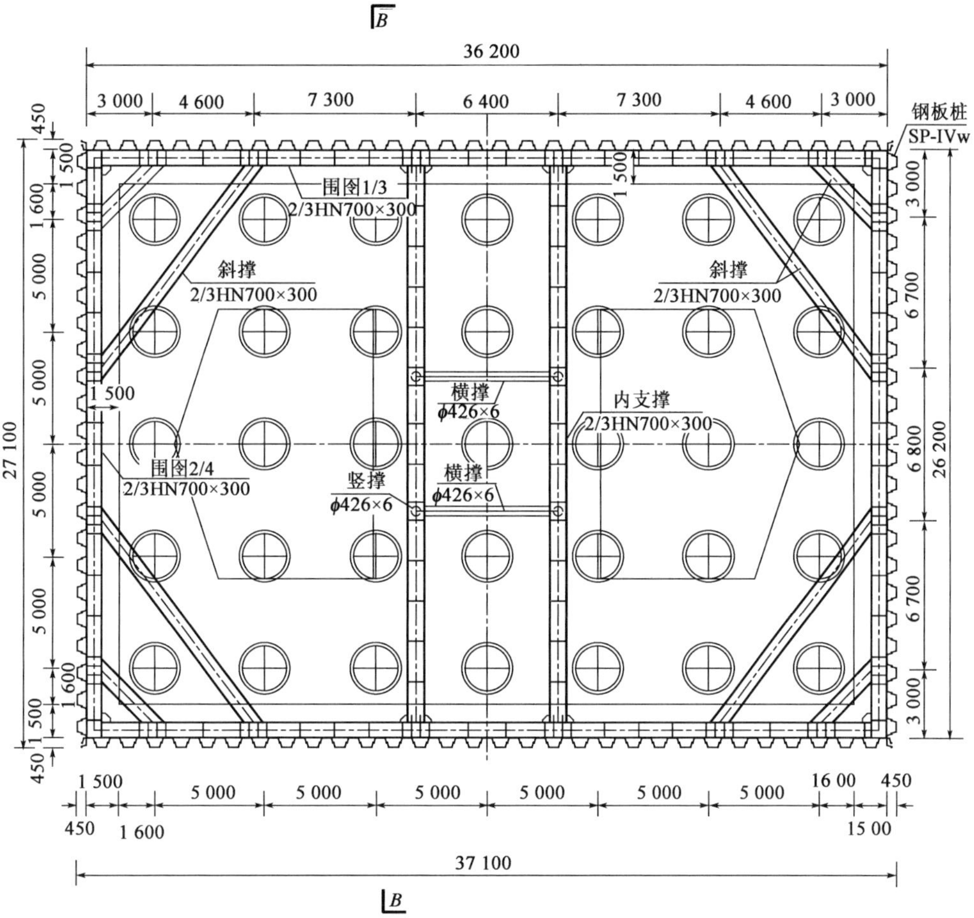

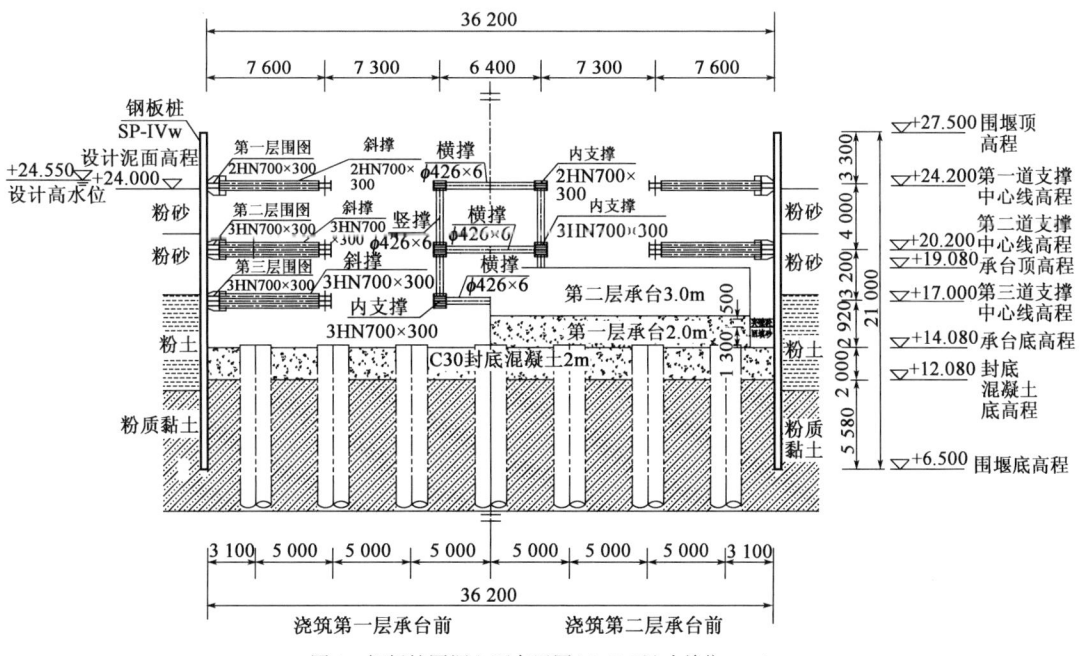

图3 钢板桩围堰平面布置图(尺寸单位:mm)

图4 钢板桩围堰立面布置图(A-A)(尺寸单位:mm)

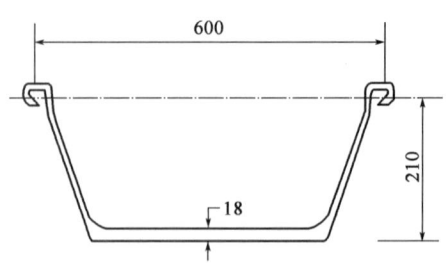

图5 拉森 SP-IVw 钢板桩截面示意图(尺寸单位:mm)

3 钢板桩围堰施工

3.1 总体施工流程

钢板桩插打完毕后采用长臂挖机配合吸泥机进行基坑开挖取土施工,边开挖边安装至第三道围囹及内支撑,基坑开挖的过程中随时对基坑进行监测。第三道围囹及内支撑安装完成后,继续开挖至基坑底部高程后浇筑2.0m厚封底混凝土(干封底);若继续开挖过程中发现异常(监测指标超标),立即向基坑内回灌水至高程+23.000m,带水开挖至基坑底部,浇筑2.0m厚水下封底混凝土(水下封底),待封底混凝土达到设计强度后围堰内抽干水,最后进行后续桩头处理和承台施工(图6)。

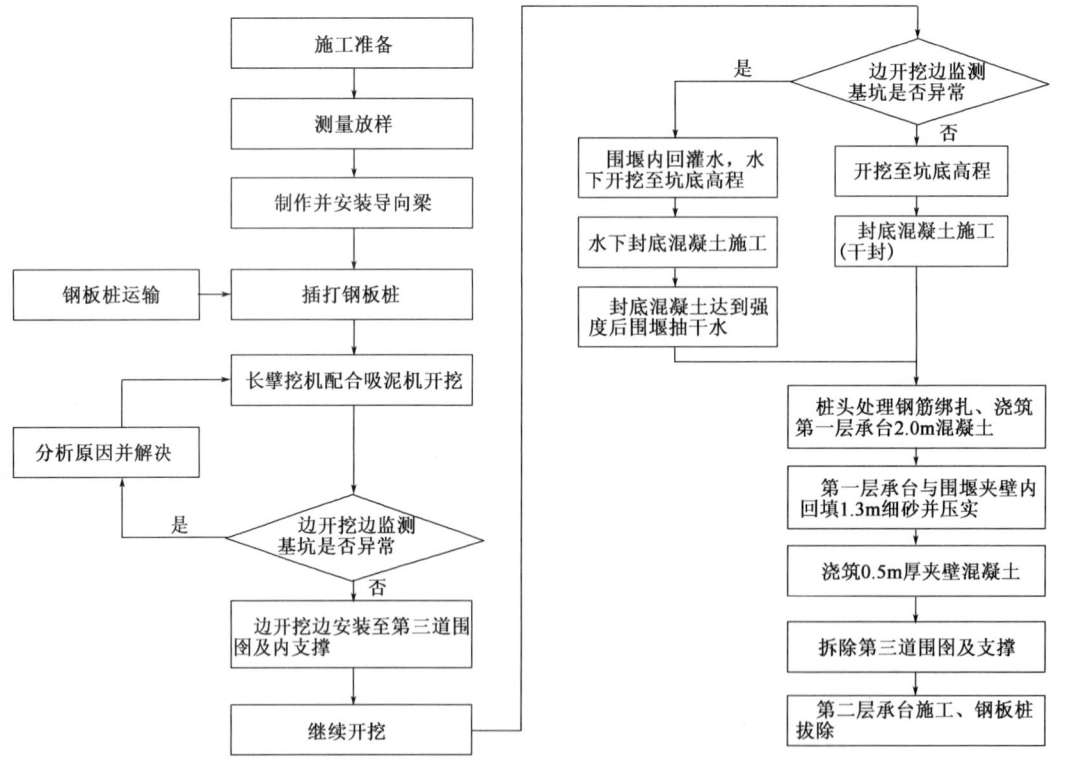

图6 总体施工工艺流程图

3.2 钢板桩插打

3.2.1 钢板桩接长

目前市场上成品拉森 SP-IVw 钢板桩长18m,本工程钢板桩设计桩长21m,需采用同类型、同等强度钢板桩焊接接长,焊接时先进行对焊再贴板补强,如图 7 所示。

3.2.2 钢板桩插打

在钢板桩施工中,为保证沉桩轴线位置的正确和桩的竖直,控制桩的打入精度,防止板桩的屈曲变形和提高桩的贯入能力,设置具有一定刚度的、坚固的定位导向架系统,其主要由定位桩和导向梁组成,定位桩可利用钻孔桩施工平台四周的钢管桩及最外侧的钢护筒,在护筒和钢管桩之间采用型钢搭设定位导向梁的支撑梁,如图 8 所示。

图 7 单根钢板桩接长

图 8 钢板桩插打

3.3 基坑开挖与围囹及内支撑安装

(1)围堰围囹及内支撑的安装施工与围堰内泥面的下降按"先安装支撑后开挖,分层支撑分层开挖"的原则进行,当开挖至围囹安装高度以下 1m 时,开始安装围堰围囹及内支撑。

(2)围囹桁架安装利用 80t 龙门吊和 250t·m 塔吊起吊吊装,根据龙门吊和塔吊起重能力桁架在后场分片、分段加工后运达现场,龙门吊/塔吊吊装到位后原位拼装成为整体(图 9、图 10)。

图 9 第二层围囹及内支撑安装

图 10 基坑开挖至第三层围囹并安装

3.4 封底混凝土施工

(1)基坑开挖的过程中采用应力、应变计随时对基坑进行监测,第三道围囹及内支撑安装完毕后继续开挖过程中监测指标未超标,坑底渗水量小,继续开挖直至基坑底部。

(2)浇筑封底混凝土(干封)(图 11、图 12)。

图11 第三层围图以下基坑开挖

图12 封底混凝土浇筑(干封)

3.5 承台施工和围图及内支撑体系转换

(1)承台分两层浇筑(2m+3m),钢板桩围堰第三层围图及内支撑底面高程位于第一层承台顶面高程以上,不影响第一层承台施工。

(2)待已浇筑的第一层混凝土达到设计强度后,将第一层承台与钢板桩之间空隙回填1.3m细砂并压实,并在细砂顶部浇筑0.5m夹壁混凝土。

(3)待夹壁混凝土达到设计强度后,拆除第三层围图及支撑,通过夹壁混凝土将钢板桩侧压力传递至第一层承台,完成受力体系转换,继续进行后续第二层承台施工(图13、图14)。

图13 第一层承台混凝土浇筑

图14 浇筑夹壁混凝土

4 结语

钢板桩围堰施工方法具有施工速度快、便于周转等优点,是目前深埋式承台施工最常用的方法之一,本文通过对深埋式承台钢板桩围堰设计与施工进行研究,为类似工程提供一些经验和参考。

(1)通过回填细砂和浇筑夹壁混凝土,利用已施工的承台进行受力体系转换,增加了钢板桩围堰的受力状态和整体稳定性。

(2)利用现代化监测手段,对基坑开挖全过程进行实时监测,在确保安全、可行基础上,优先选择干封底施工,降低了封底混凝土施工难度(无须搭设水下封底施工平台),确保了封底混凝土质量(避免了常规水下封底施工抽水后围堰内漏水质量通病),并节约了施工工期(较水下封底施工可节约工期半个月以上)。

参 考 文 献

[1] 中华人民共和国国家标准.钢结构设计标准:GB 50017—2017[S].北京:中国建筑工业出版社,2017.
[2] 中华人民共和国国家标准.建筑基坑支护技术规程:JGJ 120—2012[S].北京:中国建筑工业出版社,2012.
[3] 中华人民共和国国家标准.公路桥涵施工技术规范:JTG/T F50—2011[S].北京:人民交通出版社,2011.
[4] 中华人民共和国国家标准.混凝土结构设计规范:GB 50010—2010[S].北京:中国建筑工业出版社,2010.
[5] 张荣光,孟详光,李明国.顺德支流特大桥深埋式承台钢板桩围堰设计与施工[J].广东公路交通,2010,11(2).

50. 超长中央索扣制造技术研究

朱迎华[1] 王 翔[2] 陈远林[3] 韩月鹏[1]

(1. 中交第二航务工程局有限公司；2. 济南城建集团有限公司；
3. 德阳天元重工股份有限公司)

摘 要：济南凤凰桥为三塔自锚式悬索桥，在跨中设置中央索扣。中央索扣采用上下半结构，分为三节段连接，单节长度达 4.49m，属于典型的薄壁件，它的铸造和机加难度大。本文主要从中央索扣的铸造工艺、异种材质焊接工艺和机加工艺进行分析，对中央索扣的生产制造展开探讨。

关键词：中央索扣 薄壁件 铸造工艺 异种材质焊接工艺

1 概述

济南凤凰桥为三塔自锚式悬索桥，跨径组合为 70m + 168m + 2×428m + 168m + 70m。主缆中跨跨中位置设置 3 对刚性中央索扣。中央索扣杆身为焊接工字型截面，中央索扣采用铸焊结构。索夹本体铸钢件材质为 ZG20Mn，杆身为桥梁用钢 Q420qE。中央索扣最大单节长度为 4.49m，铸钢件本体最薄壁厚为 61mm，最大长度 4490mm，最大轮廓尺寸与最薄壁厚之比为 73.6∶1，属于典型的薄壁件。铸造方面，其钢水流动性差，容易产生缩孔缩松等缺陷；由于是薄壁件，铸件本体刚性差，铸件冷却过程中易出现翘曲变形。焊接方面，由于是铸钢与钢板的异种材质焊接，焊接质量控制是重点。机加方面，由于中央索扣为薄壁件，加工易变性(图1)。

2 中央索扣铸造

2.1 铸造工艺

结合凤凰桥中央索扣的结构特点，通过计算机模拟铸件凝固过程，确定最终的铸造工艺方案和工艺参数。中央索扣铸造采用地坑造型、底注式浇筑系统，在中央索扣绳槽内对称设置 10 个腰形冒口，在冒口顶部再设置保温冒口。考虑铸件在凝固收缩过程中受铸型的机械阻碍和铸件自身结构影响，选择模样收缩率为 2%。为保证加工面精度和加工余量，内孔加工余量为 20mm，其他加工面的加工余量约为 15mm(图2)。

2.2 铸造工艺流程

2.2.1 造型

铸件圆角处采用铬铁矿砂做造型面砂材料，其余面砂、型砂采用硅砂、水玻璃树脂黏结剂，芯子烘干，型腔表面刷锆英粉快干涂料，防止粘砂。下芯使用高强度的耐火釉砖做浇口系统以防止浇筑系统中型砂剥落而出现夹砂。

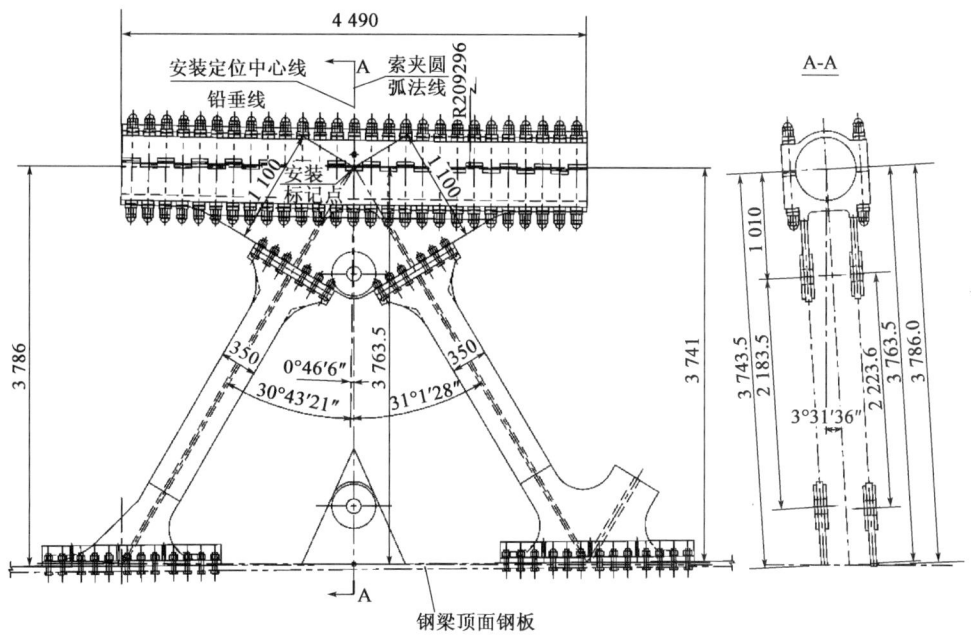

图1 凤凰桥中央索扣基本构造(尺寸单位:mm)

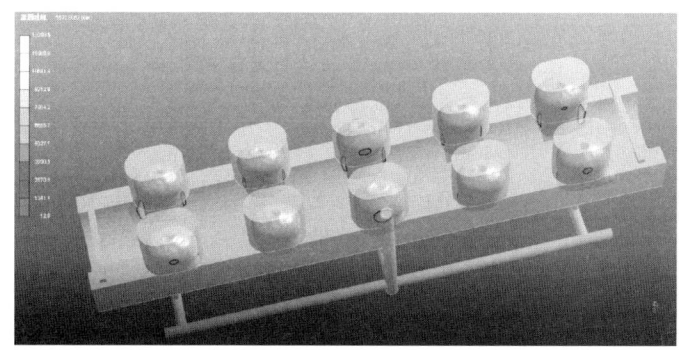

图2 凤凰桥中央索扣铸造凝固模拟

2.2.2 炼钢

ZG20Mn为低合金钢,其碳含量为0.17~0.23。废钢尽量选用纯净的低碳钢,在炼钢过程中添加合金元素。严格控制钢水化学成分,浇筑前先取试样,送样至炉前化验室,用直读光谱仪对试样进行化学成分分析,化验结果及时传输通知炉前。化学成分合格、钢水温度合格后即可出钢。出钢时,立即开启氩气进行吹氩精炼,吹氩精炼时间不少于3min。随后停止吹氩。钢水镇静3min以上,钢水温度在1580℃以下时即可浇筑。

2.2.3 浇筑保温

钢水浇筑温度控制在1550~1580℃范围内,平稳快速浇筑,使钢液始终充满浇口杯,直至浇筑完毕,按工艺严格控制浇筑温度,浇筑后进行保温缓冷,以避免由于铸造应力或局部冷却产生的热应力使铸件变形或开裂,保温缓冷时间为72h左右。

2.2.4 切割冒口

铸件在250℃左右出炉,利用余热初割浇冒口,并立即进炉进行退火处理。退火温度为920℃,保温10h。炉冷至250℃出炉,并割除残余冒口。

2.2.5 正回火

中央索扣满足 ZG20Mn 力学性能指标,需要进行正火、回火处理,其正火、回火工艺曲线见图 3。

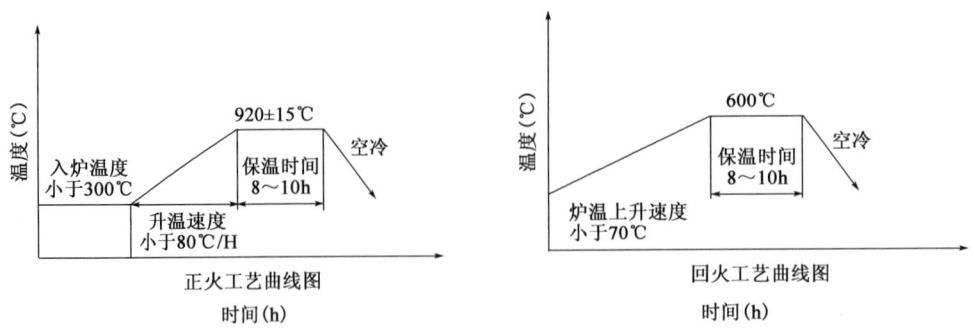

图 3　凤凰桥中央索扣正火、回火曲线图

3　铸钢与钢板焊接

中央索扣铸件本体与 Q420qE 属于异种材质的焊接,异种材质的焊接焊缝质量是中央索扣制作的难点。

3.1　母材焊接性能分析

通常采用碳当量来判定钢材的焊接性能。根据美国焊接学会推荐的碳当量计算公式,如下所示。ZG20Mn 的碳当量为 0.33~0.63,Q420qE 的碳当量为 ≤0.45。当碳当量在 0.4~0.6 之间时,钢材具有一定的淬硬性和裂纹倾向性,焊接前要进行预热。通过试验,为了更有利焊接,ZG20Mn 在炼钢时,保证力学性能的前提下,将碳当量控制在 0.4~0.45 较为合理。

$$CE = C + \frac{(Mn + Si)}{6} + \frac{(Cr + Mo + V)}{5} + \frac{(Ni + Cu)}{15}^{[1]} \tag{1}$$

3.2　焊接工艺

采用二氧化碳气体保护焊,焊丝选用 XY-ER60Q,焊缝坡口采用单 U 形坡。焊接预热温度控制在 140~180℃,道间温度要求 140~230℃。CO_2 流量 15~20L/min。焊接电流、电压等参数见表 1。

焊接参数				表 1
焊　道	电流(A)	电压(V)	行进速度(mm/min)	热输入(kJ/cm)
打底层	200~220	22~24	250~300	≤12.7
中间层	240~260	26~28	300~400	≤14.6
盖面层	240~260	26~28	300~400	≤14.6

3.3　焊后检验

焊接完成后立即进行热处理消应,退火温度 560℃,保温 4h。热处理完成后,对所有焊缝进行超声波和磁粉探伤。

4　减少中央索扣机加变形工艺

中央扣轮廓尺寸大、壁薄,其本身具有零件强度弱、刚性差等特点。在加工过程中易发生振动,导致加工效率和加工精度低。中央索扣内孔长度方向轴线为曲线,必须采用数控机床加工。

4.1 增加刚性

薄壁件刚性差,为了在加工过程中减小装夹变形,设计弯板工装,通过径向夹紧力压实中央索扣。压板接触面与工件的接触面尽量大,保证夹紧力均匀分布,增加工件的装夹刚度。

4.2 分阶段加工

中央索扣孔轴线为曲线,加工时采用单半索扣内孔正对机床主轴,分粗加工和精加工两个阶段。由于中央索扣铸造冒口设置在内孔里,内孔残余冒口导致加工区域凹凸不平。工件在粗加工过程时,使用较大的夹紧力、较高的切削参数,可以获得高的加工效率,将内孔加工见光,保证后续精加工余量均匀。粗加工完成后,采用人工时效的方式进行消应处理,释放工件内部的残余应力,能进一步减小后续精加工变形。人工时效温度加热至520℃,保温4h,然后炉冷至250℃以下出炉。精加工采用较小的夹紧力,减小零件的变形[2]。

5 结语

(1)中央索扣是典型的薄壁件,铸造时钢水流动性差,易出现缺陷。根据公司多座悬索桥中央索扣铸造经验,采用将冒口设置在缆绳槽内是合理的,铸造余量能充分保证后续加工。

(2)铸钢与钢板的异种材质的焊接是难点,ZG20Mn的碳当量范围较大,在炼钢时,在保证铸件力学性能的前提下,将ZG20Mn的碳当量控制在0.4~0.45为宜。

(3)中央索扣是典型的薄壁件,加工变形大。合理的切屑参数和装夹方式有利于减小加工过程中的变形。加工分为粗精加工,粗加工时尽量去除多余的加工余量,以保证精加工时尽量少的切屑。粗加工后及时人工时效,能有效地去除工件内部的残余应力,保证精加工精度。

参 考 文 献

[1] Bridge Welding Code[S]. AASHTO/AWS D1.5M/D1.5:2010.
[2] 李星星.薄壁零件的加工工艺研究[J].工程技术:文摘版,2017(1):00274-00274.

51. 大跨径自锚式悬索桥钢箱梁制造技术

王翔[1] 许凯峰[2] 杨立群[2] 苏甜[2] 赵悦[2]

(1. 济南城建集团有限公司;2. 中铁山桥集团有限公司)

摘 要:为解决大跨径悬索钢箱梁的焊接变形、焊接质量控制等制造技术问题,采取单元件与块体相结合的分段拼装制造新技术新工艺,介绍了板单元、块体及整体拼装制造技术,以及钢箱梁焊接变形的系统控制方法,得到了很好的效果,具有一定的指导和借鉴意义。

关键词:大跨径钢箱梁 焊接变形 焊接质量

1 引言

济南凤凰路黄河大桥目前是世界上最大跨度的三塔自锚式悬索桥,其结构跨径大、宽度大,空腹隔板、实腹隔板相结合,而且采用了自锚式结构,桥面兼顾轨道交通、机动车、非机动车、人行等荷载,相较于常见的钢箱梁结构,加大了制造难度。如何组装保证焊缝的质量,如何更好地控制焊接变形,对整桥质量控制显得就尤为关键,这也是在制造中需要解决的重要技术问题。

2 工程简介

济南凤凰路北延工程起点位于济南市历城区坝王路荷花路交叉口,桩号 K-1+999.233。终点位于黄河北岸济阳县 G220 交叉口处,桩号 K6+682.473,工程范围长度约 6.7km。桥梁总长 5 111m,其中跨黄河段桥梁长度 3 788m,跨线引桥部分长度 1 323m。跨黄河段桥梁中南侧跨大堤引桥至北侧跨大堤引桥之间桥梁总长 2 788m,包括南侧跨大堤引桥、南侧水中引桥、主桥、北侧水中引桥及北侧跨大堤引桥,上部均采用钢结构,见图 1。

主桥采用三塔双索面组合板组合梁自锚式悬索桥,跨径布置 70m+168m+428m+428m+168m+70m=1 332m。主缆跨径布置为171.5m+428m+428m+171.5m,中跨矢跨比为1/6.15,边跨垂跨比为 1/15.6。吊索处主梁高为 3.858m,吊索标准间距9.0m,桥塔采用 A 形索塔结构,下塔柱为钢混组合结构,中上塔柱及横梁均采用钢

图 1 济南凤凰路黄河大桥效果图

结构,矩形承台,钻孔灌注桩基础。

主梁为钢—混凝土组合桥面结构,中间预留城市轨道交通空间,两侧分别为机动车道、非机动车道和人行道。主梁钢梁顶板水平投影宽度为61.7m,横向坡为2%,与混凝土桥面板组合区域顶板厚度12mm,纯钢梁区域顶板厚度16mm,锚固区局部与铸钢锚块相接处顶板加厚至30mm,设置厚度为6mm和8mm的U形加劲肋,U肋间距720mm和600mm。主梁采用顶推法施工。

3 钢箱梁结构特点

主梁主体钢结构采用闭口钢箱梁,外设人非挑臂,标准节段长9m,全宽61.7m,道路中心线处梁高4m,梁段间处顶板U肋采用高强度螺栓拼接外,其余板连接均采用对接全熔透焊接,板肋和底板U肋节段间设置嵌补段,锚拉板与悬索相连,钢箱梁梁段由顶板、底板(包括斜底板)、腹板、横隔板、挑臂、连接角钢、锚拉板等组成,见图2。

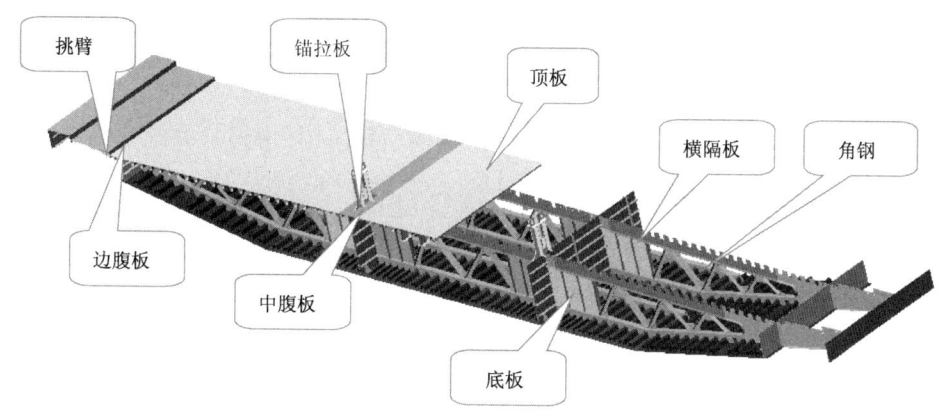

图2 钢箱梁标准段示意图

4 制造技术难点分析及措施

4.1 制造关键点分析

钢箱梁结构宽度大,熔透焊缝和坡口焊缝较多,所产生的焊接变形和残余应力较大,制造过程中控制难度较大。

横隔板设计为整体式和空腹式,空腹式下部接板直接插入底板U形肋,上部接板焊在顶板单元,角钢连接板与接板水平板熔透焊接,且与连接角钢用螺栓连接,制作过程中控制焊接质量及尺寸精度是一个难点。

锚拉板与顶板的熔透焊缝是全桥最关键的传力焊缝,其焊缝质量控制尤为关键。

由于梁段宽度大,在自身重力及焊接变形的影响下,钢箱梁出现中间下挠,两边上翘,使两相邻梁段对接口出现转角,因此,在梁段组拼时,需根据梁段的长度、质量及焊接参数,设置相应的预拱度。

4.2 制造措施

对于此类型钢箱梁而言,焊接质量和焊接变形对钢箱梁整体质量及外形尺寸影响较大,随着跨径及宽度的增加,累计误差也随之增加,制造控制措施的核心定为阶段控制。也可以说是过程控制、分段控制。钢箱梁加工制造及拼装划分为三个阶段:即板单元制造、节段拼装、桥位连接,具体工艺流程为:零部件加工→板单元制造→发运→整体组拼及预拼装→打砂涂装→倒运→桥位连接。钢箱梁板单元在车间生产,采用自动化生产线,确保板单元制造质量。板单元生产完成后汽运至桥址拼装场,在拼装场完成钢箱梁节段的整体组拼、预拼装及打砂涂装,然后通过运梁车运至桥址吊装位置进行吊装及桥位连接。

锚腹板与顶板之间的焊缝为直接传力焊缝,均采用熔透焊接,此区域是桥梁最关键的承力区域,采用T形整体组焊的拼装方法有利于提高锚腹板与顶板的组装精度,并实现了熔透焊缝的平位置焊接,保证了焊接质量,尤其是对熔透焊接质量的保证,合理的组装及焊接顺序是决定钢箱梁整体焊接质量和几何尺寸精度的重要因素。

人非挑臂结构特殊,经过分析对比,决定采用块体拼装方案。挑臂结构形式类似,利用固定胎架批量工厂化拼装,采用分块、分段控制有利于构件的质量控制,提高拼装质量稳定性。

因此,综合上述方案的分析,为了保证焊接质量,尽量减少焊接的操作难度,所以选取了这种拼装方案。

5 钢箱梁制造

5.1 板单元制造

板单元分段是在满足设计要求、保证桥梁质量的前提下,考虑板材轧制限制、运输及批量生产等综合因素,对梁段进行了板单元分段(包括横、纵向)划分,在钢箱梁制造中实现单元化,尽量减少零部件参与梁段组装。所有板单元可以按照类型在专用胎架上形成流水作业拼装,实现生产规范,质量稳定。

其中,U肋板单元是组成钢箱梁的重要部分,是控制钢箱梁长度、宽度及扭曲的关键要素。其制造关键尺寸,包括板单元长、宽、平面度、扭曲以及U形肋外形尺寸和间距等。采用U肋板单元自动组装定位焊接设备,将基准边和基准头与胎型的定位挡块靠紧,进行组装。U肋板单元反变形胎型船位焊接,焊接后控制松卡温度,并进行适当调整,较好的控制回弹,确保梁段组装时与横隔板在同一平面内。

横隔板分为空腹式和实腹式两部分,空腹式部分的上部隔板接板在整体拼装前先与顶板单元组焊,下部隔板接板与底板单元组焊;实腹式横隔板上设有横向、竖向加劲肋,设有槽口,顶板、底板、腹板板肋从槽口穿过。横隔板是梁体骨架,在钢箱梁段拼装时起到内胎的作用,其制造精度直接影响到钢箱梁段的外形尺寸和相邻梁段间的匹配精度。下料采用空气等离子切割机数控切割,同时完成精确下料及自动划加劲肋线,组装焊接在专用平台上进行。采用焊接机器人对称施焊,部分位置施加火焰修整,进一步降低焊接变形的影响。

锚拉板是钢箱梁的吊索锚固结构,结构的主要传力构件,焊接于顶板上。锚拉板由主板、加劲肋及锚管等组成,由于钢板较厚,制订了分两次严格矫正的方案,分别在预处理前和下料后,主板采用数控切割下料,锚管采用锯切,并机加工两头,保证垂直度及平面度,与垫板密贴顶紧焊接。

5.2 钢箱梁节段拼装

钢箱梁拼装的难点在焊接变形和累计误差。钢箱梁整体拼装采取节段连续拼装的方案,在每一轮拼装后留下最后一个节段参与下一轮节段的拼装。每个轮次拼装按照平底板→斜底板→中腹板→横隔板→边腹板→挑臂→顶板→锚拉板的拼装顺序进行,并且每轮次应不少于5个节段参加。控制焊接变形及误差是关键问题。根据桥梁结构形式,制订了梁段分部焊接方案,将焊接变形控制在允许偏差内,通过建立测量网格及胎架,扩大检测覆盖范围,胎架两端设置纵向标志塔和地样线基准,周围设置高程基准测量点,作为钢箱梁定位基准,基准点定期检测。由于先组焊隔板接板与顶板、底板,最后在完成钢箱梁组焊,隔板与腹板的焊接为角焊缝,因此焊接对钢箱梁整体横向变形的影响可忽略不计,不必设置横向焊接反变形。

5.2.1 组焊底板、斜底板及中腹板

中心底板单元定位,从每轮次的基准梁段开始,将中心底板单元置于胎架上,使其横、纵基线与标志塔上的定位线精确对齐定位。

其他底板单元定位,依次对称组焊两侧底板板块、斜底板,组装时应按设计宽度精确预留焊接收缩量,纵向控制相邻制梁段间距和端口垂直度、板边直线度,精确定位,控制累计偏差。

以标志塔上的定位线和中心底板的纵横基线为基准,从基准梁段开始依次组装中腹板 T 形整体单元,重点控制中腹板横桥向位置及腹板倾斜度,组焊 T 形单元时检测中腹板处顶板斜度应符合钢箱梁横坡要求,中腹板位置的正确与焊接质量的控制是全桥整体质量中的关键,与中心线位置精度控制在 ±0.5mm,锚点纵桥向位置控制在 ±1mm,垂直度≤1mm 采用平位焊接锚拉顶板与锚腹板的熔透焊缝,对焊接变形、焊接质量的影响降到最小,为钢箱梁主要受力位置的质量提供了有力保障。焊接腹板与底板的焊缝,见图3。

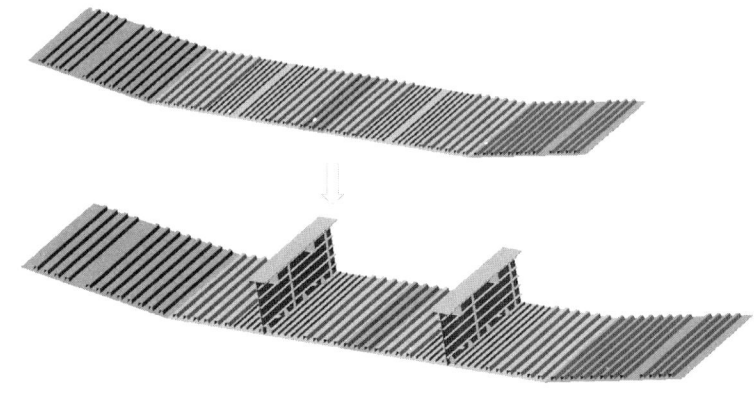

图3 拼装示意图(一)

5.2.2 组焊横隔板单元、底板接板单元、组焊边腹板单元

以底板的横基线为基准,从基准梁段开始组装中腹板两侧的横隔板单元,然后组装与横隔板单元相邻的底板接板,最后组装两侧的横隔板单元,重点控制横隔板倾斜度,纵向位置。先焊接隔板与底板的焊缝,再焊接横隔板与腹板的焊缝,定位横隔板时严格控制横隔板直线度和上缘高程符合横向坡度要求。统一焊接顺序,避免旁弯、扭曲。考虑到单面坡口焊接填充量大,焊接后变形较为严重,部分立位采取双面 V 形坡口焊接,一侧焊接后再反面清理焊角,保证熔透。

以底板的横基线为基准,从基准梁段开始依次组装边腹板单元,重点控制边腹板垂直度及上缘高程,并严格控制节段间边腹板匹配度,确保梁宽符合技术要求。

挑臂零件单独做成一个块体后,整体组焊至边腹板。以底板的横基线为基准,从基准梁段开始依次组装挑臂单元,重点控制挑臂顶板横坡及挑臂边板横桥向宽度,见图4。

5.2.3 组装支撑角钢、顶板单元、锚拉板单元

用冲钉定位支撑角钢,用普通螺栓紧固,双角钢间的缀板仅焊接在一侧角钢上,与另一侧角钢暂不焊接。

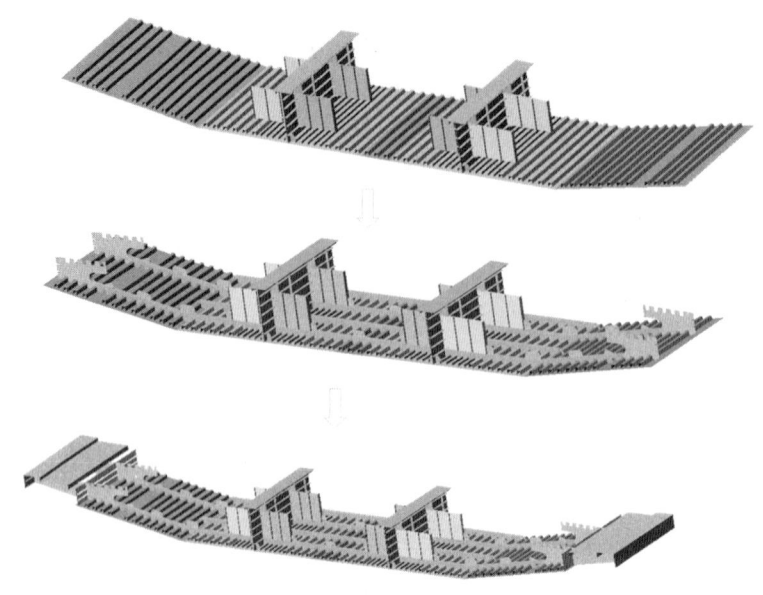

图 4　拼装示意图(二)

其余顶板单元完成二拼一并定位组焊横隔板顶板接板后,以中腹板上的顶板纵横基线为基准,依序组装顶板单元。用水准仪监控箱体高度和横向坡度符合要求后,将支撑角钢与顶板单元上的连接板用高强度螺栓初拧。对称完成顶板单元纵向对接焊缝、顶板接板对接焊缝的焊接。

最后按高强栓施拧要求完成支撑角钢的高强度螺栓施拧工作。

定位锚拉板时横向以标志塔上的定位线为基准,纵向以中心底板端口横基线为基准。定位过程用全站仪检测,控制锚点位置坐标。锚管中心线角度通过三角计算换算为长度尺寸进行控制。附注采用横向组装挡块控制锚拉板横桥向角度,完成锚拉板与顶板的焊接,见图5。

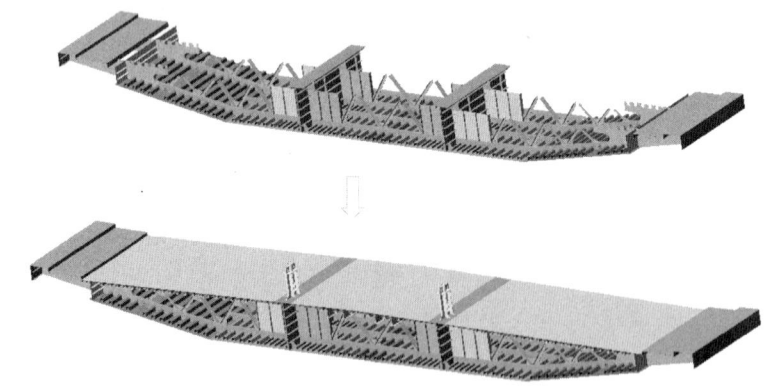

图 5　拼装示意图(三)

6　结语

通过本文制造技术的研究,从板单元、块体等分段控制措施,保证了钢箱梁的质量,同时这种T形整体和块体相结合的新技术、新工艺的实现,提高了制造水平,为其他桥梁的制造、拼装提供经验和借鉴。

参 考 文 献

[1] 中华人民共和国行业标准.铁路钢桥制造规范:Q/CR 9211—2015[S].北京:中国铁道出版社,2015.
[2] 中华人民共和国行业标准.公路桥涵施工技术规范:JTG/T F 50—2011[S].北京:人民交通出版社,2011.
[3] 胡广瑞.大型公路钢箱梁整体拼装制造线形和尺寸的控制[J].钢结构,2006(5).
[4] 杨元录,谢荣生.西堠门大桥钢箱梁制作工艺技术[J].钢结构,2007(8).

52. 超宽桁架式隔板钢箱梁制作技术

许为民[1]　饶其文[2]　魏兆桢[2]　张玉奇[3]　徐艳艳[3]

(1. 济南城市建设集团有限公司;2. 中铁宝桥(扬州)有限公司;3. 中交第二航务工程局有限公司)

摘　要:针对济南凤凰路黄河大桥主桥钢梁的工程特点,介绍了钢梁的桁架式隔板、钢梁总拼箱制造工艺,并简要归纳了在钢梁制造中采用的几项关键工艺。

关键词:超宽　桁架式隔板　钢箱梁　制作工艺

1　工程概况

济南凤凰路黄河大桥是济南市第十二座跨黄河大桥,主桥采用三塔组合梁自锚式悬索桥,主跨428m,桥宽61.7m,跨度和桥宽均为同类桥型世界第一。跨径布置70m + 168m + 428m + 428m + 168m + 70m = 1 332m,公轨合建同层布设,主桥钢材主要为Q345qE,总重4.5万t。钢梁标准断面见图1。

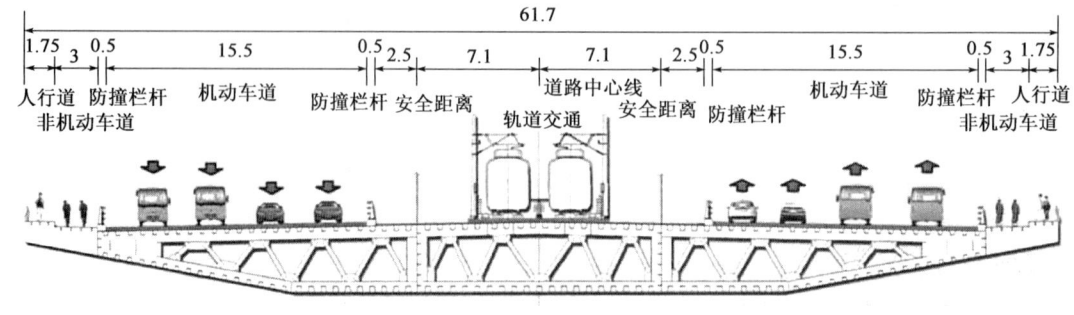

图1　标准节段钢箱梁断面图

该桥钢梁具有以下主要特点:

(1)梁高4.0m,宽61.7m,梁的截面尺寸较大,除通过弯曲承担大部分荷载,还要承受锚固在主梁两端的主缆传递来的轴向压力。

(2)采用正交异性组合桥面板,其承载能力大、抗疲劳性能好,可有效解决正交异性钢桥面板的疲劳问题。

(3)为降低梁段自重,横隔板采用空腹桁架式隔板,桁架采用角钢与节点板拴接,节点板与上下水平板为熔透焊缝,焊接变形大,难以控制,且斜撑角钢为与节点板采用拴接,精度要求高。

(4)吊点中置,位于间距14.2m的中腹板处,成桥后两侧下挠。

(5)梁宽61.7m,主要传力焊缝均为坡口焊缝或熔透角焊缝,且焊缝密集错综,焊接变形大,焊接收缩变形难以控制。

2 钢箱梁制作工艺

2.1 隔板板块划分

综合考虑设计、供料、运输、制作等因素,合理进行板单元划分,见图2。钢箱梁制造中实现板单元化,尽量避免或减少零散部件参与梁段组装。这样所有板单元可按类型在专用胎架上形成流水作业制造,实现生产规范化,产品标准化,质量稳定化。

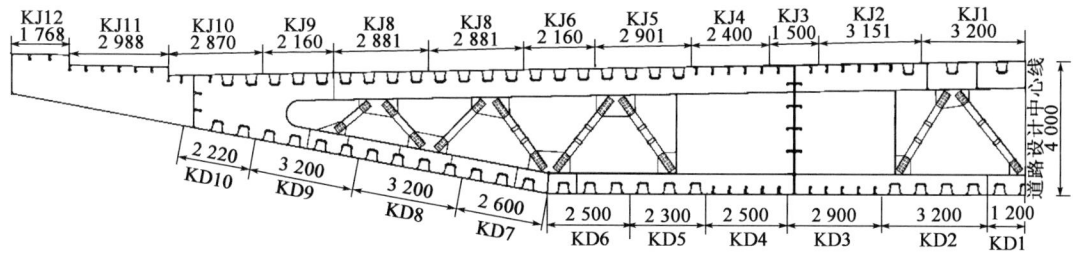

图2 板单元划分(尺寸单位:mm)

2.2 板单元制作工艺

(1)零件切割:顶板采用数控切割机切割下料,精度要重点控制。

(2)组装U形肋:通过液压压紧装置将U形肋安装定位在顶板或底板上。组装前,先对焊缝区域进行打磨,以纵横基准线为基准画U形肋位置线,进行对线组装。

(3)焊接U形肋:采用门式多电极焊接专机在平位反变形胎架上进行U肋外部焊缝的焊接,质量稳定,生产效率高。焊后降至室温松卡,并进行适当调整。

(4)对焊接变形进行修磨,保证板单元平面度符合要求,对焊缝包头部位打磨,减少疲劳病害。

(5)按线切割焊对接边坡口,保证板边直线度符合要求。

2.3 桁架式隔板制作

桁架式隔板由角钢、节点板、上下盖板和底板接板构成(图2),考虑到桁架式隔板节点板的熔透焊接变形对几何精度和制孔精度的影响,并分析各部分零件采用各种方法制孔的可行性和经济性,确定了角钢在装配前制孔的先孔法工艺,和节点板焊接后整体制孔的后孔法相结合的工艺方案。

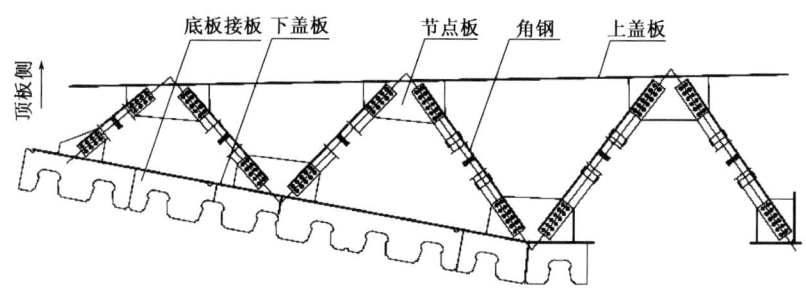

图2 桁架式隔板示意图

工艺流程：

(1)零件切割：底板接板、节点板采用数控切割机精切下料，盖板采用门式切割机切割下料，角钢采用锯床进行锯切并进行钻孔。

(2)组装桁架：将节点板与盖板、底板接板组焊成桁架，按制造规则对节点板与盖板间熔透焊缝进行探伤。

(3)钻孔：卡样板钻制节点板上螺栓孔群，对于顶板侧的 T 形含有多组孔群，应注意以中间节点板为基准。

(4)预涂装：对高栓拴接面进行除锈涂装。

(5)挡块定位：在专用组装平台上划桁架水平基线及竖基线地样线，根据桁架单元轮廓及基线在适当位置布置定位挡块(图3)。

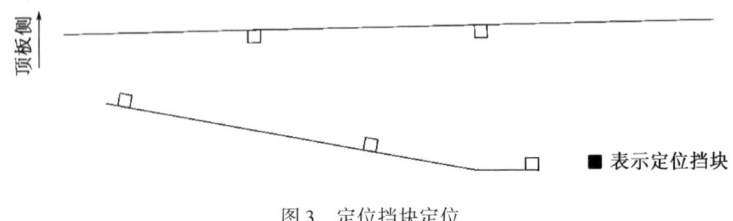

图 3　定位挡块定位

(6)桁架定位：以平台基线及挡块为基准定位桁架，重点控制顶、底板桁架节点板横向间距、顶板侧桁架 2% 横坡以及桁架高度(图4)。

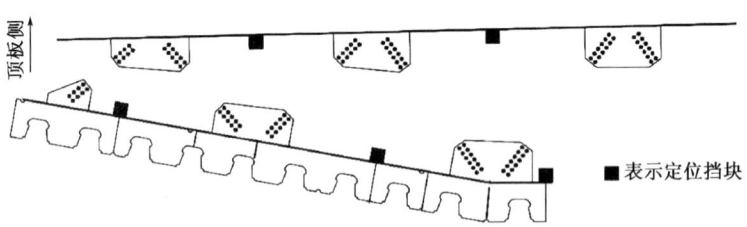

图 4　桁架定位组装

(7)角钢定位组装：以节点板处孔群以及平台基线为基准，定位组装角钢，使用普通螺栓及冲钉临时连接角钢与节点板(图5)。

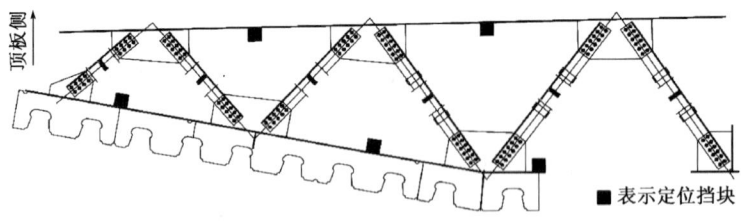

图 5　角钢定位组装

(8)修整：检查桁架轮廓尺寸与上、下节点板间距全面修整后进行补涂装。

工艺要点：

①设计了专用胎型组装，组装时保证其节点板水平并处在同一高程上，避免出现上下错台翘曲；

②为了保证底板侧桁架焊后的整体尺寸，经理论分析及摸索，结合焊缝类型，确定了嵌补

桁架的合理宽度工艺尺寸;

③对焊接难度较大的熔透焊缝,选定水平较高的专人进行施焊,以减少焊缝返修及修整工作量;

④节点板孔群采用后钻工艺,在熔透焊缝焊接完成探伤合格进行钻孔,以减少熔透焊缝对孔群的影响。

2.4 梁段总拼

钢箱梁组装在钢架上进行,以胎架为外胎,以横隔板为内胎,通过测量塔和横向基准线即"三纵一横法"控制板单元及块体(部件)就位,在尽可能少的马板约束下施焊。

工艺流程:

底板单元→中间底板横肋→中间横隔板单元→中间桁架式隔板→中腹板单元→边侧底板横肋→边横隔板单元→边桁架式隔板元→边腹板单元→顶板单元→挑臂单元→锚拉板单元→除锈→涂装。

工艺要点:

①采用"三纵一横"法布置基准线、测量塔控制节段的组装精度;

②横向预设收缩量,保证钢箱梁解马后的箱口尺寸。

③基准块体在日出前放线定位,避免日照对组装基准、组装精度的影响。

④大量采用单面焊双面成型工艺,采用反变形措施控制焊缝,预留合适的反变形量,确保焊接内在质量,提高生产效率。

⑤对平底板、斜底板在胎架上实施马板刚性约束焊接,减小焊接变形。

⑥板单元接宽成两拼板单元,减少整体组装的焊接量,从而减小节段的焊接变形。

⑦箱口各拐点处预留后焊接焊缝,确保箱口的顺利匹配。

⑧箱体整体组装焊接时,在箱口和内部适当位置增加刚性横隔板或刚性支撑,增加结构的整体刚度,减小由焊缝收缩引起的几何尺寸变化。

⑨在组焊胎架上设置必要的顶具,便于在组装过程中对单元件进行对位,确保梁段整体组装精度的实现,并可提高组装效率。胎架四周设置独立的测量基准,便于组焊过程能随时测量监测。

⑩选择合理的焊接顺序和焊接方向,采用结构对称、接点对称、全方位对称的焊接原则;

2.5 预拼装

梁段在下胎架前,需进行整体线形与分段接口的验收(在胎架上),符合标准后方可进行梁段的下架工序。预拼装时,必须使板层密贴,预拼装过程中应检查拼接处有无相互抵触情况。每批梁段预拼装应有详细检查记录,并经监理工程师认可后方可解体,进行下一批梁段预拼装。

3 制作关键技术

钢箱梁节段断面大,焊接接头形式种类多,制作过程中不仅要保证焊缝质量,而且要保证箱梁产生的变形最小。因此,钢箱梁总拼焊接采取以下焊接工艺和保证措施:

(1)U形肋组装技术。使用U形肋专用组装机,采用轨道移动压头设计,通过液压压紧将U形肋安装定位在面板上,具有精度高、效率高等优点,组装动作快捷,压力可调,适应不同板厚,而且能够较好地控制U形肋组装精度以及与面板组装间隙。

(2)门式多电极焊接设备采用先进双丝MAG焊新技术,双丝MAG焊技术是一种双丝双熔池混合气体保护的焊接新技术,配备的机械式焊缝跟踪传感系统,实现了对焊缝根部位置的自动对位和智能化跟踪,提高了焊接的精确性和可靠性。焊接时板单元通过平位预变形后,门式多电极自动焊机在平位状态同步、同向焊接板块的多个板肋。该技术具有工艺性能好、焊缝成型美观、焊接速度快、焊接质量稳定的优点。

(3)反变形焊接技术。板单元 U 形肋焊缝,设计要求焊缝熔深有效厚度不小于 8mm,同时保证不焊漏。采用混合气体 80% Ar + 20% CO_2 气体保护船位自动焊工艺,制作专用的反变形胎架,根据不同的板单元宽度、厚度,横向设置不同的反变形量,两边用丝杠压紧实现船位无马施焊。

(4)采用单面焊双面成型工艺进行焊接,背面贴陶质衬垫,焊接时用 CO_2 气体保护焊打底,埋弧自动焊盖面。焊缝间隙控制在(6 ±2)mm,打底焊缝厚度控制在 8mm 左右。埋弧自动焊填充时控制线能量和层间温度确保焊缝性能,盖面焊道采用 2 道焊接完成,控制余高和焊缝外观成型。

(5)U 形肋和横隔板的焊接。采用实芯焊丝 CO_2 气体保护焊焊接,采取连续焊过倒角的方式,在 U 形肋拐角处不允许断弧,一次将切角焊封,对 U 形肋与横隔板角焊缝的端部进行包角处理,并对成型不匀顺的地方进行修磨。

(6)节段拼装与预拼装同步施工技术。钢箱梁梁宽 61.7m,隔板为空腹式桁架结构,针对截面大、隔板少、焊接变形不易控制的特点,胎架设计时充分考虑,横向预设预拱度,消除焊接变形因素,确保成桥横坡达到设计要求。梁段组装采用"三纵一横"立体、阶梯流水化作业,有效控制精度并提高作业效率。

4 结语

济南凤凰路黄河大桥钢箱梁作为超宽桁架式隔板钢箱梁的典型代表,其特点是零散件多、制作精度要求高、焊接工程量大、焊接难度大,本文从桁架式隔板、钢梁总拼、焊接变形控制及钢箱梁制作工艺等方面对其进行研究总结,为今后同类型工程的实施提供一定的参考。

参 考 文 献

[1] 刘建辉,王涛,吴清,等.超大跨度城市钢箱梁高架桥安装施工工艺[J].钢结构,2012,27(4):66-68.

[2] 徐亮,李军平,成宇海.南京长江第四大桥钢箱梁制作技术[J].钢结构,2013,28(10):55-59.

[3] 方大东.润扬长江公路大桥斜拉桥钢箱梁制造的关键技术[J].铁道标准设计,2003(3):30.

[4] 朱福典.大型钢箱梁制作要点探讨[J].科技致富向导,2011(36):101-102.

53. 索鞍位置钢塔制作技术研究及质量控制措施

穆长春[1] 许凯锋[2] 饶其文[1] 王金平[3] 黄杰[3]

(1. 中铁宝桥(扬州)有限公司;2. 济南城建集团有限公司;3. 中交第二航务工程局有限公司)

摘 要:济南凤凰路大桥索鞍位置钢塔受力巨大,结构复杂、组成零件多,全部为熔体透焊缝且焊缝密集,对其加工制作方案进行深入的研究探讨,探讨和实践焊接操作的可行性,使施焊难度得到改观,设计了合理的组装、焊接、加工工艺,保证了节段的制作精度和质量。

关键词:索鞍位置 钢塔 焊接 质量控制

1 工程概况及节段简介

1.1 项目概况

济南凤凰路黄河大桥是济南第十二座跨黄河大桥,是济南凤凰路北延之后的跨越黄河通道,是济南"十二桥一遂"过河通道布局的重要通道,是济南携河"北跨"战略和济南新区建设的基础性工程。主桥为三塔中央双索面自锚式悬索桥,主跨428M,主塔采用钢—混结构,含2座边塔、1座中塔,均为A字造型,结构简洁线条流畅,景观优美。

1.2 节段简介

此段为鞍底节段,鞍底格栅将索鞍巨大轴力传递给塔柱作用,因此做成单箱多室截面。由内、外壁板单元、侧壁板单元、腹板单元、隔板单元、格栅板、鞍底承压板构成(图1)。

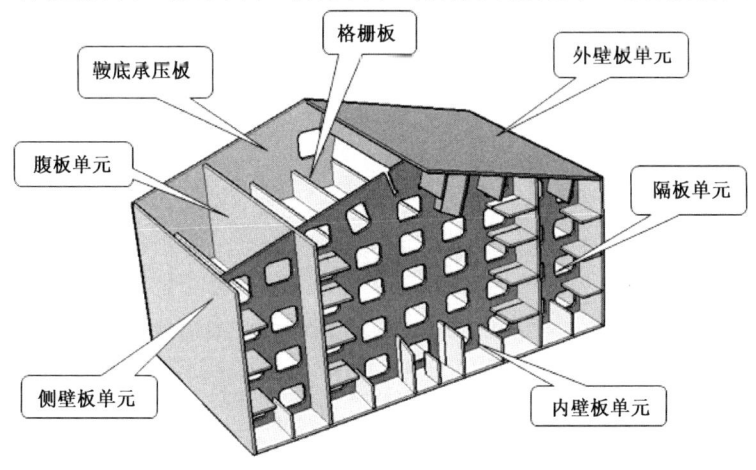

图1 钢塔节段示意及单元类型

该节段为钢塔重要传力节段,采用厚板密筋结构,受桥位现场吊装能力的影响,因此节段制造时需将该节段分为左、右两个块体分别制造,单独吊装,在桥位进行组焊。块体示意图如图2所示。

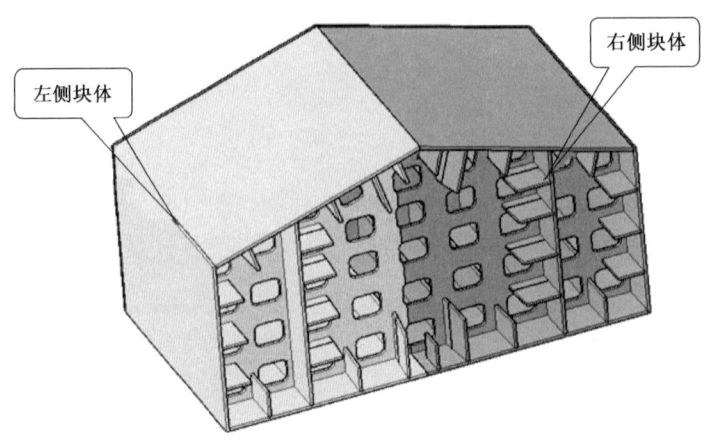

图2 钢塔节段块体示意图

1.3 鞍底节段制造难点分析

(1)该节段结构复杂,箱内施焊空间小,烟雾不易扩散,存在安全隐患,尤其是其内部的格栅式加劲,加劲密集,全部为熔透焊缝,焊接空间狭小,操作难度大,探伤及返修都非常困难,而且所产生的焊接变形和残余应力较大。

(2)由于现场吊装能力所限,将整节段一分为二,加上鞍座承压板平面度要求高,尽管整节段通过机加工可以满足平面度要求,但是如何保证现场安装二拼一后的平面度是另一难点。

2 节段工艺及制作措施

2.1 板单元划分

钢塔T12-2节段结构复杂,焊缝密集,熔透焊缝较多,所产生的焊接变形和残余应力较大,为控制结构焊接变形,保证产品整体质量,加快制造进度,制造采用"板→板单元→节段拼装"的工艺流程进行施工,板单元划分示意图见图3。

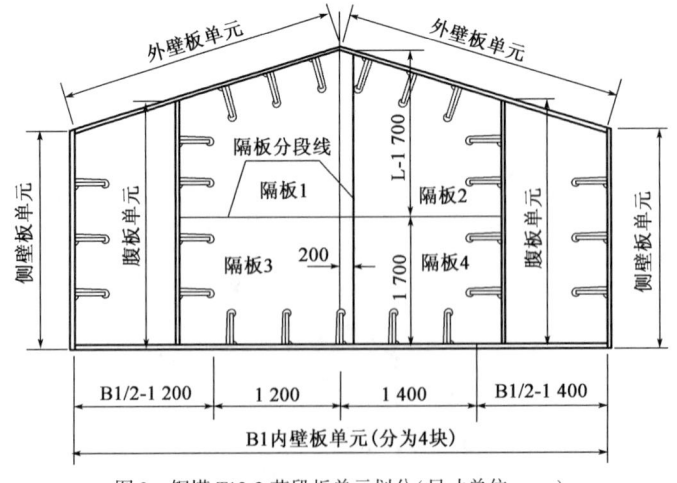

图3 钢塔T12-2节段板单元划分(尺寸单位:mm)

2.2 隔板及鞍底承压板制作工艺研究及对策

隔板是钢塔节段的内胎,其制作精度直接决定着节段断面精度。切割过程中设置恰当的火焰切入点和退出点及切割补偿量,保证其周边精度。

(1)下料:隔板采用数控精密切割下料,纵肋孔、人孔等一并下出;鞍底承压板采用数控切割机下料,厚度方向预留机加工量,长度方向考虑线形变化及焊接收缩量。

(2)调直:采用机械滚平结合火焰调平方法进行调平处理,确保平面度满足规范要求。

(3)划线:划出鞍底承压板的纵横基准线。

2.3 壁板单元制作工艺研究及对策

壁板单元由面板和板条肋组成,宽1.2~2.9m,长4.3m,是组成钢塔的基本构件,面板厚度为50mm,加劲肋厚度为40mm。

(1)下料:采用门式切割机下料,宽度方向预留焊接收缩量,长度方向考虑线形变化及焊接收缩量。

(2)调直:精切下料后,火焰调平方法矫正其翘曲变形和波浪变形,确保平面度达到制造要求。

(3)划线:划纵横基准线,作为后续作业的基准,同时以纵横基准线为基准划两塔高方向刨边线。

(4)刨边:按线刨边及坡口。

(5)组装:在专用组装胎架上组装纵肋,重点控制两端头及隔板位置纵肋间距。

(6)焊接:采用"门式多电极自动焊设备"对板单元进行焊接,焊接过程中对称同方向进行焊接,同时设置合理的预变形。

(7)修整:探伤合格后,在平台进行修整检验,以保证顶板平面度。

(8)检测:检测合格后进行公路运输至济南基地。

2.4 节段整体组装工艺及保证措施

节段组装过程中采用合理的组装顺序,严格控制组装过程中每一工序的尺寸,组装过程见图4。

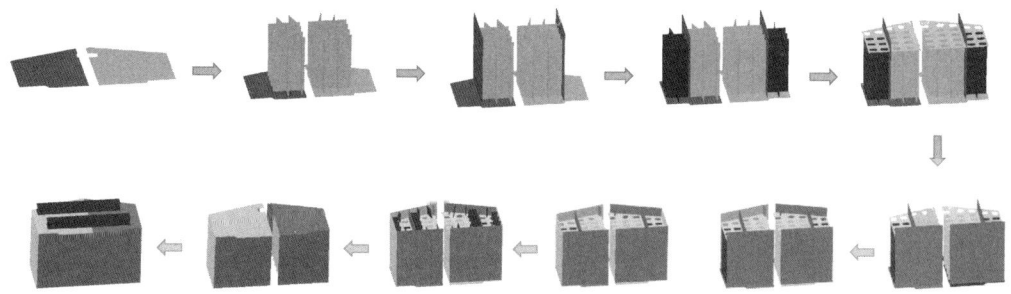

图4 鞍底钢塔节段制作过程

(1)定位鞍底承压板:在节段组焊胎架上,分别将左、右块体的鞍底承压板基线与定位线严格对齐,并用连接件将其与胎架码固,防止组装、焊接过程中发生偏移。

(2)组装格栅板:按线组焊左、右块体内部格栅板,保证格栅板的组装位置、垂直度,并做好支撑、防护。

(3)组装中腹板:依靠胎架两侧的丝杠使左、右块体的中腹板与格栅板密贴,焊接格栅板与中腹板。

(4)组装格栅板:按线组焊左、右块体外部格栅板,保证格栅板的组装位置、垂直度,并做好支撑、防护。

(5)组装隔板:按线组焊中、外隔板,保证隔板的组装位置、平面度。

(6)组装内壁板:依靠胎架两侧的丝杠使左、右块体的内壁板与格栅板、腹板密贴,焊接格栅板、腹板与内壁板。必要时,可采用临时支撑对内壁板进行辅助固定。

(7)组装外壁板:依靠胎架两侧的丝杠使左、右块体的外壁板与格栅板、腹板密贴,焊接格栅板、腹板与外壁板。必要时,可采用临时支撑对外壁板进行辅助固定。

(8)组装侧壁板、焊接节段棱角焊缝:组焊侧壁板,先焊接内部焊缝,然后同方向对称施焊外侧棱角焊缝。

(9)组装壁板加劲:按线组焊壁板加劲。

(10)加工鞍底承压板:所有焊接完成后翻身180°,采用便携式铣面设备机加工承压板外表面,检查承压板外表面平面度,满足要求后采用钻孔样板钻制承压板上孔群。

(11)组焊左、右块体:将左、右块体单独吊装,吊装到位后采用两端带孔型钢通过承压板孔群将左、右两块体进行临时连接,同时保证左、右两块体的鞍底承压板在同一设计高程,焊接两块体各板单元以及承压板对接焊缝。对承压板对接缝进行磨平处理,保证打磨区域平面度满足要求。

3 焊接工艺

节段连接时对错边量控制较严,对接收缩和纵肋焊接变形控制提出了很高的要求,为了保证纵肋与壁板的垂直度,采用两侧同时对称施焊;为了控制由于焊接引起的壁板角变形,根据焊接变形试验确定反变形量在刚性约束下进行焊接,通过调整反变形量、焊接顺序等措施减小和控制变形。

3.1 焊前预热及道间温度

该节段使用的Q420QE钢材均为厚板,厚板焊接具有较敏感的冷裂倾向,对拘束应力较大的焊接接头,合理的焊前预热可有效降低接头拘束度及焊后焊缝的冷却速度,是最有效地防止焊缝产生冷裂纹的措施。每一道焊缝之间的温度要求不低于最低预热温度,但不能高于200℃,可以有效控制焊缝内部晶粒大小,避免晶粒粗大,降低焊缝韧性。

3.2 焊接过程控制

合金元素锰(Mn)有很好的脱硫(S)作用,当焊接电流和焊接速度过大时,会使得焊缝熔池中的合金元素Mn有一定程度的烧损,使得焊缝熔池中S有所增加,S元素形成的杂质的熔点较低,在金属结晶的过程中往往被挤到最后结晶的焊缝中心,形成液态薄膜,如果这时焊缝受到拉应力作用,这层富含杂质的液态薄膜就会开裂,形成裂纹。

严格按照焊接工艺作业指导书要求控制焊接时的电流、电压及焊接速度,从而控制每一道焊缝的热输入,既可以保证焊缝优异的力学性能,又能保证良好的焊缝内部质量,避免气孔、裂纹等缺陷发生。

3.3 焊接措施保证

3.3.1 壁板单元、腹板单元的焊接

壁板单元由面板及其加劲肋组成,面板及加劲肋板厚较厚,因此,焊缝的填充量较大,为控制焊接变形,板肋开设双面对称坡口与面板焊接,采用半自动小车气体保护焊,同方向对称焊接,可以最大限度地减小焊接变形,控制加劲肋垂直度,保证焊缝质量稳定(图5)。

3.3.2 壁板单元的对接

壁板单元对接开设双面非对称坡口,采用埋弧自动焊焊接,先焊接大坡口侧,反面清根后再进行焊接,为保证焊后钢板的平面度,可在焊缝两侧交替焊接,以控制焊接变形(图6)。

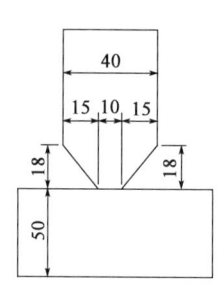 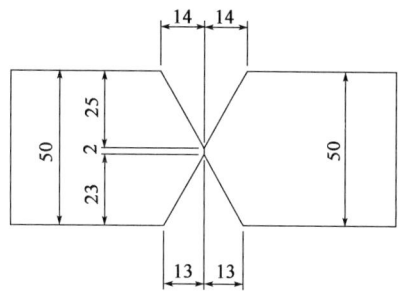

图5 壁板单元、腹板单元的焊接(尺寸单位:mm)　　图6 壁板单元的对接(尺寸单位:mm)

3.3.3 腹板单元与壁板单元焊接

腹板单元开设双面对称坡口与壁板单元焊接,采用CO_2气体保护焊,同方向对称焊接,可以最大限度地减小焊接变形,保证焊缝质量稳定,控制结构尺寸(图7)。

3.3.4 壁板单元与壁板单元焊接

壁板单元与壁板单元焊接,内侧开设单面坡口,外侧开设双面坡口,进行焊接,内侧采用CO_2气体保护焊焊接,外侧采用CO_2气体保护焊焊接,可以最大限度地提高效率,减小焊接变形,保证杆件质量(图8)。

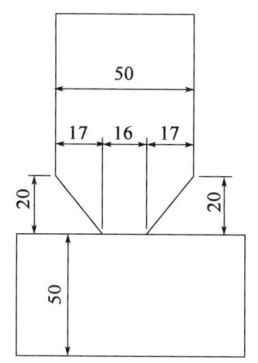 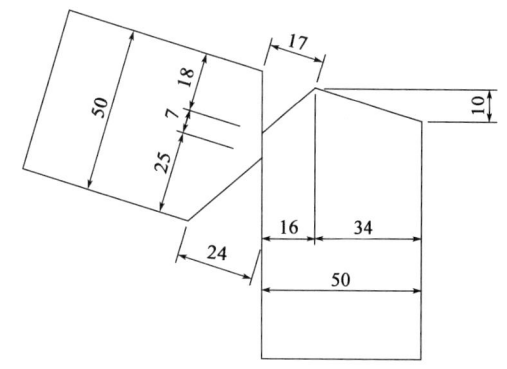

图7 腹板单元与壁板单元焊接(尺寸单位:mm)　　图8 壁板单元与壁板单元焊接(尺寸单位:mm)

4 制作效果分析

鞍座位置钢塔制作完成后通过水平预拼装进行了验证,其几何尺寸精度和焊接质量满足济南凤凰路黄河大桥的设计及规范要求(表1、表2),为后续钢塔节段及鞍座的安装提供了保障。

无损检测结果统计表　　表1

检测方法	检测长度(m)	返修长度(m)	一次探伤合格率	最终探伤合格率
超声检测	320	1.8	99.44%	100%
磁粉检测	108	0	100%	100%
射线检测	4(张)	0	100%	100%

鞍座位置钢塔成品检查结果统计表　　　　表2

名　称	项　目	允许偏差(mm)	实际偏差(mm)
鞍座位置钢塔柱	高度 H	±2	+1
	宽度 B	±2	+0.5
	隔板垂直度	4	2
	端口对角线差	≤3.0	2
	旁弯	≤5.0	3

5　结语

针对鞍座位置钢塔的结构特点及制作难点,对其加工制作方案进行深入研究,讨论和分析焊接操作的可行性,研究了合理的组装、焊接工艺保证了鞍座位置钢塔的制作精度和质量,圆满地完成了制作,对今后类似钢塔制作提供了借鉴。

参 考 文 献

[1] 中铁宝桥.G220至济青高速公路王舍人互通立交连接线工程第二标段钢箱梁及钢塔柱制造规则[R].2019.
[2] 章建,李军平,刘志刚.大型钢塔柱钢混结合段制作工艺[J].工业建筑,2012,S1.

54. 超大型附着式塔吊对钢塔柱安装线形的影响研究

许为民[1] 朱如俊[2] 张玉奇[2] 高作森[2] 韩月鹏[2]

(1. 济南城市建设集团有限公司;2. 中交第二航务工程局有限公司)

摘　要:结合济南凤凰路黄河大桥中塔钢塔柱施工实践,介绍了塔柱施工附着式塔吊对钢塔柱安装线形的影响,以及采用附着式塔吊安装塔柱节段过程中的控制方法和建议。

关键词:超大型附着式塔吊　钢塔柱　安装线形

1 工程概况

1.1 索塔简介

济南凤凰路黄河大桥全桥共设三座主塔,两座边塔和一座中塔,主塔结构设计为 A 形塔,中塔顶高程 145.079m,塔柱底高程 19.081m,总高 125.998m;塔柱横桥向斜率均为 1:20;中塔共划分为 20 个节段。索塔包括塔座、下塔柱、上塔柱、下横梁、上横梁等几部分。钢结构段塔柱为五边形截面,除塔顶装饰段为单箱单室,其余为单箱三室截面。塔柱及横梁均为钢结构(Q420qE、Q345qE)。主塔结构见图 1。

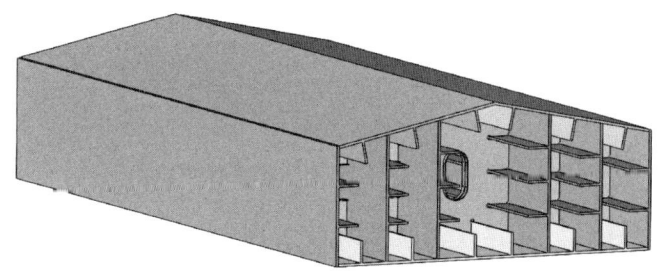

图 1　索塔典型断面图

主塔施工主要包含钢结构制作运输及主塔现场施工。主塔分为塔座、钢混结合段、下塔柱、下横梁、塔梁结合段、上塔及上横梁,施工时依次自下而上逐节安装。在主塔各节段安装过程中共设置三道横撑,确保主塔线形和主塔安装过程中的稳定。

本文以中塔为例,分析塔吊对塔柱安装线形的影响。

1.2 索塔塔吊布置

济南凤凰路黄河大桥索塔施工采用 FHTT2800 塔式起重机,共设置两道附墙,如图 2 ~ 图 4 所示。

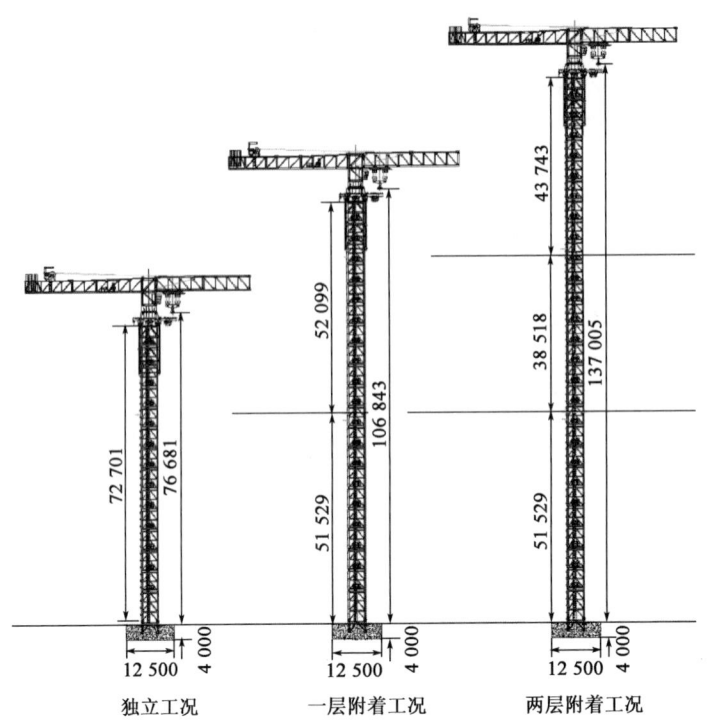

图2 塔吊附墙布置图(尺寸单位:mm)

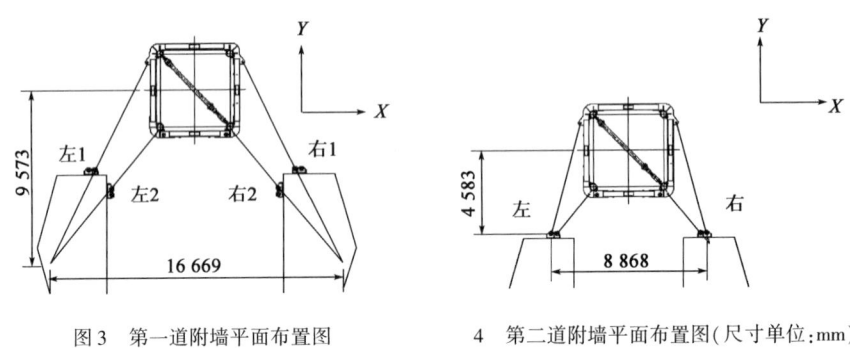

图3 第一道附墙平面布置图　　　4 第二道附墙平面布置图(尺寸单位:mm)

2 塔吊荷载工况介绍

在塔柱安装过程中,塔吊附墙连接在塔柱上,随着塔吊作业工况的变化,会对塔柱产生不同的水平力,影响节段定位精度,从而影响塔柱线形,必须重点关注。塔吊在工作状态时,附墙架承受水平反力 R 以及塔机臂架回转所克服的风力产生的扭矩 MT。非工作状态时,塔机臂架随风自由旋转,附墙架仅承受水平反力 R。因此,在工作状态时附墙架受力较大,故计算工况为工作状态。

根据济南凤凰路黄河大桥项目部提供数据,塔吊两道附墙撑杆在各工况作用下轴向力见表1、表2。

各工况作用下附墙撑杆轴向力表（第一道附墙）　　　表1

方向		起重臂角度(°) 0	45	90	135	180	225	270	315	360
左1	X	-2.6	4.7	9.3	8.4	2.6	-4.7	-9.3	-8.4	-2.6
	Y	-4.7	8.7	17	15.3	4.7	-8.7	-17	-15.3	-4.7
左2	X	37.4	36.7	14.5	-16.2	-37.4	-36.7	-14.5	16.2	37.4
	Y	44.5	43.7	17.3	-19.3	-44.5	-43.7	-17.3	19.3	44.5
右2	X	37.4	16.2	-14.5	-36.7	-37.4	-16.2	14.5	36.7	37.4
	Y	-44.5	-19.3	17.3	43.7	44.5	19.3	-17.3	-43.7	-44.5
右1	X	-2.6	-8.4	-9.3	-4.7	2.6	8.4	9.3	4.7	-2.6
	Y	4.7	15.3	17	8.7	-4.7	-15.3	-17	-8.7	4.7

各工况作用下附墙撑杆轴向力表（第二道附墙）　　　表2

方向		起重臂角度(°) 0	45	90	135	180	225	270	315	360
左	X	36.9	41.9	22.3	-10.3	-36.9	-41.9	-22.3	10.3	36.9
	Y	41.7	55.3	36.4	-3.7	-41.7	-55.3	-36.4	3.7	41.7
左	X	36.9	10.3	-22.3	-41.9	-36.9	-10.3	22.3	41.9	36.9
	Y	-41.7	-3.7	36.4	55.3	41.7	3.7	-36.4	-55.3	-41.7

3 塔吊对索塔安装线形影响分析

3.1 索塔施工阶段分析模型

相对于混凝土索塔,钢塔线性受温度、风等环境荷载影响更为敏感。此外钢塔节段采用 FHTT2800 塔吊吊装,塔吊对钢塔线形也会产生一定影响。因此,钢塔线形影响因素较多,施工控制难度很大。

本报告采用 MIDAS/Civil 建立空间杆系有限元计算模型,根据施工方案模拟索塔节段逐节吊装,详细分析结构各阶段的应力和位移变化情况,以及塔吊在工作状态下对索塔线形的影响。计算模型如图5所示。

（1）材料。

索塔钢材 Q420qE、Q345qE,弹性模量 $E = 2.06 \times 10^5 MPa$,材料重度为78.96kN/m³,泊松比 $u = 0.3$;

索塔横撑钢材 Q235,弹性模量 $E = 2.06 \times 10^5 MPa$,材料重度为78.96kN/m³,泊松比 $u = 0.3$。

（2）边界条件。

索塔底部固结。

（3）计算作用。

除索塔自重外,仅考虑塔吊附墙杆轴向力的作用,以单元节点荷载形式施加在索塔单元上。

3.2 索塔施工阶段分析

（1）各工况作用下索塔变形及应力。

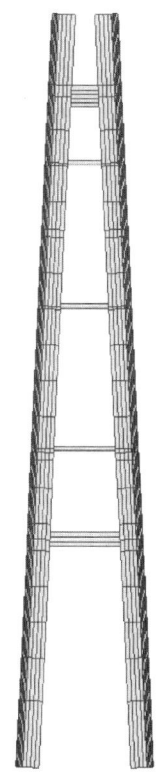

图5　索塔有限元模型

索塔是一个分阶段施工的过程,结构的荷载是在施工过程中逐步施加的,后期结构的受力和变形状态都与前期结构密切相关。根据计算结果,得出各工况作用下,索塔变形及应力如图6~图11所示。

图6 塔吊上第一道附墙时索塔横桥向最大位移(5.5mm)

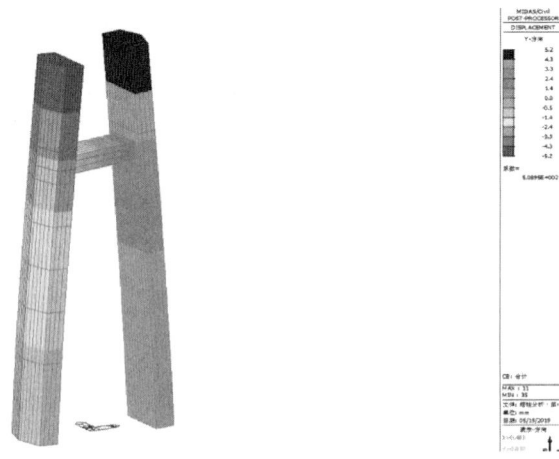

图7 塔吊上第一道附墙时索塔顺桥向最大位移(5.2mm)

图8 塔吊上第一道附墙时索塔应力图(13.1MPa)

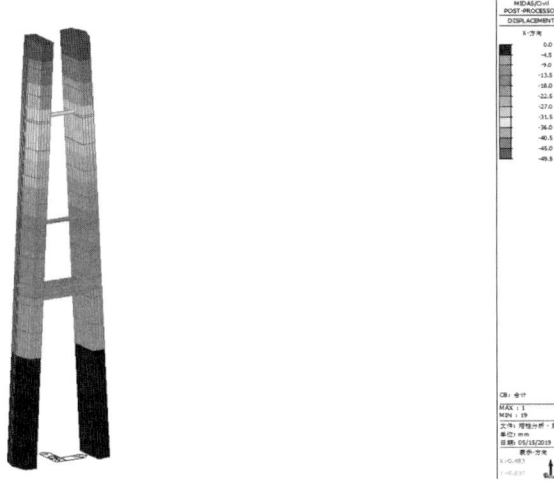

图9 塔吊上第二道附墙时索塔横桥向最大位移(49.5mm)

图10 塔吊上第二道附墙时索塔顺桥向最大位移(41.2mm)

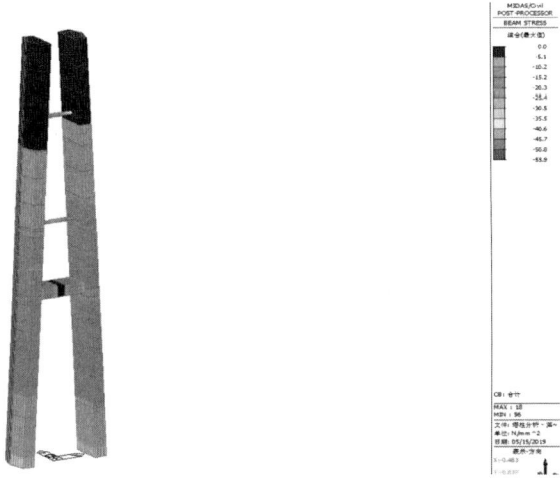

图11 塔吊上第二道附墙时索塔应力图(55.9MPa)

347

(2)分析结论。

①各工况作用下,塔吊上第二道附墙时,索塔节段变形最大,其中横桥向最大位移49.5mm,顺桥向最大位移41.2mm。

②各工况作用下,索塔最大应力为55.9MPa,在材料允许应力范围内。

③由于计算均是采用最不利工况进行的,实际施工中因为起重力矩不会到达极限、风向也不确定,是很难按照一个固定的措施进行控制的。为此,应加强现场实时监测,监测内容主要有:第一道附墙安装前后,对应索塔节段上端口的位移量;第二道附墙安装前后,对应索塔节段上端口的位移量;附墙安装后,吊装索塔节段时,塔吊松钩前后节段的位移量。

④若观测结果表明塔吊对塔柱线形影响比较大,可采取在节段粗定位完成塔吊松钩后,塔吊吊装一个配重进行不平衡力矩的平衡。

4 索塔安装线形控制

4.1 标准节段安装

(1)本桥为钢索塔,钢塔采用焊接工艺,焊接温度对索塔线形影响大,钢塔焊接时应纵桥向、横桥向对称焊接,避免因非对称焊接造成钢塔温度梯度过大。

(2)安装过程中,避免大风天气下作业。

(3)根据制造和预拼装的几何控制资料,评估是否需在下个钢塔节段制造中采取修正措施。节段制作完成后,两节段或两节段与横梁进行水平预拼装,并对预拼装的长度、垂直度、端面金属接触率、轴线偏位等情况进行检查,超差时进行修整或作记录后,在下一次预拼装时修正(图12)。

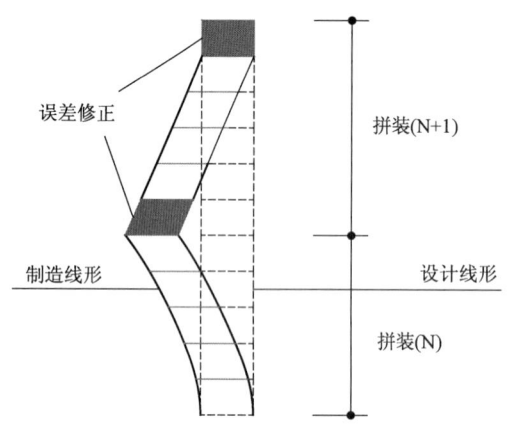

图12 钢塔节段预拼的误差修正

4.2 调整段安装

对于调整段,提前两个节段,选择阴天或气温较低的时候对塔柱顶口平面位置口进行复核,根据现场的实测数据和节段顶口的设计值进行比较,得出调整段的顶口偏位值,将偏位数据传给钢塔节段加工厂单位,对调整段尺寸进行调整。

结合济南凤凰路黄河大桥钢塔的特点,对塔柱施工期间的线形及应力等内容进行控制和监测,保证钢塔节段在逐段安装过程中的形态始终处于可控范围内,从而实现最终成塔结构几何形态和受力状态符合设计和规范的标准。同时参考国内外其他钢塔安装精度标准,制定依托工程的施工控制精度标准如下:

由于首节段是钢塔施工控制的关键,因此专门针对首节段安装提出精度要求,在基准条件(基准温度为20℃)下,必须满足:

(1)中心平面偏位:±1mm。

(2)平面扭转:1/3000。

(3)节段高程误差:±1mm。

(4)纵/横桥轴线方向倾斜度:1/4 000。

(5)相邻两节段间距差:±2mm。

对于成塔线形,要求在基准条件(基准温度为20℃)下,桥塔目标线形须满足表3误差要求。

桥塔目标线形误差要求 表3

序号	项目		容许误差
1	塔顶、横梁顶高程		±4mm
2	索鞍底垫板高程		0～+4mm
3	垂直度	顺桥向	1/4 000
		横桥向	1/4 000
4	塔柱中心距B(接头部位)		±4mm
5	对接口板错边量		≤2mm
6	塔柱弯曲度(接头处)	桥轴向	2/10 000
		垂直于桥轴向	

参 考 文 献

[1] 廖海黎.南京三桥桥塔气动选型及风致影响研究[C].第十一届全国结构风工程学术会议论文集,2003.

55. 超宽大跨自锚式悬索桥 410t 提梁门吊性能试验研究

王德怀[1]　王琦[1,2,3]　黄剑锋[1,2,3]　王金平[1]　张玉奇[1]

(1. 中交第二航务工程局有限公司；2. 长大桥梁建设施工技术交通行业重点实验室；
3. 交通运输行业交通基础设施智能制造技术研发中心)

摘　要：济南凤凰路黄河大桥主桥为三塔自锚式空间缆悬索桥，主跨 2×428m，主梁标准宽度为 61.7m，采用顶推施工工艺，主桥跨度和桥宽均为同类桥型世界第一。主要提梁结构为 410t 提梁门吊，为验证其结构性能，设计开展提梁门吊的动静载试验，并采用 ANSYS 软件建立有限元模型进行分析计算，将理论与实测数据对比，结果表明提梁门吊的受力性能能够满足设计和使用要求。

关键词：自锚式悬索桥　顶推　提梁门吊　动静载试验

1　工程概况

济南凤凰路黄河大桥主桥为三塔自锚式空间缆悬索桥[1]，跨径为 70m + 168m + 2×428m + 168m + 70m (图1)，主梁标准宽度为 61.7m，主桥跨度和桥宽均为同类桥型世界第一，采用先梁后缆施工工艺，施工难度大。

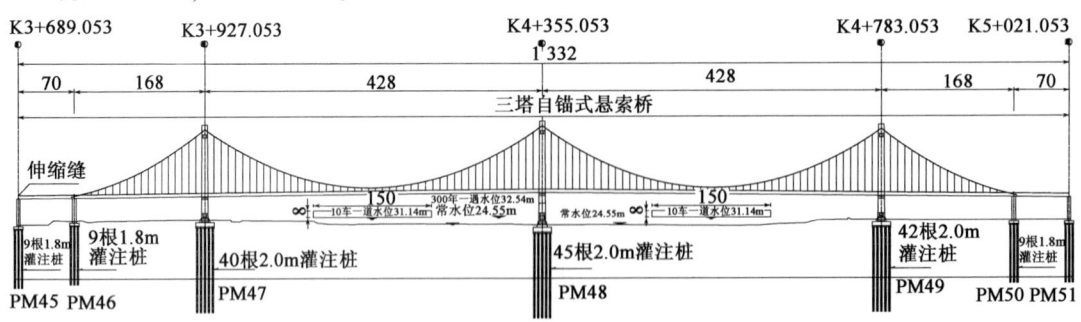

图1　主桥立面示意图(尺寸单位:m)

主桥主梁采用两侧向中塔步履式顶推工艺，单边顶推距离为 666m，单边顶推质量为 2.33 万 t，提梁站提升系统采用千斤顶提升，将主桥钢箱梁提升至指定高度并进行粗定位。提梁站共四个主梁，高 2.8m，支腿中心间长度 42m，每两根主梁通过横向联系连接，横向中心间距为 14.2m，与主桥主梁的中腹板横向间距保持一致，支腿采用钢管结构，分为固定支腿和活动支腿见图2。提梁门吊设计吊重载荷 G_n 为410t,考虑1.1倍的荷载安全系数进行荷载实验,用以测试提升系统以及提梁站结构的运行和受力性能,结合ANSYS软件建立有限元模型进行分析计算,通过理论值与实测值对比进一步验算最不利荷载工况下的结构受力情况,为主梁顶推工作打下基础。

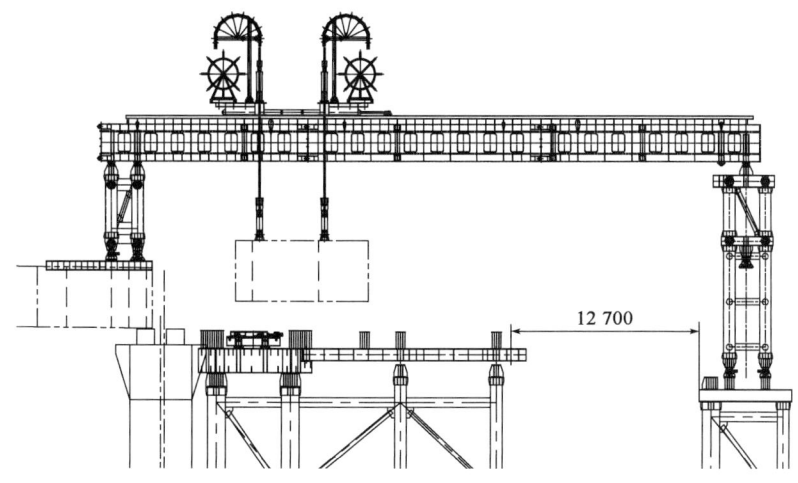

图2 主桥标准断面图(尺寸单位:mm)

2 荷载试验

2.1 试验荷载准备

本工程提梁门吊设计吊重载荷 G_n 为410t,试验载荷为 $1.1G_n = 451t$。试验荷载采用现场已有的主梁标准节段梁、临时墩纵梁及400t履带吊配重块[2],见图3。其中,配重荷载质量为:主梁标准节段1节,重 $M_1 = 277t$;临时墩纵梁6块,重 $M_2 = 15.8 \times 6 = 94.8t$;400t履带吊配重块共8块,重 $M_3 = 10 \times 8 = 80t$,总重 $M = M_1 + M_2 + M_3 = 277 + 94.8 + 80 = 451.8t > 1.1G_n$,满足试验荷载重量要求。

钢箱梁下胎后,在其顶面进行放线,需要注意主梁重心线偏离中心线90mm。具体布置如下:临时墩纵梁平面尺寸为 $8.4m \times 1.5m$,长边顺桥向单层布置;400t履带吊配重块平面尺寸为 $2.85m \times 2.4m$,以横桥向重心线为轴对称布置在两侧腹板位置,双层堆放,总高77cm。各构件摆放到位后,使用卡板临时固定。北岸运梁车额定载荷 $576t > 451.8t$,可将临时墩纵梁及履带吊配重块直接布置在梁上,整体运至提梁位置。

2.2 荷载试验流程

(1)北岸将临时墩纵梁及履带吊配重块直接布置在钢箱梁上,构件需要采取限位措施,使用额定载荷576t运梁车将载有配重块的钢箱梁整体横向运输至提梁站下方。

(2)吊具与吊耳连接,准备就绪,测量各个提梁站支点、1/4跨、1/2跨位置高程,作为计算加载后的提梁站变形参考基准高程。

(3)试验总共分4级进行加载,分为25%、50%、75%、100%:一级加载 $451.8t \times 25\% = 113t$,加载完毕后静置5min;二级加载 $451.8 \times 50\% = 226t$,加载完毕后静置5min;三级加载 $451.8 \times 75\% = 339t$,加载完毕后静置5min;四级加载将试验梁提升5~10cm,静置10min。

(4)在平台立柱内前后移动天车。

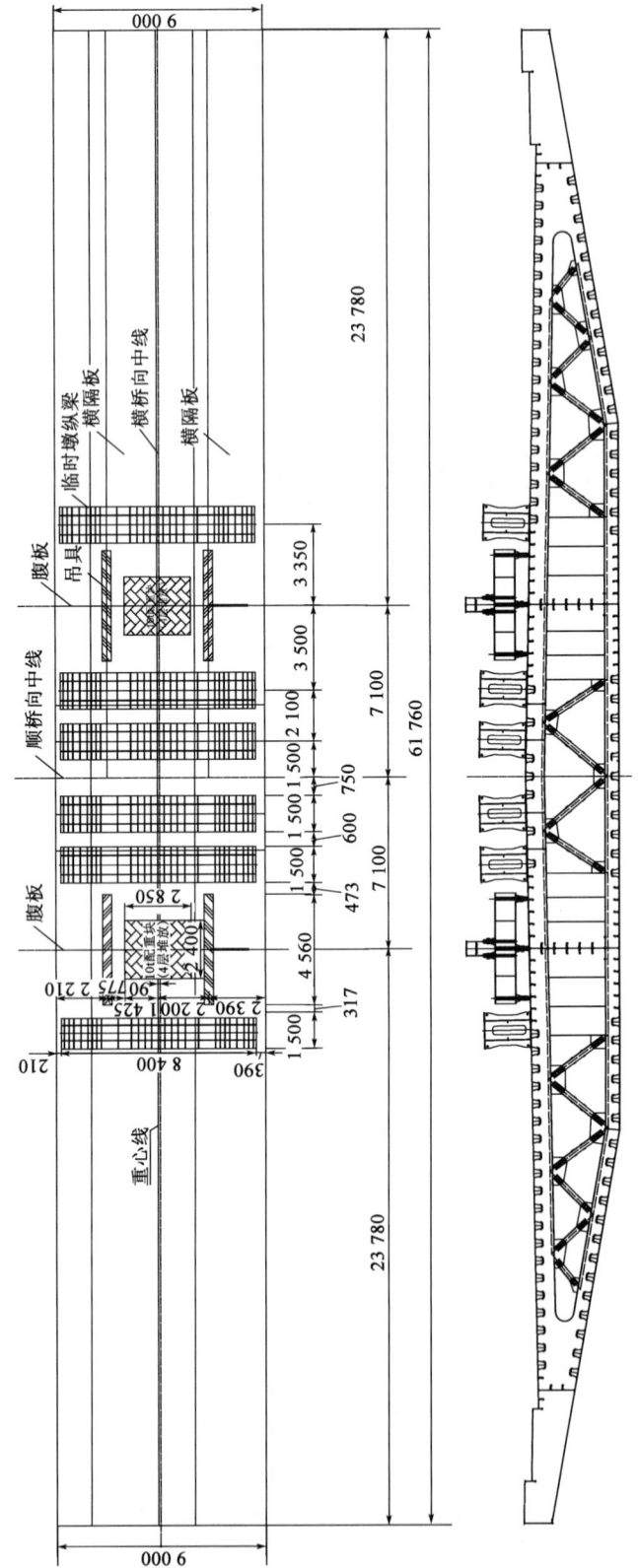

图3 钢箱梁顶面纵梁及配重块布置示意图(尺寸单位:mm)

(5)将主梁匀速提升5m,静置10min。

(6)将主梁缓慢下放至运梁车上,拆除吊具与主梁之间的连接,运梁车将主梁运至存梁区。

(7)卸除主梁上临时墩纵梁及配重块。

每个步骤都需要检查人员对提升系统以及提梁站结构进行实时检查,并对提梁门吊主梁挠度变形进行测量,见图4、图5。

图4 主梁下胎

图5 荷载试验

2.3 检查结果

荷载试验每个步骤需要对提升系统及提梁站结构进行检查,检查内容及结果见表1。

检 查 记 录 表 表1

项	目	检查内容	结 果
提升系统	液压系统	设备油缸转接口是否油液渗漏,设备油管转接头是否油液渗漏,设备阀块连接位置压紧位置是否油液渗漏;油泵运行是否正常,泵站内部连接处是否有油液渗漏	正常
	运行系统	主控是否正常运行,系统通讯是否正常,位移传感器参数是否正常,压力传感器参数是否正常	正常
	电控系统	检查各项指示灯及故障报警是否正常,电机是否正转,电机是否有异响、异味,设备是否能正常动作	正常
	钢绞线	钢绞线是否有折痕、折皱、局部变形等不利情况,是否存在断丝、散丝或擦伤	正常
	锚固系统	锚固系统位置、连接固定是否可靠,锚固支撑处是否紧密,限位卡板数量和焊缝是否足够	正常
	吊具	吊具连接耳板及筋板位置、焊缝大小是否正确。吊具耳板孔位同轴度是否一致。提升锚固位置及钢绞线是否安装到位	正常
提梁站结构	主梁	主梁、固定支腿、活动支腿、纵移轨道、铰接点及横梁的规格、尺寸、安装位置、焊缝是否满足设计要求,无明显变形,无损伤	正常
	支腿	固定支腿与主梁连接是否牢固,铰支座安装是否正确。固定支腿各位置连接处是否焊接到位。固定支腿处外观是否有缺陷,焊缝是否饱满	正常
	行走系统	活动支腿处行走轨道是否安装到位,两段轨道连接处是否过渡平顺。顶面纵移轨道分段连接处是否平顺,单侧两轨道平行度误差小于10mm,各轨道润滑是否充足	正常
	连接件	横梁及主梁横联螺栓是否满上、拧紧。各连接销轴及限位插销或卡板是否正确安装、无遗漏。主梁铰支座是否正确安装	正常

3 有限元模拟计算

3.1 主要荷载

提梁门吊的荷载考虑提梁门吊自重、液压起升机构以及吊具自重、吊重荷载、风载等。

(1)提梁门架自重载荷:计算模型中自动计入;
(2)液压起升机构及吊具自重:480kN(4×120kN);
(3)吊重载荷:设计载荷410 t,考虑1.1倍的安全系数;
(4)风载:正常工作时风荷载参与荷载组合时取风速为13.8m/s(相当于6级风),非工作工况下风速时取为29.7m/s(20年一遇风速)。

3.2 ANSYS模型建立

提梁门架采用有限元分析软件ANSYS构建整体计算模型[2],主梁与前后支腿均采用梁单元模拟,主梁与前支腿边界形式为两点铰接,主梁与后支腿之间连接形式为单点铰接,支腿底部进行固结,吊重荷载采用节点荷载模拟,风载采用均布荷载模拟,计算模型见图6。

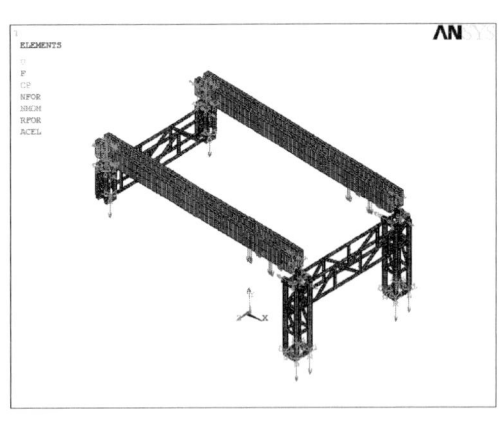

图6 ANSYS模型图

3.3 计算工况

综合考虑提梁门架结构承载条件,主要考虑以下三种工况:

(1)工况一:提梁门架左极限位置吊装钢箱梁,在风速13.6m/s作用下,计算提梁门架结构受力和变形。

(2)工况二:提梁门架跨中位置吊装钢箱梁,在风速13.6m/s作用下,计算提梁门架结构受力和变形。

(3)工况三:提梁门架右极限位置吊装钢箱梁,在风速13.6m/s作用下,计算提梁门架结构受力和变形。

工况一即为现场荷载试验加载位置,将工况一理论计算结果与实测挠度值对比验证有限元模型的准确性,进一步计算提梁门吊最不利荷载位置处的挠度及变形值,进而判定提梁门吊的结构性能是否满足设计要求。

3.4 计算结果

3.4.1 工况一

通过有限元模型计算得到主梁最大位移变形为54.08mm(图7),最大应力值为118.24MPa(图8),左支腿最大应力值为54.03MPa,右支腿最大应力值为72.52MPa。

提梁门吊主梁从下游侧向上游侧依次命名为A梁、B梁、C梁、D梁,实测北岸提梁门吊一级加载最大竖向位移13.3mm(图9),二级加载最大竖向位移23.3mm(图10),三级加载最大竖向位移34.4mm(图11),四级加载最大竖向位移50.2mm,通过实测值与理论值进行比较可以看出,实测结果与理论计算值较为吻合[4],见图12。

3.4.2 工况二

提梁门架跨中位置吊装钢箱梁,计算得到主梁最大位移变形为81.57mm(图13),最大应力值为188.16MPa(图14),左支腿最大应力值为90.75MPa,右支腿最大应力值为50.83MPa。

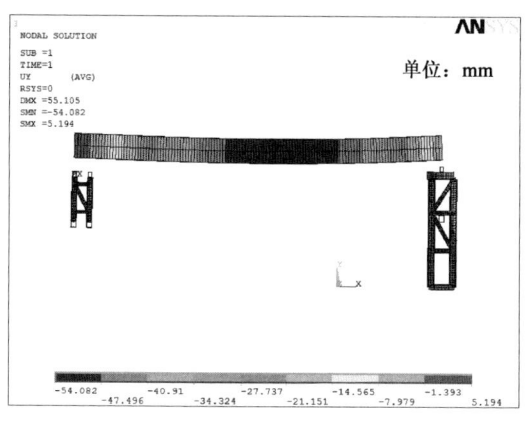
图 7 工况 1 竖向变形云图

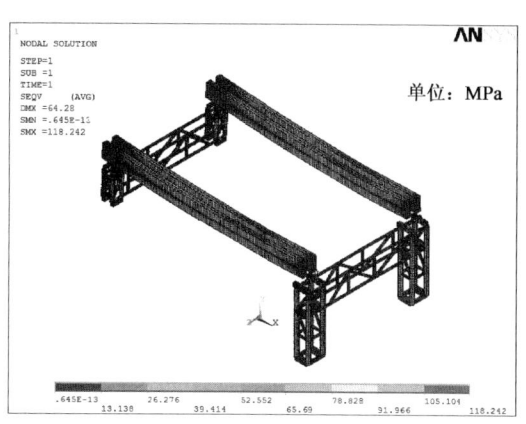
图 8 工况 1 整体应力云图

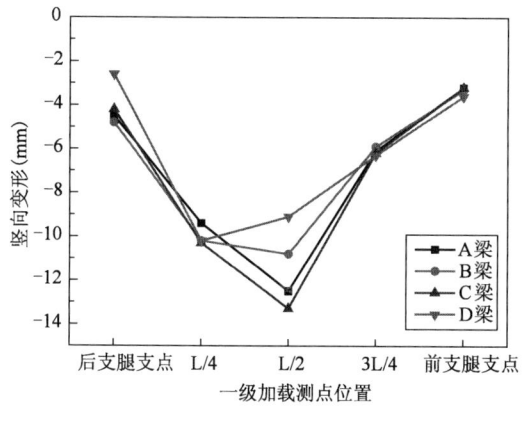
图 9 一级加载挠度值

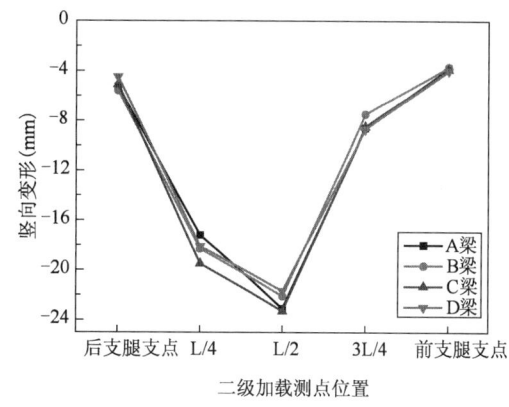
图 10 二级加载挠度值

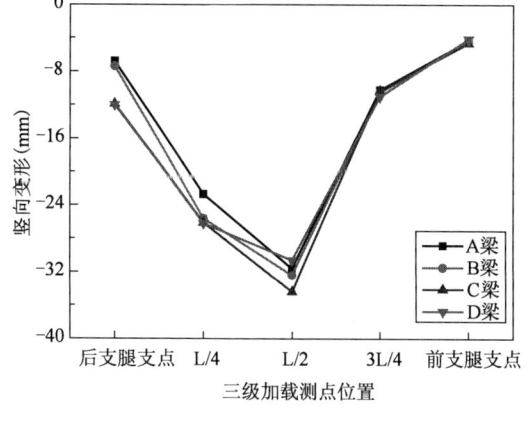
图 11 三级加载挠度值

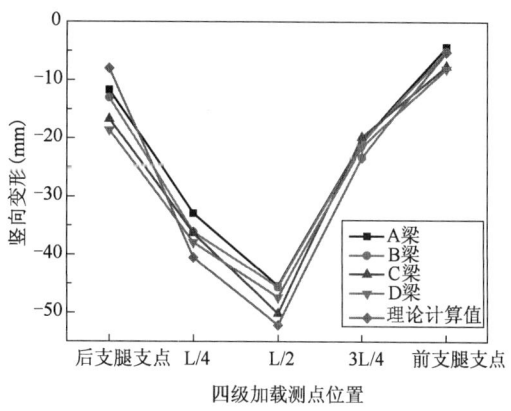
图 12 四级加载挠度值

3.4.3 工况三

提梁门架跨中位置吊装钢箱梁,计算得到主梁最大位移变形为 58.26mm(图 15),最大应力值为132.14MPa(图16),左支腿最大应力值为124.72MPa,右支腿最大应力值为30.76MPa。

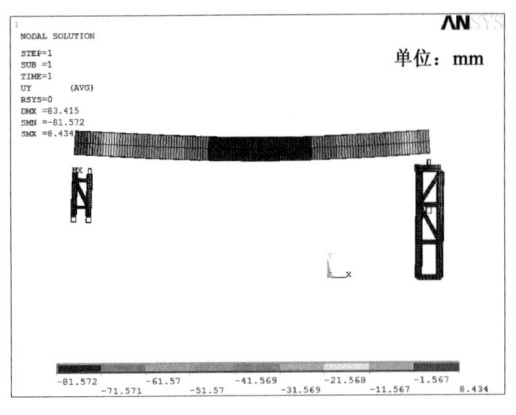

图13 工况1竖向变形云图

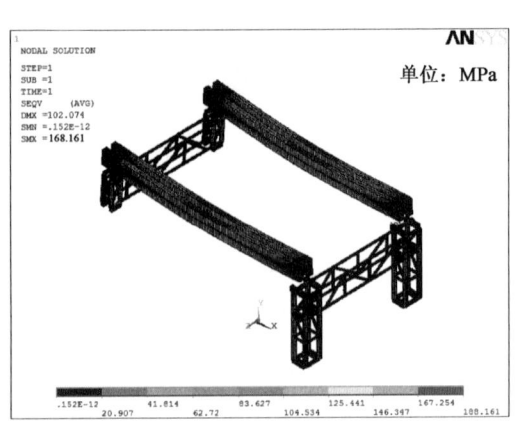

图14 工况1整体应力云图

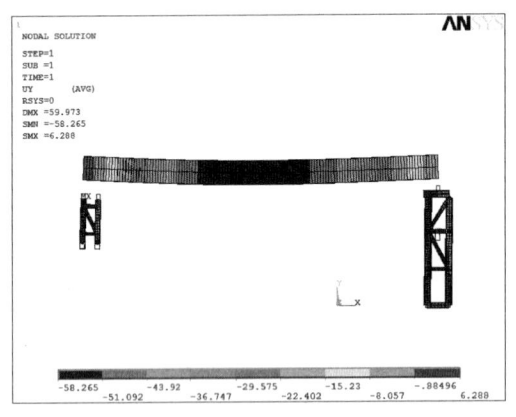

图15 工况1竖向变形云图(尺寸单位:mm)

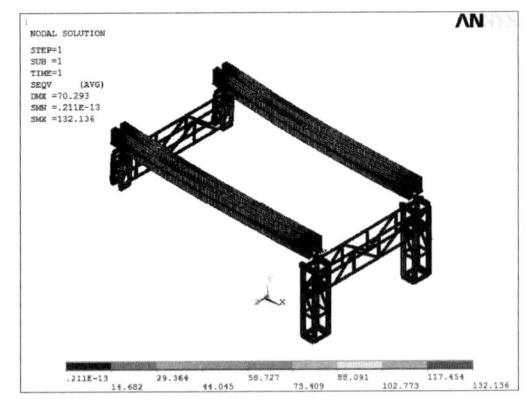

图16 工况1整体应力云图(尺寸单位:MPa)

结合三个工况计算结果得到:最不利荷载工况下主梁(Q345B)最大应力为188.3MPa<$[\sigma]$=315MPa,最大竖向位移变形81.6mm(L/504),主梁强度及刚度满足要求;支腿(Q235B)最大应力124.7MPa<$[\sigma]$=205MPa,支腿强度满足设计要求。

4 结语

现场设计了提梁门吊荷载试验,结合试验数据对ANSYS有限元模型进行了验证,并对提梁门吊进行了最不利荷载工况的结构刚度及强度分析,得到以下结论:

(1)荷载试验分为四级加载,每级加载都要对提升系统以及提梁站结构进行检查,并测量主梁挠度,结果表明各系统运行正常,最大主梁挠度变形值为50.2mm;

(2)吊重荷载在主梁左极限位置时,ANSYS有限元模型与实测数据结果比较吻合,进一步计算主梁跨中受力的最不利荷载工况,得到主梁最大应力值为188.3MPa,最大变形值为81.6mm,均满足受力要求;

(3)按照1.1倍的安全系数设计荷载试验,结合ANSYS有限元模型计算,结果表明提梁门吊满足设计和使用要求,为主梁顺利吊装打下基础。

参 考 文 献

[1] 杨洪.自锚式悬索桥结构体系分析[J].湖南交通科技,2008(02):85-88.

[2] 许汉铮,黄平明,杨炳成.大跨径悬索桥静载试验研究[J].公路,2003(09):4-10.

[3] 刘忠平,戴公连.自锚式悬索桥有限元建模及动力特性影响因素研究[J].中外公路,2007(04):142-146.

[4] 陈堃,卢海林,杨宏印,等.基于动静载试验的连续刚构桥梁模型修正[J].武汉工程大学学报,2019,41(02):150-1.

56. 低合金高强度结构钢(Q420qE)的检测技术

欧光鲲[1] 赵建磊[2] 牛 勇[1] 窦常青[1] 李庆冬[3]

(1. 山东易方达建设项目管理有限公司;2. 山东汇科工程检测有限公司;
3. 济南市交通工程质量监督站)

摘 要:Q420qE 作为一种优质的低合金高强度钢越来越广泛的被应用在钢桥中,由于材料强度越大,其焊接性能越差,所以焊缝易出现裂纹等危害性缺陷。通过研究该种材料焊缝的接头形式和力学性能,采用优化后的脉冲反射法超声波检测和磁粉检测,能够有效地检测出材料中和焊缝中的缺陷,保证工程质量。

关键词:淬硬 裂纹 超声波 磁轭 跨距 端角反射 趋肤效应

G220 至济青高速公路王舍人互通立交桥连接线工程主桥为三塔中央双索面自锚式悬索桥。主塔采用钢——混结构,含两座边塔、一座中塔,均为 A 字造型,结构简洁、线条流畅、景观优美。钢塔用钢均为 Q420qE,此种牌号的钢属于低合金高强度结构钢,其焊接难度较大,焊接时易产生冷裂纹等危害性较大的缺陷,相应的检测难度也比较大。针对这种材料的检测,本文通过优化脉冲反射法超声波检测技术和磁粉检测技术,来实现质量目标(图1)。

图1 王舍人互通立交桥

1 低合金高强度结构钢(Q420qE)焊接特点

1.1 热影响区的淬硬倾向

焊后冷却过程中,易在热影响区中出现低塑性的脆硬组织,这种组织在焊缝扩散氢量较高和接头拘束较大时易产生氢致裂纹。

钢材的碳当量是决定热影响区淬硬倾向的主要因素。碳当量越高,钢材淬硬倾向越大。焊接时热影响区过热区的 500~800℃的冷却时间(一般用 $t_{8/5}$ 表示)是另一个重要参数。该冷却速度越大,则热影响区的淬硬程度越高。焊接方法、板厚、接头形式、焊接规范、预热温度决定了$t_{8/5}$的大小。焊接接头中,热影响区的硬度值最高。

1.2 冷裂纹敏感性

低合金高强度钢焊接时出现的裂纹主要是冷裂纹。因此,焊接时对于防止冷裂纹问题必须予以足够的重视。钢的强度级别越高,淬硬倾向越大,冷裂纹敏感性也越大。关于冷裂纹形成机理,是一种比较复杂的现象,一直有人在深入研究。目前多数人认为产生冷裂纹的三大因素是:

(1)焊缝凝固以后冷却时,由于焊缝一般含碳量比母材低,所以焊缝的奥氏体向铁素体转变较母材早,此时氢的溶解度急剧降低,大量的氢向仍处于奥氏体的母材热影响区中扩散,由于氢在奥氏体中扩散速度小,在熔合区附近形成了富氢带,含氢量越高,冷裂纹敏感性越大。

(2)滞后相变的热影响区发生奥氏体向马氏体转变的淬硬组织,氢以过饱和状态残存于马氏体中并逐步晶格缺陷等应力集中处扩散聚集,使该处的金属结合强度降低或脆化。钢的淬硬性倾向越大,冷裂纹倾向也越大。

(3)结构的刚性越大,由于焊接时加热引起的拘束应力也越大。同时,热影响区相变组织应力共同构成了产生冷裂纹的应力条件。焊接应力越大,冷裂纹敏感性越大。

冷裂纹一般在焊后冷却过程中发生,也可能在焊后数分钟或数天后发生,具有延迟的性质。这可以理解为是氢从焊缝金属扩散到热影响区淬硬区集聚达到某一临界值的时间。在点固焊时,由于冷却速度快,极易出现冷裂纹,必须特别注意。

1.3 层状撕裂

大型厚板结构件,特别是T形接头,角焊缝处,由于母材轧制时产生的层状偏析(主要是MnS)、各向异性等缺陷,在热影响区或在远离焊缝的母材中产生与钢板表面成梯形平行的裂纹,叫层状撕裂。焊接大厚度钢板角焊缝时,应注意在选材和工艺上防止层状撕裂。

1.4 液化裂纹

液化裂纹是一种热裂纹,某些低合金高强度钢焊接时,可能有液化裂纹倾向,主要是由于母材含杂质量(如S、P和Si等)偏高,能在晶间形成低熔点的复合夹杂物(共晶或化合物)。由于焊接时的高温使近缝区晶间液化,加之随后冷却所出现的焊接应力的作用而引起沿晶开裂。

2 主桥钢塔结构形式

主塔结构设计为A形塔,每座钢塔包括2个塔柱、2个牛腿、1个下横梁和1个上横梁。牛腿位于塔柱外侧,钢箱梁下方,牛腿上设置钢箱梁竖向支座,下横梁位于钢箱梁下方,设置主梁横向和纵向阻尼器;上横梁位于索鞍侧下方。两个边塔构造完全相同,因桥面和地面高程不同,边塔和中塔构造不完全相同,塔柱横桥向斜率为1:20,边塔塔高116.1m,中塔塔高126.0m。边塔单根塔柱分为下塔柱10个,上塔柱19个段,合计132个节段。中塔单根塔柱分为下塔柱13个,上塔柱19个段,合计72个节段。全桥共计204段,工程量约1.4万t。

3 Q420qE板材超声波检测

3.1 检测仪器和设备

3.1.1 超声波探伤仪

超声波探伤仪的性能应符合《A型脉冲反射式超声波探伤仪通用技术条件》(JB/T 10061—1999)的有关规定。经过计量检定/校准合格且在有效使用期内的超声波检测仪。

3.1.2 探头
探头要保证有效探测区。探头的选用见表1。

探头的选用 表1

板厚(mm)	所用探头	探头标称频率(MHz)
6~13	双晶片直探头	5
>13~60	双晶片直探头或单晶片直探头	≥2.0
>60	单晶片直探头	≥2.0

3.1.3 耦合剂
可选用水、甘油、机油、化学浆糊等作为耦合剂。

3.2 检测面要求
板材表面应平整、光滑、厚度均匀,不应有液滴、油污、腐蚀和其他污物,表面影响检测的物质应清除。

3.3 厚钢板检测条件和方法

3.3.1 检测时机
原则上在钢板加工完毕后进行,也可在轧制后进行。

3.3.2 检测面
可以从钢板任一轧制面进行检测。需要时,也可以从钢板的两个轧制面进行检测。

3.3.3 检测灵敏度
(1)双晶片直探头检测厚度不大于60mm时,用图2试样或在同厚度钢板上无缺陷部位将第一次底波高度调整到满刻度的50%,再提高10dB作为检测灵敏度;检测厚度大于60mm时,将图3试样平底孔的第一次反射波高等于满刻度的50%作为检测灵敏度。

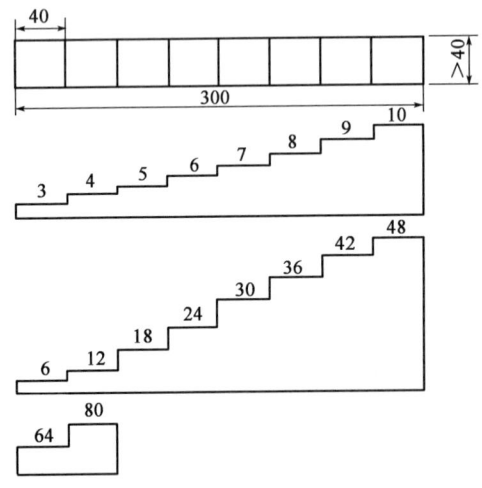

图2 板厚≤60mm的双晶片直探头检测用对比试样

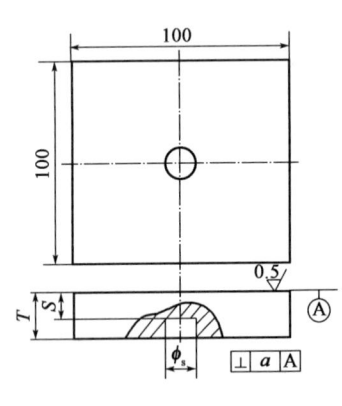

图3 直探头检测用对比试样
T-试样厚度;S-检查面到平底孔的距离;a-平底孔的垂直度

(2)对于单晶片直探头,用图2对比试样平底孔的第一次反射波高度调整到满刻度的50%作为检测灵敏度。

(3)板厚大于或等于探头的3倍近场区时,检测灵敏度用计算法,通过钢板完好部位的第一次底面回波高度来确定。

3.4 探头扫查形式

(1)探头沿垂直于钢板压延方向、间距不大于 100mm 的平行线扫查,在钢板周边 50mm(板厚大于 100mm 时,取板厚的一半)及坡口预定线(供需双方在合同或技术协议中确定具体位置时适用)两侧各 25mm 沿周边进行扫查。

(2)用双晶片探头时,探头隔声层应与压延方向平行(垂直于压延方向扫查)。

3.5 检测速度

检测速度应不影响探伤。但在使用不带自动报警或自动记录功能的探伤仪器或设备时,检验速度应不大于 200mm/s。

3.6 缺陷的测定与评定

在检验过程中,发现下列情况应记录。

(1)缺陷第一次反射波(F1)波高大于或等于荧光屏满刻度的 50%或报警门限。

(2)当底面第一次反射波(B1)波高未达到荧光屏满刻度时,缺陷第一次反射波(F1)波高与底面第一次反射波(B1)波高之比大于或等于 50%。

(3)当底面(或板端部)第一次反射波(B1)波高低于满刻度的 50%或报警门限。

4 钢塔焊缝接头形式

钢塔焊缝接头形式:对接接头、全熔透角焊缝、部分熔透角焊缝。焊缝宏观腐蚀截面如图 4~图 6 所示。

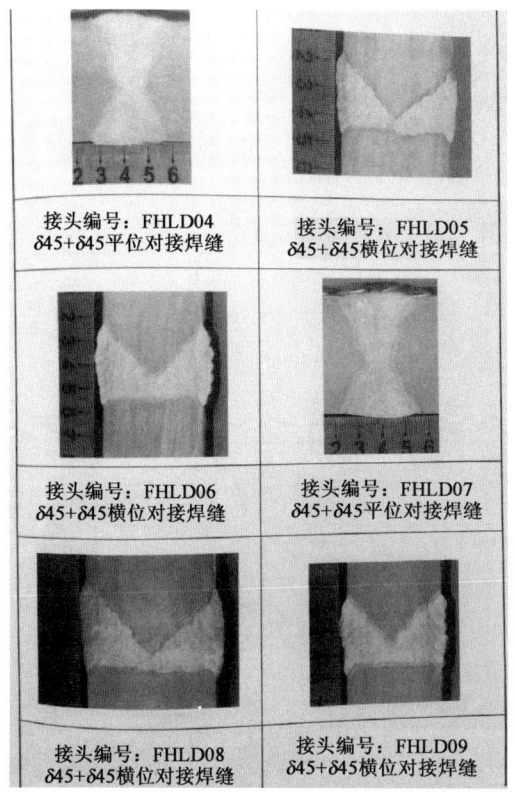

图 3 对接接头

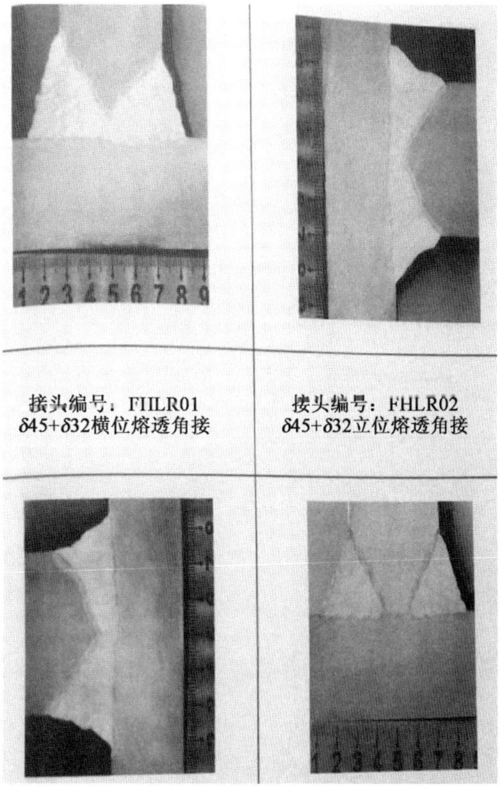

图 4 全熔透角焊缝

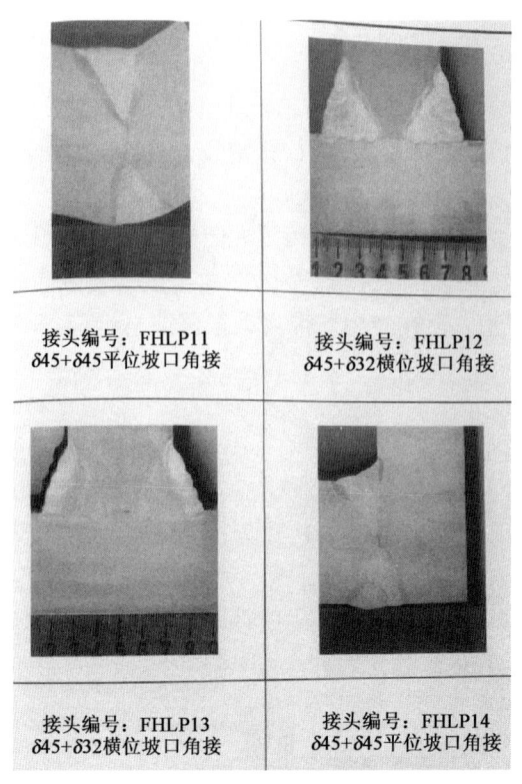

图 5　部分熔透角焊缝

5　低合金高强度结构钢(Q420qE)钢塔焊缝超声波检测

5.1　探头选择

针对此种高强度、大厚度焊缝的检测选择三种角度的横波斜探头和纵波直探头检测,对于焊缝中缺陷的检出率较高,见表2、图7。

探 头 选 择　　　　　　　　　　　　　　表2

换能器类型	频率(MH)	晶片尺寸(mm)	角度(K值)	特　　点
横波斜探头	2.5	13×13	45°(K_1)	端角反射率较高,裂纹检出率高(图6)
横波斜探头	2.5	13×13	56.3°(K_2)	适应厚度范围较大
横波斜探头	2.5	13×13	56.3($K_{2.5}$)	检测近表面缺陷
纵波直探头	2.5	$\phi14$	—	检测角焊缝剖口面积型缺陷

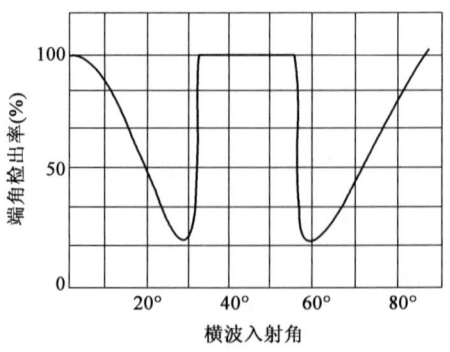

图7　端角反射

5.2 检测范围

厚板检测以超声波直射波为主,一次反射波为辅。跨距选择 $1.25P$(P 为跨距,$P=2KT$)为最优(图8)。

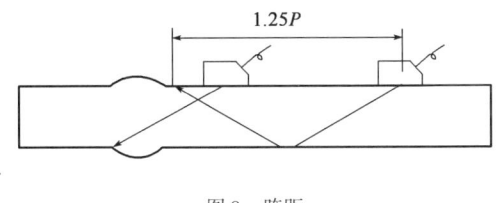

图8　跨距

6 低合金高强度结构钢(Q420qE)钢塔焊缝磁粉检测

6.1 交流磁轭法、连续法

磁粉检测适用于焊缝表面、近表面缺陷的检测和缺陷等级评定。

磁轭法是用固定式电磁轭两磁极夹住工件进行整体磁化,或用便携式电磁轭两磁极接触工件表面进行局部磁化,用于发现与两磁极连线垂直的缺陷。在磁轭法中,工件是闭合磁路的一部分,用磁极间对工件感应磁化,所以磁轭法也称为极间法,属于闭路磁化,如图9所示。

交流电具有趋肤效应,因此对表面缺陷有较高的灵敏度。

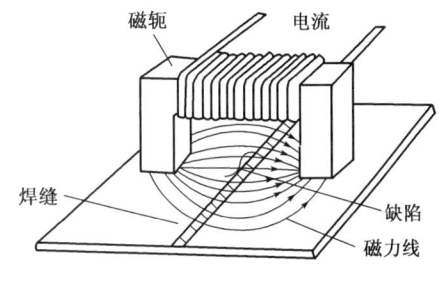

图9　电磁轭局部磁化

便携式电磁轭,一般做成带活动关节,磁极间距 L 一般控制在 $75\sim200\mathrm{mm}$ 为宜,但最短不得小于 75mm。因为磁极附近 25mm 范围内,磁通密度过大会产生过度背景,有可能掩盖相关显示。在磁路上总磁通量一定的情况下,工件表面的磁场强度随着两极间距 L 的增大而减小,所以磁极间距也不能太大。

6.2 角焊缝裂纹

因为 Q420qE 材质对应力比较敏感,所以角焊缝受应力影响时,在熔合区和热影响区易产生表面裂纹。这种表面裂纹用磁粉磁轭法、连续法检测,检出率较高,如图10、图11所示。

图10　钢塔节段角焊缝展示

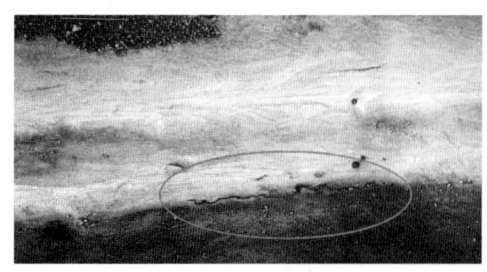 

图 11　熔合区表面裂纹

7　结语

针对本项目所用低合金高强度钢(Q420qE)的无损检测,采用优化后的脉冲反射法超声波检测技术和磁粉检测技术(磁轭法、连续发),可以有效保证原材料的质量和焊缝的质量。

参 考 文 献

[1] 郑辉,林树青.超声检测[M].2版.北京:中国劳动社会保障社,2008.
[2] 宋志哲.磁粉检测[M].2版.北京:中国劳动社会保障社,2007.
[3] 王晓雷.无损检测相关知识[M].北京:中国劳动社会保障出版社,2016.
[4] 中华人民共和国行业标准.承压设备无损检测:NB/T 47013—2015[S].北京:新华出版社,2015.

57. 济南凤凰路黄河大桥钢塔厚板焊接变形控制及质量保证措施

冯 辉[1] 李盘山[2] 李彦国[1] 穆长春[1] 吴江波[1]

(1.中铁宝桥(扬州)有限公司；2.山东易方达建设项目管理有限公司)

摘 要：济南凤凰路黄河大桥钢塔壁板板厚较厚，最厚的板厚达到60mm，属于厚板焊接，厚板焊接过程中的变形控制及保证焊缝外观良好、内部质量优异为钢塔壁板焊接的重点内容。

关键词：厚板焊接 变形控制 质量保证措施

1 引言

本文将结合济南凤凰路黄河大桥钢塔焊接实例从焊接变形的产生原因、影响因素、控制措施三方面分析焊接变形的本质，制订相应的控制焊接变形措施，以最大限度控制厚板焊接的变形。

2 焊接变形产生的原因

在焊接过程中，由于焊接加热，熔合线以外的母材产生膨胀，接着冷却，熔池金属和熔合线附近的母材产生收缩，因加热、冷却这种热变化在局部范围急速地进行，膨胀和收缩变形均受到拘束而产生塑性变形。在焊接完成并冷却至常温后该塑性变形残留下来形成焊接变形。

厚板焊接由于板厚较厚，需开设深坡口进行焊接，焊缝排列为多层多道，熔池金属和熔合线附近的母材多次受热，多次进行膨胀和收缩，焊接变形的控制成为重中之重。

3 焊接变形的影响因素

3.1 焊缝截面积的影响

焊缝截面积是指熔合线范围内的金属面积。焊缝面积越大，冷却时收缩引起的塑性变形量越大，焊缝面积对纵向、横向及角变形的影响趋势是一致的，而且是起主要的影响。因此，在板厚相同时，坡口尺寸越大，收缩变形越大。

3.2 焊接热输入的影响

一般情况下，热输入大时，加热的高温区范围大，冷却速度慢，使接头塑性变形区增大。

3.3 焊接方法的影响

不同焊接方法的热输入差别较大,在桥梁钢结构焊接常用的几种焊接方法中,在其他条件如焊缝截面积等相同情况下,埋弧自动焊热输入最大,收缩变形最大,手工电弧焊居中,CO_2气体保护焊最小。

3.4 接头形式的影响

在焊接热输入、焊缝截面积、焊接方面等因素条件相同时,不同的接头形式对纵向、横向、角变形量有不同的影响。常用的焊缝接头形式有T形角接接头、对接接头等。T形角接接头,其焊缝横向收缩情况与焊缝面积成正比,与板厚成反比;对接接头在单面焊时坡口角度大,板厚上、下收缩量差别大,因而角变形较大。双面焊时情况有所不同,随着坡口角度的减小,横向收缩减小,同时角变形也减小。

3.5 焊接顺序的影响

制订合理的焊接顺序,可以通过避免焊接热量集中,从而很大限度地减小焊接变形。

4 济南凤凰路黄河大桥钢塔厚板焊接及焊接变形控制

4.1 钢塔壁板对接

钢塔壁板对接坡口如图1所示。焊接实例如图2所示。焊缝第一道采用实心焊丝CO_2气体保护焊焊接,其余焊道采用埋弧自动焊焊接。

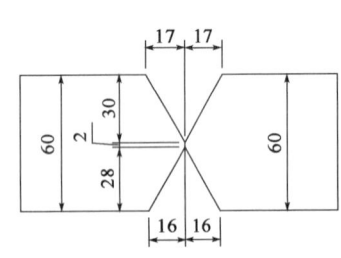
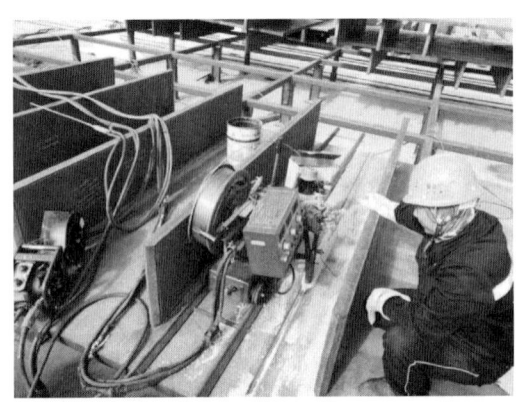

图1 钢塔壁板对接坡口(尺寸单位:mm)　　　　图2 钢塔壁板对接焊接实例

焊接变形控制措施:

(1)减小焊缝横截面面积。

在得到完整、焊缝内部无超标缺陷的前提下,尽可能采用较小的坡口尺寸。

(2)控制层(道)间温度。

控制层(道)间温度不低于最低预热温度要求,且最高不高于200℃,以控制每一道焊缝的热输入;焊接参数严格按照焊接工艺指导书执行,以控制焊缝整体焊接热输入。

(3)坡口形式。

采用双侧双面坡口,进行多层多道焊接,焊接时通过翻身在坡口两侧交替焊接,以防止单侧坡口的角变形过大,并且保证每一道焊缝的焊接方向相同,防止扭曲变形。

(4)反变形。

焊前预设反变形,以控制焊后的角变形。

(5)焊后修整

在无损检测合格后,采用火焰矫正方式对局部平面度超差部位进行校平。

4.2 钢塔节段间环口焊接

钢塔节段间环口焊接坡口如图3所示。焊接实例如图4所示,所有焊道采用药芯焊丝 CO_2 气体保护焊焊接。

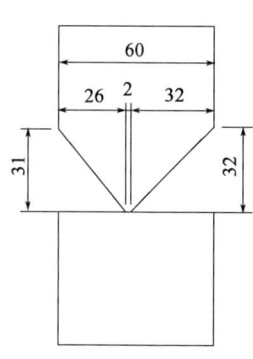

图3 钢塔节段间环口对接坡口(尺寸单位:mm)

图4 钢塔节段间环口焊接实例

焊接变形控制措施:

(1)控制坡口尺寸。

在保证焊接操作、焊缝内部质量的前提下,尽可能地减小坡口角度,从而控制坡口尺寸。

(2)焊接方法。

采用热输入量小的药芯焊丝 CO_2 气体保护焊进行焊接,控制整个环口对接的热输入。

(3)坡口形式。

钢塔节段间环口焊接采取上侧钢板开设非对称K形坡口,下侧钢板不开坡口的形式进行焊接,焊接时可根据实际情况,在坡口两侧交替焊接,控制焊接变形。

(4)焊接顺序。

钢塔节段间环口焊接顺序如图5所示(图中箭头表示焊接方向)。

① 由2名工人同时对称焊接腹板对接焊缝;
② 由2名工人同时对称焊接侧壁板对接焊缝;
③ 由2名工人同时对称焊接内壁板、外壁板对接焊缝;
④ 由2名工人同时对称焊接内壁板、外壁板对接焊缝。

通过合理的焊接顺序及焊接方向,避免焊接热量集中,对称焊接,使焊接变形相互抵消,可以最大限度地控制焊接变形。

5 厚板焊接质量保证措施

5.1 焊接材料

济南凤凰路黄河大桥钢塔钢板材质为 Q345qE 和

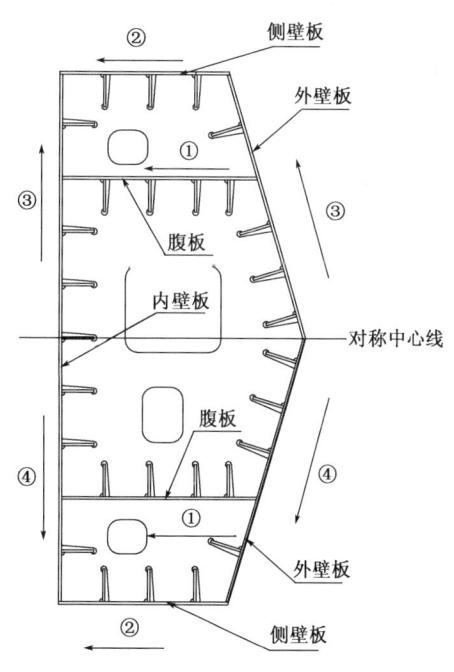

图5 钢塔节段间环口焊接顺序

Q420qE,钢板强度较高,质量等级为最高级,选择合适的焊接材料,使焊缝与钢板母材达到良好的强韧性匹配是焊接材料选材的重点。在广泛调研的基础上,结合以往项目经验,根据钢板母材的工艺性、力学性能,结合设计文件对焊缝力学性能要求,选择表1中焊材。

焊材的选用 表1

钢材	埋弧自动焊	药芯焊丝CO_2气体保护焊
Q345qE	S49A4UFB-SU35H5	T494T1-1C1AUH5
Q420qE	S55A4UFB-SUG35H5	T494T1-1C1AUH5

选用的焊接材料都属于低氢焊接材料,从源头上控制焊缝中氢的含量,从而有效防止氢致裂纹的产生。

5.2 焊工培训及选拔

在焊接前对焊工进行培训及技术交底,对焊接过程当中的注意事项进行强调,明确各种焊接材料的使用部位,焊接过程当中的焊接参数、焊接方向及焊接顺序严格按照焊接工艺要求执行。

对参与本项目焊接的焊工进行焊前考试,考试分为理论考试及实作考试,理论考试让焊工掌握基本的理论知识,可以更好地进行实际操作。实作考试按照构件的实际焊接位置进行,按照《公路桥涵施工技术规范》(JTG/T F50—2011)对焊接试板进行外观检查及无损检测,最后按照每个焊工的考试成绩,择优录取。

5.3 焊前打磨

按照本项目焊接工艺规程进行焊前打磨清理,将焊缝及周围30mm区域内的锈蚀、油污等清理干净,最大限度地避免了焊缝中产生气孔及夹渣等缺陷。

5.4 焊前预热及道间温度

本工程使用的Q345qE和Q420qE钢材均为厚板,厚板焊接具有较敏感的冷裂倾向,对拘束应力较大的焊接接头,合理的焊前预热可有效降低接头拘束度及焊后焊缝的冷却速度,是最有效地防止焊缝产生冷裂纹的措施。每一道焊缝之间的温度要求不低于最低预热温度,但不能高于200℃,可以有效控制焊缝内部晶粒大小,避免晶粒粗大,降低焊缝韧性。

5.5 焊接过程控制

合金元素锰(Mn)有很好的脱硫(S)作用,当焊接电流和焊接速度过大时,会使得焊缝熔池中的合金元素Mn有一定程度的烧损,使得焊缝熔池中S有所增加。S元素形成的杂质的熔点较低,在金属结晶的过程中往往被挤到最后结晶的焊缝中心,形成液态薄膜。如果这时焊缝受到拉应力作用,这层富含杂质的液态薄膜就会开裂,形成裂纹。

严格按照焊接工艺作业指导书要求控制焊接时的电流、电压及焊接速度,从而控制每一道焊缝的热输入,既可以保证焊缝优异的力学性能,又能保证良好的焊缝内部质量,避免气孔、裂纹等缺陷发生。

5.6 焊缝外观检查

焊缝进行外观检查,不得有裂纹、未熔合、夹渣、焊瘤等缺陷,外观质量符合《公路桥涵施工技术规范》(JTG/T F50—2011)中第19.6.1节的规定。

5.7 焊缝无损检验

焊缝外观质量检查合格后进行无损检测,检验在试板焊接完成48小时后进行。无损检验按照《公路桥涵施工技术规范》(JTG/T F50—2011)的有关规定进行,质量等级Ⅰ级;并按照设计文件要求,对钢塔壁板对接焊缝及钢塔节段间环口对接焊缝进行了 B 级超声波探伤及 C 级超声波探伤,确保焊缝内部质量及性能优异。

参 考 文 献

[1] 付荣柏.焊接变形的控制与矫正[M].北京:机械工业出版社,2006.

58. 超宽钢箱梁拼装定位及焊接变形控制

许凯峰[1] 郭腾科[2] 刘 健[3] 侯守军[4]

（1.济南城建集团有限公司；2.济阳黄河河务局；3.中铁山桥集团有限公司；
4.济南城市建设集团有限公司）

摘 要：超宽钢箱梁截面尺寸大，熔透焊缝多，整体拼装焊接时很容易产生变形。本文主要介绍了整体拼装定位时如何保证其尺寸精度，控制由焊接产生的变形以及变形后的矫正措施。测量结果表明，超宽钢箱梁的尺寸误差控制在合理的范围之内。同时也为今后同类型钢箱梁的拼装制作提供了基础。

关键词：超宽钢箱梁 拼装定位 精度控制 焊接变形 几何尺寸

1 工程概况

济南凤凰路黄河大桥为三塔双索面组合板组合梁自锚式悬索桥，包括南北侧主桥、水中引桥、跨大堤引桥。桥梁总长5 111m，其中跨黄河段主桥长度3 788m，引桥部分长度1 323m，南北侧跨大堤引桥长度为2 788m，为目前世界上最大跨度的三塔自锚式悬索桥。其中包括131个梁段钢箱梁，二标段共计43 600t。标准梁段全宽61.7m。全桥采用全焊结构，其主要材质为Q345qE，设计为双向四车道，中间预留城市轨道交通空间，也是同类型桥梁中世界最宽钢箱梁。主桥总体布置和钢箱梁标准截面见图1。

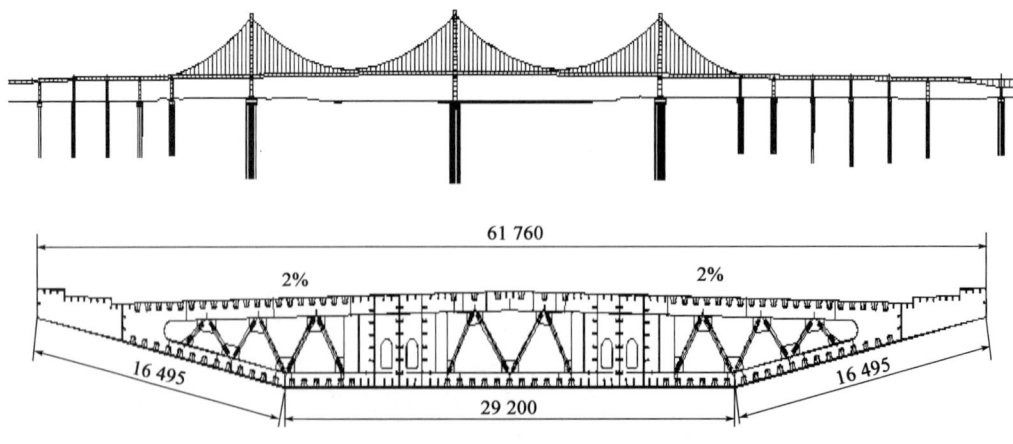

图1 主桥总体布置图和钢箱梁标准截面图(尺寸单位：mm)

钢箱梁在整体拼装时,各个板单元之间存在大量熔透对接焊缝,极易产生焊接收缩变形。并且由于设计宽度较大,拼装完成后的整体尺寸不易保证,从而影响梁段之间对接精度。特别是顶板、底板、腹板、隔板等重要的板件之间焊缝密集,焊接量大。控制其组装定位精度尤为重要。因此,为保证梁段之间顺利对接及整体尺寸符合设计要求,必须控制关键板单元的定位精度及因焊接收缩引起的变形。

2 梁段整体拼装顺序

合理的拼装顺序影响着定位精度的准确,超宽梁段钢箱梁的拼装顺序影响梁段整体尺寸及整体线性。对于宽度较大的钢箱梁按照从下至上,从中间至两边的顺序组装,使整个箱梁在无约束应力的状态下组装。组装顺序为:组装底板及斜底板→组焊中腹板单元→组焊横隔板单元及底板接板单元→组焊边腹板单元→组焊挑臂单元→组装支撑角钢→组焊顶板单元、施拧支撑角钢高强度螺栓→组焊锚拉板单元。

2.1 组装底板及斜底板

首先进行底板单元定位,从每轮次的基准梁段开始,将中心底板单元置于胎架上,使其横、纵基线与标志塔上的定位线精确对齐。之后定位其他底板单元,依次对称组焊两侧底板板块、斜底板,组装时应按设计宽度精确预留焊接收缩量,纵向控制相邻制梁段间距和端口垂直度、板边直线度,如图 2 所示。

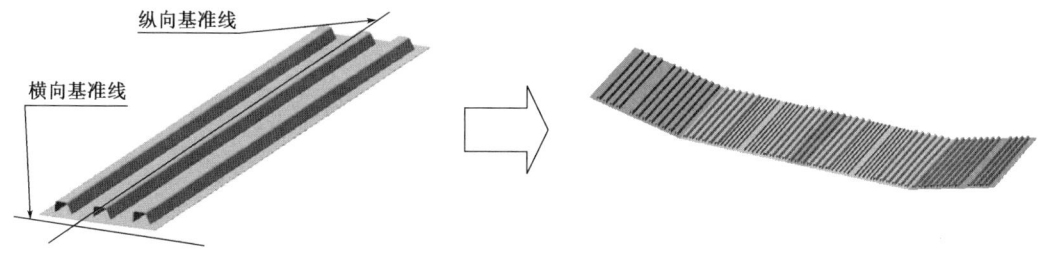

图 2 组焊定位底板及斜底板

2.2 组焊中腹板单元

以标志塔上的定位线和中心底板的纵横基线为基准,从基准梁段开始依次组装中腹板单元,重点控制中腹板横桥向位置及腹板倾斜度,并检测中腹板处顶板高程应符合钢箱梁横坡要求。焊接腹板与底板的焊缝,如图 3 所示。

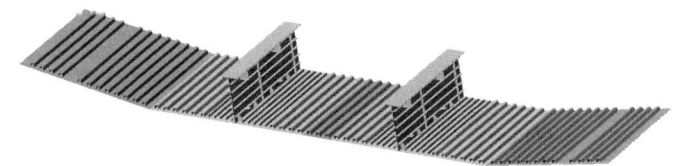

图 3 组焊定位中间腹板单元

2.3 组焊横隔板单元及底板接板单元

以底板的横基线为基准,从基准梁段开始组装中腹板两侧的横隔板单元,然后组装与横隔板单元相邻的底板接板,最后组装两侧的横隔板单元,重点控制横隔板倾斜度。先焊接隔板(含接板)与底板的焊缝,再焊接横隔板与腹板的焊缝及横隔板(含接板)立对接焊缝,定位横隔板时严格控制横隔板直线度和上缘高程符合横向坡度要求,如图 4 所示。

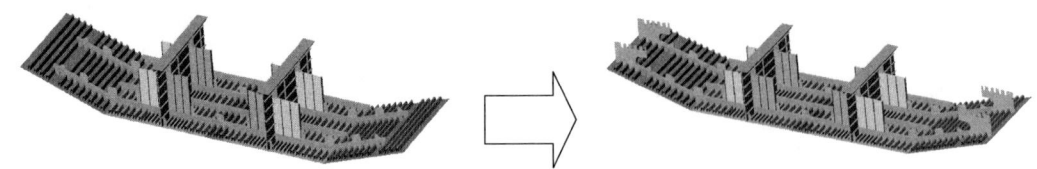

图 4 组焊定位横隔板单元及底板接板

2.4 组焊边腹板单元

以底板的横基线为基准,从基准梁段开始依次组装边腹板单元,重点控制边腹板垂直度及上缘高程,并严格控制节段间边腹板匹配度,确保梁宽符合技术要求,如图5所示。

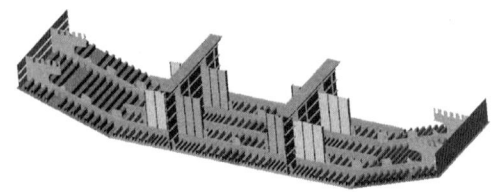

图 5 组焊边腹板单元

2.5 组焊挑臂单元

挑臂零件单独做成一个块体后,整体组焊至边腹板。以底板的横基线为基准,从基准梁段开始依次组装挑臂单元,重点控制挑臂顶板横坡及挑臂边板横桥向宽度,如图6所示。

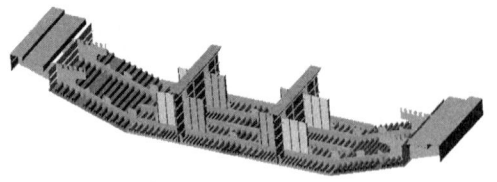

图 6 组焊挑臂单元

2.6 组装支承角钢

用冲钉定位支撑角钢,用普通螺栓紧固,双角钢间的缀板仅焊接在一侧角钢上,与另一侧角钢暂不焊接,如图7所示。

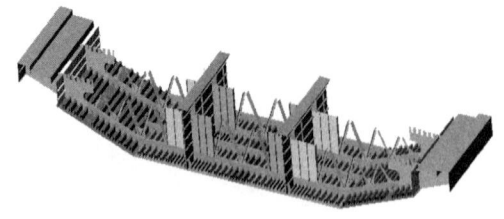

图 7 组装支承角钢图

2.7 组焊顶板单元、施拧支撑角钢高强度螺栓

其余顶板单元完成二拼一并定位组焊横隔板顶板接板后,以中腹板上的顶板纵横基线为基准,依序组装顶板单元。用水准仪监控箱体高度和横向坡度符合要求后,将支撑角钢与顶板单元上的连接板用高强度螺栓初拧。对称完成顶板单元纵向对接焊缝、顶板接板对接焊缝的焊接。最后,按高强栓施拧要求完成支撑角钢的高强度螺栓施拧工作,如图8所示。

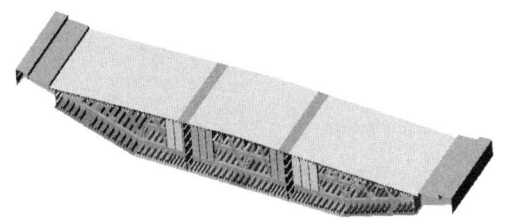

图8 组焊顶板单元、施拧支撑角钢高强度螺栓

2.8 组焊锚拉板单元

定位锚拉板时横向以标志塔上的定位线为基准,纵向以中心底板端口横基线为基准。定位过程用全站仪检测,控制锚点位置坐标。锚管中心线角度通过三角计算换算为长度尺寸进行控制。完成锚拉板与顶板的焊缝,如图9所示。

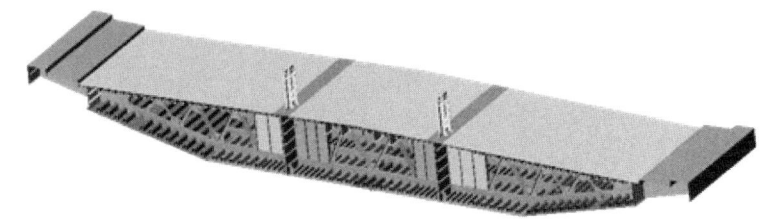

图9 组焊锚拉板单元

3 测量控制网的设计

为了控制超宽钢箱梁定位精度,在总拼之前利用胎架保证钢箱梁外轮廓的基本尺寸。通过调整胎架牙板的高度在横向设置预拱的方法抵消焊接变形及重力对定位精度的影响。用水准仪和经纬仪测量胎架的高程及横向尺寸,保证总拼前胎架的尺寸精度准确。在总拼时,胎架周围也要布置合理的测量控制网。拼装定位时利用全站仪随时测量梁段的高程、水平直线度、横向截面尺寸。胎架外侧的测量控制网共布置两个测量塔,两个地样。测量塔和地样均布置在胎架中心线位置上。整体组装时在梁段上设置测量高程控制点、水平直线度控制点、钢箱梁横向尺寸控制点。测量时通过测量点的位置对应到胎架外侧地面上的地样返到标志塔得到具体数值。测量点纵向主要布置在吊点处横隔板对应的钢梁顶面以及梁段之间接缝附近的钢梁顶面,横向布置在钢箱梁轴线处顶面、内腹板处顶面、外腹板处顶面,标准梁段每个断面布置5个测点。测量控制点位置见图10、图11。

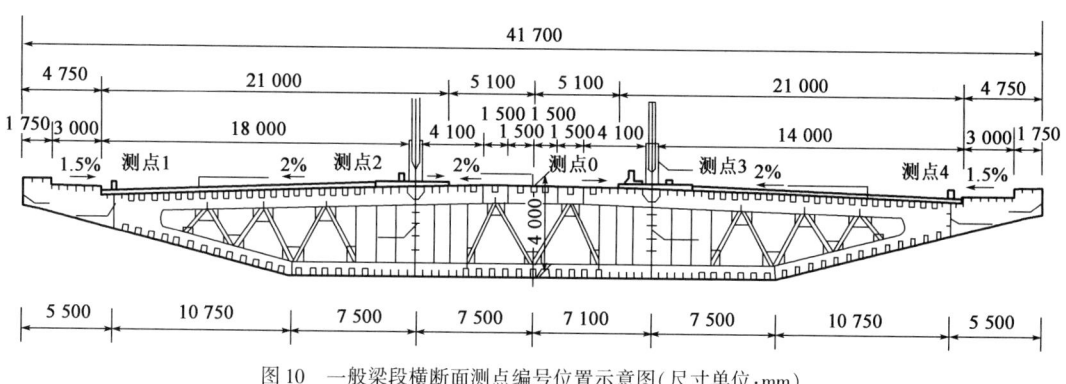

图10 一般梁段横断面测点编号位置示意图(尺寸单位:mm)

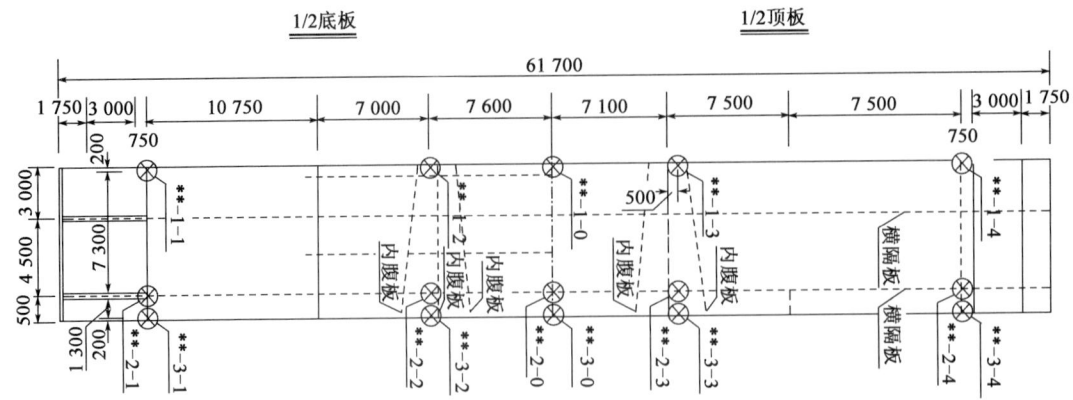

图 11　一般梁段纵向制造线形控制点布置图(尺寸单位:mm)

4　控制拼装焊接变形的措施

超宽钢箱梁截面尺寸大,熔透焊缝多。组装焊接时,板单元的焊缝处被加热到了熔化状态,形成了板件上温度的不均匀分布,使板单元出现了不均匀热膨胀,焊接区域受到阻碍不能自由膨胀受到压应力,周围金属受到拉应力。当被加热金属受到应力超出其屈服点时,会产生塑性变形。冷却之后金属板件产生收缩,收缩量与加热时产生的变形量不一致,就会使板单元整体尺寸发生改变。超宽钢箱梁板单元较多,尺寸大。累积之后就会对整体截面尺寸产生比较大的影响,从钢箱梁主要部件考虑控制焊接变形的措施。

4.1　底板的焊接变形控制措施

钢箱梁底板包括平底板和斜底板,二者之间有170°夹角。组焊完成后的平面度是控制底板焊接变形的关键因素。底板二接一时,将两块底板在专用胎架上给予一定量的反变形,焊接完成后配以火焰修整,保证平面度符合规定。总拼底板时,首先将底板与胎架上的牙板焊接固定,底板与底板对接焊缝之间焊接定位码板(图12)。其次用压重块压重的方法控制焊接变形(图13)。

图 12　底板对接焊缝之间的定位码板

图 13　压重块控制底板焊接变形

4.2　横隔板的焊接变形控制措施

横隔板起着限制超宽箱梁畸变和梁段横向变形,增加箱梁稳定性的作用,超宽钢箱梁隔板宽度大,设计时为了保证隔板的平面度,采取了分块式隔板的设计。腹板将隔板分成3个部分且左右对称布置。隔板作为整个钢箱梁的内胎,其位置精度直接影响钢箱梁的整体尺寸。定位时划线时,隔板的位置从底板基准头处的横基线返线。用丝杠调节隔板与底板的垂直度,并用垂直度检测尺检测,将其误差控制在2mm以内。之后使用角钢进行双面固定。焊接时按照从中间向两边的焊接顺序进行焊接。避免焊接应力集中在中间位置。对于隔板与底板熔透焊缝焊后收缩的问题,采取了工厂制作时宽度方向预留2~3mm焊接收缩量的方法控制其焊接变形。

4.3 腹板的焊接变形控制措施

腹板是钢箱梁主要受力部件,长度较大,与顶底板均为熔透焊缝,因此焊接时更应该控制其焊接变形,设计将超宽钢箱梁分为中腹板和边腹板。中腹板主要起到支承顶底板和连接固定隔板的作用。边腹板起到将拉索锚固力传到横隔板和整个钢箱梁断面的作用。定位时主要控制腹板的中心距、纵向垂直度及位置精度。

腹板定位时考虑温度变化对其影响,定位焊接时间选择在凌晨。以胎架中心线为基准返线定位中腹板,待定位中间隔板之后在定位边腹板。定位边腹板时用全站仪测量到胎架中心线的距离,保证组焊挑臂块体之前钢箱梁的外形尺寸,保证到胎架中心线距离小于或等于5mm,并且使用丝杠和千斤顶调整其平面度,定位后用马板将腹板与底板固定。焊接时先焊腹板与隔板处的熔透角焊缝,并用全站仪复测高程,合格之后焊接腹板与底板之间的熔透焊缝。

4.4 挑臂块体焊接变形控制措施

超宽钢箱梁两侧安装有挑臂,其主要作用是使钢箱梁截面成流线型,减少风阻。顶面主要承受人行道的载荷,并不作为主要受力构件,所以一般板厚设计较小。此桥板厚为12mm,属于中薄板焊接。因此焊接时更容易引起变形。组装挑臂有两种方式:一种是在胎架外面组焊成挑臂单元之后在安装到整体梁段上。另一种是在梁段胎架上组装即散拼法。散拼法主要适用于场地不平整,吊车不易操作的地方。此钢箱梁采用先焊成挑臂单元在吊装的方法,在胎架外面控制焊接变形。

定位时在专用平台上进行焊接,焊之前先将挑臂板件固定之后进行焊接,增加其刚性,并且要保证装配时的几何尺寸,组装时保证挑臂隔板的垂直度。

5 结语

钢箱梁拼装定位精度和焊接变形的控制是整个桥梁质量控制的关键因素。对于超宽、超大截面的钢箱梁是保证其节段对接,环口匹配的前提。通过上述方法控制其拼装定位精度及焊接变形,济南凤凰路黄河大桥首轮钢箱梁9个梁段整体尺寸误差均符合验收要求。为后续轮次的梁段拼装提供了科学的依据。

参 考 文 献

[1] 胡广瑞.大型公路钢箱梁整体拼装制造线形和尺寸的控制[J].钢结构,2006(5):74-75.
[2] 许贺,曹磊.寸滩长江大桥钢箱梁整体拼装定位精度和焊接变形控制技术[J].城市道桥与防洪,2017(07):114-116.
[3] 柴磊.钢箱梁制造变形控制方法[J].施工技术.2015(12):195.
[4] 李小松.港珠澳大桥深水区非通航孔桥钢箱梁焊接变形控制[J].钢结构,2015(05):72.
[5] 白玲.大型钢箱梁焊接收缩变形及其控制[J].钢结构,2001(3):07-08.

59. 高强度铸钢 ZG300-500H 与 Q345qE 厚钢板的焊接技术研究

李盘山¹ 苏 兰² 黄 杰³ 张玉奇³

(1.山东易方达建设项目管理有限公司;2.德阳天元重工股份有限公司;
3.中交第二航务工程局有限公司)

摘 要:针对高强度铸钢 ZG300-500H 与 Q345qE 厚钢板的焊接技术难点,制定合理的焊接工艺措施,并配以有效的焊后消氢和消应处理及焊后质量检测方法,保证了高强度铸钢 ZG300-500H 与 Q345qE 厚钢板焊缝质量,为更高强度铸钢与钢板异种件厚板的焊接提供了技术参考。

关键词:ZG300-500H Q345qE 异种钢焊接 厚板

常见的索鞍有全铸式、全焊式、组合式和铸焊式。从制作难度及受力特点来说,铸焊式结构具有一定的优势,国内特大悬索桥[1-2]索鞍鞍体,体积庞大,构造复杂,一般采用铸焊式结构。铸焊式主索鞍吸取了全铸式和全焊式这两种主索鞍的优点,即将结构形状复杂的鞍头采用铸钢铸造成型,将结构比较简单的底座采用钢板焊接组合成型。鞍体上半部分,俗称鞍头;鞍体下半部分,俗称底座。然而,随着科学技术和人们需要的提高,悬索桥的设计、建设朝着大跨度的方向发展,凤凰桥主跨为1332m,由于索鞍是悬索桥主缆体系的主要受力部件,结构不可更换的,就要求应用于悬索桥的索鞍材料的力学性能指标更高,以确保悬索桥的安全,同时凤凰桥工程位于济南市,冬季环境温度低。该桥选用高强度铸钢件优先选用 ZG300-500H,钢板选用 Q345qE,相对常见的铸钢 ZG270-480H 及钢板 Q345R 提高了一个强度等级,低温冲击韧性有了更高的要求,这样就给焊接制作提出了挑战。对此,认真研究技术重难点,合理选择焊接方法,采取相应的工艺措施,与焊丝厂家共同研究,开发了定制焊丝,实现了高强度铸钢 ZG300-500H 与 Q345qE 厚钢板的焊接,保证了焊缝质量。

1 母材的焊接性能

碳钢材料(ZG300-500H,Q345qE)的焊接性主要受淬硬性、组织状态等影响[3-5]。

1.1 淬硬性

淬硬性又叫可硬性,是指钢在正常淬火条件下,以超过临界淬火速度冷却所形成的马氏体组织能够达到的最高硬度。它主要与钢的含碳量有关。淬硬性通过碳当量值反映。ZG300-500H 的碳当量 CE≤0.46%(当需方有要求时),符合标准《焊接结构用铸钢件》(GB/T 7659—

2010);ZG300-500H 的 P、S 杂质允许含量较高,有淬硬性倾向。

1.2 组织状况

由于高强铸钢 ZG300-500H 含碳量高,金相组织非常粗大,塑性差和存在缩孔、偏析、夹渣等缺陷,焊后钢的淬硬倾向严重,在淬火区易产生淬硬的粗大马氏体。焊接时,如果焊接冷却速度较快,容易导致热影响区严重的脆化,产生冷裂纹。此外,由于铸件尺寸较大,结构相对复杂,尽管经过热处理,但是冷却速度相差较大,晶粒大小不均匀,可能存在一些较粗大铸状组织和部分铸造残余应力,同时局部可能存在一定的缺陷、杂质及成分偏析等微观缺陷,都对焊接可能造成极大的影响。

而 Q345qE 为热轧钢板,组织较为致密,组织状态良好,但由于钢板厚度较大,对于 T 形接头,容易造成层状撕裂。

2 焊接工艺措施

2.1 焊前准备

首先按照要求对铸钢件和钢板进行下料加工处理,需要加工的坡口按照技术要求通过加工设备加工制作,同时对机加工的坡口表面进行表面探伤检测合格。注意将焊缝两侧 100mm 内的油污、铁锈等杂质清理干净。

2.2 焊接顺序

为了减少和控制焊接变形,保证焊缝质量和构件尺寸为原则,采用随焊随测量的方法,根据变形情况随时调整焊接顺序。

(1)先焊短焊缝后焊长焊缝。焊接 1m 以上的长焊缝时要两头中间断断续续的焊,不要连续焊接,采用逐步退焊、跳焊预留焊接长度的方法,预留 100～200mm 的焊缝对纵向收缩变形给予补偿,减少焊接变形量。

(2)厚板焊接尽可能采用多层焊代替单层焊。"T"形接头板厚较大时采用开坡口对接焊缝。双面均可焊接操作时,要采用双面对称坡口,并在多层焊时采用与构件中心线(或轴线)对称的焊接顺序。

(3)对于焊缝较多的构件,组焊时要采取合理的焊接顺序。根据结构和焊缝的布置,要先焊收缩量较大的焊缝,后焊收缩量较小的焊缝;先焊拘束度较大而不能自由收缩的焊缝,后焊拘束度较小而能自由收缩的焊缝。

其他焊缝的焊接顺序原则:由中间向两侧对称焊接;先短后长焊接原则;先焊对接焊缝,后焊角焊缝;组焊结构合理的分配成各个组元,并进行合理的组对焊接;构件刚性最大的部位最后焊接;当已知载荷产生的应力时,先焊拉应力区,后焊剪应力区和压应力区。

2.3 层状撕裂控制

焊接结构中母材厚度方向上需承受较大焊接收缩应力时,应选用具有较好厚度方向性能的钢材。防止厚板层状撕裂的工艺措施如下:

(1)使用高熔敷率、低氢或超低氢焊接方法和焊接材料进行焊接;

(2)采用塑性较好的焊材在坡口内母材板面上先堆焊塑性过渡层;

(3)采用合理的焊接顺序,减少接头的焊接拘束应力。先焊具有较大熔敷量和收缩的较厚接头,后焊较小厚度的接头;

(4)在不产生附加应力的前提下,提高焊接接头的预热温度。

2.4 焊接方法及焊接材料

为了防止焊后冷裂纹的出现,以尽量降低焊接接头的含氢量,同时有效地防止厚板的层状撕裂问题,焊接时优化低氢型焊接方法:CO_2气体保护焊。使用低氢型、塑性好的焊材再配合低氢型焊接方法CO_2气体保护焊,控制焊缝中氢的含量。考虑产品焊后需要进行热处理消除应力处理,同时结合母材的力学性能,优选定制焊材材料。研究选用ER62-G(直径$\phi1.2mm$)焊丝作为焊接材料。ER62-G的化学成分见表1。ER62-G的力学性能见表2。

ER62-G 焊丝化学成分　　表1

型号	C	Mn	Si	P	S	Ni	Ti	Cu	Cr
ER62-G	≤0.10	1.50~2.00	0.40~0.80	≤0.015	≤0.020	0.40~1.40	≤0.15	—	—

ER62-G 焊丝熔敷金属力学性能表　　表2

型号	屈服强度(MPa)	抗拉强度(MPa)	伸长率(%)	冲击功(J) -40℃
ER62-G	≥510	≥620	≥20	Akv≥60

2.5 预热和层间温度的控制

为了消除构件上附着的水分,减少气孔,防止热影响区脆化和冷裂纹的产生,改善焊接接头组织性能,保证焊缝的力学性能达到技术指标,减少焊后残余应力的产生,同时又是厚板的焊接,焊前必须采取预热措施。预热温度根据构件的形式、板子厚度选用150~200℃。在后续焊接过程中,保证层间温度在200~250℃。后附预热过程照片,见图1。

图1　预热过程照片

2.6 焊接参数及方法

为了防止热影响区金属组织硬化,焊接时要降低焊接速度,使熔池缓慢冷却,考虑到厚板焊接,采用多层多道焊,打底层采用小电流焊接,采用直流反接,减少金属飞溅和焊缝中的气孔。焊接中间层时,焊缝大部分经过前一层的硬化区,可以起到回火的作用,可使硬化区减小。焊接完每一层后,在保证层间温度的同时,还可以采用锤击的方式轻轻锤击焊缝金属表面,以减少焊接残余应力。焊接规范见表3。施焊过程照片,见图2。

气体保护焊焊接规范　　表3

焊接顺序	焊接方法	填充材料 焊丝型号	填充材料 规格(mm)	极性	焊接电流(A)	电弧电压(V)	焊接速度(cm/min)
打底层	GMAW	ER62-G	$\phi1.2$	直流反接	240~260	28~30	22~30
填充层	GMAW	ER62-G	$\phi1.2$	直流反接	260~280	30~32	24~45
盖面层	GMAW	ER62-G	$\phi1.2$	直流反接	260~280	30~32	24~45

图2 施焊过程照片

3 焊后处理

焊后进行焊后消氢处理,在焊接完成以后,焊缝尚未冷却至100℃以下时,进行的低温热处理。一般规范为加热到250～350℃,保温2～6h。焊后消氢处理的主要作用是加快焊缝及热影响区中氢的逸出,对于防止低合金钢焊接时产生焊接裂纹的效果极为显著。待焊缝冷却到室温后,对焊缝外观进行100%检测,外观无缺陷。为降低焊接残余应力和保证焊缝和热影响区的组织和性能,检测合格后对焊缝进行消除应力热处理,炉内升温到560℃±10℃保温4～8h,升温和降温速度小于或等于60℃/h,进炉温度小于或等于200℃,出炉温度小于或等于250℃。

4 质量检测

根据板厚情况,100mm以下的异种钢板,焊缝的超声波检测在24h后进行。针对100mm以上的特厚板,超声波检测应在焊后48h或更长时间进行。焊后焊缝的合格等级要求超声波(UT)GB/T 11345—2013 检验等级B级,GB/T 29712—2013 验收等级2级。经检测均符合标准等级要求。

5 结语

通过分析高强度铸钢ZG300-500H与Q345qE厚钢板的焊接性技术难点,认真研究焊接方法和工艺,优选CO_2气体保护焊,并匹配合理的焊接工艺措施,同时对焊后的焊缝进行消氢和消除焊接应力热处理,根据板厚情况设定不同的检测预留时间。研究结果表明:成功地完成高强度铸钢ZG300-500H与Q345qE厚钢板焊接,保证了焊接质量,为将来更大厚度及更高强度的异种板的焊接提供了有益的参考依据。

参 考 文 献

[1] 钱冬生,陈仁福.大跨悬索桥的设计与施工[M].成都:西南交通大学出版社,1999.
[2] 周昌栋,谭永高,宋官保.悬索桥上部结构施工[M].人民交通出版社,2004.
[3] 中华人民共和国国家标准.焊接结构用铸钢件:GB/T 7659—2010[S].北京:中国标准出

版社,2010.
[4] 中华人民共和国国家标准.桥梁用结构钢:GB/T 714—2015[S].北京:中国标准出版社,2015.
[5] 柴昶.厚板钢材在钢结构钢材中的应用及其材性选用[J].钢结构,2004,19(5):47-53.

三、桥梁设计

60. 湖北长江大桥建设中几点探讨研究

姜友生 周焱新 陈飚

（湖北省交通运输厅）

摘 要：在湖北新一轮多达十一座长江大桥建设过程中，进行了设计荷载标准、通道功能利用、结构优化设计、装备设备研制等方面研究，取得了一些创新成果，助推了长江大桥高品质建设，效果良好。

关键词：大桥建设 实施方案 创新

1 湖北近期长江大桥建设情况

长江在湖北由东往西穿行1 061 km，形成水上运输的黄金水道，也造成南北陆上交通的天堑，极大制约了高效快捷交通网形成。建设更多的跨越长江大桥，是交通人努力追求的目标。到2018年底，湖北境内长江上建了长江大桥27座。在"十三五"期间，湖北进入长江大桥建设的新高潮，总数达11座（表1）。同一时期，在一省建设如此之多的长江大桥，这在我国建桥史上是空前的。

湖北近期建设的长江大桥一览表   表1

序号	桥名	地理位置	跨径(m)	结构形式	建成、预计建成时间
1	白洋长江公路大桥	宜昌市	1 000	钢桁梁悬索桥	2020年8月
2	棋盘洲长江公路大桥	黄石市	1 038	钢箱梁悬索桥	2020年12月
3	杨泗港长江大桥	武汉市	1 700	双层钢桁梁悬索桥	2019年9月
4	伍家岗长江大桥	宜昌市	1 160	钢桁梁悬索桥	2020年12月
5	青山长江公路大桥	武汉市	938	钢箱梁斜拉桥	2019年10月
6	公安长江公铁大桥	荆州市	518	双层钢桁梁斜拉桥	2019年12月
7	石首长江公路大桥	荆州市	820	混合梁斜拉桥	2019年6月
8	赤壁长江公路大桥	咸宁、荆州	720	结合梁斜拉桥	2020年12月
9	嘉鱼长江公路大桥	咸宁、荆州	920	混合梁斜拉桥	2019年12月
10	武穴长江公路大桥	黄冈、黄石	808	混合梁斜拉桥	2020年12月
11	香溪长江公路大桥	宜昌市	519	中承式钢箱桁架拱桥	2019年10月

这一批长江大桥具有桥形体系多样（悬索桥、斜拉桥、拱桥等）、通行能力大（杨泗港长江大桥双层十二车道+双层人行道、非机动车道，沌口长江大桥、青山长江大桥八车道等），荷载

标准高(沌口、青山长江大桥按重载交通设计,公安长江大桥采用重载铁路和高速公路合建)、跨径大(悬索桥最大主跨1 700m、斜拉桥最大跨径938m、拱桥主跨519m)、设计施工技术创新点多(依托沌口桥成功开发全熔透自动焊接技术、白洋桥锚碇砂砾层扩大基础等)等特点。目前,工程推进顺利,预计都将如期建成。

2 湖北长江大桥建设创新实践

长大桥梁工程建设在一定意义上讲是国家综合技术实力的体现,是实现技术进步和装备、工艺水平提高的良好载体。我省同期开展一批长江大桥建设,这是广泛开展管理和技术创新活动、推动长大桥技术进步的绝好机遇。在组织这轮长江大桥建设过程中,在国内众多专家支持下,我们在设计标准选择,通道资源综合利用,设计方法改进,施工工艺完善等方面,进行了初步探索,并取得了良好效果。

2.1 合理选用标准,适应不同通道荷载要求

现阶段,我国道路超载运输还普遍存在,造成大量结构早期破坏,经济损失巨大,社会反响恶劣。在继续治理超载行为同时,作为桥梁建设者也应正视这一现实,有针对性地开展桥梁结构设计,提高一些重载交通量大的通道、桥梁结构的设计荷载水平,以适应大量重载交通通行需要,提高结构耐久性,延长工程结构全寿命周期。在武汉市四环线沌口、青山两座长江大桥的前期工作阶段,我们系统分析相邻白沙洲、军山大桥通行荷载特点及结构受损情况,考虑了四环线是武汉市规划的货运交通过江通道、通道预测交通量60%以上为重载交通的特点,开展设计荷载标准专题研究。根据专题研究结论,两座长江大桥设计验算荷载采用城市桥梁A类、标准重车70t荷载设计标准,较现行49t、55t标准车荷载分别提高43%、27%。

经分析计算,沌口桥主梁钢箱梁正交异性板顶部仅需加厚2mm、引桥40m T结构顶板加厚2cm,就可以满足提高后的受力要求。这种针对特殊荷载需要的标准提高,增加的工程数量对整个大桥工程来说几乎可以忽略不计,但对桥梁结构的行车道板提高承载能力贡献巨大,为结构耐久性和长远适应性奠定了良好基础。

2.2 加强通道资源统筹规划,提升通道资源使用效率

当前,环境保护、土地自然等制约工程建设的各种要素日益趋紧,成本高,审批环节多,推进一座长大桥建设十分困难。在这一形势下,作为规划者、建设者要克服短期行为,不要满足多建快建,而要追求建通行能力大、适应通行方式多的高品质桥梁。况且,一般公铁、公公等合建要比分开建设合计成本要低得多。

在湖北公安、黄冈两座铁路长江大桥建设时,通过沟通协调,均采用公铁共建的钢桁架主梁斜拉桥方案。公路部门仅投资6亿~8亿元就获得了六车道的高速公路桥梁通道。在湖北独立修建一座六车道长江公路大桥需投资20亿~30亿元(主桥)。今年国庆期间开通的武汉杨泗港长江大桥采用双层桥面布置,上层为双向六车道城市快速路,两侧设置了人行观光道;下层为双向四车道城市主干路,两侧设置了非机动车道和人行道,既极大满足了两岸出行需求,也成为市民、游客观景、旅游热地,社会反响很好。

正在建设的白洋长江大桥采用钢桁架梁结构,既规避了常规钢箱梁正交异性板疲劳开裂和桥面铺装早期破损问题,又为后期预留拓展城市通行功能(人行和公交通行)创造了有利条件,一举多得。但也有某桥,建设部门提出市政配套出资3亿元就考虑共建公路功能,而因地方不配合未实现。这是非常遗憾和不明智的事情。

在目前长大桥建设开展前期工作特别困难、跨径大、成本已经很高的情况下,公路、铁路、

市政等部门应通力协作,发挥制度优势,着眼未来,在未来有需求的前提下尽量考虑普通公路、高速公路、铁路、行人等两种以上通行方式共用过江桥梁,即使近期需求不迫切也应预留将来改扩建条件。特别是铁路桥过江时兼顾公路交通,既可节约大量建设成本,又充分利用通道资源,也有利于提高结构刚度及桥梁耐久性,具有极大的经济和社会效益。这种理念和做法,希望得到广泛共识。目前,我省正在积极推进黄冈燕矶大桥、李埠长江大桥等大桥采用公公、公铁多种交通方式共享通道的过江方案。

2.3 创新结构设计,优化工程实施方案

突破常规,灵活设计是创新设计的关键。国内外千米级悬索桥在富水卵石层建设锚碇,其传统基础形式一般都采用沉井或地连墙方案,其施工周期长、造价高,度汛安全风险大。我省白洋长江公路大桥南岸锚碇基础初步方案为沉井基础或地连墙方案,但在反复研究卵石层受力、变化特征和悬索桥锚碇受力特点,创造性地采用浅埋扩大基础方案,开挖深度仅8m(原沉井或地连墙方案均开完深达50多米),具有施工风险小(回避了富水卵石层中大范围深基坑开挖风险)、工期短(一个枯水期即可完成基础施工,而传统的沉井或地连墙方案需1~2年工期)、造价省(浅埋基础方案锚碇总造价仅1.33亿元,而沉井方案2.51亿元、地连墙方案2.65亿元)等优点。该锚碇基础的成功实施,实现了既经济又安全的目标,极大地丰富了特大型桥梁结构基础方案。这在国内长大桥设计中,是一次很有意义传统设计观念、方法的突破。

类似这种创新实践,在湖北最近些年的长大桥建设中有许多成功实例。荆岳长江大桥主桥北塔基础,根据基岩强度较高的特点,改传统主塔整体大型围堰基础(哑铃形、圆形、矩形)方案为两个分离式围堰,减小了围堰施工难度,节约直接建安费4680万元。在长大桥梁实践中,还创新实施三塔悬索桥、空腹式连续刚构桥等新型桥梁结构,创新设计了斜拉桥索塔内自平衡钢锚梁、主梁无轴力接头、拼装式钢混梁接头、可调节式吊杆、钢箱梁桥面板矮肋加劲、悬索桥滑板板式支座体系等结构。这些有的是结构体系创新实践,有的是桥梁关键受力构件优化,更多的是结构局部优化,大部分都是微创新,但效果好,得到行业广泛认可和推广应用。

2.4 改进施工工艺,推动装备技术进步

近些年,国内外钢箱梁正交异性板疲劳开裂情况普遍出现,维修成本巨大,极大地威胁到桥梁结构的安全。钢箱梁疲劳开裂主要发生在U肋焊缝处。究其主要原因,是U肋焊缝采用单面焊,焊透率不高,质量不稳定,局部应力集中,疲劳强度大幅下降。据此,在沌口长江公路大桥钢箱梁加工中,建设单位联合专业厂家开展科技攻关,成功研制小型智能焊接机器人,实现钢桥面板与纵向U肋内、外双面角焊缝连接构造。对比试验表明,双面焊构造提高疲劳强度达5倍之多,极大地提高了桥梁结构的耐久性。这项新工艺,现已广泛应用国内正交异性板制造中,效果很好,成本增加也有限。

赤壁长江公路大桥采用了新型的栓焊混合的结合梁钢梁连接方案。钢纵梁的底板和腹板与相邻节段的连接采用拴接,顶板采用焊接;钢纵梁的底板和腹板与横梁的连接采用拴接,顶板采用焊接。此连接方案既方便了施工,也节省了材料和费用。在标准件预制上,预制梁内外模优先采用整体液压式模板,整体安装偏差小,避免了人工拼装接缝不严密、错台等质量缺陷,效率高,安全性能好。

在工程实践过程中,还成功研制了拼装式现浇支架支撑体系、泥浆循环利用系统、超高性能混凝土、钢混结合梁拼装结构等,提高了效率,节约了资源,保护了环境,推动了装备及施工工艺的进步。

3　结语

最近几十年,我国建设了一大批极具世界影响的长大桥,取得了众多技术的进步、工艺改进和装备提升,赢得了世界广泛赞誉,但与世界交通强国相比还有差距。目前,在桥梁建设过程中,针对国情,有针对性地开展规范标准研究不够,大量简单套用设计问题不少,重视大、不重视细节设计问题突出,自主创新成果少。一些工程使用过程中反映出来结构耐久性不佳、适应发展能力差等问题仍然比较突出。我们需要更加重视前期工作研究,兼顾长期发展,准确把握好项目定位;针对我国交通荷载特点,细化完善标准规范和设计指南;重视总体结构安全同时,要求特别重视直接承受荷载作用的桥面板结构承载能力和耐久性设计;广泛开展创新设计、创作设计,完善细节设计;联合攻关,研制新型结构、新型材料、设备,提高桥梁建造品质和效率等。这些都是我们建设"交通强国"应尽之责。也因如此,本文就技术标准、通道功能、工程设计、施工装备等方面进行简要论述,抛砖引玉,供同行批评指正。

61. 当代建筑美学在桥梁领域的探索和发展

徐利平

（同济大学土木工程学院桥梁工程系）

摘 要：20世纪末，一些建筑师开始参与或直接主导桥梁方案创作，为当代建筑美学思潮、流派在桥梁领域的探索起到了开头引路的作用。桥梁造型具有不同于建筑的特殊性，主要特征表现为桥梁造型本质是桥梁结构，在这样一个特殊领域，当代建筑美学的应用决不能全盘照搬，绝不能等同于建筑那样思考问题。本文锁定新古典主义建筑美学、新现代主义建筑美学、有机建筑与有机主义建筑美学、地域主义建筑美学、高技派与技术主义建筑美学等当代主流建筑美学的一部分内容，从思想与理论、艺术与形式、方法与技巧三个层面进行剖析和梳理，这是结合桥梁技术特殊性的一种探索，以期为形成发展城市桥梁建筑美学做一些努力。

关键词： 建筑美学 桥梁 思想理论 艺术形式 方法技巧 探索 发展

1 概述

虽然说桥梁，特别是城市桥梁是一类特殊的建筑，但是，桥梁与建筑是有着极大区别的两类建筑物，建筑以构筑空间为主要目的，桥梁以跨越障碍为主要目的，它们除了结构与技术都属于土木工程大类之外，宏观上看它们的形态、形式几乎很少有相似之处。因此，人们自然会对城市桥梁引用建筑美学产生疑问。

建筑美学是关于建筑、艺术与哲学的一门学科，它的研究对象是建筑，研究方法、思路与成果是艺术与哲学范畴的，具有艺术的、哲学的学科特征，既表现为形态的、细节的、技巧的建筑设计方法论，又表现为思想的、宏观的、原则的关于技术、功能、艺术、美学的世界观。因此，即使无论从功能、基本形态，还是特殊的结构及技术等方面，城市桥梁与建筑都存在较大的差异，我们仍然可以通过详细的研究，分别从思想与理论层面、艺术与形式层面、方法与技巧层面，从建筑美学理论与案例中提炼出大量的、可供城市桥梁吸收与借鉴的美学理论、思想、方法，并最终可以形成关于城市桥梁的建筑美学新的理论和实践成果。

随着人类社会政治、经济和科学技术的发展，人们的审美意识、美学思想不断地发生着变迁，建筑美学的思想、理论及其哲学基础不断发生着更替和变革。例如，19世纪下半叶盛行的矫饰、烦琐的设计风潮受到建筑理论家的质疑，他们开始宣传设计的功能性、形式与功能的统一、设计为大众服务等观点，从而形成了"工艺美术运动"和"新艺术运动"，新建筑运动一直持续到20世纪初，随着现代主义建筑的兴起而结束。1919年，格罗皮乌斯在德国魏玛创立包豪斯设计学校成立,它汲取了新艺术思潮、"工作同盟"和芝加哥学派的思想,以"功能主义"思想开展设计教育,标志着现代主义设计思想的正式确立,功能主义成为现代主义设计思想的核心。现代主义发展到后期(20世纪中后期),随着战后社会经济的恢复,所处的社会结构和经济状况发生了改变。在这种背景下,功能主义的"形式追随功能"已经不再适用,现代主义开始被人们所抛弃,设计逐渐远离功能这个中心,向着形式的方向发展。

在我国,随着城市化建设深入发展,城市发展的各项要素发生着深刻的变化。城市桥梁经历了由满足基本交通功能的第一阶段(新中国成立以后到改革开放初期),到桥梁结构需要美学设计的第二阶段(20世纪80年代),向城市桥梁需要艺术性、文化性、景观性和标志性的第三阶段发展(20世纪末特别是新世纪开始)。

诚然,桥梁的造型艺术更多的是结构艺术,简单地说,桥梁结构就是造型,造型就是结构。所以桥梁美学艺术必须基于结构的科学技术,不能不受技术的约束而随心所欲。但是,在充分遵循桥梁结构科学技术规律的基础上,桥梁造型艺术具有不同于建筑艺术的无限的可能性和技术的创新性。这正是桥梁造型、美学创作的魅力所在。

通过一定逻辑关联,将建筑美学理论、思想引入城市桥梁,并不是要将城市桥梁像建筑那样设计,或者将城市桥梁设计得像城市建筑那样。而是在学习理解建筑美学理论基础上,将建筑美学思想精髓灵活、综合、创造性地应用到城市桥梁的研究与创作中去。而这些正是建筑美学中属于艺术、哲学的范畴的精髓所在,从而使城市桥梁不再是单一的结构技术,而是具有丰富的人文思想、地域特色、艺术气息与自然风味的,与当代高品质城市格调相吻合的城市文化艺术精品。

建筑美学的理论研究专著很多,本文主要根据同济大学人文学院万书元教授《当代西方建筑美学新潮》等著作,文章主要涉及包括新古典主义建筑美学、新现代主义建筑美学、有机建筑与有机主义建筑美学、地域主义建筑美学、高技派与技术主义建筑美学等当代主流建筑美学。通过分析建筑美学理论与城市桥梁之间的内在关联性,从思想与理论、艺术与形式、方法与技巧三个层面的剖析和梳理,将建筑美学创造性地运用到城市桥梁中去。这是结合桥梁技术特殊性的在设计创作领域的一种探索,以期发展形成城市桥梁建筑美学。

2 思想与理论

方案构思与创作的灵感来源于思想,无论技术与艺术,我们的思想有多深多远,方案的艺术感召力就有多大多广。建筑美学的思想与理论来之于对现实的反思或不满、对未来的思考和希望。在许多时候,那些敢于挑战现实、善于分析思考的大师们的思想起到了引领我们的城市发展方向的巨大作用。他们的思想理论成果具有普遍意义,不仅适用于建筑或城市规划,而且适用城市桥梁甚至其他行业。

例如,"有机建筑"(Organic Architecture)是赖特所称的自己的建筑观,即是一种由内而外的整体性组织,总体与各个局部之间存在着有机的必然的联系,像自然界生长的植物、生命体一般。与它所处的环境密切协调,成为它的环境中和谐有机的组成部分,是土生土长的,真实、自然、本性的,它只能放在特定的环境中,为环境添彩,不能随意移置到世界上任何一处。机主义建筑美学代表非主流的反工业化设计思想,并表现出自然化审美、有机性表现和非理性追求的美学倾向,运用有机建筑"一种由内而外的、自然界生长的整体性组织"等思想与理论,构建城市桥梁的"有机建筑"的审美理念,追求结构、造型、隐喻、功能与环境等多方面有机统一的设计境界,在设计作品中不能容忍存在任何牵强附会和模棱两可的"意"与"形"。

卡拉特拉瓦设计了不少灵感来自大自然生命体及其运动瞬间的形态的桥梁，如大家熟知的西班牙阿拉米罗（Alamillo）桥（图1），主梁断面寓意模仿与当地文化传统契合的公牛头型，整体立面效果象征飞翔的天鹅。

例如，地域主义的思想由来已久，在西方建筑发展史上，各个时代都有融合地方特征的建筑现象存在，构成每一个时代丰富多彩的建筑文化景观。即便是在二次大战后现代建筑得到广泛的传播，仍然有像芬兰建筑大师阿尔托等出色的人物，致力于创造有地方特征的现代建筑。在现代，地域主义已被广泛接受并深入人心，地域性是建筑的基本属性。建筑的地域性包含物质层面与文化层面两个方面。两个层面的地域性内涵又是相互融合的，可以相互转换的。

在地域主义建筑美学中，通过建筑对地形环境的应对技巧和审美理念延伸的思想与理论，创新城市桥梁对地形环境等应对手法及审美效果。法国建筑师福斯特（Norman Foster）和工程师Michel Virlogeux主持设计的法国米约高架大桥（图2）因其取得与周围环境的自然和谐而被称赞。为了尽量减少对该地原有生态的影响，桥梁所在高速公路采用连续7塔8跨斜拉桥横跨2 460m山谷，由6跨342m及两个边跨204m。桥面至山谷最大高度245m，塔高90m，桥面宽度32.05m。桥梁自身也成为自然一景：人字形的桥塔两侧伸出密布的拉索，架立在高耸的桥墩之上给人一种冲破云霄的高耸威严之感，同时使人感受到现代高技术支持下流畅的力度之美。该桥获得了2006年国际桥梁与结构工程协会杰出结构奖，被认为是"一座翱翔在连接两个高地的深深峡谷中的优美纤细的桥梁，创造性地顶推施工推动了桥梁施工的技术进步"。

图1　西班牙阿拉米罗（Alamillo）桥（1992）

图2　法国米约高架（2004）

3　艺术与形式

桥梁的形式本质上是结构，当代城市桥梁的结构是需要讲究其艺术性的。桥梁工程师在注重结构理论与工程技术的时候，往往会忽略桥梁的艺术与形式。许多时候由于专业设置和分割的原因，桥梁工程师缺乏这方面的专业学习和训练，没有能力去考虑桥梁的艺术与形式，导致城市桥梁失去了时代性、地域性和文化性，而成为"千桥一面"。要改变这一状况，就需要我们学习和借鉴建筑美学，将建筑美学那些关于艺术与形式的理论和方法引用到桥梁上来。当然，这个引用绝不是照搬，因为建筑与桥梁两者体量、形体、构件几乎没有相同之处。而是需要研究桥梁的整体造型特点、主要构件（如桥墩、拱肋、桥塔等）形体特征，创造性的引用，更多时候是理解之后的再创造，创造城市桥梁的艺术与形式。

例如，从20世纪五六十年代起，在西方建筑界，一些有远见的建筑师，开始了以反抗现代主义新传统为标的、后来被称为新古典主义的严肃的探索。一般把新古典主义建筑产生的大致时期定在20世纪50~60年代初之间。因为在这一阶段出现了几个重要的作品，比如爱德华·D·斯东的新德里美国大使馆(United States embassy New Dehli,1954)和布鲁塞尔博览会美国馆(1958),菲利普·约翰逊的阿蒙·卡特西方艺术博物馆(Amon Karter Museum of West Art)和内布拉斯加州大学谢尔顿艺术纪念馆(Sheldon Memorial Art Gallery,1958~1966)等。这些作品虽然风格各异,但有一点是共同的:它们都突破了现代主义几何学定式,以浓厚的怀旧感情和大胆的革新精神对古典语汇做了新的阐释。

在新古典主义建筑美学中,抽象的古典主义以简化的方法,或者说用写意的方法,把抽象出来的古典建筑元素或符号巧妙地融入建筑中,使古典的雅致和现代的简洁得到完美的体现。结合桥梁的基本结构形态,构建城市桥梁的新古典主义建筑美学的美学处理手法与审美追求。

例如,常州市大仓路—芦墅路跨京杭大运河桥梁(图3),京杭大运河是世界上开凿最早、里程最长、工程最大的运河。依据《常州市老西门历史地段修建性详细规划》,西仓桥、三堡街片区主要为漕运文化、商埠文化和市肆文化。桥梁方案采用了与通常桥梁不一样的结构形式与桥面人行道的布置方法,人行道不是布置在桥梁梁体顶面,与车行道在同一平面。而是在箱梁底板设置挑臂作为人行通道,这样,通常市政桥梁的人行道在这里华丽转身为建筑的长廊,巧妙的隐去了与运河两岸建筑极不协调的桥梁厚重的结构梁体。这样的桥梁外观既不是那种廉价的仿古建筑,又具有与运河风貌保护区协调的地方建筑的意味、韵律及尺度,是一种写意的修辞。

例如,在当代所有建筑流派中,最有资格获得"时代的歌者"这一称号的,莫过于高技派。20世纪五六十年代,当大多数建筑师开始厌恶现代主义的机器美学,纷纷回过头去,试图从西方古典建筑的骸骨中寻找建筑的精髓的时候,当时尚未形成气候的高技派建筑师们却依然沿着现代主义建筑师的足迹,继续探索着和发展着他们所认同的技术主义建筑学,终于使高技派建筑成为当代建筑领域中一支引人注目的生力军。大跨度桥梁的结构是高技派可以施展其技巧的好题材,只不过此时的主角不是建筑师,而应该是桥梁工程师了。在技术主义建筑美学中,通过分析高技派对建筑新技术的应用与展示的技巧,形成城市桥梁对技术创新、技术审美的技巧与方法,为城市桥梁展示技术魅力与创新活力创造一种崭新的艺术形式。

例如,香港昂船洲大桥(2009)横跨蓝巴勒海峡(图4),连接长沙湾及青衣,全长1 596m,当中有1 018m主桥跨越海面。在世界上,现有的超大跨径斜拉桥的桥塔大多是稳定性好的钻石形桥塔或者A形、倒Y形桥塔等,如日本多多罗大桥采用钻石形桥塔,法国诺曼底大桥和我国苏通长江大桥采用倒Y形索塔。而昂船洲大桥采用独柱烟囱型桥塔,挑战了独柱高塔静力、动力稳定与抗风、抗震等一系列世界级、超千米斜拉桥的技术难题,从技术主义建筑美学的视角,获得了"擎天柱""一发千钧"的高技术带给人们的震撼和惊讶。

图3　常州市大仓路—芦墅路跨运河桥(2018)

图4　香港昂船洲大桥夜景(2009)

4 方法与技巧

桥梁工程师习以为常的桥梁结构设计,考虑结构受力需要的桥型布置和结构尺寸拟定等方面的技术问题。城市桥梁创作是技术与艺术的综合创作,它的方法不是来自单一的工程技术考虑,需要关注桥梁整体造型及其每个组成部分的构件的形体与细节。这些需要我们从建筑美学那里学习不同流派、不同风格的构图、造型的方法与理念。虽然桥梁与建筑形体和造型存在巨大差异,但是,这些方法与技巧的学习和运用,可以给我们带来不同于桥梁工程师那里的桥梁造型和效果。将会改变我们桥梁工程师面对没有情感的桥梁结构而不知所措、一筹莫展的被动局面。

例如,自从温图利提出向现代主义挑战以来,设计上有两条发展的主要脉络,其中一条是后现代主义的探索,另外一条则是对现代主义的重新研究和发展。第二个方式的发展,被建筑理论研究者称为"新现代主义"。他们依然坚持现代主义的传统,完全依照现代主义的基本语汇进行设计,他们根据新的需要给现代主义加入了新的简单形式的象征意义。如迈耶、贝聿铭和日本的一批建筑师依然对现代主义美学痴心不改,他们以一大批优秀的作品获得了世界性的声誉。

在新现代主义建筑美学中,通过构造方法的应用和发展,即将几何形体的拆分、组合、异构等技巧,从而实现建筑效果的诗情画意、精雕细刻的审美追求。桥梁的造型来之于桥型结构,也来之于整体与细部样式的构造和推敲,新现代主义建筑美学为城市桥梁创造更多既符合结构逻辑、又令人耳目一新的时代造型开辟了一条新途径。

瑞士圣尼伯格桥(Sunniberg Bridge,1998)为曲线矮塔斜拉桥(图5),概念设计由 Christian Menn 完成。主梁采用预应力混凝土结构,长 526m,最大跨度 140m,孔跨布置为 59m + 128m + 140m + 134m + 65m。水平曲线半径 503m,桥面高出谷底 50~60m。主梁宽 12.378m,桥塔最大高度 77m。桥塔塔柱横向呈花蕊弧线形由谷底向上至桥面张开,立面上同样下窄上宽,使得总体布局上彰显优雅而挺拔。细部上,塔柱立面上的凹槽、断面上由三个矩形叠加而成,使塔柱简洁而不简单。主梁为简洁、整体性好的双边主梁形式。塔、梁、墩,所有的构件,简洁流畅的几何形式、精致的细部推敲、整体审美效果的思量,造就了圣尼伯格桥干净利落、优雅精致的新现代主义美学典范。

图5 瑞士圣尼伯格桥(1998)

例如,在解构主义建筑美学中,对建筑的确定性和传统本质提出挑战,在功能意义上具有交换性和不确定性,在审美意义上富有震惊效果的建筑。通过对对象即功能意义上的确定性的推演,研究和尝试桥梁结构理论中的各种确定性的解构方法和可能性。

对完整、和谐的形式系统的解构,不是一种表面上的破坏和推翻,不是为了解构而解构,解构是为了创新,解构是一种创新的手段。经典解构成"即兴"、完整解构成"拼凑"等等,都是一种创造新形式的哲学逻辑、美学逻辑。传统桥梁结构中存在着许多完整、和谐的形式系统,诸如拱桥结构体系、斜拉桥结构体系与悬索桥结构体系等,从某种意义上说,都是一种或一组完整、和谐的形式系统,运用解构主义建筑美学思想进行"解构",可以获得城市桥梁创作的新空间、新思路。当然,这种"解构"不能违背桥梁结构的技术逻辑,或者说需要高超的结构工程技术解决好"解构"后的重新布置问题、受力问题、安全问题。

位于阿布扎比的扎耶德大桥(Sheikh Zayed Bridge)是扎哈·哈迪德建筑事务所2010年竣工完成的一个项目(图6)。这座桥长842m,高64m,宽61m,将阿布扎比岛和大陆连接起来,整个桥墩结构是由几个钢筋混凝土波浪状拱构成的,用来支撑起一条四车道的桥面。桥面结构悬吊在箱形钢拱肋结构的两侧,主桥拱结构升起高出水面60m,桥面高出平均水平面20m。

扎哈·哈迪德沿用了她一贯的设计手法,采用看似一组随意、即兴的水平延伸的连续折线成就了大桥的承重结构——折线形拱肋。一反常规的拱桥及拱肋线形的布置思路,使大桥呈现出一种全新的、充满着运动和旋律的、一气呵成的结构气势与美学效果。桥梁整体形式上有着强烈的非匀质的流动性特点,似乎游弋在某种虚幻空间中,加上绚丽的色彩灯光的效果,给人以非物质性的错觉。扎伊德大桥体现着哈迪德结构追随想象的非理性思维方式,那些被看作是严重违背结构逻辑的荒谬手法,在哈迪德这里却成了创作时形式表达惯用的设计策略。

图6 阿布扎比的扎耶德桥(2010)

5 结语

城市桥梁引入建筑美学具有理论意义和实践意义。

从理论意义讲,既是对建筑美学理论的丰富和拓展,也是对城市桥梁的美学研究的完善和发展。在深入研究建筑美学理论、思想的基础上,与桥梁结构的技术规律紧密结合,由于城市桥梁在结构、表现等诸方面极具有别于一般建筑的特殊性,势必将在城市桥梁创作实践中不断形成新理念、新思想、新方法、新成果,从而形成美学理论上的关于城市桥梁的创新成果。

同时,在建筑美学思想与理论影响下,优秀的城市桥梁作品中蕴含着丰富的建筑美学思想。建筑美学理论在桥梁领域的创新发展,为桥梁工程师提供了一个全新的、艺术的、综合的鉴赏优秀城市桥梁的视角。一改以往城市桥梁只能就技术论技术的情况,而是进一步发展成为关于技术与艺术及其两者关系的综合的理论问题的研究和讨论,为开辟桥梁评论研究提供了丰富的研究对象和强有力的理论支撑。

从创作实践意义上讲,建筑美学理论在桥梁领域的创新发展,形成了既有丰富的思想、哲学与理念,又有实用性、功利性的方法、技巧与造型创意的新的系统,而成为城市桥梁创作的一个重要的工具宝库。不少建筑师在桥梁方案创作实践中,积累了丰富的思想理念、方式方法及其优秀作品,为这一领域的逐步形成、不断完善,以及为越来越多的专业人员所接受和认可做出了贡献。

参 考 文 献

[1] 徐利平.城市桥梁美学创作[M].上海:同济大学出版社,2017.
[2] 徐利平.城市桥梁建筑理论[M].上海:同济大学出版社,2018.
[3] 万书元.当代西方建筑美学新潮[M].上海:同济大学出版社,2012.
[4] 万书元.艺术美学[M].北京:高等教育出版社,2006.
[5] 曾坚、蔡良娃.建筑美学[M].北京:中国建筑工业出版社,2010.

62. 视觉原理在城市桥梁方案设计中的运用

强玮怡

(上海市政工程设计研究总院(集团)有限公司)

摘　要：桥梁不仅是城市中重要的基础设施,也是城市视觉形象的一部分。城市桥梁须兼顾功能性和美观,并融入城市独有的人文特点元素,形成有视觉识别性的桥梁外观。本文将基于视觉原理、视觉心理学等理论,研究桥梁的空间形态、比例、色彩等要素,概括出城市桥梁外观设计的创新方法。运用艺术设计手法优化桥梁外观造型,使桥梁能基于受力合理基础上实现外观和谐与优美。

关键词：视觉原理　桥梁外观　城市形象

1 引言

桥梁作为城市重要的基础设施,具有跨越障碍物的通行功能,与隧道不同桥梁更具有视觉特性,是城市空间中可视的一部分,高度不同的桥梁不同程度参与到城市形象的天际线中,了解视觉原理和视觉心理现象是桥梁造型设计中很重要的基础条件。桥梁技术、结构受力、地理环境、经济要素等等因素共同形成了桥梁设计的限制条件,限制条件直接影响、制约桥梁外观的形成,桥梁外观创作是基于限制条件基础上的创作,好的桥梁是实现功能、实现受力、实现经济效率基础之上的视觉和谐。

桥梁所处的不同环境空间对桥梁外观设计的影响,以及不同角度观看桥梁自身形成的视觉空间是桥梁景观设计中重要的两个切入点。桥梁与周边建筑物的视觉关系、桥梁自身形成的视觉空间、桥梁结构形态的优化、桥梁夜景亮化设计、桥梁抽象形态语义的提炼等方面的研究离不开对视觉原理的研究,视觉原理应用于桥梁外观设计的各个环节中具有重大的意义和作用。

人们可以通过视觉媒介来感知桥梁的形态、色彩、气势、气质等,桥梁宛如视觉画面中的一个"点";点衔接连贯起桥梁两岸的景观,形成视觉"线";"点"与"线"再与周边建筑群共同形成城市视觉环境的"面",形成人们对城市形象的理解与认知。在这个视觉画面中的桥梁、建筑、整体环境,需要能够风格呼应相辅相成,达到视觉的和谐。

桥梁在环境空间中根据不同的观看视点可以分为近观桥梁、中观桥梁、远观桥梁：

(1)近观桥梁,包括桥面人行、非机动车行、车行等视角。身处于桥梁之上或桥下,以其自身的空间构成与结构形式、肌理、纹样、色彩、细节处理等作为视觉要素。

(2)中观桥梁,以桥梁两岸、附近周边范围内的可视区域。展现桥梁自身整体形态,桥梁体量、比例、颜色等要素作为主要的视觉要素。

(3)远观桥梁,桥梁成为符号化视觉元素融入城市环境空间中,桥梁整体的轮廓、整体比例特征为主要的视觉要素。桥梁与周边环境中的建筑群形成整体的构图关系。

1.1 视知觉与形态感知

视知觉,即当眼睛作为主要的认识事物的感觉器官时,外界的物体通过光的媒介传递到双眼。人类的眼睛在构造上普遍是相似的,因此对客观物体的形态色彩感知基本相近,即视知觉通过眼睛将可见光信息进行解读,这个信息是客观相似的。视知觉可感受到物体的形状、位置、色彩、动静、体积、气势强弱等多种视觉感受因素,通过视知觉人们对外部事物有了认识,继而经过个体经验与内部信息处理产生联想。

1.2 视知觉的心理联想

除了对外部信息的接受,人脑还会对信息加以认知解读,人将客观存在的外部事物通过眼睛形成视觉、记忆、判断、联想、再创造等加工环节。但由于每个人不同的生活环境、经历与文化背景等因素,不同的人会产生不同的联想,从而对客观事物有不同的感官评价。这也对视觉所产生的联想结果发生差异,因此设计须考虑特定环节区域中受众群体的审美偏好差异。

现代主义风格的普及与城市化的扩张,使得出现了千城一律的城市风貌,大众化的风格使得城市中的建筑与设施缺少了地域差异的人文情怀,城市形象的可识别性也降低了。目前主流设计风格基本立足当下现代主义风格、少有眺望未来,计算机技术的发展、参数化设计、施工技术的革新以及材料加工的信息化革命,可以有更多的非线性设计得以应用,非线性的参数化设计将会更多的模拟出自然界的视觉形态在桥梁外观设计领域中加以应用。

就我国桥梁外观设计而言,我国幅员辽阔,从北到南、从东往西,跨越了不同的地理环境、人文环境,桥梁方案设计时须考虑桥梁所处城市的特质,融入结合当地特有的视觉元素与人文符号,让桥梁的外观可以与整个城市的气质相符合相呼应。

2 背景环境与桥梁的视觉关系

桥梁具有开放性的空间,与周围建筑和城市环境产生直接关联。因此,桥梁整体形态的轮廓与周边建筑须达成视觉和谐,桥梁的自身比例要达到视觉上的和谐,须让桥梁能够与周围建筑环境和谐的基础上仍旧保持桥梁自身的视觉张力与识别性。

当桥梁处于远观状态时,桥梁自身的三维空间感会减弱,呈出现更加二维的视觉画面,性质接近二维的绘画与摄影。此时桥梁的高度、比例、形态为主要的视觉元素。将视觉画面中的元素进一步拆解,可以拆解为点、线、面、体。

当满足限制条件基础上对桥梁高度的设定可借鉴画面的构图原理,将桥梁视作周边建筑的视觉延伸的一部分。即运用视觉法则通过构图形式,将多种因素的平面关系创造出合理的视觉画面结构。视觉构图法则如黄金分割比法则。远观的桥梁仿佛浓缩成城市空间中的一个视觉识别形象 logo,可借鉴品牌设计中的 logo 设计法则,将桥梁主体结构(如桥塔、主拱等构件)所有的点、线、面都严格按照最和谐视觉比例来形成整体造型,到达视觉上的最和谐与最严谨,如图 1 所示。

在远观的画面中桥梁主要以线与面的形式出现,线的形态自身就会带给人不同的语义和感受。斜线更具有动势给人带来运动感,水平显宁静,垂直更显庄重与稳定等等,可运用视觉原理赋予桥梁主体结构形态语义、气质、气势与象征意象。

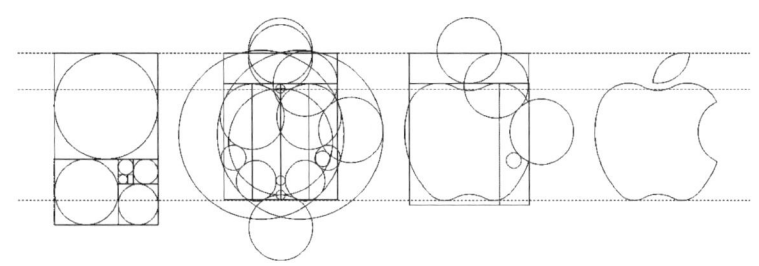

图 1　苹果 logo-黄金分割

格式塔心理学对于形态的构成有着巨大的指导作用,"格式塔"是(德语 Gestalt)的音译,在英语翻译中具有形式(Form)与形态(Shape)的含义。前者偏重于空间结构,后者侧重于排列关系。格式塔心理学认为,任何"形"都是由知觉进行了积极的组织或构筑所产生的结果或具有的功能,而非客观事物本身所具有的。美国格式塔心理学派阿恩海姆认为:"任何线条都可以有某种表现,如上升、下降、强调、平静、杂乱、和谐……普遍存在宇宙中,都可成为认知的对象"。

桥梁与周边建筑群形成的天际线与桥梁的形态轮廓须达到视觉和谐,桥梁不仅是功能上将两岸的连接,也在视觉上衔接着两岸的视觉关系。可以通过视觉补充的方法来进行方案的创作,连接形式可决定桥梁高度与整体形态(在满足限制条件基础上)可采用的方法有:过渡衔接、强调突出、弱化映衬(图 2)。

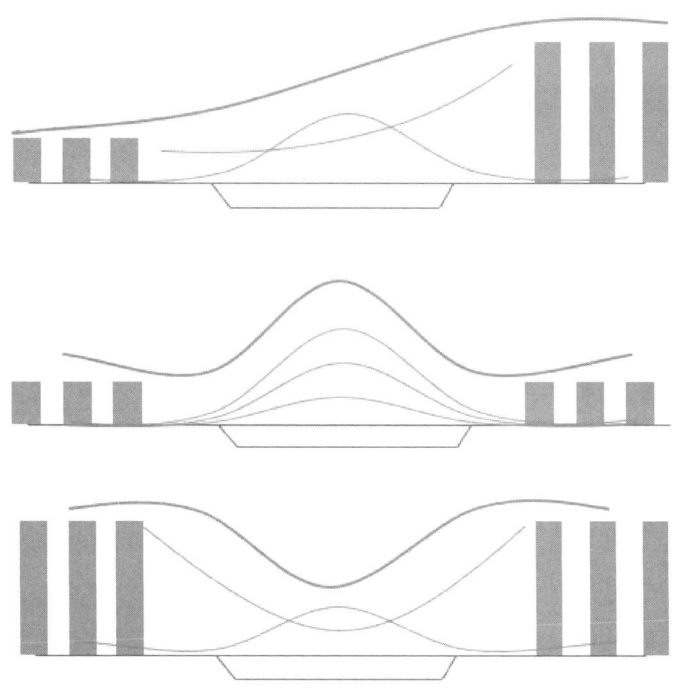

图 2　周边建筑群与桥梁流畅衔接的三种形式

3　桥梁内部空间——视知觉与结构空间

当桥梁处于中距离观看角度时,以其自身的整体结构空间设计为视觉主体。通过视觉原理的艺术手法设计,使桥结构自身可以有更多的空间变化与视觉层次。

3.1 形态与空间——构成

视知觉范围内的桥梁空间是不仅包含实体形态的点、线、面元素,同时包含这些元素之间形成的非实体的虚无空间。桥梁形态构件与这些留白空间共同形成了桥梁的整体形态空间。似如中国水墨画中的留白,空白也是画面的一部分,这些留白可以给人们留出了更广阔的思维与联想的空间。实体的形态结构与空间是相辅相成的,人们通过视觉虽然看不到空无空间,但却可以通过实体结构的构成去理解空间、推断空间、想象空间、更多元地感受到完整的空间。

主体结构的设计可以参照现代艺术设计基础的造型概念——三大构成的设计手法,即平面构成、色彩构成与立体构成。

通过对桥梁实体结构的设计,可以创造出不同类型的空间。单一或联合互动的空间、封闭或开放的空间等,这些空间可以通过设计产生流动,其流动形式也是多样的,有单向流动、双向流动与多项流动。桥梁自身可以形成不同的空间,车行、人行、非机动车车行。人行也可以区分出不同的功能,慢性、休憩、观景、运动……

3.2 形态与意象——抽象

桥梁作为人工设计的产物,外观形态是通过人工设计赋予其视觉形态的,从而设计是可以诱导产生联想的。通常桥梁设计限制条件的多少与桥梁外观设计的可创作空间成反比,限制条件越多,外观设计可创作的幅度越小。通常在对限制要求较小的前提下,可通过外观设计表达出更自由的方案。如能将外观设计与结构受力高度融合,则可大大提升桥梁整体设计的完整度,即成为真正优秀的高效桥梁设计。

设计风格受到时代背景的变革同步发生着革新,设计从繁复走向精简,这一趋势与过程并没有降低视觉信息的传递速度,反而抽象精简可以传递给人的信息更多更快。因此,当今时代再去做一个欧式复古或中国古建筑风格的桥梁以及无法适应时代的速度。这种简化设计可以从视觉识别标志设计中看到,也可以从产品设计的更新中看到,这种方法也可以应用到桥梁设计中(图 3、图 4)。

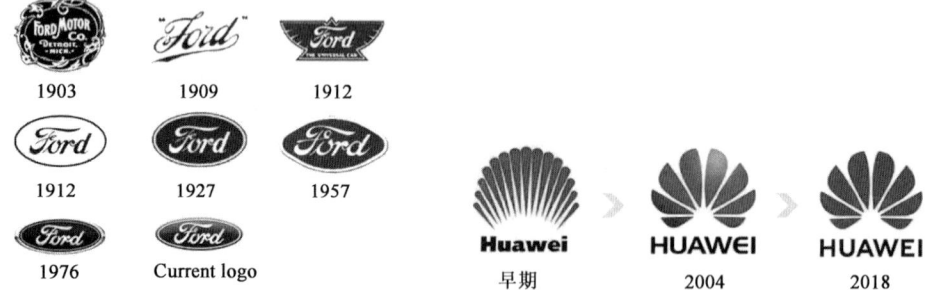

图 3　品牌形象更新

图 4　iMac 电脑产品的设计更新

这种精炼的具象事物的过程——抽象。

客观事物的形态分为具象形态和抽象形态,桥梁因其受力形态所构成的基本结构形态,基本结构形态通过设计赋予了不同的特质与视觉感受,给人产生较为具有共性的联想(图5)。

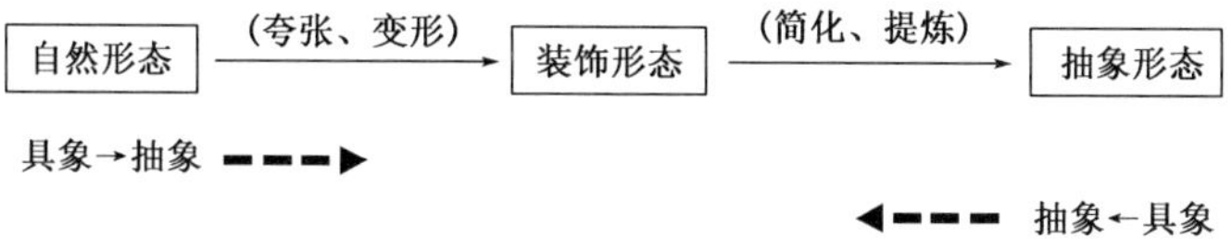

```
自然形态 ──(夸张、变形)──> 装饰形态 ──(简化、提炼)──> 抽象形态
         具象→抽象  ▪ ▪ ▪ ▶                      ◀ ▪ ▪ ▪  抽象←具象
```

图5 抽象具象转变过程

桥梁的形态设计从具象到抽象,又能使人有丰富积极的联想。抽象是对自然存在的具象物体抽取出其本质属性,形成结构简单、形态明确、特点突出的新形态。抽象形态源于自然形态,但又高度精简、内容突出,因此具有更强的识别性,让人便于记忆。

4 桥梁细节设计

自然界生命体中的物体形态,都有一个相互关联的核,所有元素围绕这个核。桥梁外观设计中亦是如此,将设计的核作为一切元素的基础单元。所有的形式变化围绕这个核心进行环环相扣,从而达成视觉的统一与和谐。元素单一,但可运用设计手法使其产生变化。在桥梁形态设计中,可寻找到最贴近该城市气质与人文特征的单元元素,并将整体与局部都与这个单元呼应统一。

5 结语

桥梁外观的创作应当符合时代更新的规律,在凯文·林奇所著《城市意象》一书中提道:"城市设计是一种时间的艺术。"审美的规律源于视觉,但超越视觉。审美的基础是点线面、是客观形态,但超越客观形态。通过外观设计不仅要可以优化桥梁外观,更要去引导人们视觉背后所产生的心理联想。

一座美的桥梁,不仅要有和谐的视觉感受,更要能带给人们良好积极的情感体验,让人们对这座城市有美好的印象。

参 考 文 献

[1] 蒋跃.绘画构图与形式[M].北京:人民美术出版社,2015.
[2] 邱松.造型设计基础[M].北京:清华大学出版社,2005.
[3] 朱钟炎,章丹音.城市视觉形象设计[M].上海:上海锦绣文章出版社,2011.
[4] 凯文·林奇.城市意象[M].北京:华夏出版社,2001.
[5] 柳冠中.设计方法论[M].北京:高等教育出版社,2011.

63. 论基于性能的城市桥梁与预防桥梁倒塌

穆祥纯

(北京市市政工程设计研究总院有限公司)

摘 要：基于性能设计的城市桥梁是世界未来工程设计的主要发展方向。本文阐述了基于性能设计的内涵,该领域国内外发展的新趋势,提出了笔者的相关思考和建议,力图为今后的城市桥梁的性能设计提供可借鉴的参考资料和经验,推动我国由桥梁建造大国向世界桥梁建造强国的目标迈进。

关键词：性能设计　城市桥梁　相关思考　相关建议

1 引言

城市桥梁通常指城区范围内建造的跨河、跨江、跨海桥梁,立交桥及人行天桥等。同时,桥梁也是现代人类生活中的离不开的,它既是城市生命线的重要组成部分,也伴随着城市化进程的加快,更应是一种重要的历史遗存和城市建筑中经典的艺术品。

"基于性能"一词源于英文 Performance – based。基于性能的抗震设计(PBSD)理论是20世纪90年代由美国科学家和工程师首先提出的,并最早应用于桥梁抗震设计。这一理论一经提出,便引起极大地反响和关注,人们认为这是未来城市桥梁设计的主要发展方向,可在不同强度水平的地震作用下,有效地控制桥梁结构的破坏状态,使城市桥梁结构实现明确的不同性能水平,从而使桥梁结构在整个生命周期内,在遭受可能发生的地震、车辆超载、船舶撞击等外力作用下,遭到的损失和破坏最小,其总体费用也达到最小。基于性能抗震设计的理念是使被设计的建筑物(含城市桥梁)在使用期间满足各种预定功能或性能目标要求。这一思想影响了美国、日本和欧洲地震工程界,各国同行表现出了极大的兴趣,近些年来展开了多方面的研究。

2019年10月10日18时10分许,江苏省无锡市312国道K135处、锡港路上跨桥发生桥面侧翻事故。据了解,桥下共有3辆小汽车(其中1辆系停放车辆,无人)被压,侧翻桥面上共有5辆车(其中3辆小汽车、2辆卡车),事故共造成3人死亡、2人受伤。事故发生后引起社会各界高度关注。经事故分析,此次上跨桥侧翻事故系运输车辆严重超载所致。

本文认为,应针对前些年国内相继出现由于车辆严重超载所造成桥梁垮塌和人员伤亡的惨剧(如哈尔滨的阳明滩匝道桥等),树立基于性能设计的理念,高度关注桥梁工程建设（前期规划、设计、施工、监理、运营和养护)中出现的非正常设计和非正常施工的现象,健全相应的法律和法规,严格执行工程建设程序,坚决遏制工程建设中出现的腐败现象。

在桥梁运营阶段,应千方百计地制止由于车辆严重超载所导致的桥梁垮塌和人员伤亡。认真总结以往事故的经验教训,从更高的视角,采取客观、积极和科学的态度,积极探讨我国城市桥梁性能设计理念,引入延性设计思想,通过采取技术的、工程的和管理上的相关对策和措施,减少城市桥梁的垮塌和人员死伤事故,尽量减少人民生命财产损失。

2 基于性能设计的内涵诠释

城市桥梁性能设计的发展是建立在强烈震害、其他自然灾害的损失调查基础上的,在每一次灾害给人类带来巨大损失的同时,也暴露出城市桥梁设计上不足,并为桥梁设计方法的改进提供了最直接的指导。目前,这些抗震方法和抗震规范就是总结以往的经验教训的基础上发展起来的。在现行的桥梁抗震思想的指导下,我国城市桥梁抗震设计取得了很大的进步,许多既有桥梁在实际地震中表现出良好的抗震性能。同时我们也必须看到,也有相当一部分桥梁遭受了严重的破坏,使得城市交通受阻,灾后救援工作无法进行,给社会带来了巨大的经济损失。鉴于此种情况,我国近期出台的公路桥梁抗震规范及细则,采用了"两水平设防,两阶段设计"的抗震设计思想。但仍存在缺乏具体量化这些准则不够,有的规定比较模糊,使得相关人员在实际设计中很难控制。而对于地震灾害的高度不确定性,以及现代特大地震给人们带来的重大影响,也敦促我们必须予以高度的重视。

发达国家已开始致力于基于性能的设计规范的制订以提高基础设施的建设水平。与传统方法相比,基于性能的设计方法从结构设计理念上发生了重大改变,制订这一新的、建立在全寿命设计和可持续发展理念上的设计规范和标准,是我国桥梁建设走向国际竞争舞台、实现由桥梁大国向桥梁强国的迈进。

基于性能的结构(含城市桥梁)抗震设计的内涵诠释为:建立以结构抗震性能分析为基础的设计方法,使设计出的结构在未来的地震灾害下能够维持所要求的性能水平,即应根据城市桥梁结构的重要性以及建设方的特殊要求确定其性能指标,并根据不同的性能目标提出不同的抗震设防水准,使设计的桥梁结构在未来的地震中具备预期的性能。

应该说基于性能的抗震设计并不是一个全新的概念,1992年美国学者就提出明确提出基于性能的抗震设计思想。美国SEAOC、ATC和FEMA等组织均给出基于性能设计的描述。

(1)SEAOC对基于性能抗震设计的描述为"性能设计应该是选择一定的设计标准,恰当的结构形式,合理的规划和结构比例,保证建筑物的结构与非结构的细部构造设计,控制建造质量和长期维护水平,使得建筑物在遭受一定水平地震作用下,结构的破坏不超过一个特定的极限状态"。这一描述受到世界各方面的认可。

(2)ATC对基于性能抗震设计的描述为"基于性能抗震设计是指结构的设计标准由一系列可以取得的结构性能目标来表示。主要针对混凝土结构并且采用基于能力的设计原理"。

(3)FEMA对基于性能抗震设计的描述为"基于不同强度地震作用,得出不同的性能目标。在分析和设计中采用弹性静力和弹塑性时程分析来得到一系列的性能水平,并且采用建筑物顶点位移来定义结构和非结构构件的性能水平,不同的结构形式采用不同的性能水平"。

今后,桥梁结构抗震性能水准如何确定呢?以往的实际震害表明,在以生命安全为单一设防水准的规范指导下设计的结构,尽管可有效地防止倒塌,但结构破坏带来的直接与间接财产损失是事先无法预料的。为了能改变这种情况的发生,要求我们的设计的结构不仅要保证生命的安全,同时也要控制结构的破坏程度,将物质财产的损失控制在可以接受的范围内。这就需要在实际设计中,针对不同地震作用水准,明确工程结构应该具有的性能水准。

为了考虑地震设防水准和结构性能指标间的关系,有的专家学者经参照对比钢筋混凝土建筑结构不同震害等级的损伤指数范围以及地震设防水准的基础上,提出了钢筋混凝土桥梁结构不同地震水平的损伤性能指标。而这些合理性能目标的确定,有赖于震害观测资料和实验数据的积累,且和地震设防水准和预期性能要求密切相关,今后还需要进行大量的研究工作。

3 基于性能设计的城市桥梁研究趋势

3.1 国外先进国家的研究趋势

基于结构性能的抗震设计理论提出以来,近些年美国、日本和新西兰等国家的研究课题,建立以结构功能评价为理论基础的结构设计体系。美国加利福尼亚结构工程师学会早在1992年成立放眼21世纪委员会。该委员会的目的是建立新的结构性能设计体系的框架,其研究工作得到美国自然科学基金会和加州政府的有力资助。美国联邦紧急救援署(FEMA)和国家自然科学基金会(NSF)还资助开展了一项为期6年的行动计划,对未来的抗震设计进行了多方面的基础性能研究。日本也在多方资助下于1995年开始了为期三年的"新建筑结构体系开发"研究项目,成立了有国内著名学者参加的新建筑构造体系综合委员会,下设性能评价、目标水准和社会机构三个分委员会。

基于性能的抗震设计是世界各国工程结构抗震设计规范未来的主要发展方向,相关研究成为当前国际地震工程领域的一个热点。主要研究方向是:研究基于性能的抗震设计理论框架,然后从地震设防水准、结构性能水平、基于性能的抗震设计方法等方面,对国外桥梁结构基于性能的抗震设计研究现状进行了总结,并探讨了将基于性能的抗震设计建立在可靠度理论基础上的研究热点,基于性能抗震设计理论体系应用于实践需要解决的一些关键问题。

国外研究人员对当今基于性能抗震设计发展的新趋势,即其所追求的目标就是在结构的整个寿命期内,提出了在"一定的条件"下,投入抗震上的费用最少,即追求结构在服役期内的"最佳经济效益—成本比"。这里的"费用"是指增加抗震能力的投资和因地震破坏造成的损失,包括人员伤亡、运营中断、重复修建等。"一定的条件"则是指结构的性态目标。

3.2 国内研究的新趋势

主要是针对近些年我国汶川地震灾害引起的巨大经济损失,对过去长期视为正确的设计思想和方法进行了深刻反思,过去只是片面地认为的抗震设计只以人身安全为目标的理念已远远不够,抗震设计不仅应考虑人身安全,还应考虑结构破坏所造成的巨大的经济损失得以控制。结构抗震设计应经济又可靠地保证结构的功能在地震的作用下不致丧失甚至不受影响,因此,需要进一步探讨更完善的结构抗震设计思想和方法。

我国相关人员已认识到,基于性能的抗震设计实质上是对"多级抗震设防"思想的进一步细化,目的在未来抗震设计中,在不同地震设防水准下,能够有效地控制结构的破坏状态,使结构实现不同性能水平,从而使结构在整个生命周期内,在遭受可能发生的地震作用下,总体费用达到最小。目前国内外在结构性能抗震设计方面的研究主要集中在结构性能目标、性能水准的确定、抗震性能评估方法的研究上。因而,其提出的设防性能目标是按地震作用水准和建筑性能水准来确定抗震性能目标。

国内相关科研机构在以下四个方面取得了突破性的进展:

一是对三级结构性能水准:指生命安全水准、结构损伤水准,确保使用功能水准。生命安全水准要求在地震作用下不产生楼层倒塌;结构损伤水准要求保证不发生危及结构安全的损伤;确保使用功能水准要求结构不产生影响建筑功能的变形等。

二是对三级抗震设防水准:相应于三级结构性能水准提出的最高设防水准,在建筑寿命期间遭遇一次地震危险的水准和可能遭受多次地震危险的水准。

三是针对结构计算分析方法:对应于三级结构性能水准和抗震设防水准提出的结构计算分析方法和极限状态;弹性解析法及使用极限状态;弹塑解析法及破坏极限状态;等效线性化反应谱解析法及保证结构的使用功能的变形限值等。

四是在结构安全性:根据上面确定的特性参数,估计结构的临界变形、屈服点,确定设备正常使用的地震反应限值。可以采用极限变形或能量作为评估安全性的基准。

3.3 基于性能设计的新方法

3.3.1 承载能力抗震设计方法

这是我国规范现阶段采用的设计方法,对于常遇地震,利用反应谱计算底部剪力,然后按一定规则分配至结构全高并与其他荷载组合,进行结构的强度设计,使结构各部分都具有足够的承载能力,然后再进行变形验算。承载能力设计方法的优点是易于使用,性能概念清楚,细部设计可靠,通过非线性静力分析验算,进一步增强了对结构非线性反应的控制,可以更好地达到预期性能目标;缺点是该方法基于弹性反应,对于非弹性反应仅用与结构类型有关的系数加以折减,表面上它控制整个性能目标,实际上却只是保证了一种性能目标。

3.3.2 基于位移的抗震设计方法

该方法采用结构位移作为结构性能指标,与传统设计方法相比,基于位移的抗震设计方法从根本上改变了设计过程。主要的不同是,该方法用位移作为整个抗震设计过程的起点,假定位移或层间位移是结构抗震性能的控制因素。设计时用位移控制,通过设计位移谱得出在此位移时的结构有效周期,求出此时结构的基底剪力,进行结构分析,并且进行具体配筋设计。设计后用应力验算,不足的时候用增大刚度而不是强度的方法来改进,以位移目标为基准来配置结构构件。

该法考虑了位移在抗震性能中的重要地位,可以在设计初始就明确设计的结构性能水平,并且使设计的结构性能正好达到目标性能水平,是性能设计理论中很有前途的一种方法。但应用于多自由度体系、多种结构类型等时,还需要进一步研究。

3.3.3 能量法

假设结构破坏的原因是地震输入的总能量,地震对结构物及其内部设施的破坏是由其输入的能量与结构物所消耗的能量共同决定的。能量设计法的优点就在于能够直接估计结构的潜在破坏程度,对结构的滞回特性以及结构的非线性要求概念清楚。另外,耗能元件的设置可以更好地控制损失,缺点在于应用方法不够简化,不确定因素较多。

图 1 为我国新建的广东虎门二桥。在该大桥工程设计中,成功地引入性能设计理念和相关技术措施,取得了令世人瞩目的成果。

图1 广东虎门二桥

4 基于性能的城市桥梁与预防桥梁超载倒塌

4.1 关于预防桥梁倒塌

国外著名专家曾说过："规范的超载系数,绝不可能达到足以防备设计可能造成的大错误,但是许许多多的中小错误都可以用规范的超载系数来防备""规范是分析、设计和偏于安全的思路的结合"。目前,在我国城市桥梁结构的安全性与耐久性不可分割。近些年面临的情况是:桥梁结构安全问题虽已受到重视,但各种事故却时有发生;耐久性常被忽略,却潜伏着不安全的隐患,直接影响着桥梁结构的使用寿命和年限,应慎重研究、统筹考虑。国内外的研究和实践都表明:结构耐久性对于桥梁的安全运营和经济性起着决定性作用。要尽量减少桥梁使用期间的事故,不断提升对桥梁工程耐久性的重视程度,需从工程建设的指导思想、制度、技术、养护、运营管理等方面全方位提高桥梁的工程耐久性。桥梁超载是一个复杂而庞大的系统工程,应从超载车辆控制、超载货物控制、桥梁设计、桥梁养护、运输政策、不可解体大件货物运输等入手,有效地进行桥梁超载控制。因此,必须坚决制止车辆严重超载造成城市桥梁倒塌的悲剧。

4.2 关于延性设计和增强桥梁安全储备

近年来工程设计领域的专家和学者提出应在严格控制车辆超载的前提下,基于性能设计设计的理念,引入延性设计的思想,为深化设计开辟了新的思路。应通过采取技术和管理的防范措施,深入研究桥梁结构的延性设计,来增强桥梁结构自身抗倒塌能力,并借鉴建筑和桥梁结构在抗震设计原则所明确的"达到小震不坏、中震可修、大震不倒"的要求,尽量减少桥梁坍塌和确保人民群众生命安全。

北京、上海和深圳等城市已对独柱支承桥梁预防倒塌进行了深入的研究(深圳市前些年还制订了地方标准),并提出了相关技术和管理的防范措施,也增强了桥梁安全储备,并取得了良好的效果。为防止车辆严重超载等原因造成的城市桥梁垮塌,并树立提高桥梁延性设计的理念,即提高桥梁结构的变形能力,增强其结构的延性,提高桥梁结构的耗能能力,实现在弯曲破坏时可有效地通过变形来吸收和耗散能量,并实现桥梁结构的安全性和耐久性。

5 相关思考和建议

5.1 相关思考

(1)基于性能的城市桥梁抗震理念和方法是世界该领域发展的大趋势,我们应积极推进城市桥梁性能和抗震设计基准的国际化工作,与世界上先进的抗震设计基准相呼应和协调,不断加速该领域的国际化步伐。

（2）基于性能的设计方法，不但可以改善现行抗震设计方法存在的问题，而且还可以根据投资—效益理论使安全、经济和社会等多方因素达到一个最好的平衡。同时，也应看到，由于我国基于性能的抗震设计还处于起步阶段，应树立长远的眼光，预见基于性能的设计方法对未来桥梁建设和防灾减灾工作的贡献。

（3）应充分认识现代桥梁工程中隔震、减震、消能控震等措施，系基于性能设计思想的核心内容，都是"以柔克刚"抗震的科学办法，也是未来的发展方向。同时，我们原有一些标准规范的指标偏低，已不适应桥梁安全、耐久和创新的发展，因此必须尽快修订和完善我国相关桥梁设防标准，以更好地抵御大地震和其他自热灾害造成的损失和破坏。

（4）在城市桥梁建设的施工组织方面，应树立先进的性能设计和抗震设防的新理念，大力实施施工机械化和设备大型化，其城市桥梁构件的设计尽可能简单化和预制化，便于加快施工进度、有效地实施工程质量控制。同时，应重视施工组织设计，特别是施工计划安排及进度控制，施工工序的安排多采用流水作业，以提高工作效率，保障施工进度和质量。

（5）要学习和借鉴日本近些年的成功做法，在现代桥梁设计中应注意"长桥高墩"，特别是设置有伸缩缝的相邻联桥墩，不仅要将主梁支承长度取值放大一些，还需要设置主梁限位装置。根据国外相关规范以及我国公路的《抗震设计细则》，合理设置纵向防落梁构造，并注意限位装置以利于防落梁构造作用的发挥。

（6）针对我国许多地区处于地震多发区，对已经修建的桥梁，应根据性能设计思想对其进行结构及抗震性能评价，并结合评价结果考虑相应的加固措施。应定期对桥梁支座、伸缩缝等连接构件进行维护。并可采用挡块、连梁装置等安装于伸缩缝等上部接缝处；安装限位装置于简支的相邻梁间，可为耗散作用于结构的地震能量增加相应的耗能装置等。

（7）近些年来，我国在汶川等大地震后的，积极开展对特大地震灾害造成的城市垮塌的分析研究工作，并取得显著成果。应本着科学、客观、公正的态度，汲取有益的经验和教训，防微杜渐，积极开展城市性能设计及桥梁减隔震技术的科学研究，通过共同努力，使我国城市桥梁的风险损失降至最低。

5.2 相关建议

（1）当今是世界上大地震频发的活动期，我们应树立基于性能设计的先进理念，认真查找我们与先进国家在性能设计和抗震设计理念及科学研究上的不足，扬长避短，实现城市桥梁建设的可持续发展。

（2）针对我国性能设计起步较晚及现代桥梁抗震设计规范还需不断完善，应根据世界桥梁的发展新趋势，总结桥梁设计、施工和运营中反映出来的问题，树立性能设计的先进理念，及时对现行标准、规范进行维护和修订工作，真正使其我国的城市桥梁规范不断丰富、不断完善，以满足桥梁工程建设的需求。

（3）应进一步开展基于性能的城市桥梁抗震设计的专题研究，引入新的创新理念和运作机制，积极开展城市桥梁抗震设计的创新工作，努力提高桥梁工程建设的质量；提高桥梁结构的延性，开展桥梁结构的耗能设计，确保桥梁结构的受力更均匀，性能更稳定，避免或减轻自然灾害特别是地震灾害对桥梁结构的破坏，以实现城市桥梁的安全、耐久和美观。

（4）应进一步认识到，基于性能的抗震设计还处于起步阶段，应树立长远的眼光，预见基于性能的抗震设计方法对未来防震减灾工作的贡献。基于性能的桥梁结构设计和抗震设计方法，树立延性设计思想，积极改善现行结构设计方法存在的问题，根据投资—效益理论使安全、经济和社会等多方因素达到最好的平衡。

（5）毋庸讳言，今后我国建于高烈度地震区的桥梁可能遭受大地震的破坏，应修改和完善相关桥梁抗震规范，充分认识抗震设防的基本理念，按多遇地震进行抗震设计、罕遇地震对桥梁进行多水准设防、在一般情况下的桥梁抗震设计，并按地震动峰值加速度和地震动反应谱特征周期进行抗震验算，按抗震设防烈度要求采取相应的抗震措施。其抗震设防的目标：小震不坏、中震可修、大震不倒。

（6）国内的相关科研院所，应认真总结近期国内外特大地震所带来的灾难性破坏，开展城市桥梁性能设计的专题研究，突出重点，力求取得实效；用注重现代桥梁的运营安全，运用全寿命周期效益分析方法，力争使每座城市桥梁都能做到其功能适用性、环境协调性和结构安全性的高度统一。

（7）应加强国内外的学术交流，特别是与国际同行的交流，积极关注国际上城市桥梁性能设计和桥梁抗震领域的发展趋势。相关科研院所，应及时了解和搜集国外的最新科研成果，开展国内外的学术交流活动，大力促进我国城市桥梁建设和设计领域的技术进步，推动我国城市桥梁建设的可持续发展，朝着打造世界桥梁强国的目标迈进。

参 考 文 献

[1] 穆祥纯.城市桥梁结构安全度和耐久性问题的研究[C].第十六届全国桥梁学术会议论文集.北京:人民交通出版社,2004,11.

[2] 穆祥纯.论北京城市桥梁设计的创新技术[C].第十七届全国桥梁学术会议论文集.北京:人民交通出版社,2006,4.

[3] 穆祥纯.基于创新理念的城市桥梁与市政建设[M].北京:人民交通出版社,2012.

[4] 穆祥纯.城市桥梁垮塌的最新案例分析及对策研究[J].城市道桥与防洪,2016.

64. 西班牙巴塞罗那景观桥
——克拉特拉瓦的桥

蔡俊镱
(莆田学院)

摘　要：巴赫德罗达桥由国际桥梁大师克拉特拉瓦设计,总长128m,采双外侧倾斜式之系拉钢拱桥,垂直钢拱搭配60°之倾斜式钢拱建构稳定三角形,创新桥型兼具力学与美学。钢拱桥提供车辆及行人使用,行人桥面并向外侧扩张为观景平台,造型设计取鱼的意象,象征巴塞罗那临海特色,成为西班牙巴塞罗那城市景观桥及名片。

关键词：钢拱桥　景观桥　桥梁美学　创新桥型

1　引言

西班牙巴塞罗那巴赫德罗达或称菲利佩二世桥(Bach De Roda – Felipe II Bridge)建于1984~1987年,为公路及行人桥,由国际桥梁大师克拉特拉瓦(Santiago Calatrava)设计,本桥为克拉特拉瓦设计的第一座桥梁,当地人称它为克拉特拉瓦的桥(Calatrava's Bridge),采双外侧倾斜式之系拉钢拱桥,每侧垂直钢拱搭配60°之倾斜式钢拱。两侧主要提供行人使用,桥面并向外侧扩张类似鱼肚,以扩大行人的使用空间兼观景平台,从上俯视或侧视像两条鱼,侧视交织弦索亦似提篮,创新桥型兼具力学与美学(图1、图2)。

图1　侧视图

图2　正视图

1992年巴塞罗那将举办奥林匹克运动会,巴塞罗那最出名的是高第建筑师及圣家堂建筑,1984年巴塞罗那市政府请克拉特拉瓦(Santiago Calatrava)建筑师设计一座桥代表城市的地标及新意象,桥址选在北边区域,连接北边的Saint Andrea及南边的Saint Marti两个新生区域,克拉特拉瓦构想利用该桥连接周遭公园及都市地景,转变成巴塞罗那新生市区的名片。巴赫德罗达菲利佩二世桥(Bach De Roda-Felipe II Bridge)跨过铁路联结两侧的巴赫德罗及菲利佩二世两条平行道路,最特别的是提供两个外侧斜拱桥空间给行人专用,汽车走中间垂直拱的桥面,每侧利用双拱结合两侧吊索让行人享受行走如同穿越隧道的趣味,两端并有阶梯可走到桥下公园。当地人特别称它为克拉特拉瓦的桥(Calatrava's Bridge),不仅作为城市的基础建设,也代表巴塞罗那市居民的感情及新标志。

2 桥梁概要

桥名:巴赫德罗达菲利佩二世桥(Bach De Roda-Felipe II Bridge)。
地点:巴塞罗那,西班牙。
用途:公路桥+人行桥。
建造年代:1987年。
设计者:克拉特拉瓦(Santiago Calatrava)建筑师(西班牙)。
平面线形:直桥。
结构形式:双弦倾斜式之系拉钢拱桥。
全长/主跨:128m/45m。
桥宽:26m。
桥下净空:8m(铁路)。
结构系统:中承式拱桥(外侧)+下承式拱桥(内侧)。
墩柱:单柱形桥墩。
景观:造型灯座、照明、栏杆、桥面板铺面、墩柱面线条。

3 设计理念

本桥为克拉特拉瓦设计的第一座桥梁,设计意象与自然及环境相融合,桥型不论从侧视及下俯视都有鱼的意象(图3、图4),象征巴塞罗那临海特色,倾斜式钢拱、雕塑造型桥墩,配合灯塔造型桥头灯、特殊铺面、造型栏杆、照明及墩柱表面水平线条(图5、图6),构成本桥景观复杂多样性,任何角度看桥都有不同视觉感受,侧看全桥像中承式提篮形拱桥搭配V形桥墩,两条拱肋交叉仰视像恐龙肋骨。

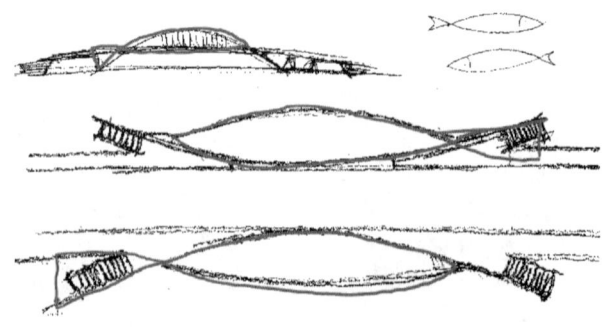

图3 设计意象(1)

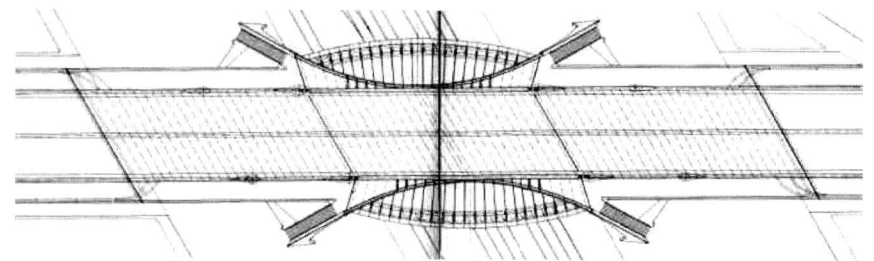

图4　平面图(1)

图5　灯塔造型桥头灯

图6　铺面、栏杆及照明

克拉特拉瓦本身专业结合建筑师及工程师为一体，设计理念结合「建筑」与「工程」，设计作品不仅展现最高水平「State of the Art」之作品特性而且兼具未来性，可称为近代桥梁及建筑美学的大师，他认为建筑(Architecture)即艺术(Art)，而工程是建筑的一部分，也是艺术的一部分，其实是出自同一脉络的。克拉特拉瓦所创造的结构组件，只要喜欢都可当作雕塑作品。作品中桥梁结构形式主要设计元素常为拱及吊索结构之混合体，其中拱为抗压构件，吊索为抗张构件。

4　桥梁设计

巴赫德罗达菲利佩二世桥总长128m，桥宽26m，桥下跨铁路的净空8m，桥梁力学系统选择抛物线拱桥，除满足设计荷载功能需求，更展现力与美，压低拱高对周遭建筑天际线影响最小。全桥包含3大段，其中主跨段长45m，采配对双弦倾斜式之钢拱桥，垂直钢拱搭配60°之倾斜式钢拱，以形成三角形的稳定结构，连拱肋都是三角形中空钢梁，拱肋及主梁相交处接头形式亦极为简约(图7、图8)。两侧钢拱主要提供行人使用，桥面并向外侧扩张类似鱼肚，以扩大行人的使用空间，兼桥面观景平台。两侧跨段长25m，配置人行阶梯以衔接公园，侧视交织弦索似提篮，垂直吊索处之基座亦可提供行人休息座椅。两钢拱间之桥面则提供汽车行驶。钢桥采取白色涂装融合混凝土桥墩，亦呼应巴塞罗那蓝天白云背景，桥下外挑悬臂板阴影让主梁构造显得纤细。

本桥设计寿命120年，钢及混凝土材料均考虑耐久性，结构系统主要为系拉式拱桥，结合拱抗压及主梁抗拉特性，全桥两侧由两种拱桥系统组成，外侧斜钢拱为中承式拱桥，承受行人荷载及增加稳定性，内侧垂直钢拱为下承式拱桥，承受主要车辆荷载，桥面结构以钢横梁托在两侧钢拱桥主梁上，经由桥面下横梁将荷载传至两侧主梁，两外侧倾斜及垂直拱外形成稳定三角,以抵抗侧向外力。为减小梁深利用密布吊索悬吊主梁承受荷载,每处吊索采两根吊索,连接主梁及拱肋(图9、图10),增加赘余安全性及更换保障,钢梁搭配混凝土桥面版,构成复合式结构,所有钢梁接头及加劲板外露不隐藏,更凸显功能性设计特色。直径800 mm桩作为主要基础构件,设立地梁联结两外侧基础以抵抗倾斜拱传递的水平力。BS5400对人行振动服务需求规定垂直自振频率超过5Hz,视为满足人行振动服务的需求,本桥采钢拱悬吊系统,主要是质轻的钢构材料,垂直自振频率低于5Hz,劲度需求稍显不足。

图7 内侧垂直拱及外侧倾斜拱

图8 拱肋及主梁相交处接头

图9 主梁及吊索

图10 拱肋及吊索

5 结语

克拉特拉瓦结合建筑、工程与雕塑,桥型的研拟以景观桥塑造地景方式,提供空间视觉聚焦之所在,创造出巴塞罗那城市美学。本桥坐落地点提供给行人一条独特的跨铁路徒步及跑步空间,引导用路人漫游在两端公园及跨越铁路,并与两端步道及自行车道串联一气,形成一连串的公共行人游憩空间。巴赫德罗达菲利佩二世桥兼具力与美已成为巴塞罗那的地标及建筑象征,获颁巴塞罗那市艺术奖,是一座充满亲和力及高人气的城市景观桥。

参考文献

[1] Jodidio, Philip, and Santiago Calatrava. Calatrava: Santiago Calatrava, Complete Works, 1979-2009[J]. Hong Kong: Taschen, 2009. Print.

65. 中小跨径型钢混凝土组合梁桥设计研究
——基于 ansys 的结构参数优化设计

苏昶[1] 石雪飞[2]

(1.同济大学土木工程学院;2.同济大学)

摘 要：为进一步推动桥梁工业化建造步伐,本文提出采用热轧型钢代替传统焊接工字钢的型钢混凝土组合结构,针对此种新型结构桥梁的各项参数,包括型钢梁高、型钢型号、桥面板厚度、钢梁根数、横隔板布置等利用 ansys 有限元软件进行参数优化设计分析,并通过分析结果初步提出了智慧化型钢混凝土组合梁桥设计理论。

关键词：型钢 组合梁 参数优化设计 工业化 有限元 智慧化

1 引言

中小跨径钢板组合梁桥最初从欧洲开始发展起来,并在美国和日本等地得到广泛应用。这种桥梁结构形式充分发挥了钢板和混凝土两种结构材料的优点,而且容易形成标准化和规格化的产品,是一种经济耐久的桥梁结构形式,设计和建造的适用条件较为广泛[1]。钢板组合梁桥在加快结构建设效率的同时能够保证质量,这种满足工业化建造的钢板组合梁桥具有很广泛的应用前景。但目前钢板组合梁桥的钢梁均采用焊接施工工艺而且腹板加劲肋较多,焊缝数量较多。不利于钢板组合梁桥的应用推广。因此,中小跨径钢板组合梁桥的推广和应用急需解决如何进一步优化构造,保证焊接质量,提高施工效率,提高结构耐久性等问题。

本文提出采用热轧工字钢梁来代替传统的焊接工字钢梁,以基于工业化建造的型钢组合梁为研究目标,针对此种新型桥梁的各项参数,包括桥面板厚度、工字钢型号、工字钢数量、横隔梁设置等利用 ansys 有限元软件进行参数化分析[2],研究出较佳的热轧工字钢组合梁方案。

2 型钢混凝土组合梁的发展

型钢混凝土组合梁的应用首先在建筑领域开始,20 世纪 60 年代,美国为了抵抗飓风、地震等自然灾害和增加结构可靠度,逐渐开始采用冷弯薄壁型钢建筑来替代传统木结构建筑[3]。型钢建筑是一种节能、节材、环保、低碳的"绿色"住宅结构体系,相较于传统结构,具有便于标准化生产、结构自重轻、便于施工安装、施工周期短、舒适性好、节约土地资源和经济效

基金项目:浙江省交通运输厅科研项目,2019046.

应好等诸多优点,具有良好的经济效益和应用价值。在北美、澳大利亚、新加坡、日本等地,冷弯薄壁型钢—混凝土组合构件已经运用非常成熟,拥有了成熟的设计理论和设计方法。

与纯钢构件和混凝土构件相比,型钢混凝土组合梁具有诸多优势:

①能够充分发挥钢材的抗拉性能和混凝土板的抗压性能,使截面受力更加合理;

②构件可通过工厂预制完成,加快施工速度;

③节约钢材的使用,且钢材可回收再利用,节约了资源,降低了能耗。型钢混凝土组合梁的这些特点使其在工业厂房、民居建筑、低层公共建筑和道路桥梁等领域具有巨大优势。

截至2019年底,我国公路总里程已达484.6万km,公路桥梁85万座。据统计,钢结构、钢混组合结构桥梁长度占比仅为1%,常用跨径桥梁基本上为混凝土梁桥[4]。钢混组合梁仅在我国公路大跨度拱桥、斜拉桥、悬索桥中得到应用。2016年,为推进公路桥梁建设转型升级,充分发挥钢结构桥梁性能优势,交通运输部研究决定推进公路钢结构桥梁建设,并出台《关于推进公路钢结构桥梁建设的指导意见》,推广钢混组合结构桥梁是行业发展的内在需求。由于目前钢混组合梁的钢梁采用钢板焊接,工程造价高,在我国公路、城市桥梁建设中的应用极少。型钢混凝土组合梁,采用热轧型钢代替传统的焊接工字梁,显著降低了工程造价,符合可持续发展理论,可提高桥梁建设工业化水平,是符合节能环保的新技术[5]。

3 工程概况

本研究以浙江省交通运输厅提出的密梁式型钢组合梁(图1)为背景,对3×25m连续梁进行参数优化设计,采用双向6车道布置,设计时速为100km/h,桥梁单幅宽16.5m,总宽34m,使用公路Ⅰ级汽车荷载,结构设计基准期为100年,设计安全等级为1级,环境类别为Ⅰ类,荷载组合选用承载能力极限状态基本组合:1.2×恒载+1.4×汽车荷载+1.05×梯度温度+1.05×整体温差,钢材选用Q345qD钢,混凝土选用C40微收缩混凝土。

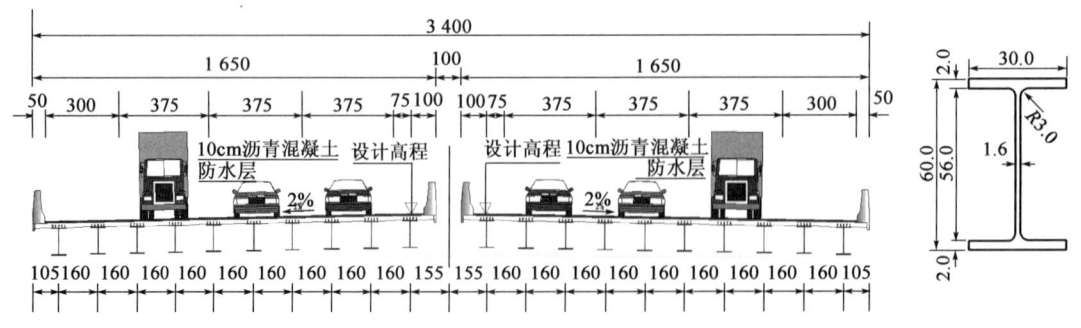

图1 某密梁式型钢组合梁及热轧H型钢断面设计图(尺寸单位:cm)

4 参数优化设计

由于热轧型钢混凝土桥面板组合梁桥的相关研究较少,且缺乏实际工程作为参考,本设计中利用ansys软件,其中图2为使用ansys建立的桥梁模型图,先针对结构配置的各项可变条件进行参数化分析,也就是控制一定条件后调整相应参数,观察该参数的变化对桥梁的结构性能、应力情况的影响。而后根据参数化分析的结果,综合力学和经济方面进行考量,确定最终的方案,以达到结构参数优化设计的目的。

在本研究中,涉及的参数主要有:型钢工字钢的梁高、型钢工字钢的型号、型钢工字钢的布置根数、混凝土桥面板的厚度、中横隔梁的设置与否,以下将对各项参数对结构受力的影响进行分析。

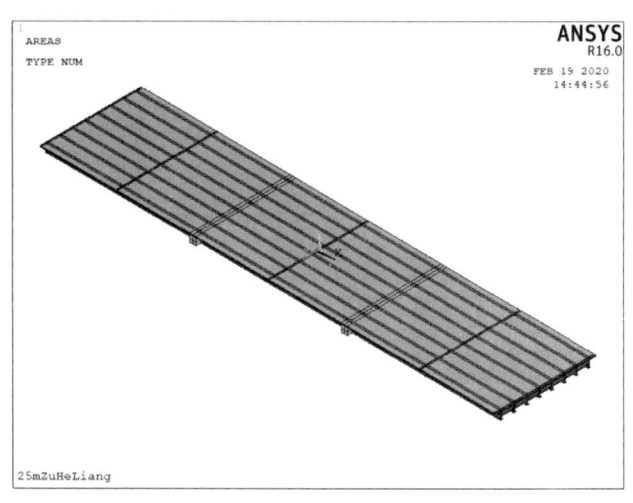

图2 某密梁式型钢组合连续梁桥ansys三维模型图

4.1 型钢工字钢梁高分析

本研究以ansys有限元计算软件为依托,对控制型钢混凝土组合梁设计的型钢工字钢梁高参数进行控制分析。其中,梁高参数分别取0.85m,0.90m,0.95m,1.00m,1.05m,1.10m。根据各个梁高参数分别建立ansys模型,对比各梁高参数下的结构受力变化,得到以下结果,见表1。

型钢工字钢梁高参数下结构受力对比表　　　　表1

梁　高	工字钢梁最大拉应力(MPa)	桥面板最大压应力(MPa)	桥面板墩顶最大拉应力(MPa)
0.85	236.02	11.44	6.932
0.90	214.98	10.71	6.884
0.95	198.27	10.03	6.558
1.00	185.80	9.46	6.302
1.05	174.42	8.95	6.086
1.10	136.90	7.85	5.792

由上表对比结果可知:随着型钢工字钢梁高的增大,工字钢梁最大拉应力、桥面板最大压应力和桥面板墩顶负弯矩区最大拉应力均在不断减小,并且减小的幅度在不断加大。综合以上计算分析结果,选定合理型钢工字钢梁高最小值在0.90~0.95。

4.2 型钢工字钢型号分析

依据以上选定的型钢工字钢梁高参数范围,选择设计用型钢工字钢型号参数有:900×466、900×391、900M、900B、900A。根据各个型钢型号分别建立ansys模型,对比不同型钢型号下的结构受力变化,得到以下结果,见表2。

不同工字钢型号下结构受力对比表　　　　表2

型 钢 型 号	工字钢梁最大拉应力(MPa)	桥面板最大压应力(MPa)	桥面板墩顶最大拉应力(MPa)
900×466	128.78	12.38	6.112
900×391	157.12	13.69	6.164
900M	187.21	14.05	6.241
900B	200.45	14.23	6.358
900A	254.16	14.65	6.411

由上表对比结果可知:随着型钢工字钢尺寸的增大,工字钢梁最大拉应力有显著的降低,而桥面板跨中正弯矩区压应力和墩顶负弯矩区拉应力有所降低,但不明显。综合以上计算分析结果,选定合理型钢工字钢最小型号为900M型号工字钢。

4.3 型钢工字钢布置根数分析

依据以上选定的900M型号型钢工字钢,对型钢工字钢的布置根数进行分析,考虑到本工程施工架设钢梁阶段需要型钢钢梁两两横向相连形成π形梁后进行吊装架设,本研究中对型钢工字钢的布置根数分析考虑了6根、8根、10根、12根的情况。根据各钢梁布置根数分别建立ansys模型,对比结构受力变化,得到以下结果,见表3。

不同钢梁布置根数下结构受力对比表 表3

钢梁根数	工字钢梁最大拉应力(MPa)	桥面板最大压应力(MPa)	桥面板墩顶最大拉应力(MPa)
6	258.15	15.13	6.360
8	187.21	14.05	6.241
10	194.84	13.84	6.236
12	132.26	12.47	6.214

由上表对比结果可知:随着工字钢布置根数的增加,工字钢梁最大拉应力先降低、再增大、再降低,10根钢主梁状态较8根钢主梁状态工字钢梁最大拉应力反而有所增大,这其中的应力增大状况是车道荷载横向分布所致,由此分析结果可知,型钢工字钢梁布置8根是最为合理的方案。

4.4 混凝土桥面板厚度分析

依据以上分析中选定的8根900M型号工字钢主梁的结构,对混凝土桥面板厚度参数进行分析,为了充分体现桥面板厚度对桥梁受力性能的影响,本设计中选取了从150mm到300mm的数个桥面板厚度进行计算。计算过程中,在转折点附近加设了几组桥面板厚度。最终分别建立了桥面板厚度为150mm、180mm、210mm、220mm、230mm、240mm、270mm、300mm的有限元模型进行计算分析,得到以下结果,见表4。

不同桥面板厚度下结构受力对比表 表4

桥面板厚度	工字钢梁最大拉应力(MPa)	桥面板最大压应力(MPa)	桥面板墩顶最大拉应力(MPa)
150	184.74	17.24	7.524
180	198.30	15.27	6.255
210	192.35	14.15	6.243
220	187.21	14.05	6.241
230	190.72	14.12	6.150
240	193.40	14.01	5.964
270	197.80	13.94	5.840
300	205.90	13.75	5.715

由表4对比结果可知:随着桥面板厚度的增加,工字钢梁最大拉应力先增加后降低再增加,当桥面板厚度从150mm增加到180mm的过程中,钢梁应力逐渐提高;当桥面板厚度从

180mm 提高到 220mm 时,钢梁应力有所降低;继续增大桥面板厚度,钢梁应力又逐渐增大。这其中是承载能力逐渐提高的桥面板和其增长的重量协调的结果。随桥面板厚度的增加,桥面板的拉压应力有总体减小的趋势,但偶尔会有一些波动。根据以上的计算分析结果,可以得到最优的混凝土桥面板厚度参数为210mm。

4.5 中横隔梁的设置分析

由于只使用工字钢受力时,结构体系缺乏横向联系,受力性能不佳,故需要设置合适的横隔梁。在本研究中,端横梁固然必不可少,但中横梁是否需要设置则值得进行相应的讨论。为了充分体现中横梁对结构性能的影响,本研究中对比计算结构在有无中横梁下的受力性能,见表5。

是否设置中横隔梁下结构受力对比表　　　　表5

中横隔梁状况	工字钢梁最大拉应力(MPa)	桥面板最大压应力(MPa)	桥面板墩顶最大拉应力(MPa)
设置	192.35	14.15	6.243
不设	196.06	18.64	7.508

分析以上对比结果可以发现:有无中横梁结构的钢主梁最大应力相差很小;无中横梁结构的桥面板最大拉压应力明显大于有中横梁结构的桥面板最大拉压应力,这是因为没有中横梁时钢梁系统的承载力整体下降,导致混凝土板不得不承受更大的力。根据以上计算分析结果,可以看出中横梁的设置在结构中是必要的,它有助于提高钢梁的整体承载力,大幅降低混凝土桥面板的拉压应力。

5 参数优化设计理论体系

由以上参数优化设计分析过程,可以总结得出:对于型钢混凝土组合结构连续梁桥,设计的结构受力目标控制条件为型钢钢梁的最大拉应力、混凝土桥面板跨中正弯矩区最大压应力和混凝土桥面板墩顶负弯矩区最大拉应力;对于型钢梁高、型钢型号尺寸、型钢布置根数、混凝土桥面板厚度等基本设计参数,型钢梁高和型钢型号尺寸主要影响钢梁应力而对桥面板应力影响不大,混凝土桥面板厚度参数涉及承载力与自重恒载相协调的问题,主要影响混凝土桥面板的应力而对钢梁应力影响不大,钢梁布置根数涉及车道荷载横向分布问题,对钢梁应力影响较大。中横梁在结构受力中至关重要,最少应每跨跨中布置一道横隔梁。

由以上结论,可以总结出一套基于结构受力目标要求的型钢混凝土组合连续梁参数优化设计理论:第一步,先根据经验和桥宽初步选定型钢梁高和型钢根数,根据钢梁所受最大拉应力控制要求,得到合理最小梁高范围;第二步,依据梁高选择型钢型号尺寸,根据钢梁所受最大拉应力控制要求,进一步选定合适的型钢尺寸;第三步,依据选定的型钢尺寸,分析不同型钢根数下钢梁最大拉应力的变化趋势,在之前经验选定的型钢根数下,若主梁根数减小而主梁应力增大,则采用之前经验选定的型钢根数,否则,应当减小主梁根数,重复一二步计算分析;第四步,根据以上的钢梁系统,大概选择桥面板厚度参数范围,根据混凝土所受最大拉压应力控制要求,得到合适的桥面板厚度。

根据以上设计理论,总结得出型钢组合梁桥合理参数设计的思维流程图如图3所示。

本研究依托ansys有限元计算分析,得到了以上较为合理的型钢混凝土组合连续梁参数优化设计过程,为以后的智慧智能设计程序开发提供理论依据。

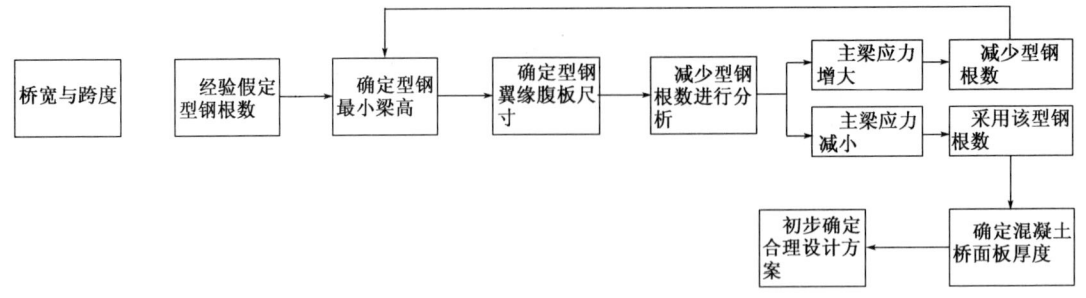

图3 型钢组合梁桥合理参数设计思维流程图

5 结语

公路常用跨径型钢混凝土组合梁桥凭借其优良的力学特性、良好的抗振性能、低廉的工程造价、高度的工业化程度,成为未来桥梁工程发展的必然趋势。为进一步推动型钢混凝土组合梁的应用,本文通过研究 3m×25m 连续梁参数优化设计分析,总结出了一套适用于结构受力目标要求的型钢混凝土组合连续梁参数优化设计理论,为下一步实现智能智慧化设计程序开发提供了一定的理论依据。未来,期待国内大型钢厂、设备厂家与设计企业开展合作,进一步开展型钢混凝土组合梁的关键技术研究,这必将推动我国公路、城市桥梁的钢混组合梁桥的建设发展。

参 考 文 献

[1] 樊健生,聂建国.钢—混凝土组合桥梁研究及应用新进展[J].建筑钢结构进展,2006(05):35-39.

[2] 吴学毅,刘军收,尹恒.基于参数化设计的三维桥梁模型构建[J].图学学报,2013,34(02):76-82.

[3] 刘毅,秦国鹏,陈水荣.冷弯型钢建筑体系的发展与应用现状[J].钢结构,2013,28(09):1-3+59.

[4] 陈建荣.热轧H型钢钢混组合梁在中小跨径公路桥梁中的应用实践[J].四川建筑,2019,39(04):98-99.

[5] 石雪飞,许琪.辽宁省中小跨径钢混组合结构桥梁全寿命周期成本分析[J].北方交通,2019(02):5-8.

66. UHPC 箱梁桥结构优化与试设计

戴薇[1] 庄冬利[1] 方明山[2] 张兴志[2] 肖汝诚[1]

(1.同济大学土木工程学院桥梁工程系;2.浙江舟山北向大通道有限公司)

摘 要:根据 UHPC 材料特性和现有规范提出一种 UHPC 箱梁桥的优化设计方法,以充分利用 UHPC 的优良性能来实现混凝土梁桥跨径的提高和结构受力性能的改善。以总造价为目标函数,以规范中强度、刚度、疲劳等要求为约束条件,完成对梁高及板厚的优化。应用该方法进行试设计,通过初步分析得到经济跨径,对经济跨径下 120m 跨 UHPC 连续箱梁桥进行了试设计和结构计算,结果表明其板件厚度可大幅度减小,且极限承载能力及正常使用状态均满足要求,能轻松实现目前整孔架设混凝土梁桥 70m 跨径的突破。

关键词:超高性能混凝土 薄壁箱梁 结构优化 试设计

1 引言

预应力混凝土梁桥因其结构简单、施工方便、受力合理等优点得到了广泛应用,当梁桥跨径增大,往往采用箱形截面,其截面刚度大,抗裂性能好,并能有效抵抗正负弯矩。如在跨海大桥引桥中,从经济性和耐久性考虑,多用等高度混凝土连续箱梁。但目前已建混凝土梁桥普遍存在开裂和下挠问题[1];且对于跨海长线桥梁,深水基础使得下部结构造价在总造价中占比较大,增大桥梁跨径往往能大幅度提高经济性能,非通航孔桥向大跨径发展是必然趋势[2]。所以需要依赖于材料的突破,并设计相适应的新型桥梁结构来实现等高度连续梁桥经济跨径的提高和设计施工的优化。

超高性能混凝土(Ultra-High Performance Concrete,UHPC)具有超高强度、超高耐久性,各项性能均显著优于普通混凝土。从 1995 年开始,UHPC 的实际工程应用引起了工程师的广泛关注,目前已有超过 150 座桥梁采用 UHPC 作为主体结构材料[3]。实际应用表明,将其用于梁桥,不仅能减小构件截面面积、降低钢筋用量,从而实现结构的轻型化、提高跨径;还能解决混凝土梁桥普遍具有的自重过大、跨中过度下挠、梁体易开裂[1]等问题。

目前已有的关于 UHPC 箱梁桥的研究,主要是针对某一特定跨度下的结构设计及性能研究,尚未有学者提出系统的 UHPC 箱梁桥的优化设计方法。由于 UHPC 性能优异,其设计不能完全参照普通混凝土桥。而目前 UHPC 箱梁桥的工程实例较少,还未形成类似普通混凝土的

基金项目:浙江省交通运输厅科技计划项目(2019-GCKY-01).

设计经验取值。因此,本文提出一种 UHPC 箱梁桥的优化设计方法,从而使设计方案不仅受力合理,而且造价经济。并以宁波舟山港主通道(鱼山石化疏港公路)公路工程中南侧非通航孔桥为背景,应用该优化方法对大跨度等高度 UHPC 箱梁桥进行研究和试设计,探索其经济跨径。

2 优化设计方法

2.1 设计变量

对于实际工程,箱梁截面宽度往往根据工程需要确定,所以截面形式由梁高和板厚决定。设梁高为 H,H 为离散变量,按高跨比为 $1/30 \sim 1/17.5$ 进行取值。板厚包括跨中和支点的顶板、底板及腹板厚度,通过引入参数 $\alpha = [\alpha_1, \alpha_2, \alpha_3, \alpha_4, \alpha_5]^T$,将板厚用一个变量 t 表示。即设跨中顶板厚为 t,其余板厚分别为:跨中底板厚 $\alpha_1 t$,腹板厚 $\alpha_2 t$;支点顶板厚 $\alpha_3 t$,底板厚 $\alpha_4 t$,腹板厚 $\alpha_5 t$。其中 α 为离散变量,取值范围参考现有的 UHPC 箱梁桥[3-7]:$\alpha_1 \in [0.8, 1.2]$,$\alpha_2 \in [1, 1.5]$,$\alpha_3 \in [1, 2]$,$\alpha_4 \in [2, 3]$,$\alpha_5 \in [1.5, 3]$。

截面形式如图 1 所示,其中阴影填充的圆圈表示体外预应力束。每跨两端分别在 $L/10$ 长度范围内取为支点横断面进行计算,L 为跨径。计算时将截面等效为工字形断面,将预应力束在横桥向合并为一股作用在截面中心,且其作用位置由形心到顶底板的距离决定。

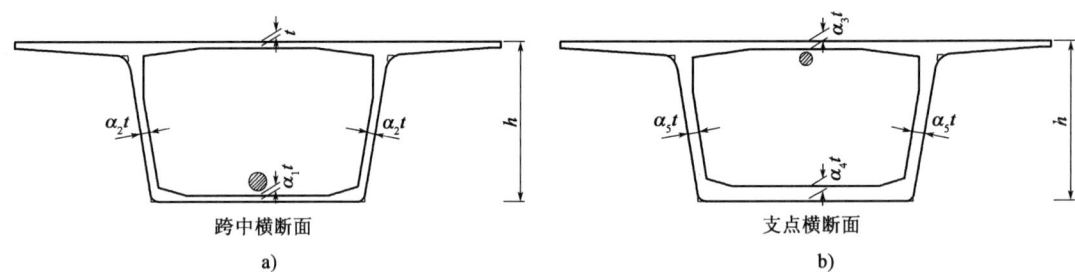

图 1 截面形式

2.2 目标函数

以总造价为目标函数,仅考虑主要受力结构中 UHPC、普通混凝土、预应力钢绞线、普通钢筋等的用量对目标函数的贡献,不考虑附属工程的造价。其中下部结构材料用量考虑上部结构自重及实际工程条件进行估算。因此,目标函数可写为式(1):

$$F(h, t, \alpha) = \sum C_i V_i \tag{1}$$

式中:$F(h, t, \alpha)$——总造价,以梁高 h、板厚 t 和板厚间关系向量 α 作为变量;

C_i——各材料的单价;

V_i——各材料的用量。

其中,UHPC 及普通混凝土根据截面计算用量;预应力钢绞线则考虑设计荷载下承载能力和应力要求进行计算;因 UHPC 梁抗剪性能好,仅考虑布置纵向钢筋,普通钢筋用量参考现有 UHPC 箱梁桥的体积配筋率,按 UHPC 用量与配筋率的乘积计算。

材料单价为包含了人工费、材料和工程设备费、施工机具使用费等的综合单价。

2.3 约束条件

UHPC 箱梁采用体外束,按全预应力构件进行设计,优化计算时考虑一期恒载、二期恒载、预加力、汽车荷载下的结构效应。为使桥梁施工可行且在成桥后能够满足规范[8-11]中强度、应力及抗裂要求,应满足以下约束条件。

其中公式(4)~公式(9)以《公路钢筋混凝土及预应力混凝土桥涵设计规范》[9]的要求为例列出,若国内颁布 UHPC 桥梁相关设计规范,可按规范条文相应变化。

(1)持久状况承载能力极限状态

①正截面抗弯承载力

$$\gamma_0 M_d \leqslant M_u \tag{2}$$

式中:γ_0——结构重要性系数；

M_d——作用基本组合弯矩设计值；

M_u——截面抗弯承载力设计值。

抗弯承载力 M_u 的计算参考《SIA 2052 UHPFRC 瑞士标准》[8],仅考虑 UHPC 及预应力钢绞线的贡献,而将普通钢筋的抗弯贡献作为安全储备。同时考虑相对界限受压区高度的限制。

②斜截面抗剪承载力

$$\gamma_0 V_d \leqslant V_u \tag{3}$$

式中:V_d——作用基本组合剪力设计值；

V_u——UHPC 的抗剪承载力设计值。

抗剪承载力设计值在这里偏安全的仅计入 UHPC 的贡献,未计入抗剪钢筋的贡献。V_u 的计算参考《SIA 2052 UHPFRC 瑞士标准》[8]。

(2)持久状况正常使用极限状态

①正截面抗裂

$$\sigma_{st} - 0.85\sigma_{pc} \leqslant 0 \tag{4}$$

式中:σ_{st}——作用频遇组合下构件抗裂验算截面边缘混凝土的法向拉应力；

σ_{pc}——扣除全部预应力损失后预加力在构件抗裂验算边缘产生的混凝土预压应力。

②斜截面抗裂

$$\sigma_{tp} \leqslant 0.6 f_{tk} \tag{5}$$

式中:σ_{tp}——作用频遇组合和预加力产生的混凝土主拉应力；

f_{tk}——UHPC 的弹性极限抗拉强度标准值。

③挠度

$$f_{max} \leqslant \frac{L}{600} \tag{6}$$

式中:f_{max}——活载作用下主梁最大挠度。

(3)持久状况应力验算

①混凝土正压应力

$$\sigma_{kc} + \sigma_{pt} \leqslant 0.50 f_{ck} \tag{7}$$

式中:σ_{kc}——作用标准值产生的混凝土法向应力；

σ_{pt}——预加力产生的混凝土法向拉应力；

f_{ck}——UHPC 轴心抗压强度标准值。

②预应力钢束最大应力

$$\sigma_{pe} \leqslant 0.60 f_{pk} \tag{8}$$

式中:σ_{pe}——有效预应力；

f_{pk}——预应力钢筋抗拉强度标准值。

③混凝土主压应力

$$\sigma_{cp} \leq 0.6 f_{ck} \tag{9}$$

式中:σ_{cp}——作用频遇组合和预加力产生的混凝土主压应力。

(4)疲劳验算

①预应力钢绞线应力幅

因公路规范中没有相关规定,参考《铁路桥涵混凝土结构设计规范》[11]中的规定:

$$\Delta\sigma \leq [\Delta\sigma] \tag{10}$$

式中:$\Delta\sigma$——预应力钢绞线活载应力幅;

$[\Delta\sigma]$——预应力钢绞线容许疲劳应力幅,140MPa。

②UHPC 梁疲劳性能

根据《SIA 2052 UHPFRC 瑞士标准》[8]相关规定,受弯配筋 UHPC 疲劳性能应满足:

$$\Delta M \leq M_{R,D} \tag{11}$$

$$M_{R,D} = 0.5 \cdot M_u \tag{12}$$

式中:ΔM——活载作用下主梁弯矩变化幅;

$M_{R,D}$——弯曲疲劳极限。

(5)构造要求

为满足施工可行性及构造要求,按布置两层钢筋网考虑,板厚最小值取 10cm;由于 UHPC 的各项性能均优于普通混凝土,板厚上限值取普通混凝土箱梁桥常用板厚值。

$$10cm \leq t \leq 28cm \tag{13}$$

2.4 求解策略

采用改进枚举法,用 Matlab 进行编程来实现优化设计。

该程序可通过输入结构基本信息如跨径、横截面宽度、预应力筋到顶底板的距离等,以及设计荷载等级、UHPC 与普通混凝土的价格比,对不同的工程背景需求进行优化设计。

首先,对离散设计变量 H 和 α 初始赋值,考虑式(2)、式(4)、式(7),得到关键截面如跨中、四分点、中支点截面的满足承载能力及正常使用极限状态要求的预应力钢绞线总面积;然后进行应力、挠度、疲劳等初步验算,并计算目标函数值。对于给定的 H 和 α,目标函数为关于 t 的单变量函数,通过求导由目标函数值取最小得到板厚 t 的取值。

对梁高 H 和板厚比例参数 α 分别指定一定步长进行循环赋值计算,检验目标函数值是否变小以及是否满足约束条件。在设计变量的取值范围内重复上述过程,得到目标函数取最小值并满足各项约束条件的最优设计变量值,得到最优截面形式。

3 工程试设计

3.1 工程背景

以宁波舟山港主通道(鱼山石化疏港公路)公路工程项目南侧通航孔桥为工程背景。

按高速公路双向四车道(双幅桥)设计,桥面宽度 12.55m。桥跨布置为三跨一联连续梁。按全预应力构件设计,采用整孔预制吊装,简支变连续施工。

3.2 UHPC 材料指标

采用立方体抗压强度标准值为 120MPa 的 UHPC,其设计强度值根据《SIA 2052 UHPFRC

瑞士标准》[8]计算得到,材料指标如表1所示。

UHPC的材料指标　　表1

重度 (kN/m³)	弹性模量 (MPa)	标准强度(压/拉) (MPa)	设计强度(压/拉) (MPa)	泊 松 比	热膨胀系数 (℃)
25	5.00×10^4	120/10,12	52.57/6.15,7.38	0.2	1.0×10^{-5}

注:表中UHPC抗拉强度分别为弹性极限抗拉强度和抗拉强度。

3.3 优化结果

采用第1节的优化设计方法,为减少计算量,参考现有工程,取 $\alpha = [1,1.5,1.5,2.4,3]^T$,得到在70m、80m、100m、120m、150m跨径下的最优截面形式,并通过经济性比较,得到最优布跨方案。

计算总造价时,UHPC的综合单价均取7 000元/m³(当前市场价格),其他材料综合单价取值参考实际工程。UHPC箱梁的普通钢筋配筋率参考UHPC箱梁的实际工程,体积配筋率取113kg/m³。考虑到跨海大桥下部结构设计的主要控制工况多为大风大浪、船撞等因素[2],因此下部结构造价不由上部结构重量决定,而主要与所需桥墩基础数量有关,计算时取原工程中下部结构材料用量计算每个基础及桥墩的造价,并考虑上部结构重量的部分影响。各跨径下最优设计方案如表2所示。

不同跨径下的最优设计方案　　表2

跨径 (m)	跨高比	梁高 h (m)	板厚 t (cm)	上部结构总重量 (t)	每平方米桥梁造价(元)	
					上部结构造价	总造价
70	27.5	2.6	10	909	3 452	8 518
80	27.5	2.9	10	1 089	3 644	8 100
100	25	4.0	10	1 534	4 094	7 704
120	22.5	5.3	10	2 093	4 626	7 676
150	17.5	8.6	10	3 366	5 618	8 152

由表2可知,此时由总造价最低得到推荐方案为:120m跨径,跨高比为22.5,梁高5.3m;跨中顶底板厚10cm,腹板厚15cm;支点顶板厚15cm,底板厚24cm,腹板厚30cm。上部结构重量与实际工程相当,故采用整孔预制简支变连续施工可行。

3.4 结构设计

主梁采用UHPC箱梁,为单向预应力结构,纵向按全预应力构件设计。单幅桥采用单箱单室斜腹板截面,尺寸按3.3中的优化结果取值。预制UHPC箱梁高5.3m,顶宽12.55m,底宽5.9m,顶板悬臂长2.95m,靠近支座处20m板厚增大,跨中及支点板厚取值同3.3,如图2所示。支座处端横梁为4m宽的实体段。

因桥面板考虑横向车辆荷载的作用需要增加板厚,考虑到经济性,设计为由UHPC和普通混凝土层组成的组合桥面板。C45混凝土层在UHPC预制梁整体吊装完成后现浇,厚10cm。恒载仅由UHPC层承担,活载由UHPC和普通混凝土共同承担。纵向计算时只考虑UHPC层受力,普通混凝土层作为荷载施加;桥面板横向计算时考虑组合桥面板受力。

由于UHPC箱梁板厚较薄,为防止失稳、截面畸变等,设置密集横隔板[4,12]。横隔板的间距及尺寸参考文献[12-14]和实际工程:横隔板厚度12cm,间距4m,转向块处横隔板厚20cm;跨中部分横隔板高70cm,端部高55~65cm。

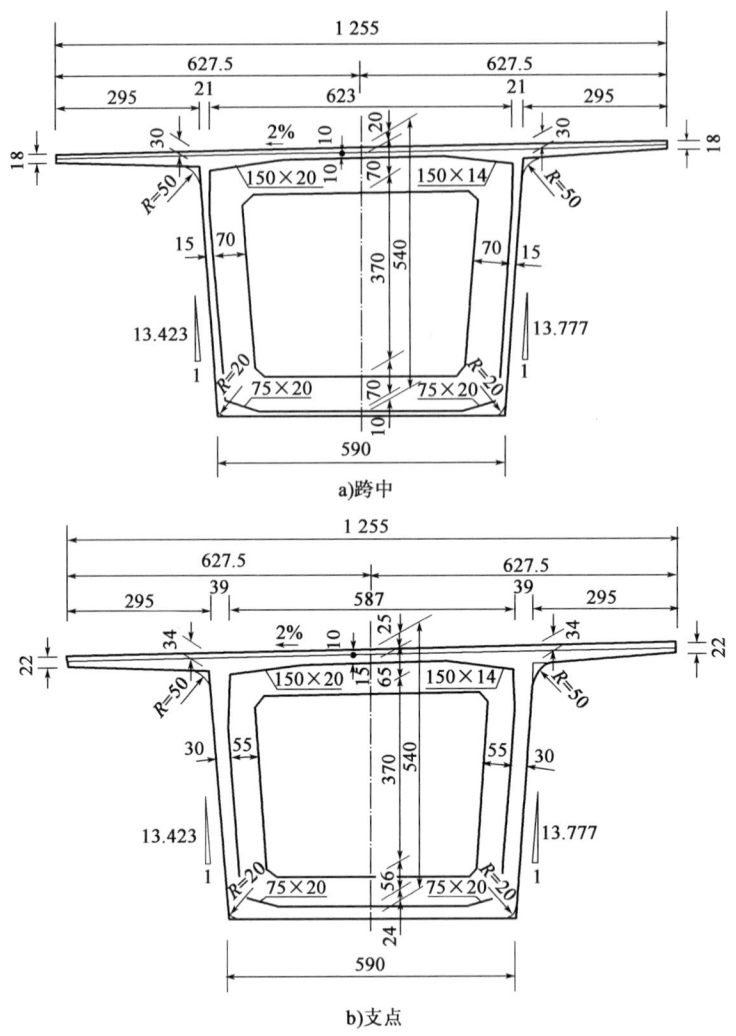

图 2　主梁典型横断面(尺寸单位:cm)

箱梁钢束采用体外预应力成品索。正负弯矩束总面积按优化结果取值,并将优化计算时作用在中心的一股钢束在横桥向进行分散布束。简支束共计20束15-30,其中8束在中间锚固,其余在端横梁锚固。墩顶负弯矩钢束共计8束15-28和8束15-34,利用齿块锚固。布置形式如图3所示。

预制UHPC箱梁自重约2 100t,为实际工程70m梁段自重的约1.05倍,可用中铁大桥局自制的"天一号"浮吊船完成吊装。上部结构总重约2 500t,约为实际工程中的1.25倍。

下部结构参照实际工程中的设计。

3.5　受力验算

采用MIDAS CIVIL软件建立该桥的有限元模型,作用及作用组合取值按《公路桥涵设计通用规范》[10]进行。截面承载能力设计值按《SIA 2052 UHPFRC瑞士标准》[8]计算,结构验算根据《公路钢筋混凝土及预应力混凝土桥涵设计规范》[9]要求进行。

承载能力计算结果如表3所示。

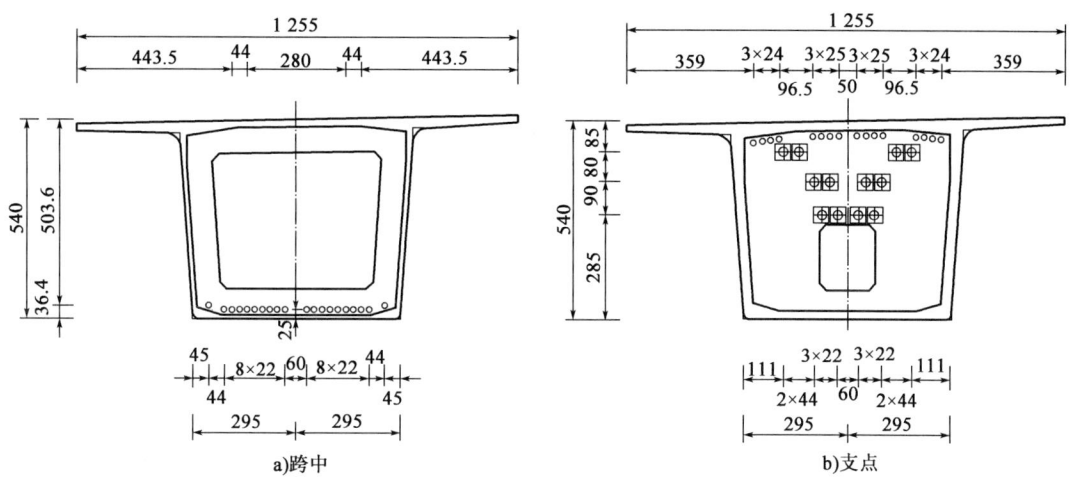

图3 预应力钢束布置图(尺寸单位:cm)

承载能力极限状态验算结果　　　表3

项　目	设　计　值	抗　力　值	是否满足
跨中正弯矩(kN·m)	437 044	457 530	是
支点负弯矩(kN·m)	−323 894	−420 026	是
支点剪力(kN)	22 438	31 637	是

频遇组合下正截面无拉应力出现,斜截面主拉应力最大值 2.2MPa $< 0.6f_{tk} =$ 6MPa,满足抗裂要求。活载挠跨比为 $L/1\,114 < 1/600$,满足要求。

标准组合下混凝土正压应力最大值为 44.8MPa $< 0.50f_{ck} =$ 60MPa,使用阶段最大主压应力为 44.8MPa $< 0.6f_{ck} =$ 72MPa,预应力钢束最大应力为 1 112MPa $< 0.60f_{pk} =$ 1 116MPa,均满足要求。

施工阶段截面均受压,最大压应力为 45.5MPa $< 0.7f_{ck}' = 0.7 \times 120 =$ 84MPa,施工过程中满足要求。

UHPC 的疲劳验算根据瑞士规范[8]验算活载作用下的弯矩变化值,计算结果如表4所示。

承载能力极限状态验算结果　　　表4

项　目	弯矩变化幅(kN·m)	弯曲疲劳极限(kN·m)	是否满足
跨中	70 782.68	228 764.90	是
支点	68 661.83	210 012.93	是

主梁在汽车荷载作用下的应力幅顶缘约为 7MPa,底缘约为 12MPa,虽规范中没有对应力幅的相关规定,但因应力幅较大,疲劳问题需要关注。预应力钢绞线应力幅约 47MPa < 140MPa,满足铁路规范[11]的要求。

桥面板横向为 UHPC-RC 组合受力,RC 层为 C45 混凝土层,厚10cm。抗弯承载力计算参考瑞士规范[8]中组合构件的相关规定。考虑车辆最不利布载,经验算,满足要求。

下部结构验算也满足要求。

综上,主梁计算结果均满足规范要求。

4　结语

本文对整孔预制架设施工的等高度 UHPC 箱梁桥的上部结构进行优化设计。

(1)提出以梁高、板厚及板厚间关系向量为设计变量,以总造价为目标函数,以规范中强度、刚度、疲劳及构造要求作为约束条件的优化设计方法,可在工程设计中充分利用 UHPC 的材料性能,提高方案的合理性与经济性。

(2)应用该优化方法进行试设计,对于本文跨海大桥背景工程,UHPC 连续箱梁桥的经济跨径为120m;通过施工过程和成桥状态结构受力分析,得到该设计方案均满足要求。

(3)通过应用 UHPC 材料和薄壁箱梁结构,可减轻结构恒载40%~50%,可以实现整孔预制吊装施工混凝土梁桥70m 跨径的突破。

(4)UHPC 的高抗拉强度和低徐变系数能够有效解决混凝土梁桥开裂和下挠问题;由于 UHPC 的超高耐久性,特别适合用于海洋等恶劣环境中。因此,UHPC 箱梁桥具有广阔的应用前景。

参 考 文 献

[1] 项海帆,肖汝诚,徐利平.桥梁概念设计[M].北京:人民交通出版社,2011.

[2] 张强,高宝峰.港珠澳大桥非通航孔桥型方案分析[J].桥梁建设,2009:38-41.

[3] 邵旭东,邱明红,晏班夫,等.超高性能混凝土在国内外桥梁工程中的研究与应用进展[J].材料导报,2017,31:33-43.

[4] 邵旭东,詹豪.400m 级预应力活性粉末混凝土(RPC)连续箱梁桥原型设计[C]//第二十届全国桥梁学术会议,武汉,2012:6.

[5] Russell H., Graybeal B. Ultra-High Performance Concrete: A State-of-the-Art Report for the Bridge Community[M]. 2013.

[6] Ping G. C., Guang Y., Wei S. Ultrahigh performance concrete-properties, applications and perspectives[J]. Science China(Technological Sciences), 2015, 58(04): 587-599.

[7] Resplendino J. Ultra-High Performance Concretes-recent realizations and research programs on UHPFRC bridges in France[C]. Proceedings of the Second International Symposium on Ultra High Performance Concrete. 2008: 31-43.

[8] MCS-EPFL. Ultra-High Performance Fibre Reinforced Cement-based composites (UHPFRC): Construction material, dimensioning und application: SIA 2052[S]. Zurich: Switzerland Swiss Federal Institute of Technology, 2016.

[9] 中华人民共和国交通运输部.公路钢筋混凝土及预应力混凝土桥涵设计规范:JTG 3362—2018[S].北京:人民交通出版社股份有限公司,2018.

[10] 中华人民共和国交通运输部.公路桥涵设计通用规范:JTG D60—2015[S].北京:人民交通出版社股份有限公司,2015.

[11] 国家铁路局.铁路桥涵混凝土结构设计规范:TB 10092—2017[S].北京:中国铁道出版社,2017.

[12] 邵旭东,詹豪,雷薇,等.超大跨径单向预应力 UHPC 连续箱梁桥概念设计与初步实验[J].土木工程学报,2013,46:83-89.

[13] 刘勇.超大跨径 UHPC 连续梁桥优化设计研究[D].长沙:湖南大学,2014.

[14] 胡云耀,白玉堂,张阳.实现整孔架设的48m UHPC 简支箱梁设计[J].铁道科学与工程学报,2016,13:2441-2446.

67. 城市轨道交通波形钢腹板矮塔斜拉桥设计与研究

季伟强　王淑敏　邢继胜　李世光

(中国铁路设计集团有限公司)

摘　要：针对某城市轨道交通跨线工程基础布置受限于管线、规划道路及雨水泵站，为减轻梁部自重，减小基础尺寸，同时兼顾城市轨道交通景观需求，采用波形钢腹板矮塔斜拉桥结构。该结构形式在国内公路应用较为广泛，轻轨应用尚属首次，且本桥曲线半径小，跨度较大，设计难度较高。本文综合介绍了该桥梁部刚度、强度检算结果。详述了在铁路、轻轨行业缺乏相关规范情况下，采用容许应力法与极限状态法两套体系对该桥剪力键、波形钢腹板等细部构造的检算成果，以上设计成果可供同类桥梁借鉴。

关键词：波形钢腹板　城市轨道交通　矮塔斜拉桥　容许应力法　极限状态法

1　概述

1.1　工程概况

波形钢腹板桥是在传统混凝土桥梁的基础上，将混凝土箱梁较厚的腹板代替以轻薄的波形钢腹板，具有自重轻、造价低、耐久性好、全寿命期经济效益高、低碳节能等众多优点[1]。本文针对某城市轨道交通跨线工程，基础布置受限于管线、规划道路、雨水泵站布置。为减轻梁部自重，减小基础尺寸，同时兼顾城市轨道交通景观需求，采用波形钢腹板矮塔斜拉桥结构，该结构形式在国内公路应用较为广泛，轻轨应用尚属首次。且桥梁曲线半径小，跨度较大，设计难度较高。

1.2　主要技术标准

本桥采用双幅单线桥，设计速度：95km/h；列车等级：6A；线间距：小里程侧端线间距7.65m，左线大里程侧梁端线间距27.42m。曲线段外轨超高：140mm。线路情况：线路位于曲线半径600m圆曲线、接缓和曲线、接直线段。线路纵坡：小里程侧上坡段25‰，大里程侧下坡段17.852‰，交点竖曲线半径10 000m，变坡点位于主跨跨中附近。

2　主桥结构构造

2.1　主体结构

本桥采用以波形钢腹板混凝土结合箱梁为主梁的矮塔斜拉桥结构。右幅桥跨度为82m + 148m + 70m + 35m，左幅桥跨度为76m + 140m + 124m + 62.5m，桥塔采用钢筋混凝土结构，梁面以上主塔高23m,索梁锚固最低点距离主梁顶面16.4m,最高点距主梁顶面20m,索梁锚固点竖向间距1.2m。

主塔纵桥向长3m,横桥向宽2m。为改善曲线梁主塔在索力作用下根部拉应力,将索梁锚固点向曲线外侧偏心0.2m。拉索采用双索面,单侧4对拉索,斜拉索两对较短索规格为15-22,两对较长索规格为15-37(右线)/15-27(左线),索梁锚固点间距为12.8m,结构布置立面图如图1、图2所示。

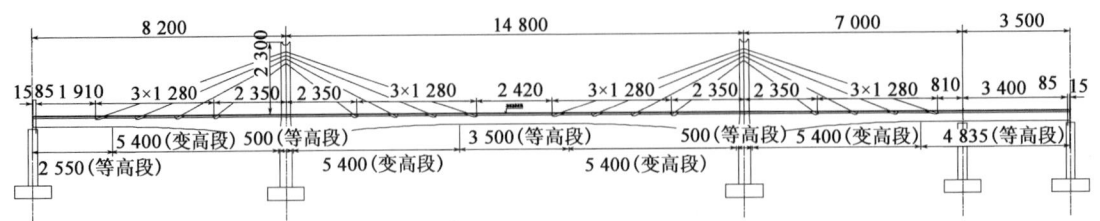

图1 某城市轨道交通跨线工程82m+148m+70m+35m波形钢腹板矮塔斜拉桥(右线)立面图(尺寸单位:cm)

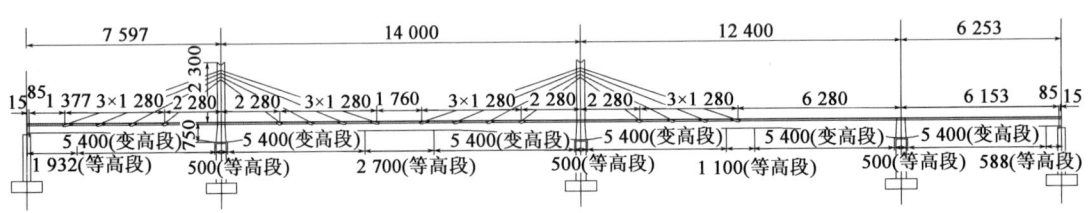

图2 某城市轨道交通跨线工程76m+140m+124m+62.5m波形钢腹板矮塔斜拉桥(左线)立面图(尺寸单位:cm)

梁段在支点范围采用混凝土箱梁,其余梁段采用波箱钢腹板箱梁,采用1600型波形钢腹板。近中支点12.8m波形钢腹板段、近边支点4m波形钢腹板段以及近右线辅助墩3.2m波形钢腹板段箱梁内衬混凝土,波形钢腹板桥支点附近设置内衬混凝土的目的在于圆顺地传递剪力、缓和刚度突变、防止波形钢腹板屈曲、提高扭转刚度,内衬混凝土与波形钢腹板之间通过焊钉连接。

2.2 主要计算结果

采用Midas Civil(V8.3.2)建立有限元结构模型。针对全部施工过程及运营阶段各种工况,依据《城市轨道交通桥梁设计规范》[2]、《铁路桥涵混凝土结构设计规范》[3]、《铁路桥涵设计规范》[4]《铁路桥涵设计规范》(极限状态法)[5]进行结构强度、刚度、稳定性、疲劳等检算,主要计算结果见表1,结构各项指标均满足规范要求。

主 要 计 算 结 果　　表1

检算项目	检算内容	工　况	右线结果	左线结果	容　许　值
刚度指标	竖向刚度	—	1/2 524	1/2 337	1/1 000
	横向刚度	—	1/20 953	1/22 639	1/4 000
	活载梁端转角(rad)		0.817‰	0.895‰	3‰
	工后残余徐变变形(mm)	—	13.96	12.85	L/5 000 (29.6/28)
强度指标	主梁强度安全系数	主力	2.20	2.33	2.2
		主+附	2.04	2.09	1.98
	主梁抗裂安全系数	主力	1.44	1.61	1.2
		主+附	1.35	1.35	1.2

续上表

检算项目	检算内容	工 况	右线结果	左线结果	容 许 值
强度指标	主梁混凝土最大压应力(MPa)	主力	13.2	11.4	18.5
		主+附	17.7	15.6	18.5
	主梁混凝土最小压应力(MPa)	主力	1.1	1.8	220
		主+附	0.4	0.5	220
	斜拉索最小安全系数	主+附	2.36	2.21	2
	斜拉索最大应力幅(MPa)	疲劳	46	48	200

3 波形钢腹板与混凝土顶底板连接部位抗剪计算

运营荷载作用下，混凝土顶底板与波形钢腹板连接处存在纵桥向剪应力，该部分剪应力由剪力键承受，须对剪力键抗剪承载力进行检算。

本桥波形钢腹板与顶板采用焊钉剪力键连接，焊钉直径25mm、长25cm，纵向间距同底板长圆孔，横向间距13cm，一排四根。钢板与底板采用埋入式剪力键，纵向开(60mm×80mm)长圆孔，孔间距平均为13.3cm(图3、图4)，内穿直径25mm钢筋，开孔下设直径22mm、长15cm焊钉辅助连接。

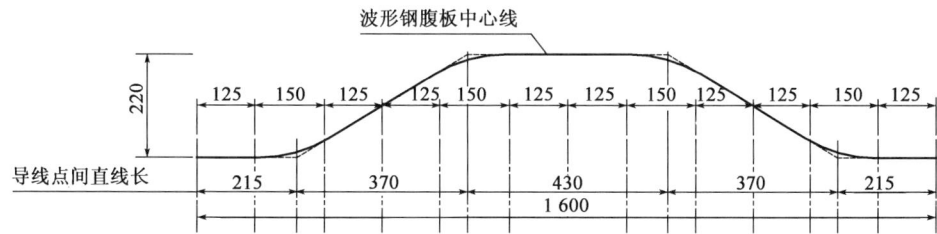

图3 波形钢腹板埋入式剪力键长圆孔纵向间距(尺寸单位:mm)

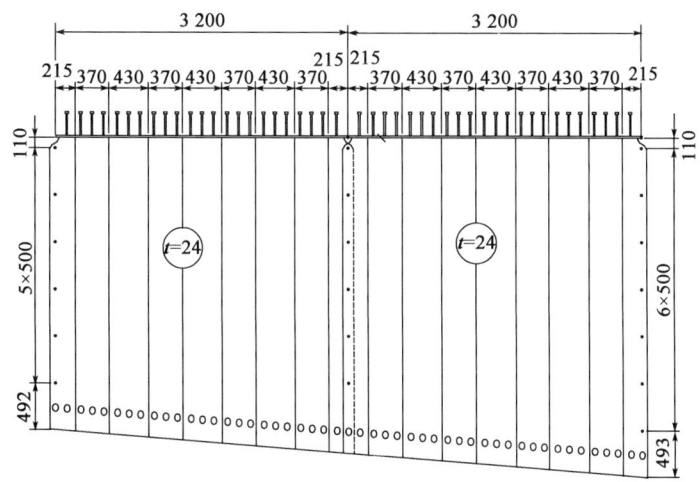

图4 波形钢腹板与顶底板连接方式示意(尺寸单位:mm)

《城市轨道交通桥梁设计规范》及《铁路结合梁设计规范》[6]仅规定了焊钉剪力键抗剪承载力的检算方法，且铁路、轨道交通相关规范中暂未找到有针对波形钢腹板桥焊钉剪力键及埋入式剪力键的检算方法。因此,本桥对于波形钢腹板与混凝土顶底板连接部位抗剪检算采用容许应力法与极限状态法两套体系,限于篇幅,本文仅列出右线桥检算结果。

3.1 极限状态法

公路方面波形钢腹板规范较多,本项目极限状态法剪力键的检算依据选择了如下三种具有代表性的规范进行检算:

(1)《波形钢腹板组合桥梁技术标准》[7](后文简称《住建部行业标准》)。

(2)《公路波形钢腹板预应力混凝土箱梁桥设计规范》[8](后文简称《河南省地方标准》)。

(3)《公路波形钢腹板预应力混凝土组合梁桥设计与施工规范》[9](后文简称《河北省地方标准》)。

3.1.1 焊钉剪力键

焊钉剪力键抗剪承载能力极限状态检算方法,《住建部行业标准》与《河南省地方标准》一致,《河北省地方标准》检算方法虽与前两者不同,但结果相差不大,如表2所示。

焊钉剪力键抗剪检算——极限状态法 表2

检算依据	焊钉抗剪承载力(单延米)	
	承载能力极限状态(kN)	正常使用极限状态(kN)
《河北省地方标准》	4 065.4	1 172.1
《住建部行业标准》	4 133.7	2 210.0
《河南省地方标准》		
设计选用指标	4 065.4	1 172.1
最大剪力	1 522.6	1 105.7
安全系数	2.67	1.06

焊钉剪力键正常使用极限状态检算方法,《住建部行业标准》与《河北省地方标准》一致,《河南省地方标准》采用了《公路钢混组合桥梁设计与施工规范》[10]中焊钉剪力键正常使用极限状态的检算方法,"正常使用极限状态下,翼缘型剪力键的翼缘板与混凝土面间相对滑移不宜大于0.2mm",计算出的抗剪承载力明显大于前两种规范。

本项目关于焊钉剪力键抗剪承载力,偏保守地选用了以上三种规范中抗剪承载力较小值进行检算,检算结果均满足规范要求,其中承载能力极限状态安全系数为2.67,正常使用极限状态安全系数为1.06。

3.1.2 埋入式剪力键

埋入式剪力键检算结果如图5、图6所示,图中方法一代表《河北省地方标准》,方法二代表了《住建部行业标准》与《河南省地方标准》(《河南省地方标准》中无埋入式剪力键正常使用极限状态抗剪检算)。

不同截面埋入式剪力键埋深不同,抗剪承载力也不同。

本项目承载能力极限状态,对于埋深较浅截面,《河北省地方标准》检算方法控制设计,对于埋深较深截面,《住建部行业标准》与《河南省地方标准》检算方法控制设计,全桥埋入式剪力键承载能力极限状态抗剪安全系数最小为1.86,满足设计要求。

本项目正常使用极限状态,《住建部行业标准》检算方法中的"贯穿钢筋剪切力限值"控制设计,全桥埋入式剪力键正常使用能力极限状态抗剪安全系数最小为1.67,满足设计要求。

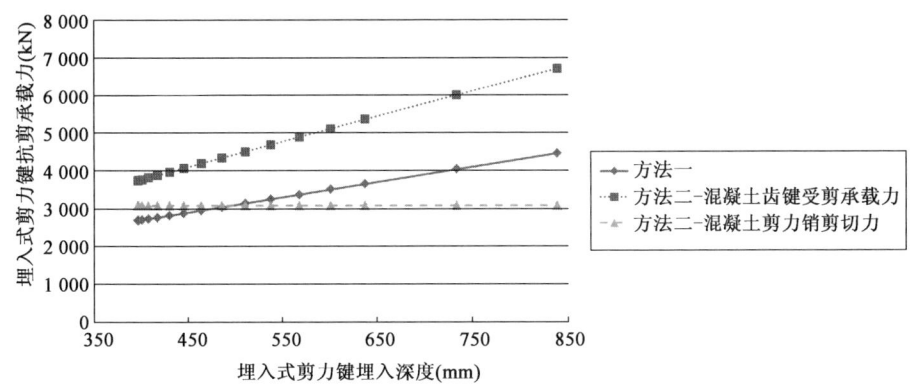

图5 不同埋深埋入式剪力键承载能力极限状态抗剪承载力

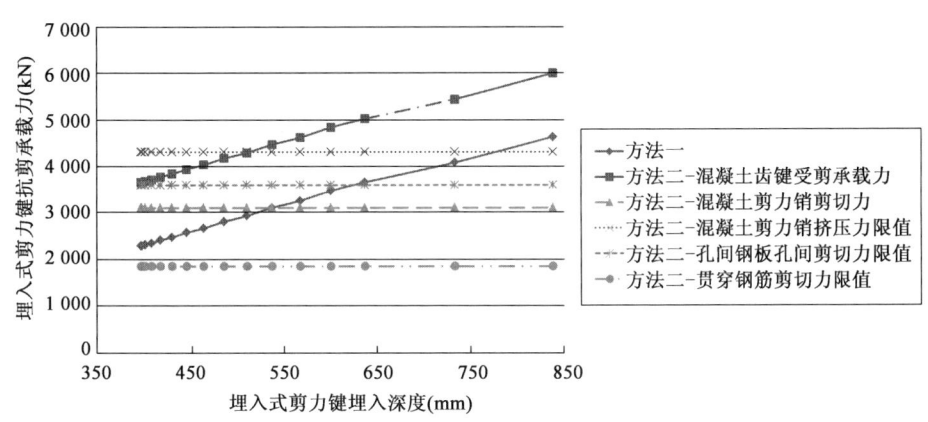

图6 不同埋深埋入式剪力键正常使用极限状态抗剪承载力

3.2 容许应力法

根据《城市轨道交通桥梁设计规范》及《铁路钢—混凝土结合梁设计规范》相关规定,计算单延米焊钉剪力键纵桥向容许抗剪承载力为2 044kN,单延米最大纵向剪力1 135kN,焊钉剪力键最小抗剪承载力安全系数为1.80,满足设计要求。

4 波形钢腹板与混凝土顶底板连接部位抗剪计算

波形钢腹板抗剪检算暂无容许应力法检算依据,按极限状态法进行检算,检算依据如下:
(1)《波形钢腹板组合桥梁技术标准》(CJJ/T 272—2017)(后文简称《住建部行业标准》)。
(2)《波形钢腹板设计指南(征求意见稿)》[11](JTG/T D64-01)(后文简称《交通部行业标准》)。

4.1 正常使用极限状态

正常使用极限状态采用《交通部行业标准》,《住建部行业标准》中未见相关要求。正常使用极限状态波形钢腹板最大剪应力77.3MPa,出现在主跨近1/4跨中处,安全系数为1.55。

4.2 承载能力极限状态

《住建部行业标准》关于波形钢腹板承载能力极限状态的检算方法与《交通部行业标准》基本一致,唯一区别在于波形钢腹板抗剪强度的选用,前者选用抗剪强度设计值,后两者选用屈服剪应力。承载能力极限状中剪切稳定检算中的局部屈曲检算与整体屈曲检算见表3。

波形钢腹板局部屈曲与整体屈曲　　　　表3

项　目	检算参数($\tau_y/\tau_{cr,1/2}$)		限　值
	《交通部行业标准》	《住建部行业标准》	
局部屈曲检算($\tau_{cr,1}$)	0.064	0.049	0.36
整体屈曲检算($\tau_{cr,2}$)	0.247	0.188	0.36

波形钢腹板抗剪强度的选用，《住建部行业标准》选用抗剪强度设计值，相较于《交通部行业标准》中选用屈服剪应力较小，对于限值 $\tau_y/\tau_{cr,1/2}$，τ_y（波形钢腹板抗剪强度）取值越小越不容易超限。

对于承载能力极限状态剪切稳定检算中组合屈曲限值见表4。

波形钢腹板组合屈曲　　　　表4

项　目	符号	单位	《交通部行业标准》	《住建部行业标准》
钢板剪应力限值	τ_y	MPa	203	155
组合屈曲	τ_{cr}	MPa	170	130

由于钢板剪应力限值选取抗剪强度设计值，组合屈曲剪应力限值较小。极限荷载作用下波形钢腹板剪切剪应力最大值108.6MPa，出现在次边跨（70m跨）近辅助墩支点处，最小安全系数1.20。

5　结语

本文介绍了某城市轨道交通跨线工程采用的波形钢腹板矮塔斜拉桥项目，限于国内铁路、轻轨尚未有针对波形钢腹板结构的相关规范，本项目在波形钢腹板剪力键及波形钢腹板抗剪等细部检算方面采用了容许应力法与极限状态法两套体系共同检算，均满足设计要求。限于篇幅，本桥其余细部检算及空间效应分析未在本文列出。波形钢腹板桥梁在国内公路应用较为广泛，轻轨应用尚属首次，且本项目桥梁曲线半径小，跨度较大，设计难度较高，其设计成果可供同类桥梁借鉴。

参　考　文　献

[1] 陈宜言,吴启明,姜瑞娟,等.波形钢腹板组合梁桥设计技术综述.波形钢腹板预应力组合箱梁桥设计、制造与安装论坛论文集[M].北京:人民交通出版社,2014.
[2] 中华人民共和国住房和城乡建设部.城市轨道交通桥梁设计规范:GB/T 51234—2017[S].北京:中国建筑工业出版社,2017.
[3] 国家铁路局.铁路桥涵混凝土结构设计规范:TB 10092—2017[S]北京:中国铁道出版社,2017.
[4] 国家铁路局.铁路桥涵设计规范:TB 10002—2017[S].北京:中国铁道出版社,2017.
[5] 中国铁路总公司.铁路桥涵设计规范(极限状态法):Q/CR 9300—2018[S].北京:中国铁道出版社,2018.
[6] 铁路结合梁设计规范:TBJ 24—2009[S].北京:中国铁道出版社,2009.
[7] 中华人民共和国住房和城乡建设部.波形钢腹板组合桥梁技术标准:CJJ/T 272—2017[S].北京:中国建筑工业出版社,2017.

[8] 河南省质量技术监督局.公路波形钢腹板预应力混凝土箱梁桥设计规范:DB 41/T 643—2010[S].
[9] 河南省质量技术监督局.公路波形钢腹板预应力混凝土组合梁桥设计与施工规范:DB 13/T 2466—2017[S].
[10] 中华人民共和国交通运输部.公路钢混组合桥梁设计与施工规范:JTG/T D64-01—2015[S].北京:人民交通出版社,2015.

68. 基于 IFC 的钢板梁桥设计和几何表达的应用

傅仲敏

(同济大学桥梁工程系)

摘　要：根据钢板梁桥的设计规范，编写钢板梁桥自动设计程序，并以 IFC(Industry Foundation Class)作为钢板梁桥在 BIM 模型中的底层数据载体，实现钢板梁桥从自动设计到几何表达的实际应用。以 IFC 作为转换通用标准，由此衍生出从桥梁设计到模型创建的转换过程原型，并验证了使用 IFC 作为通用转换标准的合理性。提出了一个从设计到模型几何表达信息不能共享的解决方案。

关键词：IFC　BIM 模型表达　信息交互　全过程

1　引言

在 BIM 技术的背景下，传统的数据交互方法已经很难满足工程生命期的工程信息交换、共享和集成管理，面向建设项目生命期的工程管理在世界范围内处于起步阶段。

为解决桥梁规划、设计、施工养护和管理之间信息和丢失不匹配的问题，以 BIM 技术作为建筑业信息化革新技术手段，解决建筑业难题的效益越来越显著。本文就是以 BIM 三维数字技术为基础，集成既有桥梁各种相关信息的工程数据模型，利用 BIM 的强大功能对桥梁结构实体与功能特性进行数字化表达。使之具有单一工程数据源，解决分布式、异构过程数据之间的一致性和全局共享问题。

目前，无论是在科研方面或实际应用方面，BIM 技术的探索主要集中于桥梁工程的施工与管理阶段，相对而言，桥梁工程设计阶段的 BIM 应用较为稀少[1]，各个环节仍是各自相互独立运作，大多数还是局限于局部的过程，尤其是在设计到施工以及后期运营维护整个过程，这样使得各个过程之间的信息传递出现困难甚至出现信息孤岛。

大连理工大学的何家烨[2]通过对 Revit 的二次开发，实现了从几何信息到纯文本的表达，最终将纯文本格式的信息通过解析导入分析软件中实现建模到分析的数据对接，东南大学的汪彬[3]研究了信息模型技术在桥梁上的应用，但由于其采用的是建模分析相互独立的平台，信息并没有实现真正意义上的共享，清华大学的张洋[4]分析了当前 BIM 引用的现状，并分析了当前国内外主流软件商的部分专业领域，认为实现 BIM 信息集成和共享仍缺少成熟的解决方案，实现建筑的生命期的信息交换和共享还有大量的技术问题。

鉴于当前传统的数据交换各个环节出现的交互困难的情况，本文将以 IFC4×1 为基础，以钢板梁桥为例,提出用 IFC 数据描述该结构的方法,并将该结构 IFC 数据来源抽象为一个设计模块,通过给定工况来自动实现几何表达的映射。

2 基于 IFC 的几何表达

2.1 采用 IFC 的必要性

IFC 是国际组织 buildingSMART(原 IAI)为了解决 AEC/FM 行业不同信息系统和软件工具之间数据交互而提出的一种开放、中立的数据模型。通过定义工程项目所必需的各种数据结构和框架,并以此作为数据转化的中转格式,利用其作为公开的交换格式满足各个环节和不同专业之间数据交换的要求,并以此格式为基础扩展出满足当前行业所需要的数据格式和交换的要求,从而实现当前行业必要信息的共享。通过引入 IFC 数据之后各个行业信息交互的方式,得到图 1 所示的简化。

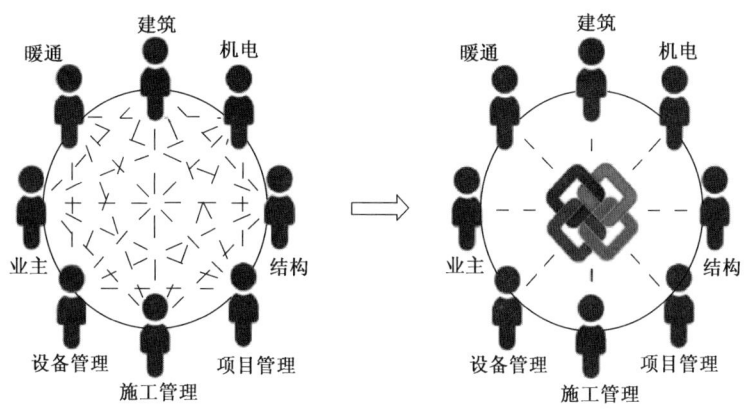

图 1 信息交互对比示意图

2.2 钢板梁桥 IFC 的几何表达

根据钢板梁桥的结构形式特点,钢板梁桥的组成大致由以下几类构件组成:主梁、横向联结系、纵向联结系、桥面系、支座。如图 2[7]所示。因此可以面向对象的思想将其抽象为所需要实现的类[12],并参考对应的 IFC 数据结构作为计算模块需要提供用以描述钢板梁桥的几何尺寸参数。

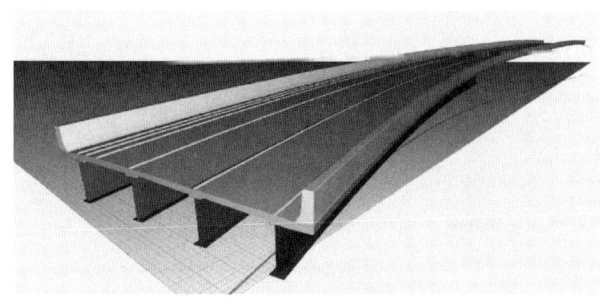

图 2 IFC 实现钢板梁桥简要示意图

在定义具体需要实现的类之后,如表 1 所示,这些类实例化之后的几何尺寸和定位信息是需要通过设计得到的,将这个设计过程抽象成一个模块,暴露需要输入的工况(跨径和车道信息)的接口,即可以实现桥梁数据的自动计算。计算模块的定义和实现见第 3 节。

钢板梁桥类定义 表1

类 定 义	描 述	类 定 义	描 述
主梁	定义钢板梁桥的工字形主梁	联结系	定义桥梁的联结系
桥面板	定义桥梁的混凝土桥面板	支座	定义桥梁的支座

再通过后续需要的数据结构设计出合理的转换接口便可以实现数据交换,从而实现以IFC作为底层数据格式在计算和几何表达之间转换。具体过程如图3所示。

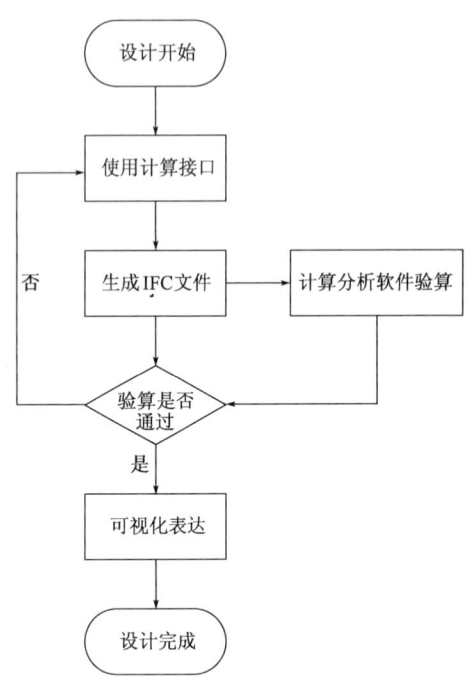

图3 基于IFC的钢板梁桥创建示意图

2.3 简支钢板梁桥IFC数据结构

根据简支钢板梁桥的结构特征和需要表达的构件,最终表达效果如图4、图5所示。

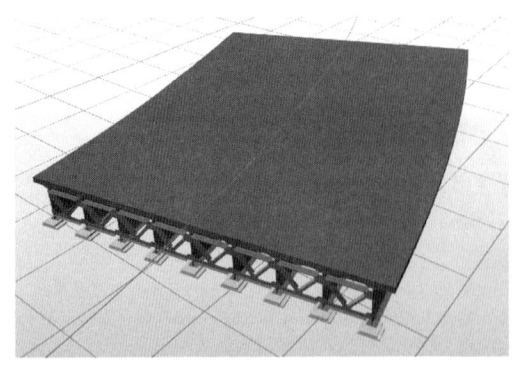

图4 全桥几何表达

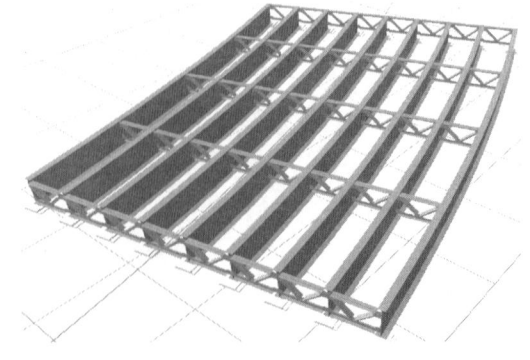

图5 上部结构几何表达

主梁的表达在IFC技术文档中有多种表达方式,为了提高几何表达的精度这里采用IfcElementAssembly作为主梁的表达实体,其中的IfcElementAssembly又以IfcPlate,作为聚合的子实体,最终几何表达如图6所示。

432

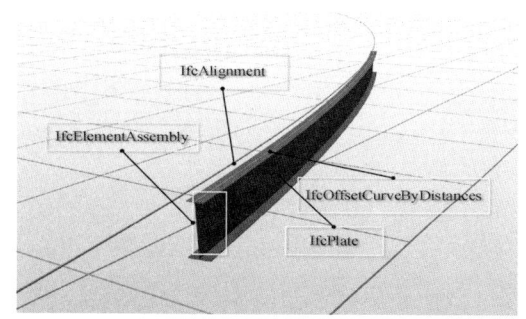

图6 钢板梁桥主梁几何表达示意图

图中的 IfcAlignment 和 IfcOffsetCurveByDistances 分别表示桥梁定位的道路中心线和主梁定位的结构中心线[11]。考虑到主梁定位由于桥梁工程中线形的随意性,需要采用线性坐标系,即根据桩号的变化来定位主梁的布置。IfcAlignment 中包含了路线定位需要的平纵曲线 IfcAlignment2DHorizontal 和 IfcAlignment2DVertical 这两个实体,根据这两个实体可以准确对道路进行定位,因此采用 IfcAlignment 实体作为桥梁定位的中心线是合理的。

钢板组合梁桥桥面板的数据结构采用 IfcSlab 实体[8],其截面的轮廓采用 IfcArbitraryClosedProfileDef 实体,IfcArbitraryClosedProfileDef 可以描述任意闭合的截面,对于桥面板加腋处横坡等非矩形的几何轮廓的描述可以通过定位点的放置来准确地获得,最终的几何表达如图7所示。

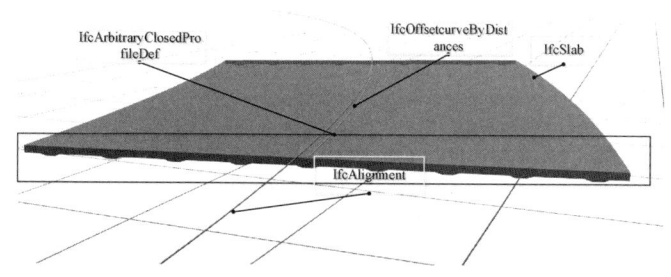

图7 钢板组合梁桥桥面板的几何示意图

钢板组合梁桥面板的定位仍采用 IfcAlignment,通过偏移得到的 IfcOffsetCurveByDistances 对桥面板准确定位,并根据起始桩号和终点桩号来确定桥面板和纵梁的长度。

支座的数据结构采用 IfcProxy 实体,在 IFC4×1 中未引入 IfcBearing 实体,考虑到当前可能未能准确描述但实际需要的实体,IFC4×1 提供了一种数据模型扩展的机制,即 IfcProxy 实体用于对于未引入但实际中需要用到的实体的替代。支座的定位表达只需要定位线 IfcAlignment 上的桩号,横向和纵向的水平偏移距离即可。

根据如上分析,只需要考虑如何描述在给定桩号下支座的距离偏移信息即可放置支座,这里采用 IfcDistanceExpression 实体作为支座和 IfcAlignment 之间的定位关系。最终生成的结果如图8所示。

钢板梁桥的纵横向联结系可以采用 IfcElementAssembly 实体,由于纵横向连接系的构造相对比较复杂,其中的连接板等构件也相对较多,因此采用在 IfcElementAssembly 实体下聚合更多子 IfcElementAssembly 实体最后生成纵横向联结系,生成效果如图9所示。

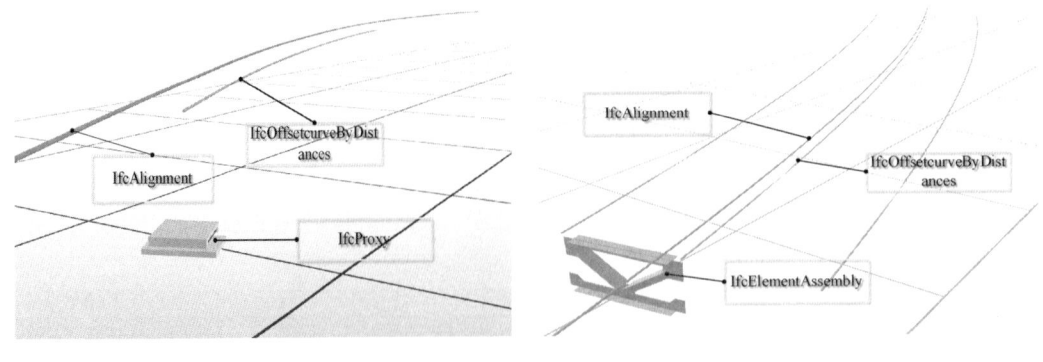

图 8 钢板组合梁桥的支座几何表达　　　图 9 横向联结系几何表达示意图

3 钢板组合梁桥的计算

为了获取钢板梁桥几何表达的数据,需要根据给定的设计工况,本文假定在单跨简支的工况下进行设计,设计参数为跨径、车道数、汽车荷载等级,桥型为钢板组合梁桥。

将计算组合梁桥的数据封装为一个单独模块,并在模块下需要计算的各个构件抽象成单独的类,最后根据定义的类与 IFC 数建模并生成对应的数据日志。

根据上述分析,将组合梁桥的计算分成如表 2 所示的几个单元进行计算[5]。

计算模块各个单元功能　　　　表 2

计算单元	描 述	计算单元	描 述
Constants	定义材料基本属性	CrossSection	横截面计算
Technical_Demand	工况的描述(输入)	Connection	联结系的计算

3.1 桥面板设计

桥面板的设计在 CrossSection 单元下进行,桥面板的计算模型如图 10 所示。在计算桥面板的尺寸的时候,仅考虑恒载车辆荷载和冲击荷载等荷载组合,假设沥青混凝土铺装层厚度为 70mm,桥面板厚度 t(mm)假设为:

$$t = k_1(30b + 110) \tag{1}$$

式中:b——主梁间距;

k_1——与荷载大小有关的系数,一般 $k_1 = 1.0 \sim 1.25$,车辆轴重较重时取大者,根据我国车辆荷载情况,取保守数值 1.2 计算。

3.2 主梁的计算

主梁的计算也在 CrossSection 单元下进行。焊接钢板梁一般由上翼板、腹板和下翼板三块钢板焊接而成。主梁要求由足够的强度和刚度。

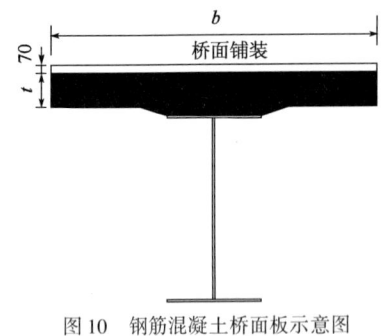

图 10 钢筋混凝土桥面板示意图
(尺寸单位:mm)

通常主梁尽可能地以截面应力控制设计,影响主梁高度的因素较多,在设计的初步阶段,通常根据设计经验假定梁高为 $L/25 \sim L/12$(L 为跨径)。要求越大,梁高越高,跨径越大,梁高和跨径的比值 h/L 可以小一点。

腹板高度确定后,腹板的厚度可以根据主梁的剪力大小和腹板高厚比的限制值确定腹板的厚度。采用不同的加劲肋设计时,腹板高厚比的限制也不同。对于 Q345 钢材有如表 3 所示的限值。

不同加劲肋下腹板高厚比限值　　　　表3

设 计 工 况	h/t	设 计 工 况	h/t
不设加劲肋	≤60	设置横向加劲肋且设置一道纵向加劲肋	≤240
设置横向加劲肋不设纵向加劲肋	≤140	多道纵向加劲肋	>240

当 $h/t>240$ 且不大于310时，设置两道纵向加劲肋；当 $h/t>310$ 时，设置两道以上。

对于钢板梁桥，腹板的剪应力一般比较小，腹板多数由稳定控制设计，采用加劲肋设计可以有效减小腹板厚度，当跨径小于40m时，腹板厚度一般为9~12mm。

根据《钢桥设计规范》[9]第7.2.1条规定，焊接钢板梁受压翼缘的伸出肢宽不大于40cm，也不应该大于其厚度的 $12\sqrt{345/f_y}$ 倍，受拉翼缘的伸出肢宽不应大于其厚度的 $16\sqrt{345/f_y}$ 倍，其中 f_y 为钢筋的屈服强度。

由上述分析，在编写计算程序的时候均采取保守的经验值，选取最安全工况下的对应参数进行计算。

3.3 主梁数量的确定

主梁数量确定在 CrossSection 中确定，根据 Technical_Demand 输入的工况来确定。根据《公路工程技术标准》[13]，当主梁间距为2~3.5m，可以参考不设人行道时的典型桥梁横断面宽度和主梁布置。当设置人形道时，根据人行道宽度的不同，一般可以增加1~3根主梁。人行道宽度在1.5m以下时增加1根主梁；人行道宽度在1.5m~3.5m时，增加2~3根主梁。

由上述分析，在编写主梁数量确定的程序时，一般取主梁间距为2~3.5m中间值2.8m，最后假定悬臂长度为1.25m，根据典型的桥梁桥宽布置主梁的数量。

3.4 联结系的计算

联结系的尺寸和类型的根据 CrossSection 和 Technical_Demand 生成的数据在 Connection 下计算确定。钢板梁桥由于横向抗弯惯矩和抗扭惯矩很小，在面内弯矩、水平力和扭矩等作用下，容易产生弯扭失稳。因此，一般情况下，钢板梁单根主梁不能单独承担水平力和扭矩等，主梁和主梁之间必须联结在一起共同受力。

横向联结系设计的一般方法为：①根据跨径和主梁布置初步拟定横向联结系的数量和位置；②根据格子刚度 Z 设定横向联结系需要的最小断面尺寸；③采用桥梁空间计算或平面计算简化横梁内力。在设计横向联结系的时候考虑采用如图11所示的桁架式结构。

根据上述分析和采用的横向联结系的类型，首先假定横向联结系的杆件采用L形角钢，截面尺寸从90mm×90mm×10mm开始试算对应的格子刚度 Z，试算的 Z 不在10~20mm之间边增加相应的角钢的肢宽，每增加100mm的肢宽就相应增加5mm的厚度，然后重新计算角钢尺寸，最终确定最小的满足格子刚度的角钢尺寸作为横向联结系的尺寸。格子刚度的计算公式如下：

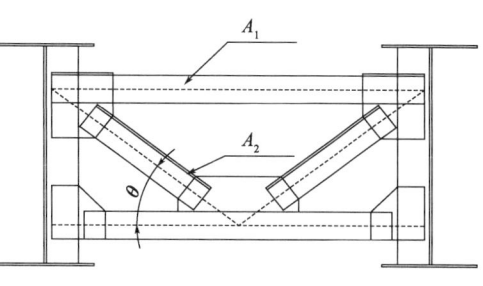

图11　桁架式横联计算示意图

$$Z=\left(\frac{l}{2a}\right)^3\frac{I_{Q1}}{I},I_{Q1}=\beta I_Q \quad (2)$$

式中:l——主梁跨长;

a——主梁间距;

I_Q、I——横梁及主梁的惯矩;

I_{Q1}——换算为单根横梁的换算刚度;

β——横梁的修正系数,按表4取值。

修正系数 β 与横梁的关系　　　表4

横梁数量(根)	β 取值	横梁数量(根)	β 取值
1、2	1.0	5、6	2.6
3、4	1.6		

横梁的数量的确定与横梁的间距和桥梁的跨径有关,为防止主梁侧向失稳,横向联结系的数量不宜太少,间距一般不小于6m。

由上述分析,为了简化桥梁计算模型,对在同一桥梁中采用不同结构形式的横向联结系不予考虑,认为计算模型中的横向联结系均采用桁架式结构。

3.5 支座的设计

桥梁的支座主要承受来自上部结构的荷载,主要有结构的自重,活荷载和支点反力及其影响力,桥梁支座的计算主要是确定支座的尺寸。

在没有特殊要求的情况下,桥梁支座设计过程,实际上是一个成品支座选配的过程,为简化设计模块,首先假定一个支座型号,若验算不满足要求再增加相应的尺寸,最终得到满足要求的支座尺寸[6]。

4 方法验证

为了验证本文提出的设计模块和 IFC 模型数据传递的方法,笔者将钢板梁桥的计算过程抽象为一个设计模块,设计模块采用 C#语言编写,最终的成果以文本的形式导出供后续几何表达的校对。

图形表达部分则采用开源库 Xbim-Essentials,并用设计模块中获得的数据作为图形表达部分的输入。

经对比验证,截面尺寸等信息与计算导出的数据保持一致,由于IFC4×1的数据格式在当前BIM建模软件中并没有得到很好的支持,本文的图形表达均采用修改 Xbim-Geometry 之后的表达工具作为几何形状的表达。不同工况下生成的设计信息和几何表达如图12、图13所示。

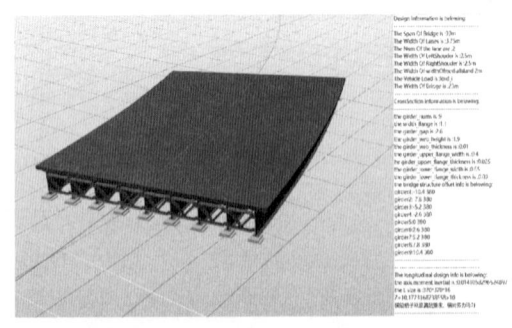

图12 四车道下的设计信息和几何表达

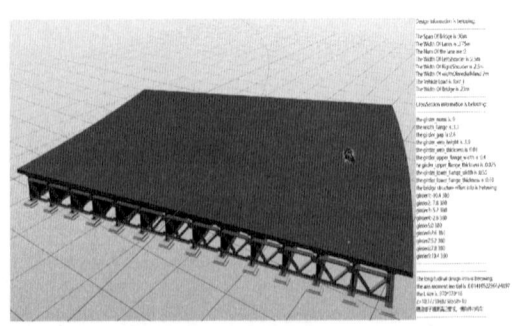

图13 八车道下的设计信息和几何表达

5 结语

BIM模型的几何表达是这些信息传递的容器,它应存放丰富的信息,并将这些分散独立的信息通过可视化得到直观展示,从而在全生命周期中的决策行为得到足够可靠的支撑。

本文主要研究从桥梁结构设计到IFC几何表达的两个过程中,传统的设计过程完全可以简化为生成一个IFC格式的文件,并将其链接到对应的有限元模型和计算模型中,后续的设计变动和主要结构的变更通过修改IFC文件达到对应模型和计算模型的变更,从而减少变更之后重复建模和重复计算的分析的工作。

参 考 文 献

[1] Fuller SK,Petersen S R. Life-Cycle Costing Manual for the Federal Energy Management Program[M/OL]. USA:National Institute of Standards and Technology,1995[2009-4-13].
[2] 何家烨.基于BIM与数据映射技术的结构数据传递[D].大连:大连理工大学,2016.
[3] 汪彬.建筑信息模型(BIM)在桥梁工程上的应用研究[D].南京:东南大学,2015.
[4] 张洋.基于BIM的建筑工程信息集成与管理研究[D].北京:清华大学,2009.
[5] 吴冲.现代钢桥(上册)[M].北京:人民交通出版社,2006.
[6] 范立础.桥梁工程(上册)[M].2版.北京:人民交通出版社,2012.
[7] buildingSMART International. IFC4×1 Final-2017.0https://standards.buildingsmart.org/IFC/RELEASE/IFC4_1/FINAL/HTML/6.08[Official][db/ol].[2019-3-20].
[8] AndreBorrmann et al. IFC Infra Overrall Architecture Project Documentation and Guidelines[2018-12-24]. https://standards.buildingsmart.org/IFC/RELEASE/IFC4_1/FINAL/HTML/.
[9] 中华人民共和国交通运输部.公路钢桥设计规范:JTG D64—2015[S].北京:人民交通出版社股份有限公司,2015.
[10] 吉伯海.钢桥[M].北京:人民交通出版社股份有限公司,2016.
[11] Data Design System. Product Overview DDS-CAD:for MEP professional[EB/OL].[2019-3-20].
[12] CHIPMANT,COSTIN A,EASTMAN C M. el al. Bridge Information Modeling standardization-report introduction[R/OL]. USA:U.S. Department of Transprtation Federal Highway Administration,2016[2019-3-20].
[13] 中华人民共和国交通运输部.公路工程技术标准:JTG B01—2014[S].北京:人民交通出版社,1997.

69. 大跨中承式斜拱桥三维受力分析

刘四田

(北京市市政专业设计院股份有限公司)

摘　要：以郑东新区前程路大桥为工程背景,介绍了该桥的受力分析。该桥的纵轴线与河道夹角为24°,为减小跨径,选择大跨中承飞燕式拱桥,并设计为斜桥,跨径布置:37.1m + 137.8m + 37.1m。大跨中承式斜拱桥受力复杂,斜桥效应明显,主梁、拱肋、V墩、桩基等都存在斜桥效应,需要建立三维模型才能比较准确地反映其受力特征,且构件之间连接的模拟对计算精度的影响也比较大,要特别关注。本文对计算模型的建立及计算结果所反映出来的空间斜桥效应进行了简要介绍。

关键词：拱桥　斜桥　空间计算分析

1 工程概况

前程路大桥位于郑州市郑东新区东部的贾鲁河上：河道规划上口宽156m,主河槽底宽约86m,桥梁纵轴线与河道夹角为24°。为减小跨径,前程路大桥设计为斜桥,采用三跨中承飞燕式斜拱桥。桥梁全长218m,纵向布跨为37.1m + 137.8m + 37.1m。中跨桥面以上拱肋及对应的主梁段为钢结构,其中拱肋截面为箱形,主梁钢梁段为纵横交错梁格。V墩主梁组成的刚构为预应力混凝土结构,其中V墩截面为单箱单室箱形,主梁段截面为单箱多室箱形。边跨为简支预应力混凝土梁结构,通过牛腿搭接在主桥上。如图1所示。

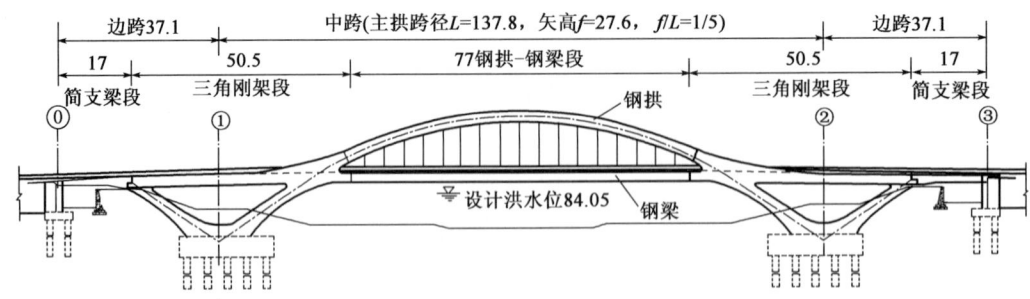

图1　桥型立面图(尺寸单位:m)

横向分为两幅桥,每幅桥布置为5.5m(人行道,含拱肋) + 4m(非机动车道) + 15m(机动车道) + 2.5m(护栏及拱肋) = 27m;两幅桥之间的间隔宽4m;全宽58m。

承台设置为菱形,菱形锐角64.7°,目的也是为了减小承台体积,每个承台下面设 5×8 = 40 根桩。如图2所示。

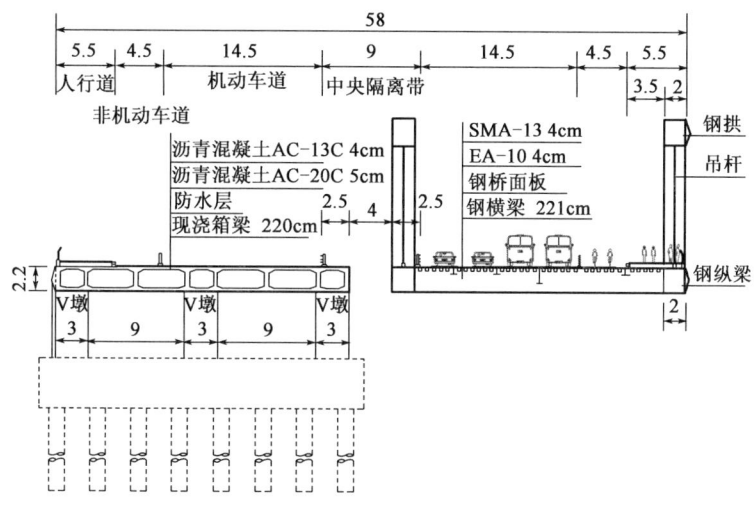

图2 桥型横断面图(尺寸单位:m)
注:左图为三角钢架段,右图为钢拱—钢梁段。

2 计算模型的建立

目前在桥梁结构计算中,通常采用的计算方法有整体梁单元算法,梁格法,板、壳、实体单元算法。由于是斜桥,采用整体梁单元算法不能反映斜桥效应,因此不适用。梁格法是适应范围比较广的空间算法,但在模拟箱形结构时,由于箱形结构是闭口截面,抗扭能力比较强,而梁格法是用纵横交错的梁来模拟结构,实际是开口截面,因此对箱形结构的抗扭特性模拟存在困难。板、壳、实体单元算法精度比较高,但如果都采用板、壳、实体单元来模拟桥梁结构,节点数会比较多,计算量偏大。

因此,在建立模型时,需要根据结构每部分的特点采用不同的单元来模拟也就是要采用不同算法,同时要考虑好不同单元之间的连接。这里,在模型建立时,桩基采用梁单元,土作用采用弹性约束,承台采用8节点实体单元,V墩采用梁单元或块单元,V墩上主梁箱梁部分采用实体块单元,中跨钢梁部分采用梁格法,拱肋采用梁单元。整体计算模型如图3所示。

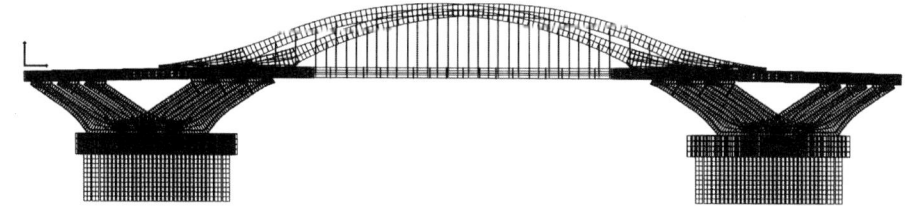

图3 整体计算模型(拱肋、主梁中跨钢梁部分、桩基用梁单元模拟,其余部分用块单元模拟)

由于本桥拱与梁、V墩与梁、V墩与承台都采用固结模式,固结结合面尺寸比较大。由于拱肋、V墩都存在较大轴力,结合面模拟不准确,将会产生较大的附加弯矩,会导致计算结果出现较大误差,因此结合面的模拟非常重要。通常当各构件均采用梁单元来整体计算时,拱肋与主梁、V墩与主梁的连接都是通过形心节点来连接。但对于本桥,由于采用了块与梁两种单元,梁与块单元不能只靠一个节点来连接,因为梁单元每个节点有6个自由度,块单元每个节点只有3个线性自由度,因此梁与块之间如果采用单节点连接,是不能传递弯矩的,同时由于结合面比较大,结合面处形心很难确定,因此需要将结合面处块单元的节点与对应梁单元节点都通过刚臂连接起来,或者将梁与块单元的连接结合面移到梁单元截面相对比较小的位置。这里就V墩与主梁的连接采用了4种模型进行了比较计算,如图4所示。

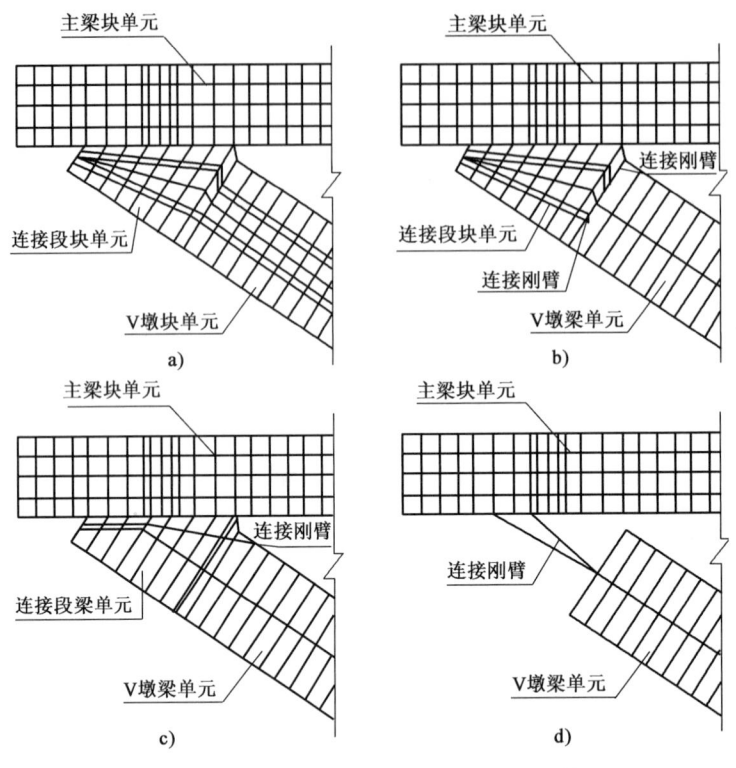

图4 V墩与主梁连接示意图(依次对应上述4种模型)

(1)将主梁、V墩及结合段都用块单元来模拟。用块单元可以比较准确地模拟实际结构,计算结果比较准确,因此将该计算结果作为参照。

(2)将主梁及结合段都用块单元来模拟,V墩用梁单元来模拟,也就是将块与梁单元的分界面下移到比较小的梁截面处。将交界面处块单元所有节点与梁单元一节点用刚臂连接。

(3)以主梁底面为结合段分界面,主梁用块单元模拟,V墩用梁单元模拟,也用梁单元来表示结合段。将结合段梁单元节点与主梁梁底分界面上对应的多个节点用刚臂连接。

(4)以主梁底面为结合段分界面,主梁用块单元模拟,V墩用梁单元模拟。由于结合段尺寸比较大,刚度相对较大,结合段用刚臂来模拟。也就是将位于主梁底面且位于V墩截面形心延长线上左右等距离位置的块单元两节点和表示V墩的梁单元节点用刚臂连接起来。如上所述,采用两节点是为了传递弯矩。

3 计算结果分析

本桥根据不同部位结构特点采用了梁、梁格及实体块单元于一体的综合算法,同时还需要施加预应力、活载、计算收缩及徐变等,对程序有特殊的功能要求。我们选用了自行开发的集梁、板、壳、块多单元于一体,可自动施加预应力与活载,可计算温度与收缩徐变的通用桥梁程序(AUST)来计算。

3.1 V墩在自重作用下上、下缘应力

四种模型计算结果如图5所示。

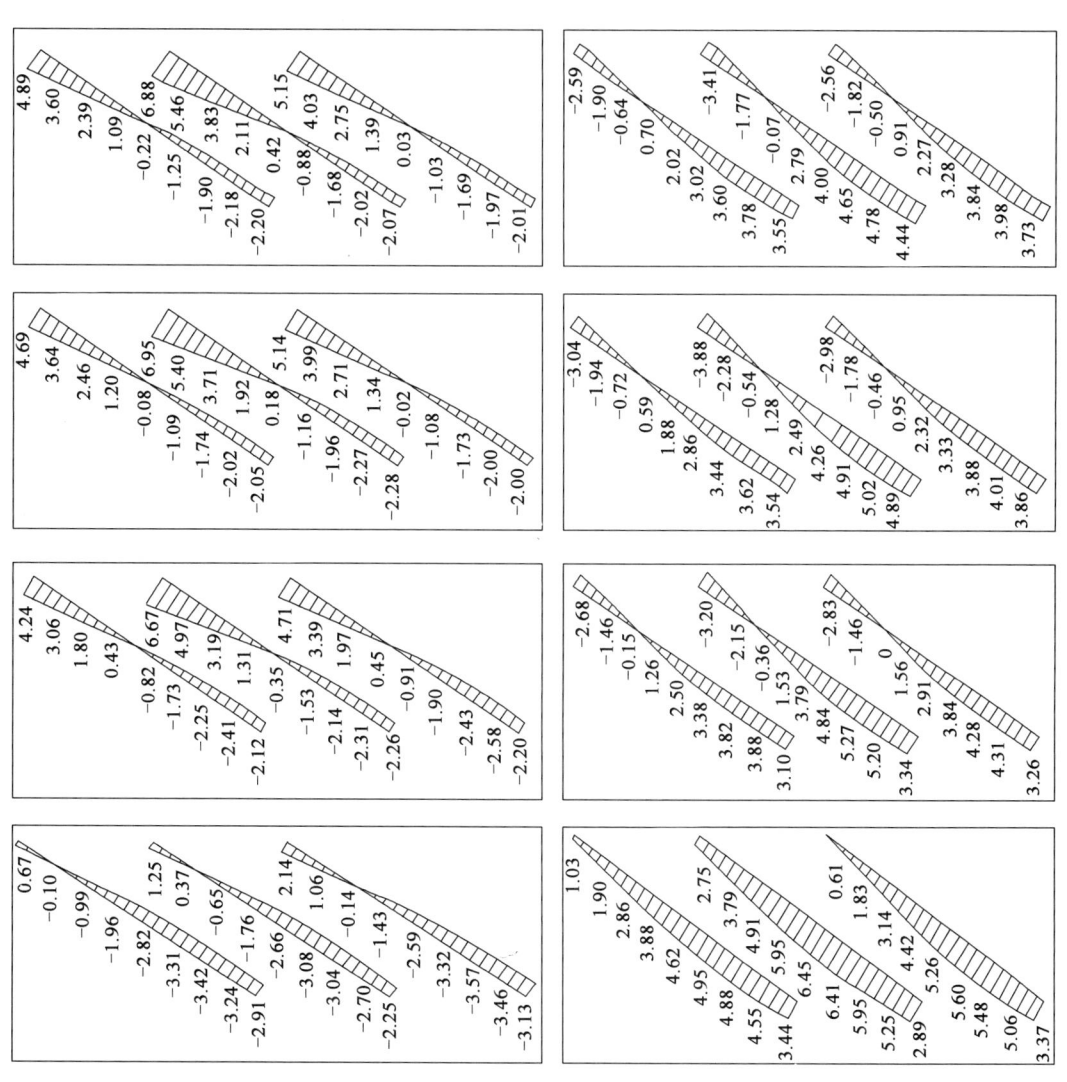

图5 V墩在自重作用下上、下缘应力(单位:MPa,上下依次对应上述模型,左侧为上缘,右侧为下缘)

从图5、表1、表2计算结果可以看出:第四种模拟方法误差很大,原因是没有很好模拟交界面,而这种方法在用梁单元计算时候经常采用,在这里却不适用,需要特别注意。第三种方法误差较小,但也存在由于交界面较大,模拟准确的困难。第一、二种方法比较好地模拟了交界面及结合段,因而计算结果比较准确,推荐使用。

从图中计算结果也可以看出,V墩受力存在空间及斜桥效应,中墩偏大。

截面上缘应力值比较(单位:MPa,取图中最上面截面数据) 表1

项 目	模型1	模型2	模型3	模型4
左侧墩	4.89	4.69(-4.0%)	4.24(-13.3%)	0.67(-86.3%)
中间墩	6.88	6.95(1.0%)	6.67(-3.1%)	1.25(-81.8%)
右侧墩	5.15	5.14(-0.2%)	4.71(-8.5%)	2.14(-58.4%)

截面下缘应力值比较（单位：MPa，取图中最上面截面数据） 表2

项 目	模型1	模型2	模型3	模型4
左侧墩	−2.59	−3.04(−17.4%)	−2.68(−3.5%)	1.03(139.8%)
中间墩	−3.41	−3.88(−13.8%)	−3.20(6.2%)	2.75(136.7%)
右侧墩	−2.56	−2.98(−16.8%)	−2.83(−10.5%)	0.61(123.8%)

3.2 桩底竖向力

这里只是为了说明恒载及温度力作用下桩底竖向力的空间及斜桥效应，只列出了模型1的计算结果，如图6、图7所示，所有桩基竖向力平均值为4 921kn，最大值6 473kN，超过平均值31.5%，最小值3 076kN，小于平均值37.5%。从图中数据可以看出，在恒载作用下桩基竖向力存在明显空间效应。

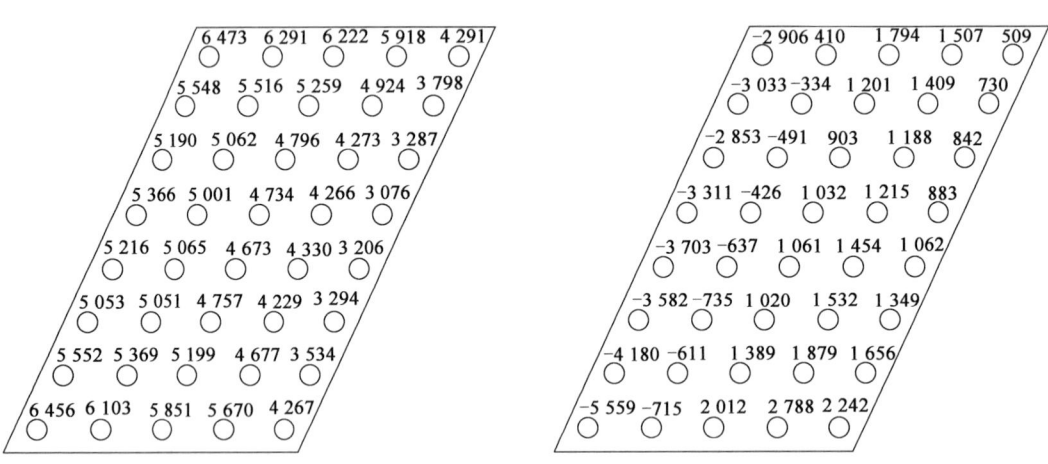

图6 恒载作用下桩底竖向力（单位：kN） 　　图7 降温30℃桩底竖向力（单位：kN）

在恒载作用下承台中跨侧桩基竖向力较边跨侧小很多，这是考虑到在升、降温30℃温度力作用下，边跨侧桩基竖向力正负变化较大，为避免拉力桩将承台做了偏置。从图7可以看出，在温度力作用下桩基竖向力存在明显空间效应且存在斜桥效应。

3.3 拱肋、边跨主梁、中跨主梁应力

只是为了说明恒载作用下构件受力特征，只列出了模型1构件的下缘应力。见表3～表5和图8～图10。

拱肋下缘应力值比较（单位：MPa） 表3

项 目	最 大 值	最 小 值
左侧拱	54.23	25.87
右侧拱	55.83	24.96
差值	−1.6(−3.0%)	0.91(3.5%)

边主梁两边腹板下缘应力值比较（单位：MPa） 表4

项 目	最 大 值	最 小 值
左侧腹板	1.88	−3.25
右侧腹板	2.06	−3.63
差值	−0.18(−8.7%)	0.38(11.7%)

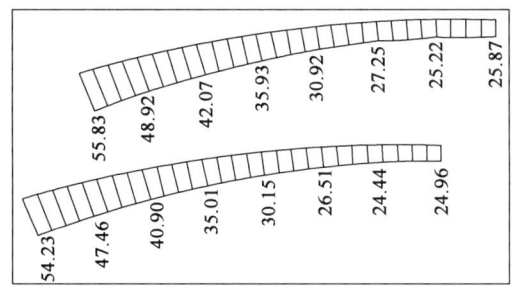

图8 拱肋(左半跨)在自重作用下下缘应力(单位:MPa)

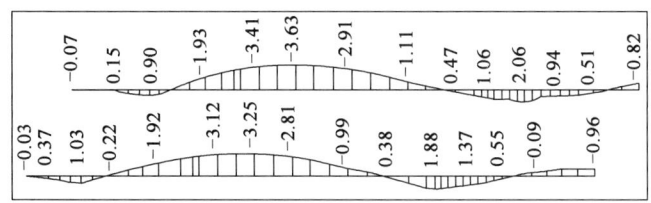

图9 边主梁两边腹板在自重作用下下缘应力(单位:MPa)

中跨钢主梁下缘应力值比较(单位:MPa)　　　　　　　　　　　　表5

项　　目	最　大　值	最　小　值
左侧主梁	3.73	-51.06
右侧主梁	2.87	-41.18
差值	0.86(23.0%)	-9.88(-19.3%)

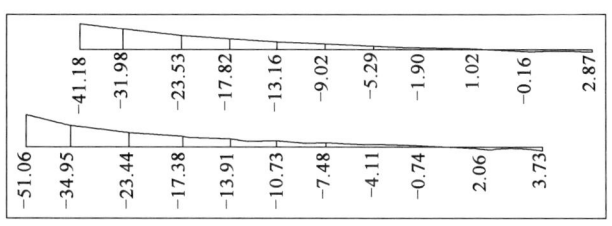

图10 中跨钢主梁(左半跨)在自重作用下下缘应力(单位:MPa)

从计算结果可以看出两拱肋受力差别较小,原因是设计中两侧吊索力采用了相同值且由于拱肋与两边跨具有较大刚度的V形刚构固结因而边界条件类似。主梁受力存在空间效应,在设计过程中,为解决边主梁包括V墩的空间受力,配置了不同规格的预应力。对于中跨主梁为了减轻自重及温度力采用了钢主梁,安全储备较大,左、右侧钢主梁受力差别在设计中可以不用特别考虑。

4 结语

前程路大桥是一座中承式大跨斜拱桥。该桥斜度比较大,斜桥效应明显,需要进行空间计算才能比较准确地反映每部分受力状态。由于该桥不同部分之间的连接采用了较大接触面固结模式,且主梁为梁格式钢梁与预应力混凝土箱梁纵向组合结构,拱也为钢结构,为提高计算效率,需要根据结构特点采用不同的计算方法来模拟不同部分,计算模型的建立存在困难,在模型建立时,还要特别关注构件结合段的模拟,模拟不准确会产生较大误差。目前,该桥已经建成通车,其建模方法及计算结果可为类似桥梁提供参考。

参 考 文 献

[1] 刘四田,王连红,刘锋.郑州市前程路大桥总体设计[J].中国市政工程.2019.(4).

70. 香丽高速公路虎跳峡金沙江大桥766m独塔单跨地锚式悬索设计与施工

王成恩　王定宝　谌业焜

（云南省建设投资控股集团有限公司）

摘　要：香丽高速公路虎跳峡金沙江大桥在上虎跳上游跨越金沙江，是香丽高速公路的控制性工程。大桥位于虎跳峡景区内，桥位处河谷深切，山势陡峭，桥面距江面260m。桥位区域地质情况极其复杂，地震烈度高，下游电站蓄水位高。大桥整体设计创新采用了独塔单跨地锚式悬索桥结构，所设计的766m跨径，已属目前世界上此类结构式桥梁中的最大跨径，滚轴式复合散索鞍结构在国内外大跨悬索桥上也是第一次采用。因此，大桥有创新性强，技术难度大，设计要求高等特点。

关键词：独塔　单跨　地锚　悬索

1　工程概况

香丽高速公路虎跳峡金沙江大桥（图1）总长为1 020m，桥面距目前的江面260m，桥跨布置766m+160m，主桥为766m独塔单跨地锚式钢桁梁悬索桥，丽江岸引桥为6×41.5m预应力混凝土箱梁桥，是丽香高速公路控制性工程，也是目前全国山区跨径最大的桥梁。由于大桥地处驰名中外的虎跳峡景区较陡峭险峻的地理位置，桥位区域地质情况极其复杂，地震烈度高，下游电站蓄水位高，整座大桥的规划设计比较特殊严谨，施工难度较大。

主桥为766m独塔单跨地锚式钢桁梁悬索桥，丽江岸引桥为6×41.5m预应力混凝土箱梁桥。主桥加径梁为钢桁架，钢混叠合梁桥面系，主梁宽26m，设计行车速度80km/h，双向四车道设计。丽江岸采用扩大基础重力式锚碇，香格里拉岸采用隧道式锚碇，其采用独塔单跨地锚式悬索桥结构为世界首例。大桥共计6个索鞍，分别为2个主索鞍、2个散索鞍和2个复合索鞍。

整座大桥在香格里拉岸直接将主缆锚于岩层

图1　虎跳峡金沙江大桥效果图

中,仅在丽江岸设置一座门型钢筋混凝土大索塔。索塔为矩形截面,上下游塔柱采用不等高的形式,左侧塔柱高134.5m,右侧塔柱高149.5m。全桥共设2根主缆,采用预制平行钢丝束股法(PPWS)制作,缆径680mm,香格里拉岸设置了长达107m的主缆无悬吊区,并采用了能同时起到转索和散索功能的滚轴式复合散索鞍。

2 方案比选

因为虎跳峡金沙江大桥所处的位置比较特殊,因此在设计桥梁时存在许多限制及难题。两岸旅游公路的保通和安全的制约:桥梁所在的金沙江两岸桥下有通往虎跳峡景区的公路,两岸地势较陡,必须尽量减少施工开挖和爆破,确保道路的保通和运营安全。景区环保的制约:大桥位于著名的虎跳峡景区内,要重视生态环境保护,避免大开挖,避免破坏植被。香格里拉岸地形的制约:香格里拉岸地势陡峻,布置引桥对于抗震不利,多处施工,不利环保,布置索塔则场地狭小,施工困难。锚碇与公路隧道的制约:大桥在两岸均与隧道相接,香格里拉岸采用隧道式锚碇,位于隧道上方,隧道和隧道锚之间需要保持一定的安全距离。岸坡稳定和不良地质制约:电站蓄水后,丽江岸岸坡稳定性较差,并有不良地质发育,桥位受限。

桥梁最大的设计难点在于如何规避以上制约因素,提出最合理的施工方案。在路线方案比选时设计师们深入大山进行实地勘探,地质钻探设备在冲江河口由汽车运送至赫咱村,再由人力和骡子搬运至桥位现场。

可行性研究评估阶段,根据沿线情况拟定基本可行走廊有两大走廊带。东线走廊:白汉场—松园桥—虎跳峡—冲江河—小中甸—香格里拉走廊,即沿现有白汉场—松园桥—中甸二级公路走廊。西线走廊:白汉场—金江安乐—娥迪河—小中甸—香格里拉走廊。经过综合比较,设计师们发现西线走廊劣势明显,推荐采用东线走廊带。

初步设计阶段结合金沙江两岸地形、地质条件、整体路线走向和平纵设计(主要是香格里拉至桥位的连续长坡平均纵坡限制),综合了工可和路线的初步设计的成果,在冲江河口上游至丽香铁路金沙江大桥桥位之间共布设3个桥位9个桥轴方案,其中上桥位布设了1号、3号桥轴,中桥位布设2号、4号桥轴,下桥位布设5~9号桥轴。最终确定的桥位在上虎跳石的上游3.5km处,香格里拉所在的一岸是哈巴雪山,丽江岸所在的是玉龙雪山。

在桥型方案比选时,设计师们提出了6个方案,经过反复推敲和综合比较最终选出的桥型方案为:主桥为766m独塔单跨地锚式钢桁梁悬索桥,主梁在丽江岸支承于索塔下横梁,主梁在香格里拉岸采用塔梁分离式结构直接支承于桥台上,丽江岸引桥为2×(3×41.5)m预应力混凝土连续箱梁桥。

图2 虎跳峡金沙江大桥效果图

3 设计创新

由于虎跳峡金沙江大桥(图2)位置的特殊性,设计师们开动脑筋,设计方案中出现了许多创新点。在总体设计上,因为香格里拉岸山势陡峻,山脚通行旅游公路,为保证施工安全以及避免对景区的自然环境造成破坏,落实"安全、和谐、节约"的建设理念,设计上尽量减少开挖和爆破,故在虎跳峡金沙江大桥设计中,因地制宜的采用了766m跨径的独塔单跨地锚式悬索桥,取消了北岸陡峭岸坡上的索塔,将主缆通过集主索鞍和散索鞍于一体的滚轴式复合索鞍转向散索后锚于岩层中。因为减少了一岸索塔和索塔开挖,在安全、环保和经济上均具有优势。

锚碇锚固系统:采用预应力高强钢拉杆,防腐体系采用表面涂抹水溶性防锈油+孔道灌注纯水泥浆,以解决锚固系统耐久性问题。

地锚吊索:香格里拉岸采用塔梁分离式结构,主缆无悬吊区107m。无悬吊区不设置地锚索情况下,香格里拉岸端吊索出现卸载、内力幅较大。设计中对地锚索的设置数量、位置以及索体力学几何参数进行了对比分析。最终确定采用无悬吊区近端吊索布置两对地锚索的方式。

复合索鞍:丽江岸通过索塔的变形来满足活载作用下的索鞍纵向位移,香格里拉岸无索塔,只能通过索鞍的滚动或滑动或转动来满足活载作用下的索鞍纵向移动。考虑到受力性能、耐久性和大件运输等因素,采用滚轴式索鞍。香格里拉岸主缆由中跨经过索鞍直接锚固于隧道锚中,其竖弯转角大于40°。因此该索鞍要同时起到转向和散索的作用,其竖向受力类似于主索鞍,横向受力类似于散索鞍,为复合索鞍结构,该索鞍形式为国内首创。

4 方案优化

初步设计阶段在接线总体设计时,结合大桥两岸地形、地质情况等因素,对路线平面设计进行优化;结合桥型方案设计,对路线纵断面线形进行了优化;针对推荐线位建设条件,加强了桥位地质勘察,对桥轴开展了边坡稳定性分析专题研究,对桥梁结构进行抗风、抗震、加劲梁等多方面专题及课题研究。并根据专题研究结论,对主桥悬索桥方案的各构造开展研究对比。

施工图设计阶段结合桥梁总体布置,对路线横断面进行了优化设计;针对线位建设条件,加强了桥位地质勘察,对桥梁结构进行抗风、抗震、加劲梁等多方面专题及课题研究。根据专题研究结论,对主桥悬索桥方案的各构造开展研究对比。对各分项进行了详图设计,对桥梁附属构件进行详图设计。

通过多次实地考察,综合各方面因素考虑,专家意见比较,设计师们拿出了科学合理的设计方案。金安金沙江大桥全桥布置为:[2×(3×41m)]钢混组合梁桥+1 386m钢桁梁悬索桥+[1×40m]的钢混组合梁桥,桥梁总长1 678.0m。加劲梁采用板桁结合梁,桁高9.5m,标准节间长10.8m,梁宽27.0m;两岸索塔采用门形构造,为混凝土结构,塔底设钻孔灌注桩基础;华坪岸桥塔总高222.0m,丽江岸索塔总高186.0m;两岸采用隧道锚碇;主缆在设计成桥状态下,中跨理论矢跨比为1/10;主缆采用169股127丝,强度为1 770MPa,直径φ5.25mm的镀锌平行钢丝;吊索采用强度为1 670MPa,公称直径φ54mm的钢芯钢丝绳。

如图3所示为虎跳峡金沙江大桥效果图夜景。

图3 虎跳峡金沙江大桥效果图夜景

5 设计总结

虎跳峡金沙江大桥是世界范围内在"三高地区"(高海拔、高差大、高地震烈)建设的结构复杂、技术难度高、最大跨径的峡谷悬索桥,也是国内宽跨比最小的公路桁架悬索桥,大桥的单个隧道锚拉力为33 000t,为国内最大规模。

在时间紧、经验缺乏的情况下,组织攻关团队,在认真学习、消化吸收近期国内同类设计成果的基础上,反复计算验证,并结合具体施工条件和钢结构制作方的建议,多次进行修改完善,最终形成了目前各方均较为满意的设计成果。根据"安全、和谐、节约"的建设理念,为尽量减少开挖和爆破,避免对景区的自然环境造成破坏,并保证施工期间桥下旅游公路的运行安全,该桥顺应地形,因地制宜地采用了独塔单跨地锚式悬索桥,取消了香格里拉岸陡峭岸坡上的索塔,将主缆通过集主索鞍和散索鞍于一体的滚轴式复合索鞍转向散索后锚于岩层中。大桥整体设计创新采用了独塔单跨地锚式悬索桥结构,跨径设计766m,该桥有创新性强、技术难度大、设计要求高等特点。因为减少了一岸索塔和索塔开挖,在安全、环保和经济上均具有优势。

6 主缆索施工

虎跳峡金沙江大桥主缆索股数量多、温度影响大、控制精度高,每一根索股的线型调整与索力控制是主缆架设的关键工序,项目部通过优化施工工艺,研究索股快速牵引施工方法,实行白天牵引、夜间调索的两班工作制度,利用每日夜间22时至次日早上6时恒温时段进行索股线型精准调整,控制相邻索股间隙及绝对高程,确保施工精度,解决了山区狭小场地牵引系统布置,克服了山区高温差、多强风等不利因素,最后顺利完成索股架设。2019年4月18日,在距离地面260m的锚道系统上,2根基准索股架设就位,拉开了大桥主缆施工的序幕。4月27日,经过10d的调索及稳定观测,开始一般索股架设,索股架设全面展开,大桥共2根主缆,分别由97股索股组成,每根索股又由127根直径5.4mm、公称抗拉强度1 770MPa的高强度镀锌钢丝组成,每根索股重达25t。5月30日,最后一根索股横跨金沙江、在隧道锚精准定位,至此,香丽高速虎跳峡金沙江大桥主缆索股架设全部完成。

7 钢桁梁吊装

大桥共计6个索鞍,分别为2个主索鞍、2个散索鞍和2个复合索鞍。钢桁加劲梁跨径为671m,主桁桁高6.0m,桁宽26m,标准节段长度11.5m。全桥钢桁梁总重5 718t,共分59个吊装节段,最大吊装长度为12.5m,最大吊装重量为103t。受地形条件限制,预拼场设在桥位上游700m位置,钢桁梁通过运梁台车沿拓宽道路运至桥位下方的吊装平台,再采用2×65t缆索吊机进行吊装架设。首段吊装的索鞍为丽江岸索塔上游右支主索鞍,吊装高度为160.5m,索鞍单件总成90t,单次吊装最大重量为31t。

为确保大桥结构的稳定性、牢固性和安全性,施工单位在吊装前制定了合理可行且操作性强的吊装方案,经过专家论证,确保了吊装的安全。云南建投集团钢结构公司自主加工制造支撑大桥核心重量的架构钢桁梁,全桥将用到59节钢桁梁,平均每节重量92.14t,通过组拼钢材、运送至桥位下方吊装平台的环节,在缆索吊机的辅助下,牵引上升至大桥指定位置与主缆相连,最终完成吊装作业。为减轻吊装重量,将主索鞍鞍体分两半制造,吊装过程中采用门架分次进行吊装。在交通运输方面,因大桥位于深切峡谷,地势陡峭,场地狭小,道路曲折、狭窄,给运输带来很大难度,大桥局科学部署,合理置换车辆,通过多次转运的方式将索鞍运达索塔下方吊装位置。

为保证钢桁梁精准架设,项目部架设前建立钢桁梁施工工作清单及责任矩阵,做到分工明确,责任到人,同时进行全员技术交底。拼装架设过程中,严格按照设计与规范要求、施工方案及监控指令执行、落实,克服重重困难,将拼装尺寸误差控制在2mm之内,孔位精准,33万套高强螺栓全部合格,并如期完成施工计划。

大桥首创非对称独塔单跨地锚式钢桁梁悬索桥施工成套技术,该桥建成后将是目前世界上最大跨度的非对称独塔单跨地锚式悬索桥;首创滚轴式复合索鞍成套技术(设计、科研、制造、安装),在国内大跨度悬索桥中也是首次使用;首创山区大截面矩形抗滑桩旋挖成孔技术;首创世界最大直径(130mm)悬索桥高强钢拉杆锚固系统成套技术(设计、科研、制造、安装)。

8 施工总结

2020年1月20日,由云南省建设投资控股集团有限公司建设、中铁大桥局集团第八工程有限公司承建的云南香(格里拉)丽(江)高速公路虎跳峡金沙江特大桥顺利合龙,大桥主体结构全部完工。虎跳峡金沙江特大桥建成后将是世界上最大跨度独塔单跨地锚式悬索桥。

虎跳峡金沙江特大桥两岸地势陡峭,距江面260m,工程地质条件极为复杂,是香丽高速公路技术要求最高、施工难度最大的重点控制性工程。自开工建设以来,建投集团全力克服塔身结构复杂、混凝土质量控制难度大、重力锚开挖难度大、隧道锚施工难度大、复合索鞍制造安装难度大、钢桁梁架设难度大、主缆架设难度大、环保要求高等诸多困难,不断创新施工方案,历经128d吊装作业,顺利完成全部钢桁梁吊装工程。

该桥首创世界上最大直径(130mm)悬索桥高强钢拉杆锚固系统成套技术、滚轴式复合索鞍成套技术、山区大截面矩形抗滑桩旋挖成孔技术,它的建设将为国内乃至世界悬索桥施工积累宝贵的经验。

香丽高速公路的建设创下了"两个世界第一":一是今天合龙的虎跳峡金沙江特大桥为独塔单跨地锚式悬索桥,为同类桥型跨度世界第一,滚轴式复合索鞍在国内大跨度悬索桥首次使用;二是虎跳峡地下互通为国内高速公路第一次采用,解决了"世界级"难题,建成后的虎跳峡地下立交实现了"桥、隧、地下互通"相连。

香丽高速2020年将实现全线通车运营。公路全线建成后对完善国家和云南省高速公路网,改善区域交通出行条件,加强滇西北旅游资源联动开发和构筑滇川藏"大香格里拉"旅游圈,促进区域经济社会发展,加强民族团结,推动云南藏区实现高质量跨越式发展和同步建成小康社会目标具有重要意义。

参 考 文 献

[1] 王宇华,谢洪涛,陈健翔,等.价值工程在香丽高速公路虎跳峡金沙江大桥施工成本控制中的应用[J].价值工程,2017,36(7):26-28.

[2] 文海,锁沛斯,秦雨樵.地质构造在虎跳峡金沙江大桥桥址比选中的作用[J].土工基础,2017(3):313-316.

71. 泰国曼谷至呵叻高速铁路桥梁设计概述

商耀兆

（中国铁路设计集团有限公司）

摘　要：泰国高铁项目是"一带一路"框架下的重点项目，泰国的国情、工程建设管理模式、工程实施惯例等与中国不同，对设计成果的要求也与国内不同。对泰国高速铁路的桥梁结构设计情况、重点工点及科研情况进行了总结介绍。项目实施过程中遇到较多新问题，对荷载图式、工程结构外形等问题进行了总结分析，为今后境外项目提供参考。

关键词：一带一路　荷载图式　节段拼装　专题研究　结构创新

1　工程概况

泰国曼谷—耿奎—呵叻—廊开和耿奎—玛它普港铁路是"一带一路"重点项目，线路长845.2km，分四段、按两期完成。一期工程（曼谷至呵叻高速铁路工程）包括第一段曼谷—耿奎118.1km，和第三段耿奎—呵叻134.2km；二期工程包括第二段耿奎—玛它普港238.8km，第四段呵叻—廊开354.1km。

泰国曼谷至呵叻高速铁路工程（以下简称泰国高速铁路或泰国高铁）为新建双线铁路，采用中国标准，区间一般采用有砟轨道，高架站范围及曼谷市区段落采用无砟轨道。设8座车站（其中高架站7座），2个线路所（其中高架线路所1个）。桥梁长度191.315km。其中特大桥13座，189.784km；大桥5座，1.163km；中桥5座，0.367km；涵洞107座；框构6座；公路桥2座。泰国高铁的边界条件复杂，限制条件苛刻，用地界控制严格，特殊结构众多，外部要求较高。该工程的主要设计参数如表1所示。

泰国高速铁路桥梁设计技术参数　　　　表1

项　目	技术参数	项　目	技术参数
线路等级	高速铁路	线路数目	双线
双线线间距	4.6m	设计活载	ZK活载
设计速度	250km/h	最大地震烈度	Ⅶ度
最小曲线半径	3 500m	设计洪水频率	1/100
轨道形式	一般区间为有砟轨道 高架站等区段为无砟轨道	钢轨	60kg/m

2 桥梁结构设计简介

2.1 常用跨度简支梁设计

泰国土地私有,征地拆迁困难,在铁路沿线建设大规模的梁场很难实现;而泰国有固定的节段梁工厂。泰国承包商没有大型运架设备,缺少整孔预制架设的施工经验。对梁部施工方法问题进行深入研究,并形成《泰国高铁梁部施工方法专题研究报告》。为了中国高铁顺利走出去,适应当地的施工技术水平、现有施工设备、施工场地条件等,本工程常规简支梁采用节段拼装法(胶拼)施工。

该工程20m梁划分为9个节段,24m梁划分为11个节段,32m梁划分为13个节段,40m梁划分为17个节段。节段长度一般在2～3m,节段重量不大于60t,见表2和图1。

泰国高铁常用跨度梁部参数表　　　表2

计算跨度(m)	梁长(m)	梁高(m)	支座中心距梁端距离(m)
19.5	20.6	2.2	0.55
23.5～31.5	24.6～32.6	2.6	0.55
39.3	40.6	3.25	0.65

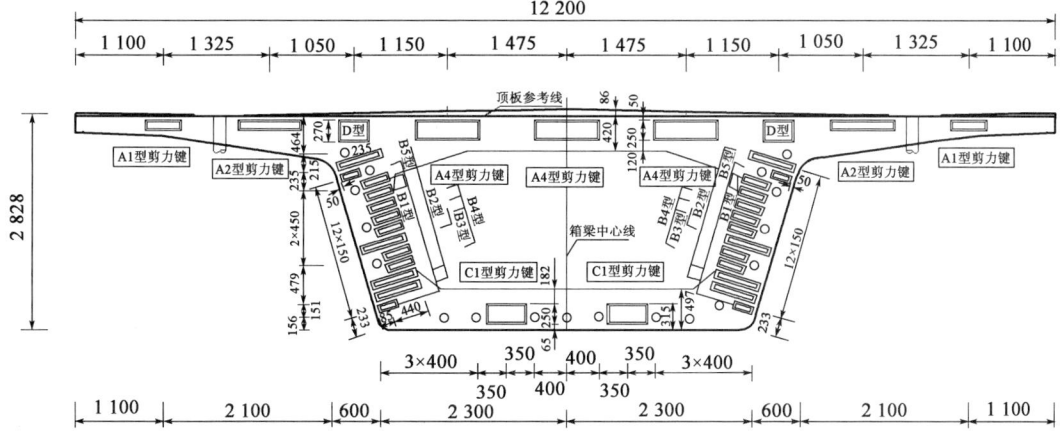

图1　泰国高铁常规简支梁典型节段构造图(尺寸单位:mm)

由于节段拼装工艺在高速铁路简支梁中的应用较少,又缺乏相应的规范标准,对相应构造特点及技术要求进行了专题研究,胶拼节段拼装梁体的特点及设计注意事项如下:

(1)接缝处纵向普通钢筋不连续、混凝土不连续、预应力管道不连续。

(2)接缝面设置剪力键。接缝处依靠剪力键及预应力产生的摩擦力传递剪力,靠预应力产生的压应力传递弯矩,离散的节段通过预应力及剪力键形成整体。

(3)接缝面涂抹环氧密封胶。环氧密封胶起到保证桥梁耐久性、接缝密闭性和提高预应力防腐保护的作用。

(4)接缝面孔道接口设置合理的密闭措施。体内束节段拼装箱梁施工时,为防止孔道偏差引起压浆时漏气漏浆现象,避免胶体挤入孔道,造成穿束困难。需要设计科学合理的预应力孔道接缝密封构造,常采用聚乙烯闭孔发泡密封垫圈形式。

(5)线形控制复杂。节段梁的制作采用匹配法施工,一般曲梁曲做,线形控制比较复杂,对设计施工要求较高,为便于设计施工,线路设计要避免平曲线与竖曲线重合,从而避免复杂的空间梁段。

(6)独立检算接缝面正截面抗剪强度。由于接缝处钢筋和混凝土不连续,接缝面布置剪力键,需独立验算接缝面正截面抗剪强度。接缝面抗剪强度由弯起预应力竖向分力(预剪力)、截面摩阻力及剪力键抗剪能力三部分组成。

(7)节段拼装需要张拉临时预应力。根据节段拼装要求,节段涂胶后环氧胶固化前,需要对节段环氧胶接缝施加临时预应力,临时预应力拆除应在张拉部分永久预应力后并满足整个施工阶段接缝不出现拉应力为原则。

(8)结构耐久性要求高。由于胶接缝节段拼装梁接缝处普通钢筋和混凝土不连续,接缝处耐久性成为胶拼梁耐久性的关键环节。设计接缝处孔道合理的密闭措施,保证压浆质量、选择耐久性能好的环氧密封胶,提高梁体抗压、拉、剪能力,是保证胶拼梁耐久性的重要措施。

(9)对于节段拼装法梁体的设计控制参数,建议胶拼简支梁抗弯折减系数采用0.95,抗剪折减系数采用0.90,强度计算考虑折减后,主力工况强度安全系数不小于2.0,主力+附加力工况强度安全系数不小于1.8。

(10)考虑胶接缝对截面抗弯刚度的不利影响,折减系数取0.9。

(11)施工过程中,环氧树脂接缝的全截面黏合压应力不应小于0.3MPa。

(12)梁段划分为标准节段和梁端节段,节段长度取决于节段重量以及运输吊装时的尺寸限制要求,本工程节段长度不大于3m,节段重量不大于60t。

(13)合理布置剪力键,顶、底板布置尺寸较大的疏键,腹板布置密键。

2.2 桥墩及基础设计

本工程没有简单套用国内桥墩通用图,而是特殊设计了适用于本工程的流线型实体桥墩。桥墩外形流畅,墩身结构尽显轻盈。

本工程基础多采用桩基,由于在既有米轨铁路用地界通道内建设,高铁基础紧邻既有线,为了尽量减小基坑开挖深度,减少高铁施工对既有铁路运营的影响,承台厚度宜尽量小,承台刚性角宜适当放大。

承台厚度减小后可以通过加强承台配筋满足受力要求,但是作为高速铁路,墩顶刚度及位移往往控制设计。为了弄清楚承台刚性角对墩顶刚度的影响,进行了相关专题研究。研究结果表明,当承台刚性角不大于55°时,对于墩顶纵、横向刚度来说,承台厚度的提高对提升墩顶刚度的意义不大。

本工程承台刚性角按55°控制,承台设计时进行配筋检算,满足抗剪、抗弯、冲切的力学性能及耐久性要求,承台混凝土强度等级不小于C35。

2.3 框架墩设计

2.3.1 框架墩通用图设计

本工程有简支梁单层预应力混凝土框架墩(常规框架墩)近400个,若按照工点设计及出图,不但出图工作量大,还受制于方案稳定的前提,难于提前开展工作,存在不能按合同约定时间提交成果风险。参照泰国的工程惯例,对常规框架墩结构进行统计分析,分类归纳,以通用图的形式进行设计出图。

上部箱梁二期恒载分别为直线无声屏障、直线有声屏障、曲线无声屏障、曲线有声屏障4种荷载。基础刚度采用两种刚度(0.5倍摩擦桩、2倍柱桩)包络计算。因上部箱梁荷载位置不固定,分为0、1/8、1/4、3/8、1/2跨度位置进行检算。针对4个支座位置范围,对应设计出4种(索型A、B、C、D)钢束形式。横梁跨度采用1m分档计算。桥墩高度在10~30m变化,采用

5m 分档计算。

以上通用图设计,提高了工作效率,适应了后期方案的局部调整,降低了境外项目合同违约的风险。

2.3.2 特殊框架墩设计

本工程主要采用的特殊框架墩结构形式有单层四线框架墩、单层四线悬臂式框架墩、四线 h 形框架墩、四线双层框架墩、m 形框架墩、多层横向多跨框架墩等。对特殊框架墩的设计要点总结如下:

①由于框架墩墩柱布置通常不对称,各墩柱所受竖向力差异较大,需考虑可能出现的不均匀沉降。应按实际受力情况判断不均匀沉降的趋势,可分析排除的不可能发生的工况,不应再纳入计算控制。

②对于盖梁跨度较大墩柱较矮的多柱框架墩,为了避免外侧墩柱因盖梁的弹性压缩、温度和收缩徐变等变形引起过大的横向弯矩,可在外侧墩柱与横梁交界处设置单向活动支座。

③由于盖梁本身自重荷载所占比例较小,盖梁预应力钢束需根据上部荷载的大小、结合施工顺序采用分批张拉。

④计算应控制框架墩盖梁的竖向位移,以控制上面梁部的梁端位移满足高速铁路规范要求。

⑤对于悬臂较大或墩柱间跨度较大的框架墩,应计算盖梁的扭矩。对于高跨比较小的盖梁,还需考虑深梁效应。

⑥框架墩盖梁的普通钢筋除了满足抗剪、抗扭等受力要求外,还需满足构造和最小配筋率的要求。

3 重点工点设计简介

3.1 曼谷特大桥

曼谷特大桥全长 88 552.73m,是曼谷至呵叻高速铁路工程最长的桥梁。曼谷特大桥穿越繁华的城市区、水灾严重的洪泛区、淤泥软土不良地质区域,是本工程的困难工点之一。

桥梁穿越曼谷市区,现有用地界内有既有米轨铁路、在建红线 DT 双线铁路、LD 双线铁路、规划机场线双线铁路、城市快速路高架桥、密布的市政管线等,高铁工程小角度骑跨道路、铁路情况非常多,产生了大量的特殊结构。

邦素至廊曼间的部分段落采用了四线独柱墩,预应力混凝土大悬臂顶帽线形流畅,使结构尽显轻盈,承载高铁双线铁路及机场线双线铁路;为了满足偏载工况下的受力要求,四线独柱墩的墩身采用了预应力结构。在廊曼站附近,为了适应既有米轨铁路及用地界,框架墩基础采用了大桩径、单排桩基础。为了适应用地界及既有城市快速路高架桥匝道,40m + 56m + 40m 连续梁的主墩及边墩采用了四线铁路悬臂式框架墩结构,在国内外同标准铁路工程中为首次使用。

为了解决用地界限制及多个工程项目共用通道问题,采用了多层框架结构及 h 形框架结构,使之成为地面米轨铁路、中层机场线铁路、顶层中泰高铁的三层立交。对多层框架墩的刚度限值及计算方法进行研究,提出了墩顶等效刚度的计算原则。高速铁路与城市轨道交通共用的多层框架结构及 h 形框架结构,是国内外同标准铁路工程中的首次使用。如图 2 所示。

曼谷特大桥所涉及的高铁车站均为高架站,其中大城站为两台四线,岛式站台,四个停车面。地面层为既有米轨铁路及米轨站台,为了避开既有铁路的跨河桥,中泰高铁在站内采用

40m+64m+40m连续梁,主墩及边墩均采用了横向三跨框架墩结构,是国内外同标准铁路工程中的首次使用。

图2 泰国高铁曼谷市区多层结构

3.2 呵叻2号特大桥

呵叻2号特大桥全长5 898.79m,穿越呵叻市区,受用地界限制采用了较多新结构。呵叻站是高架站,为两台六线,岛式站台。地面层为既有米轨铁路及通站道路;二层为米轨增二线铁路及站台,与高铁对应为两台六线;三层为中泰高速铁路。典型横断面布置图如图3所示。

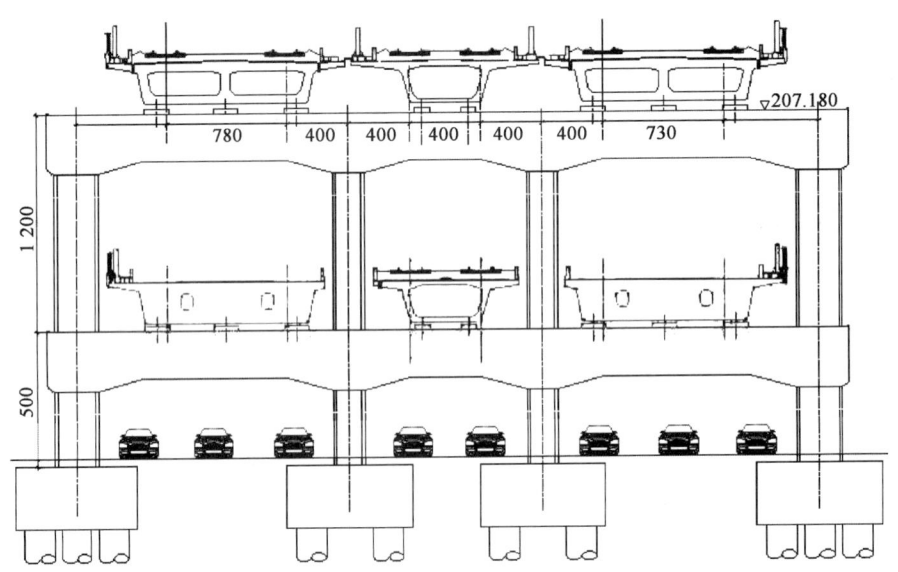

图3 泰国高铁呵叻站典型结构断面图(尺寸单位:cm)

为了适应呵叻站站房的布置及高度要求,框架结构的下层墩柱高8.6m,上层墩柱高13.9m,框架横向跨度有12.5m+12.6m+12.5m、16m+12.6m+16m、18m+12.6m+18m、20.5m+12.6m+20.5m等多种。

对高架站内多层多跨框架结构的刚度限值及计算方法进行研究,提出了墩顶等效刚度的计算原则,对每个作用点的刚度及整体等效刚度进行双重控制,并将刚度结果提轨道专业进行验证。这种多层多跨承载道岔梁的框架式结构,是国内外同标准铁路工程中的首次使用。

4 泰国高铁的科研情况

依托泰国高速铁路项目,承担了"泰国高速铁路桥梁关键技术研究"以及"泰国高铁预制节段拼装法简支箱梁标准化研究"等科研课题,并开展了一系列的专题研究。

4.1 泰国高铁活载标准研究

泰国高铁的客专预留货运段落拟采用 ZK 活载图式,实际将运营轴重 21t、18t 的和谐 D1、和谐 D2 列车,考虑加载长度 4~200m,仅考虑静力效应,设计荷载与运营荷载梁端剪力效应比均在 1.17 以上,跨中弯矩效应比均在 1.30 以上。考虑动力作用后,设计荷载与运营荷载梁端剪力效应比均在 1.12 以上,跨中弯矩效应比均在 1.21 以上。

该工程虽然有客运专线段落和客专预留货运段落,可统一采用《高速铁路设计规范》中的活载图式(ZK 荷载)及动力系数。不会因工程预留的荷载因素造成投资增加,解决了中泰双方关注的矛盾点。

4.2 主要建筑材料研究

中泰双方约定尽量使用泰国当地的建筑材料。以钢筋、混凝土等主要大宗建筑材料为例,对中国标准关于高速铁路建筑材料的性能指标要求、泰国当地建材的现状性能等进行对比研究,在满足中国高速铁路主要性能指标的前提下,尽量使建筑材料当地生产、当地供应。

设计中采用泰国当地钢筋的直径,避免使用 8mm、14mm、18mm、22mm 等型号。考虑泰国当地钢筋的强度现状,对钢筋的应力控制值进行折减,在主力、主+附施工工况下的容许应力分别为 200MPa、260MPa、289MPa。明确提出泰方改进钢筋生产工艺的要求,受力钢筋不得经过高压穿水处理,且碳当量不应大于 0.5%,以保证高速铁路的工程质量。

由于泰方能生产符合中国标准的水泥,对混凝土的原材料、性能指标、试验方法等在技术规格书中明确规定,由承包商通过配比试验制作出符合中国高速铁路性能要求的混凝土。

4.3 桥梁布置及桥式研究

泰国土地私有化、征地困难,工程建设尽量控制在既有用地界之内;注重工程建设对民众的影响,尽量避免拆迁;重视环境保护,环境影响评估严格;既有铁路的速度低,列车少,临近既有线施工、断道及改建相对容易;泰国洪灾较严重,工程建设需考虑行洪及最小水位要求,洪泛区宜采用桥梁通过。根据工点情况,适当采用大跨梁、框架墩、新型结构等。

通过以上分析研究,提出了适合泰国高速铁路工程建设条件、满足业主需求和经济可行的桥梁结构形式,同时拟定了较为合理的桥梁结构尺寸,为泰国高速铁路工程设计和工程质量提供了重要保障,同时为"中国高铁走出去"积累了宝贵经验。

5 桥梁设计的典型问题及分析

境外项目在实施过程中会遇到各种各样的问题,对典型的问题进行分析总结。

5.1 荷载图式

(1)问题描述

泰方对中泰高铁的功能定位是客运专线,而中方有泛亚铁路通道预留货运的需求,双方就此问题一直有分歧。泰方认为预留货运设计荷载加大会造成投资增加,而此部分功能是泰方不需要的。

(2)产生问题的原因

中泰双方对本条铁路的功能定位不同,对于泰国来讲,货运由米轨铁路承担,虽然速度不高,但是也满足货物运输的需求;对于中国来讲,出于泛亚铁路通道的规划,预留货运功能且一直延伸至出海港口(玛它普港)是国家战略。

(3)解决问题的方法

根据泰国高铁拟将实际运营的动车、机车、车辆,进行荷载图式的专题研究,经检算,ZK荷载可以包络本工程拟将运行的货物列车的荷载效应。因此,客专预留货运段落(农胜至呵叻)与纯客专段落(曼谷至农胜)均采用中国高速铁路荷载,即ZK荷载,没有使用ZK荷载+中活载。既节省了工程投资,又消除了泰方对桥梁结构由于预留货运造成投资增加的顾虑。

(4)思考及建议

高速铁路预留货运条件,在中国比较罕见,由于货物列车速度低,与高速动车组在同一条线路上共同运营势必对运营调度及运输效率造成负面影响。对于境外项目,由于相关国家的国情与中国不同,需求各异,建议有针对性地进行荷载专题研究,选择恰当的荷载图式。

中国的运营经验证明,高速铁路与普速货运分线运营是更合理的,对于有货运需求的高速铁路,建议进行动车组运输轻便货物的专题研究,在不超载的情况下探索"高速货运"模式,可提高线路的综合运输能力。

5.2 工程结构外形

(1)问题描述

泰国是东南亚相对较发达的国家,一向秉承外观轻盈、结构灵活、艺术性强的建筑理念,对工程结构的外观效果要求较高,如曼谷拉玛八世大桥等成为当地的标志性建筑。在铁路用地界通道内,除了中泰高铁,还有日本设计的清迈高铁工程,轻盈、纤细是日本桥梁结构的一大特点,两个项目的桥梁结构并行,将形成鲜明对比。泰国是佛教国家,90%以上的民众是佛教信徒,佛教的建筑元素在当地深入人心。中泰高铁走进泰国,存在适应当地建筑风格,树立中国高铁良好国际形象的问题,如图4所示。

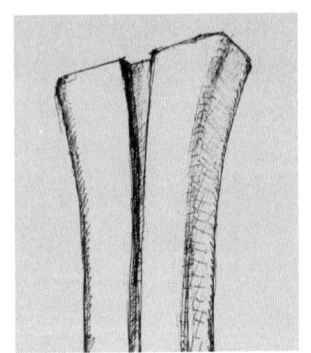

图4 泰国高铁景观设计

(2)产生问题的原因

不同国家的工程环境有差异,对工程结构的要求不同,国内通用图走出国门可能会出现水土不服的情况。国际工程往往面临非常激烈的国际竞争,尤其日本在多个国家的工程项目中与中国进行过交锋。

(3)解决问题的方法

为了适应中国高铁走出去,本工程没有照搬照抄国内通用图,而是对桥梁结构进行了专题研究。结合泰国当地的建筑风格及工程元素特点,本工程特殊设计了比较纤细的实体桥墩,外轮廓采用流线型线条,力争做到流畅、美观,达到力与美的有机结合。佛教是泰国的国教,跨邦巴功河拟采用的110m+200m+110m矮塔斜拉桥,主塔造型融入当地佛塔的元素,尽量使工程设计与当地文化相结合。

（4）思考及建议

中国高铁走出去会面临激烈的国际竞争，强加于人或照搬照抄不利于提高中国高铁的国际竞争力，应结合工程所在地的实际情况，因地制宜，桥梁结构的建筑风格尽量与当地文化相适应。

6 结语

境外项目会遇到各种各样的新问题，需要结合该项目的外部条件及控制因素进行综合分析，找出主要矛盾及关键点，开展必要的专题研究，充分体现中国高铁的优越性。中国高铁"走出去"不是照搬照抄，中国标准"走出去"不是一成不变，再成功的经验、再好的标准也有水土不服的情况，并且工程建设的属地性特点非常鲜明，需考虑工程所在地的工程建设条件、工程环境、工程惯例、施工方法、当地建筑材料等，做出合理的、各方接受的、有利于工程项目推进的设计成果。

参 考 文 献

[1] 国家铁路局.铁路桥涵设计规范:TB 10002—2017[S].北京:中国铁道出版社,2017.
[2] 国家铁路局.铁路桥涵混凝土结构设计规范:TB 10092—2017[S].北京:中国铁道出版社,2017.
[3] 国家铁路局.铁路桥涵地基和基础设计规范:TB 10093—2017[S].北京:中国铁道出版社,2017.
[4] 中华人民共和国建设部.铁路工程抗震设计规范(2009年版):GB 50111—2006[S].北京:中国计划出版社,2009.
[5] 裘伯永,盛兴旺,乔建东,等.桥梁工程[M].北京:中国铁道出版社,2005.

72. 北京京礼高速公路(兴延段)桥梁设计要点解析

潘可明[1] 肖永铭[1] 路文发[2]

(1.北京市市政工程设计研究总院有限公司;2.北京建筑大学)

摘　要：本文介绍了京礼高速公路(兴延段)桥梁施工图设计的几个要点问题,结合该项目山区桥梁设计中的总体布置、桥位避让不良地质区域、山区桥梁抗震设计、桥梁的环境保护设计等重点问题进行解析。通过几年来京礼高速公路(兴延段)的设计实践,总结了北京山区桥梁设计的部分经验,可为类似山区桥梁建设提供借鉴。

关键词：京礼高速(兴延段)　山区桥梁设计　危岩　桥墩抗震设计　桥梁环保设计

1　桥梁总体概述

京礼高速公路是2019年世园会园区和2022年北京冬奥会赛场联络通道,为世园会和冬奥会的顺利召开起到了重要的交通保障作用。同时,京礼高速公路是京津冀一体化西北高速通道之一,是北京西北区域的一条交通大动脉,连接北京城区、延庆新城与河北张北地区的快速交通干道,对于疏解西北通道G6、G7交通压力,提高道路通行能力和行车安全都具有重要意义。京礼高速公路起点西北六环双横立交,终点至崇礼区太子城赛场,全长约155km;其中北京段全长约74km,包括已经运营的兴延高速段,与计划2019年年底通车的延崇高速段。

北京京礼高速公路(兴延段)位于京藏高速公路以西,南北走向,南起海淀区六环路双横立交,北至延庆区延崇高速公路。它是国内首条PPP模式建设的高速公路项目,也是交通部打造的首批绿色公路建设项目的第一个工程;项目于2015年年底开工,2018年年底通车。兴延高速线路全长为42.204km,全线桥梁共33座,特大桥3座,桥梁总面积44万 m^2,桥隧比达64%。其中梯子峪特大桥主桥采用三孔悬臂浇筑连续刚构形式,主跨152m,桥高60m,是北京最高的山区高速公路桥梁;白羊城沟特大桥采用先简支后连续小箱梁结构,桥梁全长2.7km,桥梁平均高度30m,是北京最长的山区高速公路桥梁。

2　桥梁总体布置情况

2.1　桥梁上部结构形式设计

桥梁上部结构体系的选择(图1、图2),结合桥梁具体情况,综合考虑其受力特点、经济性、可实现性。

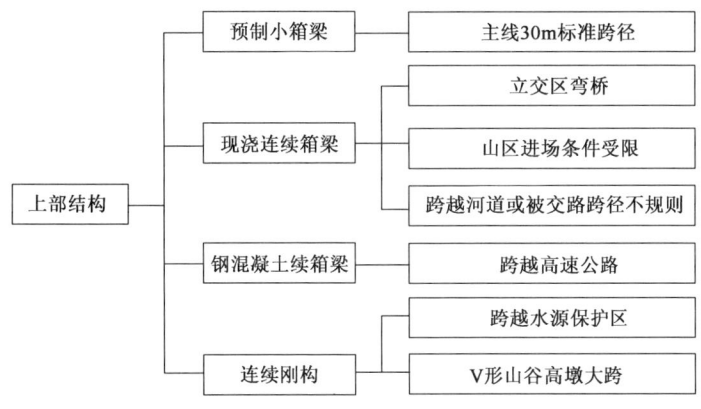

图 1 上部结构形式选择

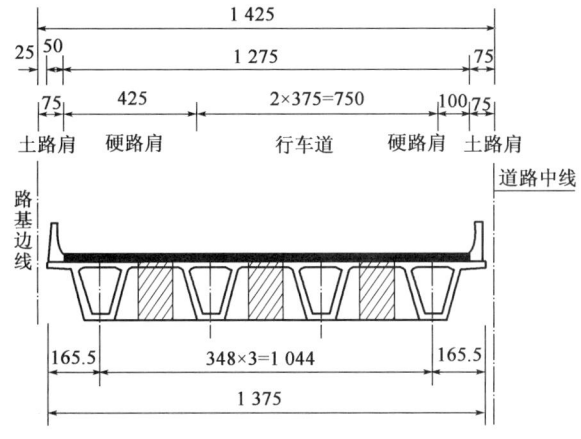

图 2 预制小箱梁横断面图(尺寸单位:cm)

2.1.1 兴延高速公路平原区桥梁桥型设计

对于路线上的桥梁多采用30m标准跨径装配式小箱梁结构;对于立交区的弯、坡、异形桥,跨越大型河道的桥梁多采用现浇混凝土连续箱梁结构;对于跨越六环路、G6等高等级道路,为减少施工对既有交通的影响,采用钢混凝土组合梁结构。

2.1.2 兴延高速公路山区桥梁桥型设计

线位通过的大型沟峪大多都是行洪通道,原则上山区尽量避免大规模满堂支架施工方式的现浇连续箱梁;由于山区施工的运输条件较差,选择线位周边空旷、平坦、地势较高区域设置预制梁厂,对于路线上的常规桥梁一般采用30m标准跨径装配式小箱梁结构。对于跨越V形山谷桥梁采用大跨连续刚构形式;对于跨越山区小型河道的桥梁,由于设置梁厂的场地受限,多采用现浇混凝土连续箱梁结构。

2.2 桥梁下部结构设计

桥梁下部结构形式的选择,结合地形、地质条件、上部结构特点、抗震设计要求及桥下河道、被交路状况进行确定(图3、图4)。本项目工程场区的地震动峰值加速度为$0.2g$、地震基本烈度为8度。墩柱截面尺寸和配筋设计依据《公路桥梁抗震设计细则》确定,即通过抗震计算,保证在E2地震作用下下部结构的塑性铰出现在墩柱范围。

```
         ┌ 桩接柱 ──── 常规单幅桥梁双柱支承
         ├ 双桩承台 ── 软弱地质条件
下部结构 ┤
         ├ 四桩承台 ── 整体式断面双柱支承
         └ 群桩基础 ── 连续刚构
```

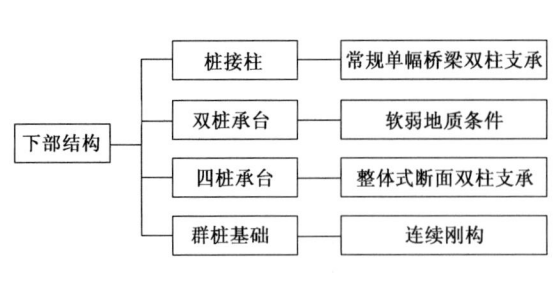

图 3 下部结构形式选择

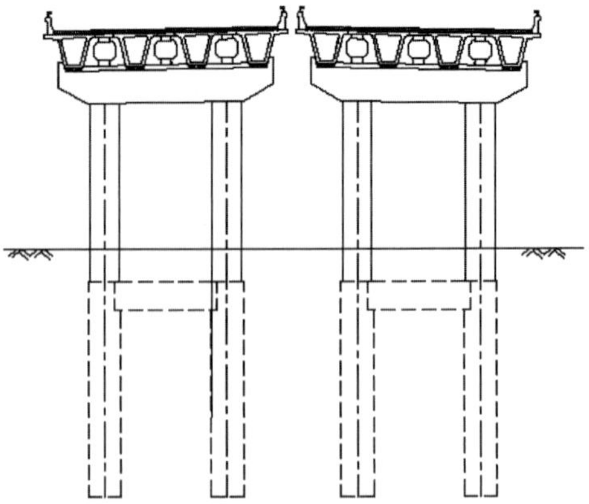

图 4 分幅式横断面图

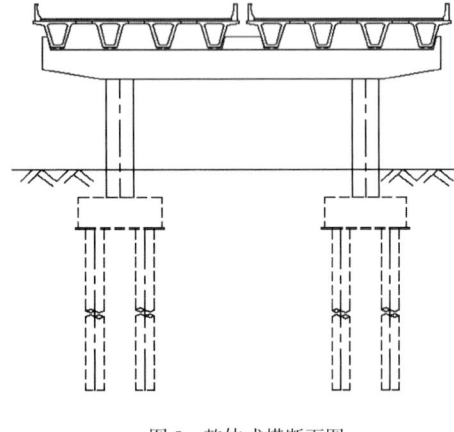

图 5 整体式横断面图

2.2.1 下部结构选型设计

对于跨径小于或等于 35m 的小箱梁或连续梁，且半幅桥采用双柱的桥梁，地质条件较好地区采用桩接柱，对于跨径大于 35m 的连续梁、异形变宽断面处，或跨径小于或等于 35m 小箱梁或连续梁地质条件较差时采用桩接承台。

2.2.2 桩接柱设计

对于墩柱高度小于或等于 16m 时，采用直径 1.6m 圆墩接直径 1.8m 钻孔桩；墩柱高度大于 16m 时，采用直径 1.8m 圆墩接直径 2m 钻孔桩。墩柱高度大于 22m 小于 26m 时，采用直径 1.8m 圆墩接直径 2.2m 钻孔桩。整体式横断面图如图 5 所示。

3 设计要点解析

3.1 总体设计要点

3.1.1 重载交通下车辆荷载的确定

兴延高速公路是北京西北货运通道的重要组成部分。根据北京市交通委课题研究成果[2,3]，该通道货运车辆普遍载运货物较多，存在重载交通设计需求。结合北京市交通委路政局 2011 年课题《北京市桥梁使用汽车活载现状调查》和《北京市重载交通路线桥梁汽车荷载设计方法建议书》成果对比。

北京 G107 公路中不同跨径桥梁实际荷载效应值与旧版公路—I 级[5]荷载效应值，比较结果见表 1。

2011 年 G107 公路实际荷载效应值与旧版公路—I 级荷载效应值比较表 表 1

跨径	8m	10m	13m	16m	20m	25m	30m	35m
实际弯矩/规范弯矩	1.56	1.58	1.55	1.48	1.38	1.25	1.14	1.05
实际剪力/规范剪力	1.47	1.46	1.4	1.33	1.24	1.12	1.03	0.94

由表 1 可以看出，旧规范荷载在小跨径桥梁低估了实际车辆荷载的效应；近年来针对公路交通中重载车辆较多的现状，新版《公路工程技术标准》[6]（JTG B01—2014）对于汽车荷载的

取值也再一次地调整提高。对于本项目常规30m跨径小箱梁桥,新标准荷载效应比较03标准已经提高6%~9%。

对比北京周边省市重载交通设计荷载现状情况;河北省交通运输厅2012年12月制定了《河北省公路工程施工图勘察设计技术要求》[7],其中高速公路和一级公路上部结构要考虑一定的结构安全储备,达到重载交通水平的建议在标准设计荷载(03版公路—I级)的基础上再提高30%。河南省也制定了《河南省高速公路设计技术要求》[8],其中高速公路和特大桥梁、特殊桥梁的车道荷载的均布荷载标准值q_k、集中荷载标准值P_K和车辆荷载按03版公路—I级的1.3倍设计。

新规范车辆荷载效应虽然提高6%~9%,但与北京地区重载实测值14%仍有差距,结合周边省市技术要求,对于本项目推荐的30m跨径小箱梁采用1.2倍公路—I级(14标准)进行设计。

3.1.2 重载加强型小箱梁设计优化

2000年以来,国内公路行业大量推广使用预制小箱梁结构,其具有施工方便、经济性好等优势。但部分工程项目由于各种原因也发生病害。主要表现在小箱梁出现各种裂缝:主梁梁端腹板斜裂缝、桥面板湿接缝处纵向裂缝、沿波纹管的纵向裂缝、梁体跨中环向裂缝和主梁底板纵向裂缝等[9-10]。

本项目考虑重载交通影响,通过对比分析预制小箱梁在公路—I级、1.2倍公路—I级作用下的受力状况,对小箱梁断面形式和预应力配置进行加强,提出小箱梁断面形式如图6所示。

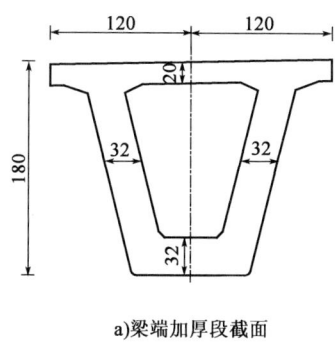
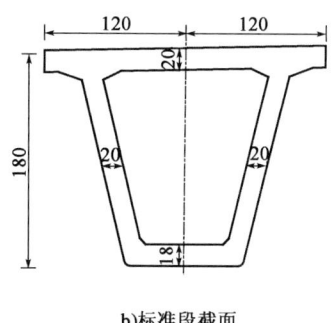

a) 梁端加厚段截面 b) 标准段截面

图6 本项目加强型小箱梁(尺寸单位:cm)

优化设计主要包括:

(1)增加小箱梁梁高、顶板和腹板厚度,有效提高主梁刚度和腹板钢束净保护层厚度,尺寸变化见表2。

小箱梁优化后主要参数比较表 表2

项　目	梁高(m)	顶板厚(m)	底板厚(m)	腹板厚(m)
本项目加强型小箱梁	1.8	0.2	0.2	0.2
通用图小箱梁	1.6	0.18	0.2	0.18

(2)适当增加连续梁的连续构造措施,增加负弯矩钢束设置,避免在长期使用后墩顶范围易开裂的情况。

(3)适当加大(强)桥梁横隔板和现浇桥面板的尺寸与构造措施并加强配筋,保证小箱梁间有足够的横向联系。跨中横隔板由0.25m加厚至0.4m,同时加强横隔板配筋。

3.2 不良地质作用与白羊城沟特大桥桥位设计解析

白羊城沟特大桥桥梁全长2551m,分为2幅,每幅宽度13.5m,桥梁面积为70 000m²(图7、图8)。白羊城沟特大桥桥位范围内共存在4处危岩体,其中1号、2号危岩体对本工程影响较小,3号、4号危岩体距离桥位较近,施工及运营期存在较大安全隐患。3号危岩虽是线外工程,但运营期间存在较大次生灾害影响的可能性(图9、图10)。

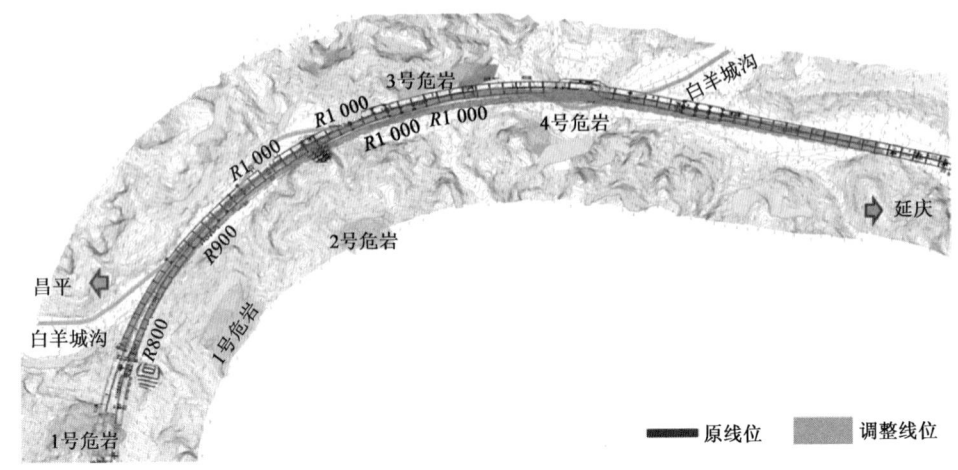

图7 兴延高速公路白羊城沟特大桥桥位图

图8 兴延高速公路白羊城沟特大桥

3号危岩体为地灾主要控制区域,在鱼塘位置危岩体距离线位较近,存在安全隐患。为确保安全,施工图阶段将线位向东侧微调,然后再对危岩体进行治理,即清理浮石、岩石锚杆、帘式防护网等综合治理方案。线位利用现况走廊带宽度尽量避让3号危岩体,施工图阶段调整后较初步设计桥位远离3号危岩远约9m,距离最危险危岩体约15m以上。该段平面采用分离式桥梁形式,其中左线与原初步设计平面线形基本一致,维持原设计圆曲线半径 $R = 1\ 000m$;右线适当调整线形,圆曲线半径由原初步设计的900m变为800m。道路选线与桥位确定遵循地质选线基本原则,适当降低了道路局部平曲线线型指标,远离了危岩体,确保桥梁安全。

3.3 山区特大桥桥墩抗震设计解析

白羊城沟特大桥桥梁上部结构采用3×30m或4×30m预应力混凝土连续小箱梁结构,下部结构采用双柱墩,墩柱直径1.6~1.8m,墩柱高度8~27m,桩基直径1.8~2m。依据《中国地震动参数区划图》(GB 18306—2001)附录 C 表 C1 中国地震动反应谱特征周期调整表,桥梁抗震设防类别为 B 类,地震基本烈度为 8 度,对应设计基本地震动峰值加速度为 $0.20g$,抗震措施设防烈度为 9 度,场地类别为 II 类,地震动反应谱特征周期为 $0.40s$。

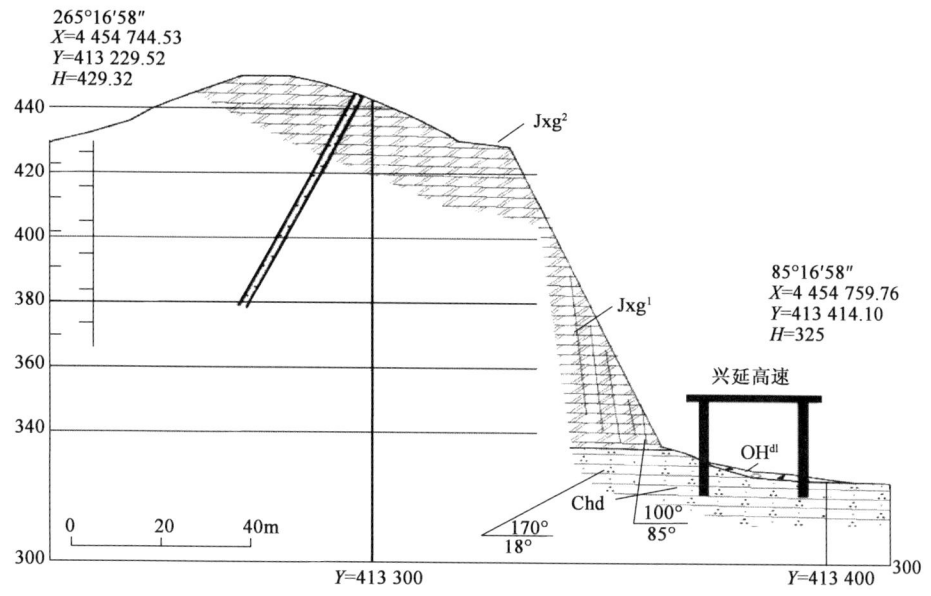

图 9　桥位与 3 号危岩体关系图

图 10　3 号危岩治理前

以桥梁结构形式为 $4 \times 30m$ 装配式预应力混凝土连续箱梁为例,桩柱式桥墩,墩柱直径 $1.6 \sim 1.8m$,桩基直径 $1.8 \sim 2m$,墩高 $8 \sim 27m$,桩长 $18m$。边界条件:桩基约束,桩侧采用土弹簧约束,桩底固结。根据空间杆系理论,采用 Midas/Civil2012 进行计算分析(图12),对结构模型进行水平加速度反应谱分析计算(图11～图13),模态组合采用 CQC 法。见表3。

水平设计加速度反应谱参数表　　表 3

地震作用	$T_g(s)$	Ci	Cs	Cd	A
E1	0.4	0.5	1	1	0.2g
E2	0.4	1.7	1	1	0.2g

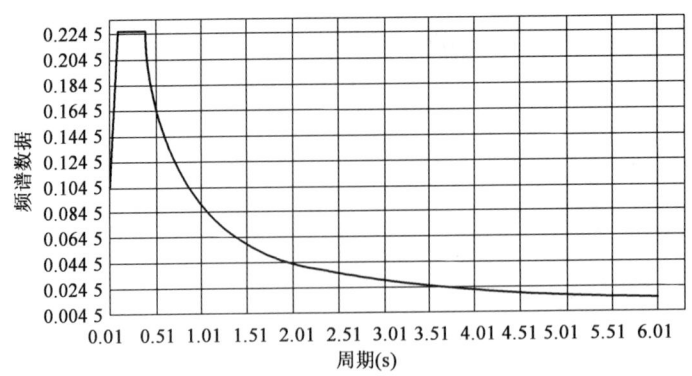

图 11　E1 水平设计加速度反应谱

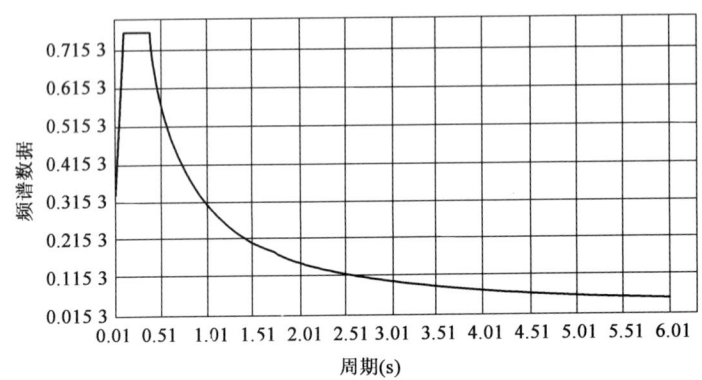

图 12　E2 水平设计加速度反应谱

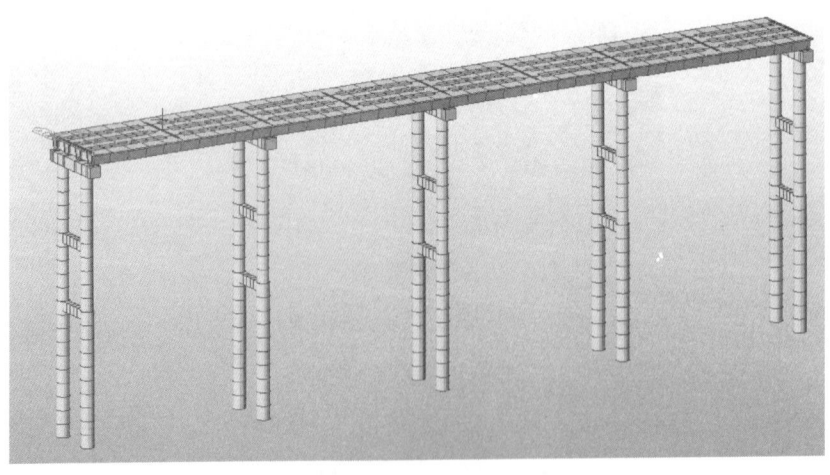

图 13　结构计算模型

本桥墩柱按 E1 地震作用力进行配筋验算,1.6m 直径墩柱配筋率 1.38%,1.8m 直径墩柱配筋率 1.26%;E2 地震作用下,墩柱进入塑性状态,墩底弯矩大于初始屈服弯矩,并小于墩柱极限屈服弯矩。根据 E2 地震作用力下桩顶弯矩验算桩基承载力,1.8m 直径桩基配筋率 1.42%,2m 直径桩基配筋率 1.33%。在 E2 地震力作用下,考虑墩柱截面折减系数,墩顶位移满足规范要求。E2 作用下的横向位移分析:依据《公路桥梁抗震设计细则》横桥向容许位移采用非线性静力方法(PUSHOVER)分析确定,盖梁横向位移满足规范要求。

通过对兴延路山区桥梁基础抗震计算对比分析总结,当墩柱超过一定高度后,墩柱的抗弯强度一般均可满足要求,而墩顶位移将对桥梁抗震产生较大的影响。墩柱抗震设计应符合强剪弱弯设计理念,增强结构延性变形能力,避免结构的剪切等脆性破坏。

3.4 兴延路山区桥梁环保设计解析

3.4.1 梯子峪特大桥

梯子峪特大桥场地属丘陵低山地貌,地形起伏较大,南侧地势较缓,北侧山体较陡(图14、图15)。现场有西沙路进出,西沙路现况为3m宽道路,转弯多半径小,进场条件较差。梯子峪特大桥所处山谷为原生态地貌,且东侧有佛岩寺景区,更应考虑环保需求。大桥南侧紧邻拟建道路停车服务区,道路路基段为半填半挖。北侧因山势陡峭,桥隧紧密衔接,路线调整难度大。桥型选择综合考虑工期、气候、环境等各方面因素。

图14 梯子峪特大桥现场环境图　　　　　　　图15 梯子峪特大桥

结合实际条件,提出两个方案进行比选(表4)。小箱梁方案在造价、工期及施工难度上有很大的竞争力;本项目桥梁环保设计践行"不(少)破坏就是最大的保护""金山银山就是绿水青山"的理念,大跨刚构方案无疑是对环境友好、社会效益更显著的方案;经综合比选,最终确定了大跨变截面连续刚构为实施方案。梯子峪特大桥采用增大悬浇块、减少悬浇次数(20块减为15块),优化挂篮结构重量等创新设计,将北方地区2~3年悬浇特大桥的施工周期缩减为18个月,创造了北京市同类型桥梁快速施工记录。

梯子峪特大桥方案比较表　　　　表4

方案	推荐方案	比较方案
主桥上部结构	81m+152m+81m 变截面连续刚构	5×30m+3×30m+4×30m 预制小箱梁
总造价(万元)	7 771.3	4 665
效果图		
综合评价	主墩不倾入山体坡脚,保护山体地貌,避免施工时破坏山体稳定。工期长,施工难度略大,造价偏高	造价低,基础施工时便道对环境影响大。施工周期短,造价低。
结论	推荐方案	比较方案

3.4.2 京密引水渠跨河桥

桥梁在跨越京密引水渠段不设排水孔,在京密引水渠上桥梁采用纵坡排水,在主跨外桥面雨水通过排水管分别排入京密引水渠南北两侧的桥下排水沟,排水沟下游均排入现况北沙河,以确保设计路桥排水不进入京密引水渠。桥梁建成后尽量恢复原有的自然景观。设计中尽量减少基础开挖方量,在设计文件中对施工方法提出要求,要求基桩施工采用环保型泥浆,施工期间污水集中处理和排放、建筑垃圾集中清运处理,以减小施工对环境的影响。

4 结语

(1)通过京礼高速公路(兴延段)桥梁设计实践总结,山区桥梁布设更应重视地质选线原则,为避免不良地质灾害等,适当降低局部路线线形标准是正确的选择。

(2)对于重震区的山区桥梁基础设计,应重视抗震设计;针对不同桥墩高度,选取合理墩柱直径与配筋。

(3)山区桥梁设计更应践行环保设计理念,在桥梁上下结构选择、细节处理上尽量减少对水源、原生态山体的影响。

(4)本项目通过合理的设计方案,解决了紧迫的工期难题,作为京礼高速公路先期通车段该项目于2018年底通车,一年来运营良好。

参 考 文 献

[1] 北京市市政工程设计研究总院有限公司.兴延高速公路桥梁施工图,2016.
[2] 交通运输部公路科学研究院,等.北京市桥梁使用汽车活载现状调查研究报告[R].2011.
[3] 交通运输部公路科学研究院,等.北京市重载交通路线桥梁汽车荷载设计方法建议书.2011.
[4] 潘可明.肖永铭.贺大朋.北京兴延高速桥梁设计创新实践[C]∥第二十二届全国桥梁学术会议论文集,2016.
[5] 中华人民共和国交通运输部.公路桥涵设计通用规范:JTG D60—2015[S].北京:人民交通出版社,2004.
[6] 中华人民共和国交通运输部.公路工程技术标准:JTG B01—2014[S].北京:人民交通出版社,2014.
[7] 河北省交通运输厅公路管理局.河北省公路工程施工图勘察设计技术要求,2012.
[8] 河南省交通运输厅.河南省高速公路设计技术要求,2011.
[9] 吴清.预制小箱梁常见裂缝分类和防治[J].城市道桥与防洪,2012.
[10] 刘永忠.某立交桥简支小箱梁病害原因分析[J].铁道建筑,2004.

73. 大挑臂下承式连续梁拱组合桥设计

廖伟华 范佐银

(上海市政工程设计研究总院(集团))

摘　要: 西宁祥瑞街大桥采用大挑臂下承式连续梁拱组合桥,跨径布置为 40m + 120m + 40m。主梁为大挑臂钢—混凝土组合箱梁结构,钢梁采用单箱多室槽形结构,预制桥面板采用钢筋混凝土结构。主拱采用由两片分离的拱肋及横撑组成的组合式拱圈,拱肋空间形状呈"纺锤形"。桥墩采用混凝土墙式墩,外形呈花瓶形,矩形承台,6根ϕ2.0m钻孔灌注桩。全桥采用先梁后拱的施工工艺,主梁采用顶推施工,拱肋采用液压提升系统安装。新颖的结构形式及创新的大挑臂体系获得了良好的景观效果。

关键词: 梁拱组合桥　大挑臂　钢混组合梁　桥梁设计

1　概述

1.1　工程概况

祥瑞街大桥位于西宁市城南片区,西接南川西路,东接南川东路,为南川文化旅游商贸会展区主干路网。

祥瑞街道路等级为城市主干路,设计速度60km/h。项目路线长1.62km,其中,路基长2.175km,桥梁长200m,主桥为大挑臂下承式连续梁拱组合桥。

1.2　主要技术标准

(1)道路等级:双向6车道,城市主干路。
(2)行车速度:60km/h。
(3)车道宽度:3.75m + 2 × 3.5m。
(4)设计荷载:城—A。
(5)设计洪水频率:1/100。
(6)环境类别:Ⅰ类环境,相对湿度55%。
(7)风速:基本风速(100年重现期):28.6m/s。
(8)地震:基本烈度Ⅶ度,桥梁抗震设防类别为乙类,设计基本加速度值为0.10g。

2　总体布置及结构体系

主桥桥型采用大挑臂下承式连续梁拱组合桥,跨径布置为40m + 120m + 40m = 200m,边中跨比为1/3。中间双索面布置,其拱轴线平面与竖直平面的夹角为3.0°,拱肋平面内矢跨比为1/5。主梁采用大挑臂钢—混组合箱梁,全宽38m,梁高3.5m,吊索标准间距6.0m。拱肋采用钢结构,桥墩采用钢筋混凝土墙式墩,矩形承台,钻孔灌注桩基础[1],如图1、图2所示。

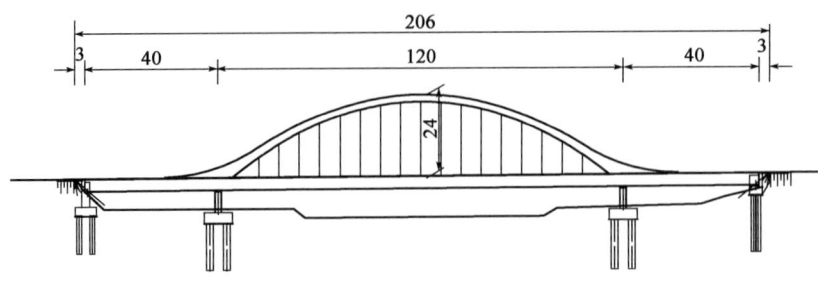

图1 总体布置图(尺寸单位:m)

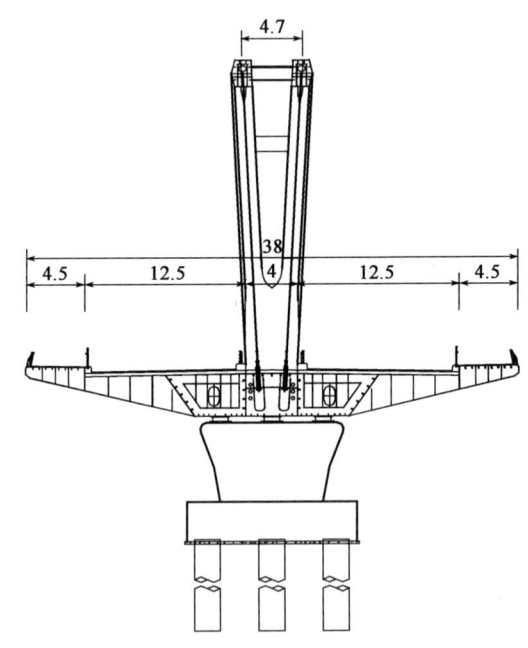

图2 横断面布置图(尺寸单位:m)

连续梁拱组合桥结构外部约束类似与连续梁,属于内外部超静定结构,荷载作用下拱脚的水平力由主梁承担,对基础不产生水平力。连续梁拱组合桥将拱、梁两种基本结构组合起来共同受力,充分发挥梁受弯、拱受压的结构特征及其组合作用[3]。

主桥桥面宽度较大,横桥向仅布置单片拱肋,整个体系为刚性主梁柔性拱,边跨主梁和拱跨的主梁均为连续的刚性结构。拱肋采用刚度较弱的单片拱形式,拱肋尺寸较纤细,在结构上简洁顺畅的造型和施工方便的条件[2]。尽管构造上拱肋占用了主梁空间并导致桥面宽度增加,但是拱肋与主梁之间传力途径更合理。这种形式广泛运用与城市景观桥及铁路桥梁中,具有较强的竞争力。

3 结构设计

3.1 主梁

主梁全长200m,梁高3.5m,其中桥面板厚25cm,高跨比约为1/35。桥梁标准段全宽

38m,由主梁、中横梁、端横梁、大挑梁、边纵梁组成梁格体系。全桥主梁每6.0m设置一个节段,在拱梁结合区设置特殊梁段。

主梁钢结构采用单箱多室槽形梁,单幅桥面较宽,在两侧设置大尺寸挑臂。钢梁顶板厚度20mm,底板厚度16~30mm,内腹板厚度16~40mm,外腹板厚度14mm。横隔板间距3.0m,板厚12mm,设置竖向加劲肋和水平加劲肋。箱梁外挑臂长度最大13m,采用工字形截面,腹板位置与横隔板对齐,如图3所示。

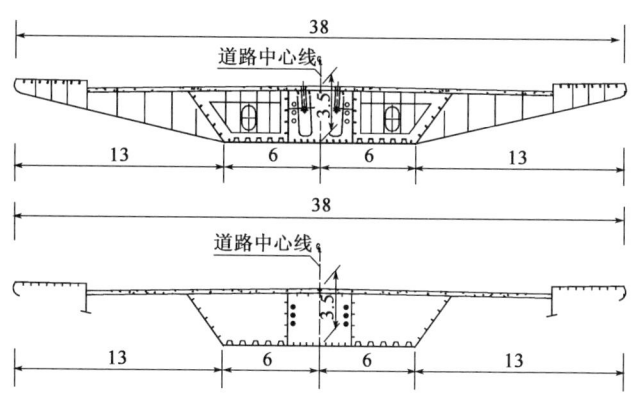

图3 主梁标准断面图(尺寸单位:m)

组合梁桥面板采用预制钢筋混凝土结构,分为预制板和后浇缝,预制板采用C50低收缩混凝土,现浇缝采用C50微膨胀纤维混凝土。钢梁通过剪力钉与桥面板连接。

3.2 大挑臂结构设计

本次采用单片拱肋与组合梁组成的连续梁拱组合桥,由于桥面较宽,主梁采用单箱多室组合梁,中间设置两道竖腹板及实腹式横隔板以方便吊杆的锚固及竖向力的传递,同时中间两道腹板还便于在拱脚处与拱肋衔接,保证拱肋荷载的有效传递。桥梁造型力求新颖、经济合理,尽量减少材料用量,钢箱梁需尽量做窄,两侧采用大挑臂形式。然而仅依靠混凝土板所能达到的挑臂长度是有限的,因此在设计阶段考虑箱梁外侧设置桁式支撑和大挑臂梁形式,考虑到桥面宽度较大、抗扭刚度的需要及箱梁截面的景观协调性,最终采用大挑臂梁形式,有效保障了横向受力的高效性。

3.3 拱肋

桥梁横向布置为中间双索面单片拱肋形式,为了抵抗拱的平面外屈曲,拱肋在横桥向设计时也需要进行相应的变化,通过调整截面形式、横向布置方式及拱肋外倾等,满足拱肋的抗扭转畸变的能力。

主拱设计采用由两片分离的拱肋及横撑形成组合式拱圈,拱肋空间形状为"纺锤形"。在拱顶处,两片拱肋的横向中心间距为4.7m,在拱脚处两片拱肋合为一体,横向宽为4.0m。

拱肋跨度120m,拱肋矢高为24m,拱肋轴线均采用二次抛物线,其拱轴线平面与竖直平面的夹角为3.0°,拱肋平面内矢跨比为1/5。

拱肋截面采用焊接五边形钢箱,拱肋顶缘宽1.3m,拱肋底缘宽1.4m,高度由拱顶高度2.0m延弧长线性变化至拱脚处3.0m,拱肋在中墩处与纵梁固结。两个倾斜侧面,截面尺寸由拱脚至拱顶逐渐减小,可以获得良好的景观效果。拱肋横桥向在分离处设置横梁相连,为保证拱肋受力安全和侧向稳定,两片拱肋之间设置横向风撑[7],如图4所示。

3.4 拱梁节点设计

拱梁节点是连续梁拱组合桥的设计关键，整个区域拱肋与主梁交汇，构造复杂。拱梁节点不仅受到拱肋、主梁、系杆和支点反力共同传来的荷载，荷载集中，受力大，而且对拱的稳定会产生影响[4]。

本次设计在主梁中间设置两道竖腹板及实腹式横隔板方便吊杆的锚固及竖向力的传递，同时中间两道腹板还便于在拱脚处与拱肋腹板的衔接。

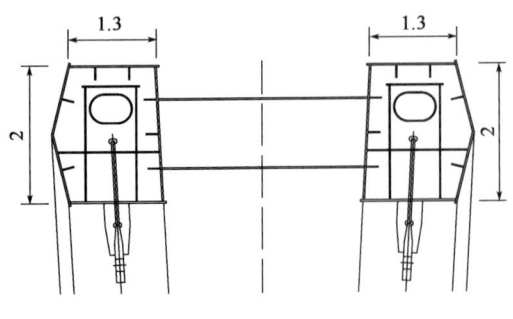

图 4　拱肋构造图(尺寸单位：m)

主梁的拉力主要由拱肋水平力产生，结构的构造决定了该水平分力在拱梁结合段不能均匀传递到桥面结构的全截面上，要使混凝土桥面板更好的分担拱肋传递的拉力，同时更好地控制桥面板的开裂(负弯矩区)[2]。本次设计通过在结合段增加箱形中横梁，增加中横梁高度和宽度，这样不仅增强截面抗扭刚度满足桥面板参与主梁承载，而且增强了主梁竖向刚度减小受力变形，加强拱梁的受力稳定性能[6]。另外，在拱梁结合段处两个中横梁设置平联连接，在顺桥向形成强大的桁架体系，从而满足桥面板更好地参与整体受力。具体构造如图 5 所示。

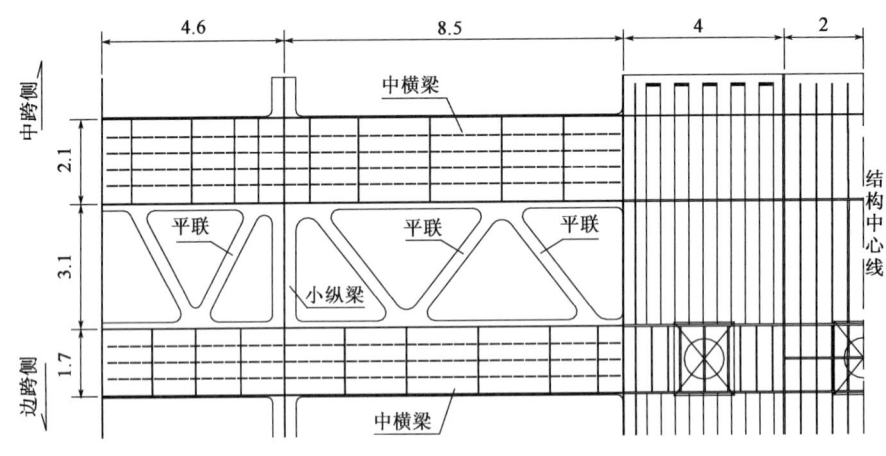

图 5　拱梁节点布置图(尺寸单位：m)

3.5 吊杆及系杆

本桥吊杆为双索面，吊点与横撑位置一一对应，每个吊点沿横桥向以中心线对称布置两根吊杆。吊杆与拱肋平面一致，与道路中心线成3°夹角，吊索在拱上以吊耳形式锚固，每个吊点设一根吊杆。吊杆间距结合主梁受力及景观效果确定为6m，全桥共设 17 对吊杆。吊杆材料采用 $\phi 7mm$ 的低松弛锌铝合金镀层平行钢丝[8]，标准强度 1 860MPa，全桥设置一种类型，型号为 $\phi 15.2$-91，吊杆锚头采用复合冷铸锚。

梁端采用钢锚箱式锚固方式，索力通过承压板传递至主梁横隔板及腹板。考虑到换索工况，单个吊杆力对横隔板产生面外弯矩，故将传力板与箱梁中腹板连接，增强横隔板的面外抗弯能力。

全桥共设置 6 根系杆平衡水平推力，分布在钢梁中间箱室内，系杆采用新型高强度钢绞线，每根系杆由 37 股 $\phi 15.2mm$ 钢绞线组成，张拉端为夹片式系杆拉索锚具，复合锚固方式，可有效改善系杆索的抗滑锚固性能和疲劳。

3.6 桥墩及基础

桥墩采用混凝土墙式墩,外形呈花瓶形,采用 C40 混凝土。桥墩墩顶横桥向宽 12.978m,底宽 9m,顺桥向顶宽 2.2m,墩高 6m。桥墩基础采用矩形承台,C35 混凝土,承台平面尺寸 8.2m(顺)×13.2m(横),厚度 3.0m。基础采用 6 根 φ2.0m 钻孔灌注桩(摩擦桩),桩基础持力层为中风化泥岩,材料为 C35 水下混凝土。

4 施工工艺

连续梁拱组合桥组合梁设计时必须考虑合理施工工序问题,不同施工工序直接影响结构构造、受力性能及经济性能。合理施工工序主要包括:①组合梁施工工艺,如钢梁架设方法以及桥面板结合顺序;②由初始状态(多跨连续梁)通过吊杆、系杆安装达到最终成桥状态的过程,即结构体系转换方案;③组合梁桥面板结合与结构体系转换两者之间的先后顺序问题。

本工程主梁采用顶推施工核心工艺。主跨设置一个临时墩,边跨不需要临时墩,钢梁采用步履式顶推就位,完成后形成施工平台,在其上搭建临时支撑。将拱肋构件散运至平台上拼装吊装到位、焊接合龙。拱肋的安装均由液压系统完成,没有使用重型吊机。在合龙后安装吊杆[5],并张拉约 20%的应力水平,以避免其产生过大变形。在这个阶段,拱的变形非常小,从而可以相对精确地确定吊杆中的力。然后铺设预制混凝土桥面板并浇筑湿接缝,接着对纵向系杆进行二次张拉,拆除临时支架,最后进行结构体系转换。可靠的工法及合理的施工顺序可以改善桥面板及钢梁受力性能,取得较好的经济效果。

5 桥梁设计特点

5.1 极具地域特色的造型设计

主桥方案采用简洁明快的下承式系杆拱桥方案,跨越南川河主跨设计灵感来源于美好自然的主题,以大自然彩虹状的拱桥造型,通过简化与提炼将自然的轮廓元素融合到桥梁结构上,将西宁高原的代表性自然元素与桥文化相结合,桥梁结构轻盈、优雅,在经典中寻求创新,于细节处独具匠心,既表达出桥梁的符号性,又把自然语言上升到工程艺术的角度,展现了高原地区浓郁的地域特色,展示现代城市顺应"一路一带"发展的美好未来和自然生态的城市发展理念,大桥和自然相融合是设计师追求的最高境界,如图 6、图 7 所示。

图 6 自然元素与桥梁文化相结合

5.2 大挑臂组合箱梁构造的制作方法

设计采用单箱多室大挑臂组合梁,该构造横向刚度大、抗扭性能好。结构主要由单箱多室槽形钢梁、大尺寸挑臂系统及桥面板组合而成,其特点在于槽形钢梁顶部开口范围内设置一块完整的预制桥面板,该预制桥面中板两侧设有挑臂,每侧挑臂也均为一块完整的预制桥面边

图7 大桥侧视效果图

板,预制桥面板之间设有湿接缝,槽形钢梁沿纵向设有多组横梁,包括设在槽形钢梁与预制桥面边板之间的外挑梁,以及设在槽形钢梁与预制桥面中板之间的横隔板。整个桥面横向由所述一块完整的预制桥面中板和两块预制桥面边板组成,由于主梁采用单幅大挑臂形式,减小了基础的作业面和规模;同时,大挑臂组合梁有利于缩短工期,施工期间不仅无须增加临时构件,而且提升了结构的经济性能,其在适用性、经济性、加工质量、施工工期等各方面均有较高的推广价值,对今后类似工程合理施工方法具有指导意义。

5.3 新型高强度复合吊杆系杆系统

项目位于青海高原地区、环境具有高温差、高辐射等特点,吊杆长期处于这种环境下,其防护性能的好坏直接影响到桥梁的寿命,本次设计采用高强度复合型锚固钢绞线方案,其主要优点有:①吊杆采用高强度钢绞线,提高吊索的承载力,减少钢绞线总体用量;②索梁处采用复合锚固方式,改善拉索的抗滑锚固性能和疲劳;③索体采用多重防腐层和抗辐射老化的措施,保护索体的开裂,延长拉索寿命。

6 结语

祥瑞街大桥于2019年年底开工建设,预计2021年正式通车。作为国内首座大挑臂下承式连续梁拱组合桥,设计时践行创新技术应用,注重细节构造,桥梁景观研究紧密结合地域文化特色,积极响应国家大力推进绿色装配式建筑政策号召,解决了大挑臂组合梁施工难题,保证质量的同时缩短了工期,获得了良好的社会经济效益。

该桥的设计研究拓宽了大挑臂组合结构的应用范围,此新型结构的布置形式、结构体系、技术特点等将为今后同类桥型的设计、施工提供借鉴。

参 考 文 献

[1] 上海市政工程设计研究总院(集团)有限公司.南川文化旅游商贸会展区基础设施祥瑞街桥梁建设工程施工图设计文件[Z].上海,2019.
[2] 邵长宇.索承式组合结构桥梁[M].北京:人民交通出版社股份有限公司,2017.
[3] 肖汝诚.桥梁结构体系[M].北京:人民交通出版社,2013.
[4] 李文华,康健.斜靠式拱桥拱梁节点分析研究[J].公路,2017(07)
[5] 周超舟,赵剑发.大跨度钢桁梁柔性拱拱肋施工方案研究[J].世界桥梁,2018,46(06):11-15.
[6] 谢裕平.桥面系连接刚度对中承式钢管混凝土拱桥动力特性和稳定性的影响.[J].
[7] 夏正春.大跨度钢桁梁柔性拱桥稳定性能研究[J].铁道标准设计,2017(6):73-76.
[8] 张伟.菏泽市丹阳路大桥设计[J].桥梁建设,2015,45(03):88-92.

74. 河北肃宁春霖街人行天桥总体设计构思

张师定[1] 郭 煜[2] 江良华[2]

(1 上海同豪土木工程咨询有限公司；2 云南省交通规划设计研究院有限公司)

摘 要：本文分析了河北肃宁春霖街人行桥之独特功能，结合桥址工程条件，提出了三个比较方案——钢桁梁桥方案、钢筋混凝土连续刚构桥方案及提篮拱加劲连续钢梁桥方案。通过构思方案及景观分析，推荐 21.5m + 60m + 21.5m 提篮拱加劲竖弯连续梁新桥式，可供类似条件下人行天桥设计参考。

关键词：人行天桥 总体设计构思 景观分析 提篮拱加劲竖弯连续梁

1 工程概况

1.1 桥址与交通

朔黄公司总部位于河北省肃宁城区，该公司员工住宅区与运动区被城市道路——春霖街分割开来。员工及家属前往运动中心需要横贯生活区、横穿春霖街，进入运动区，往来十分不便，主要表现在：

(1) 职工往返距离较长。

(2) 职工往来阻碍城市车辆交通。

(3) 交通繁忙时段，过往车辆对职工会带来安全隐患。

(4) 往来于住宅区—运动区之大量职工与市区行人等发生频繁的近距离接触，私密性受到影响。

需要建设跨越春霖街之人行天桥，并且仅供该公司人员使用。建成后之人行天桥见图 1。

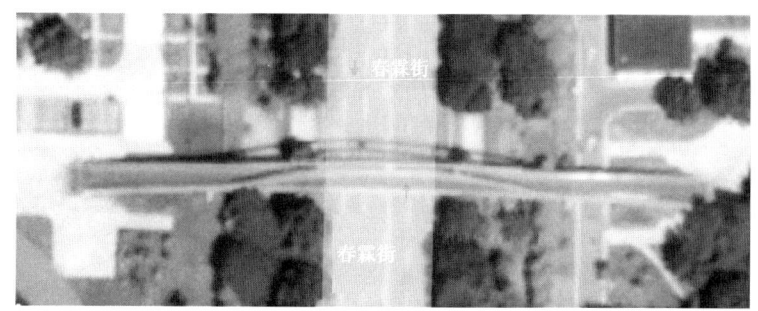

图 1 河北肃宁春霖街人行天桥(主跨 60m)卫星图

1.2 桥址工程条件

河北肃宁县地势平坦。其中春霖街为城市主干路,车行道宽25m,双向6车道,交通量大。无不良地质情况。地形及地质均不控制方案选择。

春霖街为南北向布置。街东侧为职工住宅区,邻近道路那栋低矮建筑为供暖锅炉房;街西侧为职工运动区,邻近道路建筑为体育馆,室外环形路为跑道。桥梁选位要考虑这些因素,见图2。

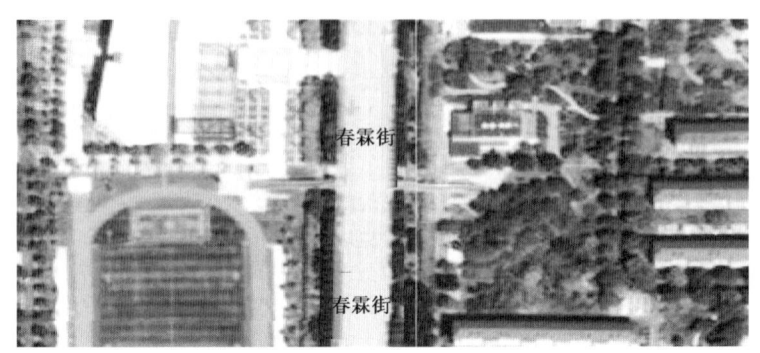

图2　河北肃宁春霖街人行天桥周边环境卫星图

2 总体构思与设计选型

2.1 桥位选择

桥位选择应充分考虑使用功能的要求,结合周围道路规划以及建筑物情况进行选择,使该工程能够最大限度地发挥其功能。

桥位平面位置主要受生活区、运动中心建筑规划和春霖街及沿线市政管网的限制。综合考虑以下方面:

(1)不影响既有车行道(城市道路及小区消防车道)的通行。

(2)与住宅区/运动区既有人行道能够顺畅连接。

(3)尽量减小对已建成园区及地下管网的影响。

选择在锅炉房建筑南13m处,平行于锅炉房前道路(位于春霖街东侧)与体育馆前道路(位于春霖街西侧),设置人行天桥。

2.2 桥式方案选择

2.2.1 桥轴线及接线平面设计

由于有足够空间,桥梁设计中心线可取直线,将引桥与主桥直线相连。

2.2.2 桥轴线及接线纵断面设计

受主桥跨越净空的要求,考虑主桥与引桥在同一直线上,要求引桥纵坡较大,于是,选择竖曲线半径取250m,将主跨与引跨均置于该圆弧曲线上,线形流畅,气贯如虹!桥梁立面设计如图3所示。

2.2.3 桥梁孔跨布置[1]

孔跨布置应根据道路交通功能要求、结构合理性、跨度经济性及城市景观协调性等方面综合考虑,按照安全、耐久、适用、环保、经济和美观的原则,择优选择。

方案研究阶段共提出了三个方案,即钢桁梁桥方案、钢筋混凝土连续刚构桥方案及提篮拱加劲连续钢梁桥方案。经技术经济综合分析比较,确定采用提篮拱加劲连续钢梁桥方案。

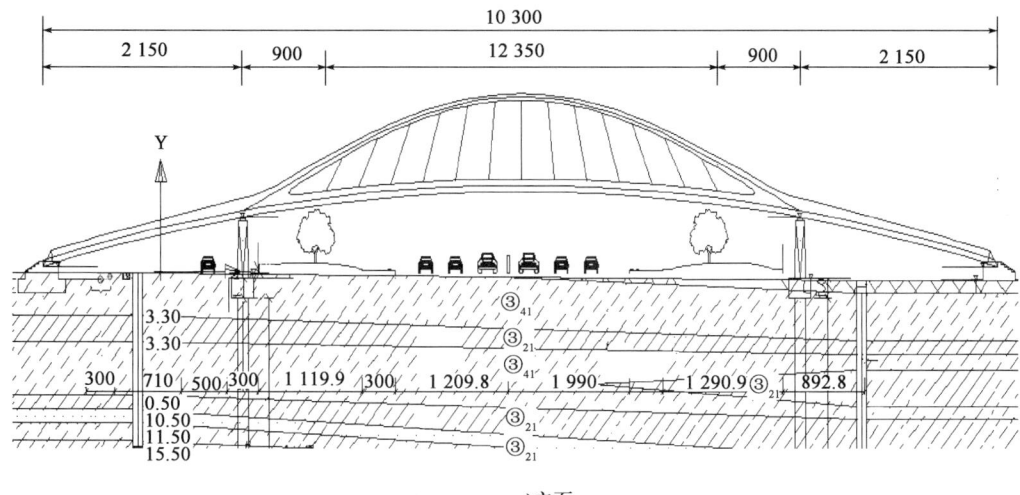

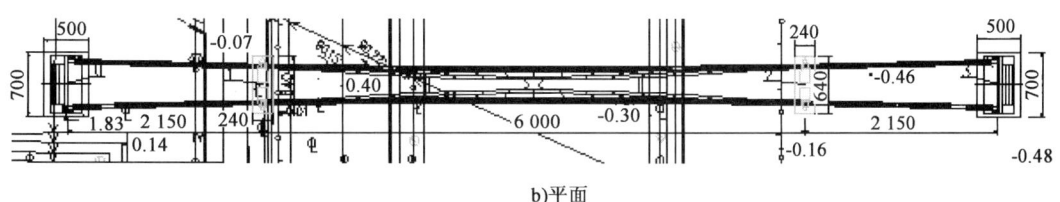

图3 交通流线组织及提篮拱加劲连续钢梁桥方案(尺寸单位：mm)

由于主桥与引桥在同一直线上,虽然要求引桥纵坡较大,但为了结构受力的优越,将主引桥结构相连,形成连续结构(不区分主引桥),有利于提高全桥刚度。

采取一跨跨越春霖街,并且将桥墩设于小区内,避免在道路中央设桥墩,避免在市政道路绿化带内设桥墩。中跨取60m跨提篮拱,跨越春霖街车行道、人行道及绿化带,分别设桥墩于生活区及运动中心区,避免对市政工程的影响。东侧边跨跨越生活区消防道路,兼顾结构受力合理与经济性,选择采用跨度21m。为了美观,采取对称布置边跨,并将边跨梁与提篮拱系梁(有系杆拱之妙)连续,形成提篮拱加劲连续梁的结构形式。最终孔跨布置采用(21m钢梁+60m提篮拱加劲+21m钢梁)连续梁,其中提篮拱矢跨比取1/7.5,属坦拱,形状优美。

2.3 结构构思

桥跨结构为提篮拱加劲连续梁形式。

(1)边跨采用纵横梁形式,纵梁为双边主梁,采用钢箱,箱壁钢板厚均为20mm。横梁顺强向间距取1.5m左右,支点处加密。

(2)中跨为提篮拱加劲梁形式;拱轴线为抛物线,矢跨比取1/7.5;拱肋及主梁均为箱形截面,并内倾8°;箱壁钢板厚均为20mm;斜拉杆采用叉耳型、可调节长度、钢绞线成品索,纵横向均倾斜(中拉杆仅横桥向倾斜);两拱片间设横撑(蝴蝶结形)。中跨横断面如图4所示。

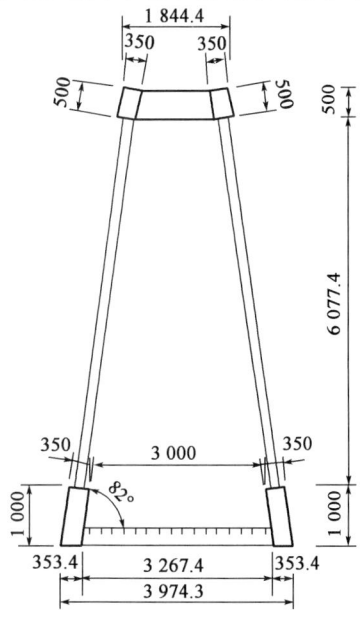

图4 提篮拱加劲连续钢梁桥方案
中跨横断面(尺寸单位：mm)

(3)桥宽由落地处 5.6m 逐渐减小至跨中 3.7m,形成"杨柳腰"。

(4)采用正交异性钢桥面板,面板厚 10mm;边主梁间设置横梁,横梁与桥面板一起形成工字形梁,高 30cm,桥面钢板下表面焊接一字式纵向加劲肋。桥面板上表面(不做防腐涂料)粘铺高分子防滑兼防腐卷材。

依据结构工程师动力分析结果,该方案第一振型模态为扭转振型,扭转频率为 0.72,发现其设计方案抵抗扭转刚度不足,拟采取加强拱肋端横撑刚度、加密横梁设置、设置限位装置等措施。

3 景观分析

3.1 结构本身之协调

提篮拱加劲连续梁桥式,采取较大的纵坡,并设竖曲线,外观流畅与优美,主要特点包括:

(1)梁之竖弯与拱之竖弯协调优美,诠释"相似产生美"。

(2)桥跨结构侧视图与飞碟侧视图轮廓相似,给人丰富联想。

(3)斜拉索倾斜方向与梁之竖向弯曲协调。

(4)边主梁兼具保护行人安全之功能,诠释"安全产生美"。

(5)在夜景灯光照射下,赋予科幻与梦幻色彩,蕴含发展、团结、协作、向上、内敛之含义,实现通达的使用价值。

3.2 结构与环境之协调[2]

(1)本桥虽然有 60m 跨度,但宽度不大、长度不长,整个桥梁体量不大。其在体育馆及住宅建筑面前仍然显得娇小,因此,在该区域环境中,本桥应扮演配角。

(2)本桥结构或构件及其美学意义见表1。

结构或构件及其美学意义 表1

序号	结构或构件形态	美学意义或情感
1	钢梁之竖向弯曲、拱之竖向弯曲、横撑之蝴蝶结	圆润
2	竖曲线流畅,拱肋抛物线流畅	流畅
3	提篮拱、变宽桥	内敛
4	钢构件强度、构件断面小、跨越能力强	轻巧
5	斜拉索之倾斜	与梁弯、拱弯相协调

本桥于 2017 年建成,成桥效果见图 5。

图5 春霖街天桥实景

4 结语

(1) 人行天桥必须考虑桥址工程条件及交通流线组织。
(2) 本人行天桥直接连接两个街区,而与市政道路人行系统分离,这是特点。
(3) 选择提篮拱加劲竖弯连续梁新桥式,属世界范围内首次。
(4) 功能与结构统一、景观与造型统一是本桥的初衷。
(5) 本桥的尝试,抛砖引玉,希望给人行天桥带来一缕新风。

参 考 文 献

[1] 张师定.桥梁总体设计构思[M].成都:西南交通大学出版社,2017.
[2] 中华人民共和国交通运输部.公路桥梁景观设计规范:JTG/T 3360-03—2018[S].北京:人民交通出版社股份有限公司.2018.

75. 双拱协力景观桥设计研究

杨欣然 张 雷 刘亚敏

(中国铁路设计集团有限公司土建院)

摘 要：本桥采用了主拱外倾、辅拱内倾的双拱协力组合桥新形式，造型优美，适用于城市景观桥。通过设计研究，采用了拱脚无推力结构体系，本文对方案研究、结构设计、构造细节分析、桥梁抗震等关键问题及特点进行了阐述，期望对类似结构起到一定的借鉴作用。

关键词：双拱协力 景观桥 设计 研究

1 工程概况

随着我国城市化进程的全面开展，城市建设速度日新月异，城市桥梁建设也飞速发展。城市桥梁的作用已经不仅是交通功能，而是功能、美学、文化与技术的统一。本桥为某湾区CBD基础设施建设项目，对桥梁设计提出了较高的景观要求，同时桥梁位于高烈度地震区及海洋环境，受到潮水冲刷、海水侵蚀、地震、海冰等不良环境因素的影响。主桥采用跨度为103m主辅双拱协力拱桥，有相辅相成、共同担当之意，也象征着湾区人民力量的凝聚和团结，寓意美好。

桥面布置双向6车道，引桥整幅桥宽35.5m，桥面布置为：0.5m栏杆 +3m人行道 +3m非机动车道(含路灯等设施) +0.5m路缘带 + (3.5 +2 ×3.25)m 机动车道 +0.5m路缘带 +0.5m双黄线 +0.5m路缘带 + (2 ×3.25 +3.5)m 机动车道 +0.5m路缘带 +3m非机动车道(含路灯等设施) +3m人行道 +0.5m栏杆。如图1所示。

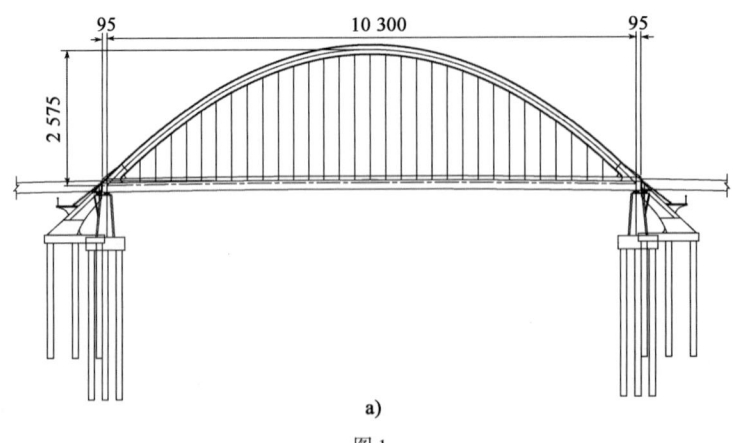

a)

图1

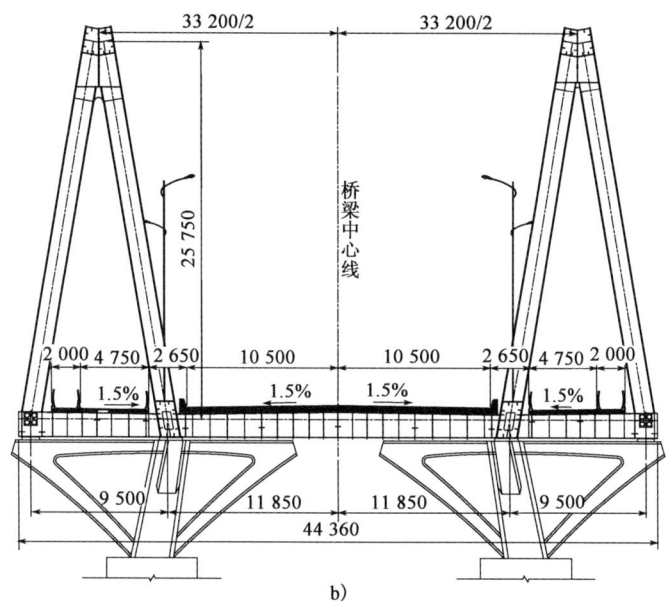

图1 主桥总体布置图(尺寸单位:cm)

2 主桥设计方案研究

2.1 景观设计构思

已有斜靠式拱桥多为两片竖直主拱与两片斜拱两两组合成的空间受力体系,本桥为了体现相辅相成、共同担当之意,在一般斜靠拱的形式上进行了创新,主拱和辅拱均以相同的角度向一起倾斜的双拱协力拱梁组合体系。双拱协力式拱桥具有以下特点:

(1) 主拱向外侧倾的敞开式布置使桥面更加通透、行车视野开阔;向内侧倾斜的辅拱承载着宽阔的观景平台,满足行人的活动及观景需求;主拱和辅拱相向依靠、相互支撑,提高了拱肋的面外稳定性。

(2) 为了充分体现双拱协力、相辅相成之意,主辅拱截面形式和外轮廓保持一致,根据承力情况取不同板厚进行处理。

(3) 行车道与人行道之间的桥面镂空处理大大丰富了景观元素,强调了人与景的互动,更加符合景观桥的理念。

2.2 受力体系研究

由于桥址区地面以下约20m土层分布为粉质黏土、黏土,承载能力低,如采用有推力拱,需要具有抵抗较大水平力的基础,在技术和经济上均不合适,且长期荷载作用下基础水平位移能否稳定不能保证,本桥主拱和辅拱都采用了水平力自平衡的拱梁组合形式。对应主拱设置强大的钢箱形主纵梁,主拱承受全桥的主要恒载和机动车道活载,将水平力传至主纵梁,形成外部无推力体系。辅拱主要承受观景平台恒载以及非机动车活载和人群活载,为了结构合理安全,造价经济,结构在长期荷载作用下没有任何隐患,本桥采用在桥面下张拉水平拉索的方案实现辅拱无推力体系。处理好斜拱延伸段是美化无推力斜靠拱的关键,经多方案比较,拱梁结合处辅拱采用装饰性延伸段,并且因地制宜增加了亲水平台的构造,实现了结构外观的连续性和景观性的统一。延伸墩及亲水平台如图2所示。

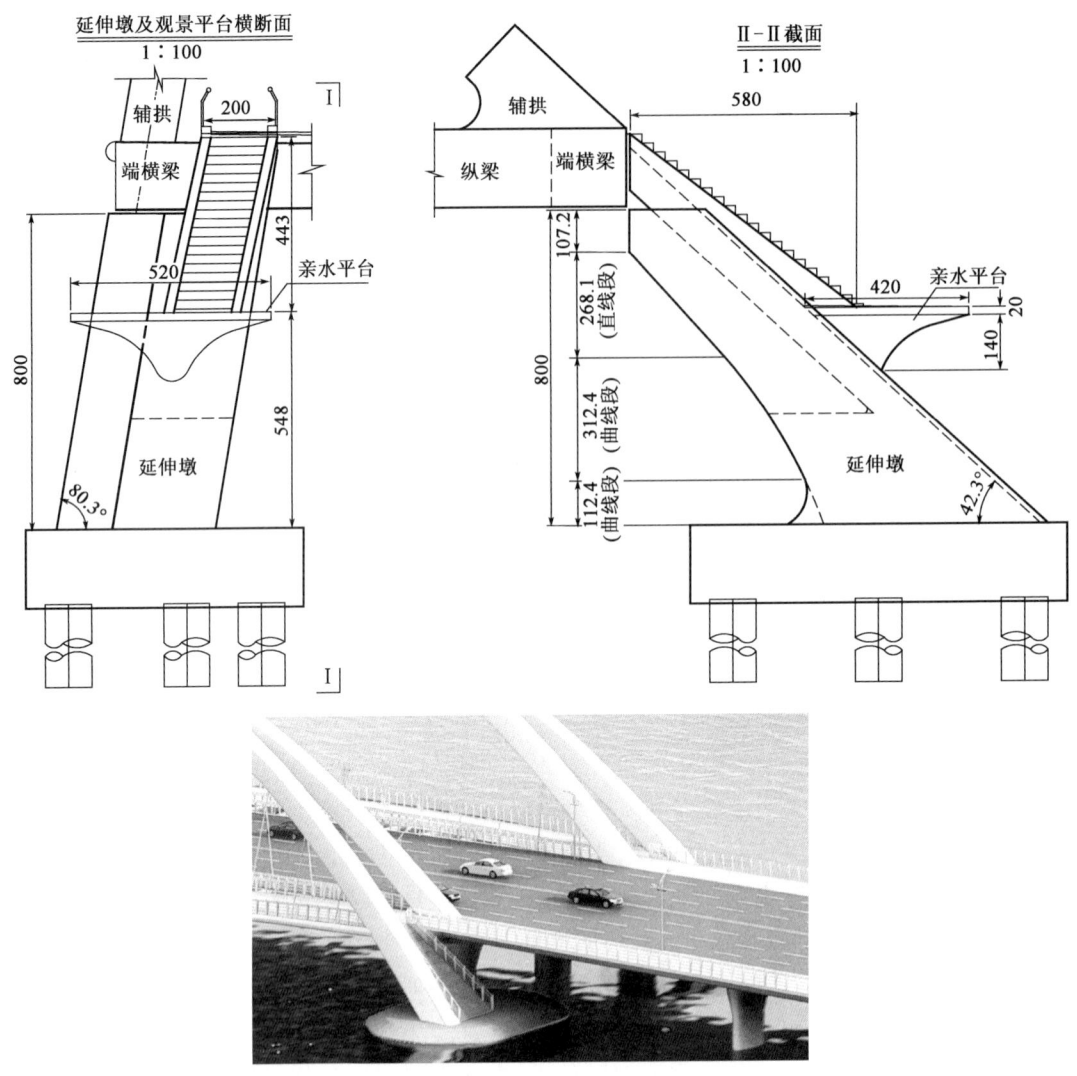

图 2 延伸墩及亲水平台(尺寸单位:cm)

2.3 桥墩方案研究

为了与上部结构的景观效果呼应,并结合主桥、引桥的支座布置,主桥桥墩采用了异形墩,结构形式新颖,造型优美,景观效果好的同时桥墩受力也会更加复杂。

2.4 主桥整体方案

主桥跨度103m,拱肋矢高25.75m,矢跨比1/4,主拱肋向外倾斜9.7°,辅拱肋向内倾斜9.7°,主、辅拱肋在拱顶附近合并为一片拱肋。由于拱肋和观光平台的设置,桥面宽度端部44m,跨中增加到51m,机动车道和非机动车道间镂空。全桥横向由强大端横梁将主拱和辅拱连成整体,辅拱产生的横向水平力由短横梁和中间横梁承担。主拱与辅拱均设置了31对吊索,主拱吊索下端锚固在主梁内,辅拱吊索锚固在挑梁上,吊住非机动车道、人行道及观光平台。考虑景观需求,辅拱在梁下以斜向墩形式延伸至承台,且在斜墩上设置了亲水平台,步梯沿斜墩伸至该亲水台。主桥上部结构竖向力由端横梁下对应主纵梁位置的主墩和对应辅拱位置的支墩传递至基础。辅拱延伸墩仅传递亲水平台和人行步梯及其上的人群荷载。如图3所示。

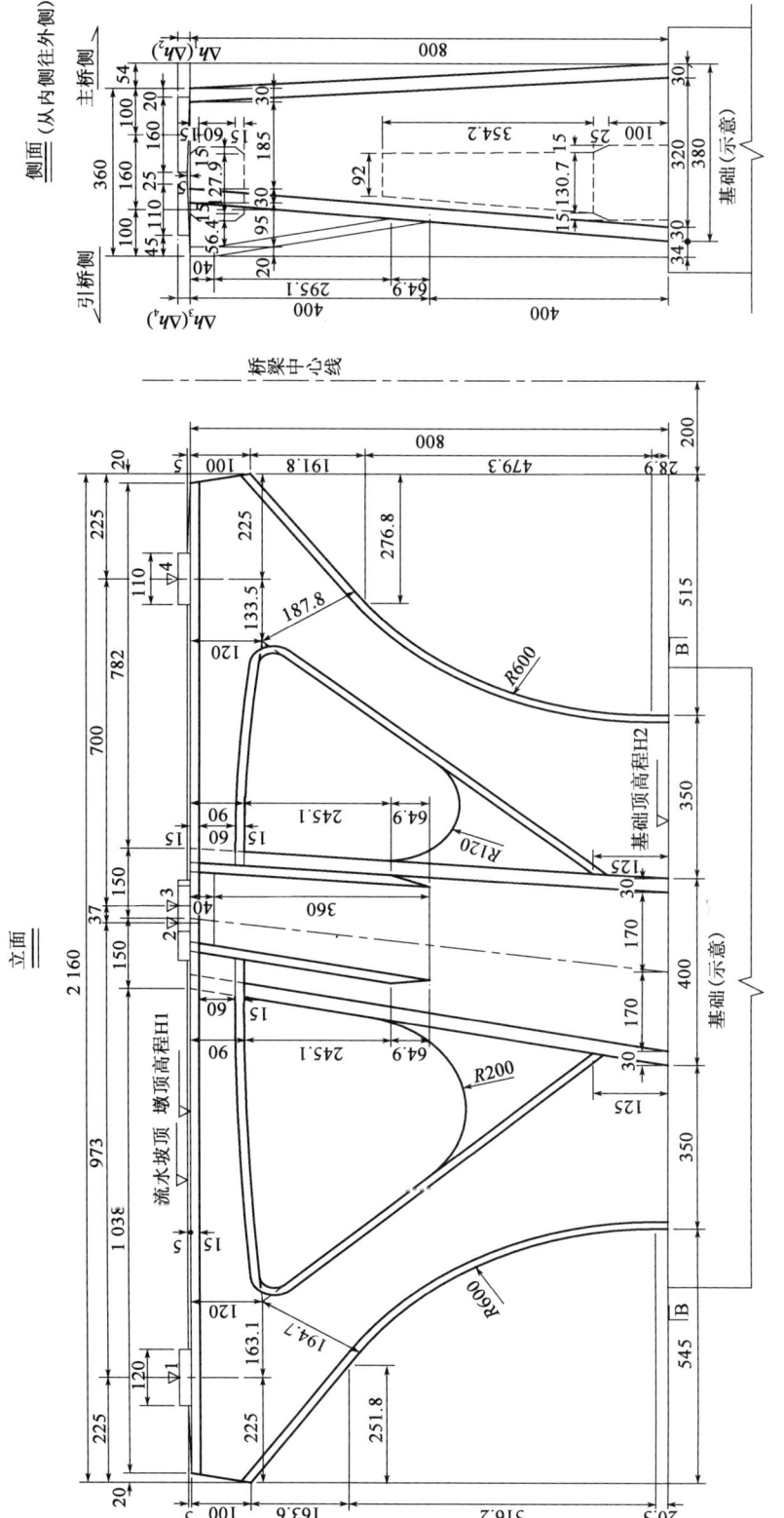

图3 主墩4号(5号)构造图(尺寸单位:cm)

效果图如图4所示。

图4 主桥效果图

3 主桥结构设计

3.1 主桥结构参数

(1)拱圈结构:主桥主拱和辅拱截面形式类同,采用带肋钢箱截面,并对称布置,竖直平面内矢高为25.75m,主拱肋向外倾斜9.7°,辅拱肋向内倾斜9.7°,主、辅拱肋在拱顶附近合并为一片拱肋。拱顶合并段钢箱截面高度为1.8m,宽度为1.8m,分支后主、辅拱横向宽度均为1.4m,高度均为1.8m,板厚不同。拱轴线采用二次抛物线。

(2)吊索:主、辅拱吊索均采用高强度环氧喷涂平行钢丝束,吊索纵桥向间距为3m。张拉端锚固系统采用冷铸镦头锚,固定端锚固系统采用热铸锚,所有吊索均在梁上张拉。

(3)桥面系:桥面系采用由钢梁和混凝土桥面板组成的钢混结合梁。钢梁由钢主纵梁、横梁、小纵梁、挑梁组成。钢主纵梁为带肋平行四边形钢箱截面,宽2m,高2.5m,全桥共2根,中心线间距为23.7m。横梁共35道,其中两道为端横梁。端横梁为带肋钢箱截面,纵桥向宽2.0m,横桥向高度为1.6～1.755m,沿桥面横坡变化。中间横梁为"工"字形断面,翼缘宽0.4m,高度与端横梁相同。小纵梁均为"工"字形断面,翼缘宽0.35～0.4m,梁高为0.5～1.2m。挑梁均为"工"字形断面,翼缘宽为0.4m,梁高为0.5～1.2m。在横梁、挑梁和主要纵梁上设有剪力键。

钢筋混凝土桥面板,分为预制和局部现浇两种。机动车道、非机动车道和人行道绝大部分采用预制混凝土桥面板,个别不规整桥面板以及桥面板在横梁和纵梁接缝处现浇,与钢梁形成结合梁。机动车道桥面板厚度为28cm,其余桥面板厚度为22cm。

3.2 主要建筑材料

(1)钢材:主要受力构件采用Q345qD钢材,次要构件采用Q235钢材,技术参数应满足相关规定。

(2)混凝土:桥面板采用C50混凝土,主墩采用C45混凝土,承台以及桩基采用C35混凝土。

(3)吊索:采用高强度环氧喷涂平行钢丝束,钢丝强度1 670MPa。

(4)系杆:采用ASTM A416-98标准的环氧喷涂钢绞线,公称直径15.24mm,抗拉极限强度1 860MPa。

3.3 结构设计分析

若不考虑混凝土桥面板不参与整体受力,计算偏于保守,与实际情况也不相符;而混凝土桥面板完全参与整体受力,则钢梁的受力计算是偏不安全的。通过桥面系挠度、位移的对比,适当折减混凝土桥面板的弹模和仅计混凝土桥面板有效宽度参与受力两个模型计算结果吻合较好,为了充分考虑钢混结合梁的温度效应,结构计算时采用了折减混凝土弹模的模拟形式。

主桥采用 MIDAS 结构分析程序建立了空间有限元分析模型,对桥梁结构进行了空间分析,钢桥面系及拱肋用空间梁单元模拟,吊杆和系杆用桁架单元模拟,混凝土桥面板离散为板单元,桥面板和钢桥面系共用节点。按照施工步骤,对主桥进行了分施工阶段计算,有限元模型如图 5 所示。

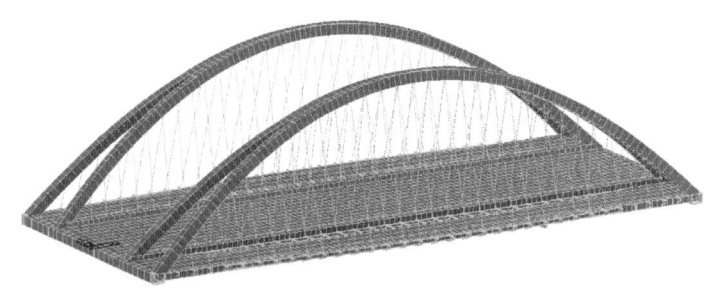

图 5 空间有限元分析模型

拱桥的拱肋是以受压为主的结构构件,稳定问题是不可忽略的关键问题。双拱协力下承式拱桥的主要特点是主拱和辅拱相向依靠、相互支撑,有效提高了拱肋的整体稳定性,因此本桥主拱和辅拱之间未设横撑,经计算得出拱肋稳定安全系数 $\lambda = 9.95$,失稳模态为拱肋面外反对称失稳。

4 构造细节设计

4.1 主辅双拱连接构造

拱肋分支均采用倾斜箱形带肋截面,合并段采用单箱双室带肋截面,主拱分支箱形截面的板厚为 28mm,辅拱分支箱形截面的板厚 20mm,合并段截面的板厚为 20mm,截面形式如图 6 所示。

结构空间整体计算可以得出,拱肋全截面受压,在合并段与分支连接的截面突变处和拱脚部位的弯矩较其他部位大,支座不均匀沉降对拱肋受力整体影响较小,最大压应力满足规范要求。

4.2 挑梁与主纵梁的连接构造

为了解决人行道挑梁与主纵梁固结所产生较大的面内弯矩(主要是靠近主桥梁端的三片挑梁),导致挑梁难以设计的问题,采用了弱化挑梁固端截面,并且将其与主纵梁采用销轴连接,这种连接形式既释放了面内弯矩,施工操作也更加快捷方便。如图 7 所示,主纵梁上焊接两个耳板,为了避免由挑梁横向剪力和面外弯矩引起的剪切和疲劳破坏,在每个耳板外侧设置了三个加劲板;由于挑梁腹板板厚较小,为了增强承压能力,同时加大两个耳板之间的焊缝间距,在腹板两侧焊接厚度为 32mm 的圆形垫板。

挑梁与主梁链接构造形式新颖,很少应用到承受动荷载的桥梁工程,为了明确构造受力特性,建立局部有限元模型进行了深入研究。耳板加劲肋对耳板面外约束较弱,耳板有比较明显的面外变形,且由于耳板加劲肋较短,耳板自由边较长,造成耳板加劲肋与耳板相交位置压应力较大。根据计算情况对耳板形状及加劲肋的布置和长度进行了多次优化,并且通过局部加厚主纵梁的腹板厚度,增强纵梁腹板的面外刚度,减小耳板和纵梁腹板相交处的集中应力水平。

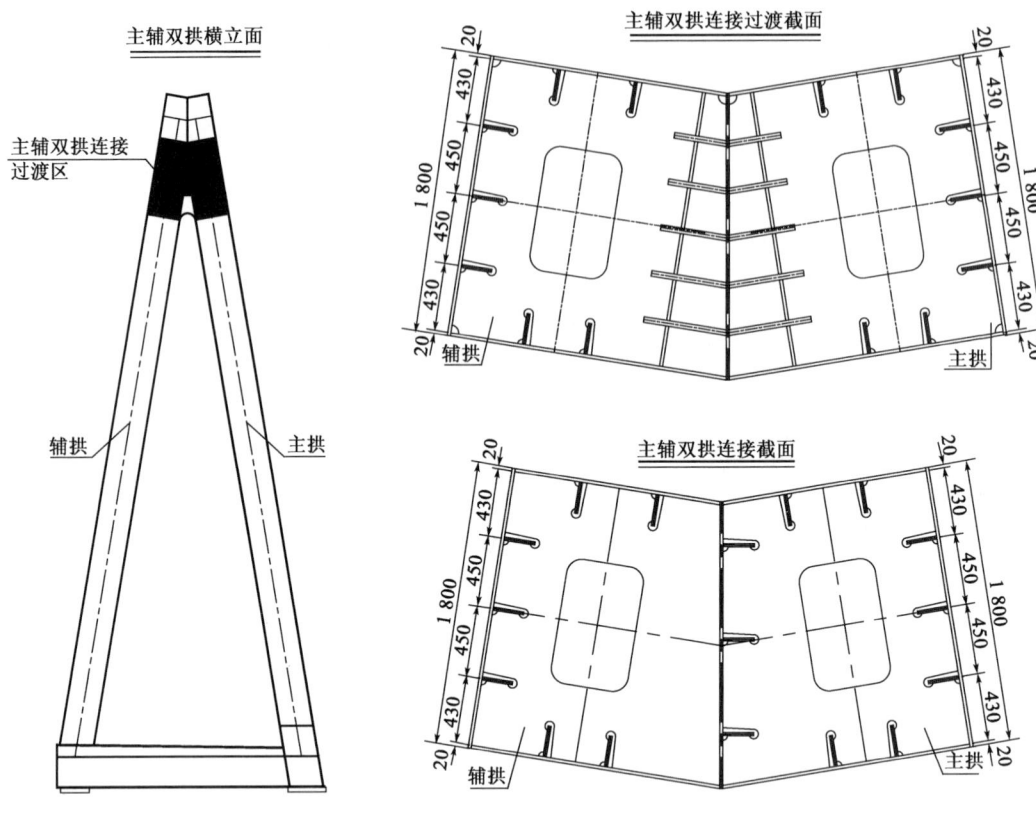

图6 双拱协力拱连接截面形式

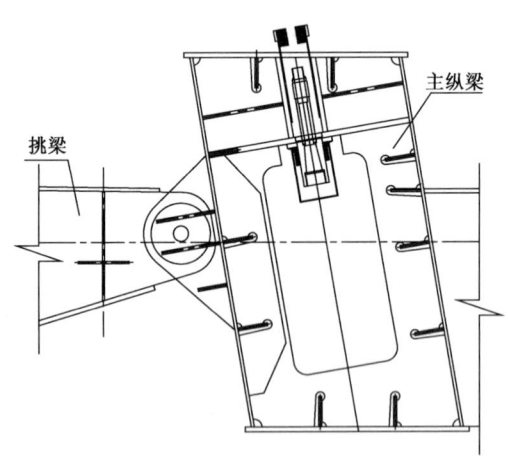

图7 挑梁与主纵梁的连接构造

4.3 主拱与主纵梁连接构造

主拱肋、主纵梁为双拱协力拱桥局部分析模型的主要纵向受力杆件,承担着全桥大部分荷载,且两者的连接构造相对复杂。经过建立局部有限元模型进行研究,采用拱肋侧板和主纵梁侧板构成主拱拱脚的主要传力构件是合适的，其传力直接，受力合理。根据加劲肋受力情况，采用了竖向加劲肋连续，纵向加劲肋断开焊接至竖向加劲肋的形式。如图8所示。

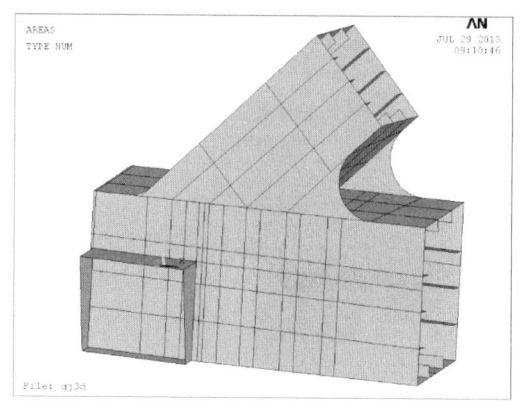
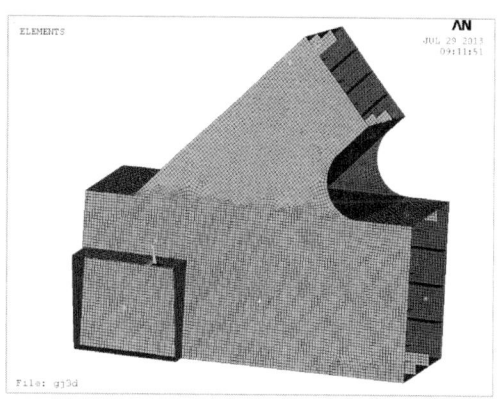

图8 主拱与主纵梁连接构造有限元模型

5 抗震设计

桥址设计基本地震加速度为0.2g，抗震设防烈度为8度，设计地震分组为第一组，场地类别为Ⅱ类，场地土类型为软弱土～中软土场地土，属于对建筑抗震不利一般地段。双拱协力拱桥共使用8个摩擦摆减隔振支座，中间为4个主拱支座，外侧为4个辅拱支座。外侧4个辅拱支座在正常使用情况和地震荷载情况下全部为双向滑动支座。中间4个主拱支座，为满足正常使用情况，分别为固定支座、横向固定纵向滑动支座、纵向固定横向滑动支座及双向滑动支座，在正常使用和E1地震作用下剪力键不剪断；在强震荷载作用下固定方向的剪力键剪断，摩擦摆支座发挥减隔震作用。主桥摩擦摆支座设计参数见表1。

摩擦摆支座参数　　　　　　　　　　　　　表1

项　目	主拱支座	辅拱支座
支座吨位(kN)	20 000	8 000
恒载反力(kN)	13 400	4 300
支座摩擦系数	0.03	0.03
曲率半径(m)	2	2

6 主桥施工方法

钢梁和拱肋均采用满布支架法进行施工。

吊索和系杆采用分批张拉：

第一次张拉在安装系杆和吊索时进行，是为了使整个结构成为整体而实施的，张拉力不宜太大，具体张拉力由施工控制给出。

第二次张拉吊索是在桥面板吊装完成后，接缝混凝土尚未浇筑前进行的。它是为了使整个结构绝大部分的重量通过吊索传到主拱和辅拱，再通过拱的推力使主梁在水平方向充分变形，减小结合梁桥面板的水平拉力；系杆的预拉则是为了保证端横梁横向受力合理。

第三次张拉吊索和系杆是为了使主桥落架后受力达到设计要求。

7 结语

本桥区别于主拱竖直,辅拱倾斜的斜靠拱常用形式,采用了主拱外倾、辅拱内倾的双拱协力组合桥新形式,造型优美,适用于城市景观桥。通过设计研究,解决了一些关键技术问题,期望对类似结构起到一定的借鉴作用。

参 考 文 献

[1] 肖汝诚,孙海涛,贾丽君,等.昆山玉峰大桥——首座大跨度无推力斜靠式拱桥的设计研究[J].土木工程学报,2005(1).
[2] 陈淮,孙征.郑州黄河钢管混凝土拱桥稳定性分析[C]//中国土木工程学会桥梁及结构工程分会.第16届全国桥梁学术会议论文集,北京:人民交通出版社,2004.
[3] 肖汝诚,孙海涛,贾丽君,等.斜靠式拱桥[J].上海公路,2005(4).
[4] 郭太军,薛瑞杰.斜靠式钢箱拱桥力学性能分析[J].公路,2012(3).

76. 港珠澳大桥钢—混组合梁设计及施工技术

吴泽生

(港珠澳大桥管理局)

摘　要：珠澳大桥浅水区桥梁采用钢—混组合梁设计方案，在钢主梁与混凝土桥面板组合设计及施工方面，对钢—混结合面、连接方式、组合顺序等关键技术进行了研究和实践，取得了良好的效果，可为今后类似项目提供参考。

关键词：钢—混组合　设计　施工

1 引言

组合梁是由钢梁和混凝土桥面板共同组成、共同参与结构受力的组合结构，其充分发挥了钢材抗拉能力强、混凝土抗压能力强这两种不同材料的物理特性。组合梁桥具有结构较轻、刚度较大和高跨比较小的特点，在工程上应用非常广泛。港珠澳大桥浅水区桥梁采用钢—混组合箱梁设计及施工，在钢—混结合面、连接方式、组合顺序等设计及施工方面，有着自身的特点。

2 概述

港珠澳大桥连接香港大屿山、澳门半岛和广东省珠海市，总长约55km，主体工程采用桥隧组合方案，其中浅水区组合梁桥长6.1km，深水区钢箱梁桥长15.9km。组合梁主梁采用"U形钢梁+混凝土桥面板"的组合连续梁，钢箱梁采用Q345qD和Q345C钢材，混凝土桥面板采用C60混凝土。见图1。

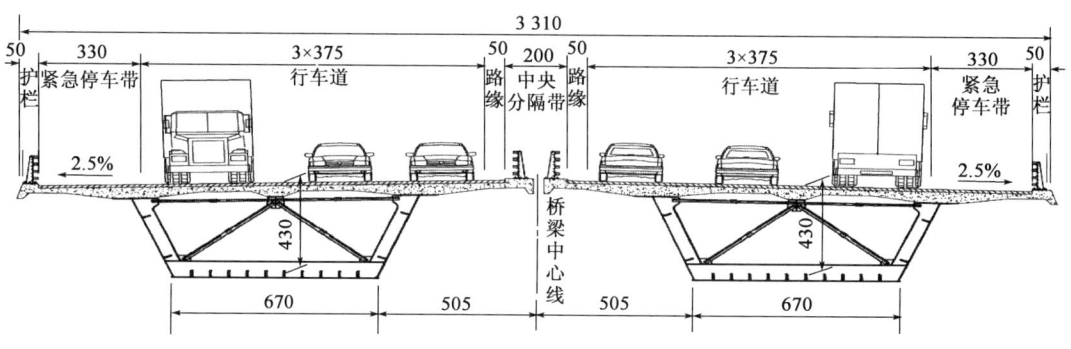

图1　组合梁断面布置图(尺寸单位：mm)

2.1 钢主梁

钢主梁设计成倒梯形结构,顶面宽 9.30m,底面宽 6.70m,腹板斜置。钢主梁组成由腹板、底腹式板、上翼缘板、横隔板、横肋板及加劲肋。除支点横隔板外,其余横隔板均采用桁架式构造。为减小混凝土桥面板跨度,改善其受力性能,设一道小纵梁,支撑于横隔板,小纵梁采用工字形断面。翼缘板上布置焊钉剪力键与混凝土板相连。见图 2。

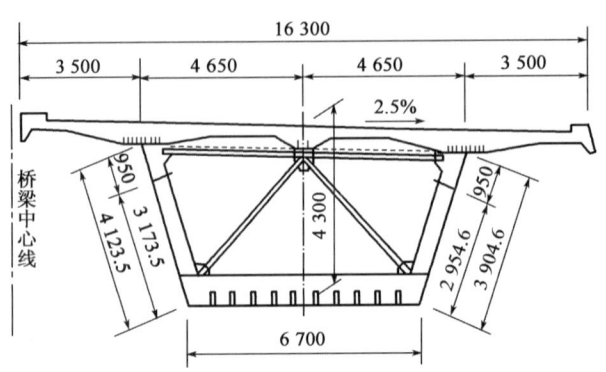

图 2 主梁断面示意图(尺寸单位:mm)

2.2 混凝土桥面板

混凝土桥面板宽 16.3m,悬臂长 3.50m,横桥向跨中部分厚 26cm,钢梁腹板顶处厚 50cm,悬臂板端部厚 22cm,其间均以梗肋过渡,桥面板纵桥向分块预制,横向整块预制,在钢梁腹板顶间断开孔,采用 C60 高强耐久海工混凝土;现浇湿接缝处采用 C60 微膨胀混凝土。见图 3。

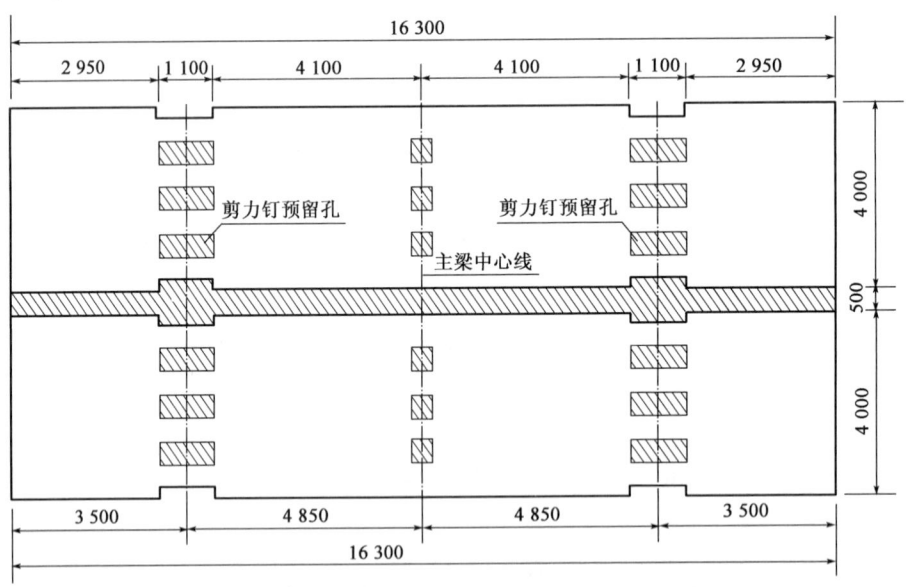

图 3 混凝土桥面板布置图(尺寸单位:mm)

3 钢—混组合结合面设计

钢主梁与混凝土桥面板结合面处理是设计的关键,不仅关系到桥面板与钢箱梁上翼缘是否能密贴,而且关系到箱梁内部是否实现密封。主要考虑的关键因素如下:

3.1 预制板制造尺寸的误差

在钢箱梁安装预制板时,预制板制造存在的尺寸误差将直接影响预制混凝土板与钢翼缘贴合面的平行性和预制板由两片或两片以上腹板的上翼缘支承时翼缘板间的相对高程。

3.2 上翼缘横坡的公差

对于工厂制作的箱梁,横坡倾角的精确性一般都控制得很好,1/100 的装配精度很容易满足。在可能的最差情况下,钢上翼缘顶面与预制混凝土桥面板底面之间的平行性误差达1/50,即 500mm 宽的上翼缘,存在最多 10mm 的间隙。

为解决上述各项尺寸公差问题,本项目采用将可压缩防腐胶条粘贴在钢梁上翼缘板边缘顺桥向两侧的设计方案。两侧橡胶条之间浇筑环氧砂浆。胶条附近砂浆的高度与胶条的初始高度相同,中部微隆起,形成上拱的弧面。然后将混凝土桥面吊装就位,在混凝土桥面自重作用下,橡胶条完全压实密封,环氧砂浆与上下接触面充分接触,实现黏结面密封。见图4。

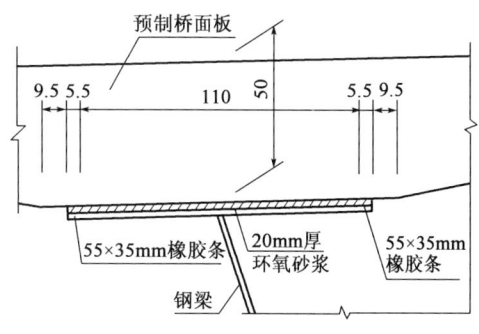

图 4 预制桥面板简图(尺寸单位:m)

4 钢—混组合连接方式设计

组合梁是通过剪力键连接件把钢梁与混凝土桥面板接合成一体承担外力的构件,为了确保两者之间不发生相对滑移,选用合理的剪力键形式是关键。常用的剪力键有型钢、圆柱形焊钉、PBL 剪力键等,而圆柱头焊钉具有刚度适中,施工方便,维护方便的特点。因此,圆柱形头部用作剪力连接。

钢—混连接件的布置区域和间距等布置方式的不同,将对结合梁的结构应力将产生一定的影响,而且对混凝土桥面板的分块也有着影响。组合梁常常在钢梁顶板上翼缘均匀密布剪力钉,在钢梁顶板设置通长纵缝,混凝土桥面板通常在钢梁顶板处断开,横向分为多块,这样不利于保持桥面板的整体性、横向预应力钢筋以及普通钢筋的通长布置,也不利于简化桥面板的施工工序,降低混凝土现浇工作量,减小混凝土收缩徐变。为了实现桥面板的横向作为一个整体,本项目采用了一种新的剪力钉布置方式——集束式布置,这样桥面板横向无须分块,只需在有集束式剪力处开槽。见图5。

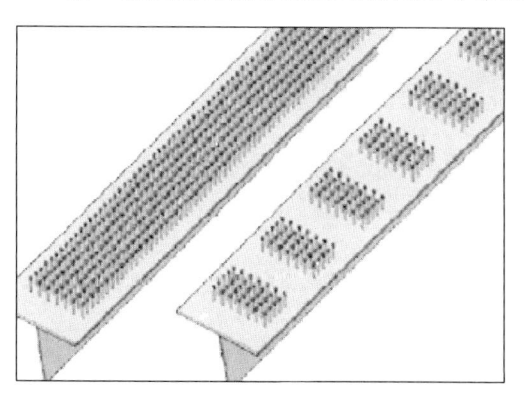

图 5 剪力钉布置示意图
注:左为均布式,右为集束式

为了验证这种剪力钉布置方式组合梁的受力性能,通过有限元软件模拟了单跨组合箱梁分别采用这两种不同的剪力钉布置方式下的受力情况,见图6、图7。

分析结果表明,在荷载作用下,虽然剪力钉采用集束式布置会使剪力钉的内力增大,桥面的局部应力略有改善。与均匀分布相比,组合梁的竖向垂直位移略微增加约0.5%,但剪力钉和桥面板的应力均在允许范围内,剪力钉的利用率高于均布式。故集束式剪力钉完全能够满足结构受力和使用的需要。

桥面板纵向应力图采用剪力钉集束式布置,可横向整体预制混凝土桥面板,具有以下优点:

(1)桥面板整体性好。

(2)横向采用全预应力体系,布置通长钢束,方便快捷。

(3)预应力管道压浆采用真空压浆工艺,日后养护中也可采用X光技术检查预应力钢绞线锈蚀状况。

(4)简化了桥面施工工艺,减少了混凝土现浇工作量,节约了桥面安装所需的施工支架。

(5)它为以后更换桥面提供了可能性和方便,是真正可修可换的。

本工程采用集束式钉群布置纵桥向,焊钉剪力键纵向间距126mm,横向间距125mm,横向布置2×9根;单个钉群纵向布置为4排;钉群中心线之间的纵向距离为1 000mm。

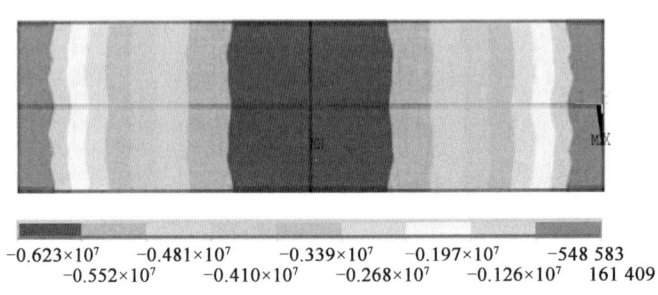

图6　均布式桥面板主压应力图

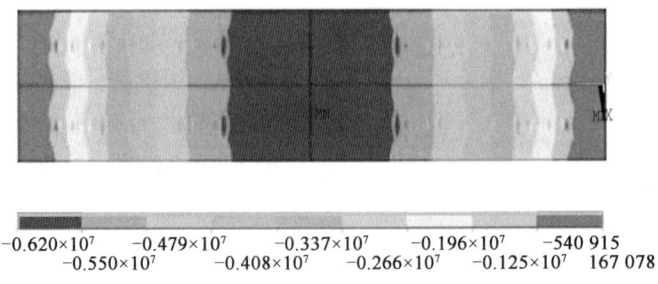

图7　集束式桥面板主压应力

5　负弯矩区混凝土板受力分析及设计

钢箱组合连续梁桥,跨中为正弯矩,混凝土板受压;中墩顶处为负弯矩,混凝土板受拉,由于混凝土为抗压能力强抗拉能力差的材料特性,所以墩顶负弯矩区混凝土板容易开裂,如若混凝土板裂缝宽度过大,这不仅影响混凝土板内钢筋的耐久性,还影响与之结合的钢梁耐久性,以及结构刚度和内力分布。

目前国内较大规模的组合连续梁桥,有郑州黄河公铁两用桥、芜湖公铁两用桥、武汉二七路长江大桥、上海长江大桥等,这些桥在设计时对负弯矩区混凝土桥面板的受力性能都进行了认真研究,并采取了一定措施。处理组合梁中混凝土的开裂有两类方法可以采用:一是预防开裂,二是容许裂缝出现但限制其宽度。解决负弯矩区混凝土板开裂问题的方法有施加纵向预应力法、钢梁支点升降法、压重法、纵向普通钢筋高配筋率法等。

(1)本项目组合梁跨度较大,活载比公路Ⅰ级活载大25%,而且身处海洋环境,设计寿命为120年,对结构耐久性提出了更高的要求,故设计中虽可借鉴以往组合梁桥设计中的一些经验,但由于本桥的特殊性,所以对负弯矩区混凝土板的受力状态的控制,提出了更高的要求。经对影响负弯矩区混凝土板受力状态的综合研究分析,主要结论如下:

①主梁刚度。主梁梁高越小,则主梁刚度迅速降低,墩顶区混凝土板的拉应力则越大。混凝土板及钢板厚度对主梁刚度有一定影响,通过增加墩顶区混凝土或钢板厚度可使主梁刚度增加,从而适当降低混凝土板的拉应力,但幅度有限。

②施工方案。组合梁施工方法的不同,影响着钢梁与混凝土板之间内力的分配,采用整孔吊装先简支后连续的施工方法,跨中部分混凝土板与钢梁先结合并一同吊装,墩顶负弯矩区混凝土板先不与钢梁结合,钢梁简支变连续完成后,混凝土板再与之结合,这样墩顶处混凝土板只承受二期恒载和活载,负弯矩减小,墩顶负弯矩区混凝土板拉应力可大大减低,相对一次成桥可降低约10MPa。

③纵向配筋。为减小墩顶负弯矩区混凝土桥面板的裂缝宽度,可在满足结构构造空间的前提下提高纵向钢筋的配筋率,从而在一定程度上改善混凝土桥面板的受力性能,但此方法适用于拉应力水平较低的情况下。

④张拉纵向预应力。减小墩顶负弯矩区混凝土桥面板的拉应力,可在混凝土板张拉纵向预应力,但是纵向预应力的根数一方面受混凝土板构造空间的限制,另一方面,纵向预应力有一部分传给了钢梁,效果受到一定限制,常常需要配置的数量较多。

⑤顶升支点。为了减少墩顶负弯矩区混凝土板的拉应力,在墩顶段混凝土现浇缝浇筑之前(即墩顶混凝土未与钢梁结合,参与受力之前),对支点处的钢梁进行顶升操作,支点顶升到设定高度之后浇筑墩顶混凝土现浇缝,待墩顶混凝土与钢梁结合,参与受力之后,将支点回落,通过这样的施工顺序,在墩顶区域的混凝土桥面板内预先储存了一定的压应力,从而改善了混凝土桥面板在后续施工阶段和成桥使用阶段的受力状态。通过计算分析,采用顶升支点的方法,效果明显,混凝土的拉应力可大大降低,同时,不用额外增加钢梁的材料用量,经济效果佳。

(2)港珠澳大桥需满足120年设计寿命的要求,综合以上分析,设计中为保证负弯矩区混凝土板的受力性能和耐久性,采取了一系列措施:

①针对负弯矩区桥面受力特性,参考国内外同类桥梁的设计经验和相关规范,负弯矩区域的桥面设计为钢筋混凝土构件,允许负弯矩桥面开裂,但为保证结构耐久性和承载力,严格控制裂缝宽度$\delta \leqslant 0.15mm$。

②采用适量的纵向预应力钢梁,使桥面板在主荷载组合下不产生拉应力,尽可能改善桥面板受力状况,使桥面拉拔而不开裂。

③在负弯矩区域中通过顶升支座这一措施,将预应力载荷施加到组合梁桥面板上,大大降低混凝土板拉应力。

④负弯矩区混凝土板采用掺合物混凝土,从而提高混凝土的抗拉能力。

⑤桥面板预留预应力孔道,为后期调整主梁内力提供可实施条件。见图8。

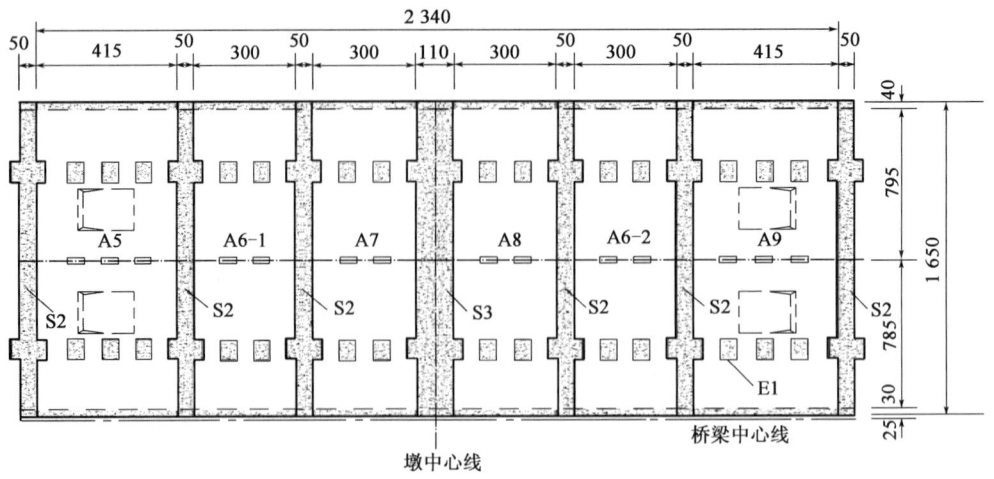

图 8 负弯矩区预制桥面板简图(尺寸单位:mm)

6 钢—混组合顺序及体系转换方法

桥面板与钢梁结合分两次进行,在拼装场地内采用门吊先铺设中间段桥面板。桥面板铺设完成后进行湿接缝的施工,完成桥面板与钢梁首次结合。墩顶负弯矩区段24.4m范围内桥面板(共6片),随同钢梁吊运到桥址,主梁架设到位并完成钢梁连接后,实现桥面板与钢梁第二次结合,完成一联的组合梁体系转换。

本工程中采用较为特殊墩顶顶落梁工艺,即在连续梁墩顶部用千斤顶进行支点顶升作业,目的是给支点墩顶处桥面板施加预应力,从而改善梁体结构的应力状态。也就是说,在完成组合梁一联架设,调整和墩顶接头的焊接后,先在中间墩顶起组合梁,后依次浇筑预留结合孔处混凝土及桥面板横向湿接缝,其中离墩顶各约12m处横桥向湿接缝暂不浇筑,直至混凝土达到设计强度后,开始张拉纵向预应力,然后浇筑离墩顶各约12m处横向湿接缝,直至混凝土达到规定强度和相关要求后,张拉墩顶范围内桥面板剩余横向预应力,最后回落组合梁于永久支座上。重复以上步骤完成其他中间墩墩顶桥面板施工,最后浇筑剩余的板侧后浇带。

由于在顶梁过程中组合梁尚未与墩顶部的桥面板相结合,在落梁过程中组合梁桥与面板已经结合,因此顶升量和下降量在每个墩顶的数量是不同的。组合梁架设安装时,梁的底部高程不能一步到位,应留有一定的富裕程度。组合梁架设安装时,搁梁高程应低于成桥高程。因此,需要实施顶落梁作业的墩支座在墩支座处的预留高差为负值,临时支座高程低于成桥高程。

7 钢—混组合施工工艺

(1)桥面板与钢主梁组合分组合场地内组合与桥位处组合两阶段进行。在组合场地内采用门吊先铺设中间段桥面板,进行湿接缝的施工,完成钢主梁与混凝土桥面板第一次组合,中间墩两侧各12m范围内桥面板暂时不组合,留待桥上施工。本工艺仅指组合梁组合场地内组合。

(2)主要施工步骤:运输钢主梁至组合台座,就位→调整钢主梁预拱度→桥面板存放6个月后,由平板车运输至组合梁组合区→钢主梁上翼缘安装橡胶条、涂抹环氧砂浆→由龙门吊配合安装桥面板到槽型钢主梁上→绑扎湿接缝钢筋、安装预埋件→安装湿接缝模板→浇筑剪力钉群预留槽、湿接缝混凝土→组合梁横移至存梁台座→湿接缝横向预应力张拉→侧向后浇段钢筋、模板及混凝土施工。

8 钢—混组合施工方法

8.1 钢梁就位、预供度调整

钢主梁在拼装车间内完成拼装、检测、喷涂等作业工序后,由运梁台车转运至组合台座,精准对位后,将主梁落于活动垫块上。见图9、图10。

图9 钢主梁就位示意图　　　　　　　图10 钢主梁组合支点现场布置

钢主梁在组合台座上由四断面八点支撑,其间距布置为24m+20m+24m。钢主梁就位后,按监控指令调整预拱度。施加预拱度前,注意确定每孔梁的方向。预拱度通过起顶台座4台1 000t竖向千斤顶进行调整,线形满足要求后,抄垫八个支撑点。见图11。

8.2 桥面板与钢主梁组合

(1)橡胶条粘贴。橡胶条分为两种:一种断面尺寸为55mm×35mm,顺桥向通长布置;另一种断面尺寸为30mm×20mm,用于环氧砂浆填充区横向封堵。采用环氧树脂胶粘贴于钢梁顶面。粘贴时,橡胶条两端头带线进行校核,以保证线型顺直。见图12。

图11 钢主梁起顶施加预拱度示意图　　　　　　　图12 钢主梁橡胶条现场布置图

(2)环氧砂浆涂抹。环氧砂浆采用JN建筑结构胶(改性环氧树脂类),仅涂抹桥面板底面与钢梁顶面结合部位,涂抹厚度与通长橡胶条初始厚度相同。见图13。

(3)桥面板安装。使用龙门吊机和专用吊具按设计要求自梁段中间两支点处分别向两边对称安装桥面板,在板自重作用下,通长橡胶条与建筑结构胶压缩至20mm,多余的建筑结构胶从顺桥向缝隙中溢出。安装过程中重点关注混凝土结合面处理、环氧砂浆饱满度、橡胶条粘贴质量。见图14。

(4)湿接缝及侧向后浇段施工。湿接缝及后浇段均采用环氧钢筋,模板采用吊模结构系统。现浇湿接缝混凝土采用 C60 微膨胀混凝土（含增韧剂）；侧向后浇段及防撞护栏底座采用 C60 海工耐久混凝土。

图 13　钢主梁橡胶条现场布置图

图 14　组合梁安装完毕效果图

9　结语

（1）钢主梁与混凝土桥面板结合面处理是设计的关键，采用将可压缩的防腐橡胶条粘贴钢梁上翼缘板两侧边缘顺桥向，两侧橡胶条之间浇筑环氧砂浆的设计方案，可有效解决因预制板制造尺寸误差、上翼缘横坡公差造成的桥面板与钢箱梁上翼缘密贴问题。

（2）选择桥面板横向整体预制，钢主梁宜匹配布置集束式剪力钉，剪力钉利用率高，能够满足结构受力和使用的需要。

（3）可采取施加纵向预应力钢束、顶升施加预压力、混凝土板采用掺合物等综合措施，改善负弯矩区混凝土板的受力性能和耐久性能。

（4）混凝土结合面处理、环氧砂浆饱满度、橡胶条粘贴质量是施工控制的关键。

参 考 文 献

[1]　港珠澳大桥桥梁设计图纸．

[2]　郭熙冬．港珠澳大桥承台墩身工厂化预制施工技术[J]．桥梁建设，2014(02)．

[3]　邵长宇．钢—混凝土箱形结合梁斜拉桥在东海大桥的应用与展望[J]．桥梁建设，2003(03)．

[4]　周伟翔．连续组合梁桥钢与混凝土连接试验研究[D]．上海：同济大学，2007．

[5]　刘玉擎．组合结构桥梁[M]．北京：人民交通出版社，2005．

[6]　刘晓青．公路钢混组合梁桥设计问题探讨[J]．交通世界，2018．

[7]　骆炜然，李春．关于钢混组合梁负弯矩区设计的研究[J]．公路交通科技（应用技术版），2017．

[8]　唐启．泉州湾跨海大桥钢混组合梁施工控制参数敏感性分析[J]．世界桥梁，2016．

[9]　汪迎红．钢混组合梁负弯矩区混凝土面板的应变收缩分析[J]．公路工程，2015．

[10]　黄修林，等．港珠澳大桥 C60 桥面板混凝土配合比设计与性能[J]．混凝土，2013．

[11]　周松，等．大跨径混凝土连续梁桥整体顶升施工分析[J]．桥梁建设，2014(02)．

[12]　朱家海．连续组合梁桥负弯矩区支点顶升施工受力研究[J]．中外公路，2014(3)．

77. 新疆生产建设兵团塔里木大桥索塔基础设计

刘博海 谢祺

(天津市市政工程设计研究院)

摘 要：新疆生产建设兵团塔里木大桥主桥为独塔双跨斜拉桥,跨径布置为41m+168m+168m+41m,索塔总高125m,采用弧线形混凝土塔柱,索塔基础受力复杂,其设计方案是本项目的关键技术问题之一。本文综合考虑地质条件、结构受力、经济合理、施工便利等因素,对基础方案进行了多轮比选,确定了合理的基础类型及布置形式。在设计比选过程中,通过实体有限元模型,分析了承台自身刚度变形对群桩基础的受力影响,并指导了基础方案的优化。计算结果表明,最终的基础设计方案满足各种作用组合下的受力要求。希望能为类似工程的基础设计提供参考和借鉴。

关键词：独塔斜拉桥 弧线形塔柱 群桩基础 实体有限元 方案比选、优化 结构设计

1 引言

塔里木大桥位于新疆生产建设兵团第一师阿拉尔市东南部,横跨塔里木河,是连接十团与十二团的重要通道。该桥北接阿拉尔市主城区规划路网中的环城东路,南端对接阿拉尔—上游水库公路,是第一师公路的重要组成部分和关键工程。

塔里木大桥分为主桥和引桥两部分。其中主桥为独塔双跨斜拉桥(图1),主梁采用整体式钢箱梁,拉索为扇形布置的空间双索面。为提高斜拉桥的结构刚度,有效降低活载作用下主梁挠度及塔顶水平位移,两主跨均在距离过渡墩41m处设置了一个辅助墩,即主桥的跨径布置为41m+168m+168m+41m=418m。大桥采用整体式断面形式,全宽36.5m(含拉索锚固区),双向六车道,设计荷载为公路—Ⅰ级。

索塔为双柱式变截面弧线形混凝土塔(图2),总高125m。索塔位置设置两个薄壁空心墩,用于设置主梁的支座及约束体系。本文主要介绍大桥索塔基础的方案设计。

2 建设条件

2.1 地形地貌

大桥位于塔里木河流域冲积平原上,地形开阔,地势变化小,西高东低,南北高中间低,海拔在1008.00~1013.00m之间。塔里木河河床宽浅,河道内心滩、边滩较发育,主河道右侧河漫滩发育,属游荡性河谷地貌。

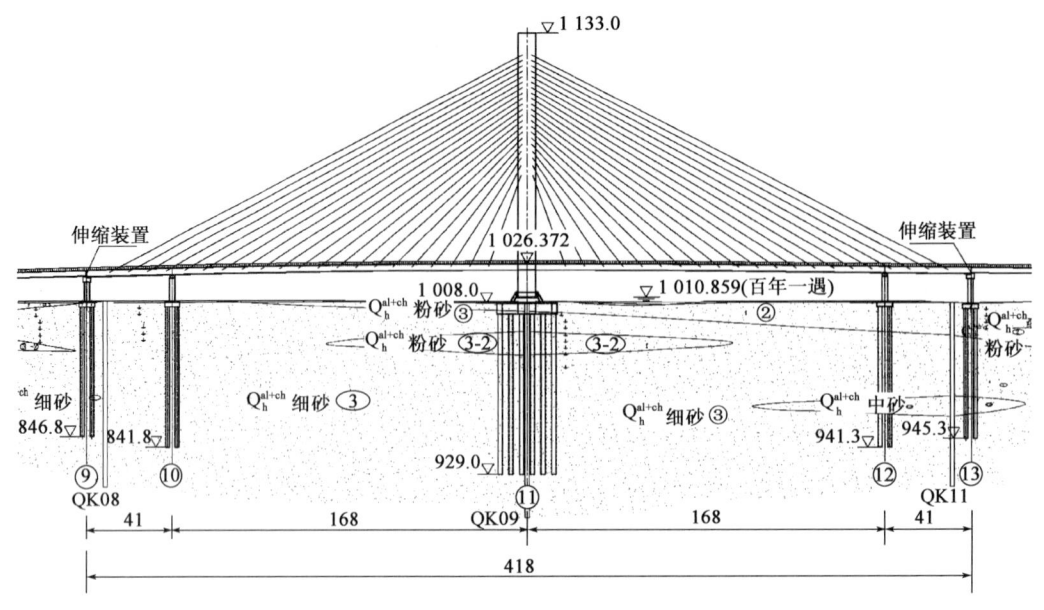

图1 桥梁立面布置图(尺寸单位:m)

2.2 水文条件

塔里木河主要是天山融雪补给,受气候影响变幅较大,枯水期在每年的4—5月,丰水期在7—9月。设计最高水位为1 010.859m(百年一遇),一般冲刷深度4.42m,局部冲刷深度2.46m,冲止高程1 003.979m。

2.3 工程地质

桥址处地层为第四系全新统Q_{hal+ch}冲积、化学堆积层,主要由黄色(上部)~灰色(下部)粉土、粉质黏土、粉砂、细砂、中砂等构成,厚度达150m以上,主要分布在塔里木河流域范围。其中⑤₄层细砂,密实,工程性能良好,承载力高,低压缩性。该土层及其下土层可作为基础持力层利用。

2.4 地震

桥址处于强震区,地震动峰值加速度$0.1g$,地震基本烈度7度,抗震设防措施等级为8级,属于抗震不利地段。本区域地层存在液化现象,液化等级中等~严重,地震时地层易发生液化现象,对拟建构筑物有一定程度的影响。

3 基础设计

3.1 基础形式选取

对于斜拉桥这类大跨径桥梁,其索塔基础需具有较大的承载能力,适合的深基础形式主要有沉井基础和群桩基础。

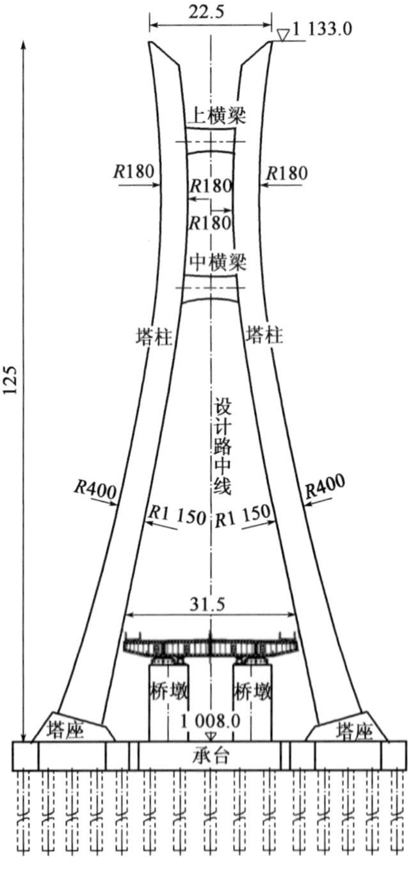

图2 索塔立面布置图(尺寸单位:m)

沉井基础具有埋深较大、整体性强、稳定性好、能承受较大垂直和水平荷载的特点。但沉井基础的缺点是施工周期较长,并且对细砂及粉砂类土在井内抽水易发生流砂现象。本桥桥址所在地为塔里木河冲洪积平原,地层岩性以粉砂、细砂为主,在较长时间地下水作用下易产生"流泥""流砂"等不良地质现象,在沉井下沉过程中容易发生倾斜,施工质量不易控制,因此不建议使用沉井基础。

群桩基础是通过承台把若干根桩的顶部连接成整体,共同承受动静荷载的一种深基础。其中大直径钻孔灌注桩是国内外大跨径桥梁结构普遍采用的一种基础形式,其特点是承载能力高,适应性强,可用于各种复杂的不良地质条件,设计、施工工艺均比较成熟。

结合阿拉尔地区的地质土层特性和施工条件,并调研了桥位周边既有的桥梁结构,索塔基础形式最终采用大直径钻孔灌注桩群桩基础。

3.2 桩径的拟定

桩基尺寸应满足承载能力和变形等要求,同时要兼顾经济合理、施工便利。设计过程中分别对1.8m、2.0m、2.5m三种不同直径的桩基布置形式(图3~图5)进行比较。由于单侧塔柱底部横桥向水平力和弯矩较大,基础按整体式矩形承台进行布置,以减小群桩基础在外力作用下的横桥向反力。

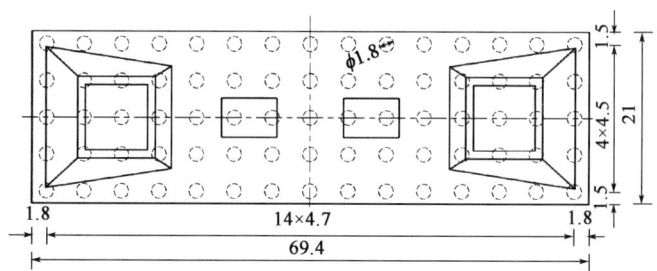

图3 型式一(桩径1.8m,尺寸单位:m)

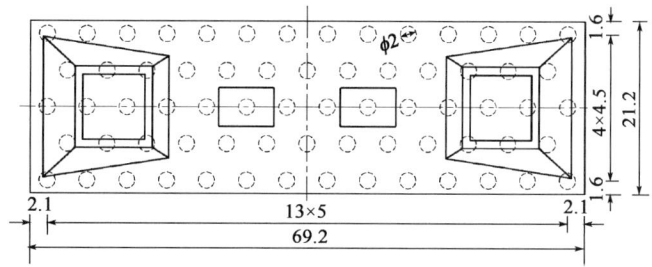

图4 形式二(桩径2.0m,尺寸单位:m)

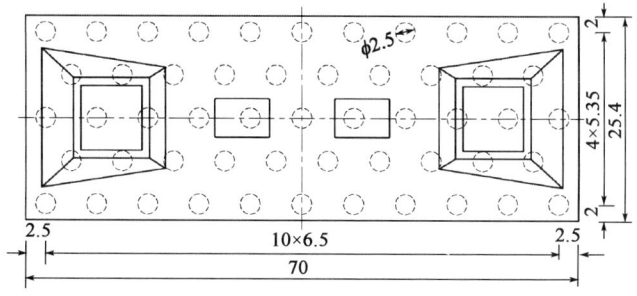

图5 形式三(桩径2.5m,尺寸单位:m)

根据规范要求,验算桩基长度,传至承台底的作用效应采用短期效应组合。不同桩径的基础布置方案的对比见表1。

不同直径桩基工程量比较结果汇总　　　　表1

桩基布置形式	桩基					承台	
	桩径(m)	根数	桩长(m)	混凝土(m^3)	混凝土量比值	混凝土(m^3)	混凝土量比值
形式一	1.8	75	68	12 978	1.00	8 744	1.00
形式二	2.0	68	65	13 886	0.98	8 802	1.01
形式三	2.5	53	62	16 130	1.14	10 668	1.22

根据上述比选结果,形式一和形式二的基础混凝土用量比形式三要节省。形式二的桩基根数比形式一的桩基根数少,因此在施工组织上更有优势。综合考虑,索塔下基础采用直径2.0m的钻孔灌注桩。

3.3 承台刚度的考虑

《公路桥涵地基与基础设计规范》(JTG D63—2007)给出了桩基础的计算设计方法,其中多排桩单桩桩顶反力的计算方法中假定承台绝对刚性,考虑土的变形,按照结构力学位移法进行求解。大桥索塔基础承受外力作用大,承台平面尺寸大且传力复杂,宜按照承台实际刚度考虑自身变形对桩顶反力的影响。

基于以上观点,采用有限元分析软件 Midas-FEA 对2.0m桩径的基础方案(图4)建立承台实体有限元模型(图6),并与规范算法进行对比分析。有限元模型中,在塔座及墩底位置建立节点单元,与承台刚性连接,荷载通过这些节点单元施加到承台上,塔柱传下来的轴向力按面荷载传到塔座上,剪力和弯矩按集中力传到塔座顶面形心位置(图7)。承台桩基考虑侧面土的水平抗力,每根桩基通过在其对应的位置建立弹簧单元来进行模拟,弹簧刚度按"m"法结合地勘资料采用经验公式计算得到。

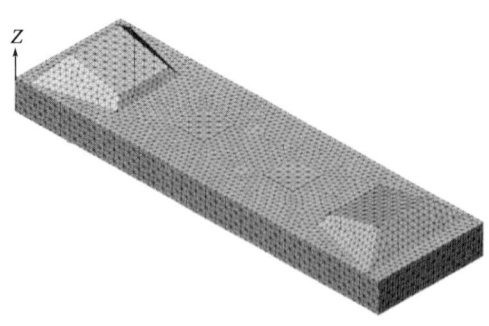

图6　承台基础 FEA 实体有限元模型

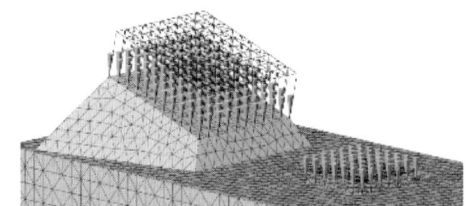 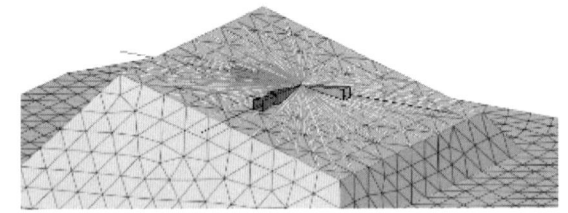

图7　有限元模型中荷载加载模式

传至承台底的作用效应采用短期效应组合,两种计算方法的结果见表2。

两种算法计算结果汇总　　　　表2

计算方法	单桩桩顶反力 F_z(kN)		承台竖向位移 D_z(mm)	
	Max	Min	Max	Min
有限元分析	15 621.2	5 356.2	−7.942	−2.129
规范算法	12 661.3	9 397.1	−5.443	−3.827

注:D_z的负值表示位移向下。

规范算法得出的 F_z 和 D_z 的最大值(D_z 为绝对值)小于有限元分析的最大值,而 F_z 和 D_z 的最小值(D_z 为绝对值)大于有限元分析的最小值。简要分析其原因:①规范算法中假定承台绝对刚性,未考虑承台自身的变形协调,使得距离塔座较远的桩基分担了更多的传至承台底的作用效应;②大桥索塔采用弧线形塔柱,两肢塔柱在静力工况下传递到承台顶的横桥向弯矩大,且作用方向相反,规范算法把承台视为刚体,横桥向弯矩效应无法传递到承台底,导致计算得到的桩顶反力偏小。本项目斜拉桥弧线形双肢塔柱根部距离大、承台尺寸大、群桩数量多、单肢塔柱下横向作用效应大,计算结果表明,按规范算法得出的最大桩顶反力值偏小,这在验算桩基长度时是偏不安全的。

3.4 承台外形比较

索塔基础需承受塔柱和墩柱传递下来的荷载,不同的桩基布置形式所采用的承台外形尺寸不尽相同,同时也会影响桩顶反力的分配。采用直径2.0m的桩基,分别对矩形承台(图4)和哑铃形承台(图8)两种基础布置形式进行比较。哑铃形承台采用 Midas-FEA 建立实体有限元模型(图9)。

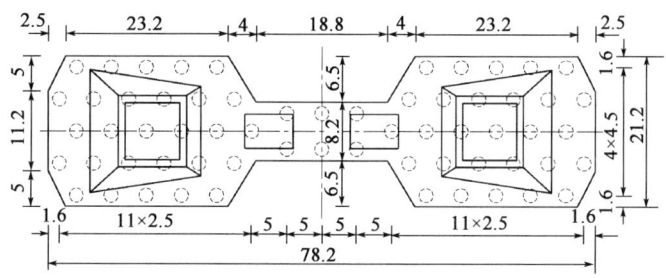

图8 哑铃形承台基础(尺寸单位:m)

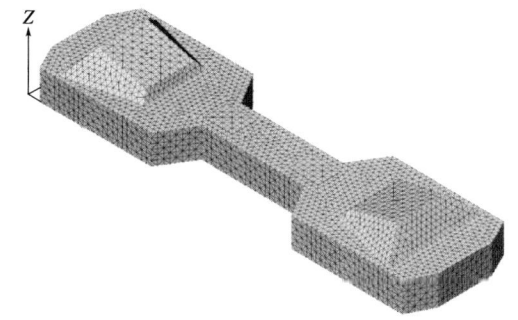

图9 哑铃形承台 FEA 实体有限元模型

表3列出了短期效应组合下,矩形承台和哑铃形承台基础布置方案的对比情况。

矩形承台和哑铃形承台比较结果汇总(N_{max} 为最大单桩桩顶反力) 表3

基础布置形式	桩基						承台	
	桩径(m)	根数	N_{max}(kN)	桩长(m)	混凝土(m^3)	混凝土量比值	混凝土(m^3)	混凝土量比值
矩形承台	2.0	68	15 621.2	69	14 740	1.00	9 362	1.00
哑铃形承台	2.0	62	14 835.7	67	13 050	0.89	8 146	0.87

根据上述比选结果,在满足上部结构承载力的要求下,哑铃形承台的基础混凝土用量(桩基+承台)比矩形承台要节约13%,哑铃形承台的尺寸较小,桩基根数及计算桩长均有不同程度的减少,在施工组织上更加有利。

3.5 桩基布置优化

采用哑铃形承台,结合有限元分析,对桩基的布置形式进行比选。

通过查看优化前的哑铃形承台竖向位移结果(图10),可以看出承台的 D_z 值沿顺桥向变化较大,而承台中间连接段位置的 D_z 值数值较小。按照力与变形相协调的关系,可以判断桩顶反力沿顺桥向差异较大,承台中间连接段位置桩顶反力较小,未能充分发挥承载能力。通过查看桩顶反力结果(图11,仅给出具有代表性桩位处的桩顶反力)与前述判断相吻合,最大单桩桩顶反力(N_{max})为14 835.7kN,出现在顺桥向承台边缘,最小单桩桩顶反力(N_{min})为7 708.1kN,出现在承台中间连接段位置。这是由于索塔及墩柱传至承台的顺桥向弯矩较大,为基础的主受力方向;中间连接段位置桩基对塔柱传下来的作用效应承担较小。

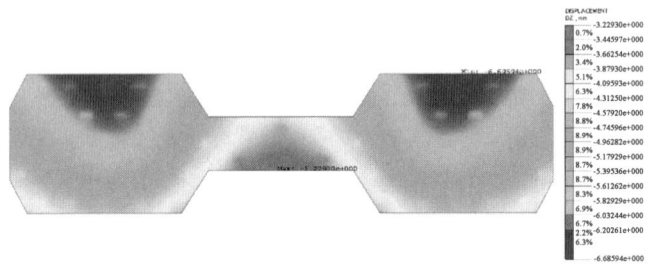

图10 哑铃形承台竖向位移云图 D_z(mm)

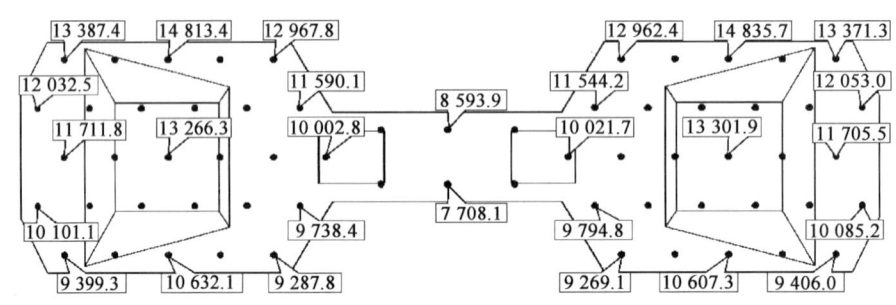

图11 哑铃形桩顶竖向反力 F_z(kN)

对原哑铃形承台基础方案进行优化调整,使最大单桩桩顶反力减小,群桩桩顶反力分布更加均匀,每根桩的承载能力可以尽可能大地发挥作用。通过增加顺桥向桩基排数,增大顺桥向承台尺寸,提高基础对主受力方向弯矩的抵抗能力;减少横桥向桩基排数,减小横桥向承台尺寸,使中间连接段位置桩基可以承担更多的作用效应。调整后桩基数量仍为62根,承台体量与原方案基本相当(图12)。

采用 Midas-FEA 建立有限元模型对优化方案进行分析(图13)。查看优化方案的位移云图(图14)并与原方案进行对比,优化方案的承台竖向变形更为均匀,D_z 极值由原来的 $-6.696 \sim -3.229$ mm 变为 $-5.091 \sim -2.093$ mm(负值表示位移向下)。查看优化方案的桩顶反力结果(图15,仅给出具有代表性桩位处的桩顶反力),N_{max} 为 11 435.1kN,出现在顺桥向承台内侧角点边缘,N_{min} 为 5 594.4kN,出现在承台横桥向外侧角点边缘位置,而承台中间连接段位置的单桩桩顶反力有所增大,为 10 453kN。与原方案对比,优化方案最大单桩桩顶反力变小,群桩桩顶反力差异减小,传至承台的作用效应在各桩的分配更均匀,承台中间连接段位置的桩基承担的作用效应更大。

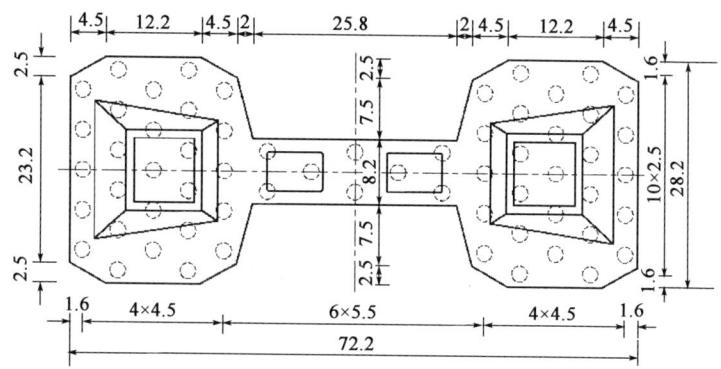

图 12　哑铃形承台基础优化方案(尺寸单位:m)

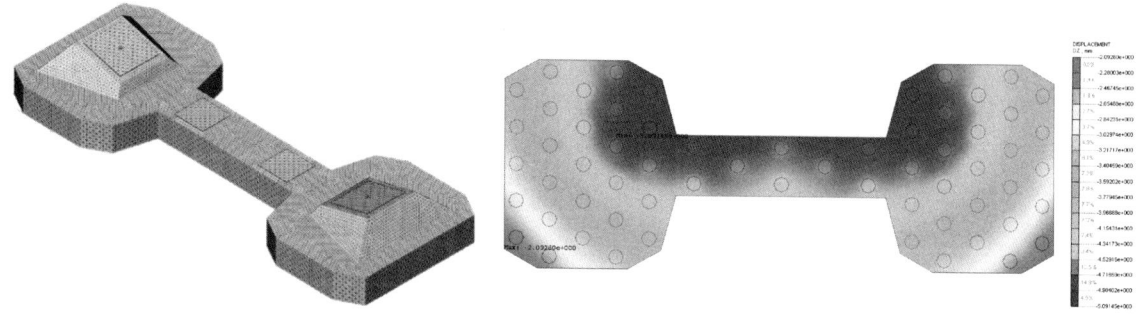

图 13　优化方案承台 FEA 有限元实体模型　　　　图 14　优化后哑铃形承台竖向位移云图 D_z(mm)

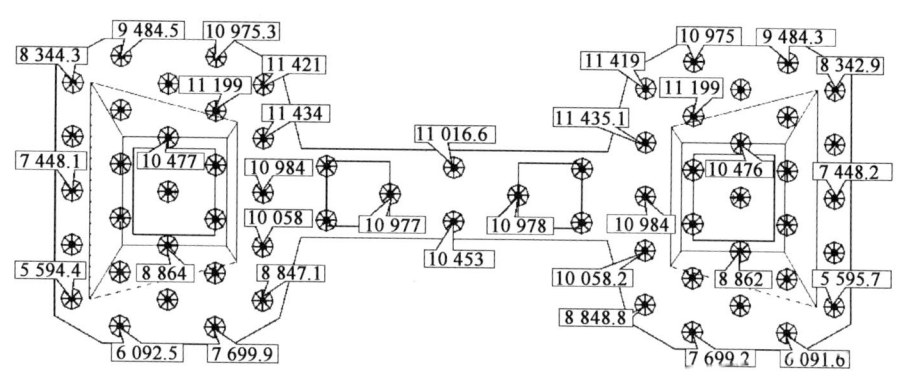

图 15　优化后哑铃形桩顶竖向反力 F_z(kN)

表 4 列出了短期效应组合下,矩形、哑铃形及优化后的哑铃形承台基础布置方案的对比情况。

矩形、哑铃形及优化后哑铃形承台比较结果汇总(N_{max}、N_{min}为最大、最小单桩桩顶反力)　表 4

基础布置形式	桩基							承台	
	桩径(m)	根数	N_{max}(kN)	N_{min}(kN)	桩长(m)	混凝土(m³)	混凝土量比值	混凝土(m³)	混凝土量比值
矩形承台	2.0	68	15 621.8	5 356.2	69	14 740	1.00	9 362	1.00
哑铃形承台	2.0	62	14 835.7	7 708.1	67	13 050	0.89	8 146	0.87
哑铃形承台优化	2.0	62	11 435.1	5 594.4	63	12 271	0.83	8501	0.91

从上表可以看出,哑铃形承台的两个方案的基础混凝土用量(桩基+承台)较矩形承台少,其中哑铃形承台的优化方案经济性最好。同时,优化方案的桩基长度较小,在施工组织上优势更明显。索塔基础最终设计方案采用哑铃形承台优化方案(图12)。

3.6 抗震验算

按照相关规范要求,对索塔基础进行地震偶然作用组合(E1、E2)下的抗震验算。从斜拉桥整体计算模型的分析结果中提取的永久作用和抗震分析模型中提取的地震作用进行组合(分别考虑顺桥向 X 和横桥向 Y 两个方向)。分别将 E1、E2 地震作用组合加载至索塔基础有限元模型(图13)中,同时调整模拟桩基的弹簧刚度($m_{动}$ 取 2 倍 $m_{静}$),计算获得单桩桩顶反力,并进行单桩竖向承载力和桩身抗弯承载力的验算。E1、E2 地震作用组合下竖向承载力的抗震验算结果如表5、表6所示。

E1、E2 顺桥向地震作用及单桩竖向承载力验算 表5

工况	顺桥向地震偶然作用组合			设计桩长(m)	最大桩顶反力(kN)	单桩容许承载力(kN)
	竖向力(kN)	弯矩(kN·m)	水平力(kN)			
E1	592 254	919 119	68 279	74	13 796	16 343
E2	633 840	2 056 911	129 057	74	19 433	19 612

E1、E2 横桥向地震作用及单桩竖向承载力验算 表6

工况	横桥向地震偶然作用组合			设计桩长(m)	最大桩顶反力(kN)	单桩容许承载力(kN)
	竖向力(kN)	弯矩(kN·m)	水平力(kN)			
E1	597 703	3 434 663	116 512	74	13 098	16 343
E2	612 786	7 787 100	147 856	74	17 331	19 612

注:1. 表中设计桩长考虑了河水冲刷作用及地震液化土层的影响。
2. 表中 E2 工况下单桩容许承载力考虑了《公路桥梁抗震设计细则》(JTG/T B02-01—2008)中的地基抗震容许承载力调整系数。

E1、E2 地震工况下桩身抗弯承载力的抗震验算结果如表7、表8所示。

E1、E2 顺桥向地震作用下单桩抗弯承载力验算 表7

工况	验算弯矩(kN·m)	计算配筋(mm²)	实际配筋(mm²)	配筋率(%)
E1	3 177	15 708	32 160	1.02
E2	5 893	20 358		

E1、E2 横桥向地震作用下单桩抗弯承载力验算 表8

工况	验算弯矩(kN·m)	计算配筋(mm²)	实际配筋(mm²)	配筋率(%)
E1	6 755	15 708	32 160	1.02
E2	8 553	28 264		

由以上结果可见,本项目索塔桩基基础在 E1、E2 地震作用组合下均满足结构设计需要。

4 结语

塔里木大桥主桥索塔采用了目前较为少见的变截面弧线形混凝土塔柱,传至索塔基础的外部作用效应大,且传力复杂,采用大直径钻孔灌注桩群桩基础,通过合理的桩径选择和桩基布置,能很好地满足基础结构的受力需求,并达到较好的经济性和施工便利性。

在索塔基础的设计过程中,建立了三维实体有限元模型,并与常规的规范算法做了比较分析,结果表明,大型群桩基础中承台自身刚度变形对各个桩基桩顶反力的分配有着显著影响,规范算法计算得到的桩顶反力偏小,有限元方法所得结果更接近真实情况,对于桥梁结构更加安全。有限元技术的运用,更准确地展示了大型承台群桩基础的受力特征,为大桥的设计工作提供了可靠的理论指导。塔里木大桥索塔的基础设计积累了宝贵经验,希望可以为其他类似工程提供参考和借鉴。

参 考 文 献

[1] 徐力,高宗余,梅新咏.沪通长江大桥公铁合建斜拉桥桥塔基础设计[J].桥梁建设,2015,45(3).
[2] 邱全林.润扬长江公路大桥北汊斜拉桥主墩基础方案的选定[J].交通世界,2018(14).
[3] 张雄文,董学武,李镇.苏通大桥主塔墩基础群桩效应研究[J].河海大学学报(自然科学版),2006,34(2).
[4] 中华人民共和国交通运输部.公路桥涵地基与基础设计规范:JTG D63—2007[S].北京:人民交通出版社,2007.
[5] 中华人民共和国交通运输部.公路工程抗震规范:JTG B02—2013[S].北京:人民交通出版社,2013.
[6] 中华人民共和国交通运输部.公路桥梁抗震设计细则:JTG/T B02-01—2008[S].北京:人民交通出版社,2008.
[7] 徐麟,袁洪,张喜刚,等.苏通大桥主桥基础设计[C]//中国公路学会桥梁和结构工程分会2004年全国桥梁学术会议论文集,2004.

78. 变宽度节段预制梁在南昌洪都大道的应用

任 才 吴东升

(上海市政工程设计研究总院(集团)有限公司)

摘 要：变宽段的存在极大地限制了节段预制梁的发展，为推广节段预制梁的大规模应用，对变宽度节段预制梁展开研究。本文简述了节段预制梁在我国的应用现状并提出了变宽度节段预制梁的设计原则。对比分析多种变宽段的实现方法，提出了一种"大小箱替换＋变挑臂"的标准化变宽构造。对变宽度节段预制梁施工方法进行研究，提出了左右幅异步拼装和少支架同步拼装两种拼装方法；对异步拼装法的主梁相互影响进行了理论及数值分析，结果表明对于整幅结构，异步拼装法各主梁受力很不均匀，呈现"相邻影响"效应；对异步拼装法保证主梁受力均匀的措施进行讨论，认为采用结构分幅的方法最为简单有效。将本文提出的变宽度节段梁构造形式与结构分幅的异步拼装法成功应用于南昌市洪都大道，取得较好的效果。

关键词：变宽 节段预制梁 设计标准化 结构分幅 拼装方法

1 变宽度节段预制梁概述

节段预制桥梁起源于 20 世纪 60 年代的欧洲，1962 年在巴黎塞纳河上建成的 Choisy-Le-Roi 桥是最早采用节段预制悬臂拼装施工的混凝土桥[1]。节段预制桥梁具有施工快速、施工质量更好等优点，自问世后就迅速在世界各国发展起来。随后节段预制方法在早期的长线预制基础上发展了短线预制[2]，拼装施工也出现了悬臂拼装、逐跨拼装等多种拼装方法[3]。体外预应力技术的引入简化了节段构造、提高了施工速度[4]，进一步推动了节段预制拼装桥梁的发展。

节段预制桥梁在我国起步于 20 世纪 60 年代，早期主要应用于铁路桥梁，随后逐渐在轨道交通及公路上开始采用，但整体发展较为缓慢。直到 21 世纪以来，特别是近年来在国家大力推行装配式建筑的政策背景下，节段预制拼装桥梁开始在大型项目中被广泛采用，如苏通长江大桥引桥、芜湖长江二桥引桥以及港珠澳大桥香港接线段等[5,6]。

从节段预制桥梁在我国的应用现状看到，目前节段预制桥梁主要应用于铁路、轨道交通及公路上，在城市桥梁的大规模应用相对较少[7]，主要原因是铁路、轨道交通及公路桥梁等宽段占比大，结构标准化程度高，更加适合采用节段预制拼装。相比而言城市桥梁具有先天的劣势，相交道路密集，交通互通需求大，沿线需设置大量的立交及匝道出入口，出入口交通分合流点车道增加，桥面结构加宽，出入口与标准桥宽之间采用宽度渐变进行过渡。变宽段的存在给节段预制桥梁的应用带来了一定的难度[8,9],因此对变宽度节段预制梁的构造设计与施工方法的研究十分必要。

2 变宽度节段预制梁设计方案

2.1 设计遵循的原则

节段预制拼装桥梁因具有节段重量轻、制作方便、运输吊装简单等优点而被广泛采用,设计时应在符合"安全、经济、适用、耐久、美观"的前提下,还应遵循轻型化和标准化的原则。变宽度节段梁的设计是要确定一种断面变宽的方法,其关键是断面类型的选择,使得设计方案能适应桥宽的变化,并能达到轻型化和标准化的目标。

(1) 轻型化原则。节段梁的吊装及运输是制约节段梁尺寸及断面形式最关键的因素。广义上的轻型化不仅指节段重量轻,还包含了节段尺寸小。尺寸上节段应遵循"宜小不宜大"的原则,特别是在运输路线上存在小曲线半径道路时,节段过长运输车辆转弯受限;重量上单个节段梁的重量不宜过大,节段梁吊装运输的成本与节段梁重量直接相关[10],节段梁越重,梁厂投入的龙门吊及运梁车、现场倒运用的履带吊以及架桥设备的成本都会增加。洪都大道标准段桥宽25m,变宽段桥宽最大处为46.5m,如采用常见的整体式单箱多室断面,变宽段节段最大重量达300t以上。

(2) 标准化原则。随着我国大力推行装配式结构,坚持标准化设计、工厂化生产、装配化施工、信息化管理,提高技术水平和工程质量,促进建筑产业转型升级。桥梁建造要达到工业化的水准,设计标准化是最重要的环节,工厂化生产的前提就是生产的产品即节段梁是标准化的构件。一方面,节段类型要尽量少,包括截面形式统一、构造尽量简单、细部尺寸一致等;另一方面,不同类型之间的调整尽量简单,使得模板可以尽可能多地重复利用,从而降低成本。变宽段的设计难点在于如何将变宽段纳入标准化的节段类型中,实现与等宽段的统一。

2.2 变宽段的实现方法

2.2.1 整箱断面和分箱断面

箱梁断面分为整箱断面和分箱断面两大类,变宽度节段梁断面类型的选取必须考虑断面对变宽的适应性,两种类型断面的变宽实现方法如图1所示。

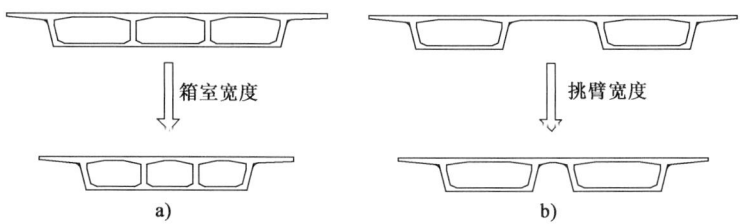

图1 变宽的调整方法

整箱断面变宽只能通过箱室渐变的方式实现变宽,每一个节段尺寸均不一样,相应的模板均是唯一的,预制难度显著增加,标准化程度低下。分箱断面变宽通过相邻箱室间的挑臂宽度变化实现,节段预制施工时只需要将挑臂长度变化,模板可采用标准断面的模板,施工方便,标准化程度高。当桥宽变化较大时,仅通过挑臂宽度调整不能完全适应时,还可通过调整节段梁箱室宽度,此时虽然箱室宽度变化,但在一联中仍然保持一致。对于常见的工程而言,采用两种宽度的箱室结构的情况下,通过箱室宽度以及挑臂宽度的变化实现总的桥面宽度的变化基本可满足所有变宽需求。

2.2.2 分箱断面变宽方案

混凝土箱形截面桥梁的宽度可以通过调整箱体数量以及箱体宽度来实现,箱体宽度由箱室宽度和挑臂宽度组成,箱体宽度变化又可以通过调整箱室宽度(箱梁腹板间距)或通过调整挑臂长度进行调整。对于双侧加宽段,通过两联从桥宽46.5m变到25m,主要有三种方案实现,如图2~图4所示。

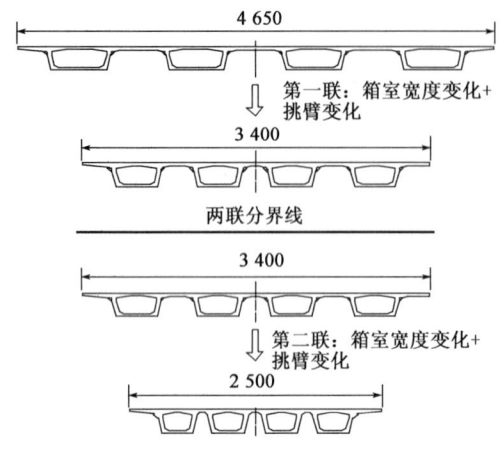

图2 方案一:箱室宽度变化(尺寸单位:mm)

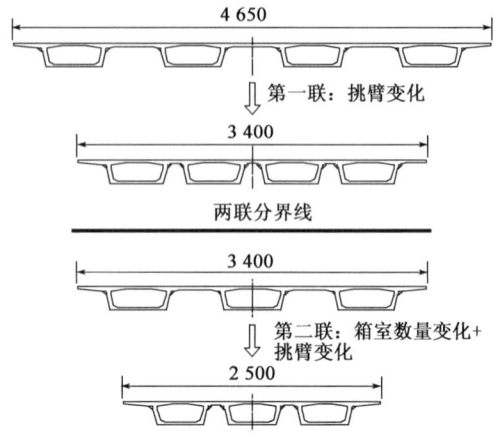

图3 方案二:箱体数量变化(尺寸单位:mm)

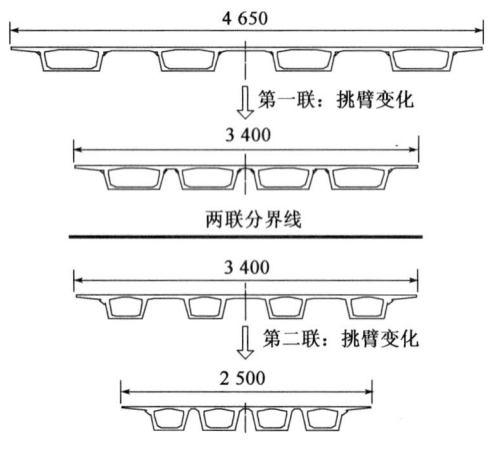

图4 方案三:大小箱替换(尺寸单位:mm)

变宽方案一:箱室宽度变化+挑臂变化。桥宽分两联进行变化,第一联从46.5m变到34m,第二联从34m变到标准宽度25m。每一联横向均为4个箱体,通过箱室宽度变化和挑臂的变化实现变宽,该方法的优点是箱室渐变,没有突变部位,结构匀顺自然,整体外观较好,同时箱室宽度和挑臂同步变化,断面箱室和挑臂的比例基本保持一致,外形更加协调。该方案的缺点是箱室宽度和挑臂均在变化,采用节段预制拼装结构时,节段复杂,标准化程度低下。

变宽方案二:箱体数量变化+挑臂变化。桥宽分两联进行变化,第一联从46.5m变到34m,第二联从34m变到标准宽度25m。第一联横向为4个箱体,通过挑臂的变化实现变宽,第二联减少箱室个数,横向布置3个箱体,再通过挑臂变化实现第二联的变宽。该方法的优点是只有一种箱体结构,全部变宽只有挑臂在变化。该方案的缺点:在两联交接的位置发生了一次箱体数量的变化,而且箱室对应关系不协调,外观上欠佳,最大的缺点是第二联的中间箱体位于横坡变坡点,如果仍采用平坡预制,则需要通过铺装实现中间箱室的横坡,增加了二期荷载。

变宽方案三:大小箱替换+挑臂变化。桥宽分两联进行变化,第一联从46.5m变到34m,第二联从34m变到标准宽度25m。两联横向均为4个箱体,通过挑臂的变化实现变宽,两联采用的箱体结构不一样,但每一联的箱体结构保持不变。该方案的变宽基本通过挑臂变化实现,虽然增加了一种箱体结构,但是总体上标准化程度仍然较高。箱室大小的变化对美观虽然有一定影响,但箱室数量不变,大小箱分界位置箱室对应关系相对协调。

不同变宽方案优缺点,见表1。

不同变宽方案优缺点 表1

序 号	变宽方案	优 点	缺 点
方案一	箱宽变化+挑臂变化	渐变匀顺,协调美观	箱室渐变,标准化程度低
方案二	箱数变化+挑臂变化	箱体类型最少	美观性差,箱体跨变坡点
方案三	大小箱+挑臂变化	标准化程度高,美观性较佳	多一种箱室类型

通过上述多种变宽方案的对比分析,通过箱室宽度渐变进行变宽的方案工厂预制标准化程度低,施工难度高。通过调整边梁内侧挑臂及中梁两侧挑臂宽度变化实现变宽较为方便,桥面宽度变化时箱室宽度不变,仅挑臂长度变化。

当城市桥梁宽度变化较大时,箱室宽度不能完全适应,此时可采用大箱室和小箱室两种箱室形式:单幅桥宽<17.0m时,采用小箱室类型;单幅桥宽>17.0m时,采用大箱室类型。在同一个工程中仅有两种类型的预制箱室,变宽段大箱子与标准等宽段为同一个箱子,变宽段小箱子与匝道桥为同一个箱子。两种类型箱室外模内模可以通用,达到设计标准化和施工快速化的目的。

3 变宽度节段预制梁架设方法

3.1 变宽段架设方法

标准等宽段桥梁宽度为25m,横向由2片主梁组成,其架设方法为2台架桥机左右幅同步架设,保证施工期间的横向平衡受力,同时同步拼装也能保证横向两主梁受力均匀一致。变宽度节段箱梁桥面桥梁宽度较大,宽度为46.5~25m,横向由4片主梁构成,架设仍然采用两台架桥机设备,本文提出了两种施工方法:左右幅异步拼装法和少支架同步拼装法。如图5所示。

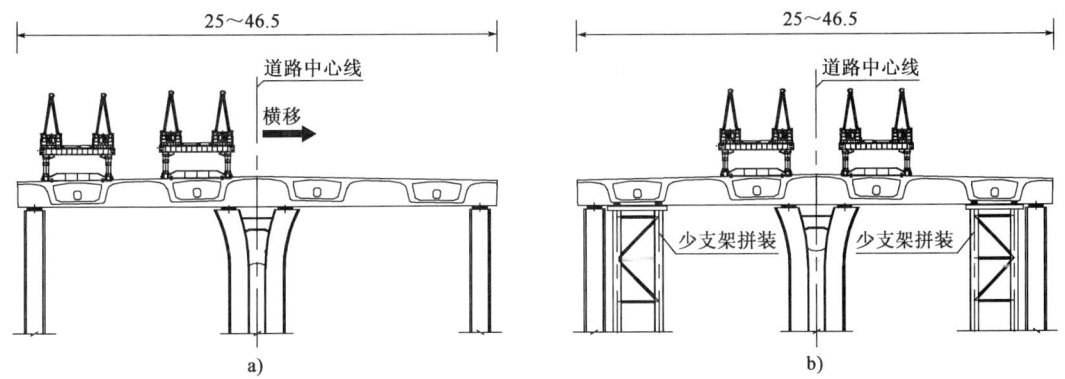

图5 变宽段架梁横断面示意图(左右幅异步拼装与少支架同步拼装,尺寸单位:m)

(1)左右幅异步拼装。左右幅异步拼装即是将每一跨的4片主梁分两次进行架设,一幅架设完成后通过架桥机的横移进行另一幅的架设。该方法的优点是不需要增设支架,对桥下施工期间的交通影响小,施工方便;缺点是施工工期翻倍,而且异步架设导致横向4片主梁受力不均匀,分析表明该影响十分明显,详见后续详细分析。

(2)少支架同步架拼装。少支架同步拼装即借助部分支架,其中2片主梁采用架桥机拼装,剩下的主梁采用支架拼装,从而实现4片主梁的同步拼装。该方式的优点是4片主梁同步拼装,各主梁受力均匀,拼装速度快;缺点是增加了支架的投入,当桥下支架搭设受限时该方法不可行,因此适应性较差。如图6所示。

图6 左右幅异步拼装与少支架同步拼装实例

3.2 异步拼装法相互影响分析

3.2.1 原理概述

异步拼装法适应性强,省去支架的投入降低了造价,虽然架设速度较慢,但变宽段相对等宽段占比小得多,对总工期的影响较小。该方法由于采用了横向分阶段架设的方法,主梁受力不均匀,需要采取必要的构造与施工措施保证主梁受力均匀。横向异步拼装的受力原理如图7所示。

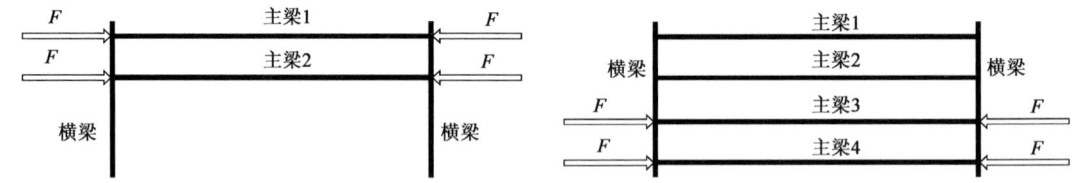

图7 横向异步拼装的主梁受力简图

从图7可以看到,横向四片主梁先同步架设主梁1和主梁2,待主梁1和主梁2拼装、合龙、钢束张拉之后,架桥机横移进行主梁3和主梁4的架设。第一次拼装主梁1和主梁2时,在进行体外钢束张拉时,虽然主梁1和主梁2连同横梁一起形成了超静定的框架结构,但只要控制两片主梁的钢束张拉同步、对称进行,即可保证两片主梁受力较为均匀。在第二次拼装主梁3和主梁4时,此时四片主梁和横梁共同形成了框架结构,进行体外钢束张拉时,四片主梁将作为一个整体共同受力,承担新增加张拉力,即已经架设完成的主梁1和主梁2将"分走"本应属于主梁3和主梁4的部分预应力,从而导致先架设的主梁1和主梁2超张拉,后架设的主梁3和主梁4张拉力损失,出现主梁受力不均匀的现象。

3.2.2 有限元分析

为了定量分析多片梁先后架设对各主梁受力的影响,本文以洪都大道为例,通过建立全施工过程的空间梁格模型,对架梁和张拉顺序进行了模拟。施工过程考虑了两种工况:每跨4片主梁同步拼装与分两次拼装。选取了每一片主梁每一跨的跨中单元作为分析对象,将两种施工方法架设完成时各单元轴力计算结果汇总至表2中。

由表2可知:①同步拼装各主梁受力十分均匀,轴力基本一致;②异步拼装各主梁受力很不均匀,最大为第二跨,四片主梁中最大和最小值相差41%;③异步拼装桥梁中,边梁的内力和同步拼装桥梁相差不大,主要是中梁相差十分大,呈现"相邻影响"现象;④右幅桥(后架设张拉)

中梁预应力效应被左幅桥(先架设张拉)中梁分掉,导致先张拉的超张,后张拉的预应力不足。

成桥阶段各主梁轴力值(单位:kN) 表2

位 置	施工方法	主梁 1	主梁 2	主梁 3	主梁 4	均 值
第一跨跨中	同步拼装	30 008	30 083	30 180	29 945	30 054
	异步拼装	29 971	32 086	28 166	29 869	30 023
第二跨跨中	同步拼装	30 034	30 146	30 141	30 077	30 100
	异步拼装	30 876	35 049	24 900	29 421	30 062
第三跨跨中	同步拼装	29 871	30 263	30 358	29 889	30 095
	异步拼装	30 052	33 588	26 900	29 709	30 062

3.2.3 保证异步拼装主梁均匀受力的方法

上述分析表明,多主梁结构应考虑主梁相互之间的影响,这种影响跟结构体系的选择、施工方法都有直接的关系,最终保证多片主梁受力均匀,特别是对施工要进行严格控制,保证施工完成时达到设计的预定的受力状态。

影响多片梁受力不均匀的根本原因就是多片梁之间形成超静定的框架结构,当存在分次张拉时,后张拉的钢束对前面完成的主梁有影响,类似于斜拉桥拉索张拉的相互影响一样。在弄清了根本原因后,可以通过构造、施工方法、张拉方案等一系列的措施来达到设计的预定受力状态。

(1)精确计算影响分析。后张拉的钢束对先张拉的主梁有一定影响,如果能精确计算出这种影响效应,类似于斜拉桥索力的影响矩阵,那么就可以通过调整每批次的张拉力,先架设的主梁降低张拉力,后架设的主梁提高张拉力,使得最终各主梁在扣除相互影响时候受力仍然均匀。采用这种方式优点是张拉步骤简单,能达到主梁均匀受力的效果,但缺点也是很明显的:首先计算的工作量大,特别是针对不同情况都要进行一次体外束张拉力的计算;其次施工难度加大了,每次张拉的预应力张拉控制值不一样,且必须按照既定的架设顺序进行,现场施工控制要求较高。

(2)各主梁区别设计。该方式的思路就是不追求各主梁受力均匀,考虑施工先后顺序的影响后,对各主梁进行区别设计,只需要计入相互影响的效应即可。这种方式施工控制较为简单,但是主梁受力不均,各主梁的配束形式及数量可能都不一样,很大程度上增加了设计的难度,也违背了设计标准化的初衷。

(3)构造上将结构分幅。除了从施工方法上进行优化主梁受力之外,还可以从构造上避免这种相互影响的出现,最简单的方式就是采用结构分幅,从结构上将四片梁人为地分成独立的两个两片梁,每次拼装单幅的两片梁,本幅的拼装和张拉对另一幅完全没有影响。如图8所示。

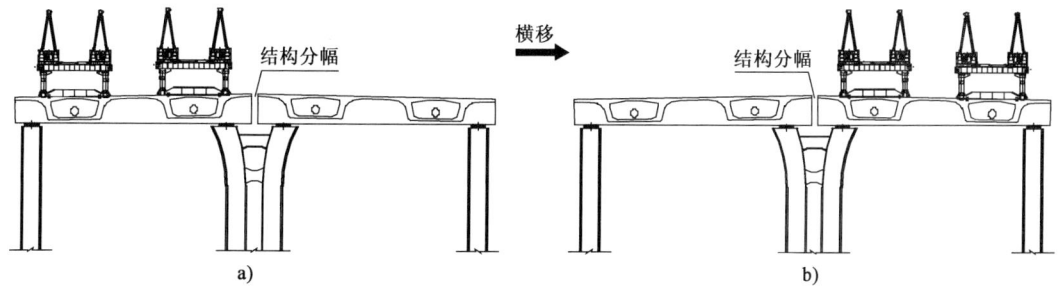

图8 桥梁左右分幅设计

分幅设计是将墩位处的横梁在道路中心线的位置完全分开成左右两幅桥,将4主梁结构转化为两个双主梁结构。采用该方法的优点是显而易见的:首先不增加任何设备,达到了各主梁均匀受力的目的;其次施工较为方便,不需进行钢束张拉调整,施工控制简单;最后各钢束受力均匀,材料使用效率高。采用分幅是最简单有效的方法,洪都大道即采用了结构分幅、异步拼装的方案。

4 结语

通过上述分析可以得到如下结论:

(1)变宽度节段预制梁应遵循轻型化和标准化的设计原则,从而将变宽段与标准段统一,实现设计标准化,降低节段预制梁制作难度。

(2)采用箱室渐变的实现变宽的方式标准化程度低,不适合用于预制结构;采用"大小箱替换+变挑臂"的变宽构造,可实现2套模板预制全线节段的目标,是一种值得推荐的方法。

(3)对于整幅结构,异步拼装法各主梁受力不均匀,轴力差值可达40%以上,异步拼装和同步拼装的边梁内力相差不大,主要是中梁相差十分大,呈现"相邻影响"现象。采用结构分幅的方法是实现主梁均匀受力最为简单有效的措施。

参 考 文 献

[1] 王英.城市桥梁预制箱梁节段拼装关键技术的研究[J].西南交通大学,2008.
[2] 王殿伟.PC箱梁短线法节段预制施工技术[J].世界桥梁,2016,44(3).
[3] 张立青.节段预制拼装法建造桥梁技术综述[J].铁道标准设计,2014,58(12).
[4] 鲁平印.体外预应力混凝土桥梁的发展历程[J].公路,2008(9).
[5] 王凯,胡可,等.芜湖长江公路二桥引桥段上部结构设计与施工[J].公路交通科技,2017,33(3).
[6] 过震文,黄少文,等.预制拼装技术在上海长江大桥中的应用[J].世界桥梁,2009(增1).
[7] 魏明.节段预制拼装桥梁适用条件及若干关键技术研究[D].南京:东南大学,2016.
[8] 郭智仪,易辉平,等.超宽、变宽桥面预制箱梁架设架桥机的选型、改造[J].公路,2014(10).
[9] 易辉平,鲁学成,等.超宽、变宽桥面预制箱梁架设施工技术在广深沿江高速的应用[J].公路,2014(7).
[10] 刘晨熙.基于成本控制的预制节段梁生产运输方案决策研究[J].江苏科技大学,2013.

79. 鞍座参数化设计与有限元分析一体化过程研究

柳晨阳　沈锐利　钟昌均　刘宇航
(西南交通大学土木工程学院)

摘　要：随着桥梁建造技术信息化、智能化的发展，参数化设计已成为桥梁设计的发展趋势。经过多年工程实践与设计生产的发展，国内悬索桥鞍座的结构形式形成了一定的参数化模式。针对这一特点，通过对鞍座参数的研究，利用 Inventor 软件建立鞍座参数化三维设计模型，结合 ABAQUS 软件探讨鞍座从三维模型到有限元模型的转化，为鞍座应力计算提供了有效的建模流程与优化方式。

关键词：鞍座　参数化　Inventor　ABAQUS

1　引言

　　最早使用参数化模型设计的是机械制造行业，用户通过改变图形某一部分的尺寸，或修改已定义好的参数，自动完成对图形中相关部分的改动，从而实现对图形的驱动[1]。机械产品参数化设计是以参数约束来表达模型的形状特征，以三维模型产品模板为基础，利用参数化设计技术，创建一组能够完全控制模型尺寸大小的独立参数，再施加约束关系，实现参数的读取、修改等操作，最终变化设计参数值，软件自动创建一组形状相似的零件，例如通过参数化模型定义参数和链接数据库创建齿轮、槽体零件。国内学者多在机械设计和桥梁设计中应用参数化设计方法，实现了参数化驱动模型变化与有限元分析的结合。2010 年，徐洪涛[2]利用 Visual Basic 6.0 编程对 Solidworks 软件进行二次开发，实现螺旋管道设计变量与编程语言相结合的参数化设计，对螺旋管流阻特性进行了有限元分析。2017 年，徐振[3]利用 Solidworks 软件创建差速器的参数化建模程序，基于 ADAMS 软件对差速器总成在直行和转弯两种工况下进行运动仿真，通过 ANSYS 软件分析得到齿轮的接触应力。2018 年，郭安娜[4]以钢锚箱式和锚拉板式两种常见的斜拉桥索梁锚固结构为例，利用 Solidworks 软件完成三维参数化设计，再导入 ANSYS 软件完成锚固结构的受力分析。2019 年，谢卫兵[5]在 CATIA 环境下建立齿轮的参数化模型，提高产品开发过程中的建模效率与精度，对比有限元分析结果来验证新思路的可行性。

　　鞍座是悬索桥桥塔顶部支撑主缆的重要部件，它承受主缆巨大的竖向压力，并将竖向压力均匀地传递至桥塔，同时也起到使主缆在桥塔顶部平缓过渡，减小由主缆方向改变造成的弯曲应力的作用。经过多年设计、生产和应用实践的发展，国内多数悬索桥鞍座在结构上已基本定型，一般采用汕头海湾悬索桥的鞍座设计形式[6]，同一类型不同跨度悬索桥的鞍座往往只存在尺寸差异。同时,随着桥梁建造技术信息化、智能化的不断发展,鞍座设计由CAD二维制图向三维参数化的转变已成为一个不可避免的趋势。

2 鞍座参数研究

根据传力途径,鞍座可分为两类:外壳传力式和肋板传力式。外壳传力式鞍座主要适用于钢塔等柔性塔,而钢塔一般由箱型薄壁钢构件组合而成,鞍座纵肋与底板倾斜布置,主缆的压力通过鞍槽、斜纵肋直接传递至钢塔塔壁。我国泰州长江公路大桥、马鞍山长江公路大桥中塔鞍座即为外壳传力式。肋板传力式鞍座更适用于混凝土塔等刚性塔,鞍座纵横肋与底板垂直布置(横肋可能稍微倾斜),主缆压力通过纵横肋、底板传递至塔顶。我国目前已建成的悬索桥大多采用混凝土桥塔,故鞍座形式多采用肋板传力式。根据制作方式,鞍座可分为四类:全铸式、铸焊结合式、全焊式、组装式。国内悬索桥鞍座采用铸焊结合式的最多,鞍槽由铸钢铸造,而底板由钢板焊接而成。

通过查阅国内悬索桥肋板传力式鞍座关键设计参数(表1),可以看出:在特大跨度桥中,由于缆力更大,更多采用双肋式鞍座。横肋个数通常为奇数并呈左右对称分布,同一倾角的横肋会在铸造部分采用更宽的肋厚,厚度差一般为20mm。采用水平肋构造的不多,更多的是在底板布置两道侧纵肋。鞍槽的构造基本相同,顶部壁厚多为120~150mm,从T.P点至鞍槽端部的距离随主缆直径的增大而增大,使得鞍槽立面线形与永久荷载作用下主缆线性相吻合,减小弯折应力。

国内部分悬索桥肋传力式鞍座设计参数 表1

桥 名	纵肋厚(mm)	横肋上部厚(mm)	横肋下部厚(mm)	横肋个数	承缆槽顶部壁厚(mm)	底板厚(mm)
虎门二桥大沙水道桥	130	110	90	9	150	80
云南龙江特大桥	130	100	80	9	140	80
白洋长江公路大桥	160	110	90	9	150	80
温州瓯江北口大桥	120	120	100	9	150	80
杭瑞高速洞庭湖大桥	170	120	100	9	150	80

3 鞍座参数化设计

基于Inventor三维建模软件,建立鞍座参数化模型,设计参考龙潭长江大桥、阳宝山特大桥的鞍座图纸。参数化设计程序流程图如图1所示。

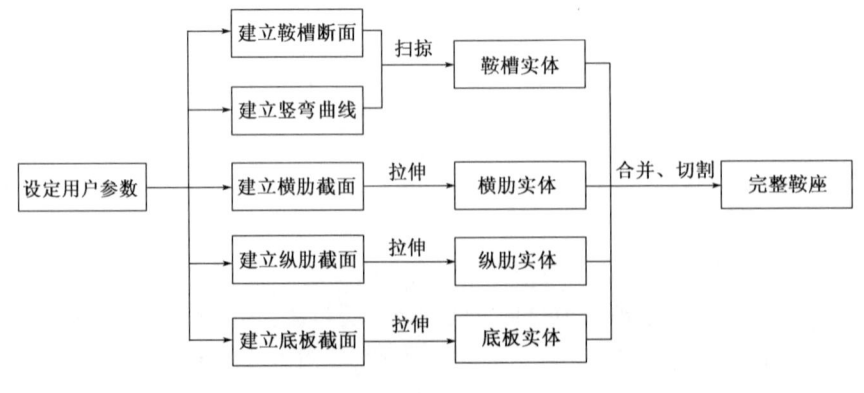

图1 鞍座参数化设计流程

3.1 参数设定

根据设计与计算的需求,将鞍座参数设计分为两个部分:鞍座剖面参数设计和鞍座正视图参数设计,参数命名及说明见表2,参数设计如图2所示。其中是否设置水平肋由参数 SPLH2 控制,是否采用双纵肋设计由参数 ZL1 控制。

鞍座参数命名及其说明 表2

参数	说 明	参数	说 明	参数	说 明
A1	主缆切线角	CH	主缆中心-槽底的竖直高度	SPLH1	水平肋高度
A2	主缆切线角	CH1	鞍槽槽路高度	SPLH2	水平肋厚度
R0	立面圆弧半径	CH2	鞍槽内侧壁高度	ZL1	主纵肋间距
CL1	切点直线段长度	DBL	底板长度	ZL2	主纵肋厚度
HLA1	横肋倾角	DBB	底板宽度	ZL1B	侧纵肋厚度
HLB	横肋厚度	DBH	底板厚度	ZL1H	侧纵肋高度
HLDH	横肋边侧高度	CR1	鞍槽外壁圆弧半径	ZL1L	侧纵肋间距
CB1	承缆槽顶部壁厚	CR2	鞍槽外壁圆弧半径	ZL2H	挡板高度
CB	鞍槽槽路宽度	SPL	水平肋长度		

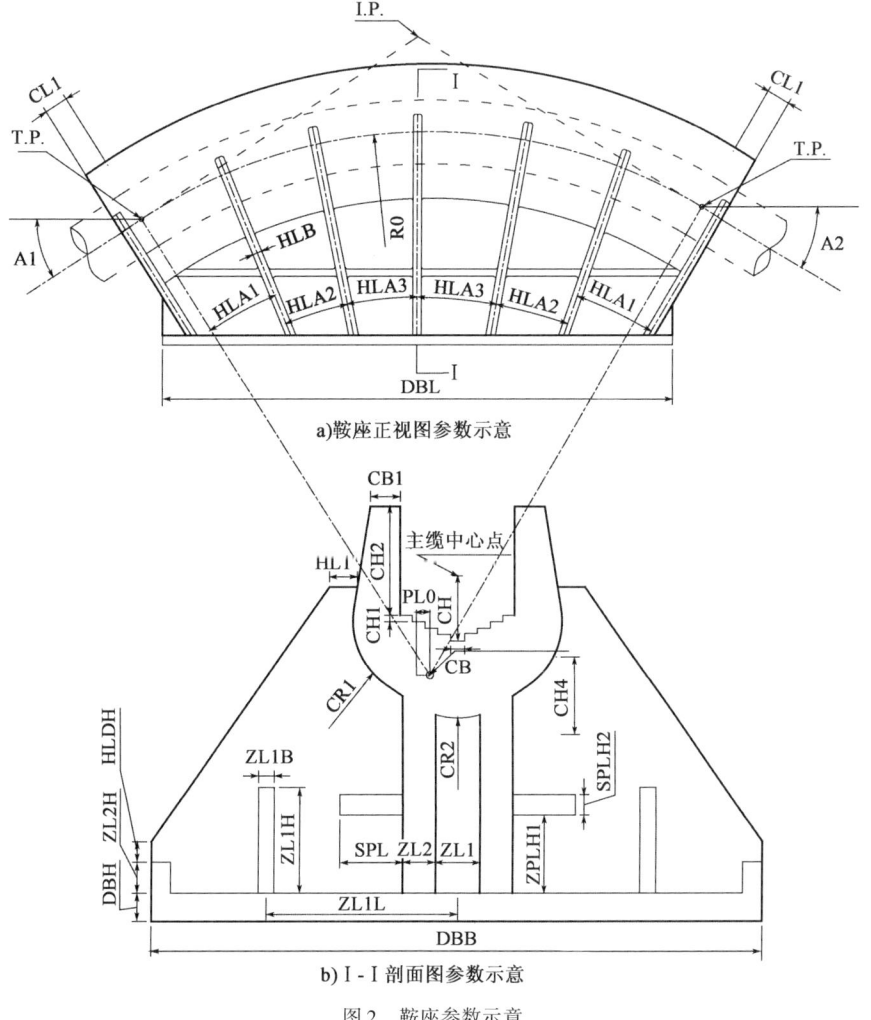

图2 鞍座参数示意

3.2 三维建模

(1) 鞍槽

通过 T.P. 点和 I.P. 点确定主缆中心线轨迹的始终点,再根据鞍槽圆弧半径生成参照路径,最终将鞍槽断面图扫掠参照路径得到鞍槽实体。

(2) 纵肋及水平肋

通过投影鞍槽纵桥向 1/2 剖面图,得到主纵肋轮廓,由水平肋定位参数 SPLH1 和厚度参数 SPLH2 得到水平肋轮廓,最后拉伸相应轮廓得到纵肋及水平肋实体。

(3) 横肋

通过投影鞍槽、纵肋横桥向剖切边,得到横肋与鞍槽的相交边界,最后再由横肋设计参数确定外部边界,拉伸横肋轮廓并去除与鞍槽、纵肋的重合部分得到横肋实体。

(4) 底板

由底板形状参数 DBB 和 DBL 得到底板轮廓,最后输入厚度参数 DBH 拉伸得到底板实体。

基于上述步骤,设计四组鞍座参数(表3),得到鞍座三维模型如图3所示。

各模型设计参数 表3

参数	一	二	三	四	参数	一	二	三	四	参数	一	二	三	四
A1	22.1	21.5	22.1	22.1	CH	445.3	350	800	445.3	SPLH1	0	0	0	900
A2	23.9	25.5	23.9	23.9	CH1	34.3	50	34.3	34.3	SPLH2	0	0	0	100
R0	9 445	6 000	9 445	9 445	CH2	1 075	846.5	800	1 075	ZL1	0	0	0	0
CL1	600	350	600	600	DBL	7 200	4 750	6 700	7 200	ZL2	160	220	160	160
HLA1	112.1	105	112.1	112.1	DBB	3 500	2 400	3 500	3 000	ZL1B	80	60	80	0
HLB	100	80	60	80	DBH	80	80	80	80	ZL1H	1 000	500	600	0
HLDH	100	0	100	270	CR1	300	300	300	300	ZL1L	785.9	700	785.9	0
CB1	120	150	120	120	CR2	300	300	300	300	ZL2H	420	300	420	250
CB	72	92	72	72	SPL	0	0	0	700					

注:参数 A1、A2 尺寸单位为°,其余参数尺寸单位均为 mm。

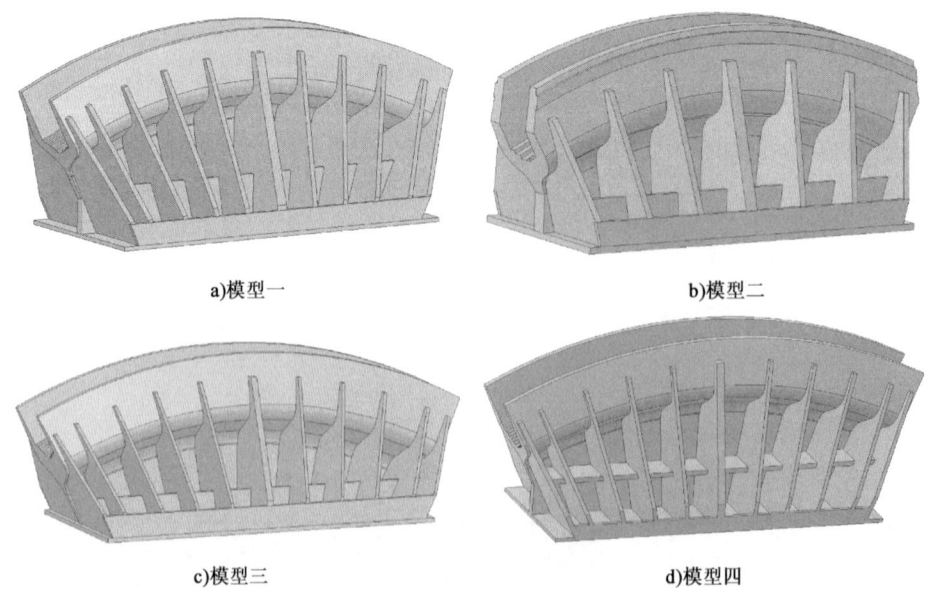

a) 模型一　　　　　　　　　　b) 模型二

c) 模型三　　　　　　　　　　d) 模型四

图3　参数化鞍座模型示例

4 有限元模型

完成鞍座参数化设计后,还需重点分析结构的传力机理及受力特点。为了对鞍座应力进行精细化分析,将 Inventor 软件和 ABAQUS 软件结合起来,Inventor 软件快速精准参数化建模的特点解决了 ABAQUS 软件三维建模能力的不足。

(1)装配体

将 Inventor 三维模型导出成 SAT 文件,作为部件导入 ABAQUS 并装配。由于装配体仅表示鞍座部件的位置关系,在受力分析中并无相应的接触关系,故还需通过绑定功能将各部件约束成一个受力整体。绑定时应将刚度较大的部件作为主表面(如主纵肋、鞍槽),刚度较小的部件作为从表面(如横肋)。

(2)分析步

鞍座作为大型的复杂实体单元构件,其静力计算过程往往耗时较长,但在实际工程中鞍座由机械装置固定至桥塔顶部,底板边界条件可视为完全固定,故其计算收敛性较好。为了提高计算效率,可将分析步时间总长缩短至 0.01s,分析增量步长固定为 0.01s,以减小单次计算时间。若在分析时需要观察鞍座应力随荷载增加的变化,可以将分析增量步长固定为 0.001s,即可得到从 0.1 倍荷载至 1 倍荷载下鞍座的应力分布情况。

(3)荷载转换

由于参数化设计为三维设计,鞍座的有限元分析模型为空间模型,故实际施加的荷载应由规范规定的线荷载模式向面荷载模式转换。鞍座向心压力可直接由压强荷载施加至鞍槽圆弧面,但侧向压力沿鞍槽高度方向呈指数变化,故需引入柱坐标系得到侧向压力的解析场。

(4)网格划分与单元优化

在有限元模型中,网格的划分方式和单元类型的选择将直接影响计算的精确度。ABAQUS 划分网格的方法与其他前处理器有较大区别。以旋转体的网格划分为例,FEMAP 和 MENTAT 等前处理器的常用方法是首先在剖面上生成二维网格,然后通过旋转拉伸来得到三维网格,而 ABAQUS 是先生成三维几何部件,再通过分割实体和布置种子来控制单元密度和位置,最后使用自动算法直接生成三维网格。在 Inventor 中鞍座各部件由截面拉伸而成,与 ABAQUS 中的网格扫掠技术相吻合,使得划分出来的网格在纵桥向可以与种子很好的吻合(图4)。

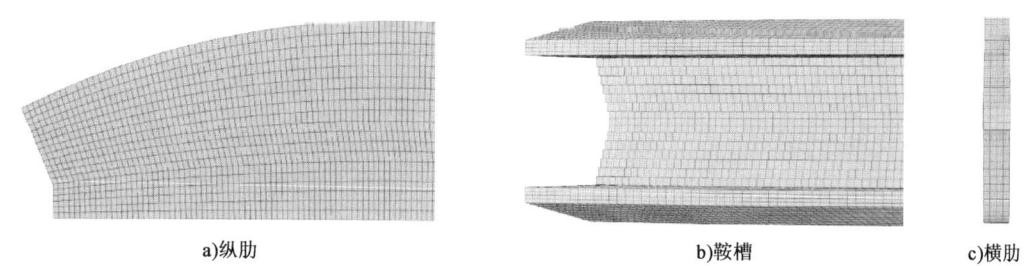

图 4 纵桥向鞍座网格划分示意

除了减小单个部件网格尺寸的不均匀度,还需调整各个部件之间接触边界的种子密度,以确保边界节点的唯一性(图5)。

由于鞍座网格数量较大,且其强度验算分析的主要关注点为整体应力,对于局部区域或个别点位的应力集中现象可以忽略不计,故在 ABAQUS 软件中,鞍座的单元类型宜采用 20 节点六面体二次减缩积分单元（C3D20R）。当网格存在扭曲变形时，这种单元的分析精度不受太大影响，即使在复杂应力环境下，对自锁问题也不敏感，且适当减少网格数量不会出现严重的沙漏问题。

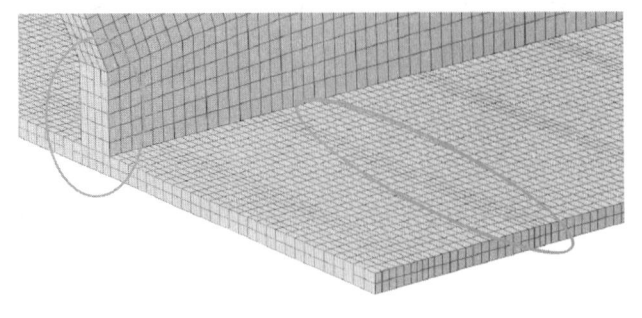
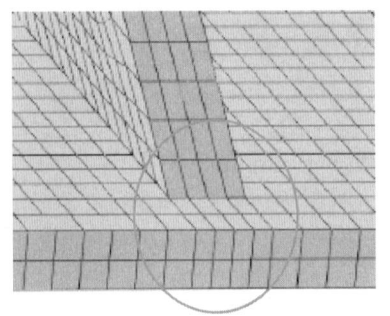

图5　网格种子密度的调整

通过以上过程，可以实现三维参数化模型与有限元模型的有效结合，得到较为精确的鞍座应力计算结果。以鞍座参数模型二为例，进行有限元分析，结果如图6所示。可以看出，高应力区主要出现在鞍槽、纵肋、横肋相互间的连接边界。其中鞍座最大应力点位于横肋与纵肋的连接边界，最大应力值为259.18MPa；鞍槽最大应力点位于鞍槽与主纵肋的连接边界，最大应力值为187.10MPa。模型二鞍座由铸钢制作，其强度设计值为200MPa，因此除个别应力集中点外，鞍座受力符合规范要求，整体安全储备较大。

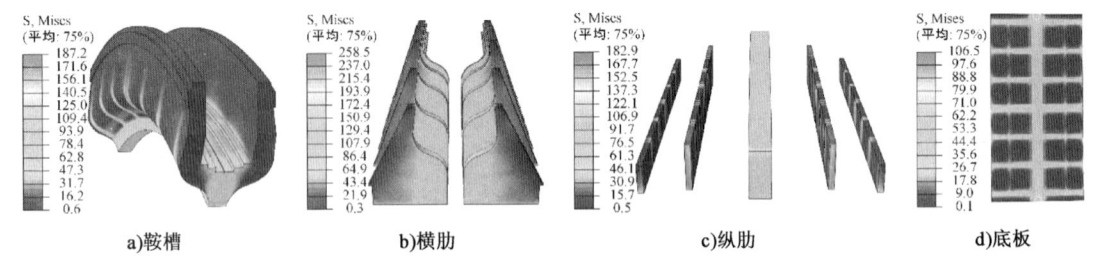

a)鞍槽　　b)横肋　　c)纵肋　　d)底板

图6　模型二应力分析云图

5　结语

（1）结合工程实例，探讨了国内常用鞍座的结构形式、传力机理和设计尺寸。借助Inventor软件对肋传力式鞍座进行实体建模，完成了三维参数化可视驱动设计，相对二维CAD设计更加精准高效。

（2）在鞍座结构的应力分析中，通过将Inventor建模和ABAQUS分析有效结合，提高了建模效率和质量，简化了有限元分析工作，同时也弥补了ABAQUS软件对于复杂结构难以建模的缺点。

（3）探讨了鞍座结构的网格划分方式及单元类型的选择，针对鞍座承载时的传力过程，对部分边界网格进行合理的调整，可为鞍座结构的精细化分析提供参考。

参　考　文　献

[1]　周后俊,周思柱,邵雅梅.基于Inventor的井口装置参数化设计[J].机械工程师,2008

(08):5-6.
[2] 徐洪涛,王庆明.基于 VB 和 SolidWorks 的螺旋管道参数化设计与流阻特性分析[J].机电工程,2010,27(11):5-8.
[3] 徐振.某型差速器参数化设计及动力学分析与结构优化[D].济南:济南大学,2017.
[4] 郭安娜.基于 SolidWorks 和 ANSYS 的斜拉桥索梁锚固结构参数化设计与有限元分析[J].交通科技,2018(03):58-60+64.
[5] 谢卫兵.乘用车头顶控制模组齿轮参数化设计及其强度有限元分析[J].塑料科技,2019,47(10):107-110.
[6] 杨进.汕头海湾悬索桥鞍座设计特色及结构分析[C]//中国土木工程学会桥梁及结构工程学会第 11 届年会论文集,1994:6.

80. 组合钢板梁施工阶段整体稳定性设计方法研究

林立宏[1] 成立涛[2] 王姗[2]

(1. 台州市交通投资集团有限公司；2. 中交第一公路勘察设计研究院有限公司)

摘　要：在施工过程中，由于混凝土桥面板与钢梁未结合成一体，钢梁独自承担外部作用，存在主梁弯扭屈曲的可能。一般组合钢板梁会设置横梁来提高施工阶段钢梁的整体稳定性。目前我国设计规范无法准确考虑横梁对组合梁施工阶段主梁整体稳定性的提高，准确考虑横梁作用的整体稳定性实用计算方法需进一步研究。本文首先借鉴 ANSI/AISC 规范中考虑抗扭支撑的侧扭屈曲临界弯矩的计算公式，考虑横梁作用，对钢主梁整体失稳临界弯矩进行修正，求出考虑横梁贡献的主梁等效计算长度，基于《钢结构设计标准》主梁整体稳定性计算方法，进行施工阶段组合钢板梁整体稳定性验算。通过算例分析表明：横梁和连接加劲肋对钢板梁稳定性有有利作用，不考虑其作用或将横梁视为完全有效支撑都是不合理的。

关键词：组合钢板梁　稳定性　等效计算长度　施工阶段

1 引言

钢板组合梁在中小跨径桥梁中有广泛的应用[1]。由于钢材比强度高，为充分发挥其性能，设计中钢板梁长细比通常较大。在施工过程中，尽管钢板梁承受的荷载比正常使用时小，但由于混凝土桥面板与钢梁未结合成一体，钢梁独自承担外部荷载，钢梁上翼缘缺乏桥面板的横向约束，此时钢板梁存在整体失稳的可能。一般组合钢板梁会设置横向连接系来提高施工阶段和使用阶段钢板梁的稳定性。缺少横撑或横撑刚度不足，可能导致施工期间主梁整体侧扭屈曲。目前公路桥梁设计规范中未给出考虑横梁刚度对钢主梁整体稳定性贡献的计算方法。设置横梁后，如何定量计算钢梁的整体稳定性，需要进行研究。

国内外对考虑横梁刚度的钢梁稳定性有一定的研究，文献[2]采用能量法对跨中设次梁的单轴对称梁进行了研究，给出了简支梁在纯弯情况下屈曲问题的闭合解。文献[3]采用有限元方法，探究了小横梁间距、高度、主梁加劲肋间距对钢梁极限承载力的影响。文献[4]对有支撑梁稳定性进行分析，给出了有横梁支撑的弹性临界弯矩。上述研究均未考虑小横梁连接处T形加劲肋对稳定性的有利作用，且上述计算方法与国内规范体系并不对应，故对适用于我国规范体系的考虑横梁支撑的组合钢板梁施工阶段稳定性设计方法需要进一步研究。

2 施工阶段钢板组合梁整体失稳弹性临界弯矩

钢梁的侧扭屈曲失稳模式包含梁的侧移和扭转，Timoshenko给出了钢梁绕强轴弯曲的纯弯侧扭屈曲临界弯矩稳定解：

$$M_0 = \frac{\pi}{L_b}\sqrt{EI_y GJ + \frac{\pi^2 E^2 I_y C_w}{L_b^2}} \tag{1}$$

式中：L_b——支点间距离；
　　　I_y——弱轴惯性矩；
　　　C_w——翘曲常数，$C_w = I_y/(h_0/2)^2$；
　　　h_0——翼缘质心之间的距离。

Yura[4]提出了有抗扭支撑的侧扭屈曲临界弯矩的计算方法，临界弯矩计算如下：

$$M_{cr} = \sqrt{(C_{bu}M_o)^2 + \frac{C_{bb}^2 EI_y \bar{\beta}_T}{C_{tt}}} \tag{2}$$

式中：C_{bu}、C_{bb}——无支撑梁和有效支撑梁（在支撑之间屈曲）对应的 C_b（侧扭屈曲荷载修正系数），

$$C_b = \frac{12.5 M_{max}}{2.5 M_{max} + 3M_A + 4M_B + 3M_C} \tag{3}$$

　　　M_{max}——无支撑段弯矩绝对值最大值；
　　　M_A——无支撑段 1/4 点弯矩绝对值最大值；
　　　M_B——无支撑段 1/2 点弯矩绝对值最大值；
　　　M_C——无支撑段 3/4 点弯矩绝对值最大值；
　　　C_{tt}——当使用顶部翼缘荷载，$C_{tt} = 1.2$，当使用质心荷载，$C_{tt} = 1.0$；
　　　$\bar{\beta}_T$——单位长度抗扭支撑强度，

$$\bar{\beta}_T = n\beta_T/L \tag{4}$$

$$\frac{1}{\beta_T} = \frac{1}{\beta_b} + \frac{1}{\beta_{sec}} \tag{5}$$

　　　β_b——支撑附加刚度；
　　　β_{sec}——腹板畸变刚度；
　　　n——L 范围内横梁个数；
　　　L——支座间距。

（1）支撑附加刚度 β_b

对于横梁刚度，若两相邻梁由于桥面板的约束上翼缘间的距离保持不变，那么梁的变形会向一个方向摇摆，如图 1a)所示，横梁刚度为 6EI/L，如果横向支撑设置的位置偏下，相邻翼缘可以像图 1b)所示反向变形，横梁刚度为 2EI/L。

（2）腹板畸变刚度 β_{sec}

Yura[4]提出，当横梁高度与主梁不一致时，腹板可分为无加劲肋受压区（β_c）、无加劲肋受拉区（β_t）和支撑加肋区（β_s），各部分刚度值为：

$$\beta_c, \beta_s, \beta_t = 3.3 \frac{E}{h_i}\left(\frac{h}{h_i}\right)^2 \left[\frac{(1.5 h_i) t_w^3}{12} + \frac{t_s b_s^3}{12}\right] \tag{6}$$

式中：h_i——各部分高度，如图 2 所示；
　　　t_s——加劲肋厚度。

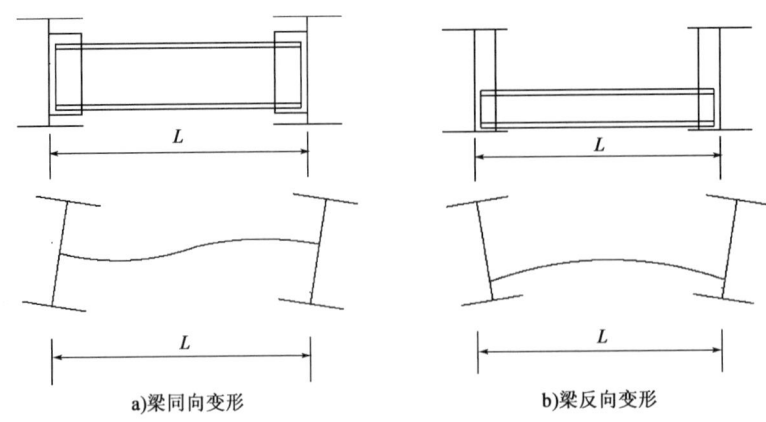

a)梁同向变形　　　　　　　　　　　b)梁反向变形

图1　支撑附加刚度计算简图

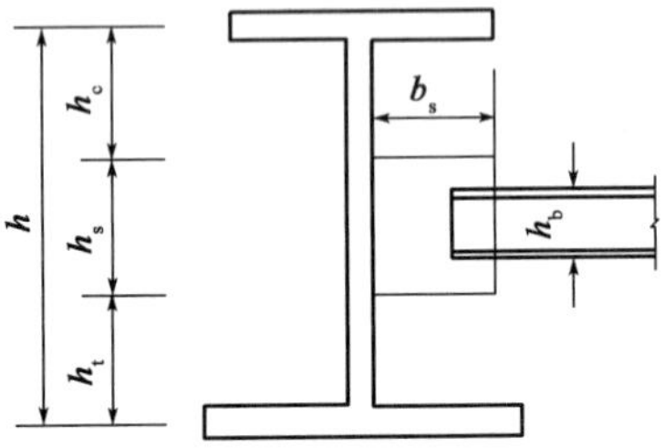

腹板畸变刚度：

$$1/\beta_{sec} = \sum(1/\beta_i) \tag{7}$$

当加劲肋和梁高等高设置时，腹板畸变刚度为[5]：

$$\beta_{sec} = 3.3\frac{E}{h}\left[\frac{(1.5h)t_w^3}{12} + \frac{t_s b_s^3}{12}\right] \tag{8}$$

字母含义如图3所示。

在实际设计中，横梁与腹板连接处的加劲肋往往做成T形。当考虑加劲肋为T形加劲肋，且加劲肋和梁腹板等高设置时，对腹板平面外畸变刚度进行修正，可得：

$$\beta_{sec} = 3.3\frac{E}{h}\left[\frac{(1.5h)t_w^3}{12} + \frac{t_s b_s^3}{12} + \frac{1}{6}b_t t_t^3 + 2b_t t_t\left(\frac{b_s}{2} + \frac{t_t}{2}\right)^2\right] \tag{9}$$

式中：h——主梁翼缘剪切中心间距离。

其余参数如图4所示。

图2　横梁侧移刚度计算简图[4]

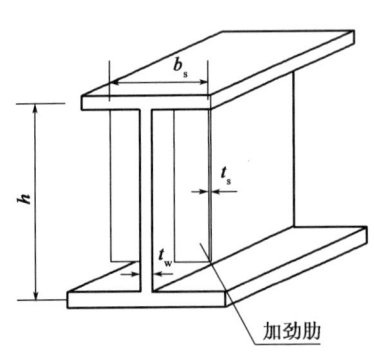

图3　横梁侧移刚度计算简图

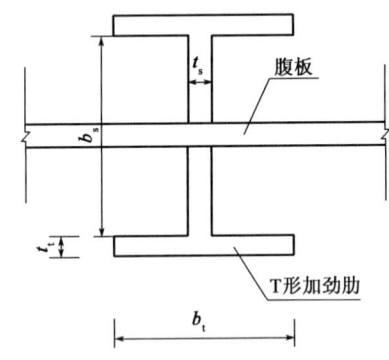

图4　横梁侧移刚度计算简图

3　基于中国规范的整体失稳设计方法

求得考虑横向支撑的钢梁整体失稳临界弯矩后，令 $M_0 = M_{cr}$，可以得到考虑横梁和加劲肋对钢梁有利作用的等效计算长度 L_b。采用等效计算长度，将施工阶段有支撑钢梁与无支撑简支梁等效。根据此等效计算长度，可按我国《钢结构设计标准》[6]相关规定，验算主梁整体稳定性：

$$\frac{M_x}{\varphi_b W_x f} \leq 1.0 \quad (10)$$

其中，稳定系数：

$$\varphi_b = \beta_b \frac{4320 Ah}{\lambda_y^2 W_x}\left[\sqrt{1+\left(\frac{\lambda_y t_1}{4.4h}\right)^2} + \eta_b\right]\varepsilon_k \quad (11)$$

以上，可考虑横梁和连接加劲肋对钢板组合梁施工阶段主梁稳定性的提高作用，验算主梁稳定性。

4 算例分析

算例基本情况：主梁跨度35m，主梁采用工字形截面，上翼缘尺寸600mm×34mm，腹板尺寸1560mm×18mm，下翼缘尺寸650mm×56mm；横梁布置在主梁腹板中间高度处，间距6m，跨内共设5道横梁，主梁间距为3.1m；横梁采用工字形截面，顶板、底板尺寸为250mm×14mm，腹板尺寸为472mm×10mm；横梁与主梁连接处采用T形加劲肋，加劲肋宽190mm，厚16mm，连接加劲肋宽 $b_t = 300$ mm，厚 $t_t = 16$ mm，加劲肋与梁腹板等高，示意图见图5、图6。进行施工阶段分析，算得支座最大负弯矩为5400kN·m，跨中最大正弯矩为6070kN·m。

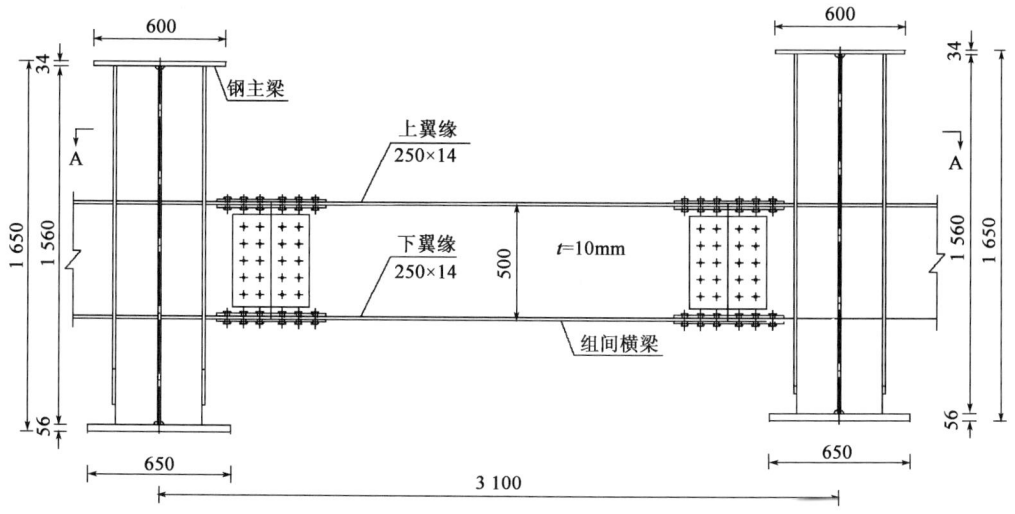

图5 立面示意图(尺寸单位：mm)

抗扭临界弯矩计算如下：

$I_y = 1.89 \times 10^9 \text{mm}^4, C_{bu} = 1.39, C_{bb} = 1, C_{tt} = 1.2, J = 6.6 \times 10^{10} \text{mm}^4, C_w = 2941$

当 L_b 取35m时，$M_o = \frac{\pi}{L_b}\sqrt{EI_y GJ + \frac{\pi^2 E^2 I_y C_w}{L_b^2}} = 1.28 \times 10^{11} \text{N·mm}$

$M_{cr} = \sqrt{(C_{bu} M_o)^2 + \frac{C_{bb}^2 EI_y \overline{\beta_T}}{C_{tt}}} = 1.94 \times 10^{11} \text{N·mm}$

令 $\frac{\pi}{L_b}\sqrt{EI_y GJ + \frac{\pi^2 E^2 I_y C_w}{L_b^2}} = 1.94 \times 10^{11} \text{N·mm}$，得到相应的等效计算长度：$L_b = 23151$ mm

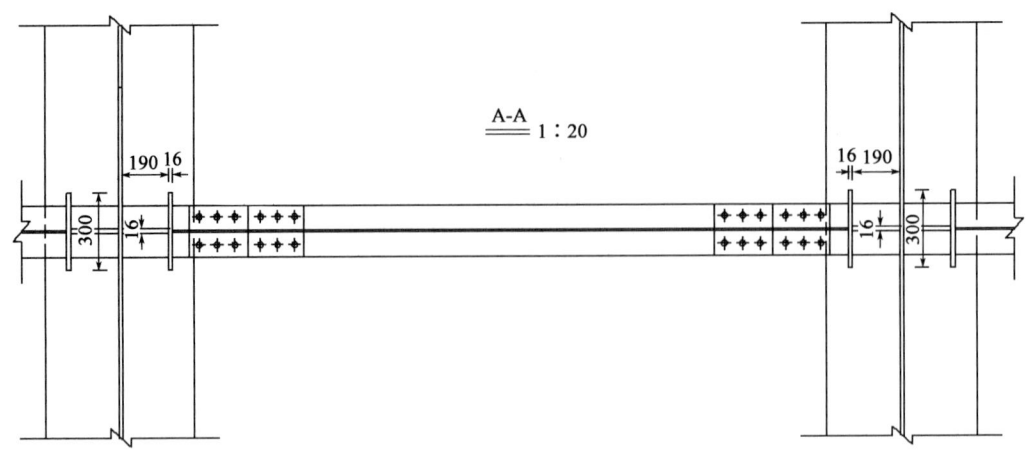

图6 平面示意图(尺寸单位:mm)

由我国《钢结构设计标准》附录C:

$$\varphi_b = \beta_b \frac{4\,320 Ah}{\lambda_y^2 W_x}\left[\sqrt{1+\left(\frac{\lambda_y t_1}{4.4h}\right)^2}+\eta_b\right]\varepsilon_k = 0.341$$

$\dfrac{M_x}{\varphi_b W_x f}=0.893\leqslant 1.0$,故施工阶段整体稳定性满足规范要求。

当不设横向支撑时,$L_b=35\,000\mathrm{mm}$,$\varphi_b=0.192$,$\dfrac{M_x}{\varphi_b W_x f}=1.59>1.0$,不设置横梁将不能保证施工阶段主梁的整体稳定性。

由上述计算可知,横梁和连接加劲肋可提高主梁施工阶段稳定性。综合考虑各横梁效应,等效计算长度为23.1m,约为支撑点间距的0.72倍。按照不考虑横梁作用计算整体稳定性(计算长度取35m)和考虑横梁为完全可靠支撑计算整体稳定性(计算长度取6m)都是不合理的。

5 结语

本文给出了考虑横梁连接处T形加劲肋和横梁侧向支撑作用的弹性临界弯矩,结合无支撑弹性临界弯矩计算公式,计算得出等效计算长度。根据此等效计算长度,组合梁施工阶段整体稳定性可以采用《钢结构设计标准》(GB 50017—2017)提供的稳定系数法进行计算。

通过本文算例可知,设置横梁和T形加劲肋可提高主梁施工阶段稳定性,算例中等效计算长度约为支座间距的0.72倍,故施工阶段主梁整体稳定性验算时不考虑横梁对稳定性的作用和考虑横梁为完全有效支撑均不合理。

参 考 文 献

[1] 郝龙,成立涛,吕婷,等.钢板组合梁桥在城市高架桥项目中的分析与应用[C]//2017年全国桥梁学术会议论文集,2017.
[2] 童根树.侧向支撑梁的屈曲[J].西安建筑科技大学学报(自然科学版),1988(3):99-112.
[3] 朱明.互为扭转支撑的平行梁系的非弹性屈曲[D].西安:西安建筑科技大学,2013.

[4] Yura J A. Fundamentals of beam bracing[J]. Engineering Journal,2003,38(1):11-26.
[5] American Institute of Steel Construction. Specification For Structural Steel Building[M]. Chicago,2010.
[6] 中华人民共和国行业标准. GB 50017—2017 钢结构设计标准[M]. 北京:中国建筑工业出版社,2017.

81. 自锚式悬索桥钢塔塔吊扶墙设计与局部受力分析

段召江[1] 张玉奇[1] 王琦[1,2]

(1.中交第二航务工程局有限公司;2.长大桥梁建设施工技术交通行业重点实验室)

摘 要:济南凤凰路黄河大桥为70m+168m+428m+428m+168m+70m的三塔自锚式空间缆悬索桥,主塔结构设计为A型塔,包括两个边塔和一个中塔,中塔高126m,塔柱结构形式分为结合段与钢结构段,结合段采用钢混组合结构,受拉区拉应力由钢束承担。该桥中塔采用2 800t·m塔吊吊装施工,塔吊基础预埋至中塔承台,边塔安装250t·m塔吊用以辅助吊装作业,边塔塔吊基础牛腿与钢塔焊接,塔吊与主塔均设置两道扶墙。采用MIDAS FEA软件建立钢塔板单元有限元模型,对扶墙杆件及钢塔局部受力进行分析。结果表明,各部位受力均满足规范要求。

关键词:自锚式悬索桥 钢塔 塔吊 附墙

1 概述

济南凤凰路黄河大桥主桥为三塔自锚式空间缆悬索桥[1],跨径为70m+168m+2×428m+168m+70m(图1),主梁标准宽度为61.7m,主桥跨度和桥宽均为同类桥型世界第一,全桥共设三座主塔,两座边塔和一座中塔,每座主塔包括两个塔柱、两个牛腿、一个下横梁和一个上横梁,主塔结构设计为A型塔,边塔塔高116.1m,中塔塔高126m,塔柱横桥向斜率均为1:20。塔柱按照结构形式分为结合段与钢结构段,前承压板顶面以下为钢结构段,前承压板顶面以上为钢结构段,结合段采用钢混组合结构,连接件采用剪力钉和开孔板连接件,受拉区拉应力由钢束承担,中塔结合段高17.02m,钢结构段高108.98m,边塔结合段高11.1m,钢结构段高105m。

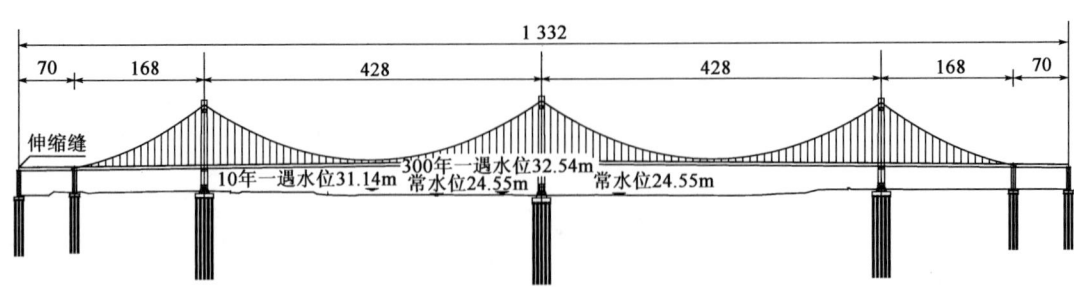

图1 凤凰路黄河大桥立面图(尺寸单位:mm)

中塔柱安装1台FHTT2800塔式起重机[2],起重机最大起重力矩为2 800t·m,起重臂长为60m,安装高度约为130m,塔吊基础预埋节预埋至中塔承台中,边塔安装一台ST70/27塔式起重机,最大起重力矩为250t·m,起重臂长为70m,安装高度约为85m,塔吊基础牛腿与主塔焊接,塔吊与主塔均设置两道扶墙进行连接,见图2、图3。

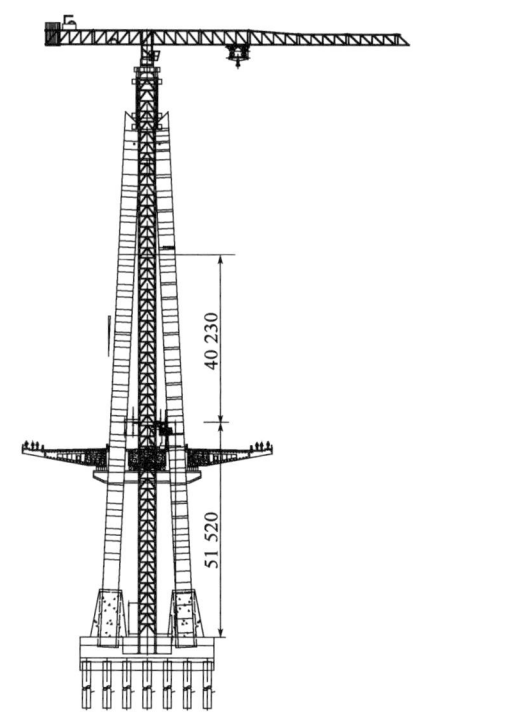

图2 中塔塔吊布置图(尺寸单位:mm)

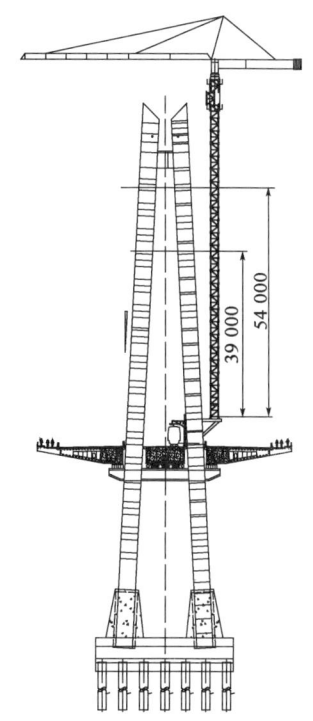

图3 边塔塔吊布置图(尺寸单位:mm)

由于钢塔施工工期较长,北方气候条件复杂,扶墙与塔柱连接位置成为整个钢塔体系的最薄弱部位,钢塔局部应力集中将会导致钢塔结构的破坏,而钢塔在悬索桥结构中承受主缆传递的巨大轴力,进而可能引起钢塔的失稳,为了避免可能出现的应力集中问题,使得结构受力更加合理,需要进行扶墙受力验算及钢塔局部应力分析,为塔吊的安装和使用提供理论支撑。

2 塔吊扶墙设计

中塔塔吊扶墙共设置两道,第一道距离塔底51.52m,第二道距离塔底91.75m,每道扶墙均设置四根撑杆,撑杆采用材质Q345B规格的$\phi 194 \times 18$钢管,为使结构受力更加均衡合理,第一道扶墙与第二道扶墙撑杆布置位置略有区别[3],见图4、图5。

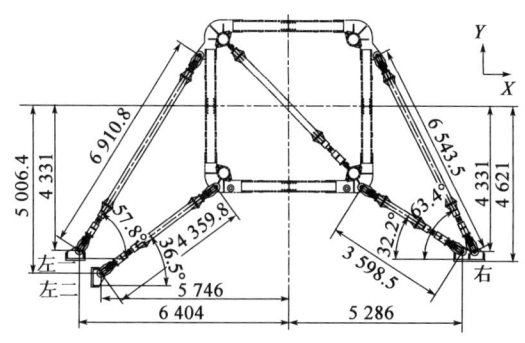

图4 第一道扶墙(尺寸单位:mm)

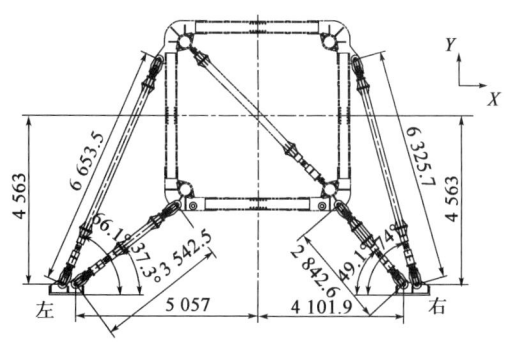

图5 第二道扶墙(尺寸单位:mm)

建立塔吊整体梁单元模型计算最不利荷载工况,计算得到不同变幅和回转工况下,扶墙支点位置的最大受力荷载,见表1。

最不利荷载工况 表1

工况	第一道扶墙节点力						第二道扶墙节点力	
	左一(kN)		左二(kN)		右(kN)		左(kN)	右(kN)
	X	Y	X	Y	X	Y		
工况一	248	421	160	125	—	—		
工况二	56	95	-391	-305	—	—		
工况三	—	—	—	—	-564	-514		
工况四							-525	-524
工况五							437	-584

撑杆选用 $\phi194 \times 18$ 的钢管,得到杆件的基本属性:截面面积 $A = 9\,952.6\text{mm}^2$,回转半径 $i = 62.54\text{mm}$,基本许用应力 $[\sigma] = \sigma_s/1.34 = 325/1.34 = 242.5(\text{MPa})$,允许长细比取 $[\lambda] = 150$。对两层扶墙的强度和刚度进行验算。

以撑杆一为例,强度验算:撑杆所承受轴力 $N_1 = 488.4\text{kN}$,得到撑杆承受最大应力 $\sigma = N_1/A = 49.07\text{MPa} < [\sigma]$,满足强度要求;刚度验算:长细比 $\lambda_1 = l_1/i_1 = 110.5 < [\lambda]$,查表得 $\psi = 0.413$,$\sigma = N_1/\psi A = 118.9\text{MPa} < [\sigma]$,同样计算其他撑杆强度值见表2,撑杆强度均能满足规范要求[4]。

撑杆强度值 表2

撑杆	第一层扶墙				第二层扶墙			
	撑杆1	撑杆2	撑杆3	撑杆4	撑杆1	撑杆2	撑杆3	撑杆4
长细比 λ	110.5	69.7	57.54	104.6	106.4	56.7	45.5	101.2
刚度应力值 σ(MPa)	118.9	65.9	50	72.1	70.1	65.8	68.7	26.3
	许用长细比 $[\lambda] = 150$,许用应力 $[\sigma] = 242.5\text{MPa}$							

3 钢塔局部受力分析

3.1 有限元模型建立

采用 MIDAS FEA 软件中板单元建立钢塔局部有限元模型[5],中塔塔吊与钢塔连接位置钢塔壁板和肋板材质均为 Q420qE,壁厚60mm,加劲板规格为 50mm×500mm,横隔板厚16mm,底部设置为全部固结,钢塔与塔吊连接位置处采用主从刚性连接进行模拟,刚性连接范围根据塔吊与主塔连接支座尺寸设置,在主节点位置按照表1施加最不利节点力,有限元模型图6。边塔材料尺寸与中塔相同,塔吊支腿采用双拼 588×300 工字钢形式,长4.5m,高3.5m,宽2.1m,塔吊与支腿支点位置也采用主从节点形式模拟,模型见图7。

3.2 中塔分析计算

根据塔吊吊装塔支受力选取5个最不利荷载工况(表3),其中工况五钢塔 Mises 等效屈服应力及变形值最大:局部最大横向变形0.60mm,纵向变形0.74mm;最大等效应力为85.3MPa,发生在塔吊与钢塔连接支座位置处,见图8。

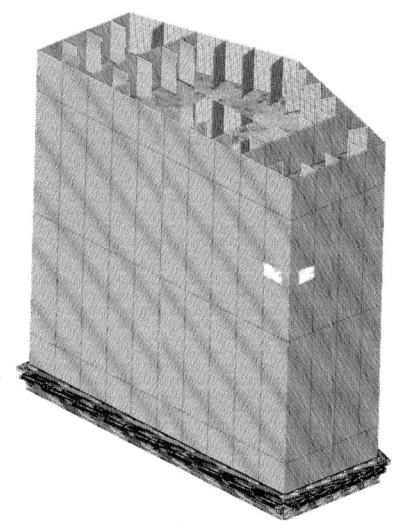
图6 中塔模型

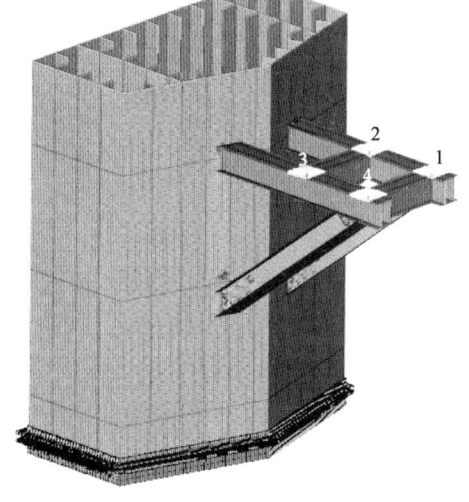
图7 边塔模型

局部计算结果 表3

工 况	最大横向位移(mm)	最大纵向位移(mm)	最大等效应力(MPa)
工况一	0.29	0.40	77.1
工况二	0.42	0.40	64.9
工况三	0.58	0.56	68.0
工况四	0.57	0.64	74.9
工况五	0.60	0.74	85.3

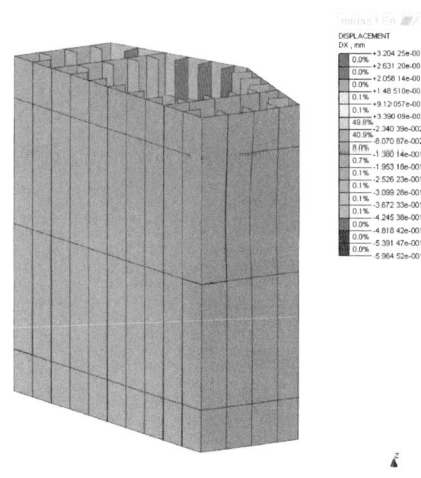
a)最大横向位移

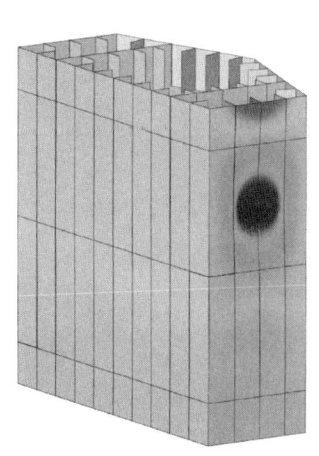
b)最大纵向位移

图 8

527

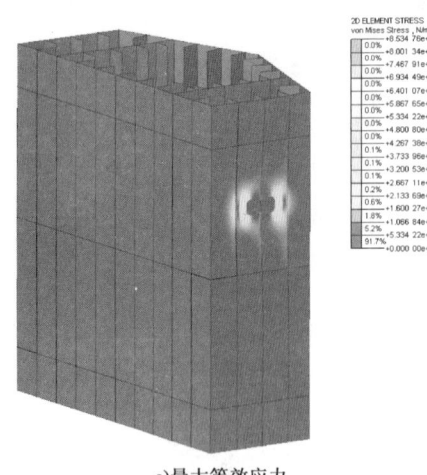
c)最大等效应力

d)局部放大应力云图

图 8　中塔计算结果

3.3　边塔分析计算

边塔塔吊利用杆系单元整体模型计算最不利荷载工况下支腿支点荷载值,支点布置参见7,荷载值见表4。

最不利工况支点荷载值　　　　　　　　表4

支　　点	荷　载　值		
	正拉力(kN)	M_x(kN·m)	M_y(kN·m)
支点1	626.390	6.94	5.03
支点2	814.969	16.79	9.52
支点3	-1 267.117	11.69	-3.73
支点4	-1 140.295	12.45	4.98

计算得到,在最不利荷载工况下,最大横桥向位移为3.63mm,最大纵桥向位移为5.74mm,最大竖向位移4.63mm,钢塔最大Mises等效应力为229.2MPa,发生在横隔板位置处,见图9。

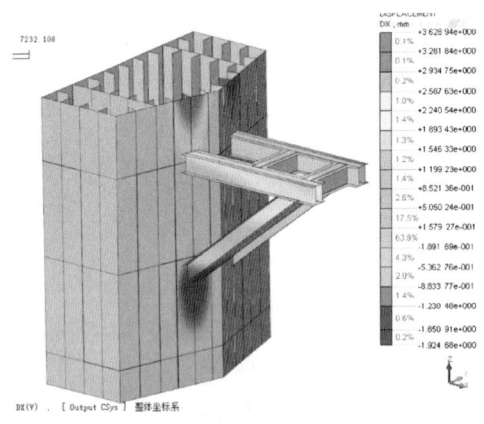
a)最大横桥向位移

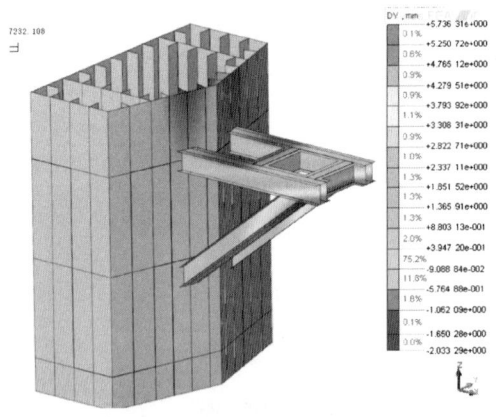
b)最大纵桥向位移

图　9

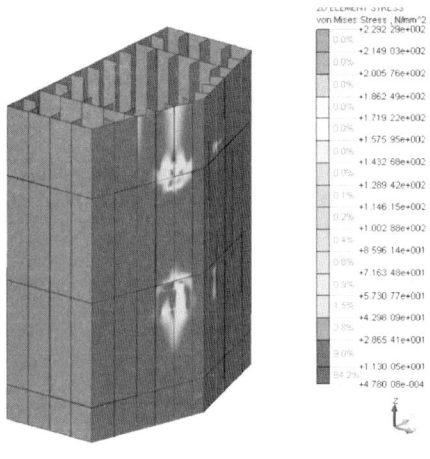
c) 最大等效应力

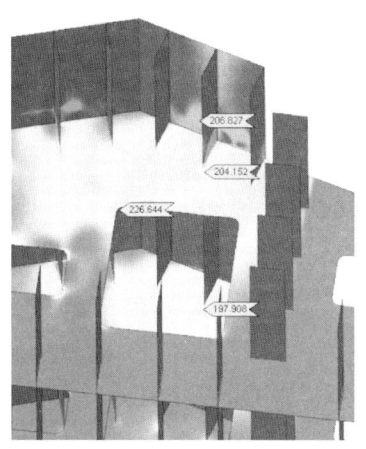
d) 局部放大应力云图

图9 边塔计算结果

4 结语

由于钢塔施工工期较长,扶墙与塔柱连接位置为钢塔建设过程中最为薄弱的部位,为避免钢塔应力集中导致的结构失稳,本文结合 MIDAS FEA 软件进行了钢塔局部应力分析,依据《钢结构设计标准》(GB 50017—2017)得到结果如下:

(1)中塔塔吊扶墙撑杆最大长细比为 $\lambda=110.5<[\lambda]$,承受最大应力为 $\sigma=118.9$MPa $<[\sigma]$,撑杆强度及刚度均能满足规范要求。

(2)中塔与扶墙连接位置在最不利荷载工况作用下最大横向位移为 0.60mm $<$ 1.825mm($L/400$),最大纵向位移 0.74mm $<$ 1.825mm($L/400$),最大等效应力 85.3MPa $<$ 320MPa,满足规范要求。

(3)边塔与扶墙连接位置在最不利荷载工况作用下最大位移为 3.63mm $<$ 11.25mm($L/400$),最大等效应力 229.2MPa $<$ 375MPa,满足规范要求。

参 考 文 献

[1] 田唯,刘建波,游新鹏.三塔悬索桥中间塔施工关键技术[J].中国工程科学,2012,14(05):23-28.
[2] 戴书学.泰州长江公路大桥钢塔柱吊装施工[J].中国港湾建设,2011(02):51-54.
[3] 聂井华.摄乐大桥塔吊扶墙与塔肢临时对撑整体桁架设计[J].桥梁建设,2017,47(03):94-98.
[4] 王明玉,刘小华.超高层建筑爬塔支撑架设计及有限元分析[J].钢结构,2016,31(08):58-62+80.
[5] 许世展,怀臣子,杨纪,等.自锚式悬索桥钢—混结合段局部受力分析[J].公路工程,2019,44(05):1-3+30.

82. 宽幅连续组合钢箱梁剪力滞效应研究

吴怀强

(上海市政工程设计研究总院(集团)有限公司)

摘　要：本文以G220至济青高速公路王舍人互通立交连接线工程的主桥的北侧水中引桥为例,应用大型通用有限元软件ABAQUS 6.14,建立组合钢箱梁的空间板壳模型,分析在均布力作用下的混凝土板和钢箱梁的剪力滞效应沿纵向的分布规律,与纯钢箱梁和规范规定的计算方法对比,得出关于宽幅组合钢箱梁设计的几点建议。

关键词：宽幅　剪力滞效应　组合钢箱梁　有效宽度

1　引言

随着国家经济的飞跃式发展,钢结构桥梁的应用越来越普及,特别是组合钢箱梁优势明显。

组合钢箱梁是通过剪力连接件将钢箱梁和混凝土桥面板结合合在一起,共同参与受力的一种结构形式。这种结构形式不仅能够充分发挥两种材料各自的力学性能,还基本解决了钢箱梁正交异性钢桥面板的铺装层破坏和疲劳问题[1]。然而,组合钢箱梁也存在与钢箱梁同样的问题——剪力滞效应,特别是对于宽幅,大宽跨比的桥梁,剪力滞效应会明显减小顶底板的有效宽度,削弱结构的截面强度,可能引起结构的安全问题,需要在设计时引起重视。

由于北侧水中引桥兼有大宽跨比、桥面宽、腹板间距大、车道数多且通行轨道交通等特点,与同等跨度连续组合钢箱梁相比,反映在桥梁结构上的技术特点是宽幅主梁,剪力滞效应突出。目前国内外设计规范针对组合梁剪力滞效应的规定并不统一,且相关规范针对宽幅桥的计算结果折减大。因此,有必要对主梁剪力滞效应开展专题研究,确保设计结构的安全。

2　研究背景

G220至济青高速公路王舍人互通立交连接线工程位于济南市,北侧水中引桥采用4×80m连续组合钢箱梁桥型方案。因为水中引桥紧接主桥,为与主桥的造型协调,横断面外轮廓和主桥横断面外轮廓保持一致,见图1。主梁采用正交异性组合桥面板组合梁,钢梁高4m,横隔板标准间距4.5m,混凝土桥面板厚12cm(轨道交通位置未铺设)。桥梁设双向8车道,预留双线轨道交通实施空间,全宽61.7m。

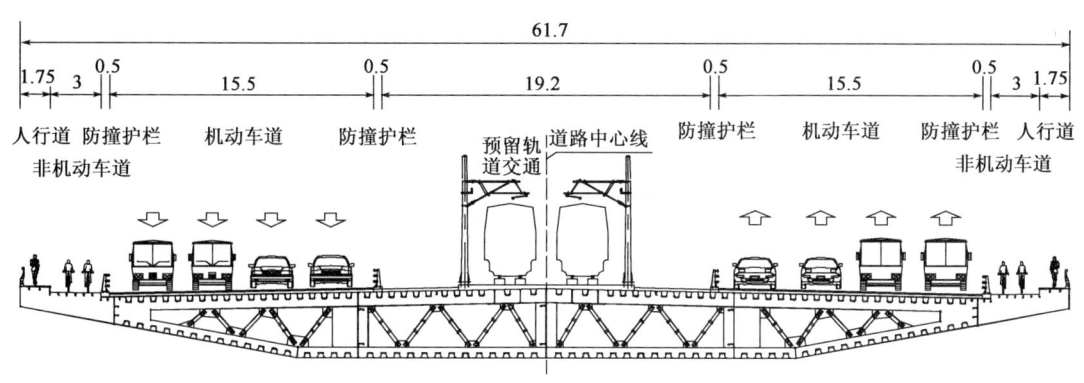

图1 钢箱梁横断面(尺寸单位:m)

研究剪力滞的方法,可分为模型试验、解析法及数值法三类。模型试验的周期长,人力和资金投入大,不适合一般的工程。解析法理论主要有卡曼理论、弹性理论法、比拟杆法及能量变分法四种。解析法理论性强,但实际工程中,结构体系多样,截面构造复杂,会导致求解困难。为求出数值解,需对结构进行简化或者假设,而这必然引起结果的偏差。与上述的两种研究方法相比,有限元数值法优势明显。有限元数值法原理相对简单,易操作,投入少,是目前结构分析的常用方法。

目前相关规范已经规定了考虑剪力滞影响的混凝土板和钢箱梁翼缘有效宽度的计算方法。为验证规范计算方法对宽幅桥的适用性,故也有必要进行有限元数值法验算。考虑到本文的背景工程是常规的连续梁结构,即使建立全桥板壳模型,规模和难度也不会太大。

3 规范计算方法

3.1 钢箱梁顶底板的有效宽度

相关学者研究了均布荷载和集中力两种荷载形式下箱梁剪力滞效应,绘制了两条折减系数曲线。日本规范所规定的折减系数曲线由这两条曲线包络,随着 bi/L 的增大,逐渐由均布荷载曲线向集中力曲线变化。连续梁等效跨径的规定参考了近藤和夫等人提出的"解肢法",即将连续梁在弯矩为零处断开,折算为等价简支梁再计算剪力滞的方法。见表1。

考虑剪力滞的翼缘有效宽度和折减系数　　　表1

跨径(m)	边跨	中支点	中跨	中支点	中跨	中支点	边跨
	80	—	80	—	80	—	80
等效跨径(m)	64	32	48	32	48	32	64
顶板有效宽度(m)	39.39	23.74	33.56	23.74	33.56	23.74	39.39
折减系数	0.75	0.45	0.64	0.45	0.64	0.45	0.75
底板有效宽度(m)	27.53	19.59	26.00	19.59	26.00	19.59	27.53
折减系数	0.94	0.67	0.89	0.67	0.89	0.67	0.94

《公路钢结构桥梁设计规范》(JTG D64—2015)中关于钢箱梁桥面板有效翼缘宽度的计算方法和日本道路桥示方书关于钢箱梁桥面板有效翼缘宽度类似[2]。对本桥的钢桥面板的有效宽度按《公路钢结构桥梁设计规范》(JTG D64—2015)第5.1.8条计算。

由于靠人行道的短腹板距边腹板的距离有15.1m,且该腹板的尺寸和刚度都远小于边腹板和中腹板,故不考虑人行道下的腹板,顺接的顶板可近似按悬臂板考虑。

由表1可知,中支点的顶板翼缘的有效宽度仅有23.74m,折减系数为0.45,相当于一半以上的顶板没有发挥作用。如果直接采用规范计算的折减系数,不管是加厚顶板,或者加腹板道数,都势必会导致用钢量的增加。且在本工程中,在次中墩墩顶和中墩墩顶均设置了底板结合混凝土。结合混凝土能分担底板承受的压力,也能相应减小顶板的拉应力。由于规范采用的计算方法不能考虑底板结合混凝土的作用,为避免规范的计算结果太过保守,下节采用有限元模型进行分析验证。

3.2 混凝土桥面板的有效宽度

关于混凝土构件有效宽度的计算在《公路钢筋混凝土及预应力混凝土桥涵设计规范》(JTG 3362—2018)(下简称"规范一")和《公路钢混组合桥梁设计与施工规范》(JTG/T D64-01—2015)(下简称"规范二")中均有相关规定。

在规范一中,混凝土板有效宽度包括腹板的宽度,然而对于钢箱梁,其腹板宽度很小,导致其贡献无法考虑;在规范二中,混凝土板的有效宽度和剪力钉布置有关,在钢板梁上应用是合理的,但钢箱梁顶板上一般横向满布剪力钉,如按此计算,相当于取全宽,明显不合理。

综合上述存在的问题,借鉴组合钢板梁相关计算方法,将钢板梁受压翼缘伸出肢宽作为腹板贡献考虑(规范中的 b_0),即按24倍的顶板厚度计。该假设下的有效宽度计算结果见表2。

规范一和规范二混凝土桥面板有效宽度和折减系数　　表2

计算位置	边支点	边跨跨中	中支点	中跨跨中	中支点
跨径(m)	—	80	—	80	—
等效跨径(m)	64	64	32	48	32
规范一有效宽度(m)	21.337	27.749	12.797	19.195	12.797
规范一折减系数	0.51	0.67	0.31	0.46	0.31
规范二有效宽度(m)	29.846	33.517	22.101	28.184	22.101
规范二折减系数	0.71	0.82	0.54	0.69	0.54

由表2可知,两规范在计算位置的划分和等效跨径是一致的,然而两者的计算结果仅在变化趋势上相同,数值上差别较大,不能为设计提供有意义的参考,故也将在下节采用有限元模型进行分析验证。

4 有限元分析方法

本文将组合梁分为钢主梁与桥面板两部分,按实际比例建立模型。为对比与纯钢箱梁的不同,将钢主梁独立出来,建立钢箱梁模型。

钢主梁采用板单元模拟,桥面板采用实体单元模拟,两者之间的相互作用采用共节点的方式连接。边界条件模拟主要是根据支座在钢主梁底板的实际接触面积,并选取接触面积内节点予以约束,各个支座处节点自由度约束按三跨连续梁边界条件的施加。在模型里施加均布面压力,均布面压力是将实际工程中二期恒载均匀分摊到桥面板实际作用区域转换而成的等效荷载。如图2、图3所示。

4.1 钢箱梁的剪力滞效应分析

为与规范计算的结果进行对比,选取与规范计算位置相同的位置:边跨跨中,次中墩墩顶,中跨跨中和中墩墩顶。如图4~图11所示。

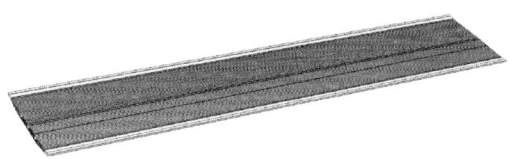

图 2 全桥有限元模型

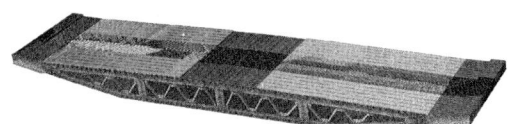

图 3 局部节段细节

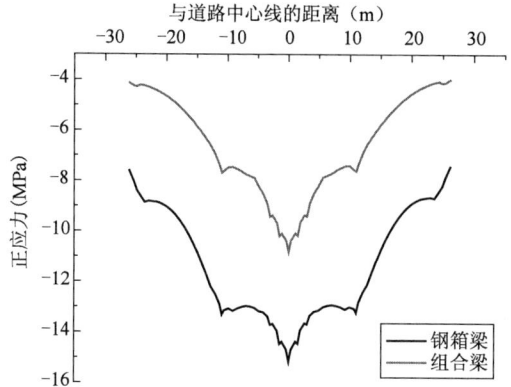

图 4 边跨跨中顶板正应力横向分布

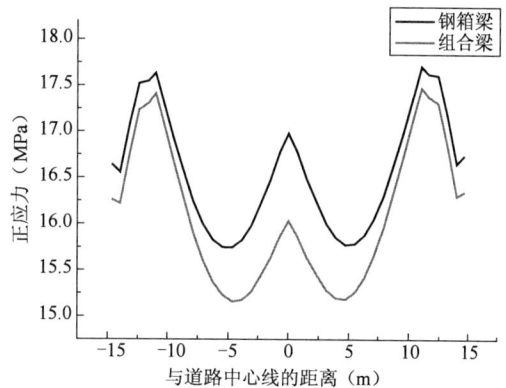

图 5 边跨跨中底板正应力横向分布

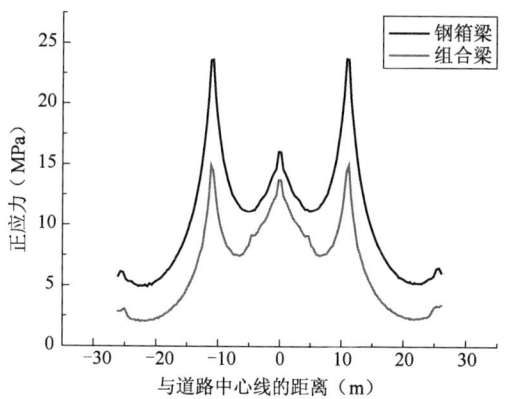

图 6 次中墩墩顶顶板正应力横向分布

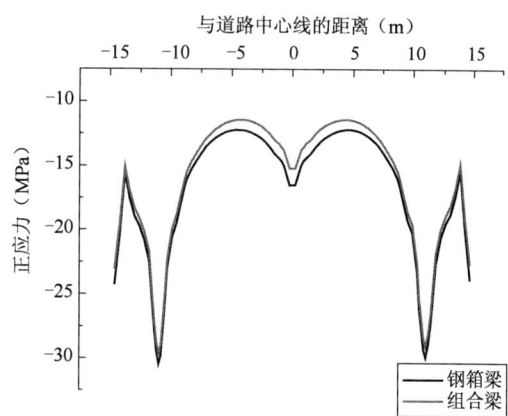

图 7 次中墩墩顶底板正应力横向分布

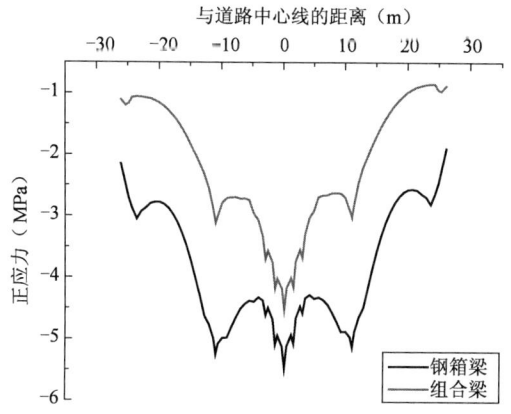

图 8 中跨跨中顶板正应力横向分布

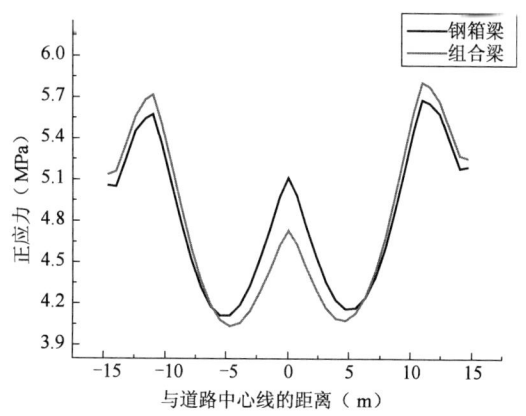

图 9 中跨跨中底板正应力横向分布

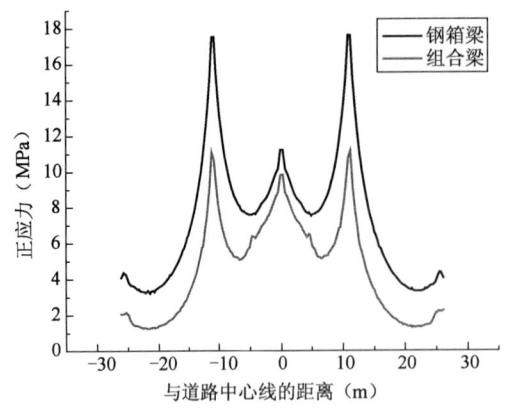
图 10 中跨墩顶顶板正应力横向分布

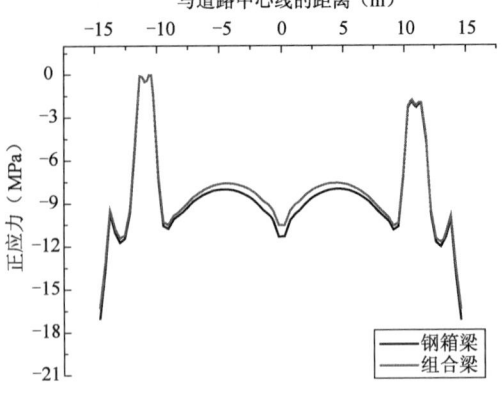
图 11 中跨墩顶底板正应力横向分布

从上述图可知，在均布荷载作用下，组合梁和纯钢箱梁的正应力横向分布趋势是一致的，但组合梁的各个部位的顶板应力值均明显小于钢箱梁，特别是边腹板位置的正应力，而这正是因为在边腹板位置加设了混凝土桥面板，未设置混凝土桥面板的中腹板位置的顶板正应力与钢箱梁相差较小。

在顶板受力最大的墩顶处，组合梁的三道腹板位置处顶板受力均匀，而钢箱梁的边腹板位置处的顶板受力集中，远大于中腹板处的顶板应力，是截面受力的控制点，如腹板设置一样的板厚，容易造成材料的浪费。也验证了人行道处腹板受力小，对截面受力贡献很小。

而对于底板，两者的差异并不大，但在设置支座的位置都出现了应力集中的现象，所以墩顶底板处的剪力滞折减系数有失真的可能。

如图 12、图 13 所示，对顶板和底板，规范计算值和纯钢梁有限元模型的计算值吻合程度高，边跨跨中顶板折减系数均在 0.75 左右，次中墩墩顶顶板的折减系数也在 0.45 左右，中墩墩顶顶板的折减系数规范计算值略大于纯钢梁有限元模型计算值。

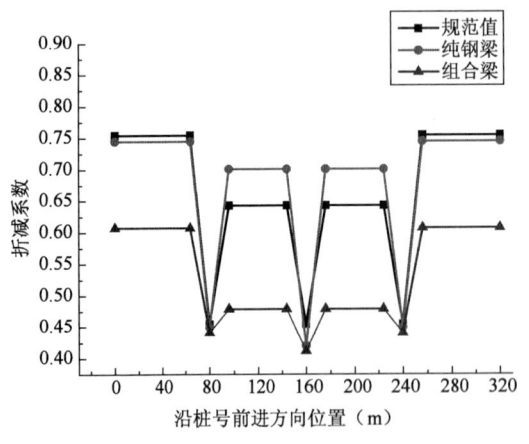
图 12 顶板剪力滞折减系数

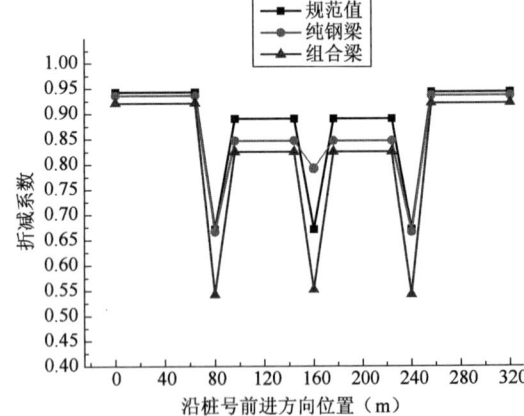
图 13 底板剪力滞折减系数

组合梁有限元模型的跨中顶板折减系数计算值和规范值相差较大，而通过对应力图分析可以发现，主要是由于组合钢箱梁轨道交通位置未铺设混凝土，此处的顶板应力较另两道外侧腹板上方顶板的应力差别较大。

墩顶顶板折减系数计算值和规范值相差很小，三者的差别不大，这与实际工程中的也相呼应。墩顶混凝土在负弯矩作用下,经常是开裂状态,不计入混凝土的贡献。

组合梁有限元模型跨中底板的折减系数计算值和规范计算值吻合程度高,但在墩顶底板处差别很大,与前文中底板的应力集中现象相符合。可以通过对支座位置一定范围的正应力进行平滑圆顺过渡,可以得到比较吻合的结果。

4.2 混凝土桥面板的剪力滞效应分析

为与规范计算的结果进行对比,选取与规范计算位置相同的位置:边支点、边跨跨中、次中墩墩顶、中跨跨中和中墩墩顶。

如图14所示,三者的变化趋势是一致的,但规范一的计算结果明显小于另外两个的计算结果,可推论,规范一不适用于组合钢箱梁混凝土板的有效宽度计算。

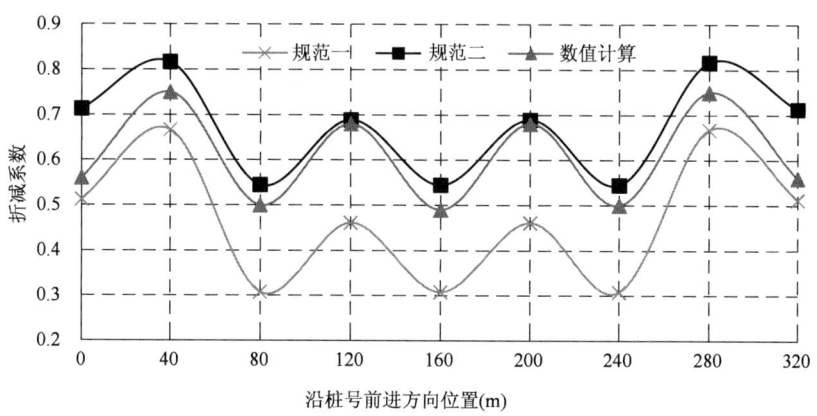

图14 混凝土板剪力滞折减系数

数值计算结果和规范二的贴合程度很好,除了边支点的折减系数差别较大外,证明之前对规范的假设是合理的。由于边支点位置承担的弯矩值很小,验算的内力控制项为剪力,所以该差异在验算弯矩作用时也是可以接受的。

4.3 小结

经过有限元分析,在均布荷载作用下,组合梁顶板的折减系数相对较小,但在控制截面——墩顶位置较一致,底板的折减系数始终较为匹配。纯钢箱梁的《公路钢结构桥梁设计规范》(JTG D64—2015)的计算结果和数值计算结果吻合程度很好,所以此规范适用于纯钢箱梁的设计。

以本文的假设为前提,混凝土板有效宽度的计算方法可参考《公路钢混组合桥梁设计与施工规范》(JTG/T D64-01—2015),能满足实际工程设计要求。

通过对比可以发现,组合钢箱梁的混凝土板和钢箱梁的折减系数是不一致的,混凝土板的剪力滞折减系数要大于钢箱梁的折减系数。在设计时,可考虑钢箱梁顶板在横桥向不同位置使用不同板厚的钢板,腹板上方使用较厚的板材,其余部分在满足规范的基础上可按构造设计。

5 结语

通过规范和有限元计算,不管是纯钢梁还是组合梁,在墩顶位置的折减都在0.45左右,这对控制截面非常不利。故对宽幅连续组合钢箱梁进行设计时,需特别注意剪力滞效应。

组合钢箱梁的设计不能简单参照钢桥的设计规范,本文提出了计算适用于组合钢箱梁的混凝土板有效宽度的方法。虽然混凝土桥面板的作用是减小了钢箱梁的受力,但在折减系数上的体现不明显,也需在设计时多加注意。

参 考 文 献

[1] 吴冲.现代钢桥[M].北京:人民交通出版社,2006.
[2] 高昊,王会利,张哲.英日规范中钢箱梁桥面板有效翼缘宽度的对比分析[J].中外公路. 2016(2).

83. 基于 USDFLD 子程序的混合梁结合段剪力键非线性有限元分析

汪维安[1] 田 波[1] 易志宏[1] 冯 练[1] 赵灿晖[2]

(1. 四川省公路规划勘察设计研究院;2. 西南交通大学土木工程学院)

摘 要:针对荆岳长江公路大桥混合梁钢混结合段的设置,结合 PBL 剪力键群荷载传递的试验数据,对剪力键群的极限承载能力、键群的荷载分担及荷载传递过程进行非线性有限元模拟分析。分析表明:CDP 塑性损伤模型能够很好地预测及模拟混凝土结构的损伤特性,基于用户子程序 USDFLD 对材料点及单元积分点对场变量的自动更新功能,可实现对混凝土剪胀角功能梯度模型的有效模拟;剪力键的荷载传递总是从近载端向远载端进行传递,PBL 剪力键承载力受边界条件的影响较为明显。

关键词:钢混结合段 开孔板剪力键 接触 损伤塑性模型 USDFLD

1 引言

荆岳长江公路大桥主桥为主跨 816m 的双塔不对称混合梁斜拉桥,跨径组合为(100 + 298) + 816 + (80 + 2 × 75) m,主桥采用半漂浮结构体系。钢混结合段长 5.5m,采用前后承压板部分连接填充混凝土的方式,为确保钢箱梁与混凝土箱梁间的剪力传递,在钢隔室的腹板上设置了多道开孔板剪力键(PBL)。混合结构 PBL 剪力键的性能明显依赖于混凝土与开孔板的构造、特性及其相互作用,在剪力键静载受力的全过程中,混凝土榫、穿孔钢筋、外围混凝土及横向约束均不同程度地存在强烈的非线性受力及相互作用。试验研究虽然能从总体上较好地把握结构的宏观力学性能,但其周期长、费用高,同时对剪力键的微观损伤及失效过程缺乏全面把握。因此,本文结合 PBL 剪力键群荷载传递的试验数据,利用大型通用有限元软件 ABAQUS,对剪力键群的极限承载力、键群的荷载分担及荷载传递过程进行非线性有限元模拟分析。

2 ABAQUS 有限元模拟

本文利用 ABAQUS 对 4 排、6 排和 8 排剪力键群进行有限元数值模拟。图 1 给出了 8 排 PBL 剪力键试件的有限元模型,为节约计算成本采用 1/4 试件模型。试件加载采用竖向位移加载模式,为避免引起局部应力集中,位移加载作用于开孔板顶端的参考点上,为消除开孔板

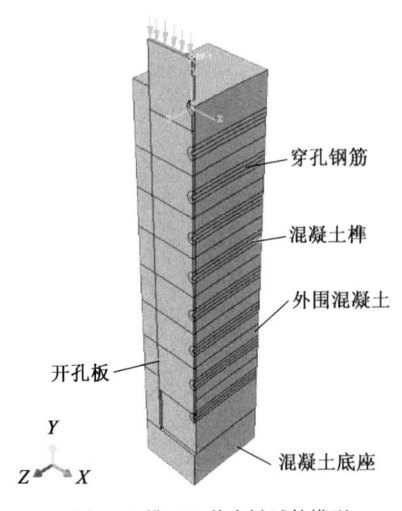

图1 8排PBL剪力键试件模型

底部支撑的影响,开孔板下缘与混凝土底座脱空。

对于单元类型的选择,横向约束钢筋采用T3D2两节点三维桁架单元,该单元只承受轴向应力而不具有法向剪切受力。外围混凝土及开孔钢板采用C3D8R一阶减缩积分单元,C3D8R单元能够很好地承受扭曲变形,且通过细化网格及增加单元数量能够较好地解决非线性接触问题。图2给出了8排剪力键试件各部件的有限元网格及其类型。横向约束钢筋作为钢筋骨架离散后整体嵌入外围混凝土主单元中,钢筋嵌入技术不考虑主从单元间的相对滑移,而通过计算主从单元节点间的相对位移及转动,实现从属节点的单元刚度矩阵的处理,有效避免了接触界面模拟所需的大量且耗时的迭代过程,大大简化了计算分析。

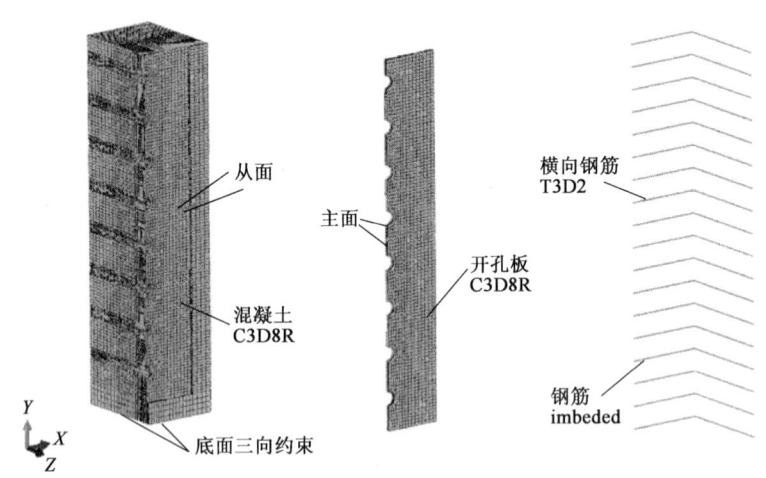

图2 8排PBL剪力键有限元单元及类型

2.1 接触模拟

接触模拟是剪力键群有限元模拟的关键,直接关系到计算的收敛及模拟的精度。模型中的接触对包含四个部分:①开孔板与面外混凝土的接触;②开孔板侧面厚度方向与外围混凝土的接触;③混凝土榫与开孔上下缘的接触;④开孔内穿孔钢筋与混凝土榫的接触。

接触面的相互作用包含接触对之间的法向压力行为及切线摩擦行为,由于开孔板与外围混凝土间存在较强的界面摩擦及黏聚力,因此接触对①须考虑界面间的切线摩擦力,其余三个接触对可只考虑界面间的法向接触。考虑到剪力键群在达到屈服位移时混凝土榫已经完全断裂并产生一定的相对滑移,故设置三个荷载步:Step1为让各部件接触对稳定,设置0.01mm的初始位移加载;Step2位移加载至屈服滑移(约对应于$0.08d$);Step3位移加载至20~30mm。在Step1、Step2荷载步下混凝土榫不存在宏观滑动面,在外围混凝土内的混凝土榫与开孔内的混凝土榫采用Tie固结方式,在Step3荷载步下释放混凝土榫两接触面的约束。

为加速收敛,采用"软"接触的指数型压力—过盈关系模式,如图3所示,横轴定义了接触面间的间隙距离h,竖轴定义了法向接触压力p,而接触压力是间隙的指数函数。当接触面间的间隙减小到c时,接触压力开始形成,随着间隙的逐步减小,接触压力与间隙呈指数分布。

根据试验研究及 CEB M90 规范[1]，c 值取 0.1mm；p_0 与横向约束有关，根据 Haskett 等[2] 对剪力—摩擦滑动面的研究，p_0 的最小值取 $0.24f'_c$。

在法向接触压力作用下，接触面可传递切向应力，即摩擦力。摩擦系数 μ 采用如图 4 所示的指数衰减模型，公式如下[3]：

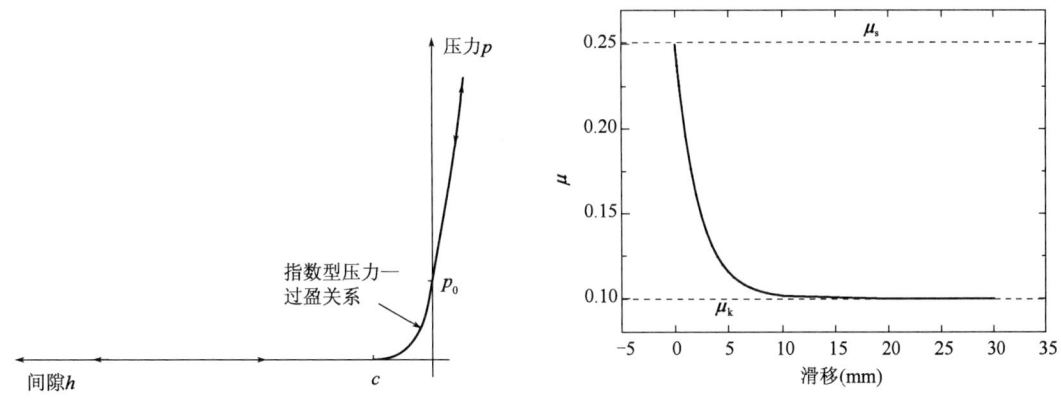

图 3 指数型压力—过盈"软接触" 　　　图 4 呈指数衰减的摩擦系数

$$\mu = \mu_k + (\mu_s - \mu_k)\exp(-d_c \dot{\gamma}_{eq}) \tag{1}$$

式中：μ_s——静摩阻系数；

　　　μ_k——动摩擦系数；

　　　d_c——用户定义的指数衰减系数；

　　　$\dot{\gamma}_{eq}$——滑移率。

根据 Huu 等[4] 对方钢管混凝土的摩擦系数取值，并结合 Lamya 等[5] 给出的钢筋结合面的摩擦模型，在准静态动力分析中，分别取 μ_s、μ_k、d_c 为 0.25、0.1、0.45。

2.2 材料及参数

剪力键群有限元模型中的材料主要包含混凝土、钢板及钢筋。其中开孔钢板及横向钢筋采用理想弹塑性本构模型；穿孔钢筋采用考虑强化效应的弹塑性力学模型，并考虑穿孔钢筋的延性损伤及剪切损伤断裂行为，当单元所有积分点的损伤变量达到损伤退化阈值后，损伤单元不再具有刚度贡献，并自动从计算中移除；混凝土采用损伤塑性模型（CDP），其核心是假定混凝土的破坏形式为拉裂和压碎。

CDP 模型采用非相关联流动法则，其屈服面函数及流动势函数的确定依赖于四个主要常数，分别是 p-q 平面上的剪胀角 ψ、流动势偏移值 ϵ、双轴极限抗压应力与单轴极限抗压应力比 σ_{b0}/σ_{c0} 以及拉伸子午面上和压缩子午面上的第二应力不变量之比 K_c。如为加快收敛，还需输入在黏塑性正则法的混凝土本构方程中的黏性参数 μ。参考文献[4]及[6]~[8]中对 CDP 模型的各项参数的研究，结合混凝土材料的实际特性，得到不同塑性剪切应变下，混凝土的剪胀角曲线，如图 5 所示。

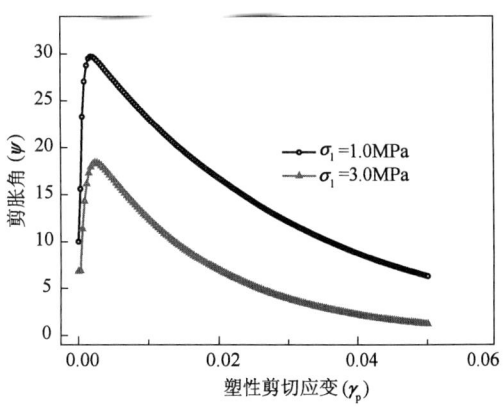

图 5 不同侧向围压下混凝土的剪胀角特征曲线

3 有限元参数的实现

根据前文的讨论,可以看出在材料强度确定的情况下,混凝土榫的剪胀角 ψ 与塑性剪切应变和围压有关,其余部分的外围混凝土的剪胀角参数则与受拉和受压损伤相关,可分别表述为如下函数:

$$\psi \sim f(d) \tag{2}$$

$$\psi \sim f(\gamma_p, \sigma_1) \tag{3}$$

由式(2)和式(3)可以看出,剪胀角参数是相关参数的功能梯度函数。本文采用 USDFLD 作为二次开发平台,通过定义场变量(field)为状态变量(应力、应变、位移等中间变量 statev)的函数,实现程序在材料点及单元积分点对场变量的自动更新,其与 Marc 处理功能梯度的思路一致,完全适合于式(2)和式(3)给出的混凝土剪胀角功能梯度模型的计算。在 Abaqus/Standard 求解器中调用子程序 USDFLD 的过程见图 6。

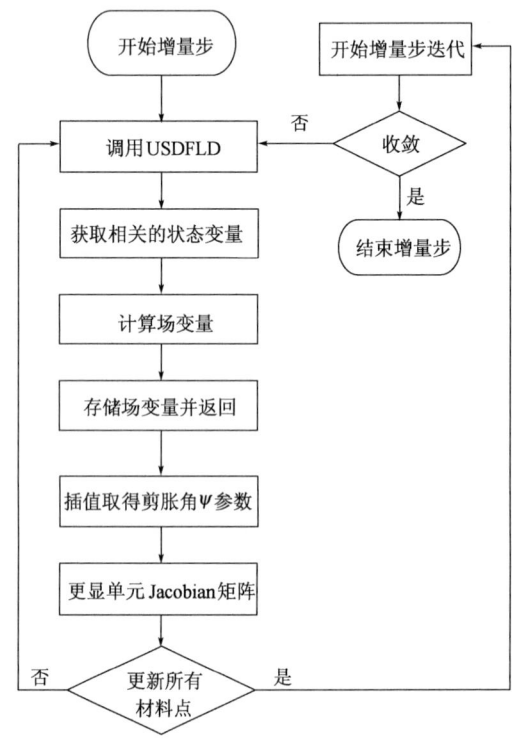

图 6 USDFLD 子程序调用流程图

4 结果分析

4.1 键群极限承载力结果

在 Abaqus/Explicit 有限元程序中,通过对 4 排、6 排及 8 排 PBL 剪力键群试件进行极限承载能力分析,得到了各排剪力键群试件静载全过程的荷载-滑移曲线。

图 7 给出了 6 排剪力键群荷载传递试件中 SCG6-5、SCG6-7 两试件的试验及有限元(FEM)分析结果,其中滑移指近载端开孔板顶部的位移,荷载指 6 排剪力键的总荷载。可以看出试验与 FEM 的计算结果具有较好的一致性,特别是键群的极限承载力相当吻合,这表明

FEM 中的参数取值较为合理,CDP 塑性损伤模型能较好地模拟 PBL 剪力键的静载全过程。

图 8 给出了 SCG6-5、SCG6-7 两试件分别采用子程序方法(FEM)和不采用子程序方法(NON)确定剪胀角参数 ψ 计算得到的荷载—滑移曲线。可以看出采用子程序 VUSDFLD 将剪胀角 ψ 作为场变量计算得到的荷载—滑移曲线均具有塑性强化段,表现为荷载随着滑移的增大而增加,在剪力键到达极限承载力前曲线并不存在负刚度,这也是混合结构 PBL 剪力键区别于叠合梁剪力键的显著特征;而不采用子程序接口(NON),即将剪胀角 ψ 作为恒定值的方法($\psi \approx \varphi/2$)得到的荷载—滑移曲线,均表现出后峰值软化的特征,即剪力键在屈服时即达到极限承载力,随后荷载随着滑移的增加而逐步减小,这明显与试验现象不符。

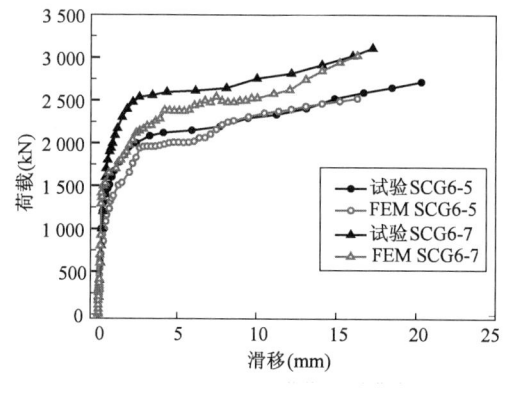 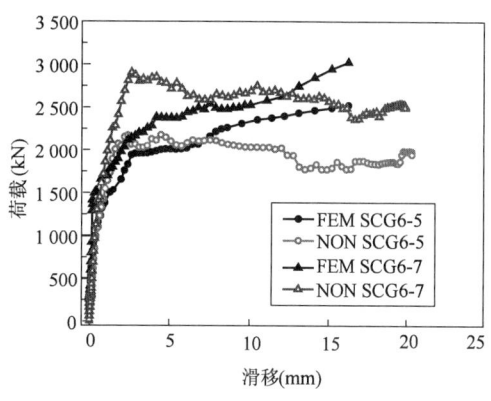

图 7　SCG6-5/SCG6-7 荷载—滑移曲线对比　　　　图 8　不同的 ψ 计算下的荷载—滑移曲线

图 9 给出了 4 排剪力键群中荷载传递试件 SCG4-1 的试验和有限元计算的荷载—滑移曲线。同样可以看出考虑剪胀角变化的有限元模型(FEM)得到的荷载—滑移曲线与试验曲线较为吻合,而不考虑混凝土剪胀变化的有限元模型得到的荷载—滑移曲线与试验曲线在屈服滑移后的偏移较大。图 10 给出了 8 排 PBL 剪力键的荷载—滑移有限元分析曲线,得到的规律与前述 4 排和 6 排剪力键群的规律具有较高的相似性。

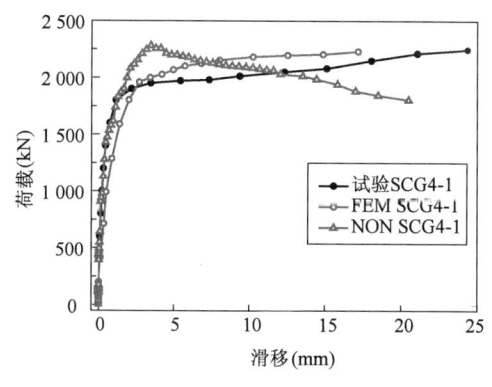 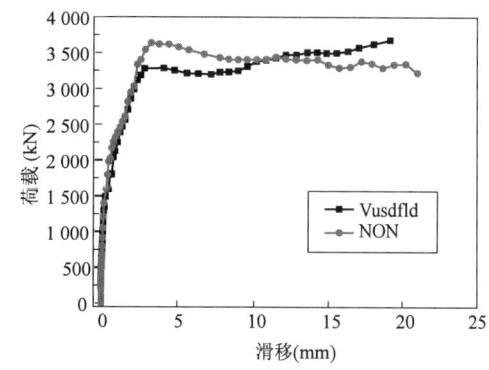

图 9　4 排剪力键的荷载—滑移曲线对比　　　　图 10　8 排剪力键的荷载—滑移曲线对比

图 11 给出了 SCG6-5 试件考虑混凝土的剪胀角随状态变量变化所计算得到的开孔内混凝土榫的损伤分布情况,其混凝土榫的损伤因子对应于位移加载 2mm 下的损伤变量 d [d = max(d_c, d_t)],立面图示出的是直剪面上混凝土榫的损伤分布。可以看出 2mm 位移加载时混凝土榫的直剪面开裂面已经形成,沿直剪面的混凝土榫单元出现了较大的相互错动,单元畸变较为严重,此时混凝土榫存在着较大的体积膨胀。

图 12 给出了图 11 中直剪面附近节点 A 的损伤因子随位移加载的演化情况,可以看出在位移加载 1.4mm 左右时,A 点的损伤剧烈增长,此时的位移约对应于剪力键的屈服位移,即随着穿孔钢筋的屈服,直剪面附近的混凝土榫出现了明显的损伤。

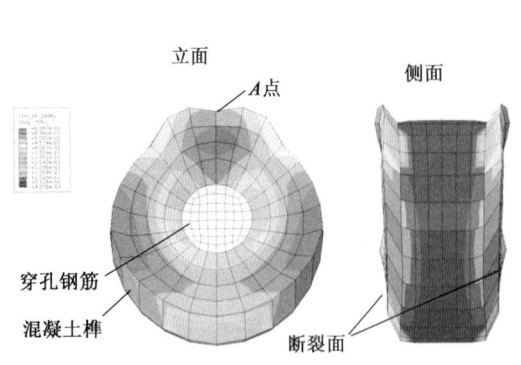

图 11 混凝土榫的损伤(dis=2mm)

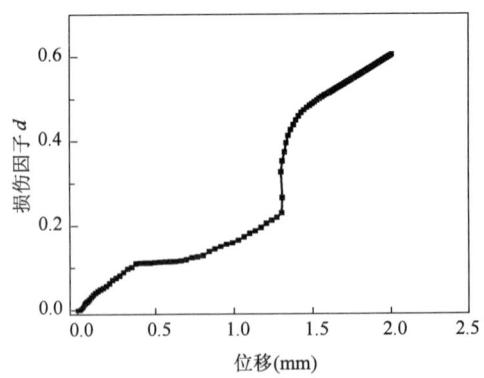

图 12 损伤因子的变化(A 点)

4.2 键群荷载传递计算结果

采用隐式静力有限元分析,混凝土材料采用 CDP 塑性损伤本构模型,开孔板与外围混凝土间的摩擦系数取 0.25,黏塑性规则化中的黏性参数 μ 取 0.000 5。将混凝土的剪胀角作为场变量,通过 Abaqus/Standard 程序提供的 USDFLD 子程序接口实现剪胀角随损伤或塑性剪切应变及围压等状态变量的变化。

图 13 示出了剪力键群荷载传递试件 SCG6-6 的荷载—滑移曲线,作为对比图中同时给出了试验得到的荷载—滑移曲线。可以看出试验曲线与有限元计算曲线吻合良好,说明 CDP 本构模型的参数取值合理,有限元模型较好地模拟了开孔板的接触、界面摩擦以及边界条件,同时与图 7 对比可知,隐式静力求解的精度要优于显示准静态动力求解。

图 14 示出了试件 SCG6-6 第一排 PBL 剪力键非混凝土榫(紧邻如图 11 所示 A 点)的损伤因子变化图。可以看出在滑移 0.397mm 后 A 点的损伤已经接近于 0.5,也即材料点 A 已出现开裂,刚度开始退化,位移加载从 0.4~2mm 的过程为剪力键混凝土的受压软化过程,在剪力键达到屈服滑移前,A 点的混凝土损伤缓慢增长,然后随着位移加载的继续,A 点的损伤又迅速增加,在约 5mm 位移加载时,A 点的损伤值达到 0.722,此时混凝土的刚度已显著退化。因此滑移 0.4mm 可作为剪力键混凝土榫断裂的标志,滑移 2mm 为剪力键的完全屈服点,这与试验现象是吻合的。

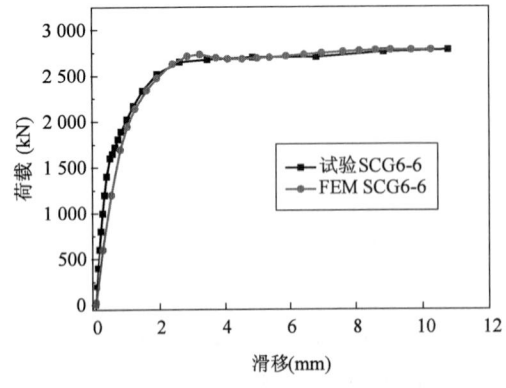

图 13 SCG6-6 试件的荷载—滑移曲线

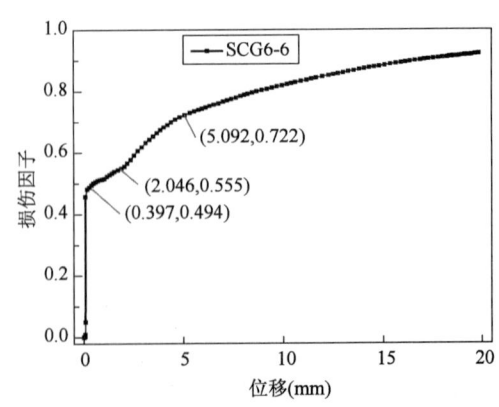

图 14 非混凝土榫 A 点的损伤变化

图 15、图 16 分别示出了试件 SCG6-6 第一排 PBL 剪力键混凝土榫在如图 11 所示 A 点的塑性剪切应变 γ_p 和侧向围压 σ_1 随滑移的变化情况。可以看出 A 点的塑性剪切应变 γ_p 随着滑移的增加基本呈线性增加趋势,A 点的侧向围压 σ_1 在 0.385mm 以前迅猛增加,在约 2mm 后侧向围压 σ_1 约稳定在 1.26MPa。

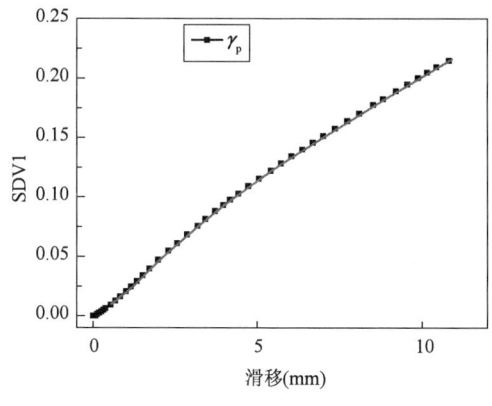

图 15　混凝土榫 A 点的塑性剪切应变

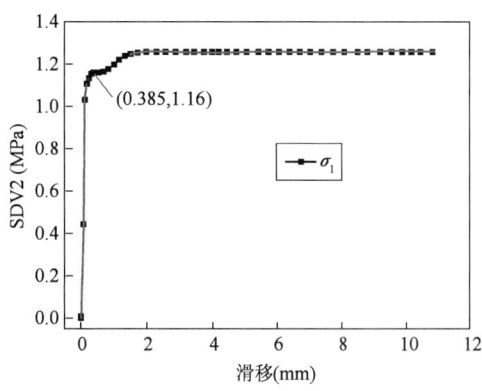

图 16　混凝土榫 A 点的侧向围压

通过在开孔板不同位置断面采集各个增量步下钢板的竖向应力,并对应力沿各断面积分,得到不同位置剪力键的承载,相邻位置剪力键承载之差即为对应排剪力键的荷载分担。如图 17 所示为沿开孔板横断面设置的 6 条路径(路径 1 ~ 路径 6),路径均设置于相邻两排剪力键开孔连线的中点上。图 18 给出了 600kN 加载下沿路径 1 ~ 路径 6 路径获得的开孔板竖向(y 向,见图 17) 应力分布,可以看出开孔板的竖向应力从近载端路径 1 开始依次大于远载端应力,说明剪力键的荷载传递总是从近载端向远载端进行传递;同时开孔板应力在开孔位置存在着一定的波动,说明在开孔处存在着局部应力集中现象。

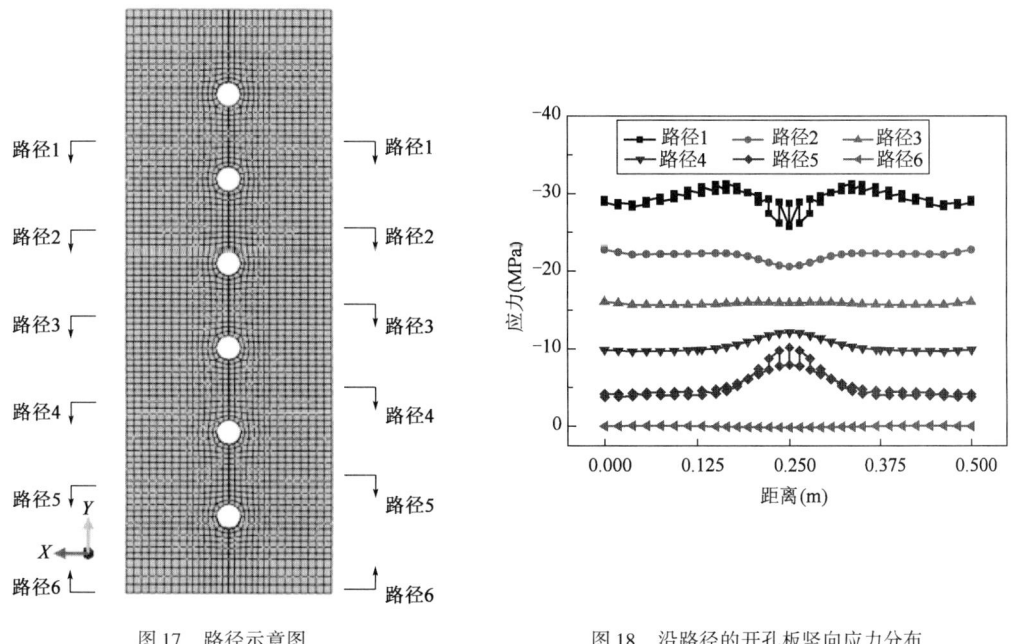

图 17　路径示意图　　　　　　　　　图 18　沿路径的开孔板竖向应力分布

分别对图 18 中开孔板的竖向应力沿各路径进行积分,即可得到不同位置处的开孔板负载,相邻位置处的负载之差即为各排剪力键的荷载分担。图19给出了不同荷载步下各排剪力键的荷载分担比例示意,可以看出FEM(实线)与试验结果(虚线)较为一致。总体来看FEM计算得到的荷载分担较试验曲线更不均匀,FEM计算一定程度上略高估了近载端的荷载分担,而相对低估了远载端的荷载分担。同时还可以看出,顶层近载端的剪力键承担的荷载在各个荷载步下均低于第二排剪力键,说明PBL剪力键承载力受边界条件的影响较为明显,不考虑约束的影响,计算得到的荷载分担曲线是不准确的。

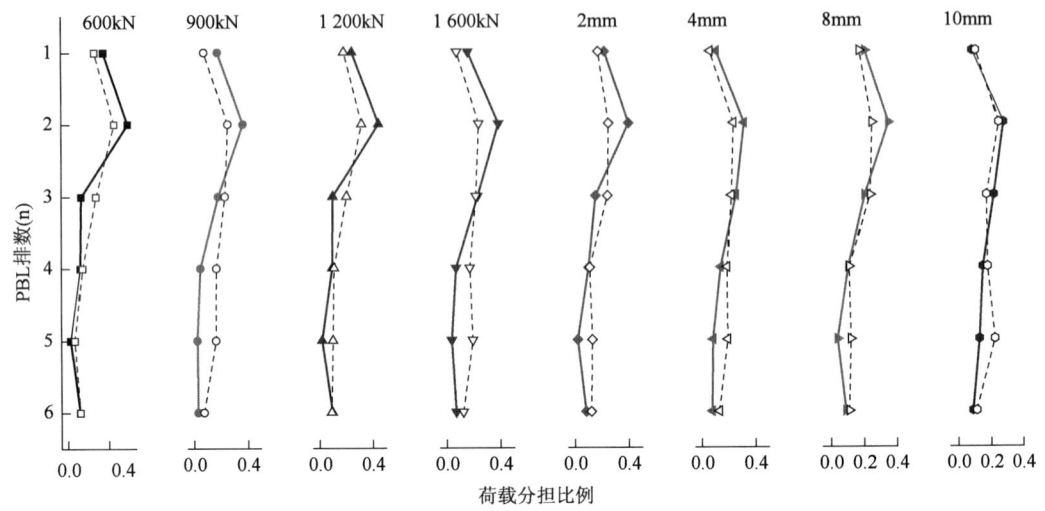

图19 SCG6-6试件各排剪力键的荷载分担对比

5 结语

本文基于USDFLD子程序对PBL剪力键群进行了非线性数值模拟,得到的主要结论如下:

(1)CDP塑性损伤模型能够很好地预测及模拟混凝土结构在单调及滞回作用下的损伤特性,模型具有良好的强健性及收敛性,适合于PBL剪力键结构的非线性有限元分析。

(2)材料参数的取值直接关系到PBL剪力键群力学行为的正确模拟,混凝土的剪胀角对计算分析具有至关重要的影响;基于二次开发的用户子程序USDFLD能够很好地实现材料点及单元积分点对场变量的自动更新,实现了对混凝土剪胀角功能梯度模型的有效模拟。

(3)剪力键的荷载传递总是从近载端向远载端进行传递;同时开孔板应力在开孔位置存在着一定的波动,说明在开孔处存在着局部应力集中现象;PBL剪力键承载力受边界条件的影响较为明显。

参 考 文 献

[1] CEB-FIP MODEL CODE 1990. Model code for concrete structures[S]. London:Thomas Telford House,1993.

[2] Haskett M.,Oehlers D. J.,Mohamed Ali M. S.,Sharma S. K. Evaluating the shear-friction resistance across sliding planes in concrete[J]. EngineeringStructures,2011(33):1357-1364.

[3] Dassault Systemes. Abaqus analysis 6.11 user's manual[M]. Simula inc,2011.

[4] Huu-Tai T., Brian U., Mahbub K., et al. Numerical modeling of concrete-filled steel box columns incorporating high strength materials [J]. Journal of Constructional Steel Research, 2014,12:256-265.

[5] Lamya A., Alaka G. Modeling the effect of corrosion on bond strength at the steel-concrete interface with finite-element analysis [J]. Canadian Journal of Civil Engineering, 2006, 33: 673-682.

[6] Vermeer P. A., Borst R. Non-associated plasticity for soils, concrete and rock [J]. Heron, 1984,29(3):1-64.

[7] Zhao X. G. Cai M. A mobilized dilation angel model fro rocks [J]. International Journal of Rock Mechanics & Mining Science,2010,47:368-384.

[8] Yu T., Teng J. G., Wong Y. L., et al. Finite element modeling of confined concrete-II: plastic damage model [J]. Engineering Structures,2010,32:680-691.

84. 组合型箱梁桥部分预制桥面板设计及施工方法

雷波[1] 王昌将[1] 吴杰良[1] 张杰[2] 阮欣[3] 徐利超[3] 麦一平[3]

(1.浙江省交通规划设计研究院有限公司；2.中国铁建中铁十五局集团一公司；3 同济大学)

摘　要：组合型箱梁桥由于具有施工快速化、规范化和环境低扰动、高质量等特征，在国外较早就有采用。伴随着我国桥梁工业化的迅猛发展，总结分析该桥型施工及设计方法对指导我国中小跨径桥梁施工技术工业化发展具有重要的社会意义。本文总结了组合箱型梁桥槽型梁概念设计的基本参数及总体施工流程；针对部分预制桥面板结构，提出了结构设计关键点并确定了相应设计方法；最后对槽型梁及桥面板连接细节进行了设计，确定了实用连接形式。成果可用以指导部分预制桥面板组合型箱梁桥的实际工程应用。

关键词：组合型箱梁桥　部分预制桥面板　施工技术　设计方法　连接细节

1　引言

槽型梁与部分预制桥面板结合而成的组合型箱梁桥是快速化施工技术应用的新型结构产物，其主要结构由预制槽型梁及部分预制桥面板组成，如图 1 所示，适用于具有快速化施工要求的中小跨径桥梁。相较于传统箱梁结构，其具有明显的结构优势：

(1) 主要组成构件的工厂标准化制作大大压缩了现浇混凝土方量，缩短了桥梁外业工期，避免了现场环境对于桥梁施工的扰动。

(2) 桥面板预制部分的先行安装能够为后续现浇施工提供下部模板，缓解了传统箱梁浇筑施工过程中模板布设工序繁琐的问题。

(3) 完成构件拼装组成箱型结构后依旧能够保持箱梁桥较好的抗弯、抗扭及整体工作特性。

(4) 采用构件分体预制施工拼装，有助于降低运输、吊装重量，同时槽型梁内侧施工质量易于保障。

新型的部分预制桥面板结构的应用要求在设计施工过程中能够保证桥面板上下层及桥面板与槽型梁的有效连接。另外，此种结构形式主体采用大量预制构件，施工方法与传统现浇箱梁桥存在明显不同。由于施工方式的差异性，各构件在不同施工阶段的受力特性也不相同，造成总体结构设计方法之间存在差异性。虽然目前组合型箱梁桥在国外已有较为广泛的应用，例如美国槽型梁、英国槽型梁、澳大利亚 Super-T 型梁等[1]，但此种结构形式在我国应用尚少，还未形成系统的设计施工方法。本文将总结部分预制桥面板组合型箱梁桥概念设计基本参数及总体施工方案;尤其针对部分预制桥面板结构,探究其构造形式及设计方法,同时提出槽型梁与部分预制桥面板之间的连接构造细节。

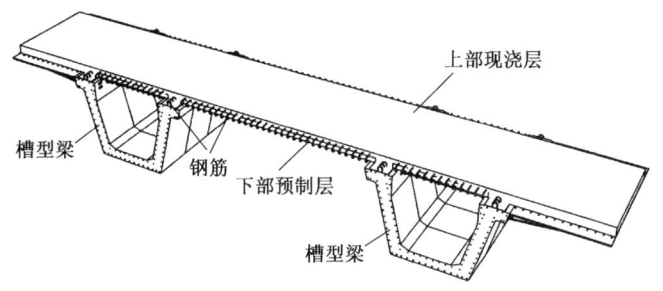

图1 部分预制混凝土组合梁桥结构示意

2 槽型梁概念设计及总体施工方案

2.1 总体设计参数

根据现有建设组合结构桥梁的经验,采用少主梁布设方案可以减少建筑材料用量及现场施工作业量,故双主梁的组合结构桥梁为最广泛的结构形式,因此,本研究也主要针对双主梁组合型箱梁桥进行设计。进行预制槽型梁概念设计的基本参数包括梁高、底板宽度及厚度、腹板厚度及斜率(图2)。根据雷波等学者的研究成果对总体设计参数取值范围总结如表1所示[1]。

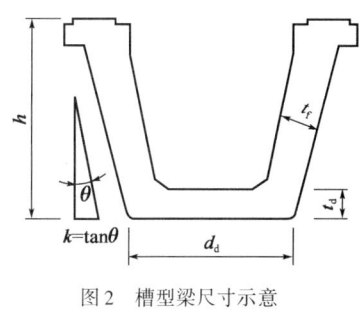

图2 槽型梁尺寸示意

槽型梁概念设计参数及取值范围　　　表1

设计参数	尺寸		影响因素
	有预应力管道	无预应力管道	
梁高 h	$1/27L \sim 1/15L$		桥梁跨径、桥宽、主梁根数
底板厚度 t_d	$200 \sim 250\text{mm}$	$>120\text{mm}$	预应力布置构造要求
底板宽度 d_d	$<3.5\text{m}$		运输要求及桥面板受力要求
腹板厚度 t_f	$>250\text{mm}$	200mm	预应力布置构造要求
腹板斜率 $\tan\theta$	$1/4$		箱梁受力要求

注:L为桥梁跨径。

2.2 关键施工流程

部分预制桥面板组合箱梁首先需架设槽型主梁,之后进行部分预制板的施工安装。桥面板预制生产养护达到设计强度后,预制桥面板由运输车从预制场运送至桥位处,采用吊车进行吊装就位,安装中间固定撑杆及两侧临时悬臂支撑,此阶段需注意槽型梁自身的稳定性。预制板被吊装安装到位后,浇筑横向湿接缝混凝土,使部分预制板连接成竖向整体。湿接缝完成后,铺设两侧悬臂端浇筑模板,安置上层现浇层的钢筋网,并完成上层混凝土桥面的浇筑,待上层混凝土养护至强度达到标准,拆除两侧悬臂临时支撑,再进行下一节段的施工直至桥面板安装施工完成。详细施工步骤示意如图3所示。

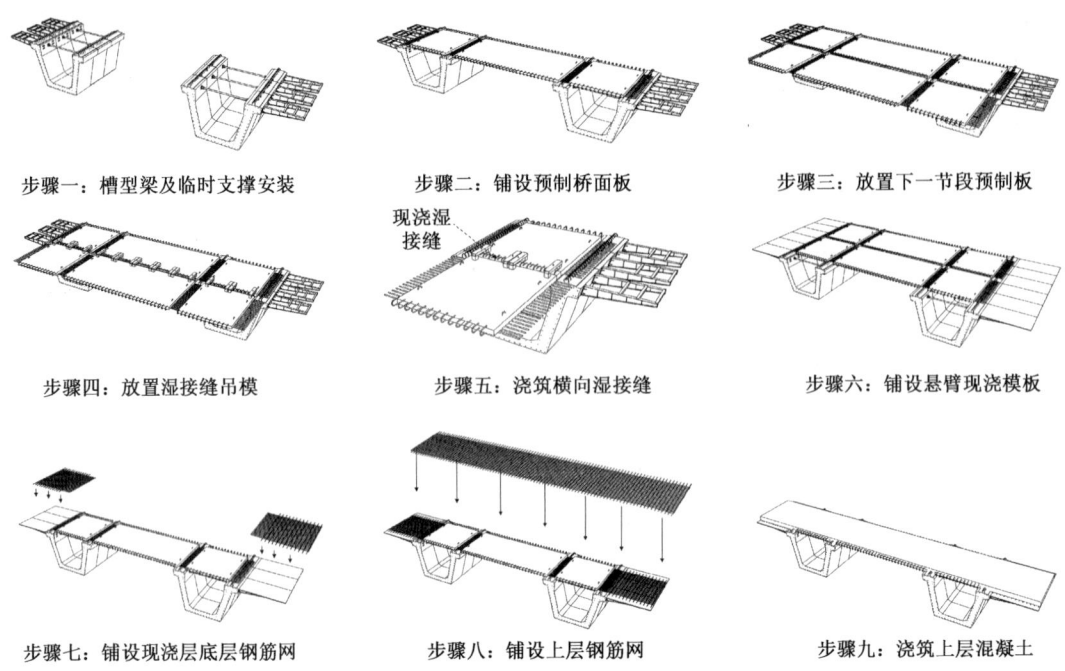

图3 部分预制桥面板组合箱梁关键施工流程

3 部分预制桥面板设计

3.1 设计要点分析

部分预制桥面板同时具备预制层及现浇层,如图4所示,在进行结构设计时需要进行黏结面抗剪设计来保证结构在使用过程中的整体性能。在组合型箱梁桥的实际应用中预制板和现浇板之间的钢筋网布置形式有图5a)、b)两种,不同钢筋网的布置位置会对结构承载力及施工便捷性存在一定的影响。因此,针对组合箱型梁桥部分预制桥面板的承载能力设计将主要关注三个问题:①预制层与现浇层之间的抗剪承载能力设计;②现浇层钢筋网的布置位置设计;③桥面板的整体受力设计。

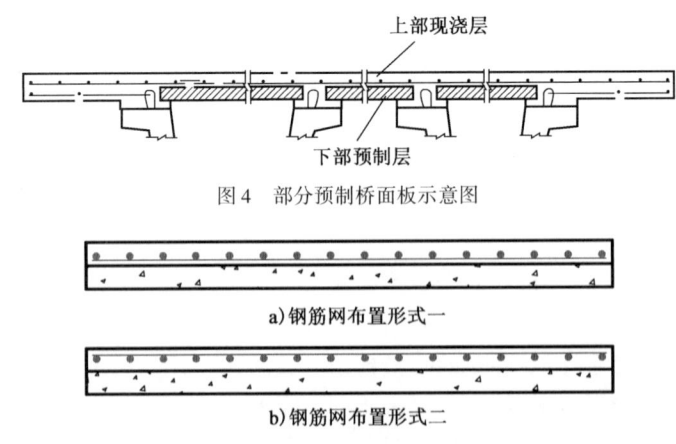

图4 部分预制桥面板示意图

图5 部分预制桥面板现浇层钢筋网布置形式

3.2 结构受力分析

部分预制桥面板受力需要同时兼顾施工及运营阶段的受力需求。根据总体施工流程,控制设计的受力阶段可以分为吊装阶段,现浇上层桥面板阶段以及成桥运营阶段。

(1)吊装阶段,需要在部分预制桥面板上部合适位置设置四个吊点来进行起吊,主要承受自重荷载导致的弯矩和剪力。起吊时的结构受力可以按照简支板来计算两个方向控制截面的内力,支撑位置位于吊点处,边界条件如图6a)所示,此阶段需要计算桥面板考虑动力系数之后的吊点等控制设计截面的内力[2]。预制板放置完毕后,与吊装阶段相比,支撑位置将移至梁端,边界条件如图6b)所示。

(2)现浇桥面板阶段,预制板将作为模板承受上层现浇混凝土层的重量,预制板在此种工况下需要按照两边简支板来计算控制截面内力,如图6c)所示。

(3)成桥运营阶段,截面设计受桥面板局部受力控制,桥面板直接承受车辆荷载,其结构受力形式为周边支撑的板。对于施工完成的桥面板,荷载主要由短跨(横桥向方向)承受,需按照考虑桥面板有效工作宽度的单向板来进行内力分析,局部受力计算图示如图6d)所示。同时成桥阶段黏结面的受力也是设计关注的重点,需要进行黏结面最大剪力分析。对各个阶段控制截面内力进行汇总见表2。

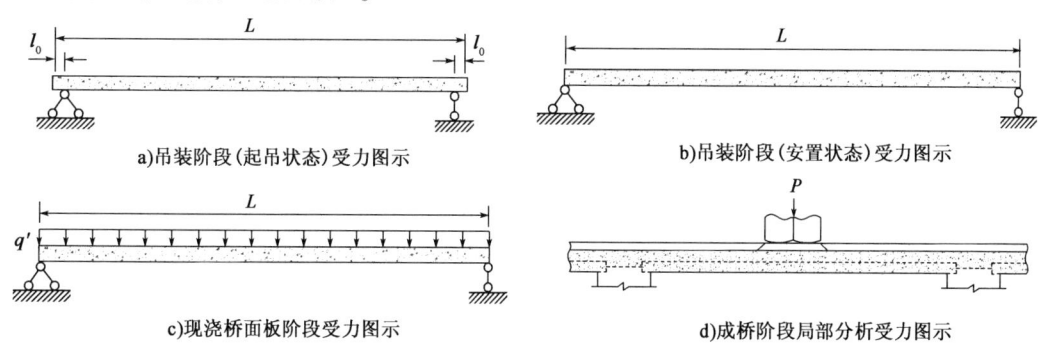

图6 各受力阶段桥面板受力简图

控制截面设计内力汇总 表2

设计状态			控制截面内力		
			弯矩	剪力	层间剪力
施工阶段	吊装状态	起吊状态	$1.15M_1^+$, $1.15M_1^-$	$1.15Q_1$	—
		安置状态	M_2^+	Q_2	—
	现浇桥面板状态		M_3^+	Q_3	—
成桥阶段			M_{uT}^+, M_{uT}^-	Q_{uT}	V_{nT}

注:弯矩上角标代表正负值,成桥阶段控制截面内力为承载能力极限状态荷载组合值。

3.3 承载能力设计

部分预制桥面板承载能力设计的目标为:
(1)确保黏结面抗剪承载能力满足设计荷载需求。
(2)确保桥面板在施工及运营阶段的整体抗弯和抗剪承载能力满足设计荷载需求。
(3)在将承载能力设计要求反映到具体构造要求时能够兼顾施工便捷性的需求。

混凝土连接界面的抗剪强度一般认为由三部分组成,分别是黏聚力、摩擦力和界面钢筋产生的销栓力[3],人们就此提出了摩擦抗剪理论(Shear-Friction Theory)来解释剪力在钢筋混凝土构件裂缝中的传递。利用美国AASHTO[4]对部分预制板黏结界面的抗剪承载能力进行设计计算,如式(1)所示。黏结界面可采用拉毛,配置黏结钢筋或两者同时运用来保证抗剪承载能力满足设计需求。同时考虑到部分预制桥面板组合型箱梁桥快速化的施工要求,黏结面应在保证承载能力的同时应从简处理。桥面板在施工及运营阶段的抗弯抗剪承载能力设计可按照《公路钢筋混凝土及预应力混凝土设计规范》[2]中桥面板计算部分内容进行设计验算,具体需满足表3中所列要求。双主梁部分预制桥面板组合箱型梁桥箱梁上部的桥面板由梁体上部及梁体中间的板件组成,尺寸之间存在差异,进行预制层配筋设计时当两者所需配筋量相差较大时,可选择差异化配筋;上部现浇层钢筋考虑简化现场施工,采用统一配筋。

桥面板设计总体要求　　　　　　表3

设计状态			承载能力设计			黏结面处理	现浇层钢筋网配置
			弯矩	剪力	层间剪力		
施工阶段	吊装状态	起吊状态	$M_u \geq 1.15 M_1^+$ $M_{cr} \geq 1.15 M_1^-$	$Q_u \geq 1.15 Q_1$	—	满足层间抗剪要求下依次优先按照不处理、拉毛、界面配筋、拉毛加配筋方式进行界面处理设计	推荐布置于现浇层中性轴之下,但需综合考量材料用量及负弯矩区桥面板抗裂
		安置状态	$M_u \geq M_2^+$	$Q_u \geq Q_2$	—		
	现浇桥面板状态		$M_u \geq M_3^+$	$Q_u \geq Q_3$	—		
成桥阶段			$M_u \geq M_{uT}^+$ $M_u \geq M_{uT}^-$	$Q_u \geq Q_{uT}$	$V_{ni} \geq V_{nT}$	—	—

注:M_u为各阶段结构控制设计截面抗弯承载力;Q_u为各阶段结构控制设计截面抗剪承载力。

现浇层钢筋网的布置不同,对结构的施工便捷性及承载能力的影响也不相同。施工便捷性方面,若将钢筋网布设于现浇层中性轴之上需要较高的支撑垫块辅助施工,在施工现场支撑垫块容易受到扰动部分倒塌,极易造成钢筋网布置高度不均,施工难度大且容易影响施工质量。考虑桥梁快速化装配化施工的需求,应尽量将钢筋网布设于现浇层中性轴下方。桥面板受力方面,受弯的桥面板按照双筋矩形截面进行抗弯承载能力计算,如式(2)所示。此时,截面承载能力与受压钢筋中心线到截面受压边缘的距离呈负相关,即一定范围内受压钢筋中心线距离受压边缘距离增加,板件抗弯承载能力会有降低,材料利用率会有一定程度下降。因此在实际桥梁设计中应当对两种钢筋网布设方式进行针对性的经济性及受力性能对比分析,同时当钢筋网布设于中性轴下层时,为避免桥面板在与槽型梁腹板交界处的上层混凝土开裂,需要在此部位布置一定的上层受拉钢筋。

$$V_{ni} = cA_{cv} + \mu(A_{vf}f_y + P_c) \quad (1)$$

式中:V_{ni}——黏结面标称抗剪强度;
　　　c——界面黏结系数;
　　　μ——摩擦系数;
　　　A_{vf}——跨越剪切平面的加强钢筋截面面积;
　　　f_y——钢筋屈服应力;
　　　P_c——垂直于剪切面的持久压力。

$$M_u = \sigma_s A_s h_0 (1 - 0.412\xi_n) + \sigma'_s A'_s h_0 \left(0.412\xi_n - \frac{a'_s}{h_0}\right), M_u \propto \frac{1}{a'_s} \quad (2)$$

式中:M_u——截面极限抗弯承载力;
　　　h_0——计算截面有效高度;
　　　ξ_n——相对受压区高度;
　　　a'_s——受压钢筋中心线到截面受压取边缘的距离。

4 槽型梁及桥面板连接设计

4.1 搭接细节设计

混凝土预制板尺寸的设置,厚度可取桥面板总厚度的一半,横向宽度需匹配槽型梁顶端凹槽间距,槽型梁顶端的凹槽既作为预制桥面板的横向限位装置,又作为预制桥面板的竖向支撑。施工时,预制板直接放置于槽型梁之上,横向无须再设置限位装置及支座,便于加快施工速度和规范化操作,结构如图7所示。对于槽型梁顶端槽口设计需满足材料承压要求,槽口尺寸按式(3)进行设计,同时槽口宽度不宜小于10cm。

$$A \geqslant \frac{F}{f_{cu}} \tag{3}$$

式中:A——单侧槽口承压面积;

f_{cu}——槽型梁混凝土抗压强度;

F——现浇层浇筑完毕后单侧槽口所受最大压力。

4.2 现浇湿接缝设计

部分预制桥面板的横桥向及纵桥向受力筋依据板件承载能力及构造要求布设,设在板内间距分别为a_1和a_2,两层钢筋通过绑扎形成钢筋网,每块板设置4根U筋用于运输吊装预制板时的吊点。施工过程中,部分预制板放置于槽型梁的腹板上,横向钢筋在腹板处的锚固长度L对于带肋钢筋应不小于12倍的钢筋最大直径,对光面钢筋不小于15倍的钢筋最大直径[6],如图8所示。

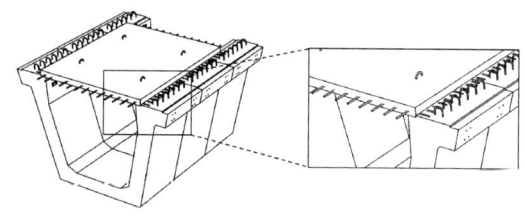

图7 预制板与槽型梁搭接示意

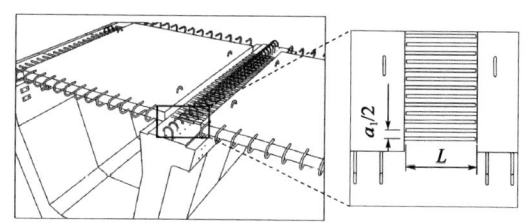

图8 腹板顶部纵桥向湿接缝结构示意

为了减小桥面板之间横桥向湿接缝的宽度,方便施工,此处采用环形接缝,设计湿接缝宽度一般为200mm左右,钩筋直径为一半的全桥面板厚度$H/2$mm,钢筋搭接长度为$L_c$mm,如图9所示。湿接缝内两个U形的钢筋形成一个环,环内的核心混凝土柱进行力的传递,两侧的环形钢筋产生的拉力可以互相平衡,不会出现钢筋锚固的问题,只有核心混凝土的剪切破坏和U形钢筋受拉破断这两种形式的可能破坏形式。参照李鹏飞[5]等对于环形钢筋受力原理的研究及PBL剪力连接件的计算公式,根据核心混凝土柱的抗剪承载力和环形钢筋的抗拉承载力相等的条件,环形钢筋搭接长度可以按照式(4)~式(6)进行设计。

根据《钢—混凝土组合桥梁设计规范》[7],受拉钢筋的承载力公式:

$$N^d = \frac{\pi}{4} d_H^2 \cdot f_{sd} \tag{4}$$

式中:d_H——钢筋的直径;

f_{sd}——钢筋的抗拉强度设计值。

核心混凝土柱的抗剪承载力公式:

$$N_v^c = \alpha \left(A_{cor} - n \cdot \frac{\pi}{4} d_L^2 \right) \cdot f_{td} + n \cdot \frac{\pi}{4} d_L^2 \cdot f_{vd} \tag{5}$$

式中:N_v^c——二分之一混凝土柱的抗剪承载力;
α——提高系数,一般取6.1;
A_{cor}——二分之一核心混凝土柱的净面积;
d_L——核心混凝土柱内的纵向钢筋直径;
f_{td}——核心混凝土柱的轴心抗拉强度设计值;
n——核心混凝土柱内下部的纵向钢筋数量;
f_{vd}——钢筋的抗剪强度设计值,一般 $f_{vd}=0.577f_{sd}$。

最终环形钢筋的设计搭接长度 L_C 为:

$$L_C = (b + 2r + 2d_H) \tag{6}$$

式中:r——U形钢筋的圆端半径;
b——两个U形钢筋的圆端圆心距。

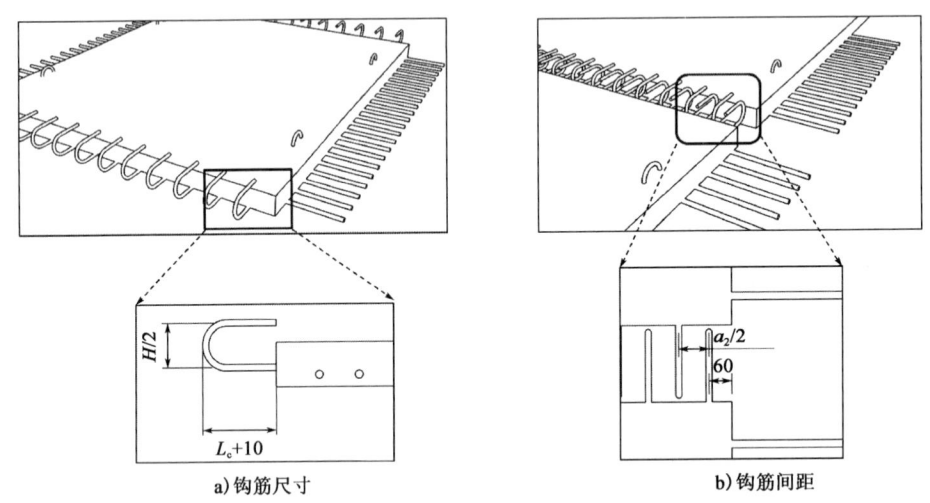

图9 桥面板横桥向湿接缝结构(尺寸单位:mm)

5 结语

本文总结了部分预制板组合箱型梁桥槽型梁概念设计的基本参数,明确了槽型梁的梁高、底板宽度和厚度以及腹板厚度和斜率的合理取值范围。提出组合箱型梁桥的总体拼装施工流程。专门针对部分预制桥面板结构进行了设计要点分析,总结出了可用于指导实际应用的结构设计方法及构造细节。

具有快速化工业化建造属性的部分预制板组合型箱梁桥在中小跨径桥梁中有很大的竞争优势,当地方桥梁建设具备较好的工业化基础,桥址周边具有较好的道路运输或者便道施工条件时,部分预制板组合箱型梁桥具备较好的应用前景。关于此种桥型及部分预制桥面板的施工及设计方法还未系统的纳入我国桥梁设计规范体系,相关研究尚需持续深入跟进。

参 考 文 献

[1] 雷波,阮欣,张杰,等.公路组合型箱梁桥结构体系与性能分析[C]//2019年全国桥梁学术会议论文集,2019.

[2] 中华人民共和国交通运输部.公路钢筋混凝土及预应力混凝土桥涵设计规范:JTG D62—

2004[S].北京:人民交通出版社,2004.

[3] 夏铭禹.新老混凝土粘结性能研究[D].天津:河北工业大学,2015.

[4] American Association of State Highway and Transportation Officials. AASHTO LRFD Bridge Design Specifications:LRFDUS-6 [S]. Washington,DC,2012.

[5] 李鹏飞.预制混凝土梁湿接缝环形钢筋搭接长度研究[J].黑龙江交通科技,2017,40(01).

[6] 中华人民共和国住房和城乡建设部.混凝土结构设计规范:GB 50010—2010[S].北京:中国标准出版社,2011.

[7] 中华人民共和国住房和城乡建设部.钢—混凝土组合桥梁设计规范:GB 50917—2003[S].北京:中国标准出版社,2013.

85. 基于静力凝聚法和力法的波形钢腹板等效分析研究

郭宗明 肖玉凤 吴启明 乐 颖 徐添华 姜瑞娟

(深圳市市政设计研究院有限公司)

摘 要：作为波形钢腹板组合箱梁桥的重要组成部分，波形钢腹板对该桥型的受力、设计及应用极其重要。由于波形钢腹板具有独特的"手风琴"几何构造，极易引起几何建模、网格划分和求解分析的复杂化。另外，庞大的单元数目也会导致计算规模和存储空间的迅速增加，进而降低数值计算效率。因此，进行波形钢腹板组合箱梁桥精细化有限元分析时，引入波形钢腹板的高精度、高效率的等效模型已成为迫切需求。本文基于板壳受力理论，根据梯形波板的材料性质和几何参数分别利用 Briassoulis 模型、Samanta 模型、Xia 模型和 Ye 模型得到正交各向异性等效平板的刚度矩阵和材料参数，之后通过静力凝聚法和力法对等效模型的准确性进行了验证，选出了可以精确描述波形钢板平面内拉压和剪切刚度、平面外弯曲和扭转刚度的等效模型，即 Ye 等效模型。该等效模型为波形钢腹板箱梁的理论分析和数值模拟奠定了良好了基础。

关键词：波形钢腹板 正交各向异性等效平板 本构关系 静力凝聚法 力法

1 引言

波形钢腹板组合箱梁桥以波形钢腹板取代混凝土腹板(图1)，将钢筋混凝土顶、底板与波形钢腹板有机地结合在一起，实现了减轻结构自重、提高预应力效率和材料利用率的目的，进而为装配化施工、避免腹板开裂、优化全寿命期经济效益提供了支撑[1]。因此，波形钢腹板组合箱梁桥自诞生起，便引起国内外工程界的广泛关注，并被推广应用于高速公路、市政交通等重大生命线工程，开展该类桥型的力学性能研究已经成为迫切需求。

目前国内外学者对波形钢腹板组合箱梁桥的抗弯、抗剪、屈曲等力学性能开展了广泛的研究[2]。由于波形钢腹板组合箱梁在扭转畸变耦合作用下，波形钢腹板出现平面应力和薄板弯曲组合受力，加之波形钢腹板存在褶皱效应导致其纵向和横向力学特性差异明显，使得准确、高效模拟和分析波形钢腹板扭转畸变耦合效应变得极为困难，而将波形钢板等效为正交异性平板则是解决该问题的重要方法之一。从现有文献[3]可以看出，土木工程领域极少考虑将波形钢板等效为平板后的平面应力和薄板弯曲组合受力特点，而船舶、航空等领域对波形板的等效进行了系统研究并建立了众多基于能量原理的等效模型，如 Briassoulis 模型[4]，Samanta 模型[5],Xia 模型[6],Ye 模型[7]。但是上述模型的适用性及精确性都还有待验证,本文将使用 ANSYS 有限元软件,利用静力凝聚法和力法对上述等效模型进行验证,并确定可用的等效模型。

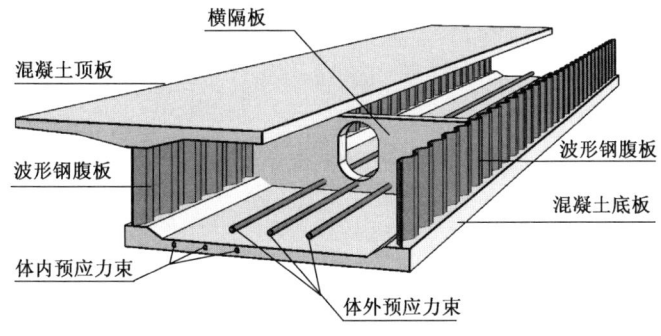

图1 波形钢腹板组合箱梁结构示意图

2 波形板的等效模型

根据用途和功能的不同,波形板在实际应用中会表现为多种形状,如梯形波板、曲线波板等。鉴于桥梁工程领域主要使用单向周期变化的梯形波板[图2a)],本文将只对适用于该类波板的等效模型进行分析和验证。该类梯形波板的主要几何参数包括:波长 $2c$、波高 f、斜幅段投影长度 d、直幅段长度 b、倾角 θ 等[图2b)]。尽管有限元方法可对波形板进行精确的模拟分析,但该方法极易引起几何建模、网格划分和求解分析的复杂化。另外,庞大的单元数目也会导致计算规模和存储空间的迅速增加,进而降低数值计算效率。因此,将波形板等效为具有相同刚度的正交各向异性平板是一种更简便、实用的方法。

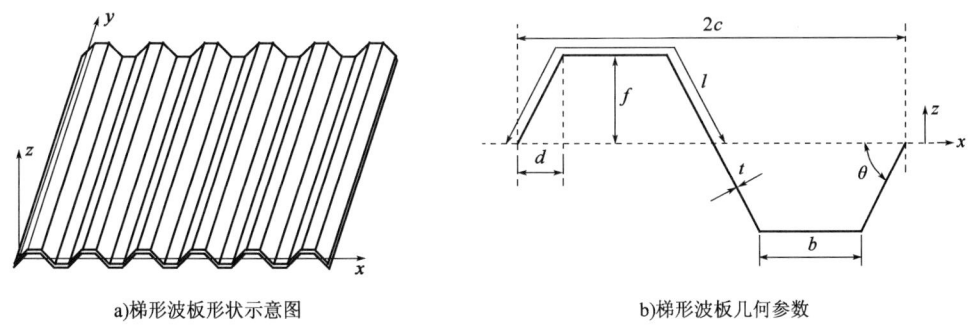

a)梯形波板形状示意图   b)梯形波板几何参数

图2 梯形波板形状和几何参数

选取一个波长的梯形波板[图2b)]进行等效,波形板与等效平板具有相同的厚度、投影面积,二者的内力—应变关系可用式(1)表示:

$$\begin{Bmatrix} \overline{N}_x \\ \overline{N}_y \\ \overline{N}_{xy} \\ \overline{M}_x \\ \overline{M}_y \\ \overline{M}_{xy} \end{Bmatrix} = \begin{bmatrix} \overline{A}_{11} & \overline{A}_{12} & 0 & 0 & 0 & 0 \\ \overline{A}_{12} & \overline{A}_{22} & 0 & 0 & 0 & 0 \\ 0 & 0 & \overline{A}_{66} & 0 & 0 & 0 \\ 0 & 0 & 0 & \overline{D}_{11} & \overline{D}_{12} & 0 \\ 0 & 0 & 0 & \overline{D}_{12} & \overline{D}_{22} & 0 \\ 0 & 0 & 0 & 0 & 0 & \overline{D}_{66} \end{bmatrix} \begin{Bmatrix} \overline{\varepsilon}_x \\ \overline{\varepsilon}_y \\ \overline{\gamma}_{xy} \\ \overline{\kappa}_x \\ \overline{\kappa}_y \\ 2\overline{\kappa}_{xy} \end{Bmatrix} \quad (1)$$

式(1)中 $\bar{\varepsilon}_x = \frac{\partial u}{\partial x} - z\frac{\partial^2 \omega}{\partial x^2}$, $\bar{\varepsilon}_y = \frac{\partial v}{\partial y} - z\frac{\partial^2 \omega}{\partial y^2}$, $\bar{\gamma}_{xy} = \frac{\partial u}{\partial y} + \frac{\partial v}{\partial x} - 2z\frac{\partial^2 \omega}{\partial x\partial y}$, $\bar{\kappa}_x = -\frac{\partial^2 \omega}{\partial x^2}$, $\bar{\kappa}_y = -\frac{\partial^2 \omega}{\partial y^2}$, $\bar{\kappa}_{xy} = -\frac{\partial^2 \omega}{\partial x\partial y}$。其中,$u$ 为 x 向位移,v 为 y 向位移,ω 为 z 向位移。

式(1)刚度矩阵可由 Briassoulis 模型、Samanta 模型、Xia 模型和 Ye 模型得到,具体如表1所示。

波形板和等效平板的轴向刚度及弯曲刚度 表1

	刚度	Briassoulis 模型	Samanta 模型	Xia 模型	Ye 模型
平面内刚度	$\bar{A}_{11}$	$\dfrac{Et}{\left[1+\left(\dfrac{f}{t}\right)^2 6(1-\mu^2)\left(\dfrac{l^2}{c^2}-\dfrac{l}{2\pi c}\sin 2\pi\dfrac{l}{c}\right)\right]}$	$\dfrac{Et^3}{f^2 6\left[\dfrac{2}{c}\left(\dfrac{c-l\cos\theta}{1-\cos\theta}\right)+\dfrac{4}{3c}\dfrac{f}{\sin\theta}\right]}$	$\dfrac{2c}{\dfrac{l_1}{Et}(1-v^2)+\dfrac{l_2}{Et^3}[12(1-v^2)]}$	$\dfrac{-1}{C_6}\dfrac{Et}{1-v^2}$
	$\bar{A}_{12}$	$v\bar{A}_{11}$	$v\bar{A}_{11}$	$v\bar{A}_{11}$	$v\bar{A}_{11}$
	$\bar{A}_{22}$	$Et\dfrac{l}{c}$	$Et\dfrac{l}{c}$	$v^2\bar{A}_{11}+\dfrac{l}{c}Et\left(\dfrac{1}{1-v^2}-\dfrac{1-v^2}{4(1+v^2)}\right)$	$C_2Et+v^2\bar{A}_{11}$
	$\bar{A}_{66}$	$\dfrac{Et}{2(1+v)}$	$\dfrac{c}{l}\dfrac{Et}{2(1+v)}$	$\dfrac{c}{l}\dfrac{Et}{2(1+v)}$	$C_7\dfrac{Et}{2(1+v)}$
平面外刚度	$\bar{D}_{11}$	$\dfrac{Et^3}{12(1-v^2)}\dfrac{c}{l}$	$\dfrac{c}{l}\dfrac{Et^3}{12}$	$\dfrac{c}{l}\dfrac{Et^3}{12(1-v^2)}$	$\dfrac{1}{C_2}\bar{D}_{11}$
	$\bar{D}_{12}$	$v\bar{D}_{11}$	0	$v\bar{D}_{11}$	$v\bar{D}_{11}$
	$\bar{D}_{22}$	$\dfrac{Et^3}{12(1-v^2)}+\dfrac{Etf^2}{2}$	$\dfrac{t}{2c}EI_2$	$\dfrac{1}{2c}\left[I_2\dfrac{Et}{1-v^2}+I_1\dfrac{Et^3}{12(1-v^2)}\right]$	$C_8\varepsilon^2 Et + C_5\dfrac{Et^3}{12}+v^2\bar{D}_{11}$
	$\bar{D}_{66}$	$\dfrac{Et^3}{12(1+v)}$	$\dfrac{l}{c}\dfrac{Et^3}{6(1+v)}$	$\dfrac{l}{c}\dfrac{Et^3}{24(1+v)}$	$\dfrac{C_9}{4}\dfrac{Et}{2(1+v)}$

注:E、v 为波形板所使用材料的弹性模量和泊松比,$I_1 = 2c - \dfrac{4f(1-\cos\theta)}{\tan\theta}$,$I_2 = \dfrac{4f^3}{3\sin\theta}+2f^2\left(c-\dfrac{2f}{\tan\theta}\right)$,$C_4 = \dfrac{f^2(4f-12f\cos\theta+3\varepsilon\sin\theta)}{3\varepsilon^3\sin\theta}$,$C_2 = 1+\dfrac{4f(1-\cos\theta)}{\varepsilon\sin\theta}$,$C_5 = 1-\dfrac{4f(1-\cos\theta)}{\varepsilon\tan\theta}$,$C_6 = -12C_4\left(\dfrac{\varepsilon}{h}\right)^2 - C_5$,$C_7 = \dfrac{1}{C_2}$。

根据表(1)中的刚度表达式,可得到正交各向异性等效平板的两组材料参数值,分别对应于平面内刚度[式(2a)]与平面外刚度[式(2b)]。

$$\begin{cases} E_1 = \dfrac{1-v_{12}v_{21}}{t}\bar{A}_{11} \\ E_2 = \dfrac{1-v_{12}v_{21}}{t}\bar{A}_{22} \\ G_{12} = \dfrac{\bar{A}_{66}}{t} \\ v_{12} = v \\ v_{21} = v_{12}\dfrac{E_1}{E_2} = v\dfrac{\bar{A}_{11}}{\bar{A}_{22}} \end{cases} \quad (2a)$$

$$\begin{cases} E_1 = \dfrac{12(1-v_{12}v_{21})}{t^3}\overline{D}_{11} \\ E_2 = \dfrac{12(1-v_{12}v_{21})}{t^3}\overline{D}_{22} \\ G_{12} = \dfrac{6}{t^3}\overline{D}_{66} \\ v_{12} = v \\ v_{21} = v_{12}\dfrac{E_1}{E_2} = v\dfrac{\overline{D}_{11}}{\overline{D}_{22}} \end{cases} \quad (2b)$$

3 等效模型验证方法

为了简便、准确地验证 Briassoulis 模型、Samanta 模型、Xia 模型和 Ye 模型的精确性,采用 ANSYS 有限元软件使用静力凝聚法计算拉压刚度和弯曲刚度,使用力法计算剪切刚度和扭转刚度。静力凝聚法验证的关键是将未约束自由度的刚度凝聚至已约束的主自由度。

3.1 拉压刚度 $\overline{A}_{11}$、$\overline{A}_{12}$、$\overline{A}_{21}$、$\overline{A}_{22}$ 的数值验证

如图 3 所示,采用 CERIG 命令将 $y=0$ 处节点的平动自由度 U_y 和转动自由度 Rot$x$ 与中点 D 对应自由度相耦合,然后将 $y=0$ 处节点的自由度凝聚至节点 D 的主自由度 U_y,其他三条边的处理方式类似。之后依次提取 A、B、C、D 四个节点的主自由度,得到如式(3)所示刚度矩阵。

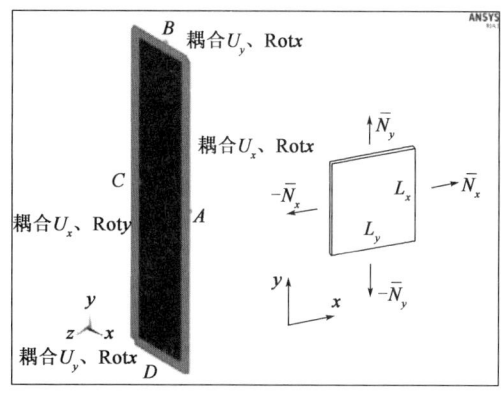

图 3 拉压刚度的提取和验证

$$\begin{Bmatrix} F_{1x} \\ F_{1y} \\ F_{2x} \\ F_{2y} \end{Bmatrix} = \begin{bmatrix} k_{11} & k_{12} & k_{13} & k_{14} \\ k_{21} & k_{22} & k_{23} & k_{24} \\ k_{31} & k_{32} & k_{33} & k_{34} \\ k_{41} & k_{42} & k_{43} & k_{34} \end{bmatrix} \begin{Bmatrix} \Delta_{1x} \\ \Delta_{1y} \\ \Delta_{2x} \\ \Delta_{2y} \end{Bmatrix} \quad (3)$$

经化简后得到相邻两边的内力—应变方程见式(4),由此得到拉压刚度矩阵见式(5)。

$$\begin{Bmatrix} \overline{N}x & Lx \\ \overline{N}y & Ly \end{Bmatrix} = \begin{bmatrix} k_{11} & k_{12} \\ k_{21} & k_{22} \end{bmatrix} \begin{Bmatrix} \varepsilon x & Ly \\ \varepsilon y & Lx \end{Bmatrix} \quad (4)$$

$$\begin{bmatrix} \overline{A}_{11} & \overline{A}_{12} \\ \overline{A}_{21} & \overline{A}_{22} \end{bmatrix} = \begin{bmatrix} k_{11}\dfrac{Ly}{Lx} & k_{12} \\ k_{21} & k_{22}\dfrac{Lx}{Ly} \end{bmatrix} \quad (5)$$

3.2 弯曲刚度 $\overline{D}_{11}$、$\overline{D}_{12}$、$\overline{D}_{21}$、$\overline{D}_{22}$ 的数值验证

如图 4 所示,采用 CERIG 命令将 $y=0$ 处节点的平动自由度 U_y 和转动自由度 Rot$x$ 与中点 G 对应自由度相耦合,然后将 $y=0$ 处节点的自由度凝聚至节点 G 的主自由度 Rot$x$,其他三条边的处理方式类似。之后依次提取 E、F、G、H 四个节点的主自由度,得到如式(6)所示刚度矩阵。

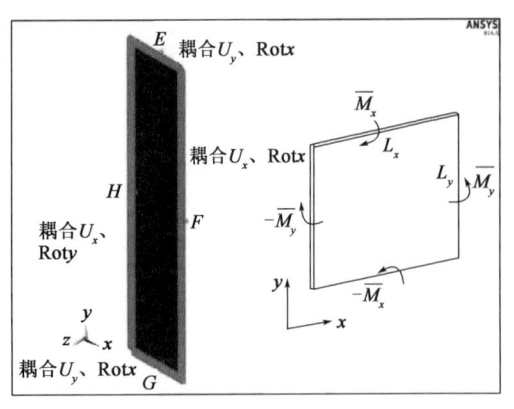

图 4 弯曲刚度的提取和验证

假设 $M_x = M_{1x} = -M_{2x}$、$M_y = -M_{1y} = M_{2y}$、$\dfrac{\theta_x}{2} = \theta_{1x} = -\theta_{2x}$、$\dfrac{\theta_y}{2} = -\theta_{1y} = \theta_{2y}$，并将 $\theta_x = \kappa_y L_y$，$\theta_y = \kappa_x L_x$，$M_x = \overline{M}_x L_x$，$M_y = \overline{M}_y L_y$ 代入式（6），可得式（8），由此得到弯曲刚度矩阵如式（8）所示。

$$\begin{Bmatrix} M_{1x} \\ M_{2y} \\ M_{2x} \\ M_{1y} \end{Bmatrix} = \begin{bmatrix} k_{11} & k_{12} & k_{13} & k_{14} \\ k_{21} & k_{22} & k_{23} & k_{24} \\ k_{31} & k_{32} & k_{33} & k_{34} \\ k_{41} & k_{42} & k_{43} & k_{34} \end{bmatrix} \begin{Bmatrix} \theta_{1x} \\ \theta_{2y} \\ \theta_{2x} \\ \theta_{1y} \end{Bmatrix} \quad (6)$$

$$\begin{Bmatrix} \overline{M}_y \\ \overline{M}_x \end{Bmatrix} = \begin{bmatrix} \dfrac{L_x}{2L_y}(k_{22}-k_{24}) & \dfrac{1}{2}(k_{21}-k_{23}) \\ \dfrac{1}{2}(k_{12}-k_{14}) & \dfrac{L_y}{2L_x}(k_{11}-k_{13}) \end{bmatrix} \begin{Bmatrix} \kappa x \\ \kappa y \end{Bmatrix} \quad (7)$$

$$\begin{bmatrix} \overline{D}_{11} & \overline{D}_{12} \\ \overline{D}_{21} & \overline{D}_{22} \end{bmatrix} = \begin{bmatrix} \dfrac{L_x}{2L_y}(k_{22}-k_{24}) & \dfrac{1}{2}(k_{21}-k_{23}) \\ \dfrac{1}{2}(k_{12}-k_{14}) & \dfrac{L_y}{2L_x}(k_{11}-k_{13}) \end{bmatrix} \quad (8)$$

3.3 剪切刚度 $\overline{A}_{66}$ 的数值验证

如图 5 所示的受力状态为纯剪切状态[8]，其剪切刚度 $\overline{A}_{66}$ 为：

$$\overline{A}_{66} = \frac{\overline{N}_{xy}}{\gamma_{xy}} = \frac{p_{yx}}{\left(\dfrac{u}{b}+\dfrac{v}{a}\right) \cdot a} \quad (9)$$

式中：u——x 向的位移；
v——y 向位移。

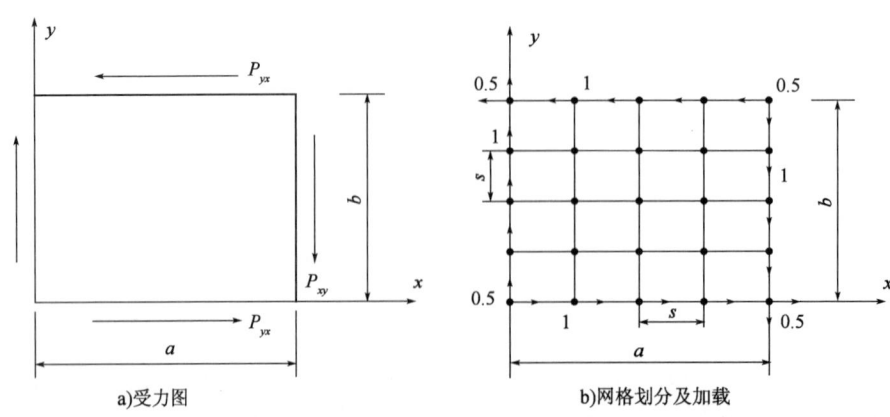

a) 受力图　　　　　b) 网格划分及加载

图 5 剪切刚度的提取和验证

3.4 扭转刚度 $\overline{D}_{66}$ 的数值验证

参考文献[9]采用力法进行扭转刚度的提取和验证(图6)。板的扭转刚度见式(10)。

$$\overline{D}_{66} = \frac{\overline{M}_{xy}}{2\dfrac{\partial^2 \omega}{\partial x \partial y}} = -\frac{P}{4\dfrac{\partial^2 \omega}{\partial x \partial y}} \quad (10)$$

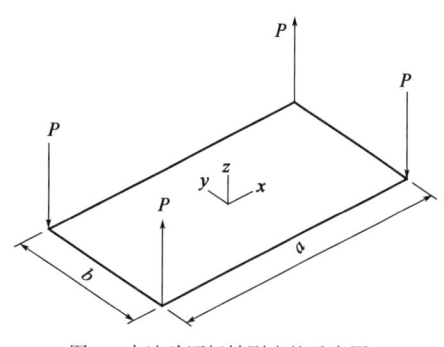

图6 力法验证扭转刚度的示意图

4 等效模型的验证

选取 David Wennberg 等[10]建议的经典算例作为分析对象,梯形波板的形状和方向如图7所示,梯形波板的材料属性和形状参数如表2所示。

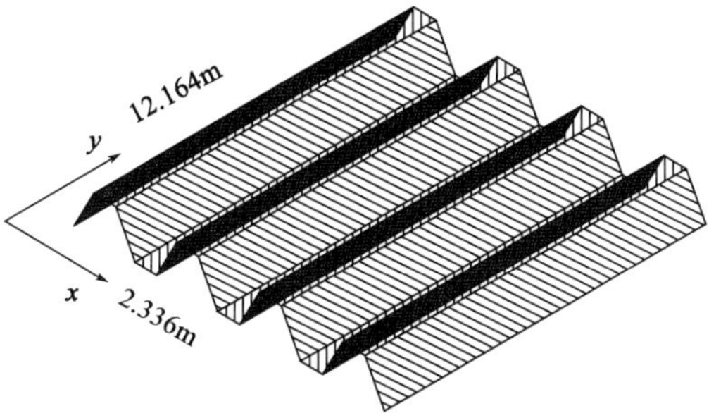

图7 梯形波板的形状、尺寸及方向

波形钢腹板材料属性和形状参数　　表2

参　数	取　值
弹性模量 E(Pa)	2.00×10^{11}
泊松比 v	3.00×10^{-1}
c(m)	3.85×10^{-2}
l(m)	5.45×10^{-2}
f(m)	1.25×10^{-2}
d(m)	5.75×10^{-3}
b(m)	2.70×10^{-2}
t(m)	1.50×10^{-3}
θ(rad)	1.14

使用公式(2)得到正交各向异性等效平板的材料参数如表3、表4所示。

正交各向异性等效平板与拉压、剪切相关的材料参数　　表3

材料参数	Briassoulis	Samanta	Xia	Ye
E_1	2.78×10^8	2.55×10^8	2.8039×10^8	2.8031×10^8
E_2	2.83×10^{11}	2.83×10^{11}	2.83117×10^{11}	2.8324×10^{11}
G_{12}	7.69×10^{10}	5.43×10^{10}	5.43402×10^{10}	5.4316×10^{10}
v_{21}	2.94700×10^{-4}	2.70318×10^{-4}	2.97113×10^{-4}	2.969×10^{-4}
v_{12}	0.3	0.3	0.3	0.3

正交各向异性等效平板与弯曲、扭转相关的材料参数　　　表4

材料参数	Briassoulis	Samanta	Xia	Ye
E_1	1.55×10^{11}	1.41×10^{11}	1.55245×10^{11}	1.5517×10^{11}
E_2	8.35×10^{13}	1.57×10^{14}	1.72241×10^{14}	1.568×10^{14}
G_{12}	7.69×10^{10}	2.18×10^{11}	1.08891×10^{11}	1.0894×10^{11}
V_{21}	5.56886×10^{-4}	2.69427×10^{-4}	2.70397×10^{-4}	2.969×10^{-4}

梯形波板与等效平板的拉压刚度、剪切刚度的计算值如表5所示,梯形波形板和等效平板的拉压刚度、剪切刚度的计算误差如表6所示。从表6中可以看出:Briassoulis 模型所计算的拉压刚度误差最小,误差在0.1%以内,但剪切刚度误差较大;Xia 模型和 Ye 模型所计算拉压刚度的误差在1%以内,并且 Ye 模型中 $\bar{A}_{22}$、$\bar{A}_{66}$ 的计算精度要高于 Xia 模型的对应值。因此,在计算平面内刚度时,建议采用 Ye 模型。

梯形波板与等效平板的拉压刚度、剪切刚度计算值(单位:N)　　　表5

刚度参数	波形板	等效平板			
		Briassoulis	Samanta	Xia	Ye
$\bar{A}_{11}$	4.17×10^5	4.17×10^5	3.83×10^5	4.21×10^5	4.206×10^5
$\bar{A}_{12}$	1.25×10^5	1.25×10^5	1.15×10^5	1.26×10^5	1.262×10^5
$\bar{A}_{22}$	4.25×10^8	4.25×10^8	4.25×10^8	4.25×10^8	4.25×10^8
$\bar{A}_{66}$	8.1483×10^7	1.1535×10^8	8.1450×10^7	8.1511×10^7	8.1483×10^7

梯形波板与等效平板的拉压刚度、剪切刚度计算误差(%)　　　表6

刚度参数	波形板	等效平板			
		Briassoulis	Samanta	Xia	Ye
$\bar{A}_{11}$	0.00	-0.03	-8.31	0.82	-0.895
$\bar{A}_{12}$	0.00	-0.03	-8.31	0.83	-0.895
$\bar{A}_{22}$	0.00	-0.07	-0.08	-0.03	-0.00012
$\bar{A}_{66}$	0.00	41.5632	-0.0397	0.0344	0.0007

梯形波板与等效平板的弯曲刚度、扭转刚度的计算值如表7所示,梯形波形板和等效平板的弯曲刚度、扭转刚度的计算误差如表8所示。从表8中可以看出:在计算弯曲刚度时,Ye 模型的精度最好,误差在0.03%以内;与 Ye 模型相比,Xia 模型中 D_{11} 的精度相对较低,误差接近10%;对于扭转刚度(D_{66}),Xia 模型和 Ye 模型的计算结果都较为理想,误差都在1%以内。因此,在计算平面外刚度时,建议采用 Ye 模型。

梯形波板与等效平板的弯曲刚度、扭转刚度计算值(单位:N·m)　　　表7

刚度参数	波形板	等效平板			
		Briassoulis	Samanta	Xia	Ye
$\bar{D}_{11}$	44098.0415	23488.3328	44159.8373	48446.6947	44091.9
$\bar{D}_{12}$	13.0918	13.0814	11.8986	13.0998	13.0955
$\bar{D}_{22}$	43.6498	43.6011	39.6595	43.6662	43.6516
$\bar{D}_{66}$	30.4100	21.5205	61.0059	30.4749	30.6358

梯形波板与等效平板的弯曲刚度、扭转刚度计算值(%) 表8

刚度参数	波形板	等效平板			
		Briassoulis	Samanta	Xia	Ye
$\bar{D}_{11}$	0.00	-46.74	0.14	9.86	0.013 9
$\bar{D}_{12}$	0.00	-0.08	-9.11	0.06	-0.028 3
$\bar{D}_{22}$	0.00	-0.11	-9.14	0.04	-0.004 1
$\bar{D}_{66}$	0.00	-29.232 3	100.611 39	0.213 4	0.742 52

从上述分析结果可以看出:Ye 等效模型的计算结果误差较小、精度较高,可以用于波形钢腹板组合箱梁中复杂的受力分析。

5 结语

本文基于板壳受力理论,根据波形钢板的材料参数和形状参数分别使用 Briassoulis 模型、Samanta 模型、Xia 模型和 Ye 模型得到正交各向异性等效平板的刚度参数和材料参数,之后通过静力凝聚法和力法对等效模型的准确性进行了验证,分别对比了平面内拉压和剪切刚度、平面外弯曲和扭转刚度的计算结果。结果表明,Ye 模型的计算结果误差较小,建议采用此模型对波形钢腹板进行等效,以便对波形钢腹板组合箱梁的扭转畸变耦合效应进行分析。

参 考 文 献

[1] 刘玉擎.组合结构桥梁[M].北京:人民交通出版社,2005.
[2] Fardis M N. Innovative Materials and Techniques in Concrete Construction[M]. Springer,2012.
[3] Jiang R J, Au F T K, Xiao Y F. Prestressed Concrete Girder Bridges with Corrugated Steel Webs:Review[J]. Journal of Structural Engineering,2015,141(2).
[4] Briassoulis D. Equivalent orthotropic properties of corrugated sheets[J]. Computers & Structures,1986,23(2):129-138.
[5] Samanta A,Mukhopadhyay M. Finite element static and dynamic analyses of folded plates[J]. Engineering Structures,1999,21(3):277-287.
[6] Xia Y, Friswell M I, Flores E I S. Equivalent models of corrugated panels[J]. International Journal of Solids and Structures,2012,49(13):1453-1462.
[7] Ye Z, Berdichevsky V L, Yu W. An equivalent classical plate model of corrugated structures[J]. International Journal of Solids and Structures,2014,51:2073-2083.
[8] 梁嘉.纯剪切状态下蜂窝梁腹板的局部稳定性分析[D].长沙:湖南大学,2013.
[9] M A B. Advanced Topics in Finite Element Analysis of Structures. With Mathematica and MATLAB Computations[M]. JOHN WILEY&SONS,INC.,2006.
[10] Wennberg D,Wennhage P,Stichel S. Orthotropic Models of Corrugated Sheets in Finite Element Analysis[J]. ISRN Mechanical Engineering,2011,2011:1-9.

86. 简支混凝土 T 梁桥面连续结构受力特性研究

邱体军[1]　王胜斌[1]　雷　俊[2]　徐　栋[2]

(1. 安徽省交通规划设计研究总院股份有限公司;2. 同济大学)

摘　要:预制节段拼装施工由于诸多优点近几年在工程应用中引起了广泛关注。目前对预制拼装施工的关注主要集中在上部结构,对于桥面连续结构这类桥梁小构件的研究十分有限。桥面连续结构在相邻两跨简支桥之间不设置专门的伸缩缝装置,而是将其桥面板部分或者铺装相连,仅在过渡墩或桥台区域设置伸缩缝,从而降低了伸缩缝的使用量。在性能上保有连续梁行车平顺的优势,在受力上又保持了静定结构特点。目前常见的桥面连续结构在实际工程应用中由于各种病害的产生并无法达到预期的使用性能,工程界存在对现有桥面连续构造进行改进与创新的迫切需要。本文针对德州至上饶高速公路合肥至枞阳(简称合枞)段的轻型 T 梁间的桥面连续结构提出了不同的布置方案,并对各个方案的受力性能进行了研究,最终提出了一种实际可行的桥面连续结构方案。

关键词:轻型 T 梁　桥面连续　静力　疲劳

1　项目概况

随着我国经济的发展,国家对桥梁的发展也提出了一系列新要求。节能、环保、低碳正日益成为我国桥梁工业化发展的新主题。相对于传统现浇施工,预制节段拼装施工的优点主要有:①对周边环境影响小;②对交通影响小;③预制工厂化,便于质量控制;④预制混凝土收缩、徐变变形小;⑤施工效率高。无论是在施工场地有限、交通压力大的城市高架建设中,还是在混凝土运输条件复杂、有效施工时间短的梁建设中,预制节段拼装工艺都具有明显优势。

我国节段预制拼装桥梁技术的起步相对较晚。1990 年建成的福建洪塘大桥是国内最早采用节段预制逐孔拼装施工的桥梁,结构形式为多跨连续箱梁,桥跨布置 6×40m + 5×(5×40m)。2000 年以后,我国在一些大桥的引桥部分建设中,也开始逐渐采用节段预制拼装技术。2008 年建成通车的苏通长江大桥的深水区引桥,采用了 75m 跨节段预制悬臂拼装施工混凝土箱梁桥;上海崇明长江大桥非通航孔桥和南京长江四桥的南、北引桥也采用了节段预制拼装大型连续箱梁。

为适应我国桥梁工业化发展的新趋势,G3W 德州至上饶高速公路合肥至枞阳(简称合枞)段上部结构采用节段拼装桥面板连续结构简支轻型 T 梁,拟针对预制装配 T 梁在简支变连续过程中的桥面连续接缝提出一种新型的连续方式。本文针对该项目中轻型T梁的桥面连续结构的受力性能进行了研究。

2 桥面连续结构形式

本文对桥面连续结构的受力特性进行了研究。所研究的不同类型的桥面连续布置包含纯混凝土方案、钢板+混凝土混合方案、纯钢板方案、无黏结方案等。本节主要介绍不同类型桥面连续的具体布置形式。

2.1 纯混凝土方案

对于纯混凝土的桥面连续方案,在建立不同方案进行受力分析时,主要控制的参数包括桥面连续段的纵向长度、厚度、开槽深度与开槽部位以及是否贴钢板。

采用混凝土桥面连续方案时,采用了两跨连续梁对桥面连续结构进行受力分析,考虑了以下几种情况来分析原设计方案接缝区域受力情况:

(1)对桥面连续段长度分别为5cm、10cm、15cm、20cm的桥面连续构造进行参数分析,依据受力情况确定合理的桥面连续段长度,并分析上缘5mm切缝对桥面连续段的受力情况。

(2)基于桥面连续段长度15cm的桥面连续构造,分析其厚度为10cm与20cm时连续段的受力情况。

(3)为减小桥面连续段下部压应力,分析连续段长度为15cm且在下缘开5cm和10cm的槽时,连续段的受力情况。

(4)为减小桥面连续段上部拉应力,分析连续段长度为15cm,下缘开10cm槽且在上缘粘贴钢板时,连续段的受力情况。

(5)为减小桥面连续段下部压应力,分析连续段长度为15cm,对局部区域桥面板与腹板采取无粘贴措施后,连续段的受力情况。

2.2 钢板+混凝土混合方案

钢混组合方案在预制梁腹板区域采用直钢板桥面连续结构,横向其他位置采用混凝土现浇形式进行连接。设计控制参数包含钢盖板的纵向长度。该区域的设计关键是由钢结构的疲劳受力以及混凝土结构的配筋设计控制。

2.3 纯钢板方案

在梁体端部上缘预埋钢板,预埋钢板与环形钢筋通过点焊的形式连接,埋入端部混凝土的环形钢筋通过与混凝土的咬合作用将预埋钢板固定在梁端。直接承受由铺装传递的上部荷载的钢盖板与预埋钢板焊接在一起。计算分析时考虑了钢盖板形状的影响对桥面连续受力的影响。

3 计算模型和工况

3.1 模型描述

在建立计算模型(图1)时,主要考虑了上部结构混凝土部分,并未计入跨径内的普通钢筋。在桥面连续区域,根据实际构造建立了精细化模型,并考虑该区域的局部钢筋。

按材料特性划分,轻型T梁的有限元模型包含C50的预制T梁、C55的纵横向接缝、桥面连续区域的局部钢筋、支座和跨径内的横联钢梁以及梁体支座垫块。

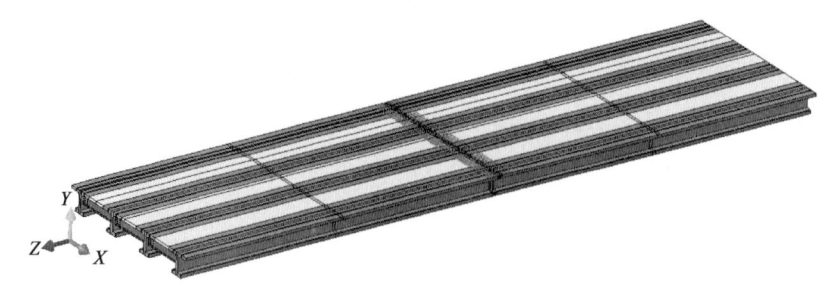

图1 全桥有限元模型

3.2 接触与边界条件

有限元模型中,钢横梁与混凝土梁体的接触面、支座垫块上表面与T梁底部接触面、钢板与焊缝间接触面、预埋钢板与环形钢筋接触面均采用绑定约束。环形钢筋采用嵌入约束,与附近混凝土单元节点位移耦合。预埋钢板和梁端混凝土间接触面、预埋钢板和钢盖板的接触面间采用普通接触(存在压应力时顶紧,受拉可分离)。对垫块底部中线的位移或转角进行约束,实现对边界条件的模拟。

3.3 材料特性

本模型中包含C50、C55混凝土及钢横梁及垫块四种材料,不考虑材料非线性的影响。C50混凝土弹模取3.45×10^4MPa,C50混凝土弹模取3.55×10^4MPa,钢横梁及垫块弹模取2.1×10^5MPa。

3.4 计算工况

计算工况包含:二期铺装及栏杆产生的二期恒载;活载;梯度温度;静载标准组合(二期恒载+活载+梯度温度);采用模型Ⅰ等效车道荷载的疲劳荷载模型。

4 计算结果汇总

4.1 纯混凝土方案

本节给出桥面连续段采用不同布置方案时各工况及组合下结构的整体受力情况。考虑连续段受力为主要关注对象,提取了如图2和图3所示位置上混凝土中拉应力的变化规律。位置1与预制梁梁端上缘混凝土拉应力沿横桥向最大值。位置2与桥面连续段中间位置上缘混凝土拉应力沿横桥向最大值。

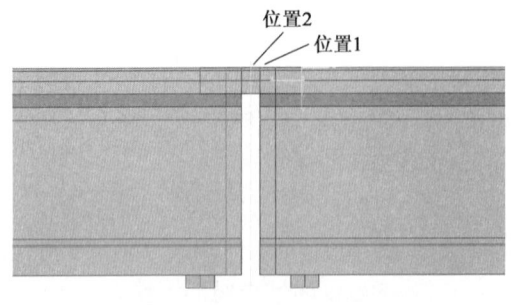

图2 应力提取位置示意1

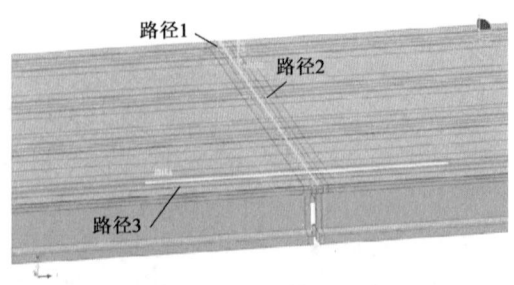

图3 应力提取位置示意2

采用纯混凝土桥面连续的不同布置方案在标准组合下的应力结果如表1所示。

采用不同布置方案时桥面连续段在标准组合下的应力结果　　　　　　　表1

标准组合	1 位置		2 位置	
	拉应力	压应力	拉应力	压应力
方案一：长度10cm，T形截面	23.2	-66.6	18.8	-37.0
方案二：长度10cm，厚度20cm	18.6	-41.5	13.4	-29.7
方案三：长度15cm，厚度20cm	23.0	-31.9	14.5	-22.6
方案四：长度15cm，厚度10cm	21.9	-23.1	19.0	-18.1
方案五：方案三+底部开槽5cm	27.7	-15.9	29.1	-28.1
方案六：方案三+底部开槽10cm	27.9	-8.9	29.5	-16.2
方案七：同方案六并在上缘贴钢板	18.9	-10.9	21.7	-18.7

在方案一（原设计方案）中，桥面连续段的截面为小T形截面（图4），桥面连续段长度10cm，截面最厚处33.6cm，边缘处厚20cm。

在该方案中，混凝土的最大拉应力为23.3MPa，可通过配筋限制裂缝宽度，但混凝土压应力超过60MPa，发生在接缝腹板区域（截面厚度最大区域），不满足设计要求，需对构造进一步修改。

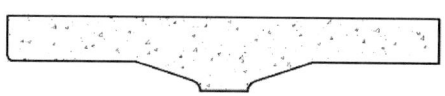

图4　方案一中桥面连续在预制段区域截面形状

（1）方案二在方案一基础上，控制桥面连续段长度仍为10cm，采用等厚20cm的矩形截面。在降低桥面连续段的截面高度后，结构的最大拉应力（18MPa）与最大压应力（41MPa）均有所降低，但压应力仍无法满足设计要求。

（2）控制桥面连续段厚度为20cm，对桥面连续段长度进行参数分析，比较了连续段长度为5cm、10cm、15cm及20cm时在自重作用下结构的受力情况。随着桥面连续段长度增加，结构的最大拉应力与最大压应力基本均下降。但连续段长度20cm的受力结果较15cm的情形改善并不显著，因此方案三及后续方案均采用15cm作为桥面连续段长度。

（3）方案三中桥面连续段长15cm、厚20cm时，截面最大拉应力为23MPa，最大压应力为32MPa，压应力无法满足设计要求。方案四在方案三基础上，降低桥面连续段厚度为10cm，此时，结构中最大拉应力为21.9MPa，最大压应力为23.1MPa，基本满足受力要求。

（4）方案五及方案六中，桥面连续段长度为15cm，厚度为20cm，通过在下缘开槽释放桥面连续段底部混凝土压应力。其中，方案六在桥面连续段下缘开槽10cm时，与方案三对比，能有效降低桥面连续段混凝土下缘压应力，最大压应力为16.2MPa。但桥面连续段上缘最大拉应力有所上升，约为28MPa。

（5）为降低方案六中上缘混凝土拉应力，方案七在方案六的基础上在接缝段上缘局部粘贴钢板，采取该措施后结构中最大拉应力为21.7MPa，最大压应力为18.7MPa。

综合评估上述方案，方案四（长度15cm，厚度10cm）和方案七（长度15cm，厚度20cm，下部开10cm槽，上缘贴钢板）具有设计可行性。方案四中桥面连续段厚度较小，布置钢筋较为困难。方案七相对于其他两个方案施工较为烦琐，同时所需配筋量较大，不具有明显优势。

4.2 钢与混凝土混合方案

图5和图6给出混合形式桥面连续结构中钢板的局部变形。在全钢形式的连续段中钢板与相邻钢板可以自由协同变形。但在混合形式中，由于混凝土的刚度较大，钢板与混凝土相邻

面无法自由变形,相当于对于这些区域的钢板在侧向施加了额外约束。相对于全钢结构中的两边约束,在混合形式中,钢板处于三边约束(边梁外侧)或四边约束(中梁区域)。在约束更强的情况下,钢板应力有所增加。当钢板宽度为25cm时,采用纯钢方案最大主应力值为36.5MPa,而混合式方案中钢板的最大主应力值为47.0MPa。

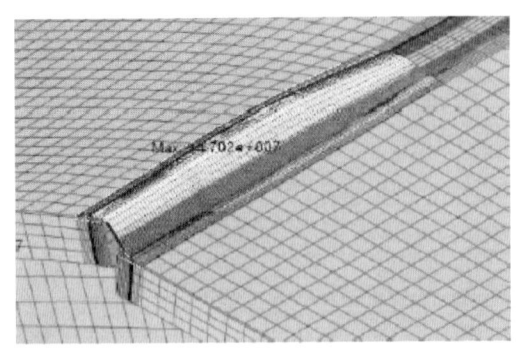
图5 边梁区域钢板三边约束变形模式

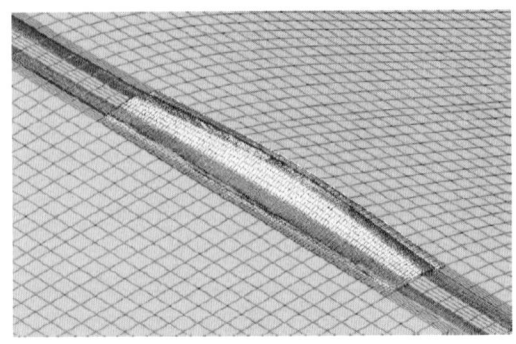
图6 中梁区域钢板四边约束变形模式

变化钢盖板长度时,桥面连续结构中的最大主应力值如表2所示。

不同长度钢板应力对比　　　表2

板长(cm)	主应力(MPa)	板长(cm)	主应力(MPa)
25	47.0	45	19.5
30	30.7	80	12.8
35	22.6		

采用长度为30cm、厚度为12mm的钢盖板进行混凝土配筋,分析方案的可行性。施加栏杆、桥面铺装等二期恒载,活载,梯度温度作用,进行短期与长期效应组合。桥面连续处混凝土节段处于弯曲受力状态,故可依据混凝土梁段的裂缝宽度限制进行配筋计算。计算结果表明采用混合式布置方案时,为满足抗裂性要求所采取的配筋量为22@100,所需钢筋较多,不推荐采用。

4.3 纯钢方案

桥面连续钢结构部分在静力荷载作用下的计算结果见表3。

静力工况下应力计算结果汇总　　　表3

工况	纵向正应力(MPa)	
	边梁腹板(预制)区域钢板	边梁与中梁间湿接缝区域钢板
标准组合	68.6	38.2
梯度温度	10(18.5)	9
恒载	24(35.1)	8
汽车荷载	30(33.5)	24

在边梁预制梁附近的桥面连续钢板中,不同工况下的最大应力位置并不相同。表3中括号外给出与标准组合应力最大位置一致处的应力值,括号内给出当前工况下钢板中最大纵向正应力。在湿接缝附近的桥面连续钢板中,结构的最大应力发生位置始终一致,不同工况下的最大值如表中数据所示。表3中数据表明,桥面连续钢板纵向拉应力不超过70MPa,能够满足结构的静力受力要求。

钢板疲劳应力计算结果如图7和图8所示。

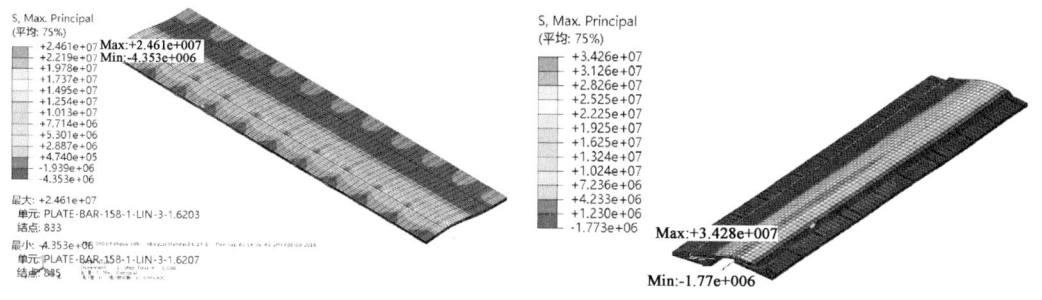

图7 预制梁预埋板+钢盖板中最大主拉应力　　图8 湿接缝区域钢盖板中最大主应力

在疲劳荷载作用下,由疲劳Ⅰ型荷载得到预制梁区域、湿接缝区域的钢板应力幅值分别为32.5 MPa、24.6 MPa。

5 结语

本文针对G3W德州至上饶高速公路合肥至枞阳(简称合枞)段上部结构采用节段拼装桥面板连续结构简支轻型T梁的桥面连续结构的受力特性进行了研究,分析了桥面连续结构采用纯混凝土方案、钢混组合方案、纯钢方案以及无黏结方案的受力特点和可行性。其中纯混凝土方案在满足压应力要求的情况下,需配置过多钢筋抵抗拉应力。混合布置方案在施工上便利性不及纯钢方案,且受力更不利。最终推荐使用纯钢式桥面连续结构,同时满足了结构的静力受力性能及疲劳受力性能。

参 考 文 献

[1] 向中富,敬世红,邓华.桥面连续结构行为分析与性能改善措施研究[C]//2005年全国桥梁学术会议论文集,2005.
[2] 马广德.桥面连续简支梁桥的力素分析及设计方法的探讨[J].华东公路,1985(02):51-62.
[3] 李少莉,蒋小鹏.简支梁桥桥面连续常见病害成因分析及处治措施[J].中国公路,2012(13):123.

87. 钢横梁 T 梁桥的荷载横向分布

唐国喜[1]　端木祥永[2]　胡胜来[1]　陈健[2]　徐栋[2]
(1. 安徽省交通规划设计研究总院股份有限公司；2. 同济大学)

摘　要：快速施工桥梁(简称 ABC)在我国城市化建设中正成为热点,而预制 T 梁桥加快了桥梁建设速度,保障工程质量,最大限度地减少对既有交通和环境的不利影响。本文讨论了一种新型的采用钢横梁的简支 T 梁桥,采用梁格模型讨论了钢梁的布置方式对荷载横向分布的影响。并对比分析了刚性横梁法、刚接板法计算横向分布系数的适用情况。

关键词：预制 T 梁　钢横梁　横向分布系数　刚性横梁法　刚接板法

1 引言

简支 T 梁桥通过桥面板与横梁的共同作用实现了活载的重分布,使得各纵梁实现共同受力。计算荷载的横向分布系数,将活载简化到每个主梁上。这样可以简化计算过程,并了解荷载的横向分布规律。目前关于混凝土 T 梁的荷载横向分布计算已有大量的研究,但采用钢横梁的 T 梁桥作为一种新型的预制桥梁形式,其横向分布系数的计算研究较少。为了为设计提供更多的依据,本文对这种新型桥梁的横向分布系数进行研究。

本文主要对采用钢横梁的 T 桥梁进行荷载横向分布系数的计算,并讨论了不同钢横梁布置形式对其影响,并给出了相关的计算建议。

2 横向分布系数计算方法

2.1 刚性横梁法

如图 1 所示,对于横向联系足够的梁桥,且桥跨结构的宽度与跨度之比小于 0.5 时,可以采用刚性横梁法计算横向分布系数。偏心压力法假定钢横隔梁近似绝对刚性,荷载作用在 j 号梁时 i 号梁的横向分布影响系数为：

$$\eta_{ij} = \frac{(EI)_i}{\sum (EI)_i} + \alpha \frac{(EI)_i \alpha_i}{\sum (EI)_i \alpha_i^2} x_j \tag{1}$$

式中：α——扭转修正系数；
　$(EI)_i$——梁的刚度；
　α_i——梁形心到整个截面形心位置扭转中心的距离；
　x_j——荷载作用点到扭转中心的距离。

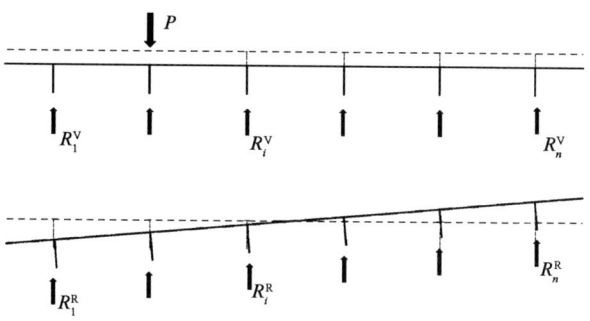

图 1 刚性横梁法的荷载分布

2.2 刚接板法

单位正弦荷载 P 作用在轻型 T 梁上,将各主梁沿纵向切开,忽略纵向剪力、轴力,如图 2 所示。依据基本结构(图 3)建立力法方程,求解得到各赘余力,可以得到每个纵梁承受的竖向力,即图 2 中梁两端的竖向剪力之和。依据竖向力的分配规律,可以得到相应的影响线。

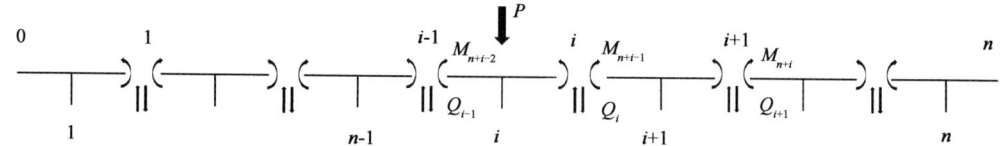

图 2 刚接板法赘余力

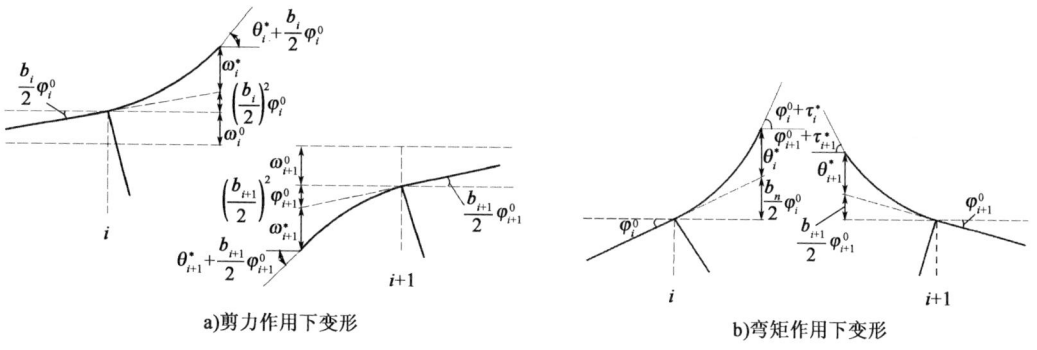

a) 剪力作用下变形   b) 弯矩作用下变形

图 3 基本结构变形

建立力法方程如下:

$$\begin{bmatrix} \delta_{11} & \cdots & \delta_{(n-1)} & \delta_{1,n} & \cdots & \delta_{1,2(n-1)} \\ \vdots & \ddots & \vdots & \vdots & \ddots & \vdots \\ \delta_{(n-1),1} & \cdots & \delta_{(n-1),(n-1)} & \delta_{(n-1),n} & \cdots & \delta_{(n-1),2(n-1)} \\ \delta_{n-1} & \cdots & \delta_{n,(n-1)} & \delta_{n,n} & \cdots & \delta_{n,2(n-1)} \\ \vdots & \ddots & \vdots & \vdots & \ddots & \vdots \\ \delta_{2(n-1),1} & \cdots & \delta_{2(n-1),(n-1)} & \delta_{2(n-1),n} & \cdots & \delta_{2(n-1),2(n-1)} \end{bmatrix} \begin{bmatrix} Q_1 \\ \vdots \\ Q_{(n-1)} \\ M_n \\ \vdots \\ M_{2(n-1)} \end{bmatrix} = \begin{bmatrix} \Delta_{1p} \\ \vdots \\ \Delta_{(n-1)p} \\ \Delta_{np} \\ \vdots \\ \Delta_{2(n-1)p} \end{bmatrix} \quad (2)$$

$$\delta_{ii} = 2\omega^0(1 + \gamma + \beta) \quad (3)$$

$$\delta_{n-1+i,i} = 0 \quad (4)$$

$$\delta_{ii} = 2\omega^0(1 + \gamma + \beta) \quad (5)$$

$$\delta_{n-1+i,i} = 0 \tag{6}$$

$$\delta_{i+1,i} = \delta_{i-1,i} = -\omega^0(1-\gamma) \tag{7}$$

$$\delta_{n+i,i} = -\delta_{n+i-2,i} = -\omega^0 \frac{2}{b}\gamma \tag{8}$$

$$\delta_{n-1+i,n-1+i} = 2\omega^0\left(\frac{\varphi^0}{\omega^0} + \frac{\tau^*}{\omega^0}\right) = \frac{8\omega^0}{b^2}(\gamma+3) \tag{9}$$

$$\delta_{i,n-1+i} = 0 \tag{10}$$

$$\delta_{i+1,n-1+i} = -\delta_{i-1,n-1+i} = \omega^0 \frac{2}{b}\gamma \tag{11}$$

$$\delta_{n+i,n-1+i} = -\delta_{n+i-2,n-1+i} = -\omega^0 \left(\frac{2}{b}\right)^2 \gamma \tag{12}$$

$$\Delta_{ip} = -\Delta_{(i-1)p} = P\omega^0 \tag{13}$$

其中,$\gamma = \frac{\varphi^0}{\omega^0}\left(\frac{b}{2}\right)^2$,$\beta = \frac{\omega^*}{\omega^0}$。

2.3 折面梁格法

折面梁格模型是将截面以沿垂直于截面主轴方向的切割线划分,由各划分梁的形心连线组成的一个单层的格构式模型,由于该单层梁格模型为一个折面,所以称之为折面梁格模型。折面网格可以模拟桥梁的纵横向联系,模型如图4所示。对于关注位置,可以对主梁进行集中力加载,查看各主梁的竖向挠度,得到集中力的重分布情况,进而得到关注位置的影响线。如图5所示,施加集中力可得到单位荷载作用下的主梁挠度。

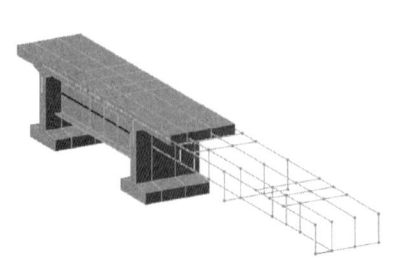

图4 折面梁格模型

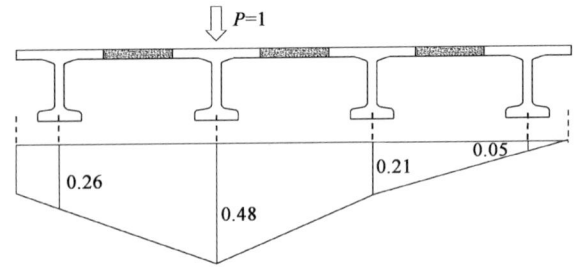

图5 单位荷载下位移的分布

可以通过主梁的跨中挠度计算影响线,或直接进行车辆荷载的布置,直接得到横向分布系数:

$$m_i^0 = \frac{nf_i(\mathrm{EI})_i}{\sum_{i=1}^n f_i(\mathrm{EI})_i} \tag{14}$$

式中:f_i——i 梁的跨中挠度;
n——加载车列数。

3 钢横梁 T 梁桥

3.1 工程背景

本文基于 G3W 德州至上饶高速公路合肥枞阳段部结构的钢横梁简支轻型 T 梁作为研究对象。25m 跨径装配式桥面板连续简支轻型 T 梁,主梁采用预应力混凝土轻型 T 梁预制结构,横断面共 4 片轻型 T 梁,主梁间距 3.58m,整段预制,边、中梁均为同一截面;轻型 T 梁梁高

1.605m(含5mm沥青铺装铣刨层);腹板厚0.22m;上翼缘板宽2.0m,边缘厚0.205m,承托处厚0.305m,承托底坡1∶3;下翼缘板宽1.0m,边缘厚0.22m,渐变至腹板处厚0.28m。轻型T梁采用C50混凝土,翼缘板湿接缝采用C55微膨胀补偿收缩混凝土。

25m轻型T梁桥跨两端各设置一道钢横梁,采用HN 750×300×13×20mm型钢,跨中设置一道钢横梁,采用HM 500×300×11×15mm型钢。施工过程中,先架设预制T梁,后安装钢横梁。钢横梁端部使用螺栓连接。端横梁顶部与湿接缝相连,跨中横梁仅端部与腹板相连,如图6、图7所示。

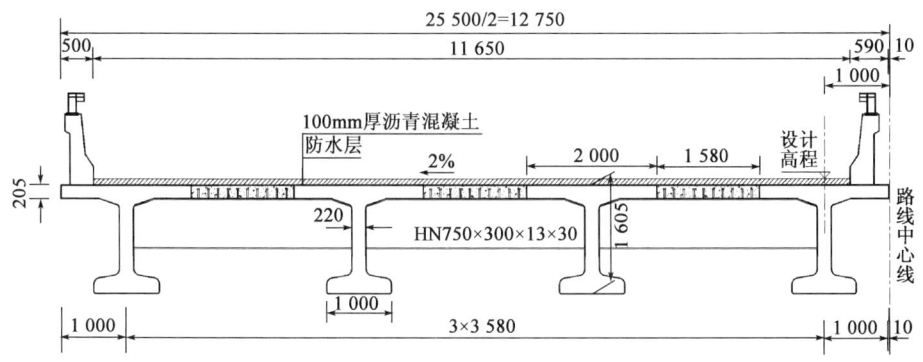

图6 端部横梁(尺寸单位:mm)

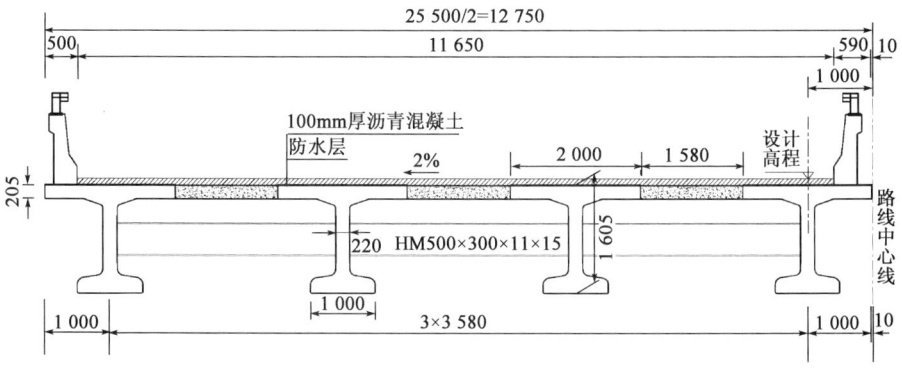

图7 跨中横梁(尺寸单位:mm)

3.2 钢横梁布置对荷载横向分布的影响

3.2.1 钢横梁形式的影响

建立不同形式的钢横梁T梁折面梁格模型,跨中部位采用一根"大横梁"(钢梁端部与腹板连接,钢梁的顶部设有剪力钉,与现浇混凝土实现连接,如图6所示)或一根"小横梁"(即钢梁端部仅与腹板相连,顶部无剪力钉,如图7所示),或无跨中横梁。支点附近均采用"大横梁"钢梁。

图8、图9为边梁和中梁的影响线,可以看出,采用"大横梁"的荷载横向分布更均匀。依据《公路钢筋混凝土及预应力混凝土桥涵设计规范》(JTG 3362—2018)布置两车道荷载(下同),可以得到:对于边梁,采用"大横梁"的横向分布系数较无横梁情况降低5.5%,采用"小横梁"的横向分布系数较无横梁情况降低2.6%;对于中梁,采用"大横梁"的横向分布系数较无横梁情况降低16.6%,采用"小横梁"的横向分布系数较无横梁情况降低7.4%。

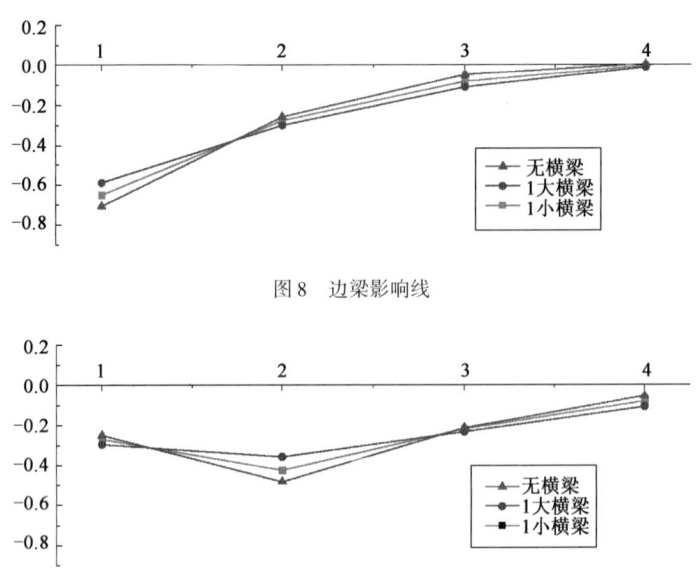

图 8 边梁影响线

图 9 中梁影响线

3.2.2 钢横梁数量的影响

本节对比了不同横梁数量对荷载横向分布的影响。其中,有 1 根横梁的 T 梁桥(不计入支点横梁,下同)的横梁布置在跨中,有 2 根横梁的 T 梁桥的横梁布置在三分点,有 3 根横梁的 T 梁桥的横梁布置在跨中和两个四分点。布置两车道荷载,可以得到如下结论:对于边梁,采用 1 根"大横梁"与 3 根"大横梁"横向分布系数相差 0.8%,采用 1 根"小横梁"与 3 根"小横梁"横向分布系数相差 1.1%;对于中梁,采用 1 根"大横梁"与 3 根"大横梁"横向分布系数相差 2.5%,采用 1 根"小横梁"与 3 根"小横梁"横向分布系数相差 3.0%。从图 10~图 13 可以看出,布置 1 根钢横梁对跨中的荷载横向分布影响较大,增加钢横梁的数量并不能明显的增强荷载的横向分布。

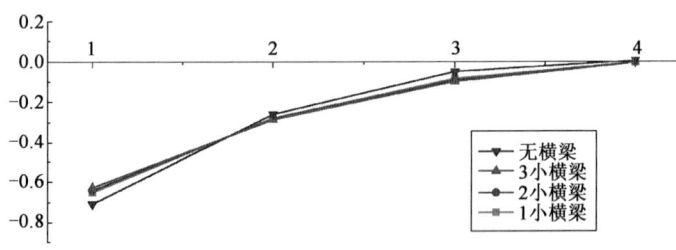

图 10 不同数量"小横梁"边梁影响线

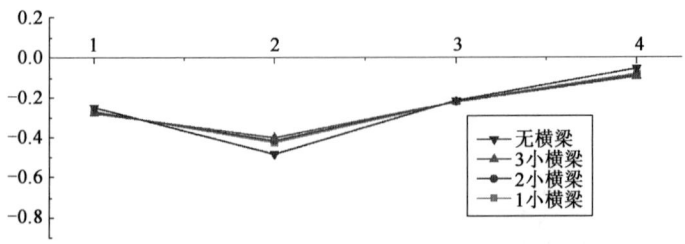

图 11 不同数量"小横梁"中梁影响线

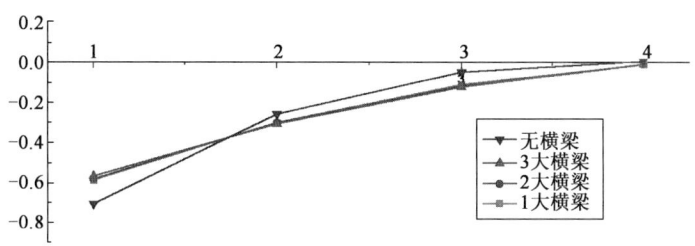

图12 不同数量"大横梁"边梁影响线

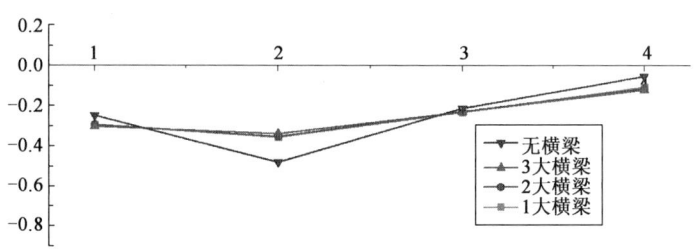

图13 不同数量"大横梁"中梁影响线

3.3 横向分布系数计算

采用折面梁格模型、刚性横梁法、刚接板法计算钢横梁T梁的跨中影响线,结果如表1所示。

影响线计算 表1

影响线	梁编号	折面梁格模型							刚性横梁法	刚接板法
		1小横梁	2小横梁	3小横梁	1大横梁	2大横梁	3大横梁	无横梁		
边梁	1	0.648	0.639	0.625	0.586	0.582	0.567	0.705	0.652	0.769
	2	0.278	0.280	0.286	0.301	0.301	0.307	0.259	0.377	0.244
	3	0.083	0.089	0.096	0.110	0.117	0.123	0.048	0.103	-0.001
	4	0.003	0.003	0.004	0.011	0.010	0.009	-0.007	-0.172	-0.032
中梁	1	0.269	0.272	0.278	0.295	0.294	0.302	0.248	0.409	0.264
	2	0.423	0.414	0.399	0.357	0.353	0.339	0.481	0.310	0.518
	3	0.217	0.218	0.219	0.232	0.229	0.231	0.213	0.211	0.240
	4	0.080	0.086	0.094	0.108	0.114	0.121	0.053	0.111	-0.001

布置两车道荷载,可以得到如表2所示的荷载横向分布系数。从表中可以看出,对于采用1根"大横梁"T梁桥,边梁横向分布系数采用刚性横梁法较折面梁格模型大16.1%,采用刚接板法较折面梁格模型大9.0%;中梁横向分布系数采用刚性横梁法较折面梁格模型大2.7%,采用刚接板法较折面梁格模型大25.8%。不同计算方法对横梁、中梁影响线的效果如图14、图15所示。在设计过程中,通常取最不利的梁进行设计,考虑经济因素,采用刚接板法作为简便算法更为合理。

横向分布系数 表2

计算方法	折面梁格模型							刚性横梁法	刚接板法
	1小横梁	2小横梁	3小横梁	1大横梁	2大横梁	3大横梁	无横梁		
1	0.822	0.817	0.813	0.799	0.797	0.793	0.843	0.928	0.871
2	0.699	0.691	0.678	0.644	0.639	0.628	0.751	0.656	0.810

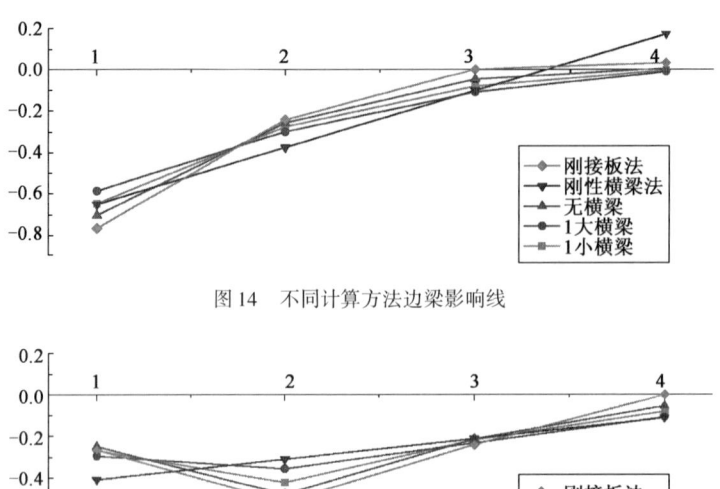

图 14　不同计算方法边梁影响线

图 15　不同计算方法中梁影响线

4　结语

采用钢横梁的 T 梁桥适应工业化的发展,跨中布置"大横梁",即钢梁端部与腹板连接,钢梁的顶部设有剪力钉,与现浇混凝土实现连接,可使得荷载的横向分布更均匀;对于 25m 的轻型 T 梁采用一根横梁即可以使得横向分布更均匀。考虑施工与经济性因素,不建议采用更多的横梁;刚性横梁法对于边梁设计过于保守,对于中梁设计不安全,如需简便算法建议采用刚接板法进行横向分布计算。

参 考 文 献

[1] 徐栋,赵瑜,刘超.混凝土桥梁结构实用精细化分析与配筋设计[M].北京:人民交通出版社,2013.
[2] 李国豪.公路桥梁荷载横向分布计算[M].北京:人民交通出版社,1990.
[3] 同济大学路桥教研组.公路桥梁荷载横向分布计算[M].北京:人民交通出版社,1977.
[4] 杜国华,毛昌时,司徒妙玲.桥梁结构分析[M].上海:同济大学出版社,1994.

88. 钢板组合梁桥的荷载横向分布系数研究

吕 婷 陈 欣

(中交第一公路勘察设计研究院有限公司)

摘 要：与常规混凝土梁桥相比，由于主梁刚度和横向联系等方面的差异，钢板组合梁桥荷载横向分布规律可能与常规混凝土梁桥不同。本文开展了针对简支钢板组合梁桥的荷载横向分布系数研究。首先利用通用有限元软件，分别建立板单元模型、梁板单元结合模型以及梁格单元空间模型，计算基于不同空间模型的荷载横向分布系数，并与平面简化算法进行对比研究。结果表明：梁板单元结合的空间有限元模型计算简便，计算精度较高；平面简化算法中的刚性横梁法可满足钢板组合梁桥简化计算要求。

关键词：钢板组合梁桥 荷载横向分布系数 空间有限元法 平面简化算法

1 引言

组合梁体系中较为常见的钢板梁桥是中小跨径桥梁中最常见的钢桥形式。钢板组合梁桥有双主梁体系和多主梁体系，活载如何有效地在主梁间进行横向分布，从而提供给主梁更大的抗力，是钢板组合梁值得关注的问题之一。荷载横向分布计算作为空间内力计算的一种实用近似方法，在公路桥梁设计中得到广泛应用。目前常用的荷载横向分布系数算法包括杠杆法、刚性横梁法、修正的刚性横梁法、刚(铰)接板梁法及比拟正交异形板法。与常规混凝土梁桥相比，由于主梁刚度和横向联系等方面的差异，钢板组合梁桥荷载横向分布规律可能与常规混凝土梁桥不同，上述计算方法可能不适用于钢板组合梁桥。因此，寻找适用于钢板组合梁的荷载横向分布系数计算方法值得研究。

本文依托在建某工程实例，分别建立空间板单元、板梁结合单元以及梁格单元有限元模型计算钢板组合梁的荷载横向分布系数，同时用平面简化计算方法计算钢板组合梁的荷载横向分布系数。通过比较，得出适用于钢板组合梁荷载横向分布系数的计算方法。

2 桥例介绍

本文分析的桥例是一座装配式施工的简支钢板组合梁桥。跨径：35m；桥宽 13m；设计荷载：公路 I 级；桥面布置：0.5m(护栏)+12m(行车道)+0.5m(护栏)；工字梁片数：4 榀；梁间距：3.1m；桥面板厚度：等厚 26cm；桥面铺装：10cm 沥青铺装+防水层。工字钢尺寸：高 1.65m，上翼缘板宽×厚为 600mm×24mm，下翼缘板宽×厚为 650mm×48mm，腹板尺寸高×

厚为 1 578mm×16mm,跨中均布 5 道小横梁(图1)。

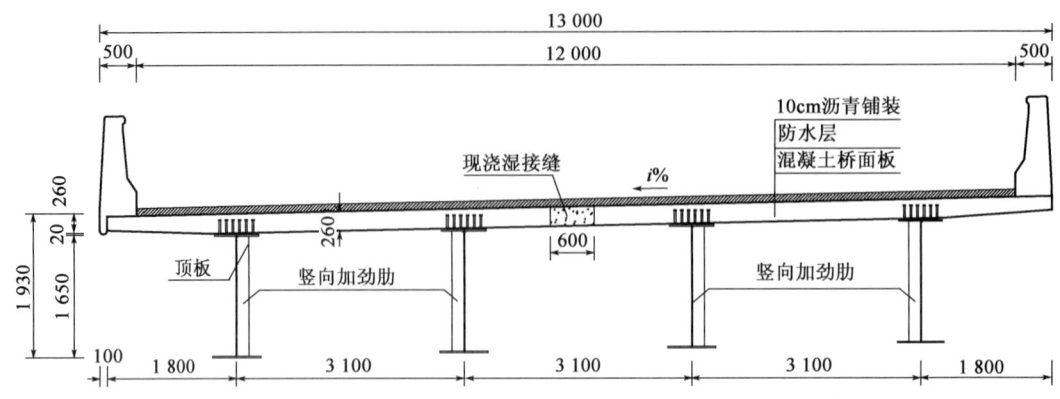

图 1　桥例典型断面示意图(尺寸单位:mm)

3　空间有限元计算方法

对于一座由多片主梁通过桥面板和横隔梁组成的钢板梁桥,受力特性属于空间结构的范畴,当荷载 F 作用在桥上时,由于结构的整体作用,各主横梁不同程度地都要产生挠曲而形成一个挠曲面,这样的变形充分显示了结构变形与受力的空间耦合性能。因此主梁的内力计算属于空间理论问题,即需要求解结构内力影响面的问题。

3.1　荷载在桥面上的横向分布

如何计算荷载作用在主梁上的内力,作为空间理论的共同点是直接求解结构上任一点的内力或挠度,也可以像单梁计算中应用影响线,借助理论分析所得的影响面来计算某点的内力值[1]。现可以借助影响面来求解某片梁的荷载横向分布系数。

按照荷载横向分布系数的定义,在主梁边梁跨中施加集中力荷载 F(图5),查看各个主梁在荷载 F 效应下该位置的内力值。通过将各主梁弯矩值与各梁片弯矩之和的比值连线并向两侧延长至翼缘端部,即可得到边梁跨中部位的横向影响线。其余主梁的影响线可用同样的办法计算。利用空间有限元法计算第 i 片梁荷载横向影响线竖标计算公式见式(1)。

$$\eta_{ij} = \frac{M_{ij}}{\sum_{j=1}^{n} M_{ij}} \tag{1}$$

3.2　空间有限元模型建立

本节通过建立三种不同的空间单元模型计算钢板组合梁的荷载横向分布系数。

模型一:板单元有限元模型。板单元的厚度与其他两个方向的尺寸相比小得多,空间板单元可以承受平面内的荷载也可以承受垂直于平面的荷载。钢板组合梁中的桥面板、工字钢的顶、腹、底板都符合板单元的特性。用板单元模拟钢板组合梁的优点是结构简化程度较少、计算精度高;缺点是单元较多,计算费时,针对工程设计而言操作起来稍有难度。现将桥面板、工字梁的顶板、腹板以及底板分别以板单元模拟,各单元采用共节点形式连接。一个简支梁模型划分 1 261 个节点和 1 362 个单元(图2)。

模型二:板梁结合有限元模型。混凝土桥面板符合板单元的受力特征,而工字钢梁整体符合梁单元的受力特性。因此,工字梁用梁单元模拟,桥面板用板单元模拟,以共节点形式连接。一个简支梁模型划分837个节点和869个单元(图3)。模型二的工字钢用梁单元代替,比模型一要简化许多。

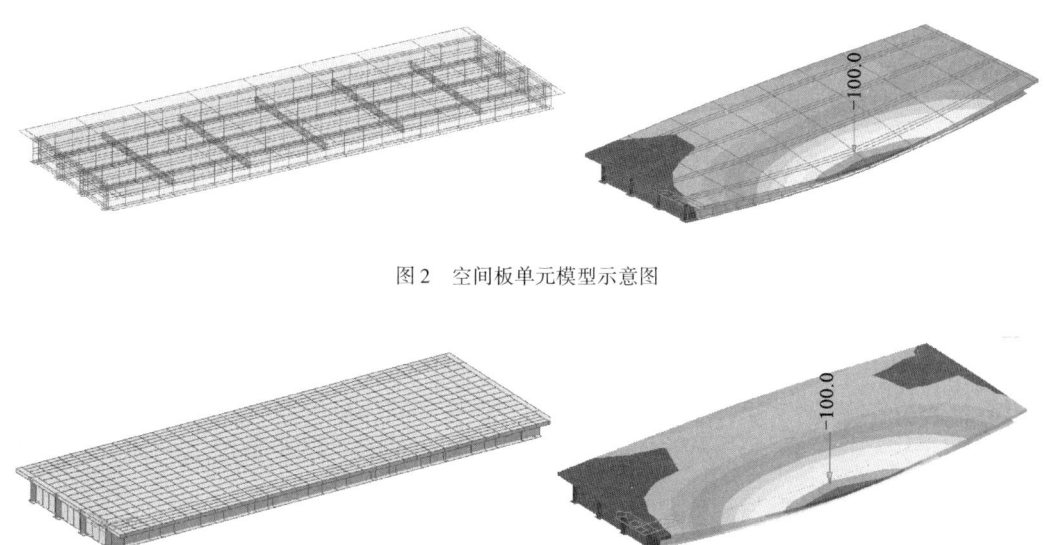

图2 空间板单元模型示意图

图3 空间梁板单元结合模型示意图

模型三:空间梁格有限元模型。梁格法是用等效的梁格代替桥梁整体结构的一种方法,将分布在空间板(梁)上的每一区段内的弯曲刚度和抗扭刚度集中于最邻近的等效梁格内。在承受相同荷载时,要求两者的挠曲相等,内力也相等[3]。工字梁与桥面板均采用梁单元,横向按照桥面板的实际刚度连接。一个简支梁模型划分532个节点和625个单元(图4)。需要注意的是,横向连接的截面刚度应按实际刚度连接,自重切勿重复计入。梁格单元截面特性的正确计算和构件间连接关系的正确模拟是保证计算精度的关键。模型三仅涉及梁单元,但是需要计算虚梁以及悬臂刚度的取值,如果取值差异较大会直接影响计算的精确度。

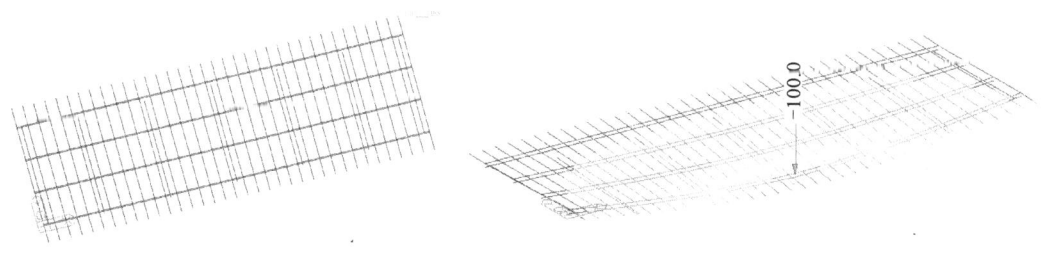

图4 空间梁格单元模型示意图

3.3 空间有限元计算结果

以边梁荷载横向分布系数计算为例。考虑边梁跨中承受集中荷载F(取值100kN),主梁的变形图示见图2~图4,提取1号梁~4号梁的跨中单元内力,按照式(1)计算1号梁的荷载横向影响线竖标η_{11}~η_{14},绘制边梁跨中的影响线图(图5)。

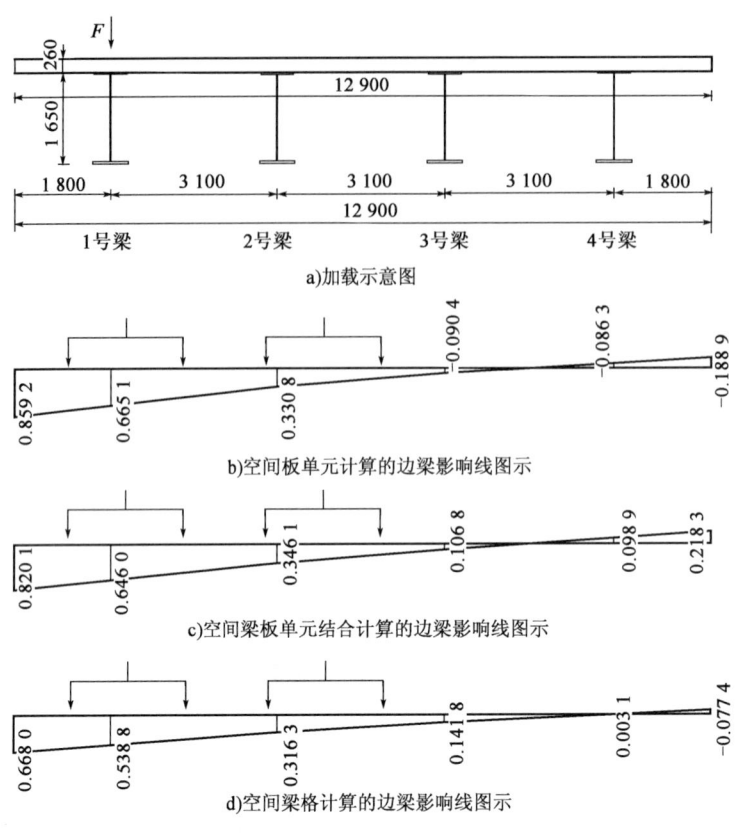

图 5　边梁跨中荷载横向影响线示意图(尺寸单位:mm)

以 η_{ij} 表示 1 号梁的影响线数值,j 取值 1~4。在给出的荷载影响线图上布置汽车活载,计算出荷载横向分布系数 m 值,边梁跨中荷载影响线竖标以及 m 值详见表 1。

空间有限元法荷载横向分布影响线数值计算表(1号梁)　　表 1

影响线数值	有限元模型		
	空间板单元	空间梁板结合单元	空间梁格单元
η_{11}	0.665 1	0.646 0	0.538 8
η_{12}	0.330 8	0.346 1	0.316 3
η_{13}	0.090 4	0.106 8	0.141 8
η_{14}	-0.086 3	-0.098 9	0.003 1
边梁跨中 m 值	1.009	1.00	0.862
误差百分比(以空间板单元模型为标准)	0.00%	0.11%	15%

空间有限元模型计算结果表明,前两者得到的 m 值结果接近,而采用梁格模型得到的 m 值偏小。这与梁格模型的简化精度、横向刚度取值以及横向联系梁等参数的取值都有影响,这些影响需要进一步分析研究。考虑到空间板单元应用起来比较复杂,而空间梁格单元不论是理论还是应用起来都需要工程师有深厚的力学功底并且能做出合理的简化,相比较而言,空间梁板结合的有限元模型,理论清晰,计算简便,计算结果可用于工程实践。因此,建议工程师在钢板组合梁荷载横向分布系数 m 值计算时,可采用空间梁板结合的有限元模型。

4 平面简化法计算横向分布系数

典型的横向分布系数简化算法有杠杆法、修正的刚性横梁法,铰(刚)接板梁法、正交异形板法。考虑到杠杆法忽略了主梁间的横向联系作用,这里不做讨论。本节从各种简化计算方法的理论出发,推导钢板组合梁抗扭惯性矩计算公式,采用刚(铰)接板梁法、刚性横梁法对桥例进行计算,并与有限元计算结果进行对比分析。

刚性横梁法:把梁桥视作由主梁和横梁组成的梁格系,荷载通过横梁由一片主梁传到其他主梁上去,同时主梁又对横梁起弹性支承作用。在混凝土桥上,当设置了具有可靠横向联结的中间横隔梁,且在桥的宽跨比小于或接近情况时(一般称为窄桥),车辆荷载作用下中间横梁的弹性挠曲变形同主梁的相比微不足道。也就是说,中间横梁像一片刚度无穷大的刚性梁一样保持直线形状。这种把横梁当作支承在各片主梁上的连续刚体计算荷载横向分布系数的方法称为"刚性横梁法",考虑主梁抗扭刚度影响的称为"修正的刚性横梁法"[1]。

铰接板(梁)法:把相邻板(梁)之间视为铰接,假设只传递剪力,不传递弯矩。荷载横向分布影响线在正弦荷载作用下计算。刚接板(梁)法:把相邻主梁之间视为整体化联结,即传递剪力和弯矩。

4.1 组合梁换算截面几何特性计算

平面简化算法首先要正确计算组合截面的几何特性。混凝土板与钢梁连续牢固结合的前提下,组合梁弯曲时,截面符合平截面变形假定,材料服从虎克定律,故引进钢与混凝土的弹性模量之比 n_0。

$$n_0 = \frac{E_s}{E_c} \tag{2}$$

计算时,在相同位置上混凝土截面换算成 $1/n_0$ 倍的等价钢梁换算截面,并据此计算换算截面的几何特性。

$$A_0 = A_s + \frac{A_c}{n_0} \tag{3}$$

$$a_c = \frac{A_s}{A_0}a \qquad a_s = \frac{A_c}{n_0 A_0}a \tag{4}$$

$$I_0 = I_s + \frac{I_c}{n_0} + A_s a_s^2 + \frac{A_c}{n_0} a_c^2 \tag{5}$$

式中: A_c ——混凝土板的截面积;

A_s ——钢梁截面积;

A_0 ——组合梁的换算面积;

a_c、a_s ——组合梁换算截面形心至混凝土板和钢梁两个形心的距离;

a ——混凝土板和钢梁形心间的距离;

I_c、I_s ——混凝土板和钢梁对自身截面形心的惯性矩;

I_0 ——组合梁的截面换算惯性矩。

钢板梁作为开口组合截面,参照薄膜比拟法推出的窄长矩形截面杆件的自由扭转公式,开口截面组合梁在弹性阶段的抗扭刚度表达式为:

$$K_0 = G_c I'_c \tag{6}$$

$$I'_c = \omega' h'^3_c b_c \tag{7}$$

式中:I'_c——组合梁的扭转惯矩修正值;

h'_c——考虑钢梁扭转作用后混凝土翼板厚度的修正值,可表示为:

$$h'_c = h_c + 0.36 t_i \tag{8}$$

式中:t_i——工字钢上翼缘厚度;

ω'——组合梁抗扭系数。

$$\omega' = \frac{1}{3}\left(1 - 0.63 \frac{h_c}{b_c}\right) \tag{9}$$

将式(8)、式(9)代入式(7),得:

$$I'_c = \frac{1}{3}\left(1 - 0.63 \frac{h_c}{b_c}\right)(h_c + 0.36 t_i)^3 b_c \tag{10}$$

4.2 平面简化算法计算结果

利用平面有限元程序 DoctorBridge3.2,计算边梁跨中的活载影响线图示详见图6~图9。

图6 刚性横梁法边梁跨中横向影响线

图7 修正的刚性横梁法边梁跨中横向影响线

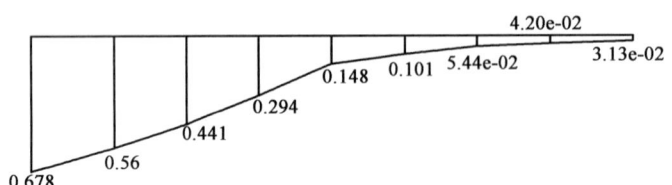

图8 铰接板梁法边梁跨中横向影响线

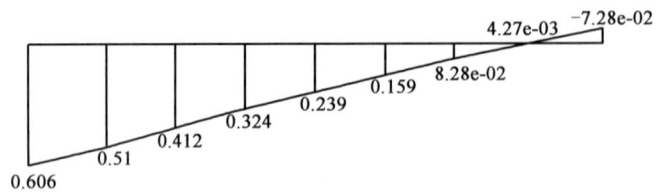

图9 刚接板梁法边梁跨中横向影响线

根据表2可知,刚性横梁法对于组合梁各主梁间的联系高估,计算结果偏安全。但是修正的刚性横梁法,当考虑到组合梁的抗扭刚度时,计算偏不安全;刚接板梁和铰接板梁的计算也偏不安全。究其原因,可能是钢板组合梁理论抗扭刚度与实际刚度有差导致。因此,建议今后若采用单梁简化计算钢板梁桥,建议采用刚性横梁法计算钢板组合梁的荷载横向分布系数 m 值。

平面简化算法荷载横向分布影响线数值计算表(1号梁)　　　表2

影响线数值	简化算法				
	刚性横梁法	修正刚性横梁法	铰接板梁法	刚接板梁法	有限元法
η_{11}	0.665 1	0.646 0	0.56	0.51	0.646 0
η_{12}	0.330 8	0.346 1	0.294	0.324	0.346 1
η_{13}	0.090 4	0.106 8	0.101	0.159	0.106 8
η_{14}	−0.086 3	−0.098 9	0.043	0.004	−0.098 9
边梁跨中 m 值	1.097	0.858	0.848	0.830	1.00
误差百分比(以空间梁板单元模型为标准)	9.70%	−14.20%	−15.20%	−17.00%	0.00%

5 结语

本文依托在建工程实例,主要研究了钢板组合梁的荷载横向分布系数取值。利用通用有限元程序,建立了三种不同类型的空间有限元模型(板单元,梁单元、梁板结合单元),推导了钢板组合梁换算截面抗扭惯性矩计算公式,利用平面有限元程序,按照传统的平面简化算法计算了钢板梁的 m 值。主要结论有以下几点:

(1)对于钢板组合梁桥横向分布系数的空间有限元计算,建议桥面板采用板单元模拟,工字钢梁采用梁单元模拟的板梁共节点模型。

(2)传统的平面简化算法与空间有限元计算结果对比,修正的刚性横梁法、刚接板梁和铰接板梁计算的横向分布系数偏不安全,建议采用刚性横梁法计算钢板梁的横向分布系数。

(3)影响钢板组合梁的横向分布系数还有很多因素,比如横向联系的刚度、工字钢梁的个数、间距及梁高、桥面板厚度、小横梁设置的强弱、组合截面抗扭刚度简化计算等。本文希望能为今后研究钢板组合梁的荷载横向分布系数问题,起到抛砖引玉的作用。

参 考 文 献

[1] 姚玲森.桥梁工程[M].2版.北京:人民交通出版社股份有限公司,2015.
[2] 徐栋.组合梁桥横向分布系数计算方法及比较题名[C]//2017年全国桥梁学术会议论文集,2017.
[3] 张剑超.关于桥梁荷载横向分布系数的研究[D].武汉:武汉理工大学,2011.

89. 中马友谊大桥动力特性研究

徐 鑫[1,2] 刘 力[1,2] 代 浩[1,3]

(1. 中交第二航务工程局有限公司;2. 长大桥梁建设施工技术交通行业重点实验室;
3. 交通运输行业交通基础设施智能制造技术研发中心)

摘 要:中马友谊大桥是世界上首座远洋深海珊瑚礁灰岩上建造的大跨径桥梁,主桥为六跨连续叠合混合梁V形墩刚构桥,桥梁结构及施工安全经受环境的严峻挑战。因此建立了三维有限元模型,对中马友谊大桥动力特性开展研究。开展桥梁动力特性测试试验,验证了有限元模型的可靠性,基于此进行主桥参数敏感性分析,得到动力特性关键影响参数,为桥梁结构抗风、抗震、抗冲击等研究提供基础支撑。

关键词:珊瑚礁地质 桥梁结构 动力特性 数值模拟 敏感性分析

1 概述

随着国民经济和交通事业的持续发展,我国高速公路建设发展迅速。桥梁正向着"更长、更轻、更柔"的趋势发展,结构形式也越来越复杂[1],关于桥梁结构抗风、抗震、抗冲击性能等方面的研究得到了桥梁工作者更多的重视[2-3]。桥梁结构的动力特性研究(包括结构频率、振型和阻尼比确定)是桥梁结构风振、抗震设计等动力效应分析的前提和基础,动力特性数据则反映了桥梁的整体安全状态,对于在建和已建大桥的安全监测和状态评估至关重要,因此对于复杂桥梁动力特性的深入研究是必要的。

目前,国内外针对桥梁动力特性已开展了大量的研究,除进行现场实测的方法外,通过数值模拟方法建立桥梁有限元模型,得到的振型特征值与实测值也比较接近[4-7]。但可以发现,现阶段研究对于桥梁结构动力特性模型修正及参数敏感性分析的工作较少。带来的问题是,海上高桩结构桥梁在施工中各阶段的动力特性不明确,在地质条件差、深水建设环境下,施工安全得不到保证。因此本文结合研究项目中马友谊大桥,采用三维有限元模型对大桥的动力特性进行了分析,开展了成桥阶段的动力特性研究,并结合现场试验检测数据,校正有限元模型,研究各参数对桥梁动力特性的影响,提出重要控制参数。

2 中马友谊大桥概况

中马友谊大桥连接马尔代夫首都马累岛和机场岛,是马尔代夫重要的岛屿连接工程,也是

基金项目:国家重点研发计划课题"高性能组合结构体系研究与示范应用"(2017YFC0703408-3).

"一带一路"重点工程。大桥全长2km,主桥为六跨连续刚构桥,主跨180m,孔跨布置为100m+180m+180m+140m+100m+60m,主桥立面布置如图1所示。主梁为混合叠合梁布置,跨中采用钢-UHPC叠合梁,其余为混凝土箱梁[8]。

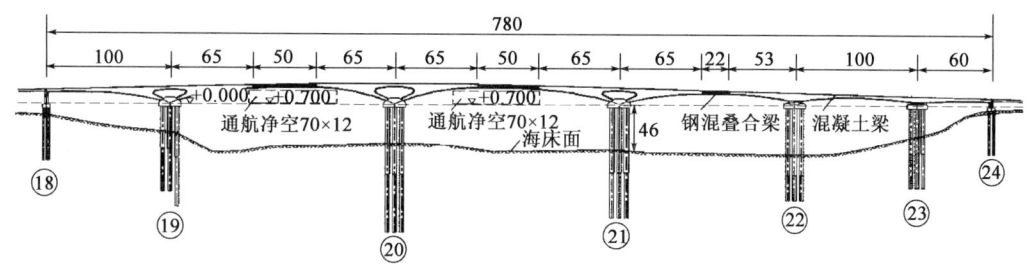

图1 中马友谊大桥立面布置(尺寸单位:m)

桥址区工程地质纵断面如图2所示,地质层主要可分为全新世地层,更新世准礁灰岩、礁灰岩地层[9]。珊瑚礁灰岩均具有密度低、孔隙大、结构性强、脆性大、强度各向异性显著的特点,表现出极为复杂的岩土工程特性。另桥位处地形呈U字形分布,水深最大达46m,波浪条件较为恶劣,具有周期长(14s)、波高大(4.4m)的特点。在这样的特殊地质和强波强流作用下,桥梁结构的安全性受到考验。

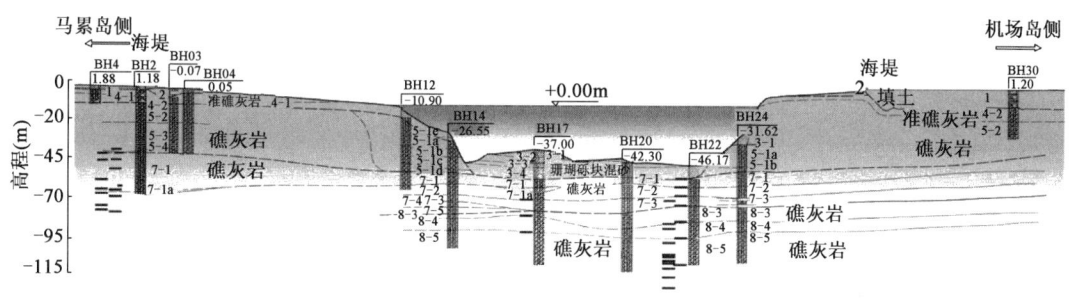

图2 桥址区工程地质纵断面图

中马友谊大桥主桥采用全栈桥施工,考虑到栈桥的设计长度较长,桥址位置的水深较深,波浪较大,为充分提高栈桥的稳定性,利用已建的大型水中平台,将平台与钢管桩用贝雷梁连接形成施工栈桥。主桥结构在珊瑚礁地质和中长周期波浪作用下,其动力性能比较复杂,因此对于桥梁结构的动力特性研究需要重点关注。

3 动力有限元模型建立

本文结合中马友谊大桥施工过程,采用Midas/Civil软件对大桥成桥结构展开动力特性研究,建立了以下动力分析模型(图3)。其中有限元模型中受力构件均采用三维梁单元进行模拟,主桥结构共包含1 936个节点和2 131个单元,包括桩基、承台、V腿及主梁四个主要部分。桩基材料为C35,承台材料为C45,混凝土主梁和V腿为C55。合龙段钢箱梁材料为Q345qD,桥面铺装为UHPC材料。混凝土及钢材材料特性参数见表1。

图3 动力分析有限元模型

马代大桥材料特性 表1

材料	部位	重度 (kN/m³)	弹性模量 (MPa)	线膨胀系数	抗压强度设计值 (MPa)	抗拉强度设计值 (MPa)
C35	桩基	25	3.15×10^4	1.00×10^5	16.1	1.52
C45	承台	25	3.35×10^4	1.00×10^5	20.5	1.74
C55	主梁、V腿	25	3.55×10^4	1.00×10^5	24.4	1.89
UHPC	钢箱梁铺装	25	3.8×10^4	1.00×10^5	—	—
Q345qD	钢箱梁	78.5	2.05×10^5	1.20×10^5	295	295

4 动力特性分析

4.1 主桥动力特性分析

采用子空间迭代法计算主桥前几阶振型特征及周期情况见表2。其中第一阶振型为正对称侧弯,振型周期为2.711s,主桥竖向振型出现较晚,首次出现在第六阶振型,竖向基频为 $1/1.146 = 0.873(Hz)$,前几阶振型主要分布为结构侧弯,因此主桥侧向刚度需要重点关注。

主桥振型特征 表2

模态阶次	振型图	周期(s)	模态阶次	振型图	周期(s)
1	正对称侧弯	2.711	4	正对称侧弯	1.627
2	反对称侧弯	2.216	5	反对称侧弯	1.311
3	墩台顺桥向振动	2.081	6	正对称竖弯	1.146

4.2 现场主桥振型模态测试

为了验证有限元模型模态计算的准确性,在现场开展主桥动力特性测试。在波浪力、风荷载、大地脉动等一系列环境激励下,记录全桥的动力响应情况,得到主桥结构的模态参数,与有限元计算结果对比,判断有限元模型的有效性。采用DH5907N无线桥梁测试分析系统分析马代大桥振型模态,实验一共布置13个测点,测试过程中保证一个测点不动作为参考点,移动另一个加速度传感器分批次测量,测点布置如图4所示。

监测得到各测点位置的加速度响应时程数据,导入DHDAS动态信息采集分析系统中进行振型分析,最终得到马代友谊大桥竖向的振型情况如图5所示。其中一阶竖向振型频率为0.952Hz,二阶竖向振型频率为1.196Hz,三阶竖向振型频率为1.611Hz。有限元模型计算结果与实测结果差距较小,验证了有限元模型的有效性,下面进行模态敏感性参数分析研究。

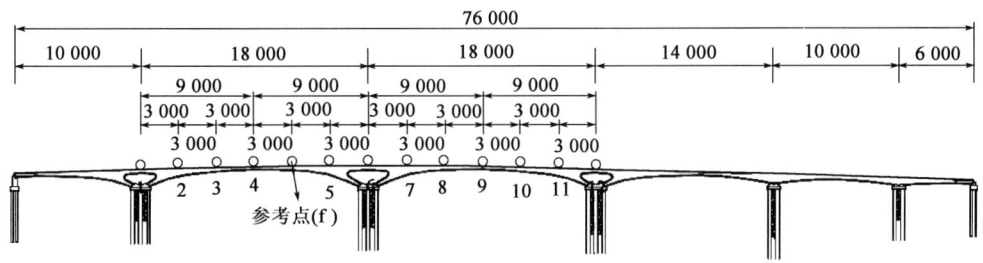

图4 测点布置示意图(尺寸单位:mm)

注:○表示采集三向加速度采集仪。

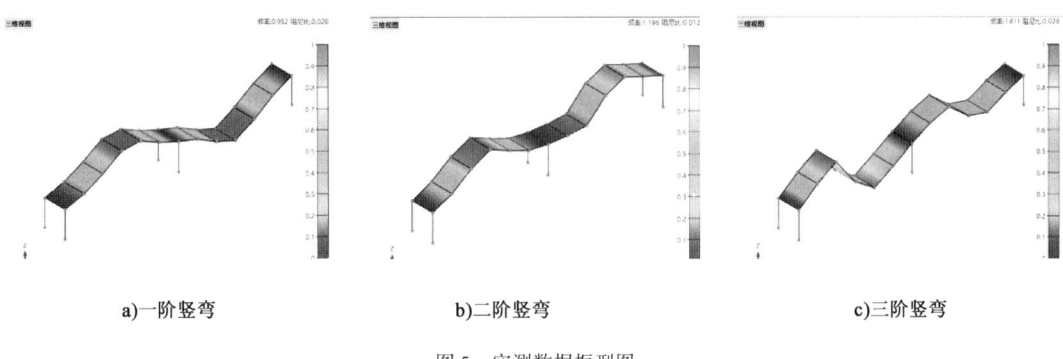

a)一阶竖弯　　　　　　　　b)二阶竖弯　　　　　　　　c)三阶竖弯

图5 实测数据振型图

5 成桥动力特性敏感性分析

5.1 敏感性参数选取

为确定影响成桥状态动力特性(振型特征)的众多因素的敏感等级,把握重要参数,让全桥性能控制工作有的放矢,需进行参数敏感性分析。混凝土弹性模量、钢梁弹性模量等参数对整桥动力特性影响极小,因此在本文中不作为讨论的参数,根据本桥的特点确定的敏感性分析参数包括:浮力荷载、附加水体质量、土弹簧刚度、UHPC面板弹模、二期荷载。敏感性参数偏差范围根据同类项目经验和现场实际情况确定,如表3所示。

动力特性敏感性分析参数　　　　　表3

编号	敏感因素	变化幅度	备注
1	浮力荷载	不考虑/考虑	水深影响
2	附加水体质量	不考虑/考虑	主要分析计算精度
3	土弹簧刚度	0.1/1/10 倍	反映地质条件影响
4	UHPC 面板弹模	不考虑/考虑	叠合梁位置
5	二期荷载	不考虑/考虑	按实际情况考虑

(1)考虑水深变化,计算桥梁各墩桩埋置于水中体积,得到各墩桩受到的浮力大小,分析浮力荷载参数对大桥动力特性的影响。

(2)考虑附加水质量因素对大桥的动力特性影响,期望能够提高分析计算精度[10]。

(3)现规范中尚未给出珊瑚层地质的推荐 M 值,因此考虑将现场试桩反演 M 值进行缩放,研究地质条件变化对主桥动力特性的影响。

（4）中马友谊大桥跨中应用了UHPC面板叠合钢箱梁结构，考虑UHPC面板对主桥结构动力特性的影响。

（5）二期恒载是桥梁施工中的关键参数，在现场试验的过程中，桥面铺装的工作还没有开始进行，导致主桥动力特性测试结果与有限元结果存在偏差，这里进一步分析，避免该因素对以后的振型结果分析造成干扰。

5.2 动力特性敏感性分析

图6～图10中给出了浮力、附加水质量等参数对中马友谊大桥主桥模态振型的影响。由图6和图7可以得到，考虑浮力后，主桥侧向一阶振型频率为0.352，与基准模型相比，下降4.61%，考虑附加水体质量后，主桥侧向一阶振型频率为0.357，与基准模型相比，下降3.25%，结果表明考虑浮力和附加水体质量参数对主桥各阶振型均有减小的趋势。如图8所示，分析土弹簧刚度对主桥振型结果的影响，土弹簧刚度取为0.1倍时，其中主桥侧向一阶振型频率为0.320，与基准模型相比，下降13.28%；土弹簧刚度取为10倍时，其中主桥侧向一阶振型频率为0.40，与基准模型相比，提高8.40%；结果表明土弹簧刚度对主桥振型结果影响较大。图9中给出UHPC面板对主桥模态频率的影响，结果表明若不考虑UHPC面板刚度，叠合钢箱梁的局部刚度缺陷导致主桥振型频率下降明显，而加强考虑UHPC面板刚度，相当于加强结构的局部刚度，对于主桥的整体振型没有明显加强。图10中给出二期恒载对主桥模态频率的影响，其中主桥侧向一阶振型频率为0.389，与基准模型相比，提高5.42%，曲线结果表明未考虑二期恒载时，主桥振型（包括侧向振型和竖向振型）结果增大，其中竖向基频（第六阶）提高15.12%。统计上述敏感性参数对马代大桥基频的影响，得到以下结论：

（1）考虑浮力及附加水质量影响，侧向和竖向基频有5%以内的降低。

（2）土弹簧刚度对于侧向基频有较大影响，设计计算中需要准确估计桩土相互作用，该因素为侧向基频影响关键因素；对于竖向基频则影响偏小。

（3）不考虑UHPC面板刚度，侧向及竖向基频削弱严重。

（4）不考虑二期恒载，竖向基频增大15%，该因素为竖向基频关键影响因素。

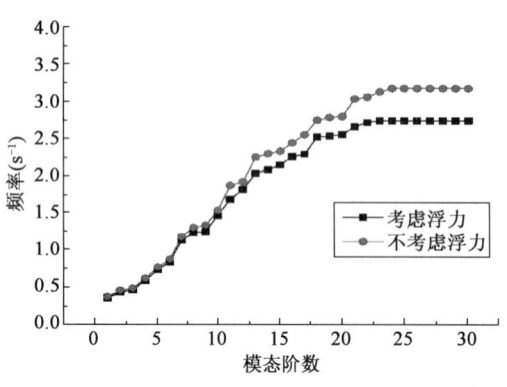

图6 浮力对主桥模态频率的影响

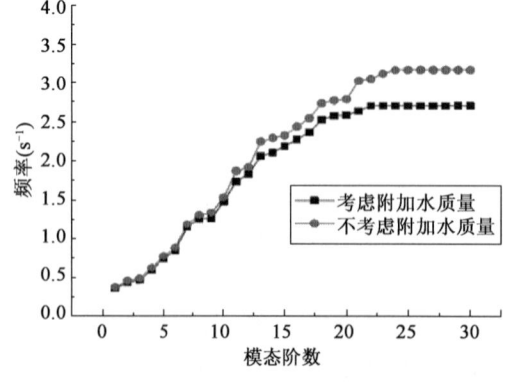

图7 附加水质量对主桥模态频率的影响

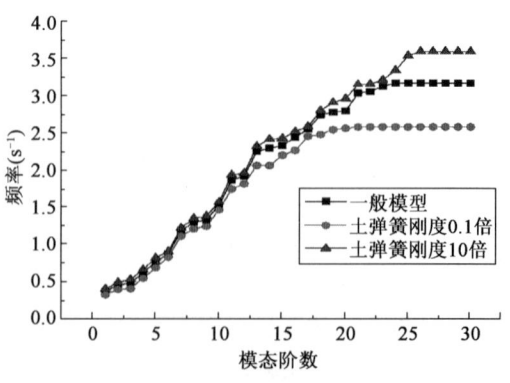

图8 土弹簧刚度对主桥模态频率的影响

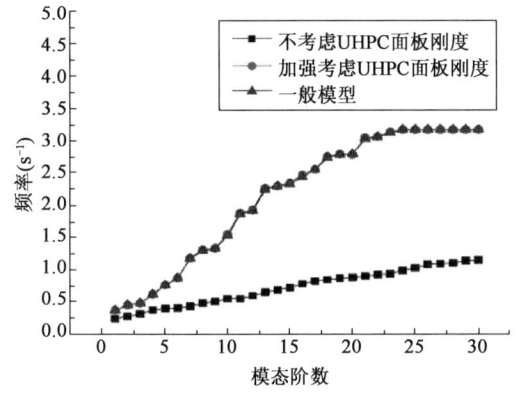
图9　UHPC面板对主桥模态频率的影响

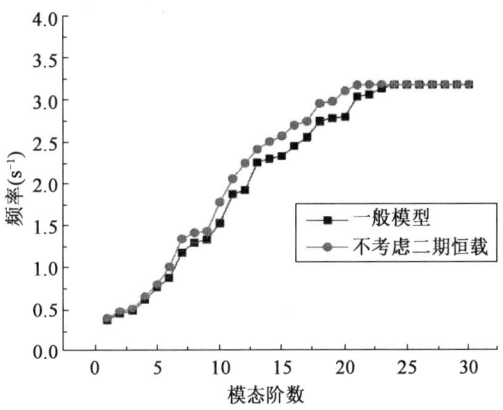
图10　二期恒载对主桥模态频率的影响

6　结语

中马友谊大桥处于远洋深海珊瑚礁地质复杂环境,桥梁结构安全经受挑战。本文建立了三维有限元模型,对中马友谊大桥动力特性(振型及周期)开展研究分析。同时开展了桥梁动力特性测试,对有限元模型的可靠性进行验证,并对主桥结构的参数敏感性进行研究,得到动力特性关键影响参数。研究过程中主要得到以下结论:

(1)通过现场实测及有限元模拟,得到中马友谊大桥主桥的振型周期在合理范围内。通过敏感性分析得到,土弹簧刚度和二期恒载是主桥动力特性的关键影响因素,在桥梁设计和建模过程中需保证地质勘察数据的准确性。

(2)动力特性分析是中马友谊结构抗风、抗震、波浪动力响应分析的准备工作,同时开展的敏感性分析工作也确定了土弹簧刚度和二期恒载为影响结构振型周期的关键参数。为保障中马友谊大桥结构在远洋深海珊瑚礁地质复杂环境下的安全性,下一步需重点开展主桥动力响应研究,分析波浪波高、周期及珊瑚礁灰岩力学特性等对大桥动力响应的影响,对中马友谊大桥的动力性能进一步评估和优化。

参 考 文 献

[1] 雷俊卿.大跨度桥梁结构理论与应用[M].2版.北京:清华大学出版社,2007.
[2] 樊伟,袁万城,杨智,等.高桩承台桥梁船撞动力需求的时程分析法[J].同济大学学报(自然科学版).2010,38(12):1719-1724.
[3] 刘立博.桥梁抗震与抗风设计理念及设计方法[D].西安:长安大学,2009.
[4] 冯文焕.桥梁结构动力特性研究[D].西安:长安大学,2013.
[5] 何旭辉,陈政清,黄方林,等.南京长江大桥动力特性研究[J].桥梁建设,2003(4).
[6] 康俊涛,林光毅,齐凯凯,等.大跨度铁路独塔混合梁斜拉桥的动力特性[J].铁道建筑,2019(8).
[7] 张新军,赵晨阳.大跨度悬索桥颤振的三维精细化分析[J].振动与冲击,2019,38(14):246-253.
[8] 郑清刚,肖海珠.援马尔代夫中马友谊大桥主梁钢箱梁设计[J].桥梁建设,2018,48(3):

95-99.
[9] 谭国宏,肖海珠,李华云,等.援马尔代夫中马友谊大桥总体设计[J].桥梁建设,2019,49(02):95-99.
[10] 中华人民共和国交通运输部.公路工程抗震规范:JTG B02—2013[S].北京:人民交通出版社,2013.

90. 大跨曲线转体斜拉桥转加速阶段主梁受力研究

胡玉祥[1] 孙南昌[2,3] 黄 灿[2,3,4] 郑建新[2,3]

（1. 中交第二航务工程局有限公司第五工程分公司；2. 中交第二航务工程局有限公司；3. 长大桥梁建设施工技术交通行业重点实验室；4. 交通运输行业交通基础设施智能制造技术研发中心）

摘 要：斜拉桥转体施工技术日新月异，直线转体技术已不能满足施工需求。以郑万铁路跨郑西高铁预应力混凝土斜拉桥为工程背景，研究大跨曲线转体斜拉桥在平转加速阶段主梁的力学特性。通过建立有限元 3D 实体模型，分析主梁在加速转动过程中的应力分布，探讨转体加速度可行的控制范围及匀速状态下的主梁拉应力情况，并与实测值进行了比较。结果表明：在加速转动阶段，靠近塔根处主梁梁段应力变化较大，应力分布呈"S"形，梁体扭动现象显著；当转盘外缘线速度控制在 $0.01 m/s^2$ 以内时，梁体转动平顺；在匀速转动阶段，主梁应力变化较小，当角速度控制在 $0.02 rad/min$ 以内时，应力值几乎保持恒定；转体全过程的应力监测值与理论计算值较为接近，误差在 5% 以内。

关键词：大跨曲线斜拉桥 平转施工 加速阶段 力学特性 对比分析

1 引言

我国交通设施飞速发展，铁路网建设将由"四纵四横"逐渐升级至"八纵八横"，大跨桥梁施工技术随之也取得了飞跃发展。在桥梁施工过程中，为了不干扰桥下交通线路的畅行，或是适应深谷急流等复杂的施工环境，转体施工法成为一种优选方式，迅速得到了广泛应用。我国桥梁转体施工涉及拱桥、梁桥、梁拱组合桥以及斜拉桥等，施工难度呈逐年增长的趋势；转体施工工艺从平转到竖转，再到平竖相结合的转体方式，灵活呈现在不同转体桥梁中。

预应力混凝土斜拉桥转体施工工艺经过了多年发展，积累了许多施工经验和研究成果，但这些经验大多来源于直线桥，对于曲线偏心斜拉桥的研究还比较少。大跨曲线斜拉桥转体施工具有风险高、控制难度大等特点，因此，大跨曲线转体斜拉桥转动阶段的受力研究尤为关键，特别是加速转动阶段，结构的强度和稳定性更值得深入研究。为此，依托郑万转体斜拉桥工程项目，探讨和研究转体阶段主梁的力学性能。

2 工程概况

郑万铁路上行联络线在 ZWSLDK5+309.45 处与郑西高铁交叉，交叉角度为 17°，转体斜拉桥主跨为32m+138m+138m+32m。该桥为塔墩梁固结式独塔双索面的预应力斜拉桥,主梁位于$R=1400$m的平曲线上,曲线横向偏心达0.847m,纵坡为29.1‰,转动重量达16500kN。斜拉桥采用大吨位转体球铰支座,为国内曲线偏心最大的铁路转体桥梁。斜拉桥塔高为86.0m,主梁采用单箱双室箱形截面,桥面宽11m。斜拉索采用空间双索面体系,呈扇形布置,全桥共22对拉索,斜拉索梁上间距12m。大桥在施工中存在安全控制重点和技术难点,为全线控制性工程。桥梁总体布置图见图1,实景见图2。

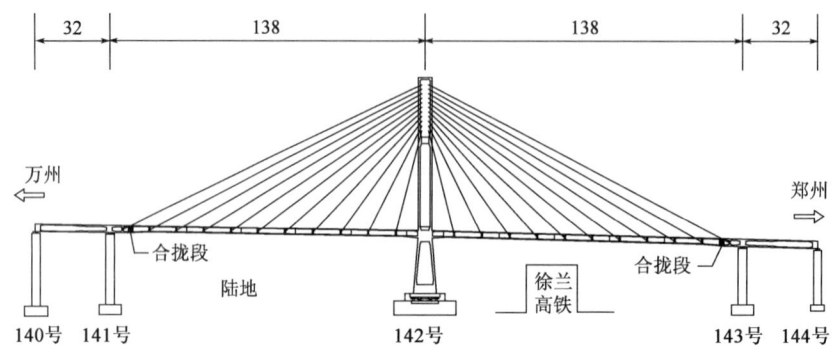

图1 斜拉桥总体布置图(尺寸单位:m)

a)转体前

b)转体后

图2 桥梁实景图

3 转体施工过程的受力状态分析

根据速度变化情况,斜拉桥转体过程可分为启动、加速、匀速、减速和点动等阶段。其中在加速转动阶段,结构受力最为复杂,结构安全风险较高,需要对主梁转动的力学行为进行分析。在分析前,进行如下假定:

(1)转体施工选择在无风或微风的天气进行,从而忽略风荷载的影响。
(2)转体施工选择在温度稳定的夜间进行,忽略大气温度影响,即认为主梁顶底板的温度恒定。
(3)上下转盘之间的滑道保持光滑、平整,转动过程中材料属性不发生改变,转动平稳。
(4)忽略转体角加速度的连续变化,将转体过程离散为多个不同的恒定加速度,以此来进行研究。

3.1 主梁受力分析

根据高等动力学理论,刚体绕定轴(Z轴)转动的角动量可表示为:

$$M_Z=\frac{\mathrm{d}L_Z}{\mathrm{d}t} \tag{1}$$

式中：M_z——转动力矩；
L_z——转动角动量；
t——转动时间。

由刚体绕定轴转动理论，角动量为：

$$L_z = J\omega \tag{2}$$

式中：J——转动惯量；
ω——转动的角速度。

将式(2)带入式(1)，可得转动微分方程：

$$M_z = J\frac{d\omega}{dt} = J\alpha \tag{3}$$

式中：α——转动加速度。

扭转最大剪应力：

$$\tau_{max} = \frac{M_{nma}}{W_p} \tag{4}$$

式中：W_p——抗扭截面的系数，其表示如下：

$$W_p = \frac{b_h^2}{6}(3h - b_h) - \frac{b_\omega^2}{6}(3h_\omega - b_\omega) \tag{5}$$

式中：b_h、h——箱型截面的宽度、高度；
b_ω、h_ω——孔洞的宽度、高度。

桥梁横断面应力控制点如图3所示。

转体斜拉桥在墩底设置转动装置，其平转过程假定为刚体绕定轴转动，由上式可以得到：

$$\frac{J\alpha}{2I} \times y = 1.89M \tag{6}$$

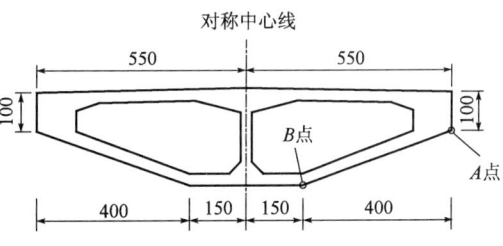

图3 桥梁横断面应力控制点(尺寸单位：cm)

式中：J——取值为 $5.28 \times 10^8 kg \cdot m^2$；
y——弯曲中心到边缘的距离，该处取值为5.5m；
I——根部截面绕z轴的惯性矩，取为101.37m^4。

主梁采用C55混凝土，依据《混凝土结构设计规范》(GB 50010—2010)，其抗拉强度为1.96MPa。由式(6)求得1.96MPa对应的转动加速度为：

$$\alpha = \frac{1.89 \times 10^6 \times 2 \times I}{J \times y} = \frac{1.89 \times 10^6 \times 2 \times 101.37}{5.28 \times 10^8 \times 5.5} = 0.13 (m/s^2) \tag{7}$$

3.2 有限元仿真分析

通过 Midas/FEA 建立实体模型，分析郑万高铁大跨曲线转体斜拉桥在加速转动过程中主梁的力学行为，有限元模型如图4所示，转动约束设置在桥塔底部，释放绕Z轴的转动，以此来模拟转盘作用；其中主梁混凝土材料采用C55，主塔塔柱采用C50。

在预应力混凝土斜拉桥转体施工过程中，最不利状态由拉应力控制，即将C55混凝土抗拉强度设

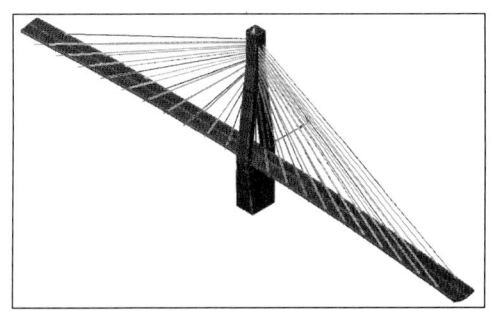

图4 转体斜拉桥实体模型

计值作为控制条件。根据上述解析解得到的转盘外缘最大转动线加速度为 0.13m/s², 将其输入有限元模型中, 此时, 主梁应力分布情况如图 5 所示, 塔根处主梁底板的应力如图 6 所示。

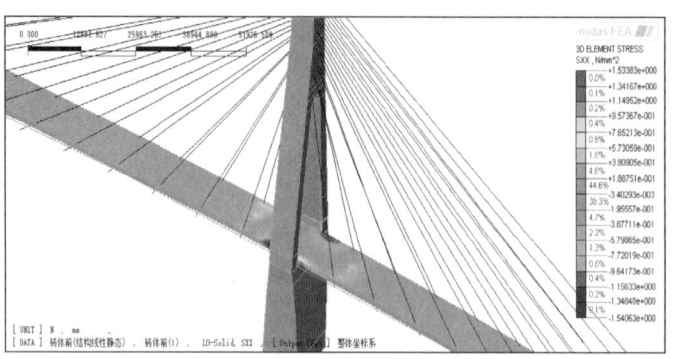

图 5 塔根处梁底应力分布

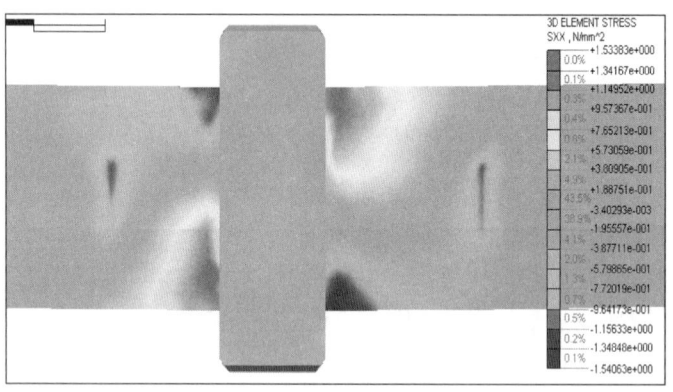

图 6 塔根处主梁应力分布

在加速转动过程中, 塔根处主梁段应力呈现"S"形对称分布(图 6)。由于主梁跨度较大, 为长细比较大的构件, 在加速转动时, 主梁悬臂端呈现"滞后"现象。即转盘带动桥塔转动, 桥塔带动塔根处的主梁段, 进而由塔根主梁段传递至主梁悬臂端, 出现转动不同步的现象。"滞后"效应使得塔根处主梁应力较大, 在主梁全段范围内, 该处成为最不利控制截面。

3.3 加速阶段主梁受力分析

在郑万斜拉桥的转动过程中, 需对启动、加速、匀速、减速及点动 5 个过程进行划分阶段, 根据现场监测反馈的数据, 斜拉桥的转体可大致分为 32 个阶段, 5 个过程分别对应 1~2、3~5、6~28、29~31、32~33 阶段, 呈对称分布, 其中匀速阶段持续时间最长。本文主要探讨 3~5 加速阶段及 6~28 匀速阶段。

在不同加速度情况下, 由于斜拉桥主梁长细比较大, 呈现一定的柔性, 在不同加速度转动过程中, 结构的几何非线性特征较为明显, 基于恒定加速度分析方法未能考虑加速转动的连续变化过程, 因此, 选择低于 0.13m/s² 的一系列加速度进行分析。

假定转动过程中可能存在 6 种不同的加速度, 取值依次为 0.001m/s²、0.005m/s²、0.01m/s²、0.04m/s²、0.08m/s²、0.12m/s², 通过对比分析, 从而确定更为合理的转动加速度。各阶段角加速度计算得到的塔根处主梁段的应力云图如图 7 所示。在加速转动过程中, 主梁转动较为平稳。

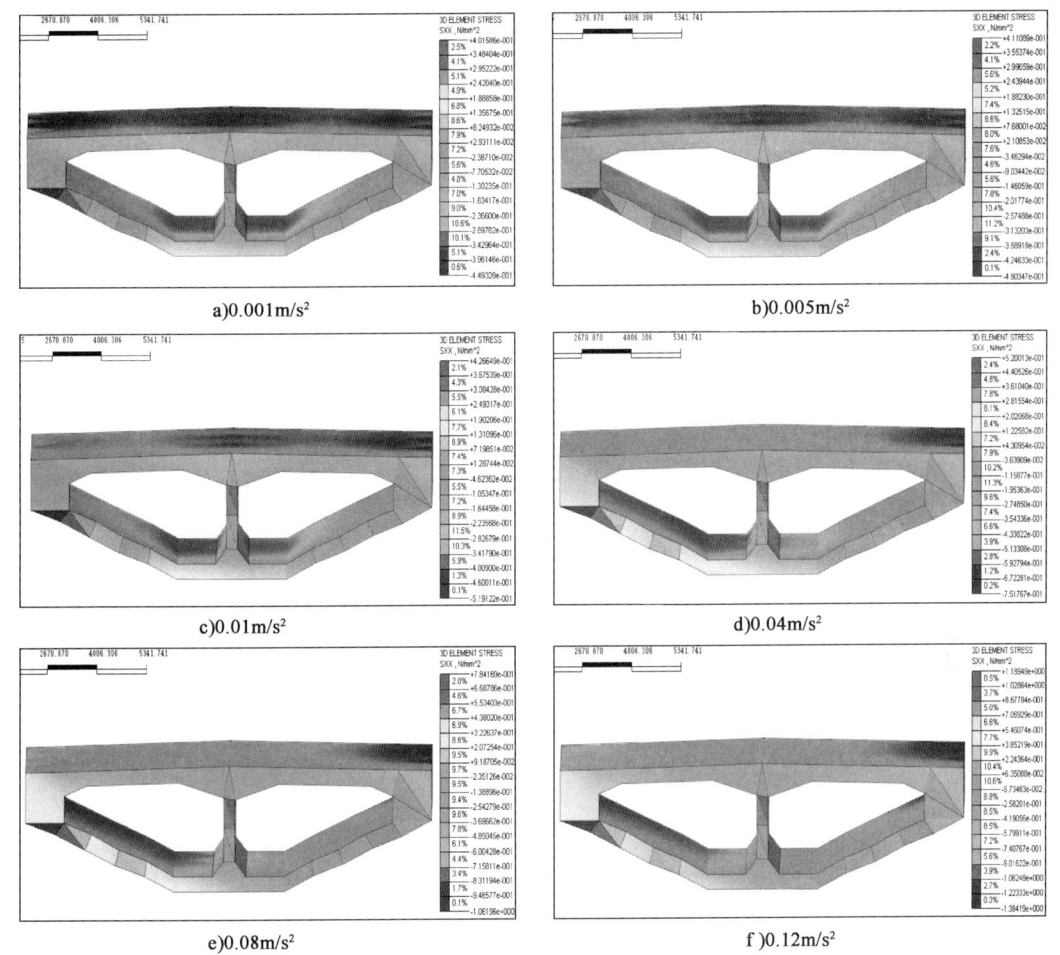

图 7 不同加速度下塔根主梁的受力情况

在 6 种不同加速度转动情况下,主梁应力变化最大处均位于塔根处的主梁段,由图 7 可以看出,塔根处主梁应力随着加速度的增大而增大,且增速越来越快,现将 6 种不同加速度工况下梁体所受到的最大拉应力列于表 1。

不同加速度下梁体最大拉应力变化值　　　　表 1

工　况	加速转动(m/s²)	拉应力(MPa)
1	0.001	0.402
2	0.005	0.411
3	0.01	0.427
4	0.04	0.520
5	0.08	0.784
6	0.12	1.190

由表 1 可知,在 0.001~0.01m/s² 范围内,塔根处主梁拉应力变化均在 0.5MPa 以内,应力变化较小,结构转动较为安全;当加速度达到 0.04m/s² 时,主梁应力变化超过 0.5MPa。在实际转动过程中,由于转体自重较大容易造成不易控制的惯性作用,桥梁平转加速度控制在

$0.01m/s^2$以下,此时,桥体结构的转速变化率较小,转体施工较为平顺,施工精度相对较高。

3.4 匀速阶段主梁受力分析

匀速转动在整个平转过程中持续时间最长,同样也是分析的重要环节,为了合理控制匀速阶段的转速,防止转速过大而使得整个桥体发生失稳乃至倾覆,有必要进行匀转动阶段主梁的受力分析。

在分析前,作如下假定:大气温度、材料属性等保持不变,在转体施工过程中,结构整体平稳,未出现抖动现象;主梁不受外界其他因素影响。桥体转动的向心力公式为:

$$F = mRw^2 \tag{8}$$

式中:F——转动离心力;

m——转体质量;

R——质心与转动中心的距离。

在加速阶段,控制截面为主梁的塔根处,在匀速阶段,兼顾主梁悬臂端与塔根处的梁段应力分布,有限元模型采用0.01rad/min、0.05rad/min、0.1rad/min、0.5rad/min、1rad/min、2rad/min这6种角速度进行受力分析,不同匀速转动下梁体受到的最大拉应力数据如表2所示。

不同匀速转动下梁体最大拉应力值　　　表2

序　号	匀速转动(rad/min)	拉应力(MPa)
1	0.01	0.401 5
2	0.05	0.402 0
3	0.1	0.402 171
4	0.5	0.402 176
5	1	0.402 178
6	2	0.402 879

在6种匀速转动工况下,主梁控制截面应力变化较小,当以2rad/min匀速转动时,主梁拉应力最大值为0.403MPa。在0.01~2rad/min范围内,仅在402.17~402.88kPa之间变化,变化幅度很小。在实际转体过程中,考虑到结构自重可能引起的惯性,现场匀速转动的角速度控制在0.02rad/min以内,提高施工安全,降低风险。

4 主梁应力监测比较

通过在主梁关键断面处布置应力监测传感器,以监测平转过程中主梁的应力变化,并提取塔根处主梁断面随转体时间变化的应力监测值,将实测值与理论值曲线绘制如图8所示,对比分析二者的差异。

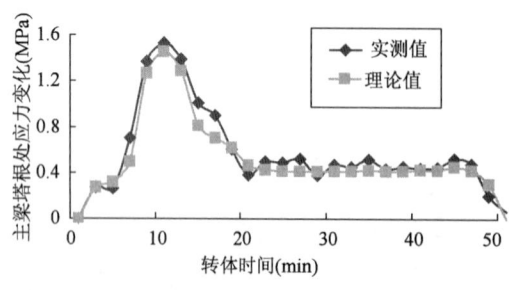

图8 主梁塔根处应力随转动时间变化曲线

由图8可知,在整个转体过程中,塔根处主梁应力变化呈现先增长后降低、进而趋于稳定、最后降低至0的过程。在转体加速阶段,塔根处主梁应力达到峰值,随着加速度逐渐减小,应变变化开始缓慢降低;在匀速阶段,该处应力趋于稳定,实测应力变化与理论分析相符,且误差均在5%以内。转动过程中,预先布置在撑脚处的应力传感器实时监测表明,各撑脚应力变化均接近0MPa,表明撑脚近似处于不受力状态,桥体呈绕球铰稳定转动。

5 结语

郑万大跨曲线转体斜拉桥具有跨度大、吨位重、横向偏心大等特点,在转体施工过程中存在较大倾覆风险。本文通过建立实体有限元模型,分析斜拉桥在转动加速阶段中主梁的力学行为,得出如下结论:

(1)曲线斜拉桥主梁的长细比较大,在加速过程中,由于主梁悬臂端的运动存在滞后效应,导致塔根处主梁段的应力呈"S"形对称分布,塔根处主梁段扭动现象明显,拉应力较大,为主梁最不利控制截面。

(2)以抗拉强度1.96MPa为控制条件,解析解得到转盘线加速度最大值为0.13m/s^2,有限元计算0.13m/s^2时的应力为1.83MPa,二者较为接近。尽管解析解较为方便,但应力集中现象得不到体现,因此,有限元建模分析是非常有必要的。

(3)在匀速阶段,主梁应力变化很小,当控制在0.02rad/min以内时,可忽略角速度对主梁的受力影响;在加速阶段,塔根处主梁应力变化较大,当转盘线加速度达到0.13m/s^2时,主梁拉应力接近开裂应力;当控制在0.01m/s^2以内时,主梁转速较小,转体安全。

(4)主梁塔根处主梁应力变化的理论值与实测值较为接近,误差在5%以内。

参 考 文 献

[1] 陈宝春,孙潮,陈友杰.桥梁转体施工方法在我国的应用与发展[J].公路交通科技,2001,18(2):24-28.
[2] 吴帅峰.姑嫂树路跨铁路立交桥设计[J].桥梁建设,2014,44(4):80-84.
[3] 傅贤超,唐英,曹文.桥梁转体施工重平面铰与球铰的对比分析[J].铁道建筑,2016(4):35-37.
[4] 王立峰,王二强,孙永存,等.万吨级斜拉桥转体施工过程的力学特性[J].交通运输工程学报,2015,15(3):52-61.
[5] 孙全胜,郭晓光.转体斜拉桥平转加速度阶段容许角加速度研究[J].中外公路,2012,32(2):98-32.
[6] 中华人民共和国住房和城乡建设部.混凝土结构设计规范:GB 50010—2010[S].北京:中国建筑工业出版社,2015.
[7] 周乐平,黄成伟,孙艳鹏,等.大吨位曲线T形斜拉桥平转施工自平衡方法[J].中外公路,2018,38(3):213-216.
[8] 孙永存.绥芬河斜拉桥水平转体阶段受力研究[D].哈尔滨:东北林业大学,2007.

第二十四届全国桥梁学术会议论文集

Di-Ershisi Jie Quanguo Qiaoliang Xueshu Huiyi Lunwenji

（下册）

中国土木工程学会桥梁及结构工程分会　编

2020·济南

人民交通出版社股份有限公司
北京

内 容 提 要

本书为第二十四届全国桥梁学术会议论文集,是由中国土木工程学会桥梁及结构工程分会精选的190余篇优秀论文汇编而成。本论文集包括背景工程设计与施工——齐鲁黄河大桥,背景工程设计与施工——凤凰黄河大桥,桥梁设计,桥梁施工,桥梁静动力分析及耐久性与桥梁抗风、抗震、试验与检测六个部分,全面、系统地展示了近一时期我国桥梁工程建设的新动态、新理念、新成果和新经验。

本书可供从事桥梁工程设计、施工、检测、管理等相关工作的技术人员参考使用,也可供高等院校相关专业师生阅读学习。

图书在版编目(CIP)数据

第二十四届全国桥梁学术会议论文集 / 中国土木工程学会桥梁及结构工程分会编. — 北京:人民交通出版社股份有限公司,2020.8
ISBN 978-7-114-16606-8

Ⅰ.①第… Ⅱ.①中… Ⅲ.①桥梁工程—学术会议—文集 Ⅳ.①U44-53

中国版本图书馆 CIP 数据核字(2020)第 091252 号

书　　名:	第二十四届全国桥梁学术会议论文集(下册)
著 作 者:	中国土木工程学会桥梁及结构工程分会
责任编辑:	郭红蕊　张征宇　郭晓旭
责任校对:	赵媛媛　魏佳宁　龙 雪
责任印制:	刘高彤
出版发行:	人民交通出版社股份有限公司
地　　址:	(100011)北京市朝阳区安定门外外馆斜街3号
网　　址:	http://www.ccpcl.com.cn
销售电话:	(010)59757973
总 经 销:	人民交通出版社股份有限公司发行部
经　　销:	各地新华书店
印　　刷:	北京市密东印刷有限公司
开　　本:	787×1092　1/16
印　　张:	83.25
字　　数:	2075 千
版　　次:	2020 年 8 月　第 1 版
印　　次:	2020 年 8 月　第 1 次印刷
书　　号:	ISBN 978-7-114-16606-8
定　　价:	260.00 元(上、下册)

(有印刷、装订质量问题的图书由本公司负责调换)

第二十四届全国桥梁学术会议

学术委员会

名誉主任　项海帆
主　　任　葛耀君
委　　员　（以姓氏笔画为序）
　　　　　牛　斌　　吉　林　　苏权科　　肖从真　　肖汝诚　　邵长宇
　　　　　孟凡超　　高宗余

组织委员会

主　　任　肖汝诚
副 主 任　贾玉良　　杨　峰　　张海平　　许为民　　邵长宇　　孙　斌
　　　　　杨志刚
委　　员　（以姓氏笔画为序）
　　　　　丁建勇　　马立芬　　王　伟　　王德怀　　牛　勇　　全程浩
　　　　　刘　华　　许　庚　　孙庆卫　　孙　涛　　杨　雪　　杨　强
　　　　　李军平　　李盘山　　张元凯　　松　宇　　赵世超　　赵　军
　　　　　姚　震　　夏　涛　　郭海龙　　黄安明　　曹东威　　韩先进
　　　　　谢正元　　熊大路

编辑委员会

主　　任　肖汝诚
副 主 任　孙　斌　　杨志刚
委　　员　（以姓氏笔画为序）
　　　　　于淑霞　　弓　正　　王　伟　　牛　斌　　吉　林　　全程浩
　　　　　苏权科　　李盘山　　李　鲁　　肖从真　　肖汝诚　　陈　亮
　　　　　邵长宇　　孟凡超　　高宗余　　葛耀君　　廖　玲

主办单位

中国土木工程学会桥梁及结构工程分会
济南市城乡交通运输局
济南城市建设集团有限公司

协办单位

中交第二公路工程局有限公司
中交第二航务工程局有限公司
济南城建集团有限公司
中铁十二局集团有限公司
上海振华重工(集团)股份有限公司
中铁宝桥集团有限公司
中铁山桥集团有限公司
上海市政工程设计研究总院(集团)有限公司
山东易方达建设项目管理有限公司
北京磐石建设监理有限责任公司
北京铁城建设监理有限责任公司
德阳天元重工股份有限公司
江苏法尔胜缆索有限公司
柳州欧维姆机械股份有限公司
中铁桥隧技术有限公司
济南金曰公路工程有限公司
济南金衢公路勘察设计研究有限公司
济南黄河路桥建设集团有限公司

承办单位

《桥梁》杂志社
济南城鲁建设工程有限公司
济南城凤公路工程有限公司

目 录（下册）

四、桥梁施工

91. φ6.2mm-1 960MPa 锌铝合金镀层钢丝试验研究
　　……………………………… 许为民　薛花娟　周能作　张玉奇　王　琦(599)
92. 棘块式钢箱梁顶推施工实例分析 ………… 杨鹏飞　张亚男　王宇峰　杨子锋(606)
93. "雨伞骨架式"组合内模在预制小箱梁施工中的应用
　　……………………………… 李业龙　柴继燕　苗　睿　郭　建　何佩义(612)
94. 狭小空间预制箱梁吊装施工技术 ………… 程　前　李　鲁　韩会清　马远明(616)
95. 临沂市沂河大桥V形结构桥墩施工技术探讨
　　……………………………………………… 杨鹏飞　贾士平　刘富成　张　迪(622)
96. 大跨度预应力混凝土斜拉桥索力分析及控制
　　……………………………………………… 李　猛　石建平　韩会清　魏海洋(628)
97. 飞燕式异形拱桥V构桥墩施工 …………… 刘　方　许新春　王俊平　孙俊涛(635)
98. 复杂地质条件下双轮铣水泥土搅拌墙止水帷幕施工技术
　　……………………………………………… 李　猛　江　斐　王俊平　孙久栋(642)
99. 浅谈一种针对流沙地质提高钻孔桩成孔质量的施工方法
　　……………………………… 李浩楠　王　振　解德龙　李德兵　郑　祺　阎子彬(648)
100. 预制梁场施工质量管理研究 …………… 董平升　郭继凯　王　振　张凤明(654)
101. 浅谈钢箱梁顶推施工的起源及发展趋势 …… 周　宁　罗绪昌　李庆冬　崔　翠(660)
102. 大跨度连续现浇梁桥模板支架施工预压监测技术研究 ………… 韩　华　代凤娟(663)
103. 浅谈预应力现浇混凝土箱梁施工 ……………………… 姚　震　古海平　李　鲁(669)
104. 公路工程施工项目精细化管理对策探究 ……………… 姚　震　古海平　房　明(677)

105. BIM 管理平台在市政道路桥梁工程的应用 …… 卢荣华　古海平　游建焱　徐炳桂(680)
106. 高速公路沥青路面现场施工质量控制
　　　　　　　　　　　　贾士平　石建平　张亚男　江　斐　张　炜　古海平(685)
107. 信息化管理在路桥施工安全管理中的应用研究 ……………… 海钰莹　钟健磊(688)
108. 橡胶混凝土技术的发展及应用 ……………………………… 薄幕长　徐可鹏(691)
109. 钢结构焊接变形的火焰矫正 ………………………………… 薛小义　张　炜(697)
110. 柳州白沙大桥主桥施工监控 ………………………………… 王胡鹏　叶仲韬(702)
111. 大跨重载宽幅钢箱梁斜拉桥建设技术创新与应用
　　　　　　　　　　　　　　　　于得安　周范武　郑建新　罗　航　张延河(709)
112. 大跨宽幅钢箱梁斜拉桥中跨顶推辅助合龙施工技术 ………… 胡玉祥　郑建新(716)
113. 基于挂篮试验的宽幅中央索面斜拉桥模型修正 ……………… 奉思东　张国靖(723)
114. 灌浆套筒连接的预制立柱装配施工精度控制研究及应用 ……………… 刘浩磊(731)
115. 复杂工程背景下城市轨道交通连续梁桥施工方案创新
　　　　　　　　　　　　　　　　　　　　　　　任家田　孙九春　薛武强(736)
116. 狭小施工条件下架桥机安装工艺 …………………… 任家田　孙九春　薛武强(742)
117. 丝杆爬模的设计及施工技术的应用 ………………… 陈云辉　张洪林　郭胜男(748)

五、桥梁静动力分析及耐久性

118. 关于混凝土梁抗剪承载力上限值的讨论 …………… 李国平　唐小林　范彩霞(757)
119. 四跨连续弯桥抗倾覆性能研究 ……………………………… 肖慧双　郭雪莲(765)
120. 钢桥承载力的有限元弹塑性分析（澳标）——澳大利亚既有钢桥承载能力评估
　　　分析实例 …… 韩成文　Dick Yau　Daniel Stephenson　Govinda Pandey　樊星煜(771)
121. 混凝土斜拉桥运营阶段温度荷载模式及温度效应分析
　　　　　　　　　　　　　　　　　　　　　　　白光耀　徐常泽　阮　欣　何元涛(781)
122. 考虑空间变异性的大跨度斜拉桥结构可靠度分析 …………… 戴方玮　程　进(789)
123. 局部杆件失效对钢桁梁柔性拱桥稳定性影响的研究
　　　　　　　　　　　　　　　　　　　　　吴飞翔　张谢东　董宇航　黄笑犬(795)
124. 组合钢板梁腹板局部稳定性实用验算方法研究 …… 侯利明　于远卿　王　姗(802)
125. 倒 T 形盖梁牛腿的承载力计算方法 ………………… 吴　稳　李国平　王嘉祺(809)
126. 基于 Matlab 的地锚式悬索桥缆索施工监控计算分析
　　　　　　　　　　　　　　　　　　温信根　庄冬利　肖汝诚　郭照辉　赵　超(817)
127. 大跨钢桁架拱桥拱梁结合关键节点空间受力分析 … 王　聪　吴万忠　肖汝诚(824)
128. 舜江大桥梁拱结合部空间应力分析 ………………………… 王锦亮　贾丽君(832)
129. 曲线梁转体斜拉桥塔墩梁固结区构造优化分析 …… 姜哲宇　孙　斌　肖汝诚(838)
130. 三塔悬索桥中塔适宜刚度研究 ……………………… 向　鹏　胡志坚　黄健伟(844)
131. 混凝土箱梁结构的带斜杆空间刚架模型 …………………… 宋泰宇　白志娟(852)

132. 正八边形钢板腹梁挠度影响参数分析 ……………………… 常 山 杨 明 田林杰(859)
133. 钢横梁 T 梁桥的受力性能分析 ……………………… 陈 健 胡胜来 端木祥永 徐 栋(866)
134. 带抗剪钢板的钢筋骨架叠合桥面板设计计算 ……………………… 苏庆田 惠 术 贺欣怡(872)
135. 负弯矩荷载下钢-FRC 组合桥面板受力性能
……………………… 周冠东 吴 冲 苏庆田 贺欣怡(879)
136. 组合简支梁新型桥面连续局部受力分析 ……………………… 雷 俊 邱体军 徐 栋(885)
137. 预应力装配式挡块力学性能有限元参数分析 ……………………… 周 权 吴文朋 王喜鹏(891)
138. 三塔四跨悬索桥双层钢桁梁主桁杆件抗疲劳性能评估
……………………… 李 成 徐 航 程 进(899)
139. 公路桥梁混凝土桥面板疲劳荷载确定方法探究 ……………………… 潘泓杉 石雪飞(905)
140. 钢管混凝土桁架焊接管节点疲劳研究进展
……………………… 卫 星 肖 林 李 俊 李 刚(914)
141. 新型竖向预应力体系在混凝土箱梁中的应用 ……………………… 全程浩 孙同波(921)
142. 考虑疲劳损伤的栓钉连接件荷载-滑移计算模型
……………………… 汪 炳 刘小玲 李红杰 赖乐怡(928)
143. V 墩钢-混梁拱组合桥施工仿真分析
……………………… 李 杰 徐汉斌 刘岸清 彭文龙 杜国鹏(935)
144. 输水专用悬索桥水锤动力响应的分析研究 ……………………… 孙建渊 赵雷铭 谢津宝(942)
145. 悬链线形加劲梁人行悬索桥约束体系分析 ……………………… 王 辉 王忠彬 沈锐利(949)
146. 基于随机车流的斜拉桥拉索响应分析
……………………… 朱志远 黄 侨 任 远 樊梓元 李西芝(956)
147. 基于 Ritz 法的混合梁刚构桥静动力分析 ……………………… 韦 鹏 冯 倩 徐荣桥(963)
148. 裂缝对栓钉连接件中氯离子传递影响的数值分析
……………………… 谭红梅 曾善文 徐晓青 何东洋(971)
149. 氯盐环境下混凝土构件耐久性可靠度的贝叶斯修正方法 ……………………… 卫 璞(977)
150. 钢结构桥梁附属设施的腐蚀现状及原因分析
……………………… 司家宁 陈嘉敏 丰月华 俞海勇(984)
151. 全寿命拉索防护技术研究 ……………………… 方 雷 汤 亮 黄冬芳 俞建群(991)
152. 锈蚀对拉索基本力学性能的影响 ……………………… 徐 俊 孙华怀(996)
153. 沿海大跨径钢桥主梁防腐体系效果研究 ……………………… 王伟立 丰月华 肖汝诚(1002)
154. 考虑接缝影响的节段拼装混凝土盖梁耐久性评估
……………………… 阮飞鹏 沈 殷 蔡 鹏 李国平(1010)

六、桥梁抗风、抗震、试验与检测

155. 大跨度悬索桥施工阶段颤振精细化分析 ……………………… 张新军(1021)
156. 大跨度悬索桥气动阻尼的跨向分布及其对颤振性能的影响
……………………… 陈 才 杨詠昕 张 磊 朱进波(1030)

157. 空间缆索对分体箱梁悬索桥静风稳定性的影响 ·········· 雷思勉　葛耀君　杨詠昕(1037)
158. 整体箱梁悬索桥空间缆索体系对动力特性和气动稳定的影响
　　　　　　　　　　　　　　　　　　　　　　　　　　　　 兰义哲　葛耀君　杨詠昕(1045)
159. 典型流线型箱梁单频大振幅扭转运动时气动力滞回效应
　　　　　　　　　　　　　　　　　　　　　　　　　　　　 卢丹阳　赵　林　葛耀君(1053)
160. 大跨度桥梁扁平箱梁断面弯扭耦合颤振非风致附加自激力测量及验证
　　　　　　　　　　　　　　　　　　　　　　　　　　　　　　　　 崔译文　朱乐东(1059)
161. 南京长江五桥桥面吊机抗风安全性分析 ····· 张宗凯　沈　斌　夏　烨　孙利民(1069)
162. 漂浮体系自锚式悬索桥纵向地震反应特性分析及简化计算方法研究
　　　　　　　　　　　　　　　　　　　　　　　　　　　　 汪鸿鑫　遆东洋　叶爱君(1076)
163. 新首钢大桥地震响应及减震措施研究
　　　　　　　　　　　　　　　 阴存欣　宁晓旭　张　为　杨　冰　秦大航(1084)
164. 多塔自锚式悬索桥横向减震体系设计 ············ 王靖程　常付平　叶爱君(1092)
165. 全漂浮独塔自锚式悬索桥减隔震设计研究
　　　　　　　　　　　　　　　　　　 郝晨宇　魏红一　戴　伟　唐嘉琳　张杨宾(1100)
166. 基于舒适度的人行天桥减振控制研究 ······· 张志成　朱利明　邢世玲　卓静超(1106)
167. 边界条件对矮塔斜拉桥纵向地震响应的影响 ············· 徐之文　李建中(1118)
168. 冲刷对高桩承台大跨桥梁抗震性能的影响分析 ·········· 吴志伟　吴文朋　刘思思(1125)
169. 冲刷作用对大跨钢管混凝土拱桥地震响应影响规律研究
　　　　　　　　　　　　　　　　 胡思聪　熊　程　邹旖轩　席荣光　王凤博(1132)
170. 基于OpenSees的ECC管混凝土桥墩抗震性能研究
　　　　　　　　　　　　　　　　 王义博　徐梁晋　陆新征　张志刚　林　昕(1140)
171. 轨道交通桥梁支座隔振性能研究 ············· 王　冰　吴定俊　李　奇(1145)
172. 近断层铁路32m简支梁摩擦摆支座适应性研究
　　　　　　　　　　　　　　　　　　　　　　　　　　　　 董　俊　曾永平　陈克坚　杨国静(1153)
173. 摩擦摆支座在单线铁路简支梁桥中适用的墩高范围
　　　　　　　　　　　 刘　伟　杨吉忠　魏　标　符云集　蒋丽忠　王祯伟　李姗姗(1162)
174. 四周加固偏心受压构件的正截面承载能力试验研究 ············ 刘佳玲　张娟秀(1169)
175. 环形UHPC接缝预制拼装墩柱受力性能试验研究
　　　　　　　　　　　　　　　　　　　　　　　　　　　　 高　毅　石雪飞　江　震　马　骉(1176)
176. 采用高收缩UHPC薄层加固的矩形RC梁抗弯性能研究
　　　　　　　　　　　　　　　　　　　　　　　　　　　　 杨策丞　孙　斌　杨　乐　肖汝诚(1184)
177. 悬索桥主缆典型截面二次应力实测分析
　　　　　　　　　　　　　　　　　　　　　　 唐凤林　马　健　朱红兴　刘　斌　魏家旭(1192)
178. 钢筋混凝土T梁疲劳性能试验研究 ·············· 白　冰　赵尚传　左新黛(1199)
179. 节段预制T形叠合梁试验研究 ······ 周　璇　管义军　李立军　刘　超　徐　栋(1208)
180. 带开口肋的钢-FRC组合桥面板受弯力学性能
　　　　　　　　　　　　　　　　　　　　　　　　　　　　 雷东阳　苏庆田　贺欣怡　陈　亮(1216)

181. 台座式连接预拼桥墩抗震性能试验研究
　　…………………………… 张霁颜　吴志勇　方伟太　李厚荣　吕　昊　王志强(1223)
182. 大直径钢管复合桩与预制承台连接构造受力性能试验 ………… 周仁忠　陈富强(1230)
183. 基于高强螺栓连接的装配式挡土墙结构性能研究
　　……………………………………………… 温　皓　石雪飞　蒋海里　林景赐(1238)
184. 桥梁集群结构全分布式布里渊光纤智能监测与预警技术
　　………………………………… 曹建新　李盘山　刘　洋　祝　楠　侯守军(1247)
185. 浅谈特殊结构桥梁结构健康监测系统的升级改造
　　——以胶州湾大桥运营期结构监测巡检养护管理系统为例 ……………… 韩　琦(1254)
186. 基于监测时序数据协整关系的斜拉桥挠度预测
　　……………………………………… 樊梓元　黄　侨　任　远　朱志远　章世祥(1264)
187. 基于岭回归模型的索塔偏位探索性分析
　　……………………………………… 李焜耀　王永威　李　浩　白　佳　万品登(1271)
188. 桥梁钢绞线拉伸过程的声发射特性试验研究
　　……………………………………… 陈师节　盖卫明　董桔灿　徐添华　姜瑞娟(1278)
189. 基于支座反力影响线曲率差分的连续梁损伤识别
　　………………………………………………… 唐盛华　张佳奇　成　鹏　刘宇翔(1285)
190. 基于频率无反演识别结构损伤的研究 ………………………… 宋晓东　魏召兰(1292)
191. 基于无人机的斜拉桥索塔结构裂缝识别 …… 余加勇　李　锋　薛现凯　何旷宇(1300)
192. X射线检测技术在桥梁"十字形焊缝"中的应用 ……………………… 赵建磊(1306)

四、桥梁施工

91. ϕ6.2mm-1 960MPa 锌铝合金镀层钢丝试验研究

许为民[1]　薛花娟[2]　周能作[2]　张玉奇[3]　王琦[3]

(1. 济南城市建设集团有限公司；2. 江苏法尔胜缆索有限公司；3. 中交第二航务工程局有限公司)

摘　要：本文介绍了 ϕ6.2mm-1 960MPa 高强度钢丝的关键技术指标，对比分析了高碳盘条、光面钢丝和锌铝合金镀层成品钢丝力学性能，分析了高碳盘条到成品钢丝的力学性能变化规律。对成品钢丝进行了强度、扭转指标通条性能试验和其他全性能的试验分析，重点研究了高强度钢丝在高应力上限和高应力幅下的抗疲劳性能，为后期主缆抗疲劳分析提供了依据，为同类工程提供了借鉴。

关键词：杨泗港大桥　1 960MPa 钢丝　高强高韧性能　锌铝合金镀层　高碳盘条　光面钢丝　成品钢丝　疲劳性能　试验研究

1 工程概况

武汉杨泗港长江大桥位于鹦鹉洲大桥上游 3.2km、白沙洲大桥下游 2.8km，是武汉市长江上的第十座长江大桥，也是武汉市首座双层长江公路大桥，全长约 4.134km。主桥采用主跨 1 700m 悬索桥，桥跨布置为 465m + 1 700m + 465m，主跨度国内第一，世界第二，仅次于日本 1 991m 的明石海峡大桥，也是目前世界上跨度最大的双层公路悬索桥。[1]

随着悬索桥跨径的增大，其主缆自重将呈非线性加速增长。其结果一是导致缆索的材料强度用以承担其自身重量的比例增大，用于承担使用荷载的比例相对减小，承载效率降低；二是主缆截面积加大，造成各缆索构件材料用量增加、施工难度增大、工期延长，成本增加。

鉴于以上情况，杨泗港大桥项目联合盘条和钢丝供货商成功研制出国际水平的优质国产高碳钢盘条和 ϕ6.2mm-1 960MPa 超高强度钢丝。在研发和科研试验成功后，进行了 800t 小批量试制试验，随后根据试验结果组织了大批量生产，30 000 余吨 1 960MPa 锌铝合金镀层钢丝产品已经用于杨泗港大桥。

2 ϕ6.2mm-1 960MPa 级钢丝技术条件

悬索桥主缆索股用 ϕ6.2mm-1 960MPa 超高强度钢丝的技术要求包括盘条的技术要求和成品钢丝的技术要求。盘条的核心技术指标主要包括盘条的力学性能、化学成分、非金属夹杂物含量和组织状态。

成品钢丝的核心技术指标包括力学性能指标和防腐镀层力学性能指标。其力学指标主要包括抗拉强度、屈服强度、断裂延伸率、扭转次数、反复弯曲次数、缠绕圈数和抗疲劳应力幅值。

抗拉强度和屈服强度反映了钢丝的总体承载能力;而断裂延伸率、扭转、反复弯曲和缠绕反映了钢丝的韧塑性。其中扭转次数是一个高强度钢丝的一个关键指标。钢丝的抗拉强度及扭转性能是成品钢丝检验的两个重要指标,对于桥梁缆索用高强度钢丝,要求成品钢丝具有高的抗拉强度及高的扭转次数,以保证钢丝的综合力学性能。其防腐镀层指标包括单位面积上的镀层质量、镀层中的铝含量和硫酸铜次数硫酸铜试验指标,反映了钢丝表面锌铝镀层的均匀性,是钢丝耐久性能的重要保证。[2]

(1)盘条要求

本项目盘条采用直径为13.5mm的高碳钢微合金化盘条,其抗拉强度不低于1 280MPa,断面收缩率不低于30%。本项目盘条的化学成分见表1。

高碳钢盘条化学成分% 表1

项 目	指 标			
化学成分	C	Si	Mn	P
	0.87~0.93	0.15~1.30	0.30~0.90	≤0.020
	S	Cu	—	—
	≤0.020	≤0.20	—	—

另外,盘条的总脱碳层的深度不大于1%的盘条直径,盘条的金相组织主要索氏体组织,不应有马氏体、网状渗碳体及对钢丝性能有害的组织。非金属夹杂物不得大于0.1%。

(2)锌铝合金镀层钢丝技术要求

钢丝为直径6.2mm、抗拉强度1 960MPa的锌铝合金镀层钢丝,钢丝不允许有任何形式的接头,其主要技术指标应符合表2的规定。

锌铝合金镀层钢丝技术要求 表2

项 目	技 术 指 标
公称直径(mm)	$\phi 6.2(\pm 0.06)$
不圆度(mm)	≤0.06
抗拉强度(MPa)	≥1 960
规定非比例伸长应力(MPa)	≥1 570
弹性模量(MPa)	$(1.90 \sim 2.10) \times 10^5$
断裂延伸率	≥4.0%(L_0=250mm)
反复弯曲(次)	≥5(R=20mm)
缠绕圈数(圈)	3D×8,钢丝不断裂
扭转次数(转)	≥12次(标距100D)
抗松弛性能	≤7.0%(0.7G.U.T.S,1 000h,20℃)
抗疲劳应力幅	钢丝疲劳应力幅为360MPa(上限应力0.45σ_b,应力循环次数$N=2 \times 10^6$次)
镀层均匀性试验	硫酸铜浸泡次数≥4次,每次浸泡60s
镀层附着性	5D×8圈,不起层,不剥落
镀层质量(g·m^{-2})	≥300
镀层铝含量	4.2%~7.2%
直线性	1m弦长,弯起矢高≤30mm
自由圈升高度(mm)	≤150
表面质量	表面光滑均匀、镀层无脱落、无毛刺

3 试制与试验研究

高强度钢丝的试制工艺流程：微合金化连铸—热轧—EDC冷却—盘条—酸洗、磷化—拉拔—热镀锌铝合金—稳定化处理—成品钢丝。

其试验研究包括微合金化盘条的试验研究、钢丝制作过程中（拉丝、热镀锌铝合金和稳定化处理）的试验研究以及成品的性能试验。

3.1 微合金化高碳钢盘条试验研究情况

盘条入厂后按照盘条技术参数对盘条进行抽样检测，包括尺寸、力学性能、化学成分、脱碳层、非金属夹杂物及表面质量等，检测情况见表3～表6，盘条成分满足技术条件和相关规范要求。

盘条直径及不圆度（mm） 表3

直径	不圆度	直径	不圆度
13.50±0.30	≤0.48	13.50±0.30	≤0.48
13.46	0.10	13.39	0.10
13.34	0.18	13.46	0.10
13.37	0.08		

盘条化学成分 表4

化学成分	技术要求 %	试样编号 001	002	003
C	0.87～0.93	0.88	0.90	0.89
Si	0.15～1.30	0.28	0.29	0.28
Mn	0.30～0.90	0.77	0.78	0.78
P	≤0.020	0.009	0.009	0.010
S	≤0.020	0.002	0.003	0.002
Cu	≤0.20	0.008	0.008	0.008

盘条力学性能 表5

编号	抗拉强度（MPa）	断面收缩率（%）
001	1394	38
	1402	39
002	1384	38
	1395	37
003	1387	35
	1395	38

盘条脱碳层、非金属夹杂及表面缺陷 表6

炉号	脱碳层深度（mm）	非金属夹杂物（%）	表面缺陷
001	0	0.07	无缺陷
	0	0.05	无缺陷
002	0	0.06	无缺陷
	0	0.08	无缺陷

续上表

炉　　号	脱碳层深度(mm)	非金属夹杂物/%	表　面　缺　陷
003	0	0.07	无缺陷
	0	0.06	无缺陷

3.2 钢丝制作过程中的试验研究

3.2.1 高强度钢丝的强度演变试验研究

为了掌握钢丝在拉拔加工过程中的强度变化规律,本项目进行了高强度钢丝的拉拔硬化试验,该加工硬化试验研究选取3卷盘条,分别检测盘条、光面钢丝及热镀后钢丝的抗拉强度性能,检测结果见表7。

加工硬化试验研究力学性能　　　　　表7

序号	EDC 盘条		光 面 钢 丝		锌铝合金镀层钢丝		强 度 损 失	
	直径(mm)	抗拉强度(MPa)	直径(mm)	抗拉强度(MPa)	直径(mm)	抗拉强度(MPa)	平均强度损失(MPa)	损失率(%)
1	13.34	1373	6.13	2068	6.22	2025	43	2.08
2	13.46	1365	6.12	2051	6.22	2013	38	1.85
3	13.37	1371	6.14	2063	6.23	2023	40	1.94

由表7可见,3件φ13.5mm盘条强度约为1 370MPa,经拉拔至6.13mm左右,强度达到了2 060MPa左右,再经热镀后,强度降为2 020MPa左右,强度损失约为2%。

3.2.2 高强度钢丝韧塑性能演变试验研究

为了掌握钢丝在加工过程中的韧塑性变化规律,对比试验选取5组钢丝,分别对光面钢丝、镀锌铝后钢丝及稳定化处理后钢丝进行韧塑性能(反复弯曲和扭转)检测试验,5组钢丝的扭转和反复弯曲检测平均结果见表8。

不同工况下的力学性能均值统计结果　　　　　表8

钢 丝 卷 号	光 面 钢 丝		镀锌铝后钢丝		稳定化处理后钢丝	
	扭转(次)	反复弯曲(次)	扭转(次)	反复弯曲(次)	扭转(次)	反复弯曲(次)
16NS25-5001	33	12	22	11	20	10
16NS25-5043	28	15	25	12	24	10
16NS25-5025	26	12	22	13	21	10
16NS25-5036	27	13	21	11	22	11
16NS25-5013	32	12	21	11	14	9
16NS25-5018	31	12	25	13	21	11
16NS25-5002	34	15	23	11	23	11
16NS25-5032	32	13	23	11	25	10

由以上数据分析可知,光面钢丝经过热镀锌铝合金后,扭转次数平均降低了6次,扭转次数损失约16.6%,再经过稳定化处理后,扭转次数平均降低了1次,扭转次数损失率为5.5%,但扭转断口均为a类平齐断口。通过对比拉丝、热镀及稳定化处理后的反复弯曲次数,未发生较大变化。

3.2.3 钢丝的抗疲劳性能试验研究

疲劳破坏实际上是疲劳损伤趋于某个幅界值的累积过程。正确地描述缆索材料承受循环荷载时的疲劳累积发展过程,是进行桥梁缆索材料耐疲劳使用寿命估算、进行合理的结构疲劳设计的基础。[3]

悬索桥在恒载作用下处于稳定的平衡状态,主缆中存在着很大的自重内力,活载占主缆总拉力的比重较小。因此,在设计阶段,主缆疲劳问题并不是控制因素。但在悬索桥长期运营过程中,疲劳损伤却直接影响桥梁主缆的使用寿命。许多既有悬索桥的主缆检测都发现了存在不同程度的断丝和腐蚀退化现象。钢丝断裂后主缆截面内剩余钢丝会产生内力重分布,增加截面内剩余钢丝的应力。杨泗港大桥的主缆索股采用强度为1960MPa的超高强度锌铝合金镀层钢丝,强度的增加通常伴随着延性的减少和抗疲劳性能的降低,因此,需要重点研究[4-6]。

经典的疲劳设计方法是用循环应力范围来描述导致疲劳破坏的总寿命。在这种方法中,通过控制疲劳应力上限和应力幅来获得初始无裂纹的实验室试样产生疲劳破坏所需的应力循环数。以此为参考,结合实际工程中的平均应力、应力集中、环境、多轴应力和应力变幅的影响,估算结构的寿命。

本研究选取采用水浴索氏体化处理的EDC盘条试制的1960MPa超高强度锌铝合金镀层钢丝进行了疲劳性能的测试。试验研究中,1960MPa锌铝合金镀层钢丝进行了至少五组(3根试件为一组)单丝轴向动载性能试验。

疲劳试验按《桥梁缆索用热镀锌钢丝》(B/T 17101)附录A《脉动拉伸疲劳试验方法》进行。

试验采用共振式PLG—IOOC疲劳试验机。试验钢丝通过定制的夹具设备固定到试验机上,加载频率为70Hz左右。疲劳应力上限为882MPa($0.45\sigma_b$)和980MPa($0.50\sigma_b$),应力幅为360MPa、410MPa、460MPa,当钢丝疲劳寿命达到200万次时,中止试验,认为钢丝抗疲劳性能满足要求。[7]疲劳试验要求及试验结果见表9。

锌铝合金镀层钢丝疲劳试验要求及试验结果 表9

组　号	试　验　要　求	试　验　结　果
第1组(3根)	应力上限882MPa,应力幅360MPa,200万次不断裂	200万次应力循环均未断裂
第2组(3根)	应力上限取980MPa,应力幅值410MPa,200万次不断裂	200万次应力循环均未断裂
第3组(3根)	应力上限取882MPa,应力幅值460MPa,200万次不断裂	200万次应力循环均未断裂
第4组(3根)	应力上限882MPa,应力幅值460MPa,200万次不断裂	200万次应力循环均未断裂
第5组(3根)	应力上限取980MPa,应力幅值460MPa,200万次不断裂	200万次应力循环均未断裂

杨泗港大桥主缆在主要荷载下,其主缆安全系数不小于2.2,即主缆钢丝最大应力为891MPa,其最疲劳应力幅值不大于100MPa。以上疲劳试验结果证明其主缆钢丝的抗疲劳性能具有足够的安全系数,对于悬索桥主缆的全寿命管理奠定了基础。

3.3 成品钢丝主要性能检测及分析

3.3.1 通条稳定性能试验

主缆是悬索桥的生命线,其全长范围内的通条稳定性对于桥梁结构的安全性和可靠性至关重要。通常,悬索桥主缆钢丝需要在钢丝盘卷的头尾任取一端进行检测。由于φ6.2mm-1960MPa锌铝合金镀层钢丝为国内首次批量生产,为了掌握其通条稳定性,选取一部分钢丝进行连续取样,并进行相关试验,检验其通条稳定性。

本次试制共投入14个炉号的盘条,共试制出416件成品钢丝。随机选取11件钢丝进行了通条(盘条一个圈径的长度,钢丝至少连续30个试样)强度和扭转力学性能试验。经检测,

11件钢丝强度和扭转通条性能共计660个试样,合格率为100%。

通过对钢丝的力学性能进行通条性检验,ϕ6.2mm-1 960MPa钢丝通条质量稳定,离散度小,且抗拉强度和扭转富余量较大。钢丝通条性试验中抗拉试验、扭转试验的正态分布图见图1、图2。

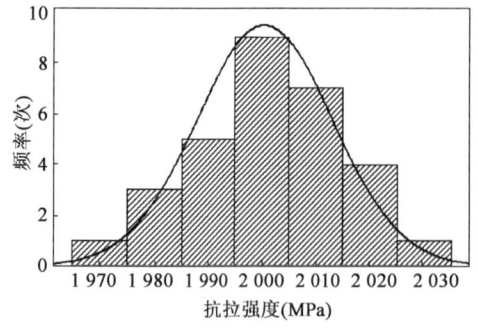

图1 通条试验中抗拉强度正态分布图　　图2 通条试验中扭转次数正态分布图

3.3.2 批量制作的成品钢丝性能统计分析

钢丝的抗拉强度、弹性模量、抗扭转性能、镀层均匀性以及镀层质量的指标分布统计情况见表10。

钢丝主要检测指标统计　　表10

检测项目	技术要求	最大值	最小值	平均值	标准差
镀层质量	≥300g/m²	345	330	315	8.3
抗拉强度	≥1 960MPa	2 078	1 968	2 015	20.93
弹性模量	(1.90~2.10)×10⁵MPa	2.03	2.01	1.98	0.018
扭转次数	≥12次	34	14	23	3.1
硫酸铜浸泡次数	≥4次(每次60s)	5	4.5	4	0.36

通过对416件成品钢丝进行直径、不圆度、抗拉强度、屈服强度、延伸率、弹性模量、扭转、反复弯曲、缠绕、镀层重量、镀层附着性、镀层均匀性、镀层铝含量和自由翘高首尾检测,单项指标合格率统计为:

(1)扭转性能合格率为98.4%。
(2)镀层均匀性合格率为96.7%。
(3)其他指标合格率均为100%。

钢丝抗拉试验、扭转试验后断面效果见图3、图4。

图3 抗拉强度拉伸后的试样断面　　图4 扭转试验后的试件断面

汇总416件成品钢丝试验结果,对于每一批试件中出现不合格单项指标,即认为该试件不合格,则计算得其综合合格率为96.2%,能够满足工程应用需要。在工程应用中,通过采取生产厂家自检、工程应用单位抽检和第三方检测等质量控制措施,不允许不合格钢丝出厂,保证工程建设应用合格产品。

4 结语

针对杨泗港大桥用φ6.2mm-1 960MPa锌铝合金镀层高强度钢丝的关键性能指标进行试验研究,试制成品钢丝进行抗拉强度、扭转及疲劳性能等检测试验分析,得到如下结论:

(1)采用国产EDC盘条研制出的桥梁缆索用直径6.2mm钢丝抗拉强度达到1 960MPa,扭转次数≥12次,使钢丝既有较高的强度,又具有良好的韧塑性,提高了产品的综合性能。

(2)经过拉拔后,钢丝的强度提高了50.4%,热镀后强度损失约2%,光面钢丝经过热镀锌铝合金后,扭转次数平均降低了5次,扭转次数损失约16.6%,再经过稳定化处理后,扭转值基本保持不变。

(3)试制的φ6.2mm-1 960MPa锌铝合金镀层钢丝抗疲劳性能优异,不仅在应力上限为45%抗拉强度、应力幅值360MPa的条件下经过200万次循环加载未发生断裂,而且在应力上限为50%抗拉强度、应力幅值为460MPa条件下经过200万次循环加载未发生断裂,具有极好的抗疲劳性能。

(4)锌铝合金镀层每平方米的质量≥300,镀层均匀性试验次数不小于4次;镀层附着性好,经过$5D×8$圈的缠绕试验,不起层、不剥落,使钢丝的耐腐蚀性能在镀锌钢丝的基础上进一步提升。

杨泗港大桥φ6.2mm-1 960MPa锌铝合金镀层钢丝为国内首次研发成功并得到工程应用,同时实现了钢丝用盘条的国产化,既推动了我国钢铁冶炼技术的进步,又提升了我国的桥梁建设水平。

参 考 文 献

[1] 陆星.杨泗港长江大桥主缆用新产品钢丝技术总结及质量监理[J].工程管理,2018.
[2] 丁峰.桑春明.周代义,等.国产桥梁斜拉索用1770MPa镀锌钢丝制造技术的研究[J].中国工程科学,2009,11(3):57-64.
[3] 沈为.彭立华.疲劳损伤演变方程与寿命估算——连续损伤力学的应用[J].机械强度,1994,16(2):52.57
[4] 钱冬生.陈仁福.大跨径悬索桥的设计与施工[M].成都:西南交通大学出版社.
[5] 杨洋.大跨悬索桥主缆疲劳累积损伤研究[D].哈尔滨:哈尔滨工业大学.
[6] 陈宙翔.山区悬索桥主缆在疲劳荷载作用下的响应分析[J].公路,2015(1).
[7] 中华人民共和国国家质量监督检验检疫总局,中国国家标准化管理委员会.桥梁缆索用热镀锌钢丝:GB/T 17101—2008[S].北京:中国标准出版社,2009.

92. 棘块式钢箱梁顶推施工实例分析

杨鹏飞[1] 张亚男[2] 王宇峰[3] 杨子锋[1]

(1.济南城建集团有限公司;2.济南市交通工程质量监督站;3.济南城市建设集团有限公司)

摘 要:南京路沂河大桥为飞燕式异形钢拱桥,主跨为钢结构拱桥,采用棘块式钢箱梁顶推技术建造。本文结合沂河大桥工程,验证了钢箱梁棘块式多点顶推时控制精度的措施及其可实施性,以期为后续类似工程的施工提供经验。

关键词:沂河大桥 钢箱梁 棘块式顶推 施工

1 引言

通常情况下,钢箱梁在顶推过程中由于临时墩千斤顶自动泄压、顶推系统不同步、顶推系统不稳定、竖向千斤顶顶力变化等因素的影响会造成钢箱梁的轴向偏位。本工程采用棘块式顶推施工法可大大提高主梁顶推施工的精度。

2 工程背景

临沂市南京路沂河大桥的主桥由中跨下承式拱桥和边跨预应力混凝土连续梁组成,主梁采用双边箱形主纵梁结合桥面板整幅式断面,梁高 3.34m。主桥采用 50m + 150m + 150m + 50m 飞雁式异形拱桥,桥型布置示意见图 1。桥面处于 $R = 14\,568.934$m 的圆弧竖曲线上,桥面距离水面约 18m,桥面以上拱高 35m。

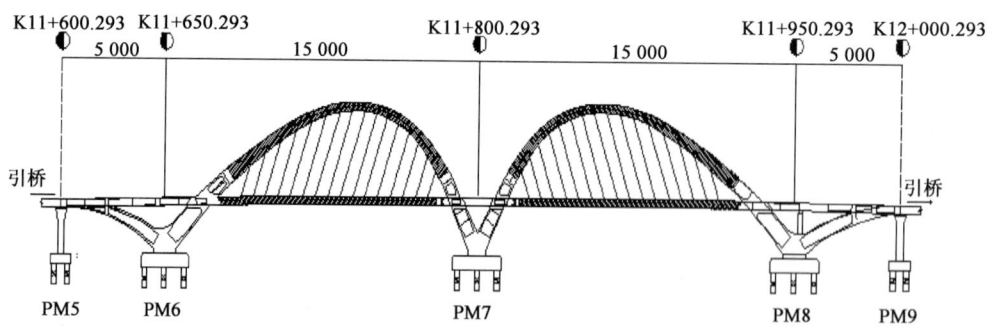

图1 临沂市沂河大桥主桥剖面位置示意图(尺寸单位:mm)

主拱为变截面矩形钢箱拱肋,不设横撑。拱轴线采用偏态抛物线,在竖直平面内向主桥中心倾斜18度。钢箱拱肋宽2.5m、高3.0~5.5m。主桥钢梁钢结构材质采用Q345qD钢材,部分钢材采用有Z向性能要求的Q345qD(Z25),全桥钢梁总重约6 800t。

钢主梁为主纵梁、横梁、小纵梁及挑梁组成的梁格体系,各构件之间为焊接连接。横梁分为标准横梁、中V墩支撑处横梁和边V墩支撑处横梁,其中标准横梁采用"工"字形截面。该桥主跨采用先梁后拱的整体施工方案。

3 棘块式钢箱梁安装流程

钢箱梁安装质量的主要影响因素是规范的安装过程,在本工程中,采用先梁后拱的安装顺序,即先通过棘块式顶推施工方法将主梁顶推到位,等桥面板和预应力施工完成后,在桥位主梁上拼装拱肋。钢箱梁安装流程见图2。

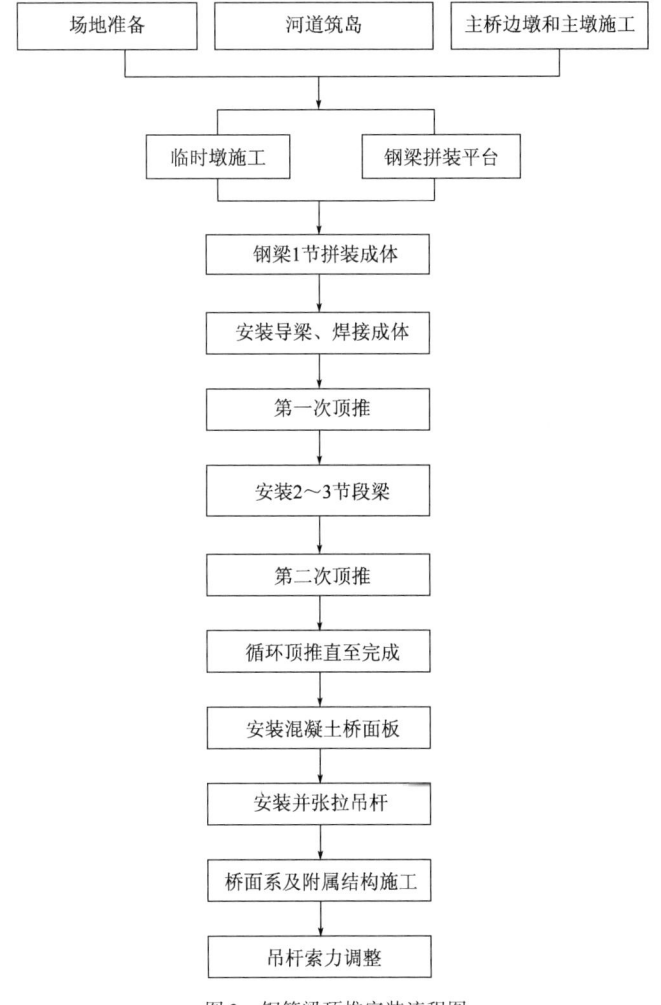

图2 钢箱梁顶推安装流程图

4 棘块式顶推施工要点

4.1 临时墩布置

在钢箱梁顶推过程中,顶推齿板在行进过程中摩擦面产生的摩擦力提供给临时墩一个向顶推方向的力T_1,临时墩上的水平千斤顶在顶推过程中提供给临时墩一个反向顶推方向的力

T_2,顶推过程中临时墩上产生的 T_1 和 T_2 是一对平衡力,理论上临时墩在顶推过程中不存在水平力,因此对临时墩设计时主要按照受压构件设计,水平力按照稳定性需要设计为支撑反力的 5%即可。

全桥顺桥向共设置 7 个临时墩和 3 个滑道,其中在兰山区侧主跨布置 3 个临时墩,在河东区侧主跨布置 4 个临时墩,为均匀分配顶推过程中支墩受力,在 6 号边墩上设置一个滑道,在 7 号主墩上设置 2 个滑道。同时为保证后面桥面板安装和钢拱肋拼装时安全及线形需要,在顶推临时墩中间插设临时钢管支撑,详细布置见图 3。

4.2 临时墩设计

4.2.1 临时墩桩基础

临时墩以钻孔灌注桩作基础,钻孔桩直径为 $\phi120cm$,钻孔桩设计为嵌岩桩,有效桩长设计为 20m,桩顶高程同河床高程。桩顶设置尺寸为 $2.0m \times 1.2m \times 1m$ 的桩帽。

4.2.2 临时墩立柱

临时墩立柱采用 $2\phi820 \times 10mm$ 钢管,钢管组合分为两种形式,其中 1 号、2 号、3 号、4 号、6 号临时墩为四个钢管立柱,5 号和 7 号临时墩设计为六个钢管立柱。

临时墩立柱施工顺序按照先立柱吊装,再单墩平联,最后安装横纵向平联的顺序进行施工。同一个墩的两个立柱安装就位后,立即用型钢进行平联作业,以增加钢管的稳定性。同一个临时墩的左右钢管立柱安装完毕后,安装临时墩横纵向联系,从而使整个临时墩形成一个稳固的整体。最后,安装临时墩人行道板、柱帽、吊装型钢平台及顶推设备,完成整个临时墩作业。

4.2.3 临时支撑设计

临时支撑随同顶推临时墩一起施工,在钢梁顶推时临时支撑不受力,钢梁全部顶推到位后再进行支撑。临时支撑基础采用 $\phi120cm$,有效桩长为 10m。钢管支撑采用 $2\phi820 \times 10mm$ 型钢管,钢管顶设置 $1.0m \times 2.0m \times 0.8m$ 桩帽。

4.3 拼装平台

顶推拼装拼台采用钢管支架,同时借助 8 号边墩系梁,为保证系梁的安装受力,在系梁中间设置临时钢管支撑。在系梁上设置聚四氟乙烯板的顶推平台滑道,下设滑道梁,滑道梁下支撑有螺旋千斤顶,供调节高程使用。横向共设置 4 排 $\phi820$ 规格的钢管支架以拼装横梁,基础采用钢筋混凝土扩大基础,垫块尺寸为 $1.5m \times 1.5m \times 0.5m$。钢管之间设置 I16a 桁架横向联系,保证钢管的整体稳定性。

为保证系梁受力,减小系梁受弯计算跨径,在 Pm8 号边墩系梁中间设置钢管支撑,支撑于 V 构上,钢管的支撑点为系梁腹板位置,利于系梁受力。

4.4 顶推系统

4.4.1 顶推系统配置

钢箱梁安装采用棘块式多点顶推方式(图 4),在临时墩顶上安装顶推系统共 6 套,其中 1 号~4 号和 5 号临时墩顶推系统相同,滑道长度为 8m,6 号临时墩顶推系统滑道长度为 12m。两种顶推系统可以提供的水平顶推力相同,6 号临时墩在竖向支撑力能力较其余临时墩大,其余均相同。

4.4.2 顶推装置计算

选取 4 号临时墩作为控制计算:

垫梁计算结果为 79.8MPa,由计算结果可知最大应力为 79.8MPa<210MPa,满足要求。

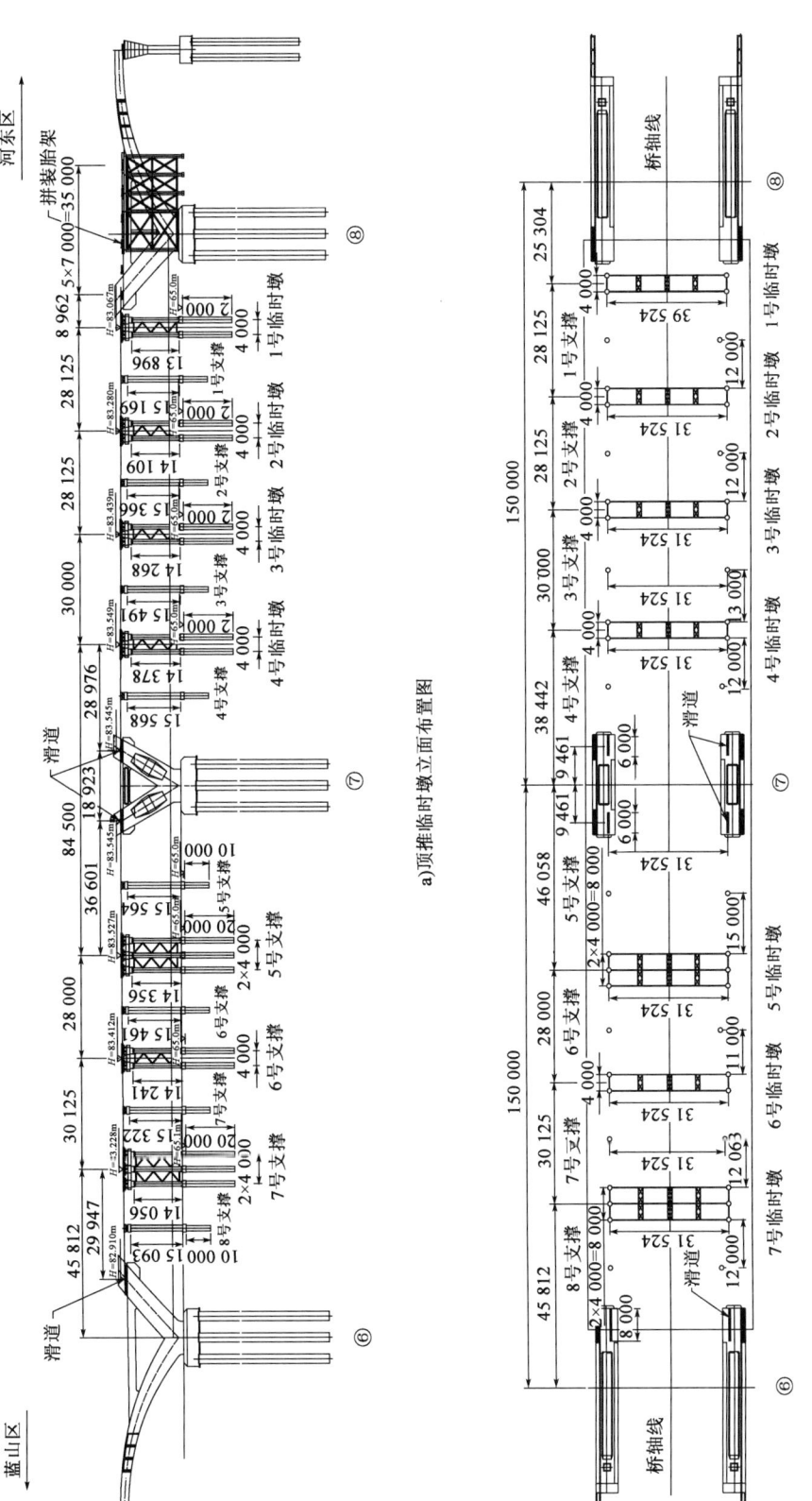

图3 顶推临时墩总体布置图(尺寸单位：mm)

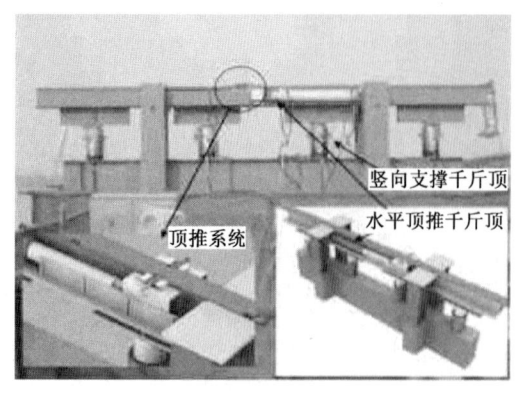

图 4 棘块式顶推设备

滑梁计算所受荷载为 4 567.25kN，由计算结果可知最大应力为 36.5MPa<210MPa，满足要求。

4.4.3 顶推滑道的布置

在各临时墩墩顶设置滑道梁，滑道位置在钢箱梁纵隔板下(图 5)。滑道梁在顺顶推的前后方做成弧形，便于滑板的喂入与滑出。上滑道用钢板做成厚度为 50mm、上敷贴 2mm 厚的不锈钢板，板宽为 240mm 连续滑道，整个滑道的上滑动面为不锈钢板，下滑动面在顶推平台上是四氟乙烯板，在临时墩上为高强度低摩阻材料 MGE 板。

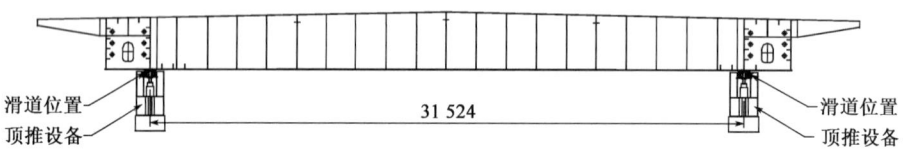

图 5 滑道设置位置图(尺寸单位:mm)

在 6 号边墩和 7 号主墩上设置滑道，滑道长度为 6m，在墩身上浇筑混凝土垫层，然后在其上预埋安装 2cm 厚钢垫板，在垫板上安放 MGE 板作为滑道。顶推平台滑道布置在系梁之上，间距为 5.25m，每侧共设置 7 个，最多可拼装 3 片梁。

4.4.4 顶推导梁的布置

导梁采用工字形、变截面、实腹钢板钢导梁，主梁材料采用 Q345D 与钢箱梁连接处高度为 2.715m，到导梁的尾端逐渐过渡成 1.3m 高，根据在顶推过程中根据钢箱梁及临时墩安全受力需要，设计长度为 30.75m，单套导梁(包括横向联系支架)重约 88t。

4.4.5 顶推导梁的计算

导梁在自由全悬臂时受力。任选一全悬臂工况计算:计算结果可知最大挠度为 4.6cm，最大组合应力为 39.6MPa。

导梁上临时墩过程中受力。根据跨度布置，导梁在通过 5 号临时墩的时候出现最大受力，通过模拟顶推施工阶段计算可得，在此施工工况时导梁会有最大受力。根据计算结果可知，导梁在顶推过程中的最大受力为 112.5MPa<210MPa，满足受力要求。

5 棘块式钢箱梁顶推精度控制要点

5.1 顶推力控制

为清楚掌握每个墩台的受力情况和工作状态，需在每一个临时墩上设置压力传感器各种限位微动控制开关，通过主控台。在顶推过程中时刻注意对纵向支撑力变化较大的临时墩的控制，并根据临时墩的竖向支撑力大小控制临时墩顶推力的大小，而对于恒定支撑力的临时墩，可根据系统之前记录的数据控制恒定的顶推力，确保各个支墩的顶推力与本支墩受到的摩擦力相对应，避免支墩出现较大的水平推力。主控台能够及时根据支撑反力动态调整水平顶推力，从而保证每个临时墩的受力平衡，实现了同步动态控制。

5.2 线性控制

在每个临时墩上，均设置导向限位块，以确保钢箱梁在顶推过程中的横向偏移范围不大于

±10mm,并且通过各临时墩两侧千斤顶的出力变化也可进行钢箱梁的导向和纠偏,注意纠偏需在推进过程中进行,不得在静止状态下纠偏。

5.2.1 钢箱梁轴线线形控制

在施工拼装时首先保证钢箱梁节段之间的平面匹配焊接为一条直线,现场依靠测量控制把钢箱梁连接成一条直线体。根据全站仪测量结果随时进行调整,可以利用临时墩顶的限位进行调整,在顶进的过程中进行横向顶撑齿板,改变钢箱梁行进的方向,以此达到纠偏的目的。另外也可以利用两侧滑道顶推时推进速度快慢的不同改变钢箱梁行进方向,达到纠偏目的。

5.2.2 钢箱梁竖向线形控制

通过拼装胎架顶的牙板高程控制而达到钢箱梁高程控制,在钢箱梁块体安装之前,把顶推平台桩帽落至总拼胎架高程之下,牙板按照设计高程调整焊接好,然后钢箱梁块体吊装至总拼胎架牙板之上,再测量梁顶高程,发现高程超限时及时调整底部牙板,保证胎架上拼装的高程误差控制在5mm之内,让钢箱梁在正确高程的状态下在总拼胎架上完成无应力焊接。在钢箱梁推进过程中,各个临时墩顶设置的千斤顶顶升降落系统,可以随时调节钢箱梁的高程,每次顶推完成后,精确调整钢箱梁的高程,然后进行后续梁段的拼装。

6 结语

结合临沂市沂河大桥工程实例,分析出钢箱梁顶推施工过程中的重难点和关键点,综合考虑材料、方法、测量、机具、环境、人员等方面的因素影响,给钢箱梁的顶推施工带来非常大的难度。在确保安装精度、测量精度的基础上通过棘块式顶推法施工可以满足钢箱梁在顶推过程中的精度要求。为今后采用棘块式顶推法建造工程提供了成功的精度控制经验。

参 考 文 献

[1] 曹晓博.下承式刚拱桥拱肋合拢施工技术[J].市政工程,2015(11):1325-1326.
[2] 邓德元,戴维,吴有明,等.大跨径双幅简支梁箱梁同步顶推施工技术研究与应用[J].施工技术,2019(8):87-91.
[3] 庄泽亮.钢箱梁顶推施工关键技术研究[J].公路交通科技,2018(3):215-216.
[4] 杨怀英.基于多点顶推施工的连续钢箱梁桥结构分析[J].工程与建设,2019(33):547-549.

93. "雨伞骨架式"组合内模在预制小箱梁施工中的应用

李业龙　柴继燕　苗　睿　郭　建　何佩义

(济南城建集团有限公司)

摘　要：预应力预制梁因其结构性能好，施工方便，能够标准化生产等优点已经广泛用于桥梁工程，尤其是城市高架桥梁。但是预制小箱梁施工中需要作业人员进入小箱梁内部，内模拆除耗费时间长，人工量消耗大，内模拆除较为困难。通过预制箱梁模板上进行技术革新，采用"雨伞骨架式"组合内模施工工艺，将传统的分离式拼装钢内模改为"雨伞骨架式"组合内模。提高了施工质量，加快了施工速度，取得了良好施工效果和经济效益。

关键词：小箱梁　雨伞骨架　组合内模

1　引言

模板是桥梁工程中最重要的工具之一。20世纪70年代末，经过国家"以钢代木"的政策方针下组合钢模板开始出现并发展壮大，极大改善了桥梁工程模板施工工艺。20世纪90年代至今，随着国家持续性基础设施建设投入，尤其是近十几年铁路、公路、城市高架桥得到飞速发展，装配式建筑设计理念深入，模板施工技术也取得跨越式发展，例如箱梁模板施工技术，一般采用预制成型，成品运输至工地，架桥机起吊安装的流水施工工艺，很好地适应了目前城市高架、轻轨、公路、铁路等工程项目需求，随之新型组合式钢模板根据需求不断改进，发展迅速。

2　"雨伞骨架式"组合内模施工技术特点

传统预制箱梁施工内芯模，尤其是小箱梁预制施工，多采用组合小型钢模板，利用箱梁顶板开设的人洞搬运组装。刚度好、不易变形，但大批量生产时人工消耗大，效率不高。

"雨伞骨架式"组合内模组装、结构巧妙、拆卸方便，省时省力，采用定型钢模板，周转次数多，节约成本。内模采用分段整体式，刚度好，不易变形，质量稳定，多次使用仍具有良好的使用性，浇筑的混凝土外观质量较好。如图1所示。

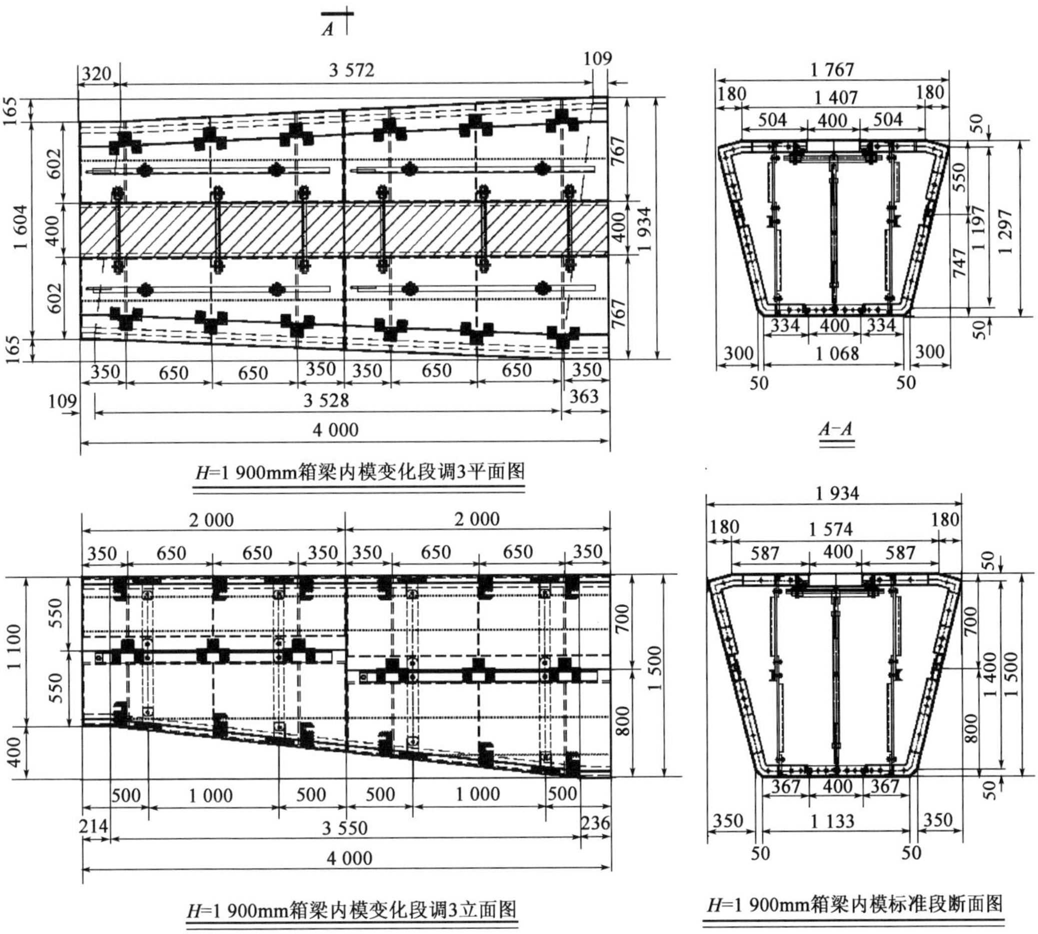

图1 组合内模设计构造图(尺寸单位:mm)

3 "雨伞骨架式"组合内模施工工艺原理

在"雨伞骨架式"组合内模设计中,巧妙地将力学原理与铰链结构结合在一起,通过对内模构件施加一个水平力,可方便快捷地实现半自动内模拆卸。组合内模剖面见图2。从图2中可以看出,内模侧模上下部分通过铰链连接,上下两排弦杆与中间水平横杆连接,弦杆的作用有两个,一是组装后支撑上下两部分侧模,二是拆模时引导上部侧模折叠。

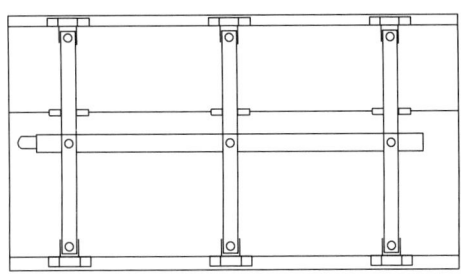

图2 组合内模剖面图

拆除内模时,先敲掉内模内部的插销,解除左右侧模约束,再用卷扬机给横杆施加一个水

平力 F，侧模上部分缓慢向内折叠。在外力作用下，左侧内模折叠，再利用卷扬机可轻松将其抽出，右侧内模同理，如图 3 所示。

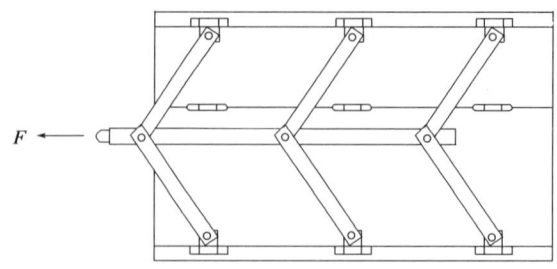

图 3　组合内模拆除示意图

4　预制小箱梁施工工艺流程及操作特点

4.1　小箱梁"雨伞骨架式"组合内模施工工艺流程

施工准备→清理底模台座→整体式自行外模拼装→底腹板钢筋绑扎→底腹板钢筋骨架整体吊装→内模安装→绑扎的顶板钢筋→浇筑箱梁混凝土→拆除模板→智能养生仪养生→张拉钢绞线、压浆、封锚→箱梁标识。利用新型模板施工工艺，优化内模安装和拆除模板工序，减少人员投入、缩短工作时间来提高施工效率，减少小箱梁生产周期。

4.2　"雨伞骨架式"组合内模拼装

前部工序完成后，进行内模拼装工序。内模均匀刷涂好脱模剂，当底腹板钢筋骨架吊装就位，内模按节段拼装好，利用龙门吊四点起吊将内模整体吊入，内模接缝处用双层海绵条填充处理，调整模板位置，将固定模板的插销安装好，使模板安装牢固，随后吊入顶板钢筋骨架，最后安装端头模板和锚具。如图 4、图 5 所示。

图 4　内模分节组装

图 5　内模吊装入模

4.3　浇筑箱梁混凝土及养生

箱梁混凝土由拌和站集中拌和，混凝土运输车运料，泵车配合浇筑，现场放置混凝土料斗备用。在浇筑前对支架、模板、钢筋和预埋件进行检查，并做好记录。混凝土浇筑按一定的厚度、顺序和方向分层浇筑，应在下层混凝土初凝前完成上层浇筑。浇筑的具体顺序要求为：底板和腹板一起浇筑，最后顶板，从梁的一端到另一端，分层灌注混凝土。混凝土初凝后进行养护，顶板覆盖土工布，布置纵向橡胶管滴灌养护，箱梁外腹板和箱室内侧采用自动喷淋养护。

4.4 拆除内模板

混凝土达到规范要求强度,才能拆除内模,以免拆除时混凝土粘模而影响箱梁的质量。拔模准备,在需要拆除内模的预制梁两端各安装一台拔模台座,拔模台座要与预制梁内腔对齐,调高拔模平台底部的四角和中部的调高丝扣,使拔模平台与内模在同一水平高度;将拔模台座油泵的油管与内模收缩油缸连接好。将卷扬机的钢丝绳用卡扣与内模连接牢固,接好油泵及卷扬机的电源。

准备工作完成后,工人钻入内模取下顶杆与撑杆,将取下的顶杆与撑杆取出,分类堆放整齐。检查内模内没有顶杆与撑杆,启动油泵,收缩油缸工作,收缩油缸推动联杆横梁水平运动,联杆竖杆绕横杆上的轴旋转,严格控制油泵的速度,确保模板缓慢脱离箱梁混凝土,以免损伤箱梁。待模板完全与混凝土脱离,模板折叠缩小,模板之间也相互脱离为止,拆除油泵与收缩油缸之间的油管。启动卷扬机,速度要求缓慢,以免模板触碰箱梁侧壁,模板进入拔模台车,台车底板上设有底滑轮,侧面设有侧滑轮,模板沿着台车侧壁缓慢拔出,全部拔出后置于拔模台车上。同样的方法将另一半模板拔出。箱梁一端的内模全部拔出,平稳地放置在拔模台车上,两块模板两端对齐,启动拔模台车油缸,拔模台车两侧板顶着模板缓缓向一起靠拢,拔模台车设有横向限位键,限位键的位置为模板合模位置,人工将顶杆、撑杆安装上,对模板进行打磨,除去模板上的混凝土,密封胶杂物。

4.5 预应力施工及标识

箱梁混凝土养生满足设计要求后,采用智能张拉设备,两端对称张拉,24h内完成管道压浆施工,待压浆料强度满足要求即可封锚、封端,张贴箱梁标识信息,写明梁编号、浇筑日期、张拉日期,也可根据需要增加梁端方向、移梁日期。

5 结语

在小箱梁预制施工中,抽拉型节段式组合钢内模能够满足大批量预制箱梁生产的需求,减少人工投入,缩短生产周期,提高了整体施工效率。今后模板技术突飞猛进,随着国内外新型材料和结构技术研究深入,永久性、轻便性、多用性模板体系更加普遍,将极大改善小箱梁预制施工工艺和施工技术。

参 考 文 献

[1] 方志强.狭小空间条件下节段预制箱梁内模定位施工技术研究[J].绿色环保建材,2019(09):142+144.

[2] 李攀,肖锋建,蒋佳莹.预制箱梁内卷抽拔式液压内模受力特性分析[J].公路交通科技(应用技术版),2018,14(08):37-38.

[3] 易侃,段军朝,班鹏.预制箱梁抽拉式内模拆除平台的设计及应用[J].建筑施工,2018,40(06):913-915.

[4] 袁名旺.谈预制箱梁施工中抽拔内模技术应用[J].山西建筑,2015,41(13):166-167.

[5] 李辉,时晓军.浅析预制箱梁施工工艺[J].科技视界,2013(35):91.

[6] 侯会利.预制箱梁钢筋骨架和内模整体绑扎吊装施工技术[J].国防交通工程与技术,2010,8(06):17-19+56.

[7] 王维,李战荣.预制箱梁内模的设计及应用[J].山西交通科技,2002(S1):79-80.

94. 狭小空间预制箱梁吊装施工技术

程 前[1] 李 鲁[2] 韩会清[1] 马远明[1]

(1.济南城建集团有限公司;2.济南城市建设集团有限公司)

摘 要：本文以永定路快速化改造地面辅道桥箱梁吊装工程为背景,探究在城市快速路建设过程中,当上方高架桥与下方地面桥相遇,由于受到地形复杂、交通不便、上部空间狭小等不利因素限制,如何通过合理选择及使用吊装机械、施工顺序及施工工艺,完成对地面桥预制箱梁顺利吊装。

关键词：狭小空间 预制箱梁 吊装 架桥机

1 引言

随着我国基础性设施建设速度的加快,施工技术日趋成熟,预应力混凝土箱梁在道路桥梁建设中得到广泛的应用。但在一些地形复杂特别是狭小空间下,支架难以架设,常规的现浇混凝土箱梁施工方案已不能满足工程建设的需求,因此需要采用预制箱梁吊装施工技术。本文以永定路西段快速化改造地面辅道桥架设为例,进一步探究在地形受限时,预制箱梁吊装施工关键性技术及施工方法,为同类工程提供参考依据。

2 工程概况

南官河桥为江苏省泰州市境内永定路西段快速路改造工程中的辅道桥,因原有老桥无法利用固拆除新建辅道桥。桥梁分3跨,桥跨布置为3×30m,共计箱梁54片,上部结构采用装配式部分预应力混凝土连续箱梁,下部结构采用桩柱式墩台,钻孔灌注桩基础。桥墩采用GYZ支座,桥台采用GYZF4支座,桥头设置6m搭板,结构体系为先简支后连续。新建桥梁示意如图1所示。

3 施工方案确定

根据设计要求,南官河地面桥箱梁纵向分为3跨,横向分为18块,共计54块小箱梁分别进行吊装架设。将箱梁纵向分段横向分块不仅有利于降低箱梁重量及吊装尺寸,更有利于在城市狭小空间下施工。地面桥箱梁吊装时上方高架桥尚未完成施工,地形复杂,且地面桥顶与上方高架桥底板距离小于8m,受到空间限制影响极大,经多方论证综合考虑后决定:地面桥箱梁架设分两阶段进行。第一阶段,架设两边外侧共计36片箱梁;第二阶段,当主线高架桥梁支架拆除后架设剩余18片箱梁。如图2所示。

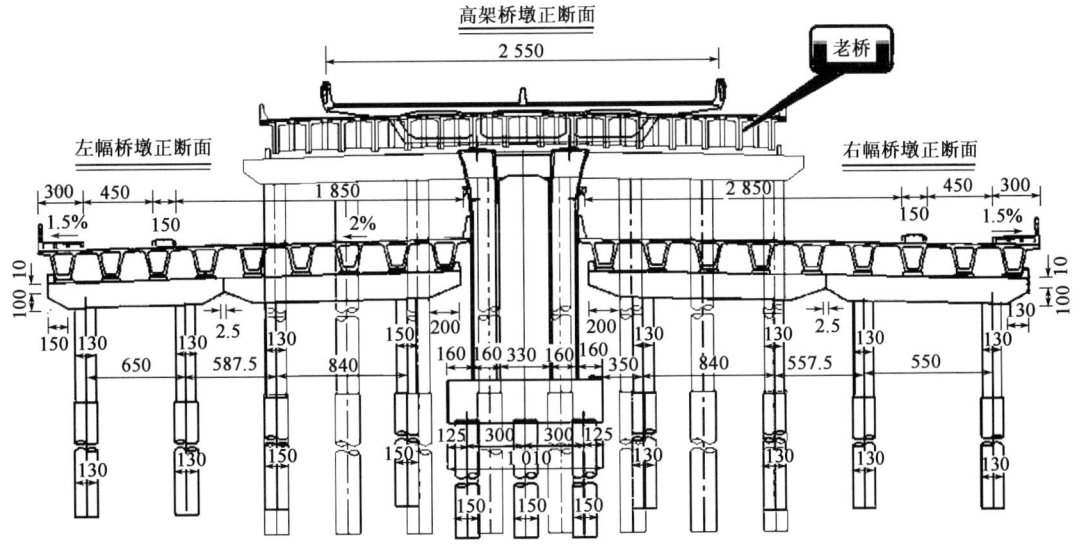

图1 桥梁示意图(尺寸单位:mm)

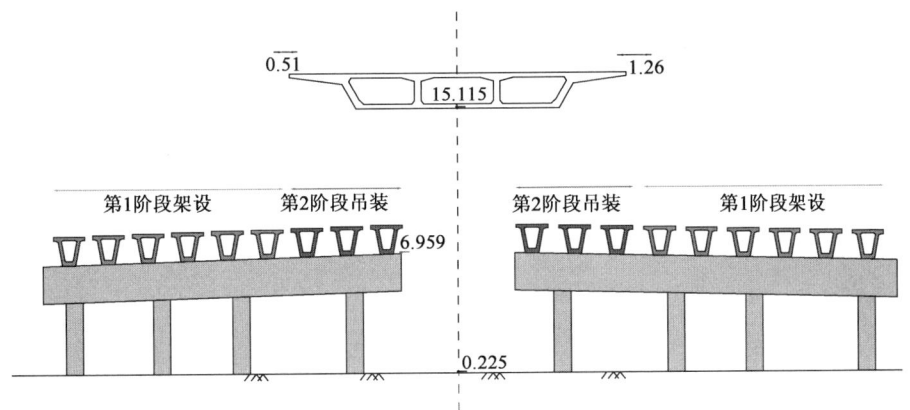

图2 施工方案立面图(尺寸单位:m)

4 施工工艺

4.1 吊装机具选择

预制箱梁吊装多采用汽车吊或架桥机来完成,由于地面桥下净空间较小,不利于汽车吊吊臂展开,且周围地形复杂,地面平整度差,若采用汽车吊完成箱梁吊装,存在较大的安全隐患,固采用明权中泉路桥WJQ120-30 A3型三角桁架双导梁架桥机完成箱梁吊装。

4.2 箱梁架设

(1)喂梁

先将两起重小车开至桥架尾部,再将梁体由运梁车从桥架尾部徐徐进入架桥机体内,待梁体前端接近后支承梁处停止运梁车输送,由前起重小车吊起梁体前端,达到一定高度后与后运梁车一起同步向前开,纵行至后运梁车可吊位置处,再将梁体后端吊起。再由两起重小车将梁体纵运至待架桥跨内,喂梁完毕。如图3、图4所示。

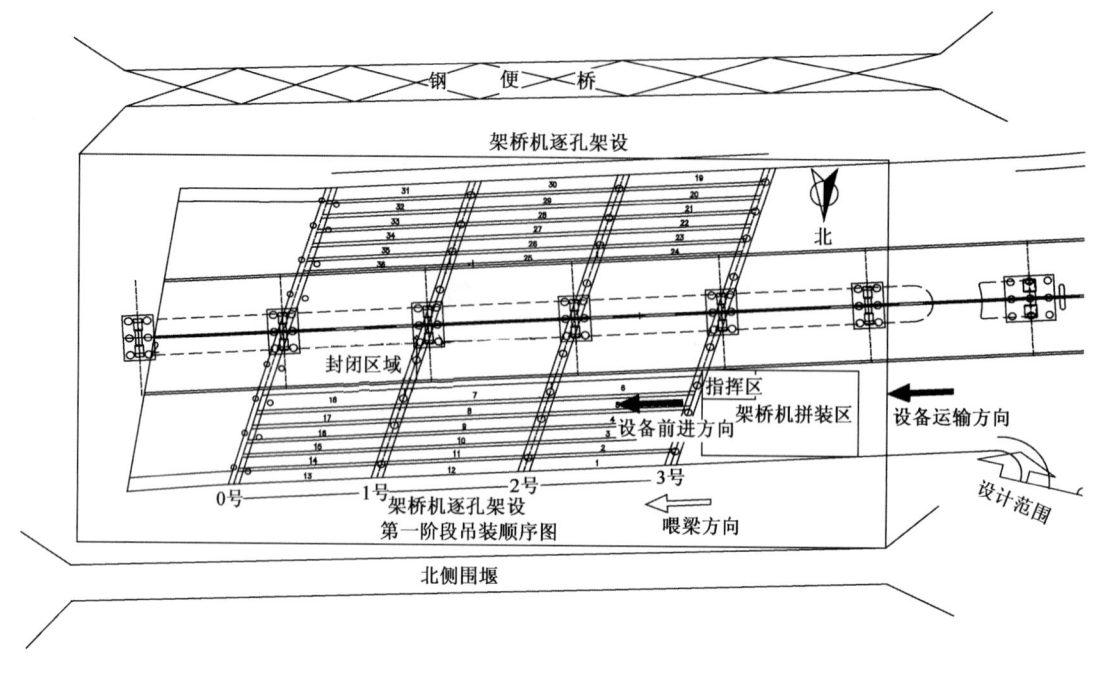

图3 第一阶段吊装顺序图

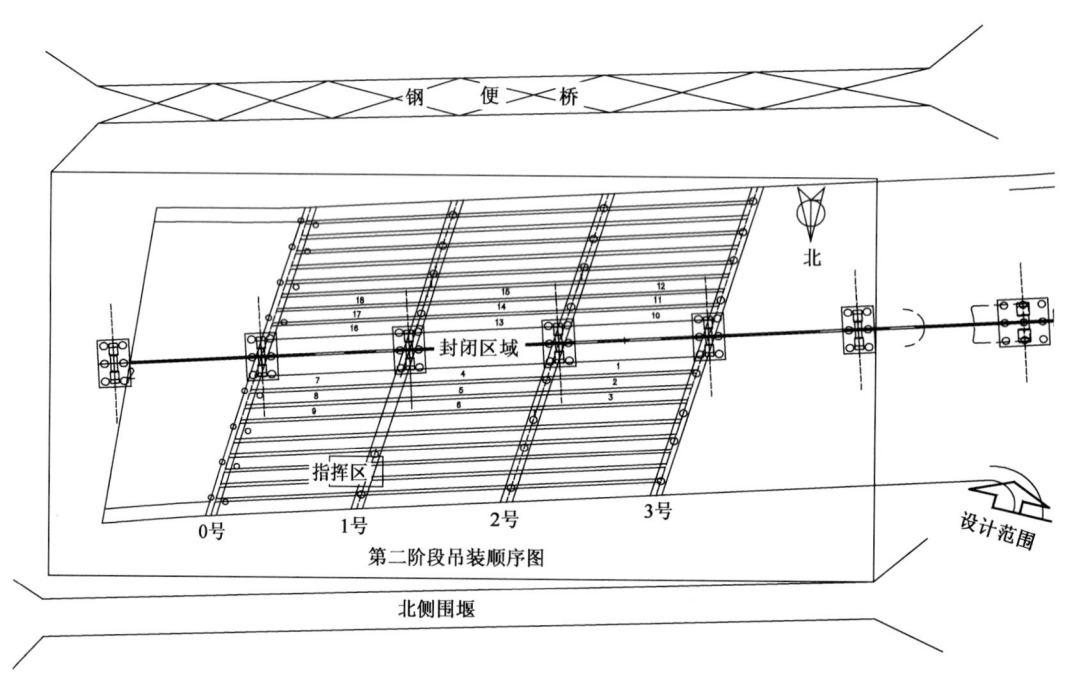

图4 第二阶段吊装顺序图

(2)提梁

架桥机接管预制梁,运梁车离开。保证前后两个提升小车同步提梁。梁片吊起后,应停留5min,观察卷扬机是否有溜钩现象。吊梁钢丝绳与梁片接触处必须有铁瓦保护梁片。

(3)送梁就位

梁片吊起后,确认起升机构无异常情况,方可出梁,当梁片前端接近前墩柱时应缓慢对位,严禁梁片撞击前墩柱。两提升小车同步吊梁前行至待架跨上方后停止。

(4)落梁

落梁时,梁片应保持水平状态,前后高度差小于100mm,左右高度差小于20mm。提升下车同时下落,待预制梁距盖梁顶面约1.5m时停止落梁,启动前支装置和中支装置的横移电机,整机带动预制梁同步横移,把预制梁放到合适的位置上,梁体下放时先落一端,再落另一端,待梁完全放稳固定后方可拆除吊具。

(5)梁段横移

梁片横移时,梁片应尽量接近桥墩(第二片梁应尽量接近第一片梁),前后横移小车应同时开动,前后相差小于10cm。落梁前需严格测量箱梁中心线与支座中心线是否重合,必要时先行在支座上放出中心线,箱梁位置也进行标记,方便落梁控制。

(6)临时固结

每片箱梁就位后,梁底设置木楔防止梁块滑移。每片梁安装就位后及时与相邻梁段连接,使两片梁形成一个整体,中间与两端每个位置连接钢筋数量不少于5根。每片梁底下单端设施2个临时支座,在下一跨箱梁架设前需对箱梁之间及端顶钢筋连接,中横隔板全部焊接,翼缘板每隔3m焊接5根。

桥墩顶面应画好支座中心位置,支承垫石面应清扫干净,铺放好找平砂浆,梁片落位后,支座按设计要求放平稳、密贴,纵横中心线应与垫石中心线重合,第二片梁就位后,应立即将两梁片翼缘板及横梁位置处的部分钢筋焊接连接,使两片梁形成一个整体。

4.3 过孔

(1)架桥机过孔前基本姿态:桥机两列主梁、提升小车、横移轨道的中心形成垂直线。后托装置距桥尾部40m位置。中支装置距前盖梁2m位置。副中支腿距中支装置约1.5m。前提升小车停止在中支装置上方。后提升小车停止在桥机最尾部,如图5所示。

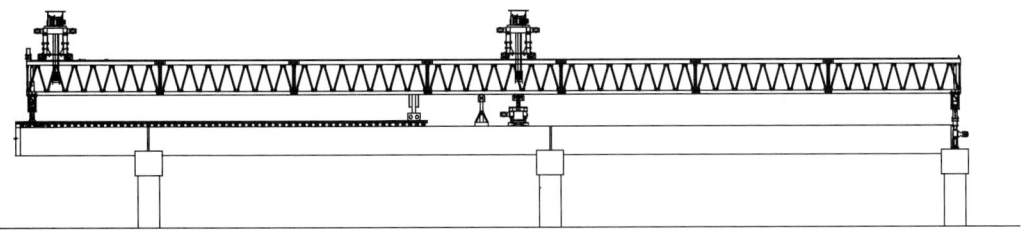

图5 架桥机过孔前

(2)拆除中支装置与纵导梁连接的U形螺栓,同时启动前支腿、后支腿、副中支腿液压装置,调整好后脱装置高度,桥机具备8个点同时受力。按过孔要求将中支装置和横移轨道拉紧固定,用前提升小车将其吊置前盖梁2m位置安装固定。前提升小车停在中支装置固定不动,如图6所示。

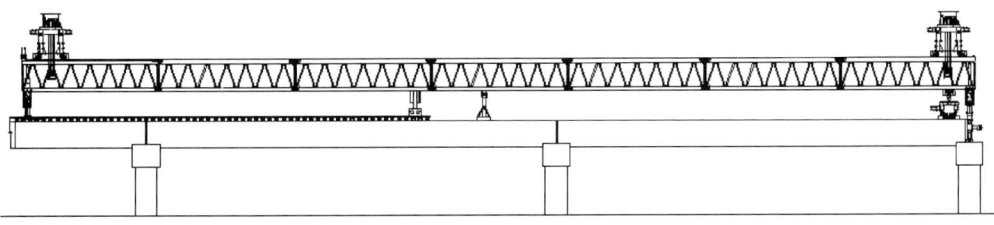

图6 过孔准备

(3)后提升小车移至桥机尾部,确认过孔准备工作到位。在后脱装置和中支装置之间选择两个连接点,用手拉葫芦将两列纵导梁拉紧。收起前支腿和后支腿,纵导梁由后脱装置和中支装置支撑。收起副中支千斤顶,拆除衬垫,副中支腿连接在纵导梁下弦不动,如图7所示。

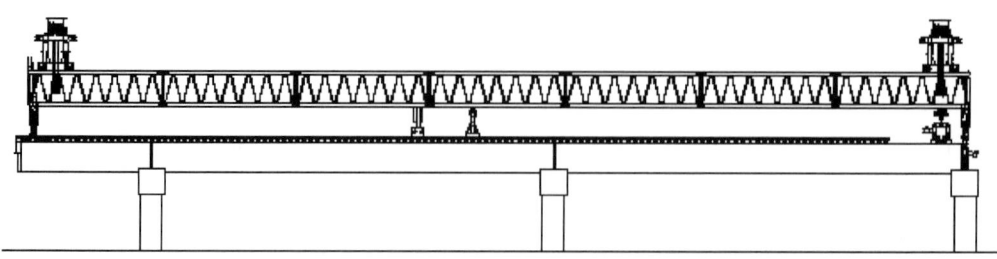

图7 收起前后支腿

(4)启动中支装置上层轮箱和后托装置的电控系统,驱动纵导梁向前平移,后脱装置、后提升小车及副中支腿随纵导梁向前平移,同时启动前提升小车同步移,前提升小车位置保持在中支装置上方,如图8所示。

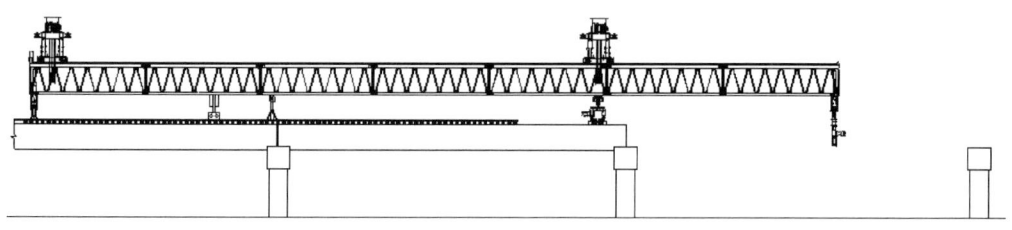

图8 导梁平移

(5)前支腿移至前方桥墩的上前部,放下前肢横移轨道,垫实垫牢,调整前支腿高度并穿轴销牢。放下后支腿支撑起纵导梁,拆除后托装置与纵导梁的连接,并降低至最低高度,启动其驱动装置,移至副中支腿后方。将中支装置上层轮箱用U形螺栓与纵导梁下弦固结,解除下层轮箱与横移轨道的固定装置,过孔完毕,如图9所示。

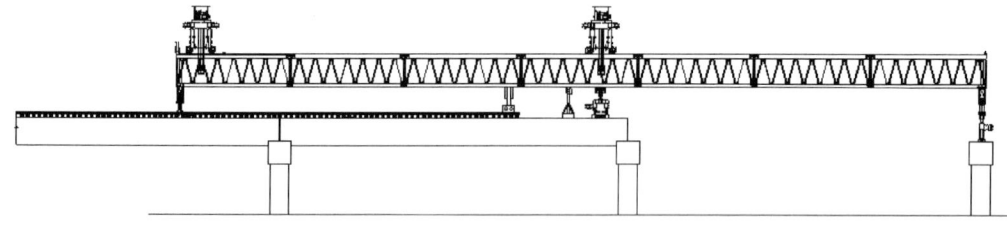

图9 过孔完毕

5 结语

通过精心组织认真安排,选取切实可行的吊装方案,导梁与吊车密切配合,顺利完成永定路快速化改造辅道桥54片箱梁吊装,既满足了施工质量、进度、成本目标,又满足了施工吊装的安全要求,工程实际应用效果显著,节省大量时间及空间,验证了上述狭小空间下预制箱梁吊装施工技术安全可行,从而为同类工程提供参考依据。

参 考 文 献

[1] 陆贞君,王金枝,白思华.整体预制箱梁吊装过程控制分析[J].交通科技,2012(4):20-23.
[2] 徐恒.装配式预应力混凝土箱梁吊装施工技术探讨[J].建造技术,2018,28(4):539-541.
[3] 邵旭东.桥梁工程[M].北京:人民交通出版社,2007.
[4] 范立础.预应力混凝土连续梁桥[M].北京:人民交通出版社,1999.
[5] 中华人民共和国交通运输部.公路桥涵施工技术规范:JTG/T F50—2011[S].北京:人民交通出版社,2011.

95. 临沂市沂河大桥 V 形结构桥墩施工技术探讨

杨鹏飞[1] 贾士平[2] 刘富成[1] 张 迪[1]

(1. 济南城建集团有限公司；2. 济南市交通工程质量监督站)

摘 要：临沂市沂河大桥为飞雁式异形拱桥，下部采用的 V 形桥墩，其斜腿构造复杂、工艺精密、技术难度高。本文结合沂河大桥实例，从支架搭设、模板铺设、混凝土浇筑三方面详细阐述 V 形结构桥墩的主要施工工艺，能为其他类似 V 形桥墩工程施工提供参考。

关键词：大桥 V 形桥墩 施工技术

随着经济生产的提高和科技水平的进步，人们对桥梁的要求除满足跨越功能外，也对其美观要求日益增长。处于城市间的传统形式桥梁已经无法满足大众的审美需求，V 形桥墩由于线性流畅、构造精巧得到了大众的青睐。同时在结构受力和经济性方面，V 形桥墩可缩短计算跨径、降低梁高，降低了跨中和支点处的弯矩值，节省了上部工程材料数量，具备很好的技术性和经济性。但 V 形桥墩结构异形，施工工艺复杂，对施工技术要求高，本文将从 V 形墩的施工方面进行相关探讨，以期为后续的 V 形墩相关施工提供经验。

1 工程概况

临沂市沂河大桥施工项目，西起滨河西路，东至滨河东路，是南京路向东延伸跨越沂河的重要过河通道。桥梁全长 1.023km，由主桥(飞雁式异形拱桥)、水中段引桥、岸上段引桥组成，主桥纵线剖面见图 1。主桥共计 6 座 V 形结构(以下简称 V 构)，其中边 V 构 4 座，中 V 构 2 座，本篇主要探讨边 V 墩的支架搭设问题。

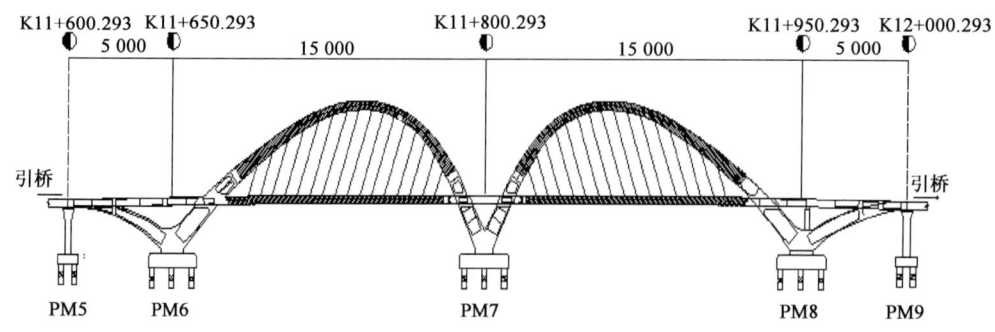

图 1 临沂市沂河大桥主桥纵线剖面位置示意图(尺寸单位：mm)

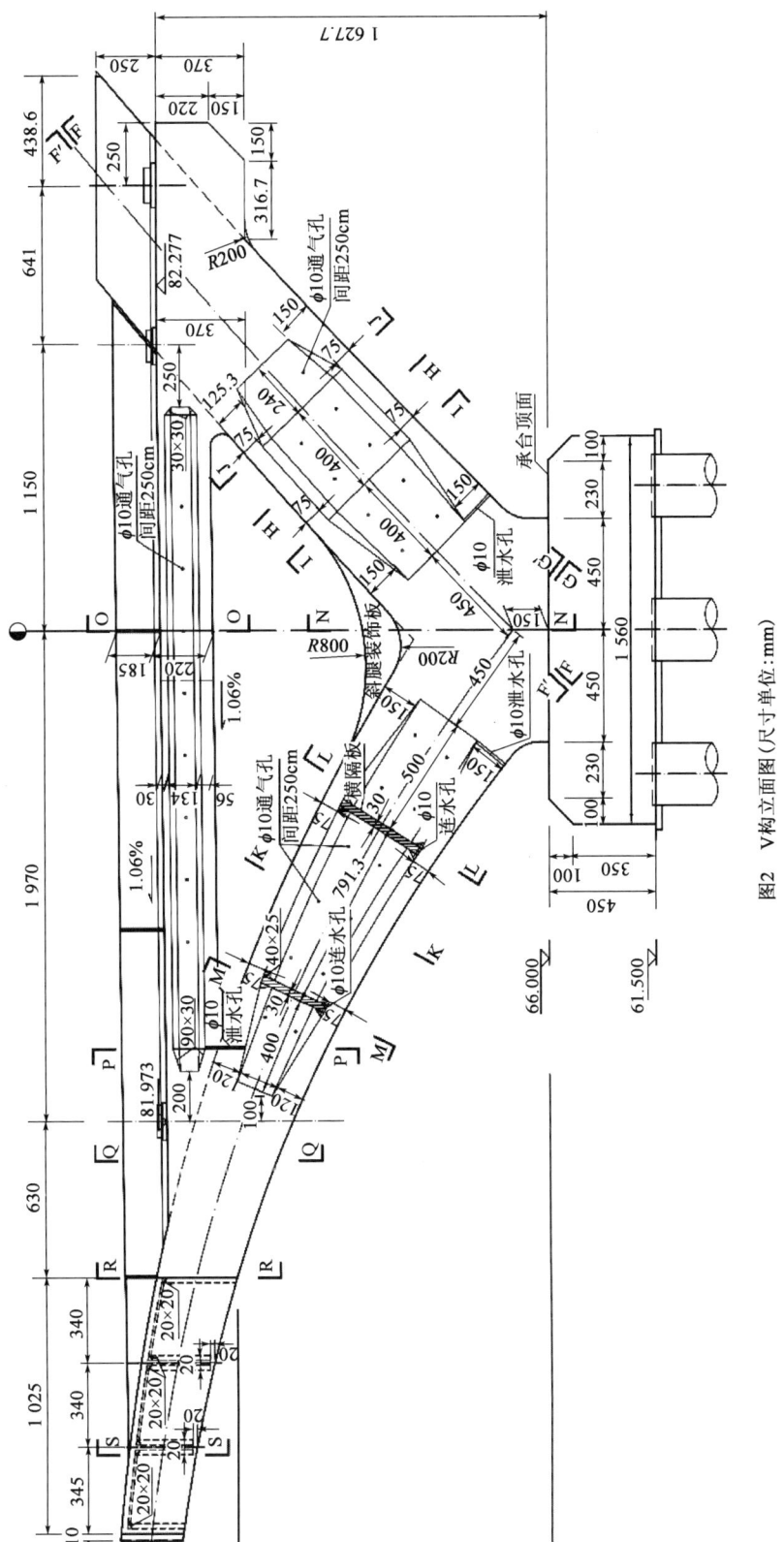

图2 V构立面图(尺寸单位:mm)

V构立面图如图2所示,边墩V构由中跨侧斜腿、边跨侧斜腿和系梁组成。斜腿为钢筋混凝土结构,在斜腿顶部采用预应力混凝土系梁平衡V构的水平张力。中跨侧斜腿中心线为中跨拱轴线的延伸,边跨侧斜腿中心线为2.5次方曲线。V构斜腿采用箱形截面,中跨侧斜腿宽度为6.0m,截面高度为6.0~6.5m,标准壁厚为0.75m,拱肋支撑处局部设置牛腿为搁置支座的提供空间;边跨侧斜腿宽度为6.0m,截面高度为2.8~6.5m。预应力混凝土系梁宽4m,高2.0m;腹板厚0.6m,顶板和底板厚0.4m。

2 V形结构桥墩的主要施工

V形结构桥墩施工主要包括:支架施工、模板铺设。

2.1 支架搭设

2.1.1 V构空心段支架计算及搭设

V构空心段支架计算包括:模板计算、方木计算、型钢分配梁计算、钢排架计算。

(1)模板计算。

模板采用厚度为1.2cm的竹胶板,在腹板位置方木满铺,计算荷载取$1.15 \times 1.5 \times 0.2 \times 24 = 8.28(kN/m)$,计算结果最大挠度为0.5mm,最大应力为8.6MPa<12MPa,满足使用要求。

(2)方木计算。

方木选用截面尺寸为9cm×10cm,在两侧腹板位置满铺布置,计算荷载取$1.1 \times 1 \times 6 \times 24 = 158.4(kN/m)$,计算结果为2.97MPa,最大挠度为0.1mm。在空腹位置方木布置间距为20cm,跨径取50cm,计算荷载取$1.1 \times 0.2 \times 1.5 \times 24 = 7.92(kN/m)$,计算结果为1.83MPa,最大挠度为0.14mm,满足使用要求。

(3)型钢分配梁计算。

横向分配梁采用HN300×150型钢,计算长度为6m,间距为50cm,跨径为1+3×1.2+1,计算荷载为实心段$1.1 \times 6 \times 0.5 \times 24 = 79.2(kN/m)$,计算荷载空心段$1.1 \times 1.5 \times 0.5 \times 24 = 19.8(kN/m)$,计算荷载过渡段为$(79.2 + 19.8)/2 = 49.5(kN/m)$,计算结果为12.5MPa<170MPa。

(4)钢排架计算。

考虑最不利因素,对钢排架受力进行计算,计算结果最大拉应力为94.5MPa<170MPa,最大压应力为65.2MPa<170MPa。排架最大横向推力为451.3kN。

2.1.2 V构实心段支架计算及搭设

V构空心段支架计算涉及:模板计算、方木计算、横向型钢分配梁计算、纵向型钢梁计算、型钢分配梁计算、横向扁担梁计算、钢管承载力计算。

(1)模板计算。模板采用厚度为1.2cm的竹胶板,在方木满铺。

(2)方木计算。方木选用截面尺寸为9cm×10cm,满铺布置,计算结果为2.0MPa,最大挠度为0.1mm。

(3)横向型钢分配梁计算。横向分配梁采用HN300×150型钢,计算荷载为实心段$1.1 \times 0.5 \times 4 \times 24 = 52.8(kN/m)$,计算结果为13.3MPa<170MPa。

纵向型钢梁计算。纵向型钢主梁采用2I36a,计算长度为7.4m,跨径为2×2.5m,计算荷载按照均布荷载布载$1.1 \times 1.2 \times 4 \times 24 = 126.72(kN/m)$,计算结果为51.9MPa<170MPa。

(4)横向扁担梁计算。钢管顶横向扁担梁为2HN600×200型钢,传递承载砂桶荷载,布载按照$F = 290kN$集中荷载布载,计算结果为132.4MPa<170MPa。

(5)钢管承载力计算。钢管选用 $\phi 820 \times 10$ 型号,钢管之间用型钢横向联系。钢管承载力为 $N = 254 \times 1.7 \times 0.872 = 376(t) > 87t$,满足使用要求。

(6)施工支架采用型钢支架和钢管支架组合形式,本支架主要针对施工主要分段即挑臂空心节段。在挑臂空心节段位置钢筋混凝土重量相对较小,采用型钢支架施工。在挑臂实心节段位置钢筋混凝土重量相对较重,采用钢管支架施工,整个支架基础采用混凝土垫层基础,底面土方进行采用水泥改良。支架总体布置如图3所示。

由于V形墩节点构造复杂,施工阶段应力变化工况较多,在进行支架施工前需进行相应计算,使支架满足在搭设过程中、浇筑混凝土过程中及正常使用过程中的应力变化。

2.2 模板铺设

本工程属于异性桥墩,模板使用定型钢模,需由专业模板厂家进行设计制作,根据工期和施工步骤安排分批进场。钢模在设计制造时的关键技术是确保V构各部位结构尺寸正确,且具有能经多次反复使用不致产生影响V构外形的刚度。模板在安装前先进行验线,进行地面验组装,控制模板的垂直度、截面尺寸及顶板高程、钢筋保护层厚度,根据计算确定对拉螺栓的分布间距,遵循先支后拆、后支先拆的顺序进行模板拆除。

2.3 混凝土浇筑

2.3.1 混凝土浇筑顺序

V构结构属异形,施工工艺复杂,技术难度高。为了施工安全和方便施工支架的布置,将整个V构分为三个施工节段,即柱脚、挑臂和系梁,见图4。V构混凝土浇筑分为三步浇筑。第一步浇筑V构下面实心墩,即图中①部分;第二步浇筑V构箱室(从中间分为两次浇筑),即图中②部分;第三步浇筑为图中系梁③部分。

2.3.2 混凝土浇筑要求

沂河大桥主桥单个边V构混凝土浇筑方量为1 510.50m³。保证到达现场时混凝土入泵坍落度控制在 180mm ± 20mm,浇筑时应均匀分层、分段浇筑。分层混凝土厚度宜为1.5~2.0m。分段数目不宜过多,横截面积在200m²以内时不宜大于2段,在300m²以内时不宜大于3段。浇筑过程中,V构底部的实心墩部分和顶部应采取设置冷却管进行混凝土冷却。

2.3.3 V构混凝土表面气泡的控制

V墩结构复杂,气泡问题较为显著,直接影响了表面观感质量。因此在混凝土浇筑过程中,采取分层往返循环浇筑,每面墙分三层浇筑,保证混凝土分布、振捣均匀,使气泡顺利排出。同时引进先进设备,在大模板上安装平板振动器,增大振捣面积,解决钢模封闭密实产生的气泡。通过以上措施,控制V形墩混凝土表面每平方米上的气泡面积总和不大于200mm²,最大气泡直径不大于5mm,深度不大于3mm。

由于V构底部的实心墩部分和顶部均属于大体积混凝土浇筑,所以需从材料选择、配合比设计、技术措施等有关环节采取措施,以期承台大体积混凝土顺利施工。该桥属于景观性桥梁,对桥梁表面有美观度有较高要求。由于在V构浇筑混凝土的过程中均使用钢模,而钢模不吸水、封闭严密,使得空气很难排出,所以在施工过程中需严格控制V构混凝土表面的气泡。

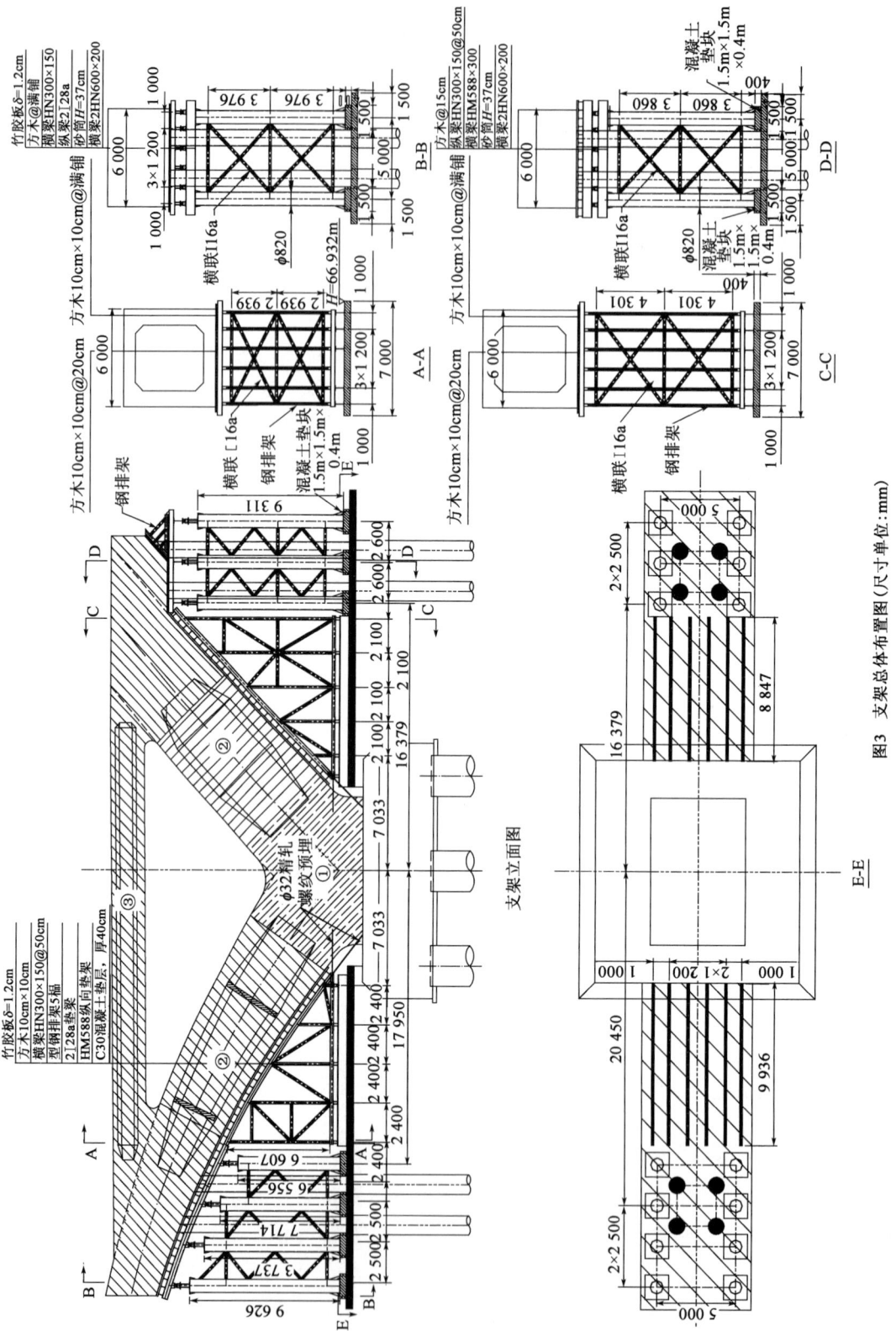

图3 支架总体布置图(尺寸单位:mm)

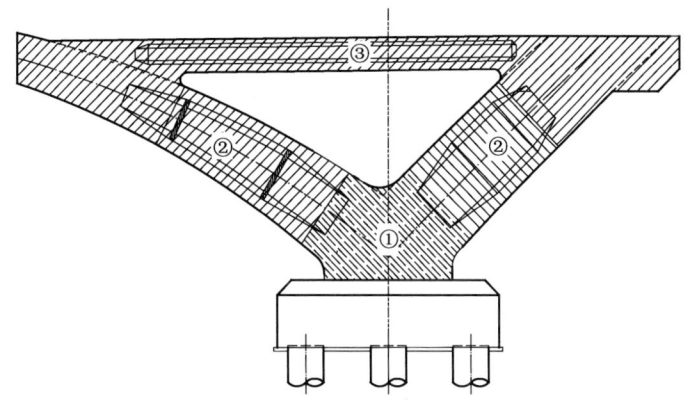

图4 V构施工分段图

3 结语

本文结合临沂市沂河大桥V形结构桥墩施工工程,从支架搭设、模板铺设、混凝土浇筑三方面提出了在V形桥墩施工过程中的关键技术,并分析了关键控制指标和参数,按照上述施工流程及配套参数,本工程质量达到了预期效果,其经验值得推广。

参 考 文 献

[1] 王萍.V形墩连续刚构桥设计[J].公路,1997(6):12-16.
[2] 黄锦梅.有关单桩与群桩波浪力的探讨[J].山西建筑,2014(9):12-16.
[3] 王卫国,胡海波,季小烨,等.V墩预应力连续刚构桥主桥的总体设计[J].交通科技,2005(10).

96. 大跨度预应力混凝土斜拉桥索力分析及控制

李 猛[1]　石建平[2]　韩会清[1]　魏海洋[1]
(1. 济南城建集团有限公司；2. 济南市交通工程质量监督站)

摘　要：对于混凝土斜拉桥，斜拉索索力是关键性的结构参数。本文以宣城市水阳江大桥为工程背景，利用有限元计算软件 Midas/Civil 建立全桥有限元计算模型，详述前支点挂篮悬臂浇筑施工的三张索力计算分析过程。中跨合龙为关键施工阶段，通过控制合龙段附近的斜拉索索力使中跨合龙段两侧的高程差在合理范围内。全桥合龙完成后，实际索力和设计成桥索力存在误差，通过二次调索施工使全桥索力达到设计成桥索力。

关键词：混凝土斜拉桥　初张索力　中跨合龙　二次调索

1　工程简介

宣城市水阳江大桥为双塔三跨双索面半漂浮体系预应力混凝土斜拉桥，主桥全长620m，跨径布置组合为150m+320m+150m(主桥立面布置图见图1)，边跨与中跨的比值 L_1/L_2 = 0.469。主桥顺桥向关于中跨跨中对称，横桥向左右对称。斜拉索采用双索面扇形布置，斜拉索单侧22对，全桥共88对。主梁采用预应力混凝土双边室箱梁，主梁中心处梁高3.2m，主梁标准节段长分6.8m和7.0m两种，每节段设置一道横隔板，中、端横梁均采用矩形断面。边跨33.55m范围用铁砂混凝土压重，在两边箱内部按照顺桥向各11.0t/m的重量填筑铁砂混凝土。主塔总高115m，桥面以上高91.58m，塔柱采用矩形空心断面。塔柱自下往上设置横梁

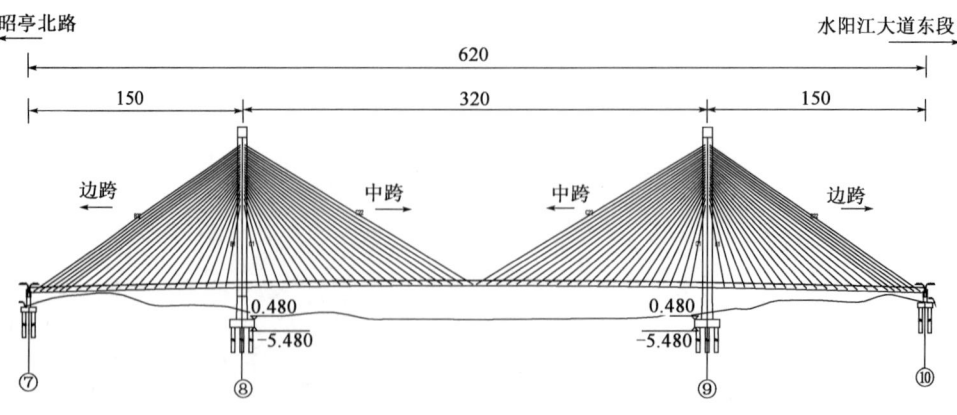

图1　主桥立面布置图(尺寸单位：m)

C、横梁 B 及横梁 A。在中塔柱与下塔柱相交处设置横梁一道(横梁 C),断面为箱形断面,横梁内部设置隔板 3 道。

主桥主要施工顺序如下:在承台上搭设落地式钢管支架,设置临时固接,浇筑 0 号、1 号块件,然后采用挂篮对称悬浇主梁标准节段块件,施工顺序为移动挂篮、绑扎钢筋浇块件、张拉主梁纵向和横向预应力束、张拉斜拉索,如此循环作业进行,并根据施工进度注意适时浇筑边跨现浇段混凝土,完成第 9 号节段悬浇后,待气温最低时合龙两边跨,继续悬臂浇筑中跨混凝土直至浇筑完第 22 号节段,待气温最低时合龙中跨,安装减振装置(阻尼器),拆除临时固接、解除支座限位、铺设二期恒载。

根据现场施工进度、施工机具等实际情况,对图纸设计施工工序做了相应调整。主梁标准节段采用三次张拉斜拉索到初张力,原设计施工工序采用两次张拉斜拉索到初张力,且设计挂篮重 250t,实际施工的挂篮重 206t,实际施工工序与设计不同,因此对三张索力进行了重新计算分析。由于施工工期紧张,中跨合龙采用一侧挂篮做底模板、另一侧挂篮后移的施工方法,造成中跨合龙施工临时荷载不对称,通过调整中跨合龙段附近的索力保证中跨合龙段两侧高程差不超过误差范围。主桥中跨合龙之后,施工现场进入冬季,气温低,不能进行沥青混凝土铺装,为节省工期,二期铺装前进行了二次调索施工。本文根据现场施工监控的过程,对以上三个主要施工工序进行论述。

2 三张索力计算分析

主梁标准节段悬臂浇筑施工采用牵索式挂篮,挂篮总长 20.0m,总重 206t,挂篮总宽 32.55m。主梁标准节段悬浇工序如下:移动挂篮,挂篮精确定位,将当前斜拉索安装于主塔与挂篮上→第一次张拉斜拉索→浇筑节段一半混凝土→第二次张拉斜拉索→浇筑节段另一半混凝土→混凝土养护及节段预应力张拉压浆作业→施工完成后将斜拉索由挂篮转换至主梁上→第三次张拉斜拉索到初始张拉力。

根据现场实际施工情况和设计图纸反映的内容,对全桥总体结构建立能反映施工荷载的 Midas/Civil 有限元模型,对该桥进行了正装分析计算模型中根据悬臂施工梁段的划分、支点、跨中、截面变化点等控制截面将全桥箱梁段划分为 763 个节点、176 个桁架单元(模拟索)、396 个梁单元(模拟主梁和塔段)。Midas/Civil 有限元模型见图 2。

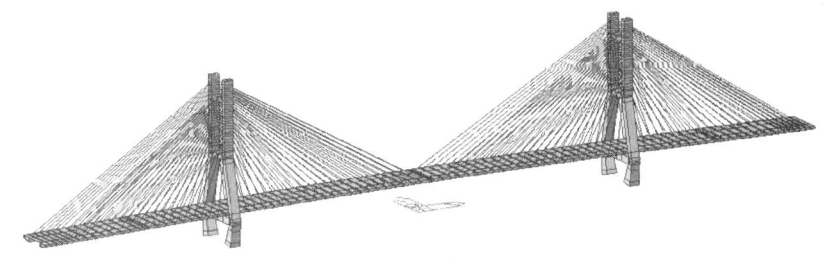

图 2 Midas/Civil 有限元模型

考虑混凝土的收缩徐变时,一张、二张索力对最终成桥状态影响较小,三张终张索力控制施工阶段状态及最终成桥状态[1]。一张、二张索力根据挂篮的受力分析,结合施工现场挂篮的受力要求、已施工完梁段的受力要求,确定一张、二张索力。在确定混凝土梁斜拉桥的合理成桥状态时,计入主梁的预应力效应和汽车荷载效应,合理成桥状态索力根据设计图纸确定。根据合理成桥状态和合理施工状态的耦合关系,采用正装迭代法计算三张终张索力[2]。

正装迭代法计算过程如下:将前面分析计算的一张、二张索力输入有限元模型,假定三张终张索力为$\{T_1\}_{n\times 1}$,经上节确定的施工工序,利用 Midas/Civil 有限元模型正装模拟施工至成桥状态,得到成桥索力$\{F_1\}_{n\times 1}$,此索力与合理成桥状态索力也即目标索力$\{F_0\}_{n\times 1}$存在差值:

$$\{\Delta F\} = \{F_0\} - \{F_1\} \tag{1}$$

输出索力与目标索力存在差值,表明输入索力$\{T_1\}_{n\times 1}$需修正,根据下式计算:

$$\{T_2\} = \{T_1\} + \{\Delta F\} \tag{2}$$

根据式(1)、式(2)迭代计算,直至满足下列收敛条件[3,4]:

$$\alpha = \sum_{i=1}^{n} \frac{|\Delta F_i|}{nT_i} \leq 0.005 = [\alpha] \text{ 且 } b = \max_{i=1\sim n} \frac{|\Delta F_i|}{T_i} \leq 0.03 = [b] \tag{3}$$

为加快迭代收敛速度,$\{T_1\}_{n\times 1}$取目标索力,依据上述计算过程计算出了三张终张力。通过复核每个施工阶段的应力、变形情况,发现上述计算方法合理有效。部分斜拉索初拉力的计算结果如图 3 所示。

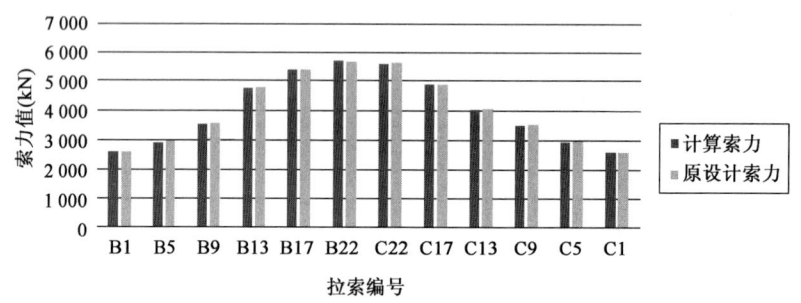

图 3 施工阶段三张终张索力与原设计初拉力的比较

依据上述计算过程得到合理施工状态,将合理成桥状态与实际施工过程联系到了一起。合理施工状态确定之后,可以计算每个施工阶段的应力、变形情况及立模高程,以指导现场施工作业。

3 斜拉桥中跨合龙

主桥中跨东西两侧悬臂浇筑至 21 号节段时,悬臂长度 151.90m,原设计的施工工序是拆除挂篮,使用吊架施工合龙段。此时工地现场进入冬季,拆除牵索挂篮再安装吊架的施工方案工期较长,而且此方案可能使合龙段混凝土浇筑的时间正好处在冬季温度最低的时间段。因此中跨合龙决定采用牵索挂篮施工,这种施工方案的优点是节省工期,合龙段混凝土浇筑、养护可以处于温度相对高的时间段,缺点也比较明显,中跨合龙段两侧高程差调整只留有一个 7m 长的 22 号节段。

中跨合龙段施工方案简述如下:中跨 22 号节段悬臂浇筑之后,西侧挂篮后退至 20 号节段,东侧挂篮前移 7m 作为合龙段浇筑的底模板。西侧中跨 C22 号索初拉力即三张索力只张拉至原初张力的 90%,东侧中跨 C22 号索力三张索力张拉至原初张力的 110%。理论计算结果显示该索力状态下的应力没有超出混凝土设计强度。其余合龙段两侧高程差采用压重水箱进行调整。为保证中跨合龙段两侧高程差最小及施工过程的安全,应该采取相应的措施[5,6],其施工示意如图 4 所示。

中跨 22 号节段混凝土浇筑完成,挂篮行走到位之后,48h 内连续测量合龙段附近梁段的高程变化情况,确定凌晨 4 点至 6 点时间段内温度为一天内最低,合龙段劲性骨架焊接安排在这个时间段内,并且根据这一时间段的合龙段高程差确定水箱压重。另外,加强应力监测,并与理论值分析比较,出现异常情况须查明原因后再继续施工。

图 4 中跨合龙段施工

合龙段劲性骨架焊接之后,应立即释放 0 号块的固结约束使主梁处于半漂浮状态,完成体系转换。

中跨合龙段劲性骨架焊接前,合龙段两侧高程差 1.8cm,中线偏差 0.5cm,基本满足相关规范要求。合龙段混凝土浇筑过程中,应力、线形监测结果基本正常。

4 二次调索计算分析

主桥中跨顺利合龙之后,施工现场处于冬季,气温低,不能进行沥青混凝土铺装,为节省工期,利用施工间歇期进行二期铺装前进行了二次调索施工。二次调索施工的主要目的是通过一定的施工工序施加相应的索力增量,从而使实际索力达到设计目标索力。二次调索索力增量的主要计算分析方法有无应力状态法[7]、影响矩阵法[8]及迭代法[9],根据本项目结构特点决定采用迭代法进行二次调索计算分析。

4.1 调索准备工作

无论采用何种计算方法,二次调索施工之前都须进行相应准备工作,主要内容如下:一是检查 0 号块的固结约束释放情况,保证主桥结构体系处于半漂浮状态。二是准确测量当前施工阶段各根斜拉索的索力,掌握当前状态下的主桥索力状况。索力监测采用频谱法,并将频谱法计算得到的索力值,与塔端油压表读数得到的索力值进行核对,保证索力测量值的准确度。三是调查张拉端斜拉索的调整余量,保证调索过程中张拉端的施工安全。PH5906W 无线索力测试仪如图 5 所示。

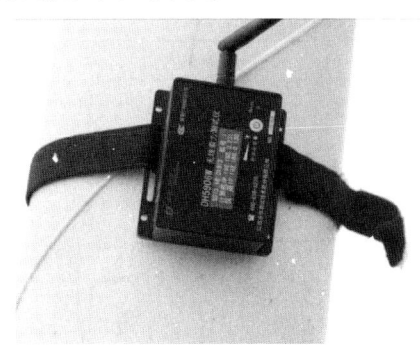 

图 5 DH5906W 无线索力测试仪

4.2 调索的迭代计算

通过调索前的准备工作,掌握当前施工阶段的主桥整体结构状态之后,进行二次调索索力增量的具体计算。二次调索的迭代法计算过程如下:

设定当前状态下的斜拉索索力为$\{S_0\}$,设计成桥状态下的斜拉索索力为$\{S_m\}$,其中$\{S_0\}$为迭代计算的初始值,$\{S_m\}$为迭代计算的目标值。

步骤一,在第1节中的Midas/Civil模型中,通过替换将调索准备中监测得到的索力值添加到模型,其后添加调索施工阶段,将斜拉索塔端的锚定端高度相同的索力调整施工划分为同一个施工阶段。根据现场的施工能力,8号塔共划分22个调索施工阶段,9号塔共划分22个调索施工阶段,根据塔端拉索张拉设备的位置确定施工顺序为先施工8号塔22号索,由高到低一直施工至8号塔1号索,再施工9号塔22号索,按照由高到低的施工顺序,最后施工9号塔1号索。

步骤二,为加快迭代速度,将索力实测值$\{S_0\}$作为第一次调整值,经步骤一的调索顺序计算得到第一次调索输出值$\{S_1\}$,$\{S_1\}$和目标值$\{S_m\}$存在差值$\{\Delta S_1\}$:

$$\{\Delta S_1\} = \{S_m\} - \{S_1\} \tag{4}$$

步骤三,$\{S_1\}$和目标值$\{S_m\}$存在差值$\{\Delta S_1\}$,说明第一次调整值须修正,修正得到第二次索力调整值$\{S_2\}$,按下式计算:

$$\{S_2\} = \{S_0\} + \{\Delta S_1\} \tag{5}$$

按照上述步骤反复迭代计算,直至满足式(3)为止。

4.3 调索计算结果

现将8号塔南侧边跨侧斜拉索索力计算过程列表如表1所示,其余索力数据整体变化趋势与表1类似,限于篇幅不再列表展示。

8号塔南侧边跨侧斜拉索索力计算过程列表 表1

索编号	索力目标值	第一次 $a=0.066$ $b=0.80$	第二次 $a=0.019$ $b=0.07$	第三次 $a=0.011$ $b=0.05$	第四次 $a=0.008$ $b=0.03$	第五次 $a=0.006$ $b=0.03$	第六次 $a=0.005$ $b=0.02$
B22	5 344.4	4 998.7	5 257.7	5 387.3	5 492.2	5 482.3	5 432.3
B21	5 296.5	4 951.8	5 249.8	5 352.1	5 436.4	5 417.0	5 371.0
B20	5 208.4	5 252.9	5 183.7	5 274.5	5 340.2	5 314.2	5 281.3
B19	5 168.0	4 966.3	5 171.1	5 231.8	5 272.6	5 248.5	5 208.4
B18	5 058.7	4 928.4	5 093.8	5 129.6	5 157.6	5 132.1	5 106.4
B17	4 929.1	4 955.7	4 980.0	5 007.1	5 021.9	4 995.7	4 961.6
B16	4 736.5	5 083.9	4 800.4	4 827.8	4 823.7	4 799.1	4 773.5
B15	4 589.0	4 539.4	4 674.7	4 682.5	4 661.9	4 641.9	4 620.5
B14	4 387.2	4 470.1	4 494.8	4 491.5	4 452.4	4 435.5	4 414.8
B13	4 175.8	4 267.5	4 307.9	4 288.1	4 230.6	4 218.5	4 205.7
B12	3 974.8	4 305.3	4 115.1	4 092.1	4 016.6	4 010.9	4 004.2
B11	3 523.0	3 670.9	3 679.8	3 640.2	3 548.9	3 552.1	3 545.2
B10	3 138.9	3 485.4	3 290.5	3 251.3	3 148.0	3 161.4	3 148.7
B9	2 938.0	3 227.3	3 076.6	3 041.2	2 932.0	2 954.8	2 941.4
B8	2 915.8	2 955.4	3 034.9	2 988.7	2 904.2	2 926.3	2 920.5

续上表

索编号	索力目标值	第一次 $a=0.066$ $b=0.80$	第二次 $a=0.019$ $b=0.07$	第三次 $a=0.011$ $b=0.05$	第四次 $a=0.008$ $b=0.03$	第五次 $a=0.006$ $b=0.03$	第六次 $a=0.005$ $b=0.02$
B7	2 873.8	2 968.7	2 997.8	2 933.2	2 856.1	2 884.7	2 881.5
B6	2 819.5	3 055.3	2 930.4	2 860.8	2 811.6	2 835.2	2 825.1
B5	2 761.4	2 927.1	2 843.4	2 781.8	2 760.9	2 772.6	2 767.4
B4	2 674.9	2 833.5	2 736.1	2 681.1	2 677.2	2 683.3	2 676.7
B3	2 580.6	3 067.2	2 589.5	2 579.2	2 583.4	2 586.1	2 584.7
B2	2 496.4	2 827.0	2 479.5	2 494.2	2 498.7	2 499.3	2 499.7
B1	2 408.5	2 918.4	2 395.4	2 407.5	2 410.4	2 410.0	2 410.1

典型斜拉索 8 号塔南侧边跨侧斜拉索 B22、B1 索力迭代收敛过程趋势线如图 6、图 7 所示。

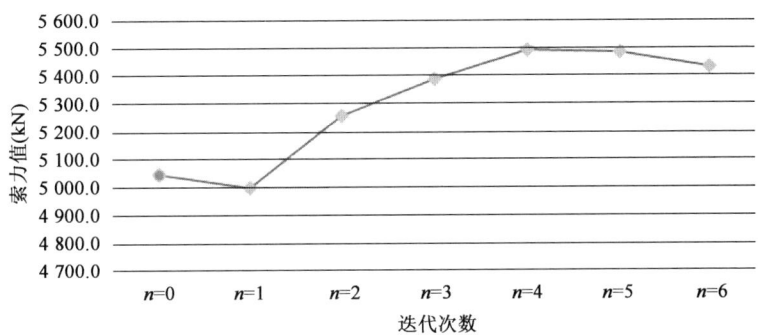

图 6　典型斜拉索 8 号塔南侧边跨侧斜拉索 B22 索力迭代收敛过程趋势线

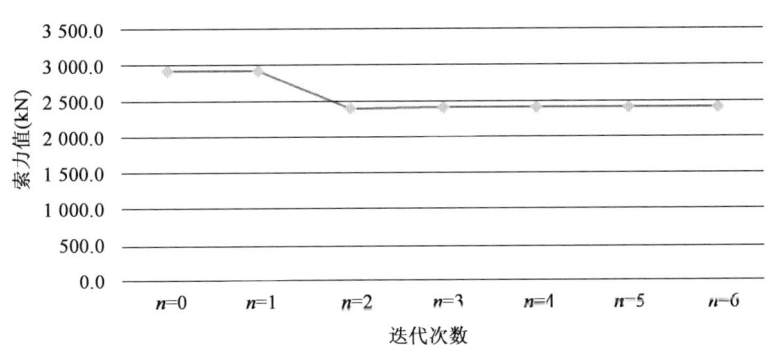

图 7　典型斜拉索 8 号塔南侧边跨侧斜拉索 B1 索力迭代收敛过程趋势线

通过表 1 的迭代计算数据及图 6、图 7 可以看出,无论初始值比目标值大还是小,经过 6 次迭代计算之后,索力值均向目标值收敛,且误差满足条件。因此通过上述迭代法计算出了二次调索的索力增量值。对索力增量值较大的施工阶段复核了应力、变形值等情况,保证二次调索过程中未出现应力超限、变形过大的情形。

5　结语

二期铺装完成后,测量结果显示主梁线形、塔偏情况、应力情况与设计理论状态基本一致,施工控制效果良好。本项目斜拉索索力的分析及控制过程可作为类似项目的参考。

参 考 文 献

[1] 颜东煌.斜拉桥合理设计状态确定及施工控制[D].长沙:湖南大学博士学位论文,2001.
[2] 中华人民共和国交通运输部.公路斜拉桥设计细则:JTG/T D65-01—2007[S].北京:人民交通出版社,2007.
[3] 杨煊,周水兴.斜拉桥施工阶段初张索力计算方法研究[J].重庆交通大学学报(自然科学版),27(1),2008.
[4] 黄侨,吴红林,李志波.确定斜拉桥施工索力的正装计算法[J].哈尔滨工业大学学报,36(12),2004.
[5] 邵长宇,谢红兵,卢士鹏.武汉长江二桥斜拉桥的边跨与中跨合龙[J].桥梁建设,3,1995.
[6] 中华人民共和国交通运输部.公路桥涵施工技术规范:JTG/T F50—2011[S].北京:人民交通出版社,2011.
[7] 秦顺全.桥梁施工控制——无应力状态法理论与实践[M].北京:人民交通出版社,2007.
[8] 肖汝诚,项海帆.斜拉桥索力优化及其工程应用[J].计算力学学报,15(1),1998.
[9] 刘伟.矮塔斜拉桥施工控制及相关技术问题研究[D].广州:华南理工大学,2015.

97. 飞燕式异形拱桥 V 构桥墩施工

刘 方 许新春 王俊平 孙俊涛

(济南城建集团有限公司)

摘 要：结合临沂市南京路沂河大桥工程主桥 V 构桥墩的施工实际,介绍飞燕式异形拱桥不对称 V 构桥墩的结构构造形式,V 构施工中采用永久性桩接柱 + 临时性钢管柱 + 钢桁架组合形式的支撑体系、整体吊装内模工艺和 V 构内设劲性骨架、分段浇筑等措施。经过实践,该施工方案是可行的,能够有效解决支撑体系不平衡、高密度不规则钢筋安装困难、异型大斜度模板安装、大体积混凝土大坡度分层浇筑等难题,工程质量良好,施工速度相对较快,为类似工程施工提供了有益的借鉴。

关键词：V 构桥墩 钢管柱 钢桁架 混凝土 模板

1 工程概况

南京路沂河大桥桥梁主线全长 1 022.68m,由主桥(飞雁式异形拱桥)、水中段引桥、岸上段引桥组成,其中主桥由中跨下承式异形拱桥和边跨预应力混凝土连续梁组成,采用三跨 50m + 150m + 150m + 50m 飞雁式异形拱桥。

中跨和边跨 V 构采用箱形截面,V 构顶部设置预应力混凝土系梁。主墩基础采用桩径 2.5m 的钻孔灌注桩,边墩基础采用桩径 2.0m 的钻孔灌注桩。边跨预应力混凝土连续箱梁支承在边跨 V 构和边墩上。

边 V 构由中跨侧斜腿、边跨侧斜腿和系梁组成,斜腿为钢筋混凝土结构,在斜腿顶部采用预应力混凝土系梁平衡 V 构的水平张力。中跨侧斜腿中心线为中跨拱轴线的延伸,边跨侧斜腿中心线为 2.5 次抛物线,1/2 矢跨49.95m,矢高为 15.8m,矢跨比 1:6.3。V 构斜腿采用箱形截面,中跨侧斜腿宽度为 6.0m,截面高度为 6.0 ~ 6.5m,标准壁厚为 0.75m,拱肋支撑处局部设置牛腿为搁置支座的提供空间;边跨侧斜腿宽度为 6.0m,截面高度为 2.8 ~ 6.5m,标准壁厚为 0.75m。预应力混凝土系梁宽4m,高2.0m;腹板厚0.6m,顶板和底板厚0.4m。V 墩采用 C50 混凝土,单个 V 墩混凝土工程量为 1 580m³。如图 1 所示。

2 V 构施工方案

2.1 方案概述

V 构桥墩施工过程中产生的压力较复杂,承载力大,常规的支架设计已无法满足 V 构桥墩的施工,沂河大桥主桥 V 构桥墩支架采用:桩接柱 + 钢桁架 + 钢管柱组合拼装,利用桩接柱

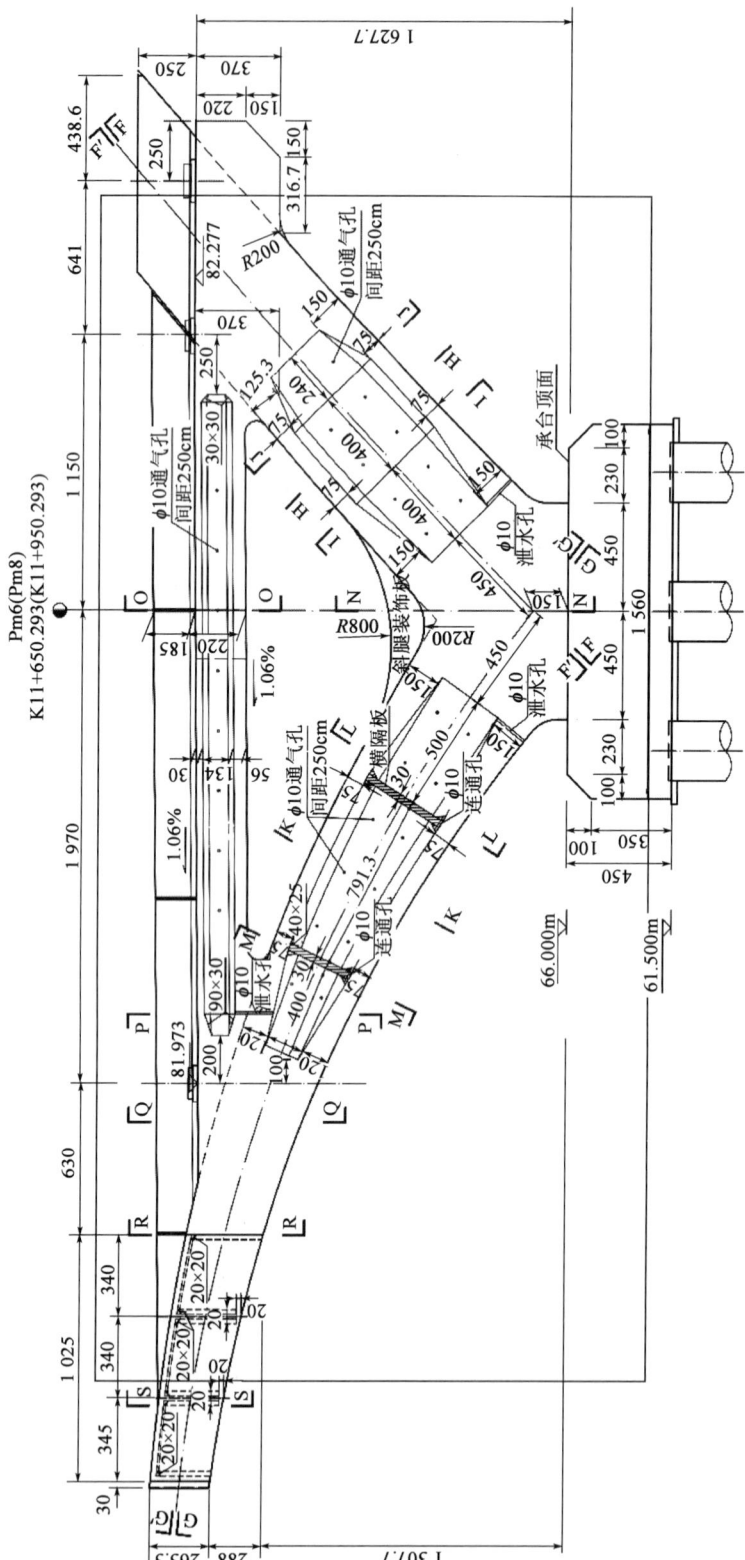

图1 V构一般构造图(尺寸单位:mm)

平衡结构施工过程中产生的不平衡反力,系梁预应力施工完成后(拱桥体系转换后)再拆除桩接柱;采用钢管柱与钢桁架相结合的方式,提供V构施工过程中产生的竖向力与水平力。采用劲性骨架辅助斜面密集钢筋绑扎;地面上预制拼装箱室内模,整体吊装安装,保证内模精度,提高施工效率;混凝土浇筑采用分段浇筑,浇筑时采用附着式振动器及插入式振动棒结合使用,保证混凝土施工质量。

2.2 方案特点

(1)V构桥墩支架的搭设采用桩接柱+钢桁架+钢管柱组合拼装,支架稳定性高,自平衡能力强,受力合理。

(2)采用劲性骨架辅助钢筋安装,较好地解决了大坡度钢筋安装和密集钢筋安装问题。

(3)内模预成型整体吊装施工,提高内模成型精度,降低施工难度,提高施工效率。

(4)外模采用大型钢模板,定型设计加工,保证结构外观、尺寸,采用附着式振动器辅助振捣,保证混凝土成型质量。

(5)混凝土浇筑分三次进行,留置垂直于斜面的混凝土接茬,保证接茬质量,有利于结构受力合理。

2.3 混凝土浇筑方案

边V构混凝土浇筑分为三步浇筑(图2)。第一步浇筑V构下面实心墩,即图中 AA-BB 部分;第二步浇筑V构箱室(从中间分为两次浇筑),即图中 AA-CC 和 BB-DD 部分;第三步浇筑为图中 CC、DD 以上以及系梁部分,同时系梁中部设置2m的后浇段。

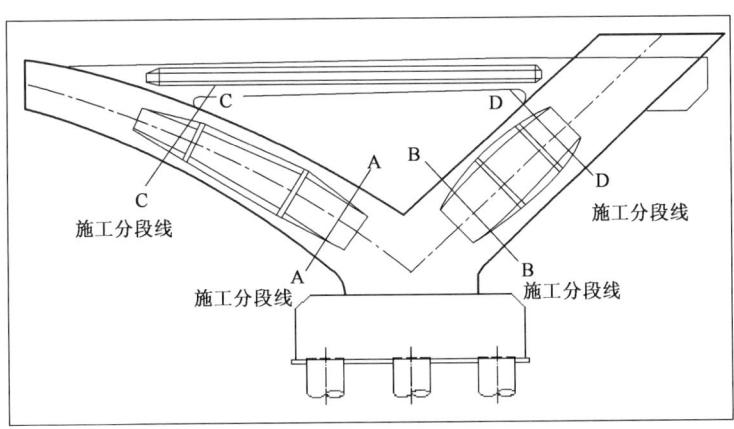

图2 V构浇筑顺序

3 V构施工

3.1 工艺流程

支架搭设→模板铺设→钢筋分段绑扎→侧模分段安装→分段浇筑混凝土→拆除模板→养护→预应力张拉。

3.2 支架体系施工要点

3.2.1 主桥边V构桥墩刚性支撑点设置

对于边V构桥墩,为抵抗在中边跨不平衡对称落架时由支反力引起的边V构桥墩不平衡倾覆弯矩,要求在上部结构支撑中心对应处的边V构桥墩斜腿底部设置临时刚性支撑,刚性支撑采用桩基础,单个刚性支撑竖向承载力不小于35 000kN。

主桥边 V 构桥墩刚性支撑点桩基布置为：东西两侧各布置 4 颗 D1 200mm 的钢筋混凝土桩基，桩基深度为 15m（东边 V 构）和 20m（西边 V 构）。刚性支撑点桩基布置如图 3 所示。

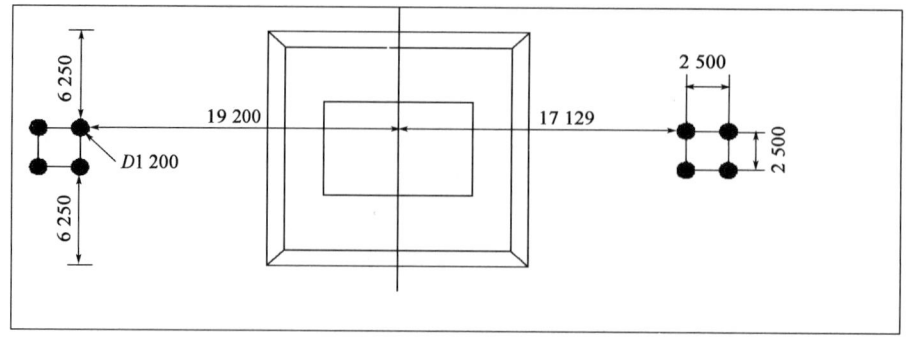

图 3 主桥边 V 构桥墩刚性支撑点桩基布置图

注：1. 单位：mm；
2. 钢管混凝土为 C30，钢管规格为 φ1 000×10mm；
3. 6 号边墩刚性支承桩基长 20m，8 号边墩桩基长 15m。

刚性支撑点支架从下到上依次为：D1 200 的钢筋混凝土桩，D1 000 的钢管混凝土桩，40cm 的钢管垫块，钢筋混凝土楔形块。在每个钢管混凝土桩和钢筋混凝土楔形块之间设置四个钢垫块，方便边 V 构刚性支撑点落架，确保刚性支撑均匀平稳脱离边 V 构。

3.2.2 主桥边 V 构桥墩支架搭设

沂河大桥主桥边 V 构桥墩采用型钢排架+钢管柱+40cm 厚的 C30 混凝土基础（基础挖至现场岩石顶面）结合支撑体系。为保证空间定位精度和钢筋架立的精度，边 V 构桥墩施工劲性骨架的设置及数量在大量验算的基础上提出合理的方案，并监理单位审批。

支架分为型钢排架和 φ820mm 的钢管桩（钢管柱之间用桁架相连），在边 V 构桥墩实心墩底部预埋 φ32mm 的精轧螺纹与型钢排架焊接，预埋深度为 1.0m。按照监控单位的监控指令，调整 V 构内力状态，以保证主桥 V 构线形。如图 4 所示。

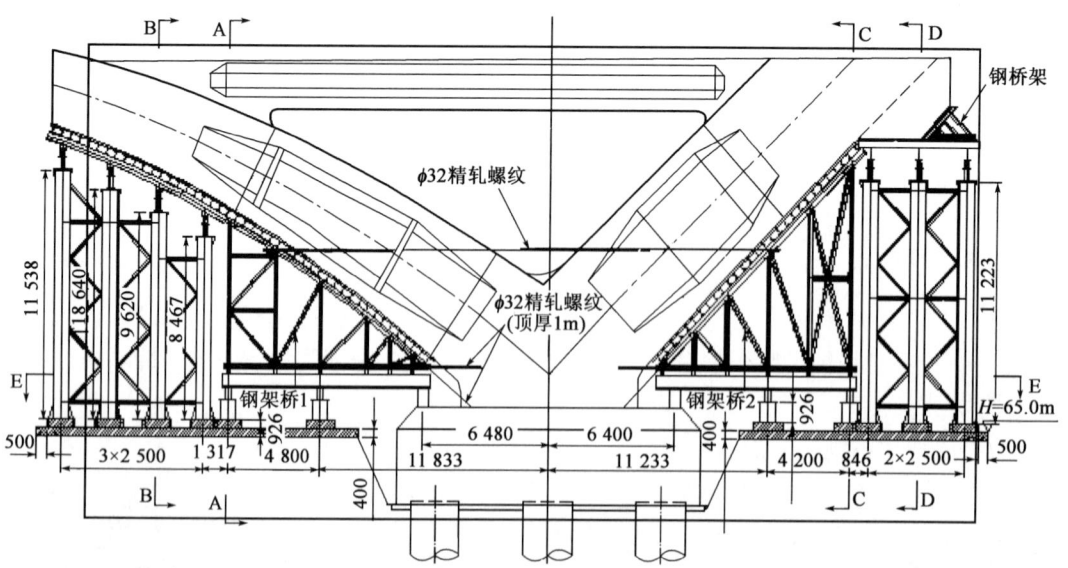

图 4 主桥边 V 构支架纵桥向断面图（尺寸单位：mm）

边V构桥墩外侧之间型钢排架纵向间距为2.4m,共计设置6排;横向距离为1.0m+3×1.2m+1.0m,共计设置6排型钢排架,排架底部设置HM588纵向垫梁。边V构桥墩外侧之间钢管柱纵向间距为2.5m,共计设置4排;横向距离为5.0m,共计设置2排钢管柱,钢管柱底部设置混凝土垫块,尺寸为1.5m×1.5m×0.4m。

边V构桥墩内侧之间型钢排架纵向间距为1.7m×2m+3×2.1m,共计设置5排;横向距离为1.0m+3×1.2m+1.0m,共计设置6排型钢排架,排架底部设置HM588纵向垫梁。边V构桥墩内侧之间钢管柱纵向间距为2.5m,共计设置3排;横向距离为5.0m,共计设置2排钢管柱,钢管柱底部设置混凝土垫块,尺寸为1.5m×1.5m×0.4m。如图5所示。

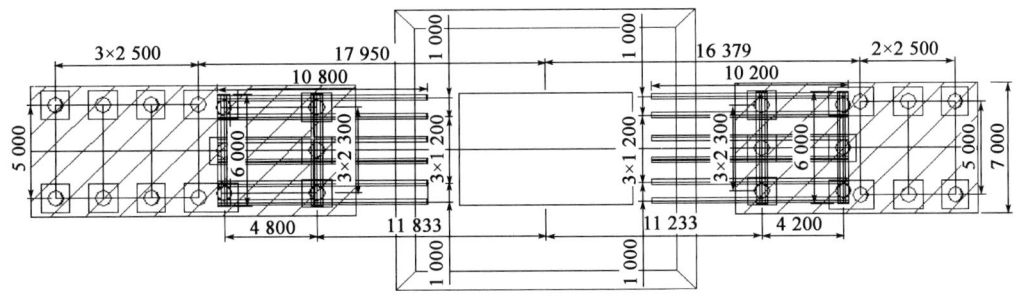

图5 主桥边V构支架平面布置图(尺寸单位:mm)

3.3 钢筋绑扎

在铺好的底模上先进行高程复核,轴线测设,并经监理复核合格签字后方可进行钢筋的绑扎施工。在钢筋绑扎施工前采用I10的槽钢形成劲性骨架,具体劲性骨架设置如图6所示。

由于V构斜腿内的钢筋有一定的倾斜度,并且钢筋较重,所以在钢筋安装前要在劲性骨架上进行精确放样以定出钢筋的临时定位架,除此之外,为确保钢筋的倾斜度不会超出设计允许范围以及临时定位架的不变形,需在定位架上适当地加设斜撑且焊接在劲性骨架上,以形成稳定的受力体系,接着将钢筋逐步绑扎牢固。

在安装钢筋的过程中,按次筋让主筋、非预应力筋让预应力筋的原则布置,如遇到劲性骨架与钢筋、预应力束与钢筋相互干扰时,应根据相关规定并通过调整钢筋位置加以避免,而不宜将钢筋、骨架或预应力束切断,若不能移位调整又必须切断时,必须进行局部加强,补强钢筋两端锚固长度均不小于35d。

3.4 混凝土浇筑

现场浇筑混凝土时,按部位进行混凝土坍落度控制,腹板和底板的混凝土坍落度控制在210~220cm,顶板考虑便于"收面"控制在160~180cm。拱桥V构桥墩实心段采用附着式振动器及插入式振动棒结合使用,保证混凝土施工质量。

在浇筑混凝土时,为避免混凝土出现离析现象并保证混凝土的流动性,而采用泵送管道经串筒进入V构桥墩底板,每个V构桥墩分别在两侧腹板设置放置串筒位置,共计设置8个。在顶板的中间位置设置进人孔,方便混凝土振捣工进行底板混凝土振捣。

为避免大体积混凝土引起的如温度裂缝、冷缝等各种通病,V构桥墩分段浇筑时,新老混凝土接触面应凿毛和冲洗干净。V构预应力混凝土系梁浇筑时设置后浇带,且V构桥墩起步段混凝土、V墩底座混凝土间的年龄期差宜控制在10d以内,V构底座混凝土应与V构起步段一起浇筑。

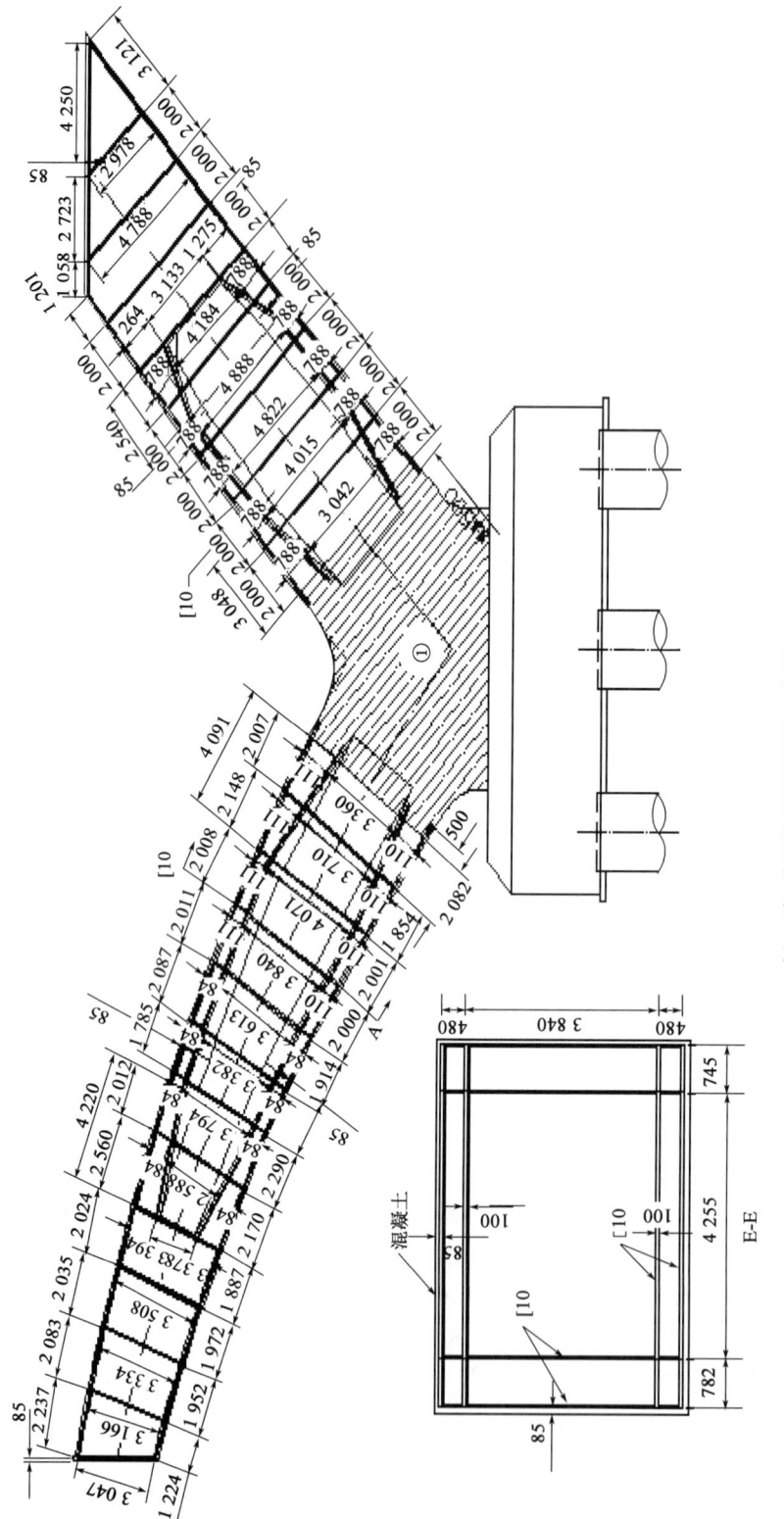

图6 边V构劲性骨架设置图(尺寸单位:mm)

边V构桥墩底部的实心墩部分和顶部应采取设置冷却管进行混凝土冷却,实心墩部分设置两层 $\phi50mm$ 黑铁管冷却管,顶部设置一层 $\phi50mm$ 黑铁管冷却管。

3.5 模板安装与拆除

外模板使用定型钢模板,钢模具有足够的强度、刚度和稳定性,确保V构各部位结构尺寸正确,且具有能经多次反复使用而不致影响V构外形的刚度。

拱桥V构桥墩中间部分为空心段,在施工时内部采用竹胶板整体拼装完成后进行吊装。

3.6 混凝土养生

为保证新浇混凝土具有恰当的硬化条件,并且防止早期由于干缩而引发的裂缝,在混凝土浇筑完成之后,用塑料膜全部覆盖,视温度变化情况而每隔一定时间进行浇水养护,养护时间不得少于14d,确保混凝土表面的湿润。

3.7 预应力张拉

边V构桥墩预应力钢束待系梁后浇段混凝土达到设计强度90%方可张拉。预应力钢束必须按设计要求分批进行张拉,张拉批次、顺序按监控单位指令执行。

4 结语

本工程在拱桥V构桥墩施工过程中支架采用钢桁架和钢管柱组合拼装,有效改善了支架的受力,满足了V构桥墩的施工技术要求;为抵抗在中边跨不平衡对称落架时由支反力引起的边V构桥墩不平衡倾覆弯矩,合理布置刚性支撑点的桩基位置;混凝土浇筑采用分段浇筑,浇筑时采用附着式振动器及插入式振动棒结合使用,保证混凝土施工质量。

参 考 文 献

[1] 周水兴,何兆益.路桥施工计算手册[M].北京:人民交通出版社股份有限公司,2016.
[2] 刘吉士,阎洪河,李文琪.公路桥涵施工技术规范实施手册[M].北京:人民交通出版社,2003.

98. 复杂地质条件下双轮铣水泥土搅拌墙止水帷幕施工技术

李 猛[1] 江 斐[2] 王俊平[1] 孙久栋[1]

(1.济南城建集团有限公司;2.济南市交通工程质量监督站)

摘 要:宣城市水阳江大桥主墩深基坑位于水阳江河漫滩处,地质条件复杂,深基坑支护设计及施工难度大。项目选取了双轮铣搅拌墙(CSM工法)作为单排桩基坑支护的止水帷幕结构。本文介绍了CSM工法的工艺流程和特点,并阐述了CSM工法成墙具体试验方案。根据CSM工法试成墙的检测及监测结果,证明其安全可靠、抗渗效果好,取得了理想的应用效果,为类似工程提供借鉴。

关键词:复杂地质 双轮铣 水泥土 止水帷幕

1 工程概况

1.1 项目概况

宣城市水阳江大桥全长986m,宽31m,设双向六车道。主桥为双塔三跨双索面半漂浮体系预应力钢筋混凝土斜拉桥,全长620m,其中主跨320m,两边跨150m。主塔采用双"子"式混凝土桥塔,主塔总高115m,塔柱采用矩形空心断面,主梁采用预应力混凝土双边箱梁。大桥主墩承台基坑位于水阳江两岸河漫滩处,紧邻水阳江,受水阳江动水影响大,周边无构筑物。为了提高工效,本项目基坑拟采用止水帷幕+单排桩+内支撑的基坑支护形式。

1.2 工程地质水文条件

(1)工程地质条件

根据地勘资料显示,桥位处地质构造复杂,施工所处场地地层分布从上至下依次为:粉土、卵石土、强风化粉砂质泥岩、中风化粉砂质泥岩。

(2)工程水文条件

水阳江为长江水系,为雨源型河流,河流流量主要受降水量控制,径流量同降水量呈同步升降关系,每年4—7月为丰水期,丰水期水位为15.99m,11月至次年1月为枯水期,最低水位为7.84m,其余为平水期,平均水位8.64m。根据水文站资料,水阳江平均流量为76.71m³/s,最大流量489m³/s,最小流量1.57m³/s。

2 施工技术难点及方案选择

2.1 技术难点

根据本工程基坑概况和地质勘查资料可知,本项目所处场区地质情况复杂,砂卵石层卵石粒径大,富水较多,强、中风化层岩性硬,止水帷幕方案选择制约较大。所以如何选择合适的止水帷幕方案为本项目的技术难点。

2.2 方案比选

为解决项目所面临的工程技术难点,经反复研讨,在施工进度、工程造价、施工质量等方面分析各方案的优劣性,如表1所示。通过对比分析,本项目止水帷幕采用双轮铣水泥土搅拌墙技术最为合适。

止水帷幕方案比选　　　　表1

施工工艺	施工质量控制	施工进度	工程造价
高压旋喷桩	卵石层中成桩效果差,强、中风化层中需引孔	较慢	较高
三轴搅拌桩	强、中风化层中需引孔	较慢	低
双轮铣搅拌桩	各种类型地质,无须引孔,成桩效果好	快	高

2.3 基坑设计方案

设计基坑长50m,宽20m,深17m,采用单排桩+内支撑+止水帷幕的组合形式。基坑围护桩采用直径1m钻孔灌注桩,桩长25m,间距1.5m,单个基坑共设置单排桩120根;内支撑采用预应力装配式钢支撑体系,自上而下共设置4道支撑;止水帷幕采用水泥土搅拌墙止水帷幕,沿支护桩外围设置。

水泥土搅拌墙设计参数为:墙深25m,墙厚0.7m,周长140m,两搅两喷成墙,单幅墙长2.8m,两幅墙之间搭接0.4m,墙体垂直度偏差不超过1/400,墙体中心线偏差不得大于50mm。采用P.O.42.5水泥,水泥掺量18%,水灰比1.5,无侧限抗压强度不小于0.8MPa。为减小基坑施工对周边土体的扰动,成墙采用隔一施一的方式。如图1、图2所示。

3 CSM施工技术

3.1 设备选型

根据本工程的地质条件、成墙深度及相关参数,本工程所用双轮铣主机为上海金泰SX40型双轮铣设备。

3.2 施工工艺及要点

(1)铣头定位,将双轮铣搅拌钻机的铣头定位于墙体中心线和每幅标线上,偏差控制在±5cm以内。

(2)桩架就位及垂直度校正,双轮铣水泥土连续墙工法施工时铣轮就位应对中,平面允许偏差应为20mm,并对立柱导向架进行设备自调,同时用2台经纬仪在x、y方向进行校正,确保立柱导向架垂直度控制在1/200以内。

(3)水泥浆拌制,施工前应搭建拌浆平台,并做好拌浆平台处的地面硬化。固化液拌制采用P.O.42.5水泥,每立方米被搅拌土体掺入25%的水泥,水灰比1.2。

(4)双轮铣钻杆下沉、提升,成墙采用两喷两搅施工工艺,钻杆在下沉时注入水,提升时均需注入水泥浆液,对含砂量大的土层,视情况在搅拌桩底部2~3m范围内上下重复喷浆搅拌1

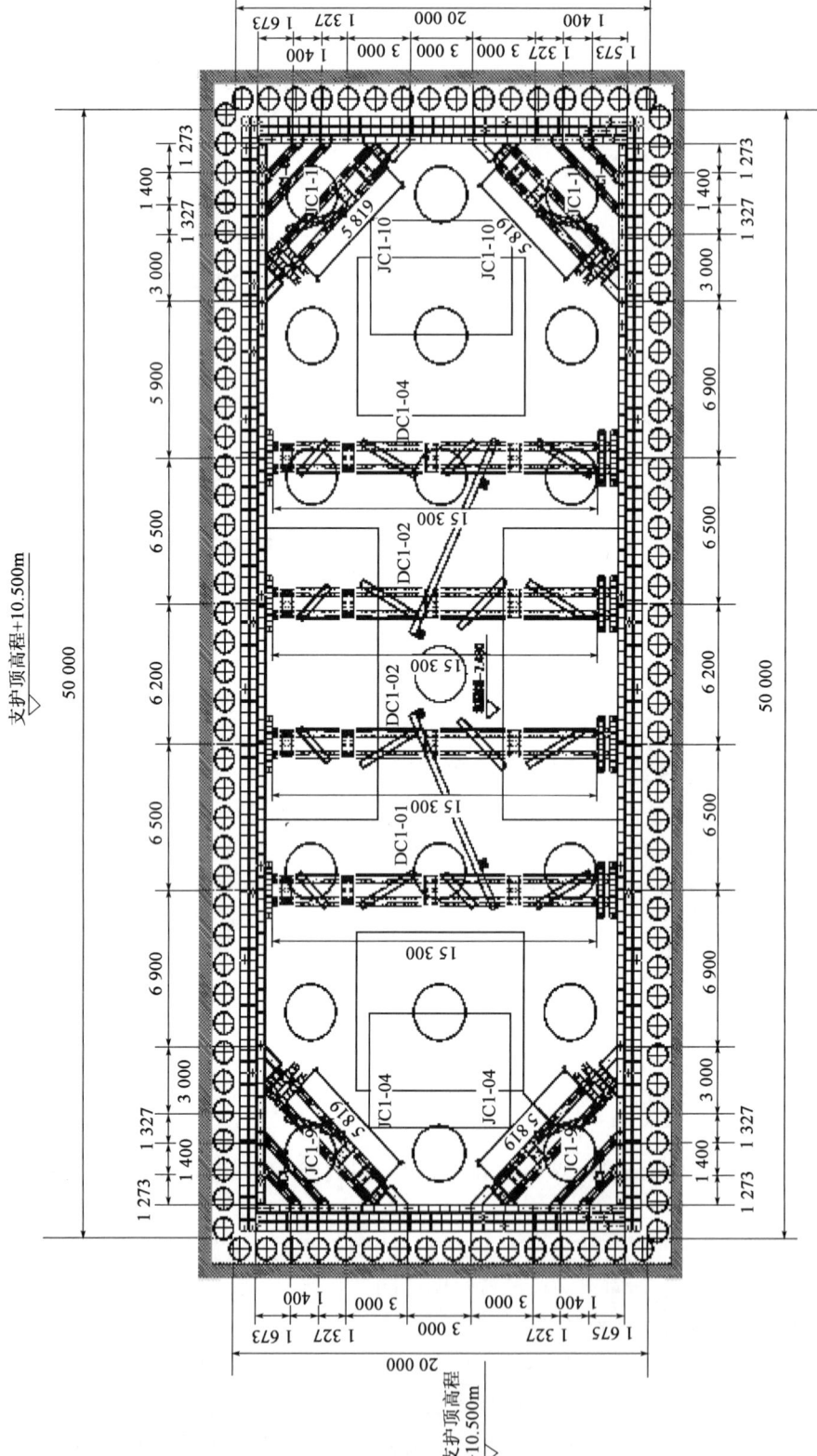

图1 基坑支护平面图(尺寸单位:mm)

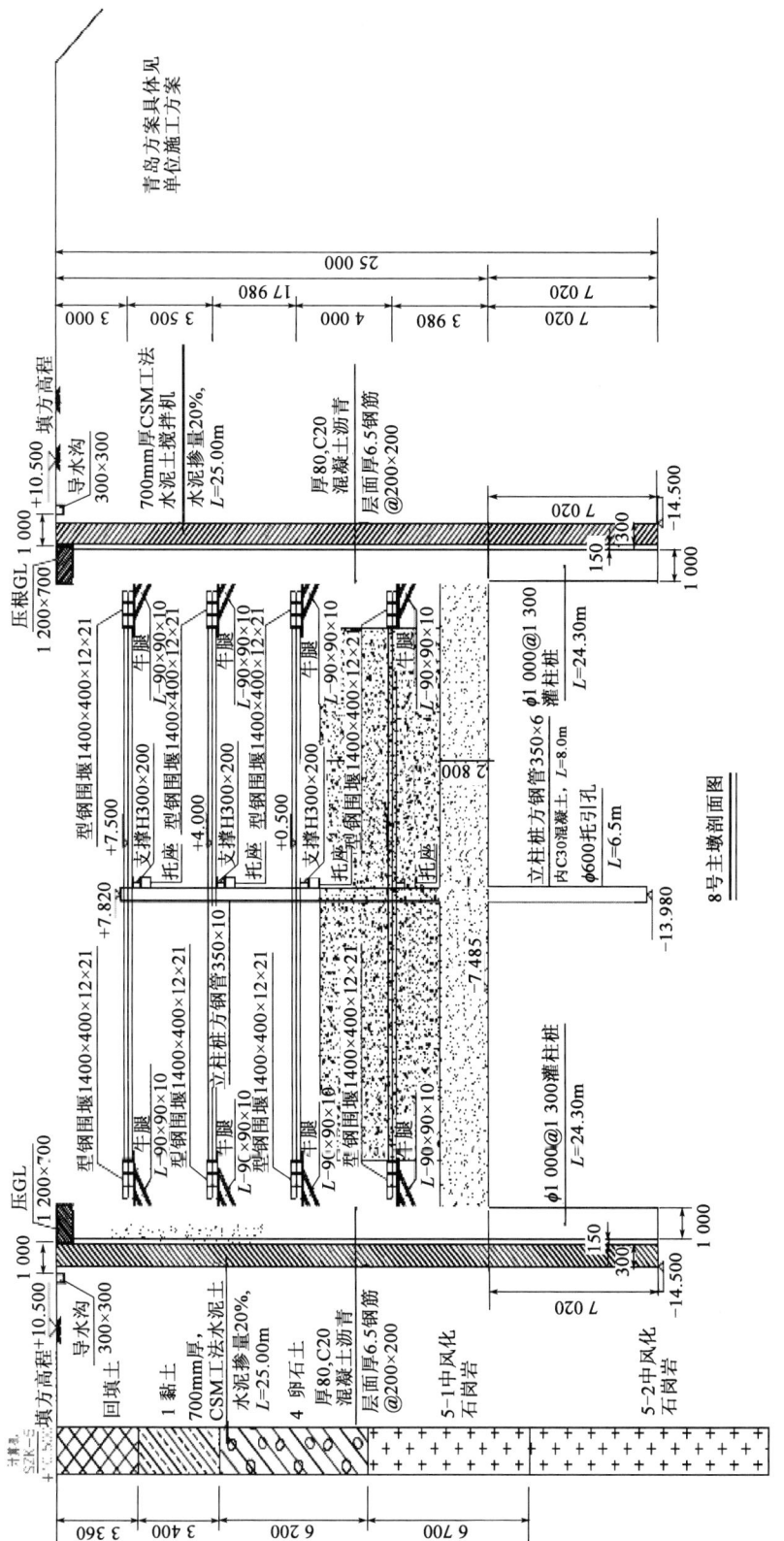

图2 基坑支护立面剖面图（尺寸单位：mm）

次。为保证浆液与加固土体均匀拌和,应按照0.5~0.8m/min的速度进行钻杆下沉,钻杆下沉至设计高程后,应继续搅拌并喷浆5~6min,使墙底土体与水泥浆液充分拌和。

4 试验检测数据分析

4.1 墙体强度检测

等厚度水泥土搅拌墙的墙身强度采用28d龄期后钻孔取芯来综合判定。根据28d龄期钻孔取芯检测的墙身强度0.81~0.94MPa(图3),满足设计强度要求。从现场钻孔取芯芯样照片来看,芯样自上而下较为完整,成柱状体,胶结度及连续性较好,破碎较小,总体硬度、均匀度较好、含灰量较高。

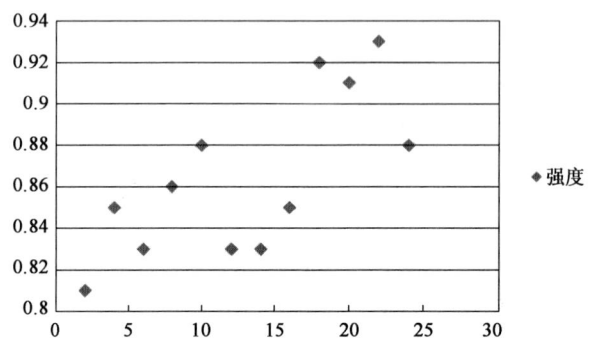

图3 水泥土搅拌墙止水帷幕28d无侧限抗压强度

4.2 墙体抗渗性检测

参照《水利水电工程注水试验规程》(SL 345—2007),通过钻孔注水试验方法,确定止水帷幕的整体的抗渗性能。现场选取了6个检查孔进行了注水试验,通过数据分析计算得到渗透系数如表2所示。

止水帷幕渗透系数采用下式计算:

$$K = \frac{0.0523 r^2}{AT_0} \frac{\ln\frac{H_t}{H_0}}{t_2 - t_1}$$

式中:K——渗透系数(cm/s);

r——套管内半径(cm);

A——形状系数(cm);

t_1、t_2——注水试验某一时刻的试验时间(min);

H_0、H_t——在试验时间t_1、t_2时的试验水头(cm)。

经计算,得检测孔渗透系数,见表2。

检测孔渗透系数　　　　表2

孔号	检测孔1	检测孔2	检测孔3	检测孔4	检测孔5	检测孔6
渗透系数(10^{-8}cm/s)	1.6	2.1	2.6	3.5	4.4	5.3

由此可见,止水帷幕绝大部分渗透系数为10^{-8}量级,可知本工程止水帷幕渗透性已经达到微透水岩体级别,具有较好的隔水性能。

5 结语

在水阳江大桥主墩承台基坑施工过程中,结合项目实际情况及地质特点,经比选,采用了双轮铣水泥土搅拌墙止水帷幕施工工艺。通过对止水帷幕墙体强度与渗透性的检验,试验表明采用双轮铣水泥土搅拌墙止水帷幕技术在深基坑支护中具有非常高的可行性,施工速度快,搅拌均匀稳定,质量可靠,止水效果好,应用本项技术可为整个工程建设项目节省开支总额达数百万元,具有良好的经济效益和社会效益。本项研究对于解决深基坑支护常见问题有十分重要的意义,可以为类似工程提供借鉴。

参 考 文 献

[1] 陆耀辉.双轮铣搅拌墙在珠海地区深基坑中的应用[J].地基基础,2018,41(2).
[2] 詹涛.在泥质粉砂岩地层中采用双轮铣快速成槽施工技术[J].隧道建设,2018,38(12).
[3] 刘军.双轮铣深层搅拌工法止水帷幕在深基坑围护中的应用[J].地基基础,2017,39(7).
[4] 严皇.水泥深层搅拌法在地基处理中的应用[J].工业,2016,30(7).
[5] 霍镜.双轮铣深层搅拌水泥土地下连续墙(CSM工法)应用探讨[J].岩土工程学报,2012,34.

99. 浅谈一种针对流沙地质提高钻孔桩成孔质量的施工方法

李浩楠　王　振　解德龙　李德兵　郑　祺　阎子彬

(济南城建集团有限公司)

摘　要：随着市政及公路桥梁建设工程的增加，钻孔灌注桩施工也随之增多，但不同区域内地质条件的不同对钻孔桩的成孔质量提出了不同的要求。该工程地处黄河冲积平原区域的黄河河漫滩内，因杂填土的存在、地下水位高以及原黄河老河道的影响，造成桩基成孔难度大，杂填土、淤泥质土和粉土区域易塌孔、缩孔，故采用反循环钻机+旋挖钻配合施工，保证了成孔质量，提高了成孔效率。

关键词：钻孔灌注桩　地质条件　成孔难度大　成孔质量　成孔效率

1　工法特点与适用范围

反循环钻机可用于各种地质条件，各种大小孔径(300~200mm)和深度(40~100m)，护壁效果好，成孔质量可靠；施工无噪声，无振动，无挤压；机具设备简单，操作方便，费用较低，但成孔速度慢，效率低，用水量用水量大，泥浆排放量大，污染环境，扩孔率较难控制。适用于高层建筑中、地下水位较高的软、硬土层，如淤泥、黏性土、砂土、软质岩等土层应用。

旋挖钻机施工速度快，噪声小，可自行行走，移机方便，机械化程度比较高，无须提供动力电源。但孔壁护壁差，由于旋挖桩机钻进速度快，主要靠切土钻进，孔壁护壁同比钻、冲孔桩要差。特别在填土和软土地层，塌孔和缩径容易发生。填土和软土中孔内容易产生负压。旋挖桩机钻筒与土体接触面比较大，在软土中，如果钻进进尺大，钻斗提升过程中容易产生负压，在增大旋挖桩机体上拔负重的同时对孔壁稳定性有不利影响，容易形成孔壁缩径。

结合两种施工方法的优势所在，杂填土及粉土范围内采用反循环钻机施工，无振动、挤压，保证桩孔上部成孔质量。反循环钻进至粉质黏土层，转换使用旋挖钻继续钻进，粉质黏土层可塑性较好，进而在保证成孔质量的前提下继续钻进，提高成孔效率。

2　工艺原理

据勘探及地质测绘揭露，工程区勘探深度范围内的地层主要为第四系覆盖层，上部为第四系全新统冲积物(Q4al)、冲洪积物(Q4al+pl)；下部为上更新统冲洪积物(Q3al+pl)，岩性为粉砂、粉土及粉质黏土,分布较稳定;表层多覆盖人工堆积(Q4ml)的杂填土、素填土、冲填土等。

采用反循环+旋挖钻"混合法"施工,反循环钻机无振动、挤压,护壁效果好,针对杂填土、素填土、粉土及粉砂土层能较好地进行开挖钻孔,保证成孔质量。旋挖钻机施工速度快,成孔效率高,在可塑性较强的粉质黏土层采用旋挖钻钻孔,加快施工进度。

3 施工工艺流程及操作要点

3.1 施工工艺流程

如图1所示。

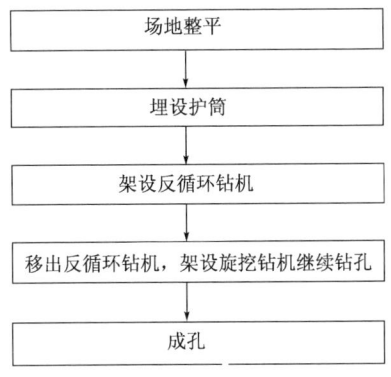

图1 施工工艺流程

3.2 施工准备

(1)施工所需机械设备(表1)

施工所需机械设备　　表1

名　称	规格、型号	单　位	数　量	备　注
135t履带吊车	SC1350E	辆	1	
反循环钻机	一尺	台	1	
旋挖钻机	360t	台	1	
装载机	40t	辆	1	
挖掘机	220	辆	1	

(2)人员准备(表2)

人员准备　　表2

工种	机　手	电　工	辅　助　工	合　计
人数(人)	5	1	4	10

3.3 场地整平

根据桩基位置对周围进行场地整理,软土地基处铺设钢板,以满足反循环钻机进场及施工要求。

3.4 钢护筒埋设

测量人员现场进行桩基定位放线,并根据桩基位置由135t履带吊车用振动锤埋设7m护筒,护筒埋设完毕进行护筒复测,确定护筒位置准确无误后测量护筒顶高程,确定钻孔深度。

3.5 回转反循环钻孔

架设反循环钻机于护筒上,铺设泥浆导管于泥浆池内,开始反循环钻机钻进工作。根据现场地质情况确定反循环钻机挖深,在挖至粉质黏土层后更换为旋挖钻机继续钻进。

3.6 旋挖钻机钻孔

反循环钻机钻进至粉质黏土层后,更换为旋挖钻机进行钻孔,最终由旋挖钻机钻进至桩底设计高程,完成桩基钻孔。

3.7 桩基成孔检测

桩基成孔后用天宸超声波探测仪对成孔质量及成孔深度进行探测检查,保证桩基成孔深度、孔径、垂直度以及沉渣厚度满足规范及设计要求,进而继续下步工序施工。

4 质量控制

4.1 "十字法"栓桩定位

现场测量人员采用GPS进行定位放线,并根据放线位置进行"十字法"定位埋设护桩,护桩成十字分布,距离桩基中心≥2m(桩基半径1.8m),护桩引线十字交叉,交叉点与桩基中心点重合,根据护筒直径测算护桩到护筒外壁距离,并根据此距离调整护筒位置,最终完成护筒下放工作。

4.2 泥浆制备

钻孔前应拌制足够护壁泥浆,本工程采用优质泥粉为主、少量的黏土为辅的泥浆制备材料,新拌制的泥浆应放置24h以上或加分散剂,使膨润土充分水化后方可使用。造孔用的泥浆材料必须经过现场检测合格后,方可使用。泥浆质量控制主要指标为相对密度1.1~1.25,黏度18~25s,含砂率≤5%,必要时,加适量的添加剂;泥浆必须经过制浆池、沉淀池及储存池三级处理,泥浆制作场地以利于施工方便为原则。钻孔过程中要经常测定泥浆技术指标,根据工程钻进需要,随时调整泥浆相对密度,保持各项指标符合要求,不因泥浆过浓影响进度、过稀导致塌孔等。见表3~表5。

注入孔口泥浆性能技术指标　　表3

项　目	技术指标	测试方法
泥浆比重	≤1.10	比重计

排出孔口泥浆性能技术指标　　表4

项　目	技术指标	测试方法
泥浆比重	≤1.25	比重计

清孔后泥浆性能技术指标　　表5

项　目	技术指标	测试方法
泥浆相对密度	≤1.20	比重计

4.3 钻机调试

反循环钻机及旋挖钻机安装必须稳定、牢固。钻机行驶到要施工的孔位,调整桅杆角度,操作卷扬机,将钻头中心与钻孔中心对准,并放入孔内,调整钻机垂直度参数,使钻杆垂直,同时稍微提升钻具,确保钻头环刀自由浮动孔内。钻机就位后,测放护筒顶、钻机平台高程,用于钻孔时孔深测量参考。

钻机对中位置以钻孔桩设计位置为准，中心允许偏差不得大于2cm；钻杆倾斜率小于1%。

4.4 反循环钻机钻进注意事项

（1）加每一节钻杆时必须检查是否有裂口和开焊、气管是否有伤或堵塞、气封水封是否安放俱全，钻杆长度和节数必须及时记录。

（2）钻机工作平台必须保持清洁干净，工具不得乱放。加完钻杆必须把工具收拾干净，以防止工具滑落到孔内，损坏钻头。

（3）开钻时，先送风，空转后慢落钻进，钻进时要根据地层情况减压匀速钻进，停钻时应先停止钻进后，把钻头提离孔底10cm转动，吸净孔底钻渣后再停风。

（4）密切关注出渣情况和泥浆出水量，出渣情况和出水量直接反映出孔底地层和钻头的磨损情况，根据出渣情况和上水量控制不同的钻进速度和钻压，如出渣带有铁屑，根据具体实际钻进情况判断提钻检查。

（5）不同地层钻进时控制不同的泥浆参数，保证适当的孔内水，调节孔内外水压力差。正常施工情况下，每4h测定一次泥浆性能指标，以确保孔内泥浆的质量。如果发现泥浆性能较差、不能满足护壁的要求时，可根据泥浆指标情况加入适当的造浆材料，以改善泥浆性能。

（6）钻进过程中针对不同的地层，通过调整泥浆浓度、转速、钻压等措施，在防止坍孔、漏孔、掉钻等孔内事故的同时，根据不同的地层的出渣情况，加快钻进速度。

（7）在砂层和砾石层钻进时，要采用低转速、减压钻进，调高泥浆的黏度，降低泥浆中的含砂量，利用泥浆充分护壁。保证不扩孔、不坍孔、不埋钻。

（8）在岩石层中钻进时，要中转速、高钻压钻进，调节好泥浆指标，做到长时间施工，不缩径。在泥浆和岩石层交接处，要低转速减压钻进，减慢钻进速度，待到钻头整个钻入岩层中时，再提高转速和钻压。连续钻进一周左右时，应及时提钻检查，避免疲劳连续作业，螺栓松断造成掉钻和斜孔。

（9）钻进过程中要精心施工，杜绝三漏：漏气、漏浆、漏油。要细心操作，避免三堵：堵器具、堵钻头、堵管道。加强施工人员的技术交底和责任心。避免人为孔内事故的发生。

（10）钻进中应对钻机和设备进行保养和维护，各个润滑部位及时加注润滑油，确保机械正常运转。施工中落实打一、备二、看三的施工理念进行施工，做到未雨绸缪，坚决不能怠工、误工。

4.5 旋挖钻机钻进注意事项

（1）开孔施工应轻压慢进，钻头转速不宜大于10r/min，待主动钻杆全部进入孔后，方可逐步加速进行正常钻进。

（2）钻孔作业应分班连续进行，应仔细观察地层变化，观测孔位地质情况是否与地勘报告相符、钻头是否适宜，并根据地质情况控制进尺速度，旋挖钻机在不同条件下钻斗转速参照表6。

旋挖钻机钻斗转速选用表　　表6

土层土质类型	标准贯入度（N值）	转速（r/min）
黏土类粉质土、淤泥质粉质黏土、粉质黏土夹粉砂、粉质黏土	≤30	0~20
砂质粉质夹粉砂、粉土、粉砂、粉质黏土	30<N≤50	0~15
粉细砂、粉砂、中粗砂	≥50	0~8

(3）旋挖钻施工初期，提升钻头时，避免因筒斗下部产生较大的负压力作用产生"吸钻"现象而造成孔壁缩颈，须对筒式钻头的筒壁对称加焊护壁钢板（或增设导流槽）进行改进，以减少钻孔缩颈现象的发生。

（4）钻进施工过程中严格控制每个回次钻进深度，宜控制在50cm左右，采用少钻勤提方式，避免进尺过快造成塌孔埋钻事故。

（5）控制钻头升降速度，防止发生孔壁缩颈、坍塌事故。在钻进过程中要经常检查钻头通气孔，必须保证钻头通气孔的畅通无阻。

（6）经常检查钻头的磨损和连接部位，及时补焊，以保证钻头直径和防止钻头或钻头底盖掉入孔内。

（7）旋挖钻机配置的监测孔斜、对中等电子装置应确保完好，组装钻机时采用仪器校准，每次提下钻时监测，确保钻塔垂直、钻头对准孔位。

（8）钻进过程中应认真填写"钻孔施工原始记录"，详细记录地层变化、钻进过程中出现的有关问题、处理措施及效果等，钻机操作手或班长必须在钻孔记录上签字。

5 安全措施与环保措施

5.1 安全措施

(1)坚持"安全第一、预防为主、综合治理"的安全管理方针，以安全促生产。

(2)钢筋笼吊运过程前必须检查作业环境、吊索具、防护用品。吊装区域无闲散人员，障碍已排除。吊索具无缺陷，捆绑正确牢固，被吊物与其他物件无连接，确认安全后方可作业。

(3)大雨及风力六级以上（含六级）等恶劣天气，必须停止露天起重吊装作业。严禁在带电的高压线下或一侧作业。

(4)作业时必须执行安全技术交底，听从统一指挥。

5.2 环保措施

(1)采用机械钻孔，钻机就位后，对钻机及配套设备，应进行全面检查，如卷扬机、钢丝绳、滑车、钻头、泥浆泵、水泵及电气设备等是否完好正常，润滑部位加油后检查合格后方可开钻。

(2)采用液压电动正反循环钻机前，应随检查液压油、润滑油情况，注满油料后，旋塞要拧紧、关严。钻机皮带转动部位，必须设有防护罩，所用动力线宜使用橡胶防水电缆。

(3)各类钻机在作业中，应由本机或机管负责人指定的操作人员操作，其他人不得任意登机，操作员在当班时，不得擅自离岗。

(4)每次拆换钻杆或钻头时，要迅速快捷，并保证连接牢靠。严防工具、铁器及螺帽等掉入孔内，必要时孔口应加护盖。

(5)使用正反循环及潜水钻机钻孔时，对电缆线要严格检查电缆引出线与电源电缆的接头，必须按规定要求绑扎牢固。

(6)钻孔中发生故障需排除时，严禁作业人员下孔内处理故障，在特殊情况下，必须下到孔内时，应在有护筒或其他防护设施的钻孔中，由潜水人员或具有水下打捞经验的人下到钻孔中处理事故。

(7)钻孔中使用泥浆，应设置泥浆循环净化系统，注意防止或减少环境污染。

6 结语

反循环钻机可用于各种地质条件护壁效果好，成孔质量可靠；施工无噪声，无振动，无挤压,适用于地下水位较高的软、硬土层,如淤泥、黏性土、砂土、软质岩等土层应用。旋挖钻机施工速度快,噪声小,可自行行走,移机方便,机械化程度比较高。

结合两种施工方法的优势所在,杂填土及粉土范围内采用反循环钻机施工,无振动、挤压,保证桩孔上部成孔质量。反循环钻进至粉质黏土层,转换使用旋挖钻继续钻进,粉质黏土层可塑性较好,进而在保证成孔质量的前提下继续钻进,提高成孔效率。

反循环+旋挖钻机混合法施工,有效地在杂填土层和流沙层保证了泥浆护臂,再加上反循环钻机无振动、挤压等特点,降低了桩孔的塌孔概率,保证了安全施工。

参 考 文 献

[1] 张国梁,闫泰善,李运发.反循环钻机在浅部流砂地层中的成井工艺[J].黑龙江水利科技,2002.
[2] 汪雨珍.复杂地质层桩基的旋挖钻与冲击钻施工技术研究[J].工程与建设,2017.
[3] 廖华庆.旋挖钻机成孔工艺特点及在江西昌樟高速公路改扩建药湖大桥桩基施工中的应用[J].科技与企业,2014.
[4] 商卫东,杨宇楠.旋挖钻机在工程中的工艺应用研究[J].水利与建筑工程学报,2011.

100. 预制梁场施工质量管理研究

董平升[1]　郭继凯[2]　王　振[1]　张凤明[1]

(1. 济南城建集团有限公司；2. 济南城市建设集团有限公司)

摘　要：20世纪60年代以来由于科学技术的进步，全民经济文化水平的提高，人们对桥梁建筑提出了更高的要求，当前交通建筑结构不但要求跨度大、高强度，而且在实用性上也要美观轻巧，还要求具有良好的经济效益。本文主要以宣城青弋江大道七标预制梁场施工为素材，从技术管理的角度对预制梁场在混凝土梁预制过程中的技术管理做了总结，对预应力混凝土梁的施工工艺做了探讨和分析，阐述了预制梁场中预制梁板生产各工序的控制要点，从而来确保预制箱梁的质量。

关键词：预制梁　混凝土振捣　模板　钢筋　防治

1　引言

预制梁生产是桥梁施工的重要环节，直接关系到整座桥乃至整条路的施工质量和进度。预制梁板在实际的建造过程中，需要保证其整体的施工质量，采用科学合理的方式去控制其质量以及成本的投入。依据标准化的要求，对预制梁场的施工方案进行科学合理的考量，从多方面去分析影响工程建设的因素，就其因素进行分析，尽量避免外力因素对预制梁场施工的干扰及影响，注重好细节，对于质量通病问题进行深入的研究，采取切实有效的措施避免质量通病的发生。

宣城青弋江大道七标引桥采用分离式断面设计，单幅断面宽度14.5m。小箱梁高1.6m，预制梁宽：中梁2.4m，边梁2.85m，湿接缝宽0.4m。小箱梁采用C50凝土，预应力均采用低松弛高强钢绞线。其中，一期束采用4股、5股钢绞线，配相应的夹片锚具；二期负弯矩束采用3~4股钢绞线，配相应的扁锚。工程合计预制小箱梁680片。预制梁场共设置44个台座，生产能力4片/d，最大存梁能力可达78片梁。

2　预制箱梁生产控制

如图1所示。

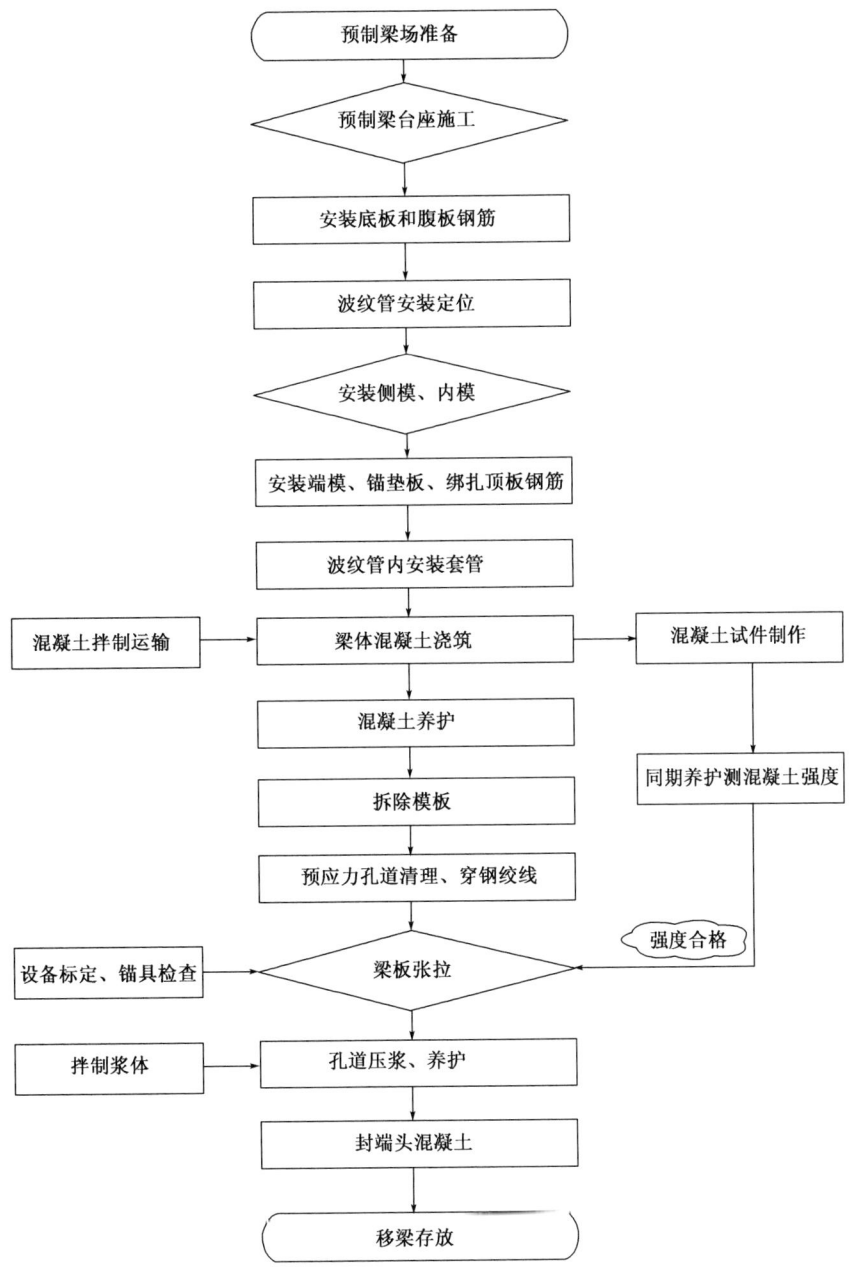

图1 预制箱梁施工工艺流程

2.1 模板加工

预制箱梁采用定型钢模板,钢模板具有足够的刚度,确保不变形。预制梁模板应当由专业模板加工厂按照设计图尺寸进行制作,在送至施工现场后按照相关的设计图纸,技术人员联合监理举牌验收模板,对其进行拼合测试。模板拼装按照规范要求允许误差:相邻两板表面高差1mm,表面平整度3mm,轴线偏位5mm,模内长宽尺寸不低于设计,预埋位置10mm,模板高程±10mm,纵向位移±10mm,不符合规范要求的模板,不能用于施工。拼装前使用手持钢丝锯打磨模板表面,去除表面异物及浮锈,然后涂刷脱模剂,再进行拼合测试。对于外模,拼合过程中需要检查模板线形是否直顺、模板接缝处间隙大小,不同的模板互相之间需要增加橡胶垫片,以保证在拆除模板的时候不会出现横隔梁掉角、缺边的情况。对于横隔梁,应当采取螺栓连接底部模板和外模的方式,其次优化内模设计,采用插销式可折叠内模,减少了内模加固、拆除的工作量,提高了施工效率。

2.2 预制箱梁钢筋定位架施工

预制箱梁的钢筋绑扎根据梁场布置形式,设置钢筋绑扎区,采用智能数控弯曲机机械化加工制作预制梁所需要的各种半成品钢筋,确保半成品尺寸符合设计要求,对其进行分类挂牌堆放,并保留日常自检记录,对照图纸联合监理对半成品钢筋进行举牌验收,从源头控制质量,每道工序严格把关。

采用胎模定位,对底腹板钢筋骨架和顶板钢筋骨架进行整体绑扎,在通过两台龙门吊进行整体吊装入模安装。钢筋胎模:钢筋胎模采用50角钢与钢管制作,底板钢筋根据设计图纸,箱梁的纵横向水平筋等的分布位置,在角钢上相应位置处准确刻槽(宽度比设计钢筋直径大5mm,深度为钢筋直径的1/2倍);腹板钢筋采用焊接钢筋头的形式布置纵向水平筋,来精确定位主筋的相对位置,确保主筋骨架现场绑扎安装间距误差可控,且大大减少了钢筋在台座上绑扎占用的时间。钢筋骨架的保护层宜使用梅花形高强度砂浆垫块,其强度不得低于混凝土强度,绑扎应牢固,垫块布置的数量不少于4~6个/m²。桥面横向连接钢筋采用梳直板进行定位,确保线形直顺,便于后期湿接缝施工。见表1。

钢筋绑扎允许偏差表　　　　　　　　　　　　　　　　　　　表1

序号	项目		允许偏差(mm)
1	受力钢筋间距		±10
2	箍筋间距		0,-20
3	保护层		±5
4	钢筋骨架	长	±10
5		宽、高	±5
6	弯起钢筋位置		±20

2.3 波纹管安装

预制梁使用钢制波纹管,管道运输至现场,注意不能使波纹管变形、开裂,并保证尺寸,材料员、施工员同监理一起对原材进行联合举牌验收。管道存放要顺直,不可受潮和雨淋锈蚀。安装波纹管,波纹管采用"#"形定位筋与结构钢筋点焊定位,定位筋每隔100cm设置一个,防止工作中的电火花碰到波纹管,以免烫伤造成漏浆,用大一号波纹管作为接头,接头长度30cm,接缝处用胶带缠裹牢固,防止接口松动拉脱或进浆,往返缠绕一圈,缠绕宽度5cm。在胎具所在台座侧面对应位置上标示波纹管坐标,以便复核。定位后的管道应平顺,其端部的中心线应与锚垫板相垂直。在安装过程中与波纹管冲突的钢筋适当调整钢筋位置,浇筑混凝土之前对管道仔细检查,主要检查管道上是否有孔洞,接头是否连接牢固、密封,管道位置是否有偏差。施工中人员、机械、振动棒不能碰撞管道,波纹管安装误差不得超过10mm。

2.4 安装模板

底板、腹板钢筋进行绑扎完毕之后,由项目部联合监理举牌验收,确保验收合格后再进行模板的支设。模板支设前要求模板打磨光洁,表面不得存在锈渍及毛刺等,特别是边角处,要处理光滑,脱模剂涂刷均匀。外侧模板采用工厂定制的钢模,每1.2m左右布置一台附着式振动器,振动力为570kg/台,单层布置,与模板之间采用螺栓固定。外模间布置的间距为1m对拉丝采用φ20mm拉杆固定,保证了侧模的稳定性拼装,拼装外模时用龙门吊把外模分块吊到所要制梁的台座旁,顺序不能颠倒。先拼边模,然后拼端头部分,拼完后对边模的水平、接缝以及隔板模进一步调整,采用定距拉线法对边模的线形直顺度进行调整,位置准确后固定对拉螺栓,外模与台座通过预埋密封条挤严。对于底部,采取钢管顶托来支撑和调整,使用对拉螺栓对底部和顶部进行横向对拉。内模则采取分节段方式进行拼装、吊装和安装,预先分几节拼好,待底、腹板钢筋安装到位后用小龙门吊进行拼接,拼出的内模应平整、无坑洼、无翘曲现象、接缝严密,内模拼装好后装上限位槽钢,以免上浮。内外模安装完毕后都必须报项目部验收,经联合举牌验收完毕后,方可进入下一步工序。

2.5 混凝土浇筑、振捣、养护

混凝土原料应当选择干净并且满足级配要求的碎石河沙,以确保混凝土具有稳定的坍落度和符合要求的和易性。在波纹管内穿入尼龙胶管,以保证预应力孔道的完整性。混凝土的浇筑采取斜向分段、水平分层的连续浇筑方式,其工艺斜度以30°~45°为宜,水平分层厚度不宜超过30cm,前后两层混凝土的间隔时间不得超过初凝时间,上层混凝土必须在下层混凝土振捣密实后方能浇筑,以保证混凝土有良好的密实度和光洁度。

混凝土浇筑方向是从梁的一端循序渐进至另一端,在接近另一端时,为避免梁端混凝土产生蜂窝等不密实等现象,应改从另一端向相反方向投料施工,在距该段4~5m处合龙;并在侧模配以附着式振捣器加强振捣。预应力混凝土梁的马蹄部分钢筋较密,为保证质量,先浇筑马蹄部分,后浇腹板。配备部分小直径(如φ2.5cm)的插入式振捣棒,用于腹板波纹管及钢筋密集处,入模的混凝土及时振捣,但须注意不得冲撞波纹管及钢筋,不得漏振,但也不要振动过度引起混凝土离析。其横隔梁的混凝土与腹板同时浇筑,浇筑时应分段分层,平行作业,以插入式振捣棒对其进行振捣,插入时要迅速并缓慢拔出,以振捣棒作用半径的1.5倍确定振捣点的间距。以混凝土停止下沉、没有气泡出现来确定振捣停止的时间。此外,应当结合下料的进度均匀有序地开展振捣工作,同时需要避免波纹管被振捣棒损坏,同时在振捣的过程中要及时检查模板是否松动,对松动处及时加固。

在箱梁顶板浇筑时,应严格进行振捣,混凝土表面应振捣密实,表面泛浆,在对混凝土收光后,待混凝土未达到初凝前进行拉毛,使得拉毛线条一致、均匀,使得以后新老混凝土搭接良好。混凝土浇筑完毕后在初凝之前,再次进行收平拉毛,使用土工布覆盖,洒水养护,防止形成表面干缩裂缝。预制梁养护按照相关标准化管理要求,采取喷淋养护系统,在梁顶面铺设土工布,同时还需要在梁的腔内与顶面设置养护喷头,结合台座四周预设的养护喷头实现对预制梁的喷水养护,冬季养护采用蒸汽养护,养护时间不少于7d,安排专人维护养护系统,定期检查喷头的喷淋效果,避免出现喷水集中或者堵塞的情况,确保喷淋均匀。

2.6 预应力施工

腹板预应力束在浇筑混凝土前穿入波纹管,根据钢绞线盘的直径加工放线架,将钢绞线盘放入放线架内,四周卡紧,下料头从内圈抽出,徐徐抽动,防止出现死弯。下料时用钢尺丈量,砂轮机切割,在切割头两端5cm处用20号铁线绑扎,以免接头钢丝散乱。钢绞线束采用人工穿束,并对钢绞线进行编号,穿入后认真检查钢绞线位置是否正确,防止错穿或与钢筋抵触,外露部分用胶带纸包裹,防止污染。张拉前对千斤顶、油表和油泵进行配套标定,对混凝土强度进行检验。混凝土强度达到设计强度的90%时张拉钢绞线,且龄期不小于7d,方可张拉,两端同时对称进行。张拉采用"双控"的方式,即以千斤顶油表读数控制张拉力为主,测量钢束伸长值校核为辅,误差应在±6%以内,如张拉实际伸长量超出允许范围,分析原因,问题解决后方可继续进行张拉。张拉至初应力时,做好标记,作为伸长值的起点。按程序逐级张拉到控制应力,量测钢绞线的伸长量以校核应力是否正确。

钢绞线的理论伸长值 ΔL 的计算式为:

$$\Delta L = P_p \times L / A_p / E_p \tag{1}$$

式中:P_p——钢绞线平均张拉力(N);

L——两个工作锚间的钢绞线长度(cm);

A_p——张拉钢绞线的截面积(mm^2);

E_p——钢绞线弹性模量(kN)。

钢绞线下料长度计算公式如下:

$$L = L_1 + 2(L_2 + L_3 + L_4 + L_5) \tag{2}$$

式中:L_1——孔道长度(mm);

L_2——工作锚厚度(mm);

L_3——千斤顶长度(mm);

L_4——工具锚厚度(mm);

L_5——限位板厚度(mm)。

后张法时预应力混凝土张拉容易出现的问题:

产生原因:①张拉过程中发生滑丝滑束或者断丝;②张拉过程中锚垫板压入混凝土内部;锚垫板后部混凝土浇筑时未振捣密实;③张拉中伸长量超过规范允许范围。

防治措施:①在张拉前仔细检查每个夹片在工具锚和工作锚上应牢固夹持钢绞线,张拉过程中应两端对称分阶段缓慢张拉,不应一次性快速达到设计张拉值;②在混凝土浇筑工程中应着重注意锚垫板后部的混凝土浇筑密实度,应仔细进行插振;③检查预应力钢绞线实际的弹性模量是否和设计值存在差异,每批钢绞线的弹性模量都应经过试验检测;测量钢绞线应认真严格读数;检查孔道位置与摩阻系数是否有较大出入。

2.7 孔道压浆

首先对孔道进行清洁处理,连接装好灌浆施工工艺所需各部件。本工程水泥净浆标号为M50,压浆用水泥选用普通硅酸盐水泥,水泥浆按试验确定并经批准的配合比进行拌制,压浆时要求浆液饱满,拌和3h后泌水率不超过2%,施工员联合质检员对水泥浆稠度进行检验,稠度在14~18s为合格,方可压浆。按先下后上的顺序进行压浆,同一管道的压浆应连续进行,一次完成。压浆的压力宜为0.5~0.7MPa,压浆时排水孔、排气孔必须要有水泥浆由浓变稀、由稀变清,由流量大至滴出清水,水泥浆充分饱满,稳压不少于2min。

孔道压浆时容易出现的问题:

产生原因:①压浆过程中操作人员操之过急,未等箱梁另一端冒出浓浆即停止压浆,导致孔道浆体不充实;②水泥净浆泌水过多。

防治措施:①操作人员应具备较强的责任心,待另一端出浆孔冒出浓浆,堵住出浆口并持荷2min;②根据规范要求,用于压浆的水泥浆,3h后泌水率不宜超过2%,24h后,泌水应能够被水泥浆完全自我吸收。在压浆过程中一定要按照水泥浆配合比进行严格控制,对水泥浆的泌水率、流动度应进行抽查。

3 结语

本文从预制梁场的标准化建设以及预制梁施工的技术和管理,系统地阐述了从规划生产到检测整个过程,对于新型梁场的钢筋骨架工厂化制作进行详细介绍。生产过程中严控混凝土坍落度,使用智能喷淋养生系统等技术手段和管理要求。通过这些施工方法结合,能有效提升预制梁混凝土外观质量,满足"现代化、标准化"的双标管理要求,保证预制梁外观好、强度和钢筋保护层厚度等指标优良,按期完成工程任务,从提高混凝土的质量到预制梁的要求达标,这些都能有效提高经济效益,具有重要的推广意义。

参 考 文 献

[1] 崔德胜.公路桥梁工程预制梁施工管理的探讨与实践[D].西安:长安大学,2017.
[2] 罗军.高速公路预制梁场施工技术管理与探析[J].工程技术研究,2016(39):159-160.
[3] 中华人民共和国交通运输部.公路桥涵施工技术规范:JTG/T F50—2011[S].北京:人民交通出版社,2011.
[4] 邓沛.标准化施工在高速公路预制梁场中的应用[J].科技与企业,2015(22).
[5] 黄文义.浅析高速公路预制梁板施工外观质量缺陷产生原因及防治措施[J].中华民居,2012(1).

101. 浅谈钢箱梁顶推施工的起源及发展趋势

周 宁[1] 罗绪昌[2] 李庆冬[2] 崔 翠[1]

(1. 山东易方达建设项目管理有限公司；2. 济南市交通工程质量监督站)

摘 要：为介绍钢箱梁顶推施工法及促进桥梁顶推法施工技术的发展，首先对目前桥梁建设中广泛应用的顶推法施工技术进行了综述，然后介绍顶推法现状和发展，最后总结和指出顶推法施工的优点和缺点。该研究为钢箱梁顶推施工法推广应用和取得理想应用效果提供参考借鉴。

关键词：钢箱梁 顶推施工 施工工艺 节段拼装 钢管桩

1 引言

近年来随着城市的日益发展，对城市交通的功能要求逐渐增加，市政工程建设成为一大热点方向，其中，修建城市立交桥已经成为缓解市内交通拥堵、实现市区快速通行的首选规划方式，同时，城市立交桥对于城市的综合竞争力的提升有着很大的促进作用。在跨越一些重要交通路线时，在不断交的情况下，实现快速架桥，尽量减少市政施工对城市交通的影响，成为市政建设的研究方向，一些快速架桥施工方法应用越来越广泛，其中箱梁的顶推施工是一种最快捷、高效和安全的方式。与搭设通行孔、设计实行导行等方法相比较，顶推施工完全能在原有交通道路上方进行，无须临时断交，对原有道路无破坏。

2 顶推施工技术的应用及发展

桥梁顶推施工一般常见于等截面预应力混凝土连续梁桥、斜拉桥和悬索桥的施工中。形容的是通过在预制场地分节段预制梁体，而后各个梁段通过钢筋连接成整体，随后利用水平液压千斤顶施加推力，通过专门利用不锈钢板与聚四氟乙烯模板组成的滑动装置，将梁段慢慢向对岸推进，待临时滑动支座面就位后将梁体落架，替换上正式支座，顺利完成桥梁的施工的施工方法。顶推法施工技术方案具有很强的特殊性，与其他常见的桥梁施工方法相比，顶推法施工的施工工序、施工技术、施工监控等方面产生了很大的差异。顶推法施工在施工过程中必须设置临时辅助结构，正是这种原因，如果采用顶推法进行桥梁建设，修建桥梁的设计跨度可以被增加，但因此也产生了些许问题，比如临时墩的高程、局部构件的应力、局部的稳定性、导梁的设计施工以及施工安全性的控制等诸多问题都是顶推法施工建设桥梁时所面临的突出问题，广泛地引起了桥梁设计和施工技术人员的重视[1-3]。如图1所示为顶推法施工流程图。

顶推法的发明灵感是从纵向拖拉施工方法中得来的，施工时需要一步一步进行建构。20

世纪70年代末期,人们第一次运用该方法并且取得了成功,但在后来的铁路桥梁中运用此方法越来越少,最后几乎不再运用此法去建筑铁路桥梁,于是人们开始将桥梁顶推法运用于修建公路桥梁中。随着当今科学技术的进步,人们开始大量运用并且不断改进和优化桥梁顶推法。

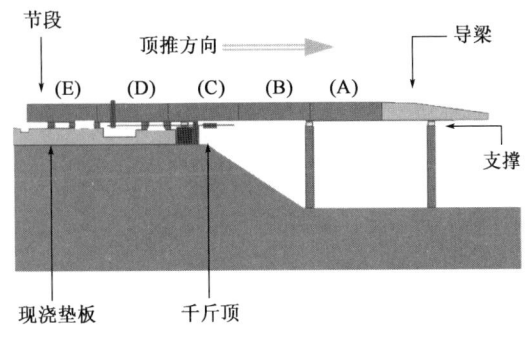

图1 顶推法施工流程图

而现代顶推法则是直接以钢梁纵向拖拉法为发展基础,人们考虑使用千斤顶设备代替传统卷扬机和滑车组,从施工精度和顶推能力上,都使得施工过程更加精确、可控[4-6]。由于预应力混凝土技术的不断发展和材料性能的不断提升,1959年第一次使用箱梁顶推施工的方法,用在了前联邦德国的奥地利Ager桥的修建上,以后此类方法在世界建桥史上快速发展,世界各国争相使用和发展创新相关技术,中国也在1977年首次使用箱梁顶推的方法建造狄家河桥,直到法国在2004年修建米约大桥时采取了先进创新的多点柔性正交顶推法,标志着顶推施工工艺在桥梁的建设中达到了一个新的高度。随着施工技术的成熟、施工机械的发展以及施工方案的不断创新完善,桥梁顶推施工技术在箱梁的建设中得到了越来越广泛的应用,在桥梁建设中起到了十分可观的作用。图2为某三塔四跨悬索桥主梁顶推施工现场图。

顶推法施工第一次在Ager桥上应用成功后,开始迅速在国外桥梁建设中引起重视并得以迅猛发展,法国、英国、意大利和委内瑞拉等许多国家陆续采用顶推施工法建成了许多预应力混凝土连续梁桥。

1962年在委内瑞拉修建成的卡洛尼(Ccroni)河桥对顶推法施工做了极大的改进,该桥全长500m,是一座6跨预应力混凝土连续梁桥的结构形式,在施工建造过程中实行了预制场分段预制梁体、使用千斤顶分段顶推梁段的施工方式,其顶推跨度最大值达到96m。实际上,这种工艺很大的优点就是预制场固定,不仅节约了施工场地,还减少了施工作业的工序。另外,更为突出的是,卡洛尼(Ccroni)河桥在顶推施工中创新地使用了钢导梁和临时墩,能够很好地改善在顶推施工过程中梁段的受力状态,而这在顶推施工史上拉开了里程碑意义式的序幕。图3为某三塔四跨悬索桥主梁顶推施工现场图。

图2 某三塔四跨悬索桥主梁顶推施工现场图

图3 某混凝土箱梁桥主梁顶推施工现场图

此后,欧洲许多西方国家和美国等许多国家在修建桥梁时纷纷采用了顶推法施工技术,且随着施工技术的成熟、施工机械的发展以及施工方案的不断创新完善,西方国家使用顶推施工技术建造了许多跨度达到1 000m以上的桥梁。另外,在早期桥梁修建中,顶推施工技术多广泛地应用于混凝土梁桥的修建中,而在钢桥修建中的运用是少之又少。随着科技的进步,特别是计算机的发展和有限元计算理论以及计算机仿真模拟技术的不断进步,顶推施工技术在钢箱梁建造上的应用也越来越普遍。

墨西哥的恰帕斯(Chiapas)桥在2003年建成通车,这座桥是世界上运用顶推法修建的最长大桥之一,该桥在建造过程中创新性地凭借临时的吊索塔及钢导梁进行修建,通过运用此类开创性的技术,钢箱梁总共的顶推重量达到9 000多吨,顶推跨度最长达到168m,创造了这一类桥梁在世界桥梁建造史上的新纪录。

随着施工技术的成熟、施工机械的发展以及施工方案的不断创新完善,整桥顶推技术在桥梁建设中逐渐发展成新的趋势[7,8]。西班牙的Lanjaron桥在施工时就是采用了整体顶推的施工方法,整个施工过程中并未设置临时墩,因此该桥在修建过程中使用的顶推设施以及采取的顶推方案都和以前常见的桥梁顶推施工工艺有些许差异,这种施工方式成功地综合了当今的顶推法和以前钢桥施工时的"钓鱼法"思路,这也为顶推法在桥梁上产生新的应用开辟了新的思路。

于2004年建成通车的法国米约(Millu)大桥,是一座采用整桥顶推方案的斜拉桥。该桥在修建过程中采用多点顶推法,作为当时世界第一高桥,全桥共设有7个桥塔,顶推过程中,实行双向顶推,跨中合拢,待顶推的第一跨桥塔的斜拉索进行安装完成后,进行整体顶推。

3　结语

钢箱梁桥顶推法施工因其施工占地少、施工过程不中断、结构整体性好,且设备及模板可以重复利用,在施工过程中无噪声且施工速度快等优点而被迅速地推广应用。随着施工技术的成熟、施工机械的发展以及施工方案的不断创新完善,整桥顶推技术在桥梁建设中逐渐发展成新的趋势。同时,顶推法施工技术方案具有很强的特殊性,与其他常见的桥梁施工方法相比,顶推法施工的施工工序、施工技术、施工监控等方面产生了很大的差异。

参 考 文 献

[1] 颜全胜,王卫锋,邹小江.顶推法施工过程仿真分析软件的研制[J].世界桥梁,2003(3):66-69.

[2] 赵人达,张双洋.桥梁顶推法施工研究现状及发展趋势[J].中国公路学报(2):32-43.

[3] 戴杰.钢箱梁斜拉桥主梁顶推法施工阶段控制研究[D].西安:长安大学,2009.

[4] 李洪明.跨铁路钢箱梁桥顶推法施工关键技术研究[D].成都:西南交通大学,2013.

[5] 俞国际,褚金雷.步履式桥梁顶推法施工技术的探讨与应用实例[J].城市道桥与防洪,2016(4):129-131.

[6] 王志伟.顶推法施工工艺在桥梁工程的应用探讨[J].黑龙江交通科技,2011,34(2):79-79.

[7] 付学刚,刘伟.论顶推法施工技术在桥梁施工中的应用[J].科技致富向导,2015(5):176-176.

[8] 张连海.顶推法施工桥梁[J].北方交通,2012(7).

102. 大跨度连续现浇梁桥模板支架施工预压监测技术研究

韩 华[1] 代凤娟[2]

(1 济南市建设监理有限公司;2 山东交通学院)

摘 要:为保证大跨度连续现浇梁桥混凝土的施工质量,检验支架的承载能力,底模安装完成后进行预压,目的为检验底模及底模下支撑刚度和稳固性,同时消除底模"空鼓"现象,以消除支架非弹性变形,同时取得支架弹性变形和非弹性变形的实际数值,作为梁体立模的预拱设置的参考。介绍了设计支架搭设设计与施工方案,重点说明了支架预压目的、方法以及结果。通过分析监测数据,结果表明支架弹性沉降量与非弹性沉降量符合《钢管满堂支架预压技术规程》的要求;从贝雷梁底沉降量随混凝土浇筑时间变化规律看,浇筑后支架沉降量满足施工精度的要求。

关键词:连续桥梁 模板支架 预压技术 施工监测

1 工程简介

大跨度连续现浇桥梁支架工程直接影响到混凝土桥梁结构的施工质量,如何保证支架工程的达到国家标准,需要进行设计,并提前实施预压,以检测支架是否达到标准要求。本文以G220至济青高速公路王舍人互通立交连接线工程穿越邯济至胶济铁路联络线立交桥为例介绍了大跨度连续现浇桥梁模板支架工程实施,为其他工程提供工程依据。

G220至济青高速公路王舍人互通立交连接线工程穿越邯济至胶济铁路联络线立交桥,起迄里程为K0+947.236~K1+220.236,桥梁设计长度273m,其中跨铁路桥跨结构为:45m+72m+45m)预应力钢筋混凝土连续箱梁,分左、右幅布置,中间为轨道桥,均位于半径$R=2100m$的曲线上,公路桥为单箱双室结构,轨道桥为单箱单室结构。

2 支架搭设

2.1 支架设计方案

支架体系设计按照分跨45m+72m+45m梁体荷载设计,同时根据浇筑分段进行了简算,刚度和稳定性满足图纸变更后受力要求。依据设计图纸,结合现场场地情况,连续梁施工采

基金项目:山东省重点研发计划项目,2019GSF111050;山东省交通厅科技计划项目,2019B64.

用钢管柱+工字钢大横梁+321型贝雷梁+$\phi48\times3.5$mm(按壁厚2.8mm折减检算)碗扣式满堂支架系统。

支架系统自上至下依次设置如下：

(1)底模和侧模面板采用1.5cm厚桥梁专用优质竹胶板。

(2)碗扣支架顶托上布置10cm×15cm方木横向分配梁(竖直方向为15cm)，分配梁在顶托上拼接或搭接；横向分配梁上纵向铺10cm×10cm方木，方木横向中心距为25cm和35cm。纵向方木上铺15mm厚竹胶板作为箱梁底模。

(3)分配梁下设碗扣满堂支架，支架采用$\phi48\times3.5$mm(按壁厚2.8mm折减检算)直缝钢管，材质Q235，满足GB/T 3091—2015规定的力学性能。支架立杆纵距在中墩14m范围内为60cm，其他为90cm；支架立杆横距在腹板下为30cm，底板及翼板下为90cm，过渡部分为60cm。

(4)膺架顶布置I12.6横向分配梁，在分配梁上搭设碗扣式满堂支架。

(5)膺架采用321型贝雷梁，箱梁边跨膺架采用单层加强型贝雷片，箱梁主跨膺架采用双层加强型贝雷片。

(6)贝雷梁支撑在工字钢大横梁上，其中主跨为2-I56b，边跨为3-I40b。

(7)工字钢大横梁下设钢管立柱(主跨钢管柱采用$\phi800\times10$mm钢管，边跨钢管柱采用$\phi800\times10$mm或$\phi630\times16$mm钢管)，立柱每排19根，横桥向间距2.6m或2.0m(轻轨翼缘板下)。

2.2 支架系统的材料参数

(1)钢材：钢管立柱、工字钢、碗扣脚手架钢管等均为Q235A钢，管顶大横梁规格分别为3-I40b和2-I56b。

(2)箱梁底模：箱梁底模、侧模采用竹胶板，板厚1.5cm。

(3)分配梁：10cm×10cm方木、10cm×15cm方木和I12.6号工字钢。

(4)支架基础：采用$\phi1.5$m钻孔灌注桩基础，部分加强桩采用$\phi1.0$m钻孔灌注桩基础，承台梁混凝土强度等级为C40，部分钢管柱支撑在桥墩承台顶面。

2.3 支架搭设基础处理

首先进行桩基施工，使地基承载力满足设计要求，再进行2m×1m的钢筋混凝土条形基础施工。根据设计资料，支架桩和铁路框架桥八字墙搅拌桩有重叠。框架桥水泥搅拌桩桩径0.6m，桩间距1.0m，桩长10m；支架桩基桩径1.5m，桩长48m，从框架桥布桩图看，每个八字墙重叠1~3根桩，合计重叠10根水泥搅拌桩；因支架钻孔桩深度长，重叠部分区域完全满足地基要求。

原地面高程21.2m，框架桥基础底高程18.84m，开挖深度约2.4m。结合支架条形基础修筑平台高度(坡脚填土高度约0.5m，4号条形基础填土高度约2.5m)，下步框架桥基础施工时3号条形基础临空深度2.9m，4号条形基础临空深度4.9m，支架设计考虑加桩和系梁增强水平刚度，但铁路框架桥在基础开挖时需采取钢板桩或其他方式对基坑进行支护，防止塌方对支架桩受力造成影响。

2.4 支架搭设

2.4.1 钢管柱部分

(1)混凝土条形基础

条形基础为C40钢筋混凝土结构，基础顶部预埋120cm×120cm×2cm钢板。

①条形基础。条形基础宽2m，高1m，坐落在铁路边坡附近。

②预埋钢板。为了更好地使得钢支撑与条形基础相连接,故在每个条形基础表面预埋 120cm×120cm×2cm 钢板钢管立柱法兰板与预埋件面板四面围焊。条形基础浇筑完毕后,及时清理预埋钢板表面及螺栓上的残留混凝土。混凝土基础的模板安装必须平整,杜绝较大错台,杜绝线性不流畅现象;混凝土强度达到设计强度的80%允许拆模。

(2)钢管柱支撑

钢管柱采用 $\phi 800 \times 10mm$ 和 $\phi 630 \times 16mm$ 的螺旋管,吊车配合安装到位。钢管柱两端焊接 $1200mm \times 1200mm \times 20mm$ 钢板,钢管柱与条形基础预埋钢板采用围焊。横向钢管柱之间设置剪刀撑,剪刀撑采用[10 槽钢。钢管柱安装需保证弯曲矢高 $\leqslant H$‰ 且不大于 25mm。

钢管柱、剪刀撑及钢板统一涂刷暗红色反光漆,起到安全警示作用,四周设置围护结构,防止铁路路基施工过程中对钢管柱产生碰撞等事故。条形基础四周要保证排水通畅,防止条形基础被水浸泡或产生冻害影响。

(3)横桥向分配梁

横桥向分配梁直接坐落在钢管柱顶面钢板上,吊车配合安装到位。大横梁为工字钢,主跨为 2-I56b,边跨为 3-I40b。为加强工字钢刚度,在柱顶位置焊接筋板,间距 30cm,同时为防止大横梁工字钢在钢管柱顶面钢板发生位移,在工字钢两侧各焊接[20 槽钢作为斜撑。

(4)贝雷梁支架

大横梁顶部设贝雷梁,由吊车配合安装到位。贝雷梁由单片 321 型贝雷片(3000×1500)组装而成,贝雷片相互之间用连接销进行连接,桥梁主跨为双层贝雷梁,边跨为单层贝雷梁。

(5)防护竹胶板

为防止在碗扣支架搭设过程中发生杆件、钢管等物体坠落及保护下方作业安全,在贝雷支架顶面满铺 1cm 厚竹胶板。

(6)横桥向上分配梁

在贝雷梁支架上竹胶板铺设完毕后采用 I12.6 工字钢,作为碗扣式满堂支架的支撑面,按照设计位置布设。为保证工字钢整体稳定性,用 $\phi 16$ 钢筋在工字钢顶面将每排工字钢进行焊接连接,钢筋间距 3m。

2.4.2 贝雷梁部分

结合梁宽和现场条件,支架及贝雷片搭设采用汽车吊,公路左右幅可以在左右侧便道进行吊装搭设,轨道桥采用汽车吊在每跨间分跨吊装搭设,所需碗扣件分段吊到上部存放。

在跨越邯胶铁路联络线贝雷梁支架的施工中,为防止侧向失稳情况,采取有效措施加强贝雷梁刚度后,架设成功,完成梁体施工。

2.4.3 满堂支架部分

预应力混凝土连续箱梁采用碗扣式满堂支架进行施工,支架钢管采用 $\phi 48 \times 2.8mm$ 直缝钢管折减检算,材质 Q235。材料进场后应对材料进行清点验收,检查钢管管壁厚度、外观质量及可调撑托的材质,抽检比例不低于 30%,对于壁厚减少量超过 10% 的应进行报废;扣件使用前必须进行检查,有裂缝、变形或螺栓出现滑丝的扣件严禁使用。

对于租赁的碗扣杆件必须有产品合格证,生产厂家必须具有技术质量监督部门颁发的生产许可证,对没有质量证明材料或质量证明材料不齐全的一律不准进入施工现场。

支架搭设顺序是:放样弹线→可调底座→支架立杆→横纵水平杆→扫地杆、剪刀撑→可调顶托→支架检查验收合格→横向 10mm×15cm 方木→纵向 10mm×10cm 方木→铺设安全作业平台→铺设模板→整体验收。

3 支架预压

3.1 预压的目的及合格标准

为保证梁体混凝土的施工质量,检验支架的承载能力,在支架搭设完毕,底模安装完成后,必须进行预压处理,以消除支架非弹性变形,同时取得支架弹性变形和非弹性变形的实际数值,作为梁体立模的预拱设置的参考。

在全部加载完成后的支架预压监测过程中,当满足下列条件之一时,判定支架预压合格:

(1)各监测点最初24h的沉降量平均值小于1mm。
(2)各监测点最初72h的沉降量平均值小于5mm。

3.2 预压的方法

根据设计工况,整联箱梁分三个节段施工,一个98m节段,两个32m节段;施工分为两阶段,第一阶段施工98m节段,第二阶段对称施工32m节段。依据支架正上方各施工节段箱梁混凝土重量分布情况,在搭好的支架上堆放梁跨荷载1.2倍的预制袋,并采用分级加压的方式,每个预压单元内的预压荷载采用均布形式。

预压前,调整好模板,测出所有观测点高程,加载顺序同混凝土的浇筑顺序,先是各跨跨中部分($L/8 \sim L/4$),先底板后翼板对称进行,后进行支点部分预压。用水准仪观测沉降量,加载完成后,预压时间共24h,开始4h每隔1h进行观测;后8h每隔4h进行观测;最后12h每隔6h进行观测。观测内容包括对预压观测点的观测和主要承重构件的变形观测,并检查支架是否出现异常,如有异常立即停止预压,进行加固处理,确认无安全隐患后,再继续预压。

(1)预压材料使用预压袋,预压袋装碎石,因材料用量大、工期紧,三幅同步预压,左幅公路桥需预压碎石11 600t、右幅公路桥需预压碎石11 600t、中间轨道交通桥需预压碎石5 640t,预压袋的重量为1.2t/袋,供需吨袋24 100个。按照预压方案,预压采取塔吊和75t吊车配合,堆放时根据梁体重量分布情况设置,预压荷载在腹板处加大,底板处减少。

(2)支架预压采用分级加载方式,0→60%→80%→120%,当达到120%荷载时持续24h。每级加载完成后,先停止下一级加载,并每间隔12h对支架沉降量进行一次监测,当支架顶部监测点12h的沉降量平均值小于2mm时,再进行下一级加载。

卸载遵循先压后卸、后压先卸的顺序,采用分级卸载的方式:120%→80%→60%→0,每完成一级卸载,对所有测点进行一次测量。

(3)预压观测点采用在支架上方挂垂直线锤或在支架下方划油漆标记。

(4)预压记录。

①监测点布设。

以墩中心为基线,沿桥梁纵向每隔1/4跨径布置一个监测断面,每个断面上对称设置5个监测点,在支架顶部和底部对应位置分别进行布置,设专人进行观测,如图1所示。

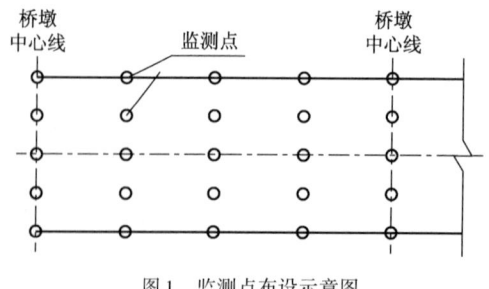

图1 监测点布设示意图

②观测方法。

按照加载前、加载中(60%和80%)、加载后(120%)及卸载6h后四个阶段分别对支架预压过程进行检测并完整填写"支架沉降检测表 – 顶部(底部)测点"内数据。

监测过程应注意以下四点:

a.监测点在预压前、预压后观测并记录结果。为减小人为观测误差,应定人、定仪器观测,观测时间应选择在早晨或傍晚,避免在强光、高温时进行。

b.在压载过程中实施全天候跟踪观测支架的变形情况并作好记录,待支架不再发生沉降、预压结束为止。一边进行预压,一边观测支架的变形情况,发现异常情况应立即停止加载作业,及时查找原因,处理正常后方可继续加载。

c.整理预压结果记录,形成一个总体的结果分析报告,通过对支架变形包括弹性、非弹性变形数据的监控,将预压结构分析报告中的数据用于指导梁体施工。

d.预压卸载完成后,检查底模变形情况,并用木楔或小钢板调平底模,对检查不合格的模板进行更换处理。

3.3 典型数据整理分析

测量人员用专用表格对每次测量数据进行详细记录,根据现场采集数据进行计算分析,得出系统变形量。基础与支架预压监测应计算出沉降量、弹性变形量、非弹性变形量,其中沉降量主要为预压验收提供依据,弹性变形、非弹性变形量主要为后续的现浇箱梁支架确定施工预拱度提供依据。非弹性变形,可认为支架和模板以及分配梁等非弹性变形已消除。弹性变形,可根据弹性变形值在模板上设置预拱度,以使支架变形后梁体变形满足设计要求。在预压每一节段支架过程中注意监测未压重节段支架高程,防止支架模板产生翘曲现象,若有翘曲现象,可采取配重等措施予以消除。

图2为跨邯胶铁路45m+72m+45m右幅第二跨支架弹性沉降量,图3为跨邯胶铁路45m+72m+45m右幅第二跨支架非弹性沉降量,经统计,跨邯胶铁路45m+72m+45m右幅第二跨支架弹性沉降量平均值为0.019m,最大值为0.027m,最小值为0.016;非弹性沉降量平均为0.009m,最大值为0.018m,最小值为0m;跨邯胶铁路45m+72m+45m右幅第二跨支架弹性沉降量和非弹性沉降量都符合《钢管满堂支架预压技术规程》(JGJ/T 194—2009)的要求,从而说明支架搭设方案设计与实施符合下一步混凝土浇筑的要求。

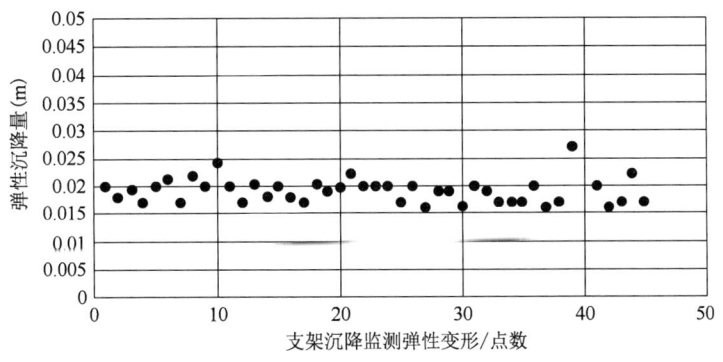

图2 跨邯胶铁路45m+72m+45m右幅第二跨支架弹性沉降量

3.4 浇筑混凝土时贝雷梁底沉降规律

卸载后根据观测成果对底模进行调整,设置预拱度,底模高程=梁底高程+弹性变形的平均值。如图4所示为浇筑混凝土时贝雷梁底沉降量随混凝土浇筑时间变化规律,从图中看出,开始浇筑时,沉降量增加显著,特别是点1沉降量最大达到21mm,随着浇筑时间增加,沉降量逐渐平缓稳定;点2和点3沉降量一直处于10mm以内,沉降量较小;从图4中显示的浇筑后支架沉降量满足施工精度的要求。

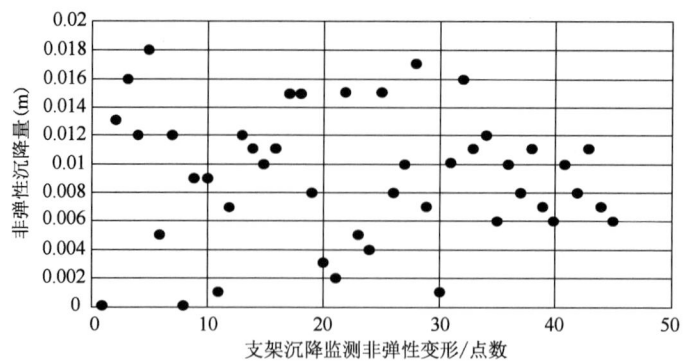

图 3 跨邯胶铁路 45m+72m+45m 右幅第二跨支架非弹性沉降量

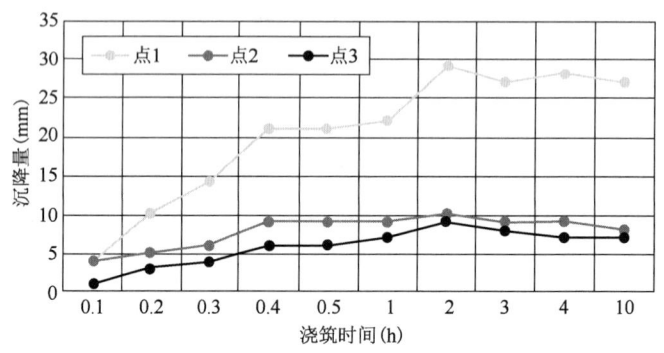

图 4 浇筑混凝土时贝雷梁底沉降规律

4 结语

本文介绍了设计支架搭设设计与施工方案,重点说明了支架预压目的、方法以及结果。通过分析监测数据,结果表明支架弹性沉降量与非弹性沉降量符合《钢管满堂支架预压技术规程》(JGJ/T 194—2009)的要求;从浇筑混凝土时贝雷梁底沉降量随混凝土浇筑时间的变化规律看,浇筑后支架沉降量满足施工精度的要求。

参 考 文 献

[1] 中华人民共和国住房和城乡建设部.钢管满堂支架预压技术规程:JGJ/T 194—2009[S].北京:中国建筑工业出版社,2009.
[2] 陈永瑞.碗口式模板支撑架设计与施工监控[D].西安:长安大学,2011.
[3] 赵忠磊.现浇桥梁模板支架设计和施工技术研究[D].北京:北京工业大学,2018.
[4] 王伟.魏喜超.浅谈贝雷梁支架在桥梁工程中的应用[C]//全国桥梁技术交流会,2012.

103. 浅谈预应力现浇混凝土箱梁施工

姚 震[1] 古海平[1] 李 鲁[2]

(1.北京磐石建设监理有限责任公司;2.济南城市建设集团有限公司)

摘 要:本文结合工程实例,介绍现浇预应力混凝土连续箱梁施工技术,从支架施工、模板安装、钢筋工程、混凝土的浇筑、预应力张拉、脚手架拆除等方面进行了论证。

关键词:预应力 现浇混凝土箱梁 施工 要点

1 引言

随着城镇化快速发展,城市交通压力日趋繁重,为满足城市发展的需要和缓解城市交通问题,地下隧道、高架立交桥梁等成为有效地交通方式。高架桥梁主要形为钢箱梁、现浇钢筋混凝土箱梁、钢—混凝土结合梁、预制盖梁等形式,本文结合某高架立交桥预应力现浇混凝土箱梁为依托,浅谈预应力现浇混凝土箱梁施工施工工艺及控制要点。

某立交桥为一座四层的大型互通立交,包括7条匝道,匝道宽9~21.2m。立交箱梁AL2联为2×23m普通混凝土箱梁,线路交叉处为钢箱梁其他均为现浇预应力混凝土箱梁。梁宽9~21.5m,高1.8~2m,顶板厚25cm,底板厚22cm,腹板厚40cm。单股匝道立交桥梁长度为50~130m,桥梁跨度为2~4跨。标准截面图如图1所示。

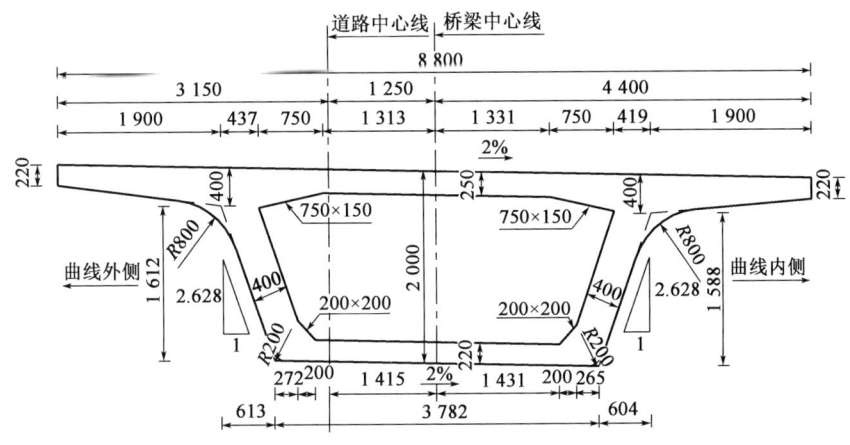

图1 现浇混凝土箱梁截面图(尺寸单位:mm)

2 混凝土箱梁施工工艺

现浇混凝土箱梁常用支(模)架法和悬臂浇筑法施工,在无需上跨河流、湖泊或既有城市道路时,一般采用支架法施工,本文支架法施工技术,主要施工工艺流程如图2所示。

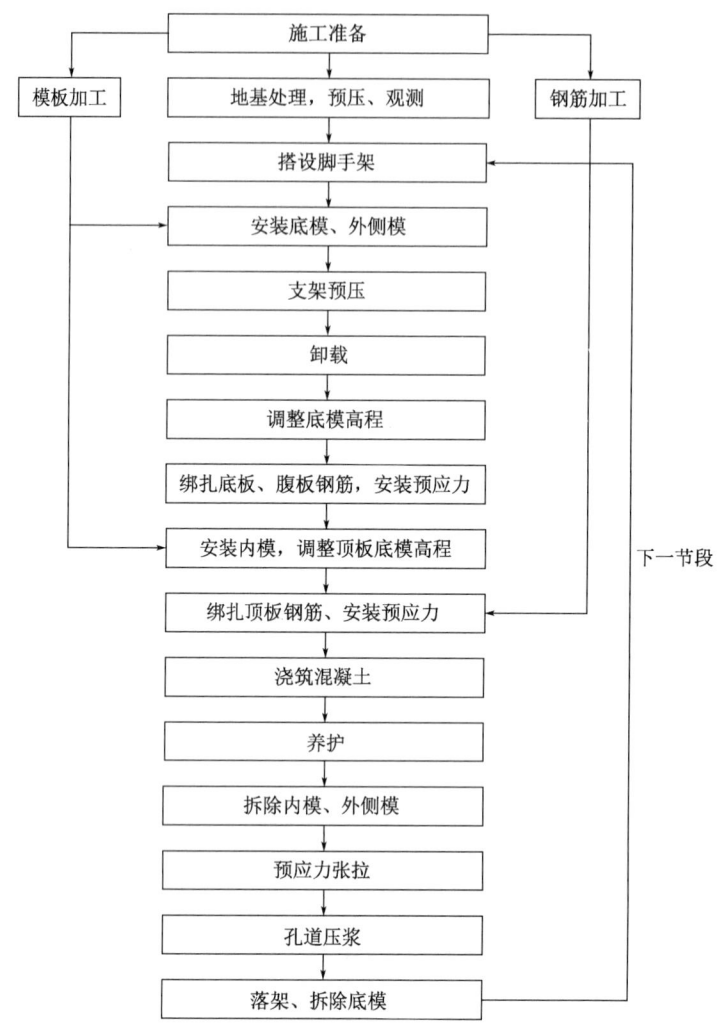

图2 现浇混凝土箱梁施工工艺流程图

2.1 地基处理

地基作为整个桥梁支架承载力支撑的基础,地基承载力应能满足整个支架体系及上部桥梁自重和施工过程中全部荷载的要求,应能保证在施工过程中不能发生沉降、沉陷导致支架体系变形或失稳的现象。根据现场地基情况不同,地基处理的主要方式有以下几种:地基加固、基础换填、夯实硬化等。地基处理施工主要控制要点包括:

(1)荷载体系验算应准确,地基基础承载力复核满足施工过程中出现最大荷载的要求。

(2)地基基础周边排水通道需健全,严禁基础水泡。

(3)地基基础加固硬化范围一边至少大于支架搭设范围宽0.5~1m。

2.2 支架搭设及预压

现浇混凝土箱梁支架体系通常采用碗扣式支架和盘扣式支架,碗扣式支架采用 $\phi 48 \times$

3.5mm钢管支撑,底板范围内立杆横向间距为0.9m,悬挑翼缘板范围立杆横向间距为0.9m。纵距为0.6m,横梁处加密为0.3m。步距一般为1.2m(根据承载力验算调整)。盘扣式支架采用φ60×3.2mm钢管支撑。因盘扣式支架施工方便、快捷,整体稳定性较扣件式和碗扣式支架好,在桥梁施工时应用较为广泛。满堂支架体系施工控制要点:

(1)支架下方垫设方木,方木间距应适中,方木间距为30cm,在横梁段及腹板处木方间距加密为20cm,根据现场施工情况进行调整。

(2)安装支架是,应根据梁体和支架的弹性、非弹性变形,设置预拱度。

(3)支架安装后,采用预压等措施消除拼装间隙和地基沉降等非弹性变形。

(4)根据《钢管满堂支架预压技术规程》(JGJ/T 194—2009)对支架进行选择性预压支架,预压加载过程分为3级进行,依次施加的荷载应为单元内预压荷载值的50%、100%、120%,预压完成后进行卸载施工。

(5)钢管门洞支架施工,门洞支架基础采用1 000mm×1 000mm×600mm钢筋混凝土基础,立柱采用φ620×8mm钢管,纵向步距3m。上设双I45a横梁,间距45cm布置贝雷片。贝雷片上铺15mm木板作为防坠落平台,上方设I10布置随满堂支架布置,在支架上搭设满堂支架。门洞式支架体系需注意警示标识、邻边防护等措施。如图3所示。

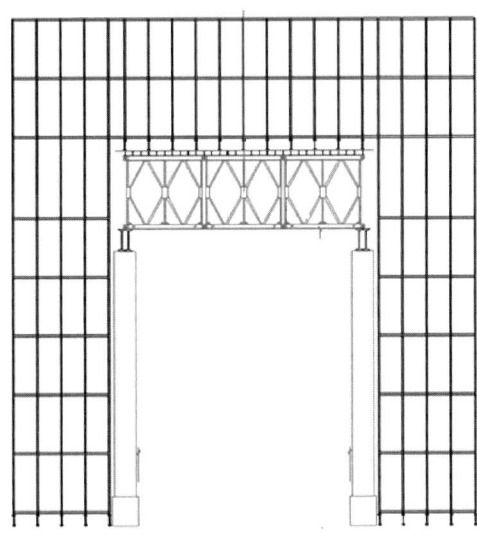

图3 门洞式支架体系搭设示意图

(6)支架体系施工必须按照危大工程施工程序执行验收程序,主要为搭设步距、方式、剪刀撑设置、方木设置、防坠措施、扣件是否松动等。

2.3 模板施工

模板施工顺序:安装底模板(包括底板张拉槽模板)→安装侧模板→安装翼缘底模板→安装内模板(包括张拉齿块模板)→翼缘板侧模安装→顶板张拉槽模板安装→模板加固。

2.3.1 外模安装及调整

模板对缝处必须位于木方之上,对拼缝要进行刷胶处理,尤其超高变化段及与支座连接处。在曲线段时可在适宜位置(一般在支座处)夹三角模板,以保证线形或根据半径大小,模板错开以形成曲线。腹板侧模和翼缘板模板采用专业厂家制作的竹胶板模板配定制外侧钢桁架。按照支架预压后设置立模高程,先逐块拼装底模,后再拼装侧模。模板拼装完成后,测量先对高程及边线进行复核。

2.3.2 内模安装及调整

箱梁内模由顶板底模、腹板侧模、横隔梁侧模及压脚模组成，为方便拆除，内模采用木模加工成定型模板，采用钢管支架进行加固。

内模拆除时，先旋松可调顶托，使模板脱落，拆除钢管支撑架，卸下连接卡，然后将模板逐块取出。及时清理拆出的模板，并按要求组装，以备下次使用。

为了内模板从箱梁内腔中取出以及混凝土施工时人员通行需要，在箱梁顶部预留施工人孔，设置在桥跨1/2处，施工人孔尺寸约0.8m×0.9m，待模板拆除后，焊连接割断钢筋，重新补浇施工人孔混凝土。模板施工控制要点：

（1）模板安装顺序为先底模，后侧模，再内模。
（2）模板安装偏差应符合规范设计要求。
（3）模板表面清理干净，并均匀地涂刷脱模剂。
（4）施工完成后，利用顶托调节螺栓卸荷完成底模脱模，严禁撬除拆模。
（5）卸载以后，解除模板之间的连接螺栓，先拆除翼缘板模板，后拆除底板底模。
（6）侧模拆除时应做好交通导流和安全防护工作。

2.4 钢筋制安

混凝土箱梁钢筋加工与通常钢筋制安一样，箱梁钢筋绑扎的顺序为：底板钢筋绑扎、预应力管道安装→腹板及横隔梁钢筋绑扎、预应力管道安装→顶板（含翼缘板）钢筋绑扎、预应力管道安装。施工时，箱梁的顶板、底板的上下层之间采用小直径短钢筋加工成钢板凳固定绑扎，保证上下层钢筋的间距；腹板的内外层之间采用小直径短钢筋（两端用900弯钩）固定绑扎形成整体。钢筋制安主要控制要点：

（1）钢筋绑扎时，必须预埋好防撞护栏、伸缩缝、泄水管、照明设施等钢筋和预埋件。
（2）底板应力状态主要是受拉状态，直接影响箱梁的负荷程度，尤其底板底层属最大拉应力区，应加强质量控制，铺完横向筋后再铺纵向主筋。纵向筋与桥方向平行，可以以底板外边缘为准，定出纵向筋的位置。铺底板顶层时，先架设架立筋，再铺横向筋，使底板钢筋能形成一个封闭的整体。
（3）腹板包括受力筋、勾筋和箍筋。受力筋主要承受外荷载在梁内产生的拉应力；勾筋提高斜截面抗剪强度；箍筋是承受由剪力和弯矩在梁内引起的拉应力，提高梁的承载力。首先将箍筋立于底模板上，以底板外边缘为准，按其间距将箍筋固定，以此工序循环，完成骨架连接，再将受力筋把箍筋连接成骨架，箍筋弯钩的叠合处，沿桥向置于上面并错开布置按间距绑扎。
（4）在横梁安装中，以支座中心线为中点，按图纸拉线放线。按照底筋、弯起筋和顶筋、箍筋的先后顺序将各种钢筋依次穿插于安装好的底板和腹板钢筋中，焊接固定，校核其位置。
（5）在铺完翼板模板及内模模板时，可进行顶板钢筋安装。连续箱梁顶板在支座附近承受最大拉应力（尤其梁端处），所以配筋较密，钢筋直径较粗。顶板钢筋分为翼板底层、顶板底层、翼板顶层、顶板顶层。
（6）钢筋绑扎时，注意保护预应力孔道。

2.5 混凝土浇筑

箱梁混凝土一次浇筑完成，浇筑顺序为：纵桥向由每跨跨中向两端浇筑，避免跨中挠度变形造成接缝处出现裂纹；横桥向混凝土浇筑顺序：底板→腹板、横梁→顶板（含翼板）。混凝土浇筑控制要点：

(1) 混凝土浇筑前,对支架系统、模板、钢筋、波纹管及其他预埋件进行认真检查。

(2) 混凝土浇筑过程中,严格控制施工荷载,防止局部施工荷载超标,造成支架不安全,混凝土浇筑过程中对支架体系进行全过程检查、监控。

(3) 混凝土浇筑前,复核底板、顶板模板等高程。

(4) 腹板混凝土采取分层浇筑,分层厚度为30cm。

(5) 避免振捣器碰撞模板、钢筋、波纹管及其他预埋件;混凝土振捣应密实,不漏振、欠振和过振。

(6) 底板混凝土振捣时,人从预留施工人孔进入箱室内进行振捣收平;室内如有多余混凝土,要及时进行清除。

(7) 做好大体积混凝土温控管理和养护工作。

2.6 预应力施工

预应力钢筋混凝土箱梁一般采用预应力钢绞线,后张法进行预应力张拉。张拉工艺流程如图4所示。

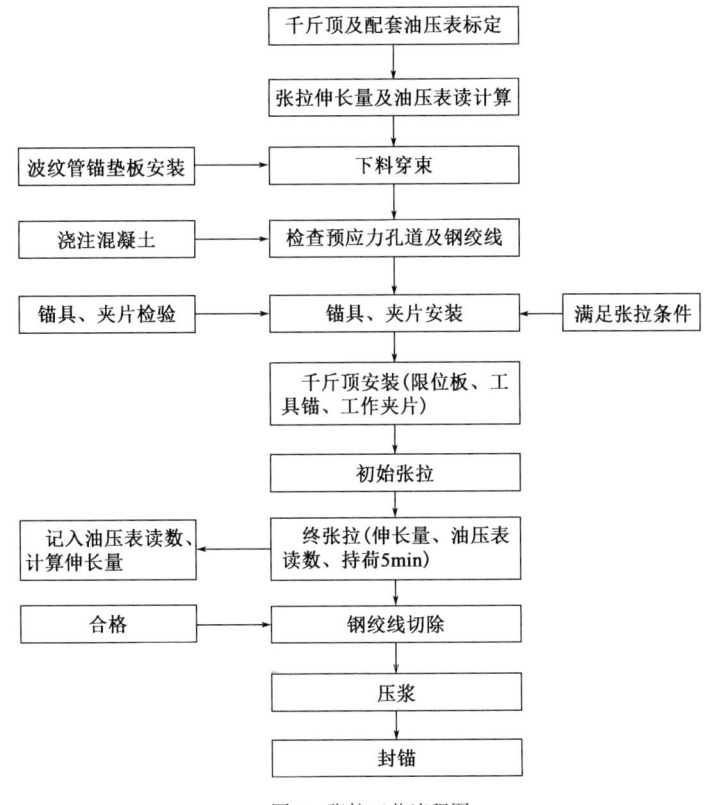

图4 张拉工艺流程图

2.6.1 波纹管、锚垫板施工

(1) 波纹管

波纹管应取样进行径向刚度、抗渗漏试验,合格后方可使用;波纹管接驳采用大一型号套接,各接头处使用防水胶布缠裹严密,以防漏浆。

波纹管按设计给定的曲线要素安设,位置要准确,采用"井"字形架立钢筋固定预应力钢束。每根波纹管按要求设置排气孔,排气孔采用φ20mm的钢丝胶管。安装好的胶管根据波纹管进行编号,用铅丝绑扎在胶管上,并从顶板、底板及腹板引出。

混凝土浇筑前,进行隐蔽工程验收。仔细检查波纹管的位置、数量、接头质量及固定情况;检查直管是否顺直,弯管是否顺畅;检查波纹管是否被破坏,发现问题及时处理。

(2)锚垫板

锚垫板进场时,应按要求进行检查验收,抽检试验合格后才能使用。锚垫板安装与孔道垂直,及时固定。

锚垫板尾部与波纹管套接,波纹管套入锚垫板的深度不小于10cm,其接缝填塞严密,并用防水胶布缠裹。

锚垫板口及预留孔内用棉纱或其他材料填塞,并用防水胶布封闭。

2.6.2 钢绞线下料、安装

钢绞线进场后,按规范要求进行验收,对其强度、延伸量、弹性模量及外形尺寸进行检查、测试,合格后使用。

钢绞线根据施工实际要求,确定张拉工作长度进行下料,下料采用钢卷尺精确测量、砂轮切割机切割,严禁电焊氧割切割钢绞线。用于锚固端和连接器处的钢绞线一端要先挤压锁头器(钢绞线外露2~5mm)。钢绞线堆放整齐,做好防雨、防潮措施。

预应力钢绞线采用先穿法,即在波纹管埋设时完成穿束。

2.6.3 锚具及千斤顶准备

锚板、夹片在使用前必须通过检查验收,合格后分类保存;千斤顶和油压表应配套使用,并及时标定。预应力束均采用穿心式千斤顶张拉。千斤顶与配套油表按照规范频率(6个月或300次)要求,及时进行标定,以便张拉工作准确正常进行。

预应力锚具及千斤顶安装时,先清理锚垫板及钢绞线,然后分别安装锚板、夹片、限位板、千斤顶、工具锚板及工具夹片。穿心式千斤顶由2t的手拉葫芦悬挂及定位。

2.6.4 预应力束张拉

张拉必须在箱梁混凝土达到设计要求强度(混凝土强度及弹性模量设计值达到90%后,且龄期不小于7d)方能进行。张拉采用双控方式,以应力控制为主(每束钢绞线张拉控制应力见专项控制应力交底资料),伸长值校核为辅,实际延伸量应在理论引伸量的±6%范围内。

预应力束张拉程序为:0→初应力($20\%\sigma_{con}$)→σ_{con}(持荷5min后锚固)。

预应力束在张拉控制应力达到稳定后锚固,其锚具用封端混凝土保护,锚固后的预应力束外露长度不得小于30mm,多余的预应力钢绞线用砂轮切割机割除。

预应力钢束张拉时要尽量避免出现滑丝、断丝现象,确保在同一截面上的断丝率不得大于1%,而且限定一根钢绞线不得断丝2根。

2.6.5 孔道压浆

预应力束张拉完成后,为防止预应力损失,应在张拉完成后48h内对孔道压浆进行,并保证压浆质量。

压浆材料采用专用压浆剂,性能要求见表1。压浆材料,强度应达到设计强度,水胶比为0.26~0.28,稠度宜控制在14~18s,泌水率最大不得超过3%,拌和后3h泌水率宜控制在2%,泌水应在24h内重新全部被浆吸回。

张拉工序完成后,用砂浆或水泥净浆封堵锚头外面钢绞线,使压浆时水泥浆不会从钢绞线与锚头间缝隙中流出。压浆前,用高压水将孔道冲洗干净,然后用空气机压缩空气将孔道内的积水排除。压浆先压注下层孔道,并从低处压浆孔压入。压浆应缓慢、均匀、连续地进行。压浆结束后,立即用高压水对箱梁被污染的表面进行冲洗,防止遗漏的浮浆黏结,影响混凝土黏结质量。

压浆剂材料性能　　　　　　　　　　　表1

项　　目		性　能　指　标
水胶比		0.26~0.28
凝结时间	初凝	≥5
	终凝	≤24
流动度(25℃,s)	初始流动度	10~17
	30min 流动度	10~20
	60min 流动度	10~25
泌水率(%)	24h 自由泌水率	0
	3h 钢丝间泌水率	0
压力泌水率(%)	0.22MPa(孔道垂直高度≤1.8m)	2.0
	0.36MPa(孔道垂直高度>1.8m)	
自由膨胀率(%)	3h	0~2
	24h	0~4
充盈度		泡沫层≤1mm,气囊≤3mm

2.6.6 封锚

压浆完成后,对需封锚的部位及时进行混凝土浇筑。封锚施工时,先对锚具周围的箱梁混凝土进行人工凿毛,冲洗干净后,设置钢筋网、支立模板并浇筑混凝土。

灌浆用水泥采用与 C50 混凝土同品种水泥,配合比经试验确定,不得掺入氯化物或其他对预应力筋有腐蚀作用的外加剂;水泥浆应满足下列技术要求:泌水率最大不得超过3%;自由膨胀率应小于10%;稠度宜控制在14~18s。施工中,水泥浆应保持有足够的流动度,当水灰比为0.35~0.4时,流动度为120~170mm,即可满足灌浆要求。流动度应由流动度测定器进行测定。在水泥浆中掺入占水泥重量0.05‰的 UPA 型膨胀剂,可使水泥浆获得2%~3%的膨胀率,可有效提高孔道灌浆饱满度,同时也可以满足强度要求。

2.7 脚手架拆除

混凝土浇筑完成达到拆模条件后,拆除模板和分配梁后再进行支架拆除。

(1)架子拆除程序应由上而下,按层按步拆除。按拆架原则位搭设顺序逆序。剪刀撑、拉杆不准一次性全部拆除,剪刀撑、拉杆随立杆拆除。

(2)拆除工艺流程:护栏→跳板→小横杆→大横杆→剪刀撑→立杆→拉杆循环至地面→清除扣件→按规格堆码。

(3)拆架人员必须系安全带,拆除过程中,应专人统一指挥,负责拆除工作的全部安全作业。

3 结语

预应力现浇钢筋混凝土箱梁施工,必须严格控制的重点有:

(1)支架地基处理,完成地基处理后,必须进行地基承载力试验,满足支架专项施工方案要求后,方允许进行支架搭设。

(2)主筋的焊接接头的长度和位置,双面焊长度不小于 $5d$,单面焊长度不小于 $10d$,禁止同一截面焊接接头超出规范标准。

(3)支架完成预压后底模高程控制,要保证预留好支架足够的沉降预留和上拱度预留。

(4)模板的整体平整度要符合要求。

(5)外撑内拉等加固系统要满足施工要求。

(6)浇筑混凝土前,严格执行隐蔽工程验收,确保预埋波纹管的完整性、接头良好,确保预应力张拉可正常进行。

(7)第一次混凝土浇筑水平施工缝的处理,必须将水平施工缝限位木条固定限牢,防止跑位影响质量。

(8)预应力张拉设备、锚具施工前严格执行校验、送检制;张拉施工必须进行对称张拉、由中心向外张拉的原则进行;管道压浆和封锚浆液质量符合要求。

104. 公路工程施工项目精细化管理对策探究

姚 震[1] 古海平[1] 房 明[2]

(1.北京磐石建设监理有限责任公司；2.济南市交通工程质量监督站)

摘 要：交通运输行业的发展推动了公路工程施工项目建设，而施工质量又直接影响着交通运输业的长期稳定发展，因此如何提高公路工程施工项目的质量是当下值得思考的问题，精细化管理是新时代一种管理方式，从细节出发去对工程施工项目的施工进行管理，提高管理质量和最终施工质量，本文对此展开研究，希望对公路工程施工项目的高效完成提供思路。

关键词：公路工程 施工项目 精细化管理

1 引言

精细化管理是一种新型的管理理念，符合当代发展需求，同时也是一种管理文化的践行。新时代不论是分工、服务，还是具体的管理都需要注重细节，坚持规范管理。例如，管理责任化、制度精确化等都是精细化管理的要求，公路工程施工项目周期较长、工序繁杂，各个细节都会影响最终的工程质量，因此应当坚持创新，将精细化的管理理念融入其中，提高项目施工质量，促进公路工程的社会效应发挥。

2 公路工程施工项目精细化管理意义

2.1 保障工程项目保质保量顺利完工

公路工程施工过程中会出现各种各样的问题，主要原因是公路工程在室外施工，施工范围比较广泛，外部干扰因素较多。面对各种各样的问题，我们需要对施工项目进行精细化管理，原有传统的管理体制在实际管理中出现了越来越多的弊端，已无法满足当前公路施工项目管理的需要，面对当前状况，积极地调整管理体制是当前企业发展的必经之路。要把工程中的各个部门、各个人员积极地调动配合起来，就需要对施工技术、施工技术人员、施工技术人员、施工工艺、施工资源进行细化分工，做到精细化管理，各个部门通力配合，将外部干扰因素降低到最小，从而保质保量地完成施工项目。

2.2 最大程度降低施工中的不安全因素

公路工程施工项目涉及的人工、设备、环节众多，其中的不安全因素也是不可控的，再加上施工人员素质因素、设备购置和使用流程是否合理因素等都会引发施工安全问题，从而给人员和财产造成不可估量的损失，严重的还会影响整个工程的工期和交付。因此如果对其进行更为科学合理的管理是当下亟待解决的问题,精细化管理就是现代化的一种管理模式,从细节、微观角度去对公路施工项目进行管理与约束,提前发现一些不安全因素,从而予以制止或者改善,最大限度地降低其损失。

2.3 控制公路工程施工项目的成本

一项施工项目过程中成本涉及的范围比较广泛,积少成多,因此如何不能从细节出发去规划一个工程的成本预算和实际支出,很容易造成成本过高,影响最终的收益,因此精细化的管理可以进行更加翔实的工程成本预算,从而有利于施工过程中原材料、人工费等各种费用的成本控制,避免无故浪费资源的现象,实现高效低成本的公路工程建设。

3 公路工程施工项目精细化管理存在的问题

精细化管理的重要性已经毋庸置疑,但是在现实实践中还存在很多不足之处,例如相关管理人员的重视程度、制度的完善与落实、执行过程不严谨等,下面对目前存在的问题进行整理分析。

3.1 质量方面

质量方面想要实现精细化管理首先依靠的就是完善的质量管理制度,但是就目前来看,制度建设和现实需要还是存在差距的。例如,质量管理结构设置不合理甚至缺少这种专门性的机构、配备人员数量不足、综合素质不够等等,再加上具体的施工过程缺乏质量监管,施工单位过分的重视工程最终的经济效益,忽视质量控制等。再者,对于工程施工质量的现场监管也不合理,不能做到及时排查、及时解决,导致很多隐患产生,最终影响公路工程社会积极影响力的发挥。

3.2 成本方面

建筑施工涉及的成本比较多样化,一旦控制不好就会产生浪费、超出预算等现象,对于公路工程施工项目也是如此。据了解,目前公路工程施工项目建设过程中,成本管理的意识还不够,而且缺乏成本管理科学性的体系,因此无法规范成本预算和支出。例如,建设过程中不注重控制人工费、材料使用费等,从而导致很多预算超标,细节浪费积少成多,最终制约了整个项目的成本作用的发挥。

3.3 进度方面

公路工程施工项目因为其周期较长,因此需要严格的进度控制和计划才可以确保最终按时完工,但是现实中的进度往往会由于各种原因被耽误,例如分工不合理、分包单位进度控制不好、责任推诿现象严重等。再加上月度规划、季度规划或者年度规划不合理导致整体进度被耽搁的现象也存在,从而拖延整个工期进度。

4 公路工程施工项目精细化管理的对策

通过上面的分析可以看出,细节决定成败,对于公路工程施工项目也是如此,精细化管理理念落实不到位就会影响工程建设的进度和效益,因此本文认为可以从以下几个方面进行改善。

4.1 质量方面

首先,完善质量管理体系,该体系的完善包括主体、过程及效果三个方面;其次就是质量体系的严格执行,例如质量监控组织结构设置合理科学、相关人员具备较强的责任心和严格的操作流程意识;最后就是注重现场质量监控,通过严格的巡视安排和记录制度,确保对质量的把控,对于质量不合格的流程和环节应当予以制止,严重情况下甚至可以停工整改。总之,质量一定要进行精细化的管理,从细节出发、精确管理。

4.2 成本方面

成本的精细化管理重点也是精细化理念的渗入,因此施工单位应当坚持利用精细化的管理模式控制成本。首先,人工费用的成本控制。通过严格的工作量和工作人员分配,促使人工配备科学化、合理化,同时建立人工工作的奖惩制度,既能确保工程顺利完工,同时对于付出不同努力的员工还能给予不同的鼓励和惩罚,从而激励他们积极工作,最终目的是为了缩减人工费用。其次,材料费用的控制。不仅要优先选择哪些性价比高的材料,还要进行严格的选用检验流程,确保材料费用在最低的情况下还能满足施工要求,必要的时候可以和信誉度高、价格低廉的企业建立长期合作关系。最后,材料的领用和使用以及报废都需要严格的流程,坚持低成本材料的使用原则,降低无故的材料浪费发生概率。

4.3 进度方面

在进度精细化管理中,应该深入公路工程施工现场进行详细和全面调查,编制合理的施工进度计划,加强进度计划执行过程的监督与管理,实现施工进度动态控制,确保公路工程施工任务按时完成。根据项目基本情况对施工进度进行分解,确定各单项工程开工及交工日期符合要求,强化单项工程进度控制,保证施工任务按时完成。明确各分包单位进度控制目标,落实分包责任,让他们认真履行职责,提高进度控制水平。结合公路工程施工特点,明确路基、路面、桥梁、隧道等工程进度控制目标,严格遵循相关规定,确保在规定时间内完成施工任务。根据月度、季度和年度施工进度计划对进度目标进行分解,采用货币工程量、实物工程量、形象进度相结合的方式,明确进度控制目标,确保施工进度任务按时完成。

5 结语

综上可以看出,公路工程施工项目是一个非常复杂的过程,涉及众多环节,因此精细化的管理理念应当渗透到每一个细节、环节当中,本文从质量、安全、进度和成本等角度对如何实行精细化管理进行了分析,希望对公路工程项目最终的完成效果提升有所帮助,只有严格、从细节出发的管理模式才能确保施工项目的高质量完成,促进我国公路工程事业快速、健康发展。

参 考 文 献

[1] 窦体超.精细化管理在公路工程施工项目中的应用[J].城市建设理论研究(电子版),2017(33):58.
[2] 杨战宇.精细化管理在工程施工项目中的应用研究[J].中国设备工程,2017(21):28-29.
[3] 张欣.精细化管理在公路工程施工项目中的应用分析[J].交通世界(工程技术),2015(09):6-7.

105. BIM 管理平台在市政道路桥梁工程的应用

卢荣华 古海平 游建焱 徐炳桂

(北京磐石建设监理有限责任公司)

摘 要：随着近年数字技术的发展，数字化信息集成下的建筑创作变得越来越为大众所熟知，涌现出了大量优秀的作品。数字化设计的集合化应用——建筑信息模型集成化管理系统(BIM 管理平台)。本文简述了 BIM 管理平台在项目建设中的应用，在质量管理、进度管理、安全管理及工程监控上取得了良好的效果。

关键词：BIM 管理平台 市政道路桥梁 项目施工应用

1 引言

在信息不断更替的时代，信息技术正在为各行各业带来前所未有的革新，信息化模型、数控操作、多维可视化等方面的应用极大地提高了行业的生产效率。

有别于传统的建设管理模式和信息交换，BIM 的本质就是将分离的信息集成化，为建筑工程项目的各个参与方提供能够共享信息并实时管理信息的平台，解决纸质传递信息丢失、效率低等问题，在一定程度上 BIM 可以缩短等级链长度和矩阵链的规模，节约了管理人员的协调工作，提高生产效率。

近年来随着我国对 BIM 的研究、推广，制定了相关 BIM 标准：《建筑信息模型施工应用标准》(GB/T 51235—2017)、《建筑信息模型应用统一标准》(GB/T 51212—2016)等相关信息化标准；在施工 BIM 应用策划与管理阶段、施工模型阶段、深化设计 BIM 应用阶段、施工模拟 BIM 应用阶段、预制加工 BIM 应用阶段、进度管理 BIM 应用阶段、预算与成本管理 BIM 应用阶段、质量与安全管理 BIM 应用阶段、施工监理 BIM 应用阶段、竣工验收与交付 BIM 应用阶段起到了决定性的作用，为 BIM 信息化管理在工程中的运用奠定了坚实的基础。

2 项目背景

光谷大道南延(三环线~外环线)工程为武汉市重点项目，线路起止自三环线至外环线，全长约 8.4km，主要结构形式为主线高架加地面辅道的方式进行既有道路快速化，包括道路、交通、桥梁、排水、电气、景观、结构等专业内容。本项目全线均为城市建成区，道路沿线建筑较密集，包括小区、企、事业单位、大型超市、学校等。光谷大道建设红线范围内有现状高压线、电缆沟、给水、排水、燃气、通信、电力等多种市政管线，极大地增加了施工风险与施工难度。

本项目具有线路长、投资大、涉及专业多、建设协调难度大的特点,在建设方带领下,参建各方项目负责人和BIM工程师组成BIM平台运用管理小组,申请取得武汉首批获A类BIM应用项目。BIM系统运用管理小组根据《建筑信息模型施工应用标准》(GB/T 51235—2017)制定相关项目管理模块,来优化项目施工、克服施工重难点,促进工程建设的顺利推进。

3 信息管理平台的应用

3.1 信息管理平台概述

信息管理平台以BIM为项目信息载体,与施工管理相融合,结合轻量化、移动互联、云计算、大数据等前沿技术,将现场施工进度、质量、安全、人料机和监测等信息实时掌握在工程人员"手"中,使得项目建设可控制、可预知、可溯源。

信息管理平台打通各协作部门之间沟通的隔阂,消除协作过程中各方信息不对称、传递不及时的问题,由此减少建设中不必要的失误和返工,全面提高管理、协作的效率,降低风险、节约成本。

项目参与各方通过BIM构建的信息共享平台获取信息、分事信息,实现了项目信息的协同工作和同步修改这一核心功能,正好解决了将精细化管理运用到工程项目管理时的阻碍,实现工程项目管理向精细化管理的变革。

信息管理平台通过对海量原始数据进行分析处理,形成各类变化曲线和图形、图表。同时对项目安全监控的预警机制,进行实时地分级报警。及时将预警数据推送至电脑端及移动端,便于参建方随时对工程进行追踪处理,预防事故发生,实现管理手段上从被动监管向主动监管,事后监督向事前监督和过程监督的转变。

3.2 信息管理平台在施工过程中应用

项目BIM管理运用小组通过头脑风暴,调动创新意识、责任意识,敢于提出假设并不断完善信息管理平台,以施工项目为轴线,线上线下同步进行更新完善。在建设方的带领下,通过每周的周报与例会总结管理过程中存在的优点、缺点及下一阶段施工的重难点,参建方通过会议进行讨论并解决管理运用中存在的相关问题,最终以问题的严重性进行优先落实与完善。

基于BIM的平台工程管理系统,主要包含进度管理、质量管理、安全管理、成本管理、工程监控、信息库等。

(1)质量管理

质量管理是使工程设计意图最终实现并形成工程实物,保证工程满足所承诺的质量要求的管理过程,最终的质量是工程项目完成情况的重要指标之一。施工阶段的质量控制包括:对投入的资源和条件的质量控制;对施工过程和各环节的质量控制,直至对完成工程的质量检验和控制。

利用BIM模型对建筑信息的真实描述特征,进行构件和管线的碰撞检测并优化设计,对施工机械的布置进行合理规划,在施工前尽早发觉设计中存在的矛盾以及施工现场布置的不合理,避免"错、缺、漏、碰"和方案变更,提高施工效率和质量。

基于BIM概念,形成结构化的数据存储平台,以构件、分部分项为基本要素,在对投入的资源和条件的质量控制方面,严格遵守材料"先检后用"的原则,加强材料和构配件进场验收,实现合格材料出入库管理,反映材料动态信息;对商品混凝土执行事前质量控制、过程检验、事后验收的质量控制。现场施工人员、项目管理人员通过手机移动端随时收集和上传物料相关资料与照片,并通过二维码关联到构件,或通过扫码录入物料的制作、进场的全过程管控。如

图1所示。

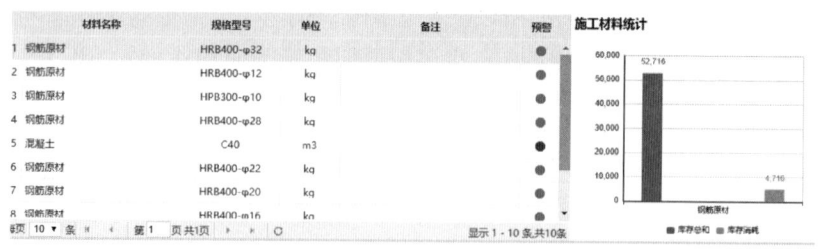

图 1

通过搭建质量关键工序控制点,使其与平台中构件按分部分项工程分类的BIM模型一一对应。BIM模型与进度计划相关联,随施工推进,通过平台将质量控制任务推送给相关责任人,实时指导现场施工。对施工过程和各环节的质量控制采取动态管理,在平台上全面反映质量"三检制度和质量报验制度",同时采取图表统计、分析的方法,反映各分部分项工程质量关键控制点和质量通病的预防效果。同时对施工现场发生的质量事件进行记录、上传,并将相关问题与BIM模型中构件相关联便于及时对现场问题进行处理和整改以及日后对问题的追溯。通过移动端将现场发现的工程质量问题与BIM模型构件关联,形成质量管理事件,记录入云平台。如图2所示。

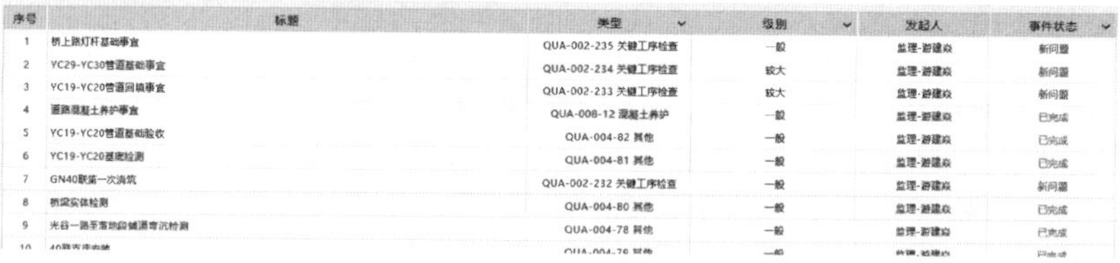

图 2

(2)进度管理

进度管理是检验建设工程项目目标管理的重要指标。根据建设工程项目进度管理的特征,进度管理模块围绕进度计划编制、实际进度的反馈和确认、进度计划变更、进度计划预警、进度跟踪与对比分析,达到充分了解并密切控制项目进度的目的。本管理平台进度控制板块包括:①以总体进度计划,标示关键线路和重要工作节点;②根据现场实际情况,以工作计划确定阶段性工作目标。

在信息管理平台上,构件按分部分项工程分类,与施工进度计划相关联,精确到构件级,实现三维动态施工模拟,依据实际施工进度,提前准备施工材料,保证资源供给,免进度延误。管理人员通过4D信息模型能够实时查询所有与项目进度有关的信息,减少了各参与方之间的沟通与协调时间,提高了进度管理效率。同时,可通过平台将每周任务发送给参建单位相关责任人。施工单位人员接到任务安排后,可以点击与任务相关的模型中的构件进行任务销项,待该任务包含的所有构件都点击完成,则推送进度跟踪申请(申请中包含文字、现场图片、录音、视频等证明材料)给监理人员。

在信息管理平台上,以各项工作任务的正常完成、拖延完成和滞后(未完成)信息进行处理,分析重要部位和结构的状态对关键线路的影响,分析影响施工状态的因素,向参建各方进行进度信息推送。督促施工方采取管理、技术、经济和合同等手段加强施工进度管理;协调各方解决施工影响因素,如用地、地下管线迁改、设计方案调整等。如图3、图4所示。

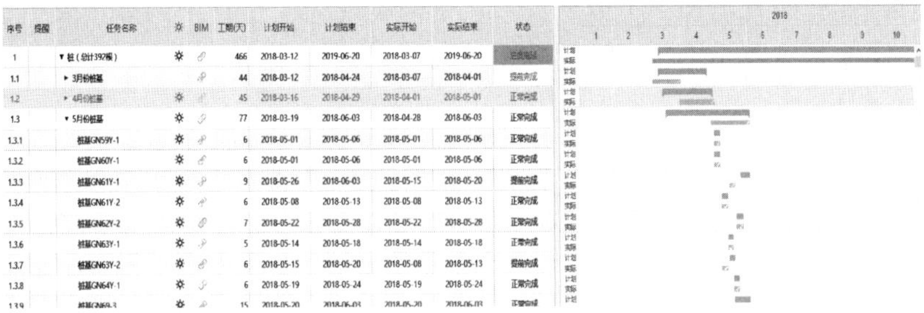

图 3

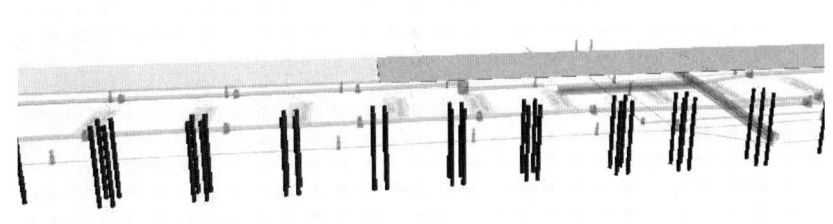

图 4 工程进度与建筑模型进行绑定和跟踪

(3)安全管理

安全管理是相关各方最关心的问题之一,若安全管理的工作做不到位,不光可能对当前的工作有致命打击,还会影响企业日后的业务拓展,对社会造成不良的影响。管理平台通过直观真实、动态可视的施工全程模拟和关键环节的施工模拟,可以展示多种施工计划和工艺方案的实操性,择优选择最合适的方案。基于平台施工安全分析和矛盾分析,有利于提前发现并解决施工现场的安会隐患和碰撞冲突,提升工程的安全等级。

施工过程安全管理以风险源的辨识和评估、重大风险源台账为依据,根据施工环境、施工部位、施工工艺设置安全管理控制要点,与BIM平台上各分部分项工程模型进行绑定,根据工作计划可通过平台将每周安全管理任务发送给参建单位相关责任人。

市政工程建设施工易发生的事故主要有:机械伤害、坍塌事故、物体打击、高处坠落、触电;在管理平台上,安全管理模块可分为:①资源控制,包括分包合同、劳动力和设备管理;②环境控制,包括作业区内管线保护、临电、消防、有限空间作业、环境保护;③动态控制,包括施工过程中人的行为规范、安全隐患排查等。利用管理平台大数据功能,对不同类型和级别的安全事件进行归类统计与分析,从而能有效地解决相应难题并采取相关措施进行控制与防范,避免问题的持续发生与恶化。

(4)工程监控

在平台中整合主体结构、周边环境、场地布置、围护结构、道路管线、支架体系等BIM模型,搭建监测模型并将监测点与其所监测的实体构件相关联,将监测结果实时反映到三维场景,同时形成各种监测结果的分析报表,并按安全隐患的级别自动推送给相应的管理人员;通过动态获取现场监测数据,在三维视图中标示预警信息,并自动推送预警通知到相关责任人,管理人员在收到预警信息的同时便可通过平台移动端APP查看隐患对应的工程图纸、空间位置、围护方案、周边建筑管线等工程信息。基于平台实现施工过程中的安全实时监控及预警,大大提高隐患排查和突发事件响应的时效性。

3.3 效果评价

BIM管理平台在本市政道路桥梁工程中取得了良好的使用效果,充分体现平台管理价值,在持续学习和参与的过程中不断提高了对项目管理的水平,加强施工风险防范和控制能力,提高各参建单位之间工作的协调效率,极大地促进了本工程建设的顺利推进。

在参建各方的不断努力下,取得了极大的进步。在"汉阳市政杯"武汉建筑业BIM技术应用视频大赛中获得铜奖;在湖北省建设工程BIM大赛暨第四届中国建设工程BIM大赛中取得优异的成绩;在BIM工程建设精细化管理专家论证会上得到了专家们的一致认可;取其精华弃其糟粕,不断优化和完善平台,能更好地主导项目施工。

4 结语

综上所述,BIM管理平台具有大数据、可视化的优势,给市政建设项目带来了崭新的变化。通过建设信息共享平台:①可以让所有参与人员更全面了解项目状况,消除信息孤岛现象。②平台大数据体现在质量、安全管理上充分发挥先进的统计和分析功能,对事前预防、事中控制和事后评价取得具体的数据体现,提高各参建单位施工管理水平。③通过信息管理系统,加强各参建单位之间工作的协调,减轻管理人员的工作精力和工作负担,促进工程建设的顺利推进。因此,BIM管理平台在市政道路桥梁工程起到了实质性的作用,在不断探索后能更好地服务于项目乃至行业。

106. 高速公路沥青路面现场施工质量控制

贾士平[1] 石建平[1] 张亚男[1] 江斐[1] 张炜[1] 古海平[2]
(1 济南市交通工程质量监督站;2 北京磐石建设监理有限责任公司)

摘 要:当前我国高速公路主要采用沥青路面,沥青路面的施工质量直接影响到行车安全,因此保证其施工质量具有重要意义。本文对影响高速公路沥青路面施工质量的因素进行了分析,并且探讨了加强其质量控制的措施。

关键词:高速公路 沥青路面 质量控制

1 引言

在我国现代道路体系中高速公路拥有重要的地位,当前我国正在不断完善高速公路网络,很多高速公路正在建设,在这样的背景下高速公路的施工质量也越来越受到人们的关注。在高速公路施工中,路面施工是其施工的重点内容,保证路面施工的质量对于提高高速公路的运行能力、保证行车安全具有重要的意义。在当前的高速公路施工中,在施工技术、原材料等一系列因素的干扰下,施工企业难以保证路面施工的质量,导致存在安全风险,基于此本文对高速公路路面施工质量控制方法进行了探讨。

2 高速公路路面质量管理控制现状

当前,高速公路的路面基本上都是沥青路面,这种路面不仅具有良好的结构强度,而且在耐磨性和稳定性方面也非常突出。在沥青路面的施工过程中,需要采取有效的质量控制措施来保证其力学性能和路用性能。但是在具体的施工环节,很多因素都会对沥青路面的质量造成影响,包括施工人员的技术水平、施工技术缺陷、环境因素、人为因素等,在这些因素的影响下,导致沥青路面的质量不能够达到设计要求,使路面结构的稳定性、耐久性以及安全性方面都受到严重的影响,导致安全隐患。在这样的背景下,施工企业应加强高速公路沥青路面的施工管理工作,通过采取有效地质量控制措施来提高施工质量,确保路面的性能满足要求,为行车安全奠定良好的基础。

3 沥青路面施工质量影响因素

3.1 材料因素

施工原材料的质量若不达标,那么沥青路面的质量必然无法达到设计的要求,路面结构的稳定性和安全性无法得到保证。为了确保沥青里面的性能,必须保证沥青混合料具有良好的强度和稳定性,这就需要施工人员使用性能优异的原材料,并且做好配合比的设计,采取科学的方法确定集料级配和油石比。但是这在实际的施工中难以得到保证,当前很多施工企业由于各种因素,在购买原材料时没有对其进行严格的检测,导致不合格的原材料进入施工现场,而且对于各类原材料的加入量也不能够进行有效的控制,在路面施工中应用了很多不合格的材料,进而造成了沥青路面不合格,在使用过程中出现裂缝、下沉等病害,严重降低了沥青路面的使用性能,影响路面的安全性和稳定性,这样的路面质量很可能会导致交通事故的发生。除了上述因素外,部分施工企业在施工过程中为了节约成本,偷工减料,也是造成沥青路面质量不达标的重要原因。

3.2 自然因素

自然因素对于高速公路沥青路面的质量有着比较大的影响,因此在进行高速公路的设计时,需要对公路经过地区的气候、自然条件等进行详细的调查,并基于自然条件来进行针对性的设计和施工。在不了解当地自然条件的情况下直接进行施工,道路在使用后在环境因素的影响下可能会出现比较多的质量问题。常见的影响高速公路沥青路面质量的环境因素包括地质变动、大温差、水温变动和强降雨等,这些因素主要会对沥青路面的结构组成以及稳定性等造成影响。通过对高速公路沥青路面质量问题进行分析发现,受到自然因素的影响导致的路面结构损坏的情况非常常见,是导致沥青路面质量问题的主要原因。

3.3 设备与施工技术

高速公路沥青路面的施工质量和施工设备和技术有着密切的关系。当前,很多施工企业在施工过程中使用的设备比较老旧,不仅经常出现事故影响施工进度,而且设备的精度也不高,达不到施工标准的要求,这给路面施工质量造成了不利的影响。同时,很多企业不注重新技术的创新和引进,不积极采用新技术、新材料和新工艺,导致所采用的施工技术落后,影响施工的质量和效率。当前,由于受到技术因素的影响造成施工现场出现窝工、返工的情况屡见不鲜,不仅严重影响了工期,而且导致施工质量不高。

4 高速公路沥青路面施工质量控制策略

4.1 强化原材料管理,积极引用新材料

高质量的原材料是保证沥青路面质量的前提条件,因此必须要加强对原材料的管理,定期对原材料进行检测,确保其质量满足施工的要求。在施工开始前,对于进场的原材料要进行严格的检测,确保其质量能够满足要求才能够允许其进场。在施工过程中,如果原材料出现了比较大的变化,也需要对其进行检测,确认其是否满足要求,必要时还应对配合比进行重新设计以满足实际的需求。同时,还需要对原材料的用量进行严格的控制,确保不出现偷工减料的问题。最后,随着材料行业的发展,越来越多高性能的新材料出现,通过应用性能优异的新材料可以有效地提高路面的使用寿命,并且提高道路的使用寿命,因此施工企业要与时俱进,积极地引入性能优异的新材料,在提高沥青路面施工质量的同时,提高企业的经济效益。

4.2 做好勘查调研

自然因素对高速公路沥青路面的质量有着比较大的影响,因此在设计阶段需要对自然环境做好勘察和调研,详细调查施工区域的气候变化、水文以及地质等信息,为路面的设计和施工工作提供全面的信息支持。在设计过程中,要对自然数据进行全面的分析,确定最佳的设计

方案。在设计工作中要基于获取的详细信息,做好对自然因素的应对措施,从而最大限度上降低其对路面质量的影响。此外,针对可能出现的极端气候,也要制定应急措施。举例来说,某些区域地下水位比较高,因此需要做好排水措施来降低地下水对道路的影响,针对这种情况可以提前设置暗沟来提高排水能力。总之,在沥青路面设计工作开始之前,要对施工区域的自然条件进行全面、详细的调查,并在设计中采取有效的措施来消除或者减轻自然条件对沥青路面可能造成的影响,有效地保证沥青路面的施工质量。

4.3 更新施工设备和技术

施工企业要做好施工设备和技术的更新工作,对于性能较差、不能够满足施工要求的老旧设备要及时进行更新。老旧设备不仅技术性能较差,难以保证施工的质量,而且其施工效率低、故障率高、污染大,会对施工的进度造成不利的影响,并且污染环境,因此要及时更新设备,降低污染,提高施工效率。同时,先进的施工技术有利于提高沥青路面的质量,因此企业还应加强技术的创新和引进。

4.4 做好沥青路面后期维护

有效的后期维护工作对于延长沥青路面的使用寿命、降低其病害出现的频率都有重要作用,因此应加强运行阶段的沥青路面维护工作。一方面,要建立并完善道路维护体系,对道路进行有效的维护;另一方面,施工企业要加强和交通部门的沟通,加强对沥青路面情况的巡查监测工作,及时地发现路面出现的问题,并且及时采取针对性的措施解决,保证路面处于良好的状态。

5 结语

现阶段我国高速公路路面基本都采用沥青路面的形式,沥青路面的施工质量直接决定着高速公路的安全性,因此加强对其施工质量控制的研究是非常重要的。影响沥青路面质量的因素比较多,自然条件、材料、设备和技术等都会影响到沥青路面的施工质量,因此为了降低这些因素的影响,保证沥青路面的施工质量,应对这些因素进行有效的控制,具体的措施包括做好前期的勘察设计、加强材料的控制、做好沥青路面后期的维护、及时更新设备和技术等。此外,还应加强施工过程中的质量检测,若发现质量问题要进行纠正,保证施工质量。

参 考 文 献

[1] 田飞.高速公路沥青路面现场施工质量控制分析[J].黑龙江交通科技,41(10):50-51.
[2] 杨青山.高速公路沥青路面施工的质量控制[J].2014(32):227-228.
[3] 樊飞.高速公路沥青路面施工的质量控制[J].山西建筑,2014,40(4):226-227.
[4] 刘博,韩涛.浅谈高速公路沥青路面施工过程中的质量控制要点[J].民营科技,2015(4):160-160.

107. 信息化管理在路桥施工安全管理中的应用研究

海钰莹　钟健磊
（中交第二公路工程局有限公司）

摘　要：路桥施工安全信息化管理应用是未来企业发展的必然选择，是企业日常安全管理不可缺少的一个系统。本文针对路桥施工安全管理中信息化建设的重要性进行了分析，并且介绍了安全管理信息化的主要内容，通过建立信息化管理，以便在施工生产过程和管理过程中，达到工程安全最大化的目的。

关键词：路桥施工　安全管理　信息化　建设

1　引言

随着我国经济的高速发展，路桥工程项目日趋大型化、复杂化，施工工艺和技术难度不断提高。与此同时，而安全管理覆盖了企业的所有部门、员工、设备、设施等，管理复杂度非常高，在安全管理方面面临着巨大挑战。在这种背景下，传统的管理模式已经远远不能够满足安全管理者特别是企业安全管理人员的需求，建立企业安全管理信息化系统，是从传统管理模式向信息化、智能化转型的一种有效可行的手段。通过应用现代化的各种安全管理信息化手段，在项目建设施工过程中要坚持以安全生产标准化为基础，坚持以技术科技为指导，以便提高安全生产管理水平和效率，控制管理风险，争取将安全事故发生的次数和损失降到最小。

2　路桥施工安全信息化管理的意义

路桥施工安全管理信息化系统能够提升安全管理过程中人员、设备经验薄弱和发展不平衡的局面，改观传统的发展模式，进而改革安全管理方式，实现安全管理现代化、信息化、标准化。路桥施工安全信息化管理的应用，能够把安全生产标准化进行固化，管理者可以通过平台系统全面、实时地了解各项目安全生产的具体情况，能够高效率地收集、存储和处理大量信息资料，大大提高管理信息的质量和效能；能够及时准确地掌握和迅速地传递信息，实现对管理系统的有效沟通和适时管理；能够提高现代管理技术水平，提高预测、决策和计划的质量与效率，增加现场安全管控力度，全面提升安全管理水平。

3 路桥施工安全管理信息化的发展趋势和问题

3.1 信息化发展趋势

随着信息技术的不断发展、企业改革的不断深入和安全管理在企业中占的地位，企业的安全管理方式正在向着创新管理和知识管理转变。安全信息化管理平台可以解决现有的安全、健康、环保日常工作面临的问题，促进安全管理规范化、标准化，使安全管理从传统的"制度管理"模式，转变为"全员参与"的互动式管理模式，降低管理成本，提高管理水平，提升企业形象。

3.2 信息化存在问题

(1)带来信息共享革命性的变化是信息技术，因此，做好安全信息的共享会在第一时间内，合适的发送给部门和人，在系统规划的时候就需要形成明确的需求。同时又方便了检索信息安全，此外，施工管理信息化系统把语音、各类视频和传感技术等的综合利用，在安全生产过程中，得以支持人员和车辆设备的实时交互沟通、调度以及指挥等。

(2)路桥施工具有分散的作业点、负责的作业情况属于室外作业。如何实时的、动态地将安全生产危险源、混凝土质量的信息等传送给后台系统呢？这需要重视与其相关的安全信息搜集过程，通过合理、规范化的流程，使共享、分类汇总搜集到的信息更加完整，实时性更强。

(3)在日常的信息管理中，安全管理系统要管理和建立安全生产基线信息，对安全合规的检查过程和标准数据的生成要高度重视。如：通过相关的传感器和系统的连接，随时发现电力负载存在的容忍线情况，对动力环境出现的问题要尽早发现，并且对预警和整改意见要积极地提出来。

(4)为了确保安全预警的有效性，提高再次发生安全信息成果转化的效率。把再次发生率降到最低。路桥施工安全管理信息化建设，并不是一件容易的事情，对于保障安全生产，提高安全管理效率具有重要作用，在企业领导重视的前提下，其中心是要以系统使用者岗位的需求，以梳理和分析关键的安全管理需求为依据，其手段是以录入和整合安全管理信息为切入点，进行统一规划，分阶段有序的实施。同时，技术手段和管理意识都不可缺少。

4 路桥施工安全信息化管理的推广及运用

(1)通过信息化的管理系统，从对结果的管理转向对过程的管理，实现企业对项目直至班组的全过程及时的信息化管理。以工作流技术为基础，以隐患排查为核心，形成事前计划，事中控制，事后检查纠正的"闭环"式的跟踪管理。管理者与管理对象的零距离，相关信息在生产与管理实现及时共享。建立一个基于安全领域的从上到下各级管理人员直至一线员工有效的双向沟通平台。

(2)在辨识危险源的工作上，对以往发生的伤亡事故资料要充分地分析，参照系统外部的相关信息资料，录入、搜集、编码各种危险点的事故隐患。根据危险源辨识中得到的事故隐患档案确定标准安全检查表。其内容是要把设备检点的要求和安全检查融于一个表中，全面、客观、统一行使并且不同岗位具有不同的内容，方便一线人员减轻负担。检查内容、项目、结果、标准、人以及日期都包括在安全合规检查表内。按照此表，各个岗位的安全员和工作人员进行检查，并且通过系统及时地把各个点的事故隐患反映给安全管理部门。

(3)安全生产标准化建设过程中需要以 BIM 为技术手段，采取信息来构建建筑工程的时间和空间模型，对施工现场时的安全管理进行时间和空间上的管理。对施工情况进行实时监控,能够及时发现施工中的安全隐患,并通知相关人员进行处理,避免造成大的安全事故,将安全隐患扼杀在萌芽状态,对施工进行有效的安全控制。同时,通过信息模型的应用,建立预防机制,可以直观地规范安全生产行为,使生产各环节符合有关安全生产法律法规和标准规范的要求,促使人、机、料、环境处于良好的状态,并持续改进,不断加强使用企业在安全生产过程中规范化建设。

(4)智慧工地是安全生产中必不可少的一部分,通过安装在施工作业现场的各类监控设备,构建智能监控防范体系,就能有效地弥补传统方法和技术在监管中的缺陷,实现对人员、安全、质量的全方位实时监控,变被动监督为主动监控,真正做到事前预警,事中常态检测,事后规范管理。将工地安全生产做到信息化管理,通过系统建设实施,加强工地人员管理,精确掌握工人考勤情况,各工种在场状况,安全教育培训情况,实现施工现场劳务人员实时动态管理和安全监管,提升企业信息化管理水平。工地的安全人员每日对施工现场进行巡查,对现场发现的安全隐患可直接通过手机端进行拍摄上传,并可指定该负责人进行整改,还可对安全隐患进行事件跟踪,可查看责任人整改情况,形成安全监管闭环。对安全事件频发处进行重点监管,有效提高施工安全。

5 结语

在路桥施工中,安全信息化管理应用具有艰巨性和重要性。虽仍然存在很多缺陷和不足,但只要不断地提高对它的认识和了解,加大对它的资金投入,加强组织力度完善基础建设工作,就能够实现安全生产信息化管理化的建设,提高施工安全工作的管理能力,清查和减少安全隐患、事故的发生,推动提升我国路桥施工安全生产管理水平。

参 考 文 献

[1] 李莉.推进路桥施工安全管理信息化建设势在必行[J].商业,2015(02):30-31.
[2] 吴庭荣.关于建设工程质量安全监督管理信息化建设的探讨[J].工程技术,2017(01):74-74.

108. 橡胶混凝土技术的发展及应用

薄幕长　徐可鹏

(中交第二公路工程局有限公司)

摘　要：橡胶混凝土是一种新型混凝土，其抗冲击性能优于一般混凝土，对于应用在港口、机场、桥墩、水坝等建筑物将大大提高其耐久性能。水流湍急落差大的地段，水流冲击较大，桥墩造成严重破坏，桥梁容易破坏。此时，一种新型的建筑材料橡胶混凝土可以代替普通混凝土在上述情况中使用。

关键词：橡胶　橡胶混凝土　击锤法　掺量

1　引言

1.1　研究背景及意义

橡胶混凝土各项性能优于一般混凝土，它的应用将会越来越广泛，对于应用在港口、机场、桥墩、水坝等将大大提高其工作性能，延长其使用寿命，可以节约其各项成本。

针对橡胶混凝土的各项优越本能以及橡胶混凝土的重要性，本文将对橡胶混凝土及橡胶的性能做一些试验钻研说明。通过一系列具体的数据及对照试验得出其详细性能，便于更了解其本能，对于混凝土的成长具有重要意义。

1.2　国外研究现状

20世纪80年代左右，海外学者就开始探索在混凝土中加入橡胶后混凝土的性能，国内则稍晚一点[1]。起于20世纪90年代，到今天时，众学者已经对橡胶混凝土的性能有了相对比较全面的认识，他们认为橡胶混凝土比普通混凝土重量小些、柔性好，且不易开裂、不易渗透。

对橡胶混凝土的表面及界面微处理。国外研究发现：①美国冈州大学研究发现，把橡胶在水中浸泡些时间，再把橡胶加入混凝土中，比直接把橡胶加入混凝土中强度增强16%左右。假如用橡胶粉取代粗集料，而细集料不变化，抗压强度的下降程度更大。②美国相关钻研单位发现：用水、胶乳清洗剂、四氯化碳溶剂对橡胶粉浸泡一段时间后掺入混凝土中，然后测定其强度变化值，二者比较结果表明，用水冲洗的橡胶粉所制的混凝土强度高些。胶粉清洗剂清洗的混凝土强度低些[2]。再用四氯化碳溶剂处理过的橡胶粉掺入混凝土中相比较，抗压强度比前面两者处理的都要好(约提高了57%)。③美国加利福尼亚大学将橡胶粉在氢氧化钠饱满水溶液中浸泡处理后，再将橡胶粉加入混凝土中，研究其力学性能、微观结构和强度变化。结果体现：橡胶混凝土的力学性能如抗压、抗折强度、耐磨性、等得到了比较好的改善。其中饱和氢氧化钠溶液浸渍处理可改善橡胶粉与各种水泥混合材的黏结强度,使能很好地混合在一起,不至于分层。这是由于氢氧化钠溶液与橡胶粉中的硬脂酸锌物质反应,使硬脂酸锌含量减少,硬脂酸是橡胶产品制作过程中的一种添加剂,它容易扩散到橡胶表面,与混合材接触后,造成了橡胶与其他材料黏结不良。硬脂酸锌的含量鉴定,通过进行红外光谱分析、电势滴定和接触式测量等技术,明确发现硬脂酸锌含量大量减少。还发现一个可以增强橡胶的黏结活性的方法,用氢氧化镁水泥做黏结料可以提升橡胶混凝土的各项力学性能,高强度的混凝土可用此方法获得。

1.3 国内研究现状

国内研究发现:①国内一钻研机构发现,混凝土中掺加橡胶,其抗折、抗压力度比普通混凝土略减小,抗冲击力度则明显提高,选用得当的黏结剂可以使橡胶粉与混凝土的接触间状态较为细密、韧性增强,混凝土的抗冲击性能升高[3]。②李悦等人发现了提升橡胶混凝土抗压强度的有用方式。将微橡胶粉进行 PVA 和硅烷偶联剂处理明显提升强度,并且微颗粒橡胶加入越多,这种方式的结果就越突出[4]。偶联剂处置、下降 w/c、加入硅颗粒等多种方式归纳运用升高强度成效好于单一方式,其重要缘由是因为改良了水泥基体表面的结构,使构造更为密实。③东南某材料研究院和一些大学内等人钻研发现,掺加橡胶粉的混凝土其抵御收缩的本能、韧性、抗冲击性能、抗疲劳特性得到强化,然后对橡胶粉进行预处理或表面改性处理后,对混凝土的强度影响很微弱。④东北某勘测研究院钻研选用水洗、偶联剂和不同浓度的氢氧化钠溶液对橡胶表面分别进行微处理,对粒径较均匀的 4mm 和 0.3mm 的两种橡胶提出了最好的方式处置。比较结果表明,试验过的橡胶混凝土比任何未做处理的橡胶混凝土抗压抗折强度都有了显明改良。胡鹏等人钻研了混凝土的抗渗性能力,他们选用的是抗渗等级法和渗透深度法测试高掺量的橡胶混凝土的抗渗性能。实践成效表明,橡胶混凝土的抗渗性能比普通混凝土的抗渗性能大大提升,这是因为橡胶混凝土内掺加了橡胶,使内部结构较为致密,抗渗性能得到提升。

1.4 研究内容

对橡胶混凝土的冲击性能的研究,首先是各种原材料的性能的测定。对砂子、石子、水泥、水、橡胶等各种做试件的原材料进行性能评定[5],测定其性能,得到其对试件的影响。掌握其性能后,得出实验室各集料配合比。按要求做的试件,在养护室中进行养护28d后测其强度的变化。

2 原材料

2.1 原材料

2.1.1 集料的洁净

由于碎石中混有针片状颗粒、泥和黏土块、云母 硫酸盐和硫化物有害杂质等,这些杂质将严重影响混凝土的结构,造成危害。容易使混凝土出现分层,且和易性、黏聚性都表现不好。

(1)泥块是指基本颗粒直径高于 1.18mm,经冲水手搓后成为 0.6mm 的颗粒。

(2)云母含量:某些砂中含有云母。云母外观平滑,且容易沿缝隙断开,于是它的存在使混凝土比较容易出现断层。

(3)轻物质含量:沙中质量较轻的微粒是指相对的单位质量低于 2.0 的微粒。规范规定,轻微粒相对含量百分比不宜大于 1%。轻物料的相对含量用单位质量为 1.95~2.00 的重液来做离散测定。

(4)有机质含量:自然界的砂中有时混杂有有机物质,这类有机物将延缓水泥的凝结过程,并降低混凝土的强度,特别是对混凝土早期强度要求比较高的工程,如一些抢修工程。

(5)硫化物和硫酸盐含量:在天然砂中,常杂有硫铁矿的碎屑,如含量过多,非常容易与水泥中的铝酸钙发生反应,生成水化硫铝酸钙结晶,这会导致体积膨胀,使大体积混凝土产生裂缝而影响其性能。

2.1.2 橡胶的性能评定

在拿到橡胶粉以后,经查阅资料和在老师指导下对橡胶的细度及性能进行初步评定[6]。掺入混凝土中的橡胶按直径大小可分为①:较大粒径的废胶粉(GB,Ground Rubber),颗粒尺寸规格最大到19mm,最小到0.15mm。②微粒废橡胶粉(CR,Crumb Rubber)规格范围为0.075mm和4.75mm之间;③碎橡胶(SR,Shred Rubber)形状大致为锯尺状或针片状,长度尺寸规格最大值约为10mm,最大宽度约为2mm(在一些海内外钻研报告中[7],运用在橡胶混凝土的表面处理剂主要有水、氢氧化钠饱和水溶液和偶联剂,其中偶联剂多选用的品种有:CCL4、硅烷偶联剂,胶乳清洗剂等)。

2.1.3 粗细集料的性能评定

(1)粗集料的评定。

粒径低于4.75mm的原料称为粗集料。普通混凝土常用的粗原料有卵石和碎石。卵石是由自然条件造成,根据产生地可分为河水冲刷卵石、海水卵石及山体风化卵石。碎石是将自然岩石或大卵石放进破碎机、筛分得到,外表面毛糙且带棱角,与石灰黏结比较好。学校实验室提供的是碎石,表面粗糙有棱角。

(2)对混凝土粗集料主要技术要求如下:

①强度和坚固性;为确保混凝土的强度要求,大石子务必有充足的强度,对于碎石和卵石采用岩石立方强度和压碎指数两种指标表示。

②为确保大石子具备充足的坚固性,以抵御冰冻和自然情况下的风蚀作用。

③有害杂质含量;使用前因为粗集料中含有大量杂质,内部有黏土、淤泥、硫酸盐及硫化物和有机物等。

2.1.4 水泥介绍及技术标定

普通硅酸盐盐水泥一般适用于以下情况:①地上工程和环境条件比较稳定的地下工程以及工程无水压影响。②受冻工程的工程但没外界损害。③短时间内对强度要求较高的工程。④在低温条件下对强度需求发展较高的工程[8],在低温条件下需要强度发展较快的工程,但每日气温低于4℃应按冬季施工规定处置。不适用与①需要浸泡在水中部分的混凝土以及大型混凝土工程(因为内部初期温度较高)[9];受化学侵蚀的工程。

2.2 试件养护方法

在对各集料做出了初步评定后及各种筛选优化后,准备搅拌混凝土,准备各种工具进行混凝土的试拌,做出试件。

养护室条件:混凝土的试件养护需要保证适合的温度、湿度及水分。温度一般控制在20℃±2℃,湿度一般控制在95%。将混凝土试件放在养护室放试件的位置,彼此之间留有空隙,为保持通风。同时试件表面应有适当的水分,但是不能直接用水在表面接触。所有试件的养护都要保持同等条件,每个试件拆模时间也要保持在同样的时间。试件拆下后,继续在养护室在和原来一样的条件下养护。

2.3 抗冲击试验方法

在试件养护好后,对试件运用"冲击法"对试件进行相关处理。从养护室拿出试件,观察试件外表面结构,试件外表面结构良好,无裂缝、气孔等,说明养护期间试件性能没有发生改变。将试件集中一起,对所有试件分别锤击侧表面,分别锤击100次、200次,观察侧表面变化。试件锤击完成后,将所有试件用压力试验机测定其强度变化值并记录数据。测定完成后,清理残件,分析数据,得出结论。

3 试验结果数据处理与分析

3.1 配合比的确定

在实验室拌和混凝土,得出配合比,这是在各种材料都在干燥状态下计算的。而实际工程用砂子、石头材料外表面堆放,都会因为外界条件带入水分。因此,施工现场必须测定其材料水分的变化,将实验室组合比折算为施工配合比。

3.2 橡胶混凝土试件的撞击性能

(1)橡胶混凝土在实际运用中对其自身存在很多性能方面的要求,因为混凝土所处的环境不同,对其要求也不尽相同。橡胶混凝土在实际运用中有时候需要承受很多的冲击力,因此,在具体研究时,可以对试件施加冲击力,利用其被破坏时候所吸收的能量加以表示。材料都具有疲劳特性,橡胶混凝土也存在。疲劳是在低于原料极限强度的应力频繁作用下所发生的集聚破坏,其是指一种材料对不同应力水平的反复作用的作用。徐变是材料在恒定应力作用下产生的与时间有关的形变。

(2)本次试验研究对橡胶混凝土的各试件进行侧面锤击。用来模拟橡胶混凝土的抗冲击能力,在试件侧面分别用橡胶锤锤击100次、200次、300次;期间用橡胶锤以一定频率连续锤击试件。期间观察橡胶混凝土试件的微观变化,在对橡胶混凝土的试件进行处理后。在压力机上对试件进行试压。

3.3 压力试验机介绍

压力试验机(TYE-2000B型压力试验机)是用于测出混凝土、砖、石、水泥、耐火砖等建筑材料的抗压强度,其具有使用简单,灵敏度好,精确度高等特点。

3.4 抗冲击试验结果

见表1~表5。

基准(普通)混凝土28d强度记录表(单位:MPa) 表1

类别抗压强度组数	一	二	三	平均强度数值	强度损失率
未处理	41.02	40.83	40.33	40.73	—
100次锤击	40.19	40.46	39.86	40.17	1.37%
200次锤击	39.71	39.96	40.15	39.94	1.94%
300次锤击	39.32	39.67	39.15	39.37	3.34%

橡胶掺量为4%的橡胶混凝土基准强度记录表 表2

类别抗压强度组数	一	二	三	平均强度数值	强度损失率
强度数据(kN)	37.98	38.68	38.39	38.35	—
100次锤击	37.48	37.68	37.85	37.66	1.80%

续上表

类别抗压强度组数	一	二	三	平均强度数值	强度损失率
200次锤击	37.35	37.12	37.72	37.40	2.48%
300次锤击	37.44	37.59	37.26	37.43	2.40%

橡胶掺量为6%的混凝土基准强度记录表　　表3

类别抗压强度组数	一	二	三	平均强度数值	强度损失率
强度数据(kN)	37.48	37.85	37.34	37.56	—
100次锤击	37.15	37.52	37.36	37.34	0.58%
200次锤击	36.47	37.04	37.30	36.94	1.65%
300次锤击	36.82	36.64	36.41	36.62	2.50%

橡胶掺量为8%的混凝土基准强度记录表　　表4

类别抗压强度组数	一	二	三	平均强度数值	强度损失率
强度数据(kN)	37.35	37.00	37.32	37.22	—
100次锤击	36.99	36.50	36.42	36.64	1.56%
200次锤击	36.02	36.24	36.90	36.40	2.20%
300次锤击	35.70	35.24	36.02	35.65	4.22%

强度损失与基准对比记录表　　表5

次数强度掺量	4%橡胶掺量	6%橡胶掺量	8%橡胶掺量
强度数据	5.84%	7.78%	8.62%
100次锤击	7.54%	8.32%	10.04%
200次锤击	8.18%	9.31%	10.63%
300次锤击	8.10%	10.09%	12.47%

3.5　数据讨论

(1)根据表1试验结果得:基准混凝土经过100次锤击、200次锤击、300次锤击后,其压强(MPa)略微减小。质量损失率分别为1.34%、1.97%、2.34%,说明其强度损失率略微发生变化,几乎接近,无明显变化。

(2)根据表2试验结果得:随着橡胶掺量变成4%后,其压强比不掺橡胶粉的压强略低,平均降低了大约2.5MPa。强度损失率分别为1.48%、2.40%、2.48%。强度损失无明显变化。

(3)根据表3试验结果得:橡胶掺量变为6%后,其压强比基准的减小了3.17MPa,比4%掺量橡胶的减小了2.38MPa。强度损失率100次锤击后为0.58%,几乎无变化。200次锤击和300次锤击后分别为1.65%,2.50%,强度损失比100次锤击变化较大。

(4)根据表4试验结果得:当橡胶掺量为8%时,其压强比基准减小了3.51MPa,比6%掺量的减小了0.34MPa,比4%掺量的减小了1.13MPa。其质量损失率100次、200次、300次锤击为1.56%、2.20%、4.22%,随着次数增加,损失率增大。说明其橡胶掺量越大,其强度损失越大。掺入橡胶,混凝土强度降低。通过对掺量为4%、6%、8%的试件锤击后发现,当掺量为6%时,随着锤击次数的增加,其强度损失率相对变化较小,强度损失率极差为1.92%,说明6%的掺量为三个掺量中的一个最佳的掺量。

(5)根据表5试验结果得:其质量损失率分别与基准(未掺橡胶)进行对比;发现在同一锤

击次数下,不同掺量的橡胶,其强度损失率逐渐增大,说明掺量越多,强度下降越明显;当在同一掺量不同锤击次数下,掺量为6%的相对强度损失率比较集中,差别不大,更加说明6%的掺量为一个最佳掺量。

4 结语

(1)混凝土中掺加橡胶后,强度出现下降;掺量越多,下降越明显。
(2)经过试验得;当掺量为6%时,其损失率较其他掺量变化幅度较小。6%掺量相对为一个最佳掺量。
(3)随着橡胶粉掺量的增多,振动成型过程中,橡胶粉有上浮的趋势,这会使橡胶粉分布不均匀,低掺量可以提高混凝土的和易性,充分填充混凝土空隙。
(4)提前对橡胶粉处理;可以提高橡胶粉的工作性能。

5 展望

在本文中,橡胶混凝土的各项性能都得到了介绍,对于橡胶混凝土的用途和前景通过对其性能的了解也知道了其应用背景。从别人对橡胶混凝土的研究和自己对橡胶混凝土的各项性能的认识。橡胶混凝土已经不再陌生。它将作为一种新型的建筑材料在建筑领域广泛应用。曾有人说;科学技术的进步必将先是材料的进步;各行各领域的进步必须先是材料的突进。橡胶混凝土作为一种新型材料必将推进建设领域大发展,同时,也解决了废旧橡胶的去留问题,实现了双赢。

基于橡胶混凝土的各项性能,它所使用之处也很广泛,对于应用在高速公路地基上可以提高其韧性,延长使用年限,提高行车安全。运用在海港港口上货轮靠岸时,橡胶混凝土可以吸收一部分动能,减小了其对海港的破坏。运用在水流湍急堤坝上,可以减少对堤坝的损耗。橡胶混凝土的优异性能,将会得到很广泛的用处。

参 考 文 献

[1] Khatib,Z. K. , Bayomy,F. M. , Rubberized portland cement concrete[J]. Journal of Materials in Civil Engineering,1999,11(3):206-212.
[2] Toutanji,H. A. ,The use of rubber tire particles in coucrete to replace mineral Aggregates[J]. Cement and Concrete Composites,1996,18(2):135-212.
[3] 严捍东,麻秀星,黄国晖.废橡胶集料对水泥基材料变形和耐久性影响的研究现状[J].化工进展,2008,27(3):395-403.
[4] 李悦.橡胶集料水泥砂浆和混凝土的性能研究[D].北京:北京工业大学,2006,(6):45-48.
[5] 郭灿贤.废旧轮胎胶粉改性水泥混凝土及其路用性能研究[D].南昌:南昌大学,2006.(6):52-57.
[6] 孙家瑛,高先芳,朱武达.橡胶混凝土研制及物理力学性能研究[J].混凝土,2001(5):30-32.
[7] 孟云芳.粉煤灰橡胶粉改善混凝土抗裂性能研究[J].混凝土,2006(6):49-55.
[8] 李光宇.橡胶粉混凝土抗冻性能试验研究[J].混凝土,2008(4):60-62.
[9] 李阳.橡胶微粒道路混凝土的配制与性能试验[J].科学研究,2008(1):30-32.

109. 钢结构焊接变形的火焰矫正

薛小义[1] 张炜[2]

(1. 北京铁城建设监理有限责任公司；2. 济南市交通工程质量监督站)

摘 要：随着科学技术的不断发展，新材料、新技术、新工艺、新方法的应用，在建筑行业里使用了大量钢结构。因钢材在焊接过程中会发生局部热胀冷缩现象，特别是钢板的焊接，产生焊接变形，影响钢结构成品质量，主要影响结构尺寸大小、安装精度、外观质量等方面的缺陷。本文就阐述钢结构在制造过程中，发生的焊接变形，需要进行火焰矫正，释放应力，利用有效的操作方法进行应力释放，从而使质量达到设计要求。因此钢结构焊接变形进行火焰矫正尤其重要。

关键词：钢结构 焊接变形 火焰矫正

1 焊接变形产生的原因及形式

1.1 焊接变形产生的原因

(1) 结构中的焊缝位置产生的原因。焊缝存在的形式大体有对接焊缝、角焊缝、船形焊缝、单面熔深焊缝、单面焊双面成形焊缝，不同的焊缝位置，在焊接完成后都会产生不同焊接变形，这主要是由坡口角度、接头形式等结构形态不同而引起的应力性变形。

(2) 结构刚性导致的变形。在焊接相同的情况下，刚性较大的结构变形就小，而刚性弱则变形大，如较薄的钢板进行焊接时，就容易发生变形。

(3) 焊接顺序和装配原因。一个同样的焊接结构采用不同的装配方法和焊接顺序都会对其变形产生一定的影响，如前面提到的刚性较弱的结构如在安装和焊接顺序上增加了对其的荷载，就容易使之变形。

(4) 焊接材料的原因。焊接后由于热胀冷缩的原因，材料会在焊接后产生一定的变形，而焊接材料的线膨胀系数较大则会对焊接变形影响较大。如：不锈钢和铝材的焊后变形的概率要大于碳钢材料，就是这个原因。

(5) 焊接采用方法的原因，在焊接过程中，焊接使得焊件受热而温度升高，金属材料的导热性会导致整个材料变热，而焊件的体积越大，则受热变形的概率也就越大，变形也就越严重。如实践中气体保护焊比手弧焊的变形大，而埋弧焊比气体保护焊接的变形更严重。因此应当根据材料和工艺的要求选择合适的焊接方法。

(6) 焊接规范执行原因。对焊接规范的执行也可以影响焊接的变形，如变形随着焊接电流的增加而增加，焊条直径越大而变形增大。因此在焊接中应当根据技术标准尽量选用更加合理的焊接规范来进行操作。

1.2 常见的焊接变形

焊接过程中母材不均匀受热,钢材不论在焊接的加热还是冷却过程中,都会产生变形。因此受热变形是焊接钢结构一种常见的变形方式。焊接变形有以下几种基本形式:

(1)弯曲变形。弯曲变形是焊接中经常出现的现象,这种变形对钢结构精度影响很大。钢材的纵向收缩与横向收缩都会产生弯曲变形。在腹板很薄的时候也会发生弯曲变形。

(2)横向变形。形成横向变形的主因是板材的不均匀受热。由于板材的不同部位的受热不均,受热过程不同,因此在板材冷却时,横向收缩是不均匀的,这就造成了横向变形。

(3)纵向变形。在钢板加热后冷却过程中,原来温度高的部分被压缩的多,因而冷却后收缩的也多,因此产生的纵向收缩造成纵向变形。

(4)角变形。对较厚钢板进行角焊接时,焊接的这一面温度高,焊接背面温度低。这样在冷却时,焊接的一侧收缩较大,就会相对角度变化产生角变形。

(5)波浪变形。这类变形主要发生在薄钢板构件中。薄钢板冷却收缩的时候,不同区域之间互相产生应力,因为焊接产生的应力很大,薄钢板就无法维持稳定而出现褶皱。

(6)扭曲变形。主要表现是钢结构横断面发生了扭转。

2 火焰校正作业要求

热矫正法也叫火焰矫正法,它是利用火焰的温度对焊缝局部进行加热,在其冷却时,重新发生热胀冷缩造成新的局部形变,从而能够抵消旧的形变,达到矫正的目的。所以如何正确地选取加热位置、温度以及冷却时间,是能够取得火焰矫正良好的控制效果。热加工法适用于低碳钢结构和部分普通低合金钢结构。如图1所示。

图1 点状火焰矫正

2.1 一般要求

(1)零件矫正宜采用冷矫正,冷矫正时的环境温度不宜低于-5℃;矫正前,剪切边反口应修平,气割边的挂渣应铲净;矫正后的钢料表面不应有明显的凹痕和其他损伤,否则仍需进行整形。

(2)修整不得使构件表面产生凹痕或其他损伤。

(3)冷矫正的环境温度不宜低于-5℃,矫正时应缓慢加力,总变形量不应大于变形部位原始长度的2%。

(4)零件矫正采用制作反变形工艺。原则上不采用火矫。如必须采用热矫时,实施前应报经监理人批准。热矫温度应控制在600~800℃以内。矫正后零件温度应缓慢冷却,降至室温以前,低碳合金钢材不得锤击零件钢材或用水急冷。

(5)主要受力零件冷作弯曲时,环境温度不宜低于5℃,内侧弯曲半径不得小于板厚的15倍,小于者必须热煨,热煨的加温温度、高温停留时间、冷却速率应与所加工钢材的性能相适应。冷作弯曲后的零件边缘不得产生裂纹。

(6)由冲压成型的零件仅用在次要部件上,应根据工艺试验结果用冷加工法矫正,矫正后不应出现裂纹和撕裂。

2.2 火焰加热工艺要求

2.2.1 选择火工矫正的主要参数

(1) 加热线形状通常为线状、三角形及圆点形。一般矫正角变形采用线状加热线形;矫正弯曲变形采用三角形加热;波浪边形采用圆点形加热。

(2) 加热温度:操作中常通过观察被加热部位钢材的颜色判断或用测温笔、测温计来测量,温度一般在 600~800℃,不得超过 800℃。

(3) 加热速度:火焰功率和加热速度即线能量与板厚的关系较大,也影响着成形效果。

(4) 火焰性质与火焰功率:一般应采用中性焰,避免采用氧化焰。通常选用较大号口径的喷嘴配合合适的加热速度来保证成形效果。

(5) 焰心至工件表面的距离:应以能获得最高的热效率(温度)为宜。参数的选择是火工矫正的重要环节,由矫正工根据其经验现场确定。

2.2.2 工艺要求

(1) 火工矫正操作按下述顺序进行:在规定区域内按选定的矫正方法划好加热线(注出位置、长短、疏密、起伏点)—确定加热人数和加热顺序—如需要外力,则要安装工夹具等—调试好火焰—按照已选好的加热参数进行加热—冷却—检验矫正效果。

(2) 一般应使用条状或三角形加热法,避免使用在结构上形成刚性很大的封闭式加热圈(如"井"字形、"回"字形及"目"字形)。

(3) 矫正操作应尽量对称于节段或板块的中和轴或中性面进行,对称结构的变形矫正应尽可能由 2 人对称进行。

(4) 在矫正两个相邻的刚性不同的结构时,应先矫正刚性较大的结构,即先矫正厚度或构件截面较大的结构。

(5) 在矫正具有开孔或自由边缘的板架结构时,应先矫正板架的变形,后矫正开孔或自由边缘的变形。

(6) 在操作过程中应保持加热嘴移动速度均匀一致。当矫正厚板的加热速度较慢时,应不断摆动加热嘴,变动火焰位置,同时氧气压力不宜太高。

2.2.3 加热形状

(1) 点状加热。点状加热适用于薄板波浪变形的矫平,也可以配合条状加热用于隔板水平肋与竖肋包围部位板面的凸起或下凹变形的矫正,通常采用多点加热,加热点呈梅花形均匀分布。一般加热点直径不小于 15mm,两点间距在 50~100mm 之间,厚板或变形量大时,可以加大加热点直径。

(2) 条状加热。条状加热多用于矫正变形量大、刚度大的构件,如对接焊缝角变形的修整和板单元焊接加劲肋后波浪变形的修整,又如钢箱梁的弯曲和扭曲变形。加热时,火焰沿直线移动,薄板常为多条加热,而对于厚板,在直线移动的同时增加横向摆动,形成一定宽度的加热带。

(3) 三角加热。三角加热多用于矫正弯曲变形的构件,如焊接 T 形横肋。加热区呈三角形,底边的横向收缩量大于顶端。

(4) 加热温度。以齐鲁黄河大桥为例,主要材质为 Q345qE 和 Q420qE,火焰修整加热温度应控制在 800℃以下,采用远红外测温器进行测量,严禁过烧,且不宜在同一部位多次重复加热。钢材表面颜色及相应温度见表 1。

钢板加热颜色及其相应温度   表1

钢 板 颜 色	温度(℃)	钢 板 颜 色	温度(℃)
赤褐	600	橘黄	900
暗赤	650	淡橘黄	950
暗樱红色	700	黄色	1 000
樱红色	750	淡黄	1 100
淡樱红色	800	白微黄	1 200
橘黄微红	850	亮白	1 300

3 施工过程中注意事项

(1)加热时禁止喷嘴接触被矫正工件表面,防止伤害钢材表面及烤枪回火,应保持在30～50cm的距离,以混合气体为主,助燃气体少量,火焰发蓝为宜。

(2)当矫正变形需要重复或多次加热时,下次加热应在上次加热完全冷却后,并进行检查变形量变化如何,确定要加热的位置、施工方法、加热温度,才能进行再次加热,同一个加热位置不能超过2次。

(3)部件矫正应在安装之前进行,以避免强行装配,影响成品构件的结构尺寸和使用过程受力不均,从而减少使用寿命。

(4)仅作定位焊或焊缝未焊完的结构不得矫正,避免重复矫正。

(5)节段整体变形的矫正应在装焊全部完毕,松弛约束后认真检查变形部位、变形量大小,确定加热范围,再进行矫正。

(6)工件加热后未完全冷却时不得采用重击,更不能用铁锤直接锤击工件来矫正复形。

4 矫正后的复查和处理

(1)检查被矫正的结构是否符合技术要求,若矫正结果尚未达到技术要求,可进行第二矫正,同一部位加热不宜超过2次。带状火焰矫正见图2。

图2 带状火焰矫正

(2)若矫正过分引起反向变形,则应以反向再进行矫正,反向矫正的操作要求和正向矫正要求相同。

(3)检查经矫正后钢板的表面质量,不得有明显的凹痕、裂纹、气泡、起鳞等损伤,否则还需修补、清理打磨、无损检测处理。

(4)矫正完毕后,去除全部外力,检验矫正效果,报验现场监理工程师验收,验收合格后方可按要求入库存放。

5 结语

火焰矫正引起的应力与焊接内应力一样都是内应力。不正确的矫正产生的内应力与焊接内应力和负载应力叠加,会使结构超过允许应力,从而降低承载安全系数。因此在钢结构制造中一定要慎重,尽量采用合理的工艺措施以减少变形,矫正时尽量可能采用冷矫正。当采用火焰矫正时应注意以下几点：

（1）烤火位置不得在受力主梁最大应力截面附近。

（2）烤火面积在一个截面上不得过大，防止反变形发生和钢材内部结构变化，要多选几个截面。

（3）宜采用点状、线状、小三角形状、梅花形状加热方式，以改善加热区的应力状态。

（4）加热温度最好不超过800℃，确保钢材性能不发生变化。

（5）自检合格后报验，现场监理要认真按设计及规范要求进行验收。

（6）钢结构具有荷载量大、加工周期短、结构强度高、抗剪性能好、使用寿命长、安装施工快捷等优点。因此在很多桥梁、高层建筑、造船、风力发电等，使用了大量的钢结构。但是在加工制造过程中出现的焊接变形问题，需要采取一定的方法和要求有针对性地进行焊接，再进行有效的火焰矫正，从而减小焊接变形量，满足工程整体质量要求。现场监理主要监控火焰矫正过程是否按正确的方法和要求去实施，矫正后达到设计及规范要求。钢结构焊接变形更需要正确的火焰矫正。

参 考 文 献

[1] 张家旭.钢结构的变形与矫正[M].北京:中国铁道出版社,1990.

[2] 陈志华.建筑钢结构设计[M].天津:天津大学出版社,2004.

[3] 中国船级社.材料与焊接规范[M].北京:人民交通出版社,2009.

[4] 陈裕川.钢制压力容器焊接工艺[M].2版.北京:机械工业出版社,2007.

110. 柳州白沙大桥主桥施工监控

王胡鹏 叶仲韬

(中铁大桥科学研究院有限公司)

摘 要：柳州白沙大桥主桥为主跨 2×200 m 的独塔双索面斜拉桥,为保证最终成桥状态满足设计要求,采用有限元分析软件 MIDAS Civil 建立了全桥空间模型,对施工全过程进行了仿真分析。在主梁顶推过程中,根据节段夹角关系确立了梁段精匹配的控制原则。基于云监测平台,建立了自动化应力监测系统,对顶推全过程结构关键断面应力进行实时监测。针对桥塔空间扭曲的造型特点,推导了施工整体坐标系与桥塔任意断面局部坐标系的坐标转换关系。全桥斜拉索通过一次张拉到位,通过无应力状态法确定了拉索初拉力。在桥面二恒施工完毕后,对全桥拉索进行了二次调整。

关键词：斜拉桥 施工监控 空间异型索塔 无应力状态法

1 工程概况

柳州白沙大桥主桥为 2×200 m 独塔双索面斜拉桥,采用主梁与桥塔固结体系。桥塔为空间异形反对称全钢结构,高 108 m。主梁采用正交异性桥面板钢箱梁,梁高 4 m、宽 38 m。斜拉索采用抗拉强度不小于 1 670 MPa 的 φ7 mm 镀锌高强钢丝成品索,全桥共 60 根,按空间双索面布置。柳州白沙大桥主桥总体布置图和主梁 1/2 横截面分别见图 1、图 2。

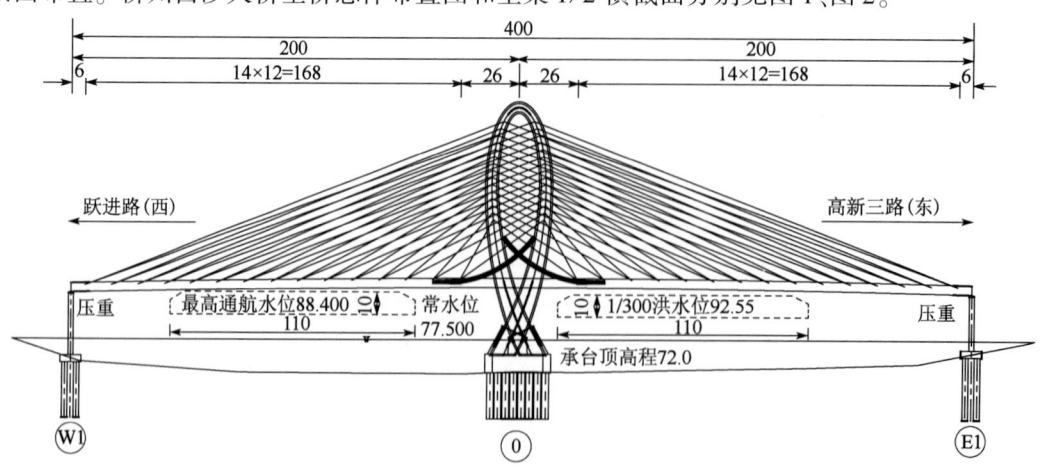

图 1 柳州白沙大桥主桥总体布置(尺寸单位:m)

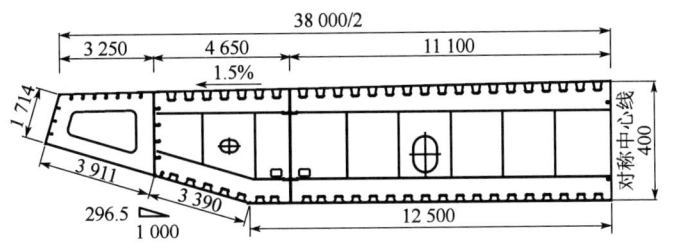

图2 主梁1/2横截面(尺寸单位:mm)

主桥施工过程为:主梁采用顶推法施工,最大顶推跨度为65m。桥塔分为27个节段(其中上、下游塔肢各13个节段,外加1个合龙段),采用高位钢栈桥平台吊装施工,最大吊重为206t。桥塔吊装分为两个阶段,首先吊装主梁高度以下的节段,待主梁全部顶推完成后,进行塔梁固结,然后继续吊装剩余的节段。塔梁全部施工完成后,按从中间往两边的顺序对称挂设斜拉索,斜拉索在塔端张拉。最后拆除主塔吊装平台和临时顶推支墩并进行桥面附属设施施工。

2 施工监控重点、目标和计算方法

2.1 施工监控重点

根据柳州白沙大桥主桥的设计和施工特点,可知该桥施工监控的重点主要在于[1]:①塔节段制造与吊装定位。桥塔为空间异形反对称结构,空间曲线复杂,吊装定位控制难度较大。②主梁顶推施工。主梁全长400m,共分为34个梁段,对无应力拼装线形的精度控制要求高。③温度作用影响显著。该桥塔、梁、索均为钢结构,温度作用对施工过程计算分析和监测影响显著。

2.2 施工监控目标

施工监控的目标为:施工过程中桥梁结构始终安全可控,最终成桥后结构线形、内力满足设计和相关规范要求。具体来说就是塔直梁平、斜拉索成桥索力尽可能接近设计索力。

2.3 施工监控计算方法

柳州白沙大桥采用无应力状态法[2]进行控制,整体结构分析采用空间有限元计算软件MIDAS Civil进行计算。主梁、桥塔采用空间梁单元模拟,斜拉索采用只受拉索单元模拟。有限元计算模型见图3,计算内容包括桥梁结构在施工、成桥及运营阶段的内力和变形等,以确定各施工工况的理论值并验证结构安全性。

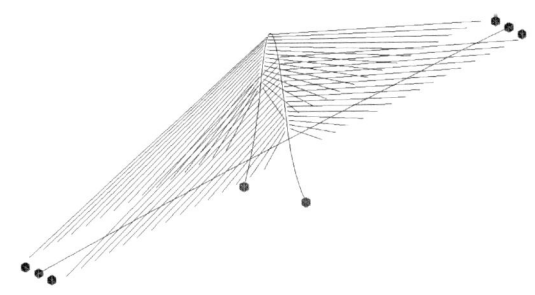

图3 白沙大桥有限元模型

3 施工过程监控

柳州白沙大桥施工过程监控主要包括主梁顶推、桥塔节段吊装、斜拉索张拉,控制重点是塔、梁线形和斜拉索的索力。

3.1 主梁顶推施工监控

主梁全长400m,总共34个梁段,采用多点拖拉式连续顶推法施工[3]。在桥址东侧设置钢箱梁拼装平台,拼装平台往西侧依次设置6个临时支墩,临时支墩跨径布置为35m+5×65m+40m,见图4。

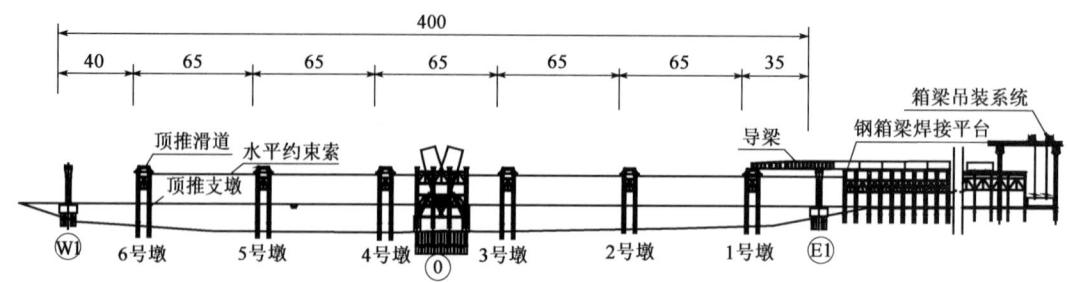

图4 临时墩跨径布置(尺寸单位:m)

钢箱梁构件在工厂制造完成并进行预拼装后,再运至工地进行节段拼装和顶推。由于梁段数量多,顶推距离长,主梁拼装线形和顶推期间结构安全性是主要的控制内容。在实际施工中,采取了以下控制措施:

(1)梁段精匹配

精匹配的基本思想是通过控制梁段间相对夹角变化来实现匹配工况的线形控制。精匹配定位测量采用相对坐标,测量相邻梁段夹角并检查轴线偏位情况。

如图5所示,图中 L_1 为一个梁段上前后控制点之间的距离,L_2、L_3 分别为梁段交接点到已拼梁段和待拼梁段远端控制点间的距离。H_1、H_2、H_3 为同一测站下水准仪视线读数。当温度稳定时,H_1、H_2 不变,拼装角度 β 是确定的,根据几何关系可计算出 H_3 的理论值。在实际拼装过程中,通过对待拼梁段梁底布置的千斤顶进行调整,使待拼梁段尾端测点的高程与 H_3 理论值的偏差小于 ±5mm。

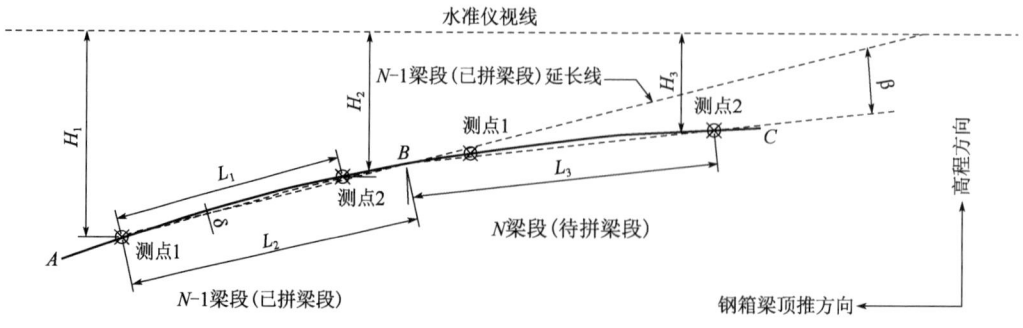

图5 梁段精匹配控制示意图

(2)顶推过程应力自动化监测

依托云监测平台,在钢箱梁顶推期间搭建了自动化应力监测系统,对顶推期间导梁、钢箱梁应力进行实时监测。监测系统架构见图6,顶推期间钢箱梁关键断面应力监测值见图7。

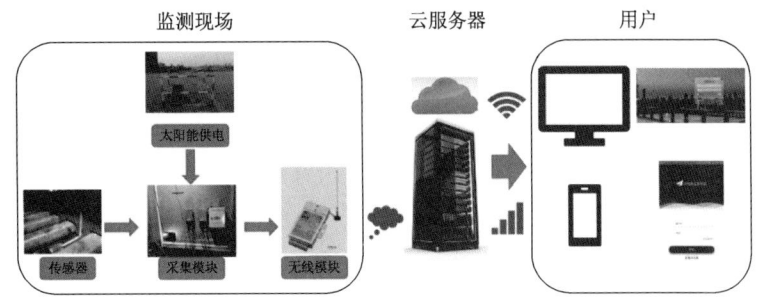

图 6 应力自动化监测系统架构

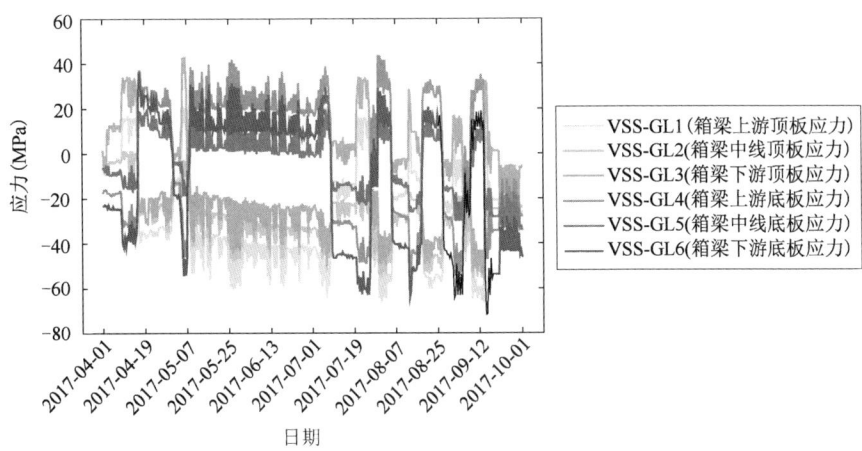

图 7 顶推过程主梁断面监测应力

3.2 桥塔节段定位监控

(1)桥塔造型简介

桥塔为全钢箱空间异形结构,桥塔中轴线由椭圆曲线和圆曲线组合而成,中轴线曲线方程为[4]:

①横桥向椭圆曲线 $\left(\dfrac{X}{22.5}\right)^2 + \left(1 - \dfrac{Z}{50}\right)^2 = 1$,圆曲线 $(X + 377.4674862)^2 + (55.1 - Z)^2 = 400^2$,椭圆曲线和圆曲线分界点位于 $Z = 50$ 处。

②顺桥向椭圆曲线 $\left(\dfrac{Y}{12}\right)^2 + \left(1 - \dfrac{Z}{34}\right)^2 = 1$,圆曲线 $(Y + 138.0104078)^2 + (33.5 - Z)^2 = 150^2$,椭圆曲线和圆曲线分界点位于 $Z = 37.5$ 处。

③桥塔坐标系原点位于塔轴线最顶端,X 轴为横桥向(向南为正),Y 轴为顺桥向(向西为正),Z 轴为竖向(向下为正)。

桥塔截面为矩形截面,四边各倒 65cm 角,截面尺寸从 5×4.5m 变至 10.42×4.5m(顺×横),塔截面长轴线在水平面的投影与顺桥向平行[5]。桥塔构造如图 8 所示。

(2)塔节段局部坐标系定位方法

由于桥塔的空间异型构造,若采用施工整体坐标系来定位塔节段坐标,将导致高程 Z 与平面坐标(X,Y)之间相互影响,一是不利于现场调整,二是难以直接反映节段定位精度。鉴于此,提出在每个节段端面构造局部坐标系的定位控制方法:以截面轴心点为原点,长轴线为 x 轴,短轴线为 y 轴,截面法线为 z 轴。实际定位时,首先测量施工坐标系下的坐标,然后通过一定的方法转换为局部坐标系坐标。将施工测量坐标转换为局部坐标系,使轴线方向(x,y)坐标和弧长方向z坐标彼此分离,更方便现场施工调整。局部坐标系的构造方法如下:

在塔轴线上任意一点可构造一个正交标架$\alpha(Z)$、$\beta(Z)$、$\gamma(Z)$,如图9所示,α、β、γ分别对应图中的局部坐标轴x、y和z。α、β、γ为局部坐标轴x、y、z轴在整体坐标系下的单位向量,由Z唯一确定:

①由于$\gamma(Z)$为轴线点处的切向量,故$\gamma(Z) = \dfrac{r'(Z)}{|r'(Z)|} = \dfrac{1}{\sqrt{X'^2 + Y'^2 + Z'^2}}(X', Y', Z')$。

②$\alpha(Z)$对应轴线点处的局部坐标轴x,由于局部坐标轴x在整体坐标系XY平面的投影与顺桥向Y轴平行,因此$\alpha(Z) = (0,1,t)$。又$\alpha \perp \gamma$,$\alpha(Z) \cdot \gamma(Z) = 0$,可解出$t$参数。

③$\beta(Z) = \gamma(Z) \times \alpha(Z)$。至此,自定义正交标架完全确定。

式中:$r(Z) = X_i + Y_j + Z_k$为整体坐标系下的塔轴线方程,由Z唯一确定。

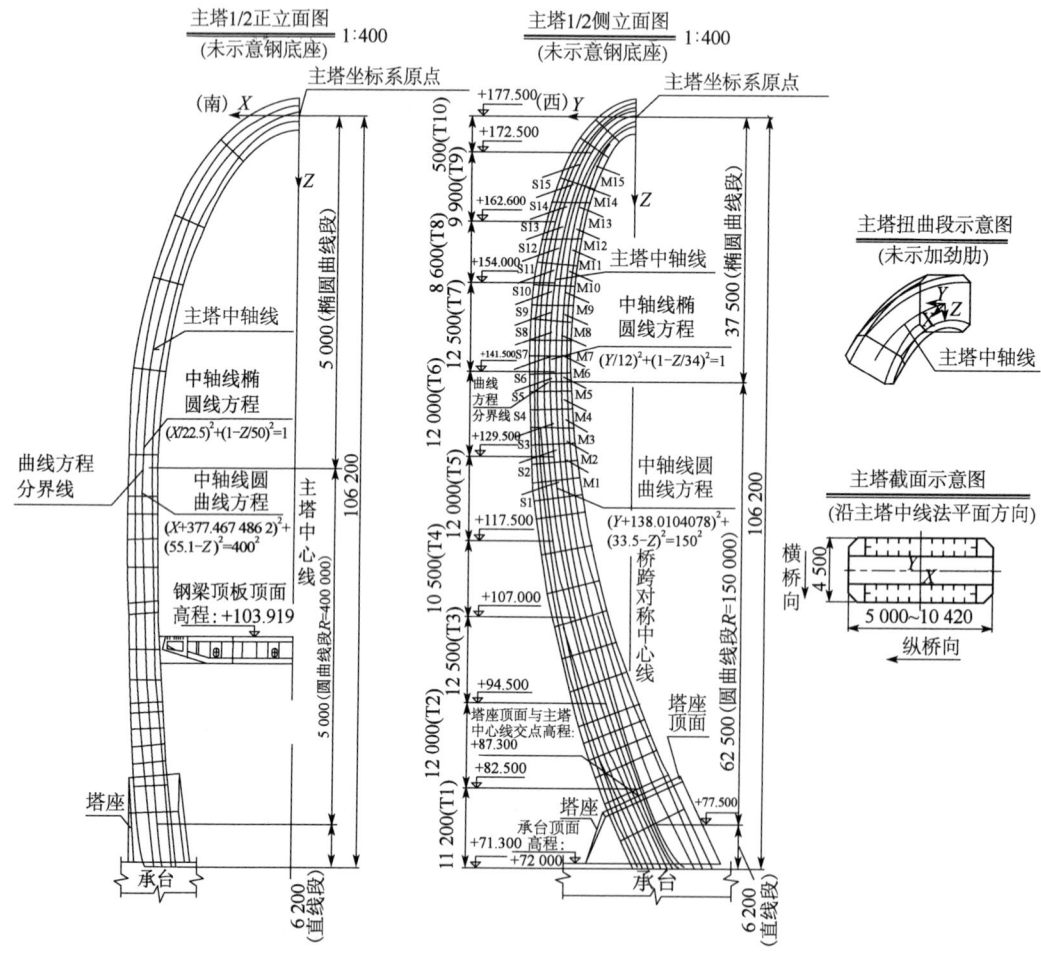

图8 桥塔构造(尺寸单位:mm;高程单位:m)

根据不同标架(或坐标系)之间的坐标转换公式,易得到整体坐标系下坐标(X, Y, Z)转换为局部坐标系(x, y, z)计算公式:

$$(x,y,z) = [(X,Y,Z) - r] \cdot \begin{pmatrix} \alpha \\ \beta \\ \gamma \end{pmatrix}^{-1}$$

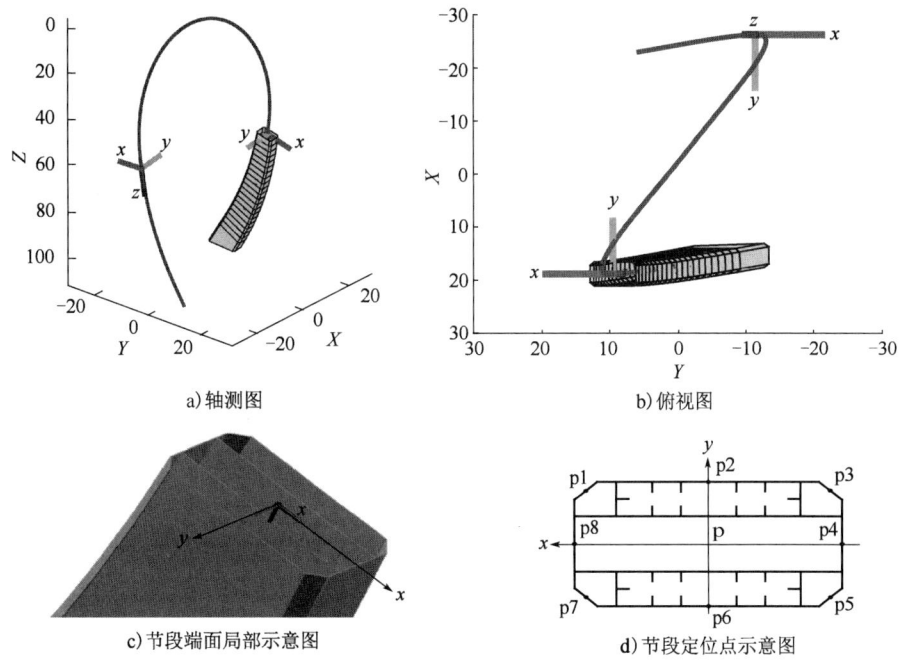

图9 桥塔局部坐标系示意图

如图9d)所示,实际定位时测量节段顶面 p1~p8 中至少3个定位点,且3个点应位于 x-y 轴构成的不同象限位置,以反映截面定位的整体情况。

3.3 斜拉索张拉控制

斜拉索的挂设和张拉是在桥塔、主梁施工完毕并进行塔梁固结后进行的。斜拉索的张拉将使梁体逐步脱离临时支墩,完成体系转换。在结构受力安全可控的前提下,该桥斜拉索的张拉采取了以下控制措施:

(1)斜拉索初张力的确定

该桥最终成桥目标状态下的索力是确定的,因此可先按一次张拉到位考虑,通过斜拉索的无应力长度来确定斜拉索的初拉力,然后验算张拉过程结构受力的安全性。若一次张拉到位结构受力不满足,可根据结构受力情况分多次张拉到位。本桥实际施工时拉索均为一次张拉到位。

(2)主梁梁端压重时机选择

由于梁端支座不能承受拉力,因此要确保斜拉索张拉期间梁端支座不会出现负反力,同时压重不会对临时支墩受力安全造成影响。该桥实际施工时最终选择在第10对拉索张拉后进行梁端压重。

(3)二次调索

考虑到施工误差(如结构重量、刚度等与实际的偏差)的影响,成桥实际状态将不可避免地与理想状态存在偏差。因此在成桥恒载状态将对斜拉索内力和结构线形进行评估,根据实测偏差量确定二次调索方案。首先,在钢梁主要二恒施工完毕时,对桥面线形、拉索索力进行测量,得到全桥线形和索力偏差;然后,将索力偏差、线形偏差换算为拉索的无应力长度偏差,从而确定调索目标。实际操作时,通过控制拉索张拉端锚杯的拔出量来进行调整。

二次调索后全桥桥面线形偏差见图10,从图中可以看出,主梁线形实测与理论偏差均在

±2cm 以内。调索后全桥索力偏差见图 11,从图中可看出,全桥索力偏差基本控制在 ±5% 以内,表明索力情况良好。

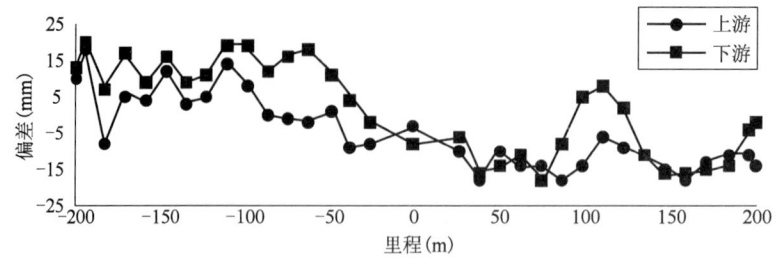

图 10　调索后主梁高程偏差

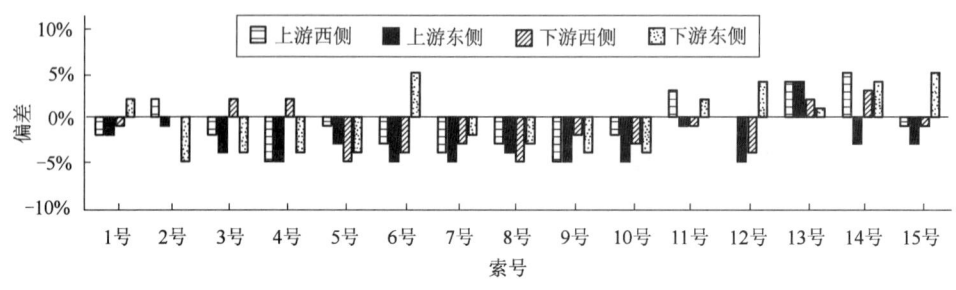

图 11　调索后斜拉索索力偏差

4　结语

柳州白沙大桥结构独特,受力复杂。根据该桥的结构特点,对塔、梁、索的施工过程开展了有效的施工控制措施。目前该桥已顺利建成通车,施工中对塔梁位移、关键断面应力和斜拉索索力进行了实时监测,按理论模拟计算得到的阶段控制参数进行了施工控制,使桥梁结构在整个施工过程中始终处于安全可控状态,最终成桥线形、内力均满足设计要求。

参 考 文 献

[1] 中铁大桥科学研究院有限公司.柳州市白沙大桥施工监控细则[Z].武汉,2016.
[2] 秦顺全.桥梁施工控制——无应力状态法理论与实践[M].北京:人民交通出版社,2007.
[3] 中铁上海工程局集团有限公司.柳州市白沙大桥工程主桥钢箱梁顶推专项施工方案[Z].柳州,2016.
[4] 何奇钦,王碧波.柳州白沙大桥主桥设计[J].桥梁建设,2018,48(4):96-101.
[5] 中铁大桥勘测设计院集团有限公司.柳州市白沙大桥施工图设计[Z].武汉,2015.

111. 大跨重载宽幅钢箱梁斜拉桥建设技术创新与应用

于得安　周范武　郑建新　罗　航　张延河

(中交第二航务工程局有限公司)

摘　要：钢箱梁斜拉桥作为大跨径桥梁最为重要的形式之一，在交通基础建设中发挥着重大作用。在充分地科学地利用紧缺的过江通道资源条件下，钢箱梁斜拉桥面临着如何解决重载车辆通行日益增长的需求与钢箱梁正交异性钢桥面板疲劳开裂加剧的突出矛盾，以及如何科学地诊断和实施桥梁生命周期的建养一体化决策等问题。为此，本项目以长江上首座八车道高速公路大桥——武汉沌口长江公路大桥为依托工程，对结构约束体系、钢箱梁制造及安装、全寿命安全监控等技术难点进行攻关，形成了成套关键技术，实现了产业化。

关键词：大跨重载　宽幅钢箱梁　"弹性+黏滞阻尼"复合减震装置　U肋内焊　快速安装测控　全寿命安全监控

1　概述

沌口长江公路大桥是武汉市四环线的重要组成部分和跨越长江的关键性控制工程之一。跨江主桥为双塔双索面半漂浮体系钢箱梁斜拉桥，跨径布置100m+275m+760m+275m+100m。索塔为钻石型结构，塔高233.7m。主梁为PK断面钢箱梁，含风嘴顶板全宽46m，不含风嘴顶板宽43.2m，中心线处梁高4m，共127个节段，标准节段长12m，标准横梁间距3.0m，采用1 860MPa平行钢丝斜拉索。桥型布置如图1所示。主梁标准横断面如图2所示。

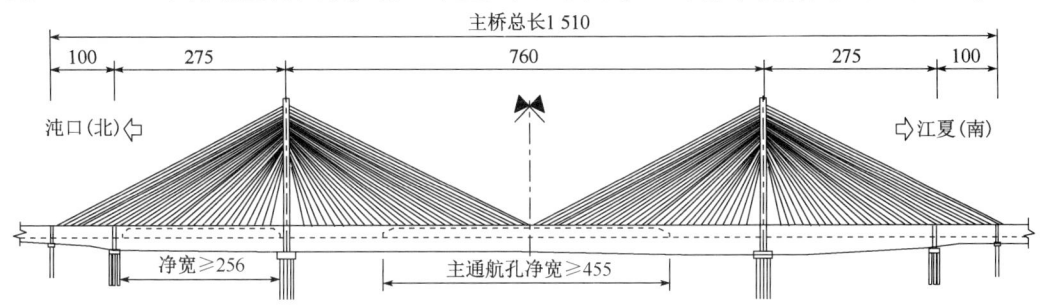

图1　沌口大桥主桥桥型布置图(尺寸单位：m)

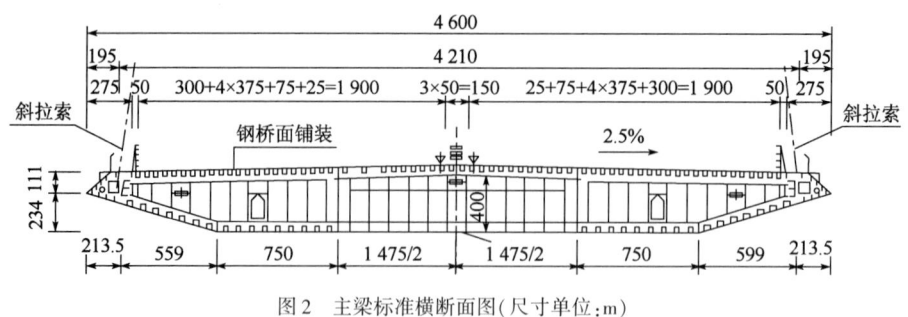

图 2 主梁标准横断面图(尺寸单位:m)

2 "弹性+黏滞阻尼"复合减震装置

2.1 "弹性+阻尼"约束体系最优组合参数

大跨斜拉桥采用漂浮或半漂浮体系减小地震反应内力,但梁端、塔顶纵向位移大,为控制地震位移,通常在塔、梁之间设置纵向弹性或阻尼约束。而选择合理的约束参数是成功减小地震位移的关键因素之一。

依托沌口长江公路大桥,理论上采用参数敏感性分析法深入研究了结构地震反应与塔梁间约束连接参数的关系,确定了塔梁间纵桥向纯弹性约束和纯阻尼约束最优减震参数。在此基础上,结合弹性约束存在恒定刚度的弹性恢复力,可减小温度、静风、活载等缓变荷载作用下纵桥向位移和结构受力,而阻尼约束对地震、脉动风和车辆振动引起的动力反应减震耗能性能优越,考虑于塔梁间增加适当的纵向弹性约束基础上,提出"弹性+阻尼"约束体系。对组合约束体系的弹簧参数及阻尼参数进行综合优化研究,得出沌口长江公路大桥最优组合参数为: $K=12\text{MN/m}, C=20\,000\text{kN}(\text{s/m})^{\alpha}, \alpha=0.5$。

弹性约束对大桥性能改善见表1,不同减震工况时大桥在E2地震下的响应见表2。采用最优组合参数,同时改善了大桥在静力、动力荷载作用下的反应,减少了伸缩缝、支座等装置的位移量和动力磨损。

弹性约束对大桥的性能改善对比　　　　表1

工况	标准值组合梁端位移(mm)		疲劳荷载Ⅰ下结构应力幅最大值(MPa)		二类稳定系数
	最大值	最小值	钢主梁	斜拉索	
不设弹性约束	1 353	-1 227	31.1	64.4	1.43
设弹性约束	800	-674	26.4	53.8	2.33

不同减震工况时大桥在E2地震下的响应　　　　表2

减震工况	桥塔底截面内力		位移(mm)	
	剪力(MN)	弯矩(MN·m)	梁端	塔顶
纯阻尼约束	23.6	651	86	105
最优组合参数	24.1	642	71	104

2.2 "弹性+黏滞阻尼"复合减震装置

传统的弹性约束和阻尼约束技术上均以独立连接装置实现。弹性连接装置常用的大型橡胶支座在长期反复的大位移变形作用下易老化,其力学参数随时间发展相对不稳定;钢绞线拉索耐久性不佳。阻尼连接装置中的黏滞阻尼器技术则较为成熟。为此,研发了"弹性+黏滞阻尼"复合减震装置(图3),采用弹簧体与黏滞阻尼并联的新型结构构造形式。

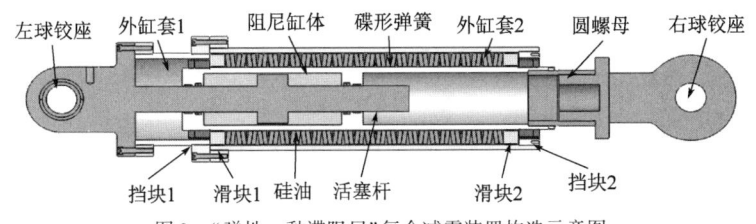

图 3 "弹性＋黏滞阻尼"复合减震装置构造示意图

装置由阻尼缸体、外套缸、活塞杆、左球铰座、右球铰座及接长套组成。阻尼缸体右端通过接长套与右球铰座连接,左端设在外缸套内,阻尼缸体内腔为装设有阻尼介质的阻尼腔体,活塞杆贯穿阻尼腔体与左球铰座连接,阻尼缸体和接长套的外侧以及外缸套的内侧构成弹簧腔体,在弹簧腔体的两端分别设有阻力块,在弹簧腔体内设有呈压缩状态的弹簧装置,且与两端的阻力块抵接。减震装置使用时,左球铰座带动活塞杆在阻尼腔体内往复运动,并带动外缸套一起运动,弹簧腔体往复运动使弹簧装置压缩,当弹簧行程较大时,弹簧腔体内增设滑动块随着弹簧装置变短、回复,在弹簧腔体中往复运动。弹簧体选用蝶形弹簧,其密封于润滑油中,整套装置具有可靠耐久、免维护的优点。

3 U肋内焊技术

目前世界范围内正交异性钢桥面板U肋与面板间连接只能在外侧进行单面焊接,故U肋内侧与面板间纵向存在一个深度不大于1.6mm的开口,造成应力集中严重,抗疲劳性能差,连接部位疲劳开裂成为共性问题。武汉沌口长江公路大桥重载、宽幅特点导致U肋跟面板连接部位更容易出现疲劳损伤。

U肋为底宽300mm、高280mm梯形截面,长12～18m,内部空间封闭狭长,U肋与面板连接内侧焊接对设备的稳定性、可靠性要求高;内部焊缝外观无法直接进行目视检查;设备需高度智能化,具备远程控制功能。为实现U肋与面板间连接的双面焊接,成功研发了正交异性钢桥面板U肋内焊成套工艺与装备。

3.1 正交异性钢桥面板U肋内焊成套装备

(1)研发了U肋内焊成套设备:此设备由龙门焊接平台、焊接主控台、内焊机器人、可调式移动轨道、液压对中定位系统、冷却系统、烟尘处理系统、在线视频监控系统、内焊焊缝修磨机、U肋内焊缝磁粉检测机等组成。龙门焊接平台通过刚性连杆驱动6台内焊机器人,同时对6根U肋12条内部角焊缝进行焊接。配套的U肋内焊缝磁粉检测机、内焊焊缝修磨机可以分别对U肋内焊缝进行无损检测和缺陷修磨。如图4～图7所示。

图4 U肋内焊设备全貌

图5 龙门焊接平台

图6 主控制台　　　　　　　　　图7 焊接机器人

(2)狭小封闭空间焊接系统集成技术:将焊枪、焊缝跟踪系统、控制系统、送丝系统、送气系统、视频监控系统、冷却系统、焊接烟尘处理系统、驱动装置等集成于一套焊接机器人中,其横向尺寸不大于U肋内部横截面,且留有一定的空隙,可进行精密的结构设计,同时具有耐焊接高温、抗电磁干扰等性能。

(3)焊枪行进可靠性设计:焊枪在U肋轴向上与内焊机器人、连杆与龙门焊接平台刚性连接,位置相对固定,保证了行进速度的均匀性和焊缝成型一致性;焊枪横向上在焊缝跟踪系统控制下可相对位移,避免焊道焊偏。结构设计上将焊丝、电、气、液等管路固定于连杆中,各管路无相对位移,保证焊接工作的可靠性。

(4)远距离送丝技术:采用特殊设计的双驱动超长送丝系统,抗送丝阻力能力强,送丝速度稳定(送丝速度波动≤0.1m/min)。

(5)焊缝跟踪技术:采用气动装置驱动导轮顶紧U肋内壁实现焊缝自动跟踪,伺服电机驱动焊枪实现焊枪角度的主动调节。采用高清视频监控系统,通过自动和手动方式进行冗余纠偏控制(跟踪精度±0.2mm)。

(6)焊接工作机构冷却技术:采用高效的水冷却系统对焊接机器人进行充分冷却,冷却水的压力和流量可无级调节,焊接过程中冷却水温不超过45℃,确保了其内部的电子元器件、零部件、视频系统工作稳定。

(7)在线视频监控技术:高清视频在线监控系统可以清晰观察道置于焊缝表面的射线探伤像质计,像质计直径0.1mm(国家标准中最细),满足在线检测U肋内焊焊缝外观成形和表面质量(含焊接裂纹)的需求。

(8)焊接烟尘处理技术:采用高负压大流量真空吸尘原理设计和制作了焊接烟尘处理系统,对狭小封闭空间焊接烟尘进行有效回收,实现环保施工和避免焊接烟尘对焊接作业和视频监控的干扰。

3.2 U肋内焊成套技术

(1)优化了适用于U肋双面焊的焊接工序:先平胎位上U肋内焊焊接,之后反变形斜胎架上外焊焊接,最后进行板单元机械矫正。

(2)开发了适合于U肋内焊的焊接新工艺:采用桶装无镀铜实心焊丝及研发(84% Ar +

$14\%CO_2+2\%O_2$)三元混合气体保护焊(MAG)工艺,优化U肋坡口钝边1.0~3.5mm、外侧坡口角度55°,有效解决了焊缝抗裂性、焊接送丝性能、低飞溅焊接、焊道成形稳定性、焊缝熔深保证等关键技术。如图8~图12所示。

图8 U肋内焊

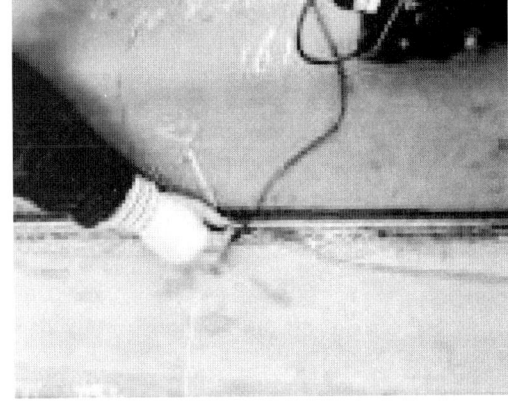

图9 专用相控阵探头

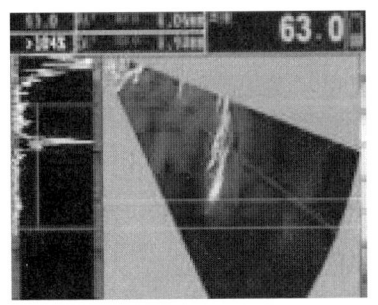

图10 裂纹特征缺陷信号

图11 内侧焊缝修磨

图12 疲劳试验

(3)开发专用超声相控阵,在U肋外侧扫查方式检测双侧角焊缝,实现了对双侧角焊缝熔深、焊接裂纹等缺陷的无损检测,检测精度在0.2mm以内,解决了传统检测手段无法进行U肋内焊检测的难题。

(4)针对U肋双面焊开发了内侧焊缝修磨、补焊处理、外侧碳弧气刨、坡口碳粉探伤、外侧返修焊接的焊缝返修流程及工艺。

疲劳性能试验表明,U肋与顶板双面焊相对单面焊抗疲劳性能提高2倍以上。成套工艺及设备首次成功开发并应用于生产,实现了U肋内焊的可焊、可检、可修,填补了国内外空白。

4 快速安装测控技术

4.1 大跨钢箱梁斜拉桥节段快速安装技术

目前国内大跨钢箱梁斜拉桥节段安装工艺流程中,斜拉索仍采用多次张拉,以控制钢箱梁施工期受力。理论研究表明,由于钢材的允许应力幅较大,大跨径钢箱梁悬臂施工过程中主梁应力在材料容许范围内。为此,首次系统地优化了大跨钢箱梁节段安装工艺流程(表3),在前期结构安全分析和精确获取结构制造无应力尺寸的基础上,斜拉索采用一次张拉至成桥目标索长,同时,调整当前节段参数识别时机至与下一节段精匹配同时进行。

节段安装工艺流程优化 表3

时间	传统工序	优化工序
N	i-1梁段焊接,斜拉索挂索	i-1梁段焊接,斜拉索挂索
N+1	白天:斜拉索一张→桥面吊机前移	白天:斜拉索一次张拉至成桥目标索长→桥面吊机前移→i梁段吊装、初匹配
	夜间:斜拉索二张→参数识别	夜间:i-1梁段参数识别→i梁段精匹配
N+2	白天:i梁段吊装、初匹配 夜间:精匹配	—

节段快速安装技术在沌口长江公路大桥应用:施工期钢箱梁应力不超过100MPa,节段安装周期为4d/轮次,明显优于传统工艺5d/轮次,在满足安全及安装精度的同时,极大减少了安装测试工作量。

4.2 基于倾角传感测量的智能化梁段匹配控制系统

梁段匹配效率影响节段快速安装技术的实施,匹配精度决定着梁段间无应力状态关系的实现、匹配口连接断面环缝质量,影响使用过程中的疲劳性能。大跨结构响应敏感,宽幅构造横向变形差异大,传统几何测量匹配方法受环境影响大、效率低。为此,专门研制了基于倾角传感测量的智能化梁段匹配控制系统。通过角度传感器自动采集待匹配梁段横向挠曲角度及其与已完成梁段间夹角,无线传输至中央控制器,进行实时分析、自动反馈调整,直至达到控制目标状态。如图13所示。

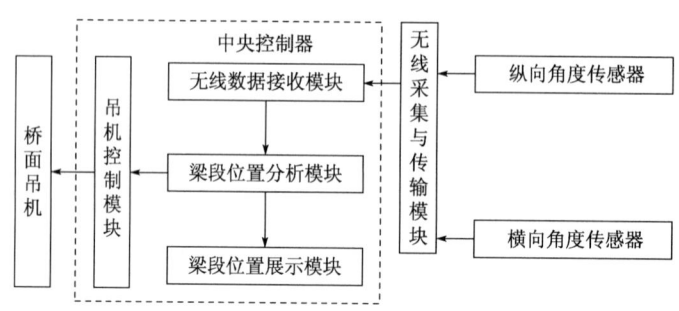

图13 智能匹配控制图

智能匹配系统的控制精度达到2mm以内,高于传统6mm控制精度,且匹配用时小于0.5h,明显优于人工测量匹配的4h。

4.3 基于三维激光的自动测控技术

目前中跨合龙段下料前的合龙口形态识别,主要采用全站仪或钢卷尺测量,宽幅钢箱梁变形导致截面形态复杂,采用传统方式进行合龙口形态识别,存在测点数少、可靠性难以保证、测量风险大等问题。为此,开发了基于三维激光的自动测控技术。合龙口两侧梁段在工厂制造完成后,在前端待测量断面按1m等间距焊接测点标靶,合龙口形态观测时,采用三维激光扫描仪对测点标靶进行追踪扫描,获取测点中心三维坐标,由测点坐标生成合龙口形态三维图,实现了宽幅钢箱梁合龙口形态参数的精准识别。

三维激光的自动测控技术提高了合龙段下料精度,有效控制合龙口环缝宽度在8~10mm,技术可靠且自动化程度高,减少了人工测量工作量。

5 基于几何控制法的桥梁安全监控技术和平台

5.1 基于几何控制法的桥梁全寿命安全监测技术

目前,国内外桥梁施工期与运营期的监测存在两阶段间桥梁状态信息继承性不强,运营期结构真实状态识别难度大。为此,首次研发了基于几何控制法的桥梁全寿命安全监测技术。

几何控制的理论基础为:几何体系一定的弹性结构在某一时刻的内力和变形状态唯一地取决于此刻结构所受的作用体系,而与此前结构构件的安装历程、作用的施加和变迁历程无关。以该理论为指导,研发制造、安装、运营全寿命过程控制技术。施工期钢箱梁、斜拉索、索塔等结构构件按无应力尺寸与形状制造、安装,并进行参数识别与调整、线形及内力状态监测与控制,有效地实现成桥目标状态。基于成桥结构精确参数及线形与内力状态的继承,运营期可准确识别结构真实状态,主动养护,必要时实现构件按无应力构形更换。

5.2 桥梁安全监控平台

针对施工监控与健康监测分离的现状,首次研发了施工和运营期集硬件、软件、传输方式及数据处理方面高度融合的全寿命安全监控平台。结构工厂制造阶段无应力状态下完成监测硬件设备的安装,并开始各类几何及物理参数的采集,同时采用先进的网络技术以及配套的技术支撑系统,如计算分析系统、关键构件制造数字化控制、参数识别及模型修正、全过程实时动态监测、结构状态评估,实现了施工与运营全寿命过程监控。

6 结语

沌口长江公路大桥建设技术创新与应用在于:

(1)提出了弹性约束与阻尼约束的最优组合参数,研发了"弹性+黏滞阻尼"复合减震装置,有效改善了大跨斜拉桥结构静力、疲劳、稳定受力性能。

(2)研发了正交异性钢桥面板U肋内焊成套工艺与装备,实现了U肋内焊角焊缝的可焊、可检、可修,显著提高了U肋与面板连接部位的抗疲劳性能。

(3)研发了基于倾角传感测量的智能化梁段匹配安装控制技术,提高了梁段的匹配工效与精度;采用三维激光测控技术,提出了合龙口形态参数的精准识别技术与方法。

(4)研发了基于几何控制法的桥梁安全监控技术和平台,实现了施工与运营全寿命过程监控。

参 考 文 献

[1] 岳青,严和仲,阚水杰,等.大跨度钢箱梁斜拉桥施工控制[J].桥梁建设,2013,43(4):54-60.

[2] 秦顺全.桥梁施工控制——无应力状态法理论与实践[M].北京:人民交通出版社,2006.

[3] 余昆,李景成.基于无应力状态法的悬臂拼装斜拉桥的线形控制[J].桥梁建设,2012,42(3):44-49.

[4] 吴运宏,岳青,江湧,等.基于无应力状态法的钢箱梁斜拉桥成桥目标线形的实现[J].桥梁建设,2012,42(5):63-68.

[5] 李乔,卜一之,张清华,等.大跨度斜拉桥施工全过程几何控制概论与应用[M].成都:西南交通大学出版社,2009.

112. 大跨宽幅钢箱梁斜拉桥中跨顶推辅助合龙施工技术

胡玉祥 郑建新

(中交第二航务工程局有限公司)

摘　要：沌口长江公路大桥主桥为跨径布置100m+275m+760m+275m+100m五跨一联双塔双索面纵向半漂浮体系钢箱梁斜拉桥，主梁采用悬臂拼装施工，主梁全断面宽46m。中跨合龙段长4.6m，重122.4t，采用单侧起吊施工。中跨采用顶推辅助合龙技术，由计算分析得到温度对合龙口及施工影响量、合龙顶推行程及顶推力、顶推过程线形及索力等结构响应量，以确定合理的控制措施及施工时机；结合施工流程及分析制定了合龙口形态调整措施，对宽幅钢箱梁合龙匹配错台及控制进行了分析。各项分析及措施有效地控制了合龙风险，最终实现了中跨高精度合龙，提高了合龙的可靠性。

关键词：斜拉桥　宽幅　钢箱梁　顶推辅助合龙　工艺流程　关键技术

1　工程概况

沌口长江公路大桥跨江主桥为五跨一联双塔双索面半漂浮体系钢箱梁斜拉桥，跨径布置为100m+275m+760m+275m+100m。

索塔为钻石型结构，塔高233.7m。钢箱梁为PK断面，含风嘴全宽46m，中心梁高4.0m，共127个节段，标准节段长12m，横梁间距3.0m。全桥共设置240根1 860MPa平行钢丝斜拉索。主桥桥型布置如图1所示。

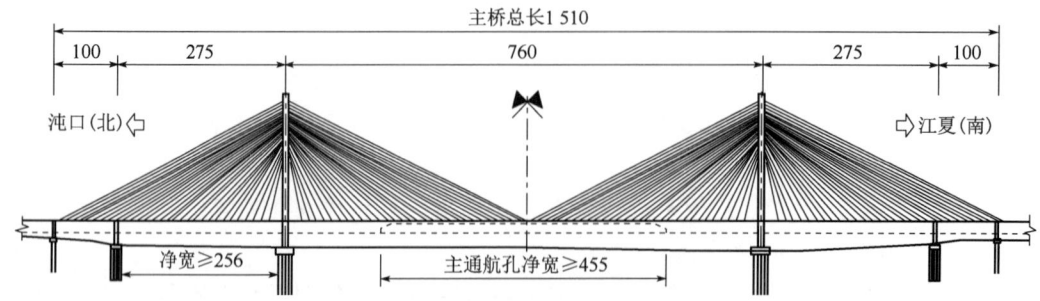

图1　沌口大桥主桥桥型布置图(尺寸单位：m)

2 中跨合龙施工工艺流程

2.1 合龙方案确定

沌口长江公路大桥中跨合龙设计基准温度为15℃,在该温度状态下进行中跨合龙,对永久结构不会产生不利影响。在实际施工中,受合龙时机及自然条件的影响,合龙时的环境和结构温度均将与基准温度存在差异。根据施工进度安排,主桥中跨合龙时间在6月上旬,整体温度较高,且昼夜温差较大,温度变化1℃时合龙口间距影响量约9mm。为尽量减少温度对结构状态的影响,同时方便施工,选择顶推辅助合龙作为本桥的中跨合龙实施方案(图2)。

合龙方案思路为,根据实测的温度—合龙口间距确定基准温度下合龙段长度,由南岸桥面吊机单侧起吊合龙段,北岸侧塔梁纵向临时约束兼顾作为纵向顶推装置单侧顶推北主桥进行合龙。采用顶推辅助合龙可修正悬臂梁长误差,确保主梁基准温度下无应力总长度不变,对成桥结构内力与线形影响小[1,2,4]。

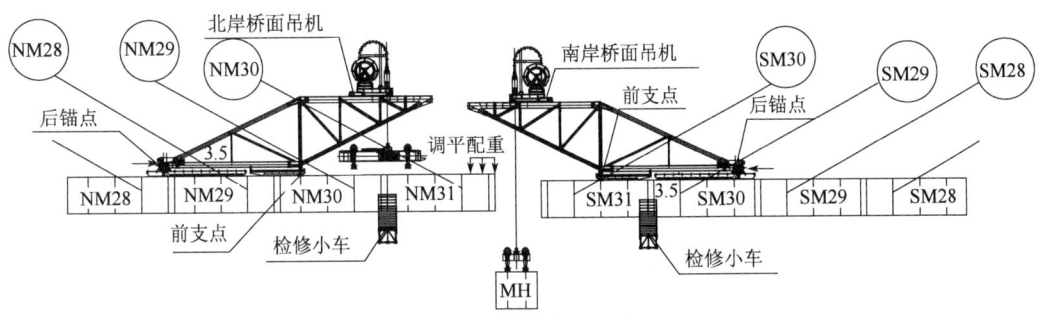

图2 合龙段起吊示意图

2.2 合龙施工步骤

沌口长江公路大桥主桥中跨合龙施工步骤如下:

(1)S30、M30斜拉索一张后,进行梁面施工临时荷载清理,南岸桥面吊机吊具更换为MH梁段吊装吊具。北岸桥面吊机向岸侧回行6m后锚固、南岸桥面吊机向江侧前移9m后锚固。

(2)南北岸中跨各配置1/2MH梁段重量,模拟合龙段安装工况。通过M29、M30斜拉索索力或临时配重等措施对南北岸合龙口高程、转角进行调整。

(3)解除塔区横向临时约束及北岸竖向临时约束,北岸仅保留纵向约束及永久支座,进行南北岸轴线调整。

(4)进行合龙口量测,确定北侧主梁向岸侧的顶推量及顶推力,保证合龙段的吊装空间,同时确定中跨合龙段钢箱梁长度。

(5)M31梁段1/2MH配重拆除,北半桥向北侧纵向顶推,保证MH梁段吊装空间,南岸桥机起吊MH合龙梁段。

(6)使MH梁段顶面与NM31梁段顶面持平,将MH梁段、NM31梁段通过匹配件栓接,使顶底板、边腹板对齐,在合龙段安装支撑型钢。

(7)桥面吊机缓慢落钩,平均分配合龙梁段重量到NM31、SM31梁段,吊具钢丝绳松弛,对MH梁段初调。

(8)晚上气温恒定时,通过索力、配重、手拉葫芦对拉和北半桥向中跨回顶等辅助措施对MH梁段缝宽、轴线和高程进行精确调整。焊缝宽度及梁段匹配满足要求后,迅速将MH梁段与NM31,SM31钢箱梁匹配、打码作业。

(9)解除北塔顶推辅助装置,合龙段两侧焊缝同时开始焊接,焊接完成后解除南塔塔梁间临时约束。

3 合龙关键技术

3.1 温度影响分析

近三年6月上旬大气最高平均温度为30℃,最低平均温度为22℃。通过合龙前一个月内夜间温度稳定时的测试情况分析,环境温度为22℃时,预计索温21℃,主梁顶板温度24℃、底板温度23℃,索塔温度21℃。有限元分析表明,相对于基准温度条件下,结构各项指标影响量如表1所示。

温度对合龙口影响量　　　　　　　　　　表1

项　目	影　响　值
合龙口线形(mm)	-42.1
单侧里程(mm)	38.3
钢主梁应力(MPa)	2.5
主塔应力(MPa)	0.3
塔偏影响量(mm)	12.6(往岸侧)
斜拉索索力影响量(双索,kN)	11.7

由中跨合龙实施流程,预计在凌晨0:00~8:00期间完成打码及边腹板和中腹板焊接作业,期间主梁按升温5℃,主梁顶、底板最大温差3℃考虑,温度产生的主梁内力变化为轴力4 288kN,剪力821kN,弯矩3 129kN·m。

为确保北主塔纵向顶推装置拆除后,匹配口更好的传递升温过程中产生的钢箱梁内力,在上、下游边腹板上各焊接1块定位码板,在顶、底板上均匀焊接定位码板,每个匹配断面设置19块定位码板,码板尺寸为600mm×300mm×30mm,码板焊接范围内开双边坡口,坡口尺寸为10mm×10mm,单边焊接长度为30cm。码平码板按常规布置。同时在当天高温来临前(预计12:00)完成所有焊缝的焊接[2,3]。

3.2 顶推力分析

顶推装置顶推行程由两部分组成:合龙段起吊需要的操作间隙和合龙温度偏离设计基准温度时产生的梁段伸长量。

合龙段起吊需要的操作间隙按50mm控制,喂梁选择在阴天或者白天下午钢箱梁顶底板平均温度在31℃以下时进行,温度对合龙口宽度的影响约150mm。为满足顶推施工的要求,顶推装置的顶推行程按20cm设计。

合龙前北塔中、边跨斜拉索的水平不平衡力为2 810kN,方向指向江侧,支座摩阻力约510kN。当合龙段与NM31梁段初匹配完成后,顶推装置无需额外施加顶推力,仅需缓慢释放预顶力。顶推位移与纵向顶推力的关系如表2所示。

钢箱梁纵向顶推力(单位:kN)　　　　　　　　　表2

工　况	纵向顶推力	索塔支座反力	辅助墩支座反力	过渡墩支座反力
解除临时固结	2 810	3 800	4 310	2 040
顶推10cm	4 520			
顶推15cm	5 120			
顶推20cm	5 720			

沌口长江公路大桥主桥施工过程中塔梁间采用临时铰接约束。横向约束由钢箱梁与索塔塔肢间上下两层型钢结构以及中间钢管结构组成;竖向压力由永久支座承担,为防止施工过程中出现支座脱空,在钢箱梁与索塔下横梁间布置12根直径 φ36mm 竖向精轧螺纹钢作为保险措施;纵向在箱梁阻尼器支座与索塔横梁牛腿间设置支撑杆。

合龙之前北塔纵向顶推装置安装到位,北塔塔梁竖向和横向临时约束解除后纵向顶推装置即起作用。单侧纵向顶推装置的顶推力按 6 000kN 设计。纵向顶推装置同时具有顶推调整和锁定的功能。如图 3 所示。

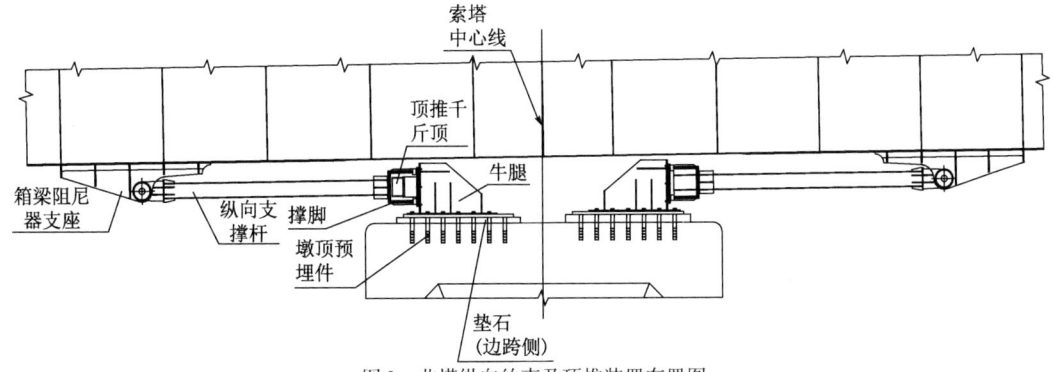

图 3　北塔纵向约束及顶推装置布置图

3.3　顶推过程结构响应

由于施工过程中塔梁间为临时铰接约束,因而顶推前塔梁间转角为自由状态,竖向和横向临时约束的释放不会造成主梁线形和斜拉索索力的变化。而主梁向边跨顶推过程中,锚点坐标的改变导致索、梁、塔间的受力状态发生变化。

计算分析北主桥向岸侧顶推20cm,主梁线形及斜拉索索力影响如图4、图5所示。

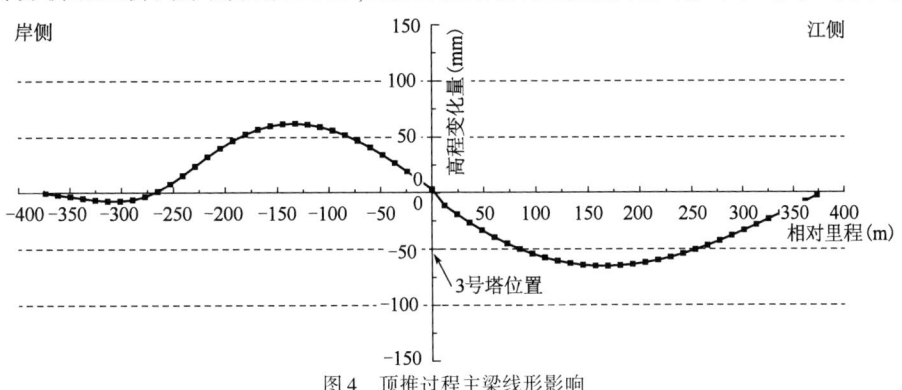

图 4　顶推过程主梁线形影响

图 5　顶推过程索力影响

分析表明,北主桥向岸侧顶推20cm,江侧高程最大变化量为-66mm,岸侧高程最大变化量为62mm,索力变化量最大达到3.3%。因此,应尽量选择环境温度与设计基准温度相差较小的时候进行合龙施工,避免顶推量过大而增加合龙口姿态调整难度。

3.4 宽幅合龙段姿态调整

3.4.1 合龙段支撑

MH梁段吊装入合龙口后,先匹配NM31梁段,使顶底板、边腹板对齐,梁段间仅通过顶板匹配件连接,之后在MH梁段两侧上焊接支撑型钢,桥面吊机缓慢落钩,在过程中对梁段轴线进行纠偏,并在落梁前完成轴线纠偏工作。桥面吊机落钩直至吊具不受力,只起保险作用,此时合龙段简支在两侧钢箱梁上,MH梁段重量通过支撑型钢平均分配至NM31、SM31梁段上。

支撑型钢采用HN600×200型钢,布置于边腹板和中腹板顶板位置。其中边腹板处支撑型钢设置单侧肋板,中腹板处支撑型钢设置两侧肋板,在型钢焊接前通过千斤顶反压措施将相邻梁段间型钢焊接部位压平,支撑型钢布置如图6所示。

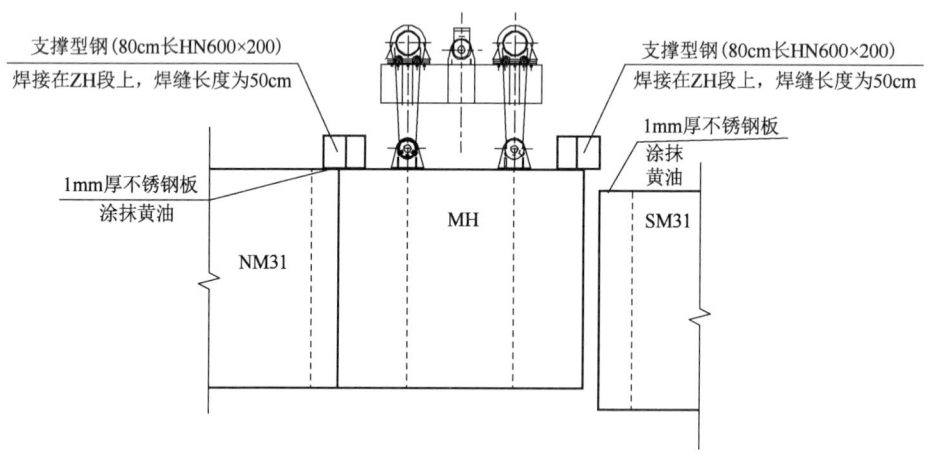

图6 支撑型钢立面布置图

3.4.2 相对高差调整

合龙时NM31和SM31梁段合龙口间的相对高差和转角误差预先通过前期的控制过程大部分消除。合龙前将塔端边跨S30斜拉索张拉千斤顶移至中跨M29号斜拉索位置。合龙段MH与SM31梁段精匹配前,进行高差的测量评估,可及时通过单对或多对索的张拉进行合龙口相对高差调整。

M29、M30斜拉索索力变化100kN时,合龙口高程、转角及缝宽差变化如表3所示。

合龙口索力—线形分析　　　　　表3

索 编 号	调索量(kN)	高程影响量(mm)	角度影响量(rad)	缝宽差(mm)
NM29	100	18.8	2×10^{-4}	0.8
NM30	100	23.9	3×10^{-4}	1.2
SM29	100	18.6	-2×10^{-4}	0.8
SM30	100	23.9	-3×10^{-4}	1.2

3.4.3 轴线调整

合龙前,两悬臂主梁的各自轴线的整体偏差预先通过前期控制过程调整在允许范围内,合龙时只是调整两悬臂主梁轴线的相对偏差。

合龙段简支于两侧钢箱梁上后,在两侧悬臂梁前端设置轴线对拉调整系统,轴线调整系统由耳板(在工厂内已安装)、滑轮组、手拉葫芦以及钢丝绳组成。晚上气温稳定后,首先通过对拉核准南、北岸 M31 号梁段轴线,再通过 50t 机械千斤顶对 MH 梁段轴线进行微调。为了方便梁段打码及焊接,当合龙梁段匹配完成、定位码板焊接完成后,解除轴线调整系统。

3.4.4 缝宽调整

合龙段在夜间精匹配时,采用顶推、对拉的辅助方式对合龙段与 SM31 号梁段的缝宽进行调整。在 NM31 和 SM31 梁段上增加纵向牵引辅助措施,辅助进行缝宽调整和锁定。缝宽牵引及锁定装置平面布置如图 7 所示。

3.5 宽幅合龙段匹配错台控制

本项目钢箱梁宽度大(46m),合龙段长度相对较小,合龙段起吊后与已成梁段匹配时存在错台[5]。

为此,建立 SM28~SM31 以及合龙段 MH 梁段局部有限元模型,模拟分析合龙段与南岸 SM31 梁段进行匹配时的错台量,所有构件采用 SHELL63 单元,拉索锚点位置施加对应索力。合龙段 MH 上荷载只有其自重(122.4t),已成梁段上桥面吊机锚点处施加相应反力。

模型分析结果如图 8、图 9 所示。

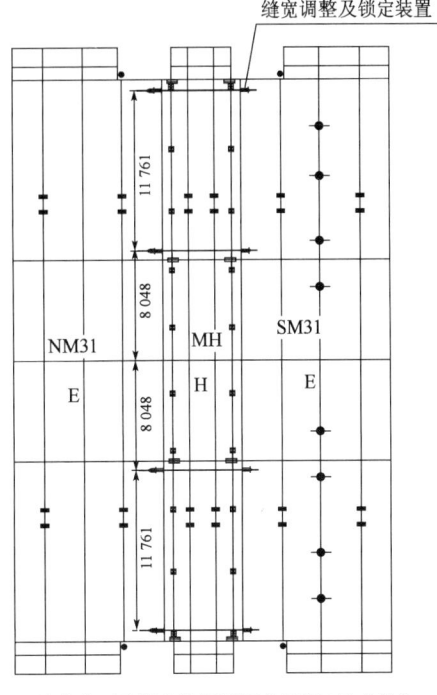

图 7 缝宽牵引及锁定装置平面布置图(尺寸单位:mm)

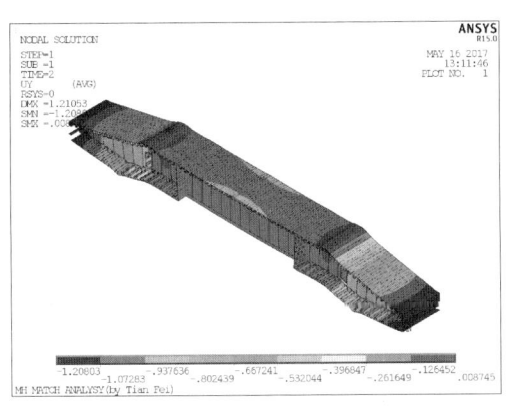

图 8 合龙段 MH 起吊竖向变形图

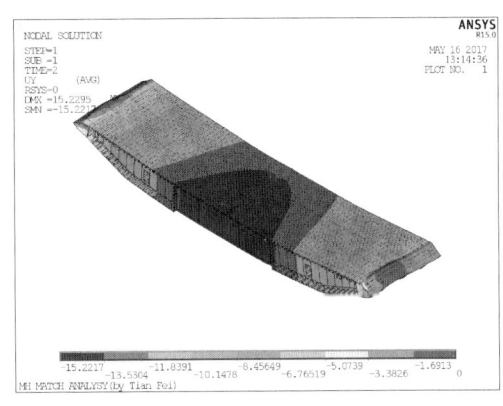

图 9 SM31 梁段竖向变形图

分析结果表明,合龙段在自重作用下,竖向变形 1mm 以内,SM31 号梁段在吊机及自重作用下,桥面中间最大下挠量为 15mm。因此,合龙段与 SM31 匹配时,最大错台量为 16mm。匹配时以边腹板对齐,中腹板处马板配合千斤顶施加 650kN 大码力进行调整。

4 结语

沌口长江公路大桥跨江主桥中跨合龙段吊装时,根据现场温度及合龙段起吊需要的操作间隙,实测顶推量约 14cm。该桥实测合龙段轴线偏差 5mm,高程与目标值误差 2mm。各项合龙分析及控制措施有效地确保了合龙的顺利实施。

参 考 文 献

[1] 尹光顺,罗立军,桂贵,等.琅岐闽江大桥主桥钢箱梁顶推合龙控制技术[J].世界桥梁,2014,42(5):31-36.

[2] 易云焜,严和仲,赵鹍鹏,等.夏漳跨海大桥北汊主桥配切—顶推合龙技术[J].桥梁建设,2013,43(4):49-53.

[3] 涂光亚,颜东煌,陈常松,等.荆岳长江公路大桥中跨合龙施工技术[J].桥梁建设,2013,43(4):105-109.

[4] 岳青,严和仲,阚水杰,等.大跨度钢箱梁斜拉桥施工控制[J].桥梁建设,2013,43(4):54-60.

[5] 郝超,邱松定.大跨度钢斜拉桥扁平钢箱梁悬拼阶段相对变形研究[J].钢结构,2002,2(17):34-37.

113. 基于挂篮试验的宽幅中央索面斜拉桥模型修正

奉思东[1,2] 张国靖[3]

(1. 中交第二航务工程局有限公司；2. 长大桥梁建设施工技术交通行业重点实验室；
3. 长安大学公路学院)

摘 要：在宽幅中央索面斜拉桥的挂篮施工过程中，斜拉桥的节段过程变形量受到混凝土湿重、挂篮刚度、一二次过程索力等多方面因素的影响。本文结合东莞市东平东江大桥工程实例，利用有限元软件 Midas/Civil 建立了挂篮节段施工模型和斜拉桥整体施工阶段模型，通过挂篮静载试验和施工过程数据反馈对模型进行了相关参数分析和修正，得到了在斜拉桥施工控制中，挂篮刚度和一二次索力对节段过程变形量和施工总变形量的影响规律；并针对宽幅中央索面斜拉桥的施工控制模型提出了节段施工模拟方式的优化建议。

关键词：宽幅中央索面斜拉桥 一二次索力 挂篮变形值 过程变形量 参数分析 模型修正

1 引言

宽幅中央索面斜拉桥由于其超大、超宽的主梁截面，在施工过程中需要结合牵索前支点挂篮分次张拉斜拉索、分次浇筑混凝土，确保已施工梁段和挂篮结构的受力状态良好。

然而，相较梁面较窄或者分幅索面的斜拉桥，宽幅中央索面斜拉桥的施工往往需要考虑挂篮的横向刚度，进而控制主梁横桥向线形。同时，主梁节段纵向过程变形量(即从挂篮前移开始到当前施工节段斜拉索转至梁体、进行三张的这一过程的变形量)的影响参数较多，包括模型分析误差和施工误差等[1]。

因此，有必要通过挂篮静载试验和实际施工的结构状态对模型进行相关参数分析和修正，并分析模型修正和节段过程参数对节段过程变形量和施工总变形量的影响规律；同时针对宽幅中央索面斜拉桥的特点，从节段施工控制角度优化中间索力。

2 工程概况

东平东江大桥工程南起东莞企石镇，北接惠州双龙大道。其中主桥为预应力混凝土独塔斜拉桥，主桥结构为塔、梁、墩固结体系，跨径组合为148m+148m，总长296m，如图1所示为主桥立面布置。

主梁截面形式为单箱五室，箱梁顶板全宽34.1m，底宽10m，悬臂长4.0m，梁高3.2m，设置双向2%横坡;标准段悬浇长度为6m,主桥挂篮悬臂施工段两侧各21节,共42节段。主桥拉索体系为中央索面双排索,全长设42对斜拉索,共84根斜拉索,布置在主梁中央分隔带处,梁上纵向索距6m。图2为主桥标准断面。

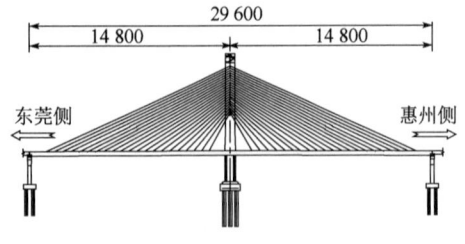

图1 东平东江大桥主桥立面布置(尺寸单位:cm)

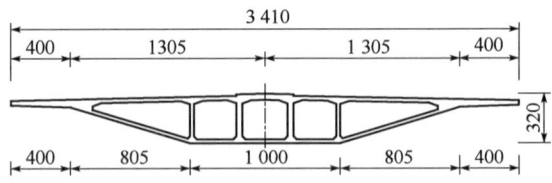

图2 东平东江大桥主桥标准断面(尺寸单位:cm)

主桥节段采用前支点挂篮悬臂浇筑施工,施工过程中结合挂篮前支点斜拉索分次张拉,分次浇筑[2]。

3 模拟方法分析

采用 Midas/Civil 建立全桥杆系模型,为读取当前施工节段的预拱度设置值,需要在挂篮前移、斜拉索第一次张拉的工况下激活待浇节段单元,此时将节段湿重反向加载于该单元,以模拟挂篮空载状态。如图3所示。可以看出,该工况下,模型模拟与实际施工受力状态一致。

而在斜拉索一张、浇筑节段50%湿重的工况下,节段模拟和实际施工对比示意如图4、图5所示。

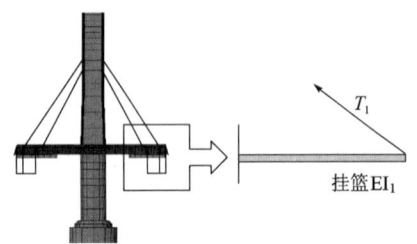

图3 挂篮前移、斜拉索一张工况下模型模拟示意   图4 斜拉索一张、浇筑50%湿重工况下实际施工示意

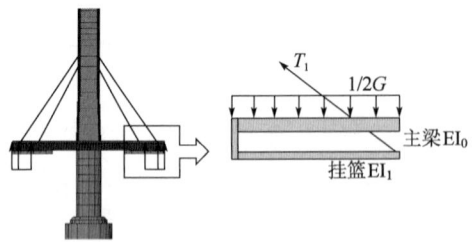

图5 斜拉索一张、浇筑50%湿重工况下模型模拟示意

可以看出,在实际施工过程中,主梁浇筑荷载作用于挂篮,此时该节段刚度未形成或者很小,变形由挂篮及已施工节段体系承担;在模型中,浇筑未完成前当前施工节段已被激活,混凝土湿重反向加载于主梁节段,此时浇筑荷载产生的变形由当前主梁节段及已施工节段体系承担。

由于主梁刚度远大于挂篮刚度,当前节段施工变形模拟值与实际施工变形值将产生偏差。该偏差将存在于当前节段施工过程中,从斜拉索第一次张拉的工况开始,累积到当前斜拉索转至主梁,进行第三次张拉的工况之前,故需要在节段施工开始至浇筑完成工况进行模拟方式的修正。本文对全桥模型进行的调整如图6所示。

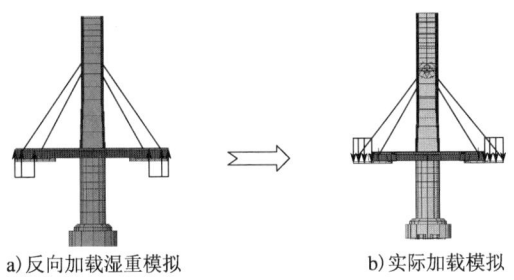

a) 反向加载湿重模拟　　　b) 实际加载模拟

图6　节段施工模拟修正示意图

考虑浇筑后激活主梁节段,当前施工荷载按实际方式作用于挂篮,挂篮变形值即当前施工梁段的斜拉索转体至锚块前的阶段变形,挂篮的刚度值参考挂篮静载试验进行模拟。

4　挂篮刚度修正

上述可知,节段施工过程的模拟还与挂篮实际刚度值有关。挂篮刚度值模拟需要结合现场静载试验和有限元分析,通过提取挂篮有限元模型弹性变形值,并与现场静载试验数据进行对比,最终确定斜拉桥全桥模型中的挂篮刚度参数。

4.1　挂篮静载试验

静载试验流程示意如图7所示,静载试验将减少或消除挂篮非弹性变形的影响,试验计算假定至超载工况时非弹性变形影响消除。现场试验预压荷载与标准现浇梁段自重一致,试验采用钢桶注水、钢材、沙袋堆载的形式,安全超载系数取1.1[3]。

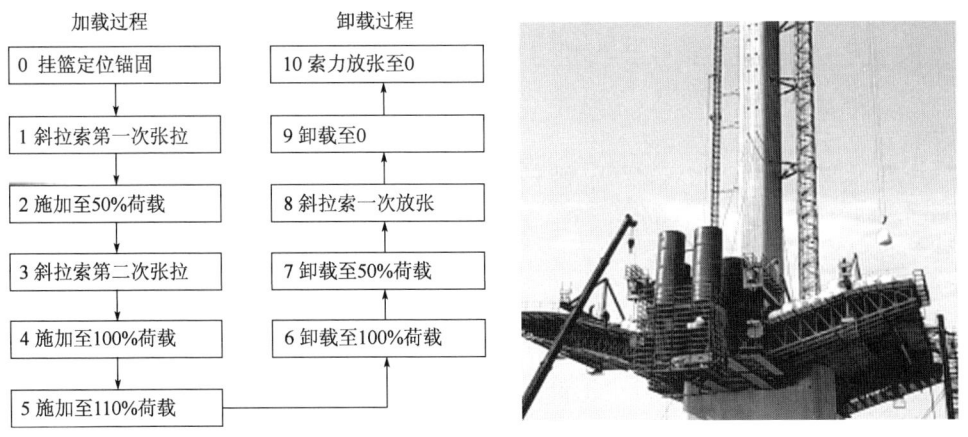

图7　工况流程及预压试验现场

试验流程图中,0~5分别表示加载工况一~工况五,6~10分别表示卸载工况六~工况十。静载试验布设观测点与模型数据读取点一致,设置模板各控制点等便于验证分析的关键点位,如图8所示,图中沿横向设置6个点,编号M-1~M-6。

4.2 挂篮变形值分析及参数取值

利用有限元软件进行分析,建立空间三维模型。相较于静载试验,挂篮有限元模型为线弹性理论范畴,加载与卸载工况模拟结果对应一致,故模型只模拟试验的加载过程。如图9所示。

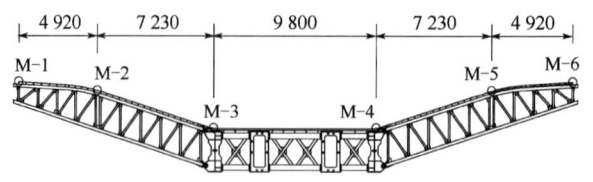

图8 挂篮变形观测点布置(尺寸单位:mm)

加载工况下的各观测点变形数据对比如图10所示,图10表示挂篮模板关键点位M-1、M-3在加载各工况下的总变形值与模拟值的对比。

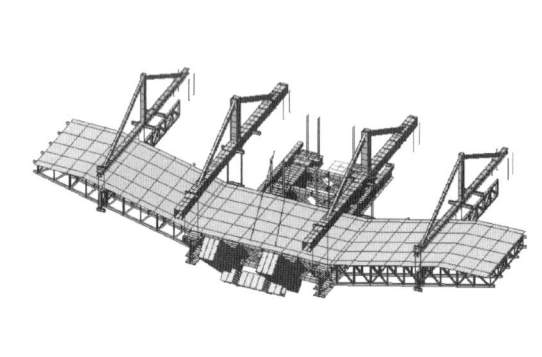

图9 挂篮有限元模型　　图10 各工况下总变形与模拟值对比

由图10可得:实际总变形值与模拟弹性值变化趋势一致,M-3点实际总变形值与模拟弹性变形值存在较大差异。对此,根据卸载数据及计算式消除非弹性形变。如下:

|实测弹性变形值|=|总变形值|-|非弹性变形值|

经上式计算,得到挂篮试验弹性变形值与模型值对比,如表1、图11所示。

挂篮变形取值对比(单位:mm)　　表1

挂篮测点	东莞侧挂篮						惠州侧挂篮					
	M-1	M-2	M-3	M-4	M-5	M-6	M-1	M-2	M-3	M-4	M-5	M-6
总变形	-29	-15	19	17	-5	-30	-25	-4	27	27	-7	-28
非弹性	6	3	2	1	1	9	7	1	5	6	1	3
弹性值	-23	-12	17	16	-4	-21	-18	-3	22	21	-6	-25
模拟值	-19	-10	15	15	-10	-19	-19	-10	15	15	-10	-19

由最终变形取值可以看出:消除非弹性变形的影响后,挂篮弹性变形模拟值与试验值在横桥向分布情况一致,满载工况下底模上挠,侧模下挠;底模及侧模边缘处多数点弹性变形值比模型值稍大。惠州侧底模测点实际变形值大于东莞侧测点,底模板最大上挠值为22mm,模拟值为15mm,侧模板最大下挠值为25mm,模拟值为19mm,有限元模型数据与现场试验值偏差较小,说明有限元模型模拟较为准确。由现场静载试验和模型模拟均可得出:挂篮底模与侧模的变形值不一致,且差值较大,其中模型模拟值达34mm,在进行线形控制时需要考虑该横桥向变形差值的设置。

由上述分析,挂篮静载试验的试验工况与主梁1号节段施工工况相对应,故参考挂篮局部模型底模 M-3 的变形值作为斜拉桥全桥模型中 1 号节段纵向线形控制的挂篮变形值参数,如图 12 所示;横桥向线形通过设置差值进行控制。通过计算调整挂篮截面尺寸,使全桥模型中主梁第 1 节段过程变形值与挂篮局部模型 M-3 模拟值吻合,最终确定挂篮整体刚度。

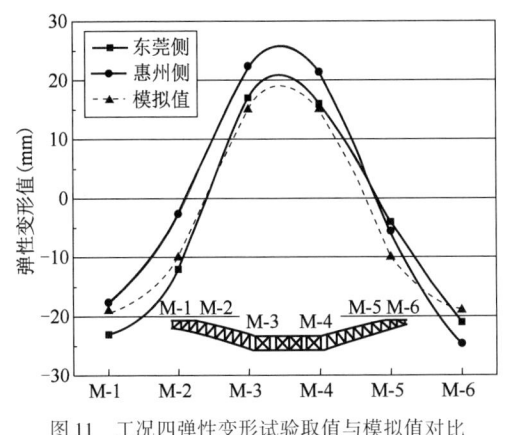

图 11 工况四弹性变形试验取值与模拟值对比

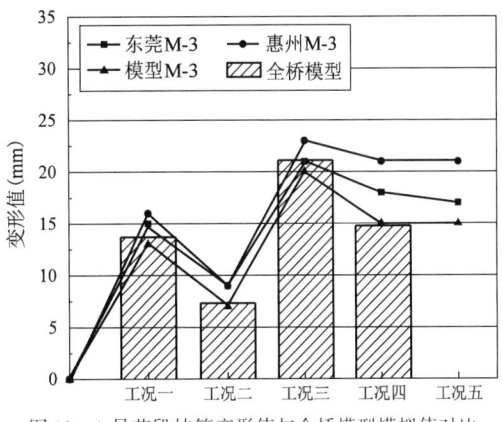

图 12 1 号节段挂篮变形值与全桥模型模拟值对比

5 修正前后对比分析

为分析节段模型模拟方式和挂篮刚度修正后对结构的线形影响,提取当前节段施工至成桥阶段的预拱度值进行对比,如图 13 所示。

可以看出,修正模型后的预拱度设置值与原模型偏差较大,最大偏差值为 35 mm,出现在第 21 节段。

为分析偏差值来源,从中选取某节段(第 17 节段),分析对比模型修正前后节段施工过程变形量(即从挂篮推出至第 17 节段浇筑完成,拉索转体三张工况),如图 14 所示。

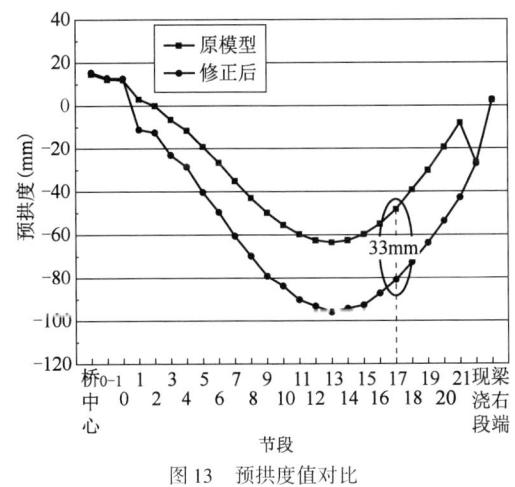

图 13 预拱度值对比

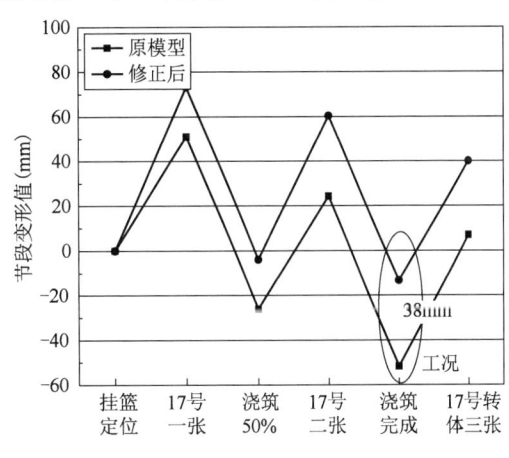

图 14 第 17 节段施工过程变形值对比

可以看出,修正前后第 17 节段的过程变形最大偏差值为 38 mm,出现在浇筑完成工况以及拉索转体三张工况,该节段预拱度设置偏差值为 33 mm。说明进行节段施工过程模拟方式和挂篮刚度的修正,很大程度上影响当前施工节段的过程变形量。对此将该节段混凝土浇筑完成工况至成桥工况的预拱度值作为对比(图 15)。

由图 15 可以看出,在消除当前节段过程变形值后,模型既定状态(即浇筑完成状态)的施工变形值相差很小,最大偏差值为 5 mm。

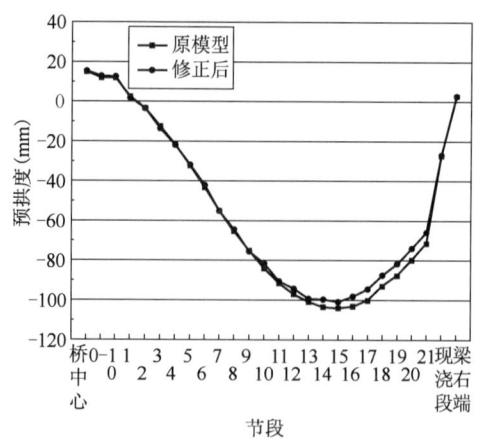

图 15 浇筑完成至成桥预拱度值对比

由此可得,在结构外荷载不变的前提下,对模型做关于实际节段施工的修正,很大程度上只影响当前修正节段的施工过程变形量,即只要节段施工达到模型节段激活时理论线形值,后期节段循环过程(挂篮移位到节段浇筑完成)对结构既定状态影响值一定。

6 结构参数影响

结构过程模拟参数偏差通常不可避免,对此进行挂篮刚度、一二次索力等主要的过程影响参数进行偏差设置,分析过程参数偏差对节段施工变形量和施工预拱度值的影响。

6.1 挂篮刚度

在用于施工控制的全桥模型中,挂篮刚度取值综合考虑了静载试验和挂篮细部模型模拟值,而实际施工过程中的挂篮变形值的偏差不可避免。本文取挂篮刚度参数 EI、1.2EI、1.6EI、2EI、4EI、8EI,同时考虑原模型中主梁刚度,对比节段过程变形量和当前节段浇筑完成至成桥的预拱度。

由图 16 可得:挂篮刚度值对 17 号节段过程变形值影响较大,当刚度取值为 EI 和 8EI 时,变形差值达 30mm;随着挂篮刚度的增大,17 号节段的阶段变形量呈减小趋势,当挂篮刚度取值为 8EI 时,过程变形值变化线与原模型主梁刚度取值的变化线趋于一致,此时当前节段线形与前一节段的切线延长线重合。为此对比不同挂篮刚度取值下模型既定状态(即浇筑完成状态)至成桥阶段的施工变形值。

由图 17 可得:不同挂篮刚度下,节段浇筑完成至成桥预拱度值相差很小,最大偏差值为 3mm。

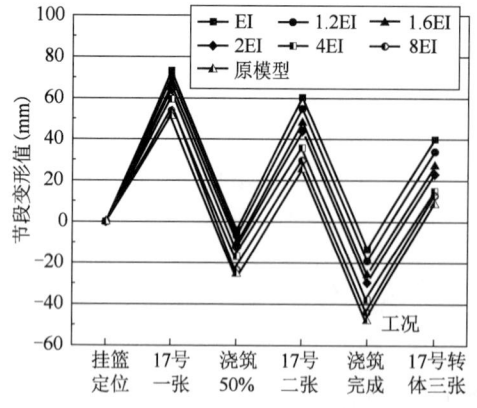

图 16 不同挂篮刚度下施工过程变形值对比图

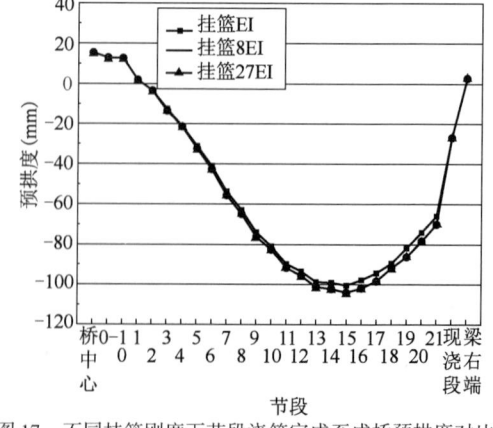

图 17 不同挂篮刚度下节段浇筑完成至成桥预拱度对比

由此,不同挂篮刚度对节段浇筑完成至成桥阶段的施工变形值影响甚微,主要影响当前正在施工节段的过程变形值。

6.2 过程索力

由上述分析,一二次索力同样作为过程参数,对于当前节段浇筑完成至成桥阶段的施工变形量影响很小,而主要影响当前节段变形值。因此,通过一二次索力的优化可以对节段过程变形值进行有效控制,从而使变形值范围减小。

实现思路为:在以挂篮各锚杆受力和已浇梁段应力要求为约束条件的前提下[4,5],新增挂篮模板变形值为目标函数,求解满足挂篮和主梁受力要求的张拉范围中的最优解。步骤如下:

(1)建立满足挂篮锚杆组受力要求的约束条件(图18):①空挂篮状态下,中锚杆$R_{20}>0$受拉,后锚杆$R_{10}<0$受压;②张拉索力状态下,R_2减小,R_1增大,以$R_2>0$,$R_1<0$为宜;③浇筑混凝土状态下,以$0<R_2<R_{20}$,$R_1<R_{10}<0$为宜。

(2)建立满足已浇梁段应力要求的约束条件:悬浇过程中,主梁上下缘拉压应力均不超过容许应力值。

(3)由上述条件得到的中间索力区间$[T_m,T_n]$,再设最终索力优化值为T_x,根据侧模M-1、底模M-3的弹性变形模拟值d_1、d_3和对应索力值进行曲面方程拟合,方程形式为$f(T_x,d_1,d_3)=0$。通过设定d_1、d_3理想变形量区间,解出索力T_x最终取值区间。经以上步骤得出一二次索力优化值如图19,可以看出,在考虑挂篮空间模型修正后,一二次索力均有所变化,变化范围在4%以内。

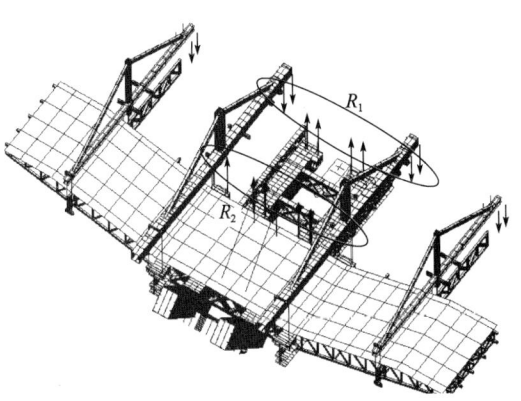

图18 挂篮锚杆组示意

一二次过程索力优化后对节段过程变形量的控制效果如图20所示。

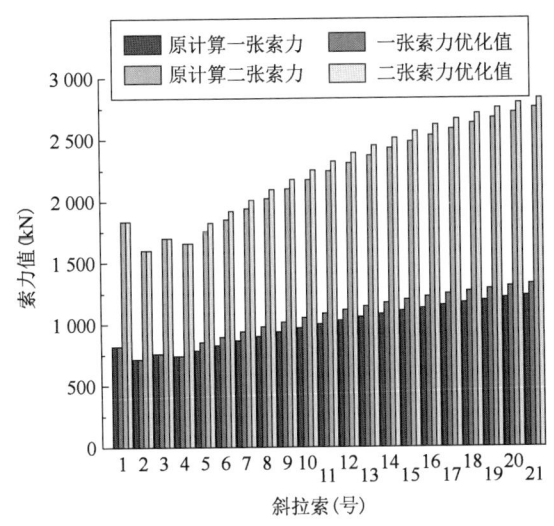

图19 一二次过程索力优化值对比

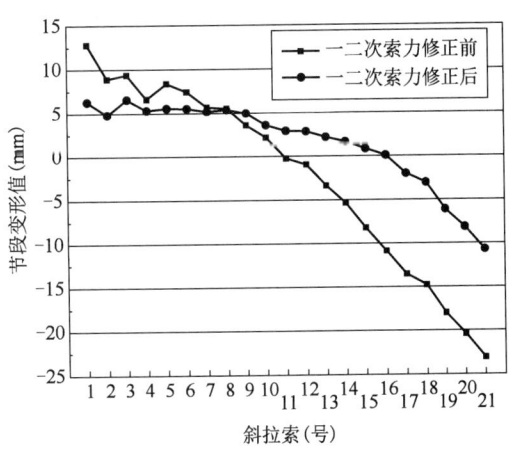

图20 一二次索力优化前后节段过程变形值对比

通过一二次索力优化,节段过程变形绝对值均有所减小。说明过程索力主要影响节段过程变形值,一定范围内的过程索力值优化可有效控制当前正在施工节段的过程变形值,进而优化节段施工线形的控制。

7 结语

(1)宽幅中央索面斜拉桥牵索式挂篮施工的过程线形控制包括主梁纵向及横向的线形,需要考虑挂篮静载试验后的纵向及横向变形值。只要节段施工达到模型节段激活时预拱度,后期节段循环(挂篮移位到节段浇筑完成前)过程对前面节段状态不影响,即结构状态既定。

(2)节段过程变形量即从挂篮前移开始到当前施工节段斜拉索转至梁体、进行三张的这一过程的变形量,引起其偏差的过程参数较多,主要包括挂篮刚度参数、过程索力参数等。

(3)不同挂篮刚度对节段浇筑完成至成桥阶段的施工变形值影响甚微,主要影响当前正在施工节段的过程变形值;过程索力主要影响节段过程变形值,一定范围内的过程索力值优化可有效控制当前正在施工节段的过程变形值,进而优化节段施工线形的控制。

参 考 文 献

[1] 颜东煌.斜拉桥合理设计状态确定与施工控制[D].长沙:湖南大学博士学位论文,2001.
[2] 汪文霞,郭强,游新鹏.混凝土斜拉桥牵索挂篮设计[J].中外公路,2011,31(2):95-99.
[3] 韦剑.单索面斜拉桥前支点挂篮静力性能研究[D].广州:华南理工大学,2013.
[4] 李传习,夏桂云,刘玉兰.牵索式挂篮前支点斜拉索索力范围的确定[J].桥梁建设,2001(04):08-10.
[5] 李学文,田仲初,颜东煌.混凝土斜拉桥采用前支点挂篮悬臂浇注施工的中间索力确定方法[J].公路交通科技,2002,19(5):77-79.
[6] 中华人民共和国交通运输部.公路桥涵施工技术规范:JTG/T F50—2011[S].北京:人民交通出版社,2011.

114. 灌浆套筒连接的预制立柱装配施工精度控制研究及应用

刘浩磊

(上海公路桥梁(集团)有限公司)

摘　要：桥梁下部结构的预制装配施工因为其诸多优势，是现阶段市政工程应用发展的重点，但同时由于其属于新兴技术，实践应用相对较少，需要进一步探索研究与其相关的施工工艺。本文主要结合实际工程项目的采用灌浆套筒进行连接的预制立柱安装，研究出一套满足灌浆套筒连接的预制立柱吊装就位和精度要求的施工工艺，同时在实际工程中进行验证，并不断改进优化该工艺，可以为桥梁下部结构预制装配技术的提高和完善提供一些借鉴指导。

关键词：桥梁　预制立柱　灌浆套筒连接　装配施工　施工精度

1　预制装配技术的优点及应用

桥梁结构的预制装配技术由来已久，目前应用较多的是桥梁上部结构预制装配，相比之下，桥梁下部结构的预制装配应用少一些。桥梁下部结构预制装配技术，主要是盖梁、桥墩立柱、承台或桥台等构件采用整体预制或节段预制，不同构件之间及节段之间通过特定连接方式进行连接。早在20世纪60~70年代，欧美一些国家就开始了大量桥梁下部结构的预制装配应用，并研发应用了一些连接方式比如灌浆套筒连接、灌浆金属波纹管连接、承插式连接、湿接头连接等，就此打开了桥梁下部结构预制装配的序幕，此后很多国家都开始了桥梁下部结构预制装配研究与应用。桥梁下部结构预制装配技术与现有现浇施工相比，具有不少优点，主要表现在构件在预制场预制，受外界干扰少；工厂化预制构件的质量容易控制；施工时对周边环境影响小，对交通影响少；现场拼装施工效率高，建设工期短等优点，是值得大力推广应用的桥梁新兴技术。

我国从20世纪90年代开始在一些跨海大桥和桥梁试验段中试用预制桥墩，主要通过湿接头和承插式的形式进行桥墩与承台的连接；从2013年开始，上海市陆续开展了采用灌浆套筒及金属波纹管进行预制立柱与承台及盖梁的连接的研究及应用，取得了不错的效果，本文将结合具体工程项目重点研究采用灌浆套筒进行连接的整体预制立柱的装配精度控制及应用。

2　预制立柱装配精度要求

上海某高架工程采用整体预制立柱，预制立柱中最高11.5m，重90t，采用在工厂内进行预制,现场进行吊装施工,预制立柱下部设置灌浆套筒,通过灌浆套筒与下部承台进行连接(图1),承台内伸入预制立柱灌浆套筒内的主筋有24根,主筋采用φ40,考虑主筋的螺纹,直径约为44mm,灌浆套筒内径为66mm,每根主筋各向的活动范围约为11mm。预制立柱上部预留钢筋伸入上部盖梁内的灌浆套筒进行连接。

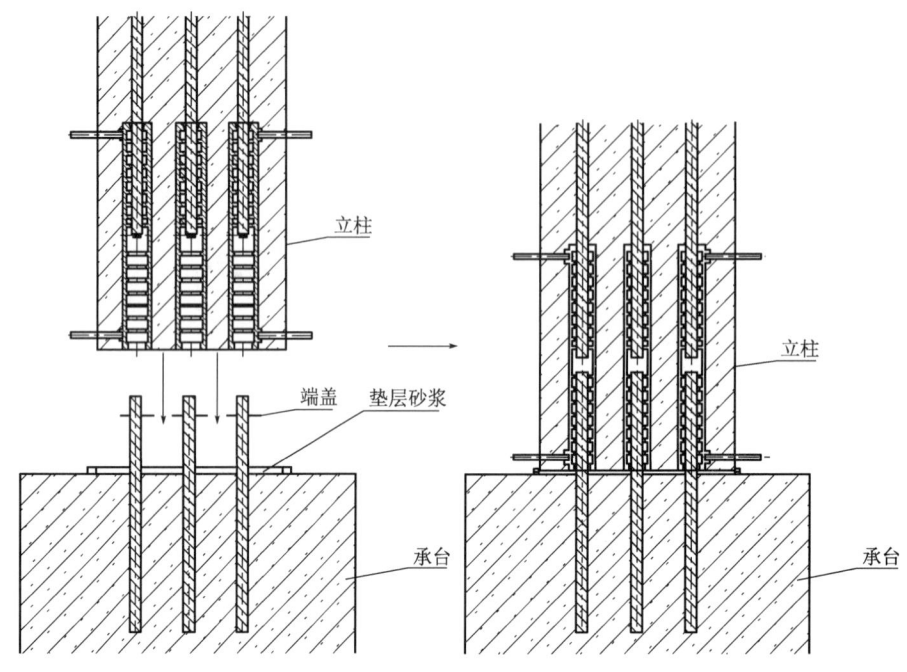

图1 立柱与承台连接形式示意图

立柱安装时对精度要求极高,目前正在编写的相关规范中,对于拼装好的立柱检测点的倾斜度、轴线偏位、顶面高程、相邻墩柱间距等项目都要求其允许偏差在±2mm[1]。同时由于立柱套筒内各向的可调节范围较小,仅为11mm,而且加上预制构件的加工误差及下部承台的施工误差、沉降等,如何保证立柱灌浆套筒内的钢筋全部匹配到位,难度较大,且本工程施工当时也没有较成熟的同类施工经验可借鉴;更甚者,若立柱的安装偏差较大,将导致盖梁无法顺利安装,进而影响上部小箱梁的安装。

3 预制立柱装配精度控制工艺

为解决上述预制立柱的装配精度问题,首先从预制场加工预制构件及下部承台现场施工时,严格把控其质量,减少对预制立柱拼装时的影响,同时采取相关措施保证预制立柱安装时的精度。

3.1 预制构件加工精度控制

立柱预制时其长度应考虑拼接缝处的调节垫块厚度[1];立柱钢筋笼制作允许偏差为±2mm,钢筋笼制作时各个预埋件要精确定位安装,且立柱钢筋笼制作完成后应采用专用定位板进行复测;预制立柱整体灌浆连接型套筒预制安装端应放入止浆塞,并确保密封牢固,且灌浆连接套筒应采取加固措施保证吊装及浇筑混凝土时不发生变形及移位,其允许偏差为±2mm;预制台座表面高程及水平允许偏差为±1mm;立柱预制完成后应对立柱尺寸、灌浆连接套筒定位或钢筋定位进行复测,各向允许偏差均为±2mm[1]。

3.2 承台施工时立柱预埋钢筋定位精度控制

下部承台施工时，从承台钢筋、模板、桩头处理等步骤都要严格把控质量，保证精度要求；同时需要格外重视预埋钢筋的定位和安装，为了保证伸入立柱内灌浆套筒的预埋钢筋定位准确，特别设计了预埋钢筋定位面板，同时采用千斤顶等机具进行调整，保证预埋钢筋的定位准确，使其平面、高程偏差控制在±2mm；另外，也要采取措施保证承台高程及横纵向轴线偏差为±2mm。

3.3 预制立柱现场安装精度控制

预制立柱安装时，承台表面预留的钢筋要伸入立柱底部的灌浆套筒内，并通过灌浆进行结构连接，同时辅以在立柱下表面和承台间铺设高强砂浆进行黏结。在立柱安装时，主要是保证立柱下部和上部的轴线、高程与设计值误差在容许范围内，从而实现其安装精度。

为此特研发出一系列施工辅助工具及步骤工序，保证立柱上下部装配位置的施工精度均能满足要求；辅助工具主要包括立柱安装的千斤顶、垫块及垫片、型钢限位装置、挡浆板等(图2)。预制立柱安装时先进行预拼装试吊，再进行正式吊装，主要步骤为：在立柱下口和上口中线贴上刻度条→在立柱下口处安装牛腿→承台面放样出立柱两个水平方向的设计轴线并安装垫块→安装挡浆板→预埋主筋上安装止浆环→立柱截面四周边线中心安装千斤顶→立柱试吊→调节千斤顶及型钢限位装置到位→立柱吊离并摊铺高强砂浆→立柱正式吊装落位并清理溢出砂浆→同理第二根立柱吊装并确保两根立柱相对距离到位→立柱灌浆套筒压浆→拆除挡浆板及牛腿。

图2 预制立柱安装辅助工具

下面将结合施工工序详细介绍在施工中如何进行精度控制：

(1) 首先在立柱上口位置处以钢筋中线为基准贴刻度条，主要是方便与盖梁内套筒进行匹配，在立柱下口则以混凝土面中线为基准定位，方便下部套筒和承台伸出钢筋进行匹配。

(2) 立柱下部四面中心依托灌浆孔进行牛腿安装，千斤顶借助牛腿(图3)进行顶升调节；根据承台上方立柱中心高程确定需要放置在橡胶垫块上的钢板厚度，保证立柱高度位置满足要求。

(3) 在立柱试吊时，预制立柱与承台拼接面上不坐浆，立柱初步就位后通过四个倒角位置处设置的型钢限位装置进行平面调节及限位；在立柱底部中心垫块受力后，吊机分级卸载，四个千斤顶同步进行支撑，同时通过经纬仪和全站仪对立柱上口中线位置进行测量(图4)，依托下部千斤顶及薄垫片进行垂直度调整保证其满足精度要求，同时记录下千斤顶高度。

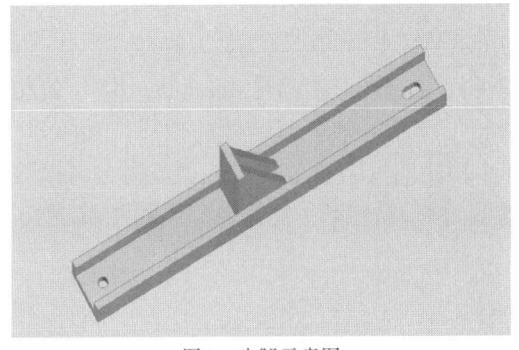

图3 牛腿示意图

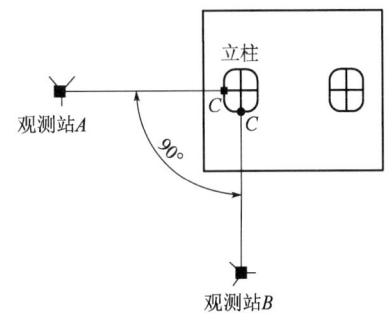

图4 立柱上口观测位置示意图

(4)立柱上下口的位置均达到安装精度要求时,吊离立柱并进行拼接面坐浆,之后正式吊放立柱,此时以调整到位的立柱底部四个倒角的型钢限位装置位置和千斤顶高度作为基准,立柱缓慢下放,在其未接触中心垫块时可以再进行适当微调,待中心垫块受力后,吊机分级卸载,并复测立柱上口中线,用千斤顶进行微调,直至满足精度要求。精调到位后立柱底面与砂浆接触,挤出部分砂浆并进行清理。

(5)同样方法进行第二根立柱的安装,只是在第二根立柱安装时,以安装好的立柱顶面的平面偏差作为参考,通过测量两个立柱上口钢筋的对角线进行相对位置控制(图5),若两根立柱相对位置不满足精度要求,则需要调节其千斤顶或者在立柱下面增设垫片支撑进行调节,保证两根立柱间的相对距离满足要求,从而使上部盖梁能够顺利安装在两个立柱上。

图5 两根立柱上口相对距离测量

(6)12h后拆掉挡浆板、牛腿、千斤顶等辅助设备,准备进行灌浆套筒压浆,压浆需在垫层砂浆终凝后进行,压浆完成后进行外观清理。

4 预制立柱装配施工工艺应用效果

结合上述预制立柱安装步骤及精度控制方法,选择4个墩柱位置,共8根预制立柱进行现场吊装,并将每个立柱顶部及同一墩位处相邻两个立柱的平面安装精度进行统计,如表1所示。

8根测试立柱顶部平面精度数据统计表(单位:mm) 表1

编号	预拼装单立柱顶部轴线偏位		正式拼装单立柱顶部轴线偏位		两根立柱相对偏差
	东西向	南北向	东西向	南北向	
1	0	1	2	1	6
2	1	1	3	4	
3	3	2	3	0	5
4	3	2	2	4	
5	2	2	2	2	5
6	1	2	4	3	
7	0	1	0	1	3
8	2	0	3	0	

通过上表统计可以看到8根预制立柱顶部安装的最大误差是4mm,同一墩位处相邻两根立柱之间最大相对误差为6mm。后续经过分析下部结构与上部结构的相互位置关系,可以得出这些预制立柱的偏差可以满足盖梁和上部小箱梁的安装精度要求。但同时也可以看到8根立柱顶部轴线偏位及相邻立柱间距离的精度偏差略超过目前在编规范中对于其±2mm的偏差要求。

5 结语

综上所述,采用本文中的精度控制工艺进行预制立柱装配施工是可行的,能够有效保证立柱上部盖梁和小箱梁的顺利安装,但是精度误差尚需要进一步缩小;同时也需要注意到,本文方法需要通过两次调试安装,施工用时较长,步骤也稍显烦琐,下一步需要研究如何在满足精度误差的前提下,简化立柱安装辅助装置,并提高安装效率,寻求更为简便有效的预制立柱安装方法,方便进一步推广应用。

参 考 文 献

[1] 上海市工程建设规范预制拼装桥墩技术规程:DG/TJ 08-2160—2015[S].上海:上海市城乡建设与管理委员会,2015.

115. 复杂工程背景下城市轨道交通
连续梁桥施工方案创新

任家田 孙九春 薛武强

（腾达建设有限公司）

摘 要：跨越城市既有交通线路进行桥梁施工时，下部高速行驶的车辆将对施工结构物和施工作业产生影响，同时施工也会给下部交通安全带来威胁，在跨越轨道桥梁时这种影响会更大。本文依托上海市轨道交通10号线上跨6号线节点桥，考虑到桥梁施工的重点难点，分析了各个施工方案的优缺点，提出了一种新型的架桥机非对称加载悬臂拼装方案，先施工东半幅桥形成T构，然后架桥机利用已建成的T构提供支点过孔，最后完成西半幅桥的施工并合龙。此方法可以较好地解决在桥梁交叉跨越复杂施工环境下的各类施工问题，提高过孔的安全性，加快施工效率，可为今后其他类似条件的桥梁施工提供技术参考。

关键词：连续梁桥 轨道交通桥梁 交叉跨越 新型施工方案 悬臂拼装法

1 引言

随着我国城市桥梁的快速发展，交叉跨越现象不可避免。为确保下部线路的车辆安全运行，上部桥梁一般会在设计时预留施工空间。但由于地形地貌和线路的平、纵断面限制等原因造成施工条件不能完全满足时，合理的施工方案及安全措施就显得尤为重要。目前在轨道桥梁施工中常用的方法有支架施工法、悬臂施工法、顶推施工法、转体施工法等。

支架施工法即就地现浇施工法，一般适用于下部空旷施工条件。如重庆轨道交通环线二期工程罗家坝站至四公里站高架区间[1]以及西安地铁3号线高架一期工程[2]就在施工过程中使用了有支架施工法。悬臂施工法常用于连续梁桥的施工，如上海轨道交通5号线南段延伸工程的高架箱梁桥采用了架桥机的悬臂拼装工艺[3]，广州市轨道交通4号线沙湾特大桥采用了现浇箱梁悬臂施工法[4]。转体施工法是在两侧将梁预制好后通过旋转使之到达指定位置，如北京轨道交通房山线在丰台区丰西铁路编组站区域内4次跨越铁路时均采用了水平转体施工法[5]，上海轨道交通11号线北段延伸线上跨沪宁高速公路时采用当时国内先进的钢球铰平转施工法[6]。顶推施工法则是将主梁制作好后推进到桥位，如北京轨道交通房山线上跨京广铁路段[7]。

本文工程背景中的上海市轨道交通10号线节点桥在建设中上跨了既有6号线，由于施工条件复杂,存在多个难点,原本常用于交叉跨越桥梁的几种方法在此处皆无法发挥其优点,因此本文提出了一种行之有效的施工方法,并在工程实际中得到了很好的检验。

2 工程背景

上海市轨道交通 10 号线二期工程在高桥站至港城路站区间线路上有一座跨径为 40m + 75m + 40m 的预应力混凝土连续梁桥,上跨地铁 6 号线的出入场线,如图 1 所示。

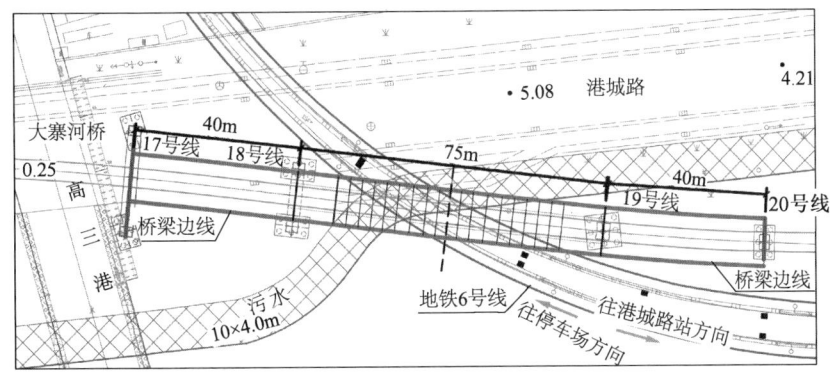

图 1 桥梁平面图

该桥的施工条件复杂,如图 2 所示,主要难点如下:

(1)轨道交通 6 号线从桥梁跨中下方斜向穿过,因此跨中侧无法垂直起吊预制梁段,仅边跨侧具备起吊条件。

(2)道路两侧地下管线密集,包括合流污水管、航油管等,大型设备作业停放位置受限。

(3)根据既定道路规划方案,6 号线接触网线与桥梁底板最小净距为 1.045m,接触网立柱与桥梁底部最小垂直距离仅有 0.598m,施工空间极小,加大了施工难度。

(4)施工过程中使用的机械设备可能会侵占既有线路的限界,如果有坠落物会威胁接触网线和列车安全。

(5)接触网线可能会对上部桥梁的施工有所妨碍,施工设备必须避开接触网位置。

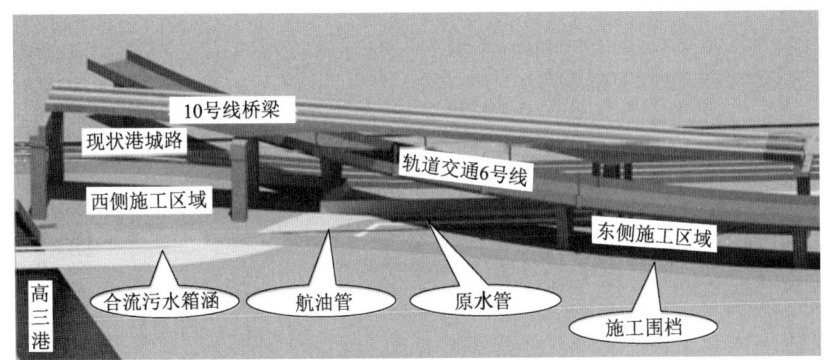

图 2 桥梁周边环境空间关系示意图

因此,基于上述施工难点,有必要对该桥的施工方法进行专门论证。

3 施工方案比选

为确保上海轨道交通 10 号线上跨 6 号线节点桥的施工安全,需对目前常用的施工方法进行合理比选分析。

3.1 支架施工法

支架施工技术成熟,不需要大型吊装设备,施工过程中不存在体系转换。但是支架施工中要使用大量的支架和模板及较大的施工场地,施工质量受现场条件干扰大,同时车辆、船舶通行也会受到一定程度的影响。

目前根据下部支架的构造形式发展出了支柱式、梁式、梁柱式等形式。但是对于本工程而言,下方6号线接触网立柱与桥梁底部最小垂直距离仅有0.598m,两者之间过于接近,无法搭设合适的支架模板进行支架施工。因此支架施工方案不可行。

3.2 悬臂施工法

悬臂施工法可以不受桥下通航或交通需求的限制,适用于跨越水域、山谷等桥梁建设,跨线桥梁也常有运用,通常分为悬臂浇筑和悬臂拼装两类。在施工阶段与运营阶段会出现体系转换,必须在施工时将墩梁临时固结。

针对本项目,基于悬臂施工的基本原理构思了以下几个方案:

(1)悬臂浇筑施工。在既有轨道上方悬臂浇筑过程中可能有材料坠落将威胁接触网线和列车安全,为保证6号线正常运营,需要在挂篮下方设置防护棚。但受接触网空间限制,浇筑施工所需的挂篮结构与防护棚无法满足空间要求。因此悬臂浇筑方案不可行。

(2)桥面吊机吊装。在T构两侧设置桥面吊机,两侧对称垂直吊装节段梁,造价便宜。但是预制梁段只能通过桥面吊机垂直吊装,需要桥下场地保持空旷,本工程在跨中侧的桥下空间被既有6号线占用,无法顺利进行预制梁段的垂直起吊。因此桥面吊机方案不可行。

(3)架桥机与支墩结合。通过在跨中6号线附近设置两个25m高、跨度近30m的钢门墩,架桥机的前支腿支撑于支墩上,中间支腿架立在0号块上,后支腿架立在边墩上,吊装过程中力由墩柱来承受,可以保证T构两侧受力平衡(图3)。但是门墩设置时为避开下方管线,位置将与6号线过于靠近,架桥机与门墩的安装及拆除风险很大,因此架桥机与支墩结合方案被放弃。

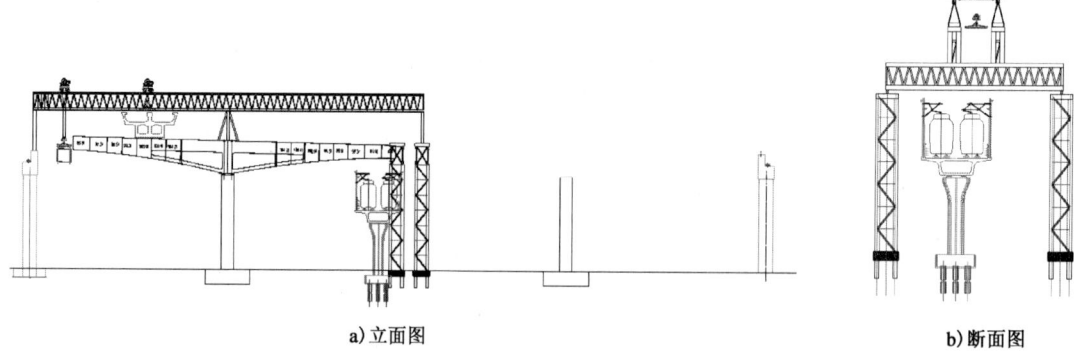

a) 立面图   b) 断面图

图3 架桥机支墩示意图

(4)大型架桥机吊装

架桥机三个支腿支撑于中跨及边跨桥墩上,采用梁下或梁后喂梁的方式对称安装T构两侧节段,预制梁段可通过天车运送到指定位置,如图4所示。该方法施工简单、操作安全,但是设备需连续跨越主跨和边跨跨径,体量庞大,造价过于昂贵,因此大型架桥机吊装方案被放弃。

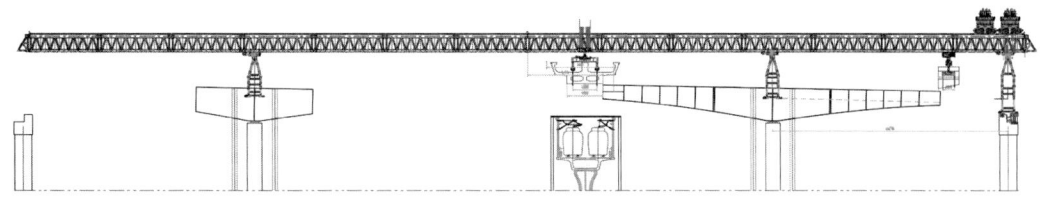

图 4 大型架桥机

3.3 顶推施工法

顶推施工法是将全桥全部在桥跨延长线方向选择合适场地制作完成,然后通过水平液压千斤顶施力,借助特制的滑动装置,将梁逐段向对岸推进的施工方法。顶推施工中设备简单,操作技术易于掌握,管理方便,不需要大型起重机械就能对大跨度连续梁桥进行无支架或少支架施工,对桥下列车的运行影响小。

但是在本工程中,桥梁周边环境较复杂,在桥梁轴线方向没有足够的空间,不具备顶推施工法的条件;此外,由于本桥是中跨为 75m 的大跨度变截面连续"U+箱"梁桥,又处于 2.85% 的大纵坡段内,在顶推前首先需要搭设部分支架形成等高度的截面,拆除支架时存在较大的风险;在顶推过程中,中跨部分也会由于刚度不足以及自重过大的原因产生不符合预期的挠度。因此顶推施工方案不可行。

3.4 转体施工法

桥梁转体施工是 20 世纪 40 年代以后发展起来的一种架桥工艺,利用地形或使用简便的支架先将半幅桥垂直跨越方向施工完成,之后以桥梁结构本身为转动体,以桥墩为轴心,分别将两个半桥转体到桥位轴线位置合龙成桥。

转体施工法可利用施工现场的地形安排施工的场地,靠结构自身旋转就位即可,不需要吊装设备,结构整体性强,力学性能合理。但是针对本工程,10 号线桥梁施工区域两侧分别是港城路与 6 号线轨道桥,没有足够的空间进行半幅桥的施工,因此转体施工方案也不可行。

4 本桥施工方案

针对上述施工难点,本桥对施工方案进行了反复的比选优化,最终采用"架桥机非对称加载悬臂拼装方案"。现介绍该方案的施工流程,并对其中几个优化关键点进行阐述。

(1) 施工钻孔灌注桩、承台、立柱。安装抗倾覆墩,搭设 0 号块支架,现浇施工 0 号块。安装上跨地铁 6 号线的防护棚,如图 5 所示。

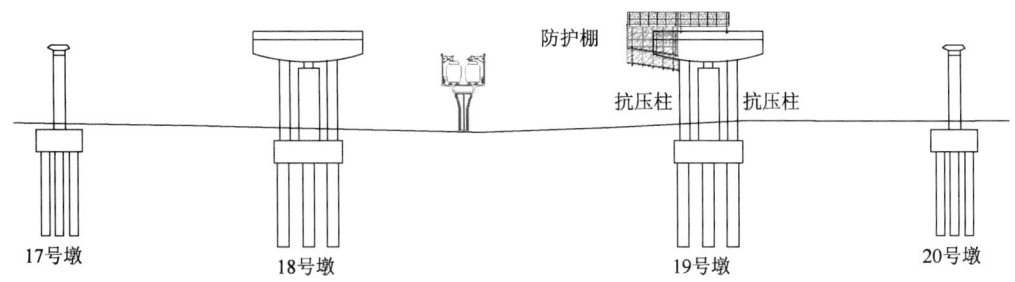

图 5 0 号块施工

(2) 在东侧的 19 号墩的 0 号节段上安装架桥机,在 0 号块下靠近墩处设置抗压柱,并在抗压柱周围张拉竖向抗拉束,以抵抗非对称吊装带来的不平衡力矩。采用天车在边跨吊起预制

1号节段,分别运至中跨与边跨指定位置,在接缝处抹胶,待胶体达到强度后分批张拉1号节段悬臂钢束。重复上述步骤进行后续预制梁段的安装(图6)。由于只能从边跨起吊,在吊装过程中T构一直处于非对称受力状态,因此可称本方案为架桥机非对称加载悬臂拼装方案。

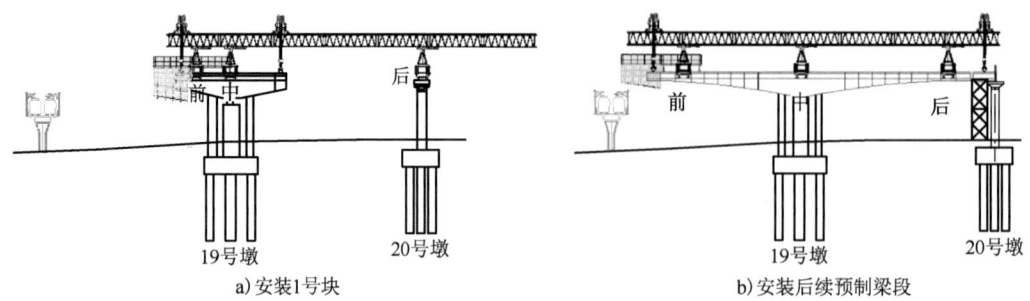

图6 东半幅桥施工

(3)架桥机过孔至西侧的18号墩的0号节段上,梁段施工方法与东侧相同,如图7所示。

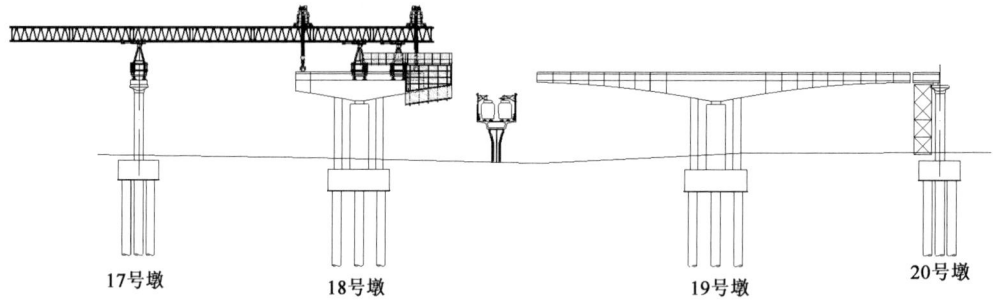

图7 西半幅桥施工

(4)拆除架桥机,同期拆除防护棚。拆除0号块两侧抗拉预应力束,调整线形,再浇筑边跨湿接缝,完成边跨合龙(图8)。

(5)拆除抗压柱,在边墩上安装高程调整装置,调整东西两侧合龙端头到同一高程,随后进行跨中湿接缝施工,完成中跨合龙(图9)。

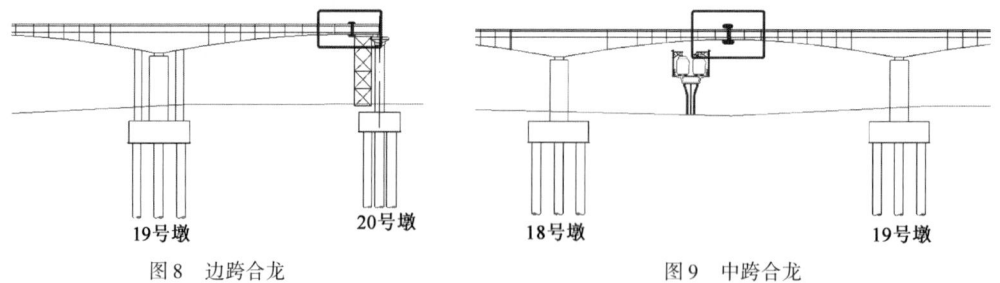

图8 边跨合龙　　　　　图9 中跨合龙

(6)完成其余附属设施安装,并拆除所有配重,至此全桥施工完成(图10、图11)。

针对第2节中所述的施工难点与第3节中所述的各方案不足之处,本方案分别进行了如下应对与改进创新:

①通过架桥机进行吊装作业,避免道路两侧众多地下管线的影响。

②通过对接触网高度进行修整与设计更合理的防护棚结构,解决了梁底与接触网净距过小的问题,也避免了高空作业时坠落物对下方列车运行的不良影响。

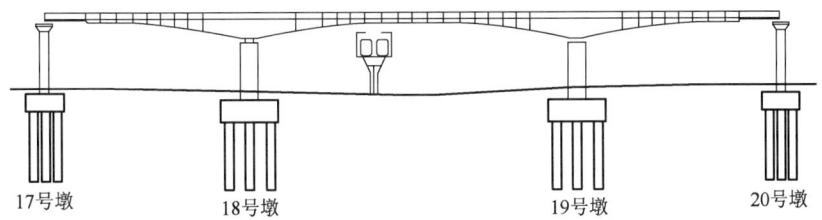

图10 全桥施工完成

图11 全桥竣工图

③采用三支点架桥机法后，工况较简单，技术成熟，施工效率更高。

④无需在中跨进行吊装，从边跨非对称起梁，再通过天车运至中跨上方安装即可。天车安全可控，这样仅利用边跨区域即可完成整套设备的安装与拆除，并能大大降低安全风险。

5 结语

针对上跨既有轨道交通桥梁的连续梁桥，本文对工程背景的难点进行具体分析，提出一个切实可行的架桥机非对称加载悬臂拼装方案，并在实际施工过程中验证了其可行性。本方案可适用于同类型的交叉跨越桥梁，不仅能保证上部结构施工质量与速度，同时可以保护下部被跨越的线路基本不受干扰，为今后的交叉跨越桥梁施工积累了宝贵的经验，具有极大的推广前景。

参 考 文 献

[1] 胡永来.城市轨道交通高架区间的连续梁施工工艺[J].中国新技术新产品,2016(21):69-70.

[2] 王延安.城市轨道高架支架法现浇梁整体侧模设计及施工[J].江西建材,2015(09):135.

[3] 俞涛.浅谈上海地铁5号线预制节段梁施工工艺[J].江西建材,2017(17):145-146.

[4] 黄乔森.城市轨道交通工程特大桥梁施工技术[J].广东土木与建筑,2007(09):33-36.

[5] 王安宇.水平转体施工技术在北京轨道交通房山线的应用[J].地下工程与隧道,2011(1):9-11.

[6] 杨军.跨沪宁高速公路的轨道交通桥梁转体设计和施工[J].中国市政工程,2012(6):16-19.

[7] 周冉.北京轨道交通房山线上跨京广铁路顶推施工测试研究[J].四川建筑,2012,32(2):218-219.

116. 狭小施工条件下架桥机安装工艺

任家田 孙九春 薛武强

(腾达建设有限公司)

摘　要：随着城市的不断建设发展，城市桥梁建造工程中，施工场地受到周边建构筑物的限制已成为常态。针对施工场地狭小情况下的架桥机安装问题，提出了新的架桥机拼装工艺。本文以上海轨道交通10号线二期工程某三跨连续梁桥为工程背景，该项目墩高较高，场地狭小，地面情况错综复杂，无法满足大型吊车站位要求，故采用分段吊装高空拼接的方式安装架桥机。主梁在地面分两段拼装，先吊装60m长节段并固定于墩顶支腿上，后半部分24m短节段由汽车吊悬吊，在空中完成节段间高强螺栓对接。该工艺在工程中顺利应用，为狭小施工场地情况下的架桥机拼装提供了经验与思路。

关键词：架桥机　狭窄施工条件　分段吊装　高空拼接

1　引言

随着公铁路网的不断完善，桥梁的架设条件也变得愈加复杂。由于场地条件的限制，架桥机的拼装使用经常会遇到场地条件较为局促的情况，不能按照使用说明进行常规拼装[1]。因此根据工地实际情况，采取灵活的拼装方案就显得十分重要，长大公路某桥梁建设中在两墩中间架设钢护筒作为架桥机后支腿的支承平台，主梁分三次吊装在空中悬拼成型[2]。赛果4标某大桥建设中利用地形条件，在桥台与第一跨墩顶间架设一条轨道，架桥机中支腿立在桥台上固定，每拼装一节架桥机主梁前支腿向前移动相应距离，直至拼装完毕[3]。五峰山某桥梁建设中在两相邻墩顶安装好架桥机的2号和3号支腿，先吊装架桥机前导梁，再逐节吊装架桥机，最后安装后导梁[4]。

上述文献中的拼装方法在工序上较为繁杂，且在施工现场条件上呈现出局限性，因此本文以上海轨道交通10号线出入场线某三跨连续梁桥为工程背景，提出了一种新型的架桥机安装方法，可在工程周围建筑物密集、施工场地狭小的施工场地运用，提高工程施工效率。

2　工程简介

本工程为上海轨道交通10号线二期工程中一座40m+75m+40m三跨变截面连续梁桥，主梁断面为U+箱形结构，采用预制节段悬臂拼装工艺施工。主梁共计有40个块段，除了0号块与合龙段为现浇外，其余块均为预制节段。

该背景工程建设场地被轨道交通 6 号线划分为东西两侧,现场平面布置图如图 1 所示。其中西侧场地中间被南北走向河流穿过,陆地区域面积较小,无法满足架桥机主桁梁拼装及吊车站位的操作需求,故架桥机的拼装架设选在东侧场地进行。东侧场地整体较为狭长,桥墩与两侧施工围挡距离较近,地下预埋的航油管线从 19 号及 20 号墩中间穿过。根据相关部门要求,为保证管线安全,管线正上方不可作为吊车站位空间使用。

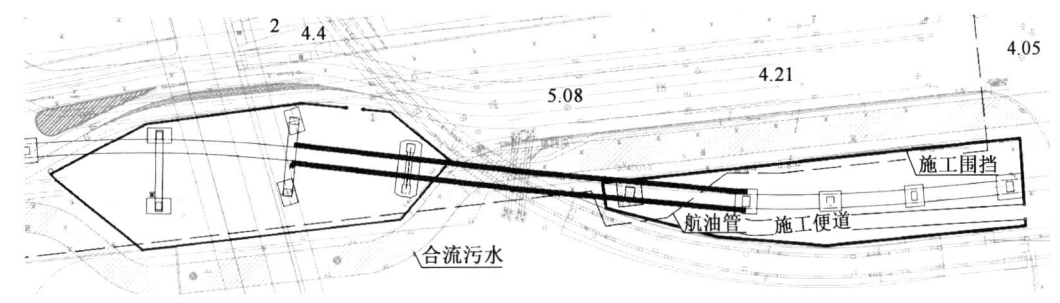

图 1 场地平面布置图

3 架桥机主要特点

工程架梁设备采用最大起重量 120t 的节段拼装架桥机,并且根据工程环境因素的限制与施工方案需要进行了创新,使得架桥机适应了该工程背景的 U + 箱形断面,并在受力上满足了悬臂过孔的工况要求。改进后的架桥机结构重 433.47t,总长 84m。其主要结构包括主梁、1 号支腿、2 号支腿、3 号支腿、天车、辅助支腿以及电器系统、液压系统等,如图 2 所示。架桥机主要参数如表 1 所示。

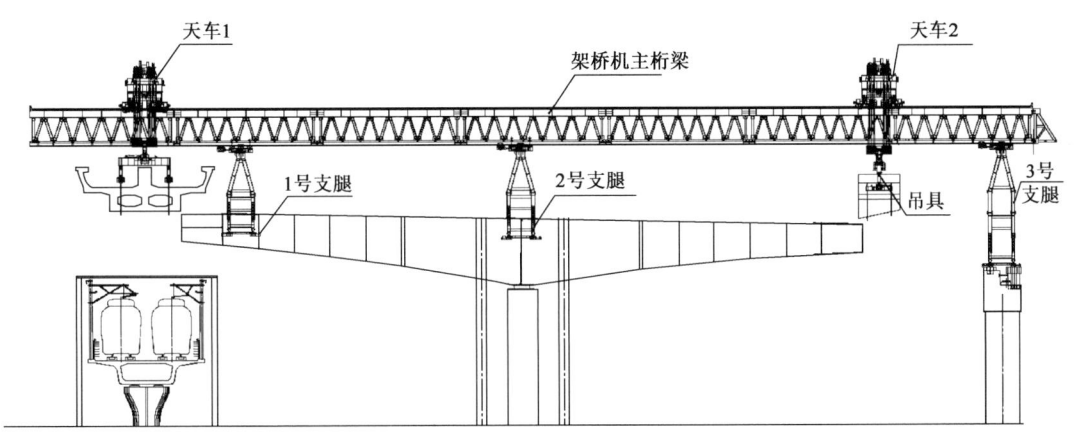

图 2 架桥机示意图

架桥机参数表 表1

整机工作级别	A3
架设梁型	U + 箱形
额定起重量	2 × 120t
最大悬臂	29m
最大起升高度	30m

续上表

天车起升速度	0~1m/min(重)
	0~2m/min(空)
天车行走速度	0~5m/min
支腿液压行走速度	0~1m/min
支腿液压顶升速度	0~0.5m/min
支腿液压千斤顶横向调节量	500mm
天车横向调节量	±500mm

4 架桥机安装工艺

本工程采用施工设备为84m长的双主桁梁架桥机,综合考虑工程地形特点和吊车操作半径,现场不具备架桥机主桁架整段起吊的条件,因此采用"地面分段拼装,空中完整对接"的方案。为保证施工效率及安全性,应尽可能减少架桥机主梁在空中拼接的次数,因此将架桥机主梁按标准节划分成两个节段,只需在空中进行一次对接。

4.1 安装技术要点

4.1.1 节段划分

根据工程特点,主桁梁吊装前,需先将架桥机的1号、2号支腿吊装至19号墩顶,3号支腿吊装至20号墩顶作为主桁梁支撑点,锚固位置如图3所示。考虑到主桁架空中对接的可操作性,将主桁梁划分为一长一短的形式,先吊装长节段至支腿顶部固定,对接时只需采用一台汽车吊控制短节段进行对位操作即可。因此,为了长节段有足够长度,在起吊后可以在前、中、后支腿上实现"三点支撑",在场地条件允许的情况下,将标准节长为12m的主桁梁划分为60m长节段和24m短节段。

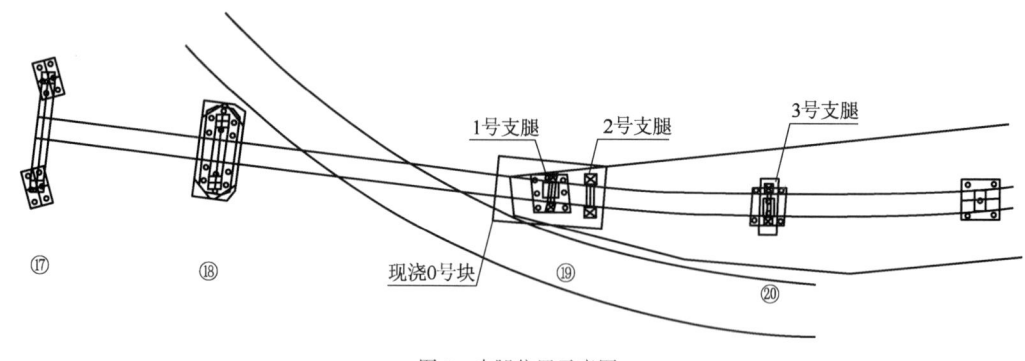

图3 支腿位置示意图

4.1.2 空中对位

本桥采用了创新的架桥机过孔工艺,过孔时主桁梁最大悬臂长度达到68m,架桥机主桁架的节间连接采用传统销接的方式难以满足强度要求,故采用高强螺栓进行连接。主桁梁吊装时,需要将两节段在30m高空实现空中对位,相比于常规销栓,对接的操作难度大大增加,为此施工方在对接处设置了对位销。实际吊装时,长节段吊装完毕后,用200t汽车吊起吊24m节段,控制吊车将短节段至安装位置附近,采用手拉葫芦配合的方式精确调整节段方位,定位销插进定位孔后,通过高强螺栓并拧紧,完成节段连接。如图4所示。

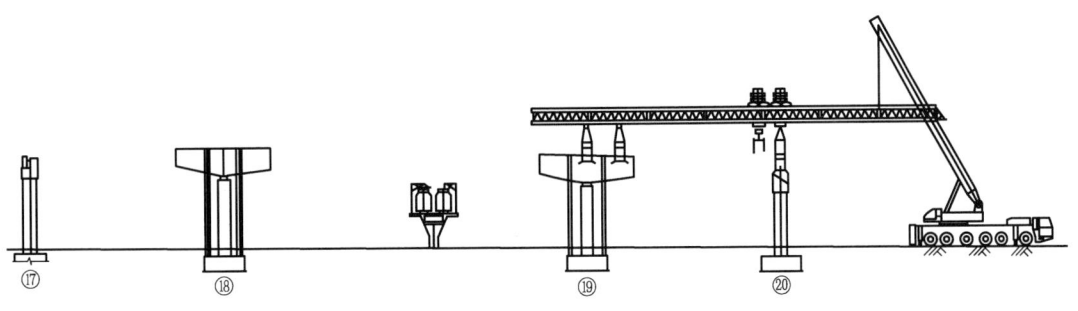

图 4 空中对位图

4.2 架设步骤

架桥机安装流程为:支腿安装→主桁架吊装→桁架间横联安装→起重天车吊装→附属设施安装→调试。

具体流程如下:

步骤一:在现场内的 20 号~22 号墩间堆存区完成支腿的组装。19 号墩顶 0 号块现浇完毕后,吊装 1 号支腿立柱,与主梁锚固后,用横梁将左右立柱连接,前支腿安装完成。2 号、3 号支腿按相同方案吊装,2 号支腿安装在 19 号墩顶 0 号块东侧,3 号支腿安装在 20 号墩身预埋件与盖梁面共同组成的支承面上[4],最后调整三个支腿顶部高度至同一水平线,支腿位置如图 5 所示。

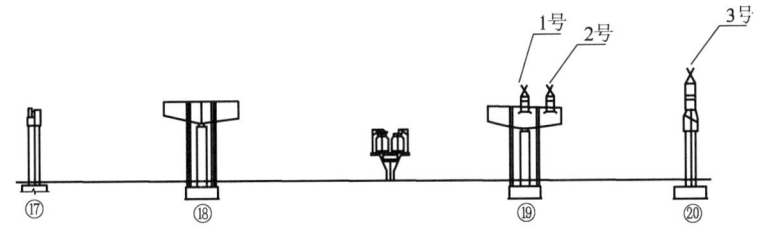

图 5 支腿位置图

步骤二:250t、200t 两台汽车吊从场地东侧入口进场,250t 汽车吊站位于 19 号与 20 号墩中间,200t 汽车吊站位于 20 号墩东侧,协同吊装长节段单桁片,与三个支腿锚固并用缆风绳临时固定后,采用同样方法吊装另一片主梁单桁片。两片主梁桁片水平放置,中心距为 5 500mm,两个节段的端头对齐,并通过测量另一侧是否对齐来检查对齐度,保证两片主梁安装位置正确且两两对齐。就位后西头用连接杆连接,东头用临时连接杆连接,保证架桥机在安装过程中的横向刚度。如图 6 所示。

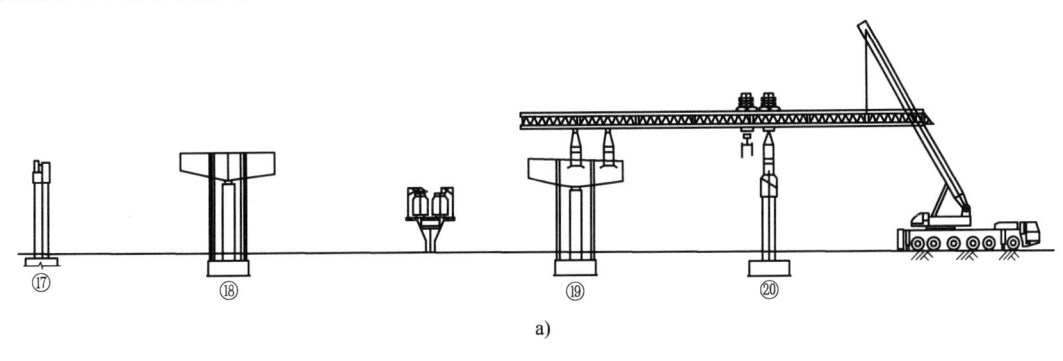

a)

图 6

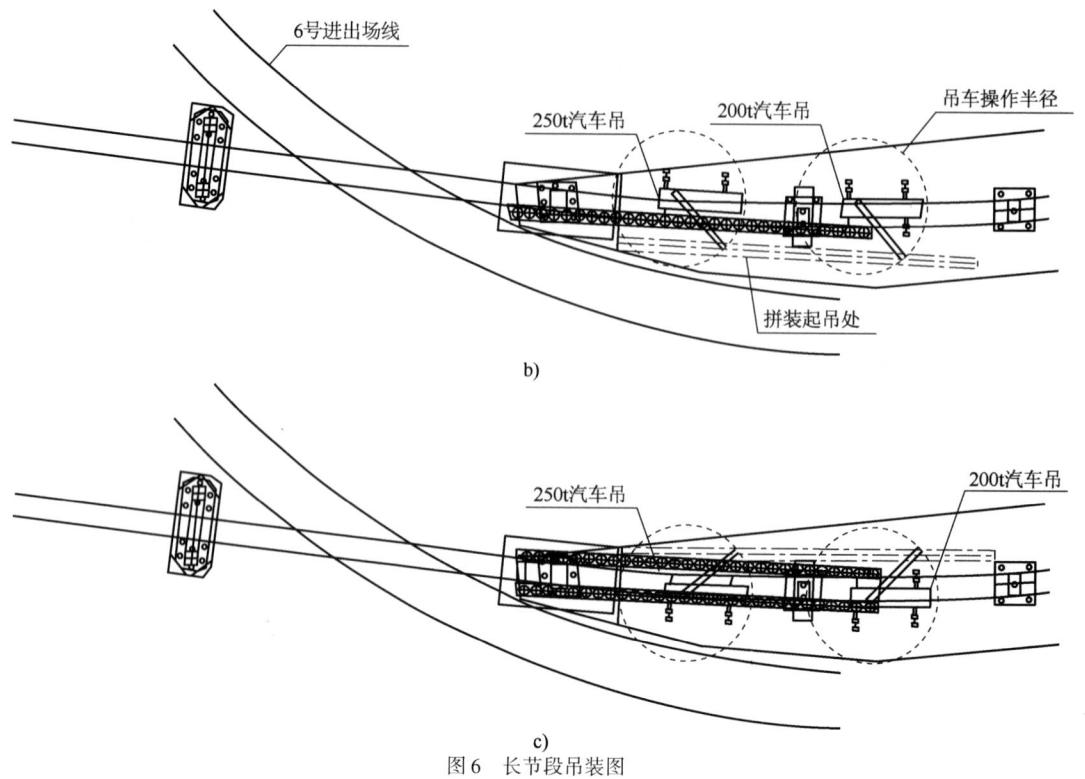

b)

c)

图 6 长节段吊装图

步骤三:考虑到短节段安装后会影响吊车操作,长节段拼装完毕后,250t 汽车吊立右侧主桁梁侧下方,天车放在左侧主桁梁左下方,分别将 1 号、2 号天车吊装到 3 号支腿上方位置。如图 7 所示。

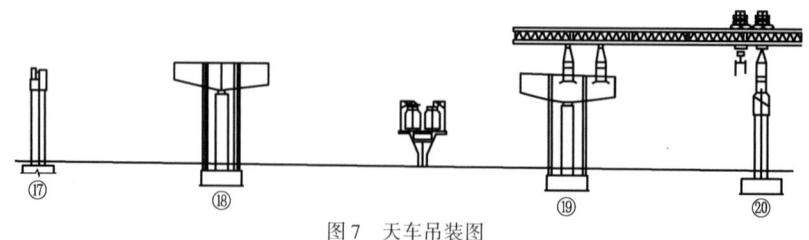

图 7 天车吊装图

步骤四:用 200t 汽车吊起吊 24m 节段,控制吊车吊臂将短节段吊至安装位置附近,采用手拉葫芦配合的方式精确调整节段方位,使定位销插进定位孔,通过高强螺栓完成节段连接。主桁梁 84m 节段吊装完成后,主桁梁最东侧端头用横向联杆连接,拆除临时横向联杆。如图 8 所示。

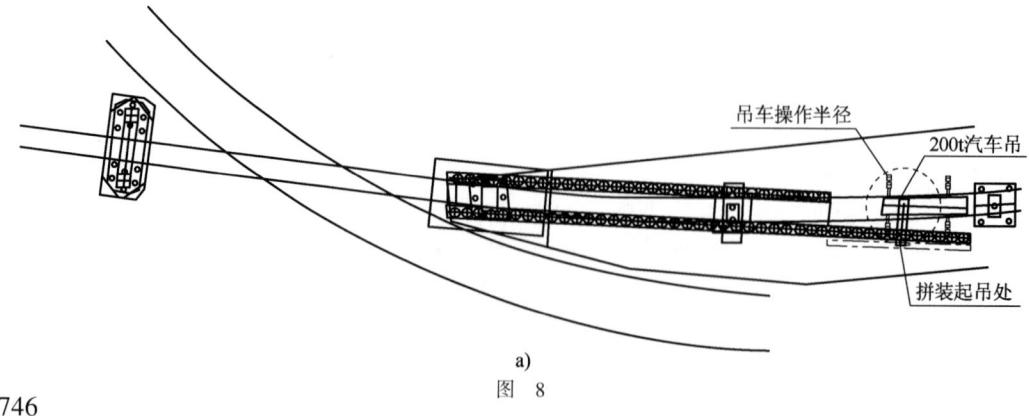

a)

图 8

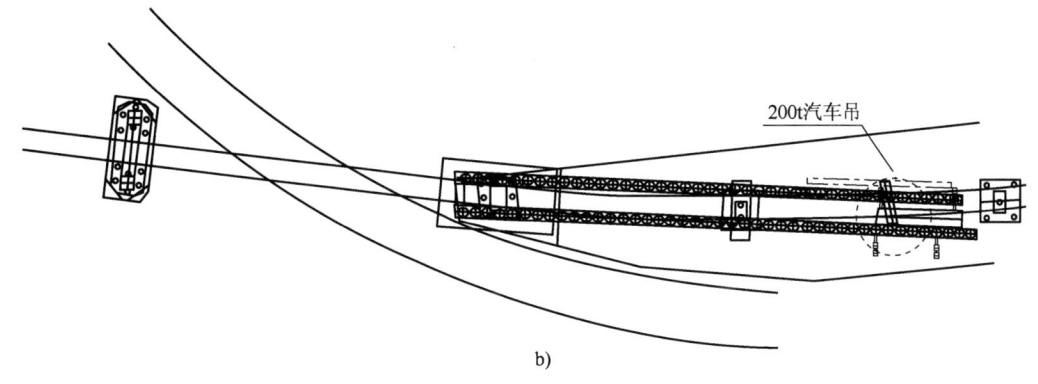

b)

图8 短节段吊装图

步骤五：待架桥机主要结构件都安装到位后进行其他附属设施的安装。包括操作平台、梯子平台、液压站、行走装置、安全装置等设施。架桥机结构安装完整后进行油路和线路的布置，严格按照架桥机设计说明书要求进行安装。架桥机具备施工能力后，前中支腿前移，主梁向前顶推至施工位置，架桥机安装完成，安装完成状态如图9所示。

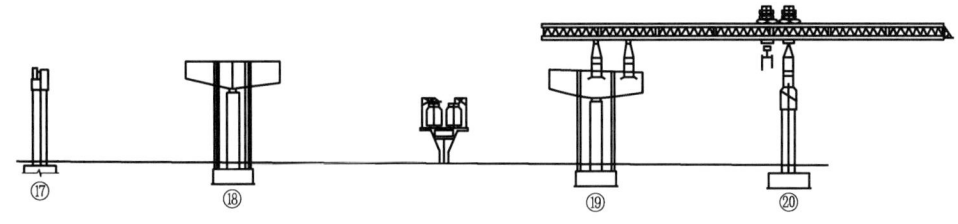

图9 架桥机安装完成状态图

5 结语

随着社会的发展，桥梁建设的工程条件变得愈加复杂。狭窄的施工条件在城市桥梁施工中变得不可避免，本文所述的"地面分段拼装，空中完整对接"的拼装方式，最大程度上利用了场地条件，施工工序简单，大幅度节约了施工成本，保障了施工的安全性，为今后同等条件下的节段拼装桥梁施工提供了技术储备和工程示范。

参 考 文 献

[1] 邹兵.HDJH40/140Ⅱ型架桥机极限场地条件下的拼装[J].科技与企业,2013(14):174-174.

[2] 曾唯.架桥机悬拼工艺研究[J].建设科技,(12):141-142.

[3] 刘宗平.简述架桥机在狭小场地的拼装及架设技术[J].公路交通科技(应用技术版),2011(9):65-68.

[4] 钟竹平,蒙永清.TP40节拼架桥机顶推法安装及其稳定性分析[J].中国水运:下半月,2019,19(4):189-190.

[5] 宋飞,代宇,宋鲁竞,等.TP75/50型节段拼装架桥机主梁结构有限元分析[J].建筑机械,2013(23):110-112.

117. 丝杆爬模的设计及施工技术的应用

陈云辉　张洪林　郭胜男

(广西路桥工程集团有限公司)

摘　要：本文介绍了一种新型的丝杆爬模体系的设计与施工，该体系应用到高墩施工中，取代了传统的液压爬模体系，该体系无须配置导轨、附墙撑、销轴操作简单，具有装配简单、省时省力、速度可控、安全可靠、环保节能、耐用等优势。

关键词：丝杆爬模　设计与施工　安全可靠

1　引言

在施工剪力墙体系、筒体体系和桥墩等高耸结构的建筑施工过程中，常常采用爬模施工工艺，爬模是一种爬升模板，它主要由爬升模板、爬架和爬升设备三部分组成。由于其具备自爬升的能力，相比于其他传统的模板，它不需起重机械的吊运，减少了施工中运输机械的吊运工作量。

现有爬模平台大都采用液压动力驱动，具有操作步骤多、爬升周期用时长、液压千斤顶易漏油、模板系统自重大等缺点，而且液压设备价值昂贵，维修次数多，采购和维护成本都较高，在一定程度上限制了爬模施工技术的发展。本文所述的丝杆爬模体系，相对于液压爬模，不但可继承并优化液压爬模的安全、精准、高效等优点，还能克服了其造价高、自重大、劳动强度高、爬升慢、平台不清洁等缺点。

2　丝杆爬模体系设计

2.1　丝杆升降机介绍

2.1.1　丝杆升降机组成

丝杆升降机主要由丝杆、轴承、涡轮、蜗杆、轴承等构件组成的一种基础机械起重机构，动力来源可以是电机驱动或手轮驱动。

可以同时完成减速和升降功能，利用涡轮蜗杆组合来完成减速，升降部分由丝杆和涡轮组合完成。如图1所示。

2.1.2　丝杆升降机原理

电动带动蜗杆转动，利用涡轮蜗杆的转动，使涡轮旋转，涡轮中心是内螺纹结构，相当于升降丝杆的螺母，和升降丝杆相匹配，与丝杆配合，涡轮旋转带动丝杆做轴向运动。

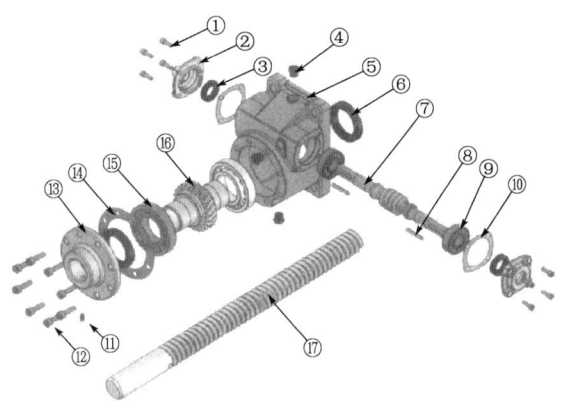

①-内六角螺丝；②-入力端盖；③-油封；④-放油螺栓；⑤-蜗轮箱；⑥-油封；⑦-蜗杆；⑧-键；⑨-轴承；⑩-石棉垫片；
⑪-牛油嘴；⑫-内六角螺丝；⑬-出力端盖；⑭-石棉垫片；⑮-轴承；⑯-蜗轮；⑰-丝杆

图1 单个丝杆升级系统分解图

2.1.3 应用范围

丝杆升降机具有体积小、重量轻、噪声小、使用灵活、可靠性高、使用寿命长、安装方便等优点。丝杆升降机作为一种传动机械，具有起升、下降及借助辅件推进、翻转及各种高难度位置调整等功能，几乎可以应用在各行各业之中，已经成为现代机械设备中不可或缺的一部分。

3 丝杆爬模体系结构设计

3.1 丝杆爬模体系的基本组成

区别于常规的液压爬模体系，丝杆爬模体系主要是爬模的驱动力采用了丝杆爬升系统取代的液压系统，其余模板系统、架体系统与常规液压爬模系统基本一致。丝杆爬模体系主要由爬升装置、外组合模板、移动模板支架、上爬架、下吊架、内爬架、模板及电器控制系统、丝杆提升机构等部分构成。

3.2 丝杆爬升系统设计

3.2.1 丝杆爬升系统的组成

一套丝杆爬模系统由两台丝杆升降机组合平台，包括了升降机、转向器、连接杆、联轴器、减速机、限位器、轴承座、电机等组成，型号及数量如表1和图2所示。

表1

序　号	规　格　型　号	台
1	ATM20-12-4800	4
2	精密行星减速机	2
3	4kW 伺服电机	2
4	连杆	2
5	联轴器	4
6	轴承座	4

图 2　爬升装置图片

3.2.2　力学性能

见表 2。

主要受力构件力学特性　　　　　表 2

构件	涡轮	丝杆
种类	Cu90Ni10	Q345
抗拉强度(MPa)	295	600
伸长率(%)	25	16
特点	强度较高,塑性和韧性尚好,焊接性差	优异的制造和焊接性能,高耐氢脆性和良好低温性能

单根丝杆长 5.236m,单根提升力大于 100kN,单套模板需四根丝杆;标准保养条件下,经过 20 000 次爬升行程后,需要更换涡轮;爬升完 5m 的行程需要 15~20min。

3.3　附着装置设计

挂销、挂板的设计图及实物如图 3 所示,挂销前端直径为 400mm,尾部直径为 600mm,长 500mm,采用 45 号钢挂销与墩柱垂直面的夹角为 60°。挂板通过挂销附着在墩身上,丝杆通过销轴固定在挂板上,作为主要的承载结构,均具有可拆卸等特点。

图 3　挂销挂板实物图

准确预埋好爬模架插入式销轴的预埋位置,是确保顺利安装、爬升使用的重要环节,为保证预埋位置的准确,采用16mm的钢筋网片作为辅助筋,将预埋套管与墙体横向钢筋焊接固定,起到加强定位的作用。

3.4 爬架及模板的改进设计

丝杆爬模爬架及模板结构与液压爬模类似,又区别于液压爬模,其在液压爬模爬架基础上进行改进,以适应丝杆爬升系统,并减轻其模板及爬架自重,单套模板总重量小于30t。如图4所示。主平台基本紧靠着墙身,主平台高度和宽度均较小,在主桁架尾部设计了滚动轮(图5),无须设置附墙撑,确保了爬升过程的整体稳定。丝杆头部和尾部均设置了限位器,同时具有插销转换受力的功能,既确保了安全,操作又简单。

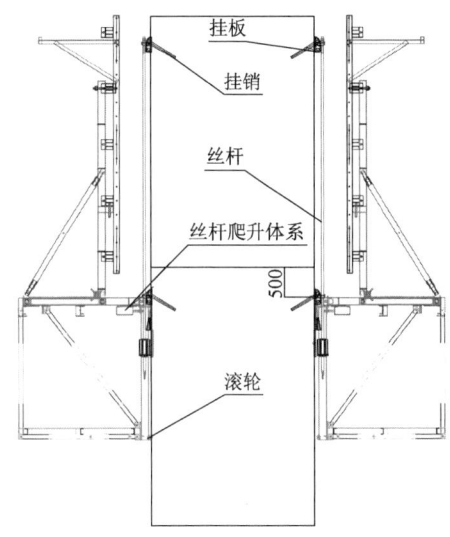

图4 爬升前立面图(尺寸单位:mm)

图5 滚动轮机限位器实物图

4 丝杆爬模的特点及与常规液压爬模的比较

4.1 丝杆爬模的特点

(1)刚性好,提升能力强,有减速机构,很小的驱动源,传递很大的力矩。
(2)同步性精度高,实现自动化控制(伺服电动)。
(3)提升速度可控。
(4)耐用,维护时间少和使用寿命长,周转次数多,维修成本低。
(5)安全可靠,断电后能自锁,有行程开关控制,可配置过载压力传感器。
(6)装配简单,操作方便,省时省力(无须导轨,使用插销式挂板)。
(7)环保。噪声小,无流体泄露,对环境污染小。

4.2 丝杆爬模与常规液压爬模的比较

见表3。

丝杆爬模与液压爬模的对比   表3

序号	项目	施工方法 液压爬模	施工方法 丝杆爬模
1	驱动设备组成	液压系统主要由液压油泵站、控制台、液压油缸、同步阀、胶管、液压阀和配电装置组成	包括了升降机、转向器、连接杆、联轴器、减速机、限位器、轴承座、电机等
2	工艺原理	液压自爬模板工艺原理为自爬模的顶升运动通过液压油缸对导轨和爬架交替顶升来实现,导轨和爬模架互不关联,二者之间可进行相互运动,当爬模架工作时,导轨和爬模架都支撑在埋件支座上,两者之间无相对运动	丝杆爬模的提升运动通过蜗杆减速机的蜗轮螺母的旋转带动丝杆做轴向直线运动,带动外模爬模架作为升降系统实现模板的爬升。利用插入式销轴做爬升受力支点。一个爬架的几个丝杆通过联轴器和电器控制可实现同步运动。模架工作时,丝杆和丝母自行锁定,安全可靠
3	爬升结构优缺点	优点:施工工艺成熟,安全可靠。缺点:爬升施工步骤多,劳动强度大,需要提升导轨、固定导轨尾撑、固定附墙撑多次重复安拆承重销、安全销等操作;且等每个爬升行程顶升循环次数多、单次爬升时间长、工艺要求严格,管理难度较大;液压千斤顶漏油,维护时间长	优点:施工工艺成熟,爬升速度可控,爬升步骤简单,仅需爬升丝杆到挂板销孔位置,插入承重销,启动电机驱动,就可整体一次性完成架体爬升。缺点:挂板系统拆除对混凝土表皮有一定的损伤

5 丝杆爬模的关键施工技术

5.1 主要施工工艺流程图(用CAD图表述)

如图6所示。

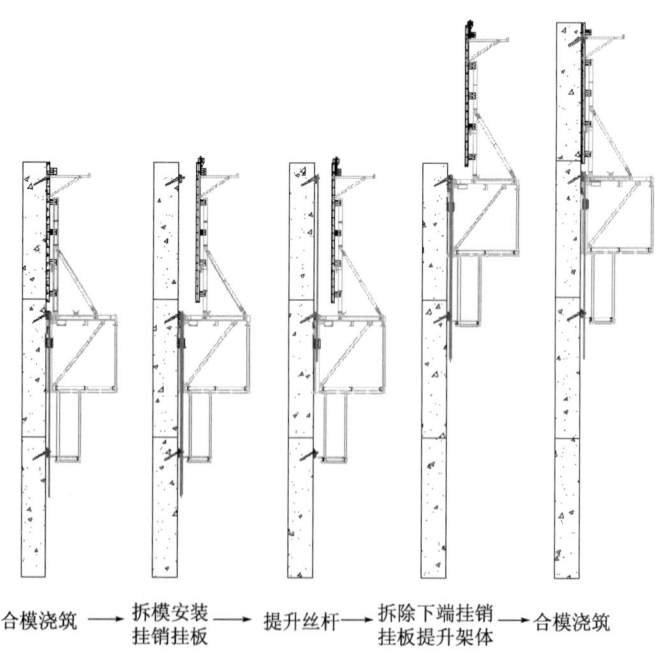

合模浇筑 → 拆模安装挂销挂板 → 提升丝杆 → 拆除下端挂销挂板提升架体 → 合模浇筑

图 6

5.2 丝杆爬模体系关键施工技术

(1)做好安装精度控制。确保支架平台的全面水平,确保主平台横梁、联轴器、轴承座、电机的安装高度和水平度,并用螺栓等固定牢固。

(2)丝杆和丝帽要旋入不少于8圈,保证丝杆和丝帽吃合。

(3)安装挂板机构和挂销。挂销预留孔准确,挂销涂黄油以便于方便取出。

(4)全面进行试运行。接通电源,用电机驱动丝杆到最下位置。检查丝杆挂帽与挂板孔是否对正,试穿销轴。在没有问题时,取出销轴。上下运行丝行3次以检查终行是否存在加工问题。

(5)两边全部检查调整完成后,两台电机并机检查。确保两边上下方向一致时再进行下一步作业。

5.3 安全保障措施

(1)丝杆爬模主要做以下安全控制要点,如表4所示。

丝杆爬模安全控制要点　　　　表4

序号	构件名称	安全系数或要求	存在风险	保障措施
1	墩身混凝土	15MPa	混凝土局部开裂,影响产品质量,存在模板下落风险	插销孔处增加直径16mm的螺旋筋,局部加强,升模前回弹审批
2	承重插销	4倍以上安全系数	断裂、弯曲变形	原材料探伤,调质处理
3	丝杆帽	6倍以上安全系数	断裂、滑丝	原材料探伤
4	丝杆	5倍以上安全系数	不合格材料产生断裂、丝根应力产生断裂	原材料探伤,调质处理
5	平台附墙件插销	4倍以上安全系数	不合格材料产生断裂、丝杆应力产生断裂	原材料探伤,调质处理
6	平台型材	2倍安全系数	—	国标材料加强,下挠20mm以内

(2)丝杆爬模施工过程中的安全控制要点。

①保持各单元中心高一致。根据所选升降机、转向器、电机等型号,确定各单元的中心高之差,然后根据差值选择合适的垫板,务必确保各输入轴、输出轴在同一水平位置。

②电机的安装电机时,务必保证安装位置的稳定性,使用时不得出现电机振动过大的情况。

③试运行前准备及检查设备试运行前,请检查各连接件是否牢固,检查各个需润滑位置的润滑情况,确保箱体已加注润滑油或润滑脂,确保丝杆已涂抹润滑脂。

④工地上的施工,作业环境条件恶劣,水泥、砂浆、尘土不可能消除干净,齿轮与齿条的相互研磨,齿都磨尖,磨损要及时更换。

⑤做好丝杆升降机的日常保养工作。

6 丝杆爬模的应用

6.1 工程概况

昌宁至保山高速公路No3标段总里程20.06km,路基宽25.5m,本项目采用双向四车道高速公路,设计速度80km/h。其中大洼子1号大桥位于分离式路基段上,左幅共4联,(3×40)m + 3×(4×40)m,右幅共4联,2×(3×40)m + 2×(4×40)m,其中有15个墙式墩,最大墩高

59.5m,皆采用丝杆爬模施工。

6.2 应用效果

丝杆爬模经过不断的设计改进,在大洼子1号大桥空心薄壁墩施工过程中投入使用,大洼子1号大桥,全桥共有15根,空心薄壁墩共计长度780m。每次混凝土浇筑高度约为4.5m,约3d一个循环,墩身线形及墩身外观质量控制较好,以3套设备同时施工为例。

就本项目而言,通过以上两种施工方法方式进行了经济等各项指标的对比可以知道,丝杆爬模在设备购买成本方面可省10.2万元,且丝杆爬模的可周转周期是液压爬模的2倍多,每循环施工时间可节省2d,总工期约节省约115天。通过应用丝杆爬模进行施工既可以提升施工质量也能很好的节约施工成本,缩短工期,经济效益显著。见表5。

液压爬模与丝杆爬模施工经济效益对比分析　　表5

序号	项目	液压爬模	丝杆爬模
1	设备购买成本	14.4万元/套,共43.2万元	11万元/套,共33万元
2	周转次数	2~3个项目	5~6个项目
3	施工效率	每次混凝土浇筑高度约为4.5m。单次爬升时间约6h。约5d一个循环,每天0.9m	每次混凝土浇筑高度约为4.5m。单次爬升时间约20min。约3d一个循环,每天1.5m
4	施工工期	约288d	约173d

7 结语

新型丝杆爬模体系的设计及施工技术的应用,与传统的液压爬模系统相比,具有安全可靠、提升能力强、同步性精度高、装配简单、环保节能等特点。通过应用表明,丝杆提升系统使用更加简便、有效加快施工进度、降低施工强度、节约资金、节能环保,对社会具有较高的价值和意义。

参 考 文 献

[1] 中国机械工业联合化.SWL涡轮螺杆升降机型式、参数与尺寸[M].北京:机械工业出版社出版,2010.

[2] 中华人民共和国住房和城乡建设部.液压爬升模板工程技术标准:JGJ/T 195—2018[S].北京:中国建筑工业出版社,2019.

[3] 中国工程建设标准化协会.整体爬模安全技术规程:CECS 412—2015[S].北京:中国计划出版社,2015.

五、桥梁静动力分析及耐久性

118. 关于混凝土梁抗剪承载力上限值的讨论

李国平　唐小林　范彩霞

(同济大学土木工程学院桥梁工程系)

摘　要：目前国内外规范关于混凝土梁抗剪承载力上限值计算公式的表达形式差异大，计算结果也相差大。为研究规范抗剪承载力上限值计算公式的合理性，收集国内外357根钢筋混凝土梁的试验数据，将国内外3种桥梁设计规范的计算值与试验值进行比较，分析各规范公式与试验数据的吻合性；基于试验数据，对规范公式的基本表达形式进行参数分析，选取关键参数，形成符合试验规律的建议公式。分析结果表明：中国公路桥梁设计规范公式最偏离试验规律且过于保守，美国公路桥梁设计规范公式最符合试验规律，欧洲桥梁设计规范计算值最接近试验均值；根据试验数据提出的建议公式符合试验规律好，计算值与试验值比值的标准差和变异系数小，具有较好的可靠性和适用性。

关键词：混凝土梁　抗剪承载力上限值　剪跨比　高宽比　公式形式

1　引言

随着桥梁快速施工技术和高强度混凝土材料技术的发展，混凝土梁薄壁化、轻型化已成为一种趋势。对于腹板(或肋板)较薄的混凝土梁，在剪跨比较小且剪力较大的区段，极限受力状态将可能发生斜压破坏。为防止上述情况出现，设计规范都规定了截面最小尺寸的限制条件，给出了相应混凝土梁的抗剪承载力上限值。但是，我国《公路钢筋混凝土及预应力混凝土桥涵设计规范》(JTG 3362—2018)[1](后简称《桥规》)中截面最小尺寸的限制条件与国内外其他规范有较大差异，对于相同截面尺寸的混凝土梁($f_{cu,k}=60$ MPa)，《桥规》计算得到的抗剪承载力上限值仅为美国《AASHTO LRFD US-2018》[2](后简称《AASHTO 规范》)计算结果的60%，与其他国内外规范相比也有类似问题。因此，为满足混凝土梁轻型化发展需求，避免腹板较薄的混凝土梁发生斜压破坏，需对几个主要设计规范的抗剪承载力上限值的准确性、合理性开展分析。

国内外已有许多学者对抗剪承载力上限值的影响因素进行了研究。关于腹板的宽度、高宽比及预应力等对抗剪影响的问题，F. Leonhardt[3]的有腹筋 T 形梁试验结果表明，极限抗剪承载能力随腹板的增宽而增大；原南京工学院[4]开展的预应力和高宽比对截面限制条件影响的试验结果表明，高宽比和预应力对抗剪承载力上限值都有影响；由同济大学等组成的抗剪强度专题研究组[5]的试验也得出了相同的结论，从而提出了以高宽比区分梁厚腹与薄腹界限的建议。有关混凝土梁的翼板对抗剪作用的问题,Places-A[6]关于有腹筋的钢筋混凝土T形梁和矩形梁的研究结果表明,T形梁的翼板也可以承担一部分剪力,Alexandre[7]的类似研究也得出了相同的结论,康谷贻等[8]在对I形和矩形梁的研究中也发现了I形梁上翼板对抗剪承载力是有利的。但是,目前国内外主要设计规范都不考虑翼板的有利作用。在抗剪承载力上限值的计算方法方面,F. Leonhardt等[9]通过26根预应力混凝土梁的斜压破坏试验,提出了受剪斜压破坏的行为可用箍筋和混凝土支柱形成的桁架来模拟;袁国干[10]基于国内外461根无腹筋钢筋混凝土梁的试验资料,偏安全地采用试验数据下包线推导出抗剪承载力上限值的计算公式;祁学仁[11]基于钢筋轻骨料混凝土梁的试验研究,给出了钢筋轻骨料混凝土梁抗剪承载力上限值的建议公式。另外,郑绍硅[12]进行了深梁的抗剪承载力上限值的研究并提出了相应的计算公式。

目前,国内外规范中混凝土梁抗剪承载力上限值计算公式的表达形式、材料强度表征参数等都有所不同,其计算结果也有很大差异。本文收集了国内外的357根混凝土梁的抗剪试验数据,基于国内外3种主要桥梁设计规范的公式,对试验梁的抗剪承载力上限值进行计算,通过试验值和计算值的对比,对各公式预测上限值的准确性和合理性进行分析;基于公式的基本表达形式,结合试验数据开展影响参数分析,在一定保证率的基础上提出了建议的抗剪承载力上限值的设计计算公式。

2 规范计算公式

本文主要讨论混凝土梁抗剪承载力上限值的规范计算公式,选取了国内外3个主要桥梁设计规范:中国规范为《桥规》,国外规范为欧洲混凝土桥梁设计规范《BS EN 1992-2:2005》[13](后简称《欧规》)和美国《AASHTO规范》。

《桥规》基于国内外无腹筋钢筋混凝土梁的试验数据,利用剪压破坏时抗剪强度随剪跨比变化的规律,并偏安全地取用试验数据的下包线,导出如下抗剪承载力上限值公式:

$$V \leqslant 0.51 \times 10^{-3} \sqrt{f_{cu,k}} b h_0 \tag{1}$$

式中:$f_{cu,k}$——混凝土的立方体(150mm)抗压强度标准值;
  b——腹板的宽度;
  h_0——截面有效高度。

《欧规》抗剪承载力计算采用变角桁架模型,取混凝土压杆压碎时的剪力为抗剪承载力上限值:

$$V \leqslant \alpha_{cw} v_1 f'_{cd} b_w z (\tan\theta + \cot\theta) \tag{2}$$

式中:α_{cw}——对于钢筋混凝土构件,欧洲规范的建议值为1.0,对于预应力混凝土构件,按下式取值:当$0 < \sigma_{cp} \leqslant 0.25 f'_{cd}$时,$\alpha_{cw} = 1 + \sigma_{cp}/f_{cd}$,当$0.25 f'_{cd} < \sigma_{cp} \leqslant 0.5 f'_{cd}$时,$\alpha_{cw} = 1.25$,当$0.5 f'_{cd} < \sigma_{cp} \leqslant 1.0 f'_{cd}$时,$\alpha_{cw} = 2.5(1 - \sigma_{cp}/f_{cd})$,$\sigma_{cp}$为混凝土的设计轴力或预应力产生的平均压应力;

  f'_{cd}——混凝土圆柱体($D = 150mm, h = 300mm$)抗压强度设计值;$f_{ck} \leqslant 60MPa$时,$v_1 = 0.6$,$f_{ck} \geqslant 60MPa$时,$v_1 = 0.9 - f_{ck}/200 > 0.5$,$f_{ck}$为混凝土圆柱体抗压强度标准值;

  b_w——腹板宽度;

  z——内力臂,近似取$0.9d$(d为截面有效高度);

  θ——混凝土压杆倾角,为了保证极限状态时形成的桁架受力合理,需限制$1 \leqslant \cot\theta \leqslant 2.5$。

《AASHTO 规范》的上限值公式基于修正的压力场理论,并通过预应力和非预应力混凝土构件试验进行了验证:

$$V \leq 0.25 f'_c b_v d_v + V_p \tag{3}$$

式中:f'_c——混凝土圆柱体抗压强度(相当于标准值);

b_v——腹板的宽度;

d_v——有效剪切高度,取 $0.72h$(h 为截面高度);

V_p——预加力的竖向分力。

3 试验数据及其与规范值的对比

由上一节可知,各规范中计算公式的差异性主要体现在公式的表达形式、混凝土抗压强度、截面有效高度等方面。为了对比各规范的计算值的差异,将各规范中混凝土抗压强度统一换算为《桥规》规定的棱柱体抗压强度标准值 f_{ck},混凝土圆柱体抗压强度 f'_c(或 f'_{ck})与立方体抗压强度标准值 $f_{cu,k}$ 的换算公式为 $f'_c = 0.8 f_{cu,k}$,f_{ck} 与 $f_{cu,k}$ 的换算关系为 $f_{ck} = 0.88 \alpha f_{cu,k}$,其中,C50 及以下混凝土 $\alpha = 0.76$,C55~C80 混凝土时 $\alpha = 0.78 \sim 0.82$。另外,因 C40 以上混凝土具有脆性,取折减系数 C40~C80 为 $1.0 \sim 0.87$,中间按直线插入。混凝土抗压强度设计值 f_{cd} 与 f_{ck} 的关系为 $f_{cd} = f_{ck} / \gamma_c$,其中,$\gamma_c$ 为材料分项系数。

3.1 试验数据

本文针对普通混凝土 T 形和矩形梁的试件,分析其在集中荷载作用下的抗剪承载力上限值,所以对收集的试验数据按如下规定取用:①剪跨比的最大值约 1.0;②试验发生剪切斜压破坏形态;③试验施加集中荷载;④普通混凝土试件。收集的 357 根混凝土梁的试验参数信息见表 1。

试验数据信息汇总 表1

数据来源	试件个数	剪跨比	f_{ck}(MPa)	腹板宽度 b(mm)	截面高度 h(mm)	有效高度 h_0(mm)	V_{test}(kN)
文献[4]	8	1.0	16.1~21.4	50~105	540~567	540~554	174~299
文献[14]	58	0.35~1.2	13.4~32.9	76~125	203~914	185~964	84~798
文献[15]	4	1.0	12.7~16.7	124~126	300~303	270	112~171
文献[16]	45	0.33~1.04	14.7~20.7	74~98	221~735	178~671	77~239
文献[17]	31	1.0~1.21	13.4~18.1	102	365	305	105~142
文献[18]	59	0.27~1.18	15.4~43.0	76~110	254~762	216~724	78~583
文献[19]	11	0.9~1.0	26.1	160	400~1 000	355~935	362~904
文献[20]	7	0.83~1.13	30.2~36.5	300	1 200	1 088	2 533~3 387
文献[21]	15	0.35~0.74	16.7~24.7	76	383~764	343~724	164~485
文献[22]	4	1.0	25.4~51.5	127	220~240	198~216	212~555
文献[23]	18	1.0~1.1	10.0~27.4	80~305	227~1 000	201~904	94~1 550
文献[24]	85	0.25~1.17	10.7~52.1	51~250	152~1 750	133~1 559	85~1 900
文献[25]	12	1.0	21.1~55.2	150	350~1 000	293~910	407~1 620
总计	357	0.25~1.21	10.0~55.2	50~305	152~1 750	133~1 559	77~3 387

3.2 试验值与规范值的对比

为了与试验值对比,需要将《桥规》和《欧规》算得的强度设计值换算成标准值。其中,《桥规》公式推导中引入了0.95的工作条件系数和1.25的材料分项系数,《欧规》公式中考虑了1.5的材料分项系数。将按各规范算得的抗剪承载力上限值与试验值进行对比,得到的试验值与规范值比值的平均值、标准差和变异系数如表2所示。

试验值与规范值比值分析　　　表2

规范	《桥规》	《欧规》	《AASHTO规范》
平均值 V_{test}/V	1.76	1.05	1.23
标准差 σ	0.53	0.31	0.26
变异系数 C_v	0.30	0.30	0.21

由表2可知,试验值与3种规范值比值的均值都大于1。相比试验值,《桥规》公式明显偏保守,且离散性较大、与试验数据偏差大;《AASHTO规范》公式的均值高于《欧规》,但离散性最小、最符合试验数据;《欧规》公式的均值最接近1,但离散性较大、偏离试验数据。以试验值为横坐标,各规范公式的计算值为纵坐标,以 $y=x$ 为参考线,数据点分布越靠近参考线则公式计算结果越准确。由图1可以看出,《桥规》公式拟合结果偏差最大,《AASHTO规范》公式拟合结果最好,《欧规》公式拟合数据点在参考线附近但较分散。

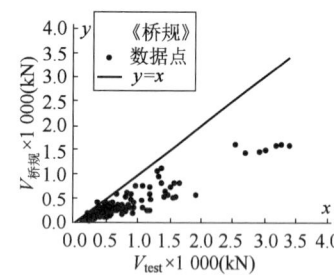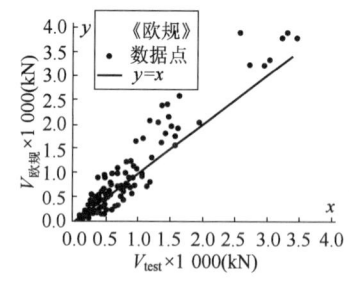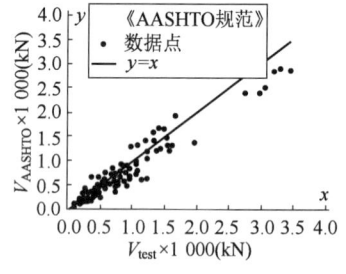

图1　试验值与规范值对比

4 主要参数影响规律分析

本文中讨论的3种规范计算公式的表达形式主要分为两种:$V \leqslant \alpha_1 \sqrt{f_{ck}} bh_0$(《桥规》)和 $V \leqslant \alpha_2 f_{ck} bh_0$ [《AASHTO规范》和《欧规》(梁无轴向力)],下面将主要分析混凝土强度表达式、抗剪截面尺寸、腹板高宽比和剪跨比4个主要参数对混凝土梁抗剪承载力上限值的影响。

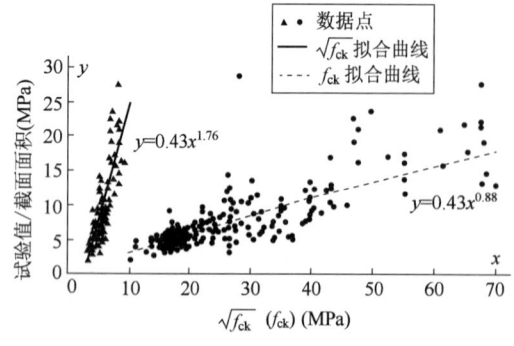

图2　混凝土强度表达式影响分析

4.1 混凝土强度表达式

以试验值与截面面积的比值为纵坐标、混凝土棱柱体抗压强度标准值为横坐标,拟合抗剪承载力上限值与混凝土强度表达式的关系。由图2可知,抗剪承载力上限值与混凝土强度的0.88次方成正比,所以第二种公式表达形式的抗剪承载力上限值与混凝土强度的一次方成正比较符合。

4.2 抗剪截面尺寸

以试验值与混凝土强度表达式的比值为

纵坐标、抗剪截面尺寸为横坐标,拟合抗剪承载力上限值与抗剪截面尺寸的关系。由图3可知,第一种表达形式的抗剪承载力上限值与抗剪截面尺寸的0.95次方成正比,第二种表达形式的抗剪承载力上限值与抗剪截面尺寸的0.83次方成正比,所以第一种表达形式的抗剪承载力上限值与抗剪截面尺寸的一次方成正比较符合。

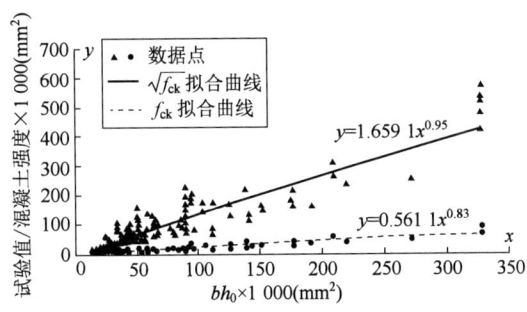

图3 抗剪截面尺寸影响分析

4.3 腹板高宽比

以计算公式系数 α 为纵坐标、梁的腹板净高度与其宽度比(腹板的净高度表示为 h_w)为横坐标,拟合计算公式系数与高宽比的关系,进而分析高宽比对抗剪承载力上限值的影响。由图4可知,两种表达形式的计算公式系数都随高宽比的增大而减小,说明抗剪承载力上限值随高宽比的增大而减小。比较两种公式表达形式的系数与高宽比相关系数绝对值的大小可以发现,第二种表达式受到的影响较大。

4.4 剪跨比

以计算公式系数 α 为纵坐标、剪跨比为横坐标,拟合计算公式系数与剪跨比的关系,进而分析剪跨比对抗剪承载力上限值的影响。由图5可知,两种表达形式的计算公式系数都随剪跨比的增大而少量减小,说明抗剪承载力上限值随剪跨比的增大而减小。两种公式表达形式的系数与剪跨比相关系数的绝对值都较小,即抗剪承载力上限值受剪跨比影响较小。

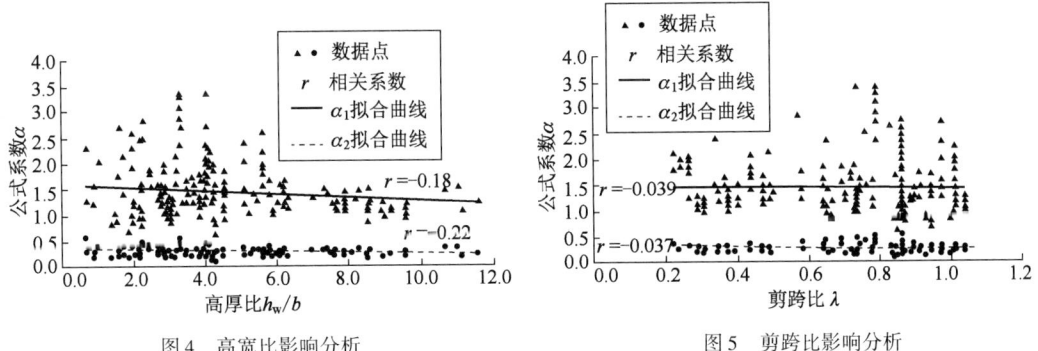

图4 高宽比影响分析　　　　图5 剪跨比影响分析

综上分析,抗剪承载力上限值与 f_{ck} 的0.88次方成正比,与 $\sqrt{f_{ck}}$ 的1.76次方成正比,与 bh_0 的0.95(强度表达式为 $\sqrt{f_{ck}}$)和0.83(强度表达式为 f_{ck})次方成正比;腹板高宽比和剪跨比对公式表达形式都有影响。因此,将混凝土强度表达式和抗剪截面尺寸作为关键参数,结合试验数据的对比分析结果,第二种公式表达形式 $V \leqslant \alpha_2 f_{ck} bh_0$ 更符合试验规律。

5 公式建议

《桥规》的抗剪承载力上限值相比国外规范偏低,其试验值与计算值的平均值为1.76,标准差为0.53,变异系数为0.30,平均值的安全储备高但离散性较大。故下面将基于试验数据和参考国内外规范,提出一个预测结果更准确的钢筋混凝土梁抗剪承载力上限值的建议公式。

《AASHTO规范》公式的离散性最小、计算结果与试验平均值较接近,且公式表达形式也符合试验规律,故将建议公式的基本形式取为 $V \leqslant \alpha f_{ck} b h_0$。但分析表明,抗剪承载力上限值受高宽比的影响较相对较大,建议公式需计入高宽比的影响。为此,根据357根梁的试验数据对高宽比的影响规律进行拟合,得到公式系数 $\alpha = 0.338\,1(b/h_w)^{0.095}$(图6)。最后,得到了如下以标准值表示的建议公式:

$$V \leqslant 0.338\,1 f_{ck} b h_0 (b/h_w)^{0.095} \tag{4}$$

式中:f_{ck}——混凝土棱柱体抗压强度标准值;

h_w——腹板的净高度;

其余符号意义与《桥规》中一致。

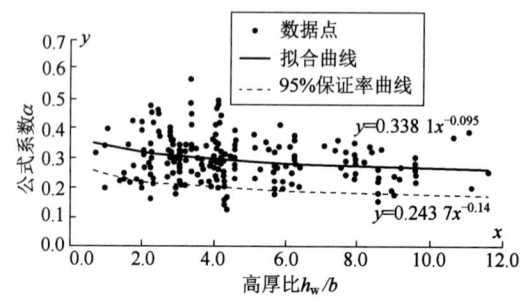

图6 高宽比拟合曲线

从表3可以看出:试验值与建议公式计算值之比的平均值、标准差和变异系数较《桥规》均有明显改善,更适用于混凝土梁抗剪承载力上限值的计算。

试验值与规范(建议)值比值统计　　表3

规范	《桥规》	《欧规》	《AASHTO规范》	建议公式
平均值 V_{test}/V	1.76	1.05	1.23	1.02
标准差 σ	0.53	0.31	0.26	0.22
变异系数 C_v	0.30	0.30	0.21	0.21

考虑95%保证率后公式系数为 $\alpha = 0.243\,7(b/h_w)^{0.14}$(图6),考虑材料分项系数和受力模式不确定性影响后,混凝土梁抗剪承载力上限值的设计值表达式为:

$$V \leqslant 0.23 \alpha_w f_{cd} b h_0 \tag{5}$$

式中:$\alpha_w = (b/h_w)^{0.14}$;

f_{cd}——混凝土棱柱体抗压强度设计值;

其余符号意义与《桥规》中一致。

结合试验数据、考虑预应力影响后,式(5)即可适用于预应力混凝土梁。

6 结语

(1)相比试验值,《桥规》公式偏保守,且离散性较大;《AASHTO规范》公式的均值高于《欧规》,但离散性最小;《欧规》公式的均值最接近1,但离散性较大。

(2)针对混凝土强度表达式、抗剪截面尺寸、腹板高宽比和剪跨比4个主要参数对混凝土梁抗剪承载力上限值的影响分析发现,《AASHTO规范》计算公式的表达形式最符合试验规律,但考虑高宽比的影响仍有欠缺。

(3)基于试验数据、考虑腹板高宽比影响拟合的建议公式,较现行《桥规》的公式更符合试验规律,其试验值与计算值比值的平均值接近1且离散性小,提出的考虑95%保证率的建议公式有适用性。

参 考 文 献

[1] 中华人民共和国交通运输部.公路钢筋混凝土及预应力混凝土桥涵设计规范:JTG 3362—2018[S].北京:人民交通出版社股份有限公司,2018.

[2] AASHTO LRFD Bridge Design Specifications[S].2018.

[3] F. Leonhardt,R. Walther,Beitrage zur Behandlung der Schubprobleme in Stahalbetonbau,Beton and Stahalbetonbau,(1962).

[4] 工民建专业抗剪专题研究小组.预应力高厚比对截面限制条件的影响的实验研究[J].东南大学学报(自然科学版),1978(2):59-70.

[5] 抗剪强度专题研究组.钢筋混凝土受弯构件的截面限制条件及预应力对斜截面抗剪强度的影响[J].建筑结构,1978(4):3-8.

[6] Placas A,Regan P E. Shear Failure of Reinforced Concrete Beams[J]. Engineering Structures,1971,9(87):32-38.

[7] Alexandre. Shear strength of reinforced concrete beams[D]. University of London,1969.

[8] 康谷贻,吴智眉.集中荷载作用下钢筋混凝土梁斜压破坏抗剪强度[J].建筑结构,1984(6).

[9] F. Leonhardt,R. Walther. Shear Strength of Prestressed Beams with thin Webs Failing Inclined compression[J]. Construction & Building Materials,2013,45(7):145-156.

[10] 袁国干.钢筋混凝土与预应力混凝土梁斜截面抗剪强度分析,1973.

[11] 祁学仁.钢筋轻骨料混凝土梁抗剪上下限值的试验研究[J].甘肃工业大学学报,1980.

[12] 郑绍珪.《公路钢筋混凝土及预应力混凝土桥涵设计规范》编制情况介绍(上)[J].重庆交通大学学报(自然科学版),1985,4(2):92-96.

[13] EN 1992-2:2005,Eurocode2:Design of concrete structures. part 2:Concrete bridges-Design and detailing rules[S]. 2005.

[14] 王命平,王新堂.小剪跨比钢筋混凝土梁的抗剪强度计算[J].建筑结构学报,1996,17(5):73-78.

[15] 李平先,丁自强,赵广田.有腹筋钢筋混凝土短梁抗剪强度的试验研究[J].郑州工学院学报,1993(1):1-11.

[16] Wei Wang,Da-Hua Jiang. Shear Strength of Reinforced Concrete Deep Beams[J]. Journal of Structural Engineering,1993,119(8).

[17] Tavio. Discussion of "Interactive Mechanical Model for Shear Strength of Deep Beams"by C Y Tang and K H Tan[J]. Journal of Structural Engineering 2004,132(5).

[18] Tang C Y,Tan K H. Interactive Mechanical Model for Shear Strength of Deep Beams[J]. Journal of Structural Engineering,2006,132(5).

[19] Yang K H,Chung H S,Lee E T,et al. Shear characteristics of high-strength concrete deep

beams without shear reinforcements[J]. Engineering Structures,2003,25(10).

[20] Khaled Mohamed, Ahmed Sabry Farghaly, Brahim Benmokrane. Effect of Vertical and Horizontal Web Reinforcement on the Strength and Deformation of Concrete Deep Beams Reinforced with GFRP Bars[J]. Journal of Structural Engineering,2017,143(8).

[21] Sanad A,Saka M P. Prediction of Ultimate Shear Strength of Reinforced-Concrete Deep Beams Using Neural Networks[J]. Journal of Structural Engineering,2001,127(7).

[22] Ahmad S H,Xie Y,Yu T. Shear ductility of reinforced lightweight concrete beams of normal strength and high strength concrete[J]. Cement and Concrete Composites,1995,17(2).

[23] Zhang N,Tan K H. Size effect in RC deep beams:Experimental investigation and STM verification [J]. Engineering Structures,2007,29(12).

[24] El-Sayed A K,Shuraim A B. Size effect on shear resistance of high strength concrete deep beams[J]. Materials and Structures,2016,49(5).

[25] Kamaran Sulaiman Ismail. Shear Behaviour of Reinforced Concrete Deep Beams[D]. The University of Sheffield, 2016.

119. 四跨连续弯桥抗倾覆性能研究

肖慧双　郭雪莲
(长安大学公路学院)

摘　要：车辆超载现象越来越普遍,导致桥梁倾覆事故经常发生。2018年11月施行的《公路钢筋混凝土及预应力混凝土桥涵设计规范》的条文说明中关于桥梁倾覆验算,不再考虑倾覆轴问题,而是提出新的计算方法,该计算方法所需的支点反力可通过Midas有限元模型得到。本文以一座四跨连续弯桥为研究对象,结合Midas建立有限元模型进行抗倾覆稳定系数的计算,并研究不同曲率半径及支座布设情况对弯桥抗倾覆性的影响。

关键词：弯桥　Midas有限元模型　抗倾覆稳定系数

1　引言

货车超载现象愈加严重,使得桥梁倾覆事故愈加频繁。自2007年起,内蒙古包头、天津、浙江上虞、黑龙江哈尔滨和广东河源相继发生匝道桥倾覆失稳甚至倒塌的事故。

国内外有大量学者和专家都对桥梁倾覆现象进行了研究,造成桥梁倾覆主要有两方面的原因：车辆超载和桥梁设计不合理。曲线桥曲率半径、支座布置形式以及车道数等因素都会对梁桥抗倾覆性产生一定影响。王统宁等[1]用精细化研究模型分析了两种不同约束布置的抗倾覆验算。宫亚峰等[2]通过对三跨微弯桥和弯桥进行倾覆轴的选取,进行抗倾覆验算,并计算不同半径的抗倾覆稳定性系数。万世成等[3]认为独柱墩连续梁桥抗倾覆验算的三方面因素有：横截面情况、主梁线形和加载条件。赵俊程等[4]对国内汽车荷载进行了研究,并建议在验算时公路—Ⅰ级车道荷载乘以3.4倍。但是以上的研究都是以《公路钢筋混凝土及预应力混凝土桥涵设计规范》(JTG D62—2004)[5](以下简称为《旧混规》)为基础进行的抗倾覆稳定性验算。根据2018年11月1日起施行的《公路钢筋混凝土及预应力混凝土桥涵设计规范》(JTG 3362—2018)[6](以下简称为《新混规》)中针对桥梁倾覆验算的条文说明相较于2004年的旧规范提出了新的计算方式。进行倾覆稳定系数计算时不再考虑倾覆轴线的选取,而是引入有效支座与无效支座的概念。

本文以《新混规》为基础,对抗倾覆稳定验算的计算内容进行分析和简化,并以圆曲线桥梁为例,采用简化后的计算方法探究曲率半径和支座布设情况对抗倾覆稳定系数的影响。

2　抗倾覆稳定验算方法

综合考虑分析方法的偏差系数和实际车辆密集排布情况下汽车荷载效应的放大系数后,

确定上部结构的抗倾覆稳定系数应满足下式要求：

$$k_{qf} = \frac{S_{bk}}{S_{sk}} \geqslant 2.5 \tag{1}$$

式中：k_{qf}——抗倾覆稳定系数；

S_{sk}——使上部结构倾覆的汽车荷载(含冲击作用)标准值效应；

S_{bk}——使上部结构稳定的作用效应标准组合。

对桥梁倾覆事故进行分析可知，倾覆破坏过程表现为：单向受压支座依次持续脱离正常受压状态，致使整联主梁抗扭支承失效，进而主梁变形发散导致出现主梁翻转、滑移和支座挤出和桥墩断裂等连带损坏。在倾覆过程存在着两个明确的特征状态：特征状态1，某一单向受压支座脱空；特征状态2，主梁的扭转支承全部失效。整个过程中存在有效支座和无效支座的概念，支座脱空即为无效支座，依然承受压力的支座为有效支座。

在桥梁倾覆处于特征状态2时，通常已丧失对扭转变形的约束，此时各个桥墩仅存在一个有效支座。稳定效应和失稳效应按照失效支座对有效支座的力矩计算：

稳定效应：

$$\sum S_{bk,i} = \sum R_{Gki} l_i \tag{2}$$

失稳效应：

$$\sum S_{sk,i} = \sum R_{Qki} l_i \tag{3}$$

式中：l_i——第 i 个桥墩处失效支座与有效支座的支座中心间距；

R_{Gki}——永久作用标准值效应；

R_{Qki}——失效支座对应最不利汽车荷载的标准值效应。

分析《新混规》可知，对于特征状态1和特征状态2的验算，重点在于准确提取结构的支座反力。对于永久作用(一般为恒载)，可以通过Midas Civil建模分析恒载工况可直接得出；对于可变作用(一般为移动荷载)，Midas Civil中默认的移动荷载反力输出为每个支点反力的最值，而《新混规》中计算需要获取的是某个支点产生最大负反力同时其他支点产生的反力值，即并发力值。故在建模过程中，应将所有支点定义到并发力组中，在运行后查看结果即可得到每个支点的并发力值。下文对桥梁抗倾覆稳定系数的计算均采用这种方法进行计算。

3 曲率半径对桥梁抗倾覆稳定性的影响

3.1 抗倾覆系数计算说明

本节抗倾覆验算以一座四跨预应力混凝土独柱曲线桥梁为例，该桥主梁采用C50混凝土，常规预应力钢束，梁顶面宽12.5m。上部结构跨径布置为4×20m，下部结构的支座约束情况选择单支座布设情况，桥台处采用双支座，其余三个桥墩处都采用单支座。图1所示为桥梁横断面示意。图2所示为支座布设情况、图3所示为Midas Civil模型。

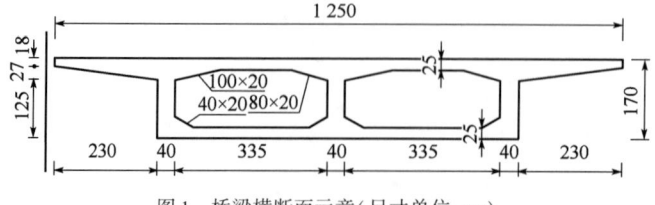

图1 桥梁横断面示意(尺寸单位：cm)

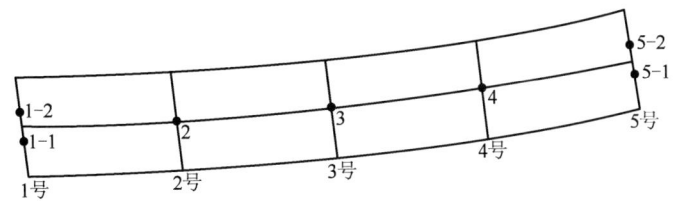

图2 单支座布设情况

注：●-支座布设位置；1号、2号、3号、4号、5号-桥墩编号；1-1、1-2、2、3、4、5-1、5-2-支座编号

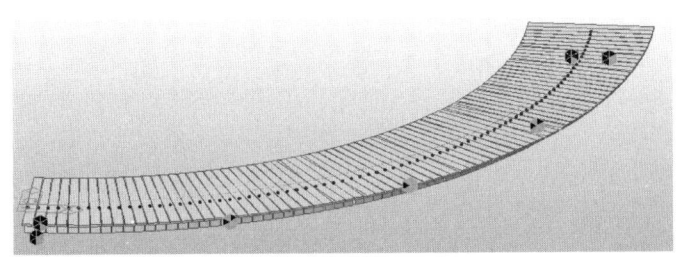

图3 Midas Civil 模型

为了考虑最不利车道荷载偏载作用,需要考虑车道布置的数量。分别对布置一个车道、两个车道和三个车道进行抗倾覆系数的计算,选择抗倾覆系数值最小的车道布置情况下的车道荷载偏载作用作为最不利车道荷载偏载作用。根据计算结果得知,布置三个车道时桥梁的抗倾覆系数值最小,故布置三个车道是最不利车道偏载情况,图4为偏载布置示意。

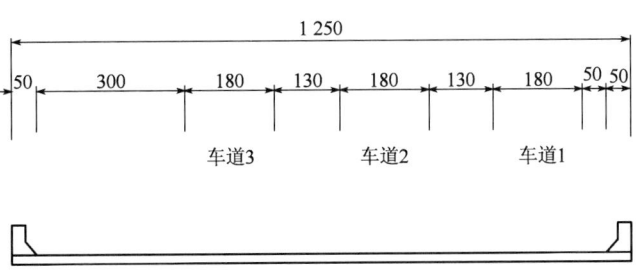

图4 偏载布置示意(尺寸单位:cm)

以恒载 + 公路 I 级车道荷载($q_k = 10.5 \text{kN/m}, P_k = 270 \sim 360 \text{kN}$)为工况进行抗倾覆验算。对于该例,桥梁会沿外侧支点发生倾覆,并且内侧每个支点都可能失效,因此需要依次假定内侧某支座失效,分别进行验算。

通过改变曲线桥的曲率半径,分析不同曲率半径对桥梁倾覆性能的影响。参考学者以往的研究情况,联系实际工程情况,选择曲线桥曲率半径 R 为:50m、100m、150m、200m、300m、400m、500m。

3.2 计算结果

通过 Midas 建模分析得到抗倾覆验算所需支点反力值,按《新混规》要求,$k = \sum R_{Gki} l_i / \sum R_{Qki} l_i$ 进行抗倾覆系数计算。分析知,倾覆时可能是支座1-2或支座5-2达到最不利荷载情况,这两种情况各存在一个抗倾覆系数,故每个曲率半径的曲线桥都有两个抗倾覆系数,相对于支座1-2达到最不利荷载情况时的抗倾覆系数记作 k_1,支座5-2达到最不利荷载情况时的抗倾覆系数记作 k_5。结果汇总于表1中。

不同曲率半径曲线桥抗倾覆系数计算结果　　　　表1

曲率半径 R(m)	50	100	150	200	300	400	500
稳定系数 k_1	2.21	2.13	2.16	2.22	2.38	2.47	2.71
稳定系数 k_5	2.23	2.14	2.18	2.24	2.41	2.49	2.73

为能够更清晰直接地得看出不同曲率半径对曲线桥抗倾覆系数的影响规律,将表格数据绘制成折线图,见图5。

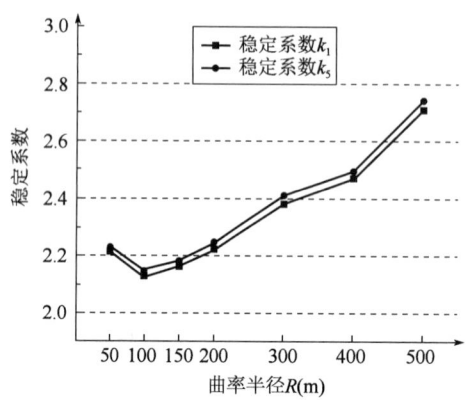

图5　不同曲率半径下曲线桥稳定系数折线图

从图5可以看出,该例曲线桥的两个抗倾覆系数值随着曲率半径的增大呈现先减小后增大的变化,说明在曲率半径不断增大的过程中桥梁最先脱空的支座位置发生了转变。由于桥梁结构及支座布设关于3号墩对称,所以每个曲线桥的抗倾覆系数 k_1、k_5 值几乎相等。

4　支座布设对桥梁抗倾覆稳定性的影响

4.1　支座布设情况

四跨曲线桥的支座布设情况可分为三种:单支座布设,1号和5号桥墩上布设双支座,其余三个桥墩上均布设单支座(图2);单双支座间接布设,1号、3号和5号桥墩上布设双支座(图6);双支座布设,所有桥墩上都布设双支座,2号和4号桥墩上布设单支座(图7)。

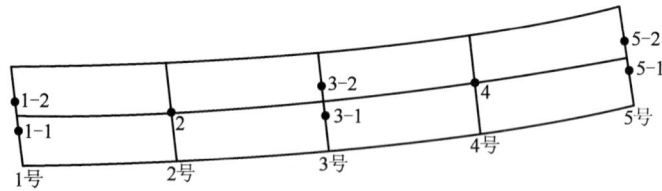

图6　单双支座布设情况

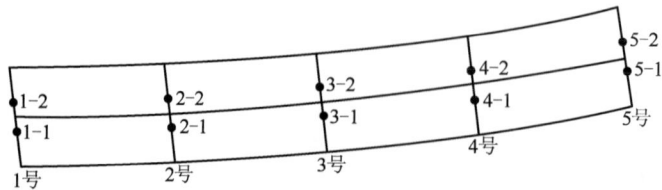

图7　双支座布设情况

4.2 抗倾覆稳定系数计算及结果

以第 2 节抗倾覆计算实例为基础,保持材料、桥梁横断、桥梁跨径布置、车道数及车道荷载等因素不变,选择曲线桥的曲率半径 $R=400\mathrm{m}$,改变支座布设情况,分别进行抗倾覆稳定系数计算,计算结果汇总于表 2 中。

三种不同支座布设情况下曲线桥抗倾覆系数计算结果　　表 2

支座布设情况	单支座布设	单双支座布设	双支座布设
稳定系数 k_1	2.47	6.03	9.86
稳定系数 k_2	—	—	9.84
稳定系数 k_3	—	5.36	8.28
稳定系数 k_4	—	—	9.84
稳定系数 k_5	2.49	6.01	9.86

因桥梁若要满足抗倾覆验算要求,那么每个稳定系数值都应满足 $k>2.5$ 的要求,也就是说不论是哪种支座布设情况,都应重点考虑其抗倾覆系数最小值,故选择三种不同支座布设情况下曲线桥抗倾覆系数中的最小值进行对比,汇出对比图 8。

从图 8 可直观看出,单支座布设的曲线桥稳定系数最小,单双支座间隔布设稳定系数次之,双支座布设稳定系数最大。说明一座曲线桥的抗倾覆稳定系数随布设双支座数量呈线性增加变化,且增大的幅值较大。在工程中,适当增加双支座的数量可以有效提高梁桥抗倾覆性能。

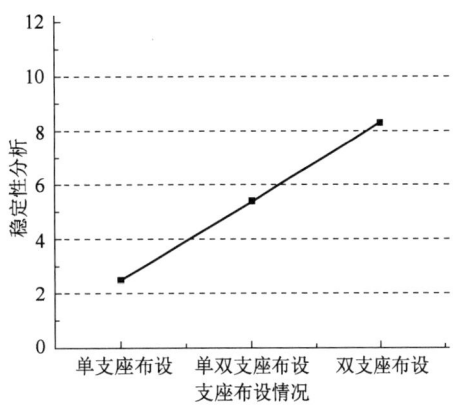

图 8　不同支座布设情况下曲线桥稳定系数折线图

5　结语

《新混规》不再需要选择桥梁倾覆轴,而是以支点反力作为主要的计算要素,相对来说会更加方便。但是《新混规》中的验算方法必须由有限元分析软件进行建模分析才能得到永久作用下的支反力和某个支点达到最大负反力时其他支反力(即并发反力值)。选择对抗倾覆最不利的三车道作为最不利车道偏载进行以下研究。

在有限元分析软件建模基础上研究不同曲率半价对曲线桥抗倾覆性影响。随着曲率半径的增大,曲线桥抗倾覆稳定系数先增大后减小。在曲率半价增大过程中,曲线桥达到最不利的支座位置发生了变化。

在有限元分析软件建模基础上研究不同支座布设情况对曲线桥抗倾覆性影响。桥墩上布置的双支座数量越多,曲线桥的抗倾覆系数值越大,桥梁抗倾覆稳定性越好。并且只要多布设一个双支座,对于提高桥梁抗倾覆性的能力很有帮助。

参 考 文 献

[1] 王统宁,靳启文,孙艺利,等.公路独柱窄幅桥梁倾覆稳定性能[J].公路工程,2014,39(02):63-67+75.

[2] 宫亚峰,何钰龙,谭国金,等.三跨独柱连续曲线梁桥抗倾覆稳定性分析[J].吉林大学学报(工学版),2018,48(01):113-120.

[3] 万世成,黄侨.独柱墩连续梁桥偏载下的抗倾覆稳定性研究综述[J/OL].中外公路,2015(04):156-161[2019-12-10].https://doi.org/10.14048/j.issn.1671-2579.2015.04.036.

[4] 赵俊程,禹智涛,刘铭炜.独柱墩梁桥抗倾覆稳定性验算汽车荷载研究[J].城市道桥与防洪,2017(04):205-208+20-21.

[5] 中华人民共和国交通部.公路钢筋混凝土及预应力混凝土桥涵设计规范:JTG D62—2004[S].北京:人民交通出版社,2004.

[6] 中华人民共和国交通运输部.公路钢筋混凝土及预应力混凝土桥涵设计规范:JTG 3362—2018[S].北京:人民交通出版社股份有限公司,2018.

120. 钢桥承载力的有限元弹塑性分析(澳标)
——澳大利亚既有钢桥承载能力评估分析实例

韩成文 Dick Yau Daniel Stephenson Govinda Pandey 樊星煜
(Rockfield Technologies Australia Pty Ltd)

摘 要:按照澳大利亚桥梁设计规范,将有限元弹塑性分析结合桥梁检测数据的技术方法应用于一座被列入澳大利亚历史遗产名录的百年铁路老桥的实际承载能力的评估。评估主要从强度极限状态和疲劳的角度,确定关键结构构件和关键结构连接部位,以识别和确定需要加固的结构构件和需要修复的损伤区域,并可以此为依据为桥梁结构可靠性管理制定检查和维护计划。

关键词:桥梁结构可靠性 钢结构桥梁有限元弹塑性分析 桥梁结构健康监测 疲劳残余寿命评估

1 引言

桥梁作为交通网络的重要基础设施,对经济发展和社会运营起着不可替代的重要作用。随着桥梁结构的日益老化以及运营荷载的不断提高,保持既有桥梁结构的可靠性和完整性就变得越来越重要。发生在意大利的莫兰迪大桥(Morandi Bridge)的垮塌更加突出了保持现有桥梁结构可靠性的重要性。

澳大利亚的桥梁早已经过了大规模新建阶段,尤其是铁路行业存在大量陈旧的钢结构桥梁,而且这些桥梁当前实际运营荷载也高于当初的设计荷载,同时这些桥梁结构存在不同程度的腐蚀、疲劳和支座老化等问题。对于桥梁管理者来说,只有维护桥梁结构的可靠性才可以保证桥梁的安全运营。因此,对这些既有桥梁的日常维修养护、实际承载能力评估和结构修复加固已经成为很多澳大利亚桥梁管理者和桥梁工程师的主要日常工作。而且只有准确评估既有桥梁的实际承载能力,才可以确保铁路行业的运营安全和经济效率。

目前,对既有桥梁的结构承载能力评估,往往是依照现行的桥梁设计规范和传统的偏保守的分析方法进行的。考虑到设计标准通常是为了设计全新的结构而制定的,所以它并不完全适于评估既有桥梁结构[1]。因此,在 ISO 13822 中包含了建议评估需经过合理性检查的条款[2],从 1996 年开始,澳大利亚开始使用独立的桥梁评估规范[4]。

澳大利亚桥梁规范[3]允许对钢结构桥梁采取"弹塑性极限分析法"进行结构极限承载能力的设计和评估。该方法允许钢桥结构在达到强度极限状态前出现一定范围的塑性区,但不能因此而导致桥梁结构的整体破坏和失去稳定性。而应用有限元进行结构破损分析,则是当前结构弹塑性极限分析法最有效的手段。

伴随着结构健康监测、通信、数据分析及可视化技术的发展,桥梁结构实时远程监控也已有了非常显著的进步。而通过测量结构在已知荷载作用下的实际响应,可以进一步完善承载能力评估中过于保守的各种假设。通过有限元模型与现场数据的结合,可以对桥梁进行更准确的承载能力评估。该方法符合 AS ISO 13822[2]和澳大利亚桥梁规范[3]的规定,同时遵循 SAMCO[1]的准则。

有限元结构破损分析能更充分地利用钢结构的材料特性,结合桥梁检测数据可以最大限度地提高评估的实际承载能力,从而延长桥梁的使用寿命和避免不必要的桥梁修理替换,以提高桥梁的管理和经济效率。下文将介绍用上述方法对一座列于澳大利亚历史遗产名录的百年老桥进行的强度极限状态分析和疲劳残余寿命预测。

2 被评估桥梁介绍

本文评估的桥梁位于澳大利亚北部地区,其管理方为澳大利亚一个州政府的铁路运输部门。该桥建于1924年,是被列入澳洲历史遗产名录的老桥。该桥所有设计施工图纸保存非常完整。桥梁全长约170m(图1),上部结构由24~61m四种不同跨度的钢桁架组成。每跨桁架由两对滑动(E)和固定(F)机械支座支撑。

图1 澳大利亚的百年老桥

该桥下部结构包括混凝土桥台和最大直径3m的铸铁填充混凝土墩柱。支座设置于型钢铆接拼装的盖梁上。本文将以对该桥24m跨径钢桁架(图2)的分析作为示例来介绍有限元结构破损分析法。因为本桥没有明显的使用缺陷,按规范[4]规定为正常使用极限状态,不需要评估。

图2 24m跨径钢桁架

3 基于弹性分析法的初步分析

在初始阶段,为了在相对短时间内了解该桥梁结构的承载能力,采用杆件单元模型和传统弹性分析法来分析其承载能力。弹性分析结果显示,其初步承载能力评估结果远低于当前运营荷载。以24m桁架端横梁的评估结果为例,其结构抗力竟不足最不利运营荷载组合的50%。这当然是弹性分析的局限性和保守性的综合结果。因此,有理由采用更为精确的分析方法来对本桥进行其实际承载能力评估。

4 有限元弹塑性分析

本章采用有限元建模和弹塑性极限分析技术,根据澳大利亚桥梁设计规范[3]分析并确定钢桁架承载能力。该方法是使用 ANSYS 软件,基于钢结构非线性荷载—变形(应力—应变)关系、通过应用规范规定的等效屈曲变形、几何预变形/位移和实际测量缺陷变形,进行建模及材料/几何非线性的结构破损分析。

4.1 钢材非线性应力应变关系

钢材是理想的弹塑性材料,它的材料特性和力学性能、指标也为广大结构工程师所熟悉和理解。因此,钢结构在桥梁上应用历史悠久而且广泛,而钢结构的塑性分析是被澳大利亚桥梁设计规范:基本准则[6]所允许的。澳大利亚桥梁设计规范:钢结构[5]也首次详细规定了可以被规范接受的钢材非线性应力—应变模型。

因为该桥年代久远,为排除材料不确定性,首先对该桥现场采样的材料样本进行测试,并与规范数值进行比较,结果非常接近。在强度极限状态分析中,有限元模型应用了理想弹塑性模型—非线性弹塑性的材料特性进行加载模拟。表1和图3给出了有限元模型中使用的材料特性和应力—应变曲线。

钢结构材料特性 表1

材 料	屈服强度 f_y(MPa)	极限强度 f_u(MPa)	材料折减系数 ϕ	设计强度(MPa)	
				ϕf_y	ϕf_u
初始结构钢材(1920年)	230	315	0.9	207	284
铆钉(1920年)	230	315	0.8	184	242
新加结构钢材(1992年)	240	410	0.9	224	369

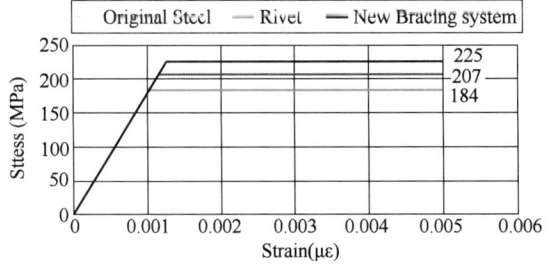

图3 钢材非线性材料弹塑性应力—应变曲线

4.2 整体结构建模

有限元模型包括初始桁架结构以及到目前为止所有的结构修复和加固。桁架的建模主要使用了实体—壳体单元,如图4所示。当网格只有一个单元时,该单元具有实体元素的建模灵活性,同时在非平面弯曲中表现得比单纯的实体单元更好。为节省模型建模和运行时间,简单的轴向型构件(如复合结构的连接件、拉杆和抗风钢支撑)使用了梁单元进行建模。抗压性小的构件(如一些桁架斜支撑)在模型中被定义为纯受拉杆件,即在施加压力时失效。

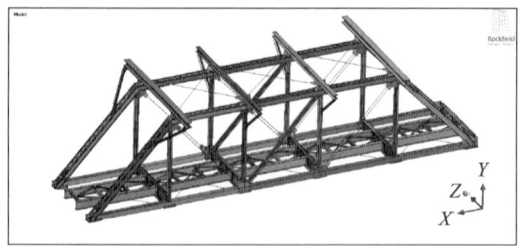 

图 4　有限元模型

桥梁业主提供了桥梁结构构件的缺陷、腐蚀检测报告。为了模拟桥梁实际损耗情况,对报告中的腐蚀损伤进行了评估和合理化简化,对关键的结构破损进行了参数调整后,在有限元模型中进行了模拟。如严重腐蚀损伤部分在有限元模型中模拟为尺寸变薄或完全移除。图 5 中为此方法的一个示例。

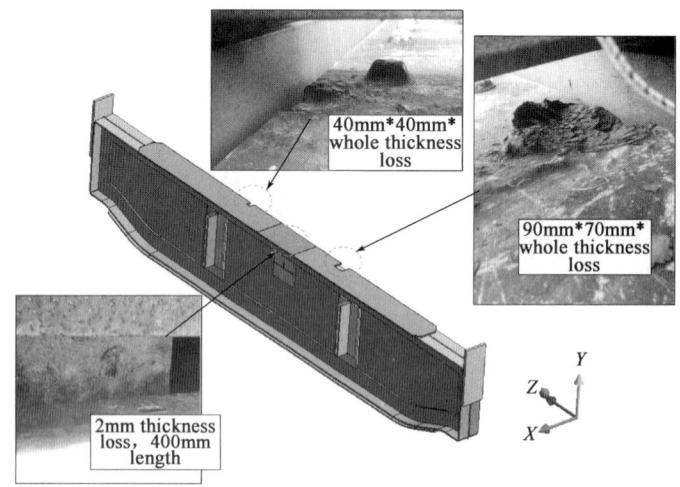

图 5　结构当前缺陷状态建模示例

4.3　局部节点连接建模

传统上,为了便于手工计算,桁架的大部分节点假定为铰接,但桁架结构在荷载作用下其变形受到节点约束而产生附加弯矩,主桁架杆件的轴力因此会相应减小。附加弯矩和轴力变化与杆件节点刚度有关,因此局部节点连接建模对于结构受力分析也很重要。

该桁架的大部分连接节点由节点板和铆钉连接。这些连接用于传递平面内荷载,基本可以由人工计算进行评估。为节省模型运行时间,在有限元模拟中省略了铆钉和孔洞,而采用整体接触的单元来传力。

桁架纵梁到横梁的节点以及横梁到下弦杆的节点是通过梁腹板上的角钢和铆钉来连接的。该桥这些连接点的刚度相对较小,连接点荷载提高时角钢末端因为弯矩弯曲并将拉力传递给铆钉。这些连接点的刚度对纵梁和横梁的结构受力不可忽略,因此对这些连接需要精准建模。

图 6 和图 7 所示为纵梁与横梁连接处的图片和有限元建模示例。例如,模型中只有纵梁腹板进行了连接,纵梁翼板没有横梁的直接约束,受拉力可以自由张开间隙,但在受压时间隙闭合可受横梁腹板约束。纵梁腹板与角钢由铆钉连接。角钢的另一端由另一组铆钉与横梁腹

板连接。模型中包含铆钉孔,并使用杆单元来模拟铆钉。

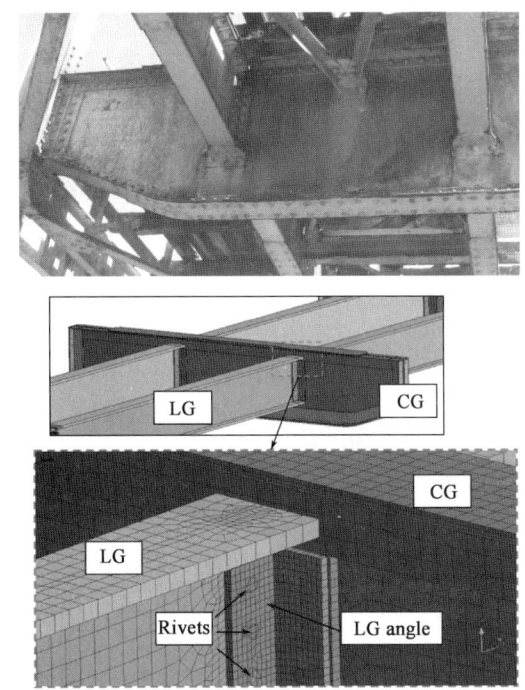

图 6 纵梁—横梁连接模型示例

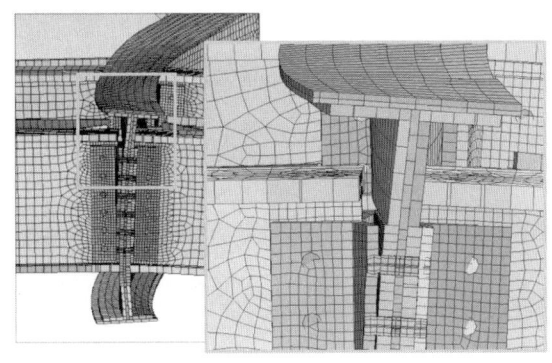

图 7 纵梁横梁连接处加载/变形的模型特性(角钢受拉在横梁腹板处张开)

4.4 桥梁检测数据的应用

为了获得该桥在正常运营状况下的有效特征参数,在结构的关键部位安装了应变片。这些日常检测数据被应用于疲劳残余寿命评估。同时,为了验证有限元模型的可靠性,对该桥进行了可控制的机车静载和动载试验,并用有限元模型对机车静载试验的工况进行了模拟。每个桁架设定了 4 个机车停止位置,测试构件上产生的最大应变值。图 8 所示为模拟 24m 跨径钢桁架在车辆荷载下的状态,该模型在跨中产生最大的上、下弦应变。

对于主桁架构件,在有限元模型中,构件在应变片位置的轴向正应变通过在软件中添加应变指针得到读数。如图 9 所示,对于对角支撑构件和桥门架,模型根据对应构件的纵轴建立坐标系,以提取正应变。有限元模型模拟的应变数据与现场测试的结果具有很高的一致性和稳定性,从而验证了有限元模型的可靠性。通过测试数据,也对该桥车辆荷载的动载系数有了明确的认识,因此避免了应用规范保守的动载扩大系数。

775

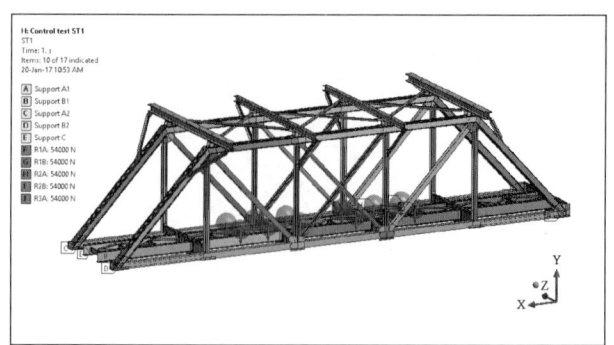

图 8 机车静载和动载试验与有限元模型模拟

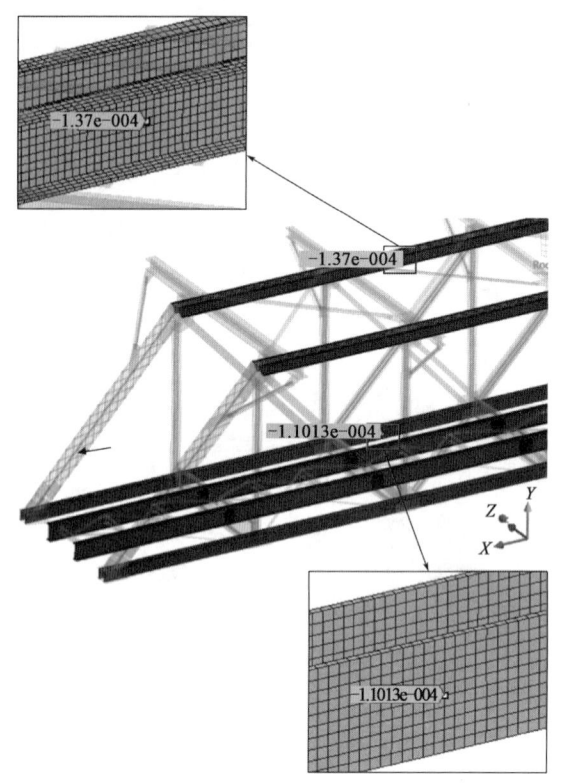

图 9 机车荷载作用下 24 m 跨径钢桁架有限元模型上、下弦杆应变数据

4.5 载荷模拟

评估中的荷载工况和最不利活载位置是通过简化的杆件单元模型和结构分析确定的。图 10 所示为应用于有限元模型的载荷工况示例。

4.6 结构初始缺陷

2017 年,澳大利亚钢结构桥梁设计规范[5]首次对严格结构分析法(Rigorous Structural Analysis)提出了可以遵循且实用的钢结构有限元模型分析细则。规范明确规定,承载能力评估需要使用实际情况中梁及柱和型钢的性能进行,而不是按照钢结构构件的理想状态进行。这是因为实际的构件不是完全理想和没有任何偏差的,通常会存在局部以及整体的缺陷,包括型钢截面制造公差和轴向直线偏差,以及在运输及施工过程中的碰撞变形等。同时,残余应力也是制造过程中不可忽视的问题,它可以改变钢结构初始应力状态。根据规范[5]中的准则,这些缺陷和残余应力可以通过等效几何变形来模拟。即在有限元初始模型上施加规范[5]规定的初始变形。而且结构实际明显偏差也可以测量记录并应用到模型中去。初始变形的几何模型可以通过以下两种方法创建:

(1)结构杆件整体变形。

(2)结构杆件局部特征值屈曲变形。

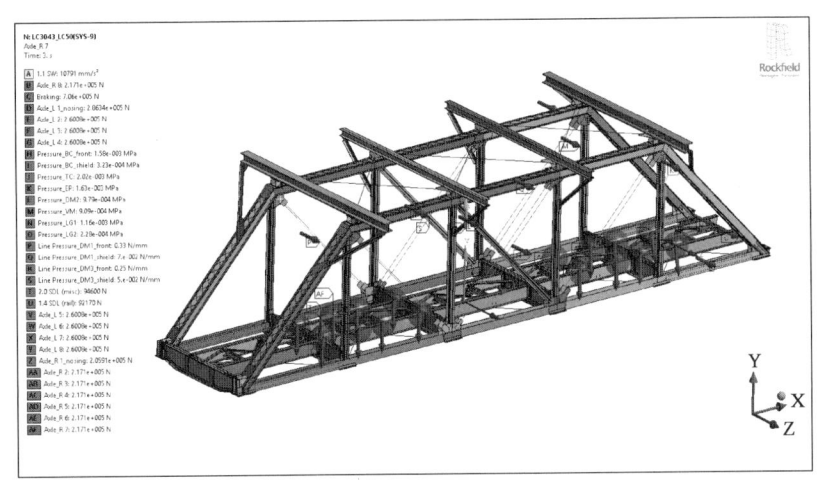

图10　24m跨径钢桁架有限元加载实例

4.6.1　结构杆件整体变形

对于有整体缺陷的构件,如受压构件由于轴向力的偏心会产生二次弯矩,从而导致其屈曲力小于理想状态直杆的屈曲力。为此,在有限元模型中除受拉构件外,其他关键结构构件都需要施加初始构件整体变形以模拟初始整体缺陷。图11所示为杆件整体变形的示例。

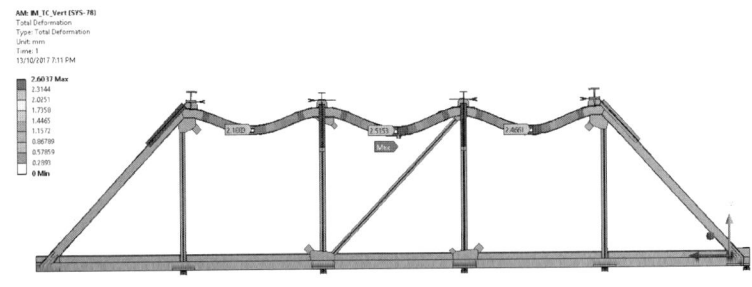

图11　24m跨径钢桁架杆件整体预变形示例:上弦杆整体初始变形

4.6.2　结构杆件局部特征值屈曲变形

同构件的整体性缺陷一样,局部缺陷也可能存在于桥梁结构。这些缺陷会降低型钢翼板、腹板和板材的承载能力。当这些构件受压时,它们会比完全直或平的构件更早屈曲。为了模拟这一点,初始位移/变形需要施加于结构有限元模型中。而构件的初始局部缺陷可通过以下方法模拟:

(1)对每个载荷工况进行多阶的线性特征值屈曲分析。

(2)评估屈曲模态并选择结构分析相关的模态。

(3)按照规范[5]规定,选择合适的因子对选定的模态进行缩放以达到规范规定的等效变形。

(4)将所有选定的屈曲模态叠加到原始未变形的有限元模型中,以施加所需的初始缺陷。

根据荷载位置和强压力作用及板失稳的位置,不同的荷载工况会产生不同的屈曲模态。图12所示为选定荷载工况下一个横梁腹板区域屈曲模式示例。

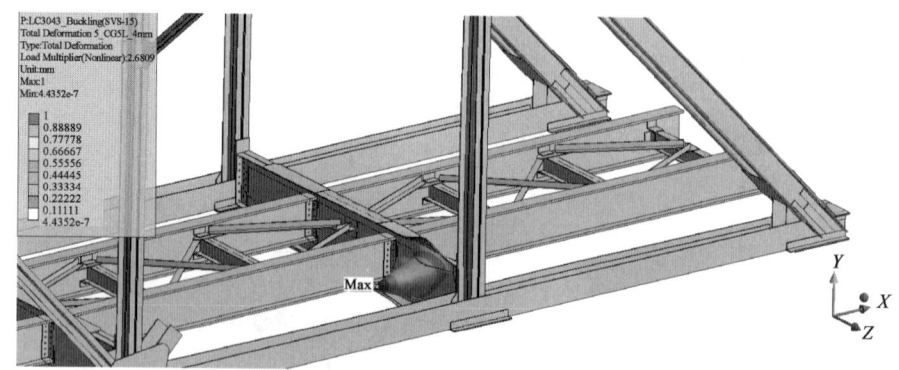

图12 横梁腹板屈曲模式

建立非线性应力分析模型的最后一个步骤是,将比例适当的全部初始变形和局部几何变形结合起来。该模型便可在空载下即具有初始变形状态。

4.7 最终模型非线性分析

最终有限元模型采用非线性静力结构分析,以计算桁架结构在各种荷载组合作用下的应力应变及挠度。该分析方式包含几何非线性、材料非线性以及非线性接触方式。模型从恒载开始加载并逐步提高活载比例,当荷载增加到一定程度,受载结构的某些区域内会产生塑性变形。随着活载的增加,塑性区域进一步扩展,而钢桁架结构的应力、应变/位移持续发展和重新分布。这个分析过程即为结构的弹塑性分析。在弹塑性分析过程中,应力重新分布可以持续,直到结构系统冗余被利用,此时结构出现大面积的屈服、过度的位移以及屈曲现象,即达到结构破损。该方法中结构能够完全加载到塑性极限状态。

模型模拟的最不利活载组合工况为200A车辆荷载(200kN轴向荷载)包括车辆荷载制动力/牵引力、机车摇摆力和28m/s的风荷载与其他永久荷载的组合。在模型运行过程中,永久荷载以及风载荷作为不变量,而200A车辆活载构成部分将乘以一个大于1的荷载系数(如$1+X$)。非线性求解器将自动以10%(0.1)的增量递增系数X值,直到模型不能收敛为止。不收敛的结果通常是由屈服或屈曲的结构造成的不受控制的位移所导致而达到结构极限状态。之后,求解器将X以5%(0.05)的递减系数减少并分析以确保模型结果收敛。最终可以运行的荷载即为结构的极限荷载,从而可以计算出结构可以承受的最大的活荷载能力。

5 有限元分析结果

根据上述分析结果确定,24m跨结构的最大活载承载能力是由腐蚀损伤导致的端横梁翼板屈曲决定的。其有限元分析最终结构承载能力结果为95%的200A的车辆活载,相对于弹性分析法其结构承载能力有着显著的提升。

图13所示为24m跨径钢桁架构件的塑性应变和应力示例。塑性应变显示出材料所受荷载超过弹性屈服/应变极限的区域,而冯·米赛斯(Von-Mises)应力是一种复合应力准则。根据塑性应变结果可以看出,任何有颜色(不是灰色)的区域都达到屈服/塑性应变。根据

冯·米塞斯应力结果可以看到,所有黄色以及红色的区域都达到了屈服应力极限(207MPa)。

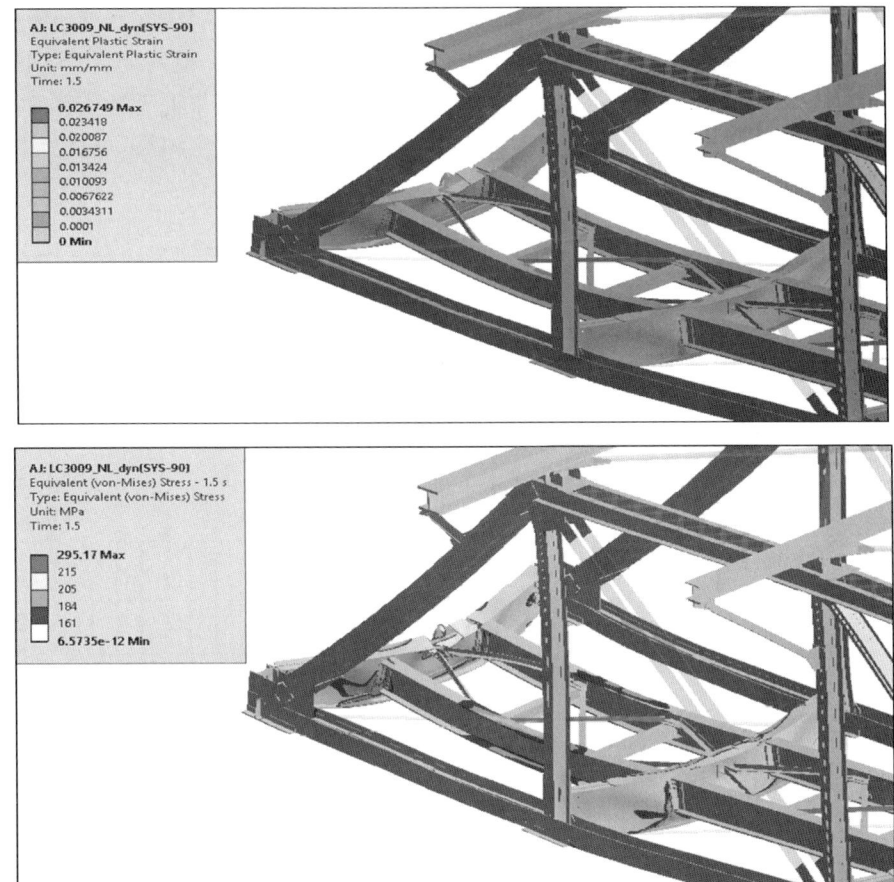

图13 24m跨径钢桁架分析结果实例:端横梁及纵梁塑性应变(上)、VM应力和撑杆屈曲(下)

有限元分析结果表明,在200A荷载作用下,梁腹板的角钢连接处受力较大,一些区域已经达到屈服应力。然而,角钢连接并没有完全屈服(不是完全塑性变形),并且还有一定的承载能力。该桁架的极限承载能力受到其他位置的失效构件的限制,而不是连接处。图14所示为纵梁直角连接板处的应力分布。

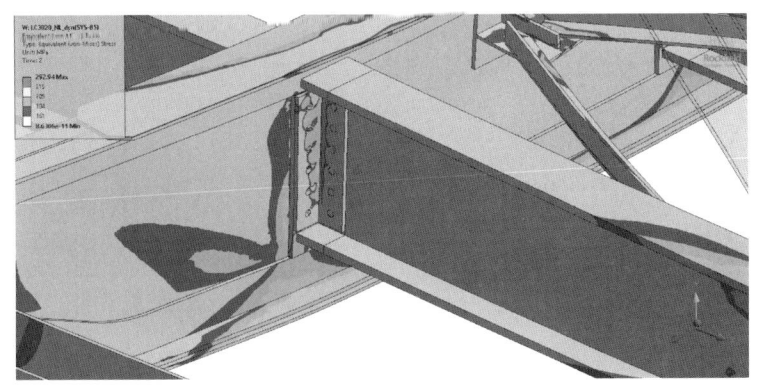

图14 24m跨径钢桁架纵梁/横梁角钢连接处的应力分布(200A)

6 疲劳残余寿命预测

疲劳残余寿命评估使用了澳大利亚桥梁规范[3]并参考了英国钢结构疲劳设计评估规范BS7608[7]所规定的流程。评估数据则是使用安装在桥梁结构上的一系列应变片(如4.4节所述)的检测数据和与有限元模型中对应的应力结果。这些检测数据来源于数周正常运营状况的测量数据。基于疲劳雨流计数法,评估桥梁结构的疲劳寿命并预测该桥梁已使用近百年后的疲劳残余寿命。图15所示为雨流计数法统计报告图示例。

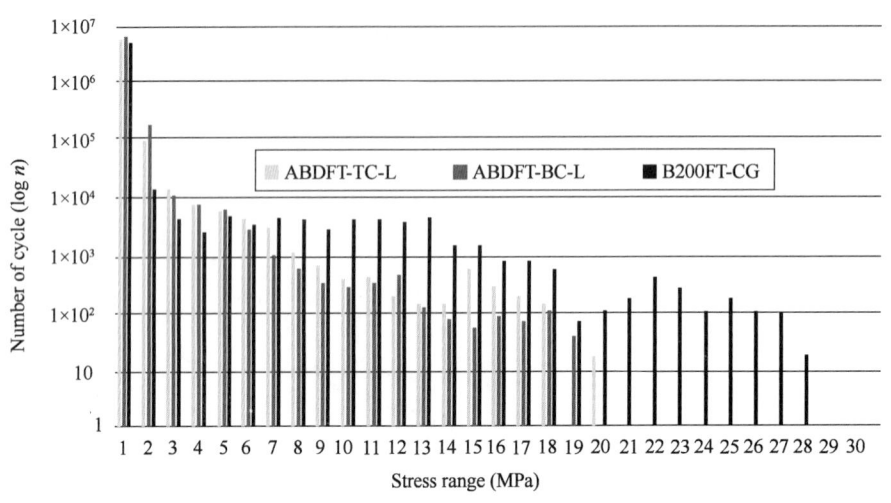

图15 雨流计数法统计报告图示例

7 结语

本文使用有限元弹塑性分析和检测数据相结合的方法对澳大利亚一座历史遗产名录中的铁路桥进行了桥梁实际承载力评估。相较于传统弹性分析方法,上述精确分析方法改进了偏于保守的假设条件和弹性分析的局限性,从而使得桥梁评估的承载力及疲劳残余寿命得到显著提升。根据本文中的分析结果,业主可以识别结构关键构件和需要修复加固的区域,并为桥梁运营作出风险评估,制订检查、加固和维护计划,从而提高了桥梁结构的可靠性和安全性。

参 考 文 献

[1] SAMCO, 2006. Guideline for the Assessment of Existing Structures. [Online] Available at: http://www.samco.org/network/download_area/ass_guide.pdf.
[2] Standards Australia, 2016. AS ISO 13822:2005 (R2016) Basis for design of structures-Assessment of existing structures.
[3] Standards Australia, 2017. AS 5100:2017 Series-Bridge design.
[4] Standards Australia, AS 5100.7:2017 Bridge design. Part 7: Bridge Assessment.
[5] Standards Australia, AS 5100.6:2017 Bridge design. Part 6: Steel and composite construction.
[6] Standards Australia, AS 5100.6:2017 Bridge design. Part 1: Scope and general principles.
[7] BS 7608:1993 Fatigue design and assessment of steel structures.

121. 混凝土斜拉桥运营阶段温度荷载模式及温度效应分析

白光耀[1]　徐常泽[1]　阮　欣[2]　何元涛[2]

（1.山东省交通规划设计院有限公司；2.同济大学桥梁工程系）

摘　要：温度荷载是混凝土斜拉桥管理、养护、状态评估中需要考虑的重要可变荷载之一。本文实用基于环境参数的构件温度场精细化模拟方法，分析了混凝土斜拉桥运营阶段温度荷载模式及温度效应。首先调研桥址地区环境参数，然后基于统计参数确定各构件精确的温度场边界条件，最后对各构件温度场进行有限元模拟。基于此方法对某混凝土斜拉桥时变温度场及温度效应进行仿真并与规范温度荷载产生的温度效应进行了对比，研究结果表明，混凝土斜拉桥各构件温度场不具有同步性，各构件平均温度取值与规范有差异；设计中采用规范中的温度荷载能产生更大的温度效应，但无法体现温度荷载模式的时变特性。因此，在进行混凝土斜拉桥运营状态评估时，温度荷载的取值应该在参考规范的同时考虑桥梁的真实温度模式。

关键词：混凝土斜拉桥　构件温度场　运营阶段　温度模式

1　引言

桥梁与所处的周遭环境组成一个复杂的且互相影响的时变动态系统，外部环境因素和结构内部固有属性具有复杂性、时变性、空间分布差异性。自然界中桥梁结构温度场分布状态受到桥址地区的太阳辐射强度、环境温度、环境风速等自然条件[1]影响，混凝土斜拉桥整体温度场分布相对更为复杂，一方面，主梁和桥塔等混凝土构件的复杂构造形式、方位朝向对其温度场分布有明显的影响[2]；另一方面，桥梁中金属材料的拉索构件与混凝土材料的构件热敏感特性明显不同，以上这些因素造成了现阶段对混凝土斜拉桥温度荷载模式的研究相对不足。目前对于斜拉桥温度场及温度效应的研究主要集中在桥梁的温度荷载取值研究[3]以及斜拉桥[2,4,5]构件单独的温度场及温度效应研究，研究结果也多用于设计阶段和施工阶段，运营阶段桥梁温度荷载模式及温度效应研究相对较少。精细化研究运营阶段的斜拉桥时变温度荷载模式对精确分离桥梁中的温度产生的荷载效应具有重要意义，对桥梁健康监测[6]以及桥梁中其他荷载的精细化研究具有重要帮助。

斜拉桥多构件的精细化温度场的分析是建立在如下所述的瞬态导热微分方程的基础上：

基金项目：2018年度山东省交通运输科技计划，2018B60.

$$\lambda\frac{\partial^2 T}{\partial x^2}+\lambda\frac{\partial^2 T}{\partial y^2}+\lambda\frac{\partial^2 T}{\partial z^2}+q=\rho c\frac{\partial T}{\partial t} \quad (1)$$

式中：T——空间任意一点的温度；

λ——材料的导热系数；

q——单位体积材料的生热量；

ρ——密度；

c——比热容；

t——时间。

精细化温度场的求解应从微分方程的精细化边界条件求解出发,考虑实际桥址环境参数对构件温度场热学边界的影响,得到如下的热学边界约束条件：

$$-\lambda\frac{\partial T}{\partial n}=\alpha_k(T-T_a)-\alpha_s I \quad (2)$$

式中：T_a——环境温度；

α_s——热辐射吸收系数；

α_k——对流换热系数；

I——辐射强度,研究中采用凯尔别克[7]提出的太阳辐射分析方法来量化太阳辐射强度。

另一方面,辐射导致的传热和对流换热交换往往同时存在[8],研究中将这两种传热方式等效为一种综合热交换过程,即在实际数值分析中把热辐射和空气对流换热用等效的综合对流边界条件[9]。

基于以上分析,本文以某混凝土斜拉桥为工程背景,对斜拉桥各构件温度场及全桥温度效应进行精细化模拟,对桥梁运营状态评估时温度荷载取值给出了有益的参考。

2 工程背景

背景桥梁的主桥为95m+210m+95m双塔双索面预应力混凝土斜拉桥,双向4车道,主梁采用预应力混凝土双边箱断面；桥塔为H形桥塔,采用空心薄壁截面；每塔设置14对钢绞线斜拉索,钢丝索外包HDPE护套。全桥布置情况及各构件截面尺寸如图1所示。

桥址所在区属温带季风气候,气候的季节差异相当明显,冬季干冷夏季湿热,受季风影响较大。此环境特性对背景斜拉桥温度场影响显著,结构所受温度荷载时变性较高,桥梁温度荷载模式有着显著的地域特性。研究中对桥址地区长达9年的历史真实环境数据进行统计分析,统计结果如图2所示,图中展示了桥址地区的日环境温度波动及拟合、日温差大小分布特性、风环境的特性统计以及夏、冬季的太阳辐射强度一天内的时变情况。

数据统计结果显示：桥址地区的环境日平均温度变化在一年中呈现明显的周期性,拟合后得到式(3)。日温度变化可在得到某日的平均温度的情况下采用式(4)进行预测。风速分布具有明显的地域特性,且风速集中分布在1~2m/s,风速相对较小,对结构散热尤为不利。太阳辐射强度的变化呈现明显的规律性,冬夏季太阳辐射强度以及日照时长均有较大差异。

$$T_{\text{mean}}(t)=-17.31\cos\left[\frac{2\pi}{365}(t-14.1)\right]+15.46 \quad (3)$$

$$T(t)=T_{\text{mean}}-\delta_T\cos\left[\frac{2\pi}{24}(h-9)\right] \quad (4)$$

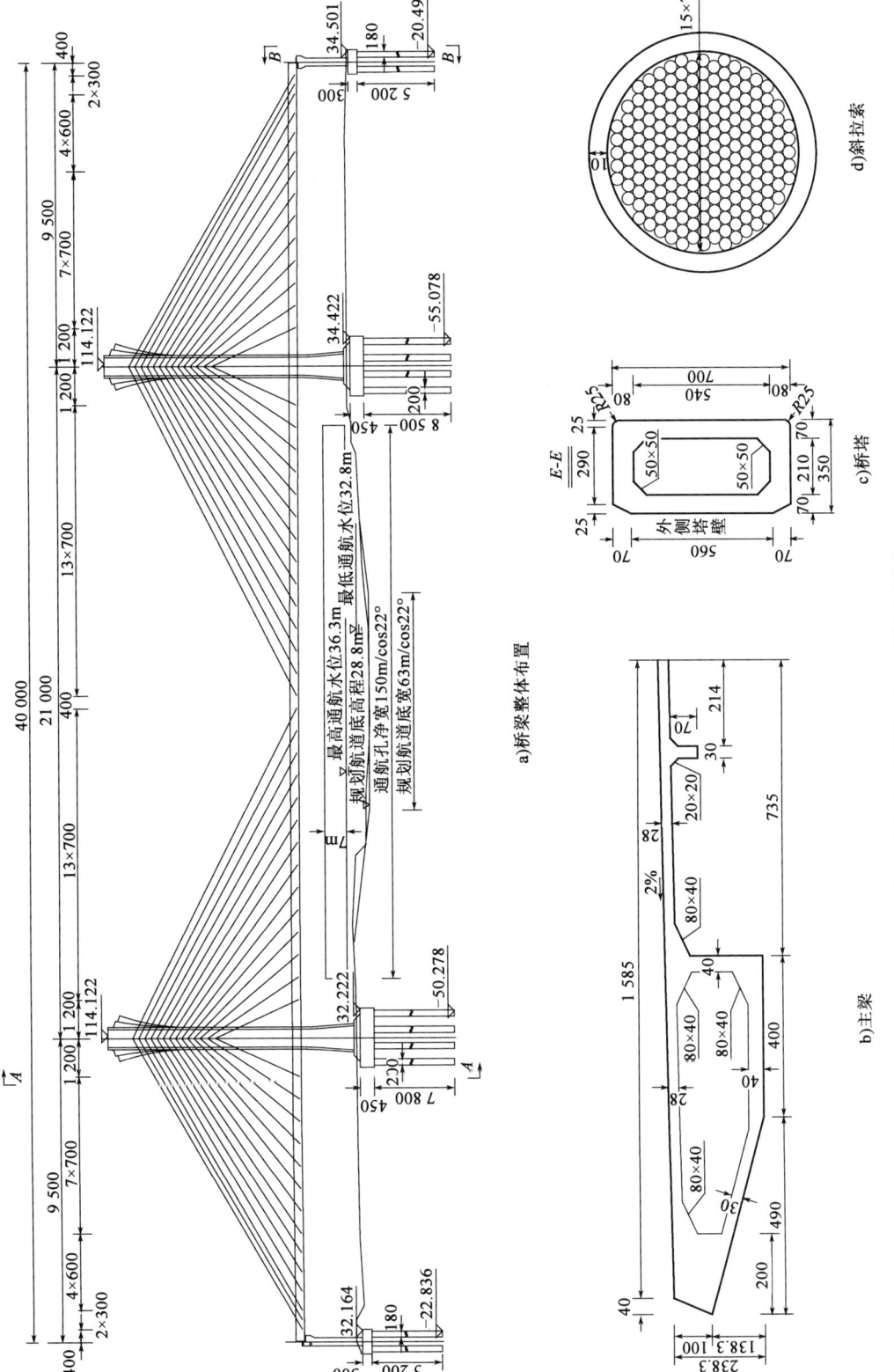

图1 桥梁整体布置及各构件尺寸示意图（尺寸单位：mm）

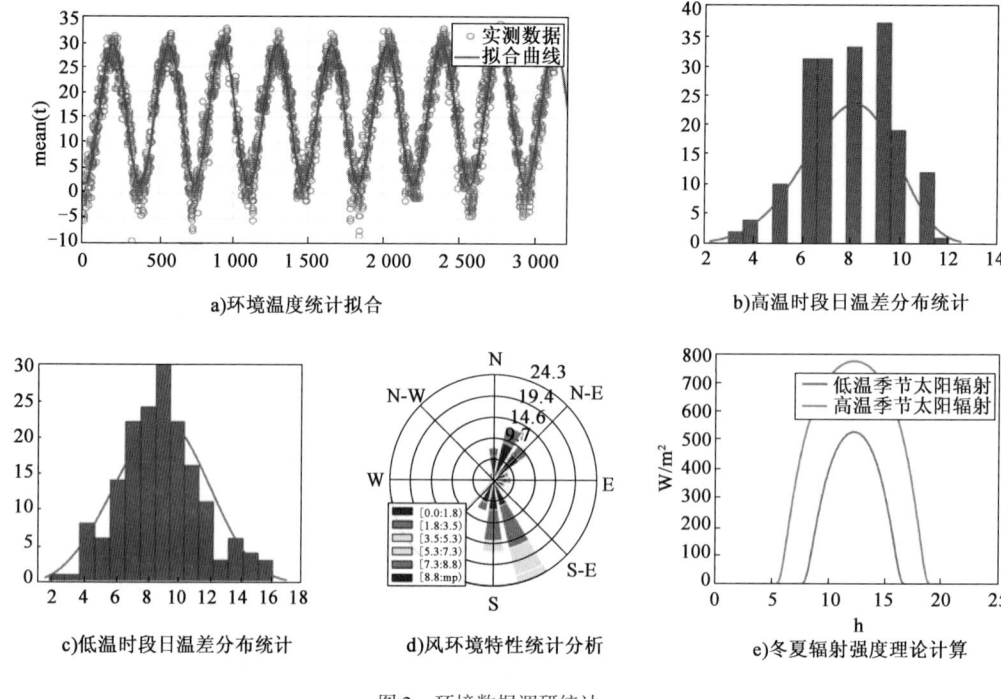

图 2 环境数据调研统计

3 运营阶段的温度场及其与规范的比较

研究中选取斜拉桥主梁、斜拉索、桥塔的典型断面建立二维精细化有限元模型。主梁模型中,考虑了顶板沥青层对主梁温度场的影响;桥塔模型中,基于局部坐标系考虑了其与太阳运动轨迹的真实方位关系;斜拉索断面中,精细考虑各钢丝之间的接触传热,并考虑了HDPE护套的对拉索截面热传导的影响。三种构件中都考虑了各构件表面阴影状态对构件内部温度场的精细化影响。基于桥址地区的环境参数统计以及精细化有限元模型,选取夏季和冬季的数据,按上文提出的精细化分析方法对构件温度场进行仿真模拟,最终得到如下结果。

(1)运营阶段的构件实际温度场

研究表明,常规天气下各构件在环境因素作用下主梁、桥塔、拉索等构件会产生迥异的温度响应。对于主梁,其温度场主要受环境温度及太阳辐射强度影响,最高温度出现在受辐射较强的顶板。对于桥塔,其温度场受其自身方位及太阳方位角影响较大,各塔壁随太阳光线变化交替受热;对于斜拉索,其温度场对环境温度敏感性较高,斜拉索截面温度随环境温度变化而响应变化。相较于混凝土构件导热的"迟滞性",拉索构件对热具有敏感性,这也造成了结构各构件温度场的"不同步"的特征,这种"不同步"会引起超静定结构的次内力。提取各构件平均温度可得到如图3所示的各构件平均温度时变规律。

从上图可知,不同构件之间的温度变化规律存在着明显的时间相位差:斜拉索的高温峰值约比主梁提前3h左右到达,比主塔提前4h左右到达;各构件对于环境温度的敏感程度依次是拉索最敏感,主梁次之,桥塔最差。主梁的等效梯度温度可按双折线形的梯度温度模式进行整理,整理后得到夏、冬季主梁截面的梯度温度基数随时间的变化规律,如图4所示。

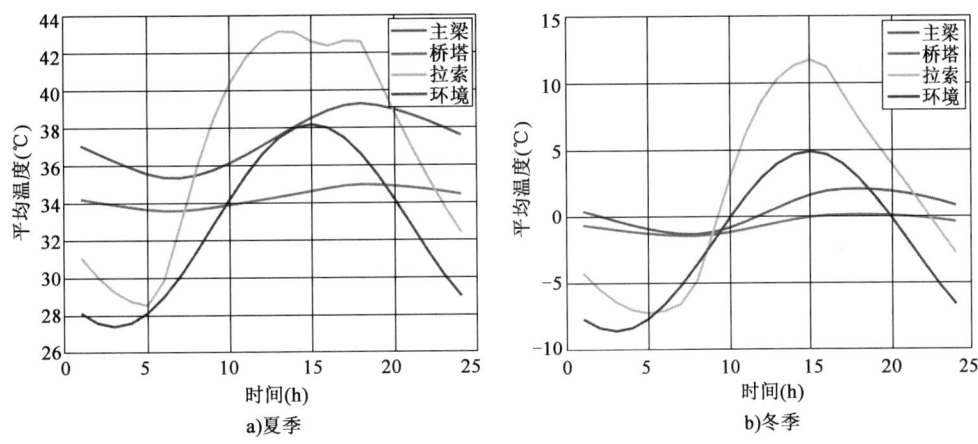

图3 梁、塔、索温度随时间变化曲线

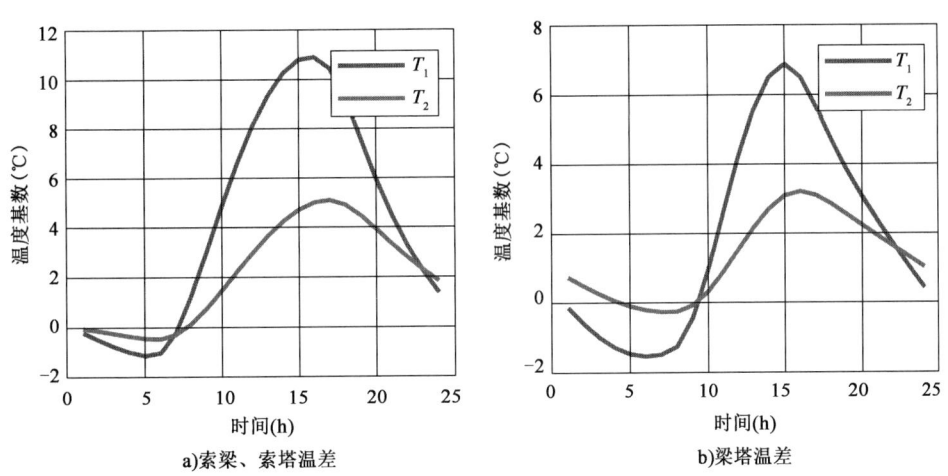

图4 主梁梯度温度的温度基数时变规律

由上图可知,对于混凝土顶板而言,顶板温差夏季最不利时间为16:00,可达到11℃,冬季最不利时间为15:00,可达到7℃;冬夏两季的顶板最大负温差绝对值均低于2℃。

(2)与规范取值的比较

参考《公路桥梁设计通用规范》以及《斜拉桥设计细则》,在合龙温度为12℃的情况下,可以得到规范中单项温度荷载取值,如表1所示。

规范中温度荷载取值 表1

编号	温度荷载类型	构件平均升温(℃)			对应梯度温度基数(℃)	
		梁	塔	索	T_1	T_2
1	体系升温	+22	+22	+22	—	—
2	体系降温	−22	−22	−22	—	—
3	构件温差	0	0	15		
4	主梁梯度升温	—	—	—	+14	+5.5
5	主梁梯度降温	—	—	—	−7	2.75

与规范中规定的各单项温度荷载具有唯一值的特点不同,研究中基于各构件温度场精细

化的模拟得出了时变的桥梁温度荷载,其中主要包括各构件升降温(包含整体升温和构件温差)以及梯度升温(参考规范温度梯度模式),而且这两类温度荷载是具有一一对应关系的。基于仿真结果,取四个实际的不利工况,最终得到真实不利荷载工况,如表2所示。

运营阶段桥梁不利工况温度荷载取值   表2

编号	工况	构件平均升温(℃)			对应梯度温度基数(℃)	
		梁	塔	索	T_1	T_2
1	斜拉索达到最高温	+25.6	+22.3	+31.1	+9.1	+4.1
2	主梁梯度升温最大	+26.9	+22.8	+30.4	+10.8	+4.9
3	斜拉索降温达到最大	−12.9	−13.3	−19.2	+0.1	+1.5
4	主梁冬季梯度升温达到最大	−10.4	−12.1	−0.2	+5.5	+1.6

通过对比分析发现,采用真实环境参数对桥梁各构件进行温度场精细化分析的情况下,主梁的升温值要高于规范取值,桥塔升温基本持平,斜拉索升温要低于规范取值(考虑整体升温与构件温差组合),主梁温度梯度基数要低于规范取值。规范中有关温度荷载的规定有效地解决了桥梁设计中的温度荷载取值的问题,但无法反映桥梁在真实环境中任一时刻的桥梁各构件温度场分布状态,从而无法确定运营阶段的桥梁结构任一时刻的温度荷载模式。而本文的分析方法可以为之提出有益的补充。

4 运营阶段的温度效应及其与规范比较

以表1、表2中规范规定与仿真得到的温度荷载取值为基础,研究中分别对两类温度荷载在斜拉桥中产生的温度效应进行分析,最终得到如下分析结果。

(1)主梁温度效应

温度应力可直观展示承受温度荷载的桥梁内部的受力状态,在规范温度荷载的作用下,做体系温度、构件温差、梯度温度所有可能组合工况的温度应力包络图,如图5、图6所示。计算结果表明,温度荷载在主梁上产生的最大压应力1.11MPa,在塔底梁段;最大拉应力为0.88MPa,也在塔底梁段。在主梁产生的最大压应力为0.74MPa,在塔底梁段最大拉应力为0.53MPa,可以看出,冬夏两季最不利温度荷载工况下,规范采用的温度荷载所产生的温度效应要大于桥梁结构真实温度场下所产生的温度效应。

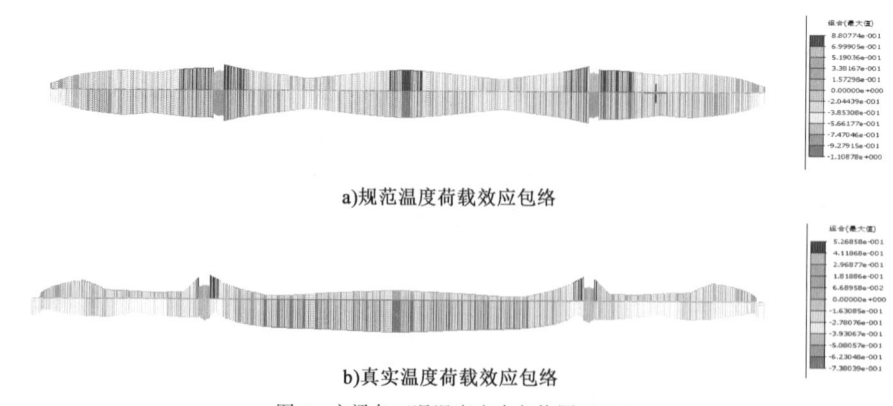

a) 规范温度荷载效应包络

b) 真实温度荷载效应包络

图5 主梁各工况温度应力包络图(MPa)

(2)桥塔温度效应

分析结果表明,对于桥塔而言,规范温度荷载在桥塔上产生的最大压应力3.88MPa,最大拉应力为3.88MPa,在塔底附近;实际温度荷载在桥塔上产生的最大压应力3.49MPa,最大拉应力为3.45MPa,也在塔底附近。对于斜拉桥而言,桥塔主要受压,温度产生的拉应力对结构并不会造成实质性的破坏。

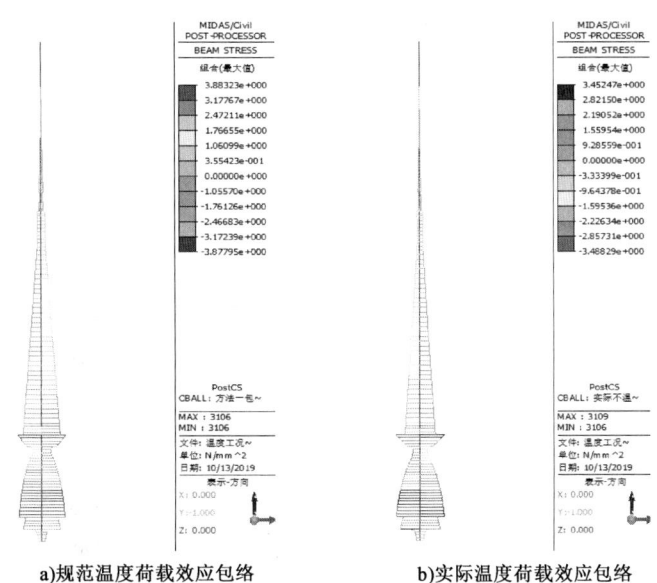

a)规范温度荷载效应包络　　　　b)实际温度荷载效应包络

图6　桥塔各工况温度应力包络图(MPa)

(3)斜拉索温度效应

将全桥的1/4的拉索从跨中到边跨以此编号1~28号,绘制规范温度荷载下的拉索应力变化的最大最小包络值以及实际温度荷载下最大最小的包络值。从图7可以看出,塔底拉索的温度应力受温度影响最大,可达到30MPa,其次是边索,边索和塔底索中间的拉索应力变幅相对较小。相比于规范温度荷载产生拉索应力变幅,实际温度荷载产生的温度应力相对较小。按照规范温度荷载取值进行桥梁设计时,桥梁有足够的安全余度。

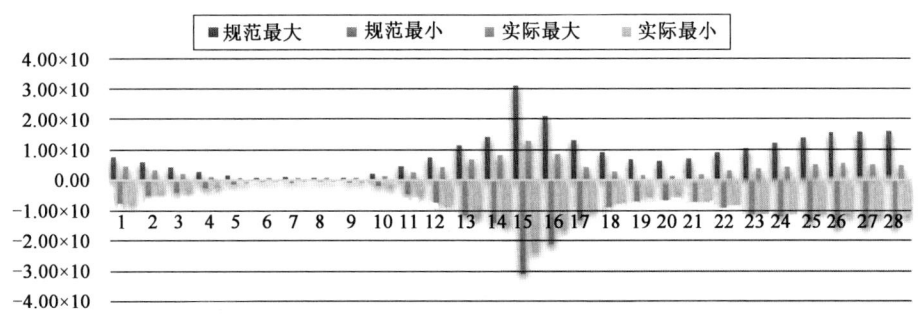

图7　各工况温度效应在拉索中产生的应力变幅包络(MPa)

5　结语

本文综述了混凝土斜拉桥多构件温度场精细化分析方法,并应用此方法对一实例混凝土斜拉桥的各构件同步温度场及温度效应进行了精细化模拟,模拟结果与规范进行对比并得出了一些有益的结论:混凝土斜拉桥各构件内部温度场受太阳辐射影响较大,具有明显的空间分布差异;不同构件之间其温度场变化趋势不具有同步性;混凝土斜拉桥温度荷载中各构件温差取值应该在参考规范的同时考虑不同地域环境特性差异并做出修正,规范中的温度荷载取值偏安全;和目前规范的温度荷载计算方法相比,本文提出的结合桥址地区环境参数特点的构件温度场同步模拟方法可以更加准确地描述桥梁的温度场变化的特性,可得到任一时刻桥梁温度荷载模式,可适用于桥梁状态评估的温度荷载模拟,适合开展有关桥梁温度响应更加精细的研究。

参 考 文 献

[1] 肖建庄,宋志文,赵勇,等.基于气象参数的混凝土结构日照温度作用分析[J].土木工程学报.2010,43(04):30-36.

[2] 王凯,宋军,阮欣.混凝土桥塔非线性温度场分布特性研究[C].2016.

[3] 杨吉新,程旭东,刘前瑞,等.斜拉桥钢混桥塔温度效应分析[J].武汉理工大学学报(交通科学与工程版).2016,40(3):402-406.

[4] 宋志仕.箱型截面混凝土斜拉桥温度场分析及其对施工控制的影响[D].长沙理工大学,2015.

[5] 代璞,钱永久.斜拉桥H形截面混凝土桥塔短期温度特性[J].西南交通大学学报.2014,49(1):59-65.

[6] 李小年,陈艾荣,马如进.温度对桥梁模态参数的影响[J].华南理工大学学报(自然科学版).2012,40(04):138-143.

[7] 凯尔别克.太阳辐射对桥梁结构的影响[M].北京:中国铁道出版社,1981:190.

[8] 刘永健,刘江,张宁.桥梁结构日照温度作用研究综述[J].土木工程学报.2019,52(05):59-78.

[9] 林国涛,苏波.山区桥梁超高墩日照温度效应数值分析[J].土木工程与管理学报.2018,35(04):112-116.

122. 考虑空间变异性的大跨度斜拉桥结构可靠度分析

戴方玮 程 进

(同济大学桥梁工程系)

摘 要：本文结合一次二阶矩法、有限元法和随机场的相关理论，提出了一种基于随机场的大跨度斜拉桥实用可靠度分析方法。以某大跨度斜拉桥结构为分析对象，考虑随机变量的空间变异性，采用基于随机场的实用可靠度分析方法对大跨度斜拉桥进行了静力可靠度分析。结果表明，该方法适用于考虑空间变异性的大跨度斜拉桥结构静力可靠度分析，并进一步分析了随机场的空间变异性和不同工况下的活载分布方式对大跨度斜拉桥结构静力可靠度指标的影响。相关研究成果可为今后大跨度斜拉桥的设计、施工、使用和评估提供合理和必要的理论依据。

关键词：斜拉桥 一次二阶矩法 随机场 有限元分析 静力可靠度

1 引言

近年来，现代材料科学蓬勃发展，各种性能优异的复合材料相继出现，这使得斜拉桥向大跨轻型的方向发展成为趋势[1]。我国现已成为拥有斜拉桥数量最多的国家，其中苏通长江大桥主跨达到了1 088m，这标志着我国斜拉桥的设计建造技术达到了世界先进水平。

作为关系国计民生的重要工程结构，大跨度斜拉桥的安全性是工程师必须考虑的关键问题之一。目前已建成的斜拉桥基本都是按确定性的方法进行设计，用安全系数来覆盖各种随机因素的影响。这样做的好处是设计简单、概念清晰，但缺点也是显而易见的，对于采用相同安全系数进行设计的构件往往具有不同的失效概率。实际上，大跨度斜拉桥的材料特性、几何参数和外荷载都表现出一定的随机性，因此有必要使用结构静力可靠度的研究方法来评估大跨度斜拉桥的安全性。

在可靠度评估领域中，沈惠申等[2-3]推导出极限状态方程的显式形式，研究了斜拉桥索塔和主梁的可靠度。陈铁冰[4]考虑斜拉桥的几何非线性影响，利用二次序列响应面法计算了南京二桥的主梁可靠度，认为不考虑非线性的可靠度分析结果偏于危险。张建仁等[5]基于遗传算法和神经网络程改进响应面法，研究了斜拉桥的可靠度问题，计算效果较好。朱劲松等[6]提出了基于RBF神经网络的MCIS智能分析算法，计算了某斜拉桥正常使用极限状态下的结构可靠度。李生勇等[7]提出改进的RSM方法计算某悬索桥正常使用极限状态下主梁最大挠度的可靠度指标,并分析了各随机变量对结构静力响应的变化趋势及影响程度。张清华等[8]提出了联合混沌算法及 BFGS 算法的可靠度分析混合算法,借助混沌算法的全局收敛性,将求解可靠指标问题巧妙地转化为最优化问题。然而,针对大跨度斜拉桥众多随机变量在空间上的变异性和相关性研究较少。许多参数如材料特性、几何尺寸、外部荷载等在空间分布和强度上表现出随机变化和相关性,这可能对大跨度斜拉桥结构静力可靠度产生不可忽视的影响。

综上所述,本文将结合一次二阶矩法、有限元法和随机场的相关理论,提出一种基于随机场的大跨度斜拉桥实用可靠度分析方法。以某大跨度斜拉桥结构为分析对象,考虑随机变量的空间变异性,采用基于随机场的实用可靠度分析方法对大跨度斜拉桥进行静力可靠度分析。相关研究成果可为今后大跨度斜拉桥的设计、施工、使用和评估提供合理和必要的理论依据。

2 基于随机场的大跨度斜拉桥实用可靠度分析方法

2.1 可靠度分析方法

目前国内外所采用的结构可靠度分析方法可大致分为五类:一次二阶矩法、二次二阶矩法、蒙特卡罗法、响应面法、随机有限元法。

一次二阶矩法(First-Order Reliability Method,FORM)是目前计算单一极限状态失效概率的效率很高和精度较好的近似方法,并被 Zhang 等[9]、Li 等[10]、Der Kiureghian[11]、Koo 等[12]从静力可靠度分析推广到动力可靠度分析领域。一次二阶矩法,即为计算可靠指标时只考虑随机变量的前一阶矩和二阶矩,而且只考虑功能函数泰勒级数展开式的常数项和一次项的分析方法。一次二阶矩方法包括中心点法、验算点法(JC 法)和映射变换法。其中,由于 JC 法计算简便,在大多数情况下计算精度能满足工程实际需要而被工程界广泛使用。

JC 法的基本步骤为:第一,将随机变量由原来的非正态分布转化为正态分布;第二,将非线性功能函数在设计验算点处做泰勒级数展开,保留展开项至一次项,近似求解功能函数的平均值和标准差;第三,可靠度指标以功能函数的平均值和标准差的比值加以表示。

2.2 随机场相关理论

随机场理论是较为成熟的数学方法和理论,文献[13-14]对随机场理论进行了较为系统的阐述和解释。

对随机场较早的研究出现在随机场的表示——随机场离散方法上,一般有两类离散方法[15]:一类是在空间中离散,即将随机场划分成网格,如中心点法、局部平均法和形函数法等;另一类是抽象离散,即将随机场展成级数,即为谱分解,如 Karhunen – Loeve 级数展开法、正交级数展开法和线性回归法等。

根据大跨度斜拉桥的结构特点,适宜采用中心点法进行参数的随机场模拟与离散,该方法使用方便,便于进行有限元处理。中心点法由 Der kiureghian and Ke[16]提出,该方法用 $\{\Omega_e, t = 1, \cdots, M\}$ 的中点处 x_M^t 的 $H(x_M^t)$ 值表示 Ω_e 内各点的 $H(x)$ 值。如果随机场网格含 M 个子域,则连续随机场 $H(x)$ 转变为 M 个随机变量:

$$\{X_i = H(x_M^t), t = 1, \cdots, M\} \tag{1}$$

每个子域中点处的值代表了该随机场在该子域上的所有属性,每个子域内的随机场被认为是完全相关的。两个子域上场的相关性由两个子域中点处的随机变量间的协方差加以近似。Lawrence Mark 给出了平稳随机场中两点间的协方差的计算公式(假定原随机场协方差为指数平方型):

$$\text{Cov}(f(x_1),f(x_2)) = \sigma_f^2 \exp[-((x_1-x_2)/d_x)^2] \times \exp[-((y_1-y_2)/d_y)^2] \times \exp[-((z_1-z_2)/d_z)^2] \tag{2}$$

式中：σ_f^2——平稳随机场的方差；

x_i、y_i、z_i——任意两单元中心点之间在三个维度上的坐标；

d_x、d_y、d_z——任意两单元在三个维度上的相关距离。

2.3 实施过程

基于随机场的大跨度斜拉桥实用可靠度分析方法的具体实施过程如下：

(1) 随机场的确定及离散。本文将斜拉桥主梁单元的弹性模量、横截面面积、惯性矩和汽车均布活载作为随机场加以研究，将主塔单元的弹性模量和重度、斜拉索的弹性模量和重度作为随机变量。在各种随机场的离散方法中，最常用的是中心点法，即用单元中心点处的随机变量值来表征该随机场单元的随机特性，该方法使用方便，便于进行有限元处理，因此本文选择中心点法对随机场加以离散。

(2) 有限元模型的建立。结构的有限元模型参照通用有限元软件 ANSYS 的 APDL 命令流语言加以建立，并根据极限状态方程设定读取与输出的参数，其输出结果类型要与可靠度计算中的失效模式(如位移失效模式)相一致。

(3) 结构可靠度指标的计算。极限状态方程一般可分为显式和隐式两种，而大跨度斜拉桥的极限状态方程通常为隐式方程，在 FORM 计算隐式函数的过程中所涉及的梯度计算不能直接完成。故本文采用有限差分方法，借助通用有限元分析软件 ANSYS 来解决该问题。

3 工程实例

3.1 工程概况

本文选取某大跨度斜拉桥作为研究背景，基于随机场的基本理论，考虑随机变量的空间变异性，选择合理的随机场离散方法以及相关模型，进行大跨度斜拉桥结构静力可靠度研究。

主桥为双塔双索面七跨钢箱梁斜拉桥，跨径布置为 100m + 100m + 300m + 1 088m + 300m + 100m + 100m = 2 088m。主梁采用带风嘴的封闭式流线型扁平钢箱梁，梁宽 41m，中心线处高度 4.0m。塔、梁间使用带有限位功能的黏滞阻尼器连接形成半飘浮体系。当相对位移在阻尼器设计行程之内，阻尼器仅对动荷载产生作用，当相对位移超出设计行程，阻尼器转换为刚性约束。索塔采用倒 Y 形钢筋混凝土塔，承台以上塔高 300m。斜拉索的成型采用平行钢丝扭绞型方案，φ7.0mm 镀锌高强钢丝强度高达 1 770MPa，其布置采用空间密索体系方案，标准节段索距 16m、边跨尾索区索距为 12m。桥梁总体布置如图 1 所示。

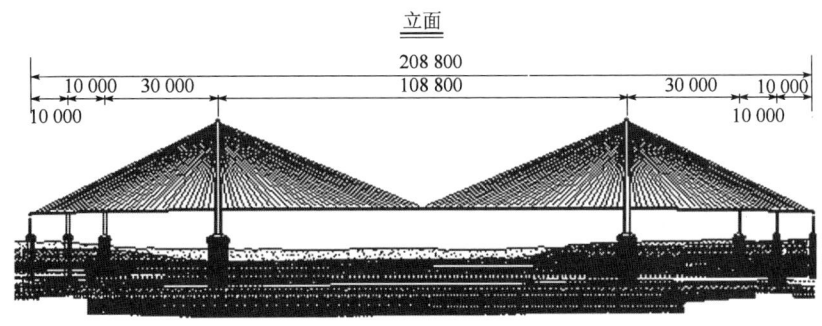

图 1 桥梁总体布置图（尺寸单位：cm）

3.2 分析模型

大跨度斜拉桥属于柔性高次超静定结构,在施工和正常使用阶段,结构的几何非线性效应不可忽略,在设计分析中需予以考虑。引起斜拉桥几何非线性的因素主要有三个方面:斜拉索的垂度效应,梁柱效应和大位移效应。在考虑几何非线性的因素下,为了研究随机场的空间变异性与相关性对大跨度斜拉桥静力可靠度的影响,本文建立了两种计算模型进行可靠度分析:模型一,不考虑随机场的影响,将结构的所有参数仅作为随机变量进行考虑;模型二,引入随机场的相关理论,考虑全桥参数的空间变异性,将主梁单元的弹性模量 E_1、横截面面积 A_1、惯性矩 I_1 和汽车均布活载 Q 作为随机场加以离散,将主塔单元的弹性模量 E_2 和重度 γ_2、斜拉索的弹性模量 E_3 和重度 γ_3 作为随机变量进行考虑。

各随机场的相关模型和随机变量的统计特性均参考已有文献,具体参数如表1所示。

随机场与随机变量的统计特性 表1

模型参数		随机模型	相关模型	分布类型	均值	变异系数
主梁	弹性模量 E_1(GPa)	随机变量/随机场	指数衰减	正态	210	0.10
	惯性矩 I_1(m^2)	随机变量/随机场	指数衰减	对数正态	4.698~7.291	0.05
	横截面面积 A_1(m^2)	随机变量/随机场	指数衰减	对数正态	1.719~2.537	0.05
主塔	弹性模量 E_2(GPa)	随机变量	—	正态	35	0.10
	重度 γ_2(kN/m^3)	随机变量	—	正态	26	0.05
斜拉索	弹性模量 E_3(GPa)	随机变量	—	正态	195	0.10
	重度 γ_3(kN/m^3)	随机变量	—	正态	78.5	0.05
汽车均布活载 Q(kN/m)		随机变量/随机场	指数衰减	对数正态	46.2	0.20

为了便于计算,作用于桥面板的活荷载采用均布荷载形式。在分析时,考虑两种不同的活载布置工况:工况一,恒载+活载(仅在主跨1 088m的范围内均布);工况二,恒载+活载(仅在两侧边跨100m+100m+300m范围内均布)。

全桥分析模型采用三维有限元模型,钢箱梁采用单脊鱼骨梁模型,桥塔桥墩采用三维普通梁柱单元,斜拉索采用三维杆单元,全桥有限元模型如图2所示。

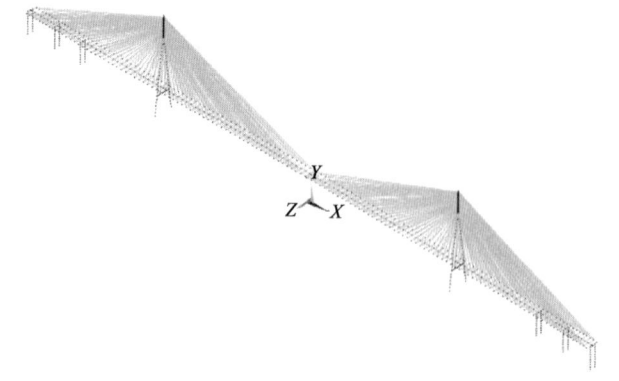

图2 考虑空间变异性的有限元计算模型

3.3 静力可靠度分析

在正常使用状态下,根据《公路斜拉桥设计细则》(JTG/T D65-01—2007)[17],主梁在汽车均布荷载(不计冲击力)作用下的允许最大竖向挠度 $\delta = l/400 = 2.72$m(l 为主跨跨径1 088m),建

立以下极限状态方程:

$$g(x) = 2.72 - u_y(x) \tag{3}$$

式中:$u_y(x)$——主跨的跨中竖向位移;

x——随机向量。

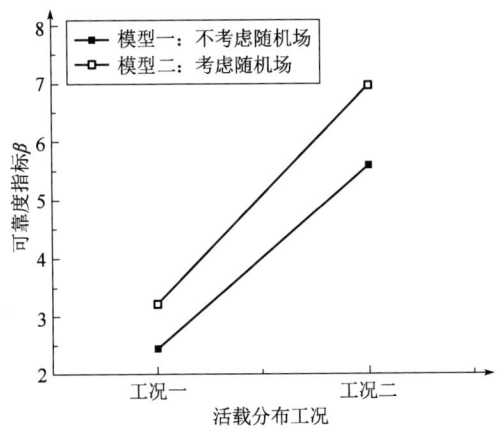

图3 不同工况下模型的可靠度指标β

图3所示为在两种不同的荷载分布工况下,是否考虑随机场对大跨度斜拉桥静力可靠度指标β的影响情况。

由图3可以看出:①无论在哪种工况下,模型一计算出的可靠度指标都要小于模型二计算出的可靠度指标,这说明忽略随机场的空间变异性会低估结构可靠度;②不同工况下的活载分布方式对大跨度斜拉桥的静力可靠度指标有显著影响,在正常使用状态下,其他条件相同时,工况一的可靠度指标明显低于工况二的可靠度指标,这说明不同的荷载分布方式会直接影响到结构静力可靠度。

4 结语

(1)本文将一次二阶矩法、有限元法和随机场的相关理论相结合,提出了一种基于随机场的大跨度斜拉桥实用可靠度分析方法。研究表明,该方法适用于考虑空间变异性的大跨度斜拉桥结构静力可靠度分析。

(2)在计算大跨度斜拉桥静力可靠度时,同种工况下,不考虑随机场计算出的可靠度指标小于考虑随机场计算出的可靠度指标,这表明忽略随机场的空间变异性会低估结构可靠度。

(3)在其他条件相同时,仅在主跨均布活载时的结构静力可靠度指标明显低于边跨均布活载时的结构静力可靠度指标。可见,在正常使用状态下,不同工况下的活载分布方式对大跨度斜拉桥的静力可靠度指标有显著影响。

参 考 文 献

[1] 王建平.复合材料斜拉桥设计理论研究[D].武汉:武汉理工大学,2001:1-4.
[2] 沈惠申,高峰.斜拉桥索塔的可靠性分析[J].中国公路学报,1994,7(4):40-43.
[3] 沈惠申,王宇新.斜拉桥主梁静动力可靠性分析[J].中国公路学报,1996,9(1):59-65.
[4] 陈铁冰,王书庆,石志源.计入结构几何非线性影响时斜拉桥可靠度分析[J].同济大学学报,2000,28(4):407-412.
[5] 张建仁,刘扬.遗传算法和人工神经网络在斜拉桥可靠度分析中的应用[J].土木工程学报,2001,34(1):7-13.
[6] 朱劲松,肖汝诚,何立志.大跨度斜拉桥智能可靠度评估方法研究[J].土木工程学报,2007,40(5):41-48.
[7] 李生勇.自锚式悬索桥结构可靠性研究[D].大连:大连理工大学,2007.
[8] 张清华,卜一之,李乔.斜拉桥结构可靠度分析的混沌混合算法[J].中国公路学报,2008,

21(3): 48-52.

[9] Zhang Y., Der Kiureghian A. First-excursion probability of uncertain structures[J]. Probabilistic Engineering Mechanics, 1994,32(2): 145-153.

[10] Li C. C., Der Kiureghian A. Mean out-crossing rate of nonlinear response to stochastic input: Proceedings of ICASP7, 7th International Conference On Applications of Statistics and Probability in Civil Engineering and Risk Analysis[C], Paris, France, 1995.

[11] Der Kiureghian A. The geometry of random vibrations and solutions byFORM and SORM[J]. Probabilistic Engineering Mechanics, 2000,17(4): 231-236.

[12] Koo H., Der Kiureghian A., Fujimura K. Design-point excitation for non-linear random vibrations[J]. Probabilistic Engineering Mechanics, 2005,8(3): 255-264.

[13] Achintya Haldar, Sankaran Mahadevan. Reliability Assessment Using Stochastic Finite Element Analysis[M]. Published in Canada, 2000.

[14] Vanmarcke E. K. Random Field:Analysis and Synthesis[M]. London: the MIT Press, 1983.

[15] 秦权. 结构可靠度随机有限元:理论及工程应用[M]. 北京: 清华大学出版社, 2006.

[16] Der Kiureghian A. The geometry of random vibrations and solutions by FORM and SORM[J]. Probabilistic Engineering Mechanics, 2000,17(4):231-236.

[17] 中华人民共和国交通部. 公路斜拉桥设计细则:JTG/T D65-01—2007[S]. 北京: 人民交通出版社, 2007.

123. 局部杆件失效对钢桁梁柔性拱桥稳定性影响的研究

吴飞翔[1]　张谢东[1]　董宇航[2]　黄笑犬[1]

（武汉理工大学交通学院[1]；中国市政工程中南设计研究总院有限公司[2]）

摘　要：钢桁梁柔性拱桥是一种新颖的桥梁组合结构，其失稳破坏是该类桥梁的主要破坏形式之一。为了明确局部杆件失效对钢桁梁柔性拱桥稳定性的影响，结合 Midas/Civil 有限元软件建立该类桥梁数值模型并计算分析。结果表明：钢桁梁柔性拱桥局部杆件失效时，其失稳模态主要分为两种，拱肋局部失稳和拱肋侧倾失稳；某些竖杆和斜腹杆刚度的失效对钢桁梁柔性拱桥的稳定性有显著影响。特别地，某些杆体的刚度失效对拱顶的竖直方向的线位移和纵向角位移的影响较大。

关键词：钢桁梁柔性拱桥　有限元　局部杆件失效　稳定性

1　引言

钢桁梁柔性拱桥由钢桁梁和柔性拱肋共同组成，是一种新颖的组合结构桥梁。钢桁梁的刚度远远大于拱的刚度，因此钢桁梁是主要的受力结构，拱肋承受部分弯矩，一定程度上，可以节约钢材的用量。对于该类桥梁，失稳破坏是其主要的破坏形式之一，历史上，有不少局部杆件失效使桥梁失稳的例子。如1875年，俄罗斯的克夫达敞开式桥由于局部的上弦杆失稳导致整座桥梁破坏；加拿大魁北克大桥因局部压杆失稳和局部构件断裂，造成了桥梁的坍塌。因此，局部杆件的失效对结构稳定性的影响十分重要。许多学者对钢桁梁柔性拱桥进行了研究。保义[1]运用 Midas/Civil 对合福铁路合肥南环线经开区铁路钢桁梁柔性拱桥进行空间模拟分析，对个别杆件失稳导致整体失稳进行了详细分析，并提出了改善措施。颜毅[2]以重庆的朝天门长江大桥为研究对象，采用不同的分析方法对全桥进行了稳定分析。王青等[3]针对某大跨度铁路钢桁梁拱桥，进行施工和运营阶段稳定安全系数的计算和分析。李佳璐[4]运用有限元软件对南屏大桥进行静力、动力分析，并对该桥的稳定性进行了参数分析。刘长海[5]以榕江特大桥为工程背景，对其施工和成桥阶段进行了受力分析验证了杆件的强度和稳定性。李佳莉[6]以某三跨连续钢桁梁柔性拱桥预拱度设置为工程背景，运用 Matlab 软件计算出预拱度最优模型。总之，在桥梁施工和设计优化中，局部杆件失效对钢桁梁柔性拱桥的稳定性影响较大，并且现阶段对该类问题的研究较少。本文利用 Midas/Civil 有限元软件和相关规范[7-8]，对某三跨连续钢桁梁柔性拱桥进行稳定性分析，为类似桥梁提供一些参考。

2 工程概况

本文的研究对象为某三跨连续钢桁梁柔性拱桥(120m+228m+120m)。双线铁路,线间距4.4m,边跨为平行桁梁,中跨为刚性梁柔性拱桁梁。其中,主桁为N型桁式,平弦桁高15m,边跨及中跨跨中的6个节间为12m,中跨靠近中支点的6个节间为13m。主桁采用焊接的整体节点,下弦桥面采用正交异性板桥面。中支点处向下设加劲腿,加劲腿至下弦杆中心的距离为15m,加劲腿与下弦间设直线过渡,边跨为两个节间过渡,中跨为一个节间过渡。中跨上方设置柔性拱肋,采用圆曲线布置,如图1所示,矢高为69m,矢跨为228m,矢跨比为1/3.3。

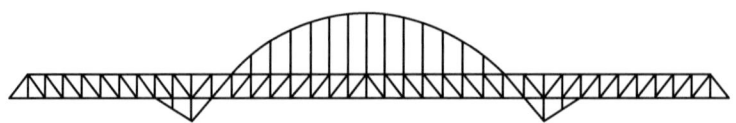

图1 钢桁梁柔性拱桥

主桁采用焊接的整体节点,在工厂内把杆件和节点板焊成一体,运到工地架设时在节点之处高强度螺栓拼接。大部分主桁结构和桥面系构件采用Q390qE材质的钢板,加劲腿及拱脚附近杆力较大的拱肋杆件采用了Q420qE钢板,除节点板外,主桁杆件的板厚控制在50mm以下。主桁杆件的连接采用对拼及插入两种方式。下弦桥面采用Q390qE材质的钢板。

3 有限元模型及拱桥稳定的理论基础

3.1 有限元模型的建立

运用Midas/Civil对钢桁梁柔性拱桥进行全桥建模,如图2所示。由于本桥具有对称性,取二分之一桥为研究对象,分别对杆件进行删除,依次对全桥进行屈曲分析,得到临界荷载系数,并在结果中提取拱顶节点的位移和转角。模型中依次删除的杆件编号如图3所示,竖腹杆的编号为1~19号,斜腹杆的编号为20~38号。研究y轴正方向拱顶节点(407号)的位移和转角。其中x轴的方向表示顺桥方向,y轴的方向表示横桥方向,z轴的方向表示竖直方向。

图2 全桥有限元模型

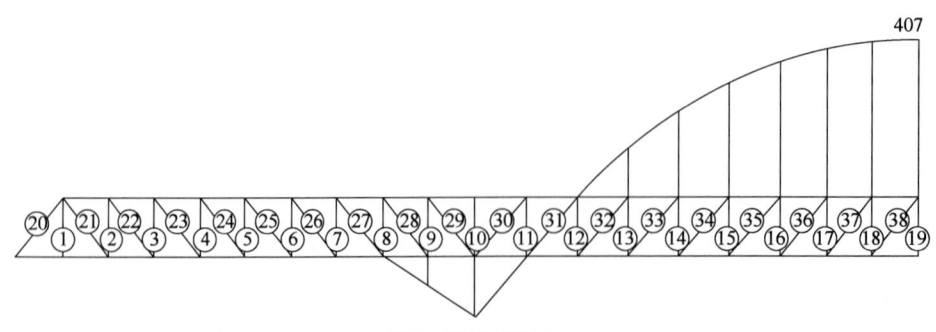

图3 腹杆编号图

3.2 拱桥稳定的基本理论

拱桥有两类稳定性问题,第一类是分支点失稳问题,第二类是极值点失稳问题。第一类失稳问题即在结构达到临界荷载时,不仅有原来结构的平衡状态,还会出现一个新的平衡状态,新的平衡状态对应的临界荷载是屈曲荷载。通常把这类的稳定问题转化为数学的特征值问题,其方程如下:

$$\{[K_0] + \lambda [K_\sigma]\} = 0 \tag{1}$$

式中:$[K_0]$——线弹性矩阵;

λ——荷载安全系数;

$[K_\sigma]$——参考荷载作用下的几何刚度矩阵。

第二类失稳问题即在结构始终保持一种平衡状态,当达到临界荷载时,即使荷载不再增加,变形也会逐渐增加直至破坏,此时临界荷载就是极限荷载。此类失稳问题需要考虑非线性挠度理论,运用有限元法分析时,需要对荷载—位移全过程进行分析来找出极限荷载。通常转化为数学上非线性平衡方程组,其方程如下:

$$[K(\{\delta\})] \cdot \{\delta\} = \{P\} \tag{2}$$

式中:$[K(\{\delta\})]$——结构整体刚度矩阵,是位移向量$\{\delta\}$的函数;

$\{P\}$——外荷载项。

只有在理想条件下,才会出现第一类失稳问题,实际中拱桥的失稳往往都属于第二类失稳,虽然第一类稳定问题属于理想状态,但是其力学结构较简单,而且得到的屈曲荷载又是极值点荷载的上限值,所以用第一类失稳问题分析,具有重要的意义。鉴于本文分析的目的,为了使计算过程简单,此次钢桁梁柔性拱桥采用第一类失稳即分支点失稳,来分析桥梁的整体稳定性。

4 局部杆件失效对全桥稳定性的影响

4.1 竖杆失效的影响

竖杆是钢桁梁柔性拱的重要组成部分之一,考虑到结构特点和受力情况,一般杆件设计得较细长,并且承受一定的剪力,因而易发生失稳现象。为了研究单根竖杆失效对结构稳定性的影响,依次对1~19号竖杆件进行失效处理,分析各个杆件失效后的稳定安全系数和拱顶位移。通过有限元分析软件得知,竖杆失效时钢桁梁柔性拱桥的失稳模态主要分为两种模态:第一种是拱肋局部失稳,大部分发生在第一阶失稳模态,如图4所示。第二种是拱肋侧倾失稳,大部分发生在第四阶失稳模态,如图5所示。

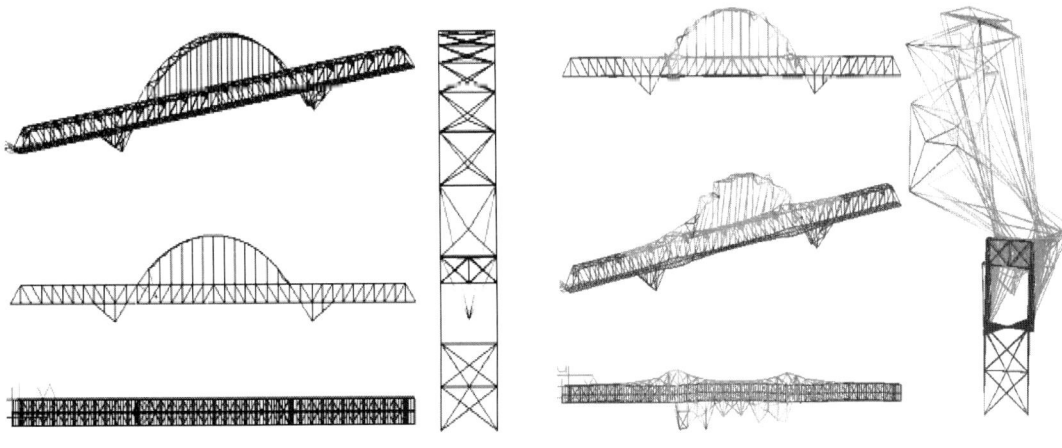

图4 拱肋局部失稳模态　　　　图5 拱肋侧倾失稳模态

图6和图7所示为单根竖杆失效时,拱顶节点(407号)的位移。图8所示为单根竖杆失

效时,整体稳定安全系数的变化。其中,"无"表示没有删除任何杆件的原桥。D_x、D_y、D_z 分别表示节点沿 x、y、z 轴方向的线位移,R_x、R_y、R_z 分别表示绕 x、y、z 轴的转角。

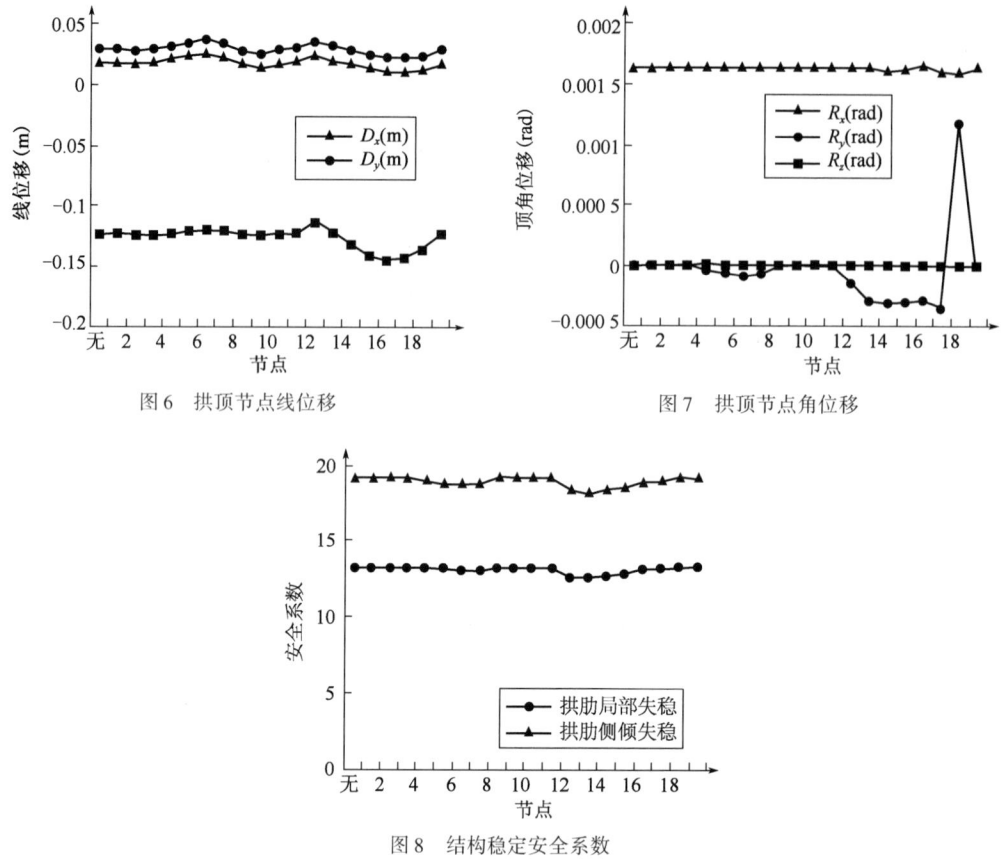

图6　拱顶节点线位移　　　　图7　拱顶节点角位移

图8　结构稳定安全系数

由图4~图8可知:

(1)拱肋局部失稳大部分发生在第一阶失稳模态,结构稳定安全系数在 12.566 152 ~ 13.230 174 之间,其中8号和10号竖杆发生在第二阶失稳模态。除2号、10号、11号、18号、19号竖杆的失效可以提高稳定安全系数外,其余竖杆的失效均较低拱肋局部稳定性。其中12号、13号竖杆影响较大,其失效后的稳定安全系数由 13.19 降低到 12.5。说明靠近拱脚附近的杆件对拱肋局部稳定性影响较大。

(2)除8号、10号竖杆拱肋的侧倾失稳发生在第五阶失稳模态,其余都发生在第四阶失稳模态,稳定安全系数的范围是 18.180 225 ~ 19.226 074。其中2号、11号、18号、19号竖杆降低拱肋的侧倾稳定性外,其余竖杆均能够提高拱肋的侧倾稳定性。尤其是13号竖杆,稳定安全系数由 18.180 225 上升到 19.139 869,对提高拱肋的侧倾稳定性较为显著。

(3)单根竖杆的失效对拱顶的位移有一定的影响,其中16号竖杆的失效对拱顶纵向位移值影响最大,其值为 -0.167 66m。除18号竖杆的失效对拱顶绕 y 轴转动的角位移变化最为明显,为 0.001 169rad,其余竖杆的失效对拱顶角位移的变化均不太明显。

(4)13号竖杆的刚度失效对结构稳定性影响最为显著,即拱与桁梁连接处附近,可以通过增大刚度的方法对其进行加强,从而保证桥梁的正常使用。

4.2　斜腹杆失效的影响

斜腹杆也是钢桁梁柔性拱桥的重要组成部分,考虑到其结构特点和受力特点,通常设计为细长一些的杆件,因此,很容易发生失稳和刚度退化情况。为了研究单根斜腹杆失效对结构稳定性的影响,依次对 20~38 号斜腹杆进行失效处理,分析各个杆件失效后的稳定安全系数和拱顶位移。容易发现,斜腹杆失效时钢桁梁柔性拱桥的失稳模态主要分为两种模态:第一种是拱肋局部失稳,大部分发生在第一阶失稳模态,如图 9 所示;第二种是拱肋侧倾失稳,大部分发生在第四阶失稳模态,如图 10 所示。

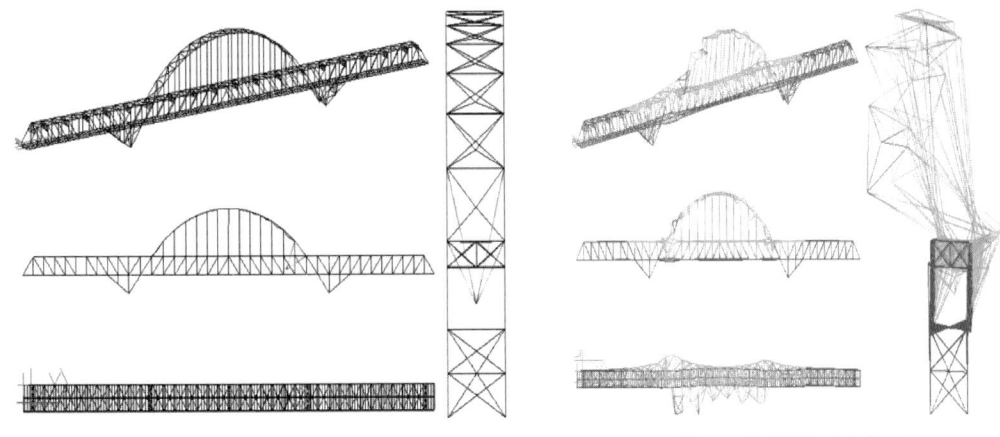

图 9　拱肋局部失稳模态　　　　　　　　图 10　拱肋侧倾失稳模态

图 11 和图 12 所示为斜腹杆件失效时,拱顶节点(407 号)的位移。图 13 所示为斜腹杆件失效时,整体稳定安全系数的变化。其中,"无"表示没有删除任何杆件的原桥。D_x、D_y、D_z 分别表示节点沿 x、y、z 轴方向的线位移,R_x、R_y、R_z 分别表示绕 x、y、z 轴的转角。

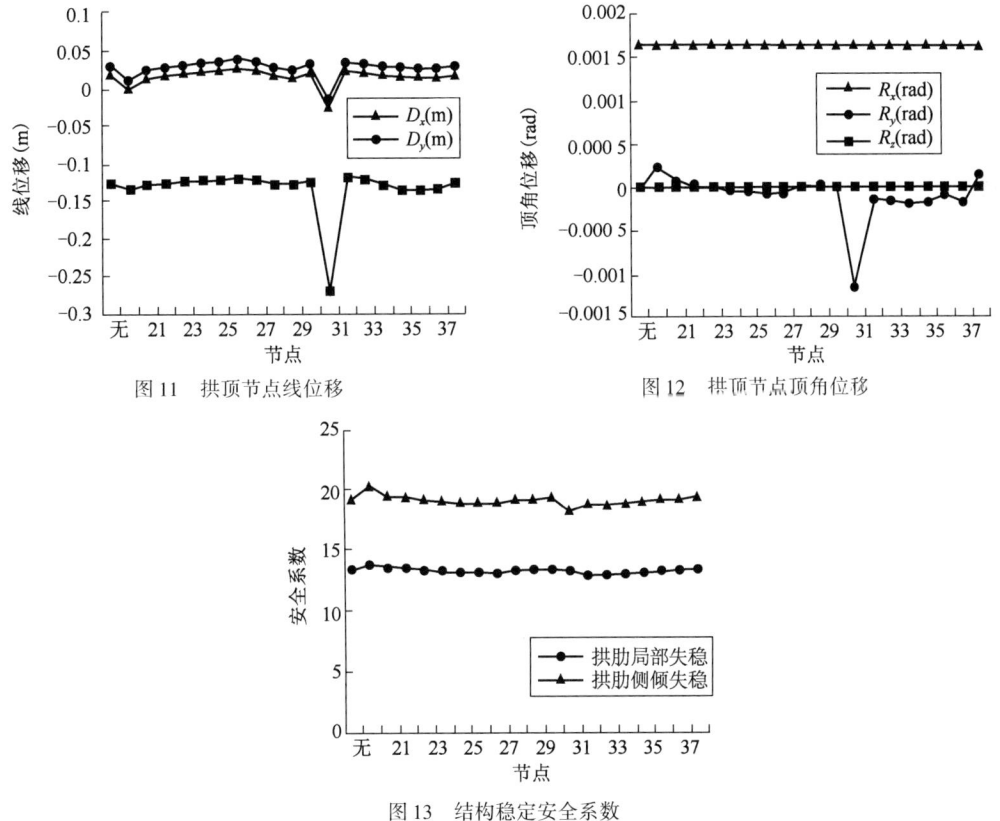

图 11　拱顶节点线位移　　　　　　　　图 12　拱顶节点顶角位移

图 13　结构稳定安全系数

由图9~图13可知：

(1)拱肋局部失稳发生在第一阶失稳模态,结构稳定安全系数在12.765 546~13.609 603之间。除20号、21号、22号、30号、37号、38号斜腹杆的失效可以提高稳定安全系数外,其余斜腹杆的失效均较低拱肋局部稳定性。其中31号斜腹杆影响较大,其失效后的稳定安全系数由13.193 57降低到12.765 546。说明拱脚附近的杆件失效对拱肋局部稳定性影响较大。

(2)除20号斜腹杆拱肋的侧倾失稳发生在第五阶失稳模态、31号斜腹杆拱肋的侧倾失稳发生在第三阶失稳模态,其余都发生在第四阶失稳模态,稳定安全系数的范围是18.133 087~20.195 221。其中20号、21号、22号、30号、37号、38号斜腹杆降低拱肋的侧倾稳定性外,其余斜腹杆均能够提高拱肋的侧倾稳定性。尤其是31号斜腹杆,稳定安全系数由18.133 087上升到19.139 869,对提高拱肋的侧倾稳定性较为显著。

(3)单根斜腹杆的失效对拱顶的位移有一定的影响,其中31号斜腹杆的失效对拱顶线位移值影响最大,分别为$D_x = -0.024~89$m、$D_y = 0.010~069$m、$D_z = -0.253~11$m。除31号斜腹杆的失效对拱顶绕y轴转动的角位移变化最为明显,为$-0.001~159$rad,其余斜腹杆的失效对拱顶角位移的变化均不太明显。说明拱与桁梁连接处附近的杆件失效对结构稳定性影响较大。

(4)31号斜腹杆的刚度失效对结构稳定性和位移的影响均比较显著,即拱与桁梁连接处附近,可以增强其附近杆件的刚度和加强对其的监测,防止其发生失效,造成全桥整体结构的破坏。

5 结语

运用Midas/Civil有限元软件,对竖杆和斜腹杆分别进行失效处理,得出全桥的稳定安全系数。通过与原桥的稳定安全系数对比分析,得出以下结论：

(1)无论是竖杆还是斜腹杆失效时,钢桁梁柔性拱桥的失稳模态主要分为两种模态：第一种是拱肋局部失稳,大部分发生在第一阶失稳模态,第二种是拱肋侧倾失稳,大部分发生在第四阶失稳模态。

(2)在竖杆中,拱与桁架连接处附近的竖杆的刚度失效对拱肋的局部失稳和拱肋的侧倾失稳影响较大,但是对拱顶节点的位移变化不是很明显。在斜腹杆中,拱与桁架相交的斜腹杆的刚度失效对拱肋的局部失稳和拱肋的侧倾失稳影响显著,而且其对拱顶节点的位移变化也很明显,尤其是拱顶的竖直方向的线位移和纵向角位移的变化较大。这是由于拱与桁架相交处的杆件承受的弯矩、轴力、剪力较大,从而其杆件失效对全桥的稳定性影响显著。

因此,为了保证钢桁梁柔性拱桥的安全运营,可以加强拱与桁架连接部分杆件的刚度,同时对其进行实时监测,为类似桥梁提供一些参考价值。

参 考 文 献

[1] 保义.铁路钢桁梁柔性拱桥拱结构架设方案比较和稳定性分析研究[D].成都:西南交通大学,2011.

[2] 颜毅.大跨度钢桁架拱桥受力特性分析[D].重庆:重庆交通大学,2008.

[3] 王青,程楚云.大跨度铁路钢桁梁柔性拱桥非线性稳定性研究[J].钢结构,2019,34(01):33-37+59.

[4] 李佳璐.钢桁梁柔性拱桥静动力以及稳定性分析[D].西安:长安大学,2016.

[5] 刘长海.大跨度钢桁梁拱桥施工控制研究及受力性能计算分析[D].广州:华南理工大学,2011.
[6] 李佳莉,张谢东,陈卫东,等.基于多目标规划的连续钢桁梁预拱度设置研究[J].武汉理工大学学报(交通科学与工程版),2016,40(02):360-364.
[7] 中华人民共和国铁道部.铁路桥梁钢设计基本规范:TB 10002.1—2005[S].北京:中国铁道出版社,2005.
[8] 中华人民共和国交通运输部.公路桥涵设计通用规范:JTG D60—2015[S].北京:人民交通出版社股份有限公司,2015.

124. 组合钢板梁腹板局部稳定性
实用验算方法研究

侯利明 于远卿 王 姗

(中交第一公路勘察设计研究院有限公司)

摘 要：与纯钢梁相比，由于混凝土桥面板与钢梁的协同作用，组合钢板梁腹板局部稳定性验算与纯钢梁有所不同。本文基于与《公路钢结构桥梁设计规范》(以下简称《规范》)钢梁局部稳定性验算公式相同的安全保证度的原则，给出了考虑翼缘对腹板的嵌固作用以及组合梁应力分布的组合钢板梁局部失稳验算公式，并对此公式采用有限元方法进行了验证。将有限元分析结果和《规范》以及本文验算公式对比发现，本文提出的验算公式可以在保证一定安全度的情况下较为精确地判断局部屈曲的发生。通过分析《规范》以及本文提出的验算公式发现，当受压区高度 $h_c < 0.61h_w$ 时，应用《规范》中纯钢梁局部稳定性的验算方法可以偏于保守地进行组合梁局部稳定性验算。当受压区高度 $h_c \geq 0.61h_w$，采用《规范》中的验算方法进行组合梁局部稳定性验算有可能偏于不安全。

关键词：组合钢板梁 局部稳定性 有限元分析

1 引言

由于连续组合钢板梁具有较好的行车舒适性和经济性，在公路桥梁中得到较为广泛的应用。与简支钢板梁相比，连续组合梁中支点负弯矩区剪力和弯矩都很大，受力状态复杂。与纯钢梁相比，组合钢板梁中混凝土桥面板对钢梁翼缘和腹板的嵌固作用更为显著，同时由于混凝土桥面板与钢梁的协同作用，负弯矩区钢梁受压区高度较纯钢梁高，该因素不利于腹板稳定。因此，组合钢板梁腹板局部稳定性验算应与纯钢梁有所不同。目前，我国规范未给出针对组合钢板梁的局部稳定性实用验算方法。

国内外学者对组合梁局部稳定性有一定的研究，文献[1]对组合钢板梁在复合应力作用下的力学性能进行了研究，建立了相应的临界屈曲应力计算公式；文献[2]对中、美、欧三个国家和地区规范规定的受弯构件局部稳定性计算方法进行了对比分析，但是以上研究均未提出方便设计工作的组合钢板梁局部稳定性验算方法，故钢板组合梁局部稳定性实用验算方法的研究是非常有必要的。

2 钢板组合梁局部稳定性实用验算方法

由我国《钢结构设计标准》可知，当仅配置横向加劲肋，在局部压力、弯矩和剪力共同作用

下,弹性状态腹板屈曲近似公式可按下式计算:

$$\left(\frac{\sigma}{\sigma_{cr}}\right)^2 + \left(\frac{\tau}{\tau_{cr}}\right)^2 + \frac{\sigma_c}{\sigma_{c,cr}} \leq 1 \tag{1}$$

式中:σ、τ、σ_c——腹板区格内由平均弯矩产生的腹板计算高度边缘的弯曲压应力、平均剪应力、局部压应力(MPa);

σ_{cr}、τ_{cr}、$\sigma_{c,cr}$——各应力单独作用下的临界应力(MPa)。

组合钢板梁实际受力状态为受弯矩和剪力的复合作用,支座处局部压应力由设置支座加劲肋来保证,故在验算腹板屈曲时未特别考虑局部应力项[4],得到:

$$\left(\frac{\tau}{\tau_{cr}}\right)^2 + \left(\frac{\sigma}{\sigma_{cr}}\right)^2 \leq 1 \tag{2}$$

日本《道路桥示方书》基于对安全度的考虑,给出同时承受压应力和剪应力的四边简支板稳定验算公式为[5]:

$$\left(\frac{\tau}{\tau_{cr}}\right)^2 + \left(\frac{\sigma}{\sigma_{cr}}\right)^2 \leq \left(\frac{1}{\nu_B}\right)^2 \tag{3}$$

式中:ν_B——稳定安全系数。

非均匀压力作用下临界屈曲正应力为:

$$\sigma_{cr} = \frac{\chi_1 k_1 \pi^2 E}{12(1-\nu^2)}\left(\frac{t_w}{h_0}\right)^2 \tag{4}$$

式中:χ_1——组合梁腹板嵌固系数,组合梁翼缘对腹板嵌固系数近似取 1.51[1];

k_1——腹板屈曲系数,BS EN1993-1-5 中考虑到腹板应力梯度,提出四边简支长板在非均匀受压时的屈曲系数为:

当 $0 < \Psi \leq 1$,

$$k_1 = \frac{8.2}{1.05 + \Psi} \tag{5}$$

当 $-1 < \Psi \leq 0$,

$$k_1 = 7.81 - 6.29\Psi + 9.78\Psi^2 \tag{6}$$

当 $-3 < \Psi \leq -1$,

$$k_1 = 5.98(1-\Psi)^2 \tag{7}$$

$\Psi = \dfrac{\sigma_2}{\sigma_1}$,应力以受压为正;

σ_1——腹板最大压应力;

σ_2——最小压应力或拉应力。

临界剪应力为:

$$\tau_{cr} = \frac{\chi_2 k_2 \pi^2 E}{12(1-\nu^2)}\left(\frac{t_w}{h_0}\right)^2 \tag{8}$$

式中:χ_2——组合梁腹板受纯剪时嵌固系数,考虑残余应力和初始缺陷,组合梁翼缘对腹板嵌固系数近似取 1.23。

对于四边简支板,组合梁纯剪屈曲系数可按下式确定:

当 $a \geq h_w$:

$$k_2 = 5.34 + 4\left(\frac{h_w}{a}\right)^2 \tag{9}$$

当 $a \leq h_w$:

$$k_2 = 4 + 5.34\left(\frac{h_w}{a}\right)^2 \tag{10}$$

《规范》中稳定安全系数 ν_B 取 1.25，采用与《规范》相同的安全系数，将本文考虑组合钢板梁翼缘对腹板的嵌固作用和腹板应力分布的临界屈曲应力带入式(3)可以得到：

当 $a \geq h_w$：

$$\left(\frac{h_w}{100t_w}\right)^4\left[\left(\frac{\sigma}{22.5k_1}\right)^2 + \left(\frac{\tau}{97.8+73.3(h_w/a)^2}\right)^2\right] \leq 1 \tag{11}$$

当 $a \leq h_w$：

$$\left(\frac{h_w}{100t_w}\right)^4\left[\left(\frac{\sigma}{22.5k_1}\right)^2 + \left(\frac{\tau}{73.3+97.8(h_w/a)^2}\right)^2\right] \leq 1 \tag{12}$$

3 算例分析

本节通过有限元建模分析得到组合钢板梁发生局部失稳时的荷载条件，将此荷载条件带入上节推导的式(11)、式(12)式左，考虑安全系数的影响，若计算值大于 $1.25^2(1.5625)$，则本文所提供公式能正确判断出组合钢板梁局部失稳的发生。

算例为某两跨连续梁，每跨35m，计算简图见图1，钢梁截面尺寸示意图如图2所示，采用ABAQUS建立弹性有限元单梁模型。参考文献[8]，混凝土板开裂抗弯刚度取未开裂的一半。装配图如图3所示，荷载工况为混凝土板上施加均布荷载。通过特征值屈曲分析得到组合钢板梁发生局部屈曲时所受的均布荷载。第一阶屈曲模态如图4所示，表现为中支点附近腹板的局部屈曲。

图 1　计算简图

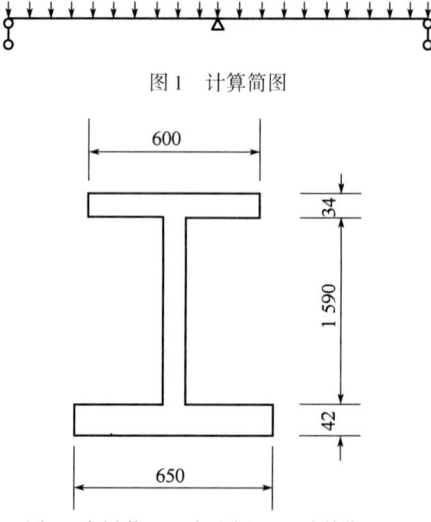

图 2　主梁截面尺寸示意图(尺寸单位：cm)

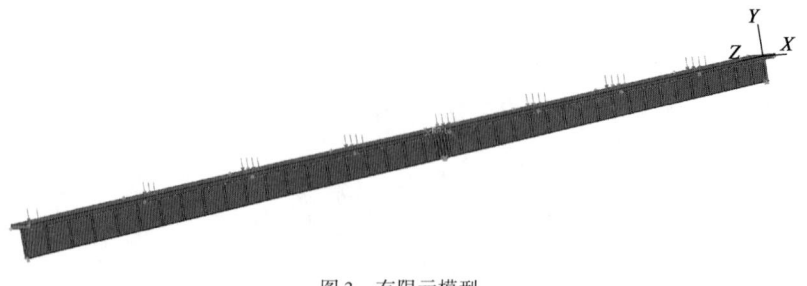

图 3　有限元模型

图4 第一阶屈曲模态

由上述有限元分析可以得到不同腹板厚度达到局部屈曲时的应力条件,将加劲肋间距为2 000mm的四组梁局部屈曲发生时的应力带入式(11)式左,结果如表1所示。

腹板发生局部失稳时式(11)式左计算结果　　　　　　　表1

腹板厚度(mm)	应力梯度	下翼缘正应力(MPa)	剪应力(MPa)	式(11)式左
14	-0.52	230.8	129.6	2.19
16	-0.53	323.4	161.5	2.19
18	-0.54	431.7	201.5	2.25
20	-0.55	554.1	237.3	2.21

将加劲肋间距为1 500mm的四组梁局部屈曲发生时的应力带入式(12)式左,结果如表2所示。

腹板发生局部失稳时式(12)式左计算结果　　　　　　　表2

腹板厚度(mm)	应力梯度	下翼缘正应力(MPa)	剪应力(MPa)	式(12)式左
14	-0.51	257.6	133.9	2.02
16	-0.52	355.9	164.5	2.03
18	-0.52	469.0	196.2	2.02
20	-0.53	594.8	226.0	1.97

将上述结果整理如图5所示。

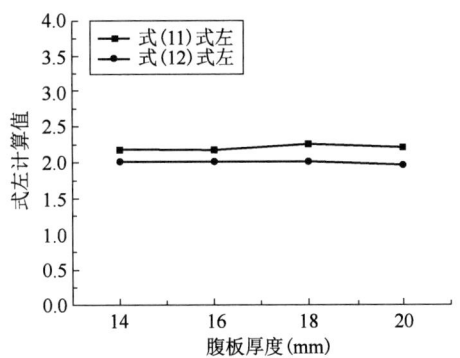

图5 腹板发生局部失稳式(11)、式(12)式左计算结果图

由上述计算分析可知,发生局部失稳时式(11)、式(12)计算结果均大于1.562 5,采用本文提出的局部稳定验算方法,可以正确地判断有限元模型局部失稳的发生。由表1和表2可知,按照局部失稳发生时的应力算得的式左值在2.02~2.25之间,说明本文提供的验算公式在保证结构安全的前提下具有良好的精度。

《规范》给出钢梁的不设纵向加劲肋时,横向加劲肋间距 a 应满足:

当 $a \geq h_w$:

$$\left(\frac{h_w}{100t_w}\right)^4\left[\left(\frac{\sigma}{345}\right)^2+\left(\frac{\tau}{77+58(h_w/a)^2}\right)^2\right]\leq 1 \tag{13}$$

当 $a\leq h_w$：

$$\left(\frac{h_w}{100t_w}\right)^4\left[\left(\frac{\sigma}{345}\right)^2+\left(\frac{\tau}{58+77(h_w/a)^2}\right)^2\right]\leq 1 \tag{14}$$

将上述八组组合梁有限元分析结果带入式(13)、式(14)，得到式(13)、式(14)式左计算结果如表3、表4所示。

腹板发生局部失稳时式(13)式左计算结果　　　　表3

腹板厚度(mm)	下翼缘正应力(MPa)	剪应力(MPa)	式(13)式左
14	230.8	129.6	2.82
16	323.4	161.5	2.74
18	431.7	201.5	2.78
20	554.1	237.3	2.68

腹板发生局部失稳时式(14)式左计算结果　　　　表4

腹板厚度(mm)	下翼缘正应力(MPa)	剪应力(MPa)	式(14)式左
14	257.6	133.9	2.30
16	355.9	164.5	2.24
18	469.0	196.2	2.18
20	594.8	226.0	2.10

将加劲肋间距为1 500mm和2 000mm时《规范》式左计算结果和本文计算方法式左进行对比，结果如图6、图7所示。

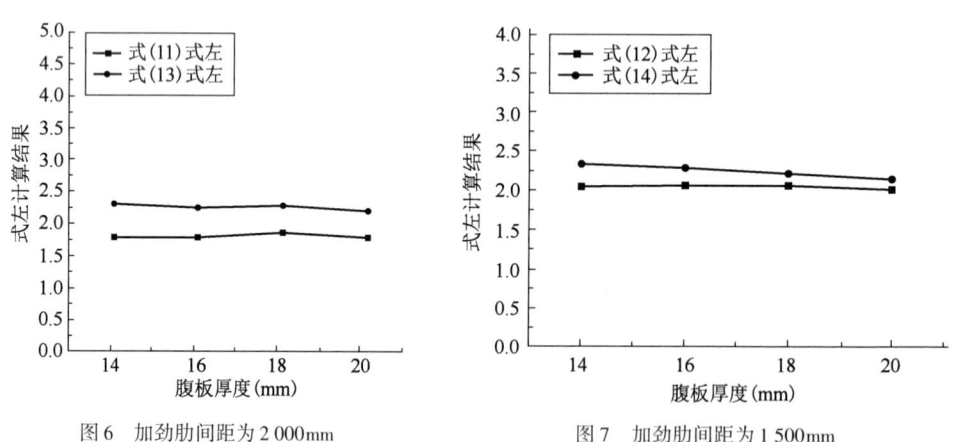

图6　加劲肋间距为2 000mm　　　　图7　加劲肋间距为1 500mm

由上述计算结果可知，式(13)、式(14)在局部屈曲发生时，式左计算结果在2.1~2.82之间，采用《规范》中钢梁局部稳定性验算公式进行组合钢板梁局部屈曲验算偏于保守。

4 《规范》与本文公式理论对比分析

由于组合梁中桥面板对于翼缘变形的约束，约束腹板拉压变形和剪切变形的嵌固系数比纯钢梁高(参考众多文献 χ_1 取值为1.51, χ_2 取值1.23[4,6]，《规范》中 χ_1、χ_2 保守取值为1.0[7])，考虑到翼缘对腹板的约束作用加强，腹板临界屈曲应力会有所提高；同时，由于负弯矩区组合钢板梁受压区高度比普通钢梁有所提高,屈曲系数与纯钢梁相比较低,《规范》中钢梁局部稳定性验算公式应用于组合钢板梁可能偏不安全。综合考虑上述因素,并考虑规范隐含的安全系数,可令本文给出的临界条件中临界正应力与规范取值相等,即 $22.5k_1 = 345$,得到相应的屈曲系数 $k_{cr} = 15.33$,反推所得临界应力比 $\Psi_{cr} = \dfrac{\sigma_2}{\sigma_1} = -0.62$,此时受压区高度 h_c 等于 $0.62h_w$。当实际应力梯度 $\Psi > \Psi_{cr} = -0.62$,即 $h_c > 0.62h_w$ 时,$k_1 < k_{cr}$,此时,本文提出的临界正应力小于规范取值,采用《规范》计算公式有可能偏不安全。由于未考虑翼缘对腹板的嵌固作用,《规范》剪应力的嵌固系数取1.0,故《规范》取值仍偏于保守。尽管如此,修正后的计算公式概念上更清晰,更容易评估其可靠度。

给定腹板高度 h_w、腹板厚度 t_w、加劲肋间距 a,则本文验算公式的界限方程为包含参数正应力、剪应力、应力梯度三个变量的方程,《规范》的界限方程为与应力梯度无关的二元函数,将本文界限方程和《规范》界限方程在正应力 $100 \sim 800$ MPa,应力梯度 $-1 \sim 0$ 范围内绘制函数图像,如图8所示。

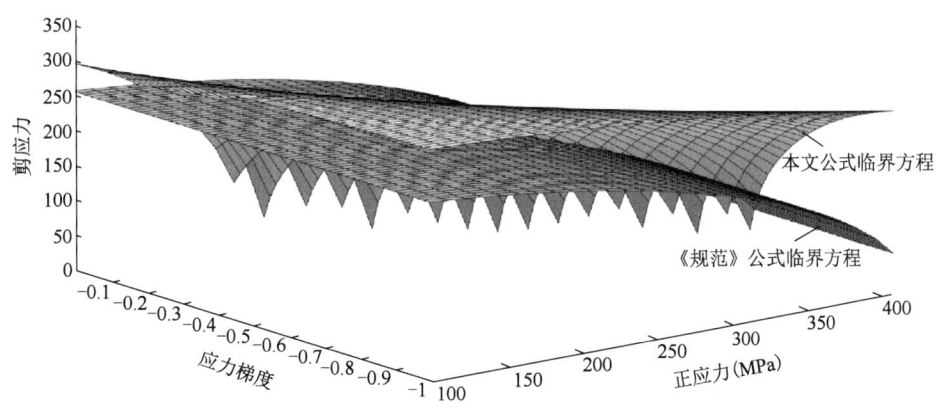

图8 本文算法与《规范》算法临界方程

由式(13)、式(14)可知,对于一定腹板高厚比的钢梁,《规范》中正应力取值是在一定范围内的,高厚比不同,正应力取值范围也不同,故多数情况应力值不能达到本文给的最大范围800 MPa,图中所示范围即为方程正应力的定义域。由图8可知,在这个范围内当应力梯度小于一定的值,两个曲面没有交点,本文公式临界方程曲面一直在《规范》公式临界方程的上方,发生临界失稳时,按本文方程计算,其他情况相同时本文方程取的临界剪应力较大,即当实际应力梯度小于两曲面交线上应力梯度最小值,《规范》公式相对于本文公式来说偏于保守。通过作出不同腹板高度 h_w、腹板厚度 t_w、加劲肋间距 a 确定的方程空间曲面图,读取交线上应力梯度最小值发现,无论腹板高度 h_w、腹板厚度 t_w、加劲肋间距 a 如何变化,交线上应力梯度最小值均约为 -0.61。即当 $\Psi < \Psi_{cr} = -0.61$,本文公式允许构件达到较高的应力水平,临界条件更容易满足,《规范》公式与本文公式相比偏于保守。由前述可知,此应力梯度最小值是由本文临界正应力和临界剪应力取值与规范有所差异决定的,对应于 $\Psi < \Psi_{cr} = -0.61$ 的钢梁,受压区高度取值为 $h_c < 0.61h_w$,当满足此条件,采用《规范》中的验算方法可偏于安全的验算局部失稳的发生。当 $h_c \geq 0.61h_w$,两种验算方法哪个条件更容易满足与应力工况有关,采用《规范》中的验算方法进行组合梁局部稳定性验算有可能偏于不安全。

5 结语

本文对基于正应力和剪应力联合作用下组合梁腹板的稳定性进行了分析,提出了考虑组合梁翼缘约束和腹板应力分布的腹板屈曲条件,将有限元计算结果与《规范》给出的纯钢梁屈曲条件以及本文提出的公式相对比发现,本文公式在保证一定安全度的条件下具有良好的精度,采用《规范》方法验算局部稳定性结果偏于保守。通过对本文验算公式和《规范》验算公式临界应力对比和临界方程分析发现,当受压区高度 $h_c < 0.61 h_w$,采用本文所提供的屈曲条件进行加劲肋间距的验算,条件更容易满足,可以节省钢材,采用《规范》中的验算方法可偏于安全的验算局部失稳的发生,当受压区高度 $h_c \geq 0.61 h_w$,采用《规范》中的验算方法进行组合梁局部稳定性验算有可能偏于不安全。

参 考 文 献

[1] 蒋丽忠,刘海峰,李兴.工字型钢—混凝土连续组合梁腹板局部稳定性分析[J].建筑科学与工程学报,2009,26(4):35-39.
[2] 陈丹阳.中美欧钢结构规范受弯构件局部稳定性计算方法对比研究[D].2017.
[3] 童根树.钢结构的平面内稳定[M].北京:中国建筑工业出版社,2015.
[4] 李兴.钢—混凝土组合梁稳定性研究[D].长沙:中南大学,2007.
[5] 吴冲.现代钢桥[M].北京:人民交通出版社,2006.
[6] 陈骥.钢结构稳定理论与设计[M].北京:科学出版社,2001.
[7] 中交公路规划设计院有限公司.公路钢结构桥梁设计规范[M].北京:人民交通出版社股份有限公司,2015.
[8] 童根树,夏骏.工字形截面钢连续梁负弯矩区的稳定性[J].建筑钢结构进展,2007,9(1):46-51.

125. 倒 T 形盖梁牛腿的承载力计算方法

吴 稳 李国平 王嘉祺
(同济大学桥梁工程系)

摘 要：为满足降低桥面高程、改善桥下景观等需要，倒 T 形盖梁成为一种国内外应用较广泛的盖梁形式，但目前国内规范尚缺乏该类盖梁牛腿构造的承载力计算方便成熟的方法。在总结归纳国内外相关试验资料和研究成果的基础上，分析倒 T 形盖梁牛腿的受力机理和破坏形态，讨论盖梁截面尺寸选取和钢筋配置等问题，采用拉压杆模型建议了一种承载力计算方法。经与国内外其他计算模型比较表明，提出的模型较好反映了盖梁牛腿受力的影响因素，能较准确地预测盖梁牛腿的承载力且计算简便。

关键词：倒 T 形盖梁 牛腿 拉压杆模型

1 引言

倒 T 形盖梁相比传统矩形盖梁，具有良好的美学效果，可提高桥下净空或降低桥面高程，因而被广泛应用于城市桥梁建设中。传统矩形盖梁的荷载作用于其顶部，可较好通过盖梁全截面受力将荷载传递至墩柱等下部结构，而倒 T 形盖梁的支座位于盖梁的翼部，呈现为牛腿构造，局部受力效应显著，具有典型的"D 区"受力特点。我国桥梁设计规范缺乏此类结构明确的承载力计算方法。因此，为适应桥梁技术发展需求、完善桥梁设计方法，避免倒 T 形盖梁出现受力问题，应对相关问题开展研究。

目前，国内外对倒 T 形盖梁受力性能系统研究的成果较少。根据试验资料，冶金部建筑研究院[1]基于柱式牛腿研究成果，结合倒 T 形盖梁的受力特点，提出了倒 T 形盖梁牛腿(以下简称梁牛腿)承载力计算公式。我国《桥梁工程》教材[2]近似将梁牛腿当作悬臂板，给出了梁牛腿受力计算方法。《公路钢筋混凝土及预应力混凝土桥涵设计规范》(JTG 3362—2018)[3](以下简称《公路桥梁规范》)，借鉴了美国《AASHTO LRFD US—2018》[4](以下简称《AASHTO 规范》)的相关规定，在梁牛腿的应力扰动区建立拉压杆模型，但梁牛腿拉压杆模型的构建方法偏于概念化。Furlong R. W. 等[5]系统研究了梁牛腿的受力性能，指出竖向钢筋(肋板内的箍筋)是牛腿荷载传递的重要钢筋，提出了等效受力宽度的概念、计算方法以及梁牛腿的构造要求。Mirza S. A. 等[6]基于试验数据和理论推导，建议梁牛腿荷载可按 45°扩散角，提出了更为精确合理的计算方法。美国休斯敦大学[7]采用修正拉压杆模型提出了梁牛腿裂缝宽度计算公式，同时指出 Furlong R.1W.[5]研究中等效受力宽度与试验数据不完全吻合。另外，Roy

S. 等[8]研究了箍筋倾斜时梁牛腿受力性能。

根据圣维南原理,可以将结构分为"B 区"和"D 区"。"B 区"是指截面应变分布基本符合平截面假定的结构区域,它们的截面应力状态可以通过内力(弯矩、扭矩、剪力和轴向力)得出。相应地,"D 区"是指截面应变分布呈现明显非线性的结构区域,这些部位具有几何构造上的不连续或力流受扰动的特点。拉压杆模型是研究加载点局部或结构变化显著的"D 区"承载力的常用方法。

我国之前桥梁设计中的梁牛腿计算方法大都接受《桥梁工程》[2]的建议,即采用传统的"B 区"计算方法。目前,《公路桥梁规范》[3]、《AASHTO 规范》[4]、《混凝土结构设计规范》[9]、《ACI 318-11》[10]等规范及国内外相关研究则建议采用拉压杆模型的"D 区"计算方法。因此,本文在总结归纳现有梁牛腿承载力试验成果和计算方法的基础上,基于梁牛腿的试验破坏形态,讨论并建立梁牛腿拉压杆模型,提出一种便于使用的承载力计算方法,并利用国内外代表性试验数据对该模型和方法进行验证。

2 现有牛腿计算方法

现有试验研究表明,梁牛腿传力路径为:支座承担的荷载通过牛腿传递至肋板底部,然后通过箍筋等传递至肋板顶部,最后通过盖梁肋板传递给柱等其他支承构件。因此,可采用如图 1 所示受力模式,建立拉压杆模型计算。

2.1 《桥梁工程》建议的计算方法

《桥梁工程》教材[2]中指出,对于箱形梁悬臂端部的牛腿,可近似按悬臂板模型,采用容许应力设计法分别验算竖截面、45°斜截面、最弱斜截面的强度(图 2),其中等效受力宽度按如下公式计算:

$$B = b + 2e \tag{1}$$

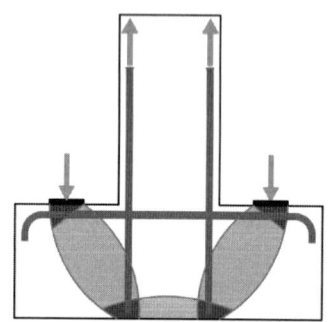

图 1 梁牛腿拉压杆模型示意图

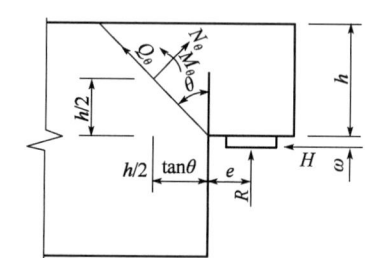

图 2 《桥梁工程》计算示意图

竖截面可按钢筋混凝土偏心受拉构件验算,内力取为:

$$N_{\theta=0} = H, Q_{\theta=0} = R, M_{\theta=0} = Re + H(h/2 + \varepsilon) \tag{2}$$

45°斜截面近似按轴心受拉构件验算,满足如下强度条件:

$$K\frac{R}{\cos 45°} \leq R_g(A_w + A_g\cos 45° + A_k\cos 45°) \tag{3}$$

最弱斜截面是指按假设纯混凝土截面计算时,其边缘拉应力最大的一个截面,相应内力为:

$$N_\theta = R\sin\theta + H\cos\theta \tag{4}$$

$$Q_\theta = R\cos\theta - H\sin\theta \tag{5}$$

$$M_\theta = R\left(e + \frac{h}{2}\tan\theta\right) + H\left(\frac{h}{2} + \varepsilon\right) \tag{6}$$

式中：θ——最弱斜截面的倾角，可由下式确定：

$$\tan 2\theta = \frac{2hR}{3Re + H(2h + 3\varepsilon)} \tag{7}$$

式中：H、R——支座上作用的水平力和竖向力；

e——支座中心到横隔板边缘距离；

h——牛腿高度；

ε——支座高度；

K——安全系数，一般取 1.45~1.55；

R_g——钢筋抗拉设计强度；

A_g、A_k、A_w——等效受力宽度内水平钢筋、竖直钢筋和斜向钢筋的截面面积。

2.2 冶金部建筑研究院建议的计算方法

冶金部建筑研究院牛腿试验组基于柱式牛腿的试验结果，采用容许应力设计法提出了梁牛腿截面受力控制条件：

$$KR \leqslant 0.17\sqrt[3]{\frac{h_0 p}{e}}bh_0 R_a + A_w R_g \sin\alpha \tag{8}$$

$$p = \frac{A_g}{bh_0} \times 100 \tag{9}$$

式中，水平钢筋、竖直钢筋需满足条件：

$$\frac{KRe}{0.85h_0} + KH \leqslant A_g R_g \tag{10}$$

$$KR \leqslant A_k R_g \tag{11}$$

梁牛腿的等效受力宽度为：

$$B = b + 1.5h \tag{12}$$

式中：h_0——梁牛腿的截面有效高度；

R_a——混凝土轴心抗压设计强度；

其余符号意义同前。

2.3 《AASHTO规范》建议的计算方法

《AASHTO规范》采用如图1所示梁牛腿拉压杆模型，分别验算梁牛腿的抗剪承载力、抗弯承载力和竖向拉杆承载力。在英制单位下，梁牛腿按压杆受力控制的抗剪承载力可按下式计算：

$$V_n = \min\{0.2f'_c b_s d_e, 0.8b_s d_e\} \tag{13}$$

b_s 为按压杆受力控制的抗剪承载力计算等效受力宽度，可按下式计算：

$$b_s = \min\{W + 4a_v, 2c, S\} \tag{14}$$

以牛腿根部靠肋板内竖向钢筋的断面为计算位置，计算梁牛腿抗弯承载力，弯矩取为：

$$M_u = V_u a_f + N_{uc}(h-d) \tag{15}$$

抗弯承载力计算的等效受力宽度按下式采用：

$$b_b = \min\{W + 5a_f, 2c, S\} \tag{16}$$

按拉杆受力控制的抗剪承载力计算应满足如下条件：

$$V_n = \min\left\{\frac{A_{hr}f_y}{s}S, 0.063\sqrt{f'_c}\,b_f d_f + \frac{A_{hr}f_y}{s}(W + 2d_f)\right\} \tag{17}$$

式中：V_u、N_{uc}——梁牛腿竖向力设计值和对应的水平力设计值；

d_e——梁牛腿有效高度；

f'_c——混凝土圆柱体抗压强度；

W——支座宽度；

a_v——支座中心到腹板的距离；

c——支座中心到梁端部的距离；

S——两支座中心距；

a_f——支座中心到肋板内竖直钢筋的距离；

f_y——钢筋抗拉强度；

b_f——倒T形盖梁底缘宽度；

d_f——梁牛腿顶面至底缘纵筋重心距离；

A_{hr}——单根箍筋截面面积；

s——箍筋间距。

2.4 现有模型评价

国内梁牛腿受力性能研究主要以理论分析为主，缺乏试验数据支持。《桥梁工程》一书采用传统的"B区"设计方法，受力较为直观明确。冶金部以柱式牛腿为基础推导的计算方法考虑了牛腿作为"D区"时受力的特点，但其等效受力宽度确定缺乏数据支撑。《AASHTO规范》计算方法较成熟，基于各种可能的破坏形态提出相应验算方法，但计算中未考虑斜裂缝为主裂缝时的相应计算项，也缺乏考虑配置斜向钢筋后对牛腿承载力的影响。因此，对应牛腿实际破坏形态提出针对性的牛腿强度计算方法十分必要。

3 试验破坏分析

依据国内外倒T形盖梁承载力研究结果，梁牛腿局部破坏形态(图3)主要可分为：①竖向钢筋屈服破坏；②水平钢筋屈服破坏；③牛腿冲切破坏。冲切破坏是指外荷载作用下，梁牛腿的主要受力钢筋达到屈服，并逐渐形成45°冲切破坏面，最终达到极限承载力。因此，在竖向钢筋屈服破坏或水平钢筋屈服破坏的同时，可以观察到牛腿冲切破坏。

图3 Larson[11]试验破坏形态

4 基于试验破坏形态的拉压杆模型

拉压杆模型是研究"D区"结构的有效方法,因此被应用于牛腿局部受力计算。拉杆通常由钢筋组成,而压杆主要是混凝土。由于实际结构中不存在拉压杆,不同人建立的拉压杆将有所差异,合理的拉压杆模型应能有效反映结构传力路径和破坏模式。

研究表明,冲切破坏时,梁牛腿的破坏面接近45°锥面,如图4所示。

梁牛腿中混凝土压杆强度通过牛腿的抗剪承载力控制,这里采用《AASHTO规范》[4]中抗剪承载力控制公式第一项,原公式第二项限制了高强混凝土最大剪应力,而Lawrence[11]的研究表明该公式同样适用于高强混凝土。因此,按压杆受力控制的抗剪承载力为:

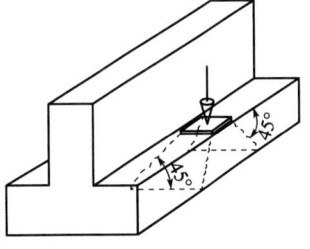

图4 梁牛腿45°冲切破坏面

$$V_u = 0.236 f_{ck} b_s h_0 \quad (18)$$

式中:f_{ck}——混凝土棱柱体抗压强度标准值,近似取$f_{ck}=f_c/1.18$;

b_s——梁牛腿抗剪计算等效受力宽度,取为破坏面平均宽度,即:

$$b_s = \min\left\{B + h_0, c + \frac{1}{2}(B + h_0), S\right\} \quad (19)$$

梁牛腿中竖向拉杆由肋板内的箍筋和斜向钢筋在竖直方向上的投影组成,是将梁牛腿承受的竖向荷载传递至肋板顶的重要构件,因此按拉杆控制的抗剪承载力为:

$$V_u = \frac{b_T}{s_{s,k}} A_{s,k} f_{sk} + \frac{b_T}{s_{s,w}} A_{s,w} f_{sk} \cos 45° \quad (20)$$

式中:b_T——梁牛腿竖向拉杆等效受力宽度,假定穿过牛腿破坏面的钢筋能屈服,因此取为梁底破坏面宽度,即:

$$b_T = \min\{B + 2h_f, c + (B + h_f), S\} \quad (21)$$

梁牛腿中水平拉杆由水平钢筋和斜向钢筋在水平方向上的投影组成,承担竖向荷载引起的弯矩,梁牛腿受到的水平荷载亦由水平拉杆承担。试验研究和有限元分析[5]表明,牛腿不满足平截面假定,上侧受拉钢筋应力偏大,下侧受压区高度偏高,内力臂偏小。这里接受Furlong R. W.[5]的建议,内力臂取为$0.8h$,此时不需要验算混凝土压应力,因此按弯曲控制的抗剪承载力为:

$$\frac{V_u e}{0.8h} + F_u = \frac{b_b}{s_{s,g}} A_{s,g} f_{sk} + \frac{b_b}{s_{s,w}} A_{s,w} f_{sk} \cos 45° \quad (22)$$

式中,F_u——水平荷载;

b_b——梁牛腿抗弯计算等效受力宽度,Furlong R. W.[5]试验研究表明,梁牛腿中等效受力的水平钢筋分布范围更广,可近似按25°扩散角分析,因而:

$$b_b = B + 4a_v \quad (23)$$

式中:f_{sk}——钢筋抗拉强度标准值;

其余符号意义同前。

5 算例验证

Furlong R. W.[5]和 Mirza S. A.[6]通过51个试验工况系统研究了倒 T 形盖梁各项受力性能,本节选取其中 27 个与梁牛腿承载力相关的试验结果,对比《桥梁工程》计算方法(方法1)、冶金部计算方法(方法2)、《AASHTO 规范》计算方法(方法3)及本文拉压杆模型(方法4)的适用性,见表1。理论分析和试验结果均表明,当加载点位于梁端时,梁牛腿承载力会下降,方法1 和方法2 无法体现此种变化。《公路桥梁规范》在计算同属于"D 区"的局部承压构件时,规定等效受力宽度不应大于荷载中心至边缘距离的两倍。因此,与方法3 一致,当等效受力宽度 b 大于 $2c$ 时,将 $2c$ 作为梁牛腿等效受力宽度。

经材料强度表示方式、参数单位等统一换算后,在不同截面尺寸构造、混凝土强度、配筋率和加载条件下,本文提出的理论模型能较好地反映梁牛腿破坏强度,实测荷载与计算荷载比值为 1.01,变异系数 0.23,理论计算荷载与实测荷载最接近。见表1。相关文献中试件水平钢筋配筋率较高,未发现水平拉杆控制的抗弯破坏模态,与计算结果吻合。

梁牛腿承载力实测荷载与计算荷载比值   表1

数据来源	编号	破坏模态	试验(kN)	方法1	方法2	方法3	方法4
文献[5]	B1-4	T	1687.2	1.15	1.44	1.44	1.05
	B1-6	S	1687.2	1.10	0.98	1.25	0.93
	BM1-1	T	182.0	1.25	0.82	0.67	0.87
	BM1-2	T	207.3	1.42	0.93	0.77	0.99
	BM1-3	S	168.7	1.71	1.15	1.15	1.15
	BM2-1	T	128.8	1.08	1.10	1.10	0.75
	BM2-2	S	222.0	1.08	0.82	0.82	1.01
	BM2-3	T	263.8	2.68	1.80	1.80	1.80
	BM3-1	T	182.9	1.30	1.25	1.25	1.25
	BM3-2	S	188.7	1.12	0.86	0.86	0.93
	BM3-3	T	193.1	1.37	1.32	1.32	1.32
	BM3-4	T	143.4	1.02	1.22	1.22	1.09
	BM4-3	T	238.9	1.62	1.09	1.09	1.09
文献[6]	TC11	T	173.2	0.72	1.01	0.84	0.84
	TC21	T	233.1	1.09	1.24	1.14	1.14
	TC22	T	210.9	0.99	1.12	1.03	1.03
	TC23	S	255.3	0.87	0.69	0.62	0.78
	TC24	T	244.2	1.14	1.30	1.19	1.19
	TC25	T	244.2	1.14	1.30	1.19	1.19
	TP31	S	230.9	0.67	0.52	0.42	0.58
	TP41	S	222.0	0.60	0.53	0.36	0.60
	TP43	S	348.1	0.94	0.83	0.57	0.94
	TP51	T	244.2	1.02	0.97	0.89	0.89
	TP52	T	230.9	0.96	0.92	0.84	0.84

续上表

数据来源	编号	破坏模态	试验(kN)	方法1	方法2	方法3	方法4
文献[6]	TP54	S	421.8	1.22	0.94	0.77	1.05
	TP63	S	359.6	0.94	0.86	0.57	0.96
	TC71	T	233.1	0.93	1.06	0.97	0.97
平均值				1.15	1.04	0.97	1.01
标准差				0.39	0.27	0.32	0.23
变异系数				0.34	0.26	0.33	0.23

注:表中破坏模态:"S"为压杆控制的抗剪破坏,"T"为肋板内竖向拉杆控制的箍筋破坏。

6 设计建议公式

第5节算例表明,本文拉压杆模型能较好预测梁牛腿承载力。根据现有《公路桥梁规范》相关规定,计入作用和材料的分项系数、受力条件系数后,式(18)、式(20)、式(22)改写为如下形式:

$$\gamma_0 V_d \leq 0.22 f_{cd} b_s h_0 \tag{24}$$

$$\gamma_0 V_d \leq 0.95 \left(\frac{b_T}{s_{s,k}} A_{s,k} f_{sd} + \frac{b_T}{s_{s,w}} A_{s,w} f_{sd} \cos 45° \right) \tag{25}$$

$$\frac{\gamma_0 V_d e}{0.8h} + \gamma_0 F_d \leq 0.95 \left(\frac{b_b}{s_{s,g}} A_{s,g} f_{sd} + \frac{b_b}{s_{s,w}} A_{s,w} f_{sd} \cos 45° \right) \tag{26}$$

式中:γ_0——结构重要性系数;

V_d——竖向荷载设计值;

F_d——最大竖向荷载对应的水平荷载设计值;

f_{cd}——混凝土轴心抗压强度设计值;

f_{sd}——钢筋抗拉强度设计值;

b_s、b_T、b_b——等效受力宽度,按式(19)、式(21)、式(23)计算;

其余各式意义同前。

7 结语

对于倒T形盖梁牛腿,明确梁牛腿破坏模式是承载力计算的关键。试验研究表明,梁牛腿破坏时呈45°锥形破坏面,与一般柱式牛腿有较大差异。

现有梁牛腿承载力计算模型在等效受力宽度取值和抗剪承载力方面尚存分歧。《公路桥梁规范》指出,牛腿可按拉压杆模型计算,但偏于概念的建模方法不便使用。冶金部公式采用了类似拉压杆模型,《AASHTO规范》采用了拉压杆模型,但均未考虑斜向钢筋对承载力的影响。

本文基于梁牛腿最常见的破坏形态,建立了拉压杆模型及相应计算公式,能较好反映梁牛腿传力路径,计算过程简便,较准确地预测梁牛腿承载力。

参 考 文 献

[1] 丁斌彦.钢筋混凝土牛腿的计算[J].冶金建筑,1974.
[2] 范立础.桥梁工程(上册)[M].北京:人民交通出版社,2003.

[3] 中华人民共和国交通运输部. 公路钢筋混凝土及预应力混凝土桥涵设计规范：JTG 3362—2018[S]. 北京:人民交通出版社股份有限公司,2018.

[4] AASHTO LRFD Bridge Design Specifications[S]. 2018.

[5] Furlong R. W., Ferguson P. M., Ma J. S. Shear and Anchorage Study of Reinforcement in Inverted T-beam Bent Cap Girders[R]. Report 113-4, Center for Highway Research, The University of Texas at Austin, Austin, Tex., July, 1971.

[6] Mirza S. A., Furlong R. W. Strength Criteria for Concrete Inverted T Girders[J]. Journal of Structural Engineering, ASCE,1983,8(109):1836-1853.

[7] Zhu R. H., H. Dhonde, T. T. C. Hsu. Crack Control for Ledges in Inverted 'T' Bent Caps[R]. No. Research Report 0-1854-5. University of Houston, Department of Civil & Environmental Engineering, 2003.

[8] Roy S., Performance of Skew Reinforcing in Inverted-T Bridge Caps[J]. 2018.

[9] 中华人民共和国住房和城乡建设部. 混凝土结构设计规范：GB 50010—2015[S]. 北京：中国建筑工业出版社, 2015.

[10] ACI318-11, Building Code Requirement for Structure Concrete and Commentary[S]. USA, America Concrete Institute, 2008.

[11] Larson N A. Design of reinforced concrete inverted-T beams for strength and serviceability [J], 2013.

126. 基于 Matlab 的地锚式悬索桥缆索施工监控计算分析

温信根[1] 庄冬利[1] 肖汝诚[1] 郭照辉[2] 赵 超[2]

（1. 同济大学桥梁工程系；2. 中国水利水电第八工程局有限公司）

摘 要：本文根据已有的悬索计算理论，以某悬索桥为工程背景，在考虑悬索桥索鞍和锚跨索股离散性的条件下，基于 Matlab 编程精细计算地锚式悬索桥施工监控中的主缆索股无应力长度、空缆线形、空缆索夹定位、锚跨张拉力和索股调整量，并根据计算数据以空缆线形为例分析其与温度、塔顶偏位间的关系，得出相应结论，以指导现场施工。

关键词：悬索桥 施工监控 无应力长度 索股调整量

1 引言

悬索桥因柔性缆索的存在而具有显著的几何非线性，且在施工过程中主缆的线形受温度等外界因素的影响十分显著，一旦主缆架设完成，后期桥梁的受力状态也就基本确定了，可调整的余地很小。因此，主缆的架设过程对悬索桥施工完成后能否达到合理成桥状态起着至关重要的作用，也是悬索桥整个施工监控工作中的关键一环。

目前桥梁结构的计算分析大多采用 Midas Civil、ANSYS 等有限元软件建模计算，考虑索鞍处圆弧段和锚跨离散性的建模方法较复杂，模型里中跨和边跨的主缆在索鞍处的交会大多采用 IP 点代替。虽然这样对整体结构的内力和变形响应的计算偏差不大，但无法准确计算主缆索股的无应力长度。此外，施工现场的温度、塔顶偏位等因素与理论状态值往往有一定差异，因此索股架设时现场的实测垂度与理论状态下的计算垂度存在偏差，这时需要准确计算出现场状态下的索股垂度计算值，再与现场实测值进行对比。若仍存在偏差，则需要通过在索鞍处调整各跨索股的无应力索长，使得调整后的垂度与计算值一致。然而，有限元软件也较难实现快速且准确地计算这一索股无应力长度调整量。

本文以某悬索桥为背景，根据已有的悬索计算理论，基于 Matlab 编程精细计算地锚式悬索桥施工监控中的主缆各索股无应力长度、空缆线形、空缆索夹定位、主缆锚跨张拉力和索股调整量。通过将程序的计算值与该悬索桥对应的设计图纸数据进行对比，来反映程序的计算精度。最后以空缆状态中跨垂点高程为例，利用程序计算出相关数据并进行整理，以此分析温度、塔顶偏位对垂点高程的影响，将成果用于工程实践。

2 程序算法

2.1 计算理论

为了简化计算,目前缆索计算常采用如下假定[1]:

(1)索是理想柔性的,不能抗压,也不能抗弯。
(2)索在弹性阶段工作,材料符合胡克定律。
(3)索满足小应变假定,无需考虑截面变化的影响。

基于上述假定,可通过推导得出当荷载沿着索长均布时,索曲线为悬链线,且可得出索段端点坐标 l、h 与左端点水平力 H、竖向力 V 和索段无应力索长 S_0 之间的函数关系式[2]为:

$$l = \frac{H S_0}{EA} + \frac{H}{q_0}\left[\operatorname{arsh}\left(\frac{V}{H}\right) - \operatorname{arsh}\left(\frac{V - q_0 S_0}{H}\right)\right] \quad (1)$$

$$h = \frac{V S_0}{EA} - \frac{q S_0^2}{2EA} + \frac{H}{q_0}\left[\sqrt{1+\left(\frac{V}{H}\right)^2} - \sqrt{1+\left(\frac{V-q_0 S_0}{H}\right)^2}\right] \quad (2)$$

若考虑温度变化对索股无应力长度的影响,由于变化前后索股的质量守恒,用 α、Δt 分别表示材料线膨胀系数和温度改变量,可得温度改变后的无应力长度和荷载集度分别为:

$$S_0' = (1 + \alpha \Delta t) S_0 \quad (3)$$

$$q_0' = \frac{q_0 S_0}{S_0'} \quad (4)$$

将上式代入式(1)、式(2),可得考虑温度变化影响后的计算公式。

2.2 成桥线形迭代计算

由于悬索桥中有吊索的存在,主缆的成桥线形并不是悬链线,而是由相邻吊索间的各小段悬链线组成的"索多边形",因此成桥线形的计算必须以吊索为界分段进行。计算可分为以下两种情况进行:

(1)考虑鞍座处主缆的圆弧段,较精确地计算出主缆无应力索长,并用于后续锚跨张拉力、空缆线形和索夹定位点等问题的计算,结果可为实际缆索施工提供较准确的依据。

(2)不考虑鞍座处主缆的圆弧段,中跨和边跨的主缆在索鞍处的交汇采用 IP 点代替,将计算结果用于建立全桥有限元模型,模拟施工阶段,求结构的内力和变形响应。

两种计算情况下成桥状态的鞍座半径与主缆半径之和 R、吊索间距 l、主缆垂度 f、中跨两侧 IP 点高差 Δy 以及主缆材料各参数都已知,无论哪种情况,成桥线形计算时都需先确定吊索力,可先按刚性横梁法初步确定。下面以第一种情况为例说明成桥线形的计算。

首先进行中跨线形的计算,根据成桥荷载估算主缆在左侧鞍座处切点竖向力 V_1 和水平力 H 的初值,并以此为迭代变量,向右侧以吊索为界逐段计算,计算图示如图1所示。

图1 中跨计算图示

各索段无应力索长的计算可通过式(1)采用 Newton-Raphson 法进行计算。当计算至右侧时,由于主缆与右侧鞍座的切点未知,因此最后一根吊索中心线节点 n 点到切点的无应力索长需以 n 点到右侧主塔中心线的水平距离 l_n 为初值进行迭代计算,计算流程如图 2 所示。鞍座处圆弧段主缆无应力索长的计算可假定拉力都等于切点处缆力,计算误差较小。

至此,完成整体迭代的一轮计算。由于整体迭代变量 V_1 和 H 的初值都是估算的,此时算出的主缆垂度 f 和两侧 IP 点高差 Δy 与实际已知值存在差异,因此可根据此差异计算 V_1 和 H 的修正量,并以此作为收敛条件。迭代变量修正值可通过方程式(5)计算。当迭代变量修正值和等号右边的差异值都满足给定精度的要求时,迭代计算停止,此时已求得中跨水平力、各索段两端点高差和无应力长度,接下来再分别进行边跨和锚跨的计算。

成桥状态边跨水平力和中跨水平力相等,因此水平力作为已知量,仅将主缆在鞍座处切点的竖向力 V_1 作为迭代变量即可,而收敛条件为主索鞍 IP 点到散索鞍 IP 点的高差差异,迭代变量修正值的计算类似上述方程。锚跨的计算需根据散索鞍两侧缆力对转点的力矩相等的平衡条件进行计算,可求得锚跨索股的无应力长度和锚跨张拉力。完成中、边跨和锚跨的计算后,即可求得全桥中心索股的无应力索长和成桥状态下的锚跨张拉力,再根据几何关系和切点处各索股拉力相等的原则[2]修正计算各索股的无应力索长和成桥状态锚跨张拉力。

对于第二种情况,由于不考虑鞍座处主缆的圆弧段,中跨和边跨的主缆在索鞍处的交汇采用 IP 点代替,因此不存在切点,只需要假设左侧 IP 点处的竖向力 V_1 和水平力 H,向右逐段计算至右侧 IP 点即

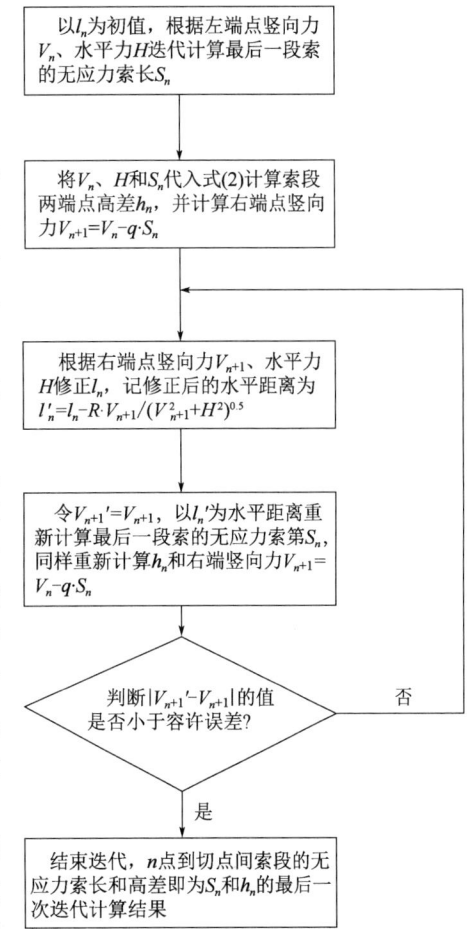

图 2 第 n 段索迭代计算流程图

可,迭代计算方法与第一种情况相同。根据求得的各索段无应力索长和索端点坐标差,即可通过有限元软件建立全桥的有限元计算模型。

$$\begin{bmatrix} \sum_{i=1}^{n/2}\dfrac{\partial h_i}{\partial V_1} & \sum_{i=1}^{n/2}\dfrac{\partial h_i}{\partial H} \\ \sum_{i=1}^{n}\dfrac{\partial h_i}{\partial V_1} & \sum_{i=1}^{n}\dfrac{\partial h_i}{\partial H} \end{bmatrix} \begin{bmatrix} \Delta V_1 \\ \Delta H \end{bmatrix} = \begin{bmatrix} f - \sum_{i=1}^{n/2} h_i \\ \Delta y - \sum_{i=1}^{n} h_i \end{bmatrix} \tag{5}$$

2.3 空缆线形迭代计算

在整个施工过程中以及成桥后,索股在鞍槽顶点被固定,二者不能产生相对滑动,因此空缆状态下的各跨间无应力索长等于成桥时无应力索长,且相邻索夹间索股的无应力长度不变。此外,若不考虑塔顶偏位的影响,空缆状态下中、边跨索力水平分量相等,且散索鞍保持受力平衡。与成桥状态计算不同,空缆状态只有中边跨和锚跨两个基本计算过程。

空缆状态下两主索鞍顶点的高程可通过与抛高量求得。线形计算时首先假设两散索鞍预偏角,可取 0 作为迭代初值,用来计算索股在散索鞍上固定点的坐标。记左边跨索段数为 n_1,左边跨加中跨索段数共为 n_2,三跨索段数共为 n_3;左边跨主索鞍顶点与散索鞍上索股固定点

高差为 Δy_1，中跨左侧与右侧主索鞍顶点高差为 Δy_2，右边跨主索鞍顶点与散索鞍上索股固定点高差为 Δy_3，两散索鞍上索股固定点水平方向距离为 Δx。以左边跨主索鞍切点、中跨左侧主索鞍切点和右边跨主索鞍切点处竖向力 V_{ll}、V_{ml}、V_{rl} 以及三跨的水平力 H 为迭代变量。由于各索段无应力索长 S_n 不变，因此可通过式（1）和式（2）计算索端点坐标差 l 和 h。迭代变量修正值可通过以下给出的方程式（6）计算，当迭代变量修正值和等号右边的差异值满足给定精度的要求时，迭代计算停止。

此时完成中边跨的迭代计算，再进行锚跨的计算。根据散索鞍平衡条件，比较两侧缆力对转点的力矩是否相等，精确计算可考虑散索鞍重力的影响，若不相等，则根据力矩差值修正两散索鞍预偏角，重新进行中边跨和锚跨的计算，直至力矩差值满足给定精度要求为止。至此，完成全桥空缆线形的计算，并求得了各索段端点坐标和锚跨索股张拉力，各索段端点坐标即为索夹定位坐标，各跨垂点高程也可再根据式（1）和式（2）进行计算，并可考虑温度的影响，仅需将式（3）和式（4）代入式（1）和式（2）重新计算即可。

$$\begin{bmatrix} \sum_{i=1}^{n_1} \dfrac{\partial h_i}{\partial V_{ll}} & 0 & 0 & \sum_{i=1}^{n_1} \dfrac{\partial h_i}{\partial H} \\ 0 & \sum_{i=n_1+1}^{n_2} \dfrac{\partial h_i}{\partial V_{ml}} & 0 & \sum_{i=n_1+1}^{n_2} \dfrac{\partial h_i}{\partial H} \\ 0 & 0 & \sum_{i=n_2+1}^{n_3} \dfrac{\partial h_i}{\partial V_{rl}} & \sum_{i=n_2+1}^{n_3} \dfrac{\partial h_i}{\partial H} \\ \sum_{i=1}^{n_1} \dfrac{\partial l_i}{\partial V_{ll}} & \sum_{i=n_1+1}^{n_2} \dfrac{\partial l_i}{\partial V_{ml}} & \sum_{i=n_2+1}^{n_3} \dfrac{\partial l_i}{\partial V_{rl}} & \sum_{i=1}^{n_3} \dfrac{\partial l_i}{\partial H} \end{bmatrix} \begin{bmatrix} \Delta V_{ll} \\ \Delta V_{ml} \\ \Delta V_{rl} \\ \Delta H \end{bmatrix} = \begin{bmatrix} \Delta y_1 - \sum_{i=1}^{n_1} h_i \\ \Delta y_2 - \sum_{i=n_1+1}^{n_2} h_i \\ \Delta y_3 - \sum_{i=n_2+1}^{n_3} h_i \\ \Delta x - \sum_{i=1}^{n_3} l_i \end{bmatrix} \quad (6)$$

2.4 索股调整量计算

主缆架设阶段基准索股为自由悬挂状态，其线形为悬链线，跨中垂度 f 一旦确定，索股线形就确定下来。现场施工中塔顶高程确定时，跨中垂度可由跨中垂点高程确定。若现场某一温度、塔顶偏位特定状态下的实测垂点高程与该状态下的理论计算垂点高程存在偏差时，需要计算鞍座处索股的调整量，使得调整后的实测垂点高程与理论计算值一致。

首先计算实测垂点高程对应的悬链线无应力索长，计算方法与成桥线形的计算类似，即可看作跨中仅有一根吊索，且吊索力为 0 进行计算。将该跨理论计算垂点高程对应的无应力索长与实测垂点高程的相减，即为无应力索长差，再根据索鞍切点处缆力计算该差值对应的有应力索长，即为此垂点高程偏差对应的索股调整量。

3 工程实例

下面以一主跨 700m 的单跨悬索桥为例，应用程序进行相关的施工监控计算分析，进一步验证程序的可靠性。

3.1 设计概况

某主跨 700m 单跨悬索桥的分孔布跨如图 3 所示。主缆跨径布置为 310m+700m+175m，中跨垂跨比 1/10；中跨主缆横向间距 27m，散索点处左边跨主缆横向间距渐变为 28m，右边跨主缆横向间距渐变为 35m；主塔为门式框架结构，两岸锚碇均为重力式锚碇；加劲梁采用扁平钢箱梁，总宽 29.5m，梁高 3m；主塔采用 C50 混凝土，主梁采用 Q345qD 钢材。

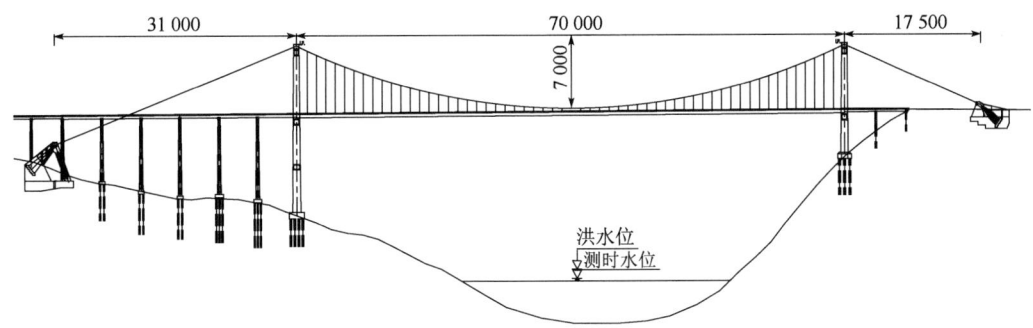

图3 某主跨700m悬索桥立面布置图(尺寸单位:cm)

3.2 与设计图纸数据对比

利用本文程序计算出该悬索桥主缆中心索股无应力长度、成桥线形、空缆各跨垂点高程及索鞍预偏量,与设计图纸中的上述数据进行对比,以验证程序的计算精度,计算结果如表1~表4所示。

主缆中心索股无应力索长对比表　　表1

项　目	左锚跨	左边跨	中跨左侧	中跨右侧	右边跨	右锚跨	总计
设计值(m)	24.557	326.316	358.139	358.127	184.726	14.389	1 266.254
计算值(m)	24.537	326.332	358.146	358.133	184.737	14.382	1 266.267
设计－计算(m)	0.020	－0.016	－0.006	－0.006	－0.011	0.007	－0.013
误差百分比(%)	0.081	－0.005	－0.002	－0.002	－0.006	0.049	－0.001

成桥状态主缆各跨关键点高程对比表　　表2

项　目	左边跨跨中	中跨1/4处	中跨3/4处	右边跨跨中
设计值(m)	467.620	462.593	461.039	491.489
计算值(m)	467.665	462.588	461.034	491.503
设计－计算(m)	－0.045	0.005	0.005	－0.014
误差百分比(%)	－0.010	0.001	0.001	－0.003

空缆状态各跨垂点高程对比表　　表3

项　目	左边跨	中跨	右边跨
设计值(m)	458.834	463.061	488.741
计算值(m)	458.844	463.073	488.753
设计－计算(m)	－0.011	－0.011	－0.012
误差百分比(%)	－0.002	－0.002	－0.003

空缆状态各索鞍预偏量对比表　　表4

项　目	主索鞍(mm)		散索鞍(°)	
	左侧	右侧	左侧	右侧
设计值	1 931.4	678.4	0.860 0	0.517 4
计算值	1 938.1	679.9	0.864 4	0.502 5
设计－计算	－6.7	－1.5	－0.004 4	0.014 9
误差百分比	－0.35%	－0.22%	－0.51%	2.88%

从表中的计算结果可以看出,利用本文程序计算得到的主缆中心索股无应力长度、成桥线形、空缆各跨垂点高程及各索鞍预偏量,与设计图纸中的上述数据相比误差非常小,计算结果满足精度要求。

3.3 主缆架设线形控制

主缆架设时首先进行基准索股的架设,通过各跨垂度及锚跨张拉力控制其线形,故此阶段施工控制计算的内容主要包括考虑温度、塔顶偏位变化情况下各跨的垂点高程和锚跨张拉力,以及垂点高程出现偏差时的索股调整量。以中跨垂点高程计算为例,根据编制的 Matlab 计算程序,计算出相关数据,整理计算结果并绘制散点图。

从计算结果图 4、图 5 中可以看出,温度、塔顶偏位与空缆状态中跨基准索股垂点高程间的关系都是接近线性的,因此可根据计算数据拟合出三者之间的线形关系式为:

$$H = 463.410 - 0.0186 \times T + 2.1567 \times D \tag{7}$$

式中:H——中跨基准索股垂点高程(m);

T——现场实测温度(℃);

D——两塔顶偏位之和(m)(各塔顶偏位值以向边跨偏移为正,向中跨偏移为负)。

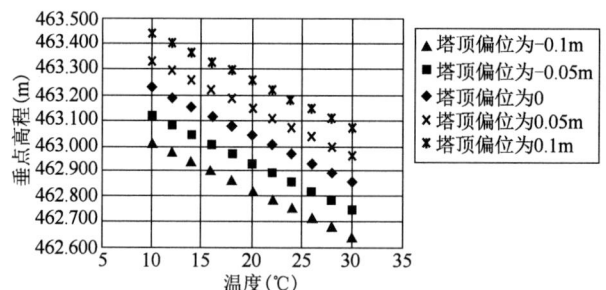

图 4 中跨基准索股垂点高程随温度变化

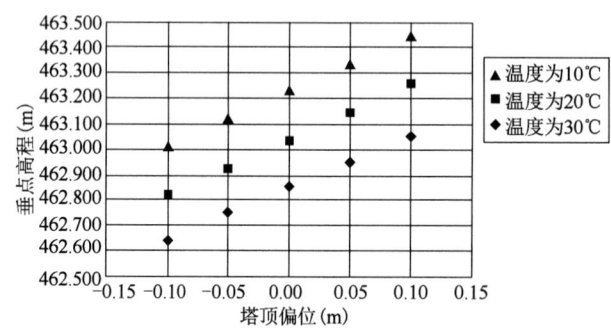

图 5 中跨基准索股垂点高程随塔顶偏位变化

下面任取三组温度和塔顶偏位,比较程序计算值和拟合公式计算值,以验证拟合公式的准确性,比较结果如表 5 所示。

中跨垂点高程程序计算值与拟合公式计算值对比表　　表5

项　　目	温度为10.8℃ 塔顶偏位0.094m	温度为26.3℃ 塔顶偏位0.021m	温度为29.6℃ 塔顶偏位-0.054m
程序计算值(m)	463.415	462.968	462.746
拟合公式计算值(m)	463.412	462.966	462.743
误差百分比(%)	0.001	0.000	0.001

从表中可以看出,本文程序计算值和拟合公式计算值的误差非常小,因此在实际施工过程中,便可将实测现场温度和塔顶偏位代入公式中,快速计算垂点高程理论值,与实测值进行比较,再根据偏差计算所需的索股调整量,可满足准确、快速指导施工的要求。

4 结语

本文根据现有悬索计算理论,基于 Matlab 编制了悬索桥线形计算程序。以某主跨 700m 的悬索桥为例计算,并将程序计算结果与设计图纸中的对应数据进行对比。结果表明,所编制的程序对缆索线形的计算满足精度要求。

本文通过自行编制的 Matlab 计算程序计算了地锚式悬索桥施工监控中的主缆各索股无应力长度、空缆线形、空缆索夹定位、主缆锚跨张拉力等问题,并以空缆状态中跨垂点高程为例,给出了该值随温度、塔顶偏位的变化关系。结果表明该值与温度、塔顶偏位的关系都是非常接近线性的,可拟合出相应的线性计算公式,并通过程序任意取值计算,验证了公式的准确性,可为指导现场施工提供便利。

参 考 文 献

[1] 肖汝诚,等.桥梁结构体系[M].北京:人民交通出版社,2013.
[2] 谭红梅.悬索桥施工监控仿真计算关键问题研究[D].上海:同济大学,2008.
[3] 罗喜恒.复杂悬索桥施工过程精细化分析研究[D].上海:同济大学,2004.
[4] 许琳.悬索桥施工过程中缆索系统的精细模拟[D].大连:大连理工大学,2013.
[5] 柯红军.复杂悬索桥合理设计及合理施工状态确定[D].长沙:长沙理工大学,2014.
[6] Sun B, Cai C S, Xiao R. Analysis Strategy and Parametric Study of Cable-Stayed-Suspension Bridges[J]. Advances in Structural Engineering, 2013, 16(6):1081-1102.
[7] Filippo Gazzola, Mohamed Jleli, Bessem Samet. On the Melan equation for suspension bridges [J]. Journal of Fixed Point Theory&Applications, 2014, 16(1-2):159-188.

127. 大跨钢桁架拱桥拱梁结合关键节点空间受力分析

王 聪[1] 吴万忠[2] 肖汝诚[1]

(1.同济大学土木工程学院桥梁工程系;2.上海市政工程设计研究总院(集团)有限公司)

摘 要:中承式钢桁架拱桥的拱梁结合处,在设计过程中存在板件连续的选择问题。针对清水塘大桥,采用 ANSYS 建立局部精细化模型,对拱梁结合节点(B10)进行空间受力有限元分析,为设计时贯通主梁板件或主拱板件的选择提供分析建议和依据。初步结果表明,主梁上的巨大轴力进入节点板后应力扩散,之后与主拱推力相平衡;而主拱不仅要传递自身巨大轴力,还要接受其他各构件传递给节点板的应力。因此,主拱最大应力接近主梁的 2 倍,宜贯通主拱板件、断开主梁板件。通过对该桥 B10 节点的局部应力有限元分析,证明节点板关键部位在成桥实际荷载作用下的应力水平处于安全范围内,为结构的设计施工提供可靠依据,并可为今后该类节点的局部应力分析提供参考。

关键词:桁架式拱梁组合体系 拱梁结合 局部应力 有限元分析 清水塘大桥

1 工程概况

大跨钢桁架拱桥拱梁结合部是拱的推力、刚性梁的拉力和整个桥跨结构的支承反力交汇之处,它不仅是梁拱的连接点、纵向预应力索的锚固点,同时也是确保拱肋空间稳定性,由强大端横梁的抗弯刚度提供的嵌固点,受力极为复杂[1-3]。因此,研究拱梁接合部的受力情况,对此类桥梁的设计和使用有着十分重大的意义。本文以清水塘大桥拱梁结合部为研究对象,采用 ANSYS 建立板单元模型对其空间受力特点进行分析。

清水塘大桥(图1)主桥结构为中承式钢桁架拱桥,采用桁架式拱梁组合体系。跨径布置为 100m+408m+100m,边主跨比为 1/4,矢跨比为 1/4.5。拱肋下弦采用抛物线,上弦主跨采用抛物线,通过圆曲线与边跨上弦连接。主桥采用连续梁支承体系,即仅在南侧主墩设置固定支座,其余为活动支座。

B10 节点位于拱梁接合处,除拱梁以外,竖腹杆、斜腹杆、水平系杆钢锚箱均在此交汇。B10 节点各个构件均采用箱形截面,宽度均为 1.8m,左右两侧覆盖节点板(图2)。

图 1　清水塘大桥方案效果图

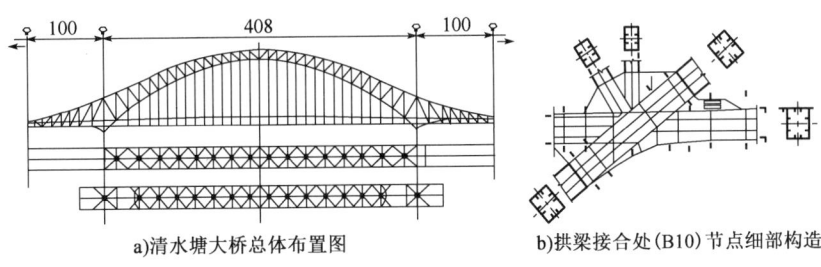

a)清水塘大桥总体布置图　　　　b)拱梁接合处(B10)节点细部构造

图 2　清水塘大桥结构图(尺寸单位:m)

2 局部模型建立

2.1 有限元模型

除主跨部分取一个节段长度外,其他杆件均取一半。由于该节点各个构件均采用箱型截面,因此在本节点局部分析中,采用板壳单元 Shell63。材料参数见表1。

材料参数　　　表1

构件部位	密度(kg/m³)	弹性模量 E(Pa)	泊松比	单元类型
梁、拱、腹杆	7850	2.1×10^{11}	0.3	Shell63

建模时首先建立几何模型:输入构件轴线控制点后,再输入截面控制点,逐一连接关键点形成由多个板件组成的各构件,随之进行布尔运算和搭接操作[5],见图3a)。为简化分析,不考虑节点板圆弧倒角。

几何模型建立完成后,依据表2为各个板件赋予板厚(实常数),并采用四边形网格进行自由网格划分,单元尺寸为 0.1m,见图3b)。

各板件实常数(板单元厚度)(单位:mm)　　　表2

项　目	顶　板	底　板	腹　板	加劲肋	横隔板
主梁	25	25	25	20	16
主拱	48	48	48	44	20
竖腹杆	24	24	24	24	—
斜腹杆	28	28	28	24	—
钢锚箱	40	40	—	—	40
节点板	—	—	48	—	—

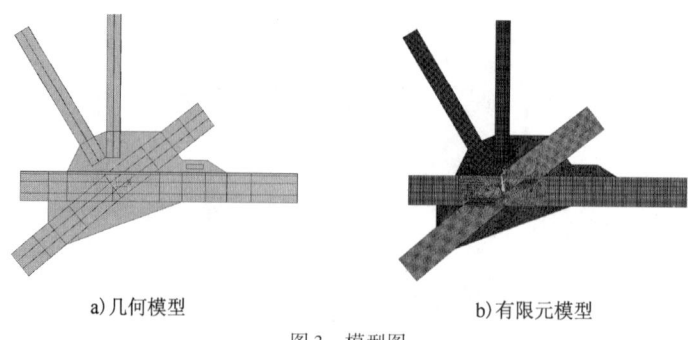

a) 几何模型　　　　　　　b) 有限元模型

图3　模型图

2.2　边界条件

整体模型采用梁单元,而节点精细模型采用板单元,为解决板单元与梁单元自由度不匹配问题(节点上无法施加弯矩),在端部轴线点上再向外延伸建立一段0.2m长的梁单元刚臂,采用 mpc184 单元划分。同时将各构件端部截面上所有节点与截面中心的刚臂节点刚接,建立刚性区域,如图4所示,辐射状连接线,从而使它们协同变形,便于接下来施加力边界与位移边界[5]。

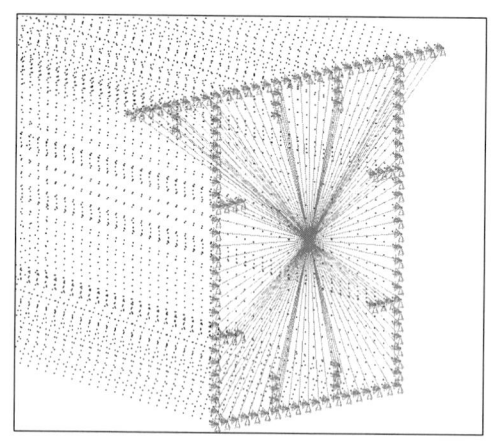

图4　力边界处理方式

为研究B10节点处各构件传力情况,分别验算以下五个工况,见图5a)～e):

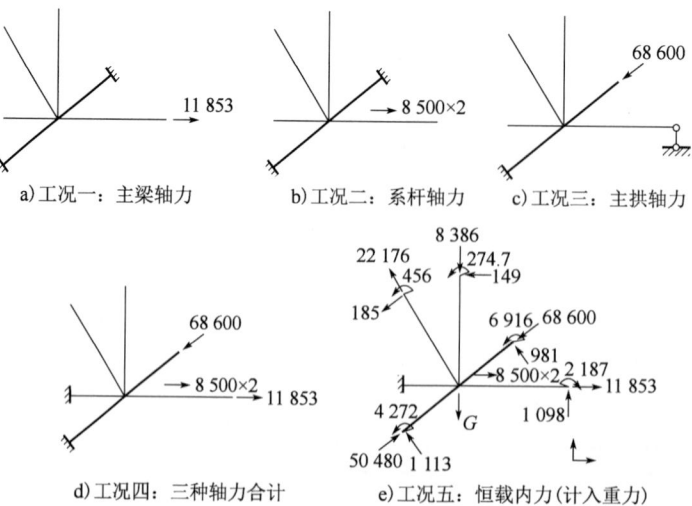

图5　加载工况及杆端处理

其中,工况一至工况三主要用来研究该节点处单工况三大主要轴力的传力路径,同时验证模型准确性;工况四用来研究三大主要轴力的互相影响;工况五为实际恒载成桥状态,由整体模型得到各杆件端部的力边界条件,为保证整个模型静定,选择其中一个次要杆件作为位移边界,此处选择边跨主梁,其他杆件按力边界加载。

3 计算结果与分析

计算结果依据第四强度理论,取 Mises 应力,以下输出结果若无特殊说明,均为等效应力图,单位为 Pa。

在计算过程中,因边界条件对某些杆件端部截面的刚性约束限制了纤维的变形,根据圣维南原理忽略距离约束点一倍尺度以内的应力图[2]。

3.1 主梁受力

由主跨传来的轴向拉力经由主梁传至节点板,最终与主拱推力相平衡,而边跨主梁受主跨轴力影响很小。但主梁以受拉为主,受拉会导致板件易疲劳[7]。由此可见,贯通主梁板件有利于保护疲劳构件(图6)。

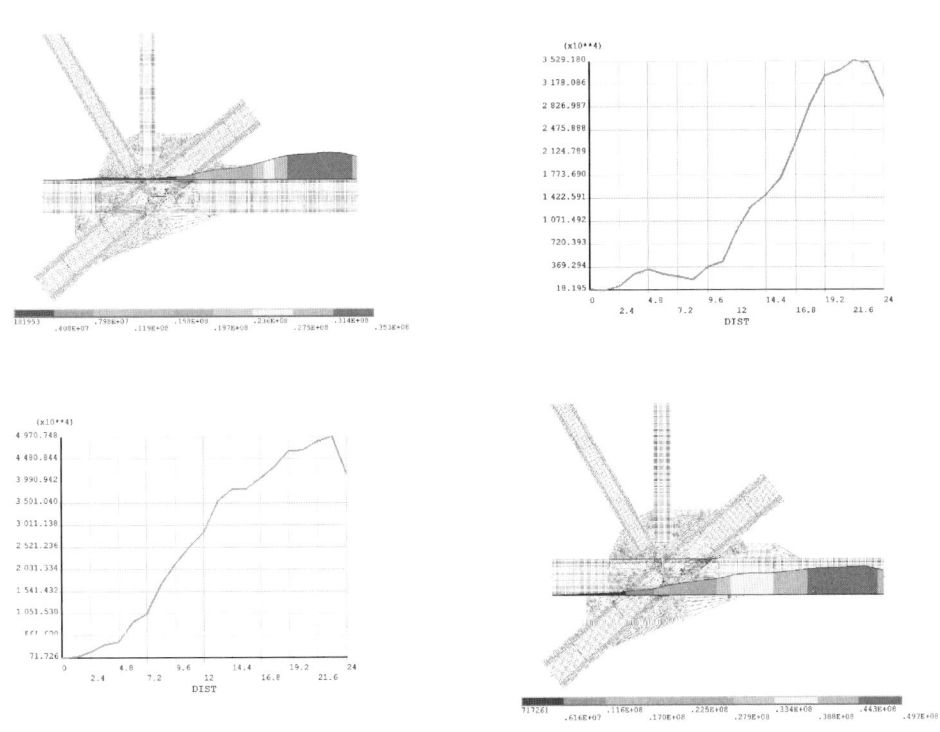

图6 工况一主梁顶底板应力

3.2 主拱受力

主拱轴力由上至下向拱脚传递,经过节点板时应力有所降低,但整体来说平均应力不变,主梁等其他构件并不参与分担主拱轴力(图7)。

与此同时,主梁、竖腹杆、斜腹杆、钢锚箱的力最终也都传至主拱,由此可见,主拱是非常重要的受力构件,贯通主拱板件有利于整个节点的传力平顺以及结构稳固。

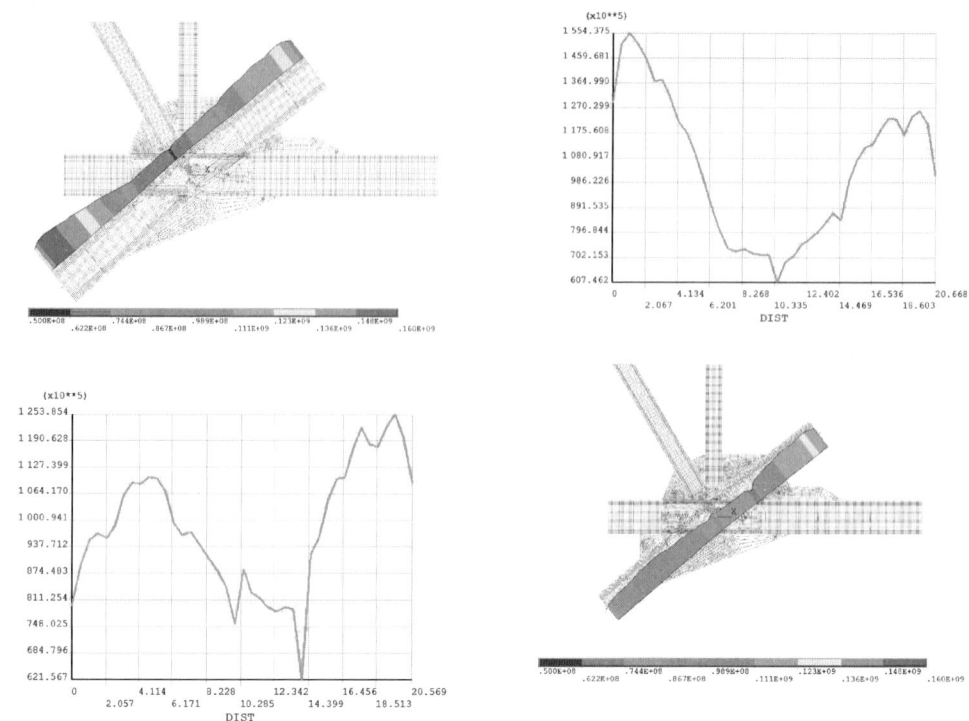

图7 工况三主拱顶底板应力

3.3 钢锚箱顶底板受剪问题

承担系杆轴力时,仅钢锚箱处局部应力较大,见图8a),之后传力至节点板,应力下降至40MPa左右,其余各构件腹板及各板件远端基本不受影响,应力较小较均匀。

传力路径:钢锚箱→节点板→主梁顶板、主拱下弦底板。

将较为不利的顶底板单独提取进行观察,见图8c),重点关注顶底板面内纵向剪力产生的应力。受锚箱内两个系杆轴力的影响,锚固端首先传力至顶底板,顶底板两侧受节点板限制,中间被系杆轴力撕拉,在与节点板连接处的两角点产生了较大的应力,峰值可达108MPa。

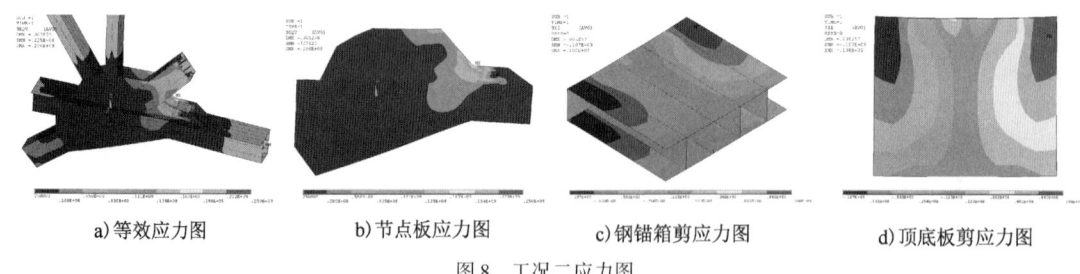

a)等效应力图　　b)节点板应力图　　c)钢锚箱剪应力图　　d)顶底板剪应力图

图8 工况二应力图

理论估算值:取2根系杆设计拉力8 500kN,8个传剪面,每个传剪面长度1.5m,估算时取2/3的剪应力分布范围,板厚40mm。

$$\tau = \frac{P}{nlt} = \frac{8\,500 \times 2 \times 10^{-3}}{8 \times 1.5 \times 0.04 \times \frac{2}{3}} = 53.1\,\text{MPa}$$

由此可见,有限元计算结果峰值108MPa接近理论估算值53.1MPa的两倍。所以手算可以近似估计均值,但峰值应力却无法准确预测,需要有限元进一步计算。

为减少角点处的峰值剪应力,可适当增厚顶底板。

3.4 节点板受力

因简化建模采用了直线轮廓,在整个节点板的各个角点均有不同程度的应力集中出现。实际施工时采用曲线圆弧过渡后应力集中会有所缓解[8]。

观察图9各个工况中蓝绿色部分,传力路径在节点板应力图中也有所体现,基本与上述分析一致。

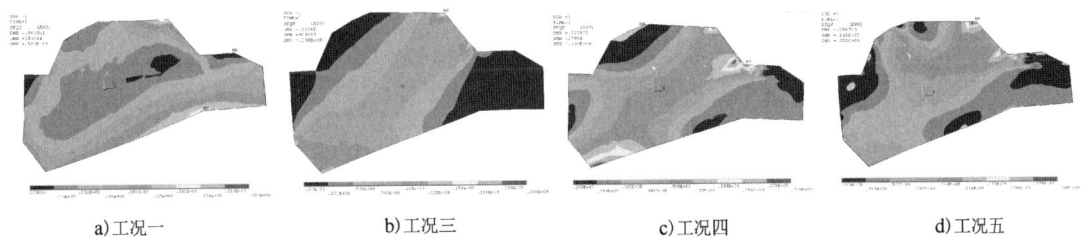

a) 工况一　　　　b) 工况三　　　　c) 工况四　　　　d) 工况五

图9　节点板等效应力图

3.5 传力情况总结

整理各工况下应力云图,提取板件中心线路径上应力作为代表值,得到表3。

梁拱顶底板传力情况　　　　　　　　　　　　　　　　表3

工　况	位置	主　梁		主　拱			传力路径
		主跨	节点中心	主跨	节点中心	边跨	
工况一:主梁轴力	顶板	35.3	3.69	145.8	69.8	145.8	主梁→节点板→主拱
	底板	49.7	5.61	160.3	120.9	159.1	
工况二:系杆轴力	钢锚箱	以钢锚箱及节点板局部受力为主,详细分析见3.3					钢锚箱→节点板→梁顶、拱底
工况三:主拱轴力	顶板	13.4	40.2	127	60.7	155.4	主拱上端→节点板→主拱下端
	底板	20.1	60.2	125.3	62.1	112.7	
工况四:三种轴力	顶板	52.8	15.4	126	43.9	85.0	—
	底板	49.7	17.9	132	39.1	155	
工况五:恒载内力	顶板	48.8	9.28	148.9	54.3	82.7	—
	底板	59.98	20.4	103.3	31.6	100	

工况五节点等效应力云图,如图10所示。

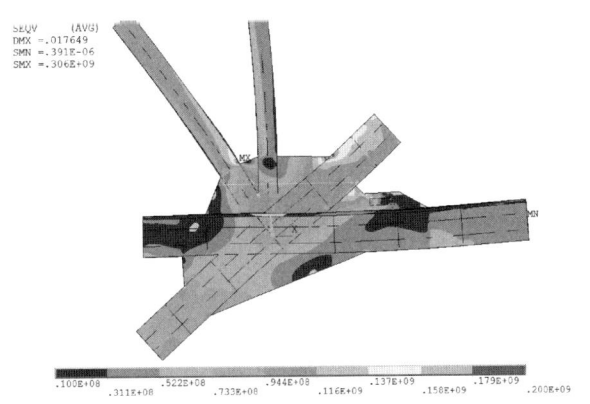

图10　工况五节点等效应力云图

由有限元计算结果及表格可以看出：

(1)在成桥工况下,主拱顶底板应力高于主梁顶底板。

(2)主跨传来的主梁轴力经由节点板传至主拱。

(3)主拱除了需要承担主梁上传来的巨大轴力,还要承担其自身轴力。

(4)主拱轴力几乎没有其他构件参与分担,仅在节点板范围内应力有所降低,但远离节点板后应力又会恢复到之前的水平。

(5)主拱板件以受压为主,主梁板件以受拉为主,但进入节点板后拉应力大幅降低。

4 结语

由此算例可得到以下结论,这些结论同样适用于其他大跨钢桁架拱桥的某些关键节点的空间受力分析,尤其是涉及主拱主梁的贯通板件问题时,可参考本算例结果：

(1)主梁板件受拉,对疲劳不利;主拱板件主拱不仅要传递自身巨大轴力,还要接受其他各构件传递给节点板的应力,最大应力接近主梁的2倍。贯通主梁板件有利于保护易疲劳构件[9],贯通主拱板件有利于传力平顺及节点稳固[10]。考虑到主梁拉应力在进入节点板后大幅降低,宜贯通主拱板件、断开主梁板件。

(2)节点板需采用曲线圆弧过渡,以缓解边缘处的应力集中现象。

(3)钢锚箱局部受力不利,尤其是钢锚箱顶底板在剪力作用下角点处局部应力峰值较大,手算仅能估计平均值,无法得到准确峰值应力,建议建立钢锚箱局部精细化模型来精确模拟。

参 考 文 献

[1] 孙海涛.大跨度钢桁架拱桥关键问题研究[D].上海:同济大学,2007.

[2] 顾安邦,向中富.桥梁工程(下)[M].2版.北京:人民交通出版社,2011.

[3] 肖汝诚.桥梁结构体系[M].北京:人民交通出版社,2013.

[4] 中华人民共和国交通运输部.公路桥涵施工技术规范:JTG/T F50—2011[S].北京:人民交通出版社,2011.

[5] 王新敏.ANSYS 工程结构数值分析[M].北京:人民交通出版社,2007.

[6] 王青桥.宁波梅山春晓大桥工程设计关键技术[J].城市道桥与防洪,2016(08):83-86+90+10-11.

[7] 刘新欢.钢桁架拱桥结构参数研究与空间静力分析[D].广州:华南理工大学,2015.

[8] 方明霁,孙海涛.大跨度钢桁架拱桥的极限承载力研究[J].世界桥梁,2010(04):35-38.

[9] 段雪炜,徐伟.重庆朝天门长江大桥主桥设计与技术特点[J].桥梁建设,2010(02):37-40.

[10] 张敏.南京大胜关长江大桥受力特性、计算方法、桥面疲劳和防腐问题研究[D].长沙:中南大学,2010.

[11] 肖海珠,易伦雄.南京大胜关长江大桥主桥上部结构设计[J].桥梁建设,2010(01):1-4.

[12] 颜毅.大跨度钢桁架拱桥受力特性分析[D].重庆:重庆交通大学,2008.

[13] 梁茂然,邢乔山,齐铁东.大跨度钢桁架拱桥关键设计参数研究[J].公路交通科技(应用技术版),2016,12(05).

[14] 游励晖.钢筋混凝土系杆拱桥拱梁结合部受力分析的试验研究[D].西安:西南交通大学,2006.

[15] 赵训刚.中承式钢箱混凝土连续梁拱组合桥拱梁结合部模型试验与数值分析研究[D].西安:西南交通大学,2011.

128. 舜江大桥梁拱结合部空间应力分析

王锦亮 贾丽君

(同济大学桥梁工程系)

摘 要：本文介绍了舜江大桥的设计特点，鉴于其梁拱结合段的复杂构造设计，笔者采用ANSYS有限元软件对该区域进行三维空间有限元建模分析，研究了最不利荷载工况下梁拱结合部的应力分布规律，检验了梁拱结合部构造设计的安全性与合理性。计算结果表明：舜江大桥梁拱结合部受力合理，拱肋应力值在20~150MPa之间，最大应力出现在拱肋内侧板件与系梁顶板连接处；系梁大部分应力值不超过110MPa，仅在支座附近加劲板底部较小区域内出现220MPa应力集中，通过一定的构造措施可以避免。

关键词：下承式拱桥 梁拱结合部 有限元分析 局部应力

1 概述

1.1 全桥结构

舜江大桥位于浙江省绍兴市上虞区，为双向2车道桥梁，距今已经运营30多年。随着城市的迅速发展，旧桥已经不能满足通行需求，为了解决旧桥过江交通拥堵问题，拟在其下游新建半幅桥梁。

新建舜江大桥主桥上部结构为跨径176m的下承式钢箱系杆拱桥，设计为单行向3车道+非机动车道+人行道。拱高50m左右，跨中标准断面桥宽为22.5m，桥宽在端部加宽至23.1m。纵桥向支座间距为170m，横桥向支座间距为18m。全桥共26对吊杆，吊杆下锚点间距为6m，上锚点间距4m。总体布置如图1所示。

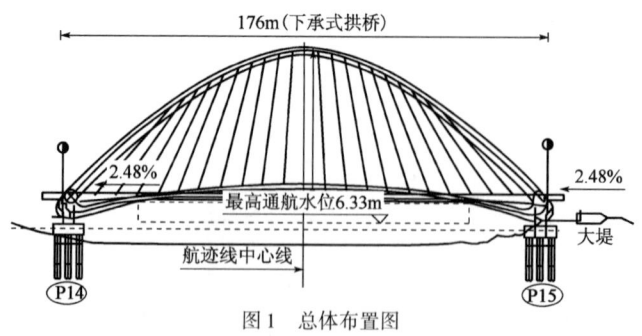

图1 总体布置图

基金项目：超大跨悬索桥CFRP主缆弯折效应和锚固性能研究，51878488；CFRP斜拉桥锚固性能研究，18ZR1441700。

主拱理论矢跨比为1/3.4,立面投影线型为抛物线,断面投影线型为左右拱倾斜程度不一的直线。主拱采用八边形钢箱断面,拱脚断面尺寸为4.5m×2.2m,拱顶断面尺寸为2.5m×2.2m。

主梁采用分离式双箱系梁形式,系梁之间采用钢桥面板和横梁连接,钢桥面板采用U肋加劲,中间设置一道与系梁平行的小纵梁。系梁采用矩形钢箱断面,跨中尺寸为2.5m×2m,支点处加宽加高至3.5m×3.5m。全桥设置4种横梁,包括3种中横梁(工字形)和1种端横梁(箱形),横梁标准间距为3m,主梁端部为对应横隔板布置。标准中横梁中间高度为1.2m,两端逐渐加高至与系梁同高为2.5m。端横梁尺寸为3.5m×6.5m,设置5道腹板。小纵梁采用工字形截面,高度为1.6m。

1.2 梁拱结合部

对该类型下承式钢箱拱桥,梁拱结合部是该桥设计的难点工作之一[1-2]。舜江大桥拱脚处梁拱接合部构造复杂,如图2所示。由于该桥系梁内部空间较小,拱肋伸入系梁内会给施工带来困难,因此拱肋仅在系梁顶板处与之焊接;为保证系梁顶板的受力安全,在其内部相应位置设置8道竖向加劲板;为缩短传力路径,又增设4道横向加劲板将拱肋内力继续传给系梁腹板;在拱肋、系梁之间设置拱下加劲板,以改善拱梁连接点的受力;通过这一系列构造措施,欲使拱肋内力更均匀地传递至系梁内。此外,为缓解支座处应力集中现象,在系梁内设置2道横向及2道竖向的加劲板。

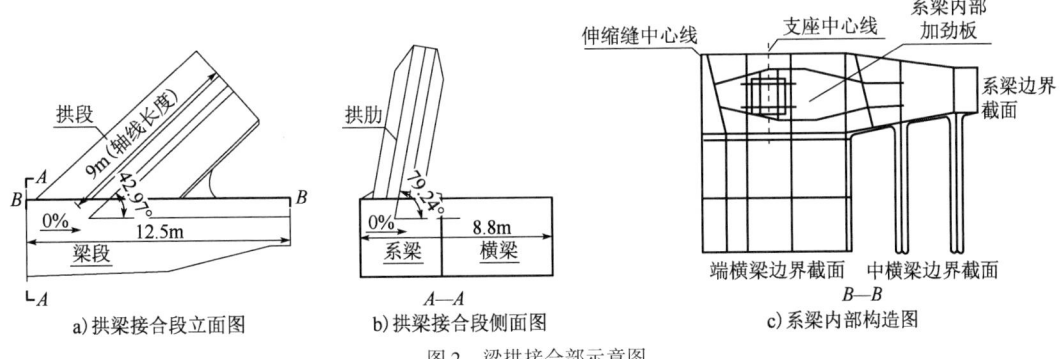

图2 梁拱接合部示意图

由于梁拱接合部的结构构造和受力都非常复杂,设计时如果处理不当,在运营过程中极容易造成结构失效,加之结构静力计算采用杆系模型,无法得到梁拱接合部区域结构真实的应力分布状态,计算结果失真[3-4]。因此,为全面、真实地掌握舜江大桥梁拱结合部的三维应力状态,理解该区域的传力机理,验证设计的安全性与合理性,笔者运用ANSYS软件对舜江大桥梁拱接合部的局部应力进行了仿真计算,也可为同类型桥梁设计和施工提供参考。

2 空间有限元计算

结构局部应力分析一般采用子结构法,首先对整体桥梁结构进行分析,再将所关心区域作为分析对象,用板、壳或实体等单元进行模拟,然后将所关心工况下结构在取出构件断面处的内力、变形作为分析对象和位移的边界条件,最后分析出相应的局部应力。在这一过程中,必须注意消除引入近似边界条件对关心部位应力分布的影响[5]。

2.1 计算模型

采用通用有限元软件ANSYS建立梁拱接合部的局部模型。从整体模型中提取局部模型对应截取截面内力值,以等效荷载方式对局部有限元模型进行局部加载[6]。为了准确分析拱脚处梁拱接合部的受力状态,局部模型选取范围必须满足圣维南原理。因为根据圣维南原理,若等效荷载作用位置适当远离关心区域,则所施加等效荷载仅对截断附近区域造成应力集中或失真,但远离截断位置的关心区域,通常能得到较为精确的计算结果[7]。故进行局部有限元模型建立与分析时,可根据关键部位大小适当扩大截取范围。本文中计算模型截取范围为拱肋取9m,系梁取12.5m,横梁取8.8m,如图2所示。

钢箱拱肋及系梁均使用钢材Q345qD。梁拱接合段各板件厚度见表1,由于板厚远小于各边尺寸,比较适合采用板壳单元,因此模型采用四节点壳单元Shell 181进行模拟。并且用Mass 21质量点单元与拱肋、系梁截断面进行刚性区域耦合,作为主节点模拟边界条件的施加。板壳单元具有4个节点,每个节点具有6个自由度,包括3个线位移与3个角位移。Mass 21是一个具有六个自由度的点单元:即x、y和z方向的移动和绕x、y和z轴的转动。每个方向可以具有不同的质量和转动惯量。

板件厚度 表1

位置	板件	厚度(mm)	位置	板件	厚度(mm)	位置	板件	厚度(mm)	位置	板件	厚度(mm)
拱肋	侧板	42	系梁	顶板	40	端横梁	顶板	16	中横梁	顶板	16
	加劲板	28		底板	36		底板	20		底板	20
	横隔板	20		腹板	30		腹板	24		腹板	12
	拱下加劲板	30		加劲板	30,42,48		横隔板	12		横隔板	12
	—	—		横隔板	16		—	—		—	—

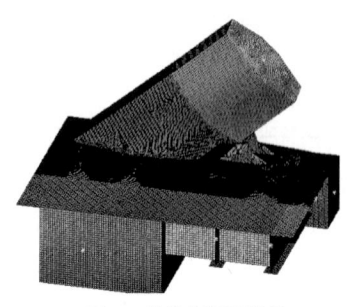

图3 局部有限元模型

建立的局部有限元模型如图3所示,共有222 118个节点,225 967个单元。

2.2 荷载条件

2.2.1 荷载工况

通过MIDAS CIVIL软件进行正常使用极限状态下的全桥模拟,得到梁拱结合部最不利受力状态下局部模型截取断面的内力,如表2所示。然后,对ANSYS局部模型进行边界荷载的等效模拟施加。

除边界荷载外,计算荷载还包括恒载、桥面均布荷载(由Midas Civil中车道荷载等效得到)和风荷载。在梁拱结合部受力不利的情况下,风是从梁的外侧吹向内侧,风荷载以均布荷载形式施加于拱肋和系梁一侧。

边界截面荷载取值 表2

截面位置	轴力F_x(kN)	剪力F_y(kN)	剪力F_z(kN)	扭矩M_x(kN·m)	弯矩M_y(kN·m)	弯矩M_z(kN·m)
拱肋	−31 112	−905	617	−2 737	−4 203	−6 672
系梁	24 442	−1 434	702	−1 590	7 446	−3 385
端横梁	5 627	4 680	813	7 066	7 617	−10 278
中横梁1	−593	875	40	0	2 276	−1 783
中横梁2	−180	882	−18	0	2 476	−1 770
桥面板	2 687	−1 059	27	−14	220	−1 147

2.2.2 边界荷载施加

边界等效荷载采用 Cerig 刚性区域法施加。即在构件边界截面上建立一个独立节点(主节点),然后将主节点与边界上其他所有节点进行刚性耦合,生成刚性区域,最后直接将边界等效荷载施加到主节点上[8]。

2.2.3 位移约束

在支座处约束系梁底板相应区域节点的线位移 u_x、u_y、u_z。

3 计算结果及分析

图4是整个局部模型的 Von Mises 应力云图。可以看到,整个梁拱接合部的 Mises 应力大多在200MPa以下。各构件的截断截面附近应力较高,但根据圣维南原理,这些地方应力失真,不予考虑,其余区域应力水平较低。

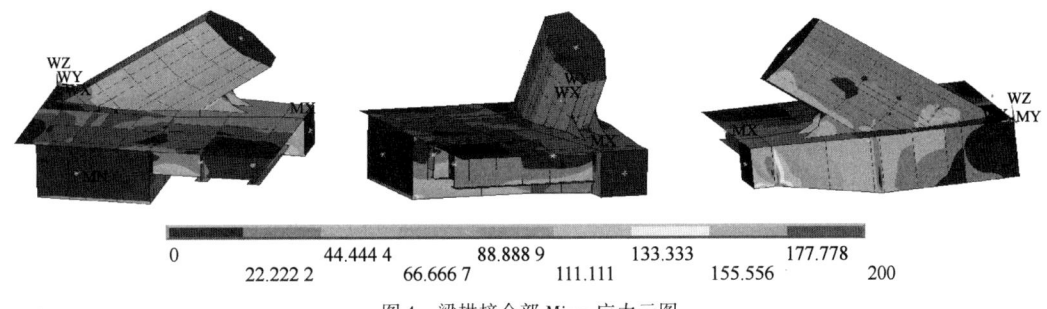

图4 梁拱接合部 Mises 应力云图

3.1 拱肋应力

拱肋的 Mises 应力如图5所示。可以看到,大部分板件的应力在20~130MPa之间。拱肋内侧靠近拱梁接合处板件应力相对较大,在90~150MPa;最大应力出现在拱肋内侧与系梁顶板相交处,约为150MPa。

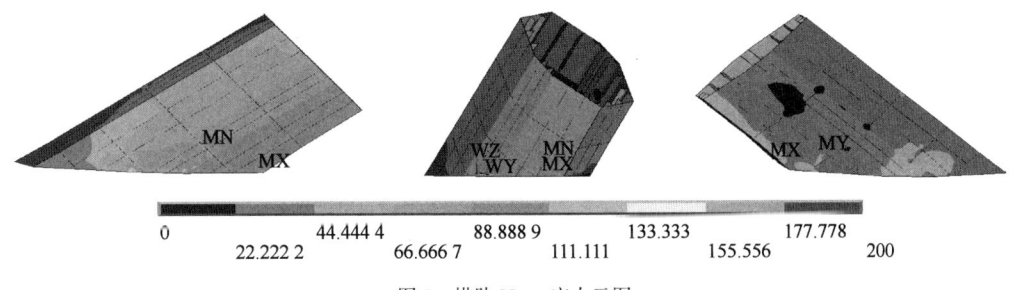

图5 拱肋 Mises 应力云图

3.2 系梁应力

图6是系梁各板件的 Mises 应力云图,包括顶板、底板、腹板、加劲板等。从图中可以看出,顶板的应力主要在80MPa以下,但在拱下加劲板与系梁顶板连接附近,出现较小范围应力集中,最大应力达到149MPa;且其附近区域顶板的应力明显高于远处的应力,说明拱肋内力一部分通过拱下加劲板传递到系梁顶板,但拱下加劲板构造简单,其自身受力存在风险,应采取一定改进措施。底板应力大部分在130MPa以下,但靠近支座区域,出现较小范围应力集中,最大应力达到了177MPa。对于腹板,应力低于100MPa,且外侧腹板的应力高于内侧。

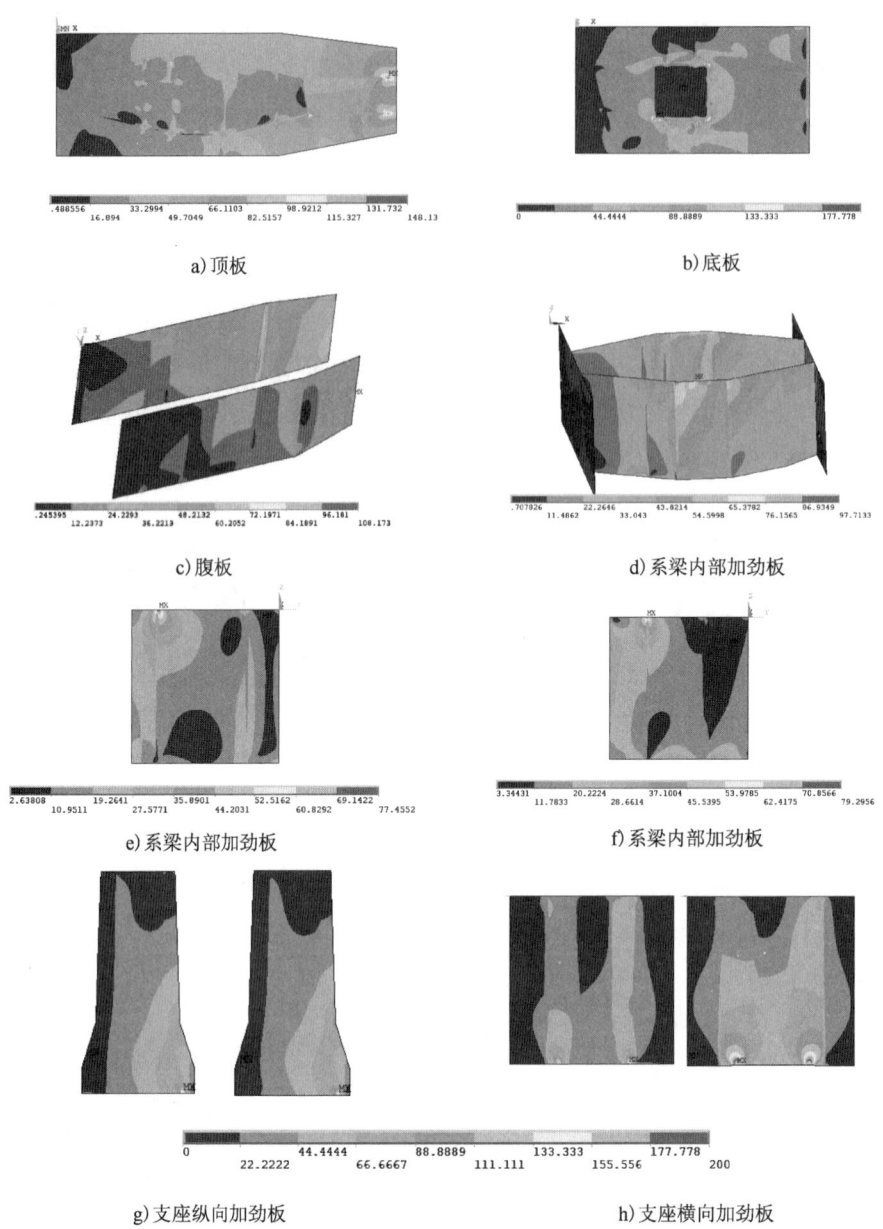

图 6 系梁各板件 Mises 应力云图

如前文所述,为了使拱肋内力相对均匀地传到系梁,在系梁内设置了多道加劲板。它们的应力如图 6d)~h)所示,可以看出,这些板的应力水平都不高,除了支座附近的横向加劲板,由于边界约束条件突变出现局部应力集中现象,范围较小,最大应力达到 220MPa。

对于拱肋与系梁在顶板连接的 8 个顶点,Mises 应力分别为 75.7MPa、73.4MPa、26.8MPa、27.8MPa、39.7MPa、57.5MPa、31.1MPa、108.6MPa。

由以上分析结果可以看出,梁拱结合部内大部分板件的应力小于钢材容许应力 200MPa,满足设计要求;结构局部出现 Mises 应力集中现象,但应力集中区域面积较小,设计时应采取一定措施予以改善。

4 结语

本文利用ANSYS有限元软件对舜江大桥拱脚处梁拱接合部的局部应力特征进行了计算分析,计算结果表明:

(1)系梁内多道加劲板的布置有利于梁拱接合部形成整体,保证了拱肋内力相对均匀地传递到系梁,从而确保了全桥结构的安全、可靠。

(2)拱肋应力值在20~150MPa之间,最大应力出现在拱肋内侧板件与系梁顶板连接处;系梁大部分应力值不超过110MPa,仅在支座附近加劲板底部较小区域内出现220MPa应力集中,通过一定的构造措施可以避免。

(3)舜江大桥梁拱结合段受力合理,除钢箱系梁支座附近以及拱肋与系梁连接顶点处存在较小区域应力集中外,结构内部应力满足设计要求;在结构设计时应采取增设加劲肋、增大板厚等措施,以进一步优化局部受力。

参 考 文 献

[1] 叶梅新,李一可.下承式钢箱系杆拱桥拱脚局部受力分析[J].西部探矿工程,2007(07):169-173.
[2] 郭殿军.下承式钢箱系杆拱桥拱脚局部有限元分析[J].山东交通科技,2017(6).
[3] 关伟,巩应山.下承式梁拱组合连续梁桥拱脚空间应力分析[J].公路与汽运,2019(1).
[4] 王军文,倪章军,李建中,等.石板坡长江大桥钢混结合段局部应力分析[J].公路交通科技,2007,24(8).
[5] 项海帆.高等桥梁结构理论[M].2版.北京:人民交通出版社,2013.
[6] 王月.140m下承式钢箱系杆拱桥关键部位局部受力分析[D].长沙:中南大学,2009.
[7] 陈佳德.大跨度连续梁拱组合桥拱脚局部受力分析[D].兰州:兰州交通大学,2013.
[8] 邓勇灵.梁—拱组合桥拱脚钢混结合区域力学行为研究[D].2015.

129. 曲线梁转体斜拉桥塔墩梁
固结区构造优化分析

姜哲宇 孙 斌 肖汝诚

(同济大学桥梁工程系)

摘 要：随着我国交通运输事业不断发展，转体桥和曲线桥的建设需求逐渐提高。某上跨铁路斜拉桥为141m+110m单塔单索面曲线梁转体斜拉桥，采用满堂支架大节段浇筑，形成大悬臂后拆除支架进行转体施工。受曲线梁与转体施工影响，其塔墩梁固结区受力复杂，杆系有限元计算难以满足分析需求。本文利用Midas Civil建立该斜拉桥空间杆系模型进行总体计算，确定塔墩梁固结区的三个最不利工况，并获得其边界力。再利用大型有限元软件ANSYS建立塔墩梁固结区实体有限元模型，开展局部应力分析，分析曲线梁与单点支承状态对结构的影响，并对关键构造进行优化分析，为设计和施工提供科学依据。

关键词：曲线梁斜拉桥 转体斜拉桥 塔墩梁固结区 有限元法 局部应力分析

1 引言

随着我国交通运输事业蓬勃发展，公路、铁路路网愈发密集，新建桥梁跨越既有线路的需求日益增强，要求新建桥梁施工期不影响桥下交通。转体施工法是指将桥梁结构在非设计轴线位置制作成型后，通过转体就位的一种施工方法[1]。桥梁转体施工技术的应用，大大改善了施工作业条件，也使施工安全可靠。当施工的桥梁在平原地区跨越交通繁忙的铁路、公路、河道时，转体施工技术可避免对桥下正常交通的干扰，经济社会效益突出。转体斜拉桥因其优越的施工性能，近年来得到了越来越多的应用，1981年建成了国内首座转体斜拉桥——曾达桥，转体质量为1 344t；2019年1月通车的唐山市二环路上跨津山铁路立交桥吨位已达33 000t[2]。转体施工的结构在脱架转体过程中，塔座受力状态接近单点支承状态，受力较为不利，有必要探究球铰支反力在结构中的扩散情况。

此外，受建设条件限制，斜拉桥主梁的线形也逐渐从直线形扩展至曲线形。已建成的日本新上平井大桥、南京地铁2号线跨仙林大道桥、郑万铁路联络线特大桥等均采用了曲线斜拉桥的形式。曲线斜拉桥兼具弯桥和斜拉桥的受力特点，受曲率影响，荷载作用下必然存在弯扭耦合效应，从而引起曲线斜拉桥内侧塔肢超载、外侧塔肢卸载，使得塔墩梁区域受力更为复杂。

基金项目：上海市科学技术委员会科研计划项目(17DZ1204204).

本文以某上跨铁路立交桥为研究对象,采用大型通用有限元软件 ANSYS,建立曲线梁转体斜拉桥塔墩梁固结区三维实体模型,分析其在施工阶段和成桥阶段的受力状态,分析曲线梁与单点支承状态对结构的影响,揭示其应力分布规律与传递途径,优化关键构造,确保结构安全性和合理性[3-7]。

2 工程概况

某上跨铁路立交桥设计采用141m+110m单塔单索面曲线梁混凝土斜拉桥,宝塔形桥塔,如图1所示。桥梁整幅布置,桥面总宽38.5m,采用塔、梁、墩固结体系。该斜拉桥满堂支架大节段浇筑,形成大悬臂后拆除支架进行转体施工。转体斜拉桥主梁为曲线形,恒载即产生向曲线内侧的横向弯矩,因而设计采用对球铰支座设置1.78m预偏心的方法抵消此横向弯矩,结构塔墩梁固结区构造及球铰支座布置情况如图2所示。

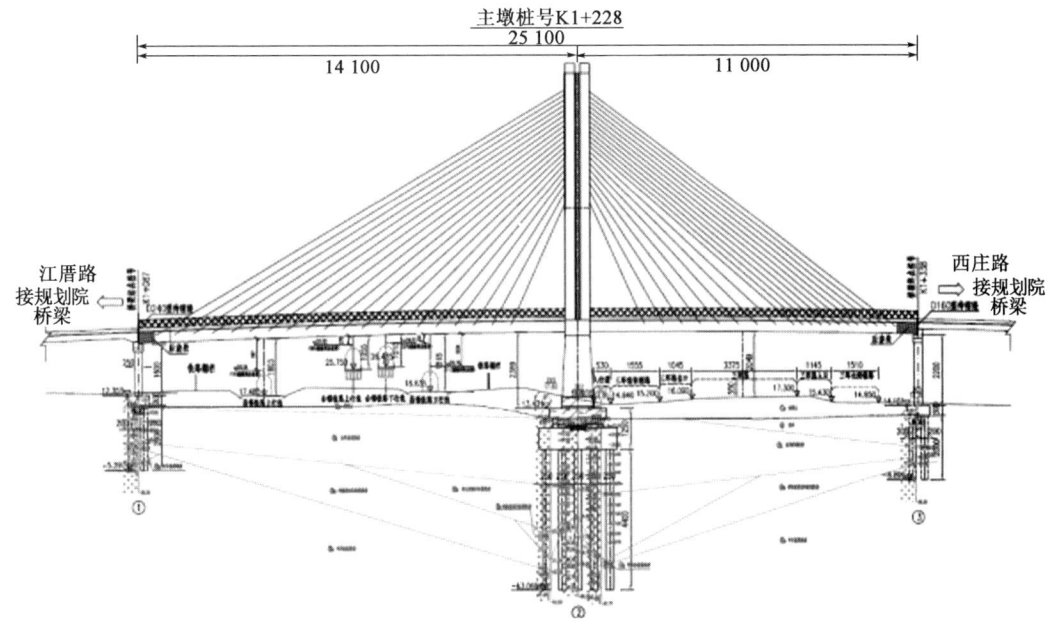

图1 总体布置图(尺寸单位:cm)

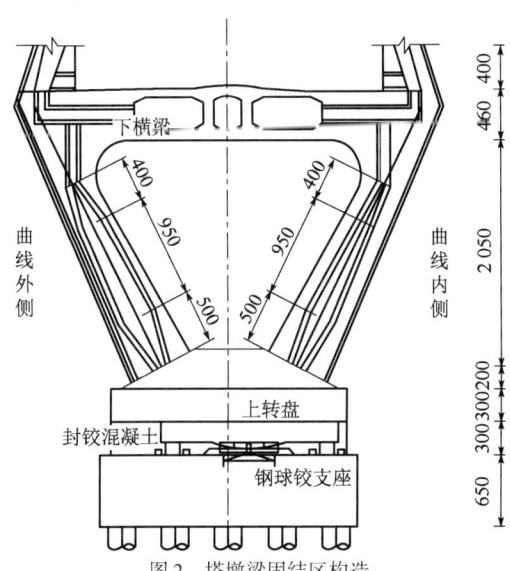

图2 塔墩梁固结区构造

3 有限元仿真模型

采用 Midas Civil 建立曲线零转体斜拉桥空间杆系模型,如图 3 所示,进行总体计算,并提供最大悬臂状态和成桥阶段的全桥内力值。Midas 空间杆系模型考虑了恒载、活载、温度荷载、不均匀沉降等作用,得到结构总体受力状态和局部实体模型的最不利荷载工况。

塔墩梁固结区局部实体模型主梁部分由主塔中心线分别向主跨和边跨延伸 21.3m,以实现边界力于主梁中的扩散;主塔部分由钢球铰支座底面延伸至桥面以上 4m。通过大型有限元软件 ANSYS 建立塔墩梁固结区实体有限元施工阶段模型(图 4),采用 Solid65 实体单元模拟混凝土与钢构件,采用 Link10 杆单元模拟预应力钢绞线,成桥阶段应力分析时将模型桥塔部分延伸至上承台底部,模拟转体后固结区封铰。

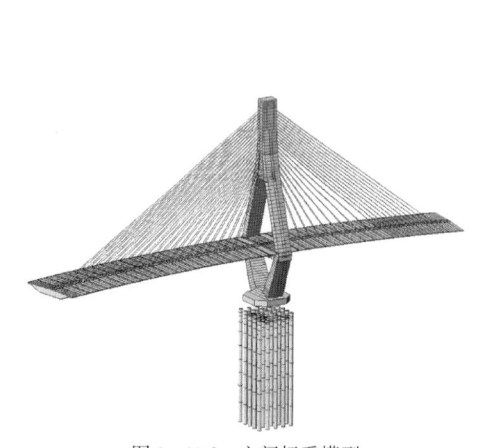

图 3 Midas 空间杆系模型

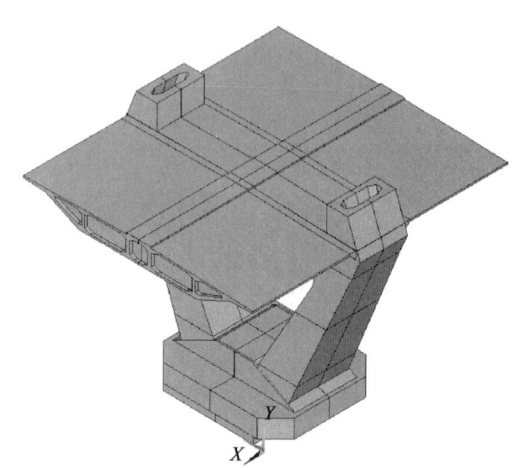

图 4 ANSYS 实体模型

根据 Midas 空间杆系模型总体计算结果,确定施工阶段最不利工况为最大悬臂工况;成桥阶段顺桥向弯矩最不利工况为活载标准组合,成桥阶段横桥向弯矩最不利为极限横风标准组合。故确定塔墩梁固结区三个最不利荷载工况为:工况一,最大悬臂工况;工况二,横弯最不利工况;工况三,顺弯最不利工况。

工况一分析时,塔墩梁固结区底面与钢球铰支座顶面节点耦合,钢球铰底面采用固端约束;工况二、三分析时,塔墩梁固结区底面采用固端约束,实现位移边界条件。塔肢上端和混凝土主梁两端均采用刚臂约束并形成刚域,再施加空间杆端力,实现力的边界条件[7]。

4 受力性能分析

4.1 塔墩固结区应力分析

根据总体计算结果,主塔内侧塔肢底作用有较大弯矩,且受主梁曲线形影响,存在内侧塔肢超载、外侧塔肢卸载的现象。因而最大主拉应力出现于内塔肢曲线外侧与基座交界处。图 5 为三个工况塔墩固结区的主拉应力图。由于工况一塔墩固结区的支承条件为单点支承状态,受力最为不利,其主拉应力水平明显高于工况二、三;转体封铰后,塔座与承台固结成整体,受力更为均匀,内塔肢曲线外侧与基座交界处主拉应力明显减小。

内塔肢曲线外侧与基座交界处存在较大主拉应力主要由荷载和应力集中两方面因素所引起。荷载方面,工况二、三仅受曲线梁内塔肢超载的影响,而工况一还承受单点支承支座的冲切作用,故应力水平最高。应力集中方面,下塔肢与基座呈锐角相交,应力集中效应明显。为改善细部受力,对基座处交界构造进行了优化,使塔肢与基座钝角相交,并对不同倒角的效应进行了比较,以减小应力集中效应。优化细部构造如图 6 所示。各倒角角度下工况一的最大主拉应力值如表 1 所示,当取倒角与水平线夹角 35.92°时,最大主拉应力值由 16.5MPa 降低至 3.92MPa,主拉应力超过 6MPa 区域从 4m×0.3m 降至为无主拉应力超过 6MPa(图 7),应力得到有效控制,细部受力得到较大改善。

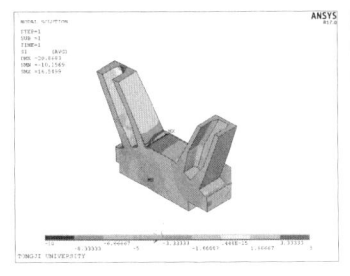
a) 工况一

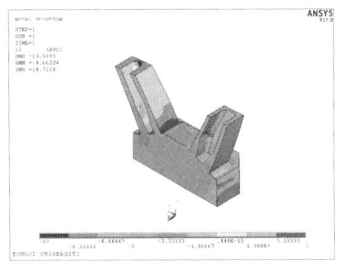
b) 工况二

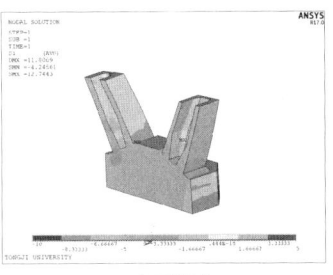
c) 工况三

图 5 塔墩固结区主拉应力图(单位:MPa)

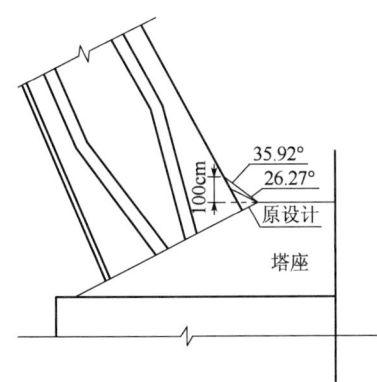

图 6 细部构造优化示意图

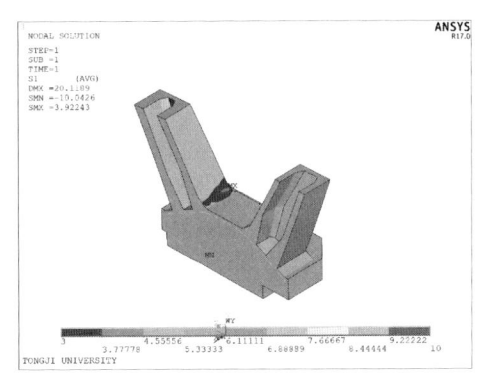

图 7 优化模型主拉应力图(单位:MPa)

各倒角角度下最大主拉应力值 表 1

倒角角度(°)	原设计	26.27	35.92	42.08	45.85	48.37
最大主拉应力值(MPa)	16.5	4.94	3.92	3.99	4.43	4.59

图 8 所示为三个工况下塔墩固结区的主压应力图。工况一最大压应力发生于上转盘与球铰支座相交处,压应力从球铰支承区域向外逐渐减小,部分区域主压应力达 30MPa,但面积较小且为短暂状态,可通过球铰支座的构造设计减小此应力;工况二、三由于塔座与承台固结成整体,受力更为均匀,无明显的应力集中区域。

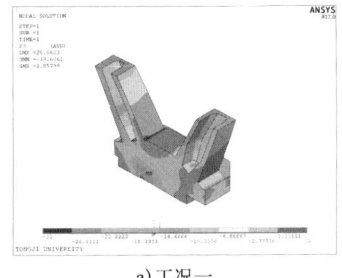
a) 工况一

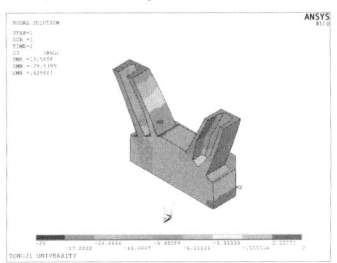
b) 工况二

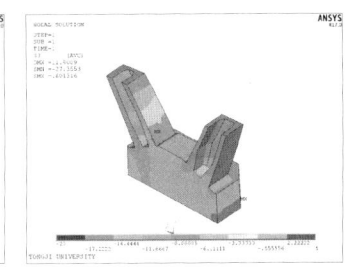
c) 工况三

图 8 塔墩固结区主压应力图(单位:MPa)

通过局部应力分析,发现曲线梁转体斜拉桥塔墩固结区最不利受力主要受最大悬臂工况控制,单点支承效应十分明显,封铰后塔座与承台固结成整体,受力状态得到改善。对于内塔肢曲线外侧与基座交界处的应力集中现象,可通过设置倒角进行改善。

4.2 塔肢应力分析

图9所示为三个工况下塔肢的主压应力图。三个工况下塔肢应力分布相近,其中,极限横风标准组合代表的横弯最不利工况应力水平最高。与Midas全桥杆系模型比较,二者应力分布规律相一致,两塔肢底部受力状态均为曲线外侧受拉,曲线内侧受压,且内塔肢应力水平更高。内塔肢底部截面的主拉/压应力峰值如图10所示。

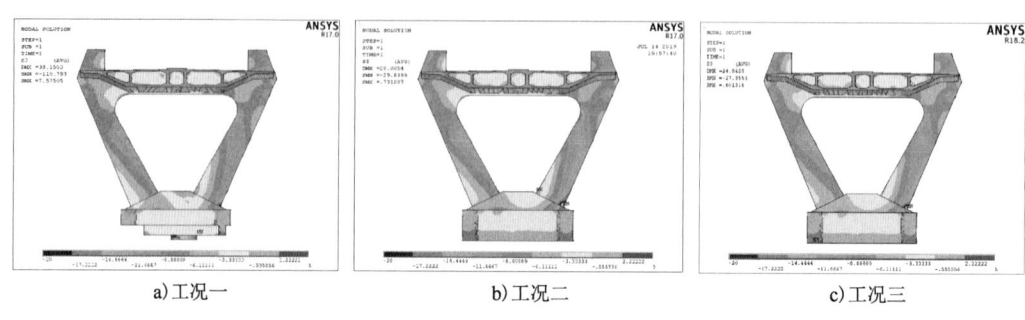

a) 工况一　　　　　　b) 工况二　　　　　　c) 工况三

图9　塔肢主压应力图(单位:MPa)

由于主梁线形为曲线,内塔肢作用有较大轴力,约为外塔肢轴力的1.37倍。内侧下塔肢中段存在有一定的主拉应力,该处主拉应力方向垂直于塔肢轴线。此时,内塔肢受力状态与混凝土劈裂破坏受力状态较为相似,轴向荷载作用下产生了一定的横向变形,从而引起了较大的拉应力,宜进一步增加塔肢板厚。分别取厚度增量 $\Delta = 10cm、15cm、20cm、30cm$,进行实体有限元分析,分析结果如图11所示。发现增加壁厚能有效降低此处主拉应力水平,当增加壁厚超过15cm时,内侧下塔肢中部主拉应力可小于3MPa。

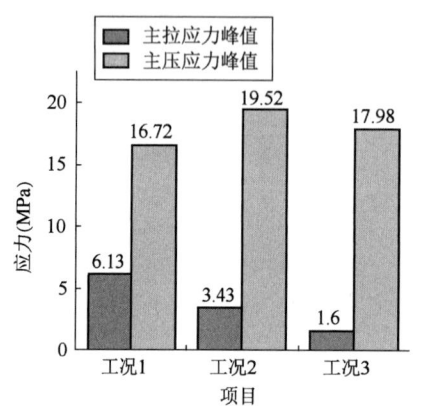

图10　内塔肢底部截面的主拉/压应力峰值

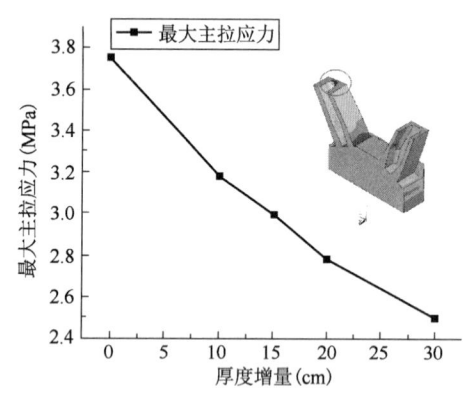

图11　工况一下塔肢最大主拉应力

4.3 塔梁固结区应力分析

图12所示为三个工况塔梁固结区的主拉应力图。添加预应力钢筋和钢绞线之后,最大拉应力出现在桥塔双肢作用位置处,工况二应力水平最高,最大主拉应力值5.0MPa,部分区域主拉应力超过3MPa,极限横风标准组合作用下,裂缝易于从此处开展,宜适当增加此处钢筋率或采用抗拉性能较好的纤维混凝土。

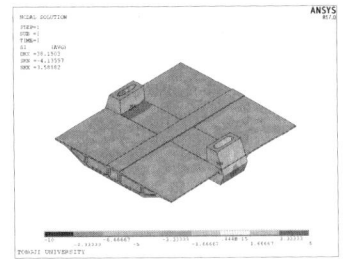 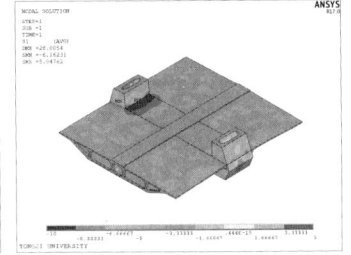 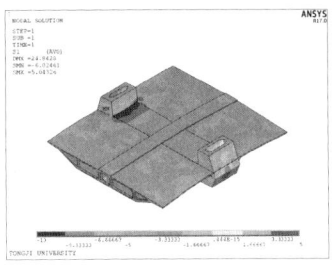

图 12　塔梁固结区主拉应力

5　结语

通过对曲线梁转体斜拉桥塔墩梁固结区三个最不利工况的局部应力计算分析等处以下结论：

（1）局部应力计算结果和总体计算结果较为一致，结构应力分布相似。

（2）结构转体前的最大悬臂工况下，结构单点支承于钢球铰支座上，使得下塔肢与基座交界处主拉应力较大，钢球铰支承处主压应力较大，对细部构造进行优化可有效降低应力集中效应；成桥后塔座与承台故结成整体，塔座受力情况得到较好改善。

（3）由于主梁线形为曲线，内塔肢超载，内侧下塔肢中段存在方向垂直于塔肢轴线的主拉应力，受力状态与混凝土劈裂破坏受力状态较为相似，增加塔肢板厚可有效降低该处主拉应力。

（4）极限横风标准组合作用下，内侧中塔肢与桥面交界处易产生裂缝，宜适当增加此处钢筋率或采用抗拉性能较好的纤维混凝土。

通过实体有限元局部应力分析，揭示了塔墩梁固结区应力分布规律与传递途径，优化了细部构造，确保了结构安全性和合理性。

参 考 文 献

[1] 陈宝春,孙潮,陈友杰.桥梁转体施工方法在我国的应用与发展[J].公路交通科技,2001(02):24-28.

[2] 占有志.超大吨位非对称曲线梁斜拉桥转体施工技术[J].施工技术,2019,48(11):54-58.

[3] 周敏,戴公连,粟淼.槽型断面斜拉桥塔梁墩固结区应力的数值模拟[J].铁道科学与工程学报,2013,10(04):35-40.

[4] 江荣丰.槽型断面独塔斜拉桥塔梁固结区应力分析[D].长沙:中南大学,2013.

[5] 吴文清,武志军,刘凯舟.塔梁固结体系斜拉桥的下横梁预加应力效应研究[J].中外公路,2008(05):155-157.

[6] 虞庐松,朱东生.部分斜拉桥塔梁墩固结点局部应力分析[J].桥梁建设,2008(01):54-57.

[7] 黄力,刘志权,石雪飞.大跨径斜拉桥塔墩梁固结处空间受力分析[J].石家庄铁道大学学报(自然科学版),2012,25(04):23-26.

130. 三塔悬索桥中塔适宜刚度研究

向 鹏　胡志坚　黄健伟

(武汉理工大学交通学院)

摘　要：中塔效应问题是三塔悬索桥所存在的主要问题,对于不同体系的三塔悬索桥,找到中塔合适的刚度取值区间对其意义重大。本文以襄阳庞公大桥为背景,建立了塔梁固结体系、简支体系、半漂浮体系及全漂浮体系四种不同结构体系的三塔悬索桥,探究了中塔纵向刚度对中塔索鞍内主缆抗滑移安全系数及加劲梁最大挠度的影响。研究表明:在四种不同结构体系的三塔悬索桥中,塔梁固结体系、简支体系、半漂浮体系均能找到合适的中塔刚度取值区间,但全漂浮体系三塔悬索桥无法找到合适的刚度区间使其同时满足中塔主缆抗滑稳定和主梁挠跨比的要求。在塔梁固结体系、简支体系、半漂浮体系中,塔梁固结体系三塔悬索桥的中塔合适纵向刚度取值区间最大。

关键词：三塔悬索桥　中塔纵向刚度　抗滑移系数　挠跨比

1　引言

三塔悬索桥作为一种在传统两塔悬索桥结构体系上的创新,通过在主跨增加一个桥塔,实现了在宽阔的水域上两主跨连续跨越。三塔悬索桥优化了结构的受力性能,适用于锚碇的条件受到地址条件限制的情况[1]。此前,已有许多学者对三塔悬索桥进行过研究。

三塔悬索桥中塔的问题一直是人们关注的焦点。对于边塔来说由于有边跨缆索的约束,边塔塔顶索鞍鞍槽内主缆抗滑性能易得到满足[2-4]。但主缆对中塔的约束较弱,当三塔悬索桥两主跨其中一跨满布活载时,若中塔刚度较大,中塔两侧主缆不平衡力较大,则其主缆抗滑性能难以得到满足。若中塔刚度设置较小,则又会影响到行车的舒适性[5-7]。若想同时满足这主缆抗滑性能和行车舒适性这两个要求,必须设置适当的中塔刚度。鉴于此,本文以在建的襄阳庞公大桥为背景针对不同结构体系的三塔悬索桥,探究其合适的中塔刚度,为今后的三塔悬索桥设计提供一些经验。

2　工程概况

襄阳市庞公大桥位于汉江大桥下游约780m处,采用双向六车道,行车速度60km/h,桥面总宽34.5m,匝道桥桥面总宽8.5m。本桥为三塔两跨悬索桥主缆跨度布置为95m+378m+378m+158m,主跨矢跨比1/9,矢高42.0m。其桥型布置见图1。

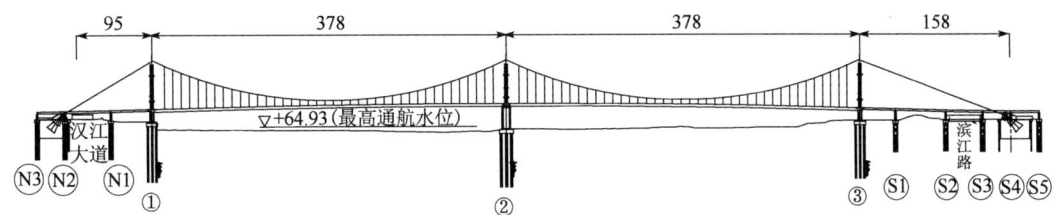

图1　桥型立面布置图(尺寸单位:m)

全桥共有两根主缆,每根主缆由61索股组成。主梁采用钢板结合梁,两跨简支结构体系,在中塔处塔端设置横向活动支座约束竖向位移和纵向位移;在边塔处梁端多向活动支座,仅约束竖向位移;主梁与各主塔间设横向抗风支座。主塔为钢—混凝土结合门形框架结构,由上、下塔柱及上横梁组成,其中下塔柱为混凝土结构,上塔柱及上横梁为钢结构,边塔塔高62.0m,中塔塔高69.9m。塔柱中心距35.5m。锚碇均按照重力式锚碇设计。

3　中塔纵向刚度影响分析

为探究中塔纵向刚度对主缆抗滑和加劲梁最大挠度的影响,针对四种不同结构体系的三塔悬索桥,本文分别取中塔刚度为7.5MN/m、10MN/m、15MN/m、25MN/m、40MN/m、60MN/m、70MN/m、85MN/m、10MN/m、150MN/m进行参数分析。

分别以抗滑移系数和挠跨比来衡量主缆抗滑性能和行车舒适度这两个指标。

鞍槽内的主缆抗滑系数[8]:

$$K=\frac{\mu\alpha_s}{\ln(F_{ct}/F_{cl})}$$

式中:μ——主缆与鞍槽间的摩擦系数;

α_s——主缆在鞍槽上的包角(rad);

F_{ct}——主缆紧边拉力;

F_{cl}——主缆松边拉力。

在规范中建议摩擦系数μ取0.15,$K\geq2$,这两者的取值都偏保守,根据实际工程经验摩擦系数μ取0.2已有足够的安全度[9],本文在后续主缆抗滑安全系数的计算中均取μ为0.2。对于挠跨比,规范规定不宜大于1/250~1/300[8]。

以Midas Civil建立全桥的有限元模型,对其中一跨满布活载,全桥有限元模型如图2所示。

图2　全桥有限元模型图

3.1　塔梁固结体系

塔梁固结体系的加劲梁在中塔处与下横梁固结在一起,约束其所有自由度,在边塔处约束竖向位移和横向位移。不同中塔纵向刚度下主缆抗滑移安全系数及加劲梁最大挠度如表1所示。

不同中塔纵向刚度下主缆抗滑安全系数及加劲梁最大挠度计算结果(固结体系)　　表1

刚度(MN/m)	紧边拉力(kN)	松边拉力(kN)	K	中塔塔偏(m)	主跨最大挠度(m)	挠 跨 比
7.5	106 228	102 161	4.175	0.638	1.606	1/235
10	106 756	101 643	3.321	0.568	1.494	1/253
15	107 527	100 882	2.555	0.465	1.328	1/285
25	108 461	99 955	1.996	0.34	1.145	1/330
40	109 187	99 231	1.705	0.242	1.016	1/372
60	109 689	98 730	1.549	0.175	0.935	1/404
70	109 845	98 573	1.505	0.154	0.911	1/415
85	110 024	98 394	1.459	0.13	0.885	1/427
100	110 154	98 265	1.427	0.13	0.865	1/437
150	110 413	98 005	1.367	0.078	0.840	1/450

不同中塔纵向刚度下主缆抗滑移安全系数及加劲梁最大挠度变化如图3所示。

由图3可知,M点表示主跨加劲梁挠跨比为$L/250$时中塔的纵向刚度,为9.6MN/m,N点表示主缆抗滑移安全系数为2时中塔的纵向刚度,为24.9MN/m。当中塔纵向刚度小于9.6MN/m时,主缆抗滑符合要求,但加劲梁的挠跨比不满足要求。当中塔纵向刚度大于24.9MN/m时,主跨加劲梁的挠跨比满足要求,但主缆抗滑移不符合要求。当中塔纵向刚度大于9.6MN/m、小于24.9MN/m时,主缆抗滑安全系数与加劲梁挠跨比均满足要求。由此可得,在本模型下,塔梁固结体系三塔悬索桥存在既满足主缆抗滑安全系数又满足加劲梁挠跨比的中塔纵向刚度区间,即为[9.6MN/m,24.9MN/m]。

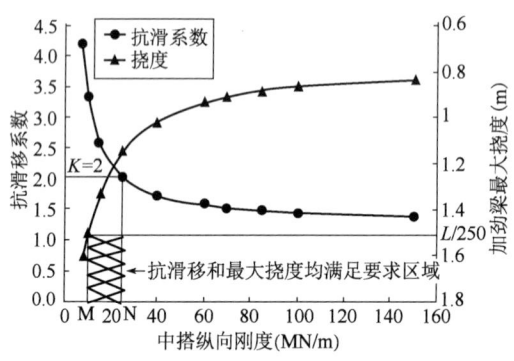

图3　中塔纵向刚度对主缆抗滑系数及加劲梁最大挠度影响(固结体系)

3.2　简支体系

简支体系在中塔处约束竖向位移和纵向位移,边塔处约束竖向位移,加劲梁与各主塔间均设横向抗风支座。不同中塔纵向刚度下主缆抗滑移安全系数及加劲梁最大挠度如表2所示。

不同中塔纵向刚度下主缆抗滑安全系数及加劲梁最大挠度计算结果(简支体系)　　表2

刚度(MN/m)	紧边拉力(kN)	松边拉力(kN)	K	中塔塔偏(m)	主跨最大挠度(m)	挠 跨 比
7.5	107 212	101 497	2.976	0.756	1.765	1/214
10	107 729	100 983	2.521	0.66	1.618	1/234

续上表

刚度 (MN/m)	紧边拉力 (kN)	松边拉力 (kN)	K	中塔塔偏 (m)	主跨最大挠度 (m)	挠跨比
15	108 452	100 262	2.076	0.526	1.422	1/266
25	109 281	99 436	1.727	0.373	1.217	1/310
40	109 892	98 826	1.536	0.26	1.083	1/349
60	110 297	98 420	1.431	0.185	1.002	1/377
70	110 421	98 296	1.401	0.162	0.979	1/386
85	110 562	98 156	1.370	0.136	0.954	1/396
100	110 662	98 056	1.348	0.118	0.936	1/404
150	110 861	97 857	1.306	0.081	0.901	1/420

不同中塔纵向刚度下主缆抗滑移安全系数及主跨加劲梁最大挠度变化如图4所示。

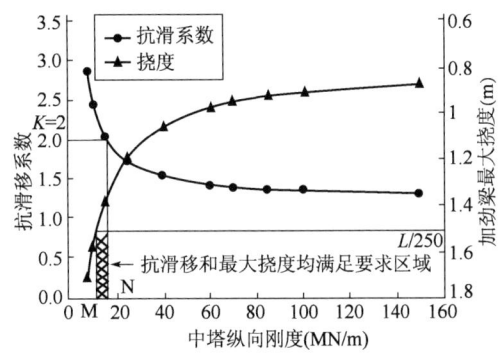

图4 中塔纵向刚度对主缆抗滑系数及加劲梁最大挠度影响(简支体系)

由图4可知,M点表示主跨加劲梁挠跨比为$L/250$时中塔的纵向刚度,为12.3MN/m,N点表示主缆抗滑移安全系数为2时中塔的纵向刚度,为16.1MN/m。当中塔纵向刚度小于12.3MN/m时,主缆抗滑符合要求,但主跨加劲梁的挠跨比不满足要求。当中塔纵向刚度大于16.1MN/m时,主跨加劲梁的挠跨比满足要求,但主缆抗滑不符合要求。当中塔纵向刚度大于12.3MN/m,小于16.1MN/m时,主缆抗滑安全系数与加劲梁挠跨比均满足要求。由此可得,在本模型下,简支体系三塔悬索桥存在既满足主缆抗滑安全系数又满足加劲梁挠跨比的中塔纵向刚度区间,即为[12.3MN/m,16.1MN/m]。

3.3 半漂浮体系

半漂浮体系在中塔处约束纵桥向位移,设置侧向抗风支座,竖向自由。不同中塔纵向刚度下主缆抗滑移安全系数及主跨加劲梁最大挠度如表3所示。

不同中塔纵向刚度下主缆抗滑安全系数及加劲梁最大挠度计算结果(半漂浮体系) 表3

刚度 (MN/m)	紧边拉力 (kN)	松边拉力 (kN)	K	中塔塔偏 (m)	主跨最大挠度 (m)	挠跨比
7.5	107 948	101 971	2.862	0.759	1.723	1/219
10	108 453	101 466	2.448	0.663	1.576	1/240
15	109 160	100 760	2.036	0.528	1.381	1/274

续上表

刚度 (MN/m)	紧边拉力 (kN)	松边拉力 (kN)	K	中塔塔偏 (m)	主跨最大挠度 (m)	挠 跨 比
25	109 968	99 951	1.707	0.374	1.179	1/321
40	110 564	99 355	1.525	0.261	1.047	1/361
60	110 959	98 960	1.424	0.186	0.968	1/391
70	111 080	98 839	1.396	0.162	0.945	1/400
85	111 217	98 702	1.365	0.136	0.92	1/411
100	111 315	98 604	1.344	0.118	0.903	1/419
150	111 509	98 410	1.304	0.081	0.87	1/435

不同中塔纵向刚度下主缆抗滑移安全系数及主跨加劲梁最大挠度变化如图5所示。

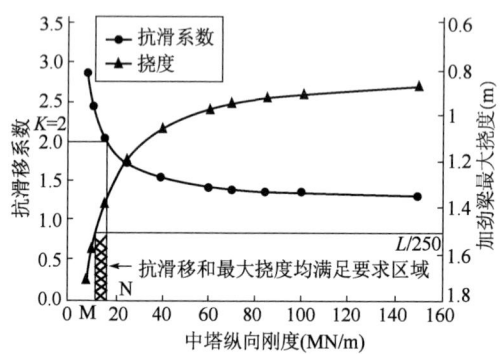

图5 中塔纵向刚度对主缆抗滑系数及加劲梁最大挠度影响(半漂浮体系)

由图5可知,M点表示主跨加劲梁挠跨比为$L/250$时中塔的纵向刚度,为11.6MN/m,N点表示主缆抗滑移安全系数为2时中塔的纵向刚度,为15.6MN/m。当中塔纵向刚度小于11.6MN/m时,主缆抗滑符合要求,但主跨加劲梁的挠跨比不满足要求。当中塔纵向刚度大于15.6MN/m时,主跨加劲梁的挠跨比满足要求,但主缆抗滑不符合要求。当中塔纵向刚度大于11.6MN/m,小于15.6MN/m时,主缆抗滑安全系数与加劲梁挠跨比均满足要求。由此可得,在本模型下,半漂浮体系三塔悬索桥存在既满足主缆抗滑安全系数又满足加劲梁挠跨比的中塔纵向刚度区间,即为[11.6MN/m,15.6MN/m]。

3.4 全漂浮体系

全漂浮体系在仅在中塔处设置横向抗风支座,释放纵桥向及竖向位移。不同中塔纵向刚度下主缆抗滑移安全系数及主跨加劲梁最大挠度如表4所示。不同中塔纵向刚度下主缆抗滑移安全系数及主跨加劲梁最大挠度变化如图6所示。

不同中塔纵向刚度下主缆抗滑安全系数及加劲梁最大挠度计算结果(全漂浮体系) 表4

刚度 (MN/m)	紧边拉力 (kN)	松边拉力 (kN)	K	中塔塔偏 (m)	主跨最大挠度 (m)	挠 跨 比
7.5	108 361	101 424	2.464	0.933	1.946	1/194
10	108 881	100 907	2.143	0.79	1.719	1/220
15	10 956	100 234	1.832	0.604	1.437	1/263

848

续上表

刚度 (MN/m)	紧边拉力 (kN)	松边拉力 (kN)	K	中塔塔偏 (m)	主跨最大挠度 (m)	挠跨比
25	110 279	99 522	1.588	0.409	1.207	1/313
40	110 771	99 030	1.455	0.276	1.084	1/349
60	111 083	98 717	1.381	0.193	1.016	1/372
70	111 176	98 624	1.361	0.168	0.997	1/379
85	111 280	98 519	1.338	0.140	0.977	1/387
100	111 354	98 444	1.323	0.120	0.963	1/393
150	111 497	98 298	1.294	0.082	0.937	1/404

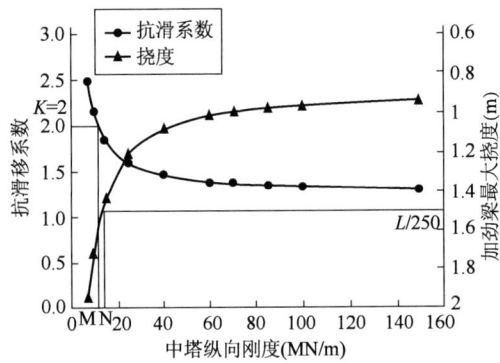

图6 中塔纵向刚度对主缆抗滑系数及加劲梁最大挠度影响(全漂浮体系)

由图6可知,N点表示主跨加劲梁挠跨比为$L/250$时中塔的纵向刚度,为13.3MN/m,M点表示主缆抗滑移安全系数为2时中塔的纵向刚度,为12.0MN/m。当中塔纵向刚度小于12.0MN/m时,主缆抗滑符合要求,但主跨加劲梁的挠跨比不满足要求。当中塔纵向刚度大于13.3MN/m时,主跨加劲梁的挠跨比满足要求,但主缆抗滑不符合要求。当中塔纵向刚度大于12.0MN/m,小于13.3MN/m时,主缆抗滑安全系数与加劲梁挠跨比均不满足要求。由此可得,在本模型下,全漂浮体系三塔悬索桥不存在既满足主缆抗滑安全系数又满足加劲梁挠跨比的中塔纵向刚度区间。

综合表1、表2、表3、表4中的数据可知,当一跨满载时,各体系三塔悬索桥结构响应呈现出相似的规律,靠近中塔处加载侧主缆拉力较大,非加载侧主缆拉力较小。当中塔纵向刚度的增大时,中塔处紧边拉力逐渐增大,松边拉力逐渐减小,同时主缆的抗滑移安全系数逐渐减小,中塔纵向偏位以及加载侧主跨加劲梁最大竖向挠度逐渐减小。

综合上述四种不同结构体系下中塔纵向刚度影响分析结果可知,三塔悬索桥在受一跨满载作用时,当增大中塔的纵向刚度时,加载跨加劲梁最大挠度会减小,将有利于行车的舒适性,但与此同时中塔索鞍内索股的抗滑移安全系数会减小,将不利于主缆抗滑稳定性,中塔的刚度变化对于两者呈现出相反的效果。故在进行三塔悬索桥的设计时,要找到中塔刚度取值的合适区间,使其同时满足中塔索股抗滑移稳定性和行车舒适性的要求。在三塔悬索桥的四种不同结构体系中,塔梁固结体系、简支体系、半漂浮体系均能找到合适的中塔刚度取值区间,但全漂浮体系三塔悬索桥无法找到合适的刚度区间使其同时满足中塔主缆抗滑稳定和主梁挠跨比的要求。在塔梁固结体系、简支体系、半漂浮体系中,塔梁固结体系三塔悬索桥的中塔合适纵向刚度取值区间最大。

4 不同结构体系对比分析

由第3节数据可知,不同体系下中塔索鞍索股抗滑安全系数随中塔刚度变化如图7所示,不同体系下加劲梁最大挠度随中塔刚度变化如图8所示。

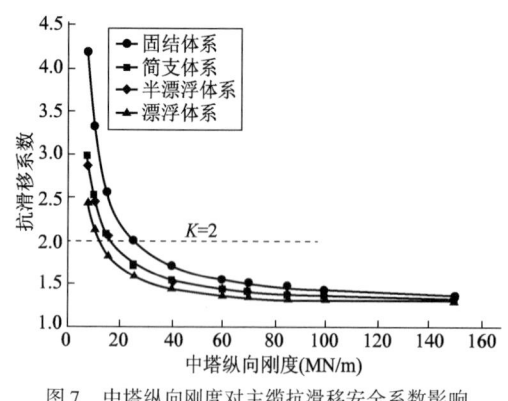

图7 中塔纵向刚度对主缆抗滑移安全系数影响

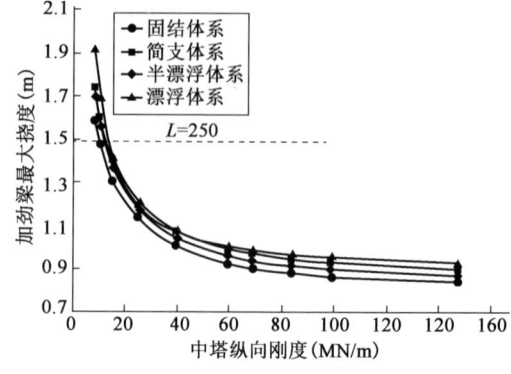

图8 中塔纵向刚度对加劲梁最大挠度影响

从图7中可以看出,不同体系下三塔悬索桥中塔索鞍内主缆抗滑移安全系数随中塔纵向刚度变化趋势基本相同。当中塔纵向刚度较小时,主缆抗滑移安全系数随中塔纵向刚度增大而迅速减小,当中塔纵向刚度大于100MN/m时,抗滑安全系数减小的趋势趋于平缓。四种不同体系下满足主缆抗滑安全系数的中塔纵向刚度取值区间大小不同,其中固结体系下满足主缆抗滑安全系数的中塔纵向刚度取值区间最大,漂浮体系下取值区间最小。相同中塔纵向刚度条件下,固结体系主缆抗滑安全系数>简支体系主缆抗滑安全系数>半漂浮体系主缆抗滑安全系数>漂浮体系主缆抗滑安全系数。

从图8中可以看出,不同体系下三塔悬索桥加劲梁最大挠度随中塔纵向刚度变化趋势基本相同。当中塔纵向刚度较小时,加劲梁最大挠度随中塔纵向刚度增大而迅速减小,当中塔纵向刚度大于100MN/m时,加劲梁最大挠度减小的趋势趋于平缓。相同中塔纵向刚度条件下,漂浮体系加劲梁最大挠度>半漂浮体系加劲梁最大挠度>简支体系加劲梁最大挠度>固结体系加劲梁最大挠度。

5 结语

本文以襄阳庞公大桥为背景,建立了塔梁固结体系、简支体系、半漂浮体系及全漂浮体系四种不同体系的三塔悬索桥,探究了不同中塔纵向刚度对中塔索鞍内主缆抗滑移安全系数及加劲梁最大挠度的影响,得到了如下结论:

(1)对于三塔悬索桥,当增大中塔的纵向刚度时,主跨加劲梁最大挠度会减小,有利于行车的舒适性,但与此同时中塔索鞍内索股的抗滑移安全系数会减小,不利于主缆抗滑稳定性,中塔的刚度变化对于两者呈现出相反的效果。故在进行三塔悬索桥的设计时,要找到中塔刚度取值的合适区间,使其同时满足中塔索股抗滑移稳定性和行车舒适性的要求。

(2)在三塔悬索桥的四种不同结构体系中,塔梁固结体系、简支体系、半漂浮体系均能找到合适的中塔刚度取值区间,但全漂浮体系三塔悬索桥无法找到合适的刚度区间使其同时满足中塔主缆抗滑稳定和主梁挠跨比的要求。在塔梁固结体系、简支体系、半漂浮体系中,塔梁固结体系三塔悬索桥的中塔合适纵向刚度取值区间最大。

(3)不同体系下三塔悬索桥中塔索鞍内主缆抗滑移安全系数和加劲梁最大挠度随中塔纵向刚度变化趋势基本相同。当中塔纵向刚度较小时,主缆抗滑移安全系数和加劲梁最大挠度随中塔纵向刚度增大而迅速减小,当中塔纵向刚度大于100MN/m时,变化的趋势趋于平缓。

参 考 文 献

[1] 杨光武,徐宏光,张强.马鞍山长江大桥三塔悬索桥关键技术研究[J].桥梁建设,2010(05):7-11.
[2] 唐贺强,张强,杨光武.马鞍山长江公路大桥三塔悬索桥结构体系选择[J].桥梁建设,2011(01):5-9.
[3] 高康平,张强,唐贺强,等.马鞍山长江公路大桥三塔悬索桥中塔刚度研究[J].桥梁建设,2011(05):1-5.
[4] 唐贺强.减小三塔悬索桥中塔顶主缆不平衡力的设计思路[J].桥梁建设,2015,45(05):83-87.
[5] 但启联,魏凯,向琪芪,等.加劲梁形式及支承体系对三塔悬索桥整体刚度影响研究[J].世界桥梁,2017,45(05):49-53.
[6] 李万恒,王元丰,李鹏飞,等.三塔悬索桥桥塔适宜刚度体系研究[J].土木工程学报,2017,50(01):75-81.
[7] 沈锐利,侯康,王路.三塔悬索桥结构竖向刚度及主缆抗滑需求[J].东南大学学报(自然科学版),2019,49(03):474-480.
[8] 中华人民共和国交通运输部.公路悬索桥设计规范:JTG/T D65-05—2015[S].北京:人民交通出版社股份有限公司,2015.
[9] 舒思利,王忠彬.三塔悬索桥适应性及主缆抗滑移技术探讨[J].桥梁建设,2010(05):43-46.

131. 混凝土箱梁结构的带斜杆空间刚架模型

宋泰宇[1,2]　白志娟[1]

(1. 同济大学建筑设计研究院(集团)有限公司；2. 同济大学)

摘　要：为了准确、高效地对混凝土箱梁结构进行弹性阶段受力分析，本文提出了一种带斜杆空间刚架模型，并基于剪切刚度等效原则推导了斜杆的截面特性。简支箱梁和深梁的对比分析表明，带斜杆空间刚架模型计算的结构应力、变形结果与实体单元模型吻合良好，带斜杆空间刚架模型完全不受平截面假定的限制，可准确模拟结构的剪切性能、反映结构的剪力滞等空间受力性能，经其他结构形式和荷载形式进一步验证后可用于混凝土箱梁结构的实际分析和设计。

关键词：箱梁结构　剪切性能　等效桁架模型　空间刚架模型　剪切变形

1 引言

在中等跨径桥梁中，混凝土梁式桥具有较强的适应性和经济合理性。箱形截面具有较好的整体性、较大的抗扭刚度以及顶底板均能提供混凝土的受压面积，所以广泛应用于较大跨径的桥梁结构。20世纪70年代以来，混凝土箱梁桥大多被首选考虑在中等跨径桥梁设计中，在世界范围具有广泛的建设成果，在我国交通建设中发挥着非常重要的作用。

对于混凝土箱梁桥结构的分析和设计，采用的数值模拟方法一般有：单梁模型、梁格模型以及实体和板壳模型[1]。单梁模型基于平截面假定，适用于梁桥的初步整体性分析，但无法体现箱梁的空间效应，随着目前箱梁桥桥面宽度逐渐增大，桥梁结构的空间效应愈加明显，采用单梁模型并不能满足精细化设计的需求。实体或板壳模型完全不受平截面假定的限制，可以模拟任意的结构细节和边界形式，但一般需要大量的单元，这大大增加了计算成本和收敛难度，不适用于量大面广的混凝土箱梁桥设计。梁格模型[2-3]整个截面不需要满足平截面假定，可以有效考虑箱梁结构的剪力滞效应和荷载横向分布，但梁格法实质上仍是横向分片的纵向结构体系，不能体现箱梁完整的空间效应，尤其是对于混凝土箱梁无法考察其顶底板的水平剪应力。

在上述三种常见模型之外，很多学者基于对混凝土板壳结构的基本单位，即二维平板单元[图1a)]的不同等效方式，提出了平面桁架模型[4-8]和空间网格(刚架)模型[3]。等效桁架模型将平板转化为6个杆单元铰接而成的桁架[图1b)]，只适用于平面结构，基于位移等效原则可推导各杆单元的轴向刚度，其中平板的剪切刚度完全由斜杆提供。空间刚架模型将平板转化为刚性连接的正交纵横梁[图1c)]，纵横梁的截面为板件的真实截面，可有效考虑板件的面内和面外效应。

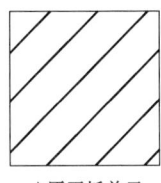 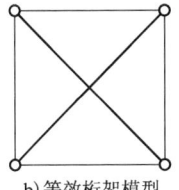 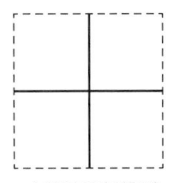

a) 原平板单元　　　b) 等效桁架模型　　　c) 等效刚架模型

图1　平板的等效模型

基于空间刚架模型和平面桁架模型的研究基础,本文针对混凝土箱梁等复杂结构,提出了一种新的带桁架斜杆的空间刚架模型,旨在较准确地模拟混凝土结构的面内剪切性能和空间受力性能,经验证后可以用于混凝土箱梁结构弹性阶段的分析和设计。

2　斜杆桁架的刚度

为了推导带斜杆空间刚架模型中的斜杆桁架的截面特性(轴向刚度),采用图1a)所示的平板基本单元,即一个单位正方形平板进行典型受力工况分析。如图2所示,简支正方形板长、宽为1.0m,厚度 t 为0.1m,弹性模量 E 为 $3.45 \times 10^7 \text{kN/m}^2$,泊松比 μ 为0.2,平板分别受均布剪切力、轴压力作用,每边上剪应力合力为 $1 \times 10^4 \text{kN}$,均布轴向力合力为 $1 \times 10^4 \text{kN}$。采用有限元分析软件Midas Civil建立刚架模型(后同),对其进行受力分析。

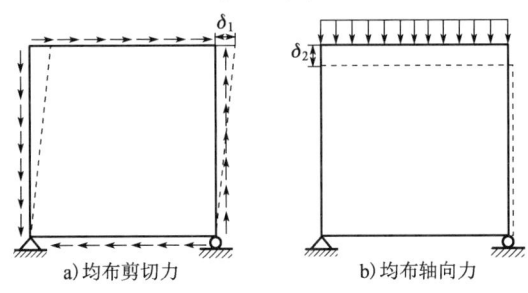

a) 均布剪切力　　　b) 均布轴向力

图2　单位正方形平板

如图2a)所示,在均布剪切力作用下,平板的剪切变形理论值 $\delta_1 = 0.696\text{cm}$,而刚架模型计算的 $\delta_1 = 2.249\text{cm}$,剪切变形偏大。计算结果说明,按截面实际尺寸等效而来的刚架模型的剪切刚度偏小。采用在刚架模型的基础上增设斜杆桁架的方法对其进行修正,为了使刚架和斜杆叠加后的模型可以获得准确的剪切刚度,需要对斜杆桁架单元的轴向刚度取值进行推导。

根据平面桁架模型研究中正方形平板等效桁架模型的理论推导[4],可得基于剪切变形等效原则的斜杆轴向刚度:

$$k = \frac{Et}{2(1+\mu)} \quad (1)$$

式中:$E、\mu$——材料的弹性模量和泊松比;

t——板厚度。

带斜杆刚架模型中,刚架模型本身有一定的剪切刚度,因此需要对斜杆刚度进行折减,这里引入刚度折减系数 η 对式(1)进行折减。η 的具体推导过程如下:①根据单位正方形平板的理论变形值,推得平板的剪切刚度理论值 $k_1 = 1/0.696(10^4\text{kN/cm})$;②根据刚架模型的变形值,推得刚架的剪切刚度 $k_2 = 1/2.249(10^4\text{kN/cm})$;③假定带斜杆刚架模型中,刚架和桁架斜杆平面内的剪切刚度为线性叠加关系,则斜杆的剪切刚度 $k_3 = k_1 - k_2 \approx 1(10^4\text{kN/cm})$。由此可得带斜杆刚架模型中,刚架和斜杆贡献的剪切刚度的比值 k_2/k_3 约为9/20;④将 k_3 和式(1)

853

中的斜杆刚度 k 做比,可得到斜杆刚度的折减系数 $\eta = k_3/k = 0.690$,近似取 $\eta = 0.7$。综上,带斜杆刚架模型中斜杆的刚度:

$$\bar{k} = \frac{\eta E t}{2(1+\mu)} = \frac{0.7 E t}{2(1+\mu)} \quad (2)$$

为了验证斜杆刚度的准确性,在原刚架模型中添加斜杆桁架单元,并根据式(2)计算斜杆的截面特性。在均布剪切力作用下,带斜杆刚架模型的计算值 $\delta_1 = 0.639$ cm。可以看出,与原刚架模型的结果(2.249 cm)相比,带斜杆刚架模型的剪切变形明显减小,剪切刚度增大;该值与理论变形值(0.696 cm)相比略小,相对误差为 8%,说明刚架和斜杆的剪切刚度为线性叠加关系的假定是基本合理的。

再考察带斜杆刚架模型中斜杆对刚架模型轴向刚度的影响。如图 2b)所示,在均布轴压力作用下,平板的轴向压缩变形理论值 $\delta_2 = 0.290$ cm,带斜杆刚架模型的计算值 $\delta_2' = 0.274$ cm。可以看出,带斜杆刚架模型的计算值较理论值略小,说明斜杆使模型增加了一部分轴向刚度,但增加的幅度较小,轴向变形的相对误差约为 7%。综上,可以认为斜杆在修正刚架模型剪切刚度的同时,对其轴向刚度的影响较小,在混凝土箱梁结构中,由梁弯曲产生的轴向拉、压应力主要由箱梁顶、底板承担,而增设斜杆的箱梁腹板承受的轴向力较小,因此由斜杆带来的轴向受力的误差可以忽略。

3 算例验证

为验证所提出的带斜杆空间刚架模型的准确性和适用性,以某简支箱梁和简支深梁为例,基于板壳、实体模型的计算结果对带斜杆空间网格模型的正确性和误差范围进行验证和对比分析。

3.1 简支箱梁

简支箱梁桥的跨径布置和横截面如图 3 所示,$E = 3.45 \times 10^7$ kN/m^2,$\mu = 0.2$。分别采用初等梁理论(单梁模型)、板壳和实体有限元模型和提出的带斜杆空间刚架模型对其在自重下的受力情况进行了分析,并对分析结果进行对比。板壳和实体模型在有限元分析软件 ABAQUS 中建立(后同),板壳模型的单元划分尺寸为 0.5 m,实体模型的单元划分尺寸为 0.1 m,带斜杆空间刚架模型中的网格密度为 0.5 m,各模型如图 4 所示。

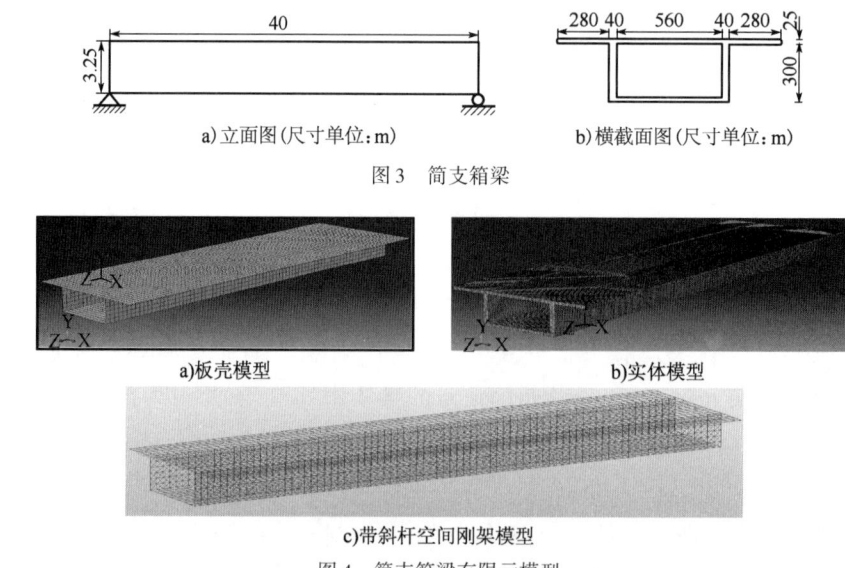

图 3 简支箱梁

a)板壳模型   b)实体模型

c)带斜杆空间刚架模型

图 4 简支箱梁有限元模型

图 5 所示为简支箱梁关键截面的竖向挠度、正应力、剪应力的对比结果,其中,对于正应力结果,各模型均取距顶、底板边缘 0.125 m 位置,即板中面的应力;对于剪应力结果,单梁模型取截面中性轴位置的应力,实体单元模型取截面竖向相邻 5 个单元的平均值作为居中位置的应力,带斜杆刚架模型取各纵梁剪应力除以 1.5 (Midas Civil 默认输出的是中性轴处剪应力,矩形截面为平均剪应力的 1.5 倍)后,再乘以 29/9 (带斜杆刚架和刚架的剪切刚度比)的结果。

由图 5a) 可以看出,带斜杆刚架模型的跨中和四分点截面竖向挠度与板壳、实体模型均基本一致,初等梁理论的挠度结果较其他三个模型的结果略小,且不能反映箱梁顶、底板横向挠曲的空间受力特性。由图 5b) 可以看出,带斜杆网格模型的跨中和四分点截面正应力与板壳、实体模型相比略偏小,可能原因是腹板斜杆单元承担了一部分轴向力,但此影响幅度很小,另一方面,带斜杆刚架模型正应力结果体现了跨中和四分点截面顶板的正剪力滞效应,而板壳和实体模型的剪力滞效应不明显,可能原因是板壳、实体模型分析结果包含了局部荷载效应。由图 5c) 可以看出,带斜杆刚架模型和板壳、实体模型计算的箱梁腹板剪应力在数值和分布规律上均非常接近,特别是,由于采用了网格细化的带斜杆刚架模型,实现了采用杆系模型就可以得到达到弹性力学精度级别的剪应力结果,精确程度超过材料力学。总体来说,带斜杆刚架模型较准确地反映了箱梁结构的剪切性能和空间受力性能。

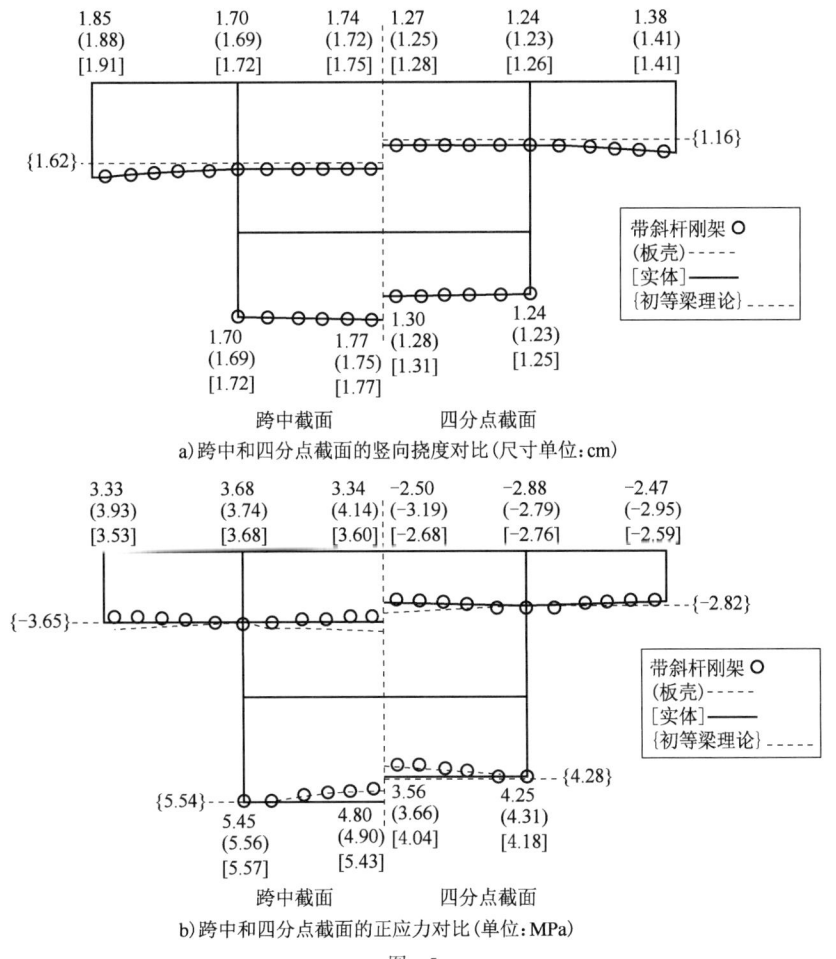

a) 跨中和四分点截面的竖向挠度对比(尺寸单位:cm)

b) 跨中和四分点截面的正应力对比(单位:MPa)

图 5

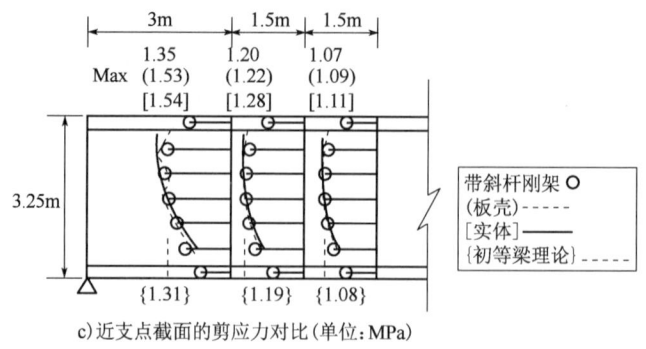

c) 近支点截面的剪应力对比(单位:MPa)

图5　简支箱梁自重作用下变形和应力对比

3.2　简支深梁

简支深梁的跨径布置和横截面如图6所示,顶面作用均布压应力 $q=125\text{kN/m}$、$E=3.45\times10^7\text{kN/m}^2$、$\mu=0.2$。分别建立实体有限元模型和带斜杆空间刚架模型,对模型的分析结果进行对比,以验证带斜杆刚架模型用于深梁分析的正确性。为避免应力集中,实体模型在支座处设置钢垫板,支座中心线处施加简支约束,并保证其有效跨径与带斜杆刚架模型相同。实体模型的单元划分尺寸为0.05m,带斜杆刚架模型的网格密度为0.25m,各模型如图7所示。

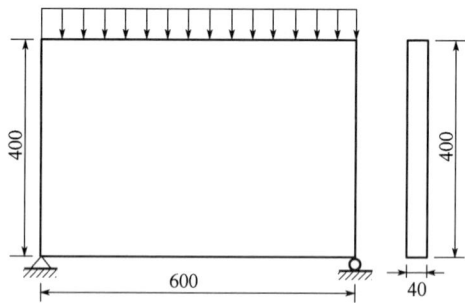

图6　简支深梁立面图和横截面图(尺寸单位:cm)

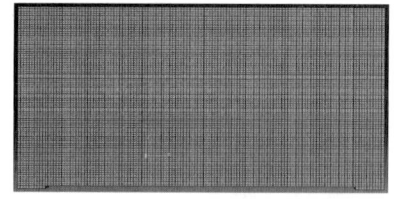

a)实体单元模型

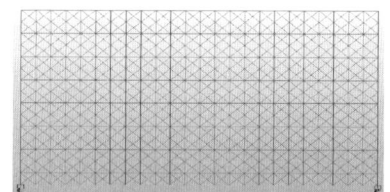

b)带斜杆空间刚架模型

图7　简支深梁有限元模型

图8所示为简支深梁关键截面的竖向挠度、正应力、剪应力的对比结果,其中,由于实体模型支点附近局部变形受约束形式影响严重,所以沿梁长竖向挠度的对比以四分点处挠度为基准值,示出两四分点之间区域的挠度增量值。由图8a)可以看出,带斜杆刚架模型的竖向挠度与实体模型相比略偏小,可能原因是带斜杆刚架模型剪切刚度稍偏大造成的。由图8b)、c)可以看出,带斜杆刚架模型与实体模型的正应力、剪应力计算值和分布规律基本一致,说明带斜杆刚架模型中,弯矩、剪力在刚架和斜杆桁架之间按刚度分配和传递是准确的。另外,由图8b)、c)还可以看出,带斜杆刚架模型完全不受平截面假定的限制,可以准确模拟出截面上

正应力、剪应力真实的非线性变化规律。

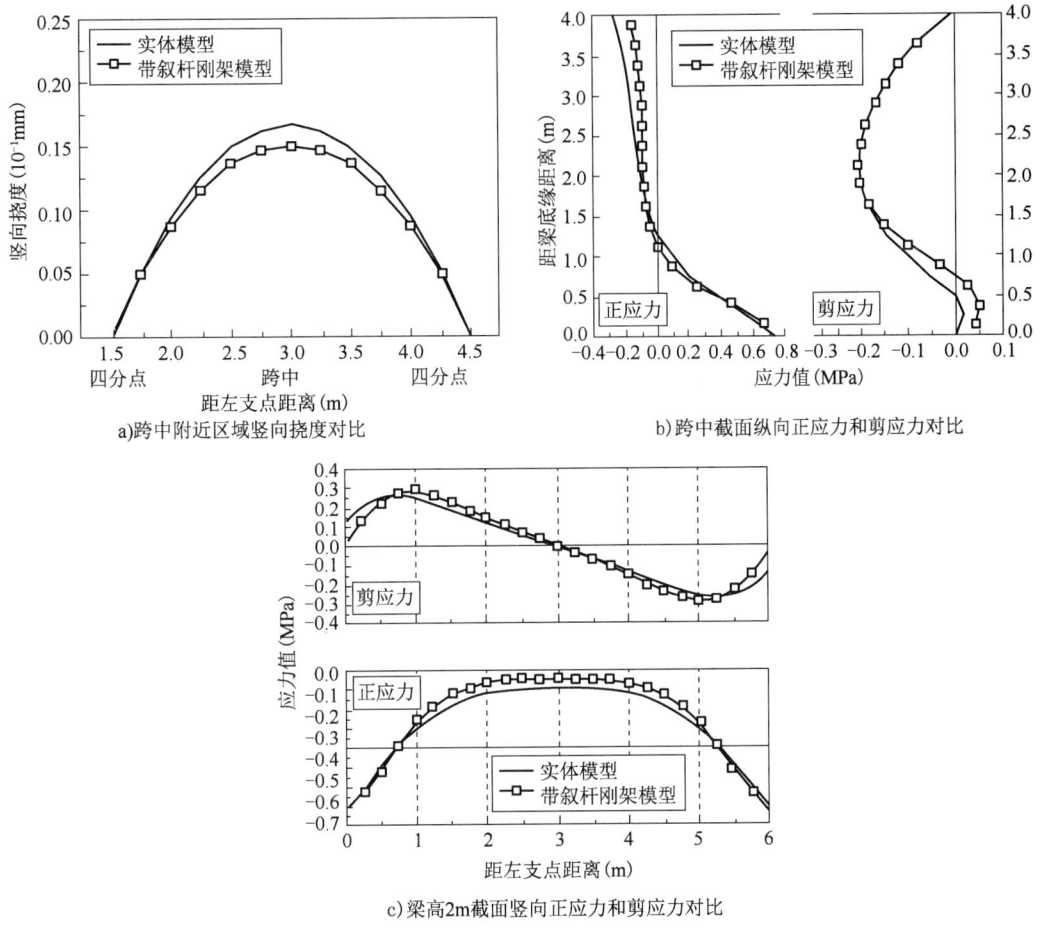

图8 简支深梁均布压力下变形和应力对比

4 结语

(1)本文提出了一种带斜杆的空间刚架模型,可用于混凝土箱梁这类复杂结构弹性阶段的受力分析,基于剪切刚度等效原则,对模型中斜杆桁架的刚度进行了推导。

(2)针对提出的带斜杆空间刚架模型,采用简支箱梁和简支深梁进行了算例验证,验证结果表明:带斜杆空间刚架模型计算的变形、应力等结果与实体单元模型吻合良好,较准确地反映了混凝土箱梁结构的剪切性能和空间受力性能。

(3)对于深梁这类应力状态非常复杂的空间结构,在实际设计中,可偏安全的将斜杆刚度[式(2)]的折减系数取为0.6。

(4)本文只推导了常用的网格长宽比为1时的斜杆刚度,其他情况的斜杆刚度可按相同方法推导,当网格长宽差别不大时,也可直接取斜边边长计算。

参 考 文 献

[1] 宋泰宇.混凝土曲线箱梁桥极限状态分析理论及方法[D].上海:同济大学,2019.

［2］ E. C. Hambly. Bridge Deck Behaviour, Second edition［J］. Taylor & Francis,1991.
［3］ 徐栋,赵瑜,刘超.混凝土桥梁结构实用精细化分析与配筋设计［M］.北京:人民交通出版社,2013.
［4］ 孙利民,秦东,范立础.扩展散体单元法在钢筋混凝土桥梁倒塌分析中的应用［J］.土木工程学报,2002,35(6),53-58.
［5］ 陈逵.有限平面桁架单元法的研究及应用［D］.长沙:湖南大学,2005.
［6］ 丁先立.有限单元法等效桁架单元研究及应用［D］.长沙:湖南大学,2005.
［7］ 张艳军.框支剪力墙等效桁架模型(ETM)理论分析［D］.长沙:湖南大学,2008.
［8］ 刘鹰.平面等效桁架模型非线性有限元法的研究与应用［D］.长沙:湖南大学,2013.

132. 正八边形钢板腹梁挠度影响参数分析

常 山 杨 明 田林杰

(东南大学交通学院)

摘 要：基于蜂窝梁外观，提出了一种新型空腹式钢结构——正八边形钢板腹梁。借鉴蜂窝梁挠度计算中的经典理论，即费氏空腹桁架理论，推导了该结构在弯曲荷载作用下的挠度变形公式，并采用有限元方法进行了验证。进一步地，采用有限元方法对影响该结构挠度的参数，如荷载类型、孔型、扩张比、剪跨比和高跨比等五个相关参数进行了分析，得到了合理的参数取值范围或变化规律。

关键词：正八边形钢板腹梁 空腹式结构 费氏空腹桁架理论 挠度计算 参数分析 有限元分析

1 引言

国外对蜂窝梁的应用和研究起步较早，在 20 世纪 50 年代就出现了挠度的简化计算方法，其中就包括目前最为重要的费式空腹桁架法。1984 年，Evans 和 Shanmugant[1] 提出了一种用于分析蜂窝结构线性和非线性极限承载力的简化分析方法；1991 年，Knowles[2] 等对蜂窝钢梁的承载能力和挠度计算方法进行了具体分析；2006 年，Zirakian 和 Showkati[3] 为研究蜂窝钢梁的畸变屈曲，进行了六支足尺蜂窝钢梁的试验研究；2011 年，Gholizadeh[4] 等研究了简支蜂窝钢梁腹板屈曲承载能力，讨论了非线性有限元方法评估梁承载能力和破坏模式的准确性。

我国在 20 世纪 50～70 年代，因限制使用钢结构，只有少数冶金企业少量地应用过蜂窝梁[5]。1993 年，苏益声和王良才[6] 对圆孔蜂窝梁的制作工艺进行了介绍，并基于费氏空腹桁架理论，提出了圆孔蜂窝梁的强度简化计算法。2017 年，廖曙波和罗烈[7] 通过 Matlab 数学工具实现了积分运算基本表达式计算圆孔蜂窝梁的挠度，该基本表达式基于费式空腹桁架理论得到。2015 年，王培军[8] 等提出了一种圆角多边形孔蜂窝梁孔间腹板受剪屈曲承载力的分析方法，研究了跨中集中力作用下的蜂窝梁孔间腹板的屈曲模式和屈曲承载力。

从蜂窝梁的研究方向可以看出，蜂窝梁的腹板抵抗横向扭转变形能力较差，结构整体稳定性较差，这限制了其在桥梁领域的使用。

基于蜂窝钢梁外观，提出了一种腹板稳定性较好、便于工厂化施工和快速安装的钢结构桥梁。正八边形钢板腹梁是一种新型空腹式钢结构主梁，该结构可用作应急桥梁、人行天桥、景

基金项目：国家自然科学基金青年项目(51208102)；江苏省"六大人才高峰"第十二批(JY-003)。

观廊桥以及大型桥梁工程的上部结构。该结构采用一系列带孔洞的正八边形钢板形成腹部结构,再通过高强螺栓与顶底板连接形成主梁(图1)。与传统的钢结构相比,该结构具有以下特点:可工厂预制;连接可靠;更换方便;安装方便。

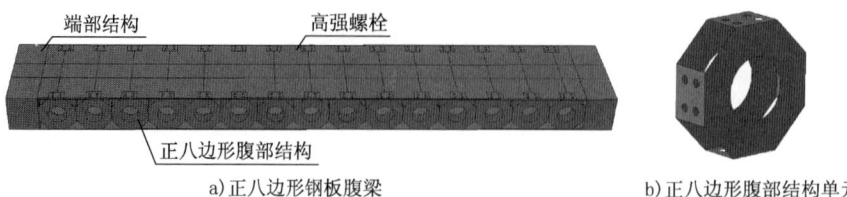

a) 正八边形钢板腹梁　　　　　　b) 正八边形腹部结构单元

图1　正八边形钢板腹梁示意

因此,对正八边形钢板腹梁的变形特性,尤其是挠度计算方法和影响因素进行研究,不仅具有理论意义,还可为其应用到工程实践提供技术支持。

2　弯曲荷载作用下的挠度计算

正八边形钢板腹梁为腹板非连续的空腹式结构,可借鉴费氏空腹桁架比拟法对弯曲荷载作用下该结构产生的挠度进行计算。将正八边形钢板腹梁的挠度看成弯曲挠度和剪力次弯矩引起的挠度两项之和。在进行结构挠度计算时,将结构沿梁长划分为多个单元,对单元进行挠度计算,再通过单元挠度叠加得到结构整体挠度。

假设正八边形钢板腹梁圆形开洞部分截面的等效惯性矩为 I_1,梁墩部分截面的等效惯性矩为 I_0(只考虑顶底板形成的截面惯性矩),则正八边形钢板腹梁截面刚度可以表示为 $EI(x)$,即 $\dfrac{1}{I(x)} = \dfrac{1}{I_0}(1+\eta)$。式中 η 为变量,其中圆形开孔部分的截面 $\eta = \dfrac{I_1}{I_0} - 1$,其他部分截面 $\eta = 0$。

根据单位荷载法,正八边形钢板腹梁的弯曲挠度计算公式为:

$$f_\mathrm{M} = \int_0^l \frac{\overline{M}M(x)}{EI_0}\mathrm{d}x + \eta \sum_{i=1}^n \int_{x_i}^{x_{i+1}} \frac{\overline{M}M(x)}{EI_0}\mathrm{d}x + f_\mathrm{M}^0 + 0.5858\left(\frac{I_1}{I_0}-1\right)f_\mathrm{M}^0 \tag{1}$$

正八边形钢板腹梁在剪力次弯矩影响下的挠度 f_VM,可以采用单位荷载法进行计算(图2)。计算时可以将该挠度看作两部分:一部分是剪力作用下的弯曲变形 f_VM^1,另一部分是梁墩的转动变形 f_VM^2。

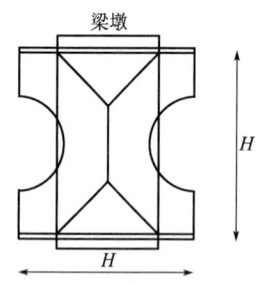

图2　正八边形钢板腹梁挠度计算单元示意

以某高跨比 1/10 的正八边形钢板腹梁为例,采用 Q235 钢材制作,弹性模量 210GPa。梁长 0.89m,梁宽 0.2m。沿梁横向设置两道正八边形钢腹板,正八边形腹板圆孔直径为 0.04m,所有构件厚度均为 3mm。梁左端为固定约束,右端为自由约束,在自由端施加 1 000N 竖向集中力。按照正八边形钢板腹梁的挠度计算公式可得,该结构的挠度 $f = f_\mathrm{M} + \sum_{i=1}^{10} f_\mathrm{VM} = 5.2929 \times 10^{-4}$ m。

为验证该公式计算准确性,采用通用有限元软件 ABAQUS 2017 建立该正八边形钢板腹梁的有限元模型,采用四节点曲壳缩减积分单元 S4R 进行网格划分,得到该结构的挠度为 5.153×10^{-4} m。与计算公式值相比,两者误差为 2.64%,说明基于费氏空腹桁架理论的挠度计算公式可以准确地计算该结构挠度(图3)。

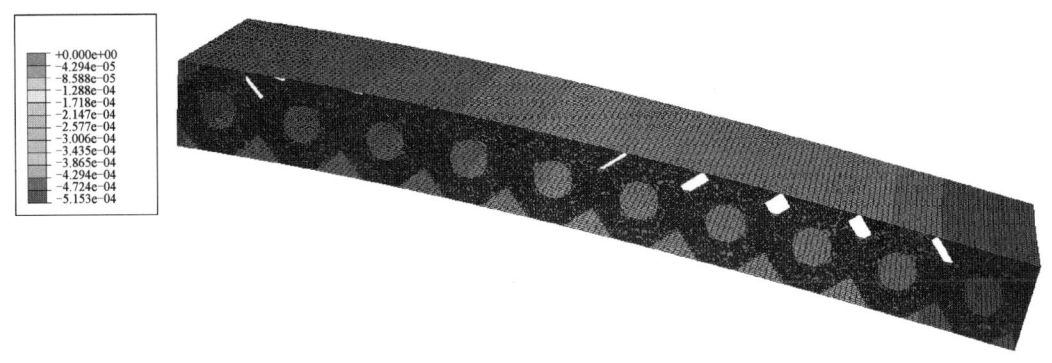

图3 正八边形钢板腹梁挠度

3 挠度影响参数分析

对蜂窝梁挠度影响参数进行分析时,通常考虑蜂窝梁的荷载类型、扩张比、高跨比、孔型和剪跨比等五个方面[9-10]。由于正八边形钢板腹梁与蜂窝钢梁在腹板构造上较为类似,因此对正八边形钢板腹梁挠度影响参数进行分析时,可参考蜂窝钢梁挠度影响因素。

3.1 正八边形钢板腹梁模型

正八边形钢板腹梁的初步尺寸为:梁长5m,高0.33m,宽1m,高跨比1/15,横截面方向沿梁长设置两道正八边形钢腹板(图4)。其中正八边形钢腹板高0.3m,厚0.015m,圆形开孔直径为0.15m,即扩张比为2.0,顶板和底板厚0.015m。

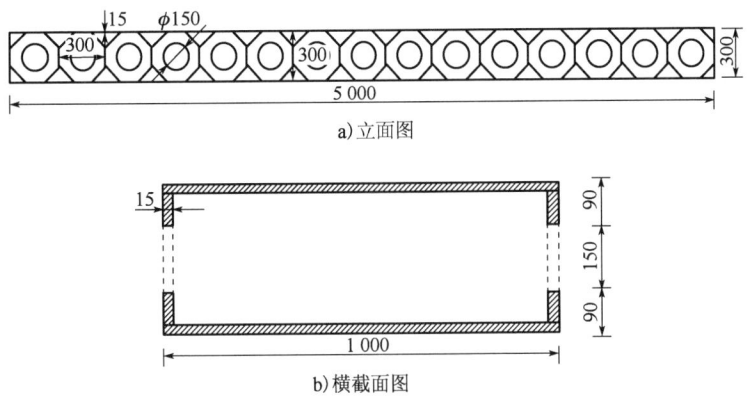

图4 正八边形钢板腹梁模型图(尺寸单位:mm)

3.2 荷载类型

根据正八边形钢板腹梁模型参数,采用通用有限元软件ABAQUS 2017建立该模型的三维壳单元有限元模型,采用S4R单元进行网格划分。S4R为四节点缩减积分曲壳单元,可用于薄壳或厚壳结构的模拟,包含沙漏模式控制。假定该模型采用悬臂约束条件,分别考虑集中荷载和均布荷载两种荷载类型作用。集中荷载为2 250N的竖向力作用在自由端,均布荷载大小为1 000N/m沿梁长均匀作用,可知两种荷载对悬臂约束处的作用等效。

经过有限元计算可以发现,集中荷载作用下的模型自由端挠度为5.184×10^{-4}m,要大于等效均布荷载作用下模型自由端挠度4.053×10^{-4}m,两者相对差达到了27.9%,这说明集中荷载对结构挠度的影响要大于均布荷载。

3.3 孔形

蜂窝钢梁腹板开孔以正六边形较为常见,也有圆形、椭圆形、矩形等开孔形式。这里分别考虑了圆形、正六边形和正八边形等三种孔形,采用通用有限元软件 ABAQUS 2017 分别建立采用这三种腹板开孔形式的正八边形钢板腹梁有限元模型,采用悬臂约束条件,在自由端作用 1 000N 竖向力。圆形开孔直径依然为 0.15m,正八边形和正六边形与圆形为外接关系,即扩张比为 2.0。

表1为不同开孔形式的模型挠度对比。可以发现,正六边形开孔的模型自由端挠度为 5.226×10^{-4}m,要略大于正八边形开孔模型自由端挠度 5.207×10^{-4}m,两者之间的相对差为 0.36%。采用正多边形开孔的两种模型在自由端产生的挠度均略大于圆形开孔模型自由端挠度 5.184×10^{-4}m。这反映出当开孔为正多边形时,随着边数的增多,正多边形钢板腹梁的挠度逐渐变小,当开孔为圆形时,结构在自由端产生的挠度最小。采用圆形开孔的钢腹板刚度要略大于采用正多边形开孔的钢腹板,主要是因为正六边形和正八边形开孔与圆形开孔为外接关系,导致正多边形开孔对腹板的挖空面积要略大于圆形开孔,因此采用何种开孔形式对正八边形钢板腹梁的挠度影响不大。

不同开孔形式的模型挠度对比 表1

开孔形式	挠度(m)	相对差(%)
圆形	5.184×10^{-4}	—
正八边形	5.207×10^{-4}	0.44
正六边形	5.226×10^{-4}	0.81

3.4 扩张比

扩张比指正八边形钢腹板高度与开孔高度的比值。采用通用有限元软件 ABAQUS 2017 分别建立扩张比为 2.4、2.2、2.0、1.8、1.6 和 1.4 等 6 种情况的有限元模型,模型中其他参数与前述模型保持一致。模型采用悬臂约束条件,在自由端作用 1 000N 竖向力,正八边形钢腹板采用圆形开孔。图5所示为扩张比与自由端挠度变化趋势。

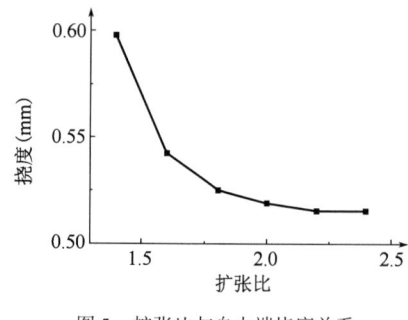

图5 扩张比与自由端挠度关系

从图5可以看出,随着扩张比的增大,挠度逐渐变小,这反映出扩张比的增大,导致钢腹板的刚度也增大,从而使得结构挠度逐渐变小。当扩张比为 1.4 时,自由端挠度为 0.597 9mm,当扩张比为 2.4 时,自由端挠度为 0.514 9mm,挠度下降比达到了 16.12%。随着扩张比的增大,自由端挠度变化也逐渐平缓。当扩张比为 1.8 时,自由端挠度为 0.525 1mm 相比扩张比为 2.4 时的自由端挠度 0.514 9mm,挠度仅减小 1.98%。这说明扩张比增大到一定比例后,对钢腹板刚度的提高作用有限,若通过提高扩张比降低结构挠度,在扩张比达到一定比例后,挠度下降效果不明显,此时还会造成结构自重的增加。因此比较合理的扩张比选择应该是 1.8~2.2。

3.5 剪跨比

采用通用有限元软件 ABAQUS 2017 分别建立剪跨比为 1.5、2.0、2.5、3.0、5.0 和 7.0 等 6 种情况的有限元分析模型。模型中其他参数与前述模型保持一致,正八边形钢腹板采用圆形开孔,扩张比为 2.0,采用简支约束条件,梁上作用有竖直向下的集中荷载大小为 1000 N。

表2所示为正八边形钢板腹梁剪跨比与挠度关系,图6所示为剪跨比与挠度变化趋势。

正八边形钢板腹梁剪跨比与挠度关系　　　表2

剪跨比	挠度(m)	相对差(%)
1.5	7.361×10^{-5}	—
2.0	8.645×10^{-5}	17.44
2.5	9.373×10^{-5}	27.33
3.0	9.707×10^{-5}	31.87
5.0	1.041×10^{-4}	41.42
7.0	1.071×10^{-4}	45.50

从图6和表2可以看出,随着剪跨比的增大,挠度也逐渐增大。当剪跨比为1.5时,结构挠度为0.07361mm,当剪跨比为7.0时,结构挠度为0.1071mm,两者挠度之间的相对差达到了45.50%,这主要是因为随着剪跨比的增加,正八边形钢板腹梁中开孔对腹板截面的削弱作用越大,剪力次弯矩产生的挠度对结构的总挠度影响也越大。从图3~图6可以看出,当剪跨比为3.0时,结构挠度为0.09707mm,小于剪跨比为7.0时的结构挠度0.1071mm,但随着剪跨比的增大,挠度曲线的

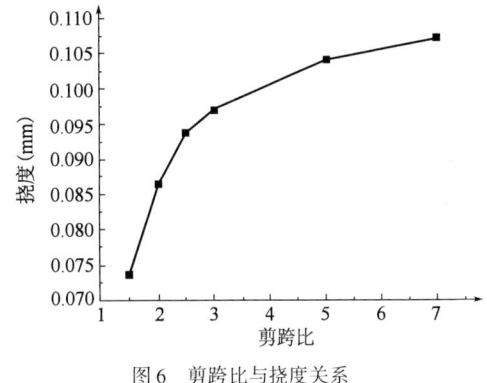

图6　剪跨比与挠度关系

变化趋于平缓,这显示出当剪跨比大于3.0时,正八边形钢板腹梁的抗剪能力变化较小。

3.6　高跨比

建立高跨比分别为1/15、1/20、1/25、1/30和1/35等5种情形的有限元分析模型。模型中其他参数与前述模型保持一致,模型采用悬臂约束条件,自由端作用大小为2250N竖向力,正八边形钢腹板采用圆形开孔,扩张比为2.0。表3所示为正八边形钢板腹梁高跨比与挠度关系,图7所示为正八边形钢板腹梁高跨比与挠度变化趋势。

正八边形钢板腹梁高跨比与挠度关系　　　表3

高跨比	挠度(m)	倍数
1/15	5.184×10^{-4}	1.0
1/20	1.176×10^{-3}	2.27
1/25	2.250×10^{-3}	4.34
1/30	3.845×10^{-3}	7.42
1/35	6.067×10^{-3}	11.70

由图7和表3可知,随着高跨比的减小,结构挠度显著增大,这主要是由于挠度与跨度成三次方的关系。高跨比为1/15时,结构挠度为0.5184mm,高跨比为1/20、1/25、1/30和1/35的结构挠度分别为1.176、2.250、3.845和6.067mm,挠度分别增大2.27、4.34、7.42和11.70倍。挠度除主要受跨度的影响外,正八边形钢板腹梁中开孔对腹板截面的削弱作用越大,剪力

次弯矩产生的挠度对结构的总挠度影响也越大。

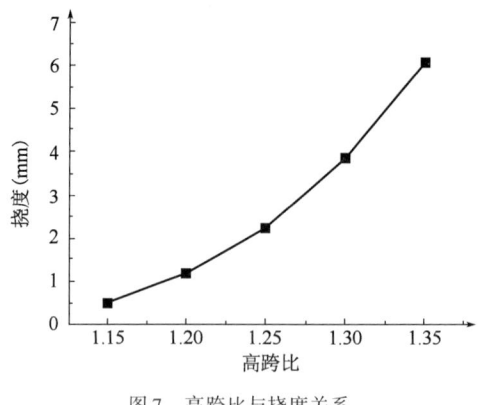

图 7　高跨比与挠度关系

4　结语

基于蜂窝梁的外观,本文提出了一种新型空腹钢结构主梁——正八边形钢板腹梁。借鉴蜂窝钢梁的经典挠度计算理论,提出了正八边形钢板腹梁的挠度计算方法,并对影响该结构挠度的相关参数进行了研究,得到了以下结论:

(1)基于费氏空腹桁架理论,提出了计算正八边形钢板腹梁的挠度计算方法。通过与有限元方法验证,证实了提出的挠度计算方法是可行的。

(2)集中荷载作用产生的结构挠度大于与其等效的均布荷载作用产生的结构挠度,集中荷载对结构挠度的影响更大。

(3)正八边形钢腹板采用不同的开孔形式,对结构挠度影响不大,总体来看,采用圆形开孔的正八边形钢腹板结构产生的挠度最小。

(4)随着扩张比的增加,结构挠度逐渐减小,在扩张比达到一定比例后,挠度下降效果不明显,合理的扩张比应是 1.8~2.2。

(5)随着剪跨比的增大,剪力次弯矩产生的挠度对结构的总挠度影响也越大。当剪跨比达到 3.0 时,正八边形钢板腹梁的抗剪能力变化较小。

(6)随着高跨比的增加,结构挠度显著增加,这是由于挠度主要受跨度影响(简支约束下,挠度与跨度成四次方关系;悬臂约束下,挠度与跨度成三次方关系),此外还与正八边形钢腹板孔洞对截面刚度的削弱程度有关,削弱作用越明显,剪力次弯矩引起的挠度对结构挠度的影响越大。

参 考 文 献

[1] H. Roy Evans, Nandivarav E. Shanmugant. Simplified Analysis for Cellular Structures[J]. J. Struct. Eng., 1984, 110(3): 531-543. (ASCE).

[2] P. R. Knowles, MA, Mphil, Mice, Fiht. Castellated beams [J]. Process institution civil engineering: Part 1, 1991, 90: 521-536.

[3] Tadeh Zirakian, Hossein Showkati. Distortional buckling of castellated beams [J]. Journal of Constructional Steel Research, 2006, 62: 863-871.

[4] Saeed Gholizadeh, Akbar Pirmoz, Reza Attarnejad. Assessment of load carrying capacity of castellated steel beams by neural networks [J]. Journal of Constructional Steel Research, 2011, 67: 770-779.

[5] 王洪范,王立新.蜂窝梁的应用和计算方法[J].工业建筑,1994,8:3-4.

[6] 苏益声,王良才.圆孔蜂窝梁及其强度计算[J].广西大学学报(自然科学版),1993,18(3):63-69.

[7] 廖曙波,罗烈.基于费式空间桁架法的简支圆孔蜂窝梁挠度计算[J].建筑结构,2017,47(增刊):812-818.

[8] 王培军,王旭东,马宁.圆角多边孔蜂窝梁孔间腹板屈曲承载力研究[J].工程力学,2015,32(4):145-152.

[9] 郎婷,赵滇生.蜂窝钢梁的强度和刚度研究[J].浙江工业大学学报,2005,33(5):538-543.

[10] 郑懿,杨俊杰,王森军,等.蜂窝梁的挠度影响因素分析[J].浙江工业大学学报,2007,35(6):695-698.

133. 钢横梁 T 梁桥的受力性能分析

陈 健[1]　胡胜来[2]　端木祥永[1]　徐 栋[1]

(1. 同济大学；2. 安徽省交通规划设计研究总院股份有限公司)

摘　要：为了加强预制施工带来的便利性，本文提出了一种新型的采用钢横梁的简支 T 梁桥。针对一座 25m 的钢横梁 T 梁桥进行了空间实体有限元与折面梁格分析。验证了折面梁格计算采用钢横梁的 T 梁桥的有效性，并给出了横向分布系数的简便计算方法。对该桥梁进行了各种工况下的受力分析，为快速施工桥梁的发展提供了新方向。

关键词：钢横梁　折面梁格模型　受力分析

1　简介

混凝土材料用于桥梁工程已有百年历史。第二次世界大战后的重建和经济发展为混凝土结构技术发展提供了机遇，20 世纪 40 年代后期标准设计的整跨预制拼装混凝土简支梁技术得到了较大发展。20 世纪 50 年代后期和 70 年代，我国开始推广标准设计的整跨预制拼装混凝土简支梁。其中，标准设计的整跨预制拼装混凝土简支梁成为小跨径混凝土桥梁建设的主要技术。

快速施工桥梁(Accelerated Bridge Construction，ABC)(图 1)将整个桥梁划分成若干构件，各构件均移至场外预制工厂中提前预制完成，然后运输至现场拼接。其主要目的在于加快桥梁建设速度，降低工程总造价，能最大限度地减少对既有交通的不利影响。这种创新的施工方法同时也推动了运输及吊装技术的发展。

为了进一步加快桥梁的快速施工，提出了一种采用钢横梁的 T 梁桥，钢横梁的采用不仅仅加快了施工的速度，进一步加强了快速施工桥梁的应用。针对这种新型的桥梁，需要验证传统的计算方式的适用性，探索其受力性能。

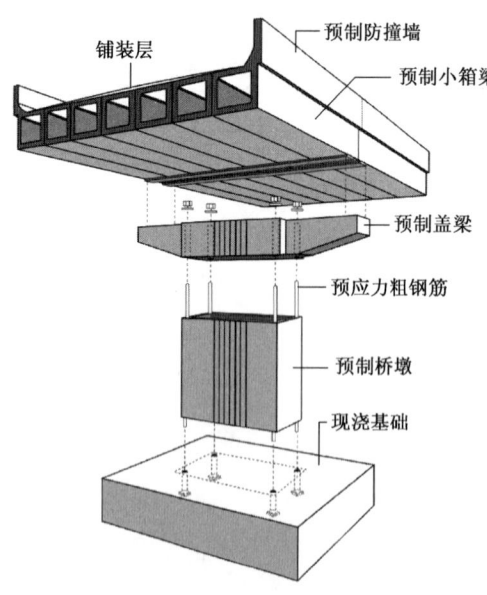

图 1　全预制拼装、快速施工桥梁示意

2 桥梁概况

本文以德州至上饶高速公路合肥枞阳段部分结构的钢横梁简支轻型T梁作为研究对象。25m轻型T梁桥主梁采用预应力混凝土轻型T梁预制结构,横断面共4片轻型T梁,整段预制,主梁间距3.58m,边、中梁均为同一截面;轻型T梁梁高1.605m(含5mm沥青铺装铣刨层);腹板厚0.22m;上翼缘板宽2.0m,边缘厚0.205m,承托处厚0.305m,承托底坡1∶3;下翼缘板宽1.0m,边缘厚0.22m,渐变至腹板处厚0.28m。轻型T梁采用C50混凝土。25m轻型T梁桥跨两端各设置一道钢横梁,采用HN 750×300×13×20型钢,跨中设置一道钢横梁,采用HM 500×300×11×15型钢(图2、图3)。钢横梁与预制主梁通过腹板两侧预埋钢板焊接形成整体或用螺栓连接。

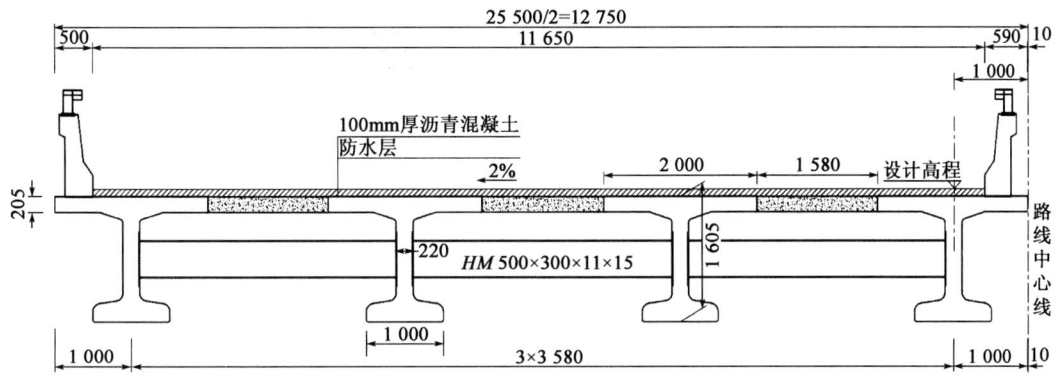

图2 端部横梁(尺寸单位:mm)

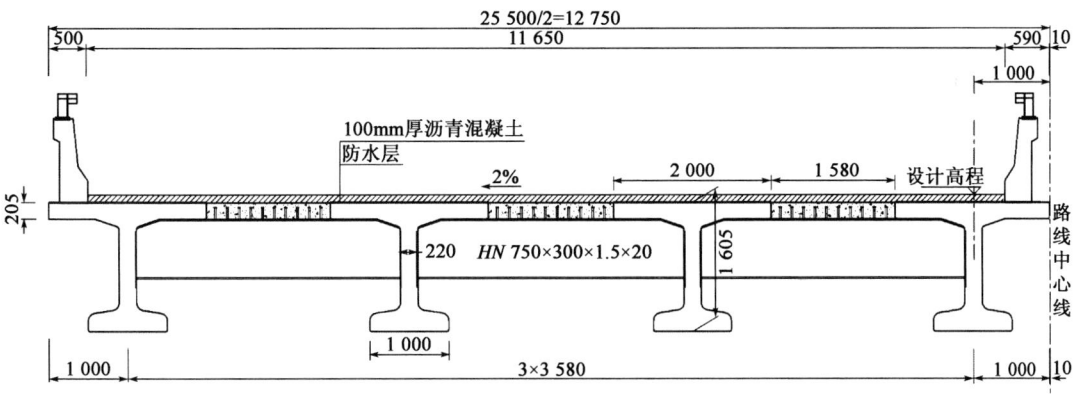

图3 跨中横梁(尺寸单位:mm)

3 钢横梁T梁桥

3.1 折面梁格模型

折面梁格模型是将截面以沿垂直于截面主轴方向的切割线划分,由各划分梁的形心连线组成的一个单层的格构式模型,由于该单层梁格模型为一个折面,所以称为折面梁格模型。折面梁格模型的本质仍然是梁格法,在刚度取值和梁格划分的原则方面,有很多地方与平面梁格类似。不同的是,在采用平面梁格模型对其计算时,梁格的划分需要确保划分后的纵梁中性轴与原截面中性轴一致;而折面梁格模型在划分梁格时,并未遵循在划分梁格时每根纵梁的形心轴与整个截面的形心轴一致的原则,且每根梁格所处位置与其在原结构中的位置吻合,以达到符合原结构受力特性与合理分配每根梁单元所应承担的荷载。

折面网格可以模拟桥梁的纵横向联系,模型如图4所示。对于关注位置,可以对主梁进行集中力加载,查看各主梁的竖向挠度,即可以得到集中力的重分布情况。单位荷载下位移的分布如图5所示。

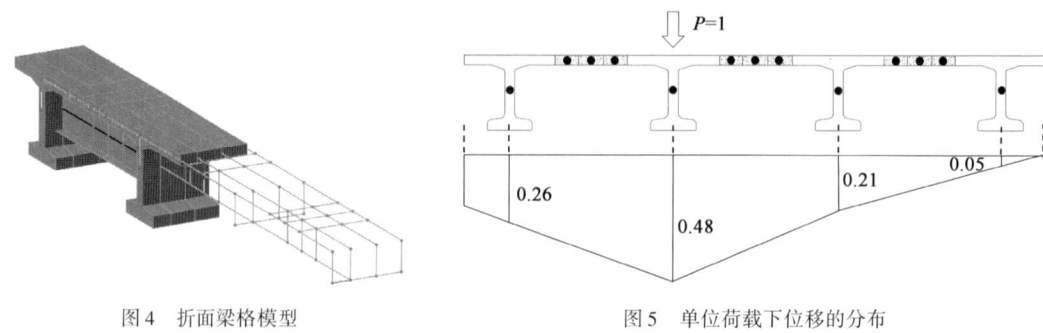

图4　折面梁格模型　　　　　　　　　图5　单位荷载下位移的分布

3.2 模型验证

3.2.1 模型建立

折面梁格计算模型:由空间正交梁格模型组成,全桥共有919个节点和1569个单元,如图6所示。实体模型:采用实体单元建立模型,单元大小为0.1m,进行网格划分,模型如图7所示。

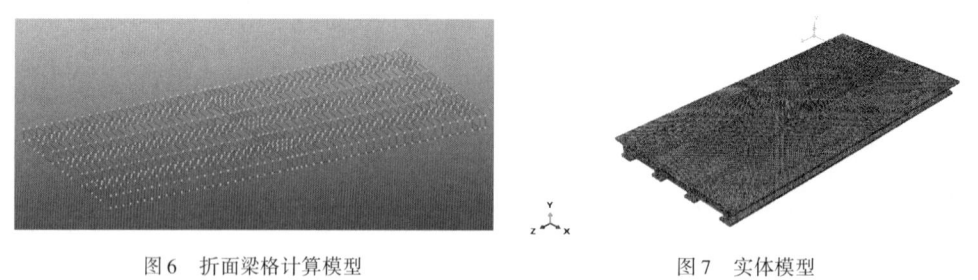

图6　折面梁格计算模型　　　　　　　　图7　实体模型

3.2.2 位移对比

由于结构的对称性,分别选取一根边梁与中梁,进行自重荷载下竖向位移的对比,对比结果见图8、图9。

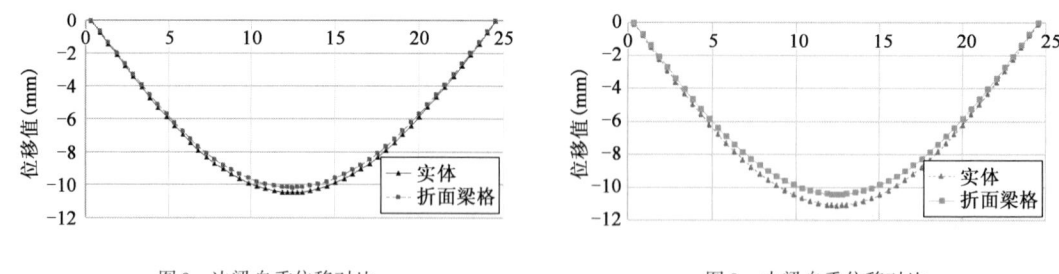

图8　边梁自重位移对比　　　　　　　　图9　中梁自重位移对比

通过主梁竖向位移的对比,可以看出折面梁格模型和实体模型沿桥跨方向的竖向位移基本一致,且实体模型的位移值偏大,这主要是因为折面梁格各划分梁均是符合平截面假定的梁,在刚度模拟上实体模型比纵横梁格组成的折面梁格模型小。

3.2.3 应力对比

由于结构的对称性,分别选取一根边梁与中梁,进行自重荷载下顶板与底板沿桥纵向正应力的对比,对比结果见图10～图13。

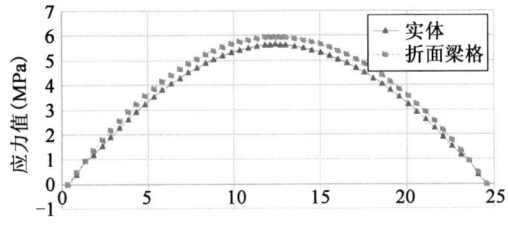

图10 边梁底板自重正应力对比

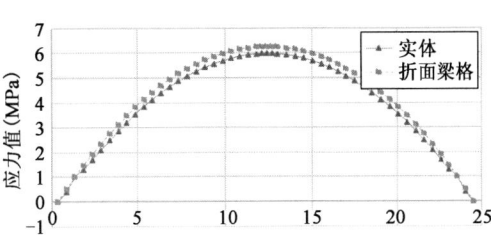

图11 中梁底板自重正应力对比

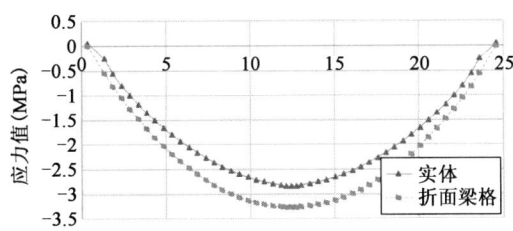

图12 边梁顶板自重正应力对比

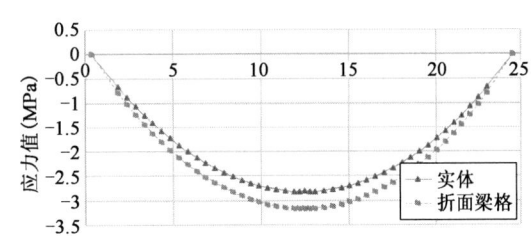

图13 中梁顶板自重正应力对比

分析得到:边梁底板与中梁底板跨中的自重正应力,采用实体模型较折面梁格模型分别小 5.0%、4.4%;边梁顶板与中梁顶板跨中的自重正应力,采用实体模型较折面梁格模型分别小 12.9%、11.2%。

3.2.4 荷载横向分布

根据不同算法(折面梁格、实体、刚性横梁法、刚接板法)得到的每片主梁荷载横向影响线的结果对比如图14、图15所示。

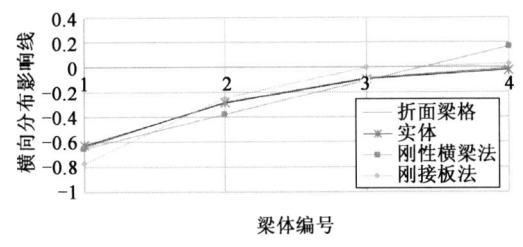

图14 边梁跨中横向影响线对比

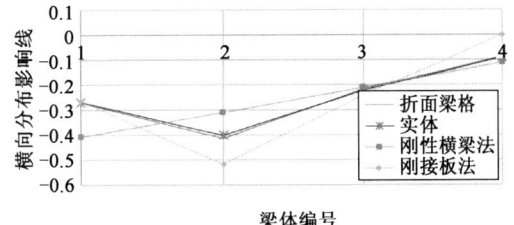

图15 中梁跨中横向影响线对比

荷载横向分布系数计算如表1所示。从表中可以看出,边梁横向分布系数采用实体模型较折面梁格模型小0.7%,采用刚性横梁法较折面梁格模型大13.7%,采用刚接板法较折面梁格模型大6.7%;中梁横向分布系数采用实体模型较折面梁格模型小2.2%,采用刚性横梁法较折面梁格模型小5.1%,采用刚接板法较折面梁格模型大17.2%。

横 向 分 布 系 数　　　　表1

计算方法	折面梁格模型	实体模型	刚性横梁法	刚接板法
边梁	0.816	0.810	0.928	0.871
中梁	0.691	0.676	0.656	0.810

4 受力分析

根据《公路钢筋混凝土及预应力混凝土桥涵设计规范》(JTG 3362—2018)对结构中受力情况最不利的中梁进行验算,由于篇幅限制,仅列举重要结果。

4.1 承载能力极限状态

抗弯承载能力与斜截面抗剪承载能力均满足要求,其中抗弯承载能力为 10 720kN·m,内力为 7 403kN·m;抗剪承载能力为 1 913kN,内力值为 1 504kN(图16、图17)。

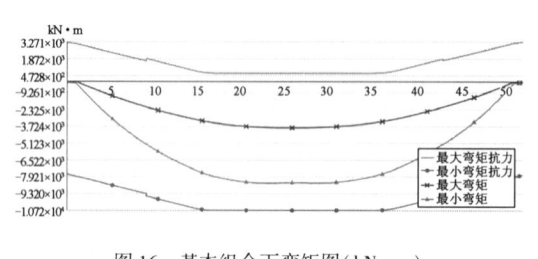

图16 基本组合下弯矩图(kN·m)

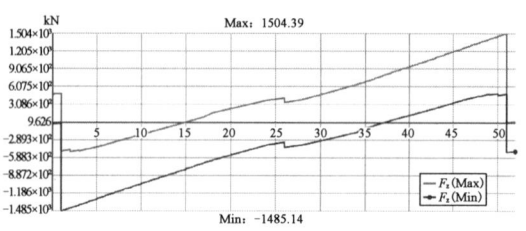

图17 基本组合下剪力图(kN)

4.2 持久状况正常使用极限状态计算

频遇荷载效应组合下全桥上下缘均处于受压状态。最大主拉应力出现在边梁上缘处,其值为 $1.12MPa < 0.6f_{tk} = 1.59MPa$。对该 25m 桥面连续装配式简支 T 梁桥,其计算跨径为 24.9m,其主梁最大挠度 $10.4 < 24.9 \times 1/600 = 41.5mm$(图18~图20)。

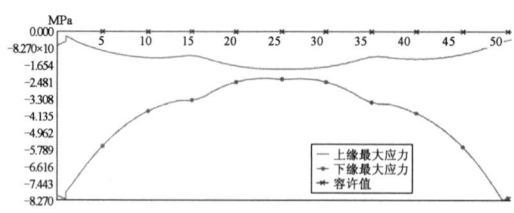

图18 频遇值组合下正截面正应力(MPa)

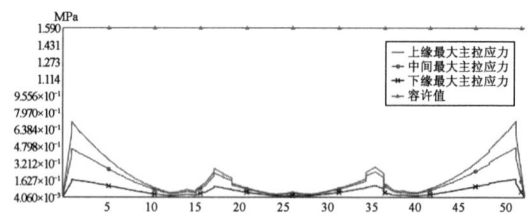

图19 频遇值组合下正截面主拉应力(MPa)

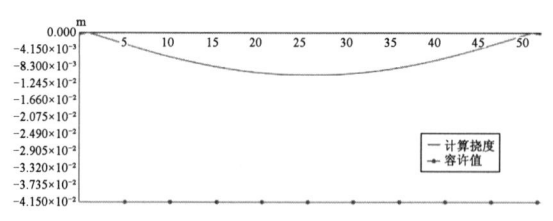

图20 正常使用极限状态挠度(m)

4.3 持久状况和短暂状况构件应力验算

使用阶段正截面混凝土最大压应力出现在边梁截面下缘,其值约为 $10.77MPa < 0.5f_{ck} = 16.2MPa$。使用阶段最大主压应力出现在边梁截面下缘,其值约为 $9.44MPa < 0.6f_{ck} = 19.44MPa$,施工阶段最大压应力出现在边梁截面下缘,其值约为 $10.78MPa < 0.7f_{tk} = 22.68MPa$;最大拉应力出现在边梁截面上缘,其值约为 $-0.3MPa < 0.7f'_{tk} = 1.855MPa$(图21~图24)。

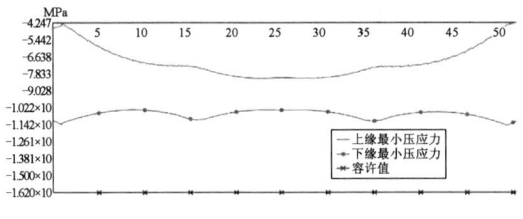

图 21 使用阶段正截面混凝土压应力(MPa)

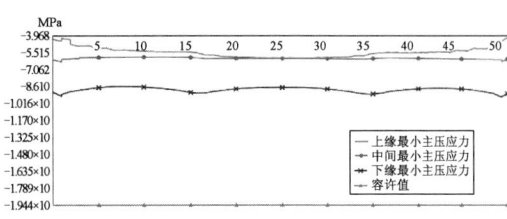

图 22 使用阶段正截面混凝土主压应力(MPa)

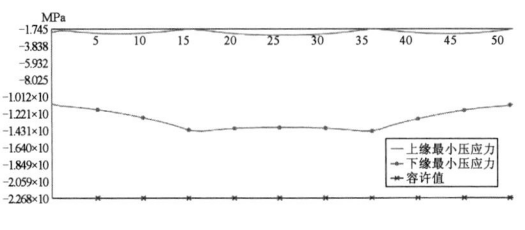

图 23 边梁施工阶段法向压应力(MPa)

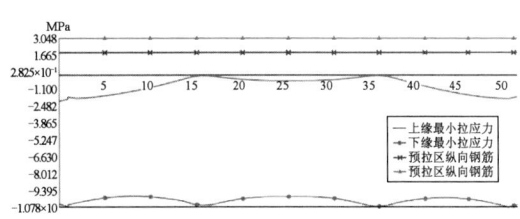

图 24 边梁施工阶段法向拉应力图(MPa)

4.4 桥梁横向验算

跨中横桥向桥面板单元最大裂缝宽度出现在中梁上缘,其值为 0.12mm < 0.2mm(图 25、图 26)。

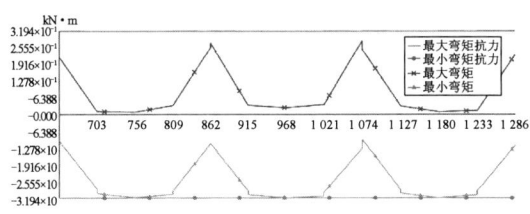

图 25 跨中横桥向桥面板极限弯矩(kN·m)

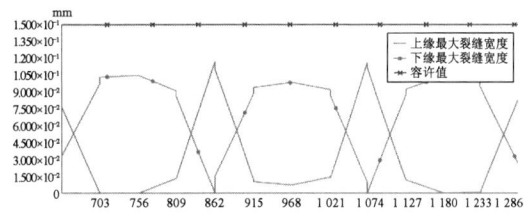

图 26 跨中横桥向桥面板最大裂缝宽度图(mm)

5 结语

通过对 25m 钢横梁 T 梁桥的实体有限元模型与折面梁格模型的对比分析,验证了折面梁格计算采用钢横梁的 T 梁桥的有效性。针对不同横向分布系数计算方法对比结果,给出了折面梁格法的简便计算方法,并且该桥梁在各种工况下的受力分析均满足规范要求。钢横梁 T 梁桥为快速施工桥梁的发展提供了新方向。

参 考 文 献

[1] 徐栋,赵瑜,刘超.混凝土桥梁结构实用精细化分析与配筋设计[M].北京:人民交通出版社,2013.
[2] 李国豪.公路桥梁荷载横向分布计算[M].北京:人民交通出版社,1990.
[3] 杜国华,毛昌时,司徒妙玲.桥梁结构分析[M].上海:同济大学出版社,1994.

134. 带抗剪钢板的钢筋骨架叠合桥面板设计计算

苏庆田　惠　术　贺欣怡
(同济大学土木工程学院)

摘　要：针对叠合桥面板中抗剪连接件的形式，提出了一种带抗剪钢板的钢筋骨架叠合桥面板，并分析讨论该种桥面板的设计计算方法。该种桥面板由混凝土预制层、现浇层、钢筋骨架与抗剪钢板组成，施工时将预制层、钢筋骨架与抗剪钢板预制成整体，吊装到位后再作为现浇层施工的底模。为保证施工阶段预制层不开裂，并考虑成桥后收缩次应力的影响以及构造要求等因素，确定出叠合板预制层的合理厚度。通过有限元计算分析，确定抗剪钢板在钢骨架中的数量与合理布置形式。计算结果表明：叠合板预制层的最小厚度主要由构造要求控制，最大厚度由收缩产生的次应力控制，抗剪钢板的数量通过抗剪强度设计计算得到。

关键词：抗剪钢板　钢筋骨架　叠合桥面板　设计计算方法

1　引言

桥面板通常分为混凝土桥面板、钢桥面板与组合桥面板[1]。其中，混凝土桥面板不仅出现在混凝土梁桥中，也大量应用于钢-混凝土组合结构桥梁中，与钢结构共同受力，发挥钢与混凝土两种材料的不同优势[2]。混凝土桥面板施工方法可分为整体现浇和分块预制[3]，整体现浇桥面板虽然保持了很好的整体性，但在组合桥梁结构中，由于钢梁对桥面板的约束作用，桥面板收缩变形产生的次应力较大，容易产生早期裂缝，而在运营阶段，由于车辆荷载的长期作用，裂缝会逐渐开展，大大降低桥面板的使用性能。分块预制混凝土桥面板通常采用纵向分块预制、湿接缝连接的形式[4]，而接缝随着时间会逐渐老化，影响桥面板受力性能，降低桥面板的耐久性。而混凝土叠合桥面板将桥面板在厚度方向分为预制层和现浇层，结合了预制和现浇的优点，具有节省支模工序和模板、施工速度快、吊装质量小、现场混凝土浇灌量减少等优点[5-7]。叠合面的抗剪强度是保持桥面板整体性的关键，叠合面的处理可采用拉毛、配置抗剪钢筋或抗剪连接键、设置钢筋桁架等方式[8]，研究表明在叠合层间设置抗剪构造能明显提高叠合板的刚度和承载力。

本文针对少主梁的组合桥梁，提出了一种带抗剪钢板的钢筋骨架叠合桥面板，并对其设计计算方法进行分析。

2 钢骨架叠合板构造

本文提出的带抗剪钢板的钢筋骨架叠合板按照常规分层方法,分为预制层和现浇层,新颖之处在于将预制层和现浇层中的钢筋网与横桥向断续布置的抗剪钢板通过焊接连为一体,构成钢骨架,构造组成如图1所示。整个钢骨架下半部分埋在预制层中,上半部分露在预制层外,该钢骨架可大大提高预制板的抗弯刚度,方便后续施工;成桥后,钢骨架又可加强叠合桥面板的整体性、提高横桥向的叠合面抗剪能力及截面抗弯刚度。

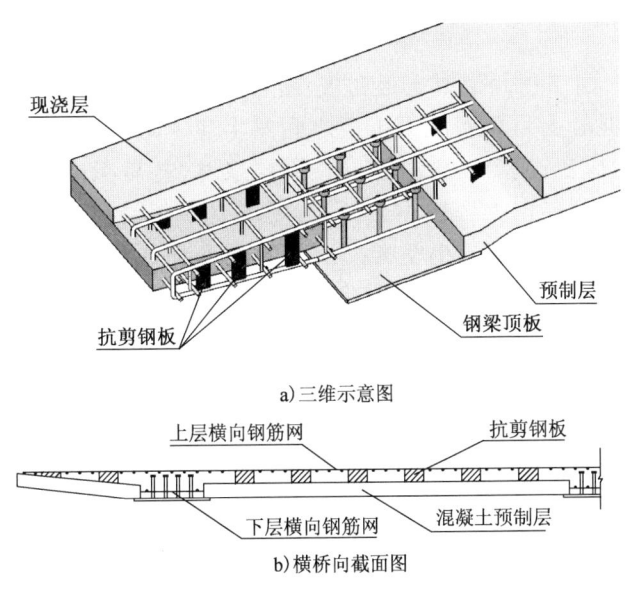

图1 带抗剪钢板的钢骨架叠合桥面板构造示意

该种桥面板的施工顺序如下:①上下层钢筋网下料,上下层钢筋网中焊接抗剪钢板连接成钢筋骨架;②在钢筋骨架上绑扎其他钢筋并支模板浇筑桥面板预制层,使预制层与钢筋骨架两者形成整体;③吊装预制板(含钢骨架)到位,支模板,浇筑桥面板现浇层。

其中,在吊装预制板(含钢骨架)时,底部预制层混凝土可作为底模板,混凝土现浇层可直接以预制层为底模进行浇筑,且不需要在现场再进行上层钢筋绑扎。从图1中还可以看到,悬臂端位置的混凝土预制层由于与钢骨架结合在一起,形成整体,可以直接吊装到位,不需要再额外搭设斜撑或支架。工厂预制可以保证构件的质量,施工上更简易迅速,吊装重量相比整体预制板将减轻很多,若预制层混凝土采用 UHPC 材料,吊装重量将进一步减轻。

从构造上可以看出,设计该种叠合板时,主要需确定预制层的合理厚度与抗剪钢板的布置形式和数量,以满足施工和运营各工况的受力及使用要求。

3 设计计算要点

以江西抚河大桥第四联双主梁4×40m的连续槽型组合梁桥为背景工程,拟采用本文提出的带抗剪钢板的钢筋骨架叠合板作为该桥桥面板,对其进行设计计算分析。

3.1 预制层合理厚度

该桥边梁桥面板宽6 325mm,桥面板总高260mm,钢梁高1 872mm,槽型梁顶板间距3 400mm,底板宽2 760mm,前期按照桥面板整体现浇的设计得到桥面板厚度为260mm,边梁截面如图2所示。

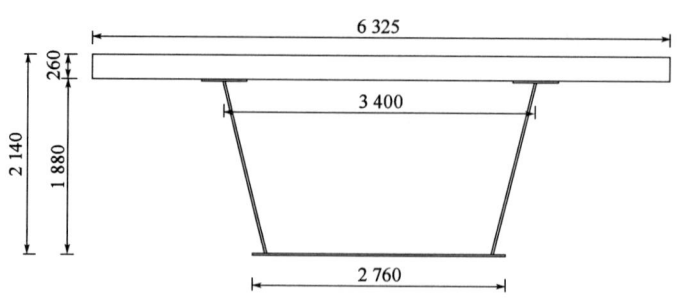

图2 抚河大桥第四联边梁截面(尺寸单位:mm)

对于叠合板结构,由于预制混凝土板和现浇混凝土层的龄期不同,其收缩徐变大不相同,从而会引起现浇混凝土和预制混凝土板之间发生应力重分布,一般而言采用叠合板可以减少混凝土的收缩徐变,但要确定合理的预制层厚度,还需考虑:①在施工状态下,要保证现浇层在浇筑时,预制层作为底模不会开裂,则需要预制层有足够的厚度。在满足此工况的要求下,可以确定出预制层最小厚度;②现浇层厚度不可太厚,考虑现浇层收缩次内力的影响,由此可以确定出预制层最大厚度;③除满足受力上的要求外,还需满足一定的构造要求。

3.1.1 预制层最小厚度

预制层在吊装及浇筑现浇层时,不能发生混凝土的开裂,即在预制层自重和现浇层混凝土重量的作用下,预制层拉应力大小不能超限,要求预制层的厚度不能太小。

桥面板横向长度取5.85m,纵向长度取1.5m,桥面板总厚取260mm,预制层在60~140mm之间变化。预制桥面板吊装到位后,考虑简支支承,承受自身自重及后浇混凝土湿重,如图3所示。整个预制板横向受弯情况为:在钢梁支承处存在负弯矩峰值,在主梁支承的跨中存在正弯矩峰值,但由于钢梁顶缘处只有钢骨架,则只有跨中混凝土板底缘存在拉应力超限的风险。预制层(含钢骨架)的在跨中的横截面如图4所示,采用材料力学截面应力的计算方法,计算得到预制层最大拉应力随板厚变化的关系如图5所示,跨中最大挠曲变形与板厚的关系如图6所示。

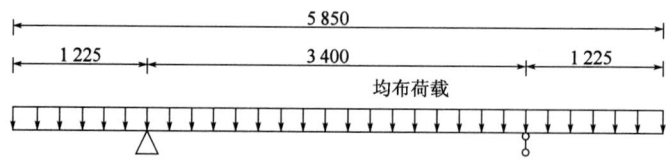

图3 计算模型(尺寸单位:mm)

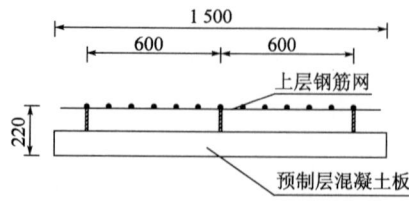

图4 计算结构横断面图(尺寸单位:mm)

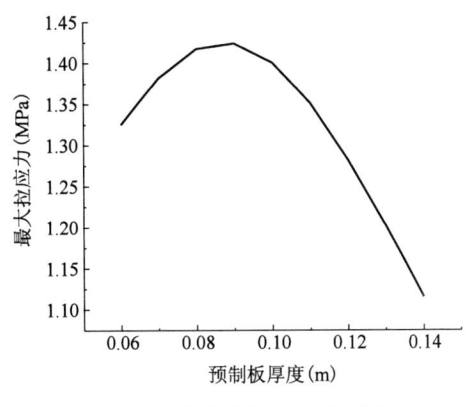
图5 预制层最大拉应力随板厚的变化

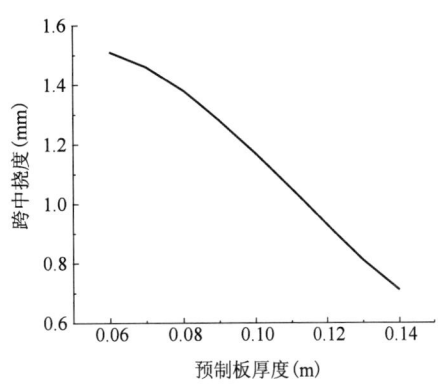
图6 跨中最大挠曲变形与板厚的关系

从图5、图6可以看出,在施工状态下,桥面板预制层厚度在60～140mm范围内没有开裂的风险,且最大挠度为1.5mm左右,则桥面板预制层最小厚度由构造要求控制。

3.1.2 预制层最大厚度

考虑现浇层收缩次内力的影响,随着叠合板中现浇层厚度的变化,收缩次内力的影响也会发生变化。虽然叠合板的收缩次内力比整浇板小了很多,但其产生的其他影响仍不可忽视。采用有限元软件Midas Civil建立的抚河大桥第四联边梁的有限元模型,如图7所示,改变叠合板的板厚组合,预制层厚度在100～160mm之间变化,只考虑现浇层的收缩影响,分析收缩次内力对桥面板和钢梁的影响,计算结果如表1和图8～图10所示。

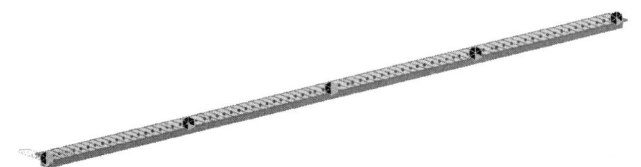
图7 抚河大桥第四联边梁有限元模型

各部位收缩次应力随板厚变化统计表　　　　表1

序号	板厚组合(预制板厚度+现浇板厚度,mm)	收缩次应力(MPa)					
		钢梁		预制板		现浇板	
		上翼缘	下翼缘	上翼缘	下翼缘	上翼缘	下翼缘
1	100+160	-14.52	-16.12	-2.56	-2.43	2.39	2.25
2	110+150	-13.4	-14.98	-2.38	-2.24	2.5	2.36
3	120+140	-12.78	-14.58	-2.28	-2.14	2.53	2.39
4	130+130	-12.22	-14.2	-2.19	-2.05	2.56	2.42
5	140+120	-11.71	-13.86	-2.11	-1.96	2.59	2.45
6	150+110	-9.23	-10.62	-1.67	-1.55	2.89	2.77
7	160+100	-8.27	-9.57	-1.51	-1.39	2.99	2.87
8	0+260(全现浇)	-38.94	-44.26	—	—	2.85	3.18

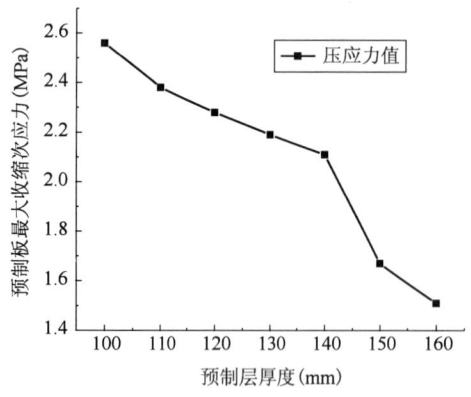

图8 桥面板上最大收缩次应力随板厚变化

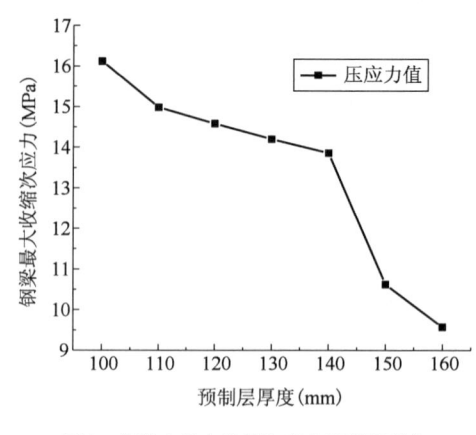

图9 钢梁上最大收缩次应力随板厚变化

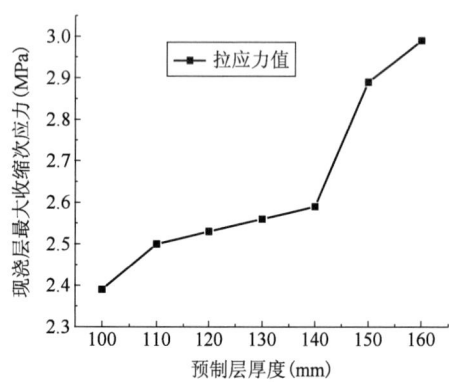

图10 钢梁上最大收缩次应力随板厚变化

从表1可以发现,采用叠合板后,现浇层对钢梁的收缩影响相比于整体现浇板减小了很多,且从图8、图9中可以看出,现浇层在钢梁和预制板上产生的收缩次应力随着预制层厚度的增大而减小。而在图10中发现,随着预制层厚度的增加,叠合板上的最大拉应力也在增加,且当预制层厚度达到150mm时,在叠合板上翼缘产生的拉应力超过了整体现浇板在相同位置产生的拉应力,则此时叠合板开裂的风险比整体现浇板大。故在设计与整体现浇板相同厚度的叠合板时,应控制预制层的最大厚度,使其开裂风险小于整体现浇板,以上面的计算为例,预制层的最大厚度应控制在140mm。

3.1.3 构造及施工要求

在满足以上受力要求后,还需考虑构造上的要求与施工上的可行性。

根据剪应力沿板厚方向的分布形式,叠合面要尽量避开剪应力最大位置,即沿桥厚方向的中间区域。当预制层厚度等于现浇层厚度时,叠合面的位置是剪应力最大的位置,总是处在受力最不利的状态,因此要避免预制层厚度等于现浇层厚度或两者厚度差别不大的情况发生。

以抚河大桥第四联的桥面板为例,其钢筋保护层厚度为30mm,桥面板横向钢筋直径20mm,纵向钢筋16mm,则预制层至少要有30m+20m+16m+30m=96mm的厚度才可满足构造上的要求。

考虑施工方面的要求,桥面板厚度不能太薄,不然会增加预制、现浇的施工难度,且不易保证精度。要考虑到立模和牙板的制作还有混凝土的振捣,根据现场工人师傅的经验,桥面板高度在10cm左右,不会有太大制作难度,可以保证精度。

综合考虑以上要求,抚河桥第四联的预制板应控制最小厚度在100mm以上,且不宜等于桥面板总厚度的一半,并尽可能使预制层厚度较小。

3.2 抗剪钢板布置

本文叠合板中带抗剪钢板的钢骨架主要起到以下作用:①使上下层钢筋焊接为稳固的整

体,形成钢骨架;②保证叠合面在正常使用阶段有足够的抗剪能力。

通过建立有限元模型,计算出运营阶段在最不利车辆荷载作用下叠合面的剪力,进而计算所需要的抗剪钢板数量。根据前面对预制层厚度的分析,先确定预制层厚度为110mm,考虑受力最不利的情况,在两片钢梁的支承跨内施加车轮荷载,模型横向取净跨径2.9m,纵向偏安全地取单位长度1m,考虑自重,轮截面积为0.6m×0.2m,单个轮载大小为70kN,此跨径内最多可布置两个车轮荷载,最不利加载位置如示意图11所示。计算得到叠合面剪应力分布如图12所示,最大水平剪应力值为0.925MPa。

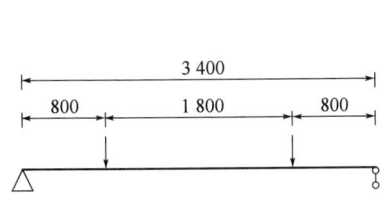

图11 加载示意图(尺寸单位:mm)

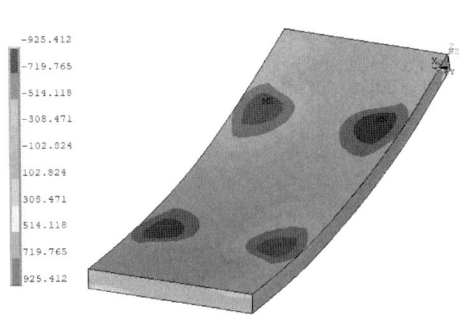

图12 水平剪应力云图(单位:kPa)

抗剪钢板尺寸预设为:宽$b=150$mm,高$h=160$mm,厚$t=12$mm。偏安全地以最大剪应力0.925MPa作为整个叠合面剪应力,考虑该剪力由穿过叠合面的抗剪钢板来承担。以抗剪钢板的抗剪强度来进行设计,以下面的公式作为设计思路来进行。

$$\tau_{max} = \frac{N}{nh_e l_s} \leq f_v \tag{1}$$

式中:τ_{max}——最大水平剪应力;

N——叠合面上总剪力;

n——抗剪钢板数量;

f_v——钢材抗剪强度,根据规范$f_v=180$MPa,抗剪钢板厚度为12mm,对称结构在对称荷载作用下可采用对称分析,在横桥向取桥面板的一半。

该试件中各参数数值如下,叠合面面积为$S=1.45×10^6$mm^2,$N=0.925×S=1341.2$kN,若叠合面中间抗剪钢板被剪断,需要抗剪钢板抗剪面的面积为$N/f_f^w=7451.4$mm^2,根据式(1)计算可得,需要$n=4.14$,至少需要5个抗剪钢板才可以满足要求,则纵向单位长度1m,横向净跨径2.9m的桥面板需要12个抗剪钢板作为剪力连接件,在桥面板中均匀布置。参考《公路钢结构桥梁设计规范》中开孔板连接件的构造要求,开孔钢板间距不宜小于开孔钢板高度的3倍,此抗剪钢板高度为160mm,纵向间距应大于480mm,这里取为600mm,则布置三排,每排放置6块。可以得到截面图如图13所示。

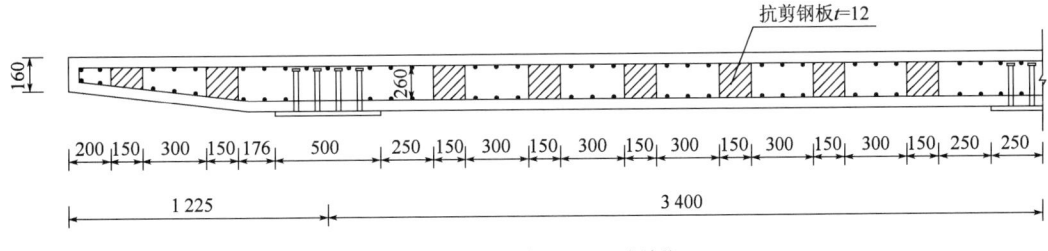

图13 抗剪钢板布置截面图(尺寸单位:mm)

4 结语

(1)叠合板相比于混凝土整浇板,收缩次内力对钢梁的影响减小较明显。

(2)施工方面,该种桥面板施工更迅速便捷,在悬臂端的施工可以不用搭设支架,预制层混凝土代替组合桥面板中的钢模板,刚度更大,施工时不易下挠,设置抗剪钢板的钢骨架,可以减少现浇混凝土时搭设钢筋的繁琐过程,加快现场施工进度。

(3)可以通过从预制吊装时最大拉应力的控制、成桥后收缩次内力对桥面板受力的影响以及施工构造要求这三个方面进行叠合板预制层厚度的设计,再通过计算层间剪力进行抗剪钢板的强度设计,最终得到合理的带抗剪钢板的钢筋骨架叠合板构造形式。

参 考 文 献

[1] 吴冲.现代钢桥[M].北京:人民交通出版社,2006.

[2] 刘玉擎.组合架构桥梁[M].北京:人民交通出版社,2005.

[3] 苏庆田,胡一鸣,田乐.用于组合梁桥面板湿接缝的弧形钢筋连接构造[J].中国公路学报,2017(9).

[4] 邱柏初.预制桥面板在组合梁桥中的应用研究[J].世界桥梁,2011(6).

[5] 黄琼,叶梅新,韩衍群.钢-混凝土叠合板组合桥面的徐变和应力重分布研究[J].铁道科学与工程学报,2006,3(3):15-20.

[6] 吴瑞春,孟令帅,杜红凯.轻骨料混凝土叠合板受力性能试验研究[J].结构工程师,2017,33(6).

[7] 李杰,黄鹏飞,陈以一.无支撑钢筋桁架混凝土叠合板受力性能试验研究[J].结构工程师,2013,29(4):132-139.

[8] 聂建国,陈必磊,陈戈.钢筋混凝土叠合板的试验研究[J].工业建筑,2003,33(12):43-46.

135. 负弯矩荷载下钢-FRC 组合桥面板受力性能

周冠东 吴 冲 苏庆田 贺欣怡

(同济大学土木工程学院)

摘 要：为了检验采用钢纤维混凝土(Fiber Reinforced Concrete,FRC)作为混凝土层的钢-混凝土组合桥面板在负弯矩荷载作用下的受力性能，设计制作了 2 个采用不同 FRC 的带球扁钢肋的组合板试件。通过负弯矩极限加载试验，测试了不同部位的结构变形和应变，测量记录了裂缝开展情况。试验结果表明：该种组合桥面板在负弯矩荷载作用下以加劲肋屈服后屈曲为破坏特征，球扁钢压屈应变较高；桥面板表现出良好的延性；FRC 开裂宽度达到 0.2mm，迟于钢肋屈服，表现出较好的抗裂性。

关键词：组合桥面板 钢纤维混凝土(FRC) 负弯矩 静力试验 受力性能

1 引言

正交异性钢桥面板由于其自重轻、强度大的特点成为大跨度桥梁中的主要桥面形式[1]。但在长期运营中，存在钢结构疲劳开裂和桥面板铺装破坏两大病害，前者主要是由于面板刚度小、焊接残余应力、轮载局部产生高应力、结构局部缺陷等原因[2-3]，后者也可归因于钢桥面板的刚度小、局部变形大[4]。

对此，国内外学者提出了钢-混凝土组合桥面板，通过连接件使钢板与混凝土板共同受力，以提高桥面板刚度，减小局部变形，降低板件的应力，提升抗疲劳性能，减少钢桥面板的病害[5]。但混凝土的引入也带来了负弯矩区混凝土的开裂问题，由于组合桥面板的混凝土层厚度较薄[6-8]，很难通过施加预应力提高抗裂性能，较为方便有效的方式是采用掺钢纤维的高性能混凝土。钢纤维的存在，能改善混凝土早期因收缩引起的开裂问题及提高耐久性，降低维护费，并在运营阶段提供较高的抗开裂承载力，满足桥面板在负弯矩区受力的使用要求。

开口加劲肋由于其自身抗扭刚度小，极少用于钢桥面板，但组合桥面板由于混凝土板刚度大，可大大提高桥面板横向传递荷载的能力，降低了对加劲肋的抗扭刚度的需求，故而开口加劲肋可适用于组合桥面板。上海松浦大桥大修工程中，新建的上层公路桥面拟采用钢-混组合桥面板，以提高桥面板的受力性能和耐久性，最终提出一种采用球扁钢作为加劲肋、FRC 作为混凝土层的组合桥面板。本文针对该种桥面板的负弯矩区受力特点，采用了 2 种不同的纤

基金项目：自然科学基金(51978501).

维设计,制作了2个试件进行静力加载试验,测试了其负弯矩作用下的力学性能。

2 试验设计

2.1 试件设计

本文研究的钢-FRC组合桥面板,采用焊钉作为连接件。试件按照第二结构体系(桥面板体系)受力设计,研究其纵向受弯力学性能。设计制作了2个球扁钢组合桥面板试件,试件分别命名为N-A和N-B,按照简支支承受力设计,长2.8m,支承跨径2.6m。试件横截面构造尺寸相同,仅FRC材料不同。其中FRC层厚80mm;布置φ16的横纵筋,间距150mm(考虑到松浦桥新桥面存在横向大悬臂,桥面板的横向钢筋布置在纵向钢筋之上);采用φ13×50的焊钉作为连接件,横向间距300mm,纵向间距150mm;钢顶板厚12mm,加劲肋为型号280×11的球扁钢,布置间距500mm;试件宽1000mm,带两条加劲肋,具体尺寸如图1所示。

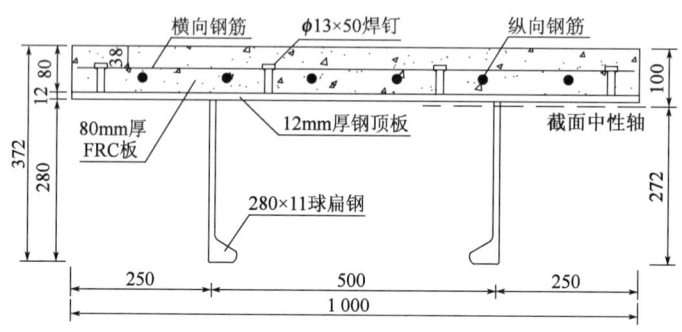

图1 试件横截面尺寸(尺寸单位:mm)

2.2 加载方案

试件简支支承,采用跨中单点竖向施荷,进行负弯矩加载,如图2a)所示,持续加载直到试件破坏。实际加载装置如图2b)所示。

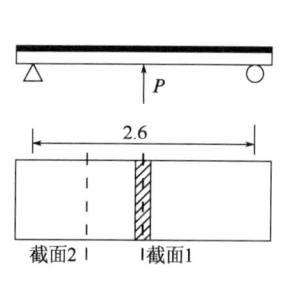

a)加载方式(尺寸单位:m)　　b)加载装置

图2 加载方案

试验主要测试试件的跨中挠曲变形、关键截面的纵向应力以及混凝土裂缝等。其中,关键截面包括跨中和1/4跨长截面,具体见图2a)。两个试件的截面应变测点布置如图3a)所示,包括混凝土板顶面、纵向钢筋、钢顶板底面、球扁钢肋中部、球扁钢肋底部等不同高度截面位置。此外,在试件的跨中和两端各布置2个位移计观测桥面板整体变形,具体位置及编号如图3b)所示,试验过程中通过裂缝观测仪测量裂缝宽度。

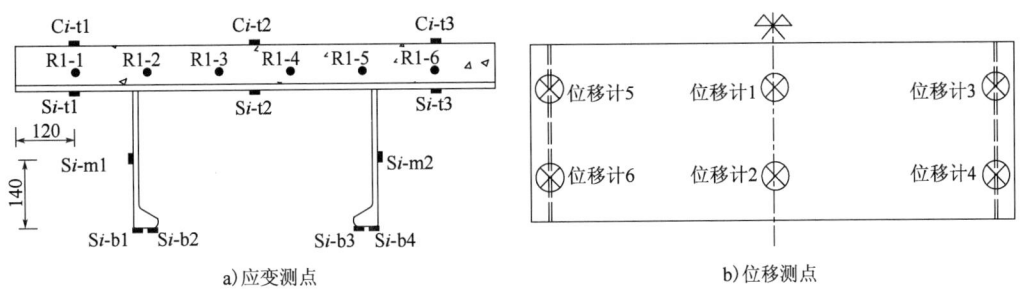

a) 应变测点   b) 位移测点

图 3　测试内容

注：i 为截面编号。

2.3 材料性能

主要参与受力的钢结构部件包括：型号 280×11 球扁钢加劲肋、12mm 厚钢顶板、直径 16mm 钢筋，测得屈服强度分别为 411MPa、469MPa 和 536MPa，抗拉强度分别为 552MPa、555MPa 和 639MPa。钢材弹性模量不再单独测试。

采用了两种不同的钢纤维，分别为 fiber-a（平直型，直径 13mm，直径 0.2mm）和 fiber-b（带钩型，60mm 长，直径 2mm），其外观分别如图 4a）和 b）所示。试件 N-A 的混凝土 C1 混合加掺了 fiber-a 和 fiber-b 粗、细两种纤维，试件 N-B 的混凝土 C2 只加掺了 fiber-b 粗纤维。此外，两种混凝土材料其余组分也有差别。混凝土材性按照《混凝土标准材性试验标准》进行测试，得到混凝土 C1 和 C2 的四点受弯抗折强度分别为 13.2MPa 和 10.7MPa，弹性模量分别为 49 600MPa 和 58 600MPa。

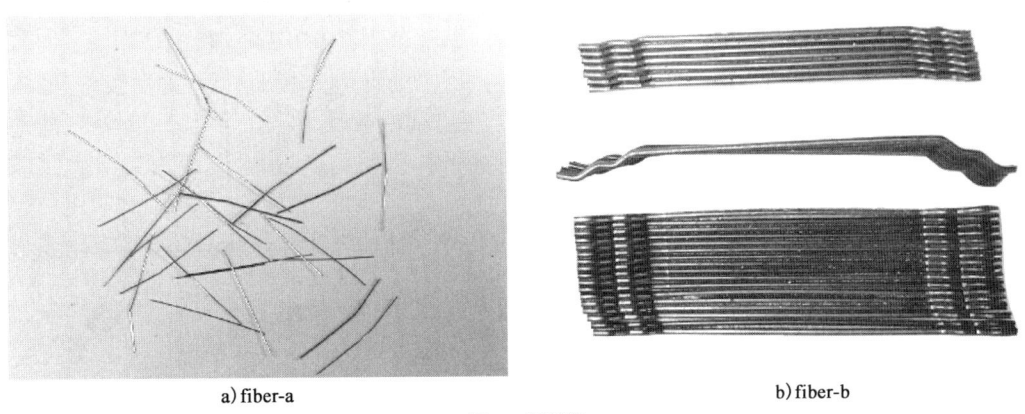

a) fiber-a   b) fiber-b

图 4　钢纤维

3 试验结果

3.1 加载过程及破坏特征

采用图 2 所示的方式加载至破坏。两个试件加载过程及现象类似，加载初期都处于弹性受力状态，随后试件 N-A 在荷载 160kN 时观测到第 1 条裂缝，宽度约 0.07mm；荷载 380kN 时，裂缝宽度达到 0.21mm。试件 N-B 在荷载 190kN 时观测到第 1 条裂缝，宽度约 0.07mm；同样在荷载 380kN 时，裂缝宽度达到 0.21mm。N-A 和 N-B 两个试件的钢底缘分别在 300kN 和 280kN 进入屈服，随后变形加快，裂缝进一步开展，临近极限荷载时球扁钢开始出现侧弯，最后发生屈曲变形。极限荷载分别为 1 030kN 和 980kN。试件的最终挠曲变形如图 5a）所示，变形量 40mm 左右；钢肋屈曲如图 5b）所示，混凝土顶板开裂情况如图 5c）所示。

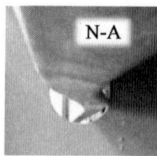
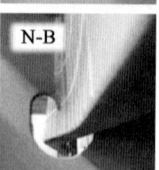
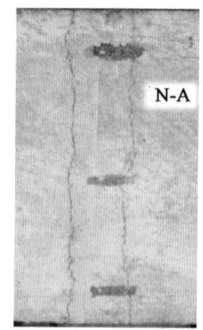
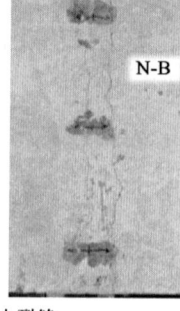

a) 最终挠曲　　　　　　b) 钢肋屈曲　　　　　　c) 混凝土裂缝

图 5　试件破坏特征

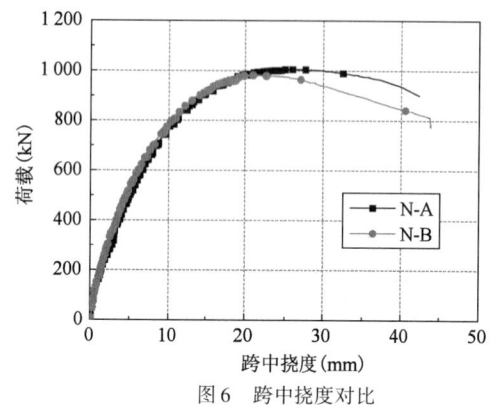

图 6　跨中挠度对比

3.2　跨中挠度

试件的跨中挠度与荷载的关系如图 6 所示。两个试件的挠度曲线很接近,都呈现出较为明显的非线性增长,明显弹塑性的前后两个阶段。屈服荷载 300kN 左右时的变形分别为 2.8mm 和 2.2mm,达到极限荷载时的变形分别为 25mm 和 21mm,表现出了非常好的延性。

3.3　应变及裂缝

两个试件的 1/4 跨截面应变始终都在弹性范围内,极限荷载时 1/4 跨截面肋底应变都在 1 400 ~ 1 500με,可据此估算出跨中肋底进入塑性的纵长范围约 950mm。跨中截面应变如图 7 所示,可以看到荷载 200kN 后随着混凝土开裂,肋底部应变而增速加快,并且对称性较差,最终极限压屈应变接近 20 000με;在荷载达到 750 ~ 780kN 时,试件 N-A 和 N-B 的加劲肋中部也先后进入屈服,此时肋底应变约 10 000με,在此之后荷载尚有约 25% 的增幅,反映出采用的球扁钢肋在负弯矩压区的良好局部稳定性。

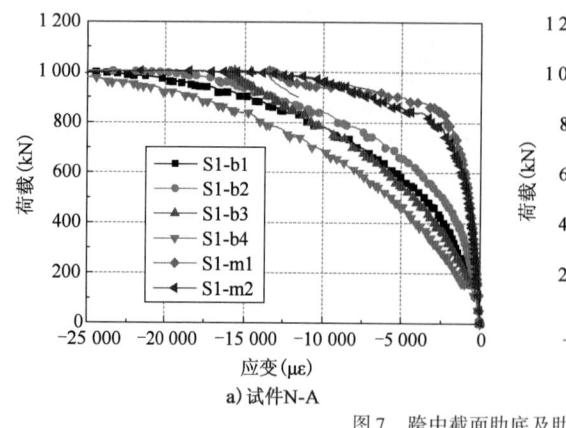
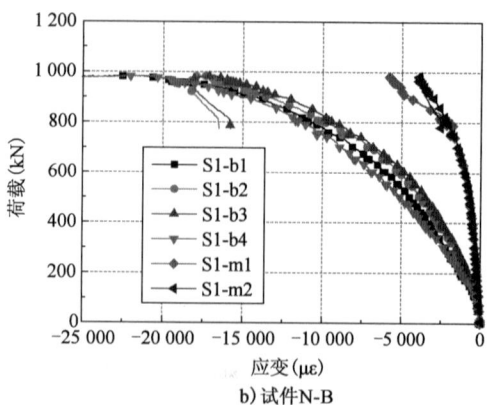

a) 试件N-A　　　　　　　　　　　　b) 试件N-B

图 7　跨中截面肋底及肋中部应变

钢筋应变如图 8 所示,钢肋发生屈曲时的钢筋应变在 2 200 ~ 2 800με,大部分位置未超过钢筋材料的屈服应变(由屈服强度换算得到为 2 550με)。钢筋应变明显在 180kN 混凝土开裂以后有增速变大,在 400 ~ 600kN 之间增速放缓,在 600kN 之后则再次加大增速。

混凝土的前期应变曲线如图 9 所示,以应变发生突变作为开裂特征,则试件 N-A 和 N-B 的开裂荷载分别为 150kN 和 165kN,开裂应变分别为 150με 和 200με,简单按照弹性换算为应力分别为 7.44MPa 和 11.7MPa,与材性试验抗折强度有一定出入。应与组合板约束边界条件下混凝土收缩的影响有关,混凝土 C1 的抗裂应变储备损失较多,在该种组合板设计时需考虑钢纤维混凝土在约束条件下收缩的影响。

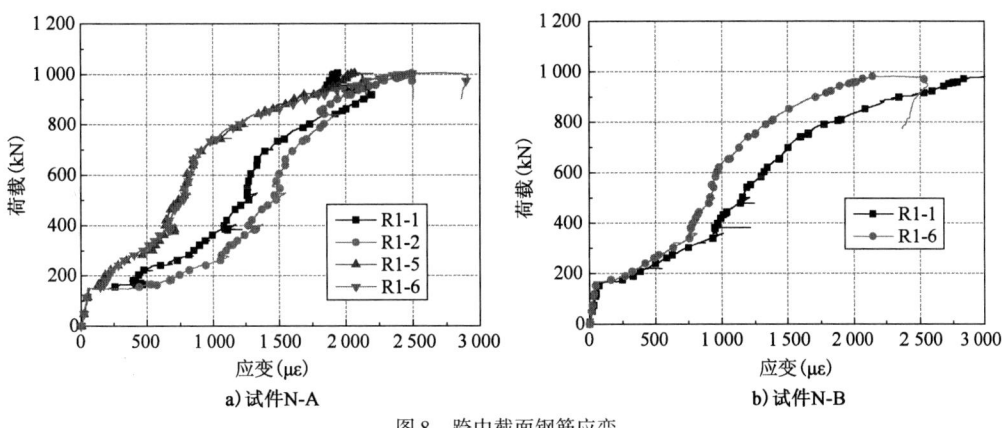

图 8　跨中截面钢筋应变

试件的裂缝宽度开展情况如图 10 所示,两个试件裂缝最大宽度发展很接近,800kN 之前大致呈线性增长,0.2mm 宽的裂缝对应荷载约为 380kN,高于加劲肋屈服荷载(约 300kN),表明钢纤维混凝土的良好抗裂性。裂缝最终分布如图 11 所示,可以看到两个试件都有 2 条主裂缝,其余裂缝宽度较小,裂缝间距在 150mm 上下,与钢筋间距一致,由于纵向钢筋布置位置偏低,对抗裂的贡献较少,桥面板在纵弯时接近素混凝土受力状态,所以开裂范围主要集中在跨中附近,除主裂缝外的裂缝宽度都很小[从图 5c)也可见]。

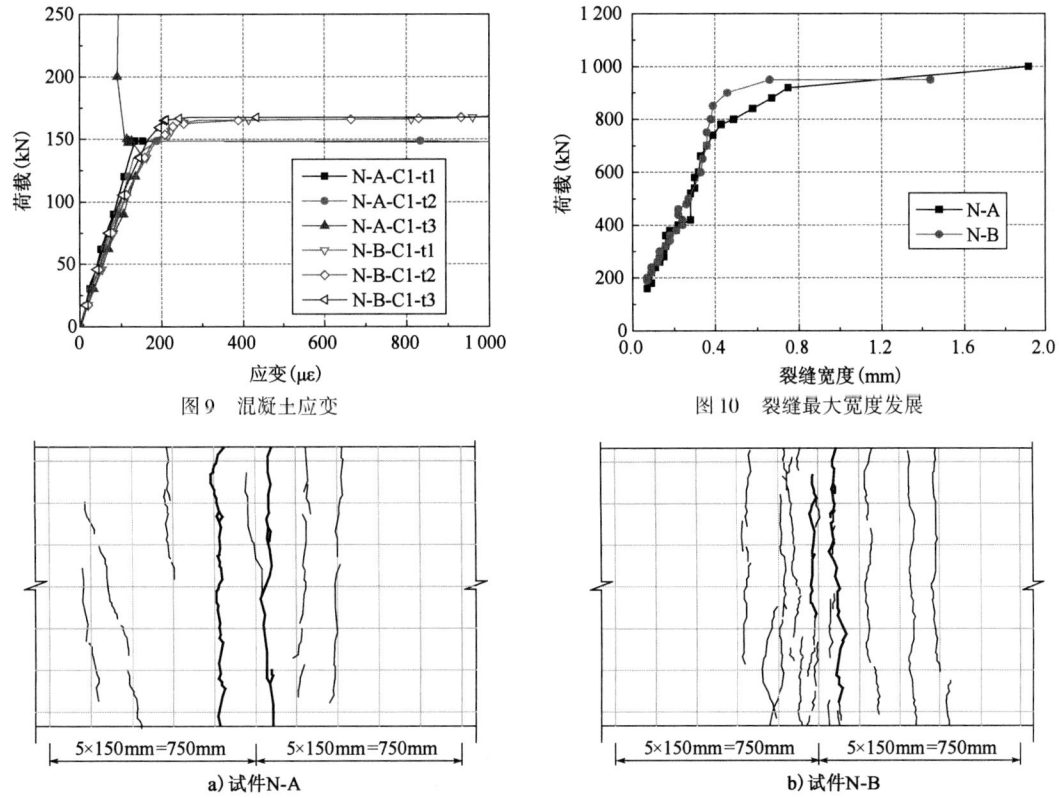

图 9　混凝土应变　　　　　图 10　裂缝最大宽度发展

图 11　裂缝分布

4 结语

本文对 2 个采用球扁钢作为开口肋的钢-FRC 组合桥面板试件进行了负弯矩静力加载试验,得到以下主要结论:

(1)该种组合桥面板承受负弯矩荷载时具有良好的延性,极限破坏以钢肋压屈为标志,压屈应变达到 20 000με,体现出球扁钢肋受压时良好的局部稳定性。

(2)钢肋屈服先于混凝土的开裂宽度达到 0.2mm,表明该种桥面板良好的抗裂性能。

参 考 文 献

[1] 王春生,付炳宁,张芹,等.正交异性钢桥面板足尺疲劳试验[J].中国公路学报,2013,26(2):69-76.

[2] Li Z X, CHAN T H T, Ko J M. Fatigue Damage Model for Bridge under Traffic Loading: Application Made to Tsing Ma Bridge[J]. Theoretical and Applied Fracture Mechanics, 2001, 35(1): 81-91.

[3] DE JONG F B P. Overview fatigue phenomenon in orthotropic bridge decks in the Netherlands [C]//2004 Orthotropic bridge conference, Sacramento. 2004.

[4] BATTISTA R C, PFEIL M S, CARVALHO E M L. Fatigue Life Estimates for a Slender Orthotropic Steel Deck[J]. Journal of Constructional Steel Research, 2008, 64(1): 134-143.

[5] 叶华文,王应良,张清华,等.新型正交异性钢-混组合桥面板足尺模型疲劳试验[J].哈尔滨工业大学学报,2017(9).

[6] 赵秋,陈平,陈宝春,等.装配式钢-UHPC 组合桥面板试设计及性能研究[J].桥梁建设,2018.

[7] 丁楠,邵旭东.轻型组合桥面板的疲劳性能研究[J].土木工程学报,2015(1):74-81.

[8] 苏庆田,薛智波,韩旭,等.开口 U 形肋组合桥面板基本力学性能[J].同济大学学报(自然科学版),2017(05):39-45.

136. 组合简支梁新型桥面连续局部受力分析

雷俊[1]　邱体军[2]　徐栋[1]

(1. 同济大学；2. 安徽省交通规划设计研究院总院股份有限公司)

摘　要：徽州大道南延工程为合肥与庐江间交通提供了快速通道,该项目中大量采用了钢板组合简支梁结构。桥面连续结构能够减少结构中伸缩缝的使用,并显著增加车辆行驶的平顺性。传统的混凝土桥面连续结构存在着开裂、破损、渗水等病害。为了解决相邻钢板组合简支梁的连接问题,本研究提出了一种纯钢式桥面连续结构。针对该新型桥面连续结构的静力受力性能和疲劳受力性能进行了数值分析研究,并探讨了该方案的工程可行性。

关键词：桥面连续　简支　钢板组合梁　静力　疲劳

1　项目背景

为提升合肥南部副中心庐江综合交通运输功能以及推进合庐两地区域融合,需要实现合肥与庐江点对点的一站式交通,建立同区域的高效交通对接。徽州大道南延工程庐江段项目的实施实现了合、庐城际快速对接,承担了组团间快速联系、城市内外交通转换功能。该项目起于杭埠河桥北,终于外环新军二路。全长 29.4km,设计速度 80km/h,路基宽 32m。

本文针对徽州大道南延工程项目中钢板组合梁的桥面连续接缝提出了一种新型的连续方式。本文对该新型纯钢式桥面连续结构的静力受力性能和疲劳受力性能进行了研究分析,探讨了该新型桥面连续结构的可行性。

2　结构形式

2.1　主体结构

本文主要针对徽州大道南延工程中钢板组合梁的桥面连续结构进行受力分析,全线中钢板组合梁的跨径/桥宽包含 30m / 10.5m,31m / 10.5m,40m / 15.75m,50m / 15.75m 和 52m / 19.75m 的结构布置形式。

本文取桥面连续受力最不利的跨径 52m、桥宽 19.75m 的钢板梁进行局部受力分析。钢主梁采用 Q345qD 工字形直腹板钢梁,主梁间距 5.2m,混凝土桥面板和钢主梁通过剪力钉连接。四片主梁之间采用横梁加强横向联系。钢主梁与横梁之间采用焊接连接。主梁跨中横断面如图 1 所示。

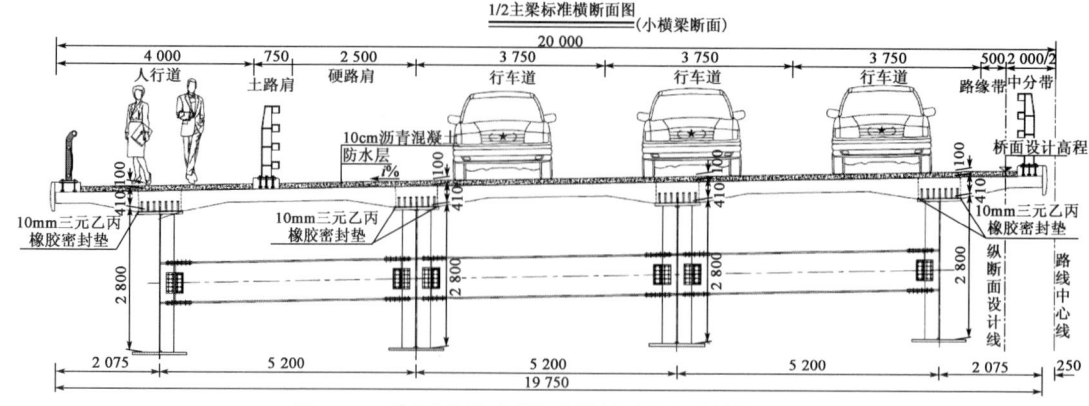

图1 52m跨径钢板组合梁标准横断面图(尺寸单位:mm)

2.2 纯钢式桥面连续结构

尽管桥面连续结构的应用已经十分广泛,但在实际使用过程中经常出现病害,并不能达到预期的使用性能。常见的桥面连续病害包含桥面连续处发生的表面混凝土开裂、破损、渗水等。同时,桥面渗水进入到桥梁支座、盖梁区域还将引起下部结构的钢筋锈蚀和混凝土冻融破坏,从而进一步影响桥面连续结构的使用寿命。为了避免传统桥面连续结构的病害,本文提出了一种简支组合梁间的纯钢式桥面连续结构构造。该结构主要包含预埋钢板、预埋环形钢筋、钢盖板三个部分组成,如图2所示。

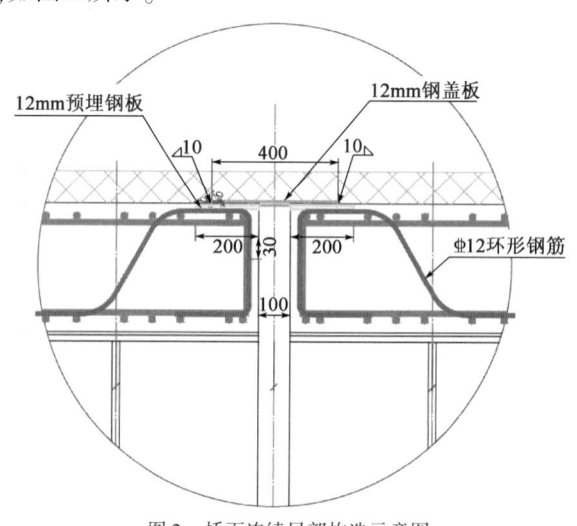

图2 桥面连续局部构造示意图

混凝土梁梁端设置有预埋环形钢筋以及预埋钢板,预埋钢板与环形钢筋以焊接的方式连为整体。预埋钢板和钢盖板在盖板端部设置有角焊缝相连,两者搭接区域可以自由张开与闭合。当梁体因受力发生变形后,由于环形钢筋与梁端混凝土间的销栓和咬合作用,预埋钢板也会发生变形,并进一步传递至盖板上方。

3 计算模型

3.1 结构模拟

从网格划分角度考虑,建模时圆形截面的环形钢筋按面积相等的原则换算为矩形,实体钢筋单元如图3所示。

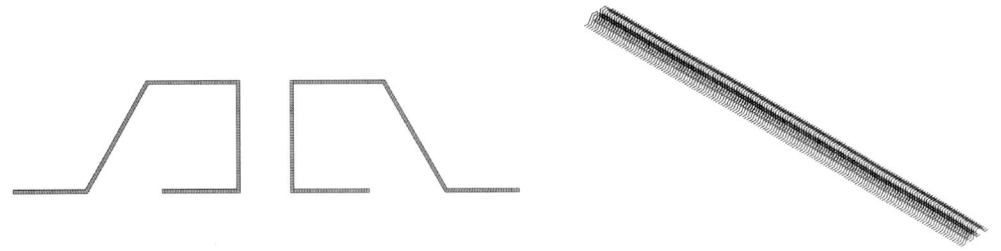

图3 桥面连续环形钢筋单根及整体示意图

桥面连续区域有限元模型如图4所示。

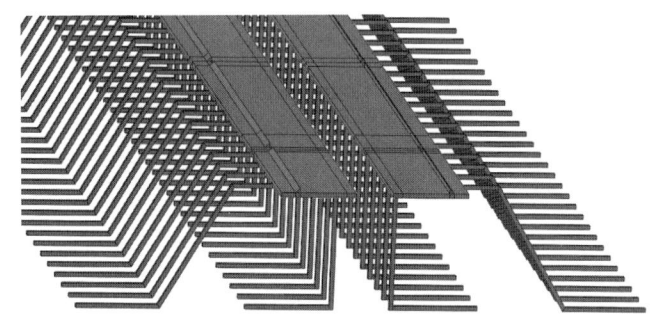

图4 桥面连续局部有限元示意图

支座垫块上表面与钢板组合梁底部接触面、钢板与焊缝间接触面、预埋钢板与环形钢筋接触面均采用绑定约束。环形钢筋采用嵌入约束,与附近混凝土单元节点位移耦合。预埋钢板和梁端混凝土间接触面、预埋钢板和钢盖板的接触面间采用普通接触(存在压应力时顶紧,受拉可分离)。对垫块底部中线的位移或转角进行约束实现对边界条件的模拟。

3.2 计算工况

使用实体有限元模型对采用新型桥面连续的钢板组合梁的受力性能进行分析、评估,分析结构在静力和疲劳荷载工况下的受力特点和机理。模型计算时包含以下工况:

(1)二期恒载。

考虑100mm厚度沥青铺装的二期恒载以及两侧护栏。荷载取值按设计方提供数值(表1进行计算)。

二期恒载取值 表1

荷 载 项	取 值	单 位
最外侧边梁铺装	5.496	kN/m
两片中梁铺装	8.592	kN/m
最内侧边梁铺装	5.28	kN/m
最外侧栏杆	12.949	kN/m
最内侧栏杆	10.035	kN/m

(2)活载。

在横向布置3车道荷载,按接缝中部顶端负弯矩最不利布载。模型中荷载布置如图5所示,在计算活载效应时,在原效应值基础上考虑动力效应,均乘以1.3的系数。

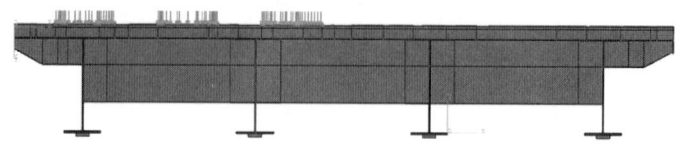

图 5　有限元模型中荷载布置示意图

(3) 梯度温度。

梯度温度模式采用《公路桥涵设计通用规范》(JTG D60—2015)[2]4.3.12 条中梯度温度场进行计算,如图 6 所示。分析温度荷载时按 100mm 沥青混凝土铺装层计算,温度 $T_1 = 14℃$、$T_2 = 5.5℃$。

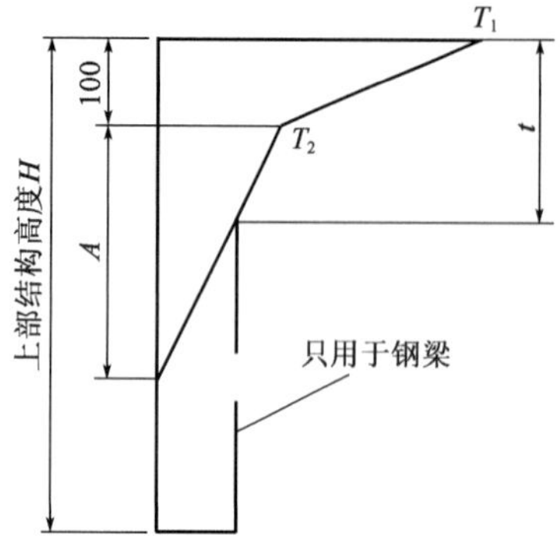

(4) 不均匀沉降。

为保证桥面连续上缘存在拉应力,考虑结构两端边墩同时沉降 0.01m。

(5) 静力受力特性分析。

分析结构静力受力特性时,采用标准组合(恒载+活载+梯度降温+不均匀沉降),组合系数均为 1.0,得到所有工况共同作用的结果。

(6) 疲劳性能分析。

图 6　梯度温度模式(尺寸单位:mm)

在对组合梁进行疲劳加载时,采用疲劳荷载计算模型 I(车道荷载)进行加载,集中荷载取 $0.7P_k$,均布荷载取 $0.3q_k$。横向考虑布置三列车的情形,并计入汽车荷载折减系数 0.78。其中,$P_k = 360kN$、$q_k = 10.5kN/m$。

4　计算结果分析

4.1　静力受力结果

静力分析主要考虑桥面连续结构在二期恒载、不均匀沉降、梯度温度、车道荷载以及基本组合作用下的受力情况。

二期恒载考虑桥面铺装及栏杆的自重,计入组合系数 1.2。在二期恒载作用下,钢板梁桥面连续结构中出现的最大主拉应力为 46.61MPa,计算结果如图 7 所示。

考虑结构两端边墩沉降 0.01m,规范中针对钢结构分项系数取 1.0。在 0.01m 的不均匀沉降作用下,钢板梁桥面连续结构中出现的最大主拉应力为 24.4MPa,计算结果如图 8 所示。

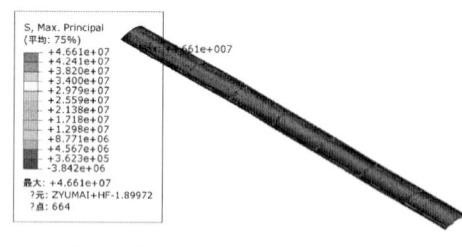
图 7　二期恒载引起的桥面连续主拉应力

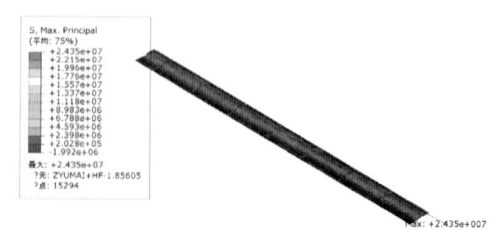
图 8　不均匀沉降引起的桥面连续主拉应力

考虑梯度降温,并计入活载分项系数 1.4。在梯度温度效应作用下,钢板梁桥面连续结构中出现的最大主拉应力为 58.6MPa,计算结果如图 9 所示。

针对车道荷载,考虑活载分项系数 1.4 和冲击系数 0.3。在考虑冲击效应的车道荷载作用下,组合梁桥面连续结构中出现的最大主拉应力为83.8MPa,计算结果如图10所示。

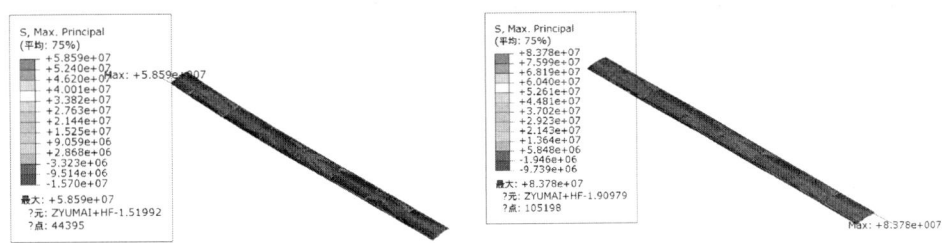

图9 梯度降温引起的桥面连续主拉应力　　图10 车道荷载引起的桥面连续主拉应力

将计入分项系数的二期恒载,梯度温度,不均匀沉降及车道荷载施加在原模型中,所有工况叠加得到桥面连续结构在基本组合作用下的最大主拉应力如图11所示。

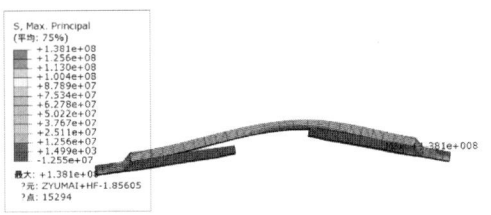

图11 桥面连续结构在基本组合作用下最大主拉应力

在基本组合作用下,桥面连续最大应力发生位置在横向上位于边梁与中梁之间的中间位置。提取该位置在各个工况下不计入和计入分项系数的应力值,汇总结果如表2所示。

钢板组合梁桥面连续结构在不同工况下的应力　　表2

工况编号	工况名称	不计入分项系数	计入分项系数
(1)	二期恒载	24.1	28.9
(2)	梯度温度	10.7	15
(3)	不均匀沉降	24.4	24.4
(4)	车道荷载	59.8(含冲击)	83.8
(5)	基本组合	—	138

钢板组合梁结构在静力荷载作用下的基本组合产生的应力值为138MPa,在基本组合下,结构应力较小,满足安全性要求。

4.2 疲劳受力结果

由疲劳车辆荷载产生的应力幅变化计算结果如下。在布置三列车的情况下,桥面连续结构的最大主应力云图如图12和图13所示。

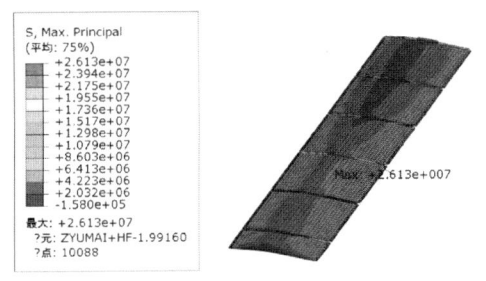 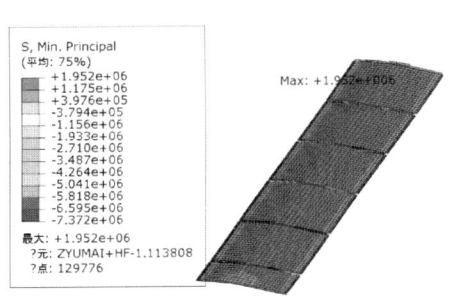

图12 疲劳车道荷载作用下桥面连续结构主拉应力　　图13 疲劳车道荷载作用下桥面连续结构主压应力

由图 12 可知,结构的最大主拉应力为 26.2MPa,位于角焊缝内侧与钢盖板焊接区域。由图 13 可知,最大主压应力为 -7.4MPa,位于焊缝外侧区域。结构的最大主拉应力与主压应力发生的区域并不相同。但考虑结构的对称性时,最大主拉应力发生区域的最大主压应力为 3.1MPa,对应的疲劳应力幅为 26.2 + 3.1 = 29.3MPa。该构造细节在钢桥规范中疲劳构造细节并无直接可参考应力幅限值,还需额外进行试验进行论证。

5 结语

本文针对徽州大道南延工程中钢板组合简支梁,提出了一种新型的纯钢式桥面连续结构,该桥面连续结构构造简单,施工方便,同时能避免了传统混凝土桥面连续结构的常见病害。实体有限元模型的计算结果表明该桥面连续结构在静载作用下应力水平较低,满足静力受力性能要求。在疲劳车道荷载作用下产生的应力幅较低,但仍需进行试验论证。对这类桥面连续结构的研究为相关工程提供了参考,为解决实际工程问题提供了新方向。

参 考 文 献

[1] 范立础.桥梁工程[M].北京:人民交通出版社,2001.
[2] 何畅,向中富.简支梁桥桥面连续构造的空间仿真分析[J].重庆交通大学学报(自然科学版),2005,24(1):9-15.
[3] 潘志炎,茅兆祥,刘敏.简支梁桥面连续构造的有限元分析与改进[J].公路交通科技.

137. 预应力装配式挡块力学性能有限元参数分析

周 权 吴文朋 王喜鹏

(湘潭大学土木工程与力学学院)

摘 要：基于ABAQUS软件对既有装配式混凝土挡块的试验过程进行有限元仿真模拟，在验证数值模型准确性和适用性的基础上，进一步分析了预应力筋数量、强度以及挡块材料对装配式混凝土挡块力学性能的影响机理。研究结果表明：建立的ABAQUS有限元挡块模型能较好地模拟试验中装配式混凝土挡块的转动机制和破坏特征，且预应力筋能为装配式挡块提供良好的位移能力和自复位功能。然而，仅通过提升预应力筋的数量和强度对普通混凝土装配式挡块承载能力的提升十分有限，当装配式挡块和盖梁两端部位同时更换为超高性能混凝土(UHPC)时，装配式挡块的承载力得以明显的提升。

关键词：装配式挡块 ABAQUS 超高性能混凝土 承载能力 有限元分析

1 引言

我国中小跨径的梁式桥大多采用普通混凝土挡块，挡块设置一般在桥墩或桥台盖梁的两侧，在空间上与盖梁呈上下布置，在地震作用下起到限制主梁横向位移的作用。国内外的震害调查表明，普通混凝土挡块能在一定程度上限制上部结构梁体的横向位移，减小落梁破坏的风险。例如，在汶川地震中主梁位移是梁式桥的主要震害现象[1]，主梁横向位移过大在重灾区及其普遍，但由于混凝土挡块的存在，有效地避免了落梁破坏。然而，因此也导致了大量的挡块损伤或破坏，由于挡块盖梁之间一般为整体浇筑结构，挡块破坏也引起盖梁两端出现不同程度的破坏，给震后的更换与修复带来了一定的困难。

为研究普通混凝土挡块的破坏特点和破坏机理，国内的郑万山等人[2]、徐略勤等人[3-4]、徐梁晋[5]以及韩强等人[6-7]从纵筋配筋率、纵筋位置、水平拉筋的强度、箍筋的形式等构造细节，分别展开了一系列的普通混凝土挡块试验和承载能力分析。国外的Bozorgzadeh[8]和Silva等人[9]的试验中将普通混凝土挡块和盖梁进行构造分离，并完善了该滑移式挡块的力学模型。此外，Kottari等人[10]在最新的试验研究中提出一种装配式普通混凝土桥台挡块，该种挡块和桥台呈左右布置，两者相互独立并通过无黏结预应力筋组合拼装。其验证性试验结果表

基金项目：国家自然科学基金资助(51908481)；中国博士后科学基金资助项目(2018M640756)；湖南省教育厅科研项目(18C0099)。

明该新型挡块比构造尺寸相近的混凝土整体式挡块,具有更好的位移能力和自复位功能,且对挡块本身和桥台盖梁的损伤较小。然而,这种新型普通混凝土装配式挡块的承载能力十分有限,如何提高其抗震承载能力仍值得进一步研究。

本文采用ABAQUS软件对该试验进行了有限仿真模拟,基于Kottari等人[10]的试验结果验证了本文数值模拟的准确性和适用性。然后,通过改变预应力筋的数量、强度,以及改变装配式挡块的材料,分析了预应力筋以及挡块材料对装配式挡块承载能力的影响机理。

2 ABAQUS有限元建模与试验验证

2.1 试验模型介绍

本文以Kottari等人[10]的装配式抗震挡块的验证性试验结果为基础,建立其有限元模型,通过比对滞回曲线和挡块损坏形态与部位,验证其有限元模型的准确性和适用性。Kottari等人[10]的试验是为验证该装配式抗震挡块的可行性而设计的,试验桥台盖梁和挡块尺寸、挡块配筋以及加载高度见图1,其中,普通混凝土、钢筋和预应力筋等材料参数以及试验其余构造细节可参考文献[10]。挡块和桥台盖梁通过4根无黏结预应力筋装配成整体,试验加载方式为循环往复加载,加载次数11次,每次加载增量22.24kN,直到加载至244.64kN,加载过程中分别在22.24kN、44.48kN、66.72kN、88.96kN、111.2kN、155.68kN和200.16kN处进行卸载。

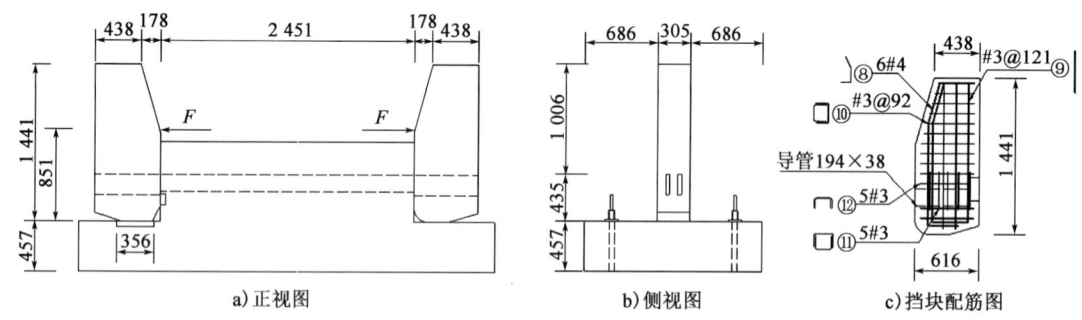

图1 Kottari等[10]试验中装配式挡块的基本尺寸(尺寸单位:mm)

2.2 ABAQUS有限元建模

利用通用有限元软件ABAQUS建立装配式抗震挡块的数值分析模型,为减小计算工作量,本文只选取了一侧的挡块进行模拟,为了保证预应力筋的长度不变,模型桥台的长度为试验桥台的长度加上挡块的厚度,其余细节则与试验保持一致。其中,挡块和盖梁的混凝土均采用程序中的CDP塑性损伤模型,本构关系采用过镇海[11]提出的单向拉压本构模型,混凝土受压应力—应变曲线方程表达式如下:

$$y = \begin{cases} \alpha_a + (3-2\alpha_a)x^2 + (\alpha_a - 2)x^3 & x \leq 1 \\ \dfrac{x}{\alpha_d(x-1)^2 + x} & x > 1 \end{cases} \quad (1)$$

混凝土受拉应力—应变曲线方程表达式:

$$y = \begin{cases} 1.2x - 0.2x^6 & x \leq 1 \\ \dfrac{x}{\alpha_t(x-1)^{1.7} + x} & x > 1 \end{cases} \quad (2)$$

式中：$y = \sigma_{c(t)}/f_{c(t)}^*$；

$\sigma_{c(t)}$——混凝土压（拉）应力；

$f_{c(t)}^*$——混凝土的轴心抗压（拉）强度；

$x = \varepsilon_{c(t)}/\varepsilon_{c(t)}^*$，$\varepsilon_{c(t)}$——混凝土压（拉）应变；

ε_{ct}^*——与$f_{c(t)}^*$对应的峰值压（拉）应变；

α_a——受压上升段参数；

α_d——受压下降段参数；

α_t——受拉下降段参数。

损伤因子基于Sidiroff的能量等价原理进行提取[12]，其计算表达式如下：

$$d_{c/t} = 1 - \sqrt{\frac{\sigma_{c/t}}{E_0 \varepsilon_{c/t}}} \quad (3)$$

式中：$d_{c/t}$——压/拉损伤因子；

E_0——初始弹性模量。

普通钢筋本构采用双折线强化模型，σ为钢筋的应力，E为钢筋的弹性模量，ε为钢筋的应变，强化段刚度$K = 0.01E$，ε_y为屈服强度f_y所对应的屈服应变。

$$\sigma = \begin{cases} E\varepsilon & \sigma \leqslant f_y \\ K(\varepsilon - \varepsilon_y) & \sigma > f_y \end{cases} \quad (4)$$

挡块和桥台盖梁均采用8节点六面体线性减缩积分单元（C3D8R），普通钢筋和预应力筋采用两节点三维桁架单元（T3D2），网格尺寸分为50mm、100mm。桥台底部约束采用完全固结，所有接触面切线方向采用库仑摩擦，由于实际试验中混凝土挡块与盖梁之间的摩擦系数尚不明确，因此，本文将先分别选取摩擦因子在0.3~0.7之间进行试算，以便更好地与试验曲线进行拟合。挡块与盖梁之间接触的法向方向为硬接触，锚垫板采用绑定约束（Tie）与挡块和盖梁进行连接。同时，采用嵌入约束（Embedded）将钢筋骨架嵌入挡块和桥台的混凝土实体中，预应力筋和锚垫板采用"MPC梁"连接，有限元模型中预应力采用降温法施加，有限元模型见图2。

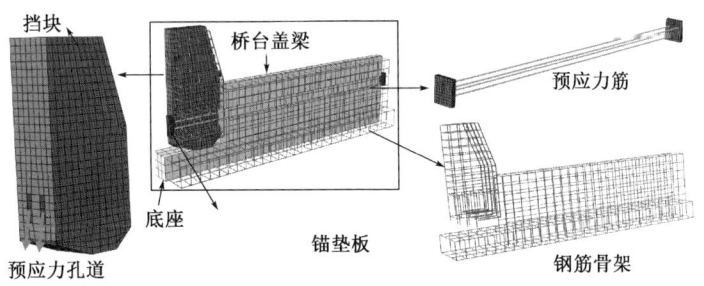

图2 装配式挡块ABAQUS有限元模型

2.3 模型验证分析

采用不同摩擦系数（$\mu = 0.3 \sim 0.7$）来试算挡块模型，通过对比较数值模拟与试验结果后可知，当摩擦系数$\mu = 0.5$时，有限元数值模拟的滞回曲线在荷载、位移以及滞回规则上均能较好地与既有的试验滞回曲线相吻合,如图 3 所示。此外,有限元模拟挡块的最终破坏形态与既有试验挡块的最终破坏形态对比如图 4 所示,由图可知,有限元数值模拟能够较准确地反映实际混凝土挡块的破坏和开裂情况。综上所述,本文所建 ABAQUS 有限元挡块分析模型是合理的。

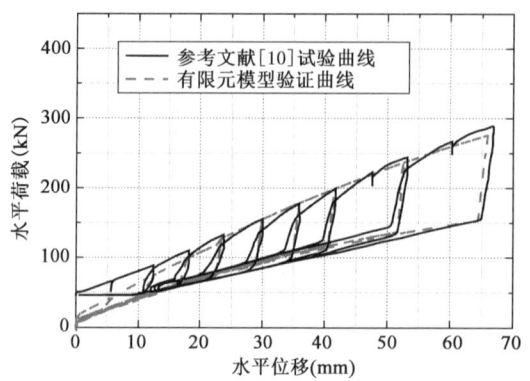

图 3　有限元分析与试验滞回曲线结果对比图

a)试验中挡块损伤情况

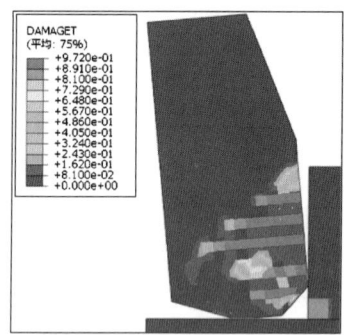
b)有限元分析中挡块损伤云图

图 4　有限元分析与试验最终损伤模式对比图

3　装配式挡块承载能力参数分析

3.1　预应力的影响分析

在 Kottari 等人[10]的试验中,尽管装配式挡块比整体式挡块具有更好的位移能力和自复位功能,然而,基于普通混凝土的装配式挡块的承载能力却十分有限,远小于整体式挡块的承载能力,如图 5 所示。鉴于装配式挡块承载能力的不足且预应力尚处于弹性阶段,本文将验证模型中预应力筋更换为 8 根屈服应力为 1 860MPa 的钢绞线,通过提升预应力筋的数量和强度,以此来提高装配式挡块的承载能力。有限元模拟结果如图 6 所示,由图 6 可知,预应力筋加强后的装配式挡块尽管承载力得到提升,但提升幅度十分有限,而且当水平荷载加载到 350kN 时滞回曲线开始出现屈服,随后卸载刚度出现下降,在后续的加载过程中水平位移仍能回到原点,

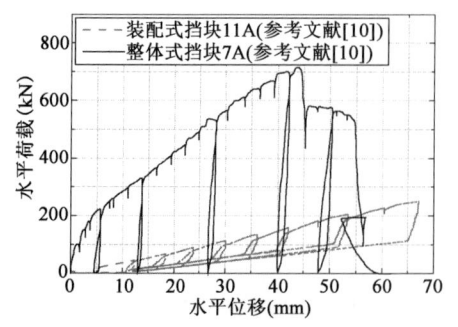

图 5　既有试验挡块滞回曲线比较

而水平荷载在达到350kN左右后无法再继续增加。为探究滞回曲线出现屈服的原因,对有限元模型中挡块的损伤情况和预应力筋的应力状况进行查看,查看结果如图7和图10b)所示,整个加载过程中预应力筋的应力远小于其屈服应力,然而,当水平力 $F = 350 \text{kN}$ 时挡块已严重损伤。实际上,滞回曲线承载力无法继续增加、卸载刚度下降均是因为挡块本身损坏引起的,出现屈服后的水平位移仍能回到原点是因为预应力筋未屈服,仍能为挡块提供自复位性能。综上所述,由于普通混凝土材料强度的限制,尽管加强预应力钢筋能赋予装配式挡块更好自复位性能,但是对提升装配式普通混凝土挡块的承载能力十分有限。

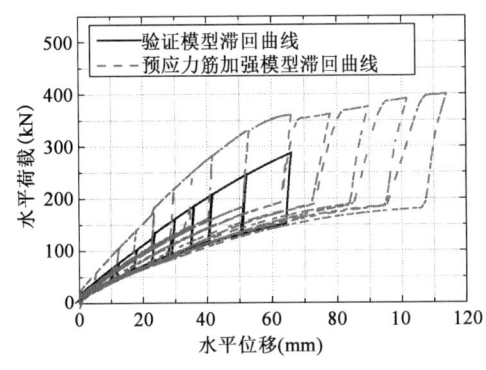

图6 装配式挡块有限元滞回曲线比较　　图7 预应力筋应力变化图

3.2 挡块材料的影响分析

由前面的分析可知,普通混凝土材料有限的强度限制了挡块承载力能力的继续提升。由于UHPC不仅具有超高的抗压强度、超强的韧性,而且还具有弹性模量高和耐久性好等优点。因此,本文在加强预应力筋的基础上,将挡块的材料由普通混凝土更换为UHPC,尝试通过改变挡块材料的性能来提高挡块自身的承载能力。为避免桥台盖梁两端出现破坏,本文在有限元模型中还将桥台盖梁两侧200mm宽范围的材料也更换为UHPC。图8为有限元模型中普通混凝土与UHPC材料本构模型的比对图,本文中UHPC的材料参数来自于既有研究[13-15]。弹性模量、泊松比,以及CDP参数的主要取值参见表1、表2。其中材料损伤因子同样基于Sidiroff能量等价原理的方法进行提取[12],计算公式参见前文。

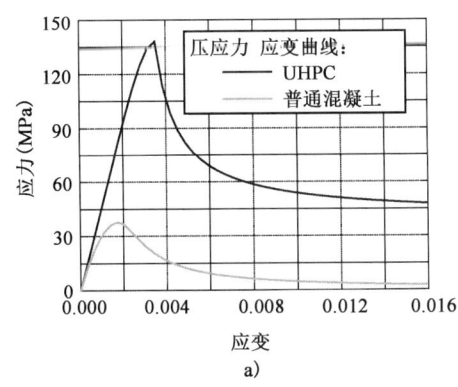 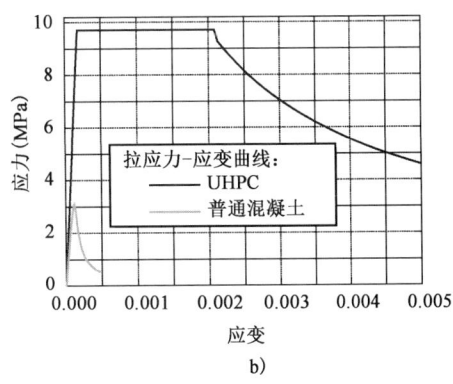

图8 有限元模型中UHPC和普通混凝土本构模型比较图

UHPC 弹塑性参数 表1

弹性参数	泊松比	膨胀角	偏心率	f_b^0/f_c^0	K	黏性参数
54 710(MPa)	0.2	35	0.1	1.16	0.666 7	0.000 5

UHPC 塑性损伤(CDP)参数 表2

受压		受拉		受压损伤		受拉损伤	
压应力(MPa)	非弹性应变	拉应力(MPa)	开裂应变	受压损伤参数	非弹性应变	受拉损伤参数	开裂应变
110.4	0	9.7	0	0	0	0	0
124.6	0.000 5	9.3	0.001 9	0.254 4	0.002 4	0.292 8	0.000 2
138	0.000 9	8.2	0.002 3	0.414 5	0.003 8	0.465 4	0.000 4
72.5	0.004 3	6.5	0.003 2	0.750 9	0.009 2	0.754 2	0.002 3
55.5	0.008 1	5.9	0.003 6	0.991 2	0.219 7	0.959 1	0.168 1

由图9a)可知,与普通混凝土挡块相比,超高性能混凝土(UHPC)挡块在预应力筋加强的前提下,能大幅度地提升装配式挡块的承载能力,且在整个加载过程中滞回曲线未出现屈服。与构造尺寸相近的普通混凝土整体式挡块相比,当挡块材料采用超高性能混凝土(UHPC)时,虽然装配式挡块的最大水平荷载与整体式挡块的承载力峰值还有一定差距,但是在位移能力和自复位性能上装配式挡块显著优越于整体式挡块,如图9b)所示。图10分别给出了基于不同材料的有限元模型的受拉损伤情况,由图10a)可知,当水平力 $F=550$kN 时,UHPC挡块和桥台盖梁两侧仅出现局部的轻微损伤。然而,由图10b)可知,当水平力 $F=330$kN 时,普通混凝土的挡块几乎完全损坏,且桥台盖梁两侧均出现较为严重的损伤。综上所述,在加强预应力筋的强度和数量的前提下,装配式挡块的材料选用超高性能混凝土(UHPC),可充分利用UHPC超高的抗压、抗拉强度的特征,大幅提升装配式抗震挡块的承载能力,同时,还能对挡块和桥台盖梁起到保护作用,延长其使用寿命。

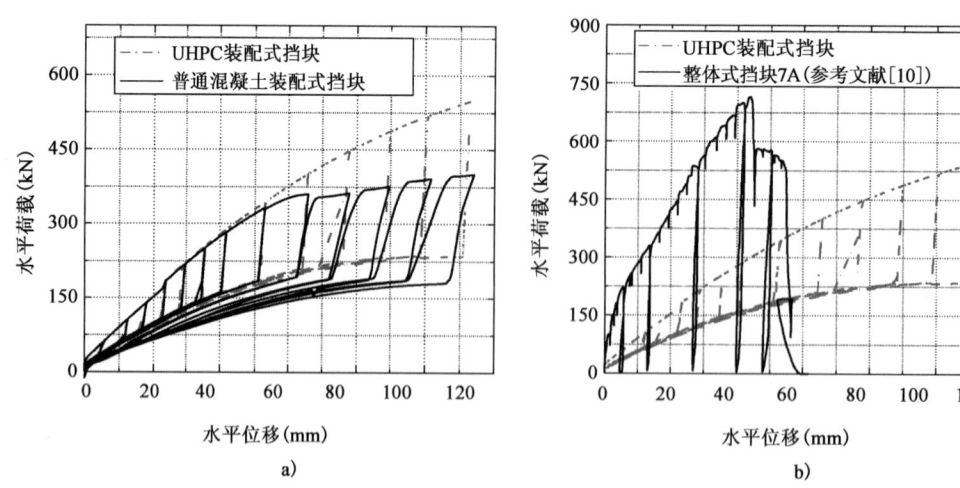

图9 普通混凝土挡块与UHPC挡块滞回曲线对比图

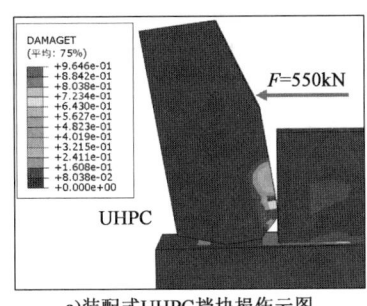
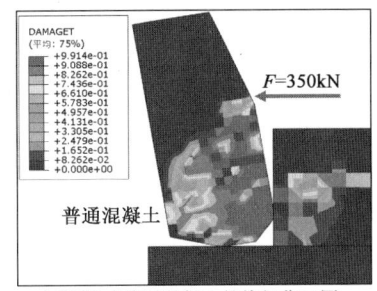

a) 装配式UHPC挡块损伤云图　　b) 装配式普通混凝土挡块损伤云图

图10　装配式UHPC和普通混凝土挡块损伤情况对比图

4　结语

（1）本文建立的ABAQUS有限元挡块分析模型，能较准确地模拟既有试验中装配式普通混凝土挡块的试验结果和破坏现象。

（2）普通混凝土挡块由于其本身材料强度的限制，仅通过加强预应力筋的数量和强度，对提升装配式挡块的承载力是十分有限的。

（3）在加强预应力筋的同时，将装配式挡块更换为超高性能混凝土（UHPC），利用UHPC超高的抗压强度、抗拉强度以及良好的耐久性等优点，不但能大幅度地提高装配式抗震挡块的承载能力，还能对挡块和桥台盖梁起到保护作用，延长其使用寿命。

参 考 文 献

[1] 庄卫林,刘振宇,蒋劲松.汶川大地震公路桥梁震害分析及对策[J].岩石力学与工程学报,2009,28(7):1377-1387.

[2] 郑万山,唐光武.桥梁抗震挡块拟静力试验研究[J].公路交通技术,2013(4):54-58.

[3] 徐略勤,李建中.基于转动刚体模型的钢筋混凝土挡块抗震强度预测[J].工程力学,2014,31(10):143-150.

[4] 徐略勤,李建中.钢筋混凝土挡块抗震性能及改进试验[J].中国公路学报,2014,27(9):41-48.

[5] 徐梁晋.地震及超高车辆撞击下功能可恢复混凝土连续梁桥研究[D].北京:清华大学,2016.

[6] HAN Q, HU M H, WEN J N, et al. Seismic Capacity Evaluation of Interior Shear Keys for Highway Bridges[J]. Journal of Earthquake Engineering, 2018(2):1-16.

[7] HAN Q, ZHOU Y, OU Y, et al. Seismic behavior of reinforced concrete sacrificial exterior shear keys of highway bridges[J]. Engineering Structures, 2017, 139:59-70.

[8] BOZORGZADEH A, MEGALLY S, RESTREPO J I, et al. Capacity Evaluation of Exterior Sacrificial Shear Keys of Bridge Abutments[J]. Journal of Bridge Engineering, 2006, 11(5):555-565.

[9] SILVA P F, MEGALLY S, SEIBLE F. Seismic Performance of Sacrificial Exterior Shear Keys in Bridge Abutments[J]. Earthquake Spectra, 2009, 25(3):643-664.

[10] KOTTARI A. Horizontal Load Resisting Mechanisms of External Shear Keys in Bridge Abutments[J]. Dissertations & Theses -Gradworks, 2016.

[11] 过镇海.混凝土的强度和本构关系、原理与应用[M].北京：中国建筑工业出版社,2004.

[12] 李兆霞.损伤力学及其应用[M].北京:科学出版社,2002.

[13] SHAFIEIFAR M, FARZAD M, AZIZINAMINI A. Experimental and numerical study on mechanical properties of Ultra High Performance Concrete (UHPC)[J]. Construction & Building Materials, 2017, 156: 402-411.

[14] 李立峰,范昕,石雄伟,等.预应力UHPC梁弯曲性能分析与合理设计[J].建筑科学与工程学报,2018,35(02):38-46.

[15] 张哲,邵旭东,李文光,等.超高性能混凝土轴拉性能试验[J].中国公路学报,2015,28(08):50-58.

138. 三塔四跨悬索桥双层钢桁梁主桁杆件抗疲劳性能评估

李 成 徐 航 程 进

(同济大学桥梁工程系)

摘 要：本文以某三塔四跨悬索桥为工程背景，基于等效损伤累积理论，开展了双层钢桁梁主桁杆件的抗疲劳性能研究。首先采用 Midas/Civil 软件建立主梁疲劳计算模型，然后通过影响线加载，确定主桁杆件中弦杆、腹杆应力幅最大的单元位置，最后计算出主桁最不利杆件 200 万次循环的等效应力幅，并与规范限值对比。结果表明，该三塔四跨双层钢桁梁悬索桥主桁杆件疲劳强度满足设计要求，为该桥的安全运营提供了理论依据和技术支持。

关键词：三塔四跨悬索桥　主桁杆件疲劳　双层钢桁梁　等效应力幅

1 引言

在交通运输繁忙的跨江跨海地区，为提高岸线资源利用率，节约建设成本，常采用两桥合建、双层桥面形式跨越，如武汉杨泗港长江大桥、平潭海峡公铁两用大桥、闵浦大桥等。据统计，已建成的双层桥梁的主梁形式大部分为钢桁梁[1]，而双层钢桁梁不可避免地要考虑主桁杆件的疲劳问题[2]。

国内外多年来针对很多重要的大跨径钢桥都进行了疲劳试验和相关的有限元分析[3-6]，很多国家也编制了钢桥疲劳计算的规范，针对不同的构造细节提出相应的曲线来评估其疲劳寿命。在此基础上，李光强[7]等研究了荷载作用下钢桁梁斜拉桥关键杆件的疲劳损伤和疲劳寿命。邓晓光[8]等开展了大跨径双层悬索桥钢桁梁主桁杆件整体焊接节点的有限元疲劳分析和试验研究，李宁[9]等通过数值模拟出钢桁梁主桁杆件焊接交叉部位过焊孔构造细节的 S-N 曲线，探明了大跨径双层钢桁梁悬索桥主桁杆件疲劳寿命。刘沐宇[10]等提出了基于随机车流的大跨径双层公路悬索桥主桁杆件疲劳性能评估方法。上述分析均未涉及三塔四跨悬索桥双层钢桁梁主桁杆件的抗疲劳性能评估。三塔四跨双层钢桁梁悬索桥为世界首创，采用四跨连续双层钢桁梁，结构复杂，承受活载比例高，其主桁杆件抗疲劳性能尚不明确。

本文以某三塔四跨悬索桥为背景，采用 Midas/Civil 软件建立主梁疲劳计算模型，通过影响线加载确定最危险主桁杆件位置和等效应力幅，以此对桥梁疲劳性能进行评估。

2 工程概况

主桥桥型方案为215m+2×800m+275m三塔四跨双层钢桁梁悬索桥,总体布置如图1所示。

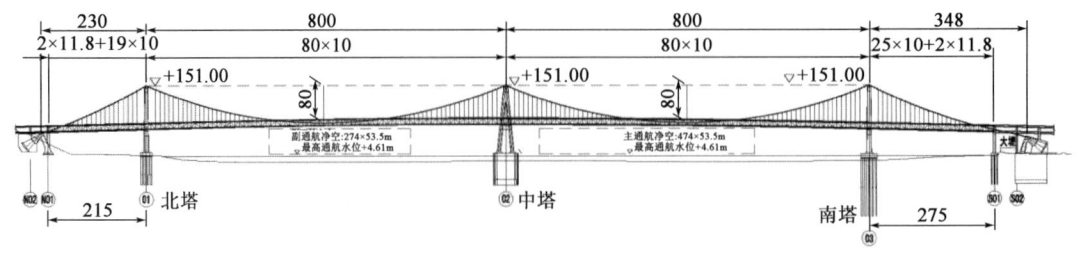

图1 主桥总体布置图(尺寸单位:m)

加劲梁采用双层华伦式钢桁架,桁高12.5m,标准节间长10m,两片主桁中心间距36.2m。设计为12车道,上层为双向6车道,公路等级为高速公路,设计速度100km/h;下层为双向6车道,公路等级为一级公路,设计速度80km/h,断面布置图如图2所示。

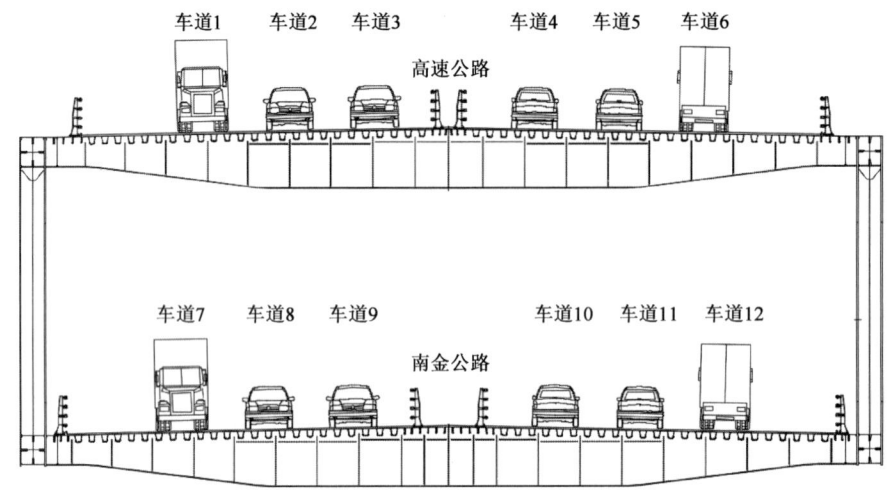

图2 瓯江北口大桥断面布置图

3 模型分析

针对三塔四跨悬索桥双层钢桁梁主桁杆件疲劳问题,采用Midas/Civil建立全桥空间有限元板桁简化模型,模型所用各部分的材料及尺寸均与实桥相同,所用材料主塔为梁单元,加劲梁包括主桁杆件(上弦杆、下弦杆、竖杆和斜杆)、桥面板、横梁、腹板、将主桁杆件用梁单元模拟,桥面板采用板单元模拟,主缆和吊杆为只受拉索单元,即只承受拉力,不承受压力及弯矩等,在进行后面的活载计算时软件会自动将索单元转化为桁架单元进行计算。吊杆和加劲梁的连接采用公用节点方式将吊杆底部与上弦杆相连,建立有限元模型如图3所示。

我国《公路钢结构桥梁规范》(JTG D64—2015)给出了疲劳车模型,为轴重445kN的疲劳车,如图4所示,本文确定采用中国疲劳车进行分析。通过移动荷载影响线加载分析得到,双层公路桥在上下层最外侧车道同时加载时对桥梁最不利,因此,本文加载方式为上下层同时加载,加载车道为最外层车道。

图 3 疲劳计算有限元模型图

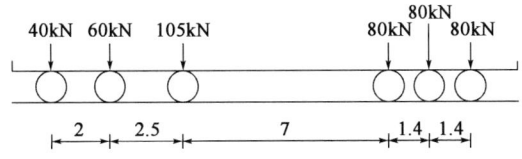

图 4 中国疲劳车加载模型

通过计算获得主桁杆件上弦杆、下弦杆、竖腹杆、斜腹杆应力幅如图 5 所示。

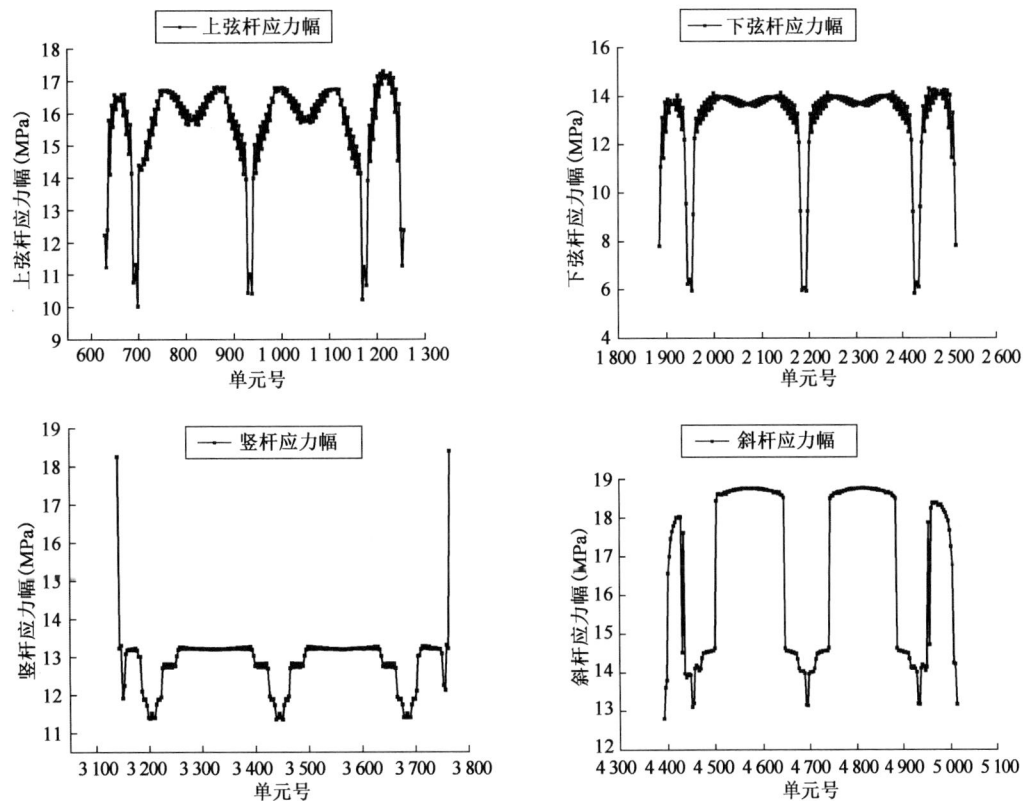

图 5 各杆件疲劳应力幅

通过应力幅图(图 5)可以确定出主桁杆件最危险位置。从图 6、图 7 中可知,最不利上弦杆单元号:1 208,最大应力幅 17.2MPa;最不利下弦杆单元号:2 508,最大应力幅 14.2MPa;最不利竖杆单元号:3 710,最大应力幅 19.1MPa;最不利斜杆单元号:4 564,最大应力幅 21.1MPa。

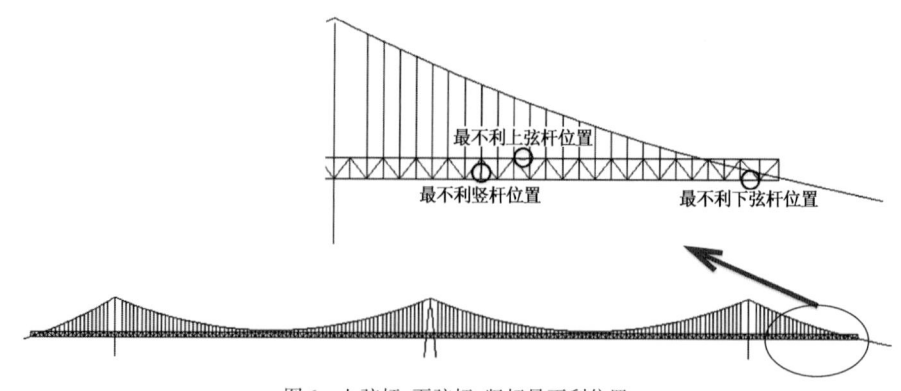

图 6　上弦杆、下弦杆、竖杆最不利位置

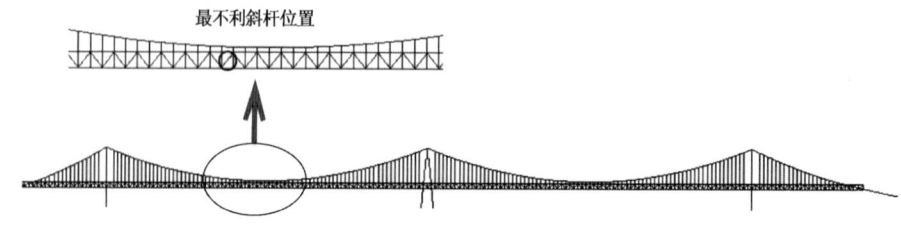

图 7　斜杆最不利位置

4　主桁杆件等效应力幅计算及疲劳寿命评估

某三塔四跨悬索桥交通量预测信息如表 1 所示。

瓯江北口大桥交通量实际车辆数预测信息　　　　　表1

交通流车型		小客车	大客车	小货车	中货车	大货车	拖挂车	集装箱
2041 年	上层	56.45%	2.99%	24.98%	8.31%	3.00%	1.69%	2.59%
	下层	56.38%	4.27%	31.48%	6.37%	0.79%	0.17%	0.54%

每一车道上的交通量根据英国的 BS5400 规范确定,疲劳车荷载只加在慢车道与邻车道。疲劳车分别在各个车道加载时主桁杆件最大应力幅如表 2 所示。

$$K_B = \frac{\sigma_{V1B}}{\sigma_{V1A}} \tag{1}$$

式中:σ_{V1B}——任一车道加载时的次大应力幅;

σ_{V1A}——任一车道加载时的最大应力幅。

K_F 为多车效应调整系数,根据英国 BS5400 规范,K_F 取值依赖于 K_B,取值如表 2 所示。

单车荷载分别作用于各个车道时杆件最大应力幅(MPa)　　　　　表2

杆件	单元号	车道名称								K_B	K_F
		1	2	5	6	7	8	11	12		
上弦杆	1 208	3.28	3.76	12.87	12.47	2.64	2.77	4.86	5.00	0.969	2.969
下弦杆	2 508	1.72	2.01	5.21	4.92	1.73	2.06	10.27	9.27	0.903	2.903
竖腹杆	3 710	1.73	1.79	3.28	3.38	4.87	6.46	22.12	15.75	0.712	2.712
斜腹杆	4 564	3.48	4.60	17.11	14.03	2.58	3.19	11.55	10.47	0.820	2.820

美国 AASHTO 规定疲劳车一般占总车数 10%~20%,英国 BS5400 规定占 25%~30%。根据本桥交通量预测的结果,引起疲劳损伤的车辆基本都是中大型货车及其他重型车,因此本文疲劳车取上层交通量的 15% 和下层交通量的 10% 进行计算。

按照英国 BS5400 规范规定,在进行公路桥梁结构疲劳分析时,双向 6 车道汽车专用线慢车道和临车道的交通量可按照 2∶1.5 分配。由此可以得到 100 年服役期内,某三塔四跨悬索桥上、下层慢车道和临车道通过的 445kN 疲劳车辆数如表 3 所示。

100 年服役期内总交通量预测　　　表 3

车道位置	445kN 疲劳车辆数(万辆)
上层慢车道	9 418.88
上层临车道	7 064.16
下层慢车道	3 560.64
下层临车道	2 670.48

根据等效损伤累积理论计算各危险杆件的等效应力幅:

$$\Delta \sigma = \left(\sum K_F \frac{\Delta N_i^3 n_i}{n_0} \right)^{\frac{1}{3}} \quad (2)$$

式中:$\Delta\sigma$——循环 200 万次时等效应力幅;

K_F——多车道效应修正系数;

ΔN_i——一辆疲劳车作用产生的应力幅值;

n_i——与 ΔN_i 对应的结构在设计寿命期内疲劳车交通量。

可得上弦杆 1208 单元等效应力幅:

$$\Delta\sigma_1 = \left\{ \frac{2.969}{200}[9\,418.88 \times (3.28^3 + 12.47^3) + 7\,064.16 \times (3.76^3 + 12.87^3) + 3\,560.64 \times (2.64^3 + 5.00^3) + 2\,670.48 \times (2.77^3 + 4.86^3)] \right\}^{\frac{1}{3}} = 80.29\text{MPa}$$

下弦杆 2508 单元等效应力幅:

$$\Delta\sigma_2 = \left\{ \frac{2.903}{200}[9\,418.88 \times (1.72^3 + 4.92^3) + 7\,064.16 \times (2.01^3 + 5.21^3) + 3\,560.64 \times (1.73^3 + 9.27^3) + 2\,670.48 \times (1.73^3 + 2.06^3)] \right\}^{\frac{1}{3}} = 48.78\text{MPa}$$

竖腹杆 3710 单元等效应力幅:

$$\Delta\sigma_3 = \left\{ \frac{2.712}{200}[9\,418.88 \times (1.73^3 + 3.38^3) + 7\,064.16 \times (1.79^3 + 3.28^3) + 3\,560.64 \times (4.87^3 + 15.75^3) + 2\,670.48 \times (6.46^3 + 22.12^3)] \right\}^{\frac{1}{3}} = 84.60\text{MPa}$$

斜腹杆 4564 单元等效应力幅:

$$\Delta\sigma_4 = \left\{ \frac{2.820}{200}[9\,418.88 \times (13.48^3 + 14.03^3) + 7\,064.16 \times (4.6^3 + 17.11^3) + 3\,560.64 \times (2.58^3 + 10.47^3) + 2\,670.48 \times (3.19^3 + 11.55^3)] \right\}^{\frac{1}{3}} = 99.96\text{MPa}$$

主桁杆件整体节点处采用焊接,节段拼接处采用栓接。根据我国《公路钢结构桥梁设计规范》中关于疲劳细节的分类,焊接箱型截面疲劳细节类别为 100MPa,焊接 H 形截面疲劳细节类别为 110MPa,采用摩擦型高强螺栓的双面对称接头疲劳细节类别为 110MPa。计算出的最大应力幅小于容许应力幅。由此可见该桥钢桁梁主桁杆件抗疲劳性能良好,在全寿命期内抗疲劳性能满足设计要求。

5 结语

(1)利用《公路钢结构桥梁设计规范》疲劳荷载计算模型确定该三塔四跨双层钢桁梁疲劳破坏危险杆件。

(2)在交通流量预测及英国疲劳规范BS5400的基础上确定交通荷载参数,给出了三塔四跨双层钢桁梁主桁杆件抗疲劳性能评估方法。

(3)经计算,该三塔四跨悬索桥危险杆件等效应力幅最大值出现在斜腹杆处,大小为99.96MPa,小于规范限值,说明该桥钢桁梁在全寿命期内的疲劳性能满足设计要求。

参 考 文 献

[1] 雷俊卿,黄祖慰,曹珊珊,等.大跨度公铁两用斜拉桥研究进展[J].科技导报,2016,34(21):27-33.

[2] 严国敏.韩国圣水大桥的倒塌[J].国外桥梁,1996(04):47-50.

[3] Kwon, Kihyon, Frangopol, Dan M, Kim, Sunyong. Fatigue performance assessment and service life prediction of high-speed ship structures based on probabilistic lifetime sea loads[J]. Structure & Infrastructure Engineering:1-14.

[4] Shifferaw Y, Fanous F S. Field testing and finite element analysis of steel bridge retrofits for distortion-induced fatigue[J]. Engineering Structures, 2013, 49:385-395.

[5] 周张义,李芾,卜继玲,等.不同标准的钢结构焊接细节疲劳设计 S-N 曲线比较[J].内燃机车,2009(10):1-6+51.

[6] 荣振环,张玉玲,刘晓光.天兴州桥正交异性板焊接部位疲劳性能研究[J].中国铁道科学,2008(02):48-52.

[7] 李光强.风与列车荷载作用下钢桁梁斜拉桥竖向振动及疲劳研究[D].长沙:中南大学,2013.

[8] 邓晓光,刘沐宇,史晶,等.大跨径双层悬索桥钢桁梁整体焊接节点疲劳分析与试验[J].中国公路学报,2017,30(03):96-103.

[9] 李宁,王盼.大跨径双层钢桁梁悬索桥主桁杆件疲劳寿命评估[J].公路工程,2017,42(04):69-75.

[10] 刘沐宇,韩征,邓晓光.基于随机车流的大跨径双层公路悬索桥疲劳性能评估[J].武汉理工大学学报(交通科学与工程版),2017,41(04):575-580.

139. 公路桥梁混凝土桥面板疲劳荷载确定方法探究

潘泓杉 石雪飞

(同济大学)

摘 要：我国现有桥梁及新建桥梁中，混凝土桥梁占有相当比例，随着交通量的日益增大以及愈来愈严重的超载现象，公路桥梁混凝土桥面板疲劳隐患日益突出，为了保障桥梁的运营安全，应对适用于混凝土桥面板的疲劳荷载模型进行研究。本文对国内外公路桥梁疲劳荷载的确定方式进行了探讨，并以江苏省某城市桥梁通过 WIM 系统测得的 60 天车流数据为基础，论述了基于 WIM 数据与混合 Gauss 分布模型确定桥面板疲劳荷载谱的分析思路，为实际工程中桥面板等效疲劳荷载的建立提供参考。

关键词：混凝土桥面板 疲劳荷载谱 WIM 混合 Gauss 分布

1 引言

在进行混凝土桥面板设计时，设计人员往往关心其承载能力、裂缝控制等级等因素，而忽略了桥面板的疲劳因素。实际上，混凝土桥面板除了受恒载以外还会受到活荷载的反复作用，随着桥梁向材料轻质化、大跨度化发展，以及车辆时有发生的超载问题，桥面板在使用阶段常常处于较高应力状态。桥面板是桥梁结构直接承受轮压的构件，由于其影响线长度较短，车辆的每个轮轴都会引起截面的应力循环，因此在使用阶段，混凝土桥面板所受的荷载循环次数高于主梁受到的荷载循环次数。

钢筋混凝土桥面板内部存在微小裂纹等初始缺陷。肖赟等[1]研究发现，在使用阶段，混凝土桥面板在汽车荷载作用下会造成材料损伤的逐步累积，构件的疲劳承载性能会随着损伤的不断积累而衰减，其刚度也会随着活载的反复作用而出现退化。随着工程上所采用的混凝土强度等级的提高以及预应力技术在桥面板中的广泛运用，混凝土桥面板的横活比愈来愈小，当汽车荷载作用一定次数时，混凝土桥面板可能在内力低于静力极限承载力的情况下出现破坏，这种破坏具有突然性，如果发生可能造成较大危害。

疲劳分析与静力分析不同，桥梁静力分析时所用的汽车荷载不一定能够反映出桥面板在使用阶段的真实受力情况，因此，桥面板疲劳荷载模型需要对构件的工作状况有较为客观的反映。童乐为等[2]通过进行交通调查，分析了上海市内环线中山路 3 号桥地面道路桥梁，统计了各类车辆构成及载重的占比,按照等效的疲劳损伤原理确定了简化的疲劳荷载频谱值。O'Connor A 等[3]采用动态承重(WIM)技术对高速公路行驶的货车进行动态称重,并基于 WIM 统计数据进行交通流量仿真,对车辆荷载进行了合理预测。王荣辉等[4]对广州市内环线进行交通实地调查,依据等效损伤原理将车辆荷载谱简化为使用频值谱,由此建立了广州市高架桥疲劳荷载模型。孙守旺[5]采用动态称重系统,根据轴组类型将车辆进行筛选和归类分析,建立了6种主要车型的轴重、轴距等参数的统计模型,并根据损伤等效原则计算了6种车型的等效模型车辆的轴重和轴距。宗周红等[6]采用 WIM 技术对新沂河大桥的车辆荷载进行统计,描述了当地车辆荷载参数的概率密度特征,并对该桥的实际汽车荷载与公路—Ⅰ级荷载进行了比较。邓扬等[7]提出了基于 WIM 数据并考虑昼夜交通流量差异的公路桥梁车辆疲劳荷载模型。

2 国内外疲劳荷载模型确定方式

2.1 Eurocode1 规范

Eurocode1 规范[8]对桥梁疲劳荷载做了较为详细的规定,确立了五种疲劳车辆荷载模型,分别对应于无限疲劳寿命评估方法、疲劳评估简化方法以及一般评估方法。

(1)疲劳荷载模型Ⅰ由集中荷载和均布荷载组成,荷载形式与用于静力强度验算的荷载模型1(LM1)相同,但对数值进行了折减,集中荷载折减系数为0.7,均布荷载折减系数为0.3,该模型对应于无限疲劳寿命评估方法,计算结果偏于保守。

(2)疲劳荷载模型Ⅱ为五种常遇货车的理想化模型,该模型同样对应于无限疲劳寿命评估方法,在验算时只需取一辆车,按照最不利加载方式得到验算截面的最大应力幅。

(3)疲劳荷载模型Ⅲ是一标准单车模型,车总重为480kN,该模型只在单车道作用,且一般只为一辆,用于疲劳的简单评估。

(4)疲劳荷载模型Ⅳ包括五种车辆类型以及相应的比例情况,针对不同交通类型(如长距运输、中距运输和当地运输),每种车型的占比情况会有相应调整。该模型能较好地等效欧洲区域公路上的典型货车对结构的疲劳损伤,对应于疲劳的一般评估方法。

(5)疲劳荷载模型Ⅴ是实测交通数据而制定的疲劳荷载,对应一般评估方法,能较为客观地反映桥梁的实际荷载情况。

虽然 Eurocode1 对疲劳车辆模型的考虑较为全面,但由于我国和欧洲国家的交通特征不同,因此不能直接将 Eurocode1 中的规定用于国内桥梁的疲劳验算。

2.2 AASHTO 规范

美国 AASHTO 规范[9]中定义的标准疲劳车辆模型为单车三轴模型,轴重分别为35kN、145kN 和145kN,轴距分别为4.3m 和9m,单车道的疲劳标准车日交通量应根据车辆能够行驶的车道数进行修正,在进行疲劳损伤计算时轴重还应乘以0.75 的修正系数,同时考虑0.15 的冲击系数。AASHTO 规范只定义了这一种疲劳车型,形式较为单一,对于桥梁的不同构件和部位的验算都采用该疲劳车型,这增加了设计的通用性,降低了设计的复杂性,但是没有考虑到不同构件对疲劳荷载的敏感性。

2.3 国内规范对于疲劳荷载的规定

《公路桥涵设计通用规范》(JTG D60—2015)[10]中明确了三种疲劳荷载的计算模型。疲劳荷载计算模型Ⅰ采用等效的车道荷载,集中荷载为 $0.7P_k$,均布荷载为 $0.3q_k$,P_k 与 q_k 的量值根据公路等级和桥梁跨度进行选择,并应考虑多车道的影响对荷载进行相应折减。疲劳模型Ⅱ采用双车模型,两辆模型车轴距与轴重参数相同,但在加载时两车中心距不得小于40m。疲劳模型Ⅲ采用单车模型,用于验算桥面系构件的疲劳。

我国规范的疲劳模型Ⅰ与Eurocode1中的疲劳荷载模型1类似,严格要求构件不出现疲劳破坏,相较于疲劳模型Ⅱ和疲劳模型Ⅲ,该模型较为保守,桥梁影响线长度越长,采用疲劳荷载模型Ⅰ就越偏于安全。疲劳模型Ⅱ根据"公路桥梁疲劳设计荷载标准研究"的研究结论给出。疲劳模型Ⅲ主要用于直接承受汽车轮压的构件(如横隔梁、桥面板等)的疲劳验算,由于这些构件的影响线长度一般较短,对轮压位置较为敏感,因此疲劳模型Ⅲ的单轴重量大于疲劳模型Ⅱ,且采用双轴车模型。

2.4 现阶段疲劳荷载确定方式

现阶段国内外确定疲劳荷载模型的方法主要有:

(1)按照规范选取疲劳验算时的荷载模型进行验算。

(2)通过桥梁现场交通情况调查得到各类型车辆的轴重、轴距、出现频率等参数,再形成荷载谱,根据不同的交通类型选择不同的荷载谱进行疲劳验算。

(3)在方法(2)的基础上,采用损伤累计准则,将不同车型等效为一个疲劳标准车,并用该疲劳标准车进行验算。

(4)采用随机车流荷载,在WIM技术得到的车辆荷载统计模型的基础上,运用Monte-Carlo方法,基于统计学原理生成交通情况预测模型,并以此指导结构的疲劳验算。

3 混凝土桥面板疲劳荷载谱的建立

本节以江苏某地区的城市桥梁疲劳荷载谱的确定为例,论述基于WIM数据和混合Gauss分布拟合的疲劳荷载谱建立方法。通过对WIM测得的60日交通流量数据进行统计分析,划分车辆类型并得到各类型车辆轴重、轴距等参数的统计特征,根据损伤等效原则确定疲劳荷载谱。

3.1 混合Gauss分布

梅刚等[11]在对110国道交通数据进行统计学分析时,发现某些车型轴重的概率分布并不服从单峰分布(如Gauss分布、对数正态分布等),而是呈现双峰特征,如果采用单峰概率分布函数进行拟合将得不到正确的结论,采用双峰概率分布函数进行拟合则能够更好地反映轴重的统计特性。

混合Gauss分布能够很好地对双峰及多峰分布进行描述,采用多个Gauss分布的加权和来描述,混合Gauss分布的概率密度函数可以表示为:

$$f(x) = \sum_{i=1}^{M} P_i f(x_i) \tag{1}$$

$$\sum_{i=1}^{M} P_i = 1 \tag{2}$$

式中:M——Gauss分量数;

P_i——第i个Gauss分量的权重;

$f(x_i)$——第i个Gauss分量的概率密度函数。

参照式(1)可知,如Gauss分量数为3时,混合Gauss分布的概率密度函数可表示为:

$$f(x) = P_1 f(x_1) + P_2 f(x_2) + P_3 f(x_3) = \sum_{i=1}^{3} P_i \varphi \left(\frac{x - \mu_i}{\sigma_i} \right) \tag{3}$$

式中：μ_i 和 σ_i ——第 i 个 Gauss 分量的均值和标准差。

3.2 基于 WIM 数据的车型划分

WIM 系统的测试数据可以客观反映出测试期内通过测点的车辆的轴数、轴重、轴距等信息，但通过该系统得到的数据十分庞大，因此在进行车流特性统计分析之前应将数据进行适当的分类和处理。对于不同轴数的车辆，其轴重的频数分布规律存在较大差异，为了反映不同轴数车辆的轴重统计特征，将车轴数量作为车型分类的依据。基于车轴数量可将车型分为 2 轴车型、3 轴车型、4 轴车型、5 轴车型、6 轴车型以及 7 轴以上车型。但是在实测的样本数据中，7 轴以上车型样本数量仅占总体数量的 0.007%，其产生的疲劳损伤有限，因此在后续分析中不考虑 7 轴车型。车型划分如表 1 所示。

车型划分示意图 表 1

车型名称	车型示意图	车型占比（%）
Z2		89.30
Z3		4.12
Z4		2.51
Z5		1.40
Z6		2.67

3.3 车辆荷载频谱分析

混凝土桥面板作为桥面系构件，其影响线长度较短，当车辆通过桥面板时会产生多次应力循环，若采用整车重量和车道交通量来计算荷载频谱将不能真实反映桥面板的应力循环次数，因此应分析不同车型的轴重和轴距参数并作为等效疲劳荷载模型建立的依据。

3.3.1 等效轴重分析

由 WIM 得到的数据进行统计分析可知，轴重的分布呈多峰分布，为了求得等效轴重，需要分析每种车型各轮轴重量的概率分布特性。以该车道 Z6 型车的各轮轴重量为例，根据轴重的频率分布直方图进行混合 Gauss 拟合，得到其概率密度函数，拟合结果如图 1 所示，分析表明 Z6 型车拟合采用三重 Gauss 拟合就能达到很好的效果。

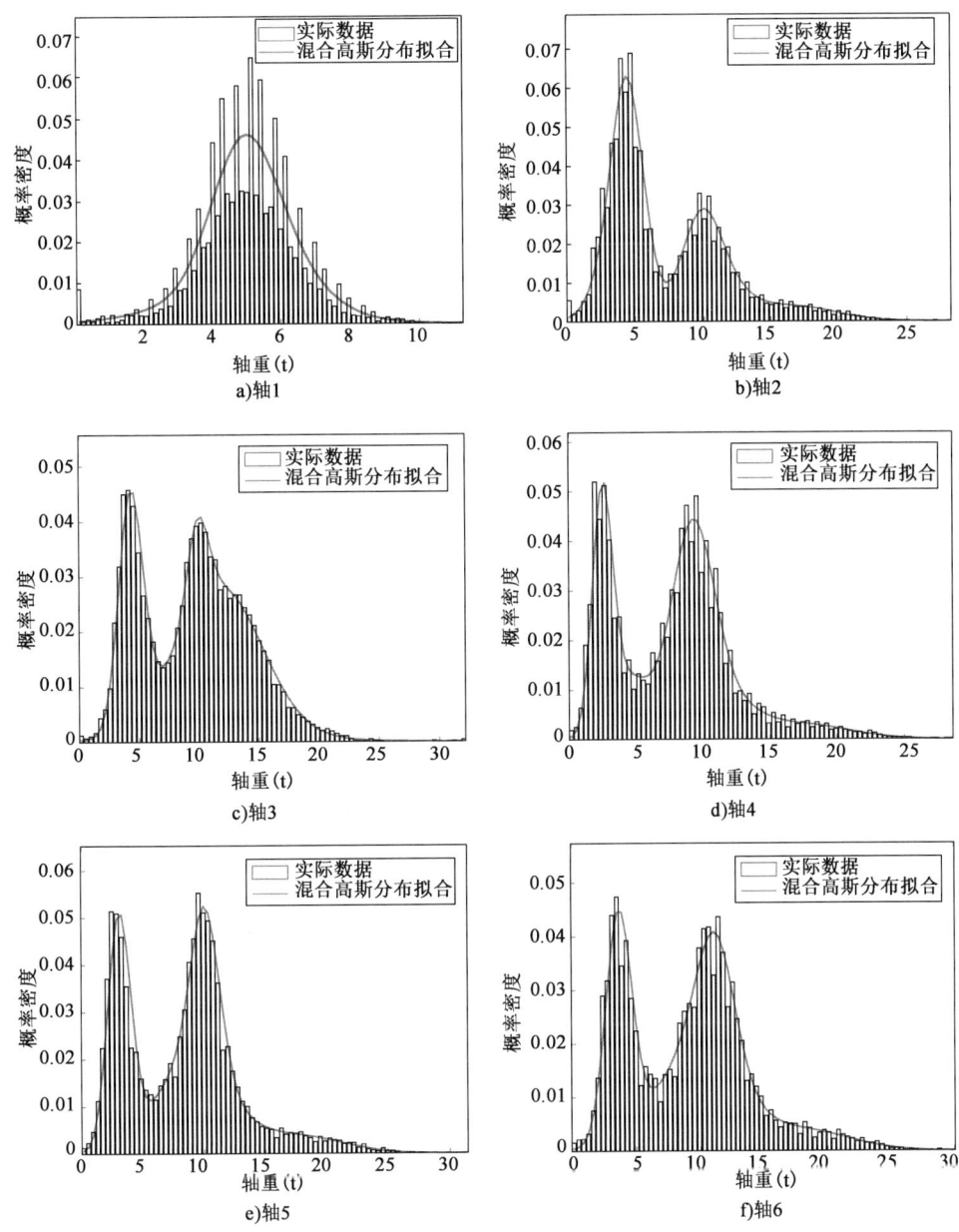

图1 Z6车型轴重概率密度拟合情况

各车型的各轮轴重量的概率密度函数参数见表2。Z2车型的第1、2号车轴以及Z5车型的第1、3号车轴采用双重Gauss分布函数就能得到很好的拟合情况。

各车型各轴重概率密度函数参数 表2

车型	轴号	P_1	μ_1	σ_1	P_2	μ_2	σ_2	P_3	μ_3	σ_3
Z2	1	0.1796	4.6621	1.6539	0.8204	0.9937	0.3224	—	—	—
	2	0.1786	9.0209	3.3955	0.8214	0.8604	0.2999	—	—	—

续上表

车型	轴号	P_1	μ_1	σ_1	P_2	μ_2	σ_2	P_3	μ_3	σ_3
Z3	1	0.7153	0.6000	2.22E-16	0.1011	6.2188	2.6247	0.1836	4.1055	2.5351
	2	0.7200	0.6000	1.11E-16	0.1859	4.6175	2.8955	0.0941	12.2317	4.6461
	3	0.7353	0.6000	1.11E-16	0.1245	15.8994	5.2257	0.1403	4.0339	2.1600
Z4	1	0.3338	3.1736	1.5714	0.3195	6.7034	1.7762	0.3467	6.5054	1.0179
	2	0.2790	3.0831	1.5528	0.6457	6.6101	1.3112	0.0753	10.1189	3.8910
	3	0.4276	14.3496	2.5251	0.3234	3.8893	1.8905	0.2491	13.7632	4.1289
	4	0.2383	14.7782	4.2513	0.4893	14.3887	2.6331	0.2723	4.0735	2.0131
Z5	1	0.2127	4.0501	2.1701	0.7873	5.5211	1.3285	—	—	—
	2	0.3137	14.5982	2.1244	0.2936	4.8645	1.0243	0.3927	10.9861	4.8011
	3	3.1026	8.9327	3.1026	0.8766	2.3730	0.8766	—	—	—
	4	0.4696	8.6676	3.4919	0.3198	2.8285	0.8951	0.2106	10.1649	1.5587
	5	0.3443	3.5469	1.0393	0.3301	10.6636	1.9993	0.3256	9.1636	4.0188
Z6	1	0.5911	4.9409	0.9571	0.2515	4.5765	2.0996	0.1574	6.1252	1.1819
	2	0.2650	10.0701	1.4537	0.1593	13.9360	4.1377	0.5757	4.2855	1.3804
	3	0.2568	4.2458	0.9887	0.1217	13.3191	5.1307	0.6215	11.0655	3.2295
	4	0.5656	9.0527	2.0766	0.1182	15.2457	4.3410	0.3162	2.6760	0.9221
	5	0.3357	3.2249	1.0765	0.1183	16.3971	4.1086	0.5460	9.7223	1.8846
	6	0.3365	3.7803	1.1837	0.5628	10.6917	2.2387	0.1007	17.8662	3.7162

在得到轴重的概率密度函数及统计参数后,可根据 Miner 线性累积损伤理论确定各车型每个轮轴的等效轴重,每个车型轮轴的等效轴重按下式计算:

$$W_{j,\mathrm{eq}} = \left[\int_0^\infty f(W_j) W_j^3 \mathrm{d}W_j\right]^{\frac{1}{3}} \quad (4)$$

式中:$W_{j,\mathrm{eq}}$——第 j 个轮轴的等效轴重;

W_j——第 j 个轮轴的轴重,是随机变量;

$f(W_j)$——第 j 个轮轴轴重的概率密度函数。

3.3.2 等效轴距分析

从频率分布直方图可知轴距数据集中程度高,这是因为不同轮轴数量的车辆其轴距相差范围较小,且车辆的轴距在出场时就是固定的,因此轴距的变化范围很小。以某一轴距出现的相对概率为权数,通过加权平均方法求得等效轴距:

$$A_{j,\mathrm{eq}} = \sum_i \omega_i A_{ji} \quad (5)$$

式中:$A_{j,\mathrm{eq}}$——第 j 个车轴的等效轴距;

A_{ji}——第 i 辆车第 j 个车轴的轴距,由 WIM 数据求得;

ω_i——第 i 辆车出现的相对频率。

通过式(4)和式(5)可以求得该车道经等效换算后的疲劳荷载谱,计算结果见表3。

疲劳荷载谱 表3

车型	轴重(kN)						轴距(m)					相对频率(%)
	1轴	2轴	3轴	4轴	5轴	6轴	1-2轴	2-3轴	3-4轴	4-5轴	5-6轴	
Z2	2.968	57.24	—	—	—	—	33.6	—	—	—	—	89.3
Z3	4.016	65.96	87.93	—	—	—	24.2	48.2	—	—	—	41.2
Z4	6.193	69.49	130.80	137.44	—	—	19.8	49.2	13.7	—	—	25.1
Z5	5.665	123.76	144.68	88.83	94.99	—	345	764	144	13	—	140
Z6	5.416	96.27	114.36	100.49	106.06	113.20	27.4	17.8	72.2	13.1	13	26.7

4 混凝土桥面板等效疲劳荷载模型建立的探讨

4.1 考虑空间效应

基于WIM数据分析得出疲劳荷载谱,再由观测期内各车型的车流量与相对频率进而计算出各车型对疲劳损伤的贡献值以及损伤度,找出损伤度突出的典型车辆,将其定义为疲劳荷载标准车的基本形式。在分析桥面板的等效疲劳荷载模型时,要考虑桥面板的实际受力特性。前文已经论述,桥面板作为桥面系构件,其影响线范围比主梁的影响线范围小,因此车辆驶过桥面板时会在桥面板产生数次应力循环,对于不同的车型,桥面板应力循环次数以车辆单轴通过桥面板为准,次数等于观测期内该车型驶过桥面板的次数与该车型轴数的乘积。

除此之外,还应考虑桥面板受力的空间效应,桥面板受力特征与其支承方式、尺寸参数以及所在车道有关,对于多车道桥梁,当等效疲劳荷载作用与某一车道的桥面板时,其他位置的桥面板也会不同程度的承受荷载作用。支承方式、尺寸参数决定了桥面板为单向板或双向板,对于单向板,荷载绝大部分沿板的短边方向传递,此时应考虑横向其他位置桥面板对承担荷载的贡献;对于双向板,沿桥面板两个方向传递的荷载相当,因此还应考虑纵向其他位置桥面板对荷载的分担作用,分析更加复杂,要精确分析不同位置桥面板的受力参与情况应建立空间有限元模型。

4.2 考虑交通特性与地域差异

基于WIM数据确定等效疲劳荷载模型时,数据的可靠性是模型建立准确性的基础,交通流量数据应能客观反映出桥位处的实际交通情况。同一地区道路的等级不同、服务对象不同、交通量不同,相应的车辆荷载频谱和桥面板疲劳损伤的累积程度也存在不同。不同时间范围内桥梁的交通量情况也可能有较大差异,例如城市桥梁在上下班高峰期和凌晨的交通量情况存在较大差异,甚至某些道路的交通量情况会存在季节性变化,这对WIM的采样周期和采样位置提出了要求。

短期WIM采通常采集两周内的桥梁交通流量数据,数据可反映出桥梁在一天不同时刻交通流量的变化情况,能用于考虑交通高峰期的交通量分析,且采集到的数据相较于长期WIM采集的数据更少,减少了采样时间和数据处理的时间成本,但通过该数据进行长期交通流量预测可能无法反映出交通流量的季节性变化特征。采用长期WIM虽能考虑交通量的长期变化,得到的数据更具有说服力,但是其采样周期长,数据量巨大,数据分析处理将耗费更多工作量。

地域差异同样是进行WIM数据采集必须考虑的因素。薛程[12]通过调查研究后指出,我国的《公路桥涵设计通用规范》(JTG D60—2015)中汽车疲劳荷载标准研究数据虽覆盖了全国大部分地区,但对特定地区的公路桥梁疲劳荷载没有针对性,不能反映特定地区桥梁的实际荷载特性。目前,对特定地区交通流量的监测仅局限于某些特定道路的监测断面,数据的覆盖广度小。随着便携式动态称重系统的开发与完善,监测成本将逐渐降低,针对某特定区域的短周期、全覆盖交通流量监测将成为可能。

超载车流驶过桥面板将产生较大的应力幅,频繁的超载问题将加剧混凝土的损伤累积。为考虑车辆超载对混凝土桥面板疲劳的不利影响,可基于交通流量监测数据研究超载车辆的交通规律,确定超载车辆驶过桥面板的时间段,对超载严重的时间段进行统计分析,将超载车辆根据车轴数量进行车型划分,确定超载车辆的疲劳荷载谱。

5 结语

（1）讨论了国内外规范对公路桥梁疲劳荷载的规定,分析了各国规范的特点。Eurocode1 规范将疲劳车型分为 5 类,分别对应于不同的评估方法,对疲劳荷载的考虑较为全面;ASSHTO 规范仅考虑了一种疲劳车型,便于设计人员取用,但对疲劳荷载的复杂性考虑不足;《公路桥涵设计通用规范》(JTG D60—2015)考虑了三种疲劳车型,与 Eurocode1 规范有相似之处。

（2）基于江苏某地城市道路桥梁慢车道的交通流量数据,根据轴数进行车型分类,并通过混合 Gauss 模型对轴重数据进行拟合,得到其统计规律并计算统计参数,论述了由 WIM 数据建立车辆疲劳荷载谱的思路。

（3）探讨了基于 WIM 数据建立桥面板等效疲劳荷载模型时应考虑的问题。桥面板疲劳荷载模型建立时应考虑其受力特点以及荷载的空间效应。建立疲劳荷载模型时还应考虑道路的交通特性、地域的交通量差异以及车辆超载等因素,还应选择合理的监测期限和监测位置以增强 WIM 数据的可靠性和完备性。

参 考 文 献

[1] 肖赟,雷俊卿,张坤,等.多级变幅疲劳荷载下预应力混凝土梁刚度退化[J].吉林大学学报(工学版),2012,43(3).

[2] 童乐为,沈祖炎,陈忠延.城市道路桥梁的疲劳荷载谱[J].土木工程学报,1997,30(5).

[3] O'ConnorA, O'Brien E J. Traffic load modelling and factors influencing the accuracy of predicted extremes[J]. Canadian Journal of Civil Engineering, 2005, 32(1).

[4] 王荣辉,池春,陈庆中,等.广州市高架桥疲劳荷载车辆模型研究[J].华南理工大学学报(自然科学版),2004,32(12).

[5] 孙守旺,孙利民.基于实测的公路桥梁车辆荷载统计模型[J].同济大学学报(自然科学版),2012,40(2).

[6] 宗周红,李峰峰,夏叶飞,等.基于 WIM 的新沂河大桥车辆荷载模型研究[J].桥梁建设,2013,43(5).

[7] 邓扬,颜巍,刘扬,等.基于 WIM 数据的公路桥梁车辆疲劳荷载模型研究[J].中外公路,2018,38(1).

[8] European Committee for Standardization. EN 1991-2:2002:Eurocode1 Actions on Structures—Parts 2:Traffic Loads on bridges [S]. Brussels:European Committee for Standardization,2003.

[9] American Association of State Highway and Transportation Officials. AASHTO LRFD Bridge Design Specification[S]. Washington, D. C.:American Association of State Highway and

Transportation Officials,2015.
[10] 中华人民共和国交通运输部.公路桥涵设计通用规范:JTG D60-2015[S].北京:人民交通出版社股份有限公司,2015.
[11] 梅刚,秦权,林道锦.公路桥梁车辆荷载的双峰分布概率模型[J].清华大学学报(自然科学版),2003,43(10).
[12] 薛程.江苏省高速公路桥梁汽车和疲劳荷载模型研究[D].南京:东南大学,2017.

140. 钢管混凝土桁架焊接管节点疲劳研究进展

卫 星 肖 林 李 俊 李 刚

(西南交通大学土木工程学院桥梁工程系)

摘 要：受原生焊接缺陷及高应力集中影响，反复荷载作用下钢管混凝土桁架焊接管节点成为疲劳易损部位。为加深对钢管混凝土桁架焊接管节点疲劳问题的理解，对钢管混凝土桁架焊接管节点基于应力的 S-N 曲线方法(包括名义应力法、热点应力法和缺口应力法)和基于断裂力学的疲劳评估方法应用现状和存在的问题进行了介绍。研究结果表明：与普通焊接节点疲劳行为不同，钢管混凝土桁架焊接管节点的疲劳是空间焊接结构在复杂应力场下的裂纹演变扩展，钢管混凝土桁架焊接管节点的疲劳破坏模式、疲劳损伤机理、抗疲劳优化设计及疲劳性能强度技术更复杂。采用热点应力法进行钢管混凝土桁架焊接管节点疲劳评估需要更系统的疲劳试验数据和有限元数值分析结果作为支撑。断裂力学法更注重结构疲劳破坏的原理和本质是管节点疲劳研究的主要发展方向。

关键词：钢管混凝土桁架 焊接管节点 疲劳性能 热点应力 断裂力学

1 引言

钢管桁架结构因其线条优美、结构轻盈及良好的受力性能，广泛应用于海洋工程、工业建筑、输电塔架和桥梁工程等领域。钢管桁架中钢管之间的连接多采用相贯线直接焊接的方式。由于焊接管节点构造复杂，焊缝空间分布，应力集中程度高以及焊接固有缺陷的影响，反复荷载作用下容易发生疲劳开裂。钢管桁架结构早期主要应用在海洋平台结构中，受波浪、风荷载长期作用，历史上曾发生多次因焊接管节点疲劳破坏导致的海洋平台结构失效事故。20 世纪 90 年代开始，在主管内填充混凝土的钢管混凝土(CFST)桁架结构作为桁梁、拱肋、墩柱和桥塔等在国内桥梁工程中得到大量采用[1]。钢管混凝土桁架结构长期服役，受荷载反复作用，再加上所处环境复杂、材料性能退化，局部损伤演化造成结构劣化从而影响结构的服役安全性和耐久性[2]。近年来，CFST 桁架焊接管节点的疲劳问题逐渐凸显，国内已有钢管混凝土拱桥焊接钢管节点发现疲劳裂纹，在某钢管混凝土组合格构桥墩钢管节点也发现裂纹。

20 世纪 90 年代开始，新加坡国立大学、澳大利亚莫纳什大学、日本东京工业大学等国外学者对钢管混凝土桁架典型管节点的疲劳性能开展了研究，得出一些有价值的结论[3]。从 2000

基金项目：国家自然科学基金，51378431.

年开始,西南交通大学、同济大学等国内高校的学者对钢管混凝土节点的疲劳性能开展了一系列实验研究[4-7]。一些研究成果已纳入《公路钢管混凝土拱桥设计规范》(JTG/T D65-06—2015)[8],为钢管混凝土管节点疲劳设计提供了科学支撑。目前钢管桁架桥梁焊接管节点疲劳设计时,无论是美国公路桥梁设计规范(AASHTO LRFD 2017)、欧洲 Eurocode3,还是中国《公路钢结构桥梁设计规范》(JTG D64—2015)、《公路钢管混凝土拱桥设计规范》(JTG/T D65-06—2015)均采用基于名义应力的 S_n-N 曲线法。

与空钢管焊接节点疲劳研究相比,钢管混凝土桁架焊接管节点疲劳研究还不够充分。本文通过对钢管混凝土桁架焊接管节点疲劳性能既有研究进行总结,对研究所面临的主要问题进行了梳理,对未来的研究方向进行了探讨,为实现钢管混凝土桁架焊接钢管节点的疲劳损伤诊断及疲劳寿命评估提供参考。

2 焊接管节点疲劳评估方法

目前焊接节点疲劳性能评估的方法主要有 3 类,即基于应力的方法、基于断裂力学的方法和基于损伤力学的方法,前两类方法应用较广。基于应力的方法根据应力取值的不同又可分为名义应力法、热点应力法、缺口应力法及结构应力法。基于应力的疲劳性能评估方法的基本特征是 S-N 曲线,根据对疲劳试验测试数据分析建立了应力幅 $\Delta\sigma$ 与疲劳寿命 N(循环次数)间的关系:$N\Delta\sigma^m = C$。基于断裂力学的疲劳性能评估方法的基础是 Paris 公式:$da/dN = C(\Delta K)^m$。

基于应力的疲劳性能评估方法依赖于试验,不同焊接构造细节疲劳寿命试验结果中自然已经包含了焊接缺陷的影响。名义应力法中选择远离焊缝处的名义应力 S_n 作为表征量,应力集中的影响需要通过将焊接节点分类来予以表现,每一类焊接细节构建一条 S_n-N 曲线。热点应力法中,不考虑焊趾处非线性应力峰值,通过焊趾附近特征点应力插值得到热点应力 S_{hs},并将其作为表征量,应力集中得到了较好反映,仅需要少数 S_{hs}-N 曲线。缺口应力法中,需要在焊趾(根)处人为构造标准缺口,通过有限元计算得到缺口应力 S_N,并将其作为表征量,由于缺口应力包含了结构所有的应力集中,理论上只需要一条 S_N-N 曲线。结构应力法中,基于自由体的切面法利用力的平衡关系确定焊趾或焊根处截面的应力分布 S_s,并将其作为表征量,结构应力具有物理意义明确和对有限元网格不敏感的特点。

基于断裂力学理论,裂纹尖端应力-应变场强度的特征参数是应力强度因子 K,应力强度因子是驱动裂纹扩展的重要因素。初始裂纹常出现主管冠点的焊趾处,裂纹沿主管焊趾和主管壁厚两个方向同时扩展,裂纹面展开为半椭圆形,长轴为长度方向,短轴为深度方向,如图 1 所示。基于断裂力学的疲劳性能评估方法依赖于初始裂纹长度 a 及材料参数 C、m。断裂力学法基于对微观缺陷扩展的研究,更注重结构疲劳破坏的原理和本质,已逐渐成为国际上管节点疲劳研究的主要发展方向。以线弹性断裂力学理论为基础,对焊接管节点疲劳裂纹扩展寿命进行预测需要首先明确 4 个关键问题:初始裂纹位置;初始裂纹尺寸、应力强度因子和裂纹扩展规律。

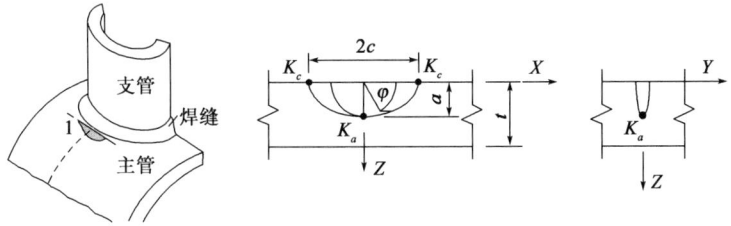

图 1 管节点表面裂纹模型

3 CFST 桁架管节点 SCF

3.1 管节点 SCF 分布特点

采用热点应力方法进行焊接管节点疲劳寿命评估时,国内外学者习惯上用热点应力集中系数 SCF 来描述管节点热点应力分布,热点应力集中系数是关注点热点应力幅与名义应力幅的比值:

$$SCF = \Delta\sigma_{hs}/\Delta\sigma_n$$

热点应力集中系数是钢管桁架管件整体刚度变化、节点构造刚度变化和管壁局部刚度变化引起应力集中的综合反映。热点应力集中系数是反映结构应力集中程度的重要参数,既有试验证明,应力集中程度与焊接管节点的疲劳性能有密切联系,因此,研究热点应力集中系数对分析焊接管节点的疲劳性能有重要意义。实际钢管桁架结构中管节点受多种荷载作用,交汇杆件所承受的各项荷载都会在管节点上产生热点应力幅,将研究点各个热点应力幅叠加后就得到其总热点应力幅。

钢管桁架焊接管节点中,支管与主管通过相贯线焊缝连接。荷载传递过程中,由于支管的轴向刚度远大于相贯位置主管的径向刚度,可近似认为弦管上沿相贯线各点位移相等,将主管比拟成支管的弹性基础。支管上作用轴力或面内弯矩时,主管除了整体弯曲变形外,其连接处发生管壁的局部变形;支管承受面外弯矩时,主管除了其轴向扭转变形外,连接处伴随有管壁的局部转动变形。荷载传递过程中,相贯线上弦管对支管的反力呈非均匀分布,反力大小按刚度分配,约束刚度越大反力越大。

空钢管节点中弦管顶部平行于支管轴向方向的刚度最小,所以弦管在冠点处对支管的反力也小,沿着相贯线从冠点到鞍点弦管平行于支管轴向方向的刚度逐渐变大,弦管在鞍点处对支管的反力最大。当支管承受轴向力时,弦管受沿支管方向的作用力而发生变形,由支-弦管之间的约束作用,会沿相贯线处产生附加应力,对弦管,鞍点处和冠点处可能产生不同方向的附加应力,使鞍点处应力增加,冠点处应力减小。另外,弦管管壁面外刚度较小,受支管荷载作用弦杆管壁会出现局部弯曲,在管壁上引起弯曲应力。

主管填充混凝土后,内填混凝土不仅提高了主管的局部屈曲性能,也显著改善了钢管桁架在管节点处的刚度分布特征。管节点区域总体刚度增大,主管弯曲变形减小,受内填混凝土限制主管径向刚度增加,主管畸变变形减小。弦管冠点平行于支管轴向方向的变形很小,弦管冠点刚度接近甚至超过弦管鞍点刚度,相贯线上弦管对支管的反力趋于均匀,且最大反力可能从鞍点变为冠点。由于弦管的变形受到内填混凝土的限制,管壁径向变形引起的附加应力也大大减小。弦管管壁局部弯曲变形也会受到内填混凝土的限制,由此产生的弯曲应力也大大减小。钢管混凝土桁架管节点热点应力集中程度显著小于空钢管桁架管节点。不考虑弦管管壁与混凝土的黏结,支管拉力和压力作用下弦管表现不同的局部变形特点,也带来了 SCF 不同的分布趋势。

3.2 管节点热点应力 SCF 计算公式

管节点热点应力集中系数常依据静力加载试验或有限元数值模拟结果而计算获得,通过对不同设计参数的管节点热点应力集中系数进行参数回归分析,可以得到 SCF 的计算公式。早在 20 世纪 60 年代,Beale 提出了轴力作用下 T/Y 型圆钢管节点 SCF 计算公式,但其适用范围窄且计算精度不高。20 世纪 70 年代开始,许多学者对圆管节点 SCF 计算公式开展了大量的试验和有限元研究,节点类型扩展到 K、X、KT 等复杂形式,荷载类型也涵盖了轴力、面内弯矩、面外弯矩作用。国际焊接学会钢管结构委员会(IIW-XV-E)[9]及 CIDECT[10] 焊接空钢管节点疲劳设计规程,给出了典型焊接钢管节点应力集中系数计算推荐公式。此外 ABS、API、DNV 及中国船级社等均根据对既有研究成果分析结合行业内管节点构造特点提出了 SCF 推荐计算公式。SCF 计算公式一般表示为管节点无量纲几何参数的函数表达式,公式实际上描述了管节点刚度对热点应力集中程度的影响。

$$SCF = f(\alpha,\beta,\gamma,\tau,\theta,\zeta)$$

式中:$\alpha = 2L/D$;
$\beta = d/D$;
$\gamma = D/2T$;
$\tau = t/T$;
$\zeta = g/D$。

管节点基本设计参数见图 2。

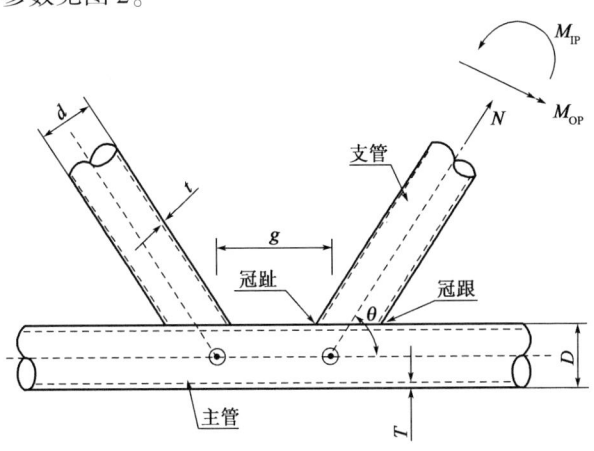

图 2　管节点基本设计参数

管节点 SCF 除了与管结构几何参数有关外,还依赖于主管边界约束条件、支管荷载作用形式等。各研究者通过对大量计算或试验结果参数分析推导出的 SCF 计算公式也存在一定的适用条件。各设计规范中针对不同形式的管节点给出了不同荷载条件下主管鞍点、主管冠点、支管鞍点和支管冠点的 SCF 计算公式。总体而言对于空钢管节点,支管轴力作用下 SCF 极值出现在主管或支管鞍点处,支管面内弯矩作用下 SCF 极值出现在主管或支管冠点处,支管面外弯矩作用下 SCF 极值出现在主管或支管鞍点处。SCF 极大值随 γ 的增加而增加,随 τ 的减小而减小,随 θ 的增大而增大。支管轴力作用下,$\beta = 0.5 \sim 0.6$ 时 SCF 出现最大值,支管面内弯矩作用下,$\beta = 0.4 \sim 0.5$ 时 SCF 出现最大值,支管面外弯矩作用下,$\beta = 0.7 \sim 0.8$ 时 SCF 出现最大值。

3.3　CFST 管节点 SCF 计算方法

与空钢管节点热点应力集中系数丰富的研究成果相比,钢管混凝土焊接管节点的应力集中系数研究却相对较少。热点应力法已成功应用于空钢管节点疲劳性能评估,该方法也同样适用于钢管混凝土节点的疲劳强度评估,SCF 计算时应考虑内填混凝土的影响。20 世纪 90 年代初 Baker Jardine(HSE)对灌浆圆钢管型相贯节点进行了试验研究。Lalani 对主管灌注混凝土的 T 型管节点进行了试验研究。MSL(1997)完成 5 个 T、7 个 X 灌浆管节点的有限元分析和模型试验。Udomworarat(2000)对比研究了空钢管 K 节点和钢管混凝土 K 节点应力分布及疲劳性能。2010 年开始,新加坡国立大学对钢管混凝土 X 型节点热点应力集中系数进行研究。Kim(2014)对钢管混凝土N型相贯节点的应力集中系数进行有限元分析,并提出计算公式。Didier(2015)研究了填充混凝土后钢管桁架桥梁节点热点应力分布变化。随着国内钢管混凝土桁架桥梁的建设,1999年开始,西南交通大学的范文理、刁砚等以不同的钢管混凝土桁架桥梁为工程背景,对钢管混凝土桁架T/Y管节点SCF进行了分析,提出了SCF折减系数的概念,引入折减系数后可按照CIDECT中计算公式计算SCF。2007年开始,同济大学的童乐为等对钢管混凝土T、K型节点热点应力集中系数进行了一系列研究,通过对计算数据的多元回归分析,提出了各种受力工况下的SCF计算公式。白玉慧(2010)讨论了几何参数β、τ、γ、θ对自应力钢管混凝土Y型管节点热点应力集中系数的影响。陈娟(2010)采用模型试验研究了典型荷载作用下钢管混凝土T节点的SCF,指出应考虑到主管轴压比的影响。Xu(2015)采用模型试验研究了轴向拉力作用下薄壁钢管混凝土T/Y、K和KT节点的热点应力集中系数,研究表明采用等效壁厚法套用空钢管热点应力集中系数公式得到的结果偏保守。

既有研究表明,填充混凝土后管节点SCF显著减小,最大SCF出现的位置受刚度分布变化影响而发生变化,拉力作用和压力作用下SCF表现为不同的分布特征。填充混凝土对$\beta>0.9$高或$\gamma\leqslant12$的管节点SCF几乎没有影响。

目前,灌浆钢管相贯节点SCF计算时,一般采用主管等效壁厚法,再直接套用空钢管节点SCF计算公式。DNV等设计规范推荐的等效壁厚公式为:

$$T = (5D + 134T)/144$$

式中:D 和 T——弦杆直径及壁厚。

4 CFST管节点疲劳寿命评估

4.1 疲劳破坏准则

通过对既有CFST管节点疲劳试验失效模式的分析,可以发现钢管混凝土管节点裂纹扩展是一个由慢至快的过程,裂纹扩展可分为3个阶段:主管焊趾起裂阶段、相贯线扩展阶段和管壁横向扩展阶段,如图3所示。

图3 管节点疲劳破坏模式
1-起裂点;1-2-沿焊趾线扩展;2-3-沿周向扩展

主管焊趾起裂阶段:裂纹从焊接固有缺陷扩展到穿透壁厚经历了较长的循环次数,裂纹面通常切割管壁,一般属张开型裂纹。受垂直裂纹方向正应力作用,裂纹深度沿壁厚方向扩展,长度沿焊趾向两侧延伸。相贯线焊趾扩展阶段:裂纹扩展深度穿透壁厚后(此时裂纹已扩展到一定长度),裂纹扩展速率开始逐渐增大,裂纹沿相贯线焊趾快速向两侧延伸。管壁横向扩展阶段:裂纹沿相贯线焊趾扩展到一定长度后,钢管壁径向刚度显著减小,裂纹由张开型向复合型变化,受裂纹尖端正应力和剪应力作用,扩展角度发生变化,裂纹离开相贯线焊趾沿管壁横向扩展。

与空钢管节点相比,从裂纹穿透壁厚到节点丧失承载力钢管混凝土管节点具有较长的疲劳寿命,主管填充混凝土后管节点刚度提高的很多,钢管出现穿透裂纹的情况下,刚度变化不显著,从而延后了节点承载力失效时间。除去焊接缺陷影响,钢管混凝土管节点初始裂纹出现位置与热点应力较大点位置基本吻合,均在冠点焊趾附近。裂纹可能是单源起裂或多源起裂,经扩展后最终汇合形成主裂纹。

4.2 名义应力法

采用名义应力进行管节点疲劳性能评估时,名义应力可以通过材料力学的公式简单获取,但结构的疲劳强度会随着管节点类型、构造尺寸、焊接工艺等而变化,需要进行分类和修正。对于管节点来说,管节点的 S-N 曲线,除需要进行壁厚修正外,还要考虑节点形式(T、Y、K 形等)、焊接情况(是否熔透、是否修磨、焊缝外形等)。图4将既有试验测试结果与设计规范中名义应力 S_n-N 曲线进行了比较。

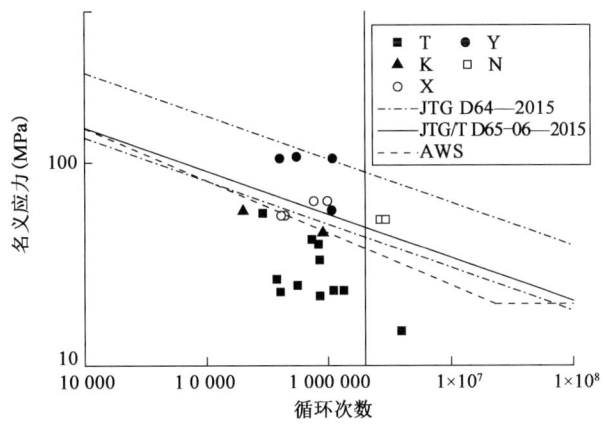

图4 试验结果与规范名义应力 S_n-N 曲线

可以看出,不同类型管节点试验结果差异较大,同一类型管节点试验结果也存在较大离散性,多数试件疲劳强度低于规范名义应力 S_n-N 曲线。上述3种规范名义应力 S_n-N 曲线也存在明显差别。

4.3 热点应力法

采用热点应力进行管节点疲劳性能评估时,热点应力可以通过有限元方法计算获取。由于热点应力中考虑了管节点构造引起的应力集中,各类管节点的疲劳强度可近似合并为一条热点应力 S_{hs}-N 曲线。为考虑尺寸效应对疲劳强度的影响,同样需要考虑对壁厚进行修正。

图5比较了试验测试结果与规范热点应力 S_{hs}-N 曲线,图中考虑不同管壁厚度,上侧的3条 S_{hs}-N 曲线壁厚4mm,下侧的3条 S_{hs}-N 曲线壁厚32mm。随着板厚减小,各规范热点应力 S_{hs}-N 曲线差异略有增大的趋势。采用热点应力描述试验结果时,各类型管节点离散性得到大幅度减小。

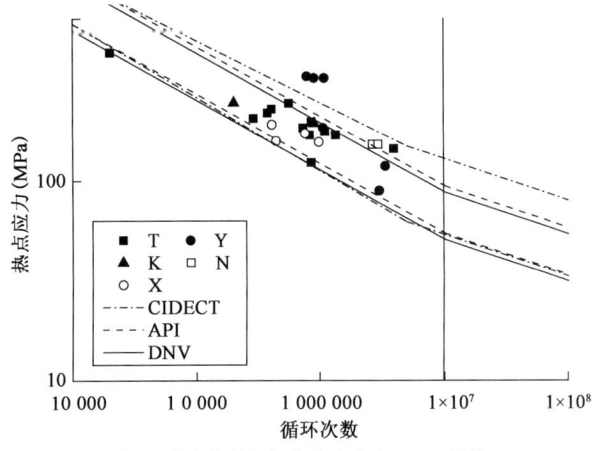

图5 试验结果与规范热点应力 S_{hs}-N 曲线

5 结语

(1)钢管混凝土桁架焊接管节点受原生焊接缺陷及高应力集中影响,反复荷载作用下主管相贯线焊缝焊趾属疲劳易损部位。疲劳裂纹起裂点位置多见于冠点附近,但也会受焊接缺陷、管节点构造及作用荷载等因素影响而发生变化。

(2)采用名义应力法进行钢管混凝土桁架焊接管节点疲劳性能评估时,由于试验数据离散度大需要增加细节分类数,细节分类较少时会导致评估方法过于保守。需要借鉴焊接空钢管节点疲劳性能热点应力评估方法,开展钢管混凝土桁架焊接管节点疲劳性能热点应力评估方法研究。

(3)采用有限元数值模拟和模型试验研究钢管混凝土桁架焊接管节点热点应力集中系数计算方法,开展钢管混凝土桁架不同类型焊接管节点疲劳试验需要进一步完善。

参 考 文 献

[1] 刘永健,姜磊,王康宁.焊接管节点疲劳研究综述[J].建筑科学与工程学报,2017,34(5):1-20.

[2] Wei, X., Wen, Z., Xiao, L. and Wu, C. (2018), "Review of fatigue assessment approaches for tubular joints in CFST trusses", International Journal of Fatigue, 113:43-53.

[3] Qian X, Jitpairod K, Marshall P, et al. Fatigue and residual strength of concrete-filled tubular X-joints with full capacity welds[J]. Journal of Constructional Steel Research, 2014, 100(100):21-35.

[4] 刁砚.钢管混凝土桥管节点疲劳性能试验研究[D].成都:西南交通大学,2007.

[5] 童乐为,王柯,史炜洲,等.圆管混凝土T型焊接节点热点应力试验研究[J].同济大学学报(自然科学版),2010,38(3):329-334.

[6] 朱俊.圆钢管混凝土T型焊接节点疲劳性能研究[D].上海:同济大学,2007.

[7] 陈娟.圆钢管混凝土T型相贯节点动力性能试验和理论研究[D].杭州:浙江大学,2011.

[8] 中华人民共和国交通运输部.公路钢管混凝土拱桥设计规范.JTG/T D65-06—2015[S].北京:人民交通出版社股份有限公司,2015.

[9] International Inistitute of Welding (IIW). Recommended Fatigue Design Procedure for Welded Hollow Section Joints [S]. Lisbon, Portugal. 1999.

[10] Zhao XL, Herion S, Packer JA, Puthli R, Sedlacek G, Wardenier J. Design guide for circular and rectangular hollow section joints under fatigue loading[S]. CIDECT Publication, No. 8, TUV Verlag, Germany,2000.

141. 新型竖向预应力体系在混凝土箱梁中的应用

全程浩[1]　孙同波[2]

(1. 同济大学；2. 山东省交通科学研究院)

摘　要：为探究预应力钢棒作为新型竖向预应力体系对箱梁内部受力的改善效果，本文进行了数值模拟研究。以某混凝土斜拉桥为工程背景，选取其边跨压重区段的箱梁横隔板为对象，利用 Midas Civil 建立某斜拉桥空间杆系模型进行总体计算，获得了竖向力分量最大的斜拉索区段对应的边界力，并在考虑圣维南原理的基础上，利用大型有限元软件 ANSYS 建立对象区段实体有限元模型，开展了局部应力计算。最后分析了预应力钢棒对横隔板受力的改善效果，为设计和施工提供了科学依据。

关键词：混凝土箱梁　横隔板　预应力钢棒　局部受力

1　引言

混凝土梁段中的竖向预应力作为预应力体系的一部分，通常主要用于控制箱梁腹板的主拉应力，以避免箱梁腹板因为主拉应力过大而开裂[1]。在受力较为复杂的区域，横隔板也会存在相似问题，因此需要加入竖向预应力改善其受力状况。

竖向预应力通常线形直、距离短，传统的竖向预应力形式有精轧螺纹钢和钢绞线 2 种[2]。其中，目前超过 90%的预应力混凝土连续梁、连续刚构竖向预应力筋采用精轧螺纹钢[3]。但在实际应用中，精轧螺纹钢张拉应力较低，锚具体积较大，且预应力损失较为明显[1]，不能较好适应横隔板厚度较薄的特点。而预应力钢棒具有强度高、体积小且方便施工等优点，正好弥补了这一短板。本文为研究预应力钢棒对横隔板应力的改善效果，设置了不同的预应力钢棒布置方式，建立实体模型进行数值模拟，探究预应力钢棒对横隔板受力的改善作用，具有较大工程应用价值。

2　工程背景

本文以某单塔曲线梁混凝土斜拉桥为背景，桥面宽 38.5m，采用双向 6 车道设计，总体布置见图 1。全桥采用 140m+110m 的跨径布置，结构体系采用塔、梁、墩固结的方式。斜拉索采用单索面双根拉索形式布置，拉索横桥向间距 1.1m，主梁标准段锚点间隔 6m。为保证主塔受力平衡，边跨靠近边墩处 42m 区段内设置压重，斜拉索在主梁上锚点间距减小为 3m。

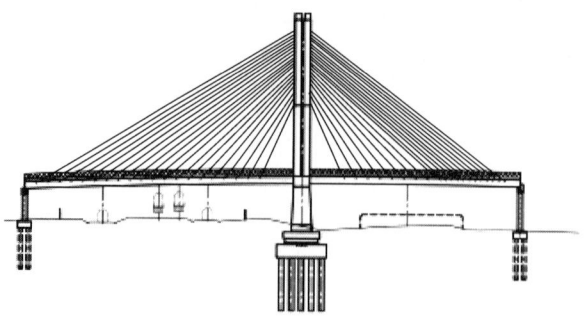

图 1　总体示意图

主梁采用 C50 混凝土箱梁,梁高 3.6m,内部采用单箱多室布置,断面形式如图 2 所示。梁内横隔板间距与拉索间距匹配,分别为 6m 和 3m。加密区段内,由于横隔板设计厚度较薄,且受到斜拉索拉力和重度为 62kN/m³ 的铁砂混凝土压重荷载影响,横隔板局部受力较为复杂。因此在横隔板中设置了竖向预应力钢棒,本文研究钢棒对横隔板受力的改善效果。

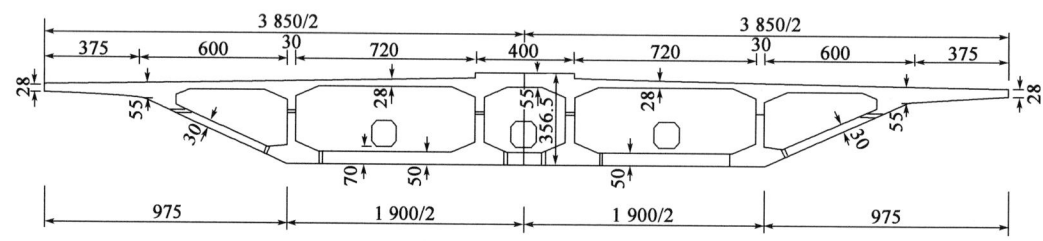

图 2　梁段横断面示意图(尺寸单位:cm)

3　预应力钢棒方案

3.1　预应力钢棒特点

预应力钢棒是一种具有高技术含量的新型低松弛预应力筋材,其生产工艺与传统的预应力钢丝、钢绞线不同[4],近年来,钢棒的应用研究得到了蓬勃发展,如上海新国际博览中心预应力钢棒抗侧力支撑、PC 钢棒预应力混凝土屋面板、深圳会议展览中心箱形钢梁预应力钢棒下弦等。然而,预应力钢棒在桥梁上的应用却极少。

相比于传统预应力体系,其主要特点在于:

(1)内部微观结构为回火索氏体组织,综合机械性能优异,韧性提高的同时松弛率大幅降低;锚具采用挤压成型工艺,螺纹公差精度高,锚具锚固回缩量在 0.1mm,与工程常用的预应力精轧螺纹钢相比,预应力损失大幅减小。

(2)抗拉强度较高,张拉控制应力可达 923MPa,相同预应力需求下与预应力精轧螺纹钢相比,可钢筋截面可减小 30% 以上,可用于厚度较小的混凝土构件中,增大了竖向预应力体系可布置范围,具有显著的经济和社会效益。

(3)钢棒依靠两端锚垫板定位,构造简单,不需要预留孔道,施工时仅需一端张拉,大大提高了施工便捷性。

另一方面,钢棒自身抗弯刚度较大,自重下垂度相对较小,在实际应用中,只适用于直线索,无法绕成盘,使其工厂的生产长度受限,这一特性决定其仅能用于长度较短的情况,而这也正符合横隔板形状特点。

3.2 预应力钢棒与传统预应力体系对比

预应力钢棒与传统的精轧螺纹钢竖向预应力体系相比,二者制造工艺、锚固形式存在较大差异。以背景工程为例,钢棒采用 $\phi16$ 无黏结预应力混凝土用钢棒,与精轧螺纹钢的对比如表1所示,其中强度、锚固回缩值取自《预应力混凝土用钢棒》(GB/T 5223.3—2005)。对比表明,两者均以控制应力 $0.65f_{pk}$ 张拉时,在提供相同的有效预应力的情况下,预应力钢棒可节约56.2%的钢材。实际应用中,由于精轧螺纹钢的尺寸精度低,张拉数据不准确,一致性差[5],相对钢棒的预应力损失更加明显。

应 用 情 况 对 比　　　　　　表1

项　　目	精轧螺纹钢	预应力钢棒
锚固回缩值(mm)	1.5	0.1
强度(MPa)	930	1 420
张拉控制应力(MPa)	604.5	923
单位用钢量(kg/m)	2.81	1.58

3.3 预应力钢棒结构方案

竖向预应力钢棒的加入,在保证板与桥面共同受力的基础上,对桥梁施加竖向预应力,从而间接地加强了结构的整体性。原有工程中,横隔板受到压重和拉索的竖向分力共同作用,而竖向预应力布置较少,且全部分布于拉索锚固区附近,带来横隔板内受力不均匀的问题。因此,在横隔板中布置竖向预应力钢棒时,原则上根据压重情况均匀布置,且单根预应力钢棒拉力不宜过大,以防造成局部混凝土的破坏。

横隔板竖向预应力体系采用 $\phi16$ 无黏结预应力混凝土用钢棒施加,钢棒构造示意图如图3所示,其抗拉强度标 $f_{pk}=1\,420\text{MPa}$,弹性模量 $E_p=201\text{GPa}$。钢筋锚下张拉控制应力为 $0.65f_{pk}=923\text{MPa}$(即每根张拉力185.5kN),每米理论伸长量为4.591mm。

为探究添加钢棒后横隔板应力分布情况的变化,本文设置了三个工况进行对比。工况一中横隔板按原有设计,不加入钢棒;工况二加入单排预应力钢棒,预应力钢棒共计44根,由于横向预应力钢绞线从横隔板中间穿过,因此单排钢棒布置在横隔板所受拉力较大一侧;工况三加入双排预应力钢棒,每排44根钢棒,共计88根,分布于钢绞线两侧。横隔板布置情况如图4所示,中间箱室由于有斜拉索锚具的存在,故预应力钢棒在布置时避开这一区域。

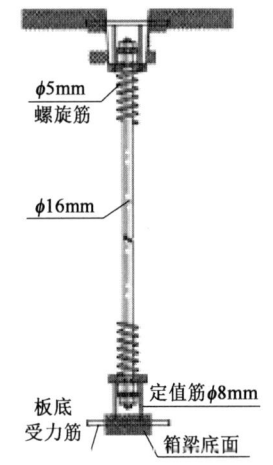

图3　钢棒构造示意图

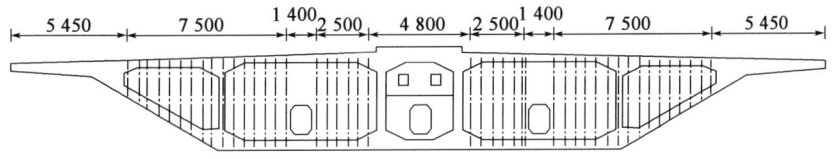

图4　预应力钢棒位置示意图(尺寸单位:cm)

4 有限元实体模型分析

4.1 有限元杆系模型

桥梁整体结构采用有限元计算软件 Midas Civil 进行分析。主塔和主梁采用梁单元模拟，拉索采用桁架单元模拟，各构件按实际尺寸及材料特性输入。斜拉索与主塔、斜拉索与主梁之间连接采用刚性连接模拟[6]。全桥模型共计节点954个，单元643个。考虑荷载有：结构自重，二期恒载，铁砂混凝土压重、基础变位、车道荷载、人群荷载、整体和局部温度变化、风荷载以及汽车制动荷载等。由于分析主要针对成桥运营状态的受力情况，因此模型中不考虑施工阶段的计算。计算模型示意图如图5所示。

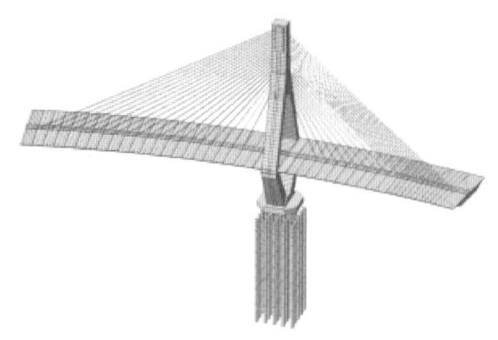

图5　Midas 示意图

为研究钢棒对横隔板应力的影响，选取压重段中竖向分力最大的斜拉索对应区段为研究对象，在运营荷载下，根据相关公路桥梁设计规范，其有限元模型内力结果如表2所示。

内力提取结果　　　　表2

项目	竖向剪力 （kN）	横向剪力 （kN）	轴力 （kN）	横向弯矩 （kN·m）	竖向弯矩 （kN·m）	扭矩 （kN·m）
数值	7 298.5	3 529.6	145 005.0	275 817.1	193 167.2	33 403.4

4.2 有限元实体模型

斜拉索加密段中标准区段长度为3m，因此建模区段长度也选取为3m，通过大型有限元软件 ANSYS 建立对象区段实体有限元施工阶段模型，采用 Solid65 实体单元模拟混凝土，采用 Link10 杆单元模拟预应力钢绞线和钢棒。

为准确模拟横隔板受力分布，建模时横隔板设置于梁段中间1.5m处；由于本桥为曲线斜拉桥，主梁内存在横向弯矩，故建模时取全桥宽度；同时根据圣维南原理，将标准段两端延伸出6倍于标准段的长度，以排除边界效应对节段受力的影响[7]；两端加长段的材料特性设置与对象区段一致，但不考虑自重；整体模型宽38.7m，长43m，一端采用固结约束，另一端施加如表1所示的内力。施加时集中力数值以整体模型中提取出的运营荷载为基准，考虑荷载作用点变化，扣除单边延伸段带来的弯矩影响。实体模型示意图如图6所示。

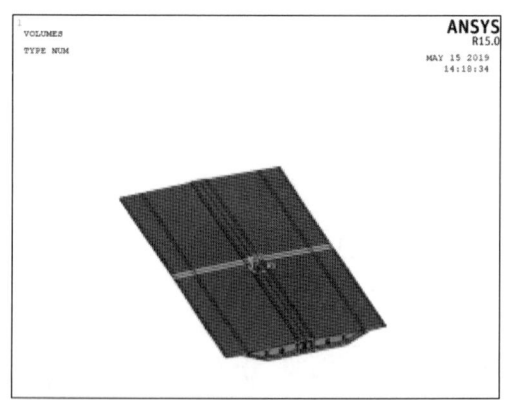
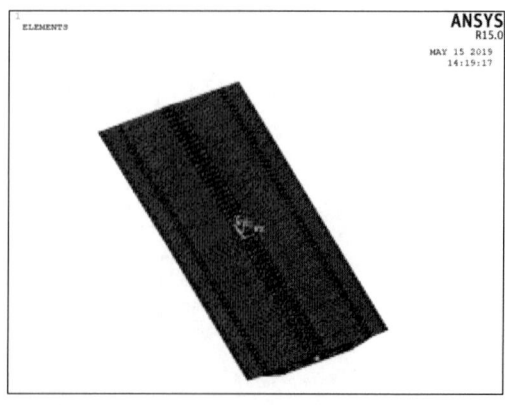

图6　有限元模型示意图

5 受力性能分析

5.1 主拉应力分析

图7为三个工况主拉应力图,横隔板受力分布总体较为均匀,但在两边横隔板两侧与箱梁腹板交界处,主拉应力出现峰值。工况一中,主拉应力最大值为2.5MPa左右;工况二中,主拉应力基本控制在2.0MPa之内;工况三中,主拉应力基本控制在1.5MPa之内,而最小值三个工况基本保持在-0.7MPa左右。分布方面,从工况一到工况三,横隔板中主拉应力分布呈现均匀化的趋势,但拉应力最大值出现的位置基本一致。主要原因在于此处原设计中并未设置竖向预应力体系,加之梁内压重质量较大,导致箱梁横隔板存在局部开裂的风险。说明预应力钢棒作为竖向预应力体系加入到横隔板中,对横隔板主拉应力集中区域改善较为明显。

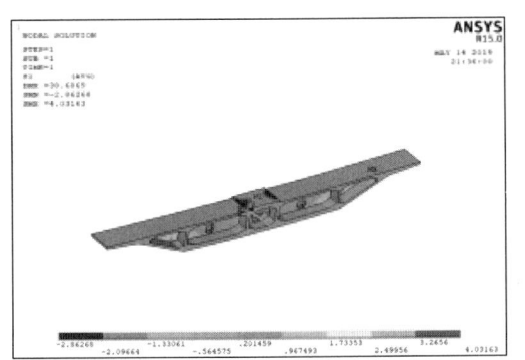

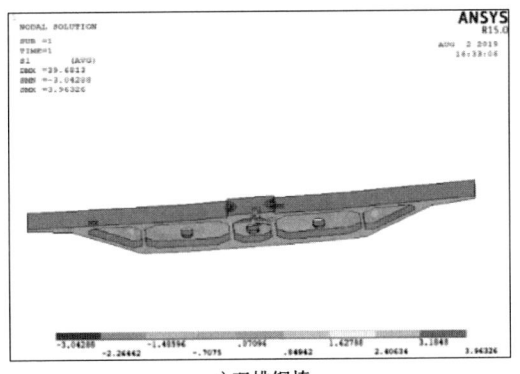

图7 主拉应力图

5.2 主压应力分析

图8为三个工况的主压应力图,横隔板主压应力分布较为不均匀,人孔周围应力较小,两侧与箱梁腹板相接位置应力较大。从工况一到工况三,预应力钢棒的数量的增多,横隔板压应力分布趋势未改变,分布情况逐渐均匀,主压应力最大值无明显变化,最大值保持在9.0MPa左右,主要分布在两侧区域;最小值保持在0.20MPa左右,压应力最小值区域逐渐减小,主要集中于中间人孔周围位置,两侧人孔次之。主要原因在于梁内压重主要放置于中间三个箱室,而中间人孔周围由于斜拉索锚具的存在,无法布置竖向预应力钢棒,两侧人孔周围位置单根钢棒承担的荷载也相对较大,致使上述区域有效的竖向预应力较小。说明预应力钢棒作为竖向预应力体系加入到横隔板中,可以对横隔板的主压应力分布情况起到改善作用,使之更加均匀。

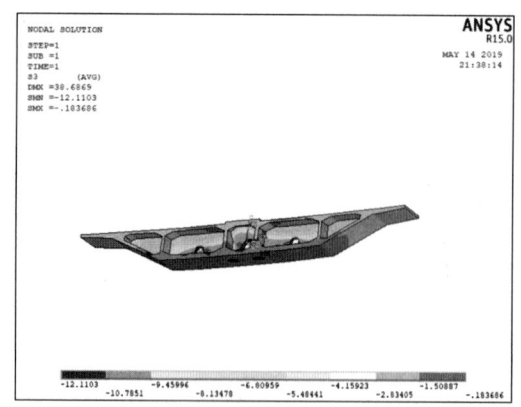
a) 不加钢棒

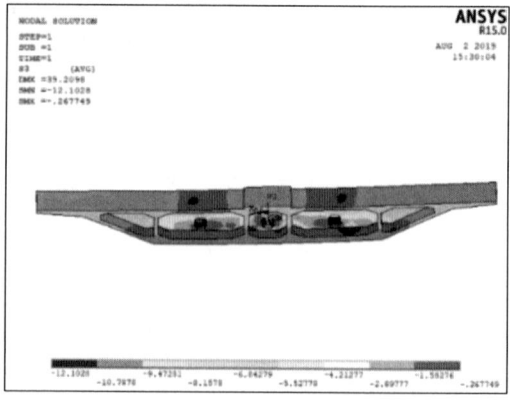
b) 单排钢棒

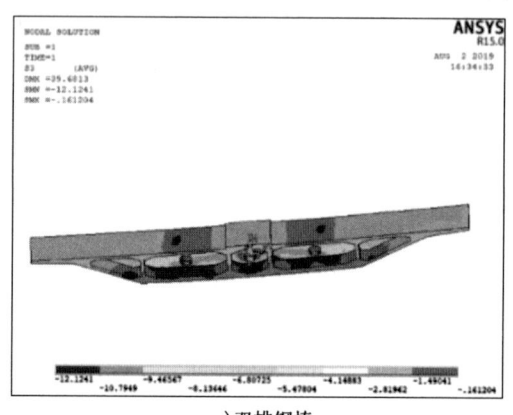
c) 双排钢棒

图 8　主压应力图

6　结语

预应力钢棒由于其强度高、体积小且方便施工等优点,正逐渐在工程中作为新型竖向预应力体系应用。本文对采用预应力钢棒加固箱梁,运用有限元软件计算出了不同预应力数量下的横隔板应力分布,得到了以下结论:

(1)在大跨度斜拉桥中,箱梁内压重和拉索竖向分力的存在会对横隔板的应力分布存在较大影响,竖向预应力体系设置较少时,主拉应力可能会有局部区域超出规范允许值,存在混凝土开裂风险。

(2)预应力钢棒作为新型竖向预应力体系引入后,可以对横隔板的主拉应力起到改善作用。随着预应力度的增加,箱梁横隔板在运营期荷载下的受力分布更加均匀,拉应力极值减小明显,符合规范对预应力混凝土结构拉应力控制要求。实际应用中,可以根据箱梁拉应力分布在局部区域进行加密。

(4)由于横隔板存在一定的厚度,所以预应力钢棒作为新型竖向预应力体系引入时,应考虑到布置的对称性,从而保证横隔板两侧面受力分布较为一致。

参　考　文　献

[1] 杨胜,钟新.箱梁腹板竖向预应力钢绞线和精轧螺纹钢筋的对比研究[J].工程建设与设

计,2008(12):104-107.
[2] 汪帮平,舒江,汤天明,等.大跨径预应力混凝土连续梁桥竖向预应力钢棒的应用[J].交通科技,2016(5):60-62.
[3] 卢爱凤,仝丽珍,马文,等.高强度精轧螺纹钢筋的试制及其组织与性能研究[J].机电产品开发与创新,2010(06):61-63.
[4] 邓鸣,张建仁,王磊,等.预应力钢棒加固T梁桥横隔板试验研究[J].实验力学,2017(4).
[5] 李轶.预应力钢棒张拉锚固体系的研究[D].南京:东南大学,2004.
[6] 马龙飞.独塔双索面混凝土斜拉桥主梁受力分析[J].北方交通,2015(05):21-23.
[7] 彭桂瀚.斜拉桥墩塔梁固结区局部受力分析[J].江南大学学报(自然科学版),2011,10(6):697-702.

142. 考虑疲劳损伤的栓钉连接件荷载-滑移计算模型

汪 炳[1] 刘小玲[2] 李红杰[1] 赖乐怡[1]

(1.宁波大学土木与环境工程学院;2.宁波大学海运学院)

摘 要:为了研究钢-混凝土组合梁中栓钉连接件在疲劳荷载作用后的荷载-滑移计算模型,设计并制作了11个栓钉推出试件进行了静力滑移量试验、疲劳滑移量试验及剩余滑移量试验。通过试验结果分析了栓钉连接件疲劳加载后的滑移量分布特征。在此基础上,同时考虑栓钉连接件滑移量的累积增长和栓钉连接件承载力退化导致的荷载-滑移曲线变化,进而建立在任意次数疲劳荷载循环后,栓钉连接件的荷载-滑移计算模型,并与试验值进行了对比验证。结果表明:随着疲劳加载次数的增加,栓钉连接件整体变形性能变差;本文提出模型的计算值与试验值吻合良好。

关键词:钢-混凝土组合梁 栓钉连接件 疲劳 相对滑移 桥梁

1 引言

钢-混凝土组合梁是将混凝土板和钢梁通过栓钉连接件组合起来共同工作的一种桥梁结构,它充分发挥了两种材料的各自性能优势,在工程中具有较为广泛的应用[1]。然而,在实际组合桥梁运营过程中,由于车辆、温度等可变荷载的反复作用,使得组合梁中栓钉连接件性能发生退化,混凝土与钢梁的交界面产生相对滑移,进而导致组合梁整体受力性能降低[2]。因此,研究组合梁中栓钉连接件在疲劳荷载作用后的滑移性能对于掌握组合梁整体力学性能退化规律具有重要意义。

目前,已有大量学者针对栓钉连接件的疲劳滑移性能开展研究,如 Lee 等[3]研究了在静力和疲劳荷载作用组合桥梁中大栓钉的滑移性能;Hanswille 等[4]通过推出试验研究了不同型号栓钉连接件在疲劳荷载作用下滑移量的增长规律;张士红等[5]针对轻型组合桥面板中小栓钉在疲劳荷载作用下的滑移行为进行了分析;张海鹏等[6]研究了在疲劳荷载作用下锈蚀栓钉组合梁的滑移性能。但这些研究主要针对在疲劳荷载作用下栓钉连接件滑移量的累积增长情况,而对于经历疲劳荷载作用后的栓钉荷载-滑移模型的研究尚属空白。

国家自然科学基金项目:面向智能诊断的大跨斜拉桥状态评估方法研究(51808301);浙江省自然科学基金项目:带可拆卸螺栓连接件的装配式组合梁桥疲劳后剩余力学性能研究(LQ19E080006)。

本文基于若干组栓钉推出疲劳试验,考虑栓钉连接件滑移量的累积增长,同时考虑栓钉连接件承载力退化,进而建立在任意次数疲劳荷载循环后,栓钉连接件的荷载-滑移计算模型。

2 试验及结果分析

2.1 试验设计

本试验共设计 11 个栓钉推出试件,试件参考欧洲规范 Eurocode4[7]进行设计,两块混凝土翼板尺寸为 450mm×500mm×150mm,强度等级为 C50,钢梁采用 Q345 的 H 型钢,尺寸为 250mm×200mm×14mm,构造钢筋为 $\phi 10$ 的 HPB300 钢筋,栓钉为强度 ML-15 的 $\phi 13\times 70$mm,试件具体尺寸构造如图 1 所示。

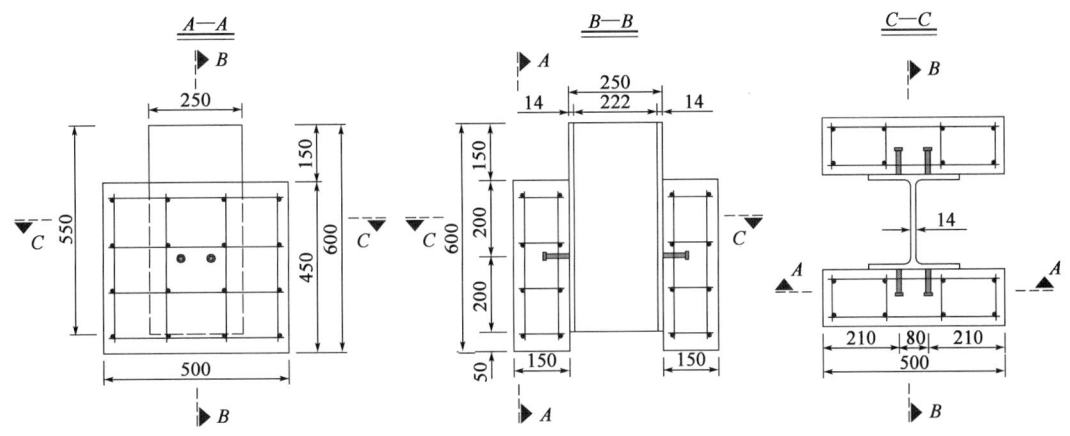

图 1 栓钉推出试件尺寸(尺寸单位:mm)

试件共分三组进行试验,包括静力滑移量试验 3 个试件、疲劳滑移量试验 3 个试件及剩余滑移量试验 5 个试件。测试内容主要包括试验过程中所加的荷载值(包括荷载峰值、极限荷载值和荷载变化范围),钢板与混凝土间的相对滑移量及疲劳寿命。其中荷载值由加载端作动器内置的力传感器读取,相对滑移量有位移计得到。具体加载参数如表 1 所示。

三组试件加载参数　　　表1

试验类型	编　号	P_{max}/P_u	P_{min}/P_u	$\Delta P/P_u$	n(万次)
静力滑移量试验	SCP-1	—	—	—	—
	SCP-2	—	—	—	—
	SCP-3	—	—	—	—
疲劳滑移量试验	FCP-1	0.6	0.35	0.25	N
	FCP-2	0.6	0.35	0.25	N
	FCP-3	0.6	0.35	0.25	N
剩余滑移量试验	SFCP-1	0.6	0.35	0.25	50
	SFCP-2	0.6	0.35	0.25	100
	SFCP-3	0.6	0.35	0.25	150
	SFCP-4	0.6	0.35	0.25	200
	SFCP-5	0.6	0.35	0.25	250

注:P_{max}为疲劳加载幅值上限,P_{min}为疲劳加载幅值下限,ΔP为疲劳加载幅值,n为疲劳加载次数,N为试件疲劳寿命。

2.2 试验结果分析

2.2.1 静力滑移量试验结果分析

通过三个推出试件的静力试验,得到三个推出试件的极限承载力分别为 274.4kN、282.9kN、285.1kN,因试验值较为接近,取三者的平均值 280.8kN 作为推出试件的极限承载力。

图 2 给出了栓钉推出试件在静力荷载作用下的荷载-滑移曲线,三个试件的曲线基本一致,试验值具有较高的可靠性。根据图可将栓钉连接件的荷载-滑移曲线可分为 4 个阶段:①线性段,即荷载与滑移量成正比;②弹塑性段,荷载与滑移量呈非线性增长,且速率逐渐降低;③塑性段,荷载基本保持不变,滑移量不断增加;④下降段,随着滑移量的增加,荷载出现了负增长。

2.2.2 疲劳滑移量试验结果分析

三个推出试件疲劳试验结果的离散性相对较大,试件 FCP-1 和试件 FCP-3 的疲劳寿命分别为 274.2 万次和 261.8 万次,而试件 FCP-2 在加载中发生侧向偏转而提前破坏,因而其结果不予采用。

图 3 给出了试件 FCP-1 和 FCP-3 在疲劳加载过程中累积滑移量与疲劳加载次数的关系曲线。由图可知,累积滑移量的增长大致分为 3 个阶段。第 1 阶段:累积滑移量随疲劳加载次数的增加迅速增长,但增长速率逐渐降低,这一阶段较短,约占疲劳寿命的 10%;第 2 阶段:累积滑移量缓慢增长,增长速率较为稳定,这一阶段较长,约占疲劳寿命的 80%;第 3 阶段:在疲劳加载次数接近疲劳寿命时,累积滑移量迅速增长,增长速率明显提高,直至构件的疲劳破坏,这一阶段也较短,约占疲劳寿命的 10%。

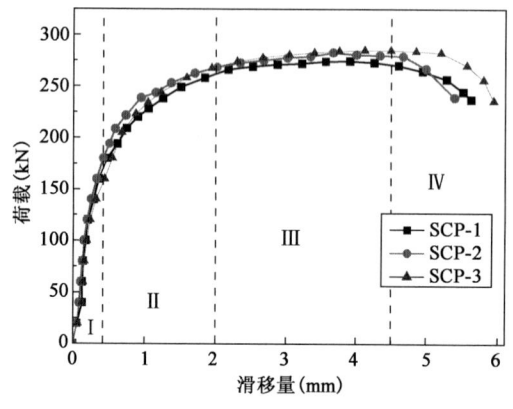

图 2 静力荷载作用下 SCP-1~SCP-3 的荷载-滑移曲线

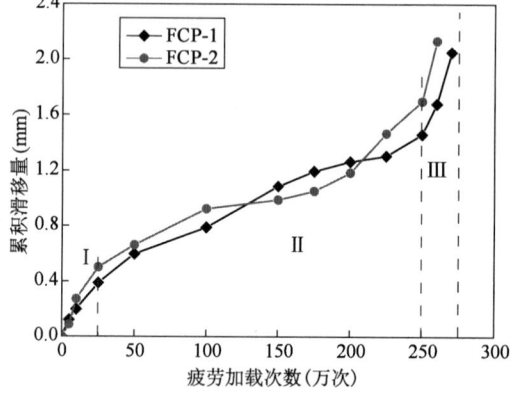

图 3 累积滑移量与疲劳加载次数的关系曲线

2.2.3 剩余滑移量试验结果分析

为获得不同疲劳加载次数后栓钉推出试件的荷载-滑移曲线,对在经历了一定疲劳加载循环的 5 个推出试件(SFCP-1~SFCP-5)进行静力破坏试验,得到其荷载-滑移曲线,如图 4 所示。由图可知,在经历了不同疲劳循环后,荷载-滑移曲线的整体形状和静力试验类似,但随着循环次数的增加,试件的承载力下降,试件的累积滑移量也显著增长,但最终的总滑移量却在减少。可见,随着疲劳加载次数的增加,由于疲劳损伤的存在,导致栓钉连接件整体变形性能越来越差。

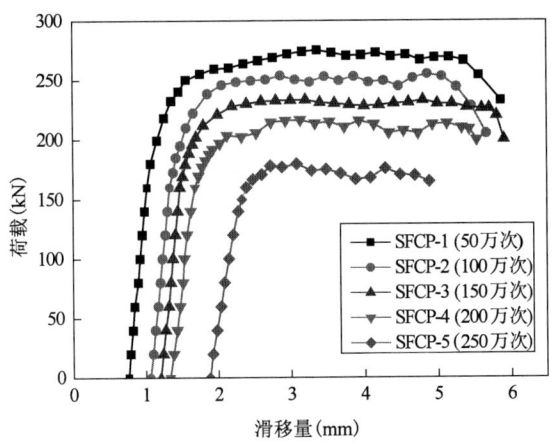

图4 不同疲劳加载循环后栓钉推出试件的荷载-滑移曲线

3 考虑疲劳损伤的荷载-滑移模型建立

3.1 模型建立思路

由上述试验结果分析可知,对于经历一定疲劳循环次数后静载破坏的栓钉推出试件而言,其总滑移量由两部分组成(图5):一是在疲劳加载过程中产生的累积滑移量,可表示为 $s(n)$;二是在静力加载过程中产生的滑移量,可表示为 $\delta(n)$,则总滑移量可表示为:

$$s_u = s(n) + \delta(n) \tag{1}$$

累积滑移量 $s(n)$ 是指在疲劳试验中,每隔一定次数的循环后进行卸载,得到的钢梁与混凝土板间残留的相对滑移量,该指标与荷载循环次数有关。可以看出,如果将荷载曲线中累积滑移量部分减去,那么该曲线可与初次静载荷载滑移曲线相类比。初次静载时这里的相对滑移量可以看成是 $\delta(0)$,试件在经历一定疲劳荷载作用后,结构出现了损伤,栓钉连接件的承载力出现了一定退化,因此这与初次静载试验的荷载-滑移曲线存在差异,此时对应的相对滑移量可以看成是 $\delta(n)$。而它们之间存在着某种联系。因此只需找到它们之间的变化关系以及累积滑移量的计算方法,便可以得到经历任意次数疲劳加载作用后的荷载-滑移曲线关系。

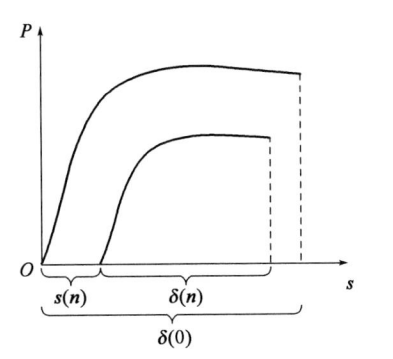

图5 疲劳荷载作用下总滑移量组成示意图

3.2 累积滑移量计算

Hanswille 等人[4]根据大量推出试验并结合理论推导,得出了 n 次疲劳荷载作用下组合梁的累积滑移量计算公式如下:

$$s(n) = \begin{cases} C_1 + C_2 \times \ln\left(\dfrac{N-n}{n}\right) & \left(0 < \dfrac{n}{N} < 0.9\right) \\ 0 & \left(\dfrac{n}{N} = 0\right) \end{cases} \tag{2}$$

式中:$C_1 = 0.104 e^{\frac{3.95 P_{\max}}{P_u}}$;

$$C_2 = \frac{0.644 P_{\max}}{P_u} + 0.029$$

通过本文试验数据与公式(2)进行对比,发现吻合较好。

3.3 疲劳作用后的荷载-滑移模型

已有大量学者对栓钉连接件的荷载-滑移模型进行了研究,并提出了各种模型。其中,Zona等人[8]提出的荷载-滑移模型应用较为广泛,具体公式如下:

$$P = \text{sgn}(\delta) \times P_u \times (1 - e^{-\beta|\delta|})^\alpha \quad (3)$$

式中:δ——相对滑移量;
P——加载值;
P_u——栓钉连接件极限承载力;
sgn( )——符号函数。

在经历一定疲劳循环荷载作用之后,结构刚度、承载力、极限滑移量等力学性能指标均出现了退化,因此模型中的参数不再是固定值,均是变化值。结合本试验特征(试验测得的滑移量均为正值、试件的极限承载力随着加载次数增加而逐渐降低),将部分参数进行替换后,并将累积滑移量部分减去,得到经历一定疲劳荷载荷载会后的静载荷载-滑移表达式:

$$P = P_s(n) \times \{1 - e^{-\beta[s_u - s(n)]}\}^\alpha \quad (4)$$

式中:$P_s(n)$——经过 n 次荷载循环后,栓钉连接件剩余承载力;
其他参数与之前相同。

上述中 $P_s(n)$ 可根据基于"二元疲劳失效判据"建立的栓钉剩余承载力计算模型[9]得到,公式如下:

$$P_s(n) = P_u - (P_u - P_{\max})\left(\frac{n}{N}\right)^c \quad (5)$$

式中:P_u——试件的极限承载力(静力试验所得值);
$P_{\max}$——疲劳荷载上限值;
n——实际荷载循环次数;
N——试件的疲劳寿命;
$c = \exp\left[\left(\gamma \frac{n}{N}\right)^\mu + 1\right]$;
γ——材料系数,取 -1.228;
μ——应力水平系数,取 $\mu = P_{\max}/P_u$。

由此,结合式(2)、式(4)、式(5),即可计算一定疲劳加载次数后的栓钉连接件荷载-滑移曲线。

3.4 模型验证

为验证本文所提模型的正确性,将本文 5 组试验值(SFCP-1 ~ SFCP-5)与理论计算值进行对比,如图6所示。由图可知,试验值和理论值总体来说吻合较好,主要误差出现在荷载-滑移曲线的屈服段,实际试件表现出更好的刚度。另外,随着疲劳加载次数的增加,理论值与试验值之间误差增大,这主要是因为随着加载次数的增加,疲劳损伤的离散性也不断扩大所致。

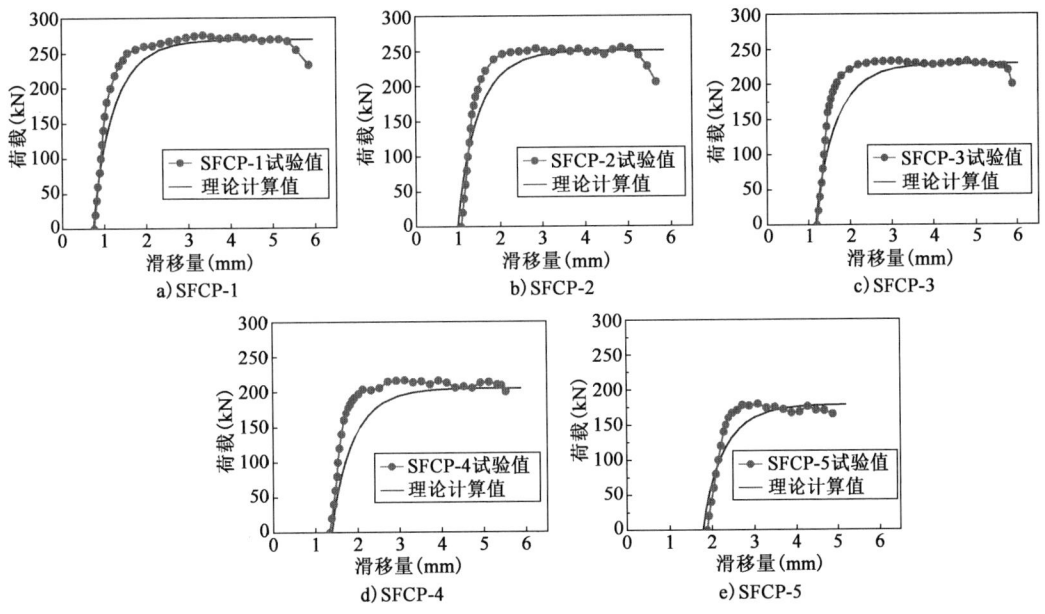

图6 不同疲劳加载次数后的栓钉荷载-滑移曲线试验值与理论值对比

4 结语

本文基于11个栓钉推出试件进行了静力滑移量试验、疲劳滑移量试验及剩余滑移量试验,通过试验结果得到了栓钉连接件在疲劳荷载作用后的滑移量可分为累积滑移量和自身滑移量两部分,在此基础上,同时考虑该两部分的滑移量特征建立了在任意次数疲劳荷载循环后,栓钉连接件的荷载–滑移计算模型。通过试验值与计算值对比,两者吻合良好。

参 考 文 献

[1] 聂建国,王宇航.钢-混凝土组合梁疲劳性能研究综述[J].工程力学,2012,29(06):1-11.

[2] Wang B, Huang Q, Liu X. Comparison of Static and Fatigue Behaviors between Stud and Perfobond Shear Connectors[J]. KSCE Journal of Civil Engineering, 2019, 23(1): 217-227.

[3] Lee P G, Shim C S, Chang S P. Static and fatigue behavior of large stud shear connectors for steel-concrete composite bridges[J]. Journal of constructional steel research, 2005, 61(9): 1270-1285.

[4] Hanswille G, Porsch M, Ustundag C. Resistance of headed studs subjected to fatigue loading Part II: Analytical study[J]. Journal of constructional steel research, 2007, 63(4): 485-493.

[5] 张士红,邵旭东,黄细军,等.轻型组合桥面板中小栓钉连接件的静力及疲劳性能[J].公路交通科技,2016,33(11):111-119.

[6] 张海鹏,陈驹,金伟良,等.栓钉锈蚀的钢-混凝土组合梁疲劳性能研究[J].建筑结构学报,2019,40(05):89-95.

[7] ANDERSON D. Eurocode 4: Design of composite steel and concrete structures[M]. Springer Berlin Heidelberg, 2014.

[8] Zona A, Ranzi G. Shear connection slip demand in composite steel-concrete beams with solid slabs[J]. Journal of Constructional Steel Research, 2014, 102: 266-281.
[9] 汪炳,黄侨,刘小玲.疲劳荷载作用下栓钉连接件的抗剪承载力退化规律[J].哈尔滨工业大学学报,2016,48(09):76-82.

143. V墩钢-混梁拱组合桥施工仿真分析

李 杰[1] 徐汉斌[1] 刘岸清[1] 彭文龙[2] 杜国鹏[1]

(1.郑州大学土木工程学院;2.郑州市交通规划勘察设计研究院)

摘 要:为了明确V墩钢-混梁拱组合桥施工过程中结构力学性能,以某桥为背景,采用Midas FEA软件建立大桥整体精细有限元模型,在明确该异型梁拱组合桥的传力路径的基础上,根据该桥的施工方案,研究施工过程中主要结构构件的受力和变形特点。结果表明:在次边跨V墩刚构形成稳定的超静定结构之后,后续施工对混凝土构件受力及变形影响较小,V墩斜腿及上部箱梁始终处于受压状态;中跨钢拱肋受力及变形满足强度及刚度的要求;二期铺装完成时部分吊杆受力达到最大,施工中各吊杆的安全系数满足规范要求。

关键词:梁拱组合桥 V墩 有限元法 施工分析

1 引言

梁拱组合桥造型优美,其造型中包含了拱的竖向弯曲线条和梁的水平线条,融合了普通拱桥和传统桥梁的优点,在城市和有景观要求的地区被越来越多地采用[1-2]。但由于其构造特殊,在施工过程中结构的受力及变形复杂,且具有各自独有的特征。针对此类桥梁的相关理论研究不多,相互借鉴性小,结构行为与受力特点不易把握,特别是施工过程中桥梁结构力学行为和性能很难依据常规桥梁的力学规律进行直接评判[3]。目前,针对复杂组合拱桥结构力学性能的研究还没有普通拱桥那么成熟,多数研究建立了梁拱组合桥的有限元模型,对关键施工步骤[4-5]、特殊构件[6-7]的力学行为进行分析。此外,还有一些研究对组合拱桥的施工控制[8]、合理成桥状态及吊杆张拉[9]等进行了详细分析研究。在这些研究中,针对组合拱桥数值分析多为空间梁单元模型,模型中简化一些复杂构件或等效处理了结构构造,这种做法虽然降低了工作量、提高了计算速度,但同时也降低了计算结果的准确性,不利于结构力学性能的精细分析。因此,有必要对此类桥梁结构的力学行为及受力特性进行深入分析。本文以某大桥为工程依托,建立精细组合有限元模型,在明确V墩钢-混梁拱组合桥传力路径的基础上,对该桥施工过程中结构的力学性能进行详细分析。

2 大桥结构简介

考虑景观要求,该桥以"六艺"中"御"的造型理念设计。大桥为(37.084m+137.784m+

基金项目:河南省科技攻关项目(192102310227).

37.132m 的 V 墩钢-混梁拱桥,其预应力混凝土 V 墩刚构与中承式钢拱桥固结,共同承受荷载。大桥渲染图及立面布置见图1。

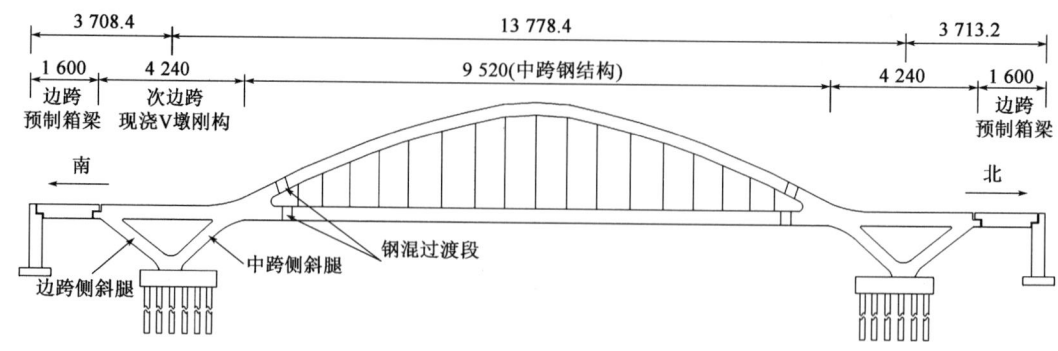

图 1　大桥渲染图及立面布置(尺寸单位:mm)

注:以东幅桥为例,由南向北吊杆依次编号为 1～17(横桥向靠近人行道)和 1′～17′(横桥向靠近线路中线)。

大桥主梁轴线与河道夹角66°,桥宽58m,分为左、右两幅,幅间隔4m。中跨桥面以上为钢拱肋,对应的主梁采用钢结构,V 墩及次边跨箱梁均采用 PC 结构。两幅桥共设 4 榀无横撑拱肋,$f/L≈1:5$。桥面以上跨中拱肋采用宽2m、高2.5m 等高度钢箱截面。拱脚与混凝土拱肋相接处,拱箱高从2.5m 渐变至2.9m。全桥共 4×17 根吊杆,吊杆纵向间距4.4m。钢主纵梁采用高2.21m、宽2m 等高度钢箱。V 墩上部采用现浇 PC 等截面单箱八室箱梁,梁高2.2m、宽27m。每幅桥横向设置 3 片 V 墩,每片 V 墩宽3m,净距9m,V 墩为单箱单室矩形截面,其顶、底板和腹板厚度均为80cm,与上部箱梁固结。

考虑到桥下地形、地基等条件较好,大桥采用满堂支架施工,V 墩刚构在支架上采用分段现浇。中跨钢结构部分采用先梁后拱施工,即先搭设满堂支架,在其上部拼装钢主梁,待钢桥面板施工后,再以此为工作平台搭设拱肋施工支架,逐段安装拱肋,直至拱肋合龙。

3　有限元模型、施工阶段及结构体系传力路径

3.1　有限元模型

采用 Midas/FEA 有限元软件建立大桥整体精细有限元模型。PC 箱梁以及与之固结的 V 墩、拱脚采用实体单元模拟;钢拱、钢主梁等构件采用板单元模拟;吊杆采用桁架单元模拟,预应力钢束采用预应力钢筋单元模拟。模型中实体单元共计 72 741 个,板单元共计 47 838 个。边跨引桥预制混凝土箱梁简支在 V 墩刚构牛腿上,考虑其对次边跨 V 墩刚构的作用,将支座反力模拟为竖向集中作用力(集中力加载在次边跨箱梁牛腿处支座中心)。全桥有限元模型见图2。

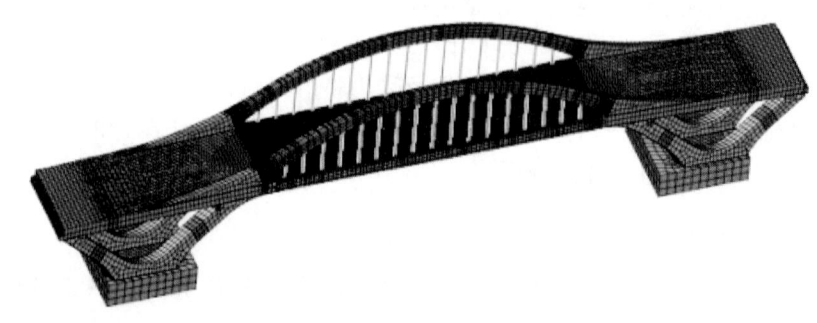

图 2　大桥有限元模型

3.2 施工阶段

大桥施工时先建设次边跨预应力混凝土V墩刚构,再拼装中跨钢梁与钢拱、张拉吊杆,最后架设边跨预制箱梁、调整吊杆力、铺装桥面,直至成桥通车运营。根据施工方案,将施工阶段细化为21个阶段模拟,具体如下:

(1) CS1~CS3为桩基、承台、桥台施工;搭设支架,第1次浇筑V墩墩身混凝土,张拉第1批V墩外、内侧预应力钢束;搭设支架;第2次浇筑V墩墩身混凝土,张拉第2批V墩外、内侧预应力钢束。

(2) CS4为搭设支架,安装钢拱脚及钢纵梁与混凝土梁连接段,浇筑V墩墩身(第3次)及箱梁混凝土,张拉第1批箱梁预应力钢束,张拉拱脚预应力钢束。

(3) CS5为浇筑箱梁合龙段混凝土,张拉第3批V墩外、内侧预应力钢束,张拉第2批箱梁预应力钢束。

(4) CS6拆除V墩墩身及箱梁支架(保留并加强桥面钢混连接段下部支架)。

(5) CS7、CS8为搭设主跨支架,调整线形,焊接钢梁纵、横梁;安装正交异形桥面板。

(6) CS9~CS15为架设拱肋支架,自拱脚向跨中对称吊装拱肋各段就位;调整好拱轴线,自拱脚向拱顶对称进行焊接;拆除桥上支架,按拱顶向拱脚对称同步进行落架。

(7) CS16、CS17为初次张拉吊杆,张拉后吊杆力均为320kN;拆除桥下支架。

(8) CS18~CS21为架设边跨预制箱梁;进行全桥二期铺装;调整吊杆力至设计值;考虑成桥1000d效应。

3.3 结构体系传力路径

采用影响矩阵法[10]调整该桥吊杆成桥张拉力。分析显示[11]:中跨钢主梁自重为14 160kN、二期铺装荷载为5 077kN,其成桥恒载总计19 237kN,单幅桥17对吊杆的设计吊杆力之和为17 194kN。可以看出,成桥吊杆承担约89.4%的钢主梁恒载作用,而钢主梁通过纵向抗弯仅承担少部分作用。因此,可知该结构内部主要构件传力首先是吊杆将绝大部分主梁恒载传递至拱肋,拱肋再将轴向压力沿拱轴线传递至与其拱脚固结的三角钢架,最后被V墩与上部箱梁固结形成的PC超静定结构抵抗。该桥结构体系传力路径如图3。

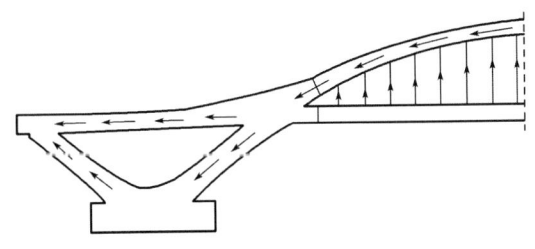

图3 结构体系传力路径

4 关键施工阶段分析结果

4.1 次边跨混凝土结构

4.1.1 混凝土V墩

次边跨沿桥横向共设置3片V墩,截面尺寸相同,但内部预应力束数量配置不同,且大斜度斜桥对下部不同位置墩柱作用力也不相同。限于篇幅,本文仅给出中跨侧斜腿顶板最大正应力随施工阶段的变化曲线,见图4。

由图4可知:在施工过程中3个V墩中跨侧斜腿顶板最大正应力均出现在CS2阶段,其中东边V墩最大正压力最大为0.50MPa;CS5～CS20阶段(次边跨混凝土结构施工完成至成桥阶段)3个V墩中跨侧斜腿顶板正应力基本不变。此外分析还表明,斜腿顶板出现拉应力区域为其上部预应力筋锚固位置附近,范围较小;中跨侧斜腿底板、边跨侧斜腿顶板及底板最大正应力为拉应力的区域位于上部预应力筋锚固位置附近,最大正应力均小于0.38MPa[11]。

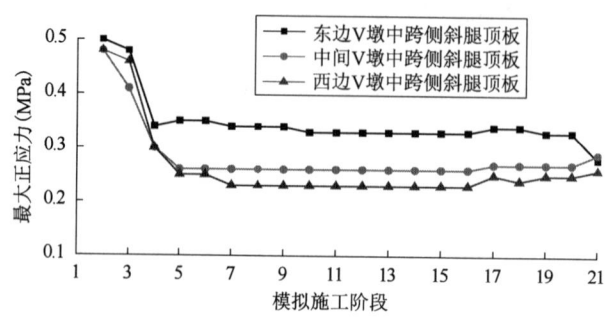

图4 中跨侧斜腿顶板最大正应力

通过分析还可知,CS6阶段(次边跨支架拆除时)3片V墩的第一主应力最大,CS19阶段(桥面二期铺装完成时)3片V墩第三主应力最大,详见图5,主应力均满足规范要求[11]。由图5可知,最大第一主应力主要分布在V墩靠中跨侧顶板和底板局部,最大第三主应力分布区域分布于中跨侧斜腿中、下部顶板局部。

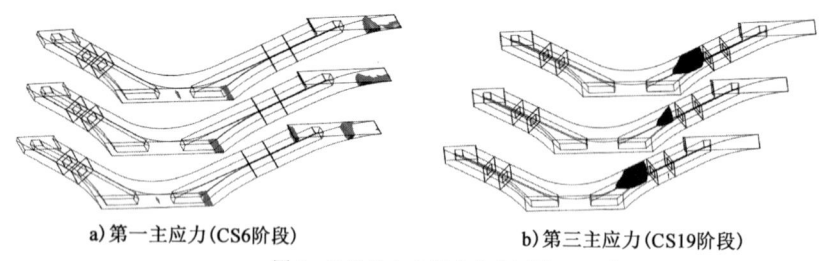

a) 第一主应力(CS6阶段)　　b) 第三主应力(CS19阶段)

图5 V墩最大主应力分布区域

4.1.2 混凝土箱梁

次边跨箱梁为PC构件,钢束全部张拉后箱梁全截面受压,次边跨箱梁顶、底板最小正应力随施工阶段变化曲线见图6。

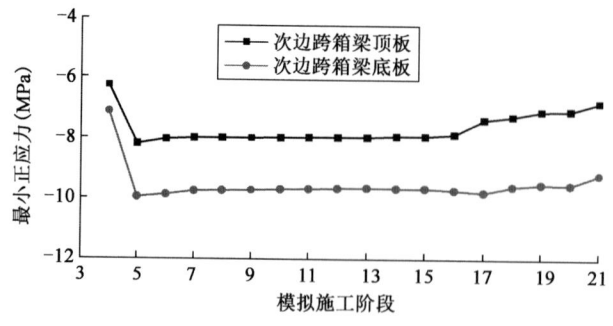

图6 次边跨箱梁顶、底板最小正应力

由图6可知:箱梁底板最大压应力为-9.96MPa,在整个施工过程中,箱梁底板最大压应力均大于顶板最大压应力,这主要是因为箱梁底板配置了更多预应力筋;吊杆张拉前(CS5～

CS15阶段),次边跨箱梁顶、底板应力基本不受中跨施工影响;吊杆张拉后(CS16～CS21阶段),顶板压应力减小,底板压应力变化不大,这是因为箱梁平衡了拱脚水平分力。

此外,由变形分析[11]可知:在CS17阶段(中跨支架拆除),受中跨固结影响,次边跨北端随中跨一起有明显向下挠曲,南端出现上翘现象;次边跨箱梁在预应力作用下整体上挠,跨中上挠程度最大(最大上挠出现在CS18阶段,即架设边跨预制箱梁阶段,其跨中相对支承边上挠8.6mm)。次边跨箱梁南侧支承边竖向位移沿横桥向差异比北侧支承边大,其差异在CS21阶段(成桥1 000d)达到最大2.9mm。该差异比同样宽斜梁桥要小[12],表明在V墩斜腿和两端端横梁共同作用下,次边跨箱梁能够保持足够平整,未出现变形不均匀、扭转等现象,这也显示出V墩刚构结构刚度大、抗扭能力强的特点。

4.2 中跨钢结构

4.2.1 吊杆

施工中吊杆分2次张拉到位。初次张拉时,钢主梁未完全脱离支架,吊杆和支架分别承担钢主梁部分自重,且张拉力的变化为非线性,当吊杆内力较小时,张拉单根吊杆对其他吊杆影响很小,此时采用试算法调整;第2次张拉时按照影响矩阵法调整吊杆力。计算得到CS16～CS20阶段吊杆张拉力及对应安全系数,见表1。

吊杆张拉力及对应安全系数 表1

吊杆编号	施工阶段的吊杆张拉力/kN					安全系数
	CS16	CS17	CS18	CS19	CS20	
1/1′	327/326	352/351	351/350	383/370	510/503	7.7/7.8
2/2′	323/328	349/353	345/349	414/392	503/513	7.8/7.6
3/3′	327/327	367/367	363/362	464/427	512/516	7.7/7.6
4/4′	328/323	383/378	379/374	502/455	511/518	7.7/7.6
5/5′	326/327	394/395	390/391	528/482	511/515	7.4/7.6
6/6′	327/327	403/403	399/400	546/498	506/513	7.2/7.7
7/7′	319/319	400/400	396/397	548/498	508/516	7.2/7.6
8/8′	327/327	410/410	406/407	561/511	501/514	7.0/7.6
9/9′	325/325	408/407	405/405	561/510	511/514	7.0/7.6
10/10′	328/328	410/410	407/408	563/513	502/515	7.0/7.6
11/11′	319/319	400/400	397/398	553/503	508/517	7.1/7.6
12/12′	331/326	410/404	406/402	560/506	510/523	7.0/7.5
13/13′	319/327	393/400	389/397	539/497	512/513	7.3/7.6
14/14′	327/327	391/390	388/387	528/481	508/522	7.4/7.5
15/15′	331/326	382/374	378/371	500/452	515/526	7.6/7.5
16/16′	326/327	358/356	355/352	447/413	514/536	7.6/7.3
17/17′	328/326	345/340	343/338	392/370	503/541	7.8/7.2

由表1可知:CS19阶段(二期铺装后)的吊杆力明显增大;由于单幅桥仅一侧存在人行道铺装荷载,故1～17号吊杆力与1′～17′号吊杆力有差异;调整吊杆力之前,1～17号的吊杆力分布不均匀,呈现中间向两边递减趋势,1′～17′号中的多数吊杆力已经接近设计值,实际施工中仅需调整少数吊杆即可;施工过程中各吊杆最小安全系数为7.0,吊杆张拉施工安全。

4.2.2 钢拱肋

钢拱肋拼装合拢后,其下部支架从跨中向两侧对称拆除(CS15阶段),拱肋开始受力。分析表明:钢拱肋顶、底板截面主要受压应力作用,腹板及横隔板主要受剪应力作用,其局部存在多种力的组合;钢拱肋最大正应力、最大剪应力以及最大Von Mises应力均有两次较大幅度的增加,分别为CS16阶段(吊杆初张拉完成)和CS19阶段(二期铺装完成,最大值均出现在二期铺装完成时的跨中区域,分别为53.52、26.01、54.73 MPa)[11]。

4.2.3 钢主纵梁

钢主纵梁的分析结果显示,在CS16阶段(吊杆初张拉完成)后,主纵梁的最大正应力、最大剪应力以及最大Von Mises应力的变化趋势相似,且成桥时此3种应力均比成桥前大,成桥后随着收缩徐变的发展,钢主纵梁的最大正应力、最大剪应力以及最大Von Mises应力还会增加,在成桥1 000 d时,钢主纵梁出现最大拉应力及Von Mises应力,但均小于钢材强度设计值[11]。

4.3 成桥阶段线形

该桥的次边跨为PC结构,中跨为钢结构,各构件纵向抗弯刚度不同,且主梁分段施工,不同施工阶段的主梁变形程度不一致。以桥面中轴线为例,主梁的竖向和横向变形见图7。

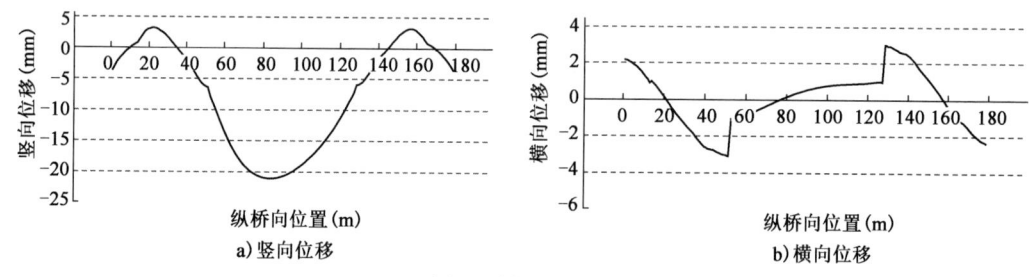

图7 成桥主梁位移

由图7可知,成桥后桥梁竖向位移关于跨中对称,横向位移关于其与X轴的第2个交点对称;全桥最大竖向位移下挠21.1 mm,出现在钢主梁跨中附近。虽然钢主梁自重轻,但其抗弯刚度也小,而且中跨钢结构主梁全长95.2 m。因此,出现了最大竖向变形。对于次边跨斜箱梁(图7中横坐标0~42.4 m、137.6~180 m),梁端锐角至钝角处存在很大横向推力,中轴线在两端横向推力的作用下易产生侧向位移,同时拱脚轴力会加大这种侧向位移,次边跨与拱脚相交端(主梁钢-混过渡段,图7中横坐标50 m、130 m)的最大横向位移为3.1 mm;中跨钢主梁两端的横向位移方向相反,即中轴线绕中点位置发生了一定程度的转动。

成桥拱肋位移如图8(取拱肋中轴线变形)。由图8可知,拱肋竖向位移变化平顺,且关于跨中对称;拱肋钢-混过渡段(图8横坐标0.2L和0.8L处)为结构横向变形最大处,这是由于该桥为斜支承异型梁拱组合桥,拱轴线在两端斜向推力作用下产生一定的侧向位移。

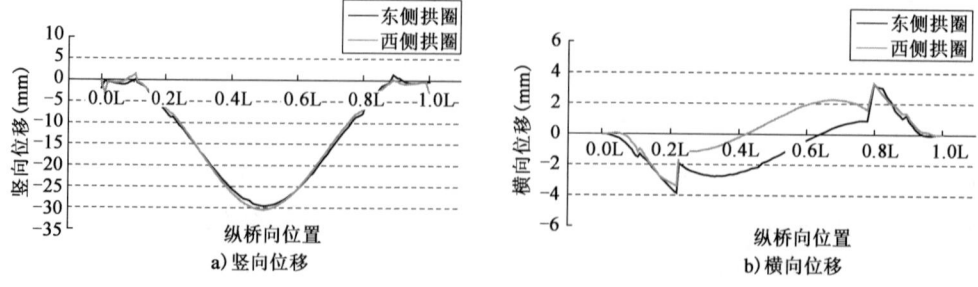

图8 成桥拱肋位移

5 结语

(1)施工过程中,混凝土V墩斜腿顶、底板主要承受压应力作用,且V墩刚构超静定结构形成之后斜腿截面正应力趋于稳定,后续施工工况对刚构结构受力影响很小;另外,在上部结构恒载及自身预应力的共同作用下,斜腿大部分区域始终处于三向受压状态,最不利施工工况为二期铺装完成时,但均满足混凝土抗压强度设计值。

(2)次边跨混凝土箱梁顶、底板未出现拉应力情况,箱梁整体始终处于全截面受压状态;预应力张拉后,次边跨箱梁始终处于上翘状态,沿横桥向箱梁的梁端竖向位移差异不大,未出现如变形不均匀、扭转明显的现象。

(3)二期铺装完成时,钢拱肋跨中区域出现最大压应力及Von Mises应力;成桥1000d时,钢主纵梁出现最大拉应力及Von Mises应力,但均小于钢材强度设计值。

(4)成桥后主梁及拱肋竖向位移基本对称,混凝土箱梁最大上挠位移、钢主梁跨中最大下挠位移和拱肋最大竖向位移较小;主梁及拱肋横向位移关于跨中中点对称,且均在钢-混过渡段出现最大横向位移;拱肋产生侧向位移,表现出扭转变形,具有异型斜支撑拱桥的变形特征,但横向变形较小。

参 考 文 献

[1] 贾艳敏,唐军斌,于广龙.园林中拱桥的景观设计研究[J].桥梁建设,2013,43(1):94-98.
[2] 梅葵花,王贤良,赵育.多跨连续梁拱组合体系桥梁施工关键问题研究[J].桥梁建设,2017,47(4):48-53.
[3] 李杰,贺峥,彭文龙.V墩异型钢混梁拱组合桥运营阶段力学性能分析[J].世界桥梁,2017,45(6):60-64.
[4] 傅金龙,黄天立.钢管混凝土拱桥吊杆张拉方案优化研究[J].桥梁建设,2016,46(4):67-72.
[5] 肖雄杰.某异型系杆拱桥空间力学特性分析[J].桥梁建设,2012,42(1):60-66.
[6] 谌启发.大跨度连续刚构柔性拱组合结构受力效应分析[J].桥梁建设,2012,42(3):19-23.
[7] 曾亚能,王达磊,马如进.系杆拱桥拱脚等效静力刚度及其对全桥力学性能的影响研究[J].公路,2017(10):80-84.
[8] 曾祥林.异型拱梁组合体系桥梁结构行为及施工控制研究(硕士学位论文)[D].成都:西南交通大学,2014.
[9] 陈礼榕,陈宝春.钢管混凝土哑铃形截面拱桥应用与分析[J].广西大学学报(自然科学版),2016,41(1):270-275.
[10] 李杰,陈淮,江莹莹,等.钢管混凝土系杆拱桥吊杆力计算及调索方法分析[J].铁道建筑,2014,1:7-10.
[11] 彭文龙.异型梁拱组合桥施工及运营阶段力学性能分析(硕士学位论文)[D].郑州:郑州大学,2017.

144. 输水专用悬索桥水锤动力响应的分析研究

孙建渊 赵雷铭 谢津宝

(同济大学)

摘 要：为研究输水专用悬索桥上管道发生水锤效应时桥梁结构的动力响应，以某输水专用悬索桥为工程背景，基于水锤效应的基本理论，建立输水管道水锤计算模型和悬索管桥动力计算模型。根据水锤效应发生时水锤波的作用和衰减特点，运用特征线法，在阀门处和管道弯折变化等处将水锤波产生的冲击作用以时程荷载集中作用在桥梁上，通过有限元分析得到悬索桥结构动力响应。结果表明，输水管道发生水锤效应时，产生的动力作用可分为两方面：水锤波在管道中传递时引起的周期性振动以及水锤波的附加压强对桥梁结构产生的冲击作用。悬索桥低阶自振频率远小于输水管道各工况下自振频率，管道运营时管桥发生共振的可能性极低。在10s关阀情况下，管道水锤动力效应引起桥梁主要构件的内力及挠度变化较小，主桥受力安全。设置镇墩是安全抵抗水锤效应的必要措施，但同时需要注意镇墩局部受力较大的问题。

关键词：悬索桥 输水管道 水锤效应 动力响应

1 引言

近年来，随着城市对水资源的需求不断提高，国内不断出现大型输水管道随桥跨越河流的工程。例如，宁波市鄞州区二桥，采用拱桥形式，在桥下部横梁内预留孔洞，同期敷设直径900mm的给水管道；上海市东海大桥公路跨海桥梁，在大桥箱梁内同期敷设2根直径500mm的给水管道；温州市大门大桥，采用斜拉桥形式，在主梁上两防撞栏外侧，各敷设一根直径1 000mm的给水管道；冷水江市资江二桥，采用斜拉桥形式，采用箱梁外侧悬臂下架设支架的设计方案。此外，国内也出现了专用于输水的桥梁，其充分利用桥梁结构达到过江的目的，不需要额外搭设支架，便于日常的检测、维修以及发生特殊状况时的紧急处理，可不受桥梁结构其他使用性能(比如通车等)需要满足的桥面构造要求的限制[1-2]。

随着管径的增大，输水管道对桥梁的影响愈发显著。在有压管路中，由于阀门突然关闭等原因使得管内流速发生突然变化，从而引起压强急剧升高和降低的交替变化，这种水力现象称为水锤效应。水锤效应表现为对管道阀门和管道壁的冲击作用以及水锤波的剧烈振动。目前，研究者在考虑水锤效应对桥梁结构的影响时，大都基于简化的模型及计算方法进行分析研究。李松等[3]采用三角脉冲荷载模拟了阀门开闭时产生的水锤影响；伍平等[4]等利用流固耦合理论对输水管道的自振频率进行研究，并判断过桥管道能否与桥梁发生共振；孙建渊等[5]

研究了输水管道水锤效应作用对斜拉桥的结构动力响应,分析了桥梁构件的内力变化;王同卫[6]提出了过桥水管构造性安全措施和基于静力与动力分析的安全评价方法。

目前对于输水专用悬索桥在水锤效应下的动力响应尚无研究,悬索桥在水锤效应工况下的安全评估尚不明确。本文以某输水专用悬索桥工程实例为研究背景,基于水锤效应基本理论,建立了输水管道水锤计算模型和悬索管桥动力计算模型,根据有限元计算结果,研究水锤效应对桥梁结构的影响,并提出相应安全对策与结构优化建议。

2 工程概况

某引水工程采用单独架设管线桥供输水管道跨江供水。桥梁为索跨组成为39m+205m+22m的悬索桥,矢跨比1/13.667,通水运营工况下主缆垂度15.0m。主桥采用纵向半飘浮体系,全桥在主墩墩顶横向设置两个竖向约束、纵向限位弧形钢板支座,在上塔柱主梁两侧均设置横向抗风支座。为适应温度、检修等工况下强大的水平力,主索鞍设置为滚轴式索鞍,允许运营和施工过程中索鞍纵向移动。全桥主缆锚碇采用岩锚,抗风锚碇采用钻孔灌注桩锚固。主跨主梁采用钢桁架,桁架宽5.75m、高1.7m,采用型钢焊接而成,桥面板采用钢格栅板,与主桁焊接连接。桥上还有2根DN800供水管道。管道吊杆间距5.6m,横向布置为1.7m检修道(含栏杆)+0.8m(水管)+0.6m+0.8m(水管)+1.7m检修道(含栏杆)=5.6m。该输水管桥总体布置情况如图1、图2所示。

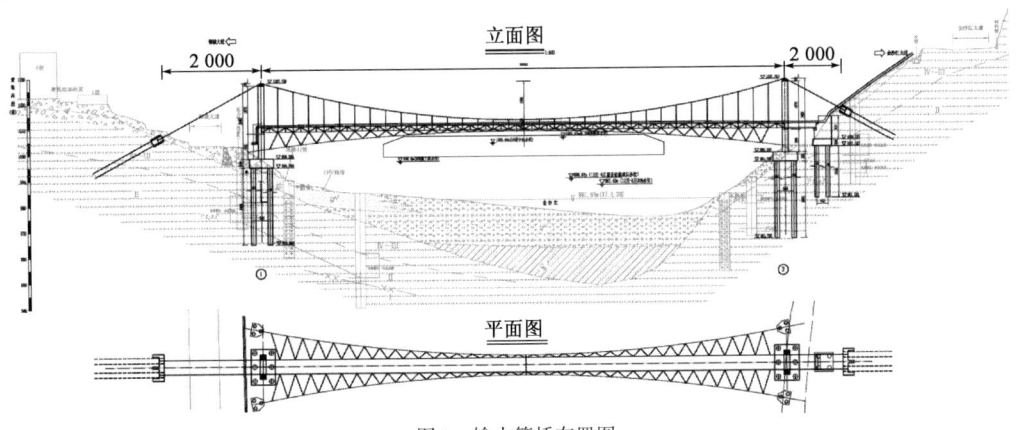

图1 输水管桥布置图

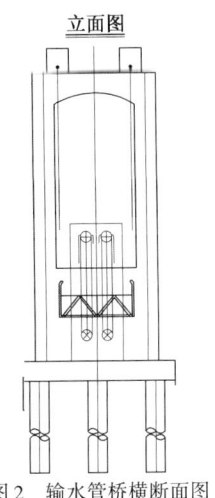

图2 输水管桥横断面图

3 输水专用悬索桥的数值模型

3.1 结构有限元计算模型

采用桥梁通用空间有限元计算软件对该悬索桥进行空间结构效应分析与模态分析。钢桁架主梁、水管、主塔、镇墩采用梁单元模拟,主缆、吊杆与抗风缆用索单元(只受拉单元)进行模拟。全桥共划分903个节点、2 173个单元,其中包括1 831个梁单元,342个只受拉单元,桥梁结构空间计算模型如图3所示。

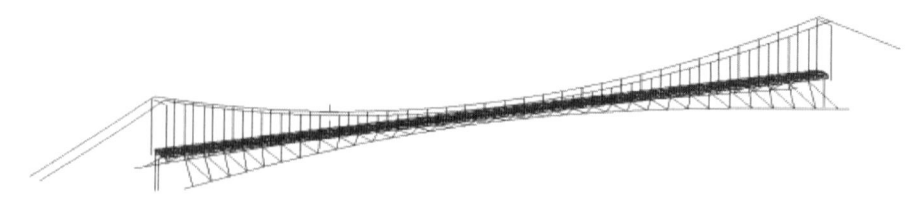

图3 桥梁结构空间计算模型

对管道与水体进行流固耦合分析,分别建立全桥空管、充水满管和充水半管有限元模型。管道采用Shell63单元,既具有弯曲能力又具有薄膜力,可承受平面内荷载和法向荷载。管道内水流采用Fluid30单元进行网格划分。由于结构动力特性与质量、刚度密切相关,因此进行有限元网格划分时采用映射网格划分,使结构质量分布均匀。充水满管结构有限元模型如图4所示。

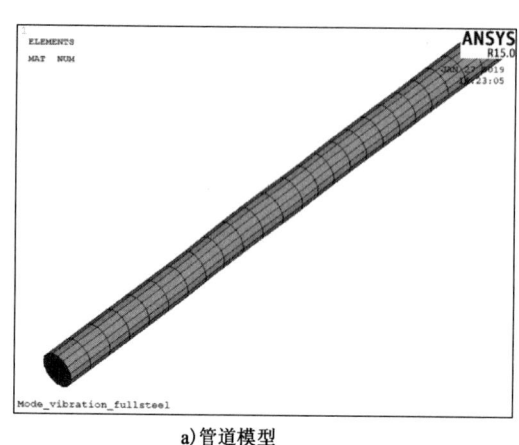
a) 管道模型

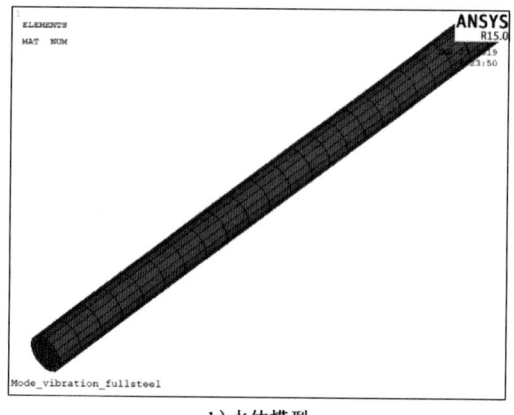
b) 水体模型

图4 充水满管结构有限元模型

管道的材料为Q345D钢,弹性模量$E = 2.1 \times 10^5$MPa,泊松比$\mu = 0.3$,管道的壁厚为10mm;水密度1 000kg/m³,声速1 400m/s,重力加速度9.8m/s²。恒定流体模型基本假设为:①流体为均匀的、无黏的、不可压缩的理想流体;②流体为无旋运动;③忽略液体中内摩擦力及液体阻尼的影响。

3.2 模型约束条件

塔顶索鞍采用纵向可滑动的弹性连接进行模拟,并与主缆、桥塔采用主从节点方式连接在一起。悬索桥在塔梁交界处采用纵向可滑动支座模拟,其他边界条件如表1所示。

桥面架设的输水管道按照6m间隔设置边界条件约束,模拟支座的影响。每个支座约束横向、竖向的平动自由度,但允许纵向进行一定程度的滑动。

结构各部位边界条件 表1

约束位置	Δx	Δy	Δz	θx	θy	θz
桥塔根部	1	1	1	1	1	1
主缆锚固处	1	1	1	1	1	1
抗风缆锚固处	1	1	1	1	1	1

注：Δx、Δy、Δz-沿顺桥向、横桥向、竖向的线位移；θx、θy、θz-绕顺桥向、横桥向、竖向的转角位移。
1-约束。

3.3 荷载模型

当输水管道中发生水锤效应时，水体的压强在短时间内发生改变，设压强变化量为Δp。对于横断面，管道将承受环向的压力变化，并引起输水管道截面的扩大或缩小，但由于管道的环向刚度较大，而且各个方向的压强能够成为自平衡状态，因此在这一方向上输水管道对外部结构的影响可以忽略不计。在管道纵断面上，当阀门关闭时，由于水锤效应产生的附加压强作用在阀门以及管道弯折变化处，产生沿着管道纵向的冲击作用，并通过管道支撑传递至悬索桥结构上。由于管道尺寸相对于悬索桥来说可忽略不计，这一压强增量可以看作是作用在阀门位置处的集中作用力，方向为顺桥向。

在建模分析中，可采用特征线法和简化计算方法来模拟集中力加载。采用特征线方程法可以准确描述水锤发生后阀门处的压强随时间的变化情况，因此能够较好地反映水锤冲击作用下悬索管结构的动力响应。在数值分析中，采用特征线法，根据输水资料提供的最大水头，将其换算为时程冲击荷载，集中加载在桥梁结构上，即可进行水锤效应下实际工况仿真分析。

4 水锤效应下结构动力响应分析

4.1 管道与桥梁共振可能性分析

管道中发生水锤效应时，水锤以机械波的形式传递，引发的周期性管道振动对桥梁结构存在威胁。在实际工程中，由于能量的损耗及各类水锤消除装置的设置，在水锤效应发生后管道振动不再以水锤波动周期振动，而是在水锤的激励下做自由振动。输水管道对桥梁结构相当于振源，因此研究对象应为输水管道自由振动的频率。

悬索桥与输水管道动力特性计算结果见表2。其中，为便于比较，输水管道动力特性取充满水管模型计算结果，此时二者低阶自振频率最为接近。

输水管道与悬索桥前4阶动力特性比较 表2

项目	悬索桥			输水管道(充满水管)		
	振型主要特征	自振频率(Hz)	自振周期(s)	振型主要特征	自振频率(Hz)	自振周期(s)
1	主梁一阶正对称横弯	0.427 2	2.340 6	管道一阶竖向对称振动	8.133 4	0.122 9
2	主梁一阶反对称竖弯	0.449 1	2.226 6	管道一阶竖向反对称振动	9.166 8	0.109 0
3	主梁一阶正对称竖弯	0.486 8	2.054 1	管道二阶竖向对称振动	10.641	0.093 9
4	主梁二阶正对称竖弯	0.824 9	1.212 2	管道二阶竖向反对称振动	12.361	0.080 8

在两种管道模型中,充水满管模型的一阶固有频率最低,频率值 $f = 8.1334$ Hz(周期 0.1229 s),表现为管道的竖向振动。比较桥梁结构(不含过桥管道)的一阶固有频率 $f = 0.4272$ Hz(周期 2.3406 s),表现为主梁结构的正对称横弯,同时其第二阶固有频率 $f = 0.4491$ Hz(周期 2.2266 s),表现为主梁结构的正对称竖弯。另外,无论是空管模型、充水满管模型还是充水半管模型,管道结构的固有频率远大于桥梁结构的固有频率,二者低阶频率不存在交叉,因此几乎不会发生共振。

4.2 管道水锤冲击效应分析

4.2.1 水锤冲击力加载

由工程实际,水管在桥梁的两侧各有一个转折点,左岸转折点为 90°直角转弯沿桥塔向下,右岸则以斜角转折,而水流方向则是从右岸流向左岸,左岸管道直角转折的水流变化所引起的冲击力更为显著,故将冲击力加载位置选在桥梁左端。冲击力分为大小相等的两个分力进行施加:竖向分力与水平分力。

一般关阀情况指的是正常关闭阀门或紧急关闭阀门但关阀时间较长的情况,特殊关阀情况则是极短时间内阀门突然关闭,例如阀门发生故障,因此造成的水锤效应不可轻视。在仿真计算中,考虑最快关阀时间 10 s 的情况,该情况最为不利,将输水资料提供的最大水头转换为冲击荷载,其时程荷载如图 5 所示。

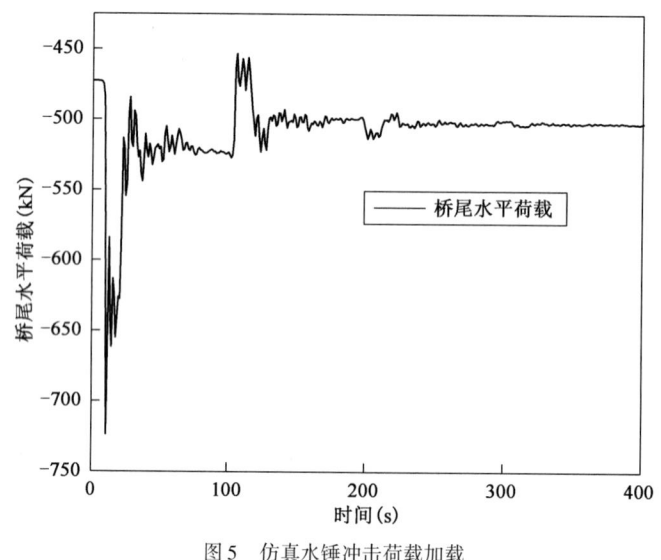

图 5 仿真水锤冲击荷载加载

4.2.2 计算结果与分析

在分析计算时,考虑了单管水锤和双管水锤等工况。在双管同时发生水锤这一极端情况下,考虑两管水锤效应同向叠加的情况,从而可使得效应最不利。同时计算了双管通水基准状态下的构件响应作为比较,以表征水锤冲击效应对桥梁结构的影响。桥梁构件在仿真双管同向水锤时程荷载下效应如表 3 所示。

桥梁构件在仿真双管同向水锤荷载下效应 表 3

构 件	构 件 效 应	双管同向水锤
主缆	纵向滑移(mm)	0.081
	索鞍位移(mm)	0.015

续上表

构 件	构 件 效 应	双管同向水锤
主缆	垂度变化(mm)	0.51
	内力(kN)	0.13
	应力(MPa)	0.015
吊杆	内力(kN)	-0.053
	应力(MPa)	0.38
主桁	挠度(mm)	0.52
	应力(MPa)	0.9
水管支墩	沿水管纵向各支撑最大竖向力(kN)	1.27
镇墩	最大拉应力(MPa)	1.22

注:表中数据均为各构件中的最大绝对值。

由结果可知,仿真双管同向水锤效应作用引起主缆、吊杆和主桁构件的内力、应力效应变化均较小,内力变化最大仅在主缆处有 0.13kN,而主桁应力变化最为明显处仅有 0.9MPa,几乎可以忽略,而镇墩处拉应力则需要格外关注,其有 1.22MPa,已逼近允许拉应力界限,因此需要引起重视。此外,双管通水基准状态下的主缆垂度变化、主桁挠度变化最大分别约为0.31mm、0.31mm,相比之下仿真双管水锤工况引起相应变化分别为 0.51mm、0.52mm,且引起水管支撑竖向反力增量最大约为 1.27kN,均在可控范围之内。

5 镇墩构造的必要性分析

为了有效避免水锤冲击对悬索管桥主要承重结构的影响,设计时在桥端设置了镇墩以承担水锤冲击作用。镇墩的设置改善了水锤发生时对桥梁结构的不利影响,有效降低了水锤冲击产生的动力效应。在水锤效应动力分析中,分别进行了无镇墩、镇墩与桥塔分离时、镇墩与桥塔一体等三种工况下桥梁构件的响应,如表4所示。

桥梁构件水锤效应镇墩构造分析　　　表4

构 件	构 件 效 应	双管同向水锤		
		无镇墩	镇墩与桥墩一体	镇墩与桥墩分离
主缆	纵向滑移(mm)	140.9	0.081	0.76
	索鞍位移(mm)	13.3	0.015	0.032
	垂度变化(mm)	562	0.51	3.16
	内力(kN)	438	0.13	-0.49
	应力(MPa)	51.7	0.015	-0.058
吊杆	内力(kN)	-111	-0.053	-0.4
	应力(MPa)	-799.1	0.38	-2.88
主桁	挠度(mm)	839.6	0.52	3.23
	应力(MPa)	1 027	0.9	7.98
水管支墩	沿水管纵向各支撑最大竖向力(kN)	1 626.82	1.27	12.06
镇墩	最大拉应力(MPa)	—	1.22	3.7

注:表中数据均为各构件中的最大值。

在10s关阀情况下,最不利水锤工况下引起无镇墩桥梁结构的水管最大支撑竖向反力约为1 626.82kN,并且引起主缆垂度变化、主桁挠度变化最大分别约为56.2cm、84.0cm。而桥梁左端采用镇墩构造并与桥塔连为整体后,水锤冲击力局部作用位置不再产生应力集中,并且引起的桥梁主要构件内力、应力以及挠度均较小,使结构受力在得到优化的同时,仍然具有足够的安全储备,可以认为镇墩局部构造是输水管桥安全抵抗水锤效应的必要措施。

6 结语

本文总结了输水管道的跨线方式及管道布置,以某输水专用悬索桥的工程实例为模型,研究输水管道发生水锤效应时桥梁结构的动力响应,结论如下。

(1)悬索桥结构的一阶自振频率为0.427 2Hz,远远小于管道输水状态的固有频率8.133 4Hz,理论计算的二者低阶频率不存在交叉,因此管道输水运营时管桥不会发生共振。此外,通过水管与主桥的频率计算可知,主桥自振频率与水管(空管、水满管、水半管)自振频率相差较大,因此当产生水锤效应时二者发生共振的可能性极低。

(2)在10s关阀情况下,管道水锤冲击效应引起桥梁主要构件的内力及挠度变化较小,主桥受力安全。镇墩这一辅助构造的加入使得水锤引起的效应绝大部分被镇墩所承担,从而极大改善了桥梁端部的受力状况,可以避免出现水锤冲击引起的应力集中,镇墩是安全抵抗水锤效应的必要措施,且镇墩与桥墩一体设计时效果最好。但同时需要注意,在双管发生同向水锤效应这一最不利工况下,镇墩局部受力较大,需要加强管道局部构造及锚固传力措施。

(3)输水管道在梁段往往有弯折过渡,当弯折角度过大时,管道水头损失大、自身不易稳定,特别是对于大直径管道过桥,管道发生水锤效应时引起的管道水锤冲击及振动问题更加显著,对桥梁结构存在一定的运营风险,应尽量避免在桥梁结构附近设计较大的管道弯折变化。

参 考 文 献

[1] 陈霞,苏凡.综合管线过桥方案探讨[J].公路,2013(06):123-125.

[2] 吴立峰,蔡勇.城市桥梁管线过桥设计方案[J].城市道桥与防洪,2006(02):44-46+152.

[3] 李松,马建中,高李霞,等.水锤引起的管道振动特性分析[J].核动力工程,2008,29(06):25-29.

[4] 伍平,张挺,张帮稳.基于流固耦合的过桥水管动力特性研究[J].福州大学学报(自然科学版),2014,42(06):905-909.

[5] 孙建渊,王灏.输水管道水锤效应作用下斜拉桥结构动力响应研究[J].土木工程学报,2017,50(02):82-87.

[6] 王同卫,孙建渊.大型过桥水管安全评价方法研究[J].山西建筑,2009,35(06):316-317.

145. 悬链线形加劲梁人行悬索桥约束体系分析

王辉[1] 王忠彬[2] 沈锐利[1]

(1. 西南交通大学土木工程学院; 2. 中铁大桥勘测设计院集团有限公司)

摘　要: 以一座无塔无边跨悬链线形加劲梁的大跨度人行悬索桥为对象, 利用有限元分析软件 BNLAS 建立空间有限元模型并进行非线性静动力分析, 研究了人群荷载和体系温度荷载作用下, 加劲梁纵向分别采取两端固定、两端自由、一端固定一端自由、两端自由 + 缆梁约束和一端固定一端自由 + 缆梁等约束方式时, 对于该桥静动力特性的影响。分析结果表明, 对于悬链线形加劲梁结构, 设有纵向约束时, 结构产生的轴力能够减小截面所承受的弯矩; 放松结构的一端纵向约束使得结构的内力位移均集中到自由的一端, 使其相对于固定端内力位移增大; 结构的纵向约束能够提高结构的整体刚度, 结构的绝大部分振型对应的自振频率都有所增大。对于无塔无边跨悬链线形加劲梁的单跨人行悬索桥, 纵向两端固定约束加劲梁的方式是较合理的结构体系。

关键词: 悬链线结构　纵向约束体系　自振特性　BNLAS　静力特性

1 引言

随着我国经济文化的飞速发展, 为了满足人们日益增长的出行旅游需求, 各大景区多以本地山水为依托, 打造亲近自然、感受自然的观光主题, 其中兴建人行玻璃桥面悬索桥, 更是呈现"井喷"态势。人行悬索桥有助于串联景区内各分离景点, 实现景区的整体性。除了桥梁的交通功能外, 景区的观光桥梁还着重考虑其景观效果, 悬索桥梁跨越能力强、传力简洁明确、结构线条柔和、视觉效果好、与自然环境相协调, 尤其景区以人群荷载为主, 桥梁结构可选形式多样、造型可塑性强, 因此人行悬索桥在景区建设中得到了广泛应用[1-3]。由于地形或环境保护的要求, 需要因地制宜地设计加劲梁线形, 悬链线形加劲梁线形由此而诞生。

悬链线形加劲梁是一种与主缆线形在空间立面上沿桥跨纵向方向平行的全新加劲梁线形, 与传统的悬索桥加劲梁线形相比, 纵向约束体系对于结构的静动力特性的影响有所不同。国内学者针对不同的纵向约束体系对传统的悬索桥结构静动力特性的影响进行了许多的研究, 例如王杰等在文献[4]中研究了不同纵向约束体系对三塔悬索桥地震反应的影响, 研究了地震作用下, 缆梁间设置中央扣、中塔与主梁间设置弹性索和二者组合使用对于三塔悬索桥抗震性能的影响; 马长飞等在文献[5]中进行了武汉杨泗港长江大桥变参数黏滞阻尼约束体系研究, 得出在车辆制动力、移动荷载、风荷载、地震等多种荷载作用下, 变参数黏滞阻尼体系可显著降低塔、梁的相对位移和相对速度的结论。以上研究均是针对传统的悬索桥加劲梁线形,采用悬链线形加劲梁的悬索桥在不同纵向约束体系下结构的静动力特性的研究还未见报道。基于此,本文以拟建的某景区大跨度悬链线形加劲梁人行悬索桥为工程背景,研究了不同纵向约束体系对该类型悬索桥的静动力特性的影响。

2 工程背景

某景区人行悬索桥为无塔无边跨单跨悬索桥,主跨主缆跨度采用618 m,矢跨比为1/11,加劲梁跨度为599.45 m。主缆无边跨,锚跨主缆跨度18.93m,结构整体布置如图1所示。主缆采用预制平行钢丝索股,每根主缆由37股、每股127根直径为5.1mm镀锌高强钢丝组成,钢丝标准抗拉强度不小于1770MPa。全桥吊索采用φ60mm合金钢拉杆,屈服强度为785MPa。加劲梁吊点横向间距为8.78 m。主跨加劲梁采用纵、横梁结构形式,梁高为1m。加劲梁标准断面图如图2所示。

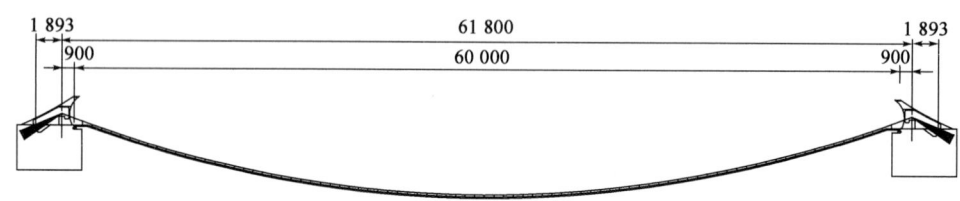

图1 人行悬索桥整体布置图(尺寸单位:cm)

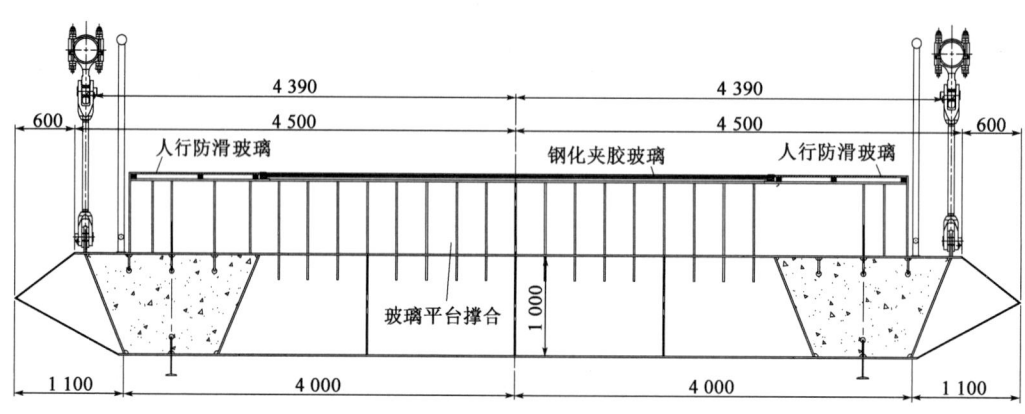

图2 加劲梁标准断面图(尺寸单位:mm)

3 有限元模型及约束体系

3.1 有限元模型

根据给定的结构参数,基于BNLAS软件建立桥梁非线性有限元模型,求解此人行悬索桥的主缆成桥线形;在此基础上建立了人行悬索桥的结构空间计算有限元模型,典型的计算模型图如图3所示。模型中,主缆采用考虑自重的悬链线索单元进行模拟,吊索采用可减少一半杆单元数量的空间索膜单元进行模拟[7],加劲梁采用空间梁单元进行模拟,其余类型的单元均可以采用公用节点的形式连接建立。结构的重力刚度,则通过输入主缆、吊索的定型内力来进行添加[6]。模型在一、二期恒载以及施工荷载的作用下均达到了设计线形,表明结构建立的合理性。

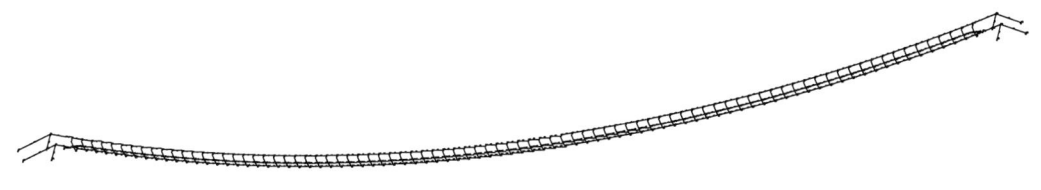

图3 悬链线形人行悬索桥整体计算简图

3.2 约束体系

结构设计中,在加劲梁两侧梁端支承处共设有4个竖向拉压支座,可以满足竖向传力、梁端转动和约束梁端的扭转的需求,设置了横向限位支座,以满足横向传力和限制风荷载作用下加劲梁的横向变形的需求。为了研究不同的纵向约束体系对于悬链线形加劲梁人行悬索桥的静动力特性的影响,研究过程中,共采用了两端固定、两端自由、一端固定一端自由、两端自由+缆梁约束、一端自由一端固定+缆梁约束等五种不同的纵向约束体系。其中缆梁约束通过在跨中处和距离跨中 $L/8$ 处分别在纵梁间设置柔性锁扣来实现。

3.3 设计荷载

考虑恒载、人群荷载、温度荷载、风荷载对于结构的影响,并且根据相关规范对其进行荷载组合。其中恒载包括加劲梁(含一、二期恒载)、主缆和吊索自重,人群荷载按照相关规范取 3.5kN/m^2,温度荷载:设计基准温度为20℃,体系升温为30℃,体系降温为降温 -30℃。

基本风速 $V_{10} = 25.5\text{m/s}$,对于风荷载的取值,抗风设计规范中未给出悬链线形加劲梁顺桥向风荷载的取值规定。抗风设计规范中,对于主缆,规定为悬索桥主缆单位长度上的顺桥向水平风荷载取其横桥向风荷载的0.15倍,对于常规加劲梁,顺桥向风荷载为加劲梁外轮廓面积所受摩擦力[7]。基于此,综合考虑悬链线形加劲梁顺桥向受风情况,拟定悬链线形顺桥向风荷载按式(1)计算,取其顺桥向风荷载的0.15倍乘以一系数(加劲梁横向净宽与梁高的比值)。

$$F_g = 0.15 F_h \frac{B}{H} \tag{1}$$

式中:F_g——构件顺桥向单位长度上的风荷载,N/m;

F_h——构件横桥向单位长度上的风荷载,N/m;

B——构件加劲梁横向净宽,m;

H——加劲梁高,m。

4 不同纵向约束体系结构静动力特性分析

4.1 体系温度作用下加劲梁静力特性分析

表1所示为体系温度作用下不同约束体系加劲梁最不利内力,表2所示为体系温度作用下不同约束体系加劲梁竖向位移。由表1可见,两端固定的轴力最大,而弯矩最小;而两端自由的轴力最小,弯矩最大。由表2可见,温升荷载作用下,两端固定的加劲梁正挠度最大,而两端自由的加劲梁正挠度最小;温降荷载作用下,两端固定的加劲梁反挠度最大,而两端自由的加劲梁反挠度最小。

体系温度作用下不同约束体系加劲梁最不利内力 　　表1

荷载类型	内 力	两端固定	两端自由	一端固定一端自由	两端自由+缆梁约束	一端固定一端自由+缆梁约束
温升荷载	最大轴力(拉力,kN)	565.841	71.850	261.074	554.954	644.963
	最小轴力(拉力,kN)	536.126	0.026	1.696	0.031	1.736
	最大弯矩(kN·m)	98.198				17.248
	最小弯矩(kN·m)	-412.540	-1 137.797	-1 154.820	-1 139.864	-1 170.883
	支座纵向反力(kN)	536.24	0	238.92	0	473.77
温降荷载	最大轴力(压力,kN)	-562.674	-1.507	-3.246	-1.516	-3.336
	最小轴力(压力,kN)	-592.902	-75.266	-272.710	-266.690	-502.011
	最大弯矩(kN·m)	397.32	1 163.297	1 183.317	1 163.671	1 200.485
	最小弯矩(kN·m)	-126.700				-6.424
	支座纵向反力(kN)	562.42	0	250.23	0	475.55

体系温度作用下不同约束体系加劲梁竖向最大位移 　　表2

荷载类型	挠 度	两端固定	两端自由	一端固定一端自由	两端自由+缆梁约束	一端固定一端自由+缆梁约束
温升荷载	正挠度(m)	0.513 4	0.487 5	0.493 3	0.490 0	0.500 8
温降荷载	反挠度(m)	0.518 1	0.490 8	0.496 9	0.493 3	0.503 4

4.2 人群荷载加劲梁静力特性分析

将人群荷载按照活载最不利作用区间进行加载,得到活载作用下的计算结果。表3所示为人群荷载作用下加劲梁最不利内力,表4所示为人群荷载作用下加劲梁最不利竖向位移。由表3可以看出,在人群荷载作用下,两端自由的加劲梁轴力最小,一端固定一端自由+缆梁约束的加劲梁轴力最大;两端自由的加劲梁弯矩最小,两端固定的加劲梁弯矩最大。由表4可见,在人群荷载作用下,一端固定一端自由和一端固定一端自由+缆梁约束的加劲梁正挠度最大,而两端固定的加劲梁正挠度最小;两端固定的加劲梁反挠度最大,而两端自由和两端自由+缆梁约束的加劲梁反挠度最小。

人群荷载作用下加劲梁最不利内力 　　表3

内 力	两端固定	两端自由	一端固定一端自由	两端自由+缆梁约束	一端固定一端自由+缆梁约束
最大轴力(kN)	65.37	0	57.90	0	110.61
最小轴力(kN)	-492.89	-73.35	-245.70	-293.40	-478.46
最大弯矩(kN·m)	124.18	242.99	249.10	243.25	256.12
最小弯矩(kN·m)	-808.68	-281.06	-379.95	-280.42	-722.14
支座纵向反力(kN)	471.52	0	238.83	0	458.49

人群荷载作用下加劲梁最不利竖向位移(mm) 　　表4

位 移	两端固定	两端自由	一端固定一端自由	两端自由+缆梁约束	一端固定一端自由+缆梁约束
反挠度	46	41	42	41	43
正挠度	57	63	63	62	62

4.3 风荷载加劲梁静力特性分析

表5所示为横向风荷载作用下不同约束体系加劲梁最大横向位移和扭转角位移,由表5

可见,横向风荷载作用下,各种纵向约束条件下的加劲梁的横向最大位移相差不多;对于加劲梁的最大扭转角位移,两端自由+缆梁约束的最小,其他约束条件下的都相差不多。

横向风荷载加劲梁最大横向位移和扭转角位移　　　　表5

位　　移	两端固定	两端自由	一端固定一端自由	两端自由+缆梁约束	一端固定一端自由+缆梁约束
横向位移(m)	1.163 7	1.165 0	1.164 7	1.093 3	1.093 1
扭转(rad)	0.011 7	0.011 7	0.011 7	0.004 3	0.011 7

4.4 结构动力特性分析

结构的自振特性可以反映结构动力学行为的基本性能,是结构风振分析的基础[8],5种不同纵向约束体系的结构竖弯、侧弯的对称、反对称振动及扭转的自振频率见表6。图4给出了部分加劲梁振型图,图5、图6所示为不同纵向约束体系的主梁一、二阶振型频率。由表6、图5和图6可见,两端固定的一、二阶竖向对称和反对称的频率最大,两端自由+缆梁约束的一、二阶横向对称和反对称的频率最大;两端自由+缆梁约束的一阶扭转频率最大。

结构自振频率(Hz)　　　　表6

振型描述	两端固定	两端自由	一端固定一端自由	两端自由+缆梁约束	一端固定一端自由+缆梁约束
一阶横向对称弯曲	0.080 24	0.080 35	0.080 33	0.082 89	0.082 65
一阶横向反对称弯曲	0.184 7	0.184 9	0.184 8	0.190 3	0.190 2
一阶竖向对称弯曲	0.237 0	0.212 5	0.217 9	0.213 5	0.225 1
一阶竖向反对称弯曲	0.154 8	0.150 4	0.153 7	0.153 0	0.154 3
二阶横向对称弯曲	0.345 7	0.345 8	0.345 8	0.351 3	0.350 8
二阶横向反对称弯曲	0.568 6	0.568 8	0.568 7	0.593 5	0.577 0
二阶竖向对称弯曲	0.415 4	0.319 9	0.332 9	0.325 4	0.364 6
二阶竖向反对称弯曲	0.322 5	0.313 2	0.316 1	0.318 8	0.319 7
三阶横向对称弯曲	0.851 1	0.851 3	0.851 2	0.856 0	0.856 1
三阶横向反对称弯曲	1.185	1.185	1.185	1.187	0.577 0
三阶竖向对称弯曲	0.429 0	0.415 6	0.415 6	0.417 0	0.421 8
三阶竖向反对称弯曲	0.500 0	0.442 6	0.500 0	0.500 0	0.513 7
一阶扭转	1.175	1.178	1.177	1.296	1.294

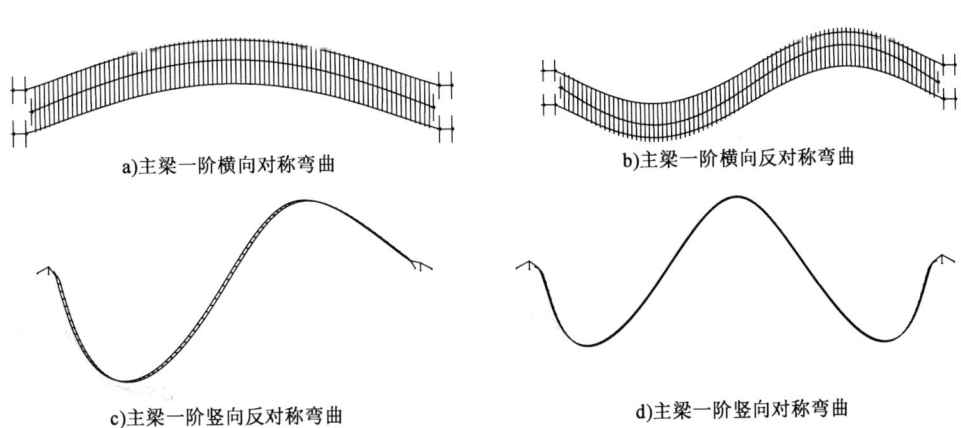

a)主梁一阶横向对称弯曲　　　　b)主梁一阶横向反对称弯曲

c)主梁一阶竖向反对称弯曲　　　　d)主梁一阶竖向对称弯曲

图4　部分加劲梁振型图

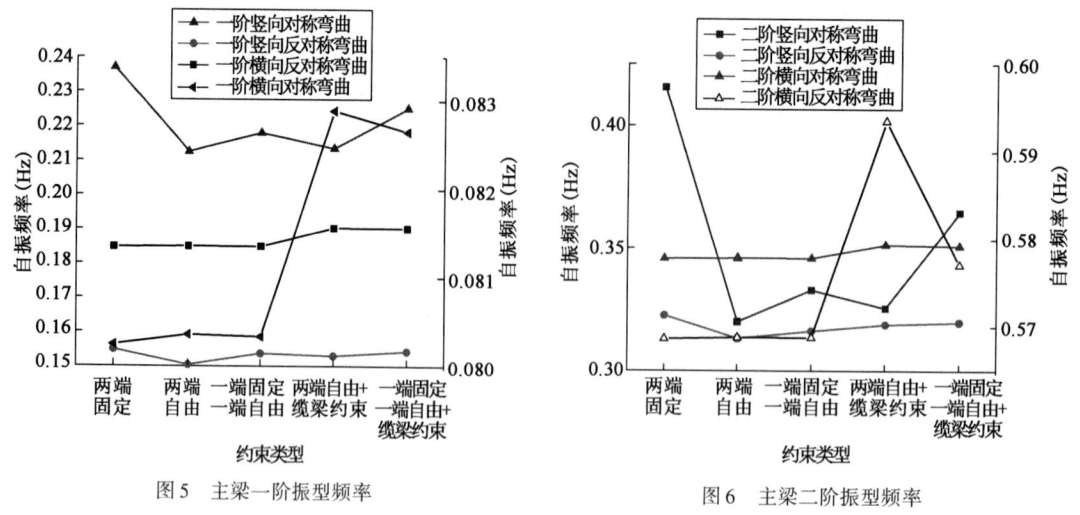

图5　主梁一阶振型频率　　　　　图6　主梁二阶振型频率

5　结语

(1)对于悬链线形加劲梁悬索桥,由于加劲梁曲率比较大,在加劲梁两侧梁端设置纵向约束支座,即使体系温度下,支座的纵向约束力也不大。

(2)在体系温度作用下,两端固定的加劲梁截面的应力最小,而一端固定一端自由的加劲梁截面的应力最大;两端固定的加劲梁的竖向位移最大,而两端自由的加劲梁竖向位移最小。说明对于悬链线结构有纵向约束,结构产生的轴力能够减小截面承受的弯矩。

(3)在人群荷载作用下,两端固定的加劲梁截面的内力和竖向位移最小,而一端固定一端自由的加劲梁截面的内力和的竖向位移最大。

(4)在横向风荷载作用下,两端固定的加劲梁横向位移最大,一端固定一端自由+缆梁约束的加劲梁横向位移最小;对于加劲梁的最大扭转角位移,两端自由+缆梁约束的最小,而两端自由的最大。

(5)对于悬链线结构的一、二阶竖向对称和反对向弯曲,两端固定的自振频率最大,两端自由最小;两端自由+缆梁约束的一、二阶横向对称和反对称的频率最大。两端固定相对于两端自由结构的绝大部分振型对应的自振频率都有所增大,说明结构的纵向约束能够提高结构的整体刚度。

(6)综合考虑结构的静动力特性,结合实际的工程背景,考虑相应的施工难度、经济性等因素,文中研究的拟建的某景区大跨度悬链线形加劲梁的人行悬索桥,选择两端固定的纵向约束体系是合理的。

参 考 文 献

[1] 张欣,刘勇.大跨度人行悬索桥静动力特性研究[J].公路工程,2019,44(03):74-79.

[2] 万田保.张家界大峡谷异型玻璃悬索桥设计关键技术[J].桥梁建设,2017,47(01):6-11.

[3] 王忠彬.张家界大峡谷玻璃桥缆索系统设计[J].桥梁建设,2017,47(03):83-87.

[4] 王杰,李建中.不同纵向约束体系对三塔悬索桥地震反应影响研究[J].石家庄铁道大学学报(自然科学版),2016,29(02)1-5+11.

[5] 马长飞,汪正兴,王波,等.武汉杨泗港长江大桥变参数粘滞阻尼约束体系研究[J].桥梁建设,2019,49(S1):45-50.
[6] 沈锐利,侯康,王路.三塔悬索桥结构竖向刚度及主缆抗滑需求[J].东南大学学报(自然科学版),2019,49(03):474-480.
[7] 中华人民共和国交通运输部.公路桥梁抗风设计规范规范:JTG/T 3360-01—2018[S].北京:人民交通出版社股份有限公司,2018.
[8] 李永乐.风-车-桥系统非线性空间耦合振动研究[D].成都:西南交通大学,2003.

146. 基于随机车流的斜拉桥拉索响应分析

朱志远[1]　黄侨[1]　任远[1]　樊梓元[1]　李西芝[2]
(1. 东南大学交通学院；2. 中设设计集团股份有限公司)

摘　要：为了预测车辆荷载作用下斜拉桥拉索的索力与疲劳性能，提出了基于随机车流的斜拉索响应分析方法。以桥梁收费站的静态称重数据和桥面监控资料为依据，根据不同的轴组类型对车辆进行了车型划分，采用极大似然估计方法，建立了车重、车速等相关参数的统计模型。基于泊松过程理论，编写模拟计算程序，对车辆的随机生成和在桥面的运行状况进行了模拟，结合斜拉索影响线，得到了一定交通量下桥梁的活载索力时程，并与长期监测系统实测索力分离出来的车辆荷载索力时程进行了对比分析。结果表明，基于随机车流的斜拉索索力分析方法可以较为准确的预测桥梁实际的车辆荷载和斜拉索索力，建模过程与方法可以为同类桥梁车辆荷载下的索力分析提供参考。

关键词：斜拉桥　拉索索力　随机车流　车辆荷载

斜拉桥具有优越的跨越能力和美观的造型，是大跨径桥梁的主要桥型之一。然而，随着公路桥梁交通量的不断增大，斜拉索的疲劳问题日益突出，已经成为斜拉桥养护管理过程中必须面对的问题。由于公路桥梁上的车辆荷载具有很强的随机性，而基于桥梁规范的设计汽车荷载并不能反映桥上车辆荷载的真实运营状况[1]。基于上述现状，根据特定桥梁的实测交通流数据建立随机车流模型，并将其作为汽车荷载分析斜拉桥的活载索力时程与疲劳性能是一种较为可行的方法[2]。

本文基于南京长江三桥收费站的静态称重数据和桥面监控资料，分析随机车流模型中相关参数的统计规律，编写程序，模拟南京长江三桥的斜拉索索力时程，并通过与长期监测系统的实测索力数据进行对比分析，验证模型的准确性，可为后续分析该桥斜拉索的疲劳性能提供可靠的车辆荷载数据。

1　车辆荷载的参数分析

建立基于实测车流数据的车辆荷载参数的统计模型是对随机车流进行模拟的基础。影响桥梁结构车辆荷载效应的主要因素是车辆的质量和车队的分布密度。车辆在桥面运行时，车辆的质量是一定的，而车辆的位置是时变的，这主要受车速的影响。另外，在不同空间尺度上

基金项目：江苏省自然科学基金项目，BK20181278；江苏省交通运输科技项目(重大专项)，2019Z02。

对构件的荷载效应进行分析时,所需要的车辆的简化模型也是不同的[3]。本文仅对斜拉索的作用效应进行分析,故可将车辆简化为质点进行模拟,在划分车型的基础上只考虑车重与车速的随机分布,而忽略轴距与轴重的影响。

1.1 车型

根据不同的轴组类型对车辆进行车型划分是国内外常用的方法。文献[4]根据收费站的记录,将371167辆车划分为6种车型。文献[5]参考《中国乘用车车型手册》,根据车轴数量划分了7种车型。本文在已有研究的基础上,结合南京长江三桥收费站2006年1月到2009年4月的静态称重数据库,选取白天车流量较大且具有代表性的时间段,即每日11时到12时的数据,根据数据库中的车轴类型 Axis ID 对车辆进行车型划分,建立了10种基本车型,如表1所示。经统计,在上述时间段内通过该收费站的车辆总数为307963辆,其中2类车最多,占总数的一半以上,其余各类车型的占比均小于10%。

车型分类　　　　　　　　　　　　　　　　表1

编号	图样	轴组类型	数量(辆)	比例
1	常见小客车	1+1	22 408	7.28%
2		1+2	195 166	63.37%
3		1+5	8 028	2.61%
4		1+1+2	8 109	2.63%
5		1+1+5	6 217	2.02%
6		1+2+2	3 009	0.98%
7		1+2+5	25 567	8.30%
8		1+2+7	26 428	8.58%
9		1+5+7	7 612	2.47%
10		1+1+2+7	3 026	0.98%

表1中的10种基本车型能够覆盖通过南京三桥收费站的99.2%的车辆,剩余车辆占比较少且并未出现车重超过基本车型最大车重的车辆,可不作为车型库中的基本车型,因此表1中的10种基本车型可以代表该段时间内通过南京长江三桥的所有车辆。在表1中,轴型1代表单轴(每侧单轮胎),轴型2代表单轴(每侧双轮胎),轴型5代表双轴(每侧双轮胎),轴型7代表三联轴(每侧双轮胎)。

1.2 车重

在上述车型分类的基础上,分别确定不同车型车重数据的统计模型。根据以往的研究,可以假设车型质量服从正态、对数正太、威布尔等理论分布,再对理论分布参数进行极大似然估计,若得到的概率密度函数可以通过 K-S 检验,则认为车型质量服从该分布。

以车型 2 的车重数据为例,经试算广义极值分布函数可以较好地对其进行拟合,如图 1 所示。

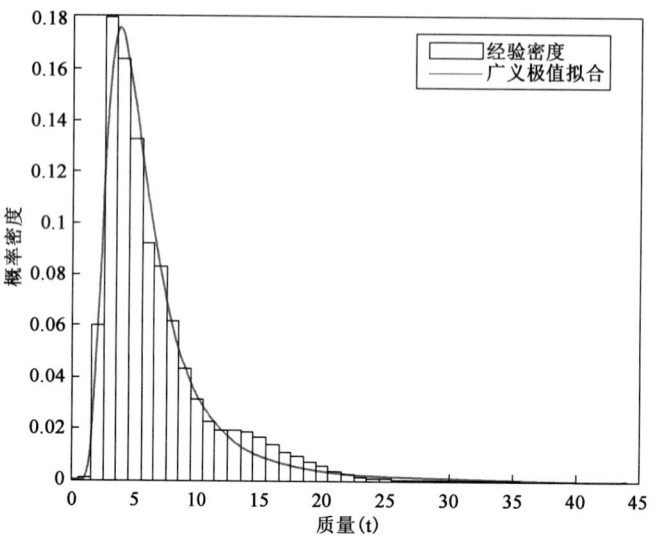

图 1 车型 2 车重分布拟合

假设 $f(x)$ 为拟合得到的车重概率密度函数,则:

$$f(x) = \frac{1}{\sigma}\exp\left(-\left(1+k\frac{x-\mu}{\sigma}\right)^{-\frac{1}{k}}\right)\left(1+k\frac{x-\mu}{\sigma}\right)^{-1-\frac{1}{k}} \quad (1)$$

采用极大似然估计法对式(1)中的参数进行估计,可得形状参数 k 为 0.352 3,尺度参数 σ 为 2.212 6,位置参数 μ 为 4.343 3,拟合结果可以通过 K-S 检验。

本文在确定不同车型车重数据的统计模型时发现,仅车型 1 和车型 2 的车重数据符合单峰分布的特征,其余车型的车重数据表现出显著的双峰分布特点。因此本文在建立车型 3～车型 10 的车重统计模型时,理论分布函数选用双峰正态分布或双峰正态—极值分布[6-8]。

双峰正态分布:

$$f(x) = \alpha\frac{1}{\sigma_1\sqrt{2\pi}}\exp\left(\frac{-(x-\mu_1)^2}{2\sigma_1^2}\right) + (1-\alpha)\frac{1}{\sigma_2\sqrt{2\pi}}\exp\left[\frac{-(x-\mu_2)^2}{2\sigma_2^2}\right] \quad (2)$$

双峰正态—极值分布:

$$f(x) = \alpha\frac{1}{\sigma_1}\exp\left[-\left(1+k\frac{x-\mu_1}{\sigma_1}\right)^{-\frac{1}{k}}\right]\left(1+k\frac{x-\mu_1}{\sigma_1}\right)^{-1-\frac{1}{k}} + (1-\alpha)\frac{1}{\sigma_2\sqrt{2\pi}}\exp\left(\frac{-(x-\mu_2)^2}{2\sigma_2^2}\right) \quad (3)$$

以车型 3 为例,假设车重数据服从双峰正态—极值分布,如图 2 所示。采用极大似然估计法对式(3)中的参数进行估计,可得 α 为 0.534 1、k 为 0.034 9、σ_1 为 1.936 3、μ_1 为 11.689 5、σ_2 为 27.088 9、μ_2 为 4.526 4,拟合结果可以通过 K-S 检验。

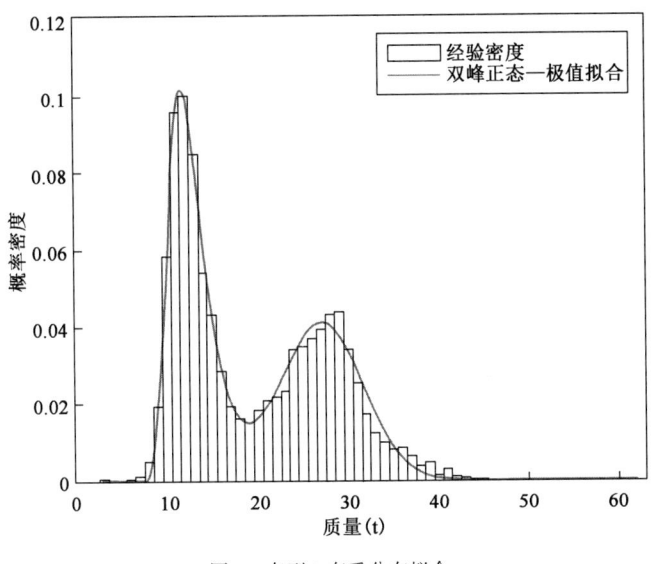

图2 车型3车重分布拟合

1.3 车速

车辆的行驶速度是随机车流模型中非常重要的参数,决定了车辆在车队中的位置。本文通过对南京长江三桥桥面监控视频的分析,得到了不同车型车速分布的经验概率密度,之后分别采用正态、对数正态、威布尔、Gamma、极值、t 等多种理论分布对其进行拟合与 K-S 检验。结果表明,不同车型的平均车速相差较大,总体上随着平均车重的增大而减小,但所有车型的车速分布均能较好地服从于 t 分布。以车型1为例,其车速分布服从于位置参数 μ 为 95.283 4,尺度参数 σ 为 15.135 6,形状参数 υ 为 5.752 5 的 t 分布,如图3所示。

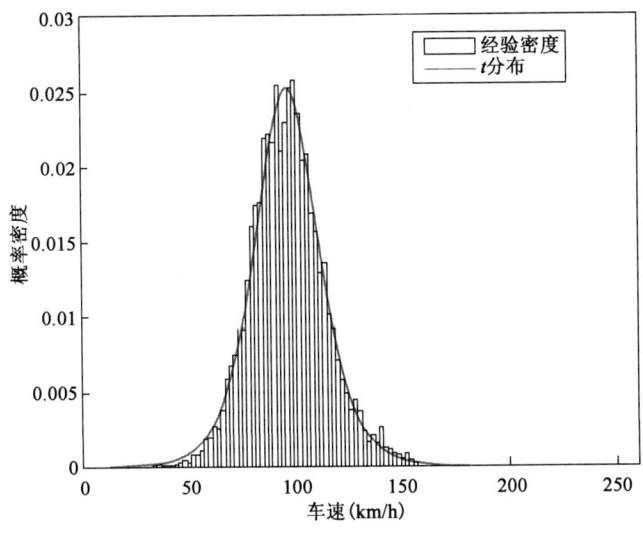

图3 车型1车速分布拟合

2 车辆达到模拟

桥面上运行车辆的初始间距是由车辆的到达时间间隔和车速共同决定。在车流密度不大,桥面并未发现拥堵现象时,车辆的到达过程可以视为泊松过程。泊松过程的定义如下:

如果随机过程$\{N(t),t\geq 0\}$满足下列条件：

(1) $\{N(t),t\geq 0\}$是具有平稳性的取非负整数值的独立增量过程，且$N(0)=0$。

(2) 对任意$0\leq s\leq t, N(t)-N(s)$服从参数为$\lambda(t-s)$的泊松分布，即：

$$P\{N(t)-N(s)=k\}=\frac{[\lambda(t-s)]^k}{k!}e^{-\lambda(t-s)} \quad k=0,1,2,\cdots \quad (4)$$

则称$\{N(t),t\geq 0\}$为参数为λ的(齐次)泊松过程。

本文提取南京长江三桥收费站2007年3月每日11时到12时的车辆到达数据，经试算其车辆到达时间间隔服从α为0.9899，β为13.7403的Gamma分布，如图4所示。由于参数α接近1，可以认为车辆达到时间间隔服从平均时间间隔μ为13.7403s的负指数分布。随机过程的时间间隔服从负指数分布等价于此随机过程为泊松过程。因此，在车流密度不大时，南京长江三桥车辆到达过程可以视为到达率为λ的泊松过程。λ为单位时间内到达的车辆数，与平均时间间隔μ互为倒数，对于一般情况可以按式(5)计算：

$$\lambda=\frac{1}{\mu}=\frac{Q_h}{3600} \quad (5)$$

式中：Q_h——随机车流模拟时间范围内的平均小时交通量。

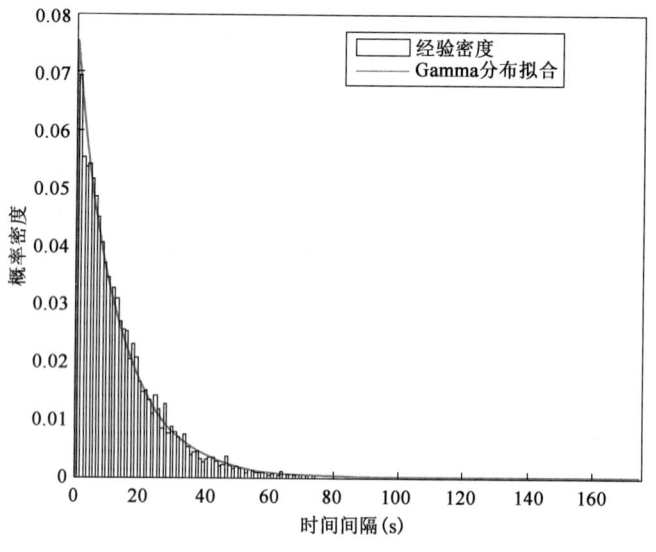

图4　车辆到达时间间隔分布拟合

3　斜拉索响应分析

为了验证提出的随机车流模型相关算法的适用性，本文根据背景桥2007年3月6日的车流量数据建立对应的模型。该日11时至12时的小时交通量为256辆/h，采用随机车流模型对该时间段内桥面上车辆的运行情况进行实时模拟，结合拉索影响线，同步计算上游NJ21号拉索的活载索力响应，并与采用小波分离方法从长期监测系统的索力数据中分离出来的实时索力增量进行对比，如图5所示。

图5为实际索力与随机车流模拟索力的对比。结果表明，在一般的运营情况下，采用本文提出的随机车流模型计算出的活载索力时程与长期监测系统所采集的索力活载效应具有较高的波形相似度，极值与平均值均较为接近，如表2所示。

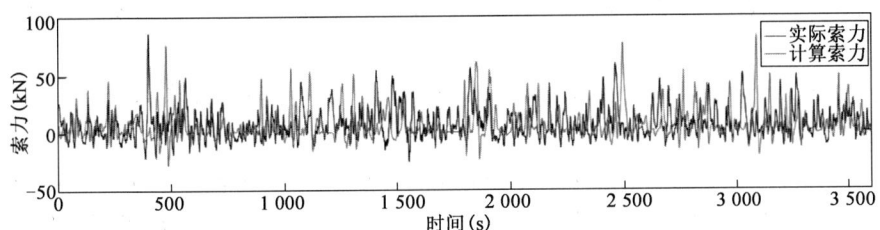

图5 2007年3月6日11时至12时实际索力与计算索力对比

实测活载索力与随机车流索力对比结果　　　　表2

项　目	最 小 值	最 大 值	0.95分位值	平 均 值
实测活载索力	−25.833 0	86.945 5	31.275 9	7.142 3
随机车流索力	−28.479 2	83.733 4	32.755 1	6.016 0
比值	1.10	0.96	1.05	0.84

表2中,随机车流索力的最小值、最大值与0.95分位值均与实测活载索力较为接近,误差在10%以内,平均值的相对误差虽然较大,但绝对误差只有1kN。

在此引入KL散度(Kullback – Leibler divergence)对模拟时程与实测时程的相似度进行评价。假设P、Q为两组随机变量,则KL散度为:

$$D_{kl}(P \| Q) = \int_{-\infty}^{+\infty} p(x) \ln \frac{p(x)}{q(x)} dx \tag{6}$$

式中:p、q——随机变量P、Q的概率密度函数。

采用式(6)计算模拟时程与实测时程之间的KL散度,其结果为0.145 8。表明本文提出的随机车流模型可以较好地用于南京长江三桥的活载索力分析。

4　结语

本文基于桥梁收费站的静态称重数据和桥面监控视频资料,研究了随机车流模型中车型、车重、车速与车辆到达时间间隔等相关参数的分布规律并构建了基于这些参数的统计模型,确立了用计算机模拟随机车流的相关算法,并结合影响线,计算了南京长江三桥的活载索力时程。具体结论如下:

(1)采用轴组类型对车辆进行车型划分时,可能导致部分车型的车重分布表现出双峰的特征,此时传统的正态、对数正态、威布尔等理论分布已无法适用,应选用双峰分布函数进行参数估计。

(2)在一般运营情况下,南京长江三桥的车辆到达过程可以视为泊松过程,其车辆到达时间间隔服从参数为平均到达间隔μ的负指数分布。

(3)实测动态索力与随机车流索力的对比结果表明,两者具有类似的概率密度函数,本文提出的随机车流模型能够较好地反映桥面上车辆的运营情况,可以作为汽车荷载用于分析斜拉桥的活载索力时程与疲劳性能的依据。

参 考 文 献

[1] Sergi Pérez Sifre, Roman Lenner. Bridge assessment reduction factors based on Monte Carlo routine with copulas[J]. Engineering Structures, 2019, 198.

［2］王强,苏成.公路桥梁随机车流的平稳性和各态历经性检验[J].公路交通科技,2015,32(4):64-69.

［3］林诗枫,黄侨,任远,等.基于南京长江三桥的车辆荷载模型[J].东南大学学报(自然科学版),2016,46(2):365-370.

［4］Tong Guo, Zhongxiang Liu, Shenjun Pan, Zhihong Pan. Cracking of Longitudinal Diaphragms in Long-Span Cable-Stayed Bridges[J]. Journal of Bridge Engineering, 2015, 20(11).

［5］Yuzhao Liang, Feng Xiong. Multi-parameter Dynamic Traffic Flow Simulation and Vehicle Load Effect Analysis based on Probability and Random Theory[J]. KSCE Journal of Civil Engineering, 2019, 23(8): 3581-3591.

［6］孙守旺,孙利民.基于实测的公路桥梁车辆荷载统计模型[J].同济大学学提(自然科学版),2012,40(2):198-204.

［7］Jian Zhao, Habib Tabatabai. Evaluation of a Permit Vehicle Model Using Weigh-in-Motion Truck Records[J]. Journal of Bridge Engineering, 2012, 17(2): 389-392.

［8］Habib Tabatabai, Hani Titi, Jian Zhao. WIM-based assessment of load effects on bridges due to various classes of heavy trucks[J]. Engineering Structures, 2017, 140: 189-198.

147. 基于 Ritz 法的混合梁刚构桥静动力分析

韦 鹏 冯 倩 徐荣桥

(浙江大学建筑工程学院交通工程研究所)

摘　要：本文针对混合梁刚构桥的静动力特性进行分析，以均布荷载下主梁跨中挠度及固有频率作为评估标准，将三跨连续刚构桥简化为带有弹簧支座的连续梁桥，以最小势能原理建立 Ritz 法的算法。将 Ritz 法计算结果与有限元结果进行对比，两者误差较小，并通过改变相关参数验证其合理性，结果显示本文算法的误差满足工程中对初步设计的要求。最后通过建立的 Ritz 法算法，对桥梁边主跨之比、钢箱梁与主跨之比等参数进行分析。

关键词：混合梁刚构桥　Ritz 法　试函数挠度　固有频率

1 引言

1.1 混合梁刚构桥特点

混合梁刚构桥，指在主跨跨径较大时，全跨采用混凝土梁无法满足技术要求时，在主跨跨中正弯矩区采用钢箱梁构造，减轻自重，并通过足够长度的钢混过渡段将其与混凝土梁结合，形成一个刚度大、强度高、受力合理、动力特性好的桥梁结构[1]，其整体结构如图 1 所示。目前，混合梁刚构桥在国内的应用日渐广泛，如重庆石板坡大桥、温州瓯江特大桥、广州鹤南大桥和广东小榄水道特大桥等[2-5]。

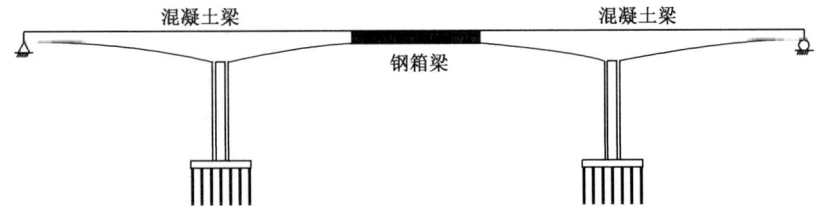

图 1　混合梁刚构桥整体结构图

从受力方面考虑，混合梁刚构桥在主跨正弯矩区采用了自重轻、抗拉刚度更大的钢箱梁，而负弯矩区采用抗压性能良好、自重较大及整体性更好的预应力混凝土结构，充分发挥各种材料良好的力学性能，增加了桥梁的跨越能力[6]。由于自重的减轻，跨中的正弯矩及主跨两端支座的负弯矩明显减小（图 2），图中 $M_{a2} \ll M_{a1}$、$M_{b2} \ll M_{b1}$，从而减小了桥跨梁体的应力和应变[7]。此外，又得益于混凝土梁的压重作用影响，有效降低了边跨支座处的负反力，抑制了边跨墩台的上浮。从经济性方面考虑，跨中正弯矩及墩顶负弯矩减小，减少了预应力筋用量。钢箱梁的使用，减小了混凝土材料自身的收缩和徐变，降低了桥梁长期的维护成本。从施工方面考虑，钢箱梁整体可以在工厂预制，通过整体吊装的方法进行施工，极大地缩短了组合跨径桥梁的施工周期[1]。另一方面，通过缩短悬臂施工混凝土梁的长度，提升了施工临时稳定性。

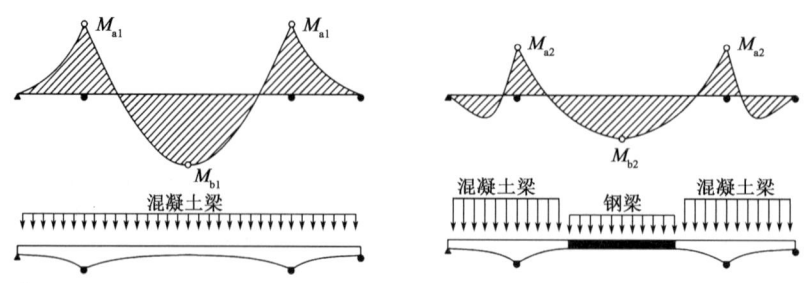

图 2　混合梁刚构桥与混凝土梁内力对比图

1.2　桥梁静动力特性分析方法

目前，在桥梁结构分析中主要运用的方法为有限元法、模型试验法及能量法。

有限元法的精确度主要取决于模型对实际边界条件、荷载状况以及材料等因素的模拟。在初步设计中，桥梁的设计参数在不断优化中进行改动，此时采用有限元法会导致重复建模，耗费大量的劳动力和时间成本。模型试验按照实际结构以特定的相似指标建造缩小比例的模型，并进行相关的静动力试验。虽然模型试验法更加清晰直观，但任一参数的更改都有可能导致模型的失效，且模型制作时间长，成本高。

相比于有限元法及模式试验，能量法借助计算机，可以针对性地修改相关参数，提高效率。Ritz 法作为能量法中的重要方法，已经被广泛应用到各种结构分析中。2009 年，同济大学苏旭霖等借助 Ritz 法推导了预应力张弦梁结构在荷载状态及张拉状态下的变形与内力公式[8]。南京工业大学张亮、蔡晶将 Ritz 法运用到多跨连续梁桥竖向有载频率研究，低阶自振频率与有限元法较为吻合，误差在 2% 以内[9]。

本文采用能量法中最小势能原理及 Ritz 法对混合梁刚构桥进行静动力特性的分析。

2　Ritz 法在混合梁刚构桥中的应用

2.1　计算假定及模型简化

混合梁刚构桥的结构原始模型见图 1。所选桥型为三跨对称连续刚构桥，主跨中部采用了一定长度的钢箱梁。假设钢箱梁与混凝土主梁完全固结，其余梁体均采用变截面混凝土梁构造，桥墩为双肢薄壁墩其下为桩基。利用原始模型直接进行 Ritz 法计算，对象过多，造成计算繁杂，有必要对结构进行进一步的简化。记 L 为桥梁全长，l_1 为两侧边跨长度，l_2 为中跨长度，h 为桥墩高度。

假设桥梁满足平截面假定，忽略桥墩剪切变形及轴向变形引起的应变能，仅保留桥墩由于在主梁固结处随变形产生的转角而引起的应变能。此时，可把桥墩与主梁的固结视作一特殊的弹簧支座，将桥墩简化为忽略轴向变形，仅有转角位移的弹簧，具体见图 3a)。其刚度参考胡克定律，含义为发生单位转角，在杆端所需要施加的弯矩，见图 3b)。由材料力学公式得：

$$\theta = \frac{Mh}{E_p I_p}, \text{则当} \theta = 1 \text{时}, k = M_0 = \frac{E_p I_p}{h} \tag{1}$$

且由于满足平截面假定,两个支座处转角满足:

$$\varphi = \frac{dw}{dx} \tag{2}$$

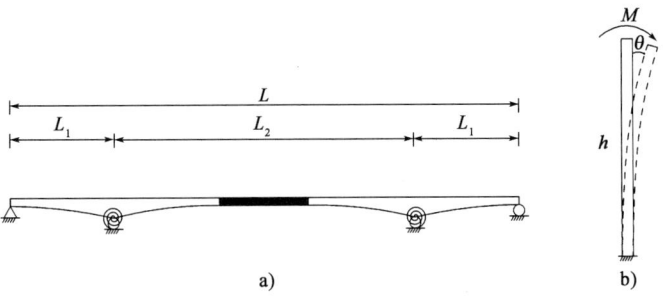

图3 模型简化及刚度分析图

2.2 静力特性分析算法

简化后的模型相当于两端简支,中间有两个弹性固支的对称连续梁。在变形后,除了主梁内产生的弯曲应变能外,还应包括两个弹性支座中弹簧产生的应变能以及外力做功,现推导结构体系的最小势能表达式,假设桥梁受均布荷载作用,忽略轴向变形,得:

$$\Pi = \frac{1}{2}\int_0^L E(x)I(x)\left(\frac{d^2w}{dx^2}\right)^2 dx + \frac{1}{2}k_1\left(\frac{dw}{dx}\right)^2_{x=l_1} + \frac{1}{2}k_3\left(\frac{dw}{dx}\right)^2_{x=l_3} - \int_0^L qw dx \tag{3}$$

其中 $l_3 = l_1 + l_2$。此时采用 Ritz 法,将 $w = \sum_{i=1}^n \xi_i \varphi_i$ 代入势能表达式中,并且忽略与后续变分运算无关的常数项,得:

$$\Pi = \frac{1}{2}\xi^T[K + Q(l_1) + Q(l_3)]\xi - \xi^T F \tag{4}$$

式中:K、Q——对称的矩阵;

F——一个列矢量,其表达式分别为:

$$K_{ij} = \int_0^L E(x)I(x)\frac{d^2\varphi_i}{dx^2}\frac{d^2\varphi_j}{dx^2}dx \tag{5}$$

$$Q(l_n)_{ij} = k_n \frac{d\varphi_i(l_n)}{dx}\frac{d\varphi_j(l_n)}{dx} \tag{6}$$

$$F_i = \int_0^L q\varphi_i dx \tag{7}$$

由最小势能原理可知,常数列 ξ 应使 Π 取最小值,即有:

$$\frac{\partial \Pi}{\partial \xi_i} = 0 \tag{8}$$

由式(8)可得:

$$[K + Q(l_1) + Q(l_3)]\xi = F \tag{9}$$

由式(9)解出常数列 ξ,从而确定挠度函数,求出桥梁跨中挠度。

2.3 动力特性分析算法

在动力特性分析中,采用与静力分析相似的方法,考虑两个弹性支座的弹性应变能响后,有结构角频率的泛函表达式:

$$\omega^2 = \operatorname{st} \frac{\int_0^L E(x)I(x)\left(\frac{d^2w}{dx^2}\right)^2 dx + k_1\left(\frac{dw}{dx}\right)^2_{x=l_1} + k_3\left(\frac{dw}{dx}\right)^2_{x=l_3}}{\int_0^L \rho(x)A(x)w^2 dx} \quad (10)$$

桥梁在振动过程中,若忽略阻尼的影响,只有体系的应变能与动能之间的相互转换。将泛函表达式(10)改写后,具有特定的物理意义:

$$\frac{1}{2}\int_0^L E(x)I(x)\left(\frac{d^2w}{dx^2}\right)^2 dx + \frac{1}{2}k_1\left(\frac{dw}{dx}\right)^2_{x=l_1} + \frac{1}{2}k_3\left(\frac{dw}{dx}\right)^2_{x=l_3} - \frac{1}{2}\omega^2\int_0^L \rho(x)A(x)w^2 dx = 0 \quad (11)$$

上式中的前三项为振动过程随时间变化梁中所蕴含的最大应变能,最后一项为梁体振动过程中的最大动能,所以上式也反映了能量守恒定律在变分原理中的应用[10]。

同样采用Ritz法对式(10)进行简化,将 $w = \sum_{i=1}^n \xi_i \varphi_i$ 代入,得:

$$\omega^2 = \operatorname{st} \frac{\xi^T[K + Q(l_1) + Q(l_3)]\xi}{\xi^T[M]\xi} \quad (12)$$

式中:K、Q、M——对称矩阵,其中 K、Q 表达式与式(5)、式(6)相同。

$$M_{ij} = \int_0^L \rho(x)A(x)\varphi_i\varphi_j dx \quad (13)$$

同理,泛函对列矢量 ξ 取驻立值,将式(13)转化为矩阵特征值问题,得:

$$[K + Q(l_1) + Q(l_3)]\xi - \omega^2 M\xi = 0 \quad (14)$$

进一步得:

$$|M^{-1}[K + Q(l_1) + Q(l_3)] - \omega^2 E| = 0 \quad (15)$$

由上式可求出 ω。

2.4 试函数的选取

在上述静动力分析算法中都采用了Ritz法,其中最关键的便是待定函数的选取。其一,试函数必须满足位移边界条件,即在四个支座处的挠度为0;其二,由于选取的结构为对称的连续梁,所以在均布荷载作用下的挠曲线及一阶固有振型,其变形曲线必然为对称函数;此外,由于边跨与中跨的长度不一,故选取简单三角函数进行计算不适合;最后,试函数形状需尽量符合实际结构的变形。由以上条件分析得:

$$\varphi_i = x^a(x-l_1)^b(x-l_3)^b(x-L)^a \quad (16)$$

对静力分析选取:

$$w = \xi_1 \cdot x^8(x-l_1)(x-l_3)(x-L)^8 \quad (17)$$

同理,针对动力特性分析选取两个试函数,即在静力函数得基础上再加上:

$$\varphi_2 = x(x-l_1)(x-l_3)(x-L) \quad (18)$$

选取动力特性分析挠度函数:

$$w = \xi_1 \cdot x^8(x-l_1)(x-l_3)(x-L)^8 + \xi_2 \cdot x(x-l_1)(x-l_3)(x-L) \quad (19)$$

3 算法验证

3.1 有限元模型的建立

选定的桥梁标准模型全桥长360m,跨度分布为80m+200m+80m,桥墩高度为50m,各桥梁组成材料见表1。桥墩采用实心矩形截面,尺寸为3×10m,双肢内侧的净距为6m,桥梁中间支座处截面高度不变,长度为12m。桥梁的截面形式为单箱单室,其高度为适应刚构桥主梁内力的分布特点,自中间支座向边支座及跨中呈2次抛物线形式变化,在中间支座处,梁高为10m,边支座及跨中与钢箱梁相连处为3.5m。混凝土箱梁截面顶板厚度0.35m,腹板厚度0.6m,底板厚度0.8m。钢箱梁段的所用的钢板除底板外均为20mm,底板为30mm,底板加劲肋高度为0.3m。具体截面见图4,截面均不考虑剪切变形。利用Midas Civil 2015建立选定的桥梁有限元模型,全桥布置80kN/m均布荷载(图5)。

桥梁材料参数　　表1

项目	材料	弹性模量(MPa)	密度(kg/m³)
混凝土主梁	C60混凝土	3.60×10^4	2 549
桥墩	C50混凝土	3.45×10^4	2 549
钢箱梁	Q345钢材	2.06×10^5	7 850

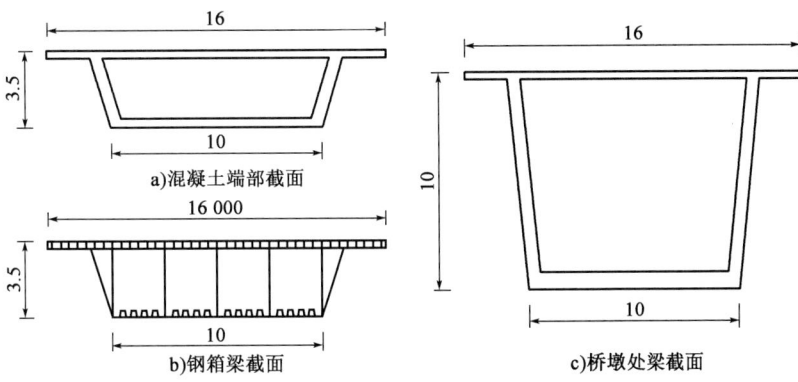

图4　桥梁截面图(m)

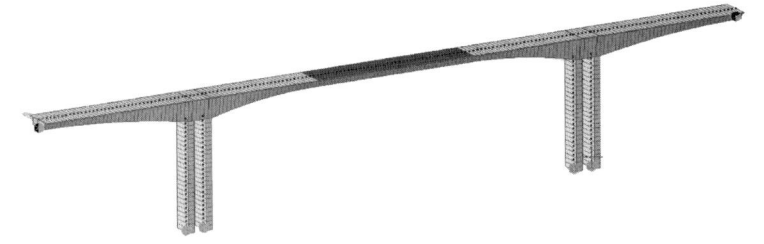

图5　桥梁有限元模型图

3.2 Ritz法计算结果评估

3.2.1 对标准模型计算结果验证

首先对标准模型进行计算,与有限元结果进行对比,计算具体结果见表2。

不同边跨长度Ritz法与有限元法对比　　表2

模型	80kN/m跨中挠度(cm)			频率(Hz)				
	有限元	Ritz法	误差(%)	有限元	Ritz法(试函数2.17)	误差(%)	Ritz法(试函数2.19)	误差(%)
标准模型	11.41	11.45	0.35	1.098 7	1.151 5	4.81	1.101 5	0.25

由表2可知,Ritz法中方选用的待定函数针对混合梁刚构桥由良好的计算效果,并且也证

明了在动力计算过程中,选用2个试函数[式(19)]比1个试函数[式(17)]精度更高。

3.2.2 算法适用性验证

上文通过与有限元法的对比,确定了 Ritz 法中的试函数。现欲通过改变桥梁跨径、钢箱梁长度以及桥墩高度验证算法的适用性,计算结果见表3、表4。观察四张表格的数据不难发现,改变边跨长度、钢箱梁段长度、桥墩高度时,将 Ritz 法结果与有限元法对比分析表明:Ritz 法理论能够良好地满足初步设计计算得要求,对跨中挠度的计算中误差4%以内。而在动力特性分析方面,采用了两个待定函数优化后的 Ritz 法对不同尺寸桥梁的固有频率计算与有限元法的误差基本维持在1%以内,最大不超过5%,完全满足了工程中对初步设计的精度要求。

80kN/m 均布荷载下 Ritz 法与有限元法挠度对比 表3

项 目	边跨长度(m)			钢箱梁长度(m)		墩高(m)	
	70	90	100	70	90	40	60
Ritz 法(cm)	11.43	11.22	10.77	10.91	12.08	11.37	11.51
有限元(cm)	11.49	11.30	11.17	10.88	12.06	11.06	11.70
误差(%)	0.52	0.71	3.58	0.28	0.17	2.80	1.62

Ritz 法与有限元法固有频率对比 表4

项 目	边跨长度(m)			钢箱梁长度(m)		墩高(m)	
	70	90	100	70	90	40	60
Ritz 法(cm)	1.099 4	1.113 5	1.136 6	1.077 9	1.115 1	1.122 9	1.082 7
有限元(cm)	1.103 3	1.094 0	1.088 6	1.076 4	1.109 1	1.131 7	1.069 2
误差(%)	0.35	1.78	4.80	0.14	0.54	0.78	1.26

4 混合梁刚构桥参数分析

针对混合梁刚构桥结构参数的优化,本文算法能够为该类型桥梁在今后工程的设计、施工、运营及维护提供有效的依据。利用 Ritz 法算法对刚构桥的重要结构参数即边跨跨径与主跨跨径比值、钢箱梁段长度与主跨跨径的比值进行分析优化。

4.1 边跨与主跨跨径比值

根据国内外已建成的整体连续刚构桥的数据资料,连续刚构桥边跨跨径与主跨跨径的比值在0.5～0.7之间,而大多数在0.52～0.56之间[11]。对于混合梁刚构桥,由于主跨钢箱梁段减轻了自重,提升了桥梁的跨越能力,其边跨与主跨之比允许小于整体预应力混凝土连续刚构桥,如重庆石板坡长江大桥复线桥边主跨之比为0.418,温州瓯江大桥边主跨比值为0.42。现令 ε_1 为边跨跨径与主跨跨径之比,保持主跨跨径200m不变,令 ε_1 从0.25～0.6变化,利用 Ritz 法计算,以其80kN/m 均布荷载作用下跨中挠度、固有频率为参考指标。结果见图6。

当边跨跨径从50～120m 发生变化时,在相同均布荷载作用下,跨中挠度以及钢箱梁两端的挠度均呈先增大后减小的变化趋势,并且当 ε_1 在0.35和0.45时,跨中挠度值和钢箱梁端部挠度值分别达到最大。随着边主跨比值的增大,桥梁的固有频率呈先减小后增大的趋势。当 ε_1 为0.35时,固有频率最小。从以上结果中得出,当边主跨比值为0.35～0.45时,相同荷载作用下挠度较大;当边主跨比值为0.35～0.40时频率较小,说明此时桥梁的整体刚度偏小,不适宜选择。综合考虑国内外连续刚构桥的边主跨比例分布,边主跨之比为0.45～0.6为最优解,既不会因为边跨过小导致主跨刚度过小,也避免了边跨刚度过大,导致边跨刚度不能满足设计要求。

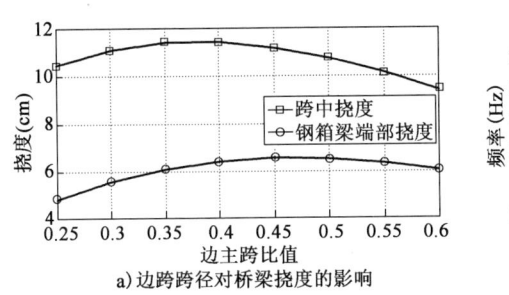
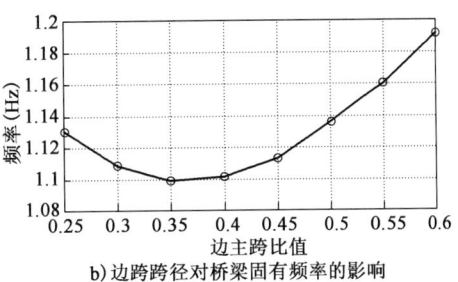

图6 边跨跨径对桥梁特性影响图

4.2 钢箱梁长度与主跨跨径比值

合理的钢箱梁长度及钢混过渡段的位置,能最大的发挥预应力混凝土主梁的作用,以及达到便于施工、经济高效的目的[12]。现令 ε_2 为钢箱梁段长度与主跨跨径的比值,同样以80kN/m跨中挠度,固有频率为参考指标,进行分析计算,计算结果见图7。

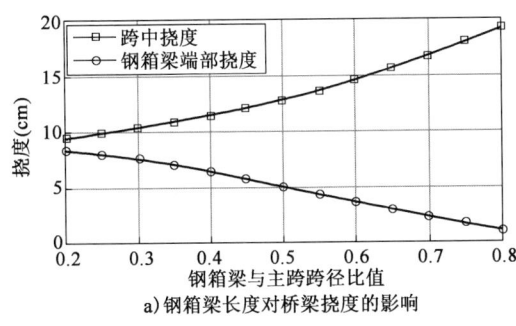
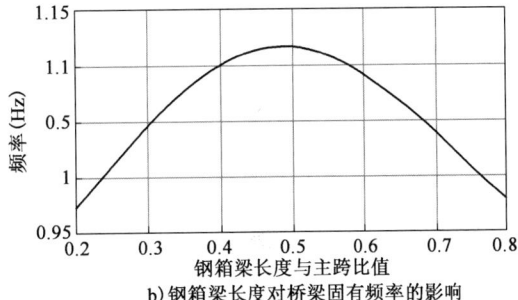

图7 钢箱梁长度与主跨的比值对桥梁特性的影响

从图7中分析可得,随着钢箱梁长度与主跨跨径比值的增大,跨中挠度逐渐增加,而钢箱梁端呈减小额趋势。这是由于钢箱梁的长度增加,主跨的刚度有所减小,而钢混结合段逐渐靠近中间桥墩,从而使得钢梁端挠度减小。从固有频率的变化趋势看,随着钢箱梁长度的增加,当 ε_2 为0.5时,桥梁的频率最大,且频率向两边逐渐减小,桥梁的整体刚度较好。所以,综合考虑以上情况,钢箱梁长度与主跨跨径的比值最宜为0.5。

5 结语

本文通过能量原理中的Ritz法,对混合梁刚构桥的静动力特性进行了分析。以某座特定的混合梁刚构桥作为算例,将Ritz法计算结果与Midas Civil有限元结果进行对比,证明了算法的适用性及可靠性,并通过对混合梁刚构桥梁的进一步优化分析,得到以下相关结论和建议:

(1)两个双肢薄壁墩在忽略剪切变形、轴向压缩变形的前提下可简化成两个抗弯弹簧,其刚度为墩顶发生单位转角,所需要在墩顶施加的弯矩,计算效果可满足工程需求。

(2)通过改变边跨长度、跨中钢箱梁段长度及桥墩高度对算法进行验证,与有限元结果误差控制在5%以内。

(3)利用Ritz法算法参数分析表明,边主跨之比为0.45~0.6较为适宜,钢箱梁与主跨径之比为0.5最佳。

参 考 文 献

[1] 杜阳.钢—预应力混凝土混合连续梁桥钢混结合段传力特征研究[D].武汉:武汉理工大学,2011.
[2] Tang MC. Segmental Bridges in Chongqing,China[J]. Journal of Bridge Engineering,2015,20(8):B4015001.
[3] 唐方清,罗嗣碧,戴万江.瓯江大桥主桥钢—混结合段设计[J].公路,2012(05):146-150.
[4] 韦清.大跨径混合梁连续刚构桥的设计研究[J].城市建设理论研究(电子版),2012,(4).
[5] 高鹏飞.小榄水道桥钢混结合段局部应力分析及设计构造研究[D].北京:北京交通大学,2012.
[6] 郝强.混合连续梁桥接头部位受力研究[D].吉林:吉林建筑大学,2014.
[7] 曹学亮.大跨度混合梁刚构桥整体承载性能试验研究[D].北京:北京交通大学,2014.
[8] 苏旭霖,刘晟,薛伟辰,等.基于瑞利-里兹法的预应力张弦梁变形与内力分析[J].空间结构,2009,15(1):49-54,96.
[9] 张亮,蔡晶.多跨连续梁桥竖向有载频率研究[J].江苏建筑,2010(01):35-37.
[10] 胡海昌.弹性力学的变分原理及其应用[M].北京:科学出版社,1981.
[11] 杨建新.预应力混凝土连续刚构桥设计参数优化分析[D].重庆:重庆交通大学,2016.
[12] 谢艳梅.混合梁连续刚构桥结构几何参数优化研究[D].重庆:西南交通大学,2013.

148. 裂缝对栓钉连接件中氯离子传递影响的数值分析

谭红梅[1]　曾善文[1]　徐晓青[2]　何东洋[1]

（1. 重庆交通大学土木工程学院；2. 重庆大学土木工程学院）

摘　要：针对钢-混凝土组合结构桥梁中栓钉连接件在氯离子侵蚀下的锈蚀问题，利用COMSOL Multiphysics 数值仿真软件，建立外加直流下栓钉连接件模型，模拟氯离子在栓钉连接件中的传递过程，研究混凝土裂缝对氯离子在栓钉连接件中传递的影响。同时，进行了氯盐环境中栓钉连接件电化学加速锈蚀试验，与有限元模拟结果进行了对比分析，验证了数值仿真结果的合理性。研究表明：裂缝加快了氯离子在栓钉连接件中的传递；可以利用有限元仿真来预测混凝土裂缝对栓钉连接件中氯离子传递和栓钉锈蚀分布的影响。

关键词：栓钉连接件　锈蚀　裂缝　氯离子传递　数值分析

1　引言

钢-混凝土组合结构是在钢结构和钢筋混凝土结构基础上发展起来的一种新型结构。它通过连接件将钢和混凝土有效地结合起来，充分利用钢材的抗拉性能和混凝土的抗压性能[1]。近年来，钢-混凝土组合结构因其轻型化、可装配等优势在现代桥梁建设领域中越来越广泛。

氯离子侵蚀下的栓钉锈蚀是钢-混凝土组合结构耐久性失效的主要原因之一。钢-混凝土组合梁的混凝土板开裂后，氯离子等有害离子更容易侵入[2-4]，将加速栓钉的锈蚀，使得栓钉锈蚀的问题更加突出。余志武等[5]设计了18个钢-混凝土组合梁研究氯离子入侵路径。研究表明：在正常使用极限状态下，钢梁和混凝土之间的黏结破坏后，氯离子主要从钢板与混凝土交界面处侵入对栓钉及钢梁进行腐蚀。陈驹等[6]设计了14个栓钉连接件的推出试件，进行了电化学加速锈蚀试验，并开展了推出试件锈蚀后的静力加载试验。结果表明，在钢梁两侧的栓钉锈蚀分布不均匀，对推出试件承载力有很大影响，承载力随不均匀系数的增大加速下降。张海鹏等[7]研究了栓钉锈蚀后负弯矩区钢-混凝土组合梁的疲劳性能，通过疲劳试验测试不同栓钉锈蚀率的组合梁经受疲劳循环加载后的材料应变、残余变形等。研究结果表明，栓钉锈蚀率的增加使组合梁疲劳寿命下降，使负弯矩区组合梁在经历相同疲劳加载次数后的残余变形

基金项目：高强混凝土中栓钉-橡胶组合连接件抗剪延性提升机制与损伤变形机理研究，51808069.

增加。根据目前的研究现状,可以看出钢-混凝土组合结构中裂缝对氯离子侵蚀环境下栓钉连接件的影响研究甚少。

为了研究裂缝对氯离子传递路径和对栓钉锈蚀的影响规律,本文建立了外加直流作用下栓钉连接件数值仿真模型,模拟了氯离子在栓钉连接件中的传递路径和聚集情况。并且开展了栓钉连接件电化学加速锈蚀试验,验证了有限元模型。

2 氯离子的传递机理

氯离子在混凝土中的传递主要由扩散、电迁移、对流、毛细作用以及吸附等五部分组成。本文将混凝土视为饱和的均质材料,将只考虑氯离子在混凝土中的扩散以及在电场作用下氯离子的迁移。

2.1 氯离子的扩散规律

在单位时间内通过垂直于扩散方向的单位截面积的扩散物质流量与该截面处的浓度梯度成正比。也就是说,浓度梯度越大,扩散通量越大。氯离子在混凝土中的二维扩散采用 Fick 定律,用下式来表达。

$$\frac{\partial C}{\partial t} = D \cdot \left(\frac{\partial^2 C}{\partial x^2} + \frac{\partial^2 C}{\partial y^2} \right) \tag{1}$$

式中:C——氯离子浓度,mol/m³;

D——氯离子扩散系数,m²/s;

x、y——沿 x 方向和 y 方向扩散的距离,m;

t——扩散时间,s。

2.2 氯离子的电迁移作用

根据 Nernst-Planck 方程,氯离子在电场作用下发生电迁移[8],如式(2)所示:

$$J_e = D \frac{zFE}{RT} C \tag{2}$$

式中:J_e——电迁移过程中单位时间单位面积氯离子流量,kg/(m²·s);

F——法拉第常数,9.6×10^5 C/mol;

z——离子化合价;

R——气体摩尔常数,8.314J/(K·mol);

T——温度,K;

E——杂散电流电场的电场强度,V/m。

3 栓钉连接件的锈蚀数值模拟

本文使用 COMSOL Multiphysics 有限元软件建立外加直流作用下栓钉连接件数值仿真模型。如图 1 所示,氯化钠溶液通过模型下表面浸入。模型中,假定混凝土为一种均质、氯离子扩散特性一致的材料,栓钉为氯离子不扩散的均质铸铁材料。模型假定外部溶液为质量分数 5% 的氯化钠溶液,即氯离子浓度 C 为 850mol/m³,未开裂混凝土中氯离子的扩散系数 $D_c = 24.51 \times 10^{-12}$ m²/s,溶液中的扩散系数 D_0 取为 2.03×10^{-9} m²/s。由于裂缝宽度较大,其扩散行为本质上属于Dirichelt边界问题,取 D_{cr} 为自由溶液中扩散系数,即 $D_{cr} = D_0 = 2.03 \times 10^{-9} m^2/s^{[9]}$。栓钉表面电势设为10V,通电时间为20d。

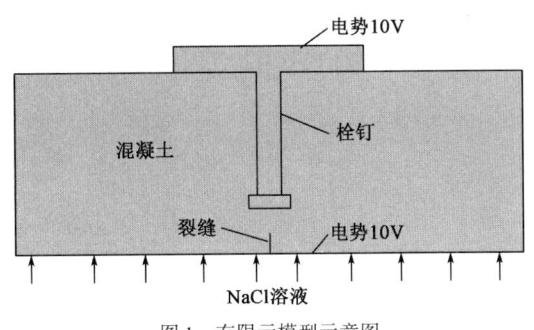

图1　有限元模型示意图

无裂缝栓钉连接件模型由栓钉、钢板和混凝土三部分组成。如图2a)所示,其中栓钉直径为19mm、高度105mm。钢板长宽均为150mm、厚20mm。混凝土长宽均为400mm、厚140mm。模型采用三角形单元划分,单元的总数为504个,在栓钉头部处进行单元加密处理。带裂缝栓钉连接件模型由栓钉、钢板、混凝土和裂缝四部分组成。如图2b)所示,其栓钉、钢板与混凝土等尺寸与无裂缝试件一致,裂缝宽度为0.2mm、深度为15mm。带裂缝栓钉连接件模型采用三角形单元划分,三角形单元的总数为2 165个,在栓钉头部和裂缝周围单元进行加密处理。

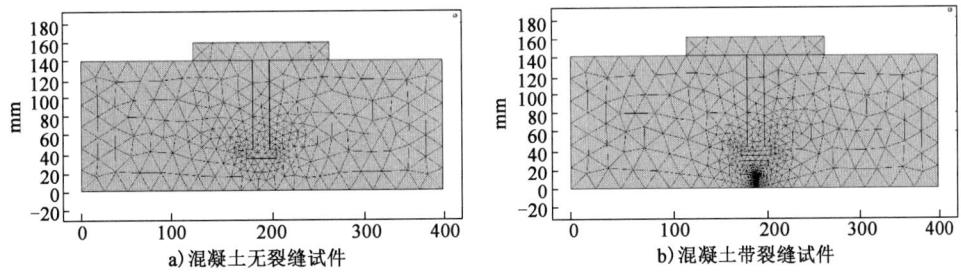

图2　栓钉连接件有限元模型

4　裂缝对栓钉连接件内氯离子传递的影响

4.1　无裂缝栓钉连接件模型

图3显示了不同时间下无裂缝栓钉连接件模型的氯离子浓度分布。在第0.1d时,即试件刚放入溶液时,氯离子随溶液沿着试件模型的混凝土下表面向试件内部扩散。在第1d时,由于电场作用,氯离子逐渐由混凝土下表面向栓钉头部扩散,且在栓钉头部聚集,但没有向栓钉杆部传递的趋势。在第2d,氯离子在栓钉头部的聚集明显,混凝土下表面至栓钉头部区域的氯离子浓度(大多在临界浓度850mol/m^3以下)与栓钉头部处的氯离子浓度(5×10^3mol/m^3左右)相差了1个数量级。在第20d,栓钉头部的氯离子不断聚集,且栓钉杆部区域的氯离子也产生了聚集效应。

4.2　带裂缝栓钉连接件模型

图4显示了不同时间下的带裂缝栓钉连接件模型的氯离子浓度分布。由于电场作用以及裂缝的影响,氯离子主要在裂缝周围向栓钉处扩散,在裂缝正上方的栓钉头部中心处聚集较为密集。

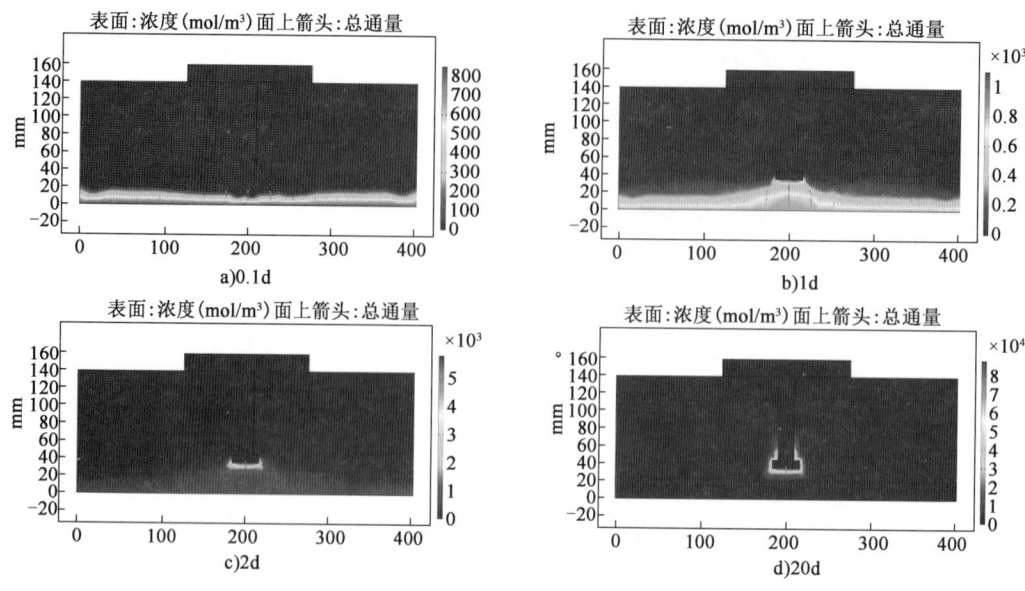

图3 无裂缝栓钉连接件氯离子浓度分布图

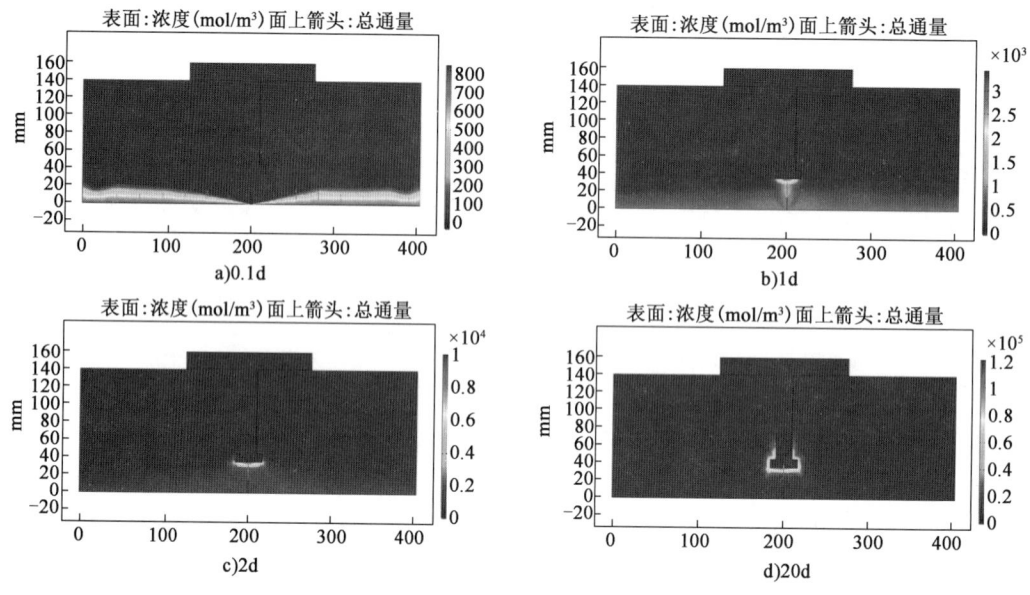

图4 带裂缝栓钉连接件氯离子浓度分布图

4.3 模型内部氯离子浓度分布对比分析

图5展示无裂缝与带裂缝栓钉连接件内部各点的氯离子浓度随时间变化曲线图。图5a)为栓钉周围各个特征点分布。图5b)中，带裂缝模型中的2-A、2-B、2-C三点的氯离子浓度均大于无裂缝模型中的三点，且位于栓钉头部处的 A 点的浓度差较为明显。而位于杆部的 B 点和 C 点处的氯离子浓度差则相对较小，且沿着杆部的延伸，两个模型的浓度差要越来越小。裂缝对栓钉头部的氯离子聚集分布影响较大，且带裂缝模型该区域的氯离子浓度明显高于无裂缝模型。裂缝对栓钉杆部区域的氯离子分布几乎没有影响,两个模型该区域的氯离子浓度

的变化趋势以及最终浓度大小基本一致。

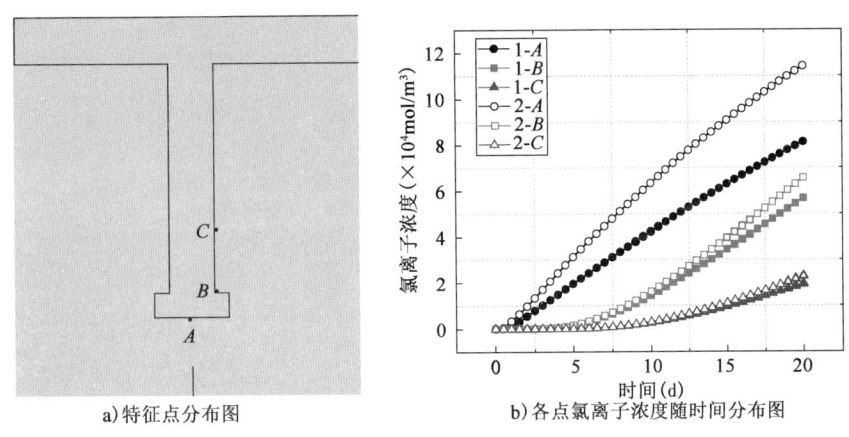

a) 特征点分布图　　　　　　b) 各点氯离子浓度随时间分布图

图5　混凝土无裂缝与有裂缝栓钉连接件内部各点氯离子浓度随时间分布图

5　栓钉连接件锈蚀试验验证

为了验证上述有限元模型,对强度等级 C40 混凝土中栓钉连接件进行了电化学加速锈蚀试验,如图6所示。混凝土板的长宽为 400mm、厚 200mm。裂缝宽度为 0.2mm、深度为 15mm。试件浇筑后进行了 28d 养护,随后将混凝土板朝下浸入 850mol/m³ 的 NaCl 溶液中。把钢板接连接到外加直流电源的正极,在 NaCl 溶液中布置一块不锈钢网并将其连接到外加直流电源的负极,从而形成电解池加快栓钉的锈蚀。

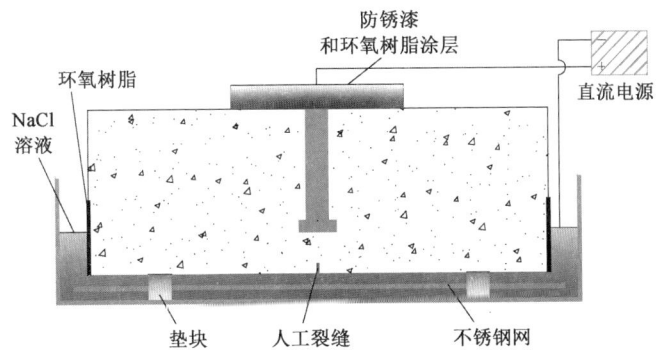

图6　恒定电流通电加速锈蚀示意图

对上述栓钉连接件通以 40mA 的恒定电流锈蚀 20d 后钻孔取出,混凝土无裂缝试件与带裂缝试件的栓钉头部如图7所示。结果表明,栓钉的头部锈蚀情况较严重,栓钉头出现了锈蚀剥落情况。从栓钉头部到杆部,栓钉的锈蚀程度逐渐减弱甚至其根部基本没有锈蚀。由于混凝土中氯离子的含量越高,栓钉开始锈蚀的时间越早。且栓钉锈蚀后以及进入稳定锈蚀阶段时氯离子含量越高,栓钉锈蚀速率越大。由此知本试验得到的锈蚀分布与有限元分析得到的氯离子分布结果吻合较好。因此,本文有限元分析方法可用于预测混凝土裂缝对栓钉连接件中氯离子传递和栓钉锈蚀分布的影响。

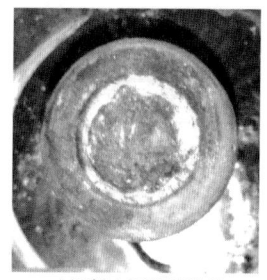
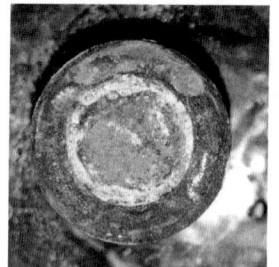

a) 混凝土无裂缝试件　　　　b) 混凝土带裂缝试件

图 7　栓钉锈蚀结果

6　结语

通过建立混凝土无裂缝与混凝土带裂缝栓钉连接件的有限元模型,研究了裂缝对氯离子在栓钉连接件中传递的影响。同时,通过开展栓钉连接件的电化学加速锈蚀试验对有限元分析结果进行了验证。由有限元计算结果和试验结果可以得到以下结论:

(1)使用 COMSOL Multiphysics 有限元软件进行栓钉连接件中氯离子的数值仿真计算得到的氯离子分布结果与试验所得到的锈蚀分布结果基本吻合。因此,可将本文的有限元分析方法用于预测混凝土裂缝对栓钉连接件中氯离子传递和栓钉锈蚀分布的影响。

(2)混凝土裂缝的存在会加快氯离子在栓钉头部的聚集,尤其是裂缝正上方处栓钉头部表面的氯离子聚集。

参 考 文 献

[1]《中国公路学报》编辑部. 中国桥梁工程学术研究综述 2014[J]. 中国公路学报,2014,27(05):1-96.

[2] 施惠生,郭晓潞,张贺. 氯离子含量对混凝土中钢筋锈蚀的影响[J]. 水泥技术,2009(05):21-25.

[3] S. J. Jaffer,C. M. Hansson. The influence of cracks on chloride-induced corrosion of steel in ordinary Portland cement and high-performance concretes subjected to different loading conditions [J]. Corrosion Science,2008,50(12).

[4] C. Arya,F. K. Ofori-Darko. Influence of crack frequency on reinforcement corrosion in concrete [J]. Cement and Concrete Research,1996,26(3).

[5] 余志武,匡亚川,龚匡晖,等. 加速锈蚀钢-混凝土组合梁的性能试验研究[J]. 铁道科学与工程学报,2010,7(03):1-5.

[6] 陈驹,蒋遂宇,金伟良. 锈蚀推出试件的承载力影响因素分析[J]. 建筑结构学报,2014,35(S2):268-273.

[7] 张海鹏,陈驹,金伟良,等. 栓钉锈蚀的钢-混凝土组合梁疲劳性能研究[J]. 建筑结构学报,2019,40(05):89-95.

[8] L. Bertolini,M. Carsana,P. Pedeferri. Corrosion behaviour of steel in concrete in the presence of stray current[J]. Corrosion Science,2006,49(3).

[9] 金浏,杜修力,李悦. 氯离子在饱和混凝土裂缝中的扩散系数分析. 工程力学,2016,(5),50-56.

149. 氯盐环境下混凝土构件耐久性可靠度的贝叶斯修正方法

卫璞

(上海市政工程设计研究总院(集团)有限公司)

摘 要：近年来，国内外研究者多采用时变可靠度理论描述结构退化过程，以考虑分析中涉及的诸多不确定性。为在时变可靠度分析中引入检测信息，以获得更符合实际的退化描述，本文以贝叶斯理论为基础，以氯盐环境下的混凝土构件为研究对象，建立了基于检测结果的时变可靠度修正方法。最后以某大型混凝土桥梁工程为背景进行了数值分析，并对计算结果进行讨论。

关键词：氯盐 耐久性 可靠度 检测 贝叶斯修正

1 引言

桥梁结构在其寿命周期内不可避免地经历各类损伤和性能退化。保障其正常运营的一项基础工作，是对退化过程进行合理描述。由于影响桥梁寿命周期性能的因素众多，且存在大量不确定性，因此近年来，国内外研究者均以时变可靠度理论为基础，对桥梁性能退化进行评价[1-5]。此类研究大多采用理论模型和环境、结构数据的概率分布信息，建立时变可靠度的预测模型。

事实上，桥梁管养部门会在运营期进行多次检测，检测结果是对桥梁运营状况的直接描述，包含丰富有效的信息。因此，如果以现有时变可靠度的研究成果为基础，对构件性能退化情况进行预判，再利用检测数据对先验判断进行修正与更新，这样可综合利用理论和检测两类信息，对桥梁运营状态得出更为合理的预测和判断。上述过程本质上是对先验信息和检测信息的合理融合，贝叶斯理论以条件概率为基础，提供了由先验信息和实测信息获得后验信息的系统性方法。

本文以氯盐环境中的混凝土构件为研究对象，建立上述时变可靠度的贝叶斯修正方法，为类似工程的性能评价和管理养护等工作提供借鉴。

2 贝叶斯理论简介

贝叶斯理论的基础为贝叶斯公式，假设 $B_1, B_2, \cdots, B_n$ 是样本空间 Ω 的子集，满足两两不相交，且并集为全集 Ω 这两个条件，设 A 为 Ω 中的一个事件，则按照条件概率的定义，有：

$$P(B_i|A) = \frac{P(A|B_i)}{P(A)} = \frac{P(A|B_i)}{\sum_{j=1}^{n} P(A|B_j)P(B_j)} \quad (1)$$

式中,$P(B_i)$可以认为是对B_i事件的原始认知,而$P(B_i|A)$则可认为是在事件A发生后,对B_i这一事件的重新认识。因此,贝叶斯公式是利用已知结果对未知原因进行再认识的过程,是一种重要的归纳推理思维。

获得先验理论判断后,实测信息可以通过贝叶斯公式与先验信息进行融合,获得更为准确的后验信息,这一特点与土木工程领域的检测评价工作非常契合。因此,已有众多学者对贝叶斯理论在钢筋锈蚀[6]、疲劳裂纹扩展[7]和在役结构承载力评估[8]等问题中的应用进行了探讨。

3 检测精度模型

之所以采用可靠度理论对结构退化情况进行描述,是为了充分考虑结构寿命周期内涉及的各类不确定性。虽然检测结果的引入可以提高可靠度预测的准确性,但同时也不可避免地由于检测精度有限而引入新的不确定性。因此,在建立可靠度修正格式之前,需要对检测精度进行概率性描述。

检测中的不确定性包括两类:①当未检测到某一量值时,并不能证明该量值为0,而可能是该值较小,低于仪器的可检范围。实际检测工作中,无论是氯离子的浓度检测、钢结构的疲劳裂纹检测等,都会碰到此类情况;②检测到某种量值,但由于仪器误差,检测值与实际值间存在一定偏离。

对于第一类不确定性,通常采用可检概率(Probability of Detection,PoD)进行描述,表示某一微小量值能够被检测到的概率。Frangopol等[9-10]定义了正态型可检概率模型,如下所示:

$$\text{PoD} = \Phi\left(\frac{\delta_c - \delta_{0.5}}{\sigma_\delta}\right) \quad (2)$$

式中:Φ——标准正态累积概率函数;

δ_c——待检测值的实际量值;

$\delta_{0.5}$——待检测值检测概率达到50%时的量值,是表征检测方法精度的主要指标,其值越小,可检概率越高;

σ_δ——待检测值可检量值的标准差。

第二类不确定性来源于检测误差,表示获得的检测数值与真实值之间的偏差。检测误差事实上就是测量误差,一般认为其服从0均值的正态分布。因此,只需将真实值视为正态分布随机变量,均值取为检测值,变异系数由仪器精度确定即可。

4 可靠度修正

氯盐环境中混凝土的耐久性极限状态定义为钢筋或预应力筋位置处的氯离子浓度达到临界浓度,对应功能函数定义为[5]:

$$Z_1 = C_{c,cr} - C_c(x,y,t) \quad (3)$$

式中: t——时间;

(x,y)——钢筋所在位置坐标;

$C_c(x,y,t)$——t时间钢筋或预应力筋位置氯离子浓度,可由经验公式、解析法或有限元方法[5]进行求解；

$C_{c,cr}$——临界氯离子浓度。

氯离子检测结果可能为两种情况：①钢筋位置未检测到氯离子：此时，氯离子在混凝土内部的扩散还不充分，钢筋位置处的氯离子浓度在可检值以下；②测得了钢筋位置的氯离子浓度为 $C_{c,m}$：该值应认为存在一定误差，误差大小与检测手段有关，由检测精度模型描述。在已有可靠度预测结果上，分别引入上述两种检测结果，对初始评估进行修正。

4.1 未测出氯离子时的修正

令钢筋位置处能检测到的最小氯离子浓度为 $C_{c,d}$，$C_{c,d}$ 应视为随机变量，其分布由 PoD 函数给出，"未测得氯离子"这一结果对应的事件 A_1 可以表示为：

$$Z_{A_1} = C_c(x, y, t_m) - C_{c,d} \leq 0 \tag{4}$$

根据贝叶斯公式，修正后的耐久性失效概率为：

$$P_{f_1|A_1} = \frac{P(Z_1 \leq 0, Z_{A_1} \leq 0)}{P(Z_{A_1} \leq 0)} \tag{5}$$

将检测函数[式(3)]也视为某种"失效事件"对应的功能函数，并定义相应的"可靠度" β_{A_1}，而耐久性可靠度值为 β_1，则上式可以写为：

$$P_{f_1|A_1} = \frac{\Phi_2(-\beta_1, -\beta_{A_1}; \rho_{1,A_1})}{\Phi(-\beta_{A_1})} \tag{6}$$

式中：Φ 和 Φ_2——一维和二维标准正态累积概率函数，可采用数值积分法按下式计算[12]：

$$\Phi_2(-\beta_i, -\beta_j; \rho_{i,j}) = \Phi(-\beta_i)\Phi(-\beta_j) + \int_0^{\rho_{i,j}} \varphi_2(\beta_i, \beta_j; z) dz \tag{7}$$

ρ_{1,A_1} 为极限状态方程 $Z_1 = 0$ 和 $Z_{A_1} = 0$ 的相关系数，可由下式求解：

$$\rho_{1,A_1} = \alpha_1^T \alpha_{A_1} \tag{8}$$

式中：α_1 和 α_{A_1}——标准正态空间中，两组极限状态方程在验算点处的单位法向量。

其计算方法可参考标准 JC 法[11]，此处不再赘述。求得更新后的失效概率 $P_{f_1|A_1}$ 后，修正后的可靠度指标则可由下式求出：

$$\beta_{1|A_1} = -\Phi^{-1}(P_{f_1|A_1}) \tag{9}$$

性能分析中所涉及的随机参数也可获得修正，例如混凝土扩散系数等较难直接测量的随机变量，在获得检测结果 A_1 后可以对其先验分布进行更新，以更符合实际。第 k 个随机参数 X_k 的后验概率密度函数为：

$$f_{X_k|A_1}(x_k) = \frac{P(Z_{A_1} \leq 0 | X_k = x_k) f_{X_k}(x_k)}{P(Z_{A_1} \leq 0)}$$

$$= \frac{\Phi(-\beta_{A_1|X_k=x_k})}{\Phi(-\beta_{A_1})} f_{X_k}(x_k) \tag{10}$$

式中：f_{X_k} 和 $f_{X_k|A_1}$——参数 X_k 的先验和后验概率密度函数；

$\beta_{A_1|X_k=x_k}$——限定 $X_k = x_k$ 后极限状态方程 $Z_{A_1} = 0$ 对应的可靠度值。

4.2 测得氯离子浓度时的修正

当测得钢筋位置氯离子浓度为 $C_{c,m}$，该检测结果（记为 A_2）可以表示为：

$$Z_{A_2} = C_c(x,y,t_m) - C_{c,m} = 0 \quad (11)$$

上式的发生概率为0,需要由概率密度函数进行描述,修正后的防护失效概率可以表示为:

$$P_{f_1|A_2} = \frac{\frac{\partial}{\partial \varepsilon}P(Z_1 \leq 0, Z_{A_2} \leq \varepsilon)\Big|_{\varepsilon=0}}{\frac{\partial}{\partial \varepsilon}P(Z_{A_2} \leq \varepsilon)\Big|_{\varepsilon=0}} = \frac{\frac{\partial}{\partial \beta_{A_2}}\Phi_2(-\beta_1, -\beta_{A_2}; \rho_{1,A_2})}{\frac{\partial}{\partial \beta_{A_2}}\Phi(-\beta_{A_2})} = \Phi\left(-\frac{\beta_1 - \rho_{1,A_2}\beta_{A_2}}{\sqrt{1-\rho_{1,A_2}^2}}\right) \quad (12)$$

即修正后的可靠度指标为:

$$\beta_{1|A_2} = \frac{\beta_1 - \rho_{1,A_2}\beta_{A_2}}{\sqrt{1-\rho_{1,A_2}^2}} \quad (13)$$

式中,β_{A_2}和ρ_{1,A_2}与4.1节类似,均可将检测函数[式(7)]视为功能函数,通过常规可靠度计算理论进行求解。

第k个随机参数X_k的后验概率密度函数为:

$$f_{X_k|A_2}(x_k) = \frac{\frac{\partial}{\partial \varepsilon}P(Z_{A_2} \leq \varepsilon \mid X_k = x_k)\Big|_{\varepsilon=0}}{\frac{\partial}{\partial \varepsilon}P(Z_{A_2} \leq \varepsilon)\Big|_{\varepsilon=0}}f_{X_k}(x_k) = \frac{\sigma_{Z_{A_2}}\varphi(-\beta_{A_2|X_k=x_k})}{\sigma_{Z_{A_2}|X_k=x_k}\varphi(-\beta_{A_2})}f_{X_k}(x_k) \quad (14)$$

式中:$\sigma_{Z_{A_2}}$和$\sigma_{Z_{A_2}|X_k=x_k}$——Z_{A_2}和限定$X_k=x_k$时Z_{A_2}的标准差;

φ——标准正态概率密度函数;

其余参数命名方式与4.1节一致。

5 算例

以某大型混合梁斜拉桥主梁为分析对象,该桥基本信息及分析参数与参考文献[5]相同。基本随机变量分布情况如表1所示。计算点分布参见图1。本文研究重点为可靠度更新理论及其算法,因此假定若干检测结果对初始时变可靠度分析结果(仅以计算点2为例)进行修正,以展示计算过程并针对计算结果做一般性讨论。

基本随机变量分布 表1

参 数	均 值	变异系数	分布类型
环境氯离子浓度 $C_{c,e}$	$3.5 kg/m^3$	0.5	正态
氯离子扩散系数 D_c	$5.644 \times 10^{-5} m^2/$年	0.2	对数正态
临界氯离子浓度 $C_{c,cr}$	$0.962 kg/m^3$	0.15	正态

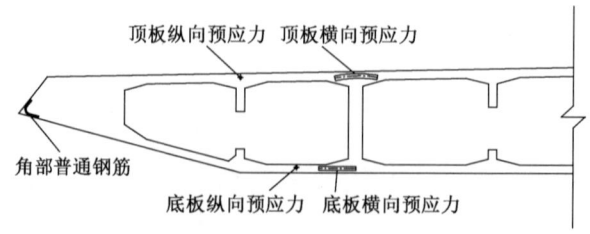

图1 时变可靠度计算点示意

图 2 示出了检测结果 A_1，即"钢筋位置未测得氯离子"事件对耐久性可靠度的修正情况。氯离子检测 PoD 模型选用式(2)形式，三组实线中 $\delta_{0.5}$ 均为 $0.02kg/m^3$，表示该浓度的氯离子有 50% 的概率可被检测到，该值的变异系数取为 0.1，三组实线对应的检测时间分别为 30 年、50 年和 70 年。从计算结果可以看出，由于钢筋位置未检测到氯离子，先验的可靠度预测结果可获得不同程度的提升，其中，检测时间越迟，证明结构寿命末期氯离子浓度仍在较低水平之下，获得的可靠度提升程度也越高。虚线和点划线分别为 $\delta_{0.5}$ 等于 0.04 和 $0.06kg/m^3$ 时的分析结果，$\delta_{0.5}$ 越大证明检测手段对微小量值的检测能力越弱，因此，虽然对先验可靠度水平有提升作用，但随着检测精度的降低，提升程度也在逐渐减小。

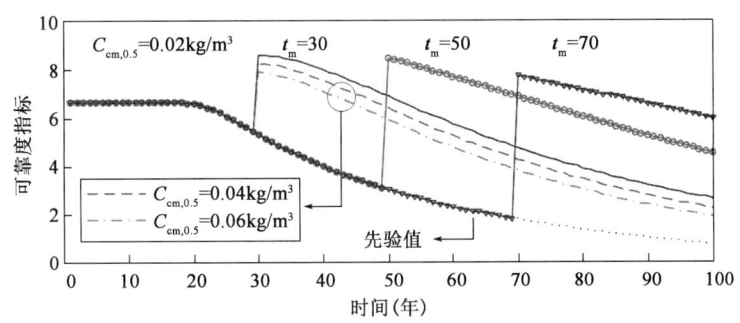

图 2 A1 型检测结果(未测得氯离子)对耐久性可靠度的修正

图 3 为检测结果 A_2，即"钢筋位置测得氯离子浓度为 $C_{c,m}$"对防护失效可靠度的修正结果。如前所述，为考虑测量精度，$C_{c,m}$ 按正态分布模拟，变异系数取为 0.1，测量时间为第 50 年。与 A_1 结果不同，由于测得的氯离子浓度可高可低，因此修正后的可靠度水平也可能低于或高于先验值，后验可靠度的修正方向反应先验预测与检测结果的偏离情况。从图中可以看出，当测量值为 0.2 和 $0.4kg/m^3$，后验可靠度指高程于先验值，而当测量值为 $0.6kg/m^3$ 时，后验可靠度值低于先验值。值得注意的是，当测量值为 $0.4kg/m^3$ 时，虽然在测量初期，后验可靠度值有所提高，但同时可靠度下降趋势发生变化，在寿命末期，后验可靠度反而低于先验水平。

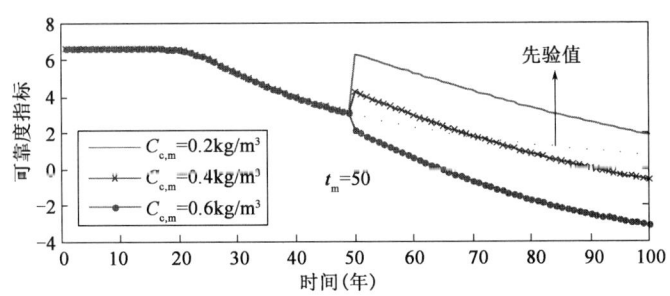

图 3 A2 型检测结果(测得氯离子浓度为 $C_{c,m}$)对耐久性可靠度的修正

如前所述，检测结果不仅可以修正耐久性可靠度，也可对相关基本随机变量的分布进行修正，以使其更符合实际。图 4 示出了两类检测结果对氯离子扩散系数概率密度的修正结果。其中"未测得氯离子"检测结果均使得分部整体左移，表明初始氯离子扩散系数估计过高；而"测得氯离子浓度"时，随着检测结果的高低，偏移程度有所不同。值得注意的是，后验分布的离散程度均明显低于先验分布，表明引入检测结果后，对相关参数的认识更加准确，因此离散性有所降低。这也解释了图 3 中测量值为 $0.4kg/m^3$ 时可靠度的变化趋势：检测完成初期，由

于参数离散性的降低,后验可靠度有所提升,但由于扩散系数整体向较大值方向移动,表明实际氯离子扩散比先验预测更快,因此,随着时间的推移,修正后的可靠度值在寿命末期反而低于先验值。

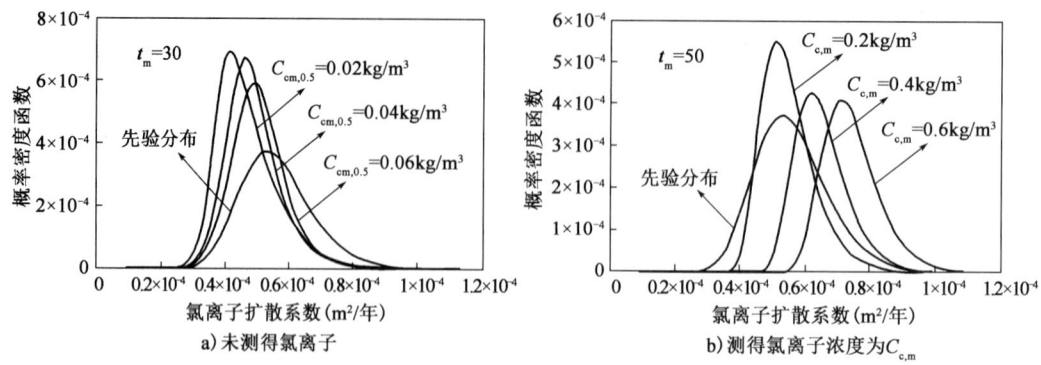

图4 检测结果对氯离子扩散系数的修正

通过检测结果对各参数进行修正后,之后的一切性能分析应当在后验分布基础上进行。

6 结语

本文以贝叶斯理论为基础,建立基于检测信息的时变可靠度修正方法,主要工作如下:

①将检测误差分为两类,并分别通过 PoD 函数和正态分布型误差描述二者带来的不确定性;

②以氯盐环境下的混凝土桥梁构件为研究对象,针对"未测得氯离子浓度"和"测得氯离子浓度"两组检测结果,建立了时变可靠度及基本随机变量的修正格式。

③以某大型混凝土桥梁为工程背景,应用上述修正方法进行了数值计算,并对结果进行了讨论:"未测得氯离子"检测结果通常会使先验的耐久性可靠度预测有所提升;"测得氯离子浓度"时,根据检测值的大小,可能提升也可能降低先验可靠度值;对基本随机变量(如氯离子扩散系数等)的修正可能呈现不同趋势,但整体离散性均有所减小。

参 考 文 献

[1] Stewart M G, Al-Harthy A. Pitting corrosion and structural reliability of corroding RC structures: Experimental data and probabilistic analysis [J]. Reliability Engineering and System Safety,2008,93(3):373-382.

[2] Frangopol D M, Kallen M J, Noortwijk J M. Probabilistic models for life-cycle performance of deteriorating structures: review and future directions[J]. Progress in structural engineering and Materials,2004,6(4):197-212.

[3] Czarnecki A A, Nowak A S. Time-variant reliability profiles for steel girder bridges[J]. Structural Safety,2008,30(1):49-64.

[4] 樊玲,李江腾,卢文平,等.钢筋混凝土氯离子时变扩散及起始锈胀时变可靠度研究[J].中南大学学报(自然科学版),2015(03):1043-1049.

[5] 卫璞.氯盐环境下大型混凝土桥梁构件耐久性可靠度分析[J].公路,2017,(11):62-66.

[6] 金伟良,袁迎曙,卫军. 氯盐环境下混凝土结构耐久性理论与设计方法[M]. 北京:科学出版社,2011.

[7] De-León-Escobedo D, Delgado-Hernández D, Martinez-Martinez L, et al. Corrosion initiation time updating by epistemic uncertainty as an alternative to schedule the first inspection time of pre-stressed concrete vehicular bridge beams[J]. Structure and Infrastructure Engineering, 2013, 10(8): 998-1010.

[8] Zhang R, Mahadevan S. Model uncertainty and Bayesian updating in reliability-based inspection[J]. Structural Safety, 2000, 22(2): 145-160.

[9] Jacinto L, Neves L C, Santos L O. Bayesian assessment of an existing bridge: a case study[J]. Structure and Infrastructure Engineering, 2015: 1-17.

[10] Frangopol D M, Lin K Y, Estes A C. Life-cycle cost design of deteriorating structure[J]. Architectural Engineering, 1997: 13.

[11] Kim S, Frangopol D M, Zhu B. Probabilistic Optimum Inspection/Repair Planning to Extend Lifetime of Deteriorating Structures[J]. Journal of Performance of Constructed Facilities, 2011, 25(6): 534-544.

[12] 张明. 结构可靠度分析:方法与程序:methods and procedures[M]. 北京:科学出版社, 2009.

[13] Thoft-Christensen P, Murotsu Y. Application of structural systems reliability theory[M]. Springer, 1986.

150. 钢结构桥梁附属设施的腐蚀现状及原因分析

司家宁[1] 陈嘉敏[1] 丰月华[2] 俞海勇[1]

(1. 上海市建筑科学研究院有限公司；2. 浙江公路水运工程咨询有限公司)

摘 要：附属设施的腐蚀直接影响桥梁的使用安全与使用寿命。本文针对钢结构桥梁附属设施的腐蚀问题，调研浙江省及周边地区13座典型钢结构桥梁。选择其中腐蚀情况较为突出的巡检设施、桥面附属设施、检查车、支座部分，总结腐蚀现状，分析腐蚀原因，提出防腐建议。并以全寿命周期角度考虑，从设计、施工、养护方面，分析影响腐蚀的因素。为钢结构桥梁的设计施工及运营养护提供参考。

关键词：钢结构桥梁 附属设施 防腐 检查车 支座

1 引言

近年来，随着钢结构桥梁应用规模的增加和技术的进步，钢结构桥梁的防腐越来越得到业界的重视。其主体结构、缆索系统、下部结构等承担桥梁结构安全的部件防腐措施有长足进步。但附属设施不属于结构部件，多为桥梁的功能性部件，其腐蚀情况往往不受重视，防腐措施相对于主体钢结构较为简单。附属设施的损伤会影响桥梁的安全性和使用性，产生"千里之堤溃于蚁穴"的效果。本文通过比较浙江省及其周边地区的13座典型钢结构桥梁的附属设施，汇总各类附属设施腐蚀现状，总结存在的共性问题、分析问题产生原因、提出改进方案以及合理化建议。

2 调研桥梁对象

本文所调研的钢结构桥梁共13座，主要分布在浙江及其周边的沿海区域以及高山峡谷区域，所处区域环境湿度大、温度高、盐度高，属于《金属与合金的腐蚀 大气腐蚀性 分类、测定和评估》(ISO 9223—2012)规定的C4、C5环境。其结构形式主要包括悬索桥、斜拉桥。桥梁服役年限为27年至1年，表1对调研桥梁的所在区域、开工年份、建成年份进行汇总。

基金项目：浙江省交通运输厅科研计划项目，2019059.

桥梁情况汇总 表1

所在地区	桥梁编号	开工年份	建成年份
浙江舟山	A桥	2005	2009
浙江舟山	B桥	2006	2009
浙江舟山	C桥	2000	2006
浙江杭州湾	D桥	2008	2013
浙江杭州湾	E桥	2000	2008
浙江象山	F桥	2008	2012
上海	G桥	1993	2000
上海	H桥	2002	2005
福建厦门	I桥	1997	1999
广东广州	J桥	1992	1997
广东广州	K桥	2013	2019
浙江杭州	L桥	2005	2008
湖南吉首	M桥	2007	2012

除K桥在调研时尚未施工完成外,其他12座桥梁均为建成已投入使用状态。建成时间较晚的桥梁的防腐涂层及其他防腐措施也较为先进,但建成时间较早的桥梁也经历过多次大修。因此本文仅从调查时存在的腐蚀现状入手,分析腐蚀原因,提出防腐建议。

3 各类附属设施的腐蚀现状与防腐建议

根据附属设施的用途,可将其分为巡检设施、桥面附属设施、检查车、支座、伸缩装置、除湿机、阻尼器等。调研桥梁各类附属设施普遍存在不同程度的涂层劣化、钢材腐蚀情况。本文选择腐蚀问题较为严重的巡检设施、桥面附属设施、检查车、支座四个部分,分析腐蚀原因,并提出防腐建议。

3.1 巡检设施

巡检设施可分为巡检通道、巡检楼梯、检修电梯等,是桥梁日常巡查、养护的主要设施。本次调研桥梁的巡检设施基本可以使用,但所有桥梁的巡检设施都存在不同程度的腐蚀问题。调研桥梁巡检设施的腐蚀现状,如表2所示。

调研桥梁的巡检设施腐蚀现状 表2

桥梁编号	巡检设施	腐蚀现状
A桥	巡检通道、楼梯	钢材腐蚀
D桥	巡检通道、楼梯	涂层破损剥离,钢材锈蚀 螺栓锈蚀、松动、缺失
E桥	巡检通道、楼梯	桥塔内检修爬梯涂层剥落、锈蚀
F桥	巡检通道、楼梯	塔内检修爬梯涂层剥落、锈蚀 护栏、塔内检修爬梯等钢材锈蚀 螺栓锈蚀、松动、缺失塔内检修爬梯涂层剥落、锈蚀
H桥	海上平台	构件锈蚀和机电设备故障
I桥	检查通道	积水、设施锈蚀
J桥	检修电梯	存在安全隐患
L桥	巡检通道、楼梯	设施锈蚀

总体上看,调研桥梁的巡检通道、巡检楼梯、检修电梯普遍出现耐久性问题,巡检设施的防腐涂层、电气机械设备稳定运行问题较为突出。根据实桥调研结果,结合表1、表2可知海上桥梁的巡检设施腐蚀情况尤为严重。特别是位于下部结构如桥墩、防撞箱的巡检设施,该处的巡检平台处于浪溅区,但防腐涂装与其他部位巡检设施的防腐涂层基本一致,因此下部结构上的巡检设施腐蚀最为严重。

巡检设施的共性问题为涂层破损剥离、钢材锈蚀,以及由此产生的巡检设施、巡检电梯失效。引起腐蚀的原因主要有以下几点:①防腐涂层等级较低。②塔内湿气过高。③工人进行施工、检查工作时,所携带的设施和巡检通道护栏等发生擦碰,从而损伤涂层。

针对腐蚀现状,可以通过以下措施规避问题:①应提高巡检通道得防腐等级,改善涂层质量。②桥塔、通道内设置除湿机,以降低塔内湿度。③桥塔内安装电梯,提高日常巡检水平。④完善巡检设备的布置,提高巡检设备的易到性、安全性,以保证巡检人员的安全。⑤提高电梯等机电设备的防腐等级,并保持年检。

一般来说,整个桥梁的巡检设施都是统一的防腐涂装,这就导致腐蚀环境最恶劣的区域,腐蚀得最严重,因此需要根据巡检设施所处的位置,使用不同的防腐涂层体系。因为只有设置更加齐全完备的检修通道、检修电梯,保证检修通道良好的维护运行,才能够满足针对重要结构设施安全实现可达、可检、可修的要求。

3.2 桥面附属设施

桥面附属设施,包括护栏、风障、灯杆等,是行车过程中最容易被关注到的附属设施。调研桥面附属设施基本完好,螺栓腐蚀较为严重,调研桥梁桥面附属设施的腐蚀现状,如表3所示。

调研桥梁的桥面附属设施腐蚀现状　　　　表3

桥梁编号	应用情况
E桥、F桥、M桥	涂层劣化,钢材锈蚀
H桥	涂层劣化,螺栓腐蚀
K桥	表面防腐层有机械损坏情况

桥面附属设施耐久性问题主要为大面积涂层剥落、结构锈蚀;护栏易受车辆或施工时等因素造成的机械碰撞导致涂层损坏引发锈蚀,如图1所示。

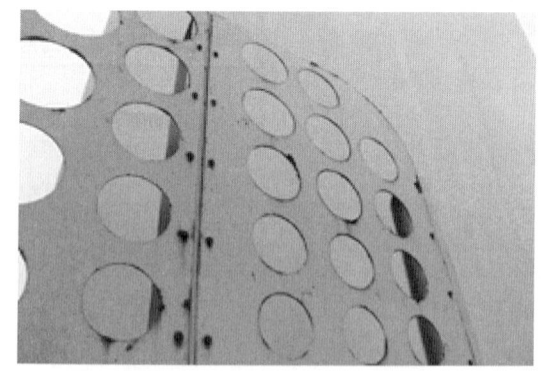

图1　桥面附属设施病害

根据现场调查分析,镀塑层脱落主要原因是由于风速太大(50m/s),风中含沙量大,与灯杆垂直碰撞,犹如工业喷砂,在热浸锌表面的镀塑层的结合力小于钢管和热浸锌的结合力,所以镀塑层会被风吹掉。针对腐蚀现状,一方面要重视此类附属构件的耐久性,提高其防腐涂层等级,改善涂层质量。另一方面养护过程中需要增加检查和修补频率。

护栏属于桥梁的附属设施,通常不受重视,但是在开车经过时,钢护栏因为位置原因,非常容易受到关注,因此钢护栏的涂层劣化情况更加容易被关注到。部分新建桥梁护栏采用不锈钢材料,防腐系统效果优异,在多座桥梁中表现最好,并且耐久性适用,效果美观,在今后的新建桥梁中可推广使用。

3.3 检查车

通过对钢结构桥梁耐久性资料调研和实桥调研,所调研桥梁检查车的采用材质,有钢结构和铝合金两类,如表4所示。

调研桥梁的检查车腐蚀现状 表4

桥梁编号	检查车材质	腐蚀现状
A桥	钢结构	无法正常使用
B桥		无法正常使用
E桥		无法正常使用
F桥		钢材锈蚀
L桥		无法正常使用;涂层剥落,钢材锈蚀
M桥		无法正常使用;涂层剥落,钢材锈蚀
I桥	铝合金	无法正常使用;涂层剥落,钢材锈蚀
J桥		无法正常使用;涂层剥落,钢材锈蚀
D桥		少数涂层剥落
K桥		未投入使用

检查车普遍出现若干耐久性问题,钢结构材质的检查车问题更加突出。检查车的防腐涂层、电气机械设备稳定运行等耐久性问题尚待进一步研究解决。耐久性故障指的是经过一段时间使用后,设备因耐久性不足引发的故障。具体故障内容及提升建议见表5,检查车典型病害见图2。

检查车故障及提升建议 表5

故障内容	提升建议
电机系统未做耐腐蚀处理,1~2年就出故障	采用轻质、高强的航空铝合金材料
轨道,传动系统生锈,耐腐蚀性差	提高耐久性标准,根据桥位实际情况进行专项的设计和改良
滑导线易受周围环境污染,需要定期擦洗	保证电机、控制台等机电设备正常运转

图2 检查车典型病害

大部分桥梁的检修车等设备都处于故障或缺乏保养的状况。桥梁检查车普遍存在行走故障和耐久性问题。检查车,特别是梁外检查车,使用过程中存在一定的危险性,养护单位使用频率很低。同时,长时间不使用后再次使用时发现检查车已经损坏不可使用,最终导致检查车被废弃。这证明现行的检查车系统存在问题,不能满足工作要求。建议采用铝合金检查车,并通过进一步研究以改良电气控制和行走系统。

3.4 支座

桥梁支座作为梁体与墩台之间起承上启下作用的关键部件,其耐久性直接影响到桥梁工程的使用寿命。目前桥梁支座主要采用普通钢材+油漆涂层等方式,一般在油漆有效年限后,需要周期性地对油漆进行补涂或重新涂层维护。尤其是海洋腐蚀环境下的支座锈蚀问题,对桥梁的安全性和耐久性造成严重影响。支座的腐蚀现状,如表6所示。

调研桥梁的支座腐蚀现状　　　　表6

桥梁编号	腐蚀现状
A桥	螺栓腐蚀、松动;支座积水;表面涂层劣化
B桥	钢材腐蚀、表面涂层劣化;螺栓腐蚀、松动
C桥	螺栓松动、缺失、锈蚀;防尘罩破损;钢材腐蚀、表面涂层劣化
D桥	支座积水;钢材锈蚀
E桥	良好
G桥	靠墩顶内侧固定螺栓处滴水,造成墩顶混凝土腐蚀
H桥	涂层劣化,螺栓腐蚀
I桥	横向支座顶死、四氟板脱落;盆式支座锈蚀
L桥	良好
M桥	螺栓松动、缺失、锈蚀;钢材锈蚀

钢结构桥梁的支座主要有竖向支座和抗风支座两大类。支座是桥梁上下部结构关联的关键部位,支座的耐久性直接影响到桥梁的运营情况。调研桥梁所采用的支座均未到达其设计使用年限,通过调研和分析发现调研桥梁支座的耐久性情况总体较好。

支座的主要问题为螺栓腐蚀、松动、缺失;涂层劣化、钢材腐蚀;以及支座处积水、滴水。其中螺栓腐蚀、松动、缺失的主要原因是防腐等级较低,在海洋环境下发生涂层破损进而导致螺栓钢材锈蚀。建议提高螺栓的防腐设计等级,并加强施工过程中的保护和涂层质量监控。涂层劣化、钢材腐蚀的主要原因为防腐设计等级不足。建议提高重要设备的防腐等级,改善涂层质量。增加检查和修补频率。

最为严重的是支座处积水、滴水。原因主要是是由于汇水路线问题,雨水、露水积聚在支座处;其次,支座区域排水不畅。在水的长期作用下涂层劣化,钢材锈蚀。对于以上问题,一方面重视钢箱梁的汇水路线设计,注意桥面排水、钢箱梁表面露水的流动路线,同时提高支座的防腐涂层质量等级。另一方面也可通过使用耐候钢、不锈钢、铝合金等材质的支座,减少腐蚀的发生。

4 从全寿命周期角度分析腐蚀影响因素

桥梁作为一种昂贵的、不易维修的重要交通设施,可从全寿命周期的角度根据各类附属设施的腐蚀原因,从设计、施工、养护维度分析腐蚀影响因素。

4.1 设计因素

同一部位不同设施的防腐措施不一致。防腐涂层应该根据被保护构建所属的结构部位和易修复程度划分,而不是根据其重要程度划分。例如,桥墩处的检修平台处于浪溅区,但涂层却主体钢结构的涂层一致,导致锈蚀速度远快于主体钢结构。另外,某桥护栏为不锈钢材质,但螺栓等处锈迹斑斑,锈水流到桥的侧面既影响耐久性,也影响桥体美观。

防腐等级不足。巡检设施普遍劣化严重是因为未做适应性的防腐措施,或巡检设施钢结构本身是不锈钢材质或涂层完好,但螺栓、焊接等连接处未做处理或涂层等级不足,导致巡检设施处于危险状态,危及工作人员人身安全。机电设备、功能性设备也需针对腐蚀环境提高防腐涂层,保证设备可持续运转。

设计时应考虑雨水的汇水路线问题,避免支座、阻尼器等处积水。

4.2 施工因素

施工过程对涂层造成损伤。施工过程中本身也会对涂层产生损伤,表现比较严重的是螺栓部分。几乎在每个螺栓使用部位都存在螺栓腐蚀。且施工后难以修补涂层,耐久性问题较为严重。螺栓涂层存在问题,螺栓处存在间隙腐蚀,涂层一旦劣化,腐蚀速度将远高于平面部位。因此施工时应加强螺栓处的涂层水平。

4.3 养护因素

运营单位日常巡查不全面。桥梁的腐蚀是一个变化相对较为缓慢的过程,部分养护单位发现桥体出现损伤时,并未及时处理,甚至并未及时记录,小缺陷如,如开裂、积水、设备失灵等,随着时间的推移逐渐演变为钢材腐蚀,功能失效。另外,应避免在巡检过程中损伤涂层。避免金属工具直接撞击涂层。

保证巡检设备安全性。本次调查可见大量巡检设施、设备锈蚀、失效、存在安全隐患。巡检设施有效是桥梁维护的先决条件,也是人身健康的重要保障,养护单位应加强巡检设施检查,避免出现意外事故。很多巡检设施是施工时期的临时设施,并不在大桥的设计中。被大桥运营部门保留后,这些设施未加强防腐涂层。建议养护单位重视巡检设施的安全性,及时更换问题设施。

5 结语

(1)调研桥梁为浙江省及其周边地区13座钢结构桥梁,其所处环境为ISO 9223—2012规定的C4、C5环境。附属设施普遍存在不同程度的涂层劣化、钢材腐蚀情况。

(2)巡检设施需提高防腐涂层等级,对不同部位的巡检设施应使用不同的防腐涂层和防腐措施,保证巡检设施与所在部位的防腐要求相匹配。桥面附属设施需提高美观性。

(3)检查车普遍处于故障或缺乏保养的状况,部分已经废弃。其电气控制系统和行走系统均不能满足桥梁所在环境要求,证明现行的检查车系统存在问题,建议全面提升检查车防腐水平。

(4)支座防腐涂层相对良好,但存在由汇水线路问题引起的涂层劣化、钢材腐蚀。由于支座属于重要的、很难更换的受力部件,建议选择其他耐腐蚀材料替代钢材,增强支座耐久性。

(5)从全寿命周期角度分析腐蚀影响因素及防腐建议。设计上,应注意汇水问题,附属设施防腐等级应与所在区域的防腐要求保持一致;施工上,应注意施工顺序,避免施工过程对涂层的损伤。养护上,巡检设施的正常使用对桥梁寿命有重要的意义,应加强日常巡查,将问题消灭在萌芽中。

参 考 文 献

［1］邓巧利.港珠澳大桥组合梁梁外检查车研究与应用［D］.广州:华南理工大学,2018.
［2］佟嘉明,臧晓秋,石秋君.铁路桥梁支座防腐耐候性影响因素分析及强化措施研究［J］.铁道建筑,2017(6):36-40.

151. 全寿命拉索防护技术研究

方 雷 汤 亮 黄冬芳 俞建群
(上海浦江缆索股份有限公司)

摘 要：本次研究设计开发并应用的充气拉索防护体系可保证斜拉索使用寿命至少为60年，其意义在于斜拉索整体结构在恒载+风载的反复作用下，斜拉索的外层保护结构性能，锚具系统的防腐性能、密封性能，斜拉索疲劳性能等均满足60年的使用寿命要求。

关键词：全寿命拉索 性能防护 除湿防护 密封

1 概述

我国大跨径桥梁的建设飞速发展，斜拉桥的跨径逐渐迈进千米级，其长度、规格也越来越大，对使用寿命，尤其是疲劳和防腐性能的要求也越来越高。

根据 PTI 规范（PTI DC 5.1-18）的建议，通过200MPa应力幅，循环加载200万次的疲劳试验推算斜拉索疲劳寿命为75年。

国内外某些正在设计的桥梁项目中，已经出现了对斜拉索75年以上使用寿命甚至全程运营过程中不进行换索的要求。

国内外桥梁拉索破断寿命据统计在2～16年，很少超过20年。本次研究设计开发并应用的充气拉索防护体系可保证斜拉索使用寿命至少为60年，其意义在于斜拉索整体结构在恒载+风载的反复作用下，斜拉索的外层保护结构性能，锚具系统的防腐性能、密封性能，斜拉索疲劳性能等均满足60年的使用寿命要求。

2 全寿命拉索防护技术关键工艺研究

全寿命拉索防护技术分为两大类：拉索自身性能防护和拉索整体防护。拉索自身性能包括更高的疲劳性能、索体钢丝防腐、HDPE+PVF护层防腐、锚具防护；拉索整体防护包括索管接口处密封和整体除湿防护。

2.1 拉索自身性能防护

根据 PTI 规范（PTI DC 5.1-18），按照200MPa应力幅，循环加载200万次的疲劳试验推算斜拉索疲劳寿命为75年。

本次研究率先开发了250MPa应力幅斜拉索产品，在1998年安徽芜湖长江大桥（公铁两用桥）上成功进行了 $\phi7\text{-}313$ 规格动载疲劳、静载试验验证，试验要求：应力上限为 $0.45\sigma_b$，应力幅为250MPa,200万次的疲劳试验(图1)。保证斜拉索疲劳性能满足至少60年使用寿命的要求。

图1 疲劳试验机上做250MPa、200万次的疲劳试验

索体自身性能防护:镀层+高强度聚酯纤维带+双层高密度聚乙烯(HDPE)护套+PVF带。

2.1.1 钢丝镀层

钢丝单位面积镀层厚度为300g/m^2,根据《色漆和清漆 防护漆体系对钢结构的防腐蚀保护 第二部分:环境分类》(ISO 12944-2)标准规定,按照C2环境的镀层损耗速率(0.7~5g/m^2),仅镀层损耗年限大于60年。

2.1.2 高强度聚酯纤维带

缠绕在钢丝束外的高强度聚酯纤维带,避免钢丝和HDPE护套直接接触,减小应力腐蚀对HDPE护套的损伤(钢丝在应力作用下,拉索长度会发生弹性变化,钢丝和HDPE的延伸率处于两个完全不同的数量级)。

2.1.3 双层高密度聚乙烯(HDPE)护套

钢丝束外挤塑双层高密度聚乙烯(HDPE)护套,内层黑色已通过10080h HDPE日光老化试验和21000h的HDPE耐环境应力开裂试验等。外层彩色通过10800h HDPE日光老化试验和5000h的耐酸、碱、盐试验等。桥梁缆索用HDPE护套使用寿命>50年。

2.1.4 PVF带

在高密度聚乙烯表面缠包一层PVF带。与聚乙烯护套保持良好的黏合强度,修复施工对PE层的破坏,增加密封性,提高HDPE的使用寿命。

2.1.5 锚具防护

锚具表面防护采用镀锌处理,锌层厚度不小于100μm,按C4环境等级的镀层损耗速率(ISO 12944-2),仅镀层损耗年限不小于24年。

斜拉索安装完成后:锚具表面再油脂防护处理+锚具防护罩+防水罩,每3~5年对锚具进行检查维护,保证拉索使用寿命不低于60年。

斜拉索已完成多次静态、动态水密性试验和疲劳试验,试验满足FBI、CIP和PTI等规范要求。保证斜拉索锚具防腐性能满足至少60年使用寿命的要求。

全寿命拉索防护体系,保证索体内相对湿度不大于45%,满足规范中金属环境等级C2或I级要求。缆索锚具镀层重量为100μm:

按C2环境纯锌层每年最高损耗0.7μm计算:100/0.7=142年。

按 C3 环境纯锌层每年最高损耗 2.1μm 计算:100/2.1 = 48 年,本项目采用全寿命拉索防护体系,完全满足至少 60 年使用寿命的要求。

2.2　拉索整体防护

2.2.1　高强度铝合金气囊压力密封装置

在斜拉索梁端预埋钢管(或防雨罩)出口与索体结合处增设高强度铝合金气囊压力密封装置(图2)。利用充满压力气体的高强度铝合金气囊对索体和预埋钢管(或防雨罩)筒壁施加压力,形成阻断隔离层,防止雨水及空气腐蚀梁端拉索锚具及钢丝,起到完全密封的作用,提高斜拉索的防腐防护寿命。

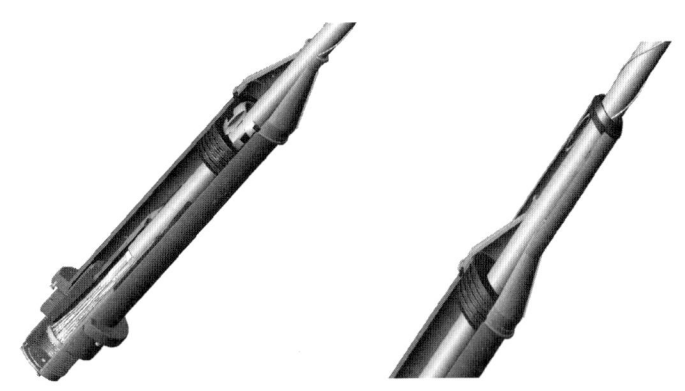

图2　索导管出口处及防雨罩出口处增设气囊压力密封装置

2.2.2　拉索充气除湿系统防护

(1)拉索充气除湿系统原理。

对拉索、吊杆索钢丝等进行长期有效的防护,本次研究开发了一套缆索充气防腐防护系统,以提高拉索的使用寿命至更高年限。

原理:在 HDPE 护套无损伤的情况下,缆索索体内部充入惰性(干燥)气体。将湿空气从索体内部驱除降低湿度,使钢丝与导致锈蚀的元素彻底隔离,保证索体内相对湿度不大于 45%。(满足规范中金属环境等级 C2 或 I 级要求)。

常用缆索钢丝镀层重量为 $300g/m^2$,按照 C2 环境的镀层损耗速率($0.7 \sim 5g/m^2$),仅镀层损耗年限不小于 60 年。

根据国际标准《色漆和清漆　防护漆体系对钢结构的防腐蚀保护　第二部分:环境分类》(ISO 12944-2)中对金属腐蚀坏境分为 C1～C5-M 共 6 级。

将金属所在环境改善至 C2 或 I 级,金属将停止锈蚀。规范《建筑钢结构防腐蚀技术规程》(JGJ/T 251—2011)中定义了具体的参数,年平均相对湿度 <60%,大气环境气体类型为 A,只要满足这两项数据,金属就不会被腐蚀。

(2)拉索充气除湿系统桥梁应用设计。

制作拉索时在两端锚具部位预置进出气通道,并在锚具后盖板上安装不锈钢进出气接口。通过接口进行连接进气、出气及检测仪器。

采用现场制气除湿后,可以做到定期管理,设备自动预警及时掌握系统运行状态。现场索体内部温湿度数据可以通过互联网络及时反馈,明确掌握钢丝所处环境,最大程度地减少钢丝锈蚀。

除湿设备可以放置于桥梁塔体内,可以方便供电,维护保养等。

单根拉索内的布局,如图3所示。

全桥布局:根据桥梁塔内空间和拉索数量,设置成一套或多套设备串联、并联给多根拉索充气等形式。

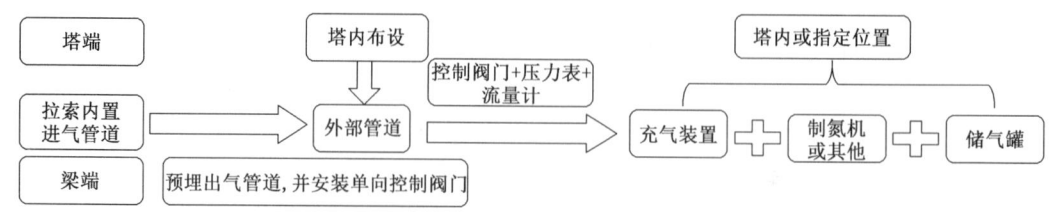

图3　单根拉索内的布局

(3)拉索充气除湿系统试验验证(图4、图5)。

针对拉索、吊杆索充气防腐技术的研究,本次研究进行了相关的试验验证。2011年9月,本次研究制作了一根长度为50m,规格为$\phi 7$-313的拉索进行充气密封试验。在一端PE上开孔并安置观察窗,安装充气孔。在索体内部倒入约500mL水,放置一段时间后进行充氮气试验。

图4　充气密封试验试验索及设备安装布局

试验索仪器数据采用网络传输,可实时监测和查询数据变化(图6)。试验中设置3个测点,一个为进气孔测点,一个是室温环境测点,一个是出气测点(出气测点是堵住的状态,为了便于理解称其为出气点)。

通过气体循环观察到在静置周期内,索体的温湿度有规律的变化。幅度要小于室内环境。索体内测点湿度稳定保持在80%~60%。

在经过48h连续充气除湿后,输出端湿度开始下降至40%以下。由于实验设备未对前端进气部位进行除湿处理,故在白天和夜晚输出端湿度有微小的波动。通过试验证明,充氮气方式除湿保护的结果有效性可以得到肯定。

图 5　拉索 PE 开窗夹具及注水试验

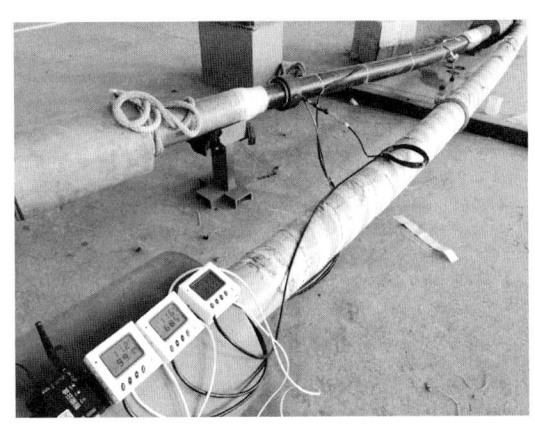

图 6　试验仪器及试验索

3　结语

通过加强钢丝镀层+高强度聚酯纤维带+双层高密度聚乙烯(HDPE)护套+PVF 带的拉索自身性能防护,配合新高强度铝合金气囊压力密封装置,加强了预埋钢管(或防雨罩)出口与索体结合处密封,通过拉索充气除湿系统,在让氮气在索体中循环流动,带走钢丝中的潮湿空气,保证索体内部整体防腐环境的改善;多重防护互相配合,保证斜拉索满足至少 60 年全寿命拉索防护技术的要求。

参 考 文 献

[1] 兰成明.平行钢丝斜拉索全寿命安全评定方法研究论文[D].哈尔滨:哈尔滨工业大学土木工程学院,2009.
[2] 陈伟.基于全寿命设计理论的斜拉桥拉索体系选择研究[J].石家庄铁道大学学报(自然科学版).2012,2(25).
[3] 要军霞.斜拉索的防护[J].山西建筑,2008,12(34).
[4] 张海良.桥梁拉索新型密封体系技术[J].公路,2016,7.

152. 锈蚀对拉索基本力学性能的影响

徐 俊　孙华怀

（同济大学）

摘　要：锈蚀是威胁拉索安全性的关键因素之一。然而，目前尚无精确方法对锈蚀损伤拉索力学特性的演化规律进行描述，无法有效评估斜拉索的使用安全。本文尝试从锈蚀分布、钢丝锈蚀后力学性能改变等方面建立更加精细化的锈蚀拉索有限元模型，研究拉索锈蚀后基本力学性能的变化规律。研究得到如下结论：索力和垂度会随着锈蚀程度增加而改变，但这两个参数的改变量低于频率法索力测量误差；锈蚀拉索达到极限强度时断丝数的均值随锈蚀程度增加而增加，但断丝数与索的极限强度间相关性较低，不宜以断丝数作为判断索极限承载力的依据。

关键词：拉索　锈蚀　索力　极限承载力　断丝数

1　研究背景

索结构是大跨度缆索桥梁上的关键构件，但其安全性始终让人担忧。近年来，意大利莫兰迪斜拉桥和台湾宜兰南方澳跨港大桥相继垮塌，引发国际关注。由此上溯20年，綦江彩虹桥、宜宾南门大桥、五台山公馆大桥、库尔勒孔雀河桥等桥的倒塌则引起民众对桥梁质量的忧思，而以上事故均与拉索有关。

近些年的大量索结构检测表明索体对锈蚀损伤非常敏感[1-2]，然而业界涉及锈蚀拉索的研究相对较少，且研究领域更多地集中在防蚀上，导致对拉索的病害检测和评估缺乏理论支持，无法保障缆索桥梁的安全运营。显然，研究锈蚀损伤对拉索力学性能的影响具有重要意义。

涉及锈蚀拉索力学性能的研究较少。Lepidi 等[3]将拉索锈蚀、疲劳等损伤等效为拉索轴向刚度的均匀减小，采用解析法对锈蚀拉索特性进行了参数研究，总结了锈蚀拉索垂度、索力等随损伤因子、位置、范围等参数的变化规律，并建立了相应的数学模型。基于 Lepidi 的研究方法，王立彬[4]进一步耦合了温度的影响，基于解析法对拉索力学特性进行了参数研究，得到了拉索垂度、索力、自振频率随损伤因子、位置、范围等参数的变化曲线，并修正了 Lepidi 等人的数学模型。但上述研究均将拉索锈蚀理想化为均匀锈蚀，与实际拉索锈蚀呈不均匀分布的特征存在显著的区别。Matteo 等人[5]、Camo[6]和 Elachachi 等人[7]忽略了索的几何非线性与自重效应，研究了非均匀锈蚀索体的极限承载力，但他们的研究针对的是锈蚀程度较轻微的拉索，并未考虑严重锈蚀钢丝由于应力集中导致延性降低的影响。

为了深入了解拉索锈蚀后的力学性能,在对严重锈蚀钢丝力学性能的变化以及索内锈蚀的不均匀性进行深入调查后,采用有限元方法对锈蚀拉索的力学性能进行了分析。

2 钢丝损伤模型

高强钢丝由于经过多达7次冷拔加工,在受拉时并没有明显的屈服平台,其简化后的本构模型及相关参数示于图1中。钢丝锈蚀后,除了强度指标会发生变化,其延性也会随之下降,如图2所示。为此,利用石门大桥找到的废弃拉索中的严重锈蚀钢丝进行拉伸试验,并对实测数据进行经验曲线拟合,最终确定钢丝锈蚀后各力学参数的计算公式如下:

$$\sigma_{uc}/\sigma_u = 1.013\,1 - 1.850\,3 R_m \quad (1)$$

$$\sigma_{ec}/\sigma_e = 0.928\,3 \sigma_{uc}/\sigma_u + 0.074 \quad (2)$$

$$\ln(\varepsilon_{uc}/\varepsilon_u) = -5.656\,6 R_m \quad (3)$$

$$\varepsilon_{ec} = \varepsilon_e - 0.924\,6 R_m \quad (4)$$

式中:R_m——失重率;

σ_{uc}——锈蚀钢丝的极限强度;

σ_{ec}——锈蚀钢丝的屈服强度;

ε_{uc}——锈蚀钢丝的极限应变;

ε_{ec}——锈蚀钢丝的屈服应变。

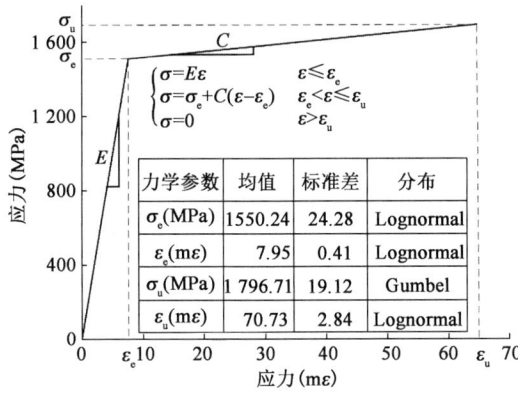

图1 完好钢丝的应力应变曲线

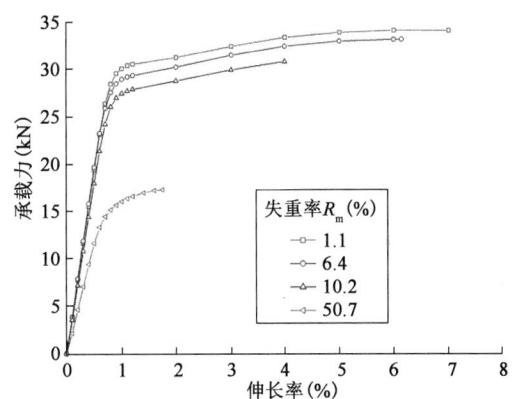

图2 不同失重率下钢丝的荷载-伸长率曲线

3 拉索锈蚀分布模型

3.1 索截面锈蚀分布

研究锈蚀分布的目的是为了确定索内不同锈蚀程度钢丝(亦可理解为不同承载力的钢丝)的分布概率。这方面的研究较少,徐俊和陈惟珍在调查石门大桥拉索钢丝锈蚀程度时对拉索截面上不同位置钢丝的锈蚀程度进行了调查统计,给出了钢丝直径的变化规律(图3)[8]。显然,随着钢丝的位置远离破损护套,钢丝的锈蚀程度逐步减轻。对图中曲线进行拟合,可发现钢丝的直径近似呈指数规律递减。因此,护套破损处第i层钢丝的锈蚀直径d_{cj}为:

$$d_{cj} = d_{c0} R_c^j \quad (5)$$

式中:d_{cj}——第j层钢丝锈蚀损失的厚度;

d_{c0}——表层钢丝锈蚀损失的厚度。

如果已知护套的破损位置,就可以计算出每层钢丝的数目,进而得到索截面上不同锈蚀程度钢丝的出现频率,如图4所示。

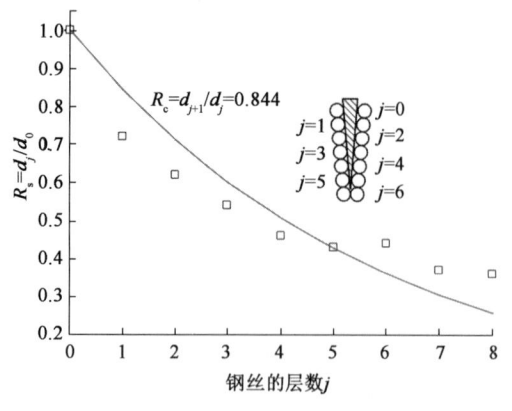

图3 石门大桥钢丝锈蚀程度变化规律

图4 钢丝锈蚀程度的概率分布

由于R_c和索体内钢丝的数据均为恒定值,可以推知索体截面上R_s的分布频数将始终保持不变。因此在整个分析过程中,图4中曲线仅需计算一次。

3.2 锈蚀的索长方向分布

在索长方向上,不同位置处钢丝的锈蚀程度同样存在差异。由于没有文献研究拉索纵向的腐蚀分布模型,所以一些研究人员假设拉索的腐蚀程度随距护套破损的距离增大而线性减小[8]。然而,拉索纵向腐蚀呈线性下降的分布模型太过理想化,结合废弃拉索的剖索检测结果,假设钢丝锈蚀直径纵向上呈指数形式衰减将更加合理。所以,结合式(5)可得钢丝在索长方向上离护套破损处x处的锈蚀深度为:

$$d_{cj}(x) = d_{c0}(0) R_c^j e^{-\alpha x} \tag{6}$$

式中:$d_{c0}(0)$——护套破损位置处表层层钢丝锈损深度;

$d_{cj}(x)$——在距护套破损位置x处截面的第j层钢丝的锈损深度;

α——拉索钢丝锈蚀程度纵向按指数规律递减的参数。

已知$d_{c0}(0)$和索长方向上钢丝的锈蚀范围,就可以求得α。显然,对每层钢丝α值均不一样(图5)。

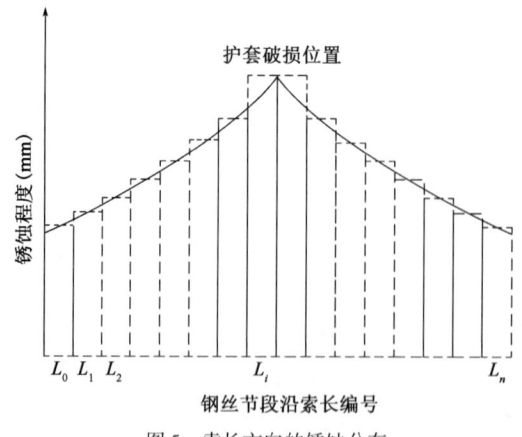

图5 索长方向的锈蚀分布

4 索的水平分力与垂度

首先模拟索在正常使用状态下的力学行为,假设索护套在跨中破损,分析用到的主要参数列于表1中。采用有限元方法对索的水平分力及垂度随锈蚀程度的变化进行分析,并与Lepidi等人的方法[3]进行比较。

算例1 基本参数　　　　表1

参数类型	数值	参数类型	数值
拉索钢丝数目	127	钢丝泊松比	0.27
完好钢丝直径	5mm	张拉后长度	200m
钢丝弹性模量	195 000MPa	拉索锈蚀长度	3.0m
滑动摩擦力	22.22kN/m	每延米摩擦刚度	0.190kN/mm^2

在有限元分析中,对索体锈蚀部分建立精细模型,每根钢丝采用三维弹性 Solid 单元进行模拟。钢丝截面划分为 16 个网格单元,单元纵向取为 10mm。为反映钢丝断丝后恢复长度的影响,在钢丝间的采用一维 Combine 单元模拟摩擦作用。考虑到计算量,对索体未锈蚀部分采用杆单元进行模拟。

由于在本例中用到了实体单元表示钢丝的锈蚀程度,因此所有材料均可按图 1 中数据取值,而不再计算式(1)确定钢丝的相关参数。

观测拉索锈蚀后水平索力与垂度的变化情况,并绘于图 6 和图 7 中。由图可见随着锈蚀程度增加,水平索力随锈蚀程度近似线性降低,而垂度则近似线性增加。显然,索力的损失以及垂度的增加均来自于锈蚀区域拉索轴向刚度的降低。由图 6 和图 7 可见,有限元计算结果与 Lepidi 所推导公式的计算结果非常接近,特别在索的总锈蚀程度低于 15% 时。由于 Lepidi 等人的方法将拉索锈蚀影响简化为常数,因此其计算结果为线性变化。有限元结果由于考虑了锈蚀的不均匀性,其计算结果在锈蚀程度较高(索的锈蚀程度大于 15%)时表现出非线性规律(图7)。在两图中,有限元结果均高于 Lepidi 计算结果,表明有限元结果更偏于安全。

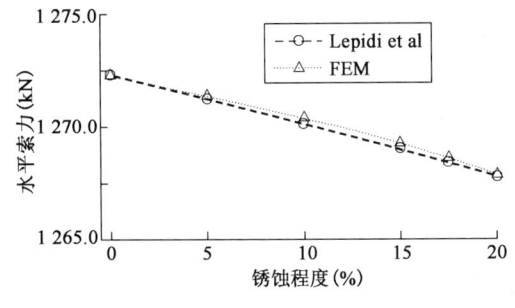
图 6 水平索力索锈蚀程度的变化规律

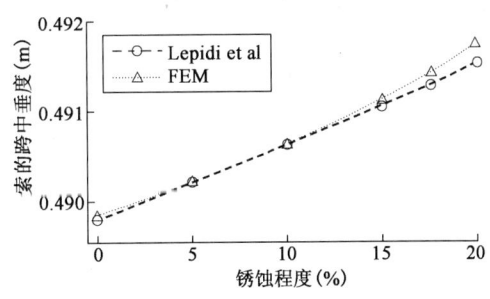
图 7 跨中垂度随锈蚀程度的变化规律

除以上分析外,还有一点值得强调的是,水平索力以及索的垂度虽然会随着锈蚀程度发展而变化,但比较图中纵坐标可知,这种变化幅度很小。图 6 计算结果显示,索的总体锈蚀程度达到 20% 时,水平索力降低不到 4kN,仅为原始索力的 0.3%。低于频率法测索力的测量误差,因此采用频率法索力测量无法检出索体损伤。图 7 结果显示,索的锈蚀程度增加 20% 时,索的跨中垂度仅增加了 2mm,如果考虑温度、风荷载等的影响,该指标同样难以应用于拉索检测中。

5 索的极限承载力与断丝率

进一步模拟索在正常使用极限状态下的承载力,仍假设索护套在跨中破损,分析用到的主要参数列于表 2 中。

算例 2 基本参数　　　表 2

参数类型	数值	参数类型	数值
拉索钢丝数目	109	钢丝泊松比	0.27
完好钢丝直径	7mm	张拉后长度	100m
钢丝弹性模量	195 000MPa	拉索锈蚀长度	40.0m

为提高效率,在算例 2 中采用杆单元对索进行模拟,并忽略摩擦力的影响。

考虑到精细分析的必要,在算例 2 中增加对钢丝极限强度以及索内锈蚀分布的随机性影响的考虑。

假设钢丝锈蚀后,其极限强度仍服从 Gumbel 分布,并假设锈蚀钢丝极限强度的标准差随失重率线性增大[式(7)],则由式(1)~式(4)以及 Gumbel 函数的相关特性,可以算得 Gumbel 函数的相关参数。

$$\text{std}(\sigma_{uc}/\sigma_u) = K R_m \tag{7}$$

式中:K——线性放大系数,取为 0.123 1;
std( )——求标准差的函数。

在已知图 4 曲线以及极限强度公式的条件下,采用蒙特卡罗方法对数据进行模拟。

图 8 所示为不同拉索锈损程度下(用护套破口处钢丝的最大锈蚀深度表示)下索极限强度与达到该强度时索的断丝数之间的关系。显然,随着锈蚀程度增加,索的承载力会显著下降。但图 8 中索达到极限强度时的断丝数则表现出较高的离散性。从图 8 示意的分析结果来看,109 丝的拉索在极限强度 1 000~1 500MPa 的范围内,均可能断丝 1~3 根,显然根据断丝数无法准确评定索的极限强度。

图 9 所示为在不同锈蚀程度下索极限强度以及断丝数的均值,虽然索的断丝数与其极限强度的相关性较差,但两者的均值则表现出一定的规律性。

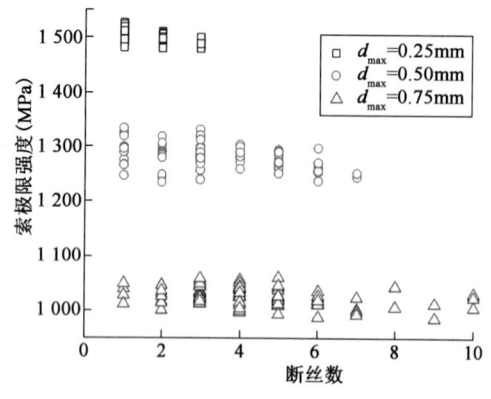

图 8　断丝数及索极限抗力的相关关系

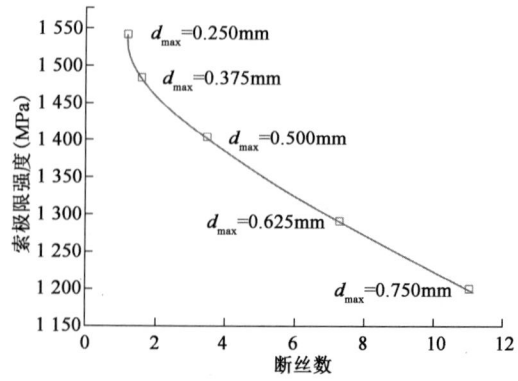

图 9　断丝数及索极限抗力随锈蚀程度变化的关系

6 结语

通过研究,可得出以下结论:

(1)拉索的水平索力随着索的锈蚀程度增加而降低,而跨中垂度随着锈蚀程度增加而增加。

(2)本文算例1的有限元模型与lepidi模型的计算结果相近,但lepidi模型为线性变化,而有限元模型在锈蚀程度较高时,出现非线性趋势。

(3)虽然拉索的水平索力和垂度均会随锈蚀程度变化而改变,但改变量较小,难以作为检测指标衡量索的损伤程度。

(4)随着索锈蚀程度增加,其极限承载力会降低,而达到极限承载力时的断丝数会增加。

(5)蒙特卡罗分析表明索的极限承载力与其断丝数间的相关性并不强。

今后还有必要补充更多算例,最终找出锈蚀拉索力学性能的变化规律。

参 考 文 献

[1] Watson S C, Stafford D. Cables in trouble. Civil Engineering, 1988, 58(4).

[2] NAKAMURA S, FURUYA K, KITAGAWA M, et al. Corrosion performance of new suspension bridge cable protection. IABSE Congress Report. International Association for Bridge and Structural Engineering, 2000.

[3] Lepidi M, Gattulli V, Vestroni F. Static and dynamic response of elastic suspended cables with damage. International Journal of Solids and Structures, 2007, 44(25).

[4] 王立彬. 斜拉桥锈蚀拉索力学性能分析方法研究与应用[D]. 南京:东南大学, 2012.

[5] Matteo J, Deodatis G, Billington D F. Safety analysis of suspension-bridge cables: Williamsburg Bridge. ASCE Journal of Structural Engineering, 1995. 120(11).

[6] Camo S. Probabilistic strength estimates and reliability of damaged parallel wire cables. Journal of Bridge Engineering, 2003. 8(5).

[7] Elachachi S M, Breysse D, Yotte S, Cremona C. A probabilistic multi-scale time dependent model for corroded structural suspension cables. Probabilistic Engineering Mechanics, 2006. 21(3).

[8] Xu J, Chen W. Behavior of wires in parallel wire stayed cable under general corrosion effects. Journal of Constructional Steel Research, 2013, 85.

153. 沿海大跨径钢桥主梁防腐体系效果研究

王伟立[1] 丰月华[2] 肖汝诚[1]

(1. 同济大学桥梁系；2. 浙江公路水运工程咨询有限公司)

摘 要：对沿海大跨径钢桥而言，确定经济、有效的钢主梁防腐体系是整个桥梁防腐工作的重中之重。通过对若干国内与日本大型钢结构桥梁的调研，发现主流钢主梁防腐体系为《公路桥梁钢结构防腐涂装技术条件》(JT/T 722—2008) 中的 S11、S12 体系，《铁路钢桥保护涂装》(TB/T 1527—1995) 中的 7 体系与日本《钢制公路桥涂装便览》中的 C5 体系。本文阐述了调研桥梁钢主梁防腐体系的构成，并对不同钢主梁防腐体系的效果进行对比分析，并提出部分应用建议。

关键词：钢桥 防腐 涂装体系

1 引言

钢结构主梁由于轻质、高强和方便预制拼装等原因，被广泛应用在大跨径桥梁中[1]。但沿海大跨径钢桥所处环境复杂，长期暴露在大气环境中容易产生涂装劣化、构件腐蚀等病害[2-3]。如何针对桥梁所处环境特点，选择经济、有效的防腐措施，减缓钢结构的金属腐蚀，延长其使用寿命，对降低钢桥全寿命周期成本，提高其竞争力有十分重要的意义。钢主梁作为钢结构桥梁的最大钢构件，在受力、传力与外观上发挥着重要作用，其防腐体系的合理选择是整个桥梁防腐工作的重中之重。

近 20 年来，我国东南沿海地区先后建成了多座钢结构悬索桥、斜拉桥，对大跨度钢结构防腐技术也有了进一步认识。国内早期使用环氧树脂与聚氨酯涂料对主体钢结构进行防护[4]，在近 20 年的发展中逐渐采用并完善了国际主流的氟碳树脂涂料[5-6]，并逐渐在封闭钢主梁内部配备除湿机帮助除湿防锈。

通过对若干国内与日本大型钢结构桥梁的调研，本文将在桥梁的建设环境资料、设计资料与定检报告的基础上，阐述现有钢主梁防腐体系构成，对不同钢主梁防腐体系的效果进行对比分析，并提出部分应用建议。

2 现有钢主梁防腐体系

沿海大跨径钢桥主梁主要采用钢箱梁与钢桁梁，防腐体系由外表面涂层配套体系、内表面

基金项目：浙江省交通运输厅科研计划项目，2019059。

涂层配套体系与钢桥面涂层配套体系、干湿交替区和水下区涂层配套体系与防滑摩擦面涂层配套体系等组成。本文主要讨论外表面涂层配套体系、内表面涂层配套体系。

沿海区域的湿度、降雨以及海水水质等因素使得沿海大跨径钢桥主梁面临的腐蚀环境异常恶劣。针对沿海腐蚀环境的防腐体系种类众多，但主要采用体系都依据各国规范。

国内调研的大跨径钢桥类型主要为悬索桥与斜拉桥，其钢主梁防腐体系主要依据国内行业标准《公路桥梁钢结构防腐涂装技术条件》(JT/T 722—2008)[7]中的规定体系进行防腐涂装，并按照规定配备除湿机。对于大气区腐蚀种类归为"CM-5 很高(海洋)"的防腐情况的外表面多选择 S11 体系，内表面多采用 S12 体系。公路规范中规定的防腐涂装体系见表1。

《公路桥梁钢结构防腐涂装技术条件》(JT/T 722—2008)中规定体系　　　　表1

配套编号	腐蚀环境	涂层	涂料品种	道数/最低干膜厚度(μm)
S11	C5-M	底涂层	热喷铝或锌	1/150
		封闭涂层	环氧封闭漆	(1~2)/50
		中间涂层	环氧(云铁)漆	(1~2)/150
		面涂层(第一道)	丙烯酸脂肪族聚氨酯面漆/氟碳树脂漆	1/40
		面涂层(第二道)	氟碳面漆	1/40
		总干膜厚度		280
S12	配置抽湿机	底、面合一	环氧(厚浆)漆(浅色)	(1~2)/150
		总干膜厚度		150

注：抽湿机常年工作，以保持内部相对湿度低于50%。

另有一部分钢结构桥梁由于建设较早，采用了《铁路钢桥保护涂装》(TB/T 1527—1995)[现已更新为《铁路钢桥保护涂装及涂料供货技术条件》(TB/T 1527—2011)[8]]中规定体系进行防腐涂装。对于腐蚀环境归类为"酸雨、沿海等腐蚀环境严重、紫外线辐射强、有景观要求的地区"的钢梁主体，表面规定采用防腐涂装体系7。铁路规范中规定的防腐涂装体系见表2。

《铁路钢桥保护涂装》(TB/T 1527—1995)
与《铁路钢桥保护涂装及涂料供货技术条件》(TB/T 1527—2011)中规定体系　　　表2

涂装体系	涂料(涂层名称)	每道干膜最小厚度(μm)	至少涂装道数	总干膜最小厚度(μm)	适用部位
7(1995)	二次雾化电弧喷铝	200		200	钢梁主体，酸雨、沿海等腐蚀环境严重、紫外线辐射强、有景观要求的地区
	环氧云铁封闭漆	30	2	60	
	脂肪族聚氨酯面漆	40	2	80	
7(2011)	特制环氧富锌底漆或水性无机富锌防锈底漆	40	2	80	
	云铁环氧中间漆	40	1	40	
	氟碳面漆	35	2	70	

所调研的日本钢结构桥主梁大多为桁架，普遍依据《钢制公路桥涂装便览》采用 C5 体系进行防腐涂装，如表3所示。

《钢质公路桥涂装便览》中规定体系　　　　　表3

涂装工程	涂料名称	使用量(g/m²)	膜厚(μm)	涂装间隔
基材处理	喷砂处理 ISOSa2.5			4h内
底漆	无机富锌底漆	160	15	6个月内
2次基材处理	喷砂处理 ISOSa2.5			4h内
防腐底漆	无机富锌底漆	600	75	2~10d
雾喷底漆	环氧树脂涂料	160		1~10d
底漆	环氧树脂涂料	540	120	1~10d
中漆	氟树脂涂料	170	30	1~10d
面漆	氟树脂涂料	140	25	

被调研桥梁钢主梁防腐体系汇总于表4。

调研钢结构桥主梁防腐体系　　　　　表4

桥梁编号	桥型	建成年份	外表面防腐体系	内表面防腐体系
A	钢箱梁悬索桥	2009	S11	S12
B	钢箱梁斜拉桥	2009	S11	S12
C	钢箱梁斜拉桥	2006	S11	S12
D	钢箱梁斜拉桥	2013	S11	S12
E	钢箱梁斜拉桥	2008	S11	S12
F	钢箱梁斜拉桥	2012	S11	S12
G	钢箱梁斜拉桥	2009	S11	S12
H	钢箱梁斜拉桥	2005	7(1995)	
I	钢箱梁悬索桥	1999	其他	其他
J	钢箱梁悬索桥	2008	其他	其他
K	钢桁加劲梁悬索桥	2012	S11	
京门大桥	钢桁梁桥	2012	C5	
明石海峡大桥	钢桁加劲梁悬索桥	1998	C5	

3 钢主梁防腐体系效果

3.1 S11体系防腐效果

《公路桥梁钢结构防腐涂装技术条件》(JT/T 722—2008)中规定的S11体系属于长效型涂层体系,保护年限为15~25年,是调研的国内沿海大跨度钢结构桥主梁防腐体系中最为广泛采用的体系。调研中采用S11防腐体系的钢结构桥梁主要病害如图1a)~d)所示。采用S11防腐体系的钢桥主梁外观总体保持清洁美观,只存在局部小范围的锈蚀。焊缝、铆钉、螺栓与风嘴上表面属锈蚀易发区域,S11体系防腐效果总体较好,锈蚀数量较少。

调研的A、B、C三桥所处地理位置非常靠近,腐蚀环境基本一样,其主梁外表面防腐体系均采用S11。A、B、C三桥建成后若干年的钢箱梁病害数量增长情况见图2与图3。

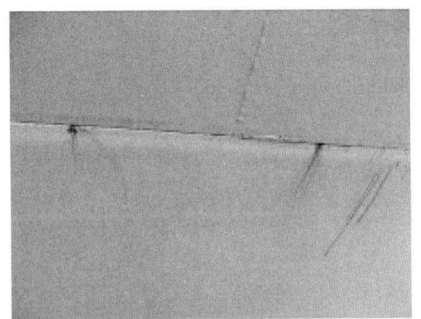
a) 风嘴接缝焊缝锈蚀

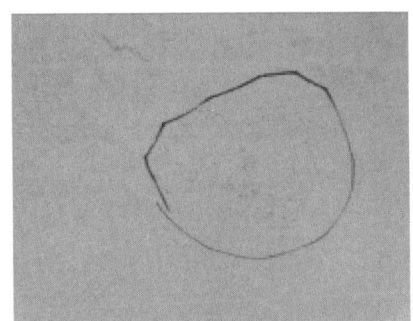
b) 钢板局部锈蚀

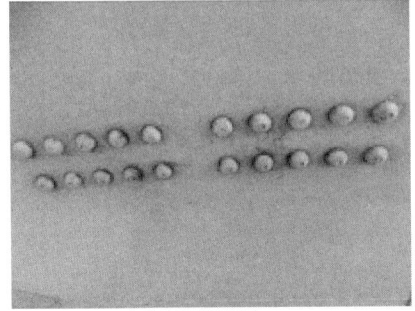
c) 铆钉局部锈蚀

d) 风嘴表面锈蚀

图1 桥梁主要病害

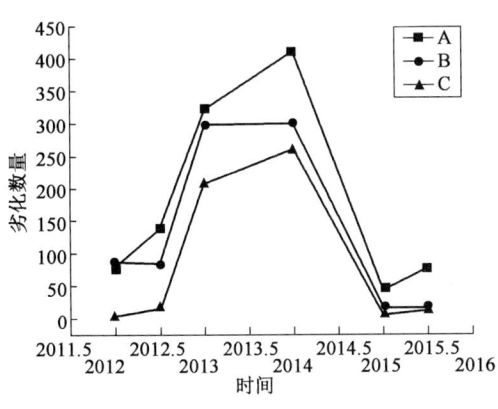

图2 防腐涂装劣化数量变化图

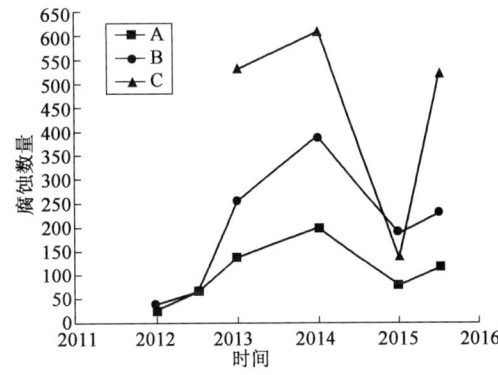

图3 钢材腐蚀数量变化图

三桥防腐涂装劣化数量变化情况表明S11防腐体系在使用三年后开始明显表现出涂装劣化现象,且涂装劣化现象增长速度不断加快,在第四年左右达到最大速度。当整个钢主梁普遍发生涂装劣化现象时,新增涂装劣化速度开始放缓,在2014年达到最大,随后三桥进行了维护补涂,涂装劣化数量迅速下降到2012年水平。图中变化趋势表明S11防腐体系首次使用后前3年左右性能优异,之后涂装劣化现象快速增长,6年后需要进行补涂维护,防腐涂装劣化后进行维护补涂可以使涂装劣化的情况大大改善。且2015年之后三桥涂装劣化增长情况与2012年相似,2012年C桥已进行过一次维护,表明补涂的防腐涂装工作性能具有周期性,有效工作周期为3年左右。

三桥钢材腐蚀数量变化图中,A桥与B桥变化趋势相同,钢材腐蚀数量同涂装劣化发展趋势相同,都呈现出先加速后放缓的趋势。同样在2014年的三桥维护中,钢材腐蚀数量大幅减少,但无法恢复至 2012 年水平。C 桥由于比 A、B 两桥早建成 3 年,钢材腐蚀情况更为严重,且在 2015 年维护后钢材腐蚀数量迅速增长,与 2013 年持平。以上两个现象均表明后期的桥梁检修维护在钢材腐蚀的控制上较为困难,腐蚀数量与腐蚀发展速度均无法完全恢复至前一个涂装工作周期,原因在于后期维护中的除锈工作无法完全清除前一个涂装工作周期中积累的腐蚀病害,这些腐蚀病害同时会进一步加速自身及周围区域钢材腐蚀。

3.2 S12 体系防腐效果

《公路桥梁钢结构防腐涂装技术条件》(JT/T 722—2008)中规定的 S12 体系属于封闭环境内表面涂层体系,除防腐涂层外,还需配合使用除湿机,控制湿度低于 50%。除湿防腐是一种经济、有效、合理的防腐方法,国内外近年新建大型钢箱梁桥的箱内防腐基本采用该法;其优点在于箱内钢结构表面只需做简单的防腐处理(或基本不做处理);防腐维护工作简化到仅对除湿系统进行维护;防腐效果有保证且易于检查。因此 S12 防腐体系被广泛用于钢箱梁内表面防腐。

调研桥梁的钢箱梁内表面几乎都采用 S12 防腐体系,防腐效果较好,涂装剥落现象几乎没有,但受到除湿机的影响巨大。除湿机除湿功率、电路及控制系统和箱梁封闭程度等因素都会影响防腐效果,图 4a)~d)为不同除湿机工作状态下钢箱梁内表面防腐效果图。

a) 除湿机正常工作

b) 除湿机主机与子系统部分停止工作

c) 钢箱梁不密封引起锈蚀

d) 除湿机功率不足

图 4 不同除湿机工作状态下钢箱梁内表面防腐效果

从不同的除湿机工作状态对应的钢箱梁腐蚀现状可知,通过合理配置除湿机,将箱梁内部湿度控制在 50%[9]以内,从而大大减少锈蚀发生的可能。大跨度钢桥箱梁长度长、除湿空间大,对除湿机的布置位置、数量、功率、电力供给与相关子系统配置都有较高要求,维持全箱梁密封也较困难。图 4 所示为除湿系统部分停工、箱梁密封工作欠缺、除湿功率不足等问题,都使得除湿机除湿速度小于环境湿度增长速度,箱内湿度过高导致锈蚀发生。其中除湿机功率不足对箱梁内部湿度影响最大,造成大面积的锈蚀。

总体而言,S12防腐体系防腐效果优秀,但需要经常对除湿系统进行维护,保证其正常工作。

3.3 铁路7体系防腐效果

调研中个别桥梁由于车辆荷载构成较特殊,且建设年代较早,因此箱梁外表面采用了《铁路钢桥保护涂装》(TB/T 1527—1995)中规定的7防腐体系。H桥建于2005年,采用铁路7防腐体系,于2010年开始维护涂装,到2016年10月已经重新涂装了2 600 m²。

采用该防腐体系钢箱梁的主要耐久性问题是防腐涂装劣化、钢材腐蚀,尤其是高强螺栓与底板之间的涂层损伤,进而引起钢材锈蚀。从现场调查来看,涂层表面已有裂纹、粉化、起壳及剥落等现象出现,个别地方涂料已经失效。

由于高强螺栓在施工中与扳手发生摩擦,其涂层遭到破坏;而后续的现场修补处理效果并不理想。

调研中箱梁外表面腐蚀情况如图5a)~d)所示。

a) 钢箱梁锈蚀

b) 钢箱梁板面涂层破坏锈蚀

c) 高强螺栓涂层破坏锈蚀

d) 底板与高强螺栓涂层破坏锈蚀

图5 箱梁外表面腐蚀

3.4 日本C5体系防腐效果

调研的日本京门大桥和明石海峡大桥都采用《钢制公路桥涂装便览》中规定的C5体系,该体系在多年的应用中证明了自身较好的防腐能力,虽存在一些局部劣化现象,如杆件边缘涂装局部剥落,但配合平时养护补涂,总体表现较好。相比于采用S11防腐体系的国内调研桥梁K桥,采用了C5体系的两座桥梁钢桁架结构在高强螺栓区域的防腐效果较好,没有出现高强螺栓头涂装剥落、锈蚀或摩擦面锈蚀的情况,而这类情况在K桥上非常普遍。杆件边缘涂装剥落现象在C5体系中较为常见,而采用S11体系的K桥上几乎没有出现杆件边缘或钢板表面的涂装剥落现象。采用两种防腐体系的钢桁架病害见图6a)~d)。

a) 京门大桥钢桁局部锈蚀

b) 明石海峡大桥涂装剥落

c) K桥螺栓锈蚀

d) K桥螺栓缺失锈蚀

图6 采用两种防腐体系的钢桁架病害

3.5 小结

对比以上各个钢桥主梁防腐体系使用效果,可得出以下结论:

(1) S11 防腐体系应用在沿海钢桥主梁外表面具有良好效果,初次使用前三年效果最好,随后病害发生速度先增加后减缓,使用六年左右需要进行补涂维护。一次补涂维护的有效工作周期为三年左右,反复进行补涂维护可有效控制涂装剥落病害,但锈蚀病害在维护后迅速反弹。

(2) S12 防腐体系应用在沿海钢桥主梁内表面具有良好效果,但受除湿机工作情况影响较大。在除湿机配置合理的前提下,保证箱梁密封与除湿系统正常工作可以大幅降低箱梁内锈蚀发生可能。

(3) 铁路7体系应用在沿海钢桥主梁外表面具有较好效果,但其在钢材构件表面、高强螺栓头、铆钉和焊缝等位置容易出现劣化现象。

(4) 高强螺栓头、焊缝、铆钉与风嘴上表面等位置是钢结构防腐涂装病害发生的集中部位,施工时应更加重视。

(5) 日本 C5 体系应用在沿海钢桥主梁外表面效果良好,配合补涂维护可以长期工作。该体系在高强螺栓头处的防腐效果较好,但更容易发生杆件边缘涂装剥落现象。

4 建议

依据各个钢主梁防腐体系使用效果,对沿海大跨度钢桥主梁防腐工作提出以下建议:

(1) 沿海大跨度钢桥主梁防腐可选择 S11 体系,在实际应用中效果较好。规范规定的面漆可用聚氨酯面漆或氟碳面漆,从使用情况来看,氟碳面漆比聚氨酯面漆在防止裂纹、粉化、起壳及剥落等方面更加优秀。建议面漆优先采用氟碳面漆。

(2)防腐涂装+除湿机的钢箱梁内部防腐体系效果较好,可参照 S12 体系使用。但该体系效果受除湿机影响较大,实际使用中应依据箱梁内体积合理配置除湿机,尽量封闭箱梁与外界连通的管道与孔洞。

(3)高强螺栓头、焊缝、铆钉与风嘴上表面等位置易发生涂装劣化与锈蚀,建议对这类部位实施涂装前清除缺陷或污物,对焊缝等不平整处进行打磨,并适当增加中间层厚度。

参 考 文 献

[1] 马建,孙守增,杨琦.中国桥梁工程学术研究综述·2014[J].中国公路学报,2014.
[2] 吉伯海,赵端端,姜竹生.钢箱梁腐蚀病害综合评分制评定方法[J].世界桥梁,2013.
[3] 姜竹生,瞿涛,吕磊.钢箱梁典型病害分析及其检测与维护技术研究[J].防灾减灾工程学报,2011.
[4] 魏仁华.防腐蚀涂料行业发展现状综述[J].涂料技术与文摘,2008.
[5] 许君栋,夏范武,王书林.钢结构防腐与氟碳涂料[C].国际防腐蚀涂料及海洋石油工业防腐技术研讨会.2007.
[6] 王军.钢结构重防腐氟碳涂料配套体系的研究[D].大连:大连海事大学,2009.
[7] 中华人民共和国交通运输部.公路桥梁钢结构防腐涂装技术条件:JT/T 722—2008[S].北京:人民交通出版社,2008.
[8] 中华人民共和国铁道部.铁路钢桥保护涂装及涂料供货技术条件:TB/T 1527—2011[S].北京:中国铁道出版社,2011.
[9] 叶觉明.钢箱梁抽湿机除湿系统应用[J].腐蚀与防护,2001.

154. 考虑接缝影响的节段拼装混凝土盖梁耐久性评估

阮飞鹏[1]　沈殷[1]　蔡鹏[2]　李国平[1]

（1. 同济大学土木工程学院；2. 林同棪国际工程咨询（中国）有限公司）

摘　要：节段预制拼装施工技术已经越来越多地运用到当今的桥梁建设中，拥有广阔的发展前景。预制节段的浇筑、养护质量一般较高，耐久性能良好，但节段连接的接缝部位耐久性能如何尚不明朗。本文基于已有的得到广泛认可的耐久性计算模型以及同济大学973研究成果，分析了影响接缝耐久性的关键参数，如碳化速率、氯离子扩散系数等，并以某工程节段拼装混凝土盖梁作为实例，评估了盖梁中的环氧接缝和灌浆套筒连接缝的耐久性。评估结果表明，该节段拼装盖梁的环氧接缝和灌浆套筒连接缝的耐久性能均满足要求，其中环氧接缝的耐久性能略优于灌浆套筒连接缝，两类接缝对碳化引起的耐久性问题影响较小，而对氯离子侵蚀引起的耐久性问题影响较大。

关键词：节段拼装　接缝　耐久性　混凝土盖梁

节段预制拼装技术是一种非常高效的结构施工技术，在混凝土桥梁施工中得到越来越多应用。混凝土预制构件因为在工厂中浇筑、养护，施工质量有保障，养护条件好，其耐久性能一般不低于现浇混凝土结构。但混凝土预制构件之间的连接需要在现场进行，常见的连接措施有干接缝、湿接缝、环氧接缝以及灌浆套筒连接等，而接缝界面的耐久性与整体预制或现浇的混凝土界面存在差异[1]，耐久性评估中若忽略接缝的影响，将可能给预制拼装桥梁带来耐久性隐患。

节段预制拼装盖梁是我国当前为适应多车道宽幅城市桥梁的快速施工而新推出的桥梁盖梁形式。这种盖梁受施工方法影响，存在两种不同接缝：盖梁节段之间采用环氧接缝；盖梁与预制立柱之间采用灌浆套筒连接。环氧胶接缝具有较好的黏结性能，Li等学者的试验研究认为，环氧树脂的耐久性能较好，并不存在耐久性问题[3]。然而，与环氧树脂接触的混凝土往往覆盖着一层砂浆基层，连接界面表层的水泥砂浆基体孔隙结构较为疏松，往往成为空气中CO_2与氯离子等有害物质侵入混凝土内部的通道，是混凝土结构耐久性能的薄弱环节[1]。对于接缝面而言，表层覆盖的环氧树脂能够有效隔绝空气中的CO_2、氯离子等持续对混凝土内部的侵入。对于灌浆套筒连接缝，可以将其看作存在灌浆套筒局部加强的湿接缝，养护条件虽然较好，但是由于先浇筑节段与现浇段接触的界面上砂浆层的存在，仍然是节段预制拼装下部结构耐久性能较为薄弱的环节。国内外规范[4-7]均缺乏对于节段预制拼装桥梁接缝耐久性的相关规定，使得目前桥梁建设中对接缝的耐久性能的设计存在安全隐患。

同济大学973科研项目(2013CB036303)对混凝土接缝部位的耐久性能进行了系统性的试验研究,研究表明直接湿接缝、凿毛湿接缝、环氧胶接缝及干接缝对混凝土抗碳化性能、抗氯盐侵蚀性能、抗冻融性能及钢筋抗腐蚀性能均有弱化作用[1,8-10]。本文基于同济大学973科研工作成果,对考虑接缝影响的盖梁耐久性计算中的关键参数作出了分析,基于目前国内外普遍认可的混凝土结构耐久性能计算模型,应用《混凝土结构耐久性评定标准》(CECS 220—2007)(以下简称《标准》)与同济大学973科研工作成果对某工程中的预制拼装盖梁的两种不同接缝的耐久性能作出评估与讨论。

1 某节段拼装混凝土盖梁实例

以某南方沿海城市公路入城段高架中的节段拼装盖梁为研究对象。主线高架为双向6车道高速公路,标准路幅宽度25m。盖梁设计为双柱支撑的变截面悬臂梁,采用节段预制拼装施工。盖梁总长23.934m,宽2.6m,高3.265m,总质量达370t,已经超过常规城市施工运输工具载重。以变截面变化位置为节段接缝面,盖梁设计成三个预制节段,包括1榀中间节段和2榀悬臂节段,如图1所示。

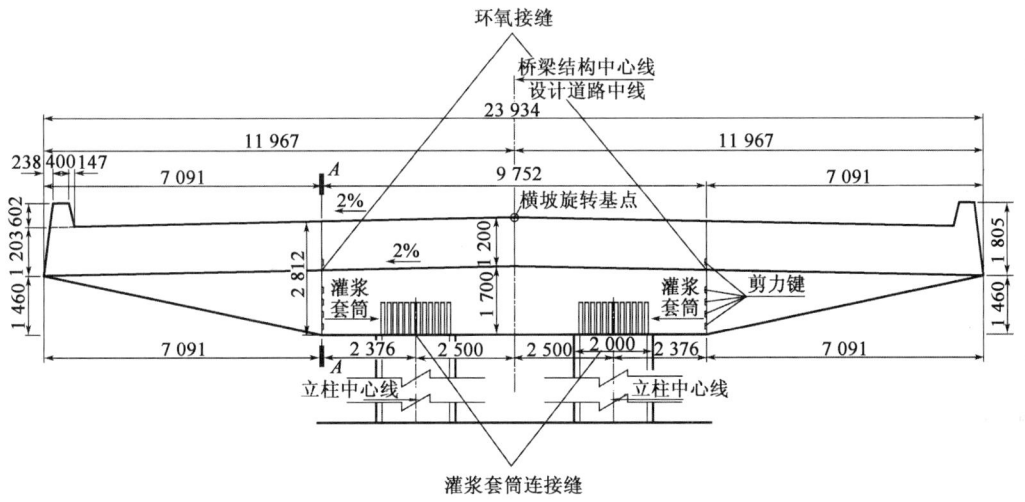

图1 节段拼接盖梁的环氧接缝和灌浆套筒连接缝

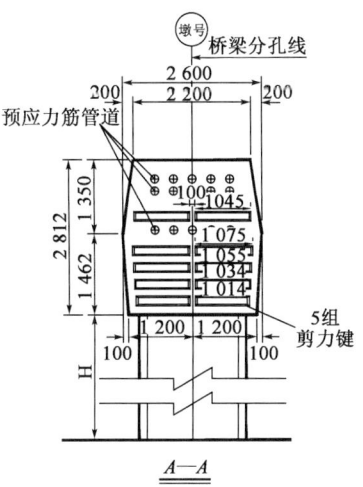

图2 节段拼接盖梁的剪力键

预制盖梁及立柱采用的混凝土强度等级均为C50。预制盖梁拼装过程中产生两种不同接缝:盖梁节段之间的多齿剪力键环氧接缝,每个环氧接缝有5组剪力键,剪力键布置形式如图2所示;盖梁中段与预制立柱之间的灌浆套筒连接缝,每个灌浆套筒连接缝共有42个灌浆套筒。接缝处保护层厚度统一为50mm,受力钢筋直径为28mm。

2 耐久性计算基本模型

国内外学者普遍认为[11],混凝土碳化、氯离子入侵、钢筋锈蚀、碱集料反应及冻融破坏是混凝土结构耐久性的主要影响因素。考虑到节段预制盖梁的浇筑与养护质量高,且处于南方沿海地区,本文仅讨论盖梁在空气中CO_2、氯离子入侵导致的混凝土的碳化以及钢筋锈蚀问题。

2.1 碳化过程计算模型

一般认为,混凝土中的CO_2侵入深度随时间发展而逐渐增大,当CO_2侵入深度(即碳化深度)到达钢筋表面时,即认为钢筋开始发生锈蚀。国内外普遍达成的共识为混凝土碳化深度与碳化时间的平方根成正比,即:

$$x = k\sqrt{t} \tag{1}$$

式中:x——碳化深度;

t——时间;

k——碳化系数。

接缝的混凝土孔隙结构与整体浇筑混凝土存在着差异,这有可能会导致接缝的碳化速率与整体浇筑混凝土结构的碳化速率不同。对于预应力混凝土桥梁结构,可以取保护层锈胀开裂作为结构的耐久性极限状态。《标准》中推荐的保护层锈胀开裂时间的估算公式为:

$$t_{cr,CO_2} = t_{i,CO_2} + \frac{\delta_{cr}}{\lambda_0} \tag{2}$$

式中:t_{i,CO_2}——由碳化引起的钢筋开始锈蚀时间,按公式(3)进行计算;

δ_{cr}——保护层锈胀开裂时的临界锈蚀深度,与保护层厚度、钢筋直径以及混凝土强度有关;

λ_0——保护层锈胀开裂前的年平均钢筋锈蚀速率,与钢筋位置、保护层厚度、混凝土强度以及局部环境有关。

$$t_{i,CO_2} = 15.2 \times K_k \times K_c \times K_m \tag{3}$$

式中:K_k、K_c、K_m——碳化速率、保护层厚度、局部环境对钢筋开始锈蚀时间的影响系数。

保护层厚度、钢筋直径、混凝土强度以及局部环境对节段预制盖梁的影响与整体浇筑混凝土无异,这使得接缝碳化速率的计算成为接缝耐久性计算的关键问题。

2.2 氯盐侵蚀计算模型

现在普遍认为氯离子在混凝土中的侵入这个扩散过程是一个线性过程,即氯离子浓度越大,扩散过程越活跃。这个过程可以采用Fick第二扩散定律描述

$$\frac{\partial C}{\partial t} = D\frac{\partial^2 C}{\partial x^2} \tag{4}$$

式中:C——氯离子浓度;

D——氯离子扩散系数;

x——距离变量；

t——时间变量。

通过假定边界条件解微分方程,可以得到结构内部某处氯离子浓度关于时间与到表面距离的解析解。不考虑氯离子扩散系数的时间依赖性时,《标准》推荐的钢筋开始锈蚀时间的估算公式为：

$$t_{cr,Cl^-} = t_{i,Cl^-} + \frac{\delta_{cr}}{\lambda_{Cl}} \tag{5}$$

式中：t_{i,Cl^-}——由氯盐侵蚀引起的钢筋开始锈蚀时间,按公式(6)计算；

λ_{Cl}——氯盐侵蚀环境保护层开裂前钢筋年平均锈蚀速率,与混凝土配合比、混凝土表面氯离子浓度以及局部环境有关。

$$t_{i,Cl^-} = \left(\frac{c}{K}\right)^2 \times 10^{-6} \tag{6}$$

$$K = 2\sqrt{D}\,\mathrm{erf}^{-1}\left(1 - \frac{M_{cr}}{M_s}\right) \tag{7}$$

式中：K——氯盐侵蚀系数；

D——氯离子扩散系数；

erf^{-1}——误差函数；

M_{cr}——钢筋锈蚀临界氯离子浓度；

M_s——混凝土表面氯离子浓度。

钢筋锈蚀临界氯离子浓度 M_{cr} 与混凝土强度等级有关,混凝土表面氯离子浓度 M_s 则与环境因素有关。

对于接缝耐久性计算,这二者的取值与整体浇筑混凝土无异。但接缝的混凝土孔隙结构与整体浇筑混凝土的差异会导致氯离子扩散系数 D 存在差异,进而影响氯盐侵蚀系数,导致接缝的耐久性能与整体浇筑混凝土存在不同,所以接缝的氯盐侵蚀系数计算是接缝耐久性计算的重要一环。

3 考虑接缝影响的盖梁耐久性计算关键参数

3.1 接缝碳化速率影响系数

接缝的碳化速率 K_k 是计算因 CO_2 入侵混凝土导致的耐久性问题的主要指标,碳化系数 k 是唯一决定碳化速率 K_k 的关键参数。

对于环氧接缝,环氧树脂耐久性能良好,但试验表明涂抹环氧树脂的接缝的耐久性能并不优于整体浇筑的混凝土结构[12]。这主要是因为预制构件往往采用匹配预制生产,在节段接缝较为致密的混凝土表面附着着一层水泥砂浆。水泥砂浆结构疏松,孔隙率大,为有害物质入侵混凝土的重要通道,在同济大学973科研工作成果中,将环氧接缝的碳化系数相对于整体浇筑构件碳化系数的比值定义为环氧接缝的耐久性劣化系数(表1)。

不同接缝劣化系数　　　　表1

接缝类型	直接湿接缝	凿毛湿接缝	环氧接缝	干接缝
碳化耐久性劣化系数	1.366	2.127	1.254	3.042
氯盐侵蚀耐久性劣化系数	1.115	2.270	1.132	—

该接缝耐久性劣化系数是基于试验结果的综合考虑,主要反映了环氧接缝与整体浇筑的耐久性能差异。在具体的计算中,还应该考虑到构件角区的多维度碳化过程影响。因为CO_2对接缝混凝土的入侵主要通过砂浆层的侧面入侵,即涂抹环氧后,混凝土碳化面的维度将缩减一维;在构件角区,混凝土碳化过程由三维碳化过程缩减为二维碳化过程;在构件非角区,混凝土碳化过程为一维碳化过程。对于构件角区的碳化系数计算,一般统一采用1.4的安全系数[6],没有区分构件角区不同几何构造的影响,而同济大学973科研工作成果中对构件角区角度的不同对碳化系数的影响作出了详细分析,并给出了构件角区常见的45°、90°、135°角时二维碳化系数与一维碳化系数的比值(表2),采用同济大学973科研工作成果的结果对于构件角区耐久性能的计算能够考虑构件角区的角度对于碳化速率的影响。

构件角区角度对碳化速率的影响　　　　表2

构件角区角度	45°	90°	135°
碳化二维放大系数	1.21	1.21	1.14
氯盐侵蚀二维放大系数	1.21	1.7	1.36

对于灌浆套筒连接缝,先浇筑的混凝土节段的连接界面会有一层孔隙结构较为疏松的表面水泥砂浆基体,为预制拼装结构耐久性能相对薄弱的环节。灌浆套筒连接缝与整体浇筑构件的碳化系数的差异可以通过表1中的接缝耐久性劣化系数进行考虑。计算构件角区碳化系数时除了需考虑湿接缝耐久性劣化系数外,也还应考虑二维碳化的影响。综上所述,对包含接缝的构件耐久性能的计算中,碳化系数k的取值应该考虑接缝的劣化系数以及CO_2入侵面的维度的影响。

3.2 接缝氯盐侵蚀速率

氯离子主要通过混凝土孔隙溶液向内传送,其侵入机制包括扩散、对流和电迁移等过程[13],接缝的氯盐侵蚀速率是衡量这一过程速率的主要指标。在一般的大气环境,氯离子的侵入主要依靠与大气接触的混凝土表面氯离子浓度与内部氯离子浓度之间的浓度差通过孔隙水向混凝土内部传输。

对于环氧接缝,涂抹了环氧的混凝土表面的初始氯离子浓度将随着氯离子向混凝土内部的入侵而不断减小,混凝土表面与内部的氯离子浓度差随时间迅速减小,氯盐侵蚀速率也将随着时间迅速减小。

所以,不考虑氯离子扩散速率的时间依赖性来进行环氧接缝面的氯离子入侵计算是相当保守的。对于灌浆套筒连接缝,砂浆层侧面的混凝土表面与大气相接触,混凝土表面氯离子浓度可以看作是一个恒定值。环氧接缝及灌浆套筒连接缝与整体浇筑混凝土耐久性的差异主要是因为接缝砂浆层的劣化影响,可以采用耐久性劣化系数对氯盐侵蚀速率进行修正来进行考虑。此外,当氯离子入侵面小于180°时,二维氯离子侵蚀对氯离子扩散程度的放大效应不容忽视,常见的直角面侵蚀的混凝土内部氯离子浓度约为一维侵蚀的1.7倍[1]。综上所述,接缝耐久性的计算应考虑接缝砂浆层的劣化影响以及角区二维侵蚀效应的影响,可以采用接缝耐久性劣化系数以及二维放大系数对氯盐侵蚀速率进行修正来进行考虑。

4 节段预制盖梁的耐久性能评估

4.1 考虑环氧接缝影响的计算结果

预制盖梁净保护层厚度$c = 50 - 31.6/2 = 34.2$mm,保护层厚度影响系数$K_c = 2.258$;环境等级及局部环境系数 $m=4.0\sim4.5$,由于某工程预制盖梁所在区域年平均相对湿度为 76%,接近 I_e 环境(湿度≤75%),取 $m=4.0$ 进行计算,相应局部环境影响系数 $K_m=0.73$。对于环氧接缝,碳化系数 k 为:

$$k = 3K_{CO_2} \times K_{kl} \times K_{kt} \times K_{ks} \times K_F \cdot T^{1/4} RH^{1.5}(1-RH)\left(\frac{58}{f_{cu,k}}-0.76\right) \tag{8}$$

式中:K_{CO_2}——CO_2 浓度影响系数,某工程入城段位于市区与城镇交界处,取为 1.2;

K_{kl}——位置影响系数,对于图 1 所示盖梁截面,仅需计算最危险的左(右)下角处的二维碳化深度,按表 2 内插后取为 1.204;

K_{kt}——养护浇筑影响系数,预制盖梁构件在预制厂统一浇筑、养护,且接缝对盖梁耐久性的影响已经通过劣化系数进行考虑,故养护浇筑影响系数取为 1.0;

K_{ks}——工作应力影响系数,接缝面全截面受压,取为 1.0;

T——环境温度,为 16.6℃;

RH——环境相对湿度,为 76%;

K_F——粉煤灰取代系数,对于此例所采用的密实混凝土,为 1.0;

$f_{cu,k}$——混凝土强度,为 50MPa。

于是环氧接缝碳化系数为:

$$k = 3K_{CO_2} \times K_{kl} \times K_{kt} \times K_{ks} \times K_F \times T^{1/4} RH^{1.5}(1-RH)\left(\frac{58}{f_{cu,k}}-0.76\right)$$

$$= 3 \times 1.2 \times 1.204 \times 1.0 \times 1.0 \times 1.0 \times 16.6^{1/4} \times 0.76^{1.5} \times (1-0.76)\left(\frac{58}{50}-0.76\right)$$

$$= 0.556 \tag{9}$$

根据表 1 内插得环氧接缝碳化耐久性劣化系数为 1.254,考虑环氧接缝耐久性劣化系数后的碳化系数 k 应为 0.698,于是碳化速率影响系数 $K_k=2.491$。根据公式(2)计算某工程预制拼装盖梁环氧接缝由碳化引起的保护层锈胀开裂时间为:

$$t_{cr,CO_2} = t_{i,CO_2} + \frac{\delta_{cr}}{\lambda_0} = 15.2 \times 2.491 \times 2.258 \times 0.68 + \frac{0.0747}{0.0015} = 62.41 + 50.7 = 113.36 \tag{10}$$

式中,δ_{cr} 与 λ_0 按《标准》附录 C 进行计算。

根据《标准》,不考虑氯离子扩散系数的时间依赖性时,由氯盐侵蚀引起的保护层锈胀开裂时间按公式(5)估算。C50 混凝土钢筋锈蚀临界氯离子浓度 $M_{cr}=1.5kg/m^3$;保守取用距海岸线 1.0km 以外 C40 混凝土的混凝土表面氯离子浓度 $M_s=1.056kg/m^3$,此时 $M_{cr}/M_s=1.42$,《标准》6.0.4 节表 6.0.4 已不再适用,保守取用 $M_{cr}/M_s=0.90$,氯离子扩散扩散系数 $D=0.68$ 时的氯盐侵蚀系数 $K=0.148\times10^{-2}$。

根据表 1 内插得环氧耐久性氯盐侵蚀劣化系数为 1.132,根据表 2 内插得二维放大系数为 1.204,考虑接缝劣化系数以及及二维效应后氯离子扩散系数 $D=1.283$。所以考虑了接缝劣化影响以及二维效应后的氯盐侵蚀系数 $K=0.208\times10^{-2}$。根据公式(5)计算某工程预制拼装盖梁环氧接缝由氯盐侵蚀引起的保护层锈胀开裂时间为:

$$t_{cr,Cl^-} = t_{i,Cl^-} + \frac{\delta_{cr}}{\lambda_{Cl}} = \left(\frac{34.2}{0.208 \times 10^{-2}}\right)^2 \times 10^{-6} + \frac{0.0747}{0.007} = 269.66 + 10.65 = 280.31 \quad (11)$$

钢筋锈蚀耐久性裕度比为：

碳化：

$$t_{cr,CO_2}/(t_e\gamma_0) = 113.36/(100 \times 1.1) = 1.03 \quad (12)$$

氯离子侵蚀：

$$t_{cr,Cl^-}/(t_e\gamma_0) = 280.31/(100 \times 1.1) = 2.55 \quad (13)$$

根据表3(《标准》5.2节表5.2.7)，环氧接缝钢筋锈蚀耐久性等级为b级。下一目标使用年限内基本满足耐久性要求，可视具体情况不采取、部分采取修复或其他提高耐久性的措施。

表3 钢筋锈蚀耐久性裕度比及对应等级[6]

$t_{re}/(t_e\gamma_0)$	≥1.8	1.8~1.0	<1.0
耐久性等级	a	b	c

注：t_{re}为剩余使用年限；t_0为下一目标使用年限。

4.2 考虑灌浆套筒连接缝的计算结果

对于盖梁与立柱交接处的灌浆套筒连接缝，CO_2入侵仍然可以视作是二维碳化过程，此时两入侵面呈90°，根据表2位置影响系数K_{kl}应为1.21；按公式(8)计算得环氧接缝碳化系数$k = 0.559$。根据表1内插得环氧接缝碳化耐久性劣化系数为1.366，考虑环氧接缝耐久性劣化系数后的碳化系数k应为0.764，于是碳化速率影响系数$K_k = 2.442$。根据公式(2)计算某工程预制拼装盖梁环氧接缝由碳化引起的保护层锈胀开裂时间为：

$$t_{cr,CO_2} = t_{i,CO_2} + \frac{\delta_{cr}}{\lambda_0} = 15.2 \times 2.442 \times 2.258 \times 0.68 + \frac{0.0747}{0.0015} = 61.2 + 50.7 = 111.9 \quad (14)$$

根据表1内插得灌浆套筒连接缝耐久性劣化系为1.159，根据表2得二维放大系数为1.21，考虑接缝劣化系数以及及二维效应后氯离子扩散系数$D = 1.34$，于是氯盐侵蚀系数$K = 0.214 \times 10^{-2}$，某工程预制拼装盖梁环氧接缝由氯盐侵蚀引起的钢筋开始锈蚀时间为：

$$t_{cr,Cl^-} = t_{i,Cl^-} + \frac{\delta_{cr}}{\lambda_{Cl}} = \left(\frac{34.2}{0.209 \times 10^{-2}}\right)^2 \times 10^{-6} + \frac{0.0747}{0.007} = 268.64 + 10.65 = 279.29 \quad (15)$$

钢筋锈蚀耐久性裕度比为：

碳化：

$$t_{cr,CO_2}/(t_e\gamma_0) = 111.9/(100 \times 1.1) = 1.02 \quad (16)$$

氯离子侵蚀：

$$t_{cr,Cl^-}/(t_e\gamma_0) = 279.29/(100 \times 1.1) = 2.54 \quad (17)$$

所以灌浆套筒连接缝钢筋锈蚀耐久性等级为b级，下一目标使用年限内基本满足耐久性要求，可视具体情况不采取、部分采取修复或其他提高耐久性的措施。

4.3 考虑接缝影响的盖梁耐久性评估结果讨论

考虑接缝影响的盖梁耐久性计算结果如表4所示。由碳化引起的耐久性问题中，接缝对盖梁耐久性的影响较小，考虑接缝影响的盖梁钢筋锈蚀耐久性裕度比仅比不考虑接缝影响低2%

左右;由氯盐侵蚀引起的耐久性问题中,接缝对盖梁耐久性的影响很大,考虑接缝影响的盖梁耐久性裕度比比不考虑接缝影响低240%。在潮汐区、浪溅区的预制混凝土构件耐久性能计算中,必须考虑接缝影响。

考虑接缝影响的盖梁耐久性计算结果   表4

耐久性计算参数	考虑环氧接缝影响	考虑灌浆套筒连接缝影响	不考虑接缝影响
由碳化引起的保护层锈胀时间 t_{cr}	113.4	111.9	115.9
碳化下的耐久性裕度比 $t_{cr}/(t_e\gamma_0)$	1.03	1.02	1.05
由氯盐侵蚀引起的保护层锈胀时间 t_{cr}	280.3	279.3	544.6
氯盐侵蚀下的耐久性裕度比 $t_{cr}/(t_e\gamma_0)$	2.55	2.54	4.95

5 结语

(1)某工程节段拼装混凝土盖梁环氧接缝以及灌浆套筒连接缝的耐久性等级均为b级,下一目标使用年限内基本满足耐久性要求,可视具体情况不采取、部分采取修复或其他提高耐久性的措施。其中环氧接缝比直接湿接缝耐久性能稍好。

(2)节段预制构件接缝的耐久性能弱于整体浇筑混凝土,在对盖梁耐久性能进行计算时,应考虑接缝对盖梁耐久性的影响以及二氧化碳、氯离子的多维度入侵效应。其中,由碳化引起的耐久性问题中,接缝对整体构件的耐久性能影响较小;由氯盐侵蚀引起的耐久性问题中,接缝对整体构件的耐久性能影响很大。在潮汐区、浪溅区的预制混凝土构件耐久性能计算中,必须考虑接缝影响。

参 考 文 献

[1] 田飞龙.基于空间数值模拟的混凝土桥梁长期性能分析[D].上海:同济大学,2017.
[2] 刘仲良,李洪峰,顾继友,等.功能化环氧树脂研究概况[J].工程塑料应用,2017,45(6):126-131.
[3] Li Guoping, Hu Hao, Ren Cai. Resistance of segmental joints to carbonation [J]. ACI Materials Journal, 2017, 114(1): 137-148.
[4] HIGHWAY A A O S, OFFICIALS T. Guide specifications for design and construction of segmental concrete bridges 1999 [M]. AASHTO, 1999.
[5] Standard specifications for highway bridges[S]. 17th edition. Washington, DC: American Association of State Highway and Transportation Officials, 2002.
[6] 中国工程建筑标准化协会.混凝土结构耐久性评定标准:CECS 220:2007[S].北京:中国建筑工业出版社,2007.
[7] 中华人民共和国住房和城乡建设部.混凝土结构耐久性设计规范:GB/T 50476—2008[S].北京:北京:中国建筑工业出版社,2009.
[8] 任才.混凝土构件碳化与氯离子侵蚀试验研究[D].上海:同济大学,2015.
[9] 黎金星.不同类型钢筋在混凝土接缝的锈蚀试验[D].上海:同济大学,2016.
[10] 周诗云.接缝和受力对混凝土抗冻性能的影响[D].上海:同济大学,2016.
[11] 贡金鑫,赵国藩.钢筋混凝土结构耐久性研究的进展[J].工业建筑,2000,30(5):1-5.

[12] 李国平,胡皓,任才,等.桥梁混凝土结构接缝的耐久性能[J].土木工程学报,2018,51(07):98-103.
[13] Kuna-Ciskał H, Skrzypek J J. CDM based modelling of damage and fracture mechanisms in concrete under tension and compression[J]. Engineering Fracture Mechanics, 2004, 71(4-6): 681-698.

六、桥梁抗风、抗震、试验与检测

155. 大跨度悬索桥施工阶段颤振精细化分析

张新军

(浙江工业大学建筑工程学院)

摘　要：悬索桥施工期结构柔性大，静风作用下结构大变形和刚度变化以及桥梁区域内风速空间分布的非均匀性可能会对颤振稳定性构成不容忽视的影响。基于线性颤振分析方法，考虑结构非线性、静风效应和风速空间非均匀分布等因素建立了精细化的大跨度桥梁三维非线性颤振分析方法，并编制了相应的计算分析程序。以润扬长江大桥南汊悬索桥为工程背景，模拟加劲梁从跨中向两侧桥塔对称架设顺序，分析了施工全过程悬索桥颤振稳定性的变化趋势，并探明了静风效应和风速空间分布非均匀性对施工状态悬索桥颤振稳定性的影响。

关键词：大跨度悬索桥　施工状态　颤振　静风效应　风速空间非均匀分布

1　引言

悬索桥结构受力性能好，跨越能力强，是千米级主跨桥梁工程的首要选择。随着桥梁工程建设由跨越大江大河向近海连岛工程及跨越海峡和海洋等更广阔的水域发展，悬索桥的跨径将进一步增大，潜在需求在2 000～5 000m[1]。悬索桥结构跨度大，刚度小，风作用下的结构稳定性(主要指颤振)已成为控制悬索桥设计和施工的重要因素。较之于成桥状态，施工状态的悬索桥尚未形成最终的结构体系，结构边界约束更少，结构的整体刚度尤其是扭转刚度明显降低，导致结构抗风稳定性更差[2-3]。虽然施工阶段结构颤振检验风速可以降低，但是一般情况下悬索桥施工期难以避开强风天气。随着悬索桥跨径的进一步增大和施工状态悬索桥刚度的显著降低，以下两个因素对施工期悬索桥颤振稳定性的影响将更加突出：①静风作用下结构大变形导致的结构刚度和施加在结构上以结构变形为函数的风荷载的非线性变化及其三维效应，简称静风效应；②风速空间分布的非一致性。实测资料表明风速沿着竖直高度和水平方向是变化的，但已有大跨度桥梁颤振分析中通常将桥梁区域内的风速考虑为均匀分布。悬索桥的主缆矢高和桥塔高度都比较大，桥面主梁采用竖曲线布置，依据风的空间分布特性，桥面主梁、主缆、吊杆以及桥塔等构件上风速的差异性将更加明显，形成风速的空间非均匀分布。已有分析表明这些因素对成桥状态悬索桥的颤振存在着重要影响[4]，但对施工状态大跨度悬索桥颤振稳定性的影响则需要进一步分析和明确。

基金项目：浙江省自然科学基金资助项目(LY18E080034).

为此,考虑结构非线性、静风效应和风速空间非均匀分布等因素,笔者建立了精细化的大跨度桥梁三维非线性颤振分析方法,并编制了相应的计算分析程序。采用该程序,以润扬长江大桥南汊悬索桥为工程背景,模拟加劲梁从跨中向两侧桥塔对称架设顺序,分析大跨度悬索桥施工全过程颤振稳定性的演变规律,探明静风效应和风速空间非均匀分布等因素对施工状态悬索桥颤振稳定性的影响。

2 三维非线性精细化颤振分析方法

2.1 风速空间非均匀分布模型

桥梁空间范围内平均风速 U 可以表示为:

$$U = \mu U_0 \tag{1}$$

式中:U_0——参考点处的风速值,一般可以取中跨主梁跨中处的风速值;

μ——风速空间分布系数,依据风场的实测资料可以近似地表示为[4]:

$$\left.\begin{array}{l} \mu = \mu_H \cdot \mu_V \\ \mu_H = \left[1 - \left(\dfrac{L - 2x + e(L_1 - L)}{L_1}\right)^2\right] \quad \mu_V = \left(\dfrac{y}{y_0}\right)^\alpha \end{array}\right\} \tag{2}$$

其中:μ_H——风速水平变化系数;

μ_V——风速竖向变化系数;

L——桥梁总长;

L_1——风场分布宽度;

e——风场分布非对称性系数,$0 \leq e \leq 1$,$e = 0$ 表示风速相对于主跨跨中水平对称分布;

x——风速计算点至桥跨左端的距离;

y——风速计算点处的离地高度;

y_0——参考点处的离地高度;

α——地面粗糙度指数。

2.2 风荷载计算模型

风对桥梁结构的作用可以分解为平均风和脉动风作用。在平均风作用下,桥面主梁单位长度上受到的静风荷载可以分解为静力三分力,即顺风向阻力 F_z、横风向升力 F_y 和升力矩 M_x。由于桥面主梁在静风作用下产生的变形会反过来改变来流风与桥面主梁间的相对攻角,使得作用在其上的静力风荷载产生非线性变化及三维效应。考虑风速空间分布后单位长度桥面主梁所受到的静风荷载可以表达为:

$$\left.\begin{array}{l} F_z = \dfrac{1}{2}\rho\mu^2 U_0^2 D C_z(\alpha_e) \\ F_y = \dfrac{1}{2}\rho\mu^2 U_0^2 B C_y(\alpha_e) \\ M_x = \dfrac{1}{2}\rho\mu^2 U_0^2 B^2 C_M(\alpha_e) \end{array}\right\} \tag{3}$$

式中: ρ——空气密度;

D、B——分别为桥面主梁在竖直和水平方向的投影高度和宽度;

$C_z(\alpha_e)$、$C_y(\alpha_e)$、$C_M(\alpha_e)$——体轴下的静力三分力系数,可由节段模型风洞试验测得;

α_e——有效风攻角,为来流风初始攻角 θ_0 与静风作用产生的主梁扭转

角 θ 之和。

在脉动风作用下,桥面主梁将在静风作用下的平衡状态附近振动,作用在单位长度桥梁断面上的自激气动力可以采用 Scanlan 提出的用 18 个颤振导数表达的自激气动力计算公式。采用有限元方法将主梁单元受到的均布自激气动力转化为单元两端结点的等效集中荷载,则作用于主梁单元 e 两端结点的等效自激气动力可以表示为:

$$\{F_{se}\}^e = [A_s]^e \{\delta\}^e + [A_d]^e \{\dot{\delta}\}^e \tag{4}$$

式中:$\{F_{se}\}^e = [F_{xi}, F_{yi}, F_{zi}, M_{xi}, M_{yi}, M_{zi}, F_{xj}, F_{yj}, F_{zj}, M_{xj}, M_{yj}, M_{zj}]^T$;

$\{\delta\}^e$、$\{\dot{\delta}\}^e$——分别为主梁单元的结点位移和速度向量;

$[A_s]^e$、$[A_d]^e$——分别为主梁单元 e 的气动刚度和气动阻尼矩阵,分别表示为:

$$[A_s]^e = \frac{1}{2}\rho U_e^2 LK^2 \begin{bmatrix} 0 & 0 & 0 & 0 & 0 & 0 & 0 & 0 & 0 & 0 & 0 & 0 \\ 0 & H_4^* & H_6^* & -BH_3^* & 0 & 0 & 0 & 0 & 0 & 0 & 0 & 0 \\ 0 & P_6^* & P_4^* & -BP_3^* & 0 & 0 & 0 & 0 & 0 & 0 & 0 & 0 \\ 0 & -BA_4^* & -BA_6^* & B^2A_3^* & 0 & 0 & 0 & 0 & 0 & 0 & 0 & 0 \\ 0 & 0 & 0 & 0 & 0 & 0 & 0 & 0 & 0 & 0 & 0 & 0 \\ 0 & 0 & 0 & 0 & 0 & 0 & 0 & 0 & 0 & 0 & 0 & 0 \\ 0 & 0 & 0 & 0 & 0 & 0 & 0 & 0 & 0 & 0 & 0 & 0 \\ 0 & 0 & 0 & 0 & 0 & 0 & 0 & H_4^* & H_6^* & -BH_3^* & 0 & 0 \\ 0 & 0 & 0 & 0 & 0 & 0 & 0 & P_6^* & P_4^* & -BP_3^* & 0 & 0 \\ 0 & 0 & 0 & 0 & 0 & 0 & 0 & -BA_4^* & -BA_6^* & B^2A_3^* & 0 & 0 \\ 0 & 0 & 0 & 0 & 0 & 0 & 0 & 0 & 0 & 0 & 0 & 0 \\ 0 & 0 & 0 & 0 & 0 & 0 & 0 & 0 & 0 & 0 & 0 & 0 \end{bmatrix},$$

$$[A_d]^e = \frac{1}{2}\rho U_e BLK \begin{bmatrix} 0 & 0 & 0 & 0 & 0 & 0 & 0 & 0 & 0 & 0 & 0 & 0 \\ 0 & H_1^* & H_5^* & -BH_2^* & 0 & 0 & 0 & 0 & 0 & 0 & 0 & 0 \\ 0 & P_5^* & P_1^* & -BP_2^* & 0 & 0 & 0 & 0 & 0 & 0 & 0 & 0 \\ 0 & -BA_1^* & -BA_5^* & B^2A_2^* & 0 & 0 & 0 & 0 & 0 & 0 & 0 & 0 \\ 0 & 0 & 0 & 0 & 0 & 0 & 0 & 0 & 0 & 0 & 0 & 0 \\ 0 & 0 & 0 & 0 & 0 & 0 & 0 & 0 & 0 & 0 & 0 & 0 \\ 0 & 0 & 0 & 0 & 0 & 0 & 0 & 0 & 0 & 0 & 0 & 0 \\ 0 & 0 & 0 & 0 & 0 & 0 & 0 & H_1^* & H_5^* & -BH_2^* & 0 & 0 \\ 0 & 0 & 0 & 0 & 0 & 0 & 0 & P_5^* & P_1^* & -BP_2^* & 0 & 0 \\ 0 & 0 & 0 & 0 & 0 & 0 & 0 & -BA_1^* & -BA_5^* & B^2A_2^* & 0 & 0 \\ 0 & 0 & 0 & 0 & 0 & 0 & 0 & 0 & 0 & 0 & 0 & 0 \\ 0 & 0 & 0 & 0 & 0 & 0 & 0 & 0 & 0 & 0 & 0 & 0 \end{bmatrix} \tag{5}$$

式中:U_e——主梁单元 e 所受的平均风速,$U_e = U_0 \times \mu^e$,其中 μ^e 为主梁单元 e 的风速分布系数,可以近似取主梁单元中点处的风速分布系数值;

B——主梁宽度;

L——单元长度;

K——折算频率,$K = \dfrac{B\omega}{U}$,其中 ω 为振动圆频率;

$H_i^*, A_i^*, P_i^* (i=1\sim6)$——由节段模型风洞试验测得的主梁断面的颤振导数,它们均为折算频率 K 和静风作用下的有效风攻角 α_e 的函数。

基于线性颤振分析理论,考虑风速空间非均匀分布、静风作用引起的结构动力特性和作用在结构上自激气动力随结构变形的非线性变化效应,本文建立了大跨度桥梁三维非线性颤振精细化有限元分析方法,并编制了计算分析程序 Nflutter。

3 桥梁及主梁架设方案简介

润扬长江大桥南汊悬索桥是一座单跨悬索桥,中跨1 490 m,两侧边跨各470 m,见图1[5]。中跨主缆矢跨比为1/10,主缆横桥向中心距为34.3 m;吊杆纵桥向间距为16.1 m,共设91对吊杆;桥面主梁采用全焊扁平流线型钢箱梁,总宽38.7 m,梁高3 m;桥塔为双柱三横梁混凝土门式框架结构,塔高约210 m。

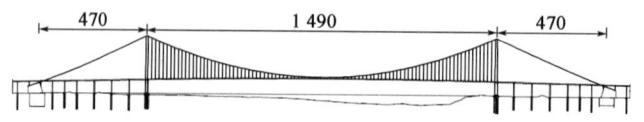

图1 润扬长江大桥南汊悬索桥总体布置图(尺寸单位:m)

该桥加劲梁架设采用从跨中向两侧桥塔对称拼装的施工顺序,施工过程颤振稳定性分析采用的施工阶段划分和梁段拼装情况如表1所示。

施工阶段和梁段拼装率　　　　表1

施工阶段	1	2	3	4	5	6	7	8	9	10
拼装率	10.9%	21.7%	32.6%	43.5%	54.3%	65.2%	76.1%	86.9%	97.8%	100%

4 大跨度悬索桥施工阶段颤振稳定性精细化分析

在0°和±3°初始风攻角下,采用 Flutter(三维线性颤振分析)和 Nflutter(三维非线性颤振分析)程序,取用该桥主梁节段模型风洞试验测得的静力三分力系数和颤振导数[5],结构阻尼比为0.5%,进行施工全过程的颤振稳定性分析,揭示其颤振稳定性的演变规律,同时探明静风效应和风速空间非均匀分布对大跨度悬索桥施工过程颤振稳定性的影响。分析前,采用大跨度悬索桥施工状态分析程序 IASB 确定两种主梁架设方案各施工阶段的结构几何和内力状态,以此作为颤振分析的基准态。由于铰接法施工的大跨度悬索桥施工阶段加劲梁的竖向刚度比成桥状态的竖向刚度小很多,而扭转刚度则与成桥状态的扭转刚度比较接近,结合已有研究成果,本文在施工阶段分析中,加劲梁的竖向刚度、横向刚度和扭转刚度分别折减为成桥状态的30%、40%和80%[6]。桥位地表粗糙度横桥向按A类场地考虑,地表粗糙度系数 α 为0.12。

4.1 线性颤振分析

采用线性颤振分析程序 Flutter,在0°和±3°初始风攻角和风速空间均匀分布情况下,对该桥施工期的颤振稳定性进行分析,施工全过程颤振临界风速的变化趋势如图2所示。

在0°风攻角下,对该桥模拟主梁节段从跨中向两侧桥塔对称拼装施工顺序开展了施工阶段的全桥模型风洞试验,测得的颤振临界风速如图2所示。可以看出,计算结果与试验结果在变化趋势和数值上均较一致,说明本文计算方法和程序是可靠的。

总体而言,施工过程的颤振临界风速变化非常平缓,总体上前三阶段先增大,而后减小,当拼装率达到40%后缓慢地增大直至合拢阶段,且不同风攻角下的变化趋势均相似。施工过程结构的颤振临界风速以-3°攻角最大,0°攻角次之,+3°攻角最小,这与该主梁断面成桥状态的气动性能一致。

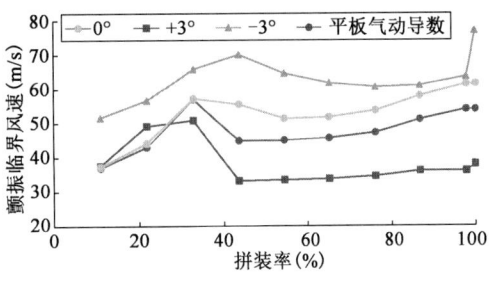

图2 施工过程颤振临界风速的变化趋势

4.2 静风效应影响分析

在风速空间分布均匀($\mu=1.0$)以及0°和±3°初始风攻角下,采用Nflutter程序,进行了两种主梁架设方案施工过程的颤振稳定性分析,静风效应对施工过程颤振临界风速的影响如图3所示。

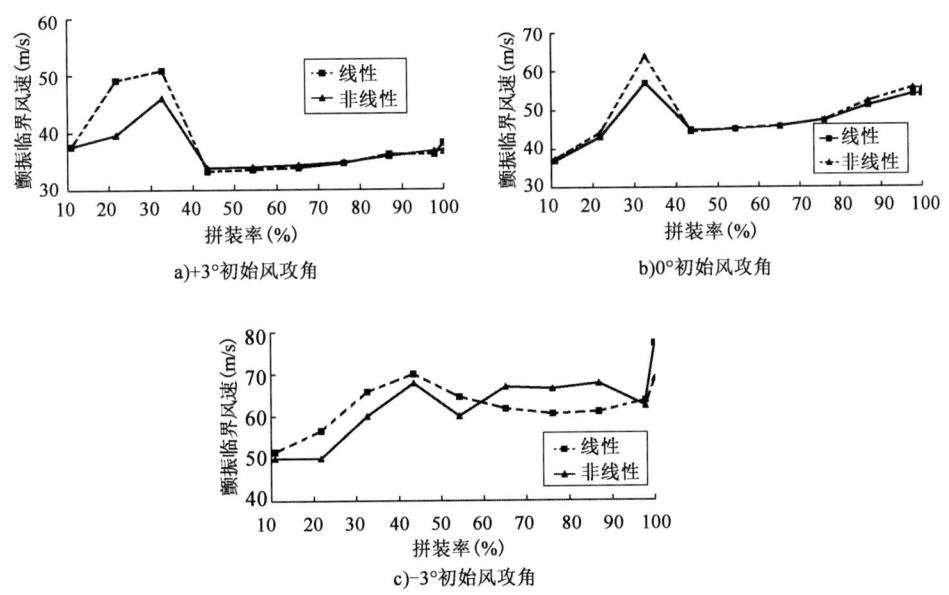

图3 静风效应对施工过程颤振临界风速的影响

对图3进行分析和比较可以看出:

(1)静风作用下结构的大变形及刚度变化对施工过程的颤振临界风速影响较明显,特别是对于结构刚度较小的施工初期。总体上看,静风效应对主梁拼装率在40%以下的各施工阶段影响比较显著,此后影响逐渐减弱。随着主梁拼装节段的增多,结构刚度逐渐增强,静风作用下的结构变形和刚度变化减小,结构颤振稳定性因此受静风效应的影响减弱。

(2)各风攻角下,静风效应对颤振临界风速的影响不一,存在着增大或减小现象,这主要和主梁断面各风攻角下的气动性能有关。该桥主梁断面在负攻角下的气动性能比正攻角好,因此在0°和-3°风攻角下静风效应使得施工过程结构的颤振稳定性增强,而在+3°风攻角下则有所降低。

4.3 风速竖向变化影响分析

为了揭示风速沿竖向高度变化对施工期大跨度悬索桥颤振稳定性的影响,在风速水平均匀分布($e=0$)情形下,采用Flutter和Nflutter程序进行风速沿竖向高度变化的施工过程线性和非线性颤振分析,风速竖向变化对施工过程颤振临界风速的影响如图4所示。

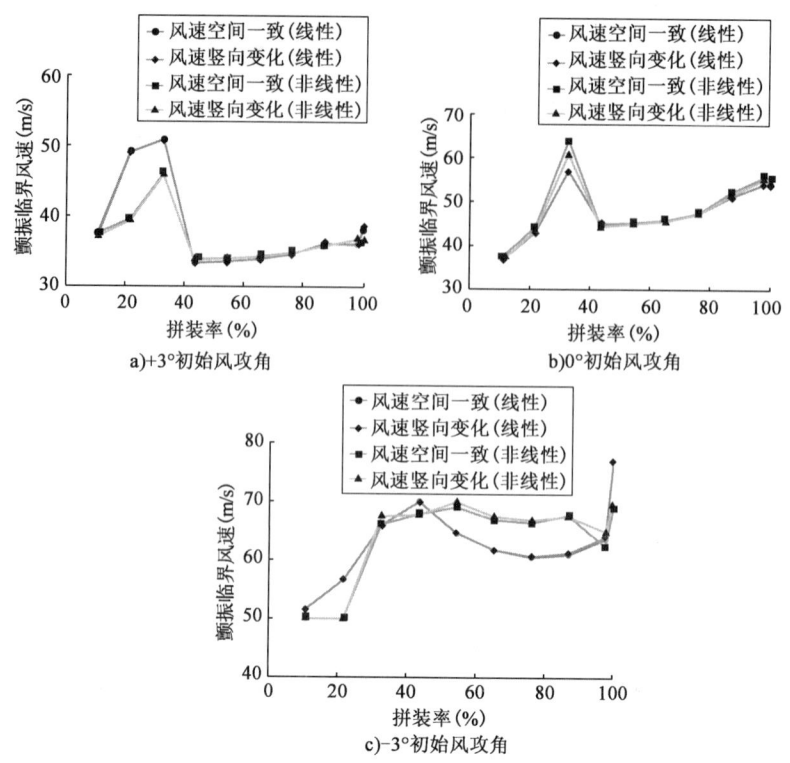

图4 风速竖向变化对施工过程颤振临界风速的影响

对图4进行分析和比较可以看出：

(1)风速沿竖向高度变化对线性颤振临界风速基本没有影响,但对非线性颤振临界风速略有影响,但影响甚微。这主要是颤振分析中仅考虑主梁自激气动力的作用,没有考虑主缆自激气动力的影响,而主梁虽然有竖曲线,但竖向高差不大,对平均风速的影响非常小,故线性颤振分析时风速沿竖向高度的变化产生的影响不明显,可以忽略不计。在非线性分析时,则同时考虑了主梁和主缆的静风荷载作用,主缆的竖向高度大,风速沿竖向高度变化较大,主缆的静风作用对结构的变形、刚度及气动性能会产生影响,因此考虑风速沿竖向高度的变化因素后颤振临界风速受到了一定程度的影响。

(2)风速沿竖向高度变化因素对施工过程颤振临界风速的变化趋势基本没有影响,但静风效应对施工过程颤振临界风速影响依然非常明显,特别是主梁架设初期,各风攻角下静风效应对结构颤振临界风速的影响规律同4.2节所述。

4.4 风场分布宽度影响分析

为了揭示风场分布宽度对施工期大跨度悬索桥颤振稳定性的影响,在风速空间对称分布($e=0$)情形下,采用Flutter和Nflutter程序进行不同风场分布宽度的施工过程结构线性和非线性颤振分析,计算得到的各风场分布宽度下的结构颤振临界风速随施工过程的变化趋势如图5所示。

对图5进行分析和比较可以看出：

(1)在风场水平向对称分布的情况下,随着分布范围L_1的增大,各施工阶段的颤振临界风速逐渐减小,逐渐向风速空间均匀分布情况逼近,但变化幅度非常小。从式(2)可知,随着风场分布范围L_1的增大,风速分布系数逐渐增大,趋向于均匀流场,致使颤振临界风速向风速空间均匀分布情况逼近。总体而言,风场分布宽度对施工过程结构的颤振临界风速影响不大。

(2)在各风速分布宽度下,静风效应对施工过程结构的颤振临界风速影响依旧比较明显,特别是主梁架设初期,各风攻角下静风效应对结构颤振临界风速的影响规律同4.2节所述。

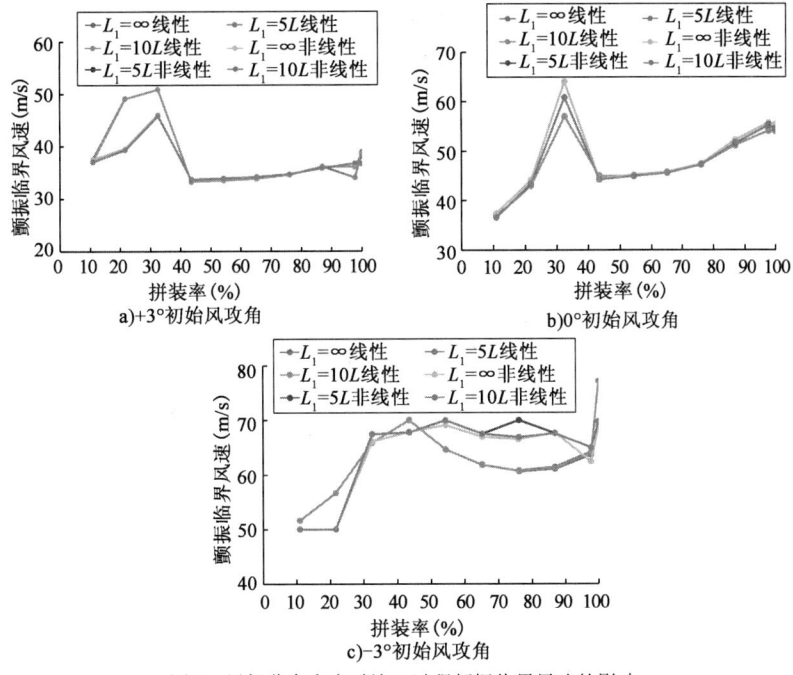

图5 风场分布宽度对施工过程颤振临界风速的影响

4.5 风速空间非对称分布影响分析

为了揭示风速空间非对称分布对施工期大跨度悬索桥颤振稳定性的影响,在风场分布宽度为10L以及风速空间分布非对称系数e分别取0.1、0.2、0.3和0.4情况下,采用Flutter和Nflutter程序进行施工过程结构线性和非线性颤振分析,计算得到的各风速空间非对称分布系数下结构颤振临界风速随施工过程的变化情况分别如图6所示。

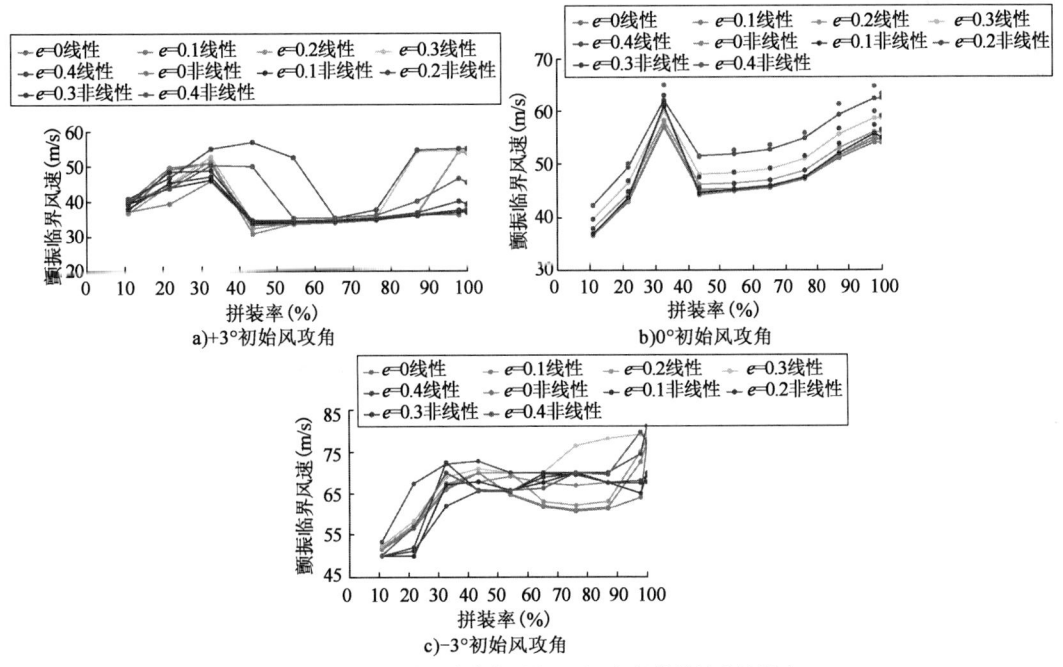

图6 风速空间非对称分布对施工过程颤振临界风速的影响

对图 6 进行分析和比较可以得到以下几点结论：

（1）在相同风攻角下，各风速空间非对称分布情况的颤振临界风速随施工过程的演变规律基本一致，风速空间非对称分布因素不影响悬索桥施工期颤振性能的演变规律。

（2）随着风速空间非对称分布系数 e 的增大，即风速对称中心偏离跨中，颤振临界风速逐步提高。从式（2）可知，随着风速空间非对称分布系数 e 的增大，桥梁范围内风速分布的不均匀程度加剧，同时各个位置上的实际风速值都在降低，结构实际受到的风荷载减小，结构的颤振临界风速因而提高。

（3）静风效应对各风速空间非对称分布情况的颤振临界风速影响也比较显著，尤其是在主梁架设初期（主梁拼装率在 40% 以下），而后影响逐渐减弱。各风攻角下，静风效应的影响规律也同 4.2 节所述。

（4）同风场分布宽度因素相比，风速空间的非对称分布对大跨度悬索桥施工期颤振临界风速的影响更为显著。

5 结语

基于线性颤振分析方法，考虑结构非线性、静风效应和风速空间非均匀分布等因素建立了精细化的大跨度桥梁三维非线性颤振分析方法。以润扬长江大桥南汊悬索桥为工程背景，模拟加劲梁从跨中向两侧桥塔对称架设顺序，分析了施工全过程悬索桥颤振稳定性的变化趋势，并探明了静风效应和风速空间分布非均匀性对施工状态悬索桥颤振稳定性的影响。结果表明：

（1）静风作用下结构的大变形及刚度变化对施工过程的颤振临界风速影响较明显，特别是对于结构刚度较小的施工初期。总体上看，静风效应对主梁拼装率在 40% 以下的各施工阶段影响比较显著，而后影响逐渐减弱。因此，悬索桥施工过程的颤振分析必须考虑静风效应的影响。

（2）风场分布宽度对悬索桥施工期结构的颤振稳定性影响不大，但风速空间的非对称分布因素对大跨度悬索桥施工期颤振临界风速的影响非常显著，值得重视和考虑。

参 考 文 献

［1］GIMSING N J, GEORGAKIS C T. Cable-supported bridges: concept & design[M]. New York: Wiley, 2012.

［2］XU Y. Wind effects on cable-supported bridges[M]. New York: Wiley, 2013.

［3］LARSEN A, LAROSE G L. Dynamic wind effects on suspension and cable-stayed bridges[J]. Journal of Sound and Vibration, 2015, 334: 2-28.

［4］ZHANG X J. Influence of some factors on the aerodynamic behavior of long-span suspension bridges[J]. Journal of Wind Engineering and Industrial Aerodynamics, 2007, 95: 149-164.

［5］陈艾荣，宋锦忠. 润扬长江大桥抗风性能研究报告[R]. 上海：同济大学土木工程防灾国家重点实验室，2000.

[6] 李永乐,侯光阳,曹平辉,等.大跨度悬索桥施工过程加劲梁临时连接的有限元模拟研究[J].中国科技论文在线,2010,5(7):529-534.

156. 大跨度悬索桥气动阻尼的跨向分布及其对颤振性能的影响

陈 才 杨詠昕 张 磊 朱进波

(同济大学土木工程防灾国家重点实验室)

摘 要：为研究大跨悬索桥二维和三维颤振分析结果的差异机理,运用二维颤振频域直接分析方法和包含附加风攻角的三维多模态耦合颤振分析理论,对基于江阴长江大桥建立的500~1 500m共6个跨径的悬索桥进行分析。结果表明:悬索桥的附加风攻角在跨度小于1 000m时的最大值出现在跨中,并且随着跨度的增大而增加;跨度大于1 000m时最大值逐渐向四分点附近转移,并且随着跨度的增大而减小。在主梁的跨中区域,三维分析的竖向自由度参与程度小于二维颤振分析,而在主梁两侧的区段内则是三维分析的竖向自由度参与程度大于二维颤振计算。

关键词：大跨悬索桥 附加风攻角 二维颤振频域 多模态耦合颤振

1 引言

桥梁颤振是一种桥梁结构与周围空气由于流固耦合作用引起的结构动力失稳现象[1]。随着桥梁的长大化发展,结构的刚度急剧下降,颤振稳定性日益成为桥梁设计、施工、运营全过程的关键控制性因素之一。自美国旧Tacoma桥发生扭转发散振动坍塌以来,不少学者展开了桥梁颤振理论研究。桥梁颤振理论研究一般分为两种:二维颤振理论和三维颤振理论。二维颤振理论可细分为半逆解法、分步分析法(SBS)和复模态特征值求解法(CEVA)。半逆解法[2]能求解颤振发生的临界状态,但不能描述临界状态之前的阻尼和振动频率情况,也不能描述颤振发生过程中的模态耦合情况。分步分析法[3]通过不同自由度之间的激励—反馈原理将颤振解耦成扭转分支和竖向分支,可以考虑各颤振导数在弯扭耦合颤振失稳过程中发挥的作用。复模态特征值求解法[4]引入状态空间,求解效率高,并且能够提供随风速变化的各阶模态的频率、阻尼比和振型,但对于超大跨度悬索桥,扭弯频率比接近1时,复频率的迭代可能出现不收敛的情况。二维颤振频域直接分析方法[5]在此基础上直接对折算风速或者折算频率进行迭代,无须颤振频率的选取和迭代求解,避免了不收敛的情况。三维颤振理论包含多模态耦合颤振理论、pK-F法和直接分析法。多模态耦合颤振理论[6]和pK-F法[7]都引

基金项目:国家自然科学基金,51678436。

入模态坐标变换,把结构位移变换到模态空间中,将问题简化为求解非对称实矩阵的特征值问题。直接分析法[8]则无须模态坐标变换,将其归纳为用频域内气动导数所表示的一个复特征值问题,是一种更加精确的方法。二维颤振理论基于片条假定,认为主梁沿跨长方向的竖弯和扭转两个自由度上的振动状态一致,因此具有很大的近似性,但由于其简单实用,且与节段模型试验吻合度高,所以在工程实践中应用最广。三维颤振理论则充分考虑桥梁的三维特性,计入高阶振型对颤振性能的影响,因而更能真实地反映实际桥梁的振动状态,计算出更加准确的颤振临界风速。近年来学者们着重研究静风效应对桥梁颤振稳定性的影响[9-11],研究表明:静风荷载会引起结构大变形和刚度的变化,从而改变结构的动力特性;静风效应会使主梁产生附加风攻角,且其大小沿跨径分布不完全相同,导致不同位置的主梁受到的气动自激力并不一致。

考虑到二维颤振分析的实用性和三维颤振分析的精确性,对二维和三维颤振分析结果差异的机理进行了研究。基于江阴长江大桥结构参数建立 500~1 500m 共 6 个跨度的悬索桥模型,运用二维颤振频域直接分析方法(Straight forward method)和包含附加风攻角的三维多模态耦合颤振分析理论[9],进行二维和三维颤振分析,分析了附加风攻角随跨度的变化规律,并研究了二维和三维颤振竖弯和扭转自由度耦合程度的跨向分布规律。

2 悬索桥参数化建模与动力特性

为研究跨径对大跨桥梁二维和三维颤振分析结果差异及静风效应影响规律,本文基于江阴长江大桥,运用 APDL 语言按照跨径比值调整悬索桥的主缆面积、塔高、吊杆间距等参数后(加劲梁宽度保持不变),建立了大跨悬索桥 500~1 500m 有限元参数化模型。桥塔、加劲梁采用空间梁单元模拟,主缆和吊杆采用空间杆单元模拟。主缆的初拉力通过悬索桥挠度理论静力条件来取值,以保证全桥模型的合理性。江阴长江大桥原始立面布置图及加劲梁断面分别如图 1、图 2 所示,各跨径有限元模型的自振频率如图 3 所示。随着跨径的增大,各阶频率均逐渐减小,其中一阶反对称侧弯频率的衰减速率最大,表明结构的侧向刚度下降十分迅速。各阶频率都逐渐接近,跨度在 500~1 200m 时,正对称扭转振动总是先于反对称扭转振动出现,但在 1 250m 跨度左右时,对称、反对称扭转频率已十分接近,到 1 300m 跨度后,反对称扭转振动会首先出现。

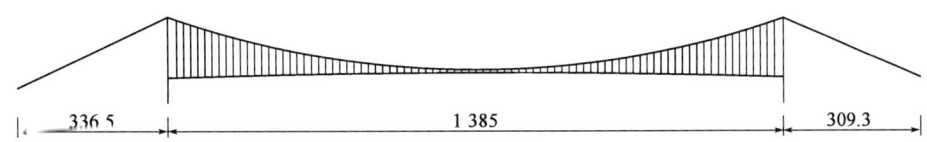

图 1 江阴长江大桥立面布置(尺寸单位:m)

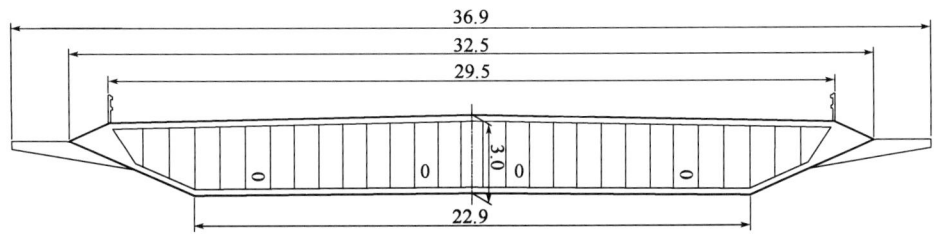

图 2 江阴长江大桥加劲梁断面(尺寸单位:m)

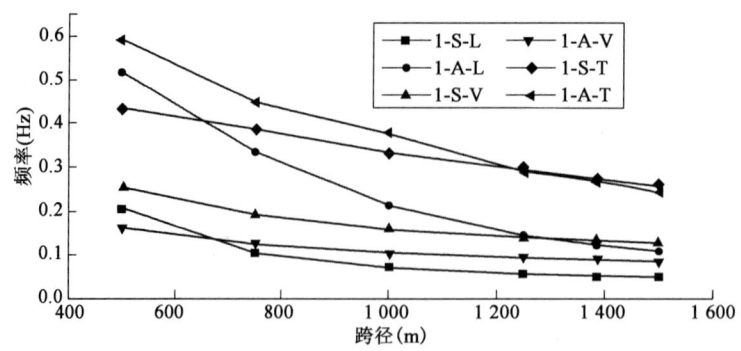

图3 悬索桥自振频率随跨径的变化规律

注:图中数字为出现的序号;A-反对称,S-对称;L-侧弯,V-竖弯,T-扭转。

根据规范公式求得的各阶广义质量如图4所示。反对称广义质量基本都大于正对称广义质量。在竖弯广义质量中,正对称、反对称的值相差较大,并且随跨径的变化规律也不尽相同。随着跨径的增加,正对称竖弯广义质量基本呈线性增加,而反对称广义扭转质量则呈V字形,其极小值出现在跨径1 000 m处。在扭转广义质量中,两者的值差别则不大,并且趋势也基本一致,跨径小于1 000 m时都减小,大于1 000 m时都增加。

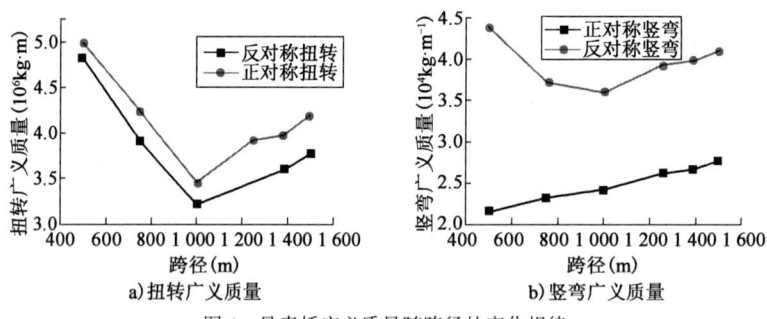

图4 悬索桥广义质量随跨径的变化规律

注:1 250 m跨径工况一阶反对称扭转振型为耦合振型。

3 静风效应对结构特性的影响

为了研究静风效应对结构特性的影响程度,本文对上述有限元模型进行0°攻角下的各级风速的结构动力特性分析。悬索桥的静风荷载主要包括主缆、桥塔、吊杆和主梁静风荷载,主缆和吊杆的阻力系数按照《公路桥梁抗风设计规范》(JTD/T 3360-01—2018)取0.7,桥塔的阻力系数根据桥塔迎风面尺寸按照上述规范取值。在均匀流场中测定的主梁各攻角下的静力三分力系数见表1,计算时采用线性内插的方法获取中间值。

加劲梁静三分力系数 表1

攻角(°)	阻力系数 C_D	升力系数 C_L	升力矩系数 C_M
−3	1.063	−0.412	−0.078 3
−2	0.975	−0.315	−0.053 2
−1	0.951	−0.230	−0.030 5
0	0.856	−0.128	−0.007 4
1	0.877	−0.036	−0.013 7
2	0.861	0.680	−0.032 0
3	0.911	0.161	−0.046 2

对结构颤振性能有重要影响的三个自由度基频 f 随风速 v 的变化规律如图5所示。可以看出,各跨径的三个模态频率变化都很微弱,相对比例在 0.5% 以内。其中侧弯和竖弯的基频略微增加,扭转基频则稍微减小,这说明在 0°攻角下由静风效应引起的结构刚度变化较小。

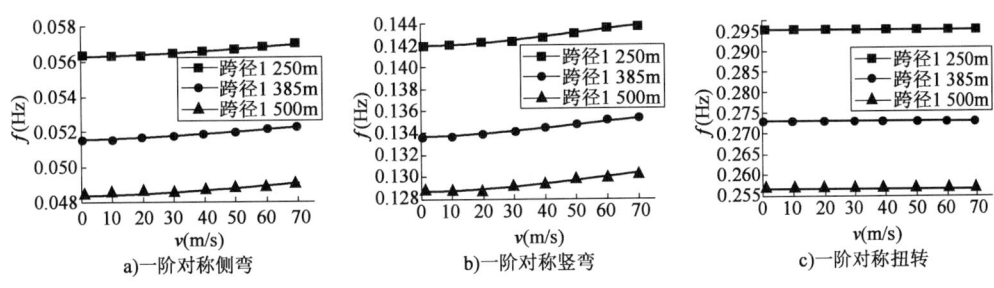

图5 一阶固有频率随风速的变化规律

根据江阴长江大桥全桥气弹模型颤振试验结果(表2),选取风速 67m/s,得到主梁的附加攻角在 0°攻角下沿跨向的分布情况如图6所示。当跨径小于 1 000m 时,主梁的附加攻角由两侧向跨中逐渐增加,并且其最大值随着跨度的增大而增加;当跨径大于 1 000m 时,主梁的附加攻角由两侧向四分点附近逐渐增加,至跨中区域反而逐渐减小。随着跨径的增加,两侧至四分点附近的主梁的附加攻角增加的速率略微增加,但结构的最大附加攻角反而减小,其出现位置向桥塔方向移动;四分点至跨中区域的附加攻角衰减更加剧烈。这是因为跨径增大导致结构扭转刚度减小,非线性效应更加明显,因此,附加攻角并不会随着跨径的增大而无限增加。另一方面,附加攻角效应已经非常明显,1 000m 跨径以上的工况的附加攻角已超过 0.45°,因此进行大跨悬索桥的颤振计算时必须考虑附加攻角效应。

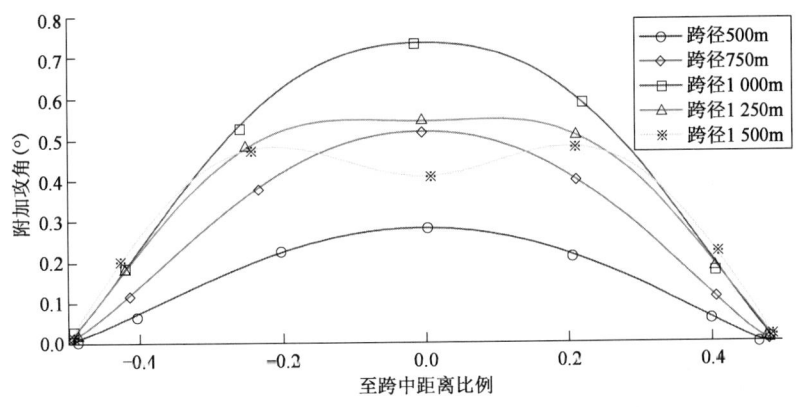

图6 各跨径悬索桥在 0°攻角下的附加攻角

4 颤振分析结果

采用二自由度节段模型试验测定了竖弯和扭转自由度相关的颤振导数,侧向颤振导数由拟静力理论给出。按照上述理论,利用 ANSYS 有限元软件和 Matlab 软件将其程序化,二维颤振计算中选取一阶对称竖弯频率和一阶对称扭转频率作为基频,三维颤振计算中选取前 50 阶模态,每个模态的结构阻尼比设定为 0.5%。为了考察静风效应、振型参与及跨径对结构颤振性能的影响,本文将分析分为四种,如表2所示,其中全桥试验临界风速是原桥 1 385m 跨径全桥气弹试验测定的临界风速。可以看出,考虑静风效应后,三维颤振的计算结果向降低的趋势发展,并且这种趋势会随着跨径的降低而更为明显。这是由于静风荷载会使主梁产生附加攻角,导致断面向更加钝化的方向发展,致使颤振临界风速降低。而二维颤振分析的临界风速相较于三维分析结果偏高,这一相对差异在1 000m工况时达到了最大值15.4%,之后随着跨径的增加而降低。这是因为跨径增加使结构刚度变小,非线性效应增加,使附加攻角效应反而降低。若在三维计算中仅考虑一阶对称扭转和一阶对称竖弯振型,其临界风速会增大很多,跨度超过1 000m的工况会比考虑50阶的计算结果大20%以上,这是因为没有计入高阶振型的影响。因此,对于大跨桥梁的颤振计算,必须考虑高阶振型的参与。

表2 0°攻角颤振分析结果(单位:m/s)

分析模式	跨径						全桥试验临界风速
	500m	750m	1 000m	1 250m	1 500m	1 385m	
2D	105.1	97.9	83.2	77.4	67.0	70.3	67.0
3D(2阶)	107.1	97.8	87.6	86.7	73.8	76.8	
3D(50阶)	97.6	97.8	72.1	68.4	61.5	64.1	
不考虑附加攻角3D(50阶)	108.9	97.8	77.1	71.9	63.7	66.7	

5 二维和三维颤振分析结果差异的解释

为了解释二维和三维颤振分析结果的差异,本文进一步分析二维和三维颤振分析中主梁竖向和扭转自由度耦合程度。根据三维颤振计算的扭转运动的振动幅值对二维和三维的竖向运动振幅进行归一化操作,其中扭转振幅为等效振幅,为 $A_\alpha B/2$,式中 A_α 是原始扭转振幅(单位:rad),B 为主梁宽度。计算得到各跨径悬索桥二维和三维颤振弯扭耦合度对比,如图7所示。

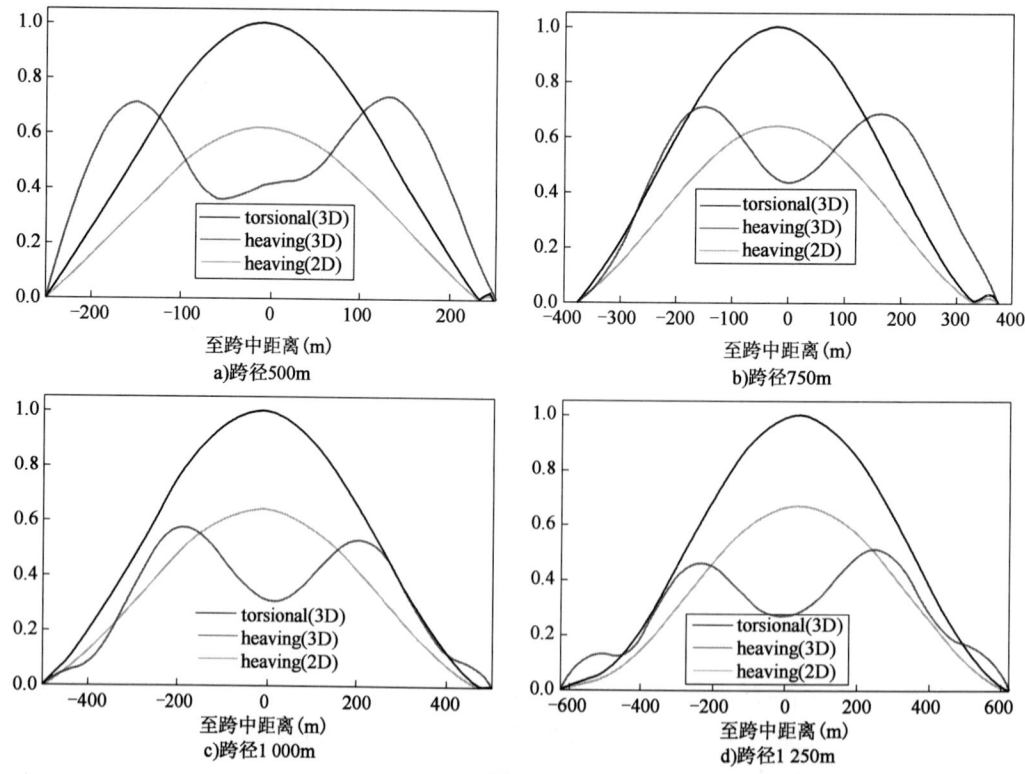

图 7

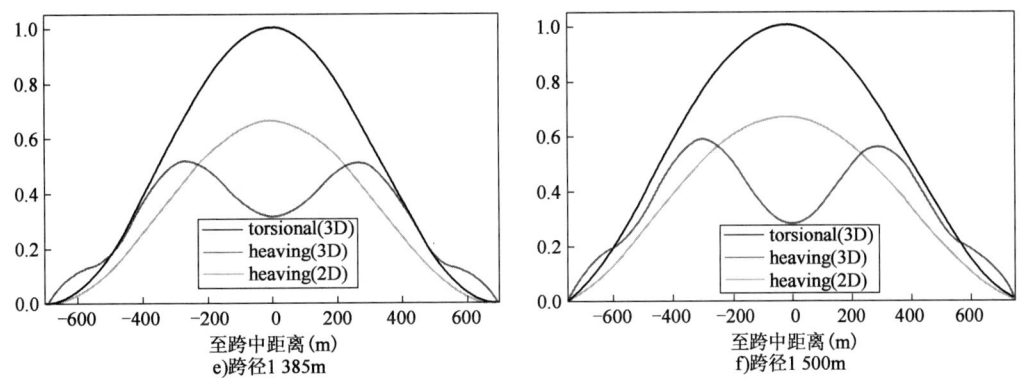

图7 各跨径悬索桥二维和三维颤振弯扭耦合度对比

可以看出,所有工况沿跨径的扭转振幅呈正弦波形,为一阶对称扭转,并且二维和三维颤振分析的全桥竖向和扭转自由度耦合程度差异都出现了类似的分布规律,即在跨中区域,三维分析的竖向自由度参与程度小于二维颤振分析,而在主梁两侧的区段内则是三维分析的竖向自由度参与程度大于二维计算。因此,从二维弯扭耦合运动的气动负阻尼生成的角度分析,可以认为,相较于二维颤振分析结果,三维颤振分析的跨中部分梁段形成的气动负阻尼较二维分析低,促使系统耗能;而两侧梁段则相反,其三维分析对应的气动负阻尼高于二维分析,因此会使系统从系统中吸收能量。

综上所述,三维的弯扭耦合度跨向分布不均,已不符合片条假定,是二维和三维颤振分析结果存在差异的重要因素之一。

6 结语

(1)基于江阴长江大桥建立了悬索桥有限元参数化模型,该模型适应性强,通过控制参数可以建成任意刚度参数、质量参数、几何参数的悬索桥模型。

(2)静风效应中附加风攻角对结构颤振的影响十分显著,在大跨桥梁的颤振计算中必须考虑。并且悬索桥的附加风攻角具有很强的非线性,在跨度小于1 000m时的最大值出现在跨中,并且随着跨度的增大而增加;跨度大于1 000m时最大值逐渐向四分点附近转移,并且随着跨度的增大而减小。

(3)在主梁跨中区域,三维分析的竖向自由度参与程度小于二维颤振分析,而在主梁两侧的区段内则是三维分析的竖向自由度参与程度大于二维颤振计算。

参 考 文 献

[1] SIMIU E, SCANLAN R H. Wind effects on structures: an introduction to wind engineering [M]. New York: Wiley, 1978.

[2] SCANLAN R H. The action of flexible bridges under wind: I. Flutter theory[J]. Journal of Sound and Vibration, 1978, 60(2):187-199.

[3] MATSUMOTO M, KOBAYASHI Y, SHIRATO H. The influence of aerodynamic derivatives on flutter[J]. Journal of Wind Engineering and Industrial Aerodynamics, 1996, 60:227-239.

[4] WILDE K, FUJINO Y, MASUKAWA J. Time domain modeling of bridge deck flutter[J].

Doboku Gakkai Ronbunshu,1996,13(2):19-30.

[5] 邵亚会,葛耀君,柯世堂.超大跨度悬索桥二维颤振频域直接分析方法[J].哈尔滨工业大学学报,2011,43(08):119-123.

[6] AGAR T J A. Aerodynamic flutter analysis of suspension bridges by a modal technique[J]. Engineering Structures,1989,11(2):75-82.

[7] NAMINI A,ALBRACHT P,BOSCH H. Finite element-based flutter analysis of cable-suspended bridges[J]. Journal of Structural Engineering,1992,118(6):1509-1526.

[8] MIYATA T,TADA K,SATO H,et al. New findings of coupled flutter in full model wind tunnel tests on the Akashi Kaikyo Bridge[C]//Proc. of Symp. on Cable-Stayed and Suspension Bridges. 1994.

[9] 张宏杰,朱乐东.附加风攻角对1 400m斜拉桥颤振分析结果的影响[J].振动与冲击,2013,32(17):95-99.

[10] 熊龙,廖海黎,马存明,等.静风效应对千米级悬索桥颤振的影响[J].华中科技大学学报(自然科学版),2016,44(12):44-49.

[11] 李郁林.考虑静风非线性效应的特大跨度斜拉桥三维颤振分析[D].成都:西南交通大学,2018.

157. 空间缆索对分体箱梁悬索桥静风稳定性的影响

雷思勉[1]　葛耀君[1,2]　杨詠昕[1,2]
(1. 同济大学土木工程防灾国家重点实验室；
2. 同济大学桥梁结构抗风技术交通运输行业重点实验室)

摘　要：为了研究空间缆索对特大跨地锚式悬索桥静风稳定性的影响，本文以某特大跨分体钢箱梁悬索桥为工程背景，探讨了七种空间缆索方案。首先基于分段悬链线理论对主缆的线型和内力进行了有限元静力分析；然后采用有限元动力分析方法分析了各方案桥梁的刚度；最后采用三维非线性空气静力稳定性分析方法，对静风稳定性进行分析和比较。分析结果表明：采用空间缆索体系后，结构的竖弯基频略有下降，侧弯和扭转基频略有上升，反映出结构侧弯和扭转刚度有所增大。随着主缆横向矢跨比的增大，悬索桥的静风稳定性呈现先增大后减小的趋势，因此认为采用空间缆索可以在一定程度上改善悬索桥的静风稳定性。

关键词：空间缆索　特大跨悬索桥　分段悬链线　动力特性　非线性静风稳定

1　引言

在各类大跨径桥梁中，悬索桥受力形式独特，具有最强的跨越能力[1]。然而随着悬索桥跨径的不断增大，结构柔性也不断增大，所以对风的作用也比较敏感，修建在设计风速较大的桥址处的悬索桥尤为明显[2]。因此，在保证悬索桥跨越能力的同时，提高其静风性能，成为现今悬索桥建设的主要任务之一。

在风荷载作用下，桥梁断面将受到阻力、升力和扭转力矩的作用，使得主梁发生弯曲和扭转，改变了结构刚度以及风荷载大小，从而增大了结构变形，最终导致结构的静风失稳[3-4]。随着桥梁跨径不断增大，这种静风失稳现象可能会早于桥梁颤振而出现。Hirai 最早在悬索桥的全桥气弹模型风洞试验中观察到了静风扭转发散的现象[5]。项海帆在汕头海湾二桥的风洞试验中，也发现了静风弯扭失稳现象[6]。因此，研究大跨度悬索桥的静风稳定性问题是十分必要的。

通常悬索桥采用平行缆索体系，即主缆和吊杆位于同一竖平面内，该体系不利于承受横向荷载[7]。而内倾式空间缆索悬索桥，通过将两根主缆从跨中向桥塔逐渐靠近并在塔顶合拢的

基金项目：长大桥梁概率相关多灾害基本理论及其抗风强健性应用方法，51778459。

结构形式,使得横桥向倾斜的吊杆与加劲梁构成稳定的三角形结构,每对斜吊杆中的横桥向水平分力将加劲梁夹住,从而大大提高了整个结构的横向刚度和抗扭刚度[8]。因此,探究空间缆索对大跨度悬索桥静风稳定性的影响,对于大跨悬索桥结构抗风理论研究和实践应用具有重要意义。

早期静风稳定理论为线性理论[4],E.Simiu 和 R.H.Scanlan 等在大跨悬索桥抗风设计中,提出了二维线性静风稳定分析方法,并基于该方法推导出主梁扭转发散和侧向失稳两种临界风速计算公式[9]。但该方法难以获得准确的静风失稳临界点,过高估计结构静风稳定能力。为此,Miyata 将结构非线性因素与结构空间稳定理论相结合,将新的静风稳定分析理论运用到大跨斜拉桥静风稳定分析中[10]。项海帆将静风荷载表示为风速和结构变形的非线性函数,从而全面考虑了空气静力作用的非线性特征,同时将非线性荷载与非线性杆系结构的空间稳定理论相结合,建立了大跨度悬索桥考虑几何和材料非线性的三维静风稳定分析方法[11]。

为探究空间缆索对特大跨悬索桥静风稳定性的影响,本文以某特大跨分体式钢箱梁悬索桥为工程背景,提出了六种空间主缆方案和一种平行主缆方案。本文首先基于分段悬链线理论计算了主缆的线型和内力,随后运用 ANSYS 有限元软件分析得到了各方案悬索桥的结构动力特性,再基于三维非线性分析方法,对各方案的静风稳定性进行了分析和比较,最后得到了具有良好抗风稳定性的空间缆型。

2 空间缆索体系悬索桥

2.1 背景介绍

随着特大跨径悬索桥需求的日益增长,空间缆索体系也逐渐被各方案所采用。但是就目前建成的空间主缆悬索桥来说,大部分仍为跨度相对较小的自锚式悬索桥[2]。表1给出了国内外几个空间缆索悬桥工程实例。

国内外空间缆索体系悬索桥概况　　　　表1

桥　　名	锚锭形式	主跨(m)	主缆形式	竖向矢跨比	横向矢跨比
挪威哈罗格兰大桥	地锚式	1 145	内倾式	—	1:76.3
四川丰都大桥	地锚式	450	外倾式	1:11	1:138.4
旧金山奥克兰海湾桥	自锚式	385	内倾式	1:7	1:22
韩国永宗大桥	自锚式	300	内倾式	1:5	1:22.1
杭州钱塘江九桥	自锚式	260	内倾式	1:4.5	1:13
捷克瑞士海湾桥	自锚式	252	内倾式	1:14	1:136
浙江九龙山通天桥	自锚式	208	外倾式	1:14	1:15.7
西班牙维纳若普河大桥	自锚式	164.5	内倾式	1:7.4	1:129

本文以某特大跨地锚式分体钢箱梁悬索桥为工程背景,该通航孔桥采用主跨 1 756m 单跨吊悬索桥,主缆矢高 $f_y = 184.84$m,矢跨比 1/9.5,缆跨布置为 580m + 1 756m + 630m = 2 966m,总体布置如图 1 所示。桥塔为独塔式混凝土结构,基础采用钻孔灌注桩。加劲梁采用扁平流线型分体式钢箱梁,梁高 3.5m,中央开槽宽 16.6m;两分体箱由连接箱相连,并每 9m 设一道连接箱;吊杆纵向间距为 18m,横向间距为 44.7m,主梁断面如图 2 所示。

为对比空间缆索与平行缆索体系悬索桥的静风稳定性能,以及不同空间缆型抗风性能之间的差异,本文提出了七种缆索方案(包括六种空间主缆和一种平行主缆)。空间主缆线型布置如图3所示,其中d表示鞍座在桥塔顶的横向间距,l表示中跨跨径,f_y为主缆竖向垂度,f_z为主缆横向垂度。

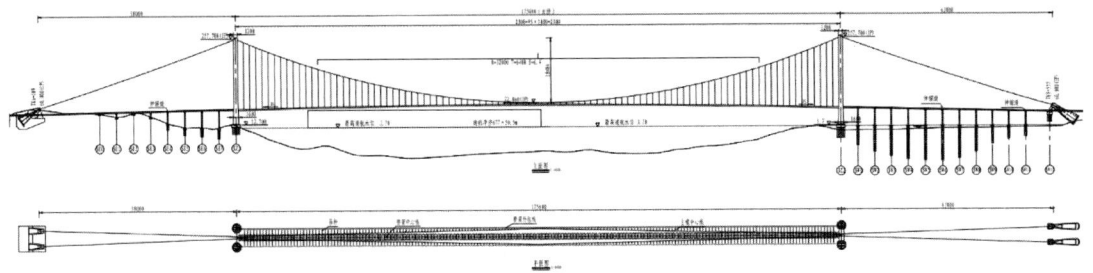

图1 特大跨悬索桥总体布置图

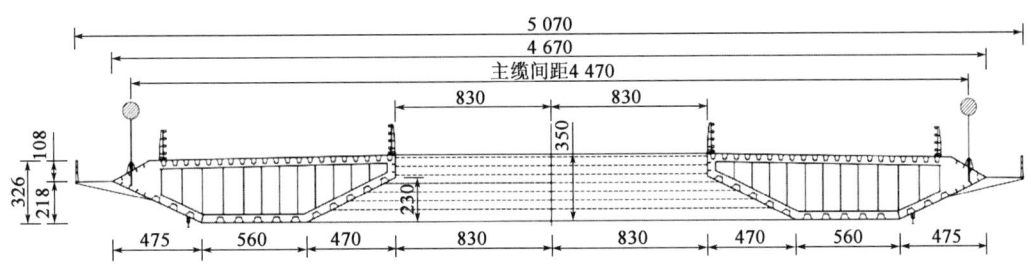

图2 主梁断面图(尺寸单位:cm)

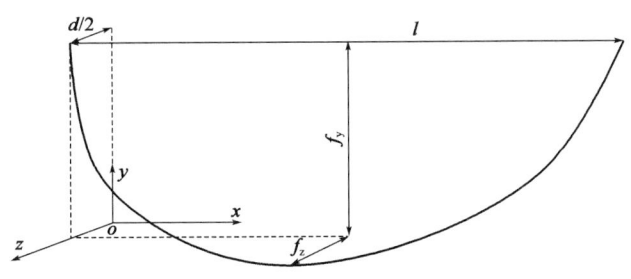

图3 空间主缆线型布置示意图

空间主缆的线型不能随意指定,必须通过矢跨比等参数控制。各方案主梁的形式必须一致,因此本文保持主梁吊点横向间距不变,为44.7 m(图2),通过改变鞍座在塔顶的横向间距d来调整主缆线型。七个主缆方案分别为:$d=6$ m、$d=14$ m、$d=26$ m、$d=34$ m、$d=38$ m、$d=42$ m、$d=44.7$ m。$d=44.7$ m主缆即为平行主缆方案。

2.2 空间主缆线型计算

空间缆索的线型分析难点在于体系的高度耦合,即主缆与吊杆的耦合、竖向和横向垂度的耦合,这两种耦合作用使得分析十分复杂。空间主缆线型既不是抛物线,也与悬链线有较大的区别,为非同一铅垂面内空间分段悬链线[8]。因此对于本特大跨悬索桥,采用分段悬链线法更为合适。该理论的基本思路为:假设主缆起点索端力,计算主缆终点坐标和跨中竖向垂度[8]。若与目标坐标值不同,可按一定方式调整索端力,直到索端坐标和跨中竖向垂度满足要求,具体算法流程如图4所示。

基于分段悬链线理论,采用Python语言进行编程,对不同横向矢跨比的空间主缆进行分析,得到成桥状态下各种主缆的线型坐标(图5)以及相应的主缆内力(图6)。

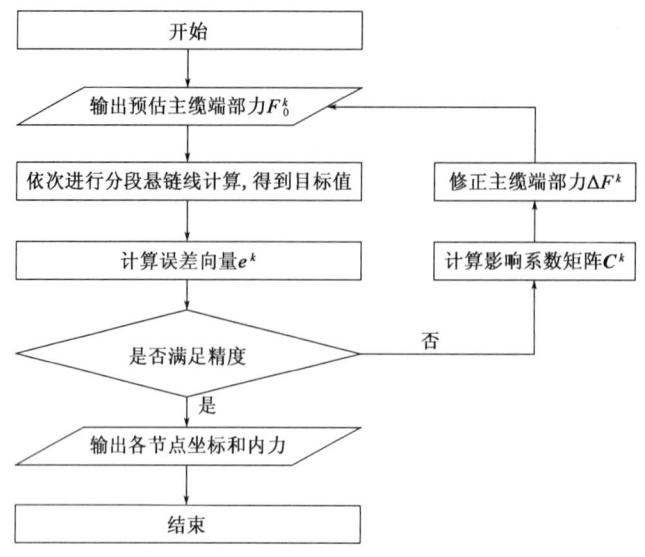

图4 空间主缆线型计算流程图

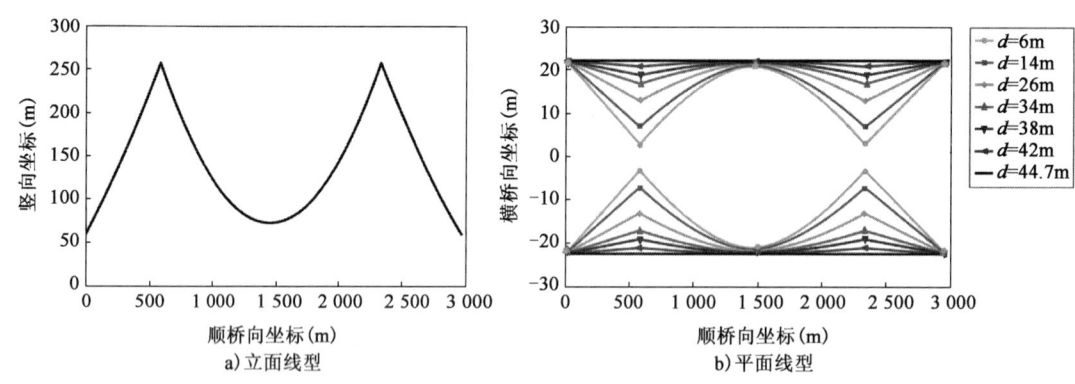

a) 立面线型   b) 平面线型

图5 空间主缆线型计算结果

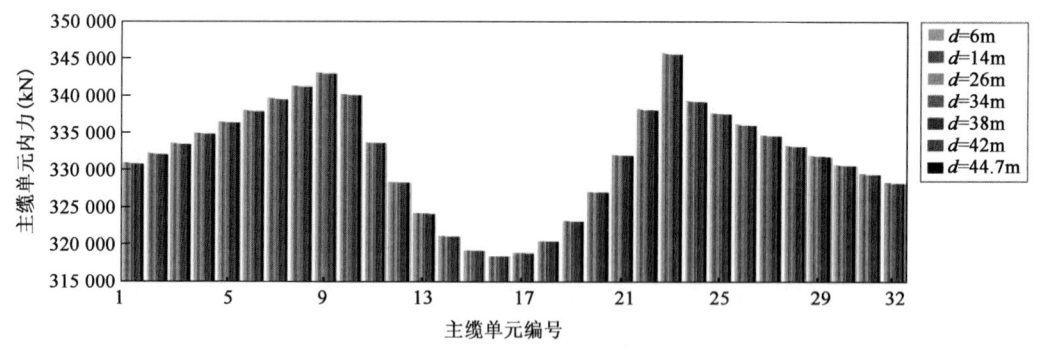

图6 空间主缆单元内力对比

由图5a)可以看出,空间主缆与平行主缆的立面线型差别很小,随着横向垂度增加,空间主缆平面线型的曲率也增大。因此空间主缆的竖向垂度基本不受横向垂度的影响,竖平面线型可以按照平行缆索进行简化分析,而横向垂度主要影响平面线型。从图6可以看出,采用空间主缆后,主缆的内力有所提高,并且随着横向矢跨比的增大,内力提高的幅度也变大。由于主缆的刚度主要由重力刚度提供,从这一角度来说,采用空间缆索有利于提高结构的整体刚度。

3 结构动力特性分析

内倾式空间缆索体系分体式钢箱梁悬索桥采用全桥空间有限元模型,如图7a)所示。其中桥塔采用BEAM4空间线单元模拟,通过截面形心连线建立单元。主缆和吊杆采用LINK10单元模拟,输入的初应变值用于计算结构的初应力矩阵,以考虑悬索桥非线性影响因素中初拉力的影响。加劲梁采用双主梁模型,由BEAM4空间线单元模拟两片主梁,中间用横梁联系,如图7b)所示。每个吊点处设节点,每个横向连接箱处设节点,每个横隔板处设节点,其上横隔板和桥面系假设均布于加劲梁上,通过截面形心连线建立单元。

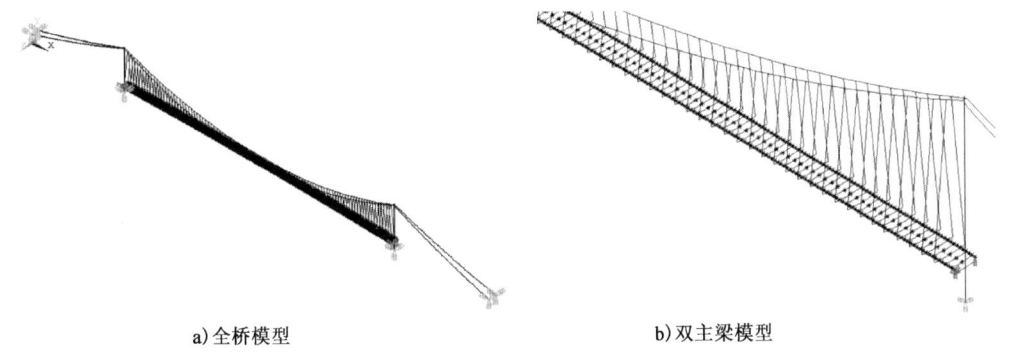

a)全桥模型　　　　　　　　　b)双主梁模型

图7　空间有限元模型示意图

长大悬索桥的轻柔化,使得其易于振动,而其自由振动特性直接关系到桥梁的风致振动性能,故研究悬索桥的结构动力特性具有重要的意义[1]。本文采用ANSYS有限元分析软件,运用模态分析得到桥梁结构前50阶的振型和频率。悬索桥由多种构件组成,它们不同程度地在各阶模态和方向上耦合在一起,主振型并不明显。因此本文采用广义模态质量法对振型进行了识别,得到主梁的一阶竖弯、侧弯和扭转模态,如表2所示。

各主缆方案主梁一阶模态对比　　　　　表2

振　型	形　状	自振频率(Hz)						
		平行	$D=21$	$D=19$	$D=17$	$D=13$	$D=7$	$D=3$
竖弯	对称	0.112 268	0.112 267	0.112 261	0.112 251	0.112 217	0.112 134	0.112 061
	反对称	0.074 618	0.074 618	0.074 614	0.074 607	0.074 585	0.074 529	0.074 477
侧弯	对称	0.044 255	0.044 255	0.044 300	0.044 357	0.044 505	0.044 787	0.044 987
	反对称	0.138 223	0.138 266	0.138 323	0.138 372	0.138 440	0.138 447	0.138 368
扭转	对称	0.223 982	0.224 293	0.224 739	0.225 163	0.225 939	0.226 961	0.226 541
	反对称	0.177 236	0.177 262	0.177 363	0.177 531	0.178 007	0.178 922	0.179 600

从表2中可以看出,相比于平行缆索方案,采用空间缆索体系后,结构的竖弯频率都有所下降,且缆索的空间性越强(横向矢跨比越大),竖弯频率下降越多。竖弯频率主要反映结构竖向刚度和质量,当质量一定时,竖向刚度越小,竖弯频率越低。空间缆索的矢跨比越大,吊杆的倾斜程度越大,主缆提供给主梁的支撑力就越小,由于悬索桥主梁的刚度主要由主缆提供,因此主梁的刚度相应变小,导致竖弯频率降低。

同理,从表2可以发现,空间缆索体系使得结构的侧弯和扭转频率都有所提高,且空间性越强,侧弯和扭转频率提高的幅度越大。由于内倾式的主缆拉力存在着横桥向的分力,对加劲梁的横向及扭转振动起着回复力的作用。空间缆索的矢跨比越大,吊杆的倾斜程度越大,主缆提供给主梁的侧向回复力就越大,因此主梁侧向及扭转刚度相应变大,导致侧弯及扭转刚度增强。

综上所述,空间缆索体系结构的侧弯和扭转刚度都明显增强,具有较好的动力特性,这无论对于结构的静风稳定性还是颤振稳定性都将产生有利的作用。

4 静风稳定性分析与评价

4.1 三维非线性静风稳定性计算理论

静风稳定性问题实际上是静风荷载和结构变形耦合问题。结构所受的扭转力矩随着风速和相对风攻角的增大而增大,而结构所产生的抵抗力矩只与结构的扭转变形有关。当给定风速低于临界风速时,升力矩随着结构扭转位移的增加速度小于结构抵抗力矩的增加速度,因此结构最终会达到平衡位置;而当来流速度大于临界风速时,升力矩的增加速度将会超过结构抵抗力矩的斜率,此时结构将发生静风扭转失稳[4,12]。本文采用三维非线性分析方法,具体算法思路如图8所示。

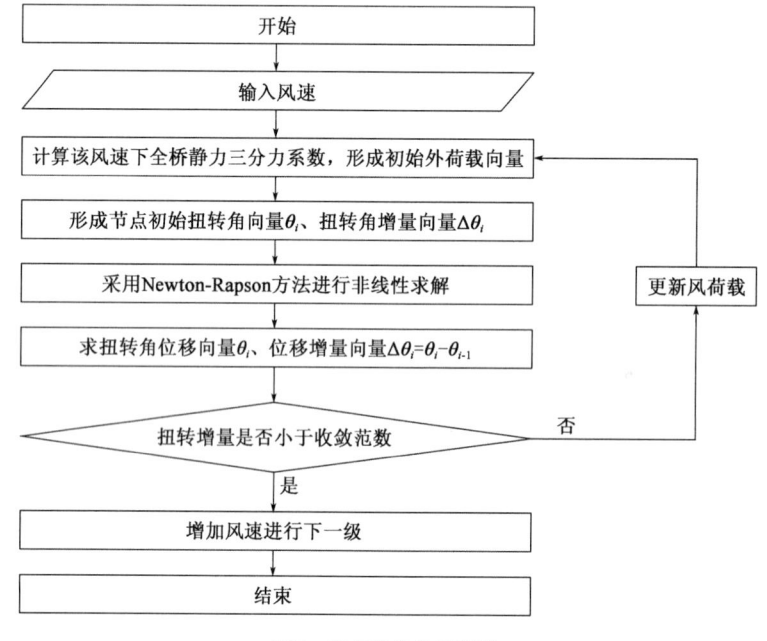

图8 静风稳定分析流程

4.2 空间缆索对静风稳定影响分析

本文分别对各特大跨空间缆索体系悬索桥方案进行了成桥状态下的结构静风稳定性分析。三维非线性静风稳定性数值分析考虑了0°风攻角,取结构承受恒载为初始状态,逐级增加风速,计算了各级风速下桥梁结构在静风荷载和恒载共同作用下的竖向、侧向和扭转位移。成桥状态下加劲梁中跨跨中和1/4跨竖向、侧向和扭转位移随风速增加的变化规律如图9所示。

从图9中可以看出,随着风速的增大,三个方向的位移都发生了非线性的增长。加劲梁跨中和1/4跨节点的竖向位移随着风速的增加而增长,在风速为0~100m/s时,各空间缆索方案的竖向位移变化趋势基本相同,但是,随着横向矢跨比的增加,竖向位移变化幅度呈现出增大的趋势,说明竖弯刚度趋于减小。各方案主梁的侧向和扭转位移变化规律表现出较大的差异。

平行缆索方案加劲梁位移在 $v=0\sim100$ m/s 时增长缓慢,当 $v=115$ m/s 时出现了发散的趋势,说明该结构的静风失稳临界风速为115 m/s;对于 $d=38$ m 方案,随着风速增加,位移处于较低水平,如图9c~f)所示。由于计算精度的限制,本文未能给出 $v>120$ m/s 的位移变化规律,因此认为此方案静风失稳临界风速高于120 m/s,并有继续发展的潜力;对于 $d=34$ m 和 $d=26$ m 方案,当 v 增大到118 m/s 时主梁位移出现了发散现象,如图9d)、f)所示,静风失稳临界风速为118 m/s,略高于平行主缆方案;对于 $d=14$ m 和 $d=6$ m 方案,在各风速下都产生了较大的侧向和扭转变形,但都未失去稳定,当 $v \geq 120$ m/s 时,位移增加开始减缓,如图9c)、e)所示,说明这两种方案的抗风性能潜力较大,因此认为其静风失稳临界风速高于160 m/s。

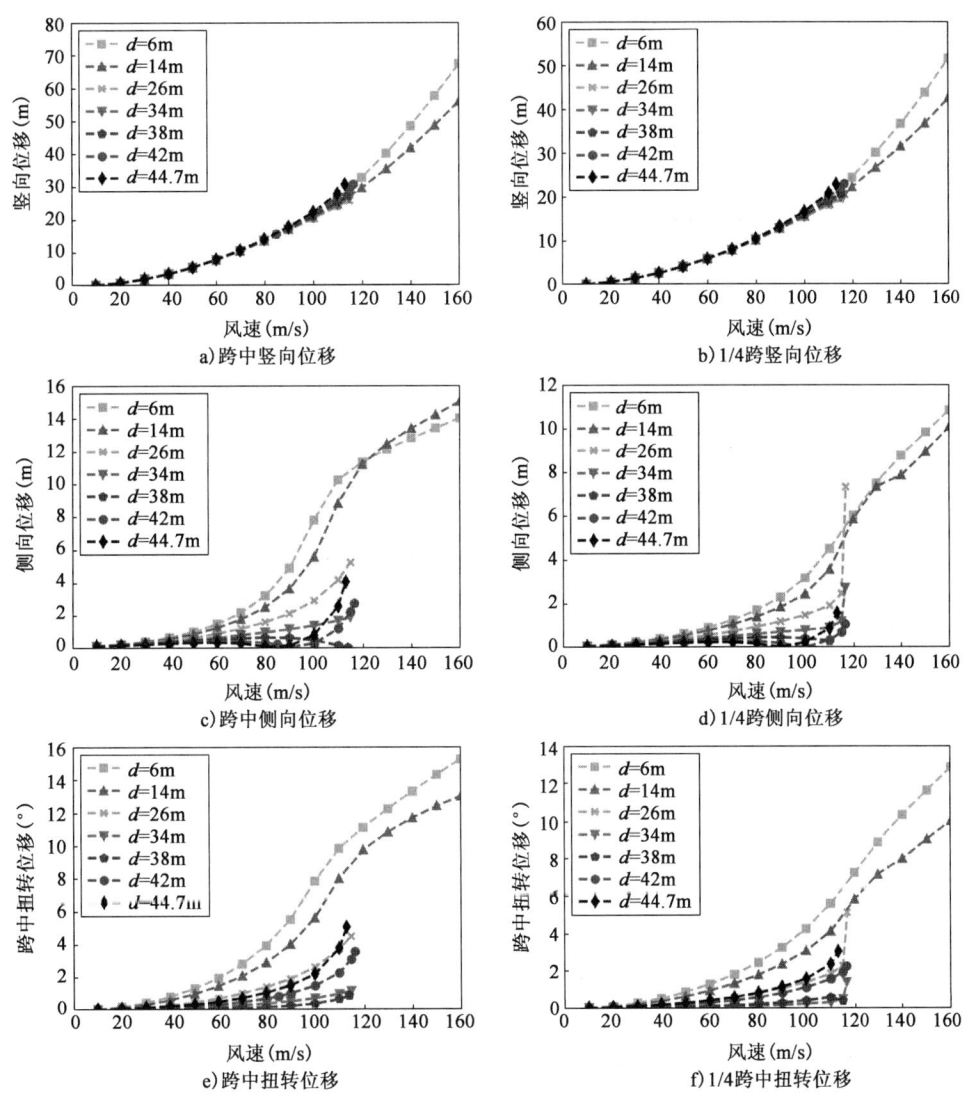

图9 成桥状态0°风攻角加劲梁位移

5 结语

本文以某特大跨地锚式分体式钢箱梁悬索桥为工程背景,提出了七种不同的空间缆索形式方案,采用分段悬链线理论对主缆的线型进行了计算。并且采用三维非线性空气静力稳定

性分析方法,分别对其动力特性、静风稳定性进行分析和比较,得到以下主要结论:

(1)空间主缆的立面线型与平行主缆的差别很小,其竖向垂度基本不受横向垂度的影响,横向垂度主要影响平面线型,竖平面线型可以按照平行缆索进行简化分析。

(2)采用空间缆索体系后,结构的竖弯基频略有下降,侧弯和扭转基频都有所提高,所以空间缆索体系有助于提高结构的侧弯和扭转刚度,有利于改善结构的静风稳定性。

(3)随着横向矢跨比增加,空间缆索悬索桥主梁侧向和扭转位移先减小后增大,$d = 38m$ 的空间缆索方案静风稳定性最高。

(4)当本桥采用平行主缆方案时,静风稳定临界风速已达到115m/s,已高于抗风设计要求;空间主缆可以达到的最大临界风速是160m/s,提高了39%,可以作为跨度继续增加的优势加以利用。

参 考 文 献

[1] 刘书伟.大跨度悬索桥静动力特性分析[D].西安:长安大学,2007.

[2] 张新军,陈兰.空间缆索体系悬索桥抗风稳定性研究[C]//第十九届全国桥梁学术会议论文集,2010.

[3] 于伟.大跨度悬索桥静风稳定性非线性分析[D].成都:西南交通大学,2010.

[4] 李永乐,欧阳韦,郝超,等.大跨度悬索桥静风失稳形态及机理研究[J].空气动力学学报,2009(6):80-85.

[5] HIRAI A,OKAUCHI I,ITO M,et al. Studies on the critical wind velocity for suspension bridges[C]// Proceedings of the International Research Seminar on Wind Effects on Buildings and Structures,1967:81-103.

[6] 方明山.超大跨度缆索承重桥梁非线性空气静力稳定理论研究[D].上海:同济大学,1997.

[7] DORTON R A. Cable supported bridges:Concept and design[J]. Bridges,1986,13(6):401-401.

[8] 罗喜恒,肖汝诚,项海帆.空间缆索悬索桥的主缆线形分析[J].同济大学学报(自然科学版),2004(10):98-103.

[9] SIMIU E,SCANLAN R. Wind effects on structures:an introduction to wind engineering[J]. SERBIULA (sistema Librum 2.0),1978.

[10] BOONYAPINYO V,YAMADA H,MIYATA T. Wind-induced nonlinear lateral-torsional buckling of cable-stayed bridges[J]. Journal of Structural Engineering,1994,120(2):486-506.

[11] 程进.缆索承重桥梁非线性空气静力稳定性研究[D].上海:同济大学,2000.

[12] 方明山,项海帆,肖汝诚.大跨径缆索承重桥梁非线性空气静力稳定理论[J].土木工程学报,2002(2):73-79.

158. 整体箱梁悬索桥空间缆索体系对动力特性和气动稳定的影响

兰义哲[1] 葛耀君[1,2] 杨詠昕[1,2]

(1. 同济大学土木工程防灾国家重点实验室；
2. 同济大学桥梁结构抗风技术交通运输行业重点实验室)

摘 要：以主跨1666m的整体式钢箱梁悬索桥为工程背景，采用不同主缆内倾角度，试设计了8个空间缆索体系悬索桥方案，采用数值计算方法分析比较了动力特性和气动稳定随内倾角度的变化规律。分析结果表明：空间缆索体系的内倾角度从0°变化至7°时，整体箱梁悬索桥的动力特性除了一阶反对称竖弯频率略有下降之外，其他一阶振型频率均有所提高，其中一阶正对称扭转频率提升明显，最大增幅为4.5%；在气动稳定方面，二维桥梁颤振分析确定的临界风速，随空间缆索体系的内倾角度增加而提高，最大增加幅度与扭转频率基本一致。由于整体箱梁悬索桥的跨度有限，空间缆索内倾角度增大受限，动力特性和气动稳定的增幅都比较有限，但仍然不失为一种改善动力特性和气动稳定的有效方法。

关键词：整体箱梁悬索桥 内倾式空间缆索 内倾角 动力特性 颤振临界风速

1 引言

空间缆索体系悬索桥是一种由主缆、吊杆等缆索系统向横桥向内侧倾斜或是外侧倾斜组成的悬索桥体系。由于桥宽两侧的主缆与吊杆在空间上形成了三维的形式，这一点在外观上明显区别于一般的平行缆索悬索桥。空间缆索体系的应用，一是城市桥梁建筑景观要求，譬如小跨度自锚式悬索桥；二是改善空间受力性能的要求，譬如大跨度悬索桥横向受力和扭转刚度，特别是能提高动力特性和抗风性能。空间缆索体系能够提高悬索桥的横向刚度以及抗扭刚度，对应的侧弯频率和扭转频率都能得到提高，同时在抗风性能上，对于静风稳定性、颤振稳定性等都有一定的提高。目前，已有许多用于空间缆索体系悬索桥主缆成形的支撑装置被实现以及配套的体系方法被提出，在大跨度悬索桥上应用空间缆索体系逐渐被设计者们所考虑。

空间缆索体系的形式分为外倾与内倾，本文主要考虑内倾缆索体系。缆索内倾的主要参数包括矢跨比和内倾角度等，其中倾斜角度的定义为：倾斜角度的正切值为桥塔主缆位置和加劲梁上吊杆相应锚固点的横桥向距离与主缆整体竖向垂度的比值。

基金项目：长大桥梁概率相关多灾害基本理论及其抗风强健性应用方法，51778459.

为了分析内倾式空间缆索体系对动力特性和气动稳定性能的影响,本文以某主跨为1 666m整体式钢箱梁悬索桥为工程背景,利用通用软件进行有限元模型的建立。采用不同内倾角的空间缆索体系试设计了8座整体箱梁悬索桥方案,对动力特性以及气动稳定性能随内倾角度的变化进行了分析与比较,并总结出两者的变化规律。

2 整体箱梁悬索桥与空间缆索体系

2.1 整体箱梁悬索桥

某整体式钢箱梁悬索桥跨径布置为500m + 1 666m + 500m(图1)。结构形式为双塔三跨吊全漂浮体系,采用平行缆索,主缆横向中心间距为42.4m,横向矢跨比为1/39.3;主缆在主跨竖向垂度为170m,竖向矢跨比为1/9.8。加劲梁采用整体钢箱,正交异性钢桥面板,顶、底板均采用U形加劲肋,腹板采用I形加劲肋,梁宽49.7m(含风嘴),梁高4.0m,如图2所示。桥塔采用钢筋混凝土门式桥塔,塔高为266m,塔柱为箱形截面,塔顶至塔座的截面尺寸线性增加,如图3所示。

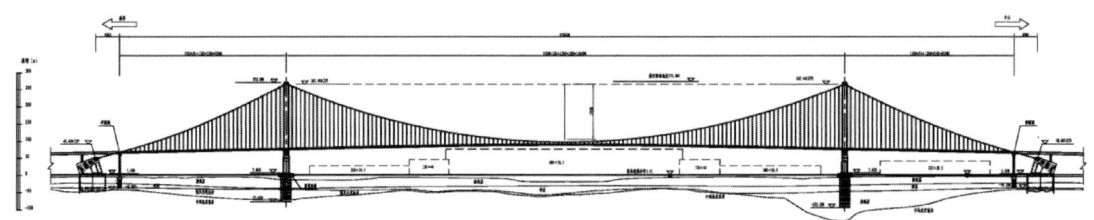

图1 整体式钢箱梁悬索桥总体布置立面图

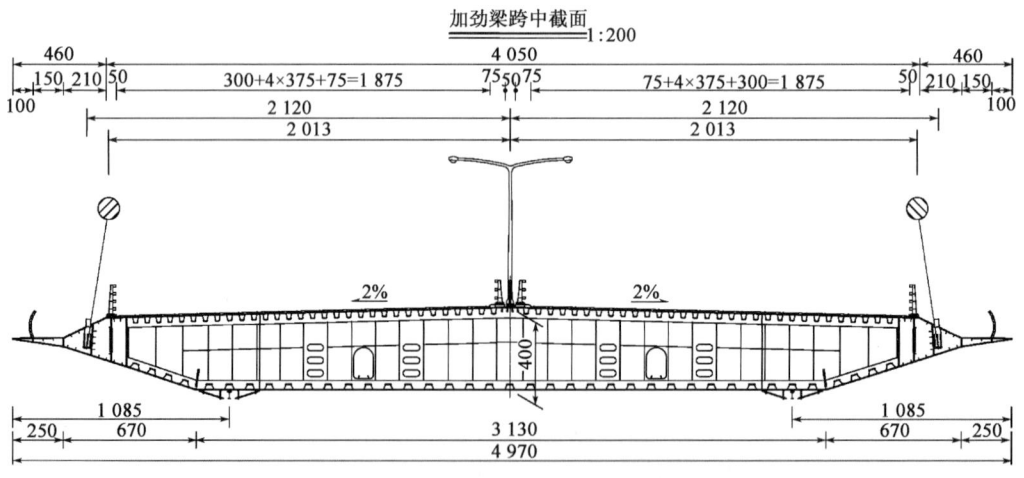

图2 整体式钢箱梁悬索桥主梁断面(尺寸单位:cm)

2.2 空间缆索体系

2.2.1 倾斜角度的定义

对平行缆索悬索桥而言,在主跨跨中与两侧桥塔处主缆的中心距相等,即主跨处主缆中心距保持不变。其横向矢跨比即为主跨任意位置处主缆中心距与主跨跨径的比值。而对空间缆索悬索桥,由于主跨跨中与两侧桥塔处主缆的中心距不相等,横向矢跨比不能精确地描述空间缆索的倾斜状态,因此本文对空间缆索的倾斜角度进行了定义。

平行缆索悬索桥,桥塔处主缆的中心距与加劲梁上吊杆锚固点间距一致,定义此时缆索的倾斜角度 α 为 $0°$。若为空间缆索悬索桥,桥塔处主缆向桥轴中心线靠拢或远离,定义此时缆索的倾斜角度 α 正切值为:桥塔主缆的位置和加劲梁上吊杆相应锚固点的横桥向距离 d_1 与主缆整体竖向垂度 f 的比值。即倾斜角度 α 为 d_1/f 的反正切函数。

2.2.2 不同内倾角度空间缆索悬索桥方案

本文只对内倾式空间缆索体系悬索桥进行分析。原桥的倾斜角度为 $0°$,在此基础上取内倾角度为 $1°$ 至 $7°$,每隔 $1°$ 为一个试设计桥方案,含原桥在内共 8 座悬索桥方案。各方案除了缆索体系倾斜角度以及桥塔形式不同外,其余设计参数均相同。

由于原桥主缆竖向垂度为 170m,加劲梁上锚固点间距为 42.2m,当内倾角度为 $7°$ 时,桥塔处主缆的间距仅为 0.653m,实际中无法实现,在本文中仅作动力特性计算与气动稳定性能分析。内倾角度为 $0°$、$3°$、$6°$ 的悬索桥设计方案桥塔立面图如图 3 所示。

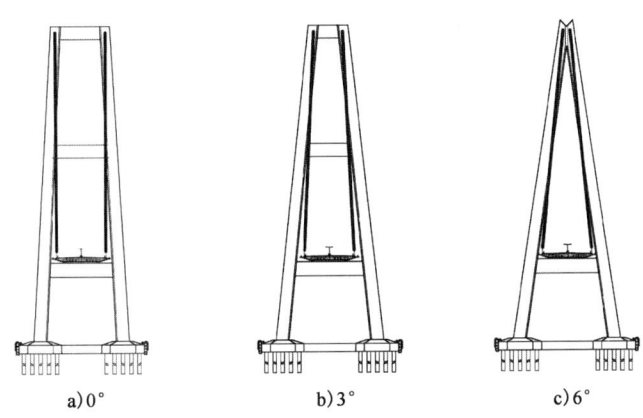

图 3 不同内倾角度桥塔立面图

3 动力特性比较分析

3.1 有限元模型建立

本文采用 ANSYS 通用有限元软件进行模型建立。各方案均采用全桥空间有限元模型,其中加劲梁、桥塔以及刚臂单元采用 BEAM4 单元模拟,主缆和吊杆采用 LINK10 单元模拟。考虑到加劲梁为闭口流线型钢箱梁,故采用单脊梁式模型,主梁结构刚度以及分布质量(包含横隔板、桥面系等)和质量惯性矩集中到轴线上,并采用刚臂将吊杆与加劲梁连接起来,形成"鱼骨式"模型。

3.1.1 主缆模型

空间缆索体系悬索桥的主缆线形采用基于缆索力平衡方程与物理变形协调相容方程的解析迭代法——分段悬链法进行坐标计算。主缆可用弹性悬索单元模拟,每一段单元上应满足节间只有沿其无应力长度均布的自重作用的弹性悬索基本公式。

3.1.2 全桥模型

桥塔采用 BEAM4 空间线单元进行模拟,通过截面的形心连线建立单元。材料为 C50 混凝土。

加劲梁采用 BEAM4 空间线性单元模拟,采用单脊梁式模型,主梁结构刚度以及分布质量和质量惯性矩集中到轴线上,并采用刚臂将吊杆与加劲梁连接起来,形成"鱼骨式"模型。材料为 Q345 钢材。

3.1.3 约束定义

在塔座与承台处固接,约束所有自由度;在塔缆交接处采用刚臂形式或共用结点进行连接;主缆在两侧的锚碇处固接,约束所有自由度;主桥与引桥过渡墩处的支座主要提供竖向支承、横向支承与抗扭支承,释放纵向变形,约束部分自由度。

3.2 动力特性计算结果

结构动力特性分析采用ANSYS有限元分析软件,特征方程求解方法采用子空间迭代法,振型关于质量矩阵归一化。同时计算了加劲梁的等效质量和等效质量惯矩,可根据三个方向的等效质量和纵向扭转等效惯矩的值帮助判断振型。

本文将一阶振型和频率总结于表1,对应的等效质量和等效质量惯矩总结于表2,同时将表1中一阶振型对应的频率变化百分比总结于图4。

不同内倾角度成桥状态一阶振型以及频率(单位:Hz)汇总 表1

内倾角度(°)	一阶正对称侧弯	一阶反对称侧弯	一阶正对称竖弯	一阶反对称竖弯	一阶正对称扭转	一阶反对称扭转
0	0.056 87	0.135 00	0.101 03	0.104 54	0.230 22	0.219 38
1	0.056 88	0.135 01	0.101 04	0.104 53	0.235 87	0.219 28
2	0.057 12	0.135 11	0.101 07	0.104 53	0.237 98	0.219 37
3	0.057 26	0.135 17	0.101 10	0.104 52	0.239 42	0.219 63
4	0.057 42	0.135 23	0.101 11	0.104 50	0.240 20	0.219 99
5	0.057 60	0.135 30	0.101 11	0.104 49	0.240 55	0.220 39
6	0.057 76	0.135 32	0.101 20	0.104 47	0.240 52	0.220 37
7	0.057 95	0.135 39	0.101 15	0.104 44	0.240 44	0.220 82

不同内倾角度成桥状态一阶振型对应的等效质量(单位:t/m)和等效质量惯矩(单位:t·m²/m) 表2

内倾角度(°)	一阶正对称侧弯	一阶反对称侧弯	一阶正对称竖弯	一阶反对称竖弯	一阶正对称扭转	一阶反对称扭转
0	38.7	34.6	41.2	69.0	9 989.3	10 619.9
1	38.7	34.6	41.2	69.1	11 817.0	11 680.5
2	38.7	34.6	41.2	69.1	15 025.8	13 421.0
3	38.7	34.6	41.1	69.1	22 187.9	15 360.7
4	38.7	34.6	41.1	69.2	33 417.0	17 150.0
5	38.8	34.6	41.1	69.2	44 893.5	18 624.0
6	38.8	34.7	40.9	69.3	49 657.1	21 488.5
7	38.9	34.7	40.9	69.4	49 425.2	22 014.7

由图4可以得到,一阶正对称侧弯频率与内倾角度近似呈线性变化,在内倾角为7°时相较于平行缆索提升了1.9%。一阶正对称竖弯频率随内倾角度变化不明显,在内倾角为6°时提升最大,相较于平行缆索提升了0.2%。一阶正对称扭转频率随内倾角度的增大而增大,曲线呈上凸形式,在内倾角为5°时提升最大,相较于平行缆索提升了4.5%,而在内倾角大于5°时,频率提升的百分比略有下降,在内倾角为7°时相较于平行缆索提升了4.4%。

一阶反对称侧弯频率与内倾角度近似呈线性变化,但是随内倾角度的增大而提升的结果不明显,在内倾角为7°时相较于平行缆索提升了0.3%。一阶反对称竖弯频率随内倾角度增大有下降趋势,在内倾角为7°时相较于平行缆索下降了0.1%。说明空间缆索体系会降低整体箱梁悬索桥一阶反对称竖弯基频。一阶反对称扭转频率随内倾角度的增大而增大,在内倾角为7°时提升最大,相较于平行缆索提升了0.7%。

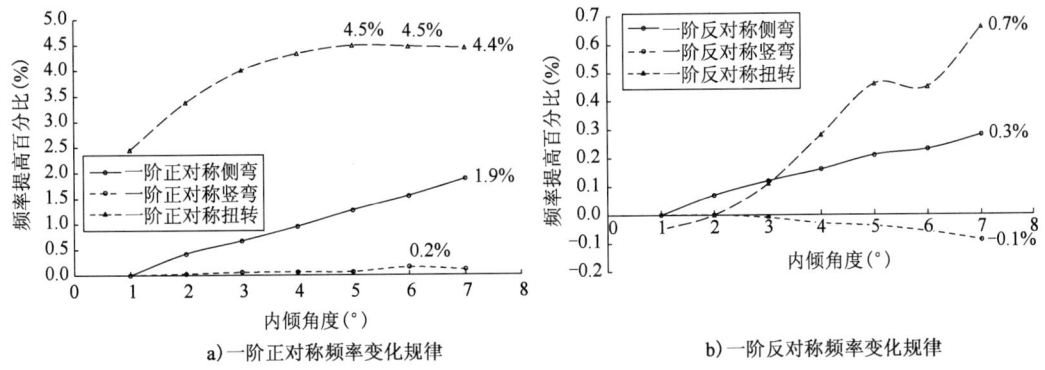

图4 不同内倾角度成桥状态一阶振型频率变化

整体上结构的基频随着内倾角度的增大,除了一阶反对称竖弯的频率有所下降外,其余振型的频率均有所提升,一阶正对称扭转与一阶反对称扭转的频率提升最为明显。

4 颤振稳定分析

4.1 二维颤振分析

本文主要考虑整体箱梁悬索桥空气动力稳定性中的颤振稳定性。采用三维桥梁结构的经典二维颤振分析方法——半逆解法。该方法通过事先假定颤振响应的位移函数为 $\dfrac{h}{B} = \dfrac{h_0}{B}\mathrm{e}^{\mathrm{i}KS}$ 以及 $\alpha = \alpha_0 \mathrm{e}^{\mathrm{i}KS}$,代入Scanlan的包含6个气动导数的自激力模型,确定颤振临界状态。针对变换后的方程,定义新的变量 $X = \dfrac{\omega}{\omega_\mathrm{h}} = \dfrac{K}{K_\mathrm{h}}$,该齐次方程组存在非奇异解的条件是其系数行列式等于零,也即行列式的实部与虚部都必须为零,关于 X 的两个方程如式(1)和式(2)所示。由式(1)和式(2)的解集可绘制两条关于 (K, X) 的曲线,两条曲线的交点 $(K_\mathrm{c}, X_\mathrm{c})$ 即为颤振发生点 $\omega_\mathrm{c} = X_\mathrm{c} \cdot \omega_\mathrm{h}$,由此求得颤振临界风速 $U_\mathrm{c} = \dfrac{B\omega_\mathrm{c}}{K_\mathrm{c}}$。

实部:
$$X^4\left(1 + \frac{\rho B^4}{I}A_3^* - \frac{\rho B^2}{m}\frac{\rho B^4}{I}A_2^* H_1^* + \frac{\rho B^2}{m}\frac{\rho B^4}{I}A_1^* H_2^*\right) +$$

$$X^3\left(2\xi_\mathrm{a}\frac{\omega_\alpha}{\omega_\mathrm{h}}\frac{\rho B^2}{m}H_1^* + 2\xi_\mathrm{h}\frac{\rho B^4}{I}A_2^*\right) + X^2\left(-\frac{\omega_\alpha^2}{\omega_\mathrm{h}^2} - 4\xi_\mathrm{h}\xi_\mathrm{a} - 1 - \frac{\rho B^4}{I}A_3^*\right) + \frac{\omega_\alpha^2}{\omega_\mathrm{h}^2} = 0 \quad (1)$$

虚部:
$$X^3\left(\frac{\rho B^4}{I}A_2^* + \frac{\rho B^2}{m}H_1^* + \frac{\rho B^2}{m}\frac{\rho B^4}{I}A_3^* H_1^* - \frac{\rho B^2}{m}\frac{\rho B^4}{I}A_1^* H_3^*\right) +$$

$$X^2\left(-2\xi_\mathrm{a}\frac{\omega_\alpha}{\omega_\mathrm{h}} - 2\xi_\mathrm{h} - 2\xi_\mathrm{h}\frac{\rho B^4}{I}A_3^*\right) + X\left(-\frac{\rho B^2}{m}H_1^*\frac{\omega_\alpha^2}{\omega_\mathrm{h}^2} - \frac{\rho B^4}{I}A_2^*\right) + \left(2\xi_\mathrm{h}\frac{\omega_\alpha^2}{\omega_\mathrm{h}^2} + 2\xi_\alpha\frac{\omega_\alpha}{\omega_\mathrm{h}}\right) = 0$$

(2)

式中：

h、h_0——分别为桥梁断面竖向振动位移与振动幅值，m；

α、α_0——分别为桥梁断面扭转角度与角度幅值，rad；

ω_h、ω_α——分别为桥梁弯曲基频和扭转基频，rad/s；

ξ_h、ξ_α——分别为桥梁弯曲及扭转振动的阻尼比；

K——$K=B\omega/v$，单位为rad，其中v为风速；

K_h——$K_h=B\omega_h/v$，单位为rad；

S——无量纲时间坐标，$S=vt/B$；

B——桥梁断面特征尺寸，m，一般为全宽；

ρ——空气密度，kg/m³；

I——桥梁单位长度质量惯矩，kg·m；

m——桥梁单位长度质量，kg/m；

A_1^*、A_2^*、A_3^*、H_1^*、H_2^*、H_3^*——桥梁断面气动导数。

4.2 颤振临界风速分析

本文在计算中采用一阶扭转振型的频率，对不同内倾角度下整体箱梁悬索桥的颤振临界风速进行计算，结果如表3所示。

不同内倾角度成桥状态颤振临界风速　　表3

内倾角度（°）	正对称-颤振临界风速（m/s）	提升百分比（％）	反对称-颤振临界风速（m/s）	提升百分比（％）
0	76.44	—	72.72	—
1	78.35	2.5%	72.68	-0.06%
2	79.06	3.4%	72.71	-0.01%
3	79.54	4.1%	72.80	0.11%
4	79.81	4.4%	72.92	0.28%
5	79.93	4.6%	73.06	0.47%
6	79.91	4.5%	73.05	0.45%
7	79.89	4.5%	73.21	0.67%

从上表可以看出，采用一阶正对称竖弯频率与一阶正对称扭转频率计算的颤振临界风速，随内倾角度的增大而增大，在内倾角为1°时即可提升2.5%。颤振临界风速在内倾角为5°时提升最大，相较于平行缆索提升了4.6%，而在内倾角超过5°后，其提高的百分比略有下降。

采用一阶反对称竖弯频率与一阶反对称扭转频率计算的颤振临界风速，整体上随内倾角度的增大而增大，但是提升并不明显。颤振临界风速在内倾角为7°时提升最大，相较于平行缆索提升了0.67%。

利用一阶反对称振型计算得到的颤振临界风速较低，属于设计控制风速，但是因为分析采用的是二维颤振分析理论，颤振临界风速近似与一阶扭转频率成正比，因此表中颤振临界风速的提升百分比与一阶扭转振型频率提升百分比相同。同时随着内倾角度的增大，扭转振型将与侧弯振型耦合，因此采用二维颤振理论分析存在误差。

4.3 振型耦合程度

悬索桥缆索向内侧倾斜，与加劲梁组合形成三角形结构，增加整个结构的横向刚度与扭转刚度的同时，桥梁结构的扭转振型将与侧弯振型耦合。内倾角度越大，耦合程度越高，二维颤振分析理论误差越大。本文利用ANSYS软件提取时间步,对一阶扭转振型中侧弯振型的耦合程度进行分析。具体地,提取出一阶扭转振型中加劲梁的扭转角度与加劲梁的横向位移,以扭转角度最大值为标准进行归一化,得到的结果如表4所示。

不同内倾角度下一阶扭转振型与侧弯振型耦合程度　　表4

内倾角度(°)	正对称-加劲梁最大扭转角度(rad)	正对称-归一化后加劲梁侧向最大位移(rad^{-1})	反对称-加劲梁最大扭转角度(rad)	反对称-归一化后加劲梁侧向最大位移(rad^{-1})
0	1.26E-05	4.2105	1.03E-05	1.9378
1	1.18E-05	6.9722	9.81E-06	3.2949
2	1.06E-05	9.7916	9.16E-06	4.6783
3	8.86E-06	13.9188	8.56E-06	5.8507
4	7.32E-06	18.3784	8.10E-06	6.7766
5	6.38E-06	21.8443	7.77E-06	7.4860
6	6.10E-06	23.1431	7.22E-06	8.6181
7	6.13E-06	23.1800	7.13E-06	8.9102

由表4可以总结出扭转振型与侧弯振型的耦合效应。第一,随着内倾角度逐渐增大,空间缆索整体箱梁悬索桥一阶扭转振型中侧弯振型耦合程度逐渐增大,即扭转振型"不纯",桥梁结构的颤振临界风速宜采用三维颤振分析方法。第二,随着内倾角度的增大,扭转振型与侧弯振型耦合的程度逐渐趋于稳定。

5 结语

本文以某整体式钢箱梁悬索桥为工程背景,通过对空间缆索倾斜角度的定义,研究了内倾式空间缆索体系对动力特性和气动稳定的影响,结论与展望如下:

(1)整体箱梁悬索桥的基频随着内倾角度的增大,除了一阶反对称竖弯的频率有所下降外,其余振型的频率均有所提升,一阶正对称扭转与一阶反对称扭转的频率提升最为明显。一阶正对称扭转频率最大提升了4.5%,一阶反对称扭转频率最大提升了0.7%。

(2)利用二维颤振分析理论计算了整体箱梁悬索桥颤振临界风速,结果为颤振临界风速随内倾角度的增大而增大。采用一阶正对称频率计算,颤振临界风速在内倾角为5°时提升最大,相较于平行缆索提升了4.6%。采用一阶反对称频率计算,颤振临界风速在内倾角为7°时提升最大,相较于平行缆索提升了0.67%。

(3)空间缆索整体箱梁悬索桥一阶扭转振型中侧弯振型耦合程度会随着缆索内倾角度的增大而逐渐增大。对于振型耦合程度高的整体箱梁悬索桥,其颤振临界风速三维效应的研究有待深入。

参 考 文 献

[1] 罗喜恒,肖汝诚,项海帆.空间缆索悬索桥的主缆线形分析[J].同济大学学报(自然科学版),2004,32(10):98-103.
[2] 张新军.空间缆索体系悬索桥的抗风稳定性研究[J].土木工程学报,2011,44(6):80-86.
[3] 刘玉辉,沈子烨,冯康平.空间缆索体系悬索桥动力特性分析[J].北方交通,2018(3):

12-15.

［4］葛耀君.大跨度悬索桥抗风［M］.北京:人民交通出版社,2011.

［5］雷俊卿.悬索桥设计［M］.北京:人民交通出版社,2002.

［6］孟凡超.公路桥涵设计手册:悬索桥［M］.北京:人民交通出版社,2011.

［7］尼尔斯J.吉姆辛.缆索承重桥梁——概念与设计［M］.北京:人民交通出版社,2002.

［8］严国敏.现代悬索桥［M］.北京:人民交通出版社,2002.

［9］朱荣昇.风振对大跨度悬索桥稳定性的影响及处理方法［D］.重庆交通大学,2013.

159. 典型流线型箱梁单频大振幅扭转运动时气动力滞回效应

卢丹阳[1] 赵 林[1,2] 葛耀君[1,2]

(1. 同济大学土木工程防灾国家重点实验室;
2. 同济大学桥梁结构抗风技术交通运输行业重点实验室)

摘 要:采用典型流线型箱梁断面研究了强迫振动大振幅(12°~20°)对流线型箱梁断面自激气动力的影响,比较振幅对流线型箱梁断面自激气动力迟滞效应的影响规律,揭示出迟滞环能量随振幅、折减风速的演变规律,探究和分析自激振动的机理。试验结果表明,大跨度桥梁会在多个振幅区间范围内持续发生极限环振荡现象,随着振幅的增大,迟滞曲线由"8字环"转变为"多环"。当振幅由12°增大至20°,力矩基波幅值比例减小,非线性谐波比例由11%增加至27%。流线型箱梁断面滞回环的能量演变存在典型的路径分岔:分岔前只要折减风速较小,或者振幅较小,均不会使得结构响应发散;出现分岔时系统能量越过稳定壁垒,振幅和折减风速的增大均有可能导致结构运动状态的显著变化,使系统产生自限幅的极限环振动。

关键词:强迫振动 大振幅 自激气动力 非线性 迟滞效应

1 引言

1971年Scanlan[1]首次提出颤振导数概念以及数学模型和表达式。基于线性化的假设,桥梁断面的自激气动力为运动状态向量的线性函数,忽略了振幅对气动力的影响。而目前随着桥梁跨径的增大,几何非线性的影响越显突出,使得桥梁断面的振动已不再是可以忽略的微小振动,其附加攻角已引起桥梁断面有效气动外形的显著改变,从而引起断面气动力发生较大变化,因此已不再满足微幅振动假定和攻角不变假定。"小振幅"的假设已经不再适用,线性化的假设无法描述气动力的非线性效应。

Diana等[2]在研究墨西拿大桥双开槽断面的风洞试验中利用强迫振动观察并记录了桥梁断面的气动力迟滞环线,发现在中等振幅的运动条件下(扭转角最大为8°),桥梁断面表现出较为显著的气动迟滞效应。廖海黎和王骑[3]在流线型箱梁节段模型的风洞试验研究中发现,在大振幅(扭转角最大为25°)、大迎角条件下,高阶谐波分量显著,基于不同振幅下力矩迟滞曲线,简要地讨论大跨度桥梁在颤振后状态可能出现的振动形式和气动稳定性,但未探究迟滞环能量随振幅、折减风速的演变规律以及自激振动的机理。

作为系统发散的依据,当风速超过颤振临界风速时桥梁断面振幅将以指数级增加的速度而发生发散运动,可在实际观测到的情况中却并不是完全如此。朱乐东[4]等通过风洞试验发现,一些钝体断面颤振发生后并没有出现如线性理论预测的发散运动模式,而是由于自激力非线性效应稳定在一定的振幅运动。桥梁进入颤振后的真实运动状态是目前研究的热点。对于桥梁颤振后的振动状态,最为关心的便是桥梁振动幅值与风速的关系。目前在超大跨度桥梁的建设中,主梁往往采用流线型箱梁断面形式。这种流线型箱梁断面在不同振幅、不同折减风速下的气动弹性行为对大跨度桥梁的颤振研究具有重要的指导性[5]。

综上所述,开展大振幅(本文中最大扭转振幅20°)单频扭转运动条件下流线型箱梁自激气动力的风洞试验研究具有理论和实际的双重意义。本文利用强迫振动设备和节段模型风洞试验,比较了振幅对流线型箱梁断面自激气动力迟滞效应的影响规律,研究了迟滞环能量随振幅、折减风速的演变规律,进一步探究和分析了自激振动的机理。

2 强迫振动测力试验

2.1 试验模型

作为大跨度桥梁断面非线性气动力的基础性研究,实验断面的选择需要有较强的代表性。本实验选择了深中通道主通航孔桥的流线型箱梁断面。模型宽度为0.75m,高度为0.25m,宽高比为3∶1,具体截面尺寸如图1所示。

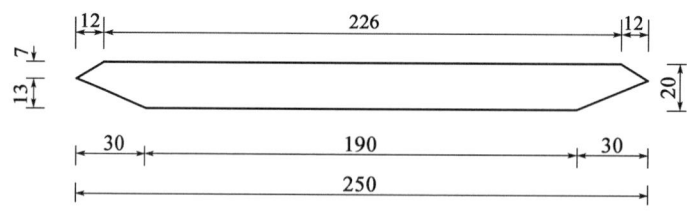

图1 模型断面(尺寸单位:mm)

2.2 风洞试验

随机做动强迫振动装置机采用直线电机驱动,微米级光栅反馈控制,能够实现多种振动行为的模拟。装置利用4个直线电机和2个扭转驱动马达分别独立控制2个平动自由度和1个扭转自由度。

本文进行了大振幅下箱梁单频扭转的强迫振动试验。天平选用SI-65-5六分量天平,位移计选用2个竖向激光位移计。为了获得较强的气动力信号,同时兼顾风洞的试验条件,实验风速范围在5~10m/s,按照模型宽度计算得到的雷诺数范围为$2.53 \times 10^5 \sim 5.07 \times 10^5$。试验时迎角$\alpha = 0°$,扭转振幅由12°~20°变化,激励频率由1~3Hz变化。折减风速范围为0~40,由不同的风速和激励频率组合得到。风洞试验如图2所示。

图2 风洞试验

在强迫振动风洞试验中,天平测到的力包含静态和动态两部分。静态力主要包括自重和安装应力,通过去均值的方法去除;动态力除气动力外,还包括惯性力等成分。气动力提取的主要任务为从动态力中剥离其他不需要的成分,只保留模型运动引起的气动力成分。解决这一问题的基本思路为:气动力等于有风时的动态力减去无风时的动态力。Diana[6]、王骑[7]和Siedziako[8]等通过有风与无风时的动态力直接相减的方法得到某一风速下的气动力时程。本文选择此方法进行气动力的提取,以 $\alpha_{max}=20°$、$f=3Hz$ 工况下的气动扭矩为例,气动力提取结果如图3所示。

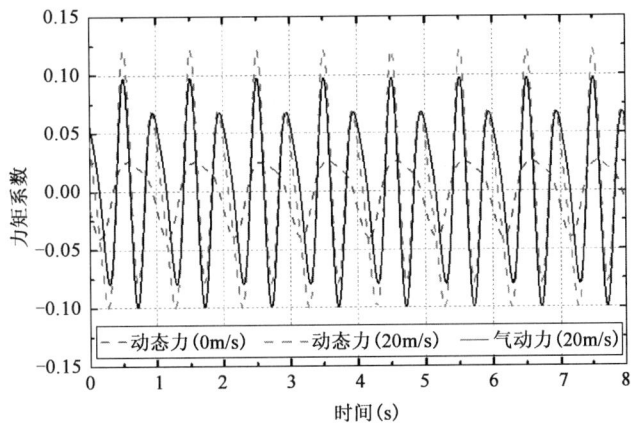

图3 气动力提取结果示例

3 气动力滞回效应

当桥梁断面气动力的变化显著落后于其运动状态变化时,气动力将随动态迎角的变化呈现显著的滞回特性,即"气动力滞回效应"。将一个振动周期内的气动系数作为纵坐标,动态变化的攻角作为横坐标,可获得气动力系数随攻角变化的曲线,即"气动力滞回环(滞回曲线)"。气动滞回环的旋转方向代表做功的正负,逆时针做负功,产生正阻尼效应,顺时针做正功,产生负阻尼效应。在振幅15°、折减风速20的工况下箱梁断面的气动力滞回环如图4所示。

由风洞试验获得的风速、模型位移和气动力时程数据,进行无量纲的气动力和位移之间的积分,可以获得无量纲的气动力做功结果,从而表征系统能量随动态攻角的演变过程。无量纲的气动力做功计算公式见式(1)。

$$W(t)=\int_0^t \frac{M(t)}{\frac{1}{2}\rho U^2 B^2} d\alpha \quad (1)$$

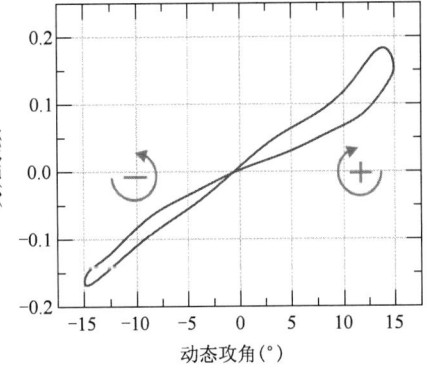

图4 箱梁断面15°振幅下力矩系数迟滞曲线($V^*=20$)

式中:$M(t)$——气动扭矩时程;
α——断面扭转位移;
ρ——空气密度
U——平均风速;
B——模型断面宽度。

3.1 大振幅对滞回效应的影响

图 5 给出了不同振幅条件下,流线型箱梁断面气动力矩系数随动态迎角的变化情况。从

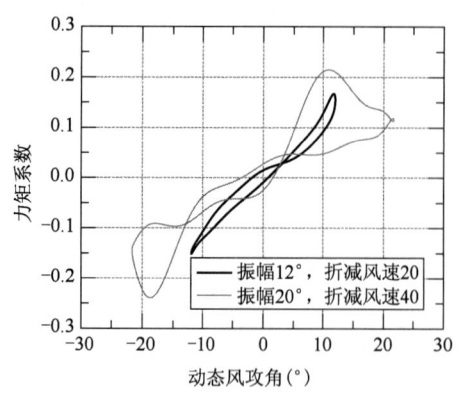

图 5 力矩系数迟滞曲线随振幅、折减风速变化

图中可以看出,气动力矩系数滞回环的范围随着扭转振幅的增大而增大,同时伴随着气动力矩滞回曲线的外形有显著的改变。在 $V^* = 20$ 时,攻角小于 $15°$,滞回曲线为"8字环";在 $V^* = 40$ 时,攻角小于 $12°$,滞回曲线为"8字环"。此时结构会处于能量输入和耗散的平衡状态,将保持一个较大振幅进行振荡(结构强度允许范围内)。随着振幅的增大,可发现图中滞回曲线由"8字环"转变为"多环"。

对试验得到的自激气动力信号进行频谱分析(图 6、图 7)。分析结果显示,在振幅 12° 的情况下,气动力中出现了二阶、三阶的谐波分量;随着振幅增大到 20°,气动力中出现了四阶的谐波分量。

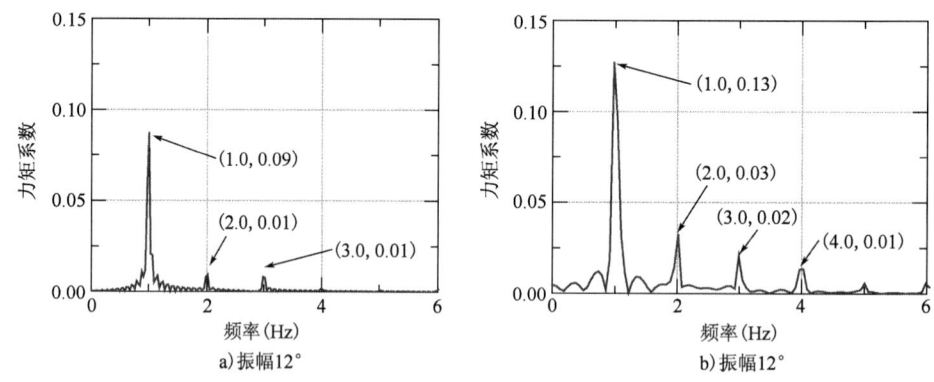

图 6 箱梁断面力矩系数频谱($V^* = 20$)

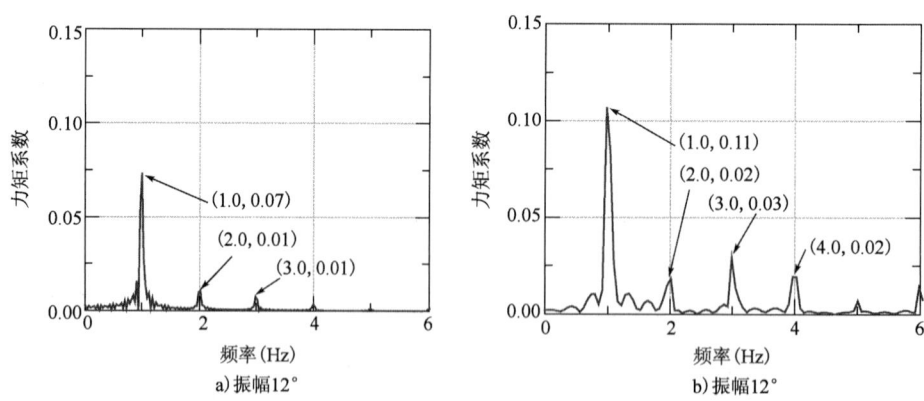

图 7 箱梁断面力矩系数频谱($V^* = 40$)

同时,箱梁断面的高阶谐波分量会随折减风速的改变发生变化。在振幅 12° 的情况下,当 $V^* = 20$ 时,高阶谐波分量所占比例是 11%;折减风速增大到 $V^* = 40$ 时,高阶谐波分量所占比

例是 14%。在振幅 20°的情况下,当 $V^* = 20$ 时,高阶谐波分量所占比例是 23%;折减风速增大到 $V^* = 40$ 时,高阶谐波分量所占比例是 27%。此外,随着振幅的增大,力矩基波幅值比例逐渐减小,非线性谐波比例逐渐增加。因此对于流线型箱梁,在发生单自由度扭转时,大振幅对其自激气动力的非线性特性影响显著。

3.2 滞回环的能量演变

图 8 为不同振幅、折减风速下气动力做功变化图。当振幅 12°的情况下,在折减风速小于 24 时,气动力始终做负功,且负功的数值经历增大到峰值点再减小的过程;在折减风速大于 24 时,气动力转为做正功,且正功数值持续增大。当振幅 15°~20°的情况下,气动力在折减风速小于 8 时做负功,但随着折减风速的增大,气动力转为做正功,且正功数值持续增大。在折减风速处于 10~20 时,气动力做功经历两次由增到减的过程,出现两次极值。

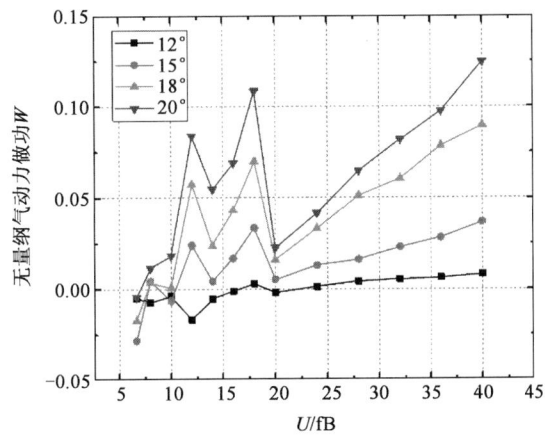

图 8 不同振幅、折减风速下气动力做功

为了进一步分析迟滞环的能量演变与流线型箱梁断面运动状态的关系,绘制了流线型箱梁断面迟滞环能量演变规律图(图 9)。从中可以发现,流线型箱梁断面滞回环的能量演变存在两条典型的分岔路径。路径 1 处于稳定区域内,此时只要折减风速较小,或者振幅较小,均不会使得结构响应发散。路径 2 跨越了稳定区,由稳定区向非稳定区行进。此时系统能量越过稳定壁垒(进入非稳定区),振幅和折减风速的增大均有可能导致结构运动状态的显著变化,使系统产生自限幅的极限环震荡。

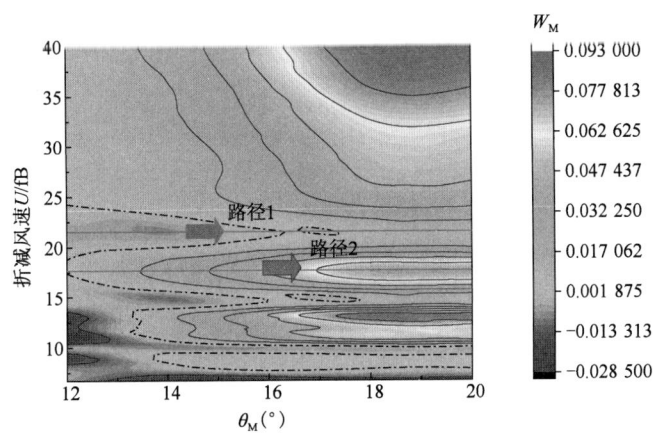

图 9 流线型箱梁断面迟滞环能量演变规律

4 结语

本文通过大振幅下节段模型单频扭转的强迫振动风洞试验获取流线型箱梁断面在不同振幅、折减风速下的气动力和位移同步时程数据,进行了非线性气动力迟滞效应和滞回环能量演变的分析与机理探究。主要研究结论如下:

(1)随着振幅的增大,迟滞曲线由"8字环"转变为"多环"。该现象表明,大跨度桥梁会在多个振幅区间范围内重复发生极限环震荡现象。

(2)对于流线型箱梁,在发生单自由度扭转时,大振幅对其自激气动力的非线性特性影响显著,因而在建立桥梁断面的非线性自激气动力模型时,必须考虑高阶谐波分量的影响。

(3)流线型箱梁断面滞回环的能量演变存在两条典型的分岔路径。路径1处于稳定区域内,此时只要折减风速较小,或者振幅较小,均不会使得结构响应发散。路径2跨越了稳定区,由稳定区向非稳定区行进。此时系统能量越过稳定壁垒(进入非稳定区),振幅和折减风速的增大均有可能导致结构运动状态的显著变化,使系统产生自限幅的极限环振动。

参 考 文 献

[1] Scanlan R H, Tomko J J. Airfoil and bridge deck flutter derivatives[J]. Journal of the Engineering Mechanics Division, 1971, 97(6): 1717-1733.

[2] Diana G, Rocchi D, Argentini T, et al. Aerodynamic instability of a bridge deck section model: linear and nonlinear approach to force modeling[J]. Journal of Wind Engineering & Industrial Aerodynamics, 2010, 98(6): 363-374.

[3] Wang Q, Liao H L, Ming-Shui L I, et al. Aerodynamic hysteresis of thin airfoil and streamline box girder under large amplitude oscillation[J]. Journal of Experiments in Fluid Mechanics, 2013, 27(1): 32-37,45.

[4] 朱乐东,高广中.典型桥梁断面软颤振现象及影响因素[J].同济大学学报(自然科学版),2015,43(9):1289-1294.

[5] Kareem A, Wu T. Wind-induced effects on bluff bodies in turbulent flows: nonstationary, non-Gaussian and nonlinear features[J]. Journal of Wind Engineering & Industrial Aerodynamics, 2013, 122(4): 21-37.

[6] Diana G, Resta F, Zasso A, et al. Forced motion and free motion aeroelastic tests on a new concept dynamometric section model of the Messina suspension bridge[J]. Journal of Wind Engineering & Industrial Aerodynamics, 2004, 92(6): 441-462.

[7] Siedziako B, Øiseth O, Rønnquist A. An enhanced forced vibration rig for wind tunnel testing of bridge deck section models in arbitrary motion[J]. Journal of Wind Engineering & Industrial Aerodynamics, 2017, 164: 152-163.

[8] 王骑,廖海黎,李明水,等.桥梁断面非线性自激气动力经验模型[J].西南交通大学学报,2013,48(2):271-277.

160. 大跨度桥梁扁平箱梁断面弯扭耦合颤振非风致附加自激力测量及验证

崔译文[2,3]　朱乐东[1,2,3]

（1.同济大学土木工程防灾国家重点实验室；2.同济大学土木工程学院桥梁工程系；
3.同济大学桥梁结构抗风技术交通行业重点实验室）

摘　要：精准地识别非风致附加自激力并予以扣除是获取高精度风致自激力的前提和进一步进行颤振分析的基础。本文以一座 1400m 跨径斜拉桥流线型扁平箱梁断面为研究对象，通过弹簧悬挂节段模型内置天平同步测力测振风洞试验，采用专门研制的小型动态测力天平对非风致附加自激力进行了测量。通过设计偏心节段模型，实现了零风速下耦合程度可变的节段模型弯扭耦合自由振动试验，对不同偏心程度下的非风致附加自激力的非线性特性进行了研究。讨论了非风致附加自激力和惯性力在动态力中的占比、忽略非风致附加气动阻尼力和惯性力参数的非线性特性以及模型偏心程度对颤振自激力测量精度的影响。结果显示：对于扁平断面，非风致附加自激力在测得的总动态力中的占比接近惯性力，因此从总动态力中提取自激力时必须予以扣除；非风致附加自激力中占主要成分的非风致附加惯性力，非风致附加阻尼力占比较小；非风致附加气动阻尼力和惯性力的随瞬态振幅变化的非线性特性对颤振自激力测量精度有一定影响，值得考虑；不同偏心程度对非风致附加气动阻尼力影响显著，但对非风致附加中占比较大的附加惯性力影响很小，因此不同偏心程度对颤振自激力提取精度影响较小。

关键词：超大跨度桥梁　扁平箱梁断面　节段模型风洞试验　非风致附加自激力　耦合颤振

1　引言

颤振是大跨度桥梁风致振动中最危险的一种，是导致 1940 年老塔科马窄桥倒塌灾难的内在原因[1]。目前，对千米级超大跨度桥梁的需求日益旺盛。随着跨径的增加，桥梁的颤振稳定性尤其是采用全封闭扁平箱梁断面的桥梁的颤振稳定性是目前桥梁风工程界面临的一个具有挑战性的问题。自 20 世纪 70 年代初，Scanlan 提出了适用于小幅振动状态、用若干气动导数表示的非定常耦合自激力模型和相应的气动导数识别方法后，桥梁颤振理论步入了实用阶段[1]。然而，这种线性自激力模型仅适用于振动振幅较小的情况，因此仅能预测与振动线性

基金项目：超大跨度高性能材料缆索承重桥梁结构设计及风致灾变理论与方法，国家自然科学基金资助项目，批准号：51938012。

阻尼零点相对应的桥梁颤振临界风速。根据线性理论,一旦风速超过颤振临界风速,气动负阻尼克服结构正阻尼,结构的振动随着时间的增加迅速发散。这种发散类型的线性颤振现象通常称为"硬颤振"。

但是,对于具有较钝气动外形断面的桥梁[2-3],如双边肋断面、半封闭箱梁断面、H形断面、π形断面,其颤振并不总是发散型的。这是由于结构振动和气流之间的相互作用不仅是非定常的,而且是非线性的。文献[4-5]研究表明,气动自激力的非线性成分会提供正的气动阻尼,并随振幅的增加而增加,使总气动负阻尼减小,减缓振动发散的速度。当振动幅度发展到一定程度时,总气动负阻尼会因非线性效应而降低到结构阻尼水平,使整个振动系统的总阻尼趋于零,从而使一开始呈发散趋势的振动随振幅的增加而逐渐进入自限幅的极限环振动状态,这种LCO类型的颤振现象通常被称为"软颤振"。即使对于流线型较好的扁平箱梁断面,在大风攻角或大振幅的情况下,气动弹性效应的非线性也会非常显著。因此扁平箱梁断面颤振后状态与钝体断面非线性颤振在本质上是一致的,都是非线性自激振动。其区别在于,钝体断面软颤振通常发生在较低风速,其振动主要表现为单自由度扭转颤振,竖向自由度方向的振动耦合程度较低[6];扁平箱形等流线性相对较好的断面,颤振往往发生在较高风速,其振动主要表为较强的弯扭耦合振动,气动弹性非线性更加复杂。

我国现行抗风设计规范对桥梁颤振设防标准规定:桥梁颤振临界风速必须超过桥面颤振检验风速[7]。显然,严格地讲该设防标准只适用于发生线性"硬颤振"的桥梁,不适用于没有明显的突发性失稳临界点的"软颤振"。因此,为适应当前大跨度桥梁飞速发展形势和需求,非常有必要建立一种更加合理的、切实可行的基于不同风速重现期和不同性能要求的"非线性颤振失稳"多级评定标准。如允许超大跨度桥梁发生颤振,而对颤振后的振幅值及其随风速的增加速率进行设防和控制,并对不同风速重现期设置不同的结构性能要求。这就需要建立起近流线型断面的弯扭耦合非线性颤振的分析理论,而在风洞试验中获得可靠的高精度气动自激力并建立相应的自激力模型是颤振分析中重要的一环。

非风致附加自激力[8]是节段模型在风洞中振动时驱动风洞中的空气做强迫振荡,振荡的空气受到风洞边界约束反过来对模型产生的力。这种力会随着风洞构造和尺寸、模型尺寸、模型振动形态的不同而不同。事实上,这种附加自激力在实桥上也是存在的。但是,对于实桥,除地表外,其周边空气没有边界,而且一般桥面离地面较高,考虑缩尺比换算后实桥周边受迫振荡空气的范围要显著小于风洞中模型周边受迫振荡空气的范围,受迫振荡形态也与风洞中不相似,引起的附加自激力也要比模型的小很多。另一方面,实桥阻尼一般只能通过对振动加速度响应的测试、通过各种系统参数识别方法来识别[9],是无法分离附加气动阻尼和结构阻尼的。因此,在实桥的风致振动分析中,只需要考虑风致自激力即可。有鉴于此,在风洞试验中,为了精确测量风致自激力,必须排除包含在所测得动态力中的这种非风致自激力。

以下对非风致附加自激力的产生机理作定性分析:如图1所示,当风洞中的模型向下振动时,模型正下方空气被向下运动的模型推动而向下运动,但受风洞底板的约束不能无限制向下运动,而转向模型的上下游运动,因此也进一步推动模型上下游空气的运动;同时,模型上面的空气受向下运动模型的吸引也向下运动,但受风洞顶板的限制,模型正上方空气有限,无法大量补充而使模型上方形成低压区,从而进一步吸引模型上下游空气向模型中央运动。当模型向上运动时,情况相反。因此,模型的振动会带动其四周的空气做受迫振荡,周围空气的运动变化反过来又对模型产生作用力,形成相互作用机制的气动弹性效应。当模型做扭转振动时(图2),驱动周围空气做强迫振荡的模式则与竖向运动不同。在前半个扭转振动周期,上方空气被顺时针运动的模型推动向下游方向运动,下方空气向上游运动。当模型做逆时针运动时,情况相反。因此,模型的宽度和风洞高度之比、模型在垂直来流方向上的投影高度与风洞高度之比以及扭转振动频率等都会对非风致附加自激力产生影响。扁平箱梁断面颤振后主要表现为较强的弯扭耦合振动(图3),运动形态为上述两种运动状态的叠加,不同耦合程度的振动形态势必会对非风致附加自激力的大小产生影响。

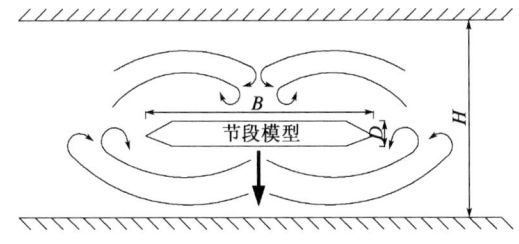

图1 节段模型做竖向运动

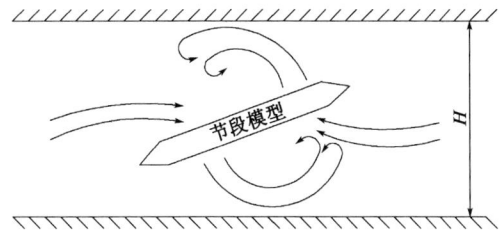

图2 节段模型做扭转运动

基于此,本文以1 400m跨径斜拉桥扁平箱梁断面为背景,开展了弹簧悬挂节段模型内置天平同步测力测振风洞试验。通过零风速下的自由振动试验,对不同弯扭耦合程度的非风致附加自激力进行了识别。并讨论了非风致附加自激力和惯性力在动态力中的占比、不同弯扭耦合程度对非风致附加自激力的影响和对风致自激力测量精度和重构位移响应的影响,为后续提取高精度的弯扭耦合非线性颤振自激力打下基础。

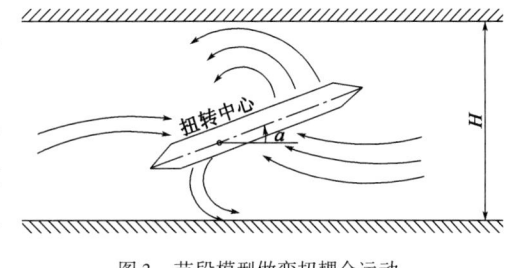

图3 节段模型做弯扭耦合运动

2 非风致附加自激力的提取

本文研究的1 400m跨径斜拉桥扁平箱梁断面如图4所示。如图5所示的弹簧悬挂节段模型同步测力测振风洞试验在同济大学TJ-1边界层风洞中进行,风洞试验段尺寸长12m,宽1.8m,高1.8m。模型的几何缩尺比为$\lambda_L = 1/70$,模型断面顺风向宽度$B = 0.667$m(含导流板)、横风向高度$D = 0.065$m,全长$L = 1.76$m,总质量$M = 14.248$kg,总质量惯矩$J = 0.473$kg·m^2(含弹簧的等效质量及质量惯矩)。为了减小作用在天平上的惯性力、提高自激力测量精度,本次试验采用内置天平进行测力。中间测力段两端各安装两个内置的专门研制的小型五分量动态测力天平(图6),用来测试模型的竖向动态力和扭转动态力。如图7所示,通过设计可调节偏心节段模型,在特定位置处对模型施加竖向约束,实现了零风速下耦合程度可变的节段模型弯扭耦合自由振动试验。模型在初始激励下,可做偏心扭转运动。共设计七个偏心工况,各工况间以36mm为间隔,偏心距与半桥宽b比值范围为0~0.5。

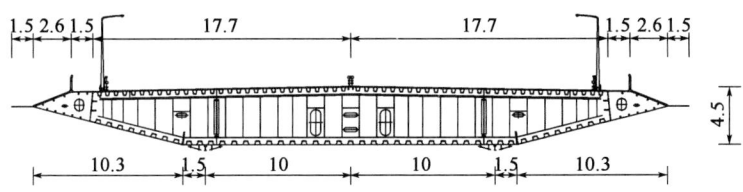

图4 闭口箱梁断面(尺寸单位:m)

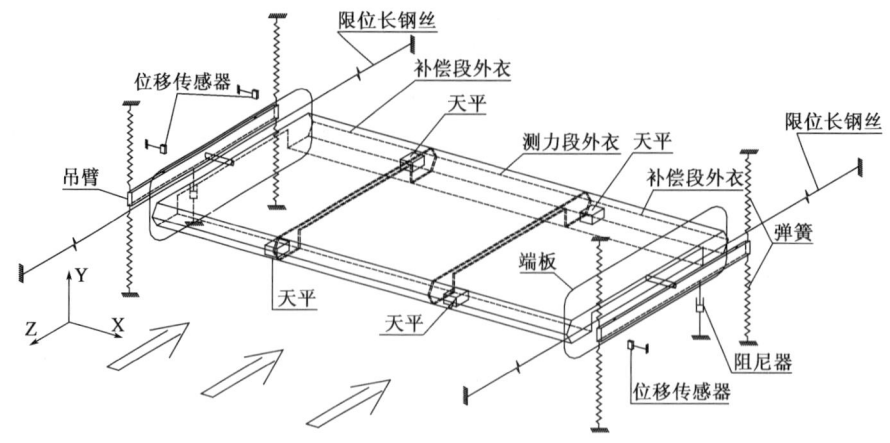

图 5 节段模型系统示意图

图 6 悬挂于风洞中的节段模型及天平安装示意图

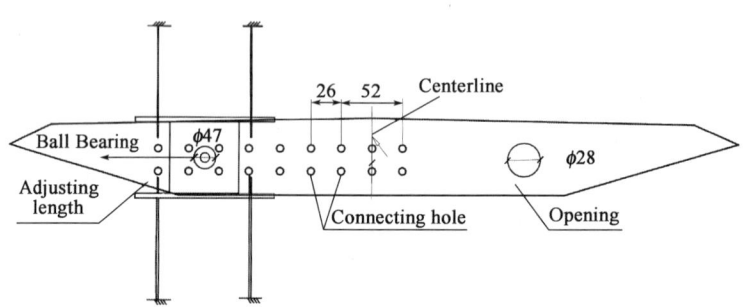

图 7 可调节弯扭耦合程度的节段模型(尺寸单位:mm)

假定结构所受非风致附加自激力沿模型跨向均匀分布,作用在全模型上的每延米非风致附加自激力 L_{se}^0 和自激扭矩 M_{se}^0 可由天平测得的中央测力段动态力扣除惯性力得到,即:

$$L_{se}^0 = L_{Bal}^c/l + m\ddot{h} = L_{Bal} + m\ddot{h} \tag{1}$$

$$M_{se}^0 = M_{Bal}^c/l + J\ddot{\alpha} = M_{Bal} + J\ddot{\alpha} \tag{2}$$

式中: l——测力段外衣长度;

m——中央测量段每延米质量;

J——中央测量段每延米质量惯矩;

L_{se}^0、M_{se}^0——分别表示无风自由衰减振动时模型上的每延米非风致附加自激升力和扭矩;

L_{Bal}^c、M_{Bal}^c——分别为无风时节段模型做初激励自由衰减振动过程中四个天平测得的中央测力段竖向动态力和扭转动态力之和;

L_{Bal}、M_{Bal}——分别为相应的中央测力段每延米总动态力;

$\ddot{h}$、$\ddot{\alpha}$——分别为无风时节段模型初激励自由衰减振动的竖向加速度和扭转加速度。

作为例子,图8和图9显示了节段模型系统在无风时做自由衰减振动时测到的每延米总动态力 L_{Bal} 和 M_{Bal}、每延米外衣惯性力 $L_I^{c0} = -m\ddot{h}$ 和惯性力矩 $M_I^{c0} = -J\ddot{\alpha}$ 以及按式(1)、式(2)求得的每延米非风致附加自激力 L_{se}^0 和 M_{se}^0。从中可以看出非风致自激力约占天平所测总动态力的25%~30%,不容忽略。

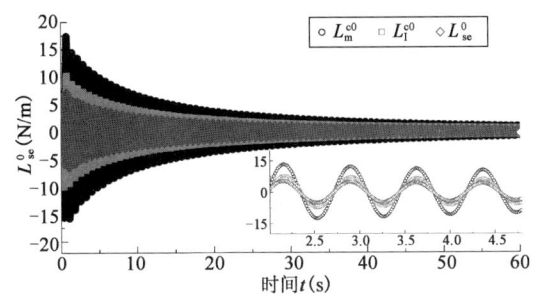

图8 无风条件下自由衰减振动时测力段外衣上每延米动态力

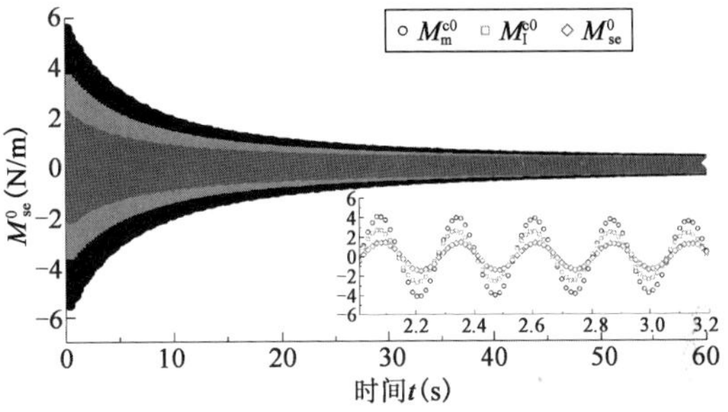

图9 无风条件下自由衰减振动时测力段外衣上每延米动态扭矩

3 非风致附加自激力参数识别

根据既往的研究,非风致附加自激力可以表示为附加气动阻尼力和附加气动恢复力之和[4,10],或者附加气动阻尼力与附加气动惯性力之和[11],在本文中将采用后者的表示方式,即:

$$L_{se}^0 = -m_a^0(a_h, R)\ddot{h} - c_{a,h}^0(a_h, R)\dot{h} \tag{3}$$

$$M_{se}^0 = -J_a^0(a_\alpha, R)\ddot{\alpha} - c_{a,\alpha}^0(a_\alpha, R)\dot{\alpha} \tag{4}$$

$$a_h(t) = \sqrt{h(t)^2 + [\dot{h}(t)/2\pi f_h]^2} \tag{5}$$

$$a_\alpha(t) = \sqrt{\alpha(t)^2 + [\dot{\alpha}(t)/2\pi f_\alpha]^2} \tag{6}$$

式中: a_h、a_α——分别为竖向和扭转等效瞬时振幅[4];

R——如图10定义的弯扭耦合气动力偏心系数,为扭转中心偏心距 e 与半桥宽 b 的比值;

$m_a^0(a_h, R)$、$J_a^0(a_\alpha, R)$——分别为非风致附加质量系数和质量惯矩系数;

$c_{a,h}^0(a_h, R)$、$c_{a,\alpha}^0(a_\alpha, R)$——分别为非风致附加竖向和扭转阻尼系数,通常为偏心系数和等效瞬时振幅的非线性函数。

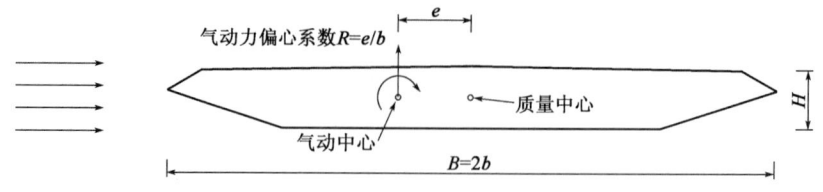

图10 弯扭耦合气动力偏心系数定义

如果不考虑非风致附加阻尼系数 $c_{a,h}^0$、$c_{a,\alpha}^0$ 和附加质量 m_a^0、J_a^0 的非线性,即假设非风致附加参数不随运动状态变化,则在获取非风致自激力时程后,可直接根据式(3)和式(4)采用最小二乘法拟合识别常数非风致附加阻尼系数和附加质量,其中位移时程采用同步测量的位移计信号,速度时程可由位移信号差分得到。

对非线性非风致附加参数的识别可分两步进行:第一步,首先拟合某一偏心系数下的非风致附加参数与瞬态振幅之间的非线性关系,重复该过程,得到不同偏心系数下的非风致附加参数;第二步,拟合不同偏心系数下的参数识别结果,得到随偏心系数和瞬态振幅变化的非风致附加参数。

3.1 非线性非风致附加气动阻尼系数

由于非风致自激力包含一项阻尼力项和一项惯性力项,根据能量等效原理,即每个完整振动周期内惯性力做功为零,非风致自激力做功仅由其中的阻尼力做功产生,因此可以利用自激力中气动阻尼力做功与总自激力做功等效的原理来识别非线性非风致附加阻尼系数。文献[4]详细推导了基于能量等效原理的非线性非风致附加阻尼系数识别方法,此处不予赘述,只给出识别结果,见图11~图14。

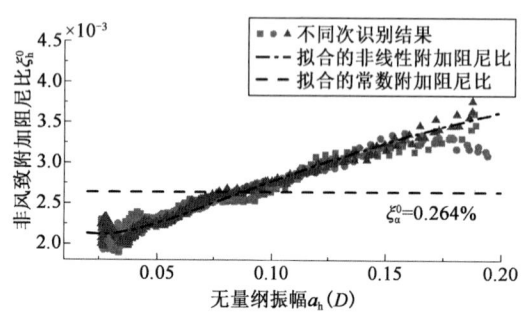

图11 多次识别的非风致附加竖向气动阻尼比 $\xi_{a,h}^0(a_h, 0.25)$

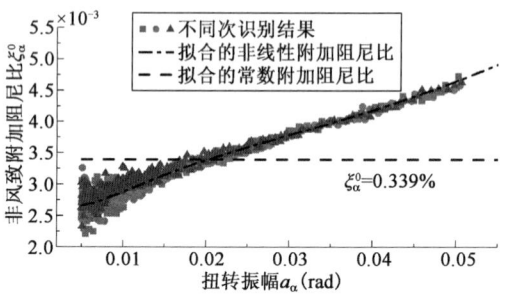

图12 多次识别的非风致附加扭转气动阻尼比 $\xi_{a,\alpha}^0(a_\alpha, 0.25)$

非风致附加阻尼比的识别结果表明:①附加气动阻尼比随振幅增加而缓慢增加,变化趋势呈现一定非线性;②采用基于线性理论拟合得到的常数附加阻尼比相当于实际瞬幅阻尼比的一个平均值,其在小振幅阶段高于实际附加阻尼比,而在大振幅阶段则小于附加阻尼比;③附加气动阻尼比随弯扭耦合程度的增加缓慢增加。这可以理解为:竖向自由度对于扭转振动起到了耗能抑振的作用,相当于一个耗能的黏滞阻尼器,弯扭耦合程度越大,竖向振动参与程度越显著,附加阻尼比越大。

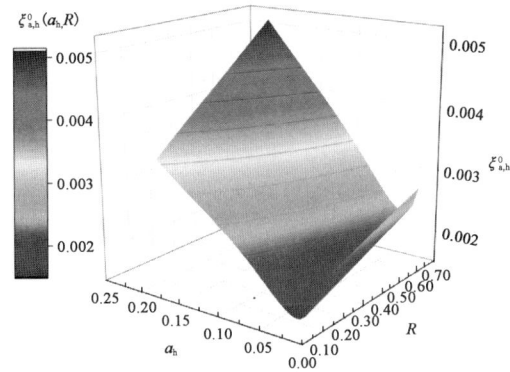

图13 非风致附加竖向气动阻尼比 $\xi_{a,h}^0(a_h,R)$

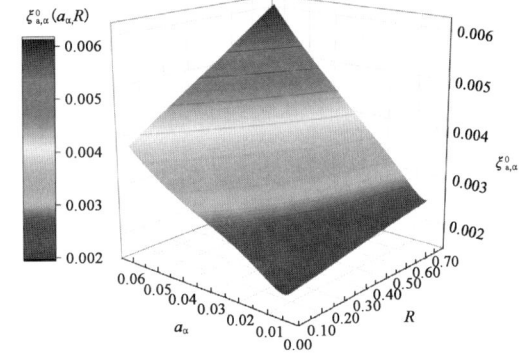

图14 非风致附加扭转阻尼气动阻尼比 $\xi_{a,\alpha}^0(a_\alpha,R)$

3.2 非线性非风致附加质量和质量惯矩

对于单自由度振动模型,由运动关系可知,当位移(或加速度)达到峰值点时,振动速度为零,非风致附加阻尼力为零,此时非风致附加自激力等于附加气动惯性力。由此关系,可以构建 $L_{se}^0-\ddot{h}$ 或 $M_{se}^0-\ddot{\alpha}$ 自激力—峰值响应曲线,对自激力—峰值响应数据点进行多项式最小二乘拟合,然后对拟合曲线进行求导,确定不同瞬态幅值对应的斜率,即可得 $m_a^0(a_{h_i})-a_{h_i}$ 和 $J_a^0(a_{\alpha_i})-a_{\alpha_i}$ 数据序列。再对此数据序列进行第二次多项式最小二乘拟合即可确定瞬幅附加气动质量和质量惯矩随瞬态幅值的变化关系,见图15~图18。

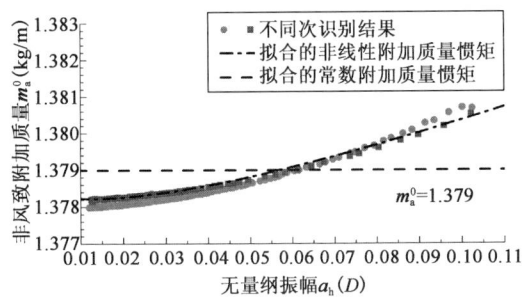

图15 多次识别的非风致附加
气动质量 $m_a^0(a_h,0.25)$

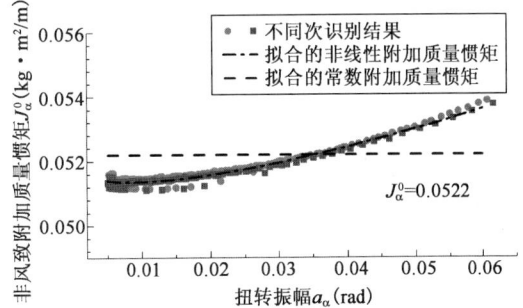

图16 多次识别的非风致附加气动质量
惯矩 $J_a^0(a_\alpha,0.25)$

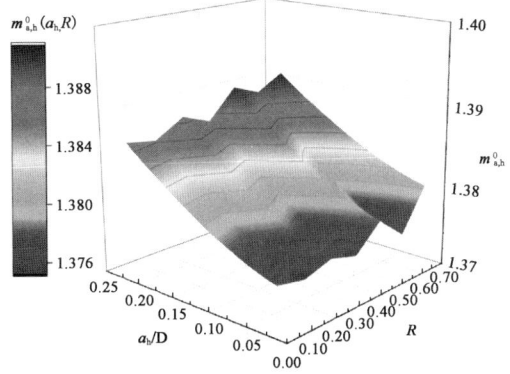

图17 非风致附加质量系数 $m_a^0(a_h,R)$

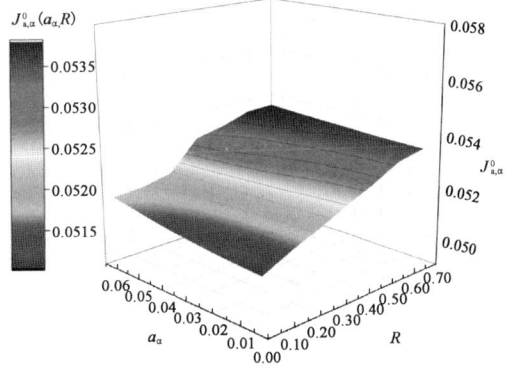

图18 非风致附加质量惯矩系数 $J_a^0(a_\alpha,R)$

非风致附加质量的识别结果表明：①非风致附加质量随瞬态振幅增加而缓慢增加，非线性较弱；②基于线性理论拟合的常数附加气动质量相当于瞬态附加气动质量的一个平均值，其在小振幅阶段高于实际附加气动质量，而在大振幅阶段则小于实际附加气动质量，这主要是因为相对于小振幅情况，大振幅时周围受迫振荡的空气范围更大，受风洞边界的约束作用也更大；③弯扭耦合程度对非风致附加质量几乎没有影响。

4 非风致附加参数识别结果验证与讨论

采用识别到的非风致附加参数以及任意工况实测振动位移信号按照式（3）或式（4）重构出非风致附加自激力时程，然后再与该工况实测非风致自激力时程比较，由此来验证前述非风致附加气动参数识别方法和识别结果的可靠性。作为例子，图19分别给出了基于$J_{a,\alpha}^0(a_\alpha,R)$、$\xi_{a,\alpha}^0(a_\alpha,R)$非线性参数，基于常数附加气动阻尼$\xi_{a,\alpha}^0$、质量惯矩$J_{a,\alpha}^0$，基于偏心系数为0.083的$J_{a,\alpha}^0(a_\alpha,0.083)$、$\xi_{a,\alpha}^0(a_\alpha,0.083)$和偏心系数为0.500的$J_{a,\alpha}^0(a_\alpha,0.500)$、$\xi_{a,\alpha}^0(a_\alpha,0.500)$非线性瞬幅参数重构出附加自激力时程与试验结果的比较图。

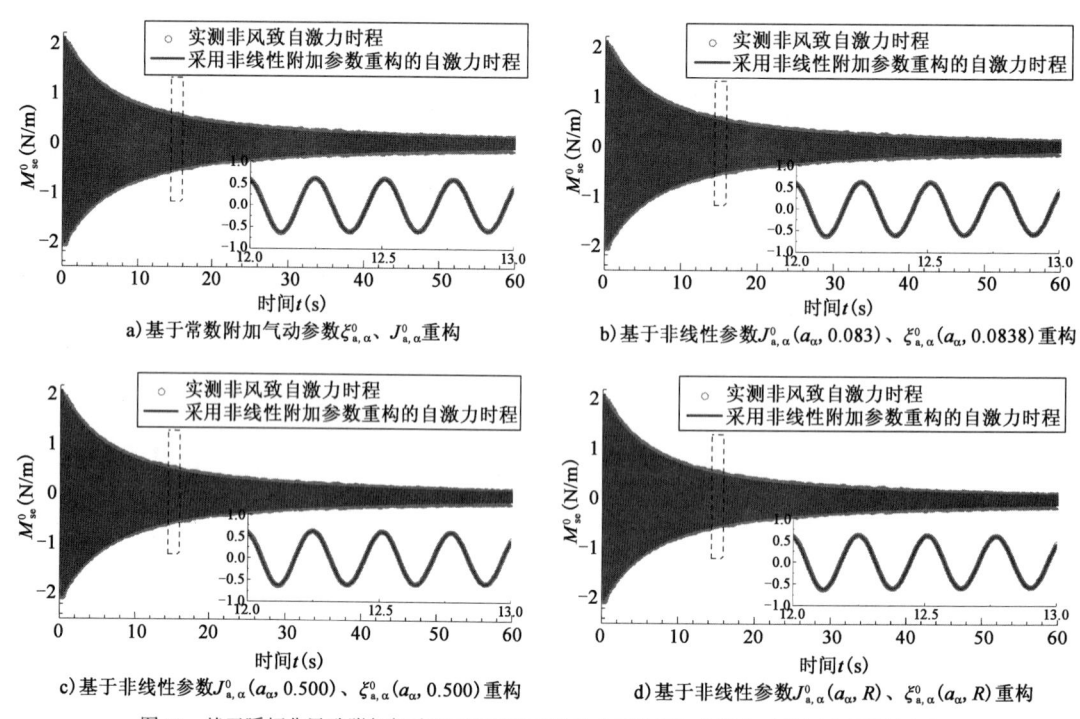

图19 基于瞬幅非风致附加气动阻尼和质量重构的非风致附加自激力时程与试验结果比较

采用四套附加气动参数重构的非风致附加自激力时程在幅值和相位上均与试验实测值吻合得较好，说明忽略非风致附加参数随弯扭耦合程度和瞬态振幅缓变的非线性特性对自激力提取精度影响很小。这是由于附加自激力在整体上的非线性较弱。如图20所示，在附加自激力中，附加气动惯性力占据主要成分，附加气动阻尼力只占据了4.5%~9.5%，因此附加自激力的非线性特性主要取决于附加气动惯性力的非线性特性，而根据3.2节的讨论结果可知，相对于附加气动阻尼力，附加气动惯性力的非线性较弱。但是由于附加气动阻尼力与结构阻尼力处于同一量级，结构响应对阻尼非常敏感，因此，非风致附加参数的非线性特性值得考虑。然而，不同偏心程度对非风致附加气动阻尼力影响较大，但对非风致附加惯性力影响很小，因此可以忽略偏心程度对颤振自激力提取精度的影响。

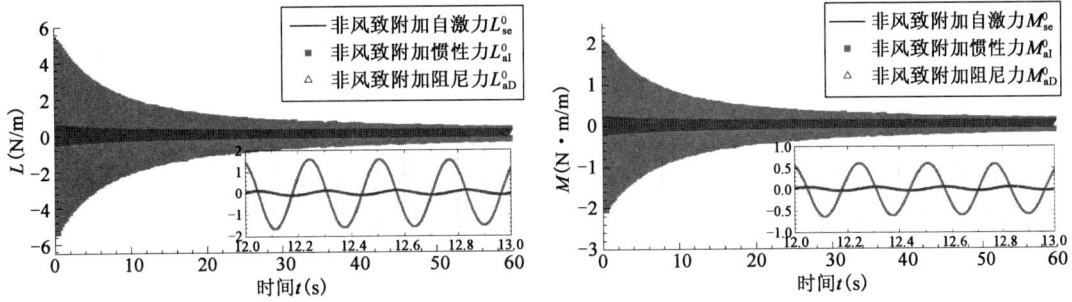

图 20 非风致附加自激力、气动阻尼力和气动惯性力比较

5 结语

本文对扁平箱梁断面非风致附加自激力进行了测量及验证,并对其影响因素进行了研究,主要结论如下:

(1)采用内置天平测力法可以显著提高非风致附加自激力在总动态力中的比重。结果表明,非风致自激力约占天平所测总动态力的30%,因此从测得的总动态力中提取自激力时必须扣除非风致附加自激力。

(2)非风致附加气动阻尼力和惯性力的非线性对颤振自激力测量精度影响程度较小,但为尽可能提高自激力的测量精度,且附加气动阻尼力与结构阻尼力处于同一量级,并且结构响应对阻尼非常敏感,因此,非风致附加参数的非线性特性值得考虑。

(3)不同偏心程度对非风致附加气动阻尼力影响显著,但对非风致附加力中占比较大的附加惯性力影响很小,因此不同偏心程度对颤振自激力提取精度影响较小。

参 考 文 献

[1] 项海帆,葛耀君,朱乐东,等.现代桥梁抗风理论与实践[M].北京:人民交通出版社,2005.

[2] 朱乐东,高广中.典型桥梁断面软颤振现象及影响因素[J].同济大学学报(自然科学版),2015,43(09):1289-1294+1382.

[3] 朱乐东,高广中.双边肋桥梁断面软颤振非线性自激力模型[J].振动与冲击,2016,35(21):29-35.

[4] GAO G,ZHU L. Measurement and verification of unsteady galloping force on a rectangular 2:1 cylinder[J]. Journal of Wind Engineering and Industrial Aerodynamics,2016,157:76-94.

[5] GAO G, ZHU L, HAN W,et al. Nonlinear post-flutter behavior and self-excited force model of a twin-side-girder bridge deck[J]. Journal of Wind Engineering & Industrial Aerodynamics, 2018, 177: 227-241.

[6] ZHU L, GAO G,WU H. Nonlinear phenomena of coupled flutter responses and self-excited forces of a flat closed-box bridge deck[C] // First International Symposium on Flutter and its Application, Tokyo, Japan,May 15-17, 2016.

[7] 中华人民共和国行业规范.公路桥梁抗风设计规范:JTG/T D60-01—2004[S].北京:人民交通出版社,2004.

[8] 朱乐东,庄万律,高广中.矩形断面非线性驰振自激力测量及间接验证中若干重要问题的讨论[J].实验流体力学,2017,31(03):16-31.

[9] 朱乐东.桥梁固有模态的识别[J].同济大学学报:自然科学版,1999,27(2):179-183.

[10] GAO G, ZHU L. Non-linearity of mechanical damping and stiffness of a spring-suspended sectional model system for wind tunnel tests[J]. Journal of Sound and Vibration, 2015, 355: 369-391.

[11] ZHU L D, MENG X L, GUO Z S. Nonlinear mathematical model of vortex-induced vertical force on a flat closed-box bridge deck[J]. Journal of Wind Engineering and Industrial Aerodynamics, 2013, 122:69-82.

161. 南京长江五桥桥面吊机抗风安全性分析

张宗凯[1,2] 沈 斌[3] 夏 烨[1] 孙利民[1,2]

(1. 同济大学土木工程学院桥梁工程系;2. 同济大学土木工程防灾国家重点实验室;
3. 南京市公共工程建设中心)

摘 要:本文提出了桥面吊机精细化抗风分析流程,以南京长江五桥为例,用 ANSYS 软件建立了桥梁和桥面吊机有限元模型,用 LS-DYNA 软件建立了起吊梁段单摆模型,通过数值模拟得到南京五桥桥址处的静风荷载和脉动风荷载,对桥梁-吊机-起吊梁段耦合系统进行了抖振风荷载时程分析,并进行了安全性综合评价。分析结果表明:6 级风作用下,桥面吊机可以正常起吊;9 级风作用下,吊机处桥面加速度达到 $5m/s^2$;13 级风作用下,吊机后锚固点拉力超限值。本文提出的桥面吊机抗风安全性验算流程对同类结构的抗风性能分析具有借鉴作用。

关键词:桥面吊机 有限元 风荷载 抗风安全性

1 工程背景

南京长江五桥为五跨三塔斜拉桥,桥跨布置为(80 + 218 + 600 + 600 + 218 + 80)m = 1 796m,见图 1。该桥进行主梁吊装施工时,正值夏季,江面风环境十分复杂。根据长江南通段2000—2003 年的观测结果[1],江面10min 内平均最大风速为 20.1m/s(8 级风),瞬时最大风速为 29.9m/s(11 级风),江面各风向均能出现较大风速,8 月份的大风天气达到 19d。江面风速较大,存在很大的不确定性,且夏季极有可能遭受台风入境的影响,如 2019 年的台风"利奇马"。

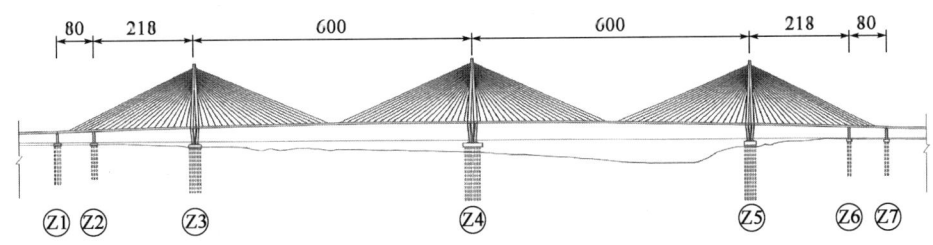

图 1 南京长江五桥跨径布置图(尺寸单位:m)

另一方面,桥面吊机在复杂风环境下的抗风安全性问题一直是困扰工程技术人员的一个关键问题。在主梁吊装的过程中,起吊梁段类似于一个单摆,只靠重力作用下的非保向力维持结构的稳定,其抵抗侧向力的刚度是十分有限的。目前对桥面吊机的安全性分析最主要的方法是进行吊机荷载试验。南京长江第三大桥钢箱梁桥面吊机进行了吊装现场 50%、100%动载试验和125%静载试验[2],验证桥面吊机整机和后锚点的安全性。苏通大桥桥面吊机进行了1.25倍额定荷载起升静载试验和1.1倍荷载起升的动载试验,检验了桥面吊机的应力和变形[3]。但是,荷载试验并没有考虑到大风作用下的动力响应,而且关注的重点集中在桥面吊机,对于吊装过程中起吊梁段的动力响应并没有进行相应的研究。

基于以上两点原因,为确保桥面吊机的施工安全,对复杂风环境下桥面吊机的起吊过程进行整体抗风稳定性能研究十分必要。

2 荷载工况

桥面吊机一般在6级风以下正常工作,因此,本文对桥面吊机在正常六级风速和吊机偏载作用下起吊过程进行安全性验算,严格控制起吊梁段的侧向位移和转角,确保正常起吊过程的安全性。另一方面,需要对起吊过程中突遇大风的危险情况进行计算,确定起吊梁段的位移和转角,做好准备措施。这里危险情况是指九级大风(风速24.4m/s)。如果需要考虑吊机在极端风速情况下的安全性,可以考虑更高等级的大风。例如,南京港曾测得瞬时极大风速39.9m/s(相当于13级风),风向西北。

因此,本文的验算工况如表1所示,3种风荷载,共计3个工况。

荷 载 工 况 详 情　　　　　　　　　　　表1

验算目的	工况编号	风 荷 载	
		基本风速(m/s)	风攻角
正常风速吊机舒适性验算	1	13.8	0°
突遇大风吊机与梁段稳定性验算	2	24.4	0°
极端风速吊机与梁段稳定性验算	3	41.0	0°

3 有限元建模

3.1 桥梁与吊机有限元模型

本文对于中塔主梁最长悬臂状态(安装第19根索)进行了抗风安全性分析,对应中塔主梁最不利阶段。采用鱼骨法建立有限元模型,拉索锚固点与主梁节点耦合所有自由度。为了模拟施工过程中桥塔与主梁的临时固接,将中间主梁的节点与桥塔节点自由度进行耦合。吊机前支点横梁与后锚固横梁以耦合自由度的形式锚固在主梁上。根据吊机设计图纸,前支点横梁边界条件为约束三个方向的平动自由度,释放转动约束;后锚固横梁的约束形式为只约束竖向自由度。后锚固梁连接示意图见图2,前横梁连接示意图见图3,整体有限元模型见图4,吊机结构模型见图5。

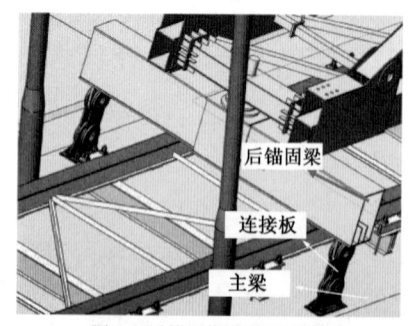

图2　后锚固梁连接示意图

图3　前横梁连接示意图

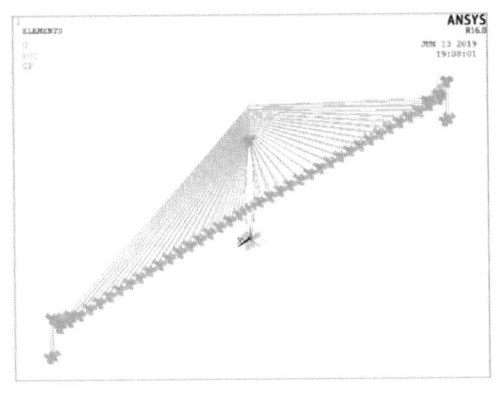

图 4 整体有限元模型图

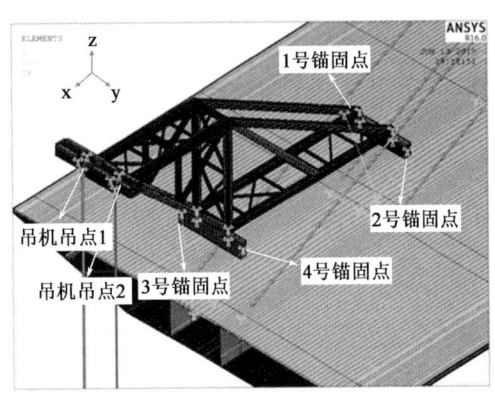

图 5 吊机结构模型示意图

3.2 起吊梁段有限元模型

在 LS-DYNA 中建立的起吊机构三维有限元模型如图 6 所示。在此基础上采用显式动力积分方法进行考虑静风、脉动风和横向初始风力荷载的起吊梁段动力反应分析,得到起吊梁段的运动状态。

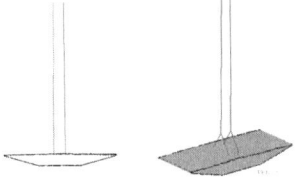

图 6 吊索—起吊梁段机构模型图

4 风荷载模拟

本文通过对南京长江五桥场地所处平均风和脉动风的风速数值模拟以及 CFD 仿真模拟确定三分力系数,实现对静风荷载和抖振力的模拟。

4.1 平均风速数值模拟

平均风的空间特性主要表现为不同地貌下风速的平均值随高度的变化规律,可以用风剖面进行描述。平均风剖面通常用指数率或对数率来表达[4]:

$$U_z = U_{10}\left(\frac{Z}{10}\right)^\alpha \tag{1}$$

式中:U_z——高度 z 处的风速,m/s;

U_{10}——10m 高度处风速,m/s。

4.2 脉动风场数值模拟

本文采用谐波合成法,通过一系列三角函数的叠加来模拟脉动风速时程曲线[5]。采用了随高度变化的顺风向脉动风 Kaimal 谱[6],如下所示:

$$S_u(z,n) = U_*^2 \frac{200f}{n(1+50f)^{5/3}}, f = \frac{nz}{U_z} \tag{2}$$

式中:$S_u(z,n)$——高度 z 处脉动风速功率谱。

空间两点处脉动风速的相关性随着两点距离的增大而减小,其衰减形式表现为指数规律,可由如下所示相干函数表示[7]:

$$\rho_{ij}(n,x_i,x_j,z_i,z_j) = \exp\left[-\frac{n}{U}\sqrt{C_x^2(x_i-x_j)^2 + C_z^2(z_i-z_j)^2}\right] \tag{3}$$

式中：$\rho_{ij}(n,x_i,x_j,z_i,z_j)$——其值为$\dfrac{S_{ij}^2(n)}{S_{jj}(n)S_{ii}(n)}$，为空间任意两点$i$、$j$的脉动风速相干函数；

　　　U——两点风速的均值；

　　　C_x、C_z——决定空间相关性衰减速度的参数，通常可偏保守地分别取8、7。

为简化计算，本文仅考虑了竖向相关性的衰减。为了说明数值仿真方法的准确性，此处展示6级风作用下50m高度处对应的自功率谱（图7）与10m高度处风速的空间相干函数（图8）。

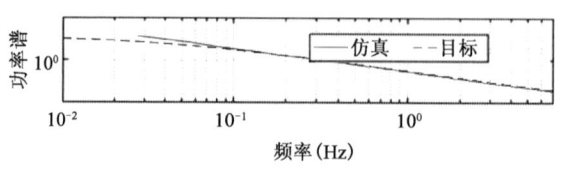

图7　脉动风的功率谱密度

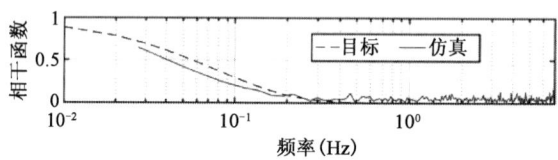

图8　脉动风速空间相干函数

根据仿真结果图可以看出，数值仿真得到的功率谱密度以及空间相干性函数与理论目标值相比均有很好的准确性。因此可以认为，数值仿真得到的风速时程曲线是可靠的。

4.3　CFD仿真模拟

本文综合考虑了桥塔—吊机—起吊梁段联合结/机构，周围无高大构筑物遮挡影响。数值模拟计算流域取$2\,000\text{m}\times1\,100\times600\text{m}$（流向×展向×竖向）。网格剖分方案采用区域分块技术。在建筑物附近的区域采用加密的非结构化网格，在其他区域则采用结构化网格，网格最小尺度0.2m，总数约443万。目标对象周围整体网格以及附近局部网格如图9所示。

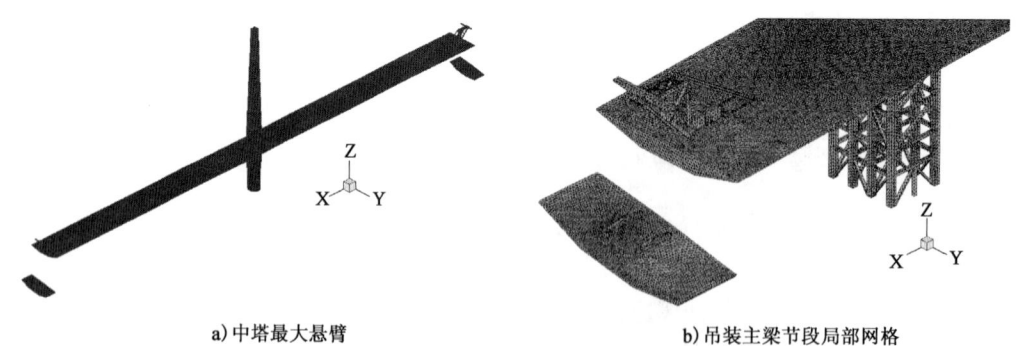

a) 中塔最大悬臂　　　　b) 吊装主梁节段局部网格

图9　CFD有限元网格划分

CFD仿真模拟可以确定主桥各断面三分力系数，结合抗风规范中的静风荷载计算公式以及Scanlan公式，实现对静风荷载和抖振力的模拟。

5 风荷载效应分析

由于只进行线弹性动力响应分析,为了在确保精度的前提下提高效率,本文的计算采用完全法进行瞬态动力分析,分析总时长600s,取系统的前50阶振型进行计算。桥面吊机—主桥系统第50阶频率为6.5Hz,因此,选用的风谱最高频率7Hz,模拟风速的时间间隔最大取 $\Delta t = \dfrac{1}{2f} = \dfrac{1}{14} \approx 0.0714\,3\text{s}$。

吊机的关键验算位置见图5,风荷载正方向为 y 轴正方向。

5.1 计算结果分析

以工况2(风速24.4m/s,攻角0°)为例,说明计算结果。

5.1.1 主梁悬臂处竖向位移

为了分析吊机以及起吊梁段对主梁竖向位移的影响,本文计算了最大悬臂状态下只有主桥、主桥上安装吊机、主桥上安装吊机加起吊梁段三种工况下主梁悬臂处竖向位移,如表2所示。

不同阶段主梁悬臂处竖向位移　　　表2

工况	静力荷载作用下主梁悬臂处竖向位移(m)
主桥	1.10
主桥 + 静风	0.96
主桥 + 静风 + 吊机	0.62
主桥 + 静风 + 吊机 + 起吊梁段	-0.09

从表2可以看出,在主桥自重和初索力作用下,主梁悬臂处的位移为1.1m,斜拉索拉着主桥,使主桥"抬升"。在静风荷载的作用下,主梁悬臂处的位移下降了0.14m,这是因为对主梁而言,静风荷载的升力基本是向下的。安装吊机后,由于吊机自身209.7t的质量,相当于在主梁悬臂处施加了一个集中力,导致此处竖向位移下降了0.34m。吊机起吊梁段时,由于梁段自身407.4t的质量,导致主梁悬臂处竖向位移下降了0.71m。由此可见,吊机起吊过程对主梁悬臂处的竖向位移影响比较突出。

5.1.2 脉动风作用下动力响应

将工况2吊机前后支点竖向力时程见图10、图11,主梁悬臂处横、竖桥向加速度时程见图12、图13。

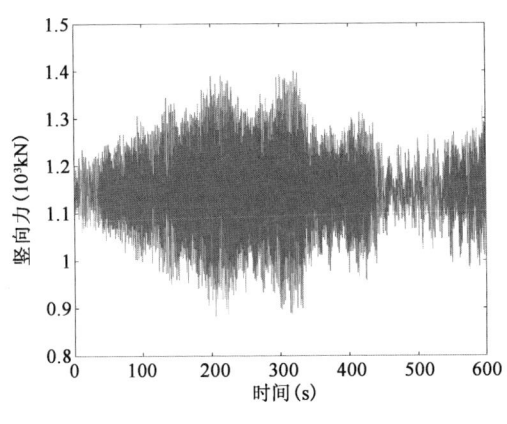

图10　2号锚固点竖向力时程

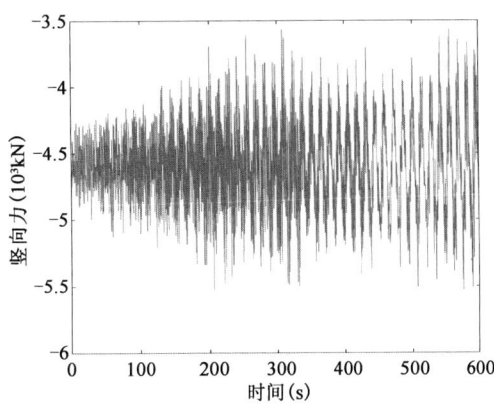

图11　4号锚固点竖向力时程

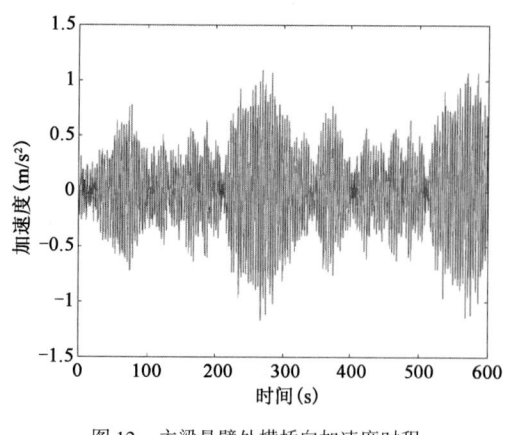
图12 主梁悬臂处横桥向加速度时程

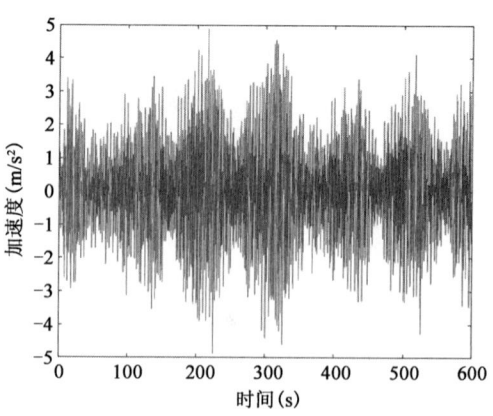
图13 主梁悬臂处竖桥向加速度时程

5.2 吊机抗风安全性评价

根据三个工况的计算结果,可以得出以下结论:

(1) 6级风作用下的风致响应很小,锚固点力与静力作用下的值比较接近,桥面吊机处的竖向加速度在 $-0.74\sim0.77\text{m/s}^2$,此时起吊梁段是比较安全的。

(2) 在9级风作用下,风致响应比较大,锚固点力的振荡幅度也变大,桥面吊机处的竖桥向加速度在 $-4.88\sim4.87\text{m/s}^2$,加速度响应比较大,此时起吊是不安全的。

(3) 随着风速等级的增加,锚固点力以及桥面吊机处加速度的振荡幅度增加,但均值比较接近,基本稳定在静力作用下响应值附近。

(4) 13级风作用下,后锚固点的拉力最大值达到了5 700kN,超过了吊机设计单位提出的3 450kN许用拉力的限值。

6 结语

现阶段桥面吊机安全性分析的主要方法是荷载试验,未考虑吊装过程中的风致振动。本文以南京第五长江大桥为例,建立桥梁—吊机—起吊梁段耦合系统的有限元模型,通过数值模拟得到南京五桥桥址处的静风荷载和脉动风荷载,计算了6级风、9级风、13级风共3种工况,分析了桥梁—吊机—起吊梁段耦合系统的风致响应。本文提出的桥面吊机抗风安全性验算流程(图14)对同类结构的抗风性能分析具有借鉴作用。

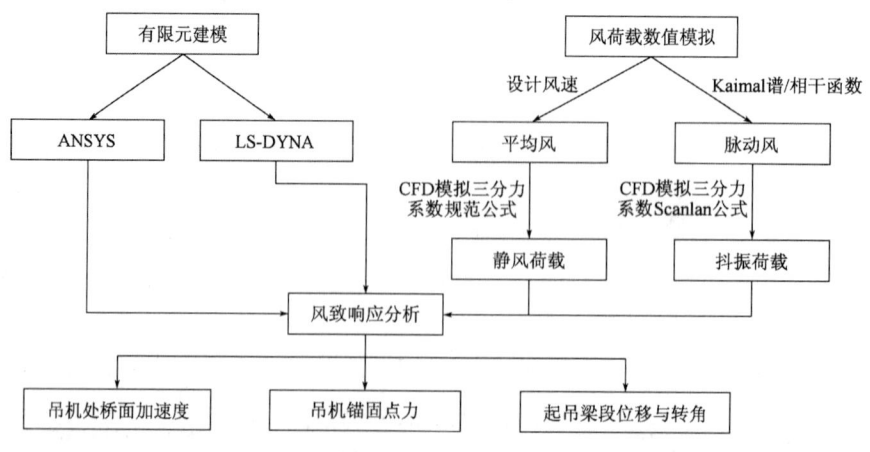

图14 研究技术路线

根据分析,对于南京长江五桥,6级风可以正常起吊梁段,9级风起吊作业是不安全的,13级风起吊则会破坏桥面吊机。

参 考 文 献

[1] 刘聪,黄世成,严迎春.长江南通段江面风的观测分析[J].自然灾害学报,2005(04):5-11.

[2] 沈斌,谢发祥.南京长江第三大桥钢箱梁桥面吊机及梁段吊装工程[J].世界桥梁,2006(3).

[3] 陈鸣,吴启和,罗承斌,等.苏通大桥多功能桥面吊机设计与使用[J].中外公路,2008(05):109-113.

[4] 中华人民共和国交通部.公路桥梁抗风设计规范:JTG/T D60-01—2004[S].北京:人民交通出版社,2004.

[5] KAREEM A, MCCULLOUGH M C. Numerical Simulation of Wind Effects[J]. 2013.

[6] KAIMAL J C, WYNGAARD J C, IZUMI Y, et al. Spectral characteristics of surface-layer turbulence[J]. Quarterly Journal of the Royal Meteorological Society, 1972, 98(417):563-589.

[7] DAVENPORT A G. The relationship of wind structure to wind loading[C]//Proc. of Symp. on Wind Effects on Buildings & Structures. 1966.

162. 漂浮体系自锚式悬索桥纵向地震反应特性分析及简化计算方法研究

汪鸿鑫[1] 逯东洋[2] 叶爱君[1]

(1. 同济大学土木工程防灾国家重点实验室；
2. 上海市政工程设计研究总院(集团)有限公司)

摘 要：以济南凤凰路黄河大桥主桥为工程背景，基于三维有限元分析平台建立全桥动力分析模型，首先根据该桥的动力特性初步分析地震反应特性，接着以此为基础分析了竖向地震动以及主梁纵漂振型对其纵向地震反应的影响，最后探究自锚式悬索桥纵向关键位置纵向地震反应的简化计算方法。结果表明：纵向上，第1阶振型(主梁纵漂)的振型质量参与系数很大(47%)，其余振型的贡献较小；竖向输入对结构的纵向地震反应影响很小；主梁纵漂振型对该桥的纵向地震反应的贡献占绝对优势；加劲梁—主缆—吊杆可以看成是刚体，可以模拟为单质点进行简化，采用简化动力模型计算关键位置纵向地震反应(加劲梁位移、塔底与承台底的弯矩等)，与实桥模型相比误差很小。

关键词：自锚式悬索桥 动力特性 纵漂振型 纵向地震反应 简化抗震计算

1 引言

大跨度悬索桥常常作为生命线工程的关键节点，在地震后的赈灾救灾过程中起到至关重要的作用，因此其地震反应以及抗震性能一直是学者和工程人员非常关注的问题。在结构纵向上，为了减小大跨度悬索桥的纵向地震内力，工程中常采用漂浮体系的方式来控制主梁传到桥塔的地震惯性力。纵向漂浮使得结构的纵向刚度显著降低，基本周期显著增长，甚至出现了主梁纵漂振型。

为了探究纵向漂浮体系自锚式悬索桥动力特性以及地震反应特性，有学者进行了相应的研究。孔晓楠[1]研究了某主跨为260m的独塔自锚式悬索桥，发现主桥的顺桥向刚度小，第1阶振型(主梁纵漂)在地震作用下易被激发。康仕彬[2]等研究了一座自锚式悬索桥的动力特性及地震反应特点，发现主梁纵漂振型对梁端位移和塔底弯矩的贡献均大于97%。这些研究都验证了悬索桥的基本周期对应的振型对结构的地震反应影响很大。进行桥梁抗震设计时，在精细化计算之前进行合理的匡算，可以大大减小抗震设计的工作量。项海帆等[3]进行了悬浮体系斜拉桥的近似抗震计算，采用将加劲梁的全部质量集中堆聚于塔顶的近似替代模型，从而使塔底弯矩反应的估算大大简化。

在纵向地震作用下,对于纵向漂浮体系自锚式悬索桥而言,其地震力传递方式简单且明确,即加劲梁地震力主要通过主缆传递到塔顶,再传递至基础,由加劲梁传到支座再传递到下部结构的地震力相对较小。因此,加劲梁位移、塔身及其承台底的弯矩通常是抗震设计的关注点。然而三塔自锚式悬索桥的主梁纵漂振型对结构地震反应的贡献是否也占绝对优势还未得到验证;此外,自锚式悬索桥能否通过简化计算方法得到较为准确的地震反应结果也需要进一步探索。

因此,本文以济南凤凰路黄河大桥为工程背景,基于三维有限元分析平台建立全桥动力分析模型,首先根据该桥的动力特性初步分析地震反应特性,接着以此为基础分析了竖向地震动以及主梁纵漂振型对其纵向地震反应的影响;最后探究自锚式悬索桥纵向关键位置地震反应的简化计算方法。

2 项目概况

济南凤凰路黄河大桥主桥采用三塔双索面组合梁自锚式悬索桥方案,全长约1 332m,跨径布置为:70m + 168m + 428m + 428m + 168m + 70m = 1 332m,如图1所示。主桥主梁为钢—混凝土叠合梁结构;主桥共设三座桥塔,三座桥塔均为钢结构,塔座为混凝土结构;主桥基础采用群桩基础,为钻孔灌注桩并按嵌岩桩设计,主塔桩基桩径为2.0m,过渡墩和辅助墩桩基桩径为1.8m。

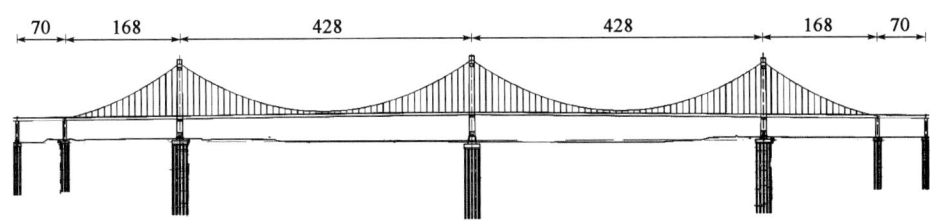

图1 主桥立面图(尺寸单位:m)

为研究该自锚式悬索桥的动力特性及地震反应特点,基于三维有限元分析平台,建立了该桥的有限元动力分析模型。为了更准确地模拟在地震作用下主桥结构的响应,总体模型如图2所示。主梁、主塔、塔座和承台根据实际截面尺寸以框架单元模拟;主缆和吊杆采用桁架单元模拟,吊杆通过主从约束与主梁相连接。主缆、吊杆和主塔考虑了恒载作用对结构几何刚度的影响[4-5],二期恒载以线质量的形式加在梁单元上。采用六弹簧模型模拟各群桩基础的影响。

主桥支座采用纵向滑动支座(横向约束),在非线性时程反应分析中,考虑滑动支座的摩擦耗能作用,采用理想弹塑性恢复力模型模拟滑动支座的力—位移滞回关系,如式(1)所示。

$$F_{max} = fN = K \cdot x_y \quad (1)$$

式中:F_{max}——支座滑动摩擦力;
K——滑动支座弹性刚度;

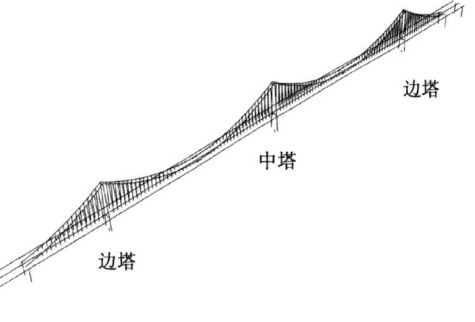

图2 全桥动力计算模型

f——滑动摩擦系数,球形钢支座的活动摩擦系数取 0.02;

N——支座所承担的上部结构恒载反力;

x_y——球形钢支座临界位移,取 2mm。

3 地震动输入

桥位所在的场地基本烈度为 7 度,场地土条件为 Ⅲ 类。本文基于工程场地安评报告给出的 50 年超越概率 2%、阻尼比为 0.02 时所对应的 3 组地震加速度时程波,采用时程分析法进行桥梁结构地震反应分析,地震反应结果取 3 组计算结果的包络值。图 3a)显示,安评报告给出的 3 组地震加速度时程所对应的反应谱与设计反应谱的频谱成分比较吻合。图 3b)显示了其中一条地震加速度时程波。

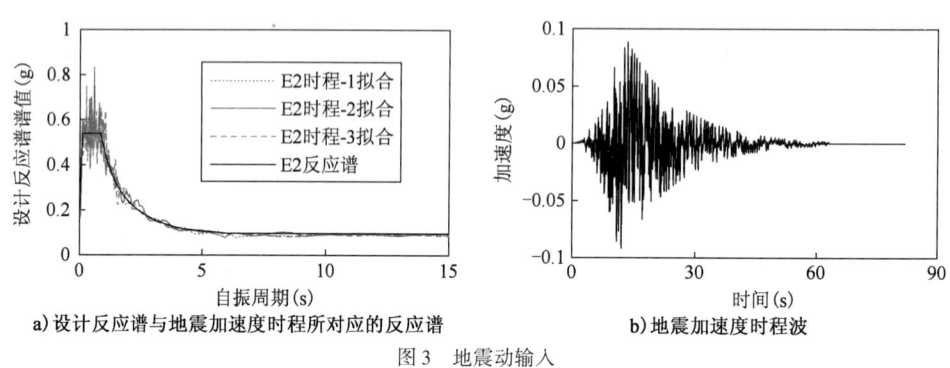

a) 设计反应谱与地震加速度时程所对应的反应谱   b) 地震加速度时程波

图 3 地震动输入

4 动力特性分析

本文对结构进行了动力特性分析,表 1 给出了前 10 阶振型的自振周期和模态,结果表明:桥梁结构的基本周期(主梁纵漂)为 12.65s,其余低阶振型主要为主梁竖弯。图 4 给出了主桥各阶振型质量参与系数在纵向和竖向的分布情况,可以看出:纵向上,第 1 阶振型质量参与系数较大(47%),其余各阶振型质量参与系数与之相比很小,可知该阶振型对结构纵向地震反应的影响较大;竖向上,振型质量参与系数分布较分散,且高阶振型质量参与系数较大。

跨黄河大桥结构动力特性　　　　表1

振 型 阶 数	周期(s)	振 型 描 述
1	12.65	主梁纵漂
2	7.60	主梁一阶反对称竖弯
3	4.17	主梁一阶正对称竖弯
4	4.16	主梁二阶反对称竖弯
5	3.03	中塔侧弯
6	2.89	南、北边塔反对称侧弯
7	2.86	主梁三阶反对称竖弯
8	2.71	主梁四阶反对称竖弯
9	2.41	主梁一阶正对称侧弯
10	2.31	主梁一阶反对称侧弯

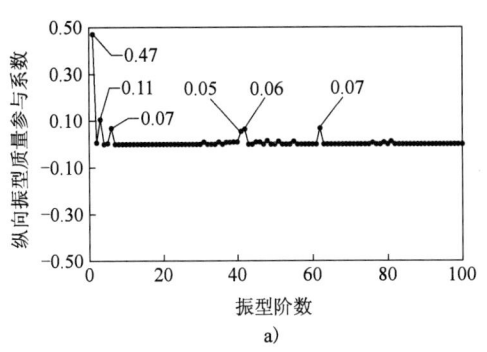
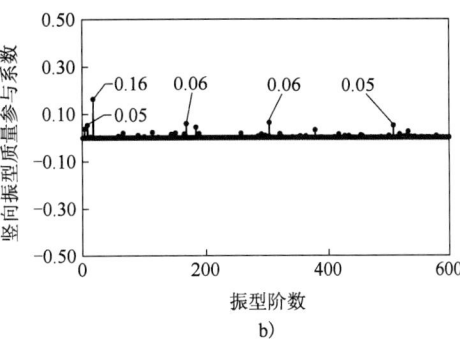

图 4 振型质量参与系数分布

5 纵向地震反应特性分析

《城市桥梁抗震设计规范》(CJJ 166—2011)[6]和安评均要求考虑竖向地震的作用,已有研究[7]也表明竖向地震动对桥塔的动轴力有显著影响。然而,通过以上动力特性分析不能直观地判定竖向地震动对结构纵向地震反应的贡献;此外,由动力特性分析结果可知纵漂振型对结构纵向的地震反应有很大影响,但是纵漂振型对结构关键位置的纵向地震反应的贡献还需进一步求证。因此,本文研究了竖向地震动和纵漂振型对结构关键位置的纵向地震反应的影响。

5.1 竖向地震动的影响

本文对比了"纵向+竖向""纵向"以及"竖向"三种地震动输入下结构的地震反应,分析"竖向"地震动输入对结构关键位置纵向地震反应的影响。根据安评要求,竖向地震动峰值加速度取水平向地震动的 65%,竖向地震加速度时程输入波取与纵向一致。本文计算了前 600 阶振型的贡献,以使两个方向上的累计振型质量参与系数达到 90%。

表 2 列举了 3 种地震动输入方式下加劲梁以及中塔塔顶的纵向位移、中塔塔底及其承台底纵向弯矩等地震反应,可以看出:采用"纵向+竖向"与"纵向"两种输入方式的地震反应计算结果几乎一致,误差小于 1%,而采用"纵向"地震动输入的计算结果很小。

不同地震动输入方式下主桥关键位置纵向地震反应　　表 2

位　　置		地震输入类型		
		纵向+竖向	纵向	竖向
位移(m)	加劲梁	1.37	1.37	0.01
	中塔塔顶	1.18	1.18	0
弯矩(kN·m)	中塔塔底	9.76E+05	9.76E+05	2.35E+03
	中塔承台底	2.19E+06	2.18E+06	5.71E+03

图 5 所示为采用 3 种地震动输入方式下主梁跨中的位移时程,可以看出,采用"纵向+竖向"与"纵向"两种地震动输入方式的加劲梁跨中纵向位移时程曲线几乎重合,采用"竖向"地震动输入下其纵向位移几乎为 0;此外,3 种地震动输入下加劲梁跨中竖向位移峰值几乎相等,但与纵向位移相比,竖向位移很小。

以上结果说明:主桥结构的关键位置的纵向地震反应由纵向地震输入控制,竖向地震输入的影响极小,因此仅用纵向地震动输入就可以较为准确地匡算"纵向+竖向"地震输入下结构关键位置的纵向地震反应。

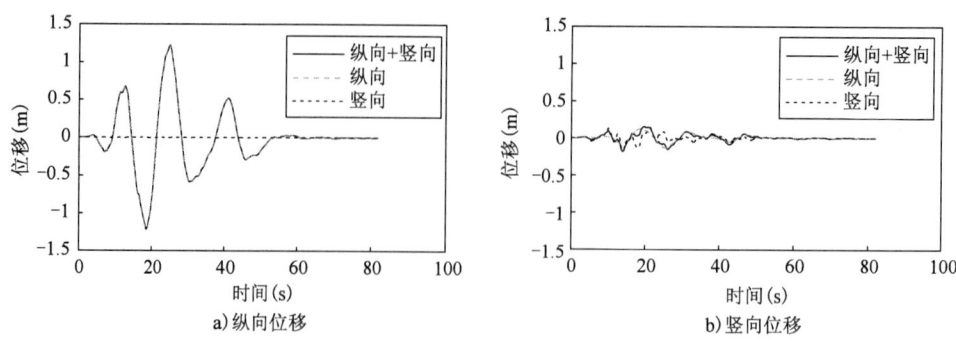

图5 不同地震动输入下加劲梁跨中位移时程

5.2 主梁纵飘振型的影响

本文采用"纵向"地震动输入的方式,对比计算振型数为1阶和600阶下的结构关键位置的纵向地震反应,来探究主梁纵飘振型对结构关键位置纵向地震反应的影响。

图6给出了2种计算方式下边塔和中塔的纵向地震位移和弯矩,可以看出:纵飘振型对边塔和中塔的纵向地震位移和弯矩贡献总体在90%以上,仅考虑纵飘振型就可以得到较为准确的桥塔地震反应。

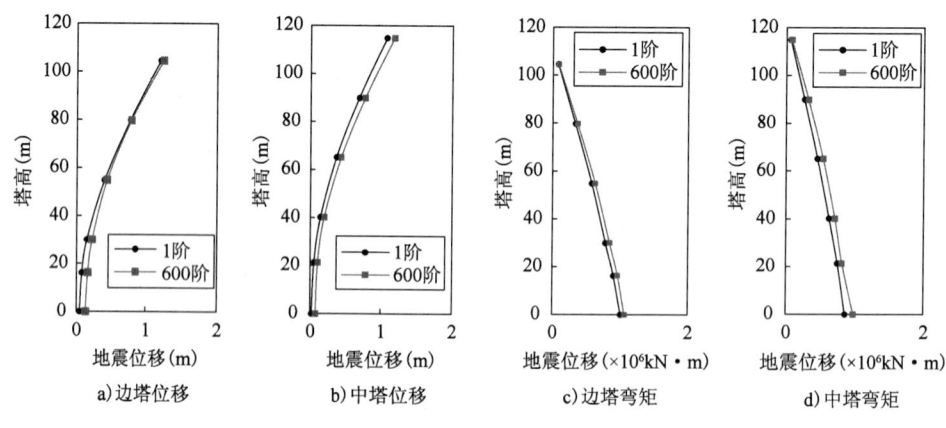

图6 桥塔地震反应

表3给出两种计算方式下加劲梁的纵向位移、边塔承台底和中塔承台底纵向地震弯矩,可以看出:纵飘振型对加劲梁的纵向位移贡献大于95%,对主塔承台底的弯矩贡献分别为97%和82%。仅考虑纵飘振型可以得到较准确的加劲梁和边塔承台底的地震反应。

不同计算模态下主桥关键位置纵向地震反应　　表3

位 置	计算模态	
	600 阶	1 阶
加劲梁位移(m)	1.38	1.33
边塔承台底弯矩(kN·m)	2.19E+06	2.12E+06
中塔承台底弯矩(kN·m)	2.18E+06	1.79E+06

图7给出了采用2种计算方式时加劲梁、主缆、边塔塔顶以及中塔塔顶的位移时程,可以看出:加劲梁、主缆以及桥塔塔顶的纵向地震位移时程曲线几乎重合,误差总体均在5%以内。

以上结果表明:主梁纵漂振型对结构的纵向地震反应的贡献占绝对优势,仅计算纵漂振型的主桥的地震反应与计算600阶振型的相对误差总体在10%以内。需要说明的是:由于中塔两边的加劲梁跨中的竖向位移对塔顶的位移有小幅度影响,所以中塔地震反应的计算精度稍差;而边塔由于一端的主缆锚固在梁端,边塔塔顶受其约束较大,便对另一侧的加劲梁跨中的竖向位移不敏感,因此计算误差很小。

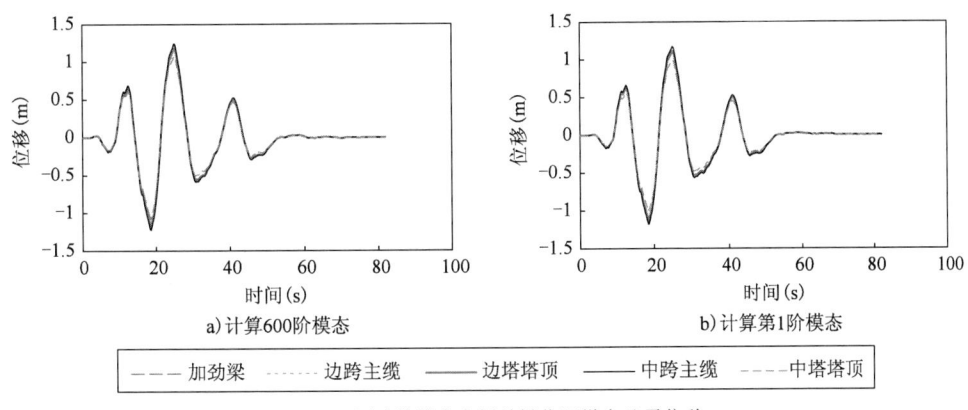

图7　不同计算模态主桥关键位置纵向地震位移

6　塔、梁纵向地震反应简化计算方法探究

上文分析可知,主梁纵漂振型对结构的纵向地震反应的贡献占绝对优势,且竖向输入的影响很小;此外加劲梁、主缆以及吊杆在水平方向上可以看成是水平的刚体运动,且竖向位移相比水平位移很小。因此,在计算塔梁基础的纵向地震反应时,可以建立各塔梁简化动力模型分别进行独立计算[图8b)];或者将加劲梁、吊杆以及主缆的质量集中堆聚于塔顶形成替代多质点体系模型[图8c)],可能不会对起控制作用的塔的第1阶动力特性以及控制点的纵向地震反应特点有明显的影响;甚至可以借鉴简支梁简化计算方法,将塔身的质量按照等效的方式换算成堆聚于塔顶的集中质量,形成简单的单质点振子模型[图8d)]。

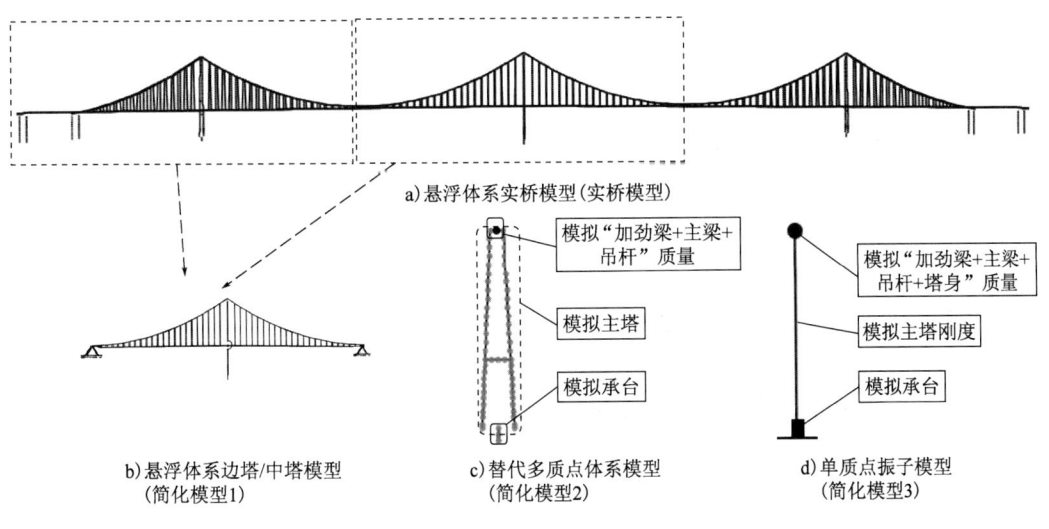

图8　简化力学模型

本文计算了纵向地震动输入时 4 类动力计算模型的动力特性分析及纵向地震动输入时的地震反应,并以计算 600 阶振型的地震反应结果为基准,对比不同简化方法的计算精度。表 4 给出了四种动力计算模型体系的基本周期,以及主梁纵向位移、塔底与承台底的地震弯矩等关键位置的纵向地震反应,可以看出,各种简化模型计算结果与计算 600 阶实桥模型的结果均比较接近,误差总体在 10% 以内,可以较准确地估算主梁纵向位移、塔底与承台底的纵向弯矩等悬索桥关键位置的地震反应。

各种计算模型的基本周期及关键位置纵向地震反应(纵向输入)　　表 4

计算模态	动力模型	基本周期(s)		主梁位移(m)		塔底弯矩(kN·m)		承台底弯矩(kN·m)	
		边塔	中塔	边塔	中塔	边塔	中塔	边塔	中塔
600 阶振型	a. 实桥模型	12.65		1.37		1.07E+06	9.76E+05	2.19E+06	2.18E+06
1 阶振型	b. 实桥模型	12.65		1.33		1.01E+06	8.53E+05	2.12E+06	1.79E+06
	$\left(\frac{b-a}{a}\right)$	0%		-4%		-6%	-13%	-3%	-18%
	c. 简化模型 1	12.53	12.82	1.45	1.45	1.10E+06	9.94E+05	2.30E+06	2.08E+06
	$\left(\frac{c-a}{a}\right)$	-1%	1%	6%	6%	3%	2%	5%	-5%
	d. 简化模型 2	11.36	11.37	1.33	1.32	1.13E+06	1.06E+06	2.37E+06	2.23E+06
	$\left(\frac{d-a}{a}\right)$	-10%	-10%	-3%	-4%	6%	9%	8%	2%
	e. 简化模型 3	11.52	11.31	1.36	1.30	1.15E+05	1.03E+05	2.43E+06	2.16E+06
	$\left(\frac{e-a}{a}\right)$	-9%	-11%	-1%	-5%	7%	6%	11%	-1%

7　结语

本文以济南凤凰路黄河大桥主桥为工程背景,基于三维有限元分析平台建立全桥动力分析模型,首先根据该桥的动力特性初步分析地震反应特性,接着以此为基础分析了竖向地震动以及计算振型阶数对其纵向地震反应的影响,最后探究自锚式悬索桥纵向关键位置地震反应的简化计算方法。得到以下结论:

(1)纵向上,第 1 阶振型(主梁纵漂)质量参与系数较大(47%),其余各阶振型质量参与系数与之相比很小;竖向上,振型质量参与系数分布较分散,高阶振型的影响较大。

(2)分析全桥在"纵向 + 竖向"地震工况输入下的地震反应时,主桥结构的纵向地震位移与弯矩由纵向地震动输入控制,竖向地震动输入的影响很小,因此仅采用纵向地震动输入就可以较为准确地匡算"纵向 + 竖向"地震动输入下结构关键位置的纵向地震反应。

(3)"主梁纵漂"振型对结构的纵向地震反应的贡献占绝对优势,仅计算该阶振型的主桥的地震反应与计算 600 阶振型的相对误差总体在 10% 以内。

(4)不同简化动力模型的地震反应与计算 600 阶振型实桥模型的结果误差总体在 10% 以

内,验证了采用漂浮体系的自锚式悬索桥的加劲梁纵向位移、主塔塔底与承台底的纵向地震弯矩可以通过简化匡算获得。

参 考 文 献

[1] 孔晓楠.独塔空间索自锚式悬索桥动力特性分析与减隔震措施研究[D].西安:长安大学,2013.
[2] 康仕彬,朱宇,邓育林.自锚式悬索桥动力特性及地震反应特点[J].结构工程师,2008(4):64-70.
[3] 项海帆,李瑞霖,杨昌众.悬浮体系斜张桥的近似抗震计算[J].结构工程师,1985(1):32+65-70.
[4] 叶爱君,周连绪,陈光,等.大跨度斜拉桥倒Y形混凝土桥塔的横向拟静力试验[J].土木工程学报,2018(9):66-74.
[5] ZHOU L,WANG X,YE A. Shake table test on transverse steel damper seismic system for long span cable-stayed bridges[J]. Engineering Structures,2019,179:106-119.
[6] 中华人民共和国行业规范.城市桥梁抗震设计规范:CJJ 166—2011[S].北京:人民交通出版社,2011.
[7] 杨孟刚,胡建华,陈政清.独塔自锚式悬索桥地震响应分析[J].中南大学学报(自然科学版),2005(1):136-140.

163. 新首钢大桥地震响应及减震措施研究

阴存欣 宁晓旭 张 为 杨 冰 秦大航

(北京市市政工程设计研究总院有限公司)

摘 要：北京长安街新首钢大桥是高地震烈度地区大跨径斜拉刚构不规则桥梁。结合该桥高塔塔梁墩固结、矮塔塔梁固结塔墩分离的结构特点，进行了设置速度锁定器的地震响应分析，表明速度锁定器是否有减震作用要具体桥型具体分析，速度锁定器对该桥梁起不到理想的减震效果，最后在矮塔采用了常规的活动支座加限位措施的布置方式。该研究成果为确定大桥的传力体系奠定了基础，并应用于该桥的设计。

关键词：地震响应 减震措施 速度锁定器 桥梁

1 研究背景及工程概况

北京处于高地震烈度地区，根据地震烈度区划表，北京位于 8 度区，且不同区域有 0.2g 和 0.3g 的设计地震动基本加速度，北京及周边地区历史上也发生过多次大地震。作为全国的政治、文化中心，不仅要对已经建设的桥梁做好抗震能力评估和加固，也要对新型桥梁进行地震作用下的反应特点研究，是桥梁结构设计的重要技术环节，对确保首都的安全、提高地震防灾减灾预警能力具有重要意义。

本文以长安街新首钢大桥大跨新型斜拉桥为背景，研究该新型斜拉桥的空间震动特性、地震响应特征和规律，对减震措施效果做出评价，确定大桥的传力体系，进行该桥梁的抗震设计。新首钢大桥结构极其复杂，有以下特点：跨径大，地震力大；传力复杂，高度不对称；空间效应明显，地震反应规律不同于常规的桥梁，需要通过研究认识该类型结构的抗震特性和地震反应规律。本文通过是否设置速度锁定器的对比分析，对速度锁定器在该桥的减震效果进行评价。

工程概况及计算条件：新首钢大桥由东往西分别上跨规划支一路、规划二路、规划丰沙铁路、现况丰沙铁路、东巡河路、永定河、西巡河路、西六环，桥梁总长 1 353.8m，桥梁总面积 64 770m²。主桥总长 639m，桥梁中线与河道中线交角 57.39°，结构高度不对称，在设计、制造和施工上，全桥几乎没有任何一个单元是相同的，见图 1 ~ 图 3。

跨径及结构组成：主桥采用斜拉刚构组合体系桥，北半侧桥跨径组合 50m + 133m + 280m + 120m + 56m，南半侧桥跨径组合 50m + 158.1m + 280m + 94.9m + 56m。桥梁标准宽度 47m，最宽处高塔塔梁结合处局部加宽为 54.9m。采用分离式钢箱双主梁断面、主梁通过横梁连接、正交异形桥面板支承于横梁。主桥立面、平面分别见图1、图2。

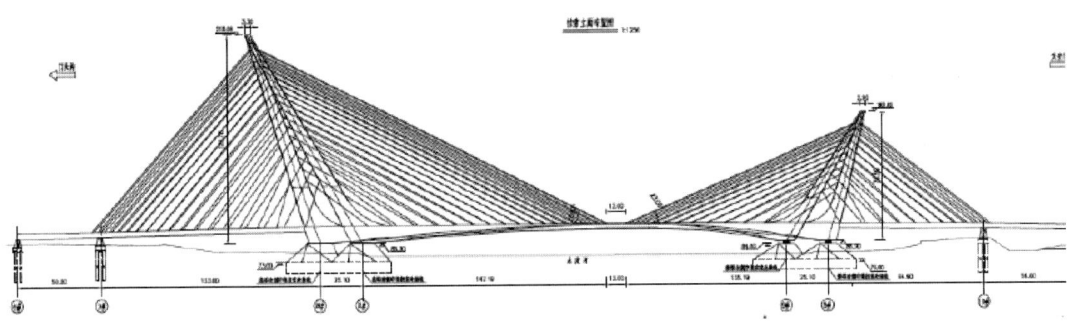

图1 新首钢大桥主桥立面

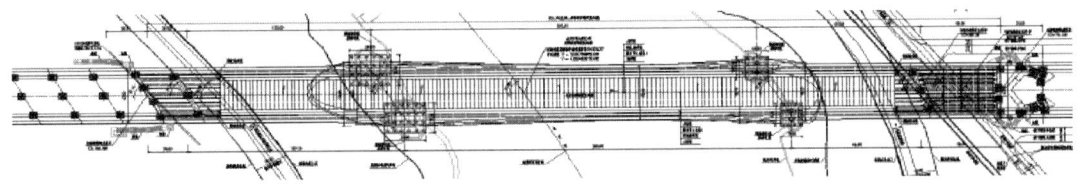

图2 新首钢大桥主桥主桥平面

支承体系:高塔采用塔梁墩固结,矮塔塔梁固结,塔墩分离,纵向活动。索塔:采用拱形倾斜异面钢塔,左幅高塔倾角71.8°,矮塔倾角59°;右幅高塔倾角62°,矮塔倾角74.7°。平面带角度:高塔和矮塔的两肢下基础中线的纵向距离均为25.10m,横向距离高塔为40.05m,矮塔为39.45m。高塔两肢的轴线在塔底的连接线和水平向夹角为57.92°,矮塔两肢的轴线在塔底的连接线和水平向夹角为57.53°。

主梁:主梁采用变截面梁(图3),梁高从高塔塔根部的10m渐变为跨中的3m,然后渐变到矮塔塔根部的11m。横梁高度2.2~2.7m,间距3m。

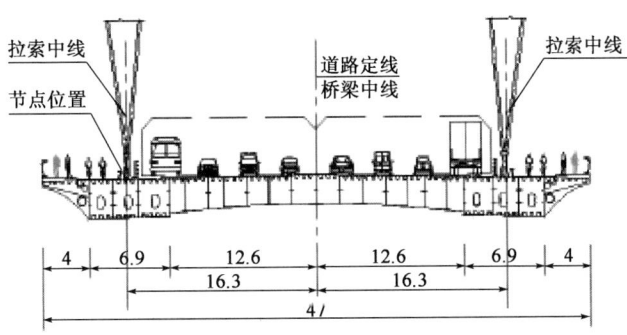

图3 主梁断面(尺寸单位:m)

塔:高塔塔底以上高123.8m。塔底顺桥向宽13m,横桥向宽14.85m,塔顶顺桥向宽3.3m,横桥向宽4.3m;矮塔塔底以上高76.5m,塔底顺桥向宽10m,横桥向宽14.25m,塔顶顺桥向宽2.9m,横桥向宽3.8m;桥面距离河底约20m。

地质情况和地勘资料:该桥桥位处地质比较均匀。该地震动峰值加速度对应的地震基本烈度为Ⅷ度。拟建桥梁工程的场地类别为Ⅱ类。

抗震设防水准:根据《城市桥梁抗震设计规范》(CJJ 166—2011)的规定,甲类桥梁所在地区受的E1和E2地震影响,应按地震安全性评价确定,相应的E1和E2地震重现期分别为475年和2500年。E1地震重现期为475年,相当于50年超越概率10%;E2地震重现期为2500

年,相当于50年超越概率2%。

2 自振频率及振型分析

在进行静动力分析前,需要获得结构的自振特性,包括自振频率和振型。

规范规定:振型分析时结果中的质量参与系数累计不能低于90%。结构模型必须包括下部结构和基础。动力分析结果必须大于反应谱分析结果的80%。应用里兹法并在X、Y、Z三个方向均选取20个自由度作为初始向量,计算结果累计参与质量满足90%的质量参与比例的规定。

计算得出,结构基频为0.540 4Hz,特征周期为1.85s。该周期位于反应谱曲线的下降段。前几阶自振频率和振型如表1和图4、图5所示。一阶振型为主梁垂向,二阶振型为主梁横弯,三阶振型为主梁垂向及塔的弯曲的耦合,四阶振型为高塔的横弯,五阶振型为主梁扭转。各阶振型表现出不对称结构振型的空间性,由于篇幅限制,在此只展示前两阶振型。

自 振 频 率　　　　　　　　表1

模态	频率		周期
	(rad/s)	(Hz)	(s)
1	3.396	0.540	1.850
2	3.513	0.559	1.789
3	4.882	0.777	1.287
4	5.363	0.854	1.172
5	6.456	1.027	0.973
6	6.995	1.113	0.898
7	7.117	1.133	0.883
8	7.865	1.252	0.799
9	8.054	1.282	0.780
10	8.212	1.307	0.765

图4　一阶振型

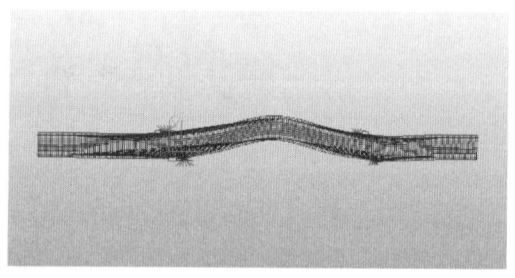

图5　二阶振型

3 是否带锁定装置的反应谱对比分析

由于高塔塔梁墩固结,矮塔纵向活动,拟在矮塔纵向施加速度锁定器作为待分析的措施之一,考察其分担高塔地震力的效果。速度锁定器在正常使用阶段不发挥传递水平力的作用,在地震作用下触发锁定器发生锁定。支座和锁定装置为一体,可以方便地实现塔上、下部之间的安装连接,不用连接横梁,如图6所示。本文通过静动力分析对锁定器减震效果做出评价。

图6 锁定器产品

根据规范,甲类桥梁需要进行地震安全性评价并以地震安全性评价单位提供的结果为依据进行设计和研究。根据地震安全性评价资料提供的反应谱计算参数(表2),本桥为钢桥,阻尼比采用0.02。

地震安全性评价单位提供的反应谱计算参数(阻尼比2%)　　　　表2

地震	加速度峰值 A_m (cm/s²)	动力放大系数 β_m	地震影响系数 α_m	T_1	T_g	衰减系数 γ
E1	220	3.2	0.718	0.1	0.40	0.97
E2	405	3.2	1.322	0.1	0.45	0.97

反应谱分析是地震分析的常用方法之一,虽然是静力计算,根据结构自振周期并结合场地特性获取反应谱曲线对应的加速度,可以得到结构在地震和地震荷载作用下的初步结果和规律。

加载和效应组合时,拟在以下反应谱分析时按原整体坐标系及旋转到不同角度局部坐标系方向计算地震效应。组合时分锁定和不锁定两种体系计算地震效应并和恒载状态组合。计算地震E1、E2的x、y、z单项效应,用SRSS地震对x、y、z三向组合,z向取0.65倍x方向的效应,然后进行恒载与地震的组合,得到包络效果。

设置锁定器前后,高塔底地震作用下的轴力、剪力、弯矩列于表3~表6,局部坐标系x沿塔单元轴线方向,y为横桥向。设置锁定器前后,高塔内力变化不大,有的减少,有的甚至略有增加,矮塔平面内弯矩M_y增大,其余内力有的减少,有的略有增加。通过计算,还得到锁定器本身的最大轴力56 995kN,无锁定器时地震位移量8.8cm。

无锁定器时高塔(南)底部内力　　　　表3

工况	N(kN)	V_y(kN)	V_z(kN)	M_x(kN·m)	M_y(kN·m)	M_z(kN·m)
E1(SRSS)	49 710.7	24 922.7	31 302.6	226 836.7	768 691.6	428 058.6
E2(SRSS)	91 512.9	45 880.5	57 625.2	417 585.7	1 415 091.3	788 017.0

有锁定器时高塔(南)底部内力　　　　表4

工况	N(kN)	V_y(kN)	V_z(kN)	M_x(kN·m)	M_y(kN·m)	M_z(kN·m)
E1(SRSS)	49 609.7	25 095.5	31 547.6	223 014.5	850 175.8	436 225.6
E2(SRSS)	91 326.9	46 198.6	58 076.3	410 549.3	1 565 096.4	803 051.7

无锁定器时矮塔(南)墩柱底部内力　　　表5

工况	N(kN)	V_y(kN)	V_z(kN)	M_x(kN·m)	M_y(kN·m)	M_z(kN·m)
E1(SRSS)	38 865.4	10 757.6	6 620.7	60 431.3	222 748.9	215 777.4
E2(SRSS)	71 547.7	19 803.8	12 188.1	111 248.5	410 060.5	397 226.5

有锁定器时矮塔(南)墩柱底部内力　　　表6

工况	N(kN)	V_y(kN)	V_z(kN)	M_x(kN·m)	M_y(kN·m)	M_z(kN·m)
E1(SRSS)	34 926.5	10 496.6	9 969.5	54 351.6	379 874.0	219 682.1
E2(SRSS)	64 296.5	19 323.3	18 353.0	100 056.4	699 313.5	404 414.7

塔下基座自重较大,未锁定时的纵向活动支座对纵向地震力有隔振作用,加上锁定器虽然可以和高塔起到共同分担地震力的作用,但是矮塔加锁定器后增加了结构的整体刚度,同时矮塔下部基座的大体积混凝土的地震能量有一部分上传,计算表明,总体减震作用不明显。

4 是否带锁定装置的动力时程分析对比

4.1 动力时程地震波参数

进行时程分析时需要输入地震波。地震安全性评价生成的 E1 地震波有 E11、E12、E13 三条,E2 地震波有 E21、E22、E23 三条,它们具有不同的频谱特性。计算 3 条时效应取最大值,计算 7 条时效应取平均值。但生成的地震波和反应谱的形状具有相关性。规范要求计算结果不能小于反应谱的 80%。图 7 为 E11、E21 地震波。E1、E2 地震动加速度峰值见表 7。

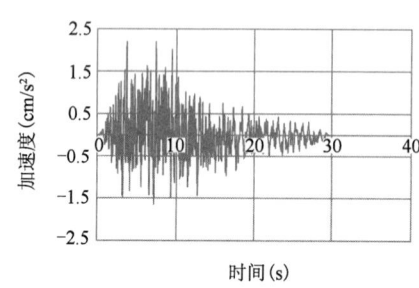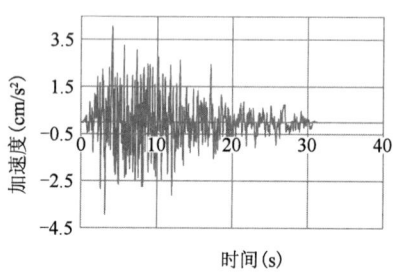

图 7　地震波 E11、E21 时程

地震波峰值(单位:m/s²)　　　表7

地震波	E11	E12	E13	E21	E22	E23
最大值	2.20	2.05	2.20	4.05	4.05	3.70
最小值	-1.64	-2.20	-2.09	-3.92	-3.83	-4.05

4.2 有无锁定器动内力

无锁定器时时程分析 E1 作用下 M_y 最大值为 E13 波对应的 -1 003 956kN·m;E2 作用下 M_y 最大值为 E23 的 -2 145 996kN·m。有锁定器时时程分析 E1 作用下 M_y 最大值为 E13 的 1 000 587kN·m,E2 作用下 M_y 最大值为 E23 的 -1 637 833kN·m。以上结果见表8、表9 和图8、图9。

无锁定器时时程分析 M_y（单位:kN·m） 表8

无锁定器	E11	E12	E13	E21	E22	E23
最大值	785 163	883 481	1 003 956	2 025 098	1 641 243	1 808 241
最小值	-788 471	-722 443	-880 890	-1 521 744	-1 599 265	-2 145 996

有锁定器时时程分析 M_y（单位:kN·m） 表9

有锁定器	E11	E12	E13	E21	E22	E23
最大值	881 089.6	858 300.6	1 000 587	1 452 805	1 339 755	1 593 968
最小值	-925 429	-886 563	-953 038	-1 602 596	-1 304 395	-1 637 833

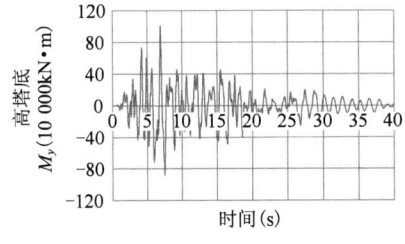

图8 无锁定器高塔 E13 作用下 M_y

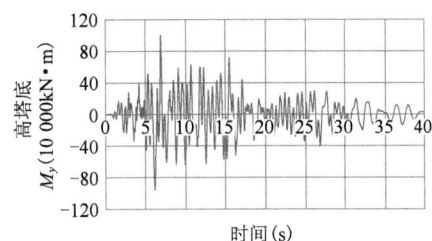

图9 有锁定器高塔 E13 作用下 M_y

4.3 有无锁定器动应力

表10为动力分析有无锁定器的主梁组合应力结果，图10~图13为恒载和地震组合时梁和塔的组合应力图。无锁定最不利主梁应力恒载与 E1 组合为 138~-198MPa，有锁定为 130~-203MPa。无锁定最不利主梁应力恒载与 E2 组合为 256~-313MPa，有锁定为 247~-358MPa。锁定器对主梁无明显减震作用。无锁定器恒载与 E2 作用组合钢塔应力为 -196~159MPa。无锁定器恒载与 E2 组合下塔应力为 -219~181MPa。锁定器对塔减震作用也不大。动力计算结果与反应谱计算时的规律相同。

有无锁定器动应力分析主梁组合应力（单位:MPa） 表10

情 况	最 大 值	最 小 值
E1 无锁定	138	-198
E1 有锁定	130	-203
E2 无锁定	256	-313
E2 有锁定	247	-358

图10 无锁定恒载与 E1 组合下梁应力(kPa)

图 11　有锁定恒载与 E1 作用组合下梁应力(kPa)

图 12　无锁定恒载与 E2 作用组合塔应力(kPa)

图 13　有锁定恒载与 E2 作用塔应力(kPa)

从图 10 和图 11 的分析结果可以看出,塔梁相接处,由于边跨根部截面较薄弱,梁的应力在该处较大。相对塔而言,梁成了薄弱环节,于是设计中对边跨根部与塔相交处的板厚进行了调整,如表 11 所示。板加厚范围为 9m。

边跨塔梁相接处截面板厚变化调整(单位:mm)　　　表11

情　况	顶　板	底　板	腹　板
调整前	18	20	16
调整后	25	30	25

5 结语

通过研究,得出了以下结论:

(1)速度锁定器对结构的抗震作用,要因结构特点具体分析。该桥结构高度不对称,在该桥上采取锁定器减震设施,在分担高塔地震力的同时,降低了原体系对下部地震的隔震作用,对该桥没有明显减震作用,不宜在该桥采用锁定器。最后在矮塔采用了常规的活动支座加限位措施的布置方式。

(2)主梁应力在边跨与塔相接处存在应力集中。由于塔的截面厚度较厚,本结构抗震计算的相对薄弱环节在梁,而不在塔,在主梁边跨根部塔梁相接处采取了加厚板的措施。

164. 多塔自锚式悬索桥横向减震体系设计

王靖程[1]　常付平[2]　叶爱君[1]

(1. 同济大学；2. 上海市政工程设计研究总院(集团)有限公司)

摘　要：自锚式悬索桥横桥向往往需要引入减震体系来降低下部结构的抗震需求。相较于单塔，多塔自锚式悬索桥可供设置阻尼器的位置较多，减震体系设计复杂。本文针对多塔自锚式悬索桥，提出了桥梁钢阻尼器与滑动支座组合的横向减震体系设计方法，并以济南凤凰路黄河大桥为工程背景，验证该设计方法的可行性，最后从结构关键位置的地震反应、连接装置的耗能特性分析减震体系的减震效果。结果表明，该横向减震体系设计方法可行；钢阻尼器滞回环饱满，耗能效果理想。

关键词：多塔自锚式悬索桥　桥梁钢阻尼器　横向减震体系　耗能特性

1　引言

自锚式悬索桥广泛应用于中等跨径桥梁，具有外观优美、场地适用性良好、造价相对较低等优点[1-2]。在一些大型跨海跨江的桥梁建设中，多塔悬索桥多次被作为比选方案提出，其中三塔悬索桥尤其受设计师青睐[3-4]。与其他索支撑体系桥梁一样，自锚式悬索桥的质量主要集中于桥面系，地震作用下会产生很大的惯性力；纵桥向多采用飘浮或半飘浮体系，通过在塔梁间设置黏滞阻尼器限制地震位移，主塔抗震性能良好[5-6]；横桥向考虑到正常运营的稳定以及抗风的需要，多在墩梁、塔梁间设置抗风支座形成固定约束体系。然而，固定约束体系并非理想的抗震体系，下部结构的抗震需求很大，难以满足规范[7-8]要求，往往需要进行进一步的减震设计。

已有部分学者对自锚式悬索桥的横向减震体系开展了相关研究。管仲国等[9]提出了结合弹塑性阻尼支座的减震体系，结果表明该减震体系有效降低了下部结构的地震反应，并将主梁位移限制在合理范围；方海等[10]提出在墩、梁连接处设置铅阻尼器的减震方案，发现铅阻尼器与黏滞阻尼器配合使用减震效果更佳；田凯论等[11]将横向橡胶抗震挡块应用于三塔自锚式悬索桥，并分析了挡块的最优参数。

工程应用方面，目前广泛应用于桥梁横向减震体系的装置有双曲面减震耗能支座和液压黏滞阻尼器，两者均难以满足自锚式悬索桥横向的抗震需求。双曲面减震耗能支座依靠摩擦进行耗能，而自锚式悬索桥是索支撑结构，各支座的恒载压力较小，支座的摩擦耗能能力有限，虽然能减小下部结构地震内力，但难以限制墩梁、塔梁横向相对位移；而在纵桥向有着广泛应用的液压黏滞阻尼器虽然具有较好的耗能能力,但应用于横桥向时,需要将横向位移与纵向位移分离开来才能保证减震效果,构造复杂,而且难以满足正常使用下的功能要求。相比之下,桥梁钢阻尼器[12-14]能更好地适应自锚式悬索桥的纵向大变形,同时横桥向上有着明确的传力特性以及高效的耗能特性,是更为合适的选择。然而,对于多塔自锚式悬索桥,可设置桥梁钢阻尼器的位置众多,需要控制的结构体系参数众多,同时结构地震响应随钢阻尼器的布置位置及参数取值不同而变化复杂,目前尚缺乏这方面的研究。

因此,针对多塔自锚式悬索桥,本文提出一种将桥梁钢阻尼器与滑动支座配合使用的横向减震体系设计及参数优化方法,并以济南凤凰路跨黄河大桥为例,验证该方法的可行性,同时进一步分析该减震体系的减震效果。

2 横向减震体系设计方法

2.1 桥梁钢阻尼器简介

桥梁钢阻尼器上顶板通过螺栓连接于梁底,下顶板通过螺栓连接于墩顶或桥塔横梁上。三角形钢板在水平地震作用下能沿高度范围内进行高效的全截面屈服耗能;三角形钢板顶部采用半球形传力键构造,既能保证上部结构惯性力的传递,又能通过与聚四氟乙烯板滑动适应桥梁纵向大变形。沈星[12]等对横向钢阻尼器进行拟静力试验,结果表明可用双线性本构来模拟钢阻尼的力学行为。钢阻尼器具体构造及力学本构示意图如图1所示。

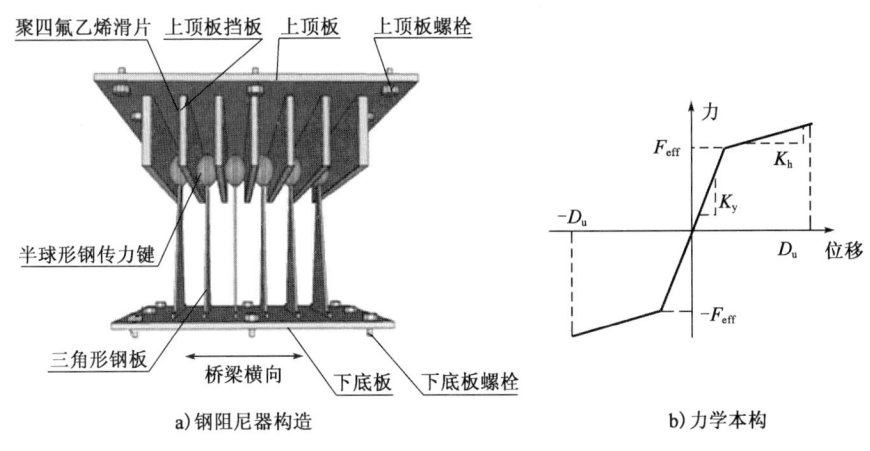

a) 钢阻尼器构造　　b) 力学本构

图1　桥梁钢阻尼器构造及力学本构

2.2 横向减震体系设计及参数优化方法

本文提出的减震体系为:将滑动支座与横向钢阻尼器组合使用,其中滑动支座承担结构的竖向荷载,延长结构周期并通过摩擦提供一定的耗能能力;横向钢阻尼器需要适应结构的纵向大位移,同时提供横向耗能能力,以控制墩梁、塔梁间的地震位移。

减震体系的优化过程主要包含两方面:一是确定阻尼器的布置位置,二是确定阻尼器的力学参数与几何参数。针对第一部分内容,自锚式悬索桥应优先在主塔处设置钢阻尼器以高效地降低各连接处的相对位移,其次考虑在离主塔更远、墩梁相对位移更大的过渡墩上进一步布置钢阻尼器,最后考虑在辅助墩上进行阻尼器的布置;针对第二部分内容,注意到阻尼器的屈服位移以及硬化率对各连接处的横向位移及关键截面的内力影响很小,因此可根据其安装空间及钢材等级进行初步拟定,再以各连接处的横向位移为目标对钢阻尼器的屈服力大小进行优化,然后根据优化结果进行阻尼器选型,确定最终的力学与几何参数。

多塔自锚式悬索桥全桥横向减震体系设计是一个不断优化和调整的过程,具体流程如图2所示。

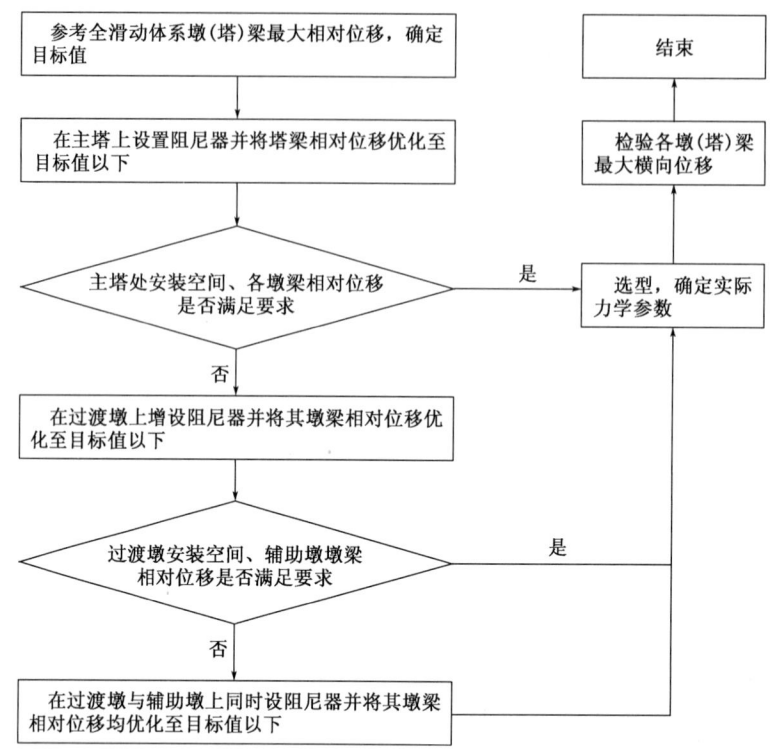

图2 横向减震体系设计流程

3 横向减震设计实例

以济南凤凰路黄河大桥为例,检验多塔自锚式悬索桥横向减震体系设计方法的可行性。

3.1 工程背景与动力分析模型

济南凤凰路黄河大桥为三塔双索面自锚式悬索桥,跨径布置为70m+168m+428m×2+168m+70m。主梁采用钢混凝土组合结构;三座主塔为A形钢结构塔,边塔和中塔的塔高分别为110.6m和114.6m;主缆矢跨比为1/6,采用空间缆面布置;吊索横桥向倾斜,顺桥向竖直,标准间距为9m;全桥纵桥向为飘浮体系,塔梁间设有纵向液压黏滞阻尼器;横桥向设有抗风支座和固定支座,为固定体系;过渡墩墩高35.7m,辅助墩墩高32m,均为分离式墩柱;各塔墩承台均为矩形,基桩采用钻孔灌注桩。

全桥有限元模型如图3所示。梁、墩、塔均采用框架单元进行模拟,质量与刚度按实际截面分别赋予对应节点、单元;主缆和吊杆采用桁架单元模拟,单元两端释放弯矩和扭矩;支座用连接单元模拟;主缆、梁、塔考虑恒载几何刚度的影响;承台质量集中于质心,刚度按实际截面赋予对应单元;采用六弹簧模拟群桩基础对结构影响,弹簧刚度由场地条件及桩基布置形式确定。

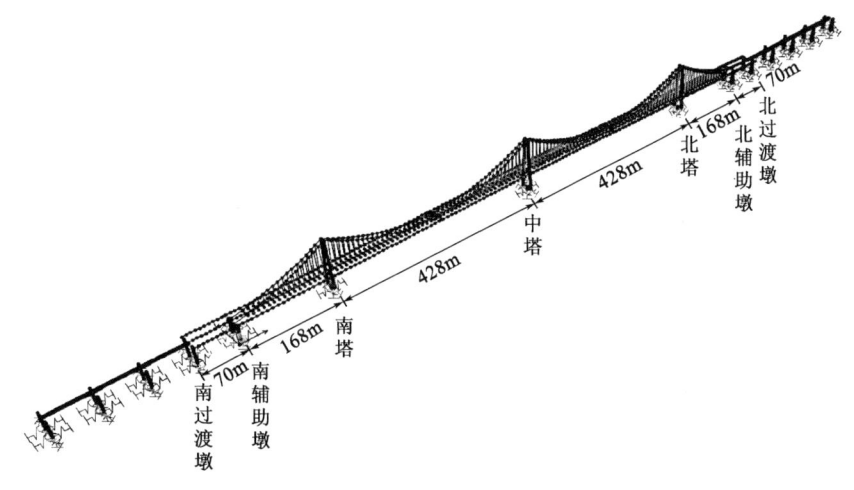

图3 济南凤凰路黄河大桥有限元模型

3.2 地震动输入

济南凤凰路黄河大桥场地安全评估报告提供了E2概率水平下的3条加速度时程,将这3条时程拟合成反应谱并与设计反应谱进行对比,结果如图4a)所示。由图可知加速度时程对应的反应谱与目标反应谱的频谱成分比较吻合,因此本文采用这3条时程作为地震动输入[其中一条示于图4b)]。非线性时程分析中同时考虑横向+竖向地震作用(竖向地震动输入按横向乘以0.65得到),计算结果取3条时程的最大值。

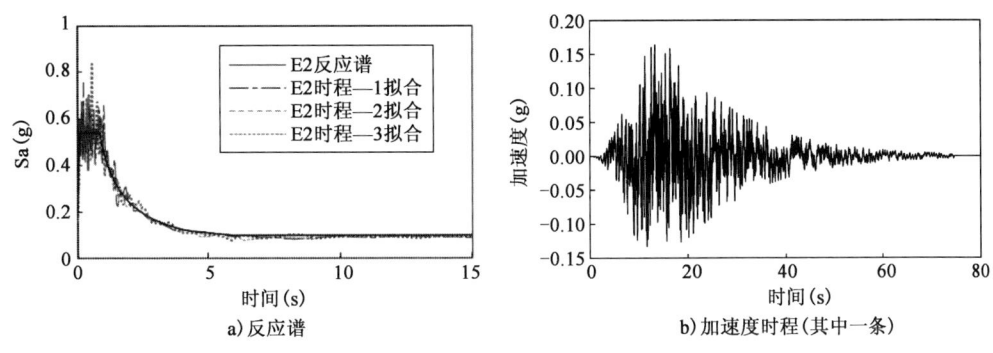

a) 反应谱   b) 加速度时程(其中一条)

图4 地震动输入

3.3 横向减震设计过程

参考大桥横向全滑动体系各连接处的最大位移为1.71m,将目标最大位移设置为40cm;选用屈服强度为500MPa的钢材,结合钢阻尼器的安装空间,取钢阻尼器的硬化率为5%,屈服位移6.67cm。

首先在桥塔处设置钢阻尼器并对屈服力进行优化。图5显示了各连接处横向相对位移及墩(塔)底内力与钢阻尼器屈服力之间的关系。由图可知,随着阻尼器屈服力的增加,各墩(塔)梁横向相对位移减小,墩(塔)底内力变化不显著。考虑到阻尼器的安装空间,各桥塔处钢阻尼器的屈服力不宜超过9 000kN,因此初步选定屈服力9 000kN,此时塔梁横向相对位移均降至40cm以下,但过渡墩与辅助墩处相对位移均在50cm以上,需进一步在过渡墩增设钢阻尼器。

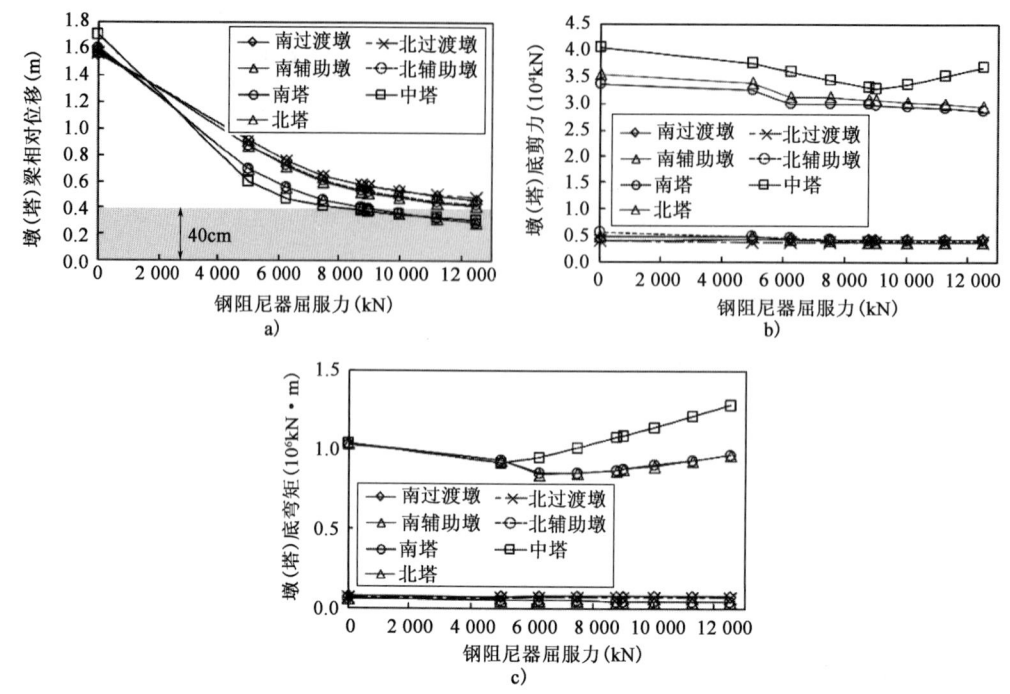

图5 连接位移及墩塔底内力与桥塔处阻尼器屈服力之间的关系

图6显示了各连接处横向相对位移与桥墩处钢阻尼器屈服力之间的关系。随着桥墩处阻尼器屈服力的增大,中塔处的横向相对位移逐渐增大,其余各连接处逐渐减小。由图6a)可知,仅在过渡墩处设置阻尼器无法将所有连接处的横向相对位移降至目标值以下,需要同时在过渡墩处设置阻尼器。考虑到各桥墩处阻尼器的安装空间是一致的,各墩处阻尼器的屈服力取相等值进行优化。根据图6b),初步确定各桥墩处阻尼器屈服力取2 000 kN,此时各墩(塔)与主梁的横向相对位移均满足要求。

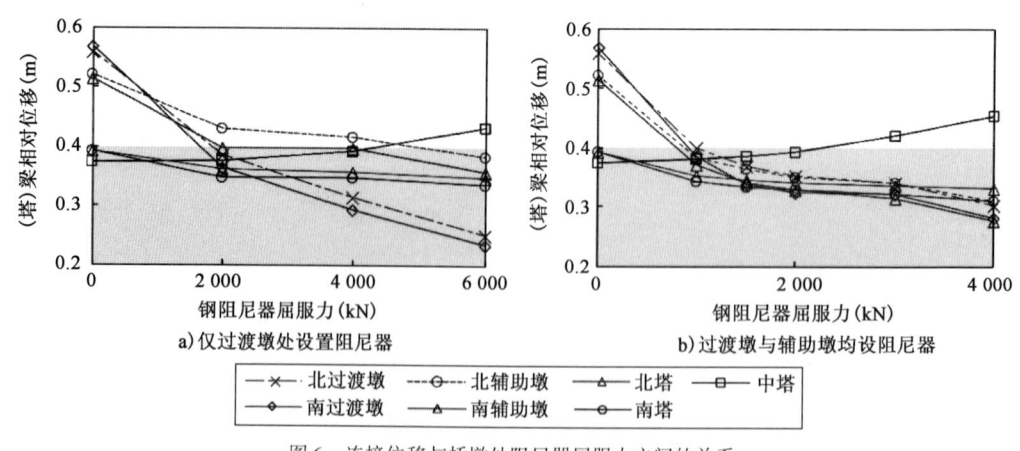

图6 连接位移与桥墩处阻尼器屈服力之间的关系

初步确定各阻尼器屈服力之后,进行阻尼器的选型,结果如表1所示。相应的力学参数是通过对经过试验验证的有限元模型进行数值模拟分析得到的[12]。

钢阻尼器选型结果 表1

横向减震体系布置方案				几何与力学参数						
布置位置	钢板总块数	每组块数	组数	每组安装空间(顺桥向×横桥向×高)(m×m×m)	钢材屈服强度(MPa)	板高(m)	板宽(m)	板厚(m)	屈服力总和(kN)	屈服刚度总和(kN/m)	位移能力(cm)
过渡墩	16	4	4	1.4×2.0×1.21	500	1	1.1	0.03	1 808	15 450	55
南辅助墩	16	4	4	1.4×2.0×1.21	500	1	1.1	0.03	1 808	15 450	55
南边塔	81	9	9	1.4×2.0×1.21	500	1	1.1	0.03	9 153	78 278	55
中塔	81	9	9	1.4×2.20×1.21	500	1	1.1	0.03	9 153	78 278	55
北边塔	81	9	9	1.4×2.0×1.21	500	1	1.1	0.03	9 153	78 278	55
北辅助墩	16	4	4	1.4×2.0×1.21	500	1	1.1	0.03	1 808	15 450	55
北过渡墩	16	4	4	1.4×2.0×1.21	500	1	1.1	0.03	1 808	15 450	55

4 横向减震体系减震效果分析

表2列出了固定体系与减震体系关键截面内力的对比情况。除了主塔承台底轴力无明显变化外,减震体系使得各控制截面的内力得到不同程度的降低。总体来看,桥墩处的减震效果相较于桥塔处更明显;按内力类型,轴力需求降低最明显的截面是南过渡墩承台底,减小了近30%,而剪力和弯矩减小最多的截面则是北辅助墩承台底,分别为48.2%以及71.1%。为了更好地了解整个地震动过程中两种体系下内力的对比情况,将中塔承台底的内力时程曲线绘于图7。由图可知,减震体系的内力需求显著低于固定体系,减震效果良好。

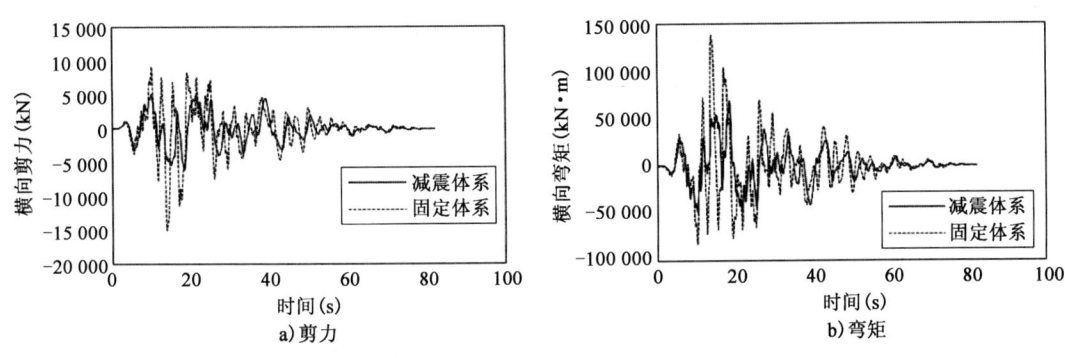

图7 中塔承台底的内力时程曲线

两种体系关键截面内力比较 表2

截面位置	轴力			剪力			弯矩		
	固定体系(kN)	减震体系(kN)	减震率	固定体系(kN)	减震体系(kN)	减震率	固定体系(kN·m)	减震体系(kN·m)	减震率
南过渡墩承台底	3.15E+03	2.22E+03	29.5%	6.88E+03	4.16E+03	39.6%	2.19E+05	1.03E+05	53.0%
南辅助墩承台底	7.46E+03	6.49E+03	13.0%	5.34E+03	3.34E+03	37.6%	1.74E+05	5.83E+04	66.5%
南塔承台底	3.17E+04	3.16E+04	0.3%	4.64E+04	2.73E+04	41.2%	1.99E+06	8.64E+05	56.6%
中塔承台底	3.40E+04	3.41E+04	-0.4%	4.21E+04	3.51E+04	16.5%	2.11E+06	1.10E+06	47.7%
北塔承台底	3.24E+04	3.23E+04	0.2%	4.97E+04	2.84E+04	42.9%	2.11E+06	8.72E+05	58.6%
北辅助墩承台底	7.57E+03	6.49E+03	14.4%	6.29E+03	3.26E+03	48.2%	2.01E+05	5.81E+04	71.1%
北过渡墩承台底	3.44E+03	2.72E+03	20.8%	7.50E+03	3.91E+03	47.9%	2.12E+05	8.64E+04	59.2%

注:减震率=(固定体系内力值-减震体系内力值)/固定体系内力值。

图8a)显示了中塔处两种连接装置的滞回曲线。对比发现,钢阻尼器的水平力远大于滑动支座,滞回环十分饱满,耗能效果理想;而滑动支座的水平力即摩擦力,由于承受上部结构恒载有限,摩擦力较小,滞回环呈扁平状,耗能能力相对不足。为了更直观地比较两种装置的耗能特性,将其耗能时程曲线示于图8b)。由图可知,减震体系的耗能主要由钢阻尼器完成,滑动支座的贡献很小。

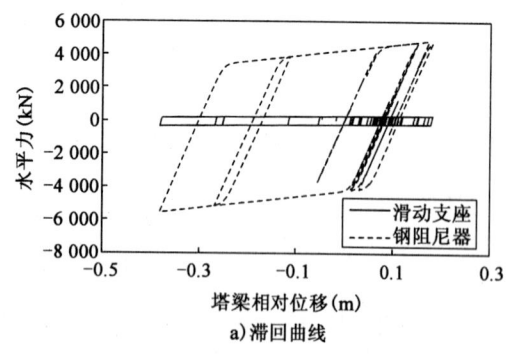
a) 滞回曲线

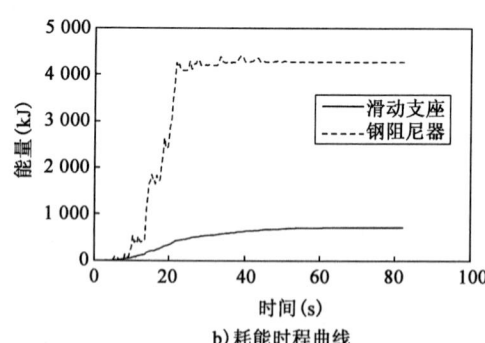
b) 耗能时程曲线

图8 钢阻尼器与滑动支座耗能特性对比

5 结语

本文针对多塔自锚式悬索桥提出了横向减震体系的设计与参数优化方法,并以一座三跨自锚式悬索桥为工程实例,验证了上述方法的可行性,并分析了全桥横向减震体系的减震效

果。本文的主要结论有以下两点:

(1)本文提出的钢阻尼器与滑动支座配合的多塔自锚式悬索桥横向减震体系设计方法是可行的。

(2)钢阻尼器滞回耗能特性良好,能有效地将各连接处的相对位移控制在合理的范围内;滑动支座对耗能的贡献几乎可以忽略。

参 考 文 献

[1] OCHSENDORF J A, BILLINGTON D P. Self-anchored suspension bridges [J]. Journal of Bridge Engineering,1999,4(3).
[2] 龙飞,许福友,张哲.自锚式悬索桥的特点及工程应用[J].中外公路,2010,30(5):131-136.
[3] 杨进.中国大陆创建多塔大跨度悬索桥的工程进展.桥梁建设,2009(6):39-41.
[4] 张新军,赵孝平.多塔悬索桥的研究进展.公路,2008(10):1-7.
[5] 叶爱君,范立础.附加阻尼器对超大跨度斜拉桥的减震效果[J].同济大学学报(自然科学版),2006,34(7):11-15.
[6] 叶爱君,胡世德,范立础.超大跨度斜拉桥的地震位移控制[J].土木工程学报,2004,37(12):38-43.
[7] 中华人民共和国行业规范.城市桥梁抗震设计规范:CJJ 166—2011[S].北京:中国建筑工业出版社,2011
[8] 中华人民共和国行业规范.公路桥梁抗震设计细则:JTG/T B02-01—2008[S].北京:人民交通出版社,2008.
[9] 管仲国,李建中,朱宇.弹塑性阻尼支座用于自锚式悬索桥减震设计[J].同济大学学报(自然科学版),2009,37(1):6-12.
[10] 方海,刘伟庆,王仁贵,等.铅阻尼器在自锚式悬索桥横向减震设计中的应用研究[J].地震工程与工程振动,2006(4):220-225.
[11] 田凯论,潘盛山.三塔混凝土自锚式悬索桥减震装置参数研究[J].北方交通,2018(5):1-6.
[12] 沈星,倪晓博,叶爱君.桥梁新型横向金属阻尼器研究[J].振动与冲击,2014,33(21):96-101.
[13] 沈星,倪晓博,叶爱君.大跨度斜拉桥边墩新型横钢阻尼器减震体系及设计方法[J].土木工程学报,2016(5):110-119.
[14] 沈星,倪晓博,叶爱君.大跨度斜拉桥边墩横向抗震体系研究[J].中国公路学报,2016,29(11):82-89.

165. 全漂浮独塔自锚式悬索桥减隔震设计研究

郝晨宇[1] 魏红一[1] 戴伟[2] 唐嘉琳[2] 张杨宾[1]

(1. 同济大学桥梁工程系；2. 同济大学设计研究院集团有限公司)

摘 要：减隔震装置的合理布置是高烈度区全漂浮独塔自锚式悬索桥地震响应控制的关键，本文以一座位于高烈度区跨径布置形式为 36m + 133m + 208m + 39m = 416m 的大跨度全漂浮独塔自锚式悬索桥为工程背景，设计了包括 3 种纵向结构体系和 5 种横向结构体系的减隔震支座 + 阻尼器的布置形式，并分别对其进行了有限元建模计算，得出其在 E2 地震作用下结构关键构件的内力和位移。分析研究表明，全桥各墩采用滑动支座并联黏滞阻尼器方案能显著改善结构在纵、横桥向地震作用下的内力和位移，可显著提高结构的抗震能力。同时塔梁间设置横向弹性约束，在横向地震作用下，减低横桥向的地震响应，并将塔梁横桥向相对位移控制在设计允许的 250mm 内。本文的研究对同类桥梁的抗震设计有一定参考作用。

关键词：减隔震 独塔自锚式悬索桥 黏滞阻尼器 时程分析

1 引言

我国是一个多地震国家，自唐山地震以来，抗震防灾工作正日益受到重视。进入 21 世纪以来，汶川地震、玉树地震等造成大量道路、桥梁严重破坏，救灾部队、人员和医疗、生活物资迟迟不能从陆路进入，对灾区救援产生极大的阻碍作用。总体来看，几次大地震一再显示了桥梁工程破坏的严重后果及桥梁工程抗震研究的重要性，同时，根据现有资料，大跨度桥梁震害的经验教训较少，但大跨度桥梁破坏引起的后果会更加严重。

自锚式悬索桥作为一种近年来应用较多的桥梁结构形式，已经越来越受到国内外桥梁工程师的青睐。随着我国建造的大跨度自锚式悬索桥增多以及在高烈度区的建设，其动力特性和抗震性能成为业主、设计人员和科研人员关心的问题，但是国内外对自锚式悬索桥动力特性及抗震性能的研究相对于斜拉桥、地锚悬索桥等桥型来说较少，且自锚式悬索桥地震反应的计算没有可遵循的规范和指导原则，这使得针对高烈度区自锚式悬索桥开展抗震性能分析和研究非常有必要。

本文依托一座全漂浮独塔自锚式悬索桥，结合桥型特点和减隔震措施的合理布置，探究了不同的减隔震装置布置形式对全漂浮独塔自锚式悬索桥的地震动响应的影响。为独塔自锚式悬索桥的抗震设计提供必要的参考。

2 工程概况及地震动参数

2.1 桥梁概况及有限元建模

本文以一座跨径布置形式为 36m + 133m + 208m + 39m = 416m 的全漂浮独塔自锚式悬索桥为工程背景。其东西两侧各设置一个辅助墩和一个过渡墩,桥面宽度为43.5m。主梁为单箱三室钢箱梁,中箱宽32m,边箱宽5.75m,共设置4道腹板。悬索桥索塔采用拱式门单塔,索塔塔高123.5m,桥面以上高度为112.6m。索塔主体结构由3部分组成,自下而上分为:钢混组合塔段,钢塔柱段,塔顶钢横梁段。桥立面图、主梁横断面图以及索塔构造图分别如图1~图3所示。

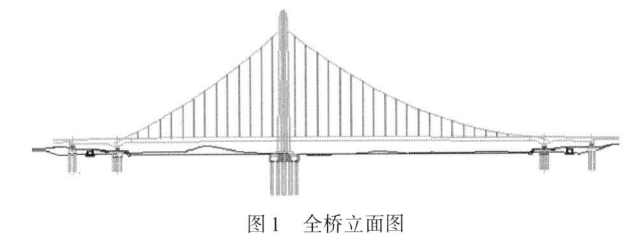

图1 全桥立面图

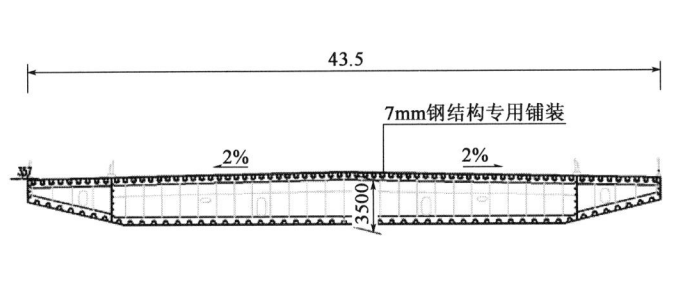

图2 主梁横断面图(尺寸单位:m)

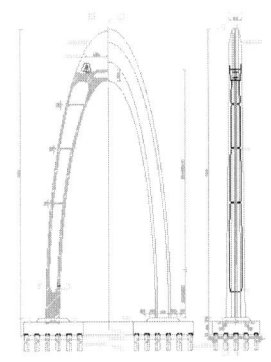

图3 索塔构造图

动力分析采用三维空间有限元分析模型,主梁、桥墩用空间梁单元模拟,主缆与吊杆用桁架单元模拟,并根据恒载计算的索力结果,考虑初始荷载引起的几何刚度,桩基础采用等效的土弹簧单元模拟土—桩基础的相互作用,每根单桩建立一个集中土弹簧;支座均采用三维非线性支座单元进行模拟,为考虑引桥的边界效应,在主桥两侧各建一联引桥及匝道。

根据上文介绍的结构构件关键尺寸和参数,建立的结构空间有限元分析模型见图4。

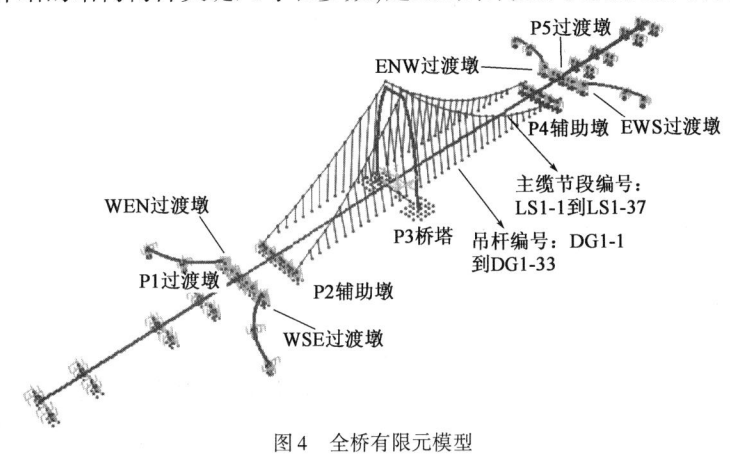

图4 全桥有限元模型

2.2 抗震设防水准和地震动参数

本桥所处工程场地抗震设防烈度为8度,设计基本地震加速度为0.2g,建筑场地类别为Ⅲ类场地。依据《城市桥梁抗震设计规范》(CJJ 166),抗震设防分类为甲类桥,桥梁抗震措施应符合地震基本烈度9度的要求,主桥抗震设防标准和性能目标如表1所示。

主桥抗震设防标准和性能目标　　表1

桥梁类别	E1地震作用		E2地震作用	
	震后使用要求	损伤状态	震后使用要求	损伤状态
甲	立即使用	结构总体反应在弹性范围,基本无损伤	不需修复或经简单修复可继续使用	可发生局部轻微损伤

本桥加速度时程曲线采用人工拟合场地设计反应谱,两个设防水准加速度时程曲线对应反应谱与设计谱比较见图5、图6。

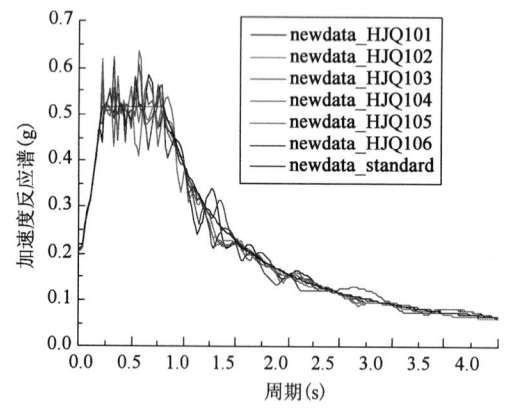

图5　50年10%超越概率的反应谱

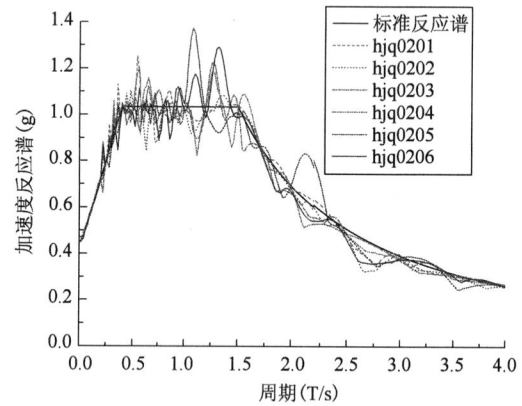

图6　50年2%超越概率的反应谱

3 减隔震方案

E1和E2水准地震反应谱分析表明,该桥塔身、边墩和基础等构件均由抗震控制设计,需要通过减隔震设计取得经济可行的满足结构抗震设防要求的方案。为了研究不同支座类型(普通球钢支座、铅芯减隔震支座)和黏滞阻尼器布置对结构地震响应的影响,本文选取了不同的减隔震装置布置方案来进行对比分析研究。布置方案包括纵向结构体系3种以及横向结构体系5种。纵向体系包括:①主桥支座采用球钢支座;②主桥支座采用球钢支座+黏滞阻尼器;③主桥采用铅芯橡胶减隔震支座+黏滞阻尼器。横向体系包括:①主桥支座采用球钢支座;②主桥支座采用球钢支座+黏滞阻尼器;③主桥采用铅芯减隔震支座+黏滞阻尼器;④主桥支座采用球钢支座+黏滞阻尼器+塔梁无横向约束;⑤主桥采用铅芯减隔震支座+黏滞阻尼器+塔梁无横向约束。

4 结构地震动响应分析比较

4.1 纵向结构体系

对本桥采用2.2节所述时程波进行非线性时程分析。进行抗震分析比较时,所有的地震响应均按照规范取7条时程波的平均值进行。由于本桥属于甲类桥,根据《城市桥梁抗震设计规范》(CJJ 166),甲类桥梁在E1地震作用下的震后使用要求为"立即使用",损伤状态为

"结构总体反应在弹性范围,基本无损伤";在 E2 地震作用下的震后使用要求为"不需修复或经简单修复可继续使用",损伤状态为"可发生局部轻微损伤"。抗震设计主要由 E2 地震控制,故下面仅对 E2 水准地震的分析结果进行比较。

在 E2 纵、横向地震作用下,三种不同纵向结构体系的结构地震响应主要结果如表2、表3所示。

纵向体系(1)、(2)、(3)——主桥相关位置由 E2 地震作用产生的内力 表2

类型	位置	顺桥向地震			横桥向地震		
		轴力(kN)	剪力(kN)	弯矩(kN·m)	轴力(kN)	剪力(kN)	弯矩(kN·m)
纵向体系(1)	塔柱底	45 552	70 285	2 439 826	72 907	148 271	2 478 855
	横梁端部	2 583	4 708	56 858	14 295	48 453	638 093
	桥塔承台底	80 355	159 569	325 7331	149 838	155 819	1 891 985
纵向体系(2)	塔柱底	43 683	63 018	1 719 652	67 136	101 926	1 981 011
	横梁端部	2 180	4 911	30 516	11 456	42 743	531 544
	桥塔承台底	85 600	157 604	2 518 397	135 794	131 785	1 400 475
纵向体系(3)	塔柱底	43 548	62 258	1 580 952	66 966	104 836	2 009 465
	横梁端部	2 086	4 941	25 866	11 025	42 957	537 433
	桥塔承台底	88 885	158 261	2 359 339	136 812	136 068	1 428 903

纵向体系(1)、(2)、(3)——主桥相关位置由 E2 地震作用产生的位移(单位:m) 表3

类型	位置	顺桥向地震			横桥向地震		
		顺桥向	横桥面	竖向	顺桥向	横桥向	竖向
纵向体系(1)	塔顶	1.094	0	0.013	0.117	0.382	0.021
	桥塔	0.097	0.004	0.002	0.016	0.104	0.002
	桥塔处主梁	1.324	0	0.659	0.014	0.249	0.64
	塔梁相对位移	1.344	0.008	0.659	0.017	0.197	0.656
纵向体系(2)	塔顶	0.435	0	0.013	0.103	0.34	0.018
	桥塔	0.087	0.004	0.002	0.009	0.085	0.002
	桥塔处主梁	0.434	0.001	0.649	0.008	0.162	0.637
	塔梁相对位移	0.479	0.008	0.65	0.012	0.124	0.644
纵向体系(3)	塔顶	0.323	0	0.013	0.105	0.366	0.018
	桥塔	0.087	0.004	0.002	0.009	0.089	0.002
	桥塔处主梁	0.335	0.001	0.65	0.008	0.15	0.636
	塔梁相对位移	0.347	0.008	0.662	0.019	0.123	0.657

4.2 横向结构体系

横向体系(1)、(2)、(3)分别与纵向体系(1)、(2)、(3)相同,主桥相关位置由 E2 地震作用产生的内力和主桥相关位置由 E2 地震作用产生的位移见表 2,横向体系(4)和横向体系(5)分别在纵、横向地震作用下的结构地震响应计算结果如表 4、表 5 所示。

横向体系(4)、(5)——主桥相关位置由 E2 地震作用产生的内力 表 4

类型	位置	顺桥向地震			横桥向地震		
		轴力(kN)	剪力(kN)	弯矩(kN·m)	轴力(kN)	剪力(kN)	弯矩(kN·m)
横向体系(4)	塔柱底	44 924	65 606	1 723 484	76 576	60 675	1 706 651
	横梁端部	1 885	5 074	30 985	4 615	54 949	627 946
	桥塔承台底	92 540	156 563	2 542 980	141 343	172 569	947 660
横向体系(5)	塔柱底	44 704	63 601	1 574 380	78 809	60 406	1 703 890
	横梁端部	2 007	5 032	26 048	4 913	55 056	633 667
	桥塔承台底	92 034	158 272	2 381 053	140 719	172 250	950 230

横向体系(4)、(5)——主桥相关位置 E2 地震作用产生的位移(单位:m) 表 5

类型	位置	顺桥向地震			横桥向地震		
		顺桥向	横桥向	竖向	顺桥向	横桥向	竖向
横向体系(4)	塔顶	0.435	0.001	0.013	0.103	0.379	0.012
	桥塔	0.087	0.003	0.002	0.003	0.09	0.002
	桥塔处主梁	0.435	0.001	0.65	0.008	0.55	0.638
横向体系(5)	塔顶	0.308	0.001	0.013	0.103	0.38	0.013
	桥塔	0.087	0.004	0.002	0.004	0.09	0.002
	桥塔处主梁	0.317	0.001	0.648	0.008	0.557	0.635

4.3 对比分析

由上述计算结果对比分析可知,在地震荷载作用下,纵向结构体系(1)的塔顶、塔梁处相对位移较大,塔底和承台底的地震力也较大。在纵向结构体系(1)的基础上增设阻尼器[即纵向体系(2)]能显著减小各墩位处的主梁纵向位移,进一步将球钢支座更换为铅芯橡胶支座后[即纵向体系(3)],各墩位处的主梁纵向位移继续减小;同时,纵向结构体系(2)和(3)也降低了塔底和承台底的地震力响应。在横桥向地震作用下,横向结构体系(4)与(5)在塔梁之间采用漂浮体系的结构形式虽然可以显著减小塔梁之间的碰撞力,但体系过大的塔梁横向位移并不能满足限制塔梁横向位移小于 250mm 的需求;塔梁间设置横向橡胶支座的约束方式能有效约束过大的塔梁横向位移,并可通过调整橡胶支座厚度的方式来调节塔梁局部过大的横向碰撞力。

5 结语

本文依托一座全漂浮独塔自锚式悬索桥工程实例,探讨了减隔震方案中,支座和阻尼器的布置形式对独塔自锚式悬索桥在地震作用下响应的影响,得到以下结论:

(1)桥塔与主梁分离的体系能显著改善塔梁间的相互作用力,但难以控制塔梁间过大的纵桥向和横向相对位移,同时,塔底和承台底的地震力也较大。

(2)各墩支座处设置阻尼器能有效控制结构在纵、横向地震作用下的位移,同时也降低了塔底和承台底的地震力,显著提高全桥结构的总体抗震能力。

(3)在横桥向地震作用下,为了避免塔梁之间横向出现较大的碰撞力,塔梁间应设置横向约束构造,如采用橡胶支座垫块,同时可通过增加调整垫块厚度等方式控制塔梁局部过大的横向碰撞力。

参 考 文 献

[1] 范立础.大跨度桥梁抗震设计[M].北京:人民交通出版社,2001.
[2] 张哲,窦鹏,石磊,等.自锚式悬索桥的发展综述[J].世界桥梁,2003(1):5-9.
[3] 张哲,朱巍志,余报楚,等.自锚式斜拉—悬索协作体系桥的动力特性和三维地震反应分析[J].公路,2009(3):1-6.
[4] 周敉,王君杰,袁万城.自锚式悬索桥地震反应有限元分析[J].长安大学学报(自然科学版),2008(1):66-71.
[5] 牛兆霞.独塔自锚式悬索桥的减震措施分析[J].山东交通科技,2014(5):63-64.
[6] 杨孟刚,陈国阳.大跨度独塔自锚式悬索桥减隔震措施[J].铁道科学与工程学报,2010(3).
[7] 杨孟刚,胡建华,陈政清.独塔自锚式悬索桥地震响应分析[J].中南大学学报(自然科学版),2005(1):136-140.
[8] 袁敏.大跨径自锚式悬索桥地震响应分析[D].武汉:武汉理工大学,2014.

166. 基于舒适度的人行天桥减振控制研究

张志成 朱利明 邢世玲 卓静超

(南京工业大学交通运输工程学院)

摘 要: 为对比研究国内外几种常用的人行天桥减振控制措施,以海口市一座普通钢筋混凝土人行天桥为实际工程背景,依据德国规范建立了多种人行荷载工况,进行舒适度评价,并对不满足舒适度要求的工况,分别采用 TMD、MTMD 以及加铺 C40 混凝土层措施进行减振,研究了 TMD 的个数、阻尼系数、MTMD 的总质量比、频带宽度和阻尼比等系统参数,以及加铺混凝土层厚度对人行天桥减振效果的影响,并对比分析了 3 种减振措施对同种工况的减振效果,结果表明:①3 种减振措施对该天桥均能起到较好的减振效果,使天桥的振动响应符合德国 EN03 规范的限值,安装 5 个相同的 TMD 时减振效果最佳;②建议该 MTMD 系统的总质量比取 0.02、频带宽度取 0.2、平均阻尼比取 0.02;③在实际工程中,对于一些轻质的人行天桥,加铺混凝土层也是一种可取减振措施。

关键词: 人行天桥 减振措施 系统参数 对比分析

1 引言

随着人行天桥向大跨、轻质、低阻方向发展,其振动问题也日益显现,英国伦敦千禧桥在开放当日,大量行人通过人行天桥时,桥体产生了大幅的侧向振动,在桥梁上安装了 TMD 和黏滞阻尼器后才能正常使用[1]。徐培蓁[2]关于浦东机场某登机廊桥的 TMD 减振效果试验表明,外激励的频率接近桥梁的固有频率时,TMD 的减振效果较好。但是单个 TMD 的控制效果对控制结构的频率较为敏感,当频率略微偏离设计值时,减振效果便会极大降低。而采用 MTMD 使其频率分布在一定范围内,能显著提高调谐减振系统的鲁棒性[3-4],改善单个 TMD 控制效果不稳定、适用频带过窄的缺点。李爱群等[5]基于有限元软件进行了大跨楼盖结构 MTMD 减振设计,并应用于火车站等大跨楼盖结构。操礼立等[6]进行了大跨楼盖上行走、跳跃等工况下安装 MTMD 减振效果实测研究,结果表明在一定情况下 MTMD 能有效减小结构竖向振动。采用 TMD 和 MTMD 减振系统对结构减振均属于被动控制技术,国内的学者也有采用提高结构刚度的方式进行减振。2012 年,陈建华[7]建议采用在钢箱梁表面焊接剪力钉并加铺混凝土层的方式组成组合结构,以增大结构的刚度,加强结构的整体性。金飞飞[8]通过在某轻质 FRP 人行桥上外铺混凝土层解决了 FRP 人行桥振动过大的问题。

工程实践表明,要使 TMD 的减振效果最佳,需将其系统设计参数调至最佳。Rana[9]等对

STMD进行了参数设计与去谐效应研究,提出了参数简化设计建议,Chen[10]等研究了TMD在大跨桥梁中的应用,提出了TMD最优参数取值,但在实际工程中,由于现场条件、使用过程中环境状况的变化以及结构的自振频率很难准确计算,造成TMD的设计参数无法调整到最佳。上海世博文化中心[11]由于依据计算频率设计调试TMD,与结构实测频率相差较大,减振效果很不理想。MTMD虽然比单重调谐质量阻尼器(STMD)具有更好的控制效果,但也存在相应的去谐效应[12]。樊健生和李泉等[13]对梁式人行桥的MTMD减振可靠性进行了分析,给出了质量比为2%时,频率间距放大0.5倍的建议值。Yang等[14]提出了以刚度和阻尼为常量,以质量作为设计变量的MTMD设计的新方法。综上,对TMD和MTMD系统的减振设计的研究主要集中在系统参数的优化以及工程应用方面,很少涉及TMD、MTMD以及加铺混凝土层对实际结构减振效果的对比研究。

为对比分析实际工程中TMD、MTMD以及加铺混凝土层的减振效果,本文以海口市一座普通钢筋混凝土人行天桥为研究背景,依据德国EN03规范进行了多种人行荷载工况的舒适度评价,并对不满足舒适度要求的工况采用TMD、MTMD减振系统以及加铺C40混凝土层3种措施减振,通过分析TMD个数、阻尼系数,MTMD的总质量比、频带宽度和阻尼比,以及加铺C40混凝土层厚度等设计参数对人行天桥减振效果的影响,提出了相应减振系统合理的设计参数,可为类似人行天桥的减振设计提供借鉴。

2 人行天桥概况及动力特性

2.1 人行天桥概况

该钢筋混凝土人行天桥建成于1991年,位于海口市海府路。主桥跨径组合1×34m,两侧悬臂长5.4m,采用钢筋混凝土双悬臂箱梁桥结构;桥梁全长44.8m,桥面宽度4.7m,抗震烈度8度,主梁截面采用C40混凝土,弹性模量为3.25×10^4MPa,天桥的阻尼比为0.015。其横截面示意图如图1所示,通过MidasCivil有限元软件建立全桥模型,全桥主梁共计53个节点,52个单元,将天桥的一端设置为约束全部的平动自由度(D_x、D_y、D_z)以及绕x轴和z轴的转动自由度(R_x、R_z),另一端设置为约束平动自由度(D_y、D_z)和绕x轴及z轴的转动自由度(R_x、R_z)。全桥有限元模型三维效果图如图2所示。

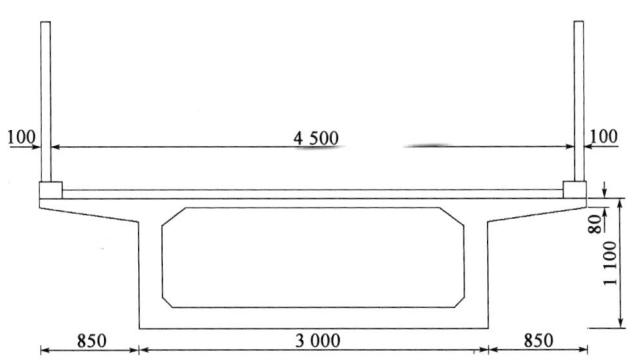

图1 横截面示意图(尺寸单位:mm)

2.2 人行天桥的动力特性

人行天桥的振动特性反映了振动系统的固有属性。对全桥的有限元模型进行模态分析,得到前20阶模态的固有频率、振型参与系数等动力特性,表1列出该人行天桥的前3阶动力特性。由模态分析结果可知,该人行天桥的一阶至三阶振型均为竖向弯曲,不存在侧向弯曲的现象,且一阶振型的频率为1.88Hz,位于行人竖向一阶步频1.6~2.4Hz范围内,接近行人的正常步频,易产生共振,所以应进行舒适度评价。

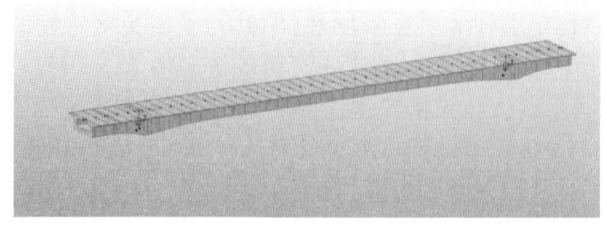

图2 天桥有限元模型三维效果

人行天桥动力特性 表1

振型	频率(Hz)	振型描述
1	1.880	一阶竖向弯曲
2	6.565	二阶竖向弯曲
3	12.470	三阶竖向弯曲

3 人行荷载模型的选取与工况定义

3.1 行人荷载模型

目前国外关于人行天桥的动力设计规范中,较为成熟的有英国规范BS5400、瑞典规范Bro2004、德国规范EN03(2007)以及国际标准ISO10137,它们对人行荷载模型的规定各不相同[15]。相比较而言,德国规范EN03不仅考虑了单人荷载模型,同时考虑了低密度以及高密度非一致步伐的人群荷载模型,比较全面。其对等效行人数的计算方式有明确的规定,并且对相应的步频进行了折减,更加合理。因此本文选取德国EN03规范规定的人群荷载模型,简介如下。

德国规范EN03将行人荷载等效为均匀分布的谐波荷载P,其表达式为:

$$P(t) = 280\cos(2\pi f_s t)n'\varphi \tag{1}$$

式中:n'——桥上自由行走的n个行人等效的同步行走人数,行人密度$d<1.0$人/m²时,$n'=10.8\sqrt{n\times\xi}$,其中,ξ为结构阻尼比;当行人密度$d\geqslant 1.0$人/m²时,$n'=1.85\sqrt{n}$;$n=d\times B\times L$,其中,B为桥宽,L为跨径;

φ——折减系数,因本人行天桥基频与行人步频接近,取值为1;

f_s——桥梁基频;

t——时间。

3.2 行人荷载工况定义

基于单人、行人结伴而行、低密度人群(0.5人/m²)、高密度人群(1.5人/m²)四方面考虑,共设计4种人行荷载工况,如表2所示,为充分考虑人群荷载对天桥的最不利激励荷载,取行人步频为人行天桥的基频,利用MidasCivil的节点动力荷载进行跨中加载和等效均布加载两种方式进行加载,并进行动力时程分析。单人荷载的时程曲线如图3所示。其中等效同步人数的计算简述如下:GK1 为单人,等效同步人数 $n'=1$;GK2 为 10 人结伴而行,等效同步人数 $n'=10$;GK3 的等效同步人数为 $n'=10.8\sqrt{n\times\xi}=13.57$,取 $n'=14$;GK4 的等效同步人数为 $n'=1.85\sqrt{n}=33$。

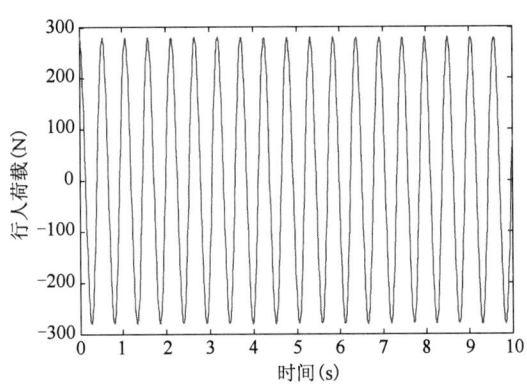

图 3 单人荷载时程曲线

桥面人行荷载工况定义 表 2

规范	工况	频率(Hz)	荷载类型	密度(人/m²)	等效同步人数	单人重量(kN)	加载方式
EN03	GK1	1.88	单人	—	1	0.7	跨中加载
	GK2	1.88	结伴而行	—	10	0.7	跨中加载
	GK3	1.88	随机人群行走	0.5	14	0.7	均布加载
	GK4	1.88	随机人群行走	1.5	33	0.7	均布加载

4 时程结果分析及舒适度评价

研究表明,加速度过大往往导致行人的生理和心理上出现不适感,工程中通常将加速度作为大跨结构的舒适度指标[16]。为研究该人行天桥依据德国规范考虑的多种行人荷载工况激励作用下的振动响应,基于人群密度和行人行走模式考虑了 4 种人行荷载工况,进行动力时程分析,在进行时程分析时,为保证计算进度,选取的时间积分步长 $\Delta t=0.005\leqslant T_2/20$($T_2$ 为结构的 2 阶自振周期)[17]。为方便分析,选取主跨 34m 为研究对象,每间隔 5m 取一个节点的竖向峰值加速度,具体见图 4。

由图 4 可知,GK1~GK4 的人行荷载激励作用下天桥的不同节点的竖向峰值加速度沿着跨度的变化形式一致,均是先增大后减小,呈凸型,两侧对侧分布,跨中节点的竖向峰值加速度最大,10 人结伴而行作用下该天桥跨中竖向峰值加速度为 1.256m/s²,超过了低密度(0.5 人/m²)的人群荷载作用下该天桥的竖向峰值加速度 0.631m/s²。这是由于虽然低密度人群(0.5 人/m²)的人数较多,但是由于人与人之间不同步,相互之间的相位也不一样,存在相互抵消的现象;而 10 人结伴而行是假定 10 人步频和相位完全一样,在天桥跨中踏

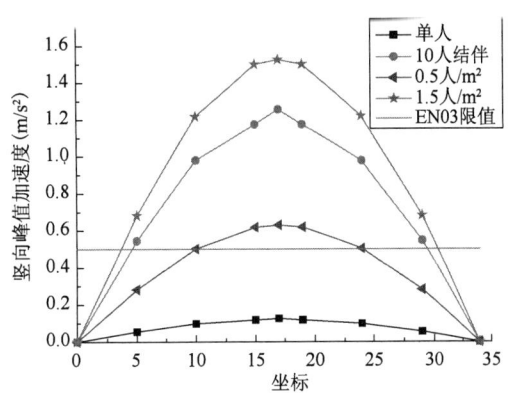

图 4 GK1~GK4 作用下天桥不同节点竖向峰值加速度曲线

步,激起的振动响应就会很大。时程结果表明GK2(10人结伴)、GK3(0.5人/m²)、GK4(1.5人/m²)的行人荷载作用下天桥跨中竖向峰值加速度分别为1.256m/s²、0.631m/s²和1.525m/s²,均超过了EN03规范的限值0.5m/s²,不满足舒适度要求,需采取减振措施。

5 TMD减振效果的分析

5.1 TMD系统参数的设计

DenHartog建立了TMD最佳阻尼c和刚度k的表达式[18]:

$$k_{opt}=f_{opt}^2\omega^2 m, c_{opt}=2\xi_{d,opt}f_{opt}\omega m \tag{2}$$

$$f_{opt}=\frac{1}{1+\mu}, \xi_{d,opt}=\sqrt{\frac{3\mu}{8(1+\mu)}} \tag{3}$$

式中: μ——TMD质量与主结构的质量之比;
ω——主结构的自振频率;
m、f_{opt}、$\xi_{d,opt}$——分别为TMD系统的质量、最优频率比和最优阻尼比;
k_{opt}、c_{opt}——分别为TMD的刚度和阻尼系数。

已知该人行天桥的一阶模态质量为$M^*=83\ 306$kg,且一般TMD调谐质量阻尼器的质量与控制模态质量的广义比值取0.01~0.05[20],故设计该桥所用的单个TMD的质量比为$\mu=0.01$,则单个TMD的质量为$m=833.06$kg,刚度为$k_{opt}=113\ 900$N/m,阻尼系数为$c_{opt}=1\ 188$N·s/m,设计TMD系统中每个TMD的质量、刚度和阻尼系数均相同,这将为后期TMD的加工制作提供便利。为充分发挥TMD的减振效果,需将其布置在结构动力响应最大位置处,因此TMD阻尼器沿天桥纵向对称安装在跨中两侧(每个间隔1m)。

5.2 TMD的系统参数对减振效果的影响分析

为评估实际工程中TMD的减振效果,本文以安装TMD和未安装TMD时该人行天桥跨中竖向峰值加速度的减小率为评价指标,以TMD的个数、阻尼系数等为分析参数,探讨各参数对人行天桥减振效果的影响。

5.2.1 TMD个数对人行天桥减振效果的影响

为分析TMD安装个数对人行天桥竖向振动减振效果的影响,考虑安装1个、3个、5个、7个、9个相同的TMD阻尼器于人行天桥上,依据德国EN03规定的10人结伴而行(GK2)、非一致步伐1.5人/m²(GK4)人群荷载激励,利用Midas Civil进行减振后的动力时程分析,结果表明随着TMD安装个数的增加,该人行天桥的跨中竖向峰值加速度有所下降,但当安装TMD的个数到达5个时,跨中峰值加速度减低趋缓,如图5所示。

由图5可知,该混凝土天桥TMD的个数由1个增加到5个,GK2荷载激励作用下人行天桥跨中竖向峰值加速度由0.658m/s²下降到0.391m/s²,而TMD个数由5个增加到9个时,该人行天桥跨中竖向峰值加速仅由0.391m/s²下

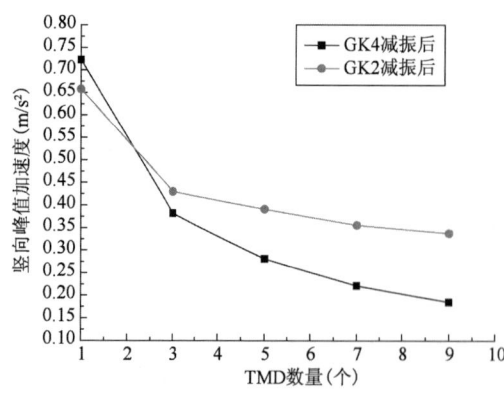

图5 不同TMD个数时天桥跨中竖向峰值加速度

降到0.338m/s²；同理，人行天桥TMD的个数由1个增加到5个，GK4荷载激励作用下天桥跨中竖向峰值加速度由0.723m/s²下降到0.281m/s²，而TMD由5个增加到9个时，人行天桥跨中竖向峰值加速仅由0.281m/s²下降到0.185m/s²。结果表明，TMD个数小于5个时，减振效果受TMD个数的影响较大，但随着TMD安装个数的继续增加，减振效果变化幅度变小，经济性也越差。因此，对于本混凝土箱梁天桥，宜安装5个TMD。

5.2.2 TMD阻尼系数对人行天桥减振效果的影响

为分析TMD阻尼系数对天桥竖向振动减振效果的影响，考虑安装5个相同的TMD于天桥上，选取质量比为1%的TMD，分析阻尼系数分别为0、最佳阻尼、50倍最佳阻尼、100倍最佳阻尼四种类型，针对德国EN03规范规定的非一致步伐1.5人/m²（GK4）人群荷载激励作用，观察天桥跨中竖向加速度衰减过程。限于篇幅，只列出阻尼系数为0、最佳阻尼、50倍最佳阻尼时天桥跨中竖向加速度时程曲线，分别如图6～图8所示。

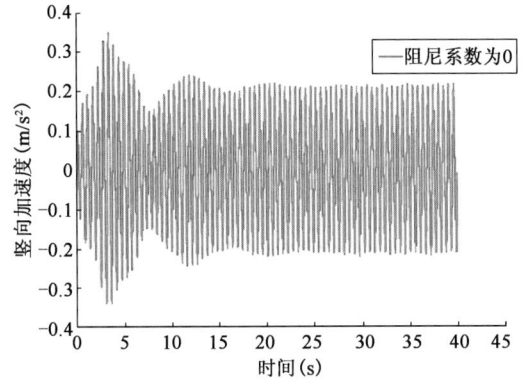

图6 阻尼系数为0时天桥跨中竖向加速度时程曲线

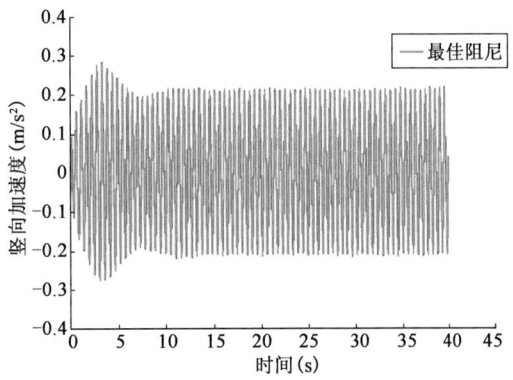

图7 最佳阻尼时天桥跨中竖向加速度时程曲线

由图6～图8可知，当阻尼系数为0时，在德国规范EN03规定的非一致步伐1.5人/m²行人荷载激励作用下，该混凝土天桥的振动响应经过约20s衰减并稳定至0.21m/s²；当阻尼系数为最佳阻尼时，10s之后天桥的振动响应就会衰减并稳定至0.20m/s²；而当阻尼系数为50倍最佳阻尼时，开始的瞬间天桥的跨中竖向加速度最大为0.048m/s²，然后迅速衰减并稳定至0.04m/s²。由此可见，阻尼系数会影响该人行天桥振动衰减的速度和振动响应。

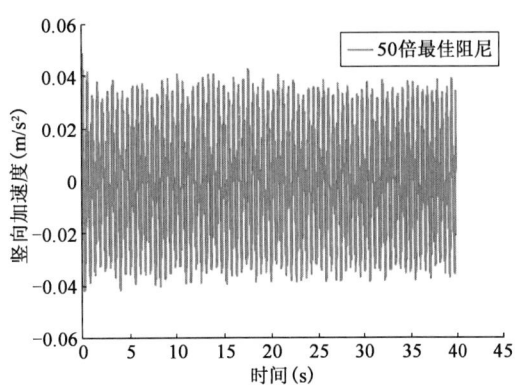

图8 50倍最佳阻尼时天桥跨中竖向加速度时程曲线

6 MTMD减振效果的分析

6.1 MTMD系统参数的设计

已有研究成果表明，MTMD的参数设计方式有Model-1～Model-4等4种方式，Model-1和Model-4具有较高的鲁棒性和有效性[19]，且Model-1制作简单。因此本文采用Model-1进行MTMD的参数设计。假设TMD的个数为n，MTMD系统的平均频率f_T等于该人行天桥的基频f_s，进一步可确定MTMD的设计参数为：

$$\begin{cases} f_j = f_T\left[1 + \left(j - \dfrac{n+1}{2}\right) \times \dfrac{\beta}{n-1}\right] \\ k_t = \mu m_t / \left[\sum_{j=1}^{n} 1/(2\pi f_j)^2\right] \\ c_t = 2\zeta_T k_t / 2\pi f_T \\ m_j = \dfrac{k_j}{(2\pi f_j)^2} \\ \zeta_T = \dfrac{\sum_{j=1}^{n} \zeta_j}{n} \end{cases} \quad (4)$$

式中：μ——总质量比；
β——频带宽度；
ξ_T——MTMD 的平均阻尼比；
f_T——MTMD 的平均频率；
m_j——MTMD 中每个 TMD 的质量；
k_t、k_j——MTMD 中每个 TMD 的刚度；
c_t——MTMD 中每个 TMD 的阻尼；
f_j——每个 TMD 的频率；
m_t——桥梁的模态质量。

6.2 MTMD 的系统参数对减振效果的影响分析

为评估实际工程中 MTMD 的减振效果，本文以安装 MTMD 和未安装 MTMD 时该人行天桥跨中竖向峰值加速度的减小率为评价指标，以 MTMD 的总质量比、频带宽度、平均阻尼比等系统参数为分析参数，探讨各参数对人行天桥减振效果的影响，并通过时程分析找出 MTMD 减振系统的最佳参数值。

6.2.1 MTMD 系统的总质量比 μ 对人行天桥减振效果的影响

为分析 MTMD 的总质量比 μ 对人行天桥的减振效果的影响，依据 Model-1 的参数调整方法，取 TMD 的个数 $n=5$，平均频率 $f_T = f_s = 1.88\text{Hz}$，频带宽度 $\beta = 0.2$，平均阻尼比 $\zeta_T = 0.02$，考虑 MTMD 系统的总质量比 μ 分别为 0.01、0.02、0.03、0.04、0.05 时，通过调整 MTMD 系统总质量比 μ 的大小，研究 MTMD 系统总质量比 μ 对人行天桥减振效果的影响。针对德国规范 EN03 规定的 10 人结伴而行(GK2)、非一致步伐人群荷载 0.5 人/m^2(GK3)、非一致步伐 1.5 人/m^2(GK4)人群荷载激励作用下的人行天桥，利用 Midas Civil 进行减振后的动力时程分析，该人行天桥跨中峰值加速度随着总质量比 μ 的变化曲线如图 9 所示。

由图 9 可知，在 GK2、GK3、GK4 等行人荷载激励作用下，安装了 MTMD 系统的人行天桥，随着 MTMD 的总质量比 μ 的增加，天桥的跨中竖向峰值加速度逐渐减小，且该人行天桥安装的 MTMD 系统的总质量比从 0.01 增大到 0.02 时，该人行天桥跨中的竖向峰值加速度减小较大，当 MTMD 系统的总质量比从 0.02 增加到 0.05 时，人行天桥跨中竖向峰值加速度逐渐趋于稳定，且在设计 MTMD 系统时，总质量比 μ 的选取应综合考虑减振效果、结构的承载能力，不宜过大，建议本文的 MTMD 系统的总质量比取 2%。

6.2.2 MTMD 系统的频带宽度对人行天桥减振效果的影响

为分析 MTMD 系统的频带宽度对人行天桥减振效果的影响，考虑 MTMD 系统的频带宽度

β 分别为 0、0.1、0.2、0.3、0.4、0.5，MTMD 系统的其他参数为 TMD 个数 $n=5$、总质量比 $\mu=0.02$、平均频率 $f_T=f_s=1.88\text{Hz}$、平均阻尼比 $\zeta_T=0.02$，在其他参数保持不变的情况下，通过改变 MTMD 系统的频带宽度，研究该人行天桥的减振效果对频带宽度的参数敏感性。针对德国规范 EN03 规定的 10 人结伴而行（GK2）、非一致步伐 0.5 人/m²（GK3）、非一致步伐 1.5 人/m²（GK4）行人荷载激励作用下的人行天桥，利用 Midas Civil 进行减振后的动力时程分析，该人行天桥跨中节点的竖向峰值加速度随着频带宽度 β 的变化曲线如图 10 所示。

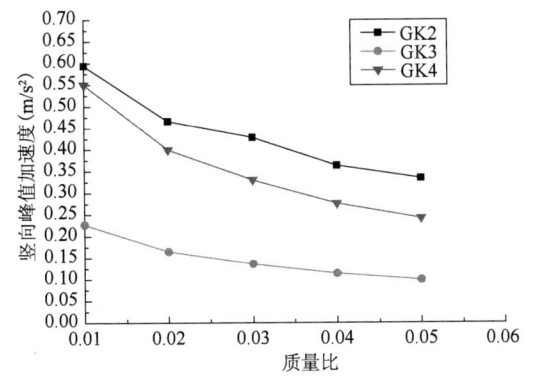

图 9　总质量比 μ 对天桥减振效果的影响

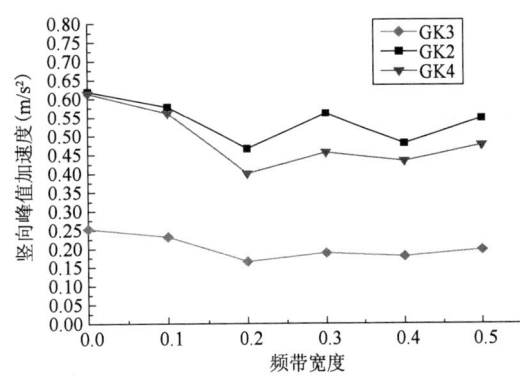

图 10　频带宽度 β 对天桥减振效果的影响

由图 10 可知，当频带宽度 $\beta=0$ 时，MTMD 系统就退化为 TMD 系统，人行天桥的跨中竖向峰值加速度在行人荷载激励作用下达到最大，MTMD 系统的减振效果也相对较差，这也与 TMD 系统的鲁棒性相对较差的研究结论一致。随着频带宽度 β 的增大，人行天桥跨中节点的竖向峰值加速度逐渐减小，当频带宽度 $\beta=0.2$ 时，GK2～GK4 作用下人行天桥跨中节点的竖向峰值加速度达到最小，后随着频带宽度 β 的增大，跨中节点的竖向峰值加速度有所增加。结果表明 $\beta=0.2$ 时，MTMD 系统的减振效果达到最佳，鲁棒性也相对较好。建议本文的 MTMD 系统的频带宽度 $\beta=0.2$。

6.2.3　MTMD 系统的平均阻尼比对人行天桥减振效果的影响

为分析 MTMD 的平均阻尼比 ξ_T 对人行天桥减振效果的影响，考虑 MTMD 系统的平均阻尼比 ξ_T 分别为 0、0.01、0.02、0.03、0.04、0.05，MTMD 的其他参数为 TMD 个数 $n=5$、总质量比 $\mu=0.02$、平均频率 $f_T=f_s=1.88\text{Hz}$、频带宽度 $\beta=0.2$，通过改变 MTMD 系统的平均阻尼比 ζ_T，研究平均阻尼比 ζ_T 对人行天桥减振效果的影响。在 MTMD 系统其他参数保持不变的情况下，针对德国规范 EN03 规定的 10 人结伴而行（GK2）、非一致步伐 0.5 人/m²（GK3）、非一致步伐 1.5 人/m²（GK4）的行人荷载激励作用下的人行天桥，利用 Midas Civil 进行减振后的动力时程分析，该人行天桥跨中节点的竖向峰值加速度随着平均阻尼比 ξ_T 的变化曲线如图 11 所示。

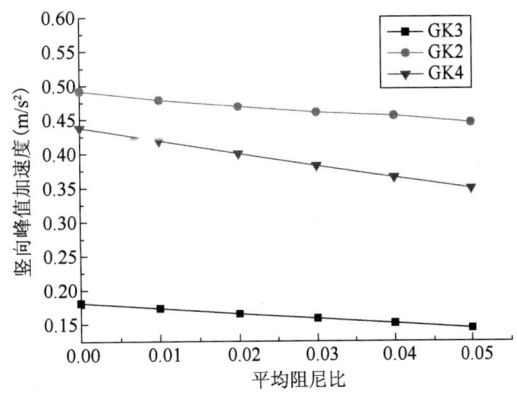

图 11　平均阻尼比 ζ_T 对天桥减振效果的影响

由图 11 可知，MTMD 系统的平均阻尼比 ζ_T 对人行天桥减振效果的影响较小，随着平均阻尼比 ζ_T 的增大，该人行天桥跨中节点的竖向峰值加速度有一定程度的下降，但是基本保持不变。由于 MTMD 系统的平均阻尼比 $\zeta_T = 0$ 时对结构的自振频率的变化比较敏感,一般 MTMD 系统的平均阻尼比取 $0 \sim 0.02$,且本文中 $\zeta_T = 0.02$ 时,相应 GK2、GK3、GK4 作用下的人行天桥的跨中节点的竖向峰值加速度分别为 0.469m/s^2、0.165m/s^2 和 0.40m/s^2,均小于相应德国 EN03 规范规定的限值 0.5m/s^2,建议本文的 MTMD 系统的平均阻尼比 ζ_T 取 0.02。

7 加铺 C40 混凝土层减振效果的分析

为评估实际工程中加铺混凝土层的减振效果,本文以加铺 C40 混凝土层以及未加铺 C40 混凝土层后,人行天桥跨中竖向峰值加速度的减小率作为评价指标。加铺 C40 混凝土层的实现方法是:在 Midas Civil 中设置与该人行天桥宽度同为 4.7m,厚度为加铺 C40 混凝土层厚度的梁单元,通过与人行天桥主梁单元节点刚性连接实现。以加铺 C40 混凝土层厚度为分析参数,探讨加铺 C40 混凝土层厚度对人行天桥减振效果的影响。

为分析加铺 C40 混凝土层厚度对天桥减振效果的影响,考虑加铺 C40 混凝土层的厚度分别为 30mm、40mm、50mm、60mm、70mm、80mm、90mm、100mm,针对德国 EN03 规范规定的 10 人结伴而行(GK2)、非一致步伐 0.5 人/m^2(GK3)、非一致步伐 1.5 人/m^2(GK4)人群荷载激励作用下的人行天桥,利用 Midas Civil 进行减振后的动力时程分析,该人行天桥跨中峰值加速度随着加铺 C40 混凝土层厚度的变化曲线如图 12 所示。

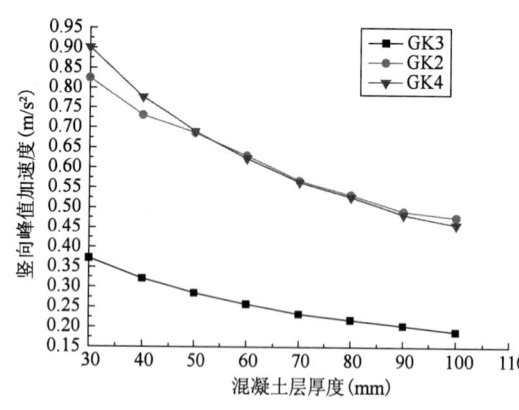

图 12 混凝土层厚度对天桥减振效果的影响

由图 12 可知,在 GK2、GK3、GK4 等行人荷载激励作用下,在考虑加铺了 30mm、40mm、50mm、60mm、70mm、80mm、90mm、100mm 等不同厚度的 C40 混凝土层后,随着加铺混凝土层厚度的增加,人行天桥的跨中竖向峰值加速度逐渐减小,且在加铺了 90mm 的 C40 混凝土层后,GK2、GK3、GK4 等行人荷载激励作用下人行天桥的跨中竖向峰值加速度分别由未加铺混凝土层时的 1.256m/s^2、0.631m/s^2 和 1.525m/s^2 降低为 0.491m/s^2、0.204m/s^2、0.483m/s^2,均小于相应德国 EN03 规范规定的限值(0.5m/s^2),满足了行人舒适度的要求。在实际工程中,过厚的混凝土层会增加天桥的自重,使结构的承载能力验算偏于不安全,综合减振效果以及加铺混凝土层的厚度,建议加铺 90mm 的 C40 混凝土层。

8 三种不同减振措施下人行天桥减振效果对比分析

为对比分析实际工程中 TMD、MTMD 以及加铺混凝土层的 3 种减振措施的减振效果,依据德国规范 EN03 规定的 0.5 人/m^2(GK3)、1.5 人/m^2(GK4)非一致步伐人群荷载激励作用下的人行天桥,采用 TMD、MTMD 以及加铺 90mm 的 C40 混凝土层三种措施减振,其中 TMD 和 MTMD 的参数设计如表 3 所示,利用 Midas Civil 进行减振后的动力时程分析。结果表明,GK3、GK4 作用下人行天桥跨中节点的竖向峰值加速度均明显降低,三种减振措施下人行天桥跨中的竖向加速度减振效果如表 4 所示,GK3、GK4 作用下减振前后的人行天桥跨中竖向加速度时程曲线分别如图 13、图 14 所示。

TMD 和 MTMD 参数设计表　　　　　　　　　　　　　　　　　　　　　　　表3

	TMD 编号	TMD 数量（个）	单个TMD 质量（kg）	TMD 频率（Hz）	刚度（N/m）	阻尼（N·s/m）
MTMD	TMD1	5	405.3	1.692	45 804.9	155.1
	TMD2		363.7	1.786	45 804.9	155.1
	TMD3		328.3	1.880	45 804.9	155.1
	TMD4		297.8	1.974	45 804.9	155.1
	TMD5		271.3	2.068	45 804.9	155.1
TMD	TMD1	5	833.06	1.861	113 900	1 188

三种减振措施下天桥跨中竖向加速度减振效果　　　　　　　　　　　　　　表4

减振方式	工况	减振前的加速度(m/s²)	减振后的加速度(m/s²)	减振效果
TMD	GK3	0.631	0.116	81.6%
MTMD		0.631	0.165	73.9%
加铺 C40 混凝土层		0.631	0.204	67.7%
TMD	GK4	1.525	0.281	81.6%
MTMD		1.525	0.401	73.7%
加铺 C40 混凝土层		1.525	0.483	68.3%

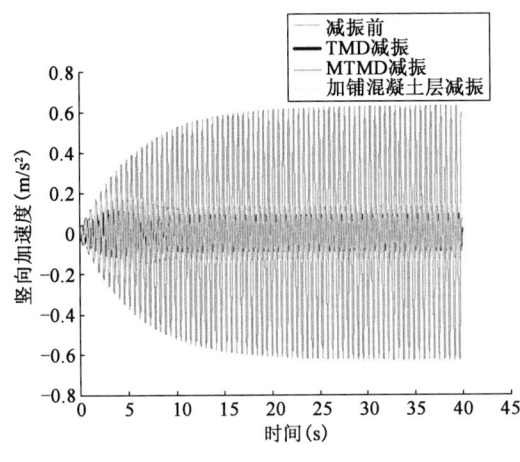

图13　GK3 减振前后天桥跨中加速度时程曲线　　　　　　图14　GK4 减振前后天桥跨中加速度时程曲线

由表4及图12、图13可知，GK3、GK4 作用下的人行天桥，采用 TMD、MTMD 以及加铺 C40 混凝土层的3种措施减振，均能起到较好的减振效果，且采用3种减振措施减振后的人行天桥跨中的竖向峰值加速度均小于德国规范 EN03 的限值 $0.5m/s^2$，避免了行人的不舒适感。采用5个相同的 TMD 减振时，减振效果最好，人行天桥跨中的峰值加速度分别由减振前的 $0.631m/s^2$、$1.525m/s^2$ 降低为 $0.116m/s^2$、$0.281m/s^2$，减振效果达到了81.6%，这主要是由于 TMD 系统中单个 TMD 的质量相对于 MTMD 系统中单个 TMD 的质量大很多，且仅有人行天桥的基频落入行人的步频 1.6~2.4Hz 范围内，不存在高阶频率落入行人步频范围的情况，MTMD 系统的鲁棒性以及有效性无法充分发挥。但是实测天桥的基频与理论计算的基频往往存在一定的差距，此时 TMD 系统的减振有效性就会大大降低，产生去谐效应，其减振效果优劣也依赖于准确调频。天桥在加铺90mm的C40混凝土后,同样起到了较好的减振效果,在GK3、GK4作用下的人行天桥,减振效果分别达到67.7%和68.3%。因此实际工程中,对一些轻质的人行天桥进行振动控制时,综合考虑经济性以及减振效果,加铺混凝土层也是一种可取的减振方式。

9 结语

(1)TMD系统中TMD的个数对人行天桥的减振效果具有影响。一般随着TMD安装个数的增加,减振效果越好,但也存在一个合理数量,超过该值后对减振效果的影响就不太明显,该人行天桥安装5个TMD阻尼器较为适宜;TMD的阻尼系数对人行天桥振动衰减的速度具有影响,适当增大TMD的阻尼系数,对人行天桥的减振有益。

(2)采用MTMD系统和加铺C40混凝土层对不满足舒适度要求的工况进行减振时,通过分析相应的系统参数,建议本文的MTMD系统的总质量比 μ 取0.02,频带宽度 β 取0.2,平均阻尼比 ζ_T 取0.02;加铺90mm的C40混凝土层较为适宜。

(3)采用TMD、MTMD以及加铺C40混凝土层三种措施对该人行天桥减振,均能起到较好的减振效果,减振后人行天桥的跨中竖向峰值加速度均小于相应德国规范EN03的限值0.5m/s²,避免了行人的不舒适感。对于仅有一阶基频落入行人步频范围内的人行天桥,采用5个相同的TMD减振效果最好。

(4)实际工程中,对于一些轻质的人行天桥进行振动控制时,综合考虑经济性以及减振效果,加铺混凝土层也是一种可取的减振措施。

参 考 文 献

[1] DALLARD P,FITZPATRICK T,RIDSILL-S. The Millennium Bridge London:problem and solutions[J]. The Structural Engineer,2001,79(8):15-17.
[2] 徐培蓁,尹学军.TMD振动控制在登机廊桥上的应用研究[J].工程力学,2012,29(3):192-198.
[3] 樊健生,陈宇,聂建国.人行桥的TMD减振优化设计研究[J].工程力学,2012,29(9):133-140.
[4] 马斐,张志强,李爱群.大跨钢楼盖人群荷载激励下减振控制分析[J].振动、测试及诊断,2013,33(3):514-520.
[5] 李爱群,陈鑫,张志强.大跨楼盖结构减振设计与分析[J].建筑结构学报,2010,31(6):160-170.
[6] 操礼林,李爱群,张志强,等.大跨度组合楼盖人致振动分析与实测研究[J].西南交通大学学报,2012,47(6):922-928.
[7] 陈建华.人行天桥动力性能研究[J].福建建设科技,2012(4):82-84.
[8] 金飞飞.轻质FRP人行桥振动舒适度设计方法研究[D].北京:清华大学,2012.
[9] RANA R,SOONG T T. Parametric study and simplified design of tuned mass dampers[J]. Engineering Structures,1998,20(3):193-204.
[10] CHEN X,KAREEM A. Efficiency of tuned mass dampers for bridge flutter control[J]. Journal of Structural Engineering,2003,129(10):1291-1300.

[11] 吕西林,丁鲲,施卫星,等.上海世博文化中心 TMD 减轻人致振动分析与实测研究[J].振动与冲击,2012,31(2):32-37.

[12] 樊健生,李泉,李全旺,等.考虑人—结构相互作用的楼盖振动控制研究[J].振动与冲击,2010,29(11):230-236.

[13] 樊健生,李泉,聂建国.人群激励下梁式人行桥振动控制和 MTMD 优化设计[J].土木工程学报,2010,43(8):73-80.

[14] YANG F, SEDAGHATI R, ESMAILZADEH E. Optimal design of distributed tuned mass dampers for passive vibration control of structures[J]. Structural Control & Health Monitoring,2014,22(2):221-236.

[15] 沈昭,罗晓群,张其林.TMD 在钢结构人行桥减振中的应用分析[J].建筑结构,2017,47(S2):336-340.

[16] 黄文成,张永山,汪大洋,等.大跨钢箱梁人行桥振动响应分析与 MTMD 减振控制[J].结构工程师,2017,33(4):160-167.

[17] 许立言,陶慕轩,樊健生,等.大跨度钢—混凝土组合人行天桥舒适度分析[J].建筑结构学报,2016,37(05):138-145.

[18] SOONG, T T, GARGUSH, G F. Passive energy dissipation systems in structural engineering[M]. New York:Wiley,1996.

[19] 徐若天,陈隽,刘伟.步行荷载下大跨楼盖 MTMD 控制参数优化方法研究[J].振动与冲击,2014,33(9):100-106.

[20] 陈政清,华旭刚.人行桥的振动与动力设计.[M].北京:人民交通出版社,2009.

167. 边界条件对矮塔斜拉桥纵向地震响应的影响

徐之文　李建中

(同济大学土木工程防灾国家重点实验室)

摘　要：矮塔斜拉桥以其造型优美、设计灵活和良好的经济效益等优点而越来越受到设计人员的青睐，边界约束方式对矮塔斜拉桥的抗震性能具有重要影响。本文以一座主跨400m的矮塔斜拉桥为研究背景，针对塔梁固结、塔墩分离体系方案，研究、比较了固定支座、球钢与叠层橡胶组合抗震支座方案、摆式支座抗震三种支座布置方案的地震反应分析特点和减震效果，并重点对球钢与叠层橡胶组合抗震支座方案展开研究。通过对比不同支座布置方式的抗震计算结果，推荐矮塔斜拉桥合理的支座布置方式。

关键词：矮塔斜拉桥　边界条件　抗震

1　引言

矮塔斜拉桥结构体系介于柔性斜拉桥和刚性连续梁桥之间。相比于传统的斜拉桥，矮塔斜拉桥塔高较矮，水平抗推刚度大。塔高降低导致拉索的倾角较小，拉索对主梁的竖向支撑作用减弱，而水平方向则给予主梁较大压力，相当于给主梁施加了体外预应力。矮塔斜拉桥的主梁刚度大，拉索仅提供部分刚度，因而也被称为"部分斜拉桥"。位于瑞士的甘特大桥是公认的矮塔斜拉桥的雏形，于1980年通车。由于其经济、造型优美和设计方案灵活等原因，矮塔斜拉桥受到了日本设计者们的重视和喜爱。1994年，日本的小田原港桥建成，标志着第一座现代矮塔斜拉桥建成。随后，矮塔斜拉桥在世界范围内受到了推广。我国矮塔斜拉桥的研究和建设起步于20世纪90年代，发展至今取得了瞩目的成就，国内比较有名的矮塔斜拉桥有芜湖长江大桥（跨度为180m+312m+180m）、漳州战备大桥（跨度为80.8m+132m+80.8m）、厦门银湖大桥（跨度为80m+80m）。

对矮塔斜拉桥进行抗震设计是具有重要实际意义的，而支座的类型和设置方式往往会显著影响矮塔斜拉桥的抗震性能。彭天波[1]通过对叠层天然橡胶支座进行实时混合试验研究，提出竖向压应力对叠层天然橡胶支座的力学特性影响不大，可以忽略不计，而水平等效刚度和阻尼比会明显受到加载速率的影响。焦驰宇[2]介绍了摩擦摆式支座的工作原理，并比较了摆式支座的两种计算模型由于动轴力、双向耦合运动等引起的差异。翟启远[3]研究了近断层地震作用下三重摩擦摆式橡胶支座对矮塔斜拉桥的隔震效果，但未探究不同支座布置方式对其抗震性能的影响。目前对于大跨矮塔斜拉桥的减震体系研究较少，基于此，本文依托于一座塔梁固结、塔墩分离的矮塔斜拉桥,通过SAP2000有限元软件建立矮塔斜拉桥的空间动力计算模型,对比采用固定支座、球钢与叠层橡胶组合抗震支座、摆式支座的纵向地震响应,然后重点对球钢与叠层橡胶组合减震支座方案展开研究,为今后对大跨矮塔斜拉桥减震体系的研究提供一定的参考。

2 工程背景

2.1 桥跨布置

某大跨矮塔斜拉桥采用一跨过江方案,采用塔梁固结、塔墩分离支撑体系,桥梁全长约1.8km,主桥长700m,主桥跨径布置为(64m+86m)+400m+(86m+64m),其中,边跨主梁采用叠合梁,主跨采用钢箱梁;主桥主墩采用φ2.0m钻孔桩群桩基础;边墩采用φ1.5m钻孔桩群桩基础;引桥、地面桥梁等采用φ1.0m钻孔桩群桩基础。主桥总体布置图见图1(桥墩从左到右依次为1号边墩、2号边墩、3号主墩、4号主墩、5号边墩及6号边墩);主桥主梁标准断面见图2和图3。

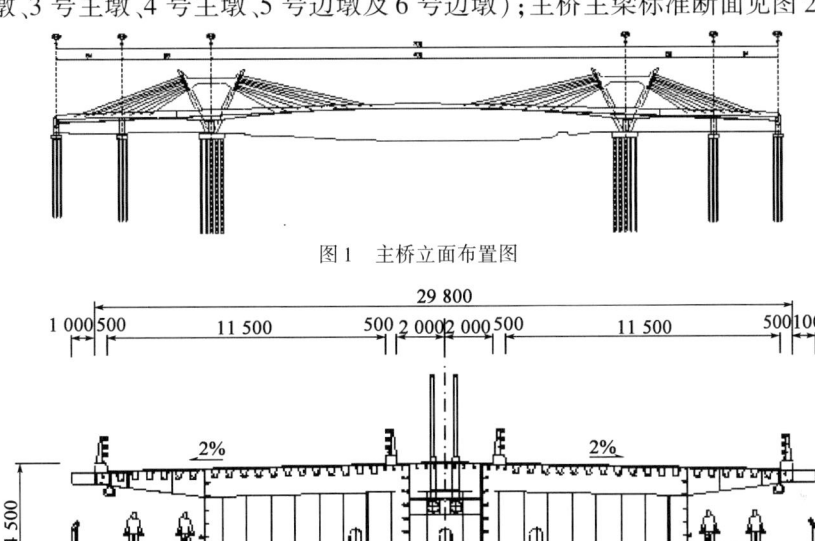

图1 主桥立面布置图

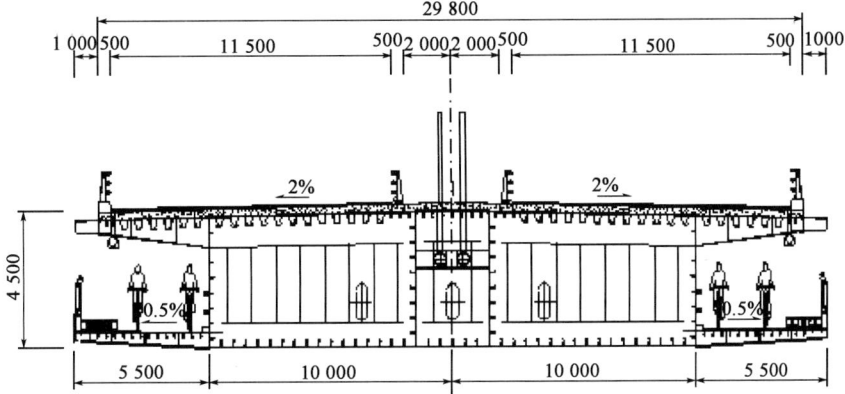

图2 主桥跨中钢箱梁标准断面图(尺寸单位:mm)

图3 主桥边跨叠合梁标准断面图(尺寸单位:mm)

2.2 工况设置

针对塔梁固结、塔墩分离支撑体系,进行了以下3个工况的分析:

(1)工况1:固定支座方案。纵桥向,3号主墩设置为固定墩,其余墩均为纵向活动球形钢支座。

(2)工况2:球钢与叠层橡胶组合抗震支座方案。纵桥向,3号和4号主墩采用球形钢支座与叠层橡胶支座并联,其中叠层橡胶支座仅承受水平力,竖向反力全部由球形钢支座承受,两侧边墩只采用球形钢支座。

(3)工况3:摆式支座抗震方案。纵桥向,所有支座均采用单向摆式支座。

以上各工况支座参数如下:纵向活动球形钢支座滑动摩擦系数取0.02,屈服位移取2mm;摩擦摆减隔震支座曲率半径取5m,摩擦系数取0.02,屈服位移取2mm。

3 有限元建模和方案对比

3.1 有限元建模

本文采用SAP2000有限元软件建立空间动力计算模型。主梁、主塔、桥墩和拉索均采用梁单元模拟,并考虑拉索垂度和恒载作用对结构刚度的影响(P-Δ效应)。承台近似按刚体模拟,其质量堆聚在承台质心,同时墩底、承台中心及桩顶节点采用主从约束连接。主梁的二期恒载以线质量形式加在梁单元上。群桩基础通过在承台底加6×6弹簧来模拟桩基础的作用,见图4,并由承台底部内力按静力方法(m法)反推单桩最不利受力。

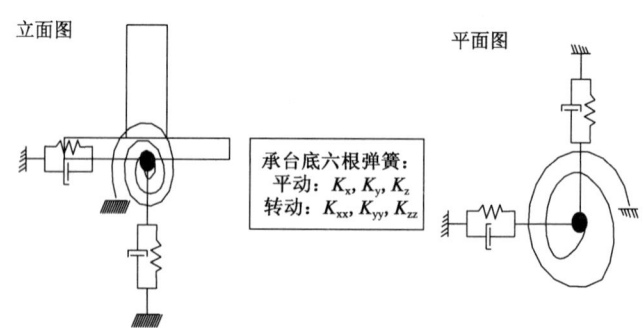

图4 桩基六弹簧模型

3.1.1 边界条件模拟方式

(1)球形钢支座

球形钢支座采用Plastic(Wen)单元模拟,其滑动效应的恢复力模型如图5所示,弹性恢复力最大值与临界滑动摩擦力相等。可表达为式(1):

$$K \cdot x_y = F_{max} = f \cdot N \tag{1}$$

式中:F_{max}——临界摩擦力;
K——支座弹性刚度;
x_y——临界位移,取2mm;
f——滑动摩擦系数,取0.02;
N——支座所承担的上部结构恒载反力。

(2)叠层橡胶支座模拟

在线性计算模型中,叠层橡胶支座采用线性弹

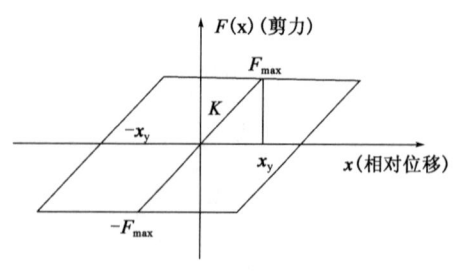

图5 球形钢支座滑动效应恢复力模型

簧单元模拟,线性弹簧的刚度采用叠层橡胶支座的刚度,按式(2)计算:

$$k = \frac{G_d A_r}{\sum t} \qquad (2)$$

式中:G_d——叠层橡胶支座的动剪切模量,取 1.0MPa;

A_r——橡胶支座的剪切面积;

$\sum t$——橡胶层的总厚度。

(3)摆式支座模拟

摆式支座采用 Plastic(Wen)单元模拟,其恢复力模型如图 6 所示。

屈后刚度 α:

$$\alpha = \frac{W}{R} \qquad (3)$$

水平屈服力 F_{max}:

$$F_{max} = \mu \times W \qquad (4)$$

初始水平刚度:

$$k = \frac{F_{max}}{x_y} \qquad (5)$$

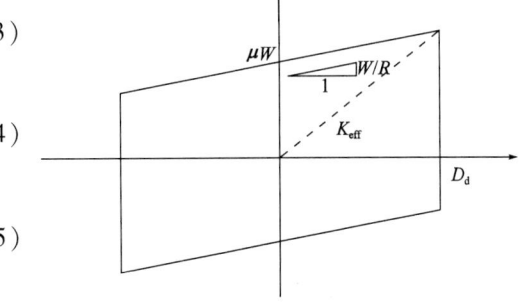

图 6 摆式支座的恢复力模型

式中:W——支座所承担的上部结构重力;

R——滑动曲面的曲率半径,取 5m;

μ——滑动摩擦系数,取 0.02;

x_y——支座屈服位移,取 0.002m。

3.1.2 地震动输入

本文以该桥所在场地 50 年超越概率 2%的加速度反应谱作为水平地震荷载,通过反应谱拟合出三条水平时程波,时程分析结果取三条波的最大值。参考《城市桥梁抗震设计规范》(CJJ 166—2011),竖向地震作用取水平地震作用的 0.5 倍。

3.1.3 有限元模型

塔梁固结、塔墩分离体系有限元模型如图 7 所示。

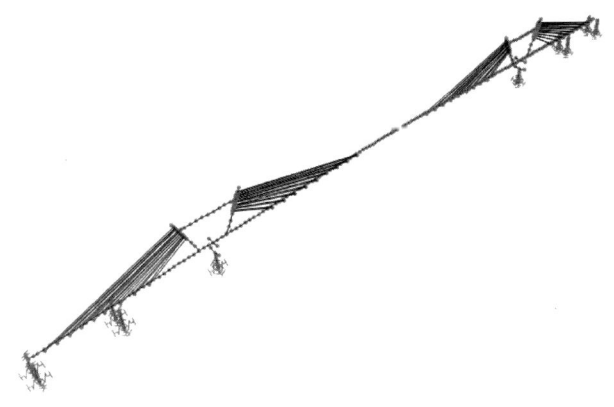

图 7 塔梁固结、塔墩分离体系全桥有限元模型

3.2 三种方案计算结果对比

采用以上所建立的有限元模型,采用非线性时程计算出的 3 个工况结果见表 1。

三种方案计算结果对比　　　　　　　　　　　　　　表1

方　案	梁端位移(m)	3号墩底弯矩(kN·m)	3号墩底剪力(kN)	4号墩底弯矩(kN·m)	4号墩底剪力(kN)
工况1	0.061	1 194 351	98 652	128 907	191 03
工况2	0.196	152 426	15 758	143 186	15 578
工况3	0.173	167 075	17 442	156 219	16 421

通过表1可见,对于固定支座方案,虽然梁端位移最小,但纵桥向3号主墩(固定墩)墩底弯矩过大,达到1 194 351kN·m,约为另外两种方案3号墩墩底弯矩的8倍。球钢与叠层橡胶组合抗震支座方案和摆式支座方案都可以有效减小3号墩墩底弯矩,使得3号主墩和4号主墩的受力更加均匀,并且将位移控制在适当范围内。但综合考虑造价等因素,推荐采用球钢与叠层橡胶组合抗震支座方案。

3.3 球钢与叠层橡胶组合抗震支座方案研究

自20世纪70年代以来,球钢支座在我国桥梁中得到广泛应用。球钢支座承载力大、传力可靠,且可以方便实现固定、单向活动和双向活动支座的功能。但是,球钢支座的抗震性能并不理想,固定球钢支座的剪力销撞断之后,球钢支座通过平面四氟板等滑动面实现摩擦耗能,但是由于没有自复位能力,无法反复摩擦耗能,梁体容易产生较大位移而导致落梁。

在传统球钢支座方案的基础上,两侧并联设置叠层橡胶支座,即为球钢与叠层橡胶组合抗震支座。在正常使用时,球钢支座起到支撑作用,叠层橡胶支座不发挥作用,此时支座功能与普通球钢支座相同;在地震作用下,当剪力销剪断时,球钢支座通过滑动摩擦耗能,而叠层橡胶支座不仅能限制主梁与下部结构发生过大相对位移,防止落梁,还能提供回复力,使得球钢支座能够反复摩擦耗能,从而形成较好的减震效果。

为探究球钢与叠层橡胶组合支座的抗震性能,以球钢支座摩擦系数μ和叠层橡胶支座水平刚度K为变量,取$\mu = 0.02$、0.03、0.04、0.05四个值,K变化范围为$0 \sim 40\,000$。图8为采用非线时程方法计算出的3号和4号墩底弯矩随滑动支座摩擦系数μ和叠层橡胶支座水平刚度K的变化。图9为采用非线时程方法计算出的叠层橡胶支座的变形和剪力随滑动支座摩擦系数μ和叠层橡胶支座水平刚度K的变化。图10为采用非线时程方法计算出的梁端位移和3号塔塔顶位移随滑动支座摩擦系数μ和叠层橡胶支座水平刚度K的变化。

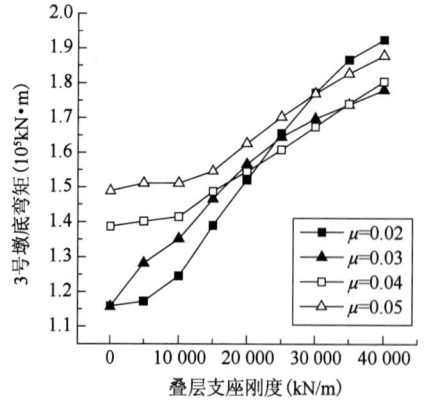 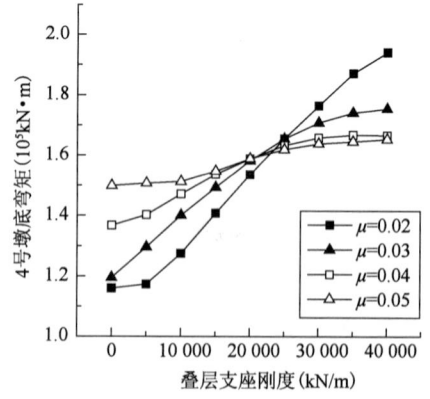

图8　塔底弯矩

通过图8可见，3号墩底和4号墩底弯矩的变化规律类似，当摩擦系数 μ 一定时，墩底弯矩随叠层支座刚度 K 增大而递增，但是增长速度有减小的趋势；另一方面，当叠层支座刚度 K 取较小值时，摩擦系数 μ 越大，墩底弯矩越大，叠层支座刚度取较大值时则相反，摩擦系数 μ 越大，墩底弯矩反而相对越小，即此时摩擦耗能的贡献较大，减小了墩底的地震响应。

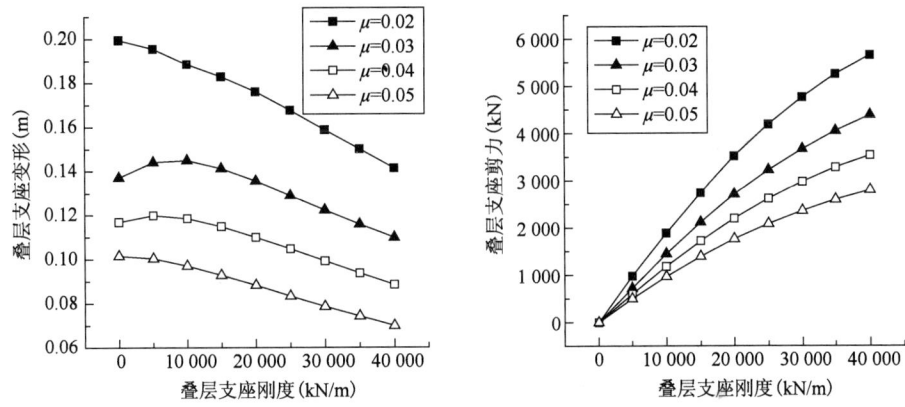

图9 叠层支座变形和剪力的变化规律

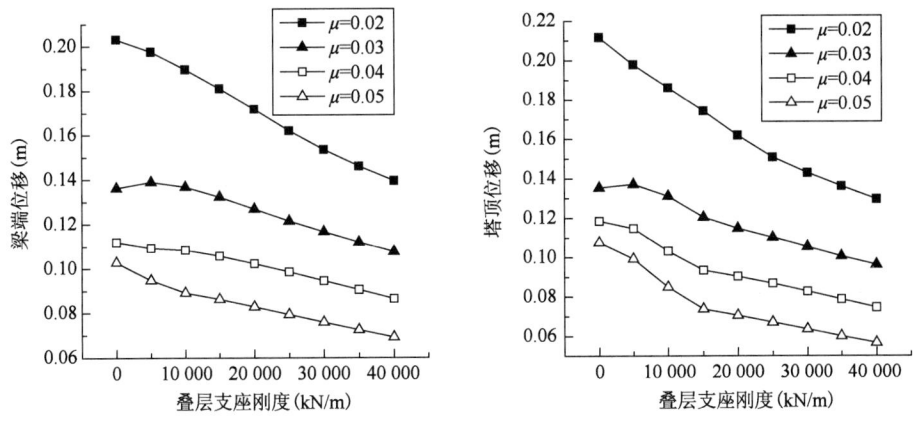

图10 梁端位移和塔顶位移的变化规律

图9和图10表明，摩擦系数 μ 一定时，叠层支座变形、梁端和塔顶位移基本随叠层支座刚度 K 增大而减小，叠层支座剪力则与叠层支座刚度 K 呈正相关；当叠层支座刚度 K 一定时，叠层支座变形、叠层支座剪力、梁端和塔顶位移均随摩擦系数 μ 增大而减小。

4 结语

本文以某大跨矮塔斜拉桥为研究对象，通过对塔梁固结、塔墩分离体系三种支座布置方案的地震反应结果进行分析和比较，并对球钢与叠层组合抗震支座方案的减震效果进行重点分析，得出以下结论：

（1）固定支座方案梁端位移最小，但是固定墩墩底弯矩过大，且两主墩墩底弯矩分布极其不均匀，不推荐采用。

（2）球钢与叠层橡胶组合抗震支座方案和摆式支座方案均可以有效减小3号墩墩底弯矩，使得3号主墩和4号主墩的受力更加均匀，并且将位移控制在适当范围内。但综合考虑造价等因素,推荐采用球钢与叠层橡胶组合抗震支座方案。

(3)对于球钢与叠层橡胶组合抗震支座方案,通过合理调整摩擦系数 μ 和叠层橡胶支座刚度 K,可以在地震作用下的墩底响应和梁端位移之间找到平衡。

参 考 文 献

[1] 彭天波,李翊鸣,吴意诚.叠层天然橡胶支座抗震性能的实时混合试验研究[J].工程力学,2018(35):300-306.

[2] 焦驰宇,李建中.桥梁新型减隔震支座的研究进展[J].工程力学,2007(3):84-88.

[3] 翟启远.近断层地震动作用下 TFPS 支座矮塔斜拉桥隔震性能研究[D].兰州交通大学,2018.

[4] 金立新,郭慧乾.多塔斜拉桥发展综述[J].公路,2010,7(7):24-29.

[5] 叶爱君,管仲国.桥梁抗震[M].北京:人民交通出版社,2011.

[6] 中华人民共和国行业规范.城市桥梁抗震设计规范:CJJ 166—2011[S].北京:中国建筑工业出版社,2011.

168. 冲刷对高桩承台大跨桥梁抗震性能的影响分析

吴志伟 吴文朋 刘思思

(湘潭大学土木工程与力学学院)

摘 要：为研究基础冲刷对高桩承台大跨桥梁抗震性能的影响，以我国西部地区某跨河高墩大跨连续刚构桥梁为工程背景，利用 OpenSEES 源代码分析平台建立全桥三维有限元模型，采用"m"法模拟桩—土相互作用。从理论上计算出桥梁基础的最大冲刷深度，对冲刷前后桥梁的动力特性进行了对比分析。输入地震波进行桥梁结构非线性时程分析，研究了基础冲刷对高桩承台大跨桥梁抗震性能的影响。研究表明：冲刷对高桩承台大跨桥梁结构前几阶主要振型周期的影响较小，但对其高阶振型周期的影响较大；冲刷对上部结构和桥墩位移响应的影响较小，且桥墩的内力响应会变小，然而，冲刷对桥梁桩基位移响应的影响较大，值得在桥梁基础抗震设计中引起关注。

关键词：桥梁工程 局部冲刷 高桩承台 动力特性 地震响应

1 引言

近几十年来，世界范围内每年均有桥梁遭受水毁破坏的事故发生，造成了较大的人员伤亡和财产损失，据资料统计表明，美国 1966—2005 年损坏的 1502 座桥梁里有 58% 是由水灾水患导致的[1]。我国 2000—2014 年发生垮塌的 106 座桥梁中有 32 座是因水灾导致的[2]，其中冲刷是导致桥梁损坏的一个重要因素。冲刷是水流冲蚀桥墩基础周围的土壤导致河床剥蚀的一种自然现象，冲刷导致桥墩基础裸露或覆土高程降低，削弱了地基土对桥梁桩基础的侧向支撑作用[3]。由于冲刷多发生于水面以下，且没有明显的征兆，难以被发现，严重威胁着使用者的安全和桥梁结构安全。冲刷通常包括自然演变冲刷、一般冲刷和局部冲刷[4]，其中局部冲刷深度通常远远大于自然演变冲刷和一般冲刷，相差在一个数量级(10 倍)以上[5]。因此，在分析流水冲刷对桥梁安全性能的影响时，桥墩或基础局部冲刷深度的确定是最主要的考虑因素。

目前，国内外学者对桥梁基础冲刷问题以及冲刷深度计算的研究取得了一定成果。例如，Prasad 和 Banerice[6]研究了冲刷对不同跨度钢筋混凝土桥梁抗震性能的影响，以及地震荷载作用下的多危害效应；Bennett[7]的等人研究了冲刷对桥墩的挠度、剪力和弯矩等参数的影响；

基金项目：国家自然科学基金资助(51908481)；中国博士后科学基金资助项目(2018M640756)；湖南省教育厅科研项目(18C0099)。

叶爱君等人[8]围绕苏通大桥大型桩基础的河床冲刷问题,研究了冲刷深度对桥梁地震响应的影响,属于国内较早的研究成果之一。梁发云等人[9-10]采用不同的方法研究了冲刷问题对桥梁地震响应的影响。然而,总的来看,基础冲刷对高桩承台大跨桥梁地震响应的研究还相对较少。

本文以某跨河高墩大跨连续刚构桥梁为工程背景,利用OpenSEES源代码分析平台建立全桥结构的三维有限元模型,基于经典的基础局部冲刷深度计算公式,计算出桥梁群桩基础的最大冲刷深度,对冲刷前后桥梁结构的动力特性进行对比。输入地震波进行桥梁非线性时程分析,研究基础冲刷对高桩承台大跨桥梁抗震性能的影响,以期为我国高桩承台大跨桥梁桩基抗震设计提供参考。

2 桥梁算例和有限元建模

2.1 桥梁算例

本文算例桥梁为向家坝水电站库区复建公路G213线横跨越金沙江的一座公路特大桥,为117.5m+200m+117.5m的预应力混凝土变截面箱梁连续刚构桥,简化模型如图1a)所示。该桥主墩高80m,墩柱截面为6.5m×7.5m,采用壁厚0.5m的空心薄壁墩;承台长23.8m,宽15.8m,高5m;桩直径2.8m,呈2×4群桩基础;上部结构采用强度为C55的钢筋混凝土;桥墩采用强度等级为C40的钢筋混凝土,保护层厚度0.05m;承台和桩的强度等级为C35;支座采用减震球形钢支座;场地类型为Ⅱ类,抗震烈度按Ⅷ度设防。根据桥址处的勘察资料可知,该桥桥面下过水面积约为9 157.838m^2,桩基顶部以下1.5m为软卧土层,土体侧向支撑较弱,可以忽略,承台底部高于河床,因此算例桥梁属于高桩承台桥梁。根据金沙江流域的历年水文资料统计,算例桥梁所在流域的历史最大洪峰流量为36 900m^3/s,本文取其为实际流量来计算算例桥梁的最大冲刷深度。

2.2 有限元建模

算例桥梁的OpenSEES全桥有限元模型如图1a)所示。主梁采用弹性梁单元模拟,桥墩采用非线性梁柱单元模拟,混凝土采用Concrete 04材料,钢筋采用修正的Giuffre-Menegotto-Pinto模型(Steel 02材料本构)。刚性承台和大直径桩基在地震作用下通常不会进入塑性,本文采用弹性梁柱单元模拟。算例桥梁桩基础长度为60m,其中,桩基础0~40m深度内为土层,40m以下为岩层。对于0~40m范围内的土层,采用"m"法模拟冲刷线以下的桩—土相互作用;40m以下为基岩层,近似地采用固结的方式进行模拟。

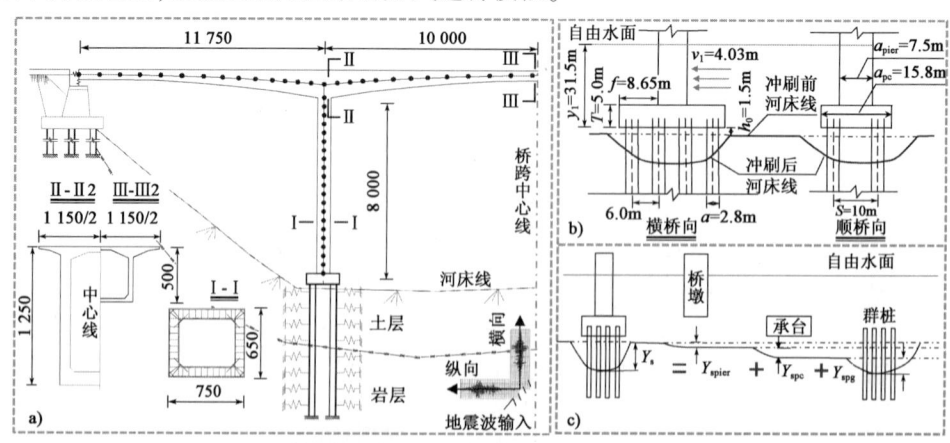

图1 算例桥梁布置图及冲刷模型示意图(尺寸单位:cm)

3 算例桥梁冲刷深度计算

由于桥梁基础局部冲刷深度研究具有较大的复杂性,早期研究大多数集中在桥墩对局部冲刷深度的影响上。近年来,有学者提出一些很有发展前景的新方法,但多是基于经验公式推导而来,所需参数多由经验或试验得出,不确定性较大,计算误差较大。对于本文研究的高桩承台大跨桥梁,其下部结构是由墩身、承台、群桩构成的复杂基础,如图1c)所示。一般情况下,水流均可被这三个子构件所阻挡。对于这种高承台群桩基础结构,美国规范公路桥梁设计规范(AASHTO LRFD)[11]建议采用 HEC-18[12] 中的构件冲刷叠加法。该方法分别单独计算桥梁下部结构各构件的冲刷深度分量,再将各个部分的冲刷深度值进行叠加得到总的局部冲刷深度,如图1c)所示。对比其他关于局部冲刷深度的理论计算公式[13],构件冲刷叠加法计算参数较少,计算过程简单,且适用范围较广,计算值更贴近实测值。因此,本文采用构件冲刷叠加法计算桥梁桩基的局部冲刷深度,主要过程包括:

(1)墩身冲刷深度分量 y_{spier}:当桥墩处于水流中,且墩身处水流深度和流速足够时,就需要计算墩身冲刷深度分量。因为墩身部分会减小河床原有的过水面积,改变墩身附近的流场情况,从而造成局部冲刷。但由于墩身一般离河床面较远,对河床周围流场影响较小,墩身部分引起的冲刷深度相对较小。

(2)承台冲刷深度分量 y_{spc}:在计算承台部分的冲刷深度分量时,设计在水中的承台由于长期的一般冲刷,或由于承台上方墩身引起的局部冲刷作用。要考虑两种情况:①承台底面高于河床,即对应承台完全浸没在水中且底部高于河床,或承台底高于考虑墩身引起的局部冲刷后的河床;②承台底面低于河床,即承台底部低于河床或同高时,将承台看成是一个浅流中的桥墩来计算冲刷深度,可以忽略承台顶部以上的墩身部分对冲刷的影响。

(3)群桩冲刷深度分量 y_{spg}:美国规范建议 HEC-18[12] 中计算群桩的局部冲刷分量时,充分考虑桩之间的间距、桩行数、桩长度和高度因素等对冲刷的影响。但该方法仅适用于规则排列的群桩基础,对于排列不规则的群桩基础,该方法只能提供一个冲刷深度估计值。

由于篇幅有限,对冲刷深度具体计算过程不予详细说明,其计算公式及结果如表1所示。由表1可知,同时考虑墩身、承台和群桩本身对基础局部冲刷的影响后,得到算例桥梁的理论最大冲刷深度为12.77m,后文中将以此深度作为冲刷后分析工况。

局部冲刷深度计算表格　　　　表1

构 件 名 称	计 算 公 式	本文算例计算结果
墩身部分冲刷深度	$\dfrac{y_{spier}}{y_1} = K_{hpier}\left[2.0 K_1 K_2 K_3 \left(\dfrac{a_{pier}}{y_1}\right)^{0.65} \left(\dfrac{y_1}{\sqrt{gy_1}}\right)^{0.43}\right]$	$y_{spier} = 1.77\,\mathrm{m}$
墩身部分冲刷深度	$\dfrac{y_{spc}}{y_2} = 2.0 K_1 K_2 K_3 K_w \left(\dfrac{a_{pc}^*}{y_2}\right)^{0.65} \left(\dfrac{V_2}{\sqrt{gy_2}}\right)^{0.43}$	$y_{spc} = 6.84\,\mathrm{m}$
群桩部分冲刷深度	$\dfrac{y_{spg}}{y_3} = K_{hpg}\left[2.0 K_1 K_3 \left(\dfrac{a_{pg}^*}{y_3}\right)^{0.65} \left(\dfrac{V_3}{\sqrt{gy_3}}\right)^{0.43}\right]$	$y_{spg} = 4.16\,\mathrm{m}$
总的冲刷深度	$y_s = y_{spier} + y_{spc} + y_{spg}$	$y_s = 12.77\,\mathrm{m}$

4 冲刷对桥梁动力特性的影响分析

根据上节计算出的最大局部冲刷深度分别建立冲刷前(0m冲刷)和冲刷后(12m冲刷)两个工况的OpenSEES三维有限元模型,并对桥梁模型进行结构动力特征分析,结果如表2所示,对比分析有限元模型冲刷前后的前12阶模态的自振周期。由表2可知,对比没有发生基础冲刷的情况,当桥梁结构发生基础冲刷后,桥梁结构各模态的周期均变长,这主要是由于当桥梁基础遭受到局部冲刷后,桥梁结构的整体柔性变大。然而,冲刷前、后结构前8阶模态的自振周期增幅都较小,例如,前8阶模态中自振周期变化最大的为第2阶模态的2.67%,说明基础冲刷对高桩承台大跨桥梁结构前8阶模态周期的影响相对较小。这是因为高桩承台大跨桥梁结构前8阶模态的振型主要表现为上部结构主梁和高墩的侧弯和竖弯,由于下部结构群桩效应的影响,桩基础的振型参与率相对较少。然而,对于桥梁的第9阶至第12阶模态的周期,考虑冲刷效应以后,各阶周期分别增长了21.27%、21.11%、12.87%和20.02%。这主要是由于从第9阶开始下部结构的振型参与率越来越高。

冲刷前后桥梁前12阶模态的周期比较　　表2

模态	冲刷前(s)	冲刷后(s)	变化量	模态	冲刷前(s)	冲刷后(s)	变化量
1	3.958	4.008	1.27%	7	0.640 1	0.643	0.44%
2	3.322	3.411	2.67%	8	0.638	0.640	0.31%
3	2.068	2.079	0.53%	9	0.470	0.570	21.27%
4	1.358	1.376	1.30%	10	0.464	0.561	21.11%
5	1.081	1.086	0.44%	11	0.445	0.502	12.87%
6	0.812	0.827	1.88%	12	0.413	0.495	20.02%

综上所述,基础发生冲刷会增加结构的自振周期,但对前8阶振型周期的影响较小,对高阶振型周期的影响较大,在高桩承台大跨桥梁基础抗震设计中不可忽视。此外,与规则桥梁以及一般高墩桥梁有所不同,本文算例中的高桩承台大跨桥梁结构上、下部结构质量比相对较大,因此,基础冲刷的影响主要体现在下部结构振型参与率较高的高阶模态。

5 冲刷对桥梁地震响应的影响分析

5.1 地震动输入

本文选取了El-Centro波和Taft波两组不同强度的原始地震波记录作为地震动输入,采用双向同时输入,如图1a)所示。两组实测地震波在桥梁纵向和横向两个方向的地震波时程曲线以及每条波的峰值地面加速度(PGA)如图2所示。由图可知,El-Centro波纵向峰值地面加速度为0.356g,Taft波纵向峰值地面加速度为0.156g。El-Centro波横向峰值地面加速度为0.214g,Taft波横向峰值地面加速度为0.179g。由此可知,El-Centro波纵向强度和横向强度都要强度大于Taft波,采用El-Centro波代表强地震作用,采用Taft波代表弱地震作用。

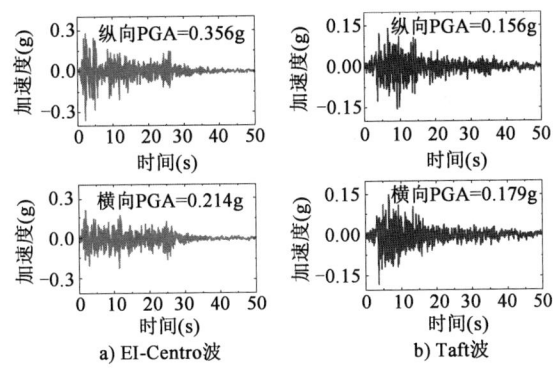

图2 选取的地震波

5.2 主梁和桥墩位移响应比较

表3给出了主梁在不同强度地震波作用下主梁的位移响应情况。由表3可知,冲刷对高桩承台大跨桥梁上部结构的位移响应的影响较小。图3给出了桥墩在两组不同强度的地震波作用下的位移响应对比情况。由图3可知,冲刷对高桩承台大跨桥梁桥墩墩底位移响应的影响大于对墩顶位移响应的影响,且沿桥墩高度方向从墩底到墩顶影响逐渐减小。例如:如图3b)所示,横桥向,在El-Centro波作用下,冲刷前墩顶最大位移为0.282m,冲刷后墩顶最大位移为0.293m,变化量为3.90%。冲刷前墩底最大位移为0.011m,冲刷后墩底最大位移为0.032m,变化量为190.91%。

主梁跨中位移响应比较　　　　表3

地震波	纵桥向			横桥向		
	冲刷前(m)	冲刷后(m)	变化量	冲刷前(m)	冲刷后(m)	变化量
El-Centro波	0.265	0.266	0.38%	0.617	0.623	0.97%
Taft波	0.177	0.179	1.13%	0.196	0.199	1.02%

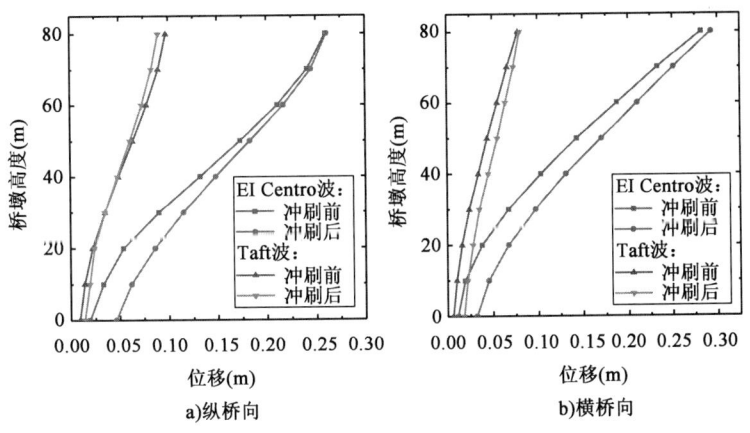

图3 桥墩冲刷前后峰值位移对比

5.3 桥墩内力响应比较

图4给出了在两组不同强度的地震波作用下桥墩峰值内力沿桥墩高度变化关系,由图可知,高墩承台基础冲刷对桥墩弯矩响应的影响相对较小,且无一致的影响规律。例如,由图4a)可知:在El-Centro波作用下,冲刷前顺桥向墩顶最大弯矩为558 039kN·m,冲刷后顺桥

向墩顶最大弯矩为422 255.42kN·m,冲刷前顺桥向墩底最大弯矩为708 768.4kN·m,冲刷后顺桥向墩底最大弯矩为725 761.37kN·m。此外,基础冲刷对高桩承台大跨桥梁桥墩剪力响应的影响较大,主要体现为剪力明显减小。例如由图4可知,在El-Centro波作用下,冲刷前横桥向墩顶最大剪力为17 522.36kN,冲刷后横桥向墩顶最大剪力为12 308.55kN,冲刷前横桥向墩底最大剪力为18 176.77kN,冲刷后横桥向墩底最大剪力为13 401.18kN。

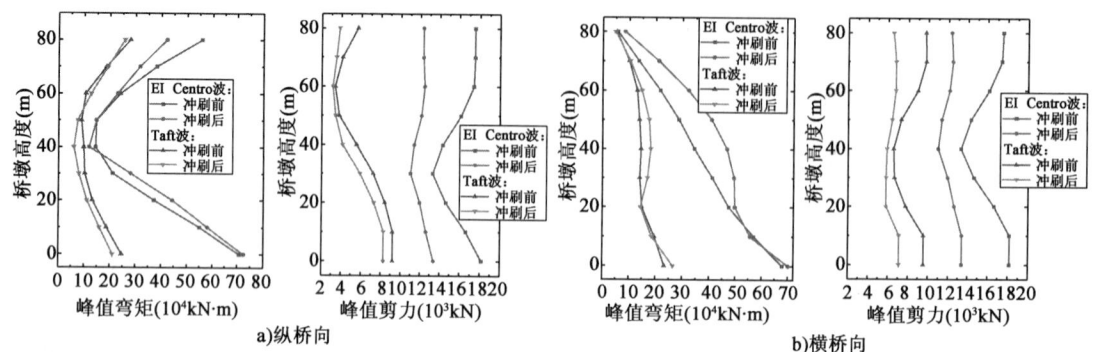

图4 地震作用下桥墩弯矩与剪力峰值

5.4 桩基位移响应比较

图5分别绘出在两组不同强度的地震波作用下桩基位移峰值沿桩基深度变化的反应曲线。由图可知,在纵桥向,El-Centro地震波作用下冲刷前桩顶峰值位移仅为0.017m,但冲刷后桩顶峰值位移达到0.044m,增长了150.63%;Taft地震波作用下冲刷前桩顶峰值位移为0.009m,但冲刷后桩顶峰值位移达到0.013m,增长了30.10%。在横桥向,El-Centro波作用下冲刷前桩顶峰值位移为0.011m,冲刷后桩顶峰值位移达到0.034m,增长了224.17%;Taft波作用下冲刷前桩顶峰值位移为0.006m,冲刷后桩顶峰值位移达到0.018m,增长了189.59%。由此可见,冲刷对高桩承台大跨桥梁桩基位移的影响较大,表现为冲刷使桩基顶部的位移变大,这是由于冲刷导致桥墩桩基裸露,削弱了地基土对桥梁桩基础的侧向支撑作用,失去土体约束使得桩基顶部位移响应增大。同时,由图5可知冲刷对高桩承台大跨桥梁桩基横桥向的影响大于对纵桥向的影响。

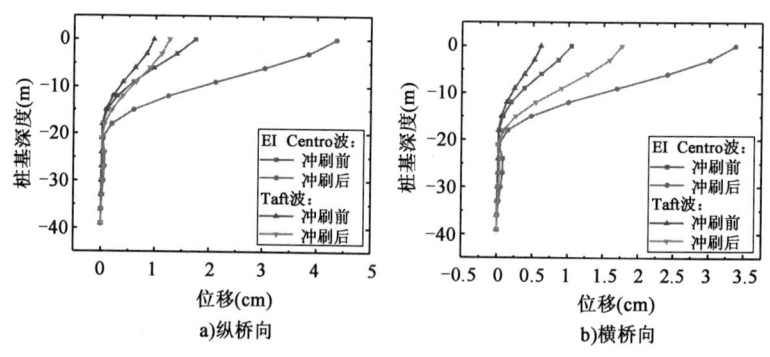

图5 地震作用下桩基冲刷前后峰值位移

6 结语

(1)基础冲刷对高桩承台大跨桥梁的动力特性影响主要体现为使桥梁的周期变长,对上部结构振型参与率较高的前8阶模态的自振周期影响较小,但对下部结构振型参与率较高的高阶模态自振周期影响明显。基础冲刷对高桩承台大跨桥梁上部结构和桥墩的位移响应影响较小,且桥墩的内力响应会变小,但基础冲刷对高桩承台大跨桥梁桩基的位移响应影响较大。

(2)本文只选择了相对简单实用的分析模型,且只选择了两条常见的地震波激励进行非线性时程分析。选择更多的地震波输入以模拟地震波的不确定性影响,并采用能考虑桩周土的非线性特性的"$p\text{-}y$ 曲线"法模拟冲刷以后的桩—土相互作用,仍值得进一步研究。

参 考 文 献

[1] BRIAUD J-L. Scour depth at bridges:method including soil properties I:maximum scour depth prediction [J]. Journal of Geotechnical and Geoenvironmental-Engineering, 2015, 141(2):04014104.

[2] 刘元,刘均利,余文成.2007—2015年洪水导致垮塌桥梁的统计分析[J].城市道桥与防洪,2017(01):90-92.

[3] LIANG F Y, PARSONS R L. A literature review on behavior of scoured piles under bridges [C]//International Foundation Congress and Equipment Expo,2009.

[4] 中华人民共和国行业标准.公路工程水文勘测设计规范:JTG C30—2015[S].北京:人民交通出版社股份有限公司,2015.

[5] MELVILLE B,COLEMAN S. Bridge scour[M]. Colorado,USA:Water Resources Publications,2000.

[6] PRASAD G,SWAGATABANERJEE. The impact of flood-induced scour on seismic fragility characteristics of bridges[J]. Journal of Earthquake Engineering,2013,17(6):803-828.

[7] LIN C,BENNETT C,HAN J,et al. Scour effects on the response of laterally loaded piles considering stress history of sand[J]. Computers & Geotechnics,2010,37(7-8):1008-1014.

[8] 叶爱君,张喜刚,刘伟岸.河床冲刷深度变化对大型桩基桥梁地震反应的影响[J].土木工程学报,2007(3):58-62.

[9] 梁发云,王琛,贾承岳,等.冲刷深度对简支桥模态参数影响的模型试验[J].振动与冲击,2016,35(14):145-150.

[10] 梁发云,刘兵,李静茹.考虑冲刷作用效应桥梁桩基地震易损性分析[J].地震工程学报,2017,39(1):13-19+79.

[11] AASHTO. AASHTO LRFD Bridge Design Specifications[M]. Washington D.C.:AASHTO,2012.

[12] ARNESON L,ZEVENBERGEN L,LAGASSE P,et al. Evaluating scour at bridges[R].Washington D. C.:FHWA,2012.

[13] 祝志文,喻鹏.中美规范桥墩局部冲刷深度计算的比较研究[J].中国公路学报,2016,29(1):36-43.

169. 冲刷作用对大跨钢管混凝土拱桥地震响应影响规律研究

胡思聪　熊　程　邹旖轩　席荣光　王凤博

（南昌大学建筑工程学院）

摘　要：对于服役钢管混凝土拱桥而言，冲刷作用是影响其抗震性能的重要因素。为了研究冲刷作用对钢管混凝土拱桥地震响应的影响，本文以一座大跨钢管混凝土拱桥为例，基于美国HEC-18规范，考虑桥墩、承台和桩基的共同影响，确定拱桥群桩基础最大冲刷深度。在此基础上，采用OpenSees软件建立全桥动力模型，选取三条地震波，采用非线性时程分析方法，研究了冲刷作用对拱肋、吊杆、立柱及主梁等构件地震响应的影响规律。研究结果表明：冲刷作用会降低结构刚度，引起结构自振周期增加；考虑冲刷作用的拱肋在各方向的最大地震变形均有不同程度增加；拱肋、吊杆和立柱内力呈现出较为明显的降低。由于冲刷作用可能导致拱肋地震作用下的变形形状发生改变，因而在对冲刷作用下服役拱桥进行变形验算时，有必要根据拱肋变形分布确定拱肋最不利位置。

关键词：钢管混凝土拱桥　地震响应　冲刷作用　群桩基础　HEC-18规范

1　引言

钢管混凝土拱桥作为一种跨越能力大、适应性强的桥型，近年来在公路桥梁中受到广泛采用，尤其是在我国西部山区。我国西部山区往往位于地震多发地带。在国内外几次大地震中，拱桥损伤的例子屡见不鲜[1]。1995年的阪神地震，西宫港大桥和北海岛大桥两座拱桥发生了不同程度损伤。2008年的汶川地震中，有492座拱桥出现不同程度的损伤，其中陈家坝桥、南坝桥、小鱼洞大桥发生整体垮塌。为了确保桥梁在地震作用下的安全性，许多学者开始针对钢管混凝土拱桥的抗震性能开展一系列的研究[2-4]。

以往的研究对揭示钢管混凝土拱桥在地震作用下的抗震性能及响应特征起到了积极作用。然而，这些地震响应分析及抗震性能评估大多建立在桥梁初始状态下，并未考虑到桥梁服役过程中状态的变化。事实上，服役桥梁往往处于恶劣的自然环境，不可避免地遭受各类环境

基金项目：江西省自然科学基金青年基金：考虑压—弯—剪共同作用的退化RC桥墩失效模式演变及桥梁地震易损性研究，20192BAB216033。

国家级大学生创新创业训练计划项目：考虑氯离子侵蚀与支座老化的服役桥梁概率性抗震性能研究，201910403021。

因素的影响。其中，水流的冲刷作用是导致桥梁性能改变的重要因素。近年来，由于冲刷作用导致的桥梁破坏现象时有发生，如通济桥、伊河汤营大桥、三渡水大桥。向琪芪等调查指出，在美国1502座垮塌桥梁中，有58%的桥梁基础结构破坏是冲刷等水文因素导致的[5]。冲刷作用不仅导致桥梁承载力发生退化，还会改变桥梁的动力特性，影响桥梁的地震响应。考虑到冲刷作用对桥梁抗震性能的影响，一些学者逐渐关注冲刷作用下的桥梁抗震性能。然而，目前该方面的研究大多针对梁式桥和缆索体系桥梁[6-8]，关于冲刷作用对拱桥抗震性能的研究还较少。

基于此，本文以一座大跨钢管混凝土拱桥为研究背景，基于美国HEC-18冲刷计算理论，阐述了群桩基础冲刷深度计算方法，确定算例拱桥最大冲刷深度。在此基础上，选取三条地震波，采用非线性时程分析方法，研究了冲刷前后拱肋、吊杆、立柱及主梁等构件地震响应的变化规律。

2 工程概况

算例为一座三跨飞燕式钢管混凝土拱桥，跨径布置为75m+228m+75m，如图1所示。主拱矢高为50.7m，上、下游拱肋间距35m。主拱采用悬链线线型，桥面以上采用圆端形截面钢管混凝土拱肋，桥面以下采用箱形截面混凝土拱肋。主梁采用钢筋混凝土横纵梁，桥面宽32.4m。全桥共设置28对吊杆和15对立柱，吊杆和立柱间距均为6m。拱顶设置一道横撑，拱肋1/4处及3/4处附近分别设置一道K撑。本桥桥墩纵桥向厚度为10m，基础采用承台+桩基础形式，承台纵桥向宽度为14m，厚度为4.5m，桩基础采用3×8根的布置形式，基础直径为2.5m，单根长度为34m。桥梁上游平均流速为4m/s，桥面设计水位距承台底为9m，至承台处河床距离为10m，河床以下包括15m的粗砂层、2m的圆砾层、8m的全风化钙质页岩和7m的强风化钙质页岩。

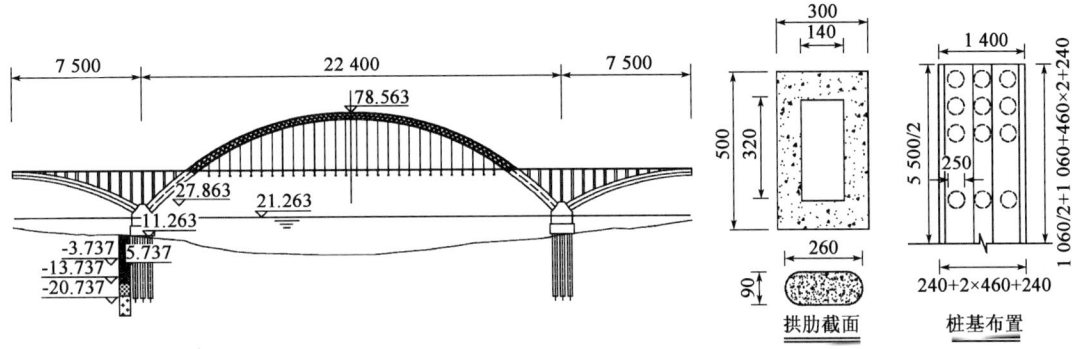

图1 桥梁整体布置图（尺寸单位：cm；高程单位：m）

3 基于HEC-18的群桩基础最大冲刷深度预测

目前，各国规范提出了多种基础冲刷深度的计算方法和理论，其中，美国HEC-18规范在国际上认可度较高，也能适用于群桩基础的局部冲刷分析[9]。HEC-18采用构件冲刷叠加法来考虑桥梁下部结构各构件对局部冲刷深度的贡献。图2所示为构件冲刷叠加法下复杂桥墩冲刷深度计算图。

可以看出，复杂桥墩的局部冲刷深度通常受桥墩、承台和群桩三部分共同影响。因此，整个冲刷深度可以表示为：

$$y_s = y_{pier} + y_{bent} + y_{pile} \tag{1}$$

对于墩身而言：

$$y_{\text{pier}} = 2K_1K_2K_3K_{\text{pier}}(a_{\text{pier}}/y_1)^{0.65}(V_1/\sqrt{gy_1})^{0.43}y_1 \quad (2)$$

式中：K_1,K_2,K_3——分别为墩形修正系数、水流攻角修正系数和河床条件修正系数；

K_{pier}——修正系数，根据 f/a_{pier} 和 h_1/a_{pier} 确定；

f——桥墩到承台边缘距离；

h_1——墩底至河床距离；

a_{pier}——桥墩宽度；

V_1——桥墩上游水流平均速度；

g——重力加速度；

y_1——水面至河床距离。

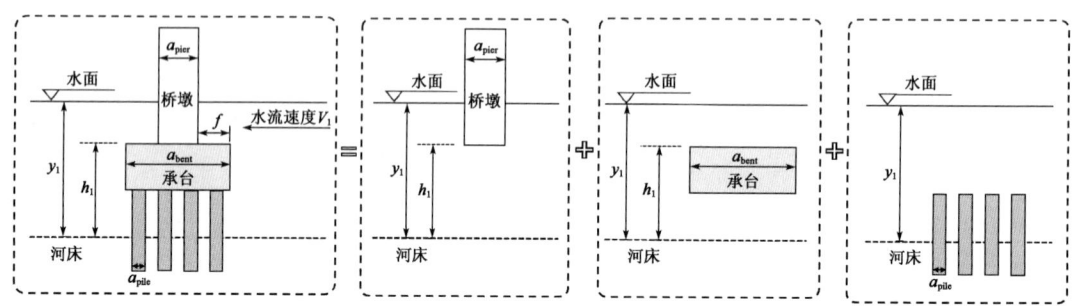

图 2　HEC-18 构件冲刷叠加法图示

对于承台而言，当承台低于河床时，其冲刷深度可按下式计算：

$$y_{\text{bent}} = 2K_1K_2K_3K_w(a_{\text{bent}}/y_f)^{0.65}(V_f/\sqrt{gy_f})^{0.43}y_f \quad (3)$$

式中：K_w——宽桥墩修正系数；

a_{bent}——承台宽度；

y_f——其值为 $h_1 + y_{\text{pier}}/2$；

V_f——承台或扩大基础顶部以下区域的水流平均速度，可按下式计算：

$$V_f = \frac{V_2\ln[10.93(y_f/k_s)+1]}{\ln[10.93(y_2/k_s)+1]} \quad (4)$$

式中：V_2——考虑墩身冲刷部分调整后的来流速度，其值为 $V_1 \cdot y_1/y_2$；

y_2——其值为 $h_1 + y_{\text{pier}}/2$；

k_s——河床颗粒糙率。

当承台高于河床时，其冲刷深度可按下式计算：

$$y_{\text{bent}} = 2K_1K_2K_3K_w(a'_{\text{bent}}/y_2)^{0.65}(V_2/\sqrt{gy_2})^{0.43}y_2 \quad (5)$$

式中：a'_{bent}——承台有效宽度。

对于群桩而言，其冲刷深度可按下式计算：

$$y_{\text{pile}} = 2K_1K_3K_{\text{pile}}(a'_{\text{pile}}/y_3)^{0.65}(V_3/\sqrt{gy_3})^{0.43}y_3 \quad (6)$$

式中：K_{pile}——群桩高度调整系数，与 h_3/y_3 有关；

a'_{pile}——其值为 $K_{sp}K_m a_{\text{pile}}$，为群桩有效宽度，其中 a_{pile} 为群桩投影宽度，K_{sp} 为桩距系数，K_m 为水流与群桩正交时桩行数的修正系数；

y_3——其值为 $y_1 + 0.5(y_{\text{pier}} + y_{\text{bent}}) \leqslant 3.5a'_{\text{pile}}$；

V_3——其值为 $V_1 y_1/y_3$，为考虑桥墩及承台冲刷的调整流速。

采用上述计算方法可以得到本算例桥梁的桥墩部分引起的局部冲刷深度为 0.4m，承台部分引起的局部冲刷深度为 10.2m，桩基础引起的局部冲刷深度为 5.99m，总体局部冲刷深度为 13.7m。

4 模型建立

采用 OpenSees 建立桥梁的非线性有限元动力模型，如图 3 所示。其中，钢管混凝土拱肋中的腹杆、横撑、横纵梁、立柱、承台、桩基均采用弹性梁单元模拟，吊杆采用仅受拉桁架单元模拟，拱肋采用非线性梁柱单元模拟，混凝土采用 Concrete04 材料模拟，混凝土拱肋中的纵筋以及钢管混凝土拱肋的钢管均采用 Steel02 材料模拟。混凝土的约束效果按 Mander 公式计算。考虑不同土层厚度情况划分单元长度，采用零长度弹性单元模拟桩—土相互作用，单元刚度根据规范的"m"法计算[10]。对于冲刷后的桥梁而言，根据计算得到的最大冲刷深度，去除冲刷深度范围内的零长度单元以模拟冲刷效应。

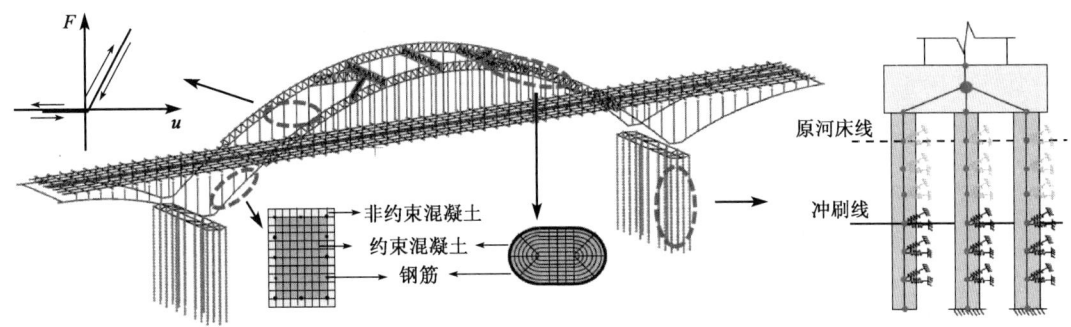

图 3 桥梁有限元模型示意图

对建立的桥梁模型进行动力特性分析，表 1 所示为冲刷前后桥梁前 5 阶振型及对应的周期。可以看出，无论是否发生冲刷，拱桥前 5 阶振型中有 3 阶振型均为拱肋横向振动，说明对于本拱桥而言，横桥向刚度较低。对比有无冲刷的结构周期和振型可以看出，冲刷并没有对桥梁振型产生影响。考虑冲刷以后，桥梁的周期略有增加，增加幅度在 5% 以内。这表明冲刷作用在一定程度上会降低结构的刚度，增大结构的周期，但影响程度比较有限。

桥梁动力特性结果 表1

阶 数	未 冲 刷		冲 刷	
	周期(s)	振型	周期(s)	振型
1	2.30	拱肋主梁横向一阶同向振动	2.38	拱肋主梁横向一阶同向振动
2	1.70	拱肋主梁横向一阶反向振动	1.72	拱肋主梁横向一阶反向振动
3	1.58	拱肋纵向振动	1.59	拱肋纵向振动
4	1.21	拱肋横向二阶振动	1.23	拱肋横向二阶振动
5	1.01	拱肋竖向振动	1.05	拱肋竖向振动

5 钢管混凝土拱桥的地震响应分析

采用非线性时程法对桥梁进行地震响应分析。为考虑地震波的随机性，选择 El、Taft 和 SanFer 三条不同类型的地震波分别进行分析。三条地震波的 PGA 分别为 0.315g、0.156g 和 0.357g。图 4 为三条地震波的加速度时程及对应的反应谱。

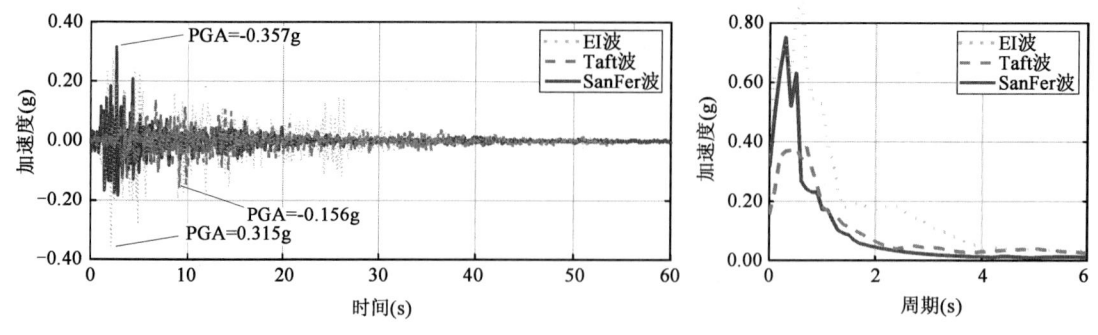

图 4 三条地震波及对应反应谱

为研究冲刷作用对拱肋变形的影响,图 5 给出了三条地震波下,不考虑和考虑冲刷作用的拱肋变形分布情况。可以看出,冲刷后的拱肋纵向变形及横向变形均有不同程度增加;竖向变形在主跨出现增加,而在第一跨出现下降的趋势。由于冲刷作用可能导致拱肋变形形状的改变,因此变形最不利位置也将发生改变。例如,纵桥向变形最不利位置由主跨 1/4 跨附近变化至主跨 3/4 跨位置。

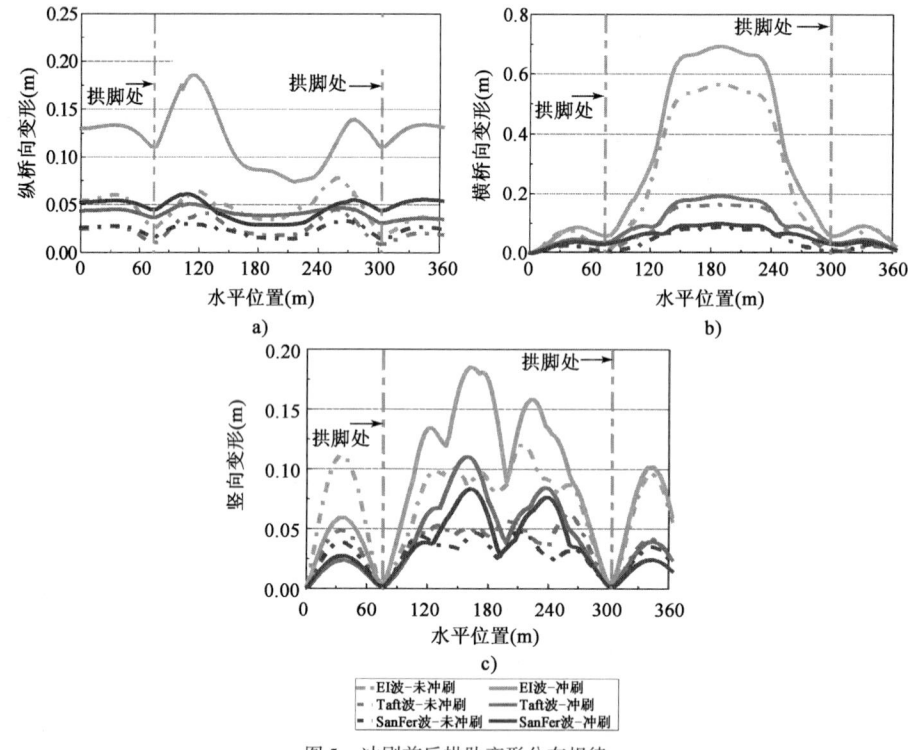

图 5 冲刷前后拱肋变形分布规律

从变形峰值来看,冲刷作用对纵桥向变形的影响程度大于其他方向。以 El 波为例,三个方向最大变形分别增大 140%、23% 和 54%。对比不同方向拱脚及拱肋其他位置变形变化情况可知,三个方向变形变化的机理并不完全一致。纵向和横向变形增加的一个原因是桥梁周期的改变引起地震响应的变化,而更加重要的原因是冲刷导致桩基础上部水平约束丧失,使得拱脚产生了明显的相对变形。以 El 波为例,后者对变形变化的影响达到了 70% 和 62%。相比之下,竖向变形的增加一方面是由于桥梁周期的改变引起地震响应的变化,另一方面是由于平面变形变化带来的耦合效应。

图6和图7分别给出了冲刷前后拱肋内力分布变化规律以及立柱和吊杆轴力变化率。对比冲刷前后拱肋内力和立柱、吊杆轴力可以发现,除了少数截面和构件的内力在冲刷过后有一定程度增加以外,绝大多数位置的内力均呈现较为明显的降低。例如,El地震波下拱肋轴力、面内弯矩和面外弯矩的最大降幅分别为62%、70%和75%,三条地震波下立柱轴力最大降幅分别为51%、50%和64%,三条地震波下吊杆轴力最大降幅分别为40%、47%和39%。各类构件内力的降低,可能是由于冲刷引起的桥梁周期增加,在一定程度上起到减震作用。

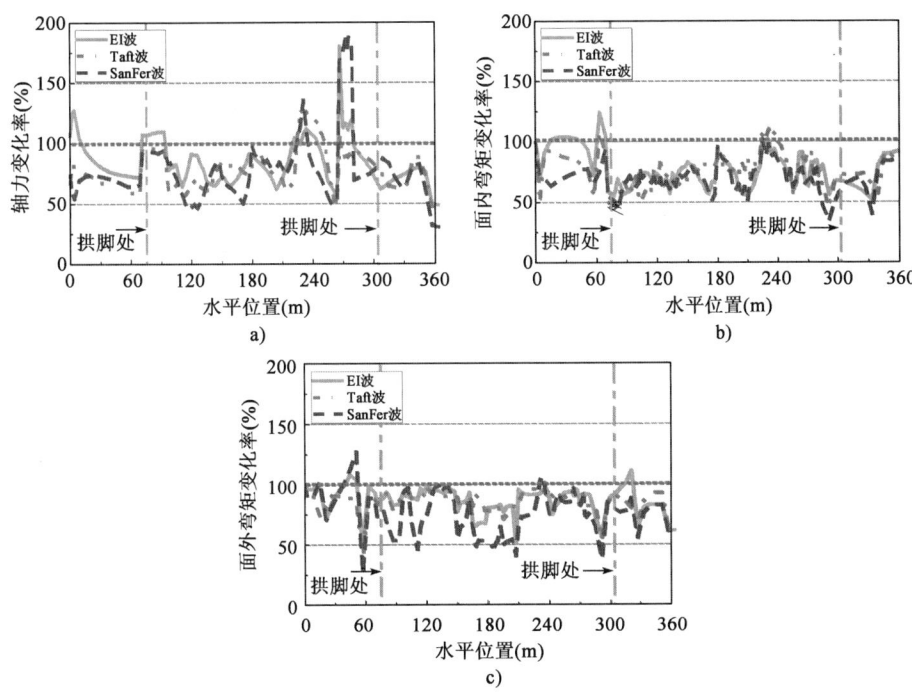

图6 考虑冲刷作用的拱肋内力变化率

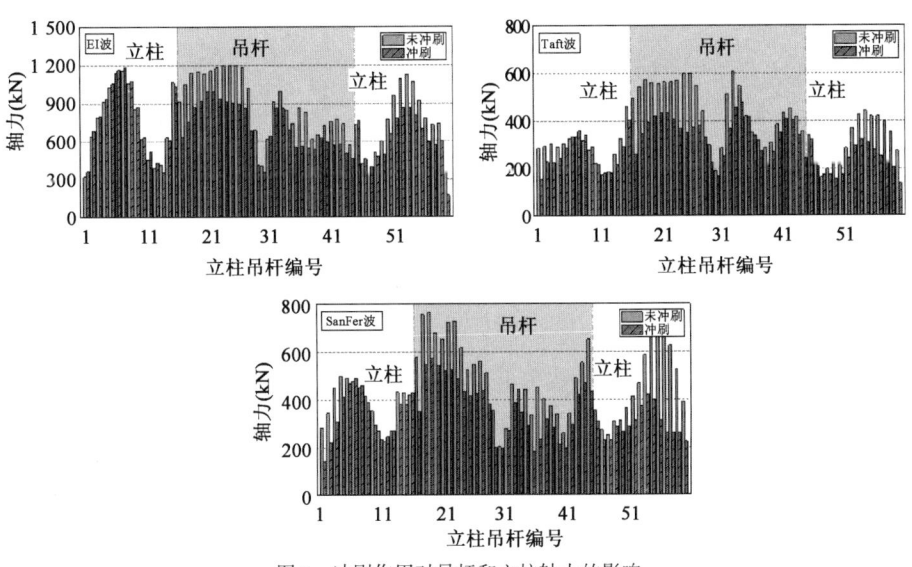

图7 冲刷作用对吊杆和立柱轴力的影响

图8所示为El地震波下,主梁跨中横向变形、跨中竖向变形及梁端纵向位移时程曲线。表2所示为三条地震波下,主梁跨中横向变形、跨中竖向变形及梁端纵向位移的变化率。可以看出,除了少数几根立柱和吊杆在冲刷后内力有轻微增加,其他大多数均呈现出下降的趋势,三条地震波下立柱轴力最大降幅分别为51%、50%和64%,三条地震波下吊杆轴力最大降幅分别为40%、47%和39%。立柱和吊杆内力下降,可能是由于冲刷引起的桥梁周期增加,在一定程度上起到减震作用。

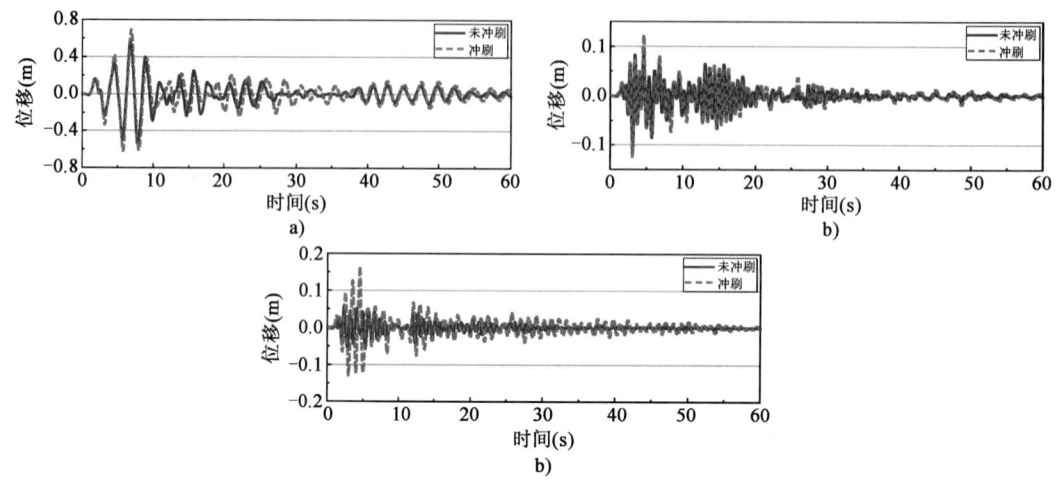

图8　冲刷前后主梁变形时程曲线

冲刷前后主梁的最大变形　　　　　　　　　　　　表2

地震波	主梁跨中横向变形(m)			主梁跨中竖向变形(m)			梁端纵向变形(m)		
	未冲刷	冲刷	增幅	未冲刷	冲刷	增幅	未冲刷	冲刷	增幅
El波	0.565	0.693	22.7%	0.111	0.125	12.6%	0.058	0.164	182.7%
Taft波	0.163	0.192	17.8%	0.053	0.057	7.5%	0.038	0.055	44.75
SanFer波	0.106	0.110	3.8%	0.028	0.029	3.6%	0.030	0.066	120%

6　结语

本文以一座大跨钢管混凝土拱桥为研究背景,基于美国HEC-18规范冲刷计算理论,介绍了群桩基础冲刷深度的计算理论,确定拱桥服役期内最大冲刷深度。在此基础上,选取三条地震波,采用非线性时程分析方法,研究了冲刷作用对拱桥拱肋、吊杆、立柱及主梁等构件地震响应的影响规律。根据分析结果可以得到以下结论:

(1)桥梁在遭受冲刷作用后,结构整体刚度有所降低,结构周期略有增加,但影响程度比较有限。

(2)冲刷作用对服役钢管混凝土拱桥地震作用下的变形和内力有不同形式的影响。冲刷作用会引起地震作用下拱肋各方向的变形有不同程度增加。相反,冲刷作用除了使得少数截面和构件的内力增加以外,绝大多数构件的内力均呈现出明显降低。

(3)冲刷引起的拱肋地震变形增加的机理并不完全一致。拱肋纵向和横向变形增加一方面是由于桥梁周期的改变引起地震响应的变化,另一方面是冲刷导致桩基础上部水平约束丧失,使得拱脚产生了明显的相对变形。拱肋竖向变形的增加一方面是由于桥梁自振周期的改变引起地震响应的变化,另一方面是由于平面变形带来的耦合效应。

(4)由于冲刷作用可能导致拱肋地震作用下的变形形状发生改变,进而影响到拱肋最不利位置的确定。因此,在对冲刷作用下服役拱桥进行变形验算时,有必要通过拱肋变形分布确定拱肋最不利位置。

参 考 文 献

[1] 陈乐生.汶川地震公路震害调查—桥梁[M].北京:人民交通出版社,2012.
[2] 吴玉华.大跨度钢管混凝土拱桥抗震性能及动力稳定研究[D].杭州:浙江大学,2009.
[3] 王沛耘.大跨度钢管混凝土拱桥自振特性及地震响应分析[D].成都:西南交通大学,2008.
[4] 李广慧,李小军,李胜利.中承式钢管混凝土拱桥的地震响应分析[J].应用基础与工程科学报,2009,17(1):144-152.
[5] 向琪芪,李亚东,魏凯,等.桥梁基础冲刷研究综述[J].西南交通大学学报,2019,54(2):235-248.
[6] 叶爱君,张喜刚,刘伟岸.河床冲刷深度变化对大型桩基桥梁地震反应的影响[J].土木工程学报,2007(3):58-62.
[7] 杨延凯,马如进,陈艾荣.冲刷作用对大跨度自锚式悬索桥地震响应的影响[J].沈阳建筑大学学报(自然科学版),2015,31(5):778-786.
[8] 陈榕峰,陈博.独柱双塔中央双索面半漂浮体系斜拉桥抗震分析[J].水利与建筑工程学报,2019,17(3):187-193.
[9] ARNESON L A,ZEVENBERGEN L W,LAGASSE P F,et al. Evaluating scour at bridges,[M]. Bridge Superstructures,2012.
[10] 中华人民共和国行业规范.公路桥涵地基与基础设计规范:JTG D63—2007[S].北京:中交公路规划设计院有限公司,2007.

170. 基于OpenSees的ECC管混凝土桥墩抗震性能研究

王义博[1]　徐梁晋[1]　陆新征[2]　张志刚[1]　林昕[3]

(1.重庆大学土木工程学院；2.清华大学土木工程系；
3.重庆工商职业学院城市建设工程学院)

摘要：本文基于ECC管混凝土桥墩的拟静力试验，采用OpenSees建立了ECC管混凝土桥墩的有限元模型，通过与试验结果的对比，验证了该模型的有效性。在该模型的基础上，进行了参数分析，研究了桥墩剪跨比、轴压比和ECC管厚度等参数对ECC管混凝土桥墩滞回性能的影响。结果表明ECC管混凝土桥墩具有良好的延性。另外，随着剪跨比减小，桥墩承载力增大，但延性降低。随着轴压比的增大，滞回曲线捏拢现象显著，桥墩极限承载力提高，延性降低。当轴压比达到0.6后，承载力提高不明显，但桥墩延性却变差，因此在实际应用时应对轴压比加以限制。增大ECC管厚度，能适量提高桥墩极限承载力，改善桥墩延性。但当厚度增大到一定程度后，承载能力和延性的提升不明显。

关键词：ECC管混凝土桥墩　抗震性能　参数分析

1 引言

近年来我国公路及铁路行业发展迅猛。公路和铁路的快速延伸，意味着大量修建桥梁。而我国是一个震灾非常严重的国家。作为主要的交通生命线工程，桥梁结构一旦发生震害，不仅会直接带来严重的经济损失和人员伤亡，还会由于交通大动脉的中断而严重影响震后救援工作的及时开展。因此，针对桥梁结构抗震问题的研究一直是土木工程中的热点问题，而桥墩作为桥梁的主要抗侧力构件，其抗震性能提升具有重要意义[1]。在强震区，为保证桥墩抗震性能，通常要配置相当数量的加密箍筋，而箍筋过密会显著增加施工难度，且构件质量也不易保证[2]。另外，普通混凝土存在抗拉强度低、脆性大、极限拉应变小和开裂后裂缝宽度难以控制等缺点，使得在桥墩在大变形时塑性铰区混凝土易剥落，从而限制了桥墩抗震性能的进一步提高。因此，近年来，国内外学者将目光聚焦在利用新材料增强桥墩抗震性能上[3-5]，其中工程水泥基复合材料更是引起了广泛的关注。工程水泥基复合材料(Engineered Cementitious Composite，简称ECC)在单轴拉伸下呈现多缝开裂和准应变硬化的特征，其拉伸应变可达3%~8%[6-7]，

基金项目：国家自然科学基金项目，51808074；重庆市教委科学技术研究项目(KJQN201904003)。

因此将ECC应用于结构能有效提高桥墩的抗震性能。

Fischer等[8]对比了无箍筋ECC配筋柱和配置箍筋的普通钢筋混凝土柱在低周反复荷载作用下的力学性能。结果表明无箍筋ECC配筋柱承载力更高、变形更大、耗能更好,且ECC的多裂缝开裂保证了构件在破坏时的完整性,说明即便没有箍筋约束,ECC也能显著提高构件的抗震性能。汪梦甫等[9]对3根PVA-ECC柱进行了高轴压比的低周反复加载试验,分析了配箍率变化对该类型柱抗震性能的影响。结果表明PVA-ECC改善了柱的破坏形态,箍筋间距的减小也会提高柱的延性。贾毅等[10]通过3个高墩试件的低周反复荷载试验,对比研究了塑性铰区采用PP-ECC对桥墩抗震性能的影响。结果表明,局部使用PP-ECC材料可以提高桥墩的位移延性系数,该类型桥墩具有良好的变形能力和抗倒塌能力。综上可以看出现有研究主要集中在试验研究,且采用ECC-RC组合截面桥墩的研究鲜有报道。为深入了解ECC管混凝土桥墩的抗震性能,本文根据已开展的低周反复加载试验,采用OpenSees建立了ECC管混凝土桥墩的有限元模型,并在该模型的基础上,研究了桥墩长细比、轴压比和ECC管厚度等参数对ECC管混凝土桥墩承载力、延性和耗能的影响。

2 OpenSees有限元模型的建立与验证

2.1 试验参数

为了对有限元模型进行验证,本文进行了一根ECC管混凝土桥墩的拟静力试验。试件截面尺寸为300mm×300mm,壁厚40mm,配筋如图1所示,设计轴压比为0.3,柱高1 050mm。

主筋采用HRB400,箍筋采用HRB335,钢筋材性如表1所示。混凝土等级为C45,实测轴心抗压强度为38.56MPa。ECC实测抗压强度为57.18MPa。

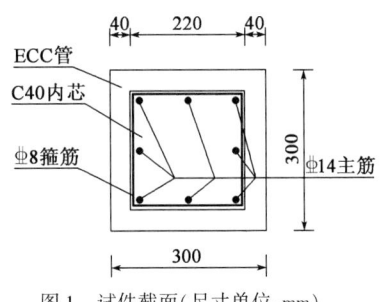

图1 试件截面(尺寸单位:mm)

钢 筋 材 性 参 数　　　　　　　　　　　　　　表1

钢筋型号	直径d(mm)	屈服强度f_y(MPa)	极限强度f_y(MPa)	弹性模量E_s(MPa)
HRB335	8	373.90	436.40	1.60×10^6
HRB400	14	444.70	586.61	2.05×10^6

2.2 OpenSees有限元模型

利用OpenSees基于刚度法的纤维单元建立ECC管混凝土桥墩模型,见图2。模型采用基于位移插值的分布塑性单元DB单元,将构件划分为4个单元。模型中纤维截面由三种纤维组成,分别为核心混凝土纤维、外层ECC纤维以及钢筋纤维,对于三种纤维分别定义不同的材料本构关系。混凝土采用修正的Kent-Park模型Concrete02模拟,该模型通过修改混凝土受压骨架曲线的峰值应力、应变以及软化段斜率来考虑横向箍筋的约束影响,且可以考虑混凝土的剩余强度。根据Saiidi等[11]建议,同样采用Concrete02来模拟ECC材料。钢筋在反复荷载作用下的本构关系对桥墩滞回曲线的模拟有重要影响,而Steel02模型是能考虑各向同性应变硬化影响

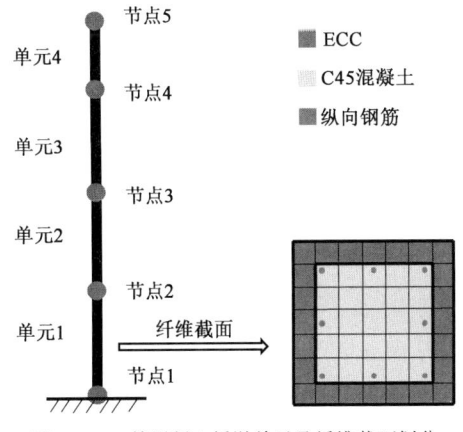

图2 ECC管混凝土桥墩单元及纤维截面划分

的本构模型，同时也能够很好地反映包辛格效应，所以本文采用 Steel02 本构模型模拟主筋。

2.3 数值模拟结果与试验结果的对比分析

以拟静力试验结果为依据，根据上述本构关系，基于 OpenSees 建立了 ECC 管混凝土桥墩抗震性能分析模型。数值模拟位移加载步长与拟静力试验实际加载时位移步长相同，得到的桥墩滞回曲线和骨架曲线如图 3 所示。

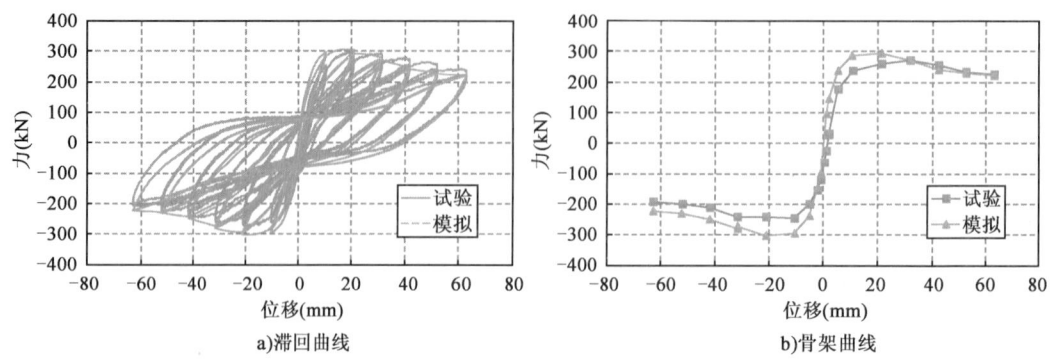

图 3　桥墩拟静力试验滞回曲线和骨架曲线

对比图 3 中的滞回曲线和骨架曲线可以看出，试件加载初期，随着加载位移的增大，在承载力达到最大之后缓慢下降，表现出了较好的延性性能。另外，利用 OpenSees 模拟得到的结果与试验结果吻合较好，说明建立的有限元分析模型可用于 ECC 管混凝土桥墩抗震性能的数值计算分析。

3 ECC 管混凝土桥墩抗震性能的参数分析

为进一步探讨 ECC 管混凝土桥墩的抗震性能，本文采用上述建模方法建立有限元模型并进行参数分析，研究剪跨比、轴压比和 ECC 管厚度等参数对 ECC 管混凝土桥墩承载力、延性的影响，具体模型参数见表 2。

模 型 参 数　　表2

模型编号	剪跨比	轴压比	ECC 管厚度(mm)	备注
1	2.0	0.30	40	研究剪跨比影响
2	3.5	0.30	40	基准模型
3	5.0	0.30	40	研究剪跨比影响
4	6.5	0.30	40	研究剪跨比影响
5	3.5	0.15	40	研究轴压比影响
6	3.5	0.45	40	研究轴压比影响
7	3.5	0.60	40	研究轴压比影响
8	3.5	0.30	10	研究 ECC 管厚度影响
9	3.5	0.30	20	研究 ECC 管厚度影响
10	3.5	0.30	30	研究 ECC 管厚度影响

各模型的滞回曲线和骨架曲线如图 4 ~ 图 6 所示。从图 4 可以看出，剪跨比越小，桥墩的极限承载力越大，但骨架曲线下降段逐渐变陡，构件的延性随剪跨比变小而变差，尤其当剪跨比变化到 2.0 时，桥墩承载力达到峰值后迅速下降，变形能力显著降低。

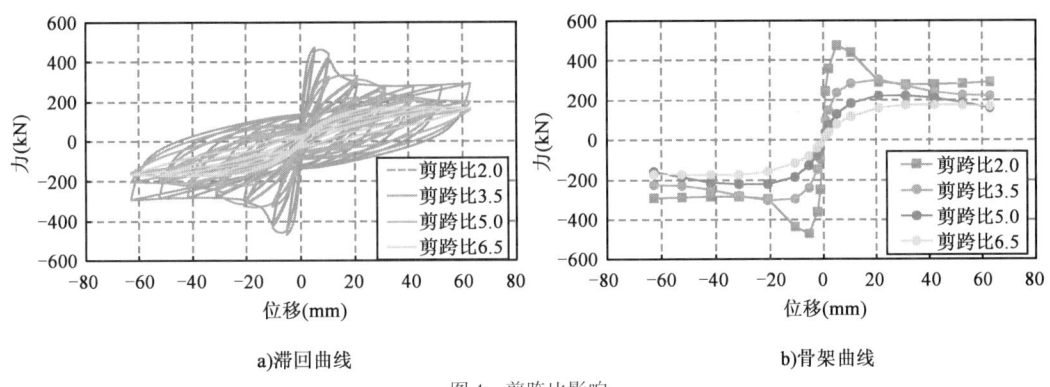

图4 剪跨比影响

从图5可以看出,轴压比大于等于0.3的桥墩,荷载—位移滞回曲线有较明显的捏拢现象,桥墩承载力达到峰值后迅速衰减,且轴压比越大,这一现象越明显。另外,轴压比的增大使得桥墩极限承载力得到提高,但当轴压比超过0.45后,轴压比对极限承载力的影响不显著。

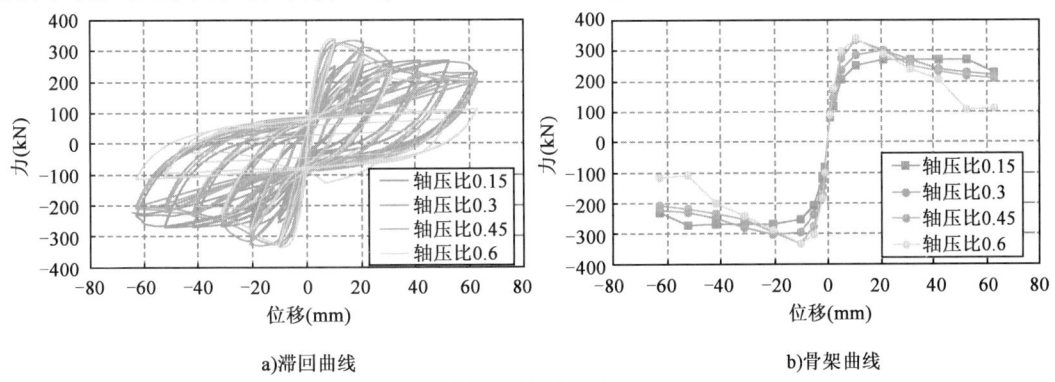

图5 轴压比影响

从图6可以看出,随着ECC管厚度增大,桥墩极限承载力稍有提高,且骨架曲线曲线下降段也变得平缓,即桥墩延性有所改善。但当ECC管厚度超过30mm后,ECC管厚度对构件极限承载力和延性几乎无影响。

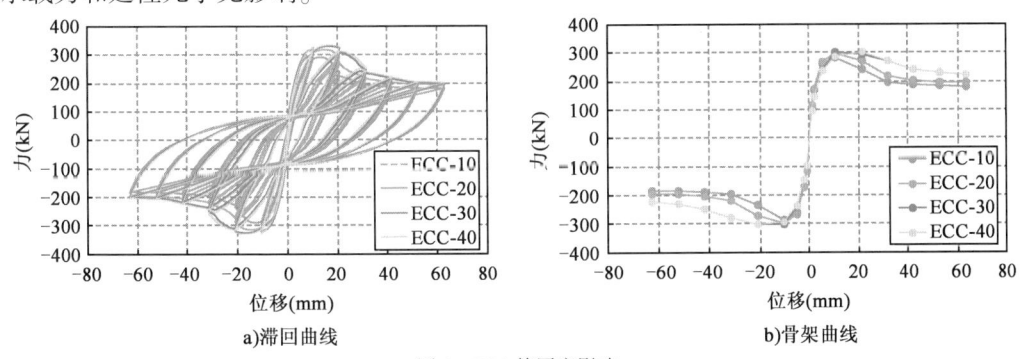

图6 ECC管厚度影响

4 结语

(1)有限元模拟结果与试验结果比较表明,本文建立的OpenSees有限元模型能够较好地模拟ECC管混凝土桥墩在低周反复荷载作用下的滞回性能。

(2)桥墩极限承载力随剪跨比减小而增大,但剪跨比的减小会使得桥墩延性变差,尤其当剪跨比减小到 2.0 后,桥墩承载力达到峰值后迅速下降,变形能力显著降低。

(3) 轴压比较大的桥墩,其荷载—位移滞回曲线会出现捏拢现象,且轴压比越大,该现象越明显。轴压比的增大使得桥墩极限承载力得到提高,但当轴压比超过 0.45 后,轴压比对极限承载力的影响不显著。然而,随着轴压比的增大,桥墩的延性也会降低。因此 ECC 管混凝土桥墩在实际应用过程中,应对轴压比加以限制,以满足桥墩的延性需求。

(4) 增大 ECC 管厚度,能适量提高桥墩极限承载力,改善桥墩延性。但当 ECC 管厚度超过 30mm 后,ECC 管厚度对构件极限承载力和延性几乎无影响。因此,在实际应用中,ECC 管厚度存在一个临界厚度,该厚度有待进一步的研究与分析。

参 考 文 献

[1] 范立础. 桥梁抗震[M]. 上海:同济大学出版社,1997.

[2] 张于晔,魏红一,袁万城. 钢纤维混凝土局部增强桥墩抗震性能试验研究[J]. 振动与冲击,2012,31(21):102-107.

[3] WANG Z,WANG J Q,TANG Y C,et al. Seismic behavior of precast segmental UHPC bridge columns with replaceable external cover plates and internal dissipaters[J]. Engineering Structures,2018,177:540-555.

[4] SALAH-EIDIN A,MOHAMED H M,BENMOKRANE B. Axial-flexural performance of high-strength-concrete bridge compression members reinforced with basalt-FRP bars and ties:experimental and theoretical investigation[J]. Structural Journal of Bridge Engineering,2019,24(7):04019069.

[5] GE J P,SAIIDI M S,VARELA S. Computational studies on the seismic response of the State Route 99 bridge in Seattle with SMA/ECC plastic hinges[J]. Frontiers of Structural and Civil Engineering,2019,13(1):149-164.

[6] LI V C,LEPECH M. Crack resistant concrete material for transportation construction[R]. Michigan:University of Michigan,2004.

[7] ZHANG Z G,QIAN S Z,LIU H Z,et al. Ductile concrete material with self-healing capacity for jointless concrete pavement use[J]. Transportation Research Record:Journal of the Transportation Research Board,2017,2640:(1)78-83.

[8] FISCHER G,LI V C. Effect of matrix ductility on deformation behavior of steel-reinforced ECC flexural members under reversed cyclic loading conditions[J]. Structural Journal,2002,99(6):781-790.

[9] 汪梦甫,张旭. 高轴压比下 PVA-ECC 柱抗震性能试验研究[J]. 湖南大学学报(自然科学版),2017,44(5):1-9.

[10] 贾毅,赵人达,廖平,等. PP-ECC 用于墩底塑性铰区域的抗震性能试验[J]. 中国公路学报,2019,32(7):100-110.

[11] SAIIDI M,O'BRIEN M,ZADEH S. Cyclic response of concrete bridge columns using superelastic nitinol and bendable concrete[J]. ACI Structural Journal,2009,106(1):69-77.

171. 轨道交通桥梁支座隔振性能研究

王 冰 吴定俊 李 奇
(同济大学土木工程学院桥梁工程系)

摘 要：为了研究支座的竖向刚度对城市轨道交通桥梁的隔振性能的影响，通过试验测得了盆式橡胶支座和球形钢支座的竖向刚度。通过现场振动试验结果，比较了采用盆式橡胶支座和球形钢支座的两座桥梁的支座处梁底和墩顶振动响应。为了进一步探索支座刚度、支座位置和列车运行速度对于桥梁隔振性能的影响，利用车桥耦合振动分析软件建立车-轨-桥耦合振动模型。结果显示：轨道交通桥梁在列车作用下的高频（50Hz 以上）振动加速度远大于低频（0~20Hz）加速度响应，支座对高频区域的减振效果较低频区更为显著；随着支座刚度增加，支座处梁底振动响应减小（16~80Hz），高频区段墩顶振动响应增大；靠近 T 形墩悬臂端的支座处减振明显低于靠近 T 形墩根部的支座处；对于不同刚度参数的桥梁，不同支座位置处的振动响应和振级减振量随速度的变化并不完全遵循相同的规律。

关键词：轨道交通 桥梁 支座 隔振性能 车-轨-桥耦合振动

1 引言

20 世纪 60 年代前，我国大跨度桥梁的支座普遍采用钢支座，1978 年后，橡胶支座的规格品种获得了较大发展。目前新建的公路桥梁大部分使用各类橡胶支座。但是桥梁橡胶支座的产品质量、使用寿命和老化已成为公路工程界十分关注的问题[1]。轨道交通对桥梁竖向、横向及纵向刚度要求高，在支座选型时一般采用刚度较大的盆式橡胶支座或球形钢支座，其中盆式橡胶支座在我国铁路中桥梁中占一半以上[2]。这两种支座都具有承载能力高、转角大、转动灵活、传力可靠、耐久性好等优点，在公路及铁路桥梁中均有广泛应用。过去一段时间，盆式橡胶支座的应用更为普遍，仅在对承载能力和变形有更高要求或低温环境下才选择球形钢支座。

除了常规的支座变形性能和耐久性外，关于支座对地震作用的隔震研究一直是研究的热点。汪洋等[3]采用地震模拟振动台对盆式橡胶支座的动力性能及产品设计等进行了试验研究，结果表明：盆式橡胶支座在强震作用下能够有效延长结构自振周期，具有较好的隔震和减震性能；在超烈度强震作用下，盆式橡胶支座的中间钢衬板磨损较为严重，橡胶密封圈存在被挤出的危险。

高架轨道交通在轨道不平顺、车轮不圆度和车辆轴重等激励下，产生车辆—轨道—桥梁的动力相互作用,引起桥梁上部结构的振动并辐射噪声[4]。桥梁支座不但影响通过其传递到桥墩基础及周围土层的力,而且影响上部结构的振动噪声性能及变形性能[4-5]。有关列车作用下弹性支座的隔振性能也引起了工程界的重视。为减轻列车运行对周围环境的振动影响,台湾高铁部分桥梁采用减振支座进行隔振。在宜万铁路宜昌长江大桥上及福厦线闽江桥上也采用了弹性支座进行隔振。蒋通等[5]及李小珍等[4]研究了弹性支座对车致振动的隔振效果。于芳等[6]研究了铅芯橡胶双向隔振铁路桥梁在列车荷载作用下的动力性能。马利衡[7]针对沪宁城际铁路高架段的现场振动测试表明,桥梁支座附近的底座板振动比跨中桥梁振动大12dB左右,值得注意。

在我国高速铁路支座选型过程中,曾组织过不少针对盆式橡胶支座和球形钢支座的性能对比测试研究,但其支座吨位、列车车速及激励特点均与城市轨道交通存在较大差异,故有必要针对城市轨道交通常用跨度简支梁所采用的支座进行对比研究。为探讨支座刚度对于轨道交通桥梁振动及隔振性能的影响,本文采用试验研究和车桥耦合振动分析程序仿真模拟两种方式,分析不同刚度支座的桥梁隔振效果。

2 轨道交通桥梁隔振试验研究

以某采用盆式橡胶支座的地铁线路 A 和采用球形钢支座的线路 B 的高架段 30m 简支梁桥为研究对象,二者采用相似的 U 形梁截面。通过对两种支座进行静力和动力加载试验得到支座刚度,通过现场测试获得线路 A 和线路 B 高架段简支梁桥的车致振动响应情况,根据试验结果分析对比两种支座桥梁的隔振效果。

2.1 支座刚度测试

分别对盆式橡胶支座和球形钢支座进行静态加载试验和动态加载试验,根据试验数据绘出两种支座的竖向位移与荷载的关系曲线,曲线斜率反映支座刚度。将试验结果列于表 1,频率为零代表静态加载。

不同频率荷载作用下两种支座竖向刚度 k 表1

加载频率(Hz)	盆式橡胶支座(MN/m)	球形钢支座(MN/m)
0	2 583	4 928
1	2 269	4 538
5	2 276	4 812
10	2 223	4 850
15	2 040	4 900

2.2 轨道交通桥梁车致振动现场测试

2.2.1 试验方案

各墩位平面及墩顶测点布置如图 1 所示,每个墩上 2 个固定支座(GD1、GD2)、4 个单向活动支座(DX1、DX2、DX3、DX4)、2 个双向活动支座(SX1、SX2)。对采用盆式橡胶支座(线路 A)和球形钢支座(线路 B)的两个桥墩,在桥墩单幅分别布置 8 个竖向加速度测点(A1~A8),每个支座处对应梁底、墩顶各一个测点。采样频率均为 20 000Hz。

当地铁车辆通过试验段时,保持试验设备通电,记录各测点数据。为保证数据可靠性,对线路 A 和线路 B 的试验段进行多次测量,从而记录多组数据以便后续比对。

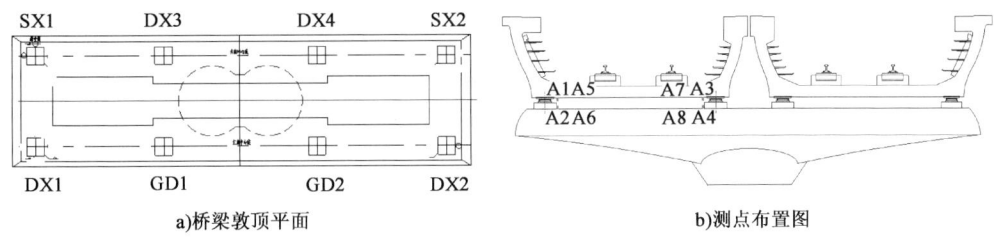

a) 桥梁墩顶平面   b) 测点布置图

图1 振动试验桥梁墩顶平面和测点布置图

2.2.2 试验结果及分析

图2给出了线路A和线路B的DX1支座位置处梁底和墩顶竖向振动加速度的时程图。采用盆式橡胶支座的线路A在DX1支座处的梁底竖向加速度峰值为5.36m/s²，墩顶加速度为3.08m/s²，加速度峰值减小幅度达42.5%；而采用球形钢支座的线路B在相同位置的梁底竖向加速度峰值仅2.33m/s²，墩顶加速度为1.77m/s²，峰值减小幅度仅为24.0%。由此可见，采用盆式橡胶支座的线路A比采用球形钢支座的线路B在DX1支座位置的隔振性能强。SX1、DX3和GD1支座位置处的竖向振动加速度也满足上述规律。

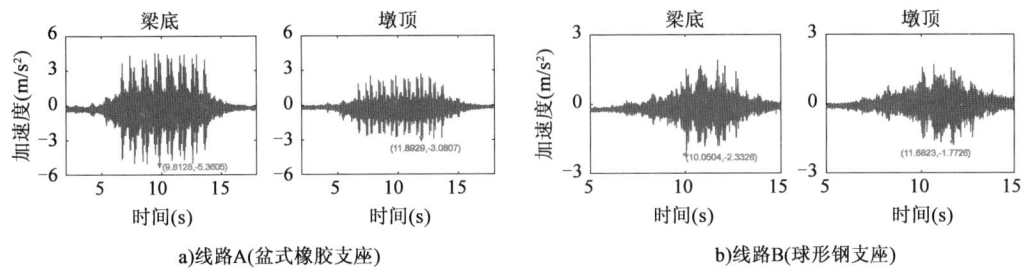

a) 线路A(盆式橡胶支座)   b) 线路B(球形钢支座)

图2 DX1支座梁底和墩顶竖向振动加速度时程图

为探讨支座隔振效果在各个频段上的分布情况，将现场测试的各支座处梁底和墩顶振动信号进行快速傅立叶变换，采用1/3倍频程分析方法，将振动信号集中到有限的26个中心频率上(上限为1 000Hz)。根据《城市区域环境振动测量方法》(GB 10071—88)中振动加速度级VAL的计算公式：

$$\mathrm{VAL} = 20\log\frac{a}{a_0} \quad (\mathrm{dB})$$

式中：a——振动加速度有效值，m/s²；

a_0——基准加速度，$a_0 = 10^{-6}$ m/s²。

将振动加速度按频率转化为振动加速度级。图3给出了线路A和线路B各支座位置处梁底和墩顶的振动加速度级1/3频谱。

由图3可知，轨道交通桥梁在列车作用下的高频(50Hz以上)振动响应远大于低频(0~20Hz)振动响应。由于支座的隔振作用，各中心频率的墩顶振动响应基本上均小于同一支座位置处梁底振动响应，且在高频区域(50Hz以上)的减振效果较低频区更为显著。定义振级减振量为同一支座位置处梁底振动加速度级与墩顶振动加速度级的差值，图3a)和图3b)均反映出靠近T形墩根部(内侧)的DX3支座和GD1支座的振级减振量大于靠近T形墩悬臂端(外侧)的SX1支座和DX1支座。

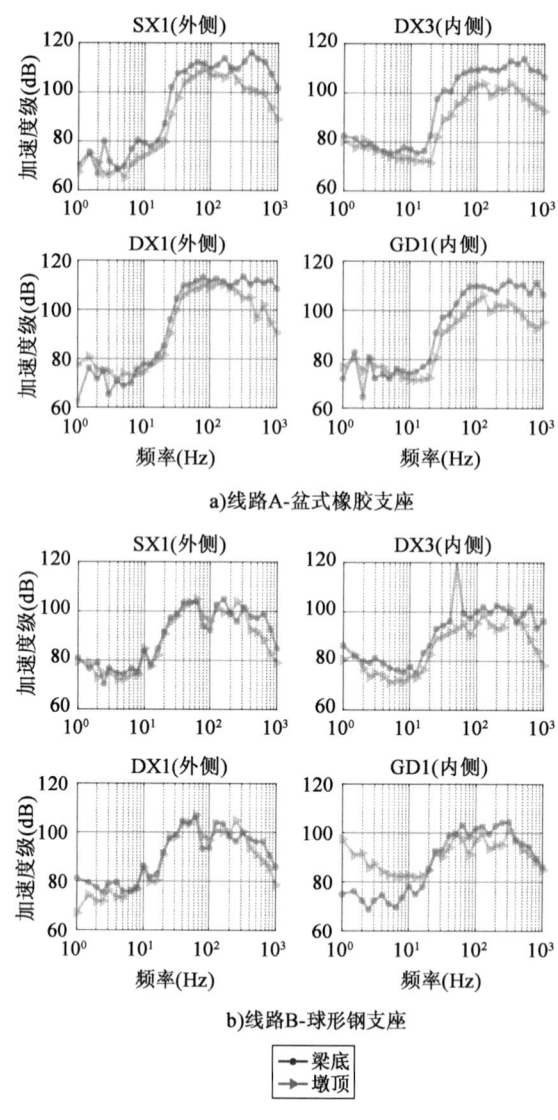

图3 现场测试梁底和墩顶竖向振动加速度级1/3倍频谱

对比线路 A 和线路 B 的振动加速度级 1/3 频谱图可知,采用盆式橡胶支座($k=2\,583\,\text{MN/m}$)的线路 A 的各支座位置处振动加速度级峰值和高频振级减振量均高于采用球形钢支座($k=4\,928\,\text{MN/m}$)的线路 B。不过,由于线路 A 和线路 B 的地铁车型和列车速度均有不同,列车荷载不一致,所以无法直接推断出振动加速度级和振级减振量的变化是由于支座刚度的差别导致。为进一步探索支座刚度对桥梁隔振性能的影响,需要控制列车荷载一致,以桥梁支座刚度为唯一变量,分析桥梁各测点位置振动响应的变化。

3 轨道交通桥梁隔振性能仿真分析

本文采用同济大学车桥耦合振动分析软件 VBC(Vehicle-Bridge Coupling)[8]对轨道交通桥梁车致振动进行模拟计算,分析支座刚度、支座位置和速度等参数对于桥梁隔振性能的影响。

3.1 车—轨—桥耦合振动模型

为提高计算精度,根据图1的轨道截面、U形梁截面和T形墩,借助大型有限元软件ANSYS分别建立轨道、U形梁和T形墩有限元模型,将节点信息和自振计算结果输入VBC,并在VBC中用弹簧—阻尼单元模拟连接轨道与U形梁轨枕的扣件以及连接U形梁和桥墩的桥梁支座,从而模拟出一座完整的三跨简支梁桥。车辆模型采用线路A运行的6节编组地铁B型车,轨道不平顺采用美国六级谱。

为探索支座刚度对于轨道交通桥梁隔振性能的影响,参考线路A和线路B实际所用支座的刚度,选定四种竖向刚度分别为1 000MN/m、1 500MN/m、2 500MN/m、5 000MN/m的支座进行分析。考虑到地铁列车实际行驶速度在设计速度上下浮动,且车速对桥梁振动影响较为显著,在车—轨—桥耦合振动模型中,拟定列车以四挡速度(60km/h、80km/h、100km/h、120km/h)行驶于轨道交通桥梁上。

3.2 仿真结果和影响因素分析

3.2.1 支座刚度对桥梁隔振的影响

图4给出列车运行速度为80km/h时,计算得到的DX3支座的振动加速度级1/3倍频谱。由图4可见,不同刚度支座位置处的梁底和墩顶振动响应均在频率为63Hz左右达到峰值。随着支座刚度的增加,支座处梁底振动响应减小,在16~80Hz频段内减振效果尤为显著,这是由于墩梁整体性增加,减小了上部结构振动的缘故;而同一支座位置处墩顶在频率低于80Hz的振动响应范围内随着支座刚度的变化差异很小,但在高频区段(160Hz以上)振动响应随支座刚度的增加显著增大,这是由于高刚度支座本身的减振耗能性能较低刚度支座差的缘故。图5a)列出了不同支座刚度参数下桥梁支座处振级减振量频谱,可见振级减振量在16~80Hz和160~1000Hz两个频段内随支座刚度增大而减小的趋势十分明显,这种规律与图4分析结果完全呼应。图5b)给出了不同支座刚度参数下桥梁支座处振级减振量频谱,将在下一小节分析。

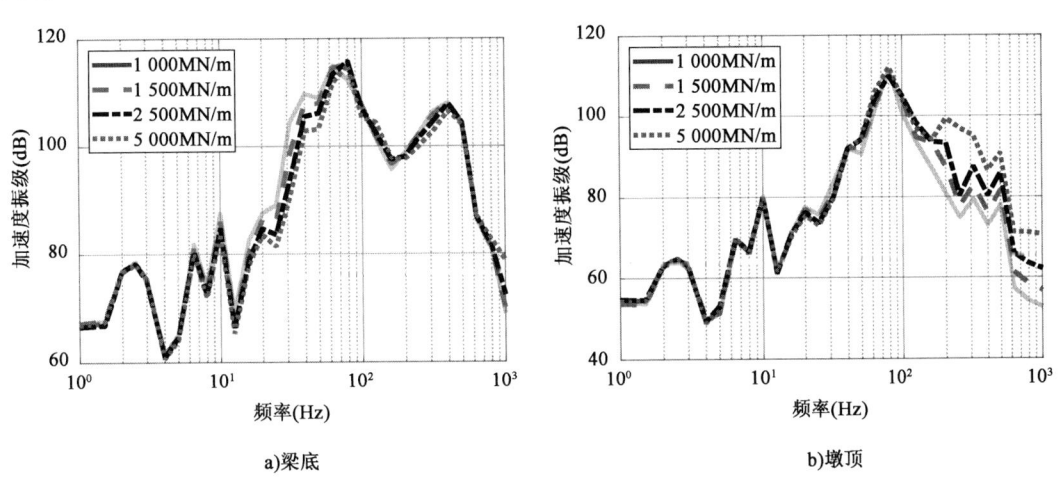

图4 不同支座刚度参数下桥梁梁底和墩顶竖向振动加速度级1/3倍频谱

3.2.2 支座位置对桥梁隔振的影响

同样,对仿真计算结果进行分析,发现在不同列车运行速度和不同支座刚度参数下,支座位置对于桥梁振动响应的影响所遵循的规律相似,故本文只列80km/h运行速度下刚度参数为2 500MN/m的各支座的振动加速度级1/3倍频谱,如图6所示。

由图6可知,靠近T形墩悬臂端(外侧)的SX1和DX1支座的梁底和墩顶振动响应在8～315Hz频段内几乎没有差异,而靠近T形墩根部(内侧)的DX3支座和GD1支座的振级减振量的各个频率成分均较大。这是因为T形墩悬臂端的竖向刚度较小所致。借助ANSYS软件对前述T形墩有限元模型悬臂端墩顶处施加竖向简谐荷载,计算得出悬臂端竖向刚度远小于支座刚度,故可看作将刚性支座置于弹性弹簧(墩悬臂端)之上,支座减振耗能的作用微乎其微。

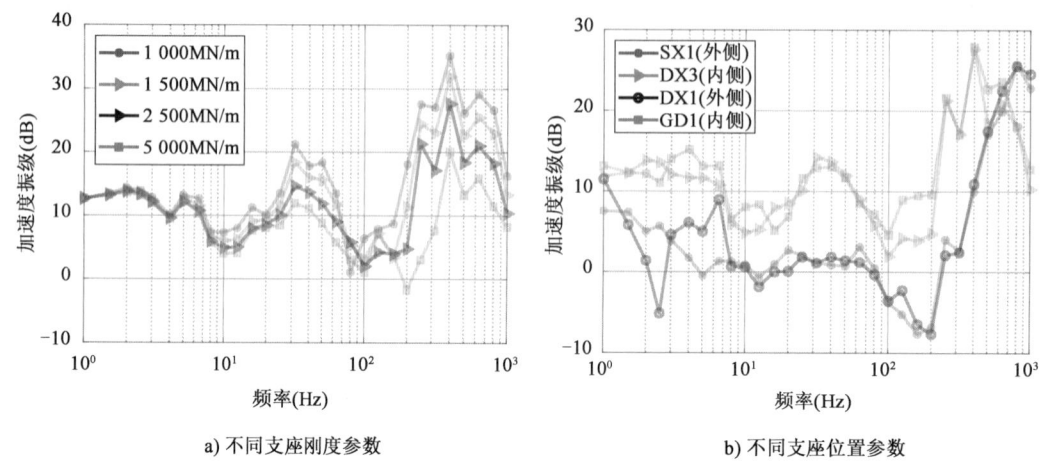

图5 仿真计算支座处振级减振量1/3倍频谱

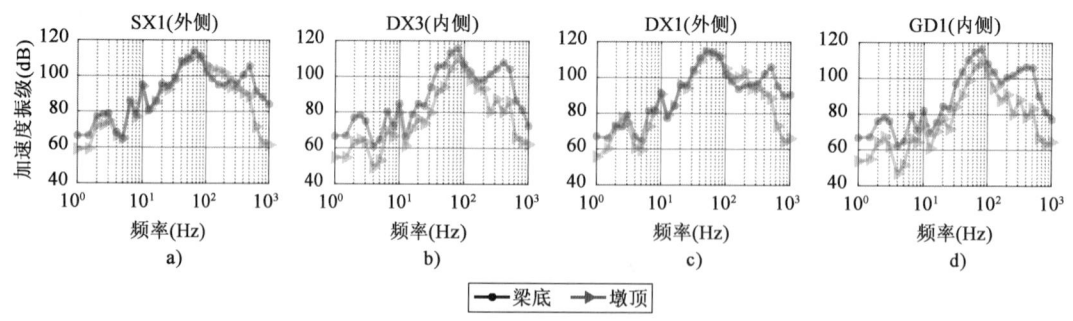

图6 不同支座位置参数下桥梁梁底和墩顶竖向振动加速度级1/3倍频谱

3.2.3 列车运行速度和支座刚度对桥梁振动的综合影响

考虑到支座的隔振作用对于不同频率成分的振动有所差异,以振动响应峰值对应的频率(63Hz)振动为研究对象,分析桥梁在该频率的振动加速度级与列车运行速度和支座刚度两种参数的关系,结果见图7。

由图7可见,随着速度的增加,不同刚度的支座梁底和墩顶振动响应呈现出不同的规律。当支座刚度为1 000MN/m或1 500MN/m时,DX3支座梁底加速度振级与列车运行速度成正相关关系,当支座刚度为5 000MN/m时,SX1支座墩顶和梁底加速度振级也随速度增加而增大。但其他情况下梁底和墩顶的振动响应与速度并不满足这种正相关关系,这是因为车—轨—桥是一个复杂的时变系统,支座的刚度会影响桥梁的固有频率,列车在桥上的运行速度影响列车车轴对桥梁的激励频率,且支座放置位置的桥墩局部刚度也有差异,所以对于不同的支座刚度和不同的支座位置,桥梁的振动响应和振级减振量随速度的变化关系并不统一。

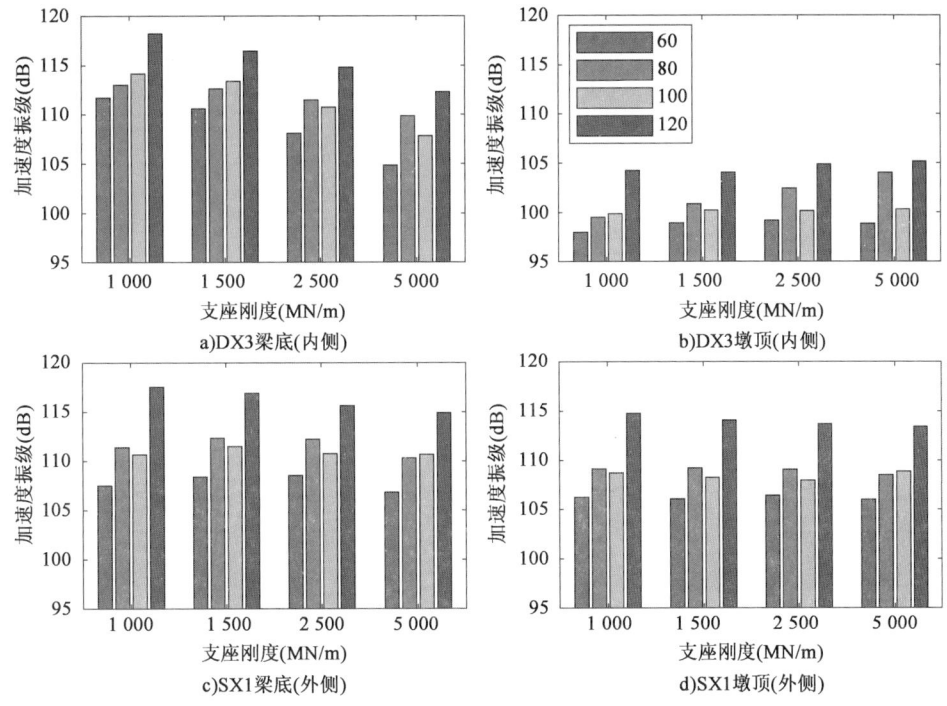

图7 不同速度和不同支座刚度参数下桥梁梁底和墩顶竖向振动加速度级($f=63Hz$)

4 结语

本文通过现场测试和仿真模拟两种不同的方法,分析了桥梁支座处梁底和墩顶振动响应的频谱规律,研究了支座刚度、支座放置位置和列车运行速度对于桥梁隔振性能的影响。结论如下:

(1)轨道交通桥梁在列车作用下的高频(20~160Hz)振动响应远大于低频(0~20Hz)振动响应,且在高频区域(50Hz以上)的减振效果较低频区更为显著。

(2)随着支座刚度增加,支座处梁底振动响应减小,在16~80Hz频段内减振效果尤为显著,而在高频区段(160Hz以上)振动响应随支座刚度的增加而增大,振级减振量在16~80Hz和160~1000Hz两个频段内随支座刚度增大而减小的趋势十分明显。

(3)靠近T形墩悬臂端的支座处振级减振量明显低于靠近T形墩根部的支座处,这是由于T形墩悬臂端的竖向刚度远小于支座刚度。

(4)由于支座刚度和列车运行速度分别影响桥梁的固有频率和列车荷载激励频率,所以不同位置处的桥梁振动响应和振级减振量随速度的变化并不完全遵循相同的规律。

参 考 文 献

[1] 周明华,葛宝翔.公路桥梁橡胶支座的使用寿命与应用对策[J].土木工程学报,2005(6):92-96.

[2] 卢瑞林,胡宇新,郭红锋,等.盆式橡胶支座中国铁路标准与欧洲标准的对比研究[J].铁道标准设计,2012(2):54-58.

[3] 汪洋,曹加良,施卫星.盆式橡胶支座基础隔震结构地震模拟振动台试验研究[J].建筑结构,2013(7):9-13.
[4] 张志俊,李小珍,张迅,等.弹性支座对桥梁车致振动的隔振效果研究[J].工程力学,2015(4):103-111.
[5] 蒋通,马超勇,张昕.弹性支承条件下车—桥体系的振动分析[J].力学季刊,2004(2):256-263.
[6] 于芳,周福霖,温留汉·黑沙.设置双向隔震支座铁路桥梁的耦合振动响应[J].东南大学学报(自然科学版),2010(3):565-569.
[7] 马利衡.沪宁城际高速铁路振动及其对周围环境影响研究[D].北京交通大学,2015.
[8] 李奇.车辆—桥梁/轨道系统耦合振动精细分析理论及应用[D].上海:同济大学,2008.

172. 近断层铁路32m简支梁摩擦摆支座适应性研究

董 俊 曾永平 陈克坚 杨国静

(中铁二院工程集团有限责任公司)

摘 要:为研究摩擦摆支座在近场地震区铁路典型简支梁桥上的适用性,以某高烈度区铁路典型32m预应力混凝土简支梁桥为工程背景,开展了普通球形钢支座和摩擦摆减隔震支座条件下的桥梁抗震性能的对比分析,计算分析了6种不同水准地震作用下桥梁的地震响应,对比研究了不同水准下采用摩擦摆减隔震支座后桥梁墩底内力、墩顶位移的减震效果。研究结论:①在小震作用下,摩擦摆支座可以承担普通球形钢支座的功能;②在中强地震作用下,摩擦摆支座可以很好地保护桥墩构件,延长结构周期,消耗地震能量,对简支梁桥具有很好的减隔震效果;③在大震作用下,采用摩擦摆支座后,墩梁的地震相对位移较大,因此建议采用限位装置与摩擦摆支座配套使用,限制上部结构出现过大的地震位移;④本文研究成果可为近断层强震区铁路简支梁桥抗震设计提供支撑。

关键词:桥梁工程 摩擦摆支座 高烈度 抗震性能 减震率

1 引言

随着我国西部铁路交通网的迅速发展,大量铁路线跨越地形复杂、山高谷深、沟壑纵横的地区,简支梁桥被广泛采用。我国西部地区地震分布十分广泛,地震活动断裂带分布密集[1]。国内外已有震害表明,震区桥梁的损坏坍塌,不仅阻碍当时的救灾行动,而且直接影响灾后的恢复重建工作。随着我国西部山区铁路交通运输的不断发展,抗震问题必将成为该地区桥梁抗震的关键技术难题,提高桥梁结构的抗震性能已成为目前急需解决的问题。

摩擦摆支座是一种有效的干摩擦滑移隔震体系,由美国的Zayas首先提出,后来Zayas博士创办了EPS公司专门做摩擦摆隔震产品。由于其具有良好的性能,近年来受到了国内外学者较为深入的研究,并在国内外已成功地应用于许多实际桥梁工程中。董擎[2]通过采用非线性时程分析法,研究了某城市90m+170m+90m连续梁桥采用摩擦摆支座前后的减震效果,验证了摩擦摆支座的可行性。廖平[3]等人针对高烈度地区高速公路典型简支梁桥,开展了摩擦摆支座的地震响应特性研究,研究了支座曲率半径对各桥墩地震响应的影响规律。王宝夫[4]

基金项目:四川省重点研发项目(2019YFG0048),中国中铁二院科研项目(KYY2018059(18-20))。

等人以某近海公路连续梁桥为工程背景,基于反应谱法和快速非线性分析两种方法,研究摩擦摆支座与板式橡胶支座对桥梁的地震响应,对比研究了两种支座的适应性。宋松林[5]等人详细介绍了摩擦摆支座的构造及减震特性,并针对某主跨104m公路连续梁桥开展了减隔震特性研究。虽然各国学者开展了摩擦摆支座的减隔震设计,但国内主要应用于公路桥梁结构中,而很少应用于铁路桥梁工程中。

为了研究摩擦摆支座和普通球形钢支座对铁路典型简支梁桥抗震性能的影响,以某高烈度区典型32m简支梁桥为研究对象,对普通球形钢支座和摩擦摆减隔震支座(FPB)条件下的桥梁地震响应进行了对比分析,对比了两种支座条件下典型铁路简支梁桥的动力特性,比较分析了采用摩擦摆减隔震支座后桥梁墩底内力、墩顶位移与非减隔震支座的计算结果。

2 摩擦摆支座分析理论

摩擦摆支座包括一个具有球形曲面的滑块和球形铸钢滑动曲面。铸钢曲面和滑块曲面具有相同的曲率半径,可以很好地相切,在竖向荷载作用下,曲面压应力均匀。地震发生时,摩擦摆支座的摆动球面板沿下支座板摆动,球面板的高程发生变化,使上部结构抬高,通过势能做功,将地震能量转化为势能和摩擦产生热能,达到消耗地震能量的目的。支座的摆动球面板在地震发生后,通过上部结构的自重自动复位,避免震后调整工序。支座可以在任何方向滑动,其尺寸主要由最大设计地震位移控制。图1为意大利Alga公司研发的摩擦摆式减隔震支座。

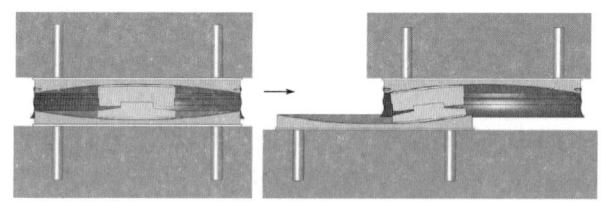

图1 摩擦摆支座示意图

目前国内外学者[6-7]针对双曲面摩擦摆支座的恢复力模型进行了大量的分析研究,但很少考虑销钉剪断对桥梁结构地震响应的影响。本文针对西部高烈度地区典型铁路简支梁桥实际抗震需求和复杂、特殊的地质条件,模拟销钉对桥梁结构地震响应的影响。摩擦摆支座中销钉主要起到限位作用,假定销钉剪力与销钉剪切面相对位移的关系如图2a)所示,$K_o = P/D_1$,其中K_o为销钉的刚度,P为销钉承受的水平剪力,D_1为销钉剪切面的相对位移。将不带销钉的摩擦摆支座的恢复力模型[4]与销钉的力学模型进行叠加,便可得到带销钉的摩擦摆支座恢复力模型,如图2b)所示。

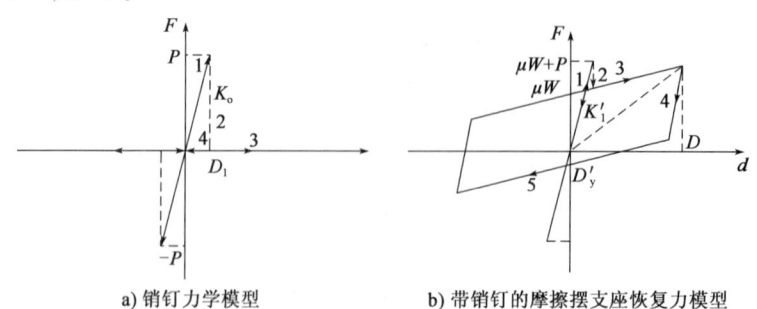

a) 销钉力学模型   b) 带销钉的摩擦摆支座恢复力模型

图2 摩擦摆支座恢复力模型

3 工程实例分析

3.1 工程背景

本文以西部高烈度区典型铁路32m简支梁桥为工程背景,选取32m+32m两跨简支梁桥作为抗震计算分析的研究对象,研究25m典型墩高简支梁桥采用摩擦摆支座后的抗震性能。该桥梁上部结构主梁为预制后张法简支T梁,主梁梁高为2.7m,由两片T梁组合而成。主梁总宽4.86m,采用C55混凝土,自重297.6t,二期恒载为101.26kN/m。桥墩为圆端形桥墩,简支梁各桥墩墩高相同,桥墩横向尺寸为4.91m,纵向跨度为3.41m,墩身混凝土为C35,配筋率为1.23%。本文对比了普通球形钢支座和摩擦摆支座条件下典型铁路简支梁桥的抗震性能,两种支座参数分别见表1和表2。

铁路桥梁摩擦摆支座技术参数表   表1

型号	转角(rad)	水平承载力(kN)		正常位移(mm)		地震位移(mm)		曲率半径(mm)	
		纵向	横向	纵向	横向	纵向	横向	纵向	横向
TJGZ-FPB-3000GD-0.2g	0.01	400	400	—	—	±100	±100	1 500	1 500
TJGZ-FPB-3000ZX-0.2g	0.01	100	400	±30	—	±100	±100	1 500	1 500

普通球型钢支座技术参数表   表2

型号	竖向承载力(kN)	水平承载力(kN)	转角(rad)	设计位移(mm)	
				纵向	横向
TJGZ-Q3000-GD-0.2g	3 000	600	0.02	—	—
TJGZ-Q3000-ZX-0.2g	3 000	100	0.02	±30	—

3.2 有限元模拟

采用OpenSees软件建立全桥有限元模型。主梁采用梁单元进行模拟,考虑自重、二期恒载;桥墩采用纤维单元模拟,赋予单元中钢筋、普通混凝土和约束混凝土相应的本构关系,桥墩混凝土材料采用Kent-Scott-Park本构模型,普通混凝土材料本构关系相关参数依据《混凝土结构设计规范》(GB 50010—2010)进行取值,约束混凝土相关参数采用Mander模型计算得到,钢筋的应力应变关系由Giuffré-Menegotto-Pinto模型确定;摩擦摆支座用双线性理想弹塑性弹簧单元模拟,销钉采用MinMax材料进行模拟,桥梁桩基础采用纤维单元进行模拟,依据《铁路桥涵地基和基础设计规范》(TB 10002.5—2005)确定桩土作用效果,即土弹簧刚度。基于上述模拟方法,利用OpenSees建立了如图3所示的全桥有限元计算模型,1号、2号、5号、6号为固定支座,其他为活动支座。

3.3 地震动选取

本文考虑六种地震设防水准,详见表3,结合工程场地等的特点,采用地震安评报告给的50年超越概率63%、10%、2%和100年超越概率63%、10%、2%的反应谱来拟合生成地震动数据,采用双指标控制选择地震动,通过控制实测地震动加速度反应谱值的两个频率段来生成地震动[8]。每种地震水准下均有20条地震动数据,由于篇幅有限,这里仅给出部分水准地震加速度反应谱(图4)。

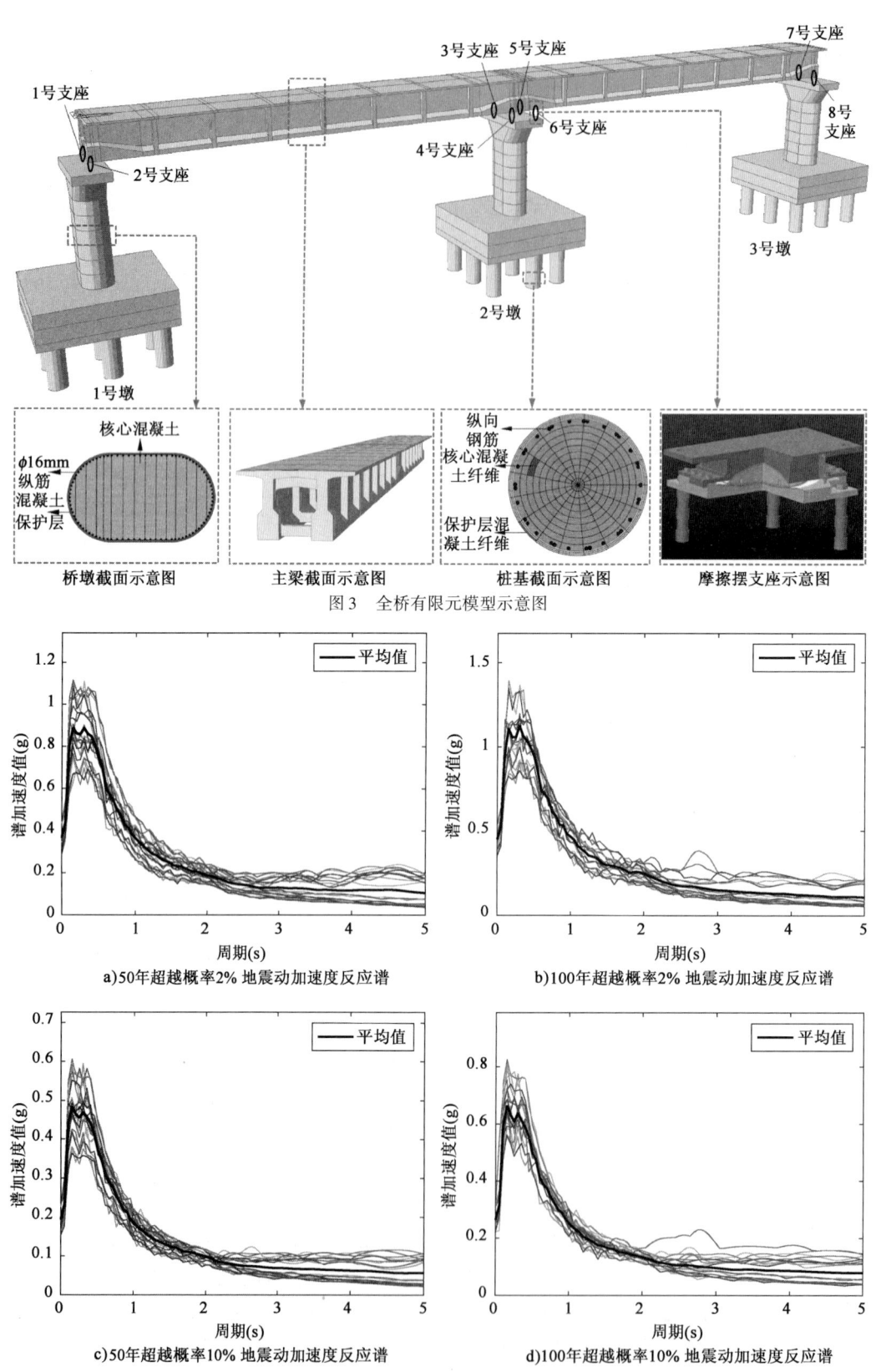

图3 全桥有限元模型示意图

a)50年超越概率2%地震动加速度反应谱

b)100年超越概率2%地震动加速度反应谱

c)50年超越概率10%地震动加速度反应谱

d)100年超越概率10%地震动加速度反应谱

图4 部分水准对应的加速度反应谱

6 级地震设防水准　　　　　　　表 3

设防水准	地震水平	超越概率	重现期
水准 1	小地震	50 年 63%	50 年
水准 2	中小地震	100 年 63%	100 年
水准 3	中震	50 年 10%	475 年
水准 4	中大地震	100 年 10%	949 年
水准 5	大震	50 年 2%	2475 年
水准 6	特大地震	100 年 2%	4950 年

3.4 地震响应分析

利用 OpenSees 软件对 25m 墩高简支梁桥开展了抗震计算分析,分别对设置普通球形钢支座、摩擦摆支座的桥梁进行沿顺桥向的地震时程分析,下文将分别给出两种支座类型下的地震响应分析结果。

为便于分析,对各桥墩及墩顶支座进行编号,如图 3 所示。因 2 号桥墩及其墩顶支座在地震作用下受力与变形情况与实际相符,而 1 号和 3 号桥墩与实际桥梁边界条件不吻合,故下文将围绕 2 号桥墩及其对应支座开展抗震分析研究。

3.4.1 支座地震响应分析

由于篇幅有限,下面仅给出 50 年发生概率 2% 地震水准 wave1 地震作用下,两种支座类型对应的桥梁支座相对位移时程曲线。

由图 5a)分析可知:普通固定支座在地震作用下,主梁在支座中心来回摆动,摆动频率较大,最大支座位移为 3.5mm 左右,而 2 号墩顶活动支座的最大时程位移约 9cm。震后主梁在 2 号墩上发生了 4cm 的漂移。由图 5b)分析可知:摩擦摆支座明显延长了上部结构的振动周期,但摩擦摆支座的地震位移较大,且主梁在地震作用后发生了约 9cm 的漂移。

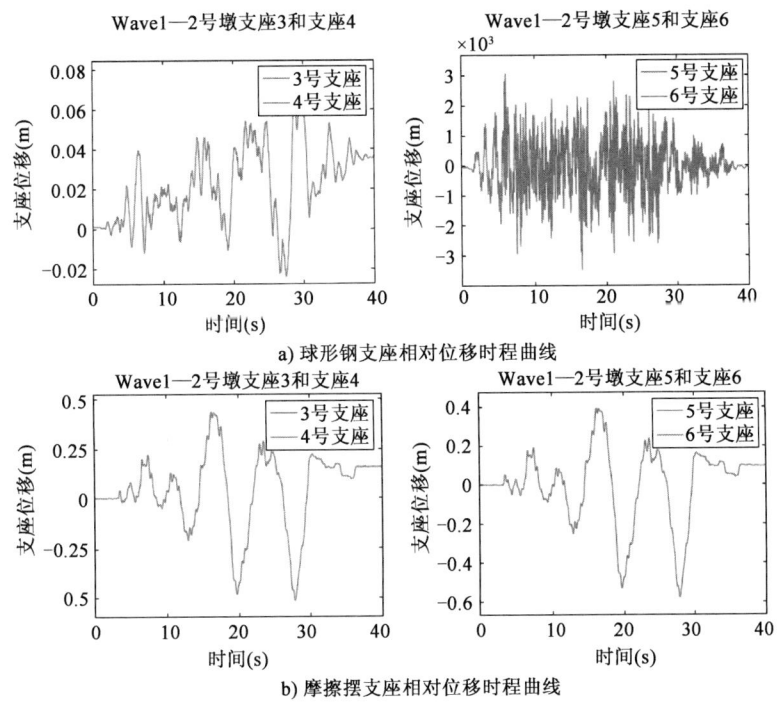

图 5

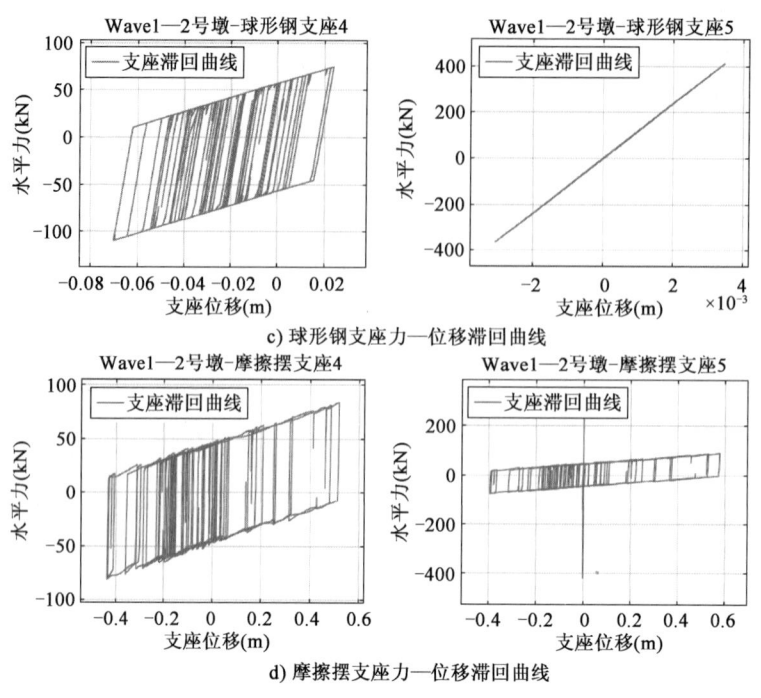

图5 2号墩支座地震响应分析结果

由图5d)分析可知:对于2号墩顶的固定摩擦摆支座,在地震作用下,支座自身的销钉被剪断,销钉剪断即限位装置解除约束,摩擦摆支座以设置好的摩擦系数和刚度进行滑移,延长了桥梁结构振动周期,同时通过摩擦耗能,逐步消耗地震能量。其他工况地震作用下,各支座的滞回耗能曲线有类似的规律,不再详述。

3.4.2 桥墩地震响应分析

桥墩为桥梁结构的主要受力构件,在地震作用下容易发生损伤破坏[9],因此通过分析桥墩的地震响应可以更好地表明两种支座的隔震效果。由于篇幅有限,图6仅给出50年发生概率2%条件wave1地震作用下2号桥墩的滞回耗能曲线。由图6分析可知,在两种支座工况下2号桥墩屈服,出现塑性铰,桥墩出现了一定的损伤破坏,但摩擦摆支座与普通球形钢支座桥墩的滞回曲线相比,桥墩耗能明显降低,这说明摩擦摆支座有效地降低了桥墩受到的地震力作用。

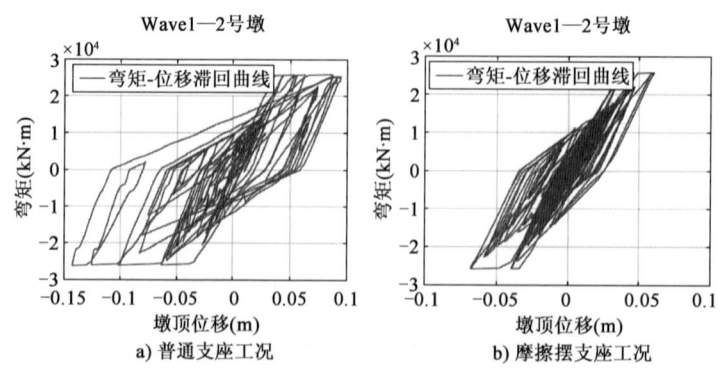

图6 2号墩墩底弯矩—墩顶位移滞回曲线

为了评估各桥墩在各种地震水准作用下的损伤状态,参考文献[9~10]有关桥梁墩柱地震损伤指标及量化方法,确定各桥墩在轻微损伤、中等损伤、严重损伤、完全破坏状态对应的损伤指标临界值,以此来评估每种地震水准下桥梁结构的地震损伤状态。由图7分析可知,摩擦摆支座条件下桥墩的损伤破坏概率明显减低,这说明摩擦摆支座对桥墩起到了很好的保护作用,具有良好的减震效果。

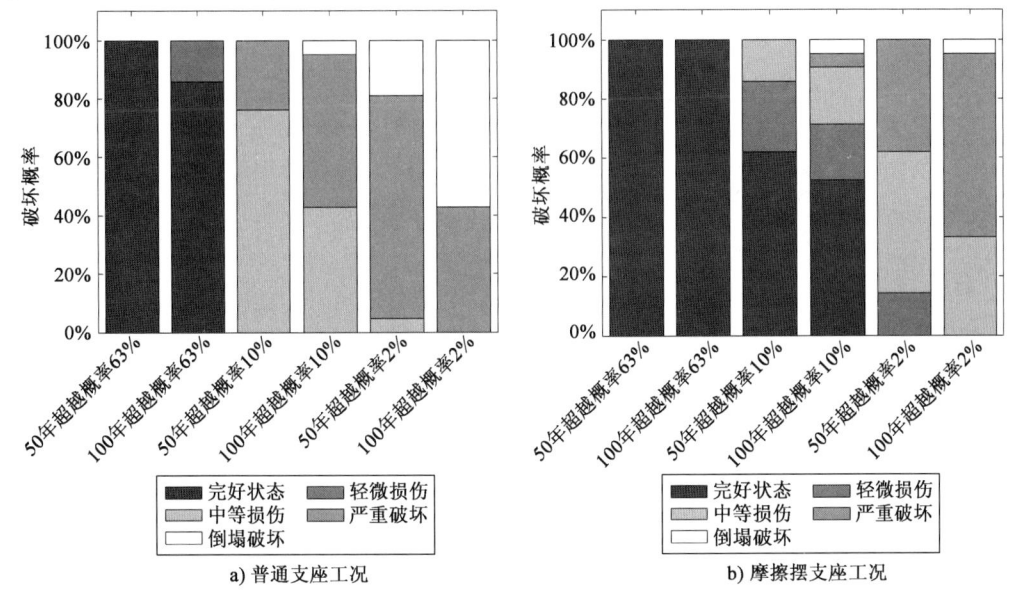

图7 2号桥墩地震损伤状态概率分布图

3.4.3 地震响应对比分析

为评价摩擦摆支座在典型铁路32m简支梁桥的适应性,对采用摩擦摆支座的隔震桥梁与采用普通球形钢支座的非隔震桥梁进行地震响应的对比分析。分析计算结果取每种地震水准下结构最大响应的平均值,分别比较2种支座工况下桥墩墩底内力、墩顶位移的减震率。

图8给出了2号桥墩在6种地震水准下墩顶位移减少率平均值分布图。分析可知,随着地震动强度的不断增大,摩擦摆支座对桥墩墩顶位移的减震效果越来越明显,说明地震越大,摩擦摆支座的减震效果越好。在小震作用下,摩擦摆支座可以承担普通支座的功能要求,在大震作用下,摩擦摆支座较好地保护了桥墩构件,达到了减震耗能的目的,平均减震率达到50%以上。

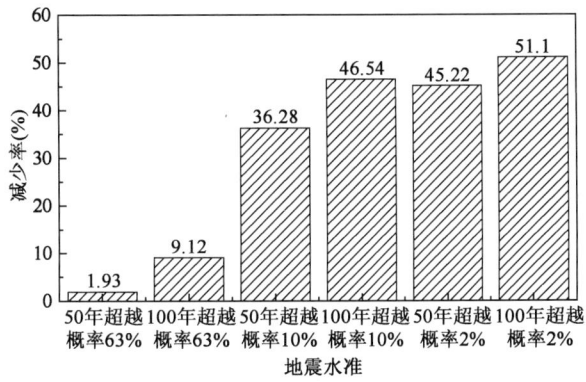

图8 2号桥墩墩顶位移减少率平均值

图9给出了2号桥墩在6种地震水准下墩底弯矩减少率平均值分布图。分析可知,采用摩擦摆支座可以减少2号桥墩的墩底弯矩,随着地震水准逐渐增加,摩擦摆支座对墩底弯矩的减少率也呈先增加后减小的趋势。在50年超越概率63%、100年超越概率63%水准地震作用下,摩擦摆支座对桥墩墩底弯矩的减少率普遍小于10%,在50年超越概率10%和100年超越概率10%、50年超越概率2%、100年超越概率2%水准地震作用下,摩擦摆支座对桥墩墩底弯矩的减少率普遍大于10%,在100年超越概率10%水准下达到最大减震率22.4%。

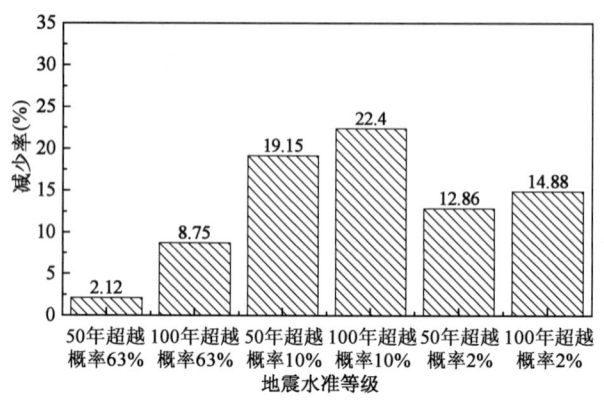

图9　2号桥墩墩底弯矩减少率平均值

图10给出了2号桥墩在6种地震水准下墩顶位移减少率平均值分布图。分析可知,采用摩擦摆支座可以减少2号桥墩的墩底剪力,各地震水准下的减震率变化规律与弯矩计算结果类似,这里不再详述。

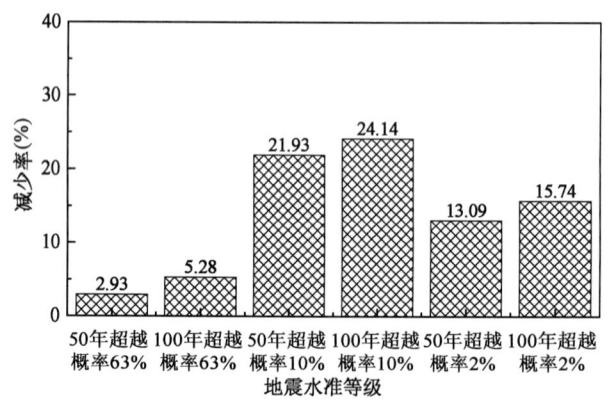

图10　2号桥墩墩底剪力减少率平均值

4　结语

本文针对西部高烈度区某典型单线铁路两跨32m简支梁桥,基于OpenSees桥梁专业抗震计算软件建立全桥三维非线性有限元模型。开展了普通球形钢支座、摩擦摆支座条件下简支梁桥的抗震计算分析,分析研究了采用摩擦摆支座后典型25m墩高简支梁桥的减震隔震效果,主要研究结论如下:

(1)对于25m墩高的简支梁桥,在地震作用下,采用摩擦摆支座后,桥墩的耗能情况显著降低,摩擦摆支座有效降低了桥墩受到的地震力作用,减少了桥墩构件的地震损伤程度。

(2)在小震作用下,摩擦摆支座可以承担普通球形钢支座的功能,在大震作用下摩擦摆支座可以较好地保护桥墩构件,延长结构周期,消耗地震能量,对铁路简支梁桥具有良好的减隔震效果。

(3)计算分析表明:在高强地震作用下,采用摩擦摆支座后,支座的地震相对位移较大,主梁在地震中出现一定的漂移,因此建议采用限位装置(如减震卡榫等)与摩擦摆支座配套使用,限制上部结构出现过大的地震位移,并通过专项研究确定限位装置与摩擦摆支座的相关设计参数。

参 考 文 献

[1] 李乔,赵世春.汶川大地震工程震害分析[M].成都:西南交通大学出版社,2008.
[2] 董擎.基于摩擦摆支座的城市大跨连续梁桥减震性能研究[J].世界桥梁,2014,42(6):46-49.
[3] 廖平,赵人达,贾毅,等.双曲面摩擦摆支座参数对桥梁地震响应的影响[J].东南大学学报(自然科学版),2016,46(6):1251-1256.
[4] 王宝夫,韩强,杜修力.滑动摩擦支座隔震桥梁地震反应分析[J].土木工程学报,2016,49(2):85-90.
[5] 宋松林,武星.应用摩擦摆支座的连续梁桥地震响应分析[J].公路,2013,6(6):116-118.
[6] 庄军生.桥梁减震、隔震支座和装置[M].北京:中国铁道出版社,2012:1-10.
[7] PROVIDAKIS C P. Effect of supplemental damping on LRB and FPS seismic isolators under near-fault ground motions [J]. Soil Dynamics and Earthquake Engineering,2009,29(1):80-90.
[8] 杨溥,李英民,赖明.结构时程分析法输入地震波的选择控制指标[J].土木工程学报,2000,33(6):33-37.
[9] 董俊.铁路高墩大跨刚构—连续组合体系桥梁近场地震易损性分析研究[D].成都:西南交通大学,2016.

173. 摩擦摆支座在单线铁路简支梁桥中适用的墩高范围

刘伟[1] 杨吉忠[1] 魏标[2] 符云集[2] 蒋丽忠[2] 王祯伟[3] 李姗姗[4]

(1. 中铁二院工程集团有限责任公司；2. 中南大学；
 3. 浙江省交通规划设计研究院；4. 江苏建筑职业技术学院)

摘 要：本文利用 OpenSEES 软件，模拟常用的 32m 跨度单线铁路简支 T 梁桥在两种不同支座（普通支座和摩擦摆支座）、不同墩高情况下的减隔震率，以确定摩擦摆支座在单线简支梁桥中适用的墩高范围。在输入地震相同的情况下，对比采用两种不同支座的桥梁的地震响应，并以不同墩高情况下的摩擦摆支座的墩顶位移减隔震率与墩底弯矩减隔震率为减隔震率指标，确定了摩擦摆支座在单线铁路简支梁桥中适用的墩高范围：当纵、横向墩顶位移减隔震率大于55%，且纵、横向墩底弯矩减隔震率大于25%时，摩擦摆支座在常用单线铁路简支梁桥的适用墩高范围为0~37m。

关键词：单线铁路　32m 简支梁桥　摩擦摆支座　墩高　减隔震

1 引言

中西部地区是我国的地震高发区之一，最近100年已经记录到了11次8级以上的强震。有关学者[1-2]对5.12汶川地震的灾后调查表明，四川境内的宝成、广岳铁路线的桥梁损毁严重，主要震害表现有：桥墩在施工缝处的剪断破坏、墩底混凝土弯曲受压引起的剥落或局部压溃破坏以及大量支座的螺栓剪断破坏等；庄卫林等[3]通过统计国内外111座大地震中简支梁桥的震害发现，60%以上的震害表现为支座的支承破坏和桥墩损伤。另一方面，桥墩和支撑做了减隔震措施的桥梁震害较小，2010年智利8.8级地震范围中的6 000多座桥梁中只有30座无法通行[4]，日本的新干线在2011年日本东海岸地震后几乎完好，且东部沿线的普通铁路震害很小[5]。

因此，应该对桥梁进行抗震与减隔震设计，而传统的桥梁延性抗震设计以桥墩损伤为代价[6]，且结构损伤会累积，必须及时加固；减隔震技术可以通过延长结构周期来减小震害表现，并通过减隔震装置来吸收地震能量，是被实践证明了的有效防震手段[3-7]。在各种减隔震措施中，利用了单摆原理[8]的摩擦摆支座对地震频率敏感性低，且稳定性高，可以有效减小主

基金项目：国家自然科学基金资助项目(51778635;51778630)，基于动力吸振原理的高墩简支梁桥抗震技术研究(科2018-07)，江苏省住房和城乡建设厅项目(2017ZD012)，四川省科技计划项目(2019YFG0048)，湖南省自然科学基金项目(2019JJ40386)，高烈度地震区(成兰)铁路桥墩抗震综合试验专题(CLRQT-2015-010)

梁加速度和桥墩剪力[9-10],已经在铁路桥梁上得到逐步应用。

在铁路桥梁的高墩中运用摩擦摆支座时,并不一定能达到预期的减隔震效果。通过对比减隔震体系和常规体系的桥梁等效基本周期,陈光等[11]发现,随着墩高增加,常规体系的等效基本周期越来越接近减隔震体系,减隔震支座难以达到减隔震的要求。吴迪等[12]基于桥梁的二自由度简化模型,发现隔震模态的振型参与质量系数会随着墩高的增加而下降。利用易损性分析方法,Karim等[13]发现,墩高较高时隔震桥梁的损伤概率反而比非隔震桥梁的损伤概率大。通过对一座标准梁桥进行参数化分析,Mitoulist发现,当桥梁墩高由5m增加到35m后,隔震支座的相对位移对主梁位移的贡献比由90%以上降到30%以下。通过对使用FPS隔震的桥梁墩顶支座与桥台支座地震响应比进行研究,Eröz与DesRoches[14]发现FPS的减隔震效率随墩高增加而下降。上述研究对象主要为公路连续梁桥,而单线铁路桥受力状况与荷载大小等与公路连续梁桥并不相同,因而上述研究结果并不完全适用于铁路桥梁。

简支梁桥因具有传力明确简单、技术成熟、适应性强、造价相对较低等优点而广泛应用于我国中西部山区铁路线。在山地较多的情况下,桥墩的高度变化范围较大。本文以单线铁路简支梁桥常用的32m T梁桥为例,运用OpenSEES建立采用摩擦摆支座的不同墩高桥梁动力分析模型,以采用普通支座(普通球形钢支座)的桥墩为对比,通过非线性时程分析方法计算其地震响应,并以墩顶位移和墩底弯矩的减隔震率为指标,确定常用单线铁路简支梁桥摩擦摆支座的适用墩高范围。

2 桥梁概况

单线铁路简支梁桥主梁为有砟轨道预制后张法两片式预应力混凝土T形简支梁桥,两片T梁采用桥面板及横隔板连接的措施连成整体,在隔板处施加横向预应力,适用于新建客运专线铁路工程,设计图纸选用通桥(2012)2201-Ⅰ(32m)。梁计算跨度32m,全长32.6m,梁高2.7m,轨底至梁底建筑高度为3.4m,顶宽2.28m,下缘宽0.88m,如图1所示。T梁混凝土强度等级为C55,主梁端部放置两个支座,支座布置如图2所示。

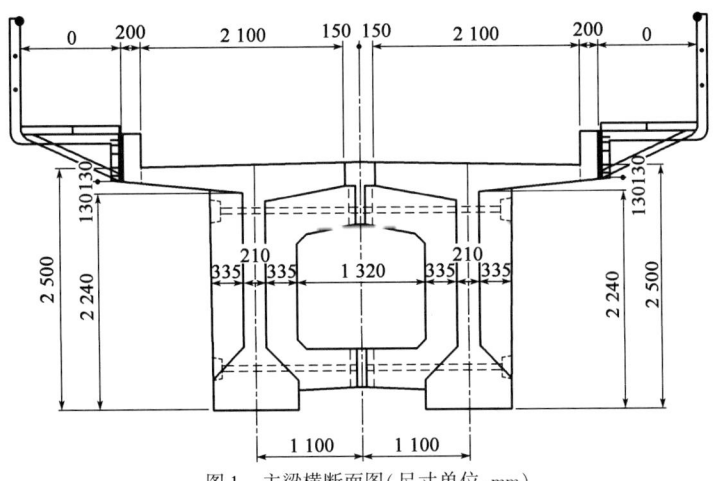

图1 主梁横断面图(尺寸单位:mm)

桥墩混凝土采用C35,横截面为圆端型横截面,采用等截面实体墩(墩高范围3~8m)、变截面实体墩(墩高范围8~25m)和变截面空心墩(墩高范围25~40m),不同墩高的桥墩如图3所示。本文考虑不同墩高的影响,来分析摩擦摆支座的适用墩高范围。

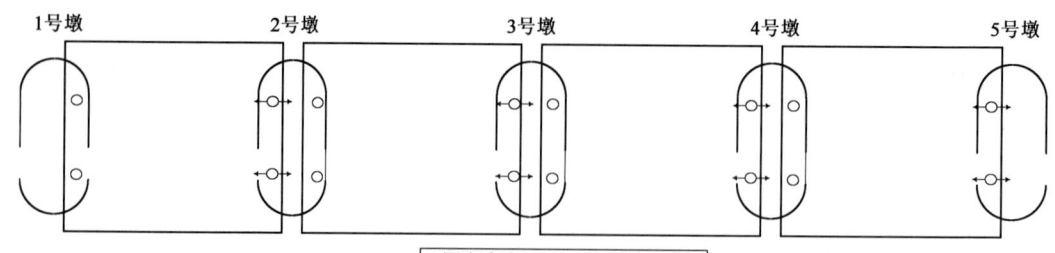

图2 单线简支T梁支座布置图

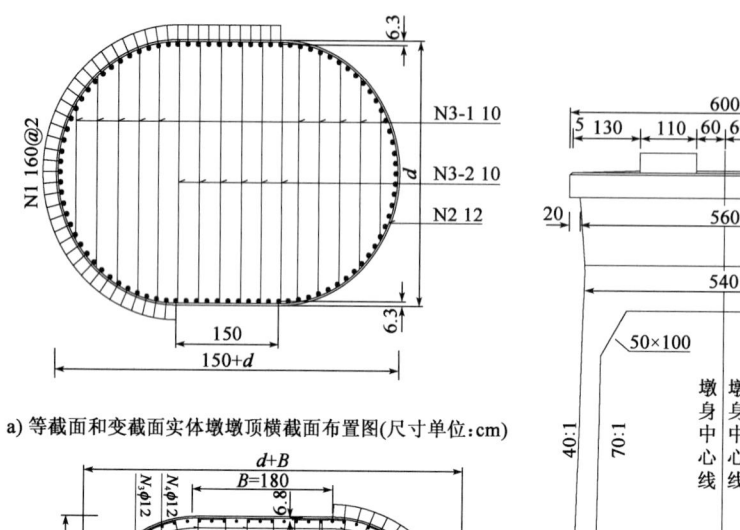

a) 等截面和变截面实体墩墩顶横截面布置图(尺寸单位:cm)

b) 变截面空心墩墩顶横截面布置图(尺寸单位:cm)

c) 变截面空心墩横向剖面图(尺寸单位:cm)

图3 三种类型桥墩的立面图

3 有限元模型

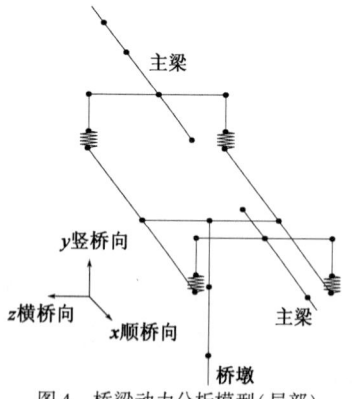

图4 桥梁动力分析模型(局部)

如图2所示,本文的模型为四跨简支梁模型,不考虑轨道结构的约束。利用OpenSEES,分别建立采用普通球形钢支座和摩擦摆支座的有限元模型,如图4所示。采用线弹性梁单元、纤维梁单元和连接单元来分别模拟主梁、桥墩和支座。为简化考虑,桥墩立于岩石基础,墩底为固结约束。

对于等截面实体墩,在4～8m的范围内以2m的墩高间隔建立3个不同的墩高模型;对于变截面实体墩,在9～25m的范围内以4m的墩高间隔建立5个不同墩高模型;对于变截面空心桥墩，在25~40m的范围内以3m的墩高间隔建立6个不同墩高模型；为了更大范围地研究墩高变化对摩擦摆支座减隔震效率的影响，适当扩大高空心墩的墩高研究范围，对于40m以上的空心墩（为考虑稳定性的影响，截面面积会变大），以4m的墩高间隔建立40~60m范围内的6个不同墩高模型。

4 地震动输入

为控制变量，本文模型中输入的地震动均为50年超越概率为10%的地震波。根据场地条件，设计地震选取21条人工合成地震动记录，它们的加速度反应谱曲线（虚线）和平均谱曲线（实线）如图5所示。将这些地震波分别沿简支梁桥的纵桥向和横桥向，输入到不同墩高条件下的隔震与非隔震有限元模型中，进行非线性时程分析。

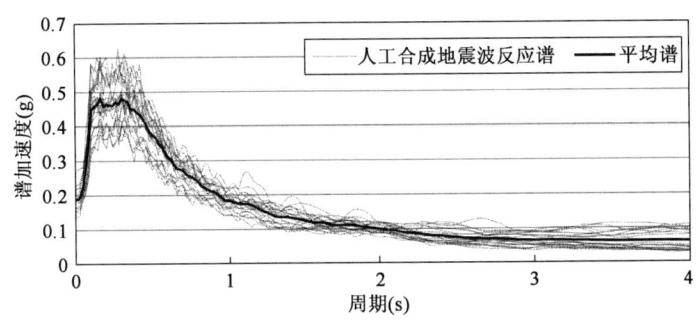

图5　各地震波加速度反应谱与平均反应谱($\xi=0.05$)

5 减隔震效率指标的定义

铁路简支梁桥隔震系统中，各个构件在地震作用下会有不同的隔震效率。本文选择墩底弯矩和墩顶位移两项指标，定义墩顶位移减隔震率 ϕ_D 和墩底弯矩减隔震率 ϕ_M 两项减隔震效率指标如下：

$$\phi_D = \frac{D_{max} - D'_{max}}{D_{max}} \tag{1}$$

$$\phi_M = \frac{M_{max} - M'_{max}}{M_{max}} \tag{2}$$

式中：D_{max}、M_{max}——分别为普通支座体系的墩顶位移峰值和墩底弯矩峰值；

D'_{max}、M'_{max}——分别为摩擦摆支座体系的墩顶位移峰值和墩底弯矩峰值。

6 计算结果的分析

图6和图7分别展示了地震动沿简支梁桥纵桥向和横桥向输入时，减隔震率的两项指标（墩顶位移及墩底弯矩）随墩高的变化。图中，4~8m墩高范围内的桥墩为等截面实体墩，9~25m墩高范围内的桥墩为变截面实体墩，25~40m墩高范围内的桥墩为变截面空心墩，40~60m墩高范围内的桥墩为扩大截面的变截面空心墩。当截面形式由变截面实心墩变为变截面空心墩时，减隔震率指标会有突变，这是因为，当实体墩变为空心墩时，桥墩纵向刚度和横向刚度突然增加，导致摩擦摆支座的减隔震效率突然提高，如图6和图7所示；而当截面形式由等截面实体墩变为变截面实体墩时，桥墩横向刚度增加，纵向刚度变化不明显，导致地震动横向输入时摩擦摆支座减隔震效率提高，如图7所示。

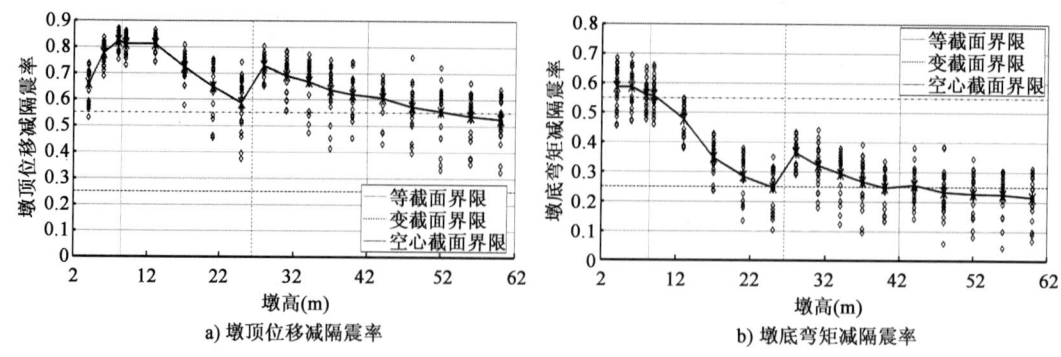

图 6 地震动纵向输入时适用墩高范围

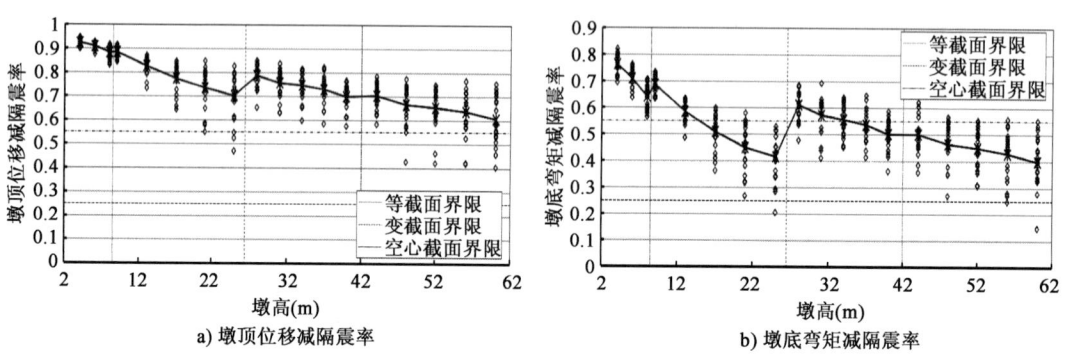

图 7 地震动横向输入时适用墩高范围

总体来说,在桥墩截面相同的情况下,摩擦摆支座的减隔震率随着墩高的增加而减小,仅图 6a)中的矮墩部分存在特殊情况。这种现象产生的原因可以从图 8 中看出,当墩高在 4~8m 时,采用普通支座桥梁的纵向周期为 0.3~0.39s,此周期对应于加速度反应谱的平台阶段,使得墩高增加导致的周期延长并未带来结构受力的减小,而对于采用摩擦摆支座的桥梁,由于摩擦摆支座等效周期大于普通支座,导致结构周期大于等高的普通支座桥墩,因而在加速度反应谱的下降段,墩高增加导致的周期延长带来了结构受力的减小,所以表现出图 6a)中矮墩的特殊情况;而对于墩高范围为 9~25m 的情况,普通支座桥梁的周期在加速度反应谱中处于急速下降阶段,随着墩高增加,结构周期变大,结构响应相应减小,而摩擦摆支座桥梁的周期在反应谱曲线中处于后期平缓阶段,结构响应随墩高的增加而变化缓慢,因此,表现出减隔震率随墩高的增加而下降的规律;同样的原理可以解释墩高范围为 25~40m,40~60m 减隔震率下降的原因。

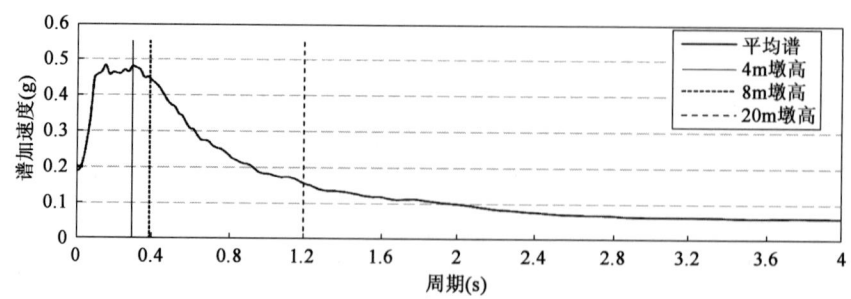

图 8 不同墩高的普通支座体系桥梁纵向基本周期在平均谱上的分布($\xi = 0.05$)

对比图6a)和图6b)可以发现,在同等墩高条件下,墩顶位移减隔震率普遍大于墩底弯矩减隔震率,同样的规律也在图7a)和图7b)中地震动沿横向输入时出现。观察图6a)和图7a)可以发现,图7a)中摩擦摆支座体系在横桥向的减隔震率大于图6a)中摩擦摆支座体系在纵桥向的减隔震率,同样的规律也可以对比图6b)和图7b)发现。产生这种现象的主要原因是横桥向上摩擦摆支座延长结构振动周期的作用比球形钢支座的作用明显,相比来说,这种作用在纵桥向上较弱。

单线铁路简支梁桥摩擦摆支座在不同减隔震率要求下适用的墩高范围如表1所示。当要求减隔震率大于25%时,单线铁路简支梁桥摩擦摆支座适用的墩高范围为0~37m,而当减隔震率要求大于55%时,摩擦摆支座适用的墩高范围为0~9m。工程中常对墩顶位移和墩底弯矩有不同的减隔震率指标,当要求墩顶位移减隔震率在简支梁桥纵横向大于55%,且要求墩底弯矩减隔震率在简支梁桥纵横向大于25%时,常用单线铁路简支梁桥的适用墩高范围为0~37m。从图6和图7中还可以看出,当对墩顶位移减隔震率和墩底弯矩减隔震率的要求进一步提高时,常用单线铁路简支梁桥的适用墩高范围将进一步减小。

单线铁路简支梁桥摩擦摆支座适用墩高范围　　表1

减隔震率	适用墩高范围(m)			
	纵向墩顶位移指标	横向墩顶位移指标	纵向墩底弯矩指标	横向墩底弯矩指标
≥25%	0~60	0~60	0~37	0~60
≥55%	0~52	0~60	0~9	0~34,其中13~28略超

7 结语

中西部地区山地较多,修建的铁路桥墩高低不同,本文以常用32m跨径的单线铁路简支T梁桥为原型,并以墩顶位移减隔震率和墩底弯矩减隔震率两项减隔震率指标为要求,对比了分别采用普通支座和摩擦摆支座的桥梁在地震响应下的结果,探究了摩擦摆支座的适用墩高范围,得到如下主要结论:

(1)等截面桥墩简支梁桥,当墩高不大于8m时,摩擦摆支座对纵向墩顶位移的减隔震率随墩高增加而增加,而对纵向墩底弯矩的减隔震率随墩高的增加而略有降低,但变化并不明显;而在变截面实体墩和变截面空心墩的墩高范围内(墩高大于8m),摩擦摆支座对纵向墩顶位移和纵向墩底弯矩的减隔震率均随墩高的增加而减小。

(2)在等截面实体墩、变截面实体墩和变截面空心墩各不同桥墩截面的墩高范围内,摩擦摆支座对横向墩顶位移和横向墩底弯矩的减隔震率均随墩高的增加而减小。

(3)对于简支T梁桥,在0~60m的墩高范围内,摩擦摆支座对墩顶位移的减隔震率普遍大于墩底弯矩的减隔震率。在输入50年超越概率为10%的地震波的情况下,若要求墩顶位移减隔震率在桥梁纵向、横向均大于55%,同时要求墩底弯矩减隔震率在桥梁纵向、横向均大于25%,则常用的单线铁路简支梁桥的适用墩高范围为0~37m。

(4)需要说明,本文仅采用低墩对应的摩擦摆支座,未随着墩高的增加而增大摩擦摆支座曲率半径;同时本文未考虑双向地震作用下的摩擦摆支座"盘山公路"位移模式。因此,计算出的墩顶位移和墩底弯矩偏大,对应的减隔震率偏小(保守),计算结果可信。如果考虑以上两种因素,其减隔震率将增大,但墩梁之间相对位移将增加,提高了支座脱座或落梁风险,需要以后进一步研究。

参 考 文 献

[1] 陈克坚,袁明.汶川地震后对铁路桥梁抗震设计有关问题的思考[J].铁道工程学报,2008(12):176-182.

[2] 朱颖,魏永幸.汶川地震铁路工程震害特征及工程抗震设计对策思考[J].岩石力学与工程学报,2010,29(S1):3378-3386.

[3] 庄卫林,余翔,易志宏,等.简支体系桥梁的震害及抗震设计对策[J].桥梁建设,2008(4):61-64.

[4] SCHANACK F,VALDEBENITO G,ALVIAL J. Seismic damage to bridges during the 27 February 2010 magnitude 8.8 Chile Earthquake[J]. Earthquake Spectra,2012,28(1):301-315.

[5] ABÉ M,SHIMAMURA M. Performance of railway bridges during the 2011 Tohoku Earthquake[J]. Journal of Performance of Constructed Facilities,2012,28(1):13-23.

[6] GHOSH J,PADGETT J E,SÁNCHEZ-SILVA M. Seismic damage accumulation in highway bridges in earthquake-prone regions[J]. Earthquake Spectra,2015,31(1):115-135.

[7] LIN C C J,HUNG H H,LIU K Y,et al. Reconnaissance observation on bridge damage caused by the 2008 Wenchuan (China) Earthquake[J]. Earthquake Spectra,2010,26(4):1057-1083.

[8] Constantinou M C,Whittaker A S,Kalpakidis Y,et al.桥梁地震保护系统[M].北京:中国铁道出版社,2012.

[9] TSOPELAS P,CONSTANTIOU M C,KIM Y S,et al. Experimental study of FPS system in bridge seismic isolation [J]. Earthquake Engineering & Structural Dynamics,1996,25(1):65-78.

[10] OH S T,KIM Y S. Experimental and analytical investigation of a seismically isolated bridge model with friction pendulum system [J]. KSCE Journal of Civil Engineering,1998,2(3):265-272.

[11] 陈光,王晓伟,叶爱君.减隔震支座对不同墩高桥梁地震反应的影响[J].结构工程师,2015,31(3):128-134.

[12] 吴迪,黄泽军,周福霖,等.桥墩高度对桥梁隔震性能的影响研究[J].土木工程学报,2014(S2):328-333.

[13] KARIM K R,YAMAZAKI F. Effect of isolation on fragility curves of highway bridges based on simplified approach [J]. Soil Dynamics and Earthquake Engineering,2007,27(5):414-426.

[14] ERÖZ M,DESROCHES R. The influence of design parameters on the response of bridges seismically isolated with the friction pendulum system (FPS)[J]. Engineering Structures,2013,56:585-599.

174. 四周加固偏心受压构件的正截面承载能力试验研究

刘佳玲[1]　张娟秀[2]

(1.同济大学土木工程学院;2.东南大学交通学院)

摘　要:为研究增大截面法加固钢筋混凝土偏心受压构件的正截面承载能力,采用四周加固的方式对偏心受压构件进行承载力试验。将四周加固的试验结果与《公路桥梁加固设计规范》和《混凝土结构加固设计规范》中的双侧加固计算公式的计算值进行对比。结果表明,《公路桥梁加固设计规范》和《混凝土结构加固设计规范》中的双侧计算公式均可以适用于四周加固情况,且计算结果偏于安全。

关键词:增大截面法　偏心受压　四周加固　正截面承载能力

1 引言

随着我国交通事业的发展、车辆数量的增加,桥梁在自然环境和使用环境的作用下,不可避免地结构老化,使结构承载能力逐渐降低。为保证桥梁结构的安全使用,广大桥梁工程技术人员通过大量的实践和理论研究,总结出许多行之有效的桥梁加固改造技术。

增大截面加固法是在构件表面加大截面尺寸,增加受力钢筋,使其与原结构形成整体,从而增大构件有效高度和受力钢筋面积的方法。利用增大截面法加固构件对提高结构的承载力、刚度、稳定性及抗裂性都非常有效。该方法根据加固目的和要求的不同,可以是以增大截面为主的加固,可以是以增配钢筋为主的加固,也可以是两种方法同时采用的加固[1]。

对于增大截面加固构件的承载能力研究,国内已有相关研究成果。1994年,罗苓隆[2-3]进行了12根围套加固的混凝土轴心受压柱试验,考虑二次受力情况,从理论上分析了加固混凝土柱的承载力影响因素。试验得出结论:增大截面加固后,二次受力的中心受压构件的极限承载力不是新旧混凝土承载力的叠加,而是有所降低。但此计算未考虑围套混凝土对核心混凝土的约束作用。2008年,郭志刚[4]总结了偏心受压构件加固的受力特征,并提出了增大截面法加固受拉构件与偏心受压构件的计算方法。2012年,任国志[5]将8根同等受损程度的钢筋混凝土梁按照加固材料和厚度的不同分别进行上端增大截面法加固,并将试验结果与未经加固的本体梁进行对比,指出所有试验梁加固后其极限承载力相较未加固的本体梁均有所提高。2015年,李红[6]等采用围套加固法和双侧加固法对不同截面尺寸的偏心受压构件进行承载力试验,并用有限元模拟其加载过程,验证其试验结果与规范公式计算结果相符。

增大截面加固构件时,按照实际受力需要,可以采用单侧加固、双侧加固和四周加固等形式。现行规范如《公路桥梁加固设计规范》(JTG/T J22—2008)(以下称"《桥梁加固规范》")和《混凝土结构加固设计规范》(GB 50367—2013)(以下称"《结构加固规范》")中均只列出了双侧加固的计算公式。

但在实际应用中,与单侧加固情况对比,四周加固不仅对受压侧进行加固,也对受拉或受压较小侧进行了加固,具有更好的加固效果。如采用对称加固配筋设计,施工将更加方便。与双侧加固相比,四周加固增大了截面宽度,增大了截面面积,从而增加了截面承载能力。同时,四周加固在施工时架设模板,灌注混凝土更加方便,可同时浇筑所有加固区混凝土。但对于加固效果更好的四周加固方法,现行规范中未提出单独的承载力计算公式。

本文通过四周加固偏心受压构件的承载力试验,研究现行规范中的双侧加固承载力计算公式在四周加固情况下的适用性,并将试验结果与计算结果进行比较。

2 现行规范公式分析

2.1 现行规范计算公式

对于增大截面加固钢筋混凝土矩形截面偏心受压构件的正截面承载能力计算,最早可追溯至1990年我国批准实行的《混凝土结构加固技术规范》(CECS 25—90)。目前使用较多的规范有两个,一个是《混凝土结构加固设计规范》(GB 50367—2013),另一个为《公路桥梁加固设计规范》(JTG/T J22—2008)。前者主要适用于房屋建筑结构,后者则是专门针对桥梁结构的加固。

《桥梁加固规范》中给出两侧加厚的矩形截面偏心受压正截面抗压承载能力计算公式如下:

$$\gamma_0 N_d \leqslant f_{cd1} b_2 x + f'_{sd2} A'_{s2} + f'_{sd1} A'_{s1} - \sigma_{s1} A_{s1} - \sigma_{s2} A_{s2} \tag{1}$$

$$\gamma_0 N_d e_s \leqslant f_{cd1} b_2 x \left(h_0 - \frac{x}{2}\right) + f_{sd2} A_{s2} (h_0 - a'_{s2}) + f_{sd1} A_{s1} (h_0 - a'_{s1}) \tag{2}$$

$$f_{cd1} b_2 x \left(e_s - h_0 + \frac{x}{2}\right) = (\sigma_{s1} A_{s1} + \sigma_{s2} A_{s2}) e_s - (f'_{sd1} A'_{s1} + f'_{sd2} A'_{s2}) e'_s \tag{3}$$

式中:γ_0——结构重要性系数;

N_d——第二阶段轴向力组合设计值;

f_{cd1}——原构件混凝土抗压强度设计值;

x、b_2——分别为加固后构件截面混凝土受压区高度和构件截面宽度;

f_{sd1}、f_{sd2}——分别为截面受拉边原纵向钢筋和新增纵向钢筋的抗拉强度设计值。

f'_{sd1}、f'_{sd2}——原构件截面受压较大边纵向钢筋和新增纵向钢筋的抗压强度设计值;

σ_{s1}、σ_{s2}——构件达到承载能力极限状态时,原构件截面受拉边或受压较小边的纵向普通钢筋应力和新增纵向普通钢筋的应力,$\sigma_{s1} \leqslant f_{sd1}$,$\sigma_{s2} \leqslant f_{sd2}$;

A_{s1}、A_{s2}——原构件截面受拉边或受压较小边纵向钢筋截面积和新增纵向钢筋截面积;

A'_{s1}、A'_{s2}——原构件截面受压较大边的纵向钢筋截面积和新增的纵向钢筋截面积;

a'_{s1}、a'_{s2}——分别为原构件截面受压较大边原纵向受压钢筋和新增纵向受压钢筋至加固后受压区边缘的距离;

e_s——轴向力作用点至加固后截面受拉边或受压较小边纵向钢筋 A_{s1} 和 A_{s2} 合力点的距

离，$e_s = \eta e_0 + \dfrac{h_2}{2} - a_s$；

e'_s——轴向力作用点至加固后截面受压较大边纵向钢筋 A'_{s1} 和 A'_{s2} 合力点的距离，$e'_s = \eta e_0 - \dfrac{h_2}{2} + a'_s$；

η、e_0——分别为偏心受压构件轴向力偏心距增大系数和轴向力对截面重心轴的偏心距；

a_s——原构件截面受拉边或受压较小边纵向普通钢筋 A_{s1} 和新增纵向普通钢筋 A_{s2} 的合力作用点至加固后截面受拉边或受压较小边的距离；

a'_s——原构件截面受压较大边纵向普通钢筋 A'_{s1} 和新增纵向普通钢筋 A'_{s2} 的合力作用点至加固后截面受压较大边的距离；

h_0、h_2——分别为加固后截面受拉边或受压较小边纵向普通钢筋 A_{s1}、A_{s2} 合力作用点至受压较大边的距离和加固后截面高度。

式中，σ_{s1} 和 σ_{s2} 需要通过钢筋的应变值确定，其计算较为复杂，与钢筋应变值有关，不方便设计计算。

《结构加固规范》给出了双侧加固矩形截面偏心受压正截面承载能力计算公式：

$$N_d \leq \alpha_1 f_{cc} b_2 x + 0.9 f'_{sd2} A'_{s2} + f'_{sd1} A'_{s1} - \sigma_{s1} A_{s1} - \sigma_{s2} A_{s2} \tag{4}$$

$$N_d e_s \leq \alpha_1 f_{cc} b_2 x \left(h_0 - \dfrac{x}{2} \right) + 0.9 f'_{sd2} A'_{s2} (h_0 - a'_{s2}) + f'_{sd1} A'_{s1} (h_0 - a'_{s1}) - \sigma_{s1} A_{s1} (a_{s1} - a_{s2}) \tag{5}$$

式中：N_d——构件加固后的轴向压力设计值；

α_1——受压区混凝土矩形应力图的应力值与混凝土轴心抗压强度设计值的比值，当混凝土强度等级不超过 C50 时，取 $\alpha_1 = 1.0$；

b_2——构件截面宽度；

x——加固后构件截面受压区高度；

f_{cc}——新旧混凝土组合截面的混凝土轴心抗压强度设计值，可近似按 $f_{cc} = \dfrac{1}{2}(f_{c0} + 0.9 f_c)$ 确定，也可按可靠试验结果确定；

f_c、f_{c0}——分别为新、旧混凝土轴心抗压强度设计值；

f'_{sd1}、f'_{sd2}——分别为原纵向钢筋和新增纵向钢筋的抗压强度设计值；

A'_{s1}、A'_{s2}——分别为原构件截面受压较大边纵向普通钢筋截面积和新增纵向普通钢筋截面积；

A_{s1}、A_{s2}——分别为原构件截面受拉边或受压较小边纵向钢筋截面积和新增纵向钢筋截面积；

e_s——轴向压力设计值的作用点至新增受拉钢筋合力点的距离；

a_{s1}、a'_{s1}——分别为原构件受拉边或受压较小边纵向钢筋合力点到加固后截面近边的距离和原构件受压较大边纵向钢筋合力点到加固后截面近边的距离；

a_{s2}、a'_{s2}——分别为受拉或受压较小边新增纵向钢筋合力点至加固后截面近边的距离和受压较大边新增纵向钢筋合力点至加固后截面近边的距离；

h_0——受拉或受压较小边新增纵向钢筋合力点至加固后截面受压较大边缘的距离；

σ_{s1}、σ_{s2}——分别为原构件受拉边或受压较小边纵向钢筋应力和受拉边或受压较小边新增纵向钢筋应力,分别按式(6)、式(7)计算。

$$\sigma_{s1} = \left(\frac{0.8h_{01}}{x} - 1\right)E_{s0}\varepsilon_{cu} \leqslant f_{y0} \quad (6)$$

$$\sigma_{s2} = \left(\frac{0.8h_0}{x} - 1\right)E_s\varepsilon_{cu} \leqslant f_y \quad (7)$$

其中:h_{01}——原构件截面有效高度;

ε_{cu}——混凝土极限压应变,取 0.003 3;

E_{s0}、E_s——分别为截面受拉边或受压较小边的原纵向钢筋与新增纵向钢筋的弹性模量;

f_{y0}、f_y——分别为原纵向钢筋和新增纵向钢筋的抗拉强度设计值。

2.2 公式对比分析

《桥梁加固规范》与《结构加固规范》中的公式均是基于以下三个假设提出的:①构件满足平截面假定;②应力图形为矩形;③受拉区混凝土退出工作。

两个规范中的公式均是基于双侧加固情况下提出的,计算图示也大致相同。对于四周加固的情况,两个规范中都未给出计算公式。

不同之处在于两阶段作用情况下,是否考虑了新增钢筋和混凝土发挥作用的程度。《桥梁加固规范》中受拉钢筋应力计算较为复杂,不利于手算。《结构加固规范》中的公式考虑了实际应用中新增部分混凝土与钢筋的利用程度,在公式中增加了修正系数,使结果更精确,计算更简便。同时,该公式还考虑了当加固材料采用与原截面不同强度混凝土时,整体截面混凝土强度的取值,使计算结果更符合实际。

由于规范对于四周加固情况未给出具体的计算公式,所以有必要通过试验,研究该公式用于四周加固情况时的可行性。

3 试验研究

3.1 试验设计

制作两根截面尺寸均相同的钢筋混凝土受压柱。其中,A-1 柱作为参照柱,未进行加固;K-1 柱在原试验柱基础上进行四周加固。加载时保持两试验柱相对于未加固时截面的加载位置不变,进行加载,将 K-1 柱的加载结果与 A-1 柱加载结果进行对比。

将 A-1 和 K-1 的加固情况列于表 1。

增大截面法加固偏心受压构件　　表1

试件编号	加固情况	加固材料	加固构造	偏心距(mm)
A-1	未加固	无	无	100
K-1	四周加固	RC	加固层钢筋、纵筋、箍筋都是 ⌀8	100

考虑到实验室、加载设备等条件限制,试件高度均为 860 mm,其中试验段高度 400 mm,牛腿长度为 120 mm,高度为 230 mm。未加固试件 A-1 的试验段截面尺寸为 160 mm×180 mm,具体尺寸见图1。加固试件 K-1 的试验段截面配筋布置如图2所示。

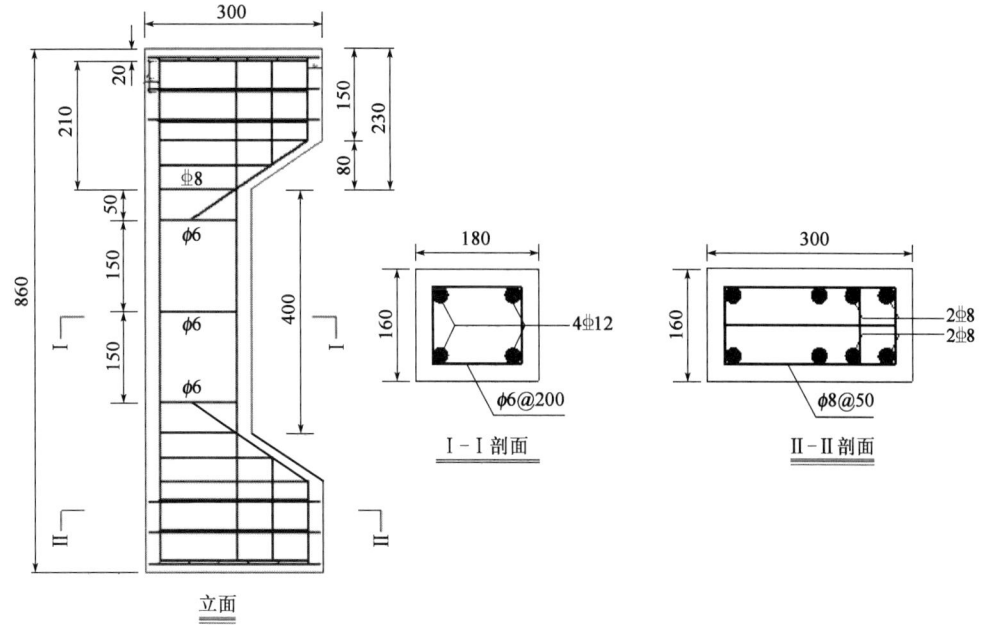

图1 未加固时试件尺寸图(尺寸单位:mm)

钢筋混凝土试件的混凝土为C30混凝土。钢筋混凝土试件(图1中400mm长的试验段部分)的纵向受力钢筋为4Φ12。箍筋为HPB300,直径为6mm。为保证试验牛腿不先于试验段破坏,牛腿的箍筋采用Φ8且间距加密。

钢筋混凝土试件的混凝土为C30混凝土。钢筋混凝土试件(图1中400mm长的试验段部分)的纵向受力钢筋为4Φ12。箍筋为HPB300,直径为6mm。为保证试验牛腿不先于试验段破坏,牛腿的箍筋采用Φ8且间距加密。

试件制作时首先加工原构件钢筋骨架,并贴钢筋应变计,然后浇筑钢筋混凝土原构件(加固植筋在浇筑原构件时预留),并养护混凝土。对于加固K-1,需先凿除原构件部分混凝土,露出相应钢筋,以便进行界面处理并进行短钢筋焊接。随后制作加固层钢筋骨架,并贴钢筋应变计,再浇筑加固层混凝土。混凝土需在15℃左右的气温下浇水养护一个星期,然后再自然养护。

加载时使用500t液压试验机加载。在试验柱的两端各放置一个钢板铰支座,加载示意图及试验照片如图3所示。

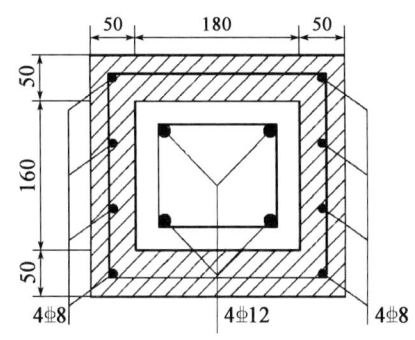

图2 四周加固试件K-1试验段截面配筋图(尺寸单位:mm)

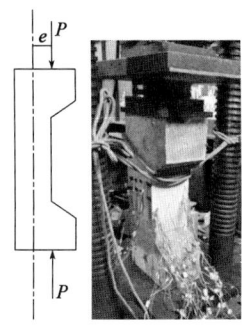

图3 加载方式示意图及试验照片

在正式加载前需对试件进行预压,检查数据采集是否正常,压力传感器是否与钢垫板完全接触。检查完之后卸载,保存初读数。正式加载时,每级加载5kN,加载至预定荷载,并定时采集和保存数据。同时观察试件的破坏过程,并拍照记录。

试验中C30混凝土实测棱柱体抗压强度值为22MPa,HRB400钢筋的实测抗拉强度值和实测抗压强度值均为400MPa。

3.2 试验结果

作为对照的未加固试件A-1,其偏心距为100mm。当加载至138kN时受拉侧出现裂缝,然后裂缝持续开展。当加载到400kN时受压区混凝土压碎,破坏过程和典型大偏心受压构件破坏完全一致。

试件K-1是四周加固普通钢筋混凝土试件。K-1的加载位置与A-1相同,偏心距均为100mm。K-1在加载到520kN时观测到受拉侧裂缝,加载到960kN时裂缝最宽0.2mm左右,加载到1 310kN时受压区出现裂缝,此时受拉侧裂缝最宽约为0.6mm,试验加载到1 328kN时,受压区混凝土压碎。当进行四周加固时,随着荷载增大,受拉、受压钢筋应变均增大。当荷载为1 328kN时,原设置的受拉钢筋和受压钢筋应变分别为1 789με和−2 204με,而新增加固受拉钢筋和受压钢筋的应变分别为2 109με和−2 275με。除原设置的受拉钢筋外,其余钢筋均已进入屈服状态。试件K-1破坏照片如图4所示,其钢筋应变曲线见图5。

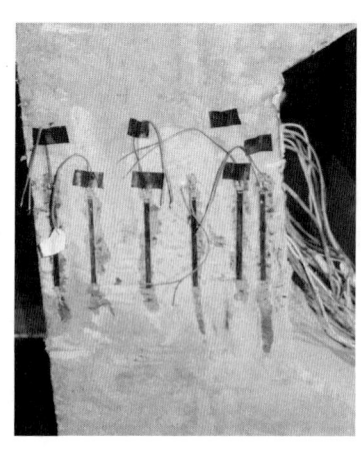

图4 试件K-1破坏照片

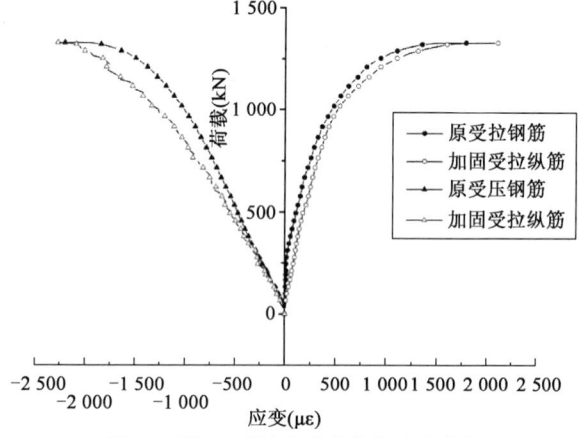

图5 试件K-1纵向钢筋的荷载-应变曲线

4 承载力计算分析

利用《桥梁加固规范》和《结构加固规范》中的双侧加固承载力计算公式对四周加固试验柱K-1进行承载力验算。其中,公式中的原截面宽度b_2取加固后的截面宽度b。其余计算参数如下:原截面尺寸为160mm×180mm,混凝土强度等级为C30,钢筋强度等级为HRB400,混凝土实测棱柱体抗压强度为22MPa,钢筋实测抗拉强度为400MPa,实测抗压强度为400MPa,原纵向受力钢筋为4Φ12,$A_{s1}=A'_{s1}=226mm^2$;加固纵筋为8Φ8,$A_{s2}=A'_{s2}=201mm^2$。加固层混凝土厚度均为50mm,原偏心距100mm。

由于试件为偏心受压短柱,故可以取偏心距增大系数$\eta=1$。混凝土保护层厚度为25mm。

根据《公路钢筋混凝土及预应力混凝土桥涵设计规范》(JTG 3362—2018)中5.2.1节及相关内容,取$\xi_b=0.53,\beta=0.8,\gamma_0=1.0$。

承载力计算结果与试验结果的对比列于表2。

根据表2可以得知,《桥梁加固规范》与《结构加固规范》均可以用于计算四周加固时的偏心受压承载力。

公式计算结果与实际试验结果对比　　　表2

试验结果(kN)	公　　式	计算结果(kN)	试验值/计算值
1 328	《桥梁加固规范》公式	804	1.65
	《结构加固规范》公式	895	1.48

5　结语

(1)对未加固构件与四周加固构件的承载能力进行对比,四周加固可以大大提高构件的正截面偏心受压承载能力。

(2)对于增大截面法加固矩形截面偏心受压构件的正截面承载能力计算,《桥梁加固规范》与《结构加固规范》虽然只列出了双侧加固时的承载力计算公式,但均适用于四周加固时的计算,只需取规范公式中截面宽度为加固后的截面宽度即可。

(3)《桥梁加固规范》与《结构加固规范》对比,《桥梁加固规范》的计算结果更偏于安全,但计算烦琐,而《结构加固规范》计算过程更方便。

参 考 文 献

[1] 邬晓光,白青侠,雷自学,等.公路桥梁加固设计规范应用计算示例[M].北京:人民交通出版社,2011.
[2] 罗苓隆.加大截面加固钢筋混凝土构件的正截面强度计算方法[J].四川建筑科学研究,1989,22(4):17-20.
[3] 罗苓隆.加大截面法加固中心受压钢筋混凝土柱的试验研究[J].四川建筑科学研究,1994,12(1):18-23.
[4] 郭志刚.增大截面法加固桥梁构件的设计方法研究[D].南京:东南大学,2008.
[5] 任国志.钢筋混凝土梁增大截面加固法研究[J].科学咨询,2012(22):64-65.
[6] 李红,刘胜春.增大截面法加固钢筋混凝土构件的正截面承载力研究[J].北京交通大学学报,2015,39(4):96-100.

175. 环形 UHPC 接缝预制拼装墩柱受力性能试验研究

高毅[1] 石雪飞[1] 江震[2] 马骉[2]

(1. 同济大学；2. 上海市政工程设计研究总院(集团)有限公司)

摘 要：当前预制装配已经成为桥梁建造的大趋势，比起对上部结构预制拼装接缝的广泛研究，下部结构的预制拼装技术发展相对滞后。具有优异性能的 UHPC 材料为桥梁下部结构接缝形式提供了新方案。本次试验的背景是一种目前国内研究应用还较少的预制墩柱 UHPC 环形接缝。试验考虑实际工程中的受力形式，以环缝深度为研究参数设计了一系列试件和加载装置，进行了轴压比 0.1 的静载压弯试验，最终所有试件均表现出大偏心受压的破坏模式。分析试验结果表明，采用环形接缝对墩柱的极限抗弯承载能力没有影响。接缝深度也对构件开裂荷载和承载力影响不大，但对最终破坏阶段的破坏模式有一定影响。

关键词：预制拼装 墩柱 UHPC 环形接缝 静力试验

1 引言

当前我国建成的大部分混凝土桥梁均是以现场施工为主，现场施工工序烦琐、工期长、管理难度大、生产成本高，此外在资源消耗、环境保护等方面均有不利的影响。桥梁建设中急需一种新的施工方式，在满足结构性能需求的基础上，克服现场施工存在的问题。目前，预制装配已经成为桥梁建造的大趋势[1]。而在预制构件间进行快速、便利，可靠的连接是工业化建造的关键技术。相比对桥梁上部结构预制拼装接缝的广泛研究[2-3]，下部结构的预制拼装技术的发展要相对滞后，主要技术难点在于节点连接的可靠性。随着超高性能混凝土（Ultra-High Performance Concrete，以下简称为 UHPC）材料的发展，其应用于桥梁下部结构接缝中的可行性也开始展露。UHPC 的力学性能和可施工性优异，其抗拉、压强度、延展性均远大于普通混凝土[4-6]。因此接缝宽度可减小，并可采用仅将两端预制件的钢筋在接缝中平行交错布置的非接触搭接形式[7]，大大简化了钢筋构造。其流动性好，可实现自流平，因此可以简化接缝的施工流程，方便质量控制。本次试验针对的是一种环形接缝，目前这类形式的 UHPC 墩柱接缝试验在国内开展还较少，有必要针对国内标准和材料进行试验研究。

2 工程背景

西洪大桥及接线工程南起环镇北路，北至北环快速路，跨越江北（姚江新区）、海曙两区，全长约 4.5km(K0+620~K5+095)。新建通途路立交涉及通途路改造范围长度1.4km。工程范围内包含跨余姚江桥梁一座(西洪大桥),全互通立交两座(通途立交、北环立交)和4.3km的高架。通途立交匝道直线段上部结构采用预制小箱梁,下部结构采用混凝土盖梁和立柱。其预制拼装下部结构采用分别预制盖梁、墩身后再在现场通过后浇的超高性能混凝土接缝进行连接的方法,桥墩、盖梁构造示意图如图1所示。其盖梁与墩柱、墩柱与承台之间均为后浇 UHPC 环形接缝连接。

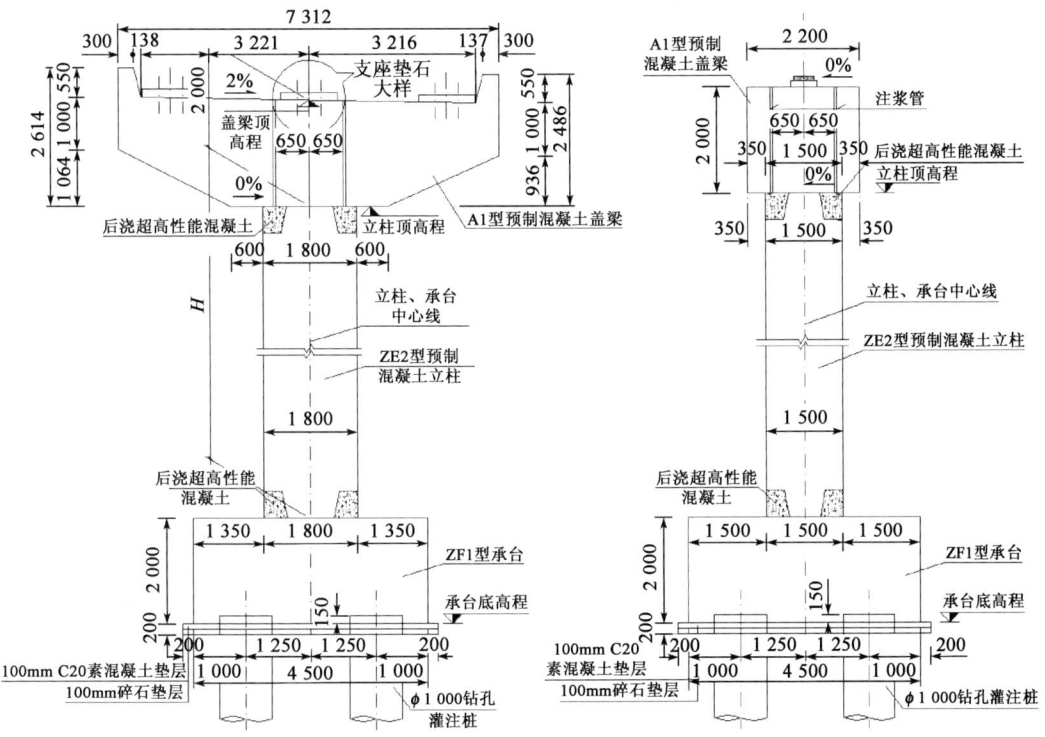

图1 通途立交匝道中间墩总装立面、侧面构造图(尺寸单位:mm)

这种连接形式具有以下优点:①预留的普通混凝土中心区域可以充当后浇 UHPC 时的支承,省去一部分模板支架工程;②比起全 UHPC 接缝,这类接缝可以在保证墩柱主筋连接性能的情况下大大减少 UHPC 的用量,节约成本。以上述工程为背景,本次试验研究的主要目的是验证这类接缝形式在实际工程中的安全性,并研究其环形接缝深度,也即 UHPC 用量的不同对接缝受力性能产生的影响。为此开展了针对环形接缝的部分足尺墩柱压弯试验。

3 试验设计

3.1 构件设计

3.1.1 构件尺寸设计

根据研究的目的,本次试验需进行不同参数的对比试验,试验模型较多。为保证准确模拟桥梁实际运营过程中湿接缝的受力状态,同时考虑加载效率等问题,最终决定采取部分足尺试件,试验模型总体布置如图2所示。模型主要包含两部分:预制部分和现浇部分。预制部分主要模拟实际桥梁中的预制柱,现浇部分模拟连接缝 UHPC。试件湿接缝区域保留原结构基本特征,由两侧的 UHPC 后浇带与中间部分的普通混凝土中心组成。后浇带深度与缝宽与实桥一致,以尽可能保证UHPC接缝中的钢筋在试件与实桥中表现出相同的受力性能。中间区域的普通混凝土受力特征相对明晰,且对接缝抗弯性能影响不大,因此进行了尺寸的缩减,最终选取构件截面高度为0.9m。构件在截面宽度方向的设计则综合考虑了构件尺寸和配筋构造,直接从原结构中截取0.45m的区域得到。模型梁端设置简支边界条件,采用四点加载,保证试验过程中中间现浇湿接缝处于不受剪的压弯状态。根据圣维南原理,接缝界面与加载点之间的距离不宜太小。同时为避免发生斜压破坏、局部压溃等意料之外的破坏形式,加载点与支承点、支承点与边缘间的距离也不宜太小。综合考虑上述因素和制作经济性,确定结构总长为4.4m。

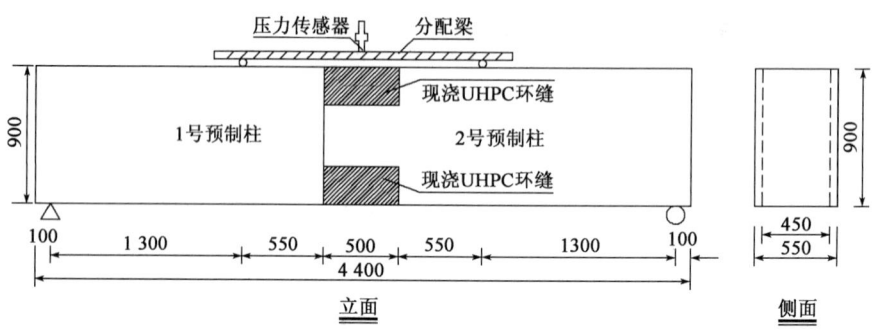

图2 试验模型立面图(尺寸单位:mm)

3.1.2 构件配筋设计

试验模型主筋与箍筋均选用与实际工程中直径相同的钢筋,即直径32mm双拼束筋,同时钢筋的间距也保持不变。构件材料与实桥保持一致,所有模型均采用同批次C40混凝土,钢筋骨架一次性制作完成;在满足试验要求的前提下,提高模型的经济性。由于本次试件尺寸较大,最终破坏阶段加载墩位较大,为避免四点加载过程中在压弯区域最终破坏前先在受剪区域发生脆性的斜压破坏,采取了端部加宽的哑铃形构件设计,并在受剪区域内设置斜筋,以避免斜压破坏,钢筋构造如图3所示。

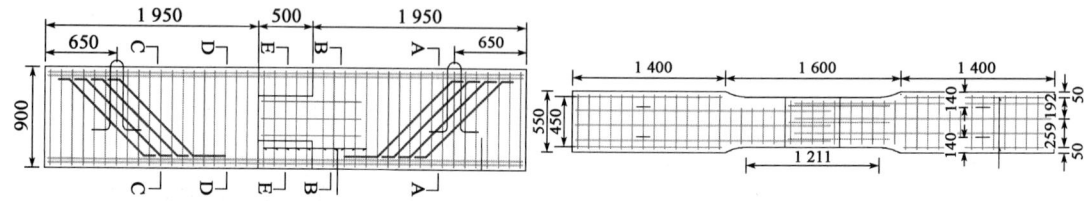

图3 某一构件配筋构造立面(左)及侧面(右)图(尺寸单位:mm)

经过规范方法初步计算和有限元数值模拟计算,可以初步确定在设立斜筋和两端加宽区域后构件将不会在压弯段发生大偏压破坏之前发生斜压破坏或局部承压破坏。

3.1.3 研究参数设置

在本次静载试验中,设置了钢筋通长的普通混凝土母材强度参考组,以对比分析采用高性能混凝土湿接缝后,结构受力性能的改变规律及采用高性能混凝土后构件抗弯特性所受到的影响;设置了不同环缝大小的试验组,以研究其对结构在压弯静载作用下混凝土和钢筋的工作性能的影响和对开裂荷载和抗弯极限承载力的影响。试验的分组情况如表1所示。除钢筋通长的母材参照组外,其余试件湿接缝宽度统一采用结构实际缝宽500mm。设计环缝深度为250mm,试验中设置环缝深度为200mm和300mm的试件进行对比。

试件分组 表1

材料种类	试验模式	缝宽（mm）	钢筋直径（mm）	搭接长度（mm）	钢筋间距（mm）	试件个数/编号	备注
C40混凝土	整体浇筑组	整体	32	钢筋通长	134	1-A	常规
C40混凝土/T180	标准试件组	500	32	320(10d)	67	2-A	环缝深度250mm
	环缝大小对比组	500	32	320(10d)	67	3-A	环缝深度300mm
	环缝大小对比组	500	32	320(10d)	67	4-A	环缝深度200mm

3.2 构件加工

试验结构不仅在材料及配筋上要满足实桥的要求，同时其加工过程也需模拟实际预制墩柱的施工过程，只有这样才能保证试件与实际结构更加接近，从而保证试验结果对工程的指导意义。由于湿接缝结构的特殊性，试验模型加工中需分两次浇筑，即首先浇筑预制柱部分，在养护超过两周后，浇筑日期相隔一到两天的同等级混凝土强度趋于相同，此时再一次性完成湿接缝现浇，以减小浇筑过程中的不确定性因素对试验结果的影响。构件加工流程如图4所示。

a) 预制墩普通混凝土浇筑

b) 接缝墩柱拼接

c) 准备浇筑UHPC接缝

d) 接缝UHPC浇筑完成

图4 构件加工流程

3.3 加载装置及加载流程

为模拟轴压比为0.1时的受力状态，采用精轧螺纹钢对称张拉，在正式试验开始前施加预应力，加载装置如图5所示。本次试验为4点压弯加载，模拟接缝处受大偏压破坏。本次试验创新性地采取了将构件置于千斤顶上方，将构件两端通过钢梁锚固在地基上的倒置加载方式。这种加载方式的主要优点有：①使构件受拉侧在更易于观察的顶面，便于观测裂缝与拍照记录试验数据；②比起正向加载，避免了构件离地较近时跨中挠度过大接触地基的问题。为了方便张拉,同时控制在加载过程中通过精轧螺纹钢施加的轴压力数值不发生较大改变,在精轧螺纹钢筋的张拉端设置一横向千斤顶,试验过程中始终保持此千斤顶压紧在构件上。如此就可以通过对千斤顶的控制进行张拉、卸载,做到对轴向压力的伺服控制,保证试验过程中边界条件的一致性。

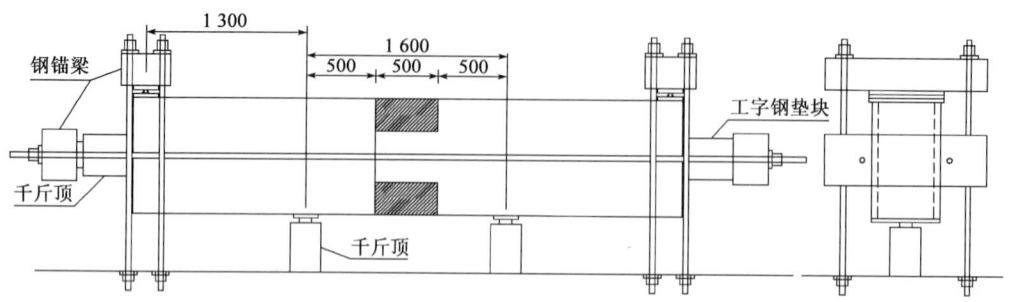

图5 加载装置(尺寸单位:mm)

试验采用DHDAS-3820动态信号采集分析系统进行数据采集,测试内容包括试验时间、荷载加载值、挠度变化、钢筋应变及混凝土应变。基于对破坏荷载的初步估计并综合考虑加载效率,压弯静载的试验加载顺序主要分为预压、预加载、正式加载三个阶段。在接近结构预估开裂荷载时,放慢加载速率,持荷观察可能出现裂缝部位的混凝土裂缝发展情况,确认开裂状态后再进行加载。开裂后增加每级荷载的数值,加载至构件最终破坏。

4 试验结果

4.1 破坏模式

4.1.1 对照组构件(1-A)破坏模式

通长构件1-A的最终破坏模式如图6所示。构件呈现明显的受弯破坏形式,跨中弯曲加载段产生多条较宽裂缝,构件挠曲明显,受压区混凝土压溃。受剪区产生较多斜裂缝,但是裂缝宽度较小。此构件最终加载工况未发生明显的钢筋拉断,但由于受压区混凝土已经开始明显剥落,且挠度开始迅速发展,为试验安全考虑选择停止加载。

a) 压弯段开裂及压溃

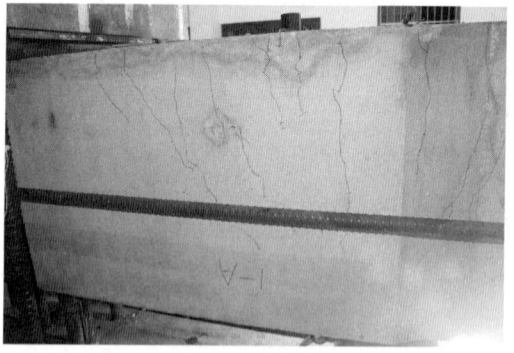
b) 受剪区斜裂缝

图6 1-A构件最终破坏状态

4.1.2 试验组构件(2/3/4-A)破坏模式

试验组构件最终破坏模式如图7所示。各构件都表现出明显的受弯破坏模式,压弯段受拉区普通混凝土产生大量裂缝,受压区普通混凝土压溃,UHPC接缝区域也都表现出不同程度的开裂。受剪区同样有斜裂缝产生,但宽度也较小。这三组试件都加载至发生明显卸载后停止加载。

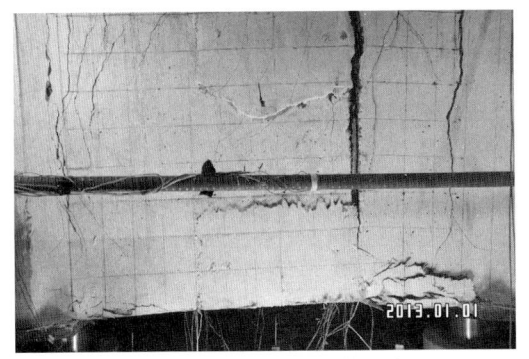
a) 2-A压弯段开裂及压溃(正面)

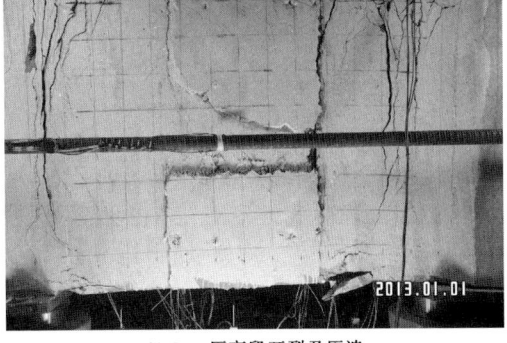
b) 3-A压弯段开裂及压溃

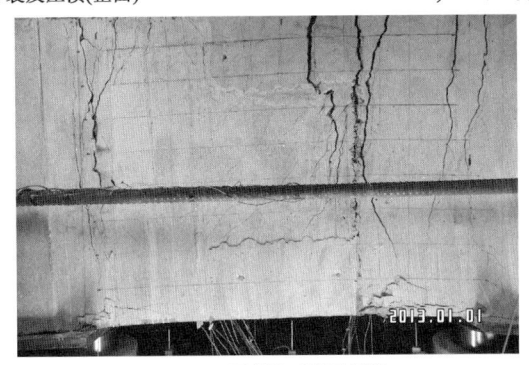
c) 4-A压弯段开裂及压溃

图7 试验组最终破坏模式

4.2 破坏过程及荷载—位移曲线

本次4个试件加载过程中荷载—位移曲线如图8所示。图中位移取跨中位移,力取两个加载点力的合力。可以看出,本次试验中所有试件从受力到最终破坏都经历了4个阶段。

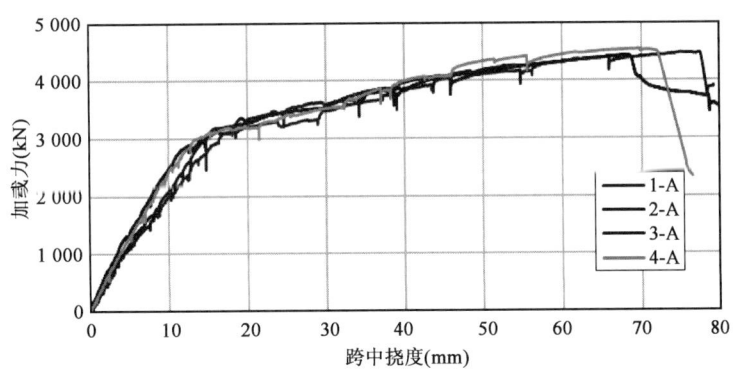

图8 各构件荷载—位移曲线

(1)弹性阶段。构件未开裂,荷载—位移曲线呈线性,全截面共同受力。

(2)带裂缝工作阶段。此阶段混凝土已经发生开裂,1-A试件为普通混凝土开裂,其他三个试件均为接缝交界面首先开裂。截面发生应力重分配,受拉区钢筋应力增大,但仍处于弹性阶段,荷载—位移曲线总体仍呈现出较为线性的特征,斜率较第一阶段略有减少。在此阶段随着荷载的持续增加,2/3/4-A 构件的 UHPC 区域也开始产生裂缝。

(3)屈服强化阶段。此阶段受拉区钢筋几乎全面屈服,裂缝大量开展,荷载位移曲线发生明显转折,斜率大大减小,构件总体进入屈服后强化阶段,表现出明显的塑性,挠度发展迅速。

(4)破坏阶段。此阶段受拉区钢筋全面屈服,部分钢筋已达到抗拉强度,荷载位移曲线趋于平整,受压区普通混凝土压溃。2/3/4-A 构件最终出现荷载位移曲线的下降段。构件发生破坏。

各构件的开裂荷载、屈服荷载以及最终极限承载力如表 2 所示。

各构件结果汇总表 表 2

编号	开裂荷载(kN)	屈服荷载(kN)	极限荷载(kN)	首先开裂位置
1-A	710	3 470.5	4 559.7	跨中
2-A	800	3 299.9	4 726.4	接缝交界面处
3-A	800	3 390.9	4 774.0	接缝交界面处
4-A	750	3 306.0	4 840.9	

4.3 钢筋应变曲线

以 UHPC 段发生明显开裂破坏的试件 4-A 为例,说明试验过程中钢筋破坏过程。其荷载—钢筋应变曲线如图 9a)所示。B11 为交界面处受拉钢筋应变,B10 为压弯段普通混凝土内部受拉钢筋应变,B8 为跨中 UHPC 区域内受拉钢筋应变。可以看出总体上交界面处的钢筋应变发展最快并率先达到屈服点。其中 B11 在构件整体屈服后,随着荷载的增加,应变表现出反复增加卸载的趋势,其原因是发生了钢筋强度与 UHPC 接缝的滑移,最终导致 UHPC 撕裂,如图 9b)所示。

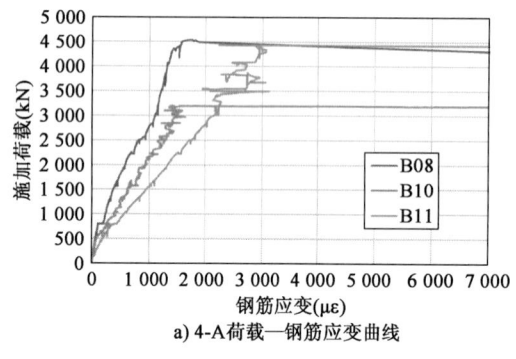

a) 4-A 荷载—钢筋应变曲线

b) 受拉区 UHPC 撕裂

图 9 4-A 构件钢筋荷载-应变曲线

5 结语

分析试验结果,可以得到以下结论:

(1)根据规范公式计算得到的母材对照组 1-A 试件极限荷载为 3 588kN,与试验结果中对应受拉侧钢筋屈服的构件屈服荷载误差在 4% 以内。且所有试件的最终破坏模式都符合设计中的弯曲破坏模式。证明本次试验中所采用的构件设计方法及加载装置均合理、有效。

(2)根据表 2 中的结果可以看出,轴压比 0.1 的大偏心受压荷载情况下,采用 UHPC 环缝连接的试验构件极限承载力不低于母材对照组,甚至还略有提升。三组接缝柱的屈服荷载比起母材试验组都有接近 3%~5% 的削弱,这是由于接缝处率先开裂,使得此处裂缝较为集中。

(3)本次试验中环缝深度对于构件的开裂荷载、屈服荷载和极限承载力影响不大。总体上呈现随着缝深增加,开裂荷载及屈服荷载增加的趋势。但是对最终荷载位移曲线进入下降段后的破坏模式有影响。随着缝深增加,最终阶段 UHPC 段的裂缝发展也逐渐显著,如图7所示。根据图9和其他组试件的钢筋应变发展曲线可以看出,2/3/4-A 组试件的钢筋都存在不同程度的拔出趋势。最终破坏时缝深较小的 2/4-A 构件发生了明显的钢筋拔出,UHPC 严重开裂,缝宽较深的 3-A 构件钢筋则没有显著的拔出。

(4)所有构件的钢筋拔出、UHPC 显著开裂阶段均发生在受拉侧钢筋全面屈服、受压侧混凝土压溃之后。这表明在设计荷载范围内承受大偏压静载时 UHPC 环形接缝墩柱不会发生意料之外的破坏。但是构件的屈服强化段性能则受到环缝深度的影响。考虑到接缝处恰好处于墩顶盖梁与墩底承台附近易发展为塑性铰的区域,其在往复荷载作用下抗震性能仍需要进一步的研究。

参 考 文 献

[1] 毛志兵.发展新型建造方式推进建筑业供给侧改革——2019年新年寄语[J].施工技术,2019,48(1):1-3.
[2] 陈德宝,曾明根,苏庆田,等.钢—UHPC 组合桥面板湿接缝界面处理方式[J].中国公路学报,2018,31(12):154-162.
[3] 陈贝.预制 NSC 构件的 UHPC 湿接缝受弯性能研究[D].湖南大学,2018.
[4] 刘桐旭.节段预制拼装 UHPC 梁接缝抗剪性能试验与理论研究[D].南京:东南大学,2017.
[5] 李良,钟镇鸿,周志成,等.超高性能混凝土 UHPC 力学性能及应用介绍[J].混凝土世界,2018(9):56-62.
[6] 张云升,张文华,陈振宇.综论超高性能混凝土:设计制备、微观结构、力学与耐久性、工程应用[J].材料导报,2017,31(23):1-10.
[7] GRAYBEAL B A . Behavior of field-cast ultra-high performance concrete bridge deck connections under cyclic and static structural loading[J]. Fiber Reinforced Concrete,2010.

176. 采用高收缩 UHPC 薄层加固的矩形 RC 梁抗弯性能研究

杨策丞 孙 斌 杨 乐 肖汝诚

(同济大学土木工程学院)

摘 要：通过对高收缩 UHPC 薄层加固后的矩形钢筋混凝土梁进行抗弯试验，研究了不同加固层厚度下组合梁的开裂弯矩。试验结果表明，高收缩 UHPC 加固薄层依靠自身收缩性给钢筋混凝土施加的等效预压应力可以有效地提高组合梁的开裂弯矩，为实现桥梁结构快速修复提供了理论依据。

关键词：钢筋混凝土梁 高收缩 UHPC 加固 抗弯试验 开裂弯矩

1 引言

随着我国公路、铁路建设的大发展，近几十年来桥梁也有了一个飞速的发展，但受限于当时的技术条件等原因，目前相当一部分已建成的桥梁在运营过程中产生了病害，甚至有些桥已经成为危桥，存在着相当大的隐患。合理的加固维修可以延长桥梁的使用寿命，避免结构破坏带来的损失，从而取得良好的社会与经济效益。目前普遍使用的加固方法[1]主要有加大截面、粘贴钢板、体外预应力、置换混凝土等，但这些方法均存在一定的局限与缺陷，如增加自重过多、施工周期较长、不够美观等。

UHPC(超高性能混凝土)是一种具备高强度、高韧性和高耐久的新型材料。从材料性能分析，用 UHPC 对普通混凝土进行加固后，加固效果显著，可有效解决混凝土抗拉强度低的缺点，提高被加固结构的抗弯承载力。同时，UHPC 加固层较薄，对于整体结构自重增加少，施工周期短且不影响外观。另外，UHPC 本身具有高耐久性，可有效抵抗酸、碱、盐对结构物的腐蚀，对内部混凝土和钢筋起保护作用。而对于高收缩 UHPC，则是利用其收缩性能给普通混凝土施加了一个预应力，可大幅提高结构抗裂性能。

国外在 2007 年就已开始研究 UHPC-混凝土组合梁的受弯性能，但绝大多数试验采取环氧树脂有机黏结剂进行界面黏结，且并非是针对于加固性能进行研究。Prem[2]通过试验结果表明 UHPC 可以显著提高组合结构的刚度和承载能力，Habel[3]通过试验证明组合结构整体性较

基金项目：上海市科学技术委员会科研计划项目(17DZ1204204)。

强、抗拉能力优越。国内邵旭东研究团队[4]首次提出可将UHPC应用于正交异性桥面板,形成组合桥面,并通过试验得出,该种新型组合桥面可大幅减少桥面开裂风险。张阳[5]通过密配筋UHPC加固钢筋混凝土箱梁顶板试验证明加固板的抗裂性能和刚度得到显著提升,后期挠度和裂缝宽度的增长速率也显著减小。

综上所述,目前国内外已针对一般UHPC对普通混凝土的加固影响进行了部分研究,但针对采用了高收缩UHPC进行的试验研究较少,有待进行更为深入细致的研究。为此,本文通过进行抗弯试验来研究高收缩UHPC在钢筋混凝土梁中的加固效果,探究UHPC的收缩特性对普通混凝土构件的影响,进而为实现桥梁结构快速修复提供理论依据。

2 试验简介

2.1 模型设计

试件共有4个,每个试件的普通混凝土部分的截面形状和尺寸完全相同,长度为3 000mm,断面为300mm×500mm矩形,混凝土强度等级为C50;矩形梁下缘后浇UHPC加固层,UHPC层厚度每组各不相同,试件截面形状如图1所示,试件具体参数见表1。

普通混凝土梁纵向布置6根直径22mm钢筋(其中上缘2根受压钢筋,下缘4根受拉钢筋),箍筋直径8mm,跨中间距150mm,支点附近加密至100mm。为了提高UHPC加固层与预制混凝土梁的黏结性,试件2、3、4下缘配置8mm的连接筋,连接段的长度根据UHPC加固层厚度变化,具体参数见表1,试验梁配筋见图2。UHPC层布置4根直径18mm钢筋,位于UHPC层中心,配筋见图2。

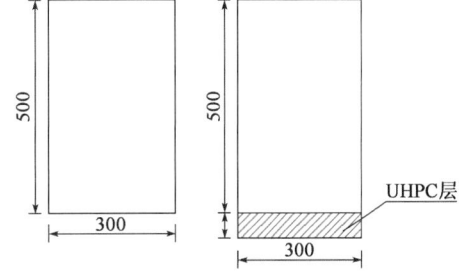

a) 试件1截面形状　　b) 试件2、3、4截面形状
图1 试件截面形状(尺寸单位:mm)

试 件 明 细 表　　　　表1

试件编号	普通混凝土试件尺寸(mm)	UHPC加固层厚度h(mm)	连接筋连接段长度l(mm)	数　量
1	3 000×300×500	无UHPC加固层	—	1
2	3 000×300×500	50	90	1
3	3 000×300×500	100	140	1
4	3 000×300×500	150	190	1

相比于普通混凝土,UHPC具有较低的水胶比、胶凝材料含量大、活性矿物掺合料掺量高、粗骨料掺量低等特点,使得其在凝结硬化中伴随着一定的自收缩。现有研究尚未完全掌握其发展规律,因此,收缩问题也成为UHPC研究的热点和难点之一,一定程度上会制约其工程应用[6]。目前市面上的UHPC往往会掺入3%～6%的膨胀剂来抑制其收缩,使得最终收缩值为500με左右。但是对于用来加固混凝土的UHPC来说,UHPC的收缩相当于是在混凝土结构下部施加了预压应力,从而增加其刚度与抗裂性能。而且越大的收缩性可以带来越大的预压应力,不掺膨胀剂的UHPC最终收缩值甚至可达到1 000με以上。

本次模型试验采用的是浙江宏日泰耐克新材料科技有限公司的常温养护型高收缩UHPC材料,其性能指标如表2所示。

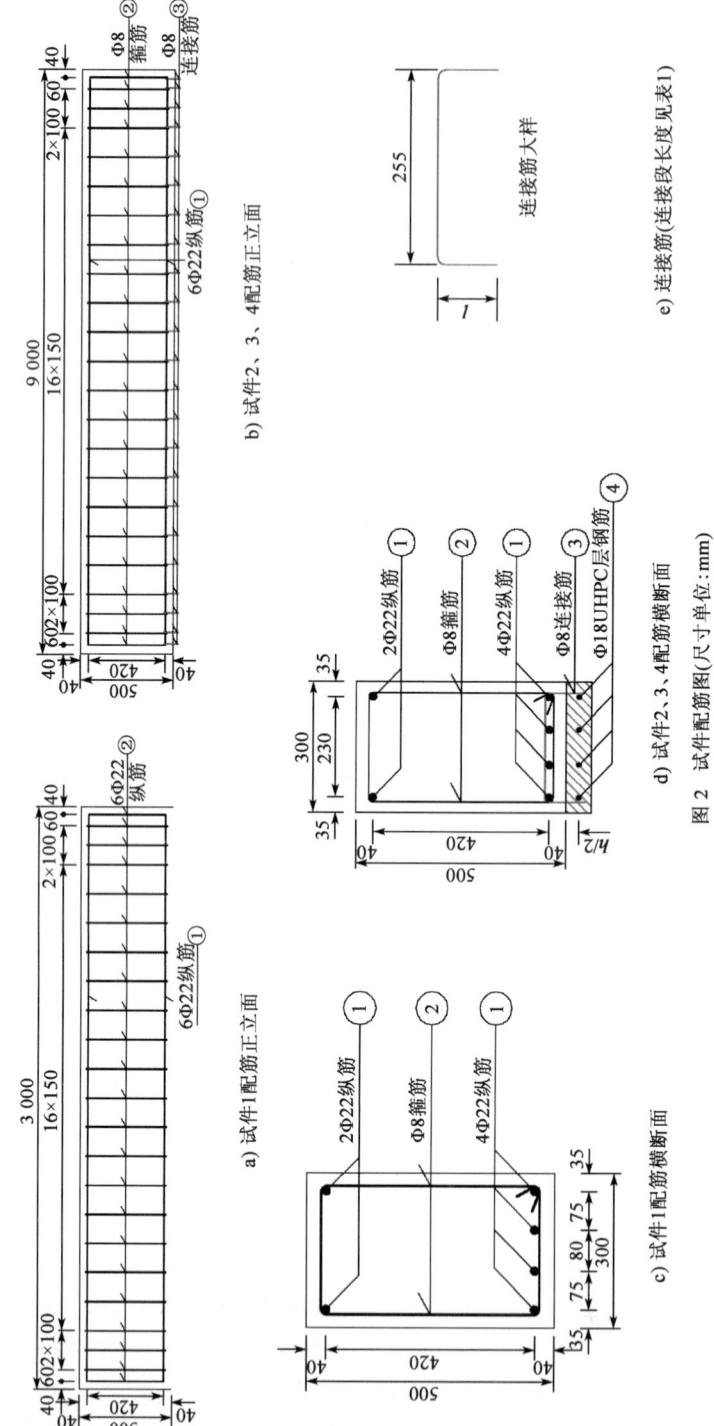

图 2 试件配筋图(尺寸单位:mm)

UHPC材料基本力学性能 表2

力学参数(单位)	数值	力学参数(单位)	数值
立方体抗压强度(MPa)	135	收缩值(με)	1 005
弹性极限抗拉强度(MPa)	10	极限压应变(με)	3 500
极限抗拉强度(MPa)	12	极限拉应变(με)	6 000
弹性模量(GPa)	47	密度(kg/m³)	2 600

2.2 加载方式

加载装置如图3所示。加载设备为千斤顶,采用两点集中力加载,在跨中形成纯弯段,由千斤顶及反力梁施加压力,分配梁分配荷载,压力传感器测定荷载值。其中 $L = 3\,000\,\text{mm}$, $a = 100\,\text{mm}$, $b = 1\,000\,\text{mm}$, $c = 800\,\text{mm}$。试验采用分级加载制度,正常加载阶段采用加载力控制模式,破坏阶段转为位移控制模式。

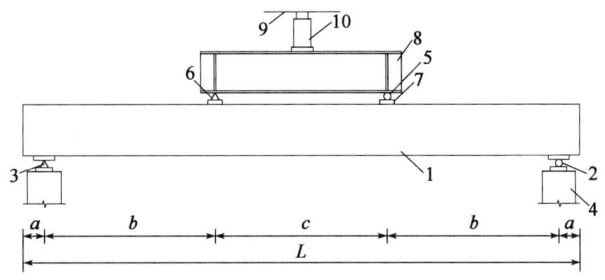

图3 加载装置图(尺寸单位:mm)

1-试验梁;2-滚动铰支座;3-固定铰支座;4-支墩;5-分配梁滚动铰支座;6-分配梁滚动铰支座;7-集中力下的垫板;8-分配梁;9-反力梁及龙门架;10-千斤顶。

2.3 试验测试内容及测点布置

(1)两端支座、跨中截面各布置一个位移计,用于观测梁体的变形,如图4所示。

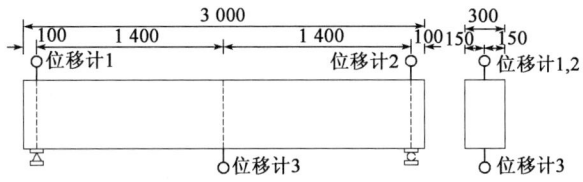

图4 位移计布置图(尺寸单位:mm)

(2)预制时在试验梁跨中截面的侧面如图5所示3个位置安置埋入式振弦应变计,用于观测由于UHPC收缩引起的主梁应变情况。

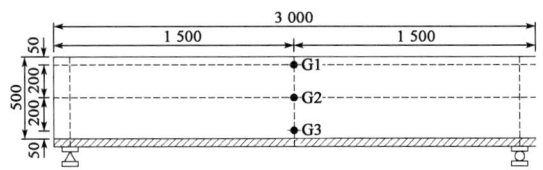

图5 埋入式振弦应变计布置图(尺寸单位:mm)

(3)跨中截面混凝土表面及UHPC表面应变片布置如图6所示,应变片沿纵向贴,测量梁的纵向应变。

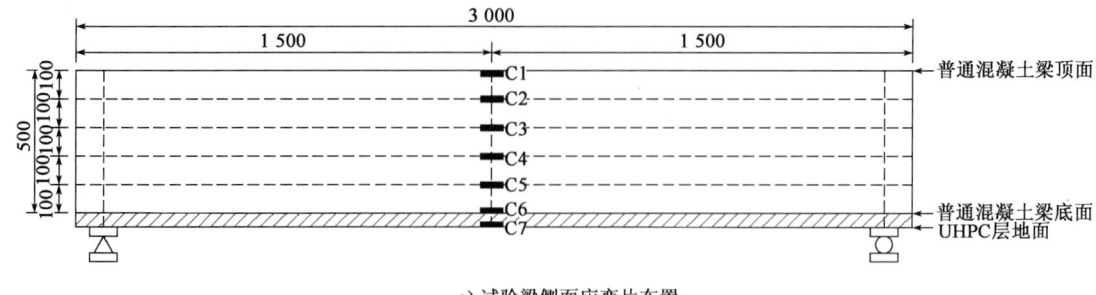
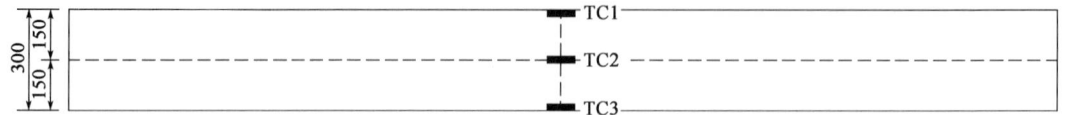

图 6 混凝土表面及 UHPC 表面应变片布置(尺寸单位:mm)

(4)每根纵向受力钢筋在跨中位置布置一个纵向应变片,如图 7 所示,应变片沿钢筋长度方向贴,测量钢筋的轴向应变。

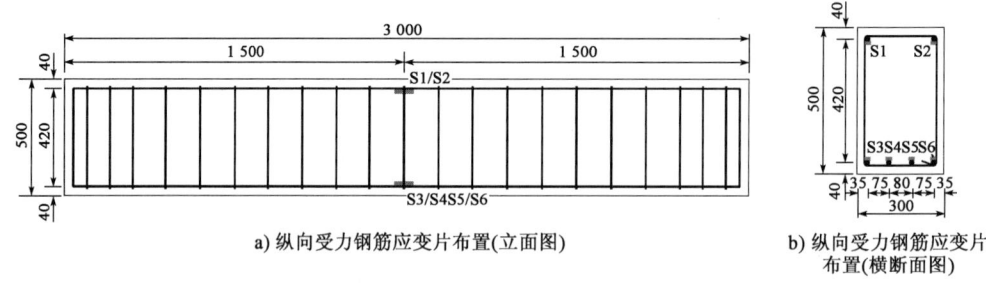

图 7 纵向受力钢筋应变片布置(尺寸单位:mm)

(5)混凝土表面裂缝主要通过裂缝观测仪进行观测,将梁体各面刷白,并画 5cm × 5cm 的网格线,采用记号笔标明走向、宽度,并记录对应加载荷载大小。

3 加载过程及试验结果

3.1 UHPC 收缩引起主梁应力变化

如图 8 所示,随着 UHPC 收缩,矩形梁底面与中间高度处的混凝土受到压应力并逐渐增大,最终基本保持不变,顶面的混凝土在 UHPC 早期强度迅速提升阶段暂时出现了拉应力,但随着 UHPC 收缩的不断进行,最终矩形梁全截面都处于受压状态,且 UHPC 加固层越薄,全截面进入受压状态的时间越早。三根加固梁对比表明,UHPC 加固层越厚,相当于提供的预应力越大,因此底面压应力越大。

3.2 开裂弯矩及裂缝发展

4 根试验梁在加载过程中均首先在跨中或附近出现裂缝,随着荷载的增加,裂缝不断增多。由于在梁中未布置抗剪钢筋,因此也出现了从支座延伸至分配梁的斜向裂缝。之后出现的裂缝形态大致相同,分布位置有所扩展。最终顶板混凝土被压碎,梁体发生最终破坏。4 根试验梁的开裂弯矩如表 3 所示。

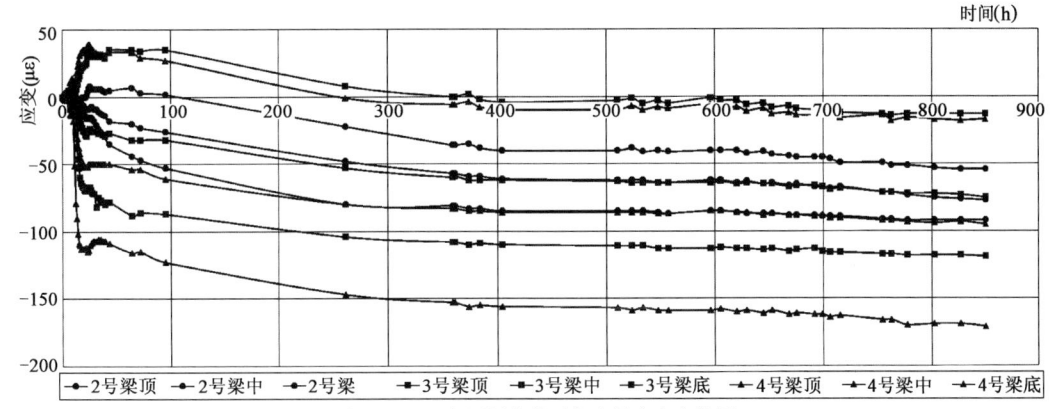

图8 UHPC加固层收缩引起主梁应力变化图

试验梁开裂弯矩　　　　　　　　　　　表3

试验梁	1号梁(0cm)	2号梁(5cm)	3号梁(10cm)	4号梁(15cm)
开裂弯矩(kN·m)	62.5	135.5	175	200

3.3 普通混凝土及UHPC应力变化

如图9所示,四根试验梁的顶层混凝土应变均基本呈现线性增长,且UHPC加固层厚度越大,整体截面刚度越大,增长也越缓慢。如图10所示,四根梁底部应变片最终全部拉断,普通混凝土由于其极限抗拉强度低最先破坏,三根加固梁由于加固层厚度不同最终也依次破坏。

3.4 钢筋应力变化

对比图9与图11可知,每根梁的上部钢筋应变与顶层混凝土应变大小与增长速率基本保持一致。

对比图10与图12可知,每根梁的下部钢筋应变与底层混凝土或UHPC的应变图也有较高的重合性,不同点在于混凝土或UHPC由于开裂退出工作后,钢筋又继续独自承担了一部分荷载才失效。

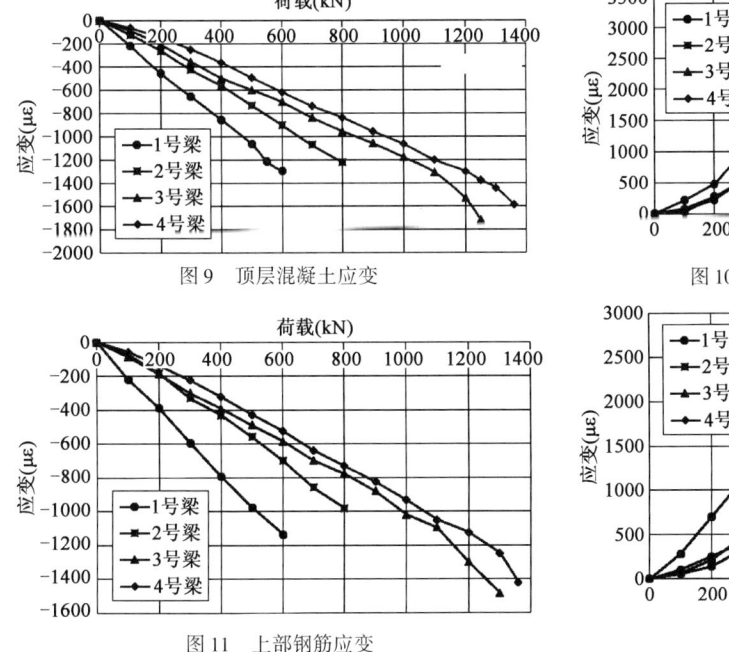

图9 顶层混凝土应变

图11 上部钢筋应变

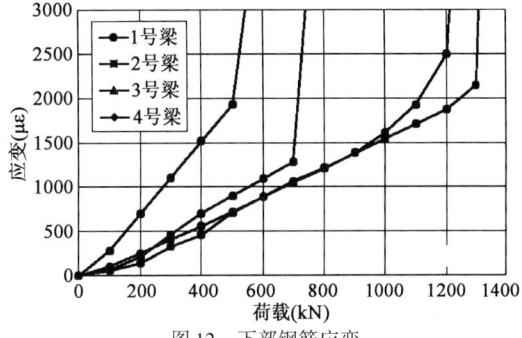

图10 底层混凝土与UHPC应变

图12 下部钢筋应变

4 开裂弯矩理论计算

对于普通混凝土梁,根据《公路钢筋混凝土及预应力混凝土桥涵设计规范》(JTG 3362—2018)6.5.2-7 式计算得到未加固梁的开裂弯矩 M_{cr} = 15.5kN·m。对于 UHPC 加固梁,在 ANSYS 中建立有限元模型如图 13 所示,UHPC 的初始收缩设置为 1 005με。UHPC 极限拉应变为 6 000με,以此作为 UHPC 开裂的判定标准。C50 混凝土的极限最大拉应变为:ε_{tu} = 76.811 6με,并以此作为 C50 混凝土开裂的判定标准。最终得到 4 根试验梁普通混凝土层开裂时对应的弯矩的理论结果如表 4 所示。

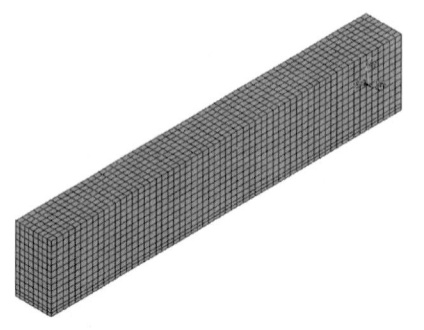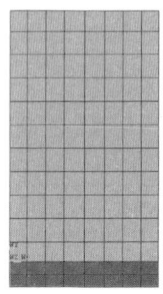

图 13 有限元模型图

计算结果汇总　　　　　　　表 4

编号	UHPC 加固层厚度 h (mm)	开裂弯矩 (kN·m)	普通混凝土下缘最大拉应变(με)	UHPC 层最大拉应变(με)
1	0	15.5	76.8	—
2	50	106.5	76.5	701
3	100	164	76.9	731
4	150	234	76.9	779

5 结果对比

4 根试验梁开裂弯矩的理论值和试验值的对比如表 5 所示,可见,UHPC 收缩引起的等效预压应力可以大大延后加固梁体的开裂,且加固层厚度越大,开裂弯矩提升越多。在加固层 5cm 时开裂弯矩便提高了一倍左右,加固层 10cm 与 15cm 时的开裂弯矩也相应地提高了不少。但试验结果也显示,各加固层厚度下的结果与理论值并不能很好吻合,尤其是没有加固层的时候试验值偏高较多,而加固层 15cm 时相较于理论值又偏低。这表明当前理论计算方法存在一定纰漏,有待于后续试验开展研究。

试验结果汇总　　　　　　　表 5

编号	UHPC 加固层厚度 h(mm)	理论开裂弯矩(kN·m)	试验开裂弯矩(kN·m)	误差(%)
1	0	15.5	62.5	303.23
2	50	106.5	135.5	27.23
3	100	164	175	6.71
4	150	234	200	−14.53

6 结语

本文开展了采用高收缩 UHPC 薄层加固法加固矩形钢筋混凝土梁的抗弯性能研究,对比了不同加固层厚度下组合梁开裂弯矩的理论值与试验值,得到如下主要结论:

(1)最终收缩值可达 $1000\mu\varepsilon$ 的高收缩 UHPC 薄层相当于在混凝土梁底提供了预压应力。通过试验证明,UHPC 薄层加固法的确可以有效提高梁的抗裂能力,但是加固效果的提升随着 UHPC 加固层的增厚逐渐减缓。

(2)在理论上可将高收缩 UHPC 薄层应用于桥梁结构快速修复项目,但是具体加固形式、加固厚度等参数需根据桥梁主梁形式、梁体高度、配筋等参数来确定。

(3)部分梁开裂弯矩的试验值与理论值之间差异较大,有待于在后续试验中开展深入研究。

参 考 文 献

[1] 李凤求,杨莉.桥梁加固技术探讨[J].湖南交通科技,2005,31(2):85-87.
[2] Prem P R,Murthy A R,Ramesh G,et al. Flexural behavior of damaged RC beams strengthened with ultra high performance concrete[M]//Advances in Structural Engineering. Springer, New Delhi,2015:2057-2069.
[3] Habel K. Structural behavior of elements combining ultra-high performance fiber reinforced concretes (UHPFRC) and reinforced concrete[R]. EPFL,2004.
[4] 邵旭东,曹君辉,易笃韬,等.正交异性钢板-薄层 RPC 组合桥面基本性能研究[J].中国公路学报,2012,25(2):40-45.
[5] 张阳,党祺,穆程.UHPC 加固箱梁顶板受弯性能试验研究[J].湖南大学学报:自然科学版,2017,44(3):8-18.
[6] 陈宝春,李聪,黄伟,等.超高性能混凝土收缩综述[J].交通运输工程学报,2018,18(1):13-28.

177. 悬索桥主缆典型截面二次应力实测分析

唐凤林[1] 马 健[2] 朱红兴[3] 刘 斌[2] 魏家旭[3]

(1. 西南交通大学;2. 云南省交通规划设计研究院有限公司;
3. 云南省建设投资控股集团有限公司)

摘 要:虎跳峡金沙江大桥主桥为 766m + 160m 独塔单跨地锚式钢桁梁悬索桥,地锚索及复合索鞍处主缆的转角较大,二次应力问题突出。为研究该桥在施工过程中地锚吊索的索夹部位及复合索鞍出口处主缆截面二次应力变化情况,对虎跳峡金沙江大桥钢桁梁吊装过程中主缆断面应力进行了现场测试。测试表明,主缆断面的二次应力主要由不均匀轴向应力组成,主缆在索夹部位及复合索鞍出口有一定的抗弯刚度,二次应力增长明显;随着钢桁梁吊装,主缆二次应力会在该部位逐渐积累,其大小与主缆截面转角及轴力呈正相关,地锚吊索索夹部位截面主缆二次应力的变化与地锚吊索索力变化趋势一致。

关键词:悬索桥 二次应力 主缆转角 地锚索力 现场测试

1 引言

主缆是由成千上万根钢丝组合而成,索鞍、索夹及缠丝等对主缆的径向力产生摩擦力约束了主缆的滑移,使主缆有一定的抗弯刚度[1]。而大量研究表明,缆索的局部弯曲刚度会随着其受力状态发生改变。20 世纪 60 年代,Wyatt[2]曾对主缆在缠丝前和缠丝后的二次应力进行过系统的分析和研究,并提出一套实用的计算公式;HaimWaisman[3][4]提出在物体的接触区域放置具有不同刚度与强度的弹性弹簧原件,说明平行钢丝在相邻钢丝之间发生应力重分配;林坤等[5]首次提出斜拉索分层滑移,并通过有限元分析了考虑分层滑移的最大弯曲应力与均匀弯曲刚度解的差异;严琨等[6][7]考虑了主缆间极限摩擦力并建立了分层滑移模型,通过试验及理论对比,表明主缆二次应力受到均布缠丝力和钢丝轴向应力的影响显著;张卓杰[8]、钟金兔等[9]根据分层滑移原理确定了叠梁发生层间滑移的展开条件和路径,借助传递矩阵法提出了求解叠梁滑移展开长度的算法。

但是以上方法计算结果与实测数据差异较大,有鉴于此,本文开展了虎跳峡金沙江大桥主缆在加劲梁吊装过程中的应力变化情况全程长期测试,并对试验数据进行分析整理。文中给出了各断面在梁段吊装过程中的应力增量变化曲线及最大二次应力累计变化曲线,并与索夹

基金项目:云南省交通运输厅科技项目(云交科教〔2018〕38)。

转角及地锚索索力分析对比。通过实测研究,可为大跨度悬索桥主缆安全系数提供一定参考,并进一步了解主缆受力状态。

2 工程背景

虎跳峡金沙江大桥(图1)主桥采用766m+160m独塔单跨地锚式钢桁梁悬索桥。该桥MS2地锚索SJ8索夹,长2400mm;MS1地锚索SJ9索夹,长2104mm,在地锚吊索强大吊索力及主缆在复合索鞍转角作用下,主缆的局部弯曲刚度会发生变化,产生的二次应力也较大。故本文着重开展了钢桁梁段吊装过程中复合索鞍及地锚吊索索夹附近的主缆二次应力测试。

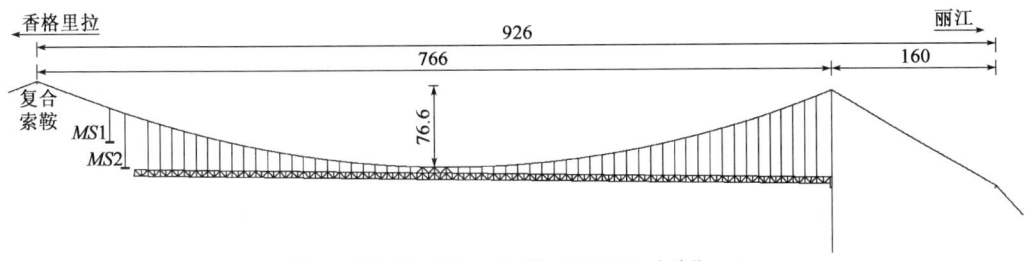

图1 虎跳峡金沙江大桥整体布置图(尺寸单位:m)

3 二次应力测试

虎跳峡金沙江大桥主缆钢丝的直径为5.4mm,试验选用了栅长(标距)5mm,栅宽2mm,电阻值为120Ω的电阻应变片[10],采用静态应变测试分析系统采集数据。为研究复合索鞍及地锚吊索对主缆二次应力的影响,本次试验选择了大桥上游SJ8、SJ9索夹两侧附近主缆及复合索鞍出口处主缆共计5个断面进行测试,总体布置方案如图2所示。根据现场索鞍附近主缆及钢丝的实际状况,每个测试断面的应变片测点布置在距索鞍、索夹侧边5cm左右的位置上,如图3所示。为设置对比试验,采用振弦式钢弦应变计,在S3截面上下左右距出口10cm处共布置四个测点,1、2、3、4测点分别对应图3a)中的1、5、9、11测点。

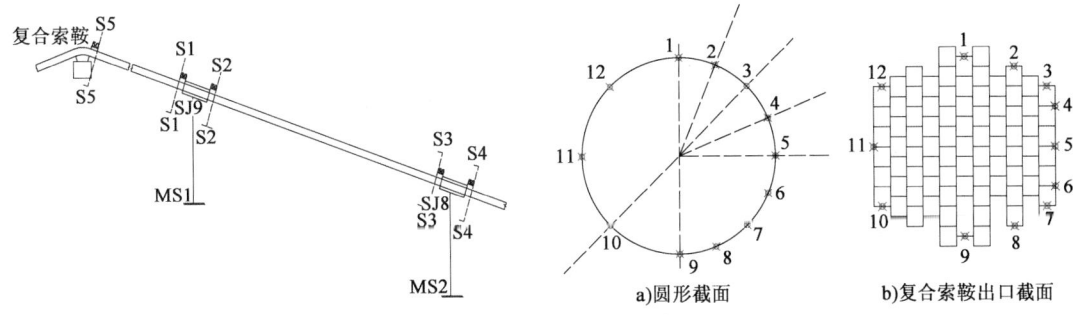

图2 测点断面布置图   图3 断面测点布置图

在应变片测试时,由于现场实际温差较大,在测试过程中,每个截面每个测点单独设置一个温度补偿片(桥路类型采用1/4桥(带补偿),每6个应变片共用一个温度补偿片),如图3所示。各截面通道编号及温度补偿规则为:1-6号应变片通道分别为1-6号,公用1号温度补偿片;7-12号应变片通道分别为11-16号,公用2号温度补偿片。在S3截面设置12个电阻应变片,作为截面S1—S5的温度补偿,与12个测点一一对应。

测试仪器的现场布置应该充分与现场的施工条件结合,并能够完全满足测试需求,且有利于仪器的现场保护和安装。考虑到这些因素,将此试验布置在上游主缆上。为了使电阻应变片易于粘贴于主缆表面,采用强力粘钢胶将电阻应变片与主缆钢丝粘贴牢固,为防止雨水侵入,在其上涂上一层两液混合硬化胶,为了使钢弦应变计易于粘贴于主缆表面,采用强磁性底座并结合强力粘钢胶将底座与主缆钢丝粘贴牢固这种安装方式在长期的测试过程中证明是可靠的,现场安装及测试见图4。

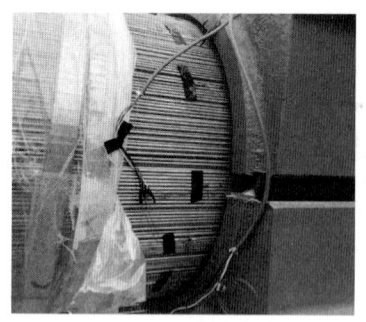

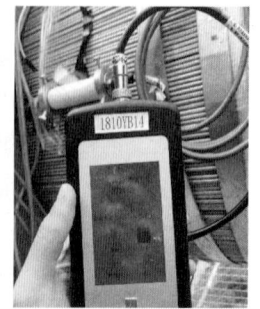

图 4 现场安装及测试情况

全桥加劲梁共59个梁段,最大吊重为103t,单个标准梁段吊重为91t,加劲梁梁高6m,标准梁段长11.5m。其中51个节段(B5~B55)采用缆索吊机由跨中段向岸侧对称进行。将大桥划分为31个施工工况(表1),限于篇幅,这里不列出具体各工况吊装梁段的编号。在主缆应力测试过程中,具有完整数据记录的是工况11至工况21,其他工况由于现场不具备测试条件而没有得到完整的数据记录。

施工工况划分　　　　　　　表1

施工阶段	施工状态	施工阶段	施工状态
1-8	地锚索前	22-28	B5-B11、B41-B47
9-21	B12-B40对称	29-31	B48-B55吊装

4 二次应力分析

4.1 地锚索力及主缆梁段转角计算

通过桥梁非线性分析系统BNLAS对大桥进行倒拆法施工阶段分析,提取出各施工阶段地锚吊索MS1、MS2索力,并得出空缆线形、空缆主缆轴力及各施工阶段的吊索力T_i。利用ANSYS有限元软件,运用APDL语言,以空缆状态为初始状态,以各施工阶段吊索力为各荷载工况,求解各施工阶段下主缆绕嵌固端转动的夹角θ_i,主缆绕索夹转动如图5所示。其中主缆由LINK10单元模拟,SJ8、SJ9附近等效长度主缆由BEAM44单元模拟。将各施工阶段下的地锚吊索索力T_d及转角θ_i作为研究对象,分析其与二次应力的变化趋势。其ANSYS模型示意如图6所示。其中,Wyatt[2]提出,索夹等效长度为

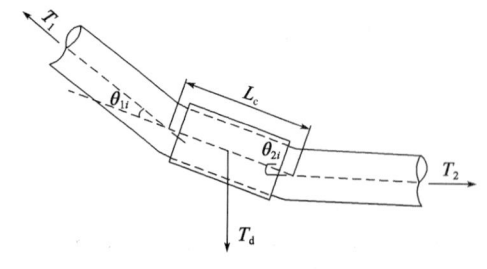
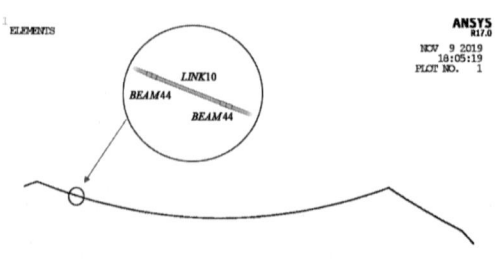

图 5 主缆绕索夹转动示意图　　　　图 6 ANSYS模型示意图

$$L_c = L + \frac{2}{g} \tag{1}$$

式中：L_c——索夹等效长度；

L——索夹实际长度；$g = \sqrt{T/(EI)}$。

4.2 各工况下截面各测点应力增量测试

图7～图9给出了在工况12至工况21的断面各测点应力增量测试值，其中，图8给出了S3截面钢弦应变计与电阻应变片的对比图。从图中可以看出各断面的应力增量测试值沿主缆断面竖向基本上呈单向增加或者减小分布，说明主缆在未缠丝及在大转角变形的情况下，主缆断面的二次应力主要由不均匀轴向应力组成，且主缆在索夹紧固及复合索鞍出口有一定的抗弯刚度，不能仅仅看作为仅受拉的杆单元，而有梁的弯曲特性；钢弦应变计方法测试时，由于其标距较大，距索夹端部距离比电阻应变片较远，所测试结果与电阻应变片相比，其二次应力较小，但总体趋势相同；同一个索夹出口两侧截面在各工况下应力增量变化趋势相同，大小相近。

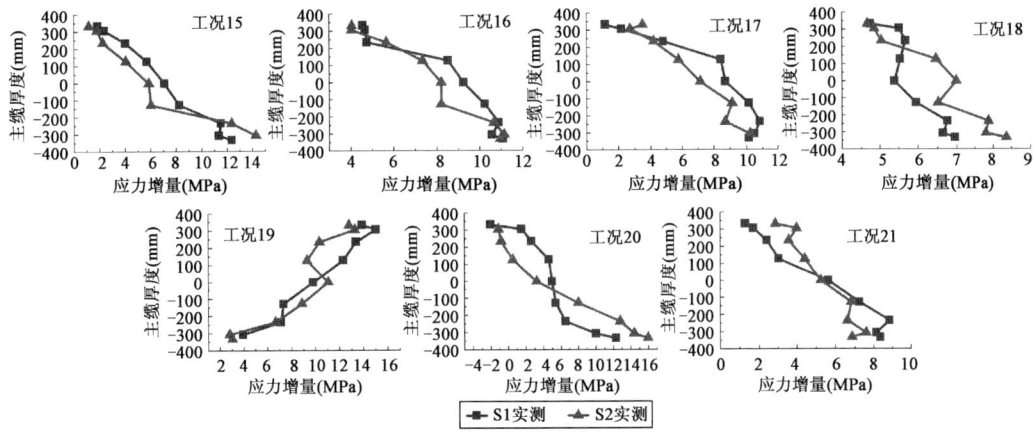

图7 S1、S2各测点在各工况下应力增量

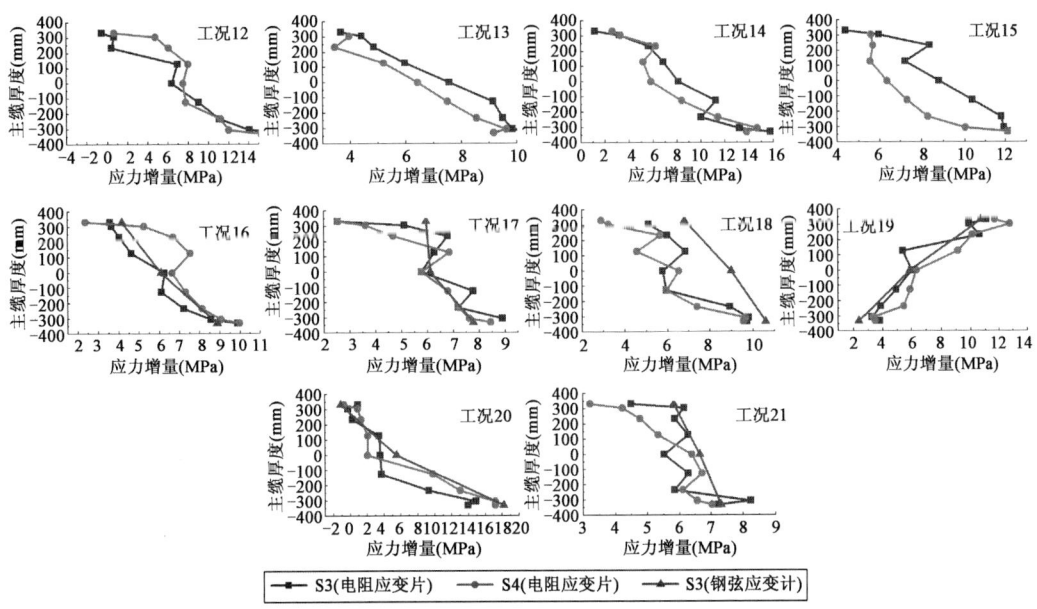

图8 S3各测点在各工况下应力增量

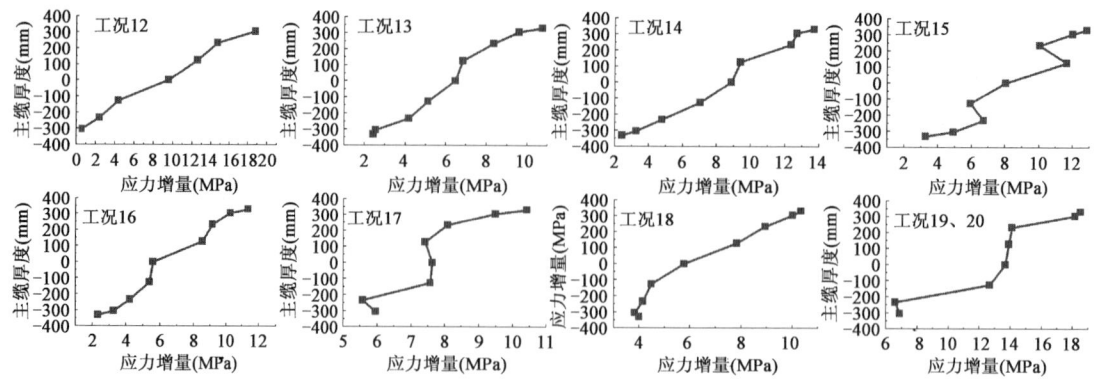

图 9 S5 各测点在各工况下应力增量

4.3 各截面累计二次应力与转角的关系

主缆断面应力超出平均轴向应力的部分即为主缆的二次应力,由测试可知,主缆最大二次应力发生在主缆上缘或下缘。对于本文测试数据则取主缆上缘与下缘的平均轴向应力之差的一半。

主缆断面的二次应力会在嵌固端处累积,且与其在约束位置处的转角相关。由于同一个索夹出口两侧截面二次应力变化趋势相同,故 S1、S3、S5 截面在各施工阶段各截面最大二次应

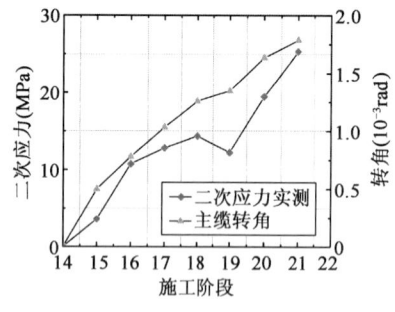

图 10 S1 最大次应力与转角

力测量值分别见图 10 ~ 图 12,同时,图中还给出了主缆绕索夹横断面的转角变化及主缆绕复合索鞍曲线切向的转角变化,以下统称主缆转角。S1 截面(SJ9 出口处截面)以地锚吊索 MS1 开始受力时为初始状态,S3、S5 截面以工况 11 为初始状态。从图中可以看出,S1 截面二次应力和主缆转角随着加劲梁的吊装而增大,但在工况 19 有减小的趋势;S3 截面(SJ8 出口处截面)在施工阶段前期,由于主缆大变形作用,主缆转角及二次应力增长较为明显,在施工阶段后期,由于主缆线形趋于稳定,截面转角及二次应力增长均较为缓慢,该截面二次应力和转角随着梁段的吊装,整体上均呈现增大的趋势,在工况 19 也有减小的趋势;S5 截面(复合索鞍出口处截面)二次应力和主缆转角随着加劲梁的吊装而增大,在施工阶段前期,由于主缆大变形作用,主缆转角及二次应力增长较为明显,在施工阶段后期,由于地锚吊索 MS1、MS2 调整线形作用,主缆线形趋于稳定,截面转角及二次应力曲线斜率明显减小。

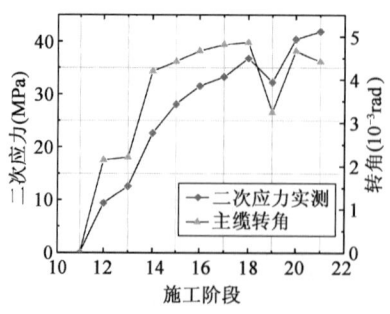

图 11 S3 最大次应力与转角

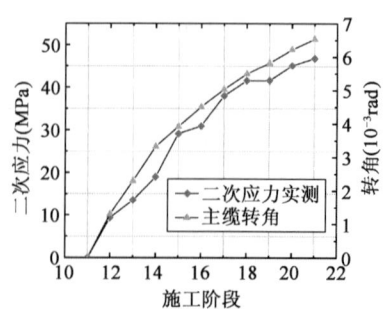

图 12 S5 最大次应力与转角

试验数据表明,三个截面的主缆累计二次应力与主缆转角变化规律一致,说明主缆端部二次应力与主缆端部转角呈现一定相关性。在一定条件下,主缆转角越大,截面二次应力也越大。在现有测试数据中,对于SJ9出口主缆截面,二次应力较小,最大仅为26MPa;对于SJ8出口主缆截面,二次应力较大,为42MPa,在梁段由跨中向两边吊装过程中,截面二次应力及主缆转角有一定的波动;对于复合索鞍出口截面,二次应力最大,为47MPa。在工况11前及工况21后梁段吊装过程中,三个主缆截面转角均有不同程度的上升,二次应力也有不同程度的上升趋势,说明在确定主缆安全系数时有必要考虑其二次应力的影响,在评估主缆安全状态时,也必须考虑二次应力。

4.4 S1—S4截面累计二次应力与地锚索索力的关系

由于地形限制,为调整大桥主缆线形,每根主缆上需在香格里拉岸一侧加两根地锚吊索MS1、MS2,地锚索强大的拉力,导致地锚索上长索夹出口处主缆截面(S1—S4)产生较大的二次应力。由于同一个索夹出口两侧截面二次应力变化趋势相同,故取S1、S3截面为研究对象。S1、S3截面在各施工阶段各截面最大二次应力测量值、数值模型计算结果对比分别见图13、图14,同时,图中还给出了两个截面在各荷载工况下所对应的地锚索拉力作为对比。该两个截面的主缆累计二次应力与截面对应的地锚索索力变化规律一致,说明主缆端部二次应力与相应地锚索索力呈正相关。

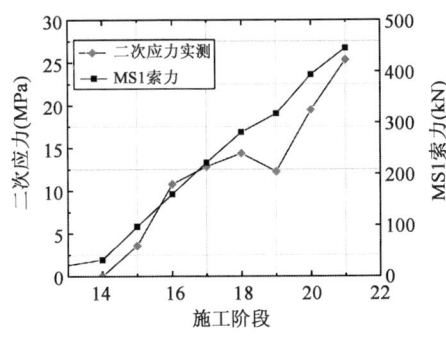

图13 S1最大次应力与MS1索力

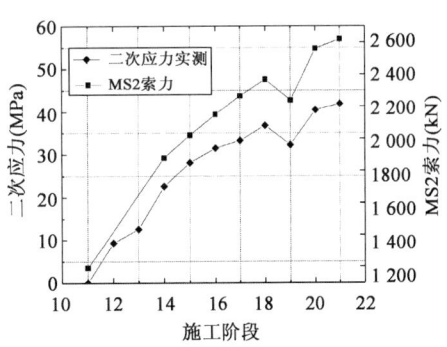

图14 S3最大次应力与MS2索力

5 结语

为了解大跨度悬索桥施工过程中主缆断面的应力状态,对虎跳峡金沙江大桥复合索鞍及长索夹(地锚吊索上)附近主缆断面的应力进行了现场实测,并建立BNLAS模型对大桥进行倒拆分析,并用ANSYS有限元软件对索夹转角精细化模拟,得出各施工阶段地锚吊索索力及主缆绕嵌固端转角,与试验数据进行分析,得出以下结论:

(1)主缆在未缠丝及在大转角变形的情况下,主缆断面的二次应力主要由不均匀轴向应力组成,且主缆在索夹紧固及复合索鞍出口处有一定的抗弯刚度,不能看作为仅受拉的杆单元,还要有梁的弯曲特性。

(2)钢弦应变计方法测试时,由于其标距较大,距索夹端部距离比电阻应变片较远,所测试结果与电阻应变片相比,其二次应力较小。

(3)主缆端部截面二次应力与主缆端部转角成正相关,在一定条件下,主缆端部转角越大,其二次应力也越大。

(4)索夹端部主缆截面二次应力与其对应的吊索力成正相关,在一定条件下,对应的吊索力越大,其二次应力也越大;且同一索夹两侧附近主缆的二次应力大小相近、变化趋势一致。

参 考 文 献

[1] 尼尔赫 J.吉姆辛.缆索承重桥梁构思与设计[M].姚玲森,林长川,译.北京:人民交通出版社,1992.

[2] Wyatt T. A. Secondary Stresses in parallel wire Suspension Cables[J]. Transactions of A. S. C. E,1963,29-33.

[3] Montoya,A.,Waisman,H.,Noyan,I. C.,et al. Load transfer and recovery length in parallel wires of suspension bridge cables[J]. Journal of Engineering Mechanics,2011,137(4):227-237.

[4] Arturo Montoya,Haim Waisman,Raimondo Betti. A simplified contact-friction methodology for modeling wire breaks in parallel wire strands[J]. Computers & structures,2012,100/101(Jun.):39-53.

[5] 林坤.考虑分层滑移的斜拉索弯曲应力分析[D].重庆:重庆交通大学,2008.

[6] 严琨.大跨度悬索桥主缆弯曲刚度效应及二次应力研究[D].成都:西南交通大学,2015.

[7] 严琨,沈锐利.大跨度悬索桥施工过程中主缆二次应力实测研究[J].土木工程学报,2018,51(4):62-68.

[8] 张卓杰.大跨度桥梁索结构丝股分离与滑移机理及其力学行为的研究[D].广州:华南理工大学,2016.

[9] 钟金兔,颜全胜.基于叠梁的斜拉索层间滑移扩展规律研究[J].华南理工大学学报(自然科学版),2018,46(06):31-40.

[10] 田越.大跨度悬索桥主缆弯曲应力试验研究[J].钢结构,2009(05):13-17.

178. 钢筋混凝土 T 梁疲劳性能试验研究

白 冰 赵尚传 左新黛

(交通运输部公路科学研究所桥梁隧道研究中心)

摘 要：针对钢筋混凝土梁的疲劳性能问题，参照实际工程标准图设计，以典型钢筋混凝土 T 梁缩尺模型为研究对象，采用常幅加载试验方法，对同批次 7 片试验梁开展分析研究。在科学设计结构试验方案的基础上，对钢筋混凝土 T 梁的疲劳破坏模式、纵筋应力幅演变规律以及钢筋 S-N 曲线确定等关键问题进行了系统探讨。研究表明：所测试 T 梁的主导破坏模式均为纵向受拉主筋的疲劳断裂而导致结构承载能力不足发生断裂破坏，其破坏模式较为明确清晰；综合结构破坏模式以及测试结果，主ศ纵向受拉钢筋对于构件的疲劳寿命具有重要影响；利用所得试验数据，通过回归拟合得到了纵筋应力幅与寿命的 S-N 曲线方程，其拟合效果良好，所有试验点均在离差范围以内，能够用于表征试验梁的疲劳寿命规律。

关键词：钢筋混凝土 T 梁 疲劳特性 破坏模式 钢筋应力幅 S-N 曲线

1 引言

钢筋混凝土梁桥作为目前应用量大面广的主要桥梁形式之一，在我国路网交通中占据有重要地位。而随着近年来经济建设的飞速发展，交通量不断增大，桥梁承受反复车载作用的疲劳问题愈显突出，由此导致的结构短寿服役问题亟须引起重视。2014 年颁布的《公路工程技术标准》(JTG B01—2014)[1]已明确提出桥梁应考虑寿命设计。

但与上述现状及规定不相称的是，当前我国规范及标准尚缺乏针对钢筋混凝土梁桥疲劳行为、寿命的校验方法或理论，因此寿命设计的规定及分析实质上是不落地的。

针对这一问题，各国学者已开展了一系列卓有成效的研究。传统观点认为钢筋混凝土梁桥疲劳问题不显著，但这一观点目前已受到越来越多的挑战。美国 20 世纪 70 年代即已开展对混凝土结构疲劳问题的分析[2][3]，并取得了丰富的成果。近年来国外一些学者通过试验研究，对其存在性及破坏主导模式进行了更深入的探讨。Barnes 和 Mays[4]对 5 组配筋混凝土梁开展了疲劳试验研究，结果表明纵向受拉钢筋的疲劳断裂是结构的主导破坏模式，且混凝土无论加强与否，只要钢筋应力幅一致，其疲劳寿命就较为接近。Charalambidi 等[5]报道了 7 片大尺寸 T 梁的疲劳试验结果，发现其荷载幅尽管相对更大，但并未改变结构的破坏模式，并在

基金项目：交通运输部公路科学研究所(院)科技创新专项资金(2018-A0004,2018-A0040)资助。

此基础上就碳纤维板的加固参数进行了分析。而在国内,不同学者[6][7]也开展了类似的试验分析,深入探讨了钢筋混凝土梁疲劳行为的相关特性,对于问题的进一步研究具有重要的参考价值。但是限于问题复杂性以及试验规模,当前同批次、参数化试验还相对缺乏。同时,国外早期试验钢筋材料及配筋构造等与现今国内情况可能并不一致,对于国内钢筋混凝土梁的疲劳破坏模式机理以及相关寿命规律目前尚缺乏明确分析。鉴于此,系统科学地开展不同荷载幅下结构疲劳性能的试验研究,将有助于揭示钢筋混凝土梁结构疲劳行为的外在特征及内在机理。

由问题难度及复杂性所决定,钢筋混凝土梁疲劳性能一般采用试验研究为主,并结合理论分析的手段开展。以 7 根同批次试验梁开展不同荷载幅下的常幅疲劳行为试验研究,系统探讨试件的破坏特征及相应的寿命演变规律,从而为钢筋混凝土结构的疲劳寿命设计提供相关参考,对于提升此类桥梁的长期服役性能亦具有积极意义。

2 试验梁设计及试验方案

2.1 试验梁设计

钢筋混凝土 T 梁是我国公路交通中中小跨径桥梁的主要结构形式,以此为研究对象具有普遍意义。对于试验梁具体构造,为保证结果具有更广泛的参考性和适用性,参照《公路桥涵设计图-装配式钢筋混凝土 T 型梁》(JT/GQS 025—84)中 20m 简支 T 梁标准图设计,按 1∶4 比例缩尺设计试验梁,共计有 9 片相同构造的试验梁,其中 2 片用于静载破坏性试验,其余 7 片用于等幅疲劳试验研究。

试验梁总长 5m,计算跨径为 4.5m,采用 T 形等截面形式。梁高 0.37m,翼板宽 0.5m,肋板厚 0.12m。所采用混凝土等级均为 C40,纵向受拉主筋为 HRB33 Φ12 钢筋,架立筋及箍筋采用 R235A8 钢筋,箍筋间距为 200mm,净保护层厚度为 30mm。其具体构造如图 1 所示。由该设计构造进行配筋验算,可得试验梁配筋率 $\rho = 0.66\%$,满足配筋率要求($\rho_{\min} = 0.29\%$ < $\rho < \rho_{\max} = 1.6\% \sim 1.8\%$),所设计试验梁为适筋梁。下料制作时各材料均采用同一厂家同一批次产品,并一次浇筑完成。

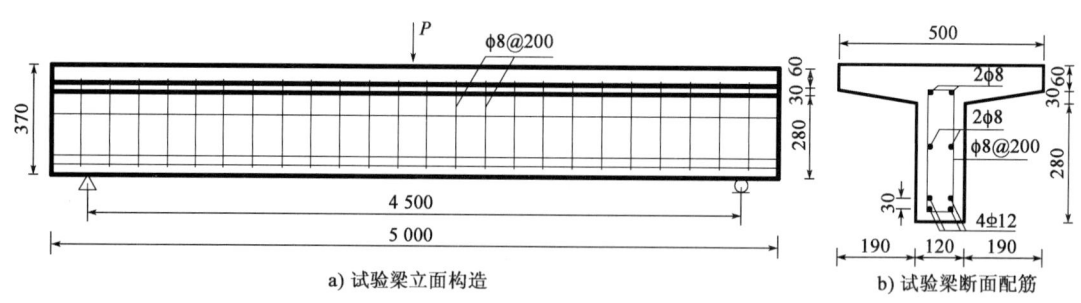

图 1 试验梁一般构造(尺寸单位:mm)

2.2 试验加载及测试方案

试验梁共制作有 9 片,其中 2 片用于确定梁的静力极限承载力,并为后续疲劳试验确定荷载幅的上下限,后续 7 片用于开展结构的等幅疲劳试验,以探讨钢筋混凝土梁的疲劳行为特性。

鉴于钢筋混凝土梁的疲劳问题主要由车辆的反复作用引起,而对于中小跨径梁桥,单一轮载(轴载)的作用特点相对更为显著。因此,相对于分配梁双点弯的加载方式,采用直接单点弯的加载方式更加符合实际,而这一方式亦得到广泛应用[8][9]。由这一特点,对所有试验梁均采用跨中单点弯曲的形式进行加载,加载仪器选用 PMW-2000 电液式脉动疲劳试验机开展,其最大加载能力 1 000kN,精度 1kN,并安设压力传感器,可满足本次试验的加载要求。试验梁的加载示意图如图 2 所示。

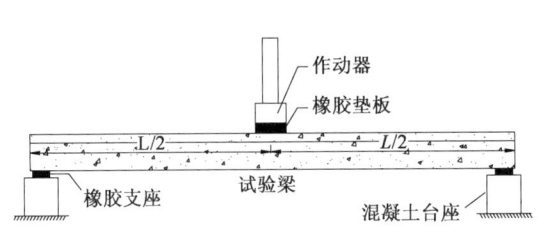
a) 加载图示

b) 加载装置

图 2　试验加载示意图

根据试验计划以及试验梁的具体情况,在首先获取 T 梁的静力极限承载力结果后,依据相应数值开展 7 片 T 梁的等幅疲劳试验(各梁疲劳荷载幅不同),其完整的试验过程如下:

(1)静力承载力试验:采用图 2 加载方式依次对两片 T 梁逐级加载(增量 3~5kN),至试验梁达到极限承载力 P_u,记录数值(均值 P_u = 70kN)并卸载。

(2)疲劳工况Ⅰ:①疲劳加载前开展静载测试,获取试验梁初始力学性能;②确定荷载幅 $P_{min} \sim P_{max}$,采用相同加载方式对试验梁进行等幅循环加载;③待完成一定次数后,停机开展静力试验并测试,其加载上限为之前荷载幅峰值 P_{max},以获取结构损伤随疲劳循环次数增加的演变情况;④静力测试完成后,继续进行循环加载,重复步骤②,直至试验梁最终疲劳破坏。

(3)疲劳工况Ⅱ~Ⅶ:调整荷载幅,参照疲劳工况Ⅰ步骤,开展其余 6 片梁等幅疲劳试验,直至试验梁最终破坏,各试验梁具体加载参数如表 1 所示。

(4)破坏形态获取:试验梁疲劳破坏后,记录加载次数及相应的物理力学现象,并对其破形观察,确定内部的失效形态。

试 验 加 载 参 数　　　　表1

编 号	加载形式	荷载幅(kN)	荷载谷值(kN)	荷载峰值(kN)	加载频率(Hz)
S-1	静载破坏	—	—	P_{u1} = 77	—
S-2	静载破坏	—	—	P_{u2} = 63	—
F-1	等幅疲劳	30	5	35/0.5P_u	
F-2	等幅疲劳	23	5	28/0.4P_u	
F-3	等幅疲劳	16	5	21/0.3P_u	
F-4	等幅疲劳	12.5	5	17.5/0.25P_u	3~4
F-5	等幅疲劳	19.5	5	24.5/0.35P_u	
F-6	等幅疲劳	16	5	21/0.3P_u	
F-7	等幅疲劳	17	5	22/0.31P_u	

为研究所关注试验梁的疲劳特性,采用应变、位移(挠度)和裂缝多重观测手段对试验梁进行测试,在梁体各关键部位布设测点。其中钢筋应变选取纵向最底层 2 根钢筋进行测试,在

1/4跨及跨中断面均布置标距5mm钢筋应变片以测试钢筋应力;对于混凝土应变,在上述相同断面梁体表面同样粘贴应变片进行测试。此外,为获取构件挠度信息,应用拉线式位移传感器(LVDT)测试梁体的宏观变形规律。典型的测点布置如图3所示,限于篇幅,此处仅给出主要应变及挠度测点的位置。

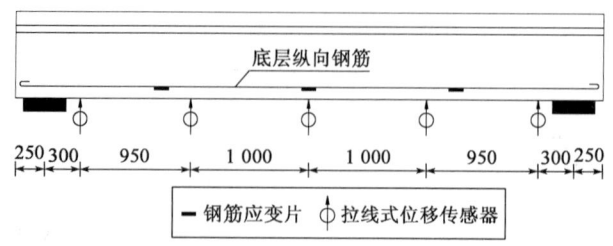

图3 试验梁钢筋应变及挠度测点布置示意图(尺寸单位:mm)

在各工况静力加载过程中,每级荷载均持荷 5~15min,以采集各测点应变、挠度数据,并观测梁体表面裂缝长度及宽度变化情况,以考察试验梁疲劳受载后的累积损伤程度。应变及挠度数据采集设备为日产共和 UCAM-60B 高速应变采集仪。依据应变和 LVDT 数据即可反求钢筋应力及梁体的测点位移等数据。裂缝测量采用裂缝测宽仪(精度 0.01mm)+ 刻度放大镜的方式对裂缝长度及宽度进行观测。

3 试验结果

3.1 试件疲劳寿命及总体破坏特征

各试验梁疲劳寿命及主要破坏模式如表2所示。其中试验梁 F-3 出现了溜号现象(runout)。为对该工况试验进行补充研究,后续开展了试验梁 F-6 和 F-7 疲劳试验,该两片试验梁在循环加载一定时间后均发生疲劳破坏,未出现溜号现象。

T 梁疲劳破坏特征总结　　　　表2

编号	加载频率（Hz）	荷载幅（kN）	钢筋平均应力幅（MPa）	寿命（万次）	破 坏 特 征
S-1	—	—	—	—	纵筋屈服,适筋破坏
S-2	—	—	—	—	纵筋屈服,适筋破坏
F-1	3	5~35	305	38.4	3 根钢筋疲断,跨中形成1条贯穿全截面主裂缝,最大缝宽20mm
F-2	3	5~28	230	55.5	3 根钢筋疲断,距梁端2.3~2.4m处形成3条主裂缝,贯穿肋板,最大缝宽17mm
F-3	3.5	5~21	126	>900	溜号,900万次后静载承载力64kN
F-4	4	5~17.5	116	340.1	3 根钢筋疲断,距梁端2.4m处形成1条主裂缝,贯穿肋板,最大缝宽7mm
F-5	3	5~24.5	181	112.3	3 根钢筋疲断,距梁端2.3m左右形成2条主裂缝,贯穿肋板,最大缝宽2.9mm
F-6	3.5	5~21	163	376.4	2 根钢筋疲断,距梁端2.6m处形成1条主裂缝,最大缝宽13mm
F-7	3	5~22	170	169.7	3 根钢筋疲断,距梁端2.45m处形成1条主裂缝,并延伸至翼板侧面,最大缝宽9mm

由上述疲劳试验结果可以看出,除 F-3 梁溜号外,剩余各试验梁疲劳寿命基本均呈现与荷载幅/钢筋应力幅的负相关关系,荷载幅/钢筋应力幅值越大,对应疲劳寿命就越小。其疲劳寿命变动范围在(38.4~376.4)万次(对应钢筋应力幅 305~116MPa)之间,基本涵盖了试验室常见疲劳试验结果范围。但由材料疲劳微观机理[10]所决定,试验梁总体寿命规律呈现相当大的离散性,F-6 与 F-7 梁疲劳荷载输入相对较为接近,但其疲劳寿命却相差较多,结合最终破坏模式,估计这主要是由于钢筋的微观冶金缺陷或表面状况差异所导致。而这一现象亦曾出现在其他试验[11]结果之中。

对于结构疲劳破坏时的主要特征,之前国内研究尚不十分统一。通过观察各梁试验结果可以发现,其主导破坏模式为超宽裂缝处纵向受拉主筋的疲劳断裂导致构件丧失承载能力,混凝土失效并非结构破坏主要诱因。就其具体过程,在 T 梁接近破坏时,跨中附近仅 1~3 条主裂缝继续扩展,其余裂缝则逐渐闭合,此时主裂缝宽度普遍超过 0.2mm;之后梁体裂缝及挠度进一步增加,并以肉眼可察的速度不断扩展;最终 T 梁主筋在跨中(距梁端 2.4~2.6m)主裂缝附近发生疲劳断裂,断裂数量多为 2~3 根;由此最终导致试验梁裂缝及挠度急剧发展,梁体丧失承载能力,宣告其疲劳破坏。在各工况试验中,由于 F-1 梁未设置加载限位装置,其翼板受压区出现了混凝土压碎现象,其余工况(设有限位装置)则未观察到该现象,受压区混凝土保持相对完好,这证实了宋玉普等[12]的发现。在正常配筋条件下,受压区混凝土不会先于纵向受拉主筋疲劳破坏。典型试验梁破坏形态(F-1 及 F-2 梁)如图 4 所示,其余梁与其类似,此处不再给出。

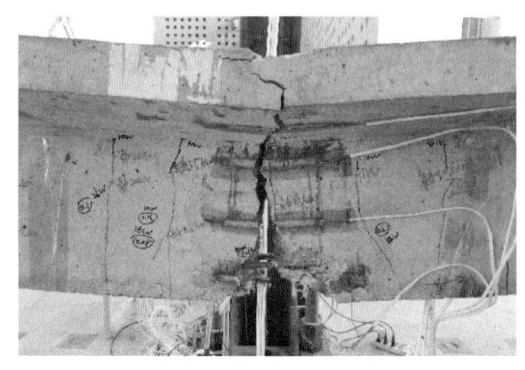 

a) F-1梁疲劳破坏形态　　　　　　　　　　　b) F-2梁疲劳破坏形态

图 4　试验梁典型疲劳破坏形态

在试验完成后,对各梁体进行破形取出断裂钢筋以观察其断口形态特点。由断口可以看出,区别于静载试验的钢筋延性破坏(断口屈服、颈缩,如图 5a)所示),T 梁钢筋的疲劳破坏延展较小,破坏前无显著变形或征兆。钢筋断口[图 5b)]平滑无颈缩,同时可观察到其中明显的裂纹扩展区部分,符合金属疲劳断裂特征[10]。对于断口的起始位置,其均萌生于跨中的表面肋根部,而该区域正是钢筋的应力集中区域,这与断裂力学等相关理论的描述一致。

3.2　纵向钢筋应力幅

鉴于结构的疲劳破坏主要由内部的纵筋断裂引发,因此其应力幅是重点关注的参数指标。根据结构设计基本原理,试验梁单点受弯时,其抗剪能力主要由混凝土及箍筋提供,纵向主筋受力方式受加载方式影响有限,仍以轴向受拉为主,分析其应力幅测试结果有助于探明其与疲劳寿命之间的潜在关系规律(图 6)。

a) 屈服破坏断口

b) 疲劳破坏断口

图5 不同破坏模式钢筋断口对比

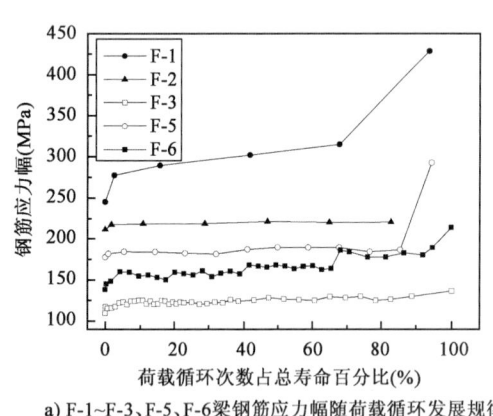
a) F-1~F-3、F-5、F-6梁钢筋应力幅随荷载循环发展规律

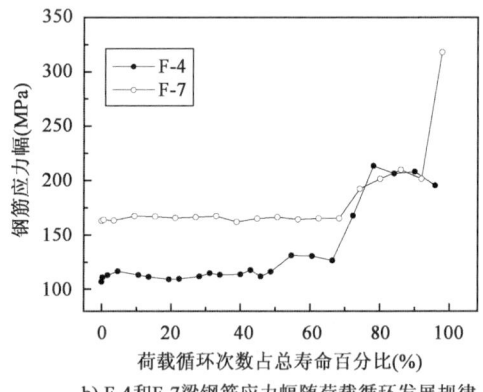
b) F-4和F-7梁钢筋应力幅荷载循环发展规律

图6 各试验梁纵筋应力幅发展整体规律

由各试验梁测试结果可以发现,结构纵筋应力幅在循环加载前期及中期均较为平稳,其规律性及区分度均较好,与疲劳寿命基本呈负相关关系,但后期各梁钢筋应力幅表现有所不同,这可能是导致寿命结果离散性的重要原因。测试结果表明:①各梁钢筋应力幅在加载前期(不超过总寿命5%)均有不同程度的增长,此后迅速进入稳定期(总寿命5%~60%左右),其间虽有缓慢增长或波动,但整体仍较为平稳;②在加载后期,7根梁钢筋应力幅呈现有两种形式的变化,其中F-1~F-3、F-5、F-6梁可持续一段稳定期(多可达到总寿命80%以上),然后在最后1~3次测量时出现不同程度的上升,若测试间隔过大(如F-2),则有可能无法准确捕捉到这一过程,而对于F-4和F-7梁,则没有后续稳定期,其钢筋应力幅在总寿命60%~65%以后立即上升,且态势明显,从而使应力幅演化历程在后1/3段显著变化,其曲线形式与其他试验梁略有不同;③对于F-4和F-7梁,二者在前65%寿命范围内应力幅均较为稳定,分别为116MPa和170MPa,此后突然出现跳跃,在F-4梁加载至246万次时其应力幅突增为168MPa并继续增长,对照裂缝发展情况,发现此时跨中附近形成一条缝宽0.25mm的主裂缝,在循环过程中可明显观察到其裂缝的开闭合,至326万次时该裂缝宽度已达0.46mm,并延伸至翼板底部,而对于F-7梁,亦有类似情况发生,其应力幅突变为200MPa左右,并伴随有一条主裂缝的剧烈发展;④F-3梁在经历900万次循环后仍未破坏,经静载试验后,其极限承载力(跨中单

点弯形式)达到了64kN,与S-1和S-2梁相比,未见承载能力明显退化现象,推测这可能与其内部纵筋初始缺陷情况、表面处理等[10]相关,在其他试验中亦有类似情况出现;⑤对于结构最终失效模式,所有梁失效均由钢筋断裂引发,而在此之前,各试验梁纵筋在最后期应力幅值均有所上升,这可能是由于纵筋受疲劳累积损伤过重,为维持受力其内部应力出现扰动和重分布导致变形过大而产生。

综合对比上述情况,可以发现,主梁纵筋应力幅测试结果灵敏度较好,数值也较为稳定,其所反映的本质性更强,虽然部分测试也存在异常情况,但总体而言,其结果相对更适用于构件的疲劳寿命分析。

4 钢筋 S-N 曲线规律探讨

对于混凝土梁的疲劳寿命分析预测,前期试验研究均表明,纵筋的疲劳断裂是导致试验梁失效破坏的主导原因。由此,试验梁的疲劳寿命实质上由其纵筋的疲劳寿命控制。根据金属疲劳理论,构建其纵向钢筋的 S-N 曲线方程是开展寿命分析的较合适方法。

根据试验结果,各梁的钢筋 S-N 曲线散点如图7所示。由于 F-3 梁出现溜号,因此实际参与回归分析计算的只有6组数据点。利用上述6组数据,参照相关分析处理方法[13],可得其对应的 S-N 曲线方程为:

$$\lg N = -2.5946 \lg \Delta\sigma + 12.0050 \quad (1)$$

该曲线为拟合得到的中值曲线,其相关系数 $r=0.912$,方程线性相关性符合良好。进一步分析可得其 ±2 倍标准差曲线如图7所示。由该图可以看出,6组试验数据点均落于±2倍标准差范围内,其曲线拟合情况良好。但值得说明的是,由于试件数量过少,虽然其回归相关程度较高,满足限值要求,但其统计意义和广泛适用性尚存在疑问,有必要开展更多试验的分析研究及验证工作。

为对所拟合曲线方程适用性开展研究,将其与其他研究成果[6][11][14]进行对比。结果发现,各试验所获取试验寿命样本点具有较大差异,相应拟合曲线仅适用于各自试验数据,对于其他数据,预测结果大多则偏差较远,从而丧失意义与通用性。这也从一个侧面反映了之前所建立的 S-N 曲线方程统计意义和适用性存在不足,需要归并综合进行分析研究。各试验 S-N 数据分布如图8所示。

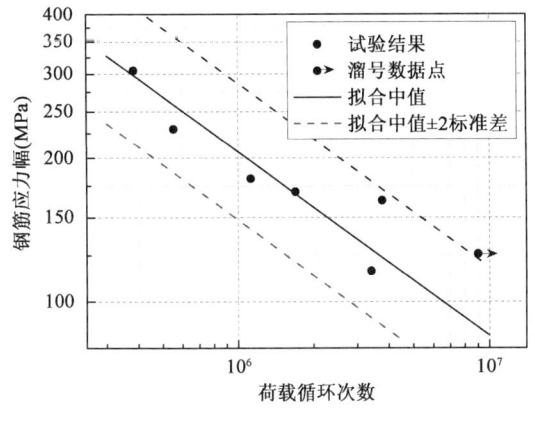

图7 本次试验 S-N 数据分布及回归拟合

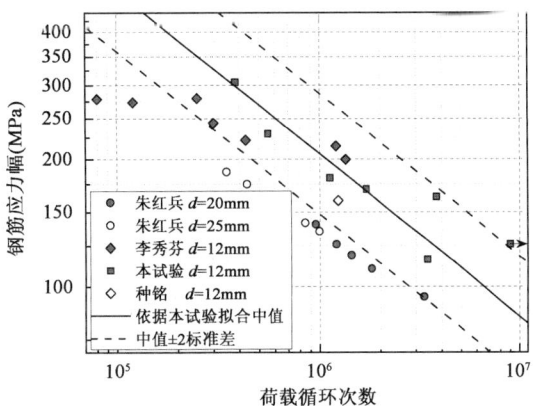

图8 各试验 S-N 数据分布总结及本次试验回归拟合

针对上述情况,考虑到各试验数据量均较为有限,难以仅利用一组试验结果来反映全局特征,一个可行的解决思路是归并所收集的所有数据以开展全局回归分析。基于这一思想,利用上述所收集的24组数据点进行线性拟合,可得其 S-N 曲线方程为:

$$\lg N = -2.357\ 7\lg\Delta\sigma + 11.180\ 9 \tag{2}$$

该曲线为拟合得到的中值曲线,其相关系数此时下降为 $r=0.779$,这一现象也与实际规律相符。一般而言,回归拟合所参与的数据点越多,其相关系数也越低。但此时 r 仍大于限值 $r_{\min}=0.404$[13]要求,回归结果显著性检验能够通过。其拟合结果与数据对比如图9所示。

对于疲劳寿命具体校核,则应在 S-N 中值曲线的基础上,考虑一定保证率。参考相关规范做法,向下取2倍标准差,从而得到其实际校核用曲线方程为:

$$\lg N = -2.357\ 7\lg\Delta\sigma + 10.630\ 9 \tag{3}$$

观察图9中该方程对应曲线,可以看出所有数据点均在该曲线以上,其保证率可满足校核评估要求。

为进一步分析所获取回归方程适用性,将其与国外典型规范 Eurocode 2[15]中方程进行对比,如图10所示。由该图可以看出,Eurocode 2 中曲线斜率与式(3)具有较大差异,其曲线下降较为平缓,且高周部分位于式(3)之上;此外,观察试验数据可以发现,有相当数量试验点位于 Eurocode 2 曲线之下,表明其保证率有所不足,采用该曲线所得计算结果偏于危险,该曲线方程可能并不适用于国内情况。鉴于此,相对于 Eurocode 2 曲线方程,回归所得到的式(3) S-N 方程适用性更好,其计算结果保证率可满足要求。

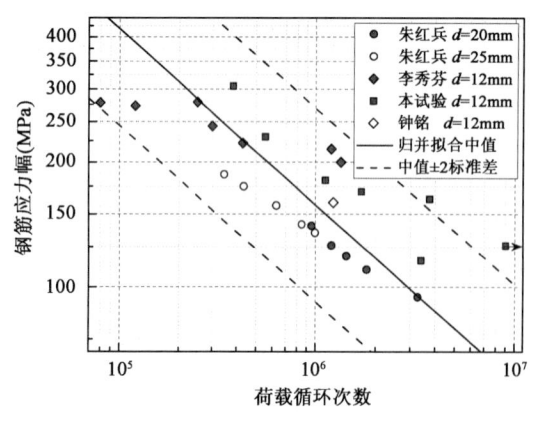

图9 各试验 S-N 数据分布及归并回归拟合

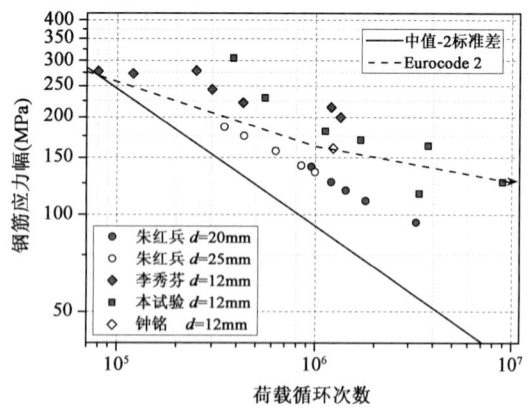

图10 式(3)与 Eurocode 2 S-N 曲线对比

5 结语

针对钢筋混凝土梁的疲劳问题,研究开展了7片T梁在不同荷载幅下的疲劳试验分析,并对其试验结果进行了理论探讨,得到如下的主要发现:

(1)所测试试验梁的破坏模式较为一致,除1片梁溜号外,其余所有梁均为纵向钢筋的疲劳断裂而导致结构断裂破坏,其钢筋断口符合典型疲劳失效特征,结构破坏模式较为明确;

(2)钢筋应力幅测试结果较为稳定且规律性良好,在加载后期,绝大多数试验梁钢筋应力幅均有不同程度的提升,其与结构最终破坏具有较强的关联性;

(3)通过试验结果并结合其他试验数据回归得到了纵向钢筋的 S-N 曲线方程,并与 Eurocode 2进行了对比,方程拟合效果良好,结合现有数据开展更多试验的分析研究是下一步工作的重要内容之一。

参 考 文 献

[1] 中华人民共和国交通运输部.公路工程技术标准:JTG B01—2016[S].北京:人民交通出版社股份有限公司,2014.

[2] ACI Committee 215. Considerations for design of concrete structure subjected to fatigue loading[J]. ACI Proceedings,1974,71(3):97-121.

[3] Holmen JO. Fatigue of concrete by constant and variable amplitude loading[J]. ACI Special Publication,75:71-110.

[4] Barnes R,Mays G. Fatigue performance of concrete beams strengthened with CFRP plates[J]. Journal of Composite for Construction,1999,3(4):63-72.

[5] Charalambidi BG,Rousakis TC,Karabinis AI. Fatigue behavior of large-scale reinforced concrete beams strengthened in flexure with fiber-reinforced polymer laminates[J]. Journal of Composite for Construction,2016,20(5):04016035.

[6] 朱红兵.公路钢筋混凝土简支梁桥疲劳试验与剩余寿命预测方法研究[D].长沙:中南大学,2011.

[7] 李秀芬,吴佩刚,赵光仪.高强混凝土梁抗弯疲劳性能的试验研究[J].土木工程学报,1997,30(5):37-42.

[8] Soltani A,Harries KA,Shahrooz BM,et al.. Fatigue performance of high-strength reinforcing steel[J]. Journal of Bridge Engineering,2012,17(3):454-461.

[9] 高丹盈,张明,朱海堂.钢筋钢纤维高强混凝土梁疲劳试验研究及刚度计算[J].建筑结构学报,2013,34(8):142-149.

[10] Schijve J.结构与材料的疲劳[M].2版.吴学仁,译.北京:航空工业出版社,2014.

[11] 李秀芬,吴佩刚,赵光仪.变形钢筋疲劳性能的实验研究[J].工程力学,1997,(sup1):349-356.

[12] 宋玉普.混凝土结构的疲劳性能及设计原理[M].北京:机械工业出版社,2006.

[13] 国家铁路局.铁路钢桥连接疲劳试验方法:TB/T 2349—2016[S].北京:中国铁道出版社,2016.

[14] 钟铭,王海龙,刘仲波,孟建伟.高强钢筋高强混凝土梁静力和疲劳性能试验研究[J].建筑结构学报,2005,26(2):94-100.

[15] CEN. Eurocode 2:Design of concrete structures-Part 1-1:General rules and rules for buildings (EN 1992-1-1)[S]. London:BSI,2004.

179. 节段预制 T 形叠合梁试验研究

周璇[1]　管义军[2]　李立军[2]　刘超[1]　徐栋[1]

(1. 同济大学土木工程学院桥梁工程系；2. 中交路桥建设有限公司)

摘　要：为了深入认识节段预制 T 形叠合梁的受力性能及抗弯承载能力，本文依托广西贵港至隆安高速公路(K86+980～K102+302.855)实际工程，开展了 2 片计算跨径为 7.6m 的实桥缩尺模型试验。试验梁包含 2 根节段预制 T 形叠合梁，通过试验研究可以发现：节段叠合梁接缝截面在开裂前满足平截面假定，开裂后不再满足平截面假定；抗弯承载力按《公路钢筋混凝土及预应力混凝土桥涵设计规范》(JTG 3362—2018)计算偏于安全。

关键词：节段 T 梁　缩尺　叠合梁　抗弯承载力

1　引言

随着西部大开发战略的实施，高速公路建设已进入地形、地质更为复杂的山区，为避免大挖、大填造成生态环境破坏，桥梁设计中较多的采用简支梁或先简支后连续梁的结构形式。其中简支梁桥具有施工速度快、构造简单、受力明确、便于维修和更换的优点。为了便于山区运输，可以进一步将 20m、30m 及以上的整孔简支 T 梁在纵向切割形成节段，然后在桥位处拼装后整体吊装就位，以此实现山区桥梁设计施工的标准化。由于我国无节段梁现行规范，因此在实际设计中，如新建郑州至阜阳高速铁路周淮特大桥[1]、北京至唐山铁路潮白新河特大桥[2]，通常参考美国公路桥梁设计规范(ASSHTO)中的相关规定：

(1) 梁体刚度按 0.9 折减；

(2) 胶接缝截面建设、运营全过程均不出现拉应力；

(3) 胶接缝正截面抗弯承载力折减系数 0.95；

(4) 胶接缝截面抗剪承载力折减系数 0.9。除此之外，国内节段梁的应用大多为节段箱形桥梁，尚无节段 T 梁的实际工程与相关试验研究，因此有必要针对节段叠合 T 梁的抗弯承载力做进一步研究。本文依托广西贵港至隆安高速公路(K86+980～K102+302.855)实际工程，开展节段预制拼装简支 T 形叠合梁的缩尺模型试验，以进一步研究节段 T 形叠合梁受力性能及承载力。

2　工程背景

广西贵港至隆安高速公路(K86+980～K102+302.855)，全长 15.32km。采用计算跨径为 20m、30m 的简支梁桥,桥面宽度为 7m,单向 2 车道,设计速度为 80km/h。桥梁设计荷载为公路—Ⅱ级。20m 节段简支梁桥跨中横断面见图 1,支点横断面图见图 2,预应力钢束布置见图 3。

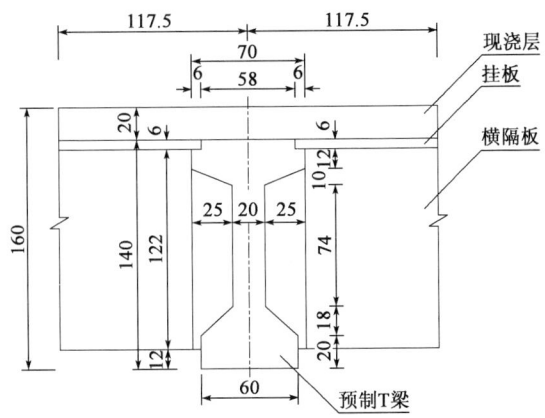

图 1　20m 节段简支梁桥跨中横断面(尺寸单位:cm)

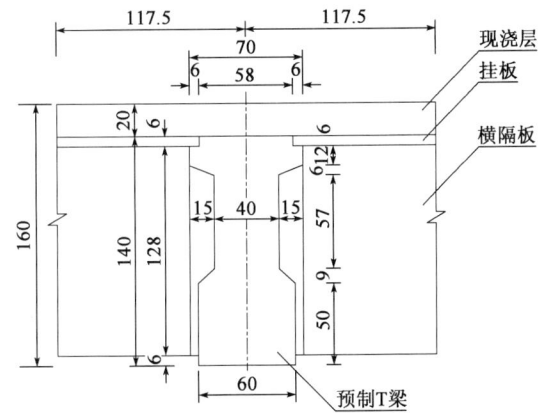

图 2　20m 节段简支梁桥支点横断面(尺寸单位:cm)

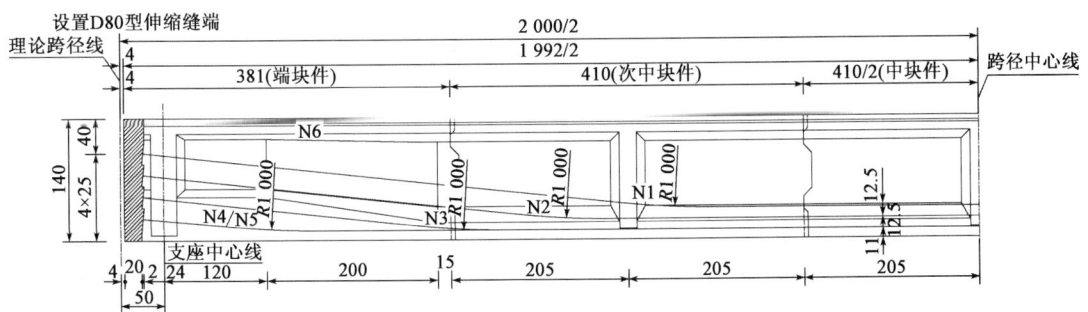

图 3　20m 节段简支梁预应力钢束布置图(尺寸单位:cm)

3 缩尺试验

3.1 缩尺比

根据相似理论、试验精度要求及试验条件的可能性,同时结合实际工程需求,最终确定试验构件为1∶2.5的大比例缩尺模型。缩尺后截面尺寸为7.6m(顺桥向计算跨径)×0.94m(现浇桥面板横桥向)。为了简化模板制作,模型并未设计与原型相似的倒角及接缝上下的定位剪力键。主要设计参数的相似关系见表1。

静力试验模型的相似常数　　　　　　　　表1

C_l	C_x	C_E	C_σ	C_ε	C_P	C_M
1/2.5	1/2.5	1/1	1/1	1/1	$1/2.5^2$	$1/2.5^3$

注:C_l 为长度相似比;C_x 为位移相似比;C_E 为材料弹性模量相似比;C_σ 为应力相似比;C_ε 为应变相似比;C_P 为集中力相似比;C_M 为弯矩相似比。

3.2 试验目的

通过PCB1和PCB2的试验,研究节段预制T形叠合梁的接缝截面平截面假定及抗弯承载能力计算方法。试验梁构件的主要参数见表2。

试验梁构件的主要参数　　　　　　　　表2

构件名称	构件类型	加载类型	箍筋种类及间距
PCB1	节段T形叠合梁	两点加载	HRB400@94mm
PCB2	节段T形叠合梁	单点加载	R235@314mm

3.3 材料参数

(1)混凝土

混凝土共分2批浇筑,其中第一批混凝土浇筑的构件为PCB1、PCB2的节段T梁,第二批混凝土浇筑的构件为PCB1、PCB2的现浇层。混凝土参数见表3。

混凝土参数　　　　　　　　表3

混凝土浇筑批次	立方体抗压强度(MPa)	弹性模量(MPa)
第一批	47.96	3.06×10^4
第二批	46.75	3.0×10^4

(2)钢筋

通过静力拉伸试验获得钢筋应力-应变曲线,而后简化为双折线钢筋本构关系,如表4、表5所示。

普通钢筋力学性能统计表　　　　　　　　表4

钢材规格	R235-6	HRB400-6	HRB400-8	HRB400-10
屈服强度(MPa)	351	429	499	587
极限强度(MPa)	542	544	665	662
弹性模量(MPa)	3.20E+05	2.10E+05	2.20E+05	2.30E+05

预应力钢筋力学性能统计表　　　　　　　　表5

钢材规格	$\phi^s 12.7$	$\phi^s 15.2$	$\phi^s 15.7$
屈服强度(MPa)	1 857	1 846	1 791
极限强度(MPa)	1 948	1 929	1 898
弹性模量(GPa)	198	201	201

3.4 加载装置

两点加载方式的加载位置作用在距支座2.65m处,采用应变片和电测位移计分别测应变及变形,如图4所示。单点加载方式的加载位置作用在距支座2.16m处,采用应变片和电测位移计分别测应变及变形,如图5所示。

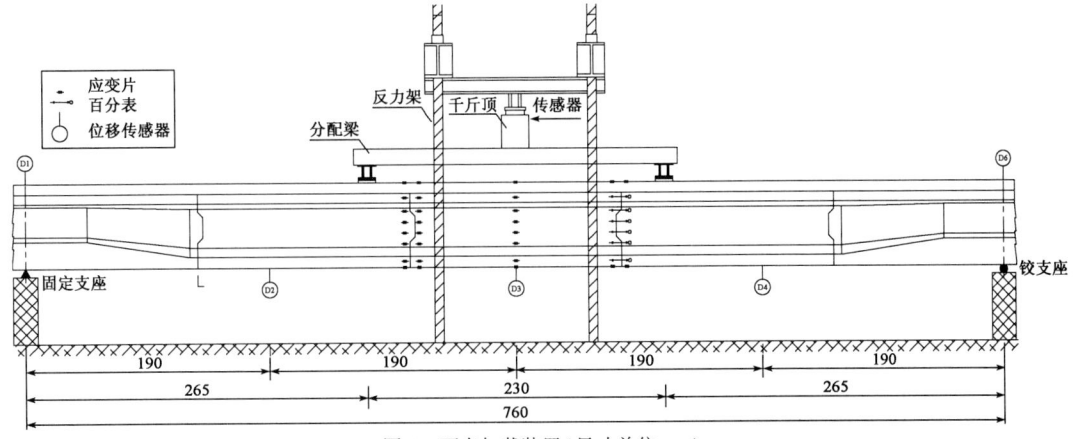

图4 两点加载装置(尺寸单位:cm)

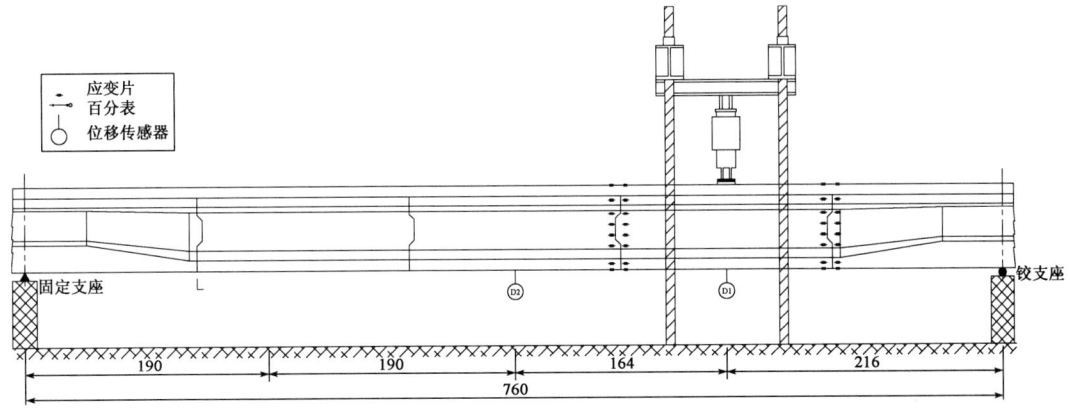

图5 单点加载装置(尺寸单位:cm)

实验数据采用静态电阻应变仪和计算机组成的数据采集系统,全程记录每级加载后应变片、位移计的测量结果。梁体加载上升段,以力控制为主,混凝土尚未开裂时,每级加载10kN,加载速率为5kN/min,每级加载后停顿2min左右,使变形充分发展。当梁体开裂且裂缝向上发展至梁高的1/5~1/4时转位移控制,继续加载,加载速率为1mm/min,直至试验构件破坏。

3.5 节段T形叠合梁试验

试验共2根梁,主要用于研究节段T形叠合梁的平截面假定及抗弯承载能力,梁体按照与实际结构1:2.5的比例浇筑而成,共划分为5个节段。其施工过程为:

(1)绑扎节段T梁钢筋,预留预应力管道,形成钢筋骨架;
(2)浇筑节段T梁,养护30天;
(3)涂抹接缝处环氧树脂胶,张拉部分预应力;
(4)挂载;
(5)张拉完所有预应力,而后灌浆;
(6)支模板,绑扎顶板钢筋;
(7)浇筑顶板混凝土;
(8)养护30天;

(9)运至实验室,安装支座、反力架、分配梁,进行加载。

图6、图7展示了预应力钢束的布置图。由于模型梁自重产生的应力是实桥的0.4倍(即长度缩尺比),且预应力钢束N1~N3面积与实际缩尺比有12%的差别,若不进行挂载补偿,在预应力及自重作用下接缝上缘将产生2MPa的拉应力,因此需要进行恒载补偿,以使得接缝处下缘应力与实桥尽量接近。最终结合实际钢筋笼的制作及挂载的方便操作,设计为各24个@21cm,每个铁块质量为4.8kg,恒载补偿为1 097kg/m,挂载图如图8所示。预应力钢筋规格及有效应力见表6。

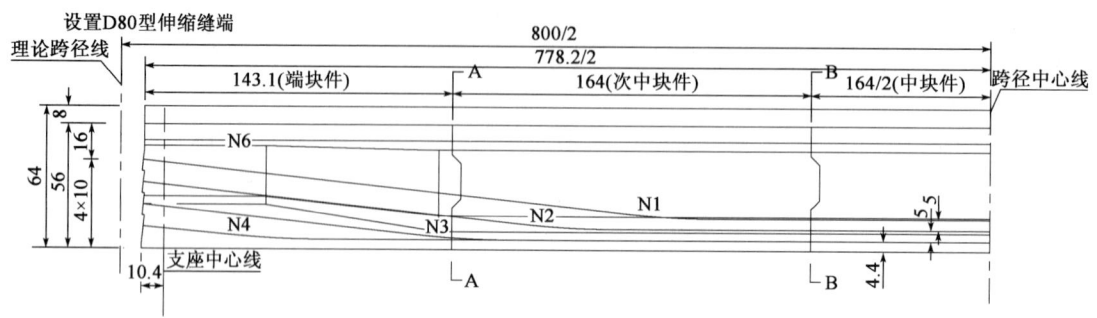

图6 预应力钢束布置立面图(尺寸单位:cm)

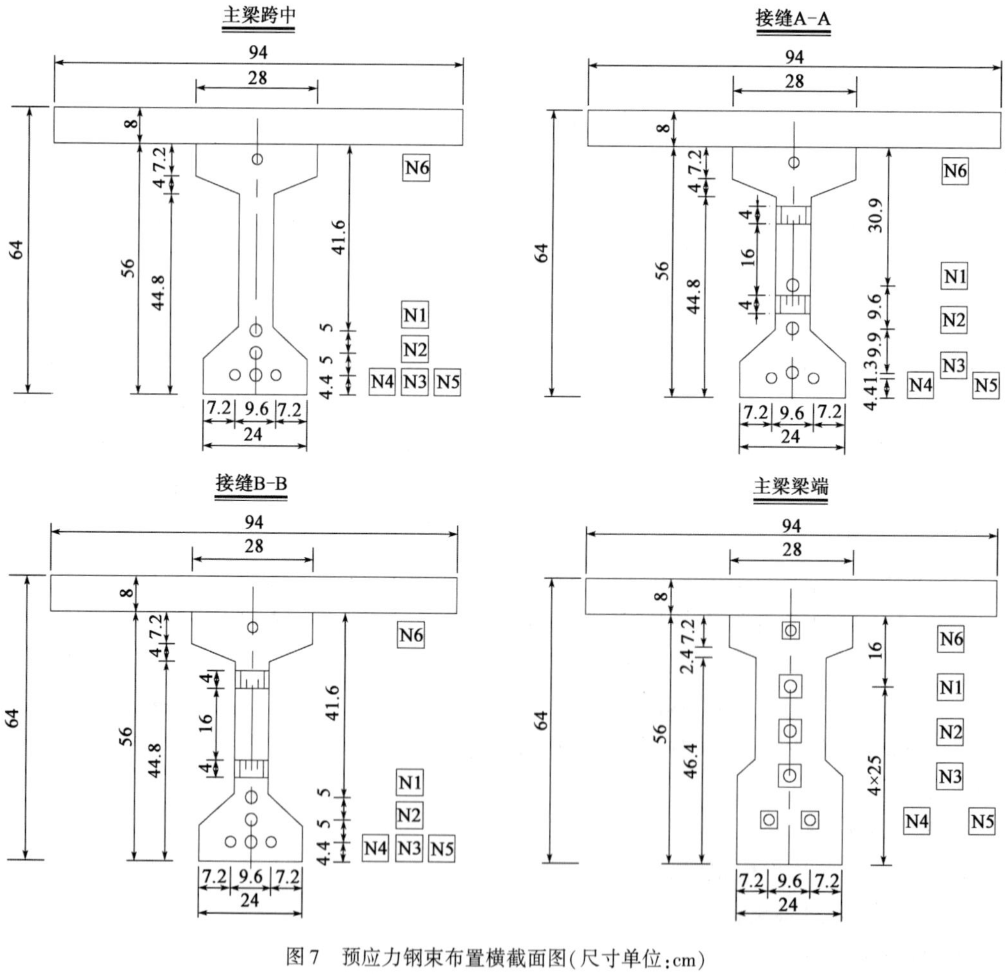

图7 预应力钢束布置横截面图(尺寸单位:cm)

图 8　叠合梁挂载

预应力钢筋规格及有效应力表　　　　表6

PCB1-PCB2 预应力钢束号	钢 材 规 格	面积（mm²）	张拉控制应力（MPa）	有效预应力（MPa）
N1	$\phi^s 12.7$	99.1	1 395	1 200
N2	$\phi^s 12.7$	99.1	1 395	1 198
N3	$\phi^s 12.7$	99.1	1 395	1 195
N4	$\phi^s 15.7$	128.25	1 395	1 195
N5	$\phi^s 15.7$	128.25	1 395	1 195
N6	$\phi^s 15.2$	21.24	1 395	1 165

由于 PCB1 的 N1 管道堵塞，故 PCB1 的 N1 管道内未放入预应力钢绞线。

试验结果如下：

(1) 荷载位移曲线（图9、图10）

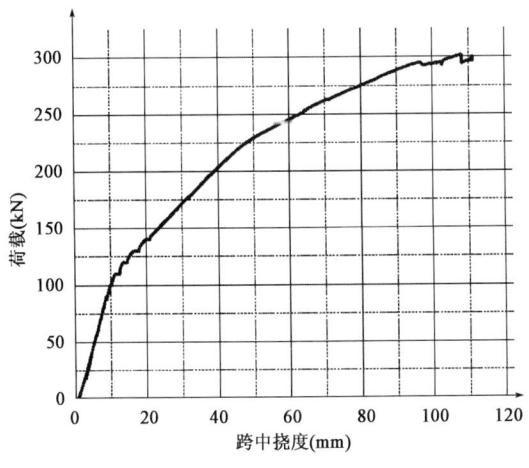

图 9　PCB1 荷载-跨中位移曲线

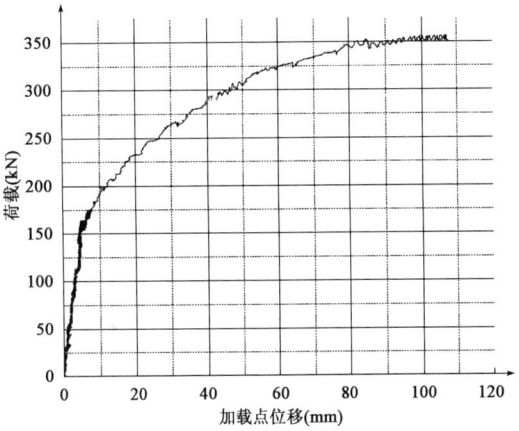

图 10　PCB2 荷载-加载点位移曲线

由表 7 可以看出在接缝截面按试验抗弯承载力与规范抗弯承载力之比分别为 1.165、1.218，因此可以按照规范方法计算本实验采用的节段 T 形叠合梁桥的抗弯承载力。

试验梁抗弯承载力统计表　　　　　　表 7

梁号	开裂荷载 (kN)	极限荷载 (kN)	试验抗弯承载力 (kN·m)	按 JTG 3362—2018 计算抗弯承载力 (kN·m)	试验抗弯承载力/规范抗弯承载力
PCB1	110	300.24	515.38	442.31	1.165
PCB2	160	356.65	573.67	470.94	1.218

（2）裂缝图

图 11～图 14 为试验梁裂缝图，从中我们可以发现，接缝是节段 T 形叠合梁的天生薄弱截面，裂缝极易沿着接缝截面处的素混凝土区域向上发展，最终破坏。

图 11　PCB1 裂缝图

图 12　PCB1 卸载后实际裂缝图

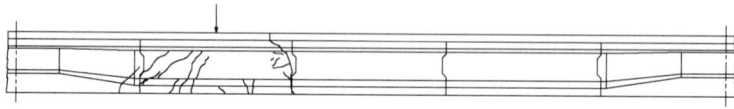

图 13　PCB2 裂缝图

图 14　PCB2 卸载后实际裂缝图

（3）平截面假定验证

由于 PCB1 接缝截面应变片损坏，在此仅绘制 PCB2 接缝截面、跨中截面平截面假定图，如

图15、图16所示。可知跨中截面全加载过程基本满足平截面假定;接缝截面在开裂前满足平截面假定,但在开裂后不再满足平截面假定。

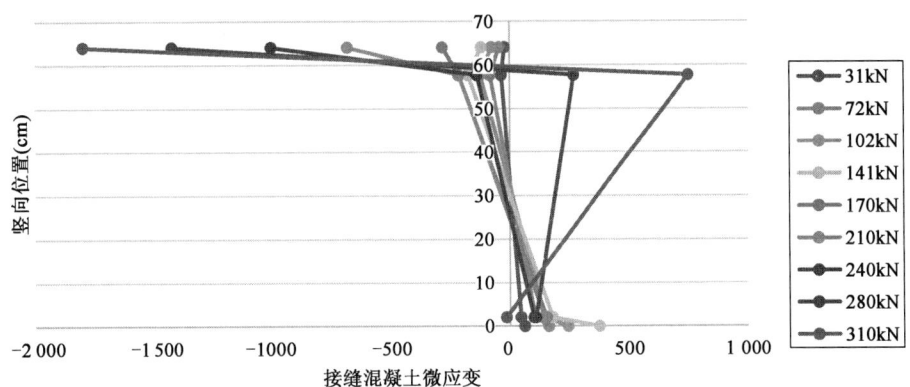

图15　PCB2接缝混凝土平截面假定验证

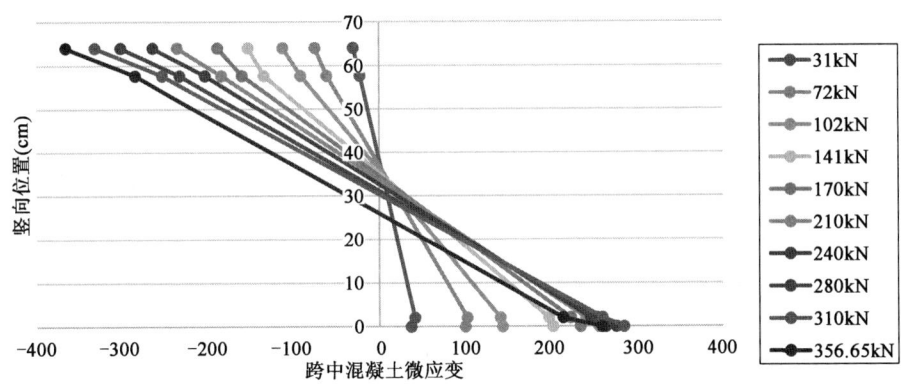

图16　PCB2跨中混凝土平截面假定验证

4　结语

(1)可以按照规范方法计算本实验采用的节段T形叠合梁桥的抗弯承载力。

(2)节段T形叠合梁桥跨中截面全加载过程基本满足平截面假定;接缝截面在开裂前满足平截面假定,但在开裂后不再满足平截面假定。

参 考 文 献

[1] 张雷,季伟强,苏伟,等.高速铁路(40+56+40)m预应力混凝土连续梁节段预制胶拼法建造技术研究[J].铁道标准设计,2019:1-7.

[2] 施威,邢雨,谢远超,等.京唐铁路潮白新河特大桥节段预制胶拼法建造关键技术研究[J].铁道标准设计,2019:1-6.

180. 带开口肋的钢-FRC 组合桥面板受弯力学性能

雷东阳[1] 苏庆田[1] 贺欣怡[1] 陈亮[2]

(1. 同济大学土木工程学院;2. 上海市政工程研究总院(集团)有限公司)

摘　要:为了检验采用球扁钢作为开口加劲肋、钢纤维混凝土(fiber reinforced concrete, FRC)作为混凝土层的钢－混组合桥面板的受弯力学性能,设计制作了 2 个采用不同 FRC 的组合板试件。通过正弯矩极限加载试验,测试了不同部位的结构变形和应变,考察了其整体受力性能。试验结果表明:该种组合桥面板具有较高的承载力和良好的延性;极限破坏时表现为变形过大及焊钉连接处的混凝土产生裂缝,裂缝形态与 FRC 种类有关;正弯矩承载力主要由钢截面控制,破坏时钢截面大部分进入塑性。

关键词:组合桥面板　钢纤维混凝土(FRC)　开口肋　静力试验　受力性能

1 引言

正交异性钢桥面板由于其自重轻、强度大的特点成为大跨度桥梁中的主要桥面形式[1]。但在长期运营中,存在钢结构疲劳开裂和桥面板铺装破坏两大病害,前者主要是由于桥面板刚度小、焊接残余应力、轮载局部产生高应力、结构局部缺陷等原因[2][3],后者也可归因于钢桥面板的刚度小、局部变形大[4]。

对此国内外学者提出了钢－混凝土组合桥面板,通过连接件使钢板与混凝土板共同受力,以提高桥面板刚度,减小局部变形,降低板件的应力,提升抗疲劳性能,减少钢桥面板的病害[5]。该种组合桥面板多采用掺钢纤维的高性能混凝土,由于钢纤维的存在,能改善早期因收缩引起的开裂问题及提高耐久性,降低维护费用;其钢结构部分与正交异性钢桥面相似,但钢顶板由于较少参与受弯可以选用薄板,满足剪力连接件的焊接和承担混凝土浇筑时的湿重即可,此外加劲肋的选择更多,在常规钢桥面板中,由于开口肋抗扭刚度小,传递横向荷载的能力不如闭口肋,用钢量相对较大,应用不如闭口肋广泛[6],但当采用组合桥面板后,由于混凝土贡献的刚度提高了桥面板荷载横向传递的能力,开口肋的缺点大大削弱,考虑到开口肋与顶板连接采用双面角焊缝,易加工和维护,能较大提高该部位的抗疲劳性能[6],应用优势更加突出。球扁钢是一种船舶专用型钢,也应用于桥梁工程,作为开口型的加劲肋使用,安装连接方便,且扩大的球头能高效地增大母板惯性矩和稳定性,提高材料使用效率。

基金项目:自然科学基金(51978501)。

上海松浦大桥大修工程中,新建的上层公路桥面拟采用钢-混组合桥面板,以提高桥面板的受力性能和耐久性能,最终提出一种采用球扁钢作为加劲肋、钢纤维混凝土(fiber reinforced concrete,FRC)作为混凝土层的组合桥面板。本文针对该种桥面板,设计制作了2个试件进行静力加载试验,测试了其正弯矩作用下的力学性能。

2 试验设计

2.1 试件设计

本文研究的钢-FRC组合桥面板,由焊钉将配钢筋的FRC板与带球扁钢加劲肋的钢顶板连接构成。由于带肋组合板受力与正交异性钢桥面板相似,本文试验试件按照第二结构体系(桥面板体系)受力设计,研究其纵向受弯力学性能。设计制作了2个球扁钢组合桥面板试件,试件分别命名为SP-1和SP-2,按照简支支承受力设计,长4.2m,支承跨径4m。试件横截面构造尺寸相同,仅FRC材料不同。其中FRC层厚80mm;布置Φ16的横纵筋,间距150mm;采用Φ13×50的焊钉作为连接件,横、纵间距均为300mm;钢顶板厚12mm,加劲肋为型号280×11的球扁钢,布置间距500mm;试件宽1 000mm,带两条加劲肋,具体尺寸如图1所示。

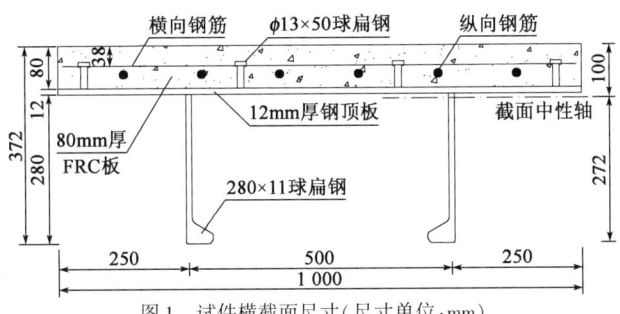

图1 试件横截面尺寸(尺寸单位:mm)

2.2 加载方案

试件简支支承,采用跨中对称2点竖向施荷,进行正弯矩加载,加载点间距取规范[7]中车辆后轴间距1.4m,如图2a)所示,持续加载直到试件破坏。试验实际加载装置如图2b)所示。

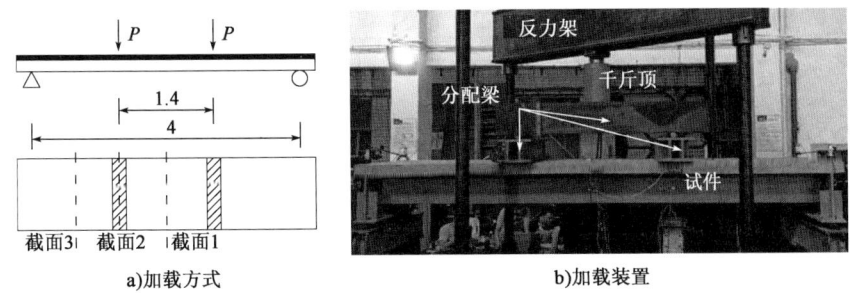

图2 加载方案(尺寸单位:m)

试验主要测试试件的跨中挠曲变形、关键截面的纵向应力以及端部滑移等。其中关键截面分别跨中、加载点(单侧)以及该加载点与支点的中间,具体见图2a)。两个试件的截面应变测点布置如图3a)所示,包括混凝土板顶面、混凝土底缘、钢顶板底面、球扁钢肋中部、球扁钢肋底部等不同高度截面位置。此外,在试件的跨中和两端各布置2个位移计观测桥面板整体变形,并在试件两端各设置了2个位移计测试钢板与混凝土之间的相对滑移,具体位置及编号如图3b)所示。

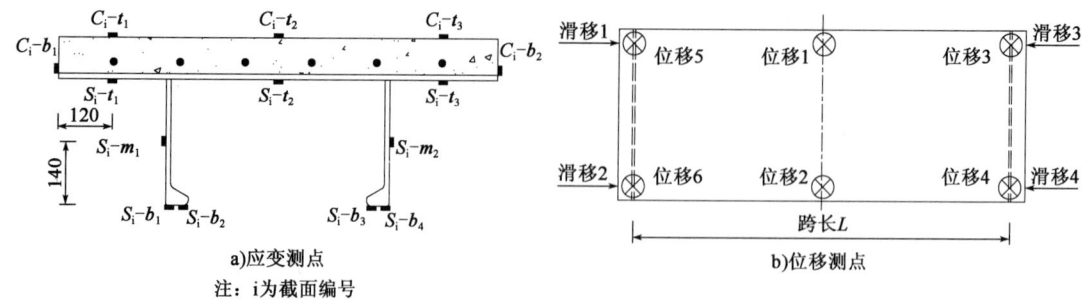

图3 测试内容

2.3 材料性能

主要参与受力的钢结构部件包括:型号280×11球扁钢加劲肋、12mm厚钢顶板,测得屈服强度分别为411MPa和469MPa,抗拉强度分别为552MPa和555MPa。钢材弹性模量不再单独测试。

采用了两种不同的钢纤维混凝土(分别命名为FRC-1和FRC-2),除了混凝土组分不同外,两者所添加的钢纤维也完全不同,分别为平直型(13mm长,直径0.2mm)和带钩型(60mm长,直径2mm),其外观分别如图4所示。

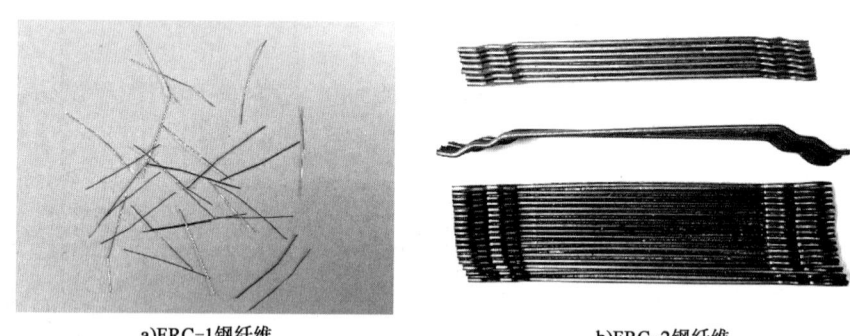

图4 钢纤维

混凝土材性按照《混凝土标准材性试验标准》进行测试,得到结果如表1所示。

混凝土材性测试结果　　　表1

混凝土种类	立方体抗压强度(MPa)	抗折强度(MPa)	弹性模量(MPa)
FRC-1	123.2	14.3	41 479
FRC-2	104.6	10.7	58 600

3 试验结果

3.1 试验过程和破坏形态

采用图2所示的加载方式进行极限破坏加载,试件SP-1和SP-2的试验过程类似,在加载初期处于弹性工作状态,应变和位移响应都关于荷载呈线性增长,并且没有出现滑移;荷载加至800kN左右,两个试件的截面2(加载点)下缘进入屈服,随后变形逐渐加快;试件SP-1和SP-2分别在荷载为1 000kN和920kN时,在加载点下方的混凝土板侧面出现裂缝,裂缝从钢混交界面起源向上发展;随着跨中纯弯段的钢截面大部分进入屈服,试件变形明显增大,端部钢混层也出现明显的滑移,结构无法继续承载,最终极限荷载分别为1 140kN和1 190kN。整个过程钢混结合面未出现明显脱离分层。

试件的最终挠曲变形如图5a)所示,变形量80mm左右;端部滑移如图5b)所示,滑移量在2~3mm。

a)最终挠曲　　　　　　　　b)端部钢混界面滑移

图5　试件SP-1

最终混凝土板两侧的底缘都出现了竖直或倾斜的断裂缝,两个试件的裂缝分布情况和外观分别如图6所示。从图中可以看到裂缝都位于跨中纯弯段(两个加载点之间)内部,并出现在钢混界面,且厚度方向未贯穿。但试件SP-1的裂缝较短而直,试件SP-2的裂缝长而部分有倾斜,应与FRC材性的不同,尤其是钢纤维形式的不同有关。从图中还可以看到裂缝的间距大约在300mm,正好与焊钉的纵向间距一致,考虑到焊钉作为钢混连接件时,钢混层之间的传力在焊钉附近有应力集中,可以推知本文试件出现的裂缝也一定程度与该应力集中现象有关。

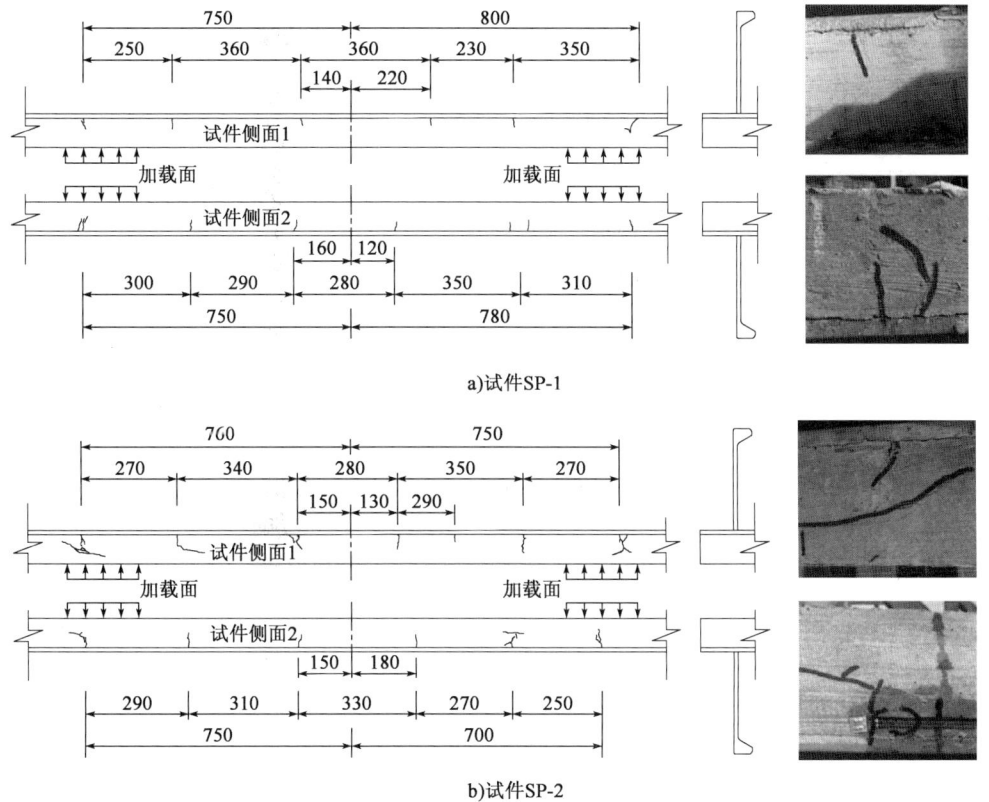

图6　混凝土侧面裂缝分布及裂缝外观(尺寸单位:mm)

3.2 跨中挠曲变形分析

试件的跨中挠度与荷载的关系如图7所示。可以看到两个试件的挠曲曲线很接近,以屈服荷载800kN作为界线,分为近似线弹性和明显弹塑性的前后两个阶段。从曲线对比看,试件SP-2在前期刚度比试件SP-1略大,最终的极限承载力也略高。屈服荷载800kN时的变形分别为15.7mm和14.7mm,达到极限荷载时的变形分别为77.4mm和81.7mm,两者都表现出了非常好的延性。

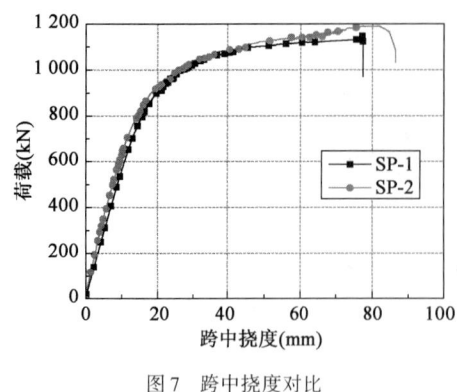

图7 跨中挠度对比

3.3 端部滑移分析

试件的端部滑移量与荷载的关系如图8所示,其中滑移3的位移计由于故障未列出数据。从图中可以清楚看到两个试件在400kN之前几乎没有滑移,400~800kN之间开始逐渐增加,到屈服荷载800kN之后,滑移明显增长。最终SP-1的极限荷载对应的滑移量为2~2.5mm,试件SP-2的极限荷载对应的滑移量为3~3.5mm。试件SP-2在破碎拆除混凝土后,位于近支座处的焊钉变形情况如图9所示,可以看到焊钉出现明显的剪切变形,变形量达到3.5mm已接近该类焊钉的剪断状态[8]。从试验结果看,该种组合板的焊钉布置较为经济,可以保证桥面板在钢截面进入屈服前具有较好的钢混组合作用。

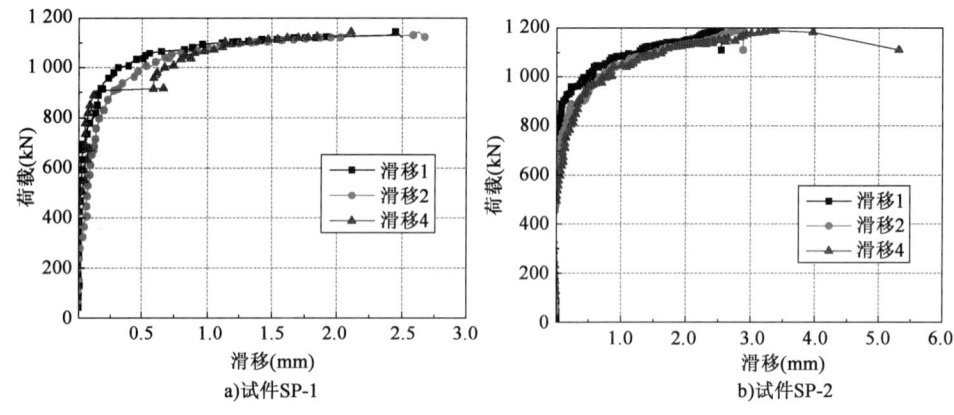

a) 试件SP-1 b) 试件SP-2

图8 荷载-滑移曲线

图9 焊钉变形

3.4 应力应变分析

两个试件的应变-荷载曲线如图10所示,所取应变为截面同一高度所有测点平均结果,图例中S为钢截面,C为混凝土截面,b、m、t,分别表示钢截面或混凝土截面的底、中、顶。从应变曲线可以看到荷载为800kN时,底缘进入屈服;荷载为1 000kN左右,试件SP-2和SP-1的加劲肋中部也先后进入屈服,此时可认为钢截面大部分进入塑性,所以挠曲变形也加速增长。混凝土底缘和钢板顶缘的应变始终都非常小。试件SP-1和SP-2的混凝土顶面平均压应变最终分别约为1 270με和1 260με,按材性抗压强度和弹模进行线性的粗略换算,得到极限应变分别为2 970με和1 784με,两个试件的混凝土压应变分别用到了极限强度的43%和71%。

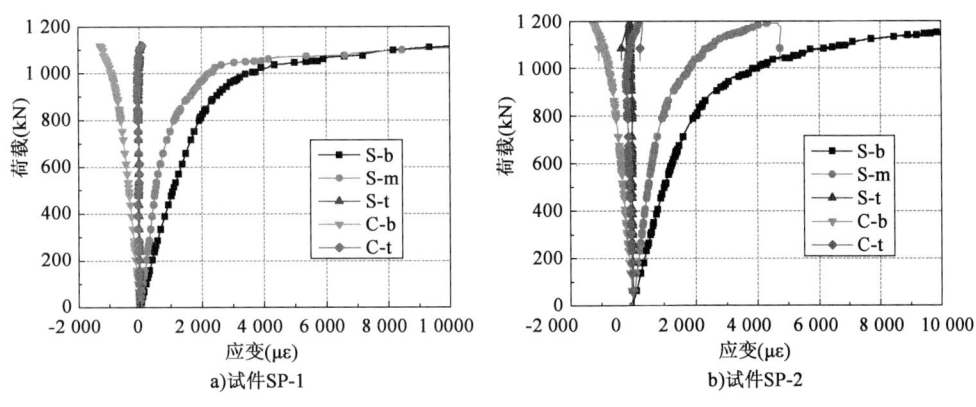

图10 荷载-应变曲线

结合试件的破坏现象和滑移情况,可以看出,该种开口肋的钢-FRC组合板在承受正弯矩荷载时,极限破坏主要受钢截面控制,混凝土板底缘的开裂,部分程度上也是因钢截面大部分进入塑性导致中性轴上移、挠曲变形过大所致。两种不同的FRC虽然材料性能上有差异,但对截面的承载力影响有限,因此混凝土的性能适宜即可,不必过分强调高强度,纤维的种类仅对极限破坏状态时混凝土板的开裂有影响,对前期的承载状态无影响。

4 结语

本文对2个采用球扁钢作为开口肋、FRC作为混凝土层的钢-混凝土组合桥面板试件进行了正弯矩静力加载试验,得到以下主要结论:

(1)该种组合桥面板具有较高的承载力和良好的延性;

(2)在钢截面进入屈服前,钢混连接效果良好,无明显滑移,极限破坏状态下滑移量基本达到焊钉的极限剪切变形值,表明本文的桥面板焊钉布置较为合理;

(3)极限破坏主要由钢截面控制,表现为变形过大以及焊钉连接处的混凝土产生裂缝,裂缝形态与FRC种类有关。

参 考 文 献

[1] 王春生,付炳宁,张芹,等.正交异性钢桥面板足尺疲劳试验[J].中国公路学报,2013,26(2):69-76.

[2] Li Z X,CHAN T H T,Ko J M. Fatigue Damage Model for Bridge under Traffic Loading:Application Made to Tsing Ma Bridge[J]. Theoretical and Applied Fracture Mechanics,2001,35

(1):81-91.

[3] DE JONG F B P. Overview fatigue phenomenon in orthotropic bridge decks in the Netherlands[C]//2004 Orthotropic bridge conference,Sacramento. 2004.

[4] BATTISTA R C,PFEIL M S,CARVALHO E M L. Fatigue Life Estimates for a Slender Orthotropic Steel Deck[J]. Journal of Constructional Steel Research,2008,64(1):134-143.

[5] 叶华文,王应良,张清华,等.新型正交异性钢-混组合桥面板足尺模型疲劳试验[J].哈尔滨工业大学学报,2017(9).

[6] Connor R,Fisher J,Gatti W,et al. Manual for design,construction,and maintenance of orthotropic steel deck bridges[R].2012.

[7] 中华人民共和国交通运输部.公路桥涵设计通用规范:JTG D60—2015[S].北京:人民交通出版社股份有限公司,2015.

[8] 田启贤,杜新喜.高性能混凝土复合铺装短栓钉推出试验研究[J].桥梁建设,2016,46(1).

181. 台座式连接预拼桥墩抗震性能试验研究

张霁颜[1]　吴志勇[2]　方伟太[3]　李厚荣[4]　吕昊[1]　王志强[1]

(1.同济大学土木工程学院桥梁工程系；2.中铁上海设计院集团有限公司；
3.中国铁建大桥工程局集团有限公司；4.中铁二十四局集团有限公司)

摘　要：为研究新型台座式预制拼装桥墩的抗震性能，本文设计了立柱拟静力试验观察新型台座式预制桥墩的损伤机理、最终破坏模式、延性变形能力和耗能能力等，以便校核预制桥墩抗震性能是否满足规范的要求。研究结果表明：试验试件前期墩身裂缝发展，最终在立柱底部(台座顶缘以上)形成塑性铰并发生弯曲破坏，混凝土保护层剥落后可见纵筋略微外鼓，但核心混凝土并未压碎，也无纵筋断裂；在整个试验加载过程中，未发现拼接缝的张开；通过试件位移延性、滞回耗能和最终破坏模式可以看出，其抗震性能等同现浇混凝土桥墩。

关键词：预制拼装桥墩　台座式　抗震性能　拟静力试验

1　引言

下部结构预制拼装施工，具有缩短建设周期、减小交通干扰、降低施工风险、降低能耗、施工质量高等优点，特别是在城市繁忙交通和海上有限施工平台以及恶劣自然施工环境下，其相对传统的现浇施工技术具有明显的优越性[1]。在城市桥梁建设中推行下部结构预制拼装施工技术，是桥梁装配化实施发展的趋势，并将进一步推动绿色智能建造技术的发展，且具有良好的社会效益。

依据桥型特点、施工条件和所处工程环境等因素，预制拼装墩柱(包含立柱及盖梁)连接构造可采用多种形式，主要可归结为灌浆金属波纹管连接、灌浆套筒连接、插槽式连接、承插式连接、预应力筋连接构造及混合式连接等几种连接方式[2-4]。目前国内桥墩预制拼装大部分采用灌浆套筒连接构造，将高强水泥灌浆料从下向上压浆实现连接。然而，预制构件管道压浆属于隐蔽工程，容易存在灌浆不密实的情况；再则，对于高烈度区桥墩立柱或高度很高的立柱通常需要配置双排钢筋以满足抗震受力要求，单套筒连接形式不能提供双排布筋条件。针对上述工程实践问题提出的新型台座式桥墩预制拼装连接形式，立柱设计按照常规配筋，在立柱底设置加宽段(即台座)，加宽段位置处预埋一定数量的金属波纹管，在承台施工时在对应波纹管位置设置精轧螺纹钢筋，拼装施工时，起吊立柱使钢筋插入波纹管内并校正定位立柱，向波纹管内灌注高强砂浆，精轧螺纹钢筋锚固，以实现预制构件连接。此种连接形式解决了高墩

基金项目：预制拼装桥墩抗剪性能及拼接缝剪切机理研究，51778470；国家自然科学基金面上项目，51978511。

或高烈度立柱配筋的问题,钢筋插入波纹管灌浆可视性强,施工方便,还有可能节省一定的材料用量。而预制拼装桥墩多数位于地震危险性较低的地区,因此,对此种结构形式的抗震性能进行系统研究具有很高的工程意义和经济效益。

2 试验设计

2.1 试件设计制作

本文设计立柱试件构造特点和主要研究内容如表1所示。本试件选用1:3的缩尺比进行设计。其他设计参数的相似关系如表2所示。

桥墩试件描述和研究内容　　　　　　　表1

缩 尺 比	试件构造特点	主要研究内容
1:3	金属波纹管预埋在墩底台座内,锚筋预埋在承台,立柱与承台采用高强砂浆连接(2cm厚)	实际工程中应用的台座式连接构造形式的缩尺试验,研究损伤和破坏机理,判断损伤位置,分析总结抗震性能,进行工程验证

拟静力试验模型的相似常数　　　　　　　表2

模型缩尺比	C_l	C_x	C_E	C_σ	C_ε	C_p	C_M	C_q	C_K
1/3	1/3	1/3	1	1	1	1/9	1/27	1/3	1/3

注:C_l为长度相似比;C_x为位移相似比;C_E为材料弹性模量相似比;C_σ为应力相似比;C_ε为应变相似比;C_p为集中力相似比;C_M为弯矩相似比;C_q为线分布力相似比;C_K为线刚度相似比。

缩尺后立柱的尺寸为670mm×500mm×2 800mm,墩底台座的尺寸为700mm×880mm×400mm,加载端的尺寸为900mm×500mm×400mm,承台的尺寸为1 600mm×1 600mm×600mm,。试件的有效加载高度为3 400mm,沿短边(边长500mm)加载,即试件的剪跨比为6.8。缩尺后试验试件尺寸轮廓如图1a)所示,试件加载图如图1b)所示。

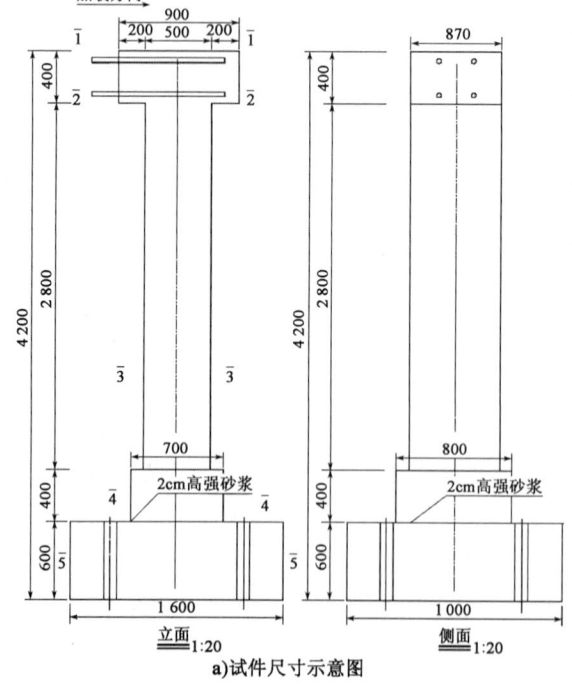

a)试件尺寸示意图　　b)试件加载图

图1　试验试件尺寸和加载图

试件所用混凝土的强度等级为C40。立柱试件的配筋设计如图2所示,纵筋采用18根直径20mm的HRB400热轧带肋钢筋,箍筋采用直径6mm、8mm的HPB300热轧光圆钢筋,立柱底部箍筋加密区箍筋间距为50mm,其余部分的间距为70mm,箍筋的净保护层为41mm。

台座配筋设计如图3所示,纵筋在立柱与台座内通长配置,台座内的锚固钢筋位置预埋18个增强型内径50mm的预应力混凝土用金属波纹管,锚固钢筋采用18根直径20mm的HRB400热轧带肋钢筋,箍筋采用直径6mm、10mm、12mm的HRB400热轧带肋钢筋,1-1、2-2截面的配箍率分别为0.66%、0.63%,配筋设计如图3所示。

拼接缝及波纹管内灌浆均采用C80高强砂浆作为连接材料。

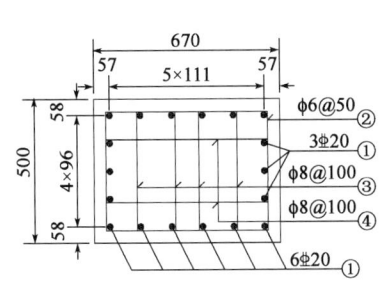

图2 立柱配筋设计图(尺寸单位:mm)

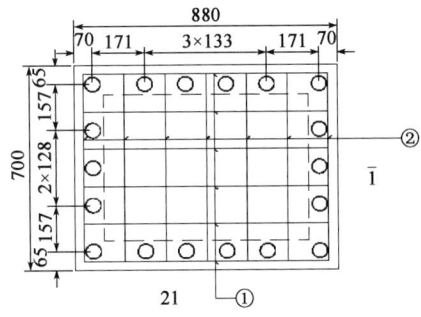

图3 台座配筋设计图(尺寸单位:mm)

2.2 试验方法

台座式预制立柱拟静力试验竖向荷载由两台工作吨位为100t的千斤顶同步施加,水平反复荷载由加载吨位为1 500kN、位移行程为250mm的电液伺服作动器(MTS793系列作动器)施加。

墩柱的轴压比对桥墩的抗震性能有很大影响,需要准确模拟,试件模型的轴力如表3所示。试件在同时承受轴压和绕弱轴的单轴水平循环加载方式下直至破坏,加载采用位移控制加载,加载频率0.01Hz,采样频率5Hz。每级加载到最大位移时持载,进行破坏现象的观察和标记工作。直至试件的强度下降到最大强度的85%,加载结束,试件加载制度如图4所示。试件加载每级做2次加载循环,加载幅值依次为2mm、5mm、10mm、15mm、20mm、25mm、30mm、40mm、60mm,其后以20mm的幅值递增直至最大位移。

试件竖向荷载模拟　　　　　　表3

数　值	恒载轴力(kN)	恒载轴压比(%)
缩尺设计值(1:3)	626	10.3
实际值	630	8.2

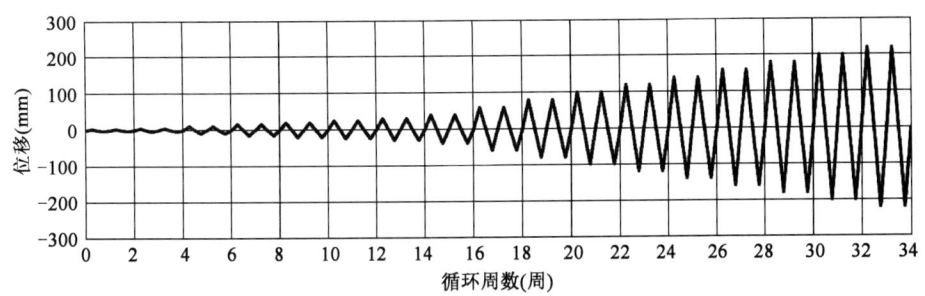

图4 试件加载制度

对于可能发生弯曲破坏的试件,实测项目有四项:塑性铰区域的曲率分布;塑性铰区域的钢筋、箍筋和预应力的应变;墩身关键位置位移;水平荷载和竖向荷载。

3 试验现象描述及试验结果分析

3.1 试验现象描述

为了更好地描述试验试件的损伤状态,首先定义基于构件层次的五水准损伤级别,如表4所示。

基于构件层次的损伤级别定义 表4

损伤级别	损伤状态	构件破坏现象	可修复水平	功能性评价
Ⅰ	无损伤	几乎不可见的发丝般裂缝	不需要修复	可正常运营
Ⅱ	微小损伤	可见的裂缝开裂	不需修复或小修	可运营
Ⅲ	中等损伤	可见裂缝;保护层混凝土剥落;接缝张开	简单修复	仅可保证生命安全
Ⅳ	严重损伤	裂缝宽度很大;大范围混凝土剥落	需要大修	将近倒塌
Ⅴ	局部失效/倒塌	永久的可见变形;钢筋屈曲、断裂;核心混凝土压碎	替换	倒塌

在定义的损伤级别基础上,定义基于构件层次的五水准性能水平,如表5所示。

基于构件层次的性能水平定义 表5

性能水平	性能目标	性能水平的定性描述	性能水平的定量描述
Ⅰ	开裂	出现发丝般裂缝	裂缝几乎不可见
Ⅱ	屈服	第一根纵筋理论屈服	裂缝宽度<1mm
Ⅲ	塑性铰开始形成	出现非线性变形;保护层混凝土开始剥落;斜裂缝开展	混凝土剥落区高度大于1/10截面高度
Ⅳ	塑性铰完全形成	形成较大宽度的裂缝;局部损伤区域混凝土全部剥落	距离承台2/3截面高度范围内,斜裂缝开展;混凝土剥落区高度大于1/2截面高度
Ⅴ	强度退化	纵筋屈曲;箍筋断裂;核心混凝土压碎	核心混凝土裂缝宽度>2mm;核心混凝土膨胀>5%;强度下降至85%

立柱试件的五水准损伤下状况如图5所示,损伤状态和性能水平描述如下:

损伤级别Ⅰ:加载位移到10mm,此级别为开裂阶段,见图5a)所示,试件沿柱身出现发丝般微小裂缝,卸载后裂缝闭合。该级别试件无损伤,不需要修复。

损伤级别Ⅱ:加载位移到20mm,试件沿柱身出现多条弯曲裂缝,裂缝间距比较均匀,大约每20cm一道,并有多条裂缝延伸至侧面,裂缝宽度0.02~0.42mm[图5b)]。卸载后裂缝闭合。从钢筋应变数据可以看出在位移20mm时,立柱最外侧受拉纵筋在柱底(台座顶缘)处达到屈服应变。台座及锚固钢筋连接构造均完好,承台与台座连接处未出现裂缝。

损伤级别Ⅲ:加载位移到80mm,柱身出现多条弯曲裂缝和斜裂缝,裂缝宽度1.5~4mm[图5c)],在距离柱底(台座顶缘)30cm高度内出现贯通闭合的斜裂缝;柱底与台座连接处有明显裂缝,宽度3~5mm,深度1~2cm;柱脚距台座顶缘12cm处有少量混凝土脱落。台座出现竖向微裂缝,宽度0.02mm,卸载后裂缝闭合。从锚固钢筋应变数据上看,此时最外侧锚固钢筋屈服。

损伤级别Ⅳ:加载位移到120mm,在距离承台30cm高度内,混凝土裂缝交错发展,多处贯通[图5d)]。在柱底10cm高度内,混凝土保护层大量鼓出或脱落。台座产生竖向及水平裂纹,继续加载,台座顶面及侧面裂纹均无明显扩大延伸。构件在达到该损伤级别时,为了保证其正常使用功能,需要进行大修。

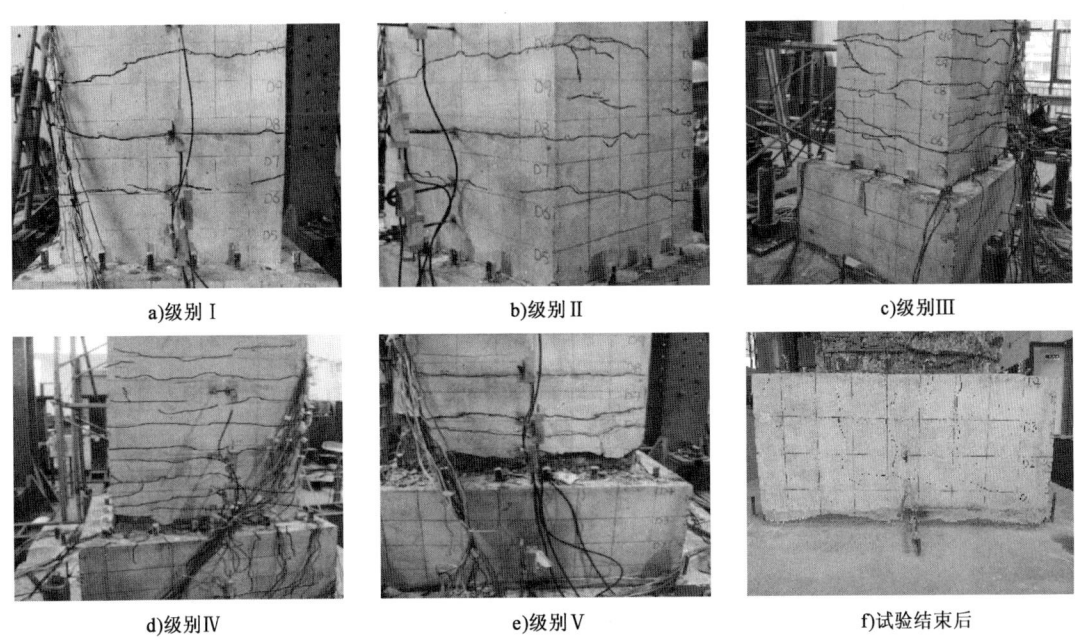

图5 试件损伤状态(为了清晰显示,图中裂缝已经加粗)

损伤级别Ⅴ:加载到160mm时,试件承载力降低至最大荷载的85%以下,达到强度衰弱级别,此时墩柱底(台座上缘)保护层混凝土大量剥落,最大剥落高度18cm,如图5e)所示。有纵筋露出,可见纵筋略微外鼓,但核心混凝土并未压碎,也无纵筋断裂。在这个阶段,一般不推荐进行修复,有必要直接更换破坏的构件。

继续加载至位移220mm,清理表面剥落混凝土后的试件状况如图5f)所示。台座以上柱底塑性铰区破坏严重,核心混凝土仍未压碎,纵筋未断裂;台座及锚固钢筋连接构造均无明显破坏,试验过程中台座上产生的裂纹均闭合。

3.2 试验结果分析

本次拟静力试验得到试件的水平力—墩顶位移滞回曲线如图6所示。在较低荷载阶段,试件基本处于弹性阶段,滞回环较为集中;随着混凝土的开裂、钢筋的屈服,滞回环逐渐拉开呈现梭形;随着荷载的不断增大,滞回环趋于饱满,试件表现出明显的弯曲破坏。试验试件的骨架曲线如图7所示,图中可得到,当位移达到79mm时,试件达到极限承载能力,此时水平力为242.5kN,之后随着位移等级的提高,试件承载力开始下降。

关于试件的位移延性、等效黏滞阻尼比、残余变形等抗震性能指标描述如下:

(1)位移延性

此处采用通用弯矩法[5]来计算试件的理想屈服位移为26.86mm,取试件强度下降到最大强度值85%时的位移作为极限位移[6]。当试件强度下降至85%以下时,对应位移延性为5.96。

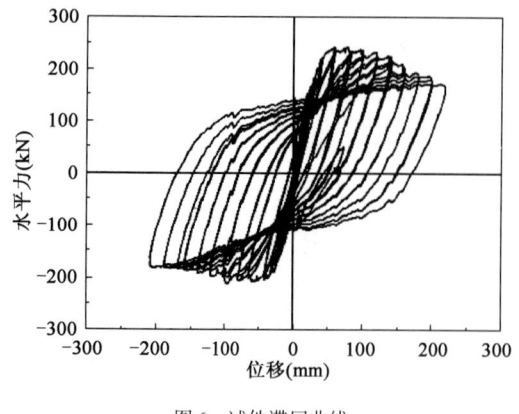

图6 试件滞回曲线

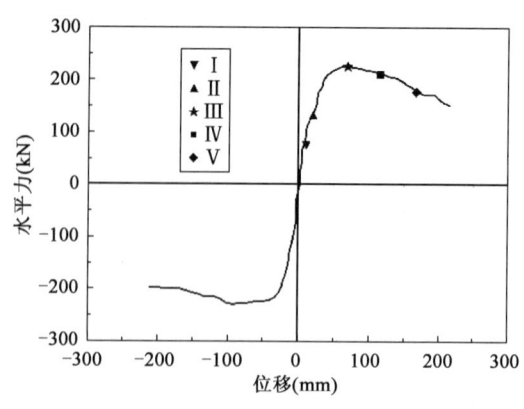

图7 试件骨架曲线

(2) 等效黏滞阻尼比

本文对各级荷载第一循环正负区段阻尼比分开进行计算,结果如图8所示。由图8可以看出:在加载初期、位移等级小于10mm时,试件阻尼比随位移荷载的施加逐渐增大;但当加载位移等级位于10～20mm区间内,试件阻尼比却有微小下降;随后位移加载超过30mm时,混凝土逐渐开裂,钢筋屈曲,试件耗能增强,阻尼比有较大提高。

(3) 残余变形指标RDI

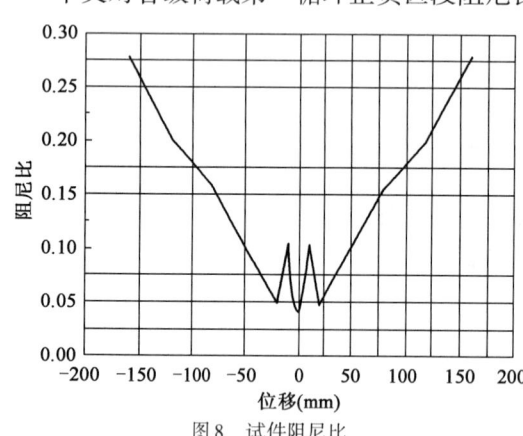

图8 试件阻尼比

对各级荷载下第一循环正负区段的残余位移进行分开统计,结果如图9所示。初期加载时,试件整体保持弹性,残余变形接近于零;随着加载位移等级的提高,试件出现损伤,且损伤水平逐渐提高,残余变形随之增大。

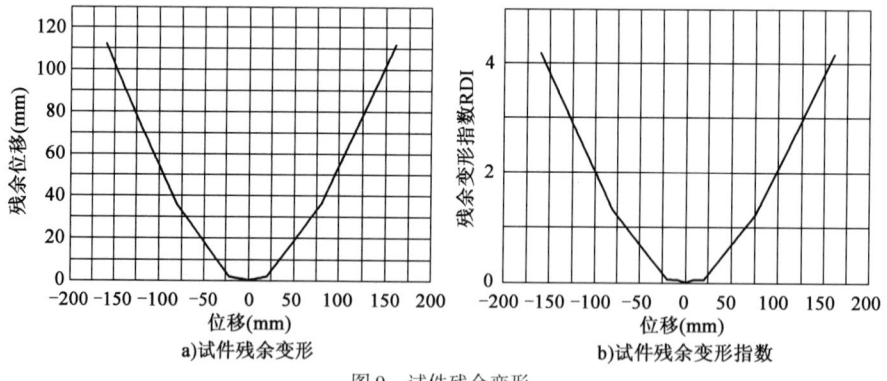

图9 试件残余变形

4 结语

通过对新型台座式预制拼装桥墩构件进行的拟静力试验,得到如下结论:

(1) 试验试件的总体损伤过程为:前期墩身裂缝发展,最终在立柱底部(台座顶缘以上)形成塑性铰并发生弯曲破坏,保护层混凝土大量剥落,最大剥落高度18cm;剥落后可见纵筋略微外鼓,核心混凝土并未压碎,也无纵筋断裂。试验结束后,台座顶、侧面均无显著可见裂纹;在整个试验加载过程中,未发现拼接缝的张开。

(2)通过试验测试的应变数据整理分析表明:对墩身纵筋而言,随着水平位移增大,纵筋应变增大,在水平位移为20mm时纵筋达到屈服,最大应变出现在台座顶端与立柱连接处;台座内墩身纵筋应变从顶部到底部逐渐减小,纵筋最底端应变趋于零。对台座锚筋而言,承台顶部与台座连接处有最大应变;在水平位移80mm时,台座接缝附近的部分锚筋开始达到屈服,随着水平位移增大,锚筋应变逐渐增大,锚筋进一步屈服,但没有引起拼接缝张开。

(3)通过试件位移延性、滞回耗能和最终破坏模式可以看出,其抗震性能等同现浇混凝土桥墩。

参 考 文 献

[1] 魏红一,肖纬,王志强,等.采用套筒连接的预制桥墩抗震性能试验研究[J].同济大学学报(自然科学版),2016,44(7):1010-1016.

[2] 姜海西,查义强,周良,等.城市桥梁墩柱预制拼装关键技术研究[J].上海建设科技,2016(1):56-57.

[3] 李田田.城市高架节段拼装桥墩构造及抗震性能研究[D].上海:同济大学,2013.

[4] M Lee Marsh, Markus Wernli, et. al. Application of accelerated Bridge Construction Connections in Moderate-to-High Seismic Regions. NCHRP Report 698, Transportation Research Board, Washington, D. C. ,2011.

[5] 朱伯龙.结构抗震试验[M].北京:地震出版社,1989.

[6] 中华人民共和国行业标准.建筑抗震试验方法规程:JGJ/T 101—2015[S].北京:中国建筑工业出版社,2015.

182. 大直径钢管复合桩与预制承台连接构造受力性能试验

周仁忠[1,2,3] 陈富强[1,2,3]

(1. 中交第二航务工程局有限公司；2. 公路长大桥梁建设国家工程研究中心；
3. 长大桥梁建设施工交通行业重点实验室)

摘　要：港珠澳大桥工程中为减少海上作业时间、节省造价、缩短工期、降低环境影响、确保施工质量，非通航孔桥下部结构将采用预制承台＋预制墩身方案。施工时，先施工钢管复合桩，再安装预制承台，通过连接混凝土连接成整体。国内外对钢管复合桩桩身及预制混凝土承台设计应用较少，作为一种新型组合结构构件，承上启下的桩与承台的连接节点的研究还比较少见。为了验证钢管复合桩与预制承台的连接构造的受力性能，开展缩尺模型试验和数值模拟分析研究，试验结果表明该种结构承载力满足要求，给钢管复合桩与承台的连接设计以有益的参考。

关键词：钢管复合桩　模型试验　缩尺　有限元分析

1　引言

港珠澳大桥跨越珠江口伶仃洋海域，是连接香港特别行政区、广东省珠海市、澳门特别行政区的大型跨海通道。主体工程中桥梁长约22.9km。它是中国交通建设史上技术最复杂、环保要求最高、建设要求及标准最高的工程之一，常规工艺难以满足建设要求，宜选择"大型化、工厂化、标准化、装配化"施工方案。为了减少海上作业时间、降低施工风险、确保混凝土施工质量，非通航孔桥下部结构将采用预制承台＋预制墩身方案。图1为非通航孔桥桥型布置图。

基础施工时，先施工钢管复合桩，再安装预制承台，通过连接混凝土连接成整体。为了确保钢管复合桩与预制承台之间的连接可靠，在钢管全周外侧焊接剪力板，钢管伸入承台不少于1m，桩基的钢筋伸入承台与承台钢筋绑扎在一起，再现浇承台与钢管复合桩间预留孔内的混凝土。图2和图3分别为非通航孔桥下部基础构造图和预制承台与复合桩连接构造图。

国内外对钢管复合桩桩身及预制混凝土承台设计应用较少，作为一种新型组合结构构件，承上启下的桩与承台的连接节点的研究还比较少见。为了验证钢管复合桩与预制承台的连接构造的受力性能，需开展钢管复合桩承台连接性能试验研究，给钢管复合桩与承台的连接设计以有益的参考。

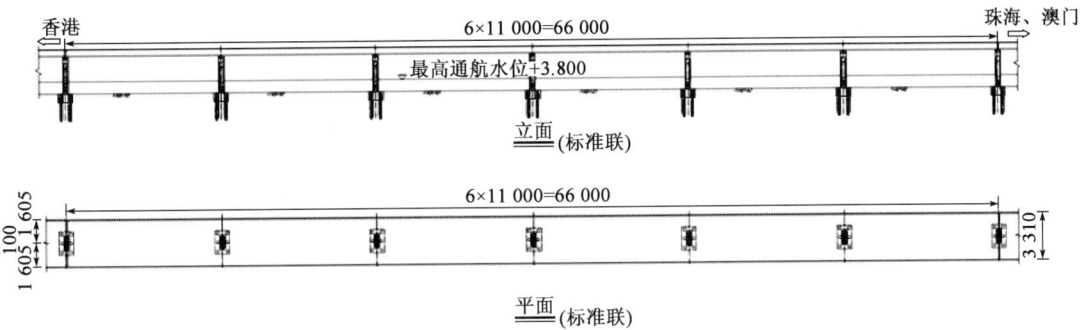

图 1 非通航孔桥桥型布置图(尺寸单位:cm)

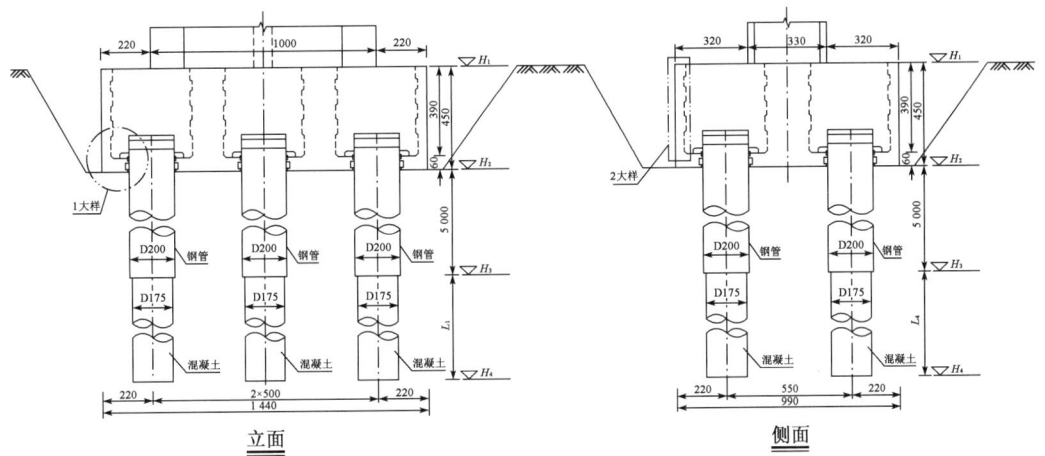

图 2 非通航孔桥下部基础构造图(尺寸单位:cm)

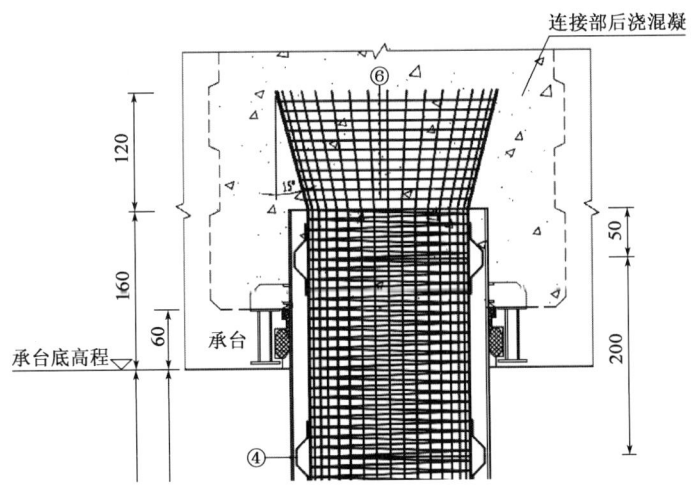

图 3 预制承台与复合桩连接构造(尺寸单位:cm)

2 模型设计

2.1 相似理论分析

根据钢管复合桩与承台结构受力特点,遵循以下两个原则设计模型:

(1)承台及桩模型和实桥几何尺寸相似。

(2)承台模型及桩身刚度和实桥相似。

本工程属于结构静力相似问题,数值不随时间而改变,且模型设计为弹性工作状态,模型问题应包括如下各物理量:结构和构件的线性尺寸(包括长、宽、高),结构或构件的截面积 A,体积 V、惯性矩 I、挠度 δ、应力 σ、集中力 P、力矩 M、均布荷载 q、弹性模量 E、泊桑比 u、应变 ε、扭转角 φ 等、密度 ρ 等。通过采用量纲分析方法,得出各个物理参量相似关系如下。

$C_\sigma = C_E, C_\delta = C_L, C_P = C_E C_L^2, C_q = C_E C_L, C_M = C_E C_L^3, C_A = C_L^2, C_\rho = C_E/C_L, C_I = C_L^4$。

本模型拟按 1:7.33 缩尺,即 $C_L = 1/7.33$,模型试验详细相似关系见表1。模型混凝土普通钢筋按配筋率与实际工程相等设计,并兼顾构造要求。

为模型各物理量相似关系表　　　表1

物理量	原型	模型	相似系数
长度	L_p	$L_m = L_p \cdot (1/n)$	1/7.33
截面积	A_p	$A_m = A_p \cdot (1/n^2)$	1/54
弹性模量	E_p	E_m	1
应力	σ_p	$\sigma_m = \sigma_p$	1
应变	ε_p	$\varepsilon_m = \varepsilon_p$	1
线位移	δ_p	$\delta_m = \delta_p \cdot (1/n)$	1/7.33
角位移	α_p	$\alpha_m = \alpha_p$	1
集中荷载	F_p	$F_m = F_p \cdot (1/n^2)$	1/54
剪力	Q_p	$Q_m = Q_p \cdot (1/n^2)$	1/54
反力	R_p	$R_m = R_p \cdot (1/n^2)$	1/54
弯矩	M_p	$M_m = M_p \cdot (1/n^3)$	1/394

2.2 模型尺寸

为测试钢管复合桩与承台节点的连接性能,根据试验场地及试验设备条件,将承台倒置,对复合桩施加荷载。为准确模拟节点受力边界条件,将承台及6根钢管复合桩缩尺制作为整体模型。承台原型尺寸为 15.6m×10.6m×5m,钢管复合桩外径2.2m。模型尺寸取 2.22m×1.52m×0.7m,钢管复合桩模型采用外径30mm,壁厚5mm的无缝钢管,内填混凝土。考虑到加载需要,管复合桩模型伸出承台70cm。图4为试验模型立面图,图5为试验模型平面图。

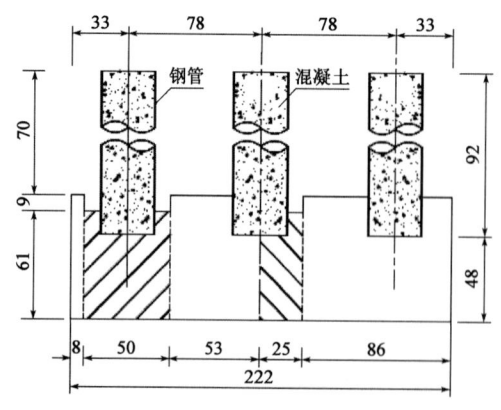

图4　试验模型立面图(尺寸单位:cm)

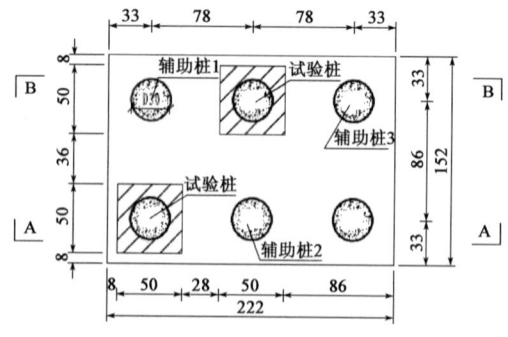

图5　试验模型平面图(尺寸单位:cm)

试验模型的各部位尺寸基本按照模型与实桥的相似比严格缩尺而来,只有个别部位的尺寸有较小改动,首先是钢管桩模型厚度,其次是承台长边曲线被拉成直线。这些改动无碍试验精度,能减轻模型制作难度,保证试验的顺利进行。

3 模型制作

按照试验状态(即承台在下,桩身朝上)进行模型构件施工。并通过分次浇筑节点处混凝土模拟实际工程中的节点混凝土龄期差别。具体施工流程为:承台模板安装-承台及桩身钢筋绑扎→承台及辅助桩混凝土浇筑→钢管安装→连接处混凝土浇筑→试验桩钢管内混凝土浇筑。

钢管采用无缝钢管,材质Q345C。试桩根据设计方提供设计钢管复合桩和预制承台的配筋率进行配筋设计,选取钢筋直径为8mm、10mm和16mm的二级钢筋(HRB335)。承台混凝土采用C45商品混凝土,浇注完成后进行28d的养护期。

4 试验加载与测试工况

4.1 试验工况

本试验主要包括如下目的:

(1)研究钢管复合桩承台节点模型在轴力、弯矩、水平力及扭矩等荷载作用下的破坏形式及承载力;

(2)考察钢管复合桩承台节点模型的工作性能及受力机理,进行理论分析。

模型试验荷载根据原桩设计荷载按照节点应力相等求得,承台材料与原设计相同,保证了试验桩与承台受力行为与原型的一致。根据设计资料及既有钢管复合桩受力性能试验方案,拟定试验设计荷载如表2。

试验针对角桩和中桩,分别进行工况1~4的加载试验。包括中桩顺桥向(编号Z1,Z3)、中桩横桥向(编号:Z2,Z4)、角桩顺桥向(编号J1,J3),角桩横桥向(编号J2,J4)。图6为等效加载示意图,图7为试验加载立面图,图8为加载平面图。

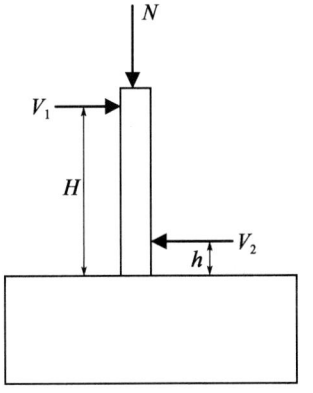

图6 等效加载示意图

试验前,先通过有限元模型及相关理论算法,对节点承载力及破坏形态进行仿真计算,估算其承载力,作为试验加载分级参考。图9为试验有限元模型图,图10为试验加载照片图。

试验荷载等效值　　表2

工况	N	V_1	V_2	H	h
单位	kN	kN	kN	cm	cm
工况1	750	16	13	70	15
工况2	750	36.5	35.3	75	20
工况3	0	55	55	75	8
工况4	0	33	31.8	75	15

注:N为竖向千斤顶轴力,V_1为桩顶水平千斤顶力,V_2为桩底水平千斤顶力。
各工况加载时,N、V_1、V_2等比例同步加载。

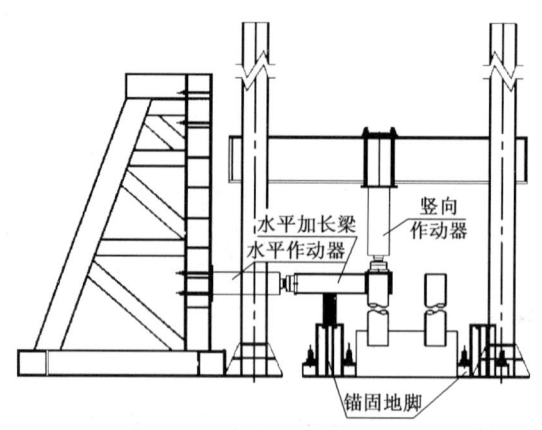

图7 试验加载立面图

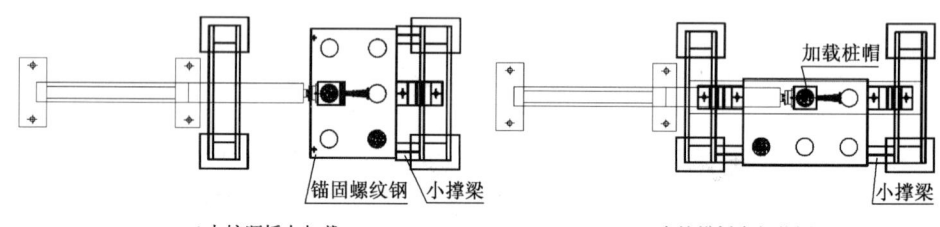

a)中桩顺桥向加载　　　　　　　　b)中桩横桥向加载图

图8 各工况加载示意图

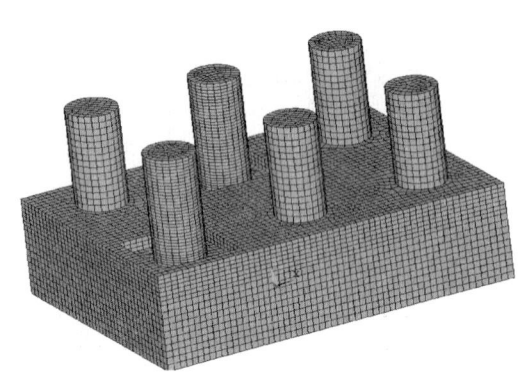

图9 试验有限元模型图

图10 试验加载照片图

4.2 试验加载与测试

正式试验前,先进行预载试验,使结构进入正常的工作状态,消除模型内部的不均匀性及初始的非弹性变形,对试验加载设备及装置、测量仪器仪表、试验组织安排等进行全面检查,及时发现存在的问题,使正式试验得以可靠的完成。预载试验加载值不宜超过该试件开裂荷载计算值的70%。

正式加载中,屈服前采用力控制,屈服后采用位移控制,尽可能将级数增多,使试验结果曲线更加平滑。

试验测试项目包括应力、应变、裂缝、破坏情况。位移测试采用百分表,主要测试桩顶横向位移,并在破坏试验工况下观测节点破坏形态和裂缝开展情况;应力测试采用表贴式电阻应变片,根据节点受力仿真分析结果,对试验桩节点的受力不利位置、关键部位以及钢管复合桩上布置应力测点,在受力复杂部位布置三向应变花。通过应力测试,为结构的安全性判断提供依据;加载期间,通过裂缝观测仪实时观测节点附近混凝土裂缝出现及发展情况,同理论分析结果对比,并据此作为是否停止加载的依据。

5 实验数据分析

试验过程中,通过位移计测量桩顶水平及竖向位移,通过千斤顶并辅助力传感器测量施加力值。在节点处混凝土表面刷漆,以便观察裂缝。根据测试结果,绘制不同试验工况下的荷载-位移曲线,观察记录各工况节点破坏特征。数据分析时,工况1、工况2以N为荷载代表值,工况3、工况4以$V1$为荷载代表值。

5.1 节点破坏形态

试验过程中,节点受力性能良好,J1,J2,Z1,Z2四个工况中,节点未发现裂缝出现;J3,J4,Z3及Z4工况下,仅在钢管复合桩底部受拉侧的钢混凝结合面出现一道弧形细微裂缝。各工况均未发现钢管复合桩外壁及周边混凝土屈服破坏特征。裂缝出现区域与数值仿真分析结果一致(图11、图12)。

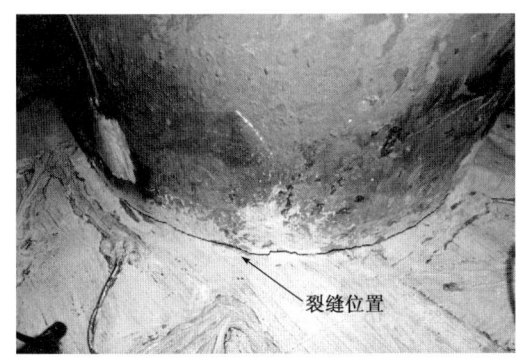

图11 Z3工况加载至250KN时桩承台交界处裂缝　　图12 Z3工况下考虑材料非线性的分析结果(开裂区域分布)

5.2 荷载—位移曲线和荷载—应变曲线分析

(1)荷载—位移曲线分析

试验模型的荷载—位移曲线是试验模型在单调荷载作用下受力性能变化的综合反应,节点试验中,实测节点位移值数据除反应节点变形特征外,还取决于钢管复合桩自身变形情况。一方面,位移值的大小取决于桩身刚度,位移值是节点转角与桩身弯曲挠度共同造成;另一方面,由于试验荷载是针对节点受力设置,并进行了等效处理,桩身结构内力未达到其设计极值,始终处于弹性受力阶段(根据钢管桩应力及表观情况判断),因此试验位移采集数值的非线性特征可以作为节点工作性能的判定依据。各工况下力位移曲线图如图13所示(列举了Z1、Z2和Z3工况)。

通过荷载—位移曲线可以看出,除破坏工况外,其余验证性工况下均呈现线性受力特征,且曲线形态相似。显示节点在设计荷载作用下,工作状态良好,节点纵、横桥向刚度相近。破坏工况中,当荷载达到230kN(破坏加载系数$K=4.1$)时,位移出现突然增大现象,显示节点出现非线性受力行为,至荷载达到280kN,出现屈服现象。

(2)荷载—位移曲线分析

荷载—应变关系表示各测点在试验过程中应变随荷载变化的情况(图14)。选取部分有代表性测点及工况的应变结果进行分析。

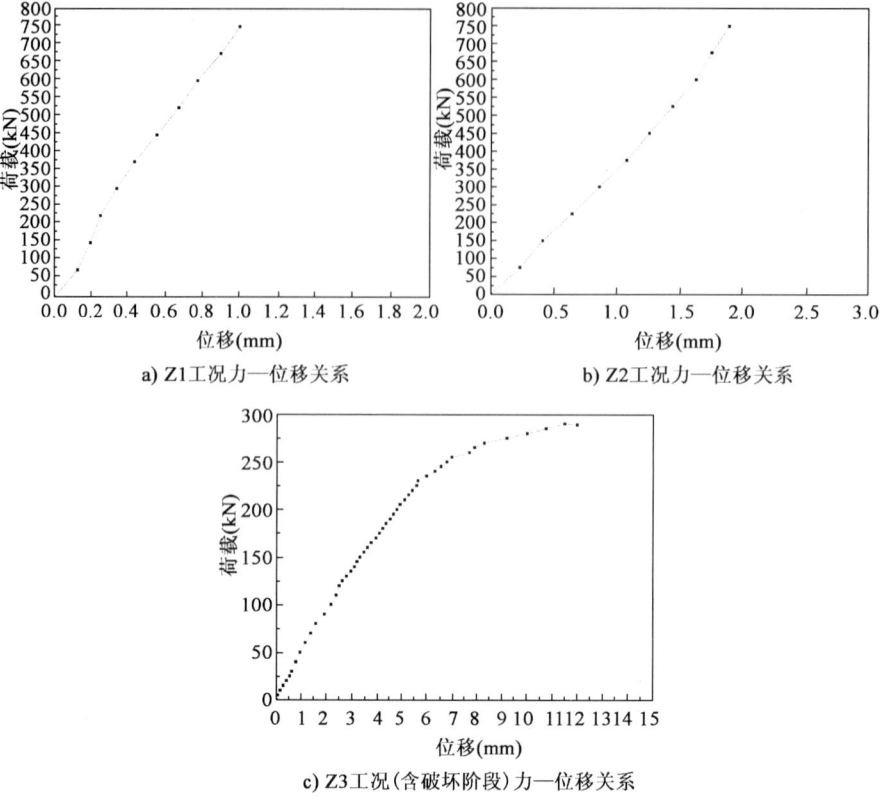

a) Z1工况力—位移关系

b) Z2工况力—位移关系

c) Z3工况(含破坏阶段)力—位移关系

图13　各工况下力位移曲线图

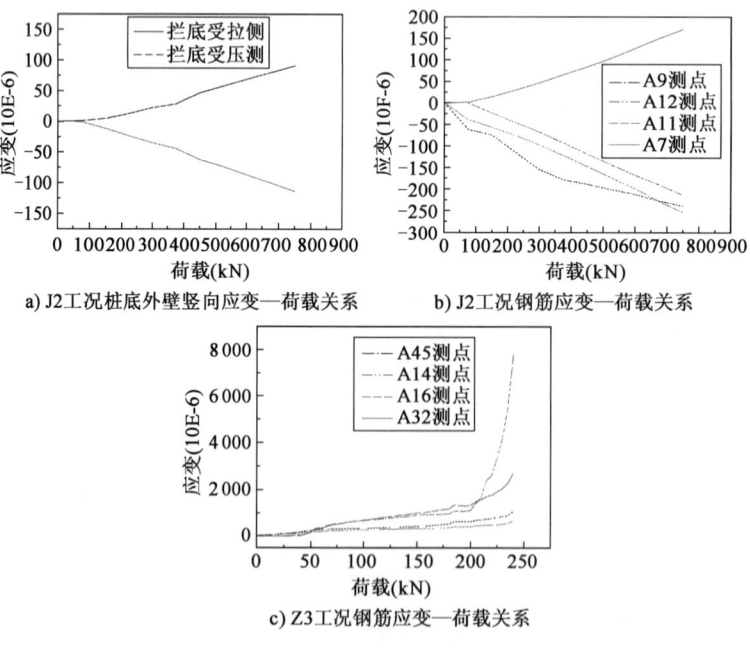

a) J2工况桩底外壁竖向应变—荷载关系

b) J2工况钢筋应变—荷载关系

c) Z3工况钢筋应变—荷载关系

图14　各测点应变荷载曲线图

由荷载应变数据可以看出,在试验过程当中,沿受力方向钢管复合桩的两侧分别处于拉压两种受力状态,说明在水平荷载作用下桩顶存在弯矩作用。在试验阶段,随着荷载的增加,桩底外壁及节点混凝土应变也相应增加,总体呈线性特征。

在试验模型达到屈服点前后,部分节点内部位置处应变现突变,这是由于局部混凝土出现受拉破坏造成的。

6 结语

港珠澳大桥工程中非通航孔桥下部结构将采用预制承台+预制墩身方案,作为一种新型组合结构构件,承上启下的桩与承台的连接节点的研究还比较少见。为了验证钢管复合桩与预制承台的连接构造的受力性能,开展缩尺模型试验和数值模拟分析研究,通过模型试验,可得如下结论:

(1)根据承台及桩模型和实桥几何尺寸相似、承台模型及桩身刚度和实桥相似的原则设计模型,能很好地模拟实际结构的受力情况;

(2)试验表明,试验模型所采用的节点设计具有良好的变形能力,具有良好的延性。预制承台—钢管复合桩节点工作状况良好,节点屈服之前,仅在钢管复合桩后形成微裂缝,在达到设计屈服承载力之前节点承载性能良好,能达到设计要求;

(3)对试验模型的荷载—位移曲线、荷载—应变曲线进行详细分析,对承台和桩身组合结构受力机理进行了分析,得出节点的屈服荷载及极限承载力,为设计提供参考。

参 考 文 献

[1] 刘生平.剪力环对钢管复合桩竖向承载特性影响的数值分析[J].工程技术研究,2019,4(10).
[2] 贾明晖.钢管混凝土复合桩横轴向承载特性试验研究[D].西安:长安大学,2019.
[3] 冯忠居,等.钢管混凝土复合桩横轴向承载特性离心模型试验研究[J].土木工程学报,2018,51(01).
[4] 钮佳伟.钢管复合桩黏结性能与抗弯性能研究[D].南京:东南大学,2017.
[5] 张敏,等.钢管复合桩黏结-滑移性能研究[J].西南交通大学学报,2017,52(03).

183. 基于高强螺栓连接的装配式挡土墙结构性能研究

温皓[1] 石雪飞[1] 蒋海里[2] 林景赐[2]

(1.同济大学；2.上海公路桥梁(集团)有限公司)

摘　要：本文对一种采用高强螺栓连接的新型装配式挡土墙的结构性能进行了研究，挡土墙由预制底板和预制立板组成，高强螺栓预埋于底板中，通过螺栓、螺母、垫板将预留螺栓套筒的立板与底板连接在一起。提出了新型挡土墙的有限元模拟方法，对该结构进行了足尺试验研究，得到了荷载—位移曲线、钢筋与混凝土应变以及高强螺栓应变等现场测试数据。试验结果与有限元计算结果一致，验证了挡墙的承载能力与破坏模式，并提出了影响结构性能的主要参数，为后续研究做了铺垫。

关键词：装配式　挡土墙　高强螺栓　性能研究

1　引言

在公路、铁路、市政等建设工程中，挡土墙是一种常见的支护结构，而以往采用较多的现浇挡土墙具有施工养护不便、工期长、环境污染大、不美观等缺点[1]，随着预制装配式、工业化建造等新理念新模式的推广，预制装配式挡土墙应运而生。国内外许多研究学者对新型装配式挡土墙的结构设计与施工工艺进行了深入的研究，认为装配式挡土墙有环保美观、结构设计合理、施工速度快、工艺完善、技术可行等优点[2]，具有推广价值。

连接节点是装配式挡土墙设计的关键[3]，因此，本文对一种基于高强螺栓连接的新型装配式挡土墙进行了有限元分析，并进行了现场试验，为该结构的推广应用提供了理论支撑。

2　栓接式挡土墙的设计

2.1　工程概况

在日益增长的交通压力下，某公路改建工程需由原双向四车道扩建为双向六车道，为加快施工进度、保障施工质量、倡导绿色建造，在发挥工业化建造优势的基础上，提出了一种新型装配式挡土墙（以下简称"栓接式挡土墙"），开展了对其施工关键技术的相关研究。

该工程的断面形式分为镇区段和郊区段，分别如图1a)、b)所示。

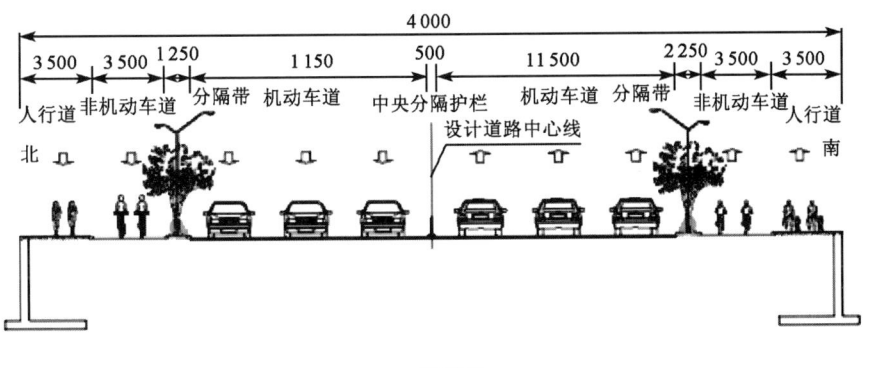

图1 某改建工程断面形式图(尺寸单位:mm)

施工过程分为路基填筑和路面施工两部分。路基填筑由场外路基填料生产或拌合,土方车(前四后八)运输,采用挖机摊铺整平,20t振动压路机碾压。路面施工场外路基填料拌合,土方车(前四后八)运输,采用摊铺机摊铺,双钢轮压路机、振动压路机和轮胎压路机碾压。复压轮胎压路机为重型压路机,总质量约26t。土方车(前四后八)一般满载运输,重量约70t(含车辆自重)。

2.2 栓接式挡土墙结构形式

栓接式挡土墙立板高度4.6m,厚度0.4m,节段设计宽度2.5m,立板底部预埋螺栓套筒,通过高强螺栓与底板连接,立板底部以上0.7m范围内为变截面段,立板厚度由0.9m线性过渡到0.4m,脚趾向填土内侧,底板高度0.4m,长度为4.8m。

栓接式挡土墙配筋如图2所示,立板受拉侧主筋布置形式为Φ25@200mm,受压测点主筋布置形式为Φ14@200mm,脚趾处采用Φ25×2@270mm的并筋布置;底板主筋布置形式为Φ18@200mm,高强螺栓为单排布置。

3 试验方案设计与构件制作

3.1 试验方案设计

试验构件的设计与制作总体上应符合实际设计与施工要求,在不影响结构性能的前提之下进行了部分便于试验的细部构造设计,试验构件在设计制作过程中进行了如下考虑:

(1)加载形式:为便于试验,提出了自平衡加载体系的试验方案,由于反力架装置设置在底板上的空间限制,需要对原设计方案中的预制底板进行延长(实际延长1m);

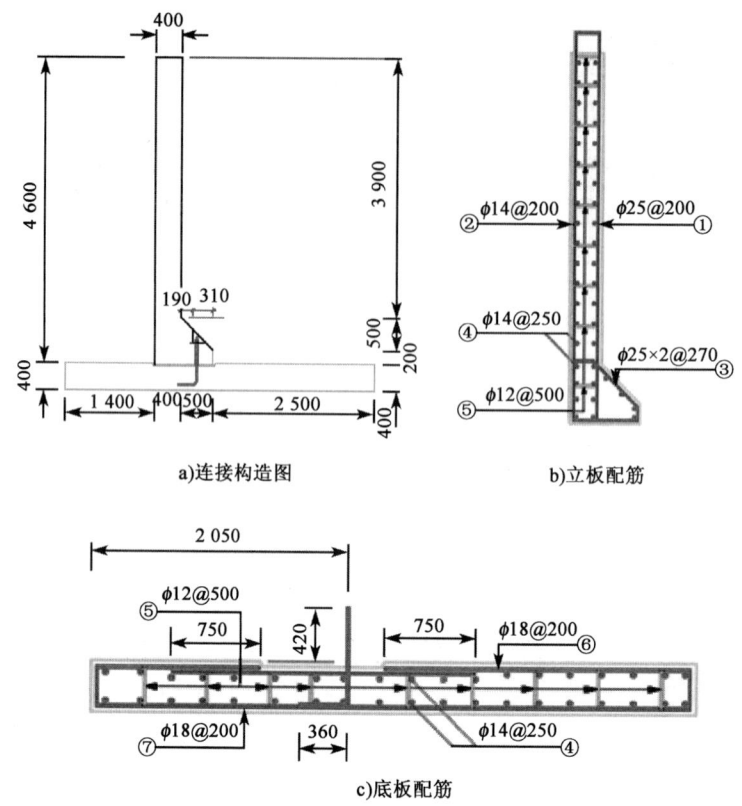

图2 栓接式挡土墙设计配筋图(尺寸单位:mm)

(2)加载高度确定:研究采用朗肯土压力理论分析土体对挡土墙的作用,根据背景工程以砂性土为填土材料的实际情况,结合文献调研,选取99组具有代表性砂性土的土质参数,对挡土墙的土侧压力进行参数化分析,最终基于"试验加载的弯剪比和设计不利状态的弯剪比相等"的原则,确定了加载装置的加载高度(距离地面1.9m);

(3)局部预埋件:试验中在立板相应高度处施加线荷载,考虑到加载区域混凝土局部受压较大,因而在该区域补充了预埋钢板,不影响加载区域以下部分的混凝土受力性能。

3.2 试验构件制作

根据相关图纸,对栓接式挡土墙试验构件进行了制作,构件加工情况如图3所示。

3.3 测试内容与测点布设

1)测试内容

试验测试内容主要包括:荷载加载值、试件水平位移与竖向位移、混凝土和钢筋应变。

在千斤顶加载的端部设置压力传感器,通过压力传感器确定施加在挡土墙加载高度上的荷载;通过位移计和全站仪的方式,对立板不同高度处断面及墙顶水平位移、底板竖向位移进行测量;采用混凝土应变片和钢筋应变片,分别测量混凝土与钢筋的应变情况。

2)测点布设

栓接式挡土墙应变测点分为预埋应变测点(图4)、外贴应变测点(图5)两种,位移测量在墙顶布置棱镜,在距离地面1.1m、1.7m、2.3m处断面上分别布置位移计。

a) 立板钢筋局部

b) 底板钢筋与高强螺栓

c) 构件整体

图3 栓接式挡土墙构件加工图

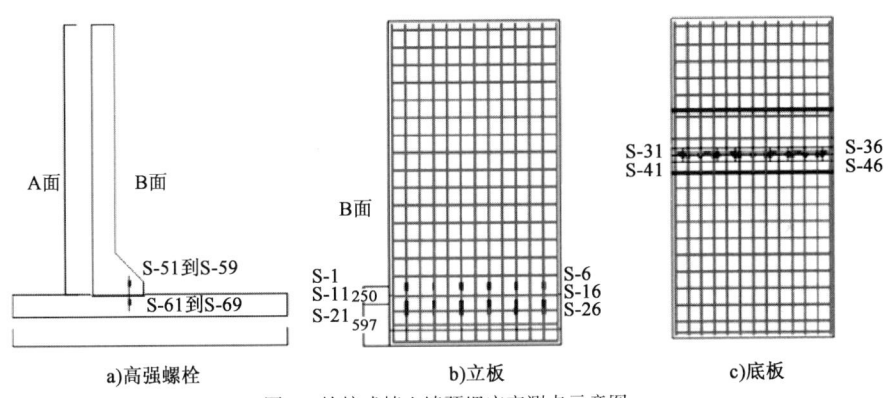

图4 栓接式挡土墙预埋应变测点示意图

4 有限元分析

4.1 建模参数取值

借助通用有限元计算分析软件ABAQUS对栓接式挡土墙结构性能进行分析，特别是对挡土墙在实际使用和试验两种工况的对比，以验证试验方案设计的合理性和准确性。

在模型单元的选取上，构件中混凝土、地基、高强螺栓、钢垫板等采用实体单元，普通钢筋采用桁架单元，反力架装置采用板壳单元，计算模型如图6所示。

材料取值上，混凝土为C40，密度$\rho=2500 kg/m^3$，弹性模量$E=3.25\times10^4 MPa$，泊松比$\nu=0.2$，采用CDP塑性损伤模型，其数值均参考《混凝土结构设计规范》(GB 50010—2010)；普通钢筋为HRB400型钢筋，密度$\rho=7850 kg/m^3$，弹性模量$E=2.1\times10^5 MPa$，泊松比$\nu=0.3$，采用双折线简化模型；参考相关文献[4][5]，实际使用工况下弹性地基的弹性模量取值为144MPa，试验工况下对地基进行刚体约束。

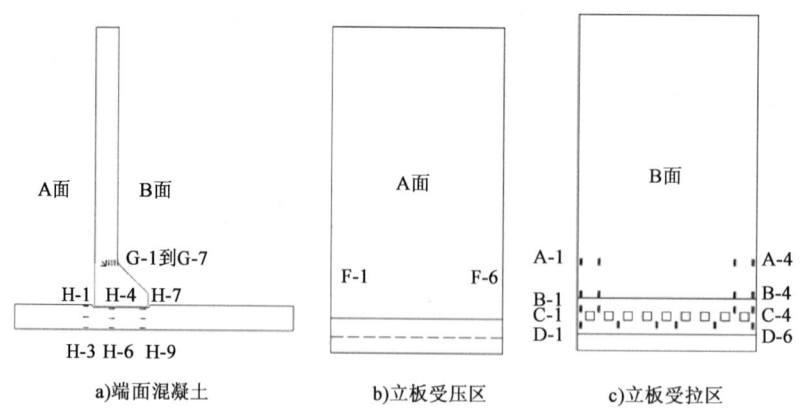

图 5 栓接式挡土墙外贴应变测点示意图

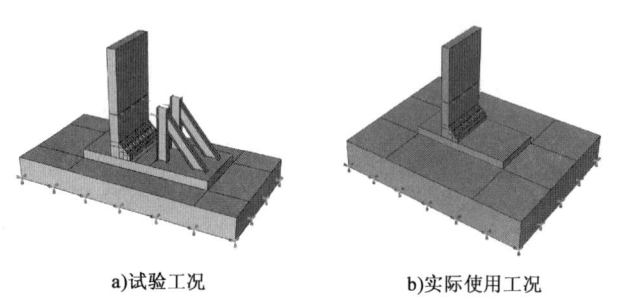

图 6 有限元模型示意图

在相互作用与接触性能上,钢筋、高强螺栓分别 embed 嵌入到混凝土与底板中;地基与底板之间、底板顶面与立板底面之间接触面,螺栓与立板之间,钢垫板底面与立板孔洞对应面上,均建立接触对,法向为硬接触,切向库伦摩擦,设置不同的摩擦系数。

经过试算,试验工况下底板不施加竖向压重时,构件承载能力极限小于实际使用工况,需要对底板进行压重,由于空间场地与压重设备限制,在反力架前 80cm 宽度范围内进行压重,可压重荷载为 216.5kN。

4.2 构件承载能力极限

在外荷载分别为 475kN、520kN 时,试验工况和实际使用工况下底板钢筋屈服,位于螺栓附近的受力主筋应力超过 400MPa,此时,立板内钢筋应力分别为 170MPa、228MPa。

由于底板混凝土开始出现裂缝(将在第 4.3 节中详述),底板钢筋应力迅速增加,超过立板钢筋应力水平,两种工况下钢筋应力变化情况如下:

(1)试验工况下底板开裂荷载为 305kN,此时立板钢筋应力最大值为 87MPa,底板钢筋应力最大值为 62MPa,当外荷载为 310kN 时,底板钢筋应力急剧增加,最大值为 117MPa,而立板钢筋应力最大值仍为 87MPa;

(2)实际使用工况下底板开裂荷载为 320kN,当外荷载为 315kN 时,立板钢筋应力最大值为 94MPa,而底板仅为 76MPa,但外荷载达到底板开裂荷载 320kN 时,底板钢筋受力急剧增加,增长至 129MPa,而立板钢筋变化不大,为 95MPa。

4.3 构件破坏模式

经过有限元计算,挡土墙在试验工况与实际使用工况下呈现了相同的破坏模式。

当侧压力作用于立板时,由于变截面处截面高度相对于脚趾截面而言较低,故该截面受拉区混凝土首先开裂,此后,立板在等截面段将随着侧压力的逐渐增加而逐渐出现新的裂缝,如图7所示,立板依次出现3道裂缝。

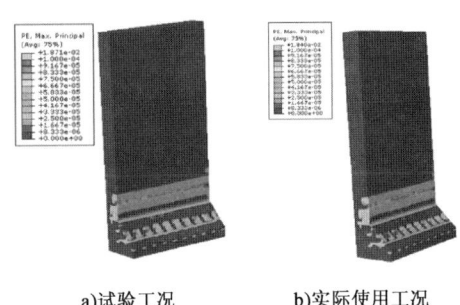

a)试验工况　　　　b)实际使用工况

图7　栓接式挡土墙立板应变分布图(灰色部分为裂缝)

底板尚未开裂前,立板受拉侧钢筋应力较大,而底板处钢筋应力很小,随着侧压力由立板传至底板且不断增大,在底板与立板脚趾相接处(螺栓附近)的底板顶面出现裂缝,该处钢筋应力急剧增加,超过立板受拉钢筋应力,随着荷载进一步增加,底板在填土外侧出现正弯矩引起底板底面开裂。

此后,底板钢筋应力的进一步增大,而立板钢筋应力相对较小,底板钢筋承担了较大的外力,此后底板主要裂缝相互贯通,钢筋最终屈服。

5　试验结果

5.1　试验现象与破坏形态

实际试验中,按加载方案进行加载,现场加载如图8所示,最终进行了24级加载,基于构件裂缝开展以及最终破坏形态,将试验构件随荷载的响应分为以下阶段:

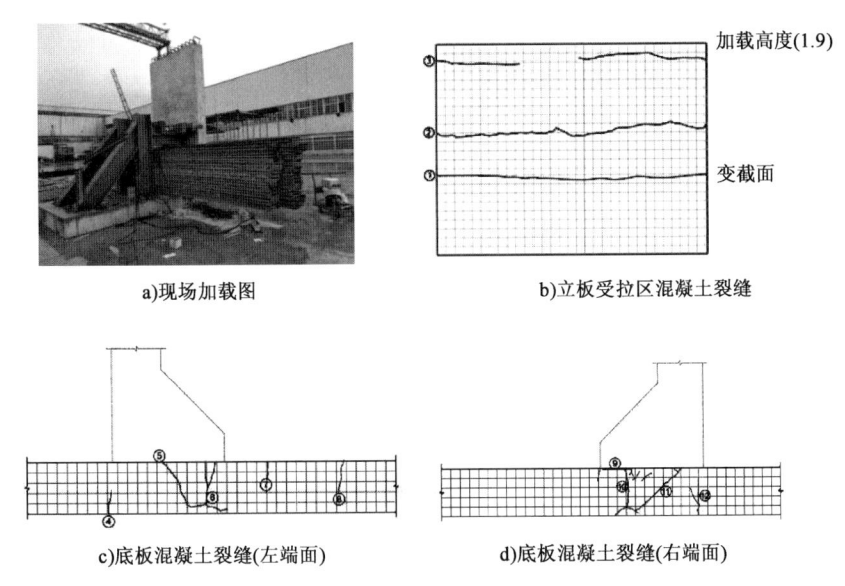

a)现场加载图　　　　b)立板受拉区混凝土裂缝

c)底板混凝土裂缝(左端面)　　　　d)底板混凝土裂缝(右端面)

图8　栓接式挡土墙试验现场与裂缝描述

(1)弹性阶段:加载水平推力从0加载至155.4kN左右时,挡土墙处于弹性变形阶段,挡土墙结构位移、钢筋应变和混凝土应变随荷载线性变化,构件未出现明显裂缝;

(2)带裂缝工作阶段:加载水平推力超过155.4kN至276.33kN左右的阶段,当水平推力达到155.4kN时立板变截面处出现第一道弯曲裂缝,结构带裂缝工作,刚度无较大变化;

(3)破坏阶段:加载水平推力超过276.33kN,逐渐加载至460kN。随着荷载进一步增加,至317kN时在立板之上约30cm处出现第二道弯曲裂缝,同时在底板螺栓连接处顶面出现弯曲裂缝,当荷载至355.5kN时底板填土外侧底面出现贯穿裂缝,此后无新裂缝出现,原有裂缝随着荷载增加逐渐发展,随荷载增加结构达到承载能力极限。

5.2 荷载—位移曲线

如图9a)所示,为栓接式挡土墙墙顶荷载—位移曲线,该曲线中水平轴为立板顶部水平位移,竖轴表示水平加载力;如图9b)所示,为不同加载工况下,栓接式挡土墙立板变形示意图,从图中可以看出,立板变形基本符合悬臂梁变形趋势,且以底面为固结点。

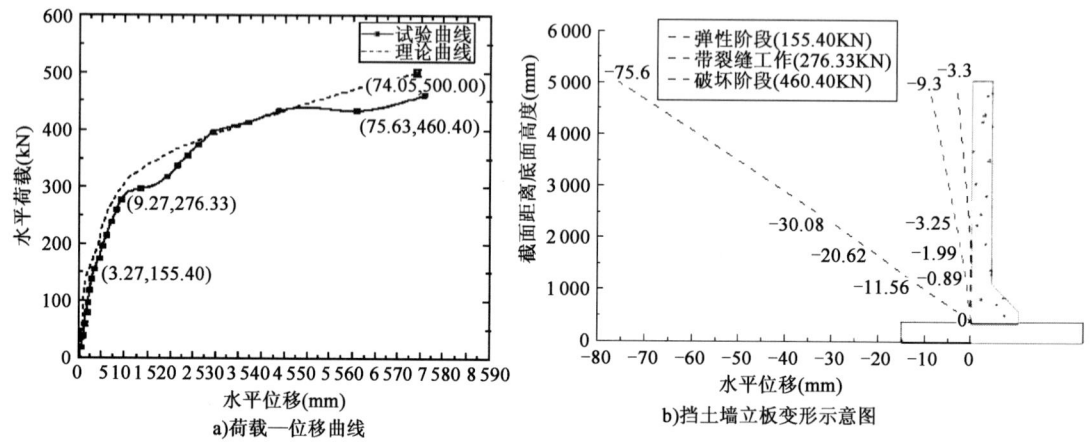

图9 栓接式挡土墙位移变化情况

5.3 钢筋、混凝土应力分布情况

如图10a)所示,为编号B-1~B-4的立板受拉区混凝土应力分布曲线图,当外荷载为155.4kN时,截面上混凝土应力达2.45MPa,已达到开裂应力,与试验中观测情况一致;如图10b)所示,为底板负弯矩截面上混凝土应力变化曲线,随着荷载逐渐增大,截面上缘在外荷载为316.83kN时出现裂缝,此后应力迅速增大,应变片达到测量上限发生破坏。

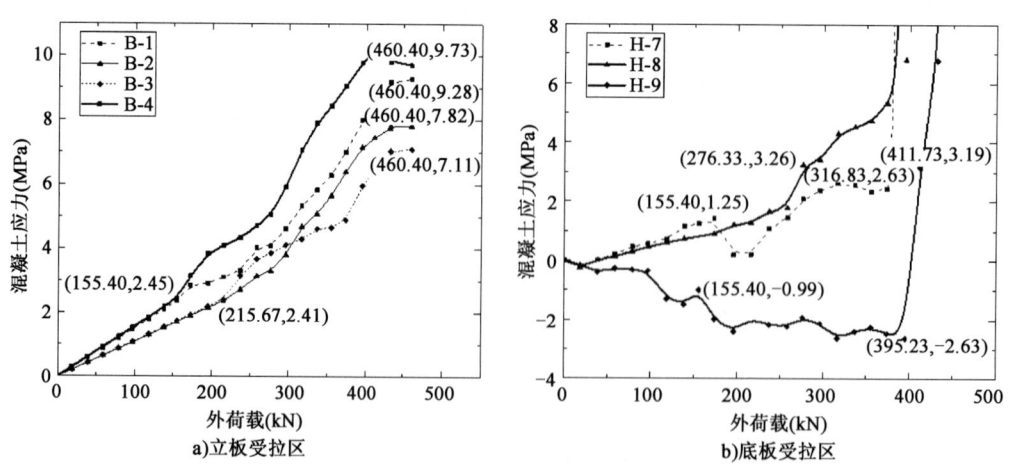

图10 栓接式挡土墙混凝土应力分布图

图 11a)所示为编号为 S-11~S-16 的立板受拉区钢筋应力分布图,钢筋应力随荷载持续增加且有较为明显的刚度变化情况,最终构件破坏时钢筋应力最大值为 245.66MPa;图 11b)所示为编号为 S-41~S-46 的底板钢筋应力分布图,在外荷载小于 257.83kN 范围内钢筋几乎无应力变化,此后坐浆层开裂,底板钢筋应力迅速增大,最终屈服。

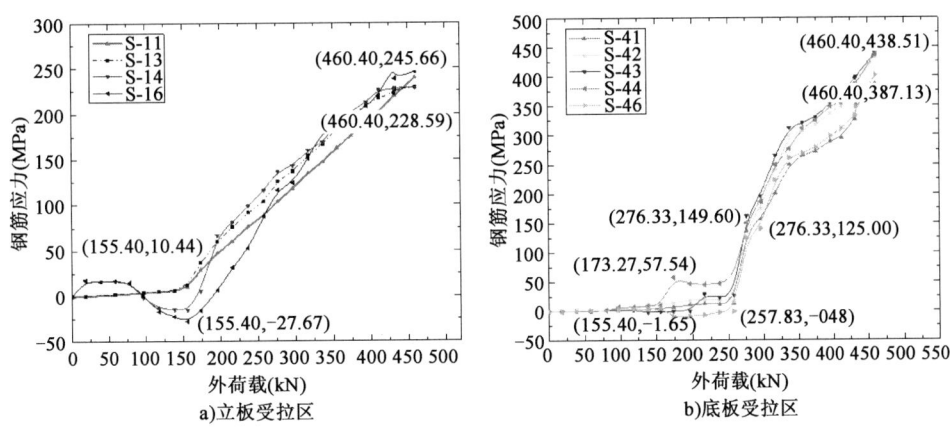

图 11 栓接式挡土墙钢筋应力分布图

6 结语

表 1 所示为栓接式挡土墙的有限元模型计算结果与最终试验结果的相关数据汇总。通过有限元模型与现场试验结果的对比,认为试验采用的自平衡体系(附加局部压重)能够反映出结构的真实受力情况,而且结构裂缝开展规律、结构破坏模式一致。

栓接式挡土墙试验有限元计算与试验结果汇总表　　　　表1

工 况	立板开裂荷载 (第一道裂缝)	底板开裂荷载 (顶面裂缝)	立板水平位移 (设计荷载内)	底板竖向位移 (设计荷载内)	承载能力极限值
实际使用工况模型	125kN	310kN	5.572mm	0.268mm	520kN
试验工况模型	125kN	305kN	5.528mm	0.374mm	475kN
现场试验	155.4kN	317.1kN	7.1mm	0.01mm	460.4kN

同时,有限元计算结果也表明,在外荷载作用下高强螺栓预紧力未见明显损失,而现场试验中高强螺栓在构件接近破坏时存在较大的应变差,为此,应考虑将预紧力作为结构受力的主要影响因素并进行参数化分析。

参 考 文 献

[1] 纪文利,唐广辉.装配式钢筋混凝土挡土墙的设计与施工[J].铁道标准设计,2003(10):111-113.
[2] 刘景涛,王亮,等.预制装配式挡土墙施工关键技术研究[J].城市道桥与防洪,2019(07):201-204+25.

[3] 徐健,刘泽,等.基于锚栓联结的装配式挡墙设计与施工工艺研究[J].土木工程,2018(03):350-357.

[4] 何兆益,黄卫,邓学钧.级配碎石动静弹性模量的对比研究[J].中国公路学报,1998(01):17-22.

[5] 梁伟,杨斌,肇云亮.压实度对级配碎石弹性模量影响的试验研究[J].西部交通科技,2011(06):10-14.

[6] 石亦平,周玉蓉.ABAQUS有限元分析实例详解[M].北京:机械工业出版社,2006.

184. 桥梁集群结构全分布式布里渊光纤智能监测与预警技术

曹建新[1] 李盘山[2] 刘洋[1] 祝楠[3] 侯守军[4]

(1.哈尔滨工业大学交通科学与工程学院;2.山东易方达建设项目管理有限公司;
3.济南西区建设工程项目管理有限公司;4.济南城市建设集团有限公司)

摘 要:区域路网或城市环线内的多座结构相同或相似的桥梁构成了桥梁集群。如何获取和利用桥梁集群结构运营过程中的海量响应数据,准确诊断集群内桥梁结构损伤是一个颇具挑战性的难题。针对这一难题,提出桥梁集群结构全分布式光纤智能监测与预警技术。首先,介绍了全分布式布里渊光纤感测技术的原理,提出了应变监测响应的计算方法;其次,利用结构应变响应之间的相关性,结合零空间理论,提出了桥梁集群结构损伤诊断方法;最后,详细介绍了所提技术在济南市北园高架西延桥梁集群结构运营安全监测中的应用情况。

关键词:桥梁集群 结构运营安全监测 全分布式布里渊光纤感测技术 结构损伤诊断

1 引言

限于研究手段及检测技术,基于无损探伤和人工视察为主的检测和评估手段已经远远不能满足桥梁结构损伤诊断的要求。随着传感器技术、数值模拟、损伤识别技术的快速发展,结构健康监测技术开始广泛应用于桥梁结构。结构健康监测技术可以持续可靠地提供桥梁结构状态、响应信息,识别设计和建造中的各种缺陷、劣化和损伤,评估损伤对桥梁结构承载能力和可靠性的影响,为桥梁结构运营和维修决策者提供超载和损伤的警告信息,从而使得结构健康监测技术逐渐成为准确诊断桥梁结构损伤的有效手段。

随着我国桥梁基础设施的快速发展,桥梁建设出现规模化和集群化的发展趋势,桥梁集群的概念被提出[1]。桥梁集群是指由区域路网或城市环线内的多座桥梁所构成的桥梁群体。集群内往往具有一定数量的结构形式相同或相似的桥梁,集群内相似桥梁之间数据具有关联性,可挖掘性强。但是,目前桥梁安全监测系统基本采用点式传感器,该监测方式所获得的数据信息有限,难以准确地诊断桥梁结构存在的损伤。同时,若对桥梁集群内全部桥梁进行监测,将极大的增加系统成本。

基金项目:国家重点研发计划课题,基于多源信息的道路基础设施服役性能大数据集成分析方法,2018YFB1600200.

近年全分布式布里渊光纤感测技术的提出,弥补了传统结构监测技术存在的不足。全分布式布里渊光纤感测技术以光纤为载体,作为一种新兴的感知元件和传输元件,通过解调光纤中光信号特征,测量光纤路径上的待测物理量,即结构的温度和应变。与传统应变测量技术不同的是,基于全分布式布里渊光纤感测技术的传感器可以量测整个光纤长度上的应变,测量范围约为100km,测量得空间分辨率约为1cm[2-4]。利用高空间分辨率和超长测量距离的特点,可实现桥梁集群结构的安全监测。

本文将全分布式布里渊感测技术引入桥梁集群结构运营安全监测,建立桥梁集群结构全分布式布里渊光纤智能监测与预警系统,实时获取海量的桥梁结构应变响应监测数据;在此基础上,以基于零空间理论的结构损伤诊断方法理论为框架,提出了桥梁集群结构损伤诊断方法。

2 全分布式布里渊光纤感测技术

全分布式布里渊光纤传感技术是目前先进的桥梁结构应变测试技术,利用该项技术,可以测试得到超长距离且具有高测点密度的桥梁结构应变信息,因此,利用这一特点,可有效应用于桥梁结构的损伤诊断。

在成桥条件下,沿着桥梁集群结构的上部结构底部粘贴全分布式布里渊感测光纤,使之与结构变形相一致。利用受激布里渊散射的特性,一束为脉冲的泵浦光从待测光纤的一端入射,用微波源对另一束连续进行频率扫描,当泵浦光与探测光的频率差在光纤布里渊增益谱范围内时,泵浦光将能量转移给探测光,并且在泵浦光与探测光频率差为布里渊频移时能量转移最大。应变会对光纤布里渊频移产生影响,对探测光的时域信号进行分析可以得到光纤沿线的布里渊增益谱进而得到光纤布里渊频移,该频移与光纤纵向应变线性相关,如下式所示。

$$f_{b,i} = f_{b,i}^o(1 + a\varepsilon_i) \tag{1}$$

式中:i——某一测点,$i \in (1,2,\cdots,n)$;

n——长距离传感光纤的测点总数;

$f_{b,i}$——变形后第i个测点处光纤的布里渊频率;

$f_{b,i}^o$——第i个测点处光纤的初始布里渊频率;

a——应变系数,本文取0.048 12MHz/$\mu\varepsilon$;

ε_i——上部结构第i个横断面底部应变值。

桥梁结构应变可由下式计算:

$$\varepsilon_i = \frac{f_{b,i}^o - f_{b,i}}{af_{b,i}^o} \tag{2}$$

实际工程中应用全分布式光纤感测技术开展监测工作,由于温差变化不稳定对布里渊频移影响较大,所以往往需要采取温度补偿方法,减小由温差导致的应变数据误差。

3 桥梁集群结构损伤诊断方法

3.1 桥梁结构损伤诊断特征的构建

记ε_i^t为编号i的传感器在第t小时的监测应变向量,每个小时下,可记录$\varepsilon_1^t,\varepsilon_2^t,\cdots\cdots,$ $\varepsilon_m^t m$组应变向量。取n个监测应变数据,以第一个测点结构健康状态下初始时刻下的应变向量作为参考,各个测点在各个时刻下传感数据与之建立向量相关性 $\mathbf{cov}(\varepsilon_1^1,\varepsilon_i^t)$ 。

用第一个测点相关性值构造健康状态下的损伤特征矩阵:

$$\mathbf{H}_1 = \begin{bmatrix} \mathbf{cov}(\varepsilon_1^1,\varepsilon_1^1) & \mathbf{cov}(\varepsilon_1^1,\varepsilon_2^1) & \cdots & \mathbf{cov}(\varepsilon_1^1,\varepsilon_m^1) \\ \mathbf{cov}(\varepsilon_1^1,\varepsilon_1^2) & \mathbf{cov}(\varepsilon_1^1,\varepsilon_2^2) & \cdots & \mathbf{cov}(\varepsilon_1^1,\varepsilon_m^2) \\ \vdots & \vdots & & \vdots \\ \mathbf{cov}(\varepsilon_1^1,\varepsilon_1^n) & \mathbf{cov}(\varepsilon_1^1,\varepsilon_2^n) & \cdots & \mathbf{cov}(\varepsilon_1^1,\varepsilon_m^n) \end{bmatrix}_{n \times m} \tag{3}$$

对损伤特征矩阵进行奇异值分解,获得左奇异值矩阵 $\mathbf{U}_1$,左奇异值矩阵与观测矩阵和损伤特征矩阵具有相同的零空间,求得损伤特征矩阵的左侧零空间矩阵 $\mathbf{S}$,即存在 $\mathbf{S}$,使得

$$\mathbf{S} \cdot \mathbf{H}_1 = \mathbf{0} \tag{4}$$

利用结构健康状态下的应变数据,建立不同时间内(记为 r)的损伤特征矩阵 $\mathbf{H}_1^r$,实际的位移测试数据存在噪声以及误差,$\mathbf{S} \cdot \mathbf{H}_1^r$ 并不是零矩阵,记为残差

$$\mathbf{res}_r = \mathbf{S} \cdot \mathbf{H}_1^r \tag{5}$$

构造结构健康状态下的残差向量作为损伤特征

$$\xi_N = \sqrt{N}\,\mathrm{vec}(\mathbf{S} \cdot \mathbf{H}_1^r) \tag{6}$$

测试这个残差函数是否显著不为零,对应于之下的假设

$$\begin{cases} H_0: \boldsymbol{\theta} = \boldsymbol{\theta}_0 & \text{健康系统} \\ H_1: \boldsymbol{\theta} \neq \boldsymbol{\theta}_0 \text{ 或 } \boldsymbol{\theta} = \boldsymbol{\theta}_0 + \delta\theta/\sqrt{N} & \text{损伤系统} \end{cases} \tag{7}$$

当 N 趋向于无穷大时,残差 ξ_N 服从于高斯分布

$$\xi_N \to \begin{cases} \Upsilon(0, \Sigma_\xi) & H = H_0 \\ \Upsilon(\mu_\xi \delta\theta, \Sigma_\xi) & H = H_1 \end{cases} \tag{8}$$

式中:μ_ξ——ξ_N 的近似敏感性系数;

Σ_ξ——ξ_N 的协方差;

Υ——高斯分布。

如果响应数据长度 N 接近于无穷大时,残差向量接近于高斯随机向量,高斯随机向量的相关参数可以通过向量的均值与协方差确定。在健康状态下,向量的均值为 0;在损伤状态下,近似高斯随机向量的均值不为 0,并且向量的协方差是相等的。

3.2 桥梁结构损伤诊断

H_0 与 H_1 的假设检验可以通过近似 χ^2 分布测试完成,定义 χ_N^2 作为损伤诊断因子

$$\begin{cases} \chi_N^2 = \xi_N^T \hat{\Sigma}_\xi^{-1} \hat{\mu}_\xi (\hat{\mu}_\xi^T \hat{\Sigma}_\xi^{-1} \hat{\mu}_\xi)^{-1} \hat{\mu}_\xi^T \hat{\Sigma}_\xi^{-1} \xi_N \\ \chi_N^2 = \xi_N^T \hat{\Sigma}_\xi^{-1} \xi_N \end{cases} \tag{9}$$

其中 $\hat{\mu}_\xi$、$\hat{\Sigma}_\xi$ 是 μ_ξ 和 Σ_ξ 的一致估计,因此 χ_N^2 近似服从卡方分布。通过比较待诊状态下

的 χ_N^2 与健康状态下卡方分布设置的阈值 t 相比,从而完成假设检验,判断待诊状态是否为健康状态。如果 $\chi_N^2 > t$ 此时衡量指标超出阈值,便可判定结构处于损伤状态,计 $z_k = 1$;相反,如果 $\chi_N^2 \leq t$,衡量指标没有超出阈值,便可判定结构仍处于健康状态,此时计 $z_k = 0$。

虽然 $z = 1$ 表示为异常值,但假设检验存在 I 类错误,且该类错误出现的概率非零,因此,如果可能的话,最好在一系列未知状态检验完毕后计算 z 值是解决该问题的有效方法。事实上,在假设检验完成之前,有 b 个未知状态需要判断,在这种情况下,可以计算累计度量 q_b

$$q_b = \sum_{j=1}^{b} z_j \tag{10}$$

在原假设为真的前提下,z 的每个值都是伯努利试验的样本,其成功率为 p 为第 I 类误差发生概率,因此累计度量 q_b 服从二项分布。因此,在 n 次试验中有 $0,1,\ldots,x$ 次成功的概率是

$$Pr = \sum_{i=0}^{x} \frac{n!}{i!(n-i)!} p^i (1-p)^{n-i} \tag{11}$$

设定概率 Pr 在某个规定的水平(比如 0.95)时,可以找到此水平下的 x 的值,记为 Q,如果结构仍处于健康状态,那么在试验中不太可能达到 x 的值,并且可以将其与累计度量 q_b 进行比较以决定接受拒绝原假设,即如果 $Q > q_b$ 宣布损害,否则接受原假设。

4 桥梁集群结构运营安全监测实例

4.1 桥梁集群结构安全监测系统

针对济南市北园高架西延桥梁的桥梁结构、车辆荷载及环境荷载等因素的影响,以全分布式布里渊光纤感测技术为核心,通过对北园高架 P69~P106 段桥梁结构建立全分布式布里渊光纤感测网络,获得桥梁在服役期的结构的响应、局部损伤等信息。基于全分布式布里渊光纤感测技术的桥梁集群结构安全监测与预警系统原理如图 1 所示。

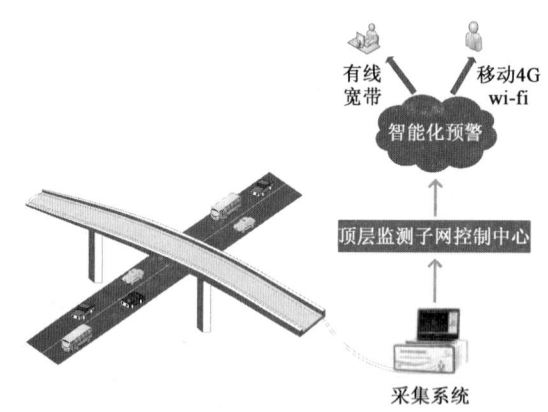

图 1 桥梁集群结构全分布式布里渊光纤智能监测与预警技术原理示意图

根据北园高架西延全线桥梁的结构特点,采用超长距离及超高测点密度的应变监测,可实现对 1 100 m 长度范围内的桥梁集群结构进行监测,监测测点数量可达 2 200 个。在连续箱梁段将光纤传感器沿桥梁通长布置于箱梁内两侧腹板上,在工字梁段将光纤传感器布置于最外侧两边梁上,在钢混凝土组合梁段将光纤传感器布置于最外侧。采用长期在线智能监测方式,通过对海量监测信息进行挖掘分析,从而获得行车和结构的双重安全状态信息,实现高架桥梁

结构运营安全的智能监测与快速预警。全分布式感测光纤平面布置与工字梁段布置横截面图如图2、图3所示,全分布布里渊感测光纤现场布设如图4所示,所有分布式布里渊传感光缆如图5所示。

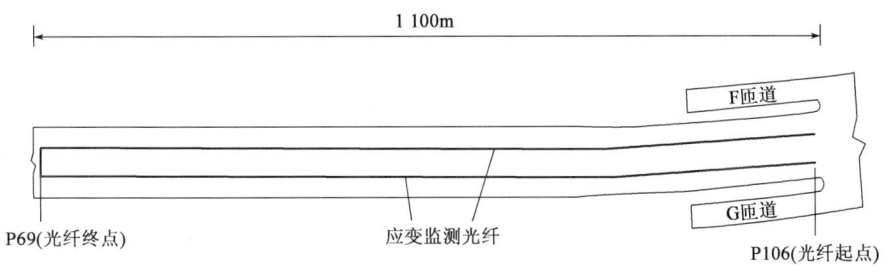

图2 全分布式布里渊感测光纤平面布置图

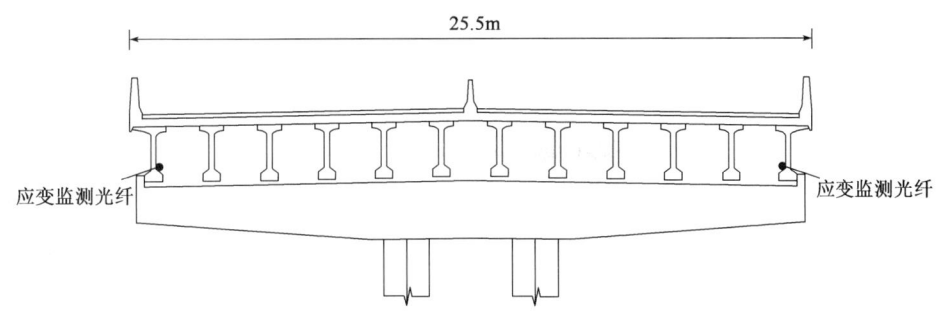

图3 工字梁段全分布式布里渊感测光纤布置图

图4 全分布布里渊感测光纤现场布设

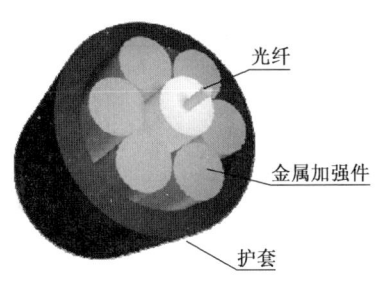

图5 全分布式布里渊传感光缆

4.2 桥梁集群结构监测软件系统

用户界面子系统本着"以人为本"的原则,按照人机工程学标准,适应我国桥梁结构监测系统的文化传统、管理风格、使用习惯,力争达到用户功能操作一目了然,界面信息完整清晰,符合用户的使用习惯。本子系统采用先进的多层应用体系结构,包括跨操作系统、预警平台以及桥梁结构模型可视化等,其软件界面示意如图6所示。

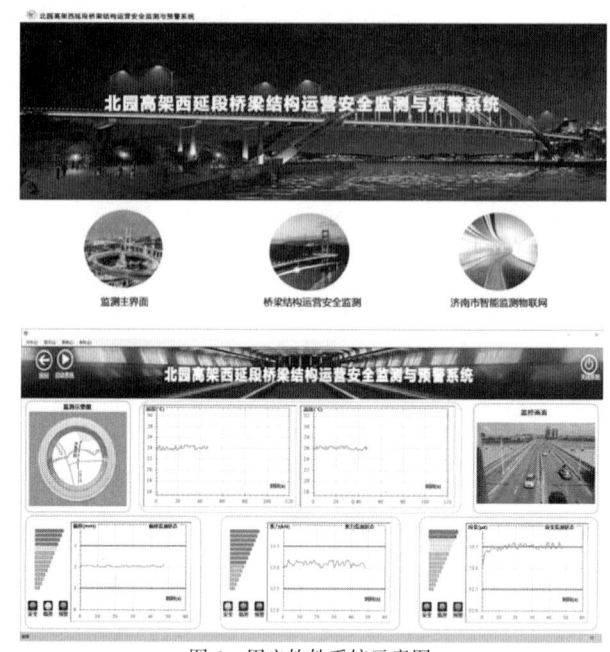

图6 用户软件系统示意图

4.3 实桥数据的损伤诊断

利用上述桥梁集群安全监测系统获取的桥梁集群结构应变监测数据,结合本文第三节所提结构损伤诊断算法,在求得其协方差一致估计 $\hat{\Sigma}_\xi$ 后,并利用近似 χ^2 分布测试 $\chi^2_N = \xi_N^T \hat{\Sigma}_\xi^{-1} \xi_N$,求得95%置信区间下的损伤诊断阈值 t。该结构健康状态下损伤诊断指标概率分布如图7所示。

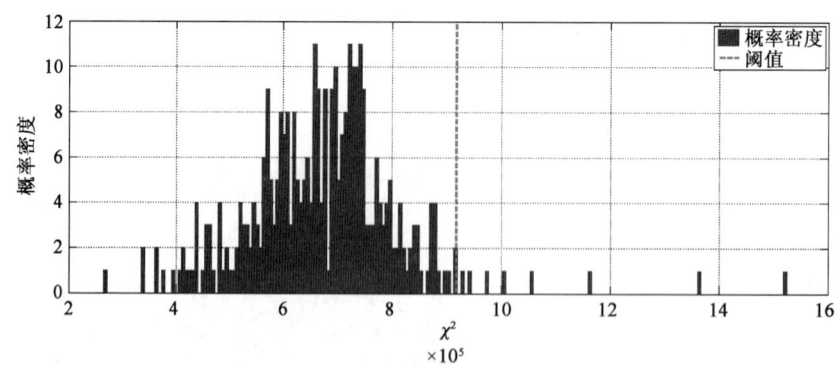

图7 结构健康状态下损伤诊断指标 χ^2 概率分布示意图

以第一个传感器作为参考,建立各个时刻各个传感器监测数据与之建立的相关性,并由此构造通车之后的损伤诊断特征矩阵 H_1^t,并求得损伤后的残差、残差向量,利用待诊断状态下的

χ^2 分布,求得损伤诊断指标 $\hat{\chi}_N^2$,如 $\hat{\chi}_N^2$ 小于阈值 t,则判断为健康状态;如大于阈值 t,则判断为损伤状态,结构损伤诊断结果示意图如图8。通过计算结构累积损伤诊断因子可进行桥梁集群结构损伤诊断决策。决策结果如图9所示,该桥梁集群结构累积损伤诊断指标未超过预警线,处于安全运营状态。

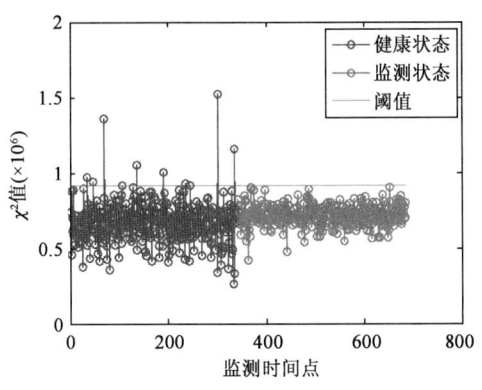

图8 结构健康状态下损伤诊断因子与阈值示意图

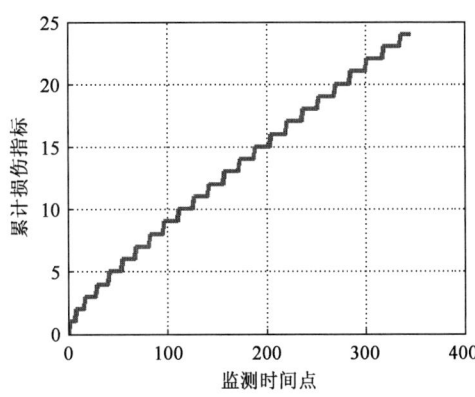

图9 累积损伤诊断指标与预警线示意图

5 结语

本文介绍了全分布式布里渊光纤感测技术在桥梁集群结构安全监测中的应用,提出了基于光纤感测大数据的桥梁集群结构损伤诊断方法。全分布式布里渊感测技术在以较小经济成本完成集群内全部桥梁结构运营实时监测的同时,可获取超长距离、超高测点密度的桥梁集群结构应变响应;所提出的桥梁集群结构损伤诊断算法可有效诊断桥梁集群结构的潜在损伤。

参 考 文 献

[1] Zhang SY, Liu Y. Damage detection of bridges monitored within one cluster based on the residual between the cumulative distribution functions of strain monitoring data. Structural Health Monitoring-An International Journal, 2020, Published online.

[2] Bao, X. Optical fibre sensors based on Brillouin scattering. Optics and Photonics News, 2009, 20(9), 40-46.

[3] Dong Y, Zhang H, Lu Z, Chen L, Bao X. Long-range and high-spatial-resolution distributed birefringence measurement of a polarization-maintaining fibre based on Brillouin dynamic grating. Journal of Lightwave Technology, 2013, 31(16), 2981-2986.

[4] Dong Y, Zhang H, Chen L, Bao X. 2-cm-spatial-resolution and 2-km-range Brillouin optical fibre sensor using a transient differential pulse pair. Applied Optic, 2012, 51(9), 1229-1235.

185. 浅谈特殊结构桥梁结构健康监测系统的升级改造
——以胶州湾大桥运营期结构监测巡检养护管理系统为例

韩 琦

(山东高速青岛公路有限公司)

摘 要：本文以胶州湾大桥运营期结构监测巡检养护管理系统为例，介绍了特殊结构桥梁结构健康监测系统面临的问题和升级改造措施。根据胶州湾大桥通车以来的运营管理情况，本文首先系统的总结了该系统发挥的作用和存在的问题，然后针对近年来智慧交通概念的不断深化和长大桥梁运营管理的要求，提出了具体的升级改造措施，并从改造方案、并实施过程和取得的效果等方面做了详细的阐述。

关键词：胶州湾大桥 结构监测 结构评估 升级

1 工程概述

山东高速胶州湾大桥是山东省"五纵四横一环"公路网主框架的重要组成部分，是青岛市道路交通网络布局中胶州湾东西岸跨海通道的重要组成部分，是青岛市一路一桥一隧中的一桥。胶州湾大桥全长 26.737km，包括沧口航道桥、红岛航道桥、大沽河航道桥、海上非通航孔桥、李村河互通、红岛互通以及红岛连接线工程。胶州湾大桥三座通航孔桥沧口航道桥、红岛航道桥、大沽河航道桥为特殊结构桥梁。

与胶州湾大桥主体工程同步建设的运营期结构监测巡检养护管理系统(以下简称"结构监测系统")是胶州湾大桥结构安全的重要保障，该系统在胶州湾大桥三座航道桥及十处非通航孔桥布设各类传感器，通过测量反映山东高速胶州湾大桥环境激励、结构响应状态及结构耐久性等方面的信息，实时监测、定期检测桥梁结构的工作性能，定时、定量地评价桥梁结构的健康状态，实现胶州湾大桥结构健康状态的在线评估和实时预警，为胶州湾大桥的安全运营、养护维修提供了科学依据。

该系统主要由传感器系统、数据采集传输系统、数据存储系统、数据分析评估系统等几部分组成。整个系统共在全桥布设各类传感器 451 个，采集设备 24 台，网络传输设备 9 台，辅助支持设备 6 台，数据存储及处理设备 11 台，服务器 8 台。

结构监测系统组成如图 1 所示。

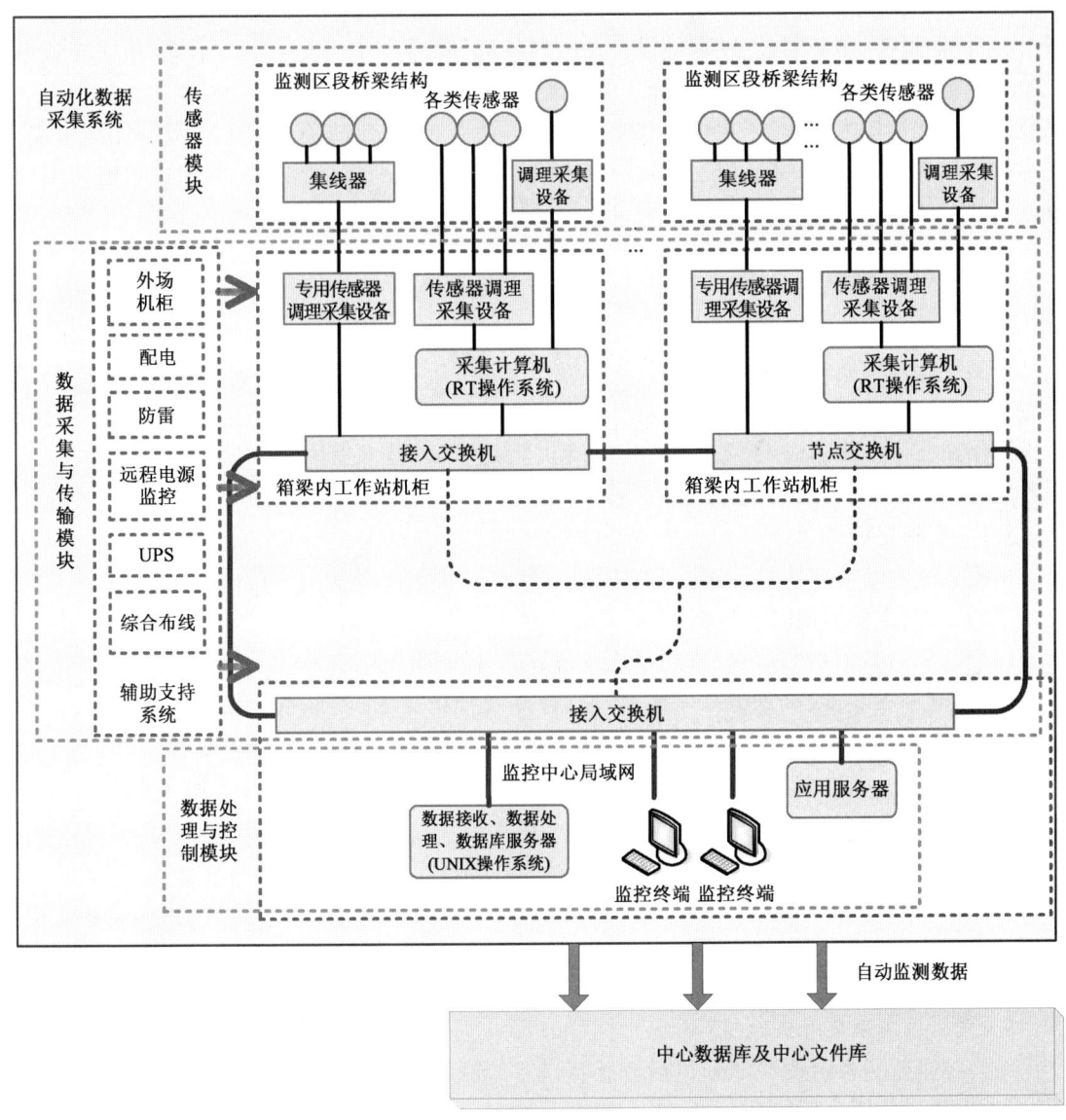

图1 胶州湾大桥监测系统

2 系统运行情况

结构监测系统于2011年6月与胶州湾大桥主体工程同步建成并投入使用,2012年6月通过验收并移交正式运营。系统投入运行至今,累计采集了约10TB的结构相关数据,出具了近百份月度评估报告,八份年度评估报告,一份中期(八年)评估报告,以及"梅花台风""黄岛爆炸""台湾地震"等特殊事件临时评估报告十余份,大量的监测数据不仅提供了胶州湾大桥的实时结构状态,更为胶州湾大桥的安全运营和精准养护提供了科学依据。

结构监测系统为二十四小时不间断运行系统,截至2019年6月系统各部件已连续运行超过七万小时,部分设备尤其是电子信息设备已经到达设备理论寿命,同时由于胶州湾大桥地处北方冰冻海域高盐环境,结构监测系统大量外场设备暴露在高盐、高湿、震动、污秽、强紫外线的严苛环境中,设备寿命受到了极大的影响。由于以上原因,近年来包括传感器、数据采集设备、网络传输设备、服务器设备、存储设备在内的各部件故障率增高、稳定性下降,从而导致系统整体稳定性和数据完整率逐年下降。更为严重的情况是部分传感器由于安装位置特殊无法修复或修复代价极大,关键采集设备如光纤调制解调器、工控机故障造成大量数据无法采集,磁盘故障造成历史数据丢失,以上问题限制了结构监测系统在线监测和实时预警功能的正常发挥,对胶州湾大桥运营安全和结构安全保障工作造成了较大的困难。

3 项目实施方案

为保持结构监测系统处于良好工作状态,降低设备故障概率,减少设备故障时间,保障监测数据的完整性和结构预警的及时性,结合近年来系统运行情况,山东高速青岛公路有限公司与胶州湾大桥设计单位、结构健康监测系统设计建设单位、运维单位进行了深入的沟通,充分考虑近年来技术进步的成果,尤其是云服务和"互联网+"技术发展,提出了基于互联网+云服务的结构监测系统升级改造方案。

3.1 实施目标

根据系统实际运行情况及相关采集传输及数据存储处理设备的运行情况,计划实施系统设备更新工程,主要实现以下目标:

(1)设备维修、升级和改造,修复系统设备故障,提高系统稳定性;
(2)优化系统功能,确保数据采集、传输、存储及分析需求,确保系统相关功能完整,数据完整率达标;
(3)根据多年数据分析的结果,合理优化传感器布点,针对薄弱部分加强监测手段;
(4)优化阈限值,合理优化各类报警信息的设置。

3.2 项目实施方案

本次升级改造主要包括三个方面:一是系统设备的升级改造,包括传感器、数据采集设备、数据储存分析设备及辅助支持设备的升级改造;二是软件系统升级改造;三是监测布点的优化,增加塔顶缆索鞍座及除湿机等设备的监控。

3.2.1 系统设备升级改造

结构健康监测系统硬件部分包括传感器设备、数据采集及传输设备、数据处理与控制设备、辅助支持设备四个部分。

(1)传感器设备:由布置在桥梁结构上的各类传感器、专用设备和线缆等组成;
(2)数据采集与传输设备:本系统又可分为数据采集系统、数据传输系统两部分;其中数据采集系统是由布置在桥梁结构内部或桥面的调理设备、采集设备、采集计算机和传感器电缆网络等组成;数据传输系统由布置在桥梁外场工作站机柜内及监控中心机房内的网络传输设备及网络传输线缆组成;
(3)数据处理与控制设备:由布置在监控中心的服务器系统,以及工作站组成;
(4)辅助支持设备:主要指包括外场机柜、外场机箱、配电及 UPS、防雷和远程电源、综合布线等组成。

经过调查和分析,上述四个部分均存在设备故障或者运行不稳定的情况,对于传感器设备、数据采集和传输设备、辅助支持设备采用同型号或同类型设备替代的方式维修。对于数据处理与控制设备,即服务器和存储设备,由于一次性更新投入需 60 万~80 万元,投入较大,考虑到云服务技术已经成熟,互联网服务器可以满足本项目需求,从经济性、安全性、稳定性和可扩展性等多方面考虑,本次系统升级不再更新服务器、磁盘阵列等数据处理与控制设备,改用云服务器,旧服务器作为备用,具体如下:

(1)传感器设备:更换传感器22台,其中光纤传感器20台,风速风向传感器2台,更换方案采用原厂同型号或同系列升级产品替代;

(2)数据采集与传输设备:更换PXI机箱两台、PXI实时控制器两台、光纤光栅信号处理器2台、接入交换机1台。因原型号设备现已停产,更换方案采用原厂升级产品替代,升级产品具有更快的处理速度、更好的稳定性,并且可以兼容现有传感器设备,可以实现无缝替换。

(3)数据处理与控制设备:从相关技术应用及成本考虑本次方案为采用阿里云服务器及存储进行系统数据采集处理工作,原系统相关服务器正常维护至设备寿命期结束,作为系统备份使用,云服务器相关要求如表1。

云服务器服务参数　　　　表1

名称	数据处理与控制服务器	结构安全评估服务器	数据库服务器	web应用服务器	GPS服务器
CPU	四核CPU2.4G	四核CPU2.4G	四核CPU2.4G	四核CPU2.4G	四核CPU2.4G
处理器个数	4	4	4	2	1
系统内存	32GB	32GB	32GB	32GB	8GB
存储	600G	600G	600G	600G	600G
连接	支持千兆以太网连接	支持千兆以太网连接	支持千兆以太网连接	支持千兆以太网连接	支持千兆以太网连接

云存储本次拟采用NAS云存储方式,存储空间暂定20TB,随着后期数据增加,再进行存储空间扩容。

(4)辅助支持设备:更换UPS主机及UPS电池各两组。

3.2.2 软件系统升级改造和迁移

胶州湾大桥健康监测软件系统结构框图如图2所示。

胶州湾大桥结构健康监测系统软件主要包括以下模块:监测数据自动化采集模块、人工检测数据管理模块、数据管理模块、安全分析评估预警模块、巡检养护管理模块等。平台软件目前已运行有8年,相关功能在本次迁移至云服务平台时,将进行部分功能的优化,具体内容如下:

(1)PXI固件升级及驱动程序升级

PXI采集系统本次由原来IN的RT系统升级为Windows7系统,操作界面能使维护人员更方便、更直接访问系统和查看数据采集情况。同时系统采集开发软件由Labview 2011升级至Labview 2019版本,相应采集系统软件进行重新二次开发并优化功能。

(2)GPS服务软件更新升级(图3)

本次GPS系统升级将对三座航道桥7台Trimble 7500主机检测及固件升级,更新华测新版本解算软件HCMonitor,以提高GPS相关信号解算精度,解决青岛测绘院基站数据的匹配问题。

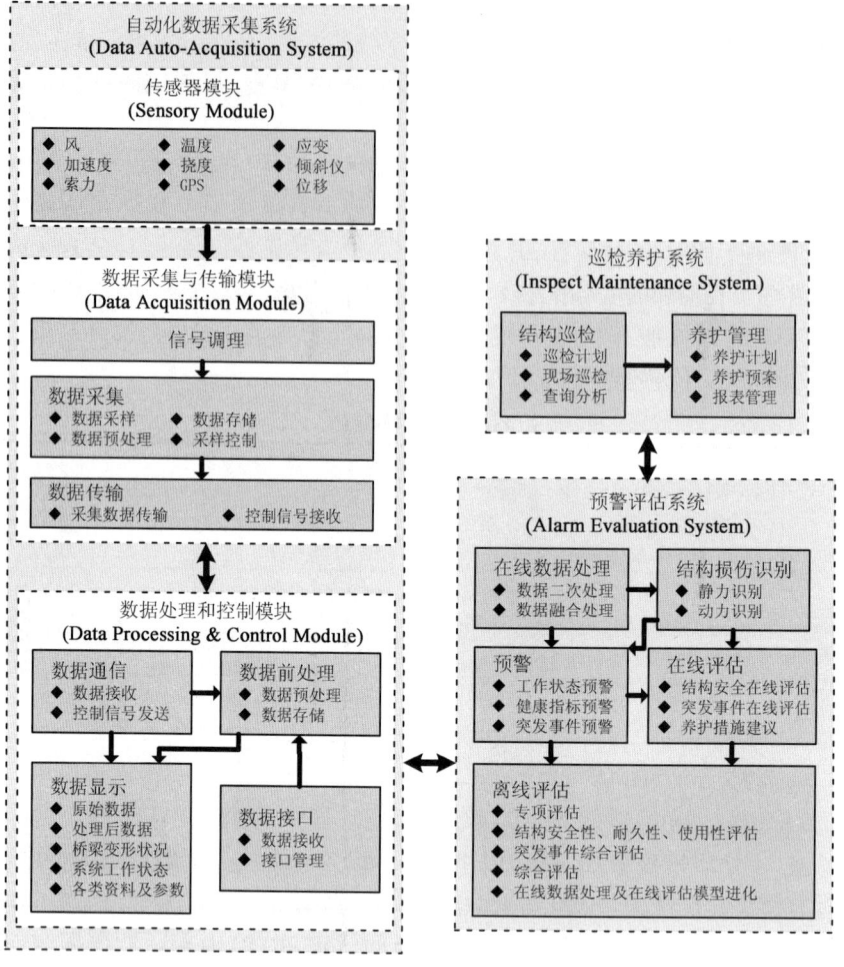

图 2 胶州湾大桥健康监测软件系统结构框图

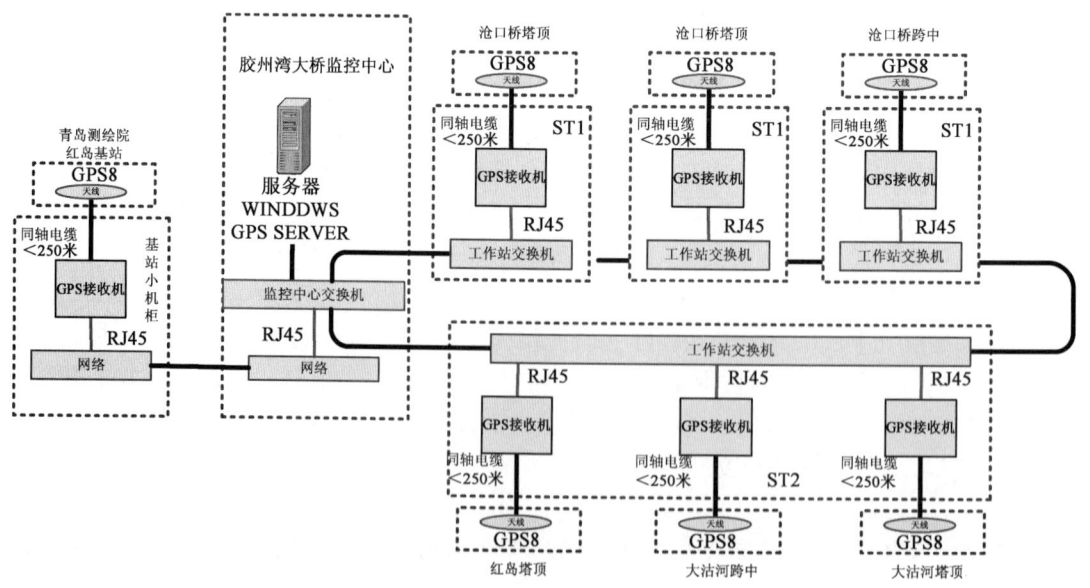

图 3 胶州湾大桥结构监测系统 GPS 系统图

(3)健康监测系统软件整体迁移至云平台

本次升级改造项目的服务器升级采用了云服务器的方案,在云服务器准备完毕后,需将系统整体迁移至云服务器,主要工作包括:系统软件迁移及部署、网络设置、历史数据迁移等。

3.2.3 监测布点优化

结合胶州湾大桥养护工作和安全运营需求,新增大沽河塔顶鞍罩内部温湿度监控及相关塔顶设备视频监控系统。

(1)温湿度传感器

温湿度传感器选用耐久性和可靠性的工业级产品,考虑系统接入的兼容性和相关接口开发工作量。从系统查询胶州湾大桥周边环境数据,极端最高温度38.9℃、极端最低温度-16.9℃,选择温湿度传感器如表2所示。

空气温湿度传感器技术指标　　　　　　　　表2

项　目		投　标　指　标
空气相对湿度	测量范围	0~100% RH
	精度	±1.5% RH
	操作温度	-40~60℃
空气温度	测量范围	-50~50℃
	精度	±0.3℃
	操作温度	-40~60℃

(2)视频监控设备(图4)

本次计划安装4个摄像头及后台存储控制系统,具体安装位置为沧口桥1个摄像头、红岛桥1个摄像头,大沽河塔顶鞍罩内部一个摄像头,后台存储及控制端放到监控中心,视频数据传输利用现有健康监测系统数据传输环网实现,同时相关图像可以通过网络传输到其他系统或者大屏监控查看。

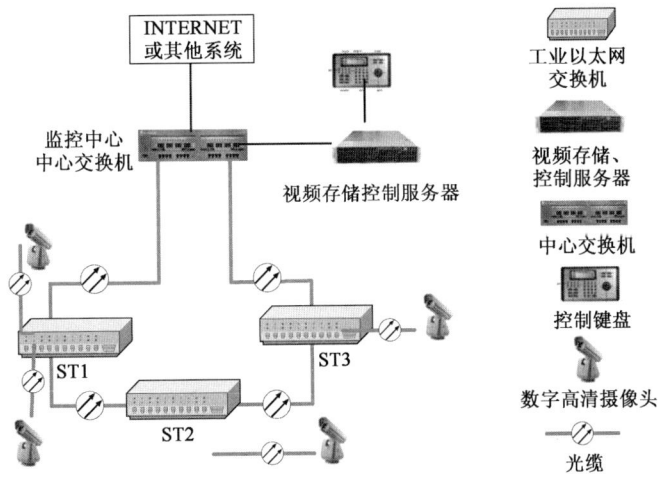

图4 新增视频监控系统结构图

3.3 项目方案评审

为完善项目方案,提高项目先进性和经济性,公司邀请了相关领域专家对项目实施方案进行了评审。针对项目特点,评审专家提出了优化意见,会后项目参与各方对项目实施方案做了进一步的优化。

4 项目实施及效果

4.1 项目实施

4.1.1 设备安装

根据优化后的项目实施方案,项目实施单位立即组织设备采购,对故障设备进行了更换或维修,如图5~图7。

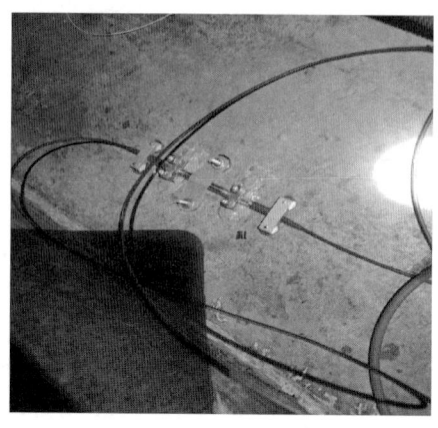

图5 传感器更换

图6 新PXI-1042机箱与PXI-8440控制器开箱及调试

图7 沧口塔顶摄像头安装过程及安装位置

4.1.2 软件升级

根据实施方案完成 NI-PXI 采集软件升级、Trimble 7500 主机检测及固件升级、GPS 解算软件更新工作。

4.1.3 系统迁移

(1)云服务器及云存储(图8)

原来系统的 5 台服务器相关服务迁移到云服务器中,原系统采用一台实时数据,一台历史数据,一台备用(双机热备系统),1 台作为数据采集另一台 web 服务用,数据存储在磁盘阵列及磁带机中,本次采用云平台方案为将 3 台数据处理服务器合并成两台,取消热备系统,其中一台系统选择配置为两台的容量(16 核 128GB),用于处理实时数据提高整个系统的运行能力,另一台选用正常配置(8 核 64G 内存),数据采集及 WEB 服务器(4 核 32G)设备用云存储(NAS)进行替代方案,相关服务器性能可根据系统需求随时进行扩充。

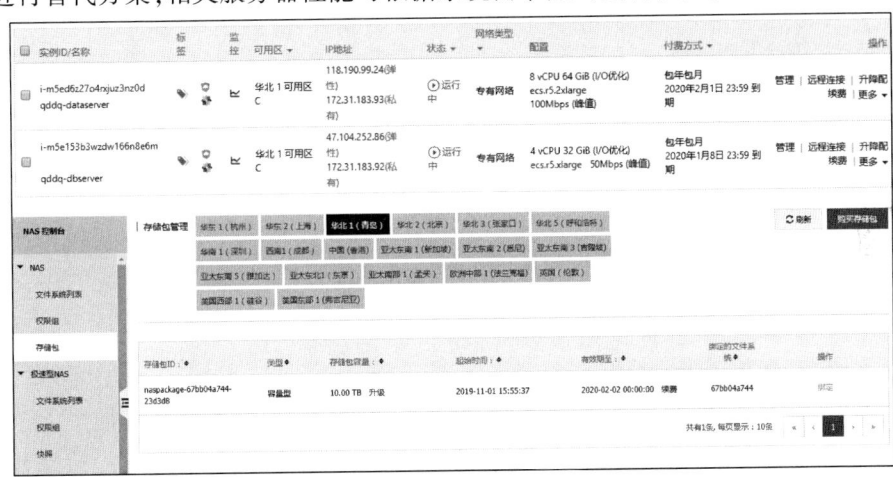

图 8　云服务器及云存储情况

(2)历史数据迁移至云存储(图9)

历史数据迁移到云存储目前进行中,已完成 2019 年大部分数据,迁移进度约一个月历史数据需要 1~2 天,预计全部数据迁移完成需要 2 个月时间。

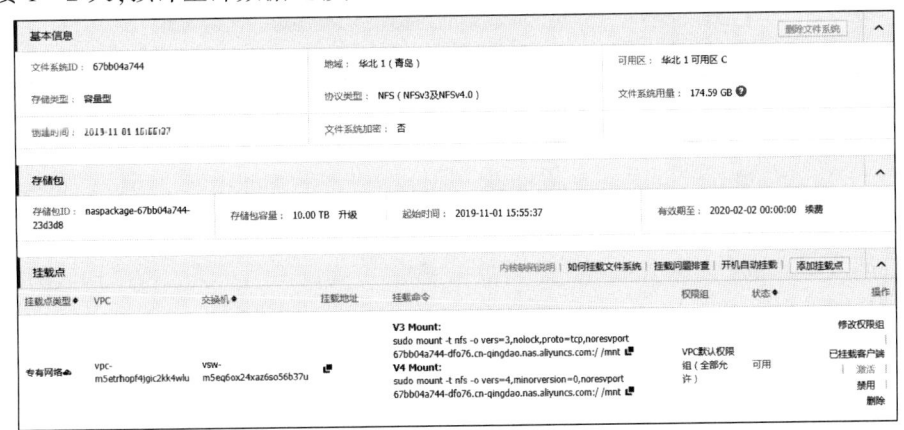

图 9　历史数据迁移情况

4.2　项目实施效果

目前,系统升级改造工作已全部完成,进入试运行阶段,升级完成后解决了传感器故障、数据采集设备不稳定,供电不可靠的问题,解决了 GPS 信号和数据解算问题,解决了服务器不稳定的问题,解决了数据存储空间及磁盘故障丢失数据的问题,增加摄像头4个,温湿度传感器1个,增强了系统的监测能力。改造完成后系统数据完整率达到100%,极大地提升了结构状态监测和结构预警能力,使该系统能够继续为胶州湾大桥结构安全保驾护航(图10、图11)。

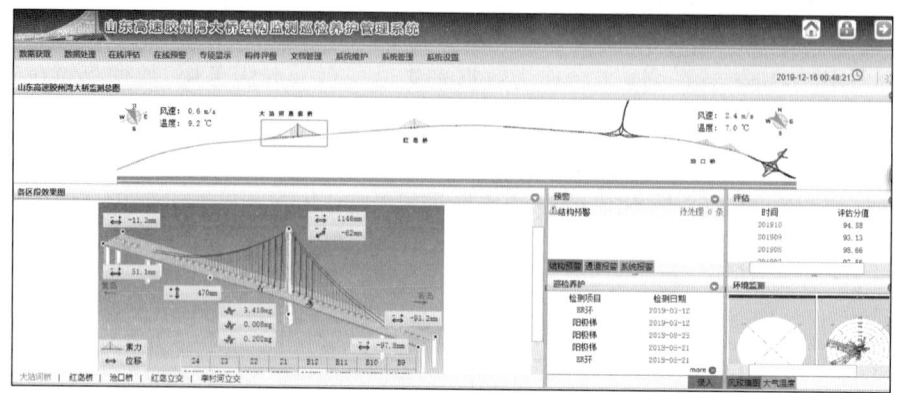

图10 升级完成后系统首页图

图11 红岛航道桥塔顶摄像头视频画面

5 结语

胶州湾大桥结构健康监测系统是胶州湾大桥结构安全的重要保障,本次更新改造主要完成了传感器、数据采集设备维修、更新,服务器和数据存储平台迁移,应用软件更新升级等工作,该项目的成功实施有效地提高了系统的数据完整性、提高了胶州湾大桥结构监测的准确性和结构预警的及时性,具有非常重要的意义。

随着科技的进步和全社会对桥梁工程安全性的重视,实时的结构健康状况在线监测与预警将会更广泛的应用,系统建设将从特殊结构桥梁扩展到一般结构桥梁,监测数据也将更加全面。众多在役桥梁结构健康检测系统也将集中进入升级改造或大中修期。今后一段时间桥梁结构健康监测系统应该从完善桥梁结构健康状态评估理论,提出新的桥梁结构健康状况评估新方法,利用数据挖掘和数据融合等数据处理新方法实现桥梁结构状态信息的深度挖掘等方面入手,解决桥梁结构安全监测一系列问题。

参 考 文 献

[1] 邵新鹏.山东高速青岛胶州湾大桥建设丛书 结构监测巡检养护管理系统[M].北京:人民交通出版社股份有限公司,2015.
[2] 周哲峰.胶州湾大桥结构健康监测系统方案[R].2011.

186. 基于监测时序数据协整关系的斜拉桥挠度预测

樊梓元 黄侨 任远 朱志远 章世祥

(1. 东南大学交通学院;2. 中设计集团股份有限公司)

摘 要:为了定量分析大跨径斜拉桥的环境温度与主梁长期监测挠度之间的关系,提出一种基于时间序列协整理论的斜拉桥挠度预测方法。在处理采集到的长期监测数据基础上,分析环境温度及结构温度场与其导致的主梁长期挠度之间的相关性,选择合适的预测位置。利用协整理论,可以量化分析两个非平稳时间序列之间的长期平衡关系,建立多元时间序列模型,实现了斜拉桥环境温度所导致的主梁挠度的拟合与预测。以南京长江三桥一年的连续监测数据为例,进行了所提出方法的有效性验证。结果表明,基于时序数据协整理论的斜拉桥挠度预测方法相比于多元线性方法以及 BP 神经网络方法,具有计算简便性以及准确性。

关键词:时间序列 斜拉桥 协整理论 挠度预测

斜拉桥以其较大跨越能力和美观的优点在世界范围内得到了广泛的应用,是大跨度桥梁的最主要桥型之一。然而,如何对该类桥梁进行更有效的养护和管理是目前相关部门面临的重大挑战。鉴于目前国内外许多大跨径斜拉桥已经安装了结构长期监测系统,以监测桥梁的运营状态,并可在一定时期内提供了海量的时间序列监测数据。其中,主梁的挠度是反应斜拉桥状态的主要指标[1],但实际采集的数据是结构恒载、车辆荷载、风荷载和温度作用等多种效应耦合的结果。其中,环境温度引起的主梁挠度是采集到的信号中的主要成分之一[2],甚至会掩盖结构损伤和车辆荷载引起的挠度异常。为此,有必要采取有效手段对挠度长期监测信号中的环境温度导致部分进行分离与预测。

由于采集的环境温度和其导致的主梁挠度均属于时间序列数据范畴,本文利用协整理论量化二者之间的长期均衡关系,提出多元时间序列模型,实现环境温度引起的主梁挠度预测。

1 多元时间序列模型

时间序列是指所研究系统的历史行为的客观记录,它包含了系统结构特征及其运行规律,所以可通过对时间序列的研究来分析所研究系统的特征,进而用于修正或预测。桥梁的长期

基金项目:江苏省自然科学基金项目,BK20181278。
江苏省交通运输科技项目(重大专项),2019Z02。
江苏省研究生科研与实践创新计划项目,KYCX19_0099。

监测信息是基于时间轴进行存储的,属于典型的时间序列数据。因此,建立时间序列分析模型有望对桥梁特性在时间轴上进行预测,为桥梁养护策略的研究提供基础。

1.1 协整理论

1.1.1 协整的定义

协整(Cointegration)的概念与1987年由 Eagle 和 Granger 提出[3]。在实际中,有些序列自身的发展趋势虽然是非平稳的,但是序列与序列之间却存在着紧密的长期均衡关系。在协整理论下,并不要求所研究的多元时间序列平稳,只要求它们的回归残差序列平稳。这个概念将多元回归分析与时间序列分析有机结合在了一起,避免虚假回归问题,提高了数据预测的精度。

在协整的概念中,假设输入变量时间序列分别为$\{X_{1t}\},\{X_{2t}\},\cdots,\{X_{kt}\}$,相应的响应变量时间序列为$\{Y_t\}$,构造回归模型:

$$Y_t = \beta_0 + \sum_{i=1}^{k}\beta_i X_{it} + \varepsilon_t \tag{1}$$

式中:β——协整向量(cointegrating vector);

ε_t——回归残差。

假设回归残差序列$\{\varepsilon_t\}$平稳,则称响应变量时间序列为$\{Y_t\}$与子变量$\{X_{1t}\},\{X_{2t}\},\cdots,\{X_{kt}\}$之间具有协整关系。

1.1.2 协整关系检验

多元非平稳序列之间能否建立动态回归模型的关键在于序列之间是否存在协整关系,因此通常采用 Engle – Granger 检验法(The Engle and Granger Two-step procedure)进行检验,该检验的假设条件如下:

H_0:多元非平稳序列之间不存在协整关系,即回归残差序列$\{\varepsilon t\}$非平稳,$H_0:\varepsilon_t = Y_t \sim I(1)$;

H_1:多元非平稳序列之间存在协整关系,即回归残差序列$\{\varepsilon t\}$平稳,$H_1:\varepsilon_t = Y_t \sim I(0)$。

检验分两步进行,第一步是估计响应序列与输入序列之间的协整回归模型:

$$\hat{Y}_t = \hat{\beta}_0 + \hat{\beta}_1 X_{1t} + \cdots + \hat{\beta}_k X_{kt} + \varepsilon_t \tag{2}$$

式中: k——变量的个数;

$\hat{\beta}_0,\hat{\beta}_1,\cdots,\hat{\beta}_k$——最小二乘估计值。

假设所有的变量都是$I(1)$,通过协整得到平稳关系,从而得到一个平稳残差项:

$$\hat{\varepsilon}_t = Y_t - \hat{\beta}_0 - \hat{\beta}_1 X_{1t} - \cdots - \hat{\beta}_k X_{kt} \tag{3}$$

如果变量是协整的,它们将共享一个共同的趋势,并在长期内形成一个稳定的关系。Engle – Granger 检验法的第二步,是测试在剩余过程的协整回归中是否存在一个单位根,即对回归残差序列$\{\varepsilon_t\}$进行如下平稳性检验:

$$\Delta\hat{\varepsilon}_t = (\rho - 1)\hat{\varepsilon}_{t-1} + \sum_{i=1}^{k}\theta_i \Delta\hat{\varepsilon}_{t-i} + v_t \tag{4}$$

式中:$\rho = 1$——存在单位根的假设;

θ——参数项;

v_t——回归残差序列的残差项。

在序列不存在协整关系的情况下,Y_t就是估计残差$I(1)$,同时在整个长式所有的参数均为0,ρ就能表明序列的协整关系。协整条件等价于:$H_0:\varepsilon_t:I(k),k\geq 1 \leftrightarrow H_1:\varepsilon_t:I(0)$。

1.1.3 多元时间序列模型

模型的构造思想是,在已知输入变量时间序列$\{X_{1t}\}$,$\{X_{2t}\}$,$\cdots$,$\{X_{kt}\}$,以及响应变量时间序列$\{Y_t\}$具有协整关系的情况下,构建回归模型:

$$Y_t = \mu + \sum_{i=1}^{k} \frac{\alpha_i(L)}{\beta_i(L)} L^{l_i} X_{it} + \varepsilon_t \tag{5}$$

式中:$\alpha_i(L)$——第i个输入变量的自回归系数多项式;

$\beta_i(L)$——第i个输入变量的移动平均系数多项式;

l_i——第i个输入变量的延迟阶数。

使用ARIMAX动态回归模型提取残差序列$\{\varepsilon_t\}$中的相关信息,最终得到模型:

$$\begin{cases} Y_t = \mu + \sum_{i=1}^{k} \frac{\alpha_i(L)}{\beta_i(L)} L^{l_i} X_{it} + \varepsilon_t \\ \varepsilon_t = \frac{\alpha(L)}{\beta(L)} a_t \end{cases} \tag{6}$$

式中:$\alpha(L)$——残差序列自回归系数多项式;

$\beta(L)$——残差序列移动平均系数多项式;

a_t——零均值白噪声序列。

1.2 基于协整理论的斜拉桥挠度预测过程

斜拉桥的主梁挠度受到环境温度的影响,而这些时间序列往往是非平稳的,若使用传统的多元回归方法建模,会产生伪回归问题,造成预测结果与实际情况存在较大偏差。鉴于协整理论能有效避免伪回归,从时间序列数据自身和各序列之间的协整关系入手进行建模,具有更好的理论基础和统计性质。目前,Zolna[4]等用模拟的振动数据和风轮监测数据对该方法进行了验证,何浩祥等[5]将方法已运用于连续梁桥的温度-湿度-频率关系研究,Shi[6]等对瑞士Z-24连续梁桥的监测数据实施了协整分析,来消除环境和运营条件变化的综合影响,而这些影响常常掩盖了桥梁结构的损伤特征。

本文将协整理论引入获得的长期监测时间序列数据处理中,提出一种基于协整理论的斜拉桥挠度预测方法,分析环境温度与其引起的斜拉桥主梁挠度之间的关系,为桥梁的养护与管理提供依据。其具体操作步骤为:首先,使用小波变换滤除斜拉桥主梁挠度监测数据中由车辆、风导致的高频部分,分析不同主梁位置的数据与环境温度之间的相关性,选取合适的预测位置;其次,分别检验温度、挠度序列的平稳性以及单整阶数,并进行时序数据的协整关系检验;最后,若序列间协整关系成立,则建立多元时间序列动态回归模型,进行拟合与预测。该方法流程图如图1所示。

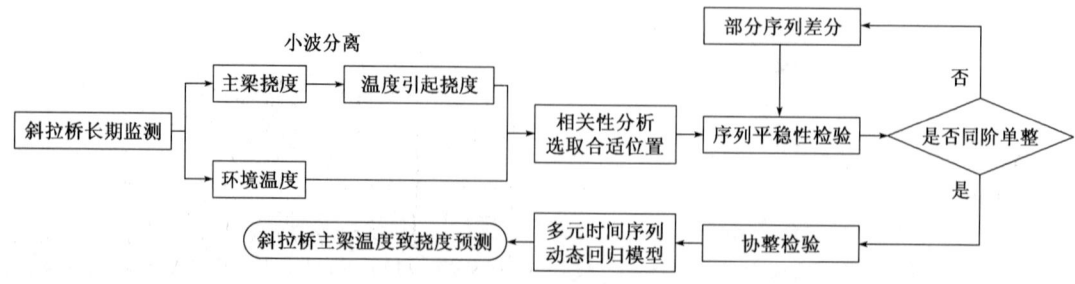

图1 斜拉桥挠度多元时序模型预测流程

2 斜拉桥监测时序数据相关性分析

对于大跨径斜拉桥,环境温度的变化会引起主梁挠度随之改变。在主梁的不同位置,环境温度对主梁挠度影响的大小也不同。究其原因,主要与温度作用的形式(如环境温度、塔梁温差、主梁纵横向温度梯度等)以及斜拉桥结构受温度作用响应机制的复杂性有关。在主梁的不同位置,不同形式温度作用引起的挠度响应不同[7]。例如,在跨中附近的主梁挠度通常受塔梁温差、主梁温度梯度影响更大,而靠近主塔位置的挠度通常受环境温度影响更大,现有研究量化了这一结论[8]。同时,由于结构的复杂性和各自存在的方位差异性,温度作用对每一座大跨径斜拉桥的影响均存在不同。因此,在建立基于协整理论的多元时间序列动态回归模型进行斜拉桥温度致挠度预测之前需要对环境温度、主梁不同位置的温度致挠度进行相关性分析,选取两种监测时间序列数据之间既具有很强相关性,又能反映桥梁状态的关键位置进行下一步的建模分析。

3 案例分析

以南京长江三桥一年的环境温度和主梁挠度日平均监测数据为例,对本文提出的多元序列建模和预测方法进行有效性验证。该桥为钢箱梁斜拉桥,跨径布置为63m + 257m + 648m + 257m + 63m = 1 288m。该桥的长期监测系统于2006年投入使用,能够实现以高频率连续采集温湿度、应力、索力、挠度等数据,为本文分析提供了数据来源。

3.1 长期监测数据分析

本文以2007年中240天的主梁挠度和温度监测数据日平均值作为样本,首先用小波方法滤除主梁不同位置挠度监测数据中的高频部分,获得挠度数据中的低频项成分(视为恒载及温度效应)。对分离后的不同位置挠度和环境温度进行Pearson相关系数(PCCs)计算,并作部分散点图如图2所示。

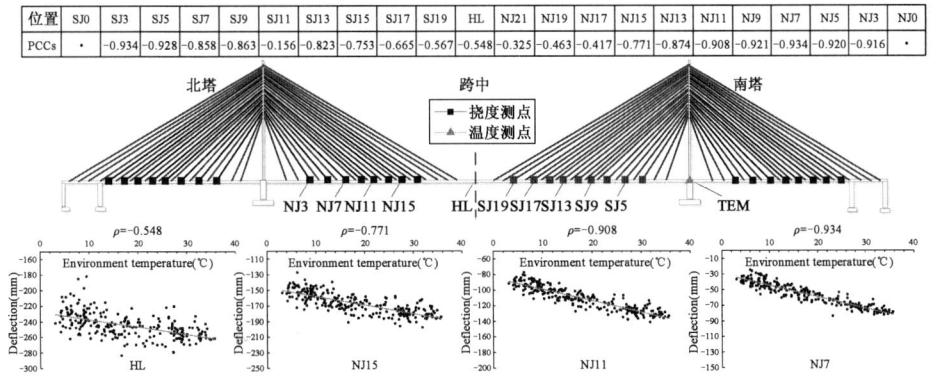

图2 南京长江三桥环境温度与主梁挠度相关性分析

由图2可知,斜拉桥主跨的各个监测点除NJ17处的监测数据存在明显异常外,其余位置的环境温度与其引起挠度之间均存在明显的负相关关系。在跨中HL监测点,二者呈中等程度负相关,相关系数PCCs为 -0.548;而在越靠近主塔的位置,两者之间的相关性总的来说越强,SJ3、NJ3监测点的相关系数PCCs分别达到了 -0.934、-0.916。

实际桥梁长期监测的控制点通常选取在沿主梁的多个关键位置上(如跨中、1/4跨、1/8

跨等)。本实例选取南京长江三桥位于主跨1/4跨径位置附近的NJ9监测点,对该处传感器所采集的长期监测挠度数据进行基于协整理论的多元时间序列建模与分析。2007年的环境温度及经小波变换处理后的NJ9位置监测挠度小时平均数据如图3所示。

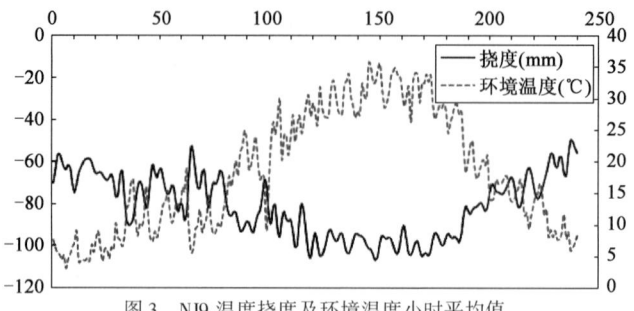

图3 NJ9温度挠度及环境温度小时平均值

3.2 协整关系检验

对于长期监测数据中的环境温度与其导致的主梁挠度,通过分析可知二者原始数据均为非平稳序列,且同为1阶差分后成为平稳的序列。使用前述方法,利用软件MATLAB编程进行协整关系检验,检验结果表明数据之间存在协整关系,作协整关系 $y_D - Xa - y_T b$ 的图如图4所示。对求得的回归残差序列 $\{\varepsilon_t\}$ 用ADF(Augmented Dickey-Fuller test)方法作平稳性检验,检验结果表明该序列平稳。

3.3 时序模型建立

在对数据进行了协整关系分析的基础上,采用ARIMAX动态回归模型对多元时间序列建模。其中,模型的自回归系数 p 和移动平均系数 q 采用AIC准则(Akaike information criterion)进行定阶,作AIC值(用来衡量统计模型拟合优良性的标准)的计算结果热度图,如图5所示。由图5可见,$p=1,q=3$ 时的AIC最小值为1.335,因此根据式(5)对残差数据建立条件概率分布为高斯分布的ARIMA(1,0,3)模型。

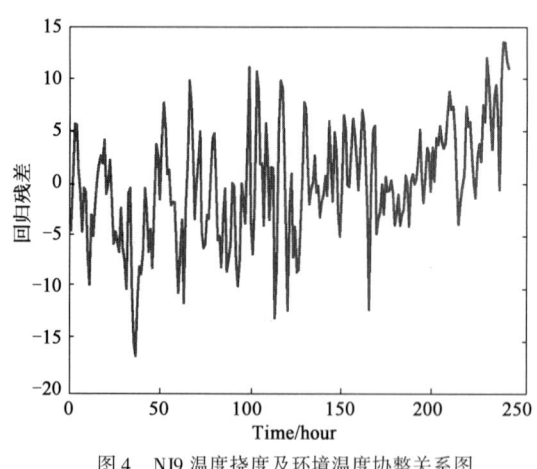

图4 NJ9温度挠度及环境温度协整关系图   图5 AIC准则定阶分布图

3.4 挠度预测及结果分析

将监测到的序列数据按85%和15%的比例分为训练集和预测集,利用样本内的数据建立模型,取前204个数据用于训练,而用该模型预测后36个残差时间序列的值。最后,利用环境温度及其导致的挠度两个时间序列数据特征之间的协整关系,根据检测到的环境温度预测可能引起的主梁变形挠度,预测结果如图6所示。可以看到预测值与实际数据间误差极小,且预测值均分布在95%置信区间内,预测效果较好。

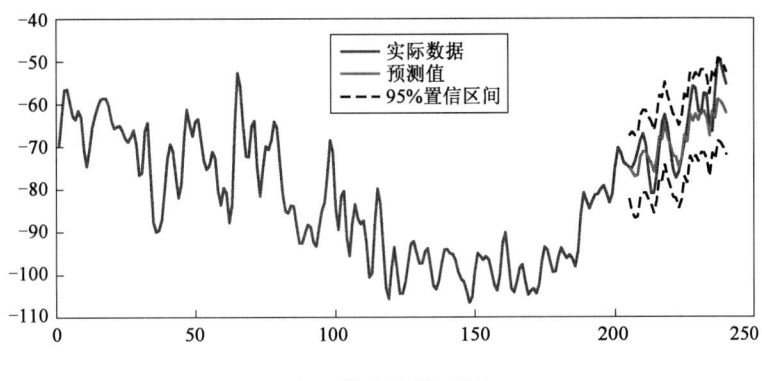

图6 模型预测情况图

为进一步验证本文所提出基于协整理论的斜拉桥挠度多元时间序列预测模型结果的有效性,分别使用多元线性模型、BP神经网络两种方法对本文的样本数据进行预测,将预测结果与本文模型进行对比,结果如图7所示。

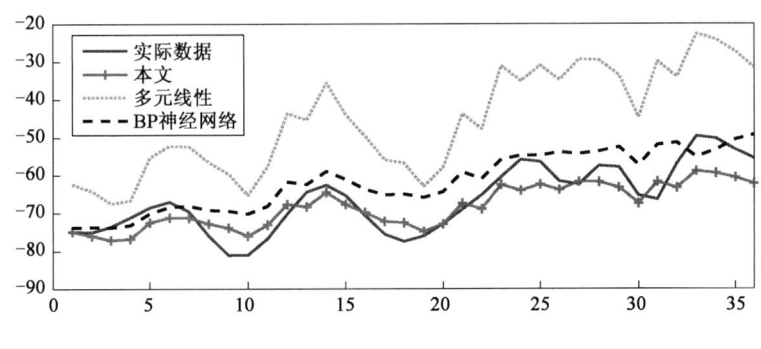

图7 模型预测效果对比图

由图7可知,本文所采用基于监测时间序列数据协整关系的斜拉桥挠度预测模型平均预测误差为-3.40%,相比于多元线性模型(32.73%)和BP神经网络方法(7.11%),其总体预测精度均有所提高。同时,相比于BP神经网络方法,本文模型预测的挠度变化趋势更符合实际情况,且计算简便。

4 结语

开展了关于大跨径斜拉桥的环境温度与主梁关键位置长期监测挠度之间关系的研究,建立了一种基于时间序列协整理论的斜拉桥挠度预测模型,实现了对斜拉桥环境温度效应引起挠度响应的预测,并以实桥为例进行了方法有效性验证。主要结论如下:

(1)对于桥梁采集到的长期监测数据中非平稳时间序列数据,基于协整理论可以挖掘序列之间存在着的紧密的长期均衡关系,进而建立关于桥梁监测数据的时间序列模型进行分析。

(2)斜拉桥不同位置的主梁挠度与环境温度存在不同程度的协整关系,可利用这种统计学原理进行多元时间序列模型的建模及预测。

(3)以南京长江三桥为例,对所提出方法的有效性进行验证。结果表明,该方法能有效预测主梁重要位置附近的环境温度导致挠度,算例中平均误差仅为-3.40%,提高了预测精度和计算简便性。

参 考 文 献

[1] 刘小玲,黄侨,任远,等.大跨度钢斜拉桥主梁监测挠度的评估与预警[J].湖南大学学报(自科版),2016,43(9):98-104.

[2] 黄侨,任远,许翔,等.大跨径缆索承重桥梁状态评估的研究现状与发展[J].哈尔滨工业大学学报,2017,46(9):1-9.

[3] ENGLE R F,GRANGER C W J. Cointegration and error correction:representation,estimation, and testing[J]. Econometrica,1987,55(2):251-276.

[4] Zolna K.,Dao P. B.,Staszewski W. J.,Barszcz T. Towards homoscedastic nonlinear cointegration for structural health monitoring[J]. Mechanical Systems and Signal Processing,2016,75:94-108.

[5] 何浩祥,张小福,王小兵.基于协整理论的环境温湿度效应下连续梁桥频率修正方法[J].振动与冲击,2018,37(7):23-31,61.

[6] Shi H.,Worden K.,Cross E. J. A regime-switching cointegration approach for removing environmental and operational variations in structural health monitoring[J]. Mechanical Systems and Signal Processing,2018,103:381-397.

[7] Zhou Y.,Sun L. M. Insights into temperature effects on structural deformation of a cable stayed bridge based on structural health monitoring[J]. Structural Health Monitoring,2019,18(3):778-791.

[8] Xu X.,Huang Q.,Ren Y.,Zhao D. Y.,Yang J.,Zhang D. Y. Modeling and Separation of Thermal Effects from Cable-Stayed Bridge Response[J]. Journal of Bridge Engineering,2019,24(5):04019028.

187. 基于岭回归模型的索塔偏位探索性分析

李焜耀[1,2,3] 王永威[1,2,3] 李浩[1,2,3] 白佳[1,2,3] 万品登[1,2,3]

（1.中交第二航务工程局有限公司；2.长大桥梁建设施工技术交通行业重点实验室；
3.交通运输行业交通基础设施智能制造研发中心）

摘　要：桥梁长期健康监测系统强大的数据采集能力能够获得海量数据，包括温度、湿度、风速、风向等。这些数据看似杂乱无章，并且混杂大量错误以及噪声。本文从数据挖掘的角度出发，采取了空值去除、Savitzky-Golay 滤波的数据预处理技术，分析了各个环境因素在降噪前后对于塔偏偏位的相关性影响，最终通过对温度、湿度、风速、风向和塔偏 X、Y 数据的学习建立岭回归模型，学习得到模型显示，温度和风速对于塔偏的影响较大，并且其拟合系数均在 0.9 以上，预测效果较好，该模型可以进一步用于健康监测系统中，对于塔偏数据进行评估和预警。

关键词：健康监测　塔偏　数据挖掘　岭回归

1　引言

桥梁健康监测是保证桥梁安全运营的重要手段。目前，桥梁长期健康监测系统强大的数据采集能力能够获得海量数据，包括温度、湿度、风速、风向、位移、应力、应变等。这些数据看似杂乱无章，并且混杂大量错误以及噪声，但是却包含着桥梁运营过程的大量信息，所以对这些数据进行提炼和挖掘，一方面可以了解到桥梁的健康状态，另一方面还能为运营维护提供决策依据。然而，针对健康监测数据的研究还不够深入，使得海量监测数据不能得到妥善的处理与利用，限制了健康监测系统发挥其科学指导的作用[1]因此，利用海量健康监测数据进行数据处理和挖掘方法的研究具有十分重要的实际工程应用价值。

大型桥梁是复杂的超静定结构，而在不均匀温度的作用下，桥梁结构会变现出复杂的力学行为。并且相比车载等桥面活荷载产生的结构应变来说，温度产生的结构应变要大得多[2-4]。国内外诸多学者都研究了温度对桥梁特性的影响，丁幼亮[5]研究了温度对悬索桥扁平钢箱梁的影响，建立起了基于顶板和地板温差的概率分布模型。王高新[6]基于健康监测数据，确定了具有 50 年重现期的温差标准值，为桥梁的全寿命设计和评估提供参考。Ying hon Cao[7]研究了钢梁温度梯度对其影响。Inamullah KHAN、Deshan SHAN[8]等人根据苏通长江大桥收集的数据进行分析，认为环境变化对斜拉桥的结构响应有着重要影响。Mayuko Nishio[9]等人通过相关性分析来分析，环境因素如温度对桥梁结构的影响。

深圳市技术改关项目：桥梁结构智能健康监测和安全评估系统研发，JSGG20180508151728414.

以武汉沌口长江大桥为研究对象,通过数据挖掘技术对塔偏的健康监测数据进行数据预处理、数据探索性分析以及数据建模预测。最终建立其基于温度、湿度、风速、风向的多因素模型,对沌口大桥的塔偏位移进行预测。

2 沌口大桥概况

沌口长江公路大桥主桥宽 46m(含风嘴),为五跨一联双塔双索面钢箱梁斜拉桥。跨径布置为 100m + 275m + 760m + 275m + 100m,全长 1 510m,为半漂浮体系斜拉桥,桥型布置如图 1 所示。

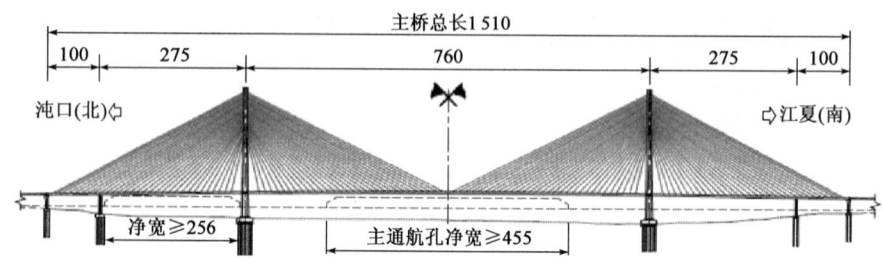

图 1 沌口大桥(尺寸单位:m)

主塔采用 A 型索塔,采用 C50 混凝土,索塔高度为 233.7m。索塔采用钻石形,包括上塔柱(含塔冠)、中塔柱(包含上、中塔柱连接段及中、下塔柱连接段)、下塔柱和下横梁,均采用 C50 混凝土。沌口大桥南、北索塔相对于主跨中心线完全对称,塔柱顶高程 246.707m,塔柱底中心高程 13.007m,索塔总高 233.7m;其中上塔柱高 73.3m,中塔柱高 129.3m,下塔柱高 31.1m。索塔处装了环境温湿度监测传感器、风速风向传感器、以及 GPS 传感器等。

3 数据预处理、分析以及建模

数据选取于沌口大桥 3 号塔健康监测数据 2018 年 7 月 1 日至 2019 年 6 月 30 日的温度、湿度、风速、风向以及塔偏 X、Y、H 方向日稳定数据。X 为横桥方向偏位值,Y 为顺桥方向偏位值,H 为高程。由于不同传感器的采集频率是不一样的,首先要将所有数据按时间合并成一个数据样本集合,在此数据集之上对数据进行去空值、降噪处理,之后进行相关性分析,最终采取岭回归模型对已有数据进行建模分析和预测。

3.1 数据预处理

3.1.1 空值处理

温度、湿度、风向、风速、塔偏的 X、Y、H 方向数据合并之后,数据样本如表 1 所示,可知数带有空值数据。一部分空值是由于传感器故障造成的、另一部分是由传感器的传输问题带来的空值。

数 据 样 本　　　　　　　　表1

时间	温度(℃)	湿度(%)	风速(km/h)	风向(°)	X(m)	Y(m)	H(m)
2018/7/1	23	95	12	147	0.017 5	-0.056 6	-0.038 17
2018/7/2	—	—	—	—	0.034 4	-0.077 8	-0.049 17
2018/7/3	25	95	3	148	—	—	—
2018/7/4	—	—	—	—	—	—	—
2018/7/5	27	89	8	283	0.041 1	-0.093 6	-0.046 97

由图2可以看出,一共359条数据,时间数据是全的,而温度、湿度、风速、风向、X、Y、H,都有着大量的缺失值,并且同一时间轴上,缺失的程度是不一样的,这也给缺失值的处理带来了难度,所以本文采取以时间为准,删除所有缺失值的部分。如图3所示,删除空值后的数据集分布,数据条数由359条缩减为105条,并且每个特征的值都没有缺失值。

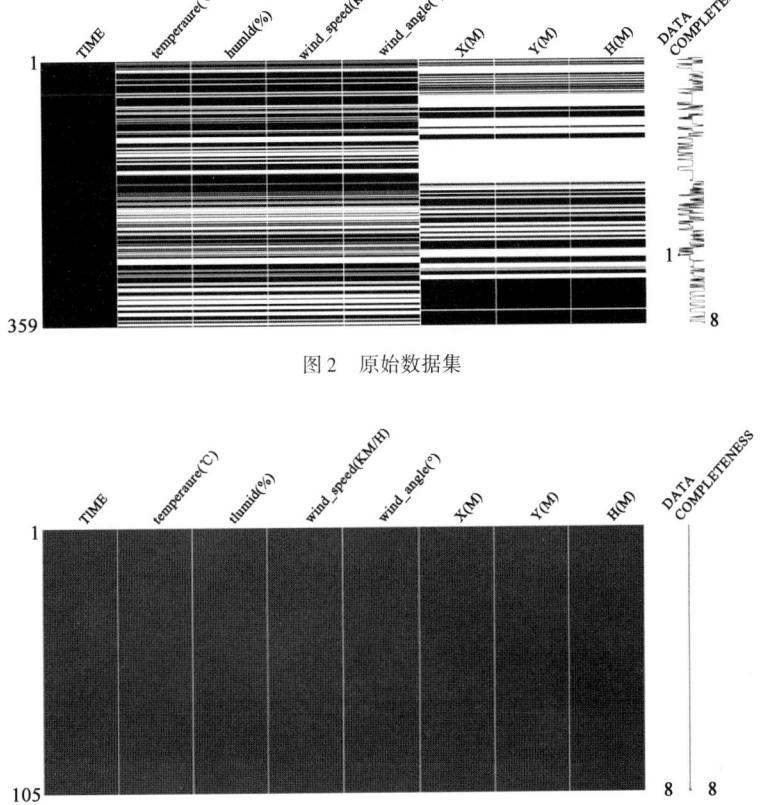

图2 原始数据集

图3 空值处理后的数据集

3.1.2 数据降噪

原始数据数据在经过合并以及空值的处理之后,就形成了可以进行预分析的数据集,但是数据存在着比较多的噪声,本文采取Savitzky-Golay的滤波方式进行滤波,Savitzky-Golay滤波是基于最小二乘法对于局部数据进行多项式的拟合,能够在降噪的同时,很好的保留局部信息。由于篇幅有限,下图出来了偏位X和Y的原始值以及滤波后的值。

图4和图5可以看出,在滤波之前,原始数据带有比较多的噪声,数据波动性比较大,而这种"毛刺"的数据对于后续的数据分析,是不利的。所以需要在进行数据相关性分析之前将噪声去除,并且最大程度的保留原始数据的特征,后面一章也会说明噪声对于数据分析的影响程度。

3.2 环境数据与塔偏的相关性分析

图6、图7是通过计算各个特征之间的皮尔逊系数来绘制的热力图,蓝颜色越深代表特征之间的正相关性越强,而越浅则说明特征之间的负相关性越强。图4是带有噪声数据的相关性热力图,图6是降噪之后的相关性热力图。

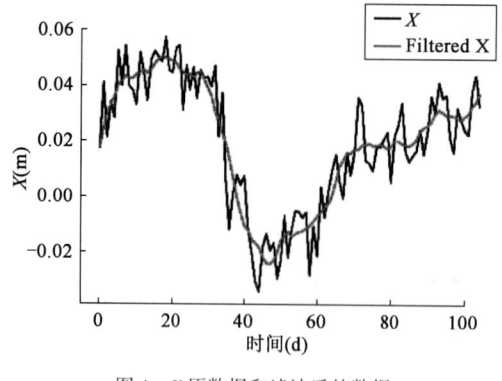

图4 X原数据和滤波后的数据

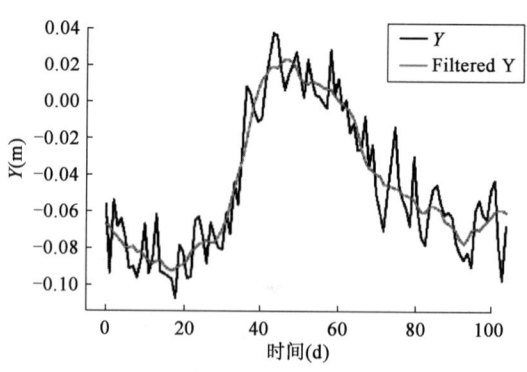

图5 Y原始数据和滤波后的数据

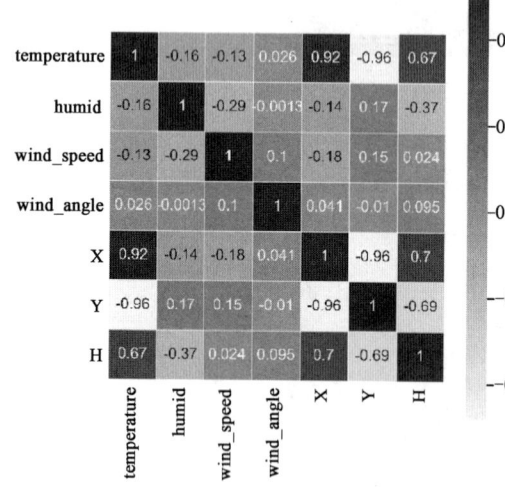

图6 环境因素与偏位值的相关系数热力图

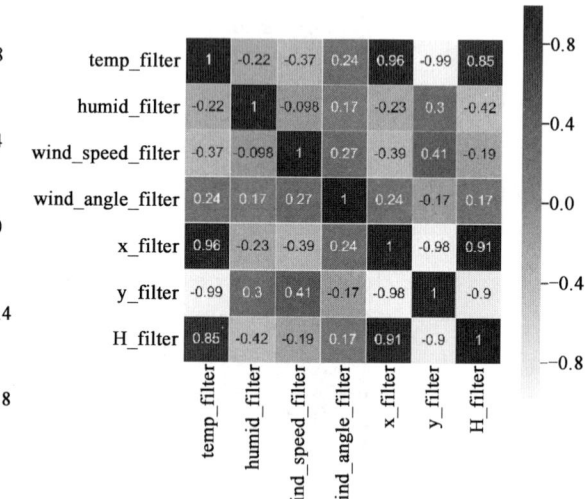

图7 环境因素与偏位值滤波后的相关系数热力图

从图6中能够明显看出,索塔偏位数据 X、Y、H 和温度之间有着明显的相关性,X 和 Y 与温度的相关性均在0.9以上,并且 X、Y、H 之间也有着显著的相关性,X 和 Y 的相关系数为-0.96,Y 和 H 的相关系数为-0.69,X 和 H 的相关系数为0.70。但是在噪声影响下面环境的风力和风速并没有显著的相关性,所以数据经过降噪之后,能够看出相关系数的提升。风力对 X、Y、H 的相关系数由-0.18、0.15、0.024提升到了-0.39、0.41、0.19,降噪之后的相关系数提升了50%以上,足以说明了噪声容易掩盖掉数据直接的相关性信息。

由图7可知,温度对 X 和 Y 的相关系数都接近于1,温度对于偏位值的影响是比较大的,而图8能够看出温度和 X、Y、H 之间分布情况,在温度发生下降的区间,都引起了偏位值 X、Y、H 的变化。说明了相关系数能够比较好反映特征之间的相关系,基于此能够看出不仅温度对偏位值有着影响,而且风速、风向等其他环境因素都对偏位值有着影响,其中风速对 X 的相关系数也达到了0.39。

3.3 数据建模

环境和塔的偏位值的影响相关性的分析,得出环境数据对于塔偏的数据有着明显的明显,基于此,将滤波后的数据与原始数据合并成一个新的数据集,通过岭回归模型对数据进行建模分析,通过环境因素对塔偏 X 和 Y 进行预测。

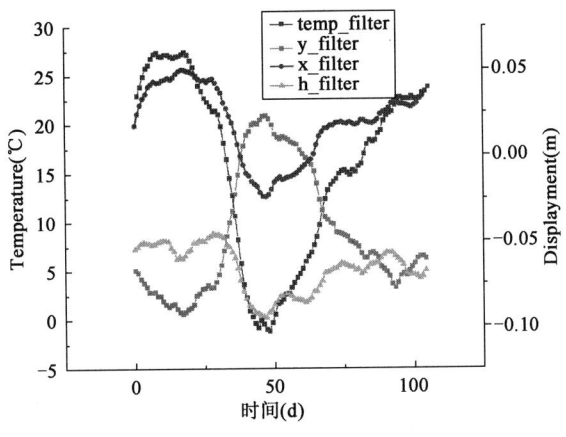

图 8 温度与偏位值的关系

3.3.1 岭回归模型

岭回归是一种基于统计学习理论的通用机器学习方法,算主要核心是求解目标函数:cost$(\beta) = \sum(y - X\beta)^2 + \alpha \|\beta\|_2^2$ 最小值,式中参数含义详见参考文献[10]。而 α 为指定的超参数,需要选择合适的参数。模型选择平均绝对误差(MAE)、均方误差(MSE)以及拟合程度($r2$)来评价模型的可靠度。

$$\mathrm{MAE}(y,y_i) = \frac{1}{m}\sum_{i=1}^{m} |y - y_i|$$

$$\mathrm{MSE}(y,y_i) = \frac{1}{m}\sum_{i=1}^{m} (y - y_i)^2$$

$$R^2 = 1 - \frac{\sum_{i=1}^{m}(y - y_i)^2}{\sum_{i=1}^{m}(y - \bar{y})^2}$$

式中:y——原始数据;

$\bar{y}$——平均值;

y_i——预测值;

m——样本个数。

3.3.2 模型建立

基于岭回归模型的理论,建立起基于风力、风向、温度、湿度环境因素对于塔偏偏位以及偏向的预测模型:

$$y = a x_1 + b x_2 + c x_3 + d x_4 + E$$

式中:x_1、x_2、x_3、x_4——温度、湿度、风速、风向;

E——截距。

将样本集随机取样 30% 为测试集,70% 为训练集。经过学习得到以下模型:

$X = 2.211 \times 10^{-3} \times x_1 - 5.004 \times 10^{-5} \times x_2 - 4.251 \times 10^{-4} \times x_3 + 9.940 \times 10^{-6} \times x_4 - 0.010$

$Y = -3.831 \times 10^{-3} \times x_1 - 1.814 \times 10^{-4} \times x_2 - 4.344 \times 10^{-4} \times x_3 - 1.089 \times 10^{-6} \times x_4 - 0.002$

由模型可以得知,X 的温度权重为 2.211×10^{-3} 湿度权重为 5.004×10^{-5},风力权重为 4.251×10^{-4},风向权重为 9.940×10^{-6},权重系数显示了在岭回归的学习过程中,发现塔偏 X 受到温度和风力的影响是要比湿度和风向的影响大,同理 Y 受温度和风力的影响也是比较大的。模型的预测结果如图9和图10所示,评价指标如表2所示。

模型评价指标　　　　表2

	MAE(m)	MSE(m^2)	R2
X	0.004 5	0.000 0	0.902 9
Y	0.006 6	0.000 1	0.948 3

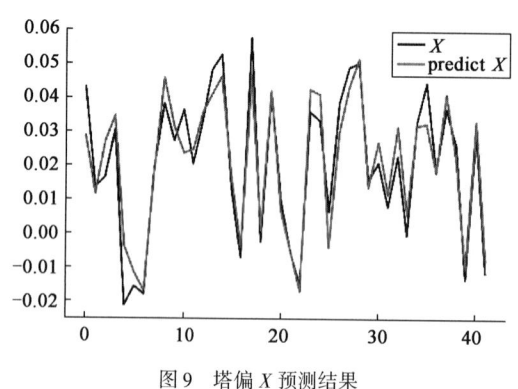

图9　塔偏 X 预测结果

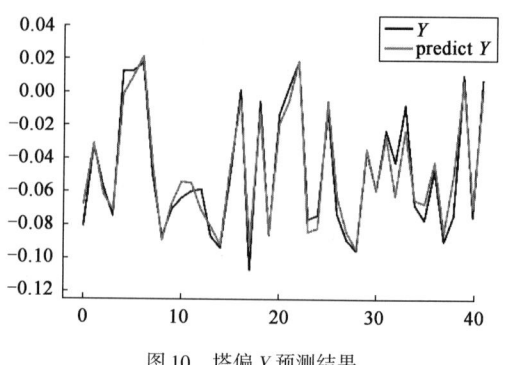

图10　塔偏 Y 预测结果

模型对于未知情况的塔偏具有较强的预测能力,在 X 方向的拟合程度为0.90,而且平均绝对误差为0.004 5m,均方误差为0。而在 Y 方向的拟合程度为0.95,平均绝对误差为0.006 6m,均方误差为0。模型在学习过程没有出现过拟合状况,并且具有良好的鲁棒性,在实践中具有一定的指导意义。

4　结语

(1)本文在空值处理方面采取的是直接删除空值的方式,对于噪声的滤波采取的Savitzky-Golay方法,结果表明该方法比较好的保留了原始数据的特点。并且发现噪声对于数据的相关性影响较大,降噪之后一部分隐藏的相关性得以显现。

(2)数据通过岭回归模型学习得到 $X = 2.211 \times 10^{-3} \times x_1 - 5.004 \times 10^{-5} \times x_2 - 4.251 \times 10^{-4} \times x_3 + 9.940 \times 10^{-6} \times x_4 - 0.010$,$Y = -3.831 \times 10^{-3} \times x_1 - 1.814 \times 10^{-4} \times x_2 - 4.344 \times 10^{-4} \times x_3 - 1.089 \times 10^{-6} \times x_4 - 0.002$,并且模型具有良好的预测能力,同时可以知道 X,Y 的数据主要受温度和风速的影响比较大。

(3)基于该模型的理论数据,可以进一步用于现场监测当中,和现场监测数据进行对比分析和评估,建立起基于现场数据的安全评估系统。

参　考　文　献

[1]　范立朋.斜拉桥健康监测数据特征分析与重车荷载识别[D].广州:华南理工大学,2016.

[2]　Xia Y,Chen B,Zhou X Q,et al. Field monitoring and numerical analysis of Tsing Ma Suspension Bridge temperature behavior[J]. Structural Control & Health Monitoring,2013,20(4):560-575.

[3]　Kromanis R,Kripakaran P. Predicting thermal response of bridges using regres-sion models derived from measurement histories[J]. Computers & Structures,2014,136(3):64-77.

[4] 李苗,任伟新,胡异丁,等.基于解析模态分解法的桥梁动态应变监测数据温度影响的分离[J].振动与冲击,2012,31(21):6-10,29.

[5] 丁幼亮,王高新,等.珠江黄埔大桥钢箱梁温度长期监测与分析[J].东南大学学报(自然科学版),2012.9.

[6] 王高新,丁幼亮,李爱群,等.基于长期监测数据的润扬大桥斜拉桥钢箱梁横向温差特性研究[J].工程力学,2013,30(1):163-167.

[7] Ying hon Cao、Jinsuk Yim. Temperature effects on cable stayed bridge using health monitoring system:A case study[J]. Structural Health Monitoring, 2010,10(5):523-537.

[8] I Khan,D Shan,Q Li,X Zhou,J He. Statistical Analysis and Long-Term Operational Monitoring of Sutong Bridge[J]. Journal of Physical Chemistry A,2015,123-21.

[9] HV Le. Application of time-series analysis for a cable-stayed bridge monitoring using GPS long-term data[D]. Yokohama National University,2015.

[10] 周志华.机器学习[M].北京:清华大学出版社,2016.

188. 桥梁钢绞线拉伸过程的声发射特性试验研究

陈师节　盖卫明　董桔灿　徐添华　姜瑞娟

(深圳市市政设计研究院有限公司)

摘　要：拉索是悬索体系及预应力类桥梁重要构件。但在实际运营过程中，拉索容易遭受不良环境的影响，导致其承载能力降低，进而严重影响桥梁安全性。声发射技术作为一种实时动态的无损检测技术，具备实时监测拉索内部情况的能力，可以在拉索断丝前进行监测跟踪，有利于把握拉索的健康状态。本文分析了拉索在断丝前的声发射持续时间、质心频率及峰值频率等时域特性，声发射持续时间—振铃计数、持续时间—能量、RA-AF 等关联特性，并基于声发射能量建立了拉索的损伤演化方程，结果完整地展示了拉索断丝前的特点，为预测拉索寿命，提供维护或更换提供了重要依据。

关键词：声发射　钢绞线　拉伸　损伤　监测

1　引言

拉索是吊杆拱桥、悬索桥、斜拉桥及预应力类桥梁重要构件，其承载能力是保证桥梁结构的安全性重要。为了及时发现拉索腐蚀、疲劳及断丝等损伤情况，国内外学者基于声发射(Acoustic Emission，简称 AE)技术展开了许多相关的研究。

1997 年，Casey 和 Taylor 等[1]对声发射技术用于钢丝绳结构完整性监测进行了大量研究，成功地区分了噪声与断丝信号，并且发现断丝声发射信号可在远至 29.5m 处检测到。后来 Casey[2]又对疲劳加载下大直径钢丝绳进行了声发射评估，指出成功的断丝检测和定位取决于钢丝绳的构造、直径、长度和断丝的数量，数量太多的断丝同时发生对声发射监测是不利的。1998 年，Paulson 等[3]研究了应用声发射技术对悬索桥主缆和斜拉索进行长期持续监测的方法，结果发现，拉索断丝损伤所产生的声发射信号具有频带宽、能量高和持续时间短的特点。2007 年，Yuyama 等[4]对比了断丝信号和交通噪声信号的特征，指出断丝信号幅度在 110~140dB 之间，持续时间是几毫秒；而交通噪声信号幅度大于 80dB，持续时间是 1~2s。2007 年，李冬生等[5]设计了新旧钢绞线及桥梁吊杆的破断试验，运用声发射特征参数关联图，识别了断丝与非断丝信号，定性总结了断丝信号的声发射特征，将声发射事件计数的分形维数变化作为钢绞线的失效判别依据，并建立了基于声发射累积能量的拉索疲劳损伤演化规律。随后，在峨边大渡河等几座吊杆拱桥上进行了监测，获得了钢丝腐蚀信号，并对断丝信号与腐蚀信号的波形特征差别进行了研究[6]。2013年,钱骥等[7][8]开展了单根高强钢丝及拉索断丝试验,研究了有无应力对声发射波形在钢丝上传播的时频域特征及能量指数衰减规律的影响,指出了断丝主频随着距离变化不发生变化的特点,从波形衰减的角度建立了信号衰减方程以推断原始断丝信号特征。

以上综述表明基于声发射技术监测拉索或吊杆断丝具有明显优势,拉索从损伤到断丝是一个漫长的过程,识别到断丝前的损伤情况特别是严重损伤情况有助于及时采取保护措施,对保障结构安全具有重要意义,但现有研究缺乏对拉索断丝前的声发射信号特征进行研究。声发射技术作为一种新型无损监测技术,能够实时动态对桥梁拉索内部情况进行监测,对解决桥梁拉索维修、拆换、建立拉索历史健康档案等问题,具有明显技术优势。本文针对拉索构件中的钢绞线拉伸加载条件下断丝前的声发射特性进行研究,系统研究断丝前声发射时域特点及声发射关联特性,并且建立了基于声发射能量的钢绞线损伤演化方程。

2 试验研究

2.1 试件制备

制备三根预应力钢绞线试件进行试验研究。预应力钢绞线公称直径15.20mm,公称截面积140mm²,每米参考质量1 102g/m,抗拉强度不小于1 860MPa,规定非比例延伸力不小于234kN,最大力时总伸长率≥3.5%,1 000h应力松弛率≤2.5%。通过钢尺测量选择1 000mm长度试件三根,为了避免材料差异,选择从同一根钢绞线上截取。

2.2 声发射采集系统

前置放大器(型号:PAC-2/4/6)的带通是10kHz~2.0MHz,增益是40dB,门槛值是35dB,滤波器带通是1kHz~3MHz,采样频率是5M。声发射传感器是直径18mm,频率带宽100kHz~1.0MHz的宽带式传感器(型号 PAC-WD),两个声发射传感器分别布置在上下离夹具50mm位置。声发射信号的采集受到试件表面的影响,钢绞线表面钢丝相互交叉不利于声发射信号的采集,为此将声发射传感器放置位置清扫清洁并将空隙位置涂满耦合剂凡士林,同时将夹具附近钢绞线位置涂满耦合剂凡士林以避免夹具夹紧产生噪声。

2.3 加载系统

如图1所示是试验加载图,加载设备采用MTS322电液伺服材料试验机,其控制系统为多通道 Flex Test GT数字控制器,位移控制加载,并且配置两个原装的申伸计,其标距25mm,量程为±2.5mm。引伸计分别布置在钢绞线上下1/3~1/2位置,引伸计不仅可以记录试验过程中试件发生的变形,同时也可以作为加载控制的重要数据,充分发挥MTS试验机优越的控制性能。将加载连接球铰等部位涂抹润滑油脂以减少摩擦噪声,并且此方法有效地增加球铰的转动能力,能够减小试验过程中试件偏心的影响。

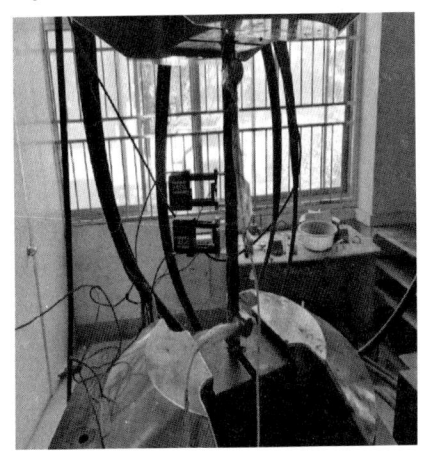

图1 试验加载

3 结果与分析

3.1 声发射累计特性

如图2所示,应力随着钢绞线位移增加逐渐增加,应力在初期阶段呈现缓慢变化再逐步增加,在中间阶段呈线性变化,应力在接近屈服阶段曲线开始变弯应力达1 500MPa后曲线呈现出非线性特征。声发射撞击数随着位移的逐渐增加而增加,定义归一化声发射撞击数是N/N_0,其中N_0是钢绞线整个损伤过程累计的声发射撞击数,N是钢绞线任一位移状态时累计的声发射撞击数。

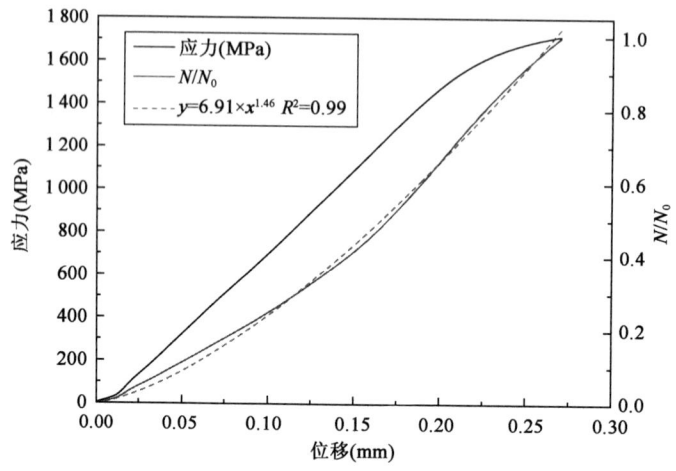

图2 应力—应变及归一化声发射撞击数—位移曲线

随着钢绞线位移增加,归一化声发射撞击数增长趋势接近凹型指数函数。为了便于分析,将曲线进行拟合,归一化声发射撞击数-位移曲线的拟合方程$y = 6.91 \times x^{1.46}$($R^2 = 0.99$,x是位移,y是归一化声发射撞击数)。以上拟合曲线拟合效果非常好,归一化声发射撞击能够用于表征钢绞线损伤过程位移,曲线不是直线而是凹型指数曲线说明钢绞线损伤过程裂纹演化在不同阶段不一致,裂纹从初期微裂纹逐步演化成宏观裂纹直至破坏。

3.2 声发射时域特性

根据声发射特性不同应力阶段特点,将应力进行归一化;并将应力区间划分成A(0—0.15应力水平),B(0.15—0.4应力水平)和C(0.4—1.0应力水平)三个阶段。其中TP1是A阶段和B阶段交点,TP2是B阶段和C阶段交点。

3.2.1 声发射上升时间

图3是声发射上升时间—归一化应力散点图,声发射事件上升时间在A阶段主要集中在$0 \sim 1400\mu s$范围,在B阶段主要集中在$0 \sim 150\mu s$范围,在C阶段主要集中在$0 \sim 400\mu s$范围。其中,在A阶段的散点图呈现"∧"形状,在B阶段的声发射上升时间基本保持在整个破坏过程的最低值,是A阶段和C阶段的过渡区域,声发射事件上升时间在C阶段随着应力水平增加,逐渐呈现增加趋势。

3.2.2 声发射质心频率

图4是声发射质心频率—应力归一化散点图,声发射事件质心频率在A阶段主要集中在$0 \sim 500kHz$范围,在B阶段主要集中在$350 \sim 500kHz$范围,在C阶段主要集中在$350 \sim 600kHz$

范围,声发射事件质心频率在不同范围内集中在不同大小矩形范围内。其中 A 阶段和 B 阶段过渡区域的 TP1 点呈现短期的快速上升现象,如标注所示。随着应力水平提高,声发射质心频率范围逐渐提高。

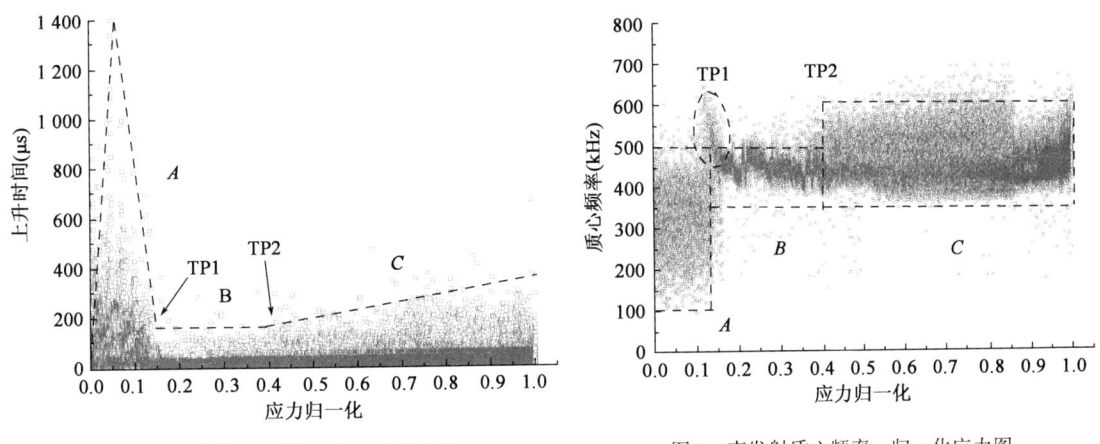

图3　声发射上升时间—归一化应力图　　　　图4　声发射质心频率—归一化应力图

3.2.3　声发射峰值频率

图 5 是声发射峰值频率—应力归一化散点图,声发射峰值频率特性呈现明显的分层特征,共划分成 PF1(0~50kHz)、PF2(100~150kHz)、PF3(250~300kHz)、PF4(400~450kHz)和 PF5(450~500kHz)五个范围。声发射峰值频率主要集中在 PF2 区域,随着应力水平增加,声发射峰值频率范围逐渐扩大;其中 A 阶段主要是 PF1 及 PF2 区域,B 阶段主要是 PF1、PF2 及 PF3 区域,至 C 阶段时主要是 PF1、PF2、PF3、PF4 及 PF5 区域。在 A 阶段过渡至 B 阶段过程中存在两个声发射事件峰值频率瞬间上升的独立区域 D_1 和 D_2,其中 D_1 区域集中在 250kHz 附近,D_2 区域集中在 500kHz 附近。

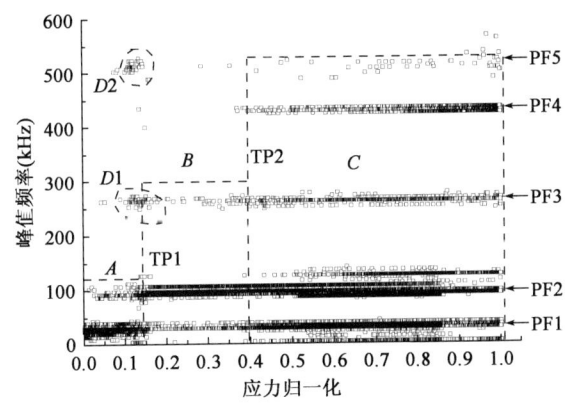

图5　声发射峰值频率—归一化应力图

3.3　声发射关联特性

以上声发射时域特性揭示了随着应力水平变化的声发射特性特点,为钢绞线损伤过程理解提供了重要信息,为了方便对钢绞线损伤过程全局特点了解,对声发射关联特性进行分析。

3.3.1　声发射持续时间—振铃计数

图 6 是声发射持续时间—振铃计数散点图,其中散点图上限曲线是 $y = 258 + 42.92x$

($R^2=0.99$,y 是持续时间,x 是振铃计数),呈现两个明显的">"形状。声发射事件主要集中在低持续时间—低振铃计数、高持续时间—高振铃计数及低持续时间—高振铃计数三个区域。

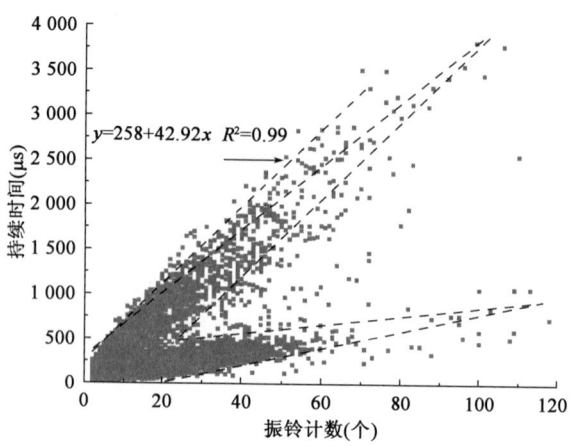

图 6 声发射持续时间—振铃计数图

3.3.2 声发射持续时间—能量

图 7 是声发射持续时间—能量散点图,其中散点图拟合曲线是 $y=3\,494+3\,292\times0.98^x$ ($R^2=0.99$,y 是持续时间,x 是能量),呈现明显的抛物线形状,声发射事件主要集中在 0~100 低能量范围,并且曲线最终趋势缓慢变化。

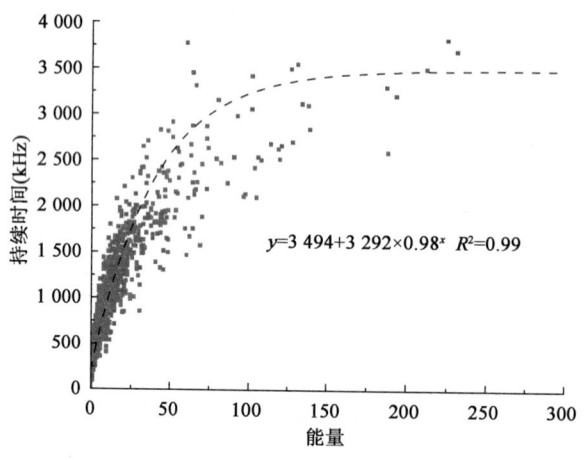

图 7 声发射持续时间—能量图

3.3.3 声发射 RA-AF

声发射组合参数 RA 和 AF 的对应关系可以用来进行材料的裂缝类型分类,RA 值定义为上升时间与幅度的比值,单位为 ms/V;AF 定义为振铃计数与持续时间的比值,单位为 kHz。本文选取连续 100 个点作为一个点,以减小计算结果的离散性。如图 8 所示是声发射 RA 和 AF 关联图,其中剪切裂纹集中性比较大,而剪切裂纹和受拉裂纹存在相互重叠区域,说明过渡区域时间更长,B 区域的应力水平扩展至 0.5 应力水平,且剪切裂纹和受拉裂纹之间区分非常清楚,更加表明了基于声发射 RA 和 AF 特性不仅可以对钢绞线损伤过程裂纹演化过程进行监测,并且可以有效提取钢绞线损伤信号。其中剪切裂纹与其他裂纹界限方程是 $AF = 50 + 0.017 \times RA(R^2 = 0.99)$,基于声发射 RA 和 AF 特性关联分布可以用于预测损伤阶段水平。

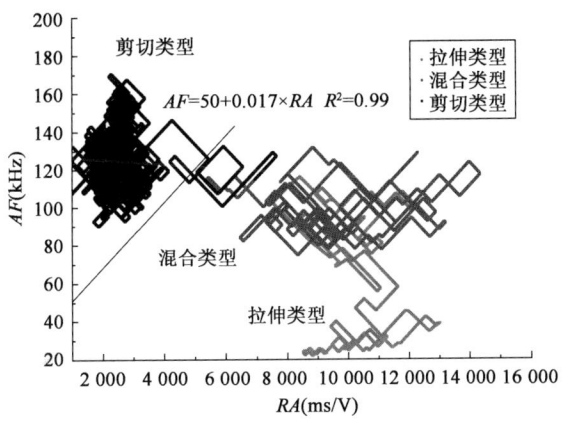

图 8 声发射 RA 和 AF 关联图

以上声发射关联特性增加了对钢绞线损伤特点的认识,声发射信号特定的区域特点可以用于区别有用信号和噪声,为提取真正损伤的声发射信号提供了途径。

3.4 演化方程

如图 9 所示是声发射能量归一化—应力归一化。其中 E_0 是钢绞线整个损伤过程累计的声发射能量,E 是钢绞线任一位移状态时累计的声发射能量,E/E_0 是归一化声发射能量。

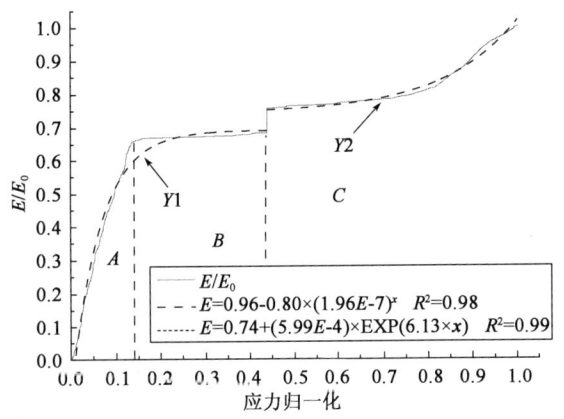

图 9 声发射能量—应力及声发射撞击数—应力曲线

基于声发射能量归一化曲线演化方程可以分成两段,第一段方程 Y_1 是 $E = 0.69 - 0.80 \times (1.96E-7)^x (R^2 = 0.99, E$ 是能量,x 是应力水平),第二段方程 Y_2 是 $E = 0.74 + (5.99E-4)\mathrm{EXP}(6.13 \times x)(R^2 = 0.99, E$ 是能量,x 是应力水平)。建立基于声发射能量和声发射撞击数和应力之间的演化方程为预测钢绞线寿命提供了依据,为基于声发射技术实时监测钢绞线状态的实现提供了可能性。

4 结语

本文对钢绞线进行单轴拉伸试验研究,并对钢绞线断丝前声发射特性进行分析,主要得到如下结论:

(1) 随着应力水平提高,声发射上升时间在临近破坏阶段逐渐呈现增加趋势,声发射质心频率及峰值频率范围逐渐提高。

(2) 钢绞线断丝前声发射事件主要集中在低持续时间—低振铃计数、高持续时间—高振铃计数及低持续时间—高振铃计数三个区域,声发射能量主要集中在 0~100 低能量范围。

(3) 基于声发射能量演化方程是第一段方程是 $E = 0.69 - 0.80 \times (1.96E-7)^x$,第二段方程是 $E = 0.74 + (5.99E-4)\text{EXP}(6.13 \times x)$,为预测钢绞线寿命提供了依据,为基于声发射技术实时监测钢绞线状态的实现提供了可能性。

参 考 文 献

[1] Casey N F, Holford K M, Taylor J L. The acoustic evaluation of wire ropes immersed in water [J]. NDT International, 1987, 20(3):173-176.

[2] Casey N F, Laura P A A. A review of the acoustic-emission monitoring of wire rope [J]. Ocean Engineering, 1997, 24(10):935-947.

[3] Paulson A P O. Continuous acoustic monitoring of suspension bridges and cable stays [J]. Proceedings of SPIE-The International Society for Optical Engineering, 1998:205-213.

[4] Yuyama S, Yokoyama K, Niitani K, et al. Detection and evaluation of failures in high-strength tendon of prestressed concrete bridges by acoustic emission [J]. Construction & Building Materials, 2007, 21(3):491-500.

[5] 李冬生. 拱桥吊杆损伤监测与健康诊断 [D]. 哈尔滨:哈尔滨工业大学, 2007.

[6] 李冬生, 欧进萍. 声发射技术在拱桥吊杆损伤监测中的应用 [J]. 沈阳建筑大学学报(自然科学版), 2007, 23(1):6-10.

[7] 钱骥, 孙利民, 蒋永. 拉索应力波传播速度与能量衰减特性试验研究 [J]. 同济大学学报(自然科学版), 2013, 41(11):1618-1622.

[8] 钱骥, 孙利民, 蒋永. 高强钢丝断裂声发射试验研究 [J]. 振动与冲击, 2014, 33(4):54-59.

189. 基于支座反力影响线曲率差分的连续梁损伤识别

唐盛华　张佳奇　成　鹏　刘宇翔

（湘潭大学土木工程与力学学院）

摘　要：既有的很多基于静力参数的桥梁损伤定位方法，都依赖结构未损伤状态的信息，但实际上大部分旧桥都没有或缺乏完整的损伤前信息。通过两跨连续梁中支座反力影响线的理论推导，提出了一种基于支座反力影响线曲率差分的连续梁损伤定位指标，该指标对等截面梁不需要损伤前的信息便可进行损伤定位。通过对两跨和三跨连续梁多种损伤工况数值模拟分析，验证了该指标损伤定位的可行性。

关键词：损伤定位　支座反力影响线　曲率　连续梁

1　引言

随着我国经济的快速发展，目前我国的桥梁数量也在飞速增加[1,2]。桥梁不仅与交通相关，更与社会的经济发展和人民生命安全紧密相连。桥梁在服役期间，受荷载和环境的作用难免部分桥梁结构会产生损坏，故需要对桥梁状态和性能进行检测，以判断桥梁的健康状况。

目前，损伤识别的主要方法可以分为两大类，一类是基于动力参数的方法，利用结构的固有频率、刚度矩阵和模态振型等因子的变化情况来判断结构的损伤[3-7]；另一类是基于静力参数的方法，通常是对结构施加静力荷载，然后测量支座反力、梁上的位移、挠度、应变等因子来识别损伤的位置和损伤程度[8-10]。Hajela等[11,12]利用静力数据和动力数据在模型误差分析法中的应用，证明了静力位移在损伤识别上的优越性。蔡建伟[13]等基于挠度曲率在损伤处发生突变确定梁的损伤位置。甘涛等[14]推导出了用支座反力影响线作差的理论，并证明了该方法能识别单个损伤位置和损伤程度。杨骁等[15]提出了根据梁损伤前后的相对曲率差识别损伤位置的方法，从而完成了静定梁的损伤识别和损伤评估。

上述提到的大部分方法都要用到结构损伤前的信息，对于较早修建的桥梁可能无法提供损伤前的信息。如何仅利用结构损伤状态的信息进行损伤识别，韩西等[16]提出了利用位移模

基金项目：国家自然科学基金项目，51508488.
　　　　　湖南省自然科学基金项目，2019JJ50605.
　　　　　"工程结构动力学与可靠性分析湖南省高等学校重点实验室（湘潭大学）"开放课题，KLDRES002.

态的 4 阶导数进行损伤识别的新方法,由于求导阶数较高,使用时对测量精度有较高的要求,并且连续梁中间支座也会对损伤识别有干扰。王艺霖[17]提出基于静力位移影响线曲率差分指标,能对单跨梁结构的损伤进行定位,但对位移的测量精度和测量间距有较高要求。本文提出一种基于支座反力影响线曲率差分的指标,适用于连续梁结构,该指标不需要结构损伤前的数据,只需要测量损伤状态支座反力影响线便可实现损伤定位,结果干扰较少,有一定的实用价值。

2 支座反力影响线曲率差分理论

2.1 支座反力影响线曲率理论推导

理论分析以两跨连续梁(第一跨损伤)为例,求中间支座的支座反力影响线,具体如图 1。荷载 P 到 A 点的距离为 z,图中的阴影部分为损伤区域长度 ε,损伤单元距离 A 支座为 a,损伤单元的刚度为 kEI,其他位置的刚度为 EI,两跨的长度均为 L。荷载 P 从 A 端移动到 C 端,求 B 点的支座反力影响线,可由力法和图乘法求得。

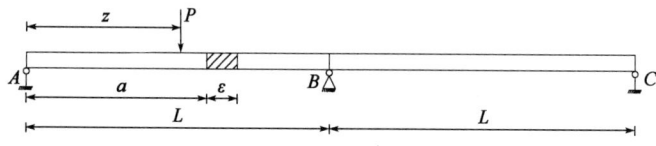

图 1 两跨连续梁模型

以简支梁为基本结构,当 P 作用在梁上时可由力法建立基本方程如下:

$$\delta_{11}X_B + \Delta_{1P} = 0 \tag{1}$$

式中:X_B——中间支座的支座反力;

δ_{11}——单位力作用于 B 支座时的 B 点位移;

Δ_{1P}——荷载 P 作用下的 B 点位移。

为了求出 δ_{11} 和 Δ_{1P},作出在单位荷载作用下的弯矩图 $\overline{M}$ 以及 P 荷载作用下的弯矩图 M_P,如图 2。

$\overline{M}$ 和 M_P 分别如图 2a)和图 2b)所示。

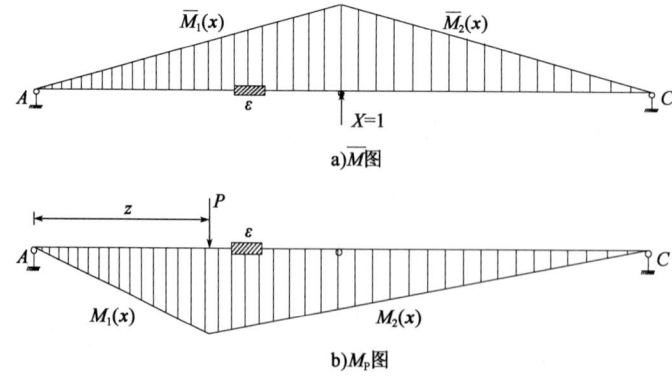

图 2 基本结构弯矩图

上图中弯矩 $\overline{M}$ 图中值的表达式为:

$$\begin{cases} \overline{M}_1(x) = \dfrac{x}{2} & x \in [0,L] \\ \overline{M}_2(x) = \dfrac{2L-x}{2} & x \in [L,2L] \end{cases} \qquad (2)$$

移动荷载 P 作用下的弯矩 $M(x)$ 表达式为:

$$\begin{cases} M_1(x) = \dfrac{2L-z}{2L}Px & x \in [0,z] \\ M_2(x) = \dfrac{2L-x}{2L}Pz & x \in [z,2L] \end{cases} \qquad (3)$$

由图乘法求支座反力影响线:

$$\delta_{11} = \int \dfrac{\overline{M}^2}{EI}\mathrm{d}x = \dfrac{1}{EI}\left(\int_0^a \overline{M}_1^2 \mathrm{d}x + \int_{a+\varepsilon}^L \overline{M}_1^2 \mathrm{d}x + \int_L^{2L} \overline{M}_2^2 \mathrm{d}x\right) + \dfrac{1}{kEI}\int_a^{a+\varepsilon} \overline{M}_1^2 \mathrm{d}x$$

$$= \dfrac{1}{12EI}\left[2L^3 + a^3 - (a+\varepsilon)^3\right] + \dfrac{1}{12kEI}\left[(a+\varepsilon)^3 - a^3\right] \qquad (4)$$

当 P 荷载作用在损伤位置的左侧时,Δ_{1P} 和支座反力影响线为:

$$-\Delta_{1P} = \int \dfrac{M_P \overline{M}}{EI}\mathrm{d}x = \dfrac{1}{EI}\left(\int_0^z M_1 \overline{M}_1 \mathrm{d}x + \int_z^a M_2 \overline{M}_1 \mathrm{d}x + \int_{a+\varepsilon}^L M_2 \overline{M}_1 \mathrm{d}x + \int_L^{2L} M_2 \overline{M}_2 \mathrm{d}x\right) + \dfrac{1}{kEI}\int_a^{a+\varepsilon} M_2 \overline{M}_1 \mathrm{d}x$$

$$= \dfrac{Pz}{12L}\left[\dfrac{3L^3}{EI} + \left(\dfrac{1}{EI} - \dfrac{1}{kEI}\right)(3a^2\varepsilon + 3a\varepsilon^2 + \varepsilon^3 - 6a\varepsilon L - 3\varepsilon^2 L)\right] - \dfrac{Pz^3}{12EI} \qquad (5)$$

$$X_l = -\dfrac{\Delta_{1P}}{\delta_{11}} \qquad (6)$$

当 P 荷载作用在受损位置的右侧时,Δ_{1P} 和支座反力影响线为:

$$-\Delta_{1P} = \int \dfrac{M_P \overline{M}}{EI}\mathrm{d}x = \dfrac{1}{EI}\left(\int_0^a M_1 \overline{M}_1 \mathrm{d}x + \int_{a+\varepsilon}^z M_1 \overline{M}_1 \mathrm{d}x + \int_z^L M_2 \overline{M}_1 \mathrm{d}x + \int_L^{2L} M_2 \overline{M}_2 \mathrm{d}x\right) + \dfrac{1}{kEI}\int_a^{a+\varepsilon} M_1 \overline{M}_1 \mathrm{d}x$$

$$= \dfrac{P(3a^2\varepsilon + 3a\varepsilon^2 + \varepsilon^3)}{6EI}\left(1 - \dfrac{z}{2L}\right)\left(\dfrac{1}{k} - 1\right) - \dfrac{Pz}{12EI}(z^2 - 3L^2) \qquad (7)$$

$$X_r = -\dfrac{\Delta_{1P}}{\delta_{11}} \qquad (8)$$

用中心差分法求支座反力影响线各节点的曲率,公式如下:

$$X_i'' = \dfrac{X_{i+1} + X_{i-1} - 2X_i}{\varepsilon^2} \qquad (9)$$

式中:i——节点号;

ε——单元长度。

2.2 支座反力影响线曲率差分指标

第 i 节点的支座反力影响线曲率差分指标为节点 i 的曲率减去相邻前一节点 $i-1$ 的曲率,即作差分,该指标记作 D。

$$D = \begin{bmatrix} D_2 & D_3 & \cdots & D_n \end{bmatrix} \qquad (10)$$

$$D_i = X_i'' - X_{i-1}'' \qquad i \in [2,n] \qquad (11)$$

式中：n——节点数目。

从(10)和(11)可知移动荷载开始的边界节点不存在 D 值，所以在后面的算例中都少了节点1的 D 值。

具体 D 值可以分成下面五种情况：

当 i 节点在 a 位置(损伤单元)的左侧时：

$$D_i = X''_i - X''_{i-1} = \frac{3X_{l(i-1)} - 3X_{l(i)} + X_{l(i+1)} - X_{l(i-2)}}{\varepsilon^2} = -\frac{P\varepsilon}{2\delta_{11}EI} \quad (12)$$

当 i 节点在 a 位置时：

$$D_i = X''_i - X''_{i-1} = \frac{3X_{l(i-1)} - 3X_{l(i)} + X_{r(i+1)} - X_{l(i-2)}}{\varepsilon^2} = \frac{P[3a(k-1) - \varepsilon(5k+1)]}{12\delta_{11}kEI} \quad (13)$$

当 i 节点在 $a + \varepsilon$ 位置时：

$$D_i = X''_i - X''_{i-1} = \frac{3X_{l(i-1)} - 3X_{r(i)} + X_{r(i+1)} - X_{l(i-2)}}{\varepsilon^2} = -\frac{P[\varepsilon(5k+1)]}{12\delta_{11}kEI} \quad (14)$$

当 i 节点在 $a + 2\varepsilon$ 位置时：

$$D_i = X''_i - X''_{i-1} = \frac{3X_{r(i-1)} - 3X_{r(i)} + X_{r(i+1)} - X_{l(i-2)}}{\varepsilon^2} = -\frac{P[3a(k-1) + 2\varepsilon(4k-1)]}{12\delta_{11}kEI} \quad (15)$$

当 i 节点在 $a + 2\varepsilon$ 位置的右侧时：

$$D_i = X''_i - X''_{i-1} = \frac{3X_{r(i-1)} - 3X_{r(i)} + X_{r(i+1)} - X_{r(i-2)}}{\varepsilon^2} = -\frac{P\varepsilon}{2\delta_{11}EI} \quad (16)$$

式(12)到式(16)公式下标中 l 和 r 分别表示在损伤单元左侧和损伤单元右侧，下标括号里的 $i-1$ 和 i 等表示节点号。

从上面的推导公式可以看出在未受损部位曲率差分为一定值，在受损位置的值发生了变化（a，$a+\varepsilon$ 和 $a+2\varepsilon$ 点处）。所以只要计算出支座的 D，然后画出图形，根据图形上发生了变化的点，即可判断出发生了损伤的单元位置。

在实际应用该方法时，只需要在梁的支座处放置测量支座反力的传感器，然后在桥梁上加载移动荷载 P（从桥的一端等间距移动到另一端），依次记录荷载作用于各节点位置的支座反力值。把记录的支座反力值依据上述的公式计算出 D 并作图，图形上的突变点便指示出损伤的位置。

3 数值仿真算例

3.1 两跨连续梁单处损伤

两跨连续梁跨径布置为50cm+50cm，5cm划分一个单元，矩形截面宽6cm，高3cm。材料的弹性模量为 2.7×10^3 MPa，密度为1 200kg/m³。采用梁单元模型仿真分析，模型如图3所示。

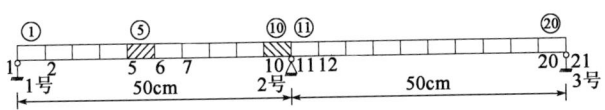

图 3 两跨连续梁模型

考虑5单元(跨中单元)损伤和10单元(中支座处单元)损伤两种损伤工况,采用单元弹性模量降低模拟损伤,将相应单元的弹性模量降低为初始值的80%。梁上的移动荷载 $P=1\mathrm{kN}$。用有限元软件仿真得到中间支座的支座反力影响线数据,再用本文的公式做相应的处理得到 D 值并作图,分别如图4和图5所示。

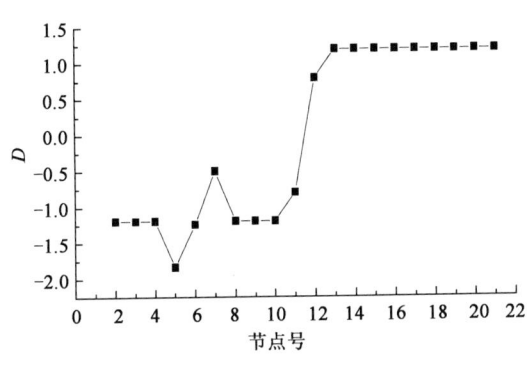

图4 5单元损伤 D 指标图

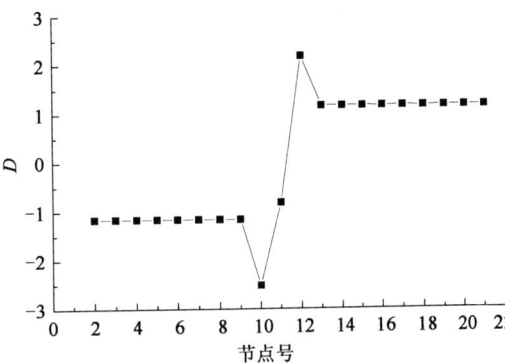

图5 10单元损伤 D 指标图

从图4中可以观察出突变的5、6和7号点,这就意味着在这附近存在损伤,5、6和7号点分别对应着理论上的 a、$a+\varepsilon$ 和 $a+2\varepsilon$ 处,所以判断出损伤发生在5和6号点之间的5单元上,这与损伤假定位置是相同的。图4曲线上的11和12号点,因为靠近支座而影响到了 D 指标,但不会影响该附近单元的损伤识别,如图5(支座处单元损伤)存在突起,与图4损伤定位相似,图5同样可判断出10单元损伤。

因此,即使没有损伤前的数据,也可根据 D 指标确定发生损伤的位置。

3.2 三跨连续梁多处损伤算例

三跨连续梁的跨径布置为 $50\mathrm{cm}+75\mathrm{cm}+50\mathrm{cm}$,材料特性和截面尺寸数据与3.1节的两跨连续梁相同。模型如图6所示,图中支座从左到右分别记作1号、2号、3号和4号。

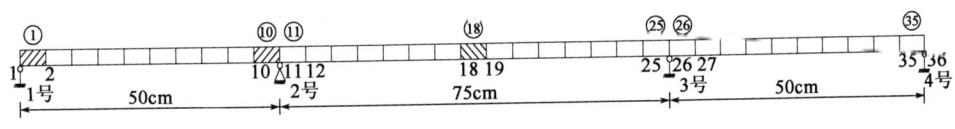

图6 三跨连续梁模型

对实际桥梁结构,损伤可能不止一处,因此也有必要分析 D 指标对多处损伤识别的适用性。以两种损伤工况为例,具体的损伤工况设置如表1所示。

多处损伤工况　　　　　　　　　表1

工况	损伤单元刚度下降(%)		
	1单元	10单元	18单元
1	10	20	—
2	20	20	20

由有限元软件仿真分析得到数据经处理后，D 指标如图 7、图 8。

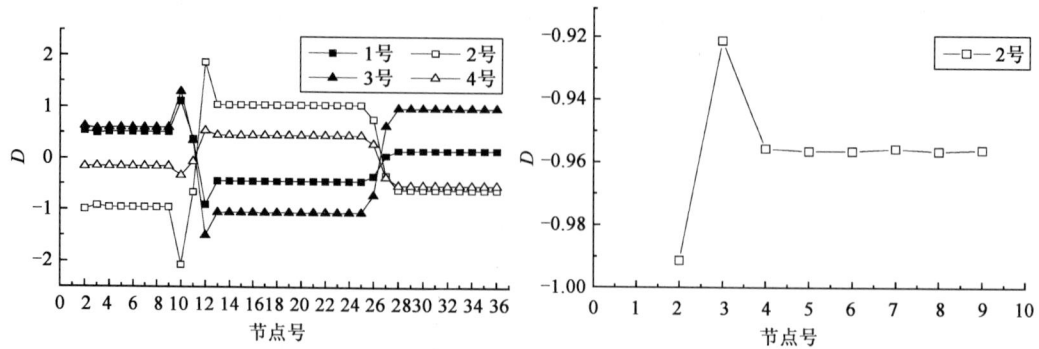

图 7　工况 1 D 指标和 2 号的局部 D 指标

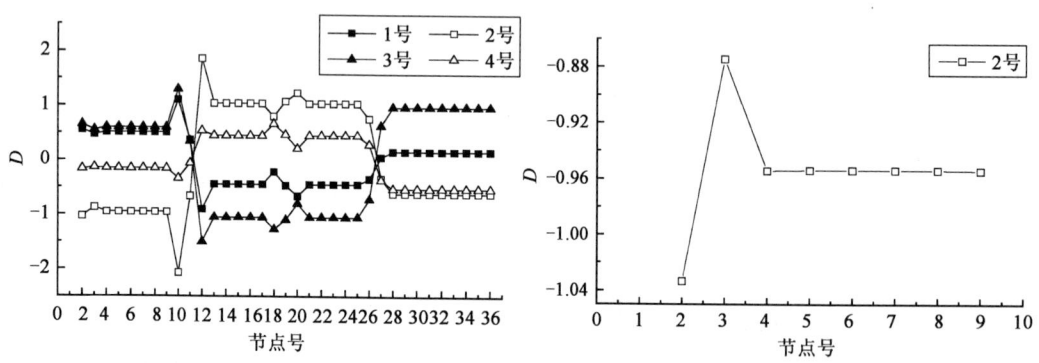

图 8　工况 2 D 指标和 2 号的局部 D 指标

从两种损伤工况的 D 指标图中的突变点位置，能初步判断出存在损伤。以工况 1 为例，图 7 第一个图的突变点 10、11 和 12 号点，可以判断出 10 单元损伤，这和设置损伤单元结果相符。其他位置损伤也可根据该方法判断和验证。对于边单元损伤，如 1 号单元，由于 1 号单元左侧点属于移动荷载开始点没有供其作差分的前一个点，所以也没有在图上画出该节点，只有两个突变的点用来损伤定位。

另外，从图上可以看出 1 单元损伤引起的突变不是很明显，甚至两种工况下 4 号曲线上都无法观察出来。这一方面原因是 4 号支座位置离损伤部位太远，而使得支座反力对损伤单元产生的影响不敏感，难以产生明显突变点；另一方面是因为曲线上点的数值有较大变化（支座引起的曲线变化相对于损伤引起的数值突变），从而掩盖了因损伤而发生突变的点。针对这种情况，可在布置支座反力传感器时隔一支座布置一个或者全部布置；对于边单元位置可以采取作局部 D 指标图等。如图 7 和图 8 中采取对 1 单元损伤敏感度较高的 2 号 D 值作局部图，可以清楚地看出突变点，从而判断出 1 单元损伤。

4　结语

以两跨连续梁为例，推导了中支座反力影响线的曲率计算公式，提出通过曲率差分构造损伤定位 D 指标，该指标对等截面连续梁不需要损伤前的信息便可实现损伤定位。通过两跨和三跨连续梁数值仿真模拟，得到各支座反力影响线的 D 值曲线，对损伤位置进行识别，验证了 D 指标对单处损伤和多处损伤的适用性。实际应用时，只需在支座处布置支座反力传感器，通过桥面移动荷载便可实测得到支座反力影响线,然后加以处理后便可用于桥梁损伤检测。此外,该方法也存在一定的不足,例如进行损伤识别时不能有其他荷载干扰(如车辆荷载)、只适用于等截面梁,这些都是有待改进之处。

参 考 文 献

[1] 高伟皓,吕雪杰.论桥梁的发展对我国交通的影响[J].科技风,2017(12):98.

[2] 王永州,舒红.论我国城市桥梁发展现状及其发展趋势[J].江西建材,2017(07):184-185.

[3] Hearn G,Testa R B. Modal-analysis for damage detection in structures-Closure[J]. Journal of Structural Engineering-ASCE,1993(No.2):679-681.

[4] Cawley P,Adams R D. The location of defects in structures from measurements of natural frequencies[J]. The Journal of Strain Analysis for Engineering Design,1979(No.2):49-57.

[5] 董聪.基于动力特性的结构损伤定位方法[J].力学与实践,1999(4):62-63.

[6] 曹晖,Michael I. Friswell.基于模态柔度曲率的损伤检测方法[J].工程力学,2006(4):33-38.

[7] 唐盛华,苏彬建,楚加庆,等.结构损伤识别频率权值叠加曲率模态改变率方法[C].第27届全国结构工程学术会议.西安:《工程力学》杂志社,2018.

[8] 唐盛华,楚加庆,方志,等.基于均布荷载挠度曲率的梁结构损伤识别方法[J].力学季刊,2019,40(03):549-559.

[9] 王艺霖,张平,安新梅.基于竖向支座反力的两跨连续梁桥损伤定位方法[J].中国公路学报,2014,27(04):79-84.

[10] 马中军,杜红伟,张冉.基于竖向支座反力指标的连续梁桥损伤识别方法[J].铁道建筑,2011(02):39-42.

[11] Hajela P,Soeiro F J. Recent developments in damage detection based on system identification methods[J]. Structural and Multidisciplinary Optimization,1990(No.1):1-10.

[12] Hajela P,Soeiro F J. Structural damage detection based on static and modal analysis[J]. American Institute of Aeronautics and Astronautics,1990(No.6):1110-1115.

[13] 蔡建伟,王艳丽,廖敬波,等.基于影响线二阶导数的结构损伤识别方法研究[J].公路交通技术,2017,33(02):51-54.

[14] 甘涛,浣石,梁颖晶,等.基于支座反力影响线的梁损伤识别研究[J].建筑监督检测与造价,2016,9(06):19-23.

[15] 杨骁,钱雪薇,杨万锋.基于曲率的静定梁两阶段损伤识别方法[J].力学季刊,2017,38(04):710-721.

[16] 韩西,向丽,钟厉.基于位移模态四阶导数的梁结构损伤识别[J].公路工程,2012,37(04):47-49.

[17] 王艺霖.基于曲率的单跨梁损伤定位新指标[J].工业建筑,2013,43(08):19-23.

190. 基于频率无反演识别结构损伤的研究

宋晓东[1]　魏召兰[2]

(1. 中铁二院工程集团有限责任公司；2. 四川农业大学土木工程学院)

摘　要：频率用于结构损伤识别，其研究方法分为有无反演两类。从无反演方法着手，研究了基于固有频率向量法和特征值曲线交点法进行结构损伤诊断可行性。以一简支梁为例，将两者识别的结果进行了对比。固有频率向量法可以准确地识别出损伤的位置，并可以较准确地识别出损伤的程度，但计算量大，对于像桥梁这种具有分布参数的体系，由于自由度较多，利用固有频率向量法建立损伤特征库是一个庞大的工程，且如何使用较少的固有频率得到较优的识别结果也是一个亟待解决的问题。特征值曲线交点法计算量小，可以准确地识别出损伤的位置，但无法较准确地识别出损伤的程度。

关键词：固有频率向量　特征值曲线　损伤位置　损伤程度　模态参数

1　引言

由于结构局部参数(如质量、刚度)的改变导致结构的局部损伤，进而引起结构模态参数(如频率、阻尼、振型)的改变，最后体现在结构动力学响应的改变上[1-3]。结构损伤识别就是通过实际测量反映结构力学特性的数据，对桥梁结构是否有损伤、损伤位置、损伤程度等作出准确合理的判断。

鉴于频率是目前测试技术所能达到的最准确也是最易测的模态参数[4]，几乎可在结构的任何一点进行测量，国内外在利用频率进行结构损伤识别方面也作了大量研究[5]。这些研究方法按有无反演可分为两类：

(1)有反演的损伤识别方法(反面方法)，它是将待识别的未知量(结构参数、刚度矩阵、损伤指标等)看成优化变量，并组成目标函数，通过不断地修正有限元模型，得到结构的优化参数，使正向计算结果能够最大限度地与实测结果吻合，如 Stubbs 等[6]提出的整体损伤估计法，他建立了频率变化量、广义刚度对单元刚度参数的灵敏度矩阵和损伤定位参数之间的线性方程组，由于所得的方程组高度欠定，迭代过程需要反复计算灵敏度矩阵，计算量很大，而且迭代没有终止的可靠判据，很难得出准确的结果。杜思义[7]在结构有限元计算模型中定义了单元的损伤识别参数，将摄动理论与振动理论相结合导出结构振动特征值的一、二阶摄动方程，并由此建立了结构的一、二次损伤识别方程，给出了两种方程在欠定情况下求解损伤识别参数的优化算法。该方法仅使用在役结构固有频率测量值就能识别出结构的损伤位置和损伤程度，以及结构的老化程度,避免了使用模态振型识别结构损伤因测量精度不高或自由度不足带来的误差。

(2)无反演的损伤识别方法(正面方法),如固有频率向量法,特征值曲线交点法等。王乐[8]等引入固有频率向量及固有频率向量置信准则的概念,形成固有频率向量损伤特征数据库,从而提出基于固有频率向量的结构损伤检测方法。该方法可以准确地识别出损伤的位置,并可以较准确地检测出损伤的程度,还具有较强的抗测量噪声的能力。特征值曲线交点法其原理最早是基于Cawley和Adams[9]提出的利用"频率变化比(频变比)"检测结构损伤的原理和方法。Hearn[10]在此基础上又提出了"频率平方变化比"方法,指出当结构只有一个单元发生损伤时,任意两阶频率平方变化比只是损伤位置的函数,和损伤的程度大小没有关系。故以各单元发生不同损伤程度时"频率平方变化比"$\Delta\lambda_i/\Delta\lambda_1$的平均值作为纵坐标,以单元编号为横坐标,作出$\Delta\lambda_i/\Delta\lambda_1$对应的曲线图。根据实际工况损伤对应的"频率平方变化比"$\Delta\lambda_i/\Delta\lambda_1$的值,在上述曲线图中作一条直线,直线与曲线的交点即为可能的损伤单元,此交点法即为"特征值曲线交点法"。

鉴于反面识别方法需要利用优化算法求解欠定方程组,其识别是个相当复杂的过程,本文仅从正面进行结构损伤诊断,阐述固有频率向量法与特征值曲线交点法的基本原理,以一简支梁数值模拟为例,比较两种方法的优缺点,并指出了有待进一步研究的问题。

2 结构损伤识别算法

2.1 固有频率向量法

2.1.1 固有频率向量及其组成的损伤特征数据库

对于具有一定健康状态(完好或损伤)的结构,用有限元方法进行离散后,具有N个自由度,根据振动特征方程,可以求解出其N阶固有频率,记为$f_1,f_2,f_3,\cdots,f_N$,定义向量$[F]=\{f_1,f_2,f_3,\cdots,f_N\}^T$为结构在该状态下的固有频率向量。显然,无论对于完好结构或者是损伤结构,其各自的固有频率向量是唯一的,也是固有的。

假定完好结构状态及不同损伤位置、不同损伤程度对应的结构状态—记为$D_{i,j}$(i表示损伤位置,j表示损伤程度),各自对应的固有频率向量$\{F\}$、$\{F_{D_{ij}}\}$可以组成一个广义向量库,即为该结构的损伤特征数据库。通常$\{F\}$、$\{F_{D_{ij}}\}$都是在基准模型(通常是用实测模态数据修正后的有限元模型)的基础上求出的,利用数值仿真求解出每个状态对应的结构固有频率向量,从而组建损伤特征数据库。基于固有频率向量的结构损伤检测即是在这样一个损伤特征数据库中进行的。

2.1.2 固有频率向量置信准则

根据模态置信准则定义固有频率向量置信准则(natural frequencies vector assurance criterion, NFVAC)公式如下:

$$I_{NFVAC}(\{\bar{F}\},\{F\}) = \frac{(\{F\}^T\{\bar{F}\})^2}{(\{F\}^T\{F\})(\{\bar{F}\}^T\{\bar{F}\})} \tag{1}$$

式中:$\{F\}$、$\{\bar{F}\}$——表示数值计算得到的结构在某种已知损伤状态下的固有频率向量和结构在未知损伤状态下的固有频率向量。

2.1.3 损伤判据

理论上讲,若未知损伤状态下结构的固有频率向量与损伤特征数据库中某个向量所对应的结构损伤状态相同或非常接近,那么两向量的 I_{NFVAC} 值应等于1或非常接近1。但在进行数值模拟时也不可能用穷举法计算出结构在所有可能损伤状态下的固有频率向量,因此,用这种方法进行识别时,得到的 I_{NFVAC} 值不可能精确等于1。故用 $I_{DNFVAC} = 1/(1 - I_{NFVAC})$ 先对损伤指标进行转换,由公式(1)知, $I_{NFVAC} \in [0,1]$,显然 I_{DNFVAC} 在[0,1]上单调递增,且 I_{DNFVAC} 越接近于1,其值越大。

但由 I_{NFVAC} 的数学意义可知,其本质是求两个向量的相关性,只要两个向量互成比例,其相关性就等于1,但此时两个向量的模的偏差却可能很大,即相关性只能表征两个向量的方向或者比例;因而在考察向量的一致性时,不但要考虑向量的方向,同时也要考虑向量模的变化,显然,如果只考虑向量的相关性有可能造成损伤的误检。

故引入两个固有频率向量元素之间的偏差平均值,该偏差越小,则这两个向量的一致性越高。两个向量间的平均偏差定义为 $E_{RR} = |\sum_{k=1}^{n}[F(k) - \bar{F}(k)]|/n$,其中, $F(k)$ 表示 $\{F\}$ 中第 k 个元素。

损伤判据[11]定义为 I_{DNFVAC} 值与平均偏差值 E_{RR} 之比,显然它同时考虑两个固有频率向量的相关性以及这两个向量间的平均偏差,来衡量两个向量之间的一致性,公式如下:

$$I_{DR} = \frac{I_{DNFVAC}}{E_{RR}} \quad (2)$$

由于损伤数据库中的数据信息较大,在进行向量计算时,利用MATLAB编程实现。具体步骤为:

(1)计算完好结构及每个单元损伤不同程度后的频率形成损伤特征数据库;
(2)数值模拟指定工况的损伤,得一组频率列向量;
(3)利用公式(1),将各工况所得的频率列向量与损伤特征库中的各个列向量相乘,将 I_{NFVAC} 值较大的对应的所有模式记为 $\{E_{change}\}$;
(4)在 $\{E_{change}\}$ 中,利用公式(2)求 I_{DR};
(5)结论:在 $\{E_{change}\}$ 中 I_{DR} 越大,则可以确定对应的特征库中损伤模式即为该待检测结构的损伤模式。

2.2 特征值曲线交点法

对于 N 个自由度自由振动系统,其振动方程为:

$$[M]\{\ddot{x}\} + [C]\{\dot{x}\} + [K]\{x\} = \{0\} \quad (3)$$

若忽略阻尼的影响,其特征值由式(3)的特征方程求解得到

$$([K] - \lambda[M])[\varphi] = \{0\} \quad (4)$$

式中:$[K]$、$[M]$、λ、$[\varphi]$——结构的刚度矩阵、质量矩阵、特征值、特征向量(振型向量),其中 $\lambda = \omega^2$,ω 为结构的固有频率。

一旦结构出现损伤,结构的刚度、质量等会发生变化,从而使结构的频率发生变化。因此,可以根据结构自振频率的改变来进行损伤识别。设结构的刚度和质量矩阵 $[K]$、$[M]$ 出现微小的变化 $[\Delta K]$、$[\Delta M]$,则结构的特征值 λ 和特征向量 $[\varphi]$ 也会有微小的变化,另此变化为 $\Delta \lambda$、$[\Delta \varphi]$,则式(4)可以写作

$$[([K] + [\Delta K]) - (\lambda + \Delta\lambda)([M] + [\Delta M])]([\varphi] + [\Delta\varphi]) = \{0\} \quad (5)$$

对于桥梁工程问题,结构损伤常常影响构件和结构的刚度,对其质量影响不明显,因此可以忽略 $[\Delta M]$ 的影响,所以(5)式可以化为

$$[([K]+[\Delta K])-(\lambda+\Delta\lambda)[M]]([\varphi]+[\Delta\varphi])=\{0\} \quad (6)$$

将式(6)化简,忽略二次项,可得

$$\Delta\lambda = \frac{[\varphi]^T[\Delta K][\varphi]}{[\varphi]^T[M][\varphi]} \quad (7)$$

对于其中某一个振型 $[\varphi_i]$ $(i=1,2,\cdots\cdots,N)$ 来说,给出

$$\Delta\lambda_i = \frac{[\varphi_i]^T[\Delta K][\varphi_i]}{[\varphi_i]^T[M][\varphi_i]} \quad (8)$$

以 $[\Delta K_n]$ 表示第 n 个单元刚度的变化,那么式(8)变为

$$\Delta\lambda_i = \frac{\sum_n [\varphi_i]^T[\Delta K_n][\varphi_i]}{[\varphi_i]^T[M][\varphi_i]} \quad (9)$$

式(9)建立了结构刚度变化与结构特征值之间的关系。当只有第 n 个单元损伤时(即单个单元损伤时)

$$\Delta\lambda_i = \frac{[\varphi_i]^T[\Delta K_n][\varphi_i]}{[\varphi_i]^T[M][\varphi_i]} \quad (10)$$

将结构特征值的变化定义为结构损伤位置与单元损伤程度的函数,有

$$\Delta\lambda = \Delta\lambda(\alpha_n, n) \quad (11)$$

式中, α_n 为一标量,表示 n 单元的损伤程度,又 $[\Delta K_n] = \alpha_n[K_n]$,式(11)成为:

$$\Delta\lambda_i = \frac{\alpha_n[\varphi_i]^T[K_n][\varphi_i]}{[\varphi_i]^T[M][\varphi_i]} \quad (12)$$

式(12)表示特征值的变化不仅依赖于结构损伤的位置,而且还依赖于结构损伤的程度。取两阶振型对应的特征值为 $\Delta\lambda_i$ 及 $\Delta\lambda_j$,两阶模态对应的频率变化比为

$$\frac{\Delta\lambda_i}{\Delta\lambda_j} = \frac{\frac{[\varphi_i]^T[K_n][\varphi_i]}{[\varphi_i]^T[M][\varphi_i]}}{\frac{[\varphi_j]^T[K_n][\varphi_j]}{[\varphi_j]^T[M][\varphi_j]}} \quad (13)$$

式(13)表明:当结构只有一个单元发生损伤时,任意两阶频率平方变化比只是损伤位置的函数,和损伤的程度大小没有关系。

不同位置单元的损伤对应一组特定的"频率平方变化比"集合,根据结构损伤前后各阶模态对应的"频率平方变化比",就可以识别结构的损伤位置。

基于以上理论,总结出用特征值曲线交点法进行结构损伤识别的步骤如下:

(1)计算出结构各单元损伤时对应的特征值,构建"频率平方变化比"指标,以作为损伤检测的理论值。根据式(13),以各单元不同损伤程度对应的"频率平方变化比" $\Delta\lambda_i/\Delta\lambda_1$ 的平均值作为纵坐标,以单元编号为横坐标,作出 $\Delta\lambda_i/\Delta\lambda_1$ $(i=2,3)$ 对应的曲线图。由于不同单元对应的"频率平方变化比"差异较大,这里采用对数坐标来表示。

(2)数值模拟指定工况的损伤,求出对应的"频率平方变化比" $\Delta\lambda_i/\Delta\lambda_1$ $(i=2,3)$,并在步骤(1)的曲线图中作一条直线,直线与曲线的交点即为可能的损伤单元。

3 仿真算例

选择简支梁作为损伤识别研究的对象。该简支模型梁全长 $L=1\,000$mm，宽 $b=30$mm，高 $h=30$mm，弹性模量 $E=2.058\times10^{11}$Pa，重度 $\gamma=7.86\times10^{7}$N/m^3。

把梁划分为20个单元进行计算，编号为1-20,21个节点，简支梁模型如图1所示。

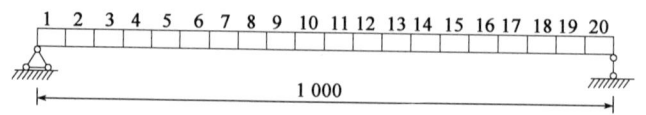

图1 简支梁有限元分析模型示意图

3.1 前期工作

以刚度的下降模拟结构单元的损伤程度,对于桥梁结构通常的损伤而言,结构刚度损伤超过50%时已失去其意义。

对于固有频率向量法,计算完好结构与各单元发生5%、10%、15%、20%、25%、30%、35%、40%、45%、50%损伤时的固有频率,从而形成损伤特征数据库。

对于特征值曲线交点法,在上述求得固有频率的基础上,求出每个单元在不同损伤程度下 $\Delta\lambda_i/\Delta\lambda_1$ 的均值。

3.2 损伤识别仿真

设置3个损伤单元,3种仿真工况如表1所示。仿真计算的目的为①研究各方法损伤识别的能力；②比较各方法的优劣。

损伤工况表　　表1

工　况	损伤单元	损伤程度(%)	识别方法
工况1	4	6.4	固有频率向量法、特征值曲线交点法
工况2	7	16.7	
工况3	10	32.6	

3种仿真工况对应的前10阶频率值见表2所示。

各工况对应的频率值　　表2

频率阶次	工　况1	工　况2	工　况3
1	2.175 8	2.162 1	2.127 4
2	8.664 7	8.621 3	8.679 9
3	19.396 1	19.451 4	19.058 1
4	34.297 5	34.157 6	34.256 0
5	53.208 6	52.849 4	52.335 2
6	75.811 4	75.733 9	75.362 1
7	101.725 2	101.343 2	100.493 2
8	130.642 6	130.093 6	129.737 2
9	162.233 5	162.053 8	160.759 4
10	195.906 9	195.292 9	194.105 7

各工况对应的 $\Delta\lambda_i/\Delta\lambda_1$ ($i=2,3$) 的值见表3所示。

各工况对应的频率平方变化比值　　　　表3

比值	工况		
	工况 1	工况 2	工况 3
$\Delta\lambda_2/\Delta\lambda_1$	45.30	16.95	0.64
$\Delta\lambda_3/\Delta\lambda_1$	275.84	4.47	71.24

3.3 损伤识别结果

3.3.1 固有频率向量法

根据上述原理及计算步骤,MATLAB 程序计算结果见图 2 ~ 图 4 所示。

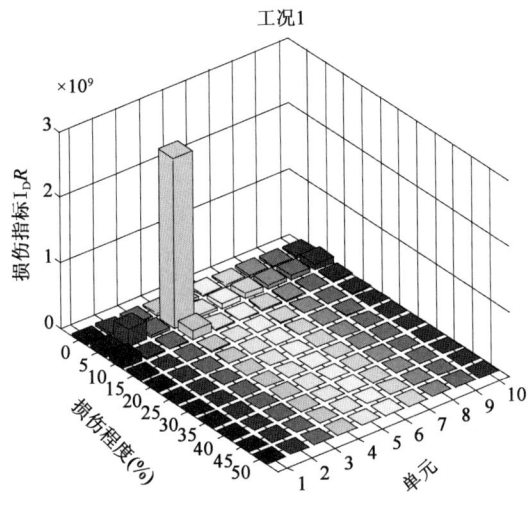

图 2　工况 1 损伤识别结果

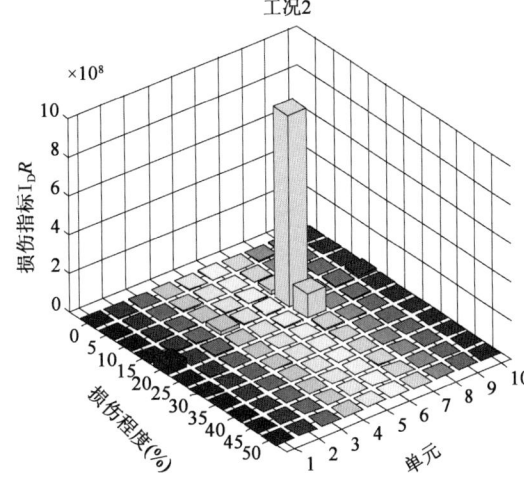

图 3　工况 2 损伤识别结果

由图可知,各工况损伤位置能够精确识别,但由于损伤特征库中没有把所有可能损伤状态下的固有频率向量列出,对于本算例每隔 5% 才计算其固有频率向量,故两损伤状态中间的量不能精确表达,所以从各图中只能大致判断出损伤程度。图中判断出的损伤程度与实际模拟的工况的损伤程度还是很接近的,如工况 1,损伤程度为 6.4%,很接近损伤程度为 5% 的情况;工况 3,损伤程度为 32.6%,很显然其值介于 30% ~ 35%,且与两者的均值相差很小,故图 4 中 30% 与 35% 处柱状比较突出,这种情况可由两柱状的均值反推出大致损伤程度。

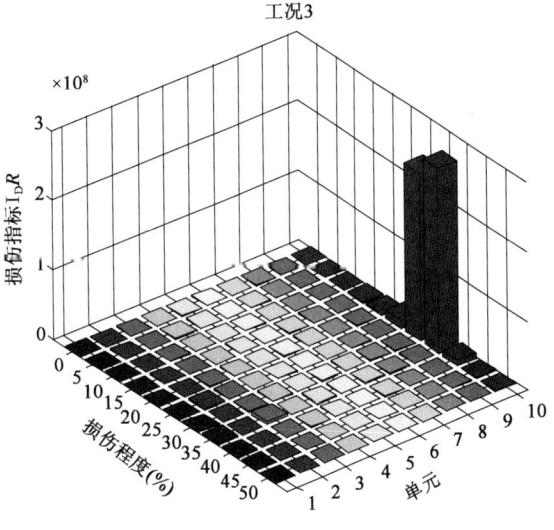

图 4　工况 3 损伤识别结果

3.3.2 特征值曲线交点法

特征值曲线交点法计算结果见图 5 ~ 图 7 所示。由图可知,直线与曲线的交点处即为损伤位置,各工况损伤位置能够精确识别,但无法区分对称位置的损伤。且仅从图 5 ~ 图 7 中无法直观估计出损伤程度,需另觅方法探测损伤程度。

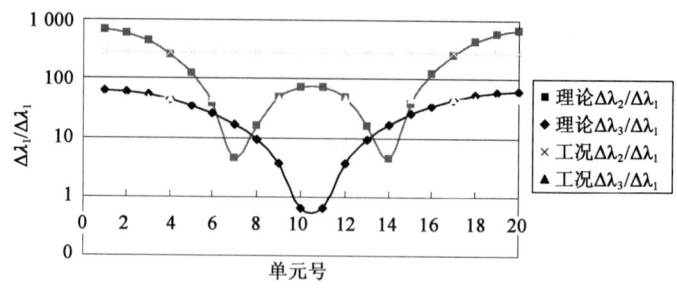

图 5 工况 1 损伤识别结果

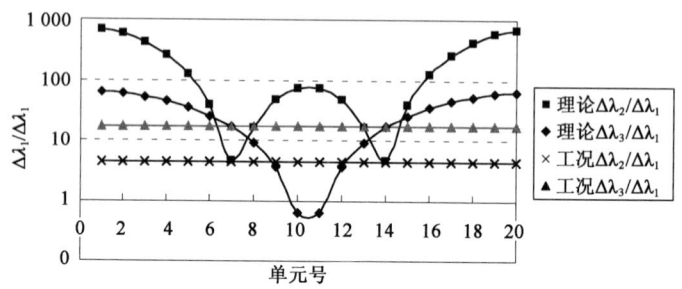

图 6 工况 2 损伤识别结果

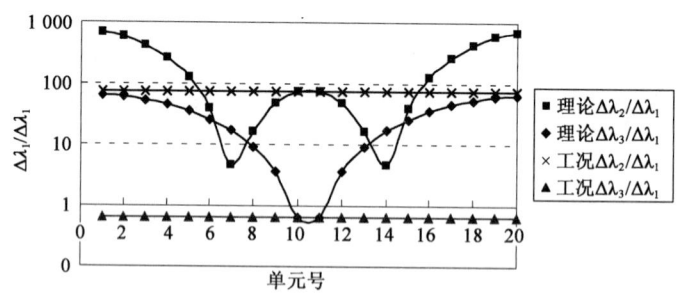

图 7 工况 3 损伤识别结果

3.4 两种识别方法的比较

(1)损伤定位与程度识别方面:两种方法均可以精确识别损伤位置(对称位置除外,鉴于实际结构由于各种原因一般不会完全对称,故此方面不做重点考虑)。固有频率向量法可较准确的识别损伤程度,特征值曲线交点法无法识别损伤程度,这主要可从两者的基本原理上即可看出。

(2)计算量方面:固有频率向量法计算工作量大,需形成损伤特征数据库(损伤程度划分得越精细越好),且组成向量所需要的频率阶次较多,本文计算到了前 10 阶;特征值曲线交点法中,由于任意两阶频率平方变化比只是损伤位置的函数,和损伤的程度大小没有关系,故不像前种方法需计算各损伤程度的值,且只需要前 2 阶频率就可以进行评估,计算量相对较少。

4 结语

(1)对于像桥梁这种具有分布参数的体系,由于自由度较多,利用固有频率向量法建立损伤特征库则是一个庞大的工程。该方法在单位置损伤识别时尚且不能把所有可能损伤状态下的固有频率向量列出,对于多位置损伤识别(多个损伤程度一致、多个损伤程度不一致)其普遍适用性更有待后续工作的进一步研究。且如何使用较少的固有频率得到较优的识别结果也是一个亟待解决的问题。

(2)特征值曲线交点法计算量相对较小,但在利用交点定出损伤程度方面较欠缺。

参 考 文 献

[1] Farrar C R, Worden K. An introduction to structural health monitoring[J]. Philosophical Transactions of the Royal Society A,2007,365:303-305.

[2] 杨智春,王乐,丁燕,等.基于内积向量的复合材料结构损伤检测[J].工程力学,2009,26(9):191-196.

[3] Sohn H S, Farrar C R, Hemez F M. A review of structural health monitoring literature:1996-2001. Los Alamos National Laboratory Report[R]. Los Alamos National Laboratory Report LA-13976-MS, 2003.

[4] 谢峻,韩大建.一种改进的基于频率测量的结构损伤识别方法[J].工程力学,2004,21(1):21-25.

[5] 王乐,杨智春,王慧,等.白噪声激励下的复合材料层合结构损伤检测的内积向量法[J].振动与冲击,2009,28(4):127-131.

[6] Norris Stubbs, Broome T H, RobertoOsegueda. Nondestructive construction error detection in large space structures[J]. AIAA,1990,28(11):146-152.

[7] 杜思义,殷学纲,陈淮.基于频率变化识别结构损伤的摄动有限元方法[J].工程力学,2007,24(4):66-70.

[8] 王乐,杨智春,谭光辉,等.基于固有频率向量的结构损伤检测实验研究[J].机械强度,2008,30(6):897-902.

[9] Cawlry P, Adams R D. The location of defects in structures from measurements of natural frequencies[J]. Journal of Stress Analysis,1979,14(2):49-57.

[10] Hearn G and Testa R B. Modal analysis for damage detection in structures[J]. Journal of structural engineering,1991,117(10):3042-3063.

[11] 谭光辉,杨智春,王乐.改进的固有频率向量的损伤检测方法[J].机械强度,2009,31(3):355-359.

191. 基于无人机的斜拉桥索塔结构裂缝识别

余加勇[1,2]　李锋[1,2]　薛现凯[1,2]　何旷宇[1,2]

（1. 湖南大学土木工程学院；2. 风工程与桥梁工程湖南省重点实验室）

摘　要：为提高桥梁结构安全评估效率，克服传统桥检车或人工裂缝检测方法成本高、风险大、影响交通等缺点，本文提出基于无人机及深度学习的桥梁结构裂缝检测与识别方法。使用无人机进行了长沙市洪山大桥索塔裂缝图像的采集试验，收集了1 133张裂缝图像作为训练样本进行Mask R-CNN模型的训练，采用Mask R-CNN模型识别了155张索塔图像上的174条裂缝，准确率与召回率分别达到了89.4%与92.0%。综合分析表明，卷积神经网络在无人机所拍摄的桥梁裂缝图像的识别中表现良好，可以实现高准确率的裂缝识别，在桥梁病害智能检测方面有着广阔的应用前景。

关键词：桥梁工程　裂缝检测　无人机　深度学习　Mask R-CNN

1 引言

裂缝是桥梁的主要病害之一，目前管养部门定期对桥梁裂缝进行检查，主要是基于人工借助桥检车或者望远镜等辅助工具对结构裂缝进行观测[1]，桥梁检测车存在以下缺点：①桥梁检测车在进行检测时需要长时间占道，严重影响交通安全，在大城市中可能引发交通瘫痪；②对于斜拉桥、悬索桥等特殊结构桥梁以及大跨高墩桥梁，桥梁检测车由于自身性能限制无法使用；③桥梁检测车价格及定期保养维护费用昂贵；④桥梁检测车在进行桥梁底板等难到达位置的检测时，经常需要专业人员在悬空的悬臂上进行作业，存在很高的风险[2]。为了解决这些问题，国外交通部门近年来开始研究将无人机应用到桥梁检测工作中[3]。无人机轻巧方便、机动性、可达性强，能够在复杂环境下迅速到达待测部位，通过搭载高分辨率相机对建筑物进行外观检测，快速飞往待测部位，实时获得影像数据，进一步结合图像处理技术完成对桥梁外观缺陷、裂缝形状与宽度的形状描述与量化测量，能够大幅度的提高桥梁病害检测效率与精确性。

深度学习的概念起源于20世纪90年代，LeCun等[4]首次提出了卷积神经网络(Convolutional Neural Network, CNN)，为了实现多目标的识别以及在图像中的定位，Girshick等[5]提出了基于区域的卷积神经网络(Region-based Convolutional Neural Network, R-CNN)，这一成果是利用深度学习进行目标检测的里程碑之作，奠定了这个子领域的基础。之后，CNN通过不断发展，出现了SPPnets[6], FCN[7] (Fully Convolutional Networks), Fast R-CNN[8], Faster R-CNN[9]

基金项目：国家重点研发计划资助项目，2016YFC08002707。

等卷积神经网络。Mask R-CNN[10]是Faster R - CNN与FCN的结合,它拓展了Faster R-CNN的功能,在每个感兴趣区域(Region of Interest,RoI)已有的分类与边界框回归的两个分支的基础上,添加了第三个基于FCN用于预测掩膜的分支,且三个分支可以并行计算。此外,Faster R-CNN在下采样与RoI Pooling层对特征图进行了取整操作,使像素级别的语义分割任务产生较大的误差,Mask R-CNN在此环节通过双线性插值填补非整数位置的像素,使得深层特征向浅层映射时不产生位置误差,与其他网络相比,该网络更适用于像素级的裂缝检测任务。

2 索塔概况与试验设备

长沙市洪山大桥主桥结构形式为无背索斜塔斜拉桥,主跨206m,桥宽33.2m。索塔垂直高度为136.8m,加上钢壳基座超过150m。本次试验中采用大疆M210 RTK无人机配置Zenmuse X5S 45mm镜头进行试验。无人机飞行控制、摄像系统采用无线传输信号进行控制,检测系统采集数据存储在无人机机身,有效避免长距离无线传输引起的数据衰减或干扰,试验过程中同步开启RTK(Real-Time Kinematic)基站,使无人机的定位信息更加精确。

3 影像采集

飞行试验中使用大疆官方提供的DJI GO4软件手动控制无人机进行索塔图像采集,试验起飞点与返航点选择在洪山大桥旁的一座人行桥,行人车辆较少,飞行过程中操作员视野不被遮挡,无人机航拍时保持拍摄角度垂直塔面,通过无人机自带避障系统显示的避障距离控制无人机与索塔的距离为7m,但由于避障系统距离估计存在误差且飞行过程中有风的扰动,实际的拍摄距离在5~10m之间,拍摄顺序为从塔顶向塔底拍摄,拍摄范围覆盖整个塔面,保持50%的拍摄重叠率,共拍摄到637张图像(图1)。

a)洪山大桥索塔

b)无人机图像采集

c)试验设备

图1 影像采集试验

4 裂缝识别

无人机所拍摄的部分桥塔图像如图2所示，图像中的裂缝缺陷清晰可见。为了进行索塔裂缝的识别，本文的方法首先需进行 Mask R-CNN 模型的训练，在本次 Mask R-CNN 模型训练中，训练集图像来源于 SDNET 数据集[11]以及无人机拍摄的桥柱裂缝图像，共使用了1133张裂缝图像制作训练图像样本，对于每一张图像，使用 Labelme[12] 对其进行注释，即标记出细长的裂缝区域，随后将其输入网络中进行训练。训练图像的分辨率最高为600×600，最低为256×256，图像背景有着不同的亮度、包括了不同材质的混凝土，为了满足训练时的巨大数据量要求以及防止过拟合，通过旋转图像、改变图像亮度等操作对图像进行了数据增强。本次试验采用迁移学习的方法进行训练，可以使网络的训练速度更快、分类精度更高，将由COCO数据集[13]预训练好的 Resnet101[14] 作为初始模型进行训练。采用的计算机配置为 Intel core i7-7700HQ 处理器配置一块 NVIDIA GeForce GTX 1060 显卡，epoch数、学习率、权重衰减等训练参数按照 He 等人[10]的工作参数设置，GPU 驱动模式下模型训练时间为4h。

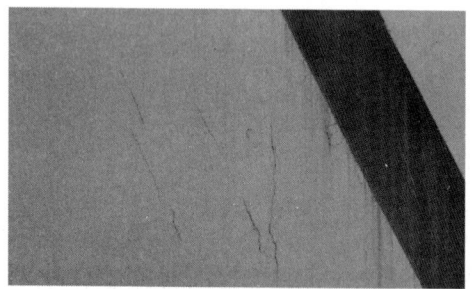
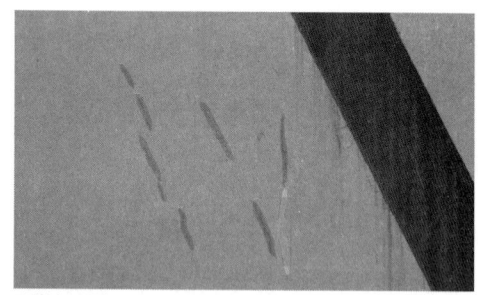

图2　桥塔表面裂缝识别

卷积神经网络模型的测试图像采用无人机所拍摄的索塔图像，由于模型无法直接识别大的图像，且一张图上往往包含多条裂缝，故将采集到的裂缝图像分割成600×600的子图像，随机选取了155张带有裂缝的索塔裂缝图像输入网络中进行识别。结果示例如图3所示。

如图2所示，使用基于区域的卷积神经网络模型进行裂缝区域实例分割之后，可以极大减少图像中所需进行处理的面积，有利于得到更精确的裂缝宽度信息。如图3所示，以斜向裂缝为例，首先将包围框中的图像转换为灰度图像，并使用最大类间方差法得到灰度阈值将图像二值化，以突出图像中的裂缝区域，然后通过中值滤波器进行图像平滑，并且使用形态学分析计算图像中连通域的大小，删除较小的连通域以达到去除噪声的效果，之后使用canny边缘检测得到裂缝的边界，同时进行骨架化得到裂缝骨架，最后通过以下方法得到裂缝宽度：①在裂缝骨架中找到两个相邻像素；②使用两个相邻像素计算像素的方向；③根据计算出的方向绘制像素的法线；④找到与法线相交的两个像素；⑤计算两个像素之间距离。最后，图3e)中显示出了根据上述步骤计算的以像素为单位的可视化裂缝宽度分布。

a)识别到的裂缝　　b)二值化　　c)去噪　　d)边缘检测　　e)骨架化　　f)宽度可视化

图3　裂缝宽度测量

5 试验结果

在本次试验中,将通过裂缝走向分别对裂缝进行识别,如图4所示,并通过交并比(Intersection over Union,IoU)作为模型是否识别正确的评判指标,交并比指的是模型预测的边框和对象真实范围的交集与并集的比值。交并比大于50%的识别结果则被认为是真阳性(Ture Positive,TP);若交并比大于0%且小于50%被认为是假阴性(False Nagetive,FN);若网络生成的掩码没有覆盖到任何裂缝,则该结果被认为是假阳性(False Positive,FP);若图像中不包含裂缝且没有生成任何掩码,则结果被认为是真阴性(Ture Nagetive,TN)。为了更直观的评估本文所训练的 Mask R-CNN 的表现,分别计算了全部数据以及各种类型裂缝的准确率 P 与召回率 R。其中精确率代表预测为正的样本中有多少是真正的正样本,召回率代表样本中的正例有多少被预测正确了。其计算公式如下:

$$P = \frac{\sigma_{TP}}{\sigma_{TP} + \sigma_{FP}} \tag{1}$$

$$R = \frac{\sigma_{TP}}{\sigma_{TP} + \sigma_{FN}} \tag{2}$$

式中: P——精确率;

R——召回率。

σ_{TP}、σ_{FP}、σ_{FN}——识别结果为 TP、FP、FN 的样本数。

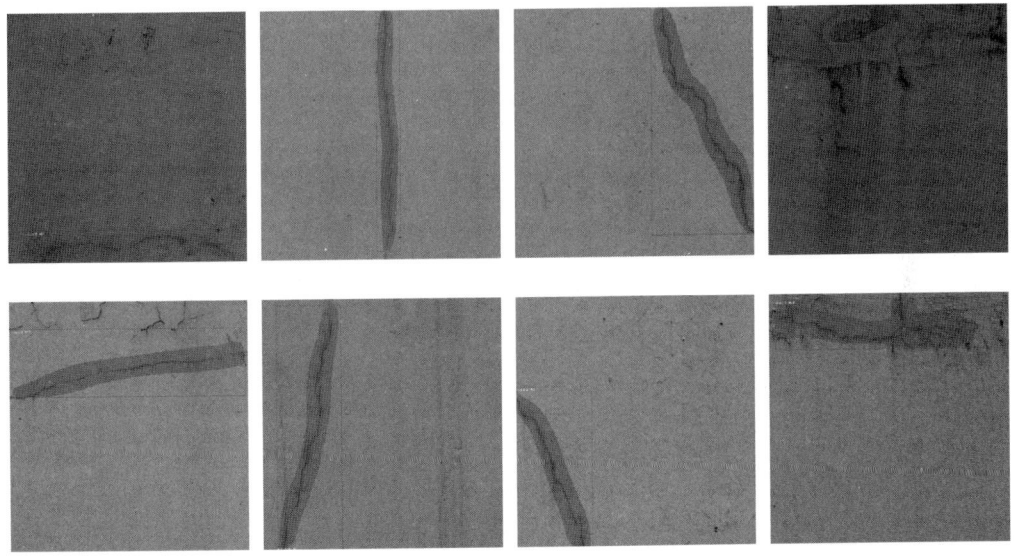

图4 不同走向裂缝识别结果示例

网络对验证集的识别结果统计如表1所示,验证集中的裂缝按照裂缝走向分为了横向裂缝、竖向裂缝、斜向裂缝与网状裂缝。其中横向裂缝中存在9个FP样本,得到了最低的准确率67.9%以及90.5%的召回率,说明模型识别出的横向裂缝并不是横向裂缝;竖向裂缝得到了91.5的准确率以及最高的95.6%召回率,识别效果最好;网状裂缝得到了94.1%的精确率以及最低的88.9%的召回率,网状裂缝最低的召回率说明模型漏检了许多网状裂缝。通过观察卷积神经网络的训练集以及验证集图像,以上各类裂缝的识别结果可能由于以下原因造成:①网络将许多横向施工缝错误的识别为了裂缝。②图像增强导致训练样本中斜向裂缝的样本数量最多,对斜向裂缝识别效果较好。③训练集图像没有包含网状裂缝的样本,对网状裂缝检测能力较低。值得指出的是,在训练集不包含网状裂缝的情况下,网状裂缝地得到了较高的94.1%的准确率,说明 Mask R-CNN 可以较准确的识别没有训练过的裂缝类型,可拓展性较强。全部裂缝得到了89.4%的精确率以及92.0%的召回率,体现出了 Mask R – CNN 对于基于无人机拍摄影像的索塔裂缝检测具有很高的适用性。

Mask R-CNN 裂缝识别结果统计　　　　表1

裂缝形式	横向裂缝	竖向裂缝	斜向裂缝	网状裂缝	全部裂缝
σ_{TP}	19	82	43	16	160
σ_{FP}	9	5	4	1	19
σ_{FN}	3	8	1	2	14
准确率	67.9%	94.3%	91.5%	94.1%	89.4%
召回率	90.5%	91.1%	95.6%	88.9%	92.0%

6　结语

本文提出将卷积神经网络中的 Mask R-CNN 应用于基于无人机影像的桥梁裂缝检测中,使用该网络模型进行图像中裂缝的识别与定位。首先使用无人机进行了索塔的图像采集,然后基于混凝土裂缝图像注释训练集训练了 Mask R-CNN,并将索塔裂缝图像输入该网络进行识别,得到了较好的结果。所训练的 Mask R-CNN 识别无人机所拍摄的洪山大桥索塔裂缝图像达到了89.4%的准确率与92.0%的召回率。试验数据表明,Mask R-CNN 识别方法可以与无人机数据采集方法相结合,能够安全高效的识别桥梁结构裂缝,是桥梁病害智能检测的有效手段。

参 考 文 献

[1] 朱志超,王勇,顾传焱.无人机技术在桥梁养护检测中的应用,中国公路学会养护与管理分会第八届学术年会[C].中国福建厦门,2018,8.

[2] N. Metni and T. J. A. i. c. Hamel. A UAV for bridge inspection:Visual servoing control law with orientation limits[J].2007,17(1):3-10.

[3] S. Dorafshan and M. J. J. o. C. S. H. M. Maguire, Bridge inspection:human performance, unmanned aerial systems and automation[J].2008(8):3,443-476,2018.

[4] Y. LeCun, L. Bottou, Y. Bengio. , et. al. Gradient-based learning applied to document recognition[J].1998,86(11):2228-2324.

[5] R. Girshick,J. Donahue,T. Darrell,J. Malik. Rich feature hierarchies for accurate object detection and semantic segmentation,Proceedings of the IEEE conference on computer vision and pattern recognition[C].2014,580-587.

[6] K. He,X. Zhang,S. Ren. Spatial pyramid pooling in deep convolutional networks for visual recognition[J].2015,37(19):1904-1916.

[7] J. Long, E. Shelhamer,T. Darrell. Fully convolutional networks for semantic segmentation,Proceedings of the IEEE conference on computer vision and pattern recognition [C]. 2015,

3431-3440.

[8] R. Girshick. Fast r-cnn, Proceedings of the IEEE international conference on computer vision [C]. 2015, 1440-1448.

[9] S. Ren, K. He, R. Girshick, J. Sun, Faster r-cnn: Towards real-time object detection with region proposal networks Advances in neural information processing systems[C]. 2015, 91-99.

[10] K. He, G. Gkioxari, P. Dollár, and R. Girshick. Mask r-cnn, Proceedings of the IEEE international conference on computer vision[C]. 2017, 2961-2969.

[11] S. Dorafshan, R. J. Thomas, M. J. D. i. b. Maguire. SDNET2018: An annotated image dataset for noncontact concrete crack detection using deep convolutional neural networks[J]. 2018 (21): 1664-1668.

[12] B. C. Russell, A. Torralba, K. P. Murphy, et, al. LabelMe: a database and web-based tool for image annotation[J]. 2008, 77(1-3): 157-173.

[13] T.-Y. Lin *et al*. Microsoft coco: Common objects in context, European conference on computer vision[C]. 2014, 740-755.

[14] K. He, X. Zhang, S. Ren, J. Sun. Deep residual learning for image recognition, Proceedings of the IEEE conference on computer vision and pattern recognition[C]. 2016, 770-778.

192. X射线检测技术在桥梁"十字形焊缝"中的应用

赵建磊

(山东汇科工程检测有限公司)

摘　要：X射线检测作为一种广泛使用的无损检测技术,被越来越多的应用在桥梁焊缝的检测中。针对桥梁"十字形焊缝"内部质量的检测,X射线检测技术对于缺陷的检出率和准确率都要优于传统的脉冲反射法超声波检测。同过对检测原理的分析、对缺陷位置超声波显示与X射线底片显示的对比试验,更加证明了X射线检测技术在桥梁"十字形焊缝"检测的优势。

关键词：X射线检测　十字形焊缝　重叠区域　应力集中　换能器　声场　主声束

X射线检测是指利用X射线能够穿透金属材料,并由于材料对射线的吸收和散射作用的不同,从而使胶片感光不一样,于是在胶片上形成黑度不同的影像,据此来判断材料内部缺陷情况的一种检验方法。胶片可以显出焊缝的内部缺陷,如裂纹、缩孔、气孔、夹渣、未熔合、未焊透等,并能确定位置和大小。根据观察其缺陷的性质、大小和部位来评定焊缝的质量,从而防止由于材料内部缺陷、加工不良而引起的重大事故。G220至济青高速公路王舍人互通立交连接线工程中跨黄河主桥为三塔(钢塔)自锚式悬索桥,跨径组合为(70 + 168 + 2 × 428 + 168 + 70)m,标准段桥宽61.7m,存在十字形焊缝5 500余个。"十字形焊缝"由于应力比较集中,容易产生裂纹等危害性缺陷,通过X射线的检测可以有效地检出缺陷,确保焊缝质量。

1　桥梁"十字形焊缝"特点

常见钢箱梁桥一般有单箱室、多箱室结构(图1),在宽路面、大跨度工程中多采用多箱室结构。多箱室结构的桥梁顶板和底板焊接接头就出现了一种特殊的接头形式——"十字形焊缝"(图2)

与常规十字形焊缝比较,桥梁"十字形焊缝"在重合区域缺陷造成的应力更加集中,在交变载荷的影响下对裂纹等危害性缺陷更加敏感,疲劳损伤更加严重。焊缝中气孔引起的应力集中是完好部位的3倍,裂纹引起的应力集中是完好部位的41倍(图3)。

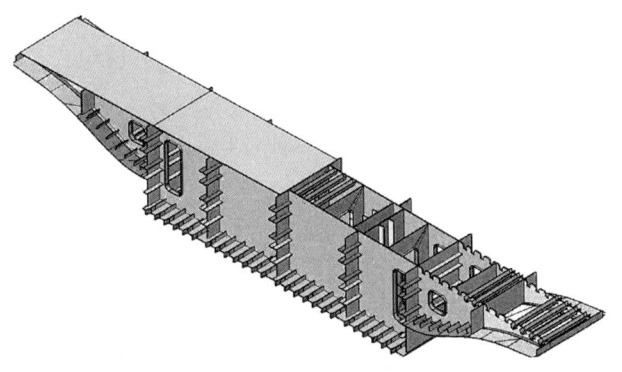

图 1 多箱室钢箱梁

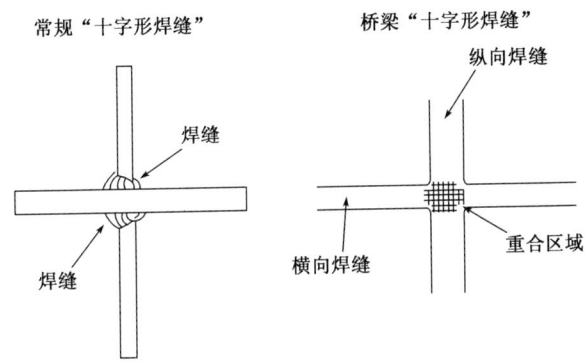

图 2 "十字形焊缝"

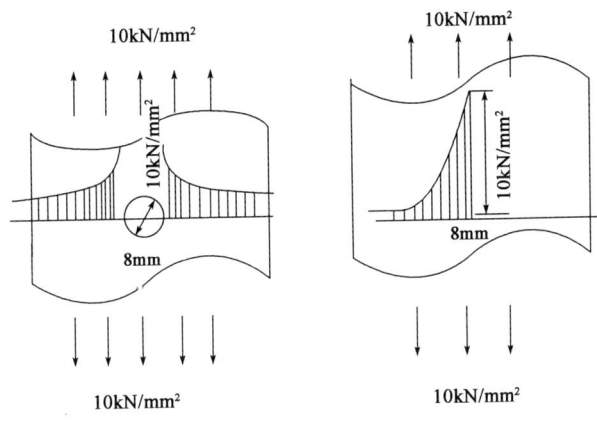

图 3 有圆和槽的无限大的板拉伸时的应力集中

2 桥梁十字形焊缝常见焊接内部缺陷

2.1 气孔
气孔是指焊接时熔池里的气体未在金属凝固前逸出,残余于焊缝之中所形成的空穴。其气体可能是熔池从外界吸收的,也可能是焊接冶金过程中反应生成的。

2.2 夹渣
夹渣是指焊渣残存在焊缝中的现象。

2.3 未焊透
未焊透指木材金属未熔化,焊缝金属没有进入接头根部的现象。

2.4 未熔合
未熔合是指焊缝金属与母材金属,或焊缝金属之间未熔化结合在一起的缺陷。

2.5 裂纹
金属原子的结合遭到破坏,形成新的界面而产生的缝隙成为裂纹。

裂纹分为热裂纹、冷裂纹、在热裂纹和层状撕裂。桥梁十字形焊缝中多是存在冷裂纹和热裂纹。

3 十字形焊缝内部质量检测方法及原理

目前国内应用比较广泛的检测方法有脉冲反射法超声波检测(UT)、X 射线检测(RT)、磁粉检测(MT)、渗透检测(PT),前两种方法检测焊缝内部缺陷,后两种检测焊缝表面缺陷。另外随着检测技术的进步,更多的新技术如衍射时差法超声波检测(TOFD)、相控阵(PA)、射线实时成像检测(DR)、计算机射线照相技术(CR)会在桥梁检测中普及。

3.1 脉冲反射法超声波检测技术

(1)适用范围:面状缺陷检出率高;穿透能力强;能确定缺陷的位置和尺寸。

(2)局限性:较难检测粗晶材料和焊接接头中存在的缺陷;缺陷位置、取向和形状对检测结果有一定影响;A 型显示检测不直观,检测记录信息少;较难确定体积状缺陷或面状缺陷的具体性质。

检测桥梁"十字形焊缝"时的局限性:首先,B 级扫查(焊缝余高不磨平)时,处于重叠区域的缺陷可能漏检。脉冲反射法超声波检测缺陷的原理是声波的反射。横波检测时,换能器中压电晶片由于逆压电效应产生超声波,超声波经有机玻璃、耦合剂进入焊缝中传播,能量集中在主声束(图4)附近,在主声束轴线附近的缺陷比较容易引起声波的反射,从而被发现。

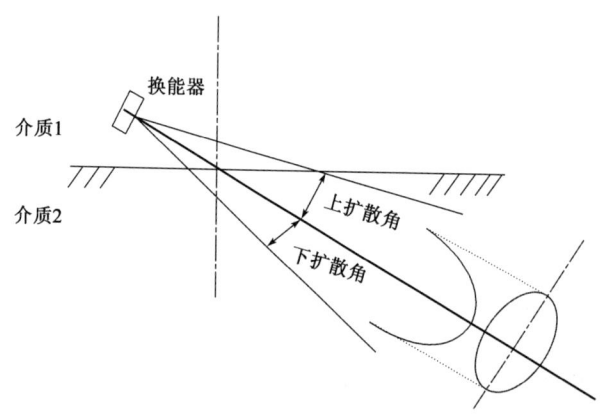

图4 超声波主声束与扩散角

由于十字形焊缝特殊的结构,换能器在焊缝不同位置做锯齿形和斜平行扫查时,处于重叠区域的缺陷可能无法被超声波声场主声束发现,或是声束边缘倾斜入射到光滑平面状缺陷无法反射回来,从而造成缺陷漏检(如图5,当换能器处于 1 或 2 位置时主声速无法到达缺陷引起反射,处于 3、4 位置时缺陷平行于声束方向,几乎无反射波)。

3.2 X射线检测技术

(1)能力范围:能检测出焊接接头中存在的未焊透、气孔、夹渣、裂纹和坡口未熔合等缺陷;能确定缺陷平面投影的位置、大小以及缺陷的性质;针对桥梁"十字形焊缝"的特殊接头形式,X射线检测不受结构形状的限制,对于"重合区域"内的焊接缺陷可以有效地检出。

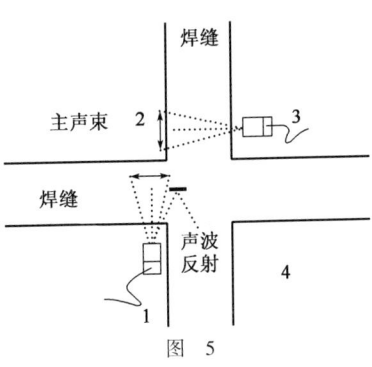

图5

(2)局限性:较难检测出焊缝中的细小裂纹和间未熔合;较难确定缺陷的深度位置和自身高度;穿透厚度受能量所限。

(3)携带式X射线机及检测原理。携带式X射线机是一种体积小、重量轻、便于携带,适用于高空和野外作业。它采用结构简单半波自整流线路,X射线管和高压发生器部分共同装在射线机头内,控制箱通过一根多芯的低压电缆将其连接在一起,其构成如图6。

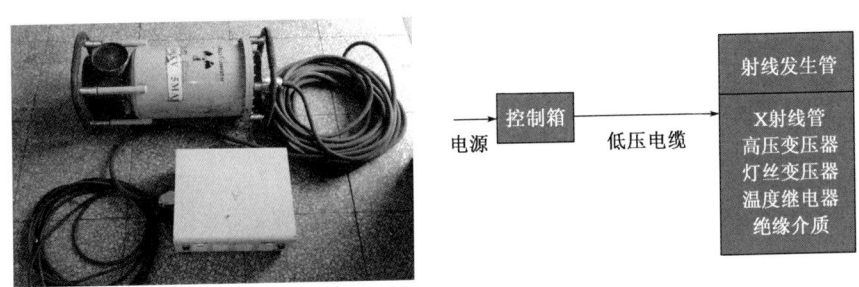

图6 携带式X射线机

(4)X射线检测工艺(透照布置)。在开展X射线检测时先编制检测"操作指导书",然后透照布置(图7)。

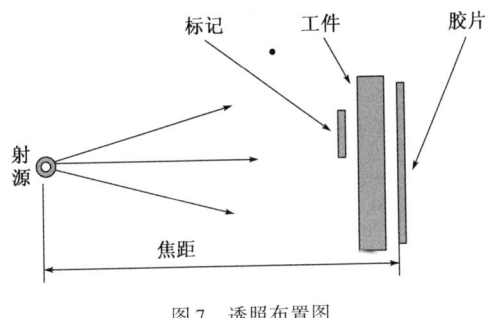

图7 透照布置图

4 "十字形焊缝缺陷检出率"对比试验

针对不同项目的三个十字形焊缝分别进行超声波、X射线检测。检测结果如表1~表3及图8~图10。

十字形接头(一)　　　表1

板厚(mm)	检测方法	探头	信号参数		
			深度	长度	当量
16	UT	K2.5	未发现		

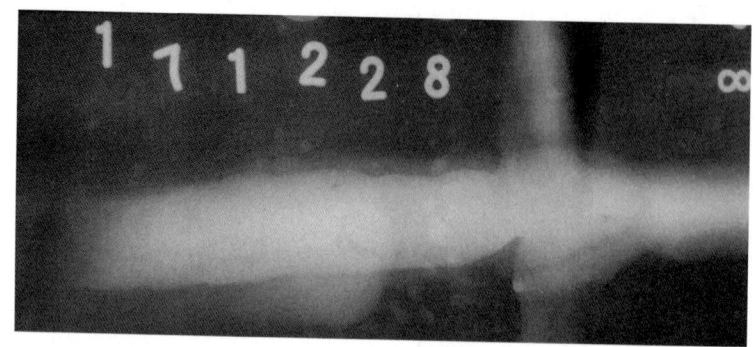

图 8　十字形接头一（X 射线底片一）
缺陷：圆形缺陷 3 点

十字形接头（二）　　　　　　　　表 2

板厚(mm)	检测方法	探头	信号参数			备注
			深度 mm	长度 mm	当量	
18	UT	K2.5	14.5	10	SL+5.6dB	缺陷 1
			未发现			缺陷 2 缺陷 3 缺陷 4
		K2.0	14	10	SL+6.4dB	缺陷 1
			15.6	8	SL+4.2dB	缺陷 3
			未发现			缺陷 2 缺陷 4

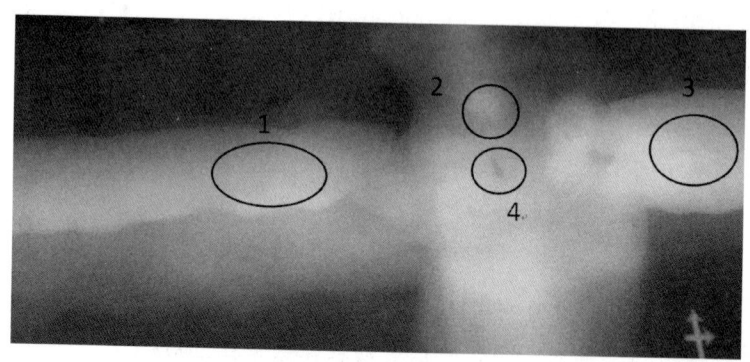

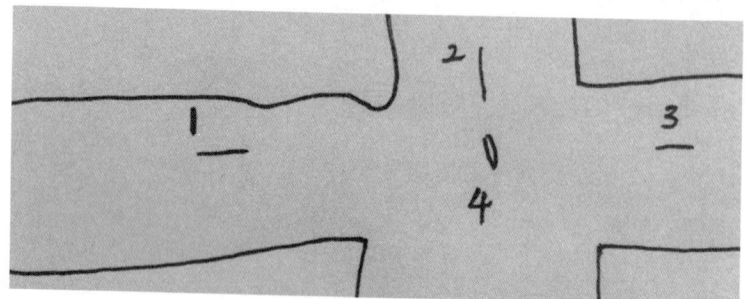

图 9　十字形接头（二）（X 射线底片二）
缺陷 1：裂纹 8mm；缺陷 2：裂纹 7mm；缺陷 3：裂纹 6mm；缺陷 4：圆形缺陷 6 点

十字形接头(三) 表3

板厚(mm)	检测方法	探头	信号参数		
			深度	长度	当量
20	UT	K2.5	未发现		
		K2.0	未发现		

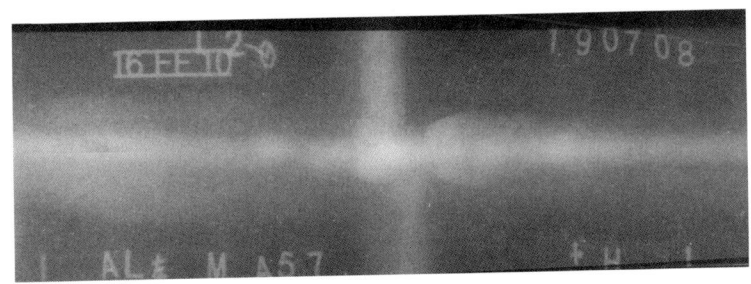

图10 十字形接头三(X射线底片三)
缺陷:裂纹6mm

同过以上对比试验,针对本试验用三个桥梁十字形焊缝(6处缺陷),脉冲反射法超声波缺陷检出率33.3%,X射线缺陷检出率100%;针对裂纹类缺陷,超声波受焊缝结构形式和缺陷角度的影响较大,无法准确判废。

5 结语

针对桥梁十字形焊缝内部质量的检测,《公路桥涵施工技术规范》(JTG/T F50—2011)规定顶板十字焊缝UT100%检测,RT100%检测;底板十字焊缝UT100%检测,RT30%检测。通过检测原理分析和试验论证,脉冲反射法超声波检测存在较大的局限性和较低的缺陷检出率,所以针对桥梁十字形焊缝检测应以X射线检测为主,检测比例宜优化为100%,这样更加能保证焊缝质量。

参 考 文 献

[1] 郑辉,林树青.超声检测[M].2版.北京:中国劳动社会保障社,2008.
[2] 强天鹏.射线检测[M].2版.北京:中国劳动社会保障社,2007.